제 14 판

# 상법강의

이철송

박영사

# 제14판 머리말

2012년 3월에 이 책의 제13판을 낸 이후 한동안 뒤를 잇는 개정판을 내지 못했다. 근래 상법분야에서는 매년 새로운 판례와 학자들의 연구논문들이 다량으로 생산되어, 이를 著者의 다른 저서(상법총칙·상행위, 회사법강의, 어음·수표법)에 적시에 반영하며 개정판을 내는 것이 힘에 벅차 이 책에까지 손이 가지 못했기 때문이다.

그러나 저자는 이 책의 초판부터 사명감과 애정을 가지고 저술해 왔던 터라, 늘 조만간 개정판을 내겠다는 마음을 가지고 있었다. 독자들로부터 출판사로 이 책의 개정판에 관해 문의하는 일이 드물지 않게 있은 것도 저자를 고무시키는 계기가 되었다. 그리하여 재작년 여름부터 조금씩 준비하여 금년에 제14판을 내놓게 되었다. 명목상으로는 개정판이지만, 전면 개편하였으므로 거의 신저나 다름없다.

이 책의 초판은 경상계열의 학생들에게 필요한 상법지식을 전달하겠다는 생각에서 저술하였고 지금도 여전히 유효한 방침이다. 그러나 의외로 법학과 학생들과 로스쿨 학생들도 이 책을 상법 전반에 관한 정리용으로 활용한다는 것을 알게 되었다. 그리하여 이번 판에서는 이들의 수요를 감안하여 전문적인 해설서에 걸맞도록 설명의 깊이를 더했고, 보험편을 추가하여 대학의 상법교재로도 부족함이 없도록 노력하였다.

상법은 법체계적으로 볼 때, 민법을 토대로 하고 그 위에 얹힌 법률이므로 민법을 일반사법, 상법을 특별사법이라고 부른다. 그러므로 법을 공부하는 사람의 입장에서는 민법을 먼저 공부해서 기초지식으로 체득한 후에 상법을 공부하는 것이 올바른 순서이다.

경상계열 학생들은 각종 공인 직종의 시험이나 취직시험을 치르기 위해 상법을 공부해야 하고, 이에 앞서 민법을 먼저 공부해야 하지만, 대학에서는 전공과목에 중점을 두지 않을 수 없어 상법에 더하여 민법까지 개설하지는 않는다. 그 탓에 경상계 학생들은 민법의 기초 없이 상법을 공부해야 하니 힘이 배로 드는 현실이다. 한편 법과대학에서는 보통 민법 중 재산법을 공부하고 상법을 수강하도록 교과과정을 편성하므로 학생들이 순리대로 민법, 상법을 공부하게 되지만, 로스쿨에서는 교육일정이 바빠, 민법과 상법을 동시에 개설하는 것이 대부분이므로 경상계열 학생들보다 나은 형편이 아니다.

그래서 이 책에서는 부록으로 민법의 개요를 설명하는 장을 마련해 두었다. **독자들께서는 이 책의 본문을 읽기 전에 부록을 먼저 읽어 주기 바란다.** 민법은 방대한 법전이므로 이 책에 담겨진 불과 몇십 쪽의 해설을 읽어서 민법 지식이 충분해질 리는 없다. 하지만, 이 부분을 읽고 본문을 읽으면 최소한 상법에 인용된 민법의 용어가 익숙하여 훨씬 빨리 전체적인 의미를 파악할 수 있어, 민법을 알지 못하고 상법만 공부할 경우에 비해 그 효율은 매우 뛰어나다. 그래서 거듭 당부하는데, **이 책은 부록부터 읽어야 한다.**

　이번 개정판의 집필에는 새 책을 쓸 때와 다름없이 많은 시간과 노력이 소요되었는데, 집필과정에서 전북대학교 동북아법연구소의 전임연구원 李雄暎 박사의 도움을 크게 받았다. 저서 전체에 걸쳐 교정 정도가 아니라 내용의 오류, 모순을 바로잡아 주었고, 동료학자들의 저술을 빠짐없이 검색하여 반영함으로써 이 책의 신뢰도와 효용성을 높여 주었다. 건국대학교 법학전문대학원에 재학 중인 양준명 군과 강나윤 양이 이 책의 교정을 도와주었다. 매우 우수한 학생들이므로 저자에게 큰 힘이 되었다. 개학을 앞에 두고 출판사로서는 연중 가장 바쁜 시기에 이 책을 제작하느라 박영사의 金善敏 이사께서 애를 많이 쓰셨다. 방대한 양을 일사불란하게 편집해 준 것도 고맙지만, 표지의 선정에도 세심한 배려를 해 주어 이 책의 품격이 한껏 오른 느낌이다. 끝으로 최근 어려운 경제여건 속에서 사실상 사회사업이나 다름없는 출판문화업을 꾸준히 이끌어 가시는 박영사 安鍾萬 會長의 노고에 경의를 표한다.

2022년 2월

著者 識

# 차    례

## 서    론

### 제 1 장  상법의 의의 ● 3

### 제 2 장  상법의 지위 ● 6

### 제 3 장  상법의 이념 ● 9

### 제 4 장  상법의 역사 ● 12

## 제 1 편　총　　칙

## 제 1 장　상　　인 ● 31

## 제 2 장　상업사용인 ● 42

## 제 5 장   상업장부 ● 77

## 제 6 장   상업등기 ● 80

## 제 7 장   영업양도 ● 89

## 제 2 편  상 행 위

### 제 1 장  총   론 ● 103

# 제 2 장  각    론 ● 151

# 제 3 편  회 사 법

## 제 1 장  서    론 ● 213

## 제 2 장  통    칙 ● 218

# 제 3 장  합명회사 ● 260

# 제 4 장 합자회사 ● 280

# 제 5 장 유한책임회사 ● 284

# 제 6 장   주식회사 ● 293

# 제 7 장 　유한회사 ● 714

## 제 4 편 보 험

## 제 1 장 서 론 ● 739

## 제 2 장 보험계약 총론 ● 744

# 제 3 장　손해보험 ● 764

# 제 4 장  인 보 험 ● 798

## 제 5 편　어음·수표법

### 제 1 장　서　　론 ● 809

### 제 2 장　총　　론 ● 825

# 제 3 장   환어음·약속어음 ● 878

# 법령약어표

※ 괄호 속에 단지 숫자만 기재한 것은 상법의 조문을 뜻함.

# 주요참고문헌 약어표

## [서론·상법총칙·상행위]

| 姜渭斗·林載鎬 | 商法講義(上)(第三全訂), 螢雪出版社, 2009 | [강·임] |
| 김동훈 | 상법개설, 한국외국어대학교 출판부, 2009 | [김동훈] |
| 金星泰 | 商法[總則·商行爲]講論(제2판), 法文社, 2002 | [김성태] |
| 김정호 | 상법총칙·상행위법(제4판), 法文社, 2021 | [김정호] |
| 김홍기 | 상법강의(제6판), 박영사, 2021 | [김홍기] |
| 김화진 | 상법강의(제3판), 박영사, 2016 | [김화진] |
| 법무부 | 상법총칙·상행위편 해설(상법해설서 시리즈 Ⅰ-2010년 개정내용) | [법무부 해설] |
| 徐憲濟 | 사례중심체계 商法講義(上), 法文社, 2007 | [서헌제] |
| 孫珠瓚 | 商法(上)(第15補訂版), 博英社, 2004 | [손주찬] |
| 손진화 | 상법강의(제8판), 신조사, 2017 | [손진화] |
| 송옥렬 | 상법강의(제11판), 弘文社, 2021 | [송옥렬] |
| 안강현 | 상법총칙·상행위법(제7판), 박영사, 2019 | [안강현] |
| 이기수·최병규 | 상법총칙·상행위법(제8판), 박영사, 2016 | [이(기)·최] |
| 李範燦·崔埈璿 | 商法(上)(第6版), 三英社, 2009 | [이(범)·최] |
| 이종훈 | 상법총칙·상행위법, 박영사, 2017 | [이종훈] |
| 林重鎬 | 商法總則·商行爲法(개정판), 法文社, 2015 | [임중호] |
| 林泓根 | 商法 ─總則·商行爲─, 法文社, 2001 | [임홍근] |
| 장덕조 | 상법강의(제3판), 法文社, 2019 | [장덕조] |
| 전우현 | 상법총칙·상행위법(최신판), 동방문화사, 2019 | [전우현] |
| 정경영 | 상법학강의(개정판), 博英社, 2009 | [정경영] |
| 鄭東潤 | 商法(上)(제6판), 法文社, 2012 | [정동윤] |
| 鄭東潤 외 | 註釋商法(總則·商行爲Ⅰ, Ⅱ)(第4版), 韓國司法行政學會, 2013 | [註釋(總則·商行爲(1), (2)] |
| 정준우 | 상법총론(제2판), 정독, 2021 | [정준우] |
| 정찬형 | 상법강의(상)(제24판), 박영사, 2021 | [정찬형] |
| 최기원·김동민 | 상법학신론(상)(제20판), 박영사, 2014 | [최·김] |
| 崔完鎭 | 商法學講義 ─理論·事例·判例─, 法文社, 2009 | [최완진] |
| 최준선 | 상법총칙·상행위법(제12판), 三英社, 2021 | [최준선] |

## [회 사 법]

| | | |
|---|---|---|
| 姜渭斗·林載鎬 | 商法講義(上)(第三全訂), 螢雪出版社, 2009 | [강·임] |
| 權奇範 | 現代會社法論(제7판), 三知院, 2017 | [권기범] |
| 김건식·노혁준·천경훈 | 회사법(제5판), 박영사, 2021 | [김·노·천] |
| 김동훈 | 회사법, 한국외국어대학교출판부, 2010 | [김동훈] |
| 김정호 | 회사법(제7판), 法文社, 2021 | [김정호] |
| 김홍기 | 상법강의(제6판), 박영사, 2021 | [김홍기] |
| 김화진 | 상법강의(제3판), 박영사, 2016 | [김화진] |
| 朴相祚 | 新會社法論(第3增補版), 螢雪出版社, 2000 | [박상조] |
| 徐燉珏·鄭完溶 | 商法講義(上)(第4全訂), 法文社, 1999 | [서·정] |
| 徐憲濟 | 사례중심체계 商法講義(上), 法文社, 2007 | [서헌제] |
| 孫珠瓚 | 商法(上)(第15補訂版), 博英社, 2004 | [손주찬] |
| 손진화 | 상법강의(제8판), 신조사, 2017 | [손진화] |
| 송옥렬 | 상법강의(제11판), 弘文社, 2021 | [송옥렬] |
| 안택식 | 회사법강의, 형설출판사, 2012 | [안택식] |
| 이기수·최병규 | 회사법(상법강의Ⅱ)(제11판), 박영사, 2019 | [이·최] |
| 李範燦·任忠熙·李榮鍾·金知煥 | 會社法, 三英社, 2012 | [이범찬(외)] |
| 이종훈 | 회사법(제3판), 박영사, 2021 | [이종훈] |
| 임재연 | 회사법 Ⅰ, Ⅱ(개정7판), 박영사, 2020 | [임재연 Ⅰ, Ⅱ] |
| 林泓根 | 會社法, 法文社, 2000 | [임홍근] |
| 장덕조 | 회사법(제5판), 法文社, 2020 | [장덕조] |
| 정경영 | 상법학강의(개정판), 박영사, 2009 | [정경영] |
| 鄭東潤 | 商法(上)(제6판), 法文社, 2012 | [정동윤] |
| 정찬형 | 상법강의(상)(제24판), 박영사, 2021 | [정찬형] |
| 崔基元 | 신회사법론(제14대정판), 박영사, 2012 | [최기원] |
| 최준선 | 회사법(제16판), 三英社, 2021 | [최준선] |
| 홍복기·박세화 | 회사법강의(제8판), 法文社, 2021 | [홍·박] |

## [보　　험]

| | | |
|---|---|---|
| 姜渭斗·林載鎬 | 商法講義(下)(전정판), 螢雪出版社, 2010 | [강·임] |
| 金星泰 | 保險法講論, 法文社, 2001 | [김성태] |
| 김은경 | 보험계약법, 보험연수원, 2016 | [김은경] |
| 김홍기 | 상법강의(제6판), 박영사, 2021 | [김홍기] |
| 박세민 | 보험법(제5판), 박영사, 2019 | [박세민] |
| 孫珠瓚 | 商法(下)(제11정증보판), 博英社, 2005 | [손주찬] |

| 송옥렬 | 상법강의(제11판), 弘文社, 2021 | [송옥렬] |
| 梁承圭 | 保險法(제5판), 三知院, 2004 | [양승규] |
| 林龍洙 | 保險法, 법률정보센터, 2006 | [임용수] |
| 이기수·최병규·김인현 | 보험·해상법(제9판), 박영사, 2015 | [이·최·김] |
| 장덕조 | 보험법(제5판), 法文社, 2020 | [장덕조] |
| 정경영 | 상법학강의(개정판), 博英社, 2009 | [정경영] |
| 鄭東潤 | 商法(下)(제4판), 法文社, 2011 | [정동윤] |
| 정찬형 | 상법강의(하)(제22판), 박영사, 2020 | [정찬형] |
| 蔡利植 | 商法講義(下)(개정판), 博英社, 2003 | [채이식] |
| 崔基元 | 商法學新論(下)(제15판), 博英社, 2008 | [최기원] |
| 최준선 | 보험·해상·항공운송법(제12판), 三英社, 2020 | [최준선] |
| 한기정 | 보험법(제3판), 박영사, 2021 | [한기정] |
| 한창희 | 보험법(개정4판), 국민대학교출판부, 2019 | [한창희] |

## [어음·수표법]

| 姜渭斗·林載鎬 | 商法講義(下)(전정판), 螢雪出版社, 2010 | [강·임] |
| 김정호 | 어음·수표법(제2판), 法文社, 2015 | [김정호] |
| 김홍기 | 상법강의(제6판), 박영사, 2021 | [김홍기] |
| 徐憲濟 | 사례중심체계 어음·手票法, 法文社, 1999 | [서헌제] |
| 孫珠瓚 | 商法(下)(제11정증보판), 博英社, 2005 | [손주찬] |
| 손진화 | 상법강의(제8판), 신조사, 2017 | [손진화] |
| 송옥렬 | 상법강의(제11판), 弘文社, 2021 | [송옥렬] |
| 양명조 | 어음·수표법(제3판), 法文社, 2009 | [양명조] |
| 이기수·최병규 | 어음·수표법(제8판), 박영사, 2015 | [이·최] |
| 장덕조 | 상법강의(제3판), 법문사, 2019 | [장덕조] |
| 정경영 | 상법학강의(개정판), 博英社, 2009 | [정경영] |
| 鄭東潤 | 商法(下)(제4판), 法文社, 2011 | [정동윤] |
| 정찬형 | 상법강의(하)(제22판), 박영사, 2020 | [정찬형] |
| 崔基元 | 어음·手票法(제5증보판), 博英社, 2008 | [최기원] |
| 崔完鎭 | 商法學講義 —理論·事例·判例—, 法文社, 2009 | [최완진] |
| 최준선 | 어음·수표법(제11판), 三英社, 2019 | [최준선] |

# 서 론

# 제1장 상법의 의의

## Ⅰ. 형식적 의의의 상법

상법을 형식적인 뜻으로 파악하면 「상법」이라는 이름으로 대한민국 국회가 제정하고 정부가 공포한 제정법을 뜻한다. 「상법」은 1962년 1월 20일 법률 제1000호로 공포되어 1963년 1월 1일부터 시행되어 오고 있으며, 제정 이래 2020년말까지 30차에 걸쳐 개정되었다. 「상법」은 다음과 같이 6개 편과 부칙으로 구성되어 있다.

제1편 총칙($^{제1조~}_{제45조}$): 상법은 「상인」과 「상행위」라는 2개의 개념을 중심축으로 하여 상사 관계를 규율하고 있는데, 「제1편 총칙」에서는 기업의 주체인 상인과 그와 관련된 인적 조직·물적 설비에 관한 제도를 중심으로 다루고 있다.

제2편 상행위($^{제46조~제}_{168조의12}$): 상행위가 일반 법률행위에 대해 특칙을 이루는 사항과 빈도 높게 행해지는 영업을 골라 당사자들의 이해를 규율하는 규정을 두고 있다.

제3편 회사($^{제169조~}_{제637조의2}$): 대표적인 영리단체로서 상인의 일종인 회사의 조직과 활동에 관한 사항을 규율하고 있다.

제4편 보험($^{제638조~}_{제739조의3}$): 보험계약이 일반계약에 대해 갖는 여러 가지 특성을 고려하여 보험계약의 체결에서 이행에 이르까지 당사자들의 이해관계를 규율하고 있다.

제5편 해상($^{제740조~}_{제895조}$): 기본적으로는 해상운송기업에서 전개되는 사법적인 법률관계를 다루지만, 해상활동의 특성에 비롯되는 여러 가지 공법적인 법률관계도 규율하고 있다.

제6편 항공운송($^{제896조~}_{제935조}$): 항공운송계약에서의 운송인의 책임에 관한 법리를 다루고 있다.

## Ⅱ. 실질적 의의의 상법

형식적 의의의 상법은 위와 같이 시각적으로 인식할 수 있는 「상법」이라는 이름의 제정법을 뜻하지만, 이것만으로는 상법학의 연구대상을 망라할 수 없다. 상법전은 때와 곳에 따라 그 내용이 다를 수 있고, 또 아예 상법이란 제정법을 갖고 있지 않은 나라도 있기 때문이다. 그러므로 상법을 상법학이라는 학문의 연구대상으로서 이론적·체계적으로 파악하기 위해서는, 형식적 의의의 상법에 구애받지 않고, 실질적으로 「상법」이라는 이름으로 체계화할 수 있는 공통적 속성을 갖는 법규범을 찾아내야 한다. 이를 「실질적 의의의 상법」이라 부른다. 실질적 의의의 상법은 「상법」이라는 이름으로 가시화된 실정법으로 존재하는 것이 아니다. 따라서 그 내용을 파악하기 위해서는 먼저 다른 법으로부터 분리할 수 있는 징표가 되는 「상(商)」의 개념을 파악하고, 다음으로 그 「상」의 개념을 토대로 파악되는 상법의 규율대상을 찾아내야 한다.

## 1. 「상」의 개념과 범위

「상」($\binom{\text{commerce;}}{\text{Handel}}$)이란 본래 사람 간의 재화의 이전을 매개하는 행위($\binom{\text{고유한 의}}{\text{미의 상}}$)를 뜻하는 경제학상의 용어이다. 초기단계의 경제생활에서는 「상」이 재화의 이전을 매개하는 정도에 머물렀고 상법도 이를 규율대상으로 하였다. 그러나 경제가 발전하면서 고유한 의미의 상을 보조하는 영업($\binom{\text{중개업, 대리상, 위탁매매업,}}{\text{운송업, 창고업, 은행업 등}}$)도 상법의 규율범위에 들어오고, 나아가 본래의 의미의 상과 무관한 영업($\binom{\text{예: 연극}}{\text{등 흥행업}}$)도 상법의 규율을 받기에 이르렀다. 이같이 상법의 규율범위가 확대됨에 따라 그 다양한 생활관계를 하나로 묶어 상법의 규율대상으로 삼는 중심개념이 무엇이냐는 의문이 제기되어 「상법의 대상론」이란 이름하에 오래 전부터 학설의 대립이 있어 왔다.

## 2. 상법의 대상론

상법의 대상론이란 상법의 규율대상인 생활관계를 어떻게 파악하느냐에 관한 논의인데, 그 「생활관계의 내용」에 중점을 두는 견해와 그 「생활관계의 성격」에 중점을 두는 견해의 두 가지 흐름이 있다.

### (1) 내용적 파악설

**1) 발생사적 관련설**　　역사적으로 보아 경제적 의미의 商인 「재화이전의 매개」와 관계가 있거나 이로부터 분화된 형태로 발전한 영업활동의 총체를 상법의 대상으로 파악하는 견해이다($\binom{\text{라스티히:}}{\text{Lastig}}$). 이 설에 의해서는 경제적 의미의 상과 이로부터 분화된 다른 영업활동과의 동질성을 설명할 수 없기 때문에 상법의 대상인 생활관계의 공통적 실체를 파악하기 어렵다는 비판이 있다.

**2) 매개행위설**　　매개행위를 상행위의 공통적 특질로 보고 매개를 수행하는 모든 영업활동을 상법의 대상으로 삼는다($\binom{\text{골트슈미트:}}{\text{Goldschmidt}}$). 그러나 이 견해에 의해서는 연극·출판·인쇄 등 매개행위와 무관한 영업부문이 상법의 대상이 되는 이유를 설명하기 어렵다는 단점이

지적된다.

3) **기업법설**　　　기업을 상법의 대상으로 보는 견해이다. 즉 계획적인 의도로 계속적으로 영리행위를 실현하는 독립된 경제적 단위인 「기업」이라는 개념으로 상법의 규율대상을 파악한다(뷔이란트: Wieland). 상법의 적용대상을 내용면에서 통일적으로 파악하는 장점이 있어 우리나라의 통설은 이 설을 지지한다.

4) **상인법설**　　　기업법설이 출발점으로 삼는 「기업」은 법적 주체가 될 수 없다는 점을 지적하고, 아울러 상법의 제규정이 상인의 법률관계에 대한 규율을 중심으로 짜여져 있음에 착안하여 상법을 「상인에 관한 법」으로 이해한다. 그러나 「상인」개념은 선험적으로 정의될 수 있는 것이 아니고, 영업이라는 개념을 그 징표로 삼고 있으므로 상인을 출발점으로 한다고 하여 상법의 대상이 완결적으로 파악되는 것은 아니다.

(2) **성격적 파악설**

생활관계의 성격에 의해 상법의 대상을 파악하고자 하는 견해로서, 그 성격을 거래의 집단성으로 파악하는 설(집단 거래설), 전문화된 영리활동의 특성으로서 집단성 및 개성상실을 들고 이를 「상적 색채」라 부르며, 상적 색채를 상법적인 법률사실의 공통된 성격으로 파악하는 설(상적 색채설)이 있다.

이 책에서는 통설인 기업법설을 취한다.

# Ⅲ. 상법의 정의

상법을 기업법설에 의하여 정의하면 '기업에 관한 특별사법'이라고 할 수 있다.

1) **기업에 관한 법**　　　기업이란 자본적 계산방법하에서 계속적으로 영리행위를 수행하는 법률상 독립된 경제단위를 말한다. 상법은 이러한 기업에 관한 법률관계, 즉 기업의 성립·소멸, 기업의 인사·재무·결산 등을 포함하는 기업의 관리, 그리고 기업의 대외거래 등의 법률관계를 규율하는 법이다.

2) **사법**　　　법체계를 공법과 사법으로 구분할 때 상법은 사법이다. 그러나 형식적 의의의 상법은 사법적 규율을 확실히 하기 위해 소송·벌칙 등 각종의 공법적 규정도 다수 포함하고 있다.

3) **특별사법**　　　사법의 중심은 민법과 상법이다. 민법이 개인의 일상적인 보통의 생활관계를 규율하는 일반사법인데 대하여 상법은 기업에 의해 형성되는 생활관계를 규율하는 특별사법이다. 상법은 회사·상호·상업장부 등과 같이 민법에서는 없는 제도를 가지고 있기도 하고, 상사유치권·상사시효 등 민법에 있는 규정을 보충·수정한 규정도 가지고 있다. 「특별법은 일반법에 우선한다」는 원칙에 따라 상법에 규정된 사항에 관해서는 상법이 배타적으로 적용된다.

# 제 2 장   상법의 지위

상법의 개념론을 통해서도 상법의 영역을 인식할 수 있으나, 그에 인접한 법분야와의 관계를 정립함으로써 전체 법질서에서 차지하는 상법의 위상이 뚜렷해진다.

## I. 민법과 상법

민법과의 관계에서는 상법의 자주성이 논의되는데, 그 이유는 민법과 상법의 적용대상이 동질성을 가짐을 이유로 민·상법을 한 개의 통합된 실정법으로 만들자는「민·상법 통일론」이 대두되고, 민법이 점차 상법의 규정을 수용하는 이른바「민법의 상화」현상에 의해 상법의 영역이 좁아지기 때문이다.

### 1. 민·상법 통일론

상법의 규율대상은 동시에 민법의 규율대상이므로 상법이 독자적인 지위를 가질 만한 존재가치가 없다고 보고 민법과 더불어 하나의 법체계로 통일시켜야 한다는 주장이 있다. 상법이 능력·법률행위·재산권 등에 관해 민법의 일반원칙에 터잡아 있으므로 상법의 독자성이 의심스러운 데다가, 일반인의 경제생활을 민법과 상법이라는 두 개의 법이 분할하여 지배함으로 인해 불공평한 경우가 생기기 때문이다. 그래서 이탈리아의 몬타넬리(Montanelli)가 1847년에 양법의 통일을 주장한 이래 비반테(Vivante)등 일부의 학자가 이를 추종하였고, 1911년 스위스채무법, 1942년 이탈리아민법 등은 이를 받아들여 상법규정들을 포섭한 민법전을 가지고 있다.

그러나 민법의 대상과 상법의 대상에는 엄연히 성질이 다른 생활관계가 존재하는데, 이를 동일한 법률로 규율하는 것은 더욱 불공평하므로 오늘날은 민·상법의 분리론이 지배적이다.

## 2.「민법의 상화」와「상법의 자주성」

### (1) 의의

「민법의 상화」란 상법에서 형성된 법리나 법규가 민법에 의해 수용되는 현상을 말한다. 구민법하에서는 증권적 채권은 의사표시만으로 양도할 수 있고 배서·교부는 대항요건이었으나 현행 민법은 어음·수표의 양도방식($\binom{\text{민 508조, 510조; 어}}{\text{11조 1항; 수 14조 1항}}$)을 받아들여 배서·교부를 증권적 채권의 양도방법으로 하였으며, 구민법에서는 채무이행의 장소로 채권자의 주소만을 규정하였으나 상법규정을 받아들여 영업상의 채무이행장소를 채권자의 영업소로 한 것($\binom{\text{민}}{\text{467}}$ $\binom{\text{조 2항 단; 구}}{\text{상법 516조 1항}}$)은 민법의 상화현상의 예이다.

### (2)「민법의 상화」의 원인

민법은 일반인의 보통의 생활관계를 규율하고 상법은 기업의 생활관계를 규율한다. 그러나 민법의 규율대상인 보통의 생활관계도 대부분 경제생활관계로서 이익추구를 주된 동기로 하는데, 이는 상법의 규율대상인 기업생활의 근저에 깔린 영리성과 그 본질이 같다. 그러므로 경제생활이 발전하면서 일반인의 보통생활은 점차 기업생활의 행동양식을 모방하게 된다. 독일의 법철학자 라드부르흐(Radbruch)는「근대법이 대상으로 하는 정형적 인간은 상인이며, 상인은 자기의 이익추구를 위해 노력할 뿐만 아니라 그 목적실현에 매우 현명한 개인이다」라고 표현하였는데, 이는 현대인은 경제생활에서 알게 모르게 상인상을 지향하며 상인의 행동양식을 모방한다는 뜻을 암시하고 있다. 이러한 경향으로 인해 기업생활의 특유한 제도가 일반인의 보통생활의 규범으로 변화하는 현상이 나타나는데, 민법의 상화는 이러한 모방동기의 결과이다.

### (3) 민법의 상화와 상법의 자주성

민법의 상화가 진전되더라도 그에는 한계가 있다. 즉 민법 중 가족법은 절대로 상화될 수 없고, 재산법 분야에서도 민법상의 거래는 개별적·비조직적·일회적·소량적이므로 집단적·조직적·반복적·대량적 거래를 대상으로 하는 상법상의 규범을 잠식하는 데는 내재적인 한계가 뚜렷하다.

한편 상거래는 부단히 발전하여 새로운 규범에 대한 끝없는 수요를 가지므로 상법은「민법의 상화」보다 빠른 속도로 새로운 법질서를 창조해 나간다. 결국 민법의 상화현상도 상법의 자주성에는 영향을 미치지 못한다.

## Ⅱ. 기타 법과의 관계

1) **상법과 노동법**    대부분의 상인은 기업활동을 위한 보조자를 둔다. 보조자는 대내적으로 상인과 고용관계를 가지며 대외적으로는 상인을 대리하여 제3자와 거래를 한다.

이 중 후자의 관계는 상인의 대외적 활동의 한 방법이므로 거래법인 상법의 규율을 받고, 전자의 관계는 원래는 민법의 고용제도가 적용되는 관계이나 노동자의 생존배려에 관한 사회복지정책적 이념이 개입함으로써 노동법의 규율도 아울러 받는다. 상법과 노동법은 이같이 규율의 영역을 달리하므로 교착될 법역이 아니다.

그러나 20세기에 들어 자본주의의 여러 가지 모순이 노정됨을 계기로 노동자의 복지를 위한 노동법이 비약적으로 발전하면서 상법에도 큰 영향을 주고 있다. 예컨대 프랑스의 1917년 노동자참가주식회사법에 도입된 노동주제도와 독일의 1951년 및 1976년의 공동결정법이 채택한 경영참가제도는 상법상의 제도인 주식회사의 자본구성과 경영조직에 직접적인 영향을 주고 있다. 그리하여 오늘날 노동법은 제한된 범위에서 상법학에서도 연구해야 할 중요한 인접 법분야가 되었다.

2) **상법과 경제법** 경제법은 자본주의의 고도화에 따른 폐단을 공법적으로 시정하기 위해 생겨난 법분야이다. 즉 국가가 국가경제 전체에 관한 특정 목적을 달성하기 위하여 경제적 부문에 대해 가하는 공권력적 규제에 관한 법이라고 할 수 있다. 「독점규제 및 공정거래에 관한 법률」이 대표적인 예이다.

경제법도 직·간접으로 기업을 대상으로 하는 한편, 상법도 사회화하는 경향이 있어 양자가 접근하는 경향도 보인다. 그러나 경제법은 국가경제의 총체적 발전을 위해 계약자유의 원칙과 같은 사법질서에 국가경제적 목적에서의 공법적 수정을 가하는 것을 내용으로 하고 그 실현을 위해 벌칙 등 공권력적 제재를 수단으로 삼는다. 이에 대해 상법은 사경제의 개별주체 간의 이해조정을 목적으로 하며 그 실현수단도 사법적 효과에 의존하므로 양자의 성격은 뚜렷이 구별된다.

3) **어음·수표법** 「어음법」은 환어음과 약속어음이라는 유가증권을 인정하고 그 발행과 유통에 필요한 규율을 하고 있으며, 「수표법」은 수표라는 유가증권을 다룬다. 그리고 「전자어음의 발행 및 유통에 관한 법률」은 약속어음을 전자적 형태로 발행·유통시킬 수 있도록 하고 있다. 어음·수표는 상인이 아닌 자도 이용할 수 있으며, 어음·수표법은 어음이나 수표라는 유가증권에 표창된 상사중립적인 권리관계를 다루기 위한 것으로 상법과는 무관하며, 특히 어음·수표관계에 원용할 만한 상법의 원리도 찾기 어렵다. 그래서 어음·수표법은 상법과 법역을 전혀 달리하여 양자 간의 관계를 연결시킬 요소가 없다.

그러나 어음·수표는 주로 상거래를 원인관계로 해서 그 지급수단으로 이용되므로 어음·수표에 관한 법률행위를 상행위로 보는 입법례도 있고, 어음·수표에 관한 법규정을 상법전의 일부로 하는 입법례도 있다. 우리나라에서도 상거래와의 밀접성 때문에 전통적으로 어음·수표법을 상법학에서 다루어 왔고, 대학강의에서도 상법학의 일부로 다루고 있다.

# 제 3 장 상법의 이념

상법의 기본목적은 기업생활관계가 원만히 이루어지도록 규범적 환경을 조성하는 것이다. 이 목적을 위해 상법 전반을 지배하는 몇 가지 이념을 추출해 볼 수 있다. 기업생활관계는 기본적으로 일반 민사생활관계이고 민법의 적용대상이다. 그러므로 상법의 이념은 특히 일반 민사생활관계를 규율하는 민법의 이념과 비교하여 이념적 특칙으로 이해할 때에 유의의하다.

## I. 기업의 생성·존속·발전의 지원

상법은 기업생활을 원활하게 함을 목적으로 하므로 기업의 생성·존속·발전을 제도적으로 지원하는 것이 상법의 존재이유이며, 기본적인 이념이다.

1) 기업생성의 촉진　　　기업은 상인의 이익실현을 위한 수단일 뿐만 아니라, 사회에 재화와 용역을 공급하고 고용을 창출하는 등 사회적으로도 유익한 존재이다. 그리하여 상법은 누구든지 기업을 영위할 수 있도록 상인자격에 특별한 제한을 두지 않으며, 영업의 종류도 자유로이 선택할 수 있게 한다. 특히 기업인들의 선호도가 높은 주식회사의 경우 발기인제도($\frac{288}{조}$)와 주주의 유한책임제도($\frac{331}{조}$)를 두어 회사설립을 촉진하고, 주식의 발행($\frac{329}{조}$)을 통해 기업자본의 조달을 용이하게 하고 있다.

2) 기업의 유지　　　기업은 다수인과 이해관계를 맺고 그 활동을 통해 사회의 경제발전에 이바지하며 국가의 부를 창출하므로 기업이 그 활동을 계속하는 것이 이해관계인 모두, 나아가서는 사회전체에 유익하다.

그리하여 상법은 기업유지를 지원하기 위한 여러 가지 배려를 하고 있다. 예컨대 영업양도제도를 두어 상인이 기업을 중단하더라도 그 동일성을 유지하며 존속할 수 있도록 하고($\frac{41}{조}$), 회사와 같은 법인기업을 인정함으로써 자연인상인의 유한성과 무관하게 항구적으로 기업이 존속할 수 있도록 하며($\frac{169}{조}$), 일정한 경우 회사가 해산된 상황에서도 회사를 계속할 수 있도록 한다($\frac{회사계속}{229조\ 등}$). 나아가 기업이 경제적 여건의 변화에 탄력적으로 대응하여 생존할 수 있도록 합병($^{174}_{조}$), 분할($^{530}_{조의2}$) 등 각종의 조직개편의 수단을 허용한다. 운송인이나 선박소유자의 책임을 제한하는 것($^{136조, 137}_{조, 746조}$)도 기업유지를 위한 배려이다.

3) **기업의 발전**($^{영리성}_{의 보장}$)　　　영리성은 기업을 창설하는 동기를 이루며 기업의 존속·발전을 위한 물적 기초가 되므로 영리성이야말로 상법의 기본정신을 이루는 개념으로서, 상법은 상인이 영리를 실현할 수 있는 각종 제도적 환경을 마련해 주고 있다. 상인의 보수청구권($^{61}_{조}$), 이자청구권($^{55}_{조}$), 이익배당제도($^{462}_{조}$) 등이 영리성을 보장하는 대표적인 예이나, 이에 더하여 상호의 양도, 영업의 양도와 같이 기업의 조직적 자산의 환가를 통한 영리실현도 보장하고 있다($^{25조 1항,}_{41조 1항}$).

## Ⅱ. 기업활동의 원활보장

기업은 대량으로 계속적·반복적 거래를 하므로 그 거래가 편리하고 신속하게 행해지고, 법률관계가 신속·명확하게 종결되도록 하여야 한다. 자세한 것은 상행위편에서 설명한다.

## Ⅲ. 거래안전의 확보

상거래는 대량으로 계속적·반복적으로 이루어지므로 거래의 안전이 민사거래에서보다 더욱 강하게 요구된다. 다음과 같은 제도는 이 점을 잘 반영하고 있다.

1) **공시제도**　　　기업내용의 대외적 공시는 거래당사자들에게 평등한 기회를 보장하고, 거래상대방으로 하여금 자신의 권리보호책을 강구할 수 있게 하며, 기업의 활동범위와 방향을 제시하기 때문에 상거래의 공정한 질서를 유지하기 위해 필요하다.

상업등기부는 기업공시를 위한 대표적인 제도이다. 출자자들이 다수 존재하며 주주의 유한책임으로 인해 채권자의 보호가 절실한 주식회사에서는 공시가 더욱 강화된다. 예컨대 주식회사에서는 정관, 주주총회의 의사록, 주주명부, 사채원부, 재무제표 등을 비치·공시하도록 하고 있다($^{396조,}_{448조}$).

2) **외관주의**　　　상거래는 불특정다수인 간에 동태적으로 행해지므로 상대방에 관한 중요한 사실의 판단은 주로 외부로 표현된 사실에 의존하게 된다. 그러므로 상거래의 원활한 유지를 위해서는 외관이 사실과 다르더라도 외관을 신뢰한 자를 보호해야 할 필요성이 강하다. 사실과 다른 외관을 신뢰한 자를 보호하기 위해 그 외관을 창출한 자에게 책임을 지우는 것을 외관주의라 한다. 상인에게 표현지배인($^{14}_{조}$)의 행위나 표현대표이사($^{395}_{조}$)의 행위에 대해 책임을 지우고, 명의대여자에게 명의차용자와 같은 책임($^{24}_{조}$)을 부여하는 것은 외관주의가 반영된 대표적인 예이다.

3) 기업책임의 강화      일반적으로 기업은 그와 거래하는 고객에 비해 경제적 능력이나 거래수완이 우월한 편이므로 소비자보호라는 차원에서 기업의 책임을 강화할 필요가 있다. 그래서 상법은 기업 또는 기업관계자의 책임을 일반원칙에 비해 강화하고 있다. 예컨대 다수인이 상행위에 가담할 경우에 지는 연대책임($\frac{57조}{1항}$), 상사보증인의 연대책임($\frac{57조}{2항}$)은 상사채무의 이행을 확보하기 위한 것이고, 운송주선인·운송인·공중접객업자·창고업자·해상운송인의 책임을 가중하는 제도($\frac{115조, 135조, 138조, 148}{조, 152조, 160조, 788조}$)는 특수업종에 종사하는 상인의 책임을 가중한 예이며, 발기인과 이사가 자본충실책임($\frac{321조,}{428조}$)을 지고 엄격한 손해배상책임($\frac{322조, 399}{조, 401조}$)을 지도록 한 것은 기업관계자의 책임을 가중한 예이다.

# 제4장 상법의 역사

우리나라도 옛부터 고유한 상거래제도와 그에 관한 법령을 가지고 있었음은 물론이나, 현행 상법은 서구의 상법을 계수한 것이므로 현행 상법의 역사는 서구의 상법발달사라 할 수 있다.

## Ⅰ. 서구의 상법사

1) 고대　　　자연경제시대는 수렵과 농업 중심의 폐쇄적 사회이었으므로 상법이라는 것이 필요할 리 없었다. 이후 다른 종족 간에 물자의 교환이 이루어지면서 교환장소의 평화를 유지하기 위한 법과 외지인에 대한 특권보장법이 생겨났다. 그래서 위블렝(Huvelin)은 고대 시장법과 외인우대법을 상법의 시초로 본다. 그 후 점차 경제법칙에 따른 시장가격이 형성되고 화폐가 등장하면서 거래법이 생겨났다.

기원전 20세기경 바빌로니아에서는 화폐를 사용하였고, 함무라비법전에는 매매 · 임치 · 운송 등에 관한 규정이 있었다고 한다. 그리고 기원전 7세기경 그리스에서는 영업자계급이 생겨나고 환전 · 임대 · 임치 · 해상 등에 관한 상관습이 발달하였다고 한다. 기원전 754년에 건국된 로마는 일찍부터 사법체계를 완성하였으나, 은행 · 해상 등의 부분적인 제도 외에는 상법전을 제정하지 않았다.

2) 중세　　　서기 476년 서로마가 멸망하면서 형성된 게르만 사회는 암흑시대라고 불리듯이 장원을 중심으로 농업을 영위하였으므로 상거래가 발달할 여지가 없었다.

그러나 9세기 이후 북부 이탈리아를 중심으로 지중해 연안에 탄생한 도시국가에서는 상업이 활발하여 각종의 상사제도가 발달하였다. 도시의 상인은 길드(Gilde)라는 상인단체를 만들어 특권을 획득하였고, 자치권과 재판관할권을 이용해서 자치법규를 만들었으며 상거래에 적합한 여러 제도를 개발하였다. 이때 상호 · 상표 · 중개인 · 위탁매매업 · 상업장부 · 상호계산 등의 제도가 만들어져 오늘날까지 전해지고 있다. 당시의 코멘다계약(commenda)은 오늘날의 익명조합, 합명 · 합자회사로 발전하는 계기가 되었다.

3) 근대 이후    르네상스의 영향으로 근대 시민사회가 성립하고, 중앙집권국가의 확립으로 국가단위의 입법이 행해졌다. 아울러 17ㆍ18세기부터 자유주의 경제 사상과 자본주의가 발전하면서 상법도 급속히 발전하여, 자본주의에 바탕을 둔 오늘날의 상법의 근간이 이 시기에 완성되었다. 1807년에 제정된 프랑스의 상법전($_{상법전}^{나폴레옹}$)이 근대상법전의 효시이다.

## Ⅱ. 우리나라 상법의 연혁

단군 시대에 이미 교환경제가 이루어지고 금속화폐가 있었다 한다. 삼한시대에는 시장이 생겼으며, 신라시대에는 「시전($_{典}^{市}$)」이라는 시장의 감독기관까지 두었다. 고려시대에도 시장의 장려정책이 있었으며, 조선시대에는 서울에 시전($_{廛}^{市}$), 지방의 보부상과 같은 상인계급이 형성되고, 객주라는 보조상은 위탁매매ㆍ중개ㆍ주선ㆍ금융ㆍ어음ㆍ부기와 같은 매우 발달된 거래관리 수단도 가지고 있었다. 1894년 갑오경장 이후 광범위한 입법사업이 이루어져 동양척식주식회사법(1908), 약속수형($_{어음}^{약속}$)조례(1907), 수형($_{음}^{어}$)조례(1907), 은행조례(1907) 등이 이 때 만들어졌으나, 1910년 한일병합으로 우리의 입법사업은 일본인의 손으로 넘어갔다.

일본 정부는 1911년 「조선에 시행할 법령에 관한 법률」을 제정하여 조선총독부령으로 우리의 법률을 입법한다고 정하였다. 이에 근거하여 1912년 3월에 공포된 조선민사령($_{독부령}^{조선총}$) 제1조 제8호 내지 제10호에 의해 일본의 상법($_{호}^{8}$)ㆍ수형법($_{의2}^{8호}$)ㆍ소절수($_{표}^{수}$)법($_{의3}^{8호}$)ㆍ유한회사법($_{의4}^{8호}$)ㆍ상법시행령($_{호}^{10}$) 등이 우리나라에 의용($_{用}^{依}$)되기에 이르렀다.

해방 후 1948년에 수립된 우리 정부는 곧 일본 법령을 대신할 우리나라 법령을 만들기 위하여 법전편찬위원회를 설치하였다. 이 위원회는 상법전의 제정에도 착수하여 1960년 11월 29일 정부안을 확정하였으나, 이 안은 그 후의 정치적 사변으로 빛을 보지 못하다가, 1962년 1월 19일 당시 군사정권하의 국회기능을 대신하던 국가재건최고회의에서 어음법ㆍ수표법과 함께 통과되어 우리 손으로 만든 상법이 1963년 1월 1일부터 시행되었다.

상법제정 이후 우리 경제가 급속히 발전하면서 회사기업이 다수 출현하고 대규모화되었으므로 특히 회사법 분야에서 법과 현실의 괴리가 심하였다. 경제는 오늘까지 계속 발전해 왔으므로 이 같은 괴리는 상시적인 문제가 되었다. 그리하여 상법시행 후 30차례에 걸쳐 상법을 개정해 오고 있다.

## Ⅲ. 상법의 국제화 경향

상거래의 국제화로 상품교역에 그치지 않고 기술이전ㆍ용역제공ㆍ금융ㆍ보험ㆍ증권거래 등으로 점차 거래종류가 확대되고 있으며, 세계를 하나의 시장으로 하여 국가 간의 경제적 분업이 이루어지고 있다. 이러한 국제거래에 있어서는 각국 간의 상이한 제도가 큰 장애이므로 이를 극복하고자 각국 간의 상사제도를 조화시키기 위한 노력이 2개 국가 간의 조약 또는 다수국가 간의 조약을 통해 꾸준히 진행되고 있고, 보다 적극적으로는 상법의 국제적 통일을 추진하는 작업도 행해지고 있다. 예컨대 국제연합은 1966년 UN국제상거래위원회(UNCITRAL)를 설치하여 상법의 통일을 위한 조약안을 계속 연구·발표하고 있다. 한편 일정한 지역을 단위로 같은 움직임을 볼 수 있다. 예컨대 EU는 유럽시장의 완전한 통합을 위해 가맹국 간의 법적 조화를 추진하고 있다.

　상법의 영리성은 합리성에 바탕을 두므로 한 나라의 우수한 제도는 각국의 고유성에 영향받지 않고 급속히 다른 나라에 의해 계수된다. 이 점 또한 상법의 국제화·통일화에 크게 기여하고 있다.

# 제 5 장  상법의 법원

## Ⅰ. 상법 제1조의 의의

상법 제1조는「상사에 관하여 본법에 규정이 없으면 상관습법에 의하고 상관습법이 없으면 민법의 규정에 의한다」고 규정하고 있다. 이 규정은 외견상 상법의 법원($\frac{法源: 법의}{존재의 근거}$)을 밝힌 것으로 보이나, 상법의 법원은 이에 국한되지 않으므로 이 조문은 상법의 법원을 규정한 것이 아니라 상관습법이 법원의 하나임을 천명하고 아울러 상관습법의 적용순서를 밝힌 것으로 보아야 한다.

이 규정의 해석에 있어 본조의 적용범위가 될「商事」란 어떤 뜻을 갖느냐는 점과 민법이 상법의 법원이냐는 점에 관해서 견해의 대립이 있다.

### 1.「상사」의 의의

1) 형식설        제1조에서 말하는「상사」를 형식적으로 이해하는 견해는「상사」란 상법에서 규정하고 있는 사항 또는 특별법에 의하여 상법전을 적용하기로 되어 있는 사항을 말한다고 해석한다($\frac{김동훈 12; 임홍}{근 37; 정동윤 24}$). 상법전을 적용하는 데에는 상사의 한계가 명확해야 한다는 것을 이유로 한다. 형식설에 의하면 상법 제1조는 상법전에 규정되어 있는 사항에 한하여 상법전을 배타적으로 적용한다는 의미를 가진다.

2) 실질설        「상사」를 실질적으로 이해하는 견해는,「상사」란 기업생활과 관련된 모든 재산법적 법률관계로서 상법이 적용되어야 할 사항을 가리킨다고 설명한다($\frac{강·임 30; 이}{(법)·최 107; 손}$ $\frac{진화 23; 정준우 13; 정찬}{형 36; 최·김 22; 최준선 85}$). 실질설에 의하면 상법전이 다루고 있지 아니한 사항도 성질상 상사로 보여지면 본조의 적용대상이 된다.

3) 논의의 의의        상법에서 명문으로 규정한 사항에 대해서는 형식설과 실질설 간에 차이가 없다. 양설이 차이를 보이는 것은 상법에서 다루지 않지만 그 성질을 상사관계로 보아야 할 경우이다. 실질설을 취한다면 이 경우에도 제1조를 적용해야 하는데, 상법에 해당

법률관계를 규율하는 규정이 없으므로 상관습법을 찾아보아야 하고 상관습법이 없으면 민법 중 적용가능한 일반원칙을 찾아 적용하게 된다. 그러나 형식설을 취한다면, 이 경우에는 상법 제1조를 적용할 수 없으므로 사법의 일반법으로서 민법 중 적용가능한 일반원칙을 적용해야 한다. 그렇지만 만일 이에 관한 관습법이 형성되어 있다면 그것을 상관습법이라 부르든 달리 부르든 관계없이 그 관습법을 우선 적용해야 함은 물론이다. 그러고 보면 제1조의 「상사」를 실질적으로 이해하든 형식적으로 이해하든 실제적인 차이는 없다고 할 수 있다.

### 2. 민법의 법원성

상법 제1조는 상사에 적용할 법의 하나로 민법을 들고 있어 이를 근거로 민법을 상법의 법원으로 볼 것이냐라는 문제가 있다. 상법에서 명문으로 민법규정을 준용하는 경우가 있을 뿐 아니라, 능력·기간·기한·시효·불법행위 등 상당수의 민법규정이 상사관계에 적용되므로 민법도 상법의 법원이라고 하는 설이 있으나, 통설은 민법이 상법과 법역을 달리하므로 상법의 법원이 될 수 없다고 한다. 상법은 특별사법이므로 상법의 법원이 되기 위해서는 특별사법적 성격을 갖는 법이어야 하는데, 민법은 이 같은 성격의 법규범이 아니기 때문이다.

## Ⅱ. 법원의 종류

### 1. 상사제정법

상사거래는 다수인 간에 빈번히 그리고 대량적으로 이루어지므로 거래의 안전에 대한 요구가 일반 민사거래에서보다 강하다. 따라서 상법의 법원으로서는 성문법이 가장 중요하고 또 대부분의 상사문제가 성문법, 즉 상사제정법에 의해 해결되고 있다.

상사거래는 민사거래에 비해 발전속도가 빠르므로 이를 규율하는 상사제정법 역시 빈번히 개정되고 발전하고 있다.

다양한 상사제정법이 있는데, 특히 적용빈도가 높은 것은 다음과 같다.

#### (1) 상법

1962년 1월 20일 법률 제1000호로 공포되고 1963년 1월 1일부터 시행된 법률로서 가장 중요한 상사법원이다. 전문 6개편 1,143개조 및 부칙으로 구성되어 있다(3편 참조).

#### (2) 상사특별법

상법전의 시행에 필요한 부속법령으로 상법시행법, 주식·사채 등의 전자등록에 관한 법률, 선박소유자 등의 책임제한절차에 관한 법률, 외국인의 서명날인에 관한 법률, 상업등기법 등이 있다.

그 밖에 독립된 상사특별법 또는 상법전에 대한 특별법적 규정을 담고 있는 법이 다수 있다. 유형별로 분류해 보면 다음과 같다.

1) **어음법·수표법**    상거래와의 밀접한 관계로 대학에서는 상법강의의 일부로서 다루어지고 있음은 앞서 말한 바와 같다.

2) **주식·채권 등 유가증권의 거래와 그에 관련되는 제도를 다루고 있는 법**    자본시장과 금융투자업에 관한 법률, 주식회사 등의 외부감사에 관한 법률 등

3) **기업의 갱생을 위한 절차법**    채무자 회생 및 파산에 관한 법률 등

4) **독점금지 및 상거래의 공정을 보장하기 위한 법**    독점규제 및 공정거래에 관한 법률, 부정경쟁방지 및 영업비밀보호에 관한 법률, 약관의 규제에 관한 법률 등

5) **금융·보험업에 관한 법**    은행법, 기타 특수은행 및 금융기관에 관한 수개의 법률, 보험업법 등

6) **특수업종의 사업에 관한 법**    관광진흥법, 해운법, 여객자동차 운수사업법, 한국철도공사법, 물류정책기본법, 공중위생관리법 등

### (3) 상사조약과 국제법규

헌법에 의하여 체결·공포된 조약과 일반적으로 승인된 국제법규는 국내법과 같은 효력을 가지므로($\frac{헌 6조}{1항}$), 그중 상사에 관한 조약과 국제법규는 상법의 법원이 된다. 상사에 관한 조약으로는 1967년 7월 13일에 우리나라가 가입한 항공운송인의 책임제한을 주된 내용으로 하는 바르샤바 협약이 한 예이다. 그리고 상사국제법규로는 공동해손에 관한 York-Antwerp Rules, 상업신용장에 관한 Lisbon Rules, 국제상업회의소($\substack{\text{International Chamber} \\ \text{of Commerce: ICC}}$)가 작성한 INCOTERMS($\substack{\text{International Commercial Terms:} \\ \text{무역조건의 해석에 관한 국제규칙}}$) 등이 있다.

## 2. 상관습법

### (1) 의의

「상관습법」이란 상거래에서 장기간 되풀이되어 온 결과 거래계의 다수인에 의해 법규범으로서의 확신을 얻은 행위양식을 말한다. 이와 유사한 개념으로 상거래에서 관행적으로 지켜지기는 하나 아직 법적 확신을 얻지 못한 것을 뜻하는 「사실인 상관습」이 있다.

상관습법은 민법학의 통설인 보충적 효력설에 의하면 성문법을 보충하는 효력을 가지고, 따라서 상관습법에 어긋난 판결을 한 경우에는 상고이유가 된다($\frac{민소}{423조}$). 이에 반해 사실인 상관습은 당사자가 이에 따를 의사를 가진 경우에만 구속력을 가지며($\substack{\text{대법원 1959. 5. 28.} \\ \text{선고 4291민상1 판결}}$), 강행법규에 어긋날 수 없음은 물론이다. 그러므로 사실인 상관습은 법규범적 효력이 없고 당사자의 의사표시를 해석하는 자료가 될 뿐이다. 따라서 사실인 상관습의 유무와 그 내용에 대한 판단은 사실인정의 문제에 불과하여 이를 그릇되게 하더라도 상고이유가 되지 아

니한다.

### (2) 상관습의 발전과 성문법에의 수용

상관습은 오랜 기간의 상거래경험을 통해 모든 사람에게 편리한 방향으로 형성되므로 그 내용이 대체로 합리적이다. 그래서 상관습은 어느 정도의 기간이 지나면 입법적 검토를 거쳐 성문법으로 흡수된다. 예컨대 구 상법시대에 백지어음이 통용되었는데 후에 어음법에 수용되었으며($\frac{어}{10조}$), 과거 기명주식에 백지배서를 하여 유통하던 관행이 있었는데 현행 상법에서는 한 걸음 나아가 기명주식을 단순히 교부에 의하여 양도할 수 있게 하였다($\frac{336조}{1항}$).

상관습은 법이 흠결된 부분에 관해 당사자의 이해를 조정해 주고 입법의 방향을 제시하고 촉진하는 기능을 하므로 상거래 및 상법의 발전에 유익하다. 그래서 상법에서는 규범의 내용을 관습법에 위임하는 예도 있다. 예컨대 상법 제29조 제2항에서는 상업장부의 작성방법에 관하여 구체적인 규정을 두지 않고「일반적으로 공정·타당한 회계관행」에 의하도록 하고 있다.

## 3. 상사자치법

회사나 기타 단체가 그 조직과 구성원의 법률관계 및 대내외적 활동에 관하여 자주적으로 정한 규범을 자치법이라 한다. 자치법은 계약과 달리 개개인의 의사에 불구하고 단체의 기관이나 구성원을 구속하므로 법규적 성질을 가지므로 상사단체의 자치법($\frac{예: 회사}{의 정관}$)은 상법의 법원이 된다. 따라서 자치법의 해석을 그르친 경우에는 상고이유가 된다.

회사를 설립할 때 정관을 작성해야 하는 것과 같이($\frac{178조, 287조의2,}{269조, 289조, 543조}$) 자치법의 제정이 법에 의해 강제되는 경우도 있지만, 법에 의하지 않고 제정된 자치법이라도 법원성이 있다. 또한 법에서 자치법의 우선적용을 명시한 경우도 있지만($\frac{예: 291조,}{416조}$), 이런 규정이 없더라도 자치법은 임의법규에 우선하여 적용된다.

## 4. 약관

### (1) 총설

**1) 약관의 개념**    약관이란 그 명칭이나 형태 또는 범위에 상관없이 계약의 한쪽 당사자가 여러 명의 상대방과 계약을 체결하기 위하여 일정한 형식으로 미리 마련한 계약의 내용을 말한다($\frac{약규 2}{조 1호}$). 사업자는 이 약관을 이용함으로써 자기의 영업에 관한 계약내용을 표준화·정형화시켜 반복되는 대량의 거래를 신속히 처리하고 거래의 부대비용을 줄일 수 있다. 고객의 입장에서도 약관에 의해 계약을 체결할 때에는 특별한 협상능력을 요하지 않으므로 모든 고객이 평등한 조건의 급부를 제공받을 수 있다는 이점이 있다. 이 같은 편의성 때문에 오늘날 운송·보험·금융·전기나 가스의 공급 등 일반대중을 상대로 재화·용역을 공급하는 계약은 거의 예외 없이 약관에 의해 체결되고 있다.

그러나 약관은 사업자가 일방적으로 작성하므로 사업자의 이익을 우선 고려한 것이 될 수밖에 없어 거래의 비용과 위험을 고객에게 전가시키는 경향이 있다. 이 같은 불공정한 약관으로부터 고객을 보호하기 위하여 「약관의 규제에 관한 법률」(약관<br>규제법)이 마련되어 있다. 이 법은 고객에게 불리하게 작성된 약관을 예시하고 이를 무효라고 선언하는 방법으로 불공정한 약관을 규율하고 있다.

**2) 약관의 범위**　약관의 폐단은 사업자에 의해 일방적으로 작성된다는 데에서 비롯되고 규제의 필요성도 이 때문에 생긴다. 그러므로 약관에 들어 있더라도 사업자와 고객의 합의를 통해 계약의 내용으로 된 조항은 작성상의 일방성이 없으므로 약관이 아니고 따라서 약관규제법의 규제 대상이 아니다(대법원 2001. 11. 27.<br>선고 99다8353 판결). 어떠한 약관규정이 이같이 일방성을 결여한 개별약정으로 인정되기 위해서는 고객이 사업자와 대등한 지위에서 충분한 검토와 고려를 한 뒤 영향력을 행사함으로써 그 내용을 변경할 가능성이 있어야 한다(대법원 2010. 9.<br>9. 선고 2009다 105383 판결; 동 2014. 6.<br>12. 선고 2013다214864 판결). 그리고 약관조항이 당사자 간의 합의에 의해 개별약정이 되었다는 사실은 이를 주장하는 자(주로<br>사업자)가 증명하여야 한다(같은<br>판례).

**3) 약관의 성립**　약관은 보통 사업자가 일방적으로 작성하지만, 사업자단체가 표준약관을 작성하고 사업자들이 이를 채택하는 경우도 있다(약규 19<br>조의3). 한편 소비자를 보호하기 위해 사업자의 영업을 감독하는 관청이 약관을 심사하여 인가 또는 허가를 하는 경우가 있다. 예컨대 보험약관은 금융위원회의 허가를 받아야 하고(보험 4조 1<br>항, 5조 3호), 전기판매사업자의 기본공급약관은 산업통상자원부 장관의 인가를 받아야 하는 것과 같다(전기사업<br>법 16조 1항). 이러한 인·허가는 소비자의 보호를 위한 행정적 감독의 수단으로 행해지므로 인·허가를 받지 아니한 약관이라도 사법적 효력에는 영향이 없다(통<br>설).

**4) 약관의 본질**　약관에 의해 체결된 계약은 고객이 약관의 내용을 모르더라도 원칙적으로 약관의 내용으로 체결된 것으로 인정되고 그에 따라 계약관계가 규율되므로 약관은 마치 법령과 흡사한 기능을 한다. 그리하여 약관을 자치법의 일종으로 보고 법원성을 인정하거나(자치<br>법설), 약관의 사실상의 구속력을 근거로 법원성을 인정하는 견해(규범<br>설)도 있다. 그러나 통설·판례는 약관이 계약의 내용이 되었을 때에 한해 구속력을 가진다고 보고 약관의 법원성을 부정하며(계약<br>설)(대법원 1989. 3. 28. 선고<br>88다4845 판결 외 다수), 약관규제법도 후술하는 바와 같이 계약설에 입각해 있다.

**(2) 약관의 채택과 배제**

계약설하에서는 고객이 약관의 내용을 알아야 하는 것이 원칙이다. 그러므로 약관규제법은 약관에 의해 계약을 체결하고자 할 때에는 사업자는 고객에게 약관을 명시하고 설명해야 하며, 이를 게을리하면 약관의 내용을 주장할 수 없도록 한다(약규<br>3조). 한편 사업자와 고객은 약관의 일부 또는 전부와 다른 내용을 합의할 수 있으며, 그 경우 합의사항이 약관에 우선한다(개별약정의 우선 원칙. 대법원 2017.<br>9. 26. 선고 2015다245145 판결)(약규<br>4조).

### (3) 약관에 의한 계약체결

**1) 약관의 작성원칙**　　사업자는 고객이 약관의 내용을 쉽게 알 수 있도록 한글로 작성하고, 표준화·체계화된 용어를 사용하며, 약관의 「중요한 내용」을 부호, 색채, 굵고 큰 문자로 명확하게 표시하여 알아보기 쉽게 약관을 작성하여야 한다(약규 3조 1항). 고객의 약관에 대한 이해도를 높이기 위함이다. 「중요한 내용」이란 고객의 이해관계에 중대한 영향을 미치는 사항으로서, 사회통념상 그 사항을 알거나 모르는 것이 계약 체결 여부에 영향을 미칠 수 있는 사항을 말한다(대법원 2007. 8. 23. 선고 2005다59475 판결).

**2) 약관의 명시**　　계약설에 의한다면, 약관이 구속력을 갖기 위해서는 당사자가 약관을 계약의 내용으로 채택하는 데 합의하여야 한다. 그리하여 「약관규제법」은 「사업자는 계약을 체결할 때에는 고객에게 약관의 내용을 계약의 종류에 따라 일반적으로 예상되는 방법으로 분명하게 밝히고, 고객이 요구할 경우 그 약관의 사본을 고객에게 내주어 고객이 약관의 내용을 알 수 있게 하여야 한다」라고 규정하고 있다(약규 3조 2항 본).

이러한 과정을 거쳐 약관을 계약내용으로 하려는 명시 또는 묵시의 합의가 이루어지는 한, 당사자(주로 고객)가 약관의 내용을 알지 못하더라도 약관은 계약의 내용으로서 구속력을 가진다.

그러나 특히 신속을 요하는 일부 거래에 관해서는 명시의무가 면제된다. 여객운송업, 전기·가스 및 수도사업, 우편업, 공중전화 서비스 제공 통신업 등이 이에 속한다(약규 3조 2항). 이 예외에 속하는 거래라도 사업자는 약관을 영업소에 비치하여 고객이 볼 수 있도록 하여야 한다(약규령 2조).

**3) 약관의 설명**　　사업자는 약관에 정하여져 있는 중요한 내용을 고객이 이해할 수 있도록 설명해야 한다(약규 3조 3항 본). 다만 계약의 성질상 설명이 현저하게 곤란한 경우에는 그렇지 않다(약규 3조 3항 단). 약관의 설명은 고객 본인에게 하는 것이 원칙이나, 고객의 대리인이 약관에 관련된 거래를 대리할 경우에는 그 대리인에게 약관을 설명하면 족하다(대법원 2001. 7. 27. 선고 2001다23973 판결).

**4) 명시·설명의무의 적용범위**　　약관의 명시·설명의무는 고객이 알지 못하는 가운데 계약의 중요한 사항이 약관에 편입됨으로써 고객이 불측의 손해를 보는 것을 방지하려는 취지에서 과하는 것이므로 약관의 내용이 이미 고객에게 충분히 알려져 있거나, 거래상 일반적이고 공통된 것이어서 별도의 설명 없이도 고객이 충분히 예상할 수 있거나, 법령에 의해 정해진 것을 되풀이하는 정도에 불과한 사항인 경우에는 사업자에게 명시·설명의무가 있다고 할 수 없다(대법원 2019. 5. 30. 선고 2016다276177 판결). 예컨대 보험금청구에 관한 서류에 사실과 다른 것을 기재하면 보험금청구권이 상실된다는 내용의 약관은 설명의무의 대상이 아니다.

**5) 명시·설명의무 위반의 효력**　　사업자가 명시해서 설명하지 않은 약관은 계약의 내용으로 주장할 수 없다(약규 3조 4항). 당연히 고객은 이러한 약관이 계약의 내용이 아님을 주장할 수 있다. 반대로 고객이 약관을 계약의 내용으로 주장하는 것은 무방하다.

명시·설명의무의 위반은 고객과 사업자의 관계에서 제기되는 문제이지만, 약관의 유효를 전제로 권리를 주장하는 제3자에 대해서도 명시·설명의무위반의 효과를 주장할 수 있다$\left(\substack{\text{대법원 2010. 5. 27.} \\ \text{선고 2007다8044 판결}}\right)$.

6) **보험약관의 특칙**      이상은 약관규제법이 규정하는 일반적인 약관의 교부·설명의무이지만 보험약관의 설명의무에 관해서는 상법에 별도의 특칙이 있다. 보험자는 보험계약을 체결할 때에 보험계약자에게 보험약관을 교부하고 그 중요한 내용을 알려 주어야 하며$\left(\substack{638조 \\ 의3 1항}\right)$, 이에 위반한 경우에는 보험계약자는 보험계약이 성립한 날로부터 3월 이내에 보험계약을 취소할 수 있다$\left(\substack{638조 \\ 의3 2항}\right)$.

**(4) 약관의 무효**

1) **일반원칙**$\left(\substack{\text{신의} \\ \text{칙}}\right)$      약관은 사적 자치의 영역에 속하지만 신의성실의 원칙을 지켜 공정하게 작성되어야 하며, 이에 어긋난 약관조항은 무효이다$\left(\substack{\text{약규 6} \\ \text{조 1항}}\right)$. 이 규정이 말하는 신의성실의 원칙이란 약관작성자는 계약상대방의 공정한 이익과 합리적인 기대에 반하지 않고 형평에 맞게끔 약관조항을 작성해야 한다는 행위원칙을 가리킨다$\left(\substack{\text{대법원 1991. 12. 24. 선} \\ \text{고 90다카23899 판결(전)}}\right)$.

그리하여, i) 고객에게 부당하게 불리한 조항, ii) 고객이 계약의 거래형태 등 관련된 모든 사정에 비추어 예상하기 어려운 조항, iii) 계약의 목적을 달성할 수 없을 정도로 계약에 따르는 본질적 권리를 제한하는 조항은 불공정한 것으로 추정되어 사업자의 반증이 없는 한 무효이다$\left(\substack{\text{약규 6} \\ \text{조 2항}}\right)$.

참고로 약관규제법 제6조 제2항에서 말하는 「고객」이란 약관으로 체결되는 계약에서 사업자의 반대당사자를 말하고, 약관에 의해 체결된 제3자를 위한 계약에서의 수익자는 포함하지 않는다$\left(\substack{\text{대법원 2011. 4. 28. 선} \\ \text{고 2010다106337 판결}}\right)$.

2) **불공정한 면책조항**      약관 중에는 사업자의 책임을 부당히 축소하는 예가 많다. 이러한 약관은 대체로 사회질서에 반하거나$\left(\substack{민 \\ 103조}\right)$, 불공정한 행위가 될 것이나$\left(\substack{민 \\ 104조}\right)$, 약관규제법은 특히 그 유형을 구체화시켜 무효로 다룬다$\left(\substack{약규 \\ 7조}\right)$.

3) **부당한 손해배상액의 예정**      고객에 대하여 부당하게 과중한 손해배상의무를 부담시키는 약관조항은 무효이다$\left(\substack{약규 \\ 8조}\right)$.

4) **해제·해지권의 부당안배**      사업자의 계약해제·해지권은 확대하고 고객의 해제·해지권을 제한하는 불평등한 약관의 경우, 이러한 해제·해지의 약정은 무효이다$\left(\substack{약규 \\ 9조}\right)$.

5) **급부의 부당결정**      사업자가 이행해야 할 급부의 내용 또는 이행방법을 사업자가 일방적으로 결정할 수 있게 하는 조항은 고객의 지위를 불안케 하므로 무효이다$\left(\substack{약규 \\ 10조}\right)$.

6) **고객의 권리제한**      법률의 규정에 의해 당연히 고객이 가질 수 있는 권리를 부당히 제한하는 조항도 무효이다$\left(\substack{약규 \\ 11조}\right)$.

7) **고객의 의사표시의 부당의제**      고객에게 불리한 의사표시를 의제하거나 의사표시를 제한하는 약관조항, 반대로 사업자의 의사표시에 대해 유리한 기한, 도달의제 등을 규정

하는 약관조항은 무효이다($^{약규}_{12조}$).

8) 대리인의 책임가중    고객의 대리인에 의하여 체결되는 계약에서, 고객이 의무를 이행하지 아니하면 대리인에게 그 의무의 전부 또는 일부를 이행할 책임을 지우는 내용의 약관조항은 무효이다($^{약규}_{13조}$).

9) 소제기의 금지    고객에 대하여 부당하게 불리한 소제기의 금지조항 또는 재판관할의 합의조항이나 상당한 이유없이 고객에게 입증책임을 부담시키는 약관조항은 무효이다($^{약규}_{14조}$).

10) 일부무효의 특칙    사업자가 약관의 일부에 관해 명시 및 설명의무를 이행하지 아니하여 약관을 계약의 내용으로 할 수 없는 경우($^{약규 3}_{조 4항}$) 및 약관조항이 이상 열거한 무효사유에 해당하는 경우, 그 계약은 나머지 부분만으로 유효하게 존속한다($^{약규 16}_{조 본}$). 일부무효는 전부무효임을 원칙으로 하는 민법 제137조에 대한 특칙을 인정한 것이다. 그러나 유효한 나머지 부분만으로 계약의 목적을 달성할 수 없는 경우 또는 계약의 존속이 일부 당사자에게 부당히 불리한 경우에는 계약의 전부를 무효로 한다($^{약규 16}_{조 단}$).

(5) 약관의 해석

약관의 내용이 고객의 법적 지위에 중대한 영향을 미칠 때에는 신의성실의 원칙에 따라 엄격하게 해석되어야 하며, 약관조항이 신의칙에 어긋날 경우 법원은 신의칙에 맞도록 수정해서 해석할 수 있다($^{대법원 1991. 12. 24.}_{선고 90다카23899 판결}$). 약관조항은 고객에 따라 다르게 해석되어서는 안되고($^{통일해석의 원칙. 대법원 2017.}_{9. 26. 선고 2015다245145 판결}$), 약관의 뜻이 명백하지 아니한 경우에는 고객에게 유리하게 해석되어야 한다($^{작성자불리의 원칙. 대법원 2016.}_{10. 27. 선고 2013다90891 판결}$)($^{약규 5}_{조 2항}$). 그리고 약관작성자의 면책사유에 해당하는 사항은 한정적으로 보고 엄격하게 해석해야 한다($^{대법원 2006. 9. 8. 선}_{고 2006다24131 판결}$).

(6) 약관의 행정적 규제

약관의 작성과 사용은 기본적으로는 사적 자치에 속하나, 소비자보호의 요청으로 인해 법원의 해석에 의해 통제가 가해지며, 때로는 당해 사업에 관한 주무관청이 인가권을 가지고 통제를 가한다. 그 밖에 약관규제법은 공정거래위원회에 다음과 같은 감독권을 부여하고 있다.

1) 약관의 심사청구    약관조항과 관련하여 법률상의 이익이 있는 자, 소비자기본법에 의하여 등록된 소비자단체, 한국소비자원 및 사업자단체는 특정의 약관이 약관규제법에 위반하는지 여부에 관한 심사를 공정거래위원회에 청구할 수 있다($^{약규}_{19조}$).

2) 시정조치    공정거래위원회는 직권으로 또는 심사청구에 대한 결정을 통해, 시장지배적 사업자가 불공정한 약관을 사용한 경우 등 일정한 경우($^{주로 사업자의 지}_{위가 우월한 경우}$)에는 약관조항의 삭제·수정 등 시정에 필요한 조치를 명령할 수 있다($^{약규 17조}_{의2 2항}$). 그 밖의 경우에도 불공정한 약관조항을 계약의 내용으로 하는 때에는 건전한 거래질서의 확립을 위하여 사업자에게 약관조항의 삭제·수정 등 시정을 권고할 수 있다($^{약규 17조}_{의2 1항}$).

3) 표준약관의 심사·권고    사업자 및 사업자단체는 불공정한 내용의 약관이 통용되는 것을 방지하기 위하여 일정한 거래 분야에서 표준이 될 약관의 제정·개정안을 마련하여 그 내용이 약관규제법에 위반되는지 여부에 관하여 공정거래위원회에 심사를 청구할 수 있다(약규 19조의3 1항). 또한 「소비자기본법」 제29조에 따라 등록된 소비자단체 또는 같은 법 제33조에 따라 설립된 한국소비자원(이하 '소비자단체 등')은 소비자의 피해가 자주 일어나는 거래 분야에서 표준이 될 약관을 제정 또는 개정할 것을 공정거래위원회에 요청할 수 있다(같은 조 2항).

i) 약관의 심사 및 표준약관의 작성    소비자단체 등의 요청이 있거나 일정한 거래 분야에서 여러 고객에게 피해가 발생하거나 발생할 우려가 있는 경우에 그 상황을 조사하여 약관이 없거나 불공정약관조항이 있는 경우에는 사업자 및 사업자단체에 대하여 표준이 될 약관의 제정·개정안을 마련하여 심사 청구할 것을 권고할 수 있다(같은 조 3항). 이때 불공정성의 유무를 심사함에 있어서는 문제되는 조항만을 따로 떼어 보아서는 안 되고, 전체 약관내용을 종합적으로 고찰한 후에 판단해야 하고, 그 약관이 사용되는 거래분야의 통상적인 거래관행, 거래대상인 상품이나 용역의 특성 등을 함께 고려하여 판단해야 한다(대법원 2010. 10. 14. 선고 2008두23184 판결).

ii) 표준약관의 사용권장    공정거래위원회는 심사하거나 제정·개정한 표준약관을 공시하고 사업자 및 사업자단체에 표준약관을 사용할 것을 권장할 수 있다(같은 조 5항). 이는 사용 자체를 강제하는 것은 아니지만, 사업자 및 사업자단체가 표준약관과 다른 약관을 사용할 경우 표준약관과 다른 주요 내용을 고객이 알기 쉽게 표시해야 하는 부담을 진다(같은 조 6항).

iii) 표준약관의 표지사용제한    공정거래위원회는 표준약관의 사용을 활성화하기 위하여 표준약관 표지를 정할 수 있고, 사업자 및 사업자단체가 표준약관을 사용하는 경우 표준약관 표지를 사용할 수 있다(약규 19조의3 7항).

(7) 약관규제법의 적용제한

1) 국제적으로 통용되는 약관    국제적으로 통용되는 운송업, 금융업 및 보험업, 무역보험법에 의한 무역보험의 약관에 대해서는 약관규제법 제7조 내지 제14조를 적용하지 아니한다(약규 15조, 약규령 3조). 단지 국제적인 운송업, 금융업이라 해서 예외의 대상이 되는 것은 아니고, 이 업종을 영위하는 사업자의 약관 자체가 국제적으로 통용될 경우에 예외가 적용된다(대법원 1994. 12. 9. 선고 93다43873 판결). 예외에 해당하는 약관의 규정은 제7조 내지 제14조 중 어느 것에 해당하더라도 무효가 아님은 물론, 동시에 제6조에 해당하더라도 무효가 아니다(대법원 2002. 5. 24. 선고 2000다52202 판결).

2) 다른 법령과의 관계    약관규제법은 약관이 상법 제3편(회사), 근로기준법 기타 대통령령이 정하는 비영리사업의 분야에 속하는 계약에 관한 것일 때에는 적용하지 않으며(약규 30조 1항), 특정한 거래 분야의 약관에 대하여 다른 법률에 특별한 규정이 있는 경우에는 약관규제법에 우선한다(약규 30조 2항).

## 5. 판례

어떤 사건에 관해 내려진 法院의 판결은 선결례가 되어 그 후 유사한 사건에 대하여는 법원이 이를 답습하게 되고, 이러한 일이 되풀이되다 보면 어느 정도 추상적인 법규범이 형성되기에 이른다. 이를 흔히 「판례법」이라 한다. 영미에서는 전통적으로 선결례구속의 원칙이 확립되어 있으므로 판례에 일반적 구속력이 있으나, 우리나라와 같은 성문법국가에서는 판례의 구속력이 없고, 따라서 판례는 法源이 아니다. 그러나 法院은 거래의 안전과 법의 안정을 위해 선결례를 존중하는 경향이 있다. 특히 대법원이 선결례와 다른 판결을 내리고자 할 때에는 전원합의체의 재판을 거쳐야 하는 등 신중을 기하므로(법원조직법 7조 1항 3호) 대법원의 판결에 대해서 일반인들은 법에 준하는 신뢰를 두게 되어 판례가 사실상의 행위규범으로 작용한다.

## 6. 조리(條理)

「조리」란 사람들이 일반적으로 합리적이라 생각하며 공동생활에서 지켜져야 한다고 생각하는 원칙을 말한다. 따라서 조리는 인위적으로 만들어진 것이 아니고 자연법적인 규범이라 할 수 있다.

조리는 실정법과 두 가지 측면에서 연결된다. i) 조리는 법을 제정할 때에 입각해야 할 가치기준이 되고 따라서 실정법의 타당근거가 되며, ii) 조리는 실정법과 계약을 해석함에 있어서의 가치기준이 되며 나아가 법이 흠결된 부분에 관해 재판의 준거가 된다. 민법 제1조는 이 뜻을 「민사에 관하여 법률에 규정이 없으면 관습법에 의하고 관습법이 없으면 조리에 의한다」고 표현하고 있다. 이 조문을 근거로 조리의 법원성을 인정하는 견해도 있으나, 조리는 법의 존재근거 또는 존재양식이 아닌 까닭에 법원으로 볼 수 없다고 함이 통설이다.


# Ⅲ. 법적용의 순서

## 1. 상법과 기타 성문법

상법 제1조는 제정법 우선주의에 입각하여 상법전을 상사에 관하여 적용할 제1순위의 법규로 열거하였다. 그리고 상법 외에 많은 상사특별법이 존재하며, 법률과 같은 효력을 갖는 상사에 관한 조약과 국제법규도 있다. 상법과 상사특별법 중에서는 특별법 우선의 원칙에 따라 상사특별법이 상법에 우선하여 적용된다. 그리고 조약과 국제법규는 그것이 다루는 법률관계의 특수성에 비추어 상법의 특별법이라 할 수 있으므로 국내의 특별법과 같은 순위로 적용된다.

## 2. 자치법·관습법과 성문법

자치법은 단체의 법률관계에 관하여 당사자들이 직접 합의한 것이므로 관습법에 우선하여 적용되고 성문법에도 우선한다는 것이 통설이다. 그러나 자치법이 강행법규에 우선할 수는 없으므로 자치법의 적용순위는 상사성문법 중 강행법규의 뒤에, 그리고 임의법규의 앞에 놓이게 된다. 한편 상법 제1조는 상관습법을 상법의 후순위에 놓고 있으나, 상법 중 임의법규와 다른 관습법이 성립할 수 있다고 보아야 하며($\binom{\text{민 1조}}{\text{참조}}$), 또 개개의 임의규정을 해석함에 있어 그와 다른 상관습이 있으면 그에 따라야 하는 것으로 해석하는 것이 일반적이다.

상법 제1조는 상관습법도 없을 때 민법을 적용한다고 하였으므로 자치법과 상관습법은 항상 민법에 우선하여 적용되는 것처럼 해석될 수 있다. 그러나 민법의 강행법규에 어긋나는 자치법이나 상관습을 유효하게 볼 수는 없으므로 자치법과 관습법은 민법의 강행규정보다는 후순위로, 그리고 민법의 임의규정보다는 선순위로 적용된다.

## 3. 법적용순위의 체계

이상 설명한 바를 정리해 보면 법적용의 순위는, ① 조약·국제법규·상사특별법, ② 상법 중 강행법규, ③ 민법 중 강행법규, ④ 자치법, ⑤ 관습법, ⑥ 상법 중 임의법규, ⑦ 민법 중 임의법규의 순이 된다.

흔히 조약·국제법규와 상사특별법을 같은 순위로 설명하는데, 우리가 당사자인 조약과 일반적으로 승인된 국제법규는 국내법과 같은 효력을 가지므로($\binom{\text{헌 6조}}{\text{1항}}$) 상사에 관한 조약과 국제법규는 상사특별법과 동순위의 효력을 갖는다는 뜻에서 이론적으로는 옳은 설명이다. 그러나 현실적인 문제로서, 조약이나 국제법규에서 다루고 있는 사항에 관해 우리나라가 이와 충돌하는 국내법을 제정할 수는 없으니, 실제로는 조약·국제법규는 같은 사항에 관한 국내의 상사특별법에 대해 다시 특별법의 지위를 가지고 이에 우선한다고 보아야 한다.

# 제 6 장  상법의 효력

상법의 적용은 여타 법률의 적용과 마찬가지로 시간·장소·사람에 대한 제약을 받으며, 그 입법대상인 사항에 대한 제약을 받는다.

## 1. 시간에 관한 효력

1) 소급적용문제    법이 개정된 후 구법시대에 발생한 생활관계가 신법하에서 문제될 경우 행위 당시의 현행법인 구법을 적용할 것인지, 아니면 법을 적용하는 시점의 현행법인 신법을 소급적용할 것인지 문제된다. 이는 경과규정인 시행법 또는 부칙으로 정할 문제이다. 일반적으로 사람은 행위 당시의 법이 적용될 것을 예상하고 생활관계를 이루어 나가므로 당사자들에게 예측가능성을 부여해 주기 위해서는 행위 당시의 법, 즉 구법을 적용하는 것이 옳다고 볼 수 있다. 또 법률관계의 성격에 따라서는 신법의 소급적용이 엄하게 금지되는 경우도 있다. 형벌불소급의 원칙($^{헌\ 13조\ 1항;}_{형\ 1조\ 1항}$)이 좋은 예이다.

그러나 대체로 신법이 보다 합리적이며, 구법관계에 신법을 적용하더라도 당사자에게 이익이 되는 경우도 있다. 그래서 상법의 제정당시 상법시행법은 상법의 소급적용을 허용하였다($^{동법\ 2조\ 1항\ 본:「상법은\ 특별한\ 규정이\ 없}_{으면\ 상법시행\ 전에\ 생긴\ 사항에도\ 적용한다.」}$).

2) 신·구법의 우선관계    신법에 의해 구법이 폐지됨이 없이, 동일한 사항에 관해 상이한 내용의 법률이 2개 이상 존재할 수 있다. 이 경우에는 「신법이 구법을 변경한다」는 것이 일반원칙이다. 그러나 신법이 일반법이고 구법이 특별법일 때에는 「일반법인 신법은 특별법인 구법을 변경하지 아니한다」는 원칙이 적용되어 특별법인 구법이 우선하여 적용된다. 상법시행법도 이 원칙을 받아들였다($^{동법\ 3조:「상사에\ 관한\ 특별한\ 법령」}_{은\ 상법시행\ 후에도\ 그\ 효력이\ 있다.」}$).

## 2. 장소에 관한 효력

상법은 우리나라의 국법이므로 대한민국의 전영토에 적용됨이 원칙이다. 그러나 국제적으로 이루어지는 상거래에 있어서는 어느 나라의 법을 적용할 것인지 문제될 수 있다. 이러한 경우에는 「국제사법」에 의해 준거법이 결정되므로 상법적용의 장소적 범위가 제약 또는 확장된다.

### 3. 사람에 대한 효력

상법은 대한민국 국민 전원에 대해 적용됨이 원칙이지만, 대한민국 국민과 외국인 사이에 이루어진 상거래에 대해서는 역시 국제사법이 준거법을 정한다. 이와는 별도로 상법의 규정 중에는 특수한 상인에게 적용되지 않는 것이 있다. 즉 소상인에 대해서는 지배인·상호·상업장부·상업등기에 관한 규정이 적용되지 않는다($\frac{9}{조}$). 그러나 소상인도 상인이므로 영업활동에 관한 상법규정은 당연히 적용된다.

### 4. 사항에 관한 효력

상법은 상사에 관해 적용된다. 그런데 상법상은 상인과 무관하게 행해지는 절대적 상행위를 인정하지 않으므로 결국 상인의 상행위를 중심으로 한 상사법률관계에 상법이 적용된다.

상행위에는 당사자 중 일방에 대해서만 상행위가 되는 것($\frac{일방적}{상행위}$)과 쌍방에 대해 상행위가 되는 것($\frac{쌍방적}{상행위}$)이 있다. 쌍방적 상행위에 상법이 적용되는 것은 물론이지만, 일방적 상행위라도 그 행위는 상인에 의해 주도되어 기업법적 특질을 지니므로 쌍방에 대해 상법이 적용된다($\frac{3}{조}$). 일방 당사자가 수인이고 그중 일부만 상인인 경우에 관해서는 상법에 명문의 규정이 없으나, 이 경우에도 전원에 대해 상법이 적용된다고 보아야 한다($\frac{대법원 2014. 4. 10. 선}{고 2013다68207 판결}$). 그러나 상법규정 중에는 기업법적 특질이 지나치게 강하여 비상인에게 적용하는 것이 무리라고 여기고 쌍방적 상행위에 대해서만 적용하는 것도 있다($\frac{예:}{67조}$).

# 제 1 편

# 총      칙

# 제 1 장  상  인

## I. 총설

앞서 실질적 의의의 상법을 「기업에 관한 법」이라고 정의하였지만, 기업이란 영업을 수행하기 위해 결합된 인적·물적 설비의 조직에 불과하고, 실제 기업생활에 상법을 적용함으로써 발생하는 법률관계는 법상 권리의무의 귀속점인 상인을 중심으로 전개된다. 다시 말해, 상인은 기업의 조직과 활동의 주체로서 기업의 대내외적 활동에서 생기는 법률관계의 당사자가 되는 것이다. 그러므로 개개의 상법규정의 적용대상을 파악하기 위해서는 상인이 어떤 사람이냐($^{상인의}_{개념}$)를 먼저 인식하여야 한다.

## II. 상인의 개념

### 1. 상인개념의 입법주의

상인의 개념을 상인의 특성 내지는 그가 행하는 행위의 형식에 따라 정할 것이냐, 아니면 상인의 행위의 실질에 따라 정할 것이냐는 방법론적인 차이에 따라 형식주의와 실질주의 그리고 절충주의로 나뉜다. 한편 상행위의 개념을 행위자의 성분($^{商人}_{性}$)에 의해 정할 것이냐, 아니면 행위의 객관적 성질에 의해 정할 것이냐에 따라 주관주의($^{상인법}_{주의}$)와 객관주의($^{상행위}_{법주의}$)로 나뉜다.

그런데 상인과 상행위는 상법의 적용대상을 정함에 있어 2대 지주를 이루는 개념으로서 양자는 상호 의존적인 관계에 있으므로 이들을 별도로 논할 수는 없다. 다시 말하면, 상인의 상행위로 인해 생겨나는 법률관계를 상법이 규율하는 것이기 때문에 여기서 어떤 사람이 상인이냐 어떤 행위가 상행위이냐는 의문에 답하는 방법으로서, 상행위를 하는 사람을 상인이라고 하는 방법이 있을 수 있고, 상인이 하는 행위를 상행위라고 하는 방법이 있

을 수 있는 것이다. 그래서 상인개념의 정립을 위한 형식주의와 실질주의는 상행위개념의
정립을 위한 주관주의($^{상인법}_{주의}$)와 객관주의($^{상행위}_{법주의}$)와 같은 뜻으로 이해할 수 있다.

1) **형식주의**($^{주관주의·}_{상인법주의}$)      상인의 형식적 자격 또는 행위형식의 특성을 기준으로 하여
상인개념을 정하는 방법이다. 이 주의에 의하면 먼저 상인개념이 결정되고,「그가 하는 행
위가 상행위이다」라는 식으로 상행위의 개념이 도출된다. 독일, 스위스가 이 방법을 취
한다.

형식주의에 의해 상인개념을 정한다고 해서 그 개념을 상행위와 전혀 연결없이 상인의
행위형식의 특성만에 의해 완결적으로 정할 수 있는 것은 아니다. 왜냐하면 상인의 행위형
식의 특성이란 것은 상인이 전형적으로 행하는 행위가 있고, 그 행위를 하는 방식이 정형화
됨으로 해서 경험적으로 발견되는 것이기 때문이다. 그리고 형식주의하에서는 상인이 아닌
자가 상법을 적용함이 타당한 영리행위를 할 때에 이를 상법에 의해 규율할 수 없다는 단점
이 지적된다.

2) **실질주의**($^{객관주의·상}_{행위법주의}$)      상인이 하는 행위의 실질이 일반 민사행위와 다른 점을 전
제로 하여 먼저 그러한 행위를 상행위라 정하고, 상행위를 하는 자를 상인으로 보는 방법이
다. 따라서 실질주의에 의하면 형식주의와는 반대의 과정을 밟아, 상행위의 개념이 먼저 결
정되고 그로부터 상인의 개념이 도출된다. 프랑스, 스페인 등이 이 방법을 취하고 있다.

이 주의에 의하면 자연 상행위를 제한적으로 열거하게 될 것이므로 경제가 발전함에
따라 생겨나는 새로운 기업활동을 수용할 수 없고, 따라서 그러한 기업주체를 상인으로 인
정할 수 없게 되어 상법을 적용함이 마땅한 거래를 상법의 적용대상에서 제외시키게 되는
단점이 있다.

3) **절충주의**      순수한 형식주의와 실질주의에 위와 같은 문제점이 있음에 주목하
여, 실질주의에 따라 상행위를 하는 자도 상인으로 하고 아울러 형식주의에 따라 일정한 형
식에 의해 행위하는 자도 상인으로 하는 방법이다. 일본상법이 이에 속한다.

## 2. 상법의 입법주의

상법은 상인 또는 상행위의 정의와 관련하여 4개의 조문을 두고 있다. 우선 상인을 당
연상인과 의제상인으로 분류한 뒤, 당연상인은 제4조에서「자기명의로 상행위를 하는 자」
로 정의하고, 의제상인은 제5조에서「① 점포 기타 유사한 설비에 의하여 상인적 방법으로
영업을 하는 자는 상행위를 하지 아니하더라도 상인으로 본다. ② 회사는 상행위를 하지 아
니하더라도 전항과 같다. [즉 상인으로 본다]」라고 규정하고 있다.

한편 상법 제46조는「동산, 부동산, 유가증권 기타 재산의 매매」등 22가지의 행위
를 나열하고, 이 행위 중 어떤 것을「영업으로 할 때」에 상행위($^{기본적}_{상행위}$)가 된다고 규정하고
있다.

위 규정들의 해석에 있어, 제4조에서 당연상인이 하는「상행위」란 바로 제46조에서 말하는「기본적 상행위」를 가리킨다는 점에 대해서는 이견이 없다. 그리고 제46조의 각 호에서 나열하는 행위들은 그 자체로서 기본적 상행위가 되는 것이 아니고 이를「영업」으로 할 때에만「기본적 상행위」가 된다는 점도 규정상 명백하다.

그러면 제5조의 의제상인이 영업으로 하는 행위, 즉 기본적 상행위가 아닌 영업행위라는 것이 존재하게 되는데, 상법은 이를「준상행위」라 하여 역시 상법의 적용대상으로 삼고 있다($_{조}^{66}$).

이상의 규정들을 관련지어 보면 일응 당연상인($_{조}^{4}$)은 제46조의 상행위개념을 토대로 하고 있고, 의제상인($_{조}^{5}$)은 상행위와 무관하게 정해지는 듯하다. 그래서 통설은 상법이 당연상인에 대해서는 실질주의를 취하고 의제상인에 대해서는 형식주의를 취한 절충적 입법방식으로 이해한다.

상인에 관해 상법이 규정한 바를 개념의 흐름도로 표시하면 ＜그림 1＞과 같다.

〈그림 1〉 상인개념의 흐름도

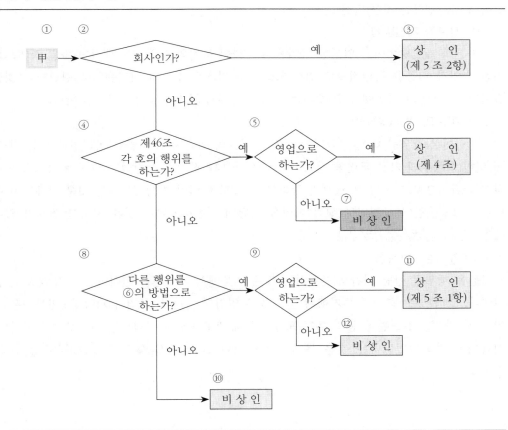

## Ⅲ. 당연상인

당연상인이란 자기명의로 상행위를 하는 자이다($\frac{4}{\text{조}}$). 여기서 상행위란 기본적 상행위를 뜻하며, 기본적 상행위란 영업으로 하는 제46조 제1호 내지 제22호의 행위이다. 이하 당연 상인의 개념요소를 설명한다.

### 1. 기본적 상행위(제46조 각호의 행위)

상법 제46조가 열거하는 행위들은 기본적 상행위, 나아가서 상인의 기초가 되는 행위들이므로 제46조의 열거는 제한적 열거로 보아야 한다. 그리고 이 행위들은 채권행위를 뜻한다. 물권행위는 이행행위로서 그 자체에 영리성이 결부될 여지가 없기 때문이다. 각 행위에 관한 구체적인 설명은 상행위편으로 미룬다($\frac{107면\ 이}{하\ 참조}$).

### 2. 영업성

「영업」이란 자본적 계산방법하에서 이윤의 획득을 목적으로 동종의 행위를 계속적·반복적으로 행하는 것을 말한다.

#### (1) 자본적 계산방법

자본적 계산방법이란 일정한 금액을 투자하여 특정의 사업을 수행하면서 그 사업으로 인한 수입과 비용을 독립적으로 인식하고 이를 기초로 투자의 기간손익을 판단하는 것을 말한다. 따라서 그 사업에 관한 수지는 상인의 가계와 분리해서 계산되어야 한다.

#### (2) 이윤의 획득(영리성)

상인이 상행위를 하는 궁극적인 목적은 이윤의 획득이다. 따라서 영리성은 상인 및 그에 의한 상행위의 가장 뚜렷한 징표이다. 상인의 영리성이란 상인의 주관적 목적으로 존재하고 객관적으로 인식될 수 있으면 족하고, 현실로 이익이 발생했느냐는 것은 문제되지 아니한다. 또 상인이 상행위로 생긴 이익을 어떻게 처분하느냐는 것은 고려할 필요가 없다($\begin{smallmatrix}\text{예컨대 공익사업을 위한 기금을 마련하기 위}\\\text{하여 상행위를 하더라도 영업임에는 틀림없다}\end{smallmatrix}$).

#### (3) 계속성·반복성

같은 행위를 상당 기간 되풀이하는 것은 외부에서 기업성을 인식하는 가장 중요한 근거이다. 그러므로 1회적인 투기행위 같은 것은 영업이 아니다. 그러나 계속성·반복성은 상인의 점포시설·홍보활동 등 외부적 표상을 통해 객관적으로 인식되는 것으로 족하고 실제 계속되고 반복되었느냐는 것은 문제되지 아니한다($\begin{smallmatrix}\text{예컨대 가구점을 차렸으나 몇 달이 지나도록 책상 한 개밖}\\\text{에 팔지 못하고 폐업했다 하더라도 영업이라 보는 데 지장}\\\text{이 없다}\end{smallmatrix}$).

### 3. 자기명의

「자기명의」란 상거래로 인해 생긴 권리의무가 법적으로 귀속되는 주체가 됨을 뜻한다. 따라서 누가 실제로 기업활동을 하느냐는 것은 고려대상이 아니다. 또 자기명의로 상행위를 하는 이상 타인의 계산으로 하더라도 상인이 되는 데에는 지장이 없다.

간혹 행정관청에 신고한 영업자($\binom{예: 부가가치세법}{상의 사업자 등록}$)와 상거래에서의 주체가 다를 수가 있지만, 누구의 「명의」이냐를 판단하는 데에 중요한 것은 사법적인 권리의무의 귀속점이므로 후자가 상인이 된다.

### 4. 예외

자기명의로 영업성 있는 거래를 한다고 하더라도 「오로지 임금을 받을 목적으로 물건을 제조하거나 노무에 종사하는 자의 행위」는 상행위로 보지 아니하며($\binom{46조}{단}$), 따라서 이러한 행위를 하는 자는 상인이 아니다.

여기서 임금을 받는다는 것은 특정인에게 고용되어 보수를 받는다는 뜻이 아니라 제조 또는 노무의 양에 따라 영세한 보수를 받음을 뜻한다. 이러한 행위를 하는 자는 지나친 영세성으로 인해 기업성을 인정할 수 없어 상인의 범위에서 제외시킨 것이다.

## Ⅳ. 의제상인

상법은 다음 두 가지 경우에는 기본적 상행위를 하지 아니하더라도 상인으로 본다.

### 1. 설비상인

점포 기타 유사한 설비에 의하여 상인적 방법으로 영업을 하는 자는 상행위를 하지 아니하더라도 상인으로 본다($\binom{5조}{1항}$).

#### (1) 설비상인의 행위

여기서 상행위라 함은 상법 제4조가 말하는 상행위와 마찬가지로 제46조 각 호의 상행위를 말한다. 즉 설비상인이란 제46조가 열거한 것 이외의 행위를 영업으로 하는 자이다. 원래 제46조 각 호의 행위를 기본적 상행위로 한 것은 이 행위들은 경험적으로 상인들이 주업으로 삼아 왔던 것들이기 때문이다. 그러나 이 밖에도 기업활동의 대상으로 할 만한 것들이 다수 있고 경제가 발전함에 따라 새로운 유형의 영업행위가 생겨나는데, 이러한 행위들을 기업화할 경우에는 역시 상법에 의해 규율하는 것이 공평하다. 그리하여 상법은 설비상인의 개념을 도입하여 제46조 각 호 이외의 영업행위들을 상법의 적용대상으로 포섭한 것이다.

설비상인의 업종이 될 만한 사업으로는 경영자문업, 결혼상담업, 연예인의 송출업, 흥행업 등 헤아릴 수 없이 많다. 한편 의사·변호사·공인회계사·세무사와 같은 전문직업인은 그 사업활동이 대체로 설비상인의 요건을 충족하지만 상인으로 보지 않는 것이 일반적이다(대법원 2007. 7. 26.자 2006마334 결정(변호사의 상인성을 부정한 판례); 동 2008. 6. 26.자 2007마996 결정(법무사의 상인성을 부정한 판례)).

### (2) 영업성

설비상인은 제46조 각 호 이외의 행위를 영업으로 하는 자이다. 영업성의 뜻은 당연상인에 관해 설명한 바와 같다.

### (3) 상인적 방법

제5조 제1항에서 말하는「점포 기타 유사한 설비에 의하여」영업을 한다고 함은「상인적 방법으로」의 예시로 보아야 한다. 그리고「상인적 방법으로」영업을 한다고 함은 기술한 바와 같이「당연상인이 영업을 하는 것과 같은 방법」으로 영업을 하는 것을 뜻한다. 즉 점포나 사무실과 같이 영업활동을 위한 고정적인 장소를 갖고, 상업사용인을 두고 상업장부를 작성하며, 대외적인 홍보활동을 하는 등, 사회통념상 상인의 경영방법이라고 볼 수 있는 방법을 좇아 영업을 하는 것을 말한다.「상인적 방법」이란 설비상인의 상인성을 판단하는 가장 중요한 표지이다. 가령 생업으로 계(契)를 운영하는 계주라도 이 요건을 결여하는 한 상인이 아니다(대법원 1993. 9. 10. 선고 93다21705 판결).

## 2. 회사

회사는 상행위를 하지 아니하더라도 상인으로 본다($\frac{5조}{2항}$). 여기서의 상행위도 기본적 상행위를 이른다. 회사는 상행위나 그 밖의 영리를 목적으로 하여 설립한 법인이므로($\frac{169}{조}$) 그 중에는 상행위를 영업으로 하는 회사와 상행위 이외의 행위를 영업으로 하는 회사가 있다. 이 조문은 상행위 이외의 행위를 영업으로 하는 회사를 상인에 포함시켜 그의 거래에 상법을 적용하기 위해 둔 규정이다. 회사는 가장 합리적인 기업조직으로 상인으로서의 성격이 농후하기 때문이다.

# V. 소상인

## 1. 소상인의 의의

소상인이란 영업규모가 영세하여 상법 중 일부 규정의 적용이 배제되는 상인을 말한다($\frac{9}{조}$). 이에 대해 상법규정이 전부 적용되는 일반상인은 완전상인이라 부른다.

영업규모의 영세성은 대통령령으로 정하게 되어 있는데, 현재는「자본금액이 1천만원에 미달하는 상인으로서 회사가 아닌 자」로 정해져 있다($\frac{상령}{2조}$). 여기서 자본금액이란 영업재

산의 총액을 가리키는 것으로 이해해야 한다. 회사는 기업성이 뚜렷한 데다가, 소상인에게
는 적용되지 않는 상호나 상업등기에 관한 규정은 아무리 영세한 회사라도 반드시 적용되
어야 하므로 회사는 소상인에서 제외된다.

### 2. 입법취지

상법 중 지배인·상호·상업장부·상업등기 등에 관한 규정은 소상인에 대하여 적용하
지 아니한다($\frac{9}{조}$). 지배인·상호·상업장부·상업등기 등의 규정은 기업조직을 완비하기 위
한 제도로서 상인이 그 관리를 위해 상당한 시간과 비용, 때로는 위험($\frac{예: 표현지배인의}{행위에 대한 책임}$)을 부담
해야 하는 것들이다. 이러한 비용부담은 소상인의 영업규모에 비해 지나치게 비경제적인데
다, 위 제도들을 소상인에게 적용하면 다른 상인 기타 일반인에 대해서도 부담을 주므로 소
상인에 대해서는 위 제도의 적용을 배제한 것이다.

### 3. 특칙의 적용

**1) 지배인**    소상인이 지배인을 선임하더라도 그는 상법상의 지배인이 아니므로
등기할 필요가 없고, 표현지배인에 관한 규정($\frac{14}{조}$)도 적용되지 아니한다.

**2) 상호**    소상인도 상호를 선정하여 사용할 수는 있으나 그 상호는 상법상의 상호
사용권($\frac{22조, 23조,}{27조 참조}$)으로서 보호받지 못한다. 그러나 소상인에 대해서도 타인의 상호를 보호하
기 위한 규정과 일반인의 신뢰를 보호하기 위한 규정은 적용된다. 예컨대 소상인은 상호를
쓰더라도 회사를 표시하는 문자를 사용하지 못하며($\frac{20}{조}$), 타인의 영업으로 오인할 수 있는 상
호를 사용할 수 없다($\frac{23}{조}$). 또 소상인이 타인에게 명의를 대여한 때에는 거래상대방에게 명의
대여자로서 책임을 져야 하며($\frac{24}{조}$), 반대로 타인이 소상인에게 명의를 대여한 때에도 그 타인
은 명의대여자로서 책임을 진다.

**3) 상업장부**    소상인은 상업장부를 작성할 의무가 없으며, 따라서 상업장부의 보
존의무($\frac{33}{조}$), 소송에서의 제출의무도 없다($\frac{32조}{참조}$).

**4) 상업등기**    소상인에 대해서는 상업등기에 관한 규정도 적용하지 아니한다. 회
사, 지배인, 상호제도는 소상인과 무관하므로 그에 관한 등기제도 역시 소상인에게 적용될
여지가 없다. 상업등기가 소상인에게 적용되지 않는다는 규정이 의의를 갖는 것은 미성년
자의 영업에 관한 등기와 법정대리인의 대리영업에 관한 등기가 불필요하다는 점이다.

## Ⅵ. 상인자격의 득실

상인으로 존속하는 동안은 그의 행위에 대하여 상법이 적용되므로 언제 상인이 되고
언제 상인자격을 상실하느냐는 것은 상법적용의 시간적 범위를 정하기 위한 또 하나의 중

요한 문제이다.

## 1. 자연인의 상인자격

### (1) 취득

자연인이 상인이 되는 데에는 특별한 절차를 요하지 않고 상법 제4조와 제5조 제1항의 요건, 즉 영업을 개시함으로써 상인이 된다. 간혹 영업의 종류에 따라 행정규제의 목적에서 주무관청의 허가를 받도록 하는 예가 있으나, 이러한 허가의 유무는 상인자격의 취득과는 무관하다.

영업의 개시를 위한 준비행위$\binom{\text{예: 점포의 임차, 영업용 재}}{\text{산의 구입, 간판의 주문 등}}$도 객관적으로 영업의사를 인식할 수 있으면 상인의 행위$\binom{\text{보조적 상행}}{\text{위, 47조 2항}}$로 보아야 할 것이므로, 개업의 준비에 착수하였을 때 상인자격을 취득한다고 본다$\binom{\text{통}}{\text{설}}\binom{\text{대법원 1999. 1. 29.}}{\text{선고 98다1584 판결}}$.

### (2) 상실

상인이 사망하거나, 영업을 폐지 혹은 양도할 때에 상인자격을 상실한다. 영업을 폐지한 후 영업 중의 거래에 관한 잔무를 처리하는 범위에서는 상인자격을 유지하지만, 영업재산을 매각하는 행위는 상인자격에서 하는 것이 아니다.

상인이 영업 중 성년후견이 개시되거나, 한정후견이 개시되더라도 후견인이 상행위를 대리할 수 있고, 일정범위의 행위는 단독으로도 할 수 있으므로$\binom{\text{민 10조 1항,}}{\text{13조 1항}}$ 상인자격을 잃지 아니한다. 상인이 파산선고를 받으면 파산관재인이 상인의 재산을 관리하고 영업은 종료되므로 상인자격을 상실한다.

## 2. 법인의 상인자격

회사와 그 밖의 법인의 상인자격은 달리 검토해야 한다.

### (1) 회사

**1) 취득** 회사는 기본적 상행위를 하든 하지 않든 상인으로 의제된다$\binom{5조}{2항}$. 그리고 회사는 등기에 의해 법인격을 취득하므로$\binom{172}{조}$ 설립등기를 함으로써 상인자격을 취득한다. 설립중의 회사는 법인격이 없으나 제한된 범위에서 권리능력이 있으므로 상인으로 보는 것이 타당하다.

**2) 상실** 회사는 법인격의 소멸과 함께 상인자격도 상실한다. 회사가 해산을 하더라도 청산의 목적범위 내에서 존속하므로$\binom{245조, 269조, 287조의}{45, 542조 1항, 613조}$ 청산을 종결할 때까지는 법인격이 있고 상인자격도 유지된다. 회사가 파산을 하면 자연인의 경우와 같이 상인자격을 상실한다.

### (2) 비영리법인

영리 아닌 사업을 목적으로 하는 사단 또는 재단$\binom{민}{32조}$도 기본적 상행위를 하거나 설비상인의 요건을 갖춘 때에는 상인이 된다. 비영리법인도 수익사업을 할 수 있으므로 그러한 수익사업에 관한 한 상인으로 다루는 것이 당연하다.

(3) 공법인

공법인은 보통 영업을 할 수 없으나, 그중에는 수익사업을 할 수 있는 법인도 있는데, 이러한 법인은 수익사업에 관한 범위 내에서 상인으로 볼 수 있다. 그러므로 상법 제2조에서도 공법인의 상행위에 대하여는 법령에 다른 규정이 없는 경우에 한하여 상법을 적용한다고 규정한다.

### 3. 국가의 상인자격

국가 또는 지방자치단체가 하는 사업 중에는 상행위로 보아야 할 것이 있다. 예컨대 과거의 국영철도운송사업, 서울시의 주차장운영사업 등과 같다. 이 사업들은 국가 또는 지방자치단체가 공권력의 주체가 아니라 국고의 주체로서 수행하는 것이고 영리를 수반하므로 이러한 사업에 관한 한 국가 또는 지방자치단체를 상인으로 보아야 한다. 철도사업이 민영화되기 전에 철도여객이 철도 또는 열차의 관리부주의로 상해를 입은 사건에서 판례는 국가를 상법상의 여객운송인으로 보아 상법 제148조의 손해배상책임을 인정하였다(대법원 1977. 9. 28. 선고 77 다982 판 결 외 다수).

## Ⅶ. 영업능력(상행위능력)

회사는 제한능력이란 상태가 있을 수 없으므로 상인자격이 있는 한 영업능력도 있다. 이에 반해 자연인은 권리능력이 있는 한 상인이 될 수 있으나, 실제 상행위를 할 능력이 있느냐는 것은 개인별로 판단할 문제이다. 영업능력이라 해서 일반적인 법률행위능력과 달리 정해지는 것이 아니므로 영업에 관한 제한능력자의 범위는 민법상의 제한능력자의 범위와 일치하고 그에 대한 법적 취급도 같다. 다만, 상법은 상거래의 특성을 고려하여 제한능력자의 상행위에 관해 3개의 특칙을 두고 있다.

1) 미성년자의 허락된 영업     미성년자는 법정대리인의 허락을 얻어 영업을 할 수 있다(민8조 1항). 미성년자가 영업의 허락을 받았는지 여부는 거래상대방에게 매우 중대한 이해관계가 걸린 사항이므로 이를 등기하여야 한다(6조). 영업의 허락을 철회할 경우(민8조 2항)에도 등기하여야 한다.

2) 법정대리인에 의한 영업의 대리     법정대리인이 미성년자, 피한정후견인 또는 피성년후견인을 위하여 영업을 하는 때에는 등기를 하여야 한다(8조 1항). 대리권의 소재와 범위를 공시하여 거래의 안전을 기하기 위함이다. 법정대리인의 대리권에 대한 제한은 선의의 제3자에게 대항하지 못한다(8조 2항).

3) 미성년자가 무한책임사원이 되는 경우　　미성년자가 법정대리인의 허락을 얻어 회사의 무한책임사원이 된 때에는 그 사원자격으로 인한 행위에는 능력자로 본다($\frac{7}{2}$). 회사의 무한책임사원이란 합명회사의 사원 및 합자회사의 무한책임사원을 가리킨다. 합명회사 및 합자회사의 무한책임사원은 회사의 업무를 집행하며($\frac{200}{2}$), 회사를 대표한다($\frac{207}{2}$). 그러므로 무한책임사원이 되는 것을 허락한 때에는 무한책임사원의 지위에 수반되는 모든 행위에 대해서도 허락한 것으로 보고, 미성년자가 단독으로 회사업무에 관한 행위를 할 수 있게 한 것이다.

## Ⅷ. 영업의 제한

### 1. 총설

헌법 제15조에서 「모든 국민은 직업선택의 자유를 가진다」고 규정하고 있듯이 누구든 상인으로서 어떠한 영업이라도 할 수 있는 자유를 가진다. 그러나 국민의 자유는 사회의 공동생활이 유지될 수 있는 범위에서 주어질 수 있는 것이므로 무제한적일 수는 없다. 그래서 헌법에서도 국가안전보장·질서유지 또는 공공복리를 위하여 필요한 경우에는 법률로써 국민의 자유를 제한할 수 있게 하였다($\frac{현 37}{조 2항}$). 이에 따라 영업의 자유도 사법상 또는 공법상의 여러 가지 이유에 의해 제한을 받는다. 한편 개인 간의 합의에 의해 서로의 이익을 조정하는 방법으로 영업의 자유를 제한할 수도 있다.

### 2. 사법상의 제한

1) 사인 간의 이익을 조정하기 위해 법률로 영업의 자유를 제한하는 경우가 있다. 상법에서 제한하는 예를 보면, 상업사용인의 경업으로 인해 영업주의 이익이 희생되는 것을 막기 위하여 상업사용인의 경업을 제한하고($\frac{17}{2}$), 영업양수인의 보호를 위해 영업양도인의 경업을 제한하며($\frac{41조}{1항}$), 본인의 보호를 위해 대리상의 경업을 제한한다($\frac{89}{2}$). 그리고 회사의 이익을 보호하기 위해 무한책임사원·업무집행자·이사 등의 경업을 제한한다($\frac{198조, 269조, 287조}{의10, 397조, 567조}$). 이러한 제한은 어느 일방의 경쟁적 영업으로 인해 타방의 영업기회가 부당히 침해당하는 것을 방지하기 위한 것이다. 사익의 조정을 위한 것이므로 이러한 제한은 강행규정이 아니고, 당사자들의 합의로 제한을 해소할 수 있다.

2) 당사자들이 서로 간의 이익을 조정하는 방법으로 그 일방으로 하여금 특정한 영업을 할 수 없도록 합의할 수가 있다(예컨대 첨단 기술제품을 제조하는 회사에서 핵심적인 제조비법을 취급하던 종업원이 퇴직할 때 그 기술이 누출되는 것을 막기 위해 당해 종업원이 일정기간 같은 영업을 하지 않기로 약속하는 것). 이러한 합의는 개인의 자유를 불합리하게 제한하여(예컨대 위 예의 종업원이 평생 독립해서 영업하지 않기로 약속하는 것) 선량한 풍속 기타 사회질서($\frac{민}{103조}$)에 반하지 않는 한 유효하다.

이상 1), 2)의 제한을 위반하여 영업을 하더라도 영업행위의 효력에는 영향이 없다. 다만 상대방은 영업의 폐지를 청구하거나 또는 이와 더불어 손해배상을 청구할 수 있을 뿐이다.

### 3. 공법상의 제한

공익적 목적을 위해 회사의 영업 또는 일정한 행위를 제한하는 예가 있다. 이러한 제한은 대개 벌칙을 두어 실효성을 확보하고 있다.

1) 공익을 위해 절대적으로 금지하는 행위    예컨대 음란문서·도화 기타 물건의 판매·제조 등($\substack{\text{형 243조,} \\ \text{244조}}$), 마약취급자 아닌 자의 마약매매($\substack{\text{마약류관리에} \\ \text{관한 법률 4조}}$) 등 여러 가지가 있다.

2) 공익을 위해 인·허가를 요하는 행위 또는 영업    예컨대 예금자를 보호하고 통화금융관리를 적정하게 하기 위하여 은행업은 금융위원회의 인가를 받게 한다든지($\substack{\text{은행} \\ \text{8조}}$), 국민건강의 보호를 위해 제약업·식품영업은 종류별로 주무관청의 허가를 받게 하는 등($\substack{\text{약사법} \\ \text{31조;} \\ \text{식품위생} \\ \text{법 37조}}$) 그 수는 대단히 많다. 이러한 제한규정은 대체로 행정단속적인 법규이므로 인·허가를 받지 않고 해당 행위를 하더라도 그 행위의 사법적 효력에는 영향이 없다.

3) 신분에 의한 제한    공무원($\substack{\text{국가공무} \\ \text{원법 64조}}$), 공증인($\substack{\text{공증} \\ \text{6조}}$), 변호사($\substack{\text{변호사법} \\ \text{38조 2항}}$) 등 일정한 직업을 가진 자는 그 신분의 공익성 때문에 영업을 할 수 없는 경우가 있다.

# 제 2 장   상업사용인

## I. 총설

상인의 영업규모가 확대되면 영업을 보조할 자가 필요해진다. 상인을 보조하는 자로는 대리상($^{87}_{조}$), 중개인($^{93}_{조}$), 위탁매매인($^{101}_{조}$), 운송주선인($^{114}_{조}$) 등과 같이 타인의 상거래에 조력함을 영업내용으로 하는 독립된 상인이 있고, 특정 상인에 종속하여 계속적으로 그 지시·감독에 따라 보조하는 자가 있다. 후자의 보조자, 즉 특정상인에 고용된 보조자에 관한 법률관계는 두 가지 측면이 있다. 하나는 상인과 피용자 간의 고용관계의 측면이고, 다른 하나는 피용자가 상인을 보조하는 업무의 일환으로 상인을 대리하여 제3자와 거래하였을 때 생기는 대리권 및 대리행위의 효력 등이 문제되는 대리관계이다.

상인과 피용자의 고용관계는 사법적 측면에서는 민법의 고용에 관한 규정에서 다룰 문제이고, 사회복지정책적 측면에서는 노동법에서 다룰 문제이므로 상법에서는 관심을 두지 아니한다. 다만 피용자가 지위를 남용하여 사익을 도모하는 것으로부터 보호할 목적으로 사용인에게 경업금지라고 하는 특수한 의무($^{17}_{조}$)를 과할 뿐이고, 그 밖에는 피용자의 대리관계만을 규율한다.

피용자의 대리행위는 민법의 대리제도에 의해서도 규율되지만, 상거래의 대리에서는 거래의 안전이 보다 강하게 요구되는 까닭에 부분적으로 민사대리와는 다른 법원리가 적용되어야 한다. 그래서 상법은 제10조 이하에서 상업사용인에 관한 규정을 두어 영업거래에 관한 피용자의 대리관계를 다루고 있다. 여기서 규정한 사항은 민법의 대리관계에 대한 특칙으로서의 효력을 가지므로 그와 내용을 달리하는 민법의 대리에 관한 규정의 적용이 배제된다. 모든 피용자가 상인을 대리하는 것은 아니므로, 이 규정들은 상인의 대외거래를 보조하는 피용자, 즉 「상업사용인」만을 그 대상으로 한다.

## Ⅱ. 상업사용인의 개념

상업사용인이란 특정상인에 종속되어 그 상인의 영업에 관한 대외적 거래를 대리하는 자이다.

### 1. 대내적 관계

상법상의 상업사용인이 되기 위하여는 내부적 요건으로서 특정인(상업사<br>용인)이 특정상인(영업<br>주)에게 계속적으로 종속되어야 한다.

1) 상업사용인이 특정상인에 「종속」된다 함은 상인과 상명하복의 관계에 있음을 뜻하며, 상업사용인의 활동은 독립된 영업이 될 수 없음을 의미한다. 통상 상인과 상업사용인이 되고자 하는 자 사이에 고용계약이 맺어지고 이를 기초로 해서 상업사용인으로서의 근무관계가 생겨난다. 그러나 고용관계가 없더라도 특정인이 상인의 영업활동을 보조하는 일은 흔히 볼 수 있다(예컨대 상인의 가족이나 친지 등이 점포<br>의 판매업무를 대리해 주는 경우와 같다). 이같이 상인의 영업활동에 관한 대리권이 주어져 있다면 고용관계의 유무에 불구하고 모두 상업사용인으로 보아야 한다(통<br>설).

2) 법정대리인이 제한능력자를 대리하여 영업을 하는 경우에는 법정대리인은 종속관계가 아니라 후견적인 지위에서 영업거래에 관해 능력을 보충해 주는 자이므로 상업사용인이 아니다. 따라서 법정대리인에 대하여는 상법상의 상업사용인에 관한 규정이 적용되지 아니하고, 민법의 법정대리의 일반원칙이 적용된다.

### 2. 대외적 관계

상업사용인이 되기 위하여는 상인의 「대외적인 영업거래를 대리」하여야 한다.

1) 영업거래를 대리해야 하므로, 상인의 가사나 비영업상의 거래를 보조하거나 대리하는 자는 상업사용인이 아니다.

2) 상업사용인이란 개념은 상인의 대외적 영업거래를 보조하는 자만을 뜻하므로 기업의 내부에서 단순한 노무에 종사하는 자(예: 연구원·생산직 근로자·<br>운전기사·청소원·경비원)나 내부관리업무에 종사하는 자(예: 비서·회계실무자·<br>인사부장·공장장 등)는 상법상의 상업사용인이 아니다.

3) 상업사용인은 상인의 영업거래를 대리하는 자이므로 상인의 영업활동을 보조하더라도 광고·선전이나 수금과 같이 거래행위 이외의 활동을 보조하는 자는 상업사용인이 아니다.

### 3. 대리권의 공통적 특성

상업사용인은 상인이 수여한 대리권의 내용에 따라 「지배인」, 「부분적 포괄대리권을 가진 상업사용인」, 「물건판매점포의 사용인」으로 나누어진다.

상업사용인의 종류에 따라 그 지위에 차이가 있으나, 그 대리권은 민법상의 대리와 비교하여 다음과 같은 공통적인 특색을 지닌다.

1) 민사대리인의 대리권은 통상 특정한 행위 또는 일정범위의 행위로 한정되지만, 상업사용인의 대리권은 포괄적으로 주어짐이 특징이다. 즉 지배인은 영업전부에 관해, 부분적 포괄대리권을 가진 사용인은 수권된 영업부분에 관해, 그리고 물건판매점포의 사용인은 물건판매에 관해 각각 포괄적인 대리권을 가진 것으로 인정된다.

2) 민사대리인의 대리권은 보통 거래별로 주어지나, 상업사용인의 대리권은 종료사유가 생기지 않는 한 지속된다.

3) 상업사용인의 대리권은 상사대리 일반에 관한 특칙($^{48조\sim}_{50조}$)의 적용을 받으므로 대리의 방식에 있어 비현명주의가 적용되고, 본인이 사망하더라도 대리권이 소멸하지 아니한다($^{112면\ 이}_{하\ 참조}$).

## Ⅲ. 지배인

### 1. 지배인과 지배권의 의의

지배인이란 영업주($^{상}_{인}$)에 갈음하여 영업에 관한 재판상 또는 재판 외의 모든 행위를 할 수 있는 권한을 가진 상업사용인이다($^{11조}_{1항}$). 지배인의 이러한 포괄적 대리권을 강학상 「지배권」이라 한다.

1) 지배인의 권한은 법규정($^{11조}_{1항}$)에 의하여 정형적으로 주어진다. 이 점 대리권의 구체적인 내용이 수권행위에 의해 주어지는 민법상의 임의대리와 다르고, 권한의 측면에서만 본다면 법정대리와 흡사하다.

2) 지배인인지 여부는 그 권한의 실질에 의해 판단되므로 명칭은 그 요건이 아니다. 실제 거래계에서는 지배인이란 명칭보다는 영업부장·지점장·영업소장 등과 같이 기업 내에서의 계선상의 직위를 아울러 표시하는 명칭을 선호한다.

3) 지배인은 그 권한이 영업 전부에 미친다는 점에서 권한이 가장 큰 상업사용인이며, 이 점에서 영업의 일부분에 한정하여 대리권을 갖는 「부분적 포괄대리권을 가진 사용인」, 그리고 점포에서 물건판매의 대리권만을 갖는 「물건판매점포의 사용인」과 구별된다.

4) 지배인과 주식회사의 대표이사 및 기타 회사의 대표사원은 그 권한의 포괄성이란 점에서 흡사하다($^{11조\ 1항,\ 389조}_{3항\to 209조\ 1항}$). 그러나 지배인은 개인법상의 수권행위에 의해 선임되고 그 권한 역시 개인법상의 「대리권」임에 대해 대표이사 및 대표사원은 단체법상의 조직구성방식에 의해 선정되고 그 권한 역시 단체법상의 「대표권」이며, 지배인의 권한은 「영업거래」에 한정되나 대표이사 및 대표사원의 권한은 「영업거래뿐 아니라 회사의 내부조직 및 영업

과 관계없는 회사의 대외적 행위($^{예:신}_{주발행}$)」에 관해서도 대표권을 가진다는 점에서 다르다.

## 2. 지배인제도의 기능

지배인제도는 오늘날 두 가지 측면에서 존재의의를 갖는다. 첫째, 상인은 지배인을 선임함으로써「영업에 관한 자기의 분신」을 만들어 기업활동의 범위를 확대시켜 나갈 수 있다. 둘째, 지배인과 거래하는 상대방은 지배인의 권한이 법상 정형화되어 있음으로 해서, 대리권의 유무와 범위를 일일이 확인할 필요 없이 계약을 체결할 수 있으므로 거래의 신속과 안전을 기할 수 있다.

## 3. 선임과 종임

### (1) 선임

**1) 선임권자**　　지배인은 영업주인 상인이 선임한다($^{10}_조$). 상인은 본점 또는 지점에 지배인을 직접 선임할 수 있고 대리인을 통해 선임할 수도 있다. 그러나 지배인은 다른 지배인을 선임하지 못한다($^{11조\ 2항의}_{반대해석}$).

미성년자가 법정대리인의 허락을 얻어 영업을 할 경우($^6_조$) 그 영업에 관하여는 능력자와 동일하게 보므로($^{민8}_{조1항}$) 미성년자는 법정대리인의 동의 없이 단독으로 지배인을 선임할 수 있다.

상인은 누구든지 지배인을 둘 수 있으나, 지배인은 영업을 전제로 한 것이므로 영업능력이 없는 청산회사나 파산회사에서는 지배인을 둘 수 없다($^통_설$).

**2) 선임행위의 성질**　　지배인을 선임하는 행위는 그 기초적 내부관계인 고용과는 구별하여야 한다. 지배인의 선임행위의 성질에 관해서는 상인과 지배인될 자의 계약이라는 설도 있으나, 지배인의 선임은 지배인에게 권한을 줄 뿐 책임을 부여하는 것이 아니므로 굳이 지배인의 승낙을 요한다고 볼 이유가 없다. 따라서 지배인의 수령을 요하는 단독행위로 보는 것이 타당하다.

**3) 선임절차**　　지배인의 선임은 영업주의 의사표시로 족하며, 특별한 방식을 요하지 아니하나, 회사에서의 지배인선임은 특별한 절차가 요구된다. 즉 합명회사와 유한책임회사에서는 정관에 다른 정함이 없는 한 총사원의 과반수의 결의($^{203조,}_{287조의18}$), 합자회사에서는 무한책임사원의 과반수의 결의($^{274}_조$), 주식회사에서는 이사회의 결의($^{393조}_{1항}$), 유한회사에서는 이사 과반수의 결의 또는 사원총회의 결의($^{564조\ 1}_{항.2항}$)가 있어야 지배인을 선임할 수 있다. 그러나 이 절차는 회사내부의 절차적 요건이므로 이에 위반하더라도 선임행위 자체의 효력에는 영향이 없다는 것이 통설이다.

### (2) 지배인의 자격

지배인은 직접 의사표시를 하고 상대방의 의사표시를 수령해야 하므로 자연인이어야 한다($^통_설$). 지배인은 대리행위를 할 뿐 스스로 의무를 부담하는 자가 아니므로 제한능력자라도 무방하지만, 의사능력은 있어야 한다.

무한책임사원이나 이사는 자기 회사의 지배인을 겸할 수도 있으나, 감사는 직무의 성격상 지배인 기타 상업사용인을 겸하지 못한다($^{411}_조$).

### (3) 지배인의 수

지배인의 수에는 제한이 없으므로 기업 전체에 1인 또는 수인 혹은 각 본·지점별로 1인 또는 수인의 지배인을 선임할 수 있다. 하나의 점포에 수인의 지배인을 둔 경우에 있어서는 후술하는 공동지배인이 아닌 한 각자 대리권을 행사한다.

### (4) 종임

지배인의 대리권은 대리권의 소멸에 관한 일반원칙에 따라 소멸한다. 즉 지배인의 사망, 성년후견의 개시 또는 파산($^{민\ 127}_{조\ 2호}$)에 의해 소멸하며, 지배인선임의 원인된 법률관계인 고용계약의 종료에 의해서도 소멸한다($^{민\ 128}_{조\ 본}$). 주의할 점은 상사대리의 특칙이 적용되어 민법에서와 달리 영업주의 사망이 지배권의 소멸사유가 되지 않는다는 것이다($^{50조;\ 민\ 127}_{조\ 1호\ 참조}$).

지배인의 지위는 영업의 계속을 전제로 하므로 영업을 폐지하거나 회사가 해산 또는 파산한 때에는 종임한다. 또 지배인은 특정의 본점·지점과 같은 영업소를 중심으로 권한을 가지므로 지배인이 소속된 영업소가 폐쇄된 때에는 종임하는 것으로 보아야 한다. 그러나 영업이 양도되더라도 지배인을 해임하지 않는 한 지배인의 지위에는 영향이 없다($^통_설$).

### (5) 지배인 등기

지배인을 선임하거나 그 대리권이 소멸한 때에는 지배인을 둔 본점 또는 지점의 소재지에서 등기하여야 한다($^{13}_조$). 등기 여부는 지배인의 실체적 법률관계에는 영향이 없다. 하지만 등기하지 아니하면 지배인의 선임 또는 대리권의 소멸을 가지고 「선의의」 제3자에게 대항하지 못한다($^{37조}_{1항}$).

## 4. 지배인의 대리권(지배권)

### (1) 특색

지배인은 영업주에 갈음하여 영업에 관한 재판상 또는 재판 외의 모든 행위를 할 수 있다($^{11조}_{1항}$). 지배인의 선임은 임의대리와 같으나, 그 대리권은 법으로 정형화되어 있어 법정대리와 흡사하다($^{정형}_성$). 그래서 영업주가 지배인의 대리권을 제한하더라도 선의의 제3자에게 대항하지 못한다($^{11조}_{3항}$). 또 지배인의 대리권은 영업에 관한 한 포괄적으로 주어져 있으므로 그 대리권을 행사함에 있어 영업주의 개별적인 수권이나 허락을 요하지 않는다($^포괄_성$).

지배권의 「정형성과 포괄성」은 상사거래에 있어서는 당사자의 개성이나 그의 의사보다는 거래의 합리성과 영리성이 더욱 존중된다는 점에 기인한다. 즉 거래가 합리적으로 이루어지고 이익이 실현된다면 굳이 본인의 의사를 강조할 필요가 없는 것이다.

### (2) 대리권의 범위

1) **영업소별 범위**　　상인은 지배인을 선임하여 본점 또는 지점에서 영업을 하게 할 수 있으므로($\frac{10}{Z}$) 지배인의 대리권은 본점 또는 각 지점별로 단위화되어 있다고 할 수 있다. 즉 영업주는 본점 또는 지점별로 지배인을 따로 두어 각 점의 영업을 대리하게 할 수 있다. 하지만 1인의 지배인으로 하여금 본·지점의 영업 전부를 관장하게 하거나, 본점과 각 지점에 각기 지배인을 두고 별도로 본·지점의 영업 전부를 통할하는 지배인을 또 둘 수도 있다.

2) **영업에 관한 행위**　　지배인은 영업에 관한 모든 행위를 할 수 있다($\frac{11조}{1항}$). 이는 적극적으로 지배인의 대리권의 범위를 넓혀 주는 의미도 있으나, 소극적으로 대리권을 「영업에 관한」 범위 내로 제한하는 의미도 있다. 그러므로 지배인의 대리권의 범위를 정함에 있어서는 「영업에 관한」 행위를 어떻게 이해하느냐가 중요한 뜻을 지닌다.

「영업에 관한 행위」란 영업의 목적이 되는 행위뿐 아니라 영업을 위하여 직접·간접으로 필요한 모든 행위를 뜻한다. 영업주가 일상적으로 하는 영업부류에 속하는 거래는 지배권의 본령에 속하는 것이고, 점원 기타 지배인 이외의 상업사용인의 선임과 해임은 영업을 위하여 필요한 행위로서 법이 명문으로 예시하고 있다($\frac{11조}{2항}$). 또 영업상 필요한 자금의 차입이나 대여, 어음·수표의 발행도 지배인의 권한에 속한다.

특정의 행위가 영업에 관한 것인지 여부는 행위의 객관적 성질에 따라 정할 문제이고, 지배인의 주관적 의도는 고려할 필요가 없다. 그러므로 지배인이 자신의 이익을 위하여 거래를 하였더라도 행위의 성질상 영업주의 영업범위에 속하는 것이라면 지배인이 영업주를 위하여 대리행위를 한 것으로 보아야 한다($\frac{대법원 1987. 3. 24.}{선고 86다카2073 판결}$). 그러나 거래의 상대방이 지배인이나 제3자의 이익을 위한 것임을 알았다면 영업주는 신의칙 내지 권리남용금지의 원칙에 의해 이 사실을 가지고 상대방에게 대항할 수 있다($\frac{대법원 1984. 7. 10. 선}{고 84다카424·425 판결}$).

3) **재판상 또는 재판 외의 행위**　　지배인은 그의 대리권이 미치는 범위에서는 재판상 또는 재판 외의 모든 행위를 할 수 있다. 「재판상의 행위」란 소송행위를 뜻하며, 지배인이 영업주를 대리하여 소제기, 응소, 소송진행 등을 할 수 있다는 뜻이다. 이에 대해 「재판 외의 행위」라 함은 소송 외에서 이루어지는 사법상의 적법행위를 말한다.

4) **대리권의 한계**　　대리권은 영업에 관해서만 미치므로 영업주의 가사에 관한 행위 등 영업 이외의 행위는 지배인이 대리할 수 없다. 또 지배인은 영업의 존속을 전제로 그에 관한 행위를 대리할 수 있을 뿐이므로 새로운 점포의 개설, 영업의 폐지 혹은 양도 등은 그의 권한이 아니다. 또한 상호의 선정·변경·폐지도 권한 밖이다.

회사에서 신주발행이나 사채발행 등 단체법상의 권한과 절차에 의해 이루어질 사항도 지배인이 대리할 사항이 아니다. 또 영업에 관한 행위이더라도 성질상 일신전속적인 행위($\frac{예: 서명·}{선서 등}$)에는 지배인의 대리가 허용되지 아니한다.

### (3) 대리권의 양도가능성

지배인은 영업주와의 고도의 신뢰관계에 기해 선임되므로 일신전속적인 지위이다. 따라서 지배인은 자신의 권한의 전부 또는 일부를 타인에게 양도할 수 없다.

### (4) 대리권의 제한

지배인의 대리권에 대한 제한은 선의의 제3자에게 대항하지 못한다($^{11조}_{3항}$).

1) 지배인의 권한남용을 예방하기 위하여 지배인의 대리권을 제한하는 경우도 흔하다. 일정한 종류의 거래에 한하여 대리권을 준다든지, 일정한 행위를 대리함에는 사전에 영업주의 동의를 얻게 하는 것과 같다. 그러나 영업주가 지배인의 권한을 자유롭게 제한한다면 지배인의 권한을 정형화시킴으로써 거래의 안전과 신속을 보장하려는 법의 취지에 어긋나므로 그 제한을 가지고 선의의 제3자에게 대항하지 못하게 한 것이다.

2)「선의」란 거래상대방이 지배인의 대리권이 제한되어 있음을 알지 못하는 것이다. 무과실을 요하는 규정이 없으므로 과실로 인하여 알지 못한 자도 보호받는다($^{통}_{설}$). 그러나 중과실이 있는 경우에는 악의와 마찬가지로 보아 보호받지 못한다고 함이 통설·판례이다($^{대법원 1987. 8. 26.}_{선고 96다36753 판결}$). 상대방의 악의 또는 중과실은 지배인의 영업주가 증명하여야 한다($^{같은}_{판례}$).

3) 선의의 제3자에게「대항하지 못한다」는 말은 지배인의 대리행위가 제한을 위반했음을 이유로 영업주가 그 효력을 부정하지 못함을 뜻한다. 즉 권한 내의 대리행위와 마찬가지로 영업주가 책임을 져야 한다.

### (5) 대리권의 남용

지배인의 행위가 영업에 관한 것인지, 나아가 영업주 본인을 위한 것인지 여부는 행위의 객관적 성질에 따라 정할 문제이고 지배인의 주관적 의도는 고려할 필요가 없으므로 지배인이 영업주가 아니라 자기 또는 제3자의 이익을 위해 거래를 하였더라도 행위의 객관적 성질이 영업행위이면 본인에 대해 효력이 있다. 그러나 영업주를 위한 것이 아님을 거래의 상대방이 알았다면 영업주는 상대방에 대해 거래의 무효를 주장할 수 있다($^{대법원 1987. 3. 24.}_{선고 86다카2073 판결}$).

이 경우 어떠한 법리에 의해 대리행위의 효력을 부정할 것이냐는 의문이 제기되는데, 우리 판례는 일관되게 민법 제107조 제1항 단서를 유추적용해야 한다는 입장을 취하고 있다($^{대법원 1999. 3. 9. 선고}_{97다7721·7738 판결}$). 그러므로 지배인의 행위가 배임적 대리행위임을 거래상대방이 알았을 경우에는 물론, 과실로 알지 못한 경우에도 영업주는 거래의 무효를 주장할 수 있다.

## 5. 공동지배인

### (1) 의의

동일한 상인에게 수인의 지배인이 있을 경우 각자가 대리권을 행사할 수 있음이 원칙이다. 그러나 상인은 수인의 지배인에게 공동으로 대리권을 행사하게 할 수 있다($^{12조}_{1항}$). 이 경우의 지배인을「공동지배인」이라 부른다. 예컨대 A와 B를 지배인으로 선임하고 A, B가 공동으로만 지배권을 행사하게 하는 것이다.

지배인의 권한이 극히 포괄적인 데 비추어 영업주가 이를 견제할 수단이 없다면 기업의 운명을 지배인에게 맡겨 놓은 셈이 되어 영업주의 위험부담이 지나치게 크다. 그래서 법은 영업주가 지배인의 경솔·불성실·독주를 견제하는 한편, 서로 능력을 보충하게 하는 수단으로 공동지배인제도를 두고 있으며, 이와 거래하는 상대방에게 예측가능성을 부여하기 위하여 이 사실을 등기에 의해 공시하도록 한다($^{13조}_{후}$).

### (2) 요건

**1) 수인의 지배인**    공동지배인은 2인 이상의 지배인이 있음을 전제로 한다. 2인 이상의 지배인을 공동지배인으로 하는 형태는, i) 수인의 지배인 전원이 공동으로만 대리권을 행사하게 하는 방법, ii) 3인 이상의 지배인 중 일부인 2인 이상이 공동으로 대리하게 하는 방법, iii) 3인 이상의 지배인 중 특정의 지배인과 나머지 지배인 중 1인이 공동으로 대리하게 하는 방법 등이 있다.

**2) 영업주의 의사표시**    수인의 지배인이 선임된 경우에는 각자 지배권을 갖는 것이 원칙이므로($^{민 119}_{조 본}$) 수인의 지배인을 공동지배인으로 하려면 이에 관한 영업주의 의사표시가 있어야 한다.

**3) 등기**    공동지배인으로 하거나 그 사항을 변경한 때에는 그 지배인을 둔 본점 또는 지점소재지에서 등기하여야 한다($^{13조}_{전}$). 공동지배인으로 함에 있어 등기는 그 요건이 아니나, 등기를 하지 아니하면 선의의 제3자에게 대항하지 못한다($^{37조}_{1항}$).

### (3) 효과

**1) 능동대리**

i) 대리권의 행사방법    공동지배인은 공동으로만 영업주를 위하여 제3자에게 의사표시를 할 수 있다. 「공동으로」 해야 한다고 함은 반드시 수인이 동시에 대리해야 된다는 뜻은 아니다. 각 지배인이 순차로 의사를 표시하더라도 무방하다. 그러나 어음행위와 같은 요식행위에서는 공동지배인 전원이 기명날인 또는 서명을 해야 한다.

공동지배인 중 일부가 다른 일부에게 자신의 권한을 포괄적으로 위임하는 것은 복임권을 행사하는 것과 같아 허용될 수 없다는 데에는 이설이 없으나, 개별적인 거래행위에 관해 위임할 수 있느냐에 관해서는 견해가 갈린다. 개별거래를 위임하는 것은 가능하다는 것이 통설이다($^{부정설: 김성태}_{208; 김정호 67}$).

공동지배인 중 일부가 종임되어 지배인이 1인으로 되더라도 그가 단독으로 지배권을 갖는 것은 아니다. 즉 영업주가 단독의 지배권을 부여해 주거나, 새로이 공동지배인을 충원할 때까지 지배권의 행사가 정지된다.

ii) 위반의 효과    공동지배인이 단독으로 대리한 경우 그 대리행위는 무권대리가 되어 무효이다($^{민}_{130조}$). 공동지배인이 등기되어 있는 한 상대방이 선의라 하더라도 역시 무효이다.

공동지배인이 단독으로 한 행위라도 영업주가 이를 추인할 수 있음은 물론이다.

2) 수동대리    공동지배인이라도 수동대리에 있어서는 각자가 대리권을 갖는다. 즉 거래상대방이 영업주에게 하는 의사표시는 공동지배인 중 1인에게 하면 유효하다($\frac{12조}{2항}$). 수동대리는 지배인이 권한을 남용할 우려가 적고, 상대방으로 하여금 공동지배인 모두에게 의사표시를 하도록 강요하는 것은 상대방의 권리를 침해할 수 있기 때문이다(예컨대, 상대방이 거래를 취소하고자 할 때 공동지배인 모두에게 취소의 의사표시를 하도록 함은 취소행위를 억제하는 것과 같다).

**(4) 적용범위**

공동대리제도는 소송행위에도 적용된다($\frac{통}{설}$). 즉 공동지배인은 소제기, 응소 등 소송행위도 공동으로 해야 한다. 민사소송법 제93조 제1항은 개별대리의 원칙을 선언하고 있으나, 이는 임의대리를 대상으로 한 것으로 공동지배인과는 무관하다.

### 6. 표현지배인

**(1) 의의**

「표현지배인」이란 지배인이 아니면서 지배인으로 오인될 만한 명칭을 사용함으로 인하여 지배인과 동일한 권한이 있는 것으로 의제되는 사용인을 말한다($\frac{14조}{1항}$).

영업주가 편의상 사용인에게 지배인으로 오인될 만한 명칭을 부여하면서 그에 상응하는 권한은 부여하지 않는 경우가 있다. 이러한 사용인이 자신에게 주어진 명칭을 사용하여 진정한 지배인이라야 할 수 있는 대리행위를 하고 상대방은 그 명칭을 신뢰하여 지배인으로 믿고 거래하였을 경우, 이러한 사용인을 표현지배인이라 한다.

표현지배인의 대리행위는 원래 대리권이 없는 자의 행위이므로 무효라고 해야 할 것이다($\frac{민}{130조}$). 그러나 외관을 신뢰한 자를 보호해야 하는 한편, 사실과 다른 외관을 작출한 자에게 책임을 귀속시킴이 공평하므로 상법은 외관주의 내지는 금반언의 법리에 따라 표현지배인의 영업주에게 책임을 지우고 있다($\frac{14}{조}$).

**(2) 상법의 규정**

상법 제14조 제1항에서 「본점 또는 지점의 본부장, 지점장, 그 밖에 지배인으로 인정될 만한 명칭을 사용하는 자는 본점 또는 지점의 지배인과 동일한 권한이 있는 것으로 본다. 다만, 재판상 행위에 관하여는 그러하지 아니하다」라고 규정하고, 동조 제2항에서 「제1항은 상대방이 악의인 경우에는 적용하지 아니한다」라고 규정한다.

이 규정이 뜻하는 바를 풀어 말하면, i) 본점 또는 지점에서 지배인으로서의 표현적 명칭을 사용하는 사용인이, ii) 지배인의 권한에 속하는 재판 외의 대리행위를 하고, iii) 그가 지배인이 아니라는 사실에 관해 상대방이 선의일 경우에는, 진정한 지배인의 대리행위와 마찬가지로 본인($\frac{영}{주}$)이 거래상의 책임을 진다는 것이다.

(3) 적용요건

1) 표현적 명칭의 사용

i) 「표현적 명칭」의 의의    사용인이 지배인으로 오인될 만한 명칭을 사용하여야 한다. 법문에서 「본부장, 지점장」이라 한 것은 표현적 명칭의 예시이고, 그 밖에 다양한 명칭이 있을 수 있다. 예컨대 지배인·지사장·영업부장·영업소장·출장소장 등이 실제 거래계에서 지배인을 나타내는 용어로 쓰이고 있다.

「지점장대리」, 「지점차장」과 같이 명칭 자체에서 상위직의 존재를 인식할 수 있는 명칭은 당해 영업소의 영업을 책임지는 지위를 나타내는 명칭이 아니므로 표현지배인의 명칭이 아니다(대법원 1993. 12. 10. 선고 93다36974 판결).

ii) 영업주의 명칭사용 허락    표현지배인제도는 영업주에게 사실과 다른 외관을 작출한 데 대한 책임을 묻는 제도이므로 표현지배인의 표현적 명칭사용에 대해서는 「영업주의 허락」이라는 귀책사유가 있어야 한다. 영업주의 허락 없이 사용인이 자의적으로 표현적 명칭을 사용하며 거래했다면 표현지배인이 아니다.

영업주의 허락은 명시적일 필요는 없고, 명칭사용을 묵인한 경우에도 허락한 것으로 본다(통설).

iii) 명칭사용방법    표현적 명칭은 거래상대방의 오인의 원인이 되어야 하므로 대외적으로 표시되어야 한다. 표현지배인이 상대방과 거래시에 자신의 명칭을 적극적으로 표시하거나, 고객에 대한 안내서 등의 인쇄물에 명칭을 표시한다든지, 은행과 같이 창구영업을 하는 곳에서 고객이 볼 수 있는 장소에 표현적 명칭이 기재된 명패를 사용하는 것 등이 본조가 말하는 명칭사용이다.

2) 본점 또는 지점으로서의 실질    지배인이란 본점 또는 지점의 영업에 관해 포괄적 대리권을 가진 자이므로(10조, 11조 1항) 표현지배인을 표현적 명칭 때문에 지배인으로 오인한다고 하는 사실은 그 표현지배인이 그가 속해 있는 「본점 또는 지점의 영업에 관해」 포괄적 대리권을 갖고 있는 것으로 오인함을 뜻한다. 그러므로 표현지배인에 대한 거래상대방의 오인은 그 본점 또는 지점이라는 영업소와 결부되어 이루어지는 것이다. 따라서 표현지배인이 소속된 본점 또는 지점만큼은 본점 또는 지점으로서의 실질을 갖추어야 한다(통설·판례)(대법원 1978. 12. 13. 선고 78다1567 판결). 이와 달리 본·지점으로서의 외관만 갖추면 족하다는 소수설(형식설)도 있다(이(범)·최 161; 최준 선 147).

3) 권한 밖의 대리행위    표현지배인이 자신의 권한 밖의 대리행위를 하여야 한다. 그리고 표현지배인의 대리행위는 통상 지배인의 권한 내의 행위로 인정되는 행위이어야 한다(대법원 1989. 8. 8. 선고 88다카23742 판결). 즉 지배인의 선임이나 영업의 양도·폐지와 같이 진정한 지배인도 할 수 없는 행위는 본조의 적용대상이 되지 아니한다.

재판상의 행위는 법이 명문으로 제외시켜 놓고 있다(14조 단). 재판상의 행위는 거래가 아닌데다 외관보다는 실체적 진실이 더 중요하기 때문이다.

4) 상대방의 선의    표현지배인제도는 외관을 신뢰한 자를 보호하기 위한 제도이므로 상대방이 선의이어야 한다($\binom{14조}{2항}$). 선의라 함은 표현적 명칭을 사용한 사용인을 지배인으로 믿었음을 뜻한다. 상대방이 악의인 경우에는 무권대리가 되어 무효이다. 상대방의 악의는 영업주가 증명해야 한다.

선의 혹은 악의 여부는 거래 당시를 기준으로 해서 판단해야 한다. 따라서 거래시에 선의였다면 후에 지배인이 아님을 알게 되더라도 표현지배인의 행위가 성립하는 데 영향이 없다.

(4) 효과

이상의 요건을 충족한 표현지배인의 대외적 행위는 진정한 지배인의 행위와 같은 효력을 지닌다. 법문에서 「…지배인과 동일한 권한이 있는 것으로 본다」라고 표현한 것은 표현지배인이 일상적으로 지배인과 대등한 권한이 있다는 뜻이 아니라, 그가 한 특정의 행위를 정상적인 지배인의 행위로 본다는 뜻이다. 그래서 표현지배인이 한 대리행위는 무권대리($\binom{민}{130조}$)가 되지 아니하고, 따라서 영업주가 이에 대해 책임을 진다.

# Ⅳ. 부분적 포괄대리권을 가진 사용인

## 1. 의의

「부분적 포괄대리권을 가진 사용인」이라 함은 영업주로부터 영업의 특정한 종류 또는 특정한 사항에 관한 위임을 받은 사용인을 말한다. 이러한 사용인은 위임받은 종류 또는 사항에 관한 재판 외의 모든 행위를 할 수 있다($\binom{15조}{1항}$).

상인의 영업활동을 포괄적으로 대리하게 하는 지배인제도가 마련되어 있지만, 기업에서는 흔히 특정의 사용인에게 영업의 일부로 한정하여 대외적인 거래를 맡긴다. 예컨대 종합상사에서 「자금부장」이라는 직책을 두어 금융기관을 상대로 한 자금조달업무를 전담시키고, 백화점에서 「구매과장」이라는 직책을 두어 상품의 구매업무를 전담시키는 것과 같다. 이러한 부분적인 업무집행권을 가진 자를 둠으로써 상인은 지배인을 둘 때와 달리 기업운영의 전부를 특정의 사용인에게 의탁하는 위험부담이 없이 경영의 효율을 기하는 동시에 대외적 거래를 확장해 나갈 수 있다.

이러한 사용인과 거래하는 상대방은 그 사용인에게 위임된 사항에 관해서는 포괄적인 대리권이 있다고 신뢰함이 보통이다. 따라서 그 신뢰에 부합하도록 법상 포괄적인 대리권을 의제함으로써 상대방이 일일이 대리권을 확인할 필요 없이 신속·안전하게 거래할 수 있도록 하는 것이 이 제도의 취지이다. 이 점 지배인제도와 취지를 같이한다. 그러나 양자는 권한의 범위가 다르고, 따라서 부분적 포괄대리권을 가진 사용인의 행위에 관하여는 권한 외의 행위일 경우 영업주가 선의의 제3자에게도 대항할 수 있는 여지가 있으며, 부분적 포괄대리권을 가진 사용인의 선임과 종임은 등기사항이 아니라는 점 등의 차이가 있다.

## 2. 선임과 종임

부분적 포괄대리권을 가진 사용인은 영업주가 선임하는 외에 지배인도 이를 선임할 수 있다($\frac{11조}{2항}$). 부분적 포괄대리권을 가진 사용인의 선임행위의 성질 및 그와 관련된 문제는 지배인에 관해 설명한 바와 같다.

부분적 포괄대리권을 가진 사용인의 종임사유도 대체로 지배인과 같으나, 부분적 포괄대리권을 가진 사용인이 담당하던 업무가 폐쇄 또는 종결된 경우에도 종임한다.

부분적 포괄대리권을 가진 사용인의 선임과 종임은 지배인과 달리 등기사항이 아니다. 따라서 부실등기의 효력($\frac{39}{조}$), 등기 전후의 제3자에 대한 대항력($\frac{37}{조}$)의 문제는 생기지 아니한다.

## 3. 권한

부분적 포괄대리권을 가진 사용인은 그가 수권받은 영업의 특정한 종류 또는 특정한 사항에 관한 재판 외의 모든 행위를 할 수 있다($\frac{15조}{1항}$).

1) 대리권의 범위　　「영업의 특정한 종류」라 함은 상인이 수행하는 영업의 종류별 일부를 말한다. 예컨대 금융업체에서 특정사용인에게 대출업무만을 전담시키는 경우와 같다. 이에 대해 「영업의 특정한 사항」이란 보조적 상행위를 뜻하는 것으로 풀이된다. 예컨대 무역회사에서 특정사용인에게 자금조달을 전담시킨다든지 운송계약을 전담시키는 경우와 같다.

2) 대리권의 포괄성　　영업의 특정한 종류 또는 특정한 사항을 수권받은 사용인은 개개의 행위에 관해 별도의 수권이 없더라도 수권받은 영업의 종류 또는 사항에 관해 「포괄적인 대리권」을 갖는다는 점에서 지배인과 같고 일반 대리인과 다르다. 예컨대 건물의 분양계약을 수권받은 사용인이라면 분양계약 자체만이 아니라 분양계약의 취소, 해제 그리고 이에 이은 재분양과 같은 후속행위에 대해서도 대리권을 갖는 것으로 보아야 한다($\frac{대법원}{1994.}$ 10. 28. 선고 94 다22118 판결).

3) 대리권의 한계　　부분적 포괄대리권을 가진 사용인은 영업의 특정 종류 또는 특정 사항에 관해서만 대리권을 가지므로 그 밖의 행위를 하면 무권대리가 된다. 다만 수권받지 않은 행위를 하더라도 그 행위에 관해 표현대리가 성립할 수 있으며 그 경우에는 영업주가 책임을 진다($\frac{대법원 1999. 7. 27.}{선고 99다12932 판결}$). 부분적 포괄대리권을 가진 사용인이 행한 특정의 행위가 그에게 위임된 영업의 특정한 종류 또는 사항에 해당하는지 여부는 당해 영업의 규모와 성격, 거래행위의 형태 및 계속·반복 여부, 사용인의 직책명, 전체적인 업무분장 등 여러 사정을

고려하여 거래통념에 따라 객관적으로 판단하여야 한다(대법원 2009. 5. 28. 선고 2007다20440 · 20457 판결). 어음의 발행, 채무의 보증 등은 이에 관한 특별한 수권이 없는 한 일반적으로 부분적 포괄대리권을 가진 사용인의 권한 밖이라고 보아야 하며, 그 밖에도 자금의 차입, 부동산 등 고정자산의 처분도 마찬가지로 이해해야 한다(대법원 1990. 1. 23. 선고 88다카3250 판결). 그러나 회사의 영업부장이 한 회사제품의 공급계약(대법원 1968. 3. 5. 선고 67다2297 판결), 회사의 사업과장이 한 물품구매행위(대법원 1974. 6. 11. 선고 74다492 판결) 등은 그 권한 내의 행위로 보아야 한다.

**4) 소송행위**    부분적 포괄대리권을 가진 사용인의 대리권은 지배인의 경우와 달리 재판상의 행위에는 미치지 아니한다. 그러나 영업주로부터 별도의 수권이 있으면 민사소송법의 제약(예: 민소 87조, 88조)하에 소송행위를 할 수 있음은 물론이다.

## 4. 대리권의 제한

부분적 포괄대리권을 가진 사용인의 대리권은 법률에 의해 의제되는 것이므로 이에 대한 제3자의 신뢰를 보호해야 한다. 때문에 영업주나 지배인이 부분적 포괄대리권에 대해 제한을 두더라도 이로써 선의의 제3자에게 대항하지 못한다(15조 2항).「선의」,「제3자」의 뜻과 범위는 지배인에 관해서 설명한 바와 같다.

## 5. 대리권의 남용

부분적 포괄대리권을 가진 사용인이 자기 또는 제3자의 이익을 위하여 영업주를 대리한 경우 어떠한 효력이 있는가? 지배인이 권한을 남용한 경우와 본질이 같은 문제이다. 영업에 관한 것인지 본인을 위한 것인지는 행위의 객관적 성질에 따라 판단할 문제이므로 사용인의 주관적인 목적은 고려할 필요가 없다. 그러나 사용인의 배임적 의사 즉 자기 또는 제3자의 이익을 위해 대리한다는 사실을 상대방이 알거나 알 수 있었을 때에는 지배인의 월권과 마찬가지로 민법 제107조 제1항 단서를 유추적용하여 대리행위가 무효라고 함이 판례의 입장이다(대법원 2008. 7. 10. 선고 2006다43767 판결).

## 6. 표현적 부분포괄대리권을 가진 사용인

부분적 포괄대리권을 가진 사용인에 관해서는 표현지배인과 같은 제도가 마련되어 있지 않다. 그러므로 부장·과장·대리 등 부분적인 대리권이 있는 듯한 명칭을 사용하더라도 실제 대리권이 없다면 이러한 자가 영업주를 대리하여 제3자와 거래하더라도 대리권이 있는 것으로 보지 아니한다. 이들에 대해 상법 제14조(표현 지배인)를 유추적용하자는 견해도 있으나(강·임 70; 안강현 100; 이(범)·최 168; 임 홍근 91; 전우현 74; 정동윤 72; 정찬형 103), 그러나 표현제도는 당사자 일방의 희생을 수반하므로 명문의 근거없이 인정할 수 있는 제도가 아니다(김성태 219; 손진화 82; 송옥렬 41; 임중호 129; 장덕조 38; 정준우 67; 최·김 87; 최준선 153). 판례도 유추적용이 불가하다는 입장이다(대법원 2007. 8. 23. 선고 2007다23425 판결).

# V. 물건판매점포의 사용인

## 1. 의의

「물건을 판매하는 점포의 사용인」은 그 판매에 관한 모든 권한이 있는 것으로 본다($^{16조}_{1항}$). 이 규정을 지배인 및 부분적 포괄대리권을 가진 사용인에 관한 규정들($^{11조 1항,}_{15조 1항}$)과 비교해 보면 중요한 차이점을 발견할 수 있다. 지배인과 부분적 포괄대리권을 가진 사용인에 관한 규정들은 영업주가 영업에 관해 일정한 수권을 한 사용인에게 법상의 대리권을 부여하는 것임에 대해, 물건판매점포의 사용인에 관한 규정은 영업주의 수권 여부에 관계없이 동 사용인의 대리권을 의제하는 것이다. 즉 실체적 법률관계의 내용과 무관하게 「물건판매점포의 사용인」이라는 외관 자체에 법적 효력을 부여한 것이다. 이 규정에 의해 고객이 물건판매점포에 근무하는 사용인으로부터 물건을 구입한 경우에는 그 사용인에게 판매권한이 없더라도 거래는 유효하게 성립한다.

물건판매점포의 사용인에 대하여 이와 같은 강력한 외관주의를 적용하는 이유는 점포를 중심으로 이루어지는 상거래의 경우 신속과 안전에 대한 요구가 더욱 강하기 때문이다. 물건판매점포에서의 거래는 보통 소량·소규모의 소매거래로서 불특정다수인이 고객으로 참여하여 신속하고 빈번하게 이루어짐을 특징으로 한다. 이러한 거래에서 일일이 사용인의 판매대리권의 유무를 확인한다는 것은 거래의 실정상 무리한 일이다. 한편 점포에서 자리를 지키는 사용인은 동산의 점유에 비견할 수 있는 권리자로서의 외관을 지닌다고 할 수 있으므로, 상법은 이러한 자의 대리권을 의제함으로써 점포를 방문하는 고객의 이익을 보호하는 한편, 영업주에 대해서는 점포에 둔 사용인으로 인한 위험부담에 관해 예측가능성을 부여해 주고 있다.

## 2. 적용범위

본조는 「물건을 판매하는 점포의 사용인」에 대해서만 적용된다.

1) 「물건판매」가 점포에서 이루어지는 거래의 경우 보통 상품의 질·수량 등이 중시되고, 물건을 구입하는 고객의 입장에서는 판매자의 지위나 권한을 염두에 두지 않는 것이 통례인 점을 감안한 것이다. 그러므로 예컨대 건축공사의 발주라든지 인쇄물의 제작 주문과 같이 물건판매가 아니고 용역의 공급을 내용으로 하는 거래에는 본조가 적용되지 아니한다.

2) 본조는 물건을 판매하는 「점포」의 사용인에 대해서만 적용된다. 그러므로 외판원과 같이 점포의 바깥에서 고객을 찾아 거래를 하는 자에 대해서는 본조가 적용되지 아니한다($^{대법원 1976. 7. 13.}_{선고 76다860 판결}$).

물건을 판매하는 「점포」라 함은 상인이 물건을 진열하거나 혹은 상품소개서 등을 비치하고 불특정다수의 방문고객에게 물건을 판매하는 장소를 말한다.

3) 법문에서는 「사용인」이라 표현하고 있으나, 영업주로부터 일정범위의 대리권을 수여받은 상업사용인만을 뜻하는 것이 아니고 널리 점포에서 근무함으로써 상품을 판매할 권한이 있다고 보여지는 자를 다 포함하는 뜻이다. 따라서 점포 내에서 단순히 육체노동($^{예: 상}_{품의}$ $^{분류}_{배달 등}$)에 종사하는 자에게도 본조가 적용될 수 있다.

4) 본조는 거래상대방이 악의일 때에는 적용되지 아니한다($^{16조 2항,}_{14조 2항}$). 즉 사용인에게 물건을 판매할 권한이 없음을 알면서 그로부터 물건을 구입한 경우에는 그 판매는 무권대리가 되어 영업주가 책임을 지지 아니한다.

### 3. 의제된 대리권의 범위

1) 물건판매점포의 사용인은 그 물건의 판매에 관한 모든 권한이 있는 것으로 보므로($^{16조}_{1항}$) 통상 물건의 판매에 수반되는 처분행위와 채무부담행위를 할 수 있다. 판매대금의 수령도 당연히 할 수 있다. 그리고 물건대금의 할인, 판매물품의 교환도 물건의 판매에 관한 권한이라 할 수 있으며, 상관행으로 볼 수 있는 한 외상판매도 그 권한 내로 의제할 수 있다.

본조는 거래가 점포 내에서 완결될 것을 예상한 규정이라 할 수 있으므로 특별한 사정이 없는 한 물건판매점포의 사용인은 점포 외의 장소에서 대금을 수령할 권한이 있다고 볼 수 없다($^{대법원 1971. 3. 30.}_{선고 71다65 판결}$).

2) 본조는 명문으로 「물건판매점포의 사용인」에 한해 규정하고 있으나, 물건대여점포·여관 등 공중접객업소·승차권 등의 매표점포의 사용인과 같이 점포와 사용인의 존재가 결부되어 대리권의 강한 외관을 보여 주는 업소의 사용인에 대하여도 유추적용해야 한다는 것이 통설이다.

## VI. 상업사용인의 의무

### 1. 총설

#### (1) 의의

상업사용인은 영업주와의 관계에서 고용·위임 등 그 기초적인 법률관계에 기하여 노무제공의무($^{민}_{655조}$), 위임사무처리의무($^{민}_{680조}$), 선량한 관리자의 주의의무($^{민}_{681조}$) 등 각종 의무를 부담한다. 이러한 의무는 민법의 관계규정에 의해 규율되므로 상법에서는 이에 관해 별다른 규정을 두지 않고 다만 상업사용인에게만 특별히 요구되는 의무로서 경업 및 겸직금지의무를 두고 있다($^{17조}_{1항}$).

상인은 다른 상인과의 경쟁 속에서 고객을 확보하므로, 경쟁력을 강화하기 위해서는 배타적인 영업기회와 영업비밀을 유지해야 한다. 상업사용인은 상인을 보조하면서 많은 영리기회와 비밀에 접근할 수 있는데, 이러한 지위를 이용하여 영업주와 경쟁하거나 다른 상인을 보조한다면 당연히 영업주가 누려야 할 영업기회를 상업사용인 또는 다른 상인이 누리게 되어 부당하다. 한편 상인은 영리를 목적으로 하는 만큼 영업활동에서 고도의 효율성을 발휘해야 하므로 사용인 역시 영업주의 이익실현을 위해 정력을 집중해야 한다. 상업사용인의 경업 및 겸직금지는 이와 같이 상업사용인의 부당경쟁과 정력분산을 방지하기 위하여 둔 제도이다.

### (2) 적용범위

상법 제17조는 대리권이 없는 사용인에게도 적용되는가? 본조에서는 명문으로 「상업사용인」에 대해 규정하고 있으며, 「상업사용인」이라는 개념은 상인을 대리할 권한을 가진 자를 뜻하는 제한된 의미로 사용되고 있으므로 대리권이 없는 사용인에 대해서는 적용되지 않는다고 해석해야 한다.

## 2. 경업금지의무

### (1) 의무내용

상업사용인은 영업주의 허락 없이 자기 또는 제3자의 계산으로 영업주의 영업부류에 속하는 거래를 하지 못한다($^{17조}_{1항}$).

1) **자기 또는 제3자의 계산** 「계산」이라 함은 거래의 경제적 효과가 귀속됨을 뜻한다. 누구의 이름으로 거래당사자가 되느냐는 것은 묻지 않는다.

2) **영업주의 영업부류에 속하는 거래** 「영업부류」에 속하는 거래란 현재의 영업내용에 국한되지 않고 사실상 영업주의 영리활동의 대상이 되는 것은 모두 포함한다. 그리고 반드시 동종의 영업이 아니라도 현재의 영업에 대해 대체재 내지 시장분할의 효과를 가져오는 영업은 영업주의 이익실현을 방해할 염려가 있으므로 「영업주의 영업부류에 속하는 거래」에 속한다. 그러나 예컨대 부동산매매회사의 사용인이 자신의 주거용으로 주택을 구입하는 것과 같이 영리성이 없는 거래는 이익충돌의 우려가 없으므로 금지되지 아니한다.

「거래」는 일회적이든 계속적이든 묻지 않으며, 근무시간 외라도 금지된다.

3) **영업주의 허락** 영업주의 허락이 있으면 동종의 영업부류에 속하더라도 거래를 할 수 있다. 이 경우 영업주는 거래의 내용·시장·기간 등을 제한하여 허락할 수 있다고 본다. 허락은 묵시적으로도 할 수 있다.

### (2) 위반의 효과

사용인이 영업주의 허락 없이 경업을 하는 경우 영업주는 사용인에게 손해배상을 청구할 수 있고, 고용계약을 해지할 수 있으며, 개입권을 행사할 수 있다($^{17조\ 2}_{항\cdot3항}$). 그 효과는 주식회사의 이사가 경업금지의무를 위반한 경우($\frac{397}{조}$)와 똑같다. 상세한 설명은 그곳으로 미룬다($\frac{522면\ 이}{하\ 참조}$).

### 3. 겸직금지의무

사용인은 영업주의 허락없이 다른 회사의 무한책임사원·이사 또는 다른 상인의 상업사용인이 되지 못한다($\frac{17조}{1항}$).

사용인이 이를 위반한 경우에는 개입권의 행사는 있을 수 없고, 손해배상을 청구하고 계약을 해지할 수 있다($\frac{17조}{3항}$). 계약의 해지란 상업사용인으로서의 지위에 대한 것이 아니라 고용·위임 등 영업주와 상업사용인의 기초적 내부계약을 종료시킬 수 있다는 뜻이다. 기초적 내부계약의 종료로 상업사용인으로서의 대리권이 따라서 소멸함은 물론이다.

〈경업금지의 예〉 상법에서는 제17조 외에 여러 곳에서 경업·겸직금지를 규정하고 있다. 제41조에서 영업양도인의 경업을 금지하고 있으며, 제89조에서 대리상의 경업과 겸직을 금지한다. 그리고 합명회사의 사원과 합자회사의 무한책임사원 그리고 유한책임회사의 업무집행자의 경업과 겸직을 금지하며($\frac{198조,\ 269}{조,\ 287조의10}$), 주식회사와 유한회사의 이사에 대해 경업과 겸직을 금지한다($\frac{397조,}{567조}$).

〈개입권·개입의무〉 상법에서는 여러 군데에서 개입권 혹은 개입의무라는 용어를 쓰고 있으나, 다음에 보듯이 각기 개념이 상이하니 주의해야 한다.

1) **경업금지위반에 대한 개입권** 상업사용인이 경업금지의무를 위반한 경우에 상업주가 그로 인한 이익을 회수하기 위해 행사하는 권리이다. 대리상, 합명회사의 사원, 합자회사의 무한책임사원, 유한책임회사의 업무집행자 그리고 주식회사와 유한회사의 이사도 회사에 대해 경업금지의무를 부담하는데, 이에 위반한 경우에는 회사가 개입권을 행사할 수 있다. 권리의 성질이나 내용은 상업사용인에 대한 영업주의 개입권과 동일하다($\frac{89조,\ 198조,\ 269조,\ 287}{조의10,\ 397조,\ 567조}$).

2) **위탁매매인·운송주선인의 개입권** 위탁매매인은 일정한 요건이 구비될 경우 스스로 위탁받은 물건 또는 유가증권의 매매의 상대방이 될 수 있다($\frac{107}{조}$). 이같이 위탁매매인이 매매상대방의 지위를 겸할 수 있는 권리를 역시 개입권이라 한다. 이 개입권 역시 형성권이지만, 이 제도는 위탁매매인의 영리실현의 기회를 배가시켜 주기 위한 제도이므로 상업사용인에 대한 영업주의 개입권과 본질적으로 다르다. 운송주선인도 위탁받은 운송계약을 이행하면서 스스로 운송인이 될 수 있다($\frac{116}{조}$). 이 역시 개입권이라 하는데, 그 본질은 위탁매매인의 개입권과 같다.

3) **중개인의 개입의무** 중개인이 중개하는 거래의 한쪽 당사자의 성명을 묵비하고 중개를 할 경우에 반대 당사자는 중개인에 대하여 이행을 청구할 수 있다($\frac{99}{조}$). 중개인이 일방당사자의 성명을 묵비하면 반대당사자는 이행청구할 대상을 알지 못하기 때문이다. 이 같은 반대당사자의 이행청구에 중개인이 응해야 할 의무를 개입의무라 한다.

# 제3장 영업소

## 1. 개념

영업소라 함은 상인의 영업활동을 위한 조직의 중심을 이루며 그에 필요한 인적·물적 시설을 갖춘 장소를 뜻한다. 흔히 영업소의 위치를 행정구역상의 지번(<sup>또는 동</sup>)으로 표시하지만, 영업소는 특정 지점만을 나타내는 개념이 아니고, 이와 함께 영업조직의 중심적 기능을 나타내는 개념이다. 이러한 영업소의 실체를 갖추려면 다음과 같은 요건을 구비하여야 한다.

1) 영업활동을 위한 장소이므로 상품의 제조·가공·보관 등 사실행위만이 이루어지는 공장·창고 등은 영업소가 아니다. 영업활동이라 하더라도 단순히 판매·용역제공 등 영업거래만이 이루어지는 매장·객장은 영업조직의 중심이 되지 못하므로 영업소가 아니다.

2) 영업활동을 위한 조직의 중심이므로 경영관리조직을 갖춤으로써 그 영업활동에 관한 한 독립적인 관리가 행해지고 회계 등 경영효과가 집중되어야 한다. 그러므로 수금이나 주문의 접수 등과 같이 영업의 일부 기능만을 수행하는 장소는 영업소가 아니다.

3) 영업소는 대내적 관리와 대외적 거래의 중심으로서의 기능을 수행해야 하므로 고정적인 설비를 갖추고 계속적으로 유지되어야 한다. 그러므로 간이점포나 이동매장 같은 것은 영업소가 될 수 없다.

## 2. 영업소의 결정

1) 수와 종류 　　상인은 수개의 다른 영업을 할 때에는 물론 하나의 영업을 하더라도 그 영업에 관해 수개의 영업소를 가질 수 있다. 이같이 동일영업에 관해 수개의 영업소가 있을 때에는 각 영업소가 주종의 관계에 있게 된다. 전체 영업 중 수량적 일부를 수행하는 영업소를 지점이라 하고, 이러한 영업소들을 전체적으로 통할하고 그 영업결과를 하나의 경영단위로 집중시키는 영업소를 본점이라 한다. 지점은 여러 개가 있을 수 있으나, 본점은

한 개만이 있을 수 있다.

2) **영업소의 결정절차**　　영업소는 상인이 영업소를 가지려는 의사와 함께 영업소의 실체를 구비함으로써 결정된다. 그러나 회사의 영업소를 결정, 변경함에는 조직법적 절차를 거쳐야 한다. 본점의 소재지는 모든 회사에서 정관기재사항이므로 이를 변경할 때에는 정관변경을 해야 하고($^{179조\ 5호,\ 269조,\ 287조의3\ 1호,}_{289조\ 1항\ 6호,\ 543조\ 2항\ 5호}$), 주식회사에서 지점을 설치, 변경할 때에는 이사회 결의를 거쳐야 한다($^{393조\ 1항.\ 유한회사에서는\ 이}_{사의\ 과반수로\ 결정.\ 564조\ 1항}$). 어느 회사이든 본점과 지점의 소재지는 등기해야 한다($^{180조\ 1호,\ 269조,\ 287조의5\ 1항\ 1호,}_{317조\ 2항\ 1호\ 및\ 3의4호,\ 549조\ 2항\ 1호}$).

3) **영업소의 판단**　　특정의 장소를 영업소로 볼 것이냐의 여부는 객관적 사실, 즉 영업소로서의 실체를 구비하고 있는지의 여부에 따라 판단하여야 하고, 상인의 주관적 의사에 따를 것은 아니다($^{통}_{설}$). 또 명칭이나 등기 여부에 구애받지도 않는다. 본점과 지점의 관계도 경영·관리의 실질에 따라 판별할 문제이다.

### 3. 영업소의 법적 효과

상인에게는 영업소가 자연인이 민사관계에서 갖는 주소와 같은 효력을 갖는다. 따라서 회사의 경우 주소는 본점소재지에 있는 것으로 하며($^{171}_{조}$), 자연인상인의 경우 주소와 영업소를 동시에 갖게 되지만, 영업생활관계에 있어서는 영업소가 생활의 근거가 된다.

(1) **영업소 일반에 대한 효과**

1) **채무변제의 장소**　　지참채무는 채권자의 영업소, 추심채무는 채무자의 영업소가 각각 이행장소가 된다. 즉 특정물의 인도 이외의 영업에 관한 채무의 변제는 채권자의 현 영업소에서 하여야 하며($^{민\ 467조}_{2항\ 단}$), 지시채권이나 무기명채권은 채무자의 현 영업소를 변제장소로 한다($^{민\ 516조,}_{524조}$).

2) **지배인의 선임단위**　　지배인은 영업소를 단위로 본점 또는 지점별로 둘 수 있다($^{10}_{조}$). 그러므로 영업소는 지배인의 대리권의 범위를 정하는 뜻이 있다.

3) **등기관할의 표준**　　상법에 의하여 등기할 사항은 당사자의 신청에 의하여 영업소의 소재지를 관할하는 법원의 상업등기부에 등기한다($^{34조;\ 상등}_{17조\ 1항}$).

4) **재판적 등의 기준**　　회사의 보통재판적은 회사의 주된 영업소에 의해 정하며($^{민소\ 5}_{조\ 1항}$), 영업소가 있는 자에게 제기한 소에 관해서는 그 영업소의 업무에 관한 것에 한해 그 영업소 소재지에 특별재판적이 인정된다($^{민소}_{12조}$). 민사소송에서 서류의 송달은 송달받을 자의 주소, 거소, 영업소 또는 사무소에서 한다($^{민소\ 183조}_{1항\ 본}$).

(2) **지점에 대한 효과**

명문으로 지점에 대한 법적 효과를 정하고 있는 예가 있다.

1) **지점거래로 인한 채무의 이행장소**　　채권자의 지점에서의 거래로 인한 채무이행의 장소가 그 행위의 성질 또는 당사자의 의사표시에 의해 특정되지 아니한 경우에는 특정물

인도 외의 채무이행은 그 지점을 이행장소로 본다($\frac{56}{조}$). 상거래에서 발생한 채무의 이행장소를 채권자의 「영업소」로 정한 민법 제467조 제2항 단서에 대한 특칙으로서 이행장소를 채권이 발생한 「지점」으로 제한한 것이다.

2) **지점에서의 등기**    지점에 둔 지배인의 선임과 대리권의 소멸은 그 지점소재지에서 등기하여야 한다($\frac{13}{조}$). 그리고 본점의 소재지에서 등기할 사항은 다른 규정이 없으면 지점의 소재지에서도 등기하여야 한다($\frac{35}{조}$).

지점에서 등기하여야 할 사항을 등기하지 아니한 경우, 그 지점의 거래에 한해서는 선의의 제3자에게 대항하지 못한다($\frac{38조}{\rightarrow37조}$).

3) **영업양도의 단위**    특정 지점의 영업을 본점 또는 다른 지점의 영업과 분리하여 양도할 수 있다($\frac{통}{설}$).

(3) **회사의 본·지점에 대한 효과**

1) 회사는 본점소재지에서 설립등기를 함으로써 성립하며($\frac{172조, 180조, 271조, 287}{조의5 1항, 317조, 549조}$), 그 밖에 상법상 요구되는 각종 회사관계 등기는 본점 또는 지점의 소재지에서 하여야 한다($\frac{181조, 192}{조, 269조,}$ 287조의5 2항~5항, 317조 3항, 328조 2항, 407조 3항, 430조, 446조 등).

2) 회사설립무효·취소의 소 등 각종 회사법상의 소는 본점소재지를 관할하는 지방법원 합의부의 관할에 전속하며($\frac{186조, 240조, 269조, 287조의6, 328조 2항, 376조 2항, 380조, 385조}{3항, 403조 5항, 430조, 446조, 462조 3항, 552조 2항, 578조, 595조 등}$), 회사에 관한 각종 비송사건도 회사의 본점소재지를 관할하는 지방법원 본원 합의부의 관할에 전속한다($\frac{비송}{72조}$).

3) 주식회사의 주주총회는 정관에 다른 정함이 없는 한 본점소재지 또는 이에 인접한 지(地)에서 소집하여야 한다($\frac{364}{조}$).

4) 정관·주주명부·사원명부·사채원부·주주총회 또는 사원총회의 의사록·재무제표 및 영업보고서·감사의 감사보고서는 본점·지점에 비치하고 주주 또는 사원 및 회사채권자의 열람에 공하여야 한다($\frac{396조, 448조, 566조,}{579조의3, 581조}$).

# 제 4 장 상 호

## I. 총설

1) **상호의 효용**    사람이 사회생활을 영위함에 있어 스스로를 타인과 구별하기 위하여 이름을 사용하듯이, 상인은 기업생활관계에서 자신을 나타내기 위하여 상호를 사용한다. 상호를 사용함으로써 상인은 자신의 기업의 동일성을 나타내고, 나아가 기업생활의 법적·경제적 효과를 별도의 절차없이 자신에게 귀속시킬 수 있다.

2) **상호의 재산성**    상호는 본래 특정상인이 영위하는 기업의 동일성을 인식하기 위한 방법으로 창안된 것이나, 오늘날에는 상인의 중요한 영업재산으로 인식되고 있다. 즉 상인이 기업거래에서 장기간 상호를 사용함으로써 그 상인의 누적된 신용과 명성이 상호에 화체되고 드디어는 대외적으로 상호 자체가 신용과 명성의 주체인 듯한 인식을 준다. 그래서 상법은 상인이 상호를 사용함으로써 누리는 이익을 재산권으로 파악하고 각종의 보호장치를 두고 있다.

3) **제3자의 이해(利害)**    상호는 그 재산적 가치로 인해 상인에게 중요하지만, 상인과 거래하는 제3자에게도 거래의 안전상 중요한 의미를 지닌다. 오늘날은 가정용 소비제품의 구입에서 대단위의 국제거래에 이르기까지 모든 경제거래에 있어서 상호로 상인의 동일성을 판단하고 그에 의해 거래상대방을 선택하기 때문이다. 그러므로 상호의 선정·사용은 일상의 거래에서 일반인이 신뢰할 수 있도록 엄정하고 선명해야 하며, 상호를 신뢰하고 거래한 자는 제도적으로 보호되어야 한다. 후술하는 상호에 관한 각종의 제도는 상당 부분 상호에 대한 일반인의 신뢰를 보호하기 위한 제도이다.

## II. 상호의 의의

상호란 상인이 영업활동에서 자신을 나타내는 명칭이다.

1) 상호는 상인이 자신을 나타내는 수단이므로 바로 상인의 명칭이다. 그러므로 상인 아닌 사업자 또는 사업의 명칭은 상호가 아니다(예컨대 학교명이나 각 종 비영리단체의 명칭).

2) 상호는 상인의 「명칭」이므로 상품의 동일성을 표시하는 「상표」(상표법 2조 1항 참조)나 영업의 대외적인 인상을 부각시키기 위하여 사용하는 표장인 「영업표지」와 구별하여야 한다. 예컨대 「오비맥주 주식회사」는 상호이고 「OB」는 상표이다. 그리고 ⬤ 는 「LG그룹」의 영업표지이다.

3) 상호는 명칭이므로 구두로 발음할 수 있고 문자로 기록할 수 있어야 한다. 따라서 기호·도화·도형 같은 것은 상호가 아니다(예: 흘글).

외국어도 예컨대 「㈜엘지」와 같이 우리말로 표기한 것은 상호가 될 수 있다. 그러나 예컨대 「Pizza Hut」과 같이 외래어 명칭을 해당 외국어로 표기하는 것은 등기실무상 허용하지 않고, 한글로 된 등기에 괄호로 이어 로마자의 병기를 허용한다. 하지만 자연인상인은 외국어를 미등기상호로 사용할 수 있고 또 등기를 전제로 하지 않은 상법상의 보호도 받는다고 함이 통설이다.

4) 회사는 상호 외에 다른 명칭이 없지만, 자연인상인은 자신의 성명이나 상호를 선택적으로 사용할 수 있다.


## Ⅲ. 상호의 선정

### 1. 상호선정의 자유

상인이 상호를 선정함에 있어 상호가 표상하는 뜻이 상인 또는 영업내용의 실제와 일치해야 하느냐는 것은 입법정책상의 문제이다. 다음과 같은 세 가지의 입법주의가 있다.

1) **상호진실주의**    상호가 영업주 또는 영업내용 등을 시사하는 것이라면 반드시 실제와 부합해야 한다는 정책이다. 예컨대 「이가자 헤어비스」라는 상호는 「이가자」라는 사람이 영업주일 경우에 한해서, 그리고 미용업에 대해서만 사용할 수 있는 것이다(프 랑스).

2) **상호자유주의**    상인으로 하여금 영업의 실제와 관계없이 어떠한 상호든지 자유롭게 선정·승계할 수 있게 하는 주의이다. 예컨대 「이명래」 아닌 사람도 「이명래고약」이란 상호를 사용할 수 있다(영미, 독일).

3) **절충주의**    상인이 새로이 상호를 선정하는 경우에는 영업의 실제와 일치하도록 하지만, 영업의 양도 또는 상속이 이루어지거나 회사에서 사원의 입사 또는 퇴사가 있는 경우에는 상호의 계속사용을 허용하는 주의이다(1998년 이전 독일).

4) **상법상의 원칙**    상법 제18조는 「상인은 그 성명 기타의 명칭으로 상호를 정할 수 있다」고 규정함으로써 상호자유주의를 택하고 있다. 그러므로 상인은 영업의 실제와 관

계없이 영업주, 영업내용, 관련 지역을 나타내거나 혹은 나타내지 않는 어떠한 문자든지 상호로 선택할 수 있다(예컨대 평양하고 전혀 인연이 없는 사람이 「평양냉면」이라는 상호로 국밥을 팔아도 무방하다).

### 2. 상호선정의 제한

상법은 상호자유주의를 원칙으로 하지만, 거래상대방이 될 수 있는 일반공중의 신뢰를 보호하는 한편 무질서한 상호선정으로 불이익을 입는 자가 생기는 것을 예방하기 위하여 다음과 같은 제한을 두고 있다.

#### (1) 상호의 단일

1) **상호단일성의 원칙**    동일한 영업에는 동일한 상호를 사용하여야 한다($\binom{21조}{1항}$). 하나의 영업에 여러 개의 상호를 사용한다면 대외적으로 영업의 주체와 영업 자체의 동일성에 혼동을 줄 우려가 있는 한편, 다른 상인의 상호선택의 폭을 제한하기 때문이다.

2) **영업별 상호**    상호의 단일은 하나의 영업에 하나의 상호를 사용해야 한다는 뜻이므로, 1인의 상인이 수개의 영업을 영위할 때에는 영업별로 상호를 달리할 수 있다. 그러나 회사의 상호는 영업에 관해서만이 아니라 회사의 전 인격을 나타내는 명칭이므로 수개의 영업을 하더라도 상호는 하나만이 있을 수 있다.

3) **본·지점의 상호**    상인이 하나의 영업에 관해 수개의 영업소를 갖더라도 영업은 하나이므로 각 영업소는 동일한 상호를 사용하여야 한다. 영업소가 둘 이상인 경우에는 본·지점의 관계에 있게 되는데, 지점의 상호에는 본점과의 종속관계를 표시하여야 한다($\binom{21조}{2항}$). 예컨대 「신한은행 명동지점」과 같은 식으로 한다.

#### (2) 회사상호의 사용제한

회사가 아니면 상호에 회사임을 표시하는 문자를 사용하지 못한다($\binom{20조}{전}$). 이에 위반한 경우에는 200만원 이하의 과태료를 과한다($\binom{28}{조}$). 자연인상인이 상호에 회사라는 명칭을 사용함으로써 일반인이 그 영업규모와 신용도를 오인하는 것을 예방한 것이다. 이 원칙은 회사의 영업을 양수한 경우에도 적용된다($\binom{20조}{후}$).

#### (3) 회사의 상호표시방법

회사의 상호에는 그 종류에 따라 합명회사, 합자회사, 유한책임회사, 주식회사 또는 유한회사의 문자를 사용해야 한다($\binom{19}{조}$). 회사의 종류별로 사원의 책임이 다르고($\binom{유한·}{무한}$), 따라서 거래상대방이 부담하는 거래상의 위험도 다르며, 회사별로 조직구성과 대표행위의 절차가 상이하므로 거래상대방으로 하여금 상인의 법적 실체를 정확히 파악하게 하기 위함이다.

#### (4) 특정업종을 나타내는 상호의 규율

특별한 영업을 영위하는 자는 특별법에 의하여 상호 중에 업종도 표시해야 하는 경우가 있다. 예컨대 보험회사는 상호 중에 주로 영위하는 보험사업의 종류($\binom{생명보험·}{손해보험}$)를 표시하여야 한다($\binom{보험 8}{조 1항}$). 한편 특정한 사업에 관해 소비자의 혼동을 예방하기 위하여 그 사업을 영위하는 회사가 아닌 자는 해당 명칭 및 유사명칭을 사용하지 못하게 하는 예가 많다(예: 은행(은행 14조), 보험회사(보험 8조 2항), 금융투자업(자금 38조) 등).

### (5) 주체를 오인시킬 상호의 사용금지

1) 의의  누구든지 부정한 목적으로 타인의 영업으로 오인할 수 있는 상호를 사용하지 못한다(23조 1항). 이에 위반한 경우에는 벌칙이 적용된다(28조). 상인이 상호자유주의를 악용하여 타인의 영업으로 오인될 만한 상호를 사용함으로써 타인이 쌓은 신용과 사회적 지명도를 훔치는 사례가 있다. 이로 인해 그 영업의 주체로 오인당하는 자에게 손실을 주고 일반공중에 대해서도 영업주체에 관한 오해를 줄 수 있으므로 상호선정에 이와 같은 제한을 둔 것이다.

2) 적용범위  상법 제23조의 규정은 주로 상인이 다른 상인의 상호 또는 그와 유사한 상호를 사용한 경우에 적용되지만, 상인이 아니라도 본조에서 말하는 「타인」의 영업으로 오인할 수 있는 상호에서의 「타인」이 될 수 있다. 예컨대 상인이 상인이 아닌 저명인사의 성명이나 유명기관의 명칭을 자기의 상호에 사용한 경우(예: '국립도서관 직영서점'이란 명칭)에도 본조가 적용된다. 그러므로 이름을 도용당한 비상인은 본조 제2항의 「손해를 받을 염려가 있는 자」로서 상호의 폐지를 청구할 수 있다.

「부정한 목적」, 「타인의 영업으로 오인할 수 있는 상호」의 의의 및 기타 상세한 점은 상호전용권에 관한 문제에 포함시켜 후술한다(68면 이하 참조).

### (6) 부정경쟁을 위한 상호사용의 금지

부정경쟁방지 및 영업비밀보호에 관한 법률에서는 상인 간에 부정한 수단으로 경쟁하는 것을 방지하기 위하여 부정한 상호사용을 금지한다(부경 2조 1호 (가)(나)(다)).

## Ⅳ. 상호의 등기

상호에 대해서는 여러 사람이 중대한 이해관계를 가지므로, 상호사용의 실태를 널리 공시할 필요에서 상호의 등기제도가 마련되어 있다.

### (1) 강제성

회사의 명칭은 상호가 유일하여 상호를 등기하지 않으면 법상 회사의 존재를 인식할 길이 없으므로 회사의 상호는 반드시 등기해야 한다. 그러나 자연인상인의 경우 거래에서 상호에 갈음하여 자신의 성명을 사용할 수도 있으므로 상호등기를 강제하지 아니한다. 즉 등기 여부는 자연인상인의 자유이다. 그러나 일단 상호를 등기하면 등기된 상호의 폐지·변경은 의무적으로 등기해야 한다.

### (2) 등기절차

등기는 당사자의 신청에 의하며(상등 22조 1항), 신청인의 영업소소재지의 등기소가 관할한다

($^{34}_{조}$). 본점소재지에서 상호를 등기할 경우에는 지점소재지에서도 이를 등기하여야 한다($^{35}_{조}$).

자연인상인의 상호는 상호등기부에 등기하지만($^{상등 11조}_{1항 1호}$), 회사의 경우 각 회사의 종류별로 일체의 회사관계등기를 다루는 회사등기부가 별도로 마련되어 있으므로 상호등기부에는 따로 등기하지 않는다($^{상등 37조 1항,}_{단 가등기는 예외}$).

### (3) 상호등기의 효력

상호를 등기하면, 1) 동일한 서울특별시·광역시·시·군에서 동종영업을 하는 다른 상인의 같은 상호의 등기를 배척하는 효력이 있고($^{22}_{조}$), 2) 동일상호를 사용하는 타인이 있으면 그에게 부정한 목적이 추정되고($^{23조}_{4항}$), 3) 정당한 사유없이 2년간 상호를 사용하지 아니하면 폐지한 것으로 의제하고($^{26}_{조}$), 4) 상호의 폐지·변경 후 2주간 내 등기하지 아니하면 이해관계인이 그 말소를 청구할 수 있다($^{27}_{조}$). 이에 관해서는 상호권의 보호 및 상호의 폐지와 관련하여 후술한다($^{68면 이}_{하 참조}$).

### (4) 상호의 가등기

상호는 상인이 실제로 선정하여 사용할 때에 등기할 수 있음이 원칙이다. 그런데 자연인상인은 자신의 의사결정만으로 바로 상호의 선정이 가능하지만, 회사가 특정의 상호를 사용하고자 할 때에는 등기에 이르기까지 주주총회의 결의 등 내부적인 절차를 밟는데 상당한 시간이 소요됨이 보통이다. 이를 틈타 타인이 같은 상호를 먼저 선정하면 그가 선순위의 상호권자가 되므로 회사는 그로부터 상법 제23조에 의해 상호사용을 배척당하게 된다. 그러므로 상법은 회사상호에 한해 일정한 사유가 있으면 장차 사용하려는 상호를 가등기하여 보존할 수 있도록 한다($^{상호의 가등기 절차에 관해서는 상업}_{등기법 제38조 이하에서 다루고 있다}$).

상법상 상호를 가등기할 수 있는 경우는, i) 주식회사, 유한책임회사 또는 유한회사를 설립할 때($^{22조의2}_{1항}$), ii) 회사가 상호나 목적, 또는 상호와 목적을 변경하고자 할 때($^{22조의2}_{2항}$), iii) 회사가 본점을 이전하고자 할 때($^{22조의2}_{3항}$)이다. 가등기를 하면 본등기의 순위는 가등기의 순위에 따른다($^{부등}_{91조}$). 따라서 상호의 가등기를 해두면 장차 상호의 본등기를 하고자 할 경우 그 권리의 순위를 확보할 수 있는 것이다. 그러나 상호의 가등기는 단지 상호등기의 순위만 보전하는 효력이 있는 것이 아니라 본등기의 효력을 아울러 가지고 있어 부동산의 가등기 제도와는 달리 운용되고 있다. 즉 상호를 가등기하면 등기된 상호와 같이 보호받는다($^{22조의2}_{4항}$).

## V. 상호권의 보호

### 1. 의의

상인은 그가 적법하게 선정 또는 승계한 상호의 사용에 관해 중대한 경제적 이익을 가지는데, 이를 「상호권」이라 하여 법적 이익으로서 보호받는다. 상호권은 타인으로부터 방해를 받지 않고 상호를 사용할 수 있는 「상호사용권」과 자신의 상호를 타인이 부정하게 사용할 경우 이를 배척할 수 있는 「상호전용권」으로 이루어진다. 이러한 권리는 상호의 등기 여부에 관계없이 주어진다. 다만 등기할 경우에는 후술과 같이 보다 강력하게 보호된다.

## 2. 성질

상호권의 성질에 관하여는 학설이 나뉜다. i) 상호가 영업상 상인을 나타내는 명칭이라는 점을 중시하여 인격권으로 보는 설, ii) 상호의 경제적 가치와 기능에 중점을 두어 재산권으로 보는 설, iii) 상호는 상인에게 경제적 이익을 주며 양도가능하고($^{재산권}_{적 성질}$), 상호권의 침해는 명예와 신용을 손상하므로($^{인격권}_{적 성질}$) 상호권은 인격권적 성질을 포함하는 재산권이라고 하는 설, iv) 등기 전에는 인격권이나 등기 후에는 재산권이라고 하는 설이 있다. iii)설이 통설이다.

## 3. 상호사용권

상인은 자신이 선정하거나 승계한 상호를 타인의 방해를 받지 않고 사용할 권리를 갖는데, 이를 상호사용권($^{또는 적극}_{적 상호권}$)이라 한다. 기업에 관한 일체의 거래를 상호를 가지고 할 수 있음은 물론 광고·간판·상품·서류 등에 상호를 기재하는 등의 사실행위를 통해서도 상호를 사용할 수 있다. 상호사용권은 일종의 절대권으로서 이에 대한 침해는 불법행위를 구성한다. 등기된 상호이든 미등기상호이든 상호사용권의 내용에 있어서는 차이가 없다.

## 4. 상호전용권

### (1) 의의

상인은 타인이 부정한 목적으로 자신의 영업으로 오인할 수 있는 상호를 사용할 경우 이를 배척할 수 있는 권리를 갖는다($^{23조}_{2항}$). 이를 상호전용권($^{소극적}_{상호권}$)이라 한다. 일반적으로 부정한 목적에서 타인의 영업으로 오인할 수 있는 상호를 사용하는 것이 금지됨은 앞서 본 바와 같다($^{23조}_{1항}$). 그중에서 특히 다른 상인이 이미 사용하고 있는 상호와 유사한 상호를 사용함으로써 그 다른 상인의 영업으로 오인받도록 하는 경우에는 침해당한 상호의 상호전용권의 효력으로써 이를 배척할 수 있다. 이러한 의미의 상호전용권은 등기 여부에 불구하고 모든 상호사용자에 대해 주어지는 권리이다.

### (2) 요건

상호전용권에 기하여 상호사용을 배척하기 위하여는 다른 상호사용자가 부정한 목적으로 자신의 상호와 유사한 상호를 사용하여야 한다($^{23조}_{1항}$).

1) **비교상호의 존재**   상인이 상호전용권에 기하여 타인의 상호사용을 배척할 수 있기 위해서는 타인의 상호와 유사한 상호를 이미 자신의 상호로 사용하고 있어야 한다.

2) 상호의 유사성　　　기존의 상호사용자의 상호와 동일한 상호라면「타인의 영업으로 오인할 수 있는 상호」임에 틀림없지만, 동일하지 않더라도 고도의 유사성으로 인해 영업주체가 상이함을 깨닫기 어렵다면 역시 타인의 영업으로 오인할 소지가 크므로 사용이 금지된다.「오인의 가능성」유무는 해당 상인과의 상거래에 임하는 일반인의 기준에서 판단하여야 할 것이므로 영업의 종류·규모·지역성 등 종합적인 사정을 토대로 하여 판단해야 한다.

3) 유사상호의「사용」　　　유사상호를「사용」한다는 것은 상인이 그 상호를 영업상 자신을 나타내는 명칭으로 이용함을 말한다. 그러므로 대외적인 계약에 유사상호를 표시하는 것은 물론이고 간판·제품·계산서나 안내서 기타 인쇄물에 표시하거나 광고에 이용하는 것도 두루 유사상호의 사용에 포함된다. 또 영업자금의 차입 등 보조적 상행위를 하면서 사용하는 것도 포함된다.

제22조는 타인이 등기한 상호를「동일한 서울특별시·광역시·시·군」에서 동종영업의 상호로 등기하지 못하게 하나, 본조($^{23}_{조}$)에서 규정하는 유사상호의 사용금지는 지역적인 제한이 없다. 따라서 원칙적으로 전국 어디서나 부정한 목적으로 타인의 영업으로 오인할 수 있는 상호를 사용하는 것이 금지되지만, 전국적인 규모에서 영업의 동일성에 관한 오인이 행해질 수 있는 것인지의 여부는 영업의 규모와 범위·성격, 고객의 지역성 등을 종합적으로 고려하여 결정할 문제이다(예컨대 A시에서 지역주민을 상대로 영업하는 이발소의 상호와 유사한 상호로 B시에서 타인이 역시 지역주민을 상대로 이발소 영업을 한다고 해서 본조에 위반한 유사한 상호로 규율할 수는 없을 것이다).

4) 부정한 목적　　　「부정한 목적」이라 함은 자기의 영업을 타인의 영업으로 오인시킴으로써 타인이 가지고 있는 사회적 신용을 자신의 영업에 유리하게 이용하려는 목적을 말한다(대법원 2016. 1. 28. 선고 2013다76635 판결). 따라서 반드시 타인의 성명 또는 상호권을 침해하려는 의사가 있음을 요하지 않는다.「부정한 경쟁」(부정 2조 1호 참조)을 목적으로 할 경우에는 본조에서 말하는 부정한 목적이 있다고 할 수 있으나,「부정한 목적」은 부정한 경쟁보다 넓은 개념으로서 부정한 경쟁을 목적으로 하지 않더라도 부정한 목적이 있을 수 있다(통설).

5) 동종영업의 요부　　　본조의 취지는 부정한 경쟁을 억제하기 위한 것만이 아니고, 상호의 영업주체의 혼동으로 인해 일반공중이 거래상대방의 선택에 있어 오류를 범하는 피해를 입거나 그로 인해 영업주체로 오인당한 자가 재산상의 손실, 신용의 저하 또는 인격상의 침해를 당하는 것을 방지하고자 함이다. 그러므로 본조의 적용에 있어서는 동종영업에 사용함을 요하지 않는다(대법원 2002. 2. 26. 선고 2001다73879 판결).

6) 상호권자의 허락이 없을 것　　　법에 명문의 규정은 없으나 당연한 요건이다.

7) 증명책임　　　상호전용권에 기하여 타인의 부정한 상호사용을 배척하려면 이상 설명한 요건을 상호권자가 증명하여야 한다. 상호를 등기한 경우에는 후술과 같이 부정한 목적에 관한 증명책임이 유사상호의 사용자에게 전환된다.

### (3) 효력

특정인이 제23조 제1항에 위반하여 부정한 목적으로 타인의 영업으로 오인할 수 있는 상호를 사용하는 경우, 이로 인하여 「손해를 받을 염려가 있는 자」 또는 「상호를 등기한 자」는 그 폐지와 손해배상을 청구할 수 있다($^{23조 2}_{항. 3항}$). 미등기상호권자도 「손해를 받을 염려가 있는 자」로서 손해를 받을 염려를 증명할 필요 없이 제23조의 권리를 행사할 수 있다($^{통}_{설}$).

1) **상호폐지청구권**    앞서의 요건이 충족될 경우 상호권자는 상호의 부정사용자에 대하여 상호를 폐지할 것을 청구할 수 있다($^{23조}_{2항}$). 그리고 부정사용자가 상호를 등기한 경우에는 그 등기의 말소를 청구할 수 있다($^{제22조의 등기배척}_{과는 다른 문제이다}$).

2) **손해배상청구권**    상호의 부정사용으로 매출액의 감소, 신용의 훼손 등 손해가 발생한 경우 상호권자는 상호폐지의 청구와는 별도로 손해배상을 청구할 수 있다($^{23조}_{3항}$). 이는 상호의 폐지를 청구한다고 해서 불법행위에 기한 손해배상청구권이 소멸하는 것이 아님을 주의적으로 규정한 것이다.

### 5. 등기상호권자의 상호전용권 강화

상호사용권과 상호전용권은 등기 여부를 막론하고 모든 상호권자에게 주어지는 권리이나, 상호를 등기할 경우 상호전용권이 다음과 같이 강화된다.

#### (1) 동일한 상호등기의 배척

타인이 등기한 상호는 동일한 서울특별시·광역시·시·군에서 동종영업의 상호로 등기하지 못한다($^{22}_{조}$).

1) **의의**    이 규정은 상호를 등기한 경우, 동종영업에 관해 같은 상호의 등기가 행해지는 것을 차단함으로써 선등기 상호권자의 지위를 보호하려는 것이다. 이 규정의 적용에 있어 상호권의 유무·우선관계는 문제되지 아니한다. 한편 동일상호의 등기를 배척하는 것은 상호권자를 보호하기 위한 뜻에서만이 아니라, 일반인의 혼동을 막으려는 공익적 이유에서 비롯된 것이기도 하므로 선등기자의 동의가 있더라도 동일한 상호는 등기할 수 없다($^{대법원 동일상호의 판단기준에 관한 예규}_{5조; 동 등기선례 제3-937호, 1993. 3. 10}$).

이 규정에 의해 새로운 상호권이 창설되는 것은 아니다. 예컨대 A가 상호를 선정하여 사용하던 중 A의 상호가 등기되지 않았음을 기화로 동종영업을 하는 B가 같은 상호를 먼저 등기하였다면, A가 뒤늦게 등기하고자 하더라도 이 규정에 의해 등기할 수 없게 된다. 그러나 이 규정에 의해 B의 상호권이 새로이 생기는 것은 아닌 까닭에, A는 제23조에 기한 상호전용권의 행사로서 B에 대해 상호의 폐지를 청구할 수 있고 등기의 말소도 청구할 수 있다. 그리고 이 청구에 의해 B의 등기가 말소된 후에 A는 자신의 상호를 등기할 수 있다.

2) **효력의 범위**    이 규정이 단지 후등기자의 등기를 배척하는 등기법상의 효력만을

부여한 것인지($\frac{등기}{법설}$), 후등기자의 등기가 이루어진 경우 선등기자가 후등기자의 등기말소를 청구할 수 있는 실체법적인 효력까지를 부여한 것인지($\frac{실체}{법설}$) 견해의 대립이 있다. 통설·판례는 실체법설을 취하고 있다($\frac{대법원\ 2004.\ 3.\ 26.\ 선}{고\ 2001다72081\ 판결}$).

　　3) 동종영업의 범위　　「동종영업」의 상호에 대해서만 제22조가 적용된다. 상업등기법상 상호등기를 신청할 때에는 영업의 종류를 기재하게 되어 있으므로($\frac{상등\ 30}{조\ 3호}$) 그 기재에 의해 「동종」 여부를 판단하게 되며, 실제 그 영업을 수행하고 있는지 여부는 문제되지 아니한다. 「동종영업」이라 해서 영업내용이 완전히 일치해야 하는 것은 아니고 주요부분이 일치하면 족하다.

　　(2) 증명책임의 전환

　　제23조에 의하여 타인의 부정한 상호사용을 배척하려면, 「타인에게 부정한 목적」이 있음을 증명하여야 하는데, 이는 주관적 요건이므로 증명하는 데 현실적인 어려움이 크다.

　　그러나 「동일한 서울특별시·광역시·시·군에서 동종영업으로 타인이 등기한 상호를 사용하는 자는 부정한 목적으로 사용하는 것으로 추정한다」($\frac{23조}{4항}$). 따라서 상호를 등기한 자는 동종영업을 하는 타인이 동일한 서울특별시 등에서 유사상호를 사용한 경우에는 그의 「부정한 목적」을 증명할 필요가 없이 상호의 폐지 및 손해배상을 청구할 수 있다. 즉 이 경우에는 증명책임이 그 타인에게 전가되는 것이다.

## Ⅵ. 상호권의 변동

　　상인의 상호선정으로 발생한 상호권은 상호의 폐지에 의해 소멸되고, 상호의 양도와 상호의 상속에 의해 타인에게 이전된다.

### 1. 상호의 양도

#### (1) 상호의 양도가능성

　　상호가 장기간 영업과 일체가 되어 사용되면 영업에 관한 상인의 대외적 신용은 상호의 재산적 가치로 축적되고 나아가서는 상호 자체가 독립된 가치를 지닌다. 여기서 상인이 상호를 더 이상 사용하지 않을 경우에는 상호의 재산적 가치를 회수할 필요가 있다. 그러므로 학설은 상호권을 인격권적 성질을 가진 「재산권」이라고 설명함으로써 그 양도성의 이론적 근거를 제시하며, 법상으로도 양도를 허용하고 있다.

　　그러나 상호를 영업과 분리하여 무제한으로 양도할 수 있다면 영업의 동일성에 대한 공중의 판단을 흐리게 할 것이다. 상법은 이러한 부작용을 최소화하기 위하여 영업과 함께 상호를 양도하는 경우 또는 영업을 폐지하는 경우에 한해 상호의 양도를 허용하고 있다. 따라서 영업을 유지하면서 상호만을 양도할 수는 없다. 상호만을 양도할 수 없는 결과 상호만을 압류하는 것도 허용되지 않는다.

### (2) 상호의 양도가 허용되는 경우

1) **영업과 함께 양도하는 경우**　　상인은 자신의 영업을 양도하면서 그 양수인에게 상호를 더불어 양도할 수 있다($^{25조}_{1항}$). 상호를 영업과 더불어 양도·양수한다면 영업과 상호가 종전과 같이 결합·유지되므로 영업의 동일성에 관한 공중의 신뢰를 해하지 않는다.

2) **영업을 폐지하는 경우**　　영업을 폐지할 경우에는 상호를 영업과 분리하여 양도할 수 있다($^{25조}_{1항}$). 영업을 폐지하는 경우에도 상인이 상호의 가치를 회수할 수 있게 해줄 필요가 있는 한편, 이 경우 영업에서 분리하여 상호만을 양도하더라도 종전의 영업은 소멸하므로 타인이 영업의 동일성을 판단하는 데 큰 혼란이 없다.

「영업의 폐지」라 함은 사실상 영업을 중단함을 말하고, 행정관청에 내는 폐업신고와 같은 절차는 영업폐지의 요건이 아니다($^{대법원 1988. 1. 19.}_{선고 87다카1295 판결}$).

### (3) 양도절차

1) **양도의 합의**　　자연인상인의 상호는 당사자의 의사표시만으로 양도할 수 있으나, 회사의 상호는 정관에 의해 정해지므로 먼저 정관변경을 통해 상호를 변경하는 절차를 거쳐야 한다.

2) **상호양도의 등기**　　상호의 양도는 등기하지 아니하면 제3자에게 대항하지 못한다($^{25조}_{2항}$). 등기를 하지 않으면 제3자에 대하여는 그의 선의·악의를 불문하고 효력이 없다. 이 점에서 상업등기 일반의 대항력 문제($^{37조}_{1항}$)와 다르다. 따라서 상호의 이중양도가 있을 경우에는 먼저 등기한 자가 상호권을 취득한다.

미등기상호도 양도할 때에는 대외적으로 공시할 필요가 있으므로 제25조 제2항에 따라 등기하여야만 제3자에게 대항할 수 있다고 보아야 한다.

### (4) 상호양도의 효과

상호가 양도되면 양도인과 양수인 간에는 양도한 때로부터, 제3자와의 사이에서는 등기를 한 때로부터 양수인이 상호권을 취득하며, 앞서 설명한 상호권에 관한 제도상의 보호를 받는다.

영업을 유지하면서 상호만을 양도하는 것은 허용되지 않으므로 그 양도계약은 무효이고 양수인은 상호권을 취득하지 못한다.

## 2. 상호의 임대차

거래계에서는 상호의 임대차가 드물지 않게 행해진다. 상호만의 임대차는 상호만의 양도가 허용되지 않는 것과 같은 취지에서 허용될 수 없다. 하지만 실제 상호만을 임대하는 예도 많이 있는데, 이 경우에는 임대인이 후술하는 명의대여자의 책임($^{24}_{조}$)을 질 수 있다.

영업을 임대차하면서 동시에 상호를 임대차하는 것은 영업과 상호가 일체를 이루어 영업의 동일성 파악에 혼란을 주지 않으므로 영업과 함께 상호를 양도하는 경우($\frac{25조}{1항}$)에 준하여 허용된다고 본다($\frac{대법원\ 1994.\ 5.\ 13.\ 선고\ 93다56183\ 판결;}{상호의\ 임대차가\ 가능함을\ 전제로\ 한\ 판례}$). 영업과 함께 상호를 임대차한 경우에도 임대인이 명의대여자의 책임을 지는 수가 있다($\frac{대법원\ 1988.\ 2.\ 9.\ 선}{고\ 87다카1304\ 판결}$).

상호의 임대차는 상호권의 귀속에 변동이 생기는 것이 아니므로 등기를 요하지 않는다. 그러나 임차한 상호는 임차한 영업에 관해 임차인을 나타내는 방법이므로 임차인 역시 그 영업에 관한 한 상호권을 누린다고 보아야 한다. 그러므로 타인이 유사한 상호를 사용할 경우에는 제23조에 의해 상호의 폐지 및 손해배상을 청구할 수 있다.

### 3. 상호의 상속

상호권은 기술한 바와 같이 재산권적 성질을 가지므로 법에 명문의 규정은 없으나 당연히 상속의 대상이 된다. 상호의 상속은 상호의 양도와는 달리 대항요건으로서 등기를 요하지 아니한다.

### 4. 상호의 폐지

상호의 폐지는 상호권자가 상호권을 포기하는 것으로, 이에 의해 상호권은 절대적으로 소멸하고 상호는 사회에 개방된다.

상호의 폐지는 상호권자의 포기의사를 나타내는 단독행위에 의해 이루어지는데, 그 의사표시는 특별한 형식을 요하지 아니한다. 상호를 변경하거나, 사실상 사용하지 않거나, 상호를 제외하고 영업을 양도 또는 폐지한 경우 등은 상호를 폐지하는 묵시적인 의사표시가 있는 것으로 보아야 한다. 그러나 존립중의 회사는 상호를 갖지 않을 수 없으므로 상호를 폐지할 경우에는 정관을 변경하여 새로운 상호를 선정하는 작업이 선행되어야 한다.

등기된 상호의 경우 등기와 사실관계를 일치시키기 위하여 상호권자는 폐지 또는 변경의 사실을 등기하여야 한다($\frac{40조;\ 상}{등\ 32조}$). 상호를 폐지하고도 장기간 등기를 말소하지 않으면 상호권이 존속하는 듯한 부진정한 외관이 지속된다. 그래서 상법은 등기된 상호의 상호권자가 정당한 사유없이 2년간 상호를 사용하지 아니한 때에는 이를 폐지한 것으로 의제한다($\frac{26}{조}$). 한편 상호권자가 상호를 폐지 또는 변경하고도 2주간 내에 등기하지 아니하는 때에는 이해관계인은 상호등기의 말소를 청구할 수 있다($\frac{27}{조}$).

## Ⅶ. 명의대여자의 책임

### 1. 의의

「명의대여」라 함은 타인에게 자기의 성명 또는 상호를 사용하여 영업할 것을 허락하는 행위를 말한다. 타인에게 명의를 대여한 자는 자기를 영업주로 오인하고 명의차용자와 거래한 제3자에 대하여 명의차용자와 연대하여 책임을 진다($\frac{24}{조}$).

　　명의차용은 사회적으로 또는 특정 영업분야에서 명성과 신용을 가지고 있는 자의 이름을 빌려 영업을 하려 할 때 또는 행정관청의 특허·면허 등을 요하는 영업을 하려 하나 이를 받지 못한 자가 이미 면허받은 타인의 이름을 빌려 영업을 할 때 흔히 행해진다. 어떠한 경우이든 명의대여자의 이름으로 거래한 명의차용자가 이행할 자력이 없으면 명의대여자를 영업주로 믿고 거래한 상대방에 대해 예측하지 못한 손해를 줄 수가 있다. 이러한 경우에는 명의대여자에게 거래상의 책임을 묻는 것이 상거래의 안전을 위해 바람직하다. 이 같은 취지에서 상법은 외관이론 내지는 금반언의 법리에 입각하여 명의대여자로 하여금 실제의 영업주인 명의차용자와 연대하여 거래책임을 지게 한다.

### 2. 적용요건

#### (1) 명의대여

　　명의대여자의 책임을 규정한 상법 제24조의 적용상 가장 중요한 것은「명의대여」, 즉 특정인이 타인에게 자기의 성명 또는 상호를 사용할 것을 허락하는 것이다. 이하 상설한다.

　　1) 명의　　　　법문에서는「성명 또는 상호」라고 표현하고 있으나, 이에 국한하지 않고 거래통념상 대여자의 영업으로 오인하기에 적합한 명칭을 사용하면 모두 본조의 적용대상이 된다. 또 성명·상호 등의 명칭에 지점·영업소·출장소·현장사무소 기타 대여자의 영업소로 여겨질 만한 명칭을 부가시켜 사용하게 하는 것도 명의대여이다($\frac{대법원\ 1976.\ 9.\ 28.}{선고\ 76다955\ 판결}$). 그러나 A 상인이 B회사의 허락을 받아「B의 대리점」이란 상호를 사용하는 경우,「대리점」이란 용어는 특정상인의 상품을 전문적으로 취급하는 대리상, 특약점, 위탁매매업 등의 점포에 범용적으로 사용되고($\frac{예:「삼성전자}{청계대리점」}$), 지점, 영업소 등과 같이 특정상인에 종속하는 명칭이 아니므로 명의대여로 볼 수 없다($\frac{대법원\ 1989.\ 10.\ 10.}{선고\ 88다카8354\ 판결}$).

　　2) 명의사용의「허락」　　　명의대여자가 자신의 명의사용을 허락했어야 한다.

　　i) 허락의 방식　　　「허락」은 대여자와 차용자 간의 명의대여계약에 의해 행해질 수도 있고, 명의대여자의 일방적인 동의·승인 등으로 행해질 수도 있다. 명의사용의 허락은 대리상계약·도급·영업의 임대 등과 더불어 행해질 수 있고, 단순히 명의사용 자체만에 한해 행해질 수도 있다.

　　명의사용의 대가의 유무는 문제되지 아니한다. 또 명의사용 허락의 적법여부도 문제되지 아니한다($\frac{대법원\ 1988.\ 2.\ 9.\ 선}{고\ 87다카1304\ 판결}$).

　　ii) 묵시적 허락　　　타인이 자기의 성명·상호를 사용하는 것을 알고 이를 저지하지 않거나 묵인한 경우이다. 예컨대 상인이 영업을 임대하고 임차인이 종전의 상호를 그대로 사용하는 것을 방치한다면($\frac{대법원\ 1967.\ 10.\ 25.}{선고\ 66다2362\ 판결}$) 명의사용을 묵시적으로 허락한 것으로 보아야 한다. 또 동업관계가 종료한 후 일방 동업자(A)가 종전의 상호를 가지고 영업을 계속하는 것을 다른 동업자(B)가 방치하였다면, B는 A에게 명의사용을 묵시적으로 허락한 것으로 보아야 한다(대법원 2008. 1. 24. 선고 2006다21330 판결).

　　iii) 허락의 철회　　　명의사용을 허락하였다가 이를 철회하거나 허락한 기한이 만료되면 차용자가 명의사용을 계속할 근거가 상실된다. 그렇더라도 대여자는 차용자로 하여금 향후 명의사용을 하지 못하게 하거나 거래처에 대해 광고하는 등의 방법으로 명의대여로 빚어진 대외적 표상을 제거하지 않는 한 본조에 따른 책임을 면할 수 없다.

### (2) 대여자와 차용자의 요건

명의차용자는 상인이어야 하지만, 명의대여자는 상인일 것을 요하지 않는다. 따라서 공공기관도 본조에 의한 책임을 질 수 있다. 인천직할시가 병원시설을 타인(한국병원관리연구소)에게 임대하여 「인천직할시 시립병원」이라는 이름으로 병원을 경영하게 한 사안에서, 법원은 인천직할시를 상법 제24조의 명의대여자로 보고 병원의 거래처에 대한 책임을 인정하였다(대법원 1987. 3. 24. 선고 85다카2219 판결). 명의대여자와 명의차용자가 모두 상인인 경우, 상법 제24조의 책임이 성립하기 위해서는 양자의 영업이 동종일 것을 요하는가? 본조의 취지로 보아 동종영업임을 요구할 필요는 없다.

나아가 명의대여자가 명의차용자에 대하여 영업의 종류나 범위를 정하여 명의를 대여하였음에도 불구하고, 명의차용자가 이 종류나 범위를 넘은 영업에 상호를 사용한 경우(예: 명의대여자가 의류의 판매에 관해 상호사용을 허락했는데, 명의차용자가 같은 상호로 전기기구를 판매한 경우)에도 명의대여자의 책임에는 영향을 주지 않는다.

### (3) 영업상의 명칭사용

명의차용자가 명의대여자의 명칭을 사용하여 수행하는 영업은 명의차용자 자신의 영업이어야 한다. 명의대여자의 영업인 경우에는 당연히 명의대여자가 영업자로서의 책임을 지므로 본조의 적용대상이 아니다. 명의대여자가 명의차용자에게 자기의 영업의 경영을 위임한 경우에도 그 영업은 명의대여자의 영업이므로 본조의 적용대상이 아니다. 그러나 명의대여자가 명의차용자에게 영업을 임대한 경우에는 그 영업은 명의차용자의 영업이고 따라서 본조가 적용될 수 있다.

### (4) 제3자의 오인

제3자가 명의차용자와 거래함에 있어 명의대여자를 영업주로 오인하였어야 한다. 외관을 신뢰한 자를 보호하고자 하는 제도의 취지상 당연한 요건이다. 따라서 명의대여자가 영업주가 아님을 알고 차용자와 거래한 자는 명의대여자의 책임을 묻지 못한다. 법문이 무과실을 요건으로 하지 않으므로 상대방이 명의대여자를 영업주로 오인함에 있어 과실이 있더라도 본조의 적용에는 지장이 없다. 그러나 중과실은 법상 악의와 같이 다루는 것이 통례이므로 중과실이 있는 경우에는 본조가 적용되지 않는다는 것이 통설·판례이다(대법원 1991. 11. 12. 선고 91다18309 판결). 증명책임은 명의대여자가 부담한다. 즉 명의대여자가 상대방의 악의 또는 중과실을 증명하여야 한다.

「제3자」라 함은 명의차용자와 영업상의 거래를 한 직접의 상대방을 가리키며 거래상대방 이외의 제3자($^{예: 전득자, 상}_{대방의 채권자}$)는 보호대상이 아니다.

### 3. 책임의 범위와 형태

상법 제24조는 이상의 요건을 충족한 경우 명의대여자는 「제3자에 대하여 그 타인($^{명의차}_{용자}$)과 연대하여 변제할 책임이 있다」고 규정한다. 이는 명의대여자가 명의차용자의 영업거래에 관해 영업주로서의 책임을 져야 함을 뜻한다.

#### (1) 책임의 범위

**1) 거래상의 책임**　　명의대여자는 명의차용자의 영업거래에 관해 책임을 진다. 거래주체에 관한 상대방의 신뢰를 보호하자는 취지이므로 명의차용자의 보조적 상행위에 관해서도 책임을 진다고 보아야 한다($^{대법원 1970. 9. 29. 선고 70다1703 판결;}_{동 2008. 10. 23. 선고 2008다46555 판결}$). 명의대여자의 책임은 영업거래로 인한 책임에 국한되므로 명의차용자가 영업과 관계없이 부담한 채무에 대해서는 물론이고 비록 영업과 관련되더라도 불법행위에 대해서는 명의대여자의 책임이 생기지 않는다($^{대법원 1998. 3. 24.}_{선고 97다55621 판결}$).

이와 달리 불법행위라도 명의대여자가 영업주라는 신뢰에 기인하여 생기는 불법행위 혹은 거래관계의 외형을 가지는 불법행위로 인한 배상책임에 대해서는 명의대여자가 본조에 따른 책임을 져야 한다는 견해도 있으나($^{강·임 106; 이(기)·최 192; 임}_{홍근 122; 전우현 118; 정경영 83}$), 이는 명문의 규정과 제도의 취지에 반하는 해석이다. 다만 명의대여자와 명의차용자 간에 민법 제756조가 규정하는 사용자와 피용자의 관계에 있다고 보아야 할 경우에는 명의차용자의 불법행위에 관해 명의대여자가 사용자배상책임을 져야 한다($^{대법원 2005. 2. 25. 선}_{고 2003다36133 판결}$).

**2) 명의와 거래의 연계성**　　영업거래로 인한 책임이라 하더라도 그 범위는 대여한 명의에서 객관적으로 추론되는 영업거래로 인한 책임에 한정된다. 예컨대 정미소업을 영위하는 갑이 을에게 상호와 더불어 영업·건물 등을 임대하였는데 을이 병에게 건물을 재차 임대하였다면, 건물의 임대는 상호를 통해 알 수 있는 영업($^{정미}_{소업}$)과 무관하므로 병이 을의 영업을 갑의 영업으로 알고 건물을 임차했다고 하더라도 임대보증금의 반환 등 임대차계약에 관해서는 갑에게 책임을 묻지 못한다($^{대법원 1983. 3. 22.}_{선고 82다카1852 판결}$).

**3) 부수적 책임**　　영업상의 책임은 거래상의 이행책임 자체에 국한되지 않고, 목적물에 관한 담보책임($^{민 570}_{조 이하}$), 불이행시의 손해배상책임, 계약해제시의 원상회복의무($^{민}_{548조}$) 등 영업거래에 따르는 모든 책임을 포함한다.

**4) 어음행위**　　명의차용자가 영업과 관련하여 어음행위를 한 경우에도 본조가 적용된다는 것이 다수설·판례의 입장이다($^{안강현 131; 이(기)·최 194; 손진화 108; 정동윤 87; 정찬형}_{138; 최준선 171. 대법원 1969. 3. 31. 선고 68다2270 판결}$). 그러나 이는 어음의 추상성에 반하는 해석이다. 어음행위는 제24조의 적용대상이 아니라고 보아야

한다($\binom{김성태\ 288;}{정준우\ 106}$).

### (2) 책임의 형태

명의대여자는 명의차용자와 「연대하여」 영업상의 채무를 변제할 책임을 진다. 즉 명의대여자는 명의차용자의 채무에 대해 보증책임을 지는 것이 아니고 자기 자신의 고유한 책임을 부담하는 것이다. 그러나 명의대여자가 채무를 변제하면, 이는 명의차용자와의 내부관계에서는 타인의 채무를 변제한 것이므로 명의차용자에게 구상할 수 있다.

법문은 「연대하여」라고 표현하지만, 이는 부진정연대책임이다. 그러므로 거래상대방이 명의차용자에게 한 이행청구, 시효중단사유의 발생 등은 명의대여자에게 영향을 미치지 않는다.

### 4. 표현대리와의 관계

민법학에서는 명의대여를 「제3자에 대하여 타인에게 대리권을 수여함을 표시한」($\binom{민}{125조}$) 예로 보므로 명의차용자의 거래는 대체로 표현대리를 구성한다. 그렇다면 상법 제24조가 없어도 상대방은 표현대리제도에 의해 구제될 수 있을 것이나, 특히 상법에서 명의대여자의 책임을 규정한 것은 다음과 같은 뜻을 갖는다.

첫째, 「제3자에 대하여 타인에게 대리권을 수여함을 표시」하는 행위를 명의대여로 정형화시킴으로써 책임요건의 증명을 간명하게 하는 장점이 있다.

둘째, 표현대리의 경우 그 행위는 본인의 행위가 되고 표현대리인은 책임지지 아니하나, 본조는 명의대여자와 차용자의 연대책임을 규정하여 상대방의 보호를 강화하였다. 그러므로 본조의 책임을 물을 수 있는 한, 표현대리를 주장할 실익은 없다.

셋째, 거래상대방이 명의차용자를 명의대여자 자체로 오인한 경우에는 표현대리에 해당하지 아니한다. 상법 제24조는 이러한 경우까지 구제의 범위를 넓혀 놓은 뜻이 있다.

# 제 5 장   상업장부

## 1. 기업과 회계

기업은 자본적 계산방법으로 수행되는 영리사업체이므로 수시로 또는 정기적으로 재산상태와 손익을 파악해야만 영업성적을 적정하게 평가하고 이를 토대로 영업계획을 세우는 등 합리적 경영을 꾀할 수 있다. 재산상태와 손익을 파악하는 기술적 행위를 회계라 하며 이러한 기업회계를 위한 도구가 바로 상업장부이다.

기업회계와 상업장부는 상인 자신의 편익에 그치지 않고 출자자, 채권자 등 이해관계인의 이익을 보호하기 위해서도 필요하며, 과세의 근거자료가 되기도 한다.

## 2. 상업장부의 의의

1) 상업장부란 상인이 영업상의 재산 및 손익의 상황을 명백히 하기 위하여 작성하는 회계장부 및 대차대조표를 말한다($\frac{29조}{1항}$). 기업회계기준에서는 2009년 이후 대차대조표를 재무상태표로 개칭하여 부르고 있으나, 상법에서는 여전히 대차대조표로 부른다. 상인이 작성하는 장부는 재산 및 손익의 상황과 관련있는 것을 포함하여 여러 가지가 있으나, 그중에서 상인이 임의로 작성하는 것은 제외되고, 법률상 작성의무가 있는 회계장부와 대차대조표만이 상업장부이다.

2) 상법은 유한책임회사, 주식회사, 유한회사에 대해 대차대조표, 손익계산서 등의 재무제표와 그 부속명세서를 작성하게 한다($\frac{287조의33,}{447조, 579조}$). 이를 상업장부와 비교해 보면 대차대조표만이 공통된다. 즉 회계장부는 상업장부이지만 재무제표가 아니고, 손익계산서는 재무제표이지만 상업장부가 아니다. 또 주식회사와 유한회사가 재무제표와 함께 작성하는 영업보고서($\frac{447조의2, 449조 2}{항, 579조의2, 583조}$)는 비록 영업에 관한 중요한 사항을 기재한 문서이지만 반드시 회계상의 수치로 표시할 필요는 없으므로 재무제표도 아니고 상업장부도 아니다.

### 3. 상업장부의 종류

#### (1) 회계장부

**1) 개념**　　회계장부란 거래와 기타 영업상의 재산에 영향이 있는 사항을 수량적으로 표시하여 기재한 장부이다($^{30조}_{1항}$). 그러나 「회계장부」라는 명칭의 특정장부가 별도로 존재하는 것은 아니고 재산에 영향이 있는 거래·영업상의 사항이 기재되어 있는 장부를 통틀어 회계장부라 하는 것이다. 상인이 통상 작성하는 일기장·분개장·원장 등이 이에 포함된다.

대차대조표는 이른바 유도법에 따라 회계장부에 의하여 작성해야 하고($^{30조}_{2항}$), 손익계산서도 회계장부에 기초를 두고 작성되므로 회계장부는 모든 상업장부 및 재무제표의 기초가 되는 상업장부이다.

**2) 기재사항·기재방법**　　회계장부에는 「거래와 기타 영업상의 재산에 영향이 있는 사항」을 기재하여야 한다($^{30조}_{1항}$).

상거래, 즉 법률행위가 주된 기재사항이 되겠지만, 재산에 영향이 있는 사항은 모두 기재하여야 하므로 채무불이행·불법행위 등으로 인한 손해배상, 천재지변이나 도난과 같은 사건에 의한 재산의 일실도 기재해야 한다.

회계장부는 영업상 재산에 영향을 미친 사항의 내용과 영향의 수치적 결과를 파악하는 데 기여해야 하고, 작성자 본인만이 아니라 채권자·출자자 등 제3자도 판독할 수 있어야 하므로 사회에서 통용되는 문자와 숫자를 사용하여 명료하게 기재해야 한다.

#### (2) 대차대조표

**1) 개념**　　대차대조표란 일정시점에 있어서의 기업의 재산 및 자본·부채의 상태를 파악하기 위하여 양자를 차변·대변으로 구분하여 대조시킨 일람표이다.

대차대조표는 자연인상인의 경우에는 개업시와 매년 1회 이상 그리고 회사의 경우에는 성립시와 결산기에 작성해야 한다($^{30조}_{2항}$). 회사는 청산·합병·정리절차개시·파산 등의 경우에도 작성한다.

**2) 기재사항·기재방법**　　상법에서는 대차대조표에 대해 「회계장부에 의하여 작성하고[유도법] 작성자가 기명날인 또는 서명하여야 한다」($^{30조}_{2항}$)고 규정할 뿐, 기재사항이나 방법에 관하여서는 아무런 규정도 두고 있지 않다. 그러므로 대차대조표는 작성목적에 부합되는 「일반적으로 공정·타당한 회계관행」($^{29조}_{2항}$)에 의해 작성하면 된다.

### 4. 상업장부의 작성·공시·보존·제출

#### (1) 작성의무

소상인을 제외하고, 상인은 상업장부를 작성하여야 한다($^{29조}_{항, 9조}^{1}$). 자연인상인의 경우에는 법에 특별한 정함이 있는 경우($^{예: 파산선고}_{를 받은 상인}$)를 제외하고 상인이 상업장부를 작성하지 아니하였다 하여 사법상의 불이익을 주거나 벌칙을 정하는 규정은 없다($^{불완전}_{법규}$). 그러나 회사가 상업장부의 작성을 게을리하거나 부실한 기재를 한 경우에는 이사·집행임원의 손해배상책임이 발생할 수 있고($^{399조, 401조,}_{408조의8, 567조}$), 관련되는 업무집행사원·이사·집행임원·감사·검사인·청산인·지배인 등에 대해 벌칙이 적용될 수 있으므로($^{635조}_{1항 9호}$) 상업장부의 작성이 강제된다.

### (2) 장부의 확정과 공시

자연인상인이 작성하는 상업장부는 작성과 동시에 확정되나, 회사가 작성하는 상업장부는 소정의 절차를 밟아서 확정된다. 예컨대 주식회사와 유한회사에서는 이사회의 승인, 감사의 감사, 주주($^{사}_{원}$)총회의 승인 등의 절차를 거쳐야 하고($^{447조, 447조의3, 449조}_{1항, 579조 2항, 583조}$), 일정규모 이상의 회사는「주식회사 등의 외부감사에 관한 법률」($^{이하}_{·외감법·}$)에 의해 외부감사인의 감사를 받아야 한다($^{외감}_{4조}$). 회사에는 다수·다종의 이해관계인이 존재하므로 객관적 절차에 의해 회계의 공정성을 높이기 위함이다. 같은 이유에서 자연인상인에게는 요구되지 않는 상업장부의 공시절차가 회사에는 엄격히 요구된다($^{예: 주식회사는 대차대조표}_{를 공고해야 한다. 449조 3항}$).

### (3) 장부의 보존·제출

1) 보존기간    상인은 상업장부와 영업에 관한 중요서류를 10년간 보존하여야 한다($^{33조}_{1항 본}$). 상업장부는 관련된 거래 기타 영업조직의 대내외 법률관계에 관한 중요한 증거가 되므로 이를 보존하게 한 것이고, 특히 10년간의 보존기간을 정한 것은 일반채권의 소멸시효인 10년간에는 관련 거래에 관해 분쟁의 가능성이 잠재해 있기 때문이다. 그러나 전표 기타 이와 유사한 서류는 5년간 보존한다($^{33조}_{1항 단}$).

상업장부의 보존기간은 그 장부를 폐쇄한 날로부터 기산한다($^{33조}_{2항}$).

상업장부의 보존의무는 영업을 폐지하더라도 지속된다. 따라서 영업을 양도하더라도 양도인이 보존의무를 지며, 양수인이 장부를 인수한 경우에는 양수인이 보존의무를 진다. 또 상인이 사망하면 그 상속인이 보존의무를 진다.

2) 보존방법    상업장부와 서류는 문서의 형태로 보존하는 것이 전통적인 방법이나, 상법은 마이크로필름 기타 전산정보처리조직에 의하여 보존하는 것도 허용한다($^{33조}_{3항}$).

3) 제출    법원은 신청에 의하여 또는 직권으로 소송당사자에게 상업장부 또는 그 일부분의 제출을 명할 수 있다($^{32}_{조}$).

## 5. 상업장부의 작성원칙—공정·타당한 회계관행

상법은 상업장부의 작성에 필요한 실체적 또는 기술적 방법론에 관해서 구체적인 기준을 마련한 바 없다. 회계기법은 방대하고 빠르게 진보하므로 보수적인 상법으로 규율하는 것은 비효율적이기 때문이다. 그리하여 상법은「상업장부의 작성에 관하여 이 법에 규정한 것을 제외하고는 일반적으로 공정·타당한 회계관행에 의한다」($^{29조}_{2항}$)는 규정을 둠으로써 거래계의 수요에 의해 생성되는 회계관행을 상법상의 규범으로 수용하고 있다.

# 제 6 장   상업등기

## I. 총설

**1) 기업의 공시**　　기업의 법률관계 및 사실관계를 일정한 범위의 이해관계인 또는 일반인에게 알리는 것을 기업의 공시라고 한다. 기업내용은 그 기업의 경쟁력을 뜻하므로 상인으로서는 어느 정도의 기밀유지가 불가피하지만, 대외적 거래를 원만히 하고 이해관계인을 보호하기 위해서는 공시해야 할 사항도 있다. 예컨대 지배인을 등기함으로써 상인이 의도한 대로 대리권이 행사되고 거래상대방도 정당한 대리인을 찾아 거래할 수 있으며, 기업현황이 재무제표를 통해 공시됨으로써 거래상대방은 상인의 지급능력에 따른 위험을 예측할 수 있다. 그러므로 상법에서는 제3자가 법적 이해관계를 갖는 사항에 대해서는 공시를 강제하거나, 불공시에 대해 불이익을 과함으로써 공시를 유도하고 있다.

**2) 공시방법으로서의 상업등기**　　상업등기란 일반인의 열람이 가능한 상업등기부라는 공부($^{공簿:공}_{적 장부}$)에 일정한 기업내용을 기재하는 공시방법이다. 기업이 공시해야 할 사항 중 일부는 상업등기에 의해 공시하도록 하는데, 상업등기를 통한 공시는 등기라는 공시방법의 특수성과 관련하여 다음과 같은 뜻을 지닌다.

첫째, 특히 이해관계인이 많거나 일반공중이 모두 잠재적인 이해관계인이라 할 수 있는 사항을 공부에 기재하여 두고, 개별적·현실적인 이해관계에 들어 선 자가 필요에 따라 참조하게 하고($^{공시의}_{집단성}$),

둘째, 지속적인 이용가치가 있고 특히 정확을 기할 필요가 있는 정보를 국가가 관리하는 장부에 기재하여 둠으로써 정보관리를 엄격히 하며($^{정보의 신}_{뢰성 제고}$),

셋째, 공시책임의 이행 여부, 공시내용에 따른 법적 효과의 부여 등에 관해 선명한 증거를 남기게 한다($^{증거의}_{보존}$).

## Ⅱ. 상업등기의 의의

1) **개념**　　상업등기라고 함은 상법의 규정에 의하여 소정사항을 법원의 상업등기부에 기재하는 것을 말한다($^{34}_{조}$). 따라서 상법의 규정에 의하지 아니하는 부동산등기나 상호보험회사의 등기($^{보험}_{41조}$) 그리고 민법 또는 특별법에 의해 설립하는 법인의 등기는 상업등기가 아니다. 선박등기($^{743}_{조}$)는 상법의 규정에 의한 등기이지만 특별법($^{선박}_{등기법}$)에 의해 별도의 등기부로 운영되고 있어 이 역시 상업등기가 아니다($^{선박법}_{8조 4항}$). 상법에서는 상업등기의 실체적 법률관계를 규율하고 등기절차는 상업등기법에서 다루고 있다.

2) **종류**　　상업등기부에는 ① 상호등기부, ② 미성년자등기부, ③ 법정대리인등기부, ④ 지배인등기부, ⑤ 합자조합등기부, ⑥ 합명회사등기부, ⑦ 합자회사등기부, ⑧ 유한책임회사등기부, ⑨ 주식회사등기부, ⑩유한회사등기부, ⑪ 외국회사등기부의 11가지가 있으며, 각 등기소에 비치된다($^{상등 11}_{조 1항}$).

## Ⅲ. 등기사항

상법에서는 대체로 중요한 권리·의무에 관한 사항 또는 책임의 귀속에 관한 사항 등을 등기사항으로 하고 있다. 등기사항은 몇 가지 상이한 기준에 따라 분류할 수 있는데, 다음과 같은 분류가 특히 의미 있다.

1) **절대적 등기사항·상대적 등기사항**　　「절대적 등기사항」이란 법상 반드시 등기해야 할 사항($^{예: 지배인의 선}_{임·회사설립 등}$)을 말하고, 「상대적 등기사항」이란 등기 여부가 상인의 자유로운 뜻에 맡겨진 사항($^{예:자연인}_{상인의 상호}$)이다. 대부분의 등기사항은 절대적 등기사항이다. 상대적 등기사항이라도 일단 등기한 이상은 그 변경·소멸이 있으면 지체없이 변경 또는 소멸의 등기를 하여야 하므로($^{40}_{조}$) 등기 후에는 절대적 등기사항으로 변한다.

회사의 등기사항 중 절대적 등기사항의 등기를 게을리할 경우에는 벌칙이 적용되는 등($^{635조}_{1항 1호}$) 등기가 강제되지만, 자연인상인의 경우에는 절대적 등기사항의 등기를 게을리하더라도 제재를 받는 일은 없다($^{예: 지배인 선임등}_{기를 게을리한 경우}$). 다만 선의의 제3자에 대항하지 못하는 불이익이 따를 뿐이다($^{37조}_{1항}$).

2) **설정적 등기사항·면책적 등기사항**　　「설정적 등기사항」이란 지배인의 선임($^{13조, 203조,}_{274조, 287조의}$ $_{18, 393조, 564조}$)·상호의 선정($^{22}_{조 등}$)·회사설립($^{172}_{조}$) 등과 같이 법률관계를 창설하는 내용이고, 「면책적 등기사항」은 지배인의 해임($^{13조, 203조, 274조, 287}_{조의18, 393조, 564조}$)·상호를 속용하는 영업양수인의 채무불인수($^{42조}_{2항}$)·합명회사사원의 퇴사($^{225}_{조}$) 등과 같이 법률관계가 소멸하는 내용이다. 면책적 등기사항은 이를 등기함으로써 종전의 책임을 면할 수 있다.

설정적 등기사항은 등기에 의해 법률관계가 창설된다는 뜻($^{즉등기의}_{창설적 효력}$)($^{후}_{술}$)이 아니라, 등기하는 사항이 법률관계를 창설하는 내용이라는 뜻임을 주의해야 한다.

**3) 지점의 등기**　　지점을 둔 경우, 본점의 소재지에서 등기할 사항은 다른 규정이 없는 한 원칙적으로 지점의 소재지에서도 등기하여야 한다($\frac{35}{x}$). 이 경우의 등기사항은 절대적 등기사항이다.

## Ⅳ. 등기절차

**1) 신청주의**　　상업등기는 원칙적으로 당사자의 신청 또는 관공서의 촉탁에 의하여 한다($\frac{34조;\ 상등}{22조\ 1항}$). 그러나 신청에 의하지 않고 등기하는 예외도 있다. 등기관의 잘못으로 등기에 착오나 빠진 것이 있는 경우에는 직권으로 등기의 경정을 하고($\frac{상등\ 76}{조\ 2항}$), 등기가 그 등기소의 관할에 속하지 아니하는 등 법상 허용될 수 없는 등기가 이루어진 때에는 소정절차를 거쳐 등기관이 직권으로 등기를 말소한다($\frac{상등\ 78}{조,\ 80조}$).

**2) 등기관할**　　상업등기사무는 신청인의 영업소 소재지의 지방법원, 그 지원 또는 등기소의 관할로 한다($\frac{상등}{4조}$). 등기사무는 관할 지방법원장이 지정하는 「등기관」이 처리한다($\frac{상등\ 8}{조\ 1항}$).

**3) 등기관의 심사**　　등기관은 상업등기의 신청에 관한 모든 사항을 조사하여 신청이 상법 또는 상업등기법의 규정에 적합하지 않을 때에는 이유를 기재한 결정으로써 각하하여야 한다($\frac{상등\ 26조,\ 상}{등규\ 54조\ 1항}$). 등기관이 심사할 사항의 범위에 관해서는 법에 명시된 바 없어 견해가 갈린다. ⅰ) 등기관은 등기신청의 적법성 여부($\frac{예:\ 등기할\ 사항인지\ 여부,\ 그\ 등기소의\ 관할유}{무,\ 신청권자의\ 적법성\ 여부,\ 신청서의\ 적법성\ 등}$)와 같은 형식적 사항만 심사할 수 있을 뿐이고, 신청사항의 진실성까지 조사할 권한과 의무는 없다고 하는 「형식심사설」, ⅱ) 등기관은 신청의 형식적 요건뿐 아니라 신청사항의 진실성까지 조사할 권한과 의무가 있다고 하는 「실질심사설」이 있다. 부동산등기에도 같은 문제가 생기는데, 판례는 부동산등기와 상업등기 모두에 관해 형식심사설을 취하고 있다($\frac{대법원\ 1989.\ 3.\ 28.\ 선}{고\ 87다카2470\ 판결;\ 동}$ $\frac{2008.\ 12.\ 15.자}{2007마1154\ 결정}$).

**4) 등기의 경정**　　당사자가 신청한 등기사항과 실제 등기된 내용이 상위할 경우에 신청한 내용에 맞도록 고쳐 등기하는 것을 등기의 경정이라 한다. 당사자는 등기를 한 후 그 등기에 착오 또는 빠진 것이 있는 것을 발견한 때에는 그 경정을 신청할 수 있다($\frac{상등}{75조}$). 그리고 등기관이 착오 또는 빠진 것이 있음을 발견한 때에는 지체 없이 등기를 한 자에게 그 뜻을 통지하여야 한다($\frac{상등\ 76}{조\ 1항\ 본}$). 그러나 그 착오 또는 빠진 것이 등기관의 잘못으로 인한 것인 때에는 등기관은 지체 없이 직권으로 등기의 경정을 한 후 그 사실을 등기를 한 사람에게 통지하여야 한다($\frac{상등\ 76}{조\ 2항}$).

**5) 등기의 말소**　　등기가 당사자의 신청대로 이루어졌으나 그 내용이 법상 허용되지 아니할 때에는 등기를 말소($\frac{경정이}{아님}$)한다. 구체적으로는, 등기된 사건이 ⅰ) 그 등기소의 관할

에 속하지 아니한 때, ⅱ) 등기할 사항이 아닌 때, ⅲ) 그 등기소에 이미 등기되어 있는 때, ⅳ) 등기된 사항에 관하여 무효의 원인이 있는 때($^{소로써만\ 그\ 무효를\ 주장}_{할\ 수\ 있는\ 경우는\ 제외}$)에 말소한다($^{상등\ 77조,\ 26}_{조\ 1호~3호}$). 이 같은 사유가 있으면 당사자도 관할등기소에 그 말소를 신청할 수 있다($^{상등}_{77조}$). 그리고 등기관이 이를 발견한 때에는 등기한 자에 대해 1월 이내의 기간을 정해 이의를 진술하지 아니한 때에는 등기를 말소한다는 뜻을 통지하여야 한다($^{상등\ 78}_{조\ 1항}$). 이의를 진술한 사람이 있으면 등기관은 이에 대해 결정을 해야 하고($^{상등}_{79조}$), 이의의 진술이 없거나 이의를 각하한 때에는 등기관은 직권으로 등기를 말소하여야 한다($^{상등}_{80조}$).

등기공무원은 실질심사권이 없으므로 등기를 말소해야 할 사유가 되는 「등기사항에 관하여 무효의 원인이 있는 때」라 함은 실체적 사실관계를 조사하여 알 수 있는 무효사유가 있는 경우를 말하는 것이 아니라, 제출된 서류만에 의해 파악할 수 있는 무효사유가 있는 경우를 말한다($^{대법원\ 2008.\ 12.\ 15.자}_{2007마1154\ 결정}$).

6) 등기의 공시      상업등기는 이해관계인 및 일반공중에게 특정 사실을 주지시키는 데 그 목적이 있으므로 등기되었다는 사실만으로는 부족하고 다시 이해관계인 및 일반공중이 등기사항을 알 수 있게 하는 제도가 필요하다. 그리하여 일반인은 누구든지 수수료를 납부하고 상업등기부를 열람할 수 있고, 이를 증명하는 서면의 교부를 청구할 수 있으며, 이해관계가 있는 자는 이해관계 있는 부분에 한하여 등기부의 부속서류도 열람할 수 있다($^{상등\ 15}_{조\ 1항}$).

7) 등기부의 관리      상업등기법에서는 등기사무는 전산정보처리조직에 의하여 처리하도록 강제하고 있다($^{상등\ 8}_{조\ 2항}$). 등기부는 영구히 보존하여야 하며($^{상등\ 11}_{조\ 2항}$), 폐쇄한 등기기록은 법령에 다른 규정이 있는 경우를 제외하고는 보조기억장치에 따로 기록하여 보관하되 이 역시 영구히 보존하여야 한다($^{상등\ 20조}_{1항·2항}$).

# V. 상업등기의 효력

상업등기를 함으로써 생겨나는 소정의 실체법적 효력은 보통 일반적 효력과 특수적 효력으로 나눈다. 「일반적 효력」은 모든 상업등기에 공통된 효력으로서 상법 제37조에서 정하는 등기 전후의 대항력을 말하고, 「특수적 효력」이란 개개의 등기사항별로 주어지는 효력을 말한다.

## 1. 일반적 효력

등기할 사항은 등기 후가 아니면 선의의 제3자에게 대항하지 못한다($^{37조}_{1항}$).

1) 의의      영업에 관한 각종의 법률관계는 원칙적으로 존재하는 그 상태로 제3자에 대한 대항력을 가지며, 타인의 영업에 관한 정보에 접근하고자 하는 자는 스스로 그에 필요

한 비용을 치르는 것이 원칙이다. 하지만 정보의 성격에 따라서는 정보에의 접근비용을 거래상대방에 부담시키는 것이 불공평할 경우도 있다. 그러므로 상법은 이러한 성격의 정보는 등기하도록 하고, 등기할 법률관계는 그 법률관계가 존재한다는 사실 외에 등기를 해야 선의의 제3자에게 대항할 수 있도록 한다($\frac{37조}{1항}$). 예컨대 지배인의 해임은 등기할 사항이다. 그러므로 상인이 지배인 A를 해임하고도 해임 사실을 등기하지 않으면 A를 여전히 지배인이라 믿고 그와 거래한 선의의 제3자에 대하여 A가 지배인이 아니라는 사실을 주장할 수 없는 것이다.

　　이와 같이 일부 법률관계에 관해 선의의 제3자에게 대항하기 위한 요건으로서 등기를 요하는 이유는, 이에 해당하는 사항들은 특히 대외적 거래에 미치는 영향이 지대하므로 거래의 안전을 위해서는 외관주의의 법리를 적용해야 하기 때문이다.

　　2) 등기할 사항　　상법 제37조 제1항에서는 「등기할 사항」이라는 표현을 쓰고 있는데, 이는 상법이 등기를 요구하는 모든 사항, 즉 절대적 등기사항은 물론 상대적 등기사항도 포함하며, 새로 생긴 사항은 물론 변경 또는 소멸되는 사항도 포함된다($\frac{40}{조}$).

　　3) 선의의 제3자　　선의의 제3자에 대해서만 대항할 수 없을 뿐이므로 악의의 제3자에게는 대항할 수 있다. 「선의」란 등기할 사항의 존재를 알지 못함을 말하며, 등기 여부를 알지 못함을 뜻하는 것이 아니다. 법문상 무과실을 요하지 않으므로 경과실 있는 선의의 제3자는 보호되지만, 중과실은 악의와 같이 다루어야 한다. 선의·악의는 거래 당시를 기준으로 판단해야 하며, 그 증명책임은 제3자의 악의를 주장하는 자가 진다.

　　「제3자」란 거래상대방에 국한하지 아니하고 등기사항에 관해 정당한 이해관계를 갖는 모든 자를 포함한다.

　　4) 대항력의 제한을 받는 자　　등기하지 않음으로 인해 선의의 제3자에게 대항할 수 없다는 불이익을 입는 자는 반드시 등기신청인만을 가리키는 것이 아니다. 즉 등기할 사항을 대외적으로 주장할 법상의 이익을 갖는 자는 모두 포함된다. 예컨대 합명회사에서 사원이 퇴사하면 회사의 대표사원이 변경등기를 신청하여야 하지만, 등기를 게을리함으로써 회사채권자에 대한 책임문제에 있어 퇴사한 사실을 주장하지 못하는 불이익을 입는 것은 바로 퇴사한 사원 자신이다($\frac{225조}{1항}$).

　　5) 대항력의 의미　　등기하지 않은 상태에서는 그 실체관계를 가지고 제3자에게 주장할 수 없게 함은 제3자의 보호를 위한 것이므로 제3자가 자신의 이익을 포기하고 실체관계를 주장하는 것은 무방하다.

　　등기할 사항을 등기한 후에는 선의의 제3자에게도 실체관계에 따라 주장할 수 있음은 제37조의 문언상 명백하다. 즉 등기 후에는 제3자의 악의가 의제되므로 제3자의 악의를 증명함이 없이 등기된 사항을 가지고 대항할 수 있는 것이다.

　　6) 예외　　등기 후라도 제3자가 정당한 사유로 이를 알지 못한 때에는 그에게 대항

하지 못한다($\substack{37조 \\ 2항}$). 제37조 제1항의 취지는 등기 전에는 외관주의에 의해 선의의 제3자를 보호하고, 등기 후에는 제3자가 등기사항을 요지할 수 있는 상태를 제공한 바 있으므로 이를 알지 못한 것은 제3자의 책임에 속한다고 보아 악의를 의제함으로써 등기당사자를 보호하는 것이다. 그러므로 제3자의 책임으로 볼 수 없는 사정 때문에 등기사항을 알지 못한 경우에는 악의의 의제가 정당화될 수 없고, 여전히 선의의 제3자가 보호되어야 한다.

이상의 입법취지에서 볼 때, 제3자가 알지 못하게 된 「정당한 사유」는 천재지변 기타 객관적 사정으로 인해 등기부를 열람할 수 없는 등 공시를 위한 공공적 시설의 이용에 장애가 생긴 것을 뜻하고, 질병 등 개인적인 사정은 정당한 사유가 될 수 없다.

「등기사항을 알지 못한 것」, 「정당한 사유」에 대해서는 제3자가 증명책임을 진다.

### 7) 일반적 효력의 적용범위

**i) 등기할 사항의 범위**　　등기의 일반적 효력은 창설적 효력이 있는 등기($\substack{후 \\ 술}$)에는 적용되지 아니한다. 예컨대 회사설립이나 회사합병은 등기를 함으로써 효력이 발생한다($\substack{172조; \\ 234조}$). 따라서 등기하기 전에는 회사설립 또는 회사합병 자체가 이루어질 수 없으므로 제3자의 선의·악의를 불문하고 회사의 설립 또는 합병을 주장할 수 없는 것이다. 이러한 창설적 효력이 있는 등기를 제외하고, 등기할 사항은 어떤 것이건 제37조의 적용대상이 된다. 등기할 사항이 판결에 의해 확정된 경우에도 같다. 예컨대 대표이사의 자격을 다투는 소가 제기되어 판결에 의해 대표이사의 자격이 부정되더라도 대표이사의 등기를 말소하지 않으면 제3자에 대하여 대표이사의 무자격을 주장하지 못한다($\substack{대법원 1974. 2. 12. \\ 선고 73다1070 판결}$).

**ii) 적용 법률관계**　　제37조는 외관주의에 따라 거래의 안전을 기하려는 취지이므로 등기당사자와 제3자 간에 이루어진 거래관계에 대해서만 적용되고 불법행위·사무관리·부당이득 등 거래 아닌 법률관계에는 적용되지 아니한다($\substack{소극설. 김성태 330; 김정호 143; 전 \\ 우현 142; 정준우 137; 정찬형 162}$). 따라서 해임된 지배인이 등기가 말소되지 않은 상태에서 제3자에게 불법행위를 했다고 하여, 제3자가 본조를 원용하여 영업주에 대해 책임($\substack{사용자배상책 \\ 임. 민 756조}$)을 물을 수 있는 것은 아니다. 이와 달리 제37조는 거래관계에 국한하지 않고 불법행위를 포함하여 널리 기업활동 일반에 대해 적용된다는 설($\substack{적극 \\ 설}$), 원칙적으로는 소극설을 취하지만 예외적으로 거래와 불가분의 관계에서 생긴 비거래관계에는 적용되어야 한다는 설($\substack{제한적 적극설. 강·임 135; 손진화 137; 이(기)·최 241; 이(범)· \\ 최 221; 임홍근 155; 정경영 102; 정동윤 102; 최·김 156; 최준 \\ 선 209}$)도 있다.

소송행위는 소송절차의 안전성과 명확성을 이유로 제37조의 적용대상이 아니라는 것이 판례의 입장이다($\substack{대법원 2001. 2. 23. 선 \\ 고 2000다45303 판결}$).

상업등기의 일반적 효력은 외관법리에 기초한 것이므로 외관법리가 적용되지 않는 조세관계 등 공법관계 역시 적용대상이 아니다($\substack{대법원 1978. 12. 26. \\ 선고 78누167 판결}$).

**iii) 지점에 대한 적용**　　지점의 소재지에서 등기할 사항에 대한 상업등기의 일반적 효력은 그 지점의 거래에 한하여 적용한다($\substack{38 \\ 조}$).

## 2. 특수적 효력

일반적 효력은 창설적 등기를 제외하고는 상업등기의 공통적 성질을 이루는 것이나, 각 상업등기의 종류별로 그 기초가 되는 법률관계의 특성으로 인해 독특한 효력을 갖는 수가 있다. 이를 상업등기의 특수적 효력이라고 한다.

**1) 창설적 효력**　　등기에 의하여 비로소 새로운 법률관계가 창설된다는 의미에서의 효력이다. 회사는 본점소재지에서 설립등기를 함으로써 성립하고($\frac{172}{조}$), 회사의 합병 역시 등기를 함으로써 효력이 발생하며($\frac{233조, 234조, 269조, 287}{조의41, 528조 1항, 602조}$), 상호의 양도는 등기함으로써 비로소 제3자에 대해서도 양도의 효력이 생기는데($\frac{25조}{2항}$), 이는 등기의 창설적 효력에 기한 것이다. 이는 「설정적 효력」이라고도 부르는데, 앞서 말한 등기사항의 종류로서의 「설정적 등기사항」과 구별해야 한다.

창설적 효력이 있는 등기를 그렇지 않은 등기와 비교해 보면 그 뜻이 보다 분명해진다. 예컨대 지배인의 선임등기의 대상은 지배인의 선임이라는 법률관계의 창설이므로 설정적 등기사항이다. 하지만 지배인은 영업주의 선임에 의해 지배인이 되는 것이지, 등기에 의해 지배인이 되는 것은 아니므로 지배인선임등기에 창설적 효력은 없다. 그러나 회사설립의 경우는 이와 달리 회사로서의 실체를 전부 완성했다 하더라도 법상 회사로서 법인격을 취득하는 것은 설립등기를 하였을 때이다.

**2) 보완적 효력**　　상업등기의 전제가 되는 법률관계에 흠이 있더라도 등기를 하면 등기의 외관력에 의해 보완($\frac{또는}{치유}$)되어 더 이상 하자를 주장할 수 없게 되는 효력이다($\frac{치유적}{효력}$). 주식회사설립시에 행한 주식인수에 무효·취소의 원인이 있더라도 회사설립등기 후에는 유효한 행위가 되어 무효·취소의 주장을 할 수 없는 것($\frac{320조}{1항}$)이 그 예이다.

**3) 기타 부수적 효력**　　설립등기를 하면 회사는 주권을 발행할 수 있고($\frac{355조}{2항}$), 주식의 양도가 허용되는 것($\frac{335조}{3항}$)과 같이 등기가 일정한 행위를 허용하기 위한 전제가 되는 경우가 있다. 또 합명회사·합자회사에서는 무한책임사원이 퇴사할 경우 퇴사등기를 함으로써 향후의 회사채무에 대해 면책된다($\frac{225조,}{267조}$). 이 경우에는 등기가 면책의 기초가 된 것이다.

## 3. 상업등기의 추정력

상업등기의 대상인 사실관계에 관한 다툼이 있는 경우에는 등기된 사항이 진실일 것이라고 받아들이는 이른바 「사실상의 추정력」이 인정된다고 함이 통설·판례이다($\frac{대법원 1983.}{12. 27. 선고 83}$ 다카331). 그러나 등기사항에 관한 소송에서 법원이 증명책임을 배분함에 있어 법원을 구속하는 의미에서의 「법률상의 추정력」은 인정되지 않는다($\frac{통}{설}$).

〈법률상 추정력〉 법률상의 추정력이란 법원이 당사자의 주장에 관한 사실판단을 함에 있어 어떤 사실을 반드시 추정해야 하고, 이와 반대의 주장을 하는 당사자에게 증명책임을 부담시켜야 함을 뜻한다. 예컨대 A가 B의 등기된 상호를 사용하여 B와 동일한 특별시에서 동종의 영업을 하므로 B가 A에게 상호폐지를 청구하는 소송을 제기하였다면, A에게 부정한 목적이 있었느냐가 문제된다. 제23조 제4항은 「동일한 특별시…에서 동종영업으로 타인이 등기한 상호를 사용하는 자는 부정한 목적으로 사용하는 것으로 추정한다」라고 규정하고 있다. 이 소송에서 법원은 A에게 부정한 목적이 있다고 추정해야 하고, 법원의 자유심증에 의한 다른 판단을 허용하지 않는다. A가 부정한 목적이 없다고 주장하고 법원도 그같이 믿었다고 하더라도 A로 하여금 부정한 목적이 없었음을 증명하게 해야 하는 것이다.

### 4. 부실등기의 효력

#### (1) 등기와 공신력

상업등기는 이미 존재하는 사실관계($\binom{등기할}{사항}$)를 공시함으로써 대항력을 갖추게 하는 효력만이 있을 뿐이고, 사실관계가 여하간에 등기를 신뢰한 자에 대해서는 등기된 대로의 효력을 부여하는, 이른바 공신력은 인정되지 아니한다. 그렇다고 해서 등기를 신뢰한 자가 전혀 보호를 받지 못한다고 한다면 등기의 공시적 기능을 기대할 수 없다. 그리하여 상법 제39조는 「고의 또는 과실로 인하여 사실과 상위한 사항을 등기한 자는 그 상위를 선의의 제3자에게 대항하지 못한다」고 규정하는데, 이는 상업등기부에 공신력이 인정되지 않기 때문에 생기는 문제점을 해결하기 위한 것이다.

#### (2) 제39조의 적용요건

1) **사실과 상위한 등기**      등기부에 표시되는 사항이면 어떠한 사항이든지 본조의 적용대상이 된다. 예컨대 지배인선임의 등기라면 지배인의 주소·성명·지배인을 둔 장소, 공동지배인 등 어떠한 사항이든 전부 또는 일부가 사실과 상위할 경우 선의의 제3자는 등기된 사실을 주장할 수 있다.

〈제37조 제1항과 제39조의 차이점〉 제37조 제1항($\binom{등기의}{효력}$)은 등기를 게을리한 점, 즉 「소극적 오류」에 대한 비난이고, 제39조는 등기를 잘못한 점, 즉 「적극적 오류」에 대한 비난이다. 예컨대 상인이 지배인 A를 해임한 후 등기를 게을리하여 A를 지배인으로 믿고 거래한 자는 제37조 제1항에 의해 거래의 유효를 주장할 수 있고, A가 지배인인데 상인이 잘못하여 B를 지배인으로 등기하였으므로 B가 지배인인 줄 알고 거래한 자는 제39조에 의해 거래의 유효를 주장할 수 있다.

〈선임이 무효인 대표이사의 등기〉 주식회사의 대표이사의 선임절차의 하자로 인해 선임결의를 무효 또는 취소하는 판결이 내려진 경우 법적용의 선택에 주의하여야 한다. 선임결의가 무효 또는 취소된 후에 새로운 대표이사의 등기를 게을리한 경우에는 등기할 사항을 등기하지 아니한 것이므로 제37조가 적용될 사안이다($\binom{대법원\ 1974.\ 2.\ 12.}{선고\ 73다1070\ 판결}$). 그러나 선임 후 판결이 있기까지의 기간에 존속한 그 대표이사의 등기는 당초 부실한 등기로 보아 제39조를 적용해야 한다는 것이 판례의 입장이다(대법원 2004. 2. 27. 선고 2002다19797 판결). 그리하여 그 대표이사의 선임결의의 하자를 알지 못하고 무효·취소판결이 있기 전에 그 대표이사와 거래한 제3자는 제39조에 의해 거래의 유효를 주장할 수 있는 것이다.

2) 등기신청인의 고의·과실　　　제39조는 등기신청인이 부진정한 외관을 작출한 데 대한 책임을 지우는 제도이므로 사실과 다른 등기에 관해 등기신청인의 귀책사유, 즉 고의·과실이 있어야 한다. 고의·과실은 등기신청인 본인의 고의·과실뿐 아니라 대리인의 고의·과실도 포함한다. 등기신청인이 법인인 경우에는 고의·과실의 유무는 대표자를 기준으로 판단하여야 한다(대법원 2011. 7. 28. 선고 2010다70018 판결).

제39조는 등기신청인이 적극적으로 사실과 다른 등기를 신청한 경우를 예상한 조문이므로 등기공무원의 과실로, 혹은 제3자의 허위신청에 의해 사실과 달리 등기된 경우에는 본조를 적용할 수 없다. 그러나 등기신청인이 제3자의 허위신청에 관여하거나, 알고 방치하는 등 등기신청인 본인의 부실등기와 동일시할 수 있는 사정이 있는 경우에는 등기신청인에게 제39조를 유추적용할 수 있다(통설)(대법원 2008. 7. 24. 선고 2006다24100 판결).

3) 부실등기자의 범위　　　등기신청인이 부실등기를 하는 데 동의한 자도 본조의 적용을 받아 등기가 사실과 다름을 주장하지 못한다. 예컨대 지배인이 아닌 자가 영업주에게 자신을 지배인으로 등기하는 데 동의했다면, 자신이 지배인이 아니라는 주장을 하지 못한다.

4) 제3자의 선의　　　제3자가 등기내용이 사실과 다름을 알지 못하여야 한다. 알지 못한 데 대해 과실을 요구하지 아니한다. 그러나 중과실이 있는 제3자는 보호대상에서 제외시킴이 타당하다.

5) 증명책임　　　일단 등기에 의해 외관이 형성된 바 있으므로 증명책임은 등기신청인 및 등기와 다른 사실을 주장하는 자에게 돌아간다.

(3) 부실등기자의 책임

이상의 요건이 충족되면 부실등기자는 등기가 사실과 상위함을 가지고 선의의 제3자에게 대항하지 못한다. 그러나 제3자가 등기와 달리 사실관계에 부합하는 주장을 하는 것은 무방하다.

# 제 7 장   영업양도

## I. 총설

영업이란 단순히 영업용 재산을 집합시켜 놓은 것이 아니고, 영업재산을 토대로 지속적인 수익활동을 할 수 있는 경영조직체이므로 개개 영업재산의 가치의 합(合)에 "+α"라는 가치를 갖는다. 그러므로 상인이 영업활동을 종료하고자 할 때, 영업을 해체하여 개별재산을 청산가치로 처분해야 한다면 경영조직을 통해 축적된 가치(+α)가 소멸함으로 인해 상인도 손해이려니와 사회적으로도 손실이다. 그리하여 상법은 기업유지의 이념에서 영업 그 자체의 양도를 인정함으로써 계속기업($\genfrac{}{}{0pt}{}{going}{concern}$)이 간직하고 있는 무형의 가치(+α)를 보존시키고 있다.

한편 경제학에서는 재화의 교환을 재화가 보다 효용이 높은 곳으로 이동하는 현상으로 설명한다. 영업양도를 같은 식으로 설명하자면, 영업양도에 의해 영업이 보다 효율적인 경영상태에 놓이게 되는 것이라 말할 수 있다(예컨대 영업주 A가 경영능력이 없는 사람이라서 수익이 보잘 것 없었으나, 영업수완이 좋은 B가 인수함으로써 높은 수익을 올리게 되는 것)·

## II. 영업의 개념

영업양도의 개념을 이해하기 위해서는 먼저 양도대상인 「영업」이 무엇인가를 이해하여야 한다. 통설에 의하면, 영업을 주관적 의의의 영업과 객관적 의의의 영업으로 나누어 달리 이해한다. 전자는 영업주체인 상인이 수행하는 영리활동을 뜻하고, 후자는 상인이 추구하는 영리적 목적을 위해 결합시킨 「조직적 재산의 총체」를 가리킨다. 영업양도의 대상이 되는 영업은 영업주체와 제3자 간에 객관적 평가가 가능한 가치를 지녀야 하므로 후자($\genfrac{}{}{0pt}{}{객관적\,의}{의의\,영업}$)를 뜻한다.

객관적 의의의 영업은 「영리적 목적을 수행하기 위해 결합시킨 조직적 재산」이므로 영업에 제공되는 개개의 재산만을 가리키는 것이 아니라, 개개의 영업용 재산과 「재산적 가치가 있는 사실관계」를 합한 것이다. 「재산적 가치가 있는 사실관계」란 영업상의 고객관계, 경영의 내부조직, 영업비결, 영업의 명성, 확보된 판매망 등과 같이 장기간에 걸친 경영과 영업활동에 의해 축적된 무형의 자산으로서, 정태적으로 존재하는 영업용 재산이 영업활동에 활용될 수 있게끔 동태적 · 유기적으로 결합하는 기능을 한다. 이 사실관계가 영업에 대해 단순한 영업용 재산의 가치를 초과하는 가치를 부여하는 요소가 된다. 흔히 「영업권」이라 불린다.

## Ⅲ. 영업양도의 개념

통설과 판례는 영업양도를 「일정한 영업목적에 의하여 조직화된 유기적 일체로서의 기능적 재산인 영업재산을 그 동일성을 유지시키면서 일체로서 이전하는 채권계약」이라고 정의한다(대법원 2005. 7. 22.<br>선고 2005다602 판결). 이 정의를 토대로 영업양도의 개념요소를 분석한다.

1) 소유의 변동　　　영업양도는 영업재산을 이전하는 계약이므로 영업재산의 소유관계에 변동을 가져온다. 그러므로 소유관계에는 변동 없이 경영주체에만 변동을 가져오는 영업의 임대차나 경영위임과는 구별해야 한다.

2) **처분권자의 처분**　　　영업재산의 소유관계에 변동을 가져오므로 영업재산에 대해 처분권을 가진 자(영업<br>주)만이 영업양도를 할 수 있으며, 영업의 임차인이나 경영의 위임을 받은 자는 영업을 양도할 수 없다.

3) 이전재산의 일체성　　　영업재산이 일체적으로 이전되어야 한다. 양도를 전후하여 영업이 동일성을 유지하기 위해서는 영업재산이 유기적으로 결합된 채 이전되어야 하는 것이다. 이를 위해서는 이전되는 영업재산이 포괄적이어야 하지만, 반드시 모든 재산이 이전되어야 하는 것을 뜻하는 것은 아니다. 예컨대 편의점을 양도하면서 비품 일부를 제외하거나, 영업상의 채권 · 채무를 제외하였다고 해서 영업양도로 볼 수 없는 것은 아니다(42조~44<br>조의<br>반대<br>해석).

4) **영업조직의 이전**　　　영업재산의 일체성은 영업조직에 의하여 형성되므로 영업재산이 영업조직과 아울러 이전되어야 한다. 영업조직이 따르지 않는다면 모든 영업재산이 동일인에게 이전되었더라도 이는 영업이 해체된 상태에서 재산이 개체적으로 이전되는 것이므로 일체성을 결여하고 따라서 영업양도가 아니다. 예컨대 운수회사가 폐업을 하고 재산을 정리하기 위해 차량 등 관련 재산 전부를 다른 운수회사에 양도하였다면, 영업재산이 해체된 상태로 이전되는 것이다(대법원 2001. 7. 27.<br>선고 99두2680 판결).

판례는 인적 조직의 승계를 매우 중시하여, 영업상의 모든 권리를 이전하더라도 종업원 전원을 인수대상에서 제외시키면 영업양도가 아니라고 한다(대법원 1995. 7. 25.<br>선고 95다7987 판결). 그러나 영업의 규모, 업종 등의 현황으로 보아 종업원이 영업의 동일성에 기여하는 바가 미미한 경우에는 종업원을 승계하지 않더라도 영업양도 여부의 판단에 영향을 주지 않는다는 판례도 있다(대법원 1997. 11. 25.<br>선고 97다35085 판결).

5) 동일성의 유지   양도를 전후하여 영업주가 교체되었다는 점을 빼고는 영업의 동일성이 유지되어야 한다. 앞서의 「일체성」은 이전되는 재산의 범위를 가리키는 말임에 대해 「동일성」이란 양도의 전후에 걸친 영업의 비교적 양태를 가리키는 말이다. 즉 이전받은 영업재산과 영업조직이 영업이 양도되기 전과 동일하게 기능적으로 작용하여 양수인의 수익의 원천이 될 수 있음을 뜻한다. 이전재산의 일체성을 요구하는 이유는 영업의 동일성을 유지시키기 위한 것이므로 구체적인 판단에 있어서는 영업의 동일성이 유지될 수 있는 정도의 재산이 이전될 때 일체적으로 이전되었다고 말할 수 있다(대법원 1989. 12. 26.<br>선고 88다카10128 판결).

6) 채권계약   영업양도는 채권계약이다. 그리고 영업이 개인법상의 계약에 의하여 이전하므로 이는 특정승계이다. 회사합병이나 상속에 의하여 영업이 이전될 수도 있으나, 이는 포괄승계이므로 영업양도와 구별하여야 한다.

실제 영업양도에서는 「영업양도계약」이라는 말 외에도 「영업인수계약」, 「재산인수약정」, 「경영권양도계약」 등 다양한 명칭을 쓰고 있는데, 영업양도 여부는 그 실질에 의해 판단할 문제이다. 그러므로 영업을 양도한다는 명시의 의사가 없어도 구영업주와 신영업주의 의사에 기해 구영업주의 영업과 실질적으로 동일한 영업이 신영업주에 의해 영위된다면 영업의 양도가 있었다고 보아야 한다(대법원 2009. 1. 15. 선고<br>2007다17123 · 17130 판결).

영업양도가 되기 위해서는 영업조직과 영업재산을 일체로서 이전한다는 단일한 합의가 존재해야 한다. 이러한 합의 없이 영업재산과 영업조직이 각기 다른 원인에 의해 이전된다면(예컨대 종업원은 양도인으로부터 퇴직하고 양수인에게 재<br>취업하고, 영업재산은 양수인이 경매에 의해 매수하는 등) 설령 사실상 그리고 경제적으로 영업이 양도된 것과 같은 결과가 되었더라도 영업의 양도가 아니다(대법원 2005. 7. 22.<br>선고 2005다602 판결).

7) 비전형계약   영업양도는 대가의 유무나 지급방식에 따라 증여, 매매, 교환 등과 유사한 모습을 보이지만, 어느 하나의 계약으로 설명할 수 없는 다양한 권리 · 의무를 발생시키므로 상법이 인정하는 특별한 무명계약이라고 보아야 한다. 영업양도가 유상인 경우 양도인이 양도한 영업재산에 관해 담보책임을 지는 등 매매에 관한 제규정이 적용된다(민<br>567조). 기존의 영업을 회사의 설립시 또는 신주발행시(416<br>조)에 현물출자하는 경우가 있는데, 이 역시 영업양도이다(대법원 1995. 8. 22.<br>선고 95다12231 판결). 영업양도는 영업의 일괄경매에 의해서도 이루어질 수 있다(대법원 2015. 12. 10.<br>선고 2013다84162 판결).

## Ⅳ. 영업의 일부양도

1) 의의   영업의 일부도 양도할 수 있으나(374조 1항<br>1호 참조), 앞에 설명한 영업양도의 개념을 충족하여야 한다. 즉 양도되는 일부의 영업이 그 자체로서 독립적인 영업활동이 가능한

조직화된 영업재산이어야 하고, 이를 영업의 동일성이 유지되도록 포괄적으로 이전하는 계약이어야 한다(대법원 1997. 4. 25. 선고 96누19314 판결: 버스회사가 버스 일부를 다른 버스회사에 양도하며 그 전속기사를 인계한 것은 영업의 일부양도가 아니라고 한 사례). 그러므로 독립된 경영이 이루어지지 않는 출장소·판매장의 양도는 영업의 양도가 아니며, 공장이나 작업장 같은 곳은 영업을 행하는 곳이 아니고 사실행위를 하는 곳에 불과하므로 이를 양도하더라도 영업의 양도가 아니다.

2) 효과    영업의 일부양도도 영업양도이므로 영업양도에 관한 상법규정이 일반적으로 적용된다. 다만, 경업금지에 관한 규정($\frac{41}{조}$)을 적용함에 있어서는, 영업의 일부를 양도한 자가 동일지역 내에서 동종의 다른 영업소를 갖지 아니한 경우에는 경업금지의무를 진다고 해야 할 것이나, 동일지역 내에 다른 영업소를 갖고 있는 경우에는 제41조의 적용을 배제하기로 하는 묵시적인 합의가 이루어진 것으로 보아야 한다.

## V. 영업양도의 절차

1) 당사자    영업양도의 양도인과 양수인은 자연인상인일 수도 있고 회사일 수도 있다. 그리고 회사는 청산 중에도 영업을 양도할 수 있다. 양도인이 자연인상인인 경우 영업의 전부를 양도하면 상인자격을 상실하지만, 회사의 경우 영업양도는 해산사유가 아니므로 영업을 양도하더라도 해산하지 아니한다.

지배인의 지배권은 영업양도에는 미치지 않는 까닭에 지배인은 별도의 수권이 있어야 영업의 양도 또는 양수를 대리할 수 있다($\frac{47면}{참조}$).

2) 내부적 절차    자연인상인이 영업을 양도함에는 본인의 의사결정 외에 별다른 절차가 필요 없으나, 회사가 영업을 양도함에는 회사의 종류에 따라 조직법적인 절차가 요구된다(예: 주주총회의 특별결의. 374조).

3) 합의    일반적으로 영업양도에서는 이전할 자산과 부채의 범위에 관한 사항, 영업소·상호 등의 이전에 관한 사항, 사용인의 인계에 관한 사항, 양도의 대가 등에 관해 합의가 이루어진다.

4) 방식    영업양도는 불요식의 계약으로서 당사자의 합의만으로 성립하고 어떤 형식도 요구되지 아니한다. 그러나 합의할 사항이 워낙 광범위하므로 양도계약서를 작성하는 것이 통례이다.

인·허가사업의 경우 기타 공법상의 필요에서 영업의 양도를 제한하거나, 주무관청의 인가사항으로 하는 경우도 있다(예: 보험 150조; 독규 9조 1항).

5) 양도시기    영업양도는 어느 시점에서 이루어졌다고 보아 상법 제41조 이하의 규정을 적용할 수 있는가? 이 규정들은 실질적으로 영업주체가 변동된 경우에 적용하는 것이 타당하므로 계약의 체결시기 또는 양도대금의 지급시기가 기준이 될 수는 없고, 유기적

으로 조직화된 영업재산이 동일성을 유지하며 양수인에게 이전되어 양수인이 그 재산으로 영업활동을 개시한 시점에 영업이 양도되었다고 보아야 한다($^{대법원\ 2010.\ 9.\ 30.\ 선}_{고\ 2010다35138\ 판결}$).

## Ⅵ. 영업양도의 효과

### 1. 영업의 이전

상법은 영업양도의 효과로서 양도인의 경업금지의무($^{41}_{조}$) 및 영업상의 채권자와 채무자의 보호($^{42조}_{~45조}$)에 관해서만 규정하고 있지만, 영업양도는 채권계약이므로 그 이행으로써 양도인이 양수인에게 영업을 이전하여야 함은 당연하다. 영업의 구성요소별로 검토한다.

1) **영업재산의 이전**　　영업재산은 양도를 전후하여 영업의 동일성이 유지되도록 포괄적으로 이전되어야 한다. 영업재산을 이전하기 위해서는 물권행위가 행해져야 한다. 「포괄적」인 이전이라 하지만 영업재산의 전부를 포괄적으로 이전하는 물권행위란 존재하지 않으므로 영업재산을 이루는 개개의 구성부분을 이전하는 물권행위가 행해져야 한다. 즉 부동산은 등기($^{민}_{186조}$), 동산은 인도($^{민}_{188조}$)하여야 하고, 채권은 대항요건($^{민}_{450조}$)을 갖추어 이전하는 등 각 재산의 종류별로 필요한 이전행위를 하여야 한다($^{대법원\ 1991.\ 10.\ 8.\ 선고}_{91다22018\ ·\ 22025\ 판결}$).

2) **영업조직과 사실관계**　　영업양도의 이행에서 특히 중요한 것은 영업조직과 재산적 가치 있는 사실관계를 이전하는 것이다. 영업이란 낱낱의 재산이 영업조직과 영업에 관한 사실관계에 의해 유기적으로 결합되었을 때에 영리수단으로서의 가치를 발휘할 수 있기 때문이다.

영업조직이나 사실관계는 유형의 자산이 아니므로 이전방법이 따로 있을 수 없고, 영업의 관리체계 · 거래처관계 · 영업상의 비밀 등을 구두 또는 문서 기타 거래통념에 부합하는 방법으로 전달하여야 한다.

3) **채무**　　영업상의 채무는 양수인에게 있어 영업의 동일성과 무관하기도 하려니와 제3자($^{채권}_{자}$)의 권리가 관련된 것이므로 영업양도의 요소가 아니다. 그러므로 양도 당사자 간의 합의가 없는 한 채무는 이전되지 아니하며, 양수인이 승계하기로 합의하더라도 채권자와의 관계에서 효력을 갖기 위해서는 채무인수절차($^{민\ 453}_{조,\ 454조}$)를 밟아야 한다.

이같이 채무가 당연히 승계되는 것이 아니므로 영업양도인이 양도 전에 부담하던 영업상의 채무에 대해 제3자가 보증을 한 경우, 양도인의 피보증인으로서의 지위는 양수인에게 이전되지 않는다. 따라서 보증인이 양도인의 채무를 대신 변제하더라도 양수인에게 구상권을 행사할 수 없다($^{대법원\ 1989.\ 12.\ 22.선}_{고\ 89다카11005\ 판결}$).

4) **고용관계**　　종업원은 영업의 인적 시설을 이루므로 반대의 특약이 없는 한 영업의 양도는 고용관계의 승계도 포함한다. 그러므로 종업원을 승계한다는 합의가 없더라도

고용관계는 양수인에게 승계되며, 다른 합의가 없는 한 영업양도 전의 근무조건이 그대로 유지되고, 영업양도 이전에 성립된 퇴직금채무 등의 임금채무도 양수인에게 이전된다는 것이 판례의 입장이다(대법원 2005. 2. 25. 선고 2004다34790 판결). 물론 종업원의 의사에 반하여 승계할 수 있는 것은 아니다.

## 2. 경업금지

### (1) 취지

영업양도는 재산적 가치 있는 사실관계를 포함하는 조직화된 영업재산 전체를 이전하는 것이고, 양수인은 그 대가로 낱낱의 재산이 갖는 가치의 총액을 초과하는 대가를 치른다. 여기서 양수인이 영업양수의 목적을 달성하기 위해서는 종전의 양도인이 누리던 것과 같은 독점적 지위를 유지하면서 영업을 할 수 있어야 한다. 그렇지 않고 양도인이 인근지역에서 새로이 동종의 영업을 수행한다면, 양수인은 타인의 영업을 양수한 보람이 없고 새로이 영업을 시작하는 것과 같다. 그 결과 양수인이 지급한 대가와 균형이 맞지 않아 불공평하다. 그러므로 상법은 양수인이 영업양수의 실효를 거둘 수 있도록 양도인에 대해 경업을 금지하고 있다(41조).

### (2) 의무의 성질

경업금지의무가 계약상의 의무이냐, 법정책으로 인정한 특별한 의무이냐는 논쟁이 있다.「계약설」은 영업양도계약에는 경업금지가 당연히 포함되어 있고 상법 제41조는 그 범위를 주의적으로 규정한 것에 불과하다고 설명하는 데 대해,「정책설」은 상법이 영업양수인의 보호를 위해 특히 인정한 법정의무라고 설명한다.

영업양수인이 영업을 양수하는 목적은 종전의 영업에 관해 배타적인 지위를 가지려는 것이다. 그렇다면 영업양도계약에 묵시적으로 경업금지의 합의가 포함되어 있다고 보는 것이 양도당사자의 의사에 부합한다(계약설). 헌법재판소는 상법 제41조를 당사자의 의사를 보완·해석하기 위해 둔 의사보충규정이라고 하는데, 이는 계약설의 입장에 선 것이다(헌법재판소 1996. 10. 4. 94헌가5).

### (3) 금지되는 영업의 범위

상법 제41조가 말하는 동종영업이라 함은 동일한 영업이라는 뜻이 아니라 널리 양도한 영업의 전부 또는 일부와 경쟁관계·대체관계가 있는 영업을 뜻하며(대법원 2015. 9. 10. 선고 2014다80440 판결), 영업소의 설치 여부와 관계없이 같은 영업거래 자체가 금지된다.

### (4) 금지기간

영업양도인은 다른 약정이 없는 한 10년간 동일한 서울특별시·광역시·시·군과 인접한 서울특별시·광역시·시·군에서 동종영업을 하지 못한다(41조 1항).

영업양도인의 경업금지의무는 양수인을 보호하기 위한 제도이므로 당사자의 특약에 의하여 배제·경감하거나($_{을\ 5년으로\ 하는\ 것}^{예:\ 경업금지기간}$) 가중할 수 있다($_{15년으로\ 하는\ 것}^{예:\ 경업금지기간을}$). 다만 지나치게 장기로 제한하는 것($_{못하게\ 하는\ 것}^{예:\ 평생\ 경업을}$)은 개인의 자유를 부당히 구속하므로 20년을 초과하지 아니하는 범위 내에서만 효력이 있다($_{2항}^{41조}$). 20년을 초과하는 기간을 정했을 경우에는 20년까지만 경업금지의무를 진다($_{무효}^{일부}$).

### (5) 금지지역

동일한 서울특별시·광역시·시·군과 인접한 서울특별시·광역시·시·군에서 영업을 하는 것이 제한된다.

「동일한 서울특별시…」뿐 아니라 「인접한 서울특별시…」를 포함시킨 이유는 이같이 규정하지 않을 경우 지역의 경계선의 바로 이쪽에서 영업을 양도하고 바로 저쪽에서 새로운 영업을 개시할 수 있는 불합리한 상황이 생길 수 있기 때문이다. 인접지역인지 여부는 영업의 물적설비가 있는 지역을 기준으로 할 것이 아니라 통상적인 영업이 이루어지던 지역을 기준으로 정하되, 통상성의 여부는 영업의 내용, 규모, 방식, 범위 등을 종합적으로 고려하여 판단하여야 한다($_{고\ 2014다80440\ 판결}^{대법원\ 2015.\ 9.\ 10.\ 선}$). 이 지역적인 제한은 특약에 의해 좁힐 수는 있으나 확대할 수는 없다($_{2항}^{41조}$).

이 규정을 업종에 따른 영업($_{객관계}^{특히\ 고}$)의 지역성도 아울러 고려하여 적용하여야 한다. 즉 동일한 지역이나 인접지에서 영업을 하더라도 영업의 성격상 양수인과 경쟁을 야기할 염려가 없다면 경업금지의 대상이 아니라고 해석해야 한다($_{에서\ 미용실을\ 양도한\ 자의\ 경업금지구역을\ "미용실\ 영}^{수원지법\ 2011.\ 2.\ 10.\ 선고\ 2010가합14646\ 판결:\ 용인시}$) $_{용인시만으로\ 정한\ 예}^{업의\ 특성을\ 고려하여"}$).

### (6) 적용범위

i) 경업금지의무는 영업양수인이 영업을 계속하는 동안에만 존속한다고 해야 한다. 따라서 영업양수인이 영업을 폐지한다면 양도인의 경업금지의무는 소멸한다. 하지만 양수인이 영업을 양도한 경우에는 후술과 같이 당초의 양도인은 제2양수인에 대해 경업금지의무를 부담한다고 보아야 한다.

ii) 경업금지의무는 양도인이 타인의 명의를 빌려 영업을 하는 경우는 물론, 영업양도 후 자신이 의무에 위반하여 경업을 하던 영업을 제3자에게 임대하거나 양도하는 것도 금하는 취지로 이해해야 한다($_{렇다고\ 그\ 양도행위가\ 무효가\ 되는\ 것은\ 아니다}^{대법원\ 1996.\ 12.\ 23.\ 선고\ 96다37985\ 판결.\ 그}$).

그리고 양도인이 경업금지약정을 회피할 목적으로 회사를 설립하여 같은 영업을 한 경우에도 경업금지의무에 위반한 것이다($_{2003마473\ 결정}^{대법원\ 2005.\ 4.\ 7.자}$).

iii) 상법 제41조는 상인의 영업양도를 대상으로 한 규정이므로 상인 아닌 자가 비영리적인 사업($_{회,\ 사찰}^{예:\ 교}$)을 양도하는 경우에는 적용되지 아니한다($_{선고\ 68다1560\ 판결}^{대법원\ 1969.\ 3.\ 25.}$).

### (7) 경업금지의무의 승계

경업금지의무는 특정승계에 의해 이전되지 아니한다. 상속·회사합병에 의해 경업금지의무가 승계되는가? 경업금지의무가 영업양도인의 상속인에게까지 승계된다면 상속인은 자기의 의사와 무관하게 직업선택의 자유를 제한받는 결과가 되므로 부정하는 것이 옳다(손진화 153; 이(기)·최 271; 임홍근 174; 정동윤 123; 최준선 231). 그러나 회사합병의 경우에도 승계를 부정한다면 영업을 양도한 회사가 타법인에게 흡수합병됨으로써 경업금지의무를 회피할 수 있으므로 존속법인 또는 신설법인은 소멸법인의 경업금지의무를 승계한다고 보아야 한다. 그러나 존속법인이 이미 동종의 영업을 하고 있는 경우에는 부정해야 함은 물론이다.

### (8) 경업금지위반의 효과

영업양도인이 제41조에 위반하여 경업을 한 경우에는 양수인에 대해 손해배상책임을 진다. 이 경우 경업과 양수인의 손해 사이에 인과관계가 있어야 함은 물론이다. 경업금지의무를 계약상의 의무로 보는 한, 이 손해배상책임은 채무불이행책임으로 보아야 한다.

손해배상책임과 별개로 양수인은 양도인의 영업의 폐지를 청구할 수 있다. 실무에서는 흔히 영업금지가처분을 구하여 실효성을 높이고 있다.

## 3. 상호속용과 영업상의 채권자의 보호

### (1) 취지

영업상의 채무는 영업재산을 신용의 근거로 하여 발생하는 것이 보통이며, 실제 영업재산이 유력한 책임재산을 이룬다. 영업상의 채무는 채무인수의 합의가 없는 한 양수인에게 승계되지 않으므로 영업이 양도되면 채권자는 책임재산을 상실한다. 그러므로 채권자는 영업양도를 신속히 인지하고 채권의 회수를 서둘러야 할 것이다. 그러나 양수인이 양도인의 상호를 계속 사용하는 경우에는 채권자가 영업이 양도된 사실을 알지 못하기 쉽고, 알더라도 양수인이 채무를 인수하는 것으로 오인시킬 경우에는 양도인으로부터 채권을 회수할 적기를 놓치게 된다. 그러므로 상법은 양수인이 상호를 계속 사용할 경우에는 양도인의 영업이 지속되는 듯한 외관을 만든 데 대한 책임을 물어 양수인도 양도인의 채무에 관해 책임지도록 하며(42조 1항)(대법원 2009. 1. 15. 선고 2007다17123·17130 판결), 상호를 속용하지 않더라도 양수인이 채무를 인수한다는 뜻을 광고한 경우에는 같은 책임을 묻고 있다(44조). 이는 외관주의에 입각한 제도로서 민법상의 채무인수제도에 대한 특칙을 정한 것은 아니다.

상법은 한편, 양수인에게는 상호를 속용하면서도 책임을 면할 수 있는 방법을 제시해 줌으로써 채권자와 양수인의 보호에 균형을 유지하고 있다(42조 2항).

### (2) 요건

1) **영업의 양도**　　양수인의 책임이 성립하려면 영업이 양도되어야 하는데, 이 제도에 의한 책임은 영업양수에 따른 책임이 아니고 양도인의 영업이 계속되는 듯한 외관창출에 대한 책임이므로 영업양도가 유효해야 하는 것은 아니다(통설).

2) **영업상의 채무**　　영업양도인의 채무로서 영업으로 인해 생긴 채무이어야 한다(대법원 2002. 6. 28. 선고 2000다5862 판결. 동 2020. 2. 6. 선고 2019다270217 판결: 양도인이 거래은행에 대한 대출금반환채무를 대위변제한 보증인에게 부담하는 구상채무는 본조의 영업상의 채무에 해당하지 않는다고 한 예). 거래상의 채권

뿐 아니라 영업에 관련된 불법행위·부당이득으로 인한 채권, 어음·수표와 같은 증권채권도 그 대상이다(대법원 1998. 4. 14. 선고 96다8826 판결).

양도 당시까지 발생한 채권이면 족하고 변제기에 이를 것까지는 요구하지 않으나, 장래의 채권은 가까운 장래에 발생이 확실하더라도 양도 당시의 채권이 아니므로 본조의 적용대상이 아니다(전게 2019다 270217 판결).

영업상의 채권이 유효한 채권이어야 함은 당연하다. 영업양도와 상호속용이 권리의 하자를 치유하는 제도는 아니기 때문이다.

**3) 채무인수사실이 없을 것**      양수인과 채권자 간에 또는 양도인·양수인·채권자 사이에 채무인수의 합의가 있다면 양수인이 새로운 채무자가 되므로 본조가 적용될 사안이 아니다.

**4) 상호속용 또는 채무인수의 광고**      양수인이 양도인의 상호를 계속 사용한 경우(42조 1항) 또는 상호를 속용하지 않더라도 양수인이 양도인의 영업으로 인한 채무를 인수할 것을 광고한 경우(44 조)에 책임을 진다.

i) **상호속용**      「상호의 속용」이란 동일한 상호를 계속 사용함을 말하는데, 종전의 거래상대방이 영업주체의 변동을 깨닫지 못하도록 동일성이 인정되는 상호가 사용되어야 한다. 판례는 상호의 동일성을 너그럽게 해석하여 전후 상호의 주요부분이 공통되면 족하다고 한다(대법원 1989. 12. 26. 선고 88다카10128 판결). 상호를 속용한 기간의 장단은 문제되지 아니한다.

상호의 속용이 정당한가, 다시 말하면 상호권이 실제로 이전되었는가 혹은 대항요건을 갖추었는가(25조 2항) 등은 본조의 책임과 무관하다. 나아가 상호속용의 원인관계가 무엇인지에 관하여 제한을 둘 필요도 없고, 따라서 상호의 양도 또는 사용허락이 무효 또는 취소된 경우이거나 상호를 무단 사용하는 경우도 상법 제42조 제1항의 상호속용에 포함된다(대법원 2009. 1. 15. 선고 2007다 17123·17130 판결).

판례는 상호가 아니라 영업표지 또는 영업장을 지칭하는 옥호를 속용하는 경우에는 상호속용으로 보아 상법 제42조 제1항을 유추적용하고 있다(대법원 2010. 9. 30. 선고 2010다35138 판결).

ii) **채무인수의 광고**      양수인이 채무를 인수할 것을 광고하고 실제로 채무를 인수하였으면 제44조를 적용할 필요 없이 자기의 채무로서 책임을 질 것이나, 광고와 달리 채무를 인수하지 않은 경우에는 외관주의에 입각하여 제44조에 의한 책임을 진다.

채무인수를 광고하지 않더라도 채무를 인수할 의사임을 채권자에게 통지한 때에는 제44조를 유추하여 같은 책임을 진다(대법원 2010. 1. 14. 선고 2009다77327 판결).

**5) 채권자의 선의**      법문상 명문의 규정은 없으나 채권자가 선의이어야 함은 제도의 취지상 당연하다. 여기서 선의라 함은 영업양도의 사실을 몰랐거나, 이를 알았더라도 채무가 인수되지 않았음을 알지 못한 경우도 포함한다(대법원 1989. 12. 26. 선고 88다카10128 판결). 채권자의 선의 혹은 악의에 관해서는, 책임을 면하려는 영업양수인이 채권자의 악의를 주장·증명하여야 한다(대법원

### (3) 효과

1) 이상의 요건을 충족하는 영업양수인은 양도인의 영업상의 채무에 대하여 변제할 책임을 진다($\frac{42조}{1항}$). 양수인의 책임은 양수한 영업재산을 한도로 하는 것이 아니라 무한책임을 진다.

2) 양수인이 책임을 진다고 해서 양도인과 양수인 간에 면책적 채무인수가 이루어진 것으로 의제하는 것은 아니다. 즉 채무는 여전히 양도인에게 속하고, 양수인은 단지 자기가 창출한 외관에 따른 변제책임을 질 뿐이다. 채권자의 양도인에 대한 채권과 양수인에 대한 채권은 이같이 법적인 원인을 달리하는 별개의 채권이므로 양도인의 채권자가 동 채권을 타인에게 양도한다고 해서 제42조 제1항에 의한 채권 또는 제44조에 의한 양수인에 대한 채권이 당연히 함께 이전되는 것이 아니며, 혹 함께 양도하더라도 채권양도의 대항요건은 채무자별로 갖추어야 한다($\frac{대법원\ 2009.\ 7.\ 9.\ 선}{고\ 2009다23696\ 판결}$).

3) 양수인이 채무를 승계한 것이 아니므로 채권자가 양도인에 대한 소송에서 승소하여 얻은 집행권원을 가지고 양수인의 소유자산에 대해 강제집행할 수 없음은 물론이다($\frac{대법원\ 1967.\ 10.}{31.\ 선고\ 67}$
다1102 판결).

### (4) 양수인의 면책

양수인이 제42조 제1항의 상호를 속용한 데 따른 책임을 예방하는 길은 두 가지가 있다. i) 양수인이 영업을 양도받은 후 지체없이 양도인의 채무에 대한 책임이 없음을 등기한 때에는 모든 채권자에 대하여 책임을 지지 아니한다($\frac{42조}{2항\ 전}$). ii) 양도인과 양수인이 지체없이 제3자($\frac{채권}{자}$)에 대하여 양수인이 책임 없음을 통지한 경우에는 그 통지를 받은 제3자에 대하여도 책임을 지지 아니한다($\frac{42조}{2항\ 후}$).

### (5) 양도인의 책임의 존속기간

영업양수인이 상호속용 또는 채무인수의 광고로 인해 위와 같은 책임을 질 경우 양도인의 채무는 상호속용으로 인한 경우에는 영업양도일로부터, 채무인수의 광고로 인한 경우에는 그 광고일로부터 2년이 경과하면 소멸한다($\frac{45}{조}$). 이 기간은 제척기간으로 중단·정지가 있을 수 없다.

이 제척기간 중에는 양도인의 채무가 절대적으로 존속한다는 뜻이 아니다. 이 기간이 만료하기 전이라도 소멸시효가 완성하면 양도인의 채무는 소멸한다.

## 4. 상호속용과 영업상의 채무자의 보호

영업양수인이 양도인의 상호를 속용하는 경우 양도인의 영업으로 인한 채권에 대하여 채무자가 선의이며 중대한 과실 없이 양수인에게 변제한 때에는 그 효력이 있다($\frac{43}{조}$). 상호를 속용할 경우에는 양도의 사실을 외부에서 용이하게 알 수 없으므로 영업양도인의 채무자가 중대한 과실 없이 선의로 변제한 경우 이를 보호하기 위해서 둔 규정이다. 적용대상이 되는 채무의 범위, 상호속용의 뜻 등은 제42조에 관하여 설명한 바와 같다.

본조에 의해 영업양수인이 양도인의 채권을 취득하게 되거나, 그의 변제수령이 정당화되는 것은 아니다. 양수인은 자신이 수령한 변제를 양도인에게 반환하여야 한다.

## Ⅶ. 영업의 임대차 · 경영위임

영업의 양도는 아니나 영업의 경영구조에 변동을 생기게 하는 사유로서 영업의 임대차와 경영의 위임이 있다.

### 1. 영업의 임대차

영업의 임대란 대가를 받기로 하고 영업재산과 영업조직을 타인으로 하여금 이용하게 하는 것을 말한다. 모든 영업재산과 인적 설비는 임차인의 이용하에 들어가고 영업거래에서 생기는 권리 · 의무 그리고 이익 또는 손실도 임차인에게 귀속한다. 영업재산과 영업조직에 대한 임대인의 권리가 임차인에게 이전하지 않고 다만 임차인이 이를 자신의 영업을 위해 이용할 뿐이라는 점에서 영업양도와 다르고, 임차인은 자신의 이름으로 그리고 자신의 계산으로 영업을 한다는 점에서 경영의 위임과 다르다. 구체적으로 어느 것에 해당하는지는 거래의 명칭에 관계없이 실질에 따라 판단해야 한다(대법원 2016. 8. 24. 선고 2014다9212 판결).

영업의 임대차로 인해 영업의 주체는 달라지지만, 임대인의 책임재산이 이전되는 것은 아니므로 임차인이 임대인의 상호를 속용하더라도 상법 제42조 제1항의 적용대상이 아니고 동 조항이 유추적용되지도 않는다(대법원 2017. 4. 2. 선고 2016다47737 판결).

### 2. 경영의 위임

경영의 위임은 영업의 경영을 타인에게 위탁하는 것이다. 이에 의해 영업재산의 관리와 영업활동이 수임인의 관장하에 놓이게 되지만, 영업활동의 명의와 손익계산은 모두 영업주에게 귀속되고 통상 수임인에게는 보수가 지급된다. 그러나 회사가 경영을 위임할 경우에 회사법상의 효력이 생기는 사항은 위임의 범위에서 제외된다(예: 임원선임, 신주발행, 자본감소, 정관변경, 합병 등).

제 2 편

# 상 행 위

# 제1장 총 론

## 제1절 서설

### Ⅰ. 상행위법의 의의

상법 제46조 이하 제168조의12까지 143개조로 구성된 상법 제2편에서 상행위를 다루고 있다.

앞서 상법은 기업생활에 관한 법이라고 정의하였는데, 기업생활에 관한 법률관계에는 기업주체의 조직이라는 부문과 기업주체의 영리적 활동, 즉 영업거래라는 부문이 있다. 상법 중 상법총칙과 회사법은 기업활동의 원활·확실한 수행을 보장하기 위하여 기업의 조직적 측면에서의 대내 및 대외적 법률관계를 합리적으로 규율하는 법이라 할 수 있고, 상행위법은 기업이 영리목적을 달성하기 위하여 수행하는 대외적 거래관계를 규율함으로써 상인과 제3자 간의 이해관계를 합리적으로 조정하는 법이라 할 수 있다.

### Ⅱ. 상행위법의 특색

기업의 영업활동은 계속적·반복적으로 영리를 추구하는 것을 특색으로 하므로 이를 규율대상으로 하는 상행위법 역시 그에 부응하여 몇 가지 특색을 보여 준다.

1) 임의법규성 　　기업조직에 관한 법률관계는 모든 이해관계인에 대해 획일적으로 처리되어야 하므로 그에 관한 법규정(총칙편, 회사편)은 대부분 강행규정이다. 그러나 기업의 대외적 거래활동은 당사자들의 이윤동기에 의해 그 내용이 자유롭게 결정되어야 하므로 상인과 그 상대방 간의 계약에 의해 거래의 내용과 방식이 정해지게 마련이다. 그러므로 상행위법은 당사자자치를 원칙으로 하고 당사자가 거래의 내용과 방식을 정하지 아니하였을 때에 보충적으로 적용되는 임의법규가 대부분이다.

**2) 유상성**　　　상행위법은 영리가 실현될 때에 비로소 기업이 유지될 수 있음을 시인하고 이윤획득에 필요한 여건을 다방면에서 조성해 주고 있다. 예컨대 민법상으로 위임은 무상이 원칙이지만($\frac{민}{686조}$), 상인이 타인을 위하여 행위를 한 때에는 상당한 보수청구권을 가진다($\frac{61}{조}$). 그리고 민법상의 금전소비대차는 무이자가 원칙이며($\frac{민}{600조}$), 사무관리에 의해 지출한 비용도 마찬가지이지만, 상인이 영업에 관하여 금전을 대여한 경우에는 이자의 약정이 없더라도 법정이자가 발생하며($\frac{55조}{1항}$), 상인이 타인을 위하여 금전을 체당한 때에는 법정이자를 청구할 수 있다($\frac{55조}{2항}$). 또 법정이율도 민사법정이율($\frac{연}{5분}$)보다 높게 책정해 놓고 있다($\frac{연}{6분}$)($\frac{민 379조;}{상 54조}$).

**3) 신속성**　　　상거래는 다수인을 상대로 반복적으로 이루어지므로 개개의 거래가 신속히 처리되어야만 자금의 순환속도가 빨라져 이윤획득의 기회가 증대된다. 그리하여 상법은 상거래의 신속한 처리를 촉진하는 각종의 특례규정을 두고 있다. 예컨대 대화자 간의 계약의 청약은 상대방이 즉시 승낙하지 않으면 구속력을 잃도록 하고($\frac{51}{조}$), 상인이 계약의 청약을 받은 때에는 일정한 경우 지체없이 낙부의 통지를 하여야 하며, 이를 게을리한 때에는 승낙한 것으로 간주한다($\frac{53}{조}$). 이 규정들은 상사계약의 성립단계에서의 신속을 기하기 위한 것인데, 계약이 성립된 후의 법률관계도 신속히 처리되도록 배려하고 있다. 예컨대 확정기매매의 당연해제사유($\frac{68}{조}$)를 두고 있으며, 소멸시효를 단기($\frac{5}{년}$)로 하고($\frac{64}{조}$), 상거래의 유형별로 이보다 더욱 단기의 소멸시효를 두거나($\substack{예: 운송주선인·운송인·창고업자의 손 \\ 해배상책임의 시효: 121조, 147조, 166조}$) 특별한 소멸사유를 두고 있다($\substack{예: 운송인의 책 \\ 임소멸: 146조}$). 또 상사매도인·위탁매매인·운송인·창고업자 등에게 인정되는 목적물의 공탁권·경매권은 거래상대방의 수령지체로 인한 손실을 막기 위한 것이다($\substack{67조, 109조, \\ 142조, 165조}$).

**4) 안전성**　　　집단적·반복적으로 수행되는 상거래는 거래의 안전을 생명으로 한다. 상법에서 거래의 안전을 고려한 예를 보면, i) 상인이 그의 영업부류에 속한 계약에 관해 받은 청약을 거절할 때에도 견품 기타 청약자로부터 받은 물건을 보관할 의무를 지며($\frac{60}{조}$), ii) 매수인이 매매계약을 해제한 경우에도 매매목적물을 보관 또는 공탁할 의무를 진다($\frac{70}{조}$). iii) 중개인이 거래당사자 일방의 성명 또는 상호를 묵비한 경우에는 반대 당사자에 대해 이행책임을 지며($\frac{99}{조}$), iv) 위탁매매의 상대방이 채무를 이행하지 아니하는 경우에는 위탁매매인이 위탁자에 대하여 이행담보책임을 지며($\frac{105}{조}$), v) 상인은 민법상의 유치권($\frac{민}{320조}$)에 비해 권리가 강화된 상사유치권을 가지며($\frac{58}{조}$), 나아가 상인의 업종별로 특수한 내용의 유치권을 가진다($\substack{91조, 111조; \\ 120조, 147조}$). 이들은 모두 거래의 안전 및 이행의 확보를 위한 제도이며, 상호계산제도($\frac{72조}{이하}$)도 상거래의 신속과 편의를 도모함과 아울러 채무의 이행을 확보하기 위한 제도이다.

**5) 기업책임의 가중·경감**　　　상행위법은 상거래의 안전을 도모하는 데 그치지 않고, 경우에 따라서는 상인의 책임을 일반민사책임보다 무겁게 함으로써 상인에 대한 일반인의 신뢰를 보호한다. 예컨대 수인이 1인 또는 전원에 대해 상행위가 되는 행위로 채무를 부담한 때에는 민법상의 분할책임의 원칙($\frac{민}{408조}$)에 대한 특례로서 연대책임을 지게 하며($\frac{57조}{1항}$), 상

사보증은 연대보증으로 한다($\frac{57조}{2항}$). 또 상인은 무상으로 임치를 받더라도 자기재산과 동일한 주의의무($\frac{민}{695조}$)가 아니라 선량한 관리자로서의 주의의무를 지게 하며($\frac{62}{조}$), 순차운송인에게 운송물의 손해에 대한 연대책임을 지우고($\frac{138}{조}$), 여객운송인이나 공중접객업자가 고객으로부터 인도 또는 임치받지 아니한 물건에 대해서도 주의의무를 지게 하는 것($\frac{150조,}{152조\ 2항}$) 등은 상인의 책임을 가중한 것이다.

한편 상행위법은 위험이 높은 영업을 수행하는 상인에 대하여는 반대로 책임을 경감하여 줌으로써 기업유지와 영업의 촉진을 도와주고 있다. 예컨대 운송주선인·운송인·공중접객업자·창고업자의 손해배상책임에 대해서는 단기의 소멸시효를 인정하고($\frac{121조,\ 147조,}{154조,\ 166조}$), 운송인과 창고업자에 대해서는 손해배상책임의 특별한 소멸사유를 두고 있다($\frac{146조,}{168조}$). 또 운송주선인·운송인·공중접객업자의 경우 명시되지 아니한 고가물의 손실에 대해서는 면책시키며($\frac{124조,\ 136}{조,\ 153조}$), 운송인의 운송물에 대한 손해배상책임을 손해의 유형에 따라 정형화시키고 배상액을 제한하고 있다($\frac{137}{조}$). 이는 이 영업들이 앞서 본 바와 같이 책임이 가중되는 점과 타업종에 비해 손해발생의 위험이 높은 점을 감안한 것이며, 나아가 영업활동으로 인한 위험부담을 감소시켜 기업유지를 가능하게 함으로써 당해 업종에 대한 사회적 수요를 충족시켜 주는 뜻도 있다.

6) 거래의 정형성　　　상인은 다수인을 상대로 동일한 내용의 거래를 반복적으로 하므로 영업의 효율을 기하기 위하여는 거래를 정형화시킬 필요가 있다. 또 거래를 정형화시키는 것이 거래의 신속과 안전을 동시에 추구할 수 있는 길이기도 하다. 그래서 상거래는 대부분의 경우 부합계약으로 이루어지며($\frac{따라서\ 대부분의\ 고객에게\ 동일한}{가격과\ 이행방법을\ 적용하게\ 된다}$), 그중 상당수는 상관습이나 보통거래약관에 의해 거래내용을 결정하기도 한다. 연혁적으로 볼 때 상행위법은 상관습이나 보통거래약관에 의해 정형화된 거래내용을 입법화한 것이 많고, 법개정을 통해 계속 새로운 관습을 수용하기도 한다.

7) 상도덕의 법규범화　　　상인들의 세계에서는 민사거래에서보다 높은 수준의 신용이 요구되므로 고도의 상도덕이 발달해 있다. 이러한 상도덕은 특정형태의 거래에 관해 관습 내지는 관습법($\frac{1}{조}$)으로 발전하기도 하지만, 때로는 실정법규로 수용되기도 한다. 예컨대 청약을 받은 상인의 낙부통지의무($\frac{53}{조}$), 물건보관업무($\frac{60}{조}$), 임치받은 상인의 주의의무($\frac{62}{조}$), 매수인의 검사·통지의무($\frac{69}{조}$) 같은 것은 상도덕이 법규범화된 예이다. 아직 성문화되지 아니하고 관습에까지도 이르지 아니한 상도덕이라도 당사자의 의사해석이나 법해석에 있어 이른바 신의칙($\frac{민\ 2조}{1항}$)으로 수용되기도 한다.

## Ⅲ. 상행위법의 체계

상법「제2편 상행위」는 15개장 143개조로 편성되어 있다.

「제1장 통칙」($^{46조\sim}_{66조}$)에서는 상행위의 개념을 정하는 외에 상거래의 특수성을 감안하여 민법($^{재산}_{법}$)상의 일부 규정에 대한 특칙을 정하고 있다. 그리고「제2장 매매」($^{67조\sim}_{71조}$)에서는 상거래의 대종을 이루는 상사매매에 관해 민법상의 매매에 대한 특칙을 규정하고 있는데, 이역시 상행위의 통칙적 규정으로 볼 수 있다.

「제3장 상호계산」($^{72조\sim}_{77조}$),「제4장 익명조합」($^{78조\sim}_{86조}$) 그리고「제4장의2 합자조합」($^{86}_{조의}$ $^{2\sim86}_{조의9}$)도 장을 구분하여 규정하고 있으나, 상호계산은 상사채권의 특수한 소멸사유이고 익명조합과 합자조합은 상법상의 특수한 공동기업의 한 형태이므로 역시 통칙적 성격의 규정이다. 이 책에서는 이 부분까지를「상행위 총론」으로 구분하여 다룬다.

제5장 이하에서는 상법 제46조에서 정하는 기본적 상행위 중 특히 별도의 규율이 필요한 상행위 10가지를 골라 각 장별로 그 법률관계를 규정하고 있다. 즉「제5장 대리상」($^{87조\sim}_{92조의3}$),「제6장 중개업」($^{93조\sim}_{100조}$),「제7장 위탁매매업」($^{101조\sim}_{113조}$),「제8장 운송주선업」($^{114조\sim}_{124조}$),「제9장 운송업」($^{125조\sim}_{150조}$),「제10장 공중접객업」($^{151조\sim}_{154조}$),「제11장 창고업」($^{155조\sim}_{168조}$),「제12장 금융리스업」($^{168조의2\sim}_{168조의5}$),「제13장 가맹업」($^{168조의6\sim}_{168조의10}$),「제14장 채권매입업」($^{168조의11\sim}_{168조의12}$)으로 나누어 규정하고 있다. 이 부분은 각 업종별로 특수한 법리가 적용되므로「상행위 각론」으로 구분하여 다루기로 한다.

# 제 2 절 상행위의 의의와 종류

## Ⅰ. 상행위의 의의

상행위란 상인이 영업으로서 또는 영업을 위하여 하는 법률행위이다.

상인이 영리목적을 달성하기 위해 영위하는 기업생활은 생산활동과 대외적 거래활동으로 나누어 볼 수 있다. 생산활동은 기업 내에서 이루어지는 사실행위에 불과하므로 상법적 규율이 불필요하다. 상법은 상인과 제3자 간의 법률관계를 규율하는 법률인데, 이러한 법률관계는 거래활동에서 생겨나므로 상법의 규율을 받는 상행위란 바로 이 거래활동을 가리킨다. 이하 상행위의 종류별로 구체적인 내용을 설명한다.

## Ⅱ. 기본적 상행위

「기본적 상행위」는 영업으로 하는 상법 제46조 각 호의 행위로서, 당연상인의 주된 영업활동이다. 「영업적 상행위」라고도 부른다. 이는 모두 채권적 법률행위이다. 기본적 상행위가 될 수 있는 행위는 다음의 22가지이다($\frac{46조\ 1}{호~22호}$).

1) **동산·부동산·유가증권 기타의 재산의 매매($\frac{1}{호}$)**    매매는 물건 등을 저가로 사서 고가로 팔아 차익을 취하는 행위로서 상인의 전형적인 영업행위이며, 인류역사상 최초로 등장한 상거래임을 쉽게 짐작할 수 있다.

상인의 매매는 주로 동산·부동산·유가증권의 소유권을 대상으로 하지만, 소유권 이외의 물권, 채권 또는 무체재산권을 대상으로 할 수도 있다.

본호의 「매매」가 뜻하는 바에 관해 「매수와 매도」로 읽는 설, 「매수 또는 매도」로 읽는 설로 나누어지나, 「매수」만을 영업으로 하는 것은 생각할 수 없으므로 「매수와 매도」 또는 「매도」로 읽어야 한다($\frac{김홍기\ 130;}{이종훈\ 146}$). 수렵·농림을 통해 채취한 물건을 판매하는 원시산업의 경우에는 「매도」만을 영업으로 하는 예이다.

2) **동산·부동산·유가증권 기타의 재산의 임대차($\frac{2}{호}$)**    대가를 받고 타인으로 하여금 자기 재산을 이용하게 하는 행위이다.

3) **제조·가공 또는 수선에 관한 행위($\frac{3}{호}$)**    「제조」란 원재료에 일정한 공법을 사용하여 새로운 용도를 가진 물건을 만드는 작업이고($\frac{방직·양조·}{기계생산\ 등}$), 「가공」이란 원재료의 동일성을 유지시키면서 그 효용을 증가시키는 작업이며($\frac{세탁·염}{색·정미\ 등}$), 「수선」이란 원재료의 효용을 회복시켜 주는 작업이다($\frac{옷수선·자}{동차수리\ 등}$). 상행위가 되는 것은 제조·가공·수선을 하는 사실행위 자체가 아니고 그 행위의 인수($\frac{대가를\ 받고\ 그\ 행위를\ 해\ 주}{기로\ 하는\ 계약을\ 체결하는\ 것}$)이다.

4) **전기·전파·가스 또는 물의 공급에 관한 행위($\frac{4}{호}$)**    전기·방송($\frac{라디오·텔}{레비전\ 등}$)·가스·수도 등의 계속적인 공급을 인수하는 것을 말한다.

5) **작업 또는 노무의 도급의 인수($\frac{5}{호}$)**    「작업의 도급의 인수」는 부동산 또는 선박에 관한 공사를 인수하는 행위를 말하고($\frac{동산에\ 관한\ 작업을\ 도급으로\ 인수하는\ 것}{은\ 앞의\ 제조·가공·수선의\ 인수에\ 속한다}$), 「노무의 도급의 인수」란 노동자의 공급을 인수하는 계약으로서 인력송출업이 이에 속한다($\frac{예:\ 건설공사,\ 연예행사,\ 건물경}{비\ 등을\ 위하여\ 인력을\ 공급하는}$$\frac{}{용역}$$\frac{}{사업}$).

6) **출판·인쇄 또는 촬영에 관한 행위($\frac{6}{호}$)**    출판에 관한 행위란 문서 또는 도화를 인쇄하여 발매 또는 유상으로 배포하는 행위를 말한다. 출판을 위해 저작자와의 사이에 출판계약, 인쇄업자와의 사이에 인쇄계약이 필요한데 이러한 계약은 출판업자의 보조적 상행위에 속한다.

7) **광고·통신 또는 정보에 관한 행위($\frac{7}{호}$)**    「광고」란 특정기업이나 상품 기타 특정사실을 일반공중에게 홍보하는 행위인데, 그러한 광고를 유상으로 인수하는 행위가 광고에

관한 행위이다. 「통신」이란 유·무선장비에 의해 의사 또는 정보를 교환하는 행위로서 이에 필요한 용역을 유상으로 제공하기로 하는 계약이 통신에 관한 행위이다. 「정보」란 생활에 관련된 공개 또는 미공개의 지식을 말하며, 타인이 의뢰한 특정사항에 관한 정보를 유상으로 수집·제공해 주기로 하는 계약이 정보에 관한 행위이다.

8) **수신·여신·환 기타의 금융거래**($^8_호$)     「수신」은 타인의 금전을 수치하는 행위, 「여신」은 금전을 타인에게 대여하는 행위를 말하고, 「환」은 이종화폐 간의 교환을 뜻하며, 이들 행위를 유상으로 인수하는 것이 상행위이다. 「기타의 금융거래」에는 어음할인이나 금전대차의 보증 등의 행위가 포함된다.

9) **공중이 이용하는 시설에 의한 거래**($^9_호$)     공중이 필요로 하는 설비를 갖추어 유상으로 이용시키는 것을 목적으로 하는 행위이다. 호텔·음식점·이발소·극장·동물원 등이 이에 속한다. 상법 제151조 이하에서 「공중접객업」이라는 업종으로 다룬다.

10) **상행위의 대리의 인수**($^{10}_호$)     독립된 상인이 다른 일정한 상인을 위하여 계속적으로 상행위를 대리할 것을 인수하는 행위이다. 체약대리상계약($^{87}_조$)($^후_술$)이 이에 속한다.

11) **중개에 관한 행위**($^{11}_호$)     타인 간의 법률행위의 「중개를 인수」하는 행위를 말한다. 상법상의 중개인($^{93}_조$) 및 중개대리상($^{87}_조$)이 이에 속하고, 각종의 민사중개인($^{공인중개사·자동차매매}_{중개인·직업소개소 등}$)의 중개에 관한 행위도 상행위에 속한다.

12) **위탁매매 기타의 주선에 관한 행위**($^{12}_호$)     「자기의 명의로써 타인의 계산으로」 법률행위를 하는 것을 인수하는 행위이다. 위탁매매인($^{101}_조$)·준위탁매매인($^{113}_조$)·운송주선인($^{114}_조$) 등의 위탁계약이 이에 속한다.

13) **운송의 인수**($^{13}_호$)     물건 또는 사람의 운송을 인수하는 행위로서 물건운송·여객운송·육상운송·해상운송·항공운송·자동차운송·철도운송 등이 이에 해당된다. 상법은 제125조 이하에서 육상운송을 다루고, 제791조 이하에서 해상운송을, 제896조 이하에서 항공운송을 다루고 있다.

14) **임치의 인수**($^{14}_호$)     타인을 위하여 물건 또는 유가증권을 보관할 것을 인수하는 행위로서 창고업자($^{155}_조$)의 임치계약이 이에 해당한다.

15) **신탁의 인수**($^{15}_호$)     「신탁」이란 신탁자가 특정의 재산권을 수탁자에게 이전하거나 기타의 처분을 하고 수탁자로 하여금 일정한 자의 이익 또는 특정의 목적을 위하여 그 재산권을 관리·운용하게 하는 법률관계이다($^{신탁}_{2조}$). 이때 수탁자가 체결하는 신탁계약이 상행위이다.

16) **상호부금 기타 이와 유사한 행위**($^{16}_호$)     「상호부금」이란 수인이 일정한 기간을 정하여 정기적으로 금전을 납입하고 기간의 중도 또는 만료시에 납부자들에게 금전을 지급할 것을 약정하는 여수신의 혼합거래이다($^{상호저축은}_{행법 2조 3호}$). 기타 유사한 금융거래로 상호저축은행이 취급하는 신용계($^{동법 2}_{조 2호}$)를 들 수 있다.

17) 보험($^{17}_{호}$)    「보험」이란 동일한 위험을 예상하는 다수인이 단체를 형성하고 일정한 기간을 정하여 금전을 모아 그 구성원 중에서 사고($^{보험}_{사고}$)를 당한 자에게 일정한 금액 기타의 급여를 지급하는 계약이다. 상법 제4편($^{638조}_{이하}$)에서 보험계약을 다루고 있다.

18) 광물 또는 토석의 채취에 관한 행위($^{18}_{호}$)    광물 및 토석을 채취하는 작업을 인수하는 행위와 자신의 광물 및 토석을 채취하여 판매하는 행위가 이에 해당하는데, 전자는 제5호가 규정하는 「작업 및 노무의 도급의 인수」에 해당하고, 후자는 제1호의 「동산의 매매」에 해당하므로 불필요한 규정이다.

19) 기계·시설 그 밖의 재산의 금융리스에 관한 행위($^{19}_{호}$)    「금융리스」란 상법 제168조의2가 규정하는 금융리스업의 대상이 되는 영업을 가리킨다($^{195면}_{이하}$).

20) 상호·상표 등의 사용허락에 의한 영업에 관한 행위($^{20}_{호}$)    상법 제168조의6이 규정하는 가맹업을 말한다($^{200면}_{이하}$). 실무에서는 프랜차이즈(franchise)라는 용어로 부른다.

21) 영업상 채권의 매입·회수 등에 관한 행위($^{21}_{호}$)    상법 제168조의11이 규정하는 채권매입업을 가리킨다($^{206면}_{이하}$). 실무에서는 흔히 팩터링(factoring)이라는 용어로 부른다.

22) 신용카드, 전자화폐 등을 이용한 자금결제 업무의 인수($^{22}_{호}$)    신용카드에 관한 영업은 바로 앞에서 설명한 제46조 제21호의 채권매입업으로 다룰 수 있고, 전자화폐에 관한 영업은 제46조 제8호의 금융거래의 일종으로 다룰 수 있으나, 상법은 양자의 영업을 「자금결제업무」라는 공통징표로 묶어 별개의 상행위로 분류하였다. 그 영업거래에 관한 별도의 규정은 두고 있지 않다.

## Ⅲ. 준상행위

「준상행위」란 의제상인($^{5조}_{1항}$)이 영업으로 하는 행위를 말한다($^{66}_{조}$). 의제상인의 주된 영리활동이 되므로 당연상인의 기본적 상행위에 대칭하는 개념이다.

의제상인은 기본적 상행위를 하지 않는 자이므로, 기본적 상행위 이외의 모든 행위 중에서 상인이 영업으로 할 만한 것은 어느 것이나 준상행위가 될 수 있다. 따라서 준상행위는 경제가 발전함에 따라 계속 개발되는 과정에 있으며, 그중의 일부는 입법에 의해 기본적 상행위로 편입되기도 한다. 예컨대 과거 준상행위로 보아야 했던 금융리스, 프랜차이즈, 팩터링 등이 2010년 상법개정에 의해 기본적 상행위로 편입되었다.

준상행위에 대해서도 상행위편 「제1장 통칙」의 규정이 적용된다($^{66}_{조}$).

## Ⅳ. 보조적 상행위

### (1) 개념

「보조적 상행위」란 상인이 영업을 위하여 하는 행위를 말한다. 이 역시 상행위이므로 $\binom{47조}{1항}$ 보조적 상행위의 성립 및 이로 인해 생겨난 채권·채무에는 상법이 적용된다. 「부속적 상행위」라고도 한다.

보조적 상행위는 기본적 상행위 및 준상행위에 대응하는 개념이다. 기본적 상행위와 준상행위는 상인이 영리목적을 실현하기 위해 「주로」 하는 행위임에 대해, 보조적 상행위는 기본적 상행위 또는 준상행위의 수행을 위한 직접 또는 간접적 필요에서 하는 행위이다. 예컨대 물건의 매매를 영업으로 하는 도매업자가 사업자금을 마련하기 위해 은행에서 자금을 차입하는 행위는 보조적 상행위이다. 보조적 상행위는 상인의 영업과의 관련에서 판단되는 상대적 개념이다. 예컨대 위 예에서 자금의 대차는 은행의 입장에서는 기본적 상행위이다.

### (2) 범위

보조적 상행위는 개개의 기본적 상행위 또는 준상행위의 수행에 직접 기여하는 행위일 수도 있고($\begin{smallmatrix}예컨대 도매상이 매도한 물건을 배달\\하기 위해 운송계약을 체결하는 것\end{smallmatrix}$), 영업 전체의 원활한 수행을 위해 필요한 행위일 수도 있다($\begin{smallmatrix}예: 점포의 임차;\\사무용품의 구입\end{smallmatrix}$). 상인이 종업원과 체결하는 근로계약, 노동조합과 체결하는 단체협약은 영업의 인적조직의 구성·관리를 위해 필요한 행위이므로 보조적 상행위이다($\begin{smallmatrix}대법원 2006. 4.\\27. 선고 2006다\\1381\\판결\end{smallmatrix}$). 영업 자체의 생성·존폐와 관련된 행위, 예컨대 개업준비행위, 영업의 양수·양도도 보조적 상행위이다.

보조적 상행위는 계약에 한하지 않고 단독행위일 수도 있으며($\begin{smallmatrix}예: 기본적 상행위의\\취소·해제·상계 등\end{smallmatrix}$), 채권행위에 한하지 않고 물권행위($\begin{smallmatrix}또는 준\\물권행위\end{smallmatrix}$)일 수도 있다($\begin{smallmatrix}예: 외상채\\권의 양도\end{smallmatrix}$). 또 최고·통지와 같은 준법률행위의 형태를 취할 수도 있다.

보조적 상행위는 상법이 적용될 수 있는 재산법적 행위이어야 하므로 상인의 신분행위 또는 공법상의 행위($\begin{smallmatrix}예: 세\\무신고\end{smallmatrix}$)는 보조적 상행위가 될 수 없다. 같은 이유에서 사실행위·불법행위도 보조적 상행위가 될 수 없다($\begin{smallmatrix}김성태 424; 김정호 203; 서헌제 193; 송옥렬 100; 이종훈\\158; 정준우 210. 대법원 1985. 5. 28. 선고 84다카966 판결\end{smallmatrix}$). 불법행위도 보조적 상행위가 될 수 있다는 설이 있지만 옳지 않다. 보조적 상행위의 개념을 인정하는 실익은 상법을 적용하기 위함인데, 거래법인 상법에서는 불법행위에 적용할 규정을 볼 수 없기 때문이다.

### (3) 보조적 상행위의 판단

**1) 상행위의 추정** 　회사의 재산법적 행위는 대부분 상행위가 되겠지만, 비영업적 행위도 있을 수 있고 자연인상인의 경우에는 가계생활도 함께 가지므로 상인이 행한 어떠한 행위가 보조적 상행위이냐에 관해 다툼이 있을 수 있다. 이는 문제된 행위와 영업의 객

관적 관련성에 입각하여 판단해야 한다. 영업과의 관련성 자체가 불분명한 경우를 위해 상법은 상인의 행위는 영업을 위하여 하는 것으로, 즉 보조적 상행위로 추정한다($^{47조}_{2항}$). 따라서 상인이 한 어떤 행위를 보조적 상행위가 아니라고 주장하는 자($^{상인 자신이}_{든 타인이든}$)가 증명책임을 진다($^{대법원 2015. 9. 15. 선}_{고 2015다218693 판결}$). 회사는 상인이지만, 그 대표이사는 상인이 아니므로 대표이사가 개인 자격에서 한 행위는 제47조 제2항의 적용대상이 아니다($^{대법원 2018. 4. 24. 선}_{고 2017다205127 판결}$).

상법 제47조 제2항은 새로이 채권·채무를 발생시키는 거래만이 아니라 기존의 채권·채무를 정산하기 위한 경개·준소비대차에도 적용된다($^{대법원 1992. 7. 28.}_{선고 92다10173 판결}$). 따라서 이에 의해 발생한 신채무에는 상사법정이율과 상사시효가 적용된다.

2) **개업준비행위**  상인은 개업준비행위를 할 때에 상인자격을 취득하고 따라서 그의 개업준비행위는 영업을 위한 행위로서 그의 최초의 보조적 상행위가 된다. 무엇을 개업준비행위로 볼 것이냐는 의문이 제기되는데, 개업준비행위는 반드시 영업의사를 일반적·대외적으로 표시할 필요는 없고, 점포구입·영업양수·상업사용인의 고용 등 그 행위의 성질로 보아 영업의사를 상대방이 객관적으로 인식할 수 있으면 개업준비행위로 보아야 한다($^{대법원 2016. 5. 12. 선}_{고 2014다37552 판결}$).

개업준비행위에 해당하여 보조적 상행위로 인정받기 위해서는 그 행위를 하는 자 스스로 상인자격을 취득하는 것을 전제로 하므로, 다른 상인의 영업을 위한 준비행위는 그 행위자 스스로의 보조적 상행위가 될 수 없다. 예컨대 회사설립을 위한 발기인 개인의 활동은 장차 설립할 회사의 보조적 상행위가 될 수 있는지는 별론하고 그 행위자 본인의 보조적 상행위는 될 수 없다($^{대법원 2012. 7. 26. 선}_{고 2011다43594 판결}$).

3) **자금차입**  자금을 차입하는 행위는 행위의 비개성적 성질로 보아 영업을 준비하기 위한 것이라 하더라도 상행위를 준비하는 행위로 볼 수 없음이 원칙이나, 영업준비행위로서 차입한다는 사실을 차입자와 대여자가 공히 인지하고 있다면 상행위의 준비행위로서 보조적 상행위에 해당한다고 보아야 한다($^{앞의}_{판례}$).

4) **상인의 청산사무**  상인이 기본적 영업활동을 종료하거나 폐업신고를 하였더라도 청산사무나 잔무처리가 남아 있는 동안에는 그러한 청산사무나 잔무처리 행위 역시 영업을 위한 행위로서 보조적 상행위로 볼 수 있다($^{대법원 2021. 12. 10. 선}_{고 2020다295359 판결}$).

〈**절대적 상행위**〉 절대적 상행위란 그 행위의 성격으로 인해 누가 하든 상행위로 인정되는 행위를 말한다. 우리 상법에서는 절대적 상행위를 인정하지 아니한다. 다만 「담보부사채신탁법」에서 사채의 총액을 인수할 경우 이를 상행위로 보고 있는데($^{동법 23}_{조 2항}$), 이것이 우리 법상 인정되는 유일한 절대적 상행위이다.

## V. 일방적 상행위와 쌍방적 상행위

「쌍방적 상행위」는 물론이고 「일방적 상행위」에도 상법이 적용된다고 함은 기술한 바와 같다(3조: 27면 참조). 그러나 법률관계의 특수성으로 인해 쌍방적 상행위에 대해서만 적용되는 규정도 있다(예: 58조, 67조~71조 등).

# 제 3 절　상행위 특칙

## I. 민법총칙에 대한 특칙

### 1. 상행위의 대리와 위임

#### (1) 대리의 방식(비현명주의)

**1) 취지**　대리인이 대리행위를 할 때에는 상대방에게 자신의 행위가 본인을 위한 것임을 표시하여야 하며, 이를 표시하지 아니하고 대리행위를 한 때에는 그 의사표시는 대리인 자신을 위한 것으로 본다(현명주의)(민 115조 본). 그러나 상행위의 대리인이 대리행위를 함에 있어서는 본인을 위한 것임을 표시하지 아니하여도 그 행위는 본인에 대하여 효력이 있다(48조 본). 예컨대 A 상인의 지배인 B가 A를 대리하여 C와 거래하면서 A의 대리인자격으로 한다는 것을 밝히지 아니하더라도 그 거래는 A와 C 사이에 성립된 것으로 보는 것이다.

상법이 민법의 현명주의에 대한 예외로서 비현명주의의 특칙을 둔 것은 상인의 영업행위는 계속성이 있어 상대방이 대리관계를 숙지하고 있는 경우가 많고, 상거래의 내용이 보통 비개성적이라서 당사자가 누구이냐는 것은 특히 중요한 뜻을 갖지 않는 점을 감안한 것이다. 또한, 대량적·반복적으로 이루어지는 상거래에서는 거래의 신속을 위해 대리의사를 밝히는 번거로움을 생략하는 예가 많으므로 이러한 실정을 존중하여 거래의 안전을 보호하려는 뜻도 있다.

**2) 요건**

i) 제48조는 대리행위의 방식에 관한 특칙일 뿐이고, 대리권이 없더라도 본인에 대하여 효력이 생긴다는 뜻을 정한 것은 아니므로 본조가 적용되기 위해서는 대리권 자체가 존재해야 한다.

ii) 본인에 대해 상행위가 되는 행위를 대리한 경우에 한해 적용된다. 기본적 상행위나 준상행위만이 아니라 보조적 상행위도 본조의 적용대상이다(대법원 2009. 1. 30. 선고 2008다79340 판결).

어음·수표행위는 상행위가 아닐 뿐 아니라 고도의 요식성과 문언성이 요구되는 까닭에 본조가 적용될 여지가 없다.

3) 대리에 대한 상대방의 부지     상대방이 대리행위임을 알았다면 민법규정($\frac{115조}{단}$)에 의해서도 본인에 대해 효력이 생기므로 본조를 적용할 필요도 없다. 그러므로 상대방이 대리행위임을 알지 못한 경우에 위 규정이 적용된다는 데에 특칙으로서의 의미가 있다. 그러나 상대방이 대리행위임을 알지 못한 때에는 대리인에 대하여도 이행의 청구를 할 수 있다($\frac{48조}{단}$). 외관을 믿고 거래한 상대방이 예측하지 못한 손해를 입지 않도록 배려한 규정이다. 그러므로 알지 못한 데 대한 과실의 유무는 묻지 않는다($\frac{김성태 432; 손진화 181; 송옥렬 101; 이(기) \cdot}{최 312; 정준우 217; 정찬형 215; 최 \cdot 김 207}$).

### (2) 본인의 사망과 대리권

민법상으로는 본인이 사망하면 대리권이 소멸하지만($\frac{민 127}{조 1호}$), 상인이 영업에 관하여 수여한 대리권은 본인이 사망하더라도 소멸하지 않는다($\frac{50}{조}$). 따라서 상인의 대리인은 본인이 사망하면 상속인의 수권이 없더라도 당연히 상속인의 대리인이 된다. 상인이 사망하더라도 영업이 당연히 폐지되는 것은 아니므로 영업활동이 상인의 사망에 의해 영향을 받지 아니하고 지속적으로 행해질 수 있도록 기업유지와 거래안전의 이념에서 둔 제도이다.

본조의 취지가 이와 같으므로 본조는 본인이 상인인 경우에만 적용되고, 본인은 상인이 아니고 대리행위의 상대방만 상인인 경우에는 적용되지 아니한다. 대리인이 위임받아 하는 행위는 영업에 관한 대리행위이므로 본인인 상인에 대해 기본적 상행위 또는 준상행위가 될 수도 있고, 보조적 상행위일 수도 있다. 어떤 행위를 대리하든 본조를 적용하는 데에 차이가 없다.

### (3) 수임인의 권한

상행위의 위임을 받은 자는 위임의 본지에 반하지 아니한 범위 내에서 위임을 받지 아니한 행위를 할 수 있다($\frac{49}{조}$). 예컨대 상인으로부터 물품의 매수를 위임받은 자가 물품을 매수한 후 가격이 폭락할 상황이 보이므로 다시 급히 매각하여 손해를 줄이는 것과 같다. 그러나 「수임인은 위임의 본지에 따라 선량한 관리자의 주의로써 위임사무를 처리하여야 한다」($\frac{민}{681조}$)고 규정한 민법의 일반원칙에 의하더라도 수임인은 사정변경에 처하여 임기의 필요한 조치를 할 수 있다고 해석되므로 상법규정($\frac{49}{조}$)은 수임인의 권한에 관한 민법규정의 취지를 선명하게 하기 위해 주의적으로 규정한 것에 불과하다($\frac{통}{설}$).

## 2. 상사시효

### (1) 상행위채권 일반

민법상으로는 채권의 소멸시효가 일반적으로 10년이지만($\frac{민 162}{조 1항}$), 상행위로 인한 채권의 소멸시효는 원칙적으로 5년이다($\frac{64조}{본}$). 상인은 다수인을 상대로 반복적으로 거래관계를 맺으므로 법률관계를 신속히 종결시켜 줄 필요가 있기 때문이다.

상사시효는 「상행위로 인한 채권」에 대해서만 적용된다. 이하 적용범위를 구체적으로 설명한다.

1)「상행위로 인한 채권」이란 일방적 상행위로 인해 생긴 채권도 포함하며, 채권자가 상인이든 채무자가 상인이든 묻지 아니한다(대법원 2016. 6. 10. 선고 2014다200763 판결). 그리고 보조적 상행위로 인한 채권도 상사시효의 적용대상이다(대법원 2005. 5. 27. 선고 2005다7863 판결).

2) 채권의 발생원인이 상행위이어야 하지만, 상행위로 인해 생긴 원채권의 변형으로서 원채권과 실질적으로 동일성을 갖는다고 인정되는 것도 본조의 적용대상이다. 예컨대 상행위로 인해 생긴 채무의 불이행으로 인한 손해배상청구권(대법원 1997. 8. 26. 선고 97다9260 판결), 상행위인 계약의 해제로 인한 원상회복청구권 등에 대해서도 상사시효가 적용된다(대법원 1993. 9. 14. 선고 93다21569 판결).

3) 금전채권에 한하지 않고 모든 채권이 본조의 적용대상이다(대법원 2000. 5. 12. 선고 98다23195 판결: 부동산의 소유권이전청구권을 상사시효의 적용 대상으로 본 사례).

4) 제64조의 적용으로 주채무와 보증채무가 시효를 달리할 수 있다. 주채무가 민사채무라도 보증채무가 상행위에 의해 생긴 것인 때에는 그 보증채무에 대해서는 본조가 적용되어 5년의 시효에 걸린다. 그리고 보증인이 상인이고 그 보증이 보증인의 영업을 위해 한 것인 때에는 보증채무를 이행한 보증인의 주채무자에 대한 구상권도 본조의 적용을 받는다.

5) 제64조는 거래행위로 인해 발생한 채권에 대해서만 적용되므로 부당이득반환청구권이나 불법행위로 인한 손해배상청구권과 같은 법정채권에는 적용되지 아니한다(대법원 2003. 4. 8. 선고 2002다64957·64964 판결). 이 같은 채권은 상거래의 신속·안전이라는 본조의 취지와 무관하기 때문이다. 그러나 상행위에 기초하여 이루어진 급부를 대상으로 하는 부당이득반환청구권사건에서 상거래와 같은 정도로 신속하게 해결할 필요가 있다고 보아 상사시효를 적용한 판례가 있다(대법원 2007. 5. 31. 선고 2006다63150 판결; 동 2018. 6. 15. 선고 2017다248803 판결).

6) 어음·수표채권은 상사채권도 아니려니와 별도의 단기시효가 마련되어 있으므로(어70조; 수51조) 본조의 적용 여부를 논의할 필요가 없다. 이득상환청구권(어79조; 수63조)도 같다. 그러나 부도난 어음·수표의 지급을 위한 어음 외의 약정은 어음·수표행위가 아니므로 이러한 약정이 상인 간 또는 상인과 비상인 간에 이루어졌다면, 이로 인한 채권은 상사채권이고 따라서 상사시효가 적용된다(대법원 1994. 3. 22. 선고 93다31740 판결).

7) 기존의 채무를 준소비대차(민605조)로 변경하거나 경개(민500조)를 한 경우에는 이를 위해 새로운 행위가 개재되므로 기존 채무가 상행위로 인한 것이냐를 묻지 아니하고 새로운 채무부담행위의 성질에 따라 시효를 적용한다. 그리하여 준소비대차·경개가 상행위(보조적 상행위)인 경우에는 신채무는 본조에 따라 5년의 시효에 걸린다(대법원 1981. 12. 22. 선고 80다1363 판결).

8) 채권이 양도되더라도 채권의 성질이 달라지는 것은 아니므로 시효가 달라지지 아니한다. 즉 상사채권이 상인 아닌 자에게 양도되더라도 여전히 본조가 적용되고, 반대로 민사채권이 상인에게 양도되거나 그 양도행위가 상행위이더라도 본조는 적용되지 않는다.

채무가 인수되더라도 같다. 상사채무로 성립한 이상 비상인이 인수하더라도 여전히 상사시효가 적용되고(대법원 1999. 7. 9. 선고 99다12376 판결), 반대로 비상사채무는 상인이 인수하더라도 상사시효가 적용되지 않는다.

### (2) 상사시효의 배제

상법이나 다른 법령에 상사시효보다 단기의 시효가 있는 때에는 그 단기시효를 적용하고 5년의 상사시효는 적용하지 아니한다($^{64조}_{단}$).

1) 상법에 보다 단기의 시효를 규정한 예로서, 운송주선인·물건운송인·여객운송인·창고업자·선박소유자의 손해배상책임의 시효를 1년으로 하고 있고($^{121조, 147조, 166}_{조, 812조, 830조}$), 이들의 채권의 시효도 1년으로 하고 있으며($^{122조, 147조, 167}_{조, 811조, 830조}$), 공중접객업자의 손해배상책임은 6월로 하고 있다($^{154조}_{1항}$). 그리고 보험금청구권과 보험료 또는 적립금의 반환청구권의 소멸시효는 3년, 보험료청구권의 소멸시효는 2년으로 하고 있다($^{662}_{조}$).

2) 민법에서도 이자·부양료·급료·사용료 기타 1년 이내의 기간으로 정한 금전 또는 물건의 지급을 목적으로 하는 채권, 도급받은 자·기사 기타 공사의 설계 또는 감독에 종사하는 자의 공사에 관한 채권, 생산자 및 상인이 판매한 생산물 및 상품의 대가, 수공업자 및 제조자의 업무에 관한 채권($^{민 163조 1호,}_{3호, 6호, 7호}$)에 대해서는 3년, 여관·음식점·대석·오락장의 숙박료·음식료·대석료·입장료와 소비물의 대가 및 체당금의 채권 등에 대해서는 1년의 단기시효를 두고 있다($^{민 164}_{조 1항}$). 이 중에서 도급받은 자의 공사에 관한 채권($^{민 163}_{조 3호}$), 상인이 판매한 상품의 대가($^{민 163}_{조 6호}$), 수공업자 및 제조자의 업무에 관한 채권($^{민 163}_{조 7호}$), 여관·음식점·대석·오락장 등에서의 숙박료·음식료·대석료·입장료·소비물의 대가 및 체당금의 채권($^{민 164}_{조 1호}$)은 상사채권이고, 기타의 채권 중에도 상행위로 인해 생길 수 있는 채권들이 많이 있다. 이러한 채권들은 상사채권이지만 모두 민법상의 3년 또는 1년의 단기시효가 적용된다.

이상과 같이 광범한 예외를 두고 있으므로 상법 제64조의 일반상사시효는 소비대차 등 극히 제한적인 경우에 한해 적용된다.

3) **단기시효적용채권의 손해배상채권**　　　이상의 단기시효가 적용되는 채권의 이행지체로 인한 손해배상채권에 대해서는 상법 제64조의 상사시효가 적용된다는 것이 판례의 입장이다($^{대법원 1979. 11. 13.}_{선고 79다1453 판결}$).

## Ⅱ. 민법 물권편에 대한 특칙

### 1. 상사유치권

### (1) 의의

상법 제58조에서는 민법상의 유치권과 별도로 상사유치권에 관한 규정을 두고 있는데, 양자는 그 목적과 기능을 크게 달리한다. 「민법상의 유치권」은 로마법의 악의의 항변($^{exceptio}_{doli}$)에 기원을 두고 형평의 원칙에 입각한 인도거절권으로서 발달한 것이나, 「상법상의 유치권」은 상거래채권의 신속하고 편리한 담보방법으로 발달한 것으로서 중세 이탈리아 상업도시의 상관습에서 유래한다. 즉 상사유치권은 상인 간의 거래에서 요건과 절차가 엄격한 민법상의 담보방법을 피하고 신속하고 편리한 방법으로 담보를 취득하게 하기 위한 목적에서 발달한 것이다.

(2) 요건

상인 간의 상행위로 인한 채권이 변제기에 있는 때에는 채권자는 그 변제를 받을 때까지 그 채무자에 대한 상행위로 인하여 자기가 점유하고 있는 채무자 소유의 물건 또는 유가증권을 유치할 수 있다($^{58조}_{본}$). 이 상사유치권을 민법상의 유치권($^{민}_{320조}$)과 비교해 보면, 상사유치권은 유치물과 피담보채권의 「견련성」을 요구하지 않는 점에서 민법상의 유치권보다 요건이 완화되어 있는 반면, 유치권의 목적물을 채무자의 소유물로 국한하고 있는 점에서 요건이 강화되어 있는 면도 있다. 이 차이점은 기본적으로 상사유치권을 채권담보의 수단으로 보는 데서 비롯된 것이다.

1) 당사자    상사유치권은 채권자와 채무자가 모두 상인인 경우에 한해 성립할 수 있다($^{58조}_{본}$). 채권자 및 채무자의 상인자격은 피담보채권의 성립시에 존재해야 하며, 채권자가 유치물의 점유를 취득하는 데 원인된 행위를 할 당시에 상인자격을 갖추어야 한다. 그러나 채권의 변제기 또는 유치권을 행사할 때에는 상인자격을 요하지 아니한다($^{통}_{설}$).

2) 피담보채권

i) 상행위로 인한 채권    피담보채권은 「상인 간의 상행위」로 인해 발생한 것이어야 하는데($^{58조}_{본}$), 이는 상인인 채권자와 채무자 쌍방에게 상행위가 되는 행위로 인해 발생한 채권이어야 함을 뜻한다($^{통}_{설}$). 상행위가 기본적 상행위이냐 보조적 상행위이냐는 묻지 않는다.

한편 상사유치권은 채무자가 그 성립을 예견할 수 있는 범위에서 허용되어야 하므로 제3자로부터 양수한 채권을 가지고는 유치권을 행사할 수 없다($^{통}_{설}$). 그러나 지시식 또는 무기명식 증권채권 등 양도가 예정되어 있는 채권이라면 채권자의 변경을 예상할 수 있으므로 그 채권을 취득한 자는 점유하고 있던 채무자소유의 물건에 유치권을 행사할 수 있다($^{대법원\ 2000.\ 10.}_{10.자\ 2000그41\ 결정}$).

ii) 피담보채권의 종류    피담보채권은 유치물의 경매대금에서 변제될 수 있는 것이어야 하므로 금전채권이어야 한다. 금전채권이 아니라도 금전채권으로 변환될 수 있는 채권이면 족하다. 예컨대 종류물채권이나 특정물채권이라도 불이행으로 인해 손해배상채권으로 화한 경우에는 상사유치권의 피담보채권이 될 수 있다($^{대법원\ 2013.\ 2.\ 28.\ 선}_{고\ 2010다57350\ 판결}$).

iii) 변제기    채권의 변제기가 도래한 때에 유치권을 행사할 수 있다. 유치물의 점유를 취득할 때에는 변제기에 있지 않아도 무방하다. 그리고 유치권의 성립에는 채무자의 이행지체를 요하지 않는다.

3) 목적물($\frac{유치}{물}$)

i) 소유권     민법상의 유치권은 피담보채권과 견련성 있는 물건이라면 누구의 소유이냐를 묻지 않고 성립할 수 있으나, 상사유치권은 채무자소유의 물건 또는 유가증권에 대해서만 성립할 수 있다. 상사유치권은 피담보채권과 목적물의 견련성을 요하지 않으므로 제3자의 소유물에 대해서까지 유치권을 성립시킨다면 명백한 소유권의 침해가 되는 까닭에 채무자 소유의 물건으로 제한한 것이다($\frac{대법원\ 2013.\ 2.\ 28.\ 선}{고\ 2010다57350\ 판결}$). 일단 유치권이 성립한 후에는 채무자가 목적물을 타인에게 양도하더라도 채권자는 유치권을 잃지 아니한다.

ii) 목적물의 종류     유치물은 물건 또는 유가증권에 한한다. 이 점은 민법상의 유치권과 차이가 없다($\frac{민\ 320}{조\ 1항}$). 법문상「물건」또는 유가증권을 대상으로 하므로 부동산도 당연히 상사유치권의 목적물이 될 수 있다($\frac{통설;\ 대법원\ 2013.\ 5.\ 24.}{선고\ 2012다39769\ 판결}$).

iii) 목적물점유의 원인     유치권의 목적물은「채무자에 대한 상행위로 인하여 채권자가 점유하고 있는」물건·유가증권이어야 한다. 여기서「상행위로 인하여」라고 함은 점유취득행위가 상행위이어야 한다는 뜻이 아니라 점유취득의 원인행위가 상행위이어야 한다는 것이다. 점유취득의 원인행위는 채권자에 대해서만 상행위이면 족하다($\frac{통}{설}$).

4) 피담보채권과 목적물의 일반적 견련성     민법상의 유치권이 성립하기 위하여는 피담보채권이 채권자가 점유하는「목적물에 관하여」생긴 것이어야 한다($\frac{개별적}{견련성}$)($\frac{민\ 320}{조\ 1항}$). 그러나 상사유치권은 이 같은 개별적 견련성을 요하지 않고, 목적물이 채무자의 소유물이라는 사실, 즉 일반적 견련성만으로 족하다($\frac{58조}{본}$). 바로 이 점이 상사유치권의 가장 뚜렷한 특징을 이루는 부분이다.

(3) 유치권배제의 특약

이상의 요건을 구비하면 당연히 상사유치권이 성립하지만, 당사자의 특약으로 이를 배제할 수 있다($\frac{58조}{단}$). 특약은 묵시의 의사표시로도 할 수 있다($\frac{통}{설}$).

(4) 유치권의 효력

상법은 유치권의 효력에 관해서 채권자가 채권의 변제를 받을 때까지 목적물을 유치할 수 있음을 규정할 뿐이고($\frac{58조}{본}$), 나머지 사항에 대해서는 민법상의 유치권에 관한 규정을 준용한다($\frac{1조;\ 민}{320조\ 이하}$).

(5) 기타의 상사유치권

상법은 제58조의 일반적인 상사유치권 외에 몇 가지 업종에 대해 특수한 상사유치권을 인정하고 있다. 즉 대리상·위탁매매인·운송주선인·운송인·항공운송인·해상운송인 등에 대해서는 각 종류별 영업에서 발생하는 채권을 피담보채권으로 하는 유치권을 인정하고 있다. 대리상의 유치권($\frac{91}{조}$)과 위탁매매인의 유치권($\frac{111조}{→91조}$)은 일반적인 상사유치권과 같이 피담보채권과 목적물의 견련성을 요구하지 않는 외에 목적물에 대한 요건도 완화하여 채무자 소유임을 요구하지 않는다. 그리고 운송주선인($\frac{120}{조}$), 운송인($\frac{147조}{→120조}$), 해상운송인($\frac{807}{조\ 2항}$), 항공운송인($\substack{920조 \\ \rightarrow 120조}$)의 유치권은 일반적인 상사유치권과 달리 피담보채권과 목적물의 견련성을 요하는 대신 채무자소유임을 요하지 않는다. 이 점 민법상의 유치권과 흡사하나, 목적물이 운송물에 국한된다($\substack{<표 1> \\ 참조}$).

〈표 1〉 유치권의 유형별 대비

| 사항별 | 민법상의 유치권 | 일반적인 상사유치권 | 대리상의 유치권 | 위탁매매인의 유치권 | 운송주선인의 유치권 | 운송인의 유치권 | 해상운송인의 유치권 | 항공운송인의 유치권 |
|---|---|---|---|---|---|---|---|---|
| 피담보 채권 | 제한 없음 | 쌍방적 상행위로 인한 채권 | 대리 또는 중개로 인한 채권 | 위탁매매의 이행으로 인한 채권 | 운송물에 관한 보수·운임·체당금·선대금 | 同 | 운임·부수비용·체당금·정박료·공동해손 및 해난구조로 인한 부담금 | 운송물에 관한 보수·운임·체당금·선대금 |
| 유치물의 제한 | 제한 없음 | 同 | 同 | 同 | 운송물 | 同 | 同 | 同 |
| 유치물의 소유권 | 제한 없음 | 채무자 소 유 | 제한 없음 | 同 | 同 | 同 | 同 | 同 |
| 피담보채권과 유치물의 견련성 | 要 | 不要 | 不要 | 不要 | 要 | 要 | 要 | 要 |
| 이 념 | 형평 | 담보 | | | | 공평 | | |

## 2. 유질계약의 허용

### (1) 취지

민법에서는 질권설정시의 계약 또는 채무변제기 전의 계약으로 변제에 갈음하여 질권자에게 질물의 소유권을 취득하게 하거나 기타 법률이 정한 방법에 의하지 아니하고 질물을 처분할 것을 약정할 수 없다($\substack{민 \\ 339조}$). 이러한 약정을 「유질계약」이라 하는데 채무자의 궁박한 사정을 이용하여 채권자가 폭리를 취하는 것을 막기 위한 것이다.

그러나 상인은 어느 정도의 경제력을 가지고 경제인으로서의 합리적 판단을 통해 스스로를 보호할 수 있는 능력을 구비하고 있다고 보아야 하므로 민법에서와 같은 법의 후견적 기능은 필요하지 않다. 오히려 유질계약을 허용함으로써 상인의 금융거래에서 신속과 편익을 제고할 수 있는 면도 있다. 그러므로 상법은 상행위로 인하여 생긴 채권을 담보하기 위해 설정한 질권에 대해서는 유질계약을 허용한다($\substack{59 \\ 조}$).

### (2) 적용범위

피담보채권인 「상행위로 인하여 생긴 채권」을 어떻게 이해하느냐에 관해 일부 학설과 판례는 채무자 또는 채권자의 어느 일방에 대해 상행위가 되는 행위에 의해 생겨난 채권으로 설명한다. 이에 따르면 상인이 아닌 채무자가 상인인 채권자에게 질권을 설정해 줄 경우에도 유질계약이 가능해진다(대법원 2017. 7. 18. 선고 2017다207499 판결). 그러나 본조가 상인에 대해서는 특별한 후견적 배려가 불필요하다는 취지에서 둔 제도임을 생각한다면, 질권자가 상인이고 질권설정자가 비상인인 경우에는 이 입법취지와 부합하지 아니한다. 그러므로 본조는 상인인 채무자가 질권을 설정할 경우에 한해 적용된다고 함이 옳다(김성태 449; 손진화 189; 이(기) · 최 324; 이(범) · 최 265; 정경영 148; 정준우 230; 정찬형 225).

### 3. 신종담보제도

#### (1) 개설

「동산 · 채권 등의 담보에 관한 법률」(이하 '동산담보법')은 동산 · 채권 · 지식재산권을 새로운 방법으로 담보화하는 제도를 마련하고 있다. 이는 상법상의 제도는 아니지만, 이 법에 따른 담보의 주류를 이루는 동산 및 채권의 담보는 법인과 상호등기를 한 자만이 설정할 수 있으므로 주로 상인을 위한 담보제도라 할 수 있다. 이 법이 제정되기 전에도 동산, 채권 등을 담보로 제공할 수 없던 것은 아니나, 동산의 경우 법정담보제도로서는 질권이 이용될 수 있는데, 질권을 설정하려면 목적물을 채권자에게 인도해야 하므로 상인의 생산수단은 담보화가 불가능하고, 양도담보를 설정하면 채무자가 목적물을 계속 이용할 수 있기는 하나 공시방법이 불완전한 단점이 있다. 지명채권을 담보로 하는 것 역시 불완전한 공시방법(제3채무자에 대한 통지 · 승낙, 민 349조 1항)에 의존할 수밖에 없어 담보거래가 제한적일 수밖에 없다. 동산담보법은 이들 자산의 담보에 등기를 공시방법으로 쓸 수 있게 함으로써 상인이 재고자산, 매출채권 등을 담보로 제공하고 자금을 조달할 수 있는 길을 열어주었다.

#### (2) 담보권의 유형

1) **동산담보권**    「동산담보권」은 담보약정에 따라 동산을 목적으로 등기한 담보권을 말한다(동산담보법(이하 '동법') 2조 2호). 여러 개의 동산이나 장래에 취득할 동산도 목적물의 종류, 보관장소, 수량을 정하거나 그 밖에 이와 유사한 방법으로 특정할 수 있는 경우에는 이를 목적으로 담보등기를 할 수 있다(동법 3조 2항).

담보등기된 담보권자는 채무자 또는 제3자가 제공한 담보목적물에 대하여 다른 채권자보다 자기의 채권을 우선변제받을 권리가 있다(동법 8조).

2) **채권담보권**    「채권담보권」이란 담보약정에 따라 금전의 지급을 목적으로 하는 지명채권을 목적으로 등기한 담보권을 말한다(동법 2조 3호). 법인, 상호등기를 한 자가 담보약정에 따라 금전의 지급을 목적으로 하는 지명채권을 담보로 제공하는 경우에는 담보등기를 할 수 있다(동법 34조 1항). 담보권자는 피담보채권의 한도에서 채권담보권의 목적이 된 채권을 직접 청구할 수 있다(동법 36조 1항).

3) **지식재산권담보권**    「지식재산권담보권」이란 담보약정에 따라 특허권, 실용신안

권, 디자인권, 상표권, 저작권, 반도체집적회로의 배치설계권 등 법률에 따라 질권을 설정할 수 있는 지식재산권을 목적으로 그 지식재산권을 규율하는 개별 법률에 따라 등록한 담보권을 말한다($\substack{동법 2 \\ 조 4호}$).

지식재산권담보권의 득실변경은 그 등록을 한 때에 그 지식재산권에 대한 질권의 득실변경을 등록한 것과 동일한 효력을 갖는다($\substack{동법 59 \\ 조 1항}$). 담보권자는 지식재산권을 규율하는 개별 법률에 따라 담보권을 행사할 수 있다($\substack{동법 \\ 60조}$).

지식재산권담보권은 이미 등록제도에 의해 관리되는 지식재산권을 대상으로 하고 또 그의 담보도 당해 재산의 등록제도를 이용하므로 지식재산권의 담보 자체에 새로운 공시방법을 도입하는 의미는 없다. 다만 지식재산권자가 동일한 채권을 담보하기 위하여 2개 이상의 지식재산권을 담보로 제공할 수 있으며 이 경우 특허원부, 저작권등록부 등 그 지식재산권을 등록하는 공적 장부($\substack{등록 \\ 부}$)에 담보권을 등록할 수 있다는 점이 특색이다($\substack{동법 58 \\ 조 1항}$).

## Ⅲ. 민법 채권편에 대한 특칙

### 1. 계약의 성립

#### (1) 청약의 효력

상법 제51조는 「대화자간의 계약의 청약은 상대방이 즉시 승낙하지 아니한 때에는 그 효력을 잃는다」고 규정하여 대화자간의 거래관계의 신속한 종결을 도모하고 있다. 민법에는 이러한 규정이 없으나, 대화자간의 청약의 효력은 대화가 계속되는 동안에만 존속하는 것으로 해석하므로 본조는 민법에 대한 특칙이 아니라 민법에서와 같은 원리를 적용함을 주의적으로 밝힌 규정이다.

#### (2) 청약수령자의 의무

##### 1) 낙부통지의무

i) 취지    상인이 상시 거래관계에 있는 자로부터 그 영업부류에 속한 계약의 청약을 받은 때에는 지체없이 낙부($\substack{승낙 또 \\ 는 거절}$)의 통지를 발송하여야 한다. 이를 해태한 때에는 승낙한 것으로 본다($\substack{53 \\ 조}$).

민법상으로는 물론 상사거래에서도 원칙적으로 청약을 받은 자에게 낙부통지를 할 의무는 없다. 그러나 상시 거래관계에 있으면서 동종 또는 유사한 계약을 되풀이하는 상거래 당사자 사이에서는 종전의 거래에서 생긴 관성으로 인해 특별한 사정이 없는 한 새 계약이 체결될 것으로 믿는 것이 일반적이다. 그러므로 이러한 거래관계에 있는 상인이 청약을 받은 때에는 지체없이 낙부통지($\substack{특히 거절할 때 \\ 의 거절의 통지}$)를 하게 함으로써 상거래의 신속을 기하고 때늦은 거절로 인해 청약자가 예측하지 못한 손해($\substack{이행의 \\ 준비 등}$)를 입지 않도록 배려한 것이다. 한편 청약을 받은 상인의 입장에서도 거래시마다 일일이 승낙의사를 통지할 필요 없이 계약을 체결시킬 수 있는 이점이 있다.

ii) 요건

(a) 당사자    본조는 상인이 상시 거래관계에 있는 자로부터 청약을 받은 경우에 적용된다. 그러므로 청약자는 상인이 아니어도 무방하지만, 청약자의 상대방은 상인이어야 한다($\frac{통}{설}$).

(b) 청약의 요건    대화자간의 청약은 대화가 계속되는 중에 승낙하지 아니하면 실효하며, 승낙기간을 정한 격지자간의 청약은 그 기간 내에 승낙하지 않으면 실효한다. 그러므로 본조는 승낙기간을 정하지 아니한 격지자간의 청약에 대해서만 적용된다.

(c) 거래의 요건    청약의 내용이 청약을 받은 상인의 영업부류에 속한 거래에 관한 것이어야 한다.「영업부류에 속한 거래」라 함은 상인의 기본적 상행위 또는 준상행위에 관한 거래를 뜻한다. 따라서 상인이 보조적 상행위에 관한 청약을 받은 경우에는 낙부통지의무를 부담하지 아니한다.

iii) 적용배제    이상의 요건을 구비하더라도 본조의 규정과 상이한 특약이나 관습이 있을 때에는 본조를 적용할 수 없음은 물론이다. 그리고 청약의 내용이 종전의 거래내용과 크게 상위한 경우에도 본조를 적용할 수 없고($\frac{예컨대 \ 청약인이 \ 공급하고자 \ 하는 \ 상품의 \ 가격이 \ 크게 \ 인}{상되었거나 \ 품질·규격·모델 \ 등에 \ 큰 \ 변화가 \ 있을 \ 경우}$), 거래의 성질로 보아 계약체결 자체가 고도의 위험부담을 수반할 경우에도 본조를 적용할 수 없다.

iv) 적용효과    청약의 수령자가 계약체결을 원하지 아니할 경우에는 지체없이 거절의 통지를 발송하여야 한다($\frac{53조}{전}$). 거절통지의「발송」으로 족하므로 그의 책임없는 사유로 거절통지가 연착하거나 도달하지 않은 경우에는 청약자가 불이익을 부담한다.

거절의 통지를 게을리한 경우에는 청약의 수령자가 승낙한 것으로 의제하므로($\frac{53조}{후}$) 바로 계약이 성립한다. 한편 이는 청약의 수령자가 승낙의 통지없이 바로 계약의 성립을 주장할 수 있음을 뜻하므로 청약자는 일방적으로 청약을 철회할 수 없다.

### 2) 물건보관의무

i) 취지    상인이 그 영업부류에 속한 계약의 청약을 받은 경우에 견품 기타의 물건을 받은 때에는 그 청약을 거절한 때에도 청약자의 비용으로 그 물건을 보관하여야 한다($\frac{60조}{본}$).

상거래에서는 청약자가 상대방으로 하여금 목적물의 품질을 확인하게 할 목적으로 목적물의 전부 또는 일부를 보내는 경우가 많다. 이러한 견품의 수수는 상거래의 안전과 신속에 기여하는 바가 크므로 상법은 물건을 송부한 청약자에게 물건의 멸실·훼손에 대한 위험부담을 덜어주기 위하여 물건을 수령한 상인에게 특별한 보관의무를 과하고 있다.

ii) 요건

(a) 당사자 　　　청약자는 상인이 아니라도 무방하나 청약의 상대방은 상인이어야 한다는 점은 낙부통지의무에서와 같다. 쌍방 간에 상시의 거래관계는 요하지 않는다.

(b) 청약에 관한 요건 　　　본조의 의무는 청약받은 상대방의 점유하에 놓여진 물건에 관하여 요구되는 것이므로 대화자간의 청약에 있어서는 적용될 여지가 없다.

(c) 거래에 관한 요건 　　　청약이 상인의 영업부류에 관한 것이어야 함은 낙부통지의무에서와 같다.

(d) 물건에 관한 요건 　　　계약의 목적인 물건의 전부 또는 견품으로 송부한 목적물의 일부가 본조의 적용대상이다. 그러나 목적물을 소개한 서면자료 또는 견품이라도 통념상 반환이 예상되지 않는 소량의 시용품은 보관할 필요가 없다.

iii) 보관의무의 내용 　　　상인의 보관의무는 물건을 수령한 때부터 발생하여 청약자에게 인도할 때까지 존속한다. 스스로 보관할 필요는 없고, 창고업자에게 임치하거나 운송업자에게 의뢰하여 청약자에게 물건을 반송하는 것도 보관방법의 하나이다.

보관에 소요되는 비용은 청약자의 부담으로 한다($^{60조}_{본}$). 보관에 소요되는 비용이란 그 송부받은 물건의 현상이나 가치를 반송할 때까지 계속 유지·보존하는 데 드는 비용을 말하고, 그 물건을 보관함으로 인해 발생하는 기회비용($^{예컨대 보관에 소요}_{된 시간의 보상 등}$)은 포함하지 않는다($^{대법}_{원}$ $^{1996. 7. 12. 선고}_{95다41161 판결}$). 상인은 보관비용에 대한 채권을 가지고 보관물에 대해 유치권을 행사할 수 있다.

보관의무는 청약받은 상인에 대해 법상 특별히 과해지는 의무이므로 상인은 보관행위에 관해 별도의 보수청구권을 갖지 아니한다($^{즉 61조(보수청구권)}_{가 적용되지 아니한다}$). 보수없이 보관하더라도 상인은 선량한 관리자의 주의로써 청약자의 물건을 보관해야 한다($^{통설. 상법 62}_{조의 유추적용}$).

iv) 예외 　　　물건의 가액이 보관비용을 상환하기에 부족하거나 보관으로 인해 상인이 손해를 받을 염려가 있는 때에는 보관의무를 지지 아니한다($^{60조}_{단}$). 상인의 손실을 무릅쓰면서까지 청약자의 이익을 도모할 수는 없기 때문이다. 상인의 손해란 물건의 보관으로 인해 적극적으로 발생하는 손실을 말한다($^{예: 보관할 물건이 불결하}_{여 영업에 지장을 주는 것}$).

## 2. 영리성의 보장

상인의 기업활동은 궁극적으로 이윤의 획득을 목적으로 하므로 상법은 이를 기본이념으로 삼고 곳곳에서 상인의 영리성을 보장한다. 상행위편의 통칙에서 특히 다음 네 가지 사항을 명문화하고 있다. 이는 상인이 영업활동 중에 타인을 위해 소비하는 노력·비용을 보상해 주기 위한 것이다.

### (1) 보수청구권

1) 취지 　　　민법의 일반원칙에 의하면 위임·임치 등에 의해 타인을 위한 행위를 하

더라도 다른 약정이 없으면 비용만을 청구할 수 있을 뿐 보수를 청구할 수는 없다($^{민\ 686조}_{1항,\ 701조}$). 그러나 상인이 그 영업범위 내에서 타인을 위하여 행위를 한 때에는 특약이 없더라도 상당한 보수를 청구할 수 있다($^{61}_{조}$).

상인에게 있어서 보수는 거래차익과 더불어 기업활동의 주된 이유이며 기업유지의 경제적 기초가 된다. 상법은 이같은 기업의 영리적 속성을 존중하여 상인에게 영리적 기반을 조성해 주는 동시에, 보수를 약정하지 아니한 경우에 생길 수 있는 분쟁을 방지하기 위해 상인의 보수청구권을 규정하고 있다.

2) 요건

i) 「타인을 위한 행위」  상인이 「타인을 위하여」 행위를 하였어야 한다. 그 타인은 상인임을 요하지 않는다. 「타인을 위하여」라 함은 「타인의 이익을 위하여」 행위함을 뜻한다. 예컨대 중개인이 매도인을 위한 의사를 갖지 않고 매수인을 위한 의사만 가지고 매매를 중개하고 매도인에게는 이로 인한 반사적 이익이 돌아간 때에는 매도인에 대하여 보수청구권을 갖지 아니한다($^{대법원\ 1977.\ 11.\ 22.}_{선고\ 77다1889\ 판결}$).

ii) 「행위」의 요건

(a) 상인이 그 「영업범위 내」에서 행위를 하였어야 한다. 「영업범위 내의 행위」라 함은 기본적 상행위뿐 아니라 보조적 상행위도 포함한다($^{통}_{설}$). 예컨대 물건의 매매를 업으로 하는 상인이 시장조사를 의뢰받아 조사를 해준 경우에도 보수청구권을 갖는다.

(b) 상인의 행위는 영업을 위하여 하는 것으로 추정하므로($^{47조}_{2항}$) 상인이 타인을 위하여 행위를 한 때에는 대체로 본조의 적용대상이 될 것이다. 그러나 주된 거래의 성사 또는 준비를 위한 행위($^{예:\ 부동산\ 중개인이\ 고객을\ 현장에\ 안내하는\ 것,}_{물건판매인이\ 고객을\ 방문하여\ 품질을\ 설명하는\ 것}$), 주된 거래의 대가로 보상되는 행위($^{예:\ 판매한\ 물건의\ 포장·배달·}_{수리·물건사용법의\ 교육\ 등}$), 거래통념상 무상으로 인식되는 행위($^{예:\ 견적서의}_{작성·교부}$) 등은 특약이 없는 한 별도의 보수를 청구할 수 없다.

3) 보수  상인에 대한 「상당한 보수」는 거래관행과 사회통념에 따라 결정해야 하므로 상인이 기울인 노력의 질과 정도, 행위의 성질, 타인이 얻은 이익의 정도 등을 감안하여야 할 것이다.

(2) 소비대차의 이자청구

상인이 그 영업에 관하여 금전을 대여한 경우에는 이자의 약정이 없더라도 ($^{상}_{사}$)법정이자를 청구할 수 있다($^{55조}_{1항}$). 민법상의 금전소비대차는 무이자를 원칙으로 하나($^{민}_{598조}$), 상인에 있어 자금은 핵심적인 생산요소이므로 돈의 시간가치를 양보함으로 인해 발생하는 기회비용을 보상해 주기 위해 이 같은 특칙을 둔 것이다.

대주는 상인이어야 하나 차주는 상인이 아니라도 무방하다. 금전대여는 영업에 관해 이루어져야 한다.

### (3) 체당금의 이자청구

**1) 취지**    상인이 그 영업범위 내에서 타인을 위하여 금전을 체당한 때에는 체당한 날 이후의 법정이자를 청구할 수 있다($\frac{55조}{2항}$). 이 규정은 상인의 금전출연에 대해 이자의 약정이 없더라도 법정이율에 따라 보상해 주려는 것으로, 앞에서 다룬 금전소비대차의 이자청구권과 취지를 같이한다.

**2) 체당의 의미**    「체당」이라 함은 금전소비대차에 의하지 아니하고 널리 타인을 위하여 금전을 출연하는 것을 말한다. 예컨대 부동산중개인이 매수인의 등기이전비용을 대납하는 것과 같다.

**3) 차용한 체당금의 이자**    상인이 체당금을 제3자로부터 차용하여 지출한 경우 채권자에게 지급할 이자는 그 차용에 관해 「타인」으로부터 수권이 없는 한 청구할 수 없다.

**4) 보수**    통설은 체당금에 대한 이자 외에 체당행위에 대한 보수도 청구할 수 있다고 하나, 체당행위에 대해서는 이자가 바로 보수의 의미를 가지므로 통설과 같이 이해한다면 상인은 2중의 보수를 지급받게 되어 부당하다.

**5) 적용범위**    본조는 상인이 타인을 위해 체당한 경우에 일반적으로 적용되므로 타인이 상인이거나 비상인이거나 불문한다.

### (4) 상사법정이율

민법상의 법정이율은 연 5분이지만($\frac{민}{379조}$), 상행위로 인한 채무의 법정이율은 연 6분으로 한다($\frac{54}{조}$). 기업거래에서는 일반 민사거래에서보다 자금의 수요가 크고, 또 기업거래에 투입된 자금은 보다 수익이 높은 것이 일반적이므로 상사법정이율을 민사법정이율보다 고율로 한 것이다.

채무자나 채권자 쌍방에 대하여 상행위이어야 할 필요는 없고 어느 일방에 대하여 상행위가 되면 족하다.

본조는 상행위로 인한 채무의 이자를 정한 것인데, 이는 채무의 발생원인이 상행위임을 뜻하고 현재의 채무가 직접 상행위에서 생긴 것이어야 하는 것은 아니다. 따라서 상행위로 인한 채무의 불이행으로 생긴 손해배상채무와 같이 상행위채무가 동일성을 지니며 변형된 것도 포함된다($\frac{대법원\ 2000.\ 10.\ 27.}{선고\ 99다10189\ 판결}$). 하지만 부당이득반환청구권 또는 불법행위로 인한 손해배상청구권 같은 법정채권은 상인 간에 발생하더라도 본조의 적용대상이 아니다($\frac{대법원\ 2018.}{2.\ 28.\ 선고}$ $\frac{2013다}{26425\ 판결}$).

## 3. 무상수치인의 주의의무

**1) 취지**    민법의 일반원칙에 의하면 보수를 받고 타인의 물건을 보관하는 경우($\frac{유상}{수치}$)에는 수치인이 임치물에 대해 선량한 관리자의 주의의무($\frac{「선관주의의}{무」로\ 약한다}$)를 지지만, 보수를 받지 아니하는 경우($\frac{무상}{수치}$)에는 주의의무가 경감되어 수치인은 임치물을 자기재산과 동일한

주의로 보관하면 된다($\frac{민}{695조}$). 그러나 상인이 그 영업범위 내에서 물건의 임치를 받은 경우에는 보수를 받지 아니하는 때에도 선량한 관리자의 주의를 기울여야 한다($\frac{62}{조}$).

상인의 경우 수치행위 자체는 무상이더라도 기업활동의 특성에 비추어 볼 때 다른 형태로 보상받는 것이 일반적임을 감안하여 유·무상의 구별없이 선관주의의무를 과한 것이다.

2) 요건     본조는 상인이 그 영업범위 내에서 물건을 수치한 경우에 적용된다. 따라서 수치인은 상인이어야 하나, 임치인은 상인 여부를 묻지 아니한다. 수치인이 임치인과 직접 거래관계에 있지 않더라도 임치를 허락한 경우에는 본조가 적용된다($\frac{대법원 1994. 4. 26.}{선고 93다62539 판결}$).

「영업범위 내」라 함은 제61조($\frac{보수청}{구권}$)와 관련하여 설명한 바와 같다.

3) 위반의 효과     수치인이 선관주의를 게을리하여 임치물이 멸실·훼손된 경우에는 손해배상책임을 진다. 수치인의 선관주의의무는 임치물을 임치인에 인도할 때까지 존속하지만, 임치인이 임치물의 수령을 지체한 때에는 일반원칙에 따라 수치인의 선관주의의무는 축소되어 고의나 중대한 과실이 없으면 임치물의 멸실·훼손에 대하여 손해배상책임을 지지 아니한다($\frac{민}{401조}$)($\frac{대법원 1983. 11. 8.}{선고 83다카1476 판결}$).

## 4. 채무의 이행

### (1) 이행장소

1) 일반원칙     당사자가 채무이행의 장소를 합의하지 않은 경우에는 채무이행은 법으로 정하는 장소에서 해야 한다. 상법은 지점거래의 경우 외에는 이행장소에 관해 특별히 정한 바 없으므로 지점거래 외의 채무의 이행장소는 민법의 일반원칙에 의한다($\frac{민 467조,}{516조, 524조}$).

2) 지점거래로 인한 채무     채권자의 지점에서의 거래로 인한 채무이행의 장소가 그 행위의 성질 또는 당사자의 의사표시에 의하여 특정되지 아니한 경우 특정물 인도 외의 채무이행은 그 지점을 이행장소로 본다($\frac{56}{조}$). 예컨대 본점, 지점 A와 지점 B를 가지고 있는 상인 甲이 지점 B에서 다른 상인 乙에게 물건을 외상으로 판 경우 乙은 지점 B에서 채무를 이행해야 하는 것이다($\frac{민 467조 2항 단}{서에 대한 예외}$). 지점이 영업의 독립된 관리단위라는 법적 개념에 충실하고, 채권자가 채무의 관리 및 변제수령에 불필요한 비용을 치르지 않도록 배려한 것이다.

### (2) 이행 및 이행청구의 시간

법령 또는 관습에 의하여 영업시간이 정하여 있는 때에는 채무의 이행 또는 이행의 청구는 그 시간 내에 하여야 한다($\frac{63}{조}$)($\frac{대법원 2005. 4. 20. 선고 2004다65299 판결:}{시중은행의 영업시간은 상관습이라고 본 예}$).

## 5. 다수당사자의 채권관계

### (1) 총설

상법 제57조에서는 다수의 채무자가 존재하는 거래관계에서 채무의 이행을 확실하게 하고 채권자를 보호하기 위하여 다수당사자의 채권관계에 관한 민법규정($\substack{민 408 \\ 조 이하}$) 중 일부규정에 대한 특칙을 두고 있다. 본조 제1항에서는 수인의 채무자가 있는 상사채무를 일정한 경우 연대채무로 의제하며, 제2항에서는 상사보증을 연대보증으로 의제함으로써 상사채권의 효력을 강화하고 있다.

### (2) 다수채무자의 연대책임

**1) 취지** 하나의 채무를 수인의 채무자가 부담할 경우 민법상으로는 특별한 의사표시가 없는 한 각 채무자는 균등한 비율로 분할하여 채무를 부담한다($\substack{분할채무의 원 \\ 칙. 민 408조}$). 그러나 상법상으로는 수인이 그 1인 또는 전원에게 상행위가 되는 행위로 인하여 채무를 부담한 때에는 연대하여 변제할 책임이 있다($\substack{57조 \\ 1항}$). 예컨대 A상인과 B상인이 공동으로 갑으로부터 100만원을 차용하였다면, A와 B는 그 이행에 관하여 연대책임을 지는 것이다. 수인의 상인 또는 상인을 포함한 수인이 채무를 부담하는 경우에는 통상 서로의 신용을 합하여 채무자의 대외적 신용을 강화해 보이기 마련이다. 그러므로 채무자들의 「신용의 총화」를 믿고 거래한 채권자의 신뢰를 보호하고 거래의 안전을 기하기 위하여 전원에게 연대책임을 지게 한 것이다.

**2) 요건**

**i) 당사자** 채무자 중 1인은 반드시 상인이어야 하나, 채권자는 상인임을 요하지 않는다.

**ii) 상행위** 기본적 상행위나 준상행위뿐 아니라 보조적 상행위로 인해 발생한 채무도 본조의 적용대상이다. 반드시 현재의 채무가 직접 상행위에서 발생한 것이어야 하는 것은 아니고, 예컨대 수인의 수급인이 공동으로 도급받고 도급인에게 부담하는 하자보수의무와 같은 부수적 채무($\substack{대법원 2015. 3. 26. 선 \\ 고 2012다25432 판결}$), 상행위채무의 불이행으로 인한 손해배상채무나 상사계약의 해제로 인한 원상회복의무와 같이 상행위로 인한 채무와 실질적으로 동일성을 갖는 채무도 본조의 적용대상이다($\substack{통 \\ 설}$)($\substack{대법원 1998. 3. 13. \\ 선고 97다6919 판결}$). 또 본래의 상행위로 인해 발생한 채무의 일부 또는 전부가 부당이득으로 될 경우 그 반환채무도 본조의 적용대상이다($\substack{대법원 1992. 11. \\ 27. 선고 92다 \\ 30405 \\ 판결}$).

**iii) 공동의 상행위** 본조는 한 개의 채무를 수인이 부담하는 경우를 대상으로 하므로 채무부담의 원인행위를 수인이 공동으로 하여야 한다. 그렇지 않고 각자 따로 원인행위를 한 경우에는 채무자마다 1개씩의 채무가 발생하고, 본조가 적용될 여지가 없다. 수인 중 1인이 타인을 대리한 경우에는 공동으로 한 것으로 보아야 한다($\substack{대법원 1976. 1. 27. \\ 선고 75다1606 판결}$).

**3) 효과** 수인의 채무자는 본조의 적용으로 연대책임을 지지만, 채무자 중 1인이 상인이고 나머지가 비상인일 경우 비상인의 채무가 상사채무로 되는 것은 아니다. 그러나 당사자 1인의 행위가 상행위인 때에는 전원에 대하여 상법을 적용하므로($\substack{3 \\ 조}$) 결국 비상인의 채무 혹은 채권에 대해서도 상사시효($\substack{64 \\ 조}$)와 상사이율($\substack{54 \\ 조}$)에 관한 상법규정이 적용된다. 나아

가서 채무자 1인이 변제한 경우 다른 채무자에 대한 그의 구상권에 대해서도 상법규정이 적용된다.

### (3) 보증인의 연대책임

1) 취지    민법상으로는 당사자 간에 특약이 없는 한 보증채무는 주채무에 대하여 보충성을 갖는다($_{437조}^{민}$). 그러나 상법 제57조 제2항은 보증이 상행위이거나 주채무가 상행위로 인한 것인 때에는 주채무자와 보증인은 연대하여 변제할 책임이 있다고 규정한다. 이는 앞서 설명한 제57조 제1항과 같이 상인이 부담하는 채무 또는 보증채무의 이행을 확보함으로써 채권자를 보호하기 위한 것이다.

2) 당사자    주채무가 상행위로 인한 것이거나, 보증이 상행위인 경우에 본조가 적용된다. 채권자는 상인이 아니라도 무방하다.

3) 효과    이상의 요건을 구비한 경우에는 보증채무의 보충성이 배제되고 보증인은 주채무자와 연대책임을 진다. 따라서 보증인은 최고·검색의 항변권을 갖지 못한다($_{조\ 단}^{민\ 437}$).

제57조 제1항과 제2항은 연대를 추정하는 임의규정으로서 이와 다른 약정을 할 수 있다.


# Ⅳ. 상사매매의 특칙

## 1. 총설

상법은 민법의 매매 관련 규정에 대한 특칙으로서 매도인의 목적물의 공탁·경매권($_{조}^{67}$), 확정기매매의 해제($_{조}^{68}$), 매수인의 목적물의 검사 및 하자통지의무($_{조}^{69}$), 매수인의 목적물 보관·공탁의무($_{71조}^{70조,}$) 등 네 가지 사항을 규정하고 있다. 이 규정들은 상사매매에 있어 불안정한 법률관계를 신속히 매듭지어 상인 특히 매도인의 영업상의 부담을 줄여주는 한편 상사매매에서 정형적으로 발생하는 분쟁을 예방하려는 취지에서 둔 것이다.

상사매매에 관한 규정 중 확정기매매의 해제에 관한 제68조를 빼고는 전부 매도인에게 이익을 주는 규정이다. 그러므로 이 특칙들은 상인 간의 매매에서만 적용된다($_{조}^{각}$). 상인이 보조적 상행위로서 하는 매매도 이 특칙의 적용대상이다.

이 특칙은 임의규정이므로 특약으로 배제할 수 있음은 물론이다.

## 2. 매도인의 공탁·경매권

### (1) 취지

상인 간의 매매에 있어서 매수인이 목적물의 수령을 거부하거나 수령할 수 없는 때에는 매도인은 그 물건을 공탁하거나 상당한 기간을 정하여 최고한 후 경매할 수 있다($_{1항\ 전}^{67조}$). 그러나 매수인에게 최고할 수 없거나 목적물이 멸실 또는 훼손될 염려가 있는 때에는 최고 없이 경매할 수 있다$\binom{67조}{2항}$. 그리고 경매한 때에는 그 대금을 공탁하여야 하지만, 그 전부나 일부를 매매대금에 충당할 수도 있다$\binom{67조}{3항}$.

　　민법에서는 채권일반에 관해 채권자가 수령을 지체할 경우 채무자가 목적물을 공탁·경매할 수 있음을 규정하고 있다$\binom{민\ 487조,}{490조}$. 이 중 공탁의 부분은 상사매매에서의 매도인의 공탁권과 차이가 없으나, 경매에 관해서는 상사매매의 매도인이 일반채권자에 비해 월등히 유리한 지위에 있다. 첫째, 민법상으로는 변제의 목적물이 공탁에 적합하지 않거나, 멸실·훼손의 염려가 있거나, 공탁에 과다한 비용을 요하는 경우에 한해, 즉 최후적 수단으로서 경매를 허용하며, 그것도 법원의 허가를 얻어야 하지만$\binom{민}{490조}$, 상사매매의 매도인은 이러한 요건이 없이도 경매할 수 있다. 즉 매도인은 공탁권과 경매권을 선택적으로 행사할 수 있는 것이다. 둘째, 민법상으로는 경매대금을 반드시 공탁하여야 하나, 상사매매의 매도인은 경매대금을 매매대금에 충당할 수도 있다.

　　이같이 상사매도인의 경매권을 강화한 이유는 매매 후 목적물의 가격이 하락하면 매수인이 수령을 기피할 가능성이 있는데, 이 경우 매도인이 신속하게 경매권을 행사하여 자기의 대금채권을 용이하게 확보할 수 있게 하기 위함이다.

　　공탁·경매권은 매도인의 권리이지 의무는 아니므로 매도인은 공탁·경매권을 행사하지 아니하고 일반원칙에 따라 계약을 해제하고 매수인에게 손해배상을 청구할 수도 있다$\binom{민\ 544조,}{551조}$.

### (2) 공탁권

　　상인 간의 매매에 있어 매수인이 목적물의 수령을 거부하거나 수령할 수 없는 때에는 매도인은 목적물을 공탁할 수 있다$\binom{67조}{1항}$.

　　「매수인이 목적물의 수령을 거부하거나 수령할 수 없는 때」라는 것은 민법 제487조에서 공탁의 요건으로 삼는 「채권자는 변제를 받지 아니하거나 받을 수 없는 때」와 같은 뜻이다. 기타 공탁의 방법, 공탁물의 회수 등에 관해서는 민법의 공탁에 관한 일반원칙에 따른다$\binom{민\ 488조,}{489조,\ 490조}$.

### (3) 경매권

　　매도인은 공탁에 대신하여 상당한 기간을 정하여 매수인에게 수령을 최고한 후 목적물을 경매할 수 있다$\binom{67조}{1항}$. 이러한 매도인의 경매권을 「자조매각권」이라고도 부른다.

#### 1) 요건

　　i) 수령지체　　　매수인이 수령을 지체한 경우에 한함은 공탁의 요건과 같다.

　　ii) 매수인에 대한 최고　　　경매를 하고자 할 때에는 매수인에 대하여 수령을 최고하여야 한다. 매수인이 서둘러 수령할 기회를 주어야 하기 때문이다. 그러나 최고를 할 수 없는 때$\binom{예컨대\ 매수인의\ 주소·}{거소를\ 알\ 수\ 없는\ 경우}$ 또는 목적물이 멸실·훼손될 염려가 있는 때에는 최고 없이 경매할 수 있다$\binom{67조}{2항}$. 또한 매수인을 알지 못하는 경우에도 최고가 불가능하므로 최고 없이 경매할 수 있다.

iii) 대금지급과의 관계    매수인이 대금을 이미 지급한 경우에도 매도인이 속히 자기의 채무를 면할 필요가 있으므로 목적물을 공탁할 수 있다.

iv) 목적물    목적물은 특정물이냐 불특정물이냐를 가리지 아니한다. 부동산은 포함되지 않는다는 소수설이 있으나, 명문으로 제한하는 바가 없고 민법상의 공탁에 관해서는 부동산도 그 대상이라고 함이 일반적이고, 부동산의 거래에서도 매도인의 신속한 자금회수를 보장해 줄 필요는 여전하므로 포함시키는 것이 타당하다.

2) 효과 및 후속 법률관계    경매비용은 매수인의 부담이므로 경매를 하면 그 대금에서 경매비용을 공제하고 잔액을 공탁하여야 한다($^{67조}_{3항 본}$). 경매대금을 가지고 매매대금에 충당할 수도 있는데($^{67조}_{3항 단}$), 이것이 매도인의 경매권에 관한 특칙에서 가장 중요한 점이다. 충당 후 잔액이 있으면 공탁하여야 하고 충당하고도 부족하면 매수인에게 잔대금을 청구할 수 있다.

경매를 하고 그 대금을 공탁 또는 매매대금에 충당하면 매도인의 채무는 소멸한다. 매도인은 이 절차가 완료한 후 지체없이 매수인에게 그 사실의 통지를 발송하여야 한다($^{발신}_{주의}$) ($^{67조}_{1항 후}$).

### 3. 확정기매매의 해제

#### (1) 의의

확정기매매란 매매의 성질 또는 당사자의 의사표시에 의하여 일정한 시점 또는 일정한 기간 내에 이행하지 아니하면 계약의 목적을 달성할 수 없는 매매를 말한다($^{68}_{조}$). 민법 제545조에서 정하는 정기행위의 일종이다.

민법상 채무불이행을 이유로 계약을 해제하고자 할 경우에는 먼저 채무자에게 상당한 기간을 정하여 이행을 최고하고, 그 기간 내에 이행하지 아니할 경우에 비로소 해제할 수 있으나($^{민}_{544조}$), 정기행위를 이행하지 아니할 경우에는 최고 없이 계약을 해제할 수 있다 ($^{민}_{545조}$). 상법은 한 걸음 나아가서 확정기매매를 이행하지 아니한 경우에는 상대방($^{채권}_{자}$)이 즉시 그 이행을 청구하지 아니하면 계약을 해제한 것으로 본다($^{68}_{조}$). 즉 민법상의 정기행위는 채권자가 최소한 해제의 의사표시를 하여야 하나, 상법상의 확정기매매는 해제의 의사표시를 요하지 않고 이행기가 경과하면 당연히 해제된 것으로 의제되는 것이다. 상법이 확정기매매에 관해 이 같은 특칙을 둔 것은 매수인과 매도인에 대해 각기 다음과 같은 뜻을 갖는다.

매수인은 해제의 의사표시를 하는 번거로움과 그 증명의 부담이 없이 바로 해제의 효과를 주장할 수 있다. 그리하여 매수인은 신속히 매매관계를 매듭짓고 속히 대체수단을 강구할 수 있는 것이다. 한편 민법상 정기행위의 일반원칙에 의하면 매도인이 채무이행을 지체할 경우 매수인은 목적물의 가격추세를 보아가며 이행을 청구할 것인지 해제를 할 것인지 임의로 선택할 수 있고, 이같이 해제 여부가 불명한 상태에서 매도인은 장기간 목적물을 보유하여야 하므로 달리 매각할 기회를 놓치게 된다. 그리하여 상법은 매매가 해제된 것으로 의제함으로써 매도인에게 손해를 감소시킬 기회를 부여하는 것이다.

(2) 요건

1) 상인 간의 매매    상인 간의 상행위인 매매에 한하여 적용됨은 제67조와 같으며, 목적물에 제한이 없다는 점도 같다.

2) 확정기매매    일정시기 또는 일정기간 내에 이행되지 아니하면 계약의 목적을 달성할 수 없는 매매에 한하여 적용된다. 확정기매매는 매매의 성질에 의해 정해지기도 하고$\binom{절대적 확}{정기매매}$, 당사자의 의사표시에 의해 정해지기도 한다$\binom{상대적 확}{정기매매}$. 「매매의 성질에 의한 확정기매매」란 급부의 객관적 성질로 보아 목적물의 이용시기가 한정되거나 특히 이행시기가 중요한 의미를 갖는 매매를 말한다. 예컨대 계절상품$\binom{예:수}{영복}$이나 특정행사에 이용되는 상품$\binom{예:크리}{스마스}$$\binom{}{트리}$의 매매 등이 이에 해당한다. 환율변동의 위험$\binom{환리}{스크}$을 회피하기 위해 체결하는 선물환계약은 약정된 결제일에 이행되지 않으면 환리스크 회피라는 목적을 달성할 수 없으므로 성질상의 확정기매매라 할 수 있다$\binom{대법원 2003. 4. 8. 선}{고 2001다38593 판결}$.

「의사표시에 의한 확정기매매」란 계약시에 표시된 채권자의 주관적 동기에 비추어 이용시기가 한정되어 있음을 알 수 있는 매매를 말한다. 예컨대 선적기일이 정해져 있음을 알리고 수출상품을 주문하는 경우가 이에 해당한다$\binom{대법원 1995. 5. 26.}{선고 93다61543 판결}$. 단지 이행기일을 엄수할 것을 약속하는 것은 확정기매매라 할 수 없다. 판례는 확정기매매인지 여부는 「매매목적물의 가격 변동성, 매매계약을 체결한 목적 및 그러한 사정을 상대방이 알고 있었는지 여부 등을 종합하여 판단하여야 할 것」이라는 기준을 제시하고 있다$\binom{대법원 2009. 7. 9. 선}{고 2009다15565 판결}$.

3) 채무불이행    정기에 이행해야 할 급부의 채무자$\binom{주로}{매도인}$가 정기에 이행하지 않아야 한다. 그리고 이것이 채무자에게 귀책사유가 있는 등 일반 채무불이행의 요건을 구비하여야 한다.

4) 이행청구가 없을 것    채무불이행이 있더라도 채권자가 즉시 이행을 청구한 때에는 계약은 해제되지 아니한다. 이행이 지체되더라도 이행을 수령하는 것이 채권자에게 이익이 될 수도 있으므로 채권자에게 이행청구의 기회를 준 것이다.

(3) 효과

이상의 요건을 구비하여 확정기매매계약이 해제되면, 계약해제의 일반원리에 따라 계약은 소급하여 소멸하고, 채무자는 원상회복의무와 손해배상책임을 지게 된다$\binom{민 548조,}{551조}$.

## 4. 매수인의 검사·통지의무

### (1) 의의

민법의 일반원칙에 의하면 인도한 매매목적물에 하자가 있거나 수량이 부족한 경우 매수인이 이를 적극적으로 발견해야 할 의무는 없고, 언제든지 하자 또는 수량부족을 발견하면 매도인에게 담보책임을 물을 수 있다. 다만 매수인이 담보책임을 물을 수 있는 기간이 6월 또는 1년으로 제한되어 있을 뿐이다($\genfrac{}{}{0pt}{}{민\,582조,\,574}{조→573조}$). 그러나 이 원칙은 상품에 관해 전문적 지식을 갖춘 상인들 간의 매매에 적용하기에는 적당치 않다. i) 우선 상인들은 구입한 물건을 수령하는 즉시 조사하는 것이 통례임에도 불구하고 담보책임을 장기간 존속시키는 것은 상거래의 신속의 요청에 어긋나고, ii) 매수인으로 하여금 위 기간 중의 가격변동을 지켜보아 유리한 시기에 유리한 책임추궁을 할 수 있게 하여 매수인에게는 투기적 이익을 부여하는 한편, 그 이익을 매도인의 손실증가로 전가시키는 불공평을 빚고, iii) 매도인이 적기에 하자 있는 물건을 달리 처분하여 손실을 줄일 수 있는 기회를 박탈한다. 그리하여 상법은 매수인에게 매수한 물건의 신속한 검사를 요구하는 한편 매도인의 담보책임의 존속기간을 단기로 제한하고 있다. 즉 매수인은 목적물을 수령하면 지체없이 이를 검사하여야 하며 하자 또는 수량부족을 발견하면 즉시 매도인에게 그 통지를 발송하여야만 담보책임을 물을 수 있다($\genfrac{}{}{0pt}{}{69조}{1항\,전}$). 다만 즉시 발견할 수 없는 하자가 있을 경우에는 검사기간을 6월로 연장하고 ($\genfrac{}{}{0pt}{}{69조}{1항\,후}$), 매도인이 악의인 경우에는 이 특칙을 적용하지 아니한다($\genfrac{}{}{0pt}{}{69조}{2항}$).

이 특칙은 임의규정이므로 당사자의 특약으로 적용을 배제할 수 있다. 이 특칙을 배제한다는 명시의 특약이 없더라도 매도인이 매도한 물건의 품질을 수년간 보증한다거나 기타 상법 제69조 제1항에 따른 절차 없이도 매도인의 책임을 추궁할 수 있다고 해석되는 계약규정이 있다면 이 특칙을 배제한 것으로 보아야 한다($\genfrac{}{}{0pt}{}{대법원\,2008.\,5.\,15.}{선고\,2008다3671\,판결}$).

### (2) 요건

**1) 당사자**　　　상인 간에 상행위로서 행해진 매매에 한해 적용됨은 앞서 소개한 두 가지 특칙과 같다($\genfrac{}{}{0pt}{}{69조}{1항}$).

**2) 목적물의 인도**　　　목적물이 매수인에게 인도되어야 한다. 매수인이 목적물을 검사할 수 있는 상태가 되어야 하므로 목적물의 인도는 현실의 인도를 의미하고($\genfrac{}{}{0pt}{}{민\,188}{조\,1항}$), 매도인이 매수인에게 화물상환증을 교부하거나 기타 목적물반환청구권의 양도에 의해 인도($\genfrac{}{}{0pt}{}{민}{190조}$)한 상태에서는 본조를 적용할 수 없다.

**3) 목적물의 종류**　　　목적물은 특정물·불특정물을 가리지 아니하며, 부동산도 포함된다.

그러나 특정한 매수인의 수요를 만족시키기 위하여 제작한 불대체물을 공급하는 계약은 도급의 성질이 강하여 본조의 특칙을 적용할 수 없다. 예컨대 매수인만이 사용할 수 있는 규격으로 만들어지고 그 매수인의 이름이나 상표가 새겨져 있는 물품과 같이 전매가 불가능한 물건은 본조를 적용할 이유가 없다(대법원 1987. 7. 21.<br>선고 86다카2446 판결).

4) 하자　　　목적물에 하자가 있어야 한다. 물건에 하자가 있거나 수량이 부족한 경우 등 물리적 하자에 한하여 이 특칙이 적용된다. 권리의 하자는 목적물을 검사한다고 해서 발견할 수 있는 것이 아니므로 적용대상이 아니다.

5) 매도인의 선의　　　매도인이 악의인 경우에는 이 특칙을 적용하지 아니하고 민법의 일반원칙에 따라 해결한다. 「악의」라 함은 매도인이 목적물을 인도할 당시 목적물에 하자가 있거나 수량이 부족함을 알고 있음을 뜻한다.

(3) 의무의 내용

1) 검사의무　　　매수인은 목적물을 지체없이 검사하여야 한다. 목적물에 「즉시 발견할 수 없는 하자가 있는 때」에는 6월 내에 검사하여야 한다(69조<br>1항 후). 이는 하자의 성질상 즉시 발견되지 않는 경우를 뜻한다(예컨대, 사과의 내부가 썩은 경우: 대법원<br>1993. 6. 11. 선고 93다7174·7181 판결). 검사의 정도·방법은 일반적으로 상인에게 요구되고 있는 객관적인 주의를 기울여 선택하여야 하며, 목적물의 성질·수량 등에 따라 적절한 방법을 택하여야 한다.

2) 통지의무　　　매수인이 목적물을 검사하여 하자 또는 수량부족을 발견한 때에는 즉시 매도인에게 통지를 발송하여야 한다(발신<br>주의)(69조<br>1항 전). 목적물을 지체없이 검사하여 하자를 발견한 때에나 즉시 발견할 수 없어 6개월 내에 발견한 때에나 마찬가지로 즉시 통지하여야 한다. 통지의 발송에 대한 증명책임은 매수인이 진다.

(4) 효과

매수인이 검사·통지의무를 이행한 때에는 일반원칙에 따라 담보책임을 물을 수 있다. 그러나 매수인이 검사를 이행하지 아니한 경우에는 담보책임으로 인정되는 계약해제권·손해배상청구권·대금감액청구권(민 572<br>조, 574조) 등을 잃는다(69조<br>1항 전). 이와 같이 목적물의 검사·통지의무를 게을리한다고 하여 손해배상채무가 발생하는 것은 아니고 매수인이 자신의 권리를 상실하는 불이익을 입을 뿐이므로 불완전의무(간접<br>의무)이다.

다수설과 판례는 6월 이후에 발견한 하자에 관하여는 매도인이 담보책임을 면하는 것으로 해석하고 있다(대법원 1999. 1. 29.<br>선고 98다1584 판결).

## 5. 매수인의 보관·공탁의무

(1) 의의

상법 제69조에 따라 매수인이 계약을 해제한 경우 민법의 일반원칙에 의하면 매수인은 목적물을 매도인에게 반환해야 한다(민 548<br>조 1항). 그러나 원격지에 있는 상인들 간의 매매에도 이 원칙을 적용한다면 매도인은 목적물의 소재지에서 전매할 기회를 잃을뿐더러, 과중한 운반비에다 운송 중의 위험까지 부담하여야 한다. 매도인으로서는 어차피 처분을 예정했던 물건이므로 목적물의 소재지에서 처분하는 것이 비용과 손해를 최소화하는 길이다. 그래서 상법은 원격지의 매매에 한해, 목적물의 하자를 이유로 계약을 해제한 경우에도 매수인으로 하여금 목적물을 보관 또는 공탁하거나 경우에 따라 경매하게 하며($\frac{70조}{1항}$), 매수인이 인도받은 물건이 매매목적물과 다르거나 수량을 초과할 때에도 그 필요성은 같으므로 해제의 경우와 같은 방법으로 해결하고 있다($\frac{71}{조}$).

### (2) 요건

1) 당사자    본조의 보관·공탁의무는 제69조의 적용을 전제로 하므로 매도인과 매수인이 모두 상인이어야 하며, 매매는 쌍방에 대해 상행위이어야 한다.

2) 계약의 해제·수량초과 등    i) 목적물에 하자가 있거나 수량이 부족하여 매수인이 계약을 해제한 때($\frac{69조}{1항}$) 및 ii) 매수인이 인도받은 물건이 매매의 목적물과 상위하거나 수량이 초과된 경우($\frac{71}{조}$)에 적용된다. ii)의 경우는 계약의 해제를 요하지 않으며, 보관의무는 매매목적물과 상위한 물건 또는 초과한 부분에 대해서만 생긴다. 매수인이 목적물의 하자를 이유로 수령거절의 의사를 표하며 완전물의 급부를 청구할 경우에도 목적물이 상위한 경우로 보아 보관의무를 진다고 해석해야 한다.

3) 매도인의 선의    매도인에게 악의가 없어야 한다. 계약을 해제한 경우의 보관의무($\frac{70}{조}$)에 있어서는 제69조 제2항에 의해 매도인에게 악의가 없어야 함은 명백하지만, 목적물이 상위하거나 수량이 초과된 경우의 보관의무($\frac{71}{조}$)도 명문의 규정은 없으나 신의칙상 매도인이 선의인 경우에만 생긴다.

4) 인도장소의 요건    본조는 매매목적물에 대한 매도인의 관리·지배가 어려운 상황을 고려한 것이므로 목적물의 인도장소와 매도인의 영업소 또는 주소가 다른 서울특별시·광역시·시·군에 있을 것을 요한다. 그렇지 않고 두 장소가 동일한 서울특별시·광역시·시·군에 있는 때에는 적용하지 아니한다($\frac{70조}{3항}$). 이 경우에는 매도인이 용이하게 스스로 목적물을 회수할 수 있으므로 매수인에게 보관을 위한 부담을 줄 필요가 없기 때문이다.

인도장소가 매도인의 영업소와 다른 지역에 있는 한, 매도인의 영업소와 매수인의 영업소가 같은 지역에 있더라도 매수인이 보관의무를 지게 됨은 법문상 당연하다. 매도인의 영업소가 인도장소와 다른 지역에 있더라도 인도장소가 있는 지역에 매도인을 대신하여 목적물을 처리할 수 있는 대리인이 있다면 역시 본조를 적용할 필요가 없다.

### (3) 의무의 내용

1) 보관·공탁    매수인이 계약을 해제한 경우, 인도받은 물건이 매매목적물과 상위한 경우, 인도받은 물건이 계약상의 수량을 초과하는 경우에는 그 목적물을 보관 또는 공탁하여야 한다($\frac{70조, 1항}{본, 71조}$). 보관비용은 매도인의 부담으로 한다.

보관에 관해 매수인이 보수청구권($\frac{61}{조}$)을 갖는다는 것이 다수설이나, 본조의 보관의무는 법률에 의하여 인정되는 의무이므로 제61조의 적용대상이 아니라고 보아야 한다($\frac{同旨: 정준}{우 261; 정찬}$

$\overset{\text{형}}{_{249}}$).

**2) 경매**　　매수인이 보관하여야 할 목적물이 멸실 또는 훼손될 염려가 있는 때에는 법원의 허가를 얻어 경매하고 그 대가를 보관 또는 공탁하여야 한다($\overset{70조}{1항\,단}$). 이러한 경우의 경매를「긴급매각」이라 한다.

제67조 제1항에서는 매도인이 공탁과 경매 중 임의로 선택할 수 있었던 것과 달리, 본조에서는 경매를 2차적인 수단으로 하고 있음을 주의하여야 한다. 본조는 어디까지나 목적물의 보관에 초점을 두고, 경매는 부득이한 경우 차선의 방법으로 채택한 것이다.

매수인이 경매를 한 때에는 지체없이 매도인에게 통지를 발송하여야 한다($\overset{\text{발신주의}}{70조\,2항}$).

**(4) 의무위반의 효과**

매수인이 본조에 위반하여 보관 또는 공탁을 하지 아니하거나 목적물에 대한 주의를 게을리한 경우에는 매도인에게 손해배상책임을 진다. 목적물이 멸실 또는 훼손될 염려가 없는데도 불구하고 경매한 때에도 의무를 위반한 것이므로 손해배상책임을 진다. 한편 본조는 목적물이 멸실 또는 훼손될 염려가 있는 경우 경매를 매수인의 의무로 하고 있으므로 멸실·훼손의 염려가 있는데도 경매하지 않는다면 이 역시 의무위반으로서 매수인이 손해배상책임을 져야 한다.

# V. 유가증권

유가증권이란 재산권을 표창한 증서로서, 그 재산권의 발생·행사·이전의 전부 또는 일부가 그 증서에 의해 이루어지는 것을 말한다. 유가증권의 법률관계에 실정법적 규율이 필요함은 물론이나, 우리나라에는 유가증권 전반을 포괄하는 법률은 없고, 다만 민법에 지시채권과 무기명채권에 관한 일반규정이 있고, 어음에 관해 어음법, 수표에 관해 수표법이 있으며, 상법에 화물상환증($\overset{128조\sim}{133조}$)·창고증권($\overset{157조\sim}{159조}$)·선하증권($\overset{852조\sim}{862조}$)·주권($\overset{355조\sim}{360조}$)·채권($\overset{478조\sim480}{조\,기타}$)·신주인수권증서($\overset{420조의2\sim}{420조의4}$)·신주인수권증권($\overset{516}{조의5}$) 등 몇몇 유가증권의 법률관계의 일부를 규율하는 단편적인 규정만을 두고 있다. 그리고 상법은 유가증권의 통칙규정으로서 제65조 제1항에「금전의 지급청구권, 물건 또는 유가증권의 인도청구권이나 사원의 지위를 표시하는 유가증권에 대하여는 다른 법률에 특별한 규정이 없으면「민법」제508조부터 제525조까지의 규정을 적용하는 외에「어음법」제12조 제1항 및 제2항을 준용한다」라는 규정을 두고 있다. 이 조문이 상법에서 유가증권 일반에 관해 두고 있는 유일한 통칙적 규정이다. 이 규정에 의해 상법상의 유가증권은 각 증권에 특유한 관련 규정을 제외하고는 위 민법 및 어음법의 해당 규정에 의해 규율된다. 이어 상법 제65조 제2항은「제1항의 유가증권으로서 그 권리의 발생·변경·소멸을 전자등록하는 데에 적합한 유가증권은 제356조의2 제1항의 전자등록기관의 전자등록부에 등록하여 발행할 수 있다. 이 경우 제356조의2 제

2항부터 제4항까지의 규정을 준용한다」라고 규정하고 있다. 이는 2011년 개정상법에서 주식에 관해 전자등록제도를 도입하였는데, 다른 유가증권도 동 제도를 적용하여 전자등록의 방식으로 발행하고 양도할 수 있음을 선언한 것이다.

유가증권의 일반법리는 어음·수표와 관련하여 설명한다($^{819면\,이}_{하\,참조}$).

# 제 4 절 상호계산

## 1. 의의

「상호계산」이란 상시 거래관계에 있는 상인 간에 또는 상인과 비상인 간에 일정기간의 거래로 인한 채권·채무의 총액을 상계하고 그 잔액을 지급할 것을 약정하는 계약을 말한다($^{72}_{조}$). 예컨대 A와 B가 2022년 1월 1일부터 2022년 6월 30일까지를 상호계산기간으로 정하였다고 하자. 그리고 A가 B에 대해 2월 1일 100만원, 5월 1일 200만원의 채권을 취득하고, B가 A에 대해 3월 1일 150만원, 6월 1일 250만원의 채권을 취득하였다면 각각의 채권·채무가 발생할 때마다 변제하는 것이 아니라 2022년 6월 30일까지 변제를 보류하였다가 6월 30일에 가서 쌍방의 채권·채무의 잔액, 즉 B의 A에 대한 100만원의 채권을 확정하고 이를 지급하기로 하는 것이다.

## 2. 기능

1) 동일한 당사자 간에 채권·채무가 수회에 걸쳐 교차하는 일을 흔히 볼 수 있는데, 특히 상호 연관되는 업종을 영위하는 상인 간의 거래에서는 아주 빈번한 일이다. 이들 간에 채권·채무의 발생시마다 변제를 한다면 번거롭기도 하지만, 격지자간에서는 송금에 비용과 위험도 따른다. 이 경우 당사자들이 상호계산을 이용한다면 채권·채무를 통합·단일화시켜「결제의 편의」를 누릴 수 있다.

2) 상호계산은 부수적으로 당사자들에게「신용제공」의 기능을 한다. 즉 당사자들은 자신에게 발생한 개개의 채무의 변제를 계산기간의 종료시까지 미룰 수 있는 것이다.

3) 상호계산은「담보적 기능」을 한다. 채권의 발생시마다 변제한다면 A는 B에게 변제하였으나, B는 A에게 변제하지 아니하여 A가 불이익을 입는 일이 생기지만, 각 채권을 상호계산에 집어넣으면 A와 B는 각자 자기의 채권을 위해 자기의 채무($^{즉\,상대방}_{의\,채권}$)를 담보로 확보하는 셈이 되는 것이다.

### 3. 상호계산의 성질

상호계산은 당사자 쌍방의 채권·채무를 대등액의 범위에서 소멸시킨다는 점에서 민법상의 「상계」와 흡사하다. 그러나 민법상의 상계는 개별적 채권·채무를 소멸시키는 데 불과하지만 상호계산은 일정기간에 걸쳐 발생한 채권·채무를 포괄적으로 소멸시키는 점에서 다를 뿐 아니라, 상계는 당사자 일방의 「단독행위」인 반면 상호계산은 「계약」이라는 성질상의 차이도 있다.

### 4. 상호계산의 당사자

상호계산은 상시 거래관계가 있는 「상인 간」 또는 「상인과 비상인 간」에 맺는 계약이므로 당사자 중 일방은 상인이어야 한다. 상인인 당사자에게 있어서 상호계산은 그의 영업을 위하여 하는 것이므로 보조적 상행위($^{47}_{조}$)이다.

상호계산은 상시 거래관계에 있는 자 간에 체결하는 계약이지만, 계약체결 당시에 이미 상시 거래관계에 있어야 하는 것은 아니다. 장차 상시 거래관계가 있을 것을 예상하고 계약을 할 수도 있다.

### 5. 상호계산의 대상

상호계산의 대상은 「일정기간의 거래로 인한 채권·채무」이다.

1) 「일정기간」, 즉 상호계산기간은 당사자의 약정으로 정하고, 특약이 없으면 6월로 한다($^{74}_{조}$). 상호계산은 다수의 채권을 일괄하여 결제하는 제도이므로 동종의 채권이어야 하는 것은 당연하고, 특히 금전채권만을 대상으로 한다.

2) 상인 간의 또는 상인과 비상인 간의 거래로 발생한 채권·채무를 대상으로 하므로 적어도 어느 일방에 대해 상행위가 되는 거래로 인해 채권이 발생해야 한다.

3) 「거래」로 인해 발생한 채권이어야 하므로 사무관리·부당이득·불법행위 등으로 인해 생긴 법정채권 또는 제3자로부터 양수한 채권은 제외된다. 또한 어음채권과 같이 성질상 적기에 행사해야 하는 채권도 제외되며 담보부채권을 상호계산에 포함시키면 담보가 소멸하므로 이 역시 상호계산의 대상이 아니다. 이 밖에 당사자의 약정으로 특정거래를 상호계산에서 제외시키거나 상호계산을 특정 종류의 거래에 한정시키는 것도 무방하다.

### 6. 상호계산의 효력

#### (1) 소극적 효력(상호계산불가분의 원칙)

「소극적 효력」이란 상호계산기간 중의 각 채권·채무에 대한 효력을 말한다.

### 1) 당사자 간의 효력

i) 원칙      상호계산은 일정기간에 걸쳐 발생한 채권·채무의 총액을 상계하기 위해 설계된 제도이므로($^{72}_{조}$) 상호계산기간 중에 생긴 각 채권·채무는 독립성을 잃고 하나의 계산단위로 흡수된다. 이것을 「상호계산불가분」의 원칙이라 한다. 그 결과, i) 당사자는 상호계산에 계입된 채권을 임의로 분리시켜 개별적으로 행사하지 못하며, 이행청구에 응하지 아니하였다 하여 이행지체가 되는 것도 아니다. ii) 당사자는 상호계산에 계입되지 않은 다른 채권·채무를 가지고 상호계산에 계입된 채무·채권과 상계하지 못한다. iii) 따라서 개별 채권의 이행을 구하는 소를 제기할 수도 없다. iv) 이같이 개별 채권에 대한 권리행사가 불가능한 관계로 상호계산기간 중에는 시효가 진행하지 아니한다.

그러나 상호계산에 계입된 개개의 채권이 소멸하는 것은 아니다. 각 채권은 동일성을 유지하면서 존속하고 다만 기간이 종료할 때 상계될 뿐이다. 그러므로 당사자가 개별 채권의 존재를 확인하기 위한 소를 제기할 수 있고, 해제권·취소권 등 채권별로 존재하는 원인행위에 기한 권리를 행사할 수도 있다.

ii) 예외      상법은 상호계산불가분의 원칙에 대한 예외로서 상업증권상의 채권·채무를 규정하고 있다. 즉 어음 기타 상업증권으로 인한 채권·채무를 상호계산에 계입한 경우에 그 증권채무자가 변제하지 아니한 때에는 당사자는 그 채무의 항목을 상호계산에서 제거할 수 있다($^{73}_{조}$). 상호계산불가분의 예외가 되는 것은 상업증권의 대가뿐이고, 증권상의 권리 자체는 그 행사시기가 일정한 까닭에 처음부터 상호계산의 대상이 될 수 없다.

### 2) 제3자에 대한 효력

상호계산의 소극적 효력은 제3자에게도 미치느냐에 대해 견해가 대립한다.

i) 절대적 효력설      상호계산에 계입된 채권은 독립성을 잃으므로 당사자 일방이 개개의 채권을 양도·입질하더라도 제3자($^{양수인}_{질권자}$)의 선의·악의를 불문하고 무효이며 당사자 일방의 제3채권자는 상호계산에 계입된 채권을 압류할 수 없다고 한다($^{최;김}_{254}$).

ii) 상대적 효력설      상호계산은 당사자의 계약관계이므로 상호계산불가분의 원칙은 당사자의 의사표시에 의해 처분을 금지하는 것에 지나지 않고, 당사자 일방이 이를 위반하여 개별 채권을 양도·입질하더라도 상대방에 대한 손해배상책임을 질 뿐, 선의의 제3자에 대하여는 무효를 주장할 수 없다고 한다($^{민\ 449}_{조\ 2항}$). 그리고 당사자 일방의 제3채권자는 선의·악의를 불문하고 채권을 압류할 수 있다고 한다. 통설의 입장이다.

### (2) 적극적 효력

적극적 효력이란 상호계산기간이 만료됨으로 해서 생기는 효력을 말한다.

### 1) 잔액채권의 성립

i) 상호계산기간이 경과하면 기간 중에 생긴 채권·채무는 상계되어 소멸하고 그 결과 잔액채권이 성립한다. 잔액채권은 기간 중의 각 채권·채무의 합산이므로 기간중의 채권·

채무에 대해 유인성을 갖는다.

ii) 기간의 경과로 잔액채권이 성립되면 당사자 일방이 그 채권자가 되어 이를 행사할 수 있고, 이때부터 소멸시효가 진행한다. 그리고 채권자의 제3채권자는 이 잔액채권을 압류할 수 있다.

iii) 잔액채권의 성립으로 기간 중의 채권·채무는 소멸하는데, 통설은 이를 경개($\frac{민}{500조}$)로 보고 구채무의 담보권·보증채무도 함께 소멸한다고 한다.

iv) 잔액채권에 대하여는 계산폐쇄일부터 연 6분의 법정이자가 발생한다($\frac{76조}{1항}$). 한편 당사자는 각 채권을 상호계산에 계입한 날로부터 이자를 붙일 것을 약정할 수 있는데($\frac{76조}{2항}$), 이 경우에는 계산폐쇄일 이후 법정이자와 약정이자가 동시에 발생한다($\frac{흙}{릐}$)($\frac{통}{설}$).

### 2) 계산서의 승인의 효력

i) 승인의 의의  상호계산기간이 종료하면 당사자는 계산서를 작성하여 이를 승인하는 절차를 밟는다. 보통 당사자 일방이 각 채권·채무와 그 잔액을 기재한 서면을 상대방에게 제시하고 그가 동의하는 방식을 취한다. 승인은 묵시적으로 행해질 수도 있다. 승인은 후술과 같이 무인성을 갖는 잔액채권을 창설하는 행위이므로 계약이다($\frac{통}{설}$).

ii) 승인의 효과  당사자가 계산을 승인하면 계산서에 기재된 각 항목의 채권·채무에 대하여 이의를 제기하지 못한다($\frac{75조}{본}$). 계산서의 승인은 상호계산에 계입된 각 채권·채무에 대한 승인의 뜻도 당연히 포함한다고 볼 것인데, 이를 번복하고 새로이 개별 채권·채무의 효력을 다툰다면 상호계산에 계입된 모든 채권·채무의 이행관계에 혼란이 생기기 때문이다.

「각 항목에 대하여 이의를 제기하지 못한다」고 함은 각 항목을 이루는 채권·채무의 금액을 다투지 못함은 물론 매매 등 그 발생원인이 되는 행위의 무효·취소 등으로 채권이 존재하지 않더라도 이를 주장하지 못한다는 뜻이다.

iii) 착오·탈루의 효과  제75조 단서는 「그러나 착오나 탈루가 있는 때에는 그러하지 아니하다」라고 규정한다. 이 규정은 계산서의 승인시에 「착오와 탈루의 경우를 제외하고」($\frac{S. E. \& O. = salvo}{errore\ et\ ommissione}$)라는 표현을 부기하는 외국의 관행을 조문화한 것으로서 민법상의 무효·취소사유 이외의 별다른 무효·취소사유를 규정한 것은 아니다($\frac{통}{설}$).

## 7. 상호계산의 종료

### 1) 일반적인 종료원인
상호계산은 존속기간의 만료 기타 계약의 일반적인 종료원인에 의해 종료한다. 상호계산의 존속기간은 「상호계산기간($\frac{74}{조}$)」과 구별하여야 한다. 전자는 계약의 존속기간이므로 그 기간이 만료하면 계약이 소멸하나, 후자는 채권·채무의 상호계산계입의 단위가 되는 기간이므로 이 기간이 만료한다 하여 상호계산계약 자체가 소멸하는 것은 아니다. 그 밖에 다음과 같은 상호계산의 특별한 종료사유가 있다.

2) **해지** 당사자는 언제든지 상호계산을 해지할 수 있다($^{77조}_{전}$). 상호계산은 쌍방의 신용을 기초로 하는 계약이므로 일방의 신용이 악화되었을 때 상대방이 신속히 권리를 행사할 수 있도록 배려한 것이다.

3) **거래관계의 종료** 상호계산은 상시 거래관계에 있는 자들 간의 결제방법이므로 거래관계가 마감되면 상호계산 역시 종료하는 것으로 보아야 한다.

4) **기타** 상호계산은 당사자 일방의 파산, 회생절차의 개시에 의해서도 종료한다($^{회파 125조 1}_{항, 343조 1항}$). 이 경우 역시 상호계산의 기초가 되는 신용에 중대한 변화가 오기 때문이다.

# 제 5 절 익명조합

## Ⅰ. 의의

「익명조합」이라 함은 당사자의 일방($^{익명조}_{합원}$)이 상대방($^{영업}_{자}$)의 영업을 위해 출자하고 상대방은 이에 대해 그 영업으로 인한 이익을 분배할 것을 약정하는 계약이다($^{78}_{조}$). 이 계약에 의해 익명조합원은 영업자에게 출자할 의무와 이익을 분배받을 권리를 가지며, 영업자는 익명조합원이 출자한 재산을 가지고 자기의 영업을 할 권리·의무 및 이익을 분배할 의무를 갖는다. 익명조합은 상법이 인정하고 있는 공동기업의 한 형태이나, 공동기업으로서의 의의는 익명조합원과 영업자의 내부조직에서 찾을 수 있을 뿐이고 대외적으로는「영업자의 단독기업」으로 나타난다는 데에 그 특색이 있다.

2인 이상의 자연인이 법인이 아닌 형태로서 공동사업을 한다면 민법상의 조합($^{민}_{703조}$)을 이용할 수도 있다. 그러나 민법상의 조합에서는 조합원 전원이 조합채무에 대해 무한책임($^{민}_{712조}$)을 지는데 반해, 익명조합의 익명조합원은 영업으로 인한 대외적인 채무에 대해 책임을 지지 않고, 민법상의 조합에서는 조합원이 전부 업무집행에 관여하지만($^{민 706}_{조 3항}$), 익명조합의 익명조합원은 업무집행에 관여하지 못하므로 영업자는 익명조합원으로부터 자본을 조달하되 경영의 간섭은 받지 않을 수 있다. 익명조합은 이같이 공동기업의 당사자의 상이한 수요를 충족할 수 있는 기업형태이다.

## Ⅱ. 익명조합의 요소

1) **당사자** 익명조합은 쌍방 당사자의 계약으로서, 당사자 일방은 출자를 하는 자, 즉 익명조합원이 되고 타방은 그 출자를 받아 영업을 하는 자, 즉 영업자가 된다.

영업자는 익명조합계약에 의하여 향후 영업을 수행해야 하므로 그 전에는 상인이 아니었더라도 조합계약 이후에는 상인이 된다. 이에 반하여 익명조합원은 조합계약 후에도 상인신분을 요하지 않을 뿐더러 조합계약에 의해 상인자격을 취득하는 것도 아니다.

2) **익명조합의 목적**    익명조합은 익명조합원이 영업자의 「영업」을 위해 「출자」하고 영업자는 익명조합원에게 영업으로 인한 「이익을 분배」할 것을 목적으로 한다.

i) 영업    익명조합의 영업은 특정되어야 한다. 막연히 영업자가 수익성이 있는 사업을 하여 이익을 분배한다는 식의 약정은 익명조합이 아니다. 또 익명조합은 지속적인 영업을 위한 것이므로 1회적인 거래에 출자하는 것은 상법상의 익명조합이라 할 수 없다.

ii) 이익의 분배    이익의 분배는 익명조합원이 출자하는 동기이므로 익명조합의 핵심적인 요소이다. 이익의 분배란 영업의 성과에 따라 이루어지므로 불확정적이다. 그러므로 영업성적에 불구하고 정기적으로 일정액을 지급하기로 한다든지 매출액의 일부를 지급하기로 하는 공동사업은 익명조합이 아니다($\binom{\text{대법원 1983. 5. 10.}}{\text{선고 81다650 판결}}$).

## Ⅲ. 익명조합의 효력

### 1. 내부관계

1) **출자**    익명조합원은 조합계약에서 정한 바에 따라 출자의무를 부담한다($\binom{78}{조}$). 영업자도 자신의 영업을 위해 일정한 지출을 할 수 있으나, 그것은 자기의 영업을 위한 것이므로 공동기업에 대한 출자라는 의미는 없다. 익명조합은 익명조합원의 자본참가를 전제로 한 제도이므로 금전이나 재산출자에 한하며, 노무출자나 신용출자는 할 수 없다($\binom{86조}{\rightarrow272조}$).

출자한 재산은 영업자의 재산으로 귀속되므로($\binom{79}{조}$) 익명조합원은 재산의 종류별로 등기·인도 등 재산권의 이전에 필요한 절차를 갖추어야 한다.

2) **영업의 수행**    영업은 영업자가 단독으로 수행하며, 익명조합원은 영업에 관한 업무를 집행하지 못한다($\binom{86조}{\rightarrow278조}$). 익명조합원이 영업자를 대리하여 업무를 집행하는 것도 익명조합의 취지에 반한다.

영업의 수행은 영업자의 의무이기도 하므로, 익명조합원은 영업자에 대하여 영업을 개시하고 계속할 것을 청구할 권리를 갖는다.

영업자가 동종영업을 따로 행한다면 익명조합원과 이익충돌의 결과를 빚을 것이 명백하므로 영업자는 경업금지의무를 진다고 보아야 한다($\binom{통}{설}$). 반대로 익명조합원은 경업금지의무를 지지 아니한다. 익명조합원은 영업에서 소외되어 있으므로 이익충돌의 염려가 없기 때문이다.

3) **익명조합원의 감시권**    익명조합원은 영업에의 관여가 배제되므로 영업자의 전횡으로부터 자신의 이익을 지킬 수단이 필요하다. 그러므로 상법은 합자회사의 유한책임사원

의 감시권을 익명조합원에 준용하고 있다($\frac{86조}{\to277조}$).

4) **손익분배**    익명조합원은 이익을 배당받을 권리 및 손실을 분담할 의무를 갖는다. 이익 또는 손실이라는 것은 익명조합원의 출자액을 기준으로 하여 영업으로 인한 순재산의 증가 또는 감소를 뜻한다.

i) **이익의 분배**    이익배당은 출자의 대가를 이루며, 출자와 더불어 익명조합의 본질적인 요소이다. 따라서 익명조합원은 이익의 발생과 동시에 당연히 배당청구권을 갖는다. 익명조합원과 영업자 간의 이익의 분배비율은 조합계약에 의해 정해지는 것이 원칙이나, 이에 관해 정함이 없으면 민법상의 조합에서의 이익분배원칙($\frac{민}{711조}$)을 유추적용하여 각자의 출자가액에 비례하여 정해진다($\frac{통}{설}$).

ii) **손실의 분담**    손실분담은 익명조합의 요소가 아니므로 당사자 간의 특약으로 익명조합원이 전혀 손실을 분담하지 않을 수도 있다($\frac{82조}{3항}$). 그러나 손실분담은 공동기업의 보편적인 원칙이므로 특약이 없는 한 익명조합원은 손실을 분담하여야 한다. 손실의 분담비율은 다른 약정이 없으면 이익의 분배비율과 동일한 것으로 추정한다($\frac{민\ 711}{조\ 2항}$).

익명조합원의 손실분담이란 실제로 재산을 출연하여 손실을 전보하는 의미는 아니고 익명조합원의 출자액이 감소됨을 뜻한다. 그리하여 익명조합원의 출자가 손실로 인해 감소된 때에는 그 손실이 전보된 후가 아니면 이익배당을 청구하지 못한다($\frac{82조}{1항}$). 한편 이미 배당받은 이익을 반환할 필요는 없다($\frac{82조}{2항}$).

5) **지위의 전속성**    익명조합원의 출자는 영업자에 대한 고도의 신뢰를 전제로 한 것이므로 특약이 없는 한 영업자가 그 지위를 타인에게 양도할 수 없음은 물론이고 상속·합병에 의해서도 이전되지 아니한다. 익명조합원도 특약이 없는 한 그 지위를 양도할 수 없다($\frac{통}{설}$).

## 2. 외부관계

1) **출자재산의 귀속**    제79조는 「익명조합원이 출자한 금전 기타 재산은 영업자의 재산으로 본다」고 규정하고 있다. 이 규정은 익명조합원과 영업자의 내부관계에서 영업자가 관리·처분권을 갖는다는 의미도 있지만, 제3자와의 관계에서 더욱 의미가 크다. 즉 출자한 재산은 전부 영업자의 영업재산으로 편입되어 영업상의 채권자에 대한 책임재산을 구성하게 되는 것이다. 반면 익명조합원의 채권자는 이 재산에 대해 압류할 수 없다. 그러나 익명조합원이 영업자에게 갖는 이익배당청구권 및 조합계약을 해지함으로써 발생하는 출자가액의 반환청구권은 압류가 가능하다.

2) **영업상의 권리·의무**    익명조합에 의한 영업은 대외적으로는 영업자의 단독의 영업이므로 영업상의 거래로 인한 모든 권리·의무는 영업자에게 귀속되고 익명조합원은 거래상대방에 대해 권리나 의무가 없다. 그래서 거래상대방에 대하여 채권을 행사할 수 없

는 반면, 영업상의 채무에 대하여 책임을 지는 바도 없다. 다만 익명조합원이 영업자에게 자기의 성명 또는 상호를 사용할 것을 허락한 경우에는 그 영업이 익명조합원의 영업인 것으로 오인하고 거래한 제3자를 보호해야 하므로 익명조합원은 그 사용 이후의 영업상의 채무에 대하여 영업자와 연대하여 변제할 책임을 진다($\frac{81}{조}$).

## Ⅳ. 익명조합의 종료

### (1) 종료사유

익명조합은 계약이므로 계약의 일반적인 종료사유로 종료한다. 그리고 익명조합은 일정기간 계속적인 영업을 목적으로 하므로 존속기간을 정하는 것이 일반적인데, 이 기간의 만료로 역시 종료한다. 그 밖에 상법은 다음과 같은 종료사유를 두고 있다.

1) **계약의 해지**　　당사자는 상대방의 채무불이행을 원인으로 하여 익명조합계약을 해지할 수 있음은 물론이나($\frac{민}{543조}$), 채무불이행이 없더라도 다음과 같은 경우 해지할 수 있다.

i) 조합계약으로 익명조합의 존속기간을 정하지 아니하거나 존속기간을 어느 당사자의 종신까지로 약정한 때에는 각 당사자는 6월 전에 상대방에게 예고하고 영업년도 말에 계약을 해지할 수 있다($\frac{83조}{1항}$).

ii) 부득이한 사유가 있을 때에는 존속기간의 약정에 불구하고 각 당사자는 언제든지 계약을 해지할 수 있다($\frac{83조}{2항}$).「부득이한 사유」란 영업자의 재산상태가 악화되는 등 동업관계를 계속하기 어려운 경우를 말한다.

2) **당연종료사유**　　다음과 같은 사실이 발생하면 조합계약은 당연히 소멸한다.

i) 영업의 폐지 또는 양도($\frac{84조}{1호}$)　　이 경우에는 더 이상 익명조합의 목적을 달성할 수 없으므로 조합계약이 소멸한다.

ii) 영업자의 사망 또는 성년후견 개시($\frac{84조}{2호}$)　　익명조합에서는 영업자의 신용이 매우 중요하므로 그 지위는 상속의 대상이 될 수 없으며, 또 영업자의 성년후견이 개시된다면 영업의 수행 자체가 불가능하므로 조합계약이 소멸한다.

iii) 영업자 또는 익명조합원의 파산($\frac{84조}{3호}$)　　영업자가 파산한 경우에는 영업이 불가능하며, 익명조합원이 파산한 경우에는 출자를 회수해야 하므로 익명조합이 지속될 수 없다.

### (2) 종료의 효과

조합계약이 종료하면 영업자는 익명조합원에게 출자의 가액을 반환하여야 한다($\frac{85조}{본}$). 종료 당시 이익이 있으면 출자의 반환과 별도로 이익을 분배해야 한다. 출자가 손실로 인해 감소된 때에는 그 잔액을 반환하면 된다($\frac{85조}{단}$). 그러나 익명조합원이 손실을 부담하지 않기로 하는 특약이 있다면($\frac{82조}{3항}$) 그에 따라 출자의 가액 전액을 반환하여야 한다.

반환하는 것은 출자의 「가액」이다. 출자한 재산은 영업자의 재산으로 귀속되기 때문이다($\frac{79}{조}$). 그러므로 현물출자를 한 때에는 금전으로 평가한 가액을 반환하여야 한다.

# 제 6 절 합자조합

## Ⅰ. 의의

### 1. 개념

합자조합이란 조합의 업무집행자이며 조합의 채무에 대하여 무한책임을 지는 조합원과 출자가액을 한도로 유한책임을 지는 조합원이 상호출자하여 공동사업을 경영할 것을 약정함으로써 성립하는 상법상의 조합이다($\frac{86조}{의2}$).

1) 합자조합은 2인 이상이 출자하여 공동사업을 할 것을 약정하는 계약이므로 기본적으로 민법상의 조합이다($\frac{민}{703조}$). 다만 이에 더하여 합자조합은 영업조직으로서 몇 가지의 추가적인 속성을 갖추고 있으므로 그에 부합하는 특칙을 상법이 마련해 놓고 있다. 상법의 특칙에 의해 배제되지 않는 한 민법의 조합에 관한 규정이 적용된다.

2) 합자조합은 조합채무에 관해 무한책임을 지는 사원과 유한책임을 지는 사원으로 구성된다는 점에서 조합원 전원이 무한책임을 지는 일반 조합과 다르다.

3) 합자조합의 업무집행은 원칙적으로 무한책임조합원이 담당한다. 영업을 자신의 권한으로 영위하면서 동시에 영업에 관한 무한한 위험을 부담하는 적극적인 기능자본가와 제한된 위험하에서 타인의 수익활동에 영리성을 의존하는 소극적 자본가의 결합이 바로 합자조합이라고 표현할 수 있다.

4) 합자조합은 상법상의 영업조직으로서 조합원들이 수행하는 공동사업이란 「영업」을 말한다. 따라서 조합이 수행하는 공동사업이 기본적 상행위일 때에는 물론 기본적 상행위가 아닐 때라도 조합원들은 상인이 된다($\frac{5조}{1항}$).

### 2. 기능

최근 지식기반경제의 발달로 산업경쟁력의 원천이 물적 자산으로부터 인적 자산으로 이동하는 경향이 있다. 합자조합은 이러한 산업구조의 변화에 따라 생겨나는 새로운 기업조직의 수요에 응하여 2011년 개정상법이 유한책임회사와 더불어 신설한 기업형태이다. 벤처기업과 같이 창의적인 인적 자산을 위주로 하는 사업의 창업자들이 희망하는 기업형태는, i) 창업자가 단독으로 자유롭게 경영할 수 있거나, 타인과 같이 하더라도 구성원 간에 강한 유대를 갖는 인적 집단으로 운영할 수 있는 동시에, ii) 창업자들이 기업실패로 인한 위험을 최대한 줄일 수 있는 기업조직이라고 할 수 있다. 이러한 기업조직을 법률적으로 수용한다면 조합과 같은 성격의 내부조직을 유지하면서 공동사업에 참가하는 기업가들의 일부 또는 전부가 유한책임을 지는 것이라 하겠다. 합자조합은 유한책임회사와 더불어 2011년 개정 상법에 의해 신설되었는데, 이상의 수요를 충족시키기 위해 무한책임을 지는 구성원과 유한책임을 지는 구성원으로 혼성되는 비법인 단체로서 만들어졌다.

## Ⅱ. 조합계약의 성립

합자조합은 구성원들 간의 계약에 의하여 성립한다. 「합자조합」이란 이 계약 자체를 지칭하기도 하고, 동 계약에 의해 형성되는 단체를 지칭하기도 한다.

### (1) 당사자

합자조합은 무한책임조합원과 유한책임조합원이 각각 1인 이상으로 구성되어야 한다. 회사 또는 비영리법인도 합자조합의 유한책임조합원이 될 수 있음은 물론이고, 합자조합에는 상법 제173조($\substack{회사는~다른~회사의~무한 \\ 책임사원이~되지~못한다}$)와 같은 제약이 없으므로 회사가 무한책임조합원이 될 수도 있다.

### (2) 계약의 요식적 내용

합자조합의 책임관계 및 업무집행자에 관한 계약내용은 조합원들 사이에서만이 아니라 타인의 권리의무에도 영향을 미치므로 확실하고 명확해야 한다. 따라서 상법은 계약에서 다루어야 할 사항을 법정하고, 조합원들의 의사를 분명히 하기 위해 각자 기명날인 또는 서명하게 한다($\substack{86조 \\ 의3~본}$). 구체적인 계약사항은 다음과 같다($\substack{86조의3 \\ 1호~13호}$).

**1) 목적**　　조합이 수행할 공동사업의 내용을 말한다. 조합은 권리능력이 없으니, 목적에 조합의 능력범위를 정하는 의미는 없고, 대내외적으로 업무집행자의 권한의 범위를 정하는 의미가 있다.

**2) 명칭**　　조합의 명칭을 기재해야 한다. 이는 조합원들이 영업에 사용하는 명칭이므로 상호로서의 보호대상이며, 동시에 상호에 관한 제약을 받는다($\substack{20조 \\ 이하}$).

**3) 업무집행조합원의 성명 또는 상호, 주소 및 주민등록번호**

**4) 유한책임조합원의 성명 또는 상호, 주소 및 주민등록번호**

**5) 주된 영업소의 소재지**　　각 조합원에 대해 상법상의 영업소가 된다. 그리하여 조합원에 대한 영업상의 채무는 합자조합의 영업소에서 이행해야 하고($\substack{민~467조 \\ 2항~단}$), 조합원에 대해 소를 제기할 때에는 조합의 영업소 소재지를 관할하는 법원에 특별재판적이 있으며($\substack{민소 \\ 12조}$), 조합의 영업소는 조합원에 대한 송달장소가 된다($\substack{민소~183 \\ 조~1항}$).

**6) 조합원의 출자에 관한 사항**

7) 조합원에 대한 손익분배에 관한 사항

8) 유한책임조합원의 지분의 양도에 관한 사항

9) 둘 이상의 업무집행조합원이 공동으로 합자조합의 업무를 집행하거나 대리할 것을 정한 경우에는 그 규정

10) 업무집행조합원 중 일부 업무집행조합원만 합자조합의 업무를 집행하거나 대리할 것을 정한 경우에는 그 규정

11) 조합의 해산시 잔여재산 분배에 관한 사항

12) 조합의 존속기간이나 그 밖의 해산사유에 관한 사항

13) 조합계약의 효력 발생일

이상 계약사항 중 1) 내지 6)은 합자조합계약이 유효하기 위한 최소한의 요건이지만, 7) 내지 12)는 조합계약에서 정하지 않더라도 민법규정을 보충적으로 적용하여 해결할 수 있으므로 임의적 기재사항이다. 13) 역시 당사자의 의사해석의 문제로 다루어 효력발생일을 정할 수 있으므로 이를 결했다고 해서 조합계약을 무효로 볼 것은 아니다.

### (3) 등기

1) 등기사항    상법이 상인에게 등기할 것을 요구하는 사항은 제3자의 이해에 영향을 미칠 수 있는 사항이다. 상법 제86조의3이 정하는 조합계약에서 다루어야 할 사항 중 제1호 내지 제5호, 제9호와 제10호, 제12호, 제13호, 그리고 출자에 관한 사항은 제3자 특히 채권자의 이해에 직결되는 문제라고 보아 등기사항으로 정하고 있다($\binom{86조의4}{1항}$).

조합의 영업소를 이전하는 경우에는 구영업소 소재지에서 신영업소 소재지와 이전연월일을 등기하고 신소재지에서 위 등기사항을 등기하여야 한다($\binom{86조의8\ 1항}{\rightarrow182조\ 1항}$).

2) 유한책임조합원의 등기    상법 제86조의4 제1항 제1호는 「유한책임조합원의 성명 또는 상호 및 주소, 주민등록번호」를 등기사항으로 열거하되, 「유한책임조합원이 업무를 집행하는 경우에 한정한다」라는 조건을 붙이고 있다. 문언대로라면 유한책임조합원이 업무를 집행하지 않는 한 등기할 필요가 없다.

3) 미등기·부실등기의 효과    등기할 사항 중 특히 중요한 것은 조합원의 책임의 유형이다. 책임관계에 관해 등기할 사항을 등기하지 않거나 부실등기한 경우에는 선의의 제3자에게 대항하지 못한다. 예컨대 무한책임조합원이 탈퇴를 했음에도 등기를 게을리한 경우에는 동 조합원은 선의의 채권자에 대해서는 탈퇴 이후의 조합채무에 대해서도 무한책임을 져야 할 것이며($\binom{37조}{1항}$), 유한책임조합원이 무한책임조합원으로 잘못 등기되었을 경우 그 조합원은 유한책임조합원이라는 사실을 선의의 제3자에게 대항하지 못한다($\binom{39}{조}$).

## Ⅲ. 내부관계

### 1. 업무집행

#### (1) 업무집행권

합자조합의 업무집행은 업무집행조합원이 행한다($^{86조의5}_{1항}$). 그리고 업무집행조합원은 무한책임사원이 된다. 이에 추가하여 조합원이 아닌 자도 업무집행에 관여할 수 있느냐는 문제와 유한책임조합원도 업무집행에 관여할 수 있느냐는 의문이 제기된다.

제3자의 업무집행에 관해 명문의 규정은 없지만, 상법이 합자조합의 업무집행자를 가리키는 용어로서 「업무집행조합원」이라는 용어를 쓰고 있음을 볼 때 업무집행은 조합원만이 할 수 있다고 보아야 한다.

상법 제86조의2의 법문상으로는 무한책임조합원만이 업무집행권을 갖는다는 것이 자연스러운 해석이지만, 제86조의4 제1항 제1호에서는 유한책임조합원도 업무집행조합원이 될 수 있음을 전제로 하고 있다. 합자조합은 법인이 아닌 이상 관리조직에 자율성을 부여하는 것이 바람직하므로 조합계약이나 전원의 합의에 의해 유한책임조합원이 업무를 담당하는 것은 무방하다고 본다.

#### (2) 업무집행의 방법

1) 각자 집행의 원칙   업무집행조합원은 조합계약에 다른 규정이 없으면 각자가 합자조합의 업무를 집행하고 대리할 권리와 의무가 있다($^{86조의5}_{1항}$).

2) 다수결에 의한 집행   둘 이상의 업무집행조합원이 있는 경우, 그 각 업무집행조합원의 업무집행에 관한 행위에 대하여 다른 업무집행조합원의 이의가 있는 경우에는 그 행위를 중지하고 업무집행조합원 과반수의 결의로 정하여야 한다($^{86조의5}_{3항}$). 이때의 과반수란 조합원의 인원을 기준으로 하는 다수결을 의미한다. 조합계약으로 다른 처리방법을 정할 수도 있다($^{동}_{조항}$).

3) 공동집행   조합계약으로 둘 이상의 업무집행조합원이 공동으로 합자조합의 업무를 집행하도록 할 수도 있다($^{86조의3}_{9호}$). 공동의 업무집행은 후술하는 공동대리에서 보다 큰 의의를 갖는다.

4) 업무집행권의 제한적 귀속   무한책임조합원이 수인 있을 때에는 그중 일부에게만 업무집행권을 부여할 수 있다($^{86조의3}_{10호}$).

#### (3) 업무집행의 범위

상법 제86조의5 제1항에 따라 업무집행조합원 각자가 할 수 있는 업무란 합자조합의 통상적인 업무를 뜻한다($^{민\ 706}_{조\ 3항}$). 통상적이 아닌 업무는 업무집행조합원의 과반수로서 결정해야 한다($^{민\ 706}_{조\ 2항}$).

### (4) 업무집행조합원의 주의의무

업무집행조합원은 선량한 관리자의 주의로써 합자조합의 업무를 집행하여야 한다($^{86조의5}_{2항}$). 업무집행은 업무집행조합원의 권리이자 신분으로 인한 의무이므로 업무집행조합원은 수행한 업무집행에 관해 별도의 보수를 청구할 수 없음이 원칙이나, 조합계약으로 달리 정할 수 있다.

### (5) 직무집행정지

합자조합의 업무집행조합원의 업무집행을 정지하거나 직무대행자를 선임하는 가처분을 하거나 그 가처분을 변경·취소하는 경우에는 본점 및 지점이 있는 곳의 등기소에서 이를 등기하여야 한다($^{86조의8\ 2항}_{→183조의2}$).

직무대행자는 가처분명령에 다른 정함이 있거나 법원의 허가를 얻은 경우 외에는 합자조합의 통상업무에 속하지 아니한 행위를 하지 못한다($^{86조의8\ 2항}_{→200조의2\ 1항}$). 직무대행자가 이에 위반한 행위를 한 경우에도 합자조합원들은 선의의 제3자에 대하여 책임을 진다($^{86조의8\ 2항}_{→200조의2\ 2항}$).

### (6) 업무집행의 감시

유한책임조합원은 업무집행에서 소외되므로 업무집행조합원의 전횡으로부터 자신의 이익을 지킬 수단이 필요하다. 이를 위해 상법은 합자회사에서 유한책임사원이 갖는 감시권을 합자조합의 유한책임조합원에 준용하고 있다($^{86조의8\ 3}_{항→277조}$). 구체적인 내용은 익명조합원이 영업자에 대해 갖는 감시권과 같다($^{281면}_{참조}$).

## 2. 출자와 손익분배

**1) 출자**　　　조합계약에서 조합원의 출자에 관한 사항을 규정해야 한다($^{86조의3}_{6호}$). 조합계약으로 달리 정하지 않는 한 유한책임조합원은 신용 또는 노무를 출자할 수 없다($^{86조의8\ 3}_{항→272조}$).

**2) 손익분배**　　　합자조합계약에서 조합원에 대한 손익분배에 관한 사항을 정하도록 할 뿐($^{86조의3}_{7호}$), 상법에서 구체적인 방법은 정하지 않았으므로 민법상의 조합에 관한 규정이 준용된다($^{86조의8}_{4항\ 본}$). 예컨대 이익 또는 손실 중 어느 하나에 관해서만 분배의 비율을 정한 때에는 그 비율은 이익과 손실에 공통된 것으로 추정하며($^{민\ 711}_{조\ 2항}$), 조합계약에서 손익분배비율을 전혀 정하지 않은 경우에는 조합원의 손익분배의 비율은 각 조합원의 출자가액에 비례하여 정한다($^{민\ 711}_{조\ 1항}$).

## 3. 경업금지와 자기거래제한

**1) 경업금지**　　　업무집행조합원은 다른 조합원의 동의가 없으면 자기 또는 제3자의 계산으로 합자조합의 영업부류에 속하는 거래를 하지 못하며, 동종영업을 목적으로 하는 다른 회사의 무한책임사원 또는 이사가 되지 못한다($^{86조의8\ 2항}_{→198조\ 1항}$).

업무집행조합원이 이에 위반하여 경업 또는 겸직을 한 경우 합자조합의 다른 조합원들이 개입권을 행사할 수 있고, 손해배상을 청구할 수 있는 것($\to^{86조의8\ 2항}_{198조\ 2항\cdot3항}$)은 상업사용인의 경업금지에 관해 설명한 것과 같다($^{57면\ 이}_{하\ 참조}$). 다만 개입권은 다른 조합원 과반수의 결의에 의하여 행사하여야 하며 다른 조합원의 1인이 그 거래를 안 날로부터 2주간을 경과하거나 그 거래가 있은 날로부터 1년을 경과하면 소멸한다($^{86조의8\ 2항}_{\to198조\ 4항}$). 경업금지의 내용에 관하여는 조합계약으로 달리 정할 수 있다($^{86조의8}_{2항\ 단}$).

유한책임조합원에 대해서는 경업금지가 적용되지 않는다($^{86조의8}_{3항\to275조}$). 업무집행에서 배제되므로 조합의 기회를 유용할 가능성이 적기 때문이다.

2) 자기거래의 제한    조합원은 다른 조합원의 과반수의 결의가 있는 때에 한하여 자기 또는 제3자의 계산으로 합자조합과 거래할 수 있다($^{86조의8\ 2항\cdot}_{3항\to199조}$). 업무집행조합원만이 아니라 유한책임조합원도 적용대상이다. 자기거래의 제한에 관하여도 조합계약으로 달리 정할 수 있다($^{86조의8}_{2항\ 단\cdot3항}$).

### 4. 조합원지분의 양도

지분의 양도에 의해 조합원이 교체된다. 업무집행조합원은 업무를 집행한다는 점 및 무한책임을 진다는 점 때문에 그 신분의 변동에 관해 모든 조합원이 이해를 가진다. 따라서 업무집행조합원은 다른 조합원 전원의 동의를 받지 아니하면 그 지분의 전부 또는 일부를 타인에게 양도하지 못한다($^{86조의7}_{1항}$). 이와 달리 유한책임조합원의 변동은 다른 사원에게 법률적 이해에 영향을 주는 바 없으므로 법상의 제한이 없다. 유한책임조합원의 지분은 조합계약에서 정하는 바에 따라 양도할 수 있다($^{86조의7}_{2항}$). 유한책임조합원의 지분을 양수한 자는 양도인의 조합에 대한 권리·의무를 승계한다($^{86조의7}_{3항}$).

## Ⅳ. 외부관계

### 1. 능력

조합은 법인이 아니므로 그 자체로 권리능력을 갖지 못한다. 조합원들이 조합에 출자한 재산과 조합의 사업을 통해 취득한 재산은 조합원들의 합유에 속한다. 행위능력도 갖지 못하므로 대외적으로 조합의 행위가 있을 수 없고, 조합원 전원을 위한 대리가 있을 뿐이다.

### 2. 조합의 대리

1) 대리권    대리권의 범위는 업무집행권의 범위와 일치한다. 업무집행조합원은 각자 합자조합의 업무를 집행하고 대리할 권리와 의무가 있다($^{86조}_{의5}$). 무한책임조합원 중 일부

만 업무집행조합원이 된 경우($^{86조의3}_{10호}$)에는 그 업무집행조합원인 무한책임조합원만 대리권을 갖게 된다.

2) 공동대리 업무집행조합원이 수인이더라도 각자 조합을 대리한다($^{86조의5}_{1항}$). 그러나 조합계약으로 둘 이상의 업무집행조합원이 공동으로 조합의 업무를 집행하거나 대리할 것을 정할 수 있다($^{86조의3}_{9호}$). 그 정함에도 불구하고 1인의 업무집행조합원이 단독으로 대리한 경우에는 무권대리로서 무효이다. 다만 이를 제3자에게 대항하기 위해서는 등기하여야 한다($^{86조의4 1항}_{1호, 37조 1항}$).

제3자가 합자조합원들에게 하는 의사표시($^{수동}_{대리}$)는 1인의 업무집행조합원에게만 하면 된다($^{86조의8 2항}_{→208조 2항}$).

3) 대리권의 범위

업무집행조합원은 조합의 영업에 관하여 재판상·재판 외의 모든 행위를 할 수 있으며, 그 권한의 제한은 선의의 제3자에게 대항하지 못한다($^{86조의8}_{2항→209조}$).

## 3. 책임

1) 업무집행조합원의 책임 업무집행조합원에 대해서는 합명회사의 사원의 책임에 관한 제212조가 준용되므로 업무집행조합원은 조합재산으로 조합채무를 완제할 수 없거나 조합재산에 대한 강제집행이 주효하지 못한 때에는 변제할 책임이 있다($^{212조 1}_{항·2항}$). 업무집행조합원이 탈퇴한 경우, 탈퇴 후에 발생한 채무에 대해 책임이 없음은 물론이지만, 탈퇴 시점에 현존하는 채무에 대해서는 책임이 소멸하지 않는다($^{86조의8 2항}_{→212조 1항·2항}$). 다만, 탈퇴조합원은 조합에 변제자력이 있음을 항변할 수 있다($^{86조의8 2항}_{→212조 3항}$).

2) 유한책임조합원의 책임 유한책임조합원은 조합계약에서 정한 출자가액에서 이미 이행한 부분을 뺀 가액을 한도로 하여 조합채무를 변제할 책임이 있다($^{86조의}_{6 1항}$). 합자조합에 이익이 없음에도 불구하고 유한책임조합원이 배당을 받은 경우에는 그 배당받은 금액을 변제책임의 한도액에 더하여 계산한다($^{86조의}_{6 2항}$). 유한책임조합원의 책임은 분할책임이므로 다른 조합원이 무자력이 되더라도 연대책임을 지지 않는다($^{민 713조가 준용되지 않음을}_{주의. 86조의8 4항 단 참조}$).

# V. 조합의 해산

합자조합의 해산과 청산에 대해서는 기본적으로 민법상 조합의 해산·청산에 관한 규정이 준용되지만($^{민 720조~}_{724조}$), 구성원의 일부가 유한책임을 짐으로 인해 몇 가지 특칙이 마련되어 있다.

(1) 해산사유

1) 조합계약상의 해산사유 합자조합계약에서 존속기간을 둘 수 있으며, 그 밖의

해산사유도 조합계약에 정해 둘 수 있다($^{86조의3}_{12호}$). 조합계약에서 정하지 않더라도, 조합원 전원의 합의로 언제든지 해산할 수 있다고 보아야 한다.

2) 조합원의 단종화　　다른 종류의 조합원 전원이 탈퇴하여 한 가지 조합원만 남게 되었을 때, 즉 업무집행조합원만 남게 되거나 유한책임조합원만 남게 되었을 때에는 합자조합의 요건을 충족하지 못하므로 해산사유가 된다($^{86조의8\ 1항}_{→285조\ 1항}$).

(2) 조합의 계속

상법은 기업유지의 이념에서 해산한 조합이라 하더라도 조합의 계속을 허용한다.「계속」이란 청산에 이르지 않고 해산 전의 조합으로 돌아가는 것을 말한다.

상법이 정한 계속사유는 한 가지 조합원만 남게 된 경우이다. 업무집행조합원 전원이 탈퇴하여 해산하거나, 유한책임조합원 전원이 탈퇴하여 해산한 경우에는 잔존한 유한책임조합원 또는 업무집행조합원 전원의 동의로 새로 업무집행조합원 또는 유한책임조합원을 가입시켜 조합을 계속할 수 있다($^{86조의8\ 1항}_{→285조\ 2항}$).

## Ⅵ. 청산

합자조합의 청산절차는 청산인이 관장한다. 합자조합이 해산한 때에는 업무집행조합원의 과반수의 결의로 청산인을 선임해야 하고, 선임하지 않을 때에는 업무집행조합원이 청산인이 된다($^{86조의8\ 2}_{항→287조}$). 구체적인 청산절차는 민법상의 조합의 청산절차와 같다($^{민\ 722조∼}_{724조}$).

# 제 2 장  각  론

## 제 1 절  대리상

### I. 기능

대리상은 특정상인의 영업거래를 계속적으로 대리하거나 또는 중개함으로써 그 상인의 영업활동을 보조하는 기능을 하며, 상인이 영업활동을 지역적으로 확장하는 수단이 된다. 새로운 시장을 위해 상업사용인을 둘 경우 그 관리·유지에 상당한 고정비용이 소요되므로 영업의 규모·성격에 따라서는 비경제적일 수 있으며, 이에 갈음하는 방법으로 현지에 있는 중개인이나 위탁매매인을 이용할 수도 있지만 중개인이나 위탁매매인은 원래 불특정·다수의 상인을 고객으로 삼으므로 상인이 그 조직을 지속적·배타적으로 이용할 수 없다는 것이 단점이다. 그래서 특정지역에 지속적인 영업조직을 유지할 필요가 있는 경우에는 그곳의 시장사정에 밝은 자를 대리상으로 함으로써 그의 조직기반을 계속적으로 이용하는 반면, 보수는 영업실적에 따른 대가만을 지급함으로써 시장개척비용을 절약할 수 있다.

### II. 대리상의 의의

대리상이란 상업사용인이 아니면서 일정한 상인을 위하여 상시 그 영업부류에 속하는 거래의 대리 또는 중개를 영업으로 하는 자이다($\frac{87}{조}$).

1) **영업의 보조성**　　대리상은 자기를 위해 상거래를 하는 것이 아니라 다른 상인의 영업거래를 대리 또는 중개하는 방법으로 보조하는 자이다. 그래서 대리상을 중개인·위탁매매인·운송주선인과 더불어「보조상」이라 부른다.

대리상 중에서 본인의 거래를「대리」하는 대리상을「체약대리상」, 본인의 거래를「중개」하는 대리상을「중개대리상」이라 한다.

2) **본인의 특정·계속**   대리상은 「일정한 상인」을 위하여 「상시」 그 영업거래를 대리 또는 중개하는 자이므로 그의 본인인 상인은 특정되어야 하며 그와 계속적 관계에서 대리 또는 중개를 하여야 한다.

3) **거래의 대리·중개**   대리상은 본인인 상인의 「영업부류」에 속하는 거래를 대리 또는 중개하는 자이다. 「영업부류」에 속한다고 함은 상인의 기본적인 영업활동을 말한다. 따라서 다른 상인의 보조적 상행위를 대리 또는 중개하는 자는 대리상이 아니다.

4) **상인성**   법문에서 「상업사용인이 아니면서」라고 표현하듯이 대리상은 그 자체가 독립적인 상인이다. 그리고 대리상의 영업은 거래의 대리 또는 중개를 하는 행위 그 자체가 아니라 대리 또는 중개의 인수, 즉 특정상인과 그를 위해 대리 또는 중개를 하기로 계약($^{대리상}_{계약}$)을 하는 것이다. 정작 대리 또는 중개행위는 그 계약의 이행에 지나지 않으며 이는 대리상의 보조적 상행위($^{47조}_{1항}$)가 된다.

5) **기타 보조상과의 구별**   상법이 제도화한 보조상으로는 대리상·중개인·위탁매매인·운송주선인이 있다. 이 중 운송주선인은 주선의 대상이 운송으로 한정되어 있다는 점이 특색일 뿐 기본적으로 주선업이라는 점에서 위탁매매인과 같다. 그러나 나머지 세 가지 보조상 간에는 본질적인 차이가 있다.

i) 다른 상인을 보조하는 방법이 다르다. 대리상은 「대리 또는 중개」에 의해, 중개인은 「중개」에 의해, 위탁매매인은 「자기 명의로 매매」($^{주}_{선}$)함으로써 각각 다른 상인의 영업활동을 보조한다.

ii) 중개대리상과 중개인은 다같이 거래의 중개를 한다는 점에서 공통되지만, 중개대리상은 「일정한 상인」을 위해서 계속적으로 중개를 함에 반해, 중개인은 「불특정·다수인」을 위하여 중개를 한다.

iii) 대리상의 경우 일정한 상인을 본인으로 하여 그와 대리 또는 중개의 인수를 함으로써 비로소 대리상이 되지만($^{지위취득}_{의 종속성}$), 중개인과 위탁매매인은 불특정·다수인을 상대로 하므로 사전에 스스로 중개인 또는 위탁매매인의 자격을 가지고 상인이 되는 것이다($^{지위취득}_{의 독자성}$).

또 대리상의 본인은 반드시 상인이어야 하지만, 중개인의 본인들은 그중 일방만 상인이면 되고, 위탁매매인의 위탁자 또는 매매상대방은 상인이 아니더라도 무방하다.

iv) 대리상은 일정한 상인과 계속적인 관계를 지니므로 그 상인과의 이익충돌을 방지하기 위해 경업금지의무를 진다. 그러나 중개인과 위탁매매인은 본인 또는 위탁자와 이 같은 계속적 관계가 없으므로 경업금지의무를 지지 않는다.

## Ⅲ. 대리상계약

1) **계약의 성격**   대리상은 본인인 상인과 그의 영업부류에 속하는 거래를 계속적으

로 대리 또는 중개하기로 하는 계약을 체결함으로써 성립된다($\frac{87}{조}$). 대리상계약인지 여부는 명칭에 불구하고 본인인 상인의 영업부류에 속하는 거래를 계속적으로 대리 또는 중개하기로 하는 실질을 갖추었느냐에 따라 판단해야 한다(대법원 2013. 2. 14. 선고 2011다28342 판결; 동 1999. 2. 5. 선고 97다26593 판결: 제조회사와 판매사 간에 「대리점총판계약」을 체결했으나, 판매사가 제조사로부터 중심기기를 매입하여 여러 기능을 추가·가공하여 판매한 것은 대리상이라 할 수 없다고 한 예).

대리상계약의 본질은 위임($\frac{민}{680조}$)이므로 대리상은 선량한 관리자의 주의로써 대리 또는 중개를 하여야 한다($\frac{민}{681조}$). 그 밖에도 위임에 관한 민법규정이 일반적으로 적용되지만 다음과 같은 사항에 관해서는 상법에 특칙이 마련되어 있다.

**2) 상사대리특칙의 적용**  체약대리상에 대해서는 상사대리에 관한 제48조 내지 제50조의 특칙이 적용된다. 따라서 대리상의 대리행위에 대해서는 현명주의가 배제되고($\frac{48}{조}$), 대리상은 대리상계약의 본지에 반하지 아니하는 범위 내에서 위임받지 아니한 행위를 할 수 있으며($\frac{49}{조}$), 본인이 사망하더라도 대리상의 지위는 소멸하지 아니한다($\frac{50}{조}$).

## Ⅳ. 대리상의 의무

**1) 통지의무**  대리상이 거래의 대리 또는 중개를 한 때에는 지체없이 본인에게 그 통지를 발송하여야 한다($\frac{88}{조}$). 민법의 위임계약에서는 수임인은 위임인의 청구가 있는 때 그리고 위임이 종료한 때에만 위임사무의 처리내용을 보고하면 되지만($\frac{민}{683조}$), 대리상의 경우에는 개개의 거래별로 본인이 처리상황을 파악할 수 있게 한 것이다. 통지에 관해서는 「발신주의」를 취하므로 부도달의 위험은 본인인 상인이 부담한다.

**2) 경업금지의무**  대리상은 본인의 허락 없이 자기나 제3자의 계산으로 본인의 영업부류에 속한 거래를 하거나 동종영업을 목적으로 하는 회사의 무한책임사원 또는 이사가 되지 못한다($\frac{89조}{1항}$). 대리상은 지속적으로 본인의 영업을 보조하는 관계에 있으므로 본인의 영업기회를 유용할 우려가 있어 상업사용인과 같이 경업금지의무를 과한 것이다.

대리상이 경업금지의무를 위반한 경우에는 상업사용인의 경업금지위반에 관한 규정($\frac{17조 2}{항~4항}$)이 그대로 준용된다($\frac{89조}{2항}$). 이에 따라 본인은 대리상계약을 해지할 수 있고 손해배상청구권을 가지며($\frac{17조}{3항}$), 협의의 경업을 한 경우에는 본인이 개입권을 행사할 수 있다($\frac{17조}{2항}$). 이 경우 개입권의 제척기간은 본인이 그 거래를 안 때로부터 2주간, 거래가 있는 날로부터 1년이다($\frac{17조}{4항}$).

**3) 비밀준수의무**  대리상은 본인의 영업을 지속적으로 대리 또는 중개하는 과정에서 본인의 영업비밀을 지득하게 된다. 이 비밀은 본인의 영업재산의 일부이므로 대리상은 이 영업비밀을 준수할 의무를 부담한다. 비밀준수의무는 비밀을 타인에게 누설하지 않을 의무($\frac{수비}{의무}$)와 비밀을 이용하지 않을 의무($\frac{비밀이}{용금지}$)를 포함한다. 비밀준수의무는 대리상계약이 종료한 후에도 지속됨을 주의해야 한다($\frac{92조}{의3}$).

## V. 대리상의 권리

### 1. 보수청구권

대리상의 보수는 대리상계약시에 또는 대리상계약의 존속중에 거래별로 정해지는 것이 보통이나, 보수에 관한 약정이 없더라도 제61조에 의해 대리상은 당연히 보수청구권을 갖는다.

### 2. 보상청구권

대리상의 활동으로 본인이 새로운 고객을 획득하거나 영업상의 거래가 현저히 증가하고 이로 인하여 대리상계약의 종료 후에도 본인이 이익을 얻는 경우에는 대리상은 본인에게 상당한 보상을 청구할 수 있다($^{92조의}_{2\,1항\,본}$).

#### (1) 취지

대리상은 대리상계약기간 중에 대리 또는 중개행위에 대한 보수를 받지만, 상거래는 반복되는 특성이 있어 대리상의 시장개척 효과는 대리상계약이 종료한 후에도 지속될 수 있으므로 이로 인해 본인이 누리는 이익을 대리상에게 분배하게 함으로써 본인과 대리상 간의 이익배분의 형평을 기하고자 둔 제도이다.

보상청구권은 경제력의 차등이 있는 본인과 대리상 간에 이익배분의 형평을 기하고자 하는 제도이므로 이를 배제하는 특약, 사전의 포기는 무효라고 본다($^{통}_{설}$).

#### (2) 발생요건

1) **대리상계약의 종료**  보상청구권은 대리상계약이 종료한 후에 발생한다($^{92조의2}_{1항\,본}$). 그러나 대리상계약의 종료가 대리상의 책임있는 사유로 종료한 때에는 보상청구권은 발생하지 않는다($^{92조의2}_{1항\,단}$). 본조의 보상청구권은 대리상이 시장을 상실($^{즉\,대리상계}_{약의\,종료}$)한 데 대한 보상이므로 자기의 책임있는 사유로 시장을 상실한 경우에 이를 본인에게 보상하게 하는 것은 형평에 어긋나기 때문이다.

2) **영업거래의 증가**  대리상의 활동으로 본인의 영업거래가 증가하여야 한다 ($^{92조의2}_{1항\,본}$). 이는 보상청구권의 실질적인 근거가 되는 가장 중요한 요건이다. 법문에서는 대리상이 「새로운 고객을 획득」하는 것을 들고 있으나, 이는 예시에 불과하다. 대리상이 기존의 고객을 상대로 영업거래의 양을 늘리거나 종전과 다른 내용의 계약을 체결하는 것도 본조의 적용대상이다.

3) **이익의 현존**  대리상에 의해 증가된 영업거래로 인한 이익이 대리상계약의 종료 후에도 현존해야 한다. 따라서 본인이 대리상계약의 종료 후 영업을 폐지하거나 대리상이 체약한 상대방과의 거래를 중단한다면 보상청구권은 발생하지 않는다. 이 경우 거래중단의 책임이 누구에게 있느냐는 것은 무관하다. 본인에게 현존하는 「이익」이란 회계학적 의미에

서의 영업이익을 말하는 것이 아니라, 대리상이 개척한 고객과의 거래가 유지됨으로써 얻는 기업상의 경제적 가치를 말한다.

### (3) 보상청구권의 내용

위 요건을 구비한 경우 대리상은 본인에 대하여 「상당한 보상」을 청구할 수 있다($^{92조의2}_{1항 본}$). 「상당한 보상」이란 대리상계약기간 중의 대리상의 기여도, 본인의 현존하는 이익 등 모든 관련 사항을 고려하여 후술하는 한도 내에서 형평에 부합하는 보상액을 뜻한다.

보상금액은 대리상계약의 종료 전 5년간의 평균연보수액을 초과할 수 없다($^{92조의2}_{2항 전}$). 보수액이라 함은 대리상계약기간 중에 대리상이 본인을 위하여 체결한 계약에 관해 본인으로부터 수령한 보수를 말하며, 평균연보수액이라 함은 「1개년치의 평균연보수액」을 의미한다. 대리상계약기간이 5년 미만인 경우 상법은 그 기간의 평균연보수액을 기준으로 한다($^{92조의2}_{2항 후}$).

### (4) 행사기간

보상청구권은 대리상계약이 종료한 날로부터 6월 내에 행사하여야 한다($^{92조의2}_{3항}$). 이 기간은 제척기간이다.

### (5) 적용범위(유추적용의 가능성)

대리상계약은 아니지만, 특정한 공급자로부터 계속적으로 제품을 공급받아 제3자에게 판매하는 여러 가지 형태의 중간상이 있다. 특약점, 전속위탁매매업자, 가맹상 등이 그러하다. 이러한 중간상의 거래관계가 종결된 경우에도 일정한 조건하에서 대리상의 보상청구권을 유추적용해야 한다는 것이 다수의 견해이다($^{김성태 542; 김정호 324; 정동윤}_{221; 정찬형 301; 최·김 281, 290}$). 판례도 유추적용을 긍정하되, 유추적용의 요건을 다음과 같이 제시하고 있다. i) 중간상인이 계약을 통하여 사실상 제조자나 공급자의 판매조직에 편입됨으로써 대리상과 동일하거나 유사한 업무를 수행하였고, ii) 중간상인의 고객관계를 공급자에게 이전하여 공급자가 그 고객관계를 이용할 수 있게 할 계약상 의무를 부담하였으며, iii) 계약체결 경위, 영업을 위하여 투입한 자본과 그 회수 규모 및 영업 현황 등 제반 사정에 비추어 대리상과 마찬가지로 보호할 필요성이 인정되어야 한다($^{대법원 2013. 2. 14. 선}_{고 2011다28342 판결}$).

## 3. 대리상의 유치권

대리상은 거래의 대리 또는 중개로 인한 채권이 변제기에 있는 때에는 그 변제를 받을 때까지 본인을 위하여 점유하고 있는 물건 또는 유가증권을 유치할 수 있다($^{91조}_{본}$). 대리상이 본인에 대해 갖는 보수청구권($^{61}_{조}$), 체당금반환청구권($^{55조}_{2항}$)등의 이행을 확보하기 위한 것이다.

유치권의 목적물과 피담보채권의 견련성이 요구되지 않는 점에서 민법상의 유치권과 다르고($^{민 320}_{조 1항}$) 일반적인 상사유치권과 같으나($^{58}_{조}$), 목적물이 채무자($^{즉}_{본인}$)의 소유임을 요하지 않는 점에서 일반 상사유치권과 다르고 민법상의 유치권과 같다.

대리상의 유치권은 대리상을 보호하기 위한 것이므로 당사자 간의 특약으로 이를 배제하거나 위와 다른 내용으로 합의할 수 있다($^{91조}_{단}$).

## Ⅵ. 대리상과 제3자의 관계

상법은 대리상과 제3자와의 관계에 관하여 대리상의 통지수령권만을 규정하고 있다. 즉 물건의 판매나 그 중개를 위탁받은 대리상은 매매목적물의 하자 또는 수량부족 기타 매매의 이행에 관한 통지를 받을 권한이 있다($^{90}_{조}$). 이에 따라 거래상대방은 대리상에 대한 통지로써 본인에게 대항할 수 있다.

## Ⅶ. 대리상계약의 종료

1) 일반적인 종료사유　대리상계약은 위임의 일반적인 종료사유로 종료한다. 또한 대리상계약에 존속기간을 두었다면 존속기간의 만료로 종료하고, 존속기간이 만료되기 전이라도 본인 또는 대리상이 영업을 폐지하면 당연히 종료한다. 그리고 대리상이 사망하면 종료하지만($^{민}_{690조}$), 본인이 사망하는 경우에는 종료하지 아니한다($^{50}_{조}$).

2) 계약의 해지　존속기간을 정하지 아니한 경우 각 당사자는 2월 전에 예고하고 대리상계약을 해지할 수 있다($^{92조}_{1항}$). 그러나 부득이한 사정이 있는 때에는 존속기간 중이라도 언제든지 해지할 수 있으며, 또 부득이한 사정이 예고기간을 둘 수 없는 사정이라면 예고를 생략하고 해지할 수 있다($^{92조}_{2항}$).

〈특약점〉 대리상에 관한 해석론의 일부로서, 상법전에는 없지만 특약점이라는 업종이 소개된다. 특약점은 자기의 이름으로 물건을 판매하는 도매업자 혹은 소매업자에 지나지 않지만, 특정의 공급자($^{제조업자 혹}_{은 도매업자}$)와의 특약에 의해 쌍방이 특수한 권리의무를 가진다. 특약점은 공급자로부터 매수한 상품을 전매하며, 보통 특약점이 경업금지의무를 지고, 일정지역 내에서 독점적인 판매권을 가지며, 공급자의 상표·영업표를 사용하고, 공급자는 특약점에 판매노하우를 전수하고 신용을 공여한다. 이러한 특약은 「특약점계약」, 「대리점계약」, 「판매점계약」 등 다양한 이름으로 불리며 양자 간의 계속적인 공급, 판매를 규율하는 기본계약의 역할을 한다.

특약점은 독립된 상인이지만, 대리상과 마찬가지로 제조업자의 판매조직에 편입되고 판매활동에 있어 제조업자의 구체적인 지시에 따른다는 점에서 대리상과의 동질성이 있으므로 대리상에 관한 법규정 중 상당수는 특약점에도 유추적용해야 한다는 것이 일반적인 설명이다.

# 제 2 절  중개업

## Ⅰ. 기능

중개업은 상품과 시장에 관해 일반인보다 상세한 정보를 가지고 공급자와 수요자를 발굴하여 이들에게 타협적인 거래조건을 제시하며 계약의 체결을 유도하는 등의 노력을 제공하고 보수를 받는 것을 전문으로 하는 영업이다.

상인은 중개인을 통해 거래함으로써 중개인이 갖고 있는 시장정보와 거래조직을 저렴한 비용으로 활용하는 한편, 중개인의 전문적 수완과 제3자적 입장을 이용하여 보다 용이하게 거래를 성사시킬 수 있다. 그래서 시장이 상품별로 세분화되어 있는 오늘날에는 분야별로 전문적인 중개인이 다수 생겨나고 그 이용도가 점차 높아지고 있다. 특히 유통과정이 복잡한 상품($\frac{예: 석유,}{곡물 등}$), 수요자와 공급자의 직접적인 접촉이 용이하지 않은 상품($\frac{예: 첨단시설}{재, 무기 등}$), 가격구조나 거래구조가 매우 기술적인 상품($\frac{예: 증}{권, 선물}$) 등의 시장에서 중개업이 발달해 있다.

## Ⅱ. 중개인의 의의

중개인이라 함은 타인 간의 상행위의 중개를 영업으로 하는 자이다($\frac{93}{조}$).

1) **중개**    「중개」라 함은 체결하고자 하는 계약의 당사자 쌍방과 교섭하여 그들 간에 계약이 체결되도록 조력하는 사실행위이다. 단지 당사자 일방에게 거래에 필요한 정보를 제공하거나, 거래의 기회를 제공하는 것 또는 계약서의 작성만을 대행해 주는 행위는 중개가 아니다.

2) **「상행위」의 중개**    중개인은 「상행위」의 중개를 업으로 하므로 결혼중매, 직업소개 또는 비상인 간의 부동산거래의 중개 등을 하는 자는 상법상의 중개인이 아니다. 이러한 자는 「민사중개인」이라 부른다. 민사중개인도 그 중개행위를 영업으로 한다면 상인이 되는 것이지만($\frac{46조}{11호}$), 상법 제93조 이하에서 규정하는 중개인은 아니다. 그러나 민사중개인에 대해서도 보수에 관한 규정($\frac{100}{조}$) 등 성질이 허용하는 범위에서는 상사중개인에 관한 규정을 유추적용해야 한다.

3) **「타인」의 상행위의 중개**    중개인은 타인 간의 상행위를 중개하되, 불특정·다수인을 상대로 한다. 그 타인의 쌍방이 모두 상인일 필요는 없으나, 그들 간의 거래가 상행위이어야 하므로 그중 일방은 상인이어야 한다.

4) **상인성**    중개인은 독립된 상인이다. 그 상인성의 근거는 중개행위를 한다는 사실에 있는 것이 아니고 중개의 인수($\frac{46조}{11호}$)를 영업으로 한다는 데에 있다.

5) **중개계약의 성질**    중개계약은 중개를 위탁하는 자와 중개인 간의 계약이다. 중

개계약에는 중개인이 적극적으로 중개할 의무가 있는 「쌍방적 중개계약」과 그러한 의무는 없고 다만 계약이 성립하면 보수를 청구할 수 있는 「일방적 중개계약」이 있다. 특약이 없으면 일방적 중개계약으로 보아야 한다. 그리고 중개는 특정인이 특정인에게 일정한 사무의 처리를 위탁하는 것이므로 어느 경우이든 위임($\frac{민}{680조}$)이라고 보는 것이 옳다.

## Ⅲ. 중개인의 의무

**1) 주의의무와 중립성의 원칙**　　　중개인은 계약당사자에 대하여 수임인으로서 선량한 관리자의 주의의무를 진다($\frac{민}{681조}$). 예컨대 중개를 위해 상대방을 선택함에 있어 그의 신용을 상당한 범위에서 조사한다든지, 거래에 관한 충분한 정보를 제공하는 것 등은 중개인의 주의의무에 속한다.

중개되는 계약의 쌍방당사자는 서로 반대의 이해를 갖게 된다. 여기서 중개인은 중개를 위탁한 자 또는 보다 많은 보수를 약속하는 자의 이익에 치중하기 쉬우나 어느 일방의 이익에 치중해서는 아니 되고 중립을 지켜야 한다.

**2) 견품보관의무**　　　중개인이 그 중개한 행위에 관련해 견품을 받은 때에는 그 행위가 완료될 때까지 이를 보관하여야 한다($\frac{95}{조}$). 견품에 의한 매매의 경우, 견품과 대등한 품질로 이행될 것을 담보하고 분쟁을 대비해 증거를 보전하려는 취지이다. 보관의무가 종료한 때에는 다른 약정이 없는 한 견품을 제공자에게 반환해야 하며, 이 보관의무는 법률상의 의무이므로 다른 약정이 없는 한 보수($\frac{61}{조}$)를 청구하지 못한다.

**3) 결약서교부의무**

**i) 의의**　　　당사자 간에 계약이 성립된 때에는 중개인은 지체없이 각 당사자의 성명 또는 상호, 계약연월일과 그 요령을 기재한 서면을 작성하여 각 당사자에게 교부하여야 한다($\frac{96조}{1항}$). 당사자 간의 분쟁에 대비하여 계약한 사실 및 그 내용에 대해 증거를 보전하기 위함이다. 결약서는 이미 계약이 이루어진 후에 증거방법으로서 작성하는 것이므로 계약의 실체적인 내용에 영향을 미치는 것은 아니다.

**ii) 당사자의 기명날인 또는 서명**　　　당사자가 즉시 이행을 하여야 하는 경우를 제외하고 중개인은 각 당사자로 하여금 결약서에 기명날인 또는 서명하게 한 후 그 상대방에게 교부하여야 한다($\frac{발신}{주의}$)($\frac{96조}{2항}$). 이행기가 후일로 정해짐으로 인해 결약시와 시간적인 간격이 생길 경우 각 당사자에게 금반언의 구속을 줄 필요가 있기 때문이다.

**iii) 당사자의 수령거부 또는 기명날인($\frac{또는}{서명}$)거부**　　　당사자의 일방이 결약서의 수령을 거부하거나 기명날인 또는 서명을 거부하는 경우에는 중개인은 지체없이 상대방에게 그 통지를 발송하여야 한다($\frac{발신}{주의}$)($\frac{96조}{3항}$). 이 같은 사실의 발생은 장차 분쟁의 소지가 있음을 뜻하므로 상대방으로 하여금 이에 대비할 기회를 주기 위한 것이다.

4) **장부작성의무**    중개인은 결약서에 기재할 사항을 장부에 기재하여야 한다($^{97조}_{1항}$). 이 장부를 중개인의 일기장이라 한다. 당사자는 중개인에 대하여 언제든지 자기를 위해 중개한 행위에 관한 장부의 등본을 교부해 줄 것을 청구할 수 있다($^{97조}_{2항}$). 상법은 일기장의 보존에 관하여 규정한 바 없으나, 상업장부의 보존에 관한 규정($^{33}_{조}$)을 유추적용하여 10년간 보존해야 한다고 해석한다.

5) **성명·상호의 묵비의무와 개입의무**

i) **묵비의무**    당사자 일방이 자신의 성명 또는 상호를 상대방에게 표시하지 아니할 것을 중개인에게 요구한 때에는 중개인은 그 상대방에게 교부할 결약서 및 일기장의 등본에 이를 기재하지 못한다($^{98}_{조}$). 당사자 일방이 자신을 은폐하고자 할 경우 중개인에게 조력할 의무를 지운 것이다.

ii) **중개인의 개입의무**    중개인이 임의로 또는 당사자 일방의 요구에 의해 그 당사자의 성명 또는 상호를 상대방에게 표시하지 아니한 때에는 상대방은 중개인에 대하여 이행을 청구할 수 있다($^{99}_{조}$). 이에 대응하는 중개인의 이행의무를 중개인의 「개입의무」라 한다.

중개인이 일방당사자의 성명·상호를 묵비한 경우에는 중개인의 신용하에서 계약이 체결된다고 할 수 있으므로 중개인에게 이행책임을 과한 것이다. 그러므로 계약이 성립된 후 묵비했던 당사자의 성명·상호를 개시하더라도 중개인의 이행책임은 소멸되지 아니한다($^{통}_{설}$).

## Ⅳ. 중개인의 권리

1) **보수청구권**    중개인은 상인이므로 보수에 관한 약정의 유무에 관계없이 보수청구권을 갖는다($^{61}_{조}$). 중개인의 보수를 특히 「중개료」라 부른다. 중개료는 정액으로 정하거나 그 산정기준을 달리 정하지 않는 한 거래가액을 기준으로 산출한다($^{대법원\ 1964.\ 9.\ 8.}_{선고\ 64다272\ 판결}$). 중개료는 당사자 쌍방이 균분하여 부담한다($^{100조}_{2항}$). 그러나 중개인이 각 당사자와 중개료를 달리 정할 수 있음은 물론이다.

중개인의 보수청구권이 발생하기 위해서는 계약이 유효하게 성립되어야 한다. 다만 보수의 지급시기에 관해서는 결약서의 작성·교부까지를 중개인의 사명으로 보고, 결약서를 작성·교부하기 전에는 보수를 청구할 수 없다고 규정하고 있다($^{100조}_{1항}$). 계약이 무효·취소될 경우에는 보수청구권이 생겨나지 않는다. 그러나 중개인의 의무는 계약의 체결에 조력하는 데 그치므로, 계약이 일단 유효하게 성립되면 그 이행 여부는 당사자들이 부담할 위험의 문제이고 이행되지 않더라도 보수청구권에는 영향이 없다.

2) **비용청구권**    중개인이 당사자를 위해 베푸는 노력은 중개료로 보상되므로 당사

자를 위해 지출한 비용은 따로 청구할 수 없다(통설). 계약이 성립되지 않더라도 같다. 다만 당사자의 특별한 지시에 의해 통상의 중개행위에 소요되는 것 이상의 비용을 지출한 경우에는 제61조가 적용된다.

**3) 급여수령대리권**  중개인은 다른 약정이나 관습이 없는 한 자신이 중개한 행위에 관하여 당사자를 대리하여 지급 기타의 이행을 받지 못한다(94조). 따라서 당사자 일방이 중개인에게 지급 기타 이행을 하더라도 상대방에게 대항하지 못한다. 이 점은 중개인의 성격과 기능을 명백히 한 것으로 볼 수 있다. 다만 당사자의 일방이 그 성명·상호의 묵비를 요구한 때에는 그 당사자는 중개인에게 급여수령권을 부여하는 묵시의 의사표시를 한 것으로 보아야 한다(통설).

# 제 3 절  위탁매매업

## I. 기능

위탁매매인은 타인, 즉 위탁자로부터 물건이나 유가증권의 매매를 위탁받아 이를 자기의 이름으로 제3자와 매매하여 그 결과로 얻은 대금 또는 매수한 물건을 위탁자에게 귀속시키는 것을 업으로 한다. 위탁매매인이 수행하는 매매의 실질적 효과는 본인이 아니라 제3자, 즉 위탁자에게 귀속하므로 대리상·중개인 등과 더불어 보조상의 일종인데, 그 특색은 위탁받은 매매를「자기의 이름」으로 처리한다는 점이다. 그러므로 위탁매매인은 형식적으로 보면 상인의 직접거래라는 측면과 실질적으로는 대리상의 역할이라는 측면, 그리고 공급자와 수요자를 간접적으로 연결시켜 준다는 의미에서 중개인의 측면을 복합적으로 갖추고 있으며, 아울러 이 세 가지 제도가 갖지 못한 장점을 고루 갖추고 있다고 할 수 있다. 즉 원격지에 있거나 전문성이 강한 시장에 대해 정보가 어두운 상인이 이미 그 시장에서 신용을 갖고 있는 위탁매매인에게 거래를 위탁함으로써 낯선 시장에 쉽게 진입할 수 있는 것이다.

한편 시장과 상품의 특성을 감안하여 시장의 질서유지와 신뢰를 위해 일정한 자격을 가진 자만을 매매당사자로 제한하고, 일반인은 그 자격이 있는 자의 위탁매매를 통해 간접적으로 거래하도록 하는 경우가 있다.「자본시장법」에 의해 개설되는 증권시장, 파생상품시장(자금386조1항),「농수산물유통 및 가격안정에 관한 법률」에 의해 개설되는 농수산물도매시장(동법17조)이 좋은 예이다.

## Ⅱ. 위탁매매인의 의의

위탁매매인이란 자기명의로써 타인의 계산으로 물건 또는 유가증권의 매매를 영업으로 하는 자이다($\frac{101}{조}$).

1) **명의와 계산의 분리**($\frac{주}{선}$)  「자기명의로써 타인의 계산으로」 법률행위를 하는 것을 일반적으로 「주선」이라 한다. 따라서 위탁매매인은 주선업자이다.

「자기명의로」라는 것은 자신이 직접 법률행위의 당사자가 되고 따라서 그 행위로부터 생기는 권리·의무의 주체가 됨을 뜻한다. 그리고 「타인의 계산으로」라는 것은 법률행위의 경제적 효과($\frac{즉}{손익}$)를 타인에게 귀속시킴을 뜻한다. 예컨대 A가 위탁매매인 B에게 자기가 소유하는 자동차의 매도를 위탁하여 B가 C에게 자동차를 매도한다면, C와의 관계에서는 B가 매도인으로서 모든 권리의무를 가진다. 그러나 B가 C로부터 받은 대금은 내부적으로는 A의 것인 까닭에 A에게 전달해 주고 B는 다만 A로부터 매매를 해준 데 대한 보수만을 받는 것이다. 위탁매매를 「간접대리」라고도 부른다.

위탁매매에서는 이같이 명의와 계산이 분리되고 따라서 법적 효과와 경제적 효과가 분리되는 현상을 보인다. 실제 거래에서는 명의와 계산의 법적 귀속관계가 불분명한 경우가 많은데, 어떠한 계약이 일반 매매계약인지 위탁매매계약인지는 계약의 명칭이나 형식적인 문언을 떠나 그 실질을 중시하여 판단하여야 한다($\frac{대법원\ 2008.\ 5.\ 29.}{선고\ 2005다6297\ 판결}$).

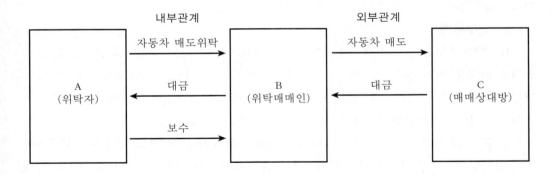

2) **영업의 범위**  위탁매매인은 「물건 또는 유가증권」의 매매의 주선을 업으로 한다. 「물건」에 부동산이 포함된다는 설도 있으나, 부동산을 포함시킬 경우에는 제103조의 적용으로 인해 등기와 일치하지 않는 소유관계가 형성되므로 제외시키는 것이 타당하다. 유가증권 중 상장주식 등 상장유가증권은 위탁매매의 중요한 대상이다. 한국거래소가 개설한 증권시장에서 매매할 수 있는 자는 한국거래소의 회원으로 제한되므로($\frac{자금\ 388}{조\ 1항}$) 회원 아닌 자가 증권시장에서 상장된 유가증권을 매매하려면 금융투자업자에 매매를 위탁해야 한다.

3) 위탁매매인의 상인성　　　　상법에서는 위탁매매인을 「…물건 또는 유가증권의 매매를 영업으로 하는 자」라고 표현하고 있으나($^{101}_{조}$), 위탁매매인이 영업으로 하는 것은 매매의 주선을 인수하는 것이고, 매매 자체는 그 이행행위로서 보조적 상행위에 불과하다.

위탁자는 상인일 수도 있고 아닐 수도 있으나, 상인일 경우에는 후술하는 특칙($^{110}_{조}$)이 적용된다.

## Ⅲ. 위탁매매의 법률관계의 구조

위탁매매에서는 거래의 명의와 계산이 분리되는 결과 그 법률관계도 「내부관계」 즉 위탁자와 위탁매매인의 관계, 그리고 「외부관계」 즉 위탁자 및 위탁매매인과 제3자의 관계로 분리된다. 하지만 「위탁물의 귀속관계」에 관하여는 별도의 특칙을 두고 있다.

### (1) 내부관계(위탁자와 위탁매매인; 위탁계약)

위탁자와 위탁매매인 간에는 위탁매매인이 위탁자를 위하여 물건이나 유가증권의 매매를 주선하기로 하는 계약, 이른바 위탁계약이 체결된다. 위탁계약은 물건($^{또는유}_{가증권}$)의 매매라는 사무처리를 위탁하는 「위임」이다. 그래서 위탁자와 위탁매매인의 관계에 대해서는 상법에서 별도로 규정한 것을 제외하고는 일반적으로 위임에 관한 민법규정이 적용된다($^{112}_{조}$).

위탁에는 위탁자가 물건($^{또는유}_{가증권}$)의 매도를 의뢰하는 「매도의 위탁」과 위탁자가 구입을 원하는 물건($^{또는유}_{가증권}$)의 매수를 의뢰하는 「매수의 위탁」이 있으나 법적 성질에는 차이가 없다. 그 목적물은 특정물일 수도 있고 불특정물일 수도 있다.

### (2) 외부관계

1) 매매효과의 귀속　　　　위탁매매인이 위탁계약의 이행으로서 제3자와 물건 또는 유가증권의 매매를 하는 경우, 이 매매는 위탁매매인의 명의로 하므로 위탁매매인이 상대방에 대하여 직접 권리를 취득하고 의무를 부담한다($^{102}_{조}$). 즉 위탁매매인이 매매당사자가 되는 것이다. 상대방이 위탁매매라는 사실을 알든 모르든 영향이 없다.

2) 위탁자의 지위　　　　이같이 매매의 당사자는 위탁매매인이므로 위탁자와 위탁매매인의 상대방과의 사이에는 아무런 법률관계도 존재하지 아니한다. 그러므로 위탁자는 상대방에 대하여 이행을 청구하거나 불이행을 이유로 손해배상을 청구할 수 없으며, 상대방이 위탁자에 대하여 갖는 지위도 같다. 그러므로 위탁자에게 발생한 사유($^{제한능력}_{착오 등}$·)는 매매에 영향을 주지 아니한다.

### (3) 위탁물의 귀속

1) 귀속의 법리　　　　위탁매매인은 위탁자로부터 매매를 위탁받은 때로부터 매매의 결과를 위탁자에게 이전시킬 때까지 위탁자를 위하여 물건 또는 유가증권을 점유하거나 매매상대방에 대해 채권을 취득한다. 대외적인 관계에서는 위탁매매인이 매매당사자이므로 이

러한 재산에 대한 권리는 위탁매매인에게 귀속한다. 그러나 이 원칙을 그대로 관철한다면 매우 불공평한 결과가 생길 수 있다. 예컨대 위탁매매인이 재산을 위탁자에게 이전하지 않은 상태에서 파산한다면 이 재산은 파산재단에 편입되므로 위탁자의 권리가 미치지 못한다. 또 위탁매매인의 채권자가 위탁물에 대해 강제집행을 할 수도 있다. 그러므로 상법은 위탁매매에서 법률관계의 실질과 형식이 괴리됨으로 인해 생겨나는 불공평을 해소하기 위해 위탁매매인이 위탁자로부터 받은 물건 또는 유가증권이나 위탁매매로 인하여 취득한 물건이나 유가증권 또는 채권은 위탁자와 위탁매매인 또는 위탁매매인의 채권자 간의 관계에서는 이를 위탁자의 소유 또는 채권으로 의제한다($^{103}_{조}$).

그 결과 위탁매매인이 위탁자로부터 물건 또는 유가증권을 받은 후 파산한 경우에는 그 물건 또는 유가증권에 대해 위탁자가 환취권($^{회파}_{410조}$)을 행사할 수 있으며, 위탁매매의 반대급부로 위탁매매인이 취득한 물건, 유가증권 또는 채권은 위탁자가 대체적 환취권($^{회파}_{407조}$)을 행사하여 그 이전을 구할 수 있다($^{대법원 2008. 5. 29.}_{선고 2005다6297 판결}$). 그리고 위탁매매인의 채권자가 위탁물에 대해 강제집행을 할 때에는 위탁자가 자기 소유임을 이유로 제3자이의의 소($^{민집}_{48조}$)를 제기할 수 있다.

위탁매매인이 위 물건, 유가증권 또는 채권을 자신의 채권자에게 변제, 담보제공 등의 방법으로 처분한 경우에는 위탁매매인이 처분권한이 없이 처분한 것이므로 그 취득자는 선의취득의 요건을 구비하지 못하는 한 위탁자에게 대항하지 못한다($^{대법원 2011. 7. 14. 선}_{고 2011다31645 판결}$).

2) 적용범위    「위탁매매인의 채권자」에는 위탁매매인의 매매상대방은 포함되지 아니한다. 매매상대방에 대해서까지 제103조를 적용한다면 매매로 인한 권리행사가 불가능해지기 때문이다. 위탁자의 채권자도 본조의 적용대상에 포함되지 않는다. 그리고 위탁자가 매수의 위탁을 하며 맡긴 금전이나 위탁매매인이 매도의 위탁을 받고 매도하여 받은 대금은 제103조의 적용대상이 아니다. 이 금전은 위탁매매인의 일반재산에 혼용되어 특정할 수 없기 때문이다.

## Ⅳ. 위탁매매인의 의무

### (1) 기본적 의무

위탁매매인은 위탁받은 매매거래를 하고 그 이행을 받아서 위탁자에게 이전해야 할 의무를 부담하며, 이 의무이행에 관해 위탁매매인은 수임인으로서의 선관주의의무를 진다($^{112조 →}_{민 681조}$). 그 밖에 상법은 위탁자의 보호를 위해 다음과 같은 특별한 의무를 규정하고 있다.

### (2) 통지 및 계산서제출의무

위탁매매인이 위탁받은 매매를 한 때에는 지체없이 위탁자에 대하여 그 계약의 요령과 상대방의 주소·성명에 대한 통지를 발송하여야 하며($^{발신}_{주의}$), 계산서를 제출하여야 한다($^{104}_{조}$).

위탁자가 속히 매매와 관련된 계획을 수립하고 기동성 있게 필요한 지시를 할 수 있도록 매매거래가 있을 때마다, 그리고 매매를 이행하기 전에 보고를 하게 한 것이다.

통지 및 계산서제출을 게을리한 경우 위탁자는 위탁매매인에 대해 손해배상을 청구할 수 있으나, 위임받은 매매거래의 결과를 위탁자에게 귀속시키는 데에는 영향이 없다.

### (3) 지정가액준수의무

**1) 가액지정방법** 위탁자가 매매를 위탁하면서 가액을 지정한 경우에는 그 지정가에 의한 매매가 위임의 본지($\binom{\text{민}}{681조}$)이므로 위탁매매인은 이를 준수하여야 한다. 위탁자가 가액을 지정하는 방법으로는 절대가를 정하는 방법($\binom{\text{예: "1백만원}}{\text{에 팔아달라"}}$)도 있으나, 매매의 상한가($\binom{\text{예: "1백}}{\text{만원 이}}$ $\binom{\text{하로 사}}{\text{달라"}}$) 또는 하한가($\binom{\text{예: "1백만원 이}}{\text{상으로 팔아달라"}}$)를 정하는 방법도 있고 특정일의 「시가」와 같이 가액결정의 기준을 제시하는 방법도 있다.

**2) 차손거래의 효과** 위탁매매인이 지정가를 위반하여 매매한 경우, 즉 지정가보다 낮은 가액으로 매도하거나 높은 가액으로 매수한 경우, 그로 인한 차액의 손실을 위탁자가 부담할 이유는 없다. 그러므로 위탁자는 그 매매를 자기의 계산으로 할 것을 부인할 수 있다($\binom{\text{106조 1항}}{\text{의 반대해석}}$). 그렇다고 위탁매매인과 제3자의 매매가 무효로 되는 것은 아니다. 이같이 부인될 경우 위탁매매인이 보수를 받지 못함은 물론이고 자기로서는 불필요한 거래의 경제적 효과를 떠맡아야 하는 부담이 있으므로 지정가와 실거래가의 차액을 자신의 손실로 하고 그 부담에서 벗어나게 해줄 필요가 있다. 그러므로 위탁매매인이 그 차액을 부담한 때에는 그 매매는 위탁자에 대하여 효력이 있다($\binom{\text{106조}}{\text{1항}}$).

**3) 차익의 귀속** 위 경우와는 반대로 지정가보다 고가로 매도하거나 저가로 매수한 경우에는 차익이 생긴다. 이 차익은 당사자 간에 다른 약정이 없는 한 위탁자의 이익으로 한다($\binom{\text{106조}}{\text{2항}}$).

### (4) 이행담보책임

위탁매매인의 과실 없이 위탁매매인의 매매상대방이 채무를 이행하지 않는 경우, 그 불이행에 관해 위탁매매인이 책임질 바는 아니다($\binom{\text{민 390}}{\text{조 단}}$). 그러나 위탁자는 매매상대방에 대하여 직접 권리행사를 할 수 없는 입장이므로 상법은 위탁매매인에게 무과실책임으로서의 이행담보책임을 과하고 있다($\binom{\text{105조}}{\text{본}}$). 다만 이와 다른 약정이나 관습이 있으면 그에 따른다 ($\binom{\text{105조}}{\text{단}}$).

### (5) 위탁물에 대한 통지·처분의무

위탁매매인이 위탁매매의 목적물을 인도받은 후에 그 물건의 훼손 또는 하자를 발견하거나 그 물건이 부패할 염려가 있는 때 또는 가격저락의 상황을 안 때에는 지체없이 위탁자에게 그 통지를 발송하여야 한다($\binom{\text{발신}}{\text{주의}}$)($\binom{\text{108조}}{\text{1항}}$). 이 경우 위탁자의 지시를 받을 수 없거나 그 지시가 지연되는 때에는 위탁매매인은 위탁자의 이익을 위하여 적당한 처분을 할 수 있다 ($\binom{\text{108조}}{\text{2항}}$). 위탁매매인이 매도위탁으로 위탁자로부터 받은 물건, 매수위탁을 이행하여 매매상대방으로부터 받은 물건 모두에 본조가 적용된다.

「적당한 처분」이라 함은 상거래의 통념에 부합하는 범위에서의 보관방법의 강구, 하자담보책임의 추궁, 계약의 해제, 전매 등을 뜻한다.

## V. 위탁매매인의 권리

위탁계약에는 위임에 관한 규정을 적용하므로 위탁매매인은 일반적인 수임인의 권리, 즉 비용선급청구권($\frac{민}{687조}$) · 비용상환청구권($\frac{민}{688조}$) 등을 갖는 외에 상법상 다음과 같은 권리도 갖는다.

### (1) 보수청구권

위탁매매인은 상인이므로 위탁계약에서 보수를 정한 바 없더라도 보수청구권을 갖는다($\frac{61}{조}$). 위탁자는 매매상대방에 대하여 직접 이행청구권을 갖지 아니하므로 매매상대방의 이행이 완료되고 위탁매매인이 이를 위탁자에게 이전해야만 보수를 청구할 수 있다고 본다($\frac{민 686조}{2항 참조}$).

### (2) 개입권

1) 의의   위탁자가 거래소의 시세있는 물건 또는 유가증권의 매매를 위탁한 경우에는 위탁매매인 스스로가 매수인($\frac{매도위탁}{의 경우}$) 또는 매도인($\frac{매수위탁}{의 경우}$)이 될 수 있다($\frac{107조}{1항}$). 이같이 위탁매매인이 직접 위탁된 매매거래의 상대방이 될 수 있는 권리를 위탁매매인의「개입권」이라 한다.

위탁매매인이 매매상대방의 지위를 겸한다면 위탁자의 이익을 해할 염려가 있으므로 위탁매매인은 제3자 중에서 매매상대방을 찾아야 하는 것이 원칙이다($\frac{107조 1항}{의 반대해석}$). 그러나 매매조건의 공정성만 보장된다면 위탁매매인이 매매의 상대방이 되더라도 위탁자에게 불리할 것이 없고, 오히려 거래가 신속히 이루어지고 위탁자가 위탁매매인에게 직접 이행을 청구할 수 있는 이점도 있다. 그러므로 상법은 위탁자에게 불리하지 않은 상황에서 위탁매매인의 영리실현을 배가시켜 주기 위하여 개입권을 인정한 것이다.

개입권은 위탁매매인의 일방적 의사표시에 의하여 효과가 발생하므로($\frac{107조}{1항}$) 형성권이다($\frac{통}{설}$). 상업사용인 · 대리상 · 이사가 경업금지의무를 위반하였을 때에 영업주 · 본인 · 회사가 갖는 개입권($\frac{17조 2항, 89조}{2항, 397조 2항}$)은 위탁매매인의 개입권과 명칭도 같고 마찬가지로 형성권이지만, 그 입법취지와 내용이 전혀 다름을 주의하여야 한다.

2) 개입권행사의 요건   개입권의 행사는 위탁자의 이익을 해할 우려가 있으므로 다음과 같은 요건이 구비된 경우에만 허용된다.

i) 거래소의 시세 있는 물건 또는 유가증권일 것   「거래소」라 함은 공개 · 경쟁적인 방법으로 매매가 체결되는 시장을 말한다. 거래소의 시세는 위탁자에게는 가장 공정한

가격이라고 할 수 있으므로 개입권의 행사를 허용하는 것이다.

ii) 개입을 금하는 특약·법률이 없을 것    위탁자가 매매상대방을 지정하거나 기타 위탁매매인의 개입을 금하는 명시 또는 묵시의 의사표시가 있으면 개입권을 행사할 수 없다. 개입을 금하는 의사표시는 위탁매매인이 개입권을 행사하기 전에는 언제든지 할 수 있다.

위탁매매인의 개입을 법으로 금지하는 예가 있다. 즉 자본시장법에서는 투자중개업자가 고객으로부터 증권의 매매를 위탁받은 경우에 개입권의 행사를 금지한다($\substack{자금\\67조}$).

iii) 위탁매매를 하지 않았을 것    위탁매매인이 위탁받은 매매를 실행하지 않은 상태에서만 개입권을 행사할 수 있다. 이미 위탁받은 매매를 한 경우에는 제3자에 대해 채권이 발생하고, 이 채권은 위탁자와 위탁매매인의 사이에서는 위탁자에게 귀속하므로($\substack{103\\조}$) 위탁매매인이 개입권을 행사할 여지가 없기 때문이다.

### 3) 개입권의 행사절차

i) 방식    위탁매매인은 위탁자에게 개입권을 행사한다는 뜻과 매매가격과 이행시기 등 구체적인 계약내용을 명시적으로 통지하여야 하며, 통지는 일반원칙에 따라 위탁자에게 도달한 때에 효력이 발생한다($\substack{도달\\주의}$)($\substack{민 111\\조 1항}$).

ii) 가격결정    개입권을 행사하는 경우 그 매매가격은 위탁매매인이 매매의 통지를 발송할 때의 거래소의 시세에 의한다($\substack{107조\\1항 후}$).「통지를 발송할 때」의 시세로 한 이유는 그 후의 가격의 변동에 대해서는 쌍방이 공히 위험을 부담하므로 가장 공평한 가격결정방법이라 할 수 있기 때문이다.

### 4) 개입권행사의 효과

개입권을 행사하면 매매가 완결된다. 이때에는 위탁자와 위탁매매인 간에 위탁계약과 매매계약이 병존한다. 개입권의 행사는 위탁계약의 실행으로 볼 수 있으므로 위탁매매인은 위탁자에게 매매계약의 이행을 구하는 것과 별도로 위탁계약의 실행에 대한 보수를 청구할 수 있다($\substack{107조\\2항}$).

### (3) 매수물의 공탁·경매권

위탁매매인이 매수의 위탁을 받고 이를 이행하였으나, 위탁자가 매수물의 수령을 거부하거나 수령할 수 없는 경우에는 상인 간의 매매에서 매수인이 수령을 거부하거나 수령할 수 없는 경우에 매도인이 할 수 있는 것과 같이 매수물을 공탁·경매할 수 있다($\substack{109조\\→67조}$). 그 절차 및 경매대금의 처리는 상사매매에 관해 설명한 바와 같다($\substack{127면 이\\하 참조}$). 주의할 점은 상사매매에서와는 달리 위탁매매인은 위탁자가 상인이 아닌 경우에도 공탁·경매권을 행사할 수 있다는 점이다.

### (4) 유치권

위탁매매인은 대리상이 갖는 유치권과 같은 내용의 유치권을 갖는다. 즉 위탁매매인은 다른 약정이 없는 한 위탁자에 대한 채권이 변제기에 있는 때에는 그 변제를 받을 때까지

위탁자를 위하여 점유하는 물건 또는 유가증권을 유치할 수 있다($\overset{111조}{\to 91조}$).

## Ⅵ. 상인간의 매수위탁계약의 특칙

위탁자가 상인이며 그의 영업거래에 관하여 물건의 매수를 위탁한 경우에는 위탁자와 위탁매매인 간에는 상사매매에 있어서의 확정기매매의 해제에 관한 제68조, 매수인의 목적물의 검사와 하자통지의무에 관한 제69조, 매수인의 목적물보관·공탁의무에 관한 제70조 및 제71조의 규정을 준용한다($\overset{110}{조}$). 즉 위탁자를 매수인으로, 위탁매매인을 매도인으로 보고 이 규정들을 준용한다. 위탁자가 상인인 경우에는 상인 간의 매매에서와 같이 위탁매매인을 매도인과 같은 방법으로 보호해 줄 필요가 있기 때문이다.

## Ⅶ. 준위탁매매업

자기명의로써 타인의 계산으로「매매 아닌」행위를 영업으로 하는 자 중 운송주선인을 제외한 나머지를「준위탁매매인」이라 한다($\overset{113}{조}$). 예컨대 출판·광고·보험 및 금융에 관한 위탁거래, 증권의 모집·매출의 인수($\overset{자금 9}{조 12항}$) 등을 하는 자가 이에 속한다. 어떠한 계약이 준위탁매매인지는 계약의 명칭 또는 형식적인 문언을 떠나 그 실질을 중시하여 판단하여야 한다($\overset{대법원 2011. 7. 14. 선}{고 2011다31645 판결}$).

준위탁매매인의 영업내용은 위탁매매인과 유사하므로 위탁매매업에 관한 규정을 준용한다($\overset{113}{조}$). 그러나 위탁매매인의 개입권($\overset{107}{조}$), 위탁물에 대한 통지·처분의무($\overset{108}{조}$), 위탁매매인의 매수물의 공탁·경매권($\overset{109}{조}$), 매수위탁자가 상인인 경우의 상사매매규정의 준용($\overset{110}{조}$) 등에 관한 규정들은 물건 또는 유가증권의 위탁매매를 전제로 한 규정들이므로 준위탁매매에 준용되지 아니한다.

# 제 4 절 운송업

## Ⅰ. 총설

1) 기능 「운송」이란 물건, 사람 또는 통신을 장소적으로 이동시키는 행위를 말하며,「운송업」이란 이러한 운송의 인수를 전문으로 하는 영업을 말한다. 인간활동의 영역이 공간적으로 크게 확대된 오늘날 운송은 사람들이 일상적으로 공급받는 필수불가결한 용역의 하나이나, 운송업은 대체로 위험이 수반되는 사업이므로 운송에 대한 사회의 수요를 원

만히 충족시키기 위해서는 위험의 대종을 이루는 손해배상책임을 경감해 주어야 한다. 한편 운송업은 고객의 귀중한 생명과 재산을 다루므로 고객의 생명·재산의 보호를 위한 고려 또한 소홀히 할 수 없다. 또한 오늘날의 운송은 집단화·대량화되는 추세에 있으므로 운송인 대 고객의 법률관계를 정형적·획일적으로 처리하는 법기술이 요청된다.

운송업은 사회적 편익수단으로서의 공익성을 가지므로 운송의 유형별로 여러 개의 특별법이 제정되어 각종의 공법적 규제를 가하고 있으나, 상법은 거래법적 측면에서 운송인과 그 이용자의 사법적 이해관계를 다루되, 위에 말한 입법정책을 강하게 반영하고 있는 점이 특색이다.

### 2) 운송의 종류

i) 객체에 의한 분류    무엇을 운송하느냐에 따라 물건을 운송하는 「물건운송」, 사람을 운송하는 「여객운송」, 신서를 전달하는 「통신운송」으로 구분할 수 있다. 상법은 영업으로 하는 물건 또는 여객의 운송의 인수를 기본적 상행위로 하되($^{46조}_{13호}$), 운송의 객체가 재화인 경우와 사람인 경우 운송시에 기울여야 할 주의의 내용 그리고 손해가 발생하였을 경우의 배상책임의 원리가 다르므로 양자를 구분하여 규율한다.

「통신운송」($^{신서의}_{전달}$)은 우편법에서 공법적 규율을 하고 있을 뿐, 상법에서는 별도의 규정을 두고 있지 않다.

ii) 수단에 따른 분류    운송은 그 수단에 따라 육상운송·해상운송·항공운송으로 구분되는데, 각각 운송설비가 상이하고 운송에 따르는 위험의 성격과 정도가 상이하므로 상법은 이들을 구분하여, 육상운송은 「상행위」편에서 다루고($^{125조~}_{150조}$), 해상운송은 제5편($^{791조~}_{864조}$)에서, 항공운송은 제6편($^{896조~}_{935조}$)에서 다루고 있다.

### 3) 운송인의 의의

상행위편 제9장($^{125조~}_{150조}$)에서 「운송업」이라 함은 육상운송업만을 말하고 운송인도 육상운송인만을 가리킨다. 상법은 ($^{육}_{상}$)운송인을 「육상 또는 호천·항만에서 물건 또는 여객의 운송을 영업으로 하는 자」라고 정의하고 있다($^{125}_{조}$).

i) 운송영역    철도·자동차 등에 의한 운송이 이에 속한다. 「육상」이란 지하($^{예:지}_{하철}$)도 포함하며, 일시 공중을 운행하더라도 육상에 연결된 수단을 이용할 때는 역시 육상운송이다($^{예:케}_{이블카}$). 호천·항만은 육상이 아니지만, 그 범위에서 행해지는 운송은 육상운송으로 다룬다($^{125}_{조}$). 그 안에서의 운송에 따르는 위험은 육상운송과 같은 정도이기 때문이다.

ii) 운송의 객체    육상운송의 객체가 되는 「물건」이란 장소의 이동이 가능한 모든 동산과 유가증권이고, 「여객」이란 생존해 있는 자연인을 뜻한다.

iii) 운송    운송은 물건이나 여객을 지역적으로 이동시키는 사실행위이다. 상법상의 운송이라 하기 위해서는 물건 또는 여객이 운송인의 관리하에 놓여진 상태에서 이동되어야 하므로 단순한 물리적 작용만을 가하여 이동시키는 것은 운송이 아니다.

iv) 상인성    운송 자체는 사실행위이므로 그로부터는 운송인의 상인성이 도출되지 않는다. 운송인이 타인을 위해 운송을 실행해 주기로 하는 계약, 즉 운송의 인수(껙)를 영업으로 하기 때문에 상인이 되는 것이다($^{46조}_{13호}$).

4) 운송계약의 성질　　　운송계약은 물건 또는 여객을 일정한 장소까지 이동시킬 것을 내용으로 하는 도급계약($^{민}_{664조}$)이다($^{대법원 1983. 4. 26.}_{선고 82다92 판결}$). 운송계약은 불요식의 낙성계약이므로 운송장이나 화물상환증 기타 어떤 서면의 작성도 요건으로 하지 않으며, 운송물의 인도도 그 요건이 아니다.


# Ⅱ. 물건운송

## 1. 운송계약

### (1) 당사자

운송계약에는 운송을 인수하는 운송인과 그에게 운송을 위탁하는 송하인, 그리고 운송물이 목적지에 도착하면 운송물을 인도받을 수하인이 관계한다. 운송계약은 송하인과 운송인 간에 체결되고, 수하인은 운송계약의 당사자가 아니다. 수하인은 송하인 자신일 경우도 있고 제3자일 경우도 있는데, 송하인 자신일 경우에는 운송계약의 당사자로서 당연히 권리를 갖고 송하인이 아닌 경우라도 운송계약과 상법의 규정에 의한 일정한 권리를 취득한다.

### (2) 운송계약의 요소

운송물, 발송지와 도착지, 수하인, 운임, 운송수단 등이 운송계약에 명시되는 요소이다.

1) **운송물**　　　운송물은 특정물로 명시될 수도 있고, 종류물로 표시될 수도 있다. 운송계약시에는 종류물로 정했더라도 운송인에게 인도된 후에는 특정물채권으로 변한다.

2) **발송지·도착지**　　　발송지와 도착지가 정해져야 그에 적합한 운송수단을 선택하고 운임을 계산할 수 있다. 도착지는 운송 도중에 송하인 등의 처분권의 행사로 무시되거나 변경될 수 있다. 운송계약시에는 운송거리만 정하고 구체적인 발송지와 도착지는 운송개시시까지 확정하기로 하는 것도 유효하다.

3) **수하인**　　　운송인이 도착지에서 운송물을 인도해야 할 상대방이 있어야 하므로 송하인은 운송계약에서 수하인을 정해야 한다. 하지만 수하인을 운송계약시에 정하지 않고 도착지에 도착하기 전까지 확정하기로 하는 것도 무방하며, 화물상환증을 발행하는 경우에 있어서는 화물상환증소지인이 운송물인도청구권을 배타적으로 가지므로 수하인을 정할 필요가 없다.

4) **운송수단**　　　운송수단은 보통 운송계약시에 확정한다. 계약에서 정한 운송수단을 운송인이 임의로 바꾼다면 그 자체가 계약위반이다. 계약상 운송수단이 명시되지 않았더라

도 운송인이 주로 취급하는 운송수단, 운송물의 성질, 운임 등을 참작하여 가장 적합한 운송수단을 택하여야 한다.

5) 운임 　　운임은 보통 일정금액으로 정해지지만, 확정할 수 있는 기준만 정해도 된다($\frac{예: 요금 미터}{기에 의하는 것}$). 계약에 의해 운임을 정하지 않더라도 운송인은 상인의 일반적인 보수청구권($\frac{61}{조}$)에 의해 운임을 청구할 권리를 가지므로 운송계약이 유상계약임에는 변함이 없다.

(3) 화물명세서의 교부

1) 의의 　　운송계약은 당사자 간의 합의만으로 성립하지만, 흔히 화물명세서를 작성한다. 화물명세서에는 운송물 등 운송에 관한 주요사항을 기재하는데, 운송인의 청구에 의하여 송하인이 작성·교부한다($\frac{126조}{1항}$). 따라서 화물명세서는 송하인의 운송지시서와 같은 의미를 갖는다.

화물명세서는 재산권을 표창하는 것이 아니므로 유가증권이 아니며, 단지 운송계약의 성립과 내용을 증명하기 위한 증거서면에 불과하다. 운송인은 화물명세서를 확보해 둠으로써 추후 자신이 이행한 것이 송하인의 지시와 상위 없음을 증명할 수 있는 것이다.

2) 기재사항 　　화물명세서에는, ① 운송물의 종류, 중량 또는 용적, 포장의 종별, 개수와 기호, ② 도착지, ③ 수하인과 운송인의 성명 또는 상호, 영업소 또는 주소, ④ 운임과 그 선급 또는 착급의 구별, ⑤ 화물명세서의 작성지와 작성연월일을 기재하고 송하인이 기명날인 또는 서명하여야 한다($\frac{126조}{2항}$).

3) 부실기재의 효과 　　송하인이 화물명세서에 허위 또는 부정확한 기재를 한 때에는 운송인에 대하여 이로 인한 손해를 배상할 책임을 진다($\frac{127조}{1항}$). 예컨대 운송물이 인화물질임을 은폐하여 운송인이 화재예방을 소홀히 한 결과 화재가 난 경우와 같다. 그러나 운송인이 악의인 경우에는 이를 보호할 필요가 없으므로 손해가 나더라도 송하인은 배상할 책임이 없다($\frac{127조}{2항}$).

부실기재로 인한 송하인의 책임은 무과실책임이다($\frac{통}{설}$).

## 2. 운송인의 의무

(1) 기본적 의무

운송인의 기본적인 의무는 송하인으로부터 운송물을 인도받아 목적지까지 운반하여 정해진 날에 수하인 기타 운송물을 수령할 권한 있는 자에게 인도하는 것이다. 운송인은 선량한 관리자의 주의로 운송물을 보존, 인도하여야 한다. 상법은 이외에도 다음과 같은 특수한 의무를 과하고 있다.

(2) 화물상환증의 발행의무

운송인은 송하인의 청구가 있으면 화물상환증을 발행하여야 한다($\frac{128}{조}$). 송하인으로 하여금 운송 중에 있는 물건의 교환가치를 활용할 수 있도록 해 주기 위함이다.

**(3) 운송물의 처분의무**

1) **의의**    송하인 또는 화물상환증소지인은 운송 도중에 또는 수하인이 권리행사를 하기 전에 운송인에 대하여 운송의 중지, 운송물의 반환 기타의 처분을 청구할 수 있다($^{139조}_{1항 전}$). 이 같은 송하인 등의 권리를 운송물의 처분권 또는 지시권이라고 하며, 이 청구에 응해야 하는 운송인의 의무를 처분의무라 한다. 이 처분권은 상법이 운송의 특수성을 고려하여 인정한 권리로서, 이를 행사하더라도 운송계약이 해제되는 것은 아니고, 따라서 송하인 등의 손해배상책임도 발생하지 아니한다.

이 특칙은 송하인으로 하여금 거래의 상황변화에 대처할 수 있게 해 주기 위한 것이다. 즉 송하인이 수하인과 체결한 매매계약이 해제 또는 취소되어 운송이 필요 없게 되었다든지, 또는 다른 장소에 유리한 거래가 성립되었다는 등의 사정이 있을 경우 송하인($^{또는 화물상}_{환증 소지인}$)이 신속히 대응하여 손해를 방지하거나 이익을 도모할 수 있도록 배려한 것이다.

2) **처분권자**    화물상환증이 발행되지 않은 경우에는 송하인이 처분을 청구할 수 있고, 화물상환증이 발행된 경우에는 화물상환증소지인만이 처분을 청구할 수 있다($^{139조}_{1항 전}$).

3) **처분의 내용**    「운송의 중지」란 운송물의 현소재지에서 더 이상 운송을 진행하지 아니함을 말하고, 「운송물의 반환」이란 현소재지에서 인도하는 것을 뜻한다. 처분권은 운송계약의 존속 중에 또 그 범위에서 행사하는 것이므로 운송인에게 불이익을 주거나 새로운 부담을 주는 내용이어서는 안된다. 그러므로 「기타의 처분」이란 것은 추가의 비용이 소요되지 않는 운송노선의 변경 등을 의미하고 운송노선의 연장, 오지로의 변경, 추가운송, 포장의 개체 등은 송하인과 운송인의 새로운 합의로 실행할 수 있을 뿐이다. 「처분」은 이상과 같은 사실행위를 의미하고, 운송물의 양도·입질·경매와 같은 「법률상의 처분」은 포함하지 않는다.

4) **운임의 계산**    처분권의 행사로 인해 운송인에게 불이익을 주어서는 안되므로 운송인은 이미 운송한 비율에 따른 운임, 체당금과 처분으로 인한 비용의 지급을 청구할 수 있다는 특칙을 두고 있다($^{139조}_{1항 후}$).

**(4) 운송물인도의무**

운송인이 운송을 완료하면 도착지에서 운송물을 인도하여야 하는데, 화물상환증을 발행한 경우와 발행하지 아니한 경우에 인도받을 상대방이 다르다.

1) **화물상환증이 발행되지 않은 경우**    운송물이 도착지에 도착한 때에는 수하인은 송하인과 동일한 권리를 취득하므로($^{140조}_{1항}$) 수하인이 운송인에 대하여 운송물의 인도를 청구할 수 있다. 그렇다고 송하인의 인도청구권이 소멸하는 것은 아니다($^{후}_{술}$).

2) **화물상환증이 발행된 경우**    화물상환증은 운송물인도청구권을 표창하는 유가증권이므로 화물상환증이 발행되면 그 소지인이 배타적으로 운송물인도청구권을 갖는다. 따라서 운송계약으로 수하인을 따로 정하더라도 이는 무의미하다.

운송인은 위와 같은 구분에 따라 운송물을 수하인, 송하인 또는 화물상환증소지인에게 인도하여야 하며, 운송물의 소유자가 누구이냐는 것은 인도청구권과 무관하다.

### (5) 물건운송인의 손해배상책임

**1) 책임의 완화**　　앞서 말한 바와 같이 운송에 대한 사회적 수요를 충족시키기 위해서는 운송인의 위험부담을 덜어줌으로써 운송업을 보호·육성할 필요가 있는데, 이 점이 입법적으로 반영된 것이 운송인의 손해배상책임을 완화하는 제도이다.

상법은 운송인의 손해배상책임을 완화하는 방법으로 i) 민법상의 채무불이행책임에 대한 특칙을 두어 운송인의 손해배상액을 제한하고, ii) 송하인이 명시하지 않은 고가의 운송물에 대해서는 손해배상책임을 경감하는 한편, iii) 손해배상책임의 특별소멸사유와 아울러 단기의 소멸시효를 두고 있다.

**2) 책임발생의 요건**　　제135조는 「운송인은 자기 또는 운송주선인이나 사용인 그 밖에 운송을 위하여 사용한 자가 운송물의 수령, 인도, 보관 및 운송에 관하여 주의를 게을리 하지 아니하였음을 증명하지 아니하면 운송물의 멸실, 훼손 또는 연착으로 인한 손해를 배상할 책임이 있다」고 규정한다.

이 규정은 민법의 손해배상책임의 일반원칙을 운송인에 대해 구체화시켜 놓은 데 지나지 않으므로 운송인의 책임에 관해 특칙으로서의 의미는 갖지 않는다($\frac{\text{통}}{\text{설}}$). 따라서 제135조가 손해의 원인과 유형을 나열한 것은 예시적인 것에 불과하고 그 밖에 다양한 원인과 유형의 손해가 있을 수 있다.

**3) 배상액의 정형화 및 제한**

i) 취지　　운송인에게 민법상의 채무불이행책임을 적용한다면, 운송인은 채무불이행과 상당인과관계 있는 모든 손해를 배상해야 하고($\frac{\text{민 393}}{\text{조 1항}}$), 운송인이 알 수 있었던 특별한 사정으로 인한 손해까지 배상해야 한다($\frac{\text{민 393}}{\text{조 2항}}$). 그러나 상법은 운송인의 손해배상액에 관해 특칙을 두어, 원칙적으로 배상액은 물건의 가액으로 한정하고($\frac{137조 1}{\text{항·2항}}$) 예외적으로 운송인에게 고의·중과실이 있는 때에만 민법의 일반원칙을 적용한다($\frac{137조}{3항}$). 이는 다수의 송하인을 상대로 하는 운송인의 손해배상책임을 획일적인 기준에 의해 산정할 수 있도록 정형화하는 동시에 운송업의 보호·육성이라는 정책적 이유에서 운송인의 책임을 경감한 것이다.

ii) 원칙　　상법 제137조는 손해의 유형별로 배상액산정의 기준을 달리한다.

(a) 전부멸실·연착의 경우　　운송물이 전부멸실되거나 연착한 경우 손해배상액은 인도할 날의 도착지가격에 의한다($\frac{137조}{1항}$).

「운송물의 전부멸실」이란 운송물이 도난·일실·파괴 등의 사유로 물리적으로 존재하지 아니하여 인도할 수 없는 경우는 물론, 운송물이 현존하지만 인도에 법률적 장애가 있거나 사회통념상 인도가 불가능한 경우를 포함한다.

「인도할 날」이란 운송계약에 의하여 인도하기로 예정된 날 또는 화물상환증에 이와 같이 기재된 날을 뜻한다. 「도착지의 가격」은 도착지에서의 통상 거래되는 시장가격을 말한다. 운송물이 멸실되지 않고 운송되었다면 「인도할 날」의 도착지의 가격에 의해 송하인의 이익이 실현되었을 것이므로 이를 배상액으로 정한 것이다.

「연착」이란 단순히 도착지에 늦게 도착하였다는 뜻이 아니라, 인도할 날에 인도하지 못하고 그 이후의 날에 인도함을 뜻한다. 그러므로 적기에 도착하였으나 운송인측의 사정으로 인도할 날에 인도하지 못했다면 이것도 연착에 해당한다. 반대로 인도할 날 이후에 도착하였더라도 수령권자가 그 이후에 인도를 청구하여 바로 인도한다면 연착이라 볼 수 없다.

(b) 일부멸실·훼손의 경우 　　운송물이 일부멸실 또는 훼손된 경우의 손해배상액은 인도한 날의 도착지의 가격에 의한다($^{137조}_{2항}$).

「일부멸실」이란 잔존부분이 독립된 경제적 가치를 가질 때를 뜻하고, 중요한 부분의 멸실로 인해 전부가 쓸모없이 된 경우에는 전부멸실에 해당한다.

「훼손」이란 물건이 부패·변질되거나 불가분물의 일부가 파괴되어 경제적 가치가 손상된 경우를 말한다.

일부멸실 또는 훼손된 경우의 손해배상액을 「인도한 날」의 도착지가격으로 한 이유는 전부멸실의 경우와는 달리 물건의 가치 중 일부는 실현되고 일부는 일실된 경우인데, 실현된 가치는 인도한 날의 가격에 의해 평가되므로 일실된 가격도 같은 기준에 의해 평가해야 균형이 이루어지기 때문이다.

그러나 이것은 잔존물이 인도할 날에 인도된 경우에 적용될 수 있는 것이고, 일부멸실 또는 훼손된 상태에서 연착된 경우에는 앞서의 연착의 경우와 같이 「인도할 날」의 가격에 의해 배상액을 산정해야 한다.

iii) 예외 및 기타의 훼손

(a) 운송인의 고의·중과실 　　위의 원칙은 운송인에게 경과실이 있을 경우에만 적용하고, 운송물의 멸실·훼손 또는 연착이 운송인의 고의나 중대한 과실로 인한 때에는 운송인은 「모든 손해」를 배상해야 한다($^{137조}_{3항}$). 「모든 손해」를 배상해야 한다 함은 민법의 일반원칙에 따라 상당인과관계 있는 모든 손해($^{민 393}_{조 1항}$)를 배상해야 함은 물론 운송인이 알았거나 알 수 있었을 때에는 특별한 사정으로 인한 손해($^{민 393}_{조 2항}$)도 배상해야 한다.

(b) 기타의 손해 　　본조 제1항 및 제2항의 책임제한은 운송물이 멸실·훼손·연착된 경우에만 적용되고, 기타 유형의 손해에는 민법의 일반원칙이 적용된다.

iv) 손익상계 　　운송물의 멸실 또는 훼손으로 인하여 지급을 요하지 아니하는 운임 기타 비용은 위의 요령에 따라 산정한 배상액에서 공제한다($^{137조}_{4항}$).

4) 고가물에 관한 특칙 　　화폐, 유가증권 기타의 고가물에 대하여는 송하인이 운송을 위탁할 때에 그 종류와 가액을 명시한 경우에 한하여 운송인이 손해를 배상할 책임이 있

다($\substack{136 \\ 조}$).

i) 취지　　고가물은 대체로 멸실·훼손의 위험이 크고 손해의 규모도 크므로 포장·운반·보관에 보다 깊은 주의를 기울여야 하고, 따라서 운송비용도 많이 소요된다. 그런데도 송하인이 고가물임을 명시하지 아니하고 보통물에 대한 운임만 지급한 탓에 운송인이 고가물에 알맞는 주의를 베풀지 못하여 손해가 발생하였다면, 운송인에게 전부의 책임을 지우는 것은 불공평하고 신의칙에도 어긋난다. 그러므로 상법은 이 같은 경우에는 송하인의 불명시에 책임이 있다고 보고 운송인의 책임을 제한한다.

ii) 고가물의 개념　　「고가물」이라 함은 부피·무게 등에 비추어 다른 물건보다 현저히 가격이 비싼 물건을 말한다($\substack{\text{예: 화폐·유가증권·귀금} \\ \text{속·보석·미술품·골동품 등}}$). 고가물 여부는 물건이 갖는 객관적·경제적 가치로 판단해야 하고 송하인이 특별히 부여하는 주관적 가치($\substack{\text{예: 부모의 사진, 연인} \\ \text{의 편지에 대한 애착}}$)는 고려할 바 아니다. 또 그 물건이 현재 갖는 가치를 가지고 판단할 것이고, 취득한 가격이 얼마냐라는 것은 문제되지 아니한다($\substack{\text{결혼선물로 받은 금반지는 무상으로 취득했지만 고} \\ \text{가물이다. 대법원 1977. 2. 8. 선고 75다1732 판결}}$).

iii) 불명시 고가물에 관한 책임　　고가물임이 명시되지 않은 경우에는 그 고가물이 멸실·훼손되더라도 운송인은 손해배상책임을 지지 아니한다($\substack{136 \\ 조}$). 그리고 운송인이 그 고가물을 보통물로 보고 보통물에 대한 주의를 기울였다면 보통물로서의 책임도 지지 아니한다.

운송인이 보통물에 대한 주의조차 기울이지 아니하여 그 고가물이 멸실·훼손된 경우 고가물의 명시를 촉구하는 의미에서 보통물로서의 책임도 지지 아니한다는 것이 통설이지만, 운송인이 자기의 과실에 대하여도 책임을 지지 아니한다는 것은 불공평하기 그지없으므로 보통물로서의 책임은 져야 한다고 해석한다($\substack{\text{同旨: 이종훈} \\ \text{287; 정준우 318}}$).

송하인이 고가물의 명시를 하지 않았으나 운송인이 고가물임을 알게 된 경우에는 운송인은 고가물에 대한 주의를 베풀어야 하고 이를 게을리하면 고가물로서의 책임을 져야 한다는 것이 통설이다. 운송인은 이로 인해 운임을 증액하여 청구할 수 있고, 추가되는 비용을 별도로 청구할 수 있다고 본다.

iv) 명시한 경우의 책임　　송하인이 고가물임을 명시한 경우 고가물로서의 책임을 짐은 물론이다. 이 경우 배상액은 송하인이 명시한 가액을 최고한도로 하고 제137조를 적용하여 계산한다.

v) 증명책임　　본조의 적용에 있어서 운송인이 면책을 하기 위하여는 운송물이 고가물이라는 점, 송하인의 명시가 없었다는 점을 증명하여야 한다.

vi) 적용범위　　본조는 운송계약의 채무불이행책임에 관한 규정이므로 고가물의 멸실·훼손이 운송인 또는 그 사용인의 불법행위에 기인한 때에는 적용되지 아니한다($\substack{\text{대법원} \\ \text{1991.} \\ \text{8. 23. 선고 91} \\ \text{다15409 판결}}$). 이 경우에는 운송인은 고가물에 관한 손해액 전액을 배상하여야 한다($\substack{\text{민 763} \\ \text{조, 393조}}$).

**5) 손해배상책임의 소멸**　　운송인은 대량의 운송을 반복하므로 자신의 무과실을 증

명하기 위한 증거를 장기간 보존하기가 곤란하다. 그러므로 법은 운송인의 책임관계를 신속히 종결짓기 위하여 손해배상책임에 특별한 소멸사유를 두고 아울러 손해배상책임의 소멸시효를 단기로 규정하고 있다.

i) **특별소멸사유**  운송물의 수령권자가 운송인으로부터 유보 없이 운송물을 수령하고 운임 기타 비용을 지급한 때에는 원칙적으로 운송인의 손해배상책임이 소멸한다($_{1항}^{146조}$).

운송물에 즉시 발견할 수 없는 훼손 또는 일부멸실이 있을 경우 운송물을 수령한 날로부터 2주간 내에 운송인에게 그 통지를 발송한 때에는 운송인의 책임이 소멸하지 아니한다($_{1항\ 단}^{146조}$). 또 운송인 또는 그의 사용인이 악의인 경우 운송물수령권자의 유보 여부에 불구하고 운송인의 책임은 소멸하지 아니한다($_{2항}^{146조}$). 「악의」라 함은 운송물이 멸실·훼손된 사실을 알고 인도한 경우를 뜻한다.

ii) **단기소멸시효**  운송인의 손해배상책임은 전부멸실의 경우에는 운송물을 인도할 날로부터, 기타 손해의 경우에는 수령권자가 운송물을 수령한 날로부터, 각각 1년을 경과하면 소멸시효가 완성한다($_{조\ 1항.\ 2항}^{147조→121}$). 이 1년이라는 기간은 당사자가 합의하여 연장 혹은 단축할 수 있다($_{고\ 2008다58978\ 판결}^{대법원\ 2009.\ 8.\ 20.\ 선}$).

운송인이나 그 사용인이 악의인 때에는 이 단기소멸시효를 적용하지 않고 일반상사시효($_{본}^{64조}$)에 따른다($_{조\ 3항}^{147조→121}$). 여기서 「악의」라 함은 적극적으로 운송물의 멸실·훼손·연착을 초래하거나 은폐한 경우뿐만 아니라, 소극적으로 이를 알면서 수하인에게 알리지 않고 인도한 경우를 포함한다는 것이 판례의 입장이다($_{선고\ 86다카2107\ 판결}^{대법원\ 1987.\ 6.\ 23.}$).

6) **불법행위책임과의 경합**  상법 제135조 이하의 운송인의 손해배상책임은 채무불이행책임인데, 운송인의 행위가 동시에 불법행위($_{750조}^{민}$)를 구성할 수 있다. 이 경우 통설과 판례는 운송계약상의 책임과 불법행위책임은 요건과 효과를 달리하므로 양 책임은 청구권경합의 관계에 있다고 보고 송하인은 두 가지 중 택일하여 청구할 수 있다고 설명한다($_{설.\ 대법원\ 1977.\ 12.\ 13.\ 선고\ 75다107\ 판결}^{청구권경합}$).

7) **면책특약**  운송인의 손해배상책임에 관한 규정은 임의규정으로서 당사자 간의 특약으로 배상책임을 경감 혹은 가중하는 것이 가능하다. 가중하는 예는 드물지만 약관에 의해 책임의 일부를 면제하는 예는 많다. 예컨대 일정기간 내의 연착에 관해서는 책임지지 않는다는 것과 같다. 이를 흔히 「면책약관」이라 한다. 면책약관은 계약상의 책임을 면제할 뿐이므로 운송인의 고의·과실이 동시에 불법행위를 구성하면 송하인은 불법행위책임을 물을 수 있다. 그러나 판례는 면책약관에는 불법행위책임에도 적용하기로 하는 숨은 합의가 있다고 보아 불법행위책임도 면책한다고 보고 있다($_{고\ 82다카1533\ 판결(전)}^{대법원\ 1983.\ 3.\ 22.\ 선}$). 다만 이러한 해석은 운송인에게 고의 또는 중대한 과실이 있을 때에는 적용할 수 없다($_{판례}^{같은}$).

### 3. 운송인의 권리

#### (1) 운송물인도청구권

송하인이 운송계약과 동시에 운송인에게 운송물을 인도하는 수도 있지만, 물건의 인도 없이 운송계약부터 체결할 수도 있다. 후자의 경우에는 운송인이 운송계약에 기해 운송물의 인도를 청구할 수 있다. 이에 대해 송하인이 적시에 운송물을 인도하지 않는다면 채권자지체가 된다($\substack{\text{민} \ 400조\sim \\ 403조}$).

#### (2) 화물명세서교부청구권

운송인은 송하인에 대하여 화물명세서를 작성·교부해 줄 것을 청구할 수 있음은 기술한 바와 같다($\substack{126조 \\ 1항}$).

#### (3) 운임 기타 비용청구권

**1) 운임의 의의**　　운임은 운송의 대가로서 운송인에게 주어지는 보수이다. 운임은 보통 운송계약에서 정해지지만, 운송계약에서 정하지 않더라도 운송인은 상인으로서 보수청구권을 가진다($\substack{61 \\ 조}$).

**2) 운임채권의 행사**　　운송인은 운송을 완료하고 수하인 또는 화물상환증소지인에게 운송물을 인도할 때에 운임을 청구할 수 있다($\substack{141 \\ 조}$). 즉 일반 도급에 있어서 수급인의 보수청구권($\substack{\text{민} \\ 665조}$)과 같이 후급이 원칙이다. 운송이 완료되지 않았더라도 송하인이나 화물상환증소지인이 처분권을 행사한 때($\substack{139 \\ 조}$), 그리고 운송물이 송하인의 과실로 멸실한 때($\substack{134조 \\ 2항}$)에는 운임을 청구할 수 있다.

**3) 운임의 채무자**　　수하인이나 화물상환증소지인이 운송물을 수령한 때에는 운송인에 대하여 운임 기타 운송에 관한 비용과 체당금을 지급할 의무를 부담한다($\substack{141 \\ 조}$).

**4) 운송물의 멸실과 운임채권**　　운송물의 일부 또는 전부가 멸실된 경우에는 그것이 누구의 과실에 의한 것이냐에 따라 운임채권의 행사가 달라진다.

첫째, 운송인의 과실에 의한 경우에는 운임은 송하인의 손익상계를 위해 운송인의 손해배상액에서 공제한다($\substack{137조 \\ 4항}$).

둘째, 운송물의 멸실이 그 성질이나 하자 또는 송하인의 과실로 인한 때에는 운송인은 운임의 전액을 청구할 수 있다($\substack{134조 \\ 2항}$). 운송인의 기회비용을 보상해 주기 위한 것이다.

셋째, 운송물의 멸실이 불가항력에 의한 경우에는 운송인이 운임을 청구하지 못하고, 이미 운임의 전부 또는 일부를 선급받았다면 그 금액을 반환하여야 한다($\substack{134조 \\ 1항}$). 이는 채무자위험부담주의의 일반원칙($\substack{\text{민} \\ 537조}$)을 따른 것으로서 주의적인 규정에 불과하다.

**5) 기타 비용의 청구**　　운송인은 운임 외에 운송에 관한 비용과 체당금을 청구할 수 있다($\substack{141 \\ 조}$). 운송계약상 운임으로 보상되지 아니하는 비용, 예컨대 통관비·보관료·수하인의 수령지연으로 인해 생긴 보관료 등을 보상하기 위함이다.

6) **운임 등 채권의 확보**  운송인은 운임과 기타 비용을 변제받기 위해 운송물의 인도와 동시이행의 항변권을 가지며, 이 채권을 가지고 운송물에 대해 유치권을 행사할 수 있으며($^{147조}_{→120조}$), 운송물을 수령하지 않을 경우에는 운송물을 경매하여 그 대금을 가지고 운임에 충당할 수 있다($^{145조→67}_{조 3항}$).

7) **시효**  운송인의 송하인 또는 화물상환증소지인에 대한 운임 등 기타 채권은 1년간 행사하지 아니하면 소멸시효가 완성한다($^{147조}_{→122조}$).

**(4) 유치권**

운송인은 운임·비용·체당금 등의 채권을 가지고 운송물에 대해 유치권을 행사할 수 있다($^{147조}_{→120조}$). 운송인의 유치권은 목적물이 운송물로 제한되어 있다는 점에서 민사유치권($^{민}_{320조}$) 또는 일반 상사유치권($^{58}_{조}$)과 다르나, 목적물이 채무자소유임을 요하지 않는다는 점에서 민사유치권과 같고, 피담보채권이 목적물과 제한된 의미에서의 견련성이 있는 채권에 국한된다는 점에서 민사유치권과 유사하다.

**(5) 운송물의 공탁·경매권**

수하인 등이 운송물을 수령하지 않을 경우 운송인은 운송물을 공탁 또는 경매하여 채무를 벗어나고 자신의 운임 등의 채권을 실현할 수 있다.

1) **공탁권**  운송인은 수하인을 알 수 없는 때($^{142조}_{1항}$), 수하인이 운송물의 수령을 거부하거나 수령할 수 없는 때($^{143조}_{1항}$)에는 운송물을 공탁할 수 있다. 여기서 「수하인」이라 함은 송하인이 지정한 수하인뿐만 아니라 화물상환증이 발행된 때의 화물상환증 소지인, 화물상환증도 발행하지 않고 수하인도 없을 경우의 송하인을 포함한다.

2) **경매권**  공탁사유가 있을 경우, 운송인은 다음과 같은 요건을 구비하여 공탁 대신 경매를 할 수 있다.

i) **요건**  운송인은 먼저 수하인에 대하여 상당한 기간을 정하여 운송물의 수령을 최고하여야 한다($^{143조}_{2항}$). 최고에도 불구하고 수령하지 않을 경우에는 운송인은 송하인에 대해 상당한 기간을 정하여 운송물의 처분에 대한 지시를 최고하고, 그 기간 내에 지시를 받지 아니한 때에는 운송물을 경매할 수 있다($^{142조}_{2항}$). 그러나 이들에게 최고를 할 수 없거나 운송물이 멸실 또는 훼손될 염려가 있는 때에는 최고 없이 경매할 수 있다($^{145조→67}_{조 2항}$).

ii) **공시최고와 경매**  송하인·화물상환증소지인·수하인 모두를 알 수 없을 경우에는 위와 같은 절차를 밟을 수 없으므로 공시최고를 하고 경매할 수 있다($^{144}_{조}$). 공시최고기간은 6월 이상으로 정하고, 그 기간 내에 권리를 주장할 것을 관보나 일간신문에 2회 이상 공고하여야 한다. 이 기간 내에 권리를 주장하는 자가 없는 때에는 운송물을 경매할 수 있다.

iii) **통지**  경매를 한 때에는 지체없이 송하인에게 통지를 발송하여야 한다($^{142조}_{3항}$).

iv) **대금의 공탁·채권에의 충당**  경매한 후에는 대금 중 경매비용을 공제한 잔액을 공탁해야 하나, 그 전부 또는 일부를 운임 등 운송인의 채권의 변제에 충당할 수 있다($\frac{145조 \rightarrow 67}{조 3항}$).

### 4. 수하인의 지위

송하인이 자신을 수하인으로 해서 직접 운송물을 수령할 수도 있고, 화물상환증을 발행하는 경우에는 화물상환증소지인만이 배타적으로 운송물에 관한 권리를 행사할 수 있으므로 수하인이 필요 없다. 그러나 화물상환증이 발행되지 않은 상태에서 송하인이 제3자를 수하인으로 지정한 경우에는 그 수하인은 운송계약의 당사자가 아니면서도 운송계약상의 권리를 취득하고 의무를 부담한다. 운송의 진행에 따라 수하인의 법적 지위는 다음과 같이 점차 발전해 나아가는 모습을 보인다.

**1) 도착전**　　　운송물이 도착지에 도착하기 이전에는 수하인은 운송물에 관하여 아무런 권리를 갖지 못하고 송하인만이 권리를 갖는다.

**2) 도착후 인도청구권**　　　운송물이 도착지에 도착하면 수하인은 운송계약상 송하인이 갖는 권리와 동일한 권리를 취득한다($\frac{140조}{1항}$). 따라서 수하인은 자신의 이름으로 운송물의 인도를 청구할 수 있고, 운송물이 일부멸실·훼손·연착된 경우 직접 손해배상을 청구할 수 있다.

한편 수하인이 권리를 갖는다고 해서 송하인의 권리가 소멸하는 것은 아니고, 수하인이 인도청구를 할 때까지는 여전히 송하인이 처분권을 갖는다($\frac{139}{조}$). 그러므로 운송물의 도착으로 인해 수하인과 송하인은 동일한 권리를 병존적으로 취득한다.

**3) 수하인의 인도청구 후**　　　수하인이 운송물의 인도를 청구한 때에는 수하인의 처분권이 우선한다($\frac{140조}{2항}$). 그러나 수하인이 운송물의 수령을 거부하거나 수령할 수 없는 때에는 운송인이 송하인에게 처분지시를 최고할 수 있으므로($\frac{143조\ 1항}{\rightarrow 142조\ 2항}$) 송하인의 권리도 조건부로 존속한다고 할 수 있다.

### 5. 화물상환증

#### (1) 총설

**1) 의의**　　　화물상환증이란 운송인에 대한 운송물인도청구권을 표창하는 유가증권이다. 화물상환증이 발행됨으로써 운송물인도청구권은 배타적으로 화물상환증소지인에게 귀속하므로($\frac{유가증권\ 일}{반의\ 속성}$) 화물상환증소지인은 증권의 문언에 따라 운송물인도청구권 등의 권리를 행사할 수 있으며($\frac{문언증권}{성.\ 131조}$), 일단 화물상환증이 발행된 이상 운송물에 관한 처분은 화물상환증에 의해 하여야 한다($\frac{처분증권}{성.\ 132조}$). 그리고 동 소지인은 화물상환증의 양도에 의해 운송물에 관한 권리를 이전할 수 있다($\frac{지시증권}{성.\ 130조}$). 이와 같이 화물상환증은 운송물에 관한 권리 그 자체와 같은 효력을 가지고 유통될 수 있으므로 형식적 엄격성이 요구된다. 따라서 화물상환증

은 법소정의 형식을 갖추어야 그 효력이 인정된다(성. 128조 요식증권). 아울러 운송물이 인도되어 실체적 권리가 소멸한 후에까지 화물상환증이 유통되는 것을 방지하기 위하여 운송물은 화물상환증과 상환하여 인도하도록 한다(성. 129조 상환증권). 상환증권성에 의해 운송인은 화물상환증의 제시가 없는 한 운송물의 인도를 거절할 수 있는데, 이는 운송인의 권리일 뿐 아니라 의무이기도 하다(대법원 1992. 1. 21. 선고 91다14994 판결).

이상과 같이 화물상환증은 유가증권으로서의 성격을 충실히 갖추고 있으나, 운송물에 관한 권리는 화물상환증의 작성에 의해 발생하는 것이 아니고, 화물상환증은 운송계약에 의해 이미 발생한 권리를 표창할 뿐이며(비설권 증권성), 그 권리의 내용도 실체적인 권리관계에 의해 주어질 뿐이다(요인증 권성).

2) 기능  운송 중에는 운송물의 가치가 동결되므로 자금과 상품의 부단한 순환을 통해 영리를 실현하는 상인의 입장에서는 매우 비경제적인 구속이다. 그리하여 송하인은 화물상환증을 발행받아 이를 양도·입질 등의 방법으로 처분함으로써 운송물의 교환가치를 활용할 수 있다.

**(2) 화물상환증의 발행**

1) 발행  화물상환증은 송하인의 청구에 의해 운송인이 발행한다(128조 1항). 발행을 청구하는 것은 송하인의 임의이나, 송하인이 발행을 청구하면 운송인은 반드시 발행해야 한다. 화물상환증은 운송물의 수령도 증명하므로 운송인의 발행의무는 운송물의 수령 후에 발생한다.

2) 기재사항

i) 법정기재사항  화물상환증에 기재해야 할 사항은, ① 운송물의 종류, 중량 또는 용적, 포장의 종별, 개수와 기호, ② 도착지, ③ 수하인과 운송인의 성명 또는 상호, 영업소 또는 주소, ④ 송하인의 성명 또는 상호, 영업소 또는 주소, ⑤ 운임 기타 운송물에 관한 비용과 그 선급 또는 착급의 구별, ⑥ 화물상환증의 작성지와 작성연월일이며, 이를 기재하고 운송인이 기명날인 또는 서명하여야 한다(128조 2항). ③의 수하인은 화물상환증에 의해 권리를 행사할 자, 즉 화물상환증의 수취인을 뜻하며 송하인에 의해 지정된다.

ii) 임의적 기재사항  위의 기재사항 외에도 운송인과 송하인의 합의에 따라 기타 사항을 기재할 수 있다(예: 보증에 관한 사항, 배상액, 면책사항 등).

**(3) 화물상환증의 양도**

화물상환증은 당연한 지시증권으로서 기명식으로 발행한 경우에도 배서에 의해 양도할 수 있다(130조 본). 화물상환증의 양도에 의해 송하인 또는 그 이후의 소지인은 운송물을 환가·처분할 수 있다. 그러나 화물상환증에 배서를 금지하는 뜻을 기재하면 배서에 의해 양도할 수 없고(130조 단), 일반 지명채권양도의 방법에 따라 양도할 수 있다(민 450조).

화물상환증의 배서는 권리이전적 효력과 자격수여적 효력이 있지만(65조→민 508조, 513조), 어음·

수표의 배서와 달리 담보적 효력($^{\text{어 15조 1항;}}_{\text{수 18조 1항}}$)은 없다.

### (4) 화물상환증의 효력

화물상환증은 운송물인도청구권을 표창하므로 채권적인 유가증권인 한편, 화물상환증은 운송물 자체를 대표하므로 화물상환증의 교부는 운송물 자체를 인도하는 것과 같은 물권적 성질을 가진다.

**1) 채권적 효력**　　　화물상환증의 소지인은 운송인에 대하여 운송물의 인도를 청구할수 있다. 이를 화물상환증의「채권적 효력」이라고 한다.

화물상환증소지인은 운송인에 대하여 화물상환증의 기재사항에 따라 권리를 행사하고 운임지급 등의 의무를 부담한다. 이를 화물상환증의 문언증권성이라 한다. 한편 화물상환증은 운송계약에 원인을 두고 발행되는 것이므로 화물상환증에 의한 권리관계는 그 원인인 운송계약의 내용에 의해 구속된다. 이를 화물상환증의 요인증권성이라 한다.

그런데 화물상환증의 기재사항과 운송계약의 내용이 상위할 경우 문언성과 요인성 중 어느 쪽에 의할 것이냐가 문제된다. 예컨대 화물상환증에는 운송물이 철광석 100t으로 기재되어 있으나, 운송인이 실제로 송하인으로부터 인도받아 운송하는 물건은 석탄 100t인 경우 또는 아무것도 인도받은 것이 없는 경우와 같다. 이 문제는 화물상환증의 소지인이 송하인이냐 송하인 이외의 제3취득자이냐에 따라 달리 해결해야 한다.

　ⅰ) 소지인이 송하인인 경우　　　소지인이 송하인인 경우에는 화물상환증의 기재사항이 어떠하든 간에 운송인과의 실제 운송계약에 따라 해결해야 한다. 즉 앞의 예에서 운송인은 송하인에게 석탄 100t을 인도하면 된다. 그러나 실제 송하인이 인도한 운송물의 동일성에 관해 운송인과 송하인 간에 다툼이 있을 경우에는 화물상환증의 문언성에 의해 증명책임이 배분된다. 즉 운송인과 송하인 사이에는 화물상환증에 적힌 대로 운송계약이 체결되고 운송물을 수령한 것으로 추정한다($^{\text{131조}}_{\text{1항}}$). 위 예에서 화물상환증에 석탄 100t으로 기재되어 있다면 송하인이 운송인에게 원래 인도한 물건이 철광석 100t이었음을 증명해야 하는 것이다.

　ⅱ) 소지인이 제3취득자인 경우　　　화물상환증이 유통되어 송하인 이외의 자가 실제와 다른 기재를 신뢰하고 취득한 경우에는 화물상환증의 유통증권성을 우선시켜 그 제3자를 보호해야 한다. 그리하여 상법은 화물상환증을 선의로 취득한 소지인에 대하여는 문언성에 따라 운송인이 화물상환증에 적힌 대로 운송물을 수령한 것으로 보고 그에 따른 책임을 지도록 규정하고 있다($^{\text{131조}}_{\text{2항}}$). 위 예에서 화물상환증에 철광석 100t이라고 기재되어 있다면, 실제 운송인이 수령한 물건은 석탄 100t이고 또 이를 증명하더라도 선의의 제3자에 대해서는 철광석 100t을 인도해야 하는 것이다. 물론 운송인은 수령하지 않은 물건을 인도할수는 없으므로 결국 채무불이행이 되고 손해배상책임을 지게 된다.

### 2) 물권적 효력

**i) 의의** 「화물상환증에 의하여 운송물을 받을 수 있는 자」에게 화물상환증을 교부한 때에는 운송물 위에 행사하는 권리의 취득에 관하여 운송물을 인도한 것과 동일한 효력이 있다($^{133}_{조}$). 따라서 운송물의 양도 또는 입질을 위해 화물상환증을 교부한 때에는 그 수취인은 운송물 위에 소유권 또는 질권을 취득하게 된다. 이를 화물상환증의 「물권적 효력」이라 한다.

**ii) 요건** 화물상환증의 교부로 물권적 효력이 발생하기 위해서는 다음과 같은 요건을 구비해야 한다.

(a) 운송인이 운송물을 인도받아 점유할 것 물권적 효력은 운송물이 실물로 존재하며, 운송인의 점유하에 있음을 전제로 하는 것이므로 화물상환증이 운송물의 인도 없이 발행되거나($^{즉}_{공권}$) 운송물이 멸실된 경우에는 물권적 효력이 생기지 아니한다.

(b) 화물상환증에 의하여 운송물을 받을 수 있는 자에게 증권이 교부될 것 화물상환증이 정당한 소지인, 즉 연속하는 배서에 의해 자격이 증명되는 자에게 교부되어야 함을 말한다. 선의취득자도 이에 포함된다.

**iii) 물권적 효력의 내용** 운송물은 운송인이 직접점유하고, 최초의 화물상환증소지인은 운송인에 대해 갖는 운송물반환청구권을 통해 운송물을 간접점유한다고 볼 수 있다. 이같은 간접점유자가 목적물을 양도하고자 할 경우 민법상으로는 그가 직접점유자에게 갖는 목적물반환청구권을 양수인에게 양도함으로써 목적물을 인도한 것으로 본다($^{민}_{190조}$). 그리고 목적물반환청구권은 채권적 청구권이므로 이를 양도하기 위하여는 운송인에게 통지하거나 그의 승낙을 받는 등 채권양도의 절차($^{민}_{450조}$)를 밟아야 한다. 그러나 상법 제133조 법문에서는 화물상환증의 교부는 「운송물의 인도와 동일한 효력이 있다」고 규정하고 이를 「물권적 효력」이라 하는데, 이 규정을 민법 제190조 및 제450조와 관련하여 어떻게 이해하여야 하느냐에 대해 여러 견해가 대립하지만, 통설은 화물상환증이 운송물을 대표한다고 보고 증권의 교부만에 의해 운송물의 간접점유를 이전하는 효과가 생긴다고 한다($^{대표}_{설}$). 따라서 운송인이 운송물을 직접점유하고 있어야 한다. 대표설은 운송인이 창고업자에게 운송물을 보관시킬 경우에도 운송인이 직접점유한 것으로 보며, 운송인이 일시 점유를 잃더라도 점유회수의 소권($^{민\ 204조}_{1항,\ 208조}$)을 갖는 한 운송인이 점유한 것으로 보아 물권적 효력을 인정한다.

## 6. 순차운송

### (1) 의의

장거리 운송에서 구간별로 지역 또는 운송수단에 따른 전문성이 요구되어 수인의 전문운송인을 관여하게 하는 경우가 있다. 예컨대 서울의 영등포에서 청량음료를 싣고 가평읍의 남이섬까지 운송한다고 할 때, 영등포에서 청량리역까지는 트럭을 소유하는 A운송인이 운송하고, 청량리역에서 가평읍까지는 B(철도)의 기차로 운송하고, 가평읍에서 남이섬까지는 C의 보트로 운송하는 것과 같다. 이같이 동일한 운송물의 운송에 수인의 운송인이 참여하는 것을 순차운송이라 한다.

상법은 순차운송에 있어서의 운송인들 간의 책임분담과 채권의 대위행사에 관해 규율하고 있다.

### (2) 순차운송의 유형

수인의 운송인이 동일 운송물의 운송에 순차로 참가하는 형태에는 다음과 같은 것이 있다.

1) **부분운송**  같은 운송물을 수인의 운송인이 각 구간별로 송하인과 독립된 운송계약을 체결하고 운송하는 것이다. 앞서의 예에서 송하인이 A와 영등포 – 청량리, B와 청량리 – 가평읍, C와 가평읍 – 남이섬의 구간에 관해 각각 운송계약을 체결하는 것이다.

부분운송에서는 운송인 각자가 자기 구간의 운송에 대해서만 책임을 진다.

2) **하수운송**  1인의 운송인이 송하인과 전구간에 관한 운송계약을 체결하고, 그가 일부 구간에 관해 다른 운송인과 운송계약(하도급)을 체결하는 형태이다. 송하인과의 관계에서는 그와 운송계약을 체결한 운송인이 운송에 관한 모든 책임을 지고, 나머지 하수운송인들은 운송인의 이행보조자가 될 뿐, 송하인과 직접적인 법률관계를 갖지 아니한다.

3) **동일운송**  수인의 운송인이 송하인과 전 구간에 대한 운송계약을 체결하고 내부적으로 구간별 운송을 분담하는 형태이다. 동일운송에서는 1개의 운송계약이 존재하고 수인의 운송인이 송하인에 대하여 전구간에 대한 연대책임을 진다.

4) **공동운송**  수인의 운송인이 각 구간별로 운송을 인계 · 인수하는 연락관계를 가지고 있는 중에 송하인이 최초의 운송인과 운송계약을 체결함으로써 나머지 운송인의 운송조직도 이용하는 형태이다. 이 경우 송하인과 최초의 운송인의 운송계약에는 나머지 운송인의 운송조직을 이용한다는 합의가 들어 있어야 한다. 위 예에서 A, B, C 간에는 영등포 – 남이섬 구간을 이동하는 운송물을 순차운송하기로 합의가 되어 있고, 송하인은 이러한 합의를 알고 또 이 운송조직을 이용하기 위해 A와 운송계약을 체결하는 것이다.

5) **상법상의 순차운송**  제138조는 운송물의 손해에 대한 순차운송인의 연대책임과 순차운송인 간의 부담부분에 대해 규정하고 있다. 통설은 공동운송만을 동조가 규정하는 순차운송으로 본다.

### (3) 순차운송인의 손해배상책임

1) **연대책임**  수인이 순차로 운송할 경우에는 각 운송인은 운송물의 멸실 · 훼손 · 연착으로 인한 손해를 연대하여 배상할 책임이 있다($^{138조}_{1항}$). 이는 순차운송에 있어서 수하인 등이 누구의 구간에서 손해가 발생하였는지를 증명할 필요 없이 손해배상을 청구할 수 있

게 하고, 손해를 발생케 한 일부 순차운송인의 자력이 열등할 경우에도 만족스러운 손해배상을 확보할 수 있게 하기 위함이다.

**2) 구상권 및 분담부분**  손해발생과 무관한 운송인이 수하인 등에게 손해배상을 한 때에는 그 손해의 원인이 된 행위를 한 운송인에 대하여 구상권이 있다($^{138조}_{2항}$).

그러나 손해의 원인된 행위를 한 운송인을 알 수 없는 때에는 각 운송인이 운임액의 비율로 손해를 분담한다($^{138조}_{3항 본}$). 손해의 원인된 행위를 한 운송인은 알 수 없지만 특정의 운송인이 손해발생과 무관함이 판명되는 경우가 있을 수 있다. 이 경우 운송인은 손해가 자기의 운송구간 내에서 발생하지 아니하였음을 증명하여 책임을 면할 수 있다($^{138조}_{3항 단}$).

**(4) 순차운송인의 대위의무와 대위권**

**1) 대위의무**  순차운송에서는 운송물의 점유가 운송인들 간에 이전되므로 선순위의 운송인($^{앞의 예}_{에서 A, B}$)은 운임 등의 채권을 가지고 유치권을 행사할 수 없다. 그래서 후자의 운송인($^{앞의 예}_{에서 C}$)은 전자인 운송인의 권리를 행사할 의무를 부담한다($^{147조→117}_{조 1항}$). 이를 대위의무라 한다. 이에 따라 후자는 전자로부터의 수권 없이 전자를 대리하여 수하인 등에게 운임 기타 채권을 행사하고 운송물에 대하여 유치권을 행사할 수 있다. 이는 법상의 권리이므로 수하인은 후자의 권리행사에 대해 본인이 아님을 이유로 이행을 거절하지 못한다.

**2) 대위권**  후자가 미리 전자에게 전자의 채권을 변제할 때에는 전자가 수하인에게 갖는 채권을 후자가 취득한다($^{147조→117}_{조 2항}$). 그리하여 후자는 전자의 채권을 자기의 권리로서 행사하는 것이다. 후자는 변제할 정당할 이익이 있는 자가 변제로 취득하는 법정대위권($^{민}_{481조}$)과 같은 권리를 갖게 되는 것이다.

# Ⅲ. 여객운송

**(1) 의의**

상법 제148조 이하에서 규정하는 여객운송은 육상 또는 호천, 항만에서 여객을 장소적으로 이동시키는 행위를 뜻한다($^{125}_{조}$). 상법은 여객운송에서 발생하는 운송인의 손해배상책임만을 다루고 있다. 여객운송에서는 여객의 생명·신체가 안전하게 보호되어야 하므로 운송인에게 물건운송에서보다 고도의 주의가 요구되며, 여객의 생명·신체에 대한 손상으로 인한 손해배상액의 산정도 물건운송에서와는 다른 원리에 의해 이루어지는 점을 주의해야 한다.

**(2) 여객운송인의 책임**

여객운송인이 부주의로 여객에게 주는 손해에는 여객의 생명·신체의 손상($^{대인적}_{손해}$)과 수하물의 손실($^{대물적}_{손해}$)이 있으므로 법에서는 이를 나누어 규정하고 있고, 생명·신체에 손상을 주는 경우에는 재산상의 손해 외에 정신적인 손해가 아울러 발생하므로 손해배상도 두 가지로 나누어 생각해야 한다.

**1) 대인적 손해에 대한 책임**

i) 손해의 유형　　여객운송인은 자기 또는 사용인이 운송에 관한 주의를 해태하지 아니하였음을 증명하지 아니하면 여객이 운송으로 인하여 받은 손해를 배상할 책임을 면하지 못한다($\frac{148조}{1항}$). 이는 물건운송인의 손해배상책임과 같이 여객운송인의 채무불이행책임이며, 운송인이 무과실의 증명책임을 지는 것도 양자가 같다.

여객운송인의 주의의무는 차량의 운행에만 그치는 것이 아니고 운송설비의 안전점검이나 운송인의 관리범위에 속하는 노선의 안전확보에도 미치며, 운행 전에 사고발생의 가능성을 차단하기 위한 주의를 베풀어야 한다.

ii) 손해배상　　여객운송인은 여객이 생명·신체에 받은 손상으로 인한 재산상의 손해를 배상하여야 한다. 여객의 생명·신체의 손상으로 인한 손해배상은 치료비·장례비와 같은 적극적인 손해액과 더불어 장래의 일실이익도 배상하여야 한다.

특히 법원은 손해배상액을 산정함에 있어서 피해자와 그 가족의 정상을 참작하여야 한다($\frac{148조}{2항}$). 이는 생명·신체에 대한 손해는 피해자와 가족의 장래의 생계문제로 이어진다는 점을 감안하여 통상의 손해의 배상을 원칙으로 하는 민법 제393조에 대한 예외를 인정한 것이다.

상법 제148조의 손해배상은 피해자의 정신적 손해에 대한 배상, 이른바 위자료도 포함한다. 이는 채무불이행책임이므로 피해자의 가족이 입은 정신적 손해에 대하여는 배상을 청구할 수 없다.

대인적 손해에 대한 여객운송인의 책임에는 후술하는 수하물에 대한 책임과는 달리 일반상사시효($\frac{64}{조}$)가 적용된다.

**2) 대물적 손해에 대한 책임**　　여객운송인은 여객의 수하물에 관한 손해에 대해서도 책임을 지는데, 운송인이 수하물을 인도받은 경우와 인도받지 아니한 경우에 각기 내용을 달리한다.

i) 인도받은 경우　　여객운송인은 여객으로부터 인도받은 수하물에 관해서는 운임을 받지 아니한 경우에도 물건운송인과 동일한 책임을 진다($\frac{149조}{1항}$). 따라서 여객운송인은 물건운송인과 같이 무과실의 증명책임을 지며($\frac{135}{조}$), 제137조에 의해 정형화된 내용에 따라 손해배상책임을 진다. 고가물에 대해서도 제136조의 특칙이 적용된다.

여객이 수하물의 수령을 지체할 경우에 대해서는 특칙이 마련되어 있으므로 물건운송에 관한 규정은 적용되지 아니한다. 즉 수하물이 도착지에 도착한 날로부터 10일 내에 여객이 인도를 청구하지 아니한 때에는 운송인이 수하물을 공탁·경매할 수 있다($\frac{149조}{2항 본}$).

ii) 인도받지 않은 경우　　운송인은 여객으로부터 인도받지 아니한 수하물의 멸실 또는 훼손에 대하여는 자기 또는 사용인의 과실이 없으면 손해를 배상할 책임이 없다($\frac{150}{조}$).

이에 따라 손해배상을 청구하는 여객이 운송인의 과실을 증명하여야 한다. 여객이 수하물을 휴대하는 경우에는 수하물이 운송인의 점유하에 있지 아니하므로 운송인의 책임을 경감한 것이다.

### (3) 여객운송인의 권리

여객운송인은 상인이므로 당연히 보수청구권을 갖는다($\frac{61}{조}$). 운송계약은 도급이므로 운송이 종료된 후에 운임을 청구할 수 있음이 원칙이나($\frac{민}{665조}$), 실제는 약관 또는 상관습에 의하여 승차권의 발행을 통해 선급을 받는 경우가 많다.

상법은 여객운송인에 대해 탁송수하물의 유치권을 규정하고 있지 않으므로 여객운송인이 운임채권 등을 확보하기 위하여는 민법상의 유치권만 행사할 수 있다. 민법상의 유치권은 유치물과 채권의 견련성을 요구하므로 여객운송인은 탁송수하물의 운임에 대해서만 유치권을 행사할 수 있을 뿐이다.

## 제 5 절   운송주선업

## Ⅰ. 총설

운송주선업이란 운송업과는 달리 운송 자체를 실행하는 영업이 아니고, 송하인의 위탁을 받아 자기의 이름으로 운송인과 운송계약을 체결함으로써 운송에 대한 송하인과 운송인의 수급을 연결해 주는 영업이다.

오늘날 운송수단도 다양화되고 화물도 복잡·대량화되었으므로 운송인에 대한 정확한 정보를 갖지 못한 송하인들은 적합한 운송수단과 운송인의 선택, 적절한 운임의 결정에 애로를 겪게 마련이다. 운송인도 별도의 조직을 운영하지 않는 한 화물의 공급시장에 대한 정보에 어두우므로 송하인과의 연결이 용이하지 않다. 여기서 운송주선인을 활용한다면 송하인은 보다 효율적인 수송을 행할 수 있고 운송인은 운송물을 확보하기 위한 비용을 절감하고 운송에 전념할 수 있는 것이다.

## Ⅱ. 운송주선인의 의의

운송주선인이라 함은 자기 명의로 물건운송의 주선을 영업으로 하는 자이다($\frac{114}{조}$).

1) 주선   운송주선인은 물건운송의 「주선」을 영업으로 한다. 「주선」이란 일반적으로 자기의 명의로 타인의 계산으로 거래하는 것을 말하므로 운송주선인은 송하인의 위탁을 받아 자기의 명의로 위탁자($\frac{송하}{인}$)의 계산으로 운송계약을 체결한다. 이 점에서 위탁매매인

($^{101}_{조}$)과 같은 법구조를 갖는다. 그러므로 운송주선인에 관해 별도의 규정이 없는 사항에 대해서는 위탁매매인에 관한 규정을 준용한다($^{123}_{조}$).

2) 「물건의 운송」의 주선     상법상의 운송주선인은 물건의 운송을 주선하는 자이므로 여객운송의 주선을 영업으로 하는 자는 운송주선인이 아니고 준위탁매매인($^{113}_{조}$)에 속한다.

상법상 운송인은 육상운송인을 지칭함에 대해, 운송주선에는 운송수단의 제한이 없으므로 운송주선인은 해상 또는 공중운송의 주선도 영업범위로 한다.

3) 상인성     운송주선인은 독립된 상인으로서, 송하인으로부터 위탁을 받아 운송인과 운송계약을 체결하는 것을 주된 영업활동으로 삼는데, 이 중 송하인과의 위탁계약이 운송주선인의 상행위이고, 운송계약의 체결은 위탁계약의 실행행위에 지나지 않는다.

## Ⅲ. 운송주선의 법구조

운송주선에는 위탁매매에서와 같이 2개의 법률관계가 존재한다. <그림 2>에서 보는 바와 같이 위탁자($^{송하}_{인}$)는 운송주선인에게 수하인을 특정해서 운송계약을 체결할 것을 위탁하고($^{주선}_{계약}$), 운송주선인은 그 위탁계약의 이행으로써 자기의 명의로 운송계약을 체결한다. 그리하여 운송인과의 관계에서는 운송주선인이 송하인이 되고, 원 송하인인 위탁자와 운송인 사이에는 직접적인 법률관계가 생겨나지 아니한다. 따라서 위탁자가 운송인에 대해 권리를 행사하기 위하여는 운송주선인으로부터 지명채권의 양도방식에 의하거나, 화물상환증 또는 선하증권의 양도에 의해 채권을 양도받아야 한다($^{대법원\ 1987.\ 10.\ 13.}_{선고\ 85다카1080\ 판결}$).

〈그림 2〉 운송주선관계의 기본구조

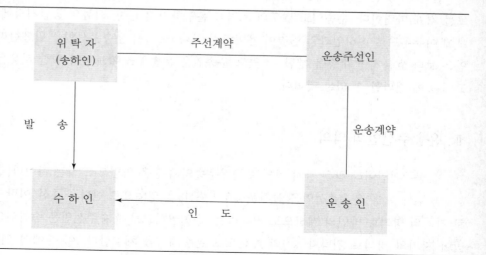

## Ⅳ. 운송주선인의 의무

1) 주의의무　　　운송주선인은 위탁자의 수임인으로서 선량한 관리자의 주의를 다하여 주선계약을 이행해야 한다($\substack{민\\681조}$). 이 의무를 게을리할 경우 다음과 같은 손해배상책임을 진다.

2) 손해배상책임　　　상법 제115조는 운송주선인의 손해배상책임을 규정하고 있는데, 이 내용은 운송인의 손해배상책임을 규정한 제135조와 대체로 같고, 그 해석의 기본방침도 다를 바 없다($\substack{172면\\참조}$).

3) 지정가액준수의무　　　운송주선인은 위탁받은 운송계약을 체결함에 있어서 지정가액준수의무를 진다($\substack{123→106\\조}$). 여기서 「지정가액」이라 함은 송하인이 정한 운임을 말한다. 그리하여 송하인이 지정한 운임보다 고가로 운송계약을 체결한 때에는 그 차액을 운송주선인이 부담하는 때에 한하여 송하인에게 운송계약의 효력을 주장할 수 있다($\substack{123조→106\\조 1항}$). 그리고 송하인의 지정가보다 저가로 운송계약을 체결한 때에는 그 차액은 다른 약정이 없으면 송하인의 이익으로 한다($\substack{123조→106\\조 2항}$).

4) 이행담보책임의 유무　　　상법 제123조는 위탁매매인에 관한 규정들을 일반적으로 운송주선인에 관해 준용하고 있지만, 위탁매매인의 이행담보책임에 관한 제105조의 규정은 성질상 운송주선인에게 적용되지 아니한다. 그러나 운송주선인이 운송인을 선택함에 있어 과실이 있는 경우에는 손해배상책임을 지므로($\substack{115\\조}$) 송하인은 이에 의해 구제받을 수 있다.

5) 수하인에 대한 의무　　　상법 제124조는 운송인에 관한 규정 중 수하인의 지위에 관한 규정($\substack{140\\조}$)과 수하인의 의무에 관한 규정($\substack{141\\조}$)을 운송주선인에게 준용하고 있다. 따라서 이 규정들이 정하는 수하인과 운송인의 관계는 수하인과 운송주선인의 관계로 바꾸어 읽을 수 있으며, 이 점은 앞절에서 수하인의 지위로서 설명한 바와 같다.

## V. 운송주선인의 권리

1) 보수청구권　　　운송주선인은 상인이므로 송하인과 보수에 관한 약정이 없더라도 주선계약을 이행한 때에는 상당한 보수를 청구할 수 있다($\substack{61\\조}$).

i) 운송주선계약에 따라 운송계약을 체결하고 운송인에게 운송물을 인도하였을 때에는 주선계약의 이행을 완료하였다고 할 수 있으므로 즉시 보수를 청구할 수 있다($\substack{119조\\1항}$).

ii) 운송주선계약에서 운송에 대한 운임까지 정하는 수가 있는데, 이 경우 다른 약정이 없으면 운송주선인은 따로 보수를 청구하지 못한다($\substack{119조\\2항}$). 운송주선인이 송하인과 운송에 대한 운임을 약정한 때에는 자신이 운송인과의 계약에 의해 운임을 결정할 권한을 가지고 있으므로 양자의 차액을 통해 자신의 영리성을 실현할 수 있는 기회를 갖기 때문이다.

**2) 비용상환청구권**　　운송주선인이 운송인에게 운임 기타 운송을 위한 비용을 지급한 때에는 위탁자에게 그 상환을 청구할 수 있다($\substack{123조 \to 112 \\ 조 \to 민 688조}$). 운송주선인은 주선계약의 이행에 관해 별도의 보수청구권을 가지므로 이 비용에서 이익을 얻을 수는 없다.

**3) 유치권**　　운송주선인은 운송물에 관하여 받을 보수, 운임 기타 위탁자($\substack{송하 \\ 인}$)를 위한 체당금이나 선대금에 관하여서만 운송물을 유치할 수 있다($\substack{120 \\ 조}$). 운송주선인의 유치권의 특색은 운송인의 유치권에 관해 설명한 바와 같다.

**4) 개입권**　　운송주선인은 다른 약정이 없으면 자신이 운송인이 되어 직접 운송할 수 있다($\substack{116조 \\ 1항 전}$). 이같이 운송주선인이 직접 운송할 수 있는 권리를 운송주선인의「개입권」이라 한다.

i) **취지**　　운송은 정형화된 행위로서 누가 하느냐가 중요한 뜻을 갖지 아니하므로 운송주선인이 운송을 담당하더라도 위탁자에게 특히 손해가 되지 않으며, 운송주선인은 운송단계에서 생기는 부가가치를 자신이 차지함으로써 영리실현을 배가할 수 있다. 위탁매매인의 개입권과 동일한 취지에 입각한 것이다. 운송주선인의 개입권은 위탁매매인의 개입권과 달리 거래소의 시세가 있을 것을 요하지 않는다.

ii) **개입권의 행사 및 의제**　　개입권은 형성권이므로 운송주선인의 일방적인 의사표시로 행사한다. 상법은 일정한 경우 개입권행사를 의제하고 있다. 즉 운송주선인이 위탁자의 청구에 의하여 화물상환증을 작성한 때에는 직접 운송하는 것으로 본다($\substack{116조 \\ 2항}$). 원래 화물상환증은 운송인이 발행할 수 있는 것이므로 운송주선인이 화물상환증을 발행하는 것은 개입한다는 묵시의 의사표시가 있는 것으로 볼 수 있기 때문이다.

iii) **개입의 효과**　　운송주선인이 개입을 한 때에는 운송인과 동일한 권리·의무를 갖는다($\substack{116조 \\ 1항 후}$). 따라서 운송주선인은 운송주선인으로서의 지위와 운송인으로서의 지위를 아울러 갖게 된다.

**5) 채권의 시효**　　운송주선인의 채권은 1년간 행사하지 아니하면 소멸한다($\substack{122 \\ 조}$). 이 단기시효는 앞서 설명한 운송주선인의 보수청구권과 비용상환청구권 등에 적용된다.

# Ⅵ. 순차운송주선에 관한 특칙

## (1) 의의

앞서 설명한 순차운송은 수인의 운송주선인의 주선에 의해 이루어질 수도 있다. 동일 운송물의 운송에 수인의 운송주선인이 관계하는 형태는 다음과 같은 예가 있다.

**1) 부분운송주선**　　송하인이 수인의 운송주선인에게 구간별로 운송주선을 위탁하는 형태로서, 이 경우에는 각 운송주선인별로 송하인과 직접적인 주선계약관계에 있으므로 별

다른 법률문제가 생기지 아니한다.

　2) **하수운송주선**　　최초의 운송주선인이 전구간에 걸쳐 운송주선을 인수해 그 전부 또는 일부를 다른 운송주선인으로 하여금 주선하게 하는 것이다. 이 형태에서는 최초의 운송주선인만이 주선계약의 당사자이고, 다른 운송주선인들은 최초의 운송주선인의 이행보조자일 뿐이므로 위탁자와 직접적 법률관계를 갖지 않는다.

　3) **중계운송주선**　　발송지의 제1의 운송주선인이 송하인의 위탁에 따라 최초 구간의 운송주선을 인수하고, 다음 구간에 대해서는 자기의 이름으로 위탁자의 계산으로 제2의 운송주선인에게 운송주선을 위탁하는 것이다. 운송구간을 세분할 경우 제3, 제4의 운송주선인에게 순차로 주선을 위탁할 수 있다. 이 경우 발송지의 운송주선인은 위탁자로부터 운송물을 수령하여 운송인에게 운송물을 인도할 때까지의 사무를 담당하고, 도착지의 운송주선인은 도착한 운송물을 수령하여 수하인에게 인도할 때까지의 사무를 맡으며, 중계지의 운송주선인은 중간지점에서 운송인이 교체될 때의 운송중계를 맡는다. 여기서 제2 이하의 운송주선인, 즉 중계지와 도착지의 운송주선인을 중간운송주선인이라 한다. 제117조와 제118조에서 말하는 순차운송주선은 이 형태의 운송주선을 뜻한다.

### (2) 순차운송주선의 법률관계

　1) **중간운송주선인의 의무**　　순차운송주선에서는 후자가 전자의 권리를 행사할 의무를 부담한다($\frac{117조}{1항}$). 즉 중간운송주선인은 자기의 위탁자인 운송주선인 및 그 이전 단계의 운송주선인이 갖는 보수·비용청구권 및 이를 위한 유치권 등의 권리를 행사할 의무를 갖는 것이다. 그 취지와 기타 상세한 점은 순차운송에 관해 설명한 바와 같다.

　2) **대위변제의 효과**　　순차운송주선에서 후자가 전자에게 변제한 때에는 전자의 권리를 취득한다($\frac{117조}{2항}$).

　i)「전자」라 함은 자기의 직접의 전자뿐 아니라 그 이전 단계의 운송주선인까지 포함된다. 운송주선인들의 권리가 명백하다면 후자의 변제는 전자에게 불리함이 없기 때문이다. 기타 상세한 점은 순차운송에 관해 설명한 바와 같다.

　ii) 운송주선인이 운송인에게 변제한 때에는 운송인의 권리($\substack{운임·비용 \\ 상환청구권}$)를 취득한다($\frac{118}{조}$). 여기서 말하는 운송주선인이란 운송인에게 운송을 위탁한 운송주선인을 뜻하는 것이 아니고 그 다음 단계의 운송주선인을 뜻한다. 예컨대 서울－대전 구간을 甲운송주선인이 A운송인에게 운송을 의뢰하고 乙운송주선인이 이를 인계받아 대전－부산 구간을 B운송인을 시켜 운송하게 한다면, 乙이 A에게 변제함으로써 A의 권리를 취득한다는 뜻이다. 이 규정은 중간운송주선인(乙)이 전단계의 운송인(A)으로부터 운송물을 수령할 때에 운송인(A)의 요구에 따라 운임·비용을 지급하는 것이 상례임을 감안한 것이다.

# 제 6 절　공중접객업

## Ⅰ. 의의

극장·여관·음식점 그 밖의 공중이 이용하는 시설에 의한 거래를 영업으로 하는 자를 공중접객업자라고 하며, 이는 당연상인이다($^{151조,}_{46조 9호}$). 「공중이 이용하는 시설」이라 함은 불특정다수인이 특정한 목적을 위해 이용할 수 있도록 제공된 인적·물적 설비 및 장소를 뜻한다. 그리고 「시설에 의한 거래」란 유상으로 그 시설을 이용하게 하거나 역무($^{서비}_{스}$)를 제공하는 행위이다.

공중접객업소의 공통적인 특징은 다수의 고객이 부단히 출입하므로 고객의 휴대품의 안전이 위협받는다는 사실이다. 그러므로 상법은 고객의 휴대품의 분실·도난 등의 사고에 대한 업주의 책임을 명확히함으로써 고객을 보호하고 있다.

## Ⅱ. 공중접객업자의 책임

### (1) 수치한 물건에 대한 책임

**1) 의의**　공중접객업자는 자기 또는 그 사용인이 고객으로부터 임치받은 물건의 보관에 관하여 주의를 게을리하지 아니하였음을 증명하지 아니하면 그 물건의 멸실 또는 훼손으로 인한 손해를 배상할 책임이 있다($^{152조}_{1항}$). 공중접객업자는 휴대품의 수치에 관해 별도의 보수를 받지 않더라도 같은 책임을 지며, 자기의 종업원 등 이행보조자의 행위에 대해서도 책임을 진다.

임치받은 물건에 대한 공중접객업자의 책임이 발생하기 위하여는 고객과 공중접객업자와의 사이에 물건보관에 관한 명시 또는 묵시적 합의가 있어야 한다($^{대법원 1992. 2. 11.}_{선고 91다21800 판결}$).

**2) 책임의 성격**　공중접객업자의 책임은 임치받은 물건에 대한 부주의에서 생기는 통상의 과실책임이다. 다만 공중접객업자의 점유하의 물건에 대한 책임이므로 공중접객업자가 무과실에 관한 증명책임을 진다($^{152조}_{1항}$).

**3) 고객의 범위**　공중접객업자가 책임을 져야 할 상대방으로서의 「고객」이란 공중접객업자가 관리하는 시설의 이용자를 뜻하나, 반드시 이용계약이 성립되어야 하는 것은 아니고 사회통념상 현실로 이용하는 자도 포함하는 뜻으로 이해해야 한다. 예컨대 음식점에서 빈 좌석을 기다리다가 그냥 나왔어도 「고객」이라 할 수 있으며, 그가 기다리는 동안 주인에게 맡긴 물건이 분실되었다면 공중접객업자의 책임이 발생한다.

### (2) 수치하지 않은 물건에 대한 책임

공중접객업자는 고객으로부터 임치받지 아니한 경우에도 그 시설 내에서 휴대한 물건이 자기 또는 사용인의 과실로 인하여 멸실 또는 훼손된 때에는 그 손해를 배상할 책임이 있다($\frac{152조}{2항}$).

### (3) 면책약관의 효력

간혹 공중접객업자가 영업장에 고객의 휴대품에 대하여 책임지지 아니한다는 뜻을 게시하는 일이 있다. 내용에 따라서는 당사자 간의 면책약관으로 보아 유효하게 보아야 할 경우도 있다. 그러나 공중접객업자가 고객의 휴대품에 대해 전혀 책임지지 아니한다는 특약은 사회질서($\frac{민}{103조}$)에 반하는 것으로 볼 수 있으므로 고객에게 이러한 뜻을 알렸다 하더라도 위의 두 가지 책임을 면하지 못한다($\frac{152조}{3항}$).

### (4) 고가물에 대한 책임경감

화폐·유가증권 그 밖의 고가물에 대하여는 고객이 그 종류와 가액을 명시하여 임치하지 아니하면 공중접객업자는 그 물건의 멸실 또는 훼손으로 인한 손해를 배상할 책임이 없다($\frac{153}{조}$). 그 취지는 운송물이 고가물인 경우에 운송인의 책임을 규정한 제136조와 같다.

### (5) 단기시효

공중접객업자의 책임은 공중접객업자가 임치물을 반환하거나 고객이 휴대물을 가져간 후 6개월이 지나면 소멸시효가 완성한다($\frac{154조}{1항}$). 이 기간은 물건이 전부 멸실된 경우에는 고객이 그 시설로부터 퇴거한 날로부터 기산한다($\frac{154조}{2항}$). 그 취지는 운송인의 책임의 시효에 대해 설명한 바와 같다. 공중접객업자나 그 사용인이 악의인 경우에는 특히 이를 보호할 필요가 없으므로 위 단기시효를 적용하지 아니한다($\frac{154조}{3항}$).


# 제 7 절   창고업


## I. 총설

창고업은 상품의 유통과정에서 생기는 시간적 정체에 개입하여 상품의 가치를 보존하는 기능을 한다. 원래는 상품을 거래하는 상인 스스로가 해결할 문제이나, 상품거래가 대량화되면서 상품의 보관도 전문성을 요하게 됨에 따라 창고업자가 별도의 전문상인으로 발전하게 되었다. 한편 창고업자가 임치물을 대표하는 창고증권을 발행함으로써 임치물의 교환가치가 휴면하지 아니하고 유통될 수 있게 되는데, 이 점도 창고업의 중요한 기능이라 할 수 있다.

## Ⅱ. 창고업자의 의의

타인을 위해 창고에 물건을 보관함을 영업으로 하는 자를 창고업자라 한다($^{155}_{조}$).

1) 창고업자는 타인의 물건을 보관한다. 물건은 보관에 적합한 동산에 한정된다. 이 물건은 창고업자가 직접점유를 하지만, 임치인이 반환청구권을 가지며 창고업자를 통해 간접점유를 한다. 수인의 임치인으로부터 같은 종류의 물건을 임치받아 혼장보관하고 동종·동량의 물건을 반환하기로 약정하는 이른바 혼장임치도 가능한데, 이 경우 창고업자는 소유권을 갖지 못하고 임치인들이 공유한다. 임치물의 종류에 따라서는 야적할 수도 있지만, 이 역시 창고업이다.

2) 창고업자는 상인이다. 법문에서는 물건을 보관함을 영업으로 한다고 표현하고 있으나($^{155}_{조}$), 물건의 보관은 사실행위이므로 임치의 인수를 하는 데에 상인성이 있다($^{46조}_{14호}$). 임치인과 창고업자 간의 물건임치계약은 민법상의 임치($^{민}_{693조}$)이다. 따라서 불요식·유상·낙성계약이며, 창고업자에 관한 상법규정 외에 민법상의 임치에 관한 규정($^{민\ 693}_{조\ 이하}$)이 보충적으로 적용된다.

## Ⅲ. 창고업자의 의무

### (1) 보관의무

창고업자는 선량한 관리자의 주의로써 임치물을 보관하여야 한다($^{62}_{조}$). 창고업자는 물건의 보관을 전문으로 하는 자이므로 민법상의 수치인보다 높은 수준의 주의의무를 진다고 보아야 한다. 임치물의 종류·성격에 따라 적합한 방법을 택해 임치물의 멸실·훼손·화재·도난 등을 방지하여야 한다.

### (2) 임치인의 검사 등의 수인의무

임치인이나 창고증권소지인은 창고업자의 영업시간 내에 언제든지 창고업자에 대하여 임치물의 검사·견품의 적취를 요구하거나 그 보존에 필요한 처분을 할 수 있으며, 창고업자는 이에 응하고 협력하여야 한다($^{161}_{조}$). 이는 법상의 의무이므로 별도의 보수를 청구할 수 없다.

임치인이 할 수 있는 「보전에 필요한 처분」은 임치물의 현상을 유지하기 위한 행위에 그쳐야 하며, 특약이 없는 한 물건을 수리하거나 개작하는 등 창고업자에게 새로운 부담을 주는 행위는 할 수 없다.

### (3) 임치물에 대한 하자통지·처분의무

창고업자가 임치물을 받은 후 그 물건의 훼손 또는 하자를 발견하거나 부패할 염려가 있는 때에는 지체 없이 임치인에게 통지를 발송하여야 한다($^{168조→108}_{조\ 1항}$). 이 경우 임치인의 지시를 받을 수 없거나 그 지시가 지연되는 때에는 창고업자는 임치인의 이익을 위하여 적당한 처분을 할 수 있다($^{168조→108}_{조 2항}$). 「적당한 처분」의 뜻하는 바는 위탁매매인에 관한 해당규정($^{108}_{조}$)의 해설에서 설명하였다.

### (4) 손해배상책임

1) **책임의 내용**  창고업자는 자기 또는 사용인이 임치물의 보관에 관하여 주의를 해태하지 아니하였음을 증명하지 아니하면 임치물의 멸실 또는 훼손에 대하여 손해배상책임을 면하지 못한다($^{160}_{조}$). 자세한 내용은 운송인의 손해배상책임에 관해 설명한 바와 대체로 같다.

창고업자에 대해서는 고가물에 관한 특칙($^{124조, 136조,}_{153조 참조}$)을 두고 있지 않으므로 고가물의 손해에 대한 책임은 임치계약 및 손해배상의 일반원칙에 의해 해결하여야 한다($^{통}_{설}$).

2) **책임의 소멸**

i) **특별소멸사유**  운송인의 특별한 책임소멸사유는 창고업자에게 그대로 준용된다. 임치인 또는 창고증권소지인이 유보없이 임치물을 수령하고 보관료를 지급한 때에는 창고업자의 책임이 소멸하지만($^{168조→146}_{조 1항 본}$), 임치물에 즉시 발견할 수 없는 훼손 또는 일부 멸실이 있고 임치인이 임치물을 수령한 날로부터 2주간 내에 창고업자에게 통지를 발송한 때에는 소멸하지 아니한다($^{168조→146}_{조 1항 단}$). 그리고 창고업자 또는 그 사용인이 악의인 때에는 이상의 특별소멸사유를 적용하지 아니한다($^{168조→146}_{조 2항}$).

ii) **단기시효**  임치물의 멸실 또는 훼손으로 인한 창고업자의 책임은 그 물건을 출고한 날로부터 1년이 경과하면 소멸시효가 완성한다($^{166조}_{1항}$). 이 기간은 임치물이 전부 멸실한 경우에는 임치인과 창고업자가 알고 있는 창고증권소지인에게 그 멸실의 통지를 발송한 날로부터 기산한다($^{166조}_{2항}$). 그러나 이 단기시효제도는 창고업자 또는 그 사용인이 악의인 때에는 적용하지 아니한다($^{166조}_{3항}$).

이 단기소멸시효는 창고업자의 계약상대방인 임치인이 손해배상을 청구하는 경우에만 적용되고, 임치물이 타인 소유의 물건이라서 소유권자가 청구하는 경우에는 적용되지 아니한다($^{대법원 2004. 2. 13. 선}_{고 2001다75318 판결}$).

### (5) 창고증권의 발행의무

1) **기능**  창고증권이라 함은 창고업자에 대한 임치물반환청구권이 표창된 유가증권이다. 물건을 창고에 임치하면 상당기간 물건의 사용가치와 교환가치가 사장되는데, 창고증권을 발행하면 임치인은 이를 가지고 임치물의 양도, 담보제공 등에 이용할 수 있으므로 임치물의 교환가치를 활용할 수 있다. 그러므로 창고증권발행청구권은 임치인의 중요한 권리로서, 창고업자는 그 발행을 거절하지 못한다.

2) **창고증권의 성질**  창고증권에 관해서는 화물상환증에 관한 제129조 내지 제133조의 규정이 준용된다($^{157}_{조}$). 따라서 창고증권은 문언증권 · 상환증권 · 지시증권 · 처분증권이

며, 창고증권의 교부에는 물권적 효력이 있다. 창고증권은 임치계약과 물건의 임치를 근거로 발행되므로 요인증권인 점도 화물상환증과 같다.

3) 발행    창고업자는 임치물을 수령한 후 임치인의 청구에 의하여 창고증권을 발행·교부하여야 한다($^{156조}_{1항}$). 창고증권에는 법 소정의 사항을 기재하고 창고업자가 기명날인($^{또는}_{서명}$)하여야 한다($^{156조}_{2항}$).

4) **창고증권의 분할청구**    임치한 물건이 가분물인 경우 임치인이 임치물을 수개의 덩어리로 분할하여 각 부분별로 별개의 창고증권을 발행해 받을 수 있다. 나아가서 이미 발행된 창고증권의 소지인도 창고업자에게 창고증권을 반환하고 창고증권이 표창하는 임치물을 분할하여 각 부분에 대한 창고증권의 교부를 청구할 수 있다($^{158조}_{1항}$). 이에 의해 창고증권 소지인은 임치물을 세분하여 수인에게 양도하거나 또는 일부는 양도하고 일부는 입질할 수도 있다. 물건의 분할 보관에 소용되는 비용이나 분할된 창고증권의 발행·교부에 소요되는 비용($^{인지}_{세 등}$)은 창고증권소지인이 부담한다($^{158조}_{2항}$).

5) **임치물의 일부반환**    창고증권소지인이 증권에 의해 임치물을 입질하려면 창고증권을 질권자에게 교부하여야 한다($^{157조}_{→133조}$). 그리고 창고증권은 상환증권인 까닭에 동 증권이 없으면 창고업자에게 임치물의 반환을 청구할 수 없으므로($^{157조}_{→129조}$) 창고증권소지인은 채무를 변제하고 증권을 반환받지 아니하면 임치물도 반환받을 수 없음이 원칙이다. 그러나 질권자의 승낙이 있으면 임치인은 채권의 변제기 전이라도 임치물의 일부반환을 청구할 수 있다($^{159조}_{전}$). 이 경우 창고업자는 반환한 임치물의 종류, 품질과 수량을 창고증권에 기재하여야 한다($^{159조}_{후}$).

## Ⅳ. 창고업자의 권리

### (1) 보관료·비용상환청구권

창고업자는 상인이므로 무상임치의 특약을 하지 않은 한, 보수에 관한 약정이 없더라도 보관료를 청구할 수 있다($^{61}_{조}$). 보관료나 기타 비용 또는 체당금은 다른 특약이나 관습이 없는 한 임치물을 출고할 때에 청구할 수 있다($^{162조}_{1항 본}$). 임치물을 일부출고할 때에는 그 비율에 따른 보관료를 청구할 수 있다($^{162조}_{2항}$). 보관기간이 경과한 후에는 출고하기 전이라도 보관료를 청구할 수 있다($^{162조}_{1항 단}$). 임치인 또는 창고증권소지인이 출고를 게을리함으로 인해 창고업자가 손해를 입지 않도록 하기 위한 것이다.

창고업자의 보관료 등의 채권에 관해서는 별도의 유치권이 인정되지 않으므로 창고업자는 일반 상사유치권($^{58}_{조}$) 또는 민법상의 유치권($^{민}_{320조}$)을 행사할 수 있을 뿐이다.

창고업자의 채권은 출고한 날로부터 1년간 행사하지 아니하면 소멸시효가 완성된다($^{167}_{조}$).

(2) 공탁 · 경매권

임치인 또는 창고증권소지인이 임치물의 수령을 거부하거나 수령할 수 없는 때에는 상사매매에 있어서의 매도인의 공탁 · 경매권에 관한 규정이 준용된다($^{165조→67}_{조 1항·2항}$).

## Ⅴ. 임치계약의 소멸

원래 임치기간의 약정이 없는 때에는 당사자가 언제든지 계약을 해지할 수 있음이 원칙이나($^{민}_{699조}$), 창고업자가 불시에 해지한다면 임치인에게 예측하지 못한 손해를 줄 수 있다. 따라서 임치기간을 정하지 않은 경우라도 창고업자는 임치물을 받은 날로부터 6월이 경과한 후에야 임치계약을 해지하고 임치물을 반환할 수 있으며($^{163조}_{1항}$), 2주간 전에 예고하여야 한다($^{163조}_{2항}$). 그러나 부득이한 사유가 있으면 언제든지 임치물을 반환할 수 있다($^{164}_{조}$).

# 제 8 절   금융리스업

## Ⅰ. 리스의 개념

리스($^{lease}$)는 크게 금융리스($^{finance}_{lease}$)와 운용리스($^{operating}_{lease}$)로 구분된다. 양자의 공통점은 「시설대여」라는 법형식을 이용한다는 점이다. 이 중 「금융리스」라 함은 리스이용자가 선정한 기계, 시설, 그 밖의 재산($^{금융리}_{스물건}$)을 제3자($^{공급}_{자}$)로부터 취득하거나 대여받아 금융리스이용자에게 이용하게 하는 행위를 가리키고, 이를 영업으로 수행하는 자를 금융리스업자라 한다($^{168}_{조의2}$).

1) 금융리스는 리스이용자가 선택한 물건을 금융리스업자가 취득하여 리스이용자로 하여금 이용하게 하는 거래이다. 거래의 흐름을 보면 리스이용자가 필요로 하는 물건을 조달하기 위한 자금을 금융리스업자가 공급하는 기능을 수행한다. 따라서 금융리스는 대개 범용성이 없는 고가의 물건을 대상으로 한다. 이와 달리 운용리스는 리스업자가 사전에 취득하여 구비하고 있는 물건을 이용자가 선정하여 일정기간 정기적인 대가를 지급하고 이용하는 거래이다. 대체로 컴퓨터, 자동차, 복사기 등 범용성이 있는 물건에 대해 이루어진다. 금융리스가 아닌 것을 통틀어 운용리스로 분류한다.

2) 금융리스에서는 리스업자가 리스물건의 선정에 관여하는 바가 없고 리스물건을 점유하는 일도 없다. 그러므로 리스기간 중에 리스물건에 대한 유지 · 관리는 리스이용자의 책임하에 있다($^{168조}_{의3 4항}$). 이에 대해 운용리스에서는 리스업자가 취득하여 점유하는 물건을 리스이용자에게 제공하는 것이므로 리스기간 중에 리스업자가 리스물건에 대한 유지 · 관리

책임을 진다.

3) 운용리스는 전통적인 임대차와 본질적인 차이점을 찾기 어려우므로 임대차로 보는데에 이견이 없다. 그러나 금융리스는 리스업자가 목적물의 소유권을 취득하거나 사용·수익권을 취득하여 리스이용자로 하여금 사용·수익케 한다는 점에서 임대차의 성격을 지니기는 하지만($^{형식적}_{측면}$), 목적물의 취득에 필요한 원 공급자와의 거래는 이용자선에서 이루어지고 단지 취득대가를 리스업자가 지급하고 그 회수를 담보하기 위해 리스업자가 소유권 또는 원 사용·수익권을 취득할 뿐이라는 점에서는 금융거래적 성격이 강하다($^{실질적}_{측면}$). 그리하여 판례는 금융리스의 본질적 기능은 리스이용자에게 리스물건의 취득 자금에 대한 금융편의를 제공하는 데에 있다고 본다($^{대법원 1997. 11. 28.}_{선고 97다26098 판결}$).

## Ⅱ. 금융리스거래구조의 특성과 성질론

### 1. 금융리스의 거래구조

금융리스계약의 체결과 이행은 다음과 같은 과정으로 이루어진다($^{<그림}_{3>}$).

1) 리스이용자는 자신이 필요로 하는 기계·설비 등의 제조자 기타 공급자와 상담을 벌여, 목적물·가격·인도시기 등에 관해 실질적인 합의를 한다(①).

2) 이용자는 1)에서 합의한 내용을 토대로 리스업자와 리스계약을 체결한다. 여기서 리스기간, 리스료, 유지·관리책임 등이 모두 약관에 따라 결정된다(②).

3) 리스계약의 이행으로서 금융리스업자는 1)의 공급자와 리스이용자가 합의한 내용대로 매매계약을 체결하는데, 예외 없이 공급자는 이용자에게 직접 이행하기로 합의한다(③).

〈그림 3〉 리스거래의 구조

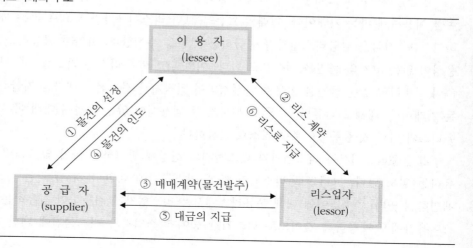

4) 매매계약에서 정한 바에 따라 공급자는 이용자에게 리스물건을 인도하고, 리스업자는 공급자에게 대금을 지급한다(④, ⑤). 리스물건이 수입물품이냐 국내에서 조달한 물건이냐에 따라 구체적인 절차에 차이가 있으나 리스계약의 본질과는 무관하다.

## 2. 금융리스계약의 성질

### (1) 성질론의 의의

금융리스의 법적 성질이 무엇이냐는 것은 리스계약의 효력에 영향을 주는 중요한 문제이다. 리스의 목적물에 구조상의 결함이 있거나, 이용자의 과실 없이 멸실·훼손된 경우 일반적인 임대차에서라면, 매도인의 하자담보책임에 관한 민법 제570조 이하의 규정이 유상계약에 준용되므로($\frac{민}{567조}$) 임차인은 임대인의 하자담보책임을 묻거나 민법 제627조에 근거하여 대금감액청구 또는 계약해제를 할 수 있다. 그러나 금융리스계약은 예외 없이 리스업자가 작성한 리스약관에 의해 체결되고 있는데, 금융리스약관에는 한결같이 리스물건의 인도가 지연되거나 물건의 규격·사양·성능·기능 등에 있어서의 부적합, 불완전, 기타의 하자가 있을 때에도 리스업자는 리스이용자에 대하여 책임을 지지 아니한다는 면책조항을 두고 있다.

여기서 금융리스계약의 성질이 문제된다. 리스계약을 임대차로 본다면, 위와 같은 면책약관은 임대차의 특성에 비추어 임차인에게 불리한 특약으로서 무효라고 볼 소지가 있다($\frac{민}{652조}$). 그러나 금융리스계약을 임대차와는 별개의 비전형계약으로 보고 그 나름대로의 특성을 인정한다면 이 면책약관을 유효한 것으로 보고 리스업자의 담보책임을 부정할 수 있다. 이외에도 금융리스약관에는 종래의 임대차법리를 벗어남으로 인해 유효성이 문제되는 약정을 다수 담고 있는데, 이 문제들도 궁극적으로는 리스의 성질론에 귀착된다.

### (2) 학설·판례

과거 금융리스계약의 법적 형식을 중시하여 임대차로 파악하는 설, 당사자 간에 자금의 공급이 중요한 목적이라는 점에 착안하여 특수임대차라는 설 등 다양한 설이 대립하였으나, 현재는 금융리스의 금융거래적 측면을 중시하여 임대차와는 다른 무명계약($^{비전형}_{계약}$)이라고 보는 것이 통설·판례이다($^{대법원 1986. 8. 19. 선고 84}_{다카503·504 판결 이래 다수/}$). 주로, i) 금융리스는 「자산의 소유」보다는 「자본의 효율적 이용」에, 「사용가치의 회수」보다는 「교환가치의 회수」에 더 중점을 두고 이루어지는 거래라는 점, ii) 금융리스업자에 소유권을 유보하는 것은 금융리스업자가 대여한 투하자본의 회수를 확보하기 위한 것이며, 리스료는 매기의 사용대가가 아니라, 물건대금으로 이루어지는 원금 및 이에 대한 이자의 분할상환금의 실질을 가진다는 점을 근거로 제시한다.

## Ⅲ. 금융리스계약의 법률관계

### (1) 리스계약의 개시(리스물건의 공급과 리스료의 지급)

금융리스계약은 언제 개시하는가? 리스계약에 정해진 리스물건의 사용과 이에 상응하는 리스료의 계산이 언제부터 쌍무적인 관계에서 시작되는가라는 문제이다. 상법 제168조의3 제1항은 「금융리스업자는 금융리스이용자가 금융리스계약에서 정한 시기에 금융리스계약에 적합한 금융리스물건을 수령할 수 있도록 하여야 한다」라고 규정하고, 이어 동조제2항에서 「금융리스이용자는 제1항에 따라 금융리스물건을 수령함과 동시에 금융리스료를 지급하여야 한다」라고 규정하고 있다. 즉 리스계약은 리스물건의 수령으로 개시되는 것이라고 할 수 있다.

### (2) 리스물건 수령증의 성격

금융리스업자는 리스물건의 실제 공급자가 아니므로 리스의 실무에서는 공급자가 리스물건을 리스이용자에게 인도하면 리스이용자가 리스업자에게 수령증을 발급하고 이에 근거하여 리스업자는 공급자에게 대금을 지급한다. 즉 리스이용자와 리스업자 간에 있어 리스물건의 인도는 수령증의 발급에 의해 인식하는 것이다. 그래서 상법은 수령증이 발급된 경우에는 리스계약 당사자 사이에 적합한 금융리스 물건이 수령된 것으로 추정한다$\binom{168조}{의3\,3항}$. 그렇다고 수령증이 리스계약상의 권리의무의 발생요건이 되는 것은 아니다. 상법 제168조의3 제3항 법문의 표현처럼 리스물건의 공급에 관한 증명수단에 불과하다. 그러므로 리스이용자가 수령증의 발급을 지연하더라도 실제 리스물건이 공급되었다면 리스업자는 공급자에게 대금을 지급하여야 한다$\binom{대법원 1998.\,4.\,14.}{선고\,98다6565\,판결}$.

### (3) 리스료의 성격

리스료는 리스업자가 리스이용자에게 제공하는 취득자금의 금융편의에 대한 원금의 분할변제 및 이자·비용 등을 변제하게 하는 기능을 갖는 것은 물론이지만, 그 외에도 리스업자가 리스이용자에게 제공하는 이용상의 편익을 포함하여 거래관계 전체에 대한 대가로서의 의미를 지닌다$\binom{대법원 2004.\,9.\,13.\,선}{고\,2003다57208\,판결}$. 그러므로 원금과 이자 상당액에 별도의 시효가 적용되거나 시효의 기산점이 달라지는 것은 아니고, 리스료 전체가 일반 상사채권으로 5년의 시효에 걸린다$\binom{대법원 2013.\,7.\,12.\,선}{고\,2013다20571\,판결}$.

### (4) 리스업자의 책임

**1) 리스물건의 인도의무 등**　　금융리스를 금융거래로 보는 까닭에 금융리스업자가 직접 물건의 공급을 담보한다는 약정이 없는 한, 금융리스업자는 금융리스이용자가 공급자로부터 상법 제168조의3 제1항에 따라 적합한 금융리스물건을 수령할 수 있도록 협력할 의무를 부담할 뿐이고, 독자적인 금융리스물건의 인도의무나 검사·확인의무를 부담하지는 않는다$\binom{대법원 2019.\,2.\,14.\,선}{고\,2016다245418\,판결}$.

2) 하자담보책임    리스약관에서는 통상 리스이용자가 물건 수령증을 발급하였을 때에는 물건의 상태 및 성능이 정상적임을 확인한 것으로 의제하고, 물건의 사용, 보관 및 유지 책임과 물건의 멸실 및 훼손책임은 모두 이용자가 부담한다는 규정을 두고 있다. 금융리스를 금융거래로 보는 까닭에(비전형 계약설) 리스계약에는 민법 제652조가 적용되지 아니하고, 나아가 이러한 약관은 약관규제법 제7조 제2호·제3호(사업자의 면책조항)에도 위반하지 아니한다(대법 원 1996. 8. 23. 선고 95다51915 판결).

(5) 공급자의 지위

상법 제168조의4 제1항은 「금융리스물건의 공급자는 공급계약에서 정한 시기에 그 물건을 금융리스이용자에게 인도하여야 한다」라고 규정하고, 동조 제2항은 「금융리스물건이 공급계약에서 정한 시기와 내용에 따라 공급되지 아니한 경우 금융리스이용자는 공급자에게 직접 손해배상을 청구하거나 공급계약의 내용에 적합한 금융리스물건의 인도를 청구할 수 있다」라고 규정하고 있다. 공급자에 대해 리스이용자가 직접 권리를 가짐을 규정한 것인데, 이는 공급자와 리스업자 간의 공급계약에 동 계약이 리스업자와 리스이용자 사이에 체결된 리스계약의 이행을 위한 계약임을 명시한 경우에 한해 적용되는 것으로 보아야 한다. 공급계약이 공급자와 리스업자 간에 단순한 매매계약의 하나로 체결되었다면 리스이용자의 권리를 인정할 근거가 없으므로 이 경우에는 리스이용자가 리스업자로부터 채권을 양도받아 권리를 행사하여야 할 것이다.

(6) 리스물건의 관리책임

리스이용자는 리스물건을 수령한 이후에는 선량한 관리자의 주의로 리스물건을 유지 및 관리하여야 한다(168조 의3 4항). 이 규정도 금융리스의 금융거래적 특성을 반영한 것이다. 통상의 임대차에서는 임대인이 「목적물을 임차인에게 인도하고 계약존속 중 그 사용, 수익에 필요한 상태를 유지하게 할 의무를 부담한다」(민 623조). 그러나 금융리스에서는 통상의 임대차와 달리, 금융리스업자는 리스이용자가 선정한 물건의 조달을 금융적으로 지원할 뿐이고, 리스물건이 리스이용자의 점유하에 있다. 위 규정은 이러한 거래의 특성을 감안하여 리스이용자에게 물건의 관리책임을 부여한 것이다.

# Ⅳ. 리스의 종료

(1) 리스기간의 만료

리스기간의 만료에 의해 리스는 종료한다. 리스기간이 만료하면 통상 리스물건의 내구연한이 소진하고 리스업자는 리스물건의 가액과 이자를 모두 회수한 상태이다. 그래서 보통 리스계약에서는 리스가 종료한 경우 비망가액(예: 1,000원, 1달러 등)으로 리스이용자가 소유권을 취득하는 약정을 한다.

### (2) 해지

리스계약은 해지에 의해 중도에 종료한다.

**1) 리스이용자의 채무불이행**　　리스이용자에게 리스료 불지급, 리스물건의 관리부실 등의 책임 있는 사유가 있을 때에는 리스업자가 리스계약을 해지할 수 있다($\binom{168조}{의5\ 1항}$). 이 경우에는 리스업자는 잔존 금융리스료 상당액의 일시 지급 또는 금융리스물건의 반환을 청구할 수 있다($\binom{동}{조항}$).

**2) 이용자의 해지**　　리스이용자는 중대한 사정변경으로 인하여 리스물건을 계속 사용할 수 없는 경우에는 3개월 전에 예고하고 리스계약을 해지할 수 있다($\binom{168조}{의5\ 3항}$). 리스이용자가 해지할 수 있다고 함은 이 3개월 전 예고에 의의가 있다. 즉 해지를 하더라도 향후 3개월 분의 리스료를 지급해야 한다는 것과 함께 그 이상의 리스료 부담은 불필요함을 뜻한다. 그러나 리스이용자는 계약의 해지로 인하여 리스업자에게 발생한 손해를 배상하여야 한다($\binom{동}{조항}$).

### (3) 청산

통상 약관에서는 계약을 해지할 경우 리스업자가 리스물건을 회수한다는 규정을 두고 있으나, 회수 후의 청산에 관해서는 약관에 규정하는 예가 드물어 이용자와 리스업자 간의 이해조정이 문제된다. 판례는 리스물건을 반환하더라도 리스업자가 리스료 채권을 전부 상실하는 것은 아니므로 리스물건의 반환으로 인한 이익까지 전부 취하는 것은 형평에 어긋남을 지적하며, 리스물건의 반환시의 잔존가치와 리스기간 만료시에 예측되는 잔존가치의 차액을 청산하도록 한다($\binom{대법원\ 1995.\ 9.\ 29.}{선고\ 94다60219\ 판결}$).

# 제 9 절　가맹업

## Ⅰ. 기능

가맹업이란 「프랜차이즈」(franchise)라는 용어로 더욱 익숙하게 알려져 있다. 프랜차이즈란 영세한 상인이 다른 저명한 상인의 신용에 편승하여 영업을 활성화하는 방법이라 할 수 있다. 신용에 편승하는 방법으로서는 저명상인의 상호를 허락받아 사용하며, 제품이나 사업방법 등에 있어 저명상인을 흉내냄으로써 일반인이 사업주체를 저명상인으로 오해하도록 하는 것이다.

예컨대 서울 강남에서 「준오헤어」라는 상호로 미용실을 경영하는 甲이 미용기술이 뛰어난데다, 점포의 디자인이 우아하고 종업원들도 친절하여 성업중이라 하자. 이 甲과 수원에서 미용실을 운영하고자 하는 乙이 다음과 같은 계약을 맺었다.

「1) 甲은 乙의 점포의 실내를 꾸며주고 乙과 그 종업원에게 주기적으로 미용기술과 고객접대기술을 가르치는 등 경영지도를 하고, 주 1회씩 미용 관련 약품을 공급해 주기로 한다.

2) 乙은「준오헤어」라는 상호로 자기의 계산으로 미용실을 운영하되 매월 매출액의 1%를 甲에게 주기로 한다.」

이 거래가 甲, 乙에 대해 갖는 의미를 살펴보면 다음과 같다. 甲은 乙을 가맹점사업자로 함으로써 지점을 설치·관리하는 비용과 위험을 줄이면서 사업을 확장하고 수익을 늘일수 있다. 한편 乙은 甲이 축적해 놓은 신용과 기술을 활용함으로써 투자비용을 줄이고 미용실을 운영하는 초기단계에서의 시행착오를 줄일 수 있다.

우리나라에서는 과거「피자헛」,「맥도날드」,「본죽」등 음식물을 공급하는 사업체, 그리고 편의점에서 가맹사업이 시작되었으나, 최근에는 호텔, 이발소와 같은 서비스업체를 포함하여 다양한 사업분야에서 가맹사업이 생겨나고 있다. 상법은 가맹업을「상호·상표 등의 사용허락에 의한 영업에 관한 행위」로 표현하며 기본적 상행위의 하나로 다루고($^{46조}_{20호}$), 제168조의6 이하에서 5개조에 걸쳐 가맹계약에 관한 규정을 두고 있다. 한편 프랜차이즈의 소비자보호법적 규율을 위해「가맹사업거래의 공정화에 관한 법률」($^{이하 '가}_{맹사업법'}$)이 제정되어 있는데, 이 법도 성격이 허용하는 범위에서는 가맹업의 상행위법적 규율을 위해 원용될 수 있다.

## Ⅱ. 의의

### (1) 가맹업의 개념

자신의 상호·상표 등($^{이하 '상}_{호등'}$)을 제공하는 것을 영업으로 하는 자를 가맹업자라 하고 가맹업자로부터 그의 상호 등을 사용할 것을 허락받아 가맹업자가 지정하는 품질기준이나 영업방식에 따라 영업을 하는 자를 가맹상이라 한다($^{168}_{조의6}$). 그리고 가맹업자의 이러한 영업 자체를 가맹업이라 한다.

1) 가맹상은 타인의 상호를 사용하여 영업을 하므로 당연히 상인이다. 가맹업자는 보통 가맹상이 하고자 하는 사업을 이미 영위하고 있지만($^{예: 앞의 예에서 「준오}_{헤어」를 영위하는 甲}$), 가맹업자로서의 상인성은 가맹업에서 생긴다($^{즉 보수를 받고 상호}_{등을 제공하는 것}$).

2) 두 당사자가 각각 가맹업자와 가맹상이 되는 계약을 체결하는데, 이 계약을「가맹계약」또는「가맹거래」라고 부르기로 한다. 이는 일정기간에 걸쳐 권리의무를 발생시키는 계속적 계약관계이다.

가맹사업법이 사용하는 용어는 상법과 다르다. 동법에서는 가맹업을「가맹사업」, 가맹업자(franchisor)를「가맹본부」, 가맹상(franchisee)을「가맹점사업자」로 부른다.

### (2) 가맹거래의 법적 성격

가맹거래는 명의대여, 매매(예: 원재료의 공급), 임대차(예: 설비의 대여), 도급(예: 가맹상의 종업원의 교육) 등 다양한 성격의 계약이 복합적으로 어우러진 상법상의 특수계약(비전형 계약)이다.

상법이 가맹업을 규율하기 위해 둔 규정들은 가맹업에서 생기는 법률문제의 극히 일부만을 해결할 뿐이므로 대부분의 가맹거래 관련 법률문제는 약관에 의해 해결되고 있다. 약관은 예외 없이 가맹업자가 일방적으로 작성하므로 불공정한 예가 많다. 이 경우 약관규제법의 규율을 받게 된다. 나아가 약관의 불공정의 위험, 거래의 기술적 특성과 당사자 지위의 격차 등으로 인해 가맹상에 대한 보호가 필요함을 감안하여 가맹사업법은 가맹상의 보호를 포함하여 가맹거래의 공정을 기하고 이해를 조정하는 규정을 두고 있다.

## Ⅲ. 가맹계약의 요건

상법 제168조의6은 가맹업자와 가맹상의 관계가 성립하기 위한 요건으로서, i) 가맹업자가 가맹상으로 하여금 자신의 상호 등을 사용하게 할 것, ii) 가맹상은 가맹업자가 지정하는 품질기준이나 영업방식에 따라 영업을 할 것을 규정하고 있다. 가맹사업법에서는 나아가 iii) 가맹업자가 가맹상의 경영 및 영업활동에 대한 지원, 교육과 통제를 할 것, iv) 가맹상은 이상의 대가로 소정의 금원(가맹금)을 지급할 것도 가맹거래의 내용으로 규정하고 있다(가맹 2조 1호).

i) 상호 등의 사용　　가맹거래는 고객으로 하여금 가맹상의 영업을 가맹업자의 영업과 동일한 것으로 인식하도록 하는 것을 목적으로 하므로 가맹업자의 상호 등을 가맹상이 사용하는 것은 가맹거래의 가장 중요한 요건이자 목적이다. 상법 제168조의6은 상호·상표를 예시하고 이를 「상호 등」으로 줄여 표기하는데, 가맹사업법이 예시하는 「상표·서비스표·상호·간판 그 밖의 영업표지」를 포함하는 개념이다.

ii) 상품의 품질기준의 통제　　가맹상은 가맹업자와의 동일성을 표방하며 상품·용역을 공급하므로 그 상품·용역의 품질이 열등할 경우에는 가맹업자의 영업가치가 희석화된다. 따라서 가맹업자는 통상 가맹상으로 하여금 자신이 공급하는 원재료를 사용하도록 강제하거나, 품질이나 규격을 정하여 이를 따르도록 함으로써 가맹업자와 가맹상이 각기 공급하는 상품·용역의 균질성을 유지한다.

iii) 영업방식의 통제(경영지원 및 경영통제)　　상법 제168조의6은 가맹업자의 통제대상으로 「품질기준」과 「영업방식」을 규정하는데, 이는 가맹업자와 가맹상의 영업의 일체성을 유지하기 위해 영업방법, 고객관리방법, 상품판매정책 등에 관해 가맹업자가 가맹상을 교육하거나 영업정책을 규준으로 제시하고 준수하도록 하는 것이다(예: 종업원의 복장, 인사법, 상품의 가격, 상품의 포장·배달방법 등을 통제하는 것).

iv) 가맹금　　가맹업은 기본적 상행위이므로 당연히 유상거래이다. 가맹업자의 영리성은 가맹상으로부터 자기의 상호 등의 사용허락, 경영의 지원 등의 대가로 실현된다. 그 대가는 실무상 다양한 명칭으로 불리지만, 가맹사업법에서는 「가맹금」이라 부른다. 이하 같은 용어를 사용하기로 한다.

## Ⅳ. 당사자의 권리의무

### (1) 신의칙

가맹상은 가맹업자의 경영지원을 받아 영업을 하여 영업성과를 가맹업자에 배분하고, 가맹업자는 다시 이를 기반으로 삼아 양질의 경영지원방법을 생산·공급하는 식으로 양자의 영업은 상승관계를 이룬다. 이를 판례는 가맹상과 가맹업자의 「상호의존적 사업방식」이라고 표현하며, 가맹계약의 공정성의 판단기준으로 삼는다(대법원 2005. 6. 9. 선고 / 2003두7484 판결 참조). 이같이 가맹계약은 가맹업자와 가맹상의 상호협력을 기초로 해서 목적이 달성될 수 있는 계속적 거래관계이므로 당연히 쌍방의 신의성실이 요구된다(가맹 제4조: 가맹사업당사자는 가맹사업을 영위함에 있어 / 서 각자의 업무를 신의에 따라 성실하게 수행하여야 한다).

### (2) 가맹업자의 의무

**1) 지원의무**　　　가맹업자는 가맹상의 영업을 위하여 필요한 지원을 하여야 한다(168조 / 의7 1항).

i) 가장 중요한 것은 상호 등의 사용허락이지만, 그 이외에도 가맹계약은 원재료의 공급, 경영지도 등 가맹상의 영업에 필요한 사항들을 포괄적으로 다루는 것이 보통이다.

ii) 가맹사업법은 가맹업자에 대해 가맹사업의 성공을 위한 사업구상을 요구하는 외에 상품이나 용역의 품질관리와 판매기법의 개발 등 가맹점사업이 성공할 수 있는 제조건을 조성하기 위한 노력을 기울일 것을 요구한다(가맹 / 5조). 상법이 규정하는 가맹업자의 지원의무는 넓게는 이러한 미래지향적인 협력의무를 포함한다.

**2) 가맹상의 영업권보장**　　　대부분의 가맹계약에서 가맹상의 목적은 일정한 영업지역, 거래단계, 소비자권역 등에 있어서의 독점을 통해 달성할 수 있다. 그리하여 상법은 가맹업자는 다른 약정이 없으면, 가맹상의 영업지역 내에서 동일 또는 유사한 업종의 영업을 하거나, 동일 또는 유사한 업종의 가맹계약을 체결할 수 없도록 한다(168조 / 의7 2항).

가맹사업법은 가맹거래가 부종계약인 데서 생길 수 있는 거래의 불공정, 특히 가맹업자와 가맹상 간의 정보의 비대칭을 해소하기 위한 다양한 제도를 두고 있다(가맹 7조~ / 14조).

### (3) 가맹상의 의무

**1) 가맹업자의 권리존중**　　　상법 제168조의8은 「가맹상은 가맹업자의 영업에 관한 권리가 침해되지 아니하도록 하여야 한다」라고 규정하는데, 이는 가맹상이 가맹업자의 명성을 유지할 의무가 있다는 뜻을 포함한다. 가맹상의 영업은 가맹업자의 신용과 명성에 의존하여 행해지는 한편 가맹상의 영업이 역으로 가맹업자의 신용과 명성의 일부로 축적되기

때문이다. 가맹사업법은 가맹상에게 가맹사업의 통일성 및 가맹업자의 명성을 유지하기 위한 노력을 요구하는데($\frac{가맹}{6조}$), 이는 상호협력성에 의한 신의칙을 구체화한 의무로서, 상법 제168조의8의 해석으로도 도출할 수 있는 의무이다.

    2) 비밀준수의무      가맹상은 가맹계약이 종료한 후에도 가맹계약과 관련하여 알게 된 가맹업자의 영업상의 비밀을 준수하여야 한다($\frac{168조}{의8 2항}$). 가맹상이 이용하는 가맹업자의 신용과 영업기술은 상당부분 영업비밀에 속하기 때문이다($\frac{예컨대 고객관리기법이}{나 상품의 제조기법 등}$). 비밀준수의무는 가맹계약이 종료한 후에도 유지됨을 주의해야 한다($\frac{168조}{의8 2항}$). 대리상계약의 비밀준수의무($\frac{92조}{의3}$)와 같은 취지이다.

## Ⅴ. 가맹상의 영업양도

    1) **영업양도의 의의**      상법 제168조의9 제1항은 가맹상은 가맹업자의 동의를 받아 그 영업을 양도할 수 있다고 규정한다. 이 규정이 말하는 영업양도란 가맹상이 가맹계약을 유지하면서 영위하는 영업을 양도함을 뜻한다. 가맹계약과 무관하게 영업만을 양도할 경우에는 가맹계약의 중단을 가져오므로 가맹업자에 대한 채무불이행이 되는 것은 별론으로 하고, 가맹업자의 동의를 받을 필요가 없다.

    2) **영업양도의 가능성**      가맹상의 영업은 가맹계약상의 지위가 더해져 일체를 이루는 기능적인 영업재산이므로 그 영업의 양도는 가맹업자에 대한 권리의 이전과 가맹업자에 대한 채무의 이전을 포함한다. 가맹업자에 대한 채무를 이전함에는 채권자인 가맹업자의 승인이 필요함은 물론이고($\frac{민 454}{조 1항}$), 가맹업자에 대한 권리도 일반 지명채권과 달리 성질상 양도를 허용하지 않는 채권으로 보아야 하므로 상법 제168조의9 제1항은 가맹상의 영업양도는 가맹업자의 동의를 얻도록 한 것이다.

    3) **동의의 의무성**      상법 제168조의9 제2항은 「가맹업자는 특별한 사유가 없으면 제1항의 영업양도에 동의하여야 한다」라고 규정한다. 영업양도는 상인이 기업을 청산하지 아니하고 계속기업으로서의 가치를 유지하면서 투하자본을 회수하는 방법이므로 가맹상의 이익을 보호하기 위해 가맹업자의 동의를 의무로 규정한 것이다.

## Ⅵ. 제3자에 대한 책임

    1) **가맹업자의 명의대여책임**      가맹상이 가맹업자의 상호 등 명의를 가지고 영업을 하므로 대부분의 경우 가맹상의 영업은 상법 제24조가 규정하는 명의대여의 요건을 충족한다. 따라서 가맹업자는 가맹상의 영업거래에 관해 가맹상과 연대하여 책임을 져야 한다.

    2) **표현대리의 책임**      가맹업자가 대여하는 상호 등은 상호 외에도 상표·서비스

표·간판 그 밖의 영업표지 등을 두루 포함하므로 상법 제24조가 말하는 명의대여보다는 범위가 넓다. 그러므로 가맹업자에게 상법 제24조에 의해 책임을 지울 수 없는 경우도 있을 수 있으나, 이 경우에도 민법상의 표현대리에는 해당할 수 있다($\substack{민 125 \\ 조 본}$).

3) 불법행위책임($\substack{사용자배 \\ 상책임}$)   가맹상이 가맹업자의 피용자는 아니므로 가맹상의 불법행위에 관해 가맹업자가 사용자배상책임($\substack{민 756 \\ 조 1항}$)을 지지는 않는다. 그러나 가맹업자는 가맹자의 영업에서의 품질기준이나 영업방식을 지정하고, 약관이 정하는 바에 따라 교육, 경영지원 등을 하는데, 그 강도에 따라서는 가맹업자를 민법 제756조 제1항의 사용자로 보아 가맹상의 불법행위에 대해 사용자배상책임을 물을 수 있는 경우도 있다($\substack{76면 \\ 참조}$).

4) 제조물책임   가맹상의 영업이 제조물 책임법의 적용을 받는 제조물을 판매하는 것이고 그 제조물이 가맹업자에 의해 제조·가공되거나, 그 제조물에 성명·상호·상표 기타 식별 가능한 기호 등을 사용하여 가맹업자의 제조·가공물로 오인시킬 수 있는 표시가 있는 경우에는 가맹업자는 제조물의 결함으로 인한 생명, 신체, 재산상의 손해를 배상하여야 한다($\substack{동법 2조 3 \\ 호, 3조 1항}$).

# Ⅶ. 가맹계약의 종료

## (1) 종료사유

1) 존속기간의 만료   가맹계약은 계약에서 정한 존속기간의 만료로 종료한다. 그러나 가맹사업법은 가맹상의 투자회수를 돕기 위해 가맹상이 존속기간 만료 전 180일 내지 90일 내에 갱신을 요구할 경우 가맹업자는 정당한 사유 없이는 갱신을 거절하지 못한다고 규정한다($\substack{가맹 13 \\ 조 1항}$).

2) 해지   가맹상과 가맹업자의 어느 일방이 가맹계약을 위반하는 경우 상대방은 민법의 일반원칙에 의해 가맹계약을 해지할 수 있음은 물론이다($\substack{민 \\ 544조}$). 그리고 당사자에게 부득이한 사정이 있을 경우에는 존속기간에 관한 약정의 유무와 관계없이 각 당사자는 상당한 기간을 정하여 예고한 후 가맹계약을 해지할 수 있다($\substack{168조 \\ 의10}$).

## (2) 종료의 효과

1) 가맹금의 반환   가맹계약이 종료함에 따라 가맹상이 가맹업자에 예치한 담보적 성격의 가맹금이 있을 경우 가맹업자는 이를 반환해야 한다.

2) 상호 등의 폐기   가맹계약이 종료되면 가맹상이 더 이상 가맹업자의 상호 등을 사용할 근거가 없으므로 다른 약정이 없는 한, 가맹상은 자신이 사용하던 상호 등을 폐지할 의무가 있다($\substack{전주지법 2008. 8. 20. \\ 선고 2007가합6382 판결}$).

3) 경업금지여부   가맹계약이 종료한 후 가맹상은 경업금지의무를 지느냐는 문제가 있다. 가맹계약이란 당초 가맹업자의 독점적 이익을 창출하기 위한 계약이 아니므로 동

계약이 종료되었다고 해서 가맹상의 경업을 금지해야 할 이유는 없다. 상호 등을 변경하는 등 가맹업자와의 별개성을 인식되도록 한다면 종전과 동일한 영업을 계속하는 것은 무방하다$\left(\begin{smallmatrix}\text{예컨대 「준오헤어」라는 가맹계약이 종료되었}\\\text{더라도 다른 상호로 미용실 영업은 할 수 있다}\end{smallmatrix}\right)$.

# 제10절 채권매입업

## 1. 의의

상법 제46조 제21호는 「영업상 채권의 매입·회수 등에 관한 행위」를 기본적 상행위의 하나로 열거하는데, 이는 소위 채권매입업 내지 「팩터링」(factoring)을 의미한다. 그리고 상법 제168조의11은 팩터링의 주체 즉 채권매입업자를 「타인이 물건·유가증권의 판매, 용역의 제공 등에 의하여 취득하였거나 취득할 영업상의 채권$\left(\begin{smallmatrix}\text{영업}\\\text{채권}\end{smallmatrix}\right)$을 매입하여 회수하는 것을 영업으로 하는 자」라고 정의한다. 이 채권매입업자의 영업을 이루는 채권매입업 즉 팩터링이란 물건을 판매하는 상인의 외상판매채권을 전문적인 채권매입업자가 양수하여 관리·회수하는 것을 내용으로 하는 거래이다. 신용카드업$\left(\begin{smallmatrix}\text{여신전문금융}\\\text{업법 2조 2호}\end{smallmatrix}\right)$이 한 예이다. 신용사회가 정착하면서 외상거래가 흔해지고 외상채권의 형태도 다양화함에 따라 채권의 회수도 전문적인 기술을 요하게 되어 채권회수를 전문으로 하는 영업이 등장하였다. 상인은 이러한 채권회수의 전문조직을 이용함으로써 저렴한 비용으로 채권을 회수할 수 있다. 한편 상인은 외상채권이 회수될 때까지 자금의 회전·운용에 어려움을 겪게 되는데, 채권의 양도와 결부시켜 금융을 조달하는 효과도 누릴 수 있다.

## 2. 채권매입거래의 구조

### (1) 기본구조

채권매입거래에는 세 사람의 당사자가 관계한다. 우선 물건판매상인이 그의 고객$\left(\begin{smallmatrix}\text{소비}\\\text{자}\end{smallmatrix}\right)$에게 외상으로 물건을 판매한다$\left(\begin{smallmatrix}\text{<그림}\\4\text{>①}\end{smallmatrix}\right)$. 다음에는 판매상인이 자신의 외상채권을 채권매입업자에게 양도한다$\left(\begin{smallmatrix}\text{<그림}\\4\text{>②}\end{smallmatrix}\right)$. 그러면 채권매입업자는 만기에 가서 소비자로부터 채권을 변제받아$\left(\begin{smallmatrix}\text{<그림}\\4\text{>③, ④}\end{smallmatrix}\right)$ 판매상인에게 지급해 준다$\left(\begin{smallmatrix}\text{<그림}\\4\text{>⑤}\end{smallmatrix}\right)$. 이 당사자들을 영어로 부를 때에는 채권매입업자를 중심으로 해서 이름을 붙인다. 즉 채권매입업자를 factor, 판매상인을 client, 소비자를 customer라 부른다.

〈그림 4〉 채권매입거래의 구조

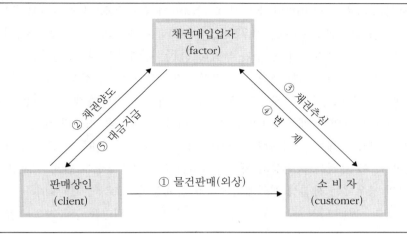

(2) 팩터링금융

채권매입업자가 판매상인으로부터 채권을 매입하면 당연히 매입대금을 지급해야 한다. 이 대금은 채권의 매매거래에 따르는 대가이지만, 그 지급시기는 자유롭게 결정할 수 있다. 채권매입업자가 채권을 회수해서 그 자금으로 매입대금을 지급하기로 약정하는 것이 일반적이다. 그러나 판매상인은 바로 자금을 사용하기를 원하므로 채권의 매입대금을 담보로 하여 채권매입업자로부터 판매대금에 상응하는 금액을 차용하기도 한다(전도금융). 이를 팩터링금융이라 하며 채권매입거래의 실무에서는 매우 중요한 기능을 한다.

〈그림 5〉 팩터링금융의 구조

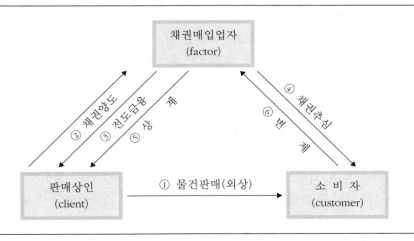

### (3) 위험인수

소비자의 무자력, 물건매매계약의 무효·취소·해제 등으로 인해 채권매입업자가 소비자로부터 채권을 변제받지 못하는 경우도 있다. 이 같은 채권의 회수불능으로 인한 위험부담을 판매상인과 채권회수업자 중 누가 부담하느냐는 문제가 있다. 채권매입업자가 부담하는 팩터링을 「진정팩터링」, 판매상인이 부담하는 팩터링을 「부진정팩터링」이라고 한다.

상법 제168조의12는 「영업채권의 채무자가 그 채무를 이행하지 아니하는 경우 채권매입업자는 채권매입계약의 채무자에게 그 영업채권액의 상환을 청구할 수 있다」고 규정한다. 「채권매입계약의 채무자」라 함은 채권매입업자에게 영업채권을 양도한 판매상인을 가리키는 말이다. 이 규정은 상법상의 채권매입업은 부진정팩터링이 원칙임을 말해준다. 부진정팩터링의 경우에는 사실상 채권매입업자가 판매상인으로부터 채권회수를 위임받은 것으로 볼 수 있다. 물론 당사자는 채권매입업자가 불이행의 위험을 궁극적으로 부담하는 것으로 약정할 수도 있다($\substack{진정 \\ 팩터링}$)($\substack{168조 \\ 의12 단}$).

## 3. 채권매입업의 법적 특색

### (1) 기본계약

개개의 팩터링거래는 불특정다수의 상인과 채권매입업자 사이에서 일회적으로 행해지는 것이 아니라 특정의 판매상인과 특정의 채권매입업자의 기본계약($\substack{팩터링 \\ 계약}$)에 기초해서 행해진다. 판매상인과 채권매입업자는 사전에 일정기간 발생하는 외상채권을 매입하기로 하는 계약을 체결하고, 이 계약에서 앞으로 행할 채권매입거래의 일반적인 사항($\substack{수수료·이율· \\ 위험부담 등}$)을 약정한다. 따라서 이 기본계약은 계속적 계약이며, 그 이행으로서 개별적인 채권매입거래가 행해진다.

### (2) 개별 팩터링행위

기본계약에 기초하여 판매상인이 외상판매를 할 때마다 그 채권을 추심하기 위한 팩터링행위가 행해지는데, 팩터링행위에서 가장 두드러지게 나타나는 것은 외상채권의 양도이지만 팩터링행위 자체가 바로 채권의 양도는 아니다. 팩터링행위는 채권매입업자에게 채권을 양도함과 동시에 동 채권의 포괄적인 관리를 위탁하며, 경우에 따라서는 전도금융의 수수도 내용으로 하는 채권계약이다. 따라서 이 계약은 소비대차·위임 등이 혼합된 무명계약이다.

외상채권의 양도를 위해서는 지명채권의 양도방법($\substack{민 \\ 450조}$)에 따라 채무자($\substack{소비 \\ 자}$)에게 통지하거나 또는 그의 승낙을 받아야 하는데, 보통 외상판매계약($\substack{판매 \\ 약관}$)에서 소비자의 승낙을 얻고 있다.

### (3) 개별 외상채권의 양도

팩터링의 핵심을 이루는 것은 외상채권의 양도인데, 이 채권양도의 법적 성질을 어떻게 볼 것이냐에 관해 견해가 대립한다. i) 당사자의 경제적 목적에 착안하여, 팩터링거래의 본질은 채권매입업자가 판매상인에게 금융을 제공하는 것이므로 외상채권의 양도는 소비대차거래의 성격을 갖는다고 보는 소비대차설, ii) 채권매입업자의 전도금지급과 판매업자의 외상채권양도는 쌍무적 대가관계이므로 외상채권의 양도는 채권의 매매라고 하는 채권매매설이 있다.

iii) 그러나 팩토링거래의 성격을 판단하는 가장 중요한 표지는 채무불이행으로 인한 위험부담의 귀속이다. 진정팩터링에서의 채권양도는 외상채권을 채권매입업자에게 확정적으로 이전하므로 채권의 매매이지만, 부진정팩터링은 채무불이행시의 위험부담이 미결로 남아 있으므로 소비대차로 보아야 한다($^{절충}_{설}$).

### (4) 채권매입업자의 상인성

상법 제46조 제21호는 영업상 채권의 「매입·회수 등에 관한 행위」를 기본적 상행위로 열거하며, 상법 제168조의11도 채권을 「매입하여 회수」하는 것을 채권매입업자의 영업으로 정의하고 있으므로 채권매입업자는 당연상인($^4_호$)이다. 하지만, 채권의 회수는 권리실현을 위한 사실행위 또는 준법률행위에 불과하고 거래가 아니므로 상행위가 되는 것은 채권의 「매입」이다.

# 제 3 편

# 회 사 법

# 제 1 장    서    론

## 제 1 절   현대사회와 회사

오늘의 자본주의 산업문명은 회사제도에 의해 시작되었고 유지되고 있다. 자본주의경제를 이끌어가는 기업활동은 규모의 성장을 위해 공동기업의 형태를 선호하며, 그중에서도 주식회사를 중심으로 하는 회사형태가 대중자본을 집중시키고 합리적인 경영조직을 제공함으로써 기업의 무한한 성장을 지원해 주기 때문이다. 회사는 현대의 기업경영에 적합한 조직과 규모를 확보해 주는 한편, 출자자들에게는 증권시장을 통해 지분을 자유롭게 처분함으로써 투하자본을 회수하여 보다 이윤이 높은 기업에 투자할 수 있는 길을 열어주므로 금융자원의 효율적 배분이라는 거시적 경제효과도 가져온다. 그리하여 회사는 민간부문의 가장 효율적인 경제주체가 되어 높은 부가가치를 창출함으로써 사회의 부를 증진시키고, 고용을 창출하며, 재화 · 용역을 생산 · 공급함으로써 사회자원을 분배하는 기능을 수행한다. 아울러 회사는 이른바 기업의 사회적 책임이라는 대중의 기대에 좇아 자선 · 복지 등의 활동을 통해 축적된 부의 일부를 사회에 환원하기도 한다.

그러나 회사의 성장이 극으로 치달은 결과 야기되는 문제점 또한 허다하다. 회사는 당초 영리성을 본질로 하는 탓에 독점과 경제력의 집중을 추구하는 경향이 강하여 사회의 분배구조를 왜곡시킨다. 나아가 회사의 규모가 방대해지다 보면 정부까지 움직일 수 있는 강대한 영향력을 구축하여 금융 기타 사회의 가용자원을 과점하고, 심지어는 세제나 각종 경제법령을 자신에게 유리하게 개정하게 함으로써 사회 전체의 불평등을 야기한다. 그래서 회사를 현대의 리바이어던(Leviathan)이라 비유하기도 한다.

회사 자체 내에서 야기되는 모순 또한 심각하다. 특히 대규모 주식회사의 경우 주식이 광범하게 분산됨과 동시에 일부에 집중함으로 인해 회사의 소유와 지배의 괴리를 야기하고, 회사권력의 편재와 남용을 용이하게 하여 대주주 · 경영자 · 소액주주들 간에 갈등을 야기한다.

이같이 회사는 자본주의사회의 발전에 기여하는 만큼 그 역작용 또한 심각하므로 그 장점을 최대한 살리되, 그 폐해를 제도적으로 억제하도록 노력하는 것이 오늘날 회사법학에 주어진 과제이다.

## 제 2 절    기업조직의 형태와 회사

기업조직을 가장 단순하게 분류하면, 자연인 상인이 단독으로 영위하는 「개인기업」과 자본의 형성과 경영에 다수인이 참여하는 「공동기업」으로 나뉜다.

### (1) 개인기업의 한계

개인기업은 특정의 자연인이 사업에 필요한 자본을 단독으로 마련하고 스스로 경영을 담당하는 가장 초보적인 기업형태로서, 소유·지배·경영이 전부 출자자인 개인에게 귀속한다. 그 결과 기업행동이 기동성 있게 이루어지는 장점은 있으나 다음과 같은 결점이 따른다.

i) 손익이 모두 기업주 자신에게 귀속되므로 기업의 위험을 분산시킬 여지가 없다. ii) 기업이 가계로부터의 법적 독립성을 인정받지 못하므로 기업주가 기업의 손실에 관해 무한책임을 진다. iii) 개인이 조달할 수 있는 자본에는 한계가 있으므로 기업이 영세성을 면할 수 없다. iv) 기업주 개인의 경영능력에는 한계가 있으므로 경영효율이 낮을 수밖에 없다.

이러한 흠은 개인기업의 숙명적인 한계로서, 이를 극복하고 우월한 경쟁력을 갖추고자 할 때에는 다음과 같은 공동기업형태를 취하여야 한다.

### (2) 공동기업의 법적 형태

기업주가 원하는 경영조직과 자본집중의 유형 및 위험분산의 방법에 따라 그에 알맞는 형태를 선택할 수 있도록 실정법상 여러 가지의 공동기업형태가 마련되어 있다. 가장 단순한 공동기업으로서는 민법상의 조합($\frac{민 703조~}{724조}$) 그리고 상법상의 익명조합($\frac{78조~}{86조}$)과 합자조합($\frac{86조의2~}{86조의9}$)이 있고, 해상기업에 특유한 선박공유($\frac{756조~}{768조}$)가 있다. 이러한 공동기업들은 법인격이 주어져 있지 않으므로 개인기업의 단점을 완전히 제거시키지 못한다. 그러므로 보다 완비된 형태의 공동기업을 원할 때에는 회사형태를 취해야 한다.

우리 상법상의 회사에는 합명회사·합자회사·유한책임회사·주식회사·유한회사의 다섯 종류가 있다. 모두가 영리를 목적으로 하는 다수인의 결합체로서 법인격을 향유하며($\frac{169}{조}$), i) 다수인의 자본을 결합하거나 자본과 노력을 결합하고, ii) 경영이 조직화되고, iii) 기업위험이 분산 또는 제한되고, iv) 사업의 영속적 경영이 가능하고, v) 기업이 출자자의 가계로부터 독립되고, vi) 출자자가 자본이윤에 참여하고, 투하자본의 회수가 보장되는 등, 개인기업이나 회사 아닌 공동기업에서는 볼 수 없는 우수성을 갖추고 있다.

그러나 출자자가 대외적으로 어떤 형태의 책임을 지느냐(기업위험을 분 산시키는 방법)는 것을 출발점으로 하여 회사의 구체적인 법률관계가 상이해지며, 이상의 장점도 회사의 종류에 따라 정도를 달리한다.

## 제 3 절  회사법의 특색

회사법은 회사라는 형태의 공동기업의 단체적 법률관계를 규율하는 법으로서 다음과 같은 특색을 갖는다.

### (1) 단체법적 성질

회사법의 대부분은 회사라는 단체의 조직과 이를 중심으로 한 법률관계에 관한 규정으로 짜여져 있다. 예컨대 회사의 설립, 회사의 관리기구의 구성, 회사의 의사결정, 회사의 대외적인 책임, 사원과 회사의 권리의무 등이다. 회사의 법률관계는 사원을 비롯하여 회사의 이해관계자 모두에게 공통의 혹은 상호충돌하는 법적 이해를 가져온다. 그러므로 개인간의 대등한 지위를 전제로 하여 원칙적으로 당사자의 자유로운 처분을 허용하는 개인법(민법, 상 법 중의 상 행위 법 등)과는 달리 회사법률관계에는 단체법원리가 지배한다. 그리하여 개인법상의 계약자유의 원칙이 크게 수정된 상태에서 적용될 수밖에 없고, 다수결의 원칙, 사원평등의 원칙, 자본충실의 원칙 등과 같은 획일적·통일적인 원리에 의해 법률관계가 형성된다. 따라서 이 범위에서 회사법은 대부분 강행법적 성격을 띠며, 때로는 공법적인 감독이나 벌칙이 따른다.

### (2) 거래법적 성질

회사법의 주된 성격은 단체법이지만, 회사법 중에는 회사와 제3자의 거래, 사원과 회사채권자의 관계와 같은 거래법적인 성질을 띠는 규정도 있다. 이러한 법률관계는 개인법상의 거래와 마찬가지로 사적자치, 거래안전의 보호와 같은 개인법상의 법원리가 지배한다. 예컨대 회사가 대표기관의 권한을 제한하더라도 선의의 제3자에게 대항하지 못하게 하는 것(209조 2항, 389조 3항), 대표자인 듯한 외관을 가진 자의 대표행위에 관해서는 회사가 책임을 지게 하는 것(395조) 등은 거래의 안전이라는 거래법적 이념에서 둔 제도이다.

한편 단일한 법률관계이지만 일부는 거래법적 원리가 지배하고 일부는 단체법적 원리가 지배하는 예도 있다. 주주가 주식을 양도할 때에 주권을 교부하게 하는 것, 주권의 점유에 권리추정력을 인정하는 것(336조)은 거래법적 성격을 가진 것이지만, 양도후 명의개서를 하지 않으면 회사에 대항하지 못하게 하는 것(337조)은 단체법적 원리에 기초한 것이다.

# 제 4 절 회사의 역사

사법체계를 완성시킨 로마인들도 개인주의적 법사상으로 인해 고도의 집단적 성질을 갖는 회사제도를 알지 못했고, 또 당시 사회의 중심체인 대가족제도는 회사와 같은 단체를 필요로 하지도 않았다. 중세봉건사회에서도 장원농업을 중심으로 하는 폐쇄적인 경제구조로 인해 역시 회사가 생겨날 여지가 없었다. 도시국가에서는 길드(Gilde)와 같은 상인단체가 생겨났으나, 이는 상인들의 권익보호단체이지 그 자체가 사업을 수행하는 것은 아니었다.

1) **공동기업의 맹아**　　　오늘날의 상사회사의 기원이라 할 만한 것은 10세기 이후 해상무역이 발달한 중세도시국가에서 찾을 수 있다. 당시 해운업의 형태로 선박공유와 코멘다(commenda)계약이 자주 이용되었다. 선박공유는 상속 혹은 계약에 의해 발생하였고, 코멘다는 자본주가 선주에게 자본 또는 상품을 맡겨 운용하게 하고 이윤을 분배하기로 하는 계약이었다. 따라서 두 가지 다 일시적인 계약관계로서 기업의 독립성과 영속성을 전제로 하는 오늘날의 회사와 같은 속성은 갖고 있지 않았다. 그러나 코멘다가 accommendita와 participatio라는 기업조직으로 분화되어 각각 합자회사와 익명조합의 기원이 되었음은 회사발달사적으로 중요한 사실이다.

2) **가족적 영속기업의 등장**　　　도시국가에서 무역의 발달로 상인의 지위가 점차 확고해지면서 자연히 기업의 영속화가 요구되었다. 그리하여 15 · 6세기경 특히 독일의 북부도시를 중심으로 오늘날 합명회사의 기원이라 할 만한 가족중심의 계속적 기업형태가 생겨났다.

3) **주식회사의 생성**　　　주식회사가 등장한 것은 훨씬 뒤의 일로서, 1407년에 이탈리아의 제노바에서 설립된 산 지오르지오(S. Giorgio)은행과 그 후 밀라노에서 설립된 산 암브로지오(S. Ambrogio)은행이 구성원의 출자가 분할되고 출자의무가 유한이며 지분을 자유로이 양도할 수 있다는 점에서 오늘날의 주식회사와 흡사한 기업이었다. 그러나 이보다는 17세기 초 서구의 식민회사에서 주식회사의 기원을 찾는 것이 일반적이다. 당시 아시아의 식민지를 경략하기 위하여 영국(1600), 네덜란드(1602), 프랑스(1604)에 동인도회사가 설립되었는데, 이 회사들은 사원의 유한책임제도, 기관, 주식제도 등을 갖추었기 때문이다. 그러나 이 회사들은 모두 국왕 또는 의회의 특허장에 의해 설립되었으며, 식민지에 대하여 공법적인 권력도 가졌던 까닭에 오늘날 순수한 영리단체로서 준칙주의 또는 자유설립주의에 의해 설립되는 주식회사와는 성질을 달리한다. 그 후 1807년의 프랑스상법이 주식회사를 일반회사조직의 하나로 규정하였고 각국이 이에 따랐으며, 자본주의의 발전에 편승하여 주식회사제도는 순수자본단체로서 급격한 발전을 보게 되어 오늘날은 가장 이용도가 높은 공동

기업형태가 되었다.

4) **회사의 폐단과 반성**　　　주식회사는 자본주의의 생리에 가장 잘 부합하는 기업형태로서 양자는 서로의 발전을 촉진하였다. 그 결과 기업에 의한 부의 독점적 지배현상을 낳았다. 이 점은 현대 복지국가에서 새로운 배분의 과제로 등장하여 각국은 회사의 공공성을 강조하고 관계입법도 사회화 경향을 띠게 되었다. 1917년 프랑스의 노동자참가주식법, 1914년 미국의 반트러스트법, 1948년 영국의 독점 및 통제법, 1951년 독일의 공동결정법 등은 이러한 경향의 표현이라 하겠으며, 1937년 독일주식법, 1975년 유럽회사법안 등은 위 법들의 정신을 부분적으로 회사법 내로 수용한 예이다.

5) **회사법의 세계화**　　　회사가 활성화된 19세기 중반 이후 영국, 미국, 독일, 프랑스를 중심으로 회사법의 입법이 이루어지고, 이들과 교류가 깊은 나라별로 각각의 회사법을 계수하여 법계를 이루었다. 그러나 2차세계대전 이후에는 각국의 회사법이 세계적으로 통일되어가는 경향을 보인다. 주된 요인은 다음과 같다.

첫째, 회사법은 영리단체를 다루는 법이므로 어느 나라든 자기의 문화전통에 구애되지 않고, 보다 합리적인 다른 나라의 회사법을 쉽게 계수하는 경향이 있다.

둘째, 세계대전 후 해외투자가 확대되면서 회사법의 조화에 대한 수요가 커졌다. 특히 미국자본이 세계적으로 진출하면서 미국회사법이 여러 나라의 회사법의 모델이 된 것이 주목할 만하다.

셋째, 유럽의 27개국으로 구성된 유럽연합(EU)은 경제적 단일체의 구축을 위해 가맹국의 경제관련 법령의 통일에 주력해 왔는데, 회사법에 관해서는 두 가지 방면의 노력이 행해졌다. 하나는 유럽 공동의 준거법을 갖는 유럽회사($\substack{Societas \\ Europaea:\ SE}$)의 창설을 위해 유럽회사법을 제정하여(2004), 2021년 초 현재 3,358개의 회사가 설립되어 있다. 또 하나는 가맹국에 지침(directive)을 내려 각국의 회사법을 점차 통일된 내용으로 개정하게 하는 것으로, 현재 13개의 지침이 마련되었고, 이에 의해 각국 회사법의 개정이 꾸준히 이루어지고 있다.

# 제 2 장　통　칙

## 제 1 절　회사의 개념

　　상법 제169조는 「회사라 함은 상행위나 그 밖의 영리를 목적으로 하여 설립한 법인을 말한다」라고 정의한다. 2011년 개정 전 상법 제169조는 「회사는 상행위 기타 영리를 목적으로 하는 사단」이라고 규정하였으나, 상법에서 폭넓게 1인회사를 허용하므로 사단성은 이와 충돌된다고 보아 삭제하였다. 하지만 1인회사란 입법정책적으로 허용하는 존재형태이고, 회사란 복수의 사원이 인적 혹은 자본적으로 결합하는 방법으로서 인정되는 법인형태이므로 여전히 그 본질은 사단이다. 즉 회사란 「영리를 목적으로 하는 사단법인」을 뜻한다.

　　사법상 사람은 자연인과 법인으로 분류된다. 법인이란 법인격이 부여된 단체를 말하는데, 단체에는 재단과 사단이 있다. 한편 단체는 영리를 목적으로 하는 것과 비영리를 목적으로 하는 것이 있는데, 재단은 반드시 비영리이어야 하고, 사단에는 민법의 규율을 받는 비영리사단과 상법의 규율을 받는 영리사단이 있다. 이 영리사단이 바로 회사이다. 이상을 토대로 회사의 인격적 위상을 그려보면 다음과 같다.

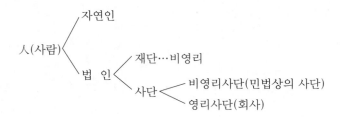

　　이하 회사의 개념요소인 사단성·법인성·영리성의 의미를 설명한다.

# I. 사단성

「사단」이란 일정한 목적을 위해 결합된 사람의 단체를 이르는 말이다. 사단은 재단에 대한 상대개념인 동시에 조합에 대한 상대개념이다.

1) 재단과의 비교    사단은 「인적 결합체」로서 「재산의 집합체」인 재단과 구별된다. 회사가 사단이어야 한다는 것은 회사가 복수의 사람, 즉 사원에 존립의 기반을 두고 있음을 뜻한다. 그러나 회사는 영리실현을 위한 물적 기초로서 자본을 요하므로 사원들은 예외 없이 출자를 통해 자본의 형성에 기여해야 한다. 그러므로 회사는 민법상의 비영리사단($\frac{민}{32조}$)과 같은 순수한 인적 결합체만은 아니고 자본적 결합체의 성격도 아울러 가지고 있다.

2) 조합과의 비교    공동의 목적을 위한 사람의 결합체에는 사단과 조합이 있다. 일반적으로 결합체의 단체성이 우월하여 구성원으로부터의 독립성이 인정될 때 이를 사단이라 하고, 단체성보다는 구성원들의 개성이 뚜렷할 때 이를 조합이라 한다. 양자는 실정법상의 취급에서도 차이가 있어 사단은 단체법적인 조직원리에 의해 규율됨에 반해, 조합은 구성원들의 계약관계이므로 기본적으로 구성원들의 합의와 관련 계약법($\frac{민 703}{조 이하}$)에 의해 규율된다.

상법은 모든 회사를 사단으로 규정하고 있으므로($\frac{169}{조}$) 일단 상법에 의해 설립된 회사라면 모두 사단이지만, 회사의 종류에 따라서는 조합적 실질을 가진 것도 있다. 합명회사, 합자회사, 유한책임회사가 이에 해당한다. 이러한 회사의 법률관계를 규율함에 있어서는 형식적 사단성과 조합적 실질을 어떻게 조화하여 반영할 것이냐는 문제가 제기된다. 상법은 대외적인 문제에 있어서는 사단성에 따라 법률관계를 규율하는 한편, 사원과 회사 및 사원 상호간의 법률관계에 있어서는 조합의 실질을 존중하여 조합적 원리에 입각해 규율하고 있다($\frac{195조, 269조→195조,}{287조의18→195조}$).

# II. 법인성

상법은 모든 회사에 법인격을 부여하고 있다($\frac{169}{조}$). 「인격」이란 본래 권리·의무의 귀속점을 뜻한다. 회사는 법인격 즉 권리능력을 가지므로 사원($\frac{출자}{자}$)으로부터 독립하여 독자적인 활동을 통해 권리·의무를 취득할 수 있으며, 사원은 회사재산에 대하여 직접적인 권리를 갖지 못한다.

그리하여 수인이 공동사업을 목적으로 조합을 구성할 때와 회사를 설립할 때에는 인격의 유무로 인해 그 법적 의미가 본질적으로 상이하다. 예컨대 A와 B가 甲 조합 혹은 甲 회사를 설립한다고 하면, 우선 사업을 위해 수행하는 대외적인 거래는 조합의 경우에는 A와 B의 공동행위가 되나, 회사의 경우에는 A도 아니고 B도 아닌 甲이라는 법인, 즉 회사의 행위가 되는 것이다. 그리고 대외거래의 결과 취득하는 권리·의무도 조합의 경우에는 A와 B의 합유로 귀속하나, 회사의 경우에는 甲회사 자신의 것이 되는 것이다. 그러므로 거래상대방의 입장에서도 A와 B가 자신의 반대당사자로서 갖는 법적 의미가 상이할 수밖에 없다.

「법인성」은 단지 권리·의무의 귀속방식의 문제인 이상 법인격을 부여할 것이냐의 여부는 입법정책의 문제이고, 그 단체의 실체와는 무관하다. 따라서 「조합적」인 결합체라도 법인으로 할 수 있으며, 합명회사와 합자회사, 그리고 유한책임회사가 그 대표적인 예이다.

## Ⅲ. 영리성

회사는 「상행위 기타 영리를 목적으로」 하는 사단법인이다($^{169조, 민 32조}_{와 비교 참조}$). 회사가 기본적 상행위($^{46}_{조}$)를 할 때에는 당연상인($^{4}_{조}$)이지만, 기본적 상행위를 하지 않더라도 그 영리성으로 인해 상인으로 본다($^{의제상인,}_{5조 2항}$). 따라서 회사에 대해서는 상법총칙과 상행위편이 일반적으로 적용된다.

회사가 영리를 목적으로 한다는 것은 이익의 취득을 목적으로 할 뿐 아니라, 영리행위로 얻은 이익을 그 사원에게 분배하는 것까지를 목적으로 함을 말한다. 이익의 분배라 함은 이익배당, 지분증가 또는 잔여재산분배 등의 방법에 의해서 회사가 얻은 이익을 사원에게 귀속시키는 것을 말한다.

# 제 2 절   회사개념의 현대적 수정

## Ⅰ. 1인회사

### (1) 사단성의 입법적 수정

회사는 사단이므로 수인의 구성원이 존재해야 함은 당연한 요건이다. 그러므로 합명회사·합자회사는 모두 2인 이상의 사원이 있어야 성립할 수 있으며($^{178조,}_{268조}$), 사원이 1인으로 된 때에는 해산한다($^{227조 3}_{호, 269조}$). 이들 회사에 있어서 2인 이상의 사원은 회사의 성립요건이자 존속요건이다.

그러나 주식회사나 유한회사와 같은 물적회사의 경우에는 1인회사의 설립을 허용하는 것이 세계적인 추세이고, 상법도 이들 회사는 1인의 사원만으로도 설립과 존속이 가능하도록 하였다($^{288조,}_{543조 1항}$). 유한책임회사 역시 1인만에 의한 설립이 허용된다($^{287조}_{의12}$). 그리하여 현재 주식회사와 유한회사, 그리고 유한책임회사에 관한 한, 「사람의 단체」라는 의미에서의 사단성은 그 본질적 속성이라고 할 수 없고, 다만 지분($^{주}_{식}$)의 분산을 통해 사람의 단체가 될 수 있는 가능성을 내포하고 있다는 의미에서의 사단성만을 갖는다. 이는 물적회사의 경우 인적결합이라는 측면보다는 영리수행을 위한 자본적 도구라는 기능적 측면에 인식이 집중된 데에 따른 변화이다.

### (2) 1인회사의 법률관계

1인회사의 존재를 인정할 때, 다수의 사원을 전제로 한 회사법 규정은 그 적용상 다소의 수정이 불가피해진다. 판례와 통설이 1인회사에 대해 수정되어야 할 법리로 예시하는 것은 다음과 같다.

**1) 주주총회의 운영** 판례는 i) 주주총회의 소집절차에 흠이 있더라도 1인주주가 참석하여 이의 없이 결의하면 적법한 주주총회의 결의가 있다고 본다($\frac{\text{대법원 1966. 9. 20.}}{\text{선고 66다1187 판결}}$). 나아가 실제로 총회를 개최한 사실이 없이 단지 1인주주에 의하여 결의가 있었던 것처럼 주주총회 의사록이 작성되었더라도 특별한 사정이 없는 한 결의가 있었던 것으로 본다($\frac{\text{대법원 1976. 4.}}{\text{13. 선고 74다}}$ $\frac{1755}{\text{판결}}$). ii) 또한 영업양도를 할 때 1인주주이자 대표이사인 사람의 동의가 있었다면 주주총회의 특별결의($\frac{374조}{1항\ 1호}$)를 대신할 수 있다고 한다($\frac{\text{대법원 1976. 5. 11.}}{\text{선고 73다52 판결}}$).

**2) 1인회사와 이사의 자기거래** 이사의 자기거래가 유효하기 위해서는 이사회의 승인을 요한다($\frac{398조}{1항}$). 그러나 판례는 이사회의 승인이 없더라도 1인주주의 동의가 있으면 유효하다고 본다($\frac{\text{대법원 2017. 8. 18.}}{\text{선고 2015다5569 판결}}$).

**3) 의결권의 제한** 주주총회의 의안에 특별한 이해관계가 있는 주주는 의결권을 행사할 수 없지만($\frac{368조}{3항}$), 1인회사에 이를 적용한다면 결의가 이루어질 수 없으므로 이 규정은 적용되지 않는다. 그리고 감사의 선임시에 100분의 3 이상을 가진 주주의 의결권은 100분의 3으로 제한되지만($\frac{409조}{2항}$), 이를 적용한들 무의미하므로 역시 적용되지 않는다.

**4) 주식의 양도제한 규정** 주식은 자유롭게 양도할 수 있음이 원칙이지만, 정관에 규정을 두어 이사회의 승인을 받도록 할 수 있다($\frac{335조}{1항\ 단}$). 이 규정은 1인회사에도 적용되지만, 이사가 1인인 회사에서는 이사회의 승인에 갈음하여 주주총회의 승인을 받아야 하므로($\frac{383}{조\ 4}$ $\frac{항→335}{조\ 1항\ 단}$) 1인주주는 임의로 주식을 양도할 수 있다.

**5) 1인회사와 업무상 배임·횡령** 1인주주라 해서 바로 「주주＝회사」라는 등식이 성립하는 것은 아니다. 그러므로 1인주주 겸 대표이사인 자가 범죄적인 방법으로 회사에 손해를 가한 경우에는 배임죄가 성립하며($\frac{\text{대법원 2005. 10. 28.}}{\text{선고 2005도4915 판결}}$), 1인주주가 회사재산을 영득한 경우에는 횡령죄도 성립한다($\frac{\text{대법원 1989. 5. 23.}}{\text{선고 89도570 판결}}$).

**6) 법인격부인론과의 관계** 1인회사의 경우 법인격은 허울에 불과한 경우가 많을 것이다. 따라서 1인회사일 때에는 후술하는 법인격부인론을 적용할 소지가 크다.

## Ⅱ. 법인격부인론

### (1) 의의

「법인격부인」이란 회사가 사원으로부터 독립된 실체를 갖지 못한 경우에 회사와 특정의 제3자 간에 문제된 법률관계에 국한하여 회사의 법인격을 인정하지 않고 회사와 사원을 동일시하여 회사의 책임을 사원에게 묻는 것을 말한다. 예컨대 Y회사가 자기의 채무를 변제할 자력이 없고 소정의 요건을 구비할 경우 채권자 Z는 Y의 존재를 부인하고 그 지배주주 X에게 책임을 묻는 것이다. 법인격부인론은 주로 주식회사에 있어서 주주가 유한책임제도를 악용함으로써 생겨나는 폐단을 해결하기 위하여 발전된 이론이다.

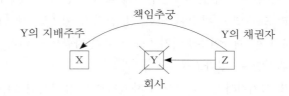

회사는 그 구성원($\frac{\text{사원}}{\text{社員}}$)과는 별개의 독립된 인격자이므로 사원은 무한책임사원이 아닌 한 회사의 거래에 관해 책임질 바 아니다. 그러나 사업으로 인한 위험부담을 줄이기 위한 방편으로 회사의 형식만 빌렸을 뿐이고 실제 사업의 운영은 주주 개인의 사업과 다름없는 경우, 회사의 법인격은 오로지 제3자에 대한 책임을 회피하는 데만 이용되는 결과를 빚는다. 주주가 법인인 경우, 즉 모자회사간에도 같은 현상을 볼 수 있다. 모회사의 사업 중 위험도가 큰 부분을 떼어내 명목적인 자회사를 만들어 수행케 함으로써 손실을 제한하는 것이다. 이러한 행태는 회사제도의 목적에 어긋나고, 정의와 형평에도 어긋나지만, 오늘날 회사설립에 관해 준칙주의를 취하는 결과, 이같이 법인격과 유한책임제도를 남용하기 위한 회사의 설립을 막을 길이 없다. 그래서 회사의 존립 자체에는 영향을 주지 않고 특히 문제된 법률관계에서만 법형식을 떠나 실질적인 책임의 주체를 찾아내는 방법으로서 법인격부인론이 발전하였다. 법인격부인론은 19세기 후반 미국의 판례법에 의해 생성되어 각국에 퍼져 나갔고, 우리 역시 판례에 의해 형성되었다.

### (2) 법인격부인의 이론적 근거

법인격부인론은 실정법에 바탕을 둔 제도가 아니고, 판례에 의해 형성된 이론이므로 어떠한 법리로 그 타당성을 근거지을 것이냐는 문제가 제기된다. 통설·판례는 법인격부인의 근거로서 신의칙 내지는 권리남용금지($\frac{\text{민}}{2조}$)를 제시한다. 즉 「회사가 실질적으로 배후에 있는 타인의 개인기업에 불과하거나 배후자에 대한 법률적용을 회피하기 위한 수단으로 쓰여지는 경우에는 회사와 그 배후자가 별개의 인격체임을 내세워 회사에게만 법적 효과가 귀속됨을 주장하면서 배후자의 책임을 부정하는 것은 신의성실의 원칙에 위반되는 법인격의 남용으로서 허용될 수 없다」는 이론을 전개한다(대법원 2008. 8. 21. 선고 2006다24438 판결).

### (3) 적용요건

1) 객관적 요건    법인격부인론은 객관적으로 회사가 독립된 법인격의 실체를 구비하지 못한 경우, 즉 이른바 「형해화」한 경우에 적용할 수 있다. 판례가 드는 법인격부인을 위한 객관적 요건 즉 형해화의 요건은 다음 세 가지이다.

i) 지배의 완전성    회사가 그 자체의 독자적인 의사결정능력을 갖지 못하고 지배주주가 자신의 사업의 일부로서 회사를 운영한다고 할 수 있을 정도로 완전한 지배력을 행사하고 있을 것이 요구된다. 단지 지배주주 혹은 모회사로서 회사의 이사 선임 등 의사결정에 강한 지배력을 행사하는 것은 법적으로 정당한 지배이므로 이런 사실만으로는 법인격부인의 요건을 충족하지 못한다(대법원 2006. 8. 25. 선고 2004다26119 판결). 사실상 발행주식을 전부 소유하고, 주주총회나 이사회의 법적 절차를 지키지 않고 피고 개인의 의사대로 회사를 운영하는 것과 같이 회사가 독립된 인격체로서의 존재의의를 잃은 경우에 「지배의 완전성」이 충족된다(대법원 2001. 1. 19. 선고 97다21604 판결).

ii) 재산의 혼용    지배주주와 회사 간의 재산과 업무 및 대외적인 기업거래활동 등이 명확히 구분되어 있지 않고 양자가 서로 혼용되어 있어 주체를 구분하기 어려워야 한다(전게 판례). 완전한 지배가 행해진다고 하더라도 거래 및 재산의 주체가 분명히 구분된다면 책임의 주체에 관해 회사채권자에게 오해를 주는 바가 없고 책임재산도 보존되기 때문이다.

iii) 자본의 과소성    법인격을 부인한 판례에서는 흔히 사업규모에 비해 자본이 과소하다는 점을 지적하지만(전게 판례 외 다수), 자본의 과소는 단지 보조적인 판단자료에 불과할 뿐 법인격부인의 요건으로는 보고 있지 않다.

iv) 회사의 무자력    법인격부인론이 회사로부터 변제받지 못한 채권자를 구제하려는 제도이므로 위 요건을 충족하는 외에 회사가 무자력하여 채무를 변제하지 못할 경우에 법인격부인론을 적용할 수 있음은 물론이다.

〈사례〉 다음은 법인격부인론이 적용되는 전형적인 사례이다.

건설업자 L은 C건설회사를 설립하여 이 회사의 명의로 오피스텔의 분양사업을 하였으나, 자금부족으로 공사가 중단되었으므로 분양계약자들이 L을 상대로 분양대금의 반환을 요구하였다. C회사의 발행주식은 모두 5,000주인데 4인의 명의로 분산되어 있으나 실질적으로는 L이 전부 소유하고, 주주총회나 이사회의 결의는 명목만 갖추고 실제는 법적 절차를 무시하고 L의 의사대로 회사 운영의 일체를 결정해 왔다(완전한 지배). C회사가 수분양자들로부터 지급받은 분양대금 약 78억 원 중 30억 원 가량은 L의 개인명의로 대지를 구입하고, 다른 회사소유 부동산도 채권자들의 강제집행에 대비해 수차 명의를 변경하였으며 나머지 분양대금도 L이 용도불명으로 사용하여 회사에는 자산이 전무하다(재산의 혼용). 한편 오피스텔 공사비가 166억 원에 달하고 분양대금도 수백억 원에 이르지만 C회사의 자본금은 5,000만 원에 불과하다(자본의/과소).

이상은 대법원 2001. 1. 19. 선고 97다21604 판결의 사실관계이다. 동 사건에서 법원은 C회사의 법인격을 부인하고 분양대금반환에 관해 L의 책임을 인정하였다.

**2) 법인격 남용의 의사**　　법인격을 부인하기 위해서는 이상과 같이 회사가 객관적으로 형해화한 상황에 더하여, 주주에게 법인격을 남용할 의사가 있어야 하느냐는 의문이 제기된다. 이 점에 관해 판례는 일관되지 못하는 모습을 보이며 세 단계의 변화과정을 거쳐왔다.

i) **불요설**　　법인격부인론을 적용한 초기의 판례는 회사가 형해화된 상황에서 주주가 회사의 법인격을 주장하며 자신의 책임을 부정하는 것은 법인격의 남용이라는 식으로 판시하며 남용의사는 법인격부인의 요건으로 보지 않았다(대법원 1988. 11. 22.<br>선고 87다카1671 판결).

ii) **추가적 요건설**　　이후의 판례 중에는 법인격을 부인하기 위하여는 회사의 형해화에 더하여 주주에게 "회사의 법인격을 법률회피, 채무면탈 등의 위법한 목적을 위하여 남용하려는 주관적 의도 또는 목적"이 인정되어야 한다고 판시한 것이 있다(대법원 2010. 2. 25. 선<br>고 2007다85980 판결).

iii) **선택적 요건설**　　ii)와 거의 같은 시기에 법인격의 형해화와 법인격의 남용을 선택적 요건으로 삼은 판례가 등장하였는데(대법원 2008. 9. 11. 선<br>고 2007다90982 판결), 즉 회사가 형해화되거나 주주가 회사의 법인격을 남용하는 경우 회사의 법인격을 부인하고 주주에게 책임을 물을 수 있다는 것이다. 이후 몇 건의 판례에서 같은 표현이 되풀이되었으므로 현재로서는 최신의 입장이라고 할 수 있다(대법원 2013. 2. 15. 선<br>고 2011다103984 판결).

**3) 요건의 판단시점**　　이상의 법인격부인의 객관적 및 주관적 요건은 언제 구비하여야 하는가? 「원칙적으로 문제가 되고 있는 법률행위나 사실행위를 한 시점을 기준으로 하여」 구비여부를 판단해야 한다고 설시한 판례가 있으나(대법원 2008. 9. 11. 선<br>고 2007다90982 판결), 법인격부인론은 완전한 지배와 재산의 혼용 등 요건적 상황을 통해 회사의 변제자력을 상실케 한 것을 비난하는 것이므로 문제된 채권을 행사하는 시점에서 요건의 해당여부를 판단하는 것이 옳다.

**(4) 법인격부인의 효과**

법인격의 부인은 회사의 법인격을 일반적으로 부정하는 것이 아니고, 문제된 특정사안에 한하여 지배주주로부터 회사의 법적 독립성을 부정하는 것이다. 회사의 문제된 채무가 바로 주주의 채무로 인정되는 것이 법인격 부인의 주된 효과이나, 공평의 원칙상 문제된 거래의 부수적인 효과도 모두 주주에게 발생한다고 보아야 한다.

**(5) 적용범위**

법인격부인론의 적용은 성문법에 근거하여 형성된 법질서(법인격,/유한책임)를 무시함으로써 법률관계의 불안정을 초래한다. 그러므로 성문법국가인 우리나라에서는 이 이론은 종래의 법제도로 해결할 수 없는 한계적인 상황에서만 적용해야 한다는 것이 일반적인 견해이다. 적용여부가 논의되는 몇 가지 사항을 검토한다.

1) **불법행위책임의 추궁**　　　회사가 제3자에게 부담하는 거래상의 채무를 주주에게 귀속시키는 것이 법인격부인이론의 당초 취지이나, 회사가 제3자에게 부담하는 불법행위책임도 법인격부인을 통해 주주에게 귀속시킬 수 있는가? 현대산업사회에서 생활위험이 증가함에 따라 피해자의 구제를 위한 필요성을 들어 통설은 불법행위에도 적용을 긍정한다. 아직이 점을 다룬 판례는 없다.

2) **법인격부인론의 확장적용**　　　전통적으로 법인격부인이론은 변제자력이 부족한 회사의 채무를 그 지배주주에게 책임지우기 위해 발전한 이론이다. 그러나 판례는 회사의 채무를 면탈하기 위해 지배주주가 회사의 재산으로 다른 회사를 신설한 경우에도 신·구회사는 실질적으로 동일한 회사라 하여 신설회사의 법인격을 부인하고 구회사의 채무에 관해 책임을 지운다(대법원 2004. 11. 12.<br>선고 2002다66892 판결). 나아가 판례는 채무자인 기업이 채무의 발생이전부터 설립되어 있는 계열회사에 자산을 이전하고 무자력이 된 경우에도 역시 법인격부인론을 확장적용한다(대법원 2011. 5. 13. 선<br>고 2010다94472 판결).

3) **기판력·집행력의 확장문제**　　　회사를 상대로 한 소송에서 승소한 채권자가 동 판결을 가지고 법인격부인의 요건을 충족하는 당해 회사의 지배주주에 대해 기판력·집행력을 미치게 할 수 있는가? 법인격부인을 위해서는 별도의 사실인정과 법해석을 통한 다툼을 거쳐야 하므로 회사에 대한 승소판결의 기판력은 지배주주에게 미칠 수 없다(대법원 1995. 5.<br>12. 선고 93다<br>44531<br>판결).

4) **부인론의 역적용**　　　법인격부인의 요건을 구비하고 있는 주주와 회사에 있어 회사의 법인격을 부인하고 주주의 채무를 회사로 하여금 변제하게 할 수 있는가? 회사에 자력이 있다면 주주가 소유하는 주식 자체도 자산가치를 가진다. 그렇다면 주주의 채권자는 주주의 소유주식에 대해 강제집행을 하면 족하고, 법인격부인론의 적용대상이 아니라고 보아야 하지만, 판례는 주주의 재산이 정당하지 못한 대가로 회사에 이전되는 등 제한된 요건하에서 법인격부인을 통한 회사의 책임을 인정한다(대법원 2021. 4. 15. 선<br>고 2019다293449 판결).

## Ⅲ. 현대회사의 사회성(기업의 사회적 책임론)

### (1) 의의

회사는 그 합리적인 경영구조로 인해 오늘날 거대한 경제력을 축적하여 일개 상인의 지위를 벗어나 중요한 사회적 실체가 되었으므로 다소의 공공적 성격의 책임을 지울 만하며, 또 회사의 극단적인 이윤의 추구는 부의 편재를 낳는 등 여러 가지 병리적 현상의 원인이 되어 왔으므로 축적된 부의 일부를 사회에 환원하게 하는 등 회사 스스로가 사회에 공익적 기여를 하도록 해야 한다는 것이 사회적 책임론의 주된 취지이다.

그러나 기업의 사회적 책임이 법적 명제로서 거론된 것은 비교적 최근의 일로서 아직 명확히 정립된 개념도 아니며, 하물며 법에 표현된 개념도 아니다. 따라서 이 문제의 초점은 결국 기업의 새로운 책임형태로서 입법에 반영할 것인가, 또는 기업의 법적 책임에 관한 해석상의 지도원리로 삼을 수 있는가라는 것이 될 것이다.

### (2) 사회적 책임론의 법적 수용

기업의 사회적 책임론은 20세기초 독일에서 기업으로 하여금 국가, 사회에 대한 공익적 기여를 하도록 유도하기 위한 법리로 시작되었고, 같은 시기 미국에서는 주로 기업의 공적 기부행위를 정당화하는 논리로 발전되었다. 우리나라에서는 1970년대에 논의되기 시작했지만, 대부분의 학자는 사회적 책임을 기업의 자율적인 이념적 행동원리로 제시할 뿐, 입법론으로 혹은 해석론으로서 사회적 책임을 인정하는 데에는 소극적인 입장이었다. 그러나 현재 대다수의 학자들은 이를 법적 책임으로 인정하거나 법적 책임으로 입법화하는 방안을 제시하고 있다. 대체로 회사는 주주 이외에도 근로자, 채권자, 소비자 등 모든 회사의 이해관계자(stakeholders)를 회사의 구성원으로 보아 이들의 이익을 위해 행동해야 한다는 미국의 이해관계자 중심주의에 기초한 이론을 전개하고 있다. 그러나 기업의 사회적 책임을 실정법적 규범으로 수용하기에는 여러 가지 법리적 장애가 놓여 있다. 첫째, 기업의 사회적 책임을 회사법이 수용한다면, 회사법 구조를 점차 공익적 성격으로 변색시키고, 결국에는 회사의 영리활동을 억제하는 구실이 될 수도 있다. 둘째, 사회적 책임론은 그 의무의 내용이 무엇인지를 구체적으로 제시하지 못하므로 기업의 경영자가 준수해야 할 행위규범으로서의 기능을 할 수 없다. 셋째, 회사의 사회적 책임을 법적 책임으로 수용하더라도 그에 대응하여 회사에 권리를 주장하며 이행을 청구할 자가 존재하지 않으므로 실효성 있는 규범이 되기 어렵다. 그리하여 아직은 회사의 사회적 책임론은 기업이 사회대중 속에서 생존하기 위한 정치적 타협으로서의 이념적 행동원리에 머물러 있는 상황이다.

### (3) 비영리적 출연의 정당화 논리

회사가 자선, 교육 등 공익적 목적에 출연하는 것은 사회적으로는 선행으로 받아들여지고 적극 권장되기도 하지만, 회사법적 시각에서는 일응 회사의 영리목적에 정면으로 반하는 행위이다. 영리목적에 반하는 것으로 인정되면, 그 출연행위는 회사의 목적에 반하여 효력이 부정될 수 있으며, 출연을 결정하고 집행한 이사들의 책임을 묻게 되고($\frac{399}{조}$), 이사들의 배임죄가 문의될 수도 있다($\frac{형\ 355}{조\ 2항}$). 그러므로 회사의 공익목적의 출연을 어떻게 정당화할 것이냐는 문제가 있다. 미국에서는 흔히 기업의 사회적 책임론을 공익적 출연의 정당화 근거로 활용한다. 그러나 공익적 출연을 포함하여 회사의 비영리적 출연은 단기적으로는 회사의 사업목적과 무관한 손실이더라도, 장기적인 영리($\frac{long\ range}{benefit}$)의 실현을 위한 비용 내지는 장기적인 투자가 될 수 있다는 이른바 장기적 영리론으로도 정당화할 수 있다. 최근의 판례도 같은 입장에서 장기적으로 회사의 이익실현에 기여한다면 단기적으로 손실이 되는 지출도 경영판단으로 허용될 수 있다는 전제하에 구체적인 허용기준을 제시한 바 있다(대법원 2019. 5. 16. 선고 2016다 260455 판결).

〈공익적 출연의 정당화 기준〉 위 대법원판결의 원심(서울고법 2016. 9. 23. 선고 2015나2046254 판결)은 기부행위가 이사의 선관주의의무를 준수한 것인지의 판단기준으로서 ① 기부행위가 공익에 기여하기 위한 목적으로 이루어졌는지, ② 기부행위가 공익에 기여하기 위한 상당하고 적절한 방법으로 이루어졌는지, ③ 기부행위를 통하여 회사의 이미지 제고 등 간접적, 장기적인 이익을 기대할 수 있는지, ④ 기부금액이 회사의 재무 상태에 비추어 상당한 범위 내의 금액인지, ⑤ 기부행위로 달성하려는 공익을 회사의 이익과 비교할 때 기부금액 상당의 비용지출이 합리적인 범위 내의 것이라고 볼 수 있는지, ⑥ 기부행위에 대한 의사결정 당시 충분한 고려와 검토를 거쳤는지 등을 고려하여야 한다고 판시하였다.

# 제 3 절  회사의 능력

## Ⅰ. 권리능력

회사는 법인이므로 일반적으로 권리·의무의 주체가 될 수 있는 능력, 즉 일반적 권리능력을 갖는다. 그러나 회사는 자연인이 아니라는 점, 법인격이 생래적으로 주어진 것이 아니고 법에 의해 인정된 것이라는 점, 또 회사는 그 목적과 관련하여 존재가치를 갖는다는 점에서 개별적인 권리능력에 관해서는 다음과 같은 제한이 가해진다.

### 1. 성질에 의한 제한

회사는 자연인이 아니므로 자연인임을 전제로 하는 친족권·생명권·신체상의 자유권·상속권 등을 향유할 수 없음은 물론이다. 다만 유증은 받을 수 있다. 명예권·상호권·사원권과 같은 인격권은 자연인에 한정된 것이 아니므로 회사도 향유할 수 있다.

회사는 육체적인 노무를 제공할 수 없으므로 지배인이나 그 밖의 상업사용인이 될 수 없으나 노무를 전제로 하지 않는 대리인은 될 수 있다. 회사는 주식회사의 이사가 될 수 없으나(483면 참조), 후술하는 예외를 제외하고 다른 회사의 사원이 될 수 있으며, 주식회사의 발기인도 될 수 있다.

### 2. 법령에 의한 제한

회사의 법인격은 법에 의해 주어지므로 개별적인 권리능력이 다음 예와 같이 법령에 의해 정책적으로 제한될 수 있음은 당연하다(민 34조 참조).

1) 회사는 다른 회사의 무한책임사원이 될 수 없다($^{173}_{조}$). 회사가 무한책임사원이 되어 다른 회사의 운명에 의해 명운이 좌우되는 것은 각 회사의 독립운영을 전제로 한 회사법의 원칙에 반하기 때문이다. 다만 자본시장법상의 「투자합자회사」의 무한책임사원인 업무집행사원은 집합투자업자($^{회사}_{임}$)이어야 하므로 회사가 다른 회사의 무한책임사원이 되는 예외이다($^{자금\ 214}_{조\ 1항}$).

2) 청산회사의 권리능력은 청산의 목적범위 내로 한정되며($^{245조,\ 269조,\ 287조의45,}_{542조\ 1항,\ 613조\ 1항}$), 파산회사도 파산의 목적범위 내에서만 존속한다($^{회파}_{328조}$).

3) 특별법상 특별한 회사에 대해 일정한 행위를 금하는 수가 있는데($^{예컨대\ 은행법\ 38조\ 2호는}_{금융기관에\ 대해\ 업무용\ 이}$ $^{외의\ 부동산의}_{취득을\ 금한다}$), 이를 회사의 권리능력을 제한한 규정으로 풀이하는 견해가 있으나($^{정찬형\ 484;\ 최기}_{원\ 84;\ 최준선\ 96}$), 이 규정들은 개개 특별법상의 행정규제목적에 따른 단속법규로서 회사의 권리능력과는 무관하므로 그 제한의 위반도 사법상의 효력에는 영향이 없다고 보아야 한다($^{권기범\ 120;}_{임재연\ I\ 76}$).

## 3. 목적에 의한 제한

### (1) 목적과 능력의 연관성

모든 회사의 정관에는 목적을 기재해야 하고, 목적은 등기사항이다($^{179조\ 1호,\ 289}_{조\ 1항\ 1호\ 등}$). 회사는 이 사업목적을 위하여 설립되고 존재하며, 사원은 이 목적에 따른 사업이 수행될 것을 예상하고 출자하며, 그 목적사업의 사회적 가치가 인정되어 법인격이 주어진다. 이에 회사는 사원의 출자와 법인격부여의 취지에 따라 정관 소정의 목적의 범위 내에서만 권리능력을 갖느냐는 의문이 제기된다.

목적에 의한 제한을 인정한다면 회사가 목적 외의 행위를 할 경우 이는 권리능력 없는 자, 즉 실존하지 않는 자의 행위와 같으므로 절대적으로 무효이다. 반대로 제한을 부정한다면 목적 외의 행위라 하더라도 효력에 영향이 없다. 따라서 목적에 의한 제한여부는 회사와 주주, 그리고 거래상대방 모두에게 중요한 이해가 걸린 문제이다.

민법 제34조는 「법인은 법률의 규정에 좇아 정관으로 정한 목적의 범위 내에서 권리와 의무의 주체가 된다」고 규정함으로써 법인의 권리능력을 목적의 범위 내로 제한하는데, 상법에서는 이러한 규정을 두고 있지 않으므로 제한여부에 관해 견해가 대립한다.

### (2) 학설 · 판례

학설은 거래의 안전을 위해 대체로 목적에 의한 제한을 부정한다. 이에 반해 판례는 오래전부터 제한설의 입장을 유지하고 있다($^{대법원\ 1975.\ 12.\ 23.}_{선고\ 75다1479\ 판결}$). 그러나 판례는 회사가 할 수 있는 「목적범위 내」의 행위란 정관에 명시된 목적 자체에 국한되는 것이 아니고 그 목적을 수행하는 데 직접 · 간접으로 필요한 모든 행위를 포함한다고 함으로써 「목적범위」를 넓게 해석한다. 그리고 문제된 행위가 목적수행에 필요한 행위이냐를 판단함에 있어서도 행위자의 주관적 의사가 목적범위 내이었느냐 또는 현실적으로 목적수행에 필요했느냐는 것은 묻지 않고, 행위의 객관적 성질에 따라 추상적으로 판단할 것을 요구한다(대법원 1987. 9. 8. 선고 86다카1349 판결). 이는 문제된 행위가 무효로 될 가능성을 최대한 줄이기 위한 의도에서 나온 것으로, 사실상 제한부정설에 접근하는 해석이다.

### (3) 현대회사의 기능과 정관상의 목적

미국과 영국에서는 일찍이 19세기 후반에 정관이나 법상의 능력을 벗어나는 행위는 회사의 행위로 인정할 수 없다는 소위 「능력외이론」($\substack{\text{ultra vires}\\\text{doctrine}}$)이 형성되어 정관상의 목적에서 벗어나는 행위를 엄격히 통제하였다. 하지만 산업의 발달로 영리실현의 기회가 무한히 확장되면서 오래전부터 능력외이론이 폐기되었고, 영미뿐만 아니라 오늘날은 정관상의 목적과 관련해서는 회사의 행위에 제한을 두지 않는 것이 세계적인 추세이다.

회사가 그 사업영역을 부단히 확대해 나가는 것이 주주의 이익에도 부합하고, 또 오늘날에는 산업 간의 연계성으로 인해 목적사업의 한계를 획정하는 것도 매우 어려운 일이므로 목적을 거래의 효력에까지 연계시킨다면 거래의 안전에 심각한 위협이 될 것이다. 따라서 목적에 의한 제한은 부정하는 것이 타당하다.

그렇다면 정관상의 목적은 어떠한 의의를 갖는가? 그것은 회사내부에 있어서 이사, 이사회 기타 회사기관의 권한의 범위와 추진할 사업의 방향을 정하는 의미를 갖는다고 보아야 한다. 그리하여 이에 위반하였을 때에는 인적회사에서는 업무집행($\substack{\text{대}\\\text{표}}$)사원의 권한상실선고사유($\substack{\text{205조 1항, 216조,}\\\text{269조, 287조의17}}$)·제명사유($\substack{\text{220조 1항 4호,}\\\text{269조, 287조의27}}$)가 될 것이며, 물적회사에서는 이사의 손해배상책임($\substack{\text{399조,}\\\text{567조}}$)이 발생하며, 소수주주에 의한 이사의 해임청구($\substack{\text{385조 2}\\\text{항, 567조}}$)·유지청구($\substack{\text{402조,}\\\text{564조의2}}$) 등이 가능해질 것이다.

### (4) 상대방의 악의와 효력

회사기관이 목적 외의 행위를 하고 상대방이 이를 알고 거래하였을 때 어떠한 효력이 생기는가? 제한설을 취할 때에는 목적 외의 행위는 상대방의 선의·악의를 불문하고 무효이므로 이것은 제한부정설을 취할 때에만 생기는 문제이다. 악의의 상대방이 거래의 유효를 주장하는 것은 권리남용($\substack{\text{민 2조}\\\text{2항}}$)으로 보고, 회사가 악의의 상대방에 대해 대항할 수 있다고 보는 것이 일반적이다.

## Ⅱ. 의사능력과 행위능력

회사의 의사는 사원($\substack{\text{주}}$)총회, 대표이사 등과 같은 법정기구에 의해 결정되므로 자연인의 의사능력과 같은 의미에서의 의사능력의 유무는 회사에 관한 한 문제되지 아니한다. 그리고 회사는 기관을 구성하는 자연인의 의사를 기초로 해서 스스로의 행위능력을 갖는다. 대표기관의 대외적 행위는 「대표」이며, 이는 대리와 구별된다. 대리는 본인·대리인·상대방이란 독립된 3인격자 간의 법률관계임에 대하여, 대표기관은 대외적으로 기능하는 회사조직의 일부로서, 대표행위는 곧 회사의 행위이다. 가령 A주식회사의 대표이사 B가 A회사의 대표자격으로 C와 계약을 체결하였다면 A 스스로 계약을 체결하는 것으로 의제되는 것이다.

이같이 「대표의 행위＝회사의 행위」라는 등식이 성립하므로 본인과 대리인이 별개의 인격자라는 전제에서 의사표시의 하자·과실 등이 본인의 것과 대리인의 것으로 각각 분리되는 것과 같은 일($^{민}_{116조}$)이 대표의 경우에는 있을 수 없다. 다만 대표에 관한 법원리가 충분하지 못하므로 대리에 관한 규정이 대표에 유추적용된다($^{민 59}_{조 2항}$). 한편 회사도 대리인을 통해 법률행위를 할 수 있음은 물론이다. 실상 회사의 대표기관이 모든 대외업무를 직접 처리할 수는 없으므로 대부분의 대외적 행위가 실제로는 상업사용인과 같은 대리인에 의해 처리되는 실정이다.

회사에는 제한능력제도가 없으므로 기관구성자가 제한능력자일지라도 회사 자체가 능력자임에는 변함이 없다. 따라서 회사에 관해서는 행위능력의 범위가 권리능력의 범위와 일치한다.

## Ⅲ. 불법행위능력

회사가 대표기관을 통해서 스스로의 행위능력을 갖는다면, 행위능력의 다른 측면이라 할 수 있는 불법행위능력도 갖는다. 즉 대표기관의 불법행위는 회사 자신의 불법행위가 되어 회사가 손해배상책임을 부담하는 것이다. 이렇게 회사 자신의 불법행위능력을 인정하는 한 대표기관 개인의 불법행위는 이론상 성립할 여지가 없음에도 불구하고 상법은 회사를 대표하는 사원 또는 대표이사가 업무집행상 타인에게 손해를 가한 때에는 회사는 그 대표기관과 연대하여 배상할 책임이 있다고 규정하고 있다($^{210조,\ 269조,\ 287조의}_{20,\ 389조\ 3항,\ 567조}$). 이는 대표기관의 불법행위책임을 인정하는 것이라기보다는 피해자를 두텁게 보호하기 위한 상법상의 특별책임이라고 보아야 한다. 회사와 대표기관의 연대책임이란 부진정연대책임을 뜻한다. 이와 달리 대표기관의 책임도 불법행위책임으로 보는 소수설이 있으며, 같은 취지로 대표기관은 회사와 공동불법행위책임을 진다고 한 판례도 있으나($^{대법원 2007.\ 5.\ 31.\ 선}_{고 2005다55473 판결}$), 법이론상 회사를 불법행위의 행위자로 보는 한, 회사의 도구적 성격에 불과한 대표기관이 독립적인 불법행위책임을 진다는 것은 모순된 설명이다.

# 제 4 절  회사의 종류

## I. 인적회사와 물적회사

회사는 강학상 人的會社와 物的會社로 구별된다.

1) **개념과 특징**  「인적회사」는 개인상인의 조합적 결합체로서의 실질을 가지고 인적 신뢰관계에 있는 구성원만으로 이루어진 기업형태이다. 따라서 회사의 내부관계로서 회사와 사원간의 관계와 아울러 사원 상호간의 법률관계도 중요한 의미를 갖는다. 각 사원은 개인상인처럼 회사의 운영에 관한 의사결정 및 업무집행에 관한 권리를 가지고, 기업의 소유·지배·경영의 3자는 원칙적으로 각 사원에게 분속한다. 또 대외적 신용의 면에 있어서도 사원이 회사의 채권자에게 직접·무한책임을 지므로 각 사원의 인적 신용이 중시된다. 이러한 책임구조로 인해 물적회사에서 강하게 요구되는 자본충실이 인적회사에서는 큰 의의를 갖지 못하고, 출자에 있어서도 재산출자 외에 노무출자·신용출자가 인정된다.

「물적회사」는 각 사원이 단순히 출자를 매개로 하여 결합한 기업의 법적 형태로서 회사의 실질은 사원의 결합체라기보다는 제공된 자본의 집중체라 할 수 있다. 따라서 회사의 내부관계에서는 회사와 사원간의 관계가 있을 뿐 사원 상호간의 관계가 성립할 기초가 없다. 출자자는 자본이윤에의 참가를 주된 목적으로 하여 결합하고, 기업의 소유와 경영이 분리되고, 기업지배의 형식도 인적회사에 있어서와 같은 두수주의(頭數主義)에 의한 인적 지배형식이 아니라 출자액에 따른 물적 지배형식을 취한다. 사원은 회사채권자에 대하여 간접·유한의 책임을 지므로 회사재산이 대외적 신용의 유일한 기초가 된다. 그래서 출자의 종류도 환가 가능한 재산출자에 한하고, 회사의 채무에 대한 책임재산의 확보를 목적으로 하는 이른바 자본충실의 원칙이 강조된다.

2) **실정법상의 반영**  위와 같은 인적회사·물적회사의 특징에 비추어보면 합명회사는 전형적인 인적회사이고, 주식회사는 전형적인 물적회사이다. 합자회사와 유한회사는 두 가지 특징을 아울러 지니고 있으나, 합자회사는 인적회사의 기초에 물적회사의 요소를 가미한 것이고, 유한회사는 물적회사의 기초에 인적회사의 요소를 가미한 것이다. 유한책임회사는 대내적인 법률관계에서는 합명회사와 같은 인적회사의 실체를 가지면서 사원의 대외적인 책임에 있어서만은 주식회사의 사원(주)과 같이 유한책임을 지는 회사이다. 즉 대내적으로는 인적이고 대외적으로는 물적인 회사라고 할 수 있다.

## II. 상법전상의 분류

상법은 합명회사·합자회사·유한책임회사·주식회사·유한회사의 다섯 종류의 회사를 인정하며, 또한 그에 한정한다($^{170}_{조}$). 이 다섯 가지의 분류는 회사를 구성하는 사원의 책임의 형태를 주된 기준으로 한 것으로 인적회사·물적회사의 구분을 제도적으로 수용한 것이라 할 수 있다.

### 1. 분류의 기준(사원의 책임형태)

사원이 회사의 채무를 변제할 책임에 한계가 있느냐의 여부에 따라서 무한책임과 유한책임으로 갈라진다. 「무한책임」이란 사원이 회사의 채무를 전액 변제할 책임을 짐을 말하며, 「유한책임」이란 사원이 각자의 출자액을 한도로 책임짐을 뜻한다. 합명회사는 2인 이상의 무한책임을 지는 사원만으로 구성되는 회사이며($^{212}_{조}$), 합자회사는 무한책임사원과 유한책임사원이 각 1인 이상씩으로 구성되는 회사이다($^{268}_{조}$). 이에 반하여 주식회사의 사원, 즉 주주의 책임은 유한책임이다($^{331}_{조}$). 유한회사의 사원의 책임도 유한책임이나($^{553}_{조}$), 다만 회사에 대한 자본전보책임이 있다는 점에서 주식회사와 다르다($^{550조}_{551조}$). 그리고 유한책임회사도 유한책임사원만으로 구성된다($^{287}_{조의7}$).

이상과 같이 합명·합자·주식회사는 사원의 책임구조에서 본질적인 차이를 보인다. 하지만 유한회사의 사원의 책임은 자본전보책임을 제외하고는 주식회사의 주주의 책임과 차이가 없다. 자본전보책임은 그것 때문에 회사의 종류를 달리해야 할 만큼 중요한 것은 아니다. 그럼에도 불구하고 주식회사 외에 유한회사라는 기업형태를 별도로 인정하는 이유는 주식회사가 대규모성·공개성을 전제로 한 기업형태인데 대해, 유한책임의 편익은 그대로 누리면서 인적회사로서의 특성을 가미하여 소수의 출자자 간에 폐쇄적으로 운영할 수 있는 회사형태를 제공하기 위함이다. 그리고 유한책임회사의 사원도 유한책임을 짐에도 불구하고 별도의 기업형태로 인정하는 이유는 유한회사보다 더욱 인적회사로서의 특성을 지닌 기업형태를 제공하기 위함이다.

### 2. 회사별 특색

사원의 책임형태의 차이를 출발점으로 하여 각 회사는 회사설립절차를 달리하고, 사원지위의 이전에 난이도의 차이가 있으며, 업무집행기구의 구성을 달리하는 등 여러 가지 상위점을 보인다.

1) 회사설립절차　　　　정관을 작성하고 설립등기를 해야 함은 모든 회사의 공통된 설립절차이다. 이에 더하여 「주식회사」, 「유한회사」, 그리고 「유한책임회사」의 경우에는 사원들이 유한책임을 지므로 회사채권자를 보호하기 위하여 설립 전에 미리 자본에 상응하는 순자산을 갖추게 할 필요가 있다. 또 후술하는 바와 같이 사원과 업무집행기관이 일치하지 않으므로 설립 후 공백 없이 회사가 활동하기 위해서는 설립 전에 업무집행기관($^{임}_{원}$)을 구성해야 한다.

이에 대해 「합명회사」에서는 모든 사원이 무한책임을 지고, 또 「합자회사」에도 무한책임사원이 존재하므로 설립 전에 특히 회사의 재산을 확보해 두어야 할 필요는 없다. 또 합명회사에서는 사원들 자신이, 합자회사에서는 무한책임사원이 업무집행기관이 되므로 별도의 기관을 구성할 필요가 없다. 그러므로 합명·합자회사의 경우에는 정관작성 후 바로 설립등기를 함으로써 회사가 성립된다.

2) 사원의 변동  「합명회사」에서는 사원들이 연대하여 무한책임을 지므로 사원이 누구이냐는 것은 회사채권자에 대해서는 물론이고 사원 상호간에서도 중대한 이해가 걸린 문제이다. 그러므로 합명회사의 사원은 정관에 기재함으로써 특정해야 하고($\binom{179조}{3호}$) 그 변동이 자유롭지 아니하다. 심지어는 사원지분의 상속도 원칙적으로 허용되지 아니한다. 퇴사, 즉 사원 지위를 벗어나고 출자를 회수하는 것은 제한적으로 허용되지만, 회사채권자를 보호해야 하므로 퇴사원은 퇴사시점에서의 회사채무에 대해 일정 기간($\binom{2년}{간}$) 사원과 같이 이행할 책임을 진다($\binom{225}{조}$). 그리고 사원 상호간의 신뢰가 매우 중요하므로 영리단체로서는 이례적으로 제명에 의한 사원의 축출이 가능하다($\binom{220}{조}$).

「합자회사」의 무한책임사원은 합명회사의 사원과 같은 성격을 가지므로 위의 설명은 합자회사의 무한책임사원에 대해서도 해당된다. 유한책임사원의 존재는 회사성립의 요건이므로 역시 그 성명 등을 정관에 기재해야 하지만, 대내외적 신용에 있어 유한책임사원의 동일성은 별로 중요한 뜻이 없으므로 그 변동은 무한책임사원에 비해 용이하다($\binom{276}{조}$).

이에 반해 「주식회사」의 사원, 즉 주주는 회사채무에 대해 유한책임을 지고, 그 책임은 설립 당시에 출자의무를 전부 이행함으로써 종결되는 간접책임이므로 회사존속중에 누가 주주이냐는 것은 회사채권자에 대해서나 다른 주주에 대해서나 별 의의를 갖지 못한다. 그러므로 주주의 성명은 정관의 기재사항이 아니며, 주주의 변동($\binom{즉주식의}{양도·상속}$)도 원칙적으로 자유롭고 제명제도가 있을 수 없다($\binom{335조}{1항}$). 다만 퇴사에 의한 출자회수를 허용한다면 주주가 회사채권자에 비해 우선변제를 받는 결과를 낳으므로 허용될 수 없다. 주주가 출자의 회수를 원한다면 회사로부터가 아니라 지분의 환가, 즉 제3자에게 주식을 양도하고 대가를 받는 방법으로 해결해야 한다.

「유한회사」의 사원도 전원이 유한책임을 지므로 주식회사의 주주와 같은 성격으로 파악할 수 있다. 그러나 유한회사는 소수의 사원들이 폐쇄적으로 운영하기 위해 이용하는 회사조직이므로 주주와는 달리 사원의 개성이 중요하다. 그러므로 정관으로 사원을 특정하여야 하며($\binom{543조 2항 1호}{\rightarrow179조 3호}$), 지분의 양도도 제한할 수 있다($\binom{556조}{단}$).

「유한책임회사」의 사원은 전원 유한책임을 지므로 주식회사와 유한회사에서와 같이 그 동일성은 중요하지 않다고 할 수 있지만, 사원조직을 폐쇄적으로 운영하려는 회사이므로 사원의 이동은 쉽지 않다. 기본적으로 사원의 가입, 탈퇴, 지분의 양도 등의 난이도는 합명회사에서와 같고, 다만, 업무집행자 아닌 사원의 지분의 양도는 합자회사의 유한책임사원과 난이도가 같다($\frac{287}{조의8}$).

3) 업무집행($\frac{경}{영}$)    사원이 무한책임을 진다는 것은 회사의 경영이 실패할 경우 사원들이 개인재산을 가지고 회사채무를 변제해야 할 사태가 생길 수 있음을 뜻한다. 그 결과 「합명회사」에서의 업무집행이란 곧 사원의 개인재산을 무제한 처분하는 것과 등가의 위험부담을 야기하므로 제3자에게 위임할 사항이 못 되고 사원 스스로가 처리할 문제이다. 따라서 합명회사에서는 사원 각자가 업무집행의 권리·의무가 있고($\frac{소위 자}{기기관}$) 별도의 업무집행기구를 갖지 아니한다($\frac{200}{조}$). 다만 경영의 효율을 위해 일부 사원($\frac{업무집}{행사원}$)에게 업무집행권을 집중시킬 수 있을 뿐이다($\frac{201}{조}$).

「합자회사」는 합명회사의 사원과 같이 회사경영에 관해 무한한 위험을 부담하는 무한책임사원과 제한된 위험만을 부담하는 유한책임사원으로 구성되므로 당연히 무한책임사원이 업무집행권을 가져야 한다. 그러나 유한책임사원 역시 자기의 출자재산에 관한 위험관리수단은 가져야 할 것이므로 그에게는 무한책임사원의 업무집행에 대한 감시권이 주어져 있다($\frac{277}{조}$).

「주식회사」는 유한책임을 지는 사원($\frac{주}{주}$)만으로 구성되므로($\frac{331}{조}$) 합명·합자회사에서처럼 직접 경영에 임해야 할 필연적인 이유를 가진 사원이란 존재하지 아니한다. 오히려 주주의 유한책임으로 인해 반사적으로 위험부담이 커지는 회사채권자를 보호하기 위하여는 주주의 개인적인 이해로부터 회사재산을 분리하여 독립적으로 관리할 필요가 있다. 그러므로 주식회사에서는 주주자격과 별개의 독립적 지위를 갖는 이사를 선임하고 이들로 하여금 이사회를 구성하여 업무집행을 결정하게 한다($\frac{타인}{기관}$). 그리고 이사들의 업무집행의 적법성을 보장하기 위하여 상설적인 감시기구로서 감사($\frac{또는 감}{사위원회}$)를 두고 있다.

「유한회사」도 유한책임을 지는 사원만으로 구성되므로 회사경영기관의 구성에 관한 기본사고는 주식회사와 같다. 다만 기술한 바와 같이 유한회사는 소규모성·폐쇄성을 특색으로 하므로 감사가 필수적이 아니고 이사수도 1인이면 족하다.

「유한책임회사」는 유한책임사원만으로 구성되지만, 소유와 경영의 분리를 강요하지 않고, 업무집행자 외에 별도의 기관을 갖지 않는다. 업무집행자 아닌 사원은 업무집행에서 소외되므로 합자회사의 유한책임사원처럼 감시권을 갖는다($\frac{287조}{의14}$).

4) 사원들의 의사결정방법    회사는 복수의 사원들로 구성되므로 어떤 방법으로든 그 단체의사를 형성해야 한다. 그러면 그 의사결정에 있어 각 사원들의 영향력(즉 $\frac{의}{결권}$)의 크기를 어떤 기준에 의해 정할 것인가? 회사의 의사결정에서 각 사원이 영향력을 행사해야 할 이유는 사원이 회사의 사업에 대해 부담하는 위험을 관리하기 위함이다. 그러므로 사원의 의결권은 각 사원이 부담하는 위험의 크기에 비례하여 주어지는 것이 가장 합리적인 의사결정방법이라고 할 수 있다.

「주식회사」에서 주주는 출자액을 한도로 하는 유한책임을 지므로 그가 부담하는 위험은 바로 출자액, 즉 주주가 소유하는 주식수에 비례한다고 할 수 있다. 따라서 주주들은 1주 1의결권의 원칙에 의해 주식수대로 의결권을 갖는다($\substack{지분\\주의}$)($\substack{369조\\1항}$).

「유한회사」도 기본적으로는 주식회사와 같으나, 인적회사로서의 요소를 가미하여 정관으로 이와 다른 원칙을 세울 수 있다.

「합명회사」에서도 사원마다 출자액이 다를 수 있지만, 사원들이 무한책임을 지는 까닭에 출자액에 따라 위험부담이 비례한다는 의미가 없다. 합명회사의 사원은 각자 전재산을 가지고 책임을 진다는 의미에서 사원이 회사의 사업에 대해 갖는 위험부담은 균등하다고 의제해야 하고, 영향력 행사의 필요성 역시 똑같다고 보아야 한다. 따라서 사원들은 각자 1개씩의 의결권을 갖는다($\substack{두수\\주의}$)($\substack{200조\\2항}$).

「합자회사」에서는 사원의 의사결정이란 주로 업무집행권을 갖는 무한책임사원들의 의사결정이 대부분이므로 그 결정방법은 합명회사와 같은 논리에 따른다. 유한책임사원도 예외적으로 의사결정에 참여하는 수가 있으나, 그 경우는 총사원의 동의를 요하는 경우뿐이므로 역시 출자액에 비례한 의결권을 가질 기회가 없다.

사원의 위험부담이란 관점에서는 「유한책임회사」의 의사결정은 지분주의 내지는 자본다수결의 원칙이 적용되어야 옳을 것이나, 내부관계를 조합처럼 운영하려는 회사이므로 대부분의 의사결정에서 정관의 규정 내지는 총사원의 동의라는 합수성(合手性)을 요구하고($\substack{287\\조의\\16외\\참조}$) 과반수의 동의를 요구하는 사안에서도 지분주의가 아니고 두수주의에 의한다($\substack{287조의\\11외 참조}$).

### 3. 이용실태

우리나라의 회사이용실태를 보면 주식회사가 압도적이다. 기업가가 유한책임제도에 의해 사업손실을 제한할 수 있고, 회사의 자본구조와 경영조직이 개방적이라서 다수인의 출자가 용이한데다, 장차 주식의 상장을 통해 대규모의 대중자본을 흡수할 수도 있기 때문이다. 그래서 현재 상장법인을 비롯한 대규모회사들은 예외 없이 주식회사이다. 구체적인 이용실태를 보면, 2021년 11월 말 현재 우리나라에서 등기되어 있는 회사의 총수는 1,364,321개사인데, 이 중 주식회사가 1,241,698개(91.01%), 유한회사가 101,667개(7.45%), 합자회사가 15,877개(1.16%), 합명회사가 2,520개(0.18%), 유한책임회사가 2,559개(0.19%)이다.

## Ⅲ. 기타의 분류

1) **법원상의 분류**　　상법을 근거로 하여 성립·존속하는 회사를 「상법상의 회사」 또는 「일반법상의 회사」라 하고, 상법규정 외에 특별법의 규율을 받는 회사를 「특별법상의 회사」라 한다. 특별법상의 회사는 다시 특정업종의 회사에 일반적으로 적용되는 특별법의

규제를 받는「일반적 특별법에 의한 회사」$\binom{\text{예: 은행(은행법), 본}}{\text{험회사(보험업법) 등}}$와 특정의 회사를 위해 특별히 제정된 특별법에 의해 설립되는「특수회사」$\binom{\text{예: 한국은행(동법), 한국전력공사(동법) · 한국토지주택공사(동법) · 한}}{\text{국교육방송공사(동법) · 한국도로공사(동법) · 한국조폐공사(동법) 등}}$로 구별되며, 특수회사는 자본의 일부 또는 전액이 정부출자로 조달되는 공기업들이다.

2) 민사회사 · 상사회사     민법 제39조는 영리를 목적으로 하는 사단은 상사회사 설립의 조건에 좇아 이를 법인으로 할 수 있으며$\binom{\text{동조}}{\text{1항}}$, 이 법인에는 상사회사에 관한 규정을 준용한다고 규정한다$\binom{\text{동조}}{\text{2항}}$. 이로부터 상행위를 하는「상사회사」와 상행위를 하지 아니하고 영리를 목적으로 하는「민사회사」를 구분하는 것이 일반적인 설명이다. 그러나 상법상의 회사는 영리를 목적으로 하면 족하고$\binom{169}{\text{조}}$ 상행위를 하든 하지 않든 상인으로 보므로$\binom{\text{5조}}{\text{2항}}$ 양자를 구별할 실익이 없다.

3) 내국회사 · 외국회사 · 합작회사     우리나라의 법률에 의하여 설립된 회사가「내국회사」이며, 상법상의 회사와 같은 실질을 가진 영리사단으로서 외국법에 의하여 설립된 회사를「외국회사」라 한다$\binom{617}{\text{조}}\binom{\text{727면 이}}{\text{하 참조}}$.

둘 이상의 회사가 특정사업을 공동으로 수행하기 위하여 자본 또는 기술을 출자하여 설립한 회사를「합작회사」라 한다. 오늘날은 주로 내국인이 외국인과 공동으로 출자하여 설립한 회사를 일컫는다.

4) 공개회사 · 비공개회사     이 구분은 법상의 구분이 아니고, 회사의 규모 · 운영실태에 따라 회사법의 일부 규정의 적용을 달리해야 할 것이라는 입법론적 착상에서 나온 구분이다. 대체로 미국의 publicly held corporation, closely held corporation, 그리고 영국의 public company, private company의 구분에 좇아 구별한다.

미국에서도 양자의 구별은 일정하지 아니하나, 델라웨어주 회사법의 구분에 따르면, ① 주주의 수가 30인을 넘지 않고, ② 주식의 양도가 제한되며, ③ 주식을 공모하지 않는 회사를 closely held corporation이라 한다.

5) 상장회사 · 비상장회사     「상장회사」라 함은 증권시장에 상장된 주식을 발행한 주식회사를 말하며,「비상장회사」는 그렇지 않은 회사이다$\binom{\text{「상장」의 개념}}{\text{은 409면 참조}}$. 상법에서는 상장회사라 부르지만$\binom{\text{542조의}}{\text{2 이하}}$, 자본시장법에서는「상장법인」이라는 용어를 쓴다. 이 책에서는 양자를 편의에 따라 혼용한다. 2021년 9월 말 현재 유가증권시장에는 819개사, 코스닥시장에는 1,512개사, 코넥스시장에는 131개사가 상장되어 있다.

상장주식의 유통과 상장법인의 관리에 관하여는 상법 외에 자본시장법과 기타 특별법이 적용된다.

〈상장회사에 관한 특례규정〉 상법 제3편 제4장$\binom{\text{주식}}{\text{회사}}$의 규정들은 상장 · 비상장을 구분하지 않고 주식회사 일반에 대해 적용할 것을 예정한 것이나$\binom{\text{이하 '일}}{\text{반규정'}}$, 상장회사에만 적용할 특례가 마련되어 있고$\binom{\text{제13절(상장회사에 대한 특}}{\text{례): 542조의2~ 542조의13}}$, 자본시장법에서도 상장회사에 대한 특례를 두고 있다$\binom{\text{자금}}{\text{165조의}}$

2~165).
조의20).

　특례의 내용은 일반규정이 정한 법률요건을 상장회사에 대해서 강화하거나 완화하여 적용하는 것도 있고, 일반규정에는 없는 제도를 상장회사를 위해 신설한 것도 있다. 이러한 특례가 다루고 있는 사항에 관해 일반규정과 특례규정이 어떤 관계로 적용되느냐는 의문이 제기된다. 상법 제542조의2 제2항은 "이 절($^{제13절\ 상장회}_{사에\ 대한\ 특례}$)은 이 장($^{제4장\ 주}_{식회사}$) 다른 절에 우선하여 적용한다"라고 규정하고 있다. 이 규정의 해석을 놓고, i) 이 규정은 상장회사 특례의 배타적 적용을 명문화하기 위해 두어진 규정으로서, 이에 의해 상법 제542조의2 이하의 특례가 정한 사항에 관해서는 회사에 관한 일반규정의 적용이 배척된다고 보는 견해($^{배타적}_{적용설}$)와 ii) 이 규정은 단지 상장회사의 특례규정이 특별법의 지위에 있음을 밝힌 것이고, 개별특례규정의 목적과 취지의 해석을 통해 특례의 효력을 정해야 한다는 견해($^{개별규정}_{효력설}$)로 갈린다.

　이같은 해석의 다툼은 특히 소수주주권에 관한 특례($^{542}_{조의6}$)의 해석에 관해 빈번히 벌어지므로 2020년 개정상법은 소수주주권에 관한 한 일반규정과 특례규정은 선택적($^{양자택}_{일적}$) 경합의 관계에 있음을 밝혔다($^{542조의}_{6\ 10항}$). 상세한 내용은 후술한다($^{337}_{면}$).

〈대규모상장회사〉 상법은 상장회사의 특수성을 고려하여 일반회사와는 다른 취급을 위해 특례규정을 두는 예가 많다. 예컨대, 상장회사에서의 소수주주권의 요건은 일반회사에 비해 크게 낮추어져 있다. 또한 상법은 상장회사 중에서도 규모에 따라 다른 특례를 적용하기도 하는데, 자산총액이 2조원이 넘는 상장회사에 적용하는 특례에 특히 중요한 것이 많다. 이 책에서는 자산총액이 2조원 이상인 회사를 「대규모상장회사」라고 부르기로 한다.

　6) 소규모회사　　　　상법은 주식회사에 대해 큰 규모의 경영조직과 복잡한 절차를 요구하므로 주식회사는 소규모의 기업에 적합한 기업형태가 아니라고 할 수 있다. 그러나 우리나라에서는 아무리 영세한 회사라 하더라도 주식회사 형태를 선호하는 것이 현실이므로 상법은 이 점을 감안하여 영세한 주식회사는 비용경제적인 조직과 절차로 대신할 수 있는 특례를 마련해 주고 있다.

　소규모회사의 설립단계에서 정관의 인증제도, 주금납입제도에 대한 특례를 두고($^{292조}_{단,\ 318}$ $^{조}_{3항}$), 주주총회의 소집절차를 간소화하는 동시에 서면결의 및 서면동의제도를 허용한다($^{363조}_{4항}$). 가장 주목할 특례는 이사의 수를 1인 또는 2인만 둘 수 있도록 하고($^{일반회사}_{는\ 3인\ 이상}$), 감사를 임의기구로 한 것이다($^{383조\ 1항}_{단,\ 409조\ 4항}$). 소정 인원의 이사와 감사를 두어야 하는 것이 가장 비용을 요하는 사항이기 때문이다.

　상법에서는 「소규모회사」라는 용어를 쓰지 않고, 「자본금 총액이 10억원 미만인 회사」를 이러한 특례의 적용대상으로 삼고 있다($^{위\ 각}_{조항}$). 이 책에서는 「소규모회사」라 부른다.

# 제 5 절  회사설립의 일반론

## I. 설립에 관한 입법주의

회사가 최초로 생겨난 이후 지금에 이르기까지 회사설립에 대한 국가의 수용자세는 그때 그때 변화해 왔다. 초기에는 회사설립에 관해 법적인 제한이 없었으므로 회사를 설립하고자 하는 자들이 모여 사단의 실체만 형성하면 회사가 성립하는「자유설립주의」상태이었으나, 이로 인해 투기나 사기를 목적으로 하는 회사가 다수 설립되어 사회적인 문제를 야기하였으므로 그 후 회사설립을 억제하는 정책을 낳게 되었다. 그리하여 각국 정부는 군주의 특허나 국가의 특별입법이 있어야만 회사를 설립할 수 있게 하는「특허주의」를 취하였다. 이 주의는 회사설립을 지나치게 통제하는 결과를 초래하므로 오늘날 각국은 일반적으로 특수회사의 설립에 관해서만 이 주의를 취하고 있다(예: 한국은행법에 의한 한국은행). 특허주의 이후 회사설립의 규제를 다소 완화하는 정책으로「허가주의」가 등장하였다. 회사설립에 관한 성문법규를 두고 이에 근거한 행정처분(면허, 허가)을 회사설립의 요건으로 하는 주의이다. 이 주의 아래에서는 행정관청이 설립에 관해 실질적 심사를 하므로 역시 회사설립에는 제약이 가해진다.

특허주의와 허가주의는 국가 또는 행정관청이 선택한 일부단체에 대해 특권을 부여하는 결과가 되어 근대자유주의 헌법하에서의 평등의 원칙, 직업선택의 자유와 충돌하였다. 그리하여 때마침 19세기에 증폭된 자본주의 사상과 산업혁명에 따른 경제적 수요에 의해 회사설립에 관한 입법주의는「준칙주의」로 이행하였다. 성문법규로써 일반적인 회사설립의 요건을 규정하고 이 요건을 구비하면 당연히 법인격을 취득하게 하는 주의이다. 따라서 이 주의에 의할 때 회사설립에 대한 국가의 관여는 법정의 설립요건을 구비하였느냐를 심사하는 데 그치고, 설립허가와 같은 별도의 처분은 요하지 않는다. 이것은 회사설립을 널리 개방하되, 회사로 하여금 사법상 책임주체로서의 실체를 갖추도록 강제하는 의미를 갖는다. 오늘날 대부분의 국가는 이 주의를 취하며 우리나라도 같다.

## II. 설립행위

### 1. 설립행위의 개념과 성질

회사의 설립이란 회사라는 법인을 성립시키기 위한 여러 가지의 행위와 절차를 동적·발전적으로 파악한 개념이다. 회사설립에 있어서는「설립행위」란 개념이 사용되는데, 이 설립행위가 구체적으로 무엇을 가리키며, 그 법적 성질은 무엇이냐에 관해서는 논란이 있다.

통설은 설립행위란 정관작성 및 설립을 위해 행해지는 「사원」이 될 자의 법률행위를 가리키는 것이라고 설명하며, 인적회사에서는 정관작성, 주식회사에서는 정관작성과 주식인수가 설립행위라고 한다. 그리고 설립행위의 성질은 합동행위라고 한다.

그러나 정관작성과 주식인수라는 두 개의 독립된 법률행위를 묶어 하나의 법률행위인 「설립행위」라고 설명함은 옳지 않다. 주식회사의 설립행위도 인적회사의 설립행위처럼 정관작성만을 뜻한다고 보아 통일적인 설명을 기하는 것이 타당하다.

## 2. 정관의 성질과 효력

### (1) 정관의 의의와 성질

실질적인 의미에서의 정관은 사원들의 총의에 의하여 성립되어 회사의 단체법적 법률관계를 성문법의 보충적 또는 변경적 효력을 가지고 규율하는 규범을 총칭하는 것이나, 형식적으로는 그 규범을 기재한 서면을 뜻한다. 어느 회사이든 설립시에 정관을 작성하여야 하며, 이 정관은 계속 회사의 법률관계를 구속하고, 그 변경은 엄격한 법정절차에 의해서만 할 수 있다.

정관의 법적 성질에 관하여는 계약의 성질을 갖는다는 소수설도 있으나(계약설. 김정호 79; 정동윤 384), 정관은 일반적 구속력을 가지므로 자치법규로서의 성질을 갖는다(자치법 설. 통설)(대법원 2000. 11. 24. 선고 99다12437 판결).

### (2) 정관의 효력

1) 구속력의 범위　　정관을 작성한 사원이나 발기인은 물론이고, 그 이후에 가입한 사원, 주주 그리고 회사기관도 당연히 정관의 구속을 받는다. 다만 자치법이란 강행법규의 테두리 안에서 효력이 인정되므로 강행법규에 어긋난 정관규정은 구속력이 없다.

회사의 사원이나 기관이 정관에 구속되는 결과 제3자가 간접적으로 그 효과를 받는 수가 있으나, 정관이 제3자를 구속하는 일은 없다.

2) 정관위반의 효력　　회사의 대내외적 행위가 정관에 위반하면 자치법규를 위반한 것이므로 무효이다. 다만 제3자의 보호를 위하여 무효의 주장이 제한될 경우가 있다(예: 209조 2항, 389조 3항).

정관은 법규성을 가지므로 그 해석을 그르친 것은 법의 해석을 그르친 것이 되어 상고이유가 된다(민소 423조). 계약설을 취한다면 정관의 해석을 계약의 해석으로 보므로 정관의 해석이 그릇되더라도 이는 사실인정의 문제에 그쳐 상고이유가 되지 아니한다.

### (3) 정관의 작성

정관의 작성은 요식의 서면행위로서 반드시 법 소정의 사항을 기재하고 작성자들이 기명날인(또는 서명)을 하여야 한다. 구체적인 기재사항은 회사의 종류마다 상이하므로 각 회사별로 후술한다.

## Ⅲ. 회사법상의 등기

### (1) 등기제도의 의의

회사의 조직법적 법률관계의 많은 부분에 대해 제3자는 중대한 이해를 가진다. 예컨대 어느 회사의 대표이사가 누구이냐는 것은 회사의 거래상대방으로서는 거래를 실제 누구와 할 것이냐는 의미를 가지므로 제3자가 알아야 할 중대한 사안이다. 그러므로 상법은 제3자와의 거래에 영향을 미칠 만한 사항은 대외적인 공시를 위해 등기하도록 한다. 구체적인 등기관리방법으로서 상법은 회사설립시에 본점 또는 본점과 지점에서 등기할 사항을 규정하고($\frac{180조, 271조, 287조의5\ 1}{항,\ 317조\ 2항,\ 549조\ 2항}$), 그 등기사항에 변경이 생길 경우 소정기간 내에 변경등기를 하도록 하며($\frac{183조,\ 269조,\ 287조의5\ 4}{항,\ 317조\ 4항,\ 549조\ 4항}$), 또 설립 이후 새로운 등기할 법률관계가 창설될 때마다 등기하도록 규정하고 있다. 예컨대 회사의 자본금의 총액은 설립시부터 등기하여야 하고, 설립 후 자본금이 증가 또는 감소할 때에는 변경등기를 하여야 하며($\frac{317조}{2항\ 2호}$), 어느 이사가 퇴임하고 새로운 이사가 선임되면 퇴임사실과 선임사실을 등기해야 하는 것이다($\frac{514}{조의2}$).

### (2) 등기의 효력

회사가 등기할 사항 중에는 창설적 효력이 있는 등기가 많음을 주의해야 한다. 「창설적 효력」이라 함은 등기를 해야 비로소 등기된 법률관계가 창설된다는 의미이다. 예컨대 회사는 본점소재지에서 등기를 함으로써 성립하므로($\frac{172}{조}$) 이는 창설적 효력을 갖는 등기이다. 설립 외에도 합병($\frac{234조,\ 269조,\ 287조의}{41,\ 530조\ 2항,\ 603조}$), 회사분할($\frac{530조의}{11\ 1항}$), 조직변경($\frac{243조,\ 286조\ 3항,\ 287조}{의44,\ 606조,\ 607조\ 5항}$), 주식의 포괄적 이전($\frac{360조}{의20}$)은 모두 등기에 의해 효력이 발생한다. 이러한 회사법률관계의 등기에 창설적 효력을 부여한 이유는 그 기초가 된 법률관계에는 다수인의 이해가 복잡하게 얽혀 있으므로 법률관계의 효력발생시기를 객관적 기준에 의해 획일적으로 규율할 필요가 있기 때문이다.

창설적 효력이 없는 등기사항은 등기여부에 관계없이 행위시에 효력이 발생한다. 예컨대 이사의 선임, 신주의 발행 등은 등기사항이기는 하나, 등기를 하지 않더라도 이사가 선임된 효과, 신주가 발행된 효과에는 영향이 없다. 하지만 상법은 이러한 비창설적 등기제도의 실효성을 확보하기 위하여, 이 등기를 게을리 한 경우 과태료를 부과한다($\frac{635조}{1항\ 1호}$).

### (3) 미등기의 효력

회사에 관한 등기에도 상법총칙편의 등기에 관한 일반원칙이 적용된다($\frac{34조}{이하}$). 따라서 등기할 사항을 등기하지 아니하면 선의의 제3자에게 대항하지 못한다($\frac{37조}{1항}$). 예컨대 대표이사가 변경되었음에도 불구하고 변경등기를 하지 않은 때에는 구 대표이사의 대표권을 신뢰하고 거래한 제3자에게 권한 없는 자의 대표행위임을 주장할 수 없는 것이다.

그러나 이 규정은 위에 설명한 창설적 효력이 있는 등기사항에는 적용되지 않는다. 창설적 효력이 있는 등기사항은 상대방의 선의·악의를 불문하고 오로지 등기에 의해 효력이 발생하기 때문이다.

# 제 6 절  회사법상의 소송

## Ⅰ. 의의

회사가 주체가 되어 생기는 법률관계 중 거래법적 법률관계에 관해 분쟁이 있을 경우, 자연인이 주체가 된 경우와 마찬가지로 일반 민사소송법상의 소송절차에 의해 쟁송이 진행된다. 그러나 조직법적 법률관계에 관한 분쟁의 경우에는 다수의 이해관계인으로 구성된 다면적 법률관계에 변동을 가져오므로 단체법적인 해결이 필요하다. 그러므로 상법은 특히 다수인에게 영향을 미치는 일부 조직법적 법률관계의 소송에 관해 민사소송법에 대한 특칙을 두어 소송절차, 판결의 효력 등 관련 사항을 규율하고 있다. 개별적인 소송의 구체적인 내용은 관련되는 곳에서 설명하고 여기서는 회사법상의 모든 소에 공통되는 법리를 설명한다.

## Ⅱ. 회사법상의 소의 종류

상법에서는 여러 가지 소에 관해 특칙을 두고 있는데, 일부의 소송은 구체적인 내용에 다소 차이가 있기는 하나 모든 회사에 공통되게 인정되며, 다른 일부의 소송은 인적회사 혹은 물적회사에 특유하게 인정된다. 회사법상의 소송은 특히 주식회사에 집중되어 있다.

(1) 모든 회사에 공통되는 소송

1) 설립의 하자에 관한 소송  　합명회사, 합자회사, 유한책임회사, 유한회사의 설립에 관해 설립취소의 소와 설립무효의 소를 인정한다($\frac{184조, 269조,}{287조의6, 552조}$). 그리고 주식회사의 설립하자에 관한 다툼에는 설립무효의 소만 인정한다($\frac{328}{조}$).

2) 회사해산에 관한 소송  　회사의 단체관계를 유지하기 어려운 사정이 있을 경우 사원들이 회사의 해산판결을 청구하는 소송이다. 모든 회사에 다 인정된다($\frac{241조 1항, 269조, 287조}{의42, 520조, 613조 1항}$).

3) 합병무효의 소  　회사합병 후 합병의 무효판결을 구하는 소송이다. 역시 모든 회사에 다 인정된다($\frac{236조, 269조, 287조}{의41, 529조, 603조}$).

(2) 인적회사에 특유한 소송

1) 업무집행사원의 권한상실선고에 관한 소송  　합명회사의 사원, 합자회사의 무한책임사원 또는 유한책임회사의 업무집행자 중에 업무집행에 현저히 부적임한 자가 있을 경우 그의 업무집행권한을 상실시키는 판결을 구하는 소송이다($\frac{205조, 269조,}{287조의17}$).

주식회사와 유한회사에서는 사원자격과 업무집행기관자격이 분리되므로 사원의 업무 집행이 있을 수 없고 따라서 이러한 소송도 없다.

2) 사원의 제명에 관한 소송　　합명회사, 합자회사, 유한책임회사에서 일부사원을 제명하고자 할 때 제명의 판결을 구하는 소송이다($^{220조, 269}_{조, 287조의27}$). 사원의 개성이 중시되지 않는 물적회사에서는 있을 수 없는 소송이다.

(3) 물적회사에 특유한 소송

1) 총회의 의사결정의 하자에 관한 소송　　주식회사에서 주주총회의 결의에 하자가 있을 경우 이를 다투는 방법으로 결의취소의 소($^{376}_{조}$), 결의무효확인의 소($^{380}_{조}$), 결의부존재확인의 소($^{380}_{조}$), 부당결의취소·변경의 소($^{381}_{조}$)가 인정된다. 유한회사에서도 사원총회의 결의의 효력을 다투기 위하여 같은 네 가지 종류의 소송이 인정된다($^{578}_{조}$).

2) 이사해임의 소　　주식회사의 이사 또는 감사가 부정행위를 하였음에도 주주총회의 결의에 의한 해임이 이루어지지 않을 경우에는 소수주주가 법원에 해임판결을 청구할 수 있다($^{385조의 2}_{항, 415조}$). 유한회사에서도 이사에 관해 같은 소송이 인정된다($^{567조,}_{570조}$). 인적회사에는 사원이 아닌 업무집행자가 따로 없으므로 이러한 소송이 없다.

3) 대표소송　　주식회사의 이사, 유한회사의 이사 그리고 유한책임회사의 업무집행자가 회사에 손해를 가하였음에도 불구하고 회사가 손해배상청구를 게을리할 경우 주주 또는 사원이 회사를 대표하여 이사 또는 업무집행자에게 손해배상을 청구하는 소송이다($^{287조}_{의22,}$ $^{403조,}_{565조}$). 주식회사에서는 이사 외에도 발기인·감사 등 다양한 지위에서 생기는 책임을 추궁하기 위해서도 대표소송이 인정되며($^{324조,}_{415조 등}$), 모자회사의 경우 모회사의 주주가 자회사의 이사 등을 상대로 대표소송($^{다중대}_{표소송}$)을 제기할 수도 있다($^{406조}_{의2 등}$). 이를 대표소송이라 한다.

4) 신주발행무효의 소　　주식회사의 신주발행($^{416}_{조}$)이 위법할 경우 그 무효판결을 구하는 소송이다($^{429}_{조}$). 유한회사에서도 이에 상응하는 증자무효의 소가 인정된다($^{595}_{조}$).

5) 감자무효의 소　　주식회사 또는 유한회사의 자본금감소가 위법·불공정한 경우 자본금감소의 무효판결을 구하는 소송이다($^{445조,}_{597조,}$).

6) 위법배당반환청구의 소　　주식회사, 유한회사, 유한책임회사가 배당가능이익이 없이 배당한 경우 회사채권자가 그 배당을 회사에 반환할 것을 구하는 소송이다($^{287조의37 2}_{항, 462조 3}$ $^{항,}_{583조}$).

7) 회사분할무효의 소　　주식회사의 분할 또는 분할합병의 무효판결을 구하는 소송이다($^{530조의11}_{1항→529조}$).

8) 주식교환무효의 소·주식이전무효의 소　　주식회사에서 주식의 포괄적 교환을 통한 모자관계의 창설 또는 주식의 포괄적 이전을 통한 모회사 설립의 무효판결을 구하는 소송이다($^{360조의14,}_{360조의23}$).

## Ⅲ. 소송 관련 법규정의 체계

상법은 회사를 당사자(被告)로 하는 형성의 소를 다수 인정하므로 관련되는 조문이 많고 산만하게 보인다. 하지만 전체적인 체계를 보면 매우 간단한 구조로 되어 있어 이해하기에 어렵지 않다. 각 소마다 제소권자, 소의 원인, 제소기간을 달리하지만, 관할·소절차·판결의 효력 등은 대부분 공통적이다. 그러므로 상법은 합명회사의 설립무효·취소의 소를 기본틀로 삼아 완결적인 규정을 두고, 다른 소송에 관해서는 각 소송별로 제소권자, 소의 원인, 제소기간에 관해서만 규정을 두고 기타 사항은 합명회사의 설립무효·취소의 소에 관한 규정을 준용하는 방식을 취하고 있다.

구체적인 규정을 가지고 설명한다. 우선 합명회사의 설립무효·취소의 소에 관한 규정은 다음과 같다.

제184조·제185조($\binom{제소권자,}{제소기간}$), 제186조($\binom{전속}{관할}$), 제187조($\binom{소제기}{의 공고}$), 제188조($\binom{병합}{심리}$), 제189조($\binom{재량}{기각}$), 제190조($\binom{판결의 효력, 본문: 판결의 대세적 효}{력, 단서: 판결의 장래효(소급효제한)}$), 제191조($\binom{패소원고}{의 책임}$), 제192조($\binom{무효·취}{소의 등기}$), 제193조($\binom{판결의 효}{과: 청산}$).

이 중 제소권자와 제소기간에 관한 제184조와 제185조를 제외하고 나머지 조문은 전부 또는 대부분 다른 소에서 준용한다. 한 예로 주주총회결의 취소의 소에 관해 제376조 제1항이 제소권자와 제소기간을 정하고 제2항에서는 합명회사의 설립무효·취소의 소에 관한 제186조 내지 제188조($\binom{전속관할, 소제기}{의 공고, 병합심리}$), 그리고 제190조 본문($\binom{판결의 대}{세적 효력}$), 제191조($\binom{패소원고}{의 책임}$)를 준용하고 있다.

## Ⅳ. 소의 특색

기술한 바와 같이 회사의 조직법적 법률관계에는 다수인의 이해가 착종하므로 그에 관한 소의 절차와 판결에 있어서는 통일적인 규율을 필요로 한다. 그러므로 일부 소송에 관해서는 「전속관할」 정도의 특칙만 두기도 하지만, 대부분의 소송에 관해서는 절차와 판결에 관해 상세한 특칙을 규정하고 있다. 이하 사항별로 설명한다.

### 1. 소의 성질

대부분의 소의 성질은 「형성의 소」이다. 그러므로 문제된 법률관계의 효력은 오로지 소송에 의해서만 다툴 수 있으며, 원고의 청구를 받아들일 경우 법원의 판결에 의해 비로소 법률관계가 무효·취소되는 등 형성의 효력이 생긴다. 이같이 회사법상의 소를 형성의 소로 한 이유는 조직법적 법률관계에 관한 소는 이미 형성된 단체법률관계에 변동을 가져오므로 자유로운 주장방법을 허용한다면 단체법률관계에 불안정을 가져오기 때문이다.

회사법상의 소 중에는 형성의 소가 아닌 것도 있다. 대표소송이나 위법배당반환청구의 소는 「이행의 소」이고, 주주총회 결의무효확인의 소와 부존재확인의 소($^{380조,}_{578조}$)에 관해서는 소의 성질에 관한 다툼이 있다.

## 2. 제소권자의 제한

주주총회 결의무효확인의 소나 결의부존재확인의 소에는 제소권자에 관한 제한이 없으나, 다른 형성의 소에 관해서는 제소권자를 법정해 놓고 있다. 형성의 소는 이미 형성된 단체법률관계를 변동시키려는 목적에서 제기되는 것이므로 특히 이해관계가 없는 자에 의해 회사법률관계가 교란되는 것을 막고자 함이다.

## 3. 소절차

1) 제소기간     회사관계 형성의 소에 관해서는 제소기간을 단기로 법정하고 있다. 예컨대 결의취소의 소는 결의 후 2월 내에 제기해야 하고($^{376}_{조}$), 신주발행무효의 소는 신주발행 후 6월 내에 제기해야 하며($^{429}_{조}$), 설립의 무효·취소에 관한 소는 설립 후 2년 내에 제기해야 한다($^{184조, 269조, 287}_{조의6, 328조, 552조}$). 이같이 제소기간을 단기간으로 법정하는 이유는 문제된 법률사실에 기초하여 새로운 단체법률관계가 누적적으로 형성되므로 분쟁가능상태를 신속히 종결짓고자 함이다.

2) 피고     제명에 관한 소송이나 대표소송 혹은 이익배당반환청구소송과 같이 회사 아닌 자가 피고인 예도 있지만, 회사관계 형성의 소는 회사를 피고로 한다. 이 점 명문의 규정은 없으나 다툼이 없다. 소의 대상이 회사의 조직법적 법률관계인 만큼 당연히 회사에 판결의 효과가 미쳐야 하기 때문이다. 또 회사를 피고로 함으로써 회사와 관련된 이해관계인 모두에게 판결의 효과를 미칠 수 있기 때문이기도 하다.

3) 관할     회사관련 형성의 소는 예외 없이 회사의 본점소재지를 관할하는 지방법원의 관할에 전속한다($^{186}_{조 등}$). 대부분의 소송에서 회사가 피고가 되기 때문이기도 하지만, 동일 사안에 관해 다수의 법원에 소송이 계속되어 상이한 판결이 내려지는 것을 막기 위함이다. 그러므로 회사법상의 소에 관해서는 합의관할($^{민소}_{29조}$)이나 변론관할($^{민소}_{30조}$)이 허용되지 않는다.

4) 소제기의 공고     회사관련 소가 제기되면 법원이 이 사실을 공고해야 한다($^{187조}_{등}$). 소가 제기된 사실에 관해 이해관계인들에게 경고하기 위함이다.

5) 소의 병합     회사법률관계에는 이해관계인이 다수 존재하다보니 같은 회사의 동일사안에 관해 수개의 소가 제기될 수 있다. 이 경우에는 법원이 하나의 소로 병합하여야 한다($^{188조}_{등}$). 동일한 분쟁임에도 불구하고 사건이 상이함으로 인해 상이한 판결이 내려지는 것을 막기 위함이다.

### 4. 재량기각

대부분의 회사관련 형성의 소에서는 원고의 청구가 이유 있더라도 법원이 제반의 사정을 참작하여 재량으로 기각할 수 있다. 구체적으로, 상법은 합명회사 설립의 무효·취소의 소에 관해「설립무효의 소 또는 취소의 소가 심리중에 원인된 하자가 보완되고 회사의 현황과 제반 사정을 참작하여 설립을 무효 또는 취소로 하는 것이 부적당하다고 인정할 때에는 법원은 그 청구를 기각할 수 있다」라는 규정을 두고 이를 다른 소송에 준용하고 있다($\frac{189}{조}$).

회사법률관계의 무효·취소는 이미 형성된 단체법률관계를 무너뜨려 다수의 피해자를 생산하므로 공익적 견지에서 바람직하지 못하고, 또 하자가 보완된 이상 기업유지의 관점에서도 당초 법률관계의 효력을 유지시키는 것이 타당하기 때문이다.

재량기각이 가능한 소송은 각종회사의 설립무효 또는 취소의 소($^{189조, 269조, 287조의}_{6, 328조 2항, 552조 2항}$), 주주총회결의취소의 소($\frac{379}{조}$), 신주발행무효의 소($\frac{430}{조}$), 감자무효의 소($\frac{446}{조}$), 합병무효의 소($^{240조,}_{269조,}$ $^{287조의41, 530}_{조 2항, 603조}$), 분할무효의 소($^{530조의}_{11 1항}$), 주식교환·이전 무효의 소($^{360조의14 4항,}_{360조의23 3항}$) 등이다. 재량기각 제도에 관해서는 주주총회결의취소와 관련하여 상론한다($^{474면}_{참조}$).

이 중 주주총회결의 취소의 소를 재량기각하는 데에는 하자의 보완을 요구하지 않지만, 다른 소를 기각하기 위해서는 하자가 보완될 것을 요구한다($^{189조 및 동조}_{의 준용규정}$). 하지만 최근의 판례는 다른 소에서도 하자의 보완없이 재량기각을 인정하는 추세이다($^{대법원 2004. 4. 27. 선고 2003}_{다29616 판결; 동 2010. 7. 22.}$ $^{선고 2008다37193 판결. 전자는 감자무효의 소를, 후자는}_{분할합병무효의 소를 각각 하자의 보완없이 재량기각한 예}$).

### 5. 원고승소판결의 효력

**1) 대세적 효력**     민사소송에서 판결의 기판력은 당사자 사이에만 미치는 것이 원칙이다($^{민소}_{218조}$). 이 원칙을 회사법상의 소에 적용한다면 다수의 이해관계인 중에서 소를 제기한 자와 그렇지 않은 자 사이에 동일한 회사법률관계가 효력을 달리하는 모순이 생긴다. 예컨대 회사설립무효의 소가 제기되어 무효판결이 내려진 경우, 소를 제기한 사원에 대하여는 회사설립이 무효이고 다른 사원들에게는 설립이 유효인 것과 같다. 그러므로 회사법상의 소 중 형성의 소에 대한 판결은 제3자에게도 효력이 미치는 것으로 한다($^{대세적 효력.}_{190조 본등}$).

**2) 소급효의 제한**     이미 행해진 단체법적 행위의 효력을 부정하는 소송에서 원고의 청구를 받아들이면서 일반 민사소송에 관한 판결의 효과를 따른다면 그 행위가 있던 때로 소급하여 무효가 됨으로써 그 행위를 토대로 형성된 후속의 법률관계가 일시에 무너지게 된다. 그러므로 상법은 단체법적 행위의 효력을 다투는 소에 있어서는 판결의 소급효를 부인하고 장래에 향해서만 무효·취소의 효력이 미치게 한다.

원고승소판결의 소급효가 제한되는 소송은 각종 회사의 설립무효 또는 취소의 소($^{190조}_{단, 269}$

조, 287조의6, 328), 신주발행무효의 소($\binom{431조}{1항}$), 합병무효의 소($\binom{240조, 269조, 287조의}{41, 530조 2항, 603조}$), 분할무효 또는 분할합병무효의 소($\binom{530조의}{11 1항}$), 주식교환·이전 무효의 소($\binom{360조의14 4항,}{360조의23 4항}$) 등이다.

이상은 원고승소판결의 효력이고 원고가 패소한 경우에는 판결에 이같은 효력이 없다.

### 6. 패소원고의 책임

회사관계 소송에서는 거의 예외 없이 패소한 원고에게 악의 또는 중대한 과실로 회사에 초래한 손해를 배상할 책임을 지운다($\binom{191조가 각}{소송에 준용}$). 무모하게 소를 제기하여 회사법률관계를 혼란시킨 책임을 묻는 동시에 남소를 사전에 방지하려는 취지에서 둔 규정이다. 악의 또는 중과실이란 원고가 주장하는 하자가 부존재함에 관해 악의이거나 중대한 과실로 알지 못한 경우를 뜻한다. 따라서 하자가 보완되어 법원의 재량으로 기각하는 경우에는 이러한 책임이 발생할 수 없다. 패소원고의 손해배상이 인정되는 소송은 각 회사의 설립무효 또는 취소의 소($\binom{191조, 269조, 287조의}{6, 328조 2항, 552조 2항}$), 주주총회결의취소의 소($\binom{376조}{2항}$), 주주총회결의무효·부존재확인의 소($\binom{380}{조}$), 신주발행무효의 소($\binom{430}{조}$), 감자무효의 소($\binom{446}{조}$), 합병무효의 소($\binom{240조, 269조, 287조의}{41, 530조 2항, 603조}$), 분할무효의 소($\binom{530조의}{11 1항}$), 주식교환·이전 무효의 소($\binom{360조의14 4항,}{360조의23 4항}$) 등이다.

# 제 7 절   합병

## I. 총설

### (1) 합병의 개념과 종류

「합병」이란 2개 이상의 회사가 상법상의 소정의 절차를 거쳐 당해 회사들의 모든 권리·의무를 유지하며 하나의 회사로 변환하는 법률사실을 말한다. 합병에 의해 2개 이상의 당사회사들이 하나의 회사가 되므로 기업규모가 확대되어 기업조직의 운영에서 규모의 경제가 생겨나고, 당사회사들의 영업이 통합되어 상승효과가 생긴다. 이것이 합병을 하는 기본적인 동기이지만, 이를 토대로 여러 가지 다른 효과를 거둘 수 있어 실제 합병의 목적은 다양하다.

합병의 방법에는 두 가지가 있다. 하나는 2개 이상의 당사회사 중 1개의 회사를 제외하고 소멸하되, 청산절차를 거치지 아니하고 소멸하는 회사의 모든 권리·의무를 존속회사가 포괄적으로 승계하는 방법이다. 이를 「흡수합병」이라 한다. 다른 하나는 2개 이상의 당사회사 모두가 소멸하되 청산하지 아니하고 새로운 회사를 설립하여 동 회사들의 모든 권리·의무를 승계시키는 방법이다. 이를 「신설합병」이라 한다. 소멸하는 회사의 사원은 합병당사회사들의 합병계약에 따라 존속회사 또는 신설회사가 승계할 수도 있고 승계하지 않을 수도 있다.

우리나라에서는 주로 흡수합병이 행해지고 신설합병의 예는 극히 드물다. 신설합병은 회사를 하나 설립해야 한다는 부담이 있는 데다 세제상으로도 크게 불리하기 때문이다.

### (2) 합병의 법체계

합병에 관한 상법규정의 체계가 다소 산만하다. 회사편 제1장에서 합병의 가능성과 제한 및 신설합병시의 설립위원에 관한 두 개의 조문만을 두고($\frac{174조}{175조}$), 구체적인 합병절차는 각 회사별로 규정하고 있다. 실무상 합병은 주로 주식회사에서 볼 수 있는 현상이나, 상법은 합명회사의 합병에 관해 그 효력발생시기, 효과, 무효판결의 효력 등에 관해 상세한 규정을 두고 있다($\frac{230조\sim}{240조}$). 그리고 주식회사의 장에서는 주식회사에 특유한 절차를 규정함과 아울러 합명회사의 합병에 관한 규정을 상당수 준용한다($\frac{522조\sim}{530조}$). 유한회사에 관한 장에서는 유한회사에 특유한 절차를 규정함과 아울러 합명회사와 주식회사의 합병에 관한 규정을 준용하고 있다($\frac{598조}{이하}$).

결국 주식회사와 유한회사의 합병에 관한 법규정은 세 군데에 흩어져 있는 셈이다. 이 절에서는 합병에 관한 일반론적인 설명을 하고, 각 회사별 합병제도에 관해서는 실무적으로 그리고 법이론적으로 중요한 것은 주식회사의 합병이므로 주식회사의 합병에 관해 중점적으로 설명하기로 한다($\frac{662면\ 이}{하\ 참조}$).

## Ⅱ. 합병의 본질론

합병의 본질이 무엇이냐에 관해 오래전부터 다툼이 있어 왔는데, 기본적으로는 인격합일설과 현물출자설의 대립이며, 그로부터 명칭과 내용을 약간씩 달리하는 학설들이 파생되었다.

「인격합일설」은 2개 이상의 회사가 하나의 회사로 화하는 것이 합병의 본질이라고 한다. 통설의 입장이다. 2개 이상의 회사가 합하여 하나의 회사로 된다는 것은 합병에 의해 소멸회사가 그대로 존속회사 또는 신설회사에 포섭된다고 하는 인격의 합일화를 말하는 것이다. 이에 의하면 합병으로 인해 하나가 되는 것은 회사 자신으로, 회사재산의 이전, 사원의 수용 등은 모두 인격합일의 결과이다.

이에 대해 「현물출자설」은 해산하는 회사의 영업 전부를 존속회사나 신설회사에 현물출자함으로써 이루어지는 자본증가($\frac{흡수합병}{의\ 경우}$) 또는 회사설립($\frac{신설합병}{의\ 경우}$)이 합병의 본질이라고 한다. 합병으로 인한 재산의 이전과 주주의 수용은 내면적인 관련을 가진 것으로서, 소멸회사의 주주가 존속 또는 신설회사의 주식을 취득하여 주주가 되는 것은 소멸회사의 주주는 회사재산의 실질적인 소유자로서 소멸회사의 재산을 존속 또는 신설회사에 이전하는 데 대한 대가를 받는 것에 불과하다는 것이다.

## Ⅲ. 합병의 제한

회사는 합병할 수 있다($\frac{합병의 자유}{174조 1항}$). 합병할 수 있는 회사의 종류에는 제한이 없으며, 목적이 다른 회사 간에도 합병할 수 있다. 그러나 상법과 특별법에서 합병을 제한하는 예가 있다.

### (1) 상법상의 제한

1) 종류가 다른 회사끼리도 합병할 수 있지만, 합병당사회사 중 일방 또는 쌍방이 주식회사, 유한회사 또는 유한책임회사인 때에는 합병 후 존속하는 회사 또는 신설되는 회사도 주식회사, 유한회사 또는 유한책임회사이어야 한다($\frac{174조}{2항}$). 유한책임사원이 합병에 의해 무한책임사원으로 변경되지 않도록 배려한 것이다.

2) 유한회사와 주식회사가 합병할 경우 주식회사가 사채의 상환을 완료하지 않으면 유한회사를 존속회사나 신설회사로 하지 못한다($\frac{600조}{2항}$). 그렇지 않을 경우에는 존속 또는 신설회사인 유한회사가 사채상환의무를 부담해야 하는데, 이는 유한회사가 사채를 발행할 수 없다는 제한과 모순되기 때문이다.

3) 유한회사와 주식회사가 합병하여 주식회사가 존속 또는 신설회사로 될 때에는 법원의 인가를 얻지 아니하면 합병의 효력이 없다($\frac{600조}{1항}$). 유한회사와 달리 주식회사에서는 출자미필에 대해 사원이 책임지지 않는 점을 악용하는 것을 예방하기 위해서이다($\frac{551조, 593}{조 참조}$).

4) 해산 후 청산 중에 있는 회사도 존립 중의 회사를 존속회사로 하는 경우에는 합병할 수 있다($\frac{174조}{3항}$).

### (2) 공정거래법상의 제한

합병을 제한하는 특별법의 대표적인 예로 공정거래법을 들 수 있다. 공정거래법은 기업독점을 억제하고 자유로운 경쟁을 촉진하기 위하여 일정한 거래분야에서 경쟁을 실질적으로 제한하는 효과를 가져오는 기업간의 합병은 금지한다($\frac{독규 9조}{1항 3호}$).

## Ⅳ. 합병의 절차

### (1) 합병계약

합병의 첫단계로, 합병당사회사의 대표기관에 의해 합병조건·합병방식 등 합병에 필요한 사항이 합의되어야 한다. 이를 「합병계약」이라고 부른다. 합병계약은 특별한 방식을 요하지 아니하나, 주식회사나 유한회사가 합병함에는 법정사항이 기재된 합병계약서를 작성하여야 한다($\frac{523조, 524조,}{525조, 603조}$)($\frac{664면 이}{하 참조}$).

합병계약의 성질에 관해 다툼이 있다. 다수설은 합병계약을 사원총회($\frac{또는 주}{주총회}$)의 합병결의를 정지조건으로 하는 합병의 예약 또는 본계약이라고 설명한다. 그 계약에 따라서 당사회사들이 합병절차를 진행시킬 의무를 부담하므로 그 성질은 채권계약이라고 한다. 합병계약에 의해 당사회사가 이후의 절차를 진행시킬 의무를 부담하므로 채권계약임은 분명하지만, 일반채권계약과는 달리 당사회사가 합병계약의 내용을 실현시킬 구속을 받는 것은 아니므로 단체법상의 특수한 계약이라고 설명함이 타당하다.

### (2) 합병계약서 등의 공시

주식회사와 유한회사는 합병계약서 등 소정의 서류를 작성하여 합병결의를 위한 주주(사원)총회 2주 전부터 합병 후 6월이 경과할 때까지 공시하여야 한다($\substack{522조의2,\\603조}$).

### (3) 합병결의

합병은 회사의 구조적 변화를 초래하므로 사원에게는 중대한 이해가 걸린 사안이다. 따라서 어떤 종류의 회사에서나 합병에는 사원의 승인결의를 요하며, 그 결의요건은 정관변경의 결의요건과 같다. 즉 합명회사나 합자회사 그리고 유한책임회사에서는 총사원의 동의를 요하고($\substack{230조, 269조,\\287조의41}$), 주식회사에서는 출석주식수의 3분의 2 이상의 다수와 발행주식 총수의 3분의 1 이상($\substack{522조\\3항}$), 유한회사에서는 총사원의 반수 이상이며 의결권의 4분의 3 이상의 동의로 한다($\substack{598\\조}$). 합병결의는 합병의 필수불가결한 요건으로서 어느 한쪽 회사에서라도 결의가 이루어지지 않을 경우에는 합병이 이루어질 수 없다.

### (4) 채권자보호절차

합병에 관해서는 합병당사회사들의 채권자도 주주 못지않게 중대한 이해를 가진다. 합병으로 인해 당사회사들의 재산은 모두 합일귀속되어 당사회사들의 총채권자에 대한 책임재산이 되는 까닭에 합병 전의 신용에 변화가 생기기 때문이다.

1) 이의제출의 공고·최고　　회사는 합병결의가 있은 후 2주 내에 회사채권자에 대하여 합병에 이의가 있으면 1월 이상의 일정한 기간 내에 이를 제출할 것을 공고하고, 알고 있는 채권자에 대하여는 따로따로 최고하여야 한다($\substack{232조 1항, 269조, 287조의\\41, 527조의5 1항, 603조}$).

2) 이의불제출의 효과　　채권자가 위 기간 내에 이의를 제출하지 아니한 때에는 합병을 승인한 것으로 본다($\substack{232조 2항, 269조, 287조의\\41, 527조의5 3항, 603조}$).

3) 이의제출의 효과　　이의를 제출한 채권자가 있는 때에는 회사는 그 채권자에 대하여 변제하거나, 상당한 담보를 제공하거나, 이를 목적으로 상당한 재산을 신탁회사에 신탁하여야 한다($\substack{232조 3항, 269조, 287조의\\41, 527조의5 3항, 603조}$).

주식회사의 경우 이의제출을 위해서는 별도로 사채권자집회의 결의가 있어야 한다($\substack{530\\조 2\\항, 439\\조 3항}$).

### (5) 신설합병에서의 설립위원선임

신설합병의 경우에는 합병결의와 동일한 방법으로 합병당사회사에서 설립위원을 선임하여야 하며($\substack{175조\\2항}$), 정관작성 기타 설립에 관한 행위는 이 설립위원이 공동으로 하여야 한다($\substack{175조\\1항}$).

### (6) 합병의 효력발생시기

이상의 합병절차가 끝난 때에는 합병등기를 하여야 한다. 본점소재지에서는 2주간 내, 지점소재지에서는 3주간 내에 하여야 하는데, 회사의 종류별로 기산점이 다르다($^{233조, 269조,}_{287조의41, 528}$ $^{조 1항,}_{602조}$).

합병의 효력은 존속회사의 본점소재지에서 변경등기를 한 때 또는 신설회사의 본점소재지에서 설립등기를 한 때 그 효력이 발생한다($^{234조, 269조, 287조의}_{41, 530조 2항, 603조}$).

## Ⅴ. 합병의 효과

### (1) 회사의 소멸과 신설

합병으로 인해 흡수합병의 경우에는 존속회사 이외의 당사회사, 신설합병의 경우에는 모든 당사회사가 소멸한다. 상법이 합병을 해산사유의 하나로 규정하고 있기 때문이다($^{227}_{조 4}$ $^{호, 269조, 517조 1}_{호, 609조 1항 1호}$). 합병으로 해산한다 하더라도 법인격이 소멸하는데 그치고, 존속회사 또는 신설회사가 그 권리·의무를 승계하므로 청산절차를 밟지 아니한다.

신설합병의 경우에는 새로운 회사가 설립된다.

### (2) 권리·의무의 포괄적 승계

존속회사 또는 신설회사는 소멸회사의 모든 권리·의무를 포괄적으로 승계한다($^{235조,}_{269조,}$ $^{530조 2}_{항, 603조}$). 승계되는 권리·의무에는 공법상의 권리·의무도 포함된다. 포괄승계이므로 승계되는 개개의 재산과 채무에 관해 이전행위를 따로 할 필요가 없다. 예컨대 A회사가 B회사를 흡수합병하였다면 합병등기에 의해 B회사가 가지고 있던 모든 권리와 의무가 자동적으로 A회사의 권리의무로 되는 것이다.

### (3) 사원의 수용

합병에 의해 소멸회사의 사원은 존속회사나 신설회사의 사원이 된다. 사원의 지위의 크기($^{지분,}_{주식}$)는 합병계약에 따라 정해진다. 그러나 주식회사의 합병에서는 합병대가를 정하는 방법에 따라 주주를 승계하지 않을 수도 있다($^{665면 이}_{하 참조}$).

## Ⅵ. 합병무효의 소

### (1) 총설

합병으로 인해 각종의 단체법상의 효과가 발생하여 다수의 이해관계가 형성, 축적되므로 합병에 하자가 있다 하여 이해관계인에게 개별적인 무효주장을 허용한다면 단체법률관계의 불안정을 초래한다. 그러므로 이해관계인 모두의 권리관계를 획일적으로 확정하기 위하여 합병의 무효는 소에 의해서만 주장할 수 있도록 한다. 따라서 합병무효의 소는 형성의 소이다.

### (2) 무효의 원인

합병이 무효로 되는 전형적인 예로는, ① 합병을 제한하는 법규정에 위반한 경우, ② 합병계약서가 법정요건을 결한 경우($^{523조,}_{524조}$), ③ 합병결의에 하자가 있는 경우, ④ 채권자보호절차를 위반한 경우, ⑤ 합병비율이 불공정한 경우 등이다.

### (3) 제소권자

피고는 존속회사나 신설회사가 될 것이나, 제소권자는 회사마다 다르다($^{236조 1항, 269조,}_{287조의41, 529조 1}$$_{항, 603조}$). 공정거래법에 위반하여 합병한 때에는 공정거래위원회가 합병무효의 소를 제기할 수 있다($^{독규 14}_{조 2항}$).

### (4) 소절차

합병무효의 소는 합병등기 후 6월 내에 제기하여야 한다($^{236조 2항, 269조, 287조}_{의41, 529조 2항, 603조}$). 기타 관할, 소제기의 공고, 소의 병합심리, 하자가 보완된 경우의 재량기각판결, 패소원고의 책임 등은 회사설립무효의 소에서와 같다($^{240조→186조~191조, 287}_{조의41, 530조 2항, 603조}$). 그리고 회사가 원고의 악의를 소명하여 담보를 제공하게 할 것을 청구할 때에는 담보제공을 명할 수 있다($^{237조→176조 3항·4항, 269조,}_{287조의41, 530조 2항, 603조}$).

### (5) 무효판결의 효과

**1) 합병무효의 등기**   합병무효의 판결이 확정된 때에는 본점과 지점의 소재지에서 존속회사는 변경등기, 소멸회사는 회복등기, 신설회사는 해산등기를 하여야 한다($^{238조, 269조,}_{287조의41,}$$_{530조 2}$$_{항, 603조}$).

**2) 대세적 효력과 소급효제한**   합병당사회사 및 이해관계인들 간의 법률관계는 획일적으로 확정되어야 하므로 합병무효판결은 원·피고뿐 아니라 제3자에게도 효력이 미친다($^{대세적}_{효력}$)($^{240조→190조 본, 269조,}_{287조의41, 530조 2항, 603조}$). 따라서 무효판결이 확정된 후에는 누구도 새로이 그 효력을 다투지 못한다.

합병무효의 판결은 회사 설립에 관한 소송에서와 같이 소급효가 제한되고 장래에 향해서만 효력이 있다($^{240조→190조 단, 269조,}_{287조의41, 530조 2항, 603조}$). 따라서 합병 이후 존속회사나 신설회사에서 이루어진 조직법적 행위($^{주주총회의 결의, 신}_{주발행, 사채발행 등}$)나 대외적 거래행위는 모두 유효하고 그 회사주식의 양도도 유효하다.

**3) 회사의 분할**   합병무효판결의 확정으로 당사회사들은 합병 전의 상태로 환원된다. 즉 흡수합병의 경우에는 소멸한 회사가 부활하여 존속회사로부터 분할되고, 신설합병 경우에는 소멸한 당사회사들이 모두 부활하면서 분할된다. 그러므로 합병으로 인해 승계한 권리·의무 및 합병 후 취득한 재산과 부담한 채무의 처리에 관한 문제가 남는다.

i) 합병으로 승계한 권리·의무   존속회사 또는 신설회사가 소멸회사로부터 승계한 권리·의무는 당연히 부활된 소멸회사에 복귀한다. 그러나 합병무효판결은 소급효가 없는 관계로 합병 이후 존속회사나 신설회사가 권리를 처분하였거나 의무를 이행한 때에는

그 가액에 따른 현재가치로 환산하여 청산하여야 할 것이다.

　　ii) 합병 후의 취득재산·채무　　　합병 후 존속회사나 신설회사가 부담한 채무에 관해서는 분할된 회사들이 연대책임을 진다($^{239조 1항, 269조, 287조}_{의41, 530조 2항, 603조}$). 그리고 합병 후 존속회사나 신설회사가 취득한 재산은 분할된 회사들의 공유로 한다($^{239조 2항, 269조, 287조}_{의41, 530조 2항, 603조}$). 이 경우 각 회사의 협의에 의해 연대채무에 대한 각자의 부담부분 및 공유재산에 대한 각자의 지분을 정하여야 할 것이나, 협의에 의해 정해지지 않을 경우에는 법원이 그 청구에 의해 합병 당시의 각 회사의 재산상태 기타의 사정을 참작하여 이를 정한다($^{239조 3항, 269조, 287조}_{의41, 530조 2항, 603조}$).

# 제 8 절　조직변경

## 1. 의의

　「조직변경」이라 함은 회사가 그 인격의 동일성을 유지하면서 다른 종류의 회사로 전환되는 것을 말한다. 조직변경을 전후하여 회사의 동일성이 유지되는 점에서 어느 회사가 다른 회사의 권리·의무를 포괄적으로 승계하는 합병과는 구별하여야 한다. 변경 전의 회사와 변경 후의 회사는 동일인이므로 권리·의무가 승계되는 것이 아니고 같은 회사에 그대로 존속하는 것이다.

　상법은 다섯 종류의 회사를 두고 있으므로 회사를 설립하고자 하는 자는 자기 사업의 성격에 따라 자유로이 종류를 선택할 수 있다. 그러나 사업의 전개에 따라 종전의 회사형태가 부적합해질 수도 있으므로 상황변화에 적응하여 보다 적합한 회사형태로 변환할 기회를 주기 위해 인정되는 제도이다.

## 2. 조직변경의 종류

　인적회사와 물적회사는 사원의 책임과 내부조직이 전혀 다르므로 이들 상호간에 조직변경을 인정하게 되면 그 동일성을 유지하는 데 무리가 있다. 그래서 상법은 인적회사 상호간, 물적회사 상호간에만 조직변경을 인정한다. 유한책임회사는 인적회사와 물적회사로서의 성격을 겸비하고 있지만, 조직변경 허부의 최대 고려사항인 사원의 책임문제에 있어서는 물적회사와 같으므로 주식회사와의 상호 조직변경을 허용한다($^{287조}_{의43}$). 따라서 조직변경은 ① 합명회사→합자회사, ② 합자회사→합명회사, ③ 주식회사→유한회사, ④ 유한회사→주식회사, ⑤ 유한책임회사→주식회사, ⑥ 주식회사→유한책임회사의 여섯 가지 경우가 있을 수 있다.

## 3. 각 회사의 조직변경

### (1) 합명회사에서 합자회사로

**1) 방법**　　합명회사는 총사원의 동의로 합자회사로 변경할 수 있으며, 그 방법은 일부의 사원을 유한책임사원으로 하거나 새로이 유한책임사원을 가입시키는 것이다($^{242조}_{1항}$). 그리고 사원이 1인으로 되었기 때문에 새로 사원을 가입시켜 회사를 계속할 경우에는 동시에 조직변경을 할 수 있다($^{242조 2항,}_{229조 2항}$).

**2) 책임변경사원의 책임**　　조직변경으로 인해 종래의 무한책임사원이 유한책임사원으로 된 경우에는 본점소재지에서의 조직변경등기 이전에 생긴 회사채무에 대하여 등기 후 2년 내에는 무한책임사원으로서 책임을 져야 한다($^{244}_{조}$). 퇴사한 무한책임사원의 책임($^{225}_{조}$)과 같이 종전의 채권자를 보호하기 위함이다.

### (2) 합자회사에서 합명회사로

합자회사는 유한책임사원을 포함한 사원 전원의 동의로 합명회사로 변경할 수 있다($^{286조}_{1항}$). 이에 의해 유한책임사원은 무한책임사원으로 된다. 또는 유한책임사원이 전원 퇴사한 경우에 잔존 무한책임사원 전원의 동의로 합명회사로 변경할 수 있다($^{286조}_{2항}$). 이 경우 무한책임사원이 1인인 때에는 물론 조직변경이 허용되지 아니한다. 이때에는 사원을 새로이 가입시켜 회사를 계속함과 동시에 조직변경이 가능하다($^{269조,}_{242조 2항}$).

합자회사가 합명회사로 변경하였을 때는 변경 전보다 사원의 책임이 확대되므로 채권자를 위한 배려는 필요치 않다.

### (3) 주식회사에서 유한회사로

**1) 절차**　　주식회사는 총주주의 일치에 의한 주주총회의 결의로 유한회사로 변경할 수 있다($^{604조}_{1항}$). 이 결의에서는 정관변경 기타 조직변경에 필요한 사항을 정하여야 한다($^{604조}_{3항}$). 그러나 주식회사는 사채를 상환하기 전에는 유한회사로 변경하지 못한다($^{604조}_{1항 단}$). 유한회사는 사채를 발행할 수 없기 때문이다.

**2) 자본금의 제한**　　변경 전 회사($^{주식}_{회사}$)의 순재산액보다 많은 금액을 변경 후 회사($^{유한}_{회사}$)의 자본금의 총액으로 하지 못한다($^{604조}_{2항}$). 이에 위반하여 순재산액이 자본금총액에 부족할 때에는 조직변경의 결의 당시의 이사와 주주는 회사에 대하여 연대하여 부족액을 지급할 책임을 진다($^{605조}_{1항}$). 이사의 책임은 총사원의 동의로 면제할 수 있으나($^{605조 2항,}_{551조 3항}$), 주주의 책임은 면제하지 못한다($^{605조 2항, 550조}_{2항, 551조 2항}$).

**3) 채권자의 보호**　　조직변경을 함에는 채권자보호절차를 밟아야 하며($^{608조,}_{232조}$), 종전의 주식에 대한 질권은 변경 후의 지분에 대하여 물상대위의 효력이 미친다($^{604조 4항,}_{601조 1항}$).

### (4) 유한회사에서 주식회사로

**1) 절차**　　유한회사는 총사원의 일치에 의한 사원총회의 결의로 주식회사로 변경할

수 있다($^{607조}_{1항}$). 결의시에 정관 기타 조직변경에 필요한 사항을 정하여야 함은 주식회사를 유한회사로 변경할 때와 같다($^{607조\ 5항,}_{604조\ 3항}$). 유한회사에서 주식회사로의 조직변경은 법원의 인가를 얻지 않으면 그 효력이 없다($^{607조}_{3항}$). 엄격한 주식회사설립절차를 피하는 방법의 하나로서 조직변경을 이용하는 것을 막기 위함이다.

2) **자본금의 제한**    조직변경시에 발행하는 주식의 발행가액의 총액은 회사에 현존하는 순재산액을 초과하지 못한다($^{607조}_{2항}$). 이에 위반하여 주식의 발행가액이 순재산을 초과할 때에는 조직변경결의 당시의 이사·감사와 사원이 전보책임을 진다($^{607조}_{4항}$). 이사·감사의 책임은 총주주의 동의로 면제할 수 있으나 사원의 책임은 면제할 수 없다($^{607조\ 4항,\ 550조\ 2}_{항,\ 551조\ 2항·3항}$).

3) **채권자의 보호**    조직변경을 함에는 주식회사를 유한회사로 변경할 때와 같이 채권자보호절차를 밟아야 한다($^{608조,}_{232조}$). 종전의 지분에 대한 질권은 새로이 발행되는 주식에 대하여 물상대위의 효력이 미치며, 지분의 등록질권자는 회사에 대하여 주권의 교부를 청구할 수 있다($^{607조\ 5항→601조}_{1항,\ 340조\ 3항}$).

(5) **주식회사에서 유한책임회사로 또는 유한책임회사에서 주식회사로**

주식회사는 총회에서 총주주의 동의로 결의한 경우에는 그 조직을 변경하여 유한책임회사로 할 수 있으며, 유한책임회사는 총사원의 동의에 의하여 주식회사로 변경할 수 있다($^{287조의43}_{1항·2항}$).

기타 주식회사가 유한회사로 조직변경할 때와 같은 절차가 적용되고, 자본금의 제한이 있으며, 채권자보호절차를 밟아야 하는 것도 같다($^{287조의44→232}_{조,\ 604조~607조}$).

### 4. 조직변경의 효력발생

조직변경을 하면 본점소재지에서는 2주간 내, 지점소재지에서는 3주간 내에, 변경 전의 회사는 해산등기를, 변경 후의 회사는 설립등기를 하여야 한다($^{243조,\ 286조\ 3항,\ 287}_{조의44,\ 606조,\ 607조}$). 그러나 이는 실제 청산절차와 설립절차를 밟아야 한다는 뜻이 아니며, 인격의 동일성 유지와는 무관하다.

# 제 9 절   해산명령과 해산판결

해산은 법인격의 소멸을 가져오는 법률사실로서, 해산의 사유는 각 회사마다 다르다. 각 회사별로 독특하게 인정되는 해산사유는 해당되는 곳에서 설명하기로 하고, 여기서는 모든 회사에 공통적으로 적용되는 해산사유, 즉 법원의 재판에 의한 해산명령과 해산판결에 관해서만 설명한다.

# I. 해산명령

### (1) 의의

상법은 회사편 통칙 부분에서 모든 회사에 공통적으로 적용될 해산사유로서 법원의 해산명령제도를 두고 있다. 해산명령은 주로 공익적 이유에서 회사의 존속을 허용할 수 없을 때(회사의 존재 또는 그 행 / 위가 공익을 해하는 경우)에 법원이 해산을 명하는 제도로서, 이해관계인의 청구에 의해서뿐만 아니라 검사의 청구나 법원의 직권에 의해서도 할 수 있다는 점이 특색이다. 회사설립에 관한 준칙주의로 야기되는 회사남설의 폐해를 사후에 시정하기 위한 제도이다.

### (2) 사유

**1) 회사의 설립목적이 불법한 것인 때**(176조 / 1항 1호)  정관에 기재된 목적 자체가 불법한 경우에는 물론이고 설립의 배후 기도가 불법한 경우도 포함된다(예컨대 정관에 숙박업을 목적으로 기재하 / 였으나 실은 도박업을 목적으로 하는 경우 / 와 같다).

**2) 회사가 정당한 사유 없이 설립 후 1년 내에 영업을 개시하지 아니하거나 1년 이상 영업을 휴지하는 때**(176조 / 1항 2호)

**i) 취지**  이른바 휴면회사를 가리키는 것으로, 회사를 설립하고도 장기간 사업을 수행하지 않는 회사에 계속 법인격을 유지시킬 가치가 없으며, 또 이를 장기간 방치한다면 법인격이 불건전한 목적(예컨대 변제할 의사 없이 휴면회사의 / 명의로 어음이나 수표를 발행하는 것)을 위해 남용될 소지가 있으므로 법인격을 박탈하는 것이다. 단 정당한 사유 없이 영업을 하지 않았을 경우에만 해산시킬 수 있으므로 「정당한 사유」의 유무를 판단하는 것이 중요한 문제이다.

**ii) 정당한 사유**  사업자금의 부족, 영업실적의 부진 등과 같이 회사 내부의 여건으로 영업을 하지 않은 때에는 정당한 사유가 있다고 할 수 없다. 반면 영업의 성질로 보아 장기간의 준비가 불가피하여, 개업을 준비하는 데 1년 이상 소요되었다면 정당한 사유가 있다고 보아야 한다. 요컨대 영업의 성질상 또는 외부적 장애로 인해 영업을 하지 않더라도 「영업을 위한 의지와 능력」이 객관적으로 표현된 경우에는 정당한 사유가 있다고 보아야 할 것이다(대법원 2002. 8. 28.자 2001마6947 결정: 회사가 영업양도 후 수차 신규사업에 / 진출하려 하였으나, IMF위기로 좌절된 사안에서 정당한 사유가 있다고 한 사례). 참고로 사업용 기본재산에 분쟁이 생겨 1년 이상 영업을 하지 못한 경우에, 판례는 회사가 승소하여 영업을 개시한 사건에서는 「정당한 사유」가 있다고 보았고(대법원 1978. 7. / 26.자 78마106 결정), 회사가 패소한 사건에서는 「정당한 사유」가 없다고 보았다(대법원 1979. 1. / 31.자 78마56 결정).

**3) 이사 또는 회사의 업무를 집행하는 사원이 법령 또는 정관에 위반하여 회사의 존속을 허용할 수 없는 행위를 한 때**(176조 / 1항 3호)  이사 또는 사원의 기관자격에서 한 경우에는 물론 그 지위를 남용하여 법령 또는 정관에 위반한 행위를 한 경우에도 이에 해당된다(예컨대 이사가 회사 / 의 자산을 횡령하거 / 나 회사의 업무와 관련하여 제3자에게 사기를 / 하는 것. 대법원 1987. 3. 6.자 87마1 결정 참조). 그러나 관련된 이사나 업무집행사원을 교체함으로써 시정할 수 있는 경우에는 「회사의 존속을 허용할 수 없는 때」에 해당한다고 볼 수 없다.

### (3) 절차

1) 법원은 이해관계인이나 검사의 청구에 의하여 또는 「직권」으로 해산을 명할 수 있다($_{1항 본}^{176조}$). 「이해관계인」은 사원·임원뿐 아니라 회사채권자, 이사 등의 위법행위로 피해를 입은 자도 포함한다. 그러나 이해관계인이란 회사의 존립에 직접 법률상의 이해를 가진 자만을 뜻한다. 그러므로 예컨대 어떤 상호($_{라는 상호}^{'전자랜드'}$)를 사용하려고 하나, 그 상호를 휴면회사가 이미 사용하고 있어 상호사용이 방해되고 있다는 사실만으로는 해산청구를 할 수 있는 이해관계에 해당하지 아니한다($_{12.자 95마686 결정}^{대법원 1995. 9.}$).

2) 이해관계인의 청구에 의하여 절차가 개시될 때, 법원은 회사의 청구에 의하여 해산청구인인 이해관계인에게 상당한 담보의 제공을 명할 수 있다($_{3항}^{176조}$). 부당한 해산청구를 예방하기 위한 것이다. 이때 회사는 이해관계인의 청구가 악의임을 소명하여야 한다($_{4항}^{176조}$). 「악의」라 함은 해산청구의 요건을 구비하지 못한 것을 알고 있는 것 외에 청구에 의해 회사를 해하게 됨을 아는 것을 뜻한다.

3) 해산명령청구사건은 비송사건이다. 따라서 재판절차는 비송사건절차법에 의한다.

4) 해산명령은 공익상 행해지는 것이므로 다른 법령에 의하여 회사의 해산이 행정관청의 인가를 얻도록 되어 있더라도 법원은 이와 관계없이 해산을 명할 수 있다($_{11.자 80마68 결정}^{대법원 1980. 3.}$).

5) 해산명령의 청구가 있는 때에는 법원은 해산을 명하기 전일지라도 이해관계인이나 검사의 청구에 의하여 또는 직권으로 관리인의 선임 기타 회사재산의 보전에 필요한 처분을 할 수 있다($_{2항}^{176조}$).

### (4) 효과

해산명령재판의 확정으로 회사는 해산한다($_{1호, 517조 1항, 609조 1항 1호}^{227조 6호, 269조, 287조의38}$).

## Ⅱ. 해산판결

### (1) 의의

해산판결은 해산명령과는 달리 사원의 이익을 보호하기 위하여 인정되는 제도이다. 회사는 궁극적으로 사원의 이익을 위하여 존재하는데, 회사의 존속으로 인한 단체적 구속이 오히려 사원의 이익을 해칠 때에는 법인격을 박탈함으로써 사원의 손실을 방지해 주려는 취지의 제도이다.

### (2) 청구사유

1) 인적회사　　　합명회사와 합자회사 그리고 유한책임회사의 사원은 「부득이한 사유」가 있을 때에는 법원에 회사의 해산을 청구할 수 있다($_{조, 287조의42}^{241조 1항, 269}$). 「부득이한 사유」는 인적회사의 특성을 고려하여 판단하여야 한다. 예컨대 사원 간의 불화가 극심하여 업무집행에 관해 상호 신뢰할 수 없음에도 불구하고 퇴사, 제명, 지분의 양도 등과 같은 소극적인

방법이나 총사원의 동의에 의한 회사해산이 어려워 바람직하지 못한 인적 결합이 유지될 수밖에 없을 때를 뜻한다고 보아야 한다.

2) 물적회사    주식회사와 유한회사에서는 다음과 같은 경우 해산청구가 가능하다($\binom{520조,}{613조 1항}$).

i) 회사의 업무가 현저한 정돈(停頓)상태가 계속되어 회복할 수 없는 손해가 생긴 때 또는 생길 염려가 있는 때    이사들 간의 또는 주주들 간의 대립으로 회사의 목적사업이 교착상태에 빠지는 등 회사를 정상적으로 운영하는 것이 현저히 곤란한 상태가 계속됨으로 말미암아 회사에 회복할 수 없는 손해가 생기거나 생길 염려가 있는 경우를 말한다($\binom{대법원}{2015. 10.}$ 29. 선고 2013) 다53175 판결).

ii) 회사재산의 관리 또는 처분의 현저한 실당($\binom{失當: 타당}{성의 상실}$)으로 인하여 회사의 존립을 위태롭게 한 때    예컨대 이사가 회사재산을 부당히 유용하거나 중요한 자산을 처분하여 영업이 불가능한 경우이다.

이상의 사유는 인적회사에서의 그것보다 훨씬 협소한 것으로, 모두 회사경영자에 원인을 둔 경영정체가 심각한 경우이다. 이때에도 부득이한 사유가 없으면 해산청구를 할 수 없는데, 「부득이한 사유」란 위와 같은 사정이 있음에도 주주 또는 사원들이 극한적으로 대립하거나, 지배주주($\binom{사}{원}$) 자신이 경영을 맡고 있어 임원의 경질이 불가능한 경우가 전형적인 예이다. 주주의 이익이 심각하게 침해되고 있을지라도 소수주주권의 행사로 구제가 가능한 경우에는 해산청구가 허용되지 않는다($\binom{서울지법 1999. 9. 7.}{선고 99가합17703 판결}$).

(3) 청구권자

해산명령과는 달리 해산판결은 사원의 이익을 보호하기 위한 제도이므로 사원($\binom{또는}{주주}$)에 한하여 청구할 수 있다.

주식회사에서는 발행주식총수의 100분의 10 이상의 주식을 가진 주주가 청구할 수 있으며, 유한회사의 경우에는 자본금의 100분의 10 이상의 출자좌수를 가진 사원이 해산청구를 할 수 있다($\binom{520조,}{613조 1항}$).

(4) 절차

해산판결청구사건은 해산명령청구사건과는 달리 소송사건으로서 그 소는 형성의 소에 해당하며, 재판은 판결에 의한다. 소는 본점소재지를 관할하는 지방법원에 전속한다($\binom{241조 2}{항, 269}$ 조, 287조의42, 520조 2항, 613조 1항, 186조). 해산판결이 확정되면 회사는 해산하며 청산절차에 들어간다. 원고가 패소한 경우, 악의 또는 중과실이 있는 때에는 회사에 대하여 손해배상책임을 진다($\binom{241조 2항, 269조,}{287조의42, 520조}$ 2항, 613조 1항, 191조). 원고가 수인인 경우에는 연대하여 책임을 진다.

# 제10절  회사의 계속

## 1. 의의

「회사의 계속」이란 일단 해산한 회사가 사원들의 자발적인 의사에 의하여 해산 전 회사와 동일성을 유지하면서 존립 중의 회사로서 존속하는 것을 말한다. 회사가 해산명령을 받은 경우처럼 회사의 존속을 인정할 수 없는 객관적인 하자가 있는 경우에는 사원들이 존속을 원하더라도 해산 이후의 절차를 강행하여 법인격을 박탈해야 할 것이다. 그러나 정관에서 정한 「존립기간」이 만료한 경우와 같이 필연적으로 존립을 막아야 할 사정이 없이 회사가 해산한 경우, 사원들이 회사의 존속을 원하는데도 청산을 강요하고 다시 새로운 회사를 설립하도록 하는 것보다는 사원들의 의사를 존중해 회사를 계속하도록 허용하는 것이 기업유지의 이념에 부합한다. 그러므로 상법은 해산원인 중에서 선별해 일정한 원인에 의해 해산한 경우에는 사원들의 의사에 따라 회사를 계속할 수 있도록 한다.

## 2. 계속이 가능한 해산사유

### (1) 합명회사

합명회사가 다음과 같은 사유로 해산할 때에는 회사를 계속할 수 있다.

1) 회사가 존립기간의 만료 기타 정관으로 정한 사유가 발생하여 해산한 때($\frac{229조 1항,}{227조 1호}$)와 총사원의 동의로 해산한 때($\frac{229조 1항,}{227조 2호}$)에는 사원의 전부 또는 일부의 동의로 회사를 계속할 수 있다($\frac{229조}{1항 본}$). 일부의 동의로 계속할 경우에는 최소한 2인 이상의 동의가 있음을 뜻하며, 동의하지 아니한 사원은 퇴사한 것으로 본다($\frac{229조}{1항 단}$).

일부사원의 동의로 계속할 경우에는 사원에 변동이 생기므로 정관변경을 해야 한다. 합명회사의 정관변경은 사원 전원의 동의를 요하지만, 일부사원의 동의만으로 회사를 계속하는 경우에는 해당 사원들의 동의만으로 정관변경이 가능하다($\frac{대법원 2017. 8. 23. 선}{고 2015다70341 판결}$).

2) 사원이 1인으로 되어 해산한 때에는 새로 사원을 가입시켜서 회사를 계속할 수 있다($\frac{229조}{2항}$).

3) 회사설립의 무효 또는 취소판결이 확정된 경우에 무효·취소원인이 일부 특정한 사원에 한하는 것인 때에는 다른 사원 전원의 동의로써 회사를 계속할 수 있으며($\frac{194조}{1항}$). 무효·취소원인이 있는 사원은 퇴사한 것으로 본다($\frac{194조}{2항}$). 이때 잔존사원이 1인인 때에는 위 2)의 방법으로 회사를 계속할 수 있다($\frac{194조}{3항}$).

4) 파산선고에 의하여 해산한 경우($\frac{227조}{5호}$)에 파산폐지결정이 있으면 정관변경에 따라 회사를 계속할 수 있다($\frac{회파}{540조}$).

### (2) 합자회사

합자회사가 해산한 경우 합명회사에서 설명한 1), 3), 4)의 계속사유는 그대로 합자회사에도 적용된다($^{269}_{조}$). 그리고 합자회사는 무한책임사원과 유한책임사원 중 어느 한 종류의 사원이 전원 퇴사하면 회사는 해산하는데($^{285조}_{1항}$), 이 경우 잔존한 사원들은 전원의 동의로 다른 종류의 사원을 새로 가입시키거나 일부사원의 책임을 변경시켜 회사를 계속할 수 있다($^{285조}_{2항}$).

### (3) 유한책임회사

합명회사의 계속사유 1), 3), 4)는 유한책임회사가 해산한 경우에도 적용된다($^{287조의}_{40→227조 1}$ $^{호 · 2호, 229조 1항 · 3)}_{항, 287조의6→194조}$).

### (4) 주식회사

1) 주식회사가 존립기간의 만료 기타 정관에 정한 사유의 발생 또는 주주총회의 결의에 의하여 해산한 경우에는 주주총회의 특별결의에 의해 계속할 수 있다($^{519}_{조}$). 또 5년 이상 등기한 사실이 없음으로 인해 해산이 의제된 휴면회사라도 3년 이내에는 주주총회의 특별결의에 의해 계속할 수 있다($^{520조}_{의2 3항}$).

2) 합명회사와 마찬가지로 파산절차에서 파산폐지결정이 있을 때 계속할 수 있다.

### (5) 유한회사

유한회사가 존립기간의 만료 기타 정관에서 정한 사유의 발생 또는 사원총회의 결의에 의하여 해산한 경우에는 사원총회의 특별결의로써 회사를 계속할 수 있다($^{610조}_{1항}$).

## 3. 계속의 제한

회사의 해산 후 청산에 들어가 잔여재산을 분배한 후에는 사실상 계속이 곤란할 뿐만 아니라, 이 경우 회사계속을 하는 것이 회사를 신설하는 것보다 기업유지를 위해 실익이 크다고 할 수도 없다. 따라서 잔여재산분배가 개시된 때에는 회사계속이 허용될 수 없다고 본다.

## 4. 계속의 등기

이미 해산등기를 하고 사원 또는 주주의 결의에 의하여 회사를 계속할 경우에는 어느 경우에나 본점소재지에서는 2주간 내, 지점소재지에서는 3주간 내에 계속등기를 하여야 한다($^{194조 3항, 229조 3항, 285조 3}_{항, 287조의40, 521조의2, 611조}$).

## 5. 계속의 효과

회사계속으로 회사는 해산 전의 상태로 복귀하여 존립하게 되지만, 소급적으로 해산의 효과를 배제하는 것은 아니다. 따라서 회사가 계속하더라도 해산 후 청산인이 한 청산사무의 효력에는 영향이 없다.

# 제 3 장   합명회사

## 제 1 절   총설

### Ⅰ. 조합적 특색

합명회사란 회사의 채무에 관해 직접·연대·무한책임을 지는 사원들로써만 구성되는 회사이다. 각 사원이 연대·무한책임을 지는 결과 사원 개개인의 신용은 회사채권자와 사원 상호간에 중대한 영향을 미친다. 그러므로 합명회사에서는 사원이 고도의 신뢰관계를 바탕으로 결합하고, 사원의 변동이 용이하지 않다. 또 사원의 책임의 중대성에 비추어 경영의 전문성·합리성보다는 안전성이 우위에 놓이게 되어 사원이 직접 업무집행에 임하는 경영구조를 갖는다($^{자기}_{기관}$). 사원의 책임이 무한인 결과 각 사원의 출자의 크기는 손익배분의 기준이 될 뿐이고, 회사의 의사결정 내지 지배에 있어서는 비례적 의의를 가질 수 없다. 그러므로 합명회사에서 사원의 총의를 형성할 때에는 지분주의에 의하지 아니하고 두수주의(頭數主義)에 의하게 된다.

위와 같은 특색으로 보아 합명회사의 형식은 사단법인이나 그 실질에서는 조합으로서의 성격이 농후하다.

### Ⅱ. 법률관계의 구조

합명회사의 법률관계의 구조는 주식회사의 법률관계의 구조와 크게 다르다. 주식회사의 법률관계는 자본($^{및}_{주식}$)과 회사의 기관을 중심으로 전개되는 데 반해, 합명회사의 법률관계는 「내부적」인 운영의 측면($^{조합의}_{실질}$)과 「대외적」인 거래 및 책임의 측면($^{사단법인}_{의 형식}$)으로 나누어진다. 주식회사에서는 주주의 유한책임을 전제로 자본의 충실과 회사의 객관적 운영을 보장하기 위한 법리를 중심으로 전개되지만, 합명회사는 사원의 무한책임을 기초로 한 조합적 특색을 갖기 때문이다. 여기서도 법전의 구분에 충실하고 인적회사와 물적회사의 원리적 차이를 반영하기 위하여 「내부관계」와 「외부관계」로 나누어 살펴보기로 한다.

합명회사의 법률관계에서 회사와 사원 간의 관계 및 사원 상호간의 관계를 내부관계(또는 대내적 관계)라 하고, 회사와 제3자 간의 관계 및 사원과 제3자 간의 관계를 외부관계(또는 대외적 관계)라 한다. 출자, 손익의 분배, 업무의 집행, 정관의 변경, 경업의 금지, 지분의 변동 등이 내부관계에 속하고, 회사의 대표, 사원의 책임 등은 외부관계에 속한다. 내부관계는 거래의 안전이나 기타 제3자의 이해에 영향을 주는 바 없으므로 상법은 사원들의 자율적인 규율을 널리 허용한다. 즉 내부관계에 관한 상법규정은 대부분 보충적·임의적인 것이어서 정관으로 이와 달리 정할 수 있다. 그리하여 내부관계에는 일차적으로 정관, 다음으로 상법의 규정이 적용되고, 정관과 상법에 적용할 규정이 없으면 조합에 관한 민법의 규정을 준용한다(195조). 이와 달리 외부관계에 관한 상법규정은 채권자보호, 거래의 안전, 기타 사회적 이익에 관계되는 것이므로 대체로 강행규정이다.

# 제 2 절    회사의 설립

## Ⅰ. 설립상의 특색

합명회사는 전형적인 인적회사로서, 사원이 무한책임을 짐으로 인해 설립절차에 있어 물적회사, 특히 주식회사와 크게 다르다.

첫째, 사원의 인적 구성 자체가 대내외적으로 중요한 뜻을 가지므로 ① 사원이 정관에 의해 특정되며, ② 사원의 개성이 중시되므로 사원 개인의 주관적인 하자를 이유로 한 설립무효·취소의 소가 인정된다.

둘째, 사원이 무한책임을 지는 결과 회사채무는 사원 개인의 재산으로 담보되므로 ① 회사설립(등기) 전에 반드시 자본을 납입할 필요가 없으며, ② 주식회사에서와 같은 자본충실의 원칙이 요구되지 않는 결과, ③ 법원에 의한 검사절차가 필요하지 않다.

셋째, 사원 스스로가 업무를 집행하므로 설립 전에 업무집행기관을 구성할 필요가 없다.

그리하여 합명회사는 정관작성과 설립등기에 의해 간단히 설립된다.

## Ⅱ. 설립절차

### (1) 정관의 작성

2인 이상의 사원이 공동으로 정관을 작성하여야 하고(178조), 총사원이 기명날인(또는 서명)하여야 한다($\frac{179}{조}$). 이를 「설립행위」라 한다.

1) **절대적 기재사항**      정관이 유효하기 위하여 상법이 정하는 최소한도의 기재사항이다. ① 목적, ② 상호, ③ 사원의 성명·주민등록번호와 주소, ④ 사원의 출자의 목적과 그 가격 또는 평가의 표준, ⑤ 본점의 소재지, ⑥ 정관의 작성년월일이 이에 속한다($\frac{179조\ 1}{호\sim6호}$). 이 중 어느 하나라도 결하면 정관은 무효이고, 설립무효의 원인이 된다.

회사는 다른 회사의 무한책임사원이 되지 못하므로($\frac{173}{조}$) 사원은 모두 자연인이어야 한다.

2) **상대적 기재사항**      기재 여부는 정관의 효력에 영향이 없으나 정관에 기재하지 않으면 그 사항 자체가 효력을 가질 수 없는 경우, 이를 상대적 기재사항이라 한다. 예컨대 업무집행사원제도($\frac{201조}{1항}$)·회사대표제도($\frac{207}{조}$)·공동대표제도($\frac{208조}{1항}$)·퇴사원인($\frac{218조}{1호}$)·해산사유($\frac{227조}{1호}$) 등은 상대적 기재사항이다($\frac{이\ 밖에도\ 200조,\ 217}{조\ 1항,\ 247조가\ 있다}$).

3) **임의적 기재사항**      강행법규나 사회질서 또는 합명회사의 본질에 반하지 않는 사항이라면 자치적 규범으로서 정관에 기재할 수 있다.

### (2) 설립등기

회사는 설립등기에 의하여 설립된다($\frac{172}{조}$). 설립등기는 총사원이 공동으로 신청하며 목적, 상호, 사원의 성명·주민등록번호와 주소, 본·지점의 소재지, 기타 소정사항을 기재해야 한다($\frac{180}{조}$). 대표사원을 둔 때에는 그 밖의 사원의 주소는 등기할 필요가 없다($\frac{180조}{1호\ 단}$). 본점에서뿐 아니라 지점소재지에서도 등기를 해야 하며($\frac{181}{조}$), 등기사항이 변경된 때에는 본점소재지에서는 2주간 내, 지점소재지에서는 3주간 내에 변경등기를 해야 한다($\frac{183}{조}$).

## Ⅲ. 설립의 취소와 무효

정관기재사항의 미비 등 객관적인 요건의 흠결($\frac{객관적}{하자}$)은 당연히 회사설립의 하자가 되고, 합명회사에서는 사원의 개성이 중시되는 결과 사원 개개인의 설립행위에 생긴 하자($\frac{주관적}{하자}$)도 회사설립의 하자가 된다. 객관적인 하자는 회사설립의 무효원인이 되나, 주관적인 하자는 그 내용에 따라 취소원인이 될 수도 있고 무효원인이 될 수도 있다. 그리하여 상법은 합명회사의 설립에 관해 하자의 유형에 따라 설립취소의 소와 설립무효의 소를 인정한다.

### (1) 설립의 취소

1) **취소원인**      의사표시의 취소에 관한 일반이론이 그대로 적용된다. 미성년자 또는 피한정후견인이 법정대리인의 동의 없이 설립행위($\frac{정관}{작성}$)를 하거나($\frac{민}{5조}$), 피성년후견인이 설립행위를 하거나($\frac{민}{10조}$), 착오($\frac{민\ 109}{조\ 1항}$), 사기·강박($\frac{민\ 110}{조\ 1항}$)에 의해 설립행위를 하거나, 사원이 자신의 채권자를 해할 것을 알고 설립행위를 한 것($\frac{185}{조}$)은 취소의 원인이 된다. 선의의 제3자를

보호하기 위해 취소권의 행사를 제한하는 규정($^{민\ 109조\ 2항,}_{110조\ 3항}$)은 적용되지 아니한다. 취소판결의 효력은 장래에만 미치므로 제3자의 이익을 침해하지 않기 때문이다.

2) **주장방법**　　회사설립의 하자는 개인법상의 하자와 달리 다수인의 이해관계에 영향을 주므로 소($^{형성}_{의소}$)로써만 주장할 수 있다. 이 점은 모든 회사의 설립취소 또는 무효 주장의 공통된 원칙이다.

3) **당사자**　　제소권자($^{원}_{고}$)는 취소권 있는 자이다. 즉 제한능력자, 착오, 사기·강박에 의해 의사표시를 한 자와 그 대리인 또는 승계인, 그리고 사해행위를 한 사원의 채권자 등이다($^{184조,}_{185조}$). 회사를 피고로 하지만, 사해행위로 인한 취소의 경우에는 회사와 사해행위를 한 사원이 공동으로 피고가 된다($^{185}_{조}$).

4) **절차**　　회사성립 후 2년 내에 한하여 소를 제기할 수 있다($^{184조}_{1항}$). 관할은 본점소재지의 지방법원이며($^{186}_{조}$), 소가 제기되면 회사는 지체 없이 공고하여야 한다($^{187}_{조}$). 수개의 무효·취소의 소가 제기된 때에는 병합해야 한다($^{188}_{조}$).

5) **판결**　　무효·취소의 판결에 의해 회사설립이 무효 또는 취소되는 형성력이 발생한다. 무효판결이나 취소판결이나 회사성립을 부정하는 점에서는 차이가 없다.

i) 판결의 효력은 원고와 회사 간에만 아니라 제3자에게도 미친다($^{190조}_{본}$). 따라서 판결확정 후에는 다른 이해관계인이 새로이 설립의 무효·취소를 주장할 필요가 없는 한편, 누구도 설립의 유효를 주장할 수 없다. 그러나 무효·취소의 판결에는 소급효가 없다($^{190조}_{단}$).

ii) 판결이 확정되면 본점과 지점의 소재지에서 이를 등기하여야 한다($^{192}_{조}$). 회사는 해산의 경우에 준하여 청산하여야 한다. 무효·취소판결에 소급효가 인정되지 않는 결과이다. 이때 법원은 이해관계인의 청구에 의하여 청산인을 선임할 수 있다($^{193}_{조}$).

iii) 설립이 무효·취소되더라도 무효·취소사유가 특정 사원에 한정된 경우에는 다른 사원 전원의 동의로 회사를 계속할 수 있다($^{194조}_{1항}$).

iv) 원고가 패소한 판결에는 대세적 효력이 없으며, 패소원고에게 악의 또는 중대한 과실이 있는 때에는 회사에 대하여 연대하여 손해배상의 책임을 진다($^{191}_{조}$).

v) 설립무효 또는 취소의 원인이 있더라도 심리중에 하자가 보완되고, 회사의 현황과 제반사정을 참작하여 설립의 무효·취소가 부적당한 때에는 법원은 설립무효·취소청구를 기각할 수 있다($^{원고\ 패}_{소,\ 189조}$). 이 경우 패소원고는 손해배상책임을 지지 않는다.

(2) **설립의 무효**

정관의 무효 또는 설립등기의 무효 등과 같이 설립에 관한 객관적 하자가 있을 경우 무효를 주장할 수 있다. 뿐만 아니라, 설립행위를 한 각 사원의 주관적 하자를 이유로도 설립의 무효를 주장할 수 있다. 사원의 의사무능력, 상대방이 알고 있는 비진의표시($^{민\ 107조}_{1항\ 단}$), 허위표시($^{민\ 108}_{조\ 1항}$) 등과 같은 사유이다. 취소에서와 같은 이유로 선의의 제3자 보호를 위한 규정($^{민\ 107조\ 2항,}_{108조\ 2항}$)은 적용되지 아니한다. 설립무효의 소의 특질은 제소권자가 사원에 한정된다는 것뿐이고, 그 밖의 절차와 판결의 효력은 취소의 소와 같다($^{184조~}_{193조}$).

# 제 3 절   내부관계

## Ⅰ. 법률관계의 성격과 법규범

내부관계에 관한 상법규정은 대부분 임의규정이므로 정관이 우선 적용된다($^{195}_{조}$). 한편 내부관계의 본질은 조합이므로 정관과 상법에 규정이 없는 사항에는 민법의 조합에 관한 규정이 준용된다($^{195}_{조}$).

## Ⅱ. 출자

### (1) 의의

「출자」란 사원이 회사의 목적사업에 필요한 고유재산을 구성할 금전 기타 재산, 노무 또는 신용을 제공하는 것을 말한다. 출자의무는 설립행위, 즉 정관의 작성에 의하여 발생한다($^{179조}_{4호}$). 회사설립 후 입사하는 자에 대해서는 정관으로 그 자의 출자에 관해 새로이 정해야 하며, 기존사원의 출자액을 변경할 때에도 정관변경의 절차를 밟아야 한다.

### (2) 출자의 종류

합명회사에서는 사원의 무한책임이 대외적 신용의 기초가 되므로 회사재산의 충실·유지에 관해 법이 간섭하지 않는다. 그래서 재산출자 외에 노무·신용출자도 허용된다($^{222}_{조}$). 노무출자의 경우 노무의 성격은 가리지 않는다. 신용출자는 사원이 자기의 신용을 회사로 하여금 이용하게 하는 것이다(예: 회사채무를 보증하거나, 어음에 담보배서를 하는 것 또는 그 사원의 이름을 회사의 상호에 사용하게 하는 것 등).

### (3) 출자의무의 이행

출자의무는 정관에 정해진 내용에 따라 이행하고 정관에 정함이 없으면 업무집행의 방법으로 자유로이 결정한다($^{195조→민}_{706조 1항}$). 현물출자의 경우 재산권을 회사에 이전해야 하며, 민법의 담보책임에 관한 규정이 준용된다($^{195조→민 567}_{조, 570조 이하}$). 채권출자의 경우 출자한 채권이 변제기에 변제되지 아니할 때에는 이를 출자한 사원이 변제의 책임을 지고, 이자를 지급하는 것 외에 이로 인한 손해도 배상해야 한다($^{196}_{조}$). 이는 출자의무에 따른 담보책임이므로 무과실책임이다.

출자의무의 불이행은 일반 채무불이행의 효과를 발생시키는 동시에 당해 사원의 제명 또는 업무집행권 내지 대표권 상실의 원인이 된다($^{220조 1항 1호,}_{205조 1항, 216조}$).

## Ⅲ. 업무집행

업무집행이란 회사조직을 유지하고 목적사업을 수행하기 위해 하는 대내외행위로서 법률행위냐 사실행위냐를 묻지 아니한다. 업무집행이란 통상의 영업상의 사무를 집행함을 뜻하므로 정관변경·영업양도·해산·조직변경 등 회사의 존립의 기초에 영향을 주는 행위는 제외된다.

### (1) 업무집행기관

1) 각자기관    합명회사에서는 소유와 경영이 분리되지 아니하므로 정관에 다른 정함이 있거나(201조) 특히 업무집행권이 박탈(205조)되지 않는 한 각 사원은 회사의 업무를 집행할 권리·의무가 있다(200조 1항). 합명회사에서는 각 사원이 무한책임을 지는 관계로 그 위험관리의 필요에서 각 사원은 특별한 선임행위 없이 당연히 회사의 업무집행기관이 되는 것이다(이른바 자기기관). 따라서 정관의 규정이나 총사원의 동의에 의해서도 사원 아닌 자에게 업무집행을 맡길 수는 없다.

각 사원의 업무집행에 대해 다른 사원의 이의가 있는 때에는 곧 그 행위를 중지하고 총사원의 과반수의 결의에 의해 집행방법을 정한다(200조 2항).

2) 업무집행사원    사원 각자가 업무를 집행한다면 상호충돌이 불가피하고, 그때마다 다수결로 해결하는 것은 비능률적이므로 1인 또는 소수의 사원에게 업무집행권을 집중시키고, 나머지 사원들로 하여금 업무집행을 감시하게 할 수도 있다. 이를 위해 정관에 규정을 두어 사원의 일부를 업무집행사원으로 정할 수 있다(201조 1항). 업무집행사원은 정관으로 직접 선정할 수도 있고, 그렇지 않은 경우에는 사원의 3분의 2 이상의 찬성으로 선정한다(195조→민 706조 1항). 업무집행사원을 2인 이상 선임한 경우에는 업무집행사원 각자가 업무를 집행할 수 있으나(201조 1항), 다른 업무집행사원이 이의를 제기할 때에는 그 행위를 중지하고 업무집행사원 과반수의 결의에 의하여 결정해야 한다(201조 2항). 이 점은 사원 전원이 업무집행을 할 때와 같다.

사원 또는 업무집행사원이 업무집행을 함에는 선량한 관리자의 주의를 기울여야 한다(195조→민 707조→민 681조).

3) 지배인 선임의 예외    지배인을 선임하는 것도 업무집행의 일종이긴 하나, 지배인은 영업주(즉 회사)에 갈음하여 영업에 관한 모든 대리권을 가지므로 사실상 사원에 갈음하여 회사를 경영하는 중요한 지위에 있다(11조 1항). 그러므로 지배인의 선임과 해임은 정관에 다른 정함이 없는 한, 업무집행사원을 선정한 경우에도 총사원의 과반수결의로 결정한다(203조).

### (2) 업무집행권의 제한과 상실

1) 정관의 규정에 따라 업무집행사원을 정한 때에는(201조 1항) 다른 사원은 업무집행권을 갖지 못한다.

2) 업무집행사원의 권한을 제한하는 방법으로 공동업무집행사원제도가 있다. 정관으로 수인의 사원을 공동업무집행사원으로 정한 때에 그 전원의 동의가 없으면 업무집행행위를 하지 못한다($^{202}_{조}$). 다만 지체할 염려가 있을 때에는 예외이다($^{동조}_{단}$).

3) 사원이 업무를 집행함에 있어 현저하게 부적임하거나 중대한 의무에 위반한 행위가 있는 때에는 법원은 사원의 청구에 의하여 「업무집행권의 상실」을 선고할 수 있다($^{205조}_{1항}$). 이 경우 판결이 확정된 때에는 본점과 지점의 소재지에서 등기하여야 한다($^{205조}_{2항}$). 이 권한 상실선고제도는 사원 각자의 위험관리수단으로 마련된 제도이므로 합리적 근거 없이 정관이나 다수결로 제한할 수 없다. 따라서 정관으로 사원 또는 업무집행사원의 업무집행권을 박탈하는 규정을 두는 경우 이는 사원들이 상법 제205조와 선택적으로 이용할 수있는 제도로 보아야 한다($^{대법원 2015. 5. 29. 선}_{고 2014다51541 판결}$).

4) 상법은 업무집행사원의 업무집행을 정지시키거나 직무대행자를 선임하는 가처분을 하거나 그 가처분을 취소·변경하는 경우에는 본점과 지점의 소재지에서 등기하도록 규정하고 있다($^{183}_{조의2}$). 업무집행대행자는 가처분명령에 다른 정함이 있는 경우나 법원의 허가를 얻은 경우 외에는 법인의 통상업무에 속하지 아니한 업무를 하지 못한다($^{200조}_{의2 1항}$). 그러나 이에 위반한 행위도 선의의 제3자에 대해서는 효력이 있다($^{200조}_{의2 2항}$).

### (3) 업무감시권

업무집행권 없는 사원이라도 업무집행의 결과에 대한 위험을 부담하므로 언제라도 회사의 업무 또는 재산의 상황을 검사할 권한을 갖는다($^{195조→}_{민 710조}$). 감시권에 관한 규정은 비록 내부관계에 관한 규정이나, 강행규정이므로 정관의 규정으로도 제한할 수 없다.

## Ⅳ. 의사결정

1) **의사결정주체**　　회사의 「단체적 의사」는 사원들의 결의로 형성한다. 사원의 결의는 사원 전원의 과반수에 의함이 원칙이나($^{195조→민}_{706조 2항}$) 회사의 기본구조를 변동시키거나 사원들 전체에 중대한 이해관계가 있는 사안은 전원의 동의를 요한다($^{197조, 204조,}_{227조 2호 등}$).

2) **의사결정방법**　　합명회사는 소수의 사원들로 구성될 것이라 예상하고 고안된 조직이므로 의사결정에 엄격한 형식을 요하지 않는다. 그러므로 주식회사의 주주총회에 상응하는 사원총회라는 기구를 요하지 않고, 결의를 위해 회의를 열 필요도 없으며, 각 사원의 의사를 파악할 수 있는 방법에 의하면 족하다($^{서울고법 1971. 11.}_{30. 선고 70나500 판결}$).

합명회사에서는 사원의 개성이 중시되므로 의사결정에서는 원칙적으로 의결권의 대리행사가 허용되지 않는다.

3) **의결권**　　모든 사원이 무한책임을 지는 까닭에 각 사원의 출자액이 다르더라도 회사의 운영결과에 대해서는 누구나 대등한 크기의 위험을 부담한다고 할 수 있다. 따라서

의결권은 사원의 지분의 크기에 비례하지 아니하고 1인 1의결권주의에 의해 주어진다($\substack{\text{다수}\\\text{주의}}$).

　4) 의사결정의 하자　　　주식회사와 달리 합명회사에는 사원의 결의의 하자를 다투는 소가 별도로 마련되어 있지 않다($\substack{376조\ \text{이}\\\text{하 참조}}$). 따라서 결의에 흠이 있다면 민사소송법상의 일반 무효확인소송($\substack{\text{민소}\\250조}$)으로 효력을 다투어야 한다. 이 소는 회사를 상대로 제기한다($\substack{\text{대법원 1991. 6.}\\\text{25. 선고 90다}\\14058\\\text{판결}}$).

## V. 회사와 사원의 이익충돌방지

　합명회사의 사원은 원칙적으로 회사의 업무를 집행하므로 그 지위를 이용하여 사익을 추구할 경우 회사와 이익이 충돌할 수 있다. 상법은 이익충돌의 대표적인 예로서 사원의 경업과 자기거래를 제한한다.

### (1) 경업의 금지

　사원은 다른 사원의 동의가 없으면 자기 또는 제3자의 계산으로 회사의 영업부류에 속하는 거래를 할 수 없으며, 동종영업을 목적으로 하는 다른 회사의 무한책임사원 또는 이사가 되지 못한다($\substack{198조\\1항}$). 이는 대표권 또는 업무집행권의 유무와 관계없이 모든 사원에게 적용된다.

　경업금지에 위반한 행위를 했을 때에는 회사는 개입권을 행사할 수 있다($\substack{198조\ 2항\cdot\\3항\cdot4항}$). 그리고 회사는 다른 사원의 과반수의 결의로써 위반행위를 한 사원의 제명선고($\substack{220조\\1항 2호}$), 업무집행권 또는 대표권 상실의 선고($\substack{205조,\\216조}$)를 법원에 청구할 수 있다.

### (2) 자기거래 제한

　사원은 다른 사원 과반수의 결의가 있을 때에 한하여 자기 또는 제3자의 계산으로 회사와 거래를 할 수 있다($\substack{199\\조}$). 이 제한에 위반한 사원이 손해배상의 책임을 지는 것 외에 제명, 업무집행권 또는 대표권의 상실선고청구의 대상이 되는 것은 경업금지를 위반한 경우와 같다.

　경업과 자기거래 제한의 구체적인 내용은 주식회사 이사의 경업, 자기거래 제한과 같으므로 자세한 설명은 주식회사편으로 미룬다($\substack{522면\ \text{이}\\\text{하 참조}}$).

## VI. 손익의 분배

　주식회사에서는 주주가 유한책임을 지므로 회사채권자를 위한 책임재산을 확보하기 위해 이익배당을 엄격히 통제한다. 그러나 사원이 무한책임을 지는 합명회사에서는 회사채권자를 위해 회사재산의 유출을 엄격히 통제할 필요가 크지 않다. 따라서 합명회사에는 법정준비금제도($\substack{458조\ \text{이}\\\text{하 참조}}$)가 없고, 이익이 없어도 배당할 수 있다.

역시 무한책임 때문에 사원들의 위험부담이 대등하다고 의제할 수 있어 사원들 간의 손익분배의 비율이 주식회사에서와 달리 출자가액이나 지분의 크기에 비례할 필요가 없다. 정관 또는 총사원의 동의로 손익분배의 비율을 자유로이 정할 수 있고, 이를 정하지 않았을 때에 한해 민법의 조합에 관한 규정에 따라 각 사원의 출자비율에 따른다($^{민}_{711조}$).

## VII. 정관의 변경

정관은 회사의 근본규칙이므로 총사원의 동의에 의해서만 변경할 수 있다($^{204}_{조}$). 기재사항의 성격($^{필요적 혹}_{은 임의적}$)이나 중요성을 가리지 않는다. 정관변경의 효력은 결의된 때에 발생한다. 변경사항이 등기사항일 때에는 변경등기를 요하고($^{183}_{조}$), 등기 후가 아니면 선의의 제3자에게 대항하지 못한다($^{37}_{조}$).

## VIII. 지분 및 사원의 변동

### 1. 총설

지분에는 두 가지의 뜻이 있다. 첫째, 주식과 같이 사원인 지위 또는 사원권을 뜻하며 ($^{예:}_{197조}$), 둘째, 사원이 퇴사하거나 회사가 해산하는 경우에 사원자격에 기하여 회사로부터 환급받거나($^{적극}_{지분}$) 회사에 지급할($^{소극}_{지분}$) 가액의 비율을 말한다.

인적회사의 지분은 각 사원마다 1개씩이고($^{지분단}_{일주의}$), 다만 그 크기가 각 사원의 출자에 따라 다른 것으로 인식된다($^{195조→}_{민 711조}$). 이 점은 주식회사 및 유한회사에서 사원의 지위가 균등한 비례적 단위로 구성되어 있는 것($^{지분복수주의,}_{329조 2항, 554조}$)과 대조되는 특징이다.

사원자격은 기본적으로는 회사설립에 의해 생기고 해산에 의해서 소멸하나, 이 밖에 입사, 지분의 양수, 회사합병, 상속 등의 사유로 사원자격을 취득하며, 지분 전부의 양도 또는 퇴사에 의해 사원자격을 상실한다. 사원은 정관의 절대적 기재사항이고($^{179조}_{3호}$) 등기사항이므로($^{180조}_{1호}$), 사원의 변동은 정관의 변경을 뜻하고 변경등기를 요한다($^{183}_{조}$).

### 2. 입사

입사는 회사성립 후에 출자하여 사원자격을 원시적으로 취득하는 것을 말하고, 입사하려는 자와 회사 간의 입사계약에 의하여 이루어진다. 입사는 정관의 변동을 가져오므로 ($^{179조}_{3호}$) 정관변경절차, 즉 총사원의 동의를 요한다. 신입사원은 입사 전에 생긴 회사채무에 대하여 기존의 사원과 동일한 책임, 즉 직접·연대·무한의 책임을 진다($^{213}_{조}$).

## 3. 지분의 양도

지분의 양도는 사원인 지위, 즉 사원권을 계약에 의하여 이전하는 것이다. 지분을 전부 양도하면 양도인은 사원 자격을 잃고, 양수인이 사원일 때에는 그의 지분이 커지고 사원이 아닐 때에는 사원으로 입사한다. 상법은 지분의 일부 양도도 인정한다($\binom{197}{조}$).

지분의 양도는 당사자 간의 개인법적인 계약에 의하여 이루어지나, 다른 사원 전원의 동의를 요한다. 합명회사에서는 사원 모두가 회사의 경영과 책임의 분담 주체이므로 사원의 변동은 모든 사원들에게 중대한 이해가 걸린 문제이기 때문이다. 사원 간에 지분의 일부를 양도할 때에는 인적 구성에는 변동이 없으나, 지분의 크기에 생긴 변화가 내부운영에 영향을 줄 수 있으므로 전부 양도와 구별 없이 다른 사원 전원의 동의를 요한다. 사원의 성명은 정관의 기재사항이므로 지분의 양도로 인해 입사·퇴사가 이루어질 때에는 정관변경이 당연히 따라야 하지만, 지분양도의 동의는 정관변경결의를 포함하는 것으로 보아야 한다.

지분의 양도에 다른 사원 전원의 동의를 요구하는 제197조를 임의규정으로 보고 정관으로 완화할 수 있다는 것($\binom{예컨대 \ 과반}{수의 \ 동의}$)이 다수설이다.

지분의 전부양도로 사원자격을 상실한 자는 회사채권자에 대해서 퇴사원과 같은 책임을 진다($\binom{225조 \ 2항.}{275면 \ 참조}$).

## 4. 지분의 상속

합명회사에서는 사원의 인적 동일성이 중시되므로 원칙적으로 지분의 상속은 인정되지 아니한다. 사원의 사망은 퇴사의 원인이고($\binom{218조}{3호}$), 상속인은 사망한 사원의 지분환급청구권을 상속할 뿐이다. 다만 정관으로 지분을 상속할 수 있도록 정한 때에는 상속인이 사원지위를 승계할 수 있다. 이 경우 상속인은 상속개시를 안 날로부터 3월 내에 회사에 대하여 승계 또는 포기의 통지를 발송해야 한다($\binom{발신주의.}{219조 \ 1항}$). 통지를 발송함이 없이 3월을 경과한 때에는 상속을 포기한 것으로 본다($\binom{219조}{2항}$).

청산 중에 사원이 사망한 경우에는 당연히 지분을 상속한다($\binom{246}{조}$). 청산 중에는 사원의 개성이 문제되지 않고, 지분환급이 불가능하기 때문이다.

## 5. 퇴사

### (1) 의의

퇴사란 회사의 존속 중에 특정사원이 그 사원으로서의 지위를 절대적으로 상실하는 것을 말한다. 퇴사는 인적회사에만 있는 제도로서, 일부의 사원에게 회사를 계속하지 못할 사유가 생기더라도 해산에 이르지 않고 기업유지를 가능케 하는 제도라 할 수 있다.

(2) 퇴사원인

퇴사는 사원의 자유로운 의사에 의해서 하는 경우도 있고$\binom{임의}{퇴사}$, 사원의 의사와 관계없이 법정의 사유가 발생하면 당연히 퇴사하게 되는 경우$\binom{당연}{퇴사}$도 있으며, 기타 회사채권자가 퇴사시키는 경우와 회사계속과 관련하여 퇴사가 의제되는 경우도 있다.

1) 임의퇴사      사원은 원칙적으로 업무집행의 의무와 무한책임을 지므로 본인의 뜻에 따라 이를 면할 수 있는 길을 열어 줄 필요가 있고, 지분의 양도가 제한되어 있으므로 사원이 원할 경우 출자를 회수할 수 있게 해 줄 필요에서 임의퇴사를 인정한다.

정관으로 회사의 존립기간을 정하지 아니하거나 어느 사원의 종신까지 존립하도록 한 경우에는 사원은 영업연도 말에 한하여 퇴사할 수 있다$\binom{217조}{1항 본}$. 다른 사원의 동의는 필요치 않다. 원칙적으로 6월 전에 회사에 대해 예고하여야 하나$\binom{217조}{1항 단}$,「부득이한 사유」가 있을 때에는 언제든지 퇴사할 수 있다$\binom{217조}{2항}$.「부득이한 사유」란 사원으로서 계속 회사에 관여하기 어려운 개인사정$\binom{예: 갑작}{스런 질병}$을 말한다.

2) 당연퇴사      사원 상호간의 신뢰를 바탕으로 운영되는 합명회사에서 신뢰관계를 유지하기 어려워진 사원을 배제하는 방법으로서 다음 사유가 발생하면 사원의 의사에 관계없이 퇴사하도록 한다. 다만 ii)의 사유는 실질적인 임의퇴사라 할 수 있다.

i) 정관에 정한 사유의 발생$\binom{218조}{1호}$      조건·기한$\binom{예:}{정년}$·자격상실사유 등을 정관에 정한 경우 이에 따라 퇴사한다.

ii) 총사원의 동의가 있을 때$\binom{218조}{2호}$      어느 사원이 퇴사하고자 할 때 총사원의 동의가 있으면 부득이한 사유가 없더라도 퇴사할 수 있다는 뜻이며, 본인의 의사에 반하여 퇴사한다는 뜻이 아니다.

iii) 사원이 사망하였을 때$\binom{218조}{3호}$      사원이 사망하면 그 지위는 상속의 대상이 아니고 퇴사의 원인이 된다. 다만 정관으로 상속할 수 있음을 정할 수 있다$\binom{旣}{述}$.

iv) 사원에게 성년후견이 개시되었을 때$\binom{218조}{4호}$

v) 사원이 파산선고를 받았을 때$\binom{218조}{5호}$

vi) 사원이 제명되었을 때$\binom{218조}{6호}$

3) 제명

i) 취지      제명이란 어느 사원의 지위를 강제적으로 박탈하기 위한 다른 사원들의 자치적 의사결정을 말한다. 합명회사는 사원 간의 고도의 신뢰관계를 바탕으로 하는 회사이므로 신뢰를 기대할 수 없는 사원을 다른 사원들이 단합하여 축출하는 것을 허용함으로써 기업유지의 이념을 실현하려는 제도이다. 따라서 순수한 자본단체인 물적회사에는 있을 수 없는 제도이다.

제명은 회사의 존속을 전제로 하므로 제명의 결과 해산사유가 발생하여서는 안 된다. 예컨대 사원이 2인뿐인 회사에서 1인을 제명하는 것은 다른 사원「과반수」의 결의가 있을 수 없기도 하려니와, 회사의 해산사유($^{사원이\ 1인}_{으로\ 될\ 때}$)가 되므로 제명이 있을 수 없다.

　ii) 사유　　　제명은 자칫 다수가 소수를 부당히 축출하는 수단으로 남용될 우려가 있으므로 상법은 제명사유를 한정하고 있다.

　제명사유는 사원이, ① 출자의무를 이행하지 아니한 때($^{220조}_{1항\ 1호}$), ② 경업금지에 위반한 때($^{동조}_{항\ 2호}$), ③ 회사의 업무집행 또는 대표행위에 관하여 부정한 행위를 하거나 권한 없이 업무를 집행하거나 회사를 대표한 때($^{동조}_{항\ 3호}$), ④ 기타 중요한 사유가 있는 때($^{동조}_{항\ 4호}$)이다. 「기타 중요한 사유」라 함은 적어도 ①～③과 같은 정도로 신뢰관계를 파괴하는 경우를 말한다. 제명사유는 정관의 규정으로 상법이 정하는 것보다 엄격히 할 수는 있으나, 완화할 수는 없다($^{통}_{설}$).

　iii) 절차　　　위와 같은 사유가 있을 때에는 다른 사원의 과반수의 결의에 의하여 법원에 제명의 선고를 청구할 수 있다($^{220조}_{1항}$). 수인을 제명할 때에는 제명사원 개개인에 대하여 다른 사원 과반수의 결의가 있어야 한다($^{대법원\ 1976.\ 6.\ 22.}_{선고\ 75다1503\ 판결}$). 제명은 사인의 자유와 재산권을 제한하는 제도이므로 단지 사인들의 다수결로 완결할 수 있는 사안이 아니고, 궁극적으로는 법원의 판결에 의해 가능하다. 따라서 법원의 제명선고절차는 제명사원의 권리를 보호하기 위한 강행규정으로서 이 절차 없이 사원의 결의만으로 제명이 가능하도록 규정한 정관 규정은 무효이다($^{춘천지법\ 2009.\ 5.\ 13.}_{선고\ 2008가합481\ 판결}$).

　iv) 제명의 효과　　　법원의 판결에 의하여 제명의 효과가 발생하고 퇴사하게 된다. 그러나 제명된 사원과 회사간의 지분환급을 위한 계산은 제명의 소를 제기한 때의 회사재산의 상태에 따라서 하며, 그때로부터 법정이자를 붙여야 한다($^{221}_{조}$). 제명사원을 보호하기 위한 규정이다. 판결이 확정되면 본점과 지점의 소재지에서 등기하여야 한다($^{220조\ 2항}_{→205조\ 2항}$).

　**4) 채권자에 의한 퇴사**　　　사원의 지분을 압류한 채권자($^{사원의}_{채권자}$)는 채무자인 사원과 회사에 대하여 6월 전에 예고하고 그 사원을 영업연도 말에 퇴사시킬 수 있다($^{224조}_{1항}$). 사원의 채권자는 사원의 지분을 압류함으로써 그 사원에 대한 이익배당으로부터 변제를 받을 수 있기는 하나, 이것만으로 채권 전액을 만족시킬 수 없는 경우에는 사원을 퇴사시키고 지분을 환급받아 그로부터 채권의 변제를 받을 수 있게 하기 위함이다. 그러므로 채무자인 사원이 변제를 하거나 상당한 담보를 제공한 때에는 그 예고는 효력을 잃는다($^{224조}_{2항}$). 채권의 변제가 확실해지는 한 사원의 지위를 박탈해서는 안 되기 때문이다.

　**5) 기타의 퇴사원인**　　　특정한 사원의 설립행위에 무효·취소의 원인이 있어 설립의 무효·취소판결이 확정된 때에는 다른 사원 전원의 동의로 회사를 계속할 수 있으며($^{194조}_{1항}$), 이때 무효·취소의 원인이 있는 사원은 퇴사한 것으로 본다($^{194조}_{2항}$). 또한 회사가 해산하였으나 사원 일부의 동의로 회사를 계속하는 경우 동의하지 않은 사원은 퇴사한 것으로 본다($^{229조}_{1항\ 단}$).

### (3) 퇴사의 효과

퇴사에 의하여 사원의 지위는 절대적으로 소멸한다. 이에 따라 ① 회사채권자에 대한 관계에 있어서, 그리고 ② 회사에 대한 관계에 있어서는 다음과 같은 효과가 생긴다.

**1) 회사채권자에 대한 관계(책임의 연장)** 퇴사원은 본점소재지에서 퇴사등기를 하기 전에 생긴 회사채무에 대하여 등기 후 2년 내에는 다른 사원과 동일한 책임을 진다($^{225조}_{1항}$). 퇴사가 사원의 무한책임을 면탈하거나, 회사채권자에 우선하여 출자를 회수하는 방법으로 악용됨을 막기 위함이다.

**2) 회사에 대한 관계**

i) 상호변경청구권 회사상호 중에 퇴사원의 성명이 사용된 경우에는 그 사원은 회사에 대하여 그 사용의 폐지를 청구할 수 있다($^{226}_{조}$).

ii) 지분의 계산 지분의 계산은 회사의 내부관계이므로 자세한 것은 정관으로 정할 수 있고, 정관으로 정한 바 없고 상법에도 규정이 없으면 조합에 관한 민법의 규정에 의한다($^{195조→}_{민\ 719조}$). 이에 의해 지분의 계산은 퇴사일 현재의 회사의 재산상태에 따라 하게 된다. 다만 제명의 경우에는 제명의 소를 제기한 날 현재의 재산상태에 따라서 하며, 그때부터 법정이자를 붙인다($^{221}_{조}$).

iii) 지분환급청구권 퇴사원은 회사에 대하여 지분환급청구권을 가지며, 정관에 다른 규정이 없는 한 노무·신용을 출자했을 경우에도 같다($^{222}_{조}$). 지분의 환급은 출자의 종류 여하에 불구하고 금전으로 한다($^{195조→민}_{719조\ 2항}$). 지분계산의 결과 자본지분이 적극(+)인 경우에는 환급을 청구할 수 있으나, 소극(−)인 경우에는 손실분담의무에 따라 그 전액을 회사에 납입하여야 한다.

## 6. 지분의 압류와 입질

사원의 채권자가 강제집행으로 그 채무자인 사원의 지분을 압류하는 것은 가능하지만, 지분의 환가나 전부(轉付)에는 다른 사원 전부의 동의가 필요하므로 집행의 실효를 거둘 수 없다. 그래서 상법은 다음과 같은 방법으로 압류채권자를 보호한다. ① 지분의 압류는 사원이 갖는 장래의 이익배당청구권·지분환급청구권에 대하여도 효력이 미치고($^{223}_{조}$), 이러한 청구권을 행사할 수 있는 시기에 달할 때마다 채권자는 전부명령 또는 추심명령을 얻어 채권을 행사할 수 있도록 하고 있다. ② 그리고 임의청산시에는 압류채권자의 동의를 얻도록 하고 있다($^{247조}_{4항}$). ③ 나아가서 압류채권자는 사원을 퇴사시키고 지분환급청구권의 전부명령이나 추심명령을 얻음으로써 채권의 만족을 얻을 수 있음은 기술한 바와 같다($^{224조}_{1항}$).

지분도 민법의 일반규정에 따라 권리질의 목적이 될 수 있다($^{통}_{설}$).

# 제 4 절  외부관계

## Ⅰ. 회사의 대표

### (1) 총설

합명회사에서는 각 사원이 회사를 대표할 수 있으나, 정관으로 업무집행사원을 정하였을 때에는 대표권에 관한 정함이 없더라도 당연히 업무집행사원이 회사를 대표한다($^{207조}_{1문}$). 업무집행과 대표는 표리의 관계에 있기 때문이다. 업무집행사원이 수인일 때에는 업무집행사원 각자가 단독으로 회사대표권을 가지나($^{207조}_{2문}$), 정관 또는 총사원의 동의로써 업무집행사원 중 특히 회사를 대표할 자를 정할 수 있다($^{207조}_{단}$). 이 경우 대표사원의 성명은 등기하여야 한다($^{180조}_{4호}$).

### (2) 대표사원의 권한

회사의 대표사원은 회사의 영업에 관하여 재판상·재판 외의 모든 행위를 할 권한이 있다($^{209조}_{1항}$). 정관 또는 총사원의 동의로써 이 대표권에 제한을 두더라도 선의의 제3자에게 대항하지 못한다($^{209조}_{2항}$). 회사가 사원에 대하여 또는 사원이 회사에 대하여 소를 제기하였을 때에는 그 사원은 대표권이 없게 되므로 다른 사원 과반수의 결의로 회사를 대표할 자를 선정하여야 한다($^{211}_{조}$).

### (3) 공동대표

대표권을 견제하는 하나의 방법으로서 회사는 정관 또는 총사원의 동의로 수인의 사원이 공동으로 대표할 것을 정할 수 있다($^{208조}_{1항}$). 이 경우에 단독으로 한 행위는 권한 없는 대표행위가 된다. 그러나 회사에 대한 상대방의 의사표시($^{수동}_{대표}$)는 대표사원 1인에 대하여 하더라도 회사에 대하여 효력을 갖는다($^{208조}_{2항}$). 공동대표는 등기사항이므로 이를 등기하지 아니하면 선의의 제3자에게 대항하지 못한다($^{37조 1항;}_{180조 5호}$). 합명회사의 공동대표는 주식회사의 공동대표와 그 원리를 같이하므로 상세한 설명은 주식회사 부분으로 미룬다($^{511면 이}_{하 참조}$).

### (4) 대표사원의 불법행위

대표사원이 그 업무를 집행함에 있어 타인에게 손해를 가했을 때에는 회사는 그 사원과 연대하여 배상할 책임을 진다($^{210}_{조}$). 대표는 불법행위에도 미치므로 회사가 책임을 지는 것은 당연하지만, 대표사원과 연대책임을 지게 하는 것은 회사와 거래한 제3자를 두텁게 보호하고자 하는 정책적 고려이다($^{민 35조}_{1항 참조}$).

### (5) 대표권의 상실

업무집행권 없는 사원 또는 대표권상실의 선고를 받은 사원은 대표권이 없다($^{216조}_{→205조}$).

## Ⅱ. 사원의 책임

### (1) 의의

사원은 회사채권자에게 회사채무를 직접·연대하여 변제할 책임을 진다($^{무한책}_{임. 212조}$).

합명회사는 법인이므로 그와 별개의 인격자인 사원이 회사채무에 대해 책임을 진다는 것은 이례적인 법현상이다. 그러나 합명회사는 그 실질이 소수의 사원과 소액의 자본으로 조직된 조합적 성격의 기업인 탓에 회사채무는 실질적으로 사원의 공동채무인 측면도 있으므로 회사채권자의 보호를 위해서는 회사신용의 기초를 사원 개인의 신용에 두는 것이 바람직한 입법정책이라 할 수 있다. 한편 사원의 성명·주소가 등기에 의해 공시되고, 중요사항의 결정에는 총사원의 동의를 요하는 형식으로 각 사원이 거부권을 갖고, 원칙적으로 각 사원이 업무집행권과 대표권을 가지는 것 등은 사원의 무한책임을 전제로 한 제도이다. 따라서 사원의 무한책임은 회사의 외부관계에 관한 강행규정으로서, 정관의 규정 또는 총사원의 동의로도 제한 또는 면제할 수 없다.

### (2) 책임의 요건

i) 회사의 재산으로 회사의 채무를 완제할 수 없는 때에는 사원이 이를 변제할 책임을 진다($^{212조}_{1항}$). 즉 사원의 대외적 책임은 회사의 채무를 주채무로 하여 이와 내용을 같이하는 보충적 책임이다.

회사의 재산으로 회사의 채무를 완제할 수 없는 때란 회사의 적극재산에서 소극재산을 차감하여 얻는 수치적 결과를 의미하므로, 파산선고를 받거나, 강제집행에 착수할 것을 요하지 않고, 단지 회사가 채무초과인 상태이면 이 요건을 충족한다.

ii) 회사재산에 대한 강제집행이 주효하지 못한 때에도 사원이 변제할 책임을 진다($^{212조}_{2항}$). 계산상으로는 회사에 正(+)의 자기자본이 존재하더라도 실제는 환가가 불가능하거나 환가하더라도 채무의 완제가 불가능한 경우를 감안한 것이다. 그러므로 이 규정에 의해 사원의 책임을 묻기 위해서는 실제 회사재산에 대해 강제집행을 개시할 것을 요하고 그럼에도 불구하고 채권의 만족을 얻지 못할 것을 요한다($^{대법원 2011. 3. 24. 선}_{고 2010다99453 판결}$). 집행이 주효하지 못함을 요하므로 사원이 회사에 변제의 자력이 있으며 집행이 용이한 것을 증명한 때에는 책임을 지지 아니한다($^{보충성,}_{212조 3항}$).

### (3) 사원의 항변

사원은 회사가 갖는 항변($^{권리부존재나 소}_{멸, 동시이행 등}$)으로 회사채권자에 대항할 수 있다($^{부종성,}_{214조 1항}$). 다만 사원이 회사의 상계권·취소권·해제권을 행사하면 회사에 불이익을 주는 수도 있으므로, 이러한 항변권은 사원이 직접 행사할 수 없고, 이를 이유로 채권자에 대해 이행을 거절할 수 있을 뿐이다($^{214조}_{2항}$).

### (4) 책임의 형태

사원의 책임은 직접·연대·무한이다. 「직접」이라 함은 사원이 회사에 출연하고 회사로부터 채권자가 변제받는 것이 아니라 채권자가 회사를 거치지 아니하고 사원에게 변제를 청구할 수 있음을 뜻하고, 「연대」라 함은 사원들 간의 연대($\substack{사원과 회사의 \\ 연대가 아님}$)를 말하며, 「무한」이라 함은 사원의 출자의무액에 그치지 않고, 채무 전액에 관해 책임지는 것을 말한다.

### (5) 책임의 범위

사원의 책임의 대상이 되는 회사의 채무는 적극재산으로 변제해야 할 모든 채무이다. 계약상의 채무이든, 불법행위로 인한 손해배상책임과 같은 법정채무이든, 혹은 조세 등 공법상의 채무이든 그 발생원인을 묻지 아니하고 모든 채무가 포함된다. 성질상 대체성이 있는 채무라야 하지만, 대체성이 없는 채무라도 손해배상채무로 변한 경우에는 사원의 책임이 미친다.

### (6) 책임자

사원으로서의 책임은 업무집행권·대표권의 유무에 관계없이 모든 사원이 진다. 그 밖에 상법은 신입사원($\substack{213 \\ 조}$)·퇴사원($\substack{225조 \\ 1항}$)에 관해 특별한 규정을 두고 있으며($\substack{既 \\ 述}$), 지분을 양도한 사원은 퇴사원에 준하여 책임을 진다($\substack{225조 \\ 2항}$).

그리고 사원은 아니나 타인에게 자기를 사원이라고 오인시키는 행위를 한 자($\substack{자칭 \\ 사원}$)는 그 오인으로 인하여 회사와 거래한 자에게 회사채무에 관하여 사원과 동일한 책임을 진다($\substack{215 \\ 조}$). 외관주의에 따른 표현책임이다.

### (7) 변제자의 지위

사원의 변제는 제3자의 변제로서 민법의 일반규정에 따라 회사에 대해 구상권을 갖고 ($\substack{민 425조 \\ 1항 유추}$), 또한 사원은 변제를 할 정당한 이익을 갖는 자이므로 회사채권자에 대위한다 ($\substack{민 \\ 481조}$). 변제를 한 사원은 다른 사원에 대해서도 그 부담부분에 관하여 구상권을 가진다 ($\substack{민 \\ 425조}$).

### (8) 책임의 성립과 소멸

1) 사원의 책임은 언제 성립하는가? 상법 제212조 제1항의 표현상으로는 「회사의 재산으로 회사의 채무를 완제할 수 없는 때」에 발생하는 듯이 해석할 소지가 있다. 그러나 판례는 이 규정은 책임의 이행요건을 정한 것에 불과하고 회사의 채무가 성립함과 동시에 사원의 책임도 성립한다고 보고 있다($\substack{대법원 2009. 5. 28. 선 \\ 고 2006다65903 판결}$).

2) 사원의 책임은 해산의 경우에는 그 등기 후 5년, 퇴사 또는 지분양도의 경우에는 그 등기 후 2년이 경과함에 따라 소멸한다($\substack{267조, \\ 225조}$). 이 기간은 제척기간이다.

# 제5절 회사의 해산과 청산

## I. 해산

**1) 해산의 원인**  합명회사는 ① 존립기간의 만료 기타 정관으로 정한 해산사유의 발생, ② 총사원의 동의, ③ 사원이 1인으로 된 때, ④ 합병, ⑤ 파산, ⑥ 법원의 해산명령($^{176}_{조}$) 또는 해산판결($^{241}_{조}$)로 인해 해산한다($^{227}_{조}$).

회사가 해산한 때에는 합병과 파산의 경우를 제외하고 해산사유가 있는 날로부터 본점소재지에서는 2주간 내에, 지점소재지에서는 3주간 내에 해산등기를 하여야 한다($^{228}_{조}$). 그리고 ①, ②, ③의 사유로 해산한 경우에는 사원의 결의로 회사를 계속할 수 있음은 앞서 설명한 바와 같다($^{258면\ 이}_{하\ 참조}$).

**2) 해산의 효과**  합병과 파산의 경우를 제외하고는 해산에 의해 청산절차에 들어가고 그 종결까지 청산의 목적범위 내에서 회사가 존속한다($^{245}_{조}$). 해산 전의 회사와 동일한 회사이므로 종전의 법률관계는 해산에 의하여 변경되지 않는다.

회사채권자에 대한 사원의 책임은 본점소재지에서 해산등기를 한 후 5년이 경과하면 소멸한다($^{267조}_{1항}$). 그러나 5년이 경과하더라도 분배하지 아니한 잔여재산이 있는 경우에는 회사채권자는 변제를 청구할 수 있다($^{267조}_{2항}$).

## II. 청산

### (1) 의의

회사가 해산하면 존립 중에 발생한 일체의 대내외적 법률관계를 종국적으로 처리하기 위해 청산을 해야 한다. 다만 합병을 원인으로 해산하는 경우에는 그 권리의무가 포괄적으로 신설 또는 존속회사에 승계되므로 청산을 하지 않으며, 파산의 경우에는 파산관재인이 채무자회생 및 파산에 관한 법률의 규정에 따라 처리하므로 상법의 청산절차를 따르지 않는다.

합명회사의 청산방법에는 임의청산과 법정청산이 있다. 「임의청산」은 정관의 규정 또는 총사원의 동의로 정하는 방법에 따라서 회사재산을 처분하는 청산방법이고($^{247조}_{이하}$), 「법정청산」은 법률이 정한 절차에 의하여 회사재산을 처분하는 청산방법이다($^{250조}_{이하}$).

### (2) 임의청산

**1) 원칙**  임의청산은 해산 회사의 재산처분방법을 정관 또는 총사원의 동의로 정하는 것이다($^{247조}_{1항}$). 청산은 임의청산을 원칙으로 한다. 그러나 사원이 1인으로 되어 해산한 때와 법원의 해산명령 또는 해산판결에 의하여 해산한 경우에는 재산처분의 공정을 기대하

기 어려우므로 임의청산이 허용되지 아니한다($^{247조}_{2항}$). 따라서 임의청산이 가능한 경우란 결국 정관에 정한 사유가 발생하여 해산한 때($^{227조}_{1호}$)와 총사원의 동의로 해산한 때($^{227조}_{2호}$)로 국한된다.

2) **채권자보호**　임의청산을 할 때에는 채권자보호절차를 밟아야 한다.

i) **일반채권자의 보호**　회사는 해산사유가 있는 날로부터 2주간 내에 재산목록과 대차대조표를 작성하여야 하며($^{247조}_{1항 후}$), 그 기간 내에 채권자에 대하여 이의가 있으면 1월 이상의 일정 기간 내에 이의를 제출할 것을 공고하고, 회사가 알고 있는 채권자에 대하여는 따로따로 이를 최고하여야 한다($^{247조\,3항}_{→232조\,1항}$). 채권자가 그 기간 내에 이의를 제출하지 않을 때에는 임의청산을 승인한 것으로 본다($^{247조\,3항}_{→232조\,2항}$). 이의를 제출한 채권자가 있을 때에는 회사는 그 채권자에 대하여 변제 또는 상당한 담보를 제공하거나 아니면 이를 목적으로 하여 상당한 재산을 신탁회사에 신탁하여야 한다($^{247조\,3항}_{→232조\,3항}$).

회사가 이러한 절차에 위반하여 재산을 처분함으로써 회사채권자를 해한 때에는 회사채권자는 그 위반함을 안 날로부터 1년 내, 재산처분이 있는 날로부터 5년 내($^{248조\,2항→}_{민\,406조\,2항}$)에 재산처분의 취소를 법원에 청구할 수 있다($^{248조}_{1항}$). 이 경우 처분취소판결은 모든 회사채권자의 이익을 위하여 효력이 있다($^{248조\,2항}_{→민\,407조}$).

ii) **지분압류채권자의 보호**　사원의 지분을 압류한 채권자가 있을 경우에는 임의청산을 하기 위해서는 압류채권자의 동의를 얻어야 한다($^{247조}_{4항}$). 회사가 동의를 얻지 않고 재산을 처분한 때에는 압류채권자는 회사에 대하여 그 지분에 상당하는 금액의 지급을 청구할 수 있고($^{249조}_{전}$), 회사채권자의 예에 따라 취소청구권을 행사할 수도 있다($^{249조}_{후}$).

**(3) 법정청산**

1) **사유**　임의청산을 할 수 없는 경우에는 법정청산절차에 의하여 청산하여야 한다. 즉 사원이 1인으로 되어 해산한 때와 해산명령·해산판결에 의하여 해산한 때에는 법정청산에 의하고, 정관이나 총사원의 동의로 해산하면서 재산의 처분방법을 정하지 아니한 때에도 법정청산에 의한다($^{250}_{조}$).

2) **청산인**

i) **지위**　법정청산의 특징은 청산인이 청산사무를 집행하는 것이다. 청산인은 청산중의 회사를 대표한다. 따라서 해산 전 회사에서의 업무집행사원에 대응하는 지위라 하겠다. 회사와 청산인 간의 관계에는 위임에 관한 규정이 준용된다($^{265조→382}_{조\,2항}$).

ii) **선임**　청산인은 총사원 과반수의 결의로 선임하나($^{251조}_{1항}$), 사원들이 청산인을 선임하지 않은 때에는 업무집행사원이 청산인이 된다($^{251조}_{2항}$). 이러한 절차에 의해 청산인이 선임되지 않은 경우에는 법원이 청산인을 선임한다. 그리고 회사가 사원이 1인으로 되어 해산한 때와 해산명령 또는 해산판결에 의해 해산한 때에는 반드시 법원이 청산인을 선임한다. 법원은 사원 기타의 이해관계인이나 검사의 청구에 의하여 또는 직권으로 청산인을 선임한다($\frac{252}{조}$). 청산인은 사원이 아니라도 무방하다.

iii) 청산인의 권한　　청산인은 후술하는 청산사무($\frac{254조}{1항}$)를 집행하며, 청산인이 수인이면 과반수결의로 정한다($\frac{254조}{2항}$). 회사를 대표하는 청산인은 청산사무에 관한 재판상 또는 재판 외의 모든 행위를 할 수 있다($\frac{254조}{3항}$).

iv) 손해배상책임　　청산인이 임무를 해태한 때에는 주식회사의 이사의 경우와 같이 회사 또는 제3자에 대하여 손해배상책임을 진다($\frac{265조→399}{조, 401조}$). 또한 대표청산인이 사무집행으로 타인에게 손해를 가한 때에는 대표사원의 경우와 같이 회사와 연대하여 손해배상책임을 진다($\frac{265조}{→210조}$).

v) 등기　　청산인의 선임, 해임은 등기하여야 한다($\frac{253조 1항, 253}{조 2항→183조}$).

3) 청산사무　　상법은 청산인의 직무권한으로 아래와 같은 사무를 열거하고 있으나($\frac{254조 1항}{1호~4호}$), 이는 청산사무의 대강을 예시한 것이고 청산인의 직무가 이에 한정되는 것은 아니다.

i) 현존사무의 종결　　회사의 영업을 포함하여 청산사무 이외의 모든 사무를 종결지어야 하며, 새로운 법률관계를 형성하는 행위를 하지 못한다.

ii) 채권의 추심　　청산인은 회사의 채권을 추심하여야 하나, 그렇다고 회사채무자가 기한의 이익을 잃는 것은 아니다.

iii) 채무의 변제　　청산인은 변제기에 이르지 아니한 회사채무도 변제할 수 있다($\frac{259조}{1항}$). 기한의 이익이 채권자에게 있더라도 같다. 이자가 없는 채무를 변제할 때에는 기한의 이익을 회사가 포기하는 셈이므로 회사가 변제할 금액은 채무액이 아니라 변제기까지의 법정이자를 가산하여 채무액과 같아지는 금액만을 변제하면 된다($\frac{259조}{2항}$). 조건부채무, 존속기간이 불확정한 채무 기타 가액이 불확정한 채무는 법원이 선임한 감정인의 평가에 따라 변제한다($\frac{259조}{4항}$).

iv) 출자청구　　회사의 현존재산이 채무를 변제하기에 부족한 때에는 청산인은 변제기에 불구하고 각 사원에 대하여 각 사원의 지분의 비율에 따른 출자를 청구할 수 있다($\frac{258}{조}$).

v) 재산의 환가처분　　청산인은 채무변제와 잔여재산분배를 위하여 회사재산을 환가처분하여야 한다. 그 일환으로 영업의 전부 또는 일부를 양도할 수 있으나, 총사원 과반수의 결의를 얻어야 한다($\frac{257}{조}$).

vi) 잔여재산의 분배　　청산인은 회사채무를 완제한 후에 한하여 사원에게 회사재산을 분배할 수 있으며, 다툼이 있는 채무가 있을 때에는 그 변제에 필요한 재산을 유보하고 분배하여야 한다($\frac{260}{조}$). 분배는 각 사원의 지분에 비례하여야 하며, 노무나 신용을 출자한 사원도 지분에 따라 분배를 받는다.

4) 청산의 종결　　청산이 종결된 때에는 청산인은 지체 없이 계산서를 작성하여 각

사원에게 교부하고 승인을 얻어야 한다($^{263조}_{1항}$). 계산서를 받은 사원이 1월 내에 이의를 하지 아니한 때에는 그 계산을 승인한 것으로 본다($^{263조}_{2항\ 본}$). 계산서에 관해 총사원이 승인한 때에는 청산인은 승인한 날로부터 본점소재지에서는 2주간 내, 지점소재지에서는 3주간 내에 청산결과의 등기를 하여야 한다($^{264}_{조}$).

# 제 4 장  합자회사

## 1. 사단조직의 특색

합자회사는 무한책임사원과 유한책임사원으로 구성된 회사로서($\frac{268}{조}$) 소수의 기능자본가($\frac{무한책}{임사원}$)와 지분자본가($\frac{유한책}{임사원}$)의 결합체이다. 지분자본가는 기업활동에는 관여하지 않고 단지 기능자본가에게 출자하고 그 자본이윤에 참가한다. 지분자본가는 이같이 기업경영에 참여할 권리를 포기하고, 그 대가로 책임의 유한성을 누린다. 기능자본가만의 결합체인 합명회사에 비해 기능자본가를 중핵으로 하되 지분자본가를 추가하는 이원적 기업조직인 합자회사에서는 보다 고액의 자본조달이 가능하다.

이같이 보면 합자회사란 합명회사의 조직을 기초로 하여 유한책임사원을 추가한 것이므로 조직의 이원성으로 말미암은 약간의 특별규정이 있는 외에는 전체적으로 합명회사의 규정이 준용된다($\frac{269}{조}$). 이하 합명회사에 대한 합자회사의 특성을 살피기로 한다.

## 2. 회사의 설립

합자회사는 무한책임사원이 될 자 1인 이상과 유한책임사원이 될 자 1인 이상이 정관을 작성하고 설립등기를 함으로써 성립한다. 정관의 절대적 기재사항은 합명회사와 같으나($\frac{270조,}{179조}$), 그 밖에 각 사원별로 책임의 종류, 즉 무한책임 또는 유한책임을 기재하여야 한다($\frac{270}{조}$). 설립등기도 이와 같은 요령으로 한다($\frac{271조,}{180조}$).

## 3. 내부관계

**1) 출자**  무한책임사원은 합명회사의 사원과 같이 금전출자나 현물출자 외에 노무출자와 신용출자도 할 수 있으나, 유한책임사원은 신용 또는 노무를 출자의 목적으로 하지 못한다($\frac{272}{조}$). 사원 전원이 유한책임을 지는 물적회사에서 자본충실이 강조되는 것과 같은 취지이다.

**2) 업무집행**   합자회사의 업무집행은 정관에 다른 규정이 없는 때에는 무한책임사원 각자가 수행할 권리와 의무가 있다($^{273}_{조}$). 유한책임사원은 회사의 업무집행을 할 수 없다($^{278}_{조}$). 지배인의 선임도 무한책임사원 과반수의 결의에 의하고 유한책임사원은 그 결정에 관여할 수 없다($^{274}_{조}$).

**3) 권한상실선고**   업무집행사원의 권한상실선고는 유한책임사원도 청구할 수 있으며, 지분의 대소는 무관하다($^{서울고법\ 1974.\ 1.\ 24.}_{선고\ 72나1588\ 판결}$). 무한책임사원이 1인인 경우에는 그의 업무집행권을 박탈한다면 업무집행을 담당할 자가 없어지므로 이때에는 업무집행사원의 권한상실선고가 허용될 수 없다($^{대법원\ 1977.\ 4.\ 26.}_{선고\ 75다1341\ 판결}$). 그러나 2인의 무한책임사원이 있는 중 1인이 권한상실선고를 받은 후 나머지 무한책임사원이 퇴사($^{사}_{망}$)한 경우에는 권한상실선고를 받은 사원의 권한이 자동으로 회복되는 것이 아니고, 나머지 유한책임사원 전원의 동의로 동 무한책임사원을 다시 업무집행사원($^{대표}_{사원}$)으로 선임하는 경우에 한해 권한을 회복할 수 있다($^{대법원}_{2021.\ 7.\ 8.\ 선고\ 2018}_{다225289\ 판결}$).

**4) 감시권**   유한책임사원은 회사의 업무집행에서 배제되므로 무한책임사원의 전횡으로부터 스스로의 이익을 지키기 위하여 감시권을 행사할 수 있다. 즉 유한책임사원은 영업연도 말에 있어서의 영업시간 내에 회사의 회계장부, 대차대조표, 기타의 서류를 열람할 수 있고, 회사의 업무와 재산상태를 검사할 수 있다($^{277조}_{1항}$). 중요한 사유가 있는 때에는 위와 같은 시기적인 제약을 받지 않고 언제든지 법원의 허가를 얻어 열람과 검사를 할 수 있다($^{277조}_{2항}$).

**5) 경업·자기거래의 제한**   유한책임사원은 업무집행권을 갖지 못하고 이윤의 분배에 참가하는 데 불과하므로 구태여 경업을 금지시킬 필요가 없다($^{275}_{조}$). 그러나 회사와의 거래를 제한하는 규정($^{199}_{조}$)은 경업금지와는 달리 유한책임사원에게도 적용된다($^{269}_{조}$).

**6) 손익의 분배**   정관에 다른 정함이 없으면 손익은 합명회사의 경우와 같이 출자액에 비례하여 분배한다($^{269조→195}_{조→민\ 711조}$). 다만 유한책임사원은 출자액을 한도로 하여 손실을 분담한다.

**7) 지분의 양도와 사원의 변동**   무한책임사원의 지분의 양도에는 총사원의 동의를 요하므로($^{269조}_{→197조}$) 유한책임사원의 동의도 필요하지만, 유한책임사원의 지분의 양도에는 무한책임사원 전원의 동의만 있으면 족하고 다른 유한책임사원의 동의는 요하지 않는다($^{276조}_{전}$). 유한책임사원의 지분이 양도됨에 따라 정관을 변경해야 할 경우에도 같다($^{276조}_{후}$). 유한책임사원 상호간에는 신분변동에 이해를 갖지 않기 때문이다. 유한책임사원의 지분을 입질할 때에도 무한책임사원의 동의만으로 족하다($^{대법원\ 2015.\ 4.\ 23.\ 선}_{고\ 2014다218863\ 판결}$).

새로운 유한책임사원이 입사할 경우에는 총사원의 동의를 얻어 정관을 변경하여야 한다($^{270}_{조}$).

유한책임사원의 사망은 퇴사원인이 아니며, 그 상속인이 지분을 승계하여 사원이 된다

($^{283}_{조}$). 또한 유한책임사원에게는 성년후견의 개시도 퇴사원인이 되지 않는다($^{284}_{조}$). 이 역시 유한책임사원은 책임이 제한되고 업무집행권이 없다는 데서 비롯된 것이다.

하지만 제명의 경우에는 무한책임사원과 유한책임사원은 등가의 지위를 가짐을 주의해야 한다. 어떤 종류의 사원을 제명하든 나머지 유한책임사원과 무한책임사원 전원의 과반수의 결의를 요한다($^{대법원 1991. 7. 26.}_{선고 90다19206 판결}$). 그리고 무한책임사원이 없거나 유한책임사원이 없어지면 해산사유가 되므로 어느 종류의 사원 전원을 제명할 수는 없다($^{앞의}_{판례}$).

### 4. 외부관계

**1) 회사의 대표** 유한책임사원은 회사의 업무집행권을 갖지 못함과 동시에 대표권도 갖지 못한다($^{278}_{조}$)($^{대법원 1966. 1. 25.}_{선고 65다2128 판결}$).

**2) 유한책임사원의 책임** 무한책임사원은 회사채무에 관해 합명회사의 사원과 같은 책임을 진다. 그러나 유한책임사원은 출자액을 한도로 하여 책임을 진다($^{279조}_{1항}$). 따라서 회사에 대하여 이미 출자의무의 전부 또는 일부를 이행한 때에는 그 범위에서 회사채권자에 대한 책임을 면한다($^{같은}_{조항}$). 정관변경에 의하여 유한책임사원의 출자액이 감소하더라도 변경등기 이전에 생긴 회사채무에 대해서는 등기 후 2년간 책임을 면하지 못한다($^{280}_{조}$).

〈표 2〉 무한책임사원과 유한책임사원의 지위비교

|  | 무한책임사원 | 유한책임사원 |
|---|---|---|
| 노무·신용출자 | 가 | 불가(272조) |
| 업무집행권 | 유(273조) | 무(278조) |
| 업무감시권 | 유(269조→195조→민 710조) | 유(277조) |
| 대 표 권 | 유(269조→207조) | 무(278조) |
| 업무집행의 이의제기 | 가(269조→200조 2항) | 불가 |
| 경업금지 | 유(269조→198조) | 무(275조) |
| 지분양도 | 총사원의 동의要(269조→197조) | 무한책임사원의 동의要(276조) |
| 사원의 사망 | 퇴사의 원인(269조→218조 3호) | 지분상속(283조) |
| 사원의 성년후견개시 | 퇴사의 원인(269조→218조 4호) | 퇴사하지 않음(284조) |
| 책 임 | 무한(269조→212조) | 유한(279조) |

그리고 유한책임사원이 타인에게 자기를 무한책임사원이라고 오인시키는 행위를 한 때에는 오인으로 인하여 회사와 거래를 한 자에 대하여 무한책임사원과 동일한 책임을 지며($^{281조}_{1항}$), 이와 마찬가지로 유한책임사원이 그 책임의 한도를 오인시킨 경우에도 오인시킨 범위에서 책임을 진다($^{281조}_{2항}$). 외관주의에 입각한 표현책임이다.

3) 책임의 변경    총사원의 동의에 의해 정관을 변경하여 유한책임사원이 무한책임사원으로 또는 반대로 무한책임사원이 유한책임사원으로 바뀔 수 있다(대법원 2010. 9. 30. 선고 2010다21337 판결). 전자의 경우에는 신입사원의 책임에 관한 제213조가, 후자의 경우에는 퇴사원의 책임에 관한 제225조가 각각 준용된다(282조).

## 5. 회사의 해산·계속·청산

합자회사는 합명회사와 같은 원인으로 해산하나, 합자회사는 무한책임사원과 유한책임사원의 이원적 조직이므로 어느 한쪽의 사원이 전원 퇴사했을 때에도 당연히 해산한다(285조 1항). 이 경우에 잔존한 무한책임사원 또는 유한책임사원은 전원의 동의로 유한책임사원 또는 무한책임사원을 새로 가입시켜서 회사를 계속할 수도 있다(285조 2항). 또한 유한책임사원 전원이 퇴사했을 경우에는 무한책임사원 전원의 동의로 합명회사로 조직변경하여 계속할 수도 있다(286조 2항).

청산절차와 방법은 합명회사의 경우와 같다. 청산인을 선임할 경우에는 무한책임사원 과반수의 결의로 하며, 유한책임사원의 동의는 요하지 않는다. 청산인을 선임하지 않은 때에는 업무집행사원이 청산인이 된다(287조).

# 제 5 장  유한책임회사

## 제 1 절  총설

### 1. 제도의 배경

유한책임회사는 내부적으로는 조합의 실체를 가진 인적회사이면서 대외적으로는 사원 전원이 유한책임의 이점을 누리는 회사이다. 유한책임회사제도가 도입되기 이전에는 인적회사의 속성과 유한책임이 결합한 기업조직으로서는 무한책임사원과 유한책임사원으로 구성되는 합자회사가 유일하였다. 기본적으로 인적회사에는 무한책임사원이 불가결한 존재로서 업무집행은 무한책임사원만이 담당해야 한다는 입법정책이 고수되어 왔기 때문이었다.

그러나 최근의 산업구조에서는 벤처기업과 같이 창의적인 인적 자산을 위주로 하는 사업이 번성하는데, 이러한 기업의 창업자들은 구성원 간에 강한 유대를 갖는 인적집단으로 운영하면서도, 기업실패로 인한 위험부담을 최소화하기 위해 유한책임을 누리는 기업형태를 희망한다. 2011년 개정상법은 이 수요에 부응하여 사원들이 전부 유한책임을 지면서도 인적회사와 같이 조합적인 방법으로 운영할 수 있는 유한책임회사($^{287조의}_{2 \text{ 이하}}$)를 신설하고, 아울러 조합의 방식으로도 같은 목적을 달성할 수 있도록 합자조합($^{86조의}_{2 \text{ 이하}}$)을 인정함으로써 기업조직에 관한 다양한 선택을 허용하였다.

유한책임회사는 미국에서 널리 이용되고 있는 limited liability company(LLC) 그리고 일본의 합동회사를 참고하여 만들었다.

### 2. 법률관계의 구조와 특색

상법은 유한책임회사의 법률관계를 내부관계와 외부관계로 구분한다. 내부관계로서는 사원의 책임, 업무집행 및 업무집행자의 행위제한, 지분양도, 정관변경 등을 다루고, 외부관계로서는 회사의 대표, 손해배상책임, 대표소송을 다루고 있다.

유한책임회사는 합명회사를 기본틀로 하고 사원들을 유한책임사원으로 교체한 회사라고 특징지을 수 있다. 그리하여 상법은 유한책임회사의 내부관계를 합명회사와 동질적인 법리로 규율하기 위하여 정관 및 상법에 규정된 사항을 제외하고는 합명회사에 관한 규정을 준용하고 있다($^{287조}_{의18}$).

# 제 2 절  설립

## 1. 설립상의 특색

유한책임회사는 사원이 정관에 의해 특정되는 인적회사이지만, 사원이 유한책임을 지므로 사원의 인적 구성을 중심으로 한 사단성은 크게 퇴색되어 주식회사 및 유한회사와 같이 1인의 사원만으로도 유한책임회사를 설립할 수 있다($^{287}_{조의2}$). 또한 사원의 유한책임제도로부터 채권자를 보호하기 위하여 설립당초부터 자본의 실체를 확보하도록 전액납입주의가 적용되고, 환가성이 없는 노무출자와 신용출자가 제한되는 등 자본충실의 이념이 반영되어 있다($^{287}_{조의4}$).

## 2. 설립절차

### (1) 정관의 작성

사원은 아래 사항을 기재한 정관을 작성하고 기명날인($^{또는}_{서명}$)하여야 한다($^{287}_{조의3}$).

**1) 목적 등**    목적, 상호, 사원의 성명·주민등록번호·주소, 본점의 소재지, 정관의 작성연월일을 기재해야 함은 합명회사와 같다($^{287조의3\ 1호→179조}_{1호\sim3호·5호·6호}$).

**2) 사원의 출자의 목적 및 가액**    출자의 목적은 책임재산이 될 수 있도록 환가성 있는 자산이어야 하므로 신용이나 노무는 출자의 목적으로 하지 못한다($^{287조}_{의4\ 1항}$).

**3) 자본금의 액**    사원이 전원 유한책임을 지는 까닭에 대외적인 책임이행능력의 표지로서 자본금이 중요한 역할을 한다고 볼 수 있어 정관의 기재사항으로 하였다.

**4) 업무집행자의 성명($^{법인인\ 경우}_{에는\ 명칭}$) 및 주소**    합명회사와 합자회사에서는 원칙적으로 무한책임사원이 업무집행을 하지만, 유한책임회사에서는 후술과 같이 사원이 수행할 수도 있고 제3자로 하여금 수행하게 할 수도 있으므로 업무집행자를 정관에 명시하게 하였다. 업무집행자가 법인인 경우에는 명칭을 기재하라고 함은 법인도 업무집행자가 될 수 있음을 전제로 한 것이다.

### (2) 출자의 이행

책임재산을 설립 전에 확보하기 위해 사원은 정관의 작성 후 설립등기를 하기 전에 출자를 전부 이행하여야 한다($_{의4\ 2항}^{287조}$). 같은 이유에서 현물출자를 하는 사원은 납입기일에 지체 없이 유한책임회사에 출자의 목적인 재산을 인도하고, 등기, 등록, 그 밖의 권리의 설정 또는 이전이 필요한 경우에는 이에 관한 서류를 모두 갖추어 교부하여야 한다($_{의4\ 3항}^{287조}$).

### (3) 설립등기

유한책임회사는 본점의 소재지에서 등기함으로써 성립한다($_{의5\ 1항}^{287조}$). 사원은 등기사항이 아니다. 그러나 업무집행자의 성명, 주소 및 주민등록번호 그리고 대표자를 정한 경우 성명과 주소는 등기해야 한다. 유한책임회사를 대표할 업무집행자를 정한 경우에는 그 외의 업무집행자의 주소는 등기할 필요가 없다($_{항\ 4호·5호}^{287조의5\ 1}$).

## 3. 설립의 취소 · 무효

회사설립행위 또는 절차에 무효원인이 있거나 취소원인이 있을 때에는 합명회사에서와 마찬가지로 소만으로써 다툴 수 있다($_{6→184조\ 1항}^{287조의}$). 다만 무효의 소는 사원만이 아니라 사원 아닌 업무집행자도 제기할 수 있으며, 취소의 소는 취소권 있는 자에 한하여 제기할 수 있다($_{6→184조\ 1항}^{287조의}$). 그 밖의 소송절차 및 판결의 효력은 합명회사의 설립무효 · 취소와 같다($_{6→184조}^{287}$ $_{~194조}^{조의}$).

# 제 3 절   내부관계

## 1. 내부관계의 특색

유한책임회사는 합명회사의 조직을 바탕으로 하고 사원들의 책임만 유한책임으로 교체한 회사이므로 내부관계에 관하여는 합명회사에 관한 규정이 일반적으로 준용된다($_{의18}^{287조}$). 이는 내부관계에 관한 한 폭넓은 정관자치 내지는 자율적 규율이 가능함을 의미하지만, 사원 전원이 유한책임을 지므로 내부관계라 하더라도 채권자보호와 관련되는 문제에서는 정관자치와 자율적 운영이 제한될 수밖에 없다.

## 2. 업무집행

1) 업무집행자의 선임　　　정관으로 업무집행자를 정해야 한다($_{의2\ 1항}^{287조}$). 업무집행자는 사원 중에서 정할 수도 있고 사원이 아닌 자로 정할 수도 있다. 주식회사와 유한회사의 업무집행은 소유와 경영의 분리원칙에 입각해 있고, 합자회사에서 유한책임사원이 업무집행

에서 배제되는 것을 보면 「유한책임」과 「업무집행배제」는 표리관계로 연결되는 법리라 할 수 있다. 그러므로 유한책임회사의 사원이 업무집행자가 될 수 있도록 한 것은 파격적인 입법이지만, 이 점이 유한책임회사를 이용할 가장 큰 실익이다.

2) **수인의 업무집행방법**　　둘 이상의 업무집행자를 정한 경우의 업무집행방법은 합명회사에서와 같다. 각자가 업무를 집행할 권리와 의무를 가지며($\binom{287조의}{12\ 2항}$), 어느 업무집행자의 집행에 다른 업무집행자의 이의가 있는 때에는 그 행위를 중지하고 업무집행자 전원의 과반수의 결의에 의한다($\binom{287조의12\ 2항}{\to 201조\ 2항}$). 수인의 업무집행자를 공동업무집행자로 정할 수 있으며, 이 경우에는 업무집행자 전원의 동의로 업무를 집행한다($\binom{287조의}{12\ 3항}$).

3) **법인인 업무집행자**　　합명회사의 사원 및 합자회사의 무한책임사원은 자연인이어야 하고, 주식회사나 유한회사에도 명문의 규정은 없지만 법인은 이사가 될 수 없다고 해석하는 것이 통설이다. 하지만, 유한책임회사에서는 법인 업무집행자를 명문으로 허용한다($\binom{287조}{의15}$). 즉 유한책임회사는 상법상 법인이 업무집행자가 될 수 있는 유일한 회사이다. 법인이 업무집행자가 되더라도 법인이 실제 업무를 집행할 수는 없으므로 업무집행자가 된 법인은 실제 직무를 행할 자를 선임하고, 그 자의 성명과 주소를 다른 사원에게 통지하여야 한다($\binom{287조의}{15\ 1항}$). 실제 업무집행자의 직무를 행할 자로 선임된 자의 임무해태에 관하여는 그를 선임한 법인 업무집행자가 자신의 행위로서 책임을 져야 한다.

4) **직무대행자**　　법원의 가처분으로 업무집행자의 업무집행을 정지하거나 직무대행자를 선임할 수 있으며, 그 가처분 또는 그 변경·취소는 본점 및 지점이 있는 곳의 등기소에서 등기하여야 한다($\binom{287조}{의5\ 5항}$). 이 가처분에 의해 선임된 직무대행자는 가처분명령에 다른 정함이 있는 경우 외에는 법원의 허가를 얻지 않는 한 법인의 통상업무에 속하지 아니한 행위를 하지 못한다($\binom{287조의13\to}{200조의2}$).

5) **업무집행자의 권한상실선고**　　업무집행자가 업무를 집행함에 현저하게 부적임하거나 중대한 의무에 위반한 행위가 있는 때에는 법원은 사원의 청구에 의하여 업무집행권한의 상실을 선고할 수 있다($\binom{287조의17\to}{205조\ 1항}$).

6) **회사와 업무집행자의 이익충돌방지**　　업무집행자가 그 지위를 남용하여 회사와 이익이 상충하는 행위를 할 경우 회사의 손해가 예상되므로 아래와 같이 업무집행자의 경업, 자기거래를 제한한다. i) 업무집행자는 사원 전원의 동의를 받지 아니하고는 자기 또는 제3자의 계산으로 회사의 영업부류에 속한 거래를 하지 못하며, 같은 종류의 영업을 목적으로 하는 다른 회사의 업무집행자·이사 또는 집행임원이 되지 못한다($\binom{287조의}{10\ 1항}$). ii) 업무집행자는 다른 사원 과반수의 결의가 있는 경우에만 자기 또는 제3자의 계산으로 회사와 거래를 할 수 있다($\binom{287조}{의11}$).

7) **사원의 감시권**　　사원 중 업무집행자가 되지 못한 사원은 회사의 경영에서 소외되므로 상법은 이들이 자신의 이익을 지킬 수 있도록 합자회사의 유한책임사원이 갖는 것

과 같은 감시권을 부여하였다. 권한의 구체적인 내용은 합자회사에서 유한책임사원이 갖는 감시권과 동일하다($^{287조의}_{14→277조}$).

**8) 업무집행자의 책임**　　회사와 업무집행자의 관계는 위임으로 보아야 한다. 따라서 업무집행자는 회사의 수임인으로서 선량한 관리자의 주의로 업무를 집행해야 하며($^{민}_{681조}$), 임무를 해태한 경우에는 회사에 대해 손해배상책임을 진다. 사원은 업무집행자의 책임을 추궁하는 대표소송을 제기할 수 있다($^{287조의}_{22\ 1항}$). 이 소에는 주식회사의 대표소송에 관한 규정($^{403조~}_{406조}$)이 전반적으로 준용된다($^{287조의}_{22\ 2항}$). 다만, 사원은 누구나 제소할 수 있으므로 주식회사에서의 대표소송의 제소요건으로 정한 소유주식수에 관한 규정($^{403조\ 1}_{항\ .\ 5항}$)은 준용되지 않는다.

## 3. 의사결정

**1) 결정방법**　　유한책임회사의 의사결정에 있어서도 인적회사로서의 성격이 크게 부각된다.

i) 상당수의 중요경영사항은 정관으로 정하도록 한다. 구체적으로 업무집행자의 선정 ($^{287조의}_{12\ 1항}$), 대표자의 선정($^{287조의19}_{2항\ .\ 3항}$), 사원의 가입($^{287조}_{의23}$), 사원의 사망시 상속인의 권리의무 승계에 관한 사항($^{287조의}_{26→219조}$), 제명의 결의방법($^{287조}_{의27}$), 잉여금의 분배($^{287조의}_{37\ 5항}$)는 정관으로 정하도록 한다.

업무집행자의 경업승인($^{287조의}_{10\ 1항}$), 대표자의 선정($^{287조}_{의19}$), 자본금의 감소($^{287조의}_{36\ 1항}$)는 총사원의 동의로 정하는데, 정관의 변경도 총사원의 동의로 하므로($^{287조}_{의16}$), 이 사항들도 정관으로 정하는 것과 같다.

ii) 업무집행자의 자기거래 승인($^{287조}_{의11}$), 사원과의 소에서의 회사대표의 선정($^{287조}_{의21}$)은 사원의 과반수의 결의로 할 수 있다.

상법에서 정하고 있는 사원의 의사결정을 요하는 사안은 위와 같지만, 그 밖에 사원의 의사결정이 필요할 경우 조합의 운영원리에 따라 사원 전원의 과반수에 의한다($^{287조의18→195}_{조→민\ 706}$ $^{}_{조\ 2항}$). 하지만 유한책임회사에서는 합명회사에서와는 달리 사원들이 업무집행자가 되지 않는 한 직접 업무집행을 하는 것이 아니므로 과반수결의의 적용범위는 넓지 않다.

**2) 의결권의 배분**　　사원들이 유한책임을 지는 점을 강조하면 유한책임회사에서의 의사결정은 자본다수결에 의하는 것이 원칙이라고 할 수 있다. 그러나 정관으로 정하는 사항이나 총사원의 동의를 얻어야 하는 사항은 의결권의 배분이라는 것이 무의미하고, 과반수결의에 의하는 사항에 관해 의결권의 배분방식이 문제되는데, 상법은 유한책임회사의 의결권은 두수주의에 의해 배분하고 있다($^{287조의11,\ 287조의18→}_{195조→민\ 706조\ 2항}$). 즉 인적회사의 의사결정방식을 따르는 것이다.

**3) 의사결정기구**　　유한책임회사에는 사원총회를 두지 않고, 어떤 방법으로든 사원들 각자의 의사를 파악할 수 있으면 족하다. 이 점 인적회사와 같다.

## 4. 정관변경

유한책임회사에서 정관을 변경하려면 총사원의 동의가 있어야 하지만($^{287조}_{의16}$), 상법이 「정관에 다른 규정이 없는 경우」 정관변경은 총사원의 동의가 있어야 한다고 규정함으로써, 정관변경방법을 달리 정할 수 있는 여지를 두고 있다. 따라서 정관에 보다 완화된 결의 방법을 두어 그에 따라 정관을 변경할 수 있다.

## 5. 회계

유한책임회사는 조합적 운영이 가능하도록 만든 회사이나, 재무관리에 관해서는 주식회사에서와 같이 채권자보호를 배려한 규정들이 마련되어 있다. 유한책임회사의 회계 역시 주식회사의 계산에서와 같이 일반적으로 공정하고 타당한 회계관행에 따라야 한다($^{287조}_{의32}$).

**1) 자본금**　　　사원들이 무한책임을 지는 인적회사에서는 자본금이란 것이 법적 관리 대상이 아니지만, 유한책임회사에서는 후술과 같이 자본금이 회사자산의 사외유출의 통제 항목이 되는 등 중요한 규범적 의미를 지닌다. 사원이 출자한 금전이나 그 밖의 재산의 가액을 자본금으로 인식한다($^{287조}_{의35}$).

회사는 정관을 변경하여 자본금을 감소할 수 있다($^{287조의}_{36\ 1항}$). 자본금감소는 회사채권자들의 책임재산을 감소시키므로 채권자보호절차($^{232}_{조}$)를 밟아야 한다($^{287조의}_{36\ 2항\ 본}$). 상법 제287조의36 제2항 단서는 자본금을 감소한 후의 자본금의 액이 순자산액 이상인 경우에는 채권자보호절차를 밟을 필요가 없다고 규정하는데, 이는 「순자산액이 자본금의 액 이상」이어야 함을 오기(誤記)한 것이므로 이 뜻으로 고쳐 읽어야 한다. 법문대로 「자본금의 액이 순자산액 이상」이라 함은 자본에 결손이 생긴 상태임을 의미하기 때문이다.

상법은 자본금감소에 관해서만 언급하고 있으나, 자본금의 증가도 있을 수 있음은 물론이다. 자본금의 증가란 사원들의 추가출자를 의미하는데, 자본금은 정관의 기재사항이므로($^{287조}_{의3\ 3호}$) 자본금을 증가하기 위해서는 총사원의 동의가 있어야 한다($^{287조}_{의16}$).

**2) 재무제표의 작성과 보존**　　　업무집행자는 결산기마다 대차대조표($^{재무상}_{태표}$), 손익계산서, 그리고 자본변동표 또는 이익잉여금처분계산서($^{또는\ 결손금}_{처리계산서}$)를 작성하여야 한다($^{287조의33,}_{상령\ 5조}$). 업무집행자는 이 서류들을 본점에 5년간 갖추어 두어야 하고, 그 등본을 지점에 3년간 갖추어 두어야 한다($^{287조의}_{34\ 1항}$). 사원과 회사의 채권자는 회사의 영업시간 내에는 언제든지 재무제표의 열람과 등사를 청구할 수 있다($^{287조의}_{34\ 2항}$).

**3) 잉여금의 분배**

i) 배당가능이익　　　유한책임회사는 대차대조표상의 순자산액으로부터 자본금의 액을 뺀 액($^{잉여}_{금}$)을 한도로 하여 사원에게 분배할 수 있다($^{287조의}_{37\ 1항}$). 주식회사와는 달리 유한책임회사에서는 준비금의 적립을 요구하지 않는다.

ii) 분배기준·방법   잉여금은 정관에 다른 규정이 없으면 각 사원이 출자한 가액에 비례하여 분배하되, 정관으로 달리 정할 수 있다($^{287조의}_{37\,4항}$). 잉여금의 분배를 청구하는 방법이나 그 밖에 잉여금의 분배에 관한 사항은 정관으로 정할 수 있다($^{287조의}_{37\,5항}$).

iii) 압류채권자의 권리   사원의 지분에 한 압류는 잉여금의 배당을 청구하는 권리에 대하여도 그 효력이 미친다($^{287조의}_{37\,6항}$).

iv) 위법배당   배당가능이익이 없이 잉여금을 분배한 경우에는 회사의 채권자는 그 잉여금을 분배받은 자에 대하여 회사에 반환할 것을 청구할 수 있다($^{287조의}_{37\,2항}$). 주식회사의 위법배당에 대한 회사채권자의 반환청구권($^{462조}_{3항}$)과 같은 취지이다.

### 6. 사원 및 지분의 변동

유한책임회사는 사원의 책임형태에 불구하고 인적회사와 같은 폐쇄적 운영을 위해 만든 회사이므로 사원의 변동절차가 인적회사에서의 그것에 못지않게 엄격하다.

1) 입사   유한책임회사는 정관을 변경함으로써 새로운 사원을 가입시킬 수 있다($^{287조의}_{23\,1항}$). 사원의 가입은 정관을 변경한 때에 효력이 발생하지만, 정관을 변경할 때까지 해당 사원이 출자를 이행하지 아니한 경우에는 그 이행을 마친 때에 사원이 된다($^{287조의}_{23\,2항}$).

2) **지분의 양도**   업무집행사원은 다른 사원 전원의 동의를 받아 그 지분의 전부 또는 일부를 타인에게 양도할 수 있고($^{287조}_{의8\,1항}$), 업무를 집행하지 않는 사원이 지분을 양도함에는 업무를 집행하는 사원 전원의 동의로 족하지만, 업무를 집행하는 사원이 없는 경우에는 사원 전원의 동의를 받아야 한다($^{287조}_{의8\,2항}$). 업무집행사원이 없는 경우란 업무집행자가 사원이 아닌 때 또는 업무집행자인 사원이 사망, 제명 등으로 일시 결하거나 직무대행자가 선임된 경우를 말한다.

지분의 양도에 관해서는 정관에서 위와 달리 정할 수 있다($^{287조}_{의8\,3항}$). 이 점 합명회사에 비해 완화된 기준이다.

3) **자기지분의 취득금지**   유한책임회사는 자기지분을 취득할 수 없다($^{287조}_{의9\,1항}$). 이에 위반하여 자기지분을 취득하는 경우에는 그 지분은 취득한 때에 소멸한다($^{287조}_{의9\,2항}$). 이 점 주식회사의 자기주식취득과 대비된다.

4) **퇴사**   사원이 유한책임을 지는 회사에서는 사원의 퇴사를 인정하지 않음이 원칙이다. 퇴사는 사원이 회사채권자에 우선하여 출자를 회수하는 것을 의미하기 때문이다. 그러나 유한책임회사에서는 채권자의 보호를 배려하는 가운데, 사원의 퇴사를 허용한다.

i) 퇴사사유   사원은 합명회사의 사원과 같은 조건에 따라 임의로 퇴사할 수 있으며($^{287조의24→}_{217조\,1항}$), 정관으로 그 요건을 달리 정할 수도 있다. 그리고 합명회사 사원의 당연퇴사원인($^{218}_{조}$)과 같은 원인에 의해 당연 퇴사한다($^{287조}_{의25}$). 제명 역시 합명회사에서와 같은 사유와 절차에 의해 허용된다($^{287조의27}_{본→220조}$). 그러나 제명에 필요한 결의는 정관에서 달리 정할 수 있다

$\left(\substack{동조\\단}\right)\left(\substack{강화함\\을 뜻함}\right)$. 사원의 지분을 압류한 채권자가 그 사원을 퇴사시킬 수 있는 것도 합명회사에서와 같다$\left(\substack{287조의\\29→224조}\right)$.

ii) **지분환급**　　퇴사하는 사원은 그 지분의 환급을 금전으로 받을 수 있다$\left(\substack{287조의\\28 1항}\right)$. 환급금액은 퇴사시의 회사의 재산 상황에 따라 정하되, 구체적인 기준과 방법은 정관으로 정할 수 있다$\left(\substack{287조의28\\2항·3항}\right)$. 회사에는 채권자를 위한 책임재산이 확보되어어야 하므로 퇴사원에 대한 환급금은 순자산$\left(\substack{총자산-\\부채}\right)$을 초과할 수 없다.

iii) **채권자보호절차**　　퇴사하는 사원에게 환급하는 금액이 잉여금$\left(\substack{287조의\\37 1항}\right)$을 초과한 경우에는 회사채권자는 그 환급에 관하여 회사에 이의를 제기할 수 있다$\left(\substack{287조의\\30 1항}\right)$. 환급할 금액이 잉여금을 초과할 경우 회사는 채권자에 대해 일정기간 내에 이의제기할 것을 공고하고, 채권자의 이의가 있으면 회사는 변제 또는 상당한 담보를 제공하거나 이를 목적으로 하여 상당한 재산을 신탁회사에 신탁하여야 한다$\left(\substack{287조의30 2\\항 본→232조}\right)$. 다만 지분을 환급하더라도 채권자에게 손해를 끼칠 우려가 없는 경우에는 이러한 조치는 불필요하다$\left(\substack{287조의\\30 2항 단}\right)$.

iv) **퇴사원의 상호변경 청구권**　　퇴사한 사원의 성명이 유한책임회사의 상호 중에 사용된 경우에는 그 사원은 유한책임회사에 대하여 그 사용의 폐지를 청구할 수 있다$\left(\substack{287조\\의31}\right)$.

v) **지분의 상속**　　사원이 사망할 경우 퇴사원인이 되므로 원칙적으로는 지분의 상속이 허용되지 않으나$\left(\substack{287조의\\25→218조 3호}\right)$, 정관으로 상속이 가능함을 정할 수 있고, 그 경우 지위의 승계 또는 포기절차는 합명회사에서와 같다$\left(\substack{287조의\\26→219조}\right)$.

# 제 4 절　외부관계

## 1. 회사의 대표

업무집행자는 유한책임회사를 대표하며$\left(\substack{287조의\\19 1항}\right)$, 업무집행자가 둘 이상인 경우 정관 또는 총사원의 동의로 회사를 대표할 업무집행자를 정할 수 있다$\left(\substack{287조의\\19 2항}\right)$. 유한책임회사의 업무집행자는 사원이 아닐 수도 있으므로 대표 역시 사원이 아닌 자를 선정할 수도 있다.

공동대표의 선정과 공동대표행위의 방법, 등기, 수동대표의 단독대표 등은 합명회사의 공동대표에 관해 설명한 바와 같다$\left(\substack{287조의19\\3항·4항}\right)$. 그리고 대표권의 범위와 제한의 효력$\left(\substack{287조\\의19\\5항\\→209조}\right)$, 대표자의 불법행위에 관한 회사의 책임도 합명회사의 대표에 관해 설명한 바와 같다$\left(\substack{287조\\의20}\right)$.

회사가 사원 또는 사원이 아닌 업무집행자와의 사이에 제기된 소에서 회사를 대표할 사원이 없을 때에는 다른 사원 과반수의 결의로 소에서 회사를 대표할 사원을 선정하여야 한다$\left(\substack{287조\\의21}\right)$. 「회사를 대표할 사원이 없을 때」라 함은 대표자가 부재하는 경우만이 아니라 회사와 대표자 간에 소가 제기된 경우를 포함하는 의미로 새겨야 한다.

### 2. 사원의 책임

상법은 유한책임회사의 사원의 책임은 상법에 다른 규정이 있는 경우 외에는 그 출자금액을 한도로 한다고 규정한다($\frac{287}{조의7}$). 이 유한책임은 합자회사 사원의 유한책임과는 의미를 달리함을 주의해야 한다. 합자회사의 유한책임사원은 출자를 완료하지 않더라도 사원이 되지만, 유한책임회사의 사원은 설립등기 이전에 출자를 완료해야 하며($\frac{287조}{의4\ 2항}$), 설립 후 가입하는 신입사원도 납입을 완료한 때에 사원이 되므로 회사채권자와의 관계에서 출자를 이행하지 않은 상태가 있을 수 없고 따라서 회사채권자에 대해 변제책임을 질 일도 없다. 즉 유한책임회사에서의 사원의 유한책임이란 회사에 대한 출자이행의 책임만을 의미한다($\frac{간접유}{한책임}$). 이 점 주식회사의 주식인수인의 책임과 같다($\frac{331조}{참조}$).

# 제 5 절   해산과 청산

유한책임회사의 해산사유는 한 가지를 제외하고는 합명회사와 같다($\frac{287조의}{38\ 1호}$). 합명회사에서는 사원이 1인으로 된 때가 해산의 원인이 되지만, 유한책임회사는 1인설립도 가능하므로 사원이 1인이 되더라도 해산하지 않고, 사원이 없게 된 경우에 해산한다($\frac{287조의}{38\ 2호}$).

유한책임회사가 해산한 경우에는 임의청산($\frac{247조\sim}{249조}$)이 허용되지 않는다($\frac{287조}{의45}$). 그러므로 회사가 해산하면 총사원의 과반수로 청산인을 선임해야 하며, 청산인을 선임하지 않은 때에는 업무집행자가 청산인이 된다($\frac{287조의}{45\to251조}$). 기타 청산절차는 합명회사의 청산과 같다($\frac{251조\sim257}{조,\ 259조\sim}$ 제267조).

# 제 6 장　주식회사

## 제 1 절　주식회사의 의의와 본질

주식회사(corporation)란 자본금이 주식으로 분할되어 주식의 인수를 통해 출자하거나 이미 발행된 주식을 취득함으로써 사원($\frac{주}{주}$)이 되며, 사원은 주식의 인수가액의 한도에서 출자의무를 질 뿐($\frac{유한}{책임}$) 회사채무에 대해서는 직접 책임을 지지 않는 형태의 회사를 뜻한다. 회사라는 제도가 생겨난 지 수백 년을 경과하면서 주식회사의 이용이 압도적으로 많았던 까닭은 자본금이 주식을 단위로 하여 구성된다는 독특한 자본구성방식을 가지고 있어 자본집중이 용이하며, 주주가 유한책임을 지므로 사업실패의 위험을 제한할 수 있는 등 공동기업의 목적을 가장 충실히 달성할 수 있기 때문이었다. 그러므로 「자본금」·「주식」·「주주의 유한책임」은 주식회사의 본질적 요소라고 부를 만하다. 이 세 가지 본질적 요소로 인해 주식회사는 전형적인 물적회사로서 사원의 개성이 중시되지 않는 순수한 자본단체라고 불리운다.

### 1. 자본금

#### (1) 의의

자본금이란 액면주식을 발행한 회사에서는 발행주식의 액면총액을 뜻하고($\frac{451조}{1항}$), 무액면주식을 발행한 회사에서는 주식의 발행가액 중 이사회가 자본금으로 계상한 금액을 뜻한다($\frac{451조}{2항}$). 자본금은 회사·주주·회사채권자의 입장에서 각각 다음과 같은 뜻을 갖는다.

「회사」에 대하여는 목적사업을 위해 갖추어야 할 기본재산으로서 회사성립의 기초가 되며, 회사의 존속중 자본충실을 위해 유지해야 할 순자산의 규범적 기준이 된다.

「주주」에 대하여는 출자액을 뜻하며, 회사채무에 관해 부담할 책임의 한계를 뜻한다. 한편 주주는 주식의 소유를 통하여 회사재산을 경제적으로 소유하고 지배하며 법적으로 각종 권리를 행사하는데, 그와 같은 권리의 크기는 주식의 소유를 통한 각자의 출자가 자본금에서 차지하는 비율에 의해 결정된다.

「회사채권자」에 대하여는 회사의 신용을 측정하는 기준이 된다. 회사채권자에게 책임재산을 이루는 것은 회사가 보유하는 순자산이지만, 자산은 증감변동이 심하고, 결산기 이외에는 외부에서 쉽게 인식할 수도 없다. 그러나 자본금은 증감절차를 밟기 전에는 불변이고 회사가 보유하여야 할 기준재산이므로 자본금을 토대로 회사의 신용을 계량할 수 있으며, 또 결산기에는 자본금을 기준으로 이익 또는 손실이 산출되므로 수익성의 현황이나 전망도 판단할 수 있는 것이다.

### (2) 자본금의 3원칙

자본금은 회사를 중심으로 한 이해관계인들에게 위와 같은 중요한 뜻을 가지므로 자본금의 안정적인 관리를 위해 다음과 같은 세 가지 원칙이 적용된다.

1) **자본금확정의 원칙**　　　설립시에 자본금이 확정되고, 그 자본금의 출자자, 즉 주식인수인도 확정되어야 하는 것을 말한다. 이는 자본금의 규모를 확정·공시함으로써 회사와 거래하는 자들에게 회사의 사업과 신용의 규모에 대한 예측가능성을 부여하기 위함이다. 액면주식을 발행하는 경우 자본금이란 발행주식의 액면총액을 말한다($\binom{451}{조}$). 상법은 정관에 「1주의 금액」과 「회사의 설립시에 발행하는 주식의 총수」를 기재하게 하고($\binom{289조\ 1항}{4호\cdot5호}$), 회사 설립 전에 이 주식의 전부가 인수되어야 한다고 규정함으로써($\binom{295조\ 1}{항,\ 305조}$) 자본금확정의 원칙을 밝히고 있다. 무액면주식을 발행할 경우에도 정관에 기재하는 「설립시에 발행하는 주식의 총수」가 인수되어야 하는 것은 다름없고, 이사회가 주식의 발행가액과 자본금으로 계상하는 금액을 정해야 하므로 역시 자본금확정의 원칙에 입각해 있다.

그러나 회사설립 후의 신주발행을 통해 자본금을 추가조달할 때에는 실권주는 발행하지 않을 수도 있어 자본금확정의 원칙이 적용되지 아니한다($\binom{416조,\ 423}{조\ 참조}$).

2) **자본금유지의 원칙**　　　회사는 자본금에 상당하는 순자산을 실질적으로 유지해야 한다는 원칙이다. 「자본금충실의 원칙」이라고도 부른다. 순자산이란 회사의 경영성과에 따라 항상 변동하므로 회사의 의지에 의해 자본금에 상당하는 순자산을 유지할 수 있는 것이 아니다. 그러므로 「자본금유지」란 특히 「자본거래」를 통해 회사의 재산이 부당히 유출되는 것을 금하는 뜻으로 이해해야 한다.

자본금유지의 원칙은 채권자보호를 위해 중요한 뜻을 지니므로 상법상 이 원칙을 반영한 규정이 매우 많다. 설립시에만 국한하면, 주식의 발행가액이 전액 납입되어야 하고 현물출자도 전부 이행되어야 하며($\binom{295조,\ 303}{조,\ 305조\ 등}$), 현물출자 기타 변태설립은 엄격한 절차와 조사를 거쳐야 하고($\binom{290조,\ 299}{조,\ 310조}$), 발기인은 주식의 인수·납입담보책임을 지는 것과 같다($\binom{321}{조}$). 이 밖에도 주식회사제도 전반에 걸쳐 이 원칙이 반영되어 있다. 관련되는 곳에서 설명한다.

3) **자본금불변의 원칙**　　　자본금유지의 원칙이 회사로 하여금 자본금 이상의 순자산을 보유시키려는 것임에 대하여, 「자본금불변의 원칙」은 자본금유지의 기준이 되는 「자본

금」을 법정의 절차를 밟지 않고서는 감소시키지 못하도록 억제하자는 것이다. 이 원칙도 결국은 회사가 보유하는 재산의 유지에 그 뜻이 있으므로 자본금유지의 원칙에 포함시켜 이해할 수 있다.

## 2. 주식

**1) 사원 지위의 기초**　　주식은 회사에 대해서는 자본금의 구성요소가 되고, 사원(주)에게는 출자의 단위가 된다. 이 때문에 사원과 자본금과의 관계에 있어 주식회사는 인적회사와 전혀 다름을 주의해야 한다. 논리적으로 볼 때 인적회사에서는 사원이 선행하고 이들의 출자액이 정해지고 그에 따라 지분이 정해지는 순으로 전개되나, 주식회사에서는 자본금이 정해지고 특정인이 주식을 인수함으로써(출) 사원이 되는 순서로 전개된다. 이 점이 주식회사에 있어 사원의 몰개성을 초래하고 물적회사로서의 특성을 갖게 만드는 요인이다.

또한 주식은 등가치적인 단위로서 각 주식 간에 주식평등의 원칙이 지켜지므로 주주의 권리의 크기는 보유주식에 비례하여 정해진다.

**2) 주식의 기능**　　자본금을 주식으로 분할하는 이유는 자본금의 조달을 용이하게 하기 위함이다. 자본금을 소액의 단위로 분할함으로써 영세한 자금을 가진 자도 출자에 참여시킬 수 있는 것이다. 요컨대 주식제도는 대중자본을 집중시키기 위한 수단으로 창안된 것이다. 나아가서 주식은 주권으로 증권화되거나 전자등록제도를 통해 자유롭게 양도되고 유통시장에서 거래되는데, 이는 주주로 하여금 투하자본을 쉽게 회수할 수 있게 하고, 결과적으로는 주주의 투자를 촉진하는 제도적 환경을 이룬다.

## 3. 주주의 유한책임

**1) 의의**　　주주는 회사에 대하여 주식의 인수가액을 한도로 출자의무를 부담할 뿐 (331조) 그 이상 회사에 출연할 책임을 부담하지 않는다. 이를 주주의 유한책임이라고 한다. 그런데 주식회사에 있어서는 주주가 되기 전에 출자가 이루어져야 하고(305조, 421조) 일단 납입하여 주주가 된 자나 주식을 승계취득한 자는 그 이상 아무런 책임을 지지 않고 오직 회사에 대하여 권리만을 가질 뿐이다. 그리고 주주의 유한책임이란 것도 엄밀하게는 「주식인수인으로서의 책임」이지 「주주의 책임」은 아니다. 따라서 「책임」을 합명회사나 합자회사에서처럼 대외적인 채무로 이해한다면 주주의 책임은 무책임이라 할 수 있다.

**2) 기능**　　주주의 유한책임은 「도마뱀의 꼬리」에 비유할 수 있다. 기업이 도산하더라도 주주는 출자한 돈만 포기하고 다른 재산으로 가계를 보전하고 새로운 사업도 시작할 수 있는 것이다. 유한책임제도에 힘입어 주식회사제도는 각종 모험적인 사업에 과감한 투자를 유도하여 오늘날의 눈부신 산업발전의 원동력이 되었다.

**3) 정당성의 근거**　　주식회사는 독립된 인격을 갖춘 법인이라고 하지만, 그 경제적

실체는 바로 주주들이다. 그러므로 유한책임제도는 주주들의 사업실패로 인한 손실을 사회에 전가하는 뜻$\binom{기업위험}{의 외부화}$이 있어 윤리적 차원에서의 비판이 따른다. 그러나 유한책임제도가 없다면 주주들은 경영자를 감시하기 위해 과도한 비용$\binom{감시\ 비용:}{monitoring\ cost}$을 지출해야 할 것이고, 나아가 다른 주주들의 자력을 조사해야 하는가 하면, 다른 주주의 변동에 대해서도 항시 관찰해야 한다. 무자력한 자가 주주가 된다면 회사채무에 대해 자신이 책임져야 할 금액이 커지기 때문이다. 증권시장을 통해 소량의 주식을 취득하는 자들에게는 이 같은 감시비용의 지출이 극히 비경제적이므로 결국 기업을 스스로 지배할 수 있는 양의 투자를 할 수 없는 한 투자를 단념할 수밖에 없고 따라서 자본의 대중화는 불가능해질 것이다. 그러므로 주주의 유한책임제도는 자본의 대중화를 위해 불가피하고, 자본의 대중화는 자본주의 경제의 근간을 이루는 것이고 보면 유한책임제도는 자본주의의 실현을 위해 불가결하다고 할 수 있다.

# 제 2 절　설립

## 제 1 관　총설

### I. 설립절차의 특색

합명·합자회사를 설립할 때에는 정관에 의하여 사원과 그 출자액이 확정되므로 사원과 자본의 구성을 위한 별도의 절차가 필요 없고, 또 사원의 전부 또는 일부가 무한책임을 지므로 회사채권자의 보호를 위해 서둘러 출자금을 확보할 필요도 없다. 따라서 인적회사는 정관작성과 설립등기만으로 성립한다.

그러나 주식회사에서는 주주가 정관으로 정해지는 것이 아니므로$\binom{289조 1}{항\ 참조}$ 주주를 확정하는 절차$\binom{주식}{인수}$가 필요하고, 주주 유한책임제로 인해 회사채권자를 위한 책임재산을 설립 전에 확보$\binom{출자의}{이행}$할 필요가 있다. 또 주식회사에서는 사원이 업무집행을 하는 것이 아니므로 회사의 업무를 담당할 이사·감사와 같은 기관이 있어야 하므로 회사운영상의 공백을 없애기 위하여 설립 전에 이들을 선임해야 한다. 그러므로 주식회사의 설립에 있어서는 정관작성 후 설립등기 이전에 사원·자본금·기관의 구성을 위한 제반의 절차가 필요한데, 이를 통틀어「실체구성」이라 부른다.

주식회사에서는 발기인이 회사설립절차를 밟는데, 이것도 다른 회사에는 없는 제도이다.

# Ⅱ. 설립절차의 개관

주식회사설립의 절차를 개관하면 다음과 같다. 우선 발기인이 정관을 작성하고($^{289}_{조}$), 주식발행사항을 결정한다($^{291}_{조}$). 그 결정내용에 따라 다음과 같이 발기설립 또는 모집설립절차를 밟는다.

1) **발기설립**  발기인들만으로 주주를 구성하는 방법이다. 그리하여 발기인들이 발행주식 전부를 인수하고 주식대금을 납입한다. 다음 단계로 이사와 감사를 선임하고, 선임된 이사·감사는 바로 설립의 경과를 조사하여 발기인에게 보고한다. 끝으로 설립등기를 마침으로써 회사가 성립된다.

2) **모집설립**  발기인들이 발행주식의 일부를 인수하고 나머지를 발기인 아닌 자, 즉 모집주주로 하여금 인수하게 한다. 모집주주가 주식을 인수하는 절차는 모집주주가 주식청약서라는 서면으로 주식인수를 청약하고, 발기인이 인수시킬 주식을 배정하는 것으로 이루어진다. 주식인수가 완료되면 주금을 납입해야 한다. 납입 후에 바로 주식인수인들로

〈그림 6〉 설립절차 흐름도

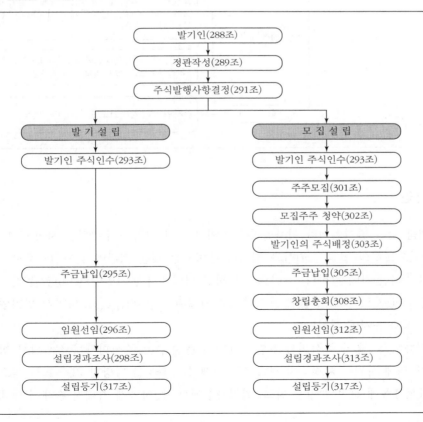

구성되는 창립총회를 소집하여 이사·감사를 선임하고, 이들이 설립경과를 조사하여 창립총회에 보고한다. 그리고 설립과정에서 정관을 변경하거나 설립을 폐지해야 할 사정이 없는 한 설립등기를 필함으로써 회사는 성립된다.

　　3) 변태설립사항이 있는 경우　　　현물출자 등의 변태설립사항이 있는 경우에는 원칙적으로 이사가 법원에 검사인의 선임을 청구하고 이에 의해 선임된 검사인의 조사를 받아야 하나, 검사인의 조사는 후술하는 바와 같이 간단한 대체방법이 있다($\frac{309면}{참조}$).

〈그림 7〉 설립경과조사

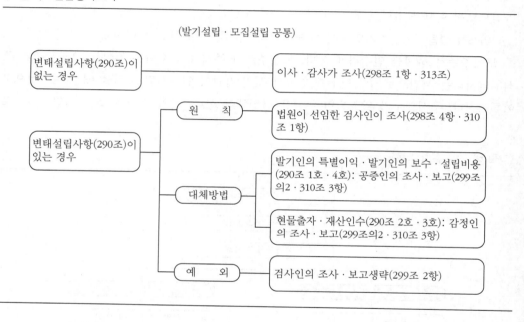

## Ⅲ. 발기인

　　1) 개념　　　발기인이란 회사설립을 기획하고 그 절차를 주관하는 자라고 할 수 있으나, 발기인으로서의 법적인 권한과 책임이 부여되는 것은 정관에 발기인으로서 기재되고 기명날인($\frac{또는}{서명}$)한 자에 한한다. 그러므로 법적인 의미에서 발기인이란 「정관을 작성하고 기명날인($\frac{또는}{서명}$)한 자로서 그 정관에 발기인으로 기재된 자」이다($\frac{289조}{1항 8호}$). 따라서 발기인의 존재는 정관작성과 동시에 생겨난다.

　　2) 기능　　　유독 주식회사에 발기인을 두는 이유는 주식회사에서는 다른 회사와 달리 정관에 의해 사원이 확정되지 않으므로 실제 설립사무를 담당할 기구를 둘 필요가 있으며, 또 자본충실에 관한 책임을 지고, 설립과정에서 제3자에게 가해진 손해에 대해 책임을

부담할 주체가 필요하기 때문이다. 그리하여 발기인은「설립중의 회사」의 기관으로서 설립 사무를 관장하며, 회사가 성립된 경우와 성립되지 않은 경우를 달리하여 각종의 책임을 부담한다($^{315면 이}_{하 참조}$).

3) **발기인의 자격과 수**　　발기인의 자격에는 제한이 없으므로 법인도 발기인이 될 수 있으며, 제한능력자도 발기인이 될 수 있다. 발기인은 1인만으로 족하다($^{288}_{조}$).

4) **발기인조합**　　발기인이 2인 이상인 경우 발기인들 간에는 회사설립을 궁극적인 목적으로 하여 그에 이르는 과정에 관한 합의가 있게 마련이다. 이를 흔히 발기인조합이라 부른다.

5) **발기인의 의사결정방법**　　발기인이 2인 이상인 경우 각자 단독으로 할 업무도 있으나, 회사법상 명문화되어 있는 업무는 전부 공동으로 해야 할 사항이다. 그 의사결정은 단체의사결정의 일반원칙에 따라 발기인의 과반수로 해야 한다($^{민 706}_{조 2항}$). 그러나 정관작성($^{289조}_{1항}$), 주식발행사항의 결정($^{291}_{조}$) 등 명문으로 발기인 전원의 동의를 요구하는 예도 있다. 한편 발기설립에서 이사와 감사를 선임할 때에는 발기인이 인수한 주식에 대해 의결권을 부여하고 그 의결권의 과반수로 결정한다($^{296}_{조}$).

## Ⅳ. 설립중의 회사

### (1) 의의

1) **개념**　　회사는 설립등기에 의해 성립하지만, 그 실체는 등기시에 돌연히 나타나는 것이 아니라 점차 조직이 생성·완성되어가는 모습을 보인다. 그 과정에서 회사설립에 착수하여 어느 정도 회사의 실체가 이루어졌을 때부터 설립등기에 이르기까지의 단계에 대해 사회적 실재성을 인정하고 강학상 이를「설립중의 회사」라고 부른다. 이는 장차 성립할 회사의 전신으로서, 법인격은 없지만 제한된 범위에서 권리능력을 가지며 성립 후의 회사와 실질적으로 동일한 실체이다. 설립중의 회사는 주로 설립에 장기간이 소요되는 주식회사에 관해 논의된다.

2) **필요성**　　설립중의 회사는 주식회사의 설립과정에서 발기인이 회사설립을 위하여 취득한 권리·의무가 발기인 등 출자자에게 귀속되지 않고 성립 후의 회사에 귀속되는 관계를 설명하기 위하여 인정된다($^{대법원 1994. 1. 28.}_{선고 93다50215 판결}$). 설립중의 회사라는 개념이 없다면, 설립 절차를 밟는 중에 발기인이 회사를 위해서 취득한 재산($^{예: 납입된 주금, 이}_{행된 현물출자자산}$)이 발기인의 재산으로 귀속되었다가 설립등기를 필한 후 발기인이 회사에 이전해야 할 것이다. 이러한 절차가 비경제적이기도 하려니와, 회사에 출자한 재산이 발기인 개인의 채무에 대한 책임재산을 구성하여 일실될 우려도 있다.

3) **성질**　　민법학에서 설립중의 사단법인을「권리능력 없는 사단」이라고 보는 것과

같이 설립중의 회사도 「권리능력 없는 사단」이라고 설명하는 것이 통설이다. 근본규칙(정관)이 있고, 발기인 또는 주식인수인을 구성원으로 볼 수 있으며, 발기인을 집행기관으로 볼 수 있으므로 권리능력 없는 사단으로서의 요건을 갖추었다고 보는 까닭이다.

### (2) 성립시기

설립과정의 여러 단계 중에서 언제 설립중의 회사가 생겨나느냐에 관하여, ① 정관작성시라는 설, ② 발행주식 전부가 인수된 때라는 설, ③ 그 중간시점을 선택하여 발기인이 1주 이상 인수한 때라는 설이 대립한다. 설립중의 회사가 성립하는 시점이 언제이냐는 논쟁은 발기인이 한 대외적 행위의 효과를 어느 시점부터 설립중의 회사(나아가서는 설립 후의 회사)에 귀속시킬 수 있느냐를 정하는 실익이 있다. 통설·판례는 정관작성만 가지고는 구성원의 일부도 확정되지 않았으므로 「사단」이라고 보기 어려운데 반해, 발기인이 주식을 인수하면 구성원의 일부나마 확정되어 단체의 형식이 갖추어진다는 이유에서 ③설에 따라 발기인이 주식을 1주 이상 인수한 때에 설립중의 회사가 성립한다고 본다(대법원 1994. 1. 28. 선고 93다50215 판결).

### (3) 설립중의 회사의 법률관계

1) **권리능력 없는 사단이론의 적용범위**　　민법학에서 설명하는 권리능력 없는 사단의 법률관계론은 설립중의 회사에 어느 정도 적용될 수 있는가? 상법은 설립중의 회사의 법률관계를 회사설립절차의 이행이라는 극히 제한적인 범위에서만 인정하고, 그에 필요한 사항을 자족적으로 규율하고 있어 권리능력 없는 사단의 내부관계에 관한 일반법리는 설립중의 회사에 적용할 여지가 없다. 외부관계에서도 발기인이 설립중의 회사를 대표하여 할 수 있는 행위란 회사설립을 위한 행위에 국한되어 있고, 그 효과도 법정되어 있어 역시 권리능력 없는 사단의 일반법리가 적용될 여지가 없다.

그리하여 설립중의 회사의 법률관계란 발기인이 회사설립을 위해 수행한 행위로 인해 설립중의 회사가 권리·의무를 취득하고, 이것이 설립중의 회사에 총유적으로 귀속하였다가 회사가 성립하면 특별한 이전행위를 요하지 않고 회사에 귀속된다고 하는 것뿐이다.

2) **발기인의 권한의 범위**　　발기인이 설립중의 회사의 기관으로서 할 수 있는 행위의 범위(즉 성립 후 회사에 효과를 귀속시킬 수 있는 행위)에 관해, ① 회사설립 자체를 직접적인 목적으로 하는 행위에 국한된다는 설, ② 회사설립을 위해 법률상·경제상 필요한 행위가 이에 포함된다는 설, ③ 회사설립 후의 개업을 위한 준비행위도 포함된다는 설이 있다. 판례는 ③설을 취하고 있다(대법원 1970. 8. 31. 선고 70다1357 판결).

3) **소송당사자능력과 등기능력**　　민사소송법은 권리능력 없는 사단의 당사자능력을 인정하고(민소 52조), 부동산등기법은 등기능력을 인정하므로(부동 26조), 설립중의 회사에게도 이러한 능력이 인정된다.

# 제 2 관 정관의 작성

## 1. 개설

주식회사설립의 첫단계로 발기인이 정관을 작성하고 기명날인($^{또는}_{서명}$)한다($^{289조}_{1항}$).

정관의 기재사항에는 절대적 기재사항, 상대적 기재사항 및 임의적 기재사항의 세 가지가 있다. 「절대적 기재사항」이란 회사의 실체를 인식하기 위해 최소한으로 필요한 정보로서 상법이 정관의 유효요건으로 정한 사항이다. 이를 결하거나 그 내용이 위법하면 정관이 무효이고 회사설립의 무효사유가 된다.

「상대적 기재사항」이란 정관에 기재하지 않아도 정관의 효력에는 영향이 없으나, 그 사항을 실행하기 위해서는 반드시 정관에 기재해야 하는 사항이다. 예컨대 정관에 현물출자에 관한 규정이 없더라도 무방하나, 정관에 정함이 없으면 현물출자를 할 수 없으므로 현물출자는 상대적 기재사항이다.

그리고 「임의적 기재사항」이란 정관에 기재하지 않아도 정관의 효력에 영향이 없고($^{이}_{점\ 상}$ $^{대적\ 기재사}_{항과\ 같다}$), 정관에 기재하지 않더라도 관련 사항을 실행하지 못하는 것은 아니나($^{이\ 점\ 상대}_{적\ 기재사항}$ $^{과\ 다}_{르다}$), 회사가 정관이 갖는 구속력을 부여하고자 정관에 기재한 사항을 말한다. 상법이 기재를 허용하는 경우($^{예:\ 이사의}_{보수결정}$)도 있고, 회사가 자치적으로 기재하는 경우($^{예:\ 이사}_{의\ 정원}$)도 있다. 일단 정관에 기재하면 이와 달리 규율하기를 원할 때에는 정관변경절차를 거쳐야 한다.

설립시에 확정된 정관은 설립 후 소정의 절차에 의해 변경이 가능하다($^{433조}_{434조}$).

## 2. 절대적 기재사항과 수권자본제

### (1) 절대적 기재사항

상법이 주식회사 정관의 절대적 기재사항으로 규정하는 것은 ① 목적, ② 상호, ③ 회사가 발행할 주식의 총수, ④ 액면주식을 발행할 경우에는 1주의 금액, ⑤ 회사설립시에 발행하는 주식의 총수, ⑥ 본점의 소재지, ⑦ 회사가 공고하는 방법, ⑧ 발기인의 성명·주민등록번호 및 주소이다($^{289조\ 1항}_{1호\sim8호}$).

1) 목적　　　「목적」이란 회사가 그 존재이유로 삼아 수행하고자 하는 사업을 말한다. 회사는 상행위 기타 영리를 목적으로 하므로 목적사업은 영리성을 실현할 수 있는 것이어야 한다. 목적은 「제3자」에 대해서는 회사와 거래함에 있어 회사에 기대할 수 있는 반대급부의 범위를 예측하는 기준이 된다. 따라서 목적은 구체적이어야 한다.

목적은 「주주」에게는 출자의 동기를 이루며, 「이사」에게는 자신이 수행해야 할 업무집행의 적극적 및 소극적 범위를 제시한다고 함은 기술한 바와 같다($^{229}_{면}$).

2) 상호　　　상호는 회사의 동일성을 표시하는 명칭이다. 자연인과 달리 회사는 상호가 없으면 그를 표시할 방법이 없으므로 반드시 상호를 가져야 한다. 주식회사는 상호 중에

「주식회사」라는 문자를 삽입해야 한다($^{19}_{조}$). 상호는 다른 회사, 다른 상인과 차별화될 수 있는 명칭을 포함해야 한다.

### 3) 회사가 발행할 주식의 총수(후술)

### 4) 1주의 금액(액면가)

주식회사의 자본금은 주식의 발행으로 구성되므로 주식은 자본금에 대한 비례적 지분으로서의 의미를 갖는데, 정관에 규정하기에 따라 액면주식으로 발행할 수도 있고 무액면주식으로 발행할 수도 있다. 액면주식으로 발행할 경우 주식은 그 자체의 금액을 갖는다. 이 같은 1주의 금액을 「액면가」라 하는데, 이는 정관에 기재되어야 하고 모든 주식에 대해 균일해야 한다($^{329조}_{3항}$). 따라서 액면가에 발행주식총수를 곱하면 자본금이 산출된다($^{451}_{조}$).

액면가는 자본금의 구성단위가 되는 추상적인 가격이므로 실제 주식을 발행할 때 회사가 주식의 인수대가로 제시하는 발행가와는 구별해야 한다.

### 5) 회사의 설립시에 발행하는 주식의 총수(후술)

### 6) 본점소재지

본점은 주된 영업소를 뜻한다. 주된 영업소란 회사영업의 전체적인 지휘가 행해지는 장소를 말한다. 본점소재지는 회사가 받을 의사표시·통지의 수령지가 되고, 등기 및 각종 회사법상의 소에 있어서 관할의 표준이 되며($^{예: 328조 2}_{항→186조}$), 주주총회의 소집지를 제약한다($^{364}_{조}$). 그러므로 본점소재지는 국내에 있어야 하고, 단일해야 하며, 최소의 행정구획단위와 지번으로 특정되어야 한다.

### 7) 회사가 공고를 하는 방법

회사의 법률관계 중에는 주주·채권자 등 이해관계인에게 공시해야 할 것이 많으므로($^{예: 대차대조표의}_{공고(449조 3항)}$) 이해관계인이 공시사항을 적시에 인지할 수 있도록 공시매체를 정관에서 확정해야 한다. 회사의 공고는 원칙적으로 관보 또는 시사에 관한 사항을 게재하는 일간신문에 하여야 한다($^{289조}_{3항 본}$). 그러나 상법은 전자적 방법으로 공고하는 것을 허용한다($^{289조}_{3항 단}$).

〈전자적 공고〉「전자적 방법」이란 회사의 인터넷 홈페이지에 게재하는 것을 말하며 정관으로 정하는 바에 따라야 한다($^{상령 6}_{조 1항}$).

1) 전자적 공고의 요건   사전에 전자적 방법으로 공고할 수 있음을 정관에 규정해야 한다. 그리고 이 규정에 의해 회사가 전자적 공고를 하고자 할 경우에는 인터넷 홈페이지의 주소를 등기하여야 한다($^{상령 6}_{조 2항}$). 정관에 전자적 방법으로 공고할 것을 규정했음에도 불구하고, 전산장애 또는 기타의 부득이한 사유로 전자적 방법에 의한 공고를 할 수 없는 경우에는 정관에서 정하는 관보 또는 시사에 관한 사항을 게재하는 일간신문에 공고하여야 한다($^{상령 6}_{조 4항}$).

2) 전자적 공고의 기능보완   전자적 공고는 회사에게는 편리하지만 매체의 성격이 디지털이라서 정보수령자의 입장에서는 의사전달의 확실성이 떨어지고, 사후에 공고내용의 증명이 어려워지는 흠이 있다. 이 흠을 보완하기 위해 상법은 다음 몇 가지 점을 배려하고 있다.

i) 전자적 방법으로 공고할 경우에는 정보이용자가 상당기간 접근할 수 있도록 공고 후 소

정기간 계속 공고해야 한다($^{289조\ 4항\ 본,}_{상령\ 6조\ 5항}$). 나아가 재무제표의 기재사항에 관해서는 2년간 이사의 책임해제여부가 현안을 이루므로($^{450}_{조}$) 전자적 방법으로 공고할 경우에는 2년간 계속 공고해야 한다($^{289조}_{4항\ 본}$).

ii) 공고는 공고기간중 지속되어야 함이 원칙이나, 공고기간중에 공고의 중단이 발생하더라도, 회사의 고의·과실로 중단된 것이 아닌 한 중단기간의 합계가 공고기간의 5분의 1을 초과하지 않으면 공고의 효력에 영향을 미치지 않는다($^{상령\ 6}_{조\ 6항}$).

iii) 회사가 공고하는 사항은 상당기간이 경과한 후에도 입증자료 기타 유용한 정보로서 활용될 수 있다. 그러므로 전자적 공고를 하는 경우에는 공고기간이 만료된 이후에도 누구나 그 내용을 열람할 수 있도록 하여야 한다($^{289조}_{4항\ 단}$).

iv) 전자적 방법으로 공고를 할 경우에는 회사가 게시기간과 게시내용에 대하여 증명하여야 한다($^{289조}_{5항}$).

**8) 발기인의 성명·주민등록번호·주소**　　발기인을 객관적으로 특정하기 위함이다. 발기인이 법인인 경우에는 그 상호를 기재하면 된다.

**(2) 수권자본제**

정관에는 자본금과 관계되는 사항으로서, 「① 회사가 발행할 주식의 총수($^{발행예정}_{주식총수}$)($^{289}_{조\ 1}$$^{항}_{3호}$), ② 액면주식을 발행할 경우 1주의 금액($^{289조}_{1항\ 4호}$), ③ 회사의 설립시에 발행하는 주식의 총수($^{289조}_{1항\ 5호}$)」만을 기재한다. 현재의 발행주식총수, 즉 「자본금」은 정관에 기재하지 않는데, 이는 중대한 의미를 가진다. 회사가 설립시에 실제 발행하는 것은 ③이다. 그리고 자본금은 액면주식을 발행할 경우에는 발행주식의 액면총액이고($^{②×③}_{451조\ 1항}$), 무액면주식을 발행할 경우에는 발행가액 중 이사회가 자본금으로 정하는 금액이다($^{451조}_{2항}$).

①은 무엇을 뜻하는가? 이것은 회사설립 후 정관을 변경하지 아니하고 발행할 수 있는 주식수의 최대치를 뜻한다. 상법상 신주발행은 원칙적으로 이사회의 권한이므로($^{416조}_{본}$) 이사회는 새로운 자금이 필요할 때에는 발행예정주식총수 중 미발행부분($^{①-}_{③}$)의 범위에서 스스로의 결정으로 기동성 있게 신주를 발행하여 자금을 조달할 수 있는 것이다. 하지만 이사회가 발행예정주식총수를 초과하여 주식을 발행하고자 할 때에는 먼저 정관을 변경하여 발행예정주식총수를 늘려야 한다. 정관변경은 주주총회에서 결의한다. 요컨대 「발행예정주식총수」란 자본금의 규모 내지는 주식수의 규모를 설정함에 있어 주주가 이사회를 통제하는 장치인 것이다. 그러므로 발행예정주식총수를 정관에 기재하는 것은 주주들이 이사회에 대해 주주의 동의 없이 주식을 발행할 수 있는 권한을 부여한다는 뜻을 지니고, 그런 의미에서 이를 「수권자본」이라고 부른다.

〈예시〉 2022년 8월 1일 C주식회사가 설립되었는데, C의 발행예정주식총수는 40,000주, 1주의 금액은 5,000원, 회사설립시에 발행하는 주식총수는 10,000주이다. C의 설립시의 자본금

은 5,000(원)×10,000(주)= 5,000만(원)이다. 그런데 이 회사가 2023년 8월 1일 추가로 1억 5천만원의 자금이 필요하여 신주를 발행한다고 하자. 그러면 발행예정주식총수 중 설립시에 발행하지 않고 남겨둔 30,000주를 새로이 발행하면 5,000(원)×30,000(주)= 1억 5천만(원)이 조달된다. 이 신주발행은 발행예정주식총수의 범위 내에서 이루어지므로 정관을 변경할 필요 없이 이사회의 결의만으로 할 수 있다.

그런데 2024년 8월 1일 1억원의 자금이 또 필요하며 신주 20,000주를 발행한다고 하자. 이 때에는 이미 발행예정주식총수 전부를 활용하였으므로 먼저 정관을 변경하여 발행예정주식 총수를 60,000주 이상으로 늘려 놓고 난 후에야 발행할 수 있다.

## 3. 상대적 기재사항

### (1) 변태설립사항($\frac{290}{조}$)

상대적 기재사항은 상법의 각 부분에 산재되어 있으나, 상법은 특히 설립 당시에 발기인에 의해 남용되어 자본충실을 해칠 우려가 있는 사항으로 「변태설립사항」이라는 이름하에 「① 발기인에게 주어지는 특별한 이익, ② 현물출자, ③ 재산인수, ④ 설립비용과 발기인의 보수」를 열거하고 있다. 이 사항들을 실행하고자 할 때에는 정관에 기재해야 하며, 모집주주가 알 수 있도록 주식청약서에도 기재해야 하고($\frac{302조}{2항 2호}$), 법원의 감독하에 특별한 조사절차를 거쳐야 한다($\frac{299조 1항, 299}{조의2, 310조}$).

1) **발기인의 특별이익**($\frac{290조}{1호}$)    발기인이 회사설립의 실패에 따르는 위험을 부담하고 설립사무를 관장한 데에 대한 공로로서 주어지는 채권적 권리를 말한다. 예컨대 회사설비 이용의 특혜, 신주인수의 우선권, 회사와 계속적인 거래의 약속 같은 것이 이에 해당한다. 발기인이 소유하는 주식에 대해 확정이자를 지급하거나 주금납입을 면제하는 것과 같이 자본충실에 반하거나 주식평등의 원칙에 반하는 이익은 허용될 수 없다. 뿐만 아니라 장차 이사·감사 등의 지위를 약속하는 것도 단체법적인 질서에 어긋나는 것으로 허용될 수 없다.

2) **현물출자**($\frac{290조}{2호}$)    현물출자를 받을 경우 출자자의 성명과 그 목적인 재산의 종류·수량·가격과 이에 대하여 부여할 주식의 종류와 수를 정관에 기재해야 한다.

i) 의의    「현물출자」라 함은 금전 이외의 재산을 출자의 목적으로 하는 것을 말한다. 출자자가 회사에 필요한 재산을 보유하고 있는 경우 금전에 갈음하여 그 재산을 출자한다면, 먼저 금전출자를 하고 설립후 회사가 그 재산을 취득하는 번거로움과 거래비용을 줄일 수 있는 이점이 있다. 그러나 무가치한 재산이 출자되거나 출자재산이 과대하게 평가되어 자본충실을 해할 염려가 있으므로 상법은 현물출자의 적정성과 평가의 공정성을 확보하기 위하여 현물출자에 대해 엄격한 규율을 적용하고 있다.

ii) 성질    현물출자의 성질을 대물변제, 매매, ($\frac{주식}{과의}$)교환 등으로 보는 설이 있으나 모두 부분적인 면을 설명한 것이다. 상법이 정한 출자의 한 형태라고 하면 족하다. 현물출자에 의해 재산권은 회사에 귀속되며, 쌍무·유상계약의 성질을 가지므로 위험부담·하자담보 등에 관한 민법규정($\frac{민\ 537조,}{570조\ 이하}$)이 적용된다($\frac{통}{설}$).

iii) 출자의 목적    현물출자의 목적은 금전 이외의 재산으로서 양도 가능하고 재무상태표의 자산의 부에 기재할 수 있는 것이면 무엇이든 가능하다. 동산·부동산, 채권·어음 등의 유가증권, 무체재산권, 타회사의 주식은 물론이고 영업 자체, 영업권, 상호권 그리고 계약상의 권리도 출자의 목적으로 할 수 있다. 그러나 자본충실의 원칙상 환가성이 불확실한 노무출자나 신용출자는 허용될 수 없다.

iv) 현물출자의 부당평가    현물출자가 과대하게 평가된 채 설립등기를 필한 경우, 그 효력은 부당평가의 정도에 따라 구체적 타당성 있게 해결하여야 한다. 부당평가의 정도가 경미하다면 발기인과 임원의 손해배상책임을 추궁함으로써 해결할 수 있을 것이나 ($\frac{322조,}{323조}$), 정도가 커서 자본구성에 이들의 책임추궁만으로는 메우기 어려운 결함이 생겼다면 현물출자가 무효가 됨은 물론 나아가 설립의 무효사유로 보아야 한다.

v) 현물출자의 이행    현물출자를 하는 자는 납입기일에 지체 없이 현물출자를 이행해야 한다($\frac{295조\ 2항,}{305조\ 3항}$). 이행이란 출자목적인 재산의 종류별로 고유한 권리이전방식에 의해 재산권을 이전함을 뜻한다. 예컨대 동산이라면 인도하여야 하고, 유가증권이라면 배서·교부 등의 방법을 취하고, 채권이라면 통지·승낙과 같은 대항요건도 갖추어야 한다. 부동산 기타 등기·등록할 재산은 설립중의 회사의 이름으로 등기·등록함이 원칙이나, 회사성립 후에 다시 회사 앞으로 등기·등록하여야 하는 번거로움이 있고 회사성립이 확실한 것도 아니므로 상법은 등기·등록에 필요한 서류를 완비하여 교부해야 한다고 규정하고 있다($\frac{295조\ 2}{항,\ 305}$ $\frac{}{조\ 3항}$). 현물출자의 이행은 발기인대표에게 해야 한다.

3) 재산인수($\frac{290조}{3호}$)    재산인수를 할 경우 그 재산의 종류·수량·가격과 그 양도인의 성명을 정관에 기재해야 한다.

i) 의의    발기인이 설립중의 회사를 대표하여 특정인과 회사성립 후 그 특정인으로부터 일정한 재산을 회사가 양수하기로 약정하는 수가 있는데, 이를 「재산인수」라 한다. 이 약정에 의해 성립 후 회사는 그 재산을 양수할 의무를 부담한다.

재산인수는 발기인에 의해 악용되어 회사에 손실을 줄 수 있다. 즉 발기인이 설립중의 회사의 기관인 지위를 남용하여 공모관계에 있는 타인으로부터 불공정한 조건으로 재산을 인수하는 약정을 함으로써 성립 후의 회사에 경제적 부담을 주면서 사익을 추구하는 것이다. 나아가 재산인수는 현물출자에 대한 규제를 회피하는 수단으로 이용될 수도 있다. 예컨대 부동산을 출자하려는 A가 발기인과 합의하여 일단 금전출자를 하고 회사성립 후 회사가 A의 부동산을 양수하면 실질적으로 A는 부동산을 현물출자한 것과 같음에도 불구하고 현물출자에 대한 규제를 피할 수 있는 것이다. 그러므로 상법은 재산인수도 변태설립사항으로 하여 현물출자와 같은 규율하에 두고 있다($\frac{298조\ 4항,\ 299조,}{299조의2,\ 310조}$).

ii) 당사자    재산의 양도인에는 제한이 없다. 발기인, 주식인수인, 그 밖의 제3자도 양도인이 될 수 있다. 인수계약은 발기인이 설립중의 회사를 대표하여 체결한다. 설립 후에 대표이사가 재산을 취득하는 계약을 체결하거나 설립전이라도 발기인이 아니고 이사나 대표이사가 체결하였다면 재산인수가 아니다(대법원 1989. 2. 14.<br>선고 87다카1128 판결).

iii) 재산인수의 효력    재산인수가 정관에 기재되고 검사인의 조사 또는 감정인의 감정 등 법정절차를 경유한 때에는 설립중의 회사의 유효한 행위가 되며, 성립 후의 회사가 계약상의 지위를 취득한다. 반대로 정관에 기재되지 않은 채 이루어진 재산인수는 무효이고, 무효는 회사만이 아니라 재산의 양도인도 주장할 수 있다(대법원 2015. 3. 20. 선<br>고 2013다88829 판결). 판례는 정관의 규정 없이 한 재산인수를 발기인의 무권대리로 다루어 민법 제130조 이하의 규정에 따라 추인할 수 있다고 보고, 성립 후의 회사는 사후설립($^{375}_{조}$)에 준하여 특별결의로써 추인할 수 있으며 추인 후에는 상대방도 무효를 주장할 수 없다는 입장이다(전게<br>판례).

iv) 설립비용 등($^{290조}_{4호}$)    회사가 부담할 설립비용과 발기인이 받을 보수액도 역시 변태설립사항이다.

「설립비용」이란 회사설립절차의 실행에 소요되는 비용을 말한다. 예컨대 사무실의 임대, 통신비, 정관·주식청약서 등의 인쇄비, 주주모집을 위한 광고비, 사용인의 보수, 납입금 취급은행의 수수료 등이 이에 속한다. 설립비용은 회사의 설립을 위한 경비이므로 회사가 부담함이 원칙이다. 그러나 발기인이 지위를 남용하여 과다하게 지출할 위험이 있으므로 자본충실을 위해 변태설립사항으로 한 것이다. 정관에 기재하지 않고 지출한 설립비용은 회사에 대하여 구상할 수 없고, 발기인 개인이 책임을 져야 한다. 뿐만 아니라 회사도 주주총회결의 등의 방법으로 그 지출을 추인할 수 없다.

「발기인의 보수」란 발기인이 설립사무를 위하여 제공한 노무의 대가를 말한다. 설립에 대한 공로로서 주어지는 「발기인이 받을 특별이익」($^{290조}_{1호}$)과 구별해야 한다. 발기인의 보수 역시 과다하게 지출되어 자본충실을 해할 염려가 있으므로 정관에 기재하도록 하였다. 기재, 불기재의 효과는 설립비용과 같다.

### (2) 기타의 상대적 기재사항

상대적 기재사항으로 정관에 기재하여야 효력을 발생할 수 있는 것은 변태설립사항 외에도 많은 예가 있다. 무액면주식의 발행($^{329조}_{4항}$), 주식매수선택권의 부여($^{340조}_{의2 1항}$), 종류주식의 발행($^{344조}_{2항}$), 서면투표의 채택($^{368조}_{의3 1항}$), 감사위원회 등 이사회 내부위원회의 설치($^{393조의2,}_{415조의2}$), 대표이사를 주주총회에서 선임하는 것($^{389조}_{1항 단}$), 신주발행을 주주총회가 결정하는 것($^{416조}_{단}$), 제3자의 신주인수($^{418조}_{2항}$) 등이 상대적 기재사항의 예이다.

### 4. 정관의 효력발생

정관은 공증인의 인증을 받음으로써 효력이 생긴다($^{292조}_{본}$). 정관이 효력이 생긴다는 것은 정관 작성 이후에 정관의 규정에 근거하여 행해지는 회사설립 관련의 모든 행위가 유효해짐을 의미한다. 그러므로 공증인의 인증을 받지 못한 정관은 회사설립의 근거가 될 수 없다.

공증인의 인증을 받기 위해서는 상당한 비용이 소요되므로 영세한 회사는 이를 생략할 수 있는 특례가 마련되어 있다. 소규모회사($^{237}_{면}$)를 발기설립하는 경우에는 발기인들이 제289조 제1항에 따라 정관을 작성하고 기명날인($^{또는}_{서명}$)하면 공증인의 인증 없이도 정관의 효력이 발생한다($^{292조 \, 단, \, 공증}_{66조의2 \, 1항 \, 단}$).

## 제 3 관 자본금과 기관의 구성

주식회사는 정관작성 후 설립등기 이전에 출자자를 확정하여 그로부터 납입을 받아 회사의 자본금을 확보함으로써 자본단체로서의 실체를 완비해야 한다. 자본금을 구성하는 방법으로서 발기인만이 발행주식을 전부 인수하는「발기설립」, 발기인과 발기인 아닌 자가 더불어 주식을 인수하는「모집설립」이 있다. 발기설립과 모집설립은 발기인이 임의로 선택할 수 있다. 어느 설립방법을 취하든 먼저 주식의 발행사항을 결정하여야 한다.

## I. 주식발행사항의 결정

설립시에 발행하는 주식의 총수와 1주의 금액은 정관에서 정해지지만, 주식발행을 실천하기 위하여는 보다 구체적인 계획을 세워야 한다. 우선 발행할 주식의 종류와 수를 정해야 한다($^{291조}_{1호}$).「주식의 종류와 수」는 회사가 종류주식을 발행할 때에 의미 있는 것이다. 그리고 액면주식을 발행할 때에는 발행가를 정해야 하는데($^{291조}_{2호}$), 액면에 미달하는 금액으로 정할 수 없다($^{330}_{조}$). 무액면주식을 발행할 경우에는 발행가액 및 발행가액 중 자본금으로 계상할 금액을 정해야 한다($^{291조}_{3호}$). 어느 경우에나 발행가액은 발기인 전원의 동의로 정한다($^{291조}_{본}$).

## II. 발기설립

### (1) 발기인의 주식인수

1)「발기설립」은 발기인만으로 주주를 구성하는 설립방법이므로 발기인이 설립시에 발행할 주식의 총수를 인수해야 한다($^{295조}_{1항}$). 주식의 인수는 서면으로 하며($^{293}_{조}$), 이 서면은 설립등기 신청시에 주식의 인수를 증명하는 정보를 제공하는 방법으로서 신청서에 첨부한다($^{상등규}_{129조의 2호}$).「서면으로 한다」고 함은 발기인 각자가 인수할 주식의 종류와 수 그리고 인수가액을 기재하고 발기인이 기명날인($^{또는}_{서명}$)하는 것을 말한다. 서면에 의하지 않은 주식인수는

무효이다($_{설}^{통}$).

2) 발기인이 수인인 경우 발기인의 주식인수는 총발행주식의 안분을 전제로 하므로 발기인 전원의 합의가 있어야 한다.

3) 발기인이라는 지위 및 회사가 발행할 주식의 수는 정관의 작성에 의해 정해지므로 발기인의 주식인수는 정관작성 이후에 이루어져야 한다.

### (2) 출자의 이행

발기인이 설립시에 발행하는 주식의 총수를 인수한 때에는 지체 없이 각 주식에 대하여 그 인수가액의 전액을 납입하여야 한다($_{의\ 295조\ 1항}^{전액납입주}$). 발기인은 납입을 맡을 은행 기타 금융기관($_{보관자}^{납입금}$)과 납입장소를 정하고 이곳에 납입해야 한다($_{1항\ 후}^{295조}$). 납입의 확실을 기하기 위함이다. 납입금보관자에게 납입하면 「납입금보관증명」을 발급해 주는데($_{1항}^{318조}$), 이 증명은 설립등기시 구비서류이고, 납입금보관자는 자신이 보관을 증명한 금액에 관하여 반환할 책임을 지므로($_{2항}^{318조}$), 이에 의해 납입의 부실이 방지된다.

소규모회사($_{몝}^{237}$)를 발기설립하는 경우에는 납입금보관증명서를 은행이나 그 밖의 금융기관의 잔고증명서로 대체할 수 있다($_{3항}^{318조}$).

### (3) 임원의 선임

출자를 이행한 후 발기인은 지체 없이 의결권의 과반수로 이사와 감사($_{우에는\ 감사위원.\ 이}^{감사위원회를\ 두는\ 경}$)를 선임하여야 한다($_{1항}^{296조}$). 이 선임행위는 발기인으로서가 아니라 설립중의 회사의 구성원, 즉 출자자로서 하는 것이므로 의결권은 지분주의에 의해 인수주식 1주에 대하여 1개씩 주어진다($_{2항}^{296조}$). 선임된 임원은 설립중의 회사의 기관이 되고, 설립등기와 더불어 바로 회사의 임원이 된다.

### (4) 설립경과의 조사

이사와 감사는 취임 후 지체 없이 회사의 설립에 관한 모든 사항이 법령 또는 정관의 규정에 위반되는지 여부를 조사하여 발기인에게 보고하여야 한다($_{1항}^{298조}$). 이사와 감사 중 발기인이었던 자, 현물출자자 또는 회사성립 후 양수할 재산의 계약당사자인 자는 조사의 공정을 위해 조사·보고에 참가하지 못한다($_{2항}^{298조}$). 조사결과 설립에 관해 위법하거나 정관에 위반한 사항이 있을 경우에는 이를 시정하여 설립절차를 속행할 수 있고, 치유될 수 없는 흠이 있다면 회사불성립으로 그치게 된다.

### (5) 변태설립사항의 조사

변태설립사항이 있는 경우에는 자본충실을 위해 보다 객관적인 조사가 필요하다. 그러므로 이사·감사에 의한 조사 외에 원칙적으로 법원이 선임한 검사인의 조사를 받아야 하되, 공증인의 조사와 감정인의 감정으로 갈음할 수 있다. 발기인들은 예외 없이 보다 간편한 후자의 길을 택하므로 법원의 검사인제도는 사실상 사문화된 것으로 보인다.

### 1) 조사기관

**i) 법원에 의한 조사**　　변태설립사항이 있는 경우에는 이사는 이에 관한 조사를 위해 검사인의 선임을 법원에 청구하여야 한다($^{298조}_{4항 본}$). 검사인은 변태설립사항($^{290}_{조}$)과 현물출자의 이행에 관한 사항($^{295}_{조}$)을 조사하여 법원에 보고하여야 한다($^{299조}_{1항}$).

**ii) 공증인·감정인의 조사·감정**　　변태설립사항이 발기인에게 특별한 이익을 부여하는 것이거나($^{290조}_{1호}$) 회사가 부담할 설립비용 또는 발기인의 보수를 정하는 것($^{290조}_{4호}$)인 때에는 「공증인」의 조사로, 현물출자 또는 재산인수에 관한 것($^{290조 2}_{호·3호}$)인 때에는 공인된 「감정인」의 감정으로 법원의 검사인에 의한 조사를 대체할 수 있다($^{298조 4항}_{단, 299조의2}$).

사항별로 조사자를 달리한 이유는 발기인의 특별이익이나 보수 그리고 설립비용은 법적 타당성의 안목에서 심사하게 하고, 현물출자나 재산인수는 경제적 합리성의 안목에서 심사할 문제이므로 각각에 적합한 전문가를 안배하기 위한 것이다.

**2) 법원의 변경처분**　　법원은 검사인 또는 공증인 또는 감정인의 조사 또는 감정결과와 이에 대한 발기인의 설명서($^{299조}_{4항}$)를 심사하여 변태설립사항이 부당하다고 인정한 때에는 이를 변경하여 각 발기인에게 통고할 수 있다($^{300조}_{1항}$). 「부당하다」는 것은 자본충실을 해하는 것을 뜻하며, 「변경」이라 함은 각 변태설립사항 별로 회사의 부담을 경감하는 것을 말한다. 예컨대 현물출자로 인한 인수주식수를 삭감하거나, 회사가 부담할 설립비용을 감액하는 것과 같다. 발기인과 이사는 이 변경처분에 따라 정관을 변경하여 설립절차를 속행하든지, 아니면 즉시항고($^{비송 75}_{조 3항}$)를 하거나 또는 설립을 포기할 수도 있다. 그리고 변경처분에 대하여 직접 이해관계를 가진 발기인($^{예컨대 현물출자의 변경에 대}_{해 그 현물출자를 한 발기인}$)은 주식의 인수를 취소할 수 있는데, 이때에는 정관을 변경하여 설립절차를 속행할 수 있다($^{300조}_{2항}$). 법원의 통고가 있은 후 2주 내에 주식의 인수를 취소한 발기인이 없는 때에는 정관은 통고에 따라 변경된 것으로 본다($^{300조}_{3항}$).

**3) 조사를 결여한 변태설립사항의 효력**　　변태설립사항을 정관에 기재하지 아니하고 실행한 경우에는 무효이다. 그러면 정관에는 기재하되 위의 필요한 조사절차를 거치지 아니한 경우 그 효력은 어떠한가? 검사인·공증인의 조사 또는 감정인의 감정은 절차적인 문제로서 그 자체가 변태설립사항의 효력을 좌우한다고 볼 것은 아니나($^{대법원 1980. 2. 12.}_{선고 79다509 판결}$), 그 내용이 부당한 경우에는 그 효력을 부정해야 할 것이다.

**4) 조사·보고의 면제**　　위와 같은 엄격한 조사절차는 설립자들에게 부담을 주어 설립을 위축시킬 수 있으므로 상법은 자본충실을 해할 염려가 적은 경우를 열거하여 조사대상에서 제외한다. i) 현물출자 및 재산인수의 대상재산의 총액이 자본금의 5분의 1을 초과하지 아니하고 5천만원을 초과하지 아니하는 경우($^{상령 7}_{조 1항}$), ii) 현물출자 및 재산인수의 대상재산이 거래소에서 시세가 있는 유가증권이고 정관에 적힌 가격이 대통령령으로 정한 방법으로 산정된 시세를 초과하지 아니하는 경우($^{상령 7조 2항. 단 대상재산에 물권적 또는 채권적}_{제한이나 부담이 설정된 경우에는 예외. 동조 3항}$), iii) 그 밖에

이에 준하는 경우로서 대통령령으로 정하는 경우에는 검사인의 조사·보고를 요하지 않는 다($\frac{299조}{2항}$).

### (6) 대표이사의 선임

대표이사는 설립등기시에 등기하여야 할 사항이므로($\frac{317조}{2항 9호}$) 대표이사를 선임해야 한다.

## Ⅲ. 모집설립

모집설립에서는 발기인 외에 제3자($\frac{모집}{주주}$)가 주주로 가담한다. 발기인이 설립사무를 전담하므로 모집주주는 일종의 국외자이다. 그러므로 모집설립절차에서는 모집주주의 보호가 중요한 과제이다. 상법은 모집주주에게 회사의 내용을 주지시키기 위해 소정사항을 기재한 주식청약서를 사용하도록 강제하고, 설립경과의 조사와 임원선임에 있어 모집주주의 이익을 보호하기 위해 창립총회의 개최를 요구한다.

### (1) 발기인의 주식인수

모집설립이라도 발기인은 반드시 주식을 인수하여야 한다($\frac{293}{조}$). 발기인의 인수는 주주모집절차를 밟기 전에 이루어져야 한다.

### (2) 주주의 모집

발기인이 아닌 주식인수인을 보통 모집주주라 하는데, 그 수에는 제한이 없으므로 1인이라도 무방하며, 모집주주가 인수하여야 할 주식의 수에 관해서도 최저의 제한이 없으므로 1주라도 무방하다.

모집주주를 모집하는 방법은 공모이든 연고모집이든 무방하나, 50인 이상의 불특정다수인을 상대로 공모할 때에는 자본시장법에 의해 금융위원회에 증권신고를 하는 등 별도의 절차를 밟아야 한다($\frac{자금 9조 7항·9}{항, 119조 1항}$). 그러므로 대부분의 회사는 설립시에는 연고모집에 의해 주주를 모집하는 실정이다. 어떤 경우에나 모집주주에게 회사의 개황을 알려야 하므로 상법은 발기인으로 하여금 정관의 절대적 기재사항과 변태설립사항 및 회사설립의 개요를 알 수 있는 사항을 기재한 주식청약서를 작성하게 하고($\frac{302조}{2항}$), 모집주주는 이 주식청약서에 의하여서만 주식인수를 청약하도록 강제한다($\frac{302조}{1항}$)($\frac{주식청약}{서주의}$).

### (3) 주식의 인수

모집주주의 주식인수는 주식을 인수하고자 하는 자($\frac{모집}{주주}$)가 인수의 청약을 하고, 발기인이 이를 배정함으로써 이루어지며, 그 성질은 설립중의 회사에의 입사계약이다($\frac{통설. 대법원}{2004. 2. 13. 선고}$ $\frac{2002두}{7005 판결}$). 주식인수는 단체법상의 계약이므로 다음과 같이 일반계약에 대해 여러 가지 특칙이 인정된다.

1) **청약**  주식인수인이 되고자 하는 자가 인수의 청약을 해야 하고($\frac{302조}{1항}$), 발기인측

은 청약을 하지 못한다(청약의 유인이 있을 뿐이다). 청약의 방식은 발기인이 소정의 사항을 기재하여 작성·교부한 주식청약서 2통에 모집주주가 인수하고자 하는 주식의 종류와 수 및 주소를 기재하고 기명날인(또는 서명)하는 것이다(302조 1항). 이는 요식행위로서 다른 방식에 의한 청약은 무효이다.

**2) 배정**　　주식인수의 청약이 있으면 이에 대해 발기인이 배정을 함으로써 주식인수가 성립한다(303조). 배정은 일반계약의 「승낙」에 해당한다. 일반계약에서는 승낙의 내용이 청약의 내용과 일치하여야 계약이 성립하지만, 발기인이 배정함에는 청약된 수량과 달리 배정할 수 있으며, 청약인은 청약한 수량과 다른 수량이 배정되더라도 이에 구속된다. 발기인에게 배정자유를 인정하는 이유는 발기인은 인수인의 이행능력, 주주간의 세균형 등을 고려할 필요가 있기 때문이다. 그러나 청약한 주식수보다 많은 수량을 배정하거나 청약한 주식과 종류가 다른 주식을 배정하는 것, 또는 청약한 인수가액보다 높은 가액으로 배정하는 것은 무효이다.

**3) 주식청약인 및 인수인에 대한 통지·최고**　　발기인은 청약인 또는 주식인수인과 교신해야 할 일이 많다. 예컨대 주식청약인에 대하여 배정결과를 통지하고, 주식인수인에 대해 납입을 최고하고, 창립총회의 소집을 통지해야 한다. 이때에는 주식인수증 또는 주식청약서에 기재된 주소 또는 청약인이나 인수인이 회사에 통지한 주소로 하면 된다(304조 1항). 이 통지·최고는 보통 도달할 시기에 도달한 것으로 본다(304조 2항).

**4) 주식인수의 무효·취소**

ⅰ) 일반원칙의 적용　　주식인수는 청약이란 의사표시와 배정이란 의사표시로 이루어지는 계약이므로 법률행위와 의사표시의 무효·취소이론이 그대로 적용된다. 따라서 청약인측에 제한능력·착오·사기·강박·허위표시·무권대리 등의 사유가 있을 때에는 인수행위의 무효·취소를 주장할 수 있으며, 또 발기인이 작성하여 배부해 준 주식청약서의 요건에 결함이 있을 때에도 역시 무효를 주장할 수 있다. 발기인측에도 마찬가지의 무효·취소사유가 있을 수 있다. 이런 경우에는 회사도 인수행위의 무효·취소를 주장할 수 있다.

ⅱ) 무효·취소의 제한　　상법은 단체법률관계의 안정과 기업유지의 이념에서 의사표시의 일반원칙에 대해 다음과 같은 두 가지 특칙을 두고 있다.

(a) 비진의표시의 특례　　상대방이 아는 비진의표시에 관한 민법 제107조 제1항 단서의 적용을 배제한다(302조 3항). 따라서 청약인이 진의가 아니면서 주식청약을 한 것을 발기인이 알았다 하더라도 청약은 유효하다.

(b) 무효·취소 주장시기의 제한　　회사성립 후 또는 주식인수인이 창립총회에 출석하여 권리를 행사한 후에는 주식인수인은 주식청약서의 요건의 결함을 이유로 하여 인수의 무효를 주장하거나 사기·강박 또는 착오를 이유로 하여 인수를 취소하지 못한다(320조). 「회사성립 후」란 설립등기를 마친 후를 뜻하고, 「창립총회에서 권리를 행사한 때」란 의결

권을 행사한 때를 말한다(단지 창립총회에 출석한 것만으로는 / 무효·취소의 주장이 제한되지 않는다).

iii) 회사설립에 대한 영향    주식인수가 무효·취소되더라도 원칙적으로 회사설립의 무효로 연결되지는 않는다. 주식회사에서는 사원(주)의 개성이 중요하지 않으므로 인적회사와는 달리 주관적 하자가 설립에 장애가 되지 않고, 또 주식인수가 무효·취소되면 발기인이 인수담보책임을 지므로(321조 / 1항) 자본구성에도 지장이 없기 때문이다.

### (4) 출자의 이행

1) **납입의무**    발기인은 주식의 총수가 인수된 때에는 지체 없이 주식인수인에 대하여 각 주식에 대한 인수가액의 전액을 납입시켜야 한다(전액납입주의, / 303조, 305조 1항). 납입은 회사에 실제로 금전을 제공하는 행위이어야 하므로 대물변제·경개 등은 허용되지 않는다. 같은 이유에서 어음이나 수표로 납입되었을 때에는 지급인에 의해 지급되어야만 납입으로 볼 수 있다.

2) **납입금보관자**    주금의 납입은 은행 기타 금융기관에서만 할 수 있다. 주금납입의 부실을 방지하기 위함이다. 그러므로 발기인은 납입금보관자를 정하여 이를 주식청약서에 기재해야 한다(302조 / 2항 9호). 납입금보관자 또는 납입장소의 변경은 법원의 허가를 얻어야 한다(306 / 조). 납입금을 받아 보관하는 금융기관은 그 보관금액에 관한 증명서를 교부해야 하는데 (318조 / 1항), 그 기능은 발기설립에서와 같다. 납입금보관자는 납입금을 「회사설립 후」에 회사에 반환해야 한다.

3) **가장납입**(가장 / 설립)    주금을 실제 납입함이 없이 납입된 것으로 가장하고 설립등기를 마치는 것을 「가장납입」 또는 「가장설립」이라 한다.

i) 가장납입의 형태    가장납입의 한 방법으로 발기인들과 납입금보관은행이 통모하여 주금의 납입 없이 은행이 발기인에게 납입금보관증명을 발급하고 발기인이 이를 가지고 설립등기를 필하는 사례가 있을 수 있다(이른바 / 「예합」). 상법은 이를 예상하여 납입금보관은행은 납입금보관증명을 발급하여 증명한 보관금액에 대하여는 납입의 부실 또는 그 금액의 반환에 제한이 있음을 이유로 하여 회사에 대항하지 못한다고 규정하고 있다(318조 / 2항). 이같이 금융기관의 위험부담이 매우 크므로 이 방법은 현실로 행해지기 어렵다.

실제로 자주 일어나는 가장납입의 형태는 발기인이 타인으로부터 돈을 차입하여 납입하고 납입금보관증명을 받아 설립등기를 마친 후 납입금보관은행으로부터 인출하여 변제하는 방법이다(이른바 「견금」 / 에 의한 설립).

ii) 견금설립의 효과    견금설립은 주금의 납입의 외양만 갖추었을 뿐 실질적인 자본구성이 없으므로 학설은 이를 무효라고 하지만(통 / 설), 진실한 납입의사의 유무는 주관적인 문제에 불과하고, 실제 돈의 이동에 따른 현실의 납입이 있으므로 설립이 유효라는 것이 판례의 일관된 입장이다(대법원 1994. 3. / 28.자 93마1916 결정). 견금설립의 경우에도 현실의 납입이 있은 것으로 볼 경우, 납입금은 회사에 실재하지 않으므로 회사가 주주의 납입금을 체당한 것으로 보아 주주에게 상환을 청구할 수 있다(대법원 2004. 3. 26. 선 / 고 2002다29138 판결).

iii) 관여자의 책임  견금설립은 주로 발기인과 이사들의 공동불법행위로 이루어 지므로 이들이 연대하여 회사에 대해 손해배상책임을 지고($\substack{\text{대법원 1989. 9. 12.}\\\text{선고 89누916 판결}}$), 상법이 정한 손해배상책임도 져야 한다($\substack{322조\\399조}$). 견금설립에 관여한 발기인, 이사 등에게 형사책임이 따르는 것은 물론이다($\substack{\text{납입가장죄(628조 1항), 공정증서원본부실}}\atop{\text{기재죄(형 228조) 및 동행사죄(형 229조)}}$).

**4) 납입불이행의 효과**($\substack{실권\\절차}$)  주식인수인이 주금을 납입하지 않을 때에는 소송을 제기하여 강제집행을 할 수도 있으나, 그러자면 회사설립이 지체되므로 주식인수인의 지위를 박탈하고 새로 인수인을 구하는 실권절차가 인정된다. 즉 발기인은 일정한 기일을 정하여 그 기일 내에 납입하지 아니하면 인수인의 권리를 잃는다는 뜻을 기일의 2주간 전에 미납한 주식인수인에게 통지해야 한다($\substack{307조\\1항}$). 이 통지를 받은 주식인수인이 그 기일 내에 납입의 이행을 하지 아니한 때에는 그 권리를 잃으며, 발기인은 다시 그 주식을 인수할 주주를 모집할 수 있다($\substack{307조\\2항}$). 발기인이 계약해제의 의사표시($\substack{민\\544조}$)를 할 필요가 없이 인수계약이 실효하는 것이다. 실권절차와는 별도로 주식인수인에 대하여 납입불이행으로 회사에 발생한 손해의 배상을 청구할 수 있다($\substack{307조\\3항}$).

**(5) 창립총회**

**1) 의의**  창립총회는 회사설립의 종결단계에서 발기인을 포함하여 주식인수인으로 구성된 설립중의 회사의 의결기관으로서 주주총회의 전신이라 할 수 있다. 따라서 소집절차, 의결권, 결의의 하자 기타 창립총회의 운영에 관하여는 주주총회에 관한 규정을 준용한다($\substack{308조\\2항}$). 그러나 그 권한은 이사·감사의 선임 및 설립경과의 조사 등 설립절차를 마무리하는 사항에 그치고, 결의방법도 주주총회와는 달리 「출석한 주식인수인의 의결권의 3분의 2 이상」이며, 「인수된 주식의 총수의 과반수」에 해당하는 다수로 한다($\substack{309조}$). 이는 주주총회의 특별결의의 요건보다도 강화된 것인데, 회사설립의 최종단계에서 결의에 신중을 기하고 발기인의 영향력을 견제하기 위한 것이다.

**2) 소집**  인수된 주식의 납입과 현물출자의 이행을 완료한 때에는 발기인은 지체없이 창립총회를 소집하여야 한다($\substack{308조\\1항}$).

**3) 기능**

i) 임원의 선임  창립총회에서는 이사와 감사를 선임하여야 한다($\substack{312조}$).

ii) 설립경과의 조사  발기인은 주식인수와 납입에 관한 제반상황 및 변태설립사항에 관한 실태를 명확히 기재한 서면에 의하여 회사창립에 관한 사항을 창립총회에 보고하여야 한다($\substack{311조 1\\항·2항}$). 그리고 이사와 감사는 취임 후 지체 없이 회사의 설립에 관한 모든 사항이 법령 또는 정관의 규정에 위반하지 아니하는지의 여부를 조사하여 창립총회에 보고하여야 한다($\substack{313조\\1항}$).

iii) 변태설립사항의 변경  창립총회에서 변태설립사항이 부당하다고 인정한 때에는 이를 변경할 수 있다. 이에 불복하는 발기인은 주식인수를 취소할 수 있으며, 또 정관을 변경하여 설립절차를 속행할 수 있음은 발기설립의 경우와 같다($^{314조\ 1항\cdot2항}_{\rightarrow300조\ 2항\cdot3항}$). 이 경우 손해가 있으면 별도로 발기인에 대하여 손해배상을 청구할 수 있다($^{315}_{조}$).

iv) 정관변경·설립의 폐지    창립총회에서는 정관변경 또는 설립폐지의 결의를 할 수 있으며($^{316조}_{1항}$), 소집통지서에 이런 뜻의 기재가 없어도 가능하다($^{316조}_{2항}$).

**(6) 대표이사의 선임**

회사성립 전에 대표이사를 선임하여야 함은 발기설립의 경우와 같다.

## 제 4 관    설립등기

**1) 의의**    회사는 설립등기에 의하여 성립된다($^{172}_{조}$). 설립등기제도의 목적은 첫째, 회사설립의 시기를 획일적으로 판단할 수 있고 대외적으로 공시가능한 방법으로 결정하고자 함이고, 둘째, 회사설립에 관하여 준칙주의를 취하는 관계로 국가로 하여금 회사설립요건의 구비 여부를 심사하게 하는 것이다. 그리하여 상법은 발기설립의 경우에는 이사·감사의 조사보고가 종료한 날, 변태설립사항이 있을 경우에는 그 조사절차 및 법원의 변경처분절차가 종료한 때로부터 2주간 내에, 모집설립의 경우에는 창립총회가 종료한 날 또는 변태설립사항을 변경한 날로부터 2주간 내에 하도록 한다($^{317조}_{1항}$).

**2) 등기사항**    설립시 등기하여야 할 사항은, ① 목적, 상호, 발행예정주식총수, 1주의 금액($^{액면주식}_{의\ 경우}$), 본점소재지, 회사가 공고하는 방법, ② 자본금의 액, ③ 발행주식의 총수, 그 종류와 각종 주식의 내용과 수, ④ 주식의 양도에 관하여 이사회의 승인을 얻도록 정한 때에는 그 규정, ⑤ 주식매수선택권을 부여하도록 정한 때에는 그 규정, ⑥ 지점의 소재지, ⑦ 회사의 존립기간 또는 해산사유를 정한 때에는 그 기간 또는 사유, ⑧ 주주에게 배당할 이익으로 주식을 소각할 것을 정한 때에는 그 규정, ⑨ 전환주식을 발행하는 경우에는 제347조 소정의 사항, ⑩ 사내이사, 사외이사와 그 밖에 상무에 종사하지 않는 이사 그리고 감사 및 집행임원의 성명·주민등록번호, ⑪ 회사를 대표할 이사 또는 집행임원의 성명·주민등록번호·주소, ⑫ 공동대표이사 또는 공동대표집행임원를 둔 때에는 그 규정, ⑬ 명의개서대리인을 둔 때에는 그 상호 및 본점소재지, ⑭ 감사위원회를 설치한 때에는 감사위원회 위원의 성명 및 주민등록번호이다($^{317조}_{2항}$). 위 사항 중 ①, ⑦, ⑪, ⑫는 지점에서도 등기해야 한다($^{317조}_{3항}$). 또한 지점의 설치나 본·지점의 이전도 등기사항이며, 위 사항 중 변경이 있는 때에는 변경등기를 하여야 한다($^{317조\ 4항}_{\rightarrow181조\sim183조}$).

**3) 설립등기시의 첨부서류**    상법은 준칙주의를 취하므로 설립의 허부에 국가가 관여하지는 않지만, 발기인이 회사설립에 관한 법정요건을 준수하였는지를 심사하여야 한다. 이를 위해 발기인으로 하여금 등기신청시에 이를 증명할 수 있는 서류들을 제출하게 한다. 서류의 종류는 상업등기규칙에서 정하고 있는데, 정관을 비롯하여 10여 가지의 서류를 열

거하고 있다($\frac{상등규}{129조}$).

　　4) 설립등기의 효과　　　설립등기의 기본적인 효과는 「설립중의 회사」가 법인격을 취득하여 회사로 성립한다는 것이다($\frac{172}{조}$). 설립중의 회사는 설립등기와 더불어 소멸하고 설립중의 회사가 취득한 권리의무는 당연히 설립 후의 회사로 승계된다. 그리고 「주식인수인」은 「주주」가 된다.

　　그 밖에 설립등기를 하여 회사가 성립하면 주식인수의 무효·취소의 주장이 제한되며($\frac{320조}{1항}$), 권리주란 상태가 종식되므로 권리주의 양도제한에 관한 규정이 적용되지 않고($\frac{319조}{참조}$), 회사는 주권을 발행할 수 있으며($\frac{355조}{2항}$), 발기인 등의 자본충실책임·손해배상책임($\frac{321조,}{322조}$)의 문제가 제기될 수 있다.

# 제 5 관　설립에 관한 책임

## Ⅰ. 총설

　　주식회사의 설립은 절차가 복잡하여 그 과정에 위법이 행해지기 쉽고, 당초부터 사기를 목적으로 설립되는 경우도 있으므로 주식인수인 또는 회사채권자를 해할 우려가 있다. 따라서 민법의 일반원칙에 의한 책임만 물어서는 이해관계인의 보호가 불충분하다고 보아 상법은 설립을 주관해 온 발기인, 그리고 설립의 종결단계에서 중요한 역할을 하는 이사·감사·검사인에 대하여 엄격한 책임을 추궁함으로써 준칙주의로 인해 야기되는 설립의 부실과 그에 따른 폐단을 시정하고 있다.

## Ⅱ. 발기인의 책임

　　발기인의 책임은 회사가 성립한 경우($\frac{즉\ 설립등기}{를\ 마친\ 경우}$)와 불성립에 그친 경우에 각기 내용을 달리한다.

### 1. 회사성립의 경우

#### (1) 회사에 대한 책임

　　1) 자본충실의 책임　　　발기인은 설립시에 발행하는 주식에 관해 인수담보책임과 납입담보책임을 진다. 회사는 발행주식의 인수와 납입이 이루어지지 않으면 설립될 수 없는 것이나, 이를 간과하고 설립등기가 이루어졌거나 설립후에 주식인수의 취소 또는 무효의 주장으로 자본구성에 결함이 생긴 경우 발기인에게 이를 전보할 책임을 지우는 것이다. 이에 의해 설립의 무효를 방지함으로써 기업유지를 도모하고, 회사설립에 대한 주주 등 이해

관계인의 기대와 신뢰를 보호할 수 있다.

i) 인수담보책임　　회사설립시에 발행한 주식으로서 회사성립 후에 아직 인수되지 아니한 주식이 있거나 주식인수의 청약이 취소된 때에는 발기인이 이를 공동으로 인수한 것으로 본다($\frac{321조}{1항}$).

(a) 책임의 발생원인　　설립 후에도 주식인수가 안 된 경우는 매우 드문 일이겠으나 등기서류를 위조하여 설립등기를 필한 경우를 생각할 수 있다. 또 회사성립 후에는 착오·사기·강박에 의한 주식인수의 취소는 있을 수 없으나($\frac{320조}{1항}$), 제한능력자가 한 주식인수가 취소되는 경우는 있을 수 있다.

(b) 책임의 성질　　인수담보책임은 손해배상책임이 아니고 자본충실을 위한 법정책임으로서 무과실책임이다. 따라서 주식이 인수되지 아니하거나 주식인수가 무효·취소된 점에 관해 발기인의 과실을 요하지 않는다.

(c) 책임의 형태　　법문상 발기인이 「공동으로」 인수한 것으로 본다고 규정하므로 발기인이 2인 이상인 경우에는 발기인 간에 주식이 공유적으로 귀속한다고 보아야 한다. 따라서 이 주식에 관한 발기인의 권리·의무에 관하여는 민법 제262조 이하의 공유 관계규정과 상법 제333조가 적용된다.

(d) 책임의 효과　　발기인이 주식을 인수한 것으로 「본다」라고 함은 발기인의 의사에 관계없이 또 발기인의 인수행위를 별도로 요하지 않고 발기인이 주식을 인수한 것으로 의제함을 뜻한다. 그 결과 발기인은 바로 납입의무를 진다.

ii) 납입담보책임　　회사성립 후 납입이 완료되지 않은 주식이 있는 때에는 발기인이 연대하여 납입하여야 한다($\frac{321조}{2항}$).

(a) 책임의 발생원인　　주식은 인수되었으나 납입이 안된 부분이 있는 경우에 납입담보책임이 발생한다. 인수조차 되지 않은 경우에는 앞에 설명한 인수담보책임이 발생한다. 현물출자가 이행되지 않은 경우에는 출자의 개성을 이유로 발기인의 납입담보책임을 부정하고 설립무효사유로 보는 것이 다수설이다($\frac{김·노·천 131;\ 손주찬 590;\ 이범찬}{(외)\ 117;\ 정경영 379;\ 최기원 209}$). 그러나 현물출자가 불이행된 경우에는 사업목적의 수행과 관련하여, 현물출자의 목적재산이 사업목적의 수행에 불가결한 것이라면 설립무효사유로 보고, 그렇지 않다면 발기인이 그 부분의 주식을 인수하여 금전으로 납입할 수 있다고 보는 것이 기업유지를 위해 바람직하다($\frac{강·임 560;}{임홍근 154}$).

(b) 책임의 성질　　납입담보책임도 인수담보책임과 같이 자본충실을 위한 법정책임으로서 무과실책임이다.

(c) 책임의 형태　　발기인이 2인 이상인 경우 납입담보책임은 연대책임이다. 발기인 각자의 부담부분은 균등한 것으로 추정해야 한다($\frac{민}{424조}$).

(d) 주식인수인과의 관계　　발기인이 납입담보책임을 이행하더라도 주주가 되는 것은 아니고, 타인($\frac{주식인}{수인}$)의 채무를 이행한 결과가 된다. 그러므로 발기인은 주식인수인에

대하여 회사를 대위하여 변제를 청구할 수 있다($^{\text{민}}_{481조}$).

iii) 발기인이 인수담보책임과 납입담보책임을 지더라도 발기인에 대한 회사의 손해배상청구에는 영향을 미치지 아니한다($^{321조\ 3항}_{\to315조}$). 따라서 발기인의 임무해태로 인하여 인수되지 않은 주식이 생기거나 인수가 취소된 때, 또는 납입이 되지 않은 때에는 제322조의 규정에 따라 이로 인해 회사에 생긴 손해를 배상하여야 한다.

**2) 손해배상책임**    발기인이 회사의 설립에 관하여 그 임무를 해태한 때에는 그 발기인은 회사에 대하여 연대하여 손해를 배상할 책임이 있다($^{322조}_{1항}$). 이는 계약상의 책임이나 불법행위책임이 아니고 상법이 인정하는 특수한 손해배상책임이다.

이 책임은 발기인의 임무해태를 요하므로 과실책임이다. 설립을 위한 일체의 행위 중에 과실이 있으면 이로 인해 상당인과관계 있는 모든 손해에 대해 배상책임을 진다($^{예: 현물출}_{자의 과대평}$ $^{가, 설립비용}_{의 과다지출 등}$).

**3) 책임의 추궁·면제**    회사가 발기인의 인수 및 납입담보책임과 손해배상책임을 추궁하지 않을 때에는 발행주식총수의 100분의 1 이상에 해당하는 주식을 가진 주주는 발기인의 책임을 추궁할 소를 제기할 것을 회사에 대해 청구할 수 있으며, 이러한 청구에도 불구하고 30일 내에 회사가 소를 제기하지 않을 때에는 주주가 회사를 위하여 소를 제기할 수 있다($^{대표}_{소송}$)($^{324조\to403}_{조\sim406조}$). 회사가 다른 회사의 자회사인 경우에는 모회사의 발행주식총수의 100분의 1 이상을 가진 주주도 발기인의 책임을 추궁할 수 있다($^{324조}_{\to406조의2}$).

발기인의 손해배상책임은 총주주의 동의로 면제할 수 있으나($^{324조}_{\to400조}$), 인수담보책임과 납입담보책임은 회사의 존립을 위한 물적 기초를 확보하기 위해 과하는 책임이므로 총주주의 동의로도 면제될 수 없다($^{異說}_{없음}$).

**(2) 제3자에 대한 책임**

발기인이 회사의 설립에 관하여 악의 또는 중대한 과실로 인하여 그 임무를 해태한 때에는 그 발기인은 제3자에 대하여도 연대하여 손해를 배상할 책임이 있다($^{322조}_{2항}$). 회사설립과 관련된 제3자의 보호를 강화하기 위하여 인정된 회사법상의 특수한 책임이다. 책임의 발생요건이나 손해 또는 제3자의 범위 등은 이사의 제3자에 대한 책임($^{401}_{조}$)과 같으므로 이 부분으로 설명을 미룬다($^{540면 이}_{하 참조}$).

## 2. 회사불성립의 경우

회사가 성립하지 못한 경우에는 발기인이 그 설립에 관한 행위에 대하여 연대하여 책임을 지며($^{326조}_{1항}$), 회사설립에 관해 지급한 비용은 발기인이 부담한다($^{326조}_{2항}$).

**1) 불성립의 의의**    회사의 「불성립」이라 함은 설립절차에 착수하였으나 설립등기에 이르지 못할 것으로 확정된 상태를 말한다. 예컨대 창립총회에서 설립폐지를 결의한 경우($^{316조}_{1항}$)와 같이 불성립이 법률상 확정되거나, 발행주식의 대부분이 인수되지 아니하여 설

립계획이 좌절된 경우와 같이 불성립이 사실상 확정된 경우를 말한다. 설립등기 후 설립무효판결이 내려진 경우에는 앞에서 설명한 「회사가 성립한 경우」의 책임($\frac{321조.}{322조}$)을 져야 한다.

　　2) **책임의 근거**　　　회사가 불성립으로 그친 경우에는 설립중의 회사가 목적 부도달로 해산한 것이므로 본래는 주식인수인의 출연재산으로 청산을 해야 하지만, 설립절차를 주관한 것은 발기인이고 주식인수인도 회사불성립으로 인한 피해자이므로 법정책적으로 발기인에게 책임을 부담시키는 것이다.

　　그러므로 이 책임은 무과실책임이다. 즉 회사불성립에 관하여 발기인의 고의·과실을 요하지 않는다.

　　3) **책임내용**　　　설립에 관한 행위에 대하여 연대하여 책임을 지며, 설립비용을 부담한다($\frac{326조. 1}{항. 2항}$). 「설립에 관한 행위」에 대한 책임이란 주로 주식인수인에 대한 납입금의 반환이 될 것이며, 「설립비용」은 변태설립사항으로 정관에 기재된 것에 한하지 않고 광고비·사무실 임차비·인건비 등 설립을 위해 지출한 일체의 비용을 뜻한다.

　　4) **주식인수인의 책임**　　　발기인의 책임에 관한 제326조는 주식인수인이 설립중의 회사의 채무에 대해 출자자로서의 책임을 지지 않음을 밝힌 것이라는 점에 주의하여야 한다. 즉 설립중의 회사와 주식인수인 간에는 사단과 구성원의 관계에서 생기는 책임관계가 존재하지 않으며, 주식인수인의 주식납입금은 설립중의 회사의 책임재산을 구성하지 아니함을 뜻한다.

## Ⅲ. 기타 설립관계자의 책임

　　1) **이사 등**　　　이사 및 감사가 설립절차에 관한 조사·보고의무를 게을리했을 때에는 회사 또는 제3자에게 손해배상책임을 지며, 발기인도 책임을 질 때에는 서로 연대하여 손해를 배상하여야 한다($\frac{323}{조}$).

　　법원이 선임한 검사인이 변태설립사항을 조사·보고함에 있어 악의 또는 중대한 과실이 있을 때에도 회사 또는 제3자에게 손해를 배상할 책임이 있다($\frac{325}{조}$).

　　공증인이나 감정인이 변태설립사항을 조사·평가함에 있어 과실이 있는 경우에 관해서는 명문의 규정이 없다. 공증인과 감정인은 회사와 위임관계에 있으므로 그들의 고의·과실로 회사에 손해가 발생한 때에는 일반 채무불이행책임을 물을 수 있다.

　　2) **유사발기인의 책임**　　　발기인들이 주주모집을 용이하게 하기 위해 지명도가 높은 사람의 이름을 빌려 허세를 꾸미는 예가 있다. 이러한 거짓 외관은 투자자들의 판단을 그르치므로 상법은 그 외관창출에 대한 책임을 묻는다. 즉 발기인이 아니라도 주식청약서 기타 주식모집에 관한 서면에 성명을 기재하고 회사의 설립에 찬조하는 뜻을 기재할 것을 승낙

한 자는 발기인과 같은 책임을 져야 한다($^{327}_{조}$). 이를 「유사발기인」이라 한다.

유사발기인은 회사설립에 관한 임무가 있을 수 없으므로 임무해태를 전제로 한 제315조, 제322조의 손해배상책임은 지지 않고, 자본충실책임($^{321조\ 1}_{항\cdot 2항}$)과 회사불성립시의 청약증거금 또는 납입된 주금반환의무 및 설립비용에 관한 책임을 질 뿐이다($^{통}_{설}$).

## 제 6 관  설립의 무효

### (1) 무효원인

설립절차에 흠이 있는데 이를 간과하고 설립등기가 되었을 경우 설립의 효력이 다투어질 수 있다. 주식회사에서는 주식인수인의 인수행위에 관한 무효·취소의 주장이 제한되며($^{320}_{조}$), 인수행위가 무효·취소되더라도 발기인의 인수담보책임에 의해 자본이 구성되므로 회사설립 자체에는 영향을 주지 않는다. 발기설립의 경우에도 같은 식으로 해결된다. 그리고 발기인 각자의 설립행위, 즉 정관작성에 무효·취소의 원인이 있는 때에는 해당 발기인이 발기인에서 제거됨에 그치고, 그로 인해 발기인이 존재하지 않게 될 때에만 설립요건의 흠결로 연결된다.

그러므로 주식회사설립에 있어서는 인적회사에서와 같은 설립취소나 주관적 무효원인은 인정되지 않고 설립절차에 관한 객관적 하자, 즉 강행규정의 위반 또는 주식회사의 본질에 반하는 하자만이 설립무효의 원인이 된다.

### (2) 무효의 소

회사설립의 무효는 성립의 날로부터 2년 내에 소로써만 이를 주장할 수 있다($^{328조}_{1항}$). 이 소는 주주, 이사 또는 감사가 제기할 수 있고, 피고는 회사이다. 이 소의 관할, 소제기의 공고, 소송절차, 설립무효판결의 효력, 패소원고의 손해배상책임, 설립무효의 효과 및 등기 등은 합명회사의 설립무효소송과 같다($^{328조}_{2항}$).

〈사실상의 회사〉 설립무효의 판결은 장래에 대해서만 효력이 미치므로($^{328조}_{\to 190조\ 단}$) 판결이 확정되기 전에 회사가 주체가 되어 형성한 법률관계는 모두 유효하다. 따라서 설립등기 이후 설립무효판결 이전에 마치 회사가 유효하게 존재하였던 것과 같은 법률상태가 생기는데, 이와 같은 상태를 흔히 「사실상의 회사」라고 부른다.

# 제 3 절   주식과 주주

## 제 1 관   주식

### I. 일반론

#### (1) 주식의 개념

주식은 주식회사의 자본구성의 단위이지만 한편 이를 소유하는 사원($\frac{주}{주}$)의 지위를 의미하기도 한다. 후자의 의미에서의 주식은 회사에 대한 사원의 권리 총합의 n분의 1이라는 의미를 가지므로 인적회사의 지분에 상응하는 개념이다. 그러나 주식은 이른바 지분복수주의를 취하고 있다는 점에서 지분단일주의에 입각한 인적회사의 지분과 법적 성격을 달리한다. 다시 말해 인적회사에서 각 사원은 하나의 지분을 가지되 그 크기를 달리한다. 그러나 주식회사에서는 기업의 공동소유자로서의 지위가 주식이라는 균등한 단위로 나누어져 주주의 출자액에 따라 수량을 달리하며 소유된다. 그리하여 주주의 권리는 주식의 수량에 따라 비례적으로 결정된다($\frac{상세는 338}{면 참조}$).

#### (2) 주식의 본질(사원권)

주주의 여러 권리와 그 원천인 주식과의 관계에 대한 설명은 주식의 성질론에서 비롯되는데, 이에 관해서는 학설이 분분하였으나, 오늘날은 주식을 주주의 지위를 뜻하는 「사원권」으로 보는 것이 일반적이며($\frac{주식사}{원권설}$), 사원권은 다수의 구체적인 권리를 내포한다($\frac{336면}{참조}$). 그러한 권리는 주식이 양도·상속 등에 의해 이전될 때 더불어 포괄적으로 이전된다.

#### (3) 주식의 존재양식(기명주식과 무기명주식)

주식이 주주와의 관계에서 어떤 모습으로 발행되고 존재하느냐에 관해 기명주식과 무기명주식의 구분이 있다. 「기명주식」은 주주의 성명이 주주명부에 기재되고 주권에도 표시되는 주식이고, 「무기명주식」은 주주의 성명이 주주명부에 기재되지 않고 주권에도 표시되지 않는 주식이다. 양자의 가장 큰 차이점은 무기명주식의 경우 주권의 소지만으로 주주권의 증명과 권리행사가 가능함에 대해, 기명주식의 경우 주주권을 행사하려면 주주명부의 등재를 요하므로 주주권의 보전과 관리가 안정적이라는 점이다. 그래서 과거 상법이 두 가지 방식의 주식을 다 허용하였음에도 불구하고, 무기명주식은 실제 발행되는 예가 없었다. 그리하여 2014년 5월 개정에 의해 무기명주식은 폐지되었고($\frac{개정 전 357}{조 1항 참조}$), 현재 우리나라에서는 기명주식만 발행할 수 있다.

## Ⅱ. 주식과 자본금(액면주식과 무액면주식)

### 1. 의의

주식이 자본구성과 주주권의 단위가 된다는 기능은 액면주식과 무액면주식에 따라 상이한 모습으로 표현된다.

액면주식이란 1주당으로 정관에 정해진 값 즉 액면가를 가지는 주식이다. 1주의 금액은 100원 이상이어야 한다($\frac{329조}{3항}$). 발행한 주식의 액면가는 자본금에 계입되며, 액면가를 초과하여 발행하였을 때의 초과액은 자본준비금으로 적립해야 한다($\frac{451조 \, 1항,}{459조 \, 1항}$). 그리하여 액면가에 발행주식총수를 곱한 금액이 자본금으로 인식되며($\frac{451조}{1항}$), 회사의 순자산이 이를 초과하면 「이익」, 이에 미달하면 「결손」으로 인식된다.

무액면주식이란 1주당의 금액을 갖지 않고 수량만이 존재하는 주식이다. 그러므로 액면가는 없고, 주식을 발행할 때마다 회사가 정하는 발행가가 있을 뿐인데, 이 발행가 중 일부만을 자본금에 계상하고 잔액은 준비금으로 적립할 수 있다($\frac{451조}{2항}$). 발행가는 수시로 변할 수 있고, 그중 자본금에 계상되는 금액도 상이하므로 자본금과의 비교치 내지는 산출근거가 되는 주식의 가격이 존재하지 않는다. 따라서 주주의 비례적 지위는 회사의 발행주식총수에서 주주가 소유하는 주식수의 비율만으로 인식된다.

### 2. 무액면주식의 기능

무액면주식은 회사의 재무관리에 있어 여러 가지 편리한 점을 가지고 있다.

액면주식을 발행할 경우에는 자본금이 액면가에 의해 자동적으로 산출되므로 회사의 자본을 안정적으로 인식, 관리할 수 있는 장점으로 기능하기도 하지만, 자본금을 회사의 시장가치에 부합하는 방향으로 관리하는 것이 불가능하다는 경직성을 보인다. 예컨대 어느 회사의 주식의 액면가가 1,000원이지만, 시가는 700원이라고 할 때, 이 회사가 시가에 맞추어 발행가를 700원으로 하여 신주를 발행한다면 발행한 순간에 바로 1주당 300원씩의 결손이 생긴다. 이는 자본충실의 원칙에 반하므로 상법은 원칙적으로 액면미달발행을 금한다($\frac{330조}{417조}$). 이 제약을 피하려면 이 회사는 액면가대로 신주를 발행하여야 할 것이나, 시가보다 상회하는 가액으로 발행하는 것이 용이하지 않음은 물론이다.

이에 반해 무액면주식에는 액면가라는 개념이 존재하지 않으므로 얼마에 발행하든 이같은 제약을 받을 일이 없다. 위 예에서 회사는 700원에 발행하여 납입된 700원 중 예컨대 500원은 자본금으로 계상하고 200원은 준비금으로 적립할 수 있다. 즉 회사는 주가의 변동에 적응하며 자본을 조달할 수 있는 것이다.

이외에도 무액면주식의 장점으로는 주식의 분할, 소각이 용이함을 들 수 있다. 즉 주식을 발행하여 발행가의 일부 또는 전부를 자본금에 계상한 후에는 주식의 수량은 자본금과 관련하여 하등의 구속을 받는 바가 없으므로 주식의 분할·소각이 자유로울 수 있는 것이다. 또 신주를 발행할 때를 제외하고는 자본금을 증감시킴에 있어 반드시 주식의 수의 증감을 수반할 필요가 없다는 것도 장점의 하나이다.

### 3. 무액면주식의 발행

**1) 발행주식의 선택**  회사는 정관으로 정하는 바에 따라 액면주식 또는 무액면주식을 선택하여 발행할 수 있다($\frac{329조}{1항 본}$). 액면주식과 무액면주식을 병행하여 발행하지는 못한다($\frac{329조}{1항 단}$).

**2) 무액면주식과 자본금**  액면주식을 발행하는 경우 자본금은 발행주식의 액면총액을 뜻한다고 함은 기술한 바와 같다($\frac{451조}{1항}$). 그러나 무액면주식을 발행한 경우에는 발행가의 총액 중 이사회가 정하는 금액을 자본금으로 계상한다($\frac{451조}{2항 전}$). 신주발행을 주주총회의 결의로 정하기로 한 회사($\frac{416조}{단}$)에서는 주주총회가 이를 정한다($\frac{451조}{2항}$).

자본금으로 계상하는 금액은 발행가액의 2분의 1 이상의 금액이어야 하며, 발행가액 중 자본금으로 계상하지 아니하는 금액은 자본준비금으로 계상하여야 한다($\frac{451조}{2항 후}$).

### 4. 액면주식과 무액면주식의 전환

회사는 정관으로 정하는 바에 따라 발행된 액면주식을 무액면주식으로 전환하거나 무액면주식을 액면주식으로 전환할 수 있다($\frac{329조}{4항}$).

**1) 전환의 절차**  액면·무액면의 전환은 자본금의 구성방식에 변화를 가져오므로 정관변경 등 몇 단계의 절차를 요한다.

i) 정관변경  상법은 액면주식과 무액면주식 하나만을 허용하므로 회사는 정관에 규정을 두어 이를 선택해야 한다($\frac{329조}{4항}$). 그러므로 액면주식을 발행한 회사가 무액면주식으로 전환하거나 그 반대로 하는 것은 발행주식 전부의 유형을 교체함을 뜻하며 이를 위해서는 정관을 변경해야 한다($\frac{289조}{1항 4호}$). 즉 개별적인 주주의 청구에 의해 발행주식의 일부를 변경하는 것은 허용되지 않는다.

ii) 공고  액면·무액면을 전환할 경우에는 주권의 기재사항이 달라져야 하고, 더욱이 등가전환이 아닌 경우에는 각 주주가 발행받을 주식의 수가 종전과 다를 수 있으므로 전환의 절차와 효력을 획일적으로 관리할 필요가 있다.

(a) 회사는 1월 이상의 기간을 정하여 액면주식을 무액면주식으로 또는 그 반대로 전환한다는 뜻과 그 기간 내에 주권을 회사에 제출할 것을 공고하고 주주명부에 기재된 주주와 질권자에 대하여는 각별로 그 통지를 하여야 한다($\frac{329조 5항}{\rightarrow 440조}$). 이 공고는 전환으로 생기는 권리의 변동상황을 주주들에게 알리기 위함이므로 주권을 발행하지 않은 회사도 같은 공고를 해야 한다. 이 공고와 아울러 회사는 새로 발행하는 주식을 발행받을 자를 미리 정하기

위해 주주명부폐쇄절차를 밟을 수 있다($\substack{354 \\ 조}$).

    (b) 신주권의 교부    주주가 제출한 액면주권에 갈음하여 새로운 무액면주권을, 또는 무액면주권에 갈음하여 액면주권을 교부하여야 한다. 구주권을 회사에 제출할 수 없는 자가 있는 때에는 이해관계인의 이의제출을 최고하는 소정의 공고를 거쳐 새 주권을 청구자에게 교부할 수 있다($\substack{329조 5항 \\ \rightarrow 442조 1항}$).

    2) **전환의 효력발생시기**    주식의 전환은 주주에 대한 공고기간이 만료한 때에 그 효력이 생긴다($\substack{329조 5항 \\ \rightarrow 441조 본}$). 액면·무액면 간의 전환은 채권자보호절차를 요하지 않으므로 공고기간의 만료만으로 효력이 발생한다($\substack{329조 5항에서 441 \\ 조 단서를 준용제외}$). 전자등록된 주식을 액면·무액면 간에 전환할 때에는 주권의 제출과 교환을 요하지 않으므로 회사가 정한 일정한 날($\substack{전환기 \\ 준일}$)에 액면·무액면간의 전환이 이루어진다($\substack{전등 65조 \\ 2항·3항}$).

    3) **자본금의 유지**    회사의 자본금은 액면주식을 무액면주식으로 전환하거나 무액면주식을 액면주식으로 전환함으로써 변경할 수 없다($\substack{451조 \\ 3항}$).

    4) **전환의 무효**    액면·무액면 간의 전환에 하자가 있는 경우 그 효력은 모든 주주들에게 획일확정되어야 할 것이고, 전환의 무효판결은 소급효를 인정해서는 안 될 것이므로 신주발행무효의 소에 관한 규정을 유추적용해야 할 것이다.


# Ⅲ. 종류주식

## 1. 개설

### (1) 정관자치와 주식의 다양성

주식은 주식회사가 자본을 제공할 주주를 모집하기 위해 제시하는 상품이라고 비유할 수 있다. 그 주식에 어떠한 권리를 부여하느냐에 따라 상품의 가치와 투자자의 호응도가 결정될 것이므로 주식의 내용은 기본적으로는 주주를 모집하고자 하는 회사가 정책적으로 결정할 사항이다. 주식에 내재된 권리와 같이 장기간에 걸쳐 주주의 이해를 이루는 사항은 정관에 의해 결정되어야 하므로 주식의 내용결정은 이른바 정관자치의 문제이다. 주식의 내용에 관해 어디까지 정관자치를 허용할 것인지는 입법정책의 문제인데, 상법은 기업활동과 자본조달의 편익제고를 기본정책으로 삼고 폭넓게 정관자치를 허용하고 있다.

### (2) 종류주식의 개념

「종류주식」이란 소정의 권리에 관하여 특수한 내용을 부여한 주식을 말한다. 원래 주식이란 주식평등의 원칙에 의해 회사에 대한 주주의 권리를 균등하게 표현하는 지분이지만, 투자자들이 보이는 성향의 다양성과 회사가 추구하는 자본조달의 효율을 감안하여 주식이 표창하는 권리의 조합을 달리할 수 있도록 허용된 것이 종류주식이다. 상법이 인정하는 종류주식은 이익배당이나 잔여재산의 분배에 관한 종류주식($^{344}_{조의2}$), 의결권의 행사에 관한 종류주식($^{344}_{조의3}$), 상환에 관한 종류주식($^{345}_{조}$), 전환에 관한 종류주식($^{346}_{조}$)이 있다. 상법은 곳곳에서 「주식의 종류」($^{291조 1호, 302조 1항, 317조 2항 3}_{호, 352조 1항 2호, 416조 1호, 436조}$)라는 개념을 사용하는데, 바로 이 「종류주식 중 어떠한 것」이라는 의미이다. 이에 대해 자본과의 관계설정방법이 상이함에 불과한 액면주식·무액면주식은 종류주식이 아니다.

이같이 다양한 종류주식을 인정한 것은 기업측에게는 자금조달의 편의성을 제공하고, 투자자에게는 다양한 투자상품을 제시하고, 나아가 금융상품을 다양화함으로써 자본시장을 발전시킨다는 정책의 표현이라 할 수 있다.

### (3) 종류주식의 발행

1) 회사는 정관에 각 종류주식의 수와 내용을 정한 경우에 한해 종류주식을 발행할 수 있다($^{344조}_{2항}$). 뿐만 아니라 종류주식을 발행할 때에는 등기하여야 하며($^{317조}_{2항 3호}$), 주식청약서, 주주명부, 주권에 기재하는 식으로 공시하여야 한다. 종류가 다른 주식을 발행한다는 것은 기존 주주나 장차 주주가 되려는 자들에게 중대한 이해관계가 걸린 문제이고, 경우에 따라서는 자본충실을 해할 염려도 있는 까닭이다.

종류주식은 정관에 기재된 범위 내에서, 회사설립시에는 발기인이, 신주발행시에는 이사회가 종류와 수량을 정하여 발행할 수 있다($^{291조 1호,}_{416조 1호}$).

2) 여러 가지의 종류주식을 결합하여 발행할 수도 있다. 예컨대 우선주를 의결권이 없는 주식으로 발행하거나, 우선주를 의결권 없는 우선주로 하면서 상환주식으로 발행할 수도 있다.

### (4) 종류주식에 관한 특칙

주주권의 변동을 초래할 회사의 자본거래는 주식평등의 원칙에 따름이 원칙이겠으나, 종류주식을 발행한 때에는 정관에 다른 정함이 없는 경우에도 회사는 주식의 종류에 따라 신주의 인수, 주식의 병합·분할·소각 또는 회사의 합병·분할로 인한 주식의 배정에 관하여 특수하게 정할 수 있다($^{344조}_{3항}$). 예컨대 신주발행에 있어 보통주와 우선주 간에 인수권에 차등을 둔다든지, 의결권이 있는 주식과 없는 주식 간에 차등을 두어 소각한다든지, 또는 합병시 소멸회사의 보통주와 우선주에 대해 지주비율에 따르지 않고 차등을 두어 존속회사의 주식을 배정하는 것과 같다. 이와 같은 규정을 둔 취지는 종류주식은 보통주식과 경제적 가치가 다르므로 양자를 항상 주식평등에 따라 일률적으로 취급한다면 오히려 실질적인 불평등을 가져오기 때문이다.

「정관에 정함이 없는 경우에도」할 수 있다는 것은 사안별로 이사회 또는 주주총회의 결의에 의하여 할 수 있음을 뜻한다. 특수한 정함 때문에 어느 종류의 주주에게 손해를 미치게 될 경우에는 이사회나 주주총회의 결의 외에 그 종류의 주주만의 총회($^{종류주}_{주총회}$)의 결의를 다시 얻어야 한다($^{435조,}_{436조}$)($^{대법원 2006. 1. 27. 선}_{고 2004다44575 판결}$). 그러므로 이상의 차별은 종류주식의 주주들의 호의적 양보를 전제로 한 것이라 할 수 있다.

## 2. 이익배당에 관한 종류주식

### (1) 의의

회사는 이익의 배당 또는 잔여재산의 분배에 관해 내용이 다른 종류주식을 발행할 수 있다($\frac{344조의2}{1항 \cdot 2항}$). 「내용이 다르다」 함은 이익배당 또는 잔여재산의 분배에 관해 보통주식과 상이한 권리를 부여하는 것을 말한다. 예컨대 보통주에 우선하여 배당받을 권리, 혹은 보통주의 후순위로 배당받을 권리 또는 보통주에 비해 많거나 적은 배당금을 지급받는 권리를 부여하는 것과 같다.

### (2) 정관으로 정할 사항

이익의 배당에 관한 종류주식을 발행하기 위하여는 정관에 그 종류주식의 주주에게 교부하는 배당재산의 종류, 「배당재산」의 가액의 결정방법, 이익을 배당하는 조건 등 이익배당에 관한 내용을 정하여야 한다($\frac{344조}{의2 1항}$). 이익배당의 방법으로 현물배당과 주식배당도 가능하므로($\frac{462}{조의4}$) 「배당재산의 종류」를 정하라고 함은 어떠한 재산으로 배당할지를 정관으로 정하도록 하고, 현물배당을 할 경우에는 배당재산의 가액을 결정하는 방법을 명시하라는 취지이다. 또 이익배당을 함에 있어 보통주주와의 관계에서의 순위 및 배당의 내용에 관해 정관에 규정을 두어야 한다.

잔여재산의 분배에 관한 종류주식을 발행하기 위해서도 정관에 잔여재산의 종류, 잔여재산의 가액의 결정방법, 그 밖에 잔여재산분배에 관한 내용을 정하여야 한다($\frac{344조}{의2 2항}$).

〈보통주와 우선주〉 **1) 보통주**　　　이익의 배당이나 잔여재산분배에 있어 어떠한 제한이나 우선권도 주어지지 아니한 주식이다. 보통주에 대한 배당금액은 재무제표를 승인하는 주주총회의 결의에 의하여 결정되며, 회사에 이익이 있다고 하여 반드시 배당해야 하는 것은 아니다. 그러나 보통주는 회사에 이익이 있는 한 무제한의 배당가능성이 주어지는 개방적 지분이다. 상법에서는 「보통주」라는 개념을 명문화하여 쓰고 있지 아니한데, 이는 보통주가 주식의 원형임을 전제로 한 것이다. 그러므로 회사는 보통주를 발행하지 아니하고 우선주나 후배주만을 발행할 수 없다.

**2) 우선주**　　　이익을 배당할 때 다른 주주에 우선하여($\frac{선순}{위로}$) 소정의 배당을 받을 수 있는 주식이다. 그 후 잔여가 있으면 보통주가 배당을 받을 수 있다. 우선적 배당은 통상 액면가에 대한 비율 또는 1주당의 금액으로 표시된다. 실무상 배당에 관해 대표적인 종류주식이다.

우선주라 하더라도 「이익 없으면 배당 없다」는 원칙에 어긋날 수는 없으므로 이익이 없거나 적은 결산기에는 소정의 배당금을 충족시키지 못할 수도 있다. 이때 부족한 배당금을 이월시켜 이후의 결산기의 배당금에 합산하여 받게 할 수도 있는데, 이를 「누적적 우선주」라 하고 당기의 배당이 부족하더라도 이월시키지 않는 것을 「비누적적 우선주」라고 한다.

한편 회사의 경영실적이 좋아 이익이 많이 생겼을 때에는 오히려 우선주가 보통주보다 불리할 수도 있다. 예컨대 우선주에게는 5%의 우선배당을 하고, 나머지 이익을 가지고 보통주에게 8%의 배당을 하는 것과 같다. 이러한 경우를 감안하여 우선주는 자신의 소정 이익의 배당을 받고, 다시 잔여이익의 배당에 참가하게 할 수도 있다. 이같은 우선주식을 「참가적 우선주」라고 하고, 보통주의 자격으로 배당에 참가할 수 없는 우선주를 「비참가적 우선주」라고 한다. 그리고 누적 여부·참가 여부를 서로 조합하여 예컨대 「누적적·비참가적 우선주」라는 식으로 발행할 수도 있다.

3) 기타　　　이익배당에 있어 보통주보다 불리하게 차등을 둔 후배주(後配株), 어떤 권리에 있어서는 우선적 지위를 갖고, 다른 권리에 있어서는 열후적 지위를 갖는 혼합주도 생각할 수 있으나, 실제 발행되는 예는 거의 없다.

### 3. 의결권제한에 관한 종류주식

#### (1) 의의

회사는 의결권이 없는 종류주식이나 의결권이 제한되는 종류주식을 발행할 수 있다($\frac{344조}{의3 1항}$). 근래 자본시장이 발달하면서 회사의 경영에는 관심이 없고, 오직 배당이나 양도차익과 같은 투자수익만을 바라는 대중투자자와 기관투자자가 늘고 있는 경향이다. 이러한 주주들로부터 자금을 조달할 때에는 의결권을 없이 하더라도 주주모집이 가능하므로 의결권이 없는 주식은 회사의 경영자 또는 지배주주로서는 그의 지배력이 감소됨이 없이 활용할 수 있는 자본조달수단이다. 더욱이 우선주식을 의결권 없는 주식으로 발행할 경우에는 해당 주주에게는 별 효용이 없는 의결권을 포기하는 대신 우선적 배당이라는 안정적인 이득이 주어지므로 회사의 이해관계자 모두에게 매력 있는 주식이다.

#### (2) 의결권제한 종류주식의 내용

상법은 「의결권의 행사에 관한 종류주식」으로서 「의결권이 없는 주식」과 「의결권이 제한되는 주식」을 인정한다($\frac{344조}{의3 1항}$).

1) 의결권 없는 주식　　　의결권이 없는 종류주식이란 의결권이 전면적으로 제한되는 주식을 말한다. 상법에서는 「의결권배제」라고도 표현한다. 실무에서는 배당에 관한 우선주식을 의결권 없는 주식으로 발행하는 예가 흔하지만, 보통주식도 의결권 없는 주식으로 발행할 수 있다.

2) 의결권이 제한되는 주식　　　의결권이 제한되는 종류주식이란 주주총회결의의 일부 의제에 관해 의결권이 없는 주식을 의미하며, 예컨대 이사선임에 관해서만 의결권이 없다거나, 정관변경에 관해서만 의결권이 없다는 식으로 규정하는 것이다.

의결권의 수량을 축소하는 주식($\frac{예: 2주에 1개의}{의결권을 부여}$)은 상법이 말하는 의결권이 제한되는 종류주식이 아니며, 상법상 발행이 불가능하다.

3) 의결권의 행사 또는 부활의 조건　　　상법은 의결권의 배제 또는 의결권을 제한하는

종류주식을 발행하는 경우 의결권의 행사 또는 부활의 조건 등을 정해야 한다고 규정하지만($\binom{344조}{의3 1항}$), 이러한 조건을 반드시 규정하라는 취지는 아니고 정관에 의해 조건을 둘 수 있다는 뜻이다.

「행사의 조건」이란 의결권을 배제 또는 제한한 종류주식의 주주에 대해 특정 주주총회 또는 특정 의제에 대해 의결권의 행사를 허용할 수 있는 소정의 조건을 의미한다. 예컨대 의결권이 없는 우선주를 발행하되, 주주가 우선배당을 포기하는 경우에는 의결권을 행사할 수 있다는 것과 같다. 의결권의 「부활의 조건」이란 전체적으로 의결권이 배제된 종류주식 또는 소정 의제에 관해 의결권이 배제된 종류주식이 의결권을 회복할 수 있는 조건을 의미하는 것으로 이해된다. 예컨대 의결권 없는 우선주라도 우선배당을 받지 못하게 될 경우 의결권이 부활한다는 것과 같다($\binom{2011년 \,개정 \,전에 \,이 \,같은}{규정을 \,두었다. \,370조 \,1항 \,단}$).

### (3) 정관의 규정

의결권이 배제 또는 제한되는 종류주식을 발행할 경우에는 정관에 그 규정을 두어야 한다. 정관으로 정할 사항은 의결권이 배제 또는 제한되는 주식의 수 및 그 내용이다. 전면 배제하는 경우에는 그 뜻을 기재하면 족하지만, 일부 의결권을 제한할 경우에는 제한되는 의안을 구체적으로 규정해야 한다($\binom{344조 \,2항,}{344조의3 \,1항}$). 반대로 의결권이 있는 의안을 열거하는 것도 무방하다. 의결권의 행사 또는 부활의 조건은 반드시 규정해야 하는 것은 아니지만, 정관에 규정하지 않은 경우에는 행사 또는 부활은 허용되지 않는다.

### (4) 의결권의 배제·제한 종류주식의 발행한도

의결권이 없거나 제한되는 종류주식의 총수는 발행주식총수의 4분의 1을 초과하지 못한다($\binom{344조의}{3 \,2항 \,전}$). 이 같은 제한을 두지 않을 경우 과소한 수량의 의결권 있는 주식으로 회사를 지배하는 폐단($\binom{출자와 \,지배가}{괴리되는 \,현상}$)이 야기되기 때문이다. 이러한 취지에서 볼 때, 의결권이 없는 주식과 의결권이 제한되는 주식은 합산하여 4분의 1 이하가 되어야 한다.

이 제한을 위반한 경우 상법은 「회사는 지체 없이 그 제한을 초과하지 아니하도록 하기 위하여 필요한 조치를 하여야 한다」라고 규정하고 있다($\binom{344조의}{3 \,2항 \,후}$). 「필요한 조치」란 예컨대 의결권 없는 또는 제한된 주식의 일부를 소각하거나, 추가로 의결권이 있는 주식을 발행하여 의결권 없는 또는 제한된 종류주식의 비율을 4분의 1 이하로 떨어뜨리는 것을 말한다. 이는 한도를 초과하여 발행된 의결권 없는 또는 제한된 종류주식도 무효가 아님을 의미한다.

### 4. 주식의 상환에 관한 종류주식

### (1) 개념

회사는 주식의 발행시부터 장차 회사가 스스로 또는 주주의 청구에 의해 이익으로써 상환하여 소멸시킬 것이 예정되어진 주식을 발행할 수 있다($\binom{345}{조}$). 간단히 「상환주식」이라 부른다. 회사가 상환할 수 있는 주식(회사상환주식)과 주주가 상환을 청구할 수 있는 주식(주주상환주식)의 두 가지가 있으며, 각기 기능을 달리한다.

회사상환주식은 회사가 주식을 발행하여 우선 자금을 조달하고, 장차 자금사정이 호전되면 그 주식을 상환함으로써 종전의 소유구조를 회복하는 방법이 된다. 특히 우선주를 상환주식으로 할 때 자금조달에 있어서의 편익이 돋보인다. 우선주를 상환주식으로 발행하여 우선 자금조달을 용이하게 하고 장차 회사의 자금사정이 호전되었을 때 상환함으로써 경영권의 안정을 꾀할 수 있고, 또는 금리가 하락하여 사채발행 기타 자금의 차입에 의존하는 쪽이 배당보다 경제적일 때에는 우선주를 상환하고 다른 조달방법을 택함으로써 재무관리를 유연하게 할 수 있는 것이다.

주주상환주식을 가진 주주는 상환기간 내에 회사의 경영상황을 탐색하여 투자를 용이하게 회수할 수 있으므로 그만큼 주식투자로 인한 위험을 축소시킬 수 있어 주주에게 매력 있는 상품이라 할 수 있고, 이 점을 이용해 회사는 용이하게 자금을 조달할 수 있다.

### (2) 상환주식의 대상과 유형

1) 상환주식과 전환주식을 제외한 다른 종류주식을 상환주식으로 발행할 수 있다(345조 5항). 종류주식에 국한하여 상환주식으로 할 수 있으므로 보통주식은 상환주식으로 할 수 없다.

2) 상환주식과 전환주식을 제외한 종류주식이란 이익배당 또는 잔여재산분배에 관한 종류주식과 의결권이 없거나 제한된 종류주식을 말한다. 그리고 상환주식에는 회사상환주식과 주주상환주식이 있으므로(345조 1항·3항) 상환주식의 대상이 되는 주식의 종류와 조합을 이루면, i) 회사가 상환할 수 있는 이익배당 또는 잔여재산분배에 관한 종류주식, ii) 회사가 상환할 수 있는 의결권이 없거나 제한되는 종류주식, iii) 주주가 상환청구를 할 수 있는 이익배당 또는 잔여재산분배에 관한 종류주식, iv) 주주가 상환청구를 할 수 있는 의결권이 없거나 제한되는 종류주식이 만들어질 수 있다.

잔여재산분배에 관한 종류주식은 현실로 발행되는 일이 없으므로 회사의 입장에서 발행할 실익이 크고 상품성도 있는 상환주식이란, i)의 종류주식 중 우선주인 상환주식이 될 것이고, iii), iv)는 상환가액에 따라 주주의 입장에서 투자가치가 있을 것이다. ii)의 상환주식은 의결권이 없고 배당에 부담도 없는 주식을 회사가 굳이 상환할 필요가 있느냐는 의문이 제기되므로 현실로 발행되는 일은 드물 것이다.

3) 회사상환주식은 상환조항을 정하기에 따라 주주의 의사와 무관하게 회사가 반드시 상환하는 주식도 가능하고(강제상환), 상환을 원하는 주주의 것만 상환해 주는 주식도 가능하다(임의상환).

주주상환주식은 임의상환이 있을 수 없고, 주주의 상환청구가 있으면 회사는 반드시 상환해야 한다.

### (3) 발행

상환주식을 발행하면 상환할 때 다른 주주의 배당가능이익을 감소시키므로 정관에 의한 명문의 수권이 있을 때에 한해 발행할 수 있다. 발행예정주식총수의 범위 내에서만 발행할 수 있음은 물론이다.

정관에 규정해야 할 사항은 회사상환주식의 경우 회사의 이익으로써 소각할 수 있다는 뜻을 기재하고, 상환가액, 상환기간, 상환의 방법과 상환할 주식의 수를 정하여야 한다($\frac{345조}{1항}$). 주주상환주식을 발행할 때에는 정관에 주주가 회사에 대하여 상환을 청구할 수 있다는 뜻, 상환가액, 상환청구기간, 상환의 방법을 정하여야 한다($\frac{345조}{3항}$). 이를 상환조항이라고 한다.

1)「상환가액」이란 주식을 상환하는 대가로서 회사가 주주에게 지급하는 금액을 말한다. 이익으로써 상환하므로 얼마를 지급하든 회사의 자본충실과는 무관하여 상법은 상환가액에 제한을 두지 않는다.

2)「상환기간」이란 상환이 이루어져야 할 기간을 말한다. 시기와 종기를 정하는 것이 통례이지만, 회사측으로서는 상환주식의 발행을 통해 상당기간 자금을 활용한다는 목적이 있으므로 시기의 설정이 중요한 뜻을 갖는다. 예컨대「발행 후 2년 이후 5년 내에 상환한다」는 것과 같다.

주주상환주식의 경우에는「상환청구기간」을 정해야 한다. 이 기간에 상환청구를 하지 않으면 원칙적으로 상환청구권이 소멸한다.

3)「상환방법」으로 생각할 수 있는 것은 회사상환주식의 경우, 강제상환으로 할지 임의상환으로 할지, 일시에 상환하는 것으로 할지, 분할로 상환할지 등이다. 주주상환주식의 경우에는 상환가능한 이익을 초과하는 상환청구가 있을 경우 어떤 기준으로 상환대상을 선정하느냐가 중요한 문제이다.

이상의 상환조항은 주식청약서에 기재하고($\frac{302조 2항 7}{호, 420조 2호}$), 등기하여야 한다($\frac{317조}{2항 6호}$).

### (4) 상환

**1) 상환의 결정**    회사상환주식의 상환은 정관의 규정에 따르는 한, 다른 절차 없이 이사회의 결의만으로 할 수 있다.

주주상환주식의 상환은 주주의 청구가 있어야 한다. 주주가 상환을 청구하면 그 자체로 회사를 구속하므로 회사의 의사결정이나 승낙은 불필요하고 단지 회사는 상환에 응할 의무를 질 뿐이다. 일종의 형성권이다. 그러나 주주의 청구로 즉시 상환이 실행될 수 있는 것은 아니다. 회사에 상환자금으로 사용할 수 있는 배당가능이익이 있어야 하기 때문이다.

**2) 주주에 대한 통지·공고**    회사상환주식의 상환을 결정하는 경우에는 상환대상인「주식의 취득일」로부터 2주 전에 그 사실을「그 주식의 주주」및「주주명부에 적힌 권리자」에게 따로 통지하여야 한다($\frac{345조}{2항 본}$).「주식의 취득일」이란 후술하는 상환의 효력발생일을

뜻한다. 「그 주식의 주주」란 주주명부상의 주주를 의미한다고 보아야 하므로 「주주명부에 적힌 권리자」란 등록질권자를 뜻하는 것으로 이해된다. 통지는 공고로 갈음할 수 있다($\frac{345조}{2항 단}$).

**3) 상환재원**　　상환은 이익으로써만 할 수 있다($\frac{345조}{1항}$). 이익이란 배당가능이익을 의미한다($\frac{462조}{1항}$).

상법 제345조 제1항에서는 회사상환주식은 이익으로써 소각할 수 있는 주식이라고 표현하면서, 동조 제3항에서는 주주상환주식에 관해서는 같은 규정을 두고 있지 않으나, 주주상환주식도 당연히 이익으로써만 소각할 수 있다.

**4) 상환시기**　　회사상환주식의 경우에는 정관에 정해진 상환기간 내에, 주주상환주식의 경우에는 주주가 청구한 때에 상환하여야 하지만, 이익이 없으면 상환할 수 없으므로 지연될 수도 있다. 이익이 없어 지연되더라도 회사나 이사의 손해배상책임($\frac{399조}{401조}$)은 발생하지 아니한다.

**5) 현물상환**　　회사는 주식의 상환의 대가로 현금 외의 유가증권이나 그 밖의 자산을 교부할 수 있다($\frac{345조}{4항 본}$).

i) 현물상환이란 미리 정관에 정한 바에 따라 금전에 갈음하여 상환가액에 상응하는 다른 재산을 교부하는 것을 말한다. 정관에 정함이 없이도 회사가 상환을 결정하거나 주주의 상환청구를 받은 단계에서 주주와의 협의를 통해 현물로 급부하는 것도 가능하지만 이는 대물변제이지, 상법 제345조 제4항이 규정하는 현물상환이 아니다.

ii) 금전 외의 다른 종류의 주식을 제외한 「유가증권이나 그 밖의 자산」으로 교부할 수 있으므로 상환에 사용할 수 있는 현물의 범위는 발행회사의 종류주식을 제외하고는 제한이 없다. 하지만 발행회사의 사채, 모회사 또는 자회사 또는 계열회사의 주식이나 사채가 가장 흔한 대상일 것이다. 발행회사의 종류주식만 제외하므로 자기주식인 보통주식으로 상환하는 것은 허용된다($\frac{신주발행의 방식으로 보통주식을 상환대가로 교부한다면}{이는 전환주식이므로 상환주식의 상환방법이 될 수 없다}$).

iii) 명문의 규정은 없으나, 상환가액의 일부는 금전으로, 일부는 다른 재산으로 급부하는 것도 무방하다고 본다.

iv) 상법은 상환에 사용하는 「자산의 장부가액이 제462조에 따른 배당가능이익을 초과하여서는 아니 된다」라고 규정하고 있다($\frac{345조}{4항 단}$). 이는 상환에 사용하는 자산의 장부가액이 상환가액을 초과할 수 없다는 뜻을 잘못 표기한 것으로 보인다. 예컨대 상환가액이 1,000만원인데, 장부가액이 1,200만원인 유가증권을 교부해서는 안 된다는 것이다.

**6)** 주금액의 일부에 대한 상환은 인정될 수 없다($\frac{주식불가}{분의 원칙}$). 그리고 강제상환이든 임의상환이든 무방하나 상환주식 상호간에는 주식평등의 원칙이 적용되어야 한다. 지주수에 비례한다면 평등의 원칙에 따른 것이라 하겠다.

### (5) 상환의 효과

1) 임의상환의 경우에는 회사가 상환을 위해 주주로부터 주식을 취득한 때, 그리고 강제상환의 경우에는 제440조를 준용하여 회사가 설정한 주권제출기간이 경과한 때($^{441조}_{본}$)에 각각 상환의 효력이 발생한다고 보아야 한다. 상환의 효력이 발생한다는 것은 주식이 소멸함을 뜻한다. 그러므로 회사는 즉시 주주에게 상환금을 지급해야 한다. 상환절차가 종료되었더라도 상환금이 지급될 때까지는 주주의 지위가 유지된다는 것이 판례의 입장이다($^{대법}_{원}$ $^{2020. 4. 9. 선고}_{2017다251564 판결}$).

상환과 동시에 주식은 실효하므로 상환을 위해 회사가 자기주식을 취득·보유하는 일은 없다.

2) 주식을 상환함으로 인해 발행예정주식총수의 미발행부분이 증가하는데, 이 부분을 활용해 다시 상환주식을 발행할 수 있느냐에 관해 견해가 갈리지만, 제한을 둘 이유가 없으므로 재발행을 허용하는 것이 옳다.

## 5. 주식의 전환에 관한 종류주식

### (1) 총설

1) 개념　　전환주식이란 주주가 다른 종류의 주식으로 전환할 수 있는 권리가 부여된 주식($^{주주전}_{환주식}$) 또는 회사가 다른 종류의 주식으로 전환할 수 있는 권리가 부여된 주식($^{회사전}_{환주식}$)을 말한다($^{346조}_{1항}$). 예컨대 우선주를 보통주로, 또는 보통주를 우선주로 전환함과 같다. 「전환」이란 주식의 종류를 교체함을 뜻하므로 액면주식을 무액면주식으로 바꾸는 것은 전환주식의 전환이 아니다. 정관의 규정으로 일정한 기한의 도래, 조건의 성취에 의해 다른 종류의 주식으로 자동전환되는 주식도 발행할 수 있다고 해석되나, 이것은 상법상의 전환주식이 아니다.

〈전환주식의 전환의 범위〉 상법 제346조 제1항은 「다른 종류의 주식」으로 전환할 수 있는 주식을 발행할 수 있다고 규정한다. 이 표현은 2011년 개정 전에도 같았지만, 우선주를 보통주로, 보통주를 우선주로 전환할 수 있다고 해석되었는데, 이는 「주식의 종류」가 보통주도 포함하는 개념이었기 때문이다. 현행법에서는 주식의 종류가 보통주가 아닌 주식을 의미하므로 제346조 제1항은 보통주식으로 전환할 수 있는 전환주식은 허용하지 않는 뜻으로 이해할 수도 있다.

전환의 대상에서 보통주식을 특히 제외해야 할 이유는 없으므로 현행 규정은 종류주식의 의미가 2011년 개정에 의해 달라진 것을 간과하고 과거의 표현을 답습한 입법착오로 보인다. 그래서 통설은 현행법상의 다른 종류의 주식으로 전환할 경우의 「다른 종류의 주식」은 과거와 같이 보통주를 포함하는 뜻으로 해석한다($^{권기범 530; 김정호 152; 송옥렬}_{807; 임재연 I  413; 최준선 233}$).

2) 기능　　　　주주전환주식과 회사전환주식은 각기 주주 및 회사에 대해 다음과 같은 순기능을 발휘한다.

i) 주주전환주식은 주식시세의 변동이나 회사의 배당능력의 변화에 따라 주주가 소유 주식의 가치를 보존 또는 향상시키는 수단이 된다. 예컨대 우선주를 보통주로 전환할 수 있되, 우선주 1주에 대해 보통주 1.2주를 발행해 준다고 하자. 현재 회사의 경영실적이 좋지 않고 주식시세도 낮다면 우선주를 소유하여 배당을 우선적으로 받는 것이 유리하다. 그러나 훗날 주가가 상승하고 배당여력이 커지면 보다 많은 수량의 보통주를 가지는 것이 배당면에서나 주식을 환가하는 면에서나 유리할 수 있다. 그러므로 전환주식은 회사의 전망과 주가에 대한 예견을 주식인수인에게 맡긴 채 주식의 가치보존 또는 증식의 기회라는 투자유인동기를 제공함으로써 자금조달을 용이하게 하는 제도이다.

ii) 회사전환주식의 경우에는 주주전환주식의 주주와 반대의 입장에서 회사의 자금조달을 용이하게 하고 재무관리를 탄력적으로 할 수 있으며, 또 의결권없는 주식이나 상환주식을 전환주식으로 하거나 전환으로 인해 발행할 주식으로 함으로써 경영권의 방어수단으로도 활용하는 등 다양한 용도로 이용할 수 있다.

(2) 발행

1) 정관의 규정　　　　전환주식을 발행하기 위해서는 정관에 전환조건, 전환의 청구기간(또는 전환 의 기간), 전환으로 인하여 발행할 주식의 수와 내용을 정해야 한다(346조 1 항·2항). 회사전환주식의 경우에는 정관으로 정하는 사유가 발생한 때에 한해 전환할 수 있으므로 정관에 전환의 사유도 정해 두어야 한다(346조 2항).

2) 공시　　　　전환주식을 발행할 때에는 주식청약서 또는 신주인수권증서에, ① 주식을 다른 종류의 주식으로 전환할 수 있다는 뜻, ② 전환의 조건, ③ 전환으로 인하여 발행할 주식의 내용, ④ 전환을 청구할 수 있는 기간(또는 전환 의 기간)을 기재하여야 하고(347 조), 이상의 사항을 등기하여야 하며(317조 2항 7호), 주주명부와 주권에도 동일한 사항을 기재하여야 한다(352조 2항).

3) 발행할 주식수의 확보　　　　전환주식이 전환되면 다른 종류의 주식(348조: 전환으로 인 하여 발행할 주식)이 발행된다. 이를 위해 회사는 종류별 발행예정주식총수 중「전환으로 인하여 발행할 주식」에 해당하는 종류 및 수의 부분은 전환청구기간 내에는 발행을 유보하여야 한다(346조 4항). 장차 정관을 변경하여 발행예정주식수를 늘릴 것을 계획하고 전환주식을 발행하는 것은 허용되지 않는다.

(3) 전환절차

1) 주주전환주식의 전환절차　　　　주주전환주식의 경우에는 주주의 전환청구로 절차가 개시된다.

i) 전환청구절차　　　　전환주식의 전환을 청구하고자 하는 주주는 청구서 2통에 전환하고자 하는 주식의 종류·수와 청구연월일을 기재하고 기명날인(또는 서명)한 후 주권을 첨부하

여 회사에 제출하여야 한다($^{349조.1}_{항.2항}$). 주주명부의 폐쇄기간 중에도 전환청구가 가능하다.

ii) 전환청구권의 성질　　주주의 전환청구권은 형성권으로서 전환청구를 한 때에 전환의 효력이 발생한다($^{350조}_{1항}$). 즉 회사의 승낙이나 신주발행절차를 요하지 않고 주주는 전환으로 인하여 발행하는 신주의 주주가 되는 것이다. 전환의 청구와 동시에 구 전환주식은 소멸하고 구주권은 실효하므로 주주는 이를 회사에 제출하여야 한다($^{349조}_{1항}$).

iii) 전환청구는 주주의 권리이지 의무는 아니므로 전환청구를 하지 않을 수도 있다.

2) **회사전환주식의 전환절차**　　회사전환주식의 경우에는 회사의 전환결정으로 절차가 개시된다.

i) 전환사유의 발생　　회사전환주식의 경우에는 정관으로 정하는 사유가 발생한 때에 한해 전환할 수 있다. 상법은 정관으로 정할 사유에 관해 특별한 내용을 요구하지 않으므로 특히 불합리하지 않는 한 어떠한 사유이든지 정할 수 있다.

ii) 전환의 결정　　전환사유가 발생했다고 해서 반드시 전환해야 하는 것은 아니므로 회사의 의사결정을 요한다. 상법 제346조 제3항에서「이사회」가 주주 등에게 전환사실을 통지하라고 규정하는데, 이는 이사회가 통지의 주체가 되라는 의미보다는 이사회가 전환의 결정을 하라는 취지로 읽어야 한다.

iii) 전환의 통지　　회사가 전환할 것을 결정하면 전환주식의 주주 및 주주명부상의 권리자에게, ① 전환할 주식, ② 2주 이상의 일정한 기간 내에 그 주권을 회사에 제출하여야 한다는 뜻, ③ 그 기간 내에 주권을 제출하지 아니할 때에는 그 주권이 무효로 된다는 뜻을 통지하여야 한다($^{346조}_{3항 본}$).

주권제출기간 내에 주권을 제출하지 않을 경우 무효로 되는 것은 주권에 그치고, 주주가 전환에 의해 발행되는 신주식에 관한 권리를 잃는 것은 아니다.

iv) 효력발생　　전환의 효력은 주권제출기간이 끝난 때에 발생한다($^{350조}_{1항}$). 회사가 전자등록제도를 채택한 경우에는 회사가 정한 일정한 날($^{전환기}_{준일}$)에 전자등록된 종류주식이 다른 종류주식으로 전환된다는 뜻을 공고하고, 주주명부에 주주, 질권자, 그 밖의 이해관계자로 기재되어 있는 자에게 통지하여야 한다($^{전등 64}_{조 1항}$). 전환의 효력은 전환기준일에 발생한다($^{동조}_{2항}$).

(4) **신주식의 발행가액**

상법 제348조는「전환으로 인하여 신주식을 발행하는 경우에는 전환 전의 주식의 발행가액을 신주식의 발행가액으로 한다」고 규정한다. 이 규정은 전환주식의「총」발행가액과 신주식의「총」발행가액이 같아야 함을 뜻한다.

총발행가액이 같아야 함은 무엇을 뜻하는가? 예를 들어 설명한다. 액면가가 5,000원인 우선주를 발행가 6,000원에 100주를 발행하였다고 하자. 전환은 보통주로 할 수 있으며 신주의 주당 발행가액은 $y$, 전환주식 대 신주식의 전환율은 1 : $x$로 하면, 이때 전환으로 인하여 발행할 주식의 수는 100$x$주가 된다. 다음 표와 같다.

|  | 전환주식(우선주) | 신주식(보통주) |
|---|---|---|
| 액면가 | 5,000(원) | 5,000(원) |
| 전환조건 | 1 | $x$ |
| 발행가 | 6,000(원) | $y$(원) |
| 발행주식수 | 100(주) | $100x$(주) |
| 총발행가 | 600,000(원) | 600,000(원) |

위 표와 같이 전환주식의 총발행가액은 6,000(원) × 100(주) = 600,000원이므로 신주식의 총발행가액도 600,000원이어야 한다. 이때 예컨대 $x$가 1.5라 하면 신주식의 발행가($y$)는 4,000원이 되어 액면미달발행이 되므로 상법이 정한 경우($^{417}_{조}$)가 아니면 허용될 수 없다. 그러므로 신주식이 액면미달발행이 되지 않으려면(즉 $y$가 5,000원 이상이 되려면) 신주식의 발행주식수($100x$)는 120주를 넘어서는 안 된다. 즉 전환비율이 1 : 1.2 이상이 되지 않도록 하여야 한다.

결국 총발행가가 서로 같아야 한다는 것은 전환조건을 제한하는 의미를 갖는다. 이사회가 자금조달에 급급하여 무모한 조건으로 전환주식을 발행함으로써 자본충실을 해하는 것을 막기 위한 것이다.

상법 제348조는 이상 본 바와 같이 액면미달발행의 금지에 연결지어 전환조건을 통제하는 제도이므로 무액면주식에 대해서는 동조를 적용하더라도 전환조건을 규제하는 의미는 없다.

### (5) 전환의 효과

1) **자동전환**    전환청구를 한 때 또는 주권제출기한이 끝난 때에 전환의 효력이 발생하는 결과 전환주식의 주주는 바로 전환된 신주식을 가지고 주주권을 행사할 수 있다. 예컨대 전환이 이루어진 당해 결산기의 이익배당에 관해서는 구주주와 균등한 조건으로 배당을 받으며, 전환 이후에 설정되는 기준일에 의한 중간배당에도 역시 구주주와 균등하게 배당을 받는다.

그러나 의결권의 행사에 관해서는 특칙을 두고 있다. 주주명부의 폐쇄기간중에 전환이 이루어진 경우에는 주주는 신주식을 가지고 의결권을 행사할 수 없다($^{350조}_{2항}$). 즉 전환 전의 구주식을 가지고 의결권을 행사할 수 있을 뿐이다. 원래 주주명부의 폐쇄란 폐쇄기간중의 주주의 변동에 불구하고 폐쇄 직전의 상태에서 주주권행사자를 확정하는 제도이므로 폐쇄제도의 취지를 벗어나지 않도록 한 것이다.

2) **자본금의 증감**    액면주식을 발행한 회사의 경우, 전환조건이 1:1인 경우를 제외하고는 전환으로 인해 자본금의 증감을 가져온다. 무액면주식을 발행한 회사의 경우에는 전환을 하더라도 자본금에 영향이 없다.

3) **발행예정주식총수**    액면주식의 경우 전환으로 인해 구주식의 종류에 관해서는

전환된 주식수만큼 발행예정주식총수 중 미발행부분이 증가한다. 이 부분에서 다시 신주발행을 할 수 있느냐는 의문이 생긴다. 재발행을 인정하더라도 수권주식의 한계는 준수되므로 재발행할 수 있다($\frac{통}{설}$). 그러나 그 발행은 종전의 전환전주식의 종류에 한정되며 재차 전환주식으로 할 수는 없다.

4) **질권의 효력**　　전환주식에 설정된 질권의 효력은 전환으로 인한 신주식에 미친다($\frac{339}{조}$).

5) **등기**　　전환한 날이 속하는 달의 마지막 날로부터 2주 내에 본점소재지에서 전환으로 인한 변경등기를 하여야 한다($\frac{351}{조}$).

# 제 2 관　주주·주주권

## Ⅰ. 의의

주식회사의 사원을 「주주」라 부른다. 주식회사에서는 자본금의 구성단위인 주식을 취득함으로써 사원이 되므로 주식의 취득이 주주자격의 전제가 된다. 이에 대한 예외는 있을 수 없으며, 이와 다른 약정은 무효이다. 그리고 주주가 회사에 대해 갖는 사원으로서의 지위는 주주가 회사에 대해 갖는 개개의 권리의 원천을 이루는데, 이를 「주주권」이라 한다.

## Ⅱ. 주주의 권리

### 1. 의의

주주는 주주권을 원천으로 하여 회사에 대해 여러 가지 권리를 갖는다. 상법이 인정하는 개개의 구체적 권리를 주주의 사원권적 지위를 포괄적으로 나타내는 「주주권」과 구별하여 「주주의 권리」라고 표현한다. 주주의 권리는 주주의 지위를 전제로 생겨나므로 주식의 취득 아닌 별개의 원인에 의해서 취득될 수 없고, 또 그 자체로서는 독립적으로 양도되거나 담보의 목적이 될 수 없으며, 시효에도 걸리지 아니한다.

그러나 주주의 권리가 구체적인 사안에서 채권적 권리로 특정된 경우에는 주주의 지위에서 분리되어 독립적으로 양도될 수 있고, 압류의 대상이 되며, 시효에도 걸린다. 회사에 대한 권리행사의 순위에 있어서도 일반 채권과 다를 바 없다. 예컨대 주주가 회사의 이익배당에 참가할 수 있다는 추상적 의미의 이익배당청구권은 주주권의 일부를 구성하지만, 특정 영업연도에 주주총회가 이익배당안을 승인하여 개개의 주주에게 발생한 구체적인 이익배당청구권은 주주의 지위로부터 분리된 금전채권으로서, 독립적으로 양도·압류의 대상이 된다.

## 2. 권리의 근거와 제한

주주의 권리는 법률에 의해 주어지므로 정관의 규정이나 주주총회의 결의 혹은 이사회의 결의로 제한할 수 없다. 예컨대 주주총회의 결의 또는 이사회의 결의로 주주의 의결권을 제한하거나 주주 간에 배당률을 달리 정한다면 그 결의는 무효이고, 혹 정관으로 이 같은 결의를 허용했다면 그 정관규정이 무효이다. 요컨대 주주의 권리는 다수결에 의한 의사결정의 대상이 아니다.

## 3. 권리의 분류

주주의 권리는 일반적으로 다음과 같이 분류한다.

### (1) 공익권 · 자익권

회사의 운영에 참가하는 것을 목적으로 하거나 이와 관련하여 행사하는 권리를 「공익권」이라 하고, 주주가 회사로부터 경제적 이익이나 기타 편익을 받는 것을 목적으로 하는 권리를 「자익권」이라 한다.

「공익권」으로는 주주총회소집청구권($366조$), 설립무효의 소 등 각종 소제기권($328조, 376조, 380조, 429조, 445조, 529조 등$), 의결권($369조$), 이사의 위법행위유지청구권($402조$), 대표소송제기권($403조$), 회계장부열람권($466조$), 이사 · 감사의 해임청구권($385조, 415조$), 회사의 업무 및 재산상태의 검사청구권($467조$), 해산판결청구권($520조$) 등이 있다.

「자익권」으로는 이익배당청구권($462조$), 주권교부청구권($355조$), 주식전환청구권($346조$), 명의개서청구권($337조$), 신주인수권($418조$), 잔여재산분배청구권($538조$) 등이 있다.

### (2) 단독주주권 · 소수주주권

1) 일반원칙    주주의 권리는 단 1주만을 가진 주주에게도 인정됨이 원칙이다. 이 원칙이 적용되는 권리를 단독주주권이라 한다. 자익권은 모두 단독주주권이다. 공익권도 원칙적으로 단독주주권이지만, 개중에는 발행주식총수의 일정률에 해당하는 주식을 가진 주주에 한하여 행사할 수 있는 권리도 있다. 이를 소수주주권이라 한다. 아래 <표 3>에 열거된 권리들이 이에 속한다.

소수주주권의 내용을 보면 대부분 「소유와 경영의 분리」의 원칙에 반하여 주주에게 경영간섭을 허용하는 것이다. 상법이 이같이 소수주주권이라는 형태로 주주의 경영간섭을 허용한 것은, 한편으로는 경영자나 다수파주주의 전횡을 막고, 다른 한편으로는 단독주주권으로 했을 경우에 예상되는 주주권의 남용을 막자는 뜻이 있다. 또 권리의 성격상 지나치게 영세한 주주에게는 인정할 실익이 없으므로 제도의 효율을 위해 소수주주권으로 한 경우도 있다(예컨대 발행주식총수의 0.1%를 가진 주주는 주주총회를 소집해 보아야 자신의 목적대로 결의를 유도할 힘이 없다).

2) 상장회사의 특례    일반적으로 요구되는 소수주주권의 요건($보유주식수$)은 주식이 널리

분산된 상장회사의 경우에는 매우 높은 기준이다. 그래서 상법은 상장회사에서 소수주주권이 용이하게 행사될 수 있도록 아래 표와 같이 비상장회사에 비해 요건을 대폭 완화하였다($\binom{542조의6,}{542조의7}$). 그리고 자본금 1천억원 이상인 상장회사의 경우에는 그 요건은 다시 2분의 1로 완화하였다($\binom{542조의6,}{상령 32조}$). 상장회사에 대해서는 이와 같이 지주요건을 완화하는 대신 그 남용을 방지하기 위하여 해당수의 주식을 6월 이전부터 보유한 자에 한해 권리행사를 허용한다.

이상의 소수주주권의 요건에 관한 일반규정과 특례규정은 선택적($\binom{양자택}{일적}$) 경합의 관계에 있다($\binom{542조의}{6\ 10항}$). 예컨대 상장회사에서의 주주제안의 경우, 일반규정은 발행주식총수의 100분의 3 이상을 소유한 주주에게 허용하지만($\binom{363조}{의2\ 1항}$), 특례에서는 이를 1,000분의 10으로 완화하는 한편 이 주식을 6개월간 보유할 것을 요건으로 한다($\binom{542조}{의6\ 2항}$). 그리하여 어느 상장회사의 주주가 3개월 전에 발행주식총수의 100분의 4에 해당하는 주식을 취득하였다면, 이 주주는 특례의 요건에는 미달하지만, 일반규정의 요건은 충족하므로 주주제안을 할 수 있다($\binom{542조의6\ 제}{10항의\ 적용}$).

〈표 3〉 소수주주권의 요건에 관한 일반규정과 특례규정의 대비표

| 사 항 | 일반규정 | 특례규정 |
|---|---|---|
| 주주제안권 | 100분의 3(363조의2) | 1,000분의 10(542조의6 2항) |
| 대표소송 제기권 | 100분의 1(403조, 408조의9, 415조) | 1만분의 1(542조의6 6항) |
| 　이익공여관련대표소송 | 100분의 1(467조의2) | 1만분의 1(上同) |
| 　불공정인수관련대표소송 | 100분의 1(424조의2) | 1만분의 1(上同) |
| 　발기인책임추궁대표소송 | 100분의 1(324조) | 1만분의 1(上同) |
| 　청산인책임추궁대표소송 | 100분의 1(542조) | 1만분의 1(上同) |
| 집중투표청구권 | 100분의 3(382조의2) | 100분의 1(542조의7 2항) |
| 이사·감사해임청구권 | 100분의 3(385조2항, 415조) | 1만분의 50(542조의6 3항) |
| 청산인해임청구권 | 100분의 3(539조 2항) | 1만분의 50(上同) |
| 유지청구권 | 100분의 1(402조, 408조의9, 542조) | 10만분의 50(542조의6 5항) |
| 회계장부열람권 | 100분의 3(466조) | 1만분의 10(542조의6 4항) |
| 주주총회소집청구권 | 100분의 3(366조) | 1,000분의 15(542조의6 1항) |
| 총회검사인선임청구권 | 100분의 1(367조 2항) | － |
| 업무검사권 | 100분의 3(467조) | 1,000분의 15(542조의6 1항) |
| 해산판결청구권 | 100분의 10(520조) | － |

### (3) 비례적 권리·非비례적 권리

주주의 권리 중에는 소유주식수에 비례하여 권리가 양적으로 증감하는 것이 있고, 1주 이상 또는 소정의 주식수 이상($\binom{소수주주}{권의\ 경우}$)에 대해서는 주식수의 다과를 불문하고 균등하게 주어지는 것이 있다. 전자를 「비례적 권리」, 후자를 「非비례적 권리」라 부를 수 있다. 전자의 예로는 이익배당청구권($\binom{462}{조}$), 의결권($\binom{369}{조}$), 잔여재산분배청구권($\binom{538}{조}$), 신주인수권($\binom{418}{조}$), 준비금

의 자본금전입시의 신주배정청구권($\frac{461}{조}$) 등이 있고, 기타 권리는 모두 非비례적 권리이다. 비례적 권리는 주로 출자에 대한 대가적 의미를 갖는 권리로 구성되고, 非비례적 권리는 성질상 출자액의 다과에 불구하고 모든 주주가 균등한 이해를 가지는 탓에 차등이 불가능한 권리로 구성된다.

주식평등의 원칙을 적용함에 있어 비례적 권리에 대해서는 비례적 평등이 지켜져야 하나, 非비례적 권리에 대해서는 산술적 평등에 의해 일정 요건($\frac{1주 이상의 주주}{또는 소수주주}$)을 갖춘 주주에게는 균등한 내용의 권리가 주어져야 한다.

## Ⅲ. 주식평등의 원칙(주주의 비례적 이익)

### 1. 절대적 평등과 비례적 평등

「주식평등의 원칙」이란 주주가 회사와의 법률관계에서 평등하게 권리를 가짐을 말한다. 주식평등의 원칙을 주주의 입장에서 표현하여 흔히「주주평등의 원칙」이라고도 부른다. 주식평등은 어떠한 방법으로 평등을 실현하느냐에 따라 절대적 평등과 비례적 평등($\frac{또는 상대}{적 평등}$)으로 나누어 볼 수 있다. 기술한 바와 같이 非비례적 권리에 대해서는 절대적 평등의 원칙이 적용되고, 비례적 권리에는 비례적 평등의 원칙이 적용된다.

「절대적 평등」은 주식회사의「사단성」에서 비롯되며,「비례적 평등」은 주주의 유한책임제도를 바탕으로 하는「자본단체적 성격」에서 비롯된다.

자본단체적 성격이 농후한 주식회사에서는 주주에게 있어 비례적 권리가 보다 본질적이고, 이를 통해 주주의 이해가 강하게 표출된다. 이에 반해 非비례적 권리는 대체로 비례적 권리를 확보하는 수단으로서의 의미가 강하다. 그러므로 주식평등의 원칙은 비례적 권리에 관해 논할 실익이 크다.

### 2. 근거

주식평등의 원칙은 18세기를 풍미한 정치적·법적 평등사상이 같은 시대에 태어난 주식회사에도 영향을 미쳐 탄생한 것인데, 이 원칙은 주주에 대한「기회와 위험의 비례적 배분」을 제도화한 것이라 할 수 있다.

합명회사에서는 사원이 무한책임을 지므로 각 사원의 위험부담이 출자가액에 비례하지 아니하고, 따라서 각 사원이 누려야 할 기회 역시 출자액에 비례할 필요가 없다. 그러나 주식회사에서는 주주가 유한책임을 지는 결과 각자의 위험부담은 주식수로 표현되는 출자액 그 자체이고 이에 비례한다. 따라서 주주가 누리는 기회 역시 출자액, 즉 주식수에 비례하여 주어지는 것이 위험부담의 지분에 대응하여 공평하다.

주식평등의 원칙을 명문으로 반영한 입법례도 있으나($\binom{\text{예컨대 독일주식법 53조a: "주주는 동}}{\text{일한 조건하에서는 평등하게 취급된다"}}$), 우리 상법에서는 개개의 권리별로 주식평등의 원칙을 규정할 뿐, 이러한 일반규정을 두고 있지 않다. 그러나 주식평등의 원칙은 주식회사가 자본을 구성함에 있어서 출자자에게 제시하는 권리부여의 규범적 기준인 까닭에 회사와 주주 간의 법률관계의 모든 사항에 적용되는 최고원리이다. 따라서 주식평등의 원칙은 주주의 재산권을 보장하기 위한 강행규범으로서, 이에 반하는 정관의 규정, 주주총회의 결의, 이사회의 결의, 업무집행 또는 회사가 체결하는 이 같은 약정은 무효이다($\binom{\text{대법원 2018. 9. 13. 선고 2018다9920·9937}}{\text{판결; 동 2020. 8. 13. 선고 2018다236241 판결}}$).

### 3. 내용과 예외

주식평등의 원칙은 기본적으로 회사의 수익, 순자산, 그리고 회사지배에 대한 비례적 이익($\binom{\text{권}}{\text{리}}$)으로 구체화된다. 수익에 대한 비례적 이익은 이익배당에서의 평등을 뜻하고($\binom{464조}{본}$), 순자산에 대한 비례적 이익은 잔여재산분배에 있어서의 평등을 뜻한다($\binom{538조}{본}$). 그리고 회사지배에 있어서의 비례적 이익은 의결권의 평등($\binom{\text{1주 1의결}}{\text{권의 원칙}}$)을 뜻한다($\binom{369조}{1항}$). 주주의 권리는 이 밖에도 여러 가지가 있으나, 대체로 위 세 가지 비례적 이익에서 파생하거나 이를 유지 또는 실현하기 위한 것이다.

주식평등의 원칙도 법에 명문의 규정을 두어 배제하거나 제한할 수 있다. 예컨대 종류주식($\binom{344}{조}$), 감사의 선임($\binom{409}{조}$), 소수주주권($\binom{366조}{등}$) 등에 관한 규정은 주식평등의 원칙에 대한 예외를 설정한 것이다. 그러나 법상 예외를 이루는 것들도 실은 모두 주식평등의 원칙을 실현하는 데 있어 기술적·방법론적 표현을 달리한 것에 불과하다. 그리고 예외에 해당되는 주식 상호간에는 역시 평등의 원칙이 지켜져야 한다.

## Ⅳ. 주주의 의무(출자의무)

주주는 회사에 대하여 출자의무를 부담한다. 출자의무는 주식의 인수가액을 납입할 의무로 구체화되는데, 납입은 회사설립 전 또는 신주발행 전, 즉 주주가 되기 전에 전액 이행하여야 하므로($\binom{\text{295조, 303}}{\text{조, 421조}}$) 출자의무란 정확히 말하면 「주식인수인」의 의무이지 「주주」의 의무는 아니다. 다만 상법의 표현과 일반용례에 따라 이 책에서도 주주의 의무라 부른다. 이 출자의무가 주주의 의무의 전부이고($\binom{331}{조}$), 주주는 그 밖의 어떠한 의무도 지지 아니한다. 이는 유한책임제를 취하는 주식회사의 본질적인 요소로서 정관이나 주주총회의 결의로써도 달리 정할 수 없다.

주주의 출자는 회사채권자를 위한 책임재산을 이루므로 출자액이 현실로 확보되어야 한다. 그러므로 회사가 주주의 납입의무를 대신하여 이행할 수 없음은 물론이고($\binom{\text{대법원 1963.}}{\text{10. 22. 선고 63}}$ $\text{다494}}$ 판결), 회사가 주주에게 주식인수자금을 대여하는 경우 그 신주발행은 무효이다($\binom{\text{대법원 2003. 5.}}{\text{16. 선고 2001다}}$

$\binom{44109}{판결}$.

## V. 주식불가분과 주식의 공유

### (1) 공유의 원인

주주권은 1개의 주식을 최소의 단위로 하므로 1개의 주식을 다시 수인이 분할하여 소유하는 것은 불가능하다. 이를 「주식불가분의 원칙」이라 한다. 그러나 주식을 수인이 공유하는 것은 가능하다. 주식의 공유는 주로 주식의 공동인수, 공동상속 또는 공동의 양수 등을 원인으로 생긴다.

### (2) 공유관계의 특칙

주식공유의 법률관계에 관해서는 민법 제262조 내지 제270조의 규정이 준용되나($\genfrac{}{}{0pt}{}{준공유,}{민}{278조}$), 이 규정들은 주로 공유자 간의 내부관계를 다룰 뿐이고, 공유자들과 회사의 관계는 충분히 해결하지 못한다. 그러므로 공유자와 회사의 관계에서 제기되는 다음 문제에 관해서는 상법과 자본시장법에 특칙을 두고 있다.

1) 수인이 공동으로 주식을 인수한 때에는 연대하여 납입할 책임을 진다($\genfrac{}{}{0pt}{}{333조}{1항}$).

2) 주식의 공유자는 주주의 권리를 행사할 자 1인을 정하여야만 한다($\genfrac{}{}{0pt}{}{333조}{2항}$). 이에 따라 이익배당청구권·의결권·각종 소제기권 등 주주권을 행사함에는 공유자 각자가 공유지분에 의해 행사할 수 없고, 그 대표자를 통해 행사하여야 한다. 대표자를 정하지 않았거나 기타 사유로 주주의 권리를 행사할 자가 없는 때에는 공유자에 대한 통지나 최고는 그중 1인에 대하여 하면 된다($\genfrac{}{}{0pt}{}{333조}{3항}$).

3) 자본시장법에 의해 주식을 한국예탁결제원($\genfrac{}{}{0pt}{}{이하 '예}{탁결제원'}$)에 예탁한 예탁자 및 그의 투자자는 예탁한 주식의 종목별로 예탁한 수량에 따라 공유지분을 가지는 것으로 추정된다($\genfrac{}{}{0pt}{}{자금}{312}{조1항}$). 그러나 예탁자와 투자자는 공유관계로 주주권을 행사하는 것이 아니라 각자 예탁한 주식의 수량대로 단독으로 주주권을 행사한다($\genfrac{}{}{0pt}{}{자금 315}{조 1항}$).

### (3) 공유주식의 양도

공유하는 주식을 분할($\genfrac{}{}{0pt}{}{공유물분}{할. 민 268조}$)하기 전에는 공유자 1인이 주식을 양도한다는 일이 있을 수 없고($\genfrac{}{}{0pt}{}{민}{264조}$), 다만 공유지분을 양도할 수 있을 뿐이며, 그 지분의 이동에 따라 명의개서를 할 수 있다. 회사에 대해 공유관계를 주장하려면 공유자 전원의 성명·주소와 공유관계가 주주명부에 등재되어야 한다.

# Ⅵ. 타인명의에 의한 주식인수의 법률관계

## 1. 총설

주식을 인수하는 자가 타인으로부터 빌린 이름으로 인수하거나, 허락받지 않고 타인의 이름을 사용하거나 허무인의 이름을 사용하여 인수한 경우에는, i) 주금을 납입할 의무를 누가 지느냐라는 문제와, ii) 회사는 누구를 주주로 보아야 하느냐는 문제가 생겨난다. 상법은 i) 문제의 해결을 위한 조문을 두고 있으나($\frac{332}{\text{조}}$), ii) 문제에 관해서는 규정한 바가 없어 해석론이 갈린다.

## 2. 납입의무

상법 제332조는 타인의 명의로 주식을 인수한 경우를 「① 가설인의 명의를 사용하거나 타인의 승낙 없이 그 명의를 사용한 경우, ② 타인의 승낙을 얻어 그 명의를 사용한 경우」로 구분하여 각각의 경우의 납입의무에 관해 규정하고 있다. ①의 경우에는 실질적인 주식인수인만이 주식인수인으로서의 책임($\frac{\text{즉 납}}{\text{입책임}}$)을 지고($\frac{332조}{1항}$), ②의 경우에는 명의를 대여한 자와 실질적인 주식인수인이 연대하여 납입할 책임을 진다($\frac{332조}{2항}$).

이 규정이 타인 명의로 주식을 인수한 경우의 납입의무에 관해 규정하고 있는 것은 타인 명의에 의한 주식인수도 유효함을 전제로 한 것이다. 그러므로 발기인과 이사의 인수담보책임($\frac{321조\ 1항,}{428조\ 1항}$)은 생기지 않는다.

## 3. 주주의 확정

타인의 명의로 주식을 인수하면 주주명부에는 명의대여자가 주주로 표시된다. 초기에 명의대여의 계기가 되었던 대여자와 차용자의 신뢰가 깨어지면 주주권의 귀속을 놓고 분쟁이 생기게 된다. 주주권의 귀속은 당사자 간의 재산권의 분쟁이므로 대여자와 차용자의 개인법적인 법정다툼으로 이어지고 그 결과에 따라 대여자의 소유로 굳어지거나, 차용자의 소유로 밝혀지게 될 것이고, 회사와의 주주인정문제도 해결된다. 문제는 그 이전, 주주명부에 명의대여자가 주주로 기재되어 있는 상태에서 형식상의 주주인 명의대여자와 실질적인 주식인수인인 명의차용자 중 누가 주주의 권리를 행사할 수 있는가, 그리고 회사는 누구를 주주로 다루어야 하는가라는 것이다.

과거 통설·판례는 실질적인 주식인수인($\frac{\text{명의차}}{\text{용자}}$)을 주주라고 보아 왔다($\frac{\text{대법원 2011. 5. 26. 선}}{\text{고 2010다22552 판결}}$ $\frac{\text{외}}{\text{다수}}$). 그러나 최근 대법원은 판례를 변경하여 명의주주($\frac{\text{명의대}}{\text{여자}}$)만을 주주로 보아야 한다는 입장을 취함으로써 이 논쟁을 일단락지었다($\frac{\text{대법원 2017. 3. 23. 선고}}{\text{2015다248342 판결(전)}}$).

## 제 3 관  주식의 유체적 관리(주권 또는 전자등록과 주주명부)

### Ⅰ. 관리체계

주식회사에서는 인적회사와 달리 주주가 정관에 기재되지도 않고, 주식의 양도성으로 인해 그 이동도 잦다. 그러므로 대세적으로 주식이라는 권리를 확실하게 표창하고 이동을 안정적으로 공시할 필요가 있으며, 주주와 회사와의 관계에서는 주주가 빈번히 변동하는 가운데, 주주가 회사에 권리를 행사함에 있어 회사로 하여금 안정적인 방법으로 주주를 인식하게 할 수 있도록 해야 한다. 전자의 목적에 기여하는 것이 주권(또는 전자등록)이고 후자의 목적에 기여하는 것이 주주명부이다.

주권(株券)은 주식회사제도와 역사를 같이 하며 주식을 표창하는 전통적인 수단으로 이용되어 왔다. 그러나 최근 회사와 자본시장의 규모가 커짐에 따라 주식, 채권 등 유가증권의 관리에 상당한 비용이 소요되므로 이를 대체하는 수단으로서 유가증권의 전자등록제도가 개발되어 세계적으로 이용되고 있다. 우리나라도 주식 등의 전자등록제도가 2019년 9월 16일부터 시행됨에 따라 주식의 경우 그 권리의 표창방법은 「주권」 또는 「전자등록」으로 나뉘게 되었는데, 상장주식에 관하여는 전자등록이 강제되므로 향후 전자등록이 주식의 주된 표창방법으로 이용되리라 전망된다.

### Ⅱ. 주권

#### 1. 주권의 의의

「주권」은 주식을 표창하는 유가증권이다. 주식회사에 주권이 필요한 이유는 다음 두 가지로 설명할 수 있다.

첫째, 주주권을 용이하게 증명하기 위해서이다. 합명회사에서는 사원의 성명이 정관에 기재되고 등기되므로 쉽게 사원권을 증명할 수 있으나, 주식회사에서는 주식의 인수와 납입만이 주주가 되었다는 증명이 될 뿐인데, 이는 재산권의 증명수단으로서는 매우 불안정하므로 주주의 권리를 유가증권화하여 동산의 점유와 같은 유체적 방법으로 권리의 소재에 관한 증명을 확실하게 하는 것이다.

둘째, 자본집중수단으로서 필요하다. 대중을 상대로 투자를 유치하기 위해서는 그 투하자본을 용이하게 회수할 수 있어야 한다. 주식회사에는 퇴사제도가 없으므로 통상적인 회수방법은 주식을 양도하는 것이다. 그러므로 주식의 양도성은 주식회사제도의 원만한 운영을 위해 본질적인 요건이라 할 수 있는데, 주식의 양도를 위해서는 확실한 공시방법이 마련되어야 한다. 주식을 재산적 권리로 파악하는 한, 채권양도방법이나 기타 어떠한 방법으로든 그 자체만으로써 양도하게 할 수도 있다. 그러나 이를 유체화하지 않은 상태에서는 미지의 다수인 간에 원만히 전전유통되는 것을 기대할 수 없다. 그러므로 주식을 「주권」이란 형태로 유가증권화시켜 주식양도시에 주권의 교부로 공시하게 함으로써 유통성을 보장하는 것이다.

### 2. 주권의 성질

주권은 유가증권이지만, 이미 존재하는 주식 내지는 주주권을 표창할 뿐이고 주권의 작성·발행에 의하여 주주권이 생기는 것이 아니므로 어음·수표와 같은 「설권증권은 아니다.」 따라서 회사가 주식을 인수하거나 양수하지 않은 자에게 주권을 발행하더라도 주주권이 창설되는 것은 아니며, 이러한 주권이 유통되더라도 선의취득이 성립할 여지가 없다. 결국 주권은 권리의 발생과는 무관하고, 권리의 이전에 주권을 필요로 하므로 「불완전유가증권」이다. 이를 기초로 해서 어음이나 수표와 같은 완전유가증권과 다음과 같은 차이를 보인다.

첫째, 주권의 원인관계인 주식 내지는 주주권의 존부나 유·무효에 따라 주권의 효력도 영향을 받으므로 주권은 「요인증권」이다. 둘째, 주권에는 일정한 법정사항을 기재하고 대표이사가 기명날인($\frac{또는}{서명}$)하여야 하므로($\frac{356}{조}$) 「요식증권」이지만, 어음이나 수표보다는 요식성이 크게 완화된다. 셋째, 주주권을 행사할 때 주주는 주권이 아니라 주주명부에 의해 인식되고 자격이 증명되므로 주권은 「제시증권이 아니다.」 넷째, 주권은 주주의 권리행사에 계속적으로 필요하므로 주주권을 행사할 때에도 주권을 회사에 반환하지 않는다. 즉 「상환증권이 아니다.」

### 3. 주권의 발행

#### (1) 주권의 기재사항

주권은 다음 사항과 번호를 기재하고 대표이사가 기명날인($\frac{또는}{서명}$)하여야 한다($\frac{356조\ 1호 \sim}{6의2호}$).

① 회사의 상호, ② 회사의 성립연월일, ③ 회사가 발행할 주식의 총수, ④ 1주의 금액($\frac{액면주식}{의 경우}$), ⑤ 회사의 성립 후 발행된 주식에 관하여는 발행연월일, ⑥ 종류주식이 있는 때에는 그 주식의 종류와 내용, ⑦ 주식의 양도에 관하여 이사회의 승인을 얻도록 정한 때에는 그 규정.

이 밖에 그 주권이 표창하는 주식의 수량($\frac{예: 10주권,}{100주권}$)을 기재하여야 하며, 주주의 성명을 기재하여야 한다. 주권의 요식성은 어음·수표처럼 엄격하지 않다. 따라서 대표이사의 기명날인($\frac{또는}{서명}$)과 같이 본질적인 것이 아닌 한 기재사항을 일부 결하더라도 유효하다.

### (2) 주권의 발행강제와 제한

**1) 발행강제**  회사는 성립 후 또는 신주의 납입기일 후 지체 없이 주권을 발행하여야 한다($\frac{355조}{1항}$). 주권이 없으면 원칙적으로 주식을 양도할 방법이 없으므로($\frac{336조}{1항}$) 「주식의 양도성」($\frac{335조}{1항}$)을 보장하기 위해 주권의 발행을 강제하는 것이다. 따라서 이 규정은 회사성립시나 신주발행의 경우($\frac{416}{조}$)뿐 아니라 주식배당을 하거나 준비금을 자본금전입하는 경우 등 주식을 발행하는 모든 경우($\frac{348조, 442조, 461조, 462}{조의2, 515조, 523조 3호}$)에 적용된다.

회사의 주권발행의무에 대응하여 주주는 주권의 발행 및 교부청구권을 갖는다. 이 권리는 특히 일신전속적인 권리라고 볼 이유가 없으므로 주주의 채권자가 대위행사할 수 있다($\frac{민 404}{조 1항}$).

**2) 발행제한**  회사성립 전이나 신주의 납입기일 전에는 주권을 발행하지 못한다($\frac{355조}{2항}$). 회사성립 전이나 납입기일 전에는 아직 주주가 아니고 주식인수인으로서의 권리($\frac{이를 '권리}{주'라 한다}$)가 있을 뿐인데, 이 상태에서 주권이 발행되면 투기를 조성할 우려가 있기 때문이다. 이에 위반하여 발행한 주권은 무효이다($\frac{355조}{3항 본}$). 그러나 주권을 발행한 자에 대한 손해배상의 청구에 영향을 미치지 아니한다($\frac{355조}{3항 단}$). 즉 회사성립 전 혹은 납입기일 전에 발행된 주권을 취득한 자는 주권이 무효임으로 인해 생긴 손해에 관해 주권을 발행한 발기인·이사·집행임원 등에 대하여 상법 제322조 제2항 및 제401조에 기한 배상을 구하거나 불법행위책임을 물을 수 있는 것이다. 또한 이를 발행한 발기인·이사·집행임원 등은 과태료의 제재를 받는다($\frac{635조 1}{항 19호}$).

회사성립 전 또는 신주의 납입기일 전에 발행한 주권의 무효는 회사성립 또는 납입기일의 경과로 치유되지 않으며, 회사도 그 효력을 인정할 수 없다고 보아야 한다. 치유를 인정하거나 회사가 효력을 인정할 수 있다면, 권리주의 양도가 소급적으로 유효해지기 때문이다.

## 4. 주권의 효력발생시기

주권이 발행되는 실무적인 과정을 보면 주권을 발행하겠다는 회사의 내부적인 의사결정이 이루어지고, 이의 실행으로 주권의 용지를 인쇄하는 동시에 법정사항을 기재하고, 주주의 이름을 기재하고 일련번호를 부여한 후 대표이사가 기명날인($\frac{또는}{서명}$)을 함으로써 일단 주권의 외형이 완성되어 이를 주주에게 교부하게 된다. 이런 과정에서 외형만 완성된 채로 주권이 불법하게 유출되어 유통될 수도 있으며, 또 회사가 주주 아닌 자에게 주권을 잘못 교부할 수도 있다. 이 과정에서 어떤 시기에 주권의 효력이 발생하는가라는 문제가 있다. 이는 주식이 적법한 공시방법을 갖추어 양도될 수 있는 시기 및 선의취득이 가능해지는 시기를 정하는 뜻이 있어 주주와 제3의 취득자에게 중대한 이해가 걸려 있으며, 또 주주의 채권자가 주권에 대하여 권리실행($\frac{압}{류}$)을 할 수 있는 시기와도 관련되는 중요한 문제이다. 이

점에 관해서는 ① 회사가 그 의사에 의해 주권을 주주에게 교부한 때에 주권으로서의 효력이 발생한다고 하는「교부시설」, ② 주권을 작성하면 그 시점에서 주주권을 표창하는 유가증권으로서 성립한다고 보는「작성시설」($^{창조}_{설}$), ③ 양설의 절충적 입장으로 회사가 주권을 작성하고 주주에게 교부한다는 의사로써 누구에게든($^{주주 또는 그 외}_{의 누구에게든}$) 교부하면 주권으로서의 효력이 생긴다고 하는「발행시설」이 대립한다.

통설·판례는 ① 교부시설을 취한다. 교부시설에 의하면 주주에게 교부되기 전에는 주권이 완성되더라도 단순한 종이장에 불과하므로 그것을 어떤 사정에 의해 제3자가 취득하더라도 선의취득이 성립할 수 없다. 따라서 주주는 여전히 회사에 대하여 주권의 발행·교부청구권을 가지며, 주주의 채권자는 이 주권의 발행·교부청구권을 압류할 수 있다.

### 5. 주권의 불소지제도

#### (1) 취지

주식을 양도함에는 주권이 필요하지만, 주주의 회사에 대한 권리행사는 주주명부의 기재에 의하므로 주식을 장기간 보유하는 주주에게는 주권의 소지가 반드시 필요한 것은 아니다. 오히려 주권을 분실하거나 도난당할 경우에는 주권을 재발행받는 절차가 번거로울 뿐 아니라 타인이 선의취득함으로 인해 권리를 상실할 위험이 크다. 그리하여 상법은 주주의 희망에 따라 주권을 소지하지 않을 수 있게 하였다($^{358}_{조의2}$). 이에 따라 주주는 정관에 다른 규정이 없는 한 주권을 소지하지 않겠다는 뜻($^{주권의}_{불소지}$)을 회사에 신고할 수 있다.

#### (2) 불소지신고의 절차

**1) 허용요건**　　주주의 불소지신고는 정관에 이를 금하는 규정이 없어야 한다($^{358조}_{의2 1항}$). 주권의 불소지는 회사의 사무를 번잡하게 하므로 정관의 규정으로 이 제도를 채택하지 않을 수 있게 한 것이다.

**2) 신고자격**　　불소지신고는 주주명부상의 주주에 한하고, 명의개서를 하지 않은 주주는 불소지신고를 할 수 없다. 회사설립시 또는 신주발행시의 주식인수인도 주권발행을 사전에 저지하기 위해 불소지신고를 할 수 있다.

주식이 입질된 경우에는 주주가 주권을 회사에 제출할 수 없으므로 기술적으로 불소지신고가 불가능하다.

**3) 신고시기**　　회사가 주권을 발행하기 전이든 후이든 신고할 수 있다. 주권불소지로 주주가 변동되는 것은 아니므로 주주명부의 폐쇄기간중이라도 신고할 수 있다.

**4) 주권제출**　　회사가 이미 주권을 발행한 후에 신고할 경우에는 주권을 회사에 제출하여야 한다($^{358조}_{의2 3항}$).

#### (3) 주권발행전 신고의 효력

주권이 아직 발행되지 않은 상태에서 주주의 불소지신고가 있으면 회사는 지체 없이 주권을 발행하지 아니한다는 뜻을 주주명부와 그 복본에 기재하고, 그 사실을 주주에게 통지하여야 한다($\frac{358조의2}{2항 전}$). 이에 의해 회사는 불소지신고된 주식에 관해 주권을 발행하지 못한다($\frac{동조}{항 후}$). 주권을 발행하더라도 효력이 없으며, 그 주권이 유통되더라도 선의취득이 불가능하다.

### (4) 주권발행후 신고의 효력

이미 주권이 발행된 상태에서 주권불소지신고를 할 경우에는 회사는「주권을 무효로 하거나」,「명의개서대리인에게 임치하여야 한다」($\frac{358조}{의2 3항}$). 어느 쪽이든 회사는 주주의 의사와 관계없이 자유롭게 선택할 수 있다. 주권을 명의개서대리인에게 임치하는 경우에는 그 주권은 계속 유효한 주권이므로 주주명부에 주권을 발행하지 않는다는 뜻을 기재해서는 안 된다. 주권이 유효한 결과 이 주권이 유통된다면 선의취득도 가능하다.

### (5) 주주의 주권발행청구

주주가 주권불소지를 신고하였더라도 주식을 양도하고자 할 경우에는 다시 주권이 필요하다. 그러므로 주주는 언제든지 회사에 대하여 주권의 발행 또는 반환을 청구할 수 있다($\frac{358조}{의2 4항}$).

## 6. 주권의 실효

### (1) 개설

주권은 주식이라는 권리가 표창된 물리적 존재이므로 표창된 권리의 소멸에 의해, 또는 그 물리적 존재의 소멸에 의해 효력을 상실한다.

첫째, 주권은 설권증권이 아니므로 그것이 표창하는 주식, 즉 주주권이 소멸함으로써 실효한다. 예컨대 회사의 해산으로 인해 법인격이 소멸하거나, 주식의 소각($\frac{343}{조}$), 주식의 전환($\frac{346}{조}$)과 같이 주식이 소멸하는 경우에는 주권도 당연히 실효한다.

둘째, 주권이 오손되거나 주식의 병합으로 회사에 구주권을 제출하고 이와 교환하여 신주권을 교부받는 경우 구주권은 실효하며, 주권불소지를 위해 제출된 주권도 실효한다.

셋째, 주권이 멸실되거나 상실된 경우 공시최고절차에 의하여 주권을 무효로 할 수 있다($\frac{360조}{1항}$).

첫째와 둘째의 경우에는 주주가 주권을 회사에 제출하게 되어 있고, 또 그 제출은 주주가 새로이 주식 또는 주권을 취득하기 위한 요건을 이루므로 구주권이 바로 실효되더라도 제3자의 권리와 충돌되는 문제는 생기지 아니한다. 그러나 셋째의 경우, 즉 주권이 상실된 경우에는 제3자가 선의로 취득할 수 있으며,「멸실」도 객관적으로 증명되는 바 아니므로 멸실·상실이란 사유만으로는 바로 주권을 실효시킬 수 없다. 그러므로 주권을 상실한 주주를 구제해 줄 필요에서 종전의 주권을 실효시키고 주권을 재발행받을 수 있도록 하되, 상실된 주권을 둘러싸고 새로운 법률관계가 형성되는 것을 예방하기 위하여 공시최고절차를 두고 있다. 한편 제3자의 권리가 관련되어 있을 가능성도 있으므로 회사가 임의로 주권을 재발행하는 것을 금하고, 상실된 주권의 재발행은 제권판결을 얻은 후에만 하도록 한다($\frac{360조}{2항}$).

### (2) 공시최고

멸실·상실된 주권을 무효로 하기 위한 공시최고절차는 민사소송법상의 증서의 무효선언을 위한 공시최고절차에 관한 규정에 의한다($\frac{민소\ 492}{조\ 1항}$). 관할은 회사의 본점소재지를 관할하는 지방법원에 속한다($\frac{민소\ 476}{조\ 2항}$).

1) 신청   주권을 최후에 소지하였던 자가 공시최고절차를 신청할 수 있으며($\frac{민소}{493조}$), 신청의 근거로서 증서($\frac{주}{권}$)의 등본을 제출하거나 증서의 존재 및 그 중요취지를 충분히 알 수 있게 함에 필요한 사항을 제시하고, 증서의 도난·분실·멸실과 공시최고절차를 신청할 수 있는 원인사실 등을 소명하여야 한다($\frac{민소}{494조}$).

2) 재판   법원이 신청을 허가한 때에는 공시최고를 하여야 한다($\frac{민소\ 479}{조\ 1항}$). 이 공시최고에서는 공시최고기일 내에 권리 또는 청구의 신고를 할 것과 증서를 제출할 것을 최고하고, 이를 해태하면 실권으로 증서무효의 선고가 있을 것을 경고하여야 한다($\frac{민소}{495조}$). 그 기간은 공고종료일로부터 3월 뒤로 정하며($\frac{민소}{481조}$), 이 기간 동안 신청인이 주장하는 권리를 다투는 자는 그 취지 및 자기의 권리를 신고하여야 한다. 예컨대 제3자가 자신은 해당 주식을 적법하게 양수하였다는 주장을 제출하는 것이다. 공시최고기간 내에 신고가 없을 때에는 제권판결을 선고하고, 신고가 있을 때에는 그 권리에 관한 재판의 확정시까지 공시최고절차를 중지하거나 그 권리를 유보하고 제권판결을 선고한다($\frac{민소}{485조}$).

### (3) 제권판결의 효력

1) 신청인의 지위   제권판결에서는 주권의 무효를 선고하여야 한다($\frac{민소}{496조}$). 그러므로 제권판결에 의하여 주권은 효력을 상실하고($\frac{제권판결의}{소극적\ 효력}$), 신청인은 회사에 대하여 주권에 의한 권리를 주장할 수 있다($\frac{제권판결의}{적극적\ 효력}$)($\frac{민소}{497조}$). 그러나 제권판결은 주권의 점유에 대신하는 효력을 주는 데 그치고, 실체적 권리관계를 창설 또는 확정하는 효력은 없으므로 신청인이 정당한 소지인임을 인정하거나 주권 또는 그 표창하는 주식의 내용까지 확정하는 것은 아니다($\frac{통설·}{대법}$ $\frac{원\ 1965.\ 7.\ 27.\ 선}{고\ 65다1002\ 판결}$). 그러므로 주주권의 내용이나 존재 자체 또는 신청인이 정당한 소지인인가의 여부는 별개의 소로 다투어져야 한다.

2) 선의취득자와 신청인의 지위   제권판결에 의하여 주권이 무효로 되므로 제권판결 이후에는 주권을 선의로 취득하더라도 보호받을 수 없다. 그러나 제권판결 전에 선의취득한 자는 공시최고에 의한 공고가 있다 하여 악의나 중과실이 의제되는 것은 아니므로 권리신고에 의해 당연히 보호받을 수 있다. 그러므로 회사는 주권에 의하여 명의개서를 청구하는 자가 있을 때 공시최고가 있었음을 이유로 하여 명의개서를 거절할 수 없다.

### (4) 주권의 재발행

주권을 상실한 자는 제권판결을 얻지 아니하면 회사에 대하여 주권의 재발행을 청구할 수 없다($\frac{360조}{2항}$). 주권을 상실한 경우에는 상실된 주권이 유통될 수도 있으므로 재발행하면 동일한 주식에 기해 복수의 주권이 존재하여 권리가 충돌하기 때문이다. 따라서 주권을 상실한 주주가 재발행을 청구할 수 없을 뿐 아니라 회사가 이를 승인하여 재발행하는 것도 허용되지 않는다. 같은 이유에서 주주가 주권을 분실한 것이 아니고 회사가 주권을 보관하던 중 분실하였다 하더라도 역시 제권판결이 없는 한 주주는 재발행을 청구할 수 없다($\binom{대법원}{1981. 9. 8.}$ 선고 81다 141 판결).

### (5) 제권판결의 취소의 효력

제권판결이 실체적인 권리를 새로이 부여하는 것은 아니므로 주권의 정당한 권리자는 제권판결에 대한 불복의 소를 제기할 수 있고, 그에 대해 제권판결을 취소하는 판결이 확정되면 제권판결은 소급하여 효력을 잃으며, 정당한 권리자가 소지하고 있던 증권 또는 증서도 소급하여 그 효력을 되찾는다. 제권판결에 기하여 재발행된 주권은 소급하여 무효로 되고 그 주권의 선의취득도 인정될 수 없다($\binom{대법원 2013. 12. 12. 선}{고 2011다112247 판결}$).

## Ⅲ. 주식의 전자등록

### 1. 의의

주식의 전자등록제도란 주권의 발행·이전에 갈음하여 주식에 관한 권리변동의 정보를 법 소정의 전자기록으로 관리하는 것을 말한다. 전자등록에 의해 과거 주권을 통해 표상되던 주식에 관한 권리가 전자문서에 의해 공시된다. 이에 의해 전자등록이 주식에 관한 권리를 인식하는 근거가 되는 까닭에 주식의 양도, 입질도 전자등록에 의해 하여야 한다.

유가증권은 무체적인 재산권의 유체적 표창방법으로 창안되어 동산에 갈음하는 확실한 공시수단으로서 우리 생활에 기여해 왔고 주권도 그중의 하나이나, 증권의 발행부터 시작하여 보관·운송에 다대한 비용이 소요되고, 위조·분실 등 부수적인 거래비용을 야기한다. 이에 최근 정보기술의 발달에 힘입어 유가증권을 전자화하여 무권화(無券化)하는 방법이 주요 유럽국가와 미국에서 개발되었고, 현재는 세계 각국에서 주식과 사채, 기타 각종 파생증권에 관해 널리 실용되고 있다. 이러한 추세를 반영하여 2011년 개정상법이 주식과 사채 등에 관해 전자등록제를 도입하고, 2016년 구체적인 시행방법에 관해「주식·사채 등의 전자등록에 관한 법률」($\binom{법률 제14096호, 2016.}{3. 2. 이하 '전자등록법'}$)이 제정되었고 동법의 시행령이 마련되어 2019년 9월 16일부터 전자등록제가 시행되기에 이르렀다.

〈예탁결제제도와의 관계〉 과거 상장주식을 상호간에 빈번하게 거래하는 금융투자업자들이 양도시마다 현물의 주권을 교부하는 대신, 한국예탁결제원에 주권을 예탁해 놓고 서로의 계좌간에 장부거래로 결제하였는데, 이 역시 주권 없이 주식을 거래한다는 점에서 주식의 전자등록제도와 흡사한 모습을 보인다. 그러나 예탁결제제도는 주권의 발행을 전제로 하고 그 주권의 실물을 교부하는 것에 갈음하는 방법으로서 이용되는 것이므로 아예 주권이 부존재함을 전제로 하는 전자등록제도와는 전혀 다른 제도이다. 그러므로 전자등록제가 적용되는 주식에 관해서는 증권예탁제가 적용되지 않는다.

## 2. 전자등록의 관리구조

### (1) 전자등록의 개념

상법 제356조의2 제1항은 전자등록을 「주권을 발행하는 대신 전자등록기관의 '전자등록부'에 주식을 등록」하는 것으로 정의하고 있지만, 전자등록법에서는 전자등록을 「주식의 종류·종목·금액·권리자 및 권리 내용 등 주식 등에 관한 권리의 발생·변경·소멸에 관한 정보를 법소정의 '전자등록계좌부'에 전자적방식으로 기재하는 것」이라고 정의하고 있다($\frac{전등 2}{조 2호}$). 전자등록제도의 실제 운영은 전자등록법에 의해 이루어지는데, 동법에서는 「전자등록부」란 용어 대신 「전자등록계좌부」라는 용어를 사용하고 또 이는 전자등록기관의 계좌부만을 가리키는 것이 아니므로 상법에서의 정의는 전자등록법의 정의로 고쳐 읽어야 한다.

전자등록의 대상에는 주식만이 아니라 사채 등 다수의 권리가 있는데, 이들을 총칭할 때에는 「주식등」이라 부른다($\frac{전등 2}{조 1호}$). 여기서는 주식의 전자등록을 설명하므로 단지 「주식」이라 부르기도 한다.

### (2) 관련기관과 전자등록계좌

**1) 전자등록기관**($\frac{이하 '등}{록기관'}$) 전자등록제도의 운영체계에 있어 최상단에 위치하는 기관으로서 주무관청($\frac{금융위원회와}{법무부장관}$)의 전자등록업허가를 받아 주식 등의 전자등록에 관한 업무를 수행한다($\frac{전등}{5조}$). 전자등록업은 누구나 허가받아 할 수 있는 사업이지만, 경과조치로서 당분간은 한국예탁결제원이 유일한 전자등록기관이 된다($\frac{전등 부칙}{8조 1항}$).

전자등록기관이 수행할 전자등록업무란 구체적으로는 후술하는 발행인관리계좌, 고객관리계좌 그리고 계좌관리기관등 자기계좌를 개설·폐지 및 관리하는 업무, 그리고 이들 계좌에 관한 장부인 발행인관리계좌부, 고객관리계좌부, 계좌관리기관의 자기계좌부를 작성·관리하는 업무를 말한다($\frac{전등 14}{조 1항}$).

**2) 계좌관리기관** 계좌관리기관이란 후술하는 권리자를 자신의 고객으로 하여 이들의 전자등록 관련 계좌($\frac{고객}{계좌}$)를 관리하는 자를 말한다($\frac{전등 2}{조 7호}$). 전자등록된 주식의 일반권리자($\frac{계좌관리기관}{이 아닌 권리자}$)가 주식의 권리변동을 전자등록한다고 함은 이 계좌관리기관의 고객계좌부에 등록하는 것을 뜻한다. 자본시장법에 의해 증권을 매매하거나 중개하는 금융투자업자

(통칭 증권회사)가 대표적인 계좌관리기관이고, 전자등록법은 그 밖에 계좌관리기관이 될 수 있는 자로서 은행, 한국은행, 보험회사, 외국전자등록기관 등을 열거하고 있다(전등 19조).

**3) 발행인**　　전자등록의 대상이 되는 주식을 발행한 자를 말한다(전등 21조). 주식의 경우에는 주식을 발행한 회사를 말한다.

**4) 권리자**　　전자등록된 주식등의 주주, 사채권자, 질권자 등 이해관계를 전자등록해야 할 당사자를 전자등록법에서는 「권리자」라는 용어로 총칭한다(전등 2조 5호). 전자등록계좌부는 이 권리자들의 권리의 변동을 기록하기 위한 것이다.

**5) 전자등록계좌부**　　주식등에 관한 권리의 발생·변경·소멸에 대한 정보를 전자적 방식으로 편성한 장부로서, 계좌관리기관이 작성, 관리하는 「고객계좌부」와 전자등록기관이 작성, 관리하는 「계좌관리기관등 자기계좌부」를 가리킨다. 전자등록기관이 작성, 관리하는 발행인관리계좌부, 고객관리계좌부는 주식등에 관한 권리의 발생·변경·소멸과 무관하므로 전자등록계좌부가 아니다.

## 3. 전자등록제도의 채택

### (1) 제도의 임의성과 강행성

회사가 전자등록제도를 채택하기 위하여는 정관에 규정을 두어야 한다(356조의2 1항). 상법상으로는 회사가 임의로 전자등록제도의 채택여부를 결정할 수 있고, 전자등록법도 임의적인 제도임을 원칙으로 하지만, 일정한 경우에는 채택(신규등록)을 강제한다. 대표적인 예로, 상장주식은 대량 발행되고 유통이 빈번하여 무권화의 필요성이 특히 크다고 보아 전자등록을 강제한다(전등 25조 1항 1호). 실은 전자등록제도의 주된 입법목적이 상장주식을 전자등록에 의해 관리함에 있다고 말할 수 있다.

회사가 발행한 주식의 일부 또는 일부의 종류에 관해서만 전자등록제를 채택할 수 있는가? 주식거래의 안정을 위해 전자등록제는 단일한 회사에서는 모든 주식에 관해 통일적으로 적용되어야 하고, 전자등록법도 이를 전제로 한다.

### (2) 발행인계좌의 개설과 신규등록 신청

특정의 주식등이 전자등록가능한 권리가 되기 위한 절차이다.

**1) 발행인계좌의 개설**　　주식의 발행인이 주식을 전자등록의 방법으로 발행하거나, 이미 발행된 주식을 주주등 권리자로 하여금 전자등록의 방법으로 보유하게 하려면 신규등록신청의 전제로서 등록기관에 발행인관리계좌를 개설해야 한다(전등 21조 1항). 이에 근거해 등록기관은 발행인관리계좌부를 작성하며, 동계좌부에는 i) 발행인의 명칭 등 발행인을 식별할 수 있는 소정의 정보, ii) 전자등록주식의 종류, 종목 및 종목별 수량 또는 금액(債券의 경우. 이하 같음) 등을 기재한다(동조 2항, 전등령 12조 3항·4항). 발행인관리계좌부에 기록된 전자등록주식의 종목별 수량 또는 금액이 주주명부의 기재와 다를 때에는 주주명부에 기재된 수량 또는 금액을 기준으로 한

다$\binom{전등\ 21}{조\ 3항}$.

**2) 신규 등록신청**　　발행인은 발행인계좌 개설과 함께 동계좌에 기재된 주식이 전자등록에 의해 유통될 수 있도록 신규의 전자등록신청을 한다. 이에 대해 관리기관은 주식의 양도가 법으로 금지되어 있는 등 소정의 사유가 있으면 등록을 거부하여야 한다$\binom{전등\ 25}{조\ 6항}$. 신규 전자등록은 회사가 최초로 전자등록제를 채택하기 위해서 할 뿐만 아니라, 신규 등록 후 신주를 발행할 경우에도 신주에 관해 신규 전자등록을 해야 한다$\binom{전등\ 25}{조\ 1항}$.

**3) 신규 등록의 효력**　　신규 등록이 이루어지면 등록된 주식은 향후 전자등록에 의해 거래가 이루어지므로 주권을 발행하지 못한다$\binom{전등\ 36}{조\ 1항}$. 발행인이 주권을 발행하더라도 이는 무효이다$\binom{동조}{2항}$. 이미 발행주식을 전자등록한 경우에는 이후 발행하는 신주도 전자등록을 해야 하고 주권을 발행할 수 없다. 이미 발행된 주권은 신규등록을 위해 정한 기준일로부터 효력을 잃는다$\binom{동조}{3항}$. 주권의 상실로 인해 기준일 당시 공시최고절차가 계속 중인 주권은 그 주권에 대한 제권판결의 확정, 그 밖에 이와 비슷한 사유가 발생한 날부터 효력을 잃는다$\binom{동조}{항\ 단}$.

발행인계좌의 개설은 전자등록의 대상이 되는 주식을 특정하기 위함이고, 신규 등록은 기 발행된 주식이 전자등록에 의해 거래될 수 있도록 하기 위한 절차에 불과하므로 이로 인해 주식의 권리가 창설되거나 변경되는 것은 아니다.

### (3) 전자등록전환시의 경과조치

이미 발행되어 있는 주식을 전자등록대상으로 전환할 경우에는 회사는 주주들이 주지하도록 해야 함은 물론, 기 유통되는 주권이 효력을 잃으므로 이를 회수하는 조치를 해야 한다$\binom{상세절차는\ 전등}{27조\ 1항\ 참조}$.

## 4. 계좌개설

### (1) 고객계좌 및 고객계좌부

전자등록된 주식은 주권이 없이 전자등록으로 거래해야 하므로 권리자들은 전자등록을 담당하는 기관에 계좌를 개설해야 한다. 계좌관리기관이 아닌 일반 권리자 또는 권리자가 되려는 자들은 계좌관리기관에 고객계좌를 개설해야 하고$\binom{전등\ 22}{조\ 1항}$, 개설되면 계좌관리기관은 권리자별로 고객계좌부를 작성해야 한다$\binom{동조}{2항}$. 동계좌부에는 권리자를 특정할 수 있는 정보와 그가 가진 전자등록된 주식에 관한 권리내용을 기재한다. 구체적으로는, i) 권리자의 성명 또는 명칭 및 주소, ii) 발행인의 명칭, iii) 전자등록주식의 종류, 종목 및 종목별 수량 또는 금액, iv) 전자등록주식에 질권이 설정된 경우에는 그 사실, v) 전자등록주식이 신탁재산인 경우에는 그 사실, vi) 전자등록주식의 처분이 제한되는 경우에는 그에 관한 사항을 기재한다. 그리고 vii) 계좌부에 등록된 주식의 수량 또는 금액의 증감원인($\binom{매도}{매수\ 등}$)을 기재한다$\binom{동조항\ 각호}{및\ 전등령\ 14조}$.

예컨대 A라는 투자자가 SK(주)의 주식을 취득하려 한다. A는 먼저 어느 증권회사이든 선택하여 자신의 고객계좌를 개설해야 한다. 삼성증권(주)를 선택하여 계좌를 개설하고, 동 증권사에 위탁하여 SK 보통주식 100주를 취득했다고 하자. 그러면 삼성증권이 관리하는 A의 고객계좌부에는 「A의 성명 및 그의 주소, SK(주)라는 발행인의 명칭, A가 취득한 SK 보통주식 100주」가 기재된다. A가 돈이 필요하여 이 주식을 담보로 제공하고 신한은행에서 100만원을 빌렸다고 하자. 그러면 위 사항에 추가하여 신한은행의 질권의 내용을 기재한다.

한편 A가 취득한 SK 주식은 다른 누구인가가 매도한 것이다. B가 대신증권(주)를 통해 매도했다고 하자. 그러면 대신증권이 관리하는 B의 고객계좌부에 기재되어 있던 SK 보통주식 100주가 차감되어 기재된다($^{<그림}_{8>}$ 참조).

## (2) 고객관리계좌 및 동계좌부

위 예에서의 B의 매도, A의 매수는 중앙관리기구인 등록기관에서 정산되어야 한다. 이를 위해 계좌관리기관은 등록기관에 자기 이름으로 고객관리계좌를 개설하고, 이에 의해 등록기관은 계좌관리기관별로 고객관리계좌부를 작성하여야 한다. 고객관리계좌부에는 i) 계좌관리기관의 명칭 및 주소, ii) 전자등록주식의 종류, 종목 및 종목별 수량 또는 금액, iii) 동주식의 수량 또는 금액의 증감원인을 기재한다($^{전등 22조 3항·4}_{항, 전등령 15조}$). 예컨대 삼성증권에는 A 외에 A2라는 고객과 A3라는 고객이 있는데, A2는 SK 보통주식 200주와 LG 우선주식 300주를 소유하고 있고, A3는 LG 우선주식 100주를 소유하고 있다고 하자. 그러면 등록기관이 관리하는 삼성증권의 고객관리계좌부에는 다음과 같이 기록될 것이다.

〈삼성증권 고객관리계좌부〉

■ SK 보통주식 100주 (○○년 ○월 ○일 매수, 매도인: 대신증권)
  SK 보통주식 200주 (△△년 △월 △일 매수, 매도인: △△증권)
■ LG 우선주식 300주 (△△년 △월 △일 매수, 매도인: △△증권)
  LG 우선주식 100주 (□□년 □월 □일 매수, 매도인: □□증권)

위에서 보듯이 등록기관이 관리하는 계좌관리기관의 고객관리계좌부에는 계좌관리기관의 고객의 권리에 관한 정보는 기재되지 않고, 계좌관리기관이 고객으로부터 등록받은 주식의 종목별 수량만 기재된다. 그러므로 계좌관리기관의 고객의 권리변동은 계좌관리기관의 고객계좌에서 완결되지만, 각 계좌관리기관이 고객들로부터 위탁받아 보유하는 총수량은 등록기관의 고객관리계좌부의 계좌간 대체에 의해 정산되는 것이다. 예컨대 위 예에서 B가 매각한 SK보통주식 100주는 등록기관이 관리하는 대신증권의 고객관리계좌부에서 차감되고, 삼성증권의 고객관리계좌부에 가산되며, 대신증권이 관리하는 B의 고객계좌부에서 차감되고, 삼성증권이 관리하는 A의 고객계좌부에 가산되는 것이다.

〈그림 8〉 전자등록의 구조 1

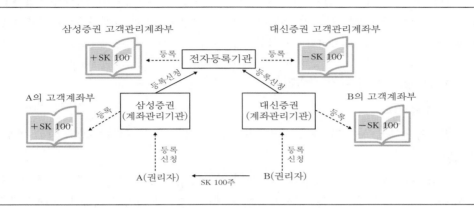

(3) 계좌관리기관등 자기계좌

금융투자업자(계좌관리기관)는 고객의 위탁거래만 하는 것이 아니라 스스로의 계산으로 증권투자를 할 수 있다. 이 경우에는 계좌관리기관이 스스로 위 A나 B와 같은 권리자가 되는 것인데, 이 경우 이들이 가진 주식의 권리변동은 등록기관에서의 전자등록에 의해 이루어져야 한다. 예컨대 P라는 투자자가 ㈜LG의 주식 300주를 가지고 있다가 삼성증권을 통해 처분하였고, 이를 대신증권이 취득하였다 하자. 삼성증권이 관리하는 P의 고객계좌부에서 LG 300주를 차감하고, 등록기관이 관리하는 삼성증권의 고객관리계좌부에서 LG 300주를 차감하는 것은 앞서 본 투자자 B가 SK 주식을 처분한 경우와 같다. 그러나 대신증권이 취득

〈그림 9〉 전자등록의 구조 2

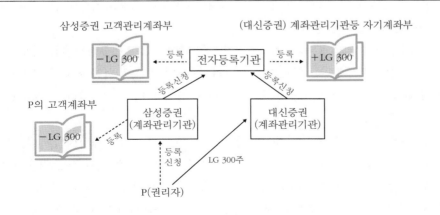

한 LG 300주는 등록기관이 관리하는 대신증권의 계좌관리기관등자기계좌부에 가산 기재함으로써 전자등록의 효과가 생기는 것이다($_9^{<그림>}$ 참조).

법률에 따라 설립된 기금 기타 법소정의 기금관리법인($_{16조}^{전등령}$)도 전자등록된 주식의 권리자가 되려는 경우에는 등록기관에 자기계좌를 개설하고($_{23조}^{전등}$), 계좌관리기관과 같은 방법으로 주식의 취득, 처분을 전자등록한다.

## 5. 전자등록된 주식의 권리변동

### (1) 등록사유

전자등록부에 등록된 주식의 권리변동은 다음과 같이 전자등록에 의해 이루어진다($_{의2 2항}^{356조}$).

1) **주식의 양도**　　　전자등록된 주식의 양도는 양도인과 양수인 측에서 전자등록이 이루어져야 하므로 전자등록은 계좌간 대체로 행해진다. 이 계좌간 대체에 의해 양도의 효력이 발생한다($_{조 2항}^{전등 35}$). 계좌간 대체는 이를 원하는 자가 등록기관 또는 계좌관리기관에 신청하여 이루어진다($_{30조}^{전등}$).

전자등록된 주식은 다른 방식으로 양도할 수 없다. 예컨대 지명채권양도방식에 의한 양도는 무효이다.

2) **기타**　　　상속·합병과 같은 포괄승계, 법원의 판결 기타 법률의 규정에 의해 주식이 이전되는 경우에는 그 원인된 사실의 발생으로 주식이 이전되지만, 주식을 승계한 자가 이를 처분하기 위해서는 자기명의의 전자등록이 필요하므로 이 역시 계좌간 대체를 신청해야 한다($_{1항 2호}^{전등 30조}$).

질권의 설정도 전자등록으로 하여야 효력이 발생하며($_{조 3항}^{전등 35}$), 신탁도 전자등록을 해야 제3자에게 대항할 수 있다($_{4항}^{동조}$). 질권·신탁의 표시를 말소할 경우에도 전자등록을 해야 한다($_{조, 32조}^{전등 31}$). 회사의 합병·분할, 주식의 전환, 회사의 청산 등으로 주식의 권리가 이미 소멸하거나 변동한 경우에도 권리의 기재를 말소하는 전자등록이 필요하다($_{33조}^{전등}$).

### (2) 권리변동의 효력발생시기

전자등록주식의 권리변동은 전자등록이 완료되어야 효력을 발생한다. 양도의 경우에는 계좌간 대체의 전자등록이 완료되어야 한다. 그러면 양도를 위한 계좌간 대체의 전자등록은 언제 완료되는가? 누가 보유하는 주식의 권리가 변동되느냐에 따라 다음과 같이 여러 경우가 있다($_{25조 4항}^{전등령}$).

i) **계좌관리기관 간의 자기계좌에 의한 양수도인 경우**　　　예컨대 삼성증권(A)이 자기계좌의 주식을 양도하고, 대신증권(B)이 자기계좌로 이 주식을 양수하는 경우이다. 이 경우에는 양도하는 계좌관리기관(A)의 신청에 의해 등록기관이 동 계좌관리기관(A)의 자기계좌부에 해당수량의 주식을 감소등록하고, 양수하는 계좌관리기관(B)의 자기계좌부에 같은

수량을 증가등록한다($\substack{동조 \\ 항 1호}$).

　ii) 계좌관리기관의 자기계좌의 주식이 같은 계좌관리기관 내의 혹은 다른 계좌관리기관의 고객계좌로 이전되는 경우　　예컨대 삼성증권(A)이 대신증권(B)의 고객(B′)에게 주식을 양도하는 경우이다. 이 경우에는 양도하는 계좌관리기관(A)의 신청에 의해 등록기관이 동기관(A)의 자기계좌부에 해당 수량의 주식을 감소등록하고, 양수인(B′)이 고객계좌를 개설한 계좌관리기관(B)의 고객관리계좌부에 같은 수량을 증가등록한 후 동계좌관리기관(B)에 이 사실을 통지한다. 그러면 동기관(B)은 자신이 관리하는 양수인인 고객(B′)의 고객계좌부에 같은 수량을 증가등록한다($\substack{동조 \\ 항 3호}$).

　iii) 고객계좌의 주식이 같은 혹은 다른 계좌관리기관의 자기계좌로 이전되는 경우　　예컨대, 대신증권(B)의 고객(B′)이 주식을 양도하고 이를 삼성증권(A)이 자기계좌로 양수하는 경우이다. 이 경우에는 양도인(B′)의 계좌관리기관(B)이 양도인(B′)의 고객계좌부에 감소등록을 하고 이를 등록기관에 통지하면, 등록기관은 동 계좌관리기관(B)의 고객관리계좌부에 감소등록하고 양수인인 계좌관리기관(A)의 자기계좌부에 증가등록을 한다($\substack{동조 \\ 항 4호}$).

　iv) 서로 다른 계좌관리기관 내의 고객계좌 간에 주식이 양수도되는 경우　　예컨대, 삼성증권(A)의 고객(A′)으로부터 대신증권(B)의 고객(B′)에게 주식이 이전되는 경우이다. 이때에는 양도인(A′)의 계좌관리기관(A)이 양도인의 고객계좌부에서 감소등록을 한 후 등록기관에 통지하고, 등록기관은 양도인(A′)의 계좌관리기관(A)의 고객계좌관리부에 같은 수량의 감소등록을, 양수인(B′)의 계좌관리기관(B)의 고객계좌관리부에 증가등록을 한 후 양수인의 계좌관리기관(B)에 통지한다. 양수인의 계좌관리기관(B)은 통지에 따라 양수인(B′)의 고객계좌부에 증가등록을 한다($\substack{동조 \\ 항 5호}$).

　v) 같은 계좌관리기관 내의 고객 간에 주식의 양수도가 이루어지는 경우　　예컨대 삼성증권의 고객 A1이 다른 고객 A2에게 주식을 이전하는 경우이다. 이 경우에는 계좌관리기관은 양도인(A1)의 고객계좌부에 해당 주식의 수량을 감소등록하고, 양수인(A2)의 고객계좌부에 증가등록을 한다($\substack{동조 \\ 항 2호}$). 이 경우에는 유일하게 등록기관이 관여하지 않고, 동일한 계좌관리기관의 고객계좌간의 대체로 전자등록이 완료된다.

　이상의 각 경우에 따라 최종적으로 이루어지는 전자등록에 의해 계좌간 대체가 완료되며 등록주식에 관한 권리변동의 효력이 발생한다.

### 6. 전자등록의 효력

　**1) 권리추정력**　　전자등록계좌부에 주식을 보유하거나 질권을 취득한 것으로 등록된 자는 그 등록된 주식에 대한 권리를 적법하게 보유한 것으로 추정한다($\substack{전등 35 \\ 조 1항}$). 주권에 대해 인정되는 권리추정력($\substack{336조 \\ 2항}$)과 같은 효력이다.

2) 선의취득　　권리추정력의 당연한 효과로서, 전자등록계좌부의 기록을 중대한 과실 없이 신뢰하고 전자등록된 주식의 권리를 취득하여 등록한 자는 양도인 또는 질권설정자가 무권리자이더라도 그 권리를 적법하게 취득한다($\frac{356조의2\ 3항,}{전등\ 35조\ 5항}$).

### 7. 주식의 권리행사

전자등록된 주식의 권리행사는 회사와 주주 전원 간에 권리행사($\frac{집단적}{권리행사}$)가 이루어질 경우와 주주가 단독으로 주주권을 행사할 경우에 각기 방법을 달리한다.

#### (1) 집단적 권리행사의 경우

주주총회를 개최하거나 이익배당을 지급하는 등 주주 전원을 상대로 획일적으로 권리를 인정해야 할 경우에는 통상 회사가 주주명부를 폐쇄하거나 기준일을 정하여 권리행사할 주주를 특정한다($\frac{354조}{1항}$). 이 경우에는 발행인은 전자등록기관에 그 기준일을 기준으로 해당 주식의 소유자의 성명 및 주소, 소유자가 가진 주식의 종류·종목·수량 등을 기록한 명세를 요청하여야 한다($\frac{전등\ 37}{조\ 1항}$). 이 명세를 「소유자명세」라 부른다.

주주전원의 권리행사를 위한 경우가 아니더라도, 발행인이 법령 또는 법원의 결정 등에 따라 해당 전자등록주식의 소유자를 파악하여야 하는 경우, 발행인이 분기별로 해당 전자등록주식의 소유자를 파악하려는 경우($\frac{전등령}{31조\ 1항}$), 발행인의 주식에 관해 공개매수신고서가 제출되어 그 주식의 소유상황을 파악하기 위하여 필요한 경우 등 소정의 경우에도 발행인은 등록기관에 대해 소유자명세를 요청할 수 있다($\frac{전등\ 37조\ 2항,}{전등령\ 31조\ 4항}$).

등록기관이 소유자명세를 요청받은 경우, 등록기관은 권리자에 관한 정보를 가지고 있지 않으므로 계좌관리기관에 소유자명세의 작성에 필요한 사항의 통보를 요청할 수 있다. 그 요청을 받은 계좌관리기관은 그 사항을 지체 없이 전자등록기관에 통보하여야 하고 등록기관 역시 발행인에게 지체 없이 통보해야 한다($\frac{전등\ 37}{조\ 4항}$).

주식의 전자등록은 주권을 갈음하는 것이지, 주주명부 및 명의개서를 갈음하는 것이 아니므로 전자등록된 권리자들이 주주로서 권리행사를 할 수 있도록 하기 위해서는($\frac{337조}{1항}$) 발행인이 등록기관으로부터 통지받은 소유자명세를 바탕으로 주주명부를 작성·비치하여야 한다($\frac{전등\ 37}{조\ 6항}$).

#### (2) 개별적 권리행사의 경우

주주가 소수주주권이나 주주총회결의에 관한 소제기 등 개별적인 권리를 행사하기 위해서는 앞서 말한 발행인이 정한 기준일 이외의 특정한 날에 주주임을 증명해야 할 필요가 있다. 주식의 소유자는 자신의 권리를 행사하기 위하여 등록기관에 소유자증명서의 발행을 신청할 수 있다($\frac{전등\ 39}{조\ 1항}$). 등록기관은 소유자에 관한 정보를 알지 못하므로 신청인은 자신이 고객계좌를 개설한 계좌관리기관을 통하여 신청해야 하고, 이 신청을 받은 계좌관리기관은 동신청인의 주식의 소유내용 및 행사하려는 권리의 내용, 기타 소정의 사항을 지체 없이 등록기관에 통지하여야 한다. 등록기관은 이에 기초하여 소유자증명서를 발행하고 동시에 발행인에게 지체 없이 통지하여야 한다($\substack{동조 1 \\ 항~3항}$).

소유자증명서에는 i) 소유자의 성명 또는 명칭 및 주소, ii) 증명하려는 전자등록주식의 종류·종목 및 수량, iii) 행사하려는 권리의 내용, iv) 제출처 등이 기재되어야 한다($\substack{전등령 \\ 33조 2항}$). 이 정보 중 iii)과 iv)는 주식의 소유자가 증명서를 신청할 때에 소명하여야 할 정보들로서, 동 증명서에 의한 권리행사의 범위를 제한하는 요소가 된다.

주식의 소유자는 이 소유자증명서를 발행인 기타 권리행사의 상대방($\substack{법원 등·전등 \\ 령 33조 6항}$)에게 제출하고 이에 의해 소유자로서의 권리를 행사할 수 있다($\substack{전등 39 \\ 조 5항}$).

주주가 소유자증명서를 발급받아 권리를 행사하면서 주식을 바로 처분한다면 이중으로 주주의 지위를 누리는 것이다. 그러므로 등록기관이 소유자증명서를 발행한 경우에는 계좌관리기관($\substack{계좌관리기관이 소유자 \\ 인 경우에는 등록기관}$)은 고객계좌부($\substack{또는 계좌관리기 \\ 관의 자기계좌부}$)에 그 소유자증명서 발행의 기초가 된 주식의 처분을 제한하는 전자등록을 해야 한다($\substack{동조 \\ 4항}$). 이후 소유자증명서가 반환된 때에는 그 처분을 제한하는 전자등록을 말소한다($\substack{동조 \\ 항}$).

소유자는 소유자증명서에 갈음하여 등록기관에 대하여 주식에 관한 자신의 소유내용을 발행인에게 통지해 줄 것을 청구할 수 있다($\substack{전등 \\ 40조}$). 소유자는 이 통지에 의해 발행인에게 전자등록된 주식의 소유 내용에 따라 권리를 행사할 수 있으며, 계좌관리기관이 이 통지의 기초가 된 동주식의 처분을 제한하는 전자등록을 해야 하는 것 등은 소유자증명서에 관해 설명한 바와 같다.

소유자증명서 및 등록기관의 소유내용통지에 따라 주주가 권리를 행사할 경우에는 명의개서를 요하지 아니함은 규정상 명백하다($\substack{전등 39조 5 \\ 항, 40조 4항}$).

### (3) 등록기관에 의한 대리행사

전자등록된 주식의 권리자는 등록기관을 통하여 주식으로 인한 배당금·원리금·상환금 등의 수령, 그 밖에 주식에 관한 권리를 행사할 수 있다($\substack{전등 38 \\ 조 1항}$). 이 권리행사는 계좌관리기관을 통하여 신청하여야 한다($\substack{동조 \\ 2항}$).

## Ⅳ. 주주명부

### 1. 의의

「주주명부」는 주주의 주식보유현황을 나타내기 위하여 상법의 규정에 따라 회사가 작성·비치하는 장부이다($\substack{352조 1항, \\ 396조 1항}$).

주식의 자유양도성으로 인해 주주는 수시로 변동될 수 있으므로 회사로서는 특정시점에서 누가 주주인가를 확정할 필요가 있다. 상법이 취하는 기명주식제도하에서는 부동산의 권리관계를 등기부로 관리하듯이 안정적인 방법으로 주주권의 귀속관계를 파악할 수 있다. 즉 회사가 주주를 상대로 하는 집단적·계속적인 법률관계를 처리함에 있어 주주를 정태적으로 파악하는 기술적 방법으로서 주주명부를 작성·비치하는 것이다. 회사는 이 주주명부에 기초하여 주주를 인식하면 되고, 주식을 양수한 자도 회사에 대한 관계에서 주주임을 주장하기 위하여는 후술하는 바와 같이 주주의 이름을 교체하는 명의개서를 하여야 한다. 또한 주주명부는 주식을 양수하려는 자 기타 회사 이외의 자로 하여금 누가 주주인가를 인식할 수 있게 하는 공시적 기능도 부수적으로 수행한다.

그러나 주주명부는 그 기재에 의해 주주권 자체를 발생시키거나 확정시키는 것은 아니다. 즉 주주명부는 누가 진정한 주주이냐는 「권리의 소재의 근거」가 아니고, 누가 증명의 부담 없이 주주권을 주장할 수 있느냐는 「형식적 자격의 근거」에 불과하다.

## 2. 비치 · 공시

주주명부는 본점에 비치하여야 한다. 명의개서대리인을 두었을 때에는 대리인의 영업소에 주주명부 또는 복본을 둘 수 있으며($\frac{396조}{1항 후}$), 주주명부를 명의개서대리인의 영업소에 두기로 한 때에는 본점에 비치하지 않아도 된다. 주주 및 회사채권자는 영업시간 내에는 언제든지 주주명부 또는 그 복본의 열람 또는 등사를 청구할 수 있다($\frac{396조}{2항}$).

## 3. 기재사항(352조)

주주명부에는, ① 주주의 성명과 주소, ② 각 주주가 가진 주식의 종류·수, ③ 각 주주가 가진 주식의 주권을 발행한 때에는 그 주권의 번호, ④ 각 주식의 취득 연월일을 기재한다. 전자주주명부를 작성한 경우에는 ①의 주주의 성명과 주소에 더하여 전자우편주소를 기재해야 한다($\frac{352조}{의2 2항}$). 상법에서는 별도의 정의 없이 「전자우편주소」라는 용어를 사용하는데, 이는 인터넷주소자원에 관한 법률 제2조 제1항 제1호가 규정하는 「인터넷주소」를 가리키는 말로 읽어야 한다. 전환주식을 발행한 때에는 이외에 상법 제347조에 계기한 사항을 기재한다. 그리고 질권의 등록($\frac{340조}{1항}$), 신탁재산의 등록($\frac{신탁 4}{조 1항}$), 주식공유의 경우에는 주주권행사자의 표시($\frac{333조}{2항}$) 등도 하여야 한다. 주주명부에 기재할 사항을 기재하지 아니하거나, 부실한 기재를 한 때에는 발기인, 이사 등에게 벌칙이 적용된다($\frac{635조}{1항 9호}$).

## 4. 주주명부의 효력

### (1) 주주권행사의 대항요건

주주명부에 주주의 이름과 소유주식이 기재되는 것은 회사에 대해 주주권을 주장하기 위한 요건이 된다. 그러므로 적법한 원인과 방법을 갖추어 주식을 양수하였더라도 명의개서를 하지 아니하면 회사에 대해 주주권을 행사할 수 없다($\frac{337조}{1항}$). 이 점이 주주명부의 가장 중요한 효력이다.

### (2) 자격수여적 효력(권리추정력)

주주명부에 주주로 기재된 자는 적법한 주주로 추정되는 까닭에 회사에 대하여 자신의 실질적인 권리를 증명할 필요 없이 단순히 그 기재만으로써 주주임을 주장할 수 있다($^{대법원}_{12. 11. 선고 2014}^{2014.}_{다218511 판결}$). 주권을 제시할 필요도 없다. 이를 주주명부의 자격수여적 효력 또는 권리추정력이라 부른다. 주주명부에 기재된 자에 대해 자격수여적 효력을 인정한다는 명문의 규정은 없지만, 주권점유의 권리추정력($^{336조}_{2항}$)과 명의개서의 대항력($^{337조}_{1항}$)을 근거로 하여 주주명부의 자격수여적 효력이 인정된다. 즉 주주는 주권을 점유함으로써 적법한 주주로서의 자격이 추정되는 까닭에 실질적 권리를 주장·증명함이 없이 명의개서를 청구할 수 있고($^{336조}_{2항}$), 또 이같이 함으로써 회사에 대항할 수 있으므로($^{337조 1항}_{의 반대해석}$) 주주명부에 기재된 자에게는 주주로서의 권리가 추정되는 것이다.

그러나 주주명부의 기재가 권리를 창설하는 효력이 있는 것은 아니므로, 실체법상 주식을 취득하지 못한 자가 명의개서를 하였다고 해서 주주권을 취득하는 것은 아니며, 반대로 명의개서가 이루어지지 않았다 해서 주주가 권리를 상실하는 것도 아니다($^{대법원 2020. 6.}_{11. 선고 2017다}^{}_{278385·278392}^{}_{판결}$). 그러므로 명부상의 주주가 무권리자라는 사실이 증명되면 당연히 그의 주주권이 부인된다($^{대법원 1989. 7. 11.}_{선고 89다카5345 판결}$). 다만 주주명부에 주주로 기재된 자의 주주권을 부인하는 자가 그 사실을 증명할 책임을 부담할 뿐이다. 이같이 주주명부의 기재에 권리추정력이 인정되지만, 주주명부에 주주로 등재되어 있다는 사실 자체는 주주권을 주장하는 자가 증명해야 한다($^{대법원 1993. 1. 26.}_{선고 92다11008 판결}$).

### (3) 면책적 효력

주주명부에 주어지는 자격수여적 효력의 반사적 효과로서, 회사는 주주명부에 주주로 기재된 자를 주주로 보고 권리를 인정하면 설혹 주주명부상의 주주가 진정한 주주가 아니더라도 면책된다.

면책적 효력은 주주의 확정에 관해서뿐 아니라 주주의 주소 등 다른 기재사항에 관해서도 주어진다. 주주 또는 질권자에 대한 회사의 통지 또는 최고는 주주명부에 기재된 주소 또는 그 자로부터 회사에 통지한 주소로 하면 되고($^{353조}_{1항}$), 주소가 변경되거나 주주가 주소를 잘못 제출하여 주소가 사실과 다르고 이로 인해 주주가 통지를 받지 못하더라도 회사는 이에 대하여 책임을 지지 아니한다. 주식을 상속하였을 때에도 상속으로 인한 명의개서가 없는 한 통지 또는 최고는 피상속인에게 하면 면책된다.

### (4) 주권불발행기재의 효력

주주의 주권불소지신고에 의해 회사가 주주명부에 주권을 발행하지 아니한다는 뜻을 기재하면 주권을 발행할 수 없고, 주주가 제출한 주권은 무효가 된다($^{358조}_{의2 3항}$). 이 점 역시 주주명부의 효력으로 볼 수 있다.

## 5. 주주명부의 폐쇄와 기준일

### (1) 의의

주식이 유통됨에 따라 주주명부상의 주주가 수시로 변동되므로 이익을 배당하거나, 주주총회를 소집하는 경우와 같이 주주가 권리를 행사할 사안이 생겼을 때, 주주를 시기적으로 특정시킬 필요가 있다. 이를 위한 기술적 방법으로서 일정 기간 주주명부에 권리변동의 기재를 금하는「주주명부의 폐쇄」와 일정한 날의 주주를 그 이후의 변동에도 불구하고 주주권을 행사할 자로 확정하는「기준일」이 있다.

주주명부의 폐쇄와 기준일제도는 그 실행이 강제되는 것은 아니고, 단지 회사가 주식사무의 편의를 위해 주주의 명의개서청구권과 주주권행사자를 시기적으로 제한할 수 있는 근거를 부여한 것이다. 그러나 일단 실시한다면 후술과 같이 상법의 규정에 따라 운용하여야 한다.

### (2) 주주명부의 폐쇄

「주주명부의 폐쇄」란 회사가 의결권을 행사하거나 이익배당을 받을 자 기타 주주 또는 질권자로서 권리를 행사할 자를 정하기 위하여 일정기간 주주명부에의 기재를 정지하는 것을 말한다. 주주명부를 폐쇄하면 폐쇄기간중에 주주가 변동되더라도 명의개서가 금지되므로 주주권을 행사할 자는 자동적으로 폐쇄 당시의 주주명부상의 주주로 확정된다.

1) **목적사항**　　주주명부의 폐쇄는 의결권행사·이익배당청구에 한하지 않고, 신주인수권의 부여 등 주주권을 행사할 자를 정할 필요가 있을 경우에는 모두 인정된다. 다만 주주권이 일시에 모든 주주에게 획일적으로 주어지는 경우에 한하고, 소수주주권·각종의 소제기권과 같이 행사여부가 주주의 개별적인 의사에 달려 있는 권리를 행사할 자를 특정하기 위해서는 인정되지 아니한다. 또 주주권을 행사할 자를 정할 필요가 있는 경우에 한하므로 주주권의 행사와 무관한 다른 사정(예: 회사의 담당직원의 휴가)이나 목적(예: 적대적 기업매수에 대한 경영권 방어)으로는 폐쇄할 수 없다.

2) **효력**　　폐쇄기간중에는 명의개서가 금지됨은 물론이고, 질권의 등록이나 말소, 신탁재산의 표시나 말소 등 주주 또는 질권자의 권리를 변동시키는 기재는 할 수 없다. 그러나 권리변동과 무관한 기재사항의 변경(예: 주주의 주소변경)이나 정정은 가능하다(통설).

3) **폐쇄기간중의 명의개서**　　폐쇄기간중에 일부 주주 또는 질권자의 청구를 받아들여 회사가 자의로 명의개서 기타 기재를 할 수 있는가? 이는 주식평등의 원칙에도 반할 뿐 아니라 다른 주주의 권리를 침해할 수 있으므로 허용해선 안 된다(통설). 예컨대 이익배당을 받을 주주를 정하기 위해 주주명부를 폐쇄하였는데, 폐쇄기간중 주식을 양수한 자의 청구를 받아들여 회사가 명의개서를 해준다면 양도인이 받아야 할 이익배당을 양수인이 받게 되어 부당하다.

4) 기간제한·예고    주주명부를 폐쇄하면 그 기간중에는 주식이 양도되더라도 명의개서를 할 수 없으므로 사실상 유통에 제약을 준다. 그러므로 상법은 주주명부를 폐쇄하는 기간을 제한하고, 주주에 대해 예고절차를 두고 있다. 폐쇄기간은 3월을 초과할 수 없으며($\frac{354조}{2항}$), 폐쇄기간 개시 2주간 전에 이를 공고하여야 한다($\frac{354조}{4항 본}$). 다만 정관에 폐쇄기간이 정해져 있을 경우에는 공고할 필요가 없다($\frac{354조}{4항 단}$).

### (3) 기준일

회사는 의결권을 행사하거나 배당을 받을 자 기타 주주 또는 질권자로서 권리를 행사할 자를 정하는 방법으로 「일정한 날」에 주주명부에 기재된 주주 또는 질권자를 그 권리를 행사할 주주 또는 질권자로 볼 수 있다. 이때의 「일정한 날」을 「기준일」이라고 한다($\frac{354조}{1항}$). 예컨대 「2022 사업연도의 배당금은 2022년 12월 31일 17시 현재의 주주에게 지급한다」는 것과 같다. 기준일은 주주명부의 기재를 정지하지 아니하고도 주주를 확정할 수 있다는 장점이 있다.

주주 기타 이해관계인에 대한 예고가 필요하므로 기준일은 주주 또는 질권자로서 권리를 행사할 날에 앞선 3월 내의 날로 정하여야 하고 2주간 전에 공고하여야 한다($\frac{354조 3}{항·4항 본}$). 공고시에는 그 목적($\frac{예: 배당금 지급,}{주주총회 소집}$)도 기재하여야 한다. 다만 정관에 기준일을 정한 때에는 공고할 필요가 없다($\frac{354조}{4항 단}$).

### (4) 양자의 병용

실무에서는 흔히 주주명부의 폐쇄와 기준일을 병용하는 수가 많다. 특히 정기주주총회의 소집과 배당금지급이 서로 다른 시기에 이루어지므로 정기주주총회에 참석하여 재무제표를 승인할 주주와 배당금을 지급받을 주주를 일치시키기 위해 양자를 병용하는 것이 대표적인 예이다. 또 주주명부폐쇄기간중에 신주가 발행될 때, 이 신주의 주주를 주주총회 결의에서 제외시키고자 한다면 주주명부의 폐쇄 외에 별도로 기준일을 설정하여야 할 것이다.

### (5) 위법한 폐쇄·기준일의 효력

주주명부의 폐쇄와 기준일은 그 실행이 강제되는 것은 아니지만, 주주에게 중대한 이해가 있으므로 실행한다면 반드시 상법의 규정에 따라야 한다. 회사가 상법규정에 위반하여 주주명부를 폐쇄하거나 기준일을 정하였다면 그 효력은 어떻게 되는가? 통설은 그 효력을 사항별로 설명한다. 즉 주주명부의 법정폐쇄기간($\frac{3}{월}$)을 초과하여 기간을 정하였을 때에는 초과하는 일부 기간만 무효이고, 기준일이 권리를 행사할 날보다 3월 이전의 날로 정해진 경우나 폐쇄 및 기준일의 공고기간을 위반한 경우의 폐쇄 또는 기준일은 무효라고 설명한다.

나아가 주주명부의 폐쇄나 기준일이 무효가 된다고 할 때 주주명부의 폐쇄나 기준일은 없었던 것이 되고, 폐쇄가 무효인 경우에는 명의개서를 거부당한 주주·질권자를, 그리고 기준일이 무효인 경우에는 권리를 행사할 날의 주주명부상의 주주·질권자($^{기준일}_{의\,경우}$)를 권리를 행사할 자로 보아야 할 것이다. 그 당연한 결과로 위법한 주주명부의 폐쇄와 기준일에 의해 권리행사를 할 자로 확정된 주주·질권자는 권리를 행사할 수 없다. 이러한 자가 주주총회에서 의결권을 행사하였다면 결의방법에 하자가 있으므로 그 정도에 따라 결의취소사유가 되거나 결의부존재사유가 될 것이며, 그에 대한 이익배당이나 신주배정도 무효가 된다.

### 6. 전자주주명부

**1) 의의**    주주명부는 서면으로 작성되고 보존될 것이 예상되는 문서이다. 하지만 최근 정보기술이 발달하면서 전자문서가 종이문서를 대체하는 경향이 현저함에 따라 상법에서도 주주명부를 전자문서로 작성할 수 있게 하였다($^{전자주}_{주명부}$). 주주명부의 존재형태는 모든 주주의 이해가 걸린 문제이므로 주주명부를 전자문서로 작성할 경우에는 정관에 규정을 두어야 한다($^{352조}_{의2\,1항}$).

**2) 전자문서의 개념**    상법에서는 전자문서에 관한 정의를 두고 있지 않으므로 전자문서 및 전자거래기본법의 개념을 원용한 것으로 보아야 한다. 동법에서는 전자문서를「정보처리시스템에 의하여 전자적 형태로 작성·변환되거나 송신·수신 또는 저장된 정보를 말한다」고 규정한다($^{전거\,2}_{조\,1호}$).

**3) 전자주주명부의 효력**    정관으로 정하는 바에 따라 전자문서로 주주명부를 작성한 경우에는 그 문서가 유일한 주주명부로서의 효력을 지닌다. 따라서 회사가 주주명부의 신중한 관리를 위해 전자문서로 주주명부를 작성하고 동시에 서면으로 주주명부를 작성했는데, 그 내용이 상이하다면 전자주주명부의 내용이 주주명부의 내용이 되고 그 내용에 따라 자격수여적 효력이 생긴다.

전자주주명부를 작성하는 경우에는 주주의 주소 외에 전자우편주소를 기재하여야 한다($^{352조}_{의2\,3항}$). 한편 주주 또는 질권자에 대한 회사의 통지 또는 최고는 주주명부에 기재된 주소 또는 그 자로부터 회사에 통지한 주소로 하면 회사는 면책되는데($^{353조}_{1항}$), 이 면책적 효력이 전자우편주소에 적용되느냐는 문제가 있다. 전자우편주소는 상법 제352조 제1항 제1호 및 제353조 제1항에서 말하는 주소는 아니므로 전자우편주소가 전면적으로 주소를 갈음한다고 해석할 수는 없다. 다만 주주가 자신이 통지받을 주소로서 전자우편주소를 회사에 통지하였다면 회사가 그 주소에 통지할 경우 제353조 제1항에 의해 면책된다고 보아야 한다.

**4) 전자주주명부의 비치·공시**    주주명부는 회사의 본점 또는 명의개서대리인의 영업소에 비치해야 하는데($^{396조}_{1항}$), 회사가 전자주주명부를 작성하고 그 내용을 주주·채권자가 서면으로 인쇄할 수 있으면 이를 상법 제396조 제1항에 따라 비치한 것으로 본다($^{상령\,11}_{조\,1항}$).

주주와 채권자는 영업시간 내에 언제든지 전자주주명부에 기록된 사항을 서면 또는 파일의 형태로 열람 또는 복사를 청구할 수 있다($^{상령\,11조}_{2항\,전}$). 이 과정에서 다른 주주들의 개인정보가 유출될 수 있으므로 회사는 다른 주주의 전자우편주소가 열람 또는 복사되는 것을 차단하는 조치를 해야 한다(상령 11조 2항 후).

### 7. 실질주주명부

주권을 예탁결제원에 예탁한 경우, 예탁결제원은 자신에게 예탁된 주권을 가지고 자기의 이름으로 명의개서를 한다(자금 314조 2항). 그리고 예탁결제원은 그 주식의 실질주주의 명단을 발행회사에 통지하고, 발행회사는 이에 근거하여 실질주주명부를 작성해야 한다(자금 315조 3항, 316조 1항). 이 실질주주명부에 기재되면 주주명부에 기재된 것과 동일한 효력이 있으므로(자금 316조 2항), 실질주주가 주주권을 행사하게 된다. 상법의 주주명부제도에 대한 중대한 예외이다(상세는 411면 이하 참조). 과거에는 상장주식은 대부분 예탁결제원에 예탁하였으므로 모든 상장회사에서 실질주주명부를 작성하였으나, 전자등록제도가 시행된 이후 상장주식은 전자등록의 대상이므로 실질주주명부를 작성하지 않는다. 따라서 현재 실질주주명부는 예탁결제원에 주식을 예탁한 비상장주식의 경우에 한해 볼 수 있다.

주식예탁증서(DR)의 경우에는 해외예탁기관이 실질주주명부의 주주로 기재되므로 자격수여적 효력, 면책적 효력은 이 해외예탁기관에 대해 발생하고, 주식예탁증서의 실질소유자에게는 미치지 않는다(대법원 2009. 4. 23. 선고 2005다22701·22718 판결).

# 제 4 관 주주권의 변동

## I. 주주권 변동의 원인

주주의 지위는 주식을 취득·상실함으로써 발생·소멸한다.

주식의 취득은 일반적인 권리변동과 마찬가지로 원시취득과 승계취득으로 나누어진다. 원시취득으로는 회사설립 또는 신주발행시의 주식인수와 준비금의 자본금전입, 주식배당, 전환사채의 전환 등과 같은 특수한 신주발행에 의한 주식취득을 들 수 있다. 승계취득은 포괄승계와 특정승계로 나누어 볼 수 있는데, 포괄승계에는 상속·회사합병·포괄유증을 원인으로 한 주식취득이 있고 특정승계에는 주식의 양도가 있다. 이 밖에 주식의 설정적 취득으로 담보취득이 있다.

주식을 상실하는 모습은 절대적 상실과 상대적 상실로 나누어진다. 절대적 상실은 주식 자체의 소멸을 뜻하므로 회사의 해산, 주식의 소각(자본금감소, 상환주식의 상환) 등이 이에 해당하고, 상대적 상실은 승계취득을 주식을 이전하는 자의 입장에서 본 것이다.

전환주식을 전환할 때와 주식을 병합할 때에는 주식의 상실과 취득이 동시에 일어나고, 회사합병시에도 소멸회사의 주주는 종전의 주식을 상실하는 동시에 존속회사 또는 신설회사의 주식을 취득하게 된다.

주권은 요인증권이므로 주권이 멸실되거나 주주가 주권을 포기 또는 회사에 반환한다고 하여 주식이 소멸되거나 주주권을 상실하는 것은 아니며($^{대법원\ 1999.\ 7.\ 23.}_{선고\ 99다14808\ 판결}$), 또한 주주권을 포기하는 의사표시를 한다고 해서 주주권이 상실되는 것은 아니다($^{대법원\ 2002.\ 12.\ 24.}_{선고\ 2002다54691\ 판결}$). 그리고 주주권은 주식의 취득과 무관하게 취득될 수는 없으므로 취득시효의 대상이 되지 않고, 주주권은 주식을 소유함으로써 얻어지는 권리이므로 소유권과 마찬가지로 소멸시효에 걸리는 일도 없다.

이상의 여러 가지 변동원인 중에서 가장 빈번히 행해지는 것은 주식의 인수와 주식의 양도이다. 주식의 담보거래 또한 자주 이루어진다. 주식인수는 회사설립, 신주발행과 관련하여 설명하고, 본관에서는 주식의 양도와 담보거래를 다루기로 한다. 나머지의 취득·상실 원인은 각기 관계되는 곳에서 설명한다.

〈주주의 제명〉 인적회사에는 사원을 제명할 수 있는 제도를 두고 있으나($^{220조,\ 269조,}_{287조의27}$), 주식회사에는 주주의 제명이란 제도가 없다. 이는 자본의 결합을 본질로 하는 물적회사로서의 주식회사의 특성에서 비롯된 것으로 강행규범이다. 따라서 주식회사에서 주주를 제명하고 그 주주에게 출자금을 환급하는 내용을 정관에 둔다면 이는 주식회사의 본질에 반하고 동시에 자기주식취득금지의 원칙($^{341}_{조}$)에도 반하므로 무효이다($^{대법원\ 2007.\ 5.\ 10.\ 선}_{고\ 2005다60147\ 판결}$).

## II. 주식의 양도

### 1. 주식양도의 개념

「주식의 양도」라 함은 법률행위에 의하여 주식을 이전함을 뜻한다. 주식의 양도로 인해 양수인은 양도인으로부터 주주권을 승계한다. 그리하여 주주의 지위가 이전하고, 따라서 주주의 권리는 공익권이든 자익권이든 포괄적으로 양수인에게로 귀속한다. 그러나 주주의 지위로 인해 생긴 권리이더라도 이미 주주권으로부터 분리되어 구체화된 채권적 권리($^{예:\ 배당결의가\ 이루어진\ 특정}_{결산기의\ 배당금지급청구권}$)는 이전하지 아니한다.

주식양도의 효력으로 주주권이 종국적으로 이전되고, 다시 이행해야 하는 문제가 생기지 않으므로 주식의 양도는 「준물권행위」이다. 주식의 양도는 통상 매매·증여·교환과 같은 채권행위가 원인이 되고 그 이행으로써 행해진다.

### 2. 주식의 양도성

주식회사는 물적회사로서 사원의 개성이 중요하지 않으므로 사원($^{주}$)의 변동이 인적회사에서처럼 회사에 대해서 또는 다른 주주에 대해서 중요한 뜻을 갖는 문제가 아니다. 한편 자본금이 주식이라고 하는 균등한 단위로 세분되어 있어 주주의 지위는 주식의 취득만으로 간단히 얻어지며, 더욱이 주식은 주권이란 유가증권으로 표창되어 있어 유통에 적합하다. 또 주식회사에서는 퇴사와 출자의 환급이 인정되지 않으므로 주주가 투하자본을 회수할 길은 주식의 양도 이외에 별다른 방법이 없다. 그러므로 주식회사에 있어서는 주식의 양도가 인적회사의 지분의 양도보다 자유로워야 한다는 것이 투자자 보호와 자본집중의 원활이라는 관점에서 필수적인 요청이다.

그러나 물적회사라 하더라도 주주는 업무집행자($\binom{이}{사}$)를 선임하는 등 회사지배의 주체가 되므로 그 인적 구성의 중요성을 무시할 수 없다. 그리하여 회사에 따라서는 폐쇄적이고 배타적인 주주구성을 유지하고 싶어할 수도 있다. 이 점을 고려한다면 주식회사에 있어서도 주식의 양도를 자치적으로 제한할 수 있도록 할 필요도 있고, 허용여부는 입법정책의 문제이다. 상법은 외국의 일반적인 예를 좇아 정관에 의한 자치적인 양도제한을 허용한다($\binom{상세는}{후술}$).

### 3. 주식의 양도방법

주식의 양도는 준물권행위이므로 당사자 간에 양도의 합의가 있어야 한다. 이는 특별한 방식을 요하지 않는다. 양도의 합의와 더불어 공시방법으로서 주권을 발행하는 주식의 경우에는 주권이 교부되어야 하고, 전자등록하는 주식의 경우에는 양도사실을 전자등록하여야 한다.

#### (1) 주권의 교부

1) 의의   주식의 양도는 양도의 합의 외에 「주권의 교부」를 요하고($\binom{336조}{1항}$) 이로써 족하다. 주권의 교부는 주식양도의 대항요건이 아니라 성립요건이다. 무기명증권은 증권의 교부만으로 양도하고, 기명증권은 배서·교부에 의해 양도하는 것이 유가증권의 일반법리이다($\binom{민\ 508조,}{523조\ 참조}$). 그러나 상법은 주식이 기명증권임에도 불구하고 주권의 교부만으로 양도할 수 있게 하였다. 그 결과 주식은 회사에 대한 관계에서는 명의개서의 대항력으로 인해 「기명」성을 유지하지만, 주식의 유통에 있어서는 무기명증권화되었다고 할 수 있다.

2) 적용범위   i) 상법 제336조 제1항은 주식의 「양도」에 관해서만 적용된다. 따라서 상속이나 합병과 같은 포괄승계에 있어서는 주권의 교부를 요하지 않는다. 다만 이러한 원인에 의하여 주식을 이전받은 경우에도 회사에 대항하기 위하여는 명의개서를 하여야 한다.

ii) 주권불소지제도에 따라 주권을 소지하지 않은 자($\binom{358}{조의2}$)가 주식을 양도할 경우에도 본조가 적용된다. 따라서 주주는 회사에 주권의 발행 또는 반환을 청구하여 주권을 교부받아 이를 양수인에게 교부함으로써 양도할 수 있다. 다만 예탁결제원이 예탁받아 보관중인 주식은 예탁결제원이 불소지신고를 할 수 있고($^{자금\ 314}_{조\ 3항}$), 그 상태에서 계좌대체만으로 양도가 가능하다($^{자금\ 311}_{조\ 2항}$). 주권 없이 주식을 양도하는 중대한 예외이다.

iii) 회사가 주권을 발행하지 않은 상태에서 예외적으로 양도가 허용되는 경우에는 당사자의 의사표시만으로 양도할 수 있다($^{335조\ 3항\ 단,}_{382면\ 이하\ 참조}$).

iv) 주식의 압류 역시 주권의 점유에 의해 가능하다.

**3) 주권점유의 권리추정력**　「주권의 교부」만으로 주식을 양도한다는 법제의 논리적 전제로서 주권의 점유를 「권리의 외관」으로 인정해야 한다. 그리하여 제336조 제2항에 의해 주권의 점유자는 적법한 소지인으로 추정된다.

i) 권리추정의 결과 주권의 점유자는 자기가 권리자임을 달리 증명할 필요 없이 회사에 대하여 권리를 행사할 수 있다. 주식은 명의개서를 하지 아니하면 회사에 대하여 대항할 수 없으므로($^{337조}_{1항}$) 주권의 점유만으로는 주주권의 행사가 불가능하다. 그러므로 주권의 점유만으로 회사에 대하여 적법한 소지인으로서 권리를 행사한다는 것은 주권을 제시하여 명의개서를 청구할 수 있다는 뜻이다.

ii) 주권을 점유하는 자는 적법한 소지인으로 「추정」받는 형식적 자격이 주어지는 데 불과하고 실질적 권리가 주어지는 것은 아니다. 그러므로 반대의 사실을 주장하는 자는 증명을 들어 그 추정을 깨뜨릴 수 있다.

iii) 회사가 주권의 점유자를 적법한 권리자로 보고 그의 권리행사에 응하면, 비록 그 점유자가 적법한 권리자가 아니더라도 회사는 악의나 중대한 과실이 없는 한 책임을 면한다($^{면책적}_{효력}$).

iv) 주권의 점유에는 위와 같은 추정력이 있으므로 이를 토대로 주권의 선의취득도 가능하다.

**4) 주권교부의 모습**　주권의 교부는 주권을 인도하는 것, 즉 주권의 점유를 이전해 주는 것이다. 주권의 교부는 「현실의 인도」가 일반적이겠으나($^{민\ 188}_{조\ 1항}$), 동산의 인도에서와 마찬가지로 간이인도($^{민\ 188}_{조\ 2항}$), 점유개정($^{민}_{189조}$)($^{대법원\ 2014.\ 12.\ 24.\ 선고\ 2014다221258\ 판결:}_{점유개정에\ 의한\ 교부가\ 가능함을\ 언명한\ 예}$), 목적물반환청구권의 양도에 의한 인도($^{민}_{190조}$)도 가능하다. 이 중 목적물반환청구권의 양도에 의한 인도의 중요한 예로 예탁결제제도($^{자금\ 311}_{조\ 이하}$)가 있다($^{411면\ 이}_{하\ 참조}$).

**(2) 전자등록**

전자등록된 주식을 양도할 경우에는 주권의 교부에 갈음하여 양도인과 양수인간의 계좌간대체의 전자등록을 하여야 한다($^{356조의2\ 2항,}_{전등\ 35조\ 2항}$). 이 역시 양도의 성립요건으로서, 전자등록된 주식은 다른 방식으로 양도할 수 없다($^{예컨대\ 지명채권의\ 양도방}_{식에\ 의한\ 양도는\ 무효이다}$).

전자등록계좌부에 주식을 취득한 것으로 등록된 자가 그 등록된 주식에 대한 권리를 적법하게 보유한 것으로 추정되는 것($^{권리추정력,}_{전등\ 35조\ 1항}$)은 주권의 점유에 인정되는 효력과 같다.

4. 명의개서(주식양도의 대항요건)

(1) 의의

주주명부에는 주주의 성명과 주소, 각 주주가 가진 주식의 종류와 그 수, 주권의 번호, 각 주식의 취득년월일을 기재하는데($_{1호~3호}^{352조 1항}$), 주식의 이전으로 주주가 교체되었을 경우 그 취득자를 주주명부에 주주로 기재하는 것을 명의개서라고 한다. 주주명부상의 기재사항 중 주주의 동일성에는 관계없이 오기를 바로잡는 정정, 주소의 변경이나 개명 등을 이유로 하는 변경기재, 주권불발행의 기재($_{의2 2항}^{358조}$)는 명의개서가 아니다.

주식의 명의개서제도는 주주와 회사의 권리관계를 안정적으로 유지·관리하기 위한 목적에서 둔 제도이다. 주식의 유통과정에서 사고나 분쟁이 있더라도 명의개서가 완충이 되므로 회사는 주주 간의 분쟁에 중립적인 입장을 취하고 회사의 지배구조를 안정적으로 유지할 수 있는 것이다.

(2) 주식양도의 대항요건

1) 원칙    주식의 이전은 명의개서를 하지 아니하면 회사에 대항하지 못한다($_{1항}^{337조}$). 따라서 주식이 양도되었더라도 양수인이 명의개서를 하지 않고 있다면 회사와의 관계에서는 여전히 양도인이 주주이다($_{87다카2599·2600 판결}^{대법원 1988. 6. 14. 선고}$). 주식의 양도뿐 아니라 상속·합병·포괄유증과 같은 포괄승계에 의하여 이전된 경우에도 같다. 또한 주식의 매매계약이 무효이거나 해제되더라도 매도인이 자기 앞으로 다시 명의개서를 하지 않는 한 회사에 대항하지 못한다($_{선고 2015다1871 판결}^{대법원 2015. 7. 23.}$). 명의개서는 주주의 소송법상의 지위를 승계하기 위해서도 필요하다($_{2000다42786 판결}^{대법원 2003. 2. 26. 선고}$). 이와 같이 명의개서를 하지 아니한 양수인은 주주권을 행사할 수 없고 양도인이 권리를 행사할 수 있으며, 주식양도계약의 내용에 따라 양수인은 양도인에 대해 권리행사의 결과($_{금, 신주 등}^{예: 배당}$)를 이전해 줄 것을 청구할 수 있는 채권자로서의 지위를 가질 뿐이다($_{선고 90다6774 판결}^{대법원 1991. 5. 28.}$).

2) 예외    전자등록된 주식의 양수인은 등록기관으로부터 소유자증명서를 받아 이를 회사에 제출하거나, 등록기관으로 하여금 회사에 자신의 주식소유내용을 통지하게 함으로써 명의개서 없이 권리를 행사할 수 있다($_{항, 40조 4항}^{전등 39조 5}$). 그리고 예탁결제원에 예탁된 주식의 실질소유자는 예탁결제원으로부터 자신이 주주임을 증명하는 실질주주증명서를 발급받아 회사에 제출함으로써 명의개서 없이 권리를 행사할 수 있다($_{1항·3항}^{자금 318조}$).

(3) 절차

1) 주권이 발행되는 주식    주권이 발행되는 주식의 경우에는 원칙적으로 다음과 같이 주주의 청구에 의해 명의개서가 이루어진다.

i) 청구권자    명의개서의 청구는 주식의 양수인이 단독으로 할 수 있다($_{2017다}^{대법원 2019. 8. 14. 선고}$ $_{231980 판결}$). 양도인이 회사에게 양수인의 이름으로 명의개서해 줄 것을 청구하는 것은 유효

한 명의개서청구가 아니다($^{대법원\ 2010.\ 10.\ 14.}_{선고\ 2009다89665\ 판결}$). 이 점 회사가 주권을 발행하지 않아 주권 없이 주식을 양도한 경우에도 같다($^{대법원\ 2019.\ 4.\ 25.\ 선}_{고\ 2017다21176\ 판결}$).

명의개서는 회사만이 할 수 있으므로 명의개서의 청구는 회사를 상대로 해야 하고, 양도인은 청구의 상대방이 될 수 없다.

ii) 주권의 제시    명의개서를 청구함에는 주권을 회사에 제시하여야 한다. 그러나 상속·합병 등 포괄승계에 의해 권리를 승계한 자는 주권을 제시함이 없이 포괄승계의 사실을 증명하여 명의개서를 청구할 수 있다. 또 주권을 상실한 자는 제권판결문으로 주권의 제시에 갈음할 수 있다. 주권발행전주식의 양도($^{유효인}_{경우}$)라면 주권의 제시는 원천적으로 불가능하므로 다른 방법으로 취득을 증명해야 할 것이다.

이와 달리 단지 회사에 대해 주식을 양수한 사실만 통지한 것은 명의개서를 청구한 것으로 볼 수 없다($^{대법원\ 1995.\ 7.\ 28.}_{선고\ 94다25735\ 판결}$).

iii) 승계원인의 증명요부    주권의 점유에 권리추정력이 인정되는 결과 명의개서를 청구함에 있어 회사에 대해 주식의 취득원인을 증명할 필요가 없음은 물론이다. 상속·합병에 의해 승계한 자가 주권이 없을 경우 상속·합병의 사실을 증명하여 명의개서를 청구할 수는 있으나, 제3자가 주권을 소지한다면 그의 명의개서 청구에 대항하지 못한다($^{상속인}_{이\ 주}$ $_{권의\ 소지인에게\ 대항하기\ 위해서는\ 먼저\ 제권판결을}^{}$ $_{받아\ 주권을\ 무효로\ 하거나\ 주권을\ 반환받아야\ 한다}$).

iv) 회사의 심사    주권을 점유한 자는 적법한 소지인으로 추정되는 까닭에 회사는 주권의 제시를 받아 주권 자체의 진정 여부만 조사하고 명의개서를 해 주면 족하다. 설혹 점유자가 무권리자라 하더라도 회사가 이같은 형식적 심사의무를 다하면, 악의 또는 중대한 과실이 없는 한 회사는 책임을 면하고 그 명의개서는 일응 적법한 것으로 다루어야 한다($^{대법원\ 2019.\ 8.\ 14.\ 선}_{고\ 2017다231980\ 판결}$).

회사는 주권의 점유자가 적법한 소지인이 아님을 증명하여 명의개서를 거절할 수 있으며 또 증명이 가능한 이상 거절하여야 하지만, 적법한 소지인이 아니라는 증명 없이 명의개서를 거절하거나 또는 점유자로 하여금 적법한 소지인임을 달리 증명하게 할 수는 없다. 설혹 회사에 주권의 도난 또는 분실이 신고되거나 공시최고가 있더라도 같다.

v) 명의개서요건의 강화불가    주식의 양수인은 위와 같은 요령으로 주권의 제시에 의해 혹은 기타 방법으로 주식취득 사실을 증명하면 족하다. 정관의 규정으로 명의개서 청구시에는 양도인의 인감증명을 요한다거나 기타 서류의 제출을 요하는 예가 있으나 이러한 제한은 구속력이 없다($^{대법원\ 1995.\ 3.\ 24.}_{선고\ 94다47728\ 판결}$).

2) 전자등록된 주식    전자등록된 주식의 경우에는 회사가 주주 전원을 일시에 인식할 목적에서($^{354조\ 1항,\ 전등}_{37조\ 1항·2항}$) 전자등록기관에 소유자명세를 요구하여 이를 근거로 주주명부를 작성하는데($^{전등\ 37}_{조6항}$), 직전의 주주명부와 상위한 부분에 관해 명의개서가 이루어지는 것과 같은 효과가 생긴다.

전자등록된 주식을 양수한 자가 명의개서를 청구할 수 있는가? 양수인은 소유자증명서에 의해 자신이 주주임을 증명할 수 있으나, 주주명부에서 말소해야 할 양도인을 특정할 수 없으므로 현실적으로 명의개서의 청구가 불가능하다.

### (4) 명의개서의 효과

주식의 취득자는 명의개서를 함으로써 회사에 대하여 주주권을 행사할 수 있다($\binom{337조}{1항}$). 그러나 명의개서를 한다고 해서 무권리자가 주주로 되는 설권적 효력이 생기는 것은 아니다. 다만 명의개서를 하여 주주명부에 주주로 기재되면 적법한 주주로「추정」되는 효력을 가질 뿐이다. 그러므로 명의개서 후에라도 무권리자임이 밝혀진다면 그간의 주주권행사는 소급해서 효력을 잃는다.

한편 회사가 주권을 제시하지 못하고, 합리적으로 주주임을 증명하지도 못하는 자에게 명의개서를 해 주었다면, 이는 명의개서로서의 효력이 없으며 종전의 명의주주가 계속 주주의 지위를 유지한다($\binom{대법원 2019. 8. 14. 선}{고 2017다231980 판결}$).

### (5) 명의개서의 부당거부

회사가 정당한 사유 없이 명의개서를 거부한 경우에 취득자는 명의개서에 갈음하는 판결을 구할 수 있고($\binom{민 389조 2항,}{민집 263조 1항}$), 손해배상을 청구할 수 있으며, 이사 등 명의개서의 거부에 가담한 자에게는 벌칙이 적용된다($\binom{635조}{1항 7호}$). 부당하게 명의개서를 거부당한 취득자는 명의개서 없이 주주권을 행사할 수 있는가? 신의칙상 긍정해야 한다($\binom{통}{설}$). 따라서 취득자는 명의개서 청구 이후의 이익배당, 신주발행에 관해 권리를 주장할 수 있으며, 소집통지를 받지 못한 주주총회의 결의의 취소를 청구할 수 있다($\binom{대법원 2001. 12. 21.자}{2001그121 결정}$).

〈명의개서지체중의 이익귀속관계〉 주식양수인이 명의개서청구를 게을리하여 주식의 양수 후에 발생한 이익배당청구권이나 신주인수권 등 자익권을 행사하지 못하고 양도인이 이러한 권리를 행사하는 수가 있다($\binom{이 경우의 주식을「실념주」}{또는「실기주」라고도 한다}$). 이 경우 회사와의 관계에서는 양도인이 권리행사를 하는 것이 주주명부상의 형식적 자격에 부합하나, 양도인과 양수인 간의 관계에서 누구에게 권리행사의 효과가 귀속될 것인지 문제된다. 당사자 간에 있어서는 이미 주주권이 양수인에게 이전되었다고 할 것이므로 다른 합의가 없는 한 그 권리는 양수인에게 귀속된다는 것이 통설이다.

### (6) 명의개서대리인

1) 의의    명의개서는 회사가 함이 원칙이나, 정관이 정하는 바에 의하여 명의개서대리인을 둘 수 있다($\binom{337조}{2항}$).「명의개서대리인」이라 함은 회사를 위하여 명의개서의 사무를 대행하는 자이다.

주주의 수가 많아지면 명의개서업무에 전문성을 요한다. 명의개서대리인제도는 명의개서를 전문으로 하는 자에게 동 업무를 위임하여 비용을 덜고 주식사무의 능률을 기하기 위한 제도이다. 기명사채도 명의개서가 필요하므로 명의개서대리인제도는 기명사채에도 적용된다($^{479조}_{2항}$).

2) 명의개서대리인의 선임    정관으로 명의개서대리인을 특정할 필요는 없고, 그 결정은 회사의 업무집행에 속하므로 이사회결의로 한다. 회사와 명의개서대리인의 관계는 위임이다.

명의개서대리인은 회사와 주주의 편익을 위해 두는 것일 뿐, 선임이 강제되는 것은 아니다. 회사가 명의개서대리인을 둘 경우에는 그 상호와 본점소재지를 등기하여야 하며, 주식청약서와 사채청약서에도 기재하여야 한다($^{317조\ 2항}_{11호\ 등}$). 주주, 사채권자 및 그 양수인이 누가 명의개서대리인인지를 알아야 하기 때문이다.

명의개서대리인을 둔 때에는 주주명부나 사채원부를 회사의 본점에 비치하는 대신 그 명부나 원부 또는 복본($^{사본이}_{아니다}$)을 명의개서대리인의 영업소에 비치할 수 있다($^{396조}_{1항\ 후}$).

명의개서대리인의 자격은 자본시장법에 따라 주어진다($^{부칙(1984)\ 8조\ 2항,\ 상령}_{8조,\ 자금\ 365조\ 1항·2항}$). 현재 예탁결제원, 하나은행 그리고 국민은행이 동 업무를 수행하고 있다.

3) **명의개서대행의 효과**    명의개서대리인을 둔 경우에는 명의개서대리인이 취득자의 성명과 주소를 주주명부의 복본에 기재한 때에 회사의 주주명부에 명의개서를 한 것으로 본다($^{337조}_{2항\ 후}$).

4) **명의개서대리인의 지위**    명의개서대리인은 회사의 이행보조자와 같은 지위를 갖는다. 그러므로 명의개서를 부당히 거부하는 등 명의개서대리인의 부주의가 있다면 회사가 이해관계인에 대해 손해배상책임을 져야 한다($^{민\ 391}_{조\ 참조}$).

## 5. 명의개서 미필 주주의 지위

### (1) 쟁점

회사가 명의개서를 부당하게 거부한 경우에는 주주가 명의개서를 청구한 때에 명의개서가 이루어진 것과 같은 효력을 인정해야 함은 기술한 바와 같다. 그러면 주주 측의 사정에 의해 주주명부상의 주주와 실제의 주주가 상이한 경우에는 누가 회사에 대해 주주권을 주장할 수 있고 또 회사는 누구를 주주로 인정할 것인지 문제된다. 주주명부상의 주주가 사실과 다른 상황은 주식을 발행하는 단계에서 생기기도 하고, 주식을 양수하는 단계에서 생기기도 한다. i) 회사설립이나 신주발행시에 타인의 명의를 빌려 주식을 인수하는 경우이다. 예컨대 S1이 회사에 실제 주금을 납입하고 주식을 인수하지만, 친지인 S2의 이름을 빌어 그 이름으로 인수하고 납입하는 것이다. ii) 주식의 양도가 이루어졌으나, 양수인이 명의개서를 미루어 여전히 양도인이 주주명부에 주주로 기재되어 있는 경우이다. 예컨대 S1이 S2에게 주식을 양도하였으나, S2가 어떠한 사정에서이든 회사에 명의개서를 신청하지 않아 주주명부에 여전히 S1이 주주로 등재되어 있는 것이다. 주식을 양수하는 단계에서도 타인의 이름을 빌려 양수할 수 있고, 이 경우 역시 실질주주와 명의주주의 괴리가 생긴다.

### (2) 종전의 학설·판례

타인명의로 주식을 인수하는 경우($\frac{위\ i)}{의\ 경우}$) 누구를 주주로 볼 것이냐는 문제는 과거 상법 제332조 제2항의 해석문제로 다루어 왔고, 다수설과 판례는 실질설의 입장에서 실질주주가 주주권을 행사할 수 있다고 보아 왔음은 기술한 바와 같다($\frac{341면}{참조}$).

주식을 양수하고도 명의개서를 하지 않거나 타인명의로 양수한 경우($\frac{위\ ii)}{의\ 경우}$) 양수인은 제337조 제1항에 의해 회사에 대해 주주임을 주장하지 못한다는 데에는 이견이 없다. 문제는 회사가 명의개서를 하지 않은 상태의 양수인을 주주로 인정할 수 있느냐인데, 이 점은 제337조 제1항의 해석론으로 논쟁이 전개되어 왔다. 즉 상법 제337조 제1항은 명의개서를 하지 않으면「… 회사에 대항하지 못한다」라고 규정하는데, 이는 양수인이 회사에 대해 주주임을 주장하지 못할 뿐이고 회사가 스스로 양수인, 즉 실질주주를 주주로 인정하는 것은 무방하다고 하는 편면적 구속설과 양수인이 주주임을 주장하지 못할 뿐 아니라 회사도 양수인을 주주로 인정하지 못한다는 쌍방적 구속설이 대립한다.

편면적 구속설은 상법 제337조 제1항의 입법취지가 회사의 주주관련 사무의 편의를 위한 것이므로 회사가 스스로 그 편익을 포기하는 것을 막을 필요는 없다는 이유를 제시한다. 이에 대해 쌍방적 구속설은 편면적 구속설에 의할 경우, 회사가 주주명부상의 주주와 실질주주 중 누구를 주주로 인정할지 선택의 자유를 갖게 되어 부당하며, 단체법률관계의 획일성과 안정을 중시해야 한다는 이유를 제시한다. 다수설과 판례는 편면적 구속설을 취해 왔다($\frac{대법원\ 1989.\ 10.\ 24.\ 선고}{89다카14714\ 판결\ 외\ 다수}$).

### (3) 신판례

2017년 대법원은 판례를 변경하여 새로운 해석론을 제시하였다($\frac{대법원\ 2017.\ 3.\ 23.\ 선고}{2015다248342\ 판결(전)}$). 기본적으로 주식을 인수하는 경우와 주식이 양도되는 경우를 구분하지 않고, 형식설($\frac{쌍방적}{구속설}$)의 입장에서 주주명부에 기재된 바에 따라 주주를 판정해야 한다는 입장을 취하였다. 과거의 판결은 의사주의에 입각한 것으로 볼 수 있으나, 신판례는 이같은 개인법적 사고를 버리고 회사의 분쟁을 단체법적 법리에 의해 해결해야 한다는 원칙을 천명한 것이다.

회사의 법률관계는 다수인의 이해가 집단적으로 교착하는 특색을 지니므로 상법($\frac{회사}{편}$)은 회사법률관계를 획일적·강행적으로 해결하는 단체법적 법원리를 채택함으로써 다수인의 이해를 안정적으로 관리하려는 법정책을 취하고 있다. 신판례는 이러한 회사법의 단체법원리를 확인한 것이다.

〈신판례의 개요〉 신판례는 법리적으로도 실무적으로도 매우 중요하므로 사실관계와 동 판례이론을 간단히 소개한다.

S2($\frac{원}{고}$)는 S1으로부터 자금을 공급받아 신일산업주식회사($\frac{피고,\ 이}{하\ \cdot\ 신일}$)라는 상장회사의 주식을

자신의 증권회사 계좌를 통해 매수하고, 자본시장법 제316조 제2항에 의해 작성된 실질주주명부에 등재되었다. 이후 S2가 신일의 어느 주주총회결의에 하자가 있음을 이유로 주주총회결의취소의 소를 제기하였던바, 신일(<sub>피</sub><sub>고</sub>)은 원고가 명의주주에 불과하고 실질주주가 아니라는 이유로 제소자격을 다투었다. 원심은 형식설의 입장에서 원고의 주주자격을 부정하고 소를 각하하였으나, 대법원은 원고의 주주자격을 시인하고 원심을 파기하였다. 주요 판지는 다음과 같다.

1) 명의개서제도의 취지      신판례는 주주명부제도가 주주의 구성이 계속 변화하는 단체법적 법률관계의 특성을 고려하여 회사로 하여금 주주의 실질적인 권리관계를 조사함이 없이 주주권을 행사할 자를 획일적으로 확정하도록 하는 제도라는 점을 논리전개의 출발점으로 삼았다. 그리하여 주식의 소유에 관한 권리관계와 주주의 회사에 대한 주주권 행사국면을 구분하여, 전자의 국면은 재산법적 원리로 규율하고, 후자의 국면에서는 단체법적 원리에 의해 명의개서에 특별한 효력을 인정하여 명의개서를 한 자에게 권리를 귀속시키는 것이라 설명한다.

2) 쌍방적 구속의 당위성      신판례는 상법이 회사로 하여금 주주명부를 작성비치하여 주주와 회사채권자의 열람에 공하게 하는 것은 해당 주주는 물론이고 회사도 이에 구속받도록 하기 위한 것으로, 회사가 스스로 작성비치한 주주명부에 기재되지 않은 자를 주주로 인정하는 것은 스스로의 행위를 부정하는 모순이라고 지적하였다(<sub>쌍방적</sub><sub>구속설</sub>).

3) 제337조 제1항의 적용범위      신판례는 회사에 대하여 주주권을 행사할 자는 주주명부의 기재에 의하여 확정된다는 법리의 보편성을 강조하여, 주식양도의 경우뿐만 아니라 주식발행의 경우에도 같은 법칙이 적용된다고 하였다.

4) 위험과 책임의 균형배분      쌍방적 구속설에 따르면 실체법적인 권리를 결여한 자가 실질적인 권리자를 제치고 권리를 행사하는 모순이 생기지만, 신판례는 이러한 결과는 주주권의 귀속에 관해 실질과 형식의 괴리를 창출한 명의차용인이 부담해야 할 위험과 불이익이라는 점을 명시하였다.

5) 결론: 명의개서의 창설적 효과      결론으로서, 신판례는 회사가 주주명부상의 주주 외에 실제의 주식인수인 또는 양수인이 존재함을 알았든 몰랐든, 또 이들의 존재가 증명된다 하더라도, 회사에 대한 관계에서는 주주명부상의 주주만이 주주권을 행사할 수 있다고 판시하였다. 이는 상법 제337조 제1항이 단지 주주권의 소재에 관한 증명책임의 배분을 정한 것이 아니고, 명의개서에 의해 회사와의 관계에서 주주권이 창설되는 효과가 있음을 선언한 것이다.

6) 예외      신판례는 주주명부의 기재 또는 명의개서청구가 부당하게 지연되거나 거절되는 등의 사정이 인정되는 경우에는 주주명부에 기재를 마치지 못한 주주가 회사에 대한 관계에서 주주권을 행사할 수 있다고 판시하는데, 이는 당연한 법리로서 주의적인 설명이다.

## 6. 주권의 선의취득

### (1) 의의

주식을 양도한 자가 무권리자라 하더라도 일정한 요건하에서 양수인이 선의로 주권을 취득하면 양수인은 적법하게 주권을 취득하고 나아가 주주의 지위를 취득하게 되는데, 이를「주권의 선의취득」이라 한다($\frac{359}{조}$).

주식회사가 자본집중의 역할을 다하기 위해서는 주식이 고도의 유통성을 지녀야 한다. 그러자면 주식의 양수인이 양도인의 실질적 권리의 유무를 조사할 필요 없이 양도인이 갖춘 권리의 외관만을 신뢰하고 주식을 양수할 수 있어야 한다. 그리하여 상법 제359조는 주권에 관해 수표법 제21조를 준용함으로써 주권의 선의취득을 허용하는데, 한편 주권의 선의취득제도는 주권의 점유에 인정되는 권리추정력($\frac{336조}{2항}$)으로부터의 당연한 논리적 귀결이기도 하다.

〈전자등록된 주식의 선의취득〉 전자등록된 주식의 경우에는 전자등록에 대해 주권의 점유와 마찬가지로 권리추정력이 인정되고, 권리추정력의 당연한 효과로서, 전자등록계좌부의 기록을 중대한 과실 없이 신뢰하고 전자등록된 주식의 권리를 취득하여 등록한 자는 양도인 또는 질권설정자가 무권리자이더라도 그 권리를 적법하게 취득한다($\frac{356조의2 3항,}{전등 35조 5항}$).

### (2) 요건

**1) 주권의 유효와 주식의 처분가능성**　　주권의 선의취득은 유효한 주권을 취득할 경우에만 인정된다. 따라서 위조된 주권, 실효된 주권, 아직 발행되지 아니한 예비주권은 선의취득이 인정될 여지가 없다. 주주가 주권불소지를 신고하고 회사에 제출하여 무효가 된 주권도 같다($\frac{358조}{의2 3항}$).

주식의 특성이나 취득자의 신분에 의해 취득이 금지된 주식은 선의취득의 대상이 아니다($\frac{대법원 1997. 12. 12.}{선고 95다49646 판결}$). 선의취득은 양도인의 무권리를 치유해주는데 그치는 제도이므로 취득 자체가 금지된 거래라면 선의취득으로 치유될 하자가 아니기 때문이다. 그러나 법률에 의한 제한이 단속규정에 불과할 때에는 선의취득이 허용된다($\frac{대법원 1978. 9. 26.}{선고 77다2289 판결}$). 은행법, 자본시장법 등 경제관련 특별법에서 규정하는 주식취득제한은 대부분 단속규정으로서 그에 위반하여 취득하더라도 벌칙이 적용되는 것은 별론으로 하고 취득행위 자체의 효력에는 영향이 없다.

**2) 무권리자로부터의 양수**　　양도인이 무권리자이어야 한다.

i) 상법 제359조에 의해 준용되는 수표법 제21조는「어떤 사유로든 수표의 점유를 잃은 자가 있는 경우에…」라고 규정하는데, 이는 무권리자인 양도인이 주권을 취득하게 된 사유 그리고 그 이전에 진정한 권리자가 주권을 잃게 된 사유는 어떠한 것이라도 선의취득

에 영향을 주지 않음을 뜻한다. 즉 도품이나 유실물인 주권을 양수하더라도 선의취득이 가능하므로 선의취득이 인정되는 범위는 민법상 인정되는 동산의 선의취득보다 넓다($^{민 250}_{조 참조}$).

ii) 양수인과 무권리자인 양도인의 거래행위 자체는 유효하여야 한다.

**3) 양도에 의한 취득**　　선의취득은 거래의 안전을 보호하기 위한 제도이므로 주식의 양도에만 있을 수 있고, 상속이나 회사합병에 의해 취득하는 경우에는 선의취득이 있을 수 없다.

**4) 양도방법의 구비**　　적법한 양도방법을 갖추어야 하므로 양수인에게 주권이 교부되어야 한다($^{336조}_{1항}$). 주권의 교부는 현실의 인도뿐 아니라 간이인도, 목적물반환청구권의 양도, 점유개정에 의해서도 행해질 수 있으나, 점유개정은 외관상 종전의 권리상태에 아무런 변화도 가져오지 않으므로 점유개정에 의한 선의취득은 부정하는 것이 통설·판례($^{대법원}_{1964. 5. 5.}$ $^{선고 63다}_{775 판결}$)이다.

그리고 목적물반환청구권의 양도에 의하여 주권의 점유를 취득하였다고 하려면, 양도인이 주권을 직접 점유하는 제3자에 대한 반환청구권을 양수인에게 양도하고 지명채권양도의 대항요건($^{통지 또는 승}_{낙, 민 450조}$)을 갖추어야 한다($^{대법원 1999. 1. 26.}_{선고 97다48906 판결}$).

명의개서는 회사에 대한 대항요건이고 취득행위와는 무관하므로 선의취득의 요건이 아니다.

**5) 양수인의 주관적 요건**　　양수인은 주식을 취득할 당시 선의이며 중대한 과실이 없어야 한다($^{359조→}_{수 21조 단}$). 선의란 양도인이 무권리자임을 양수인이 알지 못함을 뜻하며, 알지 못한 데 대해 중대한 과실이 없어야 한다. 중과실은 거래상 필요한 주의를 현저하게 결한 것을 의미하는데, 당사자의 직업($^{예: 증권업}_{자인지 여부}$), 목적물의 성격($^{상장주식}_{인지 여부}$), 거래의 규모·방법 등에 따라 요구되는 주의의 정도가 달라질 것이다. 예컨대 통상적인 거래기준으로 판단하여 볼 때 양도인이 무권리자임을 의심할 만한 사정이 있음에도 불구하고 상당하다고 인정될 만한 조사를 하지 아니한 채 주권을 양수한 경우에는 양수인에게 중대한 과실이 있다고 보아야 한다($^{대법원 2018. 7. 12. 선}_{고 2015다251812 판결}$).

주식의 양도방법을 갖춘 경우에는 적법한 소지인으로 추정되는 효력이 있으므로($^{336조}_{2항}$) 선의취득을 부인하는 자가 양수인의 악의 또는 중과실을 증명하여야 한다.

**(3) 선의취득의 효과**

선의취득자는 적법하게 주권을 취득하고 나아가 주주권을 취득한다. 반사적으로 원권리자는 주주권을 잃으며, 이에 따른 질권 등의 담보권도 역시 소멸한다. 질권 기타 주권을 담보로 하는 권리도 상법 제359조에 따라 선의취득할 수 있음은 물론이다.

## Ⅲ. 정관에 의한 주식양도의 제한

### (1) 의의

주식은 자유롭게 양도할 수 있음이 원칙이나($_{1항 분}^{335조}$), 비상장회사는 대체로 소수의 인원으로 구성되고, 인적회사에 못지않은 인적 유대를 기초로 운영되는 실정이므로 주주의 구성을 폐쇄적으로 유지할 필요가 있을 수 있다. 이러한 수요를 감안하여 상법은 정관에 규정을 두어 회사의 자율로 주식의 양도를 제한할 수 있는 길을 열어 놓았다.

### (2) 양도제한의 법구조

**1) 제한방법**　　　회사가 주식의 양도를 제한하는 방법은 정관에 규정을 두어 양도시에 이사회의 승인을 받게 하는 것이다. 주주의 승인 청구에 대해 이사회는 자유롭게 승인 또는 거부를 결정할 수 있다. 이 제도에 의해 경영자들은 회사가 원하지 않는 자가 주주가 되는 것을 사전에 차단할 수 있다.

**2) 환가방법**　　　경영자들의 편익을 위해 주주의 투하자본 회수가 봉쇄되어서는 안되므로 상법은 이사회가 승인하지 않을 경우 주주가 주식을 환가할 수 있는 두 가지 방법을 마련하였다. 주주는 회사에 대해 당초 예정된 양수인에 갈음하여 주식을 양수할 자를 지정해 줄 것을 청구하는 것, 또는 회사가 대신하여 주식을 매수하여 줄 것을 청구하는 것이다.

**3) 승인거부의 상대적 효력**　　　이사회의 승인거부에 대해 상법은 회사에 대해서만 효력이 없을 뿐, 당사자 사이에서는 유효한 양도로 다룬다($_{효력」}^{「상대적}$)($_{술}^{후}$).

### (3) 양도제한의 요건

**1) 정관의 규정**　　　주식의 양도제한은 주주의 권리에 대한 중대한 단체법적 구속이므로 반드시 정관에 규정을 두어야 한다($_{1항 단}^{335조}$). 정관의 규정에 의해 주식의 양도를 제한함은 주주들의 합의에 의한 자치적인 구속이라는 의미를 갖는다.

상장주식은 자유로운 양도를 전제로 하므로 상장을 폐지하지 않는 한 양도제한이 불가능하다고 새겨야 한다.

**2) 양도제한의 공시**　　　양도제한의 사실은 주주 및 그와 주식을 거래하는 자들에게 중대한 이해를 야기하므로 다수인에게 공시하는 것이 중요하다. 그러므로 주식의 양도제한은 등기하여야 한다($_{항 3의2호}^{317조 2}$). 정관에 규정을 두었더라도 등기를 하지 않은 경우에는 선의의 제3자에게 대항하지 못한다($_{1항}^{37조}$). 양도인이 양도제한 사실을 알았더라도 양수인이 제한사실을 알지 못한 경우에는 양도의 효력을 부인할 수 없다.

양도제한 사실은 주식의 인수 당시부터 공시되어야 할 것이므로 주식청약서에 기재해야 하고($_{항 5의2호}^{302조 2}$), 주권에도 기재해야 한다($_{6의2호}^{356조}$).

주식청약서에 양도제한의 사실을 기재하지 않은 경우에는 주식청약서의 요건흠결로서 주식인수의 무효주장사유가 된다($_{427조}^{320조,}$).

전환사채나 신주인수권부사채는 장차 주식으로의 전환 또는 주식인수로 연결되는 권리이므로 주식의 양도제한 사실은 전환사채와 신주인수권부사채의 청약서, 채권, 사채원부 그리고 신주인수권부사채에 대해 발행하는 신주인수권증권에도 기재해야 한다($\begin{smallmatrix}514조 1항 5호, \\ 516조의4 4호, \\ 516조의5 \\ 2항 5호\end{smallmatrix}$).

### (4) 양도제한의 방법(이사회의 승인)

**1) 제한방법의 한계**    상법이 허용하는 주식의 양도제한방법은 주식양도에 대해 이사회의 승인을 얻게 하는 것이다($\begin{smallmatrix}335조 \\ 1항 단\end{smallmatrix}$). 그 밖의 다른 제한방법은 허용되지 않는다. 예컨대 주주총회의 승인결의를 얻게 한다든지, 대표이사의 승인을 받게 하는 것은 무효이다. 또 일정기간 주식의 양도를 금지하는 것도 무효이다.

이사회의 승인과 관련하여 상법에 규정된 주식매수청구, 매수인의 지정청구 기타 주주의 권리에 관한 규정은 강행규정이므로 이러한 권리를 제한하는 것은 정관에 규정을 두더라도 무효이다.

**2) 제한의 보편성**    양도제한은 모든 주식에 대해 보편적으로 적용되어야 한다. 예컨대 특정주주의 주식에 국한해서, 혹은 특정수량의 주식에 국한해서 양도시 이사회의 승인을 요하게 하는 것은 무효이다.

### (5) 적용범위

정관의 양도승인규정은 주식의 양도에 한해 적용된다. 그러므로 상속·합병·유증과 같은 포괄승계에 대해서는 적용되지 아니한다. 입질 등 담보제공행위도 적용대상이 아니다. 주주의 채권자가 주식을 압류할 때에도 이사회의 승인을 요하지 않는다. 그러나 담보권자나 압류채권자의 채권실현을 위한 경매를 통해 주식을 취득한 자가 주주가 되기 위해서는 이사회의 승인을 받아야 한다.

양도제한된 주식도 무권리자로부터 양수한 경우 선의취득의 대상이 됨은 물론이다. 그러나 주식의 양도제한 사실을 알지 못했다는 것은 보호받지 못한다. 선의취득자는 양도가 제한되는 주식을 선의취득한 것이고, 주주가 되기 위해서는 이사회의 승인을 얻어야 한다.

### (6) 승인 없는 양도의 효력(상대적 무효)

정관의 규정에 반하여 이사회의 승인 없이 주식을 양도한 경우에는 회사에 대하여 효력이 없다($\begin{smallmatrix}335조 \\ 2항\end{smallmatrix}$). 「회사에 대하여 효력이 없다」는 것은 회사와의 관계에서는 양도가 무효이나, 당사자 간에는 양도가 유효함을 뜻한다. 그리하여 주식의 양수인은 후술하는 바와 같이 회사에 대해 그 취득의 승인을 청구할 수 있고, 승인거절시 양도상대방의 지정 또는 주식의 매수를 청구할 수 있다.

### (7) 승인청구자(사전청구와 사후청구)

양도인은 물론이고 양수인도 승인을 청구할 수 있다. 양수인은 양도인으로부터 실제 적법하게 주식을 양수한 자이어야 한다($\begin{smallmatrix}대법원 2014. 12. 24. 선 \\ 고 2014다221258 판결\end{smallmatrix}$). 양도인의 승인청구는 양도 전에 하고, 양수인의 승인청구는 승인 없이 양도한 후에 하는 것이다. 그러므로 양도인의 승인청구는 「양도의 승인청구」임에 대해, 양수인의 승인청구는 「취득의 승인청구」이다.

양수인의 승인청구($^{335조}_{의7\ 1항}$)에 대해 이사회가 승인을 거절하면 양수인은 주주의 지위를 갖지 못하고, 이사회에 양도상대방을 지정해 줄 것 또는 회사가 주식을 매수해 줄 것을 청구할 수 있다($^{335조의7\ 2항→335}_{조의3,\ 335조의6}$). 그 결과 양수인은 회사의 주주가 되는 것은 포기하고 양수한 주식의 환가만을 실현하는 것이다.

### (8) 승인청구 및 승인절차

**1) 승인청구**　　양도가 제한된 주식을 양도하고자 하는 주주는 회사에 대하여 양도의 상대방 및 양도주식의 종류와 수를 기재한 서면으로, 이미 양도한 경우에는 양수인이 취득한 주식의 종류와 수를 기재한 서면으로 승인을 청구할 수 있다($^{335조의2\ 1항,}_{335조의7\ 1항}$).

**2) 승인**　　회사는 위 청구에 대해 1월 이내에 주주 또는 주식양수인에게 서면으로 승인 여부를 통지하여야 한다($^{335조의2\ 2항,}_{335조의7\ 2항}$). 이 기간 내에 통지하지 아니한 때에는 주식의 양도를 이사회가 승인한 것으로 본다($^{335조의2\ 3항,}_{335조의7\ 2항}$). 1월 내에 「통지」하라고 함은 1월 내에 도달해야 함을 뜻한다. 1월 내에 도달하지 않으면 양도를 승인한 것으로 의제되는 결과 회사는 양수인의 명의개서청구를 거절하지 못한다.

승인의 여부는 이사회의 결의로 정한다. 즉 승인 여부는 이사회의 재량으로서, 어느 쪽으로 결정하든 합리성이나 공정성을 요구하지 않는다. 그러나 승인 또는 승인거절에 관해 이사는 주의의무를 부담한다. 예컨대 회사의 이익을 해할 자에게 양도하는 것을 승인한 경우, 또는 특히 승인을 거절할 이유가 없는데 승인을 거절하여 주식매수청구를 받게 된 경우에는 회사에 대해 손해배상책임을 진다($^{399}_{조}$). 명문의 규정은 없으나, 정관으로 승인거절 사유를 규정할 수 있다고 본다.

이사회의 승인결의 없이 대표이사가 양도승인의 통지를 한 경우에 양수인이 선의라면 그 승인은 유효하다고 보아야 한다.

**3) 승인거부의 후속절차**　　양도승인의 거부통지를 받은 주주 또는 양수인은 통지를 받은 날로부터 20일 내에 회사에 대하여 양도상대방의 지정 또는 주식의 매수를 청구할 수 있다($^{335조의2\ 4항,}_{335조의7\ 2항}$). 이 기간 역시 도달주의로 이해해야 한다.

양도인 또는 양수인이 이 청구기간의 준수를 게을리한 경우에도 항구적으로 양도상대방의 지정청구권과 매수청구권을 잃는 것은 아니고, 다시 승인을 청구하고 거절시에는 양도상대방의 지정청구 또는 매수청구를 할 수 있다.

### (9) 양도상대방의 지정청구

**1) 지정청구**　　회사가 양도승인을 거부한 경우 양도인 또는 양수인($^{이하\ '지}_{정청구인'}$)은 회사에 대하여 양도상대방의 지정을 청구할 수 있다. 청구기간은 기술한 바와 같다. 이 청구는 서면으로 할 것을 요하지 않으므로 구두로도 청구가 가능하다. 다만 청구사실 및 기간준수

의 사실은 청구인이 증명하여야 한다.

**2) 양도상대방의 지정**　　양도상대방의 지정청구가 있을 경우에는 이사회의 결의로 이를 지정하여야 한다($^{335조}_{의3\ 1항}$).

**3) 지정통지**　　회사는 양도상대방의 지정을 청구받은 날로부터 2주간 내에 지정청구인 및 양도상대방으로 지정된 자에게 서면으로 통지해야 한다($^{335조의3\ 1항,}_{335조의7\ 2항}$). 이 기간 내에 지정청구인에게 양도상대방지정의 통지를 하지 않은 때에는 주식의 양도에 관하여 이사회의 승인이 있는 것으로 본다($^{335조}_{의3\ 2항}$).

**4) 지정매수인의 매도청구권**($^{주식선}_{매권}$)　　이사회의 결의에 의해 양도상대방으로 지정된 자($^{이하\ '지.}_{정매수인'}$)는 지정통지를 받은 날로부터 10일 내에 지정청구인에 대해 서면으로 당해 주식을 자기에게 매도할 것을 청구할 수 있다($^{335조의4\ 1항,}_{335조의7\ 2항}$). 이 권리는 형성권으로 해석된다. 따라서 지정청구인의 승낙을 요하지 않으며, 지정청구인은 지정매수인에게 주식을 양도해야 할 의무를 부담한다.

지정매수인이 매도청구권을 포기할 수 있음은 물론이다. 그리고 지정매수인이 위 기간 내에 지정청구인에게 통지($^{역시\ 도달}_{을\ 의미}$)하지 못한 경우에는 매도청구권을 상실하고, 회사가 양도를 승인한 것으로 의제한다($^{335조}_{의4\ 2항}$).

**5) 매수가격의 결정**　　지정매수인이 매도청구권을 행사할 경우에는 매수가격을 결정해야 한다. 매수가격은 지정청구인과 지정매수인 간의 협의에 의해 결정하지만($^{335조}_{의5\ 1항}$), 30일 내에 협의가 이루어지지 않는 경우에는 법원에 매수가격의 결정을 청구할 수 있다($^{335}_{조의}$ $^{5\ 2항→374}_{조의2\ 4항}$). 법원이 매수가격을 결정할 때에는 회사의 재산상태, 그 밖의 사정을 참작하여 공정한 가액을 산정하여야 한다($^{335조의5\ 2항}_{→374조의2\ 5항}$).

**(10) 회사에 대한 매수청구**

**1) 매수청구**　　주식의 양도인 또는 양수인($^{이하\ '매}_{수청구인'}$)은 회사에 대해 양도상대방의 지정 또는 당해 주식의 매수를 청구할 수 있다($^{335조의2\ 4항,}_{335조의7\ 2항}$). 이 경우 회사는 청구를 받은 날로부터 2월 이내에 그 주식을 매수하여야 한다($^{335조의6→374}_{조의2\ 2항}$).

**2) 매수청구선택권의 문제**　　거부통지를 받은 양도인 또는 양수인은 회사에 대하여 「양도의 상대방의 지정 또는 그 주식의 매수」를 청구할 수 있다($^{335조의2\ 4항,}_{335조의7\ 2항}$). 판례는 주식매수청구권을 양도인 또는 양수인에게 인정되는 형성권으로서 이를 행사하면 회사의 승낙 여부와 관계없이 주식에 관한 매매계약이 성립한다고 풀이한다($^{대법원\ 2014.\ 12.\ 24.\ 선}_{고\ 2014다221258\ 판결}$).

**3) 매수가격의 결정**　　매수청구인과 회사 사이에 주식의 매수가격을 결정하여야 한다. 매수가격의 결정은 영업양도 및 합병시 반대주주의 주식매수청구에 적용하는 매수가격 결정방법이 준용된다. 즉 첫단계로 매수청구인과 회사의 협의에 의하되($^{335조의6→374}_{조의2\ 3항}$), 30일 내에 협의가 이루어지지 않은 경우에는 법원에 매수가격의 결정을 청구할 수 있다($^{335조의}_{6→374조}$ $^{의2}_{4항}$). 보다 상세한 점은 제374조의2의 해설에서 상론한다($^{460면\ 이}_{하\ 참조}$).

〈그림 10〉 양도승인절차 흐름도

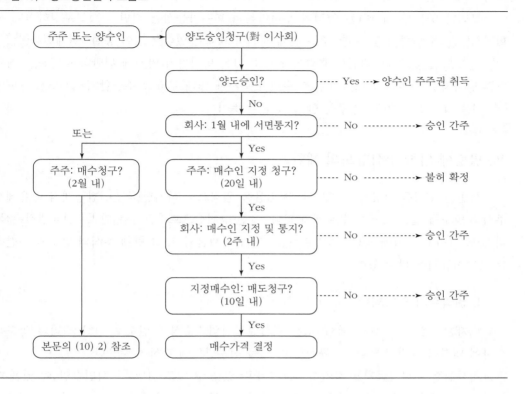

## Ⅳ. 주주간의 양도제한 약정

주주 간에 주식의 양도를 금지하거나 제한하기로 합의하는 예를 볼 수 있다. 특히 내외국인의 합작회사나 다수 기업의 출자로 이루어진 내국회사에서 주주의 구성을 폐쇄적으로 유지하기 위해 주식의 양도를 제한하는 일은 매우 흔하다. 예컨대 일정기간 양도금지기간을 설정하거나, 양도시에는 특정 주주에게 우선매수권을 부여하기로 합의하는 것과 같다. 이 경우 계약당사자인 주주가 약정을 위반하여 양도금지기간 내에 처분하거나 우선매수권을 가진 주주 아닌 제3자에게 처분하는 경우, 반대의 이해를 가지는 주주가 회사에 대해 양도의 무효를 주장하거나 회사가 양도제한약정을 들어 양도의 효력을 부정(예컨대 명의개서의 거부)할 수 있는가(회사법적 효력), 혹은 위반한 주주를 상대로 자신의 손해를 배상하도록 청구할 수 있는가(채권적 효력)라는 문제가 제기된다.

주식의 양도를 단체법적 효력을 가지고 제한할 수 있는 방법으로서는 상법 제335조 제1항 단서가 규정하는 바에 따라 정관에 규정을 두어 이사회의 승인을 얻게 하는 것이 유일하다. 그러므로 주주 간의 양도제한의 합의를 가지고 회사에 대해 그 효력을 주장하거나 회사가 그 효력을 원용할 수는 없다. 회사가 그 합의의 당사자가 되더라도 같다.

그러나 양도를 제한하는 약정이 투하자본의 회수가능성을 전면적으로 부정하거나 사회질서($\frac{민}{103조}$)에 반하지 않는 한, 주주 간에 채권적 효력은 있다는 것이 통설·판례이다($\frac{대법원}{2000.9.}$ $\frac{26.\ 선고\ 99다48429\ 판결;\ 동}{2013.5.9.\ 선고\ 2013다7608\ 판결}$). 채권적 효력이 있다고 함은 당사자가 약정에 위반하여 양도할 경우 다른 당사자인 주주는 양도인 또는 양수인과 회사에 대해 무효를 주장할 수 없으나, 양도인($\frac{위약한}{주주}$)을 상대로 손해배상청구를 할 수 있다는 뜻이다.

## V. 법령에 의한 주식양도의 제한

상법은 주식을 자유롭게 양도할 수 있음을 원칙으로 하지만($\frac{335조}{1항\ 본}$), 법정책적 이유에서 주식의 양도를 법으로 제한하는 예가 많다. 우선 상법상으로 「권리주」와 「주권발행전주식」의 양도 그리고 회사에 의한 「자기주식」의 취득이 제한되며, 그 밖에 주식의 양도를 제한하는 특별법규정이 다수 있다.

### 1. 권리주의 양도제한

1) 제한내용    상법 제319조는 회사설립시의 「주식의 인수로 인한 권리의 양도는 회사에 대하여 효력이 없다」고 규정하고, 이를 신주발행에 관하여 준용한다($\frac{425조}{1항}$).

회사설립시 설립등기를 하기까지는 주주란 있을 수 없고 다만 「주식인수인」이 있을 따름이고, 또 신주발행시 주주가 되는 것도 납일기일의 다음날부터이므로 그때까지는 신주인수인으로서의 지위가 있을 뿐이다. 이러한 주식인수인의 지위를 「권리주」라 하는데, 상법은 이 권리주의 양도를 금하는 것이다. 나아가 상법은 양도금지의 실효성을 확보하기 위하여 권리주인 상태에서는 주권을 발행하지 못하게 한다($\frac{355조}{2항}$). 그러나 거래계에서는 주금납입영수증 또는 청약증거금영수증에 백지위임장을 첨부하는 방법으로 권리주를 양도하는 예가 있다.

2) 제한이유    권리주란 아직 단체법적 권리로서 완성된 것이 아니므로 유통성을 인정하기에는 매우 불안정한 지위이고, 특히 회사설립시의 권리주의 유통은 회사불성립으로 인한 피해를 확산시킬 우려가 있다는 점이 양도를 제한하는 주된 이유이다. 그 밖에 아직 사업이 개시되기도 전에 단기차익을 노리는 투기를 억제하려는 뜻도 있다.

3) 양도의 효력    양도제한에도 불구하고 권리주가 양도된 경우 어떤 효력이 있는가? 양도당사자 간에 채권적 효력이 생긴다는 데 대해서는 이견이 없다. 그러나 회사와의 관계에 있어서는 양수인이 회사에 대하여 양도의 효력을 주장할 수 없음은 물론, 회사가 그 양도를 승인하더라도 효력이 없다는 것이 통설·판례이다.

## 2. 주권발행전주식의 양도제한

### (1) 개념

「주권발행전주식」이란 회사설립시에는 설립등기를 필한 때로부터 주권을 발행할 때까지, 그리고 신주발행시에는 신주발행의 효력발생일, 즉 납입기일의 다음날($^{423조}_{1항}$)로부터 주권을 발행할 때까지의 상태에 있는 주식을 뜻한다.

### (2) 입법취지

상법 제335조 제3항은 「주권발행전주식의 양도는 회사에 대하여 효력이 없다. 그러나 회사성립 후 또는 신주의 납입기일 후 6월이 경과한 때에는 그러하지 아니하다」라고 규정한다. 주권발행전주식의 양도를 원칙적으로 금지하는 이유는 상법상 주식의 양도에는 주권의 교부가 필요하므로 주권이 발행되기 전에는 적법한 양도방법이 있을 수 없고, 또한 적절한 공시방법도 없어 주식거래의 안전을 기할 수 없기 때문이다.

주권발행전주식의 양도를 금하는 것은 회사가 상법의 규정대로 성립 후 또는 신주발행 후 지체 없이 주권을 발행한 경우($^{355조}_{1항}$)에 한해 정당성을 갖는다. 그러나 비상장회사의 경우 상당수의 회사는 회사성립 후 수년이 경과하도록 주권을 발행하지 않는 실정이고, 때문에 양도증서만 작성하고 주식을 양도하는 것이 관행화되어 있다. 이러한 실정하에서 주권발행전주식의 양도를 항상 무효라고 한다면 주주가 투하자본을 회수할 길이 없고, 주식의 양도 후에 양도인이 무효를 주장하고 다시 주주권을 탈환할 수 있는 불합리가 생긴다. 그러므로 상법은 장기간 주권을 발행하지 않은 회사의 주주에게도 환가의 기회를 부여하고 그 주식을 양수받은 자를 보호하기 위하여 회사의 성립 후 또는 신주납입기일 후 6월간 주권을 발행하지 않은 경우에는 주권이 없이도 유효하게 양도할 수 있도록 하였다($^{335조}_{3항 \, 단}$).

### (3) 적용범위

회사성립시 발행하는 주식은 물론 성립 후 발행하는 신주에 대해서도 상법 제335조 제3항 단서가 적용된다. 통상의 신주발행($^{416}_{조}$)뿐 아니라, 전환주식 또는 전환사채의 전환($^{350조,}_{515조}$), 준비금의 자본금전입으로 인한 신주발행($^{461}_{조}$), 주식배당으로 인한 신주발행($^{462}_{조의2}$), 신주인수권부사채권자의 신주인수권행사로 인한 신주발행($^{516}_{조의9}$), 회사합병으로 인한 신주발행($^{523조}_{3호}$)이 다 적용대상이다.

이 경우 6월의 기산점은 신주의 효력발생일로 보아야 한다.

### (4) 주권발행전양도의 효력

1) **6월 경과 전의 양도**　　　회사성립 후 또는 신주의 납입기일 후 6월이 경과하기 전에는 주권발행전주식의 양도는 회사에 대하여 효력이 없다($^{335조}_{3항 \, 본}$).

i) **효력**　　　6월이 경과하기 전의 주권발행전양도의 효력은 절대무효이다. 이 점 권리주의 양도와 같다. 즉 회사가 양도를 승인하고 명의개서까지 하더라도 무효이고, 양수인

은 회사에 대해 주권의 발행·교부를 청구할 수 없다. 뿐만 아니라 회사가 양수인에게 주권을 발행하더라도 주주 아닌 자에게 발행한 주권이므로 주권으로서의 효력이 없다(대법원 1987. 5. 26. 선고 86다카982·983 판결. 주권의 효력발생시기에 관한 교부시설). 그러나 당사자 간에 채권적 효력은 있다(통설. 대법원 2012. 2. 9. 선고 2011다62076 판결). 그러므로 장차 회사가 양도인에게 주권을 발행하면 양수인은 양도인에 대하여 주권의 교부를 청구할 수 있고, 계약의 내용에 따라서는 양수인이 손해배상을 청구할 수도 있을 것이다.

ii) 무효의 치유     주식의 양도는 6월 경과 전에 이루어졌으나, 6월이 경과하도록 회사가 주권을 발행하지 않는다면 양도의 흠이 치유되어 유효해진다고 본다.

2) 6월 경과 후의 양도     회사성립 후 또는 신주의 납입기일 후 6월이 경과하도록 회사가 주권을 발행하지 않을 경우에는 주권 없이 주식을 양도할 수 있다(335조 3항 단). 양도가 가능하므로 질권설정도 가능하다(대법원 2000. 8. 16.자 99그1 결정).

i) 효력     주권 없이 한 양도도 당사자 간에는 물론이고 회사에 대하여도 유효하다. 따라서 회사에 대해 명의개서를 청구할 수 있다.

회사가 6월이 경과하도록 주권을 발행하지 않았다고 하더라도 주식의 양도일 현재 주권이 발행된 상태라면 주권 없이 주식을 양도할 수 없음은 물론이다(대법원 1993. 12. 28. 선고 93다8719 판결).

ii) 양도방법     상법은 주권발행전주식의 양도방법을 정하지 않았으므로 지명채권 양도의 일반원칙에 따라 당사자의 의사표시에 의해 양도할 수 있다고 보아야 한다(통설. 대법원 1988. 10. 11. 선고 87누481 판결).

iii) 대항력     주권발행 전에는 주권이 없는 관계로 주권의 교부에 의해 양수받는 자가 누리는 적법성의 추정(336조 2항)이 있을 수 없다. 그러므로 양수인이 회사와의 관계에서 대항력을 갖추기 위하여는 채권양도에 준하여 회사에 통지하거나 회사의 승낙을 얻어야 한다(민 450조 1항). 회사에 대한 대항력이란 회사에 대해 적법한 양수인임을 주장하며 명의개서를 청구할 수 있음을 말한다. 주식의 2중의 양수인, 양도인의 채권자 등과 같은 제3자에 대한 대항력을 구비하기 위해서는 통지·승낙이 확정일자 있는 증서에 의해 이루어져야 한다(민 450조 2항). 확정일자를 받은 통지·승낙의 서면은 원본이 아닌 사본이라도 무방하다(대법원 2006. 9. 14. 선고 2005다45537 판결). 2중양도로 인해 확정일자에 의한 통지가 수개인 경우에는 회사에 최초로 도달한 통지가 우선한다(전게 판례).

회사에 대해서는 확정일자 없이도 통지·승낙만으로 대항할 수 있는데, 2중으로 양도받은 2인 이상의 양수인이 모두 확정일자 없이 회사에 대한 통지·승낙의 요건을 구비한 경우에는 회사에 먼저 통지하거나 승낙을 받아 명의개서를 한 자가 우선한다(대법원 2010. 4. 29. 선고 2009다88631 판결).

확정일자 없는 증서로 양도통지를 한 후 다시 확정일자에 의한 통지를 하는 경우에는 제3자에 대한 대항력을 구비하지만, 대항력은 확정일자에 의해 재차 통지를 한 때에 생기는 것이고 당초의 통지시로 소급하는 것은 아니다(전게 판례).

iv) 명의개서청구     회사에 대해 명의개서를 청구할 때 주권이 없으므로 권리추정력을 인정받을 수 없다. 그러므로 양수인은 양수사실을 증명하여야 한다.

### 3. 자기주식취득의 제한

#### (1) 자기주식의 편익과 위험

자기주식이란 회사가 발행한 주식을 회사 자신이 소유하거나 소유하려는 상태에서 부르는 호칭이고, 자기주식의 취득이란 회사가 주주로부터 주식을 양수하는 것을 뜻한다. 회사가 자기주식을 유상으로 취득하면, ① 회사의 자산을 감소시키므로 다른 주주 및 채권자의 이익을 해할 뿐 아니라, 사실상 특정 주주에 대해 출자를 환급하는 결과가 되며, ② 회사의 경영자들에 의한 투기거래를 유발하여 주주들의 손실을 초래할 우려가 있으며, ③ 만일 자기주식에 의결권이 부여된다면 그것을 행사할 자는 대표이사일 것인바, 출자 없는 회사 지배가 행해진다는 것이 자기주식의 폐단을 설명하는 전통적인 논리이다. 그러나 자기주식의 이러한 문제점은 회사의 경영자의 입장에서는 오히려 자기주식의 편익으로 여길 수 있고, 그 편의성은 흔히 자기주식의 순기능으로 설명된다. 예컨대 회사가 자기주식을 취득하면 그만큼 주식의 유동물량을 감소시키고 동시에 우호적인 주주에게 자기 주식을 처분할 기회를 가질 수 있으므로 적대적 기업매수에 대항하여 경영권을 방어하는 수단이 될 수 있고, 주가가 크게 하락할 경우 자기주식을 취득함으로써 주가를 지지할 수 있다.

상법은 과거로부터 자기주식의 폐단에 주목하여 원칙적으로 자기주식취득을 금지하고 부득이하거나 폐단이 최소화되는 경우에 한해 예외적으로 허용하는 입법정책을 유지해 왔다. 그러나 자기주식의 편의에 착안하여 자기주식취득의 제한을 완화하는 것이 세계적인 입법추세인 점을 감안하여, 상법은 2011년 개정을 통해 취득금지의 원칙은 유지하되, 배당가능이익을 재원으로 하는 취득을 널리 허용하고 있다.

#### (2) 취득금지의 원칙

상법이 자기주식의 취득을 폭넓게 허용하지만, 이론적으로 상법상의 원칙은 여전히 취득금지이다($\binom{341조 1항,}{341조의2 본}$). 즉 자기주식의 취득은 일반적으로 금지되며, 다만 배당가능이익을 가지고 취득하는 것과 상법 제341조의2 각 호에서 열거하는 특정목적을 위한 취득이 허용되는 것이다.

취득금지원칙의 적용범위는 다음과 같다.

  1) **취득명의**      명문의 규정은 없으나, 회사가 제3자의 명의로 자기주식을 취득하더라도 회사의 계산으로 취득하는 것은 역시 금지된다고 해석해야 한다($\binom{341조}{본 참조}$)($\genfrac{}{}{0pt}{}{2011년 개정 전에는 명}{문으로「자기의 계산으}$ $\genfrac{}{}{0pt}{}{로」자기주식을 취득할}{수 없다고 규정하였다}$). 누구의 명의로 취득하든 회사의 자금으로 취득대가가 치루어지고 취득에 따른 손익이 회사에 귀속되는 한 자본충실을 해하는 결과는 같기 때문이다($\genfrac{}{}{0pt}{}{대법원 2011. 4. 28.}{선고 2009다23610 판}$ $\genfrac{}{}{0pt}{}{결}{참조}$). 같은 이유에서 취득한 자기주식의 명의개서 여부도 문제되지 아니한다.

  2) **담보취득**      자기주식을 질권의 목적으로 받는 것도 원칙적으로 금지한다($\genfrac{}{}{0pt}{}{예외는}{후술}$).

질취는 주식을 소유하기 위하여 취득하는 것은 아니나, 자기주식과 마찬가지로 자본충실을 해할 염려가 있기 때문이다. 자기주식을 양도담보의 목적으로 받는 것이 금지됨은 물론이다. 그러나 약정담보의 취득만 금지되고 법정담보권(유치권)을 취득하는 것은 가능하다고 본다.

3) 신주인수   회사가 신주를 발행하면서 스스로 신주를 인수하는 것은 일종의 가장납입이므로 본조와 무관하게 당연히 금지된다(통설).

4) 신주인수권증서 등의 취득   회사가 자기가 발행한 신주인수권증서($\frac{420}{조의2}$) 또는 신주인수권증권($\frac{516}{조의5}$)을 취득하여 신주인수권을 행사하는 것도 통상의 신주인수와 다를 바 없다. 회사가 신주인수권을 행사하지 아니한다 하더라도 동 증서·증권의 취득은 자기주식의 취득과 같은 위험이 있으므로 그 취득 자체도 금지된다고 본다.

5) 유상취득   자기주식취득을 위한 거래가 회사에 설혹 유리하다 하더라도 대가가 지급되는 한 금지되며, 순수한 무상취득이라면 무방하나 부담 있는 증여를 받는 것은 실질적으로 유상취득과 같으므로 금지된다.

6) 자기의 주식을 취득하는 제3자에 대한 자금지원   회사가 자기가 발행하는 주식을 인수하려는 자 또는 이미 발행한 주식을 취득하려는 자에게 금전을 대여하는 경우가 있다. 판례는 자금지원을 하더라도 주식취득으로 인한 손익이 회사에 귀속되지 않으면 자기주식의 취득으로 보지 않지만($\frac{대법원\ 2011.\ 4.\ 28.\ 선}{고\ 2009다23610\ 판결}$), 그로 인한 손익이 회사에 귀속될 경우에는 자기주식과 같이 보아 무효로 다룬다($\frac{대법원\ 2003.\ 5.\ 16.\ 선}{고\ 2001다44109\ 판결}$).

(3) 배당가능이익에 의한 취득의 자유

1) 입법이유   자기주식의 대표적인 폐단은 자본충실의 저해이다. 회사의 유동자산이 자기주식과 바뀌어 유출됨으로 인해 회사의 지급능력을 저하시키고 나아가서 회사채권자들과 다른 주주들의 이익을 해하는 것이다. 그러나 배당가능이익은 어차피 주주들에 대한 사외유출이 허용된 자산이므로 이를 사용하여 자기주식을 취득할 경우에는 이 같은 폐단이 생기지 않는다. 그러므로 배당가능이익으로 자기주식을 취득하는 것은 널리 허용하는 것이 세계적인 입법추세이고, 상법도 이 경향을 따른 것이다.

2) 요건과 절차   자기주식을 취득하기 위하여는 그 재원에 제한이 따르고, 주주총회의 결의를 요한다.

i) 재원의 성격   상법은 회사가 취득할 수 있는 자기주식의 취득가액의 총액은 직전 결산기의 대차대조표상의 순자산액에서 제462조 제1항 각호의 금액을 뺀 금액, 즉 배당가능이익을 초과하지 못한다고 규정한다($\frac{341조}{1항\ 단}$). 이는 단지 자기주식의 취득가액의 금액이 배당가능이익의 금액을 넘지 말라는 뜻이 아니고, 배당가능이익을 사용해서 취득해야 함을 뜻한다. 즉 자기주식취득을 위해 지급한 대가만큼 주주의 배당가능이익이 감소하는 것이다.

ii) 주주총회의 결의   배당가능이익으로 자기주식을 취득하려면 주주총회의 결의로, ① 매수할 주식의 종류 및 수, ② 취득가액의 총액의 한도, ③ 자기주식을 취득할 수 있는 기간을 정하여야 한다($^{341조}_{2항\ 본}$). 주주총회의 결의는 보통결의에 의하며, 정기총회만이 아니라, 미처분잉여금이 있는 한 언제든 영업연도 중간에 임시총회를 열어 결의할 수도 있다.

　　자기주식의 취득은 이같이 잉여금의 처분을 뜻하기 때문에 주주총회의 결의를 요하는 것이므로 이익배당을 이사회 결의로 실행할 수 있는 회사($^{462조}_{2항\ 단}$)라면 이사회의 결의로 족하다($^{341조}_{2항\ 단}$).

　　iii) 취득가액의 총액의 한도　　주주총회에서는 자기주식을 취득할 수 있는 가액의 한도를 정해야 한다. 그 한도가 배당가능이익을 초과할 수 없음은 물론이다. 상법은 취득가액의 한도나 취득할 주식수에 관해 제한을 두고 있지 않으므로 이론적으로는 배당가능이익에 여유가 있다면 1주를 제외한 발행주식총수 전부를 취득하는 것도 무방하다.

　　iv) 취득기간의 제한　　주주총회는 자기주식의 취득기간을 정하되 결의 후 1년을 초과하지 않는 기간으로 정해야 한다. 예컨대 2022년 6월 15일 임시총회에서 자기주식취득을 결의하였다면, 이 결의에서 정할 취득기간은 2023년 6월 15일 이내가 되어야 하는 것이다. 취득기간을 정했다 하더라도 그 기간 내의 회사의 재무상황의 변화로 자기주식의 취득이 불가능해질 수도 있다. 위 예에서 2022년 6월 15일의 총회에서 1년의 기간을 정하여 자기주식의 취득을 결의하였지만, 2022 영업연도($^{1.1.\sim}_{12.31.}$)의 결산을 해보니 결손이 나거나 잉여금이 산출되지 않을 수도 있고, 총회($^{예컨대\ 2023}_{년\ 3월\ 15일}$)에서 다른 용도로 처분하는 결의($^{예:\ 배}_{당결의}$)를 하여 잉여금이 소진될 수도 있기 때문이다.

　　3) 취득의 실행　　주주총회($^{또는}_{이사회}$)의 결의가 있으면 회사는 총회결의로 정한 기간 내에 자기주식을 취득할 수 있다. 취득에 관해 다음과 같은 점을 주의하여야 한다.

　　i) 취득의 임의성　　주주총회에서 자기주식취득을 결의했다고 해서 이사가 이에 구속되어 반드시 취득해야 하는 것은 아니다. 오히려 후술하는 바와 같이 취득해서는 안 되는 경우가 있다. 회사의 재무현황과 주식의 시세 등을 고려하여 취득의 여부, 시기의 선택 등을 이사가 경영판단으로 결정해야 한다. 즉 주주총회가 자기주식취득을 결의한다는 것은 이사의 취득행위를 허용하는 의미를 가질 뿐이다.

　　ii) 취득의 실행결정　　후술하는 취득방법 중 거래소를 통해 취득하는 경우 또는 공개매수에 의해 취득하는 경우에는 주주총회의 결의가 있은 후 바로 대표이사가 취득행위를 실행하면 족하지만, 비공개균등조건취득방법으로 취득할 경우에는 그 구체적인 방법을 이사회의 결의로 정하여야 한다($^{상령\ 10}_{조.\ 후술}$).

　　iii) 취득가격　　취득할 주식의 총수와 취득가액의 총액이 주주총회에서 미리 정해지는 까닭에 이론적으로는 1주당의 취득가액도 정해진다고 할 수 있다. 하지만 법에서 주주총회로 하여금 취득가액의 「총액」을 정하도록 함은 그 총액의 범위에서 개별적인 주식의 가액은 주식의 시세에 따라 회사가 재량으로 정할 수 있도록 하는 취지로 이해된다.

　　iv) 취득방법($^{주식평등}_{의\ 원칙}$)　　회사가 어떤 방법으로 자기주식을 취득하느냐에 따라 주주

간에 불공평이 생길 수 있다. 예컨대 회사가 일부의 주주를 선정하여 자기주식을 취득한다면 그 선정에서 소외된 주주들은 투자를 회수하거나 투자수익을 실현할 수 있는 기회에 참여하지 못하는 불공평이 생기고, 또 자기주식의 취득가격을 정하기에 따라서는 주주 간에 이윤배분을 차별하는 결과가 될 수도 있다. 그러므로 상법은 이러한 불평등이 생기지 않도록 취득방법을 다음과 같이 제한하고 있다.

(a) 거래소에서의 매수($\frac{341조}{1항 1호}$)   거래소에 상장된 주식은 시세가 형성되므로 가격형성의 면에서 공정하고 또 어떤 주주나 매도에 참여할 수 있으므로 상법은 거래소를 통한 취득을 자기주식취득방법의 하나로 제시하고 있다($\frac{341조}{1항 1호}$).

(b) 기타 방법($\frac{341조 1항 2호: 각 주주가 가진 주식 수에 따라 균등}{한 조건으로 취득하는 것으로서 시행령이 정한 방법}$)   시행령에서는 ㉠ 회사가 모든 주주에게 자기주식 취득의 통지 또는 공고를 하여 균등한 조건으로 주식을 유상으로 취득하는 방법($\frac{이하 '비공개균}{등조건취득방법'}$), ㉡ 자본시장법에 따른 공개매수의 방법을 제시하고 있다($\frac{상령 9조 1}{항. 자금 133}$ $\frac{조}{이하}$).

이상의 방법 외의 방법, 특히 회사가 특정 주주만을 선택하여 거래하는 방법으로 자기주식을 취득하는 것은 허용되지 않는다($\frac{341조 1항}{의 반대해석}$).

〈비공개균등조건취득방법〉 상법 시행령에서는 비공개균등조건취득방법에 관해 다음과 같이 상세한 규정을 마련하고 있다.

i) 이사회의 결의   비공개균등조건취득방법으로 취득하고자 할 경우 이사회는 자기주식 취득의 목적, 취득할 주식의 종류 및 수, 1주당 취득대가로 지급할 금전이나 재산, 주식취득의 대가로 지급할 금전 등의 총액, 주주가 주식양도를 신청할 수 있는 기간($\frac{양도신}{청기간}$), 대가의 지급시기 등 주식 취득의 조건을 정해야 한다($\frac{상령 10}{조 1호}$).

ii) 주주에 대한 통지 및 공시   회사는 양도신청기간이 시작하는 날의 2주 전까지 각 주주에게 회사의 재무 현황, 자기주식 보유 현황 및 위 이사회결의사항을 서면으로 통지해야 한다($\frac{주주의 동의가 있으면 전자문서}{로 갈음할 수 있다. 상령 10조 2호}$). 이 통지는 주주들에게 양도신청을 최고하는 의미를 가진다.

iii) 주주의 양도신청   회사에 주식을 양도하고자 하는 주주는 양도신청기간이 종료하는 날까지 양도하고자 하는 주식의 종류와 수를 기재한 서면으로 주식양도를 신청하여야 한다($\frac{상령 10}{조 3호}$).

iv) 취득계약의 체결   이사회는 주주가 회사에 대하여 주식양도를 신청한 경우 양도신청기간이 종료하는 날에 회사와 그 주주 사이에 주식 취득을 위한 계약이 성립한 것으로 정해야 한다($\frac{상령 10}{조 4호}$). 또한 이사회는 주주가 신청한 주식의 총수가 회사가 통지한 취득할 주식의 총수를 초과하는 경우에는 각 주주가 신청한 주식수에 비례하여 안분한 수량에 관해 계약이 체결되는 것으로 정해야 한다.

4) 공시   주식을 취득한 회사는 지체 없이 취득 내용을 기재한 자기주식취득내역서를 본점에 6월간 비치하여야 한다. 주주와 채권자는 이 서류를 열람할 수 있다($\frac{상령 9}{조 2항}$).

5) **취득의 제한**　　　이익이란 회사의 재무상황에 따라 그 유무와 규모가 수시로 변동되므로 어느 시점에서 산출된 배당가능이익을 근거로 자기주식의 취득을 결의했더라도 이후 실행단계에서는 실질적으로 회사가 결손상태일 수도 있고, 자기주식취득을 원인으로 해서 당해연도에 결손이 생길 수도 있다. 그러므로 상법은 결손을 초래할 수 있는 자기주식취득을 금지한다. 즉 회사는 해당 영업연도의 결산기에 대차대조표($^{재무상태}_{변동표}$)상의 순자산액이 제462조 제1항 각 호의 금액의 합계액에 미치지 못할 우려($^{즉 결손이}_{날 우려}$)가 있는 경우에는 자기주식을 취득해서는 안된다고 규정한다($^{341조}_{3항}$). 결손여부는 결산을 해야 확인할 수 있는 것이므로 이 규정은 결손이 예측될 경우에는 자기주식을 취득하지 말라는 취지이다. 그러므로 이사는 결손이 나지 않는다는 것을 확신한 경우에 한해 자기주식을 취득할 수 있다.

6) **이사의 자본충실책임**

i) **책임의 근거**　　　해당 영업연도의 결산기에 대차대조표상의 순자산액이 제462조 제1항 각 호의 금액의 합계액에 미치지 못함($^{즉 결}_{손임}$)에도 불구하고 회사가 자기주식을 취득한 경우 이사는 회사에 대하여 연대하여 그 미치지 못한 금액을 배상할 책임이 있다($^{341조}_{4항 본}$). 결손이 인식되는 것은 회사가 자기주식을 취득한 날이 속하는 영업연도의 결산이 확정되는 날이다. 즉 자기주식의 취득일은 결손이 인식되는 시기보다 선행한다. 따라서 상법 제341조 제4항 본문이 "대차대조표상의 순자산액이 제462조 제1항 각 호의 금액의 합계액에 미치지 못함에도 불구하고 자기주식을 취득한 경우"라고 함은 결손을 예측하지 못하고 자기주식을 취득했음을 뜻하는 것이고, 그 「예측하지 못함」을 비난의 근거로 삼아 책임을 묻는 것이다. 그러나 이사에게 무과실책임을 지우는 것은 불합리하므로 이사의 증명책임하에 과실이 없으면 면책시킨다. 즉 이사가 결손이 날 우려가 없다고 판단하는 때에 주의를 게을리 하지 아니하였음을 증명한 경우에는 책임을 지지 아니한다($^{341조}_{4항 단}$). 이 점 중간배당에 관한 이사의 책임과 같다($^{462조}_{의3 4항}$).

ii) **책임의 범위와 액**　　　중간배당의 결과 결손이 난 경우에는 이사에게 결손금액에 해당하는 손해배상책임을 지우되, 배당금액이 결손금액보다 작으면 손해배상액은 배당금액으로 제한된다($^{462조}_{의3 4항}$). 즉 이사의 손해배상책임은 중간배당과 인과관계가 있는 결손금으로 제한되는 것이다. 자기주식의 취득으로 인한 손해배상책임에도 같은 원리가 적용되어야 할 것이나, 상법 제341조 제4항은 자기주식취득의 가액과 무관하게 결손금 전부에 관해 손해배상책임을 지우고 있다. 불합리함은 물론이다. 상법 제462조의3 제4항을 유추적용하여 이사는 자기주식취득금액을 한도로 하여 결손금에 관해 책임진다고 해석해야 한다($^{623면의 예}_{를 자기주식}$ 취득으로 바꿔 생각할 것).

(4) **특정목적을 위한 취득**

상법 제341조의2는 배당가능이익을 재원으로 하지 않더라도 특정한 회사의 목적을 위해 부득이하게 취득을 허용해야 할 경우를 다음과 같이 열거하고 있다. 이 경우에는 대체로 자기주식으로 인한 폐해가 차단된다는 점도 고려한 것이다.

i) 회사의 합병 또는 다른 회사의 영업전부의 양수로 인한 때($^{341조}_{의2\ 1호}$) 흡수합병의 경우 소멸회사의 재산 중에 존속회사의 주식이 포함되어 있거나, 영업양도의 경우 양도목적인 영업재산 중에 양수회사의 주식이 포함되어 있으면 존속회사 또는 양수회사는 자기주식을 취득하게 된다. 자산의 포괄적인 승계로 인한 불가피한 취득이므로 허용하는 것이다.

ii) 회사의 권리를 실행함에 있어 그 목적을 달성하기 위하여 필요한 때($^{341조}_{의2\ 2호}$) 회사가 채권을 실행하려 하나 채무자에게 회사가 발행한 주식 이외의 다른 재산이 없으므로 이를 대물변제로 받는 것이 전형적인 예이다. 자기주식이 경매될 때 이를 경락받는 것을 본조 제2호에 포함되는 취득으로 본 판례가 있으나($^{대법원\ 1977.\ 3.\ 8.}_{선고\ 76다1292\ 판결}$), 이는 새로운 유상취득이므로 금지대상으로 보아야 한다.

iii) 단주의 처리를 위하여 필요한 때($^{341조}_{의2\ 3호}$) 단주란 1주 미만의 주식을 말한다. 주주가 회사로부터 취득한 주식에 단주가 있을 경우 이를 환가하여 주주에게 대금으로 지급하기 위하여는 회사가 단주를 취득하여야 한다. 그러나 주식교환·이전, 자본금감소, 합병, 준비금의 자본금전입, 주식배당 등과 같이 단주의 처리방법이 법정되어 있는 경우($^{360조의11\ 1}_{항,\ 360조의}$ $^{22,\ 443조\ 1항,\ 530조\ 3항,}_{461조\ 2항,\ 462조의2\ 3항,}$)에는 그에 따라야 하므로 이 규정의 적용대상은 통상의 신주발행($^{416}_{조}$)과 같이 단주처리방법이 법정되어 있지 않은 경우이다.

iv) 주주가 주식매수청구권을 행사한 때($^{341조}_{의2\ 4호}$) 회사가 주식의 양도를 승인하지 아니하고 주식을 매수할 경우($^{335}_{조의6}$) 회사는 자기주식을 취득하게 된다. 그리고 합병의 승인결의 등 일부 특별결의에 반대하는 주주가 주식매수청구권을 행사하는 경우($^{374}_{조의2}$)에도 자기주식을 취득한다.

v) 질취(質取) 회사는 발행주식총수의 20분의 1의 범위에서 자기주식을 질권의 목적으로 받을 수 있다($^{341조}_{의3\ 본}$). 그러나 위 i), ii) 의 예외에 해당하는 경우에는 이 한도를 초과하는 질취가 가능하다($^{341조}_{의3\ 단}$).

### (5) 해석상의 허용

자기주식을 ① 무상으로 취득하는 경우, ② 위탁매매업자가 위탁자의 계산으로 자기주식을 매수하는 경우, ③ 신탁회사가 자기주식의 신탁을 인수하는 경우 등은 명문의 규정은 없으나, 자본충실을 해할 위험이 없으므로 허용된다. 이같이 회사의 자본적 기초를 위태롭게 하지 않음이 유형적으로 명백한 것이 아닌 한 자기주식취득은 허용될 수 없다($^{대법원\ 2003.}_{5.\ 16.\ 선고}$ $^{2001다}_{44109\ 판결}$).

### (6) 위법한 자기주식취득의 효력

1) 위법한 예 제341조의2가 열거하지 않은 목적을 위해 자기주식을 취득하는 것이 위법한 것은 물론이고, 제341조의 명분으로 자기주식을 취득하는 경우에, i) 배당가능이익이 없음에도 자기주식을 취득하는 것, ii) 주주총회($^{또는}_{이사회}$)의 결의 없이 취득하는 것, iii) 주

주총회 또는 이사회가 결의할 사항이 적법하지 않은 것($\frac{\text{예컨대 취득기간}}{\text{을 2년으로 정한 것}}$), iv) 제341조 제1항 제1호 및 제2호가 열거하지 않은 방법으로 취득하거나 또는 취득방법이 주식평등의 원칙에 어긋나는 것, v) 취득가격이 현저히 불공정하여 회사의 자본충실을 해하는 것 등은 모두 위법한 취득이다.

    **2) 이사의 책임**    이상의 위법사항이 있을 경우 자기주식취득에 관여한 이사, 집행임원, 감사 등에 위법사항의 내용에 따라 벌칙이 적용될 수 있고($\frac{625조.}{625조의2}$), 이로 인해 회사에 손해가 발생하면 이사 등이 회사에 손해배상책임을 진다($\frac{399조}{1항}$). 주주들에게 매도의 기회를 차별하였을 때에는 기회를 얻지 못한 자는 제401조에 의한 책임을 물을 수 있다.

    **3) 위법한 취득의 효력**

    **1) 채권행위의 효력**    자기주식취득의 원인행위로서 회사와 주주 간에 매매·교환 등 채권적 합의가 이루어질 수 있는데, 이러한 채권행위는 강행법규에 반하는 것으로 무효라고 보아야 한다($\frac{\text{대법원 2003. 5. 16. 선}}{\text{고 2001다44109 판결}}$). 이는 처음부터 이행이 불가능한 것을 목적으로 한 것이기 때문이다.

    **2) 취득행위의 효력**    제341조($\frac{\text{및 341조의}}{\text{2, 341조의3}}$)에 위반하여 자기주식을 취득 또는 질취한 경우 그 효력에 관하여는, i) 제341조는 일종의 단속적 규정으로서 그에 위반하였을 때에는 이사 등의 책임을 추궁하는 데 그치고, 취득 자체의 효력에는 영향이 없다고 하는 설($\frac{\text{유효설.}}{\text{서헌}}$ $\frac{\text{제}}{238}$), ii) 자본충실의 저해 기타 자기주식취득으로 인한 위험의 방지에 중점을 두어 자기주식취득은 상대방($\frac{\text{양도}}{\text{인}}$)의 선의·악의를 불문하고 무효라고 하는 설($\frac{\text{무효설. 김정호 238; 김동훈 178; 서·정}}{\text{373; 송옥렬 875; 장덕조 188; 정동윤 496;}}$ $\frac{\text{정찬형 783; 최기}}{\text{원 362; 최준선 310}}$), iii) 원칙적으로는 무효이지만, 회사가 타인명의로 취득한 경우에는 상대방이 선의인 한 유효하다는 설($\frac{\text{부분적 무효설. 강·임 626; 권기범}}{\text{610; 김·노·천 686; 임홍근 259}}$), iv) 자기주식취득은 양도인의 선의·악의를 묻지 않고 무효이나, 선의의 제3자($\frac{\text{전득자·압}}{\text{류채권자 등}}$)에게 대항하지 못한다는 설($\frac{\text{상대적 무효설. 임}}{\text{재연 I 489; 저자}}$)이 대립한다. 판례는 무효설의 입장을 취하고 있다($\frac{\text{대법원 2003. 5. 16. 선고 2001다44109 판결: 자기주식}}{\text{의 취득을 화해의 내용으로 하는 것을 무효라고 한 예}}$).

    **(7) 자기주식의 처분**

    **1) 의의**    2011년 개정 전에는 자기주식은 일시적인 보유만 허용했으나, 현행법하에서는 회사의 선택에 따라 취득한 자기주식을 계속 보유할 수도 있고 처분할 수도 있다. 자기주식을 누구에게 얼마에 처분하느냐는 것은 회사 자체의 이해에는 물론 기존 주주들의 이해에도 관련되는 문제이므로 어떤 방법으로 처분하게 할 것이냐는 입법정책의 문제가 제기되는데, 상법은 아래와 같은 처분방법을 규정하고 있다($\frac{342}{조}$).

    **2) 처분주체**    상법 제342조가 특히 중요한 의의를 갖는 것은 이사회의 결정으로 자기주식을 처분할 수 있다는 것이다. 상법은 처분할 주식의 종류와 수 등 자기주식의 처분과 관련된 사항을 열거하고, 「정관에 규정이 없는 것은 이사회가 결정한다」고 규정하고 있다. 정관 또는 이사회의 결의로 다음 사항을 결정한다.

    i) 처분할 주식의 종류와 수

ii) 처분할 주식의 처분가액과 납입기일 「납입기일」은 회사가 대가를 수령할 날을 의미한다. 처분가액이 공정한 주식가치를 반영하도록 정해져야 함은 물론이다.

iii) 주식을 처분할 상대방 및 처분방법 「처분할 상대방」이란 어의적으로는 자기주식의 매수인이 될 자를 의미하지만, 특정인을 정하는 것만이 아니라, 매수인을 선택하는 방법을 정하는 것도 포함하는 뜻으로 이해해야 한다. 매수인을 선택하는 방법의 구체적인 예로서는, 증권시장을 통해 매각하는 것, 모든 주주들에게 매수의 청약을 권유하는 것, 특정인을 정해 상대매매로 처분하는 것을 들 수 있다. 자기주식의 처분에 관한 주주들의 이해를 고려하면 매수인 선택방법의 객관성과 공정성이 중요하지만, 상법은 이런 고려를 하지 않고 이사회의 재량에 맡기고 있다.

「처분방법」이란 상대방을 정하는 것 외의 매매 및 이행의 요령을 의미한다.

3) 처분의 범위 회사가 취득한 자기주식은 상법 제343조에 의한 소각 또는 제342조에 의한 처분이라는 두 가지 용도에 제공된다. 제342조의 처분이란 주로 매각이나 담보로 제공하는 것을 뜻하지만, 그 밖에도 상환주식의 상환, 이익배당, 합병대가로도 사용할 수 있다($\binom{345조\ 4항,\ 462}{조의4,\ 523조\ 4호}$).

〈자기주식을 취득할 상대방 선택의 공정성 문제〉 회사가 특정인을 선택하여 자기주식을 매도할 경우 다른 주주들의 비례적 지분을 감소시킨다. 그러므로 주식평등의 원칙상 모든 주주들이 지분에 비례하여 균등히 취득할 기회를 주어야 한다는 주장이 제기될 수도 있다. 과거 특정인에게 자기주식을 집중 매각한 행위의 효력이 다투어졌으나, 판례는 자기주식의 취득과 처분으로 인해 생기는 주주들의 비례적 이익의 증감은 사실적·경제적 이익에 불과하여 특정인을 상대로 한 처분의 효력에는 영향이 없다는 입장이다($\binom{대법원\ 2010.\ 10.\ 28.\ 선고\ 2010다51413\ 판결;}{서울고법\ 2015.\ 7.\ 16.자\ 2015라20503\ 결정}$).

## (8) 자기주식의 지위

회사는 유효하게 취득한 자기주식을 가지고 주주권을 행사할 수 있는가?

상법 제369조 제2항에서 「회사가 가진 자기주식은 의결권이 없다」고 규정하고 있으므로 의결권에 관하여는 의문의 여지가 없다. 의결권 이외의 주주권에 관해서는 소수주주권이나 각종 소제기권 등과 같은 공익권은 성질상 인정될 수 없다는 점에 이견이 없으며, 이익배당청구권·신주인수권·잔여재산분배청구권 등의 자익권도 모두 휴지(休止)된다는 것이 통설이다($\binom{단,\ 준비금의\ 자본전입으로\ 인한\ 신주발행시에는\ 자기주식의\ 권리}{를\ 인정하는\ 소수설이\ 있다.\ 정경영\ 406;\ 최기원\ 359;\ 최준선\ 314}$).

한편 주식분할($\frac{액면}{분할}$)은 종전의 주주권에 증폭을 가져오는 것이 아니고 주식이 동일성을 유지하며 보다 작은 단위로 세분되는 것에 불과하므로 자기주식도 주식분할에 의해 당연히 증가한다.

권리행사의 제한은 주식 자체의 속성이 아니므로 자기주식이 회사로부터 제3자에게 이전되면 제한받던 권리는 모두 부활한다.

### 4. 상호주소유의 규제

#### (1) 의의

「상호주소유」란 좁게는 2개의 독립된 회사가 서로 상대방회사에 대하여 출자하고 있는 상태를 가리키는데(단순상호주), 넓게는 3개 이상의 회사간의 순환적인 출자(고리형 상호주: A회사가 B회사에, B회사가 C회사에, C회사가 다시 A회사에 출자하는 것)도 포함한다.

상호주는 최소한의 자본으로 강력한 기업결합효과를 가져오므로 우리나라에서는 계열기업의 확장을 위해 상호주를 이용하는 경향이 있고, 한편 경영권쟁탈에 대한 방어용의 안정주를 확보하기 위해 계열회사 간에 상호주를 소유하는 예가 많다.

#### (2) 상호주의 자기주식성

주식의 경제적 의의를 회사재산에 대한 지분이라고 생각한다면 상호주소유는 본질적으로 자기주식의 취득이다. 예컨대 A회사가 B회사의 주식을 소유하고 B회사가 A회사의 주식을 소유한다면 쌍방은 상대방의 소유를 통해 자기주식을 갖는 효과를 누린다. 상호주는 이 같은 자기주식성으로 인해 회사법적으로 다음과 같은 구체적인 폐단을 야기한다.

1) **회사지배의 왜곡**　　상호주를 소유하는 회사의 경영자들은 서로 상대방회사의 주주총회에서 의결권을 행사하므로 쌍방의 경영자의 지위는 상호 교환적으로 주어질 수 있다. 그래서 쌍방의 경영자가 서로 연임에 협력하면 영구적인 경영자지배가 가능해진다. 그리하여 경영자는 진정한 출자자를 제쳐놓고「출자 없이」간접적으로 자기회사의 주주총회를 지배하게 되는 것이다.

2) **자본충실의 저해**　　상호주는 그 본질이 자기주식이니만큼 사실상 출자의 환급이란 효과를 가져오므로 회사의 자본충실을 저해한다. 예컨대 A회사가 B회사의 주주 $\beta$로부터 B회사주식을 양수하고, B회사가 A회사의 주주 $\alpha$로부터 A회사주식을 양수하여 A·B회사가 상호주를 소유하게 되었다면 A는 B의, B는 A의 대리인으로서 상대방 주주에게 출자를 환급해 준 셈이고, $\alpha \cdot \beta$는 결국 자기회사로부터 출자를 환급받은 것과 같다.

또한 상호 주식인수는 출자의 부메랑효과를 가져온다. 예컨대 A회사가 1,000만원을 증자한 데 이어 B회사가 1,000만원을 증자하고 이를 서로 인수하여 준다고 가정하자. 양 회사의 자본금은 합계 2,000만원이 증가하나, 인수자금은 B회사로부터 A회사에게, 다시 A회사로부터 B회사에게 되돌아가므로 출자의 왕복이 있었을 뿐 순자산은 전혀 증가하지 않는다. 그러므로 상호주를 보유하는 회사를 경제적 단일체로 본다면 양회사는 상호주의 합계만큼 자본금에 공동(空洞)이 생기는 것이다.

#### (3) 상법상 상호주규제의 특징

i) 이상과 같이 상호주의 폐해가 현저하므로 상법은 상호주소유를 억제하는 정책을 쓰

고 있다. 구체적으로는, 상호주를 크게 자회사가 모회사주식을 소유하는 경우와 모자관계가 아닌 회사끼리 상호소유하는 경우로 나누어, 전자는 자기주식취득의 일종으로 다루어 자기주식취득과 같이 금지하고($\substack{342 \\ 조의2}$), 非모자회사 간의 상호주는 의결권을 제한하는 방식을 취한다($\substack{369조 \\ 3항}$).

ii) 상법은 주식회사의 상호주만을 규율대상으로 한다. 우리나라의 상호주로 인한 폐해는 주로 주식회사에서 나타나기 때문이다.

iii) 앞서 본 바와 같이 상호주는 3개 이상의 회사 간에 고리형으로 이루어질 수도 있으나, 상법은 모자관계이든 비모자관계이든 2개 회사 간의 「단순상호주」만을 적용대상으로 한다.

### (4) 모회사 주식취득의 제한

**1) 자기주식취득과의 동질성**  자회사가 모회사의 주식을 취득하는 것은 대개 모회사의 지시 내지는 영향력하에서 이루어진다. 따라서 자회사가 모회사의 주식을 취득하는 것은 모회사가 법상의 금지($\substack{341 \\ 조}$)를 우회하여 자기주식을 취득하는 행위라 볼 수 있다. 또한 자회사가 취득한 모회사의 주식에는 모회사가 가진 자회사 주식의 가치가 반영되어 있으므로 결국 모회사의 주식을 취득하는 것은 자회사가 간접적으로 자기주식을 취득하는 것과 같다고 평가할 수 있다.

**2) 모자관계 인정기준**  두 회사가 어떤 관계에 있을 때 모자관계를 인정하느냐는 것은 중요한 입법정책의 문제이다. 상법은 다른 회사(S)의 「발행주식총수」의 100분의 50을 초과하는 주식을 가진 회사를 모회사(P), 그 다른 회사(S)를 자회사로 본다($\substack{342조의 \\ 2 1항 본}$). 나아가서 상법은 모자관계를 더 넓혀 자회사가 다른 회사(S2)의 발행주식총수의 100분의 50을 초과하는 주식을 갖거나, 모회사와 자회사가 가진 것을 합산하여 100분의 50을 초과할 때 그 다른 회사(S2)는 모회사(P)의 자회사로 본다($\substack{342조 \\ 의2 3항}$). 이를 편의상 「손회사」라 부르기로 한다.

### 3) 제한내용

i) 원칙  자회사는 모회사의 주식을 취득할 수 없다($\substack{342조의 \\ 2 1항 본}$). 명문의 규정은 없으나 자기주식과 마찬가지로 누구의 이름으로 취득하든 자회사의 계산으로 취득하는 한 금지된다고 보아야 한다. 따라서 명의개서 여부는 묻지 않는다.

자회사가 모회사의 주식을 질취하는 것은 자기주식의 질취와 동질적이므로 금지되며, 자회사가 모회사의 신주를 인수하는 것도 금지된다고 본다.

B회사가 이미 A회사의 주식을 50% 이하로 갖고 있던 중 A회사가 B회사의 주식을 50% 초과하여 취득함으로써 사후적으로 자회사(B)가 모회사(A)의 주식을 소유하게 된 경우는 본조의 적용 밖이다. 그러나 제342조의2 제2항에 준하여 자회사는 모회사의 주식을 처분하여야 할 것이다.

ii) 예외　　① 주식의 포괄적 교환·이전에 의해 자회사가 모회사의 주식을 갖게 되는 경우 그리고 자회사가 모회사주식을 가지고 있는 다른 회사를 흡수합병하거나 영업 전부를 양수하는 경우, ② 회사의 권리를 실행함에 있어 그 목적을 달성하기 위하여 필요한 경우에는 모회사의 주식을 취득할 수 있다($^{342조의2 1}_{항 1호·2호}$). 그리고 ③ 흡수합병시에 존속회사가 소멸회사의 주주에게 합병의 대가로 자기의 모회사주식을 제공하려 할 때에는 사전에 모회사주식을 취득할 수 있다($^{523}_{조의2}$). 그 밖에 자기주식취득에서와 같이 신탁회사나 위탁매매인($^{회}_{사}$)이 영업상 모회사의 주식을 취득하는 것은 허용된다고 해석한다.

이상의 예외에 해당하여 모회사주식을 취득하더라도 6월 내에 처분하여야 한다($^{342조}_{의2 2항}$). 모회사주식을 처분할 때까지는 자기주식과 마찬가지로 모회사 주식에 관한 일체의 권리행사가 휴지된다고 해석해야 한다($^{통}_{설}$). 특히 의결권의 경우, 자회사가 가진 모회사주식은 상법 제369조 제3항의 상호주에 해당하므로 자회사는 의결권을 행사할 수 없다.

**4) 위반의 효과**　　자회사의 모회사주식취득의 효력은 자기주식취득의 효력과 동일시하는 것이 일반적인 견해이다. 따라서 자기주식취득의 효력에 관해 견해의 다툼이 있었던 것과 같이 유효설·무효설·부분적 무효설·상대적 무효설의 대립이 있다.

취득금지에 위반하여 자회사가 모회사주식을 취득하거나 처분하지 아니한 경우 이사와 감사에게 벌칙이 적용된다($^{625}_{조의2}$).

**(5) 非모자회사간의 상호주규제**

회사(A1), 모회사(A1) 및 자회사(A2) 또는 자회사(A2)가 다른 회사(B)의 발행주식총수의 10분의 1을 초과하는 주식을 가진 경우, 그 다른 회사(B)가 가지고 있는 회사(A1) 또는 모회사(A1)의 주식은 의결권이 없다($^{369조}_{3항}$).

**1) 취지**　　자회사가 모회사주식을 취득하는 것은 금지하면서, 非모자회사간의 상호주는 의결권만 제한하는 이유는 양자가 초래하는 폐해의 성격이 상이하기 때문이다. 전자는 자기주식과 같이 자본충실을 저해하는 정도가 심하므로 금지하는 것이 타당한데 반해, 후자는 자본충실의 저해보다는 출자 없는 지배라는 폐해가 돋보이므로 의결권을 제한함으로써 그 폐해가 시정된다고 본 것이다.

**2) 규제내용**　　어느 회사($^{이하 '출'}_{자회사}$)가 다른 회사($^{이하 '피'}_{출자회사}$)의 발행주식총수의 10분의 1을 초과하여 소유하는 상태에서 피출자회사가 출자회사의 주식을 취득할 경우 그 주식은 의결권이 없다.

i) 10분의 1이란 발행주식총수에 대한 비율이고 의결권 있는 주식에 대한 비율이 아니다. 출자회사의 소유주식을 계산할 때에는 그 자신이 가진 주식과 子회사가 가진 주식을 합산한다. 그러므로 ① 출자회사가 단독으로 피출자회사의 발행주식총수의 10분의 1을 초과하여 가진 경우<그림 11>, ② 출자회사의 子회사가 피출자회사의 발행주식총수의 10분의 1을 초과하여 가진 경우<그림 12>, ③ 출자회사가 가진 피출자회사의 주식과 출자회사의

子회사가 가진 피출자회사의 주식을 합해 피출자회사의 발행주식총수의 10분의 1을 초과하는 경우<그림 13>와 같은 세 가지 경우가 생긴다.

　ii) 자회사는 2개 이상 있을 수 있고, 제342조의2 제3항에 의해 손회사도 모회사의 자회사로 보므로 손회사가 가진 피출자회사의 주식도 출자회사의 소유주식으로 본다. 어떤 경우이든 피출자회사가 출자회사의 주식을 갖더라도 그 주식은 의결권이 없다.

　iii) 피출자회사의 자회사가 가지고 있는 출자회사의 주식의 의결권은 어찌 되는가? 상법 제369조 제3항은 피출자회사가 소유하는 출자회사의 주식의 의결권에 관해서만 언급하고 있으나, 피출자회사와 그 자회사는 일체를 이룬다고 보고, 자회사의 주식에 대해서도 제369조 제3항을 유추적용하여 의결권이 제한된다고 해석한다<그림 14>.

　iv) 출자회사(및 그 자회사)가 가진 피출자회사의 주식은 피출자회사의 발행주식총수의 100분의 50 이하이어야 한다. 100분의 50을 초과하면 출자회사는 피출자회사의 모회사가 되므로

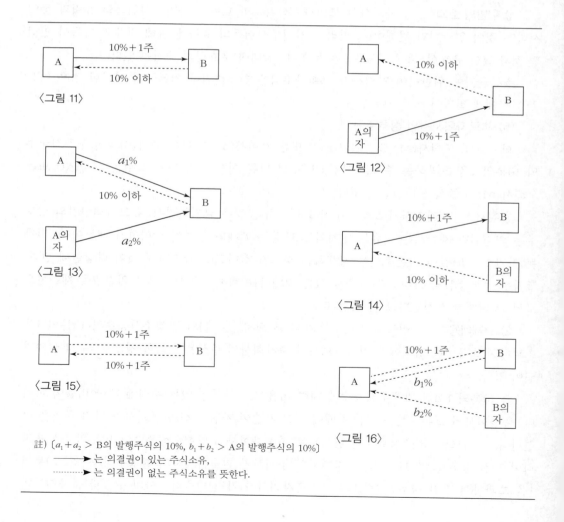

註) 〔$a_1 + a_2$ > B의 발행주식의 10%, $b_1 + b_2$ > A의 발행주식의 10%〕
　　——➤ 는 의결권이 있는 주식소유,
　　········➤ 는 의결권이 없는 주식소유를 뜻한다.

피출자회사는 출자회사의 주식을 소유할 수 없다($\frac{342}{조의2}$).

v) 피출자회사가 가진 출자회사의 주식만이 의결권이 제한되는 것은 피출자회사가 가진 출자회사의 주식이 출자회사주식의 발행주식총수의 10분의 1 이하일 경우이다. 10분의 1을 초과하면 서로가 출자회사인 동시에 피출자회사가 되므로 서로 의결권을 행사하지 못한다<그림 15>. 취득시기의 선후는 문제되지 아니한다. 그러므로 피출자회사가 자신에 대한 출자회사의 영향력을 배제하는 방법은 출자회사의 주식을 10분의 1을 초과하여 취득하는 것이다.

피출자회사에 자회사가 있는 경우 그 자회사가 가진 출자회사의 주식은 피출자회사의 소유주식으로 계산하여야 한다<그림 16>.

3) 상호주의 판단기준    상호주의 의결권행사를 제한함에 있어 쌍방회사의 주식보유는 명의개서된 것을 기준으로 하느냐 실질적인 보유를 기준으로 하느냐는 문제가 있는데, 판례는 쌍방의 주식보유는 실질적인 보유를 기준으로 하고 명의개서 여부는 묻지 않는다는 입장이다(대법원 2009. 1. 30. 선고 2006다31269 판결). 예컨대 A회사가 B회사의 발행주식의 11%를 소유하지만 명의개서를 하지 않은 상태인데, B가 A의 발행주식의 X%를 소유하고 명의개서를 했다고 하자. 상법 제369조 제3항이 규정하는 주식보유상황이 명의개서된 주식을 전제로 하는 것이라면 B는 동조의 적용을 받지 않고 의결권을 행사할 수 있을 것이나, 판례는 실질보유를 기준으로 하므로 B는 A에 대하여 의결권을 행사할 수 없다.

4) 효과    피출자회사가 소유하는 출자회사주식의 의결권이 박탈되는 결과 출자회사는 피출자회사에 주주총회의 소집통지를 할 필요가 없다. 또 피출자회사는 의결권뿐 아니라 의결권을 전제로 한 권리, 예컨대 소수주주에 의한 총회소집권 같은 것도 행사할 수 없다. 그러나 종류주주총회에서의 의결권은 갖는다고 본다.

피출자회사가 제369조 제3항에 위반하여 의결권을 행사한 경우에는 결의취소사유($\frac{376조}{1항}$)가 된다.

피출자회사의 소유주식에 대한 의결권제한은 주식 자체의 속성에서 비롯된 것이 아니므로 출자회사의 피출자회사에 대한 지주율이 10% 이하로 낮아지거나, 피출자회사가 소유하는 출자회사의 주식을 양도한 때에는 의결권이 부활한다.

(6) 공정거래법상의 상호주규제

공정거래법에서는 대규모기업집단에 경제력이 집중되는 것을 방지하기 위하여 「상호출자제한기업집단」에 속하는 회사들이 계열회사와 상호출자하는 것을 금지한다($\frac{독규 21조 1}{항. 예외 있음}$). 나아가 공정거래법은 고리형상호주를 「순환출자」라 부르며, 상호출자제한기업집단에 속하는 회사들을 대상으로 이 역시 금지한다($\frac{독규 22}{조 1항}$).

<기업집단> 동일인이 소정의 기준에 의하여 사실상 그 사업내용을 지배하는 수개의 회사를

말하며($^{독규 2}_{조 11호}$), 「계열회사」란 2 이상의 회사가 동일한 기업집단에 속하는 경우에 이들 회사가 서로 상대방을 가리키는 말이다($^{독규 2}_{조 12호}$).

〈상호출자제한기업집단〉 공정거래위원회는 자산총액이 5조원 이상인 기업집단을 「공시대상기업집단」으로 지정하고, 지정된 공시대상기업집단 중 자산총액이 국내총생산액의 1천분의 5 이상에 해당하는 기업집단을 상호출자제한기업집단으로 지정한다($^{독규 31}_{조 1항}$).

## 5. 특별법상의 주식거래제한

1) **내부자거래의 제한**  내부자거래제한($^{자금}_{174조}$)은 상장주식의 거래에 있어서 중요한 제약요소이다. 주식의 유통시장과 관련하여 후술한다($^{412면 이}_{하 참조}$).

2) **지주회사의 제한**  공정거래법에서는 지주회사를 설립하거나 지주회사로 전환할 경우 공정거래위원회에 신고하도록 하며($^{독규}_{17조}$) 자회사 이외의 회사의 주식을 지배목적으로 소유하는 것 등 타회사의 주식소유를 제한한다($^{독규 18}_{조 2항}$).

3) **경쟁을 제한하는 주식취득의 제한**  공정거래법 제9조는 경쟁관계에 있거나 경쟁관계가 성립할 수 있는 일정규모 이상의 회사가 경쟁을 제한하기 위하여 기업결합을 하는 것을 제한한다. 이 규정에서 정하는 기업결합은 주식취득을 포함하며($^{독규 9조}_{1항 1호}$), 의결권 있는 발행주식총수의 100분의 20($^{상장법인은}_{100분의 15}$) 이상을 취득한 때에는 30일 내에 공정거래위원회에 신고하여야 한다($^{독규}_{11조}$).

4) **외국인의 주식취득제한**  외국인이 대한민국의 법인체기업의 주식지분을 인수 또는 소유하고자 할 때에는 일반적으로 산업통상자원부장관에게 사전에 신고하여야 한다($^{외자}_{5조}$).

외국인이 상장법인이 발행한 주식을 취득함에는 별도로 자본시장법상의 제한을 받는다($^{자금}_{168조}$). 금융위원회는 외국인이 상장법인이 발행한 주식을 취득하는 데 대해 주식의 종류·업종·종목 등에 관하여 제한을 할 수 있다($^{자금령}_{187조 1항}$).

한편 국내거주자와 비거주자 간에 국내에 있는 증권의 매매 등 거래를 함에는 외국환거래법의 규제를 받는다($^{동법 18}_{조 참조}$).

5) **은행주의 소유제한과 은행의 주식취득제한**

i) **은행주의 소유제한**  동일인이 은행의 의결권 있는 발행주식총수의 100분의 10을 초과하는 주식을 소유할 수 없다($^{은행 15}_{조 1항 본}$). 지방은행의 경우에는 취득한도가 100분의 15로 완화되어 있다($^{은행 15조}_{1항 2호}$).

ii) **은행의 주식소유제한**  은행은 다른 회사 등의 지분증권을 의결권 있는 지분증권의 100분의 15를 초과하여 매입하거나 항구적으로 소유하지 못한다($^{은행 37}_{조 1항}$). 이는 은행의 자산운용의 안전성을 고려한 것이다.

## 6. 주식취득의 통지의무

어느 회사가 다른 회사의 주식을 그 발행주식총수의 10분의 1을 초과하여 취득한 때에는 지체 없이 그 다른 회사에 통지하여야 한다($\frac{342}{조의3}$). 이 제도는 두 가지의 목적을 가지고 있다.

**1) 모자회사 및 상호주제도의 운영조건**     통지제도는 상호주의 규제를 위해서 필요하다. 상호주규제는 자회사 또는 10분의 1을 초과하여 소유당하고 있는 회사가 자신이 자회사인 사실 또는 10분의 1 이상을 소유당했다는 사실을 알고 있음을 전제로 한 것이다. 그러므로 모회사가 된 회사는 자회사에 대해 모자관계의 성립을 알려야 하며, 10분의 1을 초과하여 소유하는 회사는 소유당하는 회사에 대하여 그 사실을 알려야 하는 것이다.

**2) 지배경쟁의 기회균등**     통지제도는 회사들이 서로 지배경쟁을 함에 있어 대등한 기회를 부여하자는 취지도 갖고 있다. A회사가 B회사의 주식을 다량 취득한다면 B회사는 A회사의 지배에 복종하여야 한다. 여기서 B회사가 A회사의 지배를 받지 않는 방법은 B회사가 동시에 A회사의 주식을 10분의 1을 초과하여 취득하는 것이다. 쌍방이 서로 10분의 1을 초과하여 취득하면 쌍방의 의결권이 없어지기 때문이다($\frac{369조}{3항}$). 이같이 B회사가 A회사의 지배를 극복하기 위한 기회를 갖기 위해서는 A회사의 주식취득사실을 알아야 할 것이다. 그렇지 않으면 A회사가 B회사의 주식을 취득한 후 B회사의 주주총회에서 기습적으로 의결권을 행사하여 이사를 교체함으로써 B회사가 방어할 기회조차 갖지 못할 것이기 때문이다.

이상 설명한 제도의 목적에 비추어 보면 본조는 의결권의 대리권을 수여받는 경우에도 적용되어야 할 것이다. 판례는 특정 주주총회에 한정하여 각 주주들로부터 개별 안건에 대한 의견을 표시하게 하여 의결권을 위임받아 의결권을 대리행사하는 경우에는 통지의무가 없다고 하는데($\frac{대법원 2001. 5. 15. 선}{고 2001다12973 판결}$), 이는 의결권의 대리권취득도 원칙적으로는 본조의 적용대상임을 전제로 한 것이다.

# Ⅵ. 주식의 담보

## 1. 서설

주식은 재산적 가치를 가지며 양도가능하므로 당연히 채권의 담보가 될 수 있다. 주식은 부동산이나 동산보다 담보설정이 신속·간편하고, 특히 상장주식은 처분이 용이하므로 금융거래의 유용한 담보수단으로 이용되고 있다.

주식을 담보로 하는 방법으로서는 상법에 제도화되어 있는 입질(入質)이 있고, 관습상으로 양도담보가 이용되고 있다.

## 2. 입질

상법이 정하는 바에 따라 주식은 질권의 목적으로 할 수 있다. 주식의 입질도 기본적으로는 민법상의 질권에 관한 법리에 의해 규율되지만, 상법은 주식의 특성을 감안하여 주식질의 설정과 효력에 관한 특칙을 두고 있다.

### (1) 질권설정방법

질권에는 약식질과 등록질이라는 두 가지 유형이 있으며, 효력과 설정방법을 달리한다. 그리고 주권을 발행하는 경우와 전자등록을 하는 경우에 각기 설정방법이 다르다.

### 가. 주권을 발행하는 경우

1) 약식질      약식질은 질권설정의 합의와 주권의 교부에 의해 성립한다($^{338조}_{1항}$). 주권의 교부는 현실의 인도뿐 아니라 간이인도나 목적물반환청구권의 양도에 의한 인도로도 가능하다. 다만 점유개정에 의한 인도는 민사질에 관해 이를 금하는 민법의 규정($^{민}_{332조}$)에 의해 허용되지 않는다.

질권자는 주권을 계속 점유하지 아니하면 회사를 포함하여 제3자에게 대항하지 못한다($^{338조}_{2항}$). 즉 주권의 점유 없이는 질권설정자, 질권설정자의 채권자 등과의 관계에서 후술하는 물상대위, 우선변제권을 주장할 수 없다. 그러나 주권의 점유를 상실한다 하여 질권을 상실하는 것은 아니므로 질권자가 다시 주권의 점유를 회복하면 제3자에게 대항할 수 있다.

〈간접점유하는 주권의 입질〉 주권을 간접점유하는 자(A1)가 그 주권에 질권을 설정하고자 할 경우에는 직접점유자(A2)에 대한 반환청구권을 질권자(B)에게 양도하고 그 사실을 직접점유자(A2)에게 통지하거나 그의 승낙을 받아야 한다. 나아가 직접점유자가 다시 주권을 타인(A3)에게 보관시킨 경우에도 질권설정자(A1)는 자기의 매개자인 A2에게만 통지하거나 그의 승낙을 받으면 되고, 제3의 직접점유자 A3에게까지 통지하거나 그의 승낙을 받을 필요는 없다($^{대법원\ 2012.\ 8.\ 23.\ 선}_{고\ 2012다34764\ 판결}$).

2) 등록질      등록질은 질권설정의 합의, 주권의 교부와 더불어 회사가 질권설정자의 청구에 따라 질권자의 성명과 주소를 주주명부에 덧붙여 씀으로써 성립한다($^{340조}_{1항}$). 조문상으로는 질권자의 성명을 주권에 기재하라고 하나, 성명의 기재 없이도 질권이 설정된다는 것이 통설이다. 등록질권자는 회사에 대한 관계에서는 주권을 제시하거나 그 밖의 방법으로 권리를 증명할 필요 없이 주주명부상의 기재만으로 질권자로서의 권리를 행사할 수 있다.

3) 약식질과 등록질의 차별이유      양자의 설정방법에 차이가 나는 것은 양자가 권리내용을 달리하기 때문이다. 약식질은 주식의 교환가치만을 장악하고자 하므로 주식의 양도

방법($^{곤}_{부}$)을 설정방법으로 하면 족하지만, 등록질은 주주가 회사에 대해 갖는 권리에까지 효력을 미치려는 목적을 가지므로 회사에 대한 대항요건으로서 주주명부에의 기재를 요하는 것이다.

　　4) 입질의 가능범위　　　주권을 발행하는 주식의 입질은 어느 경우에나 주권의 교부를 요하므로 권리주, 주권불소지신고된 주식은 입질할 수 없다. 다만 예탁결제원에 예탁된 주식은 불소지신고가 되었더라도 계좌대체로 질권설정이 가능하다($^{자금\ 311}_{조\ 2항}$). 주권발행전주식도 주권이 없으므로 입질할 수 없다. 그러나 회사설립 후 또는 신주발행 후 6월이 경과하도록 주권을 발행하지 않으면 양도가 가능하므로 입질도 가능하다. 다만 이 경우에는 일반 권리질의 설정방법($^{민}_{345조}$)에 의해야 한다($^{대법원\ 2000.\ 8.}_{16.자\ 99그1\ 결정}$).

　　나. 전자등록을 하는 경우

　　1) 약식질　　　전자등록된 주식의 질권설정은 주권의 교부에 갈음하여 질권설정의 전자등록을 함으로써 효력이 발생한다($^{전등\ 31조\ 1항,}_{35조\ 3항\ 전}$). 질권설정의 등록은 질권설정자가 주식이 전자등록된 전자등록기관 또는 계좌관리기관에 신청해야 하지만, 질권설정자가 동의한 경우에는 질권자가 질권설정자의 동의서를 첨부하여 질권설정의 전자등록을 신청할 수 있다($^{전등령}_{26조\ 1항}$). 질권의 말소는 질권자의 신청으로 하지만, 이 역시 질권자의 동의서를 첨부하여 질권설정자가 말소의 등록을 신청할 수 있다($^{동조}_{2항}$).

　　질권설정의 전자등록이란 질권설정자의 전자등록계좌부에 해당 주식이 질물이라는 사실과 질권자를 기재하는 것을 말한다($^{전등\ 31}_{조\ 2항}$).

　　2) 등록질　　　전자등록된 주식의 등록질도 주권의 교부에 갈음하여 질권설정의 전자등록을 해야 하는 것은 약식질과 같다. 그리고 주권을 발행한 주식의 등록질과 마찬가지로 주주명부에 질권설정을 기재해야 한다($^{340조}_{1항}$). 다만, 주권에 등록질권자의 성명을 기재하는 것은 전자등록계좌부에 등록하는 것으로 갈음한다($^{전등\ 35조}_{3항\ 후}$).

　　(2) 질권의 효력

　　주식질에는 권리질과 같은 효력이 주어지나, 상법은 물상대위와 우선변제에 관해 별도의 규정을 두고 있다.

　　1) 물상대위

　　i) 범위

　　(a) 질권 일반　　　상법은 질권의 물상대위에 관해 민법이 정한 일반원칙($^{민}_{342조}$)에 대한 특례를 두고 있다. 질권자는 주식의 소각·병합·분할·전환이 있는 때에는 이로 인하여 종전의 주주가 받을 금전이나 주식에 대하여도 종전의 주식을 목적으로 한 질권을 행사할 수 있다($^{339}_{조}$). 이들 주식이나 금전은 담보된 주식의 대표물 내지는 대상적(代償的) 자산이라 할 수 있기 때문이다. 같은 이유에서 상법은 질권이 설정된 주식에 기하여 발생하는 여러 가지 형태의 주식이나 금전에 대해서도 물상대위를 인정한다. 예컨대 준비금의 자본금전입

에 의해 발행되는 신주($^{461조}_{6항}$), 신주발행의 무효판결이 확정되어 주주에게 환급하는 주식납입금($^{432조}_{3항}$), 합병시에 존속법인 또는 신설법인이 소멸법인의 주주에게 교부하는 합병교부금($^{신주, 자기주식, 기}_{타재산. 530조 4항}$)에 대해서도 그 모체가 된 주식에 대한 질권의 효력이 미친다.

(b) 등록질   등록질의 효력은 이에 추가하여 주주가 회사로부터 받을 이익의 배당($^{중간배당 포}_{함. 이하 같음}$), 잔여재산의 분배 그리고 주식배당에도 미친다($^{340조 1항,}_{462조의2 6항}$). 이같이 등록질의 물상대위는 약식질의 물상대위에 비해 범위가 넓다.

(c) 기타   이상 상법에 명문화되어 있는 것 외에 질권의 효력이 미치는지 여부에 관해 해석상 다툼이 있는 부분이 있다.

① 이익배당청구권   상법은 등록질의 효력이 이익배당청구권에 미친다는 규정만 두고 있으나, 이익배당은 주식의 과실에 준하는 것으로 보고 과실에도 질권의 효력이 미친다는 일반원칙에 따라 약식질도 이익배당청구권에 물상대위한다는 설이 있다($^{김정호 282; 이 · 최}_{351; 임홍근 309; 정}$ $^{동윤 521; 최기원}_{413; 최준선 331}$). 그러나 다수설은 약식질이 회사와 무관하게 이루어지고, 단지 주식의 교환가치만을 담보로 한 것이므로 약식질의 물상대위를 부정한다($^{강 · 임 671; 서 · 정 391; 서헌제 256; 임재연}_{I 547; 장덕조 204; 정경영 439; 정찬형 830}$). 소수설은 명문의 규정에도 반하려니와, 당사자가 명문으로 이익배당에 대한 물상대위를 인정하는 등록질을 피하고 약식질을 선택한 것은 이익배당에는 권리를 행사하지 않기로 합의한 것으로 보아야 하므로 소수설은 당사자의 의사에도 부합하지 않은 해석이다.

② 신주인수에 대한 효력   신주인수권의 행사로 취득한 신주($^{416조,}_{418조 1항}$)에는 질권의 효력이 미치지 않는다는 것이 통설이나, 시가보다 낮은 가격으로 신주가 발행된 경우에는 입질된 주식의 담보가치를 감소시키므로 신주에 대해서도 질권의 효력이 미친다고 보는 소수설이 있다($^{박상조 412; 이 · 최}_{324; 정동윤 522}$). 그러나 신주인수권은 별도의 유상계약에 의해 대가를 치르고 행사되므로 종전 주식의 대표물이나 변형물이라고 볼 수는 없다는 이유로 약식질의 물상대위를 부정하는 것이 통설이다.

③ 잔여재산분배청구권   상법 제340조는 잔여재산분배청구권에 대하여 등록질권만이 그 효력이 미치는 것으로 규정하고 있으나 잔여재산분배청구권이야말로 전형적인 주식의 대표물 내지는 변형물이므로 약식질권의 효력이 당연히 미치는 것으로 보아야 한다($^{통}_{설}$). 잔여재산이 주주에게 분배된 이후의 주식이란 일푼의 가치도 없기 때문이다.

④ 이 밖에 명문의 규정은 없으나, 회사분할시에 분할회사의 주주에게 교부되는 신설회사의 주식 또는 교부금($^{530조의5 1}_{항 4호 · 5호}$), 주식양도의 승인이 거부된 주주나 영업양도 등의 결의에 반대한 주주가 주식매수청구권을 행사하여 받는 주식의 대금($^{335조의2 4항, 360조의5,}_{374조의2 1항, 522조의3 등}$), 주식의 교환 · 이전에 의해 자회사의 주주가 받는 모회사의 주식 또는 교부금($^{360조의3 3항 2호 · 4호,}_{360조의16 1항 2호 · 4호}$) 질권의 효력이 미치는 것으로 보아야 한다.

ii) 물상대위권의 행사절차   등록질권자는 물상대위의 목적이 주식인 때에는 압류할 필요 없이 회사에 대해 그 주권의 교부를 청구할 수 있고($^{340조}_{3항}$), 금전인 때에는 역시 압류할 필요 없이 회사로부터 지급받아 직접 채권의 변제에 충당할 수 있다($\frac{340조}{1항}$). 약식질권자의 물상대위권의 행사방법에 관해서는 상법에 명문의 규정이 없다. 통설은 민사질의 물상대위에 관한 일반원칙($\frac{민\ 355조}{\rightarrow 342조\ 후}$)에 따라 회사가 주주에게 주권 또는 금전을 교부하거나 지급하기 전에 압류하여야 한다고 해석한다.

2) 우선변제권 　　질권이 설정된 주식을 경매하여 우선변제를 받을 수 있음은 질권의 효력상 당연하다($\frac{민\ 355조}{\rightarrow 338조\ 1항}$). 물상대위의 목적물이 금전일 때에는 그것을 가지고 우선변제에 충당할 수 있으며, 주식일 때에는 일반 유가증권질과 같이 경매해야 한다. 등록질권자는 대위의 목적물이 금전인 경우에는 변제기에 이르지 아니한 때에도 회사에 대해 그 금전을 공탁하게 할 수 있고, 공탁금에 대해 질권을 갖는다는 특칙이 있다($\frac{340조\ 2항\rightarrow}{민\ 353조\ 3항}$).

3) 기타의 권리

i) 주주권의 귀속　　질권자는 주식의 교환가치를 장악하는 것이고 주주권을 취득하는 것이 아니므로 의결권 등 주주의 권리를 행사하지 못한다. 질권의 효력이 미치는 권리도 질권자가 질권을 행사하는 것은 별론으로 하고 주주에게 귀속됨은 물론이다.

ii) 회사의 통지의무　　상법은 질권자가 적시에 권리를 행사할 수 있도록 주식이 변형물화하여 물상대위를 해야 할 사항이 발생할 경우에는 회사로 하여금 질권자에게 통지하도록 규정하고 있다($\frac{예:\ 440조,\ 461조}{5항,\ 462조의2\ 5항}$). 이 통지는 등록질권자에게만 하면 족하다. 약식질권자는 회사가 알지 못하기 때문이다. 약식질권자는 통지와 같이 하는 공고에 의해 물상대위할 사안을 알 수 있는데($\frac{예:}{440조}$), 공고를 하지 않는 경우($\frac{예:}{461조}$)도 있으므로 보호가 불완전함은 불가피하다.

## 3. 주식의 양도담보

1) 의의　　채무의 담보를 위해 채무자가 주식을 양도한 후 채무를 변제하면 채권자가 주식을 반환하고, 채무를 변제하지 않을 경우에는 채권자가 확정적으로 주식을 취득하기로 약정하는 경우가 있다. 이른바「주식의 양도담보」이다. 주식의 양도담보는 담보실행의 편리함 때문에 주식의 입질보다 자주 이용되고 있다.

2) 담보권의 실행　　양도담보에 의한 소유권이전은 이른바「신탁형 양도」로서 담보권자는 우선변제권을 가지나 항상 목적물을 환가하여 청산을 하여야 하고, 목적물의 소유권을 취득하는 유담보는 허용되지 않는다는 것이 통설·판례이다.

3) 양도담보권자의 지위　　양도담보권자는 대외적으로는 주식의 소유자이다. 그러므로 명의개서를 마친 양도담보권자는 모든 주주권을 행사할 수 있고, 약식양도담보권자는 명의개서를 하고 주주권을 행사할 수 있다($\frac{대법원\ 1992.\ 5.\ 26.}{선고\ 92다84\ 판결}$).

## Ⅶ. 주식의 소각 · 분할 · 병합

### 1. 총설

앞서 살펴본 주식의 양도, 상속·합병에 의한 승계, 선의취득 등은 주주가 교체될 뿐이고 주식 자체에 변동이 생기는 것은 아니다. 이와 달리 주식의 소각·분할·병합은 주주의 교체 없이 주식이 소정의 원인에 의해 수량적으로 소멸 또는 증감함으로써 주주권에 변동이 생기는 예이다.

### 2. 주식의 소각

#### (1) 의의

「주식의 소각」이란 회사의 존속중에 발행주식의 일부를 소멸시키는 회사의 행위이다. 상법 제343조 제1항에서는 주식의 소각은 자본금의 감소에 관한 규정에 따라서 소각할 수 있음을 원칙으로 하되($^{343조}_{1항 본}$), 자기주식의 소각은 이사회의 결의만으로 소각할 수 있다고 규정하고 있다($^{343조}_{1항 단}$). 이 규정에 의해 주식의 소각은 「자기주식의 소각」과 「기타의 소각」으로 나누어진다. 기타의 소각은 자본금감소의 절차에 의해야 하고, 자기주식의 소각은 이사회의 결의만으로 할 수 있다는 점을 각각의 특징으로 한다. 한편 액면주식과 무액면주식은 각자의 특성으로 인해 소각절차가 달라질 수밖에 없는데, 상법은 이 점을 고려하고 있지 않아 해석으로 보완해야 한다.

상환주식을 상환하는 것도 주식을 소각함을 의미하는데, 상환주식은 이익으로써만 소각할 수 있으므로 자본감소절차를 따를 필요가 없고, 정관에 정해진 절차와 조건에 따라 소각하므로 자기주식의 소각과도 절차를 달리한다. 그러므로 여기서는 상환주식의 상환을 제외한 나머지 두 가지 소각에 관해서만 설명한다. 이하 설명에서 자기주식을 제외한 기타의 소각을 편의상 일반형 소각이라고 부르기로 한다.

#### (2) 일반형 소각

1) 관련규정과 적용범위    상법은 주식을 소각할 때에는 주주총회의 특별결의와 채권자보호 등의 자본금감소절차를 밟도록 하기 위해 자본금감소에 관한 규정에 따르는 것을 원칙으로 규정하고 있다($^{343조}_{1항 본}$). 이 규정은 상법이 액면주식만 인정하던 2011년 개정 전 상법하에서 타당한 규정이었다. 액면주식을 소각하면 원칙적으로 자본금의 감소를 수반하기 때문이다($^{개정법}_{451조 1항}$). 현행법이 개정 전 상법 제343조 제1항 본문을 그대로 답습한 것은 무액면주식이 도입된 것을 간과한 입법착오이다. 무액면주식의 소각 자체만으로는 자본금의 감소를 수반하지 않기 때문이다($^{후}_{술}$). 그러므로 상법 제343조 제1항 본문이 규정하는 「자본금감소에 관한 규정에 따라 해야 하는 주식의 소각」이란 액면주식의 소각만을 의미하는 것으로 풀이해야 하고, 무액면주식의 소각에는 동규정이 후술과 같이 수정되어 적용되어야

한다.

**2) 액면주식의 소각절차**　　액면주식의 일반형 소각은 자본금감소에 관한 규정에 따라서 해야 한다($\frac{343조}{1항\ 본}$). 그러므로 i) 주주총회의 특별결의로 소각의 방법을 정해야 하고($\frac{438조,}{439}$ $\frac{조,}{1항}$), ii) 채권자보호절차를 밟아야 한다($\frac{439조\ 2}{항\cdot3항}$). 그리고 제343조 제2항에서 별도로 주식병합에 관한 규정들($\frac{440조,}{441조}$)을 주식소각에 준용하고 있다. 그리하여 주식소각을 위해서는 앞의 i), ii)에 더하여 iii) 주주들로부터 주권을 회수하기 위해 주권제출을 공고해야 하고($\frac{440}{조}$), iv) 주식소각의 효력은 주권제출기간이 경과하고 채권자보호절차가 완료됨으로써 발생한다($\frac{441}{조}$).

**3) 무액면주식의 소각절차**　　무액면주식은 발행시에 발행가의 일부 또는 전부가 자본금에 계상된 후에는 자본금과 무관하게 존재하므로 이를 소각하더라도 자본금에는 영향이 없다. 물론 무액면주식을 소각하면서 자본금도 같이 감소시킬 수 있으나, 이는 무액면주식의 소각과 자본금감소라는 별개의 현상이 병행하는 것이지 양자가 인과론적으로 동반하는 것은 아니다. 그러므로 상법 제343조 제1항 본문은 무액면주식에 관하여는 다음과 같이 수정해서 적용되어야 한다.

상법 제343조 제1항 본문이 규정하는 자본금감소에 관한 규정 중 회사채권자의 보호에 관한 규정과 감자무효의 소에 관한 규정은 무액면주식의 소각에 적용할 이유가 없다. 그러므로 상법 제343조 제1항 본문이 정하는「자본금감소에 관한 규정」이란 주주총회의 결의에 관한 규정만을 의미한다고 새긴다. 무액면주식을 소각할 때에도 주권을 제출받아야 하고 그 효력발생시기도 정해야 하므로 제343조 제2항은 그대로 적용된다.

**(3) 자기주식의 소각**

**1) 규정의 적용범위**　　상법 제343조 제1항 단서는 자본금감소절차를 따르지 않고 이사회결의만으로 주식을 소각할 수 있는 예외를 설정할 목적에서 둔 규정이지만, 이는 무액면주식에 관해서만 타당하고 액면주식에 관해서는 적용할 수 없다. 우선 무액면주식에 관해 이 규정이 타당성을 갖는 이유를 설명한다. 무액면주식을 발행할 경우 주식의 발행가액의 일부 또는 전부를 자본금에 계상하고 난 후에는 자본금은 주식의 수와 연관을 갖지 않으므로 자기주식을 소각하더라도 자본금에는 영향이 없다. 또 자기주식을 소각할 경우 회사의 발행주식수가 감소하여 그 효과는 모든 주주에게 비례적으로 미치므로 주주의 새로운 이해문제를 일으키지 않고, 회사의 자산이 유출되는 것이 아니므로 회사채권자의 이해와도 무관하다.

그러나 액면주식을 발행한 경우에는 발행주식의 액면총액이 자본금을 구성하므로 ($\frac{451조}{1항}$) 주식의 소각은 바로 자본금의 감소를 뜻한다. 자본금의 감소는 주주와 채권자의 이해에 직결되는 문제인데, 이를 이사회의 결의만으로 실행할 수는 없다. 그러므로 상법 제343조 제1항 단서는 자본금의 감소를 수반하지 않는 자기주식의 소각, 즉 무액면주식의 소각에만 적용되고 액면주식의 소각은 동조항 본문의 적용을 받아 자본금감소의 절차에 따라야 하는 것으로 해석해야 한다.

2) 자기주식의 범위　　무액면주식은 상법 제341조 제1항에 의해 배당가능이익으로 취득한 자기주식이든, 상법 제341조의2에 해당하여 기본재산으로 취득한 자기주식이든, 어느 것이나 이사회의 결의에 의해 소각할 수 있다.

3) 절차·효력발생　　상법에서는 자기주식을 소각하기 위한 절차를 별도로 규정하고 있지 않다. 회사가 보유한 주식을 소각하는 것이므로 소각을 위한 공고($\binom{440}{조}$)나 채권자보호절차($\binom{441조}{\to232조}$)도 불필요하다($\binom{즉\ 제343조\ 제2항}{이\ 적용되지\ 않는다}$). 따라서 이사회가 소각할 주식의 종류와 수를 정하는 결의를 하고, 효력발생일을 정하여야 할 것이다. 후속조치로서, 소각하는 주식이 유통되지 않도록 폐기하고 주주명부에서 말소하여야 한다. 예탁주식 혹은 전자등록이 된 주식이라면 동 예탁계좌부 및 등록부에서 말소해야 한다.

4) 소각의 효과　　소각한 주식은 소멸하므로 발행주식총수는 그만큼 감소하지만, 기술한 바와 같이 무액면주식의 수는 자본금과 무관하므로 자본금은 감소하지 아니한다.

(4) 소각된 주식의 재발행

주식을 소각하면 현재의 발행주식총수가 감소하므로 발행예정주식총수에 미발행부분이 증가한다. 이 부분 즉 소각한 주식을 통상의 신주발행절차를 밟아 재발행할 수 있느냐는 문제가 있다. 같은 문제가 상환주식을 상환한 경우와 주식소각 또는 병합의 방법으로 자본금을 감소한 경우에도 생겨난다.

통설은 소각한 주식은 이미 활용이 완료된 수권주식이므로 미발행부분에서 제외해야 한다고 설명한다($\binom{재발행}{불가설}$). 실질적인 이유로서는 재발행을 허용할 경우 이사가 수권을 남용하여 주주의 권리가 침해될 수 있음을 제시한다. 그러나 발행예정주식총수로부터 차감해야 할 「발행주식총수」는 역사적으로 발행한 적이 있는 주식의 총수를 의미하는 것이 아니고 현재 발행한 주식의 총수를 의미하는 것으로 새겨야 하므로 소각한 주식은 재차 발행할 수 있다고 본다($\binom{재발행}{가능설}$). 상법상 신주는 원칙적으로 주주가 인수하므로($\binom{418조}{1항}$) 재발행으로 인해 주주의 권리가 침해되는 일은 없고, 소각된 주식의 재발행 가능성의 문제는 회사의 재무관리의 기동성과 편의성을 강화해주는 시각에서 다룰 필요가 있다는 점도 재발행 가능설의 중요한 논거이다.

### 3. 주식의 분할

(1) 의의

「주식의 분할」이라 함은 자본금을 증가시키지 않으면서 발행주식수를 증가시키는 것을 말한다. 주식을 분할하면 모든 주주의 소유주식수가 비례적으로 증가한다. 순자산의 변동 없이 주식수만 증가하므로 1주당의 순자산가치는 주식의 증가와 역비례로 감소하지만, 주식의 단위가 세분화될수록 시장성이 높아지므로 특히 주가가 지나치게 높거나 주식의 유

그

동성이 적을 경우 상장회사가 즐겨 실행한다. 주식분할은 액면주식과 무액면주식의 경우에
각기 의미를 달리한다.

액면주식의 분할이란 곧 액면분할을 뜻한다. 액면가를 일정비율로 감소시키고, 그 역
의 배수로 주식수를 늘리는 것이다. 예컨대 현재의 액면가 10,000원을 5,000원으로 변경하
고 이에 따라 발행주식수를 2배로 늘리는 것이다.

무액면주식에는 액면이라는 것이 없으므로 무액면주식의 분할은 자본금, 자산과 관계
없이 단지 회사가 발행한 주식의 총수를 증가시키는 것을 의미하지만, 종전의 주식수에 추
가하여 증가하는 것이 아니고, 종전의 주식을 세분하는 것이다. 무액면주식을 발행한 회사
의 경우에는 주식의 분할과 후술하는 준비금의 자본금전입 그리고 주식배당의 구분이 큰
의미를 갖지 못한다($\frac{후}{술}$).

### (2) 요건

1) **주주총회의 특별결의**    주식을 분할하기 위해서는 주주총회의 특별결의를 요한다
($\frac{329조}{의2\ 1항}$). 액면주식을 분할할 때에는 정관변경을 요하므로 어차피 주주총회의 특별결의를 요
한다. 무액면주식의 분할은 발행예정주식총수의 범위 내에서 행해지는 한 굳이 주주총회의
결의를 요구할 이유는 없지만, 상법은 양자를 구별하지 않고 주주총회의 특별결의를 요건
으로 한다.

2) **정관변경**    액면주식을 분할하려면 액면가를 변경하여야 하고, 발행예정주식총
수의 미발행분이 충분하지 않다면 발행예정주식총수도 늘려야 하므로 정관을 변경해야 한
다. 주식분할은 어차피 주주총회의 특별결의로 하므로($\frac{329조의2\ 1}{항 \rightarrow 434조}$) 이 특별결의는 정관변경 결
의를 겸하는 것으로 풀이할 수 있다.

무액면주식을 분할할 경우에도 분할의 결과 발행주식수가 발행예정주식수($\frac{289조}{1항\ 3호}$)를 초
과하게 될 경우에는 정관변경을 요한다.

3) **분할의 한계**    상법은 주식분할의 결과 단주가 생기는 것을 허용하므로($\frac{329조의2\ 3}{항 \rightarrow 443조}$)
단주가 생기는 비율로의 분할도 가능하다. 따라서 액면주식의 경우에는 액면가를 자유롭게
인하할 수 있다. 예컨대 500원에서 300원으로 인하하는 것과 같다. 그러나 액면가는 100원
이상이어야 하므로 그 이하로의 분할은 불가능하다.

### (3) 절차

1) 회사는 1월 이상의 기간을 정하여 주식분할을 한다는 뜻과 그 기간 내에 주권을 회
사에 제출할 것을 공고하고 주주명부에 기재된 주주와 질권자에 대하여는 각별로 그 통지
를 하여야 한다($\frac{329조의2\ 3}{항 \rightarrow 440조}$). 이 공고는 주식분할에 의해 생기는 권리의 변동상황을 주주와 질
권자들에게 알리기 위함이므로 주권을 발행하지 않은 회사도 같은 공고를 하여야 한다. 이
공고와 아울러 회사는 분할된 주식을 취득할 자를 미리 정하기 위해 주주명부폐쇄절차를
밟을 수 있다($\frac{354}{조}$).

전자등록된 주식을 분할할 때에는 주권제출을 위한 절차가 불필요하고, 회사가 일정한 날을 정하여 그 날에 분할의 효력이 생긴다는 뜻을 공고 및 통지한다($^{전등\ 65}_{조\ 3항}$).

2) 액면주식을 분할할 경우 주권의 기재사항이 달라지므로 주주가 제출한 주권에 갈음하여 새로운 주권을 교부하여야 한다. 구주권을 회사에 제출할 수 없는 자가 있는 때에는 이해관계인의 이의제출을 최고하는 소정의 공고를 거쳐 새 주권을 청구자에게 교부할 수 있다($^{329조의2\ 3항}_{→442조\ 1항}$). 전자등록된 주식을 분할할 때에는 액면주식이라도 이 절차가 불필요하다.

무액면주식을 분할할 경우에는 기존의 주주에게 분할로 인해 추가로 발행되는 주식의 수를 배정하면 족하고 주권상의 권리기재가 달라져야 하는 것은 아니므로 주권을 제출받을 필요가 없다. 상법 제329조의2 제3항은 액면, 무액면을 가리지 않고 주권제출을 요하는 뜻으로 규정되어 있으나($^{440조}_{의 준용}$), 이 규정은 무액면주식이 도입되기 전의 것으로, 액면주식에만 적용되는 것으로 읽어야 한다.

3) 단주가 생기는 경우에는 자본금감소에서와 같이 단주를 매각하여 그 대금을 단주의 주주에게 지급한다($^{329조의2\ 3항}_{→443조\ 1항}$). 매각방법도 자본금감소에서와 같다.

### (4) 분할의 효력발생시기

**1) 액면주식**　　주식의 분할은 주주에 대한 공고기간이 만료한 때에 그 효력이 생긴다($^{329조의2\ 3항}_{→441조\ 본}$). 제329조의2 제3항은 채권자보호절차가 종료해야 주식병합의 효력이 발생한다는 뜻의 제441조 단서도 준용하므로 주식분할도 채권자보호절차가 종료해야 효력이 발생하는 듯이 오해할 소지가 있다. 그러나 주식분할은 회사채권자의 이해(利害)와 무관하여 채권자보호절차를 요하지 않으므로 공고기간의 만료만으로 효력이 발생한다. 전자등록된 주식은 회사가 정한 기준일에 분할의 효력이 생긴다($^{전등\ 65조}_{2항\ ·\ 3항}$).

공고기간의 만료에 의해 종전의 주식은 실효하고 주주는 분할된 주식의 주주가 된다. 그러므로 공고기간 만료일은 주주에게 있어서는 권리변동의 기준일이 되는 셈이다. 회사는 이와 달리 별도의 기준일을 설정할 수 없다($^{329조의2\ 3항}_{→440조~443조}$).

**2) 무액면주식**　　상법 제329조의2는 액면주식과 무액면주식을 가리지 않고 제441조를 준용하므로 무액면주식도 주주에 대한 주권제출의 공고기간이 만료한 때에 효력이 생기는 것으로 오해할 소지가 있으나, 무액면주식의 분할에는 주권제출이 불필요하므로 제441조가 준용될 수 없다. 무액면주식을 분할할 때에는 이를 결의하는 주주총회에서 효력발생일을 정해야 할 것이다.

### (5) 효과

주식분할의 결과 회사의 발행주식총수가 증가하고 같은 비율로 각 주주의 소유주식수도 증가하나, 회사의 자본금이나 재산에는 변동이 없고, 각 주주의 지분에도 실질적인 변동은 없다. 따라서 분할 전후의 주식은 동질성이 유지되므로 분할 전의 주식에 대한 질권은 분할 후의 신주식에 대하여 효력이 미친다($^{339}_{조}$).

### 4. 주식의 병합

주식의 병합이란 주식분할과는 반대로 여러 개의 주식을 합하여 그보다 적은 수의 주식으로 하는 회사의 행위이다. 예컨대 10주를 합하여 7주로 하는 것과 같다. 주식의 병합은 통상 단주를 발생시키고, 주식의 유통성을 줄여 각 주주의 이해에 영향을 줄 수 있으므로 예외적인 경우에 한해 인정된다. 자본금감소($^{440}_{조}$)와 합병($^{530조}_{3항}$), 회사분할($^{530조의}_{11\ 1항}$)의 경우에 한해 병합할 수 있다.

주식의 병합에 관해 상세는 자본금감소 및 정관변경과 관련하여 후술한다($^{602면\ 이하,}_{607면\ 참조}$).

# 제 5 관  **자본시장**(증권시장)

# I. 자본시장 일반

### (1) 자본시장의 의의

자본시장이라 함은 널리 기업에 필요한 자금의 조달이 이루어지는 시장을 뜻하는데, 이는 기업에 자금을 직간접으로 공급하는 모든 금융거래를 포함한다. 이에 대해 자본시장 중에서도 주식, 채권과 같은 유가증권 및 이를 기초로 하는 파생상품의 매매거래가 이루어지는 시장을 특히 「증권시장」이라 부른다. 우리나라에서는 과거 증권시장이라는 용어를 주로 사용하였고, 관련 거래를 규율하는 법의 명칭도 「증권거래법」이었으나, 그 시장의 기능이 확대되면서 「자본시장」이라는 용어를 즐겨쓰게 되었고, 관련 거래를 규율하는 법의 명칭도 2007년 이래로 「자본시장과 금융투자업에 관한 법률」($^{자본}_{시장법}$)로 바뀌었다.

경제학적인 의미에서의 증권시장이라면 널리 증권의 수급이 이루어지는 매개체를 뜻한다고 해야 할 것이나, 여기서 고찰하고자 하는 것은 상설공개시장을 통해 형성되는 유통구조이다($^{자금\ 373}_{조\ 이하}$). 증권시장에서의 거래대상은 다양한 증권과 파생상품으로 이루어지지만 여기서는 주식거래를 중점적으로 다룬다.

### (2) 증권시장의 기능

주식회사는 당초 대중으로부터 자금을 집중시킬 목적으로 만들어진 제도이므로 연혁적으로 볼 때 주식회사제도는 증권시장과 함께 탄생하고 성장하였으며, 한편 오늘날 기업이 안정적으로 성장함에 따라 주식은 대중의 주된 자산관리수단으로 활용되고 있다. 이를 사회 전체로 보면 유휴자본을 기능자본으로 유도하여 자금의 효용을 높이는 수단이 되며, 또 증권시장에 투입된 자본은 단기적인 유동성을 가지므로 정부는 이를 유용한 유동성 관리의 수단으로 삼을 수 있다.

좁은 의미에서 증권시장이라 함은 이미 발행된 증권이 투자자들 사이에서 거래되는 유통시장만을 뜻하나, 넓게는 유통시장에 새로이 증권을 공급하는 과정에서 형성되는 발행시장도 포함한다. 대중자본의 집중수단이 되는 것은 발행시장이며 유통시장에서는 이미 자본조달의 사명을 마친 旣발행주식이 부가가치의 생산 없이 이동될 뿐이다. 그러므로 유통시장은 투기의 장이 될 뿐, 기업의 자본조달에는 도움이 되지 않는다고 할 수 있다.

그러나 양도하는 것 외에는 달리 투자금을 회수할 길이 없는 주식에 관한 한, 최초의 투자자($^{즉 주식}_{인수인}$)는 유통시장에서 처분할 수 있으리라는 기대하에서만 발행시장에 참여한다. 일단 발행된 주식이 유통시장에서 수요와 공급의 자유로운 경쟁원리에 의해 재평가되어 가격이 결정되고, 이에 의해 주식인수인은 출자금을 회수할 수 있는 것이다. 그러므로 유통시장은 발행시장에 대해 목적에 대한 수단의 관계 내지는 공급에 대한 수요의 관계에 있으며, 따라서 유통시장은 발행시장에 있어서의 발행회사 및 인수인의 행동결정의 기준이 되는 것이다.

### (3) 증권시장의 개요

우리나라의 증권시장은 자본시장법에 의해 규율된다. 자본시장법에서는 증권시장을 「금융투자상품시장」이라 부르고($^{자금}_{373조}$), 금융투자상품시장을 운영하는 기구를 「거래소」라 부르는데, 거래소를 설립하기 위해서는 금융위원회의 허가를 받아야 한다($^{자금\ 373}_{조의2\ 1항}$). 금융투자상품시장에서는 다양한 상품이 거래될 수 있으므로 거래소는 취급하는 상품을 정해 그를 단위로 설립허가를 받는다($^{동}_{조항}$). 2021년 12월말 현재는 한국거래소가 유일한 거래소이고, 유가증권시장, 코스닥시장, 코넥스시장을 개설하고 있다. 거래소는 일정한 요건($^{상장}_{요건}$)에 해당하는 회사의 주식을 선정하여 동 시장 내에서 매매할 수 있게 하는데, 이를 「상장」이라 하며, 상장이 된 주식을 「상장주식」, 상장주식을 발행한 회사를 「상장법인」이라 한다($^{자금\ 9}_{조\ 15}$ $^{항\ 1호. 상법에서는 「상}_{장회사」라 호칭한다}$).

우리나라의 자본시장이 현대화된 제도와 체계를 갖춘 것은 1970년대 중반의 일로서, 이후 급격히 성장하여 기업의 직접적인 자금조달에 크게 기여해 왔다. 한국거래소가 개설한 유가증권시장의 경우 2021년 9월 말 현재 상장법인 819개사, 상장주식 938개 종목, 상장주식수 604억주, 시가총액 2,231조원의 시장으로 성장하였다.

코스닥시장은 주식만을 취급하며, 유가증권시장과는 상장법인을 달리한다. 코스닥시장에서의 거래방법도 유가증권시장에서와 같다. 2021년 9월 말 현재 1,512개의 회사가 코스닥시장에 등록되어 있고 1,515개 종목, 458억주가 상장되어 있으며, 시가총액은 425조원이다.

## Ⅱ. 발행시장

### (1) 개념

주식이 유통시장에 공급되기 위해서는 우선 일반대중에게 주식을 소유시키는 과정이 필요하다. 이같이 일반대중을 상대로 주식을 새로이 발행하거나 이미 발행된 주식을 매각하기 위한 경제학적 의의의 시장을 「발행시장」이라 한다.

발행시장에서는 주식을 발행하는 회사 또는 다량의 주식을 소유하는 자($^{주로\ 기업을\ 공개하}_{는\ 회사의\ 지배주주}$)가 불특정다수인에게 주식의 인수 또는 취득을 권유하는 행위가 행해진다. 다수인에 대하여 균일한 조건으로 신규로 발행되는 증권의 취득의 청약을 권유하는 것을 「증권의 모집」($^{자금\ 9}_{조\ 7항}$)이라 하고, 다수인에 대하여 이미 발행된 증권의 매도의 청약을 하거나 매수의 청약을 권유하는 것을 「증권의 매출」($^{자금\ 9}_{조\ 9항}$)이라 한다.

「발행」시장이라는 어의에 초점을 둔다면 주식의 발행시장은 신주발행을 위해 하는 「증권의 모집」만을 뜻한다고 할 수 있겠으나, 유통시장에 상품($^{주}_{식}$)을 공급한다는 의미에서는 이미 발행된 주식을 공개하는 「증권의 매출」도 발행시장으로 보아야 한다.

### (2) 모집·매출의 절차

증권의 모집·매출은 기업의 사정에 어두운 대중투자자를 상대로 하므로 투자자를 기망하는 불공정한 수단이 이용될 소지가 있다. 그래서 자본시장법에서는 투자자를 보호하기 위하여 50인 이상을 상대로 청약을 권유하는 것을 모집 또는 매출로 보고 엄격한 절차를 따르도록 한다($^{자금\ 9조\ 7항\cdot 9항,}_{자금령\ 11조\ 1항}$). 모집·매출의 절차에서 핵심을 이루는 것은 발행인이 모집·매출의 대상이 되는 유가증권을 설명하는 신고서($^{증권신}_{고서}$)를 금융위원회에 제출하는 것($^{자금}_{119조}$)과 투자자에게 발행인의 기업내용을 공시하기 위해 투자설명서를 작성하는 것이다($^{자금}_{123조}$). 기타 상세한 사항은 신주발행 부분에서 보충설명한다($^{589면}_{참조}$).

## Ⅲ. 유통시장

### (1) 공개와 상장

주식이 상장되어 원활히 거래되기 위해서는 주식이 다수인에게 분산되어 있지 않으면 안 된다. 주식이 일부 대주주에게 집중되어 있다면 유통물량이 적어 적절한 수급이 이루어지기 어려우므로 공개시장에서의 상품성이 상실되기 때문이다. 그러므로 주식의 분산은 상장을 위해 절대적인 요청이라 하겠는데, 일정수준 이상의 주식분산을 시장용어로 「기업공개」라 한다. 거래소의 「유가증권시장 상장규정」은 상장하고자 하는 법인의 모집 또는 매출한 주식이 상장신청일 현재 발행주식총수의 100분의 25 이상이고, 동시에 의결권 있는 주식총수의 100분의 25 이상일 것을 요구한다($^{동규정\ 29}_{조\ 1항\ 3호}$).

### (2) 시장에서의 매매거래

거래소에서의 매매거래는 거래소의 회원만이 할 수 있다(자금 388조 1항). 회원은 소정의 요건을 갖춘 금융투자업자(구 증권거래법 상의 증권회사)이어야 한다. 이와 같이 매매당사자를 제한하는 이유는 증권의 매매는 고도의 기술과 신용을 요하므로 일반인에게 개방하기가 적당치 않기 때문이다. 거래소에서의 매매는 경쟁매매방법에 의한다(유가증권시장업무규정 22조 1항, 코스닥시장업무규정 17조 1항).

### (3) 위탁거래

일반투자자는 회원에게 거래소에서의 매매거래를 위탁하고, 그의 매매결과를 이행받는 식으로 증권시장에 참여한다. 이때 회원은 상법상의 위탁매매인(101조)의 지위에 선다. 위탁거래는 거래소가 정하는 업무규정에 따라 정형적으로 이루어진다(자금 393조).

### (4) 공정거래질서의 유지

증권시장에는 거액의 유동자금이 모이므로 기회도 풍부하지만 부단한 가격변동 때문에 위험도 크므로 무엇보다도 공정한 질서하에서 거래가 이루어져야 한다. 공정질서의 유지를 위해 가장 중요한 것은 정확한 기업정보가 투자자에게 전달되어 그들이 균등한 기회를 가지고 투자판단에 임할 수 있도록 하는 공시제도이다. 그리하여 자본시장법은 상장법인으로 하여금 정기적으로 사업보고서를 공시하게 하며(정기공시: 자금 159조), 중요한 기업정보를 적시에 공시하도록 하고 있다(적시공시: 자금 161조). 나아가 내부자의 독점적인 정보이용을 방지하기 위하여 내부자거래를 제한하며(자금 172조, 174조), 사기적인 수법에 의해 부당하게 이득을 취하고 다른 투자자에게 손실을 주는 것을 막기 위해 각종 유형의 시세조종행위를 금지한다(자금 176조).

## Ⅳ. 유통거래상의 특수문제

유통시장에서의 주식거래는 일반적인 주식의 양도·양수에 비해 이해관계인이 많고 대량적으로 신속하게 이루어진다. 자본시장법은 이러한 특수성을 감안한 규정을 다수 두고 있다. 상법상의 주식양도와 관련하여 특히 중요한 제도를 소개한다.

### 1. 예탁결제제도

1) 개념    자본시장법에서는 증권의 예탁결제제도를 두고 있다(자금 308조 이하). 예탁결제란 「예탁」과 「결제」를 합한 말이다. 「예탁」이란 다수의 유가증권의 보유자가 공통의 보관기관(한국예탁결제 원. 자금 294조)에 계좌를 설정하여 주권을 보관시키는 것을 뜻한다. 그리고 예탁된 증권의 「결제」란 예탁되어 있는 증권을 양도할 때에 현물을 주고받는 대신 보관기관에 의뢰하여 계좌간의 장부거래로 청산하는 방법이다(자금 311조 참조). 즉 양도인의 계좌에서 양도된 수량만큼 차감기재하고 같은 수량을 양수인의 계좌에 가산기재하며, 보관기관은 예탁자의 청구가 있으면 동종·동량의 주권을 반환하는 제도이다.

**2) 예탁증권의 소유관계**　　예탁결제원에 예탁된 주권은 다른 예탁자로부터 예탁받은 증권과 종류·종목별로 혼합보관하고($\frac{자금 309}{조 4항}$), 반환청구가 있을 경우 예탁한 증권과 동일종목으로 동일수량을 반환한다. 그러므로 예탁증권의 보관방법은 혼장임치이며, 혼장임치의 성격상 예탁결제원은 예탁증권을 소유하지 못하고 증권은 예탁자와 예탁자의 투자자($\frac{예탁자}{의 고객}$)에게 공유적으로 귀속한다($\frac{자금 312}{조 1항}$).

**3) 실질주주 제도**

주식을 예탁결제하는 경우에 적용되는 제도로서, 실질주주제도가 있다. 실질주주라 함은「실질」이라는 용어를 통해 알 수 있듯이 주주명부상의 주주와 실제의 소유자인 주주가 분리되어 있음을 전제로 한다. 이러한 현상은 예탁결제원에 예탁된 주권은 예탁원의 명의로 명의개서를 하기 때문에 생겨난다($\frac{자금 314}{조 2항}$).

예탁결제원의 이름으로 명의개서한 경우에는 주식에 관한 권리는「주주명부 및 주권에 관한 권리」와「기타의 주주권」으로 나누는데, 전자의 권리는 주권의 교부, 병합 등 기술적인 처리문제에 관한 것이고, 후자는 의결권 등 요체적인 주주권으로 구성된다. 그리고 전자의 권리는 예탁원이 행사하고($\frac{자금 314}{조 3항}$), 후자의 권리는 실질주주가 행사한다.

실질주주가 주권의 예탁관계를 유지하면서 주주권을 행사하는 고지식한 방법은 실질주주가 예탁원에서 주권을 인출하여 발행회사에 제시하여 자기 이름으로 명의개서를 하고 권리행사를 한 후 다시 예탁원에 보관하는 것이다. 하지만 이는 매우 번거로우므로 자본시장법은 이런 절차를 생략하고 주주권을 행사할 수 있는 방법을 마련하였다.「실질주주명부」라는 제도이다. 즉 예탁주권의 발행회사가 주주권을 행사할 자를 정하기 위하여 주주명부를 폐쇄하거나 기준일을 정한 때($\frac{354}{조}$)에는 예탁결제원으로부터 실질주주의 내역을 전달받아 이를 토대로 실질주주의 명단을 작성하는데, 이를 실질주주명부라 부른다($\frac{자금 316}{조 1항}$)($\frac{예탁자가}{자신의 고}$ $\frac{객으로부터 위탁받아 예탁원에 보관시킨 주권은 예탁결제원이 그}{소유주를 알지 못하므로 예탁자에게 문의하여 발행회사에 통지한다}$). 이같이 작성한 실질주주명부는 주주명부와 동일한 효력을 가지므로($\frac{자금 316}{조 2항}$) 발행회사가 실질주주를 인식하고 실질주주가 권리행사를 할 수 있는 근거가 된다.

〈제도의 활용도〉 2019년 9월 전자등록제가 도입되기 이전, 상장유가증권은 대부분 예탁결제 제도를 이용하였으나, 전자등록법은 상장유가증권에 대해 전자등록을 강제하므로 상장주식은 더 이상 예탁결제제도의 적용대상이 아니다. 예탁결제제도는 현재 일부 비상장주식에 한하여 적용되므로 그 대상은 과거에 비해 크게 축소되었다.

## 2. 내부자거래의 제한

**1) 입법취지**　　일반적으로 상장회사에서 행해지는 신상품의 개발, 대량의 수주, 대형의 사고와 같은 기업정보는 투자자들에게 있어 투자판단의 중요한 자료가 되고, 그것이

공개되었을 때에는 주가의 형성에 영향을 미친다. 이러한 기업정보에 쉽게 접근할 수 있는 해당 기업의 임직원, 주요주주, 기타 회사와의 밀접한 관계로 내부정보를 쉽게 획득할 기회를 갖는 자를 강학상 「내부자」(insider)라고 부르며, 이 내부자가 자기의 지위로 인해 얻은 미공개의 정보를 이용하여 매매차익을 얻거나 손실을 면하기 위해 하는 주식거래를 「내부자거래」라고 한다.

자본시장법 제172조 내지 제175조에서는 상장법인 또는 코스닥상장법인의 임직원, 주요주주($\frac{의결권 있는 발행주식총수의}{100분의 10 이상을 소유한 주주}$) 등 회사의 내부기업정보에 용이하게 접근할 수 있는 자, 즉 내부자의 주식거래에 대해 거래의 금지, 차익반환 등의 법적 규제를 가하고 있다. 이러한 내부자거래의 규제는 내부자에 의한 기업정보의 불공정한 이용을 방지함으로써 자본시장의 공정질서를 확보하고 나아가 시장에 대한 투자자의 신뢰를 제고하기 위한 것이다.

2) 내부자거래규제의 개요    자본시장법에서 규정하는 내부자거래의 규제내용은 ① 내부자가 주식을 매도 또는 매수한 후 6월 내에 다시 매수 또는 매도하는 방법으로 단기간의 매매를 통해 차익을 얻은 경우 그 차익을 회사에 반환케 하고($\frac{자금 172}{조 1항}$), ② 내부자가 공개되지 아니한 정보를 이용하여 주식을 매도 또는 매수하는 것을 금지하는 것이다($\frac{자금}{174조}$).

이 두 가지 규제내용에는 몇 가지 차이점이 있다. 우선 요건에 있어 ①은 일정한 내부자의 신분만 구비하면 실제 미공개정보를 이용하였느냐는 것을 묻지 않고 제재를 가하는 것이다. 그러나 ②는 내부자의 신분을 갖춘 자가 「미공개정보를 이용하여」 거래하였을 경우에 한해 규율하는 것이다. 그러므로 그 규제내용도 상이하다. ②는 미공개정보의 이용이라는 행위에 가벌성을 인정하여 벌칙을 적용한다. 이에 대해 ①의 행위는 정보이용의 개연성에만 기초하여 규율하는 것이므로 범죄성을 인정할 수 없어 단지 매매차익만을 반환하게 함으로써 거래를 무익하게 하는 데 그친다.

한편 자본시장법은 위와 같은 규제의 실효성을 확보하기 위한 부수적인 제도로서 i) 주요주주의 현황 및 변동을 공시하게 하고($\frac{자금}{173조}$), ii) 정보를 이용하여 매매를 한 때, 그리고 공시의무를 위반한 때에는 벌칙을 적용하고($\frac{자금 443조 1항 1호}{내지 3호, 446조 31호}$), iii) 정보를 이용하여 매매를 한 자(②)로 하여금 그로 인해 손해를 입은 자에게 배상을 하게 한다($\frac{자금}{175조}$).

### 3. 경영권의 경쟁

상장주식은 증권시장에서 불특정다수인 간에 공개경쟁적으로 유통되는데, 이는 상장법인의 자본집중을 실현한다는 것을 의미하는 외에 기업의 경영권 역시 공개적인 경쟁의 대상이 됨을 의미한다. 즉 누구든 증권시장을 통하여 다량의 주식을 취득함으로써 주주총회의 다수의결권을 장악하고 이에 의해 자기 또는 자기의 세력하에 있는 자를 이사로 선임함으로써 경영권을 장악할 수 있는 것이다. 이같이 현 경영자의 의사에 반해 기업의 경영권을 장악하고자 하는 행위를 증권시장의 용어로 「적대적 기업매수」라고 부른다. 이러한 적대적 기업매수에서는 공격수단과 방어수단의 적법성과 공정성이 중요한 쟁점이다.

기업의 적대적 매수의 공정을 기하기 위한 법제도로서는 자본시장법이 규정하고 있는 대량주식취득보고의무($\substack{\text{자금}\\147조}$)와 공개매수제도($\substack{\text{자금 133}\\\text{조 이하}}$), 그리고 상법의 주식취득통지의무($\substack{342\\\text{조의3}}$)를 들 수 있다. 상법상의 통지의무는 이미 설명하였으므로 여기서는 자본시장법상의 두 제도만을 설명한다.

**1) 주식대량보유의 보고의무**　　　어느 상장법인의 발행주식총수의 100분의 5 이상을 보유한 자는 취득일로부터 5일 이내에 금융위원회와 거래소에 그 주식의 보유상황, 보유목적, 보유주식 등에 대한 계약내용 등을 보고하여야 한다($\substack{\text{자금 147}\\\text{조 1항}}$). 아울러 100분의 5 이상을 보유한 이후 발행주식총수의 100분의 1 이상의 변동이 있을 때에도 역시 5일 이내에 같은 요령으로 보고하여야 한다($\substack{\text{동조}\\\text{동항}}$). 금융위원회와 거래소는 이 보유상황을 일반인에게 열람가능하도록 비치·공시하여야 한다($\substack{\text{자금}\\149조}$). 대량보유자가 이 보고의무를 게을리할 경우에는 벌칙이 적용되며, 보고의무를 위반한 당해 수량의 주식에 대해서는 일정기간 의결권이 제한된다($\substack{\text{자금 444조}\\18호, 150조}$).

이 제도는 상장법인의 주식을 기습적으로 대량취득함으로써 현재의 지배주주나 경영자가 방어할 기회를 주지 않고 경영권을 탈취하는 것을 막고, 경영권다툼의 당사자들이 대등한 기회를 갖고 공격과 방어의 경쟁을 하게 하기 위함이다.

한편 이 제도는 투자자를 보호하기 위한 목적도 가지고 있다. 대량의 주식취득 또는 처분은 중요한 시장정보로서 투자판단에 영향을 미치므로 일반투자자에게 공시하도록 하는 것이다.

**2) 주식의 공개매수**　　　「공개매수」란 불특정다수인을 상대로 증권시장 외에서 어느 상장주식 등을 매수할 것을 청약하거나 자기에게 매도의 청약을 할 것을 권유하는 것을 말한다($\substack{\text{자금 133}\\\text{조 1항}}$). 즉 자신이 매수하고자 하는 수량과 가격을 공개적으로 제시하여 이에 응하는 자의 주식을 매수함으로써 다량의 주식을 취득할 수 있는 것이다. 구미 각국에서는 공개매수가 기업의 경영권경쟁의 주요 무기로 이용되고 있고, 우리나라에서도 최근 경영권쟁탈의 기법으로 이용되고 있다. 공개매수는 현 경영자와 합의하에 그 협력을 받으며 하는 경우도 있고 현 경영자와 대립된 상태에서 하는 경우도 있다. 보통 전자를 「우호적 공개매수」($\substack{\text{friendly}\\\text{takeover bid}}$), 후자를 「적대적 공개매수」($\substack{\text{hostile}\\\text{takeover bid}}$)라고 부른다.

공개매수에 관해서는 거래의 집단성으로 인해 투자자보호의 배려가 필요하고, 경영권의 경쟁이므로 공정성을 확보할 필요가 있다. 그러므로 자본시장법은 투자자의 보호와 경쟁의 공정성이라는 관점에서 절차와 방법을 규정하고 있다.

# 제 4 절   주식회사의 기관

## 제 1 관   기관의 구조

### Ⅰ. 기관의 의의와 분화

　　회사는 독립된 사회적 실재로서 그 자체의 의사와 행위를 가지나, 실제로 자연적 의사를 결정하고 이를 실행할 능력이 없으므로 그 의사와 행위는 회사조직상의 일정한 지위에 있는 자에 의해 결정되고 실천된다. 이와 같이 회사의 의사를 결정하고 실행하는 회사조직상의 기구를 「기관」이라 한다.

　　합명회사와 같은 인적회사에서는 원칙적으로 각 사원이 업무집행권과 대표권을 가지므로 기관자격과 사원자격은 일치된다($\frac{\text{자기}}{\text{기관}}$). 그러나 주식회사에서는 기능별로 다음과 같이 수개의 기관으로 분화되어 있고, 그중 주주총회 이외의 기관의 구성에는 주주자격을 전제로 하지 않는다($\frac{\text{타인}}{\text{기관}}$)는 점이 특색이다.

　　1) **주주총회**　　주주들로 구성되며, 이사·감사를 선임하고 정관변경 등 법소정의 주요 사항에 관해 회사 내부의 최고의 의사결정을 한다($\frac{361}{\text{조}}$).

　　2) **이사·이사회·대표이사**($\frac{\text{또는 집}}{\text{행임원}}$)　　주주총회에서 수인의 이사를 선임하고, 이들이 이사회를 구성한다. 이사회는 회사의 업무집행에 관한 의사결정권을 갖는다($\frac{393\text{조}}{1\text{항}}$). 하지만 이사회는 회의체기관이므로 현실적인 업무집행행위를 담당하기에는 부적당하다. 그러므로 업무집행에 관한 이사회의 권한은 의사결정에 그치고 현실적인 집행행위는 이사회($\frac{\text{또는 정관}}{\text{의 정함에}}$ $\frac{\text{따라 주}}{\text{주총회}}$)가 선임한 대표이사($\frac{\text{또는 집행임}}{\text{원. 이하 같음}}$)가 수행한다. 그리고 대표이사는 대외적으로 회사를 대표하여 조직법적 및 거래법적 법률관계를 형성한다($\frac{389\text{조 3항}→209}{\text{조, }408\text{조의}5\text{ 2항}}$). 그러나 업무집행의 결정은 궁극적으로 이사회의 권한이므로 이사회는 대표이사를 감독한다($\frac{393\text{조}}{2\text{항}}$).

　　3) **감사기관**　　상법은 이사회 및 대표이사의 업무집행을 감사(監査)하는 기관으로서 감사(監事)와 감사위원회를 제시하고, 회사가 어느 하나를 선택하도록 한다. 감사는 주주총회가 선임하는 독임제적 기관이며($\frac{409}{\text{조}}$), 감사위원회는 이사회 내부에 두어, 이사들로서 구성하는 회의체기관이다($\frac{415}{\text{조의}2}$). 양자 모두 이사회 또는 대표이사를 감사한다는 동일한 권한을 갖지만, 감사는 이사회로부터 독립된 기관으로서 이사회나 대표이사의 입장으로서는 외부통제장치라 할 수 있고, 감사위원회는 이사회의 감독하에서 기능하는 자기시정장치라 할 수 있다.

### Ⅱ. 기관구성의 논리

　　주식회사의 기관구조를 인적회사의 그것과 대비할 때 최대의 특징은 출자자($\frac{\text{주}}{\text{주}}$)로부터

〈그림 17〉  주식회사의 기관구조

1. 감사를 두는 경우

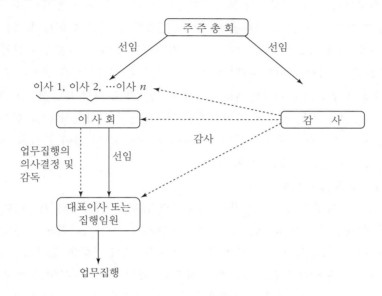

2. 감사위원회를 두는 경우

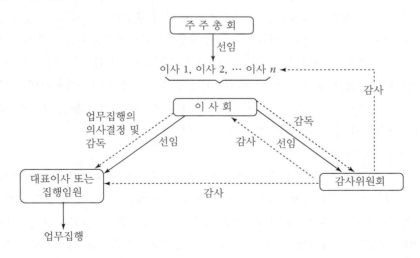

독립된 지위를 갖는 자(이사)들이 회사의 경영구조를 구성한다는 점이다(소유와 경영의 분리). 주주총회와 감사의 존재도 인적회사에서는 볼 수 없는 것이지만, 이는 이사가 경영을 담당하기 때문에 생겨난 파생적 현상이다.

## 1. 소유와 경영의 분리

### (1) 유한책임과 책임재산의 독립적 관리

주식회사에서 소유와 경영이 분리되어야 하는 가장 중요한 동기는 주주들이 유한책임을 진다는 점이다. 주주는 회사채무에 대해 유한책임을 지므로 회사에 현존하는 재산만이 회사채권자에 대한 담보가 된다. 이 사실은 기업경영에 따른 위험을 회사채권자에게 전가시킴을 뜻한다. 그러므로 회사채권자를 보호하기 위해 회사재산을 건전하게 유지해야 한다는 것은 상법이 주주의 유한책임제도를 두면서 동시에 부여한 부관적 의미의 명제이다. 회사재산의 건전한 유지는 주주들의 이기적인 행동경향에 영향받지 않고 회사경영의 객관성을 유지하고 재산을 독립적으로 관리함으로써 가능하다. 이 점이 주식회사에서 소유와 경영이 분리되어야 할 가장 중요한 이유이다.

### (2) 경영의 중립성 확보

주식회사는 대중으로부터 자본을 집중시키기 위해 만들어진 기업형태이므로 다수의 주주가 존재하는 것이 원칙적인 모습이다. 다수의 주주가 집단적으로 경영에 참여한다는 것은 비효율적이기도 하지만, 주주가 직접 업무집행에 임한다면 일상적인 경영이 항상 자본다수결로 결정되어 대주주의 횡포가 우려되고 때로는 의사의 분열로 경영의 정체가 생길 수도 있다. 그 결과 다른 주주와 채권자의 감시비용($^{monitoring}_{cost}$)을 높여 투자수익을 감소시키고, 나아가 자본시장($^{투자}_{자}$)의 신뢰를 잃어 자본조달비용이 높아진다. 그러므로 자본다수결의 영향을 받지 않는 제3의 독립적인 경영기구를 두어 업무집행의 객관성을 유지할 필요에서 소유와 경영을 분리하게 된 것이다($^{경영의\ 객관}_{화\cdot중립화}$). 물론 이사는 주주총회의 다수결로 선임되므로 그 선임에는 대주주의 영향력이 미치지만, 일단 선임되면 회사의 수임인으로서 자기의 책임하에 업무를 집행할 법적 의무를 부담한다($^{382조\ 2항,}_{399조\ 1항}$). 그리고 이사회에서의 의사결정은 인적회사의 업무집행과 같이 두수주의에 의해 행한다. 이 두 가지 제도는 주주의 불합리한 간섭을 차단함으로써 경영의 합리성을 제고하는 기능을 한다.

### (3) 경영의 전문화

주주들이 유한책임을 지므로 경영성과로 인한 주주의 위험분담은 제한적이고 예견가능하다. 그러므로 인적회사에서처럼 주주가 직접 경영에 임해야 할 필연적인 이유는 없고, 주주의 이윤동기를 보다 만족스럽게 충족시켜 줄 경영기구가 있다면 그것이 더 바람직하다. 상법의 직접적인 입법동기와는 무관하지만, 소유와 경영의 분리는 전문경영인에게 경영을 위임함으로써 경영의 효율을 기하고 나아가 주주들의 이윤동기를 보다 잘 충족시킬 수 있다는 부수적인 효과도 갖는다($^{경영의\ 전문}_{화\cdot효율화}$).

〈대리비용〉 소유와 경영의 분리는 법경제학적으로 보면, 주주와 채권자의 이른바 대리비용($^{agency}_{costs}$)과 이로 인해 높아지는 자본조달비용을 해결하는 수단이라 할 수 있다. 대리비용이란 경영이나 재산을 타인에게 맡겼을 때, 그 관리자의 무능·부정직으로 인해 소유자가 부담하는 위험을 뜻한다. 주주가 회사를 직접 경영한다면 회사채권자들은 주주에 의한 회사재산의 유출을 걱정해야 하고, 따라서 이를 감시하기 위한 비용을 지출해야 한다. 그러므로 회사채권자는 이 비용을 이자를 높이거나 기타의 방법으로 회사에 전가하려 할 것이고 그 결과 회사는 타인자본을 조달함에 있어 높은 비용을 부담해야 한다.

이 점은 주주 간에도 같다. 경영에 임하는 주주들 간에 의견의 불일치로 갈등이 생기고, 서로를 감시해야 하고, 회사재산을 늘 점검해야 하며, 이로 인한 경영의 비효율과 비용발생을 감수해야 한다(이른바 협력비용(coordination costs)). 그러므로 주주는 회사로부터 자신이 기대하는 수익과 이 비용을 보상할 만한 배당이 주어지지 않는 한 투자를 하려 하지 않을 것이다. 결과적으로 회사는 자기자본을 조달함에 있어서도 높은 비용을 부담해야 한다.

그러므로 어느 주주에 대해서도 중립적이고 전문적인 제3의 경영인에게 경영을 위임함으로써 이론적으로는 채권자와 주주의 대리비용을 해소하고 나아가 자본조달비용을 줄일 수 있는 것이다.

## 2. 주주의 보호와 경영통제

유한책임제도의 논리필연적인 귀결로서, 그리고 주주 간의 감시비용을 줄이기 위한 방법으로서 소유와 경영을 분리하지만, 이로 인해 주주는 회사의 경영에서 소외되므로 주주는 자신의 이익을 지키기 위해 이사를 통제할 수단을 가져야 한다. 그리하여 상법은 첫째, 주주는 이사의 선·해임권을 가지고 이사의 업무집행의 효율성과 적법성을 평가하도록 하며, 둘째, 회사에 중대한 변화를 가져오는 중요한 의사결정은 이사의 독단에 흐르지 않도록 후술과 같이 주주총회의 결의를 요건으로 하고, 셋째, 감사 또는 감사위원회와 같은 전문적인 감시기구를 두어 일상적으로 이사의 업무집행을 견제하도록 한다.

소유와 경영의 분리라고 하지만 이사는 기업의 소유자인 주주의 의사에 그 존재의 근거를 둘 수밖에 없다. 감사 역시 주주의 감시기능을 일부 대신하는 자이므로 주주가 선임해야 한다. 그 밖에도 회사에는 경영의 수임자인 이사가 할 수 없는 처분적 업무(예: 정관변경·자본금감소·영업양도·해산·합병·결산승인 등)가 다수 있는데, 이 역시 주주들의 의사결정이 필요하다. 주식회사에서는 주주가 다수 존재하고, 소유주식수에 따라 의사의 영향력이 상이한 관계로 의사형성의 공정을 기하기 위해서는 절차의 형식성·엄격성이 요구된다. 그리고 이사·감사와 같은 기관적 조직에 대응하여 주주도 역시 조직화된 방법으로 단체적 의사를 형성할 필요가 있다. 그리하여 주주는 주주총회라는 기관을 구성하여 다수결의 방법으로 주주들의 단일화된 의사를 표시하는 것이다.

## 3. 기관운영의 이상(理想)

이상과 같은 기관분화 및 권한분배의 법논리는 한 마디로 주주의 유한책임을 시발점으로 하여 제기되는 회사재산의 객관적·중립적 운영의 필요성을 충족시키고, 이를 보장하기 위해 기관 간에 견제와 균형을 유지하는 것이라 하겠다. 그리하여 기관운영에 관한 법제는 대·소주주 및 회사채권자 그리고 사회적 존재로서의 회사 자체 등 모든 이해관계자들의 이익을 균형 있게 실현하는 것을 이상으로 삼는 바이다. 회사의 실제운영이 이러한 논리와 이상에 부합하도록 이루어져야 함은 물론이고, 회사운영에 관한 법규범 역시 같은 방향으로 해석되어야 한다.

## Ⅲ. 의사결정의 논리

주식회사는 이상과 같이 복수의 기관으로 구성되는데, 어느 기관이든 자신의 권한과 의무를 수행하기 위해 의사를 결정해야 한다. 감사와 대표이사는 각자 독임제적 집행기구로서, 자신의 독단으로 의사결정을 하고 그 공정성은 각자의 법적 책임으로 담보된다. 그러나 주주총회와 이사회는 복수의 인원으로 구성되어 합의적 방법으로 공동의 의사를 결정하여야 한다. 오늘날의 민주사회에서는 입장을 달리하는 다수인의 의사를 민주적으로 수렴·단일화하는 방법으로서 다수결원칙을 채택하고 있으며, 이것은 회사의 의사결정에도 적용된다. 다만 주주총회와 이사회는 법상 언제나 특정의 의안을 놓고 찬부를 묻는 방식을 취한다. 그러므로 주주총회와 이사회의 다수결이란 단순다수결이 아니고 원칙적으로 과반수결의의 형식을 취한다. 단 주주총회의 결의시에 사안에 따라 결정의사의 대표성을 보다 강화하기 위하여 특별결의라는 형식으로 과반수보다 큰 다수($^{3분의}_{2 이상}$)를 요구하는 경우도 있으며, 이사회도 의안에 따라 같은 요령으로 결의요건을 강화할 수 있다.

다수결은 주주총회와 이사회에서 그 의미를 전혀 달리한다. 「주주총회」는 출자자의 의사를 결정하는 기구이므로 다수결을 인식하는 기준을 출자에 따라 부담하는 위험의 크기에 두어야 한다. 그러므로 다수결의 전제로서의 의사결정력의 등가성(等價性)은 주주총회를 구성하는 「사람」이 아니라 「출자액」에 있으며($^{자본}_{다수결}$), 이것은 「1주 1의결권」의 원칙으로 규격화되어 있다($^{369조}_{1항}$).

「이사회」의 구성원인 이사는 출자와 무관한 자들로서 각자가 회사의 수임인으로서 대등한 법적 지위를 가지므로 이사회에서는 이사 개개인이 하나의 의결권을 가지고 결의에 임한다($^{두수}_{주의}$)($^{391조}_{1항}$).

주주총회의 다수결제도가 타당성을 갖는 근거는 회사의 이익은 바로 주주 전원의 이익이 되는 까닭에 주주들은 주어진 의안에 대해 회사의 이익이 되는 방향으로 결정을 할 것이라는 가설이다. 이 가설은 주주총회가 지배적인 영향력이 없는 다수의 주주로 구성되고 의안에 따라 다수파가 변동적으로 형성된다는 점을 전제로 한 것이다. 이를 전제로 할 때 결의가 목적으로 삼는 「이해(利害)의 동질적인 평준화」가 가능하기 때문이다. 그러나 실제의 주식회사에는 대부분 다수의 주식을 가지고 결의를 지배하는 대주주가 있어 「지배력의 항구적 편재」현상이 나타나고, 따라서 결의에 의해 성취된 이익이 편향적으로 귀속되는 예가 흔하다. 이 점은 이사회의 결의에서도 발견된다. 이사들은 법적으로는 회사의 수임인으로서 주주로부터 독립된 지위를 갖지만, 이사들은 계속적인 지위의 보전을 위해 지배주주의 신임을 의식하지 않을 수 없어 대주주의 간접적 영향하에 편파적인 결의를 하는 예가 많다.

이같이 다수결의 보편적 타당성이 깨어지는 일이 있으므로 다수결의 예외로서 소수자인 주주의 의사가 법적인 힘의 지원을 받아 보호되는 경우가 있다. 예컨대 결의취소나 무효 등의 소송을 제기하거나 이사해임청구의 소를 제기하는 것 등이 대표적인 예이고($^{376조,\ 380}_{조,\ 385}$ $^{조}_{2항}$), 때로는 소수자인 주주가 집단으로서 그 의사를 형성하여 다수결의 효력에 대항하는 수도 있다($^{종류주주총}_{회,\ 435조}$). 그러나 보편적 의사결정방법으로서의 다수결이 갖는 한계는 이러한 제도만으로는 극복되지 않는다. 그러므로 입법과 해석론적 시도에 의해 다수결의 원론적 타당성을 회복하도록 노력하여야 한다.

## 제2관  현대주식회사의 지배구조

현대회사법은 대체로 소유와 경영의 분리를 원칙으로 삼아 주주총회의 권한을 약화시키는 반면, 이사와 이사회에 경영권을 집중시키는 경향이 있다. 그리하여 이사의 선임권을 갖고 있는 주주총회의 결의를 자기의 의사대로 유도할 수 있는 주주는 회사를 궁극적으로 지배하게 되는데, 대체 누가 주주총회의 결의를 지배하고 있느냐는 것이 커다란 관심의 대상이 아닐 수 없다. 폐쇄회사에는 지배주주의 존재가 뚜렷하지만, 대규모 공개회사는 결정적인 지배력이 없는 다수의 주주로 구성되는 경우도 있으므로 지배권귀속의 보편적 경향을 설명하기 위한 이론이 연구되고 있다.

〈경영자지배론〉 현대회사에 공통된 지배론이 거론될 수 있게 된 것은 회사의 지배요건이 일반적으로 완화되어 가는 경향을 보이기 때문이다.

회사지배의 가장 중요한 목적은 회사의 통상적인 경영권을 장악하는 것이므로 결국 회사지배란 이사선임을 위한 보통결의요건을 충족시킬 수 있는 의결권을 확보함을 뜻한다. 이러한 의미에서 가장 확실한 의결권의 확보방안은 발행주식총수의 과반수를 소유하는 것이다 ($^{368조}_{1항}$). 그러나 다수의 주주로 구성된 회사에서 주주 전원의 출석이란 드문 일이며, 또 출석하더라도 의결권의 집단적 행사는 예상하기 어려우므로 실제는 발행주식총수의 과반수에 달하지 않는 단순 다수만 가지고도 회사지배가 가능한 경우가 많다. 더욱이 현대회사에서는 주식이 광범하게 분산되면서, 주주가 사채권자화하여 주주총회에 참석할 실익이 없는 소액주주를 탄생시키므로 지배에 요하는 의결권수를 완화시켜 주고, 이들을 상대로 의결권의 위임을 효과적으로 권유하면 소액주주의 의결권은 권유자의 지배권에 가담하게 된다. 또 아예 투자주주를 회사지배에서 제도적으로 소외시킬 목적으로 무의결권주식을 발행하기도 한다. 이리하여 소량의 주식을 가지고도 회사지배가 가능해지고 있다.

이러한 경향에 착안하여 벌리(Berle)와 민즈(Means)는 1920년대 미국의 주요 대기업의 지배현실을 토대로 하여 현대주식회사의 지배구조를 분석하고, 유명한「경영자지배론」을 주장하였다. 1932년에 출간된 그들의 저서,「현대주식회사와 사유재산」($\binom{\text{The Modern Corporation}}{\text{and Private Property}}$)에서 대규모의 주식회사는 경제력의 집중으로 자본의 규모가 커짐에 따라 그 주식이 광범하게 분산되고, 이로 인해 기업의 소유는 세분화되어 어느 개인도 지배주주가 될 수 없다는 점을 지적하였다. 그리하여 소량의 주식을 소유한 경영자가 의결권대리(proxy)제도를 활용하여 기업의 지배권을 장악하는, 이른바「경영자지배」($\binom{\text{management}}{\text{control}}$)가 가능해지고, 그 결과 지배자인 경영자는 그 자체가 자기영속적인 존재가 된다고 하였다.

# 제 3 관   주주총회

## I. 의의

「주주총회」란 주주로 구성되는 필요적 상설기관으로서 법률 또는 정관에 정하여진 사항을 결의하는 주식회사의 최고의사결정기구이다.

1) **구성**        주주총회는 주주 전원으로 구성된다. 주주만이 구성원이 될 수 있으므로 이사나 감사가 주주총회에 출석하고 또 주주가 아닌 자가 의장으로서 사회를 할 수는 있겠으나, 이들이 주주총회의 구성원이 되는 것은 아니다. 이 점은 정관으로도 달리 정할 수 없다.

주주총회는 상설기관으로 인식하여야 하므로 의결권이 없는 주주도 주주총회의 구성원으로 보아야 한다.

2) **의사결정기관**        주주총회는 주주의 의사를 수렴하여「회사의 의사」를 결정한다. 의사결정방법은「결의」이다. 따라서 현실적인 주주들의 집회를 요한다. 주식회사는 소유와 경영이 분리되므로 주주총회는 주주가 회사의 경영에 관여하는 유일한 통로이다.

3) **결의의 범위**        주주총회는 법률 또는 정관에 정해진 사항에 한해서만 결의하며 ($\frac{361}{조}$), 그 사항은 반드시 주주총회의 결의를 요하고 총회의 결의로도 타기관에 위임하지 못한다.

4) **필요적 상설기관**        합명·합자회사에서는 원칙적으로 사원 각자가 회사에 상주하여 업무집행에 임하므로 사원의 의사결정은 자유로운 형태로 사원 각자의 동의를 구하는 방식으로 이루어질 수 있다. 그러나 주식회사의 주주는 업무집행에서 배제되어 국외적으로 존재하므로 보다 조직화된 의사결정방법을 요한다. 이러한 필요에서 설치되므로 주주총회는 주식회사의 필요불가결한 상설기관이다.

5) 최고기관　　주주총회는 우선 이념적으로 「회사의 소유자」들로 구성되는 기관이란 점에서 최고성을 부여할 수 있다. 한편 주주총회는 타기관의 구성원을 선임·해임하고, 주주총회의 결의는 타기관 전부를 구속한다는 점에서 법적으로도 회사 내에서의 최고성을 인정할 수 있다.

## Ⅱ. 주주총회의 권한

주식회사의 기관 간의 권한분배에 있어 자연법적인 원칙이 있는 것은 아니다. 각국의 입법례를 보면 점차 주주총회의 기능을 축소하고 이사회($\substack{\text{또는}\\\text{이사}}$)의 기능을 강화하는 추세이다. 상법 제361조는 「주주총회는 본법 또는 정관에 정하는 사항에 한하여 결의할 수 있다」라고 규정하는데, 이 역시 이사회의 권한을 포괄적으로 부여한 가운데($\substack{393조\\1항}$) 주주총회의 권한을 제한적으로 인정하려는 취지로 읽어야 한다.

### 1. 상법상의 권한

상법은 주주의 이해에 특히 중요한 영향을 미칠 사항들을 추려 주주총회의 권한으로 하고 있다. 대체로 ① 이사·감사의 선임($\substack{382조\ 1항,\\409조\ 1항}$)이나 재무제표의 승인($\substack{449조\\1항}$) 등과 같이 성질상 출자자의 지위에서 당연히 행사해야 할 것으로 볼 수 있는 사항, ② 이사의 보수결정($\substack{388\\조}$)과 같이 이사의 자의를 막기 위한 감시적 기능에 관한 사항, ③ 주식의 포괄적 교환·이전($\substack{360조의3,\\360조의16}$), 영업양도($\substack{374조\\1항\ 1호}$)·정관변경($\substack{433\\조\ 1항}$)·자본금감소($\substack{438\\조}$)·합병($\substack{522\\조}$)·조직변경($\substack{604조\\1항}$)·회사해산($\substack{518\\조}$)과 같이 회사의 기초 내지는 영업조직의 기본에 변화를 가져오는 사항들로 이루어져 있다.

한편 주주총회의 결의를 법적 기능에 착안하여 분류해 보면, ① 새로운 법률관계를 완결적으로 창설하는 효력이 있는 결의와, ② 이사회의 결정이나 대표이사의 집행행위를 승인하는 효력이 있는 결의가 있다. 이사·감사의 선임결의와 해임결의($\substack{382조,\ 385조,\\409조,\ 415조}$), 해산의 결의($\substack{518\\조}$), 정관변경의 결의($\substack{434\\조}$), 배당의 결의($\substack{462조\\2항}$) 등은 전자의 예이고, 영업양도의 승인결의($\substack{374조\\1항\ 1호}$), 자기주식취득의 승인결의($\substack{341조\\2항}$), 자본금감소의 결의($\substack{438\\조}$), 회사합병의 승인결의($\substack{522조\\1항}$), 배당을 제외한 재무제표의 승인결의($\substack{449조\ 1\\항,\ 447조}$), 제3자에 대한 전환사채·신주인수권부사채 발행의 승인결의($\substack{513조\ 3항,\\516조의2\ 4항}$) 등은 후자에 속한다. 전자의 결의는 별도로 이를 집행하는 행위를 요하지 않으나 후자의 결의는 집행행위가 따라야 한다는 차이가 있다.

### 2. 특별법상의 권한

특별법상으로 주주총회의 결의를 요하는 경우가 있다. 예컨대 청산중인 회사나 파산선고 후의 회사가 회생절차개시의 신청을 함에는 주주총회의 특별결의로 회사계속을 결의하여야 한다($^{회파 35}_{조 2항}$).

### 3. 정관에 의한 권한 확장

주주총회의 권한은 법률에 정한 사항 이외에도 정관의 정함에 따라 추가될 수 있다. 상법이 이사회의 권한으로 하면서도 명문으로 주주총회의 권한으로 유보할 수 있음을 정한 사항($^{예: 416조 단. 신주발행은 이사회가 결정하나,}_{정관으로 주주총회가 결정하게 할 수 있다}$)은 정관에 규정을 두어 주주총회의 결의사항으로 할 수 있음은 물론이다. 이와 같은 유보조항이 없는 사항($^{예: 사채발}_{행, 469조}$)도 정관에 규정하면 주주총회의 권한으로 할 수 있느냐는 의문이 제기된다. 다수설은 주주총회의 최고기관성 또는 권한분배의 자율성을 이유로 이를 긍정하고, 다만 이사회가 갖는 주주총회의 소집권($^{362}_{조}$)만은 성질상 주주총회의 권한으로 할 수 없다고 설명한다.

그러나 다수설에 따르면 주주총회가 이사회의 권한을 대폭 잠식할 수 있게 되어 소유와 경영의 분리를 기대하는 상법의 이념에 역행한다. 각 기관의 권한분배에 관한 제규정은 유한책임제도하에서 회사의 독립적 기능을 확보하기 위한 강행규정으로서, 명문의 규정이 없는 사항에 관하여는 정관의 규정으로도 주주총회의 권한으로 할 수 없다고 보아야 한다.

### 4. 주주의 권한행사와 책임

상법상 주주 개개인의 의사는 주주총회에서의 의결권의 행사에 반영될 뿐이고, 회사에 직접 구속력을 미치는 것은 주주 전체의 의사가 수렴된 주주총회의 결의라는 형식으로 표현된다. 그러므로 주주들은 자신의 의결권행사에 관해 책임을 지는 일이 없다. 주주총회의 결의도 위법한 내용으로 이루어질 수 있고, 이는 결의에 찬성한 주주들의 과실이라고 할 수 있지만, 결의가 무효임에 그치고 역시 주주의 책임은 문제되지 아니한다. 결의 자체만으로는 구체적인 집행력이 없고, 그 내용은 이사회 또는 대표이사의 업무집행을 통해 실천되기 때문이다. 즉 주주총회의 결의에 위법한 요소가 있더라도 회사의 손해로 현실화되는 것은 이사회나 대표이사의 집행단계에 와서이므로 회사에 대한 손해배상책임을 지는 것은 그 집행에 관여한 이사들이다. 이같이 주주가 회사의 의사결정에 책임을 지지 아니하는 회사법 구조는 결국 소유와 경영의 분리에 따른 논리적 귀결이라 할 수 있다.

### 5. 권한의 전속성

법률에 의해 주주총회의 권한으로 되어 있는 것은 반드시 주주총회에서 결의하여야 하고, 정관의 규정이나 주주총회의 결의에 의하더라도 다른 기관이나 개인에게 위임할 수 없다($^{대법원 2020. 6. 4. 선}_{고 2016다241515 판결}$). 예컨대 이사의 선임($^{382조}_{1항}$)을 대표이사의 결정에 위임한다거나, 이사의 보수($^{388}_{조}$)를 이사회에서 결정하도록 위임하는 것은 무효이다. 하물며 주주총회 이외의 기관이나 개인의 의사결정을 가지고 주주총회의 결의가 있는 것으로 의제하거나 이에 갈음할 수는 없다. 1인회사라 하더라도 그 1인주주의 의사결정을 가지고 총회의 결의에 갈음할 수는 없다. 예컨대 발행주식총수의 3분의 2를 소유한 주주가 신임 이사의 보수와 퇴직금을 약속하였더라도 이로써 주주총회의 결의를 대신할 수는 없다(대법원 1979. 11. 27. 선고 79다1599 판결).

## Ⅲ. 회의의 소집

### 1. 소집의 결정

#### (1) 통상의 소집결정

주주총회의 소집은 상법에 다른 규정이 있는 경우 외에는 이사회가 이를 결정한다($\frac{362}{조}$). 이는 강행규정으로서, 정관으로도 달리 정할 수 없다. 총회의 소집을 ($\frac{주주가}{아니고}$) 이사회가 결정한다는 것은 주주의 경영간섭을 차단하는 의미를 가지므로 소유와 경영의 분리를 실질적으로 확보하는 장치로서의 의의를 갖는다.

이사회는 주주총회의 일시·장소·의안 등을 정하며, 그 내용은 모두 주주의 의결권행사가 자유롭게 이루어지도록 정해야 하고, 그렇지 못할 경우 이사회의 결의는 무효이다(대법원 2011. 6. 24. 선고 2009다35033 판결).

#### (2) 소수주주의 소집청구

1) 취지    상법 제366조는 소수주주의 청구에 의해 주주총회가 소집될 수 있음을 규정하고 있다. 주주의 정당한 의사형성을 방해하는 이사의 전횡을 견제하고, 특히 지배주주의 지지를 받는 이사의 세력에 소액주주가 대항할 수단을 마련해 준 것이다.

2) 소집청구의 요건과 절차

i) 소수주주의 요건    주주총회의 소집을 청구할 수 있는 주주는 발행주식총수의 100분의 3 이상을 가진 자($\frac{상장회사의\ 경우에는\ 1,000분의\ 15}{이상을\ 6월전부터\ 계속\ 보유한\ 자}$)이다($\frac{366조\ 1항,}{542조의6\ 1항}$). 수인의 소유주식을 합산하여 100분의 3 또는 1,000분의 15 이상이 되면 「소수주주」로서 공동으로 소집을 청구할 수 있다. 소집청구권을 단독주주권으로 하지 않고 소수주주권으로 한 이유는 총회결의에 거의 영향을 줄 수 없는 영세한 주주가 무익한 소집청구를 거듭하여 생기는 비효율을 방지하기 위함이다.

「발행주식총수의 100분의 3($\frac{또는\ 1,000}{분의\ 15}$)」을 계산함에 있어 「발행주식총수」와 「100분의 3($\frac{또는\ 1,000}{분의\ 15}$)」 속에 자기주식과 의결권 없는 주식은 포함되지 않는다고 해석해야 한다(김정호 302; 손주찬 702; 임재연Ⅱ 15; 최준선 360. 반대: 권기범 683; 송옥렬 918; 이종훈 121; 이·최 520; 장덕조 222; 정경영 439; 정동윤 542; 최기원 447). 의결권 없는 주식을 가진 주주는 총회를 소집할 실익이 없다고 보아야 하기 때문이다. 이같이 소수주주의 의결권을 전제로 하는 소수주주권의 경우에 그 요건으로서 상법이 규정하는 「발행주식총수」는 「의결권 있는 발행주식총수」를 의미하는 것으로 읽어야 한다($\frac{예: 363조}{의2\ 1항}$).

ii) 절차    소수주주는 회의의 목적사항과 소집의 이유를 기재한 서면 또는 전자문서를 이사회에 제출하여 임시총회의 소집을 청구할 수 있다($\frac{366조}{1항}$). 소수주주의 청구가 있을 때에는 이사회는 지체 없이 주주총회소집의 절차를 밟아야 한다($\frac{366조}{2항}$). 이때에도 이사회의 소집결정을 요한다. 소집이유의 타당성을 검토해야 하기 때문이다. 소집의 이유가 정당하지 못하면 소집절차를 밟을 필요가 없음은 물론이다.

3) 소수주주의 소집    소수주주의 청구가 있음에도 불구하고 이사회가 소집절차를 밟지 않을 때에는 소집을 청구한 주주는 법원의 허가를 얻어 직접 총회를 소집할 수 있다($\frac{366조}{2항}$).

i) 소집허가    법원은 소집을 청구한 주주에게 소집청구의 요건이 구비되었는지를 심사하여 허가여부를 결정해야 한다. 소집의 이유가 부당하거나 명백한 권리남용에 해당할 경우에는 소집을 불허해야 한다. 법원의 소집허가결정에 대하여는 불복하지 못한다($\frac{비송 81}{조 2항}$).

소수주주가 법원의 소집허가를 얻은 후, 그에 의한 총회의 성원을 저지하거나 무의미하게 만들기 위해 이사회가 소집을 결의하는 수가 있다. 그러나 소수주주가 소집허가를 얻은 이상 동일한 안건에 관해서는 소수주주가 소집권자이므로 이사회가 소집한 총회는 권한 없는 자가 소집한 것으로서 부존재하는 총회로 보아야 한다($\frac{수원지법 2007. 8.}{30.자 2007카합392 결정}$).

ii) 소집시기    소집을 허가할 경우 법원은 소집시기를 명기하는 것이 바람직하지만, 법원이 시기를 정하지 않더라도 허가를 얻은 소수주주는 소집의 목적에 비추어 상당한 기간 내에 소집해야 하며, 장기간 소집을 게을리할 경우에는 소집허가의 효력이 상실된다고 보아야 한다. 장기간이 경과하면 소집허가결정의 기초가 되었던 사정에 변경이 생길 수 있기 때문이다($\frac{대법원 2018. 3. 15. 선}{고 2016다275679 판결}$). 「상당한 기간」의 경과 여부는 소집의 목적과 소집허가결정이 내려진 경위, 소집허가결정의 기초가 된 사정의 변경 여부 등을 고려하여 판단한다($\frac{같은}{판례}$).

iii) 소집주주의 지위    총회를 소집하는 소수주주는 회사의 일시적 기관으로서 주주총회를 소집한다고 보아야 하므로 기준일의 설정, 통지·공고 등 총회소집을 위해 필요한 절차를 모두 취할 수 있으며, 회사에 대하여 소집비용을 청구할 수 있다.

iv) 의장    법원의 허가를 얻어 총회를 소집하는 경우 법원은 이해관계인의 청구나 직권으로 의장을 선임할 수 있다($\frac{366조}{2항}$). 즉 법원은 의장의 선임에 관해 정관의 규정에 구속받지 아니한다.

4) 검사인의 선임    소수주주의 청구에 의해 회사가 총회를 소집하거나 또는 법원의 허가를 얻어 소수주주가 총회를 소집한 경우 그 총회는 회사의 업무와 재산상태를 조사하게 하기 위하여 검사인을 선임할 수 있다($\frac{366조}{3항}$).

(3) 감사의 소집청구

감사도 소수주주와 같은 방법으로 주주총회의 소집을 청구하고, 이사회가 소집을 게을리할 경우 법원의 허가를 얻어 직접 소집할 수 있다($^{412조의3,}_{415조의2\,7항}$).

**(4) 법원의 명령에 의한 소집**

발행주식의 100분의 3 이상을 가진 주주는 회사의 업무집행에 관하여 부정행위 또는 법령이나 정관에 위반한 중대한 사실을 의심할 사유가 있음을 이유로 회사의 업무와 재산상태를 조사하게 하기 위하여 법원에 검사인의 선임을 청구할 수 있다($^{467조}_{1항}$). 이 검사인의 조사보고에 의해 필요하다고 인정한 때에는 법원은 주주총회의 소집을 명할 수 있다($^{467조}_{3항}$). 이 경우에는 이사회의 소집결정을 요하지 않고 대표이사가 바로 소집해야 한다($^{통}_{설}$).

## 2. 주주총회의 시기

총회는 정기총회와 임시총회로 나뉜다. 「정기총회」는 매결산기에 1회 일정한 시기에 소집한다($^{365조}_{2항}$). 결산기가 1년을 넘더라도 매년 1회는 반드시 소집하여야 한다($^{365조}_{1항}$). 정기총회에서는 재무제표의 승인이 주요 의제이지만, 이 밖의 의안을 다루어도 무방하다. 정기총회도 이사회가 소집을 결정한다($^{통}_{설}$).

「임시총회」는 필요에 따라 수시로 소집할 수 있다($^{365조}_{3항}$). 임시총회와 정기총회는 그 소집시기가 다를 뿐 그 권한이나 결의의 효력에는 차이가 없다.

## 3. 소집의 통지

주주총회를 소집하기 위하여는 회의일을 정하여 소집을 통지하여야 한다($^{363조}_{1항}$). 통지는 이사회의 소집결정을 집행하는 일이므로 대표이사가 한다. 소집의 통지는 주주들에게 총회의 의사결정에 참가할 기회를 부여하는 뜻을 지니므로 총회운영에서 매우 중요한 절차이다.

**1) 통지대상**　　명의개서된 주주에 한해 의결권을 행사할 수 있으므로 소집통지는 주주명부상의 주주에게 해야 하고, 어떤 사유로 주식을 취득하였든, 명의개서를 하지 아니한 주식양수인에게는 통지할 필요가 없다($^{대법원 2012. 6. 14. 선}_{고 2012다20925 판결}$).

의결권 없는 주주에 대하여는 통지를 하지 아니한다($^{363조}_{7항}$). 의결권 없는 주주란 의결권이 배제되는 주식 또는 당해 총회의 의안에 관해 의결권이 제한되는 주식($^{344조}_{의3\,1항}$)뿐만 아니라 상호주($^{369조}_{3항}$) 기타 상법 또는 특별법에서 의결권을 제한하는 주식을 소유하는 주주를 모두 포함한다.

**2) 통지방법**　　주주에게 개별적으로 서면에 의해 통지를 발송하여야 한다($^{363조}_{1항}$). 주주의 동의가 있을 경우 전자문서에 의한 통지로 갈음할 수 있다($^{동조}_{동항}$). 이는 강행규정으로서 다른 방법은 허용되지 아니한다. 예컨대 공고를 하거나, 구두로 알리거나, 종업원주주에 대하여 문서로 회람 또는 안내방송으로 알리는 것은 허용되지 않는다.

통지는 주주명부에 기재된 주소 혹은 주주가 회사에 통지한 주소로 하고 이로써 회사는 면책된다($^{353조}_{1항}$). 소집통지만이 아니라, 회사가 주주에게 하는 기타 각종의 의사통지도 같다.

〈상장회사의 특례〉 상장회사가 주주총회를 소집함에 있어서는 의결권 있는 주식총수의 100분의 1 이하를 가진 주주에 대하여는 정관에 정하는 바에 따라 회일 2주 전에 총회소집의 뜻과 목적사항을 2개 이상의 일간신문에 각각 2회 이상 공고하거나, 전자적 방법으로 공고함으로써 소집통지에 갈음할 수 있다($^{542조의4, 상}_{령 31조 1항}$).「전자적 방법의 공고」란 금융감독원 또는 한국거래소가 운영하는 전자공시시스템에 공시하는 것을 말한다($^{상령 31}_{조 2항}$). 이같이 전자공고로 갈음하기 위해서는 반드시 정관에 규정을 두어야 한다($^{서울고법 2011. 6. 15. 선}_{고 2010나120489 판결}$).

　　3) 통지기간　　　통지는 회일 2주 전에 해야 한다($^{363조}_{1항}$), 이 기간은 주주의 권리를 이루므로 정관의 규정으로 늘릴 수 있으나, 줄일 수는 없다($^{통}_{설}$). 통지를「발송」하라 함은 총회의 소집통지는 대표적인 집단적 행위이므로 그 효력을 획일확정하기 위하여「발신주의」를 취한 것이다. 그러므로 회일 2주 전에 통지가 발송되면 족하고 주주에게 도달되었는지는 묻지 않는다. 부도달로 인한 불이익은 주주의 부담이다. 그러나 통지의 발신 및 기간 준수 여부에 관한 증명책임은 회사가 부담한다. 즉 회사가 주주명부상의 주소 또는 주주가 회사에 통지한 주소($^{353조}_{1항}$)로 소집통지를 발송하였음을 증명하여야 한다.

　　「2주 전에 … 발송」하라 함은 초일불산입의 원칙($^{민}_{157조}$)에 따라 발송일과 회일의 사이에 14일을 두어야 함을 뜻한다($^{3월 16일에 총회를 한다면 3월}_{1일 또는 그 전에 발송해야 한다}$).

　　4) 통지내용　　　회일, 총회장소($^{소집}_{지}$), 회의의 목적사항을 통지하여야 한다.

〈상장회사의 특례〉 상장회사의 주주총회의 소집통지·공고에서 다룰 내용에 관해서는 특칙을 두고 있다. 상장회사가 이사·감사의 선임을 목적으로 하는 주주총회를 소집통지 또는 공고하는 경우에는 이사·감사 후보자의 성명, 약력, 추천인, 그 밖에 후보자와 최대주주의 관계 등 대통령령으로 정하는 후보자에 관한 사항을 통지 또는 공고해야 한다($^{542조의4 2항,}_{상령 31조 3항}$). 또 상장회사는 사외이사의 활동내역과 보수에 관한 사항, 주요주주 등과의 거래내역, 영업현황 등 사업개요도 소집통지·공고에 담아야 하지만, 통지·공고에 갈음하여 회사의 인터넷 홈페이지에 게재하고 소정의 방법으로 일반인이 열람할 수 있게 하는 것도 무방하다($^{542조의4 3항, 상}_{령 31조 4항·5항}$).

　　5) 소집통지의 해태　　　회사가 총회소집의 통지를 게을리하거나 부적법하게 한 때에는 소집절차가 법령 또는 정관에 위반한 것이 되어 결의취소사유가 되고($^{376조}_{1항}$), 이사에게는 벌칙이 적용된다($^{635조}_{1항 2호}$).

　　6) 장기불참 주주에 대한 소집통지의 생략　　　소액주주 중에는 주식의 양도차익만 겨냥하고 공익권의 행사에는 관심이 없어 주소가 변동되더라도 회사에 신고하지 않아, 회사

가 옛주소로 계속 무익한 통지를 하는 예가 흔하다. 상법은 이러한 낭비를 제거하고자 장기간($^{3년}_{간}$)에 걸쳐 통지가 주주에게 부도달할 경우 회사의 통지의무를 면제하는 제도를 두고 있다($^{363조}_{1항 단}$).

i)「3년간」의 부도달    주주명부상의 주주의 주소로 통지를 하였으나, 3년간 계속 도달하지 않아야 한다. 부도달된 통지는「주주총회의 소집」에 관한 것이어야 한다.「3년간」이란 최초의 부도달된 통지의 발송일로부터 최후의 부도달된 통지의 발송일까지의 기간을 뜻한다고 본다.

ii) 부도달의 인식    통지가 주주에게 도달하지 않았다는 사실은 통지의 반송에 의해 인식된다. 단지 주주가 통지를 받고 주주총회에 불참한 사실만으로는 도달하지 않았다고 볼 수 없다.

iii) 증명책임    위 요건충족에 대한 증명책임은 회사가 진다.

iv) 적용범위    이 제도는 주주총회의 소집통지에만 적용된다. 따라서 신주인수권자에 대한 신주인수최고의 통지($^{419조}_{1항}$) 등 기타 주주에 대한 최고 등의 통지는 3년간 부도달하더라도 생략할 수 없다.

7) 소규모회사의 소집통지방법    상법상의 주주총회의 소집 내지는 운영절차가 매우 엄격하여 영세한 회사로서는 준수비용이 상당한 부담이 되므로 소규모회사의 주주총회에 관해서는 간소한 방법으로 운영할 수 있도록 특례를 두었다($^{237면}_{참조}$). 첫째, 소규모회사가 주주총회를 소집할 때에는 일반회사와 달리 주주총회일의 10일 전에 통지를 발송하면 족하다($^{363조}_{3항}$). 둘째, 주주 전원의 동의가 있을 경우에는 소집절차 없이 주주총회를 개최할 수 있다($^{363조}_{4항}$).

## 4. 회의일시 · 소집장소

회의일시와 소집장소는 주주들의 참석의 편의를 고려하여 결정하여야 한다.

소집지에 관하여는「총회는 정관에 다른 정함이 없으면 본점소재지 또는 이에 인접한 지에 소집하여야 한다」는 제한이 있다($^{364}_{조}$). 동조에서의「본점소재지」,「인접한 지」의 범위는 동일한 생활권을 이루는 행정단위로 파악해야 한다. 상법 제22조, 제41조 제1항, 제70조 제3항 등 다수 조문에서「서울특별시, 광역시, 시, 군」을 상사거래의 동일생활권으로 제시하고 있으므로「본점소재지」,「인접지」의 범위도 같은 요령으로 인식해야 할 것이다. 본점소재지나 인접한 지라 하더라도 입장료를 내야 하는 장소로 정하여 주주가 회의참석을 위해 비용을 부담하게 하거나, 주주가 참석하기 어려운 장소를 택하는 것은 소집절차가 현저하게 불공정한 경우($^{376조}_{1항}$)에 해당한다.

회의일시에 관해서도 주주의 편의를 고려하여 건전한 상식에 따라 정할 일이다. 예컨대 특별한 사정 없이 공휴일에 소집한다면 역시 소집절차가 현저하게 불공정한 경우($^{376조}_{1항}$)

에 해당한다.

한편 실제의 회의일시나 소집장소가 통지된 일시·장소와 상당한 괴리가 있다면 이는 소집절차가 현저히 불공정하거나(대법원 2003. 7. 11. 선고 2001다45584 판결), 아예 소집이 없는 것으로 보아야 한다.

### 5. 회의의 목적사항

**1) 의의** 회의의 「목적사항」은 총회에서 결의할 의안을 뜻하는데, 주주가 회의참석 여부의 의사결정을 하는 데 가장 중요한 역할을 한다. 그러므로 소집통지서에 총회가 무엇을 결의하게 되는지를 알 수 있을 정도로 구체적으로 기재해야 한다. 예컨대 「이사선임의 건」,「재무제표 승인에 관한 건」정도로 표시하면 된다. 그러나 정관변경 등 특별결의사항을 다룰 주주총회를 소집할 때에는 의안의 요령도 기재하여야 한다(433조 2항).「의안의 요령」이란 결의할 사항의 주된 내용이다.

집중투표를 허용하는 회사의 경우에는 주주에게 집중투표를 청구할 수 있는 기회를 주어야 하므로(382조의2 2항) 선임할 이사의 수를 소집통지에 기재해야 한다.

**2) 회의목적과 결의의 범위** 주주에게 통지된 회의의 목적은 당해 주주총회에서 결의할 사항의 범위를 제약한다. 즉 주주총회는 통지된 목적 이외의 사항에 관해 결의할 수 없다. 예컨대 재무제표의 승인을 위해 소집된 총회에서 이사를 선임한다면 위법한 결의로서 취소사유가 된다. 목적 외의 결의는 설혹 참석한 주주 전원의 동의가 있더라도 허용될 수 없다(대법원 1979. 3. 27. 선고 79다19 판결).

**3) 수정과 철회** 회의의 목적사항의 일부 또는 전부의 철회가 가능하며, 목적의 동일성을 해하지 않는 한 수정도 가능하다(통설). 예컨대 이익배당의 결의(462조 2항)에서 배당금의 증감은 동일성이 유지되는 수정이다.

### 6. 주주제안권

**1) 의의** 주주총회를 소집할 때에는 소집통지에 목적사항을 기재하고(363조 2항), 이 통지에 의해 소집된 주주총회에서는 기재된 목적사항에 한해 결의할 수 있다. 그리고 주주총회의 소집은 이사회가 결정하므로 주주가 주주총회에서 의안을 발의할 기회는 봉쇄되어 있다. 그러나 주주는 주주총회의 의사결정에 최대의 이해를 가진 자라 할 수 있으므로 상법은 소수주주에게 회의의 목적사항을 제안할 수 있는 권리를 부여하고 있다. 이를 주주제안권이라 한다.

**2) 주주의 요건** 주주제안권은 의결권 있는 발행주식총수의 100분의 3 이상을 소유한 주주에게 주어진다(363조의2 1항). 상장회사의 경우 의결권있는 발행주식총수의 100분의 1(자본금 1,000억원 이상인 회사는 1,000분의 5) 이상으로 완화하되, 대신 6월 이상 보유할 것을 요구한다(542조의6 2항).

**3) 제안의 내용** 주주제안은 주주총회의 소집을 청구하는 것이 아니고 이사회가 정

한 특정 주주총회의 목적사항에 안건을 추가할 것을 요구하는 것이다. 주주제안은 총회의 의제로 삼을 사항을 제안하는 것도 가능하고(예컨대 이사를 선임<br>하자는 안. 의제제안), 의안의 요령 즉 구체적인 결의안(예컨대 김○○을 이사로<br>선임하자는 안. 의안제안)을 제안하는 것도 가능하다.

4) **제안내용의 제한**　　주주제안을 함에는 제안의 필요성이나 합리성에 대한 증명을 요하지 않는다. 그러므로 주주의 제안권행사는 자칫 남용되어 소유와 경영의 분리원칙을 저해할 수 있다. 그러므로 상법은 남용에 해당되는 주주제안은 이사회가 목적사항으로 하지 않을 수 있음을 규정하고 있다($\frac{363조}{의2\ 3항}$). 상법에서는 주주제안의 내용이 법령 또는 정관에 위반하는 경우를 대표적인 사유로 예시하고, 이에 추가하여 시행령에서 이사회가 거부할 수 있는 사유를 열거하고 있다. 구체적으로는, ① 주주총회에서 의결권의 100분의 10 미만의 찬성밖에 얻지 못하여 부결된 내용과 동일한 의안을 부결된 날부터 3년 내에 다시 제안하는 경우, ② 주주 개인의 고충에 관한 사항, ③ 주주가 권리를 행사하기 위해서 일정 비율을 초과하는 주식을 보유해야 하는 소수주주권에 관한 사항, ④ 임기 중에 있는 임원의 해임에 관한 사항(상장회사<br>에 한함), ⑤ 회사가 실현할 수 없는 사항 또는 제안이유가 명백히 거짓이거나 특정인의 명예를 훼손하는 사항이 이에 해당한다($\frac{상령}{12조}$).

5) **주주제안의 절차**　　제안권을 행사하고자 하는 주주는 주주총회일의 6주 전까지 이사에게 제안내용을 서면 또는 전자문서로 제출하여야 한다($\frac{363조}{의2\ 1항}$). 총회의 회일을 주주가 아는 것은 총회일의 2주 전에 회사가 발송한 소집통지를 수령할 때이므로 6주 전에 제안하라고 함은 실질적으로는 주주제안이 있으면 6주 이후에 열리는 주주총회에서 의안으로 다루라는 뜻이다. 정기총회의 회일은 예측이 가능하므로 상법은 제안주주의 편익을 위해 정기총회에서 다룰 안건의 제안은 직전 연도의 정기총회일에 대응하는 그 해의 해당일의 6주 전에 제출하도록 하고 있다($\frac{363조}{의2\ 1항}$).

주주는 이사회가 정한 회의의 목적사항에 추가하여 자신이 제출하는 의안의 요령을 주주총회의 소집통지에 기재할 것을 청구할 수 있다($\frac{363조}{의2\ 2항}$).

6) **제안에 대한 회사의 조치**　　이사는 주주제안이 있을 경우 이를 이사회에 보고하고, 이사회는 제안내용이 법령·정관에 위반하는 등 주주제안의 제한사유($\frac{상령\ 12}{조\ 각호}$)에 해당하지 않는 한 주주총회의 목적사항으로 상정하여야 하며, 제안주주의 요청이 있을 경우 주주총회에서 당해 의안을 설명할 기회를 주어야 한다($\frac{363조}{의2\ 3항}$).

7) **주주제안을 무시한 결의의 효력**　　주주제안을 무시한 채, 주주총회에서 제안된 내용과 상충하는 결의를 한 경우에는 결의방법에 흠이 있는 것으로 보아 결의취소사유가 된다고 보아야 한다. 예컨대 주주가 정관상의 사업목적을 금융업으로 변경할 것을 제안하였는데, 회사가 이를 소집통지에 기재하지 않고 주주총회에서는 도매업으로 변경하는 결의를 한 때에는 결의취소의 소의 대상이 되는 것이다.

주주가 제안한 목적사항을 소집통지에 기재하지도 않고 주주총회에서 다루지도 않은 경우에는 이사의 책임이 발생하는 것은 별론으로 하고, 총회의 결의에는 영향이 없다. 예컨 대 재무제표를 승인하는 총회에 주주가 이사해임을 제안하였음에도 이를 무시하고 재무제표만 승인한 경우이다.

### 7. 소집절차상의 하자의 치유

주주총회의 소집절차에 하자가 있더라도 주주가 동의하거나 이와 같이 볼 수 있는 사정이 있다면 하자가 치유되는 것으로 보아야 할 경우가 있다.

1) **통지절차에 관한 하자**　　소집통지절차는 주주 개개인의 주주총회 참석권을 보호하기 위한 것이므로 통지에 하자가 있는 경우, 예컨대 통지기간을 준수하지 아니하였거나 아예 통지를 하지 않은 경우에는 그 하자가 일부 주주에 국한된 것이라면 당해 주주의 동의로 치유된다고 보아야 한다. 같은 논리에서 통지의 하자가 주주 전원에 대해 존재하는 경우에도($\binom{예: 주주 전원에게 통}{지기간을 어긴 경우}$) 주주 전원의 동의로 치유된다고 보아야 한다.

2) **소집결의의 하자**　　이사회의 소집결의에 생긴 하자는 소유와 경영의 분리 및 기관분화의 원칙상 주주 전원의 동의로도 치유될 수 없다고 보는 것이 논리적이다. 그러나 통설 · 판례는 이사회의 소집결정에 흠이 있거나 심지어 소집결의가 전혀 없더라도 주주 전원이 출석한 경우($\binom{전원출}{석총회}$)에는 적법한 주주총회로 본다($\binom{대법원 1993. 2. 26.}{선고 92다48727 판결}$). 당연한 귀결로 1인회사에서는 1인주주의 출석으로 모든 하자가 치유된다고 한다($\binom{대법원 2007. 2. 22. 선}{고 2005다73020 판결}$). 나아가 판례는 1인회사의 경우 실제로 주주총회를 개최한 사실이 없더라도 의사록이 작성되었다면 주주총회결의로 인정할 수 있다고 하며($\binom{대법원 1993. 6. 11.}{선고 93다8702 판결}$), 의사록조차 없더라도 1인주주의 의견표명이 있었다면 증거에 의해 주주총회의 결의가 있었던 것으로 볼 수 있다는 판례도 있다($\binom{대법}{원}$ 2004. 12. 10. 선고 2004다25123 판결; 동 2020. 6. 4. 선고 2016다241515 판결). 다만, 이 법리는 1인회사에 한해 적용되고, 결의요건을 충족하는 다수의 주식을 소유하는 주주가 동의하거나 승인한다고 해서 결의를 대신할 수는 없다고 한다($\binom{같은}{판례}$).

### 8. 소집의 철회 · 변경

일반적으로 사단의 총회가 개최되기 전에 그 총회의 소집이 필요했던 기초사정에 변경이 생길 경우 특별한 사정이 없는 한 소집권자는 소집된 총회의 개최를 연기하거나 소집을 철회할 수 있다고 보아야 할 것이므로($\binom{대법원 2007. 4. 12. 선}{고 2006다77593 판결}$), 주주총회 역시 이러한 사정이 생겼을 경우 주주총회를 철회 · 변경할 수 있다고 보아야 한다. 소집장소의 변경이 가능함은 물론이다. 다만, 소집의 철회 · 변경은 총회를 소집하는 경우에 준하여 이사회의 결의를 거쳐 대표이사가 그 뜻을 통지해야 한다($\binom{대법원 2009. 3. 26.}{선고 2007도8195 판결}$). 그리하여 판례는 총회의 개최일 전에 모든 주주들에게 철회 · 변경이 있었음을 알리는 통지가 도달할 수 있는 방법을 취한 경우에는 철회 · 변경의 효력이 발생한다고 본다($\binom{대법원 2011. 6. 24. 선고 2009다35033 판결: 예정된 총회일의 하루 전에}{이사회에서 소집철회를 결의하고, 바로 모든 주주들에게 퀵서비스를 통}$

해 소집철회통지서를 보내는 한편, 전보와 휴<br>대전화로 알린 것은 적법한 철회라고 한 예). 다만 소집일을 변경하는 경우에는 당초 총회의 소집에서와 마찬가지로 변경된 회일의 2주간 전이라는 기간을 준수하여 주주들에게 통지하여야 한다.

소집이 적법하게 철회된 경우에는 일부의 주주가 참석하여 결의를 하더라도 이는 결의부존재에 해당한다. 철회가 부적법한 경우에도 이를 신뢰하여 총회에 불참한 주주를 보호해야 하므로 철회는 유효하고 철회 후 이루어진 결의는 부존재한다고 보아야 한다.

### 9. 연기와 속행

1) **개념**　주주총회의 「연기」란 총회가 성립한 후 미처 의안을 다루지 못하고 회일을 후일로 다시 정하는 것이고, 「속행」이란 의안의 심의에 착수하였으나 결의에 이르지 못하고 회일을 다시 정하여 동일한 의안을 계속 다루는 것을 말한다. 어느 것이나 일단 총회 성립 후에 이루어지는 점에서 소집의 철회·변경과 다르다. 가결이든 부결이든 일단 결의가 행해지면 연기·속행이란 있을 수 없다. 부결된 안건을 다시 다루고자 할 경우에는 소집절차를 새로이 밟아야 한다.

2) **결의**　총회에서 회의의 연기 또는 속행을 결의할 수 있다($\frac{372조}{1항}$). 총회에서만 결의할 수 있고, 의장이나 이사회가 연기나 속행을 결정할 수는 없다.

3) **동일성**　연기회·계속회는 의안의 동일성이 유지되는 한, 연기·속행을 결의한 총회의 연장이므로 동일한 총회로 다루어진다. 따라서 연기회와 계속회를 위해서는 통지와 같은 별도의 소집절차를 요하지 않는다($\frac{372조}{2항}$). 연기회·계속회의 일시와 장소를 출석주주에게만 통지하면 된다. 그리고 당초 총회의 의결권행사의 대리인은 연기회나 계속회에서도 새로운 수권 없이 대리권을 갖는다. 원래의 총회에 결석했던 주주라도 계속회·연기회에 출석할 수 있음은 물론이다.

### 10. 검사인의 선임

주주총회를 전후하여 이사가 제출한 서류와 감사의 보고서를 조사하기 위한 검사인 또는 총회의 소집절차의 적법성을 조사할 검사인을 선임할 수 있다. 전자를 「서류검사인」, 후자를 「총회검사인」이라 부르기로 한다.

1) **서류검사인**　총회는 이사가 제출한 서류와 감사의 보고서를 조사하게 하기 위하여 검사인을 선임할 수 있다($\frac{367조}{1항}$). 보통결의로 선임한다. 이 검사인의 선임은 서류, 보고서의 타당성과 정확성의 조사를 위한 목적에 국한되고, 회사의 업무나 재산 일반에 대한 조사를 위해서는 선임할 수 없다. 이러한 목적의 검사인 선임은 별도로 엄격한 요건하에 허용되기 때문이다($\frac{467조}{참조}$).

2) **총회검사인**　회사 또는 발행주식총수의 100분의 1 이상에 해당하는 주식을 가진 주주는 총회의 소집절차나 결의방법의 적법성을 조사하기 위하여 총회 전에 법원에 검

사인의 선임을 청구할 수 있다($^{367조}_{2항}$). 총회운영의 적법성을 조사하게 함으로써, 이사의 위법한 운영을 예방하고, 장차 결의에 관한 다툼을 예상하고 관련증거를 보전하기 위한 목적에서 둔 제도이다.

검사인의 직무는 총회의 소집과 결의방법이 적법한지를 실시간 관찰하는 것이므로 검사인은 총회 전에 선임하여야 한다.

## IV. 의결권

주주총회에서 제기된 안건에 관해 의사결정을 함에 있어, 누가 그 의사결정에 참여할 수 있으며($^{의결권}_{의 귀속}$), 누가 얼마의 영향력을 갖느냐($^{의결권}_{의 수}$)는 문제가 제기된다. 다음 단계로, 주어진 의결권을 어떤 방식으로 행사해야 하느냐는 문제도 따르지만, 이는 앞의 2개의 실질문제에 관한 원칙을 공정하게 실현하기 위한 절차문제이다.

### 1. 의결권의 귀속

「의결권」이란 주주가 주주총회에서의 의사표시를 통해 주주 공동의 의사결정에 지분적으로 참가할 수 있는 권리이다. 회사에는 채권자, 근로자와 같은 다른 이해관계자가 있고 이들도 자금 또는 노력의 제공을 통해 회사의 영리실현에 기여하지만, 오직 주주만이 의결권을 갖는다. 이들의 이해관계의 본질이 다르기 때문이다. 채권자는 채권의 원본과 이자, 그리고 근로자는 임금이라는 수치적으로 확정된 이해관계를 가지며 권리의 행사순서에 있어서 주주에 앞선다. 이에 비해 주주는 이들의 권리가 실행된 후에 「잔여의 이익에 대해 분배의 기회」($^{residual}_{claimant}$)를 갖는다. 그러므로 어떤 내용으로 회사의 의사결정을 하느냐에 관해 이해를 갖는 것은 바로 주주들이다. 회사의 의사결정을 한다고 함은 바로 주주들이 위험을 부담해야 할 불확실한 기회에 대한 모험을 뜻하기 때문이다. 어떤 의사결정이든지 그 결정으로 인해 위험을 부담하는 자가 결정권을 갖는다는 것은 조리에 속하는 원칙이라는 점에서 주주만이 의결권을 가져야 할 당위성이 발견된다.

그러므로 의결권은 주주의 가장 중요한 공익권이며, 고유권의 일종으로서 정관의 규정으로도 이를 박탈하거나 제한할 수 없고, 주식과 분리하여 양도하거나 포기하지 못한다. 다른 주주 또는 제3자가 의결권의 행사를 방해한 때에는 권리침해로서 불법행위를 구성하며($^{민}_{750조}$), 회사가 방해한 때에는 결의의 하자를 주장할 수 있으며($^{376}_{조}$), 이사의 책임을 추궁할 수 있다($^{401}_{조}$).

### 2. 의결권의 수

의결권은 주식평등의 원칙에 따라 1주마다 1개만이 주어진다($^{369조}_{1항}$). 따라서 특정주식에 수개의 의결권을 인정하는 복수의결권은 허용될 수 없다. 앞서 말했듯이 의결권은 출자자의 위험관리수단으로 주어지는 것이다. 주주 각자가 유한책임을 지는 주식회사에서 이 위험은 출자액, 즉 소유주식수에 비례하므로 위험관리수단 역시 이에 비례하여 행사되어야 한다. 1주 1의결권은 이와 같이 주주들의 위험부담과 회사에 대한 영향력행사 간에 비례적 균등을 실현하고자 하는 배려에서 나온 것으로, 주식회사의 자본단체적 성질에서 유래하는 원칙이다. 따라서 1주 1의결권에 관한 상법규정($\frac{369조}{1항}$)은 강행규정으로서 정관으로도 달리 정할 수 없으며, 이와 다른 주주 간의 합의가 있더라도 무효이다.

## 3. 의결권 없는 주식

상법상 주식평등의 예외로서, 의결권이 배제되거나 제한되는 주식을 종류주식으로 발행할 수 있음은 기술한 바와 같다($\frac{344조}{의3 1항}$). 이 주식에 대한 의결권의 제한은 주식의 속성을 이루므로 누구에게 주식이 이전되든 의결권의 제한은 변하지 않는다. 기타 의결권제한 주식의 내용, 발행절차, 발행한도 등에 관해서는 기술한 바와 같다($\frac{326면 이}{하 참조}$).

## 4. 의결권의 일시적 제한

주식의 속성으로서가 아니라, 주주의 특성에 착안하여 또는 의안의 성격에 의하여 특정주주의 의결권행사가 일시적으로 휴지 또는 제한되는 경우가 있다. 의결권은 주주의 본질적인 권리이므로 정관으로 정한 바에 따라 의결권이 없거나 제한되는 주식으로 발행된 경우 외에는 박탈·제한할 수 없음을 원칙으로 한다. 그러나 결의의 궁극적인 목적은 다수 주주들의 보편적 의사를 창출해내어 주주집단의 자기결정권을 실현하게 하는 것인데, 상황에 따라서는 다수결의 남용이 필연적이거나 특정인의 의결권행사가 결의의 공정을 해할 위험을 내포하는 경우가 있을 수 있다. 그러므로 상법은 극히 한정된 요건하에서 의결권을 제한하는 개별적인 사유를 규정하고 있으며, 특별법에서도 유사한 이유에서 의결권행사를 제한하는 예가 있다. 의결권이 제한되는 경우는 다음과 같다.

### (1) 자기주식

회사가 자기주식으로 의결권을 행사할 수 없음은 기술한 바와 같다($\frac{369조 2항.}{390면 참조}$). 회사가 자기주식을 가지고 타인에게 의결권을 대리행사하게 하는 것은 바로 자기주식의 의결권을 행사하는 것이니 허용될 수 없음은 물론, 회사가 다른 주주의 의결권을 대리행사하는 것도 허용될 수 없다고 본다.

### (2) 상호주($\frac{369조 3항.}{393면 참조}$).

### (3) 특별이해관계 있는 주주

1) 취지　　　주주총회의 결의에 관하여 특별한 이해관계가 있는 자는 의결권을 행사하지 못한다($\frac{368조}{3항}$). 주주가 개인적인 이익에 치우쳐 의결권을 행사한다면 결의의 공익적 본

질을 해하게 되므로 결의의 공정을 유지하기 위해 마련한 제도이다.

2)「**특별한 이해관계**」    어떤 경우에 특별한 이해관계가 있다고 보느냐에 관해 견해가 갈린다. 결의에 의해 권리의무의 득실이 생기는 등 법률상 특별한 이해관계가 생길 때를 뜻한다는 설($^{법률상이}_{해관계설}$), 모든 주주에게 관계되지 않고 특정 주주의 이해에 관계될 때를 뜻한다는 설($^{특별이해}_{관계설}$), 특정한 주주가 주주로서의 지위와 관계없이 개인적으로 이해관계를 가질 때를 뜻한다는 설($^{개인}_{법설}$)이 주장되어 왔는데, 통설·판례는 제3설($^{개인}_{법설}$)에 따라 설명한다.

통설에 의할 때 특별한 이해관계가 있다고 볼 수 있는 주주는 발기인·이사·집행임원·감사·감사위원의 책임을 면제하는 결의($^{324조, 400조, 408조의}_{9, 415조, 415조의2 7항}$)를 할 때의 이들 신분을 가진 주주, 영업양도·영업양수·경영위임 등의 결의($^{374조}_{1항}$)를 할 때의 거래상대방인 주주, 임원의 보수를 정할 때($^{388조}_{415조}$)의 임원인 주주 등이다.

그러나 주주인 지위에서 회사지배와 관련되는 결의, 예컨대 이사·감사의 선임 또는 해임결의에서 당해 이사·감사인 주주는 특별한 이해관계인이라 할 수 없다($^{통}_{설}$). 이 경우의 주주마저 특별이해관계인으로 본다면 대주주일수록 경영에 참가하는 것이 어렵다는 불합리한 결과가 되기 때문이다. 또 합병에서 일방당사자인 회사가 타방 회사의 주주인 경우 또는 재무제표의 승인에서 주주인 이사가 의결권을 행사하는 경우에는 주주의 지위를 떠난 개인적인 이해관계가 발생하는 것이 아니므로 특별한 이해관계인이 아니라고 보아야 한다.

3) **적용범위**    주주 자신에게 특별한 이해관계가 있으면, 특별한 이해관계가 없는 대리인을 통하여 의결권을 행사하더라도 주주의 이해관계가 대리의사에 화체되므로 역시 본조가 적용된다. 반대로 주주는 특별한 이해관계가 없으나 대리인이 특별한 이해관계를 가질 경우는 어떠한가? 상법 제368조 제3항이「… 특별한 이해관계가 있는 자」라고 규정하므로 주주에 한정하는 뜻이 아니라고 볼 수 있으며, 대리인이 본인의 의사를 좇지 않더라도 의결권행사는 유효하고 의결권행사에 대리인의 이해관계가 반영될 수 있으므로 역시 본조가 적용된다고 본다($^{통}_{설}$). 같은 이유에서 특별한 이해관계 있는 주주는 주식을 타인에게 신탁하여 의결권을 행사하게 하지 못하며, 주식을 신탁받은 자가 특별한 이해관계가 있을 경우에도 의결권을 행사할 수 없다.

4) **이해관계의 효과**    특별한 이해관계가 있는 주주는 의결권을 행사하지 못하며, 그 의결권의 수는 발행주식총수에서 차감하여야 한다($^{371조 2항,}_{451조 참조}$).

특별한 이해관계 있는 자가 의결권을 행사한 때에는 결의취소사유가 된다($^{376조}_{1항}$). 특별한 이해관계 있는 자가 의결권을 행사하였다는 사실로 족하고, 의결권을 행사한 결과 결의가 불공정하다거나 회사에 손실을 끼쳤다는 사실은 요하지 않는다.

**(4) 감사선임시의 제한**

감사를 선임하는 결의에서는 의결권 없는 주식을 제외한 발행주식총수의 100분의 3을 초과하는 수의 주식을 가진 주주는 그 초과하는 수의 주식을 가지고 의결권을 행사하지 못한다$\binom{409조 2항. 상세는}{560면 이하 참조}$.

### (5) 집중투표 배제시의 제한

이사선임에 있어 집중투표제를 배제하려는 회사는 정관에 그러한 규정을 두어야 한다. 상장회사가 이를 위해 정관을 변경할 때에는 의결권 있는 발행주식총수의 100분의 3을 초과하는 수의 주식을 가진 주주는 그 초과하는 분에 관해서는 의결권을 행사할 수 없다 $\binom{542조}{의7 3항}$.

### (6) 특별법상의 의결권 제한

1) 채무자 회생 및 파산에 관한 법률에 의한 회생절차의 개시 당시 회사의 부채총액이 자산총액을 초과하는 때에는 주주는 의결권을 갖지 못한다$\binom{회파}{146조}$. 경제적으로 주주의 지분 가치가 소진된 것을 법적 권리에 반영한 것이다.

2) 공정거래법상 소정의 대규모기업집단에 속하는 금융보험회사는 자신이 소유하는 계열회사의 주식을 가지고 의결권을 행사하지 못한다$\binom{독규}{25조}$. 금융보험회사의 자금력을 이용한 기업집중을 막기 위함이다.

3) 자본시장법상 집합투자업자$\binom{자금 6조}{4항. 5항}$는 집합투자재산을 운용함에 있어 일정한 투자한도의 제한을 받고$\binom{자금 81}{조 1항}$, 자기의 계열회사가 발행한 증권은 일정한 한도를 초과하여 취득하지 못한다$\binom{자금 84}{조 4항}$. 이러한 한도를 초과하여 취득한 주식을 가지고는 의결권을 행사할 수 없다$\binom{자금 87}{조 4항}$. 의결권제한을 피하기 위하여 집합투자업자가 제3자와의 계약에 의하여 의결권을 교차행사하는 것도 금지된다$\binom{자금 87}{조 5항}$.

그리고 집합투자재산에 편입되어 있는 주식은 실질적으로는 수익자의 재산이므로 자본시장법은 집합투자업자가 그 의결권을 사익을 위해 이용하는 것을 방지하기 위해 이들의 의결권행사가 불공정해질 가능성이 있는 경우에는 그림자투표$\binom{shadow}{voting}$를 강제한다$\binom{자금 87}{조 2항}$.

4) 특별법상 주식취득을 제한하는 경우에는, 동시에 그에 위반하여 취득한 주식의 의결권도 제한하는 것이 일반적이다$\binom{396면 이}{하 참조}$.

## 5. 의결권의 행사절차 · 방법

주주가 의결권을 행사하기 위해서는 주주총회 당일 현재 주주명부에 주주로 등재되어 있어야 하며, 기준일을 정한 경우에는 기준일 현재 주주로 등재되어 있어야 한다. 주주총회일 또는 그 직전에 주주가 변동되어 주주의 확정에 혼란이 생김을 방지하기 위함이다.

주주가 자연인인 경우에는 본인 또는 그 대리인이 의결권을 행사하고, 법인인 경우에는 대표기관 또는 법인의 대리인이 의결권을 행사한다.

## 6. 의결권의 불통일행사

### (1) 의의

주주가 2개 이상의 의결권을 가지고 있는 때에는 이를 통일하지 아니하고 행사할 수 있다($^{368조의}_{2\,1항\,전}$). 예컨대 10주를 가진 주주가 7주는 찬성표로, 3주는 반대표로 사용하는 것이다. 의결권을 행사하는 명의상의 주주가 배후에 이해관계를 달리하는 다수의 실질주주를 두고 있는 경우, 실질주주의 의사를 반영하기 위해 이같이 분리행사할 실익이 있다.

그러나 의결권의 불통일행사를 무제한 허용한다면 총회운영에 혼란을 주므로 명의주주와 실질주주가 다를 경우와 같이 실제상의 필요가 있는 경우 외에는 회사가 불통일행사를 거부할 수 있다($^{368조}_{의2\,2항}$). 1인이 수인의 주주를 대리하여 의결권을 행사할 경우 본인들의 뜻이 각기 달라 불통일행사하는 경우가 있을 수 있으나, 이는 수인을 대리한 결과이고 상법 제368조의2에서 말하는 의결권의 불통일행사가 아니다.

### (2) 요건

의결권의 불통일행사는 주주가 주식의 신탁을 인수하였거나 기타 타인을 위하여 주식을 가지고 있는 경우에 한해 허용된다($^{368조}_{의2\,2항}$). 「타인을 위하여 주식을 가지고 있는 경우」란 위탁매매인이 위탁자의 주식을 가지고 있는 경우, 예탁기관이 주식예탁증서(DR)를 발행한 경우 등이다. 공유자 1인이 공유주식을 가지고 의결권을 행사할 경우($^{333조}_{2항}$)도 이에 해당한다고 본다($^{통}_{설}$).

### (3) 불통일행사의 절차

주주가 의결권을 불통일행사하기 위하여는 총회 회일의 3일 전에 회사에 대하여 서면 또는 전자문서로 그 뜻과 이유를 통지하여야 한다($^{368조의}_{2\,1항\,후}$). 「3일 전에 통지」하라고 함은 3일 전에 도달해야 함을 뜻한다($^{대법원\,2009.\,4.\,23.\,선고}_{2005다22701\,\cdot\,22718\,판결}$). 불통일행사의 「이유」란 불통일행사의 「필요성」을 뜻하며, 위에서 말한 「주주가 주식의 신탁을 인수하였거나 기타 타인을 위하여 주식을 가지고 있다」는 사실을 기재하면 된다. 1회의 통지로 수회의 총회에 걸쳐 불통일행사할 수 있다는 견해가 있으나, 주주의 확정은 총회 때마다 해야 하므로 총회 때마다 통지해야 한다고 본다.

주주가 불통일행사를 통지하였더라도 통일행사하는 것은 무방하다($^{통}_{설}$).

### (4) 회사의 거부

1) 주주가 주식의 신탁을 인수하였거나 기타 타인을 위하여 주식을 가지고 있는 경우 외에는 회사는 의결권의 불통일행사를 거부할 수 있다($^{368조}_{의2\,2항}$). 거부는 총회의 결의 전에 하여야 한다. 결의 후에 거부할 수 있다면 회사가 결의의 결과를 번복할 수 있게 되어 부당하기 때문이다.

2) 주주가 불통일행사의 통지를 하지 않고 의결권을 불통일행사한 경우 회사는 불통일

행사를 승인할 수 없다. 이를 승인할 수 있다면 회사가 결의의 성부를 사후에 선택할 수 있게 되어 부당하기 때문이다.

3) 불통일행사의 뜻과 이유를 총회 회일의 3일 전에 통지하라 함은 회사에 불통일행사의 허부를 판단할 수 있는 시간적 여유를 주기 위한 배려이다. 따라서 이를 위반하여 3일 전 이후(단,총회 회일 前)에 통지하더라도 회사가 불통일행사를 허용하였다면, 주주평등의 원칙에 반하거나 의결권행사의 결과를 조작하기 위한 것이 아닌 한, 의결권의 불통일행사는 적법하다고 보아야 한다(대법원 2009. 4. 23. 선고 2005다22701 · 22718 판결).

### (5) 불통일행사의 효과

불통일한 의결권은 각기 유효한 찬성표 또는 반대표로 정족수에 산입한다. 명의상의 주주가 실질주주와의 관계에서 불통일행사를 할 의무가 있음에도 불구하고 불통일행사를 하지 않고 실질주주의 의사에 반하는 표결을 한 경우 그 효력은 어떠한가? 불통일행사의무는 명의주주와 실질주주의 내부적인 문제에 그치므로 의결권행사의 효력에는 영향이 없다.

## 7. 의결권의 대리행사

### (1) 의결권대리의 기능

의결권의 대리행사란 제3자가 특정 주주를 위하여 주주총회에서 의결권을 행사하고, 그것이 주주 본인의 의결권행사로 간주되는 제도이다. 주주권은 인적회사의 사원권과는 달리 非개성적이며, 이사의 의결권행사와는 달리 업무집행행위가 아니므로 반드시 주주로 하여금 의결권을 일신전속적으로 행사하게 할 이유가 없다. 그래서 상법은 명문의 규정으로 의결권의 대리행사를 허용한다(368조 2항). 이는 주주의 의결권행사를 편의롭게 하기 위함이므로 정관으로도 의결권의 대리행사를 금지할 수 없다(異說 없음).

### (2) 대리인의 자격

제한능력자나 법인도 대리인이 될 수 있으며, 대리인의 자격에는 특별한 제한이 없다. 다만 자기주식의 의결권이 휴지되는 것과 같은 이유에서 회사 자신은 주주의 의결권을 대리행사할 수 없다.

회사가 정관에 대리인의 자격을 주주로 한정하는 예가 많다. 이 같은 정관규정의 효력에 관하여 획일적으로 유효하다고 보는 유효설(서헌제 322; 임홍 근 376; 정찬형 903), 일반적으로 유효이나 공공단체나 법인인 주주가 직원을 대리인으로 선임하거나 개인주주가 질병 · 노령 등으로 가족을 대리인으로 선임하는 것은 제한되지 않는다는 제한적 유효설(권기범 721; 송옥렬 938; 이종훈 143; 정동윤 556; 최기원 476; 최준선 377), 획일적으로 무효라는 설(강 · 임 717; 김동훈 243; 이범찬 (외) 245; 장덕조 246; 정경영 472)이 대립한다. 판례는 제한적 유효설을 취하고 있다. 판례는 정관으로 대리인의 자격을 제한하는 것은 주주총회가 주주 이외의 제3자에 의하여 교란되는 것을 방지하려는 합리적인 이유에 의한 상당한 제한이므로 유효라는 전제하에, 다만 국가, 지방공공단체 또는 주식회사 등에 대해서까지 대리인의 자격을 제한한다면 이들의 의결권행사의 기회를 박탈하는 부당한 결과를 초래할 수 있으므로, 주주인 국가, 지방공공단체 또는 주식회사 소속의 공무원, 직원 또는 피용자 등이 그 주주를 위한 대리인으로서 의결권을 대리행사하는 것은 허용된다고 설명한다(대법원 2009. 4. 23. 선고 2005다22701·22718 판결). 제한적 유효설을 취할 경우 회사나 단체가 대리인을 선임할 때와 자연인이 대리인을 선임할 때에는 현저한 차별을 받게 되어 부당하고, 기본적으로 대리인의 선임은 주주가 의결권을 행사하기 위한 수단이므로 성질상 정관자치의 대상이 될 수 없다는 점에서 무효설이 타당하다.

### (3) 대리권의 수여

**1) 대리인의 수** 법률행위에는 일반적으로 공동대리가 허용되므로(민119조), 수인의 대리인을 선임하여 공동으로 의결권을 행사하게 하는 것도 가능하다(다수설). 다만 동일한 주주가 총회의 질서를 문란하게 할 목적으로 다수의 대리인을 선임하는 것은 권리남용으로서 허용될 수 없다(대법원 2001. 9. 7. 선고 2001도2917 판결). 그러나 불통일행사의 요건을 구비한 경우 수인의 대리인을 선임하여 각자에게 일부씩 대리행사하게 할 수 있다.

**2) 대리권의 증명** 주주의 대리인은 대리권을 증명하는 서면을 총회에 제출하여야 한다(368조 2항 후). 이는 대리권의 존재에 관한 증명방법을 정형화함으로써 다수의 주주 또는 대리인을 상대로 하는 회사의 총회 관련 사무를 명확히 처리하게 하려는 뜻이다. 그러므로 대리권의 증명방법은 다양할 수 있더라도 최소한 서면에 의해야 한다. 법정대리인은 법정대리권 발생의 원인된 사실을 증명할 수 있는 서면을 제출하여야 하며, 임의대리인은 주주가 대리권을 수여하는 뜻을 담은 서면, 즉 위임장을 제출하여야 한다. 실무에서는 보통 회사가 송부한 위임장 양식을 제시하나, 다른 서면으로 증명하더라도 무방하다.

대리권을 증명하는 서면은 원본이어야 하고 사본이어서는 안 된다(대법원 1995. 7. 28. 선고 94다34579 판결). 추후 대리권의 존부에 관한 다툼이 생길 경우 회사가 위험을 부담하게 해서는 안 되기 때문이다. 제368조 제2항은 의결권의 대리행사의 가능성을 강행법적으로 확인한 것으로, 정관에 의해서나 주주총회 현장의 실무에 의해서도 그 요건을 강화할 수 없다. 따라서 주주가 원본인 서면으로 대리권을 증명한 이상 그 외에 신분증의 제시나 기타 신원확인을 요구하는 것은 위법하다(대법원 2009. 5. 28. 선고 2008다85147 판결).

**3) 백지위임의 법률관계** 회사가 주주에게 의결권대리행사를 권유할 때에는 보통 대리인란을 백지로 하여 주주의 기명날인을 받고 다시 회사가 대리할 자의 성명을 보충하고 그로 하여금 대리행사시킨다. 이 경우에는 회사가 복임권을 행사한 것으로 보거나(민120조), 아니면 주주가 회사에게 자신의 대리인을 선임할 것을 위임하고 회사가 이를 수행한 것으로 볼 수도 있다. 어떻게 보든 회사가 지정한 대리인이 주주의 대리인이 된다는 점에서 차이가 없다.

**4) 수권의 범위** 다수설은 1회의 대리권수여로 수회의 총회에 관한 포괄적인 대리권을 수여할 수 있다고 설명하지만, 수개의 총회에 걸쳐 대리할 수 있다면 우리 법상 인정

될 수 없는 의결권의 신탁을 사실상 가능하게 하므로 부당하다. 개별 의안별로 수권할 필요는 없지만, 최소한 대리권의 수여는 총회별로 이루어져야 한다(이범찬(외) 247; 이 · 최 535. 대법원 1969. 7. 8. 선고 69다688 판결). 또한 판례는 지배주주의 소유주식의 입질과 더불어 변제자력을 확보하기 위한 목적으로 의결권을 포괄위임받는 것은 담보권을 실행하기 위한 수단이라는 특수성을 고려하여 적법하다고 본다(대법원 2014. 1. 23. 선고 2013다56839 판결).

**5) 수권행위의 철회**    임의대리의 경우 주주는 결의가 있기 전에는 언제든지 수권행위를 철회할 수 있다(민 128조 후). 일정기간 경영권을 타인에게 이전하기로 합의하고 그 방법으로서 의결권을 일정기간 위임하기로 약정하는 예를 볼 수 있다. 이 경우 수권행위를 철회하면 원인관계의 채무불이행이 되겠으나, 회사법적으로는 철회의 효력에 영향이 없다(대법원 2002. 12. 24. 선고 2002다54691 판결).

**(4) 대리행사**

1) 대리인은 주주로부터 수권받은 대로 의결권을 행사하여야 하며, 이에 위반하여 기권하거나 주주의 명시된 의사와 달리 행사한다면 내부적으로 주주에 대한 채무불이행이 되어 손해배상책임을 지게 될 것이다. 그러나 총회결의의 효력에는 영향이 없다(대법원 2014. 1. 23. 선고 2013다56839 판결: 대리인이 본인인 주주를 대표이사에서 해임하기 위해 의결권을 행사한 것을 적법하다고 보았다).

2) 주주의 찬반의사가 위임장 등 대리권을 증명하는 서면에 표시되어 있음에도 대리인이 이에 반하는 내용으로 의결권을 대리행사한 경우 그 효력은 어떠한가? 이를 무효라고 본다면, 회사에 대해 대리권의 존부만이 아니라 추가로 본인의 의사를 확인하는 부담을 주어야 하므로 집단적 사무처리에 적합하지 아니하다. 회사가 수임인이거나 기타 특별한 사정이 없는 한, 원칙적으로는 결의에 영향을 주지 않는다고 본다.

3) 의결권은 반드시 대리인 자신이 행사해야 할 필요가 있는 권리는 아니라는 전제하에서, 대리인이 제3자에게 의결권의 행사를 재차 위임하는 것은 적법하다는 것이 판례의 입장이지만(대법원 2009. 4. 23. 선고 2005다22701 · 22718 판결), 이는 외국인 주주의 상임대리인이 복임권을 행사한 사안을 다룬 예로서, 당해 대리관계의 특수성을 감안한 판단이다. 오히려 의결권의 행사가 주주 본인의 이해에 미치는 효과의 중대성을 감안하면 특별한 사정이 없는 한 복임권행사는 불가하다고 보아야 한다.

〈의결권의 대리행사권유〉 원래 의결권의 대리행사제도는 주주 개인의 편익을 위하여 인정된 것으로, 각 주주가 개개인의 신임관계에 의해 대리인을 선임하는 것을 예상한 제도이나, 상장회사에서는 본래의 취지와는 달리 「대리인의 목적달성」을 위해 운영되고 있다. 이사, 대주주 또는 새로이 경영권을 쟁취하고자 하는 자 등이 대리인이 되고자 주주들에게 집단적으로 의결권의 위임을 권유하는 것이다.

「대리행사권유」는 회사지배에 있어 매우 중요한 기능을 한다. 현재의 경영자는 자신의 지위를 이용하여 보다 쉽게 위임장을 얻을 수 있기 때문에 미국에서는 소유 없이 회사를 지배하는「경영자지배」의 유용한 수단으로 활용되고 있으며, 경영권 다툼의 경쟁자들 간에 위임장 쟁취전이 벌어지기도 한다. 우리나라에서도 상장법인에서 널리 위임장의 권유가 행해지고 있고, 경영권의 쟁탈에 이용된 예도 있다.

의결권 대리행사의 권유는 사장된 의결권을 발굴하여 주주의사의 반영을 극대화하는 한편 경영권의 다툼과 연결되어 의결권의 효용을 높인다는 긍정적인 측면도 있으나, 회사의 정보에 어두운 소액주주들의 의결권행사를 오도할 우려도 있다. 그러므로 자본시장법에서는 주주의 정확한 판단에 의한 능동적인 의사표시를 보장하기 위하여 권유의 방식과 정보개시에 관해 규율하고 있다(자본시장법 152조).

## 8. 의결권구속계약

**1) 계약의 가능성**　　　의결권구속계약이란 주주 간에 각자의 의결권을 미리 합의한 바에 따라 행사하기로 하는 약정을 뜻한다. 주주의 의결권행사를 제약한다는 의미에서 붙여진 명칭이다. 소수의 주주로 구성된 합작기업에서 흔히 볼 수 있으며, 내외합작회사의 경우에는 예외 없이 내국인 주주와 외국인 주주 간에 의결권의 행사에 관한 합의가 투자계약에 포함된다.

일부 주주가 의결권구속계약을 위반하여 의결권을 행사한 경우 그 효력이 문제된다. 예컨대 A와 B가 60:40의 합작계약을 통해 C회사를 설립하면서, 이사를 선임함에 있어서는 A 주주가 추천하는 a1, a2, B 주주가 추천하는 b를 선임하기로 합의했는데, A가 약속을 어기고 a1, a2, a3를 이사로 선임한 경우 B가 이 결의의 효력을 부정하고 자신이 추천한 b의 이사자격을 주장할 수 있는가, 혹은 위반으로 인한 자신의 손해를 배상할 것을 청구할 수 있는가라는 문제가 제기된다.

**2) 채권적 효력**　　　의결권구속계약의 효력에 관해 학설은 일치하여 합의의 내용이 다른 주주의 권리를 해하거나 기타 불공정한 내용이 아니라면 유효하다고 보며, 이를 정면으로 다루지는 않았으나, 의결권구속계약에 채권적 효력이 있음을 전제로 한 판례는 수 건 있다(대법원 2013. 9. 13. 선고 2012다80996 판결; 서울북부지법 2007. 10. 25.자 2007카합1082 결정).

**3) 회사에 대한 효력**　　　의결권구속계약이 회사를 구속하는가? 개인법적 거래로 단체법률관계에 혼란을 주어서는 안되므로 의결권구속계약은 회사에 대해서는 구속력이 없다는 것이 통설이다. 즉 주주 간 합의에 위반하여 이루어진 의결권행사도 회사에 대해서는 유효하다. 따라서 앞의 예에서 B는 A에게 손해배상을 청구할 수 있으나, 회사에 대해 b의 선임을 주장하거나 a1, a2, a3를 선임한 결의의 효력을 다투지 못하는 것이다.

**4) 의결권구속계약의 한계**　　　의결권구속계약이 다른 주주의 권리를 해치거나 내용이 불공정하거나, 사회질서에 반하는 경우 무효임은 물론이다. 의결권의 유상계약은 사회질서

에 위반하는 전형적인 예이다. 그리고 의결권구속을 포함하여 주주 간의 협약이 이사 또는 이사회의 권한을 제한하는 것이라면 이사의 독립성을 해하므로 무효라고 보아야 한다(대법원 2013. 9. 13. 선고 2012다80996 판결).

# V. 의사진행

## 1. 의사의 방법과 공정질서

의사진행과 결의가 공정하게 이루어져야 함은 주주총회의 운영에 있어 가장 중요한 과제이다. 특히 주식이 분산되어 경영자 또는 지배주주의 전횡이 우려되는 공개회사에서는 일반주주의 보호를 위해 공정한 의사진행이 더욱 절실하다. 상법은 의장의 선임과 권한에 관한 사항 외에는 주주총회의 의사방법에 관해 명문의 규정을 둔 바 없으므로 의사의 운영은 회의의 관행과 일반원칙에 따른다. 물론 정관의 규정이나 총회의 결의로 의사운영에 관하여 필요한 사항을 정할 수 있다.

## 2. 의장

**1) 의장의 선임**  총회에는 의사진행을 맡을 의장이 있어야 한다. 의장은 정관에서 달리 정하지 않는 한 총회에서 선임한다(366조의2 1항). 선임은 보통결의에 의한다(368조 1항). 정관으로 의장을 정하더라도 이는 총회시마다 의장을 정하는 번거로움을 덜기 위한 방편에 불과하므로 특정 총회에서 이를 불신임하고 새로운 의장을 선임하는 것은 무방하다.

의장의 자격에는 제한이 없고, 반드시 주주이어야 하는 것도 아니지만, 이사·감사와 같이 최소한 주주총회의 결의에 법적 이해를 가지고 총회에 참석할 수 있는 자에 한해 의장이 될 수 있다고 보아야 한다. 보통 정관실무에서는「대표이사가 의장이 된다」는 취지의 규정을 두고 있다.

**2) 의장의 의사정리권**  의장은 총회의 질서를 유지하고 의사를 정리한다(366조의2 2항). 의사의 정리란 출석주주의 확인, 개회의 선언, 발언권의 안배, 동의의 처리, 찬반표의 점검과 가결 또는 부결의 선언, 폐회선언 등 주주들의 단체의사의 수렴을 위해 필요한 일체의 절차를 관장함을 말한다.

의사의 정리는 일반원칙에 따라 합리적으로 공정하게 하여야 하며, 찬반의 유도, 주주발언의 봉쇄 등 편파적으로 진행할 경우에는「결의방법이 현저하게 불공정한 때」에 해당되어 결의취소사유가 된다(376조 1항). 의장이 개회를 선언하기 전이나 폐회를 선언한 후에 주주들이 임의로 결의한다면 원칙적으로 결의취소사유가 될 것이나, 의장이 부당하게 개회선언을 미루거나 부당하게 폐회를 서두른 경우라면 적법한 결의로 보아야 한다.

의장은 의사진행에 대한 권한만 가질 뿐 가부동수인 의안의 결정권을 행사하는 등으로 결의에 관여할 수는 없다. 의장이 주주인 경우 자신의 의결권을 행사할 수 있음은 물론이다.

3) 의장의 질서유지권　　주주총회의 의장은 그 총회장에서 고의로 의사진행을 방해하기 위한 언동을 하거나 현저히 질서를 문란케 하는 자에 대하여 그 발언의 정지 또는 퇴장을 명할 수 있다($^{366조}_{의2 3항}$). 이 제도는 국회법상의 의장의 질서유지권($^{국회법}_{145조}$)을 본받아 만든 제도이다. 「발언의 정지」란 의장이 안건과 질의내용에 비추어 합리적 판단에 따라 토론을 중단시키거나 추가적인 질문을 제한하는 것을 말하며($^{서울고법 2005. 12. 16.}_{선고 2005나6534 판결}$), 회의의 일반원칙에 의해 허용된다 할 것이다. 그러나 의장에게 「퇴장명령권」을 부여하는 것은 사인(私人)의 회의체에 관한 한 위헌이다.

4) 의장의 책임　　회사와 의장의 관계는 위임이므로 의장은 선량한 관리자의 주의로 의사를 진행해야 하며($^{민}_{681조}$), 이에 위반한 경우 회사에 대해 손해배상책임을 진다.

## 3. 주주질문권과 임원의 설명의무

주주가 의결권을 합리적으로 행사하기 위하여는 회사의 업무에 관한 구체적인 정보를 필요로 하므로 총회에서 임원에게 회사의 업무에 관한 설명을 요구할 필요가 있다. 상법은 주주의 설명청구권이나 이에 대응하는 이사·감사의 설명의무를 규정하고 있지 않으나, 주주권에 내재하는 권리로서 주주는 당연히 회사의 업무와 재산상태에 대해 질문할 수 있고, 임원은 이에 대해 설명할 의무를 진다는 점에 이견이 없다. 그러나 의안과 무관한 사항이나 공개하면 회사 또는 주주 공동의 이익을 해칠 사항에 대한 설명을 요구함은 주주의 권리남용이므로 이사는 합리적인 이유를 소명하고 설명을 거부할 수 있다.

주주의 질문권은 무한정 행사할 수 있는 것이 아니라, 회의목적사항을 적절하게 판단하는데 필요한 범위라는 내재적인 한계를 가지고 있고, 회사는 이러한 범위를 넘는 질문에 대하여는 답변을 거절할 수 있다. 필요성의 여부는 합리적이고 평균적인 주주를 기준으로 판단해야 한다($^{서울고법 2005. 12. 16.}_{선고 2005나6534 판결}$).

정당하게 행사된 주주의 설명청구를 무시한 경우, 당해 주주는 관련 임원 및 회사에 대해 손해배상청구권을 가지며, 의안과의 관련성에 따라서는 결의의 효력에 영향을 줄 수 있다. 설명청구를 무시한 채 이루어진 결의는 현저하게 불공정한 결의($^{376조}_{1항}$)로 보는 것이 일반적이다.

# Ⅵ. 결의

## 1. 의의

주주총회에서는 결의라는 형식을 통해 주주들이 각자 자신의 의사표시($\substack{의결권\\행사}$)를 하고, 이에 다수결의 원칙을 적용하여 주주들의 집단적 의사에 도달하게 되며, 이 의사는 회사의 대내적인 규범이 되고 회사의 대외적 행동을 구속한다. 그러므로 결의는 주주 개개인의 의사와는 관계없이 결의에 반대하거나 불참한 주주를 포함하여 주주 전원을 구속함은 물론 회사의 각 기관 등 관계자 전원을 구속한다. 결의 이후에 주주나 기관이 된 자도 같다.

결의에는 「가결($\substack{적극적\\결의}$)」과 「부결($\substack{소극적\\결의}$)」이 있다. 의안에 대해 찬성하는 의결권의 수가 출석한 주식수의 과반수($\substack{보통\\결의}$) 또는 3분의 2($\substack{특별\\결의}$)에 달하면 가결이고 미달하면 부결이다. 상법에서 주주총회의 결의($\substack{368조\\1항}$)라 함은 적극결의를 가리킨다.

## 2. 결의의 법적 성질

### (1) 결의의 성질

주주총회의 결의는 주주들의 의사표시를 요소로 하고, 또 결의는 의안의 내용에 관해 적극적($\substack{가결\\시}$) 또는 소극적($\substack{부결\\시}$)인 법적 효과를 발생케 하므로 법률행위이다. 그러나 법률행위 및 의사표시에 관한 일반원칙, 특히 하자에 관한 일반법리가 결의에 어떤 범위에 걸쳐 적용될 수 있느냐는 문제는 다시 결의가 어떤 성격의 법률행위이냐에 따라 결정해야 한다.

주주총회의 결의를 합동행위라고 설명하는 견해가 있으나($\substack{강·임 739; 정경영 450;\\정찬형 914; 최준선 396}$), 합동행위란 수인의 당사자 사이에 구심적으로 방향을 같이하는 의사표시가 합치되어 성립하는 법률행위를 말하는데, 결의에서는 수인의 의사표시가 찬반으로 갈릴 수도 있으므로 이 개념에는 부합하지 않는다.

결의는 종래의 법률행위의 3분류, 즉 단독행위·계약·합동행위 중 어느 것에도 해당하지 아니한다. 결의가 주주 이외에도 회사조직 전체에 대해 직접 구속력을 갖는다는 점에서 단독행위나 계약과 다르고, 찬반이 갈려 의사가 불합치하더라도 다수결의 원칙에 따라 결의가 성립한다는 점은 합동행위에서 볼 수 없는 차이점이다. 이러한 차이점들은 결의가 갖는 단체법적 특성에서 비롯된다. 즉 주주총회의 결의에는 의사형성방법에 단체적 특질이 있고, 단체법률관계의 형성과 안정을 위해 특수한 효력이 주어지는 것이다. 그러므로 주주총회의 결의는 전통적인 법률행위의 테두리를 벗어나는 독자적 성질의 법률행위로 파악해야 한다($\substack{권기범 742; 김정호 347; 서헌제 304;\\송옥렬 947; 이·최 550; 정동윤 566}$).

이와 같은 결의의 단체적 특성으로 인해 의사표시와 법률행위에 관한 일반원칙, 특히 하자에 관한 제규정은 그 적용이 배제된다. 따라서 주주총회는 결의가 비진의표시($\substack{민\\107조}$)·허위표시($\substack{민\\108조}$)임을 이유로 무효를 주장하거나, 착오($\substack{민\\109조}$)·사기·강박($\substack{민\\110조}$)을 이유로 취소할 수 없다. 결의는 그 형성과정이 종결됨으로써 즉시 효력이 발생하므로 의사표시의 도달주의($_{111조}^{민}$)나 수령능력($_{112조}^{민}$)에 관한 규정도 적용될 여지가 없다. 결의는 대리가 있을 수 없으므로($_{와는 다른 문제임}^{의결권의 대리행사}$) 대리에 관한 규정($_{114조}^{민}$)도 배제된다. 그리고 결의에는 원칙적으로 조건을 붙일 수 없다고 해야 한다. 조건을 붙인다면 결의로 인해 형성될 단체법률관계가 불안정해지기 때문이다.

### (2) 의결권행사의 성질

결의와 그 구성요소인 주주의 의결권행사는 구별해야 한다. 주주의 개별적인 의결권행사는 주주의 의사표시이다. 그러므로 의사표시에 관한 일반원칙이 적용됨은 물론이다. 다만 의사표시의 수령능력($_{112조}^{민}$) 및 의사표시의 철회에 관한 일반이론은 성질상 의결권행사에 적용될 수 없다.

의사표시의 무효·취소에 관한 민법의 규정도 일반적으로 적용된다. 그러나 상법이 법적 안정을 위하여 결의의 무효·취소를 소만으로 주장하게 하는 이상, 주주 개인의 의사표시의 무효·취소의 주장은 결의의 효력에 직접 영향이 없다. 그러나 주주의 의사표시($_{행사}^{의결권}$)가 무효·취소됨으로 인해 정족수 또는 결의요건이 충족되지 못하는 등 결의취소 또는 부존재의 원인에 해당될 때에는 이를 이유로 한 결의취소 또는 부존재확인의 소로써 결의의 효력을 다툴 수 있다.

## 3. 결의의 요건

결의는 사단적 법률행위이므로 의사형성과정에 다수결의 원리가 지배하는데, 의안의 중요도에 따라 그 요건을 달리한다. 자본단체인 주식회사의 의사결정방법으로는 과반수의 찬성을 요하는 보통결의가 원칙이나, 중요성이 크고 소수자 주주의 보호가 특히 요청되는 의안은 3분의 2 이상의 찬성을 요하는 특별결의에 의한다. 그리고 사안의 성격상 다수결을 허용할 수 없는 매우 한계적인 상황에서는 주주 전원의 찬성을 요할 경우가 있다.

### (1) 보통결의

1) **원칙**　　　주주총회의 결의는 상법 또는 정관에 다른 정함이 있는 경우를 제외하고는 출석한 주주의 의결권의 과반수와 발행주식총수의 4분의 1 이상의 수로써 하여야 한다($_{1항}^{368조}$). 즉 출석한 주식수의 과반수가 찬성하고, 그 찬성한 주식수가 발행주식 총수의 4분의 1 이상이어야 하는 것이다. 출석정족수는 요구되지 않는다. 이를 보통결의라 부른다. 다만 전자투표($_{조의4}^{368}$)를 실시하는 회사에서 감사 또는 감사위원을 선임할 경우에는 발행주식총수의 4분의 1에 미달하더라도 출석한 의결권의 과반수면 족하다($_{542조의12\ 8항}^{409조\ 3항,}$).

과반수 찬성에 의한 결의는 원래 모든 단체의 일반적인 의사결정방법이기도 하지만, 특히 사원의 개성이 무시되는 순수한 자본단체인 주식회사에서는 원칙적인 의사형성방법이다. 따라서 상법이나 정관에서 특별결의나 총주주의 동의를 요하도록 정한 것 이외의 사항은 모두 보통결의로 한다($\frac{368조}{1항}$).

**2) 가중·완화**　　보통결의의 요건은 정관에 규정을 두어 가중할 수 있다고 해석된다. 그러나 가중하더라도 발행주식총수의 과반수 출석에 3분의 2 이상의 찬성을 한계로 한다($\frac{이유는}{후술}$).

　정관의 규정으로 상법의 결의요건보다 완화할 수도 있는가? 상법상의 결의요건은 출석의결권의 과반수 찬성과 발행주식총수의 4분의 1 이상 찬성이다. 그러므로 결의요건을 완화한다면 이 두 가지 변수를 조정하는 것이 될 것이나, 출석의결권의 과반수라는 요건은 결의의 본질상 완화가 불가능한 것이다($\frac{예컨대 「출석한 의결권의 3분의 1 이상의 찬}{성으로 한다」고 규정하는 것은 생각할 수 없다}$). 결국 완화한다면 발행주식총수의 4분의 1이라는 요건을 인하하는 것이 되어야 할 것이나, 이 부분은 조리상 허용될 수 있는 단체결의의 최소한도의 요건을 규정한 것으로 보아야 하므로 정관으로 그 이상 완화하는 것은 허용될 수 없다고 생각된다.

**3) 가부동수**　　총회에서의 표결의 결과 가부동수가 된 경우에는 당연히 부결이다. 이는 「과반수」의 찬성을 요하는 법문의 취지상으로도 분명하지만 단체의사결정에 일반적으로 통용되는 조리라고 할 수 있다. 간혹 정관에서 「가부동수인 때에는 의장이 결정한다」는 규정을 두는 예가 있다. 이는 단체의사결정의 조리에도 반하지만, 의장이 주주가 아닌 경우에는 주주 아닌 자가 결의에 참가한 것이 되어 위법이고, 의장이 주주인 경우에는 1주 1의결권 원칙에 반하므로 역시 무효이다($\frac{異說}{없음}$).

**(2) 특별결의**

**1) 적용범위**　　특별결의란 출석한 주주의 의결권의 3분의 2 이상의 수와 발행주식총수의 3분의 1 이상의 수로써 하는 결의이다($\frac{434}{조}$). 즉 출석한 주식수의 3분의 2가 찬성하고 그 찬성한 주식수가 발행주식총수의 3분의 1 이상이 되어야 하는 것이다. 상법에서는 회사의 법적 기초에 구조적 변화를 가져오는 사항으로서 대주주의 전횡과 그로 인한 소수자주주들의 불이익이 우려되는 사항들에 관해 예외적으로 특별결의를 요구한다. 대표적인 것은 정관변경의 결의이며($\frac{434}{조}$), 그 밖에 영업의 전부 또는 중요한 일부의 양도($\frac{374조}{1항 1호}$), 영업전부의 임대 또는 경영위임, 타인과 영업의 손익 전부를 같이하는 계약 기타 이에 준하는 계약의 체결·변경 또는 해약($\frac{374조}{1항 2호}$), 다른 회사의 영업전부 또는 중요한 일부의 양수($\frac{374조 1항}{3호·4호}$), 사후설립($\frac{375}{조}$), 이사 또는 감사의 해임($\frac{385조 1}{항, 415조}$), 액면미달의 신주발행($\frac{417조}{1항}$), 자본금의 감소($\frac{438조}{1항}$), 회사해산($\frac{518}{조}$), 회사계속($\frac{519}{조}$), 합병($\frac{522}{조 3항}$), 분할($\frac{530조}{의3 2항}$), 주식의 포괄적 교환·이전($\frac{360조}{의3 2}$ $\frac{항, 360조}{의16 2항}$) 등이 특별결의사항이다. 이에 관한 상세한 것은 각 해당되는 곳에서 설명한다.

**2) 가중·완화**　　특별결의의 요건에 관한 상법규정은 정관으로도 완화하지 못한다는 것이 통설이다. 특별결의는 기술한 바와 같이 다수결의 남용을 방지하고 소수자주주를 보호하기 위한 제도인데, 이것은 성질상 강행법적으로 관철해야 할 법익이기 때문이다. 그러면 가중할 수는 있는가? 과반수 출석을 요하는 것은 단체의사결정의 조리라고 할 것이므

로 정관의 규정으로 과반수 출석에 3분의 2 이상의 찬성으로 강화하는 것은 무방하다고 해
야 한다. 그러나 이보다 강화된「초다수결」은 허용할 수 없으므로 강화의 최대한도는 과반
수 출석에 3분의 2 이상의 찬성이라고 본다.

### (3) 특수결의(총주주의 동의)

의결권 없는 주식을 포함하여 총주주의 동의를 요하는 결의이다. 발기인의 회사설립에
관한 손해배상책임을 면제하는 것($\substack{324조 \\ \to 400조}$), 이사·집행임원·감사·청산인이 회사에 대해 지
는 손해배상책임을 면제하는 것($\substack{400조,\ 408조의9, \\ 415조,\ 542조\ 2항}$), 유한회사로 조직변경을 하는 것($\substack{604조 \\ 1항}$) 등이
총주주의 동의를 요하는 사항이다. 자본단체로서의 주식회사의 성질상 매우 이례적인 요구
인데, 그 이유에 관해서는 관련되는 곳에서 설명한다($\substack{538 \\ 면}$).

### (4) 초다수결 요건의 효력

정관에 규정을 두어 상법상의 특별결의사항 혹은 보통결의사항을 법상의 특별결의요
건보다 더욱 엄격한 다수결($\substack{초다 \\ 수결}$)에 의해 결정하게 할 수 있느냐는 의문이 생긴다. 예컨대
"이익배당은 총주주의 동의로 결정한다"라는 식이다. 통설은 폐쇄회사에서는 소수파주주
에게 거부권을 확보해 줄 필요가 있다는 이유에서, 특별결의요건을 가중할 수 있다거나, 심
지어는 총주주의 동의를 요하게 하는 것도 가능하다고 설명한다. 그러나 초다수결을 허용
하면 주주 간에 의사의 대립으로 회사가 경영상의 교착에 빠지고, 결국은 해산판결($\substack{520조 \\ 1항\ 1호}$)
에 의한 기업해체로 해결될 수밖에 없는 상황에 이르게 되어「기업유지」의 이념에 반하므
로 초다수결제를 허용해서는 안된다고 본다. 아직 대법원판례는 없고, 수건의 하급심판례
가 엇갈린 입장을 보이고 있다.

## 4. 출석주주의 결의방법

### (1) 결의의 정형성

주주총회에서 주주들의 찬반의사를 알 수 있는 방법은 다양하다. 예컨대 의안의 토의
과정에서 과반수 이상의 주식을 가진 주주가 찬성 또는 반대의 발언을 하거나, 혹은 주주총
회 이전에 확고한 찬성 혹은 반대의사를 표명하였다면 표결결과는 명약관화하다. 그렇더라
도 그 자체를 가지고 결의에 대신할 수는 없고($\substack{대법원\ 1989.\ 2.\ 14. \\ 선고\ 87다카3200\ 판결}$), 반드시 총회의 참석주주 전
원의 의사를 동시에 묻는 표결과정을 거쳐야 한다. 주주총회의 결의는 다수인이 이해를 갖
는 단체법률관계를 다루므로 이에 관한 의사의 형성은 명확성이 요구되고, 그러기 위해서
는 그 절차가 엄격해야 하기 때문이다($\substack{단체의사결정의 \\ 명확성과\ 엄격성}$).

### (2) 표결방법

총회에서의 표결방법에 관해서는 상법에 규정한 바 없으므로 찬반의 의결권수만 산정
할 수 있다면 거수·기립·기명투표 등 어떠한 방법을 취하더라도 무방하다. 그러나 무기명
투표는 허용될 수 없다.

## 5. 서면투표

상법은 주주의 의결권행사의 편의를 도모하고 다량의 사표를 방지함으로써 총회의 성립을 용이하게 하기 위하여 주주가 총회에 출석하지 않고 서면으로 의결권을 행사할 수 있도록 한다. 서면투표는 후술하는 서면결의와 구별해야 한다. 서면결의는 물리적인 회의를 개최함이 없이 주주총회 결의 자체를 서면으로 대신하는 것임에 대해, 서면투표는 주주총회가 개최되는 가운데, 개별 주주가 주주총회에 출석하지 않고 서면으로 의결권을 행사하는 것이다.

1) 제도채택의 자유   서면투표는 정관에 규정한 경우에 한해 실시할 수 있으므로$\left(\substack{368조\\의3 1항}\right)$ 회사는 서면투표제도의 채택여부를 자유롭게 결정할 수 있다. 그러나 일단 정관에 서면투표를 할 수 있도록 규정한 경우에는 반드시 실시해야 한다.

일부의 주주$\left(\substack{예컨대\\소액주주}\right)$에게만 서면투표를 허용하는 것은 주식평등의 원칙에 반하므로 정관에 규정을 두더라도 무효이다.

2) 서면투표와 총회의 소집   서면투표를 실시하더라도 총회소집은 생략할 수 없다. 그리고 의결권의 행사를 서면에 의할 것인지 출석에 의할 것인지는 개별 주주가 자유로이 선택할 수 있다.

3) 주주에 대한 서류송부   정관에 의해 서면투표제를 채택한 경우에는 총회소집통지서에 주주가 「의결권을 행사하는 데 필요한 서면」과 「참고자료」를 첨부하여야 한다$\left(\substack{368조\\의3 2항}\right)$.

주주에게 보내야 할 「의결권을 행사하는 데 필요한 서면」이란 주주가 출석에 갈음하여 찬반의 의사를 표현할 수 있는 서면을 말한다. 회사가 보낸 서면이 아닌 서면으로 의결권을 행사하거나, 서면에 특정된 방법이 아닌 방법으로 의사를 표기한 것은 무효로 다루어야 한다. 그리고 「참고자료」란 주주가 의사결정을 함에 있어 고려할 만한 사항으로서 총회에서 의안을 상정할 때에 주주들에게 설명하는 정도의 정보가 기재된 서면을 말한다.

4) 의결권행사서면의 제출   서면으로 의결권을 행사할 주주는 회사가 보낸 의결권을 행사할 서면에 찬반의 의사를 표기하여 회사에 제출하여야 한다. 제출하는 방법은 묻지 않는다$\left(\substack{우편, 직접제출, 인편\\의 전달 모두 가능하다}\right)$. 의결권행사서면의 제출에는 회사의 총회소집통지와 달리 도달주의가 적용되므로 의결권행사서면의 부도달에 관해서는 당해 주주가 위험을 부담한다.

제출시기에 관해서는 명문의 규정이 없으나, 결의 이전에 도달되어야 함은 당연하고, 총회일 당일 결의하기 직전까지 제출할 수 있다고 해석하면, 표결관리를 위한 회사의 사무부담이 커진다. 전자투표의 마감은 주주총회의 전날로 정해져 있는데$\left(\substack{상령 13조\\2항 2호}\right)$, 서면투표를 이와 차별할 이유는 없으므로 이 규정을 유추적용하여 서면은 총회일의 전일까지 도달해야 한다고 해석한다. 정관으로 제출시기를 정할 수 있음은 물론이다.

5) 서면제출의 효과     의결권행사를 위한 서면을 제출하면 그 주주의 의결권은 출석한 의결권으로 다루어지고 의사표시의 내용대로 찬성 혹은 반대에 가산된다. 서면에 주주의 의사표시가 없이 백지로 제출된 경우에는 출석은 하되, 결의에 찬성하지 않은 것으로 의제해야 한다.

### 6. 전자투표

1) 의의     서면투표 외에 주주가 주주총회에 출석하지 않고 의결권을 행사할 수 있는 또 하나의 방법으로 상법은 전자투표를 허용한다. 회사는 이사회의 결의로 주주가 총회에 출석하지 아니하고 전자적 방법으로 의결권을 행사할 수 있음을 정할 수 있다($\binom{368조}{의4 1항}$). 서면투표와 전자투표는 공히 회사가 채택 여부를 선택할 수 있으나, 서면투표는 정관에 규정을 두어야 시행할 수 있는 반면, 전자투표는 정관의 규정이 필요 없이 총회마다 이사회 결의만으로 채택할 수 있다. 전자투표를 하더라도 주주총회를 생략할 수 없음은 서면투표에 관해 설명한 바와 같다.

2) 시행방법     회사가 전자투표를 채택할 경우에는 주주총회의 소집통지에 전자투표의 방법으로 의결권을 행사할 수 있음을 기재해야 한다($\binom{368조}{의4 2항}$). 또한 소집통지에는 전자투표를 할 인터넷주소, 전자투표를 할 기간, 기타 전자투표에 필요한 기술적인 사항을 기재해야 한다($\binom{상령 13}{조 2항}$).

3) 투표방법     주주가 전자투표를 하는 경우에는 주주는 i) 전자서명법 제8조 제2항에 따른 운영기준 준수사실의 인정을 받은 전자서명인증사업자가 제공하는 본인확인의 방법 또는 ii) 정보통신망 이용촉진 및 정보보호 등에 관한 법률 제23조의3에 따른 본인확인기관에서 제공하는 본인확인의 방법에 의해 주주 본인임을 확인하고, 전자서명법 제2조 제2호에 따른 전자서명을 통하여 전자투표를 하여야 한다($\binom{368조의4 3항,}{상령 13조 1항}$). 투표할 기간은 회사가 정하되, 주주총회 전날까지 전자투표를 완료하도록 하여야 한다($\binom{상령 13조}{2항 2호}$).

전자투표를 한 주주는 전자투표 기간 중에는 전자투표에 의한 주주의 의결권행사를 변경 또는 철회할 수 있다.

전자투표의 결과가 주주총회의 이전에 공개될 경우에는 총회에서의 표결의 공정성을 해할 수 있으므로 회사 또는 전자투표의 운영을 담당하는 자는 주주총회에서 개표시까지 전자투표의 결과에 대한 비밀을 유지하여야 한다($\binom{상령 13}{조 5항}$).

4) 서면투표와 전자투표     회사가 서면투표와 전자투표를 동시에 허용하는 경우 동일한 주식에 관하여는 서면투표와 전자투표 중 하나의 방법을 선택하여야 한다($\binom{368조}{의4 4항}$). 동일한 주주가 소유주식을 나누어 일부는 서면투표로, 나머지는 전자투표로 하는 경우, 투표의 내용이 다르다면 의결권불통일행사에 해당하므로 그 요건과 절차에 따라야 할 것이다. 투표의 내용이 같을 경우에는 무의미한 투표이긴 하나 이를 금하는 규정이 없으므로 무효

는 아니다.

주주가 동일한 주식을 가지고 서면투표와 전자투표를 이중으로 한 경우 선착한 투표를 유효한 것으로 보는 것이 순리적인 해석이나, 실무적으로 그 판단이 어려울 경우 회사의 선택을 허용해야 할 것이다.

5) **기록의 보존** 회사는 의결권행사에 관한 전자적 기록을 총회가 끝난 날부터 3개월간 본점에 비치하여 열람하게 하고, 총회가 끝난 날부터 5년간 보존하여야 한다($\substack{368조 \\ 의4\,5항}$).

6) **전자투표관리기관** 전자투표제도를 시행함에는 상당한 기술을 요하므로 명의개서대리인을 선임하여 명의개서업무를 위임하는 것처럼 회사가 전자투표관리기관을 지정하여 주주확인절차 등 의결권행사절차의 운영을 위탁할 수 있다($\substack{상령\,13 \\ 조\,4항}$).

### 7. 소규모회사의 서면결의

1) 소규모회사($\substack{237면 \\ 참조}$)에서는 서면에 의한 결의로써 주주총회의 결의를 갈음할 수 있다 ($\substack{363조 \\ 4항\,전}$). 즉 서면에 의한 결의는 주주총회의 결의와 같은 효력이 있다($\substack{363조 \\ 5항}$). 상법은 현실의 회합을 통한 결의를 주주총회결의의 원칙적인 모습으로 요구하지만, 소규모회사의 경우 주주총회의 운영비용을 절감시켜 주고자 서면결의를 허용한 것이다. 나아가 상법은 소규모회사의 주주 전원이 서면으로 동의를 한 때에는 서면에 의한 결의가 있는 것으로 본다는 규정을 두고 있다($\substack{363조 \\ 4항\,후}$). 서면동의란 개별주주로부터 찬성의 뜻을 얻어냄을 의미하며, 각 주주들로부터 순차로 동의를 얻어내는 것도 포함한다.

2) 서면결의에 대하여는 주주총회에 관한 규정을 준용한다($\substack{363조 \\ 6항}$). 그러나 소집지($\substack{364 \\ 조}$), 총회의 질서유지($\substack{366 \\ 조의2}$), 총회의 연기·속행($\substack{372 \\ 조}$) 등 현실적인 회의를 전제로 한 규정은 서면결의에 준용할 여지가 없다. 회의를 전제로 하지 않는 규정, 즉 결의요건($\substack{368조\,1항 및 특별 \\ 결의에 관한 규정}$), 의결권의 대리행사($\substack{368조 \\ 2항}$), 이해관계자의 의결권행사금지($\substack{368조 \\ 3항}$), 의결권의 불통일행사($\substack{368 \\ 조의2}$), 1주 1의결권($\substack{369조 \\ 1항}$), 자기주식·상호주식의 의결권행사의 제한($\substack{369조\,2 \\ 항\cdot3항}$), 정족수의 계산($\substack{371}$), 의사록($\substack{373 \\ 조}$), 소집절차상의 흠 외의 하자를 이유로 하여 제기하는 소송에 관한 규정($\substack{376조~ \\ 381조}$)은 서면결의에 준용된다.

주주총회의 소집은 이사회가 결정하는데($\substack{362 \\ 조}$), 서면결의라 하더라도 결의를 실시하는 것 자체는 이사회가 결정해야 하므로 제362조도 준용된다. 그리고 주주제안제($\substack{363 \\ 조의2}$) 및 소수주주의 주주총회의 소집청구($\substack{366 \\ 조}$)도 특정의 의안에 관한 결의를 얻고자 하는 것이므로 이 역시 준용된다고 보아야 한다.

### 8. 정족수와 의결권의 계산

1) **정족수의 의의** 보통결의를 위해서는 출석한 의결권의 과반수이며 동시에 발행주식총수의 4분의 1 이상의 찬성을 요하며, 특별결의를 위해서는 출석한 의결권의 3분의 2

이상이며 동시에 발행주식총수의 3분의 1 이상의 찬성을 요구한다. 이때「출석한 의결권의 과반수인 동시에 발행주식총수의 4분의 1 이상」또는「출석한 의결권의 3분의 2 이상인 동시에 발행주식총수의 3분의 1 이상」의 찬성을 정족수라 부른다. 이 정족수를 채웠을 때 결의가 성립하는데, 정족수의 충족여부는 두 단계에 걸쳐 문제된다. 성립정족수와 의결정족수이다.

**2) 성립정족수와 의결정족수**　　　1995년 이전 상법하에서는 총회가 결의를 하기 위해서는 최소 발행주식총수의 과반수의 주식을 가진 주주가 출석해야 했는데(95년 개정 전 368조 1항), 이를 총회의「성립정족수」라 불렀다. 현행법에서는 성립정족수를 요하는 규정은 없이 의안채택을 인정하기에 충분한 수의 찬성주식수 즉 의결정족수만을 요구한다. 그러나 결의에 찬성한 의결권의 수가 보통결의에서는 발행주식총수의 4분의 1 이상, 특별결의에서는 발행주식총수의 3분의 1 이상이어야 하므로 각각 이 수의 의결권이 출석하지 않으면 결의 자체가 불가능하다. 따라서 현행법하에서는 보통결의에서는 발행주식총수의 4분의 1 이상, 특별결의에서는 발행주식총수의 3분의 1 이상의 출석이 성립정족수라고 할 수 있다.

**3) 정족수의 계산**　　　결의의 성부를 판단하기 위해서는「찬성한 의결권의 수」,「출석한 의결권의 수」,「발행주식총수」를 헤아려야 하는데, 이때 법상 의결권의 행사가 제한되는 주식을 어떻게 취급할 것이냐는 문제가 있다.

i) 발행주식총수의 계산　　　상법은 총회의 결의에 관하여는 제344조의3 제1항의 의결권 없는 주식, 자기주식(369조 2항) 그리고 의결권 없는 상호주(369조 3항)는 발행주식총수에 산입하지 아니한다고 규정한다(371조 1항). 상법은 의결권이 부분적으로 제한되는 주식도 인정하므로「제344조의3 제1항의 의결권 없는 주식」에는 의안에 따라 의결권이 제한되는 주식도 관련 의안의 결의를 위한 정족수계산에서 발행주식총수에서 제외시켜야 한다. 이에 더하여 특별법에 의해 의결권이 휴지되는 주식도 발행주식총수에 산입하지 않아야 한다(예: 자본시장법 150조 1항에 의해 의결권행사가 제한되는 주식).

ii) 출석주식수의 계산　　　결의에 대해 특별한 이해관계가 있는 자는 의결권을 행사하지 못하고(368조 3항), 감사를 선임할 때에는 발행주식총수의 100분의 3 이상을 가진 주주의 의결권은 100분의 3까지로 축소된다(409조 2항, 542조의12 4항). 상법은 이에 의해 의결권을 행사할 수 없는 주식은 출석한 주주의 의결권의 수에 산입하지 아니한다고 규정한다(371조 2항). 이같이 다루면 결의가 불가능해지는 모순이 생길 수 있다. 상법 제371조 제2항은 이 점을 간과한 입법착오이다. 그리하여 판례는 감사선임결의에 있어서 의결권 없는 주식은 제1항에서와 같이 발행주식총수에서 차감해야 한다는 해석을 내놓았다(대법원 2016. 8. 17. 선고 2016다222996 판결). 타당한 해석인데, 이 해석은 특별이해관계 있는 주주의 의결권에 대해서도 적용하여야 한다.

〈제371조 제2항의 모순〉 동 판례는 다음과 같이 모순을 지적하였다.

「3% 초과 주식이 상법 제368조 제1항의 「발행주식총수」에 산입된다면 어느 한 주주가 발행주식총수의 78%를 초과하여 소유하는 경우와 같이 3% 초과 주식의 수가 발행주식총수의 75%를 넘는 경우에는 상법 제368조 제1항에서 말하는 「발행주식총수의 4분의 1 이상의 수」라는 요건을 충족시키는 것이 원천적으로 불가능해지므로 감사의 선임에 있어서 3% 초과 주식은 위 제371조의 규정에도 불구하고 「발행주식총수」에 산입되지 않는다고 보아야 한다.」

## 9. 다수결의 역기능과 시정

### (1) 자본다수결의 본질과 한계

주식회사에서는 자본다수결의 방법으로 주주들의 총의를 형성하지만, 다수결의 본질상 각자의 지분이 반영되는 것은 총의의 수렴과정에서뿐이고 총의 자체는 다수자의 의사대로 형성된다. 그러므로 실제 의사결정에 있어 다수자주주의 유효지분은 100%이고, 소수자주주의 유효지분은 0(零)이다. 주주총회의 결의가 항상 공정하게 이루어지고 표결에서 패배한 소수자를 포함한 모든 주주의 이익을 위해 이루어진다면, 이 같은 불평등은 다수결제도의 숙명적인 한계로 수긍되고, 현존하는 최선의 의사결정방법으로 정당화될 수 있다.

그러나 실제 회사운영에 있어서는 결의가 다수자주주의 이익을 위해 행해짐으로 인해 위와 같은 유효지분의 불평등이 주주의 실질적인 불평등으로 현실화되는 예가 흔하다. 그러므로 상법에서는 우려되는 다수자주주의 횡포를 사전에 예방하거나, 사후에 시정하기 위한 장치를 두고 있다.

### (2) 다수결의 역기능의 예방과 시정

1) 대주주의 영향력약화     특별결의는 특히 주주들의 이해에 중대한 영향을 주는 사항들에 관해 결의요건을 강화함으로써 대주주의 영향력을 약화시키기 위한 제도이다. 이사의 손해배상책임을 면제할 때 총주주의 동의를 얻게 하는 것($\frac{400}{조}$)은 이사를 비호하는 대주주에 의해 다수결이 남용되는 것을 방지하기 위한 것이다. 그리고 감사의 선임에 있어 대주주의 의결권을 100분의 3으로 축소한 것($\frac{409조}{2항}$)도 감사의 중립성을 위해 대주주의 유효지분을 축소한 것이다. 또 결의에 관해 특별한 이해관계가 있는 주주의 의결권을 박탈하는 제도($\frac{368조}{3항}$)는 두루 결의의 공정을 보장하기 위한 것이지만, 특히 대주주의 개인적 이익을 위해 회사재산이 유출되는 것을 억제하는 기능을 한다.

2) 이사의 견제     이사는 주주총회의 보통결의에 의해 선임되어 임기 동안 회사의 경영을 전담하므로 다수자주주의 100% 유효지분율은 결의 자체에 그치지 않고 회사의 일상적인 경영에서까지 실현된다. 그러므로 상법은 이사의 책임을 엄격히 함으로써($\frac{399}{조}$) 대주주의 횡포를 간접적으로 통제하는 한편, 유지청구($\frac{402}{조}$) · 대표소송($\frac{403}{조}$)에 의해 소수주주가 대주주와 이사를 견제하게 하고, 감사로 하여금 일상적으로 이사를 견제하게 함으로써 다수

결의 역기능이 경영·지배에 반영되는 것을 막고 있다. 그리고 부정한 행위를 한 이사에 대해 소수주주가 법원에 해임청구를 할 수 있게 한 것($\frac{385조}{2항}$)은 이미 경영에 반영된 대주주의 횡포를 중단시키기 위해 다수결의 효력을 부정하는 제도라고 할 수 있다.

3) 사단의 해체($\frac{주식매}{수청구}$)  통상적인 의사결정에 있어서 소수의 반대자는 다수의사에 승복하고, 그 법적 효과를 함께 누릴 수밖에 없다. 그러나 의사결정의 사안이 주주의 이해에 중대한 영향을 주고, 또 그것이 예측하지 못한 상황변화일 때에는 소수자주주들이 출자를 회수하여 사단을 이탈할 수 있게 하는 방법도 생각해 볼 수 있다. 주식매수청구제도($\frac{374}{조의2}$)는 이러한 목적으로 고안된 것으로, 합병·영업양도 등 일부 제한된 의사결정에 한해 인정된다.

4) 다수결의 남용과 결의에 관한 소  결의취소의 소 등 결의의 효력을 부정하는 네 가지 유형의 소도 모두 직·간접으로 다수결의 남용을 사후적으로 시정하는 데에 기여한다. 그러나 그중에서도 결의무효확인의 소($\frac{380}{조}$)는 불공정한 내용의 결의가 다수자주주에 의해 강행된 경우, 이를 사후적으로 시정하는 유용한 수단이 된다. 외관상으로는 적법하나 대주주의 이익을 위해 행해진 불공정한 결의는 이른바 ($\frac{좁은}{의미의}$)「다수결의 남용」이라 하여 그 효력을 부정하는데, 이 이론은 특히 다수결제도의 역기능을 바로잡는 역할을 할 수 있다.

### 10. 의사록

1) 작성의무  주주총회의 의사에 관해 의사록을 작성하여야 한다($\frac{373조}{1항}$). 의사록에는 의사의 경과요령과 그 결과를 기재하고, 의장과 출석한 이사가 기명날인 또는 서명해야 한다($\frac{373조}{2항}$). 의사록은 본점과 지점에 비치하여야 하며($\frac{396조}{1항}$), 주주와 채권자는 영업시간 내에 언제든지 의사록의 열람 또는 등사를 청구할 수 있다($\frac{396조}{2항}$).

2) 인증  주주총회에서 결의한 내용이 등기할 사항인 때($\frac{예컨대 이사·감사의 선}{임·합병·자본금감소 등}$)에는 등기신청서에 의사록을 첨부하여야 하는데($\frac{상등규}{128조 2항}$), 이때 의사록은 공증인의 인증을 받아야 한다($\frac{공증 66조}{의2 1항}$). 의사록의 진실성을 확보하기 위한 제도이다. 그러므로 공증인은 의사록에 기재된 결의절차와 내용이 진실에 부합하는가의 여부를 확인하여야 한다($\frac{공증 66조}{의2 2항}$).

3) 효력  의사록은 주주총회의 성립과 결의에 관해 중요한 증거자료가 되지만, 그것이 유일한 증거이거나 창설적 효력이 있는 것은 아니므로, 부실하게 기재되었다면 달리 증명하여 진실을 주장할 수 있고, 한편 의사록을 작성하지 않았더라도 주주총회의 결의의 효력에 영향이 있는 것은 아니다($\frac{통}{설}$).

그러나 의사록은 특히 진실성을 부인할 만한 사정이 없는 한, 총회의 절차적 요건에 관해서는 증명력이 인정되어야 하고, 따라서 반대의 사실을 주장하는 자가 증명책임을 진다고 보아야 한다($\frac{대법원 2011. 10. 27.}{선고 2010다88682 판결}$).

의사록에 기재할 사항을 기재하지 아니하였거나 부실한 기재를 한 때에는 벌칙이 적용된다($\frac{635조}{1항 9호}$). 의사록의 보존기간에 관해 명문의 규정은 없으나, 상업장부의 보존기간($\frac{33조}{1항 본}$)을 유추적용하여 10년간 보존해야 한다고 본다.

### 11. 결의의 성립 및 효력발생시기

주주총회의 결의는 언제 성립하는가? 기술한 바와 같이 결의의 성립은 의사록의 작성과는 무관하다. 그리고 가결된 경우 의장이 가결을 선언하는 것이 통례이지만, 의장의 선언에 의해 결의가 성립하는 것은 아니다. 단지 주주들의 의사를 동시에 묻는 표결에 들어가 법상의 결의요건을 충족하는 의결권의 수가 확인되는 순간 결의가 이루어진 것으로 보아야 한다.

결의의 효력도 결의의 성립과 동시에 발생하지만, 총회의 결의로 결의의 효력발생시기를 별도로 정할 수 있다($\frac{시기부 또는}{종기부결의}$). 결의내용이 이사의 선임과 같이 등기를 요하는 내용일 수도 있는데, 이 경우에도 결의가 이루어진 때에 효력이 발생하고, 등기에 의해 효력이 발생하는 것은 아니다. 정관변경결의도 같다.

## Ⅶ. 주요 특별결의사항

상법은 정관변경 등 회사의 기초에 중대한 변화를 야기함으로써 주주에게 새로운 위험을 초래하는 사항에 관해서는 주주총회의 특별결의를 요구한다. 상법 제374조 제1항이 규정하는 영업양도는 상법 제393조 제1항이 이사회의 결의사항의 하나로 정하는「중요한 자산의 처분 및 양도」에 해당하는데, 영업의 양도는 단순한 자산의 처분을 넘어 주주를 위한 수익의 기반을 변화시키는 뜻이 있으므로 주주총회의 특별결의사항으로 하였다. 그 밖에도 영업양도에 준하는 정도의 위험을 초래하는 거래도 총회결의의 요부에 관한 다툼을 예방하고자 제374조 제1항 각 호에서 명문으로 총회의 결의사항으로 규정하였다. 그리고 제375조에서는「사후설립」을 특별결의사항으로 하고 있는데, 이는 사후설립이 현물출자와 재산인수에 대한 법적 규제를 회피하기 위한 수단으로 이용될 것을 우려한 제도이다. 여기서는 제374조와 제375조의 특별결의사항을 설명하고, 나머지 특별결의사항은 각기 관계되는 곳에서 설명한다.

### 1. 영업의 양도와 양수

#### (1) 의의

회사의 영업의 전부 또는 중요한 일부를 양도하거나 회사의 영업에 중대한 영향을 미치는 다른 회사의 영업 전부 또는 일부를 양수할 경우에는 주주총회의 특별결의를 요한다($\frac{374조 1항}{1호 \cdot 3호}$).

영업의 양도 및 양수는 상법 제41조에서 규정하는 영업의 양도와 같은 개념으로 이해하면 족하다. 즉 영업의 양도란 회사의 사업목적을 위하여 조직화되고 유기적 일체로서 기능하는 재산 전부를 총체적으로 유상으로 이전함과 아울러 영업활동의 승계가 이루어지는 계약을 뜻한다(대법원 1994. 5. 10. 선고 93다47615 판결).

### (2) 영업 전부의 양도

상법 제374조 제1항에서 규정하는 특별결의의 대표적인 사안이다. 영업양도에 주주총회의 결의를 요하게 한 이유는, 영업을 양도하면 당초 주주들의 출자의 동기가 되었던 목적사업의 수행이 어려워지고 회사의 수익의 원천이 변동함으로 인해 주주들이 새로운 위험을 부담해야 하므로 주주들의 경영정책적 판단이 필요하기 때문이다. 그리고 목적사업의 수행이 어려워진다는 것은 정관에 기재된 목적을 변경하는 것과 실질적으로 같으므로 정관변경(434조)과 마찬가지로 특별결의를 요구한다.

### (3) 영업의 중요한 일부양도

영업의 일부를 양도하더라도 그것이 중요한 부분이라면 역시 주주총회의 특별결의를 요한다. 영업의 중요한 부분을 양도한다면 역시 주주의 보호가 필요하고, 또 영업의 전부를 양도할 때에 가해지는 제약(주주총회의 특별결의, 반 대주주의 주식매수청구)을 피하기 위한 탈법적 수단으로서 일부양도의 형식을 빌리는 것을 차단하기 위해 주주총회의 특별결의를 요하게 한 것이다.

이 규정을 적용함에는 영업의 「중요한 일부」가 무엇을 뜻하는가라는 해석의 부담이 있다. 양도대상인 재산이 회사의 전 재산에서 차지하는 비중에 시각을 맞추는 양적 판단의 방법과 회사의 기본적인 사업수행에 미치는 영향의 크기에 역점을 두는 질적 판단의 방법을 생각해 볼 수 있다. 앞에서 말한 영업전부의 양도에 주주총회의 특별결의를 요하는 취지를 생각한다면 주주들의 출자동기와의 괴리도를 고려해야 할 것이고, 그러자면 양도로 인해 회사의 기본적인 사업목적을 변경시킬 정도에 이를 경우에 「중요한 일부」라고 보아야 할 것이다.

〈중요성의 판단에 관한 판례〉

1) 일반적 판단기준　　　일부양도에서의 중요성의 판단에 관하여 대법원 판례는 「양도대상 영업의 자산, 매출액, 수익 등이 전체 영업에서 차지하는 비중, 일부 영업의 양도가 장차 회사의 영업규모, 수익성 등에 미치는 영향 등을 종합적으로 고려하여 판단한다」(대법원 2014. 10. 15. 선고 2013다 38633 판결)라는 기준을 제시하고 있다. 한편 자본시장법에서는 상장회사의 영업의 전부 또는 중요한 일부를 양도·양수할 경우에는 특별한 공시를 하도록 하고, 양도가액도 규율하는데, 「중요한 일부」의 판단에 계량적인 기준을 적용한다. 즉 자산총액의 100분의 10 이상, 또는 매출액의 100분의 10 이상에 해당하는 영업의 양도는 중요한 일부의 양도로 본다(자금 161조 1항 7호, 165조의4 1항 2호, 자금령 171조 2항 1호~3호).

2) 중요한 양도의 예　　　대법원판례의 사안이다. 금융사업 등 수개의 사업을 겸영하는 회

사에서 금융사업부문이 자산가치의 면에서 회사 전체의 34%에 달하고, 회사내부에서 유일하게 수익창출 가능성이 높아 회사로부터 분리하여 독자적인 생존 전략을 모색하기 위하여 양도하게 되었으며, 금융사업을 양도한 이후 바로 사실상 회사의 모든 영업이 중단되었고, 코스닥시장에서 상장 폐지가 된 점 등의 사정에 비추어 보면, 영업의 중요한 일부의 양도에 해당한다고 판단하였다.

　3) 중요하지 않은 양도의 예　　　하급심판결의 사안이다($\binom{부산지법 2009. 7. 8. 선}{고 2009가합1682 판결}$). 오디오부품 등을 생산하는 어느 회사가 자동차관련 스위치를 생산하는 사업부문을 주주총회결의 없이 자회사에 양도하였다. 이 사업부문은 회사의 전체매출에서는 최대 11.5%, 고정자산으로서는 8.5%, 정규직 직원의 배치로서는 17.3% 정도로서 양적인 기준으로 볼 때 중요성이 없고, 수년간 계속 적자를 내고 있어 그 양도 후에도 회사는 수익에 전혀 영향을 받지 않고 정상적인 영업을 유지하고 있는 점으로 보아 질적으로도 중요성을 인정하기 어렵다고 판단하였다.

### (4) 영업의 양수

　회사의 영업에 중대한 영향을 미치는 다른 회사의 영업 전부 또는 일부의 양수도 주주총회의 특별결의사항이다($\binom{374조}{1항 3호}$).

　1) 적용대상　　　영업의 전부양도는 중요성을 따질 필요 없이 주주총회의 특별결의를 요하지만, 영업의 양수는 전부양수이든 일부양수이든 회사의 영업에 「중대한 영향」을 미치는 것에 한해 특별결의사항으로 삼는다. 이같이 차별하는 이유는 양자가 정관상의 목적사업에 주는 영향이 상이하기 때문이다. 영업양도는 직접적으로 목적사업을 폐지하는 결과를 초래할 수 있으므로 정관변경과 같은 수준의 의사결정을 요하지만, 영업양수는 자산의 새로운 유입으로서 기존의 목적사업에 직접적인 장애를 초래하는 것은 아니므로 목적사업에 중대한 영향을 주는 것만 추려내어 특별결의의 대상으로 삼는 것이다.

　그리고 다른 「회사」의 영업을 양수할 때에만 주주총회의 결의를 요하고 개인영업을 양수할 때에는 주주총회의 결의를 요하지 않는다는 점에 주의해야 한다. 다른 회사의 영업 전부를 양수하는 것은 실질적으로 회사합병과 같은 효과를 가져오므로 합병과 같은 요건으로서 주주총회의 특별결의를 요구한다는 것이 그 이유이다.

　2) 중대성의 의의　　　회사의 영업에 중대한 영향을 미친다는 법문의 의미는 영업의 일부양도의 중요성에 관해 설명한 바와 크게 다르지 않지만, 영업의 양도로 인한 영향은 회사의 목적사업을 어느 정도 위축시키느냐를 따져야 하는 문제임에 반해, 영업의 양수로 인한 영향은 그 대가의 지급이 회사의 유동성에 얼마나 감소요인이 되며, 본래의 영업에 어떤 영향을 주느냐를 따져야 하는 문제이다.

　3) 경쟁제한을 목적으로 다른 회사의 영업을 양수하는 때에는 공정거래법상의 규제를 받는다($\binom{독규 9조}{1항 4호}$).

## 2. 중요재산의 처분

### (1) 의의

상법 제374조 제1항 제1호는 「영업의 양도」를 특별결의의 대상으로 규정하므로, 문언 대로라면 영업 자체가 아닌 한, 개별적인 재산의 처분은 규모나 가액을 불문하고 주주총회의 결의를 요하지 않는다고 이해된다. 그러나 재산의 규모나 성격에 따라서는 영업 자체만큼 중요한 것일 수도 있으므로 특별결의의 대상으로 삼아야 한다는 주장도 있을 수 있다. 그리하여 오래전부터 중요재산이라도 주주총회의 결의를 요하지 않는다는 설(불요설)과 중요재산의 처분은 영업양도와 같이 주주총회의 특별결의를 요한다는 설(필요설)이 대립해 왔다.

불요설에 따르면 영업양도가 아닌 한 회사의 전 재산이나 다름없는 재산도 이사회의 결정으로 유효하게 처분할 수 있으므로 주주 및 회사채권자에게 손실을 줄 염려가 있다. 반면 필요설에 따르면 중요한 재산을 주주총회의 결의 없이 양도하는 거래는 무효로 되어 그재산의 양수인에게 불측의 손해를 주므로 거래의 안전을 크게 해친다.

결국 거래의 안전을 우위에 둘 것이냐, 주주의 보호를 우선시킬 것이냐는 정책적 문제인데, 다음과 같이 판례가 상당기간 일관된 논리를 펴 온 탓에 현재는 이에 관한 이론이 판례를 중심으로 정리된 상태이다.

### (2) 판례

1) **기본입장**　　대법원판례는 기본적으로 불요설의 입장이다. 즉 상법 제374조 제1항 제1호에서 말하는 영업의 양도를 상법 제41조의 영업양도와 동일한 뜻으로 이해한다(대법원 1987. 6. 9. 선고 86다카 2478 판결외 다수). 그리하여 단순한 영업재산만의 양도는 설혹 회사의 유일한 재산의 처분일지라도 특별결의를 요하지 않는다고 한다(대법원 1964. 7. 23. 선고 63다820 판결).

2) **예외**　　회사의 모든 재산을 양도하거나 양도한 일부의 재산이 회사의 존속의 기초가 되는 영업용 재산인 때에는 결론을 달리한다. 이러한 재산의 양도는 영업의 폐지나 중단을 초래하는 점에서 영업의 양도와 다를 바 없으므로 상법 제374조 제1항 제1호가 적용되어 주주총회의 특별결의를 요한다고 한다. 특결결의를 요한다고 본 예는 다음과 같다.

i) 관광호텔업을 위해 설립된 회사가 호텔신축부지를 처분한 경우(대법원 1988. 4. 12. 선고 87다카1662 판결).

ii) 흄관의 제작판매를 업으로 하는 회사가 흄관제작에 꼭 필요한 유일한 흄관몰드(주물모형)를 처분한 경우(대법원 1987. 4. 28. 선고 86다카553 판결).

iii) 광산업을 하는 회사가 광업권을 양도한 경우(대법원 1969. 11. 25. 선고 64다569 판결).

iv) 시장의 점포임대를 업으로 하는 회사가 시장건물을 양도한 경우(대법원 1977. 4. 26. 선고 75다2260 판결).

v) 특허권을 소유하며 이를 이용한 공사의 수주를 주된 사업으로 하는 회사가 그 특허권을 양도한 경우(대법원 2004. 7. 8. 선고 2004다13717 판결).

vi) 의류제조판매를 주업으로 하는 회사가 그 의류의 상당부분을 제조하여 공급해 주는 해외 완전자회사의 지분을 전부 양도한 경우($\binom{대법원 2018. 4. 26. 선}{고 2017다288757 판결}$).

그러나 금속제품생산업을 하는 회사가 온천개발을 준비하던 부동산을 양도한 경우($\binom{대법}{원}$ $\binom{1997. 7. 25. 선고}{97다15371 판결}$), 회사가 사무실의 전세보증금채권을 양도한 경우($\binom{대법원 1997. 6. 27.}{선고 95다40977 판결}$)에는 영업의 존폐와 무관하므로 주주총회의 특별결의를 요하지 않는다고 하였다.

**3) 담보제공** 회사의 존속의 기초가 되는 중요한 재산을 담보로 제공하는 경우에, 재산을 매도담보에 의해 양도한 경우에는「환매기간 내에 환매하지 못하면 영업의 전부 또는 중요부분을 폐업하게 되므로」주주총회의 특별결의를 요한다고 보았으나($\binom{대법원 1965. 12.}{21. 선고 65다}$ $\binom{2099·2100}{판결}$), 재산에 근저당권을 설정한 것에 대해서는 비록 중요한 재산이라도 근저당권설정 행위는 상법 제374조 제1항 각호의 어느 것에도 해당될 수 없어 주주총회의 결의를 요하지 않는다고 하였다($\binom{대법원 1971. 4. 30.}{선고 71다392 판결}$).

**4) 예외의 적용범위** 판례가 사실상 영업의 폐지나 중단을 초래하는 경우에 한해 주주총회의 결의를 요한다고 하는 이유는 영업의 폐지나 중단을 초래하는 행위($\binom{예: 영업양}{도, 해산}$)는 주주총회의 특별결의가 필요하기 때문이다. 그러므로 이미 법적 절차를 거쳐 영업을 폐지하거나 사실상 영업을 폐지한 상태에서는 중요재산을 양도하더라도 주주총회의 결의가 필요 없다($\binom{대법원 1988. 4. 12.}{선고 87다카1662 판결}$).

판례가 분명히 언급하고 있지는 않으나, 사업용 고정자산에 한해서만 특별결의 요부가 문제되고 재고자산($\binom{상}{품}$)에 대해서는 비록 전 재산이라 하더라도 특별결의가 필요할 리 없다. 재고자산의 처분은 영업활동에 속하기 때문이다. 어느 아파트 건설회사가 분양용으로 지은 아파트 전부를 특정인에게 일시에 매각한 사건에서 법원은 특별결의를 요하지 않는다고 판시하였다($\binom{대법원 1991. 1. 15.}{선고 90다10308 판결}$).

## 3. 영업의 임대 등($\binom{374조}{1항 2호}$)

### (1) 영업 전부의 임대

영업의 임대란 대가를 받기로 하고 영업재산과 영업조직을 타인으로 하여금 이용하게 하는 것을 말한다. 영업재산과 영업조직에 대한 권리가 이전하지 않고 다만 임차인이 이를 자신의 영업을 위해 이용할 뿐이라는 점에서 영업양도와 다르고, 임차인은 자신의 이름으로 그리고 자신의 계산으로 영업을 한다는 점에서 후술하는 경영의 위임과 다르다.

영업의 임대는 회사의 영업을 종국적으로 처분하는 것이 아니므로 회사의 존립에 대한 위협은 없으나, 회사의 재산이 제3자의 점유하에 놓이게 되어 회사의 재산적 기초를 불안하게 하므로 주주총회의 특별결의를 요하게 한 것이다. 임대 자체뿐만 아니라 그 변경·해약도 같다. 영업의 일부를 임대하는 것은 주주총회의 특별결의를 요하지 않는다.

### (2) 영업 전부의 경영위임

경영의 위임은 회사의 경영을 타인에게 위탁하는 것이다. 이에 의해 영업재산의 관리와 영업활동이 수임인의 관장하에 놓이게 되지만, 단체법상의 효력이 생기는 사항은 위임에서 제외된다(예: 임원선임, 신주발행, 자/본금감소, 정관변경, 합병 등). 영업활동의 명의와 손익계산은 모두 위임회사에 귀속되고, 통상 수임인에게 보수를 지급한다. 우리나라에서는 경영이 부실한 회사를 정상화하는 과정에서 경영위임의 사례를 간간이 볼 수 있다.

경영의 위임(및 변/경, 해약)을 특별결의사항으로 한 이유는 영업의 임대에 관해 설명한 바와 같다. 영업의 일부를 경영위임하는 것은 주주총회의 결의를 요하지 않는다.

### (3) 손익공통계약

「타인과 영업의 손익 전부를 공통으로 하는 계약」이란 수개의 기업 간에 일정한 기간 내의 영업손익을 합산해서 투하자본의 비율이나 기타 약정된 비율에 따라 분배하기로 하는 계약이다. 일종의 조합이 형성된다고 볼 수 있으며, 이에 의해 영업에 관한 한 당사회사는 경제적 일체를 이룬다. 손익공통계약의 이행방법으로 새로운 회사를 설립하는 예도 있다. 이 같은 손익공통계약을 체결하면 영업의 전부에 관해 합병과 유사한 효과가 생기므로 주주총회의 특별결의를 거치게 한 것이다. 따라서 영업상의 손익 「전부」를 공통으로 할 경우에만 이 규정의 적용대상이 되고, 손익의 「일부」만을 공통으로 할 경우에는 적용대상이 아니다.

### (4) 그 밖에 이에 준하는 계약

상법 제374조 제1항 제2호에서는 「… 그 밖에 이에 준하는 계약 …」이라 규정하는데, 이는 손익공통계약에 준하는 계약만을 가리키는 것이 아니고, 영업의 임대, 경영의 위임, 손익공통계약의 3자 각각에 준하는 계약 모두를 가리킨다. 예컨대 각종 트러스트, 콘체른, 판매카르텔, 회사가 자기의 영업을 타인의 계산으로 경영할 것을 인수하는 계약 내지는 이익협동관계의 형성을 위한 계약 중 회사경영의 기초에 중대한 영향을 주는 것을 의미한다고 이해된다.

## 4. 간이영업양도 등의 특례

상법 제374조 제1항 각호의 행위는 주주총회의 특별결의를 얻어야 하지만, 간이양도 등의 경우에는 주주총회의 특별결의를 생략할 수 있다. 영업양도 등의 신속한 처리를 위한 고려이다.

**1) 요건과 특칙** 어느 회사가 영업의 전부 양도 등 제374조 제1항 각호의 행위를 함에 있어 총주주의 동의가 있거나 동 회사의 발행주식총수의 100분의 90 이상을 영업양수인 등 해당 행위의 상대방이 소유하고 있을 경우 이 회사의 주주총회의 승인은 이사회의 승인으로 갈음할 수 있다(374조/의3 1항).

**2) 주주에 대한 통지** 주주총회의 승인이 필요하지 않더라도 회사는 영업양도 등의 계약서 작성일부터 2주 이내에 주주총회의 승인을 받지 아니하고 영업양도 등을 한다는 뜻

을 공고하거나 주주에게 통지하여야 한다($^{374조의3}_{2항 본}$). 다만, 총주주의 동의가 있는 경우에는 통지를 생략할 수 있다($^{동항}_{단}$).

　3) 주식매수청구　　위 공고 또는 통지를 한 날부터 2주 이내에 회사에 대하여 서면으로 영업양도 등에 반대하는 의사를 통지한 주주는 그 기간이 경과한 날부터 20일 이내에 주식의 종류와 수를 기재한 서면으로 회사에 대하여 자기가 소유하고 있는 주식의 매수를 청구할 수 있다($^{374조}_{의3 3항}$). 주식매수청구 및 매수절차는 주주총회를 거치는 경우에서의 주식매수청구절차와 같다($^{374조의2}_{2~5항}$).

## 5. 사후설립

### (1) 의의

　사후설립이란 회사가 성립 후 비교적 가까운 시기에 회사가 설립되기 전부터 존재하는 것으로서 영업을 위하여 계속 사용하여야 할 재산을 취득하는 계약을 말한다. 상법은 회사가 성립 후 2년 내에 자본금의 100분의 5 이상에 해당하는 대가로 이와 같은 계약을 체결할 때에는 주주총회의 특별결의를 얻도록 한다($^{375조}_{→374조}$).

　사후설립을 제한하는 이유는 현물출자와 재산인수에 대한 엄격한 규제를 회피하기 위한 수단으로 사후설립이 이용될 수 있기 때문이다. 이 점은 재산인수와 견주어 보면 명백해진다. 설립중에 발기인이 회사가 성립한 후 재산을 양수하기로 하는 계약을 한다면 재산인수로서 엄중한 제한을 받으므로, 설립중에는 그러한 뜻을 표출하지 않고 성립 직후 대표이사가 회사를 대표하여 재산을 양수한다면 그 경제적 효과는 동일하고, 취득가액이 과대평가될 때에는 자본충실을 해하게 한다. 그러므로 자본충실에 대한 양자의 위험도는 대동소이하다.

### (2) 사후설립의 요건

　1) 시기　　현물출자나 재산인수에 대한 탈법적 수단이 되는 것을 방지하기 위한 것이므로 회사성립 후 단기간($^{2년}_{내}$)에 이루어진 것만을 대상으로 한다.

　2) 재산　　회사성립 전부터 존재하는 재산이라야 한다. 따라서 회사성립 후에 생산된 재산은 사후설립의 대상이 되지 않는다. 입법취지가 현물출자와 재산인수의 탈법방지에 있으며, 성립 전부터 존재하는 재산에 관해서만 탈법의 소지가 있다고 보아야 하기 때문이다.

　재산은 회사의 영업을 위하여 계속 사용할 것이어야 한다. 영업을 위해 계속 사용되는 한 영업용 고정자산에 한하지 않고 모든 재산을 대상으로 한다. 토지, 건물, 기계설비는 물론 각종 무체재산권, 영업권, 타인의 영업 자체 등이 다 이에 해당된다. 그러나 상품이나 원자재와 같은 영업행위의 목적인 재산은 이에 해당하지 않는다.

　3) 취득의 대가　　사후설립은 현물출자나 재산인수의 탈법수단이라는 뜻에서 규제하므로 어느 정도 고액의 대가가 치러질 때 규제할 가치가 있다. 따라서 자본금의 100분의

5 이상에 해당하는 대가로 취득할 때에만 본조가 적용된다. 「100분의 5」는 재산취득 당시의 자본금을 기준으로 계산한다.

　　4) 요건의 형식성　　　사후설립의 제한은 자본충실을 위한 것이나, 위 요건만 갖추면 충분하고 회사에 손해를 끼쳤음을 요하지 않는다. 또 대표이사나 양도인의 과실 유무나 주관적 동기는 묻지 않는다.

　　(3) 주주총회의 특별결의

　　위 요건을 충족하여 사후설립에 해당되면 주주총회의 특별결의를 얻어야 한다. 양도인이 주주라면 그 주주는 특별한 이해관계가 있다고 보아야 할 것이므로($\frac{368조}{3항}$) 의결권을 행사할 수 없다. 주주총회의 특별결의 없는 사후설립은 무효이다. 상대방의 선의·악의는 묻지 않는다.


# Ⅷ. 반대주주의 주식매수청구권

## 1. 의의

　　반대주주의 주식매수청구권이란 주주의 이해관계에 중대한 영향을 미치는 일정한 의안이 주주총회에서 결의되었을 때, 그 결의에 반대했던 주주가 자신의 소유주식을 회사로 하여금 매수하게 할 수 있는 권리이다. 이 제도는 이사회가 주식의 양도를 승인하지 않을 경우 주주에게 인정되는 주식매수청구권($\frac{335}{조의6}$)과 유사하지만, 취지를 달리한다. 상법 제335조의6의 매수청구권은 양도가 제한되는 주식의 환가방법으로서 인정되는 것이지만, 여기서의 매수청구권은 다수자 주주의 의사결정으로부터 소수자 주주의 이익을 보호하려는 제도이다. 양자 모두 미국회사법에서 유래한다.

## 2. 이론적 근거

　　미국에서는 주주가 회사설립시부터 예정되고 기대되었던 회사기능의 구조적인 변화를 거부할 수 있는 기본적 권리를 가지며, 이 권리의 침해에 대한 대상(代償)으로서 인정되는 것이 주식매수청구권이라고 본다. 즉 다수자가 기업의 구조적 변화를 시도할 권능을 갖는 데에 대응하여, 소수자는 그 변화에의 추종을 거부할 권리로써 주식매수를 청구할 수 있다는 것이다. 따라서 주식매수청구는 새로운 상황변화에 적응하고자 하는 다수자의 권리와 이에 수동적으로 연루되기를 거부하는 소수자의 권리가 충돌될 경우 그 타협적 수단이 되는 셈이다.

　　주식매수청구는 반대하는 주주의 입장에서 보면 자신이 바라지 않는 사업으로부터 투자를 회수하는 수단이 되는데, 이를 매수청구제도의 「청산기능」이라고 한다. 즉 찬성하는 주주와 반대하는 주주가 사업상 결별하기 위해 행하는 청산의 의미를 가진다는 것이다.

〈제도의 역기능〉 주식매수청구권제도는 소수자 주주의 이익을 보호하기 위한 것이기는 하나, 이로 인해 회사 및 다른 이해관계자의 비용 또한 크게 유발된다. 우선 주식회사에서 인정될 수 없는 퇴사 및 출자의 환급을 광범하게 허용한다. 예컨대 주주 전원이 출석하여 가결에 필요한 최소한의 주주가 찬성하고(발행주식총수의 3분의 2) 최다수의 주주가 반대한다면 회사는 발행주식총수의 3분의 1에 해당하는 자기주식을 취득하게 되어 자본충실을 해하고 채권자의 지위가 불안해질 것이다. 또한 주식매수청구가 다량으로 쇄도할 경우 불가피한 의사결정을 포기할 수밖에 없는 경우도 있다.

## 3. 요건

### (1) 결의사항

1) 기본원칙　　회사에 구조적인 변화를 일으키는 특별결의사항에는 여러 가지가 있지만, 상법은 제374조 제1항이 정하는 영업양도 등과 합병, 분할합병, 주식의 포괄적 교환·이전(이하 '합병 등')의 승인을 위한 특별결의에 있어서만 반대주주의 주식매수청구권을 인정한다(360조의5, 360조의22, 374조의2 1항, 522조의3, 530조의11 2항).

위에 열거한 사안은 두 개 이상의 회사가 당사자로 관여하므로 쌍방 회사에서 주식매수청구가 인정되는 것이 원칙이지만, 경우에 따라서는 일방에서만 인정되기도 한다. 예컨대 합병의 경우 매수청구권은 소멸회사 및 존속회사의 주주에게 공히 인정되지만, 소규모합병(527조의3)의 경우 존속회사에서는 주주총회의 결의가 없으므로 매수청구가 인정되지 않는다. 하지만 주주총회의 결의가 없더라도 사안에 대한 반대주주의 매수청구가 인정되기도 한다. 간이합병(527조의2)의 경우 소멸회사에서 주주총회의 결의가 없지만, 주식매수청구가 인정된다.

2) 예외　　해산을 한 후에 영업을 양도할 때에는 주식매수청구권을 인정할 수 없다. 주주는 잔여재산을 분배받음으로써 투하자본을 회수할 수 있으므로 주식매수가 불필요하기도 하고, 해산할 때에 주식매수청구를 허용한다면 주주가 회사채권자에 앞서 출자를 환급받는 결과가 되기 때문이다. 그리고 채무자 회생 및 파산에 관한 법률에 의한 회생절차로서 영업양도, 주식의 교환·이전, 합병, 분할을 할 때에는 반대주주의 주식매수청구권이 인정되지 않는다(회파 261조 2항, 269조 3항, 270조 3항, 271조 5항, 272조 4항). 회생계획에 의해 이들 행위를 함에는 주주총회의 결의를 요하지 않기 때문이기도 하지만, 채권자의 보호를 우선시켜야 하기 때문이다.

### (2) 주주의 반대

주식매수청구권은 결의에 반대한 주주에게 그 반대에도 불구하고 가결되었을 때에만 주어진다(360조의5, 360조의22, 374조의2 1항, 522조의3, 530조의11 2항). 반대하는 주주는 후술과 같이 사전에 회사에 대하여 반대의 통지를 하여야 한다.

### (3) 반대주주의 자격

의결권이 없거나 제한되는 주주도 주식매수청구권을 갖는다($\binom{374조}{의2 1항}$).

상장회사는 합병 등 주요 경영사항에 관한 이사회의 결의가 있으면 시장에 공시를 한다. 이 공시가 있은 후에 주식을 취득한 주주에게 매수청구권을 인정할 필요가 없음은 물론이다. 그러므로 자본시장법에서는 원칙적으로 이사회의 결의가 있은 사실이 공시되기 이전에 취득하였음을 증명하는 주주에 한해 매수청구권을 인정한다($\binom{자금 165}{조의5 1항}$).

### 4. 주주의 반대절차

**1) 총회소집의 통지**    이사회에서 합병 등의 결의가 있은 후 주주총회를 소집하는데, 공식적으로는 주주가 그 통지에 의해 비로소 합병 등이 추진되고 있음을 알게 되고 반대 여부를 결정한다. 통지에서는 주식매수청구권의 내용 및 행사방법을 명시해야 한다($\binom{374조 2항,}{360조의3 4}$ 항, 360조의16 3항, 530조 2항, 530조의11 2항). 이를 게을리한 때에는 벌칙이 적용된다($\binom{635조 1}{항 23호}$). 기술한 바와 같이 의결권 없는 주주에게도 매수청구의 기회를 부여해야 하므로 그들에게도 총회개최의 사실을 통지해야 한다.

회사가 주주에게 주주총회의 소집을 통지하면서 주식매수청구권의 내용 및 행사방법을 명시하지 않은 경우에는 주주의 사전반대가 어려울 수 있으므로 주주는 사전반대의 통지 없이도 매수청구권을 행사할 수 있다고 보아야 한다($\binom{대법원 2012. 3.}{30.자 2012마11 결정}$).

**2) 사전반대의 통지**    결의에 반대하는 주주는 주주총회 전에 당해 회사에 대하여 서면으로 그 결의에 반대하는 의사를 통지하여야 한다(360조의5 1항, 374조의2 1항, 360조 의22, 522조의3 1항, 530조의11 1항). 반대의 통지는 회사에 대해 반대주주의 현황을 파악하여 총회결의에 대비하고 매수의 준비를 갖추게 하는 예고적 의미를 갖는다. 그러므로 반대의 통지는 주주총회일 이전에 회사에 도달해야 하며, 통지사실은 주주가 증명해야 한다.

사전반대는 주주권의 행사이므로 통지 당시에 주주권을 행사할 수 있는 자만이 할 수 있다. 따라서 주주명부($\frac{또는 실질}{주주명부}$)에 등재된 자이어야 한다.

**3) 서면청구**    상법은 서면에 의한 사전반대만을 매수청구의 요건으로 할 뿐이므로 사전반대한 주주가 다시 총회에 출석하여 반대할 필요는 없다. 반대주주는 단지 총회의 결의일로부터 20일 내에 회사에 대해 서면으로 매수를 청구하면 된다. 반대주주가 총회에 출석하지 않더라도 결의시에 의결권 있는 주주의 의결권은 반대표에 가산해야 한다. 그렇지 않으면 반대자가 더 많은데도 의안이 가결되는 모순이 생길 수 있기 때문이다($\binom{예컨대 60\%의 주주}{가 사전반대만 하}$ 고 주주총회에 출석하지 않고, 40% 의 주주가 출석하여 찬성한 경우). 반대주주가 총회에 출석하여 다시 의결권을 행사하는 것은 무방하다. 이때 반대의사를 번복하여 찬성할 수 있는가? 부정할 이유는 없으며, 찬성할 경우에는 사전반대를 철회한 것으로 보아 매수청구를 할 수 없다고 해야 한다.

### 5. 매수청구

**1) 매수청구권자**　　사전반대와 매수청구는 모두 동일한 주주에 의해 이루어져야 한다. 그 중간시점에서의 주식양수인에게 매수청구권을 인정한다면 그 주식양수는 사실상 주식매수청구권의 취득이라는 뜻을 갖는데, 이는 매수청구제도의 취지에 어긋나기 때문이다.

**2) 청구기간·방법**　　회사에 대하여 반대의 통지를 한 주주는 그 총회의 결의일부터 20일 내에 주식의 종류와 수를 기재한 서면으로 회사에 대하여 매수를 청구할 수 있다($\binom{374조}{의2\ 1항}$).

**3) 매수청구주식수**　　사전반대·(총회참석)·매수청구의 단계에서 변동 없이 동일성이 인정되는 주주만이 매수청구할 수 있다고 보는 결과, 가령 반대주주의 소유주식수가 증감한다면 최저치에 관하여만 매수를 청구할 수 있고, 전량의 매도매수가 있었다면 전혀 매수청구를 할 수 없다.

주주가 사전통지 및 의결권을 불통일행사하여 일부는 찬성, 일부는 반대한 후 반대한 주식만 매수청구하는 것이 가능함은 물론, 전량의 주식을 가지고 반대하였으나 매수청구 자체는 일부 주식에 관해서만 하는 것도 가능하다.

**4) 매수청구권의 성질**　　주주가 주식매수청구권을 행사할 경우 회사는 매수청구기간($\binom{해당\ 주주총회의}{결의일로부터\ 20일}$)이 종료하는 날부터 2월($\binom{상장회사의\ 경우에는\ 1}{월.\ 자금\ 165조의5\ 2항}$) 이내에 「그 주식을 매수하여야 한다」($\binom{374조}{의2\ 2항}$). 회사가 별도로 매수의 의사표시($\binom{승}{낙}$)를 하여야만 주식의 매매가 성립하는 것처럼 오해할 소지가 있으나, 매수청구권은 형성권으로서 회사가 2월 이내에 「매수하여야 한다」라는 것은 2월 이내에 이행($\binom{매수대금}{의\ 지급}$)을 하여야 한다는 뜻으로 해석해야 한다($\binom{통설.\ 대법원\ 2011.}{4.\ 28.\ 선고\ 2009다}$ $\binom{72667}{판결}$). 이와 달리 회사에 매수가격을 협의할 의무를 생기게 할 뿐이라는 소수설도 있다($\binom{정경}{영}$ $\binom{458;\ 정}{찬형\ 932}$).

**5) 매수청구의 철회**　　주주는 매수청구를 철회할 수 있다. 매수청구권은 주주의 이익을 보호하기 위한 제도이므로 매수청구권의 행사, 불행사에 관해 회사가 반대의 이해를 갖는다고 볼 수 없기 때문이다.

**6) 매수청구 주주의 지위**　　회사가 주식을 매수하는 효과는 후술과 같이 대금지급시에 생기므로 매수청구를 한 주주는 그 이전에는 주주의 지위를 잃지 않는다. 따라서 매수청구 이후에 열리는 총회에서의 의결권의 행사 등 주주권을 행사할 수 있다.

### 6. 매수가격의 결정

주식매수청구의 실제에 있어서는 매수가격의 결정이 가장 중요한 쟁점이다.

**1) 가격결정방법**　　매수가격은 주주와 회사의 협의에 의하여 결정한다($\binom{374조}{의2\ 3항}$). 그러나 매수청구기간이 종료하는 날로부터 30일 이내에 협의가 이루어지지 아니한 경우에는 회

사 또는 매수청구한 주주는 법원에 대하여 매수가격의 결정을 청구할 수 있다($\frac{374조}{의2 4항}$).

법원이 매수가격을 결정할 경우에는 회사의 재산상태 그 밖의 사정을 참작하여 공정한 가격으로 이를 산정하여야 한다($\frac{374조}{의2 5항}$). 법문에서는 법원은 회사의 「재산상태 그 밖의 사정」을 참작하라고 규정하는데, 읽기에 따라서는 공정한 가격에서 회사의 재산상태 등을 참작하여 가감할 수 있는 듯이 해석할 수도 있다. 매수가격을 이같이 결정한다면 합병 등을 계기로 회사에 잔류하는 다수자주주들과 퇴출하는 소수자주주들의 어느 일방의 이익을 위해 타방을 희생시키는 결과가 되어 부당하다. 법원은 후술하는 기준에 의한 공정한 가격대로 결정해야 한다고 해석한다.

**2) 가격결정기준($\frac{공정한}{가격}$)**  매수가격은 합리적 기준에 의해 산정해야 한다. 판례는 「특별한 사정이 없는 한 주식의 가치는 영업양도 등에 의하여 영향을 받기 전의 시점을 기준으로 수익가치를 판단하여야 하며, 이때 미래에 발생할 추정이익 등을 고려하여 수익가치를 산정하여야 한다」는 기준을 제시하고 있다($\frac{대법원 2006. 11. 23.자}{2005마958 결정}$).

〈상장회사에서의 가격기준〉 상장회사에서의 매수가격결정에는 자본시장법이 채용하는 가격결정법이 일응의 기준이 된다. 자본시장법에서는 주주와 회사 간에 협의가 이루어지지 않으면 매수가격은 합병 등을 위한 이사회의 결의일 이전에 증권시장에서 거래된 당해 주식의 2월간, 1월간 및 7일간의 평균가격을 재차 평균한 가액으로 한다($\frac{자금 165조의5 3항 단,}{자금령 176조의7 3항}$). 이사회의 결의일 이전의 평균가를 기준으로 한 이유는 이사회결의일 이후의 주가는 합병 등의 계획이 반영된 가격이라서 이로부터 공정한 가치를 이끌어 낼 수 없기 때문이다. 이같이 결정되는 매수가격에 회사 또는 주주가 반대할 때에는 매수가격의 결정을 법원에 청구할 수 있다($\frac{자금 165조}{의5 3항 단}$).

## 7. 매수의 효력발생

상법은 매수의 효력발생시기에 관해 명문의 규정을 두고 있지 않다. 상법 제360조의26 제1항은 지배주주가 소수주주의 주식을 매수하는 경우에는 매수대금을 지급하는 시기에 주식이 이전되는 것으로 보고 있다. 반대주주의 주식매수청구제도도 원리는 동일하므로 동 조항을 유추적용하여, 회사가 반대주주에게 매수대금을 지급하는 때에 주식이 회사에 이전된다고 보아야 한다. 즉 반대주주는 매수대금을 지급받을 때까지 주주의 지위를 유지한다. 판례도 논거는 제시한 바 없으나, 같은 입장을 취하고 있다($\frac{대법원 2018. 2. 28. 선고 2017다270916 판결: 매}{수대금을 받기 전의 주주에게 회계장부열람청구}{를 허용}{한 예}$).

## IX. 결의의 하자

### 1. 총설

주주총회의 결의는 다수 출자자의 의사를 단일한 단체의사로 수렴하는 제도이므로 그 내용과 절차면에서 적법·공정하게 이루어져야 한다. 그렇지 않고 결의의 절차나 내용에 하자가 있을 경우에는 정당한 단체의사로 인정할 수 없고 그 효력이 부정되어야 한다.

하자 있는 결의에 법률행위의 하자에 관한 일반원칙을 적용한다면, 주주총회의 결의에 무효원인이 있으면 특별히 주장하지 않더라도 결의의 효력이 처음부터 발생하지 않고, 취소원인이 있다면 취소권자의 일방적 취소로 결의는 소급하여 효력을 상실하게 된다. 그러나 주주총회의 결의는 사단적 법률행위이므로 그 성립과정에 다수인의 의사와 이해관계가 개재되며, 결의가 이루어지면 결의의 유효를 전제로 각종의 후속행위가 이루어지는데, 무효·취소의 일반법리에 따라 해결한다면 단체법률관계의 불안정을 초래하여 다수인의 이익을 해하게 된다. 그러므로 상법은 결의의 효력을 부정할 원인이 되는 하자의 유형을 법정하고, 원칙적으로 소만으로 주장할 수 있게 하는 동시에 하자의 유형에 따라 취소의 소, 무효($\frac{또는}{부존재}$)확인의 소, 부당결의취소·변경의 소로 소송의 종류를 법정하고, 그에 대한 판결의 효력을 별도로 정함으로써 단체적 이해관계의 조정을 꾀하고 있다($\frac{<표 4>}{참조}$).

〈표 4〉 각 소의 비교

| 소의 종류 / 비교사항 | 취소소송 | 무효확인소송 | 부존재확인소송 | 부당결의취소·변경의 소 |
|---|---|---|---|---|
| 소의 원인 | 절차상의 하자 (소집절차·결의방법이 법령·정관에 위반하거나 현저히 불공정), 결의내용의 정관위반 | 내용상의 하자 (결의내용이 법령, 사회질서, 주식회사의 본질에 위반) | 절차상의 하자 (취소원인이 지나쳐 결의가 존재한다고 볼 수 없을 때) | 내용상의 하자 (특별한 이해관계 있는 주주를 배제하고 한 결의의 내용이 현저히 부당) |
| 소의 성질 | 형성의 소 | 형성소송설 확인소송설 | 형성소송설 확인소송설 | 형성의 소 |
| 제소권자 | 주주·이사·감사 | 소익이 있는 자 | 소익이 있는 자 | 의결권을 행사하지 못한 특별한 이해관계 있는 주주 |
| 제소기간 | 결의일로부터 2월 | 없 음 | 없 음 | 결의일로부터 2월 |
| 절　　차 | 同(피고, 전속관할, 소제기공고, 병합심리, 패소원고의 책임, 주주의 담보제공의무, 등기) | | | |
| 법원의 재량기각 | 可 | 不可 | | |
| 기판력의 범위 | 대세적 효력 | | | |
| 소 급 효 | 소　급 | | | |

주의할 점은 결의의 하자를 다투는 소에 관한 상법규정은 적극결의($^{\text{갈}}_{\text{결}}$)에 대해서만 적용된다는 점이다. 소극결의($^{\text{부}}_{\text{결}}$)는 소집절차·결의방법에 하자가 있다고 하여 가결로 바꿀 수 없으므로 취소소송이 불가능하고, 부결한 결의에 내용상의 위법이 있을 수 없으므로 무효확인소송도 불가능하기 때문이다.

〈비단체법적 의사결정의 다툼방법〉 주주총회의 결의는 단체적 의사결정이므로 그 결의내용도 단체법률관계로서의 성격을 구비한 것이라야 한다. 당사자의 약정으로 단체적 성격이 없는 사안에 관해 주주총회의 결의를 거칠 것을 요건으로 삼거나, 정관으로 단체법률관계와 무관한 사항을 결의사항으로 규정한 것에 근거하여 결의가 이루어지더라도 상법상의 주주총회의 결의가 될 수 없으며, 그 무효는 상법상의 무효확인의 소($^{380}_{조}$)가 아니라 일반 확인의 소로 다투어야 한다.

골프장을 운영하는 회사가 주주인 회원들의 이용조건을 주주총회의 결의를 빌어 변경한 것에 대해 주주들이 결의무효확인소송($^{380}_{조}$)을 제기하였으나, 법원은 주주총회의 결의의 요건을 구비하지 못하였다는 이유로 각하하였다($^{\text{대법원 2013. 2. 28. 선}}_{\text{고 2010다58223 판결}}$).

## 2. 결의취소의 소

총회의 소집절차 또는 결의방법이 법령 또는 정관에 위반하거나 현저하게 불공정한 때 또는 결의의 내용이 정관에 위반한 때에는 주주, 이사 또는 감사는 결의의 날로부터 2월 내에 결의취소의 소를 제기할 수 있다($^{376조}_{1항}$).

### (1) 소의 원인

「결의취소」는 형식적·절차적 측면의 하자를 원인으로 하고, 예외적으로 결의내용이 정관에 위반한 때도 후술하는 이유에서 취소사유가 된다.

법상의 「소집절차」는 크게 보아 「이사회의 소집결정」과 「주주에 대한 통지」로 나누어 볼 수 있는데, 전자는 소유와 경영의 분리원칙하에서 총회소집권을 이사회에 귀속시킴으로써 주주의 무질서한 경영간섭을 차단하는 기능을 하고, 후자는 주주에 대해 주주총회에 참석하여 의사를 개진할 기회를 부여하는 기능을 한다. 그리고 「결의방법」은 총회장에서 공정한 결의를 이끌어내기 위해 취해지는 절차와 형식을 뜻한다. 그러므로 소집절차와 결의방법의 적법·공정성은 결의내용의 여하에 관계없이 중요한 단체법적 질서이므로 이에 위반하였을 때에는 취소사유가 된다.

### 1) 소집절차상의 하자

i) 이사회의 소집결의의 하자    주주총회를 소집하기로 하는 이사회의 결의가 존재하고, 그 효력에 다툼의 소지가 있는 경우에는 결의취소사유가 된다($^{\text{대법원 1980. 10. 27.}}_{\text{선고 79다1264 판결}}$). 그리고 아예 이사회결의 없이 주주총회를 소집하였으나, 정당한 소집권자에 의해 소집된 것이라면 역시 취소사유가 된다($^{\text{대법원 2009. 5. 28. 선}}_{\text{고 2008다85147 판결}}$).

ii) 소집권한 없는 자에 의한 소집　　이사회의 소집결의는 있으나 대표이사 또는 정관상의 소집권자가 아닌 자가 소집한 경우에도 취소사유가 된다($\frac{대법원 1993. 9. 10.}{선고 93도698 판결}$).

iii) 통지상의 하자　　일부의 주주에게 소집통지를 하지 않은 경우, 통지기간($\frac{총회일}{2주 전}$)을 준수하지 않은 경우 또는 통지방법을 그르친 경우($\frac{예: 구두}{로 연락}$), 통지사항이 미비한 경우($\frac{예: 목적}{의 불기}$재, 시간·장$_{소의 누락 등}$)는 소집절차가 위법한 경우이며, 주주의 참석을 어렵게 하는 장소·시간을 선택한다면 소집절차가 현저히 불공정한 것으로 역시 취소사유가 된다($\frac{대법원 1993. 10. 12.}{선고 92다21692 판결}$).

통지의 하자로 인해 다수의 주주가 불출석한 경우 취소사유로 볼 것이냐, 부존재사유로 볼 것이냐는 판단기준으로 판례는 정족수의 출석여부를 택하고 있다. 즉 통지상의 하자가 있더라도 정족수가 넘는 주주의 출석으로 출석주주 전원의 찬성에 의해 이루어진 결의라면, 부존재가 아니라 취소사유로 보아야 한다는 것이다($\frac{대법원 2012. 6. 14. 선}{고 2012다20925 판결}$).

iv) 목적사항 이외의 결의　　총회의 소집목적 이외의 사항($\frac{소집통지서에 기}{재되지 않은 사항}$)에 관해 결의하면 그 결의사항에 관해서는 총회의 소집통지를 하지 않은 것과 같다. 그러므로 설혹 긴급한 안건이라 하더라도 취소사유가 된다($\frac{대법원 1969. 2. 4.}{선고 68다2284 판결}$). 법원의 허가를 얻어 소집하는 총회에서 허가받은 목적 이외의 사항을 결의하는 것도 같다($\frac{서울고법 2008. 7. 30.}{선고 2007나66271 판결}$).

v) 1인회사 또는 전원출석총회에 있어 소집절차에 하자가 있는 경우에 관하여는 旣述 참조($\frac{430면}{참조}$).

### 2) 결의방법의 하자

i) 주주 아닌 자의 결의참가　　주주($\frac{또는}{대리인}$) 아닌 자가 주주총회에 출석하여 결의에 참가하면 결의방법에 하자를 이루어 취소사유가 된다($\frac{대법원 1983. 8. 23.}{선고 83도748 판결}$). 그러나 정도가 지나쳐 주주 아닌 자가 대다수인 경우에는 결의부존재사유가 된다.

ii) 의결권이 제한되는 주주의 의결권행사　　예컨대 결의에 특별한 이해관계가 있는 자가 의결권을 행사한 경우($\frac{368조}{3항}$)($\frac{대법원 1965. 11. 16.}{선고 65다1683 판결}$), 회사가 자기주식을 가지고 또는 자회사가 모회사주식을 가지고 의결권을 행사한 경우($\frac{341조,}{342조의2}$), 타회사가 의결권이 휴지되는 상호주($\frac{369조}{3항}$)를 가지고 의결권을 행사한 경우, 감사선임결의에서 어느 주주가 100분의 3을 초과하는 의결권을 행사한 경우($\frac{409조}{2항}$) 등이다. 의결권을 부적법하게 불통일행사한 경우($\frac{368}{조의2}$)에도 같다.

iii) 결의요건의 위반　　정족수·의결권의 계산이 위법한 경우, 예컨대 특별결의사항을 보통결의로 가결한 경우, 찬성주식수가 발행주식총수의 4분의 1 혹은 3분의 1이 안되는데 의장이 가결된 것으로 선포한 경우 등이다($\frac{대법원 1996. 12. 23.}{선고 96다32768 판결}$).

iv) 불공정한 의사진행　　부당하게 주주발언을 제한하거나 퇴장시키는 경우, 총회꾼을 동원하는 등 불안정한 분위기를 조성하여 결의하는 것도 결의방법이 현저하게 불공정한 예이다. 결의에 반대가 예상되는 주주의 출석을 지연시키고 이를 틈타 안건을 가결시킨 경우, 표결이 주주의 의사표시를 왜곡시키는 방법으로 이루어진 경우 역시 현저히 불공정한 결의이며(대법원 1996. 12. 20. 선고 96다39998 판결), 채결방법이 그릇되어 주주의 찬반의사가 왜곡되게 집계된 경우도 불공정한 결의방법에 해당하여 취소사유가 된다(대법원 2001. 12. 28. 선고 2001다49111 판결).

v) 의장의 무자격   정관에 기재된 의장이 아닌 자 기타 자격이 없는 자가 의장이 되어 진행된 회의에서 이루어진 결의도 취소사유이다(대법원 1977. 9. 28. 선고 76다2386 판결).

vi) 이익공여에 의한 의결권의 행사   주주가 회사로부터 이익을 공여받고(467조의2 1항) 의결권을 행사하여 이루어진 결의는 결의방법이 위법한 경우에 해당하여 취소의 대상이다(대법원 2014. 7. 11.자 2013마2397 결정).

vii) 종류주주총회의 흠결   종류주주총회의 결의를 요하는데도 그 결의 없이 주주총회의 결의만으로 정관변경·합병계약승인 등을 한 경우에는 무효로 보는 견해도 있으나 주주총회결의가 효력을 발생하기 위한 절차적 요건을 결했다고 보아야 하므로 결의취소사유로 다루어야 한다(480면 참조).

viii) 무효인 정관에 따른 결의   소집절차 또는 결의방법으로 볼 수 있는 사항을 다룬 정관의 규정이 강행법규에 위반하여 무효인 경우 그 규정에 따른 결의는 소집절차 또는 결의방법에 하자가 있는 결의이다. 예컨대 1주 1의결권의 원칙에 위반하는 방법으로 감사선임시의 의결권을 제한한 정관규정에 의해 일부 주주에게 의결권을 부여하지 않고 감사를 선임한 경우 그 선임결의는 결의방법에 하자가 있는 것이므로 결의취소사유에 해당한다(대법원 2009. 11. 26. 선고 2009다51820 판결).

〈하자와 결의결과의 인과성 요부〉 하자가 없었더라도 결의의 결과는 같았을 것이라는 가정이 성립하는 경우에는 하자가 있더라도 결의를 취소할 수 없는가? 결의취소제도는 소집절차와 결의방법을 엄격히 규제함으로써 총회의 적정한 운영을 기하고 주주와 회사의 이익을 보호하려는 것이 그 취지이므로 비록 결의에 영향이 없다 하더라도 소집절차나 결의방법에 있어 성질·정도로 보아 중대한 하자가 있을 때에는 취소해야 한다.

3) 결의내용의 정관위반   결의의 하자를 형식적인 하자와 실질적인 하자로 분류하고 전자는 시간의 경과로 치유될 수 있는 하자로 보아 취소사유로, 후자는 시간이 경과하더라도 치유될 수 없는 하자로 보아 무효사유로 배열하는 것이 상법의 기본태도이다. 결의내용이 정관에 위반한 것은 실질적인 하자임에도 불구하고 결의취소사유로 다루는 이유는 정관이란 주주들의 합의에 의해 이루어진 규범이므로 이에 위반한 것은 먼저의 합의에 위반했다는 절차적 하자의 성격도 가지므로 시간의 경과로 치유될 수 있는 기회를 부여하기 위함이다. 결의내용이 정관에 위반한 예로서는 정관이 정하는 이사의 자격에 미달하는 자를 이사로 선임한 경우, 정관이 정하는 정원을 초과하여 이사를 선임한 경우, 이사에게 정관에서 정한 금액 이상의 보수를 지급하는 경우 등이다.

## (2) 소의 성질

결의취소의 소는 형성의 소이다($^{異說}_{없음}$). 따라서 결의의 취소는 소만으로 주장할 수 있으며, 결의는 판결에 의해 취소되지 않는 한 유효한 것으로 다루어진다. 따라서 다른 청구의 공격·방어방법으로 주장할 수 없다. 예컨대 취소원인이 있는 결의에 의해 이사로 선임된 자가 지급받은 보수를 반환시키고자 한다면, 우선 결의취소소송을 제기하여 이사선임결의의 취소판결을 받고 그에 기초하여 보수의 반환을 청구해야 하고, 선임결의에 취소사유가 있음을 이유로 하여 처음부터 보수의 반환을 청구할 수는 없는 것이다.

## (3) 제소권자

결의취소의 소를 제기할 수 있는 자는 주주, 이사 또는 감사에 한한다($^{376조}_{1항}$). 결의취소판결의 단체적 효과를 감안하여 이해관계가 가장 크고 또 충실한 소송수행을 기대할 수 있는 자에 한하여 원고적격을 인정한 것이다.

1) **주주**    결의에 의해 주주가 개별적으로 불이익을 입었느냐를 묻지 않는다($^{대법원}_{1998. 5.}$ $^{12. 선고 98}_{다4569 판결}$). 하자와 무관한 주주, 결의에 반대하거나 결석한 주주도 제기할 수 있고, 결의 당시의 주주임을 요하지 않으며, 소제기 당시의 주주이면 족하다($^{통설. 대법원 1977. 4. 26. 선고 76다}_{1440 판결; 동 2003. 7. 11. 선고 2001다}$ $^{45584}_{판결}$). 다만 명의개서를 하지 아니한 주식양수인은 제소권이 없다.

소유주식수에 제한을 두지 않으므로 단 1주의 주주라도 제소할 수 있다.

주주는 누구나 총회의 구성원으로서 그 적정운영에 이익을 가지므로 의결권 없는 주주도 제소권이 있다($^{통}_{설}$).

2) **이사·감사**    제소 당시에 이사·감사임을 요한다. 임기가 만료된 이사·감사, 사임한 이사·감사는 원고적격이 없으나, 그 퇴임으로 결원이 되어 그들의 후임이사·감사가 취임할 때까지 이사·감사로서의 권리의무가 있는 경우에는 제소할 수 있다($^{대법원 1992. 8.}_{14. 선고 91다}$ $^{45141}_{판결}$). 청산중의 회사에서는 청산인·감사가 제소할 수 있다($^{542조 2항}_{→376조}$).

제소 당시에는 이사·감사가 아니라 하더라도 하자 있는 결의에 의하여 해임당한 이사·감사는 제소권이 있다고 보아야 한다($^{통}_{설}$).

3) **소송계속중의 지위변동**    소를 제기한 자는 변론종결시까지 그 지위를 유지해야 한다($^{異說}_{없음}$). 제소 후에 제소자가 사망하거나 자격을 상실한 경우 소송의 종료여부, 승계가능 여부가 문제된다.

이사가 그 지위에 기하여 주주총회결의 취소의 소를 제기하였다가 소송 계속 중에 사망하면, 이사의 지위는 일신전속적인 것이어서 상속의 대상이 되지 않으므로 그 소송은 이사의 사망으로 바로 종료된다는 것이 판례의 입장이다($^{민소 233조}_{의 불적용}$)($^{대법원 2019. 2. 14. 선}_{고 2015다255258 판결}$).

그러나 제소주주가 사망한 경우에는 상속인이 소송을 수계할 수 있다. 주식이 양도된 경우 양수인이 승계할 수 있는가? 판례는 신주발행무효의 소를 제기한 주주가 주식을 양도한 경우 그 양수인이 승계참가($^{민소}_{81조}$)할 수 있다고 하므로($^{대법원 2003. 2. 26. 선}_{고 2000다42786 판결}$), 결의취소의 소에 관해서도 같은 입장일 것이라 짐작된다.

4) 다른 소송에의 적용    이상 제소권자에 관한 설명은 주주나 이사·감사가 결의무효확인소송이나 결의부존재확인소송의 원고가 된 경우에도 그대로 적용된다.

(4) 피고

상법에 명문의 규정은 없으나 회사를 피고로 한다는 데 이설이 없다. 판결의 효력이 회사를 중심으로 한 모든 법률관계에 미치기 때문이다.

대표이사가 회사를 대표하여 소송을 수행해야 하지만, 이사가 취소의 소를 제기한 경우에는 감사가 회사를 대표하여 수행해야 한다($\binom{394조}{1항}$).

(5) 제소기간

i) 결의취소의 소는 결의가 있은 날로부터 2월 내에 제기해야 한다($\binom{376조}{1항}$). 이같이 단기의 제소기간을 둔 이유는 취소소송의 경우 하자가 비교적 경미하다 할 수 있는데, 회사의 법률관계를 장기간 불안정한 상태($\genfrac{}{}{0pt}{}{취소가능}{한 상태}$)로 방치하는 것은 바람직하지 않기 때문이다.

ii) 결의취소의 소의 소송물의 단위는 개개의 결의이므로 동일한 총회일에 수건의 결의가 이루어졌다면 다투고자 하는 결의별로 제소기간을 준수해야 한다. 예컨대, 어느 총회에서 A와 B를 이사로 선임하였는데, 이를 다툰다면, A 선임결의취소의 소와 B 선임결의취소의 소는 별개의 소이므로 각기 제소기간을 준수해야 한다($\genfrac{}{}{0pt}{}{대법원 2010. 3. 11. 선}{고 2007다51505 판결}$).

iii) 제소기간이 경과한 후에는 제소 당시와 상이한 제소이유를 추가할 수 없다($\genfrac{}{}{0pt}{}{예: 정관위}{반으로 제소}$한 후 소집통지가 없었다는 주장을 추가하는 것). 이를 허용한다면 제소이유를 구성하는 다툼을 제소기간을 넘어 제기하는 것을 허용하는 것과 같기 때문이다($\genfrac{}{}{0pt}{}{대법원 2004. 6. 25. 선}{고 2000다37326 판결}$).

### 3. 결의무효확인의 소

결의의 내용이 법령에 위반하는 때에는 결의무효확인의 소를 제기할 수 있다($\binom{380}{조}$).

(1) 무효원인

결의내용이 법령에 위반한 예로는, ① 주주총회의 권한사항이 아닌 때($\genfrac{}{}{0pt}{}{예: 다음 총회}{소집의 결의}$), ② 주식평등의 원칙에 반하는 때($\genfrac{}{}{0pt}{}{예: 주주에 따라 의결권}{의 수를 달리하는 결의}$), ③ 주주유한책임의 원칙에 반하는 때($\genfrac{}{}{0pt}{}{예: 손실}{전보를 위}$한 추가출자의 결의), ④ 총회권한사항을 타인에게 일임하는 때($\genfrac{}{}{0pt}{}{예: 이사선임을 이사}{회에 위임하는 결의}$), ⑤ 기타 강행법규나 사회질서($\binom{민}{103조}$)에 반하는 때($\genfrac{}{}{0pt}{}{예: 이사의 자격을}{남자로 제한하는 것}$)를 들 수 있다.

(2) 소의 성질

제380조는 결의무효확인의 소에 관하여 결의취소의 소에서와 같이 전속관할 등 소송절차에 관한 제186조 내지 제188조를 준용하고, 아울러 무효판결에 대세적 효력을 인정하는 제190조를 준용하면서, 제소권자와 제소기간에 관하여는 규정을 두고 있지 않아 결의무효확인의 소의 성질이 무엇이냐에 관해 견해가 대립한다.

1) 확인소송설    상법학계의 통설과 판례는 확인의 소로 보고 주장방법에 제한을 두

지 않는다(대법원 1963. 5. 17. 선고 4294민상1114 판결; 동 2011. 6. 24. 선고 2009다35033 판결). 상법이 취소소송과 달리 제소권자나 제소기간에 제한을 두지 않았으므로 확인의 소라고 봄이 타당하고, 이를 형성의 소로 보아 결의의 무효를 소송으로써만 주장할 수 있다고 하면 공익이나 자본충실을 해하는 결의라든가 주식회사의 본질에 반하는 결의를 하더라도 일단 유효하게 되어 부당하다고 주장한다.

2) 형성소송설    결의무효확인소송은 형성의 소로 보고, 소에 의해서만 하자를 주장할 수 있다는 설이다. 제380조가 소절차에 관하여 법정하고, 판결에 대세적 효력을 부여한 점을 보더라도 형성의 소로 보아야 하며, 그리해야 단체법률관계의 획일화를 기할 수 있다고 한다. 민사소송법학자들은 일치하여 이 설을 취한다.

회사소송에 있어 가장 중요한 이념은 다툼의 획일확정이므로 형성소송설이 타당하다(동지: 정동윤 584).

3) 학설의 차이    양설의 중요한 차이는 결의무효의 주장을 소만으로써 할 수 있다고 보느냐(형성소송설), 소 이외의 방법, 예컨대 이행의 소에서 청구원인이나 항변으로도 주장할 수 있다고 보느냐(확인소송설)이다. 형성소송설에 의하면 무효판결이 있을 때까지는 결의는 유효하지만, 확인소송설에 의하면 결의가 처음부터 무효이므로 결의의 무효를 소로 주장함이 없이 그 무효를 전제로 결의의 후속행위의 무효를 주장할 수 있다.

〈실제적 차이의 예〉무효인 주주총회결의에 의해 A가 이사로 선임되었고 1년간 보수를 받았는데, 감사인 B가 회사를 대표하여 A에게 그간의 보수를 부당이득으로 반환청구하려 한다.

확인소송설을 취하면, 결의무효는 항변이나 청구원인으로서도 주장할 수 있으므로 B는 A를 상대로 처음부터 부당이득반환을 청구하고, 그 이유로써 A를 이사로 선임한 총회결의가 무효라는 것을 주장하면 된다.

그러나 형성소송설을 취하면, A를 이사로 선임한 결의는 일응 유효한 것으로 다루어지므로 B는 먼저 주주총회결의의 무효확인소송을 제기하여 승소(효확인즉무)판결을 받은 후, 다시 이 판결에 근거하여 A에게 부당이득반환청구를 할 수 있다.

### (3) 제소권자

상법은 무효확인소송의 제소권자에 대해서는 법정하지 않았으므로 널리 소의 이익이 있는 자는 무효확인의 소를 제기할 수 있다.

### (4) 피고

취소의 소와 마찬가지로 회사가 피고로 된다.

### (5) 제소기간

무효확인의 소는 제소기간을 두지 않았다. 하자의 성격상 단기간의 경과로 치유를 인정하는 것은 형평에 어긋나기 때문이다. 따라서 이해관계인은 소의 이익이 있는 한 언제든지 제소할 수 있다.

### 4. 결의부존재확인의 소

#### (1) 의의

총회결의의 성립과정에서의 하자가 현저하게 중대하여 결의의 존재조차 인정할 수 없을 경우에 결의부존재확인의 소를 제기할 수 있다($^{380}_{조}$). 소집절차와 결의방법에 중대한 하자가 있는 것을 소의 원인으로 하므로 결의취소의 소와 하자의 본질을 같이하지만, 결의무효확인의 소와 같이 「제소권자」와 「제소기간」의 제한을 받지 않는다는 점에서 취소의 소와 구별된다.

한편 결의취소의 소와 결의무효확인의 소는 원·피고 간에 결의 자체는 존재한다는 인식하에 효력을 다투는 소송이지만, 결의부존재확인의 소는 결의가 존재한다는 회사의 주장과 부존재한다는 원고의 주장이 대립하는 소송이다. 그러므로 결의의 존부 자체에 관한 증명부터 문제되는데, 결의가 있었다는 사실 자체에 관해서는 회사가 증명책임을 부담하고, 결의에 부존재로 볼만한 하자가 있었다는 점에 관해서는 주주가 증명책임을 부담한다($^{대법}_{원}$ $^{2010. 7. 22. 선고}_{2008다37193 판결}$)·

#### (2) 소의 성질

상법은 결의부존재확인의 소와 결의무효확인소송에 대해 같은 절차상의 특칙을 적용하고 판결의 효력에 있어서도 같이 대세적 효력을 인정한다($^{380조}_{참조}$). 따라서 결의무효확인소송의 성질론, 즉 확인소송이냐 형성소송이냐 하는 논쟁은 결의부존재확인소송에도 그대로 적용되며 성질상 같은 결론을 내려야 한다.

#### (3) 부존재원인

결의부존재의 원인은 「총회의 소집절차 또는 결의방법에 총회결의가 존재한다고 볼수 없을 정도의 중대한 하자가 있을 때」이다. 이것은 결의취소의 원인이 되는 「총회의 소집절차 또는 결의방법이 법령 또는 정관에 위반하거나 현저하게 불공정한 때」라는 하자가 그 정도가 심하여 총회결의가 아예 존재한다고 볼 수 없을 정도에 이르렀을 때 부존재의 원인이 됨을 뜻한다. 그러므로 결의부존재의 원인은 결의취소의 원인에 포섭되어 양자의 차이는 양(量)의 문제라 할 수 있고, 이들과 결의무효와의 차이는 질(質)의 문제라 할 수 있다($^{<그림 18>}_{참조}$).

판례에 나타난 결의부존재의 예를 들어보면, 소집권한이 없는 자가 소집한 경우, 대부분의 주주에게 소집통지를 하지 않은 경우, 대표이사를 포함하여 이사 전원이 총회에 불참한 경우, 대부분 주주 아닌 자들로 이루어져 결의한 경우, 유효하게 회의가 종료한 후에 일부의 주주들만 모여 결의를 한 경우, 적법하게 소집되었으나 대부분의 주주가 불참한 가운데 결의가 이루어진 경우 등이다.

부존재인 결의에 의해 선임된 이사들로 구성된 이사회에서 소집결의를 하여 소집된 총회의 결의도 역시 부존재원인이 된다.

〈그림 18〉 하자의 유형

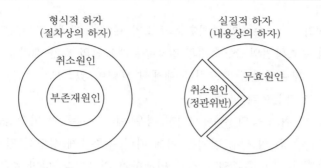

### (4) 제소권자 — 소의 이익

주주·이사·감사에 한하지 않고 무효확인의 소에서와 같이 소의 이익($^{확인의}_{이익}$)이 있는 자는 누구나 소를 제기할 수 있다. 회사채권자도 소의 이익이 있다면 결의부존재를 주장할 수 있다.

### (5) 피고, 제소기간

다른 소와 같이 회사를 피고로 하여야 하며, 제소기간의 제한이 없는 점은 무효확인의 소에서와 같다.

### (6) 표현결의

판례는 제380조가 규정하는 결의부존재와 구분하여 「주주총회의 의사결정 자체가 존재하지 않는 경우」라는 개념을 인정한다($^{대법원 1992. 8. 18.}_{선고 91다39924 판결}$). 즉 제380조가 규정하는 부존재라 함은 주주총회로서 소집·개최되어 결의가 이루어지는 등 회사내부의 의사결정이 일응 존재하기는 하지만 소집절차나 결의방법에 중대한 하자가 있는 경우를 말하는 것이고, 회사와 무관한 자가 의사록을 위조하거나($^{앞의}_{판례}$) 전혀 주주총회를 소집한 사실도 없이 의사록만 작성하거나, 주주총회로 볼 수 없는 회의를 개최하여 의사록을 작성한 경우에는 상법상의 결의부존재로 볼 수 없다고 한다. 그리하여 이러한 하자가 있는 경우에는 제380조가 적용되지 않고 자유롭게 그 효력을 부정할 수 있다고 본다. 이러한 하자가 있는 결의를 「표현결의」라고 부르기로 한다.

## 5. 소절차와 판결

### (1) 소절차

1) 관할　　　결의의 취소·무효확인·부존재확인의 소($^{이하 '취소}_{등의 소'}$)는 회사의 본점 소재지

의 지방법원의 관할에 전속한다($\substack{376조 2항, \\ 380조→186조}$).

2) 소제기의 공고      소가 제기된 때에는 회사는 지체 없이 공고하여야 한다($\substack{376조 \\ 2항, }$ $\substack{380조 \\ →187조}$). 현존하는 이해관계인들과 잠재적인 이해관계인들에게 회사의 법률관계의 가변성을 예고하기 위함이다.

3) 소의 병합심리      수개의 결의취소의 소가 제기된 때에는 법원은 이를 병합심리하여야 하며, 수개의 무효확인의 소, 수개의 결의부존재확인의 소가 제기된 때에도 같다($\substack{376조 \\ 2항,}$ $\substack{380조 \\ →188조}$). 취소·무효·부존재판결의 효력은 대세적 효력이 있으므로 모든 당사자에 대하여 합일확정되어야 하기 때문이다.

4) 담보제공      취소 등의 소를 제기한 경우 회사는 주주가 악의임을 소명하여 주주의 담보제공을 청구할 수 있으며, 법원은 이에 따라 주주에게 상당한 담보를 제공할 것을 명할 수 있다($\substack{377조 1항 본·2항, \\ 380조→176조 4항}$). 주주의 남소를 억제하기 위함이다. 다만 주주가 이사·감사인 때에는 담보제공의무가 없다($\substack{377조 \\ 1항 단}$). 「악의」란 취소·무효·부존재사유가 없음을 알면서 소를 제기한 것을 뜻한다.

5) 화해의 가능성      결의를 취소하거나 무효·부존재를 확인하는 내용의 화해나 조정은 허용되지 않는다. 소가 단체법률관계를 대상으로 하고, 그 판결의 효력은 회사와 제3자에게도 미치므로 제소권자가 임의로 처분할 수 있는 이익이 아니기 때문이다($\substack{대법원 2004. 9. \\ 4. 선고 2004다 \\ 28047 판결}$). 같은 이유에서 회사가 청구를 인낙하는 것도 허용되지 않는다($\substack{같은 \\ 판례}$).

(2) 판결

1) 재량기각      「결의취소의 소」가 제기된 경우에 결의의 내용, 회사의 현황과 제반 사정을 참작하여 그 취소가 부적당하다고 인정한 때에는 법원은 그 청구를 기각할 수 있다($\substack{379 \\ 조}$). 당사자의 청구가 없더라도 법원은 직권으로 할 수 있다($\substack{대법원 2003. 7. 11. 선 \\ 고 2001다45584 판결}$). 이 제도는 결의를 취소하여도 회사 또는 주주의 이익이 되지 않든가, 이미 결의가 집행되었으므로 취소할 실익이 없는 등의 경우에 결의를 취소함으로써 오히려 회사에게 손해를 끼치거나 거래의 안전을 해치는 것을 막고 또 소의 제기로써 회사의 질서를 문란케 하는 것을 방지하려는 취지에서 둔 것이다($\substack{대법원 1987. 9. 8. 선 \\ 고 86다카2917 판결}$).

결의취소가 제소기간의 경과로 자동치유될 수 있는 절차적 하자에 기인하기 때문에 인정되는 것이므로 결의무효확인의 소나 부존재확인의 소에는 있을 수 없는 제도이다.

2) 원고승소판결($\substack{취소·무효· \\ 부존재판결}$)의 효력

i) 대세적 효력      취소·무효·부존재 판결($\substack{이하 '취소 \\ 등 판결'}$)의 효력은 제소자와 회사는 물론 그 밖의 제3자에게도 미친다($\substack{376조 2항, 380 \\ 조→190조 본}$). 따라서 누구도 새로이 결의의 유효를 주장하지 못한다. 이는 기판력의 주관적 범위를 당사자에 국한시킨 민사소송법상의 원칙($\substack{민소 218 \\ 조 1항}$)에 대한 예외이다. 이와 같이 「대세적 효력」을 인정하는 이유는 주주총회의 결의에 의해 다수인이 회사와 동종의 법률관계를 맺게 되므로 이를 해소하는 판결의 효력 역시 관계자 모두

에게 획일적으로 미쳐야 하기 때문이다. 예컨대 甲을 이사로 선임한 결의에 관해 A주주가 취소소송을 제기하여 승소한 경우, 기판력의 일반원칙을 적용한다면 甲은 A주주와의 관계에서만 이사가 아니고 기타의 주주·회사·제3자와의 관계에서는 계속 이사라는 기이한 현상이 생기기 때문이다.

ii) 소급효    설립무효($\frac{328}{조}$), 신주발행의 무효($\frac{429}{조}$), 합병무효($\frac{529}{조}$) 등 회사법상의 형성의 소에서는 예외 없이 판결이 소급효를 갖지 않으나, 취소 등 판결은 예외이다. 취소 등 판결이 나면 과거 결의의 유효를 전제로 행해졌던 모든 행위가 소급하여 효력을 잃는다. 예컨대 이사를 선임한 결의가 취소되면 그 이사가 지급받은 보수는 부당이득($\frac{민}{741조}$)이 되므로 이사는 이를 회사에 반환해야 한다.

취소 등의 판결에 소급효가 있는 결과 이사선임결의가 취소되면 그 이사들에 의해 선정한 대표이사가 판결 전에 한 대외적 행위는 전부무효로 되나, 제3자는 상법 제395조의 표현대표이사제도와 부실등기의 주장을 제한한 상법 제39조에 의해 보호받을 수 있다. 즉 그 선임결의가 취소된 대표이사의 대외거래를 표현대표이사의 거래로 보거나, 대표이사의 무자격에 관한 회사의 주장을 부실등기의 효력으로 차단하는 것이다($\frac{대법원\ 2004.\ 2.\ 27.\ 선}{고\ 2002다19797\ 판결}$).

iii) 등기    결의사항이 등기되어 있는 경우, 취소 등 판결이 확정되면 본점과 지점의 소재지에서 이를 등기하여야 한다($\frac{378}{조}$).

**3) 원고패소판결의 효력**    원고가 패소한 경우, 즉 그 각하 또는 기각판결은 취소 등 판결과 달리 대세적 효력이 없다. 따라서 다른 소제기권자가 새로이 소를 제기할 수 있다.

원고가 패소하고, 악의 또는 중과실이 있는 때에는 회사에 대하여 연대하여 손해배상책임을 진다($\frac{376조\ 2항,}{380조→191조}$).

## 6. 부당결의취소·변경의 소

### (1) 의의

주주총회의 결의에 관하여 특별한 이해관계가 있음으로 인해 의결권을 행사할 수 없었던 주주($\frac{368조}{3항}$)가 그 결의의 부당함을 이유로 결의의 취소 또는 변경을 구하는 소이다($\frac{381조}{1항}$). 특별한 이해관계가 있는 주주의 의결권을 봉쇄하는 취지는 그 사적 이해로 인해 결의가 불공정하게 이루어지는 것을 방지하기 위함인데, 오히려 이해관계 있는 주주의 배제를 악용하여 나머지 주주들에 의해 불공정한 결의가 이루어진 경우에 결의의 공정을 회복하기 위한 제도이다. 이 소에 대한 판결에 결의의 변경까지 인정한 것은 취소판결을 하더라도 나머지 주주들에 의해 같은 결의가 반복될 우려가 있으므로 법원의 판결로 합리적인 해결을 구하려는 취지이다.

이 소도 형성의 소이므로 앞서의 형성의 소에 관한 설명은 이 소에 대해서도 타당하다.

### (2) 제소요건

1) **결의에 특별한 이해관계가 있는 주주가 의결권을 행사하지 못했을 것**　　주주가 제 368조 제3항의 제한으로 인해 의결권을 행사하지 못한 경우라야 한다. 주주가 자신의 개인 사정으로 총회에 불참한 경우에는 대상이 아니다.

2) **결의가 현저하게 부당할 것**　　결의의 내용이 법령이나 정관에 위반하지 않더라도 사회통념상 회사나 이해관계 있는 자의 이익을 현저하게 해하는 경우이다. 예컨대 영업을 양도하고자 하는 결의에 있어서 부당한 염가로 제3자에게 양도하는 경우이다.

3) **특별이해관계 있는 주주가 의결권을 행사하였더라면 결의를 저지할 수 있었을 것**　　이 점은 이해관계 있는 주주의 소유주식수를 회의일의 출석주주의 의결권수에 산 입하고($^{371조 2}_{항 참조}$), 결의에 찬성한 의결권수가 결의요건($^{과반수 혹}_{은 3분의 2}$)에 해당하는지 여부에 의하여 판단한다.

### (3) 제소권자·피고

특별한 이해관계가 있어 의결권을 행사할 수 없었던 자만이 제소할 수 있으며, 피고는 회사이다.

### (4) 소절차·판결의 효력 등

관할, 제소기간, 소의 병합, 원고승소판결의 대세적 효력, 원고패소의 경우의 배상책 임, 제소주주의 담보제공의무, 결의취소의 등기 등은 모두 결의취소의 소와 같다($^{381조}_{2항}$).

## 7. 결의하자와 다른 소송과의 관계

주주총회의 결의에 기초하여 이루어지는 후속행위에 대해 별도로 그 효력을 다투는 소 가 인정되는 경우가 있다. 예컨대 신주발행무효의 소($^{신주발행을 주주총회가}_{결의하는 회사의 경우}$), 자본금감소무효의 소, 합병무효의 소, 분할무효의 소, 주식의 포괄적 교환·이전무효의 소이다. 이 경우 주주 총회의 결의에 하자가 있는 경우에는 결의취소($^{또는 무}_{효, 부존재}$)의 사유도 되지만 동시에 후속행위 ($^{신주발행,}_{합병 등}$)의 무효사유도 된다. 이 경우 어느 소를 제기하여야 하느냐에 관해 견해가 대립하 지만, 분쟁관계의 획일적 확정을 기할 필요가 있고, 법상 후속행위에 주어진 효력($^{예: 신주}_{발행무효}$ $^{의 장}_{래효}$)에 의해 분쟁이 궁극적으로 해결될 수 있으므로 주주총회의 결의의 하자는 후속행위의 하자로 흡수되는 것으로 보아 후속행위의 무효를 주장하는 소만을 제기할 수 있다고 보아 야 한다. 판례는 신주발행과 자본금감소 그리고 합병에 관하여 이같은 입장을 취하고 있는 데($^{대법원 2004. 8. 16. 선고 2003다9636 판결; 동 2010. 2. 11.}_{선고 2009다83599 판결; 동 1993. 5. 27. 선고 92누14908 판결}$), 기타의 후속행위에 관해서도 같은 입장일 것 임에 틀림없다.

## 8. 번복결의

새로운 주주총회의 결의에 의해 종전의 결의의 효력을 부정할 수는 없다. 설혹 종전의 결의에 하자가 있더라도 이를 무효로 선언하거나 소급적으로 효력을 부정하는 취소결의는 할 수 없다. 이를 인정한다면 주주총회결의의 하자를 소만으로 다투게 한 법의 취지에 반하기 때문이다. 그러나 장래의 효과를 거두기 위한 철회의 결의는 가능하다고 보아야 한다.

### 9. 추인결의

무효인 결의나 부존재인 결의는 추인의 대상이 될 수 없으나, 취소원인이 있는 결의는 민법상의 추인의 법리를 원용하여 추인결의를 인정할 수 있다고 본다. 추인결의로서 효력을 인정하기 위하여는 취소원인이 있는 결의와 이를 추인하는 결의에 있어 주주구성에 큰 변동이 없어야 한다. 예컨대 취소원인이 있는 결의 후 합병이나 회사분할로 인해 주주구성에 큰 변동이 생긴 후에 소집된 총회에서 추인결의를 한 것은 하자를 치유하는 효력이 없다($\frac{대법원 2010. 7. 22. 선}{고 2008다37193 판결}$). 추인결의에 의해 종전의 흠있는 결의는 소급적으로 유효한 결의가 되고 이에 관한 다툼이 종식된다.

### 10. 결의존재의 확인

상법은 적극결의($\frac{가}{결}$)의 효력을 다투는 소송에 관해서만 규정을 둘 뿐, 소극결의($\frac{부}{결}$)의 효력을 다투는 소송에 관해서는 규정을 두고 있지 않다. 그리하여 결의요건을 충족하였음에도 불구하고 의장이 부결을 선포하고 의사록에도 부결된 것으로 기재되어 부결의 외관을 갖춘 경우 어떤 방법으로 가결결의가 있었음을 주장할 것이냐는 문제가 제기된다.

이러한 경우 부결결의의 취소소송을 제기해야 한다는 해석론도 생각해 볼 수 있으나, 이 소송에서 승소하여 취소판결을 얻어낸다 하더라도, 이는 부결결의를 취소하는 것에 지나지 않고 원고가 원하는 결의의 존재를 확정해 주는 효과는 생기지 않는다. 그러므로 부결결의의 효력을 부인하는 다툼에는 회사법상의 결의취소의 법리를 적용할 것이 아니고, 민사소송법상의 일반 확인의 소에 의해 결의의 존재확인을 구해야 한다.

# X. 결의결여의 효력

주주총회의 결의는 주식회사의 단체적 의사를 결정하는 방법이다. 그러므로 주주총회의 결의를 요하는 사항을 주주총회의 결의 없이 집행한 경우에는 회사의 의사 자체가 흠결된 행위이므로 절대무효이다. 예컨대 주주총회의 결의 없이 이사를 선임했다면 그 선임된 자는 이사가 아니며($\frac{382조}{1항}$), 주주총회의 특별결의 없이 영업을 양도했다면 그 양도행위는 무효이다($\frac{374조}{1항 1호}$). 결의가 있었지만 판결에 의해 무효·취소된 경우는 결의가 결여된 것과 마찬가지이므로 그 결의에 기한 행위의 효력도 절대무효이다.

주주총회결의의 흠결의 효과와 관련해서는 선의의 제3자를 보호하는 제도가 없다. 즉 선의의 제3자라도 주주총회의 결의가 흠결된 행위의 유효를 주장할 수 없다. 이 점 이사회의 결의가 필요한 행위를 이사회의 결의 없이 집행하더라도 일반적으로 선의의 제3자가 보호되는 것(<sub>후</sub>)과는 중대한 차이이다. 이같이 주주총회결의의 흠결과 이사회결의의 흠결을 달리 취급하는 이유는 전자는 회사의 의사가 결여된 것으로 보는 반면, 후자는 업무집행방법의 하자로서 회사의 내부적 문제에 불과하다고 보는 까닭이다.

주주총회의 결의의 무효는 거래상대방도 주장할 수 있는가? 예컨대 주주총회의 특별결의 없이 영업을 양도한 경우 양수인도 양도회사의 주주총회 결의가 없어 무효임을 주장할 수 있느냐는 문제이다. 이를 부정한다면 양도회사가 무효주장을 유보하고 있는 동안 양수인의 지위를 불안정하게 하는 상태가 지속되므로 법률관계를 신속히 종결지을 수 있도록 양수인도 무효를 주장할 수 있다고 보아야 한다.

⟨무효주장과 신의칙⟩ 주주총회의 결의가 없음을 이유로 한 회사의 무효주장을 신의칙으로 제한할 수 있는가? 85%의 주주의 동의를 얻어 영업을 양도한 후 주주총회의 특별결의가 없었음을 이유로 양도의 무효를 주장한데 대해, 양수인이 신의칙위반으로 항변하였으나, 법원은 상법 제374조 제1항 제1호가 주주를 보호하기 위한 강행규정임을 들어, 주주 전원이 동의하지 않은 한 무효주장은 신의칙에 반하지 않는다고 판단하였다(<sup>대법원 2018. 4. 26. 선<br>고 2017다288757 판결</sup>). 하지만 주주 전원이 동의한 사건에서라면 과연 회사의 무효주장이 신의칙에 반한다고 판단할 것인지는 의문이다.

## XI. 종류주주총회

### (1) 취지

회사가 종류주식을 발행한 경우에는 사안에 따라 보통주식의 주주와 종류주식의 주주가 이해를 달리할 수 있다. 이 경우 수적으로 우세한 보통주식의 주주가 총회의 결의를 지배하여 열세인 종류주식의 주주가 손해를 입을 수 있다. 그러므로 상법은 주주총회의 특별결의사항 중 이러한 위험이 특히 우려되는 사안에 관해서 주주총회의 결의에 더하여 손해를 입을 염려가 있는 종류주식의 주주들만의 결의를 요구하는데, 이 결의를 위하여 소집되는 회합을 「종류주주총회」라 한다. 종류주주총회의 결의는 주주총회의 결의의 효력발생을 위하여 부가적으로 요구되는 요건일 뿐, 종류주주총회 자체가 주주총회는 아니며, 회사의 기관도 아니다.

### (2) 종류주주총회의 결의가 필요한 경우

다음과 같은 경우에 종류주주총회의 결의를 요한다. 종류주주총회제도는 소수자 주주를 보호하기 위한 강행규정으로서 요건에 해당되는 한 반드시 그 결의를 거쳐야 하며, 정관으로도 달리 정할 수 없다.

1) 정관을 변경함으로써 어느 종류주식의 주주에게 손해를 미치게 될 때$\binom{435조}{1항}$    이는 어느 종류주식의 주주 일반이 누리던 법적 지위가 변동함을 의미한다. 예컨대 우선주에 대한 배당률을 인하한다든지, 참가적 우선주를 비참가적 우선주로 변경하는 것과 같다. 주주들이 회사에 대한 법적 지위와는 무관하게 입는 손실은 포함하지 않는다$\binom{\text{예: 정관의 변경이 악재로 작}}{\text{용하여 우선주의 주가가 하락하}}$. 반면 법적 지위에 변동이 생기는 한 형식적으로 평등하더라도 실질적으로는 불평등한 경우는 물론, 어느 면에서는 유리하고 어느 면에서는 불리하다면 종류주주총회의 결의 대상이다$\binom{\text{대법원 2006. 1. 27. 선}}{\text{고 2004다44575 판결}}$.

2) 제344조 제3항의 규정에 의하여 주식의 종류에 따라 특수하게 정하는 경우 그 결과가 어느 종류의 주주에게 손해를 미치게 될 때$\binom{436조}{}$    회사가 종류주식을 발행하는 때에는 정관에 다른 정함이 없는 경우에도 주식의 종류에 따라 신주의 인수, 주식의 병합·분할·소각, 회사의 합병·분할로 인한 주식의 배정에 관하여 특수하게 정할 수 있다$\binom{344조}{3항}$. 이에 따라 어느 종류의 주주에게 불리하게 정하는 경우 그 불리해지는 주주들의 종류주주총회를 요한다. 예컨대 우선주보다 보통주에게 보다 많은 신주를 배정한다든지, 보통주보다 우선주의 병합비율을 불리하게 하는 경우 등이 그 예이다.

3) 주식교환·주식이전·회사합병·회사분할·분할합병으로 인하여 어느 종류의 주주에게 손해를 미치게 될 경우$\binom{436조}{}$    예컨대 합병에서의 소멸회사, 분할에서의 분할회사, 주식교환·이전의 자회사에서 보통주보다 우선주의 신주배정비율이 불리할 때가 이에 해당한다.

이상 상법이 규정하는 종류주주총회를 요하는 사유 외에 회사의 정관으로 종류주주총회를 요하는 경우를 추가할 수 있는가? 예컨대 이사를 선임하는 결의에 우선주의 종류주주총회를 요하게 하는 것과 같다. 이러한 정관규정은 주주총회의 결의에 법적 근거 없이 제약을 가하고, 일부 종류주주에게 총회결의에 대한 거부권을 주는 것과 같으므로 허용되지 않는다.

### (3) 결의의 요건

종류주주총회의 결의는 출석한 그 종류주식의 의결권의 3분의 2 이상의 다수로서 하되, 찬성한 의결권이 그 종류의 발행주식총수의 3분의 1 이상이어야 한다$\binom{435조}{2항}$. 이와 다른 결의방법을 정할 수는 없다. 그리고 종류주주총회에서는 의결권이 없거나 제한되는 주식$\binom{344}{조의3}$도 의결권을 가진다$\binom{435조}{3항}$.

### (4) 소집과 운영

종류주주총회의 소집과 운영 등에 관한 사항에 관해서는 의결권 없는 주식에 관한 규정을 제외하고는 주주총회에 관한 규정을 준용한다$\binom{435조}{3항}$.

### (5) 결의의 하자

주주총회에 관한 규정을 종류주주총회에 준용하므로 종류주주총회의 결의에 하자가 있을 때, 이를 종류주주총회결의의 취소의 소 등의 형식으로 독립하여 다툴 수 있는 것처럼 보이고, 또 다수설은 이를 긍정한다($\substack{권기범 773; 김·노·천 358; 김홍기 \\ 561; 송옥렬 984; 이·최 569; 최기원 525}$). 그러나 종류주주총회의 결의의 하자는 별개의 소로 주장하지 못한다고 본다($\substack{동지: 서 \\ 헌제 728}$). 종류주주총회의 결의는 주주총회의 결의의 효력발생요건에 지나지 않으므로 주주총회결의의 하자로 다투면 족하다.

### (6) 종류주주총회 흠결의 효과

종류주주총회의 결의가 필요한 사안임에도 주주총회의 결의 또는 이사회의 결의만 거친 경우 그 주주총회 또는 이사회결의의 효력은 어떠한가? 판례는 종류주주총회를 결여한 주주총회 또는 이사회의 결의는 단지 민사소송법상의 확인의 소의 형태로 무효를 구하면 족하다고 한다($\substack{대법원 2006. 1. 27. 선 \\ 고 2004다44575 판결}$).

## 제 4 관  이사 · 이사회 · 대표이사

## Ⅰ. 서언

현대 주식회사제도는 소유와 경영의 분리원칙에 따라 회사운영에 관한 권한을 이사 및 이사회에 집중시키고 있다. 나아가 회사운영의 실태를 보면 주주총회의 형해화, 나아가서는 감시기능의 저하로 인해 이사 및 이사회의 경영독주가 심화되는 경향이 보인다. 특히 주식이 널리 분산된 공개회사에서는 소액주주들의 경영 소외 속에서 지배주주 및 그 영향력에 복종하는 이사의 전횡이 현저하다. 그러므로 현대회사의 기관구조에서는 이사의 주의의무와 책임이 강조되고, 이사를 견제하고 책임을 추궁하기 위한 제도적 장치가 중요성을 갖는다.

한편 현대회사의 경영이 전문화되고 기능주의적 경향을 띠면서 회사의 경영이 대표이사를 중심으로 한 상근의 업무담당이사 및 이들의 참모적 기능에 의해 이루어지고, 이사회의 기능도 저하되는 경향을 보인다. 그러므로 상법은 이사들 상호간의 감시 및 이사회에 의한 업무집행의 감독이 중요함을 인식하여 이사에 대한 이사회의 감독권을 명문화하는 외에, 감사 또는 감사위원회에 광범한 감시기능을 부여하고 있다.

## Ⅱ. 이사

### 1. 의의

「이사」란 회사의 수임인의 지위에서 이사회의 구성원으로서 회사의 업무를 집행하는 법정의 권한을 가진 주식회사의 필요적 상설기관이다.

1) 이사는 주주총회에서 선임하지만($\substack{382조 \\ 1항}$), 주주총회 또는 주주의 대리인이나 사용인이

아니고 회사의 수임인이다. 그러므로 이사는 주주에 대하여 직접 의무를 부담하는 일은 없으며, 오직 회사에 대하여 의무를 부담하고 책임을 질 뿐이다. 회사와 이사의 관계에 대해서는 민법상의 위임에 관한 규정($^{민\ 680}_{조\ 이하}$)을 준용한다($^{382조}_{2항}$).

2) 상법은 이사를 「사내이사」, 「사외이사」, 「그 밖에 상무에 종사하지 아니하는 이사」로 구분하여 등기하도록 한다($^{317조}_{2항\ 8호}$). 사외이사란 회사의 상무에 종사하지 아니하는 이사를 말한다($^{382조}_{3항\ 본}$). 「상무」란 회사의 일상적인 업무를 말한다. 상법은 사외이사의 자격($^{결격}_{사유}$)에 관해 별도의 규정을 두고($^{382조\ 3항\ 각호,}_{542조의8\ 2항,}$), 상장회사에 대해서는 소정 인원의 사외이사를 둘 것을 강제하고($^{542조}_{의8\ 1항}$), 대규모상장회사의 사외이사의 선임절차에 관해 특칙을 두고 있다($^{542조의8}_{4항 \cdot 5항}$).

「그 밖에 상무에 종사하지 아니하는 이사」란 상무에 종사하지 않는 이사 중 사외이사가 아닌 이사를 가리킨다. 종래 기업실무에서는 사외이사와 무관하게 비상근이사, 평이사 등의 용어로서 회사의 상무에 종사하지 않는 이사를 두어 왔는데, 이를 법제화한 것이다. 하지만 이들에 대해서는 위 사외이사에 관한 규정이 적용되지 않는다. 이사의 권한과 의무에 있어 이상 세 가지 이사 간에는 전혀 차이가 없다.

3) 이사의 지위 중 가장 중요한 것은 이사회의 구성원이 되어 회사의 업무집행의 결정에 참가하는 것이지만, 이사는 회사의 기관으로서 그 밖에 각종 소제기 등 단독으로 행사할 수 있는 여러 가지 권한이 주어진다($^{373조\ 2항,\ 376조\ 1}_{항,\ 390조\ 1항\ 본\ 등}$).

## 2. 이사의 선임과 퇴임

### (1) 이사의 정원

이사는 3인 이상이어야 한다($^{383조}_{1항}$). 최다수에 대한 제한은 없다. 정관으로 상한을 둘 수 있음은 물론이다. 최소인원을 3인으로 한 이유는 이사회를 구성하기 위해 복수이어야 함은 당연하고, 이사회결의에서 가부동수를 피하기 위해 홀수로 한 것이다. 상장회사에서는 이사 총수의 4분의 1 이상을 사외이사로 선임해야 하고, 대규모상장회사의 경우에는 사외이사를 3인 이상 그리고 이사 총수의 과반수가 되도록 선임해야 한다($^{542조의8\ 1항,}_{상령\ 34조\ 2항}$). 사외이사의 사임·사망 등의 사유로 인하여 사외이사의 수가 이 구성요건에 미달하게 되면 그 사유가 발생한 후 처음으로 소집되는 주주총회에서 요건에 합치되도록 사외이사를 선임하여야 한다($^{542조}_{의8\ 3항}$).

소규모회사는 이사의 수를 1인 또는 2인으로 할 수 있는 예외가 있다($^{383조\ 1항\ 단.\ 이사를\ 1인으}_{로\ 한\ 경우의\ 관리구조는}$ $^{후술}_{(517면)}$).

### (2) 이사의 자격

1) 자격제한     이사의 자격에 관하여 상법은 특별한 제한을 두고 있지 않다. 정관으로 이사의 자격을 제한하는 것은 그 내용이 사회질서에 반하지 않는 한 유효하다. 흔히 볼 수 있는 것은 이사는 주주이어야 한다는 제한이다. 정관으로 이사가 가져야 할 주식($^{자격}_{주}$)의

수를 정한 때에는 다른 규정이 없는 한 이사는 주권을 감사에게 공탁하여야 한다($\frac{387}{조}$). 이는 이사의 자격요건을 유지시키는 한편 이사의 내부자거래($\frac{자금 172}{조, 174조}$)를 예방하기 위함이다.

　　한편 상법은 사외이사에 관해서는 별도의 결격사유를 두고, 이에 해당하는 자는 사외이사가 될 수 없도록 하고, 재임중 이에 해당하게 되면 이사의 직을 상실하는 것으로 규정하고 있다. 이는 사외이사가 대표이사 및 업무집행이사에 대한 감시기능을 충분히 수행할 수 있도록 지배주주나 경영자로부터 독립성을 갖추게 할 목적에서 둔 요건이다.

　　〈사외이사의 결격사유〉 사외이사가 될 수 없는 자는, ① 회사의 상무에 종사하는 이사·집행임원 및 피용자 또는 최근 2년 이내에 회사의 상무에 종사한 이사·감사·집행임원 및 피용자, ② 최대주주가 자연인인 경우 본인과 그 배우자 및 직계 존·비속, ③ 최대주주가 법인인 경우 그 법인의 이사·감사·집행임원 및 피용자, ④ 이사·감사·집행임원의 배우자 및 직계 존·비속, ⑤ 회사의 모회사 또는 자회사의 이사·감사·집행임원 및 피용자, ⑥ 회사와 거래관계 등 중요한 이해관계에 있는 법인의 이사·감사·집행임원 및 피용자, ⑦ 회사의 이사·집행임원 및 피용자가 이사·집행임원으로 있는 다른 회사의 이사·감사·집행임원 및 피용자이다($\frac{382조}{3항}$).

　　그리고 상장회사의 사외이사에 대해서는 일반 사외이사의 결격사유 외에 추가적인 결격사유를 두고 있다. ① 미성년자, 피성년후견인 또는 피한정후견인, ② 파산선고를 받은 자로서 복권되지 아니한 자, ③ 금고 이상의 형을 선고받고 그 집행이 끝나거나 집행이 면제된 후 2년이 지나지 아니한 자, ④ 대통령령으로 별도로 정하는 법률에 위반하여 해임되거나 면직된 후 2년이 지나지 아니한 자, ⑤ 상장회사의 주주로서 의결권 없는 주식을 제외한 발행주식총수를 기준으로 본인 및 그와 대통령령으로 정하는 특수한 관계에 있는 자($\frac{특수관}{계인}$)가 소유하는 주식의 수가 가장 많은 경우 그 본인($\frac{최대}{주주}$) 및 그의 특수관계인, ⑥ 누구의 명의로 하든지 자기의 계산으로 의결권 없는 주식을 제외한 발행주식총수의 100분의 10 이상의 주식을 소유하거나 이사·집행임원·감사의 선임과 해임 등 상장회사의 주요 경영사항에 대하여 사실상의 영향력을 행사하는 주주($\frac{주요}{주주}$) 및 그의 배우자와 직계 존·비속, ⑦ 그 밖에 사외이사로서의 직무를 충실하게 수행하기 곤란하거나 상장회사의 경영에 영향을 미칠 수 있는 자로서 대통령령으로 정하는 자($\frac{상령 34}{조 5항}$)는 상장회사의 사외이사가 될 수 없다($\frac{542조}{의8 2항}$). ① 내지 ④는 이사로서의 최소한의 자질을 확보하기 위한 것이고, ⑤ 내지 ⑦은 일반사외이사의 결격사유와 같이 이사의 독립성을 확보하기 위한 것이다.

　　**2) 법인이사의 허부**　　법인도 이사가 될 수 있다는 견해가 있으나($\frac{강·임 779;\ 정경}{영 501;\ 정동윤 594}$), 이사는 실제 회사의 업무집행에 관여하는 자이므로 법인은 이사가 될 수 없다고 보아야 한다($\frac{통}{설}$). 다만 특별법에서 법인이사를 두도록 강제하는 경우가 있다($\frac{예: 자본시장법에 의해 설립되는 투자회사}{에는\ 법인이사\ 1인을\ 두어야\ 한다.\ 자금}$ $\frac{197}{조\ 2항}$).

　　**3) 행위능력의 요부**　　이사는 전문적인 판단을 요하는 각종의 법률행위를 하고 회사

나 제3자에 대해서 책임을 지므로 제한능력자는 이사가 될 수 없다고 본다. 그리고 파산선고를 받은 자도 이사가 될 수 없다($_{조\ 참조}^{민\ 690}$)($_{설}^{통}$). 그리고 형벌의 하나로 이사의 자격을 정지시키는 형을 선고할 수 있다($_{조\ 1항}^{형\ 44}$).

### (3) 이사의 선임

**1) 선임기관**   이사는 회사설립시에는 발기인이 선임하거나 창립총회에서 선임하고($_{항,\ 312조}^{296조\ 1}$), 설립 이후에는 주주총회에서 선임한다($_{1항}^{382조}$). 이사의 선임은 주주총회의 고유한 권한으로서, 정관이나 주주총회의 결의에 의하여도 타에 위임할 수 없다($_{203조\ 1항}^{예외:\ 회파}$). 또 이사의 후보를 특정주주가 지명 또는 추천하는 자로 제한하는 것과 같이 이사의 선임을 특정인의 의사에 연계시키는 것도 허용될 수 없다.

**2) 선임방법**   이사는 집중투표에 의하지 않는 한, 선임할 이사 1인 당 한 개씩의 보통결의로 선임한다($_{1항}^{368조}$). 실무에서는 1회의 결의로 수인의 이사를 선임하지만, 이 경우에도 이사별로 하나씩의 결의가 이루어진 것이다. 상장회사의 사외이사는 사내이사와 자격요건을 달리하고, 선임절차도 달리하므로 주주총회에서 양자를 구분하여 선임하여야 한다.

**3) 이사의 동의**   이사의 선임은 이사의 권한과 의무로 구성되는 위임관계를 형성하므로 당연히 이사로 선임될 자의 동의를 요한다. 동의는 묵시적으로 행해질 수 있다. 예컨대 이사로 선출된 자가 총회에서 취임인사를 하거나, 이사회에 참석하는 것, 또는 회사에 대해 임용계약의 체결을 요구하는 것은 묵시적 동의의 예이다($_{2016다251215\ 판결(전)}^{대법원\ 2017.\ 3.\ 23.\ 선고}$).

**4) 청약의 요부**   이사 또는 감사의 선임은 흔히 「임용계약」이라 부르는데, 이는 위임계약이다. 이 계약은 일반 계약에서와 같이 청약과 승낙의 절차를 요하는가? 이사 또는 감사의 취임동의는 이사·감사의 취임승낙에 해당하는 의사표시로 볼 수 있으므로, 회사의 청약이 필요하냐는 문제로 논의되어 왔다. 필요하다고 본다면, 주주총회의 선임결의에 더하여 대표이사가 이사·감사의 피선임자를 상대로 선임계약의 청약을 하고 피선임자가 승낙을 해야 임용계약이 체결된다. 만일 대표이사가 피선임자에게 이사·감사의 취임의 청약을 하지 않거나 청약에 하자가 있을 경우에는 이사·감사의 취임이 불가능해진다. 과거 일부 학설과 판례는 필요설의 입장을 취해왔으나, 최근의 판례는 불요설로 변경하였고 다수설도 이를 지지하고 있다. 신판례는 소유와 경영의 분리원칙하에 주주는 유일하게 이사와 감사의 선임을 통해 경영에 관여할 기회를 가지므로 이사·감사의 선임권은 주주총회의 전속적 권한에 속하며, 이사의 지위는 단체법적 성질을 가지므로 대표이사와의 계약에 기초하여 생기는 것이 아니라는 이유를 제시하였다($_{와\ 감사로\ 선임된\ 자의\ 임용계약을\ 미루므로\ 피선임자들이\ 이사\ 및}^{대법원\ 2017.\ 3.\ 23.\ 선고\ 2016다251215\ 판결(전):\ 대표이사가\ 이사}$ 감사로서의 지위 확인을 구한 소송).

**5) 상장회사의 이사 선임절차의 특칙**   상법상 상장회사의 이사를 선임할 때에는 선임의 공정성을 높이기 위해 다음과 같은 특칙이 적용된다.

**i) 사전공시의 강제**   이사의 선임은 보통결의사항이므로 소집통지에는 「이사의

선임」이라는 의제만 기재하면 족하고, 그 후보까지 기재할 필요는 없다. 그러나 상장회사의 이사를 선임하는 총회를 소집하는 경우에는 소집통지·공고에 이사 후보의 성명 등 소정사항을 기재하여야 한다($\substack{542조\\의4 2항}$). 주주총회에서는 이같이 통지하거나 공고한 후보자 중에서 선임하여야 한다($\substack{542\\조의5}$).

ii) 후보추천위원회    대규모상장회사($\substack{자산총액이 2조원 이상\\인 회사. 상령 34조 2항}$)의 사외이사를 선임하기 위해서는 총위원의 2분의 1 이상이 사외이사로 구성되는 사외이사후보추천위원회를 설치해야 한다($\substack{542조의8 4\\항, 393조의2}$). 주주총회에서는 동 위원회의 추천을 받은 자 중에서 사외이사를 선임해야 한다($\substack{542조의\\8 5항 전}$).

### (4) 집중투표제

1) 의의    「집중투표」란 이사선임에 있어 1주에 대해 선임하고자 하는 이사수에 상당하는 복수의 의결권을 부여하고 주주로 하여금 자기의 의결권을 1인 또는 수인의 이사후보에게 임의로 안배하여 행사할 수 있게 하는 방법이다. 미국의 일부 주에서 시행하는 누적투표제($\substack{\text{cumulative}\\\text{voting}}$)를 본 뜬 제도이다.

상법상 이사의 선임을 위한 주주총회의 결의는 이사 1인을 선임하기 위해 한 번씩 이루어지므로 몇 명의 이사를 선임하든 과반수의 결의를 지배할 수 있는 대주주가 이사 전원을 자신이 추천하는 후보로 선임할 수 있다. 집중투표제는 이같이 대주주가 이사 전원을 독점 선임하는 것을 차단하는 방법이다. 예컨대 발행주식이 100주이고 그중 A주주가 74주, B주주가 26주를 가지고 있는 회사에서 집중투표의 방법으로 이사 3인을 선임한다고 하자. 이 경우 A의 의결권은 222개가 되고, B의 의결권은 78개가 된다. A가 이사 3인을 전부 자기 후보 a1·a2·a3로 선임하려면 의결권을 이들 각자에 대해 74개씩 분산해서 행사하여야 한다. 그러나 B는 b만을 이사로 선임할 의사로 자기의 의결권 78개를 전부 b에게 집중행사하면 b가 이사로 선임되고, 나머지 2인만이 A의 후보로 선임될 수 있다. 요컨대 회사의 의사결정에 있어 다수자의 지배가 고착화되는 현상을 이사선임에서 만큼은 지양하고, 소수자 주주가 다수자주주에 의해 선임된 이사들을 견제할 수 있게 하는 제도이다.

2) 요건

i) 이사선임의 수    집중투표제는 2인 이상의 이사를 선임할 때에 한해 채택할 수 있다($\substack{382조\\의2 1항}$). 선임할 이사가 1인이라면 집중투표에 의한 의결권의 집중행사가 무의미하기 때문이다.

ii) 정관에 다른 정함이 없을 것    집중투표제를 획일적으로 강제하지는 않는다. 집중투표제를 원하지 않는 회사는 정관에 집중투표제를 허용하지 않는다는 규정을 둠으로써 동 제도의 적용을 배제할 수 있다($\substack{382조\\의2 1항}$)($\substack{\text{opt-}\\\text{out 방식}}$). 우리나라의 대부분의 상장회사는 정관에 규정을 두어 집중투표를 배제하고 있다.

iii) 주주의 청구    의결권있는 발행주식총수의 100분의 3 이상에 해당하는 주주

$\binom{\text{상장회사의 경우에는 100분의 1}}{\text{이상을 6월 이상 계속 보유한 주주}}$가 집중투표에 의할 것을 청구할 수 있다$\binom{382조의2\ 1항,}{542조의7\ 2항}$. 집중투표는 선임할 이사 전원에 관해 청구해야 하고 일부만을 집중투표로 선임할 것을 청구할 수는 없다$\binom{\text{예컨대 5인의 이사 중 3인은 집중투표로,}}{\text{나머지는 일반결의로 선임하는 것은 불가}}$.

이 청구는 이사선임을 위한 주주총회의 7일 전까지 서면 또는 전자문서로 하여야 한다$\binom{382조}{의2\ 2항}$. 이 서면은 주주총회가 종결될 때까지 본점에 비치하고 주주로 하여금 열람할 수 있게 하여야 한다$\binom{382조}{의2\ 6항}$. 그리고 주주총회의 의장은 주주총회에서 이사선임결의를 하기 전에 집중투표의 청구가 있었음을 알려야 한다$\binom{382조}{의2\ 5항}$.

집중투표의 요구 자체가 소수주주권의 행사이므로 위 요건에 해당하는 주주의 청구가 있는 한, 주주총회의 결의로도 집중투표제의 실시를 배제할 수 없다.

iv) 소집통지의 특례   집중투표를 원하는 주주가 총회일의 7일 전에 청구할 수 있어야 하므로 총회의 소집통지에 선임할 이사의 수를 기재하여야 하며, 총회에서는 그 기재된 이사의 수를 초과하는 혹은 그에 미달하는 수의 이사를 선임할 수 없다.

**3) 집중투표의 방법**   이상과 같은 요건이 구비되어 집중투표에 의해 이사를 선임할 때에는 주주는 1주에 관해 선임할 이사수와 동일한 수의 의결권을 가진다. 상법상의 1주 1의결권 원칙에 대한 예외이다. 주주는 소유주식수에 이사수를 곱한 수의 의결권을 가지고 동일한 이사후보에게 투표할 수도 있고, 분산하여 수인의 이사후보에게 투표할 수도 있다$\binom{382조}{의2\ 3항}$. 그 결과 최다수의 표를 얻은 자의 순으로 이사가 된다$\binom{382조}{의2\ 4항}$. 따라서 집중투표에는 제368조 제1항의 결의요건이 적용되지 않는다.

**4) 상장법인의 특례**   대규모상장회사의 경우 집중투표를 청구할 수 있는 소수주주의 요건은 의결권 있는 발행주식총수의 100분의 1로 족하며$\binom{542조}{의7\ 2항}$, 집중투표제를 배제하기 위해 정관변경을 할 경우 의결권 있는 발행주식총수의 100분의 3을 초과하는 주식을 소유한 주주의 의결권은 100분의 3까지로 제한된다$\binom{동조}{3항}$. 그러므로 집중투표제를 배제하는 정관변경안은 다른 정관변경안과 분리하여 표결하여야 한다$\binom{동조}{4항}$. 그리고 상장회사에서의 집중투표의 청구는 주주총회일 6주 전에 하여야 한다$\binom{동조}{1항}$.

**(5) 이사의 임기**

**1) 임기의 한계**   임기는 3년을 초과하지 못한다$\binom{383조}{2항}$. 임기를 지나치게 장기로 할 경우에는 이사에 대한 주주의 감시기능과 경영정책적 통제가 무력화되기 때문이다. 이 기간은 회사가 정하는 임기의 한계를 뜻하고, 임기를 정하지 않은 경우 임기를 3년으로 본다는 뜻이 아니다$\binom{\text{대법원 2001. 6. 15. 선}}{\text{고 2001다23928 판결}}$.

이사는 원칙적으로 임기를 초과하여 재임할 수 없으나, 정관에 규정을 두어 임기 중의 최종의 결산기에 관한 정기주주총회의 종결에 이르기까지 연장할 수 있다$\binom{383조}{3항}$. 예컨대 12월 31일이 결산일이고 정기주주총회가 2월 28일에 열리는 회사에서 어느 이사의 임기가 2022년 1월 15일에 종료된다면 2022년 2월 28일까지 연장한다는 규정을 둘 수 있는 것이다( 2021년 12월 1일에 임기가 만료된 이사의 임기를 2022년 2월 28일까지 연장 ). 이사로 하여금 임기 중의 결산에 대
되도록 할 수 있다는 뜻이 아니다. 대법원 2010. 6. 24. 선고 2010다13541 판결
한 책임을 지도록 하고, 정기총회를 목전에 두고 이사선임을 위한 임시주주총회를 또 열어
야 하는 번거로움을 덜기 위함이다.

　　2) 임기의 개시　　　이사가 결원이 되어 보궐선임을 하는 경우에는 새로 임기가 개시
하지만, 후임이사의 임기를 전임자의 잔임기간으로 하는 것도 유효하다. 이사의 임기개시
는 대외적으로 명확하고 수인의 이사 간에 획일적으로 정해져야 하므로 선임결의시에 임기
개시일을 정한 때에는 그날부터, 정하지 않은 경우에는 선임결의를 한 날로부터 임기가 개
시한다고 본다.

　　(6) 이사의 퇴임

　　이사는 다음과 같은 사유로 퇴임한다.

　　1) 임기만료　　　가장 일반적인 퇴임사유이다. 그러나 후술하는 바와 같이 이사의 법
정 원수를 결한 경우에는 새로 선임된 이사가 취임할 때까지 임기만료된 이사에게 이사로
서의 권리·의무가 있다($\frac{386조}{1항}$).

　　2) 사임　　　이사는 위임에서의 수임인과 같이 언제든지 사임할 수 있다 ($\frac{민 689}{조 1항}$). 이사
의 사임은 단독행위로서 회사에 대한 일방적 의사표시에 의해 효력이 발생하며, 회사 또는
주주총회의 승낙을 요하지 않고 또 변경등기를 하지 않더라도 자격을 상실한다($\frac{대법원 2013.}{9. 9.자 2013마}$
$\frac{1273}{결정}$). 사임의 의사표시는 대표이사에게 하여야 하고, 대표이사에게 도달함으로써 효력이
발생하며, 사임의 의사표시는 철회할 수 없다($\frac{대법원 2011. 9. 8. 선}{고 2009다31260 판결}$).

　　3) 해임

　　i) 해임결의　　　주주총회의 특별결의로 언제든지 이사를 해임할 수 있다($\frac{385조}{1항 본}$). 「언
제든지」란 정당한 이유 없이도 해임할 수 있음을 의미한다. 주주총회의 해임결의 이외에는
정관으로도 다른 해임방법을 정할 수 없다. 주주총회에 일방적인 해임권을 부여한 이유는
이사는 주주가 출자한 재산을 관리하는 자이므로 그 지위의 유지 여부는 주주가 정책적으
로 결정할 문제이기 때문이다. 또 이사의 해임은 소유와 경영의 분리 하에서 이사의 경영이
부적정할 경우 주주가 신속히 자기 재산을 방어하는 방법이기도 하다. 그러므로 해임결의
의 하자 자체를 다투는 경우 외에는 해임의 부당성을 다투지 못한다.

　　ii) 손해배상　　　위임은 원래 무상이 원칙이나, 이사는 통상 보수를 받으므로 해임
할 경우 그 손실을 보상해 주어야 한다. 그러므로 임기가 정해진 이사를 「정당한 이유」 없
이 그 임기만료 전에 해임한 때에는 그 이사는 회사에 대하여 해임으로 인한 손해의 배상을
청구할 수 있다($\frac{385조}{1항 단}$). 손해배상의 범위는 재임기간에 받을 수 있는 보수이다($\frac{서울고법 1978.}{7. 6. 선고 77나}$
$\frac{2669}{판결}$). 이사의 해임은 적법한 행위이므로 이 손해배상은 채무불이행책임 또는 불법행위책임
이 아니고 법정책임이다. 따라서 해임으로 인해 이사가 받은 정신적 고통에 대한 위자료는
배상의 범위에 포함되지 않으며, 과실상계의 법리도 적용되지 않는다($\frac{서울고법 1990. 7. 6.}{선고 89나46297 판결}$). 그러

나 이사(또는 감사)가 해임으로 인해 잔여임기중 회사의 사무를 처리하지 않아도 되는 시간과 노력을 이용하여 다른 직장에 종사함으로써 얻은 이익(예: 다른 회사의 이사로 취업하여 받은 보수)과 해임 간에 상당인과 관계가 인정된다면 손해배상의 산정에서 그 이익을 공제(손익상계)해야 한다는 것이 판례의 입장이다(대법원 2013. 9. 26. 선고 2011다42348 판결).

회사와 이사 간에 이사를 해임할 경우 회사가 일정금액의 해직보상금을 지급하기로 약정하는 수가 있다. 판례는 이 해직보상금은 상법 제388조가 말하는 보수는 아니지만, 동조를 유추적용하여 정관의 규정 또는 주주총회의 결의가 없는 한 지급할 수 없다고 한다(대법원 2006. 11. 23. 선고 2004다49570 판결). 이러한 약정은 정당한 이유로 이사를 해임하는 경우에도 부당히 보상금을 지급하는 구실을 만드는 수단이 됨을 우려한 것이다.

손해배상은 주주총회의 적극적인 결의로 해임한 경우에 한하고, 이사가 사임의 의사표시를 하여 이를 수리하는 뜻으로 해임한 경우에는 손해배상을 청구할 수 없다(대법원 1993. 8. 24. 선고 92다3298 판결).

손해배상을 하지 않아도 되는 해임사유인 「정당한 이유」란 다음에서 말하는 소수주주의 해임청구사유인 「부정행위, 법령·정관에 위반한 중대한 사실」에 그치지 않고, 직무의 현저한 부적임도 포함한다. 예컨대 정신적·육체적으로 경영자로서의 직무를 감당하기에 현저히 곤란한 경우, 회사의 중요한 사업계획 수립이나 추진에 실패함으로써 경영능력에 대한 근본적인 신뢰관계가 상실된 경우 등과 같다(대법원 2004. 10. 15. 선고 2004다25611 판결). 요컨대 제385조 제1항은 주주의 회사에 대한 지배권 확보와 이사의 경영자지위의 안정성을 조화시키려는 제도라고 할 수 있다(같은 판례). 정당한 이유의 유무는 회사가 증명해야 한다는 것이 판례의 입장이다(대법원 2012. 9. 27. 선고 2010다94342 판결).

이사의 임기를 정하지 않은 경우에는 언제든 이사를 해임할 수 있고, 이때에는 손해배상을 할 필요가 없으며(대법원 2001. 6. 15. 선고 2001다23928 판결), 민법 제689조 제2항이 적용되지 않는다.

iii) 소수주주의 해임청구    이사가 그 직무에 관하여 부정행위 또는 법령이나 정관에 위반한 중대한 사실이 있음에도 불구하고 주주총회에서 그 해임을 부결한 때에는 발행주식총수의 100분의 3 이상을 가진 주주(상장회사는 1만분의 50 이상을 6개월간 계속 보유한 주주)는 총회결의가 있은 날로부터 1월 내에 그 이사의 해임을 법원에 청구할 수 있다(385조 2항, 542조의6 3항). 통상 이사는 대주주의 의사에 의해 선임되는 만큼 이사의 부정행위가 있더라도 대주주의 비호를 받아 해임결의가 부결되는 일이 있을 수 있으므로 소수주주가 주도하여 시정할 수 있는 기회를 준 것이다.

부정행위란 의무에 위반하여 회사에 손해를 발생시키는 고의의 행위를 말한다(예: 신주발행에서 납입 또는 현물출자의 이행을 가장한 행위는 부정행위에 해당한다. 대법원 2010. 9. 30. 선고 2010다35985 판결). 부정행위 또는 법령·정관의 위반을 요하므로 단순한 임무해태는 해임청구의 사유가 될 수 없다(399조 1항 참조).

소수주주의 해임청구의 대상이 되는 이사는 임기 중의 이사에 한하고, 후술하는 퇴임 후 이사의 권리의무를 갖는 자(퇴임이사, 386조 1항)는 대상이 아니다. 퇴임이사가 부적합할 경우에는 제

386조 제2항에 의해 법원에 일시이사의 선임을 청구할 수 있으므로 해임청구를 인정할 실익이 없기 때문이다(서울지법 서부지원 1998. 6. 12. 선고 97가합11348 판결).

해임청구는 회사의 본점소재지의 지방법원의 관할에 전속한다(385조 3항 →186조). 이 소는 회사와 이사의 위임관계의 해소를 구하는 형성의 소이므로 회사와 이사를 공동피고로 해야 한다. 해임판결이 있기 전이라도 법원은 당사자의 신청에 의하여 가처분으로써 이사의 직무집행을 정지할 수 있고, 직무대행자를 선임할 수 있다(407조 1항 전).

4) 기타 퇴임사유　　정관에 정한 자격상실사유가 발생하거나 회사가 해산하면 퇴임하며, 또 위임의 일반적인 종료사유가 생긴 때, 즉 이사가 사망, 파산 또는 성년후견개시의 심판을 받은 때에는 퇴임한다(민 690조).

### (7) 이사의 결원

1) 퇴임이사　　법률 또는 정관에 정한 이사의 원수를 결한 경우에는 임기의 만료 또는 사임으로 인하여 퇴임한 이사는 새로 선임된 이사가 취임할 때까지 이사의 권리·의무가 있다(386조 1항). 이를 흔히 「퇴임이사」라 한다. 이사의 수가 상법상의 정원($^3_인$)을 결하게 된 경우에는 이사회의 개최마저 불가능하므로 이 규정이 적용되어야 한다. 퇴임이사제도는 이사의 결원으로 회사가 정상적인 활동을 할 수 없게 된 사태를 타개하고자 하는 취지이므로 정관상의 정원을 일부 결하더라도 회사의 운영에 장애가 없다면 이 규정을 적용할 필요가 없다(대법원 1988. 3. 22. 선고 88누884 판결).

2) 일시이사　　이사의 정원을 결한 경우 법원이 필요하다고 인정할 때에는 이사·감사 기타의 이해관계인의 청구에 의하여 일시적으로 이사의 직무를 행할 자를 선임할 수 있다(386조 2항 전). 이를 「일시이사」, 「가이사」 또는 「임시이사」라고 한다. 일시이사를 선임한 경우에는 본점의 소재지에서 등기하여야 한다(386조 2항 후).

법문은 법원이 일시이사를 선임하는 결원의 사유를 임기만료 또는 사임으로 인하여 퇴임한 경우만을 들고 있으나, 이에 한정할 이유가 없다. 이사의 사망·해임 등 어떤 사유에서든 정원을 결한 모든 경우를 포함하는 뜻으로 보아야 한다(대법원 1964. 4. 28. 선고 63다518 판결). 이사가 해임되거나 사망하거나 파산 등으로 자격을 상실한 경우에는 성질상 이들이 이사의 권리·의무를 유지할 수 없으므로 법원이 일시이사를 선임해야 한다. 그 밖에도 이사가 중병으로 사임하거나 장기간 부재중인 경우와 같이 퇴임한 이사로 하여금 이사로서의 직무를 수행하게 하는 것이 불가능하거나 부적당한 경우는 일시이사를 선임할 필요가 있다(대법원 2000. 11. 17.자 2000마5632 결정). 그러나 퇴임이사가 다른 주주나 이사와 분쟁상태에 있다고 해서 퇴임이사에 갈음해서 일시이사를 선임해야 하는 것은 아니다(같은 판례).

이사결원에 대한 이상의 제도는 기업유지의 이념에 기초하여 업무집행의 중단을 방지하려는 취지에서 나온 것이다. 그러므로 퇴임이사 또는 일시이사는 가처분에 의해 선임된 직무대행자의 권한이 상무에 제한되는 것(408조 1항)과는 달리 정상적인 이사의 모든 권리·의무를 가진다.

### (8) 이사의 선임·퇴임과 등기

이사를 선임하거나 이사가 퇴임한 때에는 본점에서 2주간 내에, 지점에서 3주간 내에 등기하여야 한다($\binom{317조 2항 8}{호·4항→183조}$). 제386조 제1항에 의하여 퇴임한 이사가 이사로서의 권리·의무가 있는 경우에는 후임이사가 취임할 때까지 종전의 등기를 유지하고, 후임이사가 취임한 때로부터 위 기간 내에 등기하여야 한다($\binom{대법원 2005. 3. 8.자}{2004마800 결정(전)}$).

이사의 선임의 효력은 주주총회의 결의에 의해, 퇴임의 효력은 원인된 사실이 생김으로써 발생하고 등기의 유무와는 무관하다. 그러나 법인등기부에 이사($\binom{또는}{감사}$)로 등재되어 있는 경우에는 특단의 사정이 없는 한 정당한 절차에 의하여 선임된 적법한 이사로 추정된다($\binom{대법원 1983. 12. 27.}{선고 83다카331 판결}$).

## 3. 이사의 보수

### (1) 취지

이사의 보수를 정관에서 정하지 않은 때에는 주주총회가 정한다($\binom{388}{조}$). 보수의 책정도 엄밀히는 업무집행의 일부이므로 이사회나 대표이사의 결정사항으로 볼 여지도 있으나, 이사의 보수는 경영성과에 대한 평가와 보상의 의미가 있으므로 성질상 주주가 정할 사항으로 볼 수 있고, 또 이사들이 보수를 스스로 결정하는 것은 이해상충을 야기하므로 주주들의 정책결정사항으로 한 것이다.

### (2) 보수의 의의

「보수」라 함은 월급·상여금·연봉 등 명칭 여하를 불문하고 이사의 직무수행에 대한 보상으로 지급되는 일체의 대가를 뜻하며, 정기적이든 부정기적이든 불문한다. 성과급 등 경영성과에 연동하거나 성과달성의 동기부여를 위해 지급하는 금원도 같다($\binom{대법원 2020. 4.}{9. 선고 2018다}$ $\binom{290436}{판결}$). 또 금전의 급부에 한하지 않으며, 타인에 대한 이익의 제공이라도 궁극적으로 이사의 이익으로 귀속되는 것이라면 이사의 보수이다($\binom{예컨대 대표이사의 자택의 일꾼에게 회사가 급여를}{주는 것. 대법원 2007. 10. 11. 선고 2007다34746 판결}$). 이사의 퇴직금도 재직 중의 직무수행의 대가로서 이사의 보수이므로 정관 또는 주주총회결의에 의해서만 지급할 수 있다.

상법 제388조는 회사가 이사의 보수를 지급하기 위한 단체법적 요건을 정한 것이지만, 이사의 보수청구권의 발생요건이기도 하다($\binom{대법원 2019. 7. 4. 선}{고 2017다17436 판결}$). 그러므로 보수에 관해 정관 또는 주주총회의 결의가 있었다는 사실 및 그 내용은 보수에 관한 권리를 주장하는 자($\binom{이사 또}{는 감사}$)가 증명하여야 한다($\binom{대법원 2015. 9. 10. 선}{고 2015다213308 판결}$).

### (3) 결정방법

i) 보수는 어느 정도의 기간을 단위로 결정해야 하는가? 이사의 보수도 선임계약의 내용이라고 본다면 이사의 선임결의와 동시에 임기 중의 보수를 정하는 것이 원칙이지만, 기

업실무에서는 통상 정기총회에서 매결산기의 보수를 정한다. 이사의 선임시에 보수에 관한 합의가 없었다면, 이사는 묵시적으로 위 방법에 의한 보수결정에 동의한 것으로 보아야 한다.

ii) 제388조는 이사가 스스로의 보수를 정할 경우에 과도해질 것을 우려한 규정이므로 정관의 규정이나 주주총회결의의 내용은 과도한 보수의 통제가 가능하도록 구체성을 지녀야 한다. 이러한 통제기능을 발휘할 수 있는 한, 정관이나 주주총회의 결의로 명시적 또는 묵시적인 지급기준을 제시하고 구체적인 집행을 이사회에 일임하는 것은 무방하다. 또 이사 개인별로 구체적인 보수를 정할 필요도 없다. 정관이나 주주총회의 결의에서는 보수의 총액만을 정하고, 개인별 지급금액은 이사회의 결정에 위임할 수 있고 또 기업의 실무도 그러하다(통설. 대법원 2020. 6. 4. 선고 2016다241515 판결). 그러나 이사와 감사의 보수를 함께 정하고 그 분배를 이사회에 위임하는 것은 위법이다.

### (4) 강행규정성

i) 상법 제388조는 강행규정이다. 그러므로 정관규정이나 주주총회결의에 근거하지 않은 보수의 지급 또는 그 약정은 무효이다. 정관이나 총회결의에 갈음하여 이사회나 대표이사가 이를 결정할 수 없고 또 지배주주라도 다를 바 없다(대법원 2020. 6. 4. 선고 2016다241515 판결).

ii) 이사와 회사의 관계는 위임이므로 이사가 근로기준법상의 근로자와 같이 당연히 보수청구권을 갖는 것은 아니다. 그러므로 정관 또는 주주총회의 결의가 없는 한 보수청구권을 행사할 수 없다(대법원 1992. 12. 22. 선고 92다28228 판결).

iii) 일단 정관이나 주주총회에서 보수가 결정되면 선임행위의 내용을 이룬다고 보아야 하므로 동일 이사에 관한 한 정관변경이나 주주총회의 결의에 의하여 박탈하거나 감액하지 못한다(대법원 2017. 3. 30. 선고 2016다21643 판결). 설령 이사가 회사의 업무에 관여하지 않는 명목상의 이사에 불과하더라도 이사로서의 권한과 의무를 가지고 책임을 부담하므로 보수를 지급하는 결의가 있은 한 이들은 회사에 보수청구권을 가진다(대법원 2015. 7. 23. 선고 2014다236311 판결).

iv) 상법 제388조에 위반하여, 즉 정관의 규정이나 주주총회의 결의 없이 이사에게 지급된 보수는 부당이득으로서 회사에 반환해야 한다(대법원 2010. 3. 11. 선고 2007다71271 판결). 대부분의 경우 대표이사는 상법 제388조의 위반사실을 인지하면서 보수를 지급할 것이므로 비채변제가 되겠지만, 민법 제742조는 적용되지 않는다고 해석해야 한다.

### (5) 보수의 적정성

이사의 보수는 직무수행의 대가인 만큼 그 직무와 합리적인 비례관계를 유지해야 하며 회사의 재무상태에 비추어 적정해야 한다. 직무나 재무상태에 비해 과도한 보수는 자본충실을 해하고 나아가 주주와 채권자의 손실을 초래한다. 그러므로 정관의 규정이나 주주총회의 결의로 정한 보수액이 과다할 때에는 그 규정 또는 그 결의 자체가 자본충실의 원칙에 반하여 무효라고 할 것이고, 정관의 규정이나 주주총회의 결의로 정한 기준에 따라 이사회의 결의로 개별적인 보수를 결정하였는데, 그 개별적인 보수가 과다할 때에는 이사회결의가 무효라고 할 것이다(대법원 2016. 1. 28. 선고 2014다11888 판결). 이같이 과다한 보수는 회사가 지급을 거부할 수 있으며, 이미 지급한 때에는 해당 이사에게 부당이득으로 반환을 청구할 수 있다(대법원 2015. 9. 10. 선고 2015다213308 판결). 보수의 과다여부는 「이사가 제공하는 급부의 내용 또는 직무 수행의 정도, 지급받는 보수의 액수와 회사의 재무상태」를 기초로 판단해야 하며, 비상근 또는 명목적으로 선임한 이사에게 지급하는 보수의 경우에는 「실질적인 직무를 수행하는 이사의 보수와의 차이, 명목적인 이사를 선임한 목적과 자격 유지의 필요성 등」을 고려하여 판단해야 한다(같은 판례).

### 4. 주식매수선택권

#### (1) 의의

「주식매수선택권」(이하 ·선택권)은 미국에서 기원하여 현재 세계적으로 활용되고 있는 이른바 스톡옵션(stock option)을 본받은 제도이다. 이는 회사의 임원 또는 종업원에게 장래 일정한 시기에 이르러 예정된 가격에 회사가 보유하고 있는 자기주식을 취득하거나 신주를 인수할 수 있는 권리, 또는 이러한 권리를 행사하지 않을 수 있는 권리를 부여하는 제도이다. 예컨대 甲회사가 이사 A에게 3년 후로부터 5년간 어느 때이든지 지금의 시세인 1주당 1,000원씩에 100주를 매수할 수 있는 권리를 부여하였다고 하자. 3년 후 주가가 상승하여 1주당 1,500원이 되었다면, A는 회사에게 주당 1,000원만 치르고 1,500원 가치의 주식을 100주 취득할 수 있는 것이다. 반대로 주가가 하락하거나 제자리에 있다면 A는 선택권을 행사하지 않아도 무방하다.

주식매수선택권을 부여받은 자의 입장에서는 장차 주가가 오르는 것이 소망스럽다. 주가가 오르자면 영업실적이 좋아야 한다. 그러므로 A는 자신이 선택권을 행사하여 이득을 취하기 위해서라도 직무에 충실할 것이다. 요컨대 선택권제도는 회사에 요긴한 임원이나 종업원에게 장차의 주식매수로 인한 이득을 동기로 부여하여 업무에 전념하도록 유도하기 위한 제도이다.

#### (2) 선택권의 유형과 정산

1) 유형    상법은 다음과 같은 2가지 유형의 선택권을 인정하고 있다.

i) 자기주식 양도형    회사가 보유하는 자기주식을 예정된 가격(주식매수선택권행사 가액. 이하 '행사가액')으로 양수할 수 있는 권리를 부여하는 방법이다(340조의 2 1항 본). 예컨대 행사가액을 현재의 시가인 주당 1,000원으로 정해 놓고, 장래 주가가 얼마로 변동하든지, 선택권을 부여받은 자(이하 '선택권자')가 회사에 대해 1,000원에 소정 수량의 주식을 양도할 것을 청구할 수 있는 것이다.

ii) 신주발행형    선택권의 행사에 응하여 회사가 행사가액을 발행가액으로 하여 신주를 발행하는 방법이다(340조의 2 1항 본). 예컨대 행사가액을 1,000원으로 정해 두고, 장래 주가가 얼마로 변동하든지, 선택권자가 신주발행을 요구할 경우 1,000원에 소정수량의 신주를 발행해 주는 것이다. 선택권의 행사로 인한 신주발행에는 불공정한 가액에 의한 신주발행을 제한하는 제424조의2가 적용되지 않는다.

2) **차액정산**　　　선택권자의 선택권 행사에 응해 회사는 자기주식의 양도나 신주발행에 갈음하여 주식의 실질가액과 행사가액의 차액을 정산하는 방법을 취할 수 있다($^{340조의}_{2\,1항\,단}$). 신주를 발행하거나 자기주식을 이전하면 기존 주주들의 소유지분율이 감소되는 불이익을 입으므로 기존주주들의 지분을 유지해 주기 위함이다. 예컨대 행사가액이 주당 1,000원인데 주식의 실질가치가 1,500원이라면 회사가 신주를 발행하거나 자기주식을 이전해 주는 대신, 그 차액 500원을 금전으로 지급하거나 500원 상당의 자기주식을 이전해 주는 것이다($^{'실질가액'}_{은\,후술}$).

**(3) 요건**

1) **정관의 규정**　　　선택권을 부여하기 위하여는 정관에 근거를 두어야 한다($^{340조}_{의2\,1항}$). 정관에 규정할 사항은, ① 일정한 경우 선택권을 부여할 수 있다는 뜻, ② 선택권의 행사로 발행하거나 양도할 주식의 종류와 수, ③ 선택권을 부여받을 자의 자격요건, ④ 선택권의 행사기간, ⑤ 일정한 경우 이사회결의로 선택권을 취소할 수 있다는 뜻이다($^{340조}_{의3\,1항}$).

2) **선택권자의 자격**　　　선택권자로 선정될 수 있는 자는 회사의 설립·경영과 기술혁신 등에 기여하거나 기여할 수 있는 당해 회사의 이사·집행임원·감사 또는 피용자이다($^{340조의}_{2\,1항\,본}$). 그러나 상장회사의 경우에는 관계회사의 이사, 집행임원, 감사 또는 피용자도 부여대상에 포함시킬 수 있다($^{542조의3\,1항,}_{상령\,30조\,1항}$).

상법은 선택권제도가 대주주 등에 의해 남용되는 것을 방지하기 위하여 의결권 있는 발행주식총수의 100분의 10 이상의 주식을 가진 주주 기타 소정의 지배력을 가진 자에게 선택권을 부여하는 것을 금한다($^{340조}_{의2\,2항}$). 상장회사의 경우에는 더욱 엄격히 제한한다($^{542조의3\,1}_{항\,단,\,542}$ $^{조의8\,2항\,5호,}_{상령\,30조\,2항}$).

3) **선택권부여총량의 제한**　　　선택권의 행사로 발행할 신주 또는 양도할 자기주식은 회사의 발행주식총수의 100분의 10을 초과할 수 없다($^{340조}_{의2\,3항}$)($^{상장회사는\,100분의\,20,\,542조의3\,2항}_{(단,\,현재는\,100분의\,15,\,상령\,30조\,3항)}$). 주주의 이익을 보호하고 자본충실을 기하는 한편, 수량을 적정히 함으로써 주식매수선택권의 사행적 기능을 억제하기 위한 고려이다.

**(4) 부여절차**

정관에 선택권을 부여하는 규정을 두더라도 특정의 임원 또는 피용자에게 선택권을 부여하기 위하여는 주주총회의 특별결의를 거치고 계약서를 작성해야 한다.

1) **주주총회의 결의**　　　선택권은 주주총회의 특별결의에 의하여 부여할 수 있다($^{340조}_{의2\,1항}$). 상장회사의 경우에는 정관으로 정하는 바에 따라 발행주식총수의 100분의 10의 범위에서 시행령이 정하는 한도까지 이사회의 결의로 부여할 수 있다($^{542조의3\,3항,}_{상령\,30조\,4항}$). 주주총회($^{또는}_{이사회}$)의 결의에서는 다음과 같은 사항을 정해야 한다($^{340조}_{의3\,2항}$).

① 선택권을 부여받을 자의 성명

② 선택권의 부여방법        신주발행형인지 자기주식양도형인지를 정한다.

③ 선택권의 행사가액과 그 조정에 관한 사항        행사가액을 부당히 낮춤으로써 자본충실을 해하는 동시에 제도의 취지와 무관한 이익을 임직원에게 부여할 우려가 있으므로 상법은 다음과 같은 제한을 설정하였다.

액면주식의 경우에는 신주발행형으로 선택권을 부여하는 경우의 행사가액은 선택권의 부여일을 기준으로 한 주식의 실질가액과 주식의 액면가 중 높은 금액 이상이어야 하고, 자기주식양도형으로 부여하는 경우의 행사가액은 선택권의 부여일을 기준으로 한 주식의 실질가액 이상이어야 한다($\frac{340조}{의2\ 4항}$). 행사가액의 기준이 되는 「실질가액」의 의미에 관해 명문의 규정은 없으나, 상장주식의 경우에는 주식의 시가, 그리고 비상장주식의 경우에는 주식의 순자산가치와 수익력을 반영한 평가액을 뜻하는 것으로 이해해야 한다.

무액면주식의 경우에도 액면주식에서와 같은 제한을 두되, 자본금으로 계상되는 금액 중 1주에 해당하는 금액을 액면가로 본다($\frac{340조의2}{4항\ 1호\ 단}$).

행사가액을 「조정」한다고 함은 행사가액을 증액하거나 감액하는 것을 말한다. 선택권의 부여 후에 신주발행을 하거나 자본금감소를 하는 등의 자본거래가 있을 경우 주식의 실질가치에 변동이 생기고 그 결과로 선택권의 가치가 변동되므로 이 경우 선택권의 행사가액을 변경할 수 있게 한 것이다.

④ 선택권의 행사기간        선택권은 이를 부여하는 주주총회($\frac{또는}{이사회}$) 결의일로부터 2년 이상 재임 또는 재직하여야 행사할 수 있다($\frac{340조의4\ 1항,}{542조의3\ 4항}$). 선택권제도는 임직원의 직무의 충실로 야기된 기업가치의 상승을 유인동기로 하여 직무의 충실을 유도하는 제도인데, 조기에 선택권의 행사를 허용할 경우에는 선택권자가 차익만 취하고 본제도의 취지가 몰각되기 때문이다.

⑤ 선택권을 부여받을 자 각각에 대하여 선택권의 행사로 발행하거나 양도할 주식의 종류와 수

2) 계약의 체결        회사는 주주총회의 결의내용에 따라 선택권자와 계약을 체결하고, 상당한 기간 내에 그에 관한 계약서를 작성하여야 한다($\frac{340조}{의3\ 3항}$). 주주총회의 결의는 선택권 부여에 관한 회사의 의사결정절차이고, 선택권 자체는 이 계약에 의해 주어진다. 계약서는 주주로 하여금 열람할 수 있도록 선택권의 행사기간이 종료할 때까지 본점에 비치하여야 한다($\frac{340조}{의3\ 4항}$).

(5) 선택권의 양도제한

선택권은 양도할 수 없다($\frac{340조의}{4\ 2항\ 본}$). 타인에게 양도한다면 향후 선택권자의 직무충실을 유도해 낼 동기가 없어지기 때문이다. 다만, 선택권을 행사할 수 있는 자가 사망한 경우에는 그 상속인이 이를 행사할 수 있다($\frac{340조의}{4\ 2항\ 단}$). 양도가 제한되는 결과, 입질이나 압류도 불가능

하다.

### (6) 선택권의 상실

**1) 2년 내의 퇴임(退職)**   선택권은 주주총회결의일부터 2년 이상 재임 또는 재직해야 행사할 수 있으므로($^{340조}_{의4\ 1항}$), 2년 내에 퇴임(退職)하면 당연히 선택권을 상실한다. 그러나 상장회사에서는 주식매수선택권을 선택권자의 사망, 정년 등 본인의 귀책사유가 아닌 사유로 퇴임(退職)한 경우에는 상실되지 않는다($^{542조의3\ 4항→}_{상령\ 30조\ 5항}$). 이 특례는 비상장회사에는 적용할 수 없다($^{대법원\ 2011.\ 3.\ 24.\ 선}_{고\ 2010다85027\ 판결}$).

**2) 기타 정관의 규정**   정관에 「일정한 경우 이사회결의로 선택권을 취소할 수 있다는 뜻」을 기재할 수 있으므로($^{340조의}_{3\ 1항\ 5호}$) 회사가 자치적으로 선택권의 취소사유를 정할 수 있다. 그 사유가 합리적이어야 함은 물론이다.

### (7) 선택권의 행사

**1) 선택권행사의 법적 성격**   선택권의 행사에 의해 바로 회사에 자기주식을 양도할 의무가 발생하거나 신주가 발행되는 효과가 생기는 것은 아니다. 선택권의 행사에 대해 회사는 자기주식의 양도나 신주발행에 갈음하여 차액정산을 할 수도 있기 때문이다($^{340조의}_{2\ 1항\ 단}$). 그러므로 선택권의 행사는 회사에 대해 자기주식의 양도 또는 신주발행과 차액정산의 선택적 이행을 청구하는 것으로 보아야 한다. 선택권은 형성권이다($^{통}_{설}$).

**2) 청구**   선택권을 행사하려는 자는 청구서 2통에 선택권을 행사할 주식의 종류와 수를 기재하고 기명날인 또는 서명을 하여 회사에 제출하여야 한다($^{340조의\ 5→}_{516조의9\ 1항}$).

**3) 회사의 결정**   선택권의 행사에 응하여 회사는 선택권의 내용대로 자기주식을 양도하거나 신주를 발행할 것인지, 이에 갈음하여 차액정산을 할 것인지를 결정해야 한다. 물론 이사회의 결의를 요한다. 이에 의해 선택권자의 권리내용이 확정된다.

**4) 납입**   회사의 결정에 의해 선택권의 행사가 자기주식양도청구권 또는 신주인수권으로 확정된 경우 선택권자는 행사가액 전액을 납입하여야 한다($^{340조의5→516}_{조의9\ 1항\ ·\ 3항}$).

### (8) 선택권행사의 효과

**1) 주주가 되는 시기**   신주발행형의 경우에는 선택권자가 행사가액을 납입한 때에 주주가 된다($^{340조의5→516}_{조의10\ 전}$). 그러나 자기주식양도형의 경우에는 통상의 주식양도의 법리($^{336조}_{1항}$)에 따라 회사로부터 주권을 이전받음으로써 주식을 취득하고, 명의개서($^{337}_{조}$)를 해야 회사에 대항할 수 있다.

**2) 주주명부 폐쇄기간중의 선택권 행사**   주주명부의 폐쇄기간중에 선택권을 행사한 경우에는 폐쇄기간중에 의결권이 없다($^{340조의5}_{→350조\ 2항}$).

**3) 변경등기**   선택권의 행사로 신주를 발행하는 경우에는 발행주식수와 자본금이 변동된다. 선택권을 행사한 날로부터 2주 내에 그 변경등기를 하여야 한다($^{340조의5}_{→351조}$).

### (9) 선택권부여의 무효

선택권의 부여에 무효의 원인이 있는 경우 어떻게 해결할 것인가? 선택권의 부여를 위한 주주총회의 결의에 무효원인이 있는 경우에는 주주총회결의의 무효 또는 취소의 소로 다투어야 할 것이다. 그러나 선택권의 행사로 신주가 발행된 경우에는 주주총회결의의 흠은 신주발행무효원인으로 흡수되므로 신주발행무효의 소($^{429}_{조}$)로 다투어야 한다.

한편 주주총회 결의 이후 이사회결의 또는 계약체결단계에 무효원인이 있을 경우에는 일반 무효확인의 소로 다툴 수 있다.

## Ⅲ. 이사회

### 1. 의의

「이사회」란 회사의 업무집행에 관한 의사결정을 위해 이사 전원으로 구성되는 주식회사의 필요적 상설기관이다.

**1) 업무집행에 관한 의사결정**　　주식회사에서는 주주를 업무집행에서 배제하고 타인기관에 그 권한을 부여하는데, 구체적인 방법으로서, 이사회에 업무집행에 관한 결정권을 부여한다.

이사회는 회의체기관이므로 구체적인 업무집행을 수행하기에는 적당치 않다. 그러므로 이사회는 업무집행에 관한 의사결정에 그치고, 그 집행은 대표이사가 행한다.

**2) 이사 전원으로 구성**　　이사는 별도의 절차 없이 당연히 이사회의 구성원이 되며, 또 이사회는 이사 아닌 자로 구성할 수 없다.

**3) 필요적 상설기관**　　업무집행을 결정하므로 당연히 상설기관이다. 의사결정을 위해 이사회를 소집하였을 때 개최되는 현실적인 회의도 흔히 「이사회」라 부르지만, 이것은 이사회가 갖는 권한의 구체적인 실행방법이다.

### 2. 이사회의 권한

#### (1) 권한의 유형

이사회는 다음과 같이 다양한 권한을 가지고 있다.

**1) 업무집행결정권, 이사의 감독권**　　제393조 제1항에서는 회사의 업무집행의 결정을 포괄적으로 이사회의 권한사항으로 정하고 있고, 동조 제2항에서는 이사의 직무집행에 대한 감독권을 규정하고 있는데, 이 두 가지는 이사회의 본질적이고 기본적인 권한이다.

**2) 중요자산의 처분·대규모 재산의 차입, 지배인의 선임·해임, 지점의 설치·이전·폐지**　　제393조 제1항에서는 회사의 업무집행과 더불어 지배인의 선임·해임, 지점의 설치·이

전·폐지를 이사회에서 결정하도록 규정하고 있다. 지배인이나 지점에 관한 이 같은 사항들도 업무집행의 일부이므로 원래 이사회의 권한이나, 보기에 따라서는 대표이사의 일상적인 업무집행권에 포함되는 것으로 이해될 소지가 있으므로 이사회의 결의 없이 대표이사가 단독으로 할 수 없음을 주의적으로 규정한 것이다.

참고로 영업에 불가결한 중요재산을 처분하는 경우에는 제374조 제1항 제1호가 규정하는 영업의 양도에 포함시켜 주주총회의 특별결의를 요하는 것으로 해석하므로 이사회가 처분을 결의한 특정한 중요자산이 제374조 제1항 제1호에 해당하는 자산이라면 주주총회의 특별결의도 거쳐야 한다.

3) 비일상적 중요업무      자산의 처분이나 자금의 차입은 일상적인 업무로서 대표이사의 권한에 속하지만, 특히 중요한 자산을 처분하거나 대규모의 자금을 차입하는 것은 「일상적」인 업무가 아니므로 대표이사에 일임할 수 없고 이사회의 결의로 해야 함을 역시 주의적으로 규정한 것이다. 따라서 제393조 제1항에 열거되어 있지 않은 업무라도 일상업무에 속하지 아니한 중요한 업무는 이사회의 결정을 요한다($^{대법원\ 1997.\ 6.\ 13.}_{선고\ 96다48282\ 판결}$). 무엇이 중요한 자산이고 중요한 업무이냐는 판단은 자산처분이나 업무가 회사에 미치는 효과, 일상적 업무와의 관련성 등을 기초로 이루어져야 한다($^{대법원\ 2005.\ 7.\ 28.}_{선고\ 2005다3649\ 판결}$). 예컨대 회사에 회생절차가 개시되는 경우 회사의 영업 또는 재산에 상당한 변동이 발생하게 되며, 회사의 업무수행권과 관리처분권이 관리인에게 전속하게 되는 등 회사의 경영에 근본적인 변화가 발생하므로 회생절차의 신청은 제393조 제1항에 열거된 바 없지만 당연히 이사회의 결의를 요한다($^{대법원}_{2019.\ 8.}$ $^{14.\ 선고\ 2019}_{다204463\ 판결}$).

4) 기타 고유권한      주식양도를 제한할 경우 그 승인($^{335조}_{1항\ 단}$), 주주총회의 소집결정($^{362}_{조}$), 이사의 경업거래와 겸직의 승인($^{397}_{조}$), 이사의 자기거래의 승인($^{398}_{조}$), 재무제표의 승인($^{447}_{조}$), 사채발행($^{469}_{조}$) 등은 단순히 「이사회가 결정한다」는 뜻으로 규정하고 있다. 이 규정들은 주주총회와의 권한배분관계상 상법이 명문으로 이사회의 고유한 권한사항으로 하는 동시에 대표이사가 단독으로 집행할 수 없음을 규정한 것으로 읽어야 한다. 따라서 정관의 규정으로도 주주총회의 결의사항으로 할 수 없다($^{442면\ 이}_{하\ 참조}$).

5) 주주총회의 권한으로 전환할 수 있는 사항      대표이사의 선정($^{389조}_{1항}$), 신주발행($^{416}_{조}$), 준비금의 자본금전입($^{461조}_{1항}$), 전환사채의 발행($^{513조}_{2항}$), 신주인수권부사채의 발행($^{516조}_{의2\ 2항}$) 등은 원칙적으로 이사회의 권한으로 규정하되, 정관에 규정을 두어 주주총회의 권한으로 전환할 수 있게 하고 있다.

(2) 업무집행결정권

회사의 업무집행은 이사회의 결의로 한다($^{393조}_{1항}$). 「업무집행」이라 하면 회사의 운영에 관련되는 모든 사무를 포섭한다고 볼 수 있으나, 그중에는 성질상 출자자의 의사가 반영되어야 하거나, 사안의 중대성으로 주주의 의사를 존중해야 할 것도 있다. 그래서 상법은 회사의 업무 중 일부는 주주총회의 권한으로 하고 있으며, 이에 관한 한 이사회의 권한이 미치지 않는다. 또 감사의 권한도 이사회를 견제하기 위한 것이므로 이사회의 권한이 미치지 아니한다.

상법이 제393조와 같은 포괄적인 규정을 둔 것은 입법기술상의 한계로 이사회의 권한을 전부 나열하지 못하고, 주주총회와 이사회, 그리고 감사에게 각기 최소한의 본질적인 불가침의 권한을 배분한 뒤 「소유와 경영의 분리」라는 대원칙 아래 기타 회사의 운영에 관한 사항은 전부 이사회에 수권하려는 취지로 이해해야 한다. 그러나 주주는 회사의 존재의 근원이며 회사권력의 원천이라는 의식이 불식될 수는 없으므로 상법은 위에 본 바와 같이 정관의 규정으로 주주총회의 권한을 확장할 수 있는 여지를 두었다. 그러므로 이사회의 권한은 기술한 주주총회의 고유권한을 제외한 나머지를 최대한도로, 동시에 이사회의 고유권한을 최소한도로 하고, 정관의 규정을 변수로 하여 주주총회의 권한과 역의 관계로 증감한다고 할 수 있다($\binom{<\text{그림 19}>}{\text{참조}}$).

〈그림 19〉 총회의 권한과 이사회권한의 상호관계

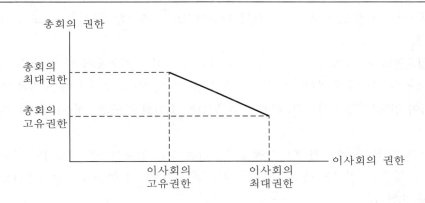

### (3) 이사회의 감독권

1) 의의    이사회는 이사의 직무집행을 감독한다($\binom{393조}{2항}$). 이사회는 업무집행에 관한 모든 결정권을 가지고, 그 집행을 대표이사 또는 업무담당이사에게 맡기므로 이사회는 자기시정의 기능으로서 당연히 이사의 업무집행을 감독할 권한을 갖는다고 할 것이며, 제393조 제2항은 이 점을 명문화한 것이다.

2) 성격    이사회와 그 감독대상인 이사는 업무에 관해 상하급 기관의 관계를 갖는다. 따라서 이사회의 감독권은 이사들이 상호 대등한 지위에서 갖는 「감시권」 또는 이사·이사회와 수평적·제3자적 지위에 있는 감사가 이사·이사회에 대해 갖는 「감사권」과는 달리 이사와의 사이에서 상명하복의 관계로 행사되는 것임을 유의해야 한다.

3) **감독의 대상** 일상의 업무집행은 대표이사가 행하므로 감독의 주된 대상은 대표이사의 행위가 될 것이다. 그러나 이사회의 결의에 의해 대내적인 업무집행을 이사들이 분담하는 경우에는 각 이사별로 담당하는 업무집행도 감독의 대상이 된다.

4) **감독의 범위** 「감독」이란 이사에게 질문하고 보고를 청취하는 것은 물론이고, 이사의 업무집행의 방법·내용 등이 위법하거나 정관의 규정 혹은 이사회의 결의에 위배되거나 부당할 때에는 그 중단을 명하고 다른 방법·내용으로 할 것을 지시하는 것을 포함하는 뜻이다. 필요하다면 대표이사를 해임하거나($\binom{이사회에서 선임}{한 경우에 한함}$) 이사들의 업무분장을 달리 정하거나 권한을 제한할 수도 있다.

그리고 이사회의 감독은 일종의 「자기시정」을 위한 행위이므로 감독권은 위법·부당한 행위의 견제와 같은 소극적인 시정목적에서뿐 아니라 합목적성·능률성을 이유로 한 「경영정책목적」에서도 행사할 수 있다. 예컨대 영업담당이사에게 영업부진을 지적하고 영업정책의 전환을 지시하는 것과 같다. 이 점이 이사의 다른 이사에 대한 감시권, 감사의 감사권과 두드러지게 다른 점이다.

이사의 의결권은 이사회의 의사를 형성하기 위해 행사되는 것이므로 성질상 이사회의 감독권이 미칠 수 없고, 상법이 이사에게 독임제적으로 부여한 권한($\binom{예: 각종}{소제기권}$)도 감독의 대상이 아니다.

5) **감독권의 행사방법** 감독권의 행사는 이사회의 지위에서 할 수 있는 것이므로 실제 감독권을 행사하기 위하여는 이사회를 소집하여야 한다. 그러나 이를 위해 별도의 이사회소집이 필요한 것은 아니고, 다른 의안을 위해 소집된 이사회에서 감독권을 행사할 수도 있다.

이사의 보고를 청취하거나 이사에게 질문하는 것은 이사회에서 개별적인 이사의 자격으로 할 수 있으나, 일정한 행위의 중지·시정 등을 지시하는 능동적인 감독행위는 이사회의 결의를 요한다.

6) **감독위반행위의 효력** 대표이사가 이사회의 감독에 불응하여 업무를 집행하면, 임무해태를 구성하여 손해배상책임을 지고($\binom{399}{조}$), 대표이사의 해임사유가 된다. 한편 이사회가 대표이사에게 현재 진행중인 특정의 행위를 중지할 것을 지시하거나 사전에 부작위를 명했음에도 불응하고 감행하는 경우 이 대표이사의 행위는 대표권의 내부적 제한을 위반한 행위로 보아 해당 법리를 적용해야 한다($\binom{389조 3항}{\to 209조 2항}$).

(4) 이사·이사회의 정보접근권

이사회는 감독권의 행사로서 대표이사 등 이사들에게 정보를 요구할 수 있음은 물론이고, 이사 각자도 감시권의 일환으로 대표이사 등 다른 이사들에게 정보를 요구할 수 있음은 당연하다.

그러나 회사의 실정을 보면 대표이사나 상근이사들이 분장업무별로 정보를 장악하고,

비상근이사들은 정보에서 소외되는 경향이 있다. 이러한 현실을 감안하여 상법은 이사회의 감독권 및 이사의 감시권의 실효성을 제고하기 위하여 이사의 정보요구권을 주의적으로 규정하고 있다. 즉 이사는 대표이사로 하여금 다른 이사 또는 피용자의 업무에 관해 이사회에 보고할 것을 요구할 수 있다($^{393조}_{3항}$). 동시에 이사회의 정보접근을 강행적으로 보장하기 위하여 이사는 3월에 1회 이상 업무의 집행상황을 이사회에 보고하도록 하고 있다($^{393조}_{4항}$).

이사의 정보요구에 대해 대표이사는 기업비밀임을 이유로 정보제공을 거절하지 못하며, 역시 기업비밀임을 이유로 이사회에 대한 보고에서 제외할 수 없다. 이로 인해 기업비밀의 누설이 우려되지만, 상법은 이사의 비밀준수의무를 두어 기업비밀의 유지를 보장하고 있다($^{382}_{조의4}$).

### 3. 이사회의 독립성

이사회는 주주총회에서 선임한 이사들로 구성되고, 주주총회는 회사의 최고의사결정기관이므로 이사회가 주주총회의 하부기관으로 인식되기 쉽다. 그러나 기술한 바와 같이 이사회는 고유의 권한을 가진 「독립기관」이므로 그 권한에 속하는 사항에 관해 주주총회의 지시·감독을 받지 아니하고, 각 이사의 자기책임하에 임무를 수행한다. 그러므로 이사회가 결의한 사항을 주주총회의 결의로 번복하거나 무효로 할 수는 없다. 주주총회는 이사의 선임·해임을 통해 간접적으로 이사회를 통제할 수 있을 뿐이다.

### 4. 이사회의 소집

1) **소집권자**　　이사회의 소집은 각 이사가 한다($^{390조}_{1항 본}$). 그러나 이사회의 결의로 소집할 이사를 정한 때에는 그 이사가 소집한다($^{390조}_{1항 단}$). 보통 정관에 대표이사를 이사회의 의장으로 정하고 그가 소집하도록 하고 있다. 이사회를 소집할 이사를 정하였더라도 이는 소집실무를 담당할 자를 정하는 의미를 가질 뿐이고, 다른 이사도 언제든 소집권자인 이사에게 이사회소집을 요구할 수 있으며, 소집권자인 이사가 정당한 이유 없이 이사회소집을 거절할 경우에는 다른 이사도 이사회를 소집할 수 있다($^{390조}_{2항}$).

2) **소집절차**　　이사회를 소집함에는 회일을 정하고 1주간 전에 각 이사에 대하여 통지를 발송해야 한다($^{390조}_{3항 본}$). 감사도 이사회에 출석할 권한이 있으므로 감사에게도 소집통지를 해야 한다($^{391조의2,}_{390조 3항}$). 그러나 감사의 출석이나 기명날인이 이사회 결의의 유효요건은 아니다($^{대법원 1992. 4. 14. 선}_{고 90다카22698 판결}$).

통지기간은 정관으로 단축할 수 있으며($^{390조}_{3항 단}$), 주주총회의 소집통지와 달리 서면에 국한하지 않고, 구두에 의한 통지도 무방하다. 소집통지에 소집일시와 장소가 들어 있어야 함은 당연하나, 정관에서 목적사항을 함께 통지하도록 정하거나, 미리 통지하지 아니하면 이사회에서의 심의·의결에 현저한 지장을 초래하는 등의 특별한 사정이 없는 한, 회의의 목적사항을 함께 통지할 필요는 없다($^{대법원\ 2011.\ 6.\ 24.\ 선}_{고\ 2009다35033\ 판결}$).

이사회는 이사 및 감사 전원의 동의가 있으면 소집절차를 밟지 아니하고 언제든지 회의를 개최할 수 있다($^{390조}_{4항}$). 업무집행의 의사결정은 기동성을 요하는 경우가 많음을 고려한 것이다.

일부의 이사에게 통지하지 않고 소집하여 행한 결의는 무효이다. 통지를 받지 못한 이사가 출석하여 반대하였더라도 결의에 영향이 없었을 것이라는 가정이 성립하더라도 역시 무효이다.

### 5. 이사회의 결의

#### (1) 결의요건

**1) 정족수**　　이사회의 결의는 재임하는 이사 과반수의 출석과 출석이사의 과반수로 해야 한다($^{391조}_{1항\ 본}$). 이사회에서의 의결권은 이사 1인에 대해 1개씩 주어진다. 정관에 의해서도 이에 대한 예외를 둘 수 없다. 이사회에서는 주주총회에서와 달리 과반수의 출석을 요하므로 예컨대 6인의 이사 중 3인이 출석하여 전원 찬성하더라도 성립정족수의 미달이므로 무효이다.

**2) 결의요건의 강화**　　결의요건은 정관으로 그 비율을 높일 수 있다($^{391조}_{1항\ 단}$). 반대로 완화하는 것($^{예:\ 3분의\ 1\ 이상}_{출석에\ 과반수\ 찬성}$)은 허용될 수 없다($^{대법원\ 1995.\ 4.\ 11.}_{선고\ 94다33903\ 판결}$).

결의요건을 강화하더라도 일상적인 업무집행이 정체될 정도로 강화하거나, 초다수결을 요구하여 사실상 일부 이사에게 거부권을 주는 것은 허용될 수 없다. 예컨대 이사회결의에 「이사 전원의 6분의 5의 동의」, 「"전원출석"에 3분의 2 이상 찬성」, 또는 「과반수 출석에 전원동의」 등을 요구하는 정관규정은 무효이다.

결의가 특정인($^{예:\ 특정\ 대주주}_{또는\ 특정\ 채권자}$)의 동의를 얻어야 발효할 수 있게 하는 것도 회사의 권한배분의 원칙에 반하므로 무효이다.

**3) 가부동수**　　이사회결의가 가부동수인 경우 특정인($^{예:}_{의장}$)이 결정권을 행사하도록 할 수 있는가? 이를 긍정하는 견해도 있으나, 법적 근거 없이 특정인에게 복수의 의결권을 주거나 결의요건을 완화시키는 결과가 될 뿐 아니라 다수결의 일반원칙에 반하므로 부정하는 것이 옳다($^{전게}_{판례}$).

**4) 결의요건의 요구시점**　　결의요건 중 이사회의 성립요건($^{과반수\ 이}_{사의\ 출석}$)은 개회시뿐 아니라 토의·결의의 전과정을 통해 유지되어야 한다. 예컨대 재적 9인의 이사 중 5인이 출석했다가 1인이 중간에 퇴장했다면 나머지 인원으로 결의할 수 없다.

#### (2) 의결권행사의 독립성

이사는 의결권의 행사에 관해서도 회사에 대해 책임을 진다($^{399조}_{2항}$). 이는 이사의 의결권이 「자기 책임」하에 독립적으로 행사되어야 함을 의미한다. 그러므로 이사 상호간 또는 이사와 주주 기타 제3자와의 사이에 이사의 의결권을 구속하는 계약은 무효이다.

또한 이사회는 회사가 기대하는 이사 개개인의 능력과 고도의 신뢰관계에 기초해서 구체적인 업무집행의 결정을 하는 기관이므로 이사는 직접 의결권을 행사해야 하고, 대리행사는 허용되지 않는다($^{민\ 682조}_{불적용}$)($^{대법원\ 1982.\ 7.\ 13.}_{선고\ 80다2441\ 판결}$). 이사들 상호간에도 의결권행사를 위임할 수 없다.

### (3) 의결권의 제한

이사회의 결의에 대하여 특별한 이해관계가 있는 이사는 의결권을 행사할 수 없다($^{391}_{조\ 3}$ $^{항→368}_{조\ 3항}$). 예컨대 자기거래($^{398}_{조}$)를 하고자 하는 이사는 그 승인 여부를 다루는 이사회에서 특별한 이해관계가 있는 자이다($^{대법원\ 1992.\ 4.\ 14.\ 선}_{고\ 90다카22698\ 판결}$). 대표이사를 선임 또는 해임하는 결의는 회사지배에 관한 주주의 비례적 이익이 연장·반영되는 문제이므로 그 결의의 대상인 이사 또는 대표이사는 특별한 이해관계 있는 자에 포함되지 않는다. 의결권을 행사할 수 없는 이사는 이사회의 성립정족수($^{과반수}_{출석}$)에는 포함되나 결의정족수의 계산에서는 출석이사 속에 산입하지 아니한다($^{391조\ 3항}_{→371조\ 2항}$).

### (4) 결의방법

이사회는 회사의 경영에 관한 실무적인 문제를 다루므로 여러 가지로 변환이 가능한 의안을 놓고 상호 의견을 교환함으로써 최적의 결론을 내야 하는 「집단적 의사결정」의 방식을 취해야 한다. 이 점에서 단지 의안의 찬성여부만을 묻는 주주총회결의와 본질을 달리한다. 따라서 이사들의 구체적 회합을 요하며 서면결의는 인정되지 않는다($^{통}_{설}$). 다만, 이사회를 개최함이 없이 결의가 있은 것으로 의사록을 작성하고 이사들과 감사 전원이 기명날인한 예에서, 이사 전원의 동의가 있으면 소집절차 없이도 이사회 개최가 가능한 점($^{390조}_{4항}$)을 들어 이 서면결의가 부존재가 아니라고 한 판례가 있다($^{대법원\ 2006.\ 11.\ 10.}_{선고\ 2005다46233\ 판결}$).

이사회에서의 결의에 대해서는 이사가 책임을 져야 하므로($^{399조}_{2항}$) 각자의 찬반의사가 밝혀져야 한다. 따라서 무기명투표는 허용될 수 없다.

### (5) 원격통신회의

최근 회사의 규모가 커지면서 이사의 수가 많아지고, 사업장이 지역적으로 분산되어 있어 이사들이 일시에 한 장소에서 회합하기 어려운 회사가 늘고 있다. 그 해결책으로, 정관에 다른 정함이 없는 한, 이사회는 이사의 전부 또는 일부가 직접 회의에 출석하지 아니하고 모든 이사가 「음성을 동시에 송수신하는 원격통신수단」에 의하여 결의에 참가하는 것을 허용할 수 있다($^{391조}_{2항}$). 음성을 동시에 송·수신해야 하므로 인터넷을 통한 문자회의는 허용되지 않는다.

### (6) 연기·속행

주주총회에서와 같이 연기·속행이 가능하다($^{392조}_{→372조}$).

## 6. 이사회의 의사록작성과 공시

이사회의 의사에 관하여는 의사록을 작성하여야 한다($^{391조}_{의3 1항}$). 주주총회에서와 같이, 이사회의 결의는 적법한 결의요건을 충족하는 표결이 있음으로써 효력을 발생하고, 의사록작성은 결의의 요건이 아니다. 그러나 이사회의 결의에 의해 바로 실행행위가 이어지고, 결의관여자 및 집행행위자들의 책임이 따르는데, 의사록은 결의에 관한 일응의 증거가 되므로 ($^{399조}_{3항}$) 의사록의 실제상의 의미는 매우 중요하다.

1) **의사록의 작성방법**  의사록에는 의사의 안건, 경과요령, 그 결과, 반대하는 자와 그 반대이유를 기재하고 출석한 이사 및 감사가 기명날인 또는 서명하여야 한다($^{391조}_{의3 2항}$).「안건」이란 이사회의 결의에 상정한 의안을 말하고「경과요령」이란 개회, 의안의 상정과 토의 및 표결 그리고 폐회에 이르는 절차의 진행과정을 말하며,「결과」란 결의의 결과 즉 상정한 안의 가결 여부를 말한다.「반대하는 자」를 기재하게 한 것은 이사회결의의 집행행위에 관해 이사의 책임을 추궁할 때에는 결의에 찬성한 이사도 책임을 물으며, 이때 의사록의 기재가 일응 찬성 여부의 추정근거가 되기 때문이다($^{399조 2}_{항 . 3항}$). 아울러 사후의 문책가능성을 의식하여 안이하게 반대를 하는 자가 있을 수 있으므로 반대의사의 신뢰성을 확보하기 위하여 「반대이유」도 기재하게 하였다.

2) **의사록의 공시와 제한**  상법은 주주총회의 의사록을 회사가 비치·공시할 서류의 하나로 열거하고, 주주와 채권자가 열람·등사를 청구할 수 있음을 규정하고 있다($^{396조 1}_{항 . 2항}$). 그러나 이사회의 결의는 회사의 업무집행을 결정하는 의사결정이므로 그 내용 중에는 기업기밀에 속하는 사항도 다수 들어 있어, 이를 주주와 채권자에게 항시 공개하게 함은 기업의 경쟁력에 치명적인 장애를 준다. 그리하여 상법은 이사회의사록을 비치·공시 대상에서 제외하고 열람도 회사가 제한할 수 있는 길을 열어 놓았다.

i) **공시범위**  이사회의 의사록은 회사에 비치할 의무가 없다. 다만 주주는 영업시간 내에 이사회의사록의 열람 또는 등사를 청구할 수 있다($^{391조}_{의3 3항}$). 이 청구에 이유개시를 요하지 않는다. 채권자는 열람·등사를 청구할 수 없다.

ii) **열람거절**  회사는 주주의 의사록 열람청구에 대하여 이유를 붙여 이를 거절할 수 있다($^{391조의}_{3 4항 전}$). 거절하는 이유가 정당해야 함은 물론이다.「정당한 이유」란 기업비밀의 유지나 기타 회사의 이익을 위해서 필요한 것을 뜻한다.

iii) **열람허가**  회사가 이사회의사록의 열람·등사를 거절할 경우 주주는 법원의 허가를 얻어 이사회의사록을 열람 또는 등사할 수 있다($^{391조의}_{3 4항 후}$). 이 허가사건은 비송사건이므로($^{비송 72}_{조 1항}$) 민사소송의 방법으로 허가를 구하는 것은 허용되지 않는다($^{대법원 2013. 11. 28.}_{선고 2013다50367 판결}$).

법원은 어떠한 경우에 열람·등사를 허가하여야 하는가? 판례는 주주의 열람·등사권의 행사가 회사업무의 운영 또는 주주 공동의 이익을 해치거나 주주가 회사의 경쟁자로서 그 취득한 정보를 경업에 이용할 우려가 있거나, 또는 회사에 지나치게 불리한 시기를 택하여 행사하는 경우 등은 허가하지 않을 사유로 본다. 그러나 이사에 대한 대표소송의 제기, 유지청구, 해임청구와 같이 회사의 경영을 감독하여 회사와 주주의 이익을 보호할 목적으로 주주의 권리를 행사하는 데에 필요한 경우에는 이사회의사록의 열람·등사를 허용한다$\left(\begin{smallmatrix}대법원 2014. 7. 21.자 \\ 2013마657 결정\end{smallmatrix}\right)$.

### 7. 이사회 결의의 하자

**1) 결의의 효력**　　　주주총회결의의 하자는 그 유형에 따라 결의취소·무효·부존재의 원인이 되지만, 상법은 이사회결의의 하자에 관해서는 유형을 구분하지 않고 이를 다투는 소를 별도로 인정하지도 않는다. 따라서 이사회결의에 하자가 있으면 단지 무효의 원인이 될 뿐이고 그 다툼도 일반적인 무효의 법리에 따라 해결하여야 한다. 따라서 그 주장방법에 제한이 없으며, 소송으로 다툰다면 일반확인의 소를 제기해야 하고, 그 판결의 효력은 기판력의 일반원칙$\left(\begin{smallmatrix}민소\\218조\end{smallmatrix}\right)$에 따르므로 대세적 효력이 없다$\left(\begin{smallmatrix}대법원 1988. 4. 25.\\선고 87누399 판결\end{smallmatrix}\right)$.

이사회의 결의가 내용의 흠으로 무효인 경우에는 추인이 불가하지만, 소집절차나 결의방법에 흠이 있는 경우에는 추인이 가능하다고 보아야 한다. 판례는 이 경우 새로운 결의가 있는 것으로 본다$\left(\begin{smallmatrix}대법원 2011. 6. 24. 선\\고 2009다35033 판결\end{smallmatrix}\right)$. 즉 추인의 효력이 소급하지 않는다.

**2) 후속행위의 효력**　　　특정한 업무집행을 위해 이사회의 결의가 필요함에도 결의가 없거나 또는 결의에 하자가 있는 경우에 후속행위는 어떤 효력을 갖는가?

i) 후속행위의 효력을 별도로 다투는 소가 인정될 경우에는 이사회결의의 하자 또는 결여는 그 행위의 하자로 흡수되어 그 행위 자체의 효력이 다투어지게 된다. 예컨대 하자 있는 이사회결의에 의해 소집된 주주총회의 결의는 주주총회결의 취소의 소$\left(\begin{smallmatrix}376\\조\end{smallmatrix}\right)$에 의해, 하자 있는 이사회결의에 의한 신주발행의 경우는 신주발행무효의 소$\left(\begin{smallmatrix}429\\조\end{smallmatrix}\right)$에 의해 그 효력이 다투어진다.

ii) 그 밖의 후속행위 중 순수하게 내부적인 사안을 다루는 후속행위$\left(\begin{smallmatrix}예: 지배인의 선임,\\감사위원의 선임,\end{smallmatrix}\right)$는 무효라고 함에 이론이 없다. 후속행위가 대외적인 거래$\left(\begin{smallmatrix}예: 중요재산의\\처분, 사채발행\end{smallmatrix}\right)$인 경우 그 후속행위의 효력에 관해서는 학설이 갈리고 판례에도 변화가 있다. 이 문제는 대표행위가 그에 가해진 법적 혹은 내부적 제한을 위반하여 이루어진 경우 어떠한 효력을 갖느냐는 문제의 일부로 볼 수 있으므로 대표행위의 제한위반의 문제로 후술하기로 한다$\left(\begin{smallmatrix}509면\\참조\end{smallmatrix}\right)$.

### 8. 이사회내 위원회

**1) 배경**　　　상법은 회사의 선택에 따라 감사위원회를 두어 감사를 대체할 수 있게 하는 한편$\left(\begin{smallmatrix}415\\조의2\end{smallmatrix}\right)$, 그 밖의 업무에 관해서도 하나 또는 수개의 위원회를 두어 이사회의 권한을 위임할 수 있게 하였다$\left(\begin{smallmatrix}393\\조의2\end{smallmatrix}\right)$. 이는 이사회의 일부 업무의 결정을 기능적으로 가장 적합한

이사들에게 위임함으로써, 의사결정의 전문성과 신속성을 기하게 한 것이다.

**2) 위원회의 설치근거**　　이사회는 정관이 정하는 바에 따라 위원회를 둘 수 있다($^{393조}_{의2\,1항}$). 위원회의 기능의 중요성으로 보아, 정관의 규정은 단지 위원회를 둘 수 있다는 형식적인 근거설정에 그쳐서는 안 되고, 위원회의 권한과 구성방법 및 운영방법을 명기하여야 할 것이다.

**3) 구성**　　위원회는 2인 이상의 이사로 구성한다($^{393조}_{의2\,3항}$)($^{감사위원회는\,3인}_{이상.\,415조의2\,2항}$). 특정 위원회의 위원의 선임과 해임은 이사회가 결정한다. 위원은 이사이어야 하므로 이사를 퇴임하면 당연히 위원에서도 퇴임한다. 위원의 퇴임으로 위원회의 인원이 2인 미만이 되거나 또는 정관이 정한 위원회의 정원에 미달하게 된 경우에는 퇴임한 위원은 새로운 위원이 취임할 때까지 위원으로서의 권리와 의무를 갖는다($^{393조의2\,5항}_{\rightarrow386조\,1항}$).

**4) 위원회의 권한**　　상법은 이사회가 위원회에 수권할 수 있는 사항을 폭넓게 인정하고 있다. 이사회는 ① 주주총회의 승인을 요하는 사항의 제안($^{예:\,정관변경,\,재무제}_{표의\,승인,\,합병\,등}$), ② 대표이사의 선임 및 해임, ③ 위원회의 설치와 그 위원의 선임 및 해임, 그리고 ④ 정관에서 정하는 사항을 제외하고는 그 권한을 위원회에 위임할 수 있다($^{393조}_{의2\,2항}$). ④의「정관으로 정하는 사항」이란 정관으로 위임을 불허한 사항을 뜻한다. 주주총회의 소집권($^{362}_{조}$)이나 이사에 대한 이사회의 감독권($^{393조}_{2항}$)은 명문의 규정은 없으나 성질상 위원회에 위임할 수 있는 사항이 아니다.

이상과 같은 사항을 제외하고는 위원회에의 수권이 가능한 결과, 신주의 발행($^{416}_{조}$)이나 사채의 발행($^{469조,\,513조\,2}_{항,\,516조의2\,2항}$), 이사의 경업이나 자기거래의 승인과 같은 중요한 사항, 심지어는 지배인 선임을 포함한 업무집행의 결정($^{393조}_{1항}$)도 포괄적으로 위임할 수 있다.

**5) 위원회의 소집과 결의**　　위원회가 위임받은 사항을 수행하기 위하여는 회의를 소집, 결의하여야 한다. 위원회의 소집과 결의에 관해서는 이사회의 소집과 결의에 관한 절차가 준용된다($^{393조의2\,5항\rightarrow390조,}_{391조,\,391조의3,\,392조}$).

**6) 위원회의 결의의 효력**　　이사회가 위원회에 권한을 위임한다고 함은 이사회가 위임한 사항에 관한 위원회의 결의는 이사회의 결의와 같은 효력이 있음을 뜻한다. 따라서 후술하는 바와 같이 이사회가 위원회의 결의를 변경하는 결의를 하지 않는 한, 위원회의 결의는 이사회의 결의로서 효력을 발생한다.

**7) 위원회결의의 변경**　　위원회가 위임받은 사항에 관하여 결의한 경우, 결의된 사항을 각 이사에게 통지하여야 한다($^{393조의}_{2\,4항\,전}$). 이는 위원회의 결의가 부당할 경우, 이사회를 소집하여 위원회의 결의를 번복할 수 있는 기회를 주기 위함이다. 그러므로 통지의 대상이 되는 각 이사란 위원회의 위원인 이사를 뜻하는 것이 아니고, 회사의 이사 전부를 뜻한다. 이 통지를 받은 각 이사는 이사회의 소집을 요구할 수 있다($^{393조의}_{2\,4항\,후}$). 이때의 이사회소집은 위원회의 결의를 재고하기 위한 소집이다.

소집된 이사회에서는 위원회가 결의한 사항에 대하여 다시 결의할 수 있다($\frac{393조의}{2\,4항\,후}$). 이사회의 다른 결의가 있으면 위원회의 결의는 효력을 잃는다. 이 제도는 감사위원회의 결의에는 적용되지 않는다($\frac{415조}{의2\,6항}$).

8) **이사회의 감독책임**　　　위원회의 결의는 원래 이사회가 결정할 사항을 위임받아 하는 것이므로 위원회의 결의에 대하여는 각 이사가 감시의무를 지며, 이사회가 감독권을 갖는다. 그러므로 위원회결의를 통지받은 이사가 위원회결의가 부당함에도 불구하고 이사회의 소집을 게을리하거나, 소집된 이사회에서 이사들이 위원회결의와 다른 결의를 하는 데에 반대하는 것은 임무해태에 해당하여 회사 또는 제3자에 대하여 손해배상책임을 진다($\frac{399}{조1}$ $\frac{항\cdot2항,}{401조}$). 요컨대 위원회의 결의가 방치되면 바로 이사회의 결의로 의제되므로 이에 반대하지 않는 이사는 같은 사항을 다른 이사회의 결의에 찬성한 것과 같은 결과가 되는 것이다.

# Ⅳ. 대표이사

## 1. 의의

대표이사는 회사를 대표하고 업무를 집행하는 권한을 가진 이사이며, 주식회사의 필요적 상설기관이다. 이사회가 결정한 업무를 자연인인 누군가가 집행해야 하고, 또 회사는 권리능력을 갖지만 실제 권리를 취득하고 의무를 부담하기 위하여는 역시 자연적 의사를 가진 누군가가 실제 행위를 하고, 이를 회사의 행위로 보는 의제가 필요하다. 이러한 역할을 맡기기 위해 상법은 이사 중에서 대표이사를 선정하게 하는데, 대내적인 업무집행권과 회사의 대표권을 분리하지 않고 대표이사에게 집중시키고 있다.

## 2. 선정과 퇴임

### (1) 선정

대표이사는 이사 중에서 선정한다($\frac{389조}{1항\,본}$). 그 밖의 자격제한은 없으나, 정관으로 대표이사의 자격을 정하는 것은 무방하다.

대표이사는 이사회의 결의로 선정한다($\frac{389조}{1항\,본}$). 그러나 정관으로 주주총회에서 선정할 것으로 정할 수 있다($\frac{389조}{1항\,단}$). 주주총회에서의 결의는 보통결의이다($\frac{368조}{1항}$). 대표이사의 지위는 이사회 또는 주주총회의 결의가 아닌 다른 방법으로 주어질 수 없다.

대표이사는 1인을 선정하는 예가 보통이지만, 그 수는 제한이 없고, 이사 전원을 대표이사로 선정해도 무방하다.

대표이사를 선정하면 그 성명·주민등록번호·주소를 등기하여야 한다($\frac{317조}{2항\,9호}$).

### (2) 퇴임

**1) 퇴임사유**　　대표이사는 대표이사로서의 임기만료, 해임 또는 사임에 의해 퇴임한다. 대표이사는 이사임을 전제로 하므로 이사직에서 퇴임하면 당연히 대표이사의 지위도 잃는다. 대표이사를 선정한 이사회 또는 주주총회는 언제든지 대표이사를 해임할 수 있다($\frac{민\ 689}{조\ 1항}$). 주주총회에서 해임할 때에 이사자격까지 포함하여 해임하려면 특별결의를 요할 것이나($\frac{385조}{1항}$), 대표권만을 박탈하는 데에는 보통결의로 족하다.

**2) 해임에 따른 손해배상**　　대표이사를 정당한 이유 없이 해임할 경우 대표이사는 손해배상을 청구할 수 있는가? 제385조 제1항 단서를 유추적용할 수 있느냐는 문제이다. 판례는 제385조 제1항이 주주의 지배권확보와 경영자의 지위안정을 목적으로 한 규정이지 이사의 보수청구권을 보장하는 규정이 아니라는 이유로 대표이사의 해임에는 적용을 거부한다($\frac{대법원\ 2004.\ 12.\ 10.}{선고\ 2004다25123\ 판결}$). 그러나 대표이사와 회사의 관계 역시 위임이므로 제385조가 적용될 수 없더라도, 위임의 해지에 관한 일반원칙에 따라 손해배상청구는 가능하다($\frac{민\ 689}{조\ 2항}$).

**3) 사임**　　대표이사는 언제든지 사임할 수 있다. 대표이사의 사임의 의사표시는 누구에게 해야 하는가? 그 지위의 특성상 신속하게 후임을 결정해야 하므로 이사회에 대해 사임의 의사표시를 하거나, 이사 전원에게 사임을 통지해야 한다고 본다. 판례는 대표이사의 사임의 의사표시가 그 사임으로 권한을 대행하게 될 자에게 도달하면 사임의 효력이 발생한다고 본다($\frac{대법원\ 2007.\ 5.\ 10.}{선고\ 2007다7256\ 판결}$).

대표이사가 부득이한 사유 없이 회사에 불리한 시기에 사임하면 회사에 생긴 손해를 배상해야 한다($\frac{382조\ 2항→}{민\ 689조\ 2항}$).

### (3) 대표이사의 결원

대표이사의 퇴임으로 대표이사가 없게 되거나 정관상의 정원을 결한 경우에는 퇴임한 대표이사는 새로운 대표이사가 취임할 때까지 대표이사로서의 권리의무가 있으며($\frac{389조\ 3}{항→386}$ $\frac{조}{1항}$), 법원이 필요하다고 인정할 때에는 이해관계인의 청구로 일시 대표이사의 직무를 행할 자를 선정할 수 있다($\frac{389조\ 3항}{→386조\ 2항\ 전}$).

## 3. 대표이사의 업무집행권

대표이사는 회사를 대표하며, 영업에 관한 재판상·재판 외의 모든 행위를 할 권한을 갖는다($\frac{389조\ 3항}{→209조}$). 이는 대표이사가 독임제적으로 회사의 업무집행권을 갖는 것을 의미한다.

### (1) 이사회와의 관계

이사회는 회사의 업무집행 전반에 관해 포괄적인 결정권을 가지는데($\frac{393조}{1항}$), 대표이사 역시 포괄적인 업무집행권을 가지므로 대표이사의 지위를 이사회와의 관계에서 어떻게 이해해야 하느냐는 문제가 있다. 이 점에 관해 전통적으로 다음과 같은 두 가지의 학설이 대립되어 왔다.

1) 파생기관설    대표이사는 이사회의 파생기관에 불과하므로 원칙적으로 이사회가 결정한 업무를 단지 집행하는 데 그칠 뿐이지만, 이사회의 법정결의사항 이외의 사항들은 대표이사에게 위임되고 일상적인 업무집행의 결정도 대표이사를 선정할 때에 당연히 위임된 것으로 추정해야 한다는 설이다.

2) 독립기관설    대표이사는 이사회와는 독립된 권한을 갖는 기관으로서 대표권을 갖는 범위에서는 업무집행권을 갖고, 법률·정관 또는 이사회의 결의에 의해 이사회의 결정사항으로 유보되지 않는 한 스스로 업무집행을 결정할 권한을 갖는다는 설이다. 다수설의 입장이다.

어느 설에 의하더라도 대표이사는 주주총회와 이사회에서 결의된 사항을 집행할 권한이 있고, 그 밖의 일상적인 사항에 관해서는 독자적으로 업무집행의 의사결정을 할 수 있기 때문에 실제적인 차이는 생기지 않는다.

### (2) 명시된 권한

대표이사는 주주총회 또는 이사회에서 결의된 사항을 집행하고 일상적인 회사의 대내적 관리업무를 집행할 권한을 갖지만, 상법이 몇 가지 구체적인 사항을 특히 대표이사의 직무사항으로 규정하고 있다. 우선 주권과 채권에의 기명날인 또는 서명($\frac{356조,}{478조 2항}$)은 명문으로 대표이사가 하도록 되어 있으므로 의문의 여지가 없고, 정관·의사록·주주명부·사채원부의 비치($\frac{396조}{1항}$), 주식청약서와 사채청약서의 작성($\frac{420조,}{474조 2항}$), 현물출자시 검사인선임의 청구($\frac{422조}{1항}$), 재무제표 등의 작성·제출·비치·공시·공고($\frac{447조\sim}{449조}$) 등도 법문에는 「이사는 …한다」로 되어 있으나 대표이사가 하여야 한다는 뜻이다($\frac{異說}{없음}$).

## 4. 대표권

### (1) 내용

대표이사는 회사의 영업에 관하여 재판상·재판 외의 모든 행위를 할 권한이 있다($\frac{389}{조 3항}$ $\frac{→209}{조 1항}$). 따라서 대표이사의 대표권은 회사의 권리능력의 범위와 일치한다.

대표는 「능동대표」($\frac{의사표시}{를 하는 것}$)와 「수동대표」($\frac{의사표시를}{수령하는 것}$) 모두에 미친다.

상법에서 간혹 「회사는…하여야 한다」($\frac{예: 주권발행, 355조 1항; 신주인수권자에의}{통지, 419조 1항; 주금의 반환, 432조 1항 등}$) 또는 「회사에 대하여…하여야 한다」($\frac{예: 전환의 청}{구, 349조 1항}$)라는 표현을 사용하거나 또는 이러한 표현이 없이 당연히 회사가 주체가 될 것을 전제로 일정한 행위를 하거나, 의사표시 또는 이행을 수령하여야 할 것으로 정하는 경우가 있다. 이러한 사항은 명백히 대표이사의 대표행위 또는 이행, 대표이사에 대한 행위 또는 이행으로 집행된다.

대표는 대리와 달리 「사실행위」나 「불법행위」에도 미친다.

### (2) 대표행위의 방법

어음·수표행위와 같은 서면의 요식행위는 현명주의의 요청에 따라 반드시 대표자격을 표시하고, 대표이사가 기명날인 또는 서명하여야 한다. 그 밖의 행위들에 관해서는 상법 제48조를 유추적용하여($\frac{민}{조} \frac{59}{2항}$) 현명을 하지 않더라도 회사의 대표행위로 보아야 한다.

한편 대표이사가 자신을 위한 거래를 한 것이 회사의 업무영역에도 속하여 상대방이 회사의 대표행위로 오인한 경우에는 제48조의 법리를 유추적용하여 상대방이 회사와 거래할 의사를 가지고 거래한 때에는 회사에 대하여 효력이 있다고 해야 한다($\frac{대법원 1990. 3. 23.}{선고 89다카555 판결}$).

## (3) 대표권의 제한

일상적인 대외거래는 대체로 대표이사가 단독의 의사결정으로 할 수 있지만, 대표이사의 독단으로 인한 폐해가 큰 경우 다른 기관의 의사결정을 거치도록 제한을 가하는 경우가 있다. 대표행위의 제한은 상법 등 법률에 의해 두어지기도 하고, 정관이나 이사회규정 등 자율적인 통제에 의해 두어지기도 한다. 강학상 전자를「법률적 제한」이라 부르고 후자를「내부적 제한」이라 부른다. 이러한 제한을 위반하여 대표이사의 단독의 결정으로 단행하는 경우 이를 보통 대표이사의「전단행위」또는 전단적 대표행위라 부르며, 그 대외적 효력이 어떠하냐는 것이 중요한 쟁점이다.

### 1) 전단행위의 유형

상법 기타 법률에 의해 주주총회의 결의를 거쳐 집행해야 할 대외적 행위($\frac{예: 영업양}{도, 합병 등}$)를 결의 없이, 또는 하자 있는 결의에 의해 대표이사가 단독으로 행한 경우, 그 대외적 효력에 관해 명문의 규정은 없으나, 이는 회사의 의사 자체가 흠결된 것으로 보아 무효라는 것이 통설·판례의 입장이다. 선의의 제3자도 보호받지 못한다.

법률상의 제한으로서 이사회결의를 요구하는 형태는 두 가지로 나누어 볼 수 있다. 그 하나는 개별행위를 특정하여 이사회의 결의를 요구하는 예이다. 예컨대 이사의 자기거래($\frac{398}{조}$), 신주발행($\frac{416}{조}$), 사채발행($\frac{469}{조}$), 준비금의 자본전입($\frac{461조}{1항}$), 지배인의 선임·해임($\frac{393조}{1항}$)과 같다. 이러한 행위를 이사회결의 없이 전단한 대표행위의 효력은 행위의 특성별로 달리 논하는 것이 일반적이다. 이 유형의 전단행위의 효력은 각 행위에 관련된 곳에서 설명하기로 한다.

법률적 제한으로서 이사회결의를 요하는 두 번째 유형은 제393조 제1항에서 규정하는「중요한 자산의 처분 및 양도」,「대규모재산의 차입」과 같이「중요」,「대규모」라는 포괄적 특성으로 지정하여 이사회의 결의를 요구하는 것이다. 이 유형에 속하는 대표행위를 이사회결의 없이 한 경우의 효력에 관해 논란이 있다. 이하 법률적 제한위반이란 이 유형의 전단행위를 가리킨다.

내부적 제한의 가장 흔한 예는 소정의 유형의 행위를 할 때에는 이사회의 결의를 얻도록 하는 것이다. 예컨대 1억원 이상의 채무부담행위는 이사회의 결의를 얻도록 한다든지, 직원의 채용은 이사회의 결의를 얻도록 하는 것과 같다. 또는 대표행위의 범위를 회사를 위한 행위 중 일부로 한정지을 수도 있다($\frac{예컨대 A 대표이사는 영업을 담당하고}{B 대표이사는 자금조달업무만 담당한다}$).

법적 효력이 문제되는 전단적 대표행위는 위 두 번째 유형의 법률적 제한 위반행위와 내부적 제한을 위반한 행위이다.

**2) 전단행위의 효력**   내부적 제한의 효력에 관해서는 상법이 일응 해결책을 제시하고 있다. 상법은 대표이사에게 영업에 관한 재판상·재판 외의 모든 행위를 할 수 있는 포괄적 권한을 부여하고($\frac{389조\ 3항}{→209조\ 1항}$), 이 대표권에 대한 제한, 즉 내부적 제한은 선의의 제3자에게 대항하지 못하다고 규정한다($\frac{389조\ 3항}{→209조\ 2항}$). 판례는 이 규정에 근거하여 내부적 제한은 과실의 유무를 묻지 않고 선의의 제3자에게 대항할 수 없다고 하며, 다만 중과실로 제한을 알지 못한 제3자는 악의의 제3자와 같이 다루어 전단행위의 유효를 주장할 수 없다고 한다. 그리고 판례는 법률적 제한의 위반도 내부적 제한의 위반과 차별하지 않고 과실의 유무와 무관하게 선의의 제3자에게 대항하지 못한다고 설시한다. 이사회 결의는 회사의 내부적 의사결정절차에 불과하고, 특별한 사정이 없는 한 거래 상대방으로서는 회사의 대표자가 거래에 필요한 회사의 내부절차를 마쳤을 것으로 신뢰하였다고 보는 것이 경험칙에 부합하며, 이 점 내부적 제한의 위반과 법률적 제한의 위반에 차이가 없다는 이유를 제시한다($\frac{대법원\ 2021.\ 2.}{18.\ 선고\ 2015다}$ $\frac{45451}{판결(전)}$).

**(4) 대표권의 남용**

대표이사는 회사의 수임인의 지위에서 회사의 대외적 행위를 하므로 당연히 회사의 이익을 추구해야 하고, 사익을 추구해서는 안 된다. 대표이사가 사익을 위해 법률행위를 할 경우에는 이른바 「대표권의 남용」이라 하여 대표이사의 대내적 책임을 추궁할 수 있고, 나아가 일정한 경우 대표행위의 대외적 효력을 부정할 수 있다.

**1) 개념**   「대표권의 남용」이란 외관상으로는 대표이사의 권한 내의 적법한 행위이지만, 주관적으로는 자기 또는 제3자의 이익을 위해 하는 행위로서 회사에 손실을 끼치는 행위를 가리킨다.

i) 외관상으로는 적법한 행위이어야 하므로 대표이사가 내부적으로 가해진 대표권의 제한을 초과하거나 법상 필요한 절차를 거치지 아니한 행위는 위법한 행위이므로 대표권의 남용에 해당하지 아니한다.

ii) 자기 또는 제3자의 이익을 위한 행위이어야 한다. 예컨대 대표이사가 자기 개인의 채무를 변제하기 위하여 회사명의로 어음을 발행하거나($\frac{대법원\ 1990.\ 3.\ 13.\ 선}{고\ 89다카24360\ 판결}$), 대표이사가 자기의 친지가 발행한 어음을 회사명의로 보증하여 주는 것과 같다($\frac{대법원\ 1988.\ 8.\ 9.\ 선}{고\ 86다카1858\ 판결}$).

iii) 대표행위의 결과 회사에 손실을 주고 자기 또는 제3자에게 이익이 있어야 한다. 회사에 손해가 없으면 대표권의 남용은 성립하지 않는다. 예컨대 위법하게 주권발행 전 주식을 양도한 자에게 대표이사가 사익을 위해 승낙을 하더라도 이로써 회사에 손해가 발생하는 것은 아니므로 대표권의 남용이 아니다($\frac{대법원\ 2006.\ 9.\ 14.\ 선}{고\ 2005다45537\ 판결}$).

**2) 대외적 효력**   대표권의 남용행위는 상대방이 남용행위임을 안 때에는 무효이고 알지 못한 때에는 유효하다는 것이 통설·판례의 일치된 견해이다. 문제는 그 법리를 어떻

게 구성하느냐인데, i) 대표권의 남용행위를 일종의 비진의표시로 보아 대표권을 남용하고자 하는 대표이사의 진의를 상대방이 알았거나 알 수 있었을 때에는 민법 제107조 제1항 단서를 유추적용하여 거래를 무효로 보는 설($^{비진의}_{표시설}$), ii) 남용행위도 객관적으로는 대표권의 범위 내의 행위이므로 유효하지만, 악의인 상대방이 이에 의해 얻은 권리를 회사에 대해 행사하는 것은 권리남용이 되거나 신의칙에 위반하므로 허용될 수 없다는 설($^{권리남}_{용설}$)이 대표적인 학설인데, 판례는 비진의표시설로 일관하고 있다($^{대법원 1988. 8. 9. 선고 86다카1858 판결;}_{동 2016. 12. 15. 선고 2015다214479 판결}$).

「비진의표시설」을 취할 때에는 「과실 있는 선의의 상대방」이 악의의 상대방과 같이 취급된다는 점($^{민 107조}_{1항 단}$)이 특색이고, 그 밖의 점에서는 기본적으로 남용행위도 선의의 상대방에 대해서는 유효하고 악의의 상대방에 대해서는 무효라는 점에서 두 설이 일치한다.

**3) 증명책임** 대표권남용을 이유로 대표행위의 무효를 주장할 때에는 그 무효를 주장하는 자($^{주로}_{회사}$)가 대표권의 남용이라는 사실, 상대방이 악의라는 사실을 증명하여야 한다($^{대법원 1987. 10. 13.}_{선고 86다카1522 판결}$).

## 5. 대표이사의 불법행위

대표이사가 업무집행으로 인하여 타인에게 손해를 가한 때에는 회사는 대표이사와 연대하여 배상할 책임이 있다($^{389조 3항}_{→210조}$). 대표이사가 아닌 이사의 행위로 인해서는 「회사의」 불법행위란 것이 있을 수 없으므로 대표이사 아닌 이사에 관하여는 이런 제도가 없다.

「업무집행으로 인하여」란 바로 「대표행위로 인하여」라는 뜻으로 해석한다. 따라서 대표행위가 가능한 범위에서 회사의 업무집행과 관련이 있고 행위의 외형상 객관적으로 대표이사의 직무범위 내로 보여지는 행위라면 대표이사 개인의 이익을 도모하기 위한 것이라도 회사의 불법행위로 인정될 수 있다($^{대법원 1990. 11. 13. 선고 89다카26878 판}_{결; 동 2017. 9. 26. 선고 2014다27425 판결}$).

피해자가 대표자의 직무가 아님을 알았거나 중대한 과실로 알지 못한 때에는 회사에 손해배상책임을 물을 수 없다. 「중대한 과실」이란 「피해자가 조금만 주의를 기울였더라면 대표자의 행위가 그 직무권한 내에서 적법하게 행하여진 것이 아니라는 사정을 알 수 있었음에도 만연히 직무권한 내의 행위라고 믿음으로써 일반인에게 요구되는 주의의무에 현저히 위반하는 것으로, 거의 고의에 가까운 정도의 주의를 결여하여 공평의 관점에서 상대방을 구태여 보호할 필요가 없다고 인정되는 상태를 말한다」($^{대법원 2004. 3. 26. 선}_{고 2003다34045 판결}$).

## 6. 공동대표이사

### (1) 의의

「공동대표이사」란 2인 이상의 대표이사가 공동으로써만 회사를 대표할 수 있는 제도이다. 주식회사에 수인의 대표이사를 둘 경우 이들을 공동대표이사로 정할 수 있다($^{389조}_{2항}$). 대표이사가 회사의 이름으로 행한 행위에 관해서는 회사가 모두 책임을 져야 하므로 대표이사란 위험부담이 큰 제도이다. 대표이사의 권한을 내부적으로 제한할 수 있지만, 선의의 제3자에게 대항할 수 없으므로($^{389조\ 3항}_{→209조\ 2항}$) 대표이사가 스스로 제한을 준수하지 않는 한 실효성이 없다. 이와 달리 대표이사를 2인 이상으로 선정하고 이들을 「공동대표이사」로 해 둔다면 이들 간의 상호 견제가 가능하고, 이에 위반한 단독의 대표행위는 「무효」가 되므로 대표이사의 전횡으로 인한 회사의 손해를 차단할 수 있다.

### (2) 공동대표의 본질

「공동대표」의 본질을 이해하는 데에 관해서는, i) 수인의 공동대표이사는 단독대표의 원칙에 따라 각자 대표기관을 구성하고, 단지 권한행사를 공동으로 하는 것이라는 설($^{행사방법}_{공동설}$), ii) 수인의 공동대표이사는 공동으로써만 1개의 대표기관을 구성하고, 1개의 대표권이 그들 간에 합유적으로 귀속한다는 설($^{대표권}_{합유설}$)이 있으나, 수인의 대표이사를 선정한 경우 각자 대표가 원칙인 점을 감안하면 i)설이 논리적이다.

### (3) 공동대표이사의 선정

**1) 선정**　　대표이사를 수인으로 선정한 경우에는 이들은 각자 회사를 대표하는 것이 원칙이므로 이들을 공동대표이사로 하려면 추가의 행위가 있어야 한다. 공동대표이사를 정함에는 정관의 규정을 요하지 아니한다. 다만 대표이사를 선정하는 기관($^{이사회\ 또는}_{주주총회}$)이 수인의 대표이사를 선정하면서, 이들을 공동대표이사로 정하는 결의를 하면 된다.

대표이사의 선정과 「공동」대표이사의 정함은 이론상 별개의 결의에 속하는 문제이나, 하나의 결의로 동시에 처리하여도 무방하다.

**2) 공동대표의 유형**　　공동대표이사를 정하는 방법으로는 대표이사 전원이 공동으로써만 대표하게 하는 것이 가장 흔한 모습이다($^{진정공}_{동대표}$). 그러나 이를 변형시켜, 3인 이상의 대표이사 중 1인은 단독대표로, 나머지 대표이사는 공동대표로 하는 방법도 가능하다($^{예컨대}_{A는\ 단}$ $^{독으로\ B·C}_{는\ 공동으로}$)($^{부진정공}_{동대표}$).

**3) 등기**　　공동대표이사를 정한 때에는 그 내용을 등기해야 한다($^{317조\ 2}_{항\ 10호}$). 이를 등기하지 아니한 때에는 선의의 제3자에게 대항하지 못한다($^{37조}_{1항}$).

### (4) 공동대표이사의 지위

**1) 능동대표**　　회사가 제3자에게 하는 의사표시, 즉 「능동대표」는 대표이사들이 공동으로만 할 수 있다($^{389조}_{2항}$). 1인의 대표이사의 의사만으로는 조직법상 회사의 완성된 대표행위를 이루지 못하므로 무효이다. 이 점 소송행위도 같다.

「공동」으로만 해야 한다고 해서 공동대표이사들의 대표행위가 반드시 동시에 표시되어야 한다는 것은 아니다. 먼저 1인의 의사가 표시되고, 그 후에 나머지 대표이사의 의사가 보충되어도 무방하다. 그러나 어음·수표의 발행과 같은 서면행위에서는 공동대표이사 전원의 기명날인($^{또는}_{서명}$)이 있어야 한다.

**2) 수동대표**　　거래상대방이 회사에 대하여 하는 의사표시는 공동대표이사 중 1인

에게만 하여도 효력이 있다($\substack{389조\ 3항 \\ \to 208조\ 2항}$). 수동대표, 즉「의사표시의 수령」에는 권한남용의 소지가 없으므로 공동대표이사 각자가 할 수 있는 것이다.

3) **불법행위**    공동대표제도는 거래행위에만 적용되고 불법행위에는 적용되지 아니한다. 즉 공동대표이사 중의 1인의 불법행위이더라도 회사의 업무집행으로 인하여 타인에게 손해를 가한 때에는 회사가 연대하여 책임을 진다($\substack{389조\ 3항 \\ \to 210조}$).

### (5) 공동대표권의 위임

1) **포괄적 위임의 가부**    공동대표이사 중 일부가 다른 공동대표이사에게 대표권의 행사를 포괄적으로 위임하는 것은 실질적으로 단독대표를 가능하게 하는 일이므로 공동대표의 취지에 비추어 볼 때 허용될 수 없다($\substack{대법원\ 1989.\ 5.\ 23. \\ 선고\ 89다카3677\ 판결}$).

2) **개별적 위임의 가부**    통설은 공동대표이사 간에 내부적인 의사합치만 있으면 대표행위의 사안별로 특정거래에 한해 개별적인 위임을 할 수 있다고 본다. 타당하다고 보지만, 행위시에 내부적인 위임관계를 현명하게 한다면 공동대표제도의 운영을 대내외적으로 통일·명시할 수 있고, 아울러 거래의 신속과 조직운영의 효율을 기할 수 있을 것이다($\substack{표시행위 \\ 위임설}$).

### (6) 단독대표행위의 추인

공동대표이사 중 1인이 단독으로 대표하여 한 행위는 무효이지만, 이를 추인할 수 있다. 추인은 나머지 공동대표이사가 하여야 하며, 추인의 의사표시는 거래상대방에게 할 수도 있고, 단독의 대표행위를 한 대표이사에게 할 수도 있다($\substack{대법원\ 1992.\ 10.\ 27. \\ 선고\ 92다19033\ 판결}$). 그 추인은 묵시적으로도 이루어질 수 있다($\substack{예:\ 장기간\ 대표행위의\ 무효를\ 주장하지\ 않거나,\ 회사가\ 유효한\ 대표행위임 \\ 을\ 전제로\ 한\ 행위를\ 하는\ 것:\ 대법원\ 2010.\ 12.\ 23.\ 선고\ 2009다37718\ 판결}$).

### (7) 공동대표제도와 제3자의 보호

공동대표이사 중 1인이 단독으로 대표행위를 한 경우에는 상대방에게 불측의 손해를 줄 수 있다. 공동대표이사 1인이 단독으로 대표권이 있는 듯한 직함을 사용하여 거래하고, 그 직함사용에 회사가 책임이 있는 경우에는「표현대표이사」의 요건($\substack{395 \\ 조}$)을 충족하므로 상대방은 회사에 대해 거래책임을 물을 수 있다($\substack{515면 \\ 참조}$). 그리고 공동대표이사가 월권하여 단독대표행위를 한 경우에는 대체로 불법행위의 요건($\substack{민 \\ 750조}$)을 충족하므로 상대방은 대표이사의 개인적인 불법행위책임과 더불어「회사의 업무집행으로 인한 손해」로 보아 회사에 대해서도 연대책임($\substack{불법행위책임: \\ 389조\ 3항 \to 210조}$)을 물을 수 있다.

또한 공동대표이사의 단독대표행위가 상법 제401조의 책임요건을 충족할 경우에는 거래상대방은 대표이사 개인의 책임도 물을 수 있다.

## 7. 표현대표이사

### (1) 취지

대표이사의 대외적 행위만이 회사의 행위가 되고 회사가 이에 대해 책임을 지므로 상법은 회사와 거래하는 자가 자신의 적법한 상대방을 식별할 수 있도록 대표이사의 성명을 등기하도록 강제한다. 그러나 대표이사가 아닌 자가 회사의 승인 아래 대표이사로 오인할 만한 명칭을 사용하여 대표행위를 하는 경우에 이를 믿고 거래한 상대방에게 등기부를 조회하지 않은 책임을 물어 불이익을 주는 것은 불공평하고 거래의 안전을 해한다. 그리하여 상법 제395조는 이 같은 경우 제3자를 보호하기 위하여「사장, 부사장, 전무, 상무 기타 회사를 대표할 권한이 있는 것으로 인정할 만한 명칭을 사용한 이사의 행위에 대하여는 그 이사가 회사를 대표할 권한이 없는 경우에도 회사는 선의의 제3자에 대하여 그 책임을 진다」라고 규정하여 회사의 거래책임을 묻는다.

상법 제395조의 요건을 충족하여 대표행위를 한 자를「표현대표이사」라 부른다.

### (2) 상법 제395조의 성격

1) 근거법리    표현대표이사제도의 근거에 관해 영미법상의 금반언의 법리에서 찾는 견해, 독일법의 외관이론에서 찾는 견해가 있으나, 양 이론이 모두 행위자의 유책을 전제로 외부에 표현된 것을 기초로 법효과를 부여하려는 것이므로 어느 이론에 바탕을 둔다 하더라도 차이는 없다.

2) 상업등기와의 관계    상법 제37조에 의하면 등기사항이 등기된 후에는($\binom{정당한 사유}{가 없는 한}$) 그 사항에 관해 제3자의 악의가 의제된다. 그래서 일부학설은 상법 제395조를 제37조에 대한 예외규정으로 설명한다($\binom{권기범 974; 서헌제 838; 장덕조 347;}{정찬형 1021; 최기원 645; 최준선 525}$). 그러나 양자는 입법취지와 법익을 달리하므로 제395조를 제37조의 예외로 볼 것은 아니다($\binom{대법원 1979. 2. 13. 선고 77다2436 판결. 동지: 김홍기}{601; 이·최 441; 이범찬(외) 354; 송옥렬 1030; 정경}$ $_{영}$ $_{527}$).

### (3) 상법 제395조의 적용요건

표현대표이사로서의 행위가 성립하기 위하여는 다음과 같은 요건이 충족되어야 한다.

1) 표현적 지위

i) 표현적 명칭사용    대표이사가 아닌 이사가「회사를 대표할 만한 권한이 있는 것으로 인정할 만한 명칭」($\binom{표현적}{명칭}$)을 사용하였어야 한다. 법문이「사장, 부사장, 전무, 상무 기타…」라고 규정하고 있으나 이는 예시적인 열거일 뿐이고 표현적 명칭은 이에 국한되지 않는다.「경리담당상무」, 운수회사의「사고처리담당이사」와 같이 회사의 업무 중 일부에 관해 대표권이 있다고 인정될 만한 명칭을 사용한 경우에도 그 부분적인 업무에 관련되는 한 본조가 적용된다.

법문이 사장, 부사장, 전무, 상무 등을 예시하고 있으나, 이러한 명칭이 표현대표이사의 명칭에 해당하는지는 구체적인 상황과 거래통념에 따라 결정하여야 한다. 판례는 사회 일반인도 회사의 대표이사제도에 익숙해져 있음을 지적하며, 단지「전무」나「상무」또는「경리담당이사」라는 명칭을 사용한 자를 대표이사로 믿은 것은 중과실에 해당한다고 본다($\binom{대법원 2003. 2. 11. 선}{고 2002다62029 판결}$).

ii) 이사자격의 요부　　본조의 문언에 의하면 행위자가 최소한 이사자격만큼은 진실하게 갖추어야 동조가 적용되는 것으로 보인다. 그러나 이사자격의 유무는 표현적 지위의 형성에 아무런 차이를 주지 않으므로 이사가 아닌 자가 대표행위를 한 경우에도 본조를 유추적용해야 한다(대법원 1998. 3. 27.<br>선고 97다34709 판결).

iii) 명칭의 사용　　행위자가 거래상 표현적 명칭을 사용하여 상대방에게 자신이 대표자라는 인식을 주어야 한다.

2) 회사의 귀책사유

i) 명칭사용의 허용　　표현대표이사의 행위가 성립하려면 표현적 명칭사용을 회사가 명시적 또는 묵시적으로 허용하였어야 한다.

명칭사용의 허용은 발령·위촉 등 적극적인 의사표시로 지위를 부여하는 것은 물론, 표현적 명칭의 사용을 승인하는 것도 포함한다. 표현대표이사가 한 계약을 이의 없이 이행한다든지 명칭사용의 사실을 알고도 제지하지 않은 경우에는 묵시적으로 승인한 것으로 보아야 한다(대법원 2005. 9. 9. 선<br>고 2004다17702 판결).

ii) 명칭사용의 허용기관　　표현적 명칭의 사용을 회사가 허용하였다고 보기 위하여는 주주총회나 이사회에서 결의하거나 대표이사가 명칭사용을 허용하여야 한다(대법원 1992.<br>9. 22. 선고<br>91다<br>5365 판결). 이사회의 결의에 필요한 이사의 수가 묵시적으로 명칭사용을 허용한 경우에도 회사가 허용한 것으로 보아야 한다(대법원 2011. 7. 28. 선<br>고 2010다70018 판결).

3) 표현대표이사의 대표행위　　표현대표이사가「대표이사」의 권한 내에 속하는 대표행위를 하였어야 한다.

i) 대표행위　　본조가 적용되는 행위는「대표」행위에 국한된다. 따라서 대표행위가 아닌 대내적인 업무집행행위는 포함되지 않는다.

본조는 계약 등의 법률행위에는 물론이고 준법률행위에도 적용되며, 의사표시의 수령, 즉 수동적 대표행위에도 적용된다. 불법행위와 소송행위는 거래의 안전과 무관하므로 본조가 적용되지 않는다.

ii) 권한 내의 행위　　회사의 책임이 발생하려면 표현대표이사의 행위가 대표이사의 권한 내의 행위이어야 한다. 따라서 대표이사로서도 할 수 없는 행위(예컨대 이사<br>의 선임 등)에는 적용되지 않는다. 또 주주총회·이사회의 결의 등 일정한 절차를 거쳐야 하는 것이 명백한 행위(예컨대 회사합병<br>계약·영업양도)에 있어서는 표현대표이사의 행위에 해당한다는 것만으로는 상대방이 보호받지 못한다.

회사가 내부적으로 대표이사의 권한을 제한하더라도 이로써 선의의 제3자에게 대항할 수 없으므로(389조 3항<br>→209조 2항) 대표권이 제한된 행위에 관해서도 표현대표이사의 행위가 성립할 수 있다.

4) 제3자의 신뢰　　회사는 선의의 제3자에 대해서만 책임을 진다.「제3자」란 표현대

표이사의 행위의 직접의 상대방뿐 아니라 이 행위에 관련하여 표현적 명칭을 신뢰한 당사자 모두를 포함한다. 그리고 「선의」란 표현대표이사가 대표권을 갖지 않음을 알지 못한다는 뜻이고, 반드시 법상 대표이사가 아니라는 것을 알지 못해야 한다는 뜻이 아니다($\binom{대법원\ 1998.\ 3.}{27.\ 선고\ 97\\다34709\ 판결}$). 제3자의 악의에 대한 증명책임은 회사가 부담한다($\binom{異說}{없음}$).

제3자의 선의에 관해 무과실을 요건으로 하지 않는다는 것이 통설·판례이다($\binom{대법원\ 1973.}{2.\ 28.\ 선고\ 72\\다1907\\판결}$). 그러나 중대한 과실이 있는 제3자까지 보호하는 것은 불공평하므로 중대한 과실이 있는 자는 본조의 적용대상이 아니다($\binom{대법원\ 1999.\ 11.\ 12.}{선고\ 99\\다19797\ 판결}$). 「중대한 과실」이란 현저히 주의를 결하여 공평의 관점에서 굳이 보호할 필요가 없다고 인정되는 상태를 말한다($\binom{대법원\ 2013.\ 2.\ 14.\ 선}{고\ 2010\\다91985\ 판결}$).

### (4) 적용범위

**1) 공동대표와 표현대표이사**　공동대표이사 중 1인이 「사장」, 「대표이사 사장」 등 단독으로 대표할 권한이 있는 듯한 명칭을 회사로부터 허락받아 사용하면서 단독으로 회사를 대표하여 행위한 때에는 이를 표현대표이사의 행위로 보고 본조를 적용하는 것이 통설·판례이다. 회사가 단지 「대표이사」라는 명칭을 부여한 경우에는 대표이사란 법이 인정한 명칭이므로 「공동」대표이사라고 명시하지 않았다 하여 회사의 귀책사유로 삼아서는 안 된다는 견해도 있으나($\binom{한정설·}{저자}$), 통설·판례는 「대표이사」란 명칭은 가장 뚜렷한 대표권의 외관이므로 본조가 당연히 적용되어야 한다는 입장이다($\binom{확장설.\ 대법원\ 1992.\ 10.}{27.\ 선고\ 92\\다19033\ 판결}$).

**2) 선임이 무효·취소된 대표이사의 행위**　판례는 한때 대표이사의 선임결의가 무효인 경우 대표이사의 선정 이후 무효판결시까지 대표이사로서 한 행위를 표현대표이사의 행위로 보았으나($\binom{대법원\ 1985.\ 6.\ 11.}{선고\ 84\\다카197\ 판결}$), 이후의 판례에서는 선임이 무효·취소된 대표이사의 등기는 제39조가 정하는 부실등기에 해당한다고 보아 선의의 거래상대방을 보호한다($\binom{대법원\ 2004.\ 2.}{27.\ 선고\ 2002\\다19797\\판결}$).

**3) 표현대표이사가 진정한 대표이사의 이름으로 한 행위**　일단 표현대표이사로서의 요건을 갖춘 자가 정작 대표행위는 자기의 이름으로 하지 않고 진정한 대표이사의 이름으로 한 경우에도 판례는 본조의 적용대상으로 본다($\binom{대법원\ 1998.\ 3.\ 27.\ 선고\ 97\\다34709\ 판결;}{동\ 2011.\ 3.\ 10.\ 선고\ 2010\\다100339\ 판결}$).

# V. 소규모회사의 관리구조

## 1. 의의

소규모회사($\binom{자본금총액이\ 10}{억원미만인\ 회사}$)는 이사를 1인 또는 2인만을 둘 수 있고, 감사를 두지 않을 수 있다($\binom{383조\ 1항}{단,\ 409조\ 4항}$).

주식회사의 경영조직은 대규모 회사에 적합하게 마련된 것이므로 영세한 기업이 주식회사 형태를 취할 경우에는 사업규모에 비해 과다한 비용을 조직유지에 투입하여야 한다.

그러므로 소규모의 자본금이나 인적 구성으로 유한책임의 이익을 누리고자 할 때에는 유한회사를 이용하는 것이 바람직하나, 기업자들은 아무리 영세하더라도 주식회사를 선호하는 경향이 강하다. 상법은 이러한 주식회사의 선호경향을 수용하여 영세한 기업도 주식회사를 이용하며 그 규모에 맞는 조직을 운영할 수 있도록 이사의 법정인원 및 감사에 대한 특례를 두었다.

이 특례에 따라 이사를 1인으로 한 때에는 이사회의 구성이 원천적으로 불가능하고, 이사를 2인으로 할 때에는 이사회 구성이 불가능한 것은 아니지만, 상법은 이사가 2인만 있는 경우에도 이사회가 없는 것으로 다루고 있다. 그러므로 소규모회사에서는 이사회의 존재를 전제로 한 제도가 대폭 수정되어야 하며, 감사를 두지 않을 경우에는 법상 감사가 행할 사무를 대신할 자를 정해야 한다.

### 2. 소규모회사제도의 채택절차

소규모회사로서의 자본금의 요건을 충족하는 한 이사를 1인으로 하는 데에는 별도의 절차가 필요 없다. 정관의 규정을 요하지도 않는다. 단지 주주총회에서 이사를 1인 또는 2인만 선임하면 다음과 같은 조직법상의 변용이 적용된다. 그리고 주주총회에서 다시 이사를 3인 이상 선임하면 본래의 조직규범의 적용대상으로 환원된다.

### 3. 대표권의 귀속

이사가 1인인 경우에는 달리 회사를 대표할 자가 없으므로 이사가 당연히 대표기관이 된다($_{6항}^{383조}$). 그리고 이사가 2인인 때에는 원칙적으로 각 이사가 회사를 대표하지만, 정관에 규정을 두어 달리 대표이사를 선임할 수도 있다($_{6항}^{383조}$).

### 4. 이사회의 기능대체

상법은 이사회를 갈음할 의사결정방법으로서 이사가 단독결정하도록 하지만, 이사의 권한남용이 우려되는 사항은 주주총회가 결정하도록 규정한다.

#### (1) 대표이사의 단독결정사항

이사회가 없음으로 인해 이사회가 갖는 업무집행결정권은 이사가 갖는다($_{→393조 1항}^{383조 6항}$). 주주총회의 소집결정에 관한 권한($_{조, 366조 1항}^{383조 6항→362}$), 주주제안의 수리($_{→363조의2 3항}^{383조 6항}$), 전자적 방법에 의한 의결권행사의 허용($_{→368조의4 1항}^{383조 6항}$), 중간배당의 결정($_{의3 1항}^{462조}$)도 이사가 단독으로 갖는 권한이다. 감사가 주주총회의 소집을 요구할 때에는 대표이사에게 해야 한다($_{→412조의3 1항}^{383조 6항}$).

#### (2) 주주총회로 대체되는 사항

주식양도에 제한을 둘 경우 승인기관은 이사회에 갈음하여 주주총회가 되며($_{항 단),}^{383조 4항→335}$ 주식매수선택권 부여를 취소하는 기관도 주주총회이다($_{조의3 1항 5호}^{383조 4항→340}$). 그리고 이사의 경업·회사기회유용·자기거래의 승인기관도 주주총회로 갈음한다($\substack{383조\ 4항→397조\ 1항, \\ 397조의2\ 1항,\ 398조}$). 신주의 발행결정, 사채의 발행결정도 주주총회의 권한이며($\substack{383조\ 4항→416조\ 본,\ 469조, \\ 513조\ 2항\ 본,\ 516조의2\ 2항\ 본}$), 무액면주식을 발행할 경우 자본금액의 계상, 준비금의 자본금전입, 중간배당도 주주총회가 결정한다($\substack{383조\ 4항 \\ →451조 \\ 2항,\ 461조\ 1항 \\ 본,\ 462조의3\ 1항}$).

### (3) 적용하지 않는 제도

합병에 있어 보고총회 또는 창립총회를 이사회의 공고로 갈음할 수 있는 제도는 이사회가 없는 관계로 적용하지 않으며($\substack{383조\ 5항→526 \\ 조\ 3항,\ 527조\ 4항}$), 흡수합병시에 이사회의 결의로 주주총회를 갈음할 수 있는 간이합병이나 소규모합병에 관한 제도도 적용하지 않는다($\substack{383조\ 5항→527조의 \\ 2,\ 527조의3\ 1항,\ 527 \\ 조의 \\ 5\ 2항}$).

## 5. 감사의 기능대체

소규모회사에는 감사를 두지 않을 수 있다($\substack{409조 \\ 4항}$). 감사를 두지 않는 경우에는 주주총회가 이사에 대한 업무감사권($\substack{412 \\ 조}$), 자회사에 대한 조사권($\substack{412 \\ 조의5}$)을 행사하며($\substack{409조 \\ 6항}$), 회사에 현저한 손해의 염려가 생겼을 때에 이사는 감사에 갈음하여 주주총회에 즉시 보고해야 한다($\substack{409 \\ 조\ 6 \\ 항→412 \\ 조의2}$).

그리고 회사가 이사에 대해 혹은 이사가 회사에 대해 소를 제기한 경우에는 회사를 대표할 자가 없으므로 회사, 이사 또는 이해관계인이 법원에 회사를 대표할 자를 선임해 줄 것을 신청하여야 한다($\substack{409조 \\ 5항}$).

# VI. 이사의 의무

## 1. 선관주의의무

### (1) 근거

회사와 이사의 관계에 대해서는 위임에 관한 민법 제681조가 준용되므로 이사는 회사에 대해 「이사선임의 본지에 따라 선량한 관리자의 주의」로써 사무를 처리할 의무를 진다($\substack{382조\ 2항 \\ →민\ 681조}$). 이는 고도의 인적 신뢰를 기초로 하는 매우 높은 주의의무로서, 이사는 사용인과 달리 회사경영의 주체라는 지위의 중요성 때문에 요구되는 것이다. 그리하여 이사는 자신의 직무를 수행함에 있어 법령을 준수해야 하는 의무($\substack{소극적 \\ 의무}$)를 짐은 물론 항상 회사에 최선의 이익이 되는 결과를 추구해야 할 의무($\substack{적극적 \\ 의무}$)도 부담한다.

### (2) 범위

선관주의의무는 법상 이사의 의무로 규정된 직무의 수행에만 미치는 것이 아니라 의결권행사, 소제기, 기타 법상 명문화된 권한행사에도 미친다. 이사의 권한은 모두 회사조직의 운영을 위해서 주어지므로 의무의 성격도 아울러 갖는 양면성을 지니기 때문이다. 그러므로 회사의 이익을 위해 필요한 경우에는 권한행사를 해야 할 의무를 지는 동시에 그 권한을 회사에 이익되는 방향으로 행사할 의무를 진다. 대표이사나 업무담당이사의 일상적인 업무 집행에 있어서 이와 같은 주의가 요구되는 것은 물론, 이사회의 감독권($^{393조}_{2항}$)은 각 이사의 다른 이사에 대한 감시의무도 포함하는 뜻이므로 이사는 다른 이사의 업무집행을 감시할 주의의무를 진다($^{후}_{술}$).

선관주의의무는 상근·비상근을 가리지 않고 보수의 유무에 관계없이 모든 이사에게 주어지는 의무이며, 이에 위반하였을 때에는 회사에 대하여 손해배상책임을 진다($^{399}_{조}$).

## 2. 이사회출석의무

이사회에서의 의결권행사는 이사의 가장 중요한 직무이므로 이사는 이사회에 출석하여 의결권을 행사할 의무를 진다. 이사들이 이사회의 구성원으로서 충실히 기능해야만 건전한 집단적 의사형성을 통해 정상적인 업무집행을 할 수 있고, 이사들 상호간에 감시와 견제가 가능해질 것이다.

그러나 단순히 불출석했다고 해서 임무해태로 볼 수는 없고($^{서울고법\ 2003.\ 11.\ 20.}_{선고\ 2002나6595\ 판결}$), 정당한 사유 없이 출석하지 아니한 경우에만 임무해태로 보아야 한다($^{예컨대\ 질병,\ 출장,\ 긴급한\ 용무\ 등}_{은\ 불출석의\ 정당한\ 사유가\ 된다}$). 정당한 사유 없이 출석하지 아니하여 이사회의 성립을 어렵게 함으로써 중요한 의사결정의 때를 놓치게 하거나, 위법·부당한 결의를 저지하지 못한 경우에는 임무해태로 손해배상책임을 져야 한다. 특히 위법·부당한 결의를 방치한 때에는 감시의무를 게을리한 것으로 이해해야 한다($^{대법원\ 2008.\ 12.\ 11.}_{선고\ 2005다51471\ 판결}$).

## 3. 이사의 감시의무

### (1) 의의

상법은 「이사회의 감독권」($^{393조}_{2항}$), 「감사의 감사권」($^{412조}_{1항}$)에 대해서만 규정할 뿐이고 이사의 「감시의무($^{또는}_{감시권}$)」에 관해서는 규정을 두고 있지 아니하나, 학설·판례는 이사회의 감독권은 이사의 감시의무를 포함하는 개념으로 이해한다. 제393조 제3항은 「이사는 대표이사로 하여금 다른 이사 또는 피용자의 업무에 관하여 이사회에 보고할 것을 요구할 수 있다」라고 규정하는데, 이 역시 이사의 감시의무 내지 감시권의 근거규정으로 볼 수 있다.

「이사의 감시권」은 대등한 이사들 상호간에 있어서 서로의 위법·부당을 발견하여 감독·감사기관에 그 시정을 호소하는 수단이다. 예컨대 이사의 부당한 행위의 시정을 위해 이사회를 소집($^{혹은\ 소}_{집요구}$)하여 감독권을 행사하게 하거나, 감사에게 제보하여 감사권을 발동하게 하거나, 주주총회에 보고하는 것과 같다.

### (2) 대표이사·업무담당이사의 감시의무

대표이사는 이사 전원의 업무집행을 감시·감독할 의무가 있으며, 공동대표이사의 경우에는 각 대표이사가 상호 감시의무를 진다. 회사의 직제에 의해 업무를 담당하는 이사들도 다른 이사를 감시할 의무를 진다. 회사에서는 흔히 수인의 대표이사 또는 수인의 이사에게 업무를 분장시키는데, 그렇다고 해서 이사의 다른 이사의 업무에 대한 감시의무가 감소되는 것은 아니다(대법원 2012. 7. 12. 선고 2009다61490 판결). 오히려 이러한 회사일수록 효율적인 감시체계를 구축하고 상시 작동하도록 해야 하고, 이를 게을리해서 다른 이사의 위법한 업무집행을 알지 못한 경우에는 감시의무를 소홀히 하였다는 비난을 면할 수 없다(대법원 2008. 9. 11. 선고 2006다68636 판결).

### (3) 평이사의 감시의무

회사의 운영실태를 보면 실질적인 경영은 대표이사와 상근의 업무담당이사를 중심으로 이루어지며, 비상근이사는 이사회에 참석하여 법상의 결의사항에 대해 의결권만을 행사할 뿐이고 일상적인 업무집행에서는 배제되어 있다. 그러므로 비상근이사도 이사회에 부의된 사항에 대해 감시의무($^{수동적}_{감시의무}$)를 진다는 데 대해서는 이론이 없으나, 이사회에 부의되지 않은 사항, 즉 회사의 업무 전반에 대해 일반적인 감시의무($^{능동적}_{감시의무}$)를 지느냐, 진다면 어느 정도의 의무를 지느냐는 의문이 제기된다. 판례는 감시의무와 관련해서는 비상근이사를 「평이사」라는 용어로 부르는데, 이는 사외이사, 상무에 종사하지 않는 이사를 포함하는 개념이다.

통설·판례는 이사의 일반적인 선관주의의무를 근거로 평이사의 일반적·능동적 감시의무를 긍정한다(대법원 1985. 6. 25. 선고 84다카1954 판결). 그리고 평이사가 어느 정도까지 감시활동을 하여야 하느냐에 대해서는 평이사는 대표이사나 업무담당이사의 직무위반행위를 알게 된 경우에 한해 감시의무를 진다는 소극설, 이에 그치지 않고 나아가서 적극적으로 회사의 업무집행의 상황을 정확히 파악하여야 할 의무까지 부담한다는 적극설로 나뉜다. 판례는 평이사가 업무담당이사의 부정을 의심할 만한 사유가 있음에도 불구하고 이를 방치한 때에는 감시의무를 위반한 것이라고 하는데(앞의 판례 및 대법원 2019. 11. 28. 선고 2017다244115 판결), 이 두 설의 절충설로 볼 수 있다.

### 4. 기업비밀 준수의무

「기업비밀」이란 기업조직 또는 사업에 관한 공지되지 아니한 정보로서 당해 기업이 배타적으로 관리할 수 있고, 그 기업 또는 제3자가 경제적 가치를 가지고 이용할 수 있는 것이라고 정의할 수 있다. 오늘날과 같은 정보화시대에 기업비밀은 기업의 경쟁력을 구성하는 매우 중요한 경제적 자원으로서 회사가 배타적으로 누리는 법적 권리로 다루어야 한다.

이사들은 회사의 최고경영자들로서 항상 기업비밀에 접근할 수 있고, 때로는 기업비밀을 창출하기도 한다. 제382조의4에서는 「이사는 재임중뿐만 아니라 퇴임 후에도 직무상 알게 된 회사의 영업상 비밀을 누설하여서는 아니 된다」라고 규정함으로써 명문으로 이사의 비밀준수의무를 인정하고 있다. 이사는 회사의 재산을 관리함에 있어 선관주의의무의 일부로서 회사의 비밀을 관리할 의무를 진다고 보아야 하므로 이 규정이 이사의 새로운 의무를 규정한 것은 아니다. 그러나 퇴임 후에도 비밀준수의무가 있느냐에 관해서는 견해가 갈릴 소지가 있으므로 이 점을 명문으로 해결하였다는 데에 의의가 있다.

기업비밀과 관련하여 이사가 회사에 줄 수 있는 불이익의 유형을 예상해 볼 때, 이사의 의무는 첫째 기업비밀을 지킬 의무(守秘義務), 둘째 기업비밀을 사익을 위해 이용하지 않을 의무($^{비밀이용}_{금지의무}$)를 포함한다.

### 5. 충실의무

상법은 이사에게 회사의 수임인으로서의 선량한 관리자의 주의의무를 부여하고 있지만($^{382조 2항}_{→민 681조}$), 이와 별도로 제382조의3에 "이사의 충실의무"라는 표제하에 「이사는 법령과 정관의 규정에 따라 회사를 위하여 그 직무를 충실하게 수행하여야 한다」라는 규정을 두고 있다. 이 규정의 성격을 놓고 학자들 간에는 선관주의의무를 구체적으로 부연 설명한 것에 불과하다는 견해($^{김동훈 326; 송옥렬 1040; 이범찬(외) 302; 이종훈 232;}_{장덕조 353; 정찬형 1041; 최기원 660; 최준선 530}$)와 선관주의의무와는 다른 영미법상의 충실의무($^{duty of}_{loyalty}$)를 수용한 것이라는 견해($^{강·임 836; 권기범 716; 김홍기 608; 박상조 625; 안택}_{식 395; 이·최 444; 임홍근 501; 정경영 512; 정동윤 628}$)가 대립한다.

영미법상의 충실의무는 우리법상의 이사의 주의의무와 상당부분 일치하지만, 일부는 우리의 법체계하에서는 명문의 규정이 없이는 인정할 수 없는 규범으로서, 단지 「이사는 …충실하게 수행하여야 한다」는 표현만으로 영미법의 충실의무를 수용하였다고 볼 수는 없다. 그러므로 이 규정은 단지 주의의무를 부연설명한데 그치고, 이사에게 새로운 의무를 부여한 것은 아니라고 본다.

### 6. 의무와 책임의 독자성

이사의 직무수행은 주주총회나 이사회의 결의에 따라 행해지는 경우가 많다. 특히 대표이사나 업무담당이사가 수행하는 업무집행 가운데에는 법령·정관의 규정에 의해 주주총회 또는 이사회의 결의내용을 집행하는 사항들이 많다. 이사가 주주총회 또는 이사회의 결의를 준수해야 할 의무를 지는 것은 당연하지만, 그 결의내용이 법령·정관에 위반하거나 특히 불공정·부당하여 회사채권자나 주주들의 이익을 해칠 경우에도 이를 준수해야 하는가? 또 이를 준수하여 직무를 수행한다면 책임을 면하는가라는 의문이 제기된다.

이사는 각자가 회사와 위임관계를 갖고($^{382조}_{2항}$), 법상 독자적인 권한과 의무를 수여받고 있다. 이러한 권한과 의무는 회사의 이익을 위해 행사되고 이행되어야 한다. 그러므로 이사가 주주총회와 이사회의 결의에 구속되는 것은 회사의 이익을 위한 범위 내에서라고 할 수 있다. 주주총회나 이사회의 결의가 객관적으로 위법·불공정한 때에는 이사를 구속할 수 없고, 이사는 자신의 판단에 의해 회사의 이익을 추구해야 한다. 따라서 이사의 행위가 위법·불공정한 것이라면 주주총회와 이사회의 결의에 따랐다는 것으로 정당화될 수 없고, 손해배상책임($^{399조}_{401조}$) 기타 대내외적 책임을 면치 못한다. 당연한 결론으로서, 이사가 주주총회나 이사회 혹은 대주주나 대표이사의 지시를 따랐다고 하여 회사가 이사의 손해배상책임을 묻는 것이 신의칙에 위반하는 것은 아니다($^{대법원\ 2007.\ 11.\ 30.}_{선고\ 2006다19603\ 판결}$).

## Ⅶ. 이사와 회사의 이익충돌방지

### 1. 제도의 의의

상법 제397조, 제397조의2, 제398조에서는 이사의 경업·겸직, 회사기회의 유용, 회사와의 자기거래 등 회사와 이해가 충돌할 수 있는 이사의 행위를 금지 또는 제한하고 있다. 이는 이사가 회사의 업무집행에 관여하는 지위를 이용하여 회사의 재산 또는 기회를 토대로 자신의 사익을 추구하는 것을 방지하려는 취지에서 둔 제도이다. 이 규정들이 없더라도 그 적용대상이 되는 행위는 이사의 선관주의의무($^{민}_{681조}$)에 위반하므로 그로 인해 회사에 손해가 생긴다면 이사의 책임($^{399조}_{1항}$)을 추궁할 수 있고, 경우에 따라서는 이사의 해임사유가 될 수도 있다($^{385조\ 1}_{항\ 본,\ 2항}$). 하지만 이 경우 회사 또는 주주가 이사의 책임을 묻기 위해서는 회사의 손해와 이사의 과실을 증명해야 하므로 책임추궁이 용이하지 않다. 이에 상법은 회사의 이익과 충돌의 우려가 큰 행위를 위 규정들에 의해 정형화함으로써 이러한 증명이 없이 이사의 책임을 추궁할 수 있게 하였다. 이 규정에 위반한 행위는 법령위반($^{399조}_{1항}$)이 되므로 보다 엄중한 책임추궁이 가능하고, 특히 자기거래의 경우에는 거래의 효력을 부정할 수도 있다는 이점도 있다.

### 2. 경업의 금지

#### (1) 의의

이사는 이사회의 승인이 없으면 자기 또는 제3자의 계산으로 회사의 영업부류에 속하는 거래를 하거나($^{경}_{업}$) 동종영업을 목적으로 하는 다른 회사의 무한책임사원이나 이사($^{겸}_{직}$)가 되지 못한다($^{397}_{조}$). 이를 이사의 「경업금지」라 한다. 이 규정은 이사가 그 지위를 이용하여 회사의 비용으로 얻어진 영업기회를 유용하는 것을 자제하고, 회사의 업무에 전념해야 한다는 당위성을 규범화하기 위하여 이사에게 특별한 법적 책임을 과한 것이다($^{대법원\ 2018.\ 10.}_{25.\ 선고\ 2016다}$ $^{16191}_{판결}$). 전자의 이유는 경업금지에, 후자의 이유는 겸직금지에 보다 강하게 반영되어 있다.

#### (2) 이사회의 승인

이사회의 승인이 있으면 경업·겸직이 가능하다. 소규모회사에서는 주주총회의 결의로 승인한다($^{383조}_{4항}$). 이사회의 승인은 사전의 승인을 뜻한다. 사후의 추인은 일종의 책임면제와 같은 효과를 가져오므로 제400조에서 이사의 책임면제에 총주주의 동의를 요하는 것과 대비해 균형이 맞지 않기 때문이다.

경업을 하고자 하는 이사는 특별한 이해관계가 있는 자이므로 의결권을 행사하지 못한다($^{391조 3항}_{→368조 3항}$).

이 제도는 이사의 경업으로 인해 야기될 수 있는 이해충돌의 추상적인 위험성에 기초하여 둔 일반예방규정이다. 따라서 이사회는 장차 경업 또는 겸직으로 야기될 회사의 손실을 예측하여 승인여부를 판단하여야 한다.

### (3) 금지내용

1) 경업    자기 또는 제3자의 계산으로 회사의 영업부류에 속하는 거래를 하는 것이다.

i) 자기 또는 제3자의 계산    누구의 이름으로 거래당사자가 되느냐는 묻지 않는다. 제3자의 이름으로 거래하더라도「자기계산」으로 할 경우에는 이에 해당한다.「제3자의 계산」으로 한 경우란 이사가 제3자의 위탁을 받아 거래하거나 제3자의 대리인으로 거래하는 경우이다.

이사가 별도의 회사를 설립하여 그 회사로 하여금 경업을 하게 한 경우 또는 경업을 하고 있는 회사의 주식을 취득하여 지배주주가 되어 그 회사의 의사결정에 관여할 수 있게 된 경우도 본조의 적용대상으로 보아야 한다($^{대법원 2018. 10. 25.}_{선고 2016다16191 판결}$).

ii) 회사의 영업부류에 속하는 거래    「영업부류」에 속하는 거래란 회사의 정관상의 사업목적에 국한하지 않고, 사실상 회사의 영리활동의 대상이 되어 있는 것은 모두 포함한다. 그러나 보조적 상행위는 회사의 영리활동 자체는 아니므로 경업금지의 대상이 아니다.

제한되는 경업의 범위도 반드시 동종의 영업에 국한된다고 해석할 필요는 없다. 회사의 영업에 대해 대체재 내지 시장분할의 효과를 가져오는 영업도 회사의 이익실현을 방해할 염려가 있으므로「회사의 영업부류에 속하는 거래」의 범주에 넣어야 한다.

동종영업이라 하더라도 이사의 영업이 회사의 영업에 종속하여 지점이나 영업부문으로 영위됨으로써 양자의 영업이 공동의 이익을 추구하는 관계에 있다면 이는 경업이 아니다($^{대법원 2013. 9. 12. 선}_{고 2011다57869 판결}$).

iii) 영업성의 요부    과거 제397조의 해석론상 경업은 반드시 영업으로 해야 하느냐, 아니면 일시적인 거래도 경업이 될 수 있느냐는 점에 관해 견해가 갈렸으나, 2011년 개정에 의해 제397조의2가 신설되어 비영업적 거래는 모두 동조의 기회유용으로 포섭될 수 있으므로 제397조의 경업은 영업으로 하는 거래만 뜻한다고 풀이해야 한다.

2) 겸직    이사는 동종영업을 목적으로 하는 다른 회사의 무한책임사원이나 이사가

되지 못한다.

「동종영업」을 목적으로 한다 함은 경업에서의 「회사의 영업부류」와 같은 뜻이다. 동종영업에 한하지 않고 모든 회사에 걸쳐 무한책임사원 또는 이사가 되거나 다른 상인의 상업사용인이 되는 것을 금지하는 상업사용인의 겸직금지($^{17조}_{1항}$)보다는 금지범위가 좁다.

「동종영업을 목적으로 하는 다른 회사」란 반드시 실제 영업을 수행하는 회사이어야 하는 것은 아니다. 아직 개업을 준비하는 단계에 있는 회사의 이사를 겸하더라도 겸직금지를 위반한 것이다($^{대법원\ 1990.\ 11.}_{2.자\ 90마745\ 결정}$). 이 점 실제 거래를 수행하여야 요건이 충족되는 경업금지와 다르다.

### (4) 위반효과

이사가 이사회의 승인 없이 경업 또는 겸직을 하는 것으로 금지위반의 요건은 충족되며, 이로 인해 회사에 손해가 발생하였음을 요하지 않는다. 따라서 회사에 손해가 발생하지 않더라도 회사는 손해배상청구만 할 수 없을 뿐 다른 효과는 주장할 수 있다.

1) 손해배상책임    금지위반으로 회사에 손해가 발생한 경우에 이사는 회사에 대해 손해를 배상하여야 한다($^{399}_{조}$).

2) 해임    경업 또는 겸직은 제385조 제2항에서 말하는 법령에 위반한 행위이므로 손해배상 없이 이사를 해임할 수 있는 정당한 이유가 되며($^{385조}_{1항}$), 소수주주가 법원에 해임을 청구할 수 있는 사유가 된다($^{385조}_{2항}$).

3) 거래의 효과    경업금지에 위반한 거래도 그 자체는 유효하다.

4) 개입권

i) 의의    이사가 「경업」을 한 경우에만 인정되는 회사의 권리이다. 회사는 경업거래가 이사 자신의 계산으로 한 것인 때에는 이를 회사의 계산으로 한 것으로 볼 수 있고, 제3자의 계산으로 한 것인 때에는 그 이사에 대하여 이로 인한 이득의 양도를 청구할 수 있다($^{397조}_{2항}$). 이를 개입권 또는 탈취권이라 한다.

ii) 내용    「이사의 계산」으로 한 경우 「회사의 계산으로 한 것으로 볼 수 있다」고 함은 이사가 회사에 대해 거래의 경제적 효과를 귀속시켜야 함을 뜻하고, 회사가 직접 계산의 주체가 되는 것을 뜻하는 것은 아니다. 그리고 「제3자의 계산」으로 한 경우 이사가 양도할 「이득」이란 이사가 계산의 주체인 제3자로부터 받은 보수만을 뜻하고, 거래 자체로부터 발생한 이득을 뜻하는 것이 아니다.

iii) 개입권의 성질과 행사    개입권은 형성권이다($^{異說}_{없음}$). 따라서 이사에 대한 의사표시만으로 효력이 발생한다. 개입권의 행사는 이사회의 결의가 있어야 한다($^{397조}_{2항}$).

개입권은 거래가 있은 날로부터 1년을 경과하면 소멸한다($^{397조}_{3항}$). 이것은 제척기간이다.

### (5) 불공정한 경업의 승인

이사회가 경업을 승인하였다고 해서 경업의 타당성이 의제되는 것은 아니다. 경업의 결과 회사에 손해가 발생한다면 당해 이사는 경업을 자제해야 할 의무를 위반하였으므로 책임을 져야 함은 물론($^{399조}_{1항}$), 이는 이사회가 승인해서는 안 되는 행위이므로 승인에 찬성한 이사들이 책임을 진다($^{399조}_{2항}$).

## 3. 회사기회의 유용금지

### (1) 의의

이사는 이사회의 승인 없이는 회사의 이익이 될 수 있는 소정의 사업기회를 이용할 수 없다($^{397}_{조의2}$). 이사가 그 지위를 이용하여 회사의 이익을 가로채는 것을 막기 위해 경업 및 자기거래를 제한하고 있으나, 최근 회사의 규모가 커지고 영리기회가 확산됨에 따라 경업과 자기거래 이외에도 이사가 회사의 영업기회를 유용하여 이익을 취할 수 있는 기회가 늘고 있다. 이에 상법은 경업 및 자기거래에 해당하지 않는 제3유형의 이익충돌로서 「회사의 사업기회의 이용」이라는 행위를 규율대상으로 추가하였다.

〈각종 이익충돌행위의 포섭관계〉 경업($^{397}_{조}$), 겸직($^{397}_{조}$), 자기거래($^{398}_{조}$)와 2011년 개정법에서 추가된 기회이용($^{397}_{조의2}$) 간의 포섭관계에 유념해야 한다. 경업, 겸직, 자기거래는 서로 교차하지 않는 개념이지만, 기회유용은 이들 중 일부와 교차할 수 있다. 겸직과 기회유용은 교차하지 않으나($^{겸직∩기}_{회유용=∅}$), 경업은 기회유용의 한 형태로 보아야 하며($^{경업⊂}_{기회유용}$), 자기거래는 기회유용을 겸할 수 있다($^{자기거래∩}_{기회유용≠∅}$).

### (2) 이사회의 승인

이사회의 승인이 있으면 회사기회의 이용이 가능하다($^{397조의2}_{1항 전}$). 소규모회사에서는 주주총회의 결의로 승인한다($^{383조}_{4항}$).

1) 승인방법　　　이사회의 승인은 이사 전원의 3분의 2 이상의 찬성으로 한다($^{397조의2}_{1항 후}$). 회사에 손실을 초래할 위험이 큰 사안인 점을 감안해 통상의 이사회의 결의요건보다 강화한 것이다($^{391조}_{1항}$). 소규모회사는 주주총회의 결의로 하는데, 결의방법에 관해서는 규정된 바 없으므로 통상의 주주총회의 결의대로 보통결의로 하면 족하다고 해석한다.

2) 사전승인　　　이사회의 승인은 사전의 승인을 뜻한다고 보아야 한다($^{김정호 505; 김홍기}_{612; 정동윤 637; 정찬}$형 1049. 반대: 권기범 849;)김 · 노 · 천 468; 이종훈 240). 그 이유는 경업금지의 승인에 관해 설명한 바와 같다. 기회를 이용하려는 이사가 의결권을 행사하지 못하는 것도 같다($^{391조 3항}_{→368조 3항}$).

3) 승인여부의 판단　　　이사회는 장차 회사가 기회를 이용할 경우와 이사로 하여금 이용하게 할 경우의 득실을 예측하여 승인여부를 판단해야 하고, 이는 경업의 승인에서와 같다($^{대법원 2017. 9. 12. 선}_{고 2015다70044 판결}$).

**(3) 금지내용**

이사회의 승인 없이 현재 또는 장래에 회사의 이익이 될 수 있는 소정의 회사의 사업기회를 자기 또는 제3자의 이익을 위하여 이용하는 것을 금한다($\frac{397조}{의2\ 1항}$).

1) **자기 또는 제3자의 이익**　　경업금지에서의 「자기 또는 제3자의 계산」과 같은 의미이다.

2) **기회의 유형**　　상법은 이용금지의 대상이 되는 회사의 사업기회를 다음과 같이 두 가지로 특정하고 이 중 어느 것을 이용하든 규율대상으로 한다.

i) 직무를 수행하는 과정에서 알게 되거나 회사의 정보를 이용한 사업기회　　사업기회에 관한 정보의 취득경위를 기준으로 회사의 사업기회를 정의한 것이다. 회사의 직무를 수행하는 과정에서 얻게 된 사업기회이거나 회사의 정보를 이용하여 얻게 된 사업기회란 회사의 비용으로 얻은 사업기회를 말한다. 회사의 영업부류에 속하는지는 묻지 않는 취지이다. 예컨대 금융회사의 이사가 대출을 집행하면서 담보로 확보한 부동산의 소유자가 매우 저렴한 가격으로 양도할 의사가 있는 것을 알고 취득한다면 이 기준에 해당하는 기회유용이다.

ii) 회사가 수행하고 있거나 수행할 사업과 밀접한 관계가 있는 사업기회　　이는 상법 제397조의 적용대상이 되는 경업, 즉 회사의 영업부류에 속하는 거래에 준하는 것으로 생각할 수 있다. 회사가 수행하고 있거나 수행할 사업이란 정관상의 사업목적에 국한하지 않고 사실상 회사의 영리활동의 대상이 되어 있는 것은 모두 포함한다. 이들 사업과 「밀접한 관계가 있는」이라 함은 문제된 거래에 관해, i) 회사가 그 기회를 이용할 능력과 경험이 있고, ii) 그 기회를 이용한 영업확장에 회사가 합리적인 이해와 기대를 가질 수 있음을 말한다고 해석된다.

3) **회사의 이득 가능성**　　상법은 이용금지대상을 현재 또는 장래에 회사의 이익이 될 수 있는 기회로 한정하고 있다. 그리하여 위 i), ii)에 속하는 사업기회라 하더라도 회사의 이익이 될 수 없는 것은 회사의 사업기회라 할 수 없고, 이사의 이용이 금지되지 않는다($\frac{397조의2}{1항\ 본}$).

회사에 이익이 된다는 것은 회계적으로 회사에 수익을 가져올 수 있다거나 사업성이 있다는 뜻으로 새겨서는 안되고, 회사의 영리추구의 대상으로 삼을 수 있다는 뜻으로 풀이하면 족하다.

4) **기회의 이용방법**　　본조가 금하는 기회유용이란 영업을 대상으로 하는 것이 아니다. 1회의 비영업적 거래이더라도 회사의 사업기회를 유용하면 본조에 포섭된다. 예컨대 건설회사의 이사가 회사가 구입할 대지를 물색하던 중 매우 좋은 조건의 대지를 발견하고 자기가 매수한다면 영업으로 한 것이 아니라도 역시 본조에 위반하는 행위이다.

### (4) 위반거래의 효과

이사가 이사회의 승인 없이 회사기회를 유용하더라도 그 거래의 사법적 효력에는 영향이 없다. 거래의 흠은 회사와 이사 간에 있을 뿐이고 이사와 제3자 간의 거래에 개재하는 것이 아니기 때문이다. 이 점 경업금지에 위반한 거래의 효력과 같다.

경업금지를 위반한 경우에는 회사에 개입권을 인정하여 이사로부터 이득을 반환받도록 하지만($\frac{397조}{2항}$), 기회유용행위에 대해서는 아래와 같이 손해배상책임만을 과할 뿐, 개입권이나 이익반환제도는 적용하지 않는다.

### (5) 손해배상책임

1) 책임주체    이사가 이사회의 승인 없이 기회를 이용하여 회사에 손해를 가했을 때에 손해배상책임을 져야 함은 의문의 여지가 없다. 문제는 이사가 이사회의 승인을 얻어 기회를 이용하였지만 회사에 손해가 발생한 경우의 책임관계이다. 이사회의 승인은 기회이용의 절차적 위법성을 조각하는 효과가 있을 뿐, 기회이용으로 인해 생긴 회사의 일실이익에 관해 이사의 책임을 면제해 주는 제도는 아니다. 그러므로 이사회의 승인을 얻더라도 기회이용이 회사의 영리실현을 현저히 차단하는 것이라면 당초 이사회에서 승인되어서도 안되겠지만, 승인을 얻더라도 이사는 책임을 면하지 못한다. 제397조의2 제2항은 「제1항을 위반하여 회사에 손해를 발생시킨 이사 및 승인한 이사는 연대하여 손해를 배상할 책임이 있으며…」라고 규정하고 있는데, 이는 「이사회의 승인 없이 기회를 이용한 이사」는 물론 승인을 얻어 기회를 이용했지만, 회사에 손해를 가한 경우 기회를 이용한 이사 본인과 「승인해 준 이사」를 포함하여 책임을 묻는 취지로 이해해야 한다.

2) 손해의 증명    승인을 얻은 경우이든, 얻지 않은 경우이든, 이사의 기회유용과 회사의 손해는 이사의 책임을 추궁하는 자($\frac{회사 또는 대}{표소송 수행자}$)가 증명해야 한다. 그런데 기회이용으로 회사에 생긴 손해라는 것은 가시적으로 회사에 실현된 계량가능한 손해가 아니고 이론적인 일실이익이므로 그 증명이 어려울 수밖에 없다. 그래서 제397조의2 제2항에서는 기회의 이용으로 인해 이사 또는 제3자가 얻은 이익을 회사의 손해로 추정한다. 이사는 이에 대해 두 가지 반증을 제시할 수 있다. 하나는 자신에게 이익이 생겼으나, 회사의 손실과는 무관함을 증명하는 것이다. 예컨대 기회를 회사가 이용할 수 없었다든지, 혹은 이용했더라도 이익이 생길 수 없었다는 것과 같다. 또 하나는 자신이나 제3자에게 이익이 없음을 증명하는 것이다. 이에 의해 회사의 손해를 추정할 근거가 없어지는 것이다.

## 4. 이사 등의 자기거래

### (1) 의의

이사는 회사의 재산을 관리하며 그 처분에 직간접으로 관여하는 지위에 있다. 어떤 거래에서든 쌍방당사자는 필히 반대의 이해를 가지므로 이사가 회사의 상대방이 되어 거래한다면 자신의 이익을 위하여 회사의 손실을 개의치 않는 불공정한 거래를 할 소지가 있다. 이는 회사의 재산을 위태롭게 하고 주주들의 손실을 야기하며, 회사채권자를 위한 책임재산을 탈취하는 소치이므로 어느 입법례에서나 다양한 내용과 방법으로 엄격히 통제한다. 상법에서도 자기거래의 위험성을 경계하여 이사회의 승인이라는 견제수단으로 자기거래의 폐단을 예방하는 한편, 이사회의 사전적 감시 및 사후의 책임추궁($\frac{399}{조}$)을 용이하게 하였다.

2011년 개정 전 상법 제398조는 특히 이사가 회사의 반대당사자가 되어 거래하는 것을 규율대상으로 삼았고, 이를 강학상「이사의 자기거래」라 불렀다. 그러나 이사만이 아니라 주요주주도 회사와 거래함에 있어 자기의 지위를 남용하여 이익을 취할 수 있으며, 이사 및 주요주주와 이해를 같이 하는 소정의 특수관계인이 회사의 반대당사자가 되어 거래하는 것도 이사의 자기거래와 동질의 위험성을 가지므로 2011년 개정법에서는 이들도 규율대상에 포섭하였다. 이하 편의상 주요주주 및 특수관계인들과 회사의 거래도「자기거래」라 부르기로 한다.

### (2) 자기거래의 개념

상법 제398조의 규율대상은「이사, 주요주주 및 그 소정의 특수관계인이 자기 또는 제3자의 계산으로 회사와 거래」하는 것이다.

**1) 거래주체의 범위**　　　이사, 주요주주 및 그 특수관계인이다.

i) 이사($\frac{398조}{1호}$)　　　상근, 비상근을 가리지 않고 모든 이사가 이에 해당된다. 청산인도 같은 제한을 받는다($\frac{542조\ 2항}{\to 398조}$). 이사와 같은 권한을 갖는 상법 제386조 제1항의 퇴임이사, 제386조 제2항의 일시이사, 그리고 법원의 가처분에 의하여 선임된 직무대행자($\frac{407조}{1항}$)도 상법 제398조의 이사에 해당된다. 그러나 이사의 지위에서 물러난 이사가 해당되지 않음은 물론이고, 이사의 재임시에 투자한 것을 반환받는 거래도 제한대상이 아니다($\frac{대법원\ 1989.\ 9.\ 13.}{선고\ 88다카9098\ 판결}$).

ii) 주요주주($\frac{398조}{1호}$)　　　주요주주란「발행주식의 100분의 10 이상을 소유하는 자 또는 이사·집행임원·감사의 선임·해임 등 상장회사의 주요경영사항에 대하여 사실상의 영향력을 행사하는 주주를 뜻한다」($\frac{542조의8}{2항\ 6호}$).

iii) 특수관계인　　　① 이사 또는 주요주주의 배우자 및 직계존·비속, ② 이사 또는 주요주주의 배우자의 직계존·비속, ③ 이사 또는 주요주주와 이상의 자들이 단독 또는 공동으로 의결권 있는 발행주식 총수의 100분의 50 이상을 가진 회사 및 그 자회사, 그리고 ④ 이사, 주요주주, 위 ①, ②의 자 중 누구와 ③의 자가 회사와 합하여 의결권 있는 발행주식총수의 100분의 50 이상을 가진 회사이다($\frac{398조\ 2}{호\sim5호}$). 이상에서 말하는 배우자는 법률상의 배우자를 뜻하고, 사실상의 배우자는 포함되지 않는다고 보아야 한다.

**2) 자기 또는 제3자의 계산**　　　상법은「자기 또는 제3자의 계산으로」라고 규정하므로 누구의 이름으로 회사의 상대방이 되어 거래하였는지는 묻지 않는다.

제398조 각 호에서 열거한 자($\frac{이하\ '이}{사\ 등'}$)가 제3자에게 위탁하여 회사와 거래한다면 자기의

계산으로 거래하는 것이고, 이사 등이 제3자의 대리인으로 또는 제3자의 위탁을 받아 회사와 거래한다면 제3자의 계산으로 거래한 것이다.

2개 회사의 겸임이사에 의한 거래, 예컨대 A회사와 B회사의 대표이사를 겸하고 있는 甲이 A와 B 간의 계약을 체결할 때에는 쌍방에 대해 자기거래가 된다는 데에는 의문이 없다(대법원 1996. 5. 28. 선고<br/>95다12101 · 12118 판결). A의 대표이사와 B의 이사를 겸하고 있는 甲이 A를 대표하여 B와 계약을 체결할 때에는 B회사에 대하여 자기거래가 될 것이다.

겸임이사만이 아니고 회사의 이사가 비영리기관이나 공익기관 또는 정부기관의 장을 겸하고 이들 기관과 회사가 거래를 하는 경우에도 제398조의 적용대상이 될 수 있다(대법원<br/>2007. 5.<br/>10. 선고 2005<br/>다4284 판결).

3) 간접거래    이사 등 또는 이와 위탁 · 대리 · 대표 등의 일정한 관계에 있는 제3자가 직접 회사의 상대방이 되는 경우(이른바<br/>직접거래)뿐 아니라, 회사의 거래로 인한 결과적인 이득이 이사 등에 귀속되는 경우(이른바<br/>간접거래)도 자기거래에 포함된다. 예컨대 회사가 이사 등의 채권자와 이사 등의 채무에 대한 보증 또는 담보설정계약을 체결하거나 그 채무를 인수하는 것은 간접거래이다(대법원 1974. 1. 15.<br/>선고 73다955 판결). 나아가 A와 B 두 회사의 대표이사를 겸하는 甲이 A회사를 대표하여 B회사의 채무를 보증한 경우에도 甲과 A회사 간에는 자기거래가 성립된다(대법원<br/>1984. 12.<br/>11. 선고 84다<br/>카1591 판결).

4) 「회사」와의 거래    자기거래의 제한은 이로 인해 회사가 손실을 입을 것을 우려한 제도이므로 이사 등의 거래상대방은 이사 등과 제398조의 관계로 연결되는 회사이어야 하고, 간접거래라 하더라도 일방 당사자는 문제된 이사 등과 제398조의 관계로 관련되는 회사이어야 한다. 그러므로 예컨대 이사가 회사의 모회사나 자회사와 거래하는 것은 자기거래에 속하지 않는다(대법원 2013. 9. 12. 선<br/>고 2011다57869 판결).

5) 거래의 뜻    상법 제398조의 「거래」는 모든 재산상의 행위를 뜻한다. 따라서 채권계약 · 물권계약뿐 아니라 회사가 이사를 상대로 하는 채무면제와 같은 단독행위도 포함하며, 채권양도의 승인, 채무승인, 사무관리 같은 준법률행위도 포함한다. 반대로 이사 등이 회사를 상대로 하는 단독행위는 이로 인해 회사에 손실이 생길 염려가 없으므로 제398조의 적용대상이 아니다.

(3) 자기거래의 제한범위

재산에 관한 모든 행위가 이사회의 승인을 요한다고 할 수는 없으므로 어떤 행위가 이사회의 승인을 요하고, 어떤 행위가 승인을 요하지 않는지에 관한 해석문제가 있다.

1) 거래의 성격에 따른 범위    거래의 성질상 회사와 이익충돌의 염려가 없는 거래는 이사회의 승인을 요하지 않는다. 통설 · 판례가 드는 예를 보면, 회사에 대한 부담 없는 증여, 상계, 채무의 이행, 약관에 의하여 정형적으로 체결되는 거래(예: 운수 · 예<br/>금 · 보험계약) 등이다. 또 자기거래가 법령이나 주주총회의 결의를 집행하기 위한 것으로서 이사나 주요주주의 재량의 여

지가 없어 이사 등에게 새로운 이득이 생길 수 없는 경우에도 이사회의 승인을 요하지 않는 다($^{대법원\ 2010.\ 3.\ 11.\ 선}_{고\ 2007다71271\ 판결}$).

2) **회사에 불이익이 없는 거래** 　　회사에 대한 무이자·무담보의 자금대여, 회사채무 의 보증, 회사의 명의로 해 두었던 명의신탁의 해지 등과 같이 행위의 객관적 성질로 보아 회사에 불이익이 없는 거래는 제한받는 자기거래에 포함되지 아니한다.

3) **1인주주인 이사의 거래** 　　1인 주주와 회사는 이해관계가 일치하므로 양자의 거래 는 이사회의 승인을 요하지 않는다는 소수설이 있다($^{송옥렬\ 1065;\ 정동}_{윤\ 634;\ 최준선\ 550}$). 그러나 회사의 재산은 모든 회사채권자에 대한 책임재산이 되므로 1인주주라 하더라도 회사와 이해관계가 일치 된다고 할 수 없으며, 따라서 1인주주인 이사라 하더라도 제398조의 예외가 될 수 없다.

4) **어음행위** 　　어음행위는 거래의 결제수단에 불과하지만, 원인관계와는 다른 새로 운 채무를 발생시키고, 항변의 절단, 채무의 독립성 등으로 어음행위자에게 더욱 엄격한 책 임이 따르는 거래이므로 이사회의 승인을 요한다($^{통설.\ 대법원\ 2004.\ 3.\ 25.}_{선고\ 2003다64688\ 판결}$).

**(4) 이사회의 승인**

1) **승인기관** 　　이사 등의 자기거래는 이익충돌의 염려가 없는 거래를 제외하고 모두 이사회의 승인을 요한다. 다만 소규모회사의 경우에는 주주총회의 결의로 갈음한다($^{383조}_{4항}$). 거래당사자인 이사는 특별한 이해관계가 있는 자이므로 의결권을 행사하지 못한다($^{391조\ 3}_{항→368}$ $^{조}_{3항}$)($^{통}_{설}$). 자기거래에 관한 승인은 성질상 대표이사에게 위임할 수 없다.

정관의 규정에 의해 주주총회의 결의사항으로 할 수 있다는 견해가 있고($^{송옥렬\ 1064;\ 임}_{홍근\ 509;\ 최기}$ $^{원}_{676}$), 같은 취지의 판례도 있으나($^{대법원\ 2007.\ 5.\ 10.}_{선고\ 2005다4284\ 판결}$), 옳지 않다. 제398조에는 제416조 단서와 같은 유보조항이 없으며, 후술하는 바와 같이 부당하게 이루어진 이사회의 승인에 대해서 는 책임추궁의 길이 있으나($^{399조}_{2항}$), 주주총회의 승인에 대해서는 책임추궁이 불가능하기 때 문이다($^{동지:\ 박상조\ 638;\ 이종훈}_{247;\ 장덕조\ 371;\ 정찬형\ 1058}$).

이사회의 승인이 없더라도 1인주주나 총주주의 동의가 있는 자기거래는 유효하다는 견해가 있으며, 판례도 같은 입장이다($^{대법원\ 2017.\ 8.\ 18.}_{선고\ 2015다5569\ 판결}$). 이 해석은 위에 소개한 1인주주인 이사의 자기거래는 이사회의 승인이 필요 없다는 입장과 같은데, 앞서 설명한 바와 같은 이 유로 총주주의 동의라 하더라도 이사회의 승인을 갈음할 수는 없다고 본다.

2) **결의요건** 　　자기거래의 승인은 이사 전원의 3분의 2의 찬성을 요한다. 기회유용 에 관해 말한 바와 같은 이유에서이다.

3) **승인시기** 　　이사회의 승인은 거래가 있기 전에 이루어져야 한다. 즉 자기거래의 추인은 허용되지 않는다.

4) **승인방법** 　　제398조는 1회적인 거래를 예상한 것이므로 이사회의 승인은 개개의 거래에 대하여 이루어져야 하고, 포괄적인 승인($^{예컨대\ 일정\ 금액,\ 일정\ 종}_{류의\ 거래를\ 승인하는\ 것}$)은 허용되지 않는다. 다만 반복하여 이루어지는 동종의 거래에 관해서는 기간, 한도 등을 합리적인 범위로 정하여 포

괄적으로 승인하는 것도 무방하다고 본다($^{통}_{설}$).

5) 자기거래의 개시  자기거래를 하는 이사 등은 이사회에서「거래에 관한 중요사실」을 밝혀야 한다. 이사회는「자기」거래의 승인여부를 다루므로 거래에 대한 이사의 이해관계를 알아야 하기 때문이다. 그러므로 거래에 관한 중요한 사실이라 함은 거래의 내용 및 거래와 이사의 관계, 즉「자기 또는 제3자를 위한 것」이라는 사실을 뜻하는 것으로 풀이해야 한다. 자기거래임을 개시하지 않고 거래를 허용하는 결의만 얻은 경우에는 자기거래에 대해 이사회의 승인이 없다고 보아야 한다($^{대법원 2017. 9. 12. 선}_{고 2015다70044 판결}$).

6) 이사회의 승인과 이사의 책임  이사회의 승인이 있다고 하여 자기거래를 한 이사의 책임이 없어지는 것은 아니다. 왜냐하면 제398조의 이사회의 승인은 자기거래의 제한을 해소하기 위한 요건일 뿐이고, 이사회의 승인이 이사의 행위에 대한 면책사유가 될 수는 없기 때문이다. 따라서 이사회의 승인을 얻어 거래한 결과 회사에 손해를 가했을 때에는 그 거래한 이사는 제399조 제1항에 따라 손해배상책임을 지며, 자기거래로 인해 손해가 날 것을 알면서, 혹은 부주의하게 예측하지 못하고 승인한 이사도 연대하여 손해배상책임을 진다($^{399조 2}_{항 · 3항}$).

### (5) 거래의 공정성

자기거래의 내용과 절차는 공정하여야 한다($^{398조}_{후}$). 이는 자기거래가 승인을 얻더라도 거래의 내용이 공정해야 한다는 뜻이다. 승인을 받았으나, 거래가 불공정한 경우 어떤 효과가 따르는가? 상법이 자기거래에 관해 이사회의 승인을 요구하는 뜻은 결국 불공정한 자기거래를 막기 위함인데, 거래가 불공정하다면 승인은 무의미하므로 승인결의가 무효라고 해야 할 것이다. 즉 승인 없는 거래와 같이 다루어야 한다.

### (6) 위반거래의 효력

1) 이사의 자기거래  이사회의 승인 없이 행해진 이사의 자기거래($^{이하 '위}_{반거래'}$)는 이사의 해임사유($^{385조 1}_{항 본 · 2항}$)가 되고 당해 이사는 회사에 손해배상책임을 진다. 위반거래의 사법적 효력은 어떠한가?

i) 효력론  거래의 안전에 중점을 두어 상법 제398조는 효력규정이 아니고 업무집행의 결정방법을 정한 명령적 규정이라고 해석하여 위반거래도 유효하고, 다만 이사의 대내적 책임문제만 생긴다고 하는 유효설, 회사의 이익보호에 중점을 두어 위반거래의 효력을 부정하는 무효설도 있다. 그러나 위반거래는 회사와 이사 간에서는 무효이나, 자기거래에 관련되는 선의의 제3자와의 사이에서는 유효라는 상대적 무효설이 통설 · 판례의 일관된 입장이다($^{대법원 1973. 10. 31. 선고}_{73다954 판결 이후 다수}$). 다만, 제3자가 선의이더라도 이사회의 결의가 필요한 사실과 결의가 없었다는 사실을 알지 못한 데에 중대한 과실이 있는 경우에는 악의인 경우와 같이 위반거래는 제3자에 대하여도 무효라고 한다($^{대법원 2004. 3. 25. 선}_{고 2003다64688 판결}$).

ii) 증명책임  회사가 위반거래임을 이유로 무효를 주장할 경우, 이사회의 승인이 없었다는 점과 이 점에 대한 상대방의 악의를 증명해야 한다($^{위 대법원 73}_{다954 외 다수}$).

iii) **무효주장의 제한**    상법 제398조는 이사의 위반거래로 인해 회사 및 주주가 손해를 입는 것을 방지하려는 제도이므로 자기거래가 동조를 위반하여 무효임을 주장할 수 있는 자는 원칙적으로 회사에 한정되고, 거래의 상대방인 당해 이사 스스로가 동조 위반을 내세워 자기거래의 무효를 주장하는 것은 허용되지 않는다($^{대법원 2015. 7. 23.}_{선고 2015다1871 판결}$). 허용한다면 거래 후의 사정변화를 보아 이사가 거래의 효과를 선택할 수 있어 재차 불공평한 기회를 얻기 때문이다.

**2) 기타의 자기거래**    상대적 무효론은 이사의 위반거래의 효력에 대한 설명이고, 주요주주 또는 제398조 제2호 내지 제5호에 열거된 자($^{이하 '주요}_{주주 등}$)가 이사회의 승인 없이 회사와 한 거래의 효력은 어떻게 볼 것이냐는 문제가 제기된다. 기술한 바와 같이 주요주주 등과 회사의 거래가 불공정하다고 해서 주요주주 등에게 손해배상책임을 물릴 근거는 없다. 그렇다면 주요주주 등이 제398조에 위반한 거래를 하는 것을 통제할 수단은 거래의 효력을 부인하는 것이 유일하므로 이들의 위반거래는 무효라고 보아야 한다. 다만 이들의 거래가 이사의 자기거래보다 더욱 반규범적일 수는 없으므로 그 무효라 함은 이사의 자기거래와 마찬가지로 상대적 무효임을 의미한다.

### (7) 상장회사에 대한 특례

상장회사의 특례규정에서는 소정의 대주주, 감사 그리고 업무집행관여자($^{401}_{조의2}$)와 회사의 거래도 제한하며, 신용공여는 이사회의 승인과 무관하게 금지한다. 이 규정들은 이사에도 적용되는데, 그 내용은 상법 제398조의 규율보다 훨씬 강화된 것이다($^{542}_{조의9}$). 상세한 내용은 다음과 같다.

#### 1) 제한행위

㈎ 상장회사는 주요주주($^{542조의}_{8 2항 6호}$) 및 그의 특수관계인, 이사 및 업무집행관여자($^{401조의}_{2 1항}$ $^{각호}_{의 자}$), 감사($^{및 감사위원}_{회의 위원}$)에게 신용을 공여하거나, 이들을 위하여 신용공여를 하여서는 안된다($^{542조}_{의9 1항}$). 신용공여란, i) 금전 등 경제적 가치가 있는 재산의 대여, ii) 채무이행의 보증, iii) 자금 지원적 성격의 증권 매입, iv) 그 밖에 거래상의 신용위험이 따르는 직접 혹은 간접적 거래로서 대통령령으로 정하는 거래($^{상령 35조 1항}_{각 호의 거래}$)를 말한다($^{542조}_{의9 1항}$). 신용공여는 일반적으로 다른 거래에 비해 회사의 자본충실을 해하고 재무의 건전성을 해할 위험이 크다고 보아 금지한 것이다. 그러므로 법령에 의해 허용되는 신용공여 등 회사의 경영의 건전성을 해칠 우려가 없다고 보아 대통령령이 정하는 신용공여는 예외적으로 허용한다($^{542조의9 2항, 상}_{령 35조 2항·3항}$).

이에 위반하여 신용공여를 한 자에게는 벌칙이 적용된다($^{624}_{조의2}$).

㈏ 자산규모 2조원 이상의 상장법인이 최대주주 또는 특수관계인과 소정규모 이상의 거래를 하거나 이들을 위해 거래하고자 할 경우에는 이사회의 승인을 받아야 하며, 이후 최초로 소집되는 정기주주총회에 거래목적, 상대방, 거래내용 등을 보고하여야 한다($^{542조의9 3}_{항·4항, 상}$

령 35조 4항~8항. 예외: 542) .
조의9 5항, 상령 35조 9항

  그러나 상장회사가 경영하는 업종에 따른 일상적인 거래로서, 약관에 따라 정형화되거나, 이사회에서 승인한 거래총액의 범위 안에서 이행하는 거래는 이사회의 승인을 받지 아니하고 할 수 있다($^{542조}_{의9\ 5항}$).

  **2) 위반행위의 효력**   회사가 주주 등과 상법 제542조의9 제1항에 위반한 거래를 하거나 제3항에 속하는 거래를 이사회의 승인이 없이 한 경우 그 행위의 효력이 문제된다. 상법 제398조의 이사 등의 자기거래의 해석과 균형을 맞추어 상대적 무효로 보는 것이 타당하다.


## Ⅷ. 이사의 책임

### 1. 경영구조와 이사책임의 의의

  이사의 「책임」이란 넓게는 자본충실책임($^{428}_{조}$)도 포함하나, 여기에서는 이사가 직무수행과 관련하여 회사 또는 제3자에게 손해를 가하였을 때 지는 손해배상책임($^{399조,}_{401조}$)을 다루기로 한다.

  상법은 유한책임제도하에서 주주와 회사채권자를 공평하게 보호할 수 있는 합리적인 경영구조원리로서 「소유와 경영의 분리」를 원칙으로 하여 이사들에게 포괄적인 경영권을 부여하고 있다. 이러한 경영구조가 정당성을 갖기 위해서는 이사들의 적정하고 합리적인 임무수행이 제도적 장치에 의해 담보되어야 한다. 이사가 임무를 적절히 수행하지 못하면 재선임을 하지 않거나, 그 지위에서 해임하는 것도 간접적으로 이사의 적정한 임무수행을 담보하는 것이라고 할 수 있다.

  그러나 이러한 제도는 이미 회사에 발생한 손해의 전보수단이 되지 못한다. 이사의 적정한 임무수행과 회사재산의 유지를 위한 실효적인 법률적 수단은 회사의 재산을 관리·경영하는 이사에게 그에 상응하는 재산적 책임을 부여하는 것이다. 그리하여 상법은 이사가 임무를 게을리한 경우 그로 인해 회사가 입은 손해, 때로는 제3자가 입은 손해를 배상하게 하는데, 이 책임은 이사의 부적정한 경영에 의해 생긴 이해관계인들의 손실을 전보하는 동시에 예방적으로 이사의 주의를 촉구함으로써 「소유와 경영의 분리」하에서 이사에게 두고 있는 이해관계인, 특히 주주들의 신뢰를 보호하는 기능을 한다.

### 2. 회사에 대한 손해배상책임

#### (1) 의의

  이사가 고의 또는 과실로 법령 또는 정관에 위반한 행위를 하거나 그 임무를 게을리한 때에는 회사에 대하여 연대하여 손해를 배상할 책임을 진다($^{399조}_{1항}$).

이사가 회사에 대해 손해를 가하였을 경우, 우선 민법상의 일반원칙에 따라 위임계약의 불이행으로 인한 손해배상책임을 지거나 불법행위로 인한 손해배상책임을 지게 된다. 이와 별도로 상법이 이사의 책임($^{399}_{조}$)을 규정한 것은 이사라는 지위의 중요성을 감안하여 민법상의 채무불이행책임이나 불법행위책임과는 다른 특수한 책임을 인정한 것으로 볼 수 있다. 그러나 통설·판례는 제399조가 정하는 이사의 책임은 위임계약의 불이행으로 인한 책임이라고 풀이한다($^{대법원 1985. 6. 25.}_{선고 84다카1954 판결}$).

(2) 책임의 원인

상법 제399조 제1항에서는 책임의 발생원인을「법령·정관의 위반」과「임무해태」로 나누어 규정하고 있다.

1) 법령 또는 정관의 위반　　「법령」이란 이사로서 준수하여야 할 의무를 개별적으로 규정하고 있는 상법 등의 제규정과 회사가 기업활동을 함에 있어 준수하여야 할 제규정을 말한다($^{대법원 2005. 10. 28.}_{선고 2003다69638 판결}$). 그리고「법령」이란 일반적 의미의 법령, 즉 법률과 법규명령을 의미하는 것이고, 행정기관의 행정지도, 지침은 법령에 포함되지 않는다($^{대법원 2006. 11. 9. 선}_{고 2004다41651 판결}$). 법령·정관에 위반한 행위도 넓게는 임무해태에 속하나, 주의의무위반의 정도가 현저하므로 따로 구분한 것이다.

i) 유형　　이사가 어떤 자격에서 한 것이냐에 따라 세 가지로 나뉜다.

첫째, 이사가 단독으로 법령 또는 정관에 위반한 행위를 한 경우, 예컨대 이사회의 승인 없이 경업을 하거나($^{397조}_{1항}$), 자기거래를 한 경우($^{398조}_{전}$) 등이다.

둘째, 이사들이 이사회에서 법령 또는 정관에 위반한 결의를 한 경우, 예컨대 정관에 근거 없이 우선주의 발행을 결의한 경우와 같다.

셋째, 대표이사가 법령 또는 정관에 위반하여 업무집행 또는 대표행위를 한 경우, 예컨대 정관상의 제한을 위반하여 업무집행을 한 경우, 필요한 주주총회의 결의나 이사회의 결의 없이 업무집행을 하거나 공동대표가 단독으로 대표하는 것($^{389조}_{2항}$)과 같이 법률 또는 정관상의 절차를 거치지 않고 업무집행을 한 경우 등이다.

ii) 과실책임　　법령·정관의 위반에 따른 책임은 후술하는 임무해태로 인한 책임과 마찬가지로 과실책임이다. 그러나「법령 또는 정관」의 내용은 이사가 알고 있거나, 모르더라도 과실로 인한 것이라고 추정해야 할 것이므로 법령 또는 정관에 위반한 행위를 한 이사는 무과실의 증명책임을 진다.

2) 임무해태　　상법 제399조 제1항에서 이사가「임무를 게을리한 때」라고 함은 이사가 직무수행과 관련하여 선량한 관리자로서의 주의를 게을리함으로써 회사에 손해를 가하거나 손해를 방지하지 못한 경우를 뜻한다. 따라서 이 역시 과실책임이다. 2011년 개정 전에는「임무해태」라고 표현하던 것인데, 의미의 변화는 없으므로 편의에 따라 두 용어를

혼용한다.

i) 원인　　　임무해태는 널리 선량한 관리자의 주의($^{민}_{681조}$)를 게을리하는 것이므로 법령이나 정관의 개별 규정에 반하지 않더라도 흔히 있을 수 있다. 예컨대 이사가 이사회의 승인 없이 자기거래를 하였다면($^{398}_{조}$) 「법령」에 위반한 행위이고, 승인을 얻고 거래하였으나 거래가 불공정하여 회사에 손해가 생겼다면 법령이나 정관에 위반한 것은 아니지만 「임무해태」에 해당한다.

이사의 주의의무는 작위의 업무집행에 대해서만 요구되는 것이 아니고 회사에 손해를 가하지 않아야 할 부작위의무 또는 손해를 방지할 의무도 포함하므로 이를 게을리하여 회사에 손해를 야기한 경우에는 임무해태에 해당한다. 예컨대 화재 기타 사고방지를 위한 설비구축을 게을리한 것, 하부직원들에 의한 손해발생을 방지하기 위한 내부통제체계를 구축하지 못한 것도 이사의 임무해태에 속한다($^{대법원 2008. 9. 11. 선}_{고 2006다68636 판결}$).

임무해태는 대표이사나 업무담당이사가 회사의 업무를 집행하는 과정에서 흔히 볼 수 있지만, 이사가 다른 이사의 위법행위 또는 임무해태에 대한 감시의무를 게을리하여 회사의 손해를 막지 못한 것도 임무해태에 속한다.

ii) 주의의 정도　　　이사가 기울여야 할 주의는 영리단체의 경영관리자로서의 주의이므로 통상인의 그것보다는 그 정도가 높다. 또한 이사의 주의의무는 회사의 업종·규모 등 제반 여건에 따라 그 정도를 달리 이해해야 한다. 이사가 베푸는 주의는 직·간접으로 회사의 비용을 유발하는데, 그 비용은 이사의 주의로 인해 회사가 얻는 보상과 적정한 비례를 유지해야 하기 때문이다. 예컨대 연간 1만 달러어치의 장난감을 수출하는 회사의 이사와 연간 1천만 달러어치의 전자제품을 수출하는 회사의 이사가 각각 수입국의 덤핑관세제도를 잘못 알았다고 했을 때 같은 차원에서 비난할 수는 없는 것이다.

iii) 주의의 범위　　　주식회사는 영리를 위한 단체이고 이사는 그 영리성을 실현하기 위해 임용된 자이므로 그의 주의는 단지 업무의 적법성에 그치지 않고 합리성·효율성에까지 미친다. 그러므로 이사의 주의의무는 이사의 업무의 미숙이나 무능도 비난한다. 예컨대 유휴자금을 관리하면서 이율이 높은 신탁예금을 피하고 이자가 거의 없는 보통예금을 택했다면 위법한 것은 아니라도 임무해태가 될 수 있다.

iv) 증명책임　　　임무해태의 사실은 이사의 책임을 주장하는 자가 증명하여야 한다($^{대법원 1996. 12. 23. 선고}_{96다30465·30472 판결}$).

**3) 경영판단의 법칙**　　　업무집행의 적법성은 행위시에 판단되지만, 효율성은 상당한 시간이 경과한 후에야 판단되는 경우가 많다. 예컨대 정유회사의 대표이사가 중동지역에 전쟁이 일어나자 유가인상을 걱정하여 현시세가 배럴당 50달러임에도 불구하고 60달러씩 주고 다량의 원유매입권을 확보하였다 하자. 그런데 전쟁이 의외로 일찍 끝나 유가가 현시세에서 안정세를 보이게 되었다면 앞서의 원유구입은 분명 비효율적인 행동이었다. 그러나

이 비효율성은 예측불가능한 변수에 의해 사후적으로 판명되는 것이므로 이를 임무해태라고 한다면 이사에게 관리불가능한 책임을 과하는 것이다. 이러한 경우 미국에서는 이른바 「경영판단의 법칙」($\binom{\text{business}}{\text{judgment rule}}$)이라는 이론으로 이사의 책임의 한계를 설정한다.

i) 개념　　　미국법상의 경영판단의 법칙이란, 「회사의 목적범위 내이고 이사의 권한 내인 사항에 관해 이사가 내린 의사결정이 그같이 할 합리적인 근거가 있고, 회사의 이익을 위한 것이라는 믿음하에 어떤 다른 고려에 의한 영향을 받지 아니한 채 독립적인 판단을 통해 성실히 이루어진 것이라면 법원은 이에 개입하여 그 판단에 따른 거래를 무효로 하거나 그로 인한 회사의 손해에 관해 이사의 책임을 묻지 아니한다」는 원칙이다. 요컨대 정직한 실수는 사후적 안목에서 비난하지 않는다는 원칙이다.

ii) 상법상의 경영판단의 법칙　　　경영판단의 법칙은 우리나라에서 이사의 책임의 근거가 되는 수임인의 선관주의의무($\binom{\text{민}}{\text{681조}}$)의 해석론에 의해서도 도출될 수 있다. 「이사들의 권한 내인 사항에 관해 이사들이 내린 의사결정이 그같이 할 합리적인 근거가 있고, 회사의 이익을 위한 것이라는 믿음하에 어떤 다른 고려에 의한 영향을 받지 아니한 채 독립적인 판단을 통해 성실히 이루졌다면」 이는 위임의 본지에 따라 선량한 관리자의 주의를 충분히 베푼 것으로서 그로 인한 회사의 손실은 불가항력적인 것이라 할 수 있는 것이다. 따라서 이러한 판단에 따른 이사의 행위는 무과실의 행위로서 그 자체가 제399조 제1항이 규정하는 임무해태에 해당하지 않는다고 보아야 하는 것이다. 이를 판례는 「허용된 재량의 범위 내」의 행위라고 표현한다($\binom{\text{대법원 2002. 6. 14. 선}}{\text{고 2001다52407 판결}}$).

iii) 적용의 한계　　　경영판단의 법칙은 사후적인 판단에 의해 행위 당시의 이사의 행위를 비난할 수 없다는 이론이므로 성질상 임무해태에 국한하여 적용될 수 있는 것이고, 법령에 위반한 행위에 대해서는 적용될 수 없다($\binom{\text{대법원 2005. 10. 28.}}{\text{선고 2003다69638 판결}}$). 위법한 행위는 행위 당시부터 반규범성을 판단할 수 있기 때문이다.

이사의 행위가 경영판단 내지는 이사의 허용된 재량의 범위에 속해 책임을 면하려면 이사가 문제의 해결에 필요한 정보를 확보하고 이를 기초로 하여 신중하고 합리적인 판단을 거쳐 회사에 최대의 이익이 되는 방향으로 의사결정을 할 것이 요구된다. 이 점 판례가 일관되게 요구하는 경영판단법칙의 적용요건이다($\binom{\text{대법원 2007. 10. 11.}}{\text{선고 2006다33333 판결}}$).

### (3) 공동행위자의 책임형태

법령·정관에 위반한 행위 또는 임무해태가 수인의 이사에 의하여 이루어진 경우에는 연대책임을 지며($\binom{\text{399조}}{\text{1항}}$), 감사도 책임질 경우에는 이사와 연대책임을 진다($\binom{\text{414조}}{\text{3항}}$). 이 연대책임은 부진정연대책임이지만, 각 이사들의 임무해태가 정도를 달리할 수 있고, 손해에의 기여가 다를 수 있으므로 이사들 간에는 부담부분을 인정할 수 있으며, 어느 이사가 자기의 부담부분 이상의 손해를 배상하여 이사들이 공동으로 면책한 때에는 다른 이사에게 그 부담부분의 비율에 따라 구상권을 행사할 수 있다($\binom{\text{대법원 2006. 1. 27. 선}}{\text{고 2005다19378 판결}}$).

### (4) 적용대상

상법 제399조 및 후술하는 제401조는 적법하게 선임된 이사에 한해 적용될 수 있다. 선임행위에 흠이 있어 이사의 지위가 부인되는 자가 회사에 손해를 가한 때에는 회사에 대해 불법행위책임을 짐은 별론으로 하고 위 조항에 따른 손해배상을 책임지지 아니한다($^{대구}_{고법}$ $^{1983. 1. 12. 선}_{고 81나891 판결}$). 이들은 회사에 대해 임무를 해태한다는 일이 있을 수 없기 때문이다. 그러나 퇴임이사($^{386조}_{1항}$), 일시이사($^{386조}_{2항}$)는 임시적이기는 하나 이사의 지위를 가지므로 제399조 및 제401조의 적용대상이다.

### (5) 책임의 확장(찬성이사의 책임)

**1) 책임내용**　　법령·정관에 위반한 행위 또는 임무해태가 이사회의 결의에 의한 것인 때에는 그 결의에 찬성한 이사도 연대하여 책임을 진다($^{399조}_{2항}$). 예컨대 이사회의 결의로 불공정한 자기거래를 승인하였다면 그 결의에 찬성한 이사는 모두 연대책임을 진다. 찬성한 이사의 책임을 감시의무에 따른 책임으로 설명하기도 하지만($^{대법원 2002. 3. 15.}_{선고 2000다9086 판결}$), 의결권의 행사는 이사의 본래의 직무이므로 부당한 의안에 찬성한 이사는 스스로의 임무해태로 인해 책임지는 것이다.

결의에 찬성한 이사가 책임을 지는 것은 결의내용 자체가 법령·정관에 위반하거나 임무해태로 볼 수 있는 경우에 한한다. 결의내용 자체에는 그러한 흠이 없으나, 이사가 집행과정에서 법령·정관에 위반하거나 임무해태를 한 경우에는 결의에 찬성한 이사에게 책임을 물을 수 없다.

〈책임근거의 개별성〉 이사회의 결의는 다수결로 이루어지므로, 결의에 찬성한 이사 개개인의 허물은 전체의 행동 속에 희석되는 모습을 보인다. 그리하여 어느 이사가 찬성하지 않았더라도 가결되었을 것이라는 가정을 면책의 근거로 제시할 수도 있다. 그러나 찬성이사의 책임을 묻는 제도는 이사 개개인의 임무해태를 근거로 하는 것이므로 찬성이사의 다수성은 책임에 영향을 주는 바 없다($^{대법원 2007. 5. 31. 선}_{고 2005다56995 판결}$).

**2) 적용범위**　　자기거래, 신주발행, 사채발행 등과 같이 법상 이사회의 결의를 요하는 사항 그리고 상법 제393조 제1항에 의해 이사회의 결의를 요하는 업무집행 일반에 대해 본조가 적용됨은 물론이다. 대표이사의 일상적인 업무집행에 속하여 이사회의 결의를 요하지 않는 사항을 이사회의 결의를 얻어 집행한 경우에도 일응 이사회에 부의한 이상 이사회 결의사항으로 보아야 하므로 본조의 적용대상이다.

**3) 추인결의에 대한 적용**　　회사에 손해를 가하는 행위가 이미 이사에 의해 집행되고 그 추인여부를 결정하기 위한 이사회가 열린 경우 그 추인결의에 찬성한 이사는 이사회의 감독권행사를 독려하기 위한 감시의무를 게을리한 것이므로 제399조 제1항의 적용대상

이라고 보아야 한다($^{대법원\ 2007.\ 5.\ 31.\ 선}_{고\ 2005다56995\ 판결}$).

　　4) **찬성의 추정**　　　결의에 참가한 이사로서 이의를 한 기재가 의사록에 없는 자는 그 결의에 찬성한 것으로 추정한다($^{399조}_{3항}$). 찬반사실에 대한 증명책임을 이사에게 전가시키는 것이다. 이사는 결의에 참가하지 아니한 사실 또는 반대한 사실을 증명하여 책임을 면할 수 있다.

　　본조는 결의에 찬성한 책임을 묻는 것이므로 「이의」란 의안에 반대한 것만 가리키는 것이 아니라, 기권 등 「찬성」이 아니라는 의사도 포함하는 개념이다. 즉 기권한 이사에 대해서는 찬성한 것으로 추정하지 못한다($^{대법원\ 2019.\ 5.\ 16.\ 선}_{고\ 2016다260455\ 판결}$).

　　(6) **책임의 범위**

　　회사는 계속기업이므로 이사의 임무해태를 원인으로 다단계의 손해가 연속될 수 있으나, 법률적 책임을 무한히 연장할 수는 없다. 그러므로 손해배상의 일반원칙에 따라 법령·정관위반 또는 임무해태와 상당인과관계가 있는 손해에 한하여 책임을 진다고 할 것이다($^{민}_{393조}$)($^{통설.\ 대법원\ 2007.\ 7.\ 26.}_{선고\ 2006다33609\ 판결}$). 따라서 이사의 임무해태가 있었다고 하더라도 이후 다른 이사의 행위가 관련되어 손해가 발생하거나 확장된 경우에는 그 부분에 관한 한 전자의 이사는 책임지지 아니한다($^{앞의}_{판례}$). 그러나 일단 이사의 임무해태로 인해 손해가 발생한 이상, 이후 손해를 관리하는 과정에서 손해액의 변동이 있거나, 손해액이 확정되는 것은 당초의 손해배상책임에 영향이 없다. 예컨대 금융기관의 이사가 부실대출을 하여 제때에 회수할 수 없는 불량채권이 발생하였으므로 부득이 이후의 이사들이 채무자와의 화해를 통해 채무의 일부를 면제한 경우 당초의 이사의 손해배상액의 산정에는 영향을 주지 않는다($^{대법원\ 2007.\ 5.\ 31.\ 선}_{고\ 2005다56995\ 판결}$).

　　(7) **배상액의 제한**

　　손해배상의 일반원칙에 따른다면, 이사는 임무해태와 상당인과관계가 있는 모든 손해에 관해 배상책임을 진다고 해야 옳다($^{민\ 393}_{조\ 1항}$). 그러나 회사의 업무집행에 따르는 위험의 선택과 관리를 이사에게 포괄적으로 맡기는 것이 이사를 선임하는 취지인데, 이로 인한 손실을 전부 이사에게 전가하는 것은 형평의 문제를 야기한다. 그러므로 판례는 「사업의 내용과 성격, 당해 이사의 임무위반의 경위 및 임무위반행위의 태양, 회사의 손해발생 및 확대에 관여된 객관적인 사정이나 그 정도, 평소 이사의 회사에 대한 공헌도, 임무위반행위로 인한 당해 이사의 이득 유무, 회사의 조직체계의 흠결 유무나 위험관리체계의 구축여부 등 제반사정을 참작하여 손해분담의 공평이라는 손해배상제도의 이념에 비추어 그 손해배상액을 제한할 수 있다」는 책임원리를 제시하며($^{대법원\ 2007.\ 7.\ 26.\ 선고\ 2006다33609\ 판}_{결;\ 동\ 2019.\ 5.\ 16.\ 선고\ 2016다260455\ 판결}$), 실제 이사의 책임을 묻는 거의 모든 사건에서 이 원리에 따라 배상액을 일부로 제한하고 있다.

　　(8) **책임의 면제**

　　1) **방법**　　　이사의 손해배상책임은 의결권 없는 주식을 포함하여 총주주의 동의가 없으면 면제하지 못한다($^{400조}_{1항}$). 일부의 면제도 후술하는 특칙을 제외하고는 같다. 따라서

대표이사가 일반 채무면제 절차($\frac{민}{506조}$)에 의하는 방법으로 이사의 책임을 면제할 수는 없다($\frac{대법원 2004. 12. 10.}{선고 2002다60467 판결}$).

반대로 말해, 총주주의 동의가 있으면 이사의 책임을 면제할 수 있는데, 이때 이사의 책임이란 이미 발생한 책임을 말하고, 장래의 책임을 사전의 동의로 면제하는 것은 무효이다. 총주주의 동의란 주주총회의 결의를 뜻하는 것이 아니므로 주주 각자로부터 개별적으로 동의를 얻어도 무방하다. 동의는 묵시적으로도 가능하다($\frac{대법원 2008. 12. 11.}{선고 2005다51471 판결}$).

다수결의 예외로 총주주의 동의를 요구하는 이유는 이사에 대한 손해배상청구권은 이미 발생하여 모든 주주가 지분적 이익을 갖는 회사의 재산권이므로 성질상 다수결로 포기할 수 있는 이익이 아니기 때문이다. 예외적으로 정기주주총회에서 재무제표를 승인한 때에는 이사와 감사의 책임을 해제한 것으로 보는데($\frac{450}{조}$), 이 경우에는 보통결의로 이사·감사의 책임을 면제하는 셈이다.

2) **불법행위책임과의 경합**　이사의 임무해태가 동시에 불법행위의 요건을 충족할 경우에는 상법 제399조의 책임과 불법행위책임이 경합한다. 그러므로 총주주의 동의로 책임을 면제하더라도 불법행위책임을 면제하려면 별도로 일반 채무면제($\frac{민}{506조}$)의 절차를 밟아야 한다($\frac{대법원 1989. 1. 31.}{선고 87누760 판결}$). 양 책임은 성질을 달리하므로 어느 하나의 책임을 묻는 소의 제기는 다른 책임의 시효를 중단하는 효력이 없다($\frac{대법원 2002. 6. 14. 선}{고 2002다11441 판결}$).

3) **일부 이사의 책임면제**　유책한 이사가 수인 있는 가운데 일부의 이사에 대해서만 책임을 면제할 수도 있다. 이 경우 면제받은 이사의 부담부분은 면제받지 못한 다른 이사들에게 영향을 주는 바 없다.

(9) **책임의 경감**(일부면제)

1) **취지**　대표소송제도를 두고 있는 나라에서는 경영과실로 인한 손해배상책임이 이사에게 상존하는 직업적 위험요소이다. 우리나라에서도 최근 이사의 책임을 추궁하는 대표소송이 빈번해지면서 경영자들이 책임추궁을 두려워하여 공격적·모험적 경영을 회피하는 현상을 보이므로 이의 타개책으로 2011년에 미국과 일본의 입법례를 본받아 회사가 자율적으로 이사의 책임을 경감할 수 있는 제도를 마련하였다.

2) **책임경감의 범위**　회사는 정관으로 정하는 바에 따라 제399조에 따른 이사의 손해배상책임을 이사가 원인된 행위를 한 날 이전 최근 1년간의 보수액의 6배를 초과하는 금액에 대하여 면제할 수 있다($\frac{400조}{2항 본}$). 즉 정관에 규정을 두어 손해배상액을 연간 보수액의 6배를 하한으로 하여 경감할 수 있는 것이다. 사외이사의 책임은 연간보수의 3배로까지 제한할 수 있다($\frac{동}{규정}$). 사외이사는 업무집행에서는 소외되므로 책임의 원인에 있어서도 주변적이기 때문이다.

이사의 보수란 기본적으로는 상법 제388조에 따라 정관 또는 주주총회의 결의에 의해 정해지는 보수를 말하지만, 1년간의 보수에는 상여금과 주식매수선택권의 행사로 인한 이익 등도 포함된다($\frac{400조}{2항}$). 상여금은 보수의 일종으로서 당연히 제388조에 따라 정해지므로 주의적으로 규정한 것이고, 주식매수선택권은 제388조의 보수는 아니지만, 성과급여의 실질을 지니므로 보수에 포함시킨 것이다. 주식매수선택권의 행사로 인한 이익은 손해의 원인된 행위 이전 최근 1년간에 실제 행사하여 얻은 이익을 가리키고, 미행사중의 평가이익은 포함하지 않는다.

3) **적용제외**    다음의 경우에는 책임의 경감이 불가능하다.

i) **고의·중과실**    이사의 책임경감은 기업활동에 수반하는 위험을 회사가 분담함으로써 경영의 위축을 막는다는 논리로 정당화될 수 있다. 그러므로 상법은 이사의 고의 또는 중대한 과실로 손해를 발생시킨 경우에는 이 제도의 적용대상에서 제외한다($\frac{400조}{2항\ 단}$).

ii) **사익추구행위**    상법 제400조 제2항 단서는 「제397조, 제397조의2 및 제398조에 해당하는 경우」도 적용제외사유로 삼고 있다. 제397조는 이사의 경업·겸직에 대해, 제397조의2는 이사의 회사기회유용에 대해, 제398조는 이사의 자기거래에 대해 각각 이사회의 승인을 얻어야 한다는 규정이다. 경업·겸직, 기회유용, 자기거래로 인해 회사가 입은 손해란 바로 이사가 직접적으로 얻은 이익을 의미하므로, 이사에게 이익이 현존하는 터에 배상책임을 경감할 이유가 없기 때문이다.

4) **책임경감의 근거**    이사의 책임을 경감하기 위해서는 정관에 규정을 두어야 한다. 정관에 책임의 일부를 면제할 수 있는 뜻과 함께 제400조 제2항이 설정한 한도 내에서 구체적인 면제의 규모 또는 면책되는 금액을 정해야 한다. 예컨대 「이사가 배상해야 할 손해액이 당해 이사의 연간 보수액의 6배를 초과할 경우 배상액은 보수의 6배로 감액할 수 있다」는 것과 같다. 이 6배는 7배, 8배 등 보다 높은 금액으로 강화할 수 있으며, 책임의 경감을 엄격히 관리하기 위해 추가적인 요건을 설치할 수도 있다($\substack{\text{예: 책임경감은 「10년 이상 근} \\ \text{속한 이사」에 한해 적용한다}}$).

5) **책임경감의 결정**    정관에서는 책임경감을 실행할 수 있는 근거 및 범위를 정할 뿐이고, 손해배상을 추궁하는 구체적인 사안이 생겼을 때 면제여부를 결정하는 주체가 필요한데, 상법 제400조 제2항은 이 점에 관해 침묵하고 있다. 제2항에 의하면 「정관에 의해」 책임을 일부 면제할 수 있는 근거가 마련되므로, 동급의 의사결정 즉 주주총회의 특별결의에 의해 일부면제를 결의할 수 있다고 해석하는 것이 합리적이다.

(10) **책임의 이행기**

이사의 회사에 대한 손해배상채무는 이행기의 정함이 없는 채무이므로 이사는 이행청구를 받은 때부터 지체책임을 진다($\substack{\text{민 387} \\ \text{조 2항}}$)($\substack{\text{대법원 2021. 5. 7. 선} \\ \text{고 2018다275888 판결}}$).

(11) **책임의 시효**

이사의 책임을 법정책임 또는 위임계약의 불이행책임으로 볼 때에는 채권의 일반시효($\substack{\text{민 162} \\ \text{조 1항}}$)가 적용되므로 10년의 소멸시효에 걸린다.

### 3. 제3자에 대한 책임

#### (1) 입법취지

이사가 고의 또는 중대한 과실로 인하여 그 임무를 해태한 때에는 그 이사는 제3자에 대하여 연대하여 손해를 배상할 책임이 있다($^{401조}_{1항}$). 이사는 제3자와 직접 법률관계를 갖지 않음에도 불구하고 제3자에게 임무해태로 인한 책임을 진다는 것은 이례적인데, 그 입법이 유는 다음과 같다.

주식회사는 경제생활에서 다수인과 이해관계를 맺는 중요한 위치에 있고, 주식회사의 활동은 이사의 직무수행에 의존하고 있다. 그러므로 제401조는 이사의 직무수행이 제3자에 게까지 영향을 미치는 경우가 많음을 고려하여 제3자를 보호하는 한편, 이사가 직무수행을 함에 있어 신중을 기하게 하는 의미에서 이와 같은 이사의 책임을 인정한 것이다($^{대법원\ 1985.}_{11.\ 12.\ 선고\ 84}$ $^{다카2490}_{판결}$).

#### (2) 책임의 성질

본조에 의한 이사의 책임을 특수한 불법행위책임으로 보는 소수설도 있으나, 통설은 불법행위책임과는 무관한 법정책임으로서, 상법이 인정한 특별한 손해배상책임의 발생원 인이라고 설명한다. 후술하는 바와 같이 책임의 발생요건이 불법행위와는 전혀 다른 원리에 의해 구성되기 때문이다.

#### (3) 책임내용

1) 고의·중과실과 임무해태      법문에서는 「고의 또는 중대한 과실로 인하여 임무를 게을리한 때」라고 규정하는데, 이 고의·중과실은 제3자의 손해에 관해서 요구되는 것이 아니고, 회사의 임무에 관해서 요구되는 것이다.

이사가 회사가 부담하는 채무의 이행을 게을리하여 제3자에게 손해를 끼친 경우 본조의 요건인 임무해태에 해당하는가? 판례는 이사가 단순히 통상의 거래행위로 인한 채무를 이행하지 않은 것만으로는 고의 또는 중과실로 임무를 해태한 것으로 볼 수 없지만, 이사의 선관주의의무를 위반한 행위로서 「위법성」이 있는 경우에는 고의 또는 중대한 과실로 인한 임무해태에 해당한다는 해석기준을 내놓고 있다($^{대법원\ 2002.\ 3.\ 29.\ 선}_{고\ 2000다47316\ 판결}$).

제401조는 제3자의 손해에 직접 연결된 행위를 고의 또는 중과실로 범한 이사에 대해서만 적용되는 것이 아니다. 이러한 이사의 행위에 대한 감시의무를 중대한 과실로 소홀히 한 이사도 제401조에 의해 책임을 질 수 있다($^{대법원\ 2008.\ 9.\ 11.\ 선}_{고\ 2006다68636\ 판결}$).

2) 불법행위와의 경합      「법정책임설」에 의하면 이사의 책임은 불법행위와는 무관한 까닭에 이사가 불법행위의 요건까지 구비하면 불법행위책임과의 경합을 인정한다($^{「특수불}_{법행위}$ $^{책임설」도\ 다른\ 이유를\ 들어\ 불}_{법행위책임과의\ 경합을\ 인정한다}$).

3) 직접손해와 간접손해      이사는 제3자에게 발생한 직접손해뿐 아니라 간접손해도

배상해야 한다.

「직접손해」란 이사의 임무해태로 직접 제3자가 입은 손해이다. 예컨대 이사가 작성한 허위의 주식청약서를 믿고 제3자가 주식을 인수하였다가 손해를 본 경우와 같다. 「간접손해」란 이사의 임무해태로 인해 회사가 손해를 입음으로써 다시 제3자가 입은 손해이다. 예컨대 이사가 임무해태로 회사재산을 감소시켜 회사채권자의 채권회수를 어렵게 한 경우와 같다.

4) 제3자의 범위    통설은 제3자에는 회사채권자나 기타 이해관계인뿐 아니라 주주나 주식인수인도 포함된다고 본다. 그러나 주주가 입은 간접손해는 배상범위에 포함되지 않는다는 것이 판례의 입장이다(대법원 2012. 12. 13.<br>선고 2010다77743 판결). 주주의 간접손해란 이사의 임무해태로 회사가 손해를 입음으로써 주주의 지분가치가 감소하는 것을 의미하는데, 이 손해는 이사로 하여금 회사의 손해를 배상하게 함으로써 전보될 수 있기 때문이다.

5) 책임의 확장    제401조 제2항이 제399조 제2항과 제3항을 준용하므로 이사의 책임이 이사회의 결의에 의한 행위로 인한 것인 때에는 결의에 찬성한 이사도 연대하여 책임을 지며, 의사록에 이의를 한 기재가 없는 때에는 찬성한 것으로 추정된다.

6) 책임의 시효    이사의 제3자에 대한 책임도 회사에 대한 책임과 같이 10년의 소멸시효에 걸린다(대법원 2008. 1. 18. 선<br>고 2005다65579 판결).

## 4. 업무집행관여자의 책임

### (1) 의의

기술한 이사의 손해배상책임은 이사라는 회사조직의 일원으로서 업무에 관여한 경우에 한하여 발생하는 것이 원칙이다. 그러나 이사와 같은 회사법상의 기관이 아니라도 이사에 대해 갖는 사실상의 영향력을 행사하여 이사로 하여금 적정하지 않은 방법으로 업무를 집행하게 하거나, 이사가 아니면서 회사내에서 갖는 사실상의 힘을 원천으로 하여 업무집행에 관여함으로써 회사에 손해를 미칠 수도 있다. 특히 우리나라에서는 모든 회사에 거의 예외 없이 지배주주가 존재하는데, 지배주주는 사실상의 이사선임권을 배경으로 하여 이사의 업무집행을 자신의 사익을 위한 방향으로 유도하는 예가 많다.

그리하여 상법은 특히 지배주주의 영향력에 의해 회사의 운영이 왜곡되는 것을 방지할 목적에서 이사가 아닌 자로서 업무집행에 직·간접으로 관여한 자의 책임을 묻는 제도를 두고 있다.

상법 제401조의2 제1항은 회사에 대한 자신의 영향력을 이용하여 이사에게 업무집행을 지시하거나 이사 또는 이에 준하는 이름으로 직접 회사의 업무를 집행한 자는 그 지시하거나 집행한 업무에 관하여 제399조, 제401조, 제403조 및 제406조의2의 적용에 있어서 이사로 본다고 규정한다. 즉 이러한 자는 이사와 마찬가지로 회사 또는 제3자에 대해 손해배상책임을 지고($^{399조,}_{401조}$) 대표소송의 상대방이 되는 것이다($^{403조,}_{406조의2}$). 상법 제401조의2 제1항은 책임발생의 원인을 후술하는 세 가지로 유형화하고 있다.

### (2) 업무집행지시자

**1) 취지**　　회사에 대한 자신의 영향력을 이용하여 이사에게 업무집행을 지시한 자는 그 지시한 업무에 관하여 이사로 본다($^{401조의}_{2 1항 1호}$). 지배주주와 같이 회사의 업무집행의 실질적인 주체가 되면서도 법상의 책임체계에서 잠복하는 자를 조직법적인 책임주체로 부상시키기 위하여 이사로 간주하는 것이다.

**2) 「영향력」의 개념**　　본조에 기해 책임을 추궁하는 데 있어서는 「영향력 행사」의 증명 여부가 성패를 좌우한다. 「영향력」이란 사회학적으로 파악되는 현상을 표현한 개념으로서, 타인이 어떠한 의사결정을 함에 있어 그 의사결정의 대상이 되는 이해관계와 무관한 동기에 입각하여 그 타인으로 하여금 자신이 의도하는 바대로 의사결정을 하게 할 수 있는 사실상의 힘을 의미한다고 정의할 수 있다. 이 정의를 회사와 연결하여 설명하면, 회사의 의사결정을 같은 요령으로 유도할 수 있는 힘을 의미할 것이다. 이러한 의미에서의 영향력이라면 다양한 유형의 관계가 존재할 수 있다. 본조는 주로 지배주주를 겨냥하여 만들어졌지만, 회사의 유력한 채권자나 지속적인 거래에서 우월한 지위를 갖는 자($^{예: 속칭 하청업체}_{에 대한 도급기업}$)도 영향력을 가진 자가 될 수 있다. 영향력의 보유자는 자연인만이 아니라 법인일 수도 있다($^{예컨}_{대 회}$ $_{사의 모회사. 대법원 2006. 8.}$ $_{25. 선고 2004다26119 판결}$).

영향력의 보유는 계속적이어야 하는 것은 아니고, 일시적인 영향력을 이용하더라도 본조의 적용대상이다.

법문상 「회사」에 대한 영향력을 요건으로 하므로 업무를 집행하는 이사와 개인적인 이해관계에 의한 영향력 행사는 본조의 적용대상이 아니다.

**3) 업무집행의 지시**　　법문은 회사에 대해 영향력을 가진 자가 이사에게 업무집행을 「지시」한다고 표현하나, 법적인 지휘, 감독관계에 있지 않는 한 「지시」란 있을 수 없다. 이는 기술한 영향력을 행사하는 것을 말한다. 영향력을 가진 자가 영향력을 행사함에 있어 사익을 추구할 것은 요하지 않는다.

**4) 이사의 업무집행과 책임발생**　　본조에 의한 책임을 묻기 위해서는 이사가 위 영향력 행사에 복종하여 업무를 집행한 것이 임무해태에 해당하고 회사에 손해를 미치는 등 제399조의 책임요건을 구비하여야 한다. 이사의 업무집행이 정당한 행위라면 영향력 행사자의 책임을 물을 필요가 없기 때문이다.

**5) 책임**　　이상의 요건을 충족할 경우에는 업무집행지시자는 제399조($^{이사의 회사에 대}_{한 손해배상책임}$), 제401조($^{제3자에}_{대한 책임}$) 및 제403조($^{대표}_{소송}$)의 적용에 있어 이사로 의제된다.

제399조와 제401조의 적용에 있어 업무집행지시자를 이사로 본다고 함은, 업무집행지시자의 지시를 받은 이사의 업무집행으로 인해 회사($^{또는}_{제3자}$)에 생긴 손해에 관해 업무집행지

시자에게도 손해배상책임을 묻는다는 것을 뜻한다. 이 규정의 적용에 있어 업무집행지시자에게는 제399조와 제401조의 요건인 임무해태를 요구하지 않는 점을 주의해야 한다. 업무집행지시자는 회사의 기관이 아니므로 회사에 대한 「임무를 게을리」한다는 일이 있을 수 없기 때문이다. 따라서 업무집행지시자의 책임은 상법이 특별히 인정한 책임으로 보아야 한다.

### (3) 무권대행자

제401조의2 제1항 2호는 이사가 아닌 자로서 「이사의 이름으로 직접 업무를 집행한 자」를 책임주체의 하나로 들고 있다. 이를 「무권대행자」로 부르기로 한다.

상법은 「무권대행자」도 업무집행지시자와 마찬가지로 제399조, 제401조 및 제403조를 적용함에 있어 이사로 본다고 규정하고 있다. 제399조를 적용하려면 무권대행자 자신이 제399조의 요건($^{임무}_{해태}$)을 충족해야 할 것이나, 조직법상의 지위를 갖지 않는 자가 회사에 대해 「임무를 게을리」한다는 일이 있을 수 없다. 입법의 착오이다. 법문의 표현에 불구하고, 본 규정은 무권대행자가 회사에 대해 불법행위책임을 진다는 뜻을 주의적으로 표명한 것으로 보아야 한다.

### (4) 표현이사

이사가 아니면서 명예회장, 회장, 사장, 부사장, 전무, 상무 기타 회사의 업무를 집행할 권한이 있는 것으로 인정될 만한 명칭을 사용하는 자가 회사의 업무를 집행한 때에는 그 집행한 업무에 관하여는 이사로 보고 책임을 묻는다($^{401조의2}_{1항 3호}$). 이를 표현이사라 부르기로 한다. 표현이사의 책임을 묻는 데에는 영향력행사라는 요건을 필요로 하지 않는다. 예시한 직명 자체가 영향력행사의 결과이기 때문이다. 이러한 직명을 사용하여 업무를 집행한 것에 관해 이사와 동등한 책임을 지우려는 취지이므로 실제 이사와 동등한 권한이 있었느냐는 것은 묻지 않는다($^{서울중앙지법 2009. 1. 9.}_{선고 2006가합78171 판결}$). 표현이사에 대해 제399조와 제401조를 적용함에 있어서도 무권대행자에 관해 논한 바와 같은 문제가 생긴다. 역시 불법행위책임을 주의적으로 규정한 것으로 보아야 한다.

## IX. 이사의 견제와 책임추궁

### 1. 유지청구권

#### (1) 의의

이사의 법령 또는 정관에 위반한 행위로 인하여 회사에 회복할 수 없는 손해가 생길 염려가 있는 경우에는 감사($^{감사위원회를 두는 경우에는 감사}_{위원회, 이하 같음. 415조의2 7항}$) 또는 소수주주는 회사를 위하여 이사에 대하여 그 행위를 유지할 것을 청구할 수 있다($^{402}_{조}$). 주주 또는 감사의 이러한 권리를 「유지청구권」이라 한다. 주주의 유지청구권은 회사를 위하여 행사하는 것이므로 주주의 공익권이다.

상법은 이사와 이사회에 업무집행권을 부여하는 한편, 이사의 권한남용을 우려하여 이사의 책임을 추궁할 수 있는 제도를 마련하였다. 그럼에도 불구하고 주주나 감사가 사전에 이사의 업무에 관여한다는 것은 이와 같은 권한과 책임의 동시부여의 취지에 어긋난다고 할 수 있다. 그러나 이사의 행위로 인한 손해 중에는 성질상 회복이 불가능한 것도 있을 수 있고, 법률상 회복이 가능하더라도 이사의 무자력으로 사실상 회복이 불가능할 수도 있다. 유지청구는 이와 같이 회복이 어려운 손해를 방지하기 위한 긴급수단으로 인정되는 제도이다.

### (2) 유지청구의 요건

1) **법령·정관에 위반한 행위**     이사가 법령 또는 정관에 위반한 행위를 할 것을 요한다($^{402}_{조}$). 유지청구의 대상이 되는 행위는 대내적이든 대외적이든 불문하고, 불법행위는 물론 법률행위나 준법률행위, 그리고 사실행위도 유지청구의 대상이 될 수 있다.

대상이 된 행위가 거래법상 유효한 법률행위일 경우 그 법률행위의 효력을 저지하기 위하여 유지청구를 할 필요가 있지만, 무효인 경우라도 유지청구를 할 필요가 있다. 일단 이행되면 회복이 어려울 수 있기 때문이다. 그리고 원인행위와 그 이행행위가 분리되어 있을 경우($^{예컨대 회사재산의 매매계약을 하고}_{이후에 인도 또는 등기이전하는 경우}$)에는 원인행위의 유지를 청구할 수 있음은 물론, 원인행위가 이루어진 후에는 그 이행행위의 유지도 청구할 수 있다.

행위가 법령 또는 정관에 위반하면 족하고, 이사의 고의·과실 또는 이사의 권한내외는 묻지 않는다. 그러나 법령 또는 정관에 위반되지 않는 한 임무해태가 있더라도 유지청구의 사유는 될 수 없다.

2) **회복할 수 없는 손해발생의 염려**     이사의 행위를 유지청구하기 위하여는 법령이나 정관에 위반한 행위로 인해 회사에 회복할 수 없는 손해가 생길 염려가 있어야 한다($^{402}_{조}$). 「회복할 수 없는」 손해인지의 여부는 사회통념에 따라 판단될 문제이다. 예컨대 대표이사가 정관상 요구되는 이사회의 승인 없이 회사재산을 처분하려 할 때, 일단 처분하면 제3자에 대한 대항력의 제한 때문에 회수할 수 없고 대표이사도 손해배상의 자력이 없다면 회복할 수 없는 손해에 해당될 것이다.

회복이 법률적으로 불가능한 것만을 뜻하는 것은 아니다. 회복을 위한 비용이나 절차 등으로 보아 회복이 곤란하거나 상당한 시일을 요하는 경우에도 유지청구가 인정된다($^{통}_{설}$).

### (3) 유지청구의 당사자

1) **청구권자**     유지청구를 할 수 있는 자는 감사 또는 발행주식총수의 100분의 1 이상에 해당하는 주식을 가진 주주($^{상장회사의 경우에는 10만분의 50(자본금 1,000억원 이상}_{인 회사는 10만분의 25) 이상을 6월 이상 계속 보유한 주주}$), 즉 소수주주에 한한다($^{402조, 542조의}_{6 5항, 상령 32조}$). 모든 주주에 대해 인정할 경우 유지청구가 남발할 염려가 있기 때문이다. 주주의 경우에는 유지청구 여부가 그의 임의이지만, 감사는 직무상 요건이 충족되면 반드

시 유지청구를 해야 하며 이를 게을리하면 임무해태가 된다.

**2) 피청구자**　　유지청구의 상대방은 법령·정관에 위반한 행위를 하려는 이사이다.

**(4) 절차**

유지청구는 이사에 대한 의사표시로도 할 수 있고, 소로써도 할 수 있다. 소제기와 더불어 가처분으로 이사의 행위를 중지시킬 수도 있다(민집 300조 2항).

**(5) 의사표시에 의한 유지청구의 효과**

유지청구를 소로써 하는 경우에는 판결에 따라 그 효과가 주어진다. 그러나 소에 의하지 아니하고 이사에 대한 의사표시로 유지를 청구할 경우에는 이사가 반드시 이에 따라서 행위를 유지해야 하는 것은 아니다. 유지청구가 정당하지 않을 수도 있기 때문이다. 그러므로 유지청구가 있으면 이사는 자신의 행위가 법령 또는 정관에 위반한 것인지 여부를 숙고하여 유지 여부를 결정할 주의의무를 진다.

**1) 유지하지 않은 경우**

**i) 이사의 책임**　　이사가 유지청구를 받고도 법령 또는 정관에 위반한 행위를 유지하지 않은 경우에는 그 행위로 인해 회사에 생긴 손해에 대하여 제399조에 따라 책임을 진다. 그러나 이는 법령 또는 정관에 위반한 행위를 하였기 때문이지 유지청구 자체의 효과는 아니다.

**ii) 행위의 효과**　　유지청구를 무시하고 한 행위의 사법적 효과는 어떻게 되는가? 신주발행이나 사채발행과 같은 단체법적 행위의 효력은 유지청구의 영향을 받지 않는다는 점에 이견이 없다.

매매·대차와 같은 개인법적 거래행위는 상대방이 유지청구의 사실을 안 경우 회사가 무효를 주장할 수 있다고 하는 설이 있다(강·임 881; 박상 조 658; 최준선 579). 이와 같이 해석한다면 대외적으로 감사나 주주의 유지청구는 적법성의 추정을, 이사의 행위는 위법성의 추정을 받는 결과가 되는데, 그렇게 해석할 실정법적 근거는 없다. 유지청구의 유무 및 상대방의 선의 여부는 행위의 효력에 영향을 주지 않는다고 보아야 한다(권기범 922; 송옥렬 1104; 이범찬 (외) 325; 정경영 559; 정동윤 653).

**2) 유지한 경우**　　감사 또는 주주의 유지청구가 정당한 경우에는 행위를 유지함이 당연하지만, 유지청구가 부당함에도 그에 좇아 이사가 행위를 유지한 경우에는 사안에 따라 그 유지가 오히려 법령·정관에 위반하거나 임무를 해태한 경우에 해당되어 회사에 대한 책임이 발생할 수 있다(399조 1항).

**(6) 유지청구에 관련한 벌칙**

유지청구권의 행사에 관련하여 주주와 이사 간에 부정한 거래가 이루어질 수 있으므로 이를 제재하기 위한 벌칙이 있다(631조 1항 3호).

## 2. 대표소송

### (1) 의의

「대표소송」이란 이사가 회사에 대해 손해배상책임 등의 책임을 지고 있음에도 불구하고 회사가 이사에 대한 권리행사를 게을리할 경우 주주가 회사를 위하여 이사의 책임을 추궁하기 위해 제기하는 소송이다($\frac{403}{\text{조}}$).

이사의 책임추궁을 위한 소제기는 본래 회사의 권리로서, 회사를 대표하는 자가 수행해야 할 일이다. 그러나 동료임원 간에 책임추궁이 방치될 수도 있고, 또 책임추궁이 부당히 지연될 때에는 시효완성이나 이사의 고의적인 무자력화로 회사의 권리실현이 불가능해질 수도 있으므로 궁극적인 이해관계자라 할 수 있는 주주로 하여금 회사의 권리를 실현할 수 있게 한 것이다. 대표소송을 통해 이사의 손해배상책임제도($\frac{399}{\text{조}}$)의 실효성을 확보하고, 대표소송을 경고적 장치로 하여 이사들의 임무해태를 예방하는 효과를 거둘 수 있다.

주주의 대표소송은 이사 외에도 발기인·업무집행관여자·집행임원·감사·청산인 등의 책임을 추궁하기 위하여도 제기할 수 있고($\frac{324\text{조}, 401\text{조의2 1항}, 408}{\text{조의9}, 415\text{조}, 542\text{조 2항}}$), 불공정한 가액으로 신주를 인수한 자($\frac{424}{\text{조의2}}$), 주주권의 행사와 관련하여 이익을 공여받은 자($\frac{467}{\text{조의2}}$)에 대한 회사의 권리를 실현하기 위하여도 제기할 수 있으며, 자본시장법상 단기매매차익으로 인한 이득의 반환을 청구하기 위해서도 제기할 수 있다($\frac{\text{자금 172}}{\text{조 2항}}$). 여기서는 이사의 책임을 추궁하기 위한 대표소송에 관해서만 설명하고, 나머지는 관계되는 곳에서 다루기로 한다.

### (2) 성질

대표소송을 제기한 주주는 회사의 대표기관으로서 회사의 권리를 주장하는 것이다. 그리하여 판결의 효과는 회사에 직접 귀속되고, 그 반사적 효과로서 다른 주주들도 대표소송을 제기한 것과 같은 효과를 누린다. 대표소송은 주주의 개별적인 이익을 위한 것이 아니고 회사와 주주 전체의 이익을 위한 것이므로 그 제소권은 주주의 공익권의 일종이다.

### (3) 제소요건

#### 1) 이사의 책임

i) 대표소송은 이사의 회사에 대한 책임을 추궁하기 위한 소송이므로 주주 자신의 손실회복을 위하여는 제기할 수 없다.

ii) 책임추궁의 범위에 관해, 제399조에 의한 책임($\frac{\text{법령·정관위반 또는}}{\text{임무해태로 인한 책임}}$)과 제428조에 의한 책임($\frac{\text{신주발행시 이사}}{\text{의 인수담보책임}}$) 등 이사의 지위에 기한 책임을 추궁하기 위해서만 대표소송을 제기할 수 있다는 설도 있다. 그러나 대표소송은 이사의 의무불이행으로 인한 회사의 손실이 동료임원의 비호 아래 방치되는 것을 막기 위한 제도이므로 이사의 거래상의 책임도 대표소송으로 추궁할 수 있다고 보아야 한다($\frac{\text{통}}{\text{설}}$).

iii) 이사의 지위에 있는 동안에 발생한 모든 책임에 관해 대표소송이 가능하며, 일단 발생한 책임은 이사가 퇴임하더라도 추궁할 수 있다(통설). 또 이사가 취임 전에 회사에 부담한 채무에 대해서도 취임 후에 회사가 권리행사를 게을리할 수가 있으므로 대표소송의 대상이 된다고 본다.

 2) 주주의 소제기 청구      소수주주는 대표소송을 제기하기 전에 이유를 기재한 서면으로 회사에 대하여 이사의 책임을 추궁할 소를 제기할 것을 청구할 수 있다(403조 1항·2항). 이사에 대한 책임추궁은 원래는 회사의 권리이므로 회사가 그 행사를 게을리할 경우에 한하여 대표소송이 인정되어야 할 것이기 때문이다. 그러므로 이 청구는 대표소송제기의 요건으로서, 제소청구를 생략하고 제기한 대표소송은 부적법한 소송이다(대법원 2021. 7. 15. 선고 2018다298744 판결). 제소청구서에 기재하는 「이유」는 회사가 제소 여부를 판단할 수 있도록 책임추궁 대상 이사, 책임발생 원인사실이 특정되어야 한다(같은 판례).

 회사가 이사를 상대로 하는 소송은 감사(감사위원회를 두는 경우에는 감사위원, 이하 같음. 415조의2 7항)가 대표하므로 소제기의 청구는 감사에게 하여야 한다(394조 1항 후 참조). 감사를 두지 않는 소규모회사의 경우(409조 4항)에는 대표이사에게 청구하여야 할 것이다.

 3) 회사의 소제기 해태      감사가 소제기의 청구를 받은 날로부터 30일 내에 소를 제기하지 아니한 때에는 소수주주는 즉시 회사를 위하여 소를 제기할 수 있다(403조 3항). 그러나 이 기간의 경과로 인하여 회사에 회복할 수 없는 손해가 생길 염려가 있는 경우에는 회사에 대해 청구하지 아니하고, 또 청구를 했더라도 30일을 기다릴 필요 없이 즉시 소를 제기할 수 있다(403조 4항). 「회복할 수 없는 손해가 생길 염려」가 있다 함은 곧 시효가 완성한다든지, 이사가 도피하거나 재산을 처분하려 하는 등 법률상 또는 사실상 이사에 대한 책임추궁이 불가능 또는 무익해질 염려가 있는 경우를 뜻한다.

 **(4) 소의 당사자**

 1) 제소권자      발행주식총수의 100분의 1 이상의 주식을 가진 주주(상장회사의 경우에는 발행주식의 1만분의 1 이상을 6개월 이상 계속 보유한 주주), 즉 소수주주에 한하여 제소할 수 있다(403조 1항, 542조의6 6항). 소제기의 남발을 방지하기 위함이다. 주주는 주주명부상의 주주이어야 한다(대법원 2017. 3. 23. 선고 2015다248342 판결(전)).

 제소 당시에 소수주주요건을 구비하면 족하고, 제소 후에는 지주수가 100분의 1 미만으로 감소하여도 무방하다(403조 5항). 그러나 주식을 전혀 보유하지 않게 된 경우에는 당사자적격이 없으므로 소를 각하하여야 한다(403조 5항 괄호부분). 대표소송을 제기한 주주가 자신의 의사에 반하여 주주의 지위를 상실하였다 하여도 역시 제소자격이 없어진다(대법원 2019. 5. 10. 선고 2017다279326 판결). 다만 각하판결이 선고되기 전에 회사가 공동소송참가를 할 수 있다(대법원 2002. 3. 15. 선고 2000다9086 판결).

 회사가 파산선고를 받은 경우에는 파산관재인이 당사자적격을 가지므로(회파 359조) 주주는 대표소송을 제기하지 못한다(대법원 2002. 7. 12. 선고 2001다2617 판결).

 2) 피고      대표소송의 피고는 회사에 대해 책임이 있는 이사 또는 이사이었던 자이다.

**(5) 소절차**

**1) 관할**　　대표소송은 회사의 본점소재지의 지방법원의 관할에 전속한다($^{403조\ 7항}_{\to 186조}$). 따라서 본래 회사가 직접 제기할 경우의 관할은 무시된다.

**2) 고지와 참가**　　대표소송의 실질적인 당사자는 회사인데다, 주주와 이사의 통모에 의해 대표소송이 부당히 진행될 우려가 있으므로 상법은 회사의 참가를 허용하고($^{404조}_{1항}$), 참가의 기회를 보장하기 위해 소송고지 제도를 두고 있다. 주주가 대표소송을 제기한 때에는 지체 없이 회사에 대하여 소송의 고지를 하여야 한다($^{404조}_{2항}$). 일반적으로 소송고지는 고지자의 자유이나 대표소송의 고지는 법상의 의무이다.

〈소송고지〉 원고나 피고가 아닌 제3자가 소송의 결과에 대해 이해관계를 가질 수가 있다. 이 경우 원고 혹은 피고가 그 제3자에 대해 소송이 제기되었음을 알리는 것을 「소송고지」라 하고, 그 제3자가 원고나 피고를 도와주기 위해 혹은 자기의 권리를 주장하기 위해 소송에 개입하는 것을 「소송참가」라 한다($^{민소\ 71조}_{이하\ 참조}$).

**3) 주주의 담보제공**　　이사가 대표소송을 제기하는 주주의 악의를 소명해 청구할 때에는 법원은 주주에게 상당한 담보를 제공할 것을 명할 수 있다($^{403조\ 7항\to 176}_{조\ 3항\cdot4항}$). 주주의 악의란 피고인 이사를 해할 것을 알고 제소함을 뜻한다.

**4) 소의 취하, 청구의 포기·화해 등**　　제소주주는 소송물에 관해 처분권이 없으므로 법원의 허가가 없으면 취하·포기·화해 등을 할 수 없다($^{403조}_{6항}$).

**(6) 재심**

대표소송에서 원고와 피고가 공모하여 소송의 목적인 회사의 권리를 사해할 목적으로서 판결을 하게 한 때에는 회사 또는 주주는 확정된 종국판결에 대하여 재심의 소를 제기할 수 있다($^{406}_{조}$).

대표소송은 타인($^{주주와}_{이사}$) 간의 소송에 의해 회사의 권리가 확정되는 제도이므로($^{민소\ 218}_{조\ 3항}$) 원·피고 간의 결탁으로 인해 회사의 권리가 침해될 수도 있다. 예컨대 고의적으로 원고의 패소를 유도하는 것과 같다. 재심제도는 이와 같은 경우에 회사의 권리를 회복하기 위한 제도이다.

**(7) 제소주주의 권리의무**

대표소송 또는 재심의 소에서 주주가 승소한 때에는 소송비용 및 소송으로 인하여 지출한 비용 중 상당한 금액의 지급을 청구할 수 있다($^{405조\ 1항\ 전,}_{406조\ 2항}$). 회사가 주주에게 이 비용을 지급한 때에는 피고인 이사에게 구상할 수 있다($^{405조}_{1항\ 후}$).

반면 대표소송에서 주주가 패소하더라도 원칙적으로 회사에 대해 손해배상책임을 지지 아니한다($^{405조}_{2항}$). 대표소송을 제기하는 주주에게 무거운 위험부담을 주는 것은 대표소제기의 동기를 위축시킬 것이기 때문이다. 그러나 주주가 악의인 경우에는 회사에 대해 손해배상책임을 진다($\frac{405조}{2항}$). 「악의」란 회사를 해할 것을 알고 부적절한 소송을 수행한 것을 말한다.

### (8) 다중대표소송

1) 의의　　　상법 제403조가 규정하는 대표소송을 제기할 수 있는 주주란 피고가 될 이사가 속한 당해 회사의 주주에 국한된다. 그러나 2020년 개정상법은 「다중대표소송」이라는 이름으로 모회사의 주주가 자회사의 이사의 책임을 추궁하기 위한 대표소송을 제기할 수 있는 제도를 신설하였다. 직접의 자회사만이 아니라 손회사의 이사를 상대로 하는 대표소송도 인정되므로 「다중」대표소송이라는 명칭을 사용하였다.

2) 입법취지　　　모자회사는 지배종속관계에 있지만 법인격을 달리하므로 모회사의 주주가 자회사의 권리를 행사하는 것은 통상의 법인이론에는 부합하지 않는다. 그러나 자회사의 이사의 유책행위로 생긴 자회사의 손실은 실질적으로 모회사 및 그 주주에게 귀속되므로 모회사의 주주가 손해의 궁극적 당사자라 할 수 있다는 이유에서 다중대표소송제도를 도입하였다.

3) 소제기의 요건

i) 제소전청구　　　후술하는 요건을 갖춘 모회사의 주주가 자회사에 대해 서면으로 자회사의 이사의 책임을 추궁할 소의 제기를 청구할 수 있으며($\frac{406조}{의2\ 1항}$), 이 청구를 받고 자회사가 30일 내에 소를 제기하지 않을 때에는 청구를 한 모회사의 주주는 즉시 자회사를 위하여 자회사의 이사를 상대로 소($\frac{대표}{소송}$)를 제기할 수 있다($\frac{406조}{의2\ 2항}$). 이 기간의 경과로 인해 회사에 회복할 수 없는 손해가 생길 염려가 있는 경우에는 회사에 소제기를 청구함이 없이 바로 대표소송을 제기할 수 있다($\frac{406조의2\ 3항}{\rightarrow403조\ 4항}$). 일반 대표소송의 제소전 절차와 같다.

ii) 제소주주의 요건　　　모회사의 발행주식총수의 100분의 1 이상에 해당하는 주식을 가진 주주($\frac{상장회사의\ 경우에는\ 1만분의\ 50}{이상을\ 6월간\ 계속\ 보유한\ 주주}$)는 다중대표소송을 제기할 수 있다($\frac{406조의2\ 1항,}{542조의6\ 7항}$). 제소주주의 지분이 감소하더라도 소송은 유지되지만, 주식을 전혀 보유하지 않게 된 경우에는 제소자격을 상실하는 것도 일반 대표소송과 같다($\frac{406조의2\ 3항}{\rightarrow403조\ 5항}$).

iii) 모자관계의 요건　　　상법에서는 제342조의2가 유일하게 모회사와 자회사의 개념을 정의하고 있다. 어느 회사가 다른 회사의 발행주식총수의 100분의 50을 초과하는 주식을 소유할 때 소유하는 회사를 모회사, 소유당하는 회사를 자회사라 한다. 그리고 동조 제3항에서는 모회사가 자회사와 더불어 혹은 자회사가 단독으로 다른 회사의 발행주식총수의 100분의 50을 초과하여 소유할 경우 그 다른 회사도 모회사의 자회사로 다룬다. 이를 흔히 「손회사」라고 부른다. 다중대표소송에서의 모자회사의 개념도 이에 따라 이해해야 한다. 이같이 이해하면, 모회사의 주주가 대표소송을 제기할 수 있는 상대방은 직근의 자회사의 이사만이 아니라 손회사의 이사도 포함한다.

iv) 모자관계 해소의 효과 　　　상법 제406조의2 제4항은 "제1항의 청구를 한 후 모회사가 보유한 자회사의 주식이 자회사 발행주식총수의 100분의 50 이하로 감소한 경우($\binom{발행주}{식을 보}$ $\binom{유하지 아니하게}{된 경우를 제외한다}$)에도 제1항 및 제2항에 따른 제소의 효력에는 영향이 없다"라고 규정하고 있다. 제1항의 청구 후에는 모자관계가 해소되어도 구모회사가 구자회사의 주식을 1주라도 유지하는 한 다중대표소송은 유효하게 유지된다는 의미이다. 그러나 모회사의 자회사에 대한 지분이 전무(0)해지면 다중대표소송의 제소요건을 결하므로 부적법한 소가 된다.

**4) 절차**　　　대표소송의 절차에 관한 규정이 준용된다. 다중대표소송은 책임추궁의 대상이 되는 이사가 속한 자회사의 본점소재지의 지방법원의 관할에 전속한다($\binom{406조}{의2 5항}$). 자회사는 제소주주가 악의임을 소명하여 법원에게 제소주주에게 담보제공을 명하도록 청구할 수 있으며($\binom{406조의2 3항}{\rightarrow176조 3항 \cdot 4항}$), 자회사는 다중대표소송에 참가할 수 있고, 제소주주는 자회사에 소송을 고지해야 하고($\binom{406조의2 3}{항\rightarrow404조}$), 제소주주가 승소할 경우 자회사에 소송비용을 청구할 수 있으며($\binom{406조의2 3}{항\rightarrow405조}$), 다중대표소송이 회사의 권리를 사해할 목적으로 제기된 것이고 그같이 판결이 이루어진 경우에 자회사 또는 모회사의 다른 주주 또는 자회사의 다른 주주가 재심의 소를 제기할 수 있다($\binom{406조의2 3}{항\rightarrow406조}$). 그리고 다중대표소송 역시 법원의 허가 없이는 소의 취하, 청구의 포기 · 인낙 · 화해를 할 수 없다($\binom{406조의2 3항}{\rightarrow403조 6항}$).

**5) 적용범위**　　　다중대표소송은 자회사의 이사 외에도 자회사의 발기인, 업무집행관여자, 집행임원, 감사, 청산인 등의 책임을 추궁하기 위하여도 제기할 수 있다($\binom{324조, 401조의2 1}{항, 408조의9, 415}$ $\binom{조, 542}{조 2항}$). 일반 대표소송은 현저히 불공정한 가액으로 신주를 인수한 자의 차액반환책임, 주주의 권리행사와 관련하여 회사로부터 이익을 공여받은 자의 반환책임을 추궁하기 위해서도 제기할 수 있으나($\binom{424조의2 2항, 467}{조의2 4항\rightarrow403조}$), 다중대표소송은 이 같은 목적으로는 제기할 수 없다.

# X. 직무집행정지 및 직무대행자

## 1. 의의

특정 이사의 지위에 다툼이 있어 장차 당해 이사의 지위가 박탈될 가능성이 있음에도 불구하고 당해 이사로 하여금 직무를 계속 수행하게 한다면 회사의 업무집행이 파행에 이를 위험이 있다. 이런 경우 일시적으로 이사의 직무수행권한을 정지시키는 것이 직무집행정지가처분이라는 제도이다. 그리고 이로 인해 회사의 정상적인 운영이 어려워지는 일이 없도록 직무를 대신할 자로 선임되는 자가 직무대행자이다. 상법은 이사에 관하여 제407조와 제408조를 두고, 감사, 청산인 기타 지위에 있는 자에 대하여 이를 준용하고 있다.

## 2. 직무집행정지가처분

### (1) 성질

민사집행법 제300조 제2항은 쟁의 있는 권리관계에 대하여 「임시의 지위」를 정하기 위한 가처분제도를 두고 있다. 통설·판례는 제407조의 이사의 직무집행정지가처분도 민사집행법상의 통상의 임시의 지위를 정하기 위한 가처분의 하나로 본다. 따라서 이사의 직무집행정지가처분은 민사집행법상의 가처분에서와 같이 「보전의 필요성」이 있어야 하며, 그 절차는 민사집행법상의 가처분의 절차에 의한다.

### (2) 가처분의 요건

**1) 본안소송의 제기**  이사의 직무집행정지가처분을 신청하기 위해서는 이사의 지위를 다투는 본안소송이 제기되어 있어야 한다. 상법은 그 본안소송으로서 이사선임($\frac{주}{총}$)결의의 무효의 소($\frac{380}{조}$), 취소의 소($\frac{376조}{1항}$), 이사해임의 소($\frac{385조}{2항}$)를 열거하고 있다($\frac{407조}{1항 본}$). 이사선임결의의 부존재확인의 소도 당연히 가처분의 본안소송이다.

**2) 본안 전의 가처분**  예외적으로 「급박한 사정이 있는 때」에는 본안소송을 제기하기 전에도 가처분을 할 수 있다($\frac{407조}{1항 단}$). 「급박한 사정」이란 본안 전임에도 가처분을 해야 할 사정을 뜻한다. 즉 이사의 직무수행의 현황에 비추어 본안소송까지 기다릴 여유가 없는 경우이다.

**3) 보전의 필요**  일반적으로 가처분은 「권리보전의 필요」가 있어야 한다. 「보전의 필요」란 「특히 계속하는 권리관계에 현저한 손해를 피하거나 급박한 위험을 막기 위하여 또는 그 밖의 필요한 이유」가 있음을 말한다($\frac{민집 300}{조 2항 단}$). 예컨대 이사의 직무수행으로 인해 회사에 큰 손해가 초래된다든지($\frac{현저한}{손해}$), 직무수행의 내용으로 보아 그대로 방치하면 본안판결을 받더라도 이를 무익하게 한다든지($\frac{급박한}{위험}$), 기타 이에 준하는 사유가 있을 때($\frac{그 밖의 필}{요한 이유}$)에 가처분을 할 수 있다.

### (3) 당사자

본안소송중에 가처분을 신청할 수 있는 자는 본안소송의 원고이다. 본안소송 전에는 본안소송의 원고가 될 자가 신청할 수 있다.

피신청인은 신청인의 주장에 의해 지위가 다투어지는 자($\frac{예컨대 해임소송에서 해임되}{어야 할 것으로 주장되는 이사}$)이며, 회사는 피신청인이 될 수 없다($\frac{대법원 1972. 1. 31.}{선고 71다2351 판결}$).

### (4) 절차

관할은 본안소송의 관할법원에 속하며($\frac{민집}{303조}$), 기타 절차는 모두 민사소송법상의 가처분 절차에 따른다. 법원은 당사자의 신청에 의하여 가처분을 변경 또는 취소할 수 있다($\frac{407조}{2항}$).

가처분 또는 가처분의 변경·취소가 있는 때에는 본점과 지점의 소재지에서 등기하여야 한다($\frac{407조}{3항}$). 가처분은 제3자의 이해관계에도 영향을 미치므로 이를 공시할 필요가 있기 때문이다.

### (5) 직무집행정지가처분의 효력

직무집행이 정지된 이사 또는 대표이사는 일체의 직무집행을 할 수 없다. 가처분의 효력은 제3자에게도 미치므로 직무집행이 정지된 이사가 한 직무집행은 (절대)무효이며, 후에 가처분이 취소되더라도 소급하여 유효해질 수 없다(대법원 2008. 5. 29. 선고 2008다4537 판결). 그러나 직무집행정지가처분 및 직무대행자선임은 등기할 사항이므로(407조 3항), 이를 등기하지 않은 경우에는 선의의 제3자에게 대항하지 못한다(대법원 2014. 3. 27. 선고 2013다39551 판결).

직무집행이 정지된 이사가 주주총회에서 다시 이사로 선임되더라도 직무집행정지가처분이 취소되지 않는 한 이사의 권한을 행사할 수 없다(전게 대법원 2013다39511 판결).

직무집행정지가처분은 기간을 정한 때에는 그 기간이 만료함으로써 효력을 상실하고, 기간을 정하지 아니한 때에는 본안소송의 판결이 확정됨과 동시에 효력을 상실한다.

직무집행정지가처분이 있더라도 이사 또는 대표이사는 직무집행에서만 제외될 뿐 이사 또는 대표이사의 지위를 잃는 것은 아니며, 이사의 임기도 영향을 받지 않는다. 즉 가처분으로 인해 임기가 정지되거나, 가처분이 존속하는 기간만큼 임기가 연장되는 것이 아니다(대법원 2020. 8. 20. 선고 2016다249148 판결).

### 3. 직무대행자

**1) 선임**　　법원은 이사의 직무집행정지가처분과 함께 직무대행자를 선임할 수 있다(407조 1항 전). 직무대행자의 선임도 가처분으로 하는 것이다. 직무대행자는 이사의 직무집행정지로 인한 회사운영의 공백을 메우기 위해 선임하는 것이므로 그러한 필요가 있지 않은 한 반드시 선임해야 하는 것은 아니다. 한편 직무집행정지를 하지 않고 직무대행자만을 선임할 수는 없다. 직무대행자의 자격에는 제한이 없으나, 직무집행이 정지된 이사 또는 감사를 재차 직무대행자로 선임할 수는 없음은 물론이다.

**2) 권한**　　직무대행자는 직무집행이 정지된 이사의 권한을 행사한다. 그러나 직무대행자는 임시의 지위이므로 가처분명령에 다른 정함이 없는 한 회사의 「상무」에 속하지 아니한 행위는 법원의 허가를 얻은 때에 한해 할 수 있다(408조 1항 단).

「상무」란 「일상의 업무」라는 말을 줄인 것이나, 그 뜻이 명확하지 않다. 판례는 「상무」를 「회사의 영업을 계속함에 있어 통상의 업무범위 내의 사무, 즉 회사의 경영에 중요한 영향을 미치지 않는 보통의 업무」라고 정의한다(대법원 1991. 12. 24. 선고 91다4355 판결). 주로 회사의 목적사업의 수행을 위한 기본적인 관리업무를 뜻하는 것으로 이해된다. 따라서 신주발행·사채발행·영업양도와 같은 조직법적 변경을 가져오는 행위나 중요재산의 처분과 같은 비일상적인 위험을 수반하는 행위는 할 수 없다. 판례는 주주총회의 안건이 상무에 속한 것이 아닌 경우(예: 정관변경)에는 주주총회의 소집 자체도 상무에 속하지 않은 것으로 보고 법원의 허가를 받지 않고 소집하면 결의의 취소사유로 본다(대법원 2007. 6. 28. 선고 2006다62362 판결).

직무대행자가 타인(예: 가처분신청인)에게 직무대행자로서의 권한을 위임하는 것은 가처분명령의 취지에 위배되므로 허용될 수 없다(대법원 1984. 2. 14. 선고 83다카875 판결).

직무대행자가 법원의 허가 없이 상무에서 벗어난 행위를 한 경우에도 회사는 선의의 제3자에 대하여 책임을 진다(408조의2항). 거래의 안전을 위한 배려이다.

# XI. 집행임원

## 1. 의의

집행임원이란 회사의 선택에 따라 대표이사에 갈음하는 기구로 설치되어 회사의 업무집행과 회사 대표에 관한 권한을 행사할 수 있는 기관이다(408조의2 1항, 408조의4).

집행임원은 기업실무에서 관행적으로 운영되어 오는 집행임원과는 구별해야 한다. 회사실무에서는 이사가 아닌 자에게 부사장, 전무, 상무 등의 명칭을 부여하며 회사의 경영을 맡기는 예가 흔하다. 이들을 흔히 「집행임원」이라 부르지만 그 법적 신분은 회사의 사용인이다. 상법이 대표이사를 갈음하는 기관으로 집행임원을 둔 것은 실무상의 집행임원을 법상의 제도로 유도하고, 이사회의 업무집행결정기능을 상당부분 분리하여 집행임원에게 맡기고, 이사회는 업무감독기능에 충실하도록 하기 위함이다(2011년 신설).

## 2. 집행임원의 위상

입법취지의 핵심은 관행상의 실무집행임원을 상법상의 기관으로 부상시키고, 그 권한과 책임을 조직법적으로 관리한다는 것으로 요약할 수 있다. 그러나 현실로 입법된 내용은 당초의 입법취지와는 달리 종래의 대표이사의 변형을 선택지로 제시한 데 지나지 않는다.

1) **설치의 임의성**    회사는 집행임원을 둘 수 있는데, 집행임원을 둘 경우에는 대표이사를 두지 못한다(402조의2 1항 후). 회사는 종래의 대표이사와 집행임원 중 하나를 업무집행기구로서 자유로이 선택할 수 있는 것이다.

2) **대표이사와의 차별성**    집행임원제도는 다음에 지적하는 바와 같이 대표이사와 차별화되는 점이 없다.

첫째, 집행임원은 대표이사와 마찬가지로 이사회에서 선임된다. 다만 집행임원은 이사 아닌 자로도 선임할 수 있다는 점이 대표이사제에 대한 특색이다.

둘째, 집행임원의 권한도 대표이사와 마찬가지로 회사의 업무집행을 하는 것이고, 이사회가 집행임원에 대해 감독권을 행사하는 것도 종래의 이사회와 대표이사의 관계와 같다. 이사회가 집행임원에게 업무집행에 관한 의사결정을 위임할 수 있지만, 법상 이사회의 의사결정사항으로 정해진 것은 위임의 대상에서 제외된다는 점($^{408조의2}_{3항 4호}$)에서 대표이사에 대한 위임의 폭과 크게 다를 바 없다.

셋째, 대표집행임원에 대해서는 상법에 다른 규정이 없는 한 대표이사에 관한 규정을 준용하므로($^{408}_{조의5}$) 더욱이나 집행임원과 대표이사의 차별성이 희박해진다.

### 3. 선임

**1) 선임근거** 　　상법은 집행임원제의 채택을 위해 정관의 근거나 주주총회의 결의를 요한다는 규정을 두지 않고, 단지 제408조의2 제3항에서 이사회의 권한사항의 하나로서 집행임원과 대표집행임원의 선임·해임을 규정하고 있다($^{동 조항}_{1호}$).

**2) 원수** 　　집행임원은 1인 또는 수인을 선임한다($^{408조}_{의5 1항}$). 집행임원이 수인 있는 경우에는 이사회가 그 직무분담 등에 관해 결의하지 않는 한($^{408조의2 3}_{항 5호 참조}$), 각자가 업무집행을 한다. 법상 집행임원의 회의체는 정해진 바 없지만 이사회의 결의로 또는 집행임원들이 자율적으로 집행임원의 업무집행방법으로서 집행임원회의를 구성하여 운영할 수 있다.

**3) 임기** 　　임기는 2년을 초과할 수 없다($^{408조}_{의3 1항}$). 즉 2년 내의 기간으로 회사가 자유롭게 정할 수 있다. 그러나 정관에 그 임기 중의 최종 결산기에 관한 정기주주총회가 종결한 후 가장 먼저 소집하는 이사회의 종결시까지로 정할 수 있다($^{408조}_{의3 2항}$). 이 점 이사의 임기 연장과 같다($^{383조}_{3항}$).

**4) 자격·겸직** 　　집행임원의 자격에 관해서는 특별한 제한이 없다. 이사가 집행임원을 겸할 수도 있다.

### 4. 권한

**1) 업무집행권** 　　상법은 집행임원의 권한으로서, i) 집행임원설치회사의 업무집행, ii) 정관이나 이사회의 결의에 의하여 위임받은 업무집행에 관한 의사결정을 규정하고 있다($^{408}_{조의4}$).

이 중 i)의 업무집행이란 대표이사의 권한으로 인정되는 회사의 관리업무를 말하고, 이점에서 집행임원은 대표이사와 동일한 권한을 갖는다.

ii)는 상법 제408조의2 제3항 제4호와 연결하여 읽어야 한다. 제408조의2 제3항은 집행임원설치회사에서 이사회가 갖는 권한을 열거하는데, 그중의 하나로「집행임원에게 업무집행에 관한 의사결정의 위임($^{이 법에서 이사회 권한사항}_{으로 정한 경우는 제외한다}$)」을 열거하고 있다($^{동 조항}_{4호}$). 위 ii)는 이 규정에 근거하여 이사회로부터 수권받은 사항을 집행임원의 권한으로 열거한 것이다. 위임할 수 없는 권한으로 규정한「이 법에서 이사회 권한사항으로 정한 경우」란 상법에서 구체적인 사항에 관해 이사회를 의사결정주체로 규정한 경우를 말한다. 예컨대 신주발행의 결정($^{416조}_{본}$), 경업의 승인($^{397}_{조}$), 재무제표의 승인($^{447}_{조}$), 사채발행의 결정($^{469}_{조}$) 등을 말한다. 그리하여 이사회가 집행임원에게 위임할 수 있는 업무집행결정사항이란 일응 제393조 제1항이 규정하는 포괄적인 업무집행결정사항 중 다른 조문에서 명문으로 열거한 이사회 권한사항을 제외한 나머지를 가리킨다고 말할 수 있다.

2) **이사회 소집권**    집행임원은 필요하면 이사회의 소집을 청구할 수 있다. 이 경우 집행임원은 회의의 목적사항과 소집이유를 적은 서면을 이사($\binom{소집권자가 있는}{경우에는 소집권자}$)에게 제출하여야 한다($\binom{408조}{의7\ 1항}$).

집행임원의 소집청구에 대해 이사가 지체 없이 이사회의 소집절차를 밟지 아니하면 소집을 청구한 집행임원은 법원의 허가를 받아 이사회를 소집할 수 있다($\binom{408조}{의7\ 2항}$). 이 경우 법원은 이해관계자의 청구에 의하여 또는 직권으로 이사회 의장을 선임할 수 있다($\binom{동}{항}$).

3) **대표권**    집행임원이 1인인 경우에는 집행임원이 대표집행임원이 되고, 집행임원이 수인인 경우에는 이사회의 결의로 회사를 대표할 집행임원을 선임하여야 한다($\binom{408조}{의5\ 1항}$). 수인의 대표집행임원을 선임할 수도 있고, 집행임원 전원을 대표집행임원으로 선임할 수도 있다.

대표권은 회사의 영업에 관한 재판상·재판 외의 모든 행위에 미치며, 대표권의 제한은 선의의 제3자에게 대항하지 못함은 대표이사의 대표권과 같다($\binom{408조의5\ 2항→389}{조\ 3항→209조}$).

수인의 대표집행임원을 선임한 경우 각자가 대표하지만, 공동으로 대표하도록 할 수 있으며, 이 경우 공동대표이사의 법리가 적용된다($\binom{408조의5\ 2항}{→389조\ 2항}$).

### 5. 의무

1) **주의의무**    집행임원 설치회사와 집행임원의 관계는 「민법」 중 위임에 관한 규정을 준용한다($\binom{408조}{의2\ 2항}$). 이 점 회사와 이사의 관계와 같다. 그러므로 집행임원은 집행임원제도 및 그 선임의 본지에 따라 선량한 관리자의 주의로서 회사의 사무를 처리하여야 한다($\binom{민}{681조}$).

2) **파생적 의무**    일반적인 주의의무로부터 파생하는 주의의무로서 상법은 이사의 특별한 의무에 관한 규정을 집행임원에 준용한다. 집행임원은 이사와 마찬가지로 회사에 대해 충실의무($\binom{382}{조의3}$)와 비밀준수의무($\binom{382}{조의4}$)를 진다($\binom{408조의9→382}{조의3,\ 382조의4}$).

그리고 집행임원이 회사의 업무집행을 하는 관계로 회사와의 이익충돌을 방지하기 위하여 이사와 같이 경업금지, 회사기회유용금지, 자기거래금지 등의 제한을 받는다($\binom{408조의}{9→397조,}$ $\binom{397조의}{2,\ 398조}$).

3) **감시의무**    집행임원은 회사 업무 전반에 걸쳐 위임받은 자이므로($\binom{408조}{의2\ 2항}$) 집행임원이 수인 있을 경우에는 상호 감시의무를 진다고 보아야 한다. 이사회가 수인의 집행임원의 업무를 횡적으로 또는 상하로 분담시켰을 경우에도 같다.

## 6. 이사회의 감독권

**1) 감독 일반** 집행임원의 업무집행은 이사회가 감독한다($^{408조의2}_{3항 2호}$). 이 점 대표이사를 이사회가 감독하는 것과 차이가 없으나($^{393조}_{2항}$), 아래 2), 3)은 집행임원제의 도입취지를 살리기 위해 특별히 설계한 감독체계로서 대표이사에 대한 감독보다 강화된 것이다.

**2) 수인의 집행임원의 관리** 집행임원을 수인 선임한 경우 이사회는 집행임원의 직무 분담 및 지휘·명령관계, 그 밖의 집행임원의 상호관계에 관한 사항을 결정할 수 있다($^{408조의2}_{3항 5호}$).

「직무분담」이란 회사의 업무를 횡적으로 분할하여 각 집행임원에게 관장하도록 하는 것이고, 「지휘·명령관계」란 수인의 집행임원 간에 상명하복의 계선관계를 설정하여 각 집행임원을 배치하는 것을 말한다. 기타 협의, 통지 등 업무집행에 있어서 집행임원 간에 일정한 행위를 하게 하는 등의 관계를 설정할 수 있다.

**3) 집행임원의 보수결정** 상법은 집행임원 설치회사의 이사회의 권한의 하나로 「정관에 규정이 없거나 주주총회의 승인이 없는 경우 집행임원의 보수 결정」을 열거하고 있다($^{408조의2}_{3항 6호}$). 이는 이사의 보수에 관한 제388조의 규정($^{「이사의 보수는 정관에 그 액을 정하지 아니}_{한 때에는 주주총회의 결의로 이를 정한다」}$)과 균형을 맞추어 집행임원의 보수도 정관에 정하거나 주주총회가 정하는 것을 원칙으로 하고, 이에 의해 정해지지 않았을 때 이사회가 후순위적으로 정할 수 있도록 한 것이다.

후순위적이기는 하나 이사회가 집행임원의 보수를 정할 수 있도록 한 것은 이사회에 집행임원의 실적을 평가할 수 있는 기능을 부여하고 이를 통해 집행임원을 감독·통제할 수 있도록 한 것이다.

**4) 집행임원의 이사회에 대한 보고의무** 대표이사가 이사회에 대해 갖는 보고의무 및 이사의 보고요구와 같은 제도가 집행임원에 대해서도 마련되어 있다. 구체적으로는 집행임원은 3개월에 1회 이상 업무의 집행상황을 이사회에 보고하여야 하며($^{408조}_{의6 1항}$), 이외에도 집행임원은 이사회의 요구가 있으면 언제든지 이사회에 출석하여 요구한 사항을 보고하여야 한다($^{408조}_{의6 2항}$), 그리고 이사는 대표집행임원으로 하여금 다른 집행임원 또는 피용자의 업무에 관하여 이사회에 보고할 것을 요구할 수 있다($^{408조}_{의6 3항}$).

## 7. 감사 및 유지청구

**1) 감사** 상법상 監事의 監査는 이사를 상대로 하는 것으로 규정되어 있다. 집행임원을 선임하는 경우에는 집행임원이 이사 및 대표이사를 갈음하여 업무를 집행하므로 감사의 대상은 집행임원이어야 한다. 그러므로 상법은 이사를 상대로 하는 감사업무에 관한 규정($^{412조 및}_{412조의2}$)을 집행임원에 대해 준용한다. 즉 감사는 집행임원의 직무집행을 감사하며, 구체적으로는 집행임원에 대하여 언제든지 영업에 관한 보고를 요구하거나 회사의 업무와 재산

상태를 조사할 수 있다($^{408조의9}_{→412조}$). 그리고 집행임원은 회사에 현저한 손해를 미칠 염려가 있는 사실을 발견한 때에는 즉시 감사에게 보고하여야 한다($^{408조의9}_{→412조의2}$).

**2) 유지청구**   집행임원에 대해서는 이사에 대한 유지청구제도가 준용된다. 집행임원이 법령 또는 정관에 위반한 행위를 하여 회사에 회복할 수 없는 손해가 생길 염려가 있는 경우에는 감사 또는 발행주식총수의 100분의 1 이상에 해당하는 주식을 가진 주주는 이사에 대하여 그 행위를 유지할 것을 청구할 수 있다($^{408조의9}_{→402조}$).

## 8. 집행임원의 책임

**1) 책임원인**   집행임원이 업무집행과 관련하여 회사 또는 제3자에게 손해를 가했을 경우 그 책임에 관한 법리는 이사의 책임에 관한 법리와 같다.

집행임원이 고의 또는 과실로 법령이나 정관을 위반한 행위를 하거나 그 임무를 게을리한 경우에는 그 집행임원은 회사에 손해를 배상할 책임이 있으며($^{408조}_{의8 1항}$), 고의 또는 중대한 과실로 그 임무를 게을리하여 제3자에게 손해를 가한 경우에는 제3자에게도 손해를 배상할 책임이 있다($^{408조}_{의8 2항}$). 집행임원의 이러한 책임에 관해 다른 집행임원·이사 또는 감사도 그 책임이 있으면 다른 집행임원·이사 또는 감사와 연대하여 배상할 책임이 있다($^{408조}_{의8 3항}$).

**2) 업무집행관여자의 책임**   회사에 대한 영향력을 이용하여 집행임원에게 업무집행을 지시하거나 집행임원의 이름으로 직접 업무를 집행하거나, 업무집행권이 있는 것으로 인정될 만한 명칭으로 업무를 집행한 자는 집행임원으로 보고 그 책임을 추궁한다($^{408조}_{의9}$ $^{→401}_{조의2}$).

**3) 대표소송**   주주는 회사 또는 자회사의 집행임원의 책임을 추궁하기 위해 회사 또는 자회사에 소제기를 청구할 수 있고, 대표소송을 제기할 수 있다. 그 절차에는 이사에 대한 대표소송에 관한 규정이 준용된다($^{408조의9→403}_{조~406조의2}$).

대표소송 기타 회사와 집행임원 간의 소송에서는 이사회가 회사를 대표할 자를 선임한다($^{408조의2}_{3항 3호}$).

**4) 책임 및 감면**   이사의 책임을 면제 또는 감경하는 규정($^{400조 1}_{항·2항}$)은 집행임원에도 적용되므로 총주주의 동의로 집행임원의 책임을 면제할 수 있고, 정관의 규정에 의해 책임을 감경할 수 있다($^{408조의9}_{→400조}$).

## 9. 표현대표집행임원

상법은 집행임원설치회사에 대하여 표현대표이사에 관한 제395조를 준용한다($^{408조}_{의5 3항}$). 즉 대표집행임원이 아닌 자가 회사의 허락을 얻어 대표집행임원인 것으로 오인할 만한 명칭을 사용하며 거래하였다면 회사가 이에 대해 책임을 져야 한다.

## 제 5 관  감사제도

### Ⅰ. 총설

회사의 監査는 업무감사와 회계감사로 대별할 수 있다. 「업무감사」는 회사의 업무집행과 대표행위의 적법성과 합목적성에 대하여 감사하는 것을 가리키며, 「회계감사」는 회계의 장부·기록이 회사의 재무상태 및 경영성적을 진실하고 적법하게 표시하였는가의 여부를 감사하는 것이다. 상법은 회사내부에서 감사기능을 전담할 필요적 상설기관으로서 회사의 선택에 따라 감사를 두거나, 감사를 대신하여 감사위원회를 두도록 하고 있다. 그러나 실제의 감사기능은 여러 개의 기관이 중첩적으로 수행하고 있으며, 그 내용은 각 기관의 성격에 따라 상이하다.

#### (1) 업무감사기관

상법상 監事($\binom{\text{또는 감}}{\text{사위원회}}$)는 상시적이고 중심적인 업무감사기관이다. 한편 이사회는 이사 각자의 업무집행에 대해 업무감사를 포함하는 업무감독권을 갖는다. 주주들도 업무감사기능을 아울러 갖는다. 즉 주주총회는 이사의 임면($\binom{382조,}{385조}$), 영업의 양도 등($\binom{374}{조}$), 사후설립($\binom{375}{조}$), 회사의 업무·재산상태의 검사($\binom{467조}{3항}$) 등에 관한 결의를 통하여 업무감사를 행하며 또한 소수주주도 회사의 업무 및 재산상태의 조사를 위한 임시총회의 소집 또는 검사인선임의 청구($\binom{366조,}{467조 1항}$), 대표소송($\binom{403}{조}$) 또는 유지청구($\binom{402}{조}$) 등을 통해 주로 회사경영의 위법성 유무를 가리는 업무감사의 기능을 한다. 이 밖에 임시적 업무감사기관으로서 검사인이 있다.

#### (2) 회계감사기관

주식회사는 회사내부에 있어서의 감사와 아울러 회사규모에 따라 외부로부터의 회계감사도 받아야 한다. 내부감사는 회사의 종업원인 감사직원에 의한 것과 상법상의 감사기관인 감사($\binom{\text{또는 감}}{\text{사위원회}}$)에 의한 것이 있으며, 외부감사로는 후술하는 「외부감사제도」가 있다.

업무감사와 회계감사는 성질상 명확히 구별되는 것은 아니다. 회계감사는 그 기초가 되는 거래의 실태, 즉 업무집행과 관련시켜 검토함으로써 비로소 소기의 목적을 달성할 수 있으며, 업무감사 역시 회계적 수치의 뒷받침에 의해 소기의 기능을 발휘할 수 있다. 그런 이유에서 상법은 監事에게 업무감사권과 회계감사권을 아울러 부여하였다.

주주총회도 재무제표의 승인($\binom{449조}{1항}$) 또는 업무와 재산상태의 조사를 위한 임시총회의 개최($\binom{366조 3항,}{467조 3항}$) 등을 통해서 적어도 형식상으로는 회계감사의 역할이 부여되어 있다.

검사인은 주어진 범위에서 업무감사와 아울러 회계감사도 담당하는 임시기관이다.

단독주주 및 소수주주도 회계상태의 조사를 위한 임시총회의 소집청구($\binom{366조}{1항}$), 회계장부의 열람($\binom{466}{조}$), 회계재산상태의 조사를 위한 검사인선임청구($\binom{467조}{1항}$), 각종 장부의 열람($\binom{396조 2}{항, 448}$ $\binom{}{조 2항}$) 등을 통하여 회계감사적 기능에 참여한다.

## Ⅱ. 감사

### (1) 의의

감사란 회사의 업무감사를 주된 직무로 하는 주식회사의 필요적 상설기관이다(대법원 2019. 11. 28. 선고 2017다244115 판결). 다만 소규모회사는 감사를 두지 않을 수 있다(409조 4항, 237면 참조). 입법례에 따라서는 이사회 내의 내부감사기구로서의 감사 또는 감사위원회를 두기도 하고(밀국), 혹은 수인의 감사로 구성된 감사회로 하여금 이사를 선임·감독하게 하기도 한다(독일). 우리 상법상의 감사는 이사회와 양립하며 감사업무만을 전담하는 기관으로, 우리나라와 일본에 특유한 제도이다.

### (2) 선임 및 종임

**1) 자격**   상법상 감사의 자격에는 제한이 없다. 다만 상장법인에는 상근감사를 두어야 하는데, 상근감사에 대해서는 자격의 제한이 있다(542조의10 2항).

**2) 선임**

i) 선임결의   감사는 주주총회에서 보통결의로 선임한다(409조 1항). 전자투표제를 도입한 회사에서 감사를 선임할 때에는 출석한 주주의 의결권의 과반수로 족하고, 발행주식총수의 4분의 1 이상이 될 것을 요하지 않는다(409조 3항). 이사와는 달리 감사는 집중투표의 대상이 아니다.

선임결의가 있으면, 대표이사의 청약을 요하지 않고, 감사후보자가 동의함으로써 선임행위가 완료됨은 이사의 선임과 같다(대법원 2017. 3. 23. 선고 2016다251215 판결(전)).

감사를 선임한 때에는 그 성명과 주민등록번호를 등기하여야 한다(317조 2항 8호).

ii) 선임시의 의결권제한   의결권 없는 주식을 제외한 발행주식총수의 100분의 3을 초과하는 수의 주식을 가진 주주는 그 초과하는 주식에 관하여는 의결권을 행사하지 못한다. 이 비율은 정관으로 낮출 수 있다(409조 2항). 이사는 보통결의로 선임하는 탓에 대주주의 영향력이 결정적으로 작용하므로 이를 실효적으로 견제하기 위하여는 감사가 중립성을 지녀야 하고, 그를 위해서는 감사의 선임시에 대주주의 영향력을 억제할 필요가 있기 때문이다. 이 의결권제한은 감사를 선임하는 결의에만 적용되고, 선임할 감사의 수를 정하거나, 기타 감사선임 자체와 무관한 결의에는 적용하지 않는다(대법원 2015. 7. 23. 선고 2015다213216 판결).

100분의 3이란 요건은 주주 1인이 소유한 주식수를 기준으로 판단하지만, 상장회사의 최대주주에 한해서는 보다 엄격한 기준을 적용한다. 즉 최대주주의 특수관계인의 계산으로 보유하는 주식 및 최대주주 또는 그 특수관계인이 타인으로부터 위임받은 주식도 최대주주의 의결권에 합산하여 100분의 3을 초과하는 부분은 의결권을 제한한다(542조의12 7항·4항, 상령 38조). 이 의결권이 제한된 주식은 정족수 계산시 발행주식총수에서 제외한다(대법원 2016. 8. 17. 선고 2016다222996 판결. 451면 참조).

iii) 소집통지   상법은 이사 선임시와 마찬가지로 상장회사의 감사를 선임하기 위한 주주총회를 소집할 때에도 소집통지·공고에 감사후보의 성명 등을 기재해야 하고(542조의4),

주주총회는 이 기재한 자에 한해 감사로 선임해야 한다고 규정하고 있다($\substack{542 \\ 조의5}$).

   3) 임기　　감사의 임기는 「취임 후 3년 내의 최종의 결산기에 관한 정기총회의 종결일까지」이다($\substack{410 \\ 조}$). 3년 내에 도래하는 결산기까지의 감사업무에 관한 책임을 지우는 취지이다. 따라서 감사의 임기가 3년을 초과할 수도 있고, 3년에 미달할 수도 있다. 예컨대 사업연도가 1년이고 12월 말 결산인 회사에서 2022년 1월 15일에 감사가 선임되었다고 한다면, 이 감사의 임기는 취임 3년 후인 2025년 1월 15일 이전에 도래하는 결산기인 2024년도 결산기에 관한 정기총회종료일에 만료한다. 정기총회가 2025년 2월 25일에 끝난다면 임기가 3년을 초과하게 된다. 같은 회사에서 2022년 4월 1일에 선임된 감사의 임기는 2025년 2월 25일에 만료하므로 3년을 채우지 못한다.

   4) 종임　　임기만료와 위임의 종료사유($\substack{민 \\ 690조}$)로 퇴임한다. 회사가 해산하여도 이사와는 달리 그 자격을 잃지 않는다($\substack{531조, 534 \\ 조\ 비교}$). 특별결의에 의한 해임, 소수주주에 의한 해임청구의 소, 직무집행정지, 직무대행자선임의 가처분, 결원의 처리 등은 모두 이사와 같은 방법에 의한다($\substack{415조→385조, \\ 386조,\ 407조}$).

### (3) 겸직제한

　　감사는 당해 회사 및 子회사의 이사, 지배인 또는 그 밖의 사용인을 겸하지 못한다($\substack{411 \\ 조}$). 이사는 바로 감사의 감사를 받아야 할 자이고, 사용인은 이사의 지휘감독을 받는 자이므로 감사가 이사나 사용인을 겸한다면 감사업무의 객관성을 기대할 수 없기 때문이다. 그리고 자회사는 모회사의 지배를 받으므로 자회사의 이사가 모회사의 감사가 될 경우 자기를 지배하는 자를 감사하는 결과가 되어 역시 객관적인 감사가 불가능할 것이므로 겸직을 제한한다.

　　이와 같이 양립할 수 없는 지위가 주어지는 선임행위는 선임 당시에 현직을 사임하는 것을 조건으로 하여 효력을 가진다고 보아야 하므로 피선임자가 새로이 선임된 지위에 취임할 것을 승낙한 때에는, 종전의 직을 사임하는 의사를 표시한 것으로 해석해야 한다($\substack{대법 \\ 원 \\ 2007.\ 12.\ 13.\ 선고 \\ 2007다60080\ 판결}$).

### (4) 감사와 회사의 관계

　　감사와 회사의 관계는 위임이고 그 보수도 정관 또는 주주총회의 결의에 의하는 것은 이사와 다를 바 없으나($\substack{415조→382 \\ 조\ 2항,\ 388조}$), 감사는 회사의 업무집행에 관여하지 않는 까닭에 경업금지의무가 없고 회사와의 거래($\substack{자기 \\ 거래}$)도 제한받지 않는다. 그러나 상장회사의 감사는 회사와의 거래가 제한된다($\substack{542조의9 \\ 1항\ 3호}$).

### (5) 감사의 원수

　　이사와 달리 감사의 인원수에는 제한이 없으므로 1인으로 족하지만, 회사가 임의로 2인 이상의 감사를 둘 수도 있다. 이 경우 감사들이 이사회처럼 법상 구속력 있는 회의체를 구성하는 것은 아니다. 수인의 감사는 각자 독립해서 권한을 행사한다.

(6) 감사의 직무·권한

1) 업무감사권

i) 내용  감사는 이사의 직무의 집행을 감사한다($\frac{412조}{1항}$).

(a) 이사의 「업무집행」을 감사한다는 표현을 피하고 「직무의 집행」을 감사한다고 표현한 것은 감사의 범위가 일상적인 업무집행에 국한하지 아니하고 이사의 직무에 속하는 일체의 사항에 미친다는 것을 명백히 하기 위함이다.

회계감사권은 당연히 업무감사권에 포함된다.

(b) 업무감사를 위하여 감사는 언제든지 이사에 대하여 영업에 관한 보고를 요구하거나 회사의 재산상태를 조사할 수 있다($\frac{412조}{2항}$). 이 보고요구 및 조사는 감사행위의 실천수단이므로 이사는 회사의 기밀에 속한다는 등의 이유로도 보고나 조사를 거부할 수 없다.

(c) 감사가 감사업무를 수행하면서 필요한 때에는 회사의 비용으로 전문가의 도움을 구할 수 있다($\frac{412조}{3항}$).

(d) 감사결과에 대한 의견은 이사회에서의 의견진술·보고($\frac{391}{조의2}$), 유지청구($\frac{402}{조}$), 주주총회에서의 의견진술($\frac{413}{조}$), 감사록($\frac{413}{조의2}$)·감사보고서($\frac{447}{조의4}$)의 작성·제출로 표현된다.

ii) 이사회의 「감독」과 감사의 「감사」  「이사회의 이사에 대한 감독」은 일종의 자기시정기능이므로 적법성뿐 아니라 이사가 하는 업무집행의 합목적성·타당성·능률성에 관해서도 미치나, 「監事의 監査」는 상법에서 명문으로 타당성감사를 인정하는 경우($\frac{예: 413}{조, 447조}$ $\frac{의4 2항}{5호·8호}$) 외에는 이사의 업무집행의 적법성에만 미친다는 것이 통설이다. 이와 달리 감사권은 일반적으로 타당성의 감사에도 미친다는 견해($\frac{강·임 893; 권기범 998;}{이·최 596; 최기원 737}$), 절충설로서 원칙적으로는 적법성감사에 한하나 현저히 부당한 업무집행에 대해서는 타당성감사도 할 수 있다는 견해도 있다($\frac{서현제}{903}$).

2) **子회사의 감사권**  모회사의 감사는 그 직무를 수행하기 위하여 필요한 때에는 자회사에 대하여 영업의 보고를 요구할 수 있다($\frac{412조}{의5 1항}$). 자회사는 법적으로는 독립된 회사이나, 모회사의 현황을 자회사의 영업과 연결지어 파악하지 않으면 모회사의 적정한 감사가 불가능한 경우가 있으므로 감사업무의 실효성을 높이기 위하여 자회사에 관한 제한된 조사를 허용한 것이다.

i) 자회사  모자회사의 관계는 제342조의2에서 정한 바에 따라 지주비율에 의해 정해진다($\frac{392면}{참조}$).

ii) 요건  자회사에 대한 보고요구는 자회사를 위한 감사가 아니고 모회사의 효과적인 감사를 위해 인정되는 것이다. 그러므로 자회사에 대해 보고를 요구하기 위해서는 「모회사에 대한 직무수행을 위한 필요성」이 감사에 의해 소명되어야 한다.

iii) 보고요구권  감사는 원칙적으로 자회사에 대해 영업의 보고를 요구할 수 있을 뿐이다($\frac{412조}{의5 1항}$). 보고요구의 범위는 기술한 바와 같이 모회사의 감사를 위해 필요한 사항에 그치고 포괄적인 사항의 보고는 요구할 수 없다. 주로 모회사와의 거래관계가 될 것이고 자회사의 주식가치의 평가에 필요한 범위에서 자회사의 자산의 현황을 물을 수 있다.

iv) 조사권     자회사가 모회사 감사의 보고요구에 지체 없이 응하지 아니할 때 또는 보고의 내용을 확인할 필요가 있는 때에는 자회사의 업무와 재산상태를 조사할 수 있다($_{의5\ 2항}^{412조}$). 보고요구가 실효를 거두지 못할 경우에 대비해 감사의 직접 조사권을 인정한 것이다.

v) 자회사의 수인의무     자회사는 정당한 이유가 없는 한 이상의 보고요구 및 조사를 거부할 수 없다($_{의5\ 3항}^{412조}$). 정당한 이유가 따르지 않는 거부에 대해서는 벌칙이 적용된다($_{항\ 25호}^{635조\ 1}$). 거부할 수 있는 정당한 이유란 자회사의 영업비밀의 침해 등 자회사의 독립된 이익이 침해될 경우를 뜻한다고 해석된다.

3) 이사회출석·의견진술권     감사는 이사회에 출석하여 의견을 진술할 수 있다($_{의2\ 1항}^{391조}$). 감사업무의 수행을 위해서는 감사가 이사회의 결의사항을 알 필요가 있고, 또 감사의견을 이사회에 표시할 필요가 있기 때문이다. 따라서 이사회를 소집할 때에는 감사에게도 소집통지를 하여야 하며($_{3항}^{390조}$), 소집통지를 생략하고자 할 때에는 감사의 동의를 얻어야 한다($_{4항}^{390조}$).

「의견을 진술」한다 함은 의안에 대한 찬반의 의사를 표시한다는 것이 아니라 감사의견을 표시하는 것을 뜻한다. 이와 같이 감사의 이사회 출석은 감사권의 수행을 위한 것이고, 이사회의 의사형성을 위해 필요한 것은 아니므로 감사에게 소집통지를 하지 않았다거나, 감사가 출석하지 않았다 해서 이사회의 결의에 하자가 있는 것은 아니다($_{고\ 90다카22698\ 판결}^{대법원\ 1992.\ 4.\ 14.\ 선}$).

감사가 이사회에 정당한 사유 없이 불출석하여 감사권의 행사를 게을리한 경우에는 임무해태가 된다.

4) 이사회의사록의 기명·날인권     이사회에 출석한 감사는 이사회의 의사록에 기명날인($_{서명}^{또는}$)해야 한다($_{의3\ 2항}^{391조}$). 감사의 출석을 보장하고 의사록작성의 공정·정확을 기하기 위함이다.

5) 이사의 보고수령권     이사는 회사에 현저한 손해를 미칠 염려가 있는 사실을 발견한 때에는 즉시 감사에게 이를 보고하여야 한다($_{조의2}^{412}$). 감사에게 특히 긴급한 상황에 대한 정보를 제공하기 위해 둔 제도이다. 이사가 보고의무를 게을리한 경우 손해배상책임($_{조}^{399}$) 및 해임($_{조}^{385}$)의 사유가 된다.

6) 이사회소집청구권     감사는 필요하면 회의의 목적사항과 소집이유를 적은 서면으로 이사회의 소집권자에게 이사회의 소집을 청구할 수 있다($_{의4\ 1항}^{412조}$). 감사가 감사활동의 결과에 관해 이사회에서 적시에 의견을 진술하고자 할 경우 그 실행수단을 마련해 주기 위한 제도이다. 이사회의 소집권자가 감사의 소집청구를 받고 지체 없이 이사회를 소집하지 아니할 때에는 그 청구를 한 감사가 직접 이사회를 소집할 수 있다($_{의4\ 2항}^{412조}$).

**7) 주주총회 소집청구권**　　감사는 회의의 목적사항과 소집의 이유를 기재한 서면을 이사회에 제출하여 임시총회의 소집을 청구할 수 있다($\substack{412조 \\ 의3 1항}$). 이 청구가 있은 후 이사회가 지체 없이 총회소집절차를 밟지 않는 경우에는 감사가 법원의 허가를 얻어 총회를 소집할 수 있다($\substack{412조의3 2항 \\ \to 366조 2항}$). 감사의 총회소집청구권은 감사업무의 실효성을 확보하기 위해 주어진 것으로, 감사는 감사업무와 관련한 긴급한 의견진술을 위해서 주주총회의 소집을 청구할 수 있고, 감사의 직접적인 소관업무가 아닌 사항을 사유로 해서는 주주총회의 소집을 청구할 수 없다고 보아야 한다.

**8) 유지청구권**　　이사의 유지청구 부분 참조($\substack{544면 이 \\ 하 참조}$)

**9) 감사해임에 관한 의견진술권**　　감사는 주주총회에서 감사의 해임에 관하여 의견을 진술할 수 있다($\substack{409 \\ 조의2}$). 감사에게 해임결의의 공정을 촉구할 기회를 준 것이다. 주주총회는 감사가 의견진술을 원할 경우 반드시 의견진술의 기회를 부여하여야 하며, 이를 간과한 경우에는 결의취소사유가 된다.

**10) 회사와 이사 간의 소 대표권**　　회사가 이사에 대하여 또는 이사가 회사에 대하여 소를 제기하는 경우에 감사는 그 소에 관하여 회사를 대표한다($\substack{394조 \\ 1항 전}$)($\substack{상세는 547 \\ 면 참조}$). 감사의 소대표권에 관한 규정은 효력규정으로서, 이에 위반하여 대표이사가 회사를 대표하여 행한 소송행위는 무효이다($\substack{대법원 1990. 5. 11. 선 \\ 고 89다카15199 판결}$). 한편 회사가 감사를 상대로 소송을 할 경우에는 대표이사가 회사를 대표하여 소송을 수행하여야 한다.

**11) 각종 소 제기권**　　상법은 회사설립무효의 소($\substack{328 \\ 조}$), 결의취소의 소($\substack{376조 \\ 1항}$), 신주발행무효의 소($\substack{429 \\ 조}$), 감자무효의 소($\substack{445 \\ 조}$), 합병무효의 소($\substack{529 \\ 조}$)에 관해 감사에게도 소제기권을 인정한다.

**12) 감사의 보수**　　감사의 보수도 이사의 보수와 같이 정관으로 정하거나 주주총회에서 정하여야 한다($\substack{415조 \\ \to 388조}$). 흔히 주주총회에서 임원의 보수를 총액으로 정하고 각 임원별 보수액은 이사회의 결정에 위임하는데, 감사의 보수에 관한 한 이사의 보수와 구분하여 정하여야 한다. 이사회에서 감사의 보수액을 정한다면 감사의 독립성에 영향을 주기 때문이다. 이 점 상장회사에 관해서만 명문의 규정을 두고 있으나($\substack{542조의 \\ 12 5항}$), 비상장회사에서도 마찬가지로 해석해야 한다.

**(7) 감사의 의무**

감사도 이사와 같이 회사의 수임인으로서 선량한 관리자의 주의의무를 지며($\substack{민 \\ 680조}$), 회사의 영업비밀을 유지할 의무를 진다($\substack{415조 \\ \to 382조의4}$). 앞서 설명한 감사의 권한이란 동시에 그 의무이기도 하므로 권한을 행사할 시기를 놓쳐서는 안 되고, 선량한 관리자의 주의를 다하여 권한을 행사하여야 한다. 그 밖에 감사의 업무와 관련하여 상법은 다음과 같은 개별적인 의무를 과하고 있다.

**1) 이사회에 대한 보고의무**　　감사는 이사가 법령 또는 정관에 위반한 행위를 하거나

그 행위를 할 염려가 있다고 인정한 때에는 이사회에 이를 보고하여야 한다($^{391조}_{의2 2항}$). 업무감사권에 수반하는 의무이며, 이사회에 대해 감독권의 발동을 촉구하는 의미를 지닌다.

2) **주주총회에서의 의견진술**　　감사는 이사가 주주총회에 제출할 의안 및 서류를 조사하여 법령 또는 정관에 위반하거나 현저하게 부당한 사항이 있는지의 여부에 관하여 주주총회에 그 의견을 진술하여야 한다($^{413}_{조}$). 이사에 대한 최종적인 통제는 주주총회에서 이루어지므로 감사의 의견진술은 감사기능의 가장 실효적이자 결론적인 부분이라 할 수 있다.

3) **감사록의 작성**　　감사는 監査에 관한 감사록을 작성하여야 한다($^{413조}_{의2 1항}$). 감사록에는 감사의 실시요령과 그 결과를 기재하고, 감사를 실시한 감사가 기명날인($^{또는}_{서명}$)하여야 한다($^{413조}_{의2 2항}$).

4) **감사보고서의 작성·제출**　　결산감사를 할 때에는 감사보고서를 작성하여 이사에게 제출하여야 한다($^{447조}_{의4 1항}$).

(8) **감사의 책임**

감사가 그 임무를 해태한 때에는 회사에 대하여 연대하여 손해를 배상할 책임을 진다($^{414조}_{1항}$). 「임무해태」란 고의·과실로 旣述한 의무를 위반한 경우는 물론 각종의 권한행사를 게을리한 경우도 포함한다. 예컨대 이사가 위법하거나 부당한 업무집행을 추진하는데, 감사가 이를 방임하는 것은 임무해태이다($^{대법원 2010. 7. 29.}_{선고 2008다7895 판결}$). 감사업무는 회사의 전 업무에 미치므로 회계감사를 위한 외부감사인의 감사가 있었다 하더라도 그 부분에 관해 감사의 감사의무가 면제되거나 경감되는 것은 아니다($^{대법원 2019. 11. 28. 선}_{고 2017다244115 판결}$).

상근, 비상근감사는 회사의 업무에 관한 숙지도에 있어 현저한 차이를 보이지만, 감사의 손해배상책임의 근거가 되는 상법규정들은 상근, 비상근을 가리지 않으므로 양자의 책임의 유무나 질에 있어서는 차이가 없다($^{대법원 2008. 7. 10. 선}_{고 2006다39935 판결}$).

한편 분식결산 등 손해의 원인된 행위가 다른 임직원들에 의해 조직적으로 은폐되는 경우에는 감사가 이를 밝혀내기는 어려운 실정이므로 판례는 이러한 경우에는 감사의 임무해태로 보지 않는다($^{대법원 2008. 2. 14. 선}_{고 2006다82601 판결}$). 그러나 감사로서는 적극적으로 감사를 할 의무가 있으므로 감사를 해야 할 상황인데 감사를 게을리 하거나, 아예 감사로서의 명의만 빌려주고 일체의 감사업무를 방치한 경우에는 중대한 과실에 속한다($^{대법원 2008. 7. 24. 선}_{고 2008다18376 판결}$).

감사가 악의 또는 중대한 과실로 그 임무를 해태한 때에는 그 감사는 제3자에 대하여도 손해를 배상할 책임이 있다($^{414조}_{2항}$). 예컨대 회사의 재무상태가 악화된 상황에서 상당기간 회계감사를 하지 않았다면 중대한 과실이 있다고 할 수 있다($^{대법원 1988. 10. 25.}_{선고 87다카1370 판결}$).

감사가 회사나 제3자에 대하여 손해를 배상할 책임이 있는 경우에 이사도 그 책임이 있는 때에는 감사와 이사는 연대하여 배상할 책임이 있다($^{414조}_{3항}$).

감사의 책임은 소수주주가 대표소송으로 추궁할 수 있으며($^{415조→403}_{조, 406조의2}$), 총주주의 동의로 책임을 면제할 수 있고, 정관에 규정을 두어 책임을 경감할 수도 있다($^{415조}_{→400조}$). 기타 상세한 점은 이사의 책임과 그 내용을 같이 한다($^{533면\ 이}_{하\ 참조}$).

## Ⅲ. 감사위원회

### 1. 의의

상법상 감사를 두는 것을 원칙이나, 회사는 정관에 규정을 두어 감사를 대체하는 감사기구로서 감사위원회를 둘 수 있다. 감사위원회를 두는 경우 감사는 둘 수 없다($^{415조}_{의2\ 1항}$). 감사위원회는 미국의 감사제도를 본받은 것이다. 미국에서는 우리나라의 감사와 같이 이사회에 병렬하는 감사기구를 두지 않고 이사회 내부에 주로 회계를 통제하는 기구로서 검사인(auditor)을 두거나 감사위원회(audit committee)를 두고 있다. 상법은 기구의 위상면에서는 미국의 감사위원회를 본받아 이사회 내부에 감사위원회를 둘 수 있게 하되, 권한면에서는 감사위원회에 감사와 같은 권한을 주고 있다.

### 2. 설치근거와 구성

#### (1) 설치근거

회사는 정관이 정한 바에 따라 감사에 갈음하여 이사회 내의 위원회($^{393}_{조의2}$)로서 감사위원회를 설치할 수 있다. 정관에 감사위원회를 둔다는 뜻을 규정하지 않은 경우에는 당연히 감사를 두어야 한다. 그러나 소정의 대규모상장회사($^{자산\ 2조}_{원\ 이상}$)는 감사위원회를 의무적으로 두어야 한다($^{542조의11\ 1항,}_{상령\ 37조\ 1항}$).

#### (2) 감사위원의 자격

감사위원 일반의 자격에 관해서는 특별한 규정이 없지만, 대규모상장회사의 감사위원 중 1명 이상은 회계 또는 재무전문가이어야 한다($^{542조의11\ 2항→415조}_{의2\ 2항,\ 상령\ 37조\ 2항}$). 사외이사가 아닌 감사위원에 관해서는 상근감사와 같은 자격제한이 있다($^{542조의11\ 3항}_{→542조의10\ 2항}$).

#### (3) 선임과 해임

감사위원회는 3인 이상의 이사로 구성되며, 사외이사가 위원의 3분의 2 이상이어야 한다($^{415조}_{의2\ 2항}$). 감사위원의 선임과 해임은 회사의 규모에 따라 세 개의 군으로 나뉘어 방법을 달리한다.

1) 제1군　　　비상장회사와 최근 사업연도 말의 자산총액이 1천억원 미만인 회사가 이에 속한다. 감사 또는 감사위원회를 둘 수 있고 감사위원회를 둘 경우 감사위원은 이사회가 선임하고 해임한다($^{415조}_{의2\ 2항}$). 감사위원을 해임하는 결의는 이사 총수의 3분의 2 이상의 결의로 하여야 한다($^{415조}_{의2\ 3항}$).

2) 제2군　　　자산총액 1천억원 이상 2조원 미만인 회사가 이에 속한다. 이 회사는 상

근감사를 두거나 제3군의 회사와 같은 방법으로 선임, 해임하는 감사위원으로 구성되는 감사위원회를 두어야 한다($^{542조의10\ 1항,}_{상령\ 36조\ 1항}$).

3) 제3군　　　대규모상장회사가 이에 속한다. 감사위원회를 의무적으로 두어야 하고, 감사위원은 다음과 같은 요령으로 선임 및 해임한다.

i) 선임　　　감사위원은 주주총회의 보통결의로 선임한다($^{542조의10\ 1항\ 단,\ 542조}_{의12\ 1항,\ 상령\ 37조\ 1항}$). 다만, 전자투표제를 도입한 회사에서 감사를 선임할 때에는 출석한 주주의 의결권의 과반수로 족하고, 발행주식총수의 4분의 1 이상이 될 것을 요하지 않는다($^{542조의}_{12\ 8항}$). 먼저 이사를 선임한 후 선임된 이사 중에서 감사위원을 선임한다($^{542조의}_{12\ 2항\ 본}$). 그러나 감사위원 중 1인($^{정관으로\ 2인\ 이상을}_{정한\ 경우에는\ 그\ 수}$)은 주주총회에서 이사를 선임할 때 다른 이사와 분리해서 감사위원이 되는 이사로 선임하여야 한다($^{542조의10\ 1항\ 단,}_{542조의12\ 2항\ 단}$). 이는 후술하는 의결권제한을 적용하기 위함이다. 분리선임하는 감사위원은 사외이사인 감사위원이든 사내이사인 감사위원이든 무방하다.

분리선임의 대상이 되는「감사위원 중 1인」이란 총 감사위원 중 1인이라는 의미이므로 감사위원 중 일부가 퇴사하여 그 일부만 새로이 선임할 때에는 전에 분리선임한 감사위원이 아직 재임하고 있다면 새로이 선임하는 감사위원은 분리선임할 필요가 없다.

ii) 해임　　　감사위원은 주주총회의 특별결의로 해임할 수 있다($^{542조의}_{12\ 3항\ 전}$). 해임에 정당한 이유를 요하지 않는다. 감사위원에서 해임되더라도 이사의 직은 유지함이 원칙이지만, 기술한 분리선임한 감사위원($^{542조의}_{12\ 2항\ 단}$)을 해임하면 이사의 직도 상실한다($^{542조의}_{12\ 3항\ 후}$). 분리선임하지 않는 감사위원을 이사의 직에서 해임하는 경우에는 제385조 제1항에 따라 특별결의로 가능하며 역시 정당한 이유를 요하지 않는다. 감사위원은 이사의 직을 겸하므로 이 경우 감사위원의 직도 상실함은 물론이다.

iii) 의결권의 제한　　　감사위원을 선임하거나 해임하는 결의를 할 때에는 의결권있는 발행주식총수의 100분의 3을 초과하는 주식을 가진 주주의 의결권은 100분의 3으로 제한된다. 사외이사 아닌 감사위원을 선임 또는 해임하는 결의에서는 최대주주의 의결권제한이 더욱 강화되어, 최대주주가 가진 주식수에는 그의 특수관계인과 소정의 자가 소유하는 주식의 합계 중 100분의 3으로 제한된다($^{542조의}_{12\ 4항}$).

## 3. 감사위원회의 운영

감사위원회는 감사와 달리 회의체기관이므로 권한행사는 위원회의 결의로 한다. 감사위원회의 소집이나 결의방법 등 감사위원회의 운영은 제393조의2가 정하는 이사회내 위원회의 운영방법에 따라 한다($^{동조\ 4}_{항.\ 5항}$). 다만 운영에 있어 일반 위원회와 다른 점은 대표위원을 선정하여야 하는 점이다($^{415조의}_{2\ 4항\ 전}$). 대표위원은 수인을 선정하여 공동으로 대표하게 할 수 있다($^{415조의}_{2\ 4항\ 후}$). 이같이 대표위원을 둔 결과, 감사위원회는 감사업무에 관한 의사결정을 하고, 그 결정의 집행은 대표위원이 하는 형식으로 운영되어야 한다. 상장회사의 대표위원은 사외이사이어야 한다($\binom{542조의}{11\ 2항\ 2호}$).

감사위원회도 회사의 비용으로 전문가의 조력을 구할 수 있다($\binom{415조}{의2\ 5항}$).

### 4. 감사위원회의 권한과 의무

상법은 감사위원회의 권한을 별도로 규정하지 않고, 감사의 권한과 의무에 관한 제412조 내지 제414조의 규정을 준용함으로써 감사와 동등한 권한을 부여한다($\binom{415조}{의2\ 7항}$). 이에 따라 감사위원회는 업무감사권($\binom{412}{조}$), 이사로부터 중요사항에 관해 보고를 받을 권한($\binom{412}{조의2}$), 주주총회의 소집청구권($\binom{412}{조의3}$), 자회사의 조사권($\binom{412}{조의5}$)을 가지며, 주주총회에서의 의견진술의무($\binom{413}{조}$), 감사록작성의무($\binom{413}{조의2}$)를 진다. 이 밖에 상법이 개별 규정을 통해 감사의 권한이나 직무로 규정한 사항들, 예컨대 이사의 위법행위 등을 이사회에 보고할 의무($\binom{391조}{의2\ 2항}$), 이사와의 소송에서 회사를 대표할 권한($\binom{394조}{1항}$), 이사에 대한 유지청구권($\binom{402}{조}$), 재무제표의 감사권($\binom{447}{조의3}$), 감사보고서의 작성의무($\binom{447}{조의4}$) 등도 감사위원회의 권한 및 의무이다.

감사위원회는 이사회 내의 위원회이고($\binom{393조}{1항}$), 이사회 내의 위원회가 결의한 사항은 이사회가 번복하는 결의를 할 수 있으나($\binom{393조}{의2\ 4항}$), 감사위원회의 결의에 대해서는 이 제도를 적용하지 않는다($\binom{415조}{의2\ 6항}$). 즉 감사위원회의 결의는 이사회가 번복할 수 없다.

### 5. 감사위원의 책임

감사의 책임에 관한 제414조는 감사위원회에 준용된다($\binom{415조}{의2\ 7항}$). 책임은 감사위원 개개인을 상대로 물어야 하므로 정확히는 감사위원회가 아니라 감사위원에 준용하여야 할 것인데, 그에 앞서 준용의 타당성이 의문이다. 감사위원은 이사이므로 감사위원이 임무를 해태한 경우에는 이미 제399조 제1항에 의해 책임이 발생하므로 제414조를 준용할 필요가 없기 때문이다. 감사위원의 책임을 면제하는 데에는 총주주의 동의를 요한다($\binom{415조의2\ 7}{항→400조}$).

감사위원의 신분에 관한 소가 제기될 경우에는 감사위원으로서의 직무집행정지가처분을 신청할 수 있다($\binom{415조의2\ 7}{항→407조}$).

〈외부감사인제도〉

　1. 취지　　　회사의 규모나 업종에 따라서는 이해관계인의 범위가 매우 넓고 국민경제에 미치는 영향이 지대한 회사도 있다. 이러한 회사는 고도로 정확한 회계와 엄정한 감사가 요구되지만, 회사 자체의 감사에만 의존해서는 이러한 요구를 충족시킬 수 없다. 그리하여 「주식회사 등의 외부감사에 관한 법률」($\cdot\binom{이하}{외감법}$)이라는 특별법에서 소정 규모 이상의 회사에 대해서는 회사의 임원 또는 직원이 아닌 외부의 회계 및 감사의 전문가에 의한 회계감사를 강제한다.

　2. 적용대상　　　외감법에 의하여 외부감사를 받아야 할 회사는 i) 상장법인 ii) 해당 사업연도 또는 다음 사업연도 중에 상장법인이 되려는 회사 iii) 직전 사업연도 말 현재 자산총액

또는 매출액이 500억원 이상인 주식회사 또는 유한회사이다($^{외감}_{4조}$).

　3. 감사인의 자격과 선임　　외감법에 따른 감사를 할 수 있는 감사인은 회계법인과 한국 공인회계사회에 등록된 감사반에 한한다($^{외감 2}_{조 7호}$). 감사대상회사는 매 사업연도 개시일부터 45 일 이내에 해당 사업연도의 감사인을 선임하여야 한다($^{외감 10}_{조 1항}$).

　4. 감사인의 서류열람 및 업무·재산상태조사권　　감사인은 언제든지 회사의 회계에 관한 장부와 서류를 열람 또는 등사하거나 회계에 관한 자료의 제출도 요구할 수 있으며, 직무수 행을 위하여 특히 필요한 때에는 회사의 업무와 재산상태를 조사할 수 있다($^{외감}_{21조}$). 감사인의 권한은 관계회사에까지 미친다. 감사인은 직무수행을 위하여 감사대상회사의 관계회사에 대 하여서도 회계에 관한 보고를 요구할 수 있다($^{동}_{조}$). 관계회사란 발행주식총수 또는 출자지분의 100분의 20 이상을 소유하거나 기타 출자로 연결되어 있는 회사이다.

　5. 감사인의 의무　　감사인은 일반적으로 공정·타당하다고 인정되는 감사기준에 따라 감사를 실시하여야 하고, 감사과정에서 이사의 직무수행에 관하여 부정행위 또는 법령이나 정관에 위반되는 중대한 사실을 발견하면 감사 또는 감사위원회에 통보하고 주주총회에 보 고하여야 한다 한다($^{외감 16}_{조, 22조}$). 그리고 감사인 또는 그에 소속된 공인회계사는 주주총회의 요구 가 있으면 주주총회에 출석하여 의견을 진술하거나 주주의 질문에 답변하여야 한다($^{외감}_{24조}$). 감 사인 및 감사인에 소속된 공인회계사 또는 이들을 보조하는 자는 그 직무상 알게 된 비밀을 누설하거나 부당한 목적을 위하여 이용해서는 아니 된다($^{외감}_{20조}$).

　6. 감사인의 손해배상책임　　감사인은 그 직무의 중요성에 비추어 고도의 주의의무를 지 며, 이를 게을리하였을 때에는 손해배상책임을 진다($^{외감}_{31조}$). 이 책임은 계약상의 책임이 아닌 특별한 법정책임으로서, 일반 민·상법에 따른 손해배상원리와 다른 특례가 적용된다.

## Ⅳ. 검사인

### (1) 지위

　검사인은 일정한 법정사항을 조사하기 위하여 선임되는 회사의 임시기관이다. 그 임무 는 선임목적에 따라 다르지만, 대체로 발기인·이사·청산인의 직무수행의 적법 여부, 계산 의 정확 여부를 조사하는 것이다. 따라서 그 지위는 감사와 비슷하나 개별적인 사항에 관해 일시적으로 선임되는 점에서는 외부감사인과 유사하다.

　주주총회에서 선임하는 검사인과 회사와의 관계는 위임이며, 따라서 검사인은 회사에 대해 선량한 관리자의 주의의무를 진다. 법원이 선임하는 경우에는 이와 같은 계약관계가 없고, 그 권한도 법률의 규정에 의해 정해진다.

　검사인의 자격에는 제한이 없으나 직무의 성질상 자연인이어야 하며, 당해 회사의 이 사·감사·사용인은 검사인이 될 수 없다는 것이 통설이다. 그러나 최근 법무, 회계, 세무 등 전문직의 법인화 경향을 볼 때, 검사인을 자연인으로 제한할 필요는 없다고 본다.

(2) 선임과 직무

1) 법원이 선임하는 경우

i) 회사설립의 경우 　　변태설립사항이 있을 때($\frac{290}{조}$) 이를 조사하게 하기 위하여 이사의 청구에 의해 선임한다($\frac{298조}{4항}$). 이 검사인은 변태설립사항 및 현물출자의 이행 여부를 조사하여 법원에 보고하여야 한다($\frac{299조}{1항}$).

ii) 액면미달의 신주발행을 할 때 　　법원이 최저발행가액을 변경인가할 경우 회사의 재산상태, 기타 필요한 사항을 조사하게 하기 위해 선임할 수 있다($\frac{417조}{3항}$).

iii) 신주발행시 현물출자를 하는 경우 　　현물출자의 내용을 조사하게 하기 위해 이사의 청구로 선임한다($\frac{422조}{1항}$).

iv) 회사의 업무집행에 관하여 부정행위 또는 법령·정관에 위반한 중대한 사실이 있음을 의심할 만한 사유가 있을 때 　　소수주주의 청구에 의해 회사의 업무와 재산상태를 조사하게 하기 위해 선임할 수 있다($\frac{467조}{1항}$).

2) 주주총회가 선임하는 경우

i) 소수주주의 청구에 의해 소집된 주주총회에서 회사의 업무와 재산상태를 조사하게 하기 위하여 선임할 수 있다($\frac{366조}{3항}$).

ii) 주주총회에서 이사가 제출한 서류와 감사의 보고서를 조사하게 하기 위하여 선임할 수 있다($\frac{367}{조}$).

iii) 청산중의 회사의 주주총회에서 이사가 제출한 서류와 감사의 보고서를 조사하게 하기 위하여 선임할 수 있다($\frac{542조\ 2항}{\rightarrow367조}$).

(3) 종임

검사인의 지위는 임시적이므로 임기란 없고, 보통 직무의 종료로 그 지위가 소멸한다. 그러나 그 전이라도 주주총회에서 선임한 경우에는 주주총회의 결의로, 법원이 선임한 경우에는 법원이 해임할 수 있다.

(4) 책임

법원이 설립경과를 조사하게 하기 위해 선임한 검사인($\frac{298조\ 4항,}{310조\ 1항}$)이 악의 또는 중대한 과실로 인하여 그 임무를 해태한 때에는 회사 또는 제3자에 대하여 손해를 배상할 책임이 있다($\frac{325}{조}$). 이는 회사설립시의 다수의 이해관계인을 보호하기 위한 법정책임이다.

주주총회에서 선임한 검사인이 임무를 해태했을 경우 회사에 대해 채무불이행책임을 진다. 제3자에 대해서는 직접적인 법률관계를 갖지 아니하므로 채무불이행책임은 지지 아니하나, 요건이 충족되면 불법행위책임을 진다.

## 제 6 관   준법지원인

### (1) 의의

시행령으로 정하는 소정의 상장회사($^{\text{자산총액 5천억원 이}}_{\text{상의 회사. 상령 39조}}$)는 법령을 준수하고 회사경영을 적정하게 하기 위하여 임직원이 그 직무를 수행할 때 따라야 할 준법통제에 관한 기준 및 절차($^{\text{준법통}}_{\text{제기준}}$)를 마련하여야 하고($^{542조의}_{13\ 1항}$), 이 준법통제기준의 준수에 관한 업무를 담당하는 사람($^{\text{준법지}}_{\text{원인}}$)을 1명 이상 두어야 한다($^{542조의}_{13\ 2항}$). 2011년에 신설된 제도이다.

### (2) 준법통제기준

준법통제기준이 다루어야 할 내용은, ① 준법통제기준의 제정 및 변경의 절차에 관한 사항, ② 준법지원인의 임면절차에 관한 사항, ③ 준법지원인의 독립적 직무수행의 보장에 관한 사항, ④ 임직원이 업무수행과정에서 준수해야 할 법규 및 법적 절차에 관한 사항, ⑤ 임직원에 대한 준법통제기준 교육에 관한 사항, ⑥ 임직원의 준법통제기준 준수 여부를 확인할 수 있는 절차 및 방법에 관한 사항, ⑦ 준법통제기준을 위반하여 업무를 집행한 임직원의 처리에 관한 사항, ⑧ 준법통제에 필요한 정보가 준법지원인에게 전달될 수 있는 방법에 관한 사항, ⑨ 준법통제기준의 유효성 평가에 관한 사항으로 구성된다($^{\text{상령 40}}_{\text{조 1항}}$).

준법통제기준을 정하거나 변경하는 경우에는 이사회의 결의를 거쳐야 한다($^{\text{상령 40}}_{\text{조 2항}}$).

### (3) 준법지원인과 회사의 관계

준법지원인의 지위가 상법에 의해 정해지며, 법이 정한 고유의 업무를 독립적으로 수행하지만, 회사의 선임에 의해 이 지위가 주어지므로 회사와의 관계는 위임으로 보아야 한다($^{\text{민}}_{\text{680조}}$). 준법지원인은 선량한 관리자의 주의로 그 직무를 수행하여야 한다($^{542조의}_{13\ 7항}$).

### (4) 준법지원인의 선임과 퇴임

1) **자격과 선임**   준법지원인은 이사회의 결의로 선임한다($^{542조의}_{13\ 4항}$). 법률관련 사무의 전문성을 높이기 위해 변호사 등 법률전문가로 자격을 제한하고 있다($^{542조의13\ 5}_{\text{항, 상령 41조}}$). 시행령에서는 준법지원인의 업무수행에 영향을 줄 수 있는 영업관련 업무에 종사하지 못하도록 규정하고 있다($^{\text{상령}}_{\text{42조}}$).

준법지원인의 임기는 3년이다($^{542조의}_{13\ 6항}$). 다른 법률에서 준법지원인의 임기를 보다 단기로 정하고 있는 경우에도 상법에 따른다($^{542조의}_{13\ 11항\ 단}$). 상법은 제도의 운영이 형식에 그치지 않도록 준법지원인을 상근으로 두도록 요구한다($^{542조의}_{13\ 6항}$).

2) **퇴임**   준법지원인은 임기의 만료로 퇴임하는 외에 위임의 일반적 종료사유로 퇴임한다($^{\text{민}}_{\text{690조}}$). 위임의 상호해지의 자유($^{\text{민}}_{\text{689조}}$)에 따라 준법지원인은 언제든지 사임할 수 있다. 명문의 규정은 없으나, 상법 제542조의13 제4항이 준법지원인의 「임면($^{\text{任}}_{\text{免}}$)」은 이사회의 결의에 의한다고 규정한 것으로 보아 이사회결의로 해임할 수 있음을 허용한 것으로 보아야 한다.

### (5) 준법지원인의 직무

**1) 직무의 범위**　　상법의 규정에 근거하여 준법지원인의 직무를 말하자면「준법통제기준의 준수여부를 점검하는 업무」라고 할 수 있다($^{542조의13}_{2항 \cdot 3항}$). 그리고 그 점검결과를 이사회에 보고하여야 한다($^{542조의}_{13\ 3항}$).

**2) 직무수행방법**　　준법지원인의 사무는 성질상 독임제적 기관으로서 수행되어야 한다. 상법 제542조의13 제9항은「상장회사는 준법지원인이 그 직무를 독립적으로 수행할 수 있도록」하라고 규정한 것은 이러한 취지를 밝힌 것으로 보인다. 따라서 준법지원인은 이사회나 대표이사의 감독을 받지 않는다. 상장회사의 임직원은 준법지원인이 그 직무를 수행할 때 자료나 정보의 제출을 요구하는 경우 이에 성실하게 응하여야 한다($^{동}_{조항}$).

준법지원인은 재임 중은 물론 퇴임 후에도 직무상 알게 된 회사의 영업상 비밀을 누설하여서는 아니 된다($^{542조의}_{13\ 8항}$).

### (6) 준법지원인의 신분보장

상법 제542조의13 제10항은「상장회사는 준법지원인이었던 사람에 대하여 그 직무수행과 관련된 사유로 부당한 인사상의 불이익을 주어서는 아니 된다」라고 규정한다. 이는 준법지원인으로서의 임기가 종료된 후 일반 임직원의 신분으로 전환될 경우 부당한 대우를 받지 않도록 배려한 것으로 보인다.

### (7) 제도의 강제성

준법지원인을 도입하지 않은 경우에 대한 벌칙이나 기타 불이익이 규정되어 있지 아니하나, 준법지원인은 법정기구로서 상법이 그 선임을 강제하고 있음은 의문의 여지가 없다. 이를 두지 않을 경우 위법상태가 될 것이며, 이사들의 임무해태를 구성한다.


# 제 5 절　자본금의 변동


## 제 1 관　서설

### I. 자본금변동의 법적 의의

회사 설립시에 설정된 자본금은 설립 후의 소정의 절차와 방법으로 증액 또는 감액할 수 있다. 전자를「자본금의 증가」, 후자를「자본금의 감소」라 할 수 있다. 액면주식을 발행하는 회사와 무액면주식을 발행하는 회사에 있어서는 자본금의 인식방법도 다르고, 이를 변동시키는 절차도 다르다.

## 1. 액면주식을 발행하는 회사

액면주식을 발행하는 경우 자본금은 발행주식의 액면총액이므로($\frac{451조}{1항}$), 아래 수식과 같이 자본금의 증가를 위해, ① 액면가를 늘리는 방법, ② 발행주식수를 늘리는 방법을 생각할 수 있고, 자본금의 감소를 위해서는 ③ 액면가를 줄이는 방법, ④ 발행주식수를 줄이는 방법을 택할 수 있다.

그러나 ①의 방법은 법상 불가능하다. 액면가를 늘린다면 모든 주주가 늘어난 액면가만큼 추가로 주금을 납입해야 하는데, 이는 주주 유한책임의 원칙과 충돌하기 때문이다. ②의 방법은 원하는 주주만 늘어난 주식을 인수하면 되므로 유한책임에 어긋나지 않고, ③·④는 아예 유한책임과 무관하다. 이같이 자본금의 감소는 액면가와 주식수 중 어느 것을 조정해서도 할 수 있으나, 자본금을 증가하는 방법은 신주를 발행하는 것이 유일하므로 상법에서도 자본금의 감소는 「자본금의 감소」라 하나, 자본금의 증가는 「신주발행」이란 말로 대신하여 부른다.

$$P(\text{액면가}) \times S(\text{주식수}) = C(\text{자본금})$$
$$① \ (P + \varDelta P) \times S = C + \varDelta C \cdots\cdots 不可$$
$$② \ P \times (S + \varDelta S) = C + \varDelta C$$
$$③ \ (P - \varDelta P) \times S = C - \varDelta C \quad\left.\right\} \quad 可$$
$$④ \ P \times (S - \varDelta S) = C - \varDelta C$$

## 2. 무액면주식을 발행하는 회사

무액면주식을 발행할 경우에는 액면가가 존재하지 않으므로 액면주식을 발행한 경우의 자본금의 산출방식($\frac{451조}{1항}$)은 적용할 수 없다. 대신 상법은 발행가의 총액의 2분의 1을 최소한으로 하여 회사가 자유롭게 자본금을 계상하는 것을 허용한다($\frac{451조}{2항}$). 예컨대 발행가 총액이 1억원이라면 5천만원 내지 1억원의 범위에서 자유롭게 자본금을 설정할 수 있는 것이다. 나아가 회사에 준비금이 존재하는 경우 준비금의 일부 또는 전부를 자본금으로 전입할 수 있다($\frac{461조}{1항}$). 그러므로 무액면주식을 발행하는 경우, 자본금의 증가란 신주발행으로 수령한 발행가의 일부 또는 전부를 자본금의 액에 추가로 계상하거나, 준비금을 전입하여 자본금의 액을 증액하는 것이라고 정의할 수 있다.

한편 자본금을 감소하고자 할 경우 액면가의 감액을 이용한 자본금감소는 불가능하다. 또 주식의 발행가를 자본금에 계상한 이후에는 발행주식수와 자본금의 관계는 절연되므로 주식의 병합 또는 소각을 이용한 자본금의 감소도 불가능하다. 무액면주식을 발행한 경우에는 단지 자본금의 수치를 축소시키는 결정만으로 자본금을 감소할 수 있다.

## Ⅱ. 자본금의 변동과 주식·재산과의 관계

액면주식을 발행하는 경우 자본금은 발행주식의 액면총액이므로 자본금의 증감은 발행주식수나 액면가의 증감에 비례하며, 이에 의해 회사재산도 증감함이 원칙이다. 그러나 주식수가 자본금과 무관하게 변동하는 수도 있고, 자본금이 변동하더라도 순자산에 영향이 없는 경우도 있다.

무액면주식을 발행하는 경우에는 발행주식수와 자본금은 상호 무관하게 변동한다.

### 1. 신주발행의 경우

신주발행은 크게 「통상의 신주발행」과 「특수한 신주발행」의 두 가지로 분류된다.

#### (1) 통상의 신주발행

상법 제416조 이하에서 규정하는 것이 통상의 신주발행이다. 통상의 신주발행은 주주 또는 제3자에게 유상으로 신주를 발행하는 것으로, 액면주식의 경우에는 발행되는 신주의 수에 액면가를 곱한 만큼 자본금이 증가하고, 그에 따라 순자산도 증가한다. 그러나 순자산의 증가는 반드시 자본액의 증가와 일치하지는 않는다. 액면미달발행의 경우에는 미달액만큼, 액면초과발행의 경우에는 초과액만큼 자본금과 순자산의 증가에 차이가 생긴다. 무액면주식의 경우에는 신주의 발행가액 중 2분의 1 이상에 해당하는 금액만큼 자본금이 늘어나지만, 그 구체적인 범위는 이사회가 자유롭게 정하고, 회사의 순자산은 이사회가 정한 발행가만큼 증가한다.

이상 어떤 경우에도 순자산은 신주의 수에 인수가액을 곱한 것만큼 반드시 늘어나므로 신주발행은 주식회사에 있어 자기자본을 조달하는 주된 수단이다.

#### (2) 특수한 신주발행

통상의 신주발행 외에도 신주를 발행하는 경우가 있는데, 이를 총칭하여 특수한 신주발행이라 한다. 발행원인은 여러 가지가 있으나 공통적으로 신주가 발행되더라도 새로운 자산이 유입되지 않는다. 따라서 특수한 신주발행은 그 자체로서는 다음과 같이 자금조달과 무관한 동기에서 행해진다. 예컨대 전환주식을 전환하면($^{346조}_{이하}$) 전환주식이 소멸하고 신주식이 발행된다. 전환조건에 따라 전환주식이 신주식보다 많을 수도 있고 적을 수도 있다. 신주식이 전환주식보다 많을 때에는 자본금이 증가하고 적을 때에는 자본금이 감소한다. 어느 경우에나 순자산은 증감하지 않는다. 그 밖에 특수한 신주발행이 이루어지는 원인으로는 준비금의 자본금전입($^{461}_{조}$), 주식배당($^{462}_{조의2}$), 전환사채의 전환($^{513조}_{이하}$), 신주인수권부사채권자의 신주인수권 행사($^{516}_{조의2}$), 합병으로 인한 신주발행($^{523조}_{3호}$), 주식의 포괄적 교환($^{360}_{조의2}$), 주식병합($^{442}_{조}$), 주식분할($^{329}_{조의2}$) 등이 있다.

## 2. 자본금감소의 경우

액면주식을 발행한 경우 자본금은 주식수를 줄이거나 액면금액을 축소함으로써 감소된다. 발행주식수를 줄이면 이에 액면가를 곱한 만큼 자본금도 줄며, 액면가를 감소시키면 감소되는 금액에 발행주식총수를 곱한 만큼 자본금이 준다. 그러나 회사재산은 자본금감소의 목적에 따라 줄 수도 있고(실질감자) 줄지 않을 수도 있다(명목감자). 무액면주식의 경우에는 발행주식수와 무관하게 자본금을 줄일 수 있다.

## 3. 자본금에 영향 없는 주식·재산의 감소

상환주식을 상환하면 주식수도 감소하고 상환가액만큼 순자산도 감소한다. 무액면주식을 발행한 경우에는 주식수의 감소는 자본금과 무관하고, 액면주식의 경우에도 상환은 이익으로써만 하므로 자본금에는 영향이 없다($^{345}_{조}$).

# 제 2 관   신주발행

# Ⅰ. 총설

1) **개념**      신주발행이란 넓게는 회사설립 이후에 이루어지는 일체의 주식발행을 뜻하지만, 좁게는 자금조달을 목적으로 하는 신주발행, 즉 통상의 신주발행($^{416}_{조}$)을 뜻한다. 이 관에서는 통상의 신주발행에 관해 설명한다.

2) **제도의 기능**

i) 주식회사는 원래 대중자본의 집중을 목적으로 만들어진 제도이므로 그에 알맞은 자본조달수단을 가지고 있다. 「신주발행」과 「사채발행」이 그것이다. 사채는 타인자본으로서 회사의 부채이므로 일정기간이 지나면 상환하여야 하는 부담이 있으나, 신주발행은 상환주식이 아닌 한 영구적인 자기자본이므로 상환의 부담이 없다. 그러나 신주를 발행하면 그만큼 이익배당의 부담이 늘어나고, 또 누가 얼마를 인수하느냐에 따라 회사의 지배구조에 영향을 주므로 회사로서는 중대한 조직법적 변화이다.

ii) 신주발행제도는 수권자본제와 관련하여 설명한 바와 같이, 이사회가 현재의 정관하에서 주주로부터 구속받지 않고 경영상의 필요에 따라 수시로 기동성 있게 자금을 조달할 수 있도록 제도적으로 보장함을 뜻한다.

3) **신주발행의 중요문제**      신주발행에 의해 우선 외형적인 자본금이 증가한다. 이에 상응하는 재산의 증가가 따라야 하나, 때로는 그렇지 못할 위험이 있음은 회사설립의 경우와 같다. 그러므로 신주발행에 있어서도 회사설립시에 못지 않게 「자본충실」의 고려가 필요하다.

신주를 제3자가 인수할 때에는 물론이고, 주주가 인수하더라도 종전의 지주비율에 따르지 않을 때에는 주주들이 종전에 가진 비례적 이익을 잃고, 주식의 경제적 가치의 유지가 어렵다. 그러므로 「신주인수권」의 귀속은 신주발행에 있어서 주주의 이해가 집중되는 문제이다.

## Ⅱ. 신주발행사항의 결정

### (1) 결정기관

통상의 신주발행은 원칙적으로 이사회가 결정한다($^{416조}_{본}$). 이사회는 신주발행의 결정을 대표이사나 기타에 위임할 수 없으나($^{통}_{설}$), 이사회 내의 위원회($^{393}_{조의2}$)에는 위임할 수 있다. 신주발행은 주주에게 중대한 이해가 걸린 사항이므로 정관에 규정을 두어 주주총회의 결의사항으로 할 수도 있다($^{416조}_{단}$).

### (2) 결정사항

이사회($^{또는 주}_{주총회}$)가 신주발행을 결정할 때에는 다음 사항도 같이 결정하여야 한다.

1) **신주의 종류와 수**($^{416조}_{1호}$)　　발행할 보통주의 수 그리고 우선주 등 종류주식을 발행할 경우에는 종류주식의 내용과 종류별 발행주식수를 결정하여야 한다. 그 종류와 수는 정관에 정해진 범위 내이어야 한다($^{344조}_{2항}$). 상환주식 또는 전환주식을 발행하는 경우에는 그 상환조건·전환조건도 정하여야 한다.

2) **신주의 발행가액과 납입기일**($^{416조}_{2호}$)　　주주가 인수하는 주식의 발행가는 당해 신주에 대해서 균등하게 정해야 한다($^{발행조건}_{균등의 원칙}$). 제3자가 인수하는 주식은 이와 달리 정할 수 있다. 발행시기가 다르거나 종류가 다른 주식은 가치가 다르므로 각기 발행가를 달리할 수 있다.

3) **자본금 계상액**($^{416조}_{2의2호}$)　　액면주식을 발행할 경우에는 액면가의 총액이 자동적으로 자본금이 되지만, 무액면주식의 경우에는 이사회가 자본금으로 계상할 금액을 정한다. 이 금액을 발행사항의 결정시에 정하라는 취지이다.

4) **신주의 인수방법**($^{416조}_{3호}$)　　신주의 인수방법 중 가장 중요한 것은 누가 신주를 인수할 것이냐는 문제이다. 상법 제418조 제1항에 따라 주주배정방식으로 발행할 경우에는 신주인수권을 행사할 수 있는 주주를 정하기 위한 배정기준일($^{418조 3항이 규정}_{하는 「일정한 날」}$)을 이사회에서 정해야 한다. 그리고 상법 제418조 제2항에 따라 제3자배정방식으로 발행할 경우에는 신주인수권을 행사할 자를 이사회결의로 정해야 한다.

어느 방식으로 발행하든 신주의 청약과 배정, 그리고 납입의 일정과 요령을 정해야 한다. 실권주 및 단주의 처리방법도 정해야 한다. 주금납입을 취급할 금융기관과 청약증거금 등에 관한 사항도 정해야 하나, 이는 기술적인 문제에 불과하므로 대표이사에게 위임할 수도 있다고 본다.

　5) 현물출자에 관한 사항($^{416조}_{4호}$)　　현물출자를 받을 경우에는 출자자의 성명과 출자의 목적인 재산의 종류·수량·가격과 이에 대하여 부여할 주식의 종류와 수를 정하여야 한다. 회사설립시와는 달리 정관에 규정이 없어도 현물출자를 받을 수 있다.

　6) 주주가 가지는 신주인수권을 양도할 수 있는 것에 관한 사항($^{416조}_{5호}$)　　상법은 주주의 ($^{구체}_{적}$) 신주인수권을 양도할 수 있음을 전제로 신주발행시 발행사항의 하나로 정할 수 있게 하였다. 이는 회사가 임의로 정하는 것이므로 신주인수권이 양도되는 것을 원치 않을 경우 에는 이를 정하지 않을 수 있다는 것이 통설이다. 그렇다고 해서 주주가 신주인수권을 양도 하지 못한다고 볼 수는 없다($^{후}_{술}$).

　7) 주주의 청구가 있는 때에만 신주인수권증서를 발행한다는 것과 그 청구기간($^{416조}_{6호}$) 신주인수권을 양도할 수 있다고 정하는 경우 그 양도는 신주인수권증서를 교부하는 방법으 로 해야 하므로($^{420조}_{의3 1항}$) 회사는 신주인수권증서를 발행해야 한다($^{420조}_{의2 1항}$). 그러나 모든 주주가 신주인수권을 양도하지는 않을 것이므로 그 발행을 청구하는 주주에게만 발행할 수 있도록 한 것이다. 따라서 이 사항은 위 6)의 사항을 정했을 때에 필요한 것이다.


## Ⅲ. 발행가액

### 1. 액면미달발행

　1) 의의　　　액면주식을 발행하는 경우 신주발행의 결과 신주의 액면총액만큼 자본금 이 늘어나므로 자본충실의 요청상 액면가액 이상의 순자산이 따라서 늘어나야 한다. 따라 서 발행가액은 액면가액 이상이어야 한다.

　　그러나 회사의 실적부진이나 주가의 하락 등으로 신주에 대한 투자자의 수요가 낮을 경우 액면가액을 고집하면 청약이 발행주식수에 미달하는 수가 있으므로 원만한 자금조달 을 위해서는 액면가액을 하회하는 발행가액으로 주식을 발행해야 할 경우도 있다. 그래서 상법은 액면미달발행을 허용하되, 자본충실의 고려에서 엄격한 요건을 정하고 있다($^{417}_{조}$). 하 지만 실제 액면미달발행을 하는 예는 거의 없다.

　2) 요건　　　액면미달발행은 회사성립 후 2년이 경과한 후에야 가능하고($^{417조}_{1항}$), 주주 총회의 특별결의 및 법원의 인가를 얻어야 한다. 주주총회는 액면미달발행 여부만이 아니 라 최저발행가액을 정하여야 한다($^{417조}_{2항}$). 법원은 회사의 현황과 제반 사정을 참작하여 최저 발행가액을 변경하여 인가할 수 있으며($^{417조}_{3항 전}$), 이 경우 법원은 회사의 재산상태 기타 필요 한 사항을 조사하기 위하여 검사인을 선임할 수 있다($^{417조}_{3항 후}$).

　　상장회사는 법원의 인가를 얻지 아니하고도 주주총회의 특별결의만으로 액면미달발행을 할 수 있으나, 최저발행가의 제한이 있다($\substack{\text{자금 165조} \\ \text{의8 1항·2항}}$).

　　3) **발행시기**　　　법원의 인가를 얻은 날로부터 1월 내에 발행하여야 한다($\substack{\text{417조} \\ \text{4항 전}}$). 법원은 이 기간을 연장하여 인가할 수 있다($\substack{\text{417조} \\ \text{4항 후}}$). 상장회사의 경우에는 주주총회의 결의 이후 1월 이내에 발행하여야 한다($\substack{\text{자금 165} \\ \text{조의8 3항}}$).

　　4) **상각**　　　액면미달액은 상각해야 하는데, 미상각액은 추후 신주발행시 청약자에 대한 공시를 위해 주식청약서에 기재하여야 한다($\substack{\text{420조} \\ \text{4호}}$).

## 2. 시가발행

「시가발행」이란 신주의 발행가액을 기발행주식의 현재 시가에 준하는 가격으로 정하여 발행하는 것을 뜻한다. 따라서 유통시장에서 시가가 형성되어 있는 주식, 즉 상장주식에 대해서만 사용하는 개념이다. 액면미달발행은 기술한 바와 같은 제약을 받으므로, 회사가 자율적으로 할 수 있는 시가발행이란 액면초과발행에 국한된다.

시가발행은 회사의 재무구조가 건실하여 주가가 액면가액을 크게 상회할 때에 가능하고 또 필요성이 강조된다. 시가발행을 통해 액면가액을 초과하는 순자산이 유입되므로 재무구조의 건실화를 꾀할 수 있고, 또 신주를 제3자가 인수할 때에는 기존주주가 소유하는 주식의 가치와 균형을 이루기 위해 필요하기 때문이다.


# Ⅳ. 신주인수권

## 1. 의의

「신주인수권」이란 회사가 신주를 발행할 경우 그 신주의 전부 또는 일부를 타인에 우선하여 인수할 수 있는 권리를 말한다. 인수에서 우선하는 권리일 뿐 발행가액이나 기타 인수조건에서 우대받을 수 있는 권리는 아니다.

통상의 신주발행($\substack{\text{416} \\ \text{조}}$) 이외에는 모두 인수권자가 법정되므로 신주인수권의 귀속은 통상의 신주발행에서만 문제된다. 신주인수권은 주주가 가지는 경우와 제3자가 가지는 경우가 있다.

## 2. 주주의 신주인수권

### (1) 개념과 성질

「주주의 신주인수권」이란 회사가 신주를 발행할 경우에 주주가 각자 가진 주식수에 비례하여 신주를 인수할 수 있는 권리를 말한다($\substack{\text{418조} \\ \text{1항}}$).

신주인수권은 회사가 신주를 발행한다면 소정 수량의 신주를 인수할 수 있다고 하는 권리이므로 주주권의 일부로서 주식과 분리하여 양도·포기하거나 담보에 제공할 수 없고, 시효에 걸리지도 아니한다. 이와 같은 의미의 신주인수권은 회사가 실제 신주를 발행할 때 그 신주를 청약하고 배정받을 수 있는 권리와 구별하여야 한다. 전자를 「추상적 신주인수권」, 후자를 「구체적 신주인수권」이라 부른다. 구체적 신주인수권은 이사회에서 정한 신주배정기준일에 추상적 신주인수권에 근거를 두고 생겨나지만, 회사에 대한 독립된 채권적 권리이다. 따라서 이미 발생한 구체적인 신주인수권은 주주권($^{주}_{식}$)이 이전되더라도 이에 수반하여 이전되는 것이 아니고($^{대법원 2010. 2. 25. 선고}_{2008다96963·96970 판결}$), 회사는 이사회나 주주총회의 결의 또는 정관의 규정으로도 이를 제한하거나 변경할 수 없다.

### (2) 신주인수권의 중요성

주주의 신주인수권은 주주의 이익을 보호하기 위해 인정되는 것으로, 다음 두 가지 점에서 주주에게 중요한 의의가 있다.

첫째, 주식은 바로 의결권을 내포하므로 신주를 타인이 인수한다면 주주가 소유주식을 통해 비례적으로 가지고 있던 회사지배권이 상대적으로 약화된다.

둘째, 신주는 실권을 방지하기 위하여 현재의 주가나 순자산가치보다 낮은 가액으로 발행하는 것이 보통이므로 신주발행으로 인해 신·구주가 혼합되어 형성되는 주가나 주당 순자산가치는 종전의 가액보다 낮아지게 된다($^{주식의}_{희석화}$). 그러므로 제3자가 인수할 경우에는 종전의 주주가 보유하던 가치의 일부가 제3자에게로 빠져 나가게 된다.

이상의 이유로 주주의 신주인수권은 출자의 「비례적 가치」를 보전하기 위한 중요한 권리이다.

### (3) 신주인수권의 근거와 제한

상법은 주주의 신주인수권을 법적으로 근거지우기 위해 「주주는 그가 가진 주식수에 따라서 신주의 배정을 받을 권리가 있다」고 규정하고 있다($^{418조}_{1항}$). 그러나 주주의 자금력이 취약하여 회사가 원만한 자금조달을 위해 자력 있는 출자자를 찾아야 할 필요도 있으며, 회사의 경영정책상 특정의 제3자에게 신주인수권을 부여해야 할 필요도 있다. 특히 기술한 시가발행은 원래 주주의 신주인수권을 배제한 상태에서 공모증자할 것을 예상한 발행방식이다. 그리하여 상법은 「정관이 정하는 바에 따라 주주 외의 자에게 신주를 배정할 수 있다」고 규정함으로써($^{418조}_{2항 본}$), 주주의 신주인수권을 정관으로 제한할 수 있는 길을 열어 놓았다.

### (4) 신주인수권과 주식평등의 원칙

주주에게 신주인수권을 부여하든 제한하든 주식평등의 원칙에 따라야 한다. 즉 신주인수권은 주주가 가진 주식수에 따라 부여 또는 제한되어야 한다. 정관에 주식평등의 원칙에 위반하여 신주인수권을 부여하거나 제한하는 규정을 둔다면 그 규정은 무효이고, 그 규정에 따라 신주를 발행한다면 신주발행유지청구($^{424}_{조}$)와 신주발행무효의 소($^{429}_{조}$)의 원인이 된다.

### (5) 현물출자와 신주인수권

신주발행시에 현물출자를 받는 경우는 대부분 회사가 특정인으로부터 특정재산을 취득하기 위한 것이므로 다른 주주에게는 신주를 배정하지 않는 것이 보통이다. 이같이 주주의 신주인수권의 예외를 이루는 현상을 정당화하기 위해 어떤 법적 근거가 필요하냐는 문제가 있다.

회사설립시에 현물출자를 하려면 변태설립사항으로서 정관에 규정을 두어야 하나, 신주발행시에는 현물출자에 관해 정관의 근거를 요하는 규정이 없다. 단지 제416조 제4호에서 신주발행에 관한 이사회의 결정사항의 하나로「현물출자자의 성명, 목적재산의 종류ㆍ수량ㆍ가액 그리고 이에 대하여 부여할 주식의 종류와 수」를 열거하고 있을 뿐이다. 일부학설은 이 규정을 형식적으로 해석하여, 이사회결의만으로 현물출자를 받을 수 있고, 나아가 주주의 신주인수권을 무시한 채 이에 상응하는 신주발행을 할 수 있다고 풀이한다($\genfrac{}{}{0pt}{}{권기범}{1036; 임홍}$ $\genfrac{}{}{0pt}{}{근 590; 정경영 582; 정}{동윤 692; 최기원 772}$). 그러나 이같이 해석하면 신주인수권은 법률이나 정관의 규정만으로 제한할 수 있다는 원칙($\genfrac{}{}{0pt}{}{418조}{2항}$)을 이사회의 결의로 무력화시키는 중대한 예외가 생긴다. 그러므로 현물출자에 관해 제416조 제4호에서 열거하는 결정사항들은 주주의 신주인수권과 같은 중요한 실질문제가 상위 차원의 규범에 의해서 해결된 후, 그 실행을 위한 절차를 규정한 것으로 보고 주주의 신주인수권에 변동을 가져오는 현물출자는 정관의 규정 또는 이에 갈음하는 주주총회의 특별결의를 거쳐야 한다고 해석하는 것이 다수설의 입장이다. 이사회의 결의만으로 행해진 현물출자가 유효한 것을 전제로 한 대법원판례가 있기는 하나($\genfrac{}{}{0pt}{}{대법원 1989.}{3. 14. 선고 88}$ $\genfrac{}{}{0pt}{}{누889}{판결}$), 이는 증여세과세사건을 다룬 것으로 회사법의 해석론으로 볼 수는 없다. 회사법적 쟁점으로 다룬 하급심판례가 수 건 있으나, 각기 입장을 달리하여 아직 정리되지 않은 상황이다.

## 3. 제3자의 신주인수

### (1) 의의

신주인수권은 주주가 가짐이 원칙이나, 예외적으로 주주 아닌 자에게 신주인수권을 부여하고 신주를 발행할 수도 있다. 이를 흔히 제3자배정이라고 한다. 주주가 신주를 인수하더라도 소유주식수에 비례한 자기 몫을 초과하여 신주를 인수한다면 이 역시 제3자배정이다.

### (2) 제3자배정의 근거

**1) 법률**      법률에 의하여 제3자에게 신주인수권이 주어지는 경우가 있다. 전환사채나 신주인수권부사채를 발행한 경우에는 사채권자($\genfrac{}{}{0pt}{}{또는 신주인수}{권증권소지인}$)가 신주인수권을 갖는다. 또 자본시장법에 의해 상장법인이 주식을 유상발행하는 경우($\genfrac{}{}{0pt}{}{416조}{의 발행}$)에 당해 법인의 우리사주조합에 가입한 종업원($\genfrac{}{}{0pt}{}{우리사주}{조합원}$)은 신주의 100분의 20을 초과하지 아니하는 범위에서 신주를

배정받을 권리가 있다($\substack{\text{자금 165조의7, 근} \\ \text{로복지기본법 38조}}$). 반면, 법률에서 주주의 신주인수권을 부정하는 예도 있다. 채무자 회생 및 파산에 관한 법률에 의한 회생절차에서 자본을 감소하고 신주를 발행할 때에는 주주는 신주인수권을 갖지 못한다($\substack{\text{회파 205} \\ \text{조 5항 본}}$).

2) 정관　　　제3자에 대한 신주인수권의 부여는 바로 주주의 신주인수권에 대한 제한을 뜻하므로, 법률에 의한 경우 외에는 정관의 규정에 의해 부여할 수 있을 뿐이다($\substack{\text{418조} \\ \text{2항}}$). 제3자에게 신주인수권을 부여하는 경우에는 주식청약서에도 그 사항을 기재하여야 한다($\substack{\text{420조} \\ \text{5호}}$).

주식매수선택권제도에 의해 신주발행형의 매수선택권을 부여받은 자는 배타적인 신주인수권을 가지나, 이 역시 정관의 근거를 요한다($\substack{\text{340조의2.} \\ \text{492면 참조}}$)

### (3) 정관규정의 구체성

정관에 제3자에게 신주인수권을 부여하는 근거규정을 둘 때에는 부여대상·주식의 종류와 수 등을 확정하여 주주들에게 예측가능성을 부여해야 한다. 그러나 제3자를 반드시 특정할 필요는 없다. 예컨대 임원·발기인·종업원·외국합작투자자·공모 등으로 그 범위가 명확하면 족하다. 또 주식의 수도 특정할 필요는 없고, 「신주의 10% 이내」 등으로 범위를 명시하면 족하다.

### (4) 제3자배정의 합리성

제3자에 대한 신주인수권의 부여는 회사의 필요에 의해 행해지지만, 때로는 지배주주나 이사들의 사익 추구에 이용될 소지도 있다. 그러므로 주주의 적절한 보호 아래 부여되어야 하며, 그러기 위해서는 그 내용이 객관성과 합리성에 의해 뒷받침되어야 한다. 제418조 제2항은 「회사는 제1항의 규정에 불구하고 정관에 정하는 바에 따라 주주 외의 자에게 신주를 배정할 수 있다. 다만 이 경우에는 신기술의 도입, 재무구조의 개선 등 회사의 경영상 목적을 달성하기 위하여 필요한 경우에 한한다」라고 규정하고 있다. 이는 신기술의 도입, 재무구조 개선 등을 예시하고 「경영상 목적」이라는 가치개념을 요건으로 함으로써 제3자배정의 합리성을 요구한 뜻으로 해석된다.

제3자 배정을 합리화할 수 있는 사유로서는 법이 예시한 것 외에도 외국자본의 도입, 전후방 연계시장의 확보 등 회사의 발전을 위해 필요하고 주주배정에 의해서는 같은 목적을 달성할 수 없다고 인정되는 경우를 들 수 있다($\substack{\text{대법원 2002. 9. 6. 선고 2002다12697 판결: 회사가 자금난을 해} \\ \text{결하기 위해 주주와 추가출자를 협의하였으나 여의치 않아 제3자} \\ \text{에게 신주를 발행한 것} \\ \text{은 정당하다고 한 예}}$).

신주를 제3자에게 배정하는 가장 흔한 동기는 경영권의 방어이다. 경영권의 분쟁에 임하여 또는 이에 대비하여 현 지배주주나 경영자에게 혹은 그 우호세력에게 신주($\substack{\text{또는 전환사채} \\ \text{나 신주인수}}$ $\substack{\text{권부}}$ $\substack{\text{사채}}$)를 발행하는 것이다. 제418조 제2항이 정하는 경영상의 목적과는 무관하게, 경영권의 분쟁에서 현 경영자의 지배권을 방어할 목적으로 하는 제3자 배정은 주주의 신주인수권을 침해하므로 무효라는 것이 통설·판례의 입장이다($\substack{\text{대법원 2009. 1. 30. 선} \\ \text{고 2008다50776 판결}}$).

### (5) 발행가의 공정성

정관의 명확한 근거에 의해, 그리고 합리적인 필요성에 의해 제3자에게 신주인수권을 부여하더라도 그 발행가가 현저히 저렴하면 주주의 이익을 침해하게 된다. 발행가가 불공정할 경우에는 이사의 책임추궁($^{401}_{조}$), 신주발행유지청구($^{424}_{조}$), 신주발행무효의 소($^{429}_{조}$) 등의 원인이 되며, 제3자에게 직접 출자책임을 묻는 제도도 있다($^{424}_{조의2}$).

### (6) 제3자의 신주인수권의 성질과 양도가능성

통설은 정관으로 제3자의 신주인수권을 규정한 경우에도 정관의 효력이 당연히 제3자에게 미친다고 볼 수는 없으므로 제3자는 회사와 별도의 계약을 체결해야 신주인수권을 취득한다고 한다. 따라서 제3자의 신주인수권은 계약상의 권리라고 한다. 그래서 제3자의 신주인수권을 무시하고 신주를 발행하더라도 회사는 단지 채무불이행에 따른 손해배상책임을 질 뿐이라고 한다. 그리고 개중에는 제3자의 추상적 신주인수권이 계약상의 권리인 점을 중시하여 주주의 신주인수권과는 달리 양도할 수 있다고 하는 견해도 있고, 제3자의 신주인수권은 계약상의 권리이지만 회사와의 특별한 관계에서 인정된 것이므로 양도할 수 없다는 견해도 있다.

제3자가 우선적으로 신주를 인수할 수 있고, 회사로서도 주주의 신주인수권을 배제할 수 있는 것은 명백히 정관규정의 효력이지 계약의 효력이 아니다. 따라서 제3자의 신주인수권도 주주의 추상적 신주인수권처럼 양도할 수 없다고 본다.

### 4. 신주인수권의 침해

주주의 신주인수권을 무시하고 신주가 발행될 경우에는 신주발행무효의 소의 원인이 되며($^{429조,}_{후술}$), 신주인수권을 침해당한 주주는 신주발행유지청구권을 행사할 수 있고($^{424}_{조}$), 이사에 대하여 손해배상을 청구하거나($^{401}_{조}$) 회사에 대하여 손해배상을 청구할 수 있다($^{389}_{조}$ $^{3항}_{→210조}$).

제3자의 신주인수권이 무시된 경우에는 신주발행무효의 소의 원인이 되지는 아니한다. 신주발행무효의 소는 주주·이사·감사에 한하여 제기할 수 있기 때문이다. 그러므로 제3자는 이사 또는 회사에 대하여 손해배상을 청구할 수 있을 뿐이다.

### 5. 구체적 신주인수권의 양도

#### (1) 양도성

「추상적 신주인수권」은 주주 또는 제3자 지위의 일부로서 양도가 불가능하지만, 「구체적 신주인수권」은 독립된 채권적 권리로서 이론상 양도가능하다. 한편 신주인수는 사실상 인수권자에게 출자를 강요하는 셈이 되어 인수권자에게는 경제적 부담이 된다. 물론 주주가 이를 포기할 수도 있으나, 이를 포기하면 구주식의 가치감소를 보전할 수 없어 손실을 입을 수 있다. 그러므로 상법은 신주인수권자가 이를 환가하여 신주의 발행가와 시가의 차액을 획득할 수 있도록 신주인수권증서에 의해 신주인수권을 양도할 수 있게 하였다.

### (2) 양도성의 요건

상법은 정관의 규정으로, 또는 이사회가 신주발행사항의 하나로서 「주주가 가지는 신주인수권을 양도할 수 있는 것에 관한 사항」을 정할 수 있게 하였다($^{416조}_{5호}$). 정관의 규정에 의해 신주발행을 주주총회가 결정할 때에는 이 사항도 주주총회가 정하게 된다.

1) **양도성부여의 임의성**　　신주인수권을 양도할 수 있다는 뜻은 임의로 정할 수 있다. 따라서 이를 정하지 아니할 수도 있다. 발행사항으로 신주인수권의 양도를 정한 경우 신주인수권증서도 발행해야 하는 등 회사로서는 사무부담이 늘어나므로 양도의 허부를 회사의 자율에 맡긴 것이다.

2) **양도성의 범위**　　주주의 신주인수권만 양도성이 인정된다. 제3자에게 신주인수권을 부여한 경우에는 그 부여에 특별한 경영정책적인 이유가 있을 것인데, 회사가 알지 못하는 다른 제3자가 취득하여 인수권을 행사하는 것은 당초 인수권을 부여한 취지에 반하기 때문이다. 그러나 예외적으로 신주인수권부사채권자는 이사회가 정한 발행조건에 따라 신주인수권만을 따로 양도할 수 있다($^{516조의2}_{2항\ 4호}$).

3) **양도방법**　　이사회가 신주인수권을 양도할 수 있음을 정한 경우 신주인수권의 양도는 회사가 발행한 신주인수권증서의 교부에 의하여서만 할 수 있다($^{420조}_{의3\ 1항}$). 신주인수권의 양도방법을 정형화하기 위함이다.

### (3) 이사회의 정함이 없는 경우의 양도가능성

정관으로 또는 신주발행의 결의시 신주인수권을 양도할 수 있음을 정하지 아니한 경우에는 양도할 수 없다고 하는 견해가 통설이다. 그러나 신주인수권의 양도성을 인정하는 이유는 주주의 비례적 이익을 보호하기 위한 것으로서 이는 성질상 이사회의 결의로 좌우할 것이 못된다. 따라서 이사회의 정함이 없더라도 신주인수권은 양도할 수 있다고 해석한다($^{동지:\ 임재}_{연\ I\ 617}$). 판례도 같은 입장이다($^{대법원\ 1995.\ 5.\ 23.}_{선고\ 94다36421\ 판결}$).

이 경우 신주인수권증서가 없으므로 지명채권양도의 방법과 효력으로 신주인수권을 양도할 수 있다($^{앞의}_{판례}$).

## 6. 신주인수권증서

### (1) 의의

「신주인수권증서」란 주주의 신주인수권을 표창하는 유가증권이다. 이사회가 신주인수권을 양도할 수 있다고 정한 경우($^{416조}_{5호}$), 확실한 공시방법을 갖추게 하고 유통성을 강화해주기 위하여 발행되는 증권이다.

1) 주주의 신주인수권에 대해서만 신주인수권증서를 발행할 수 있고, 제3자의 신주인

수권에 대해서는 발행할 수 없다($^{416조 5}_{호·6호}$). 제3자의 신주인수권은 그 양도성 자체가 부정되기 때문이다.

2) 신주의 청약과 신주인수권의 양도에 신주인수권증서를 필요로 하므로 이는 유가증권이다. 그러나 신주인수권증서의 작성에 의하여 신주인수권이 발생하는 것은 아니고, 이미 발생한 신주인수권을 표창할 따름이므로 이는 비설권증권이다.

3) 신주인수권증서에 인수권자를 표시할 필요가 없고, 동 증서의 점유이전만으로 신주인수권이 양도되므로 신주인수권증서는 무기명증권이다.

### (2) 발행

1) **발행을 요하는 경우**　　신주인수권증서는 이사회가 신주의 발행사항으로 주주의 신주인수권을 양도할 수 있음을 정한 경우에 한하여 발행한다. 양도할 수 있음을 정하더라도 이사회는 「주주의 청구가 있는 때에만 신주인수권증서를 발행한다는 것과 그 청구기간」을 정할 수 있다($^{416조}_{6호}$). 그러나 상장회사가 신주발행을 할 때에는 주주의 청구 유무에 불구하고 신주인수권을 전자등록하고 상장해야 한다($^{자금 165}_{조의6 3항}$).

2) **발행시기**　　신주인수권증서는 성질상 신주인수권자가 확정된 후에 발행할 수 있는 것이므로 신주배정기준일($^{418조}_{2항}$) 이후에 발행하여야 한다. 「주주의 청구가 있는 때에만 신주인수권증서를 발행한다는 것과 그 청구기간」을 정한 때에는 그 청구기간에 주주의 청구를 받아 발행하면 되나, 이를 정하지 아니한 경우에는 청약일 2주간 전에 발행하여야 한다($^{420조}_{의2 1항}$).

3) **기재사항**　　신주인수권증서에는 ① 신주인수권증서라는 뜻의 표시, ② 주식청약서 소정의 사항, ③ 신주인수권의 목적인 주식의 종류와 수, ④ 일정 기일까지 주식의 청약을 하지 아니할 때에는 그 권리를 잃는다는 뜻($^{420조의2 2}_{항 1호~4호}$)을 기재하고 대표이사가 기명날인($^{또는}_{서명}$)하여야 한다($^{420조의}_{2 2항 본}$).

### (3) 신주인수권증서의 효력

1) **권리추정력**　　신주인수권증서의 점유자는 적법한 소지인으로 추정한다($^{420조의3}_{2항→336}$ $^{조}_{2항}$). 그 결과 신주인수권증서를 점유한 자는 실질적인 권리를 증명할 필요 없이 신주인수권을 행사할 수 있다. 이와 같은 권리추정력의 결과 신주인수권증서의 선의취득도 가능하다($^{420조의3 2}_{항→수 21조}$). 이는 신주인수권증서에도 주권과 같은 정도의 강력한 유통성이 부여되어 있음을 뜻한다.

2) **신주인수권의 양도방법**　　신주인수권을 양도할 수 있음을 정한 경우, 그 양도는 반드시 신주인수권증서의 교부에 의하여야 한다($^{420조}_{의3 1항}$). 마치 주식의 양도에 주권의 교부를 요하는 것과 같다($^{336조}_{1항}$).

신주인수권증서에는 인수권자의 성명을 기재할 필요가 없으나, 기재하더라도 지시증권이 되는 것은 아니므로 단순한 교부만으로 양도할 수 있다.

3) 신주의 청약방법 　　신주인수권증서를 발행한 경우에는 신주의 청약은 신주인수권증서에 의하여 한다($^{420조}_{의5 1항}$). 그러나 주주의 청구에 의하여 신주인수권증서를 발행하기로 정한 경우($^{416조}_{6호}$), 그 발행을 청구하지 아니한 주주는 주식청약서에 의하여 청약해야 한다.

신주인수권증서를 상실한 경우 원래는 공시최고절차를 밟아 제권판결을 얻어 신주의 청약을 하도록 할 일이나, 공시최고기간($^{3개월}_{이상}$)과 신주청약일까지의 기간을 비교해 볼 때 이는 비현실적이므로 일단 주식청약서에 의해 청약할 수 있게 하고 있다($^{420조의}_{5 2항 본}$). 그러나 후에 타인이 상실된 신주인수권증서를 가지고 신주의 청약을 하면 주식청약서에 의해서 한 신주의 청약은 효력을 잃는다($^{420조의5}_{2항 단}$). 따라서 회사는 이미 주식청약서에 의한 청약이 있었음을 이유로 신주인수권증서의 점유자의 청약을 거절하지 못한다. 신주인수권증서의 점유에 권리추정력이 인정되는 이상 당연한 귀결이다. 그러나 이로 인해 신주인수권의 귀속이 종국적으로 결정되는 것은 아니다. 즉 실체적인 권리관계는 별도로 다투어질 문제이다.

(4) 발행에 따른 책임과 벌칙

신주인수권증서를 발행하여야 할 시기에 발행하지 아니하거나 부실하게 기재한 경우, 이사는 이로 인해 손해를 입은 주주나 제3자에 대하여 손해배상책임($^{401}_{조}$)을 지며 또 회사에 대해서도 손해배상책임을 진다($^{399}_{조}$).

그리고 이사가 제420조의2에 위반하여 신주인수권증서를 발행하지 아니한 때, 또는 기재할 사항을 기재하지 아니하거나 부실한 기재를 한 때에는 5백만원 이하의 과태료에 처한다($^{635조 1}_{항 16호}$).

(5) 신주인수권의 전자등록

신주인수권증서의 발행에 갈음하여 정관으로 정하는 바에 따라 전자등록기관의 전자등록부에 신주인수권을 등록할 수 있으며($^{420}_{조의4}$), 등록을 하면 주권을 전자등록한 때와 마찬가지로 신주인수권의 등록에 권리추정력이 생기고, 등록에 의해 양도해야 한다($^{420조의4, 356}_{조의2 2항~4항}$) ($^{상장회사는 전자등}_{록이 강제됨을 유의}$)·

## V. 신주발행의 절차

(1) 배정기준일의 공고

회사는 신주인수권자를 확정하기 위해 신주의 「배정기준일」을 정해야 하고, 또 이를 주주나 기타 투자자들에게 공시하는 의미에서 공고해야 한다. 즉 회사는 일정한 날($^{신주배정}_{기준일}$)을 정하여 그날의 주주명부에 기재된 주주가 신주인수권을 가진다는 뜻을 그 날의 2주간 전에 공고해야 하며, 신주인수권을 양도할 수 있음을 정관에 규정하거나 이사회가 발행사항으로 정한 경우에는 그 뜻도 같이 공고하여야 한다($^{418조}_{3항 본}$). 기준일이 주주명부폐쇄중인 때에는 폐쇄기간의 초일의 2주간 전에 공고하여야 한다($^{418조 3항 단,}_{354조 1항}$). 주주명부를 폐쇄하면 명의개서가 불가능하므로 신주인수권의 귀속에 관한 한 사실상 폐쇄기간의 초일이 「배정기준일」이나 다름없기 때문이다.

배정기준일의 결정·공고가 있으면 기준일 당시의 주주명부상의 주주가 신주인수권을 가지며, 그 이후에 주식을 취득한 자는 신주인수권을 갖지 못한다.

### (2) 신주인수권자에 대한 최고

회사는 일정한 기일($\substack{청약\\일}$)을 정하고 그 기일의 2주간 전에 신주인수권자에게 ① 그가 인수권을 가지는 주식의 종류와 수, ② 그 기일까지 주식인수의 청약을 하지 아니하면 그 권리를 잃는다는 뜻을 통지해야 하며, ③ 신주인수권을 양도할 수 있는 것에 관한 사항과 주주의 청구에 의해 신주인수권증서를 발행한다는 사항을 정한 때($\substack{416조 5\\호·6호}$)에는 그 사항도 통지하여야 한다($\substack{419조 1\\항·2항}$). 이상의 통지는 신주인수권자가 확정된 상태에서만 가능하므로 신주배정기준일($\substack{418조\\3항}$) 이후에 하여야 한다. 정관의 규정에 의해 발행주식 전부를 공모할 수 있는 경우에는 이와 같은 절차가 불필요하다.

청약일까지 인수권자가 청약을 하지 아니하면 인수권을 상실하므로($\substack{419조\\3항}$) 이른바 실권주가 생긴다($\substack{후\\술}$).

### (3) 주주에 대한 제3자배정의 통지·공고

이상의 통지, 공고는 주주배정방식으로 신주를 발행하는 경우에 필요한 절차이므로 제3자배정방식으로 발행할 경우 주주에게는 물론 제3자에 대해서도 이 절차를 따를 필요가 없다. 그러나 신주발행 자체 및 제3자배정에 관해 주주가 중대한 이해를 가지므로 신주의 발행사항을 주주들에게도 알려주어야 한다. 그러므로 회사는 신주의 종류와 수 등 제416조 제1호 내지 제4호 소정의 사항을 납입기일의 2주 전까지 주주에게 통지하거나 공고해야 한다($\substack{418조\\4항}$). 이는 제3자배정이 불공정할 경우 다른 주주들이 신주발행의 유지를 청구할 수 있는 기회를 주기 위함이고, 이 통지·공고를 게을리 한 경우에는 주주의 신주발행유지청구권의 행사기회를 박탈한 것이므로 원칙적으로 신주발행은 무효라고 해석해야 한다.

### (4) 신주인수권증서의 발행($\substack{583면 이\\하 참조}$)

### (5) 인수

회사설립시와 마찬가지로 「청약」과 「배정」에 의해 주식인수가 이루어진다. 그 법적 성질은 입사계약이다($\substack{통\\설}$).

**1) 청약**    이사는 주식청약서를 작성하여야 하며, 주식을 인수하고자 하는 자는 이 주식청약서에 의하여 청약하여야 한다는 점 등은 회사설립시의 모집설립과 같다($\substack{420조, 425\\조 1항→302\\조1항}$). 다만 신주인수권증서를 발행한 경우에는 동증서에 의해 청약해야 한다($\substack{420조\\의5 1항}$).

청약서에는, ① 상호, 발행예정주식총수, 1주의 금액, ② 납입을 맡은 금융기관과 납입장소, 명의개서대리인을 둔 때에는 그 성명·주소 및 영업소, ③ 신주의 종류와 수, 발행가액과 납입기일, 인수방법, 현물출자에 관한 사항, ④ 액면미달발행을 한 경우에는 발행조건과 미상각액, ⑤ 주주의 신주인수권에 대한 제한이 있을 때에는 그 내용, 특정의 제3자에게 신주인수권을 부여할 경우에는 그 사항, ⑥ 주식발행결의의 연월일 등을 기재해야 한다($^{420}_{조}$). 법문에는 빠져 있으나, 주식양도의 제한이 있을 경우($^{335조}_{1항\ 단}$)에는 이 역시 청약서에 기재해야 한다.

〈그림 20〉 신주발행일정

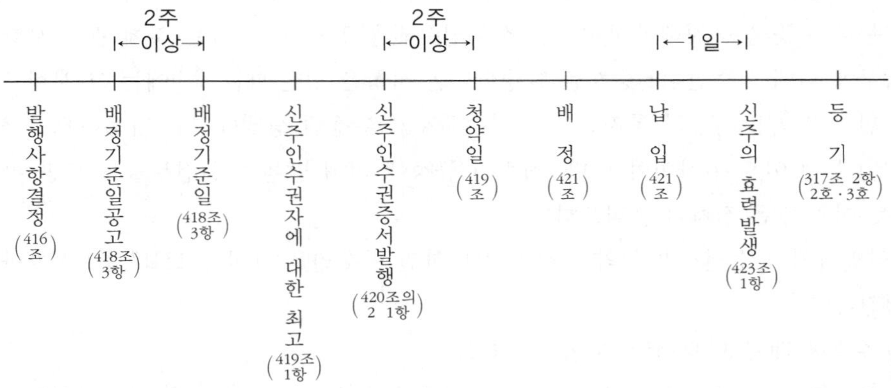

민법 제107조 제1항 단서($^{상대방이\ 아는\ 비}_{진의표시의\ 무효}$)의 적용이 배제됨은 모집설립의 경우와 같다($^{425조\ 1}_{항→302}$ $_{조\ 3항}$).

2) 배정　　　이사가 신주를 배정하지만($^{421}_{조}$), 주주이든 제3자이든 신주인수권을 가지는 자에 대한 배정에 있어서는 이사의 재량이란 있을 수 없다. 그러나 공모부분에 대해서는 이사의 재량으로 배정할 수 있다. 배정에 의하여 신주인수는 완결된다.

(6) 납입

인수인은 인수가액을 납입할 의무를 지며($^{425조\ 1항}_{→303조}$), 이사는 신주인수인으로 하여금 그 배정한 주식수에 따라 납입기일에 그 인수한 주식에 대한 인수가액의 전액을 납입시켜야 한다($^{421조}_{1항}$). 납입장소, 납입금보관자의 증명과 책임, 현물출자의 이행방법은 모집설립시와 같다($^{425조\ 1항→306조,\ 305}_{조2항\ ·\ 3항→295조\ 2항}$). 다만 신주인수권증서에 의해 청약한 경우 납입은 신주인수권증서에 기재된 납입장소에서 해야 한다($^{425조\ 2항}_{→305조\ 2항}$).

인수인이 납입기일에 납입하지 아니한 때에는 인수인으로서의 권리를 잃는다($^{423조}_{2항}$). 따라서 회사설립의 경우($^{307}_{조}$)와는 달리 실권절차를 밟을 필요 없이 납입기일의 경과로 당연히 실권하며, 이 부분에 대하여는 다시 인수인을 모집하거나, 혹은 발행을 포기하고 발행예정주식총수의 미발행부분으로 남겨두어 차후에 발행할 수도 있다. 실권한 주식인수인에 대하여는 손해배상을 청구할 수 있다($^{423조}_{3항}$). 그러나 실무에서는 이런 번거로움을 피하기 위해 청약시에 100%의 청약증거금을 예납받아 납입기일에 이로써 납입금에 충당하고 있다.

### (7) 이행방법 및 상계의 제한

납입에 의해 증가되는 자본금의 실체가 구비되므로 구체적인 납입방법은 자본충실의 원칙에 부합해야 한다. 예컨대 회사가 주주의 납입의무를 대신하여 이행하는 것이 허용될 수 없음은 물론이고($\binom{\text{대법원 1963. 10. 22.}}{\text{선고 63다494 판결}}$), 회사가 신주인수대금을 인수인에게 대여하고 이를 가지고 주금을 납입한 경우에는 가장납입으로서 무효이다. 대물변제나 경개가 허용되지 않음은 설립시와 같고, 어음·수표로 납입하는 경우에는 지급인에 의해 지급되어야만 유효한 납입이 있는 것으로 보아야 하는 것도 설립시의 납입과 같다.

신주의 인수인이 회사에 대해 이행기에 이른 금전채권을 가지고 있더라도 회사의 동의가 없이는 주금의 납입과 상계할 수 없다($\binom{\text{421조}}{\text{2항}}$). 자본충실을 위한 고려이다. 이 규정은 반대로 회사가 상계하는 것은 허용하는 취지로도 이해해야 하며, 이 경우 상대방의 동의는 요하지 않고 일반원칙($\binom{\text{민}}{\text{조 1항}}$)에 따라 회사의 일방적 의사표시로 족하다.

이사가 동의의 여부 또는 상계의 여부를 결정함에 있어 부주의하여 회사에 손해를 야기한 경우에는 손해배상책임($\binom{399}{\text{조}}$)을 진다.

### (8) 현물출자의 검사

**1) 원칙** 현물출자가 있는 경우 이사는 이를 조사하게 하기 위하여 법원에 검사인의 선임을 청구하여야 한다($\binom{\text{422조}}{\text{1항 본}}$). 검사인의 조사는 공인된 감정인의 감정으로 갈음할 수 있다($\binom{\text{통}}{\text{단서}}$). 법원은 검사인의 보고서 또는 감정인의 감정결과를 심사하여 현물출자가 부당하다고 인정한 때에는 이를 변경하여 이사와 현물출자자에게 통고할 수 있다($\binom{\text{422조}}{\text{3항}}$). 현물출자자는 이에 불복하여 주식의 인수를 취소할 수 있다. 통고 후 2주간 내에 취소가 없으면 통고한 내용대로 변경된 것으로 본다($\binom{\text{422조 4}}{\text{항·5항}}$)($\binom{\text{상세는 309}}{\text{면 참조}}$).

판례는 현물출자에 관하여 이와 같은 조사절차를 거치지 않더라도 신주발행이나 이로 인한 변경등기가 무효로 되는 것은 아니라고 한다($\binom{\text{대법원 1980. 2. 12.}}{\text{선고 79다509 판결}}$).

**2) 검사의 면제** 현물출자를 하더라도 다음과 같이 소규모에 그쳐 자본충실을 해할 위험이 크지 않거나, 시세가 존재하는 등 출자가액의 평가가 불공정해질 염려가 없는 경우에는 검사를 면제한다($\binom{\text{422조}}{\text{2항}}$).

i) **소액출자** 현물출자의 목적 재산의 가액이 자본금의 5분의 1 이하이고 시행령으로 정하는 금액($\binom{\text{5천}}{\text{만원}}$)을 초과하지 아니하는 경우($\binom{\text{422조 2항 1호,}}{\text{상령 14조 1항}}$).

ii) **시세와의 균형** 현물출자의 목적 재산이 거래소의 시세 있는 유가증권으로서 이사회가 정한 평가액이 시행령으로 정한 방법으로 산정된 시세를 초과하지 아니하는 경우($\binom{\text{상령 14}}{\text{조 2항}}$). 그러나 현물출자의 목적재산에 사용, 수익, 담보제공, 소유권 이전 등에 대한 물권적 또는 채권적 제한이나 부담이 설정된 경우에는 검사를 면제하지 아니한다($\binom{\text{상령 14}}{\text{조 3항}}$).

iii) **출자전환** 회사에 대한 변제기에 이른 금전채권을 출자의 목적으로 하는 경우로서 그 가액이 회사의 장부가를 초과하지 아니하는 경우($^{422조}_{2항 3호}$). 이는 회사에 대한 채권을 상계하는 방식으로 출자하는 경우인데, 제421조 제2항이 규정하는 회사의 동의가 있는 경우의 출자전환이 이에 해당한다.

### (9) 실권주와 단주의 처리

실권주는 신주인수권자가 청약을 하지 아니함으로써도 생기고($^{419조}_{3항}$), 신주를 인수한 자가 납입기일에 납입하지 아니함으로써도 생긴다($^{423조}_{2항}$). 실권주는 미발행부분으로 유보하여도 무방하나, 이사회의 결의로 제3자에게 배정할 수도 있다. 신주인수권을 가지는 주주가 신주의 인수를 실권한 경우 이미 주주배정방식에 의한 발행은 이루어진 바이므로 이사회가 제3자에게 실권주를 배정함에 있어서는 제418조 제2항에 따른 제3자배정의 요건을 요하지 않고 발행조건의 변경도 요하지 않는다는 것이 판례의 입장이다($^{대법원 2012. 11. 15.}_{선고 2010다49380 판결}$). 그러나 상장회사에서는 실권주가 불공정하게 배정될 염려가 없는 소정의 예외에 해당하지 않는 한 실권주 부분은 발행을 철회해야 한다($^{자금 165}_{조의6 2항}$).

단주는 1주 미만의 주식을 가리키는데, 신주발행시에는 신주인수권자의 지주수에 비례하여 배정하는 과정에서 생긴다. 예컨대 10주를 가진 주주가 주당 15%의 신주인수권을 갖는다면 그의 신주는 1.5주가 되어 0.5주의 단주가 생긴다. 주식불가분의 원칙상 단주를 그대로 배정할 수 없음은 물론이다. 명문의 규정은 없으나, 실무상으로는 자본금감소에서와 같이 시가로 처분하여 발행가와의 차액을 단주의 주주에게 돌려주고 있는데, 공평한 방법이다.

### (10) 등기

신주발행으로 인해 등기사항인 자본금의 총액과 발행주식의 총수가 늘어나므로 변경등기를 해야 한다($^{317조 2항 2호·3호,}_{동조 4항→183조}$).

### (11) 상장회사의 특례

상장회사의 신주발행에 있어서는 투자자보호를 위해 자본시장법상 특별한 절차가 요구된다.

**1) 외부감사**    신주발행을 하는 상장법인은 우선 외부감사인의 회계감사를 받아 그 감사증명을 증권신고서에 첨부하여야 한다($^{자금 169조 1항, 자}_{금령 189조 1항 2호}$).

**2) 증권신고와 효력발생**    회사가 증권신고서를 금융위원회에 제출하고, 이로부터 일정기간($^{현행 10일, 주주 또는 제}_{3자 배정방식의 경우 7일}$)이 경과한 후에 신고서의 효력이 발생한 후가 아니면 신주발행을 할 수 없다($^{자금 120조 1항, 121조,}_{자금규칙 12조 1항 2호}$). 그 이전에는 인수의 청약이 있더라도 발행인이 이를 승낙하지 못한다($^{자금 121}_{조 1항}$).

**3) 기업내용의 공시와 책임**    투자자에게 투자판단에 필요한 정보를 제공하기 위해 증권신고서, 투자설명서 등을 공시해야 하고, 공시서류가 허위 또는 부실하여 인수인에게 손해를 끼친 경우에는 이사 등 공시관련자들이 손해배상책임을 진다($^{자금}_{125조}$).

## Ⅵ. 신주발행의 효력발생

**1) 일부 미인수의 영향**　　회사설립시에는 발행주식총수가 인수·납입되어야 하지만, 신주발행시에는 이사회에서 결의한 발행주식수에 미달하더라도 인수·납입된 주식만을 발행하고 미인수·미납입분의 발행은 포기하는 이른바 「마감발행」을 할 수 있다. 따라서 신주가 일부 인수되지 아니하거나 무효·취소되더라도 나머지 수량에 대해서는 신주발행의 효력이 발생한다.

**2) 효력발생시기**　　인수인이 납입 또는 현물출자의 이행을 한 때에는 납입기일의 다음날로부터 주주의 권리의무가 있다($^{423조}_{1항}$). 즉 이 날로부터 신주의 주주가 된다. 이에 따라 권리주의 상태가 종식되고($^{425조\ 1항}_{→319조}$) 회사는 지체 없이 주권을 발행하여야 한다($^{355조}_{1항}$). 주식의 양도가 가능하나, 주권을 발행하기 전에는 제335조 제3항의 양도제한을 받는다.

납입기일의 다음날부터 신주의 효력이 발생하는 결과, 그날이 속하는 영업연도의 이익배당에는 신주도 구주와 균등한 지위로 배당에 참여한다.

## Ⅶ. 이사의 자본충실책임

**1)** 신주발행에 결함이 생기면 설립시의 발기인과 같이 이사가 담보책임을 진다($^{428조}_{1항}$). 그러나 발기인과는 달리 이사는 인수담보책임만을 질 뿐 납입담보책임의 문제는 생기지 아니한다($^{321조\ 1}_{항·2항\ 참조}$). 신주발행에서 납입기일에 납입이 되지 않으면 인수 자체가 실효되므로 이 부분도 인수가 되지 않은 것으로 다루기 때문이다($^{423조\ 2항.\ 설립시와\ 달리\ 신주발행시에는\ 납입을\ 해}_{태하면\ 실권절차\ 없이\ 실권함을\ 유의할\ 것.\ 307조\ 1항\atop\ \ \ 과\ 비교}$).

**2)** 이사의 「인수담보책임」이란 신주의 발행으로 인한 변경등기($^{317조\ 2항·3}_{항·4항,\ 183조}$)가 있은 후에 아직 인수되지 아니한 주식이 있거나 주식인수의 청약이 취소된 때에 이사가 이를 공동으로 인수한 것으로 보는 것이다($^{428조}_{1항}$). 일단 인수가 이루어진 것같이 등기된 이상 그 공시에 부합하는 자본충실을 기하기 위하여 지우는 책임이다.

인수가 의제되는 까닭에 인수를 위한 이사의 의사표시를 요하지 않고 바로 납입할 의무가 발생하며, 무과실책임이고 총주주의 동의로써도 면제할 수 없다.

## Ⅷ. 신주발행유지청구권

### (1) 의의

회사가 법령 또는 정관에 위반하거나 현저하게 불공정한 방법으로 주식을 발행함으로써 주주가 불이익을 받을 염려가 있는 경우에는 그 주주는 회사에 대하여 그 발행을 유지할 것을 청구할 수 있다($^{424}_조$).

「신주발행」은 현주주의 「비례적 이익」에 중대한 영향을 미치므로 회사의 위법·불공정한 신주발행에 대해 개별 주주의 이익을 보호하기 위하여 둔 제도이다.

### (2) 유지청구권과의 비교

「신주발행유지청구권」은 일정한 행위를 사전에 저지하기 위해 주주에게 인정된 권리라는 점에서는 제402조가 정하는 일반적인 유지청구권과 같다. 그러나 그 행사요건에 있어서는 큰 차이가 있다. ① 유지청구권은 소수주주에 한하여 인정됨에 대해, 신주발행유지청구권은 모든 주주에게 인정되고, ② 유지청구는 이사의 법령·정관에 위반한 행위를 대상으로 함에 대해, 신주발행유지청구는 회사의 신주발행만을 대상으로 하면서 법령·정관에 위반한 경우뿐 아니라 현저하게 불공정한 경우도 포함하며, ③ 가장 큰 차이는 유지청구권은 회사에 회복할 수 없는 손해가 생길 염려가 있을 때 행사할 수 있으나, 신주발행유지청구권은 주주 자신이 불이익을 받을 염려가 있는 경우에 행사할 수 있다는 점이다. 그러므로 유지청구권은 주주의 「공익권」이지만, 신주발행유지청구권은 「자익권」으로서 서로 대체행사하여 같은 효과를 거둘 수 있는 것이 아니다.

### (3) 신주발행유지청구의 요건

1) 신주발행의 위법·불공정    회사가 법령·정관에 위반하거나 현저하게 불공정한 방법에 의하여 주식을 발행하였어야 한다($^{424}_조$).

법령에 위반한 예로는 주주의 신주인수권을 무시하고 제3자에게 배정하거나 주주 간에 불균등한 비율로 주식을 배정한 경우($^{418조}_{1항}$), 신주인수권자에 대한 최고절차 없이 불청약을 이유로 실권시킨 경우($^{419조}_{3항}$) 등이다.

정관에 위반한 예로는 정관에 근거 없이 제3자에게 신주인수권을 부여한 경우를 들 수 있다.

현저하게 불공정한 예로는, 현물출자를 과대하게 평가한 경우, 정관에 근거를 두었더라도 합리적인 사유 없이 제3자에게 신주인수권을 부여한 경우 등을 생각할 수 있다.

2) 주주의 불이익    신주발행이 위법·불공정한 외에 그로 인해 특정주주가 불이익을 받을 염려가 있어야 한다($^{424}_조$). 따라서 위에서 든 위법·불공정한 예에 해당한다고 하여 모든 주주에게 있어 유지청구의 대상이 되는 것은 아니다. 예컨대 정관상 주주총회결의로 신주를 발행해야 하는데 이사회의 결의로 발행했다고 해서 반드시 특정 주주에게 불이익이 생기는 것은 아니다.

신주발행이 위법하여 회사 전체에 손해가 발생하고 주주가 간접적으로 손실을 입는다면($^{예: 액면}_{미달발행}$), 제424조의 유지청구를 할 사유는 아니고, 제402조의 유지청구 또는 신주발행무효의 소($^{429}_조$)나 이사의 책임추궁($^{399}_조$)에 의해 구제되어야 한다.

(4) 신주발행유지청구의 절차

1) 청구권자와 상대방    불이익을 입을 염려가 있는 주주가 회사에 대하여 청구하는
것이다($\frac{424}{조}$). 따라서 단독주주도 청구가 가능하며, 신주인수권의 유무, 의결권의 유무는 묻
지 않는다. 그리고 제402조의 유지청구와 달리 이사가 아니라 회사를 상대로 청구하여야
한다.

2) 청구방법    청구방법에 관해 특별한 규정이 없으므로 제402조의 유지청구에서와
마찬가지로 의사표시로도 할 수 있고, 소를 제기할 수도 있으며, 가처분을 구하여 실효성을
보강할 수도 있다.

3) 청구시기    유지청구는 신주발행의 효력이 발생하기 전, 즉 납입기일까지 하여
야 한다. 일단 납입기일이 경과하여 신주가 효력을 발생한 후에는 신주발행 무효의 소만으
로 다툴 수 있기 때문이다.

(5) 신주발행유지청구의 효과

주주가 유지청구를 하더라도 발행절차에 직접 영향을 주는 바가 없다. 다만 회사가 유
지청구를 받았을 때에는 신주발행의 위법·불공정 여부를 심사해야 할 주의의무를 진다.
유지 여부는 이사회에서 결정해야 한다. 그러므로 유지청구에 불응했다 하여 신주발행이
무효가 되는 것이 아님은 물론, 그 이유만으로는 무효의 소를 제기할 수도 없다.


# IX. 불공정한 가액으로 인수한 자의 책임

## 1. 취지

이사와 통모하여 현저하게 불공정한 발행가액으로 주식을 인수한 자는 회사에 대해 공
정한 발행가액과의 차액에 상당한 금액을 지급할 의무가 있다($\frac{424조}{의2\ 1항}$).

이사가 특정 주주 또는 제3자에게 불공정한 발행가로 주식을 인수시킨다면 다른 주주
들이 보유하는 주식의 순자산가치를 희석시키므로 상법은 회사가 직접 인수인에 대하여 출
자의무에 기초한 지급책임을 물을 수 있는 길을 마련하였다.

## 2. 책임발생의 요건

### (1) 이사와의 통모

인수인이 이사와 통모했을 것을 요한다. 따라서 통모하지 않는 한 현저하게 불공정한
가액으로 인수하였다 하더라도 인수인의 책임은 생겨나지 않는다.

### (2) 현저하게 불공정한 발행가액

1)「발행가액」이란 인수인이 실제 납입한「인수가액」($\frac{421}{조}$)을 뜻한다. 이사회가 발행사

항으로 정하는 발행가액($\frac{416조}{2호}$)과 인수인이 납입하는 인수가액이 다를 경우 후자가 기준이 되는 것이다.

2) 「현저하게 불공정」한 가액이란 시가가 있는 주식이라면 구주의 시가를 기준으로 계산된 공정한 가액을 현저히 하회하는 금액을 뜻한다고 볼 것이다. 시가가 없는 주식이라면 회사의 자산상태·수익력 등을 참작하여 계산한 가액을 기준으로 삼아 결정해야 한다.

3) 「현저히 불공정」하다는 것은 단지 발행가액이 저렴하다는 의미만으로 이해해서는 안된다. 발행가액을 주식의 시가나 실질가치보다 저렴하게 하더라도 경영상의 합리적인 목적에 따른 것이라면 본조의 적용대상이 아니다.

### 3. 적용범위

이 제도는 제3자가 신주를 인수하거나 특정의 주주가 주주의 신주인수권($\frac{418조}{1항}$)에 기하지 않고 제3자적 지위에서 인수할 때에 적용되고, 발행주식 전부를 주주가 신주인수권에 기해 인수할 때에는 적용되지 않는다. 이 경우에는 시가와 발행가의 차액으로 인한 이익은 구주가 희석됨으로 인한 손실과 상쇄되어 주주의 이익을 해치는 바가 없고, 인수가가 액면가를 초과하는 한 채권자의 이익을 해칠 염려 또한 없기 때문이다.

### 4. 인수인의 책임

인수인은 공정한 가액과의 차액에 상당한 금액을 회사에 지급하여야 한다.

1) **책임의 성질**　　통설은 인수인의 책임의 성격을 자본충실을 위한 추가출자의무로 구성하고 주주유한책임원칙의 예외를 이룬다고 설명한다. 이와 달리 인수인의 책임은 자본충실과 다른 주주의 보호를 위해 인정한 특수한 손해배상책임이라고 설명하는 견해도 있다.

2) 「**차액**」**의 발생시기**　　인수인의 책임액, 즉 공정한 가액과 인수가액과의 차액은 인수할 때의 공정한 가액을 기준으로 계산하여야 한다. 인수인으로부터 지급받은 「차액」은 성질상 자본준비금으로 적립하여야 한다($\frac{459조}{1항}$)($\frac{통}{설}$).

3) **주식의 양도와 책임의 귀속**　　제424조의2의 책임은 「이사와 통모하여 현저하게 불공정한 가액으로 인수한 자」에게 묻는 책임이므로 주식이 양도되더라도 책임이 이전되는 것은 아니다.

4) **책임의 추궁**　　인수인의 책임은 회사에 대한 책임이므로 그 추궁도 회사가 하여야 하나, 회사가 이를 게을리할 경우에는 주주가 대표소송을 제기할 수 있다($\frac{424조의2\ 2항}{→403조~406조}$). 인수인의 책임은 이사와 통모하여 발생하므로 이사들에 의한 책임추궁은 사실상 기대하기 어려운 탓에 주주가 책임추궁을 할 수 있게 한 것이다.

5) **이사의 책임과의 관계**　　인수인의 책임은 이사가 임무해태로 인해 회사에 지는

손해배상책임($^{399}_{조}$), 주주에 대한 책임($^{401}_{조}$)에 영향을 미치지 아니한다($^{424조}_{의2\,3항}$). 즉 인수인의 책임이 추궁되거나 이행되더라도 이와 별개로 이사의 책임이 추궁될 수 있는 것이다.

## X. 신주발행무효의 소

### 1. 총설

신주의 발행으로 새로운 영업자금이 회사에 유입되어 회사채권자에 대한 책임재산으로 추가되며, 발행된 주식이 유통되어 새로운 주주가 생기는 등 많은 이해관계가 새로이 형성된다. 따라서 신주발행의 내용이나 절차에 하자가 있더라도 신주에 관련된 법률관계의 안정을 위해서는 단체적·획일적으로 해결하여야 한다. 그래서 상법은 신주발행의 하자는 신주발행무효의 소에 의해서만 주장하게 하고($^{429}_{조}$), 무효판결에 대세적 효력을 인정하는 한편 소급효를 제한하는 등 특수한 효과를 주고 있다. 신주발행무효의 소는 형성의 소로서 상법상 신주발행의 효력을 다투는 유일한 방법이다. 신주발행이 하자있는 주주총회의 결의에 의해 이루어진 경우($^{416조}_{단}$)에도 주주총회결의의 취소 혹은 무효의 소($^{376조}_{380조}$)로 다투어서는 안되고 신주발행무효의 소($^{429}_{조}$)를 제기하여야 한다($^{대법원\ 2004.\ 8.\ 16.}_{선고\ 2003다9636\ 판결}$).

### 2. 무효원인

#### (1) 무효판단의 일반적 기준

상법은 신주발행의 개별적인 무효사유를 열거하고 있지 않으므로 일반적으로는 신주발행이 법령·정관에 위반하거나 현저히 불공정한 경우에 무효가 된다고 할 것이다. 그러나 신주발행으로 제3자의 새로운 이해가 창출될 수 있으므로 모든 위법·불공정이 신주발행의 무효로 연결된다고 보기는 어렵고, 회사법상의 기본적인 법익을 침해한 경우에 한해 무효로 다루어야 한다($^{대법원\ 2009.\ 1.\ 30.\ 선}_{고\ 2008다50776\ 판결}$).

신주발행에 있어서 고려되어야 할 기본적인 법익은 「수권자본제」와 「자본충실」, 그리고 「주주의 신주인수권」이다. 자본충실과 주주의 신주인수권의 중요성은 이미 설명하였고, 수권자본제는 주주가 회사에 대한 자신의 지분적 비례를 유지하기 위해 이사회를 통제하는 수단이므로 주주의 보호를 위해 역시 중요한 원칙이다.

1) 수권자본제 위반    발행예정주식총수를 초과한 경우 또는 정관에서 인정하고 있지 아니한 종류주식을 발행한 경우에는 무효원인이 된다. 다만 사후에 정관변경을 하여 발행예정주식총수를 늘리거나 발행된 주식의 종류를 정하면 하자가 치유된다고 보아야 한다.

한편 이사회의 결의 없이 대표이사가 신주를 발행하거나, 이사회결의에 하자가 있는 경우 이사회결의는 내부적인 의사결정에 불과하므로 기본적으로는 유효하다는 것이 판례의 입장이다($^{대법원\ 2007.\ 2.\ 22.\ 선}_{고\ 2005다77060\ 판결}$).

  2) **자본충실 위반**      필요한 절차를 거치지 아니하고 액면미달발행을 한 경우, 현물출자를 과다하게 평가한 경우에는 무효로 보아야 하나($^{통}_{설}$), 미달금액 또는 부족액이 근소하여 이사의 손해배상책임으로 전보가 가능한 경우에는 유효라고 보아야 한다. 회사가 자기가 발행하는 신주를 자기의 계산으로 인수하거나 인수자에게 인수자금을 대여함으로써 실질적으로 자기 계산과 동일한 방법으로 인수한 경우에는 자본금의 유입이 없으므로 그 신주발행은 무효이다($^{대법원\ 2003.\ 5.\ 16.\ 선}_{고\ 2001다44109\ 판결}$).

  〈손실보전약정의 효력〉 신주를 발행하는 데 주가의 전망이 불투명하여 인수자가 나서지 않을 경우, 장차 주가의 하락으로 주식인수인이 손실을 입는다면 이를 회사가 보전해 주기로 약속하고 신주의 인수를 권유하는 예가 있다. 이러한 약정은 다른 주주에게는 인정하지 않는 권리를 신주인수인에게 부여하는 것이므로 주식평등의 원칙에 반하고, 나아가 자본충실을 해하므로 무효이다($^{대법원\ 2007.\ 6.\ 28.\ 선}_{고\ 2006다38161\ 판결}$). 그러나 이러한 채권계약의 무효는 신주인수의 효력에까지 영향을 주지는 않는다($^{같은}_{판례}$). 신주인수는 유효하고 단지 손실보전의 이행을 청구할 수 없을 뿐이다.

  3) **신주인수권의 침해**      주주의 신주인수권을 무시하고 신주발행을 한 경우는 무효라고 함이 일반적이다. 신주인수권의 필요성은 주주가 「회사지배에 관해 갖는 비례적 이익」과 「주식의 경제적 가치의 유지」에 있다. 경제적 가치의 침해는 회사나 이사의 손해배상으로 전보할 수 있으므로 비례적 이익의 침해가 회사지배에 대한 영향력에 변동을 줄 경우에 한해 무효라고 보아야 한다.

  (2) **무효판단의 엄격성**

  신주발행에 흠이 있더라도 판례는 무효판결을 자제하는 경향이 있다. 신주인수인의 보호 및 거래안전에 대한 고려 때문이다. 그리하여 판례는 「거래의 안전을 고려하더라도 도저히 묵과할 수 없는 정도로 주식회사의 본질·회사법의 기본원칙에 반하거나 주주들의 이익과 경영권에 중대한 영향을 미치는 경우」에 한해 무효판결을 내릴 수 있다는 입장을 취하고($^{대법원\ 2010.\ 4.\ 29.\ 선}_{고\ 2008다65860\ 판결}$), 전환사채나 신주인수권부사채의 발행에 관해서도 같은 논리를 펴고 있다($^{후}_{술}$).

  ### 3. 소송절차

  1) **당사자**      주주나 이사, 감사에 한하여 소를 제기할 수 있으며($^{429}_{조}$), 회사를 피고로 한다. 주주는 신주의 주주이든 구주의 주주이든 무방하며, 신주발행의 효력발생 후 주식을 양수한 자도 소를 제기할 수 있다. 이사·감사도 제소 당시의 이사·감사면 족하다.

**2) 제소기간**　　소는 신주를 발행한 날로부터 6월 내에 제기하여야 한다($^{429}_{조}$).「신주를 발행한 날」이란 신주발행의 효력발생일($^{납입기일의 다}_{음 날. 423조 1항}$)을 뜻한다. 6월 내에 소를 제기하라고 함은 6월 내에 어느 무효사유를 들어 소를 제기한 후 6월 이후 다른 무효사유를 추가할 수 없다는 뜻도 포함한다($^{대법원 2012. 11. 15.}_{선고 2000다37326 판결}$).

**3) 기타**　　관할, 소제기의 공고, 병합심리, 하자보완시 청구의 기각, 무효판결의 등기 등에 관해서는 제186조 내지 제192조가 준용되며($^{430}_{조}$), 그 내용은 동 규정에 관해 설명한 바와 같다. 그리고 남소를 막기 위하여 주주총회결의취소의 소에서와 같이 제소주주에게 담보를 제공하게 할 수 있다($^{430조}_{→377조}$).

### 4. 무효판결의 효과

**(1) 대세적 효력**

신주발행무효의 판결은 제3자에게도 효력이 미친다($^{430조}_{→190조 본}$). 신주발행을 토대로 한 법률관계의 획일적 확정을 위함이다.

**(2) 주식의 실효**

신주발행무효의 판결이 확정된 때에는 신주는 장래에 대해 그 효력을 잃는다($^{431조}_{1항}$).

**1) 소급효의 제한**　　무효판결의 효력은 장래에 대해서만 미치므로 신주발행의 유효를 전제로 판결시까지 이루어진 모든 행위는 유효하다. 신주인수인의 주금납입, 현물출자, 그간의 신주에 대한 이익배당, 신주의 주주가 의결권을 행사한 주주총회의 결의, 신주의 양도 등이 모두 유효하며, 그 신주를 가지고 그 이후의 신주발행시에 신주인수권을 행사한 것도 유효하다.

**2) 판결확정 후의 효력**　　무효판결의 확정으로 신주는 효력을 잃으므로 신주의 주주는 주주권을 상실한다. 따라서 주권도 무효가 되며 양도 및 선의취득의 대상이 될 수 없다. 무효판결이 확정된 때에는 회사는 지체 없이 그 뜻과 일정한 기간 내에 신주의 주권을 회사에 제출할 것을 공고하고 주주명부에 기재된 주주와 질권자에 대하여는 각별로 그 통지를 하여야 한다($^{431조}_{2항 본}$). 그 기간은 3월 이상으로 정하여야 한다($^{431조}_{2항 단}$).

주권을 제출하게 하는 이유는 무효인 주권이 유통되는 것을 방지하기 위함이고, 제출하지 않았다 하여 주권이 유효해지거나 선의취득이 가능해지는 것은 아니다. 그러나 이 절차를 게을리한 때에는 그로 인한 제3자의 손해에 대하여 회사 또는 이사가 배상책임을 진다.

**(3) 주금액의 반환**

무효판결의 확정으로 주식이 실효되고 주주가 납입한 주금액은 부당이득이 되므로 회사는 「신주의 주주」에게 그 납입한 금액을 반환해야 한다($^{432조}_{1항}$).

**1) 반환청구권자**　　「신주의 주주」란 무효판결「당시」의 주주를 의미한다. 신주가 양도되었다면 최초의 인수인에게 반환하는 것이 아니라 양수인에게 반환하는 것이다. 주금의

반환은 주식의 실효에 대한 보상이기 때문이다.

　　2) 주금액　　금전출자의 경우에는 발행시의 인수가액, 그리고 현물출자의 경우에는 출자 당시의 평가액을 반환하는 것이다. 그러나 주주가 그간 이익배당을 받거나 다시 신주를 인수하는 등 어느 정도 투자의 회수가 이루어졌을 수도 있고, 회사가 증가된 자본금을 토대로 상당한 이윤을 축적하였을 수도 있으므로 원래의 인수가액을 반환하는 것은 형평에 어긋난다. 그러므로 주금액의 반환이 판결확정 당시의 회사의 재산상태에 비추어 현저하게 부당한 때에는 법원은 회사 또는 주주의 청구에 의하여 그 금액의 증감을 명할 수 있다$\left(\substack{432조 \\ 2항}\right)$.

　　3) 질권의 물상대위　　반환하는 주금액은 실효한 주식의 변형물이라 할 수 있으므로 실효된 주식에 질권을 가진 자는 반환되는 주금액에 대하여 질권을 행사하며, 등록질권자는 그 금액으로 우선변제에 충당할 수 있다$\left(\substack{432조 3항 \rightarrow 339조, \\ 340조 1항 \cdot 2항}\right)$.

　　(4) 무효판결과 자본금과의 관계

　　액면주식의 신주발행이 무효인 경우에는 주식이 실효됨에 따라 신주발행으로 인하여 늘어난 발행주식수와 자본금은 발행 전의 상태로 돌아간다. 따라서 발행예정주식총수의 미발행부분이 부활되고, 이 부분에 대해서는 다시 신주발행이 가능하다. 주금액의 반환으로 인해 자본금이 감소하는 것과 같이 보이지만, 이는 법률의 규정에 의한 당연한 의무의 이행이므로 채권자보호절차$\left(\substack{439조 2 \\ 항 \cdot 3항}\right)$를 밟을 필요가 없다.

　　무액면주식의 신주발행이 무효인 경우에는 해당 주식수가 실효하여 신주발행 전의 주식수로 되돌아가지만, 자본금에는 영향이 없다. 신주발행가액의 일부를 자본액에 계상한 후에는 자본금은 신주와 괴리되어 발행주식의 수량에 영향을 받지 않기 때문이다.

　　(5) 변경등기의 경정

　　무효판결로 인해 주식수·자본금 등은 신주발행에 따른 변경등기의 내용과 상위하게 되므로 변경등기를 경정해야 한다$\left(\substack{317조 2항 \\ 2호 \cdot 3호}\right)$.

### 5. 원고패소판결의 효과

　　다른 회사관계소송에서와 같이 원고패소판결의 효과는 당사자 간에만 미치고, 원고가 손해배상책임을 질 수가 있다$\left(\substack{430조 \\ \rightarrow 191조}\right)$.

## XI. 신주발행의 부존재

　　학설·판례는 신주발행의 「부존재」라는 개념을 인정한다. 신주발행의 「실체」가 전혀 존재하지 않는데, 신주발행의 변경등기가 되어 있는 등 신주발행의 「외관」이 존재하는 경우 이를 신주발행의 부존재라 한다. 신주발행의 실체가 없다 함은 예컨대 신주발행을 위한 절차가 전혀 취해진 바가 없거나, 신주발행의 결의가 있더라도 실제 주식의 인수·납입과 같은 실체적 요건이 따르지 아니한 것을 말한다. 신주발행의 결의, 이에 따른 인수·납입 등이 이루어졌더라도 이것이 회사의 적법한 기관($^{이사회}_{대표이사}$)에 의해 이루어진 것이 아니라서 조직법적 의미의 자본구조의 변동이 있었다고 볼 수 없는 경우, 예컨대 주주 아닌 자들이 이사를 선임하여 이사회와 대표이사를 구성하고 이들이 신주발행절차를 밟은 경우($^{대법원}_{1989. 7. }$ $_{25. 선고 87다}^{}$ $_{카2316 판결}^{}$)는 부존재하는 신주발행이다.

　　이같이 신주발행의 실체가 없음에도 불구하고 신주발행을 전제로 한 변경등기가 있거나, 주권이 발행되거나, 주주명부에 인수자가 기재되어 있는 등 신주발행이 있었다고 오해할 수 있는 외관이 존재할 경우에 부존재를 인정할 실익이 있다.

　　신주발행의 부존재는 제429조에 의한 주장자·주장방법·주장시기의 제한을 받지 아니한다. 따라서 누구라도, 어느 때, 어떤 방법으로든지 부존재를 주장할 수 있다. 소로써 주장하고자 할 때에는 일반「확인의 소」로써 부존재확인의 소를 제기할 수 있으며, 그 판결의 효력은 신주발행무효판결과 달리 대세적 효력이 없고 소급효가 제한되지 않는다($^{전게}_{판례}$).

## XII. 인수행위의 하자와 주장

　　1) 하자의 효과　　　신주인수는 주주와 회사 간의 법률행위이므로 인수인이나 회사의 의사표시상의 하자, 무권대리 등으로 무효로 되거나 취소할 수 있음은 물론이다. 신주발행은 전액확정주의를 취하지 않는 관계로 개별적인 신주인수가 무효·취소되더라도 나머지 유효하게 인수된 부분만으로 신주발행의 효과가 생기고 또 이사가 인수담보책임을 지므로 신주발행 전체가 무효로 되지는 않는다.

　　2) 하자의 주장제한　　　신주를 인수한 자는 신주발행으로 인한 변경등기를 한 날로부터 1년을 경과하거나, 그 이전이라도 주주권을 행사한 때에는 주식청약서 또는 신주인수권증서의 요건의 흠결을 이유로 하여 인수의 무효를 주장하거나 사기, 강박 또는 착오를 이유로 하여 인수를 취소하지 못한다($^{427}_{조}$). 회사설립시에 인수의 하자주장을 제한하는 것($^{320}_{조}$)과 같은 취지이다.

## 제 3 관　자본금의 감소

## I. 의의

　　자본금의 감소($^{이하 '감'}_{자(減資)'}$)란 자본금의 금액을 축소시키는 것을 말한다. 자본금은 회사의 창업과 기업유지를 위한 물적 기초가 되므로 자본금을 감소한다는 것은 회사의 잠재적인 자금력과 사업능력을 축소시키는 의미를 가진다. 주주들의 입장에서 이는 중대한 구조적 변화이다. 한편 자본금감소는 회사의 지급능력 내지는 책임재산을 감소시키는 요인이 되므로 채권자들이 밀접한 이해를 갖는다. 더욱이 실질감자의 방법으로 자본금을 감소할 때에는 사실상 주주들이 채권자에 우선하여 출자를 환급받는 것과 같다는 사실도 제도적으로 경계할 점이다. 자본금감소에는 이같이 주주와 채권자의 이해가 개재되므로 상법에서는 주주총회에 자본금감소의 의사결정권을 부여하고, 채권자에게는 이의제출의 기회를 주고 있다(채권자보호절차).

## II. 감자의 구분

### 1. 실질감자와 명목감자

액면주식을 발행한 회사가 자본금을 감소함에 따라 순자산도 감소하는지 여부를 기준으로 통상 실질적인 자본금감소(실질감자)와 명목적인 자본금감소(명목감자)로 분류한다. 실질적인 자본금감소란 자본금의 감소와 더불어 감소된 금액의 일부 또는 전부를 주주에게 지급함으로써 순자산도 같이 감소시키는 것이고(유상감자), 명목적인 자본금감소는 자본금의 수액만 줄이고 순자산은 사외에 유출시키지 않는 것이다(무상감자).

실질감자는 사업규모상 현재의 자본금이 과다하므로 일부를 주주에게 되돌려 주기 위한 목적에서 하기도 하고, 회사해산을 예정하고 청산절차를 간편하게 할 목적으로도 한다. 또 합병을 앞두고 소멸예정회사의 재산이 거액이라서 그 주주들이 존속예정회사에서 갖게 될 지분이 지나치게 클 것이 예상될 경우, 그 주주들의 지분을 감소시키기 위하여 소멸예정회사의 자본금을 감소시키는 등 그 목적은 다양하다. 최근에는 주주가 출자금을 회수하는 수단으로 감자를 실시하는 예도 늘고 있다.

이에 대해 명목감자는 순자산이 자본금에 미달하는 상태 즉 결손이 있으나, 당분간 회복할 가망이 없는 회사에서 그대로 방치하면 이익배당도 어렵거니와 회사의 신용도 떨어지므로 자본금을 순자산에 접근시키기 위하여 한다. 또 명목감자는 신주발행과 결합하여 부실기업의 재건수단으로 활용되기도 한다. 명목적 자본금감소를 통해 주식의 실질가치를 액면가에 근접시킨 후, 액면가로 신주를 발행하여 종전의 자본규모와 그에 상응하는 순자산을 유입시키는 것이다. 채무자회생 및 파산에 관한 법률에서 기업회생의 방법으로 규정하고 있다(회파 205조).

액면주식을 발행한 회사는 이같이 회사의 재무상황에 따라 실질감자 또는 명목감자를 하게 되지만, 무액면주식을 발행한 회사에서는 후술하는 바와 같이 주식의 수와 연계 없이 자본금만 감소시키므로 주주에게 일정 주금을 환급하는 실질감자가 있을 수 없다. 무액면주식을 발행한 회사에서 실질감자와 같은 효과를 누리는 방법으로는 자기주식을 유상으로 취득하거나($\frac{341조}{1항}$), 자본금을 감소한 후 늘어난 배당가능이익을 재원으로 배당을 실시하는 것이다.

### 2. 결손보전감자와 통상의 감자

실정법상 보다 중요한 구분은「결손의 보전을 위한 자본금감소」와 그 밖의 자본금감소이다($\frac{2011년}{신설}$). 자본금감소가 전혀 다른 절차에 의해 실행되기 때문이다. 후자의 감자는 주주총회의 특별결의를 요하고 채권자보호절차를 밟아야 하지만, 전자의 감자는 주주총회의 보통결의로 족하고 채권자보호절차를 요하지 않는다. 전자를「결손보전감자」, 후자를「통상의 감자」로 부르기로 한다.

결손보전감자는 앞서 말한 명목감자와 대체로 같은 뜻으로 이해할 수 있으나, 이에는 일정한 법적 효과가 수반하므로 그 취지에 맞게 엄격한 정의를 요한다. 상법에서는 그 개념을 정의하고 있지 않으나, 보전되는 결손액과 일치하는 금액의 자본금을 무상으로 감소시키는 것이라고 이해해야 한다. 주주에게 감자의 대가를 지급하지 않음은 물론이고, 보전되는 결손액과 감소되는 자본금이 일치되어야 한다. 보전되는 결손액보다 감소되는 자본금이 더 클 경우에는 감자차익이 발생하여 회사의 재무구조는 더 좋아지지만, 이 경우에는 결손보전감자가 아니므로 결손보전감자를 위한 특칙($\frac{주주총회의 보통결의,}{채권자보호절차 불요}$)이 적용되지 않는다고 보아야 한다.

## Ⅲ. 자본금감소의 방법

액면주식을 발행하는 경우와 무액면주식을 발행한 경우 각기 자본금감소의 구체적 방법을 달리한다.

### 1. 액면주식을 발행한 경우

액면주식을 발행한 회사에서는 자본금은 발행주식의 액면총액이므로($\frac{451조}{1항}$) 자본금의 감소는 액면가를 감액하거나, 발행주식수를 감소시키거나 또는 양자를 병행하는 방법으로 할 수 있다.

#### (1) 액면가의 감액

발행주식수는 줄이지 않으면서 주식의 액면가액만을 낮추는 방법이다. 예컨대 액면가가 10,000원인데 자본금의 20%를 감소하려 한다면 액면가를 8,000원으로 낮추면 된다. 액면가는 균일해야 하므로 액면가를 낮추는 방법으로 자본금을 감소할 때에는 모든 주주에게 평등하게 적용된다.

**(2) 주식수의 감소**

주식의 병합과 주식의 소각이라는 두 가지 방법이 있다.

**1) 주식의 병합**　　주식의 병합은 여러 주식을 합하여 그보다 적은 수의 주식을 발행하는 방법이다. 예컨대 10주를 7주로 하는 것과 같다. 이것도 모든 주주에 대해 균등하게 실시한다. 예컨대 10주를 7주의 비율로 병합한다면 19주를 가진 주주의 경우 $19 \times 7/10 = 13 \cdots 0.3$이 되어 13주로 병합이 되고 0.3수의 단주가 생긴다.

**2) 주식의 소각**　　발행주식 중 일부를 소멸시키는 방법이다. 이것은 소각에 동의한 주주의 주식에 대해서만 할 수도 있고(임의소각), 동의에 관계없이 회사가 일방적으로 할 수도 있다(강제소각). 또 주식의 소각에 따라 주주에게 주금을 지급할 수도 있고(유상소각), 하지 않을 수도 있다(무상소각). 임의·강제와 유·무상이 서로 조합을 이루게 되나, 임의·무상은 주주간에 증여를 목적으로 하는 경우 외에는 생각하기 어렵고, 임의·유상, 강제·유상, 강제·무상의 세 가지 조합이 보통이다. 어느 경우에나 주식평등의 원칙이 지켜져야 한다. 그러므로 강제소각의 경우에는 당연히 주주의 소유주식에 비례하여 소각해야 할 것이고, 임의소각의 경우에도 소각하여야 할 주식보다 소각을 희망하는 주식이 많을 때에는 소각을 원하는 주식수에 비례하여 소각해야 한다.

## 2. 무액면주식을 발행한 경우

무액면주식을 발행한 경우에는 액면이 없으므로 액면가의 조정에 의한 감자가 있을 수 없음은 물론이고, 주식에 연결하여 자본금을 구성하는 것도 아니므로 자본금감소에 주식의 병합이나 소각도 불필요하다. 단지 회사가 자본금감소의 의사결정을 함으로써 족하다. 물론 자본금감소를 계기로 주식을 소각하거나 병합할 수도 있으나, 이는 양자의 단순한 병행에 불과하고 주식의 병합이나 소각으로 인해 자본금이 감소되는 것은 아니다.

# Ⅳ. 자본금감소의 절차

## (1) 주주총회의 결의

자본금감소는 회사의 자본구조의 변화를 초래하여 주주에게 중대한 이해가 걸린 사안이므로 주주총회의 특별결의에 의해서만 할 수 있다($\binom{438조}{1항}$). 자본금감소에 대해 주주가 갖는 이해의 성격은 「회사 일부의 청산」이라 할 수 있다. 즉 감소되는 금액만큼 주주들에게 출자액을 돌려주고 또 그만큼 영업이 축소될 것이므로 마치 회사의 일부를 해산하고 청산하는 것과 같은 것이다. 따라서 자본금감소를 위해서는 해산결의($\binom{518}{조}$)에 준하여 주주총회의 특별결의를 요하는 것이라 설명할 수 있다.

주주총회를 소집함에는 의안의 주요내용도 통지하여야 한다($\binom{438조}{3항}$). 그러나 결손을 보전하기 위한 자본금감소는 회사의 자산이 사외유출됨이 없이 다만 계정 간의 수치조정에 그치고 일부청산이라는 의미를 갖지 않으므로 굳이 주주총회의 특별결의까지 요구할 필요가 없다. 그러므로 상법은 결손보전감자는 주주총회의 보통결의사항으로 다루고 있다 $\left(\substack{438조\\2항}\right)$.

### (2) 정관변경의 요부

자본금감소의 결의와 동시에 감소의 방법도 정하여야 한다. 액면가는 정관기재사항이므로 액면가를 감액하는 방법을 취할 때에는 정관변경을 요하지만, 그 밖의 방법에 의할 때에는 정관을 변경할 필요가 없다.

### (3) 채권자보호절차

자본금감소는 채권자에 대한 책임재산의 감소를 초래하므로 다음과 같은 채권자보호절차를 밟아야 한다. 그러나 결손을 보전하기 위한 자본금감소는 자산의 사외유출을 수반하지 아니하여 채권자의 이해와는 무관하므로 채권자보호절차를 요하지 않는다$\left(\substack{439조\\2항\ 단}\right)$.

1) **공고와 최고**   회사는 자본금감소의 결의일로부터 2주 내에, 회사채권자에 대해 자본금감소에 이의가 있으면 일정한 기간($\substack{1월\ 이상으\\로\ 정한다}$) 내에 제출할 것을 공고하고, 알고 있는 채권자에게는 따로따로 최고하여야 한다$\left(\substack{439조\ 2항\\→232조\ 1항}\right)$.

2) **이의가 없을 경우**   이의제출기간 내에 이의가 없으면 자본금감소를 승인한 것으로 보고$\left(\substack{439조\ 2항\\→232조\ 2항}\right)$ 감소절차를 속행한다.

3) **이의가 있을 경우**   채권자의 이의는 회사에 대하여 통지하여야 한다. 특별한 방식을 요하지 않으며, 이유를 붙일 필요도 없다. 이의는 자본금감소 자체뿐 아니라, 감소액, 감소방법, 시기에 대해서도 할 수 있다. 사채권자가 이의를 함에는 사채권자집회의 결의가 있어야 하며, 이 경우 법원은 이해관계인의 청구에 의하여 이의기간을 연장할 수 있다$\left(\substack{439조\\3항}\right)$.

이의를 제출한 채권자에 대하여 회사는 채무를 변제하거나, 상당한 담보를 제공하거나, 또는 이를 목적으로 상당한 재산을 신탁회사에 신탁하여야 한다$\left(\substack{439조\ 2항\\→232조\ 3항}\right)$. 채권을 만족시킬 수 있는 충분한 담보가 이미 제공되어 있는 경우에는 다시 담보제공, 신탁을 할 필요가 없음은 물론이다.

### (4) 액면주식의 병합·소각 및 액면가의 감액

액면주식을 발행한 회사가 주식을 감소하는 방법으로 자본금을 감소할 경우에는 주식을 병합 또는 소각해야 하고, 액면가를 감액하는 방법으로 자본금을 감소할 경우에는 주권을 액면가를 감액한 신주권으로 교환해야 한다.

1) **주식병합절차**   감소방법 중 주식병합이 특히 기술적으로 어려운 문제가 많고 주주의 이익을 해할 염려가 크기 때문에 상법은 이에 관해 구체적인 절차를 규정하고 있다.

㈎ 주권이 발행된 경우

i) **주권제출을 위한 공고·통지**   회사는 1월 이상의 기간을 정하여 그 기간 내에

주권을 회사에 제출할 것을 공고하고, 주주명부에 기재된 주주와 질권자에 대해서는 각별로 통지하여야 한다($\frac{440}{조}$).

ii) 병합의 효력발생시기    주권제출기간이 만료한 때에는 주식병합의 효력이 발생한다($\frac{441조}{본}$). 그러나 채권자의 이의기간 및 이의에 따른 변제 등 후속절차가 종료하지 않은 때에는 그 기간 또는 절차가 종료한 때에 효력이 발생한다($\frac{441조}{단}$). 주식병합의 효력이 발생한다고 함은 자본금감소의 효력이 발생함을 뜻한다. 이에 따라 구주식은 소멸하고 구주권 또한 실효된다. 주식병합의 효력은 주주의 주권제출 유무에 관계없이 발생한다.

주식병합의 효력발생을 위해 주권을 제출토록 공고하게 하는 취지는 신주권의 수령권자를 파악하고 구주권의 유통을 방지하고자 함이다. 따라서 1인회사와 같이 이러한 필요를 인정하기 어려운 회사의 경우라면 공고가 없이 감자등기를 하였더라도 그 등기시에 주식병합의 효력이 발생한 것으로 보아야 한다($\frac{대법원\ 2005.\ 12.\ 9.\ 선}{고\ 2004다40306\ 판결}$).

iii) 신주권의 교부    주권을 제출한 주주에게 신주권을 교부한다. 주주 중에 예컨대 주권의 분실 등으로 구주권을 제출할 수 없는 자가 있는 때에는 회사는 그 자의 청구에 의하여 3월 이상의 기간을 정하고 이해관계인에 대하여 그 주권에 대한 이의가 있으면 그 기간 내에 제출할 뜻을 공고하고, 그 기간이 경과하도록 이의가 없으면 신주권을 청구자에게 교부할 수 있다($\frac{442조}{1항}$). 이때의 공고비용은 청구자의 부담으로 한다($\frac{442조}{2항}$).

단주의 금액을 배분할 경우에도 주권을 제출할 수 없는 자가 있을 때에는 같은 절차에 의한다($\frac{443조\ 2항}{\to442조}$).

iv) 단주의 처리    병합에 적당하지 아니한 주식이 있는 때에는 그 병합에 적당하지 아니한 부분에 대하여 발행한 신주를 경매하여 그 대금을 단주의 소유비율에 따라 종전의 주주에게 지급하여야 한다($\frac{443조}{1항\ 본}$). 그러나 거래소의 시세 있는 주식은 거래소를 통하여 매각하고 거래소의 시세 없는 주식은 법원의 허가를 얻어 경매 이외의 방법으로 매각할 수 있다($\frac{443조}{1항\ 단}$).

v) 주권불제출의 효과    주주가 주권을 제출하지 아니하더라도 주주명부에 근거하여 병합함으로써 신주식과 단주금액이 계산되므로 추후 주권과 이를 교환할 수 있다.

(나) 전자등록주식의 경우    전자등록된 주식을 병합하는 경우에는 주권제출이 있을 수 없으므로 위 절차가 적용되지 않는다. 이 경우에는 회사가 일정한 날($\frac{병합}{기준일}$)을 정하고, 그 날에 주식이 병합된다는 뜻을 그 날부터 2주 전까지 공고하고 주주명부에 기재된 주주와 질권자에게는 개별적으로 그 통지를 하여야 한다($\frac{전등\ 65}{조\ 1항}$). 병합의 효력은 병합기준일에 발생하지만, 채권자보호절차가 종료되지 아니한 경우에는 채권자보호절차가 종료된 때에 효력이 생긴다($\frac{동조}{2항}$).

2) **주식소각의 절차**    주식소각의 절차에 관해서는 따로 규정을 두지 않고 주식병합 절차에 관한 규정을 준용한다($\frac{343조\ 2항}{\to440조,\ 441조}$).

3) 액면가의 감액    액면가를 감액하는 경우에는 주권을 제출시켜 신주권과 교환해야 하며, 그 절차와 효력발생 등은 병합에 관한 규정을 유추적용해야 한다($^{440조, 441}_{조, 442조}$). 액면가를 감액할 때에는 단주가 생기지 아니한다.

### (5) 무액면주식의 감자의 효력발생일

무액면주식을 발행한 경우 자본금은 주식의 수와 무관하므로 자본금감소를 함에는 주식을 소각하거나 병합하는 절차가 불필요하고, 주권에 관한 처리도 불필요하다. 주주총회에서 감소되는 자본금의 규모를 결정하고 채권자보호절차를 밟으면 족하다. 주식의 소각·병합 등의 처리가 불필요하므로 상법 제441조 본문($^{자본금감소의}_{효력발생일}$)이 적용될 일도 없다. 그러므로 무액면주식을 발행한 경우에는 자본금감소를 위한 주주총회에서 자본금감소의 효력발생일을 따로 정하여야 한다. 주주총회가 정한 효력발생일에 아직 채권자보호절차가 종료되지 않은 경우에는 상법 제441조 단서를 유추적용하여 채권자보호절차가 종료한 때에 효력이 생긴다고 풀이해야 한다.

### (6) 감자차익의 처리

무액면주식을 발행한 회사가 자본금감소를 한 경우에는 주주에게 환급하는 금액이 없이 단지 자본금의 계수만 축소하므로 감자차익이 생기지 아니한다. 그러나 액면주식을 발행한 회사가 자본금감소를 한 경우에는 감소되는 자본금에 비해 주주에게 환급하는 금액이 적을 경우 그 차액은 결손의 전보에 충당하는데, 그리고도 잔액이 있을 경우 감자차익이 된다. 감자차익은 회계기준에 따른 자본잉여금이므로 자본준비금으로 적립하여야 한다($^{459조}_{1항, 상}$ $^{령}_{18조}$).

### (7) 등기

자본금감소로 인해 등기사항에 변동이 생기므로($^{317조}_{2항}$) 변경등기를 하여야 한다($^{317}_{조}$ $^{4항}_{→183조}$). 자본금감소의 효력은 주식의 소각 또는 병합의 절차가 종료한 때($^{액면주식}_{의 경우}$) 또는 주주총회가 정한 날($^{무액면주}_{식의 경우}$)에 발생하며 등기에 의해 발생하는 것이 아니다.


# Ⅴ. 자본금감소의 부수적 효과

1) 질권의 효력    액면가가 감액되더라도 주식의 동일성이 달라지는 것은 아니므로 질권에 영향이 없고, 다만 신주권과 교환하면 된다. 소각·병합으로 인해 받는 주식이나 금액에 대해서도 질권의 효력이 미치며, 등록질권자는 그 금전으로 우선하여 변제에 충당할 수 있다($^{339조,}_{340조}$).

2) 수권자본과의 관계    소각이나 병합에 의해 발행주식수가 줄어드는데, 그 수만큼의 주식을 재발행할 수 있느냐는 문제가 있다. 앞서 소각한 주식의 재발행에 관해 설명한 바와 같은 이유에서 재발행이 가능하다고 해석한다($^{404면}_{참조}$).

## Ⅵ. 감자무효의 소

자본금감소의 절차나 내용에 하자가 있을 경우에도 다른 회사법상의 소에서와 마찬가지로 법률관계의 획일적 확정을 위하여 소로써만 주장할 수 있다. 자본금감소의 결의에 하자가 있을 때에는 결의취소나 결의무효확인소송을 제기할 수 없고, 감자무효의 소에 의해서만 다투어야 한다($^{대법원\ 2010.\ 2.\ 11.\ 선}_{고\ 2009다83599\ 판결}$)($^{477면}_{참조}$).

1) **무효원인**    상법은 개별적인 무효사유를 열거하고 있지 않지만, 자본금감소의 절차·방법·내용이 법령 또는 정관에 위반하거나 현저하게 불공정한 경우에 무효가 된다고 할 수 있다. 무효의 예로는, 자본금감소를 위한 주주총회결의에 하자가 있는 경우, 채권자보호절차를 밟지 않은 경우, 자본금감소의 방법 또는 기타 절차에 있어 주식평등의 원칙에 어긋나는 경우, 기타 법령·정관에 위반하거나 현저히 불공정한 경우를 들 수 있다.

2) **당사자**    제소권자는 신주발행무효의 소에서보다 범위가 넓다. 주주, 이사, 감사, 청산인, 파산관재인 또는 자본금감소를 승인하지 아니한 채권자가 제기할 수 있다($^{445}_{조}$). 그러나 채권자가 회사로부터 변제를 받았을 경우에는 소의 이익이 없으므로 제소할 수 없다.

회사를 피고로 한다.

3) **제소기간**    제소기간은 자본금감소로 인한 변경등기가 된 날로부터 6월이다($^{445}_{조}$). 신주발행무효의 소의 제소기간에 관해 설명한 바와 같이, 자본금감소의 제소기간의 제한은 무효사유의 주장시기를 제한하는 뜻도 담고 있다. 따라서 제소 후 6월이 경과한 후에 새로운 무효사유를 추가하여 주장하는 것은 허용되지 않는다($^{대법원\ 2010.\ 4.\ 29.\ 선}_{고\ 2007다12012\ 판결}$).

4) **절차**    감자무효의 소의 관할, 소제기의 공고, 병합심리, 하자의 보완과 청구의 기각, 패소원고의 책임, 제소자의 담보제공의무 등은 신주발행무효의 소에서와 같다($^{446}_{조}$).

5) **판결의 효과**    신주발행무효의 판결과 같이 제3자에게도 판결의 효력이 미친다($^{446조→}_{190조\ 본}$). 그러므로 소송을 제기하지 않은 자들에게도 자본금감소는 무효이다.

액면주식의 경우에는 감자가 무효로 됨에 따라 자본금은 감소 이전의 상태로 회복하고, 액면가를 감액한 경우에는 감소 전의 액면가로 회복된다. 소각된 주식은 부활하며, 병합된 주식은 병합전 주식으로 분할된다. 자본금감소를 무상으로 한 경우에는 이와 같은 효과는 판결확정 당시의 주주가 누리면 되지만, 자본금감소를 유상으로 한 경우에는 감소 당시의 주주가 회사에 대해 감소대가로 받은 금전을 반환할 의무가 생긴다고 보아야 한다.

무액면주식을 발행한 회사가 자본금을 감소할 때에는 자본금의 계수를 축소하는데 그치므로 자본금감소의 무효판결이 내려지더라도 자본금의 계수가 감자전으로 회복되는데 그친다.

감자무효판결에 소급효를 부여하고 있으나($^{446조에서\ 190조\ 단}_{서를\ 준용하지\ 않음}$), 감자무효판결에 소급효를 준다면 매우 큰 혼란이 생긴다. 예컨대 자본금감소과정에서 한 채권자에 대한 채무변제, 그리고 병합된 주식의 양도가 무효가 되고 심지어는 자본금감소 이후 개최한 주주총회에서의 결의가 전부 취소 내지는 부존재사유를 갖는다. 그러므로 이는 입법의 착오로 보고 감자무효판결은 소급효가 제한된다고 해석해야 한다.

# 제 6 절  정관변경

## I. 총설

### (1) 취지

정관이란 사업목적, 자본금에 관한 사항 등을 담고 있어 회사설립 당시 주주들에게 회사의 존재양식을 제시하고, 아울러 영리실현의 기본적인 방법에 관해 예측가능성을 부여하는 의미가 있다. 따라서 설립 당초의 정관은 총구성원들의 합의에 의해 성립하는 것이다. 이 점을 중시한다면 정관은 회사존속중 불변하는 것이 주주들의 기대에 부합하는 길이라 할 수 있으나, 회사는 영리단체로서 기업환경의 부단한 변천에 탄력적으로 적응하는 것이 영리성을 제고하는 방법이므로 상법은 명문으로 정관변경을 허용한다.

### (2) 정관변경의 개념

「정관변경」이란 정관의 기재사항을 추가하거나 삭제하거나 수정하는 것을 말한다. 따라서 간단한 자구나 구두점의 수정·가감도 정관변경이며, 절대적 기재사항이건 임의적 기재사항이건 정관에 기재된 사항의 변경은 모두 정관변경이다.

정관은 그 규범 자체를 뜻하는 실질적 의의의 정관과 그것이 쓰여진 서면을 뜻하는 형식적 의의의 정관으로 구분하는데, 정관변경은 실질적 의의의 정관을 변경함을 뜻한다(<sup>통</sup><sub>설</sub>).

정관이 어떠한 사실관계나 법령에 기초하고 있는 경우 그 기초관계가 변경되면 정관도 그에 따라 자동적으로 변경되나, 그것은 상법상의 정관변경이 아니다. 예컨대 본점의 지명·지번의 변경이나 법령의 개폐에 의해 정관의 일부규정이 실효되는 경우 등이다.

### (3) 정관변경의 범위와 회사의 동일성

정관변경의 범위에는 제한이 없다. 그러므로 목적·상호 등 어떤 사항이든 변경할 수 있으며, 내용 전부를 변경할 수도 있다. 원시정관에 정관변경을 불허하거나 특정규정만은 변경할 수 없다는 규정을 두었더라도 그 규정은 무효이며, 이에 불구하고 변경할 수 있다.

그러나 사회질서나 강행법규에 위반한 내용으로 변경하여서는 안 되며, 변경된 내용이 주식회사의 본질과 주주의 고유권을 침해해서도 안 된다.

정관변경에 의해 회사의 동일성에 변화가 오는 것은 아니다.

## Ⅱ. 정관변경의 절차

**1) 주주총회의 결의**   정관변경은 주주총회의 특별결의에 의하여야 한다($^{433조 1}_{항, 434조}$). 정관변경을 위해 주주총회를 소집할 경우에는 정관변경에 관한 의안의 요령도 소집통지와 공고에 기재하여야 한다($^{433조}_{2항}$)($^{예컨대 정관 몇 조를 어떠한 내}_{용으로 변경한다는 것과 같다}$).

**2) 종류주주총회**   회사가 종류주식을 발행한 경우에 정관을 변경함으로써 어느 종류주식의 주주에게 손해를 미치게 될 때에는 주주총회의 결의 외에 그 종류주식의 주주총회의 결의가 있어야 한다($^{435}_{조}$)($^{479면}_{참조}$).

**3) 등기**   정관변경 자체는 등기할 필요가 없으나, 정관변경으로 등기사항이 변동된 때에는 변경등기를 요한다($^{317조 4항}_{→183조}$).

## Ⅲ. 정관변경의 한계

### (1) 주금액의 변경

**1) 주금액의 인하**   정관기재사항 중 「1주의 금액」, 즉 액면가를 인하하는 경우 액면가의 법정최저액($^{100}_{원}$) 미만으로 인하할 수는 없다($^{329조}_{3항}$). 주금액의 인하로 자본금이 감소된다면 자본금감소절차를 밟아야 한다. 주금액을 인하하며 역비례로 주식을 분할하면 자본금에는 변동이 없다. 실무에서는 이를 「액면분할」이라고 한다. 상장주식의 시가가 지나치게 고가일 경우 가격을 안정시키고 유동성을 높이기 위해 흔히 사용하는 방법이다.

**2) 주금액의 인상**   주금액을 인상한다면 인상한 분만큼 주주에게 추가로 주금을 납입하게 하거나 주식을 병합하여야 할 것이다. 추가로 납입하게 함은 주주의 유한책임의 원칙에 반하고, 주식의 병합은 단주를 발생시켜 주주의 권리를 해할 수 있다. 그러나 준비금을 자본금전입하여 신주를 발행하는 동시에 신주의 비율대로 신·구주를 병합하는 방법이라면 단주가 생기지 않으므로 허용된다($^{통}_{설}$).

### (2) 역사적 사실

설립 당시의 정관에 기재하는 설립시에 발행하는 주식의 총수($^{289조}_{1항 5호}$), 발기인의 성명·주민등록번호와 주소($^{289조}_{1항 8호}$), 변태설립사항($^{290}_{조}$)은 역사적 사실에 속하므로 변경이 있을 수 없다.

### (3) 기한부·조건부 변경

변경된 정관규정의 효력발생을 시기부 또는 종기부로 하는 것은 회사법관계에 별다른 불안을 주는 바 없으므로 허용해도 무방하다. 그러나 불확실한 사실의 발생을 정지조건 또는 해제조건으로 하여 정관을 변경함은 관련 법률관계의 불안정을 초래하므로 원칙적으로 조건부 변경은 허용되지 않는다.

## Ⅳ. 정관변경의 효력발생

원시정관은 공증인의 인증에 의해 효력이 발생하지만($^{292}_{쪽}$), 설립 후 정관은 주주총회의 특별결의만으로 변경되고, 공증인의 인증을 요하지 않는다($^{대법원\ 2007.\ 6.\ 28.\ 선}_{고\ 2006다62362\ 판결}$). 정관변경은 주주총회의 결의로 즉시 효력이 발생하며, 변경된 내용을 문서화하거나 등기할 때에 효력이 생기는 것이 아니다($^{같은}_{판례}$).

정관변경에 소급효를 갖게 할 수 있는가? 소급효는 관계자의 이익을 해하고 회사법률관계의 불안정을 초래하므로 설혹 주주총회에서 정관변경의 소급적용을 결의한다 할지라도 소급효는 부정함이 옳다.

# 제 7 절  회사의 회계

## 제 1 관  회사회계의 논리

### Ⅰ. 총설

(1) 「회사의 회계」의 의의

1) 상법 제3편 제4장 제7절의 표제인 「회사의 회계」라 함은 회사가 주체가 되어 일정한 기간($^{결산}_{기}$)을 단위로 하여 회사의 재산상태와 손익을 인식·평가하고, 이익 또는 손실을 처리하기 위한 의사결정을 하는 일련의 행위를 말한다.

2) 재산상태와 손익의 인식·평가는 그 자체가 중요한 회계정보로서 독자적인 의의를 갖지만, 동시에 손익의 처리를 위한 의사결정의 기초자료가 된다. 즉 회사는 대차대조표와 손익계산서를 통해 회사의 재산상태와 손익을 객관적으로 기술하고 이를 토대로 인식되는 이익이나 손실을 어떻게 처리할 것이냐는 의사결정을 하는 것이다.

3) 회사의 회계는 결산기라는 균등한 기간을 단위로 하여 정기적으로 행한다. 이같이 정기적으로 회계하는 이유는 주기적으로 회계정보를 제공함으로써 회사 자신과 이해관계인들이 회계정보를 지속적으로 이용할 수 있고, 자산의 변동상태를 효율적인 방법으로 비교·판단할 수 있으며, 특히 주주들이 적절한 간격으로 투자수익을 실현할 수 있기 때문이다.

(2) 제446조의2(회계의 원칙)의 의의

상법 제446조의2는 「일반적으로 공정·타당한 회계관행」을 회사법상의 규범으로 수용하고, 시행령에서 회계관행에 우선하여 적용될 예외로서 외감법에 따른 회계처리기준 등

타법이 정하는 회계기준들을 주의적으로 열거하고 있다($\binom{446조의2,}{상령 15조}$).

## Ⅱ. 회사의 회계의 목적과 기능

회사의 회계는 회사와 이해관계인들에게 다각적인 의의를 갖는다.

1) 경영자는 회계를 통해 과거의 경영성과를 분석·평가함으로써 이를 토대로 하여 계속기업으로서의 목표와 방향을 효과적으로 설정할 수 있다.

2) 주주의 궁극적인 투자목적은 이익배당에 있으나 회사채권자를 보호하기 위해 상법은 회계의 절에서 배당가능이익의 산출, 배당시기와 기준, 배당의 의사결정방법 등을 엄격히 규율하고 있다. 이 규율은 주주에게 있어 이익의 회수를 현실화하는 법적 절차라는 의미를 갖는다. 아울러 주주는 회계를 통해 자신의 투자성과를 분석·평가하고, 그 결과에 따라 투자의 지속 여부를 결정할 수 있으며, 이사를 임면할 수 있는 법적 권능을 가진 자로서 회계를 통해 이사들의 능력을 평가하고, 그 인사에 관한 정책적 판단을 할 수 있다.

3) 회사의 재산은 회사채권자들을 위한 책임재산을 구성하므로 채권자들은 회계를 통해 회사의 신용을 평가하고 채권의 회수 여부를 결정한다.

## Ⅲ. 상법상 회계규정의 체계

회계의 내용이 재산·손익을 파악하고 손익을 처리하는 것이므로 자본금의 설정에 관한 상법 제451조는 회사의 재산상태와 손익을 인식함에 있어 가장 기초가 되는 규정이다. 회계의 실행을 위해서는 회계방법에 관한 규율도 필요하지만, 상법은 회계방법에 관해서는 일반회계원리에 의한 규율을 수용하는 것이 바람직하다고 보고 이에 미루고 있다($\binom{29조 2항,}{446조의2}$).

상법에서는 주로 회계에 필요한 조직법적 절차와 자본충실을 위한 회사재산의 보전에 초점을 두고 있다. 그리하여 i) 회사의 재산·손익의 인식의 기초가 될 서류($\frac{재무}{제표}$)의 종류를 법정하고($\frac{447}{조}$) 그 작성에서 확정에 이르기까지 여러 기관들을 관여시켜 진실성을 추구하고 있다($\binom{447조~449}{조의2}$). 그리고, ii) 준비금의 적립을 강제하고($\binom{458조,}{459조}$), 그 사용을 제한하며($\frac{460}{조}$), 배당의 요건을 규정한 것($\binom{462조~462}{조의4}$)은 자본충실의 이념에 입각하여 회사재산의 사외유출을 억제함으로써 계속기업으로서의 재산적 기초를 유지하고 채권자를 위한 책임재산을 건실하게 지키기 위함이다.

회사의 회계규정은 이상 두 가지 기능을 큰 줄거리로 하지만, 실제 회사의 회계에 관한 절에서는 회계를 계기로 여러 가지 부수적인 목적을 추구하고 있다. 우선 재무제표의 비치·공시제도를 두어($\binom{448조,}{449조 3항}$) 적시에 이해관계인에게 회계정보를 제공하며, 재무제표의 승인을 계기로 임원의 책임문제를 매듭짓고($\frac{450}{조}$), 배당에 있어 주주들의 이기적 대립을 예방하고 공평을 기하기 위하여 배당의 기준을 제시하고($\overset{464}{\text{조}}$), 주주의 배당채권의 적시실현을 위해 배당금지급시기를 명문화하고($\overset{464}{\text{조의2}}$), 이사들의 자의적인 재산운용을 견제하기 위하여 주주들의 회계장부열람권($\overset{466}{\text{조}}$)과 업무·재산상태의 검사권($\overset{467}{\text{조}}$)을 인정하는 동시에 그 남용을 방지하기 위하여 권한행사의 요건을 법정하고 있다. 그리고 주주권의 행사와 관련하여 회사의 이익공여를 금지하는 규정($\overset{467}{\text{조의2}}$)과 사용인이 갖는 고용관계채권의 우선변제권을 인정하는 규정($\overset{468}{\text{조}}$)도 두고 있는데, 이는 회계와는 무관하지만, 편의상 회계에 관한 절에서 다루고 있다.

## Ⅳ. 회계원칙

흔히 기업회계의 기본원칙으로서「진실성의 원칙,「명료성의 원칙」,「계속성의 원칙」을 든다. 상법이 일반적으로 공정·타당한 회계관행을 상법상의 회계방법으로 수용하고 있는 바이므로 회사의 회계에서도 이 원칙은 지켜야 한다. 상법은 특히 감사의 감사보고서의 작성에 있어 위 원칙에 입각할 것을 명문으로 규정하고 있다.

1) **진실성의 원칙**    제447조의4 제2항에서는 감사보고서에 기재해야 할 사항으로, ① 회계장부에 누락 또는 부실기재된 사실, 그리고 회계장부와 재무제표의 기재가 상위한 사실($\overset{\text{동}}{\text{2호}}$), ② 대차대조표와 손익계산서가 법령 및 정관에 의해 회사의 재산 및 손익상태를 정확하게 표시하고 있는지 여부($\overset{\text{동 3}}{\text{호.4호}}$), ③ 영업보고서가 법령 및 정관에 따라 회사의 상황을 정확하게 표시하고 있는지의 여부($\overset{\text{동}}{\text{6호}}$), ④ 부속명세서에 누락·부실기재가 있거나 재무제표와 상위한 사실($\overset{\text{동}}{\text{9호}}$)을 열거하는데, 이는 진실성에 입각하여 재무관련 서류를 작성할 것을 요구한 것이다.

2) **명료성의 원칙**    상법에 명료성의 원칙을 따로 요구하는 명문의 규정은 없으나, 위 진실성의 원칙은 명료성의 원칙을 포함하는 뜻으로 보아야 한다.

3) **계속성의 원칙**    제447조의4 제2항에서 감사보고서의 기재사항의 하나로「대차대조표 또는 손익계산서의 작성에 관한 '회계방침의 변경'이 타당한지의 여부와 그 이유」($\overset{\text{동}}{\text{5호}}$)를 기재하게 한 것은 회계방침을 바꾸어야 할 타당한 이유가 없는 한 계속성의 원칙이 지켜져야 함을 밝힌 것이다.

## 제 2 관  재무제표 및 영업보고서

## Ⅰ. 재무제표의 의의와 종류

주식회사에서의 재무제표란 회사의 결산을 위해 작성하고 주주총회의 승인을 받아 확정되는 회계서류를 말한다. 재무제표는 대차대조표, 손익계산서, 그리고 자본변동표와 이익잉여금처분계산서($^{또는 결손금}_{처리계산서}$) 중 회사가 선택하는 서류로 구성된다($^{447조 1항, 상}_{령 16조 1항}$). 그리고 주식회사 등의 외부감사에 관한 법률의 적용을 받는 회사로서 지배회사는 연결재무제표도 작성하여야 한다($^{447조 2항, 상}_{령 16조 2항}$).

대차대조표($^{재무상}_{태표}$)는 일정 시점에서 기업의 자산과 부채 및 자본을 일정한 구분·배열·분류에 따라서 기재하여 기업의 재무상태를 명시하는 재무제표이고, 손익계산서는 기업의 1영업연도에 있어서의 경영성적과 그 원인을 명백하게 하기 위하여 당해 사업연도에 발생한 수입과 이에 대응하는 비용을 기재하고 그 기간의 순손익을 표시하는 재무제표이다.

그리고 연결재무제표란 지배회사와 종속회사로 이루어지는 경제적 실체($^{연결}_{실체}$)의 재무상태, 경영성과, 자본변동 및 현금흐름에 관한 정보를 제공하기 위하여 지배회사가 작성하는 재무제표를 말한다($^{외감 2}_{조 3호}$).

회사는 영업보고서도 작성하여 이사회의 승인을 얻어야 하지만($^{447조}_{의2 1항}$), 이는 영업상태 등 회사의 현황을 설명하는 서면으로서, 재무제표가 아니고 주주총회에 보고할 서류이다($^{449조}_{2항}$).

## Ⅱ. 재무제표의 승인절차

### (1) 재무제표 등의 작성

대표이사는 매결산기에 재무제표와 그 부속명세서 및 영업보고서를 작성하여 이사회의 승인을 얻어야 한다($^{447조, 447}_{조의2 1항}$). 이사회의 승인은 감사와 정기총회에 제출하기 위한 재무제표와 영업보고서의 안의 내용을 확정하는 절차이다.

### (2) 감사

1) **監事의 監査**　대표이사는 재무제표와 그 부속명세서 및 영업보고서를 정기총회 6주간 전에 감사($^{또는 감사위원}_{회, 이하 같음}$)에게 제출하여야 한다($^{447}_{조의3}$). 그리고 감사는 재무제표 등의 서류를 받은 날로부터 4주 내에 감사보고서를 대표이사에게 제출하여야 한다($^{447조}_{의4 1항}$). 감사보고서에는 감사방법의 개요 등 10개 사항을 기재해야 하는데($^{447조의4 2항}_{1호~10호}$), 이는 동시에 각 해당 사항을 감사해야 함을 의미한다.

2) **외부감사**　상장법인 기타 소정의 회사는 재무제표에 관하여 외부감사인의 감사도 받아야 한다($^{자금 169조 1항,}_{외감 6조 2항}$). 외부감사인의 감사보고서에서 감사의견은 적정·한정·부적정의견 및 의견거절 등으로 표시된다.

### (3) 재무제표의 비치·공시

재무제표 등과 감사보고서는 정기주주총회 1주간 전부터 본·지점에 비치·공시하여야 한다($^{448}_{조}$). 후술한다.

### (4) 재무제표의 승인

**1) 승인기관** 　재무제표의 승인은 주주총회가 하는 것이 원칙이나, 소정의 요건을 갖출 경우 이사회가 할 수도 있다.

　i) 주주총회의 승인 　　대표이사는 이사회의 승인과 감사의 감사를 경유한 후 재무제표를 정기총회에 제출하여 그 승인을 요구하여야 하며($^{449조}_{1항}$), 영업보고서를 제출하고 그 내용을 보고하여야 한다($^{449조}_{2항}$). 재무제표의 승인은 정기총회에서 다룰 사항이다. 결의요건은 보통결의이다.

　ii) 이사회의 승인 　　정관에 규정을 두어 주주총회에 갈음하여 이사회가 재무제표를 승인하게 할 수도 있다($^{449조의}_{2\,1항\,본}$). 정관에 규정이 있더라도 이사회가 승인하기 위해서는, i) 재무제표의 각 서류가 법령 및 정관에 따라 회사의 재무상태 및 경영성과를 적정하게 표시하고 있다는 외부감사인의 의견이 있고, ii) 감사($^{또는\,감}_{사위원}$) 전원의 동의가 있어야 한다($^{449조}_{의2\,1}$ $^{항\,1}_{호\cdot2호}$). 이러한 요건을 구비하여 이사회가 승인한 경우에는 이사는 재무제표의 내용을 주주총회에 보고하여야 한다($^{449조}_{의2\,2항}$). 이사회가 재무제표를 승인할 수 있다는 것은 이익배당을 이사회가 결정하기 위한 전제가 된다는 점에서 중요한 뜻을 갖는다($^{462조}_{2항\,단}$).

**2) 승인방법** 　　「승인」이라고 하여 주주총회가 단순히 이사가 제출한 재무제표를 시·부인하는 권한만을 가진 것이 아니고 수정하여 결의할 수도 있다($^{통}_{설}$).

**3) 승인의 효력**

　i) 정기총회($^{또는}_{이사회}$)에서 재무제표를 승인한 때에는 당해 결산기에 관한 회사의 회계는 대내외적으로 확정되고, 이사는 이에 기하여 준비금을 적립하는 등 승인내용을 실행한다. 재무제표를 승인하지 않을 경우 그대로 실행할 수 없음은 물론이다.

　ii) 재무제표의 승인은 부수적으로 후술하는 바와 같이 이사와 감사($^{또는\,감사위원회}_{위원.\,이하\,같음}$)의 책임을 해제하는 효과가 있다.

　iii) 주주총회($^{또는}_{이사회}$)에서 재무제표를 승인한 때에는 이사는 지체 없이 대차대조표를 공고하여야 한다($^{449조}_{3항}$).

### (5) 승인에 의한 책임해제

　재무제표를 승인한 후 2년 내에 다른 결의가 없으면 회사는 이사와 감사의 책임을 해제한 것으로 본다($^{450조\,본,}_{415조의2\,7항}$). 다만 부정행위에 관하여는 그러하지 아니하다($^{450조}_{단}$).

**1) 의의** 　　이 제도는 이사와 감사의 책임이 총주주의 동의로만 면제될 수 있도록 규정하고 있는 제400조와 제415조에 대한 중대한 예외이다. 그 입법이유는 제399조와 제414조에서 이사 및 감사에게 엄중한 책임을 지우고 있으므로 책임의 존부에 관한 불안정한 상태를 신속히 종결지어 주기 위함이다. 따라서 여기서 2년이란 제척기간이다($^{통}_{설}$).

**2) 해제의 범위** 　　책임이 해제되는 것은 재무제표에서 알 수 있는 사항에 한한다($^{통설\cdot}_{판례}$). 판례는 더 분명하게, 상법 제450조에 따른 이사, 감사의 책임해제는 「재무제표 등에

그 책임사유가 기재되어 이사 또는 감사의 임무해태를 알 수 있는 상태에서 정기총회에서 승인을 얻은 경우에 한정되는 것」이라고 한다(대법원 2007. 12. 13.<br>선고 2007다60080 판결). 그러므로 재무제표에 수입·지출금액이 명시되어 있다고 해서 그 원인된 행위에 관한 책임까지 해제되는 것은 아니다.

3) **증명책임**　　책임해제에 관한 증명책임은 이사와 감사가 진다(대법원 1969. 1. 28.<br>선고 68다305 판결). 즉 이사·감사는 문제된 사항이 재무제표에 기재되어 제출되었으며, 총회의 승인결의가 있었다는 사실을 증명하여야 한다.

4) **적용제외**　　i) 이사·감사의 「不正行爲」에 대해서는 책임해제가 있을 수 없다(450조<br>단). 「부정행위」란 횡령·배임·문서위조와 같은 범죄행위 등 이해관계인들의 신뢰를 깨는 고도의 비규범적 고의행위를 뜻한다. 그리고 이사 또는 감사가 재무제표의 승인을 구함에 있어 부정한 행위를 한 경우(예컨대 외부감사인을 매수하<br>여 적정의견을 받아내는 것)도 포함한다(통<br>설).

ii) 승인결의 후 2년 내에 다른 결의가 있는 경우에도 책임이 해제되지 아니한다(450조<br>본). 「다른 결의」란 책임해제를 부정하는 결의나 승인을 철회하는 결의뿐 아니라 이사와 감사의 책임추궁을 위한 결의 등 널리 이사·감사의 책임이 존속함을 전제로 하는 결의를 포함한다.

iii) 이사회가 재무제표를 승인한 경우(449<br>조의2)에도 이사·감사의 책임해제에 관한 제450조를 적용할 것인가? 이사회의 승인결의에 제450조를 적용한다면, 이사회가 스스로의 책임을 해제하는 의미가 있으므로 부정하는 것이 옳다. 이사회의 승인은 감사의 동의를 요건으로 하므로(449조의<br>2 1항 2호) 감사의 책임을 해제하기 위한 유추적용도 옳지 않다.

# 제 3 관　준비금

## I. 총설

### (1) 의의

영업연도 말에 회사가 보유하는 순자산액 중 자본금을 초과하는 금액으로서 회사가 주주에게 배당하지 않고 사내에 적립하는 금액을 「준비금」이라 한다.

준비금은 「자본금」과 같이 대차대조표의 「부채 및 자본의 부」(대<br>법)에 표시되어 배당가능이익의 산출에 있어 공제항목이 되므로(462조<br>1항) 재산의 사외유출을 억제하는 작용을 한다. 즉 회사의 순자산이 자본금과 준비금의 합계액을 초과하지 않는 한 배당가능이익은 생겨나지 않으므로 준비금이 증가하면 그만큼 회사에 유보되는 순자산도 증가한다. 이로써 준비금은 장래 영업의 부진이나 불시의 재난에도 기업의 계속을 가능케 하는 물적 기초가 되므로 자본충실의 원칙을 실천하기 위한 제도라고 할 수 있다.

### (2) 성질

준비금은 배당가능이익의 산출을 위한 공제항목이 된다는 점에서 실질적으로 자본금에 흡사한 기능을 가지고 있으므로 기업회계에서는 자본금과 준비금을 합해 「자기자본」이라 부른다. 자본금과 마찬가지로 계산상의 수액에 지나지 않으므로, 준비금에 의해 회사에 특정재산이 별도로 예치·보관되는 것이 아니며, 준비금을 폐지하거나 사용할 때($\substack{예:\\460조}$)에도 그때까지의 공제항목으로서의 금액을 감소시키는 계산상의 처리에 그치고 반드시 금전의 현실적 사용을 뜻하는 것은 아니다.

### (3) 종류

준비금에는 상법 또는 특별법의 규정에 의하여 의무적으로 적립하는 「법정준비금」, 정관 또는 총회의 결의에 의하여 적립하는 「임의준비금」이 있다. 이 밖에 실질적으로는 준비금이면서 형식상 준비금으로 계상되어 있지 않은 비밀준비금과, 형식상으로는 준비금이나 그 실질은 대손충당금·감가상각충당금 등의 광정(匡正)항목에 불과한 의사준비금($\substack{부진정\\준비금}$)이 있다.

## II. 법정준비금의 적립

법정준비금은 손익거래($\substack{영업\\거래}$)로부터 발생하는 이익을 재원으로 하여 적립하는 「이익준비금」과 자본거래에서 발생한 이익을 재원으로 하여 적립하는 「자본준비금」으로 구별된다.

### (1) 이익준비금

주로 자본금의 결손을 전보할 목적으로 상법이 적립을 요구하는 준비금이다. 회사는 자본금의 2분의 1이 될 때까지 매결산기에 이익배당액의 10분의 1 이상의 금액을 이익준비금으로 적립하여야 한다($\substack{458조\\본}$). 「이익배당액」이란 금전배당액 및 현물배당액($\substack{462\\조의4}$)만을 포함하고 주식배당액과 관련해서는 준비금을 적립할 필요가 없다($\substack{458조\\단}$). 주식배당은 회사재산을 사외에 유출하는 것이 아니기 때문이다. 자본금의 2분의 1을 초과하여 적립할 때 그 초과액은 임의준비금의 성격을 갖는다.

배당을 해야만 이익준비금을 적립할 수 있는 것은 아니다. 배당 여부에 불구하고 자본금의 2분의 1에 달할 때까지는 이익준비금을 적립할 수 있다.

### (2) 자본준비금

1) 자본준비금의 재원 　　매결산기의 「자본거래에서 발생한 잉여금」을 재원으로 하여 적립하는 법정준비금이다. 재원의 구체적인 범위는 기업회계기준에 따른다($\substack{459조 1항,\\상령 18조}$). 자본거래로부터 발생한 이익은 본질적으로 납입자본의 일부로서 자본금에 준하는 성질을 가지므로 주주에게 배당하지 못하고 무제한 적립하여야 한다.

2) 합병·분할에 의한 자본준비금의 승계　　상법은 합병·분할에서 발생하는 합병차익 또는 분할차익에 소멸회사 또는 분할회사의 법정준비금이 포함되어 있는 경우에는 존속회사 또는 신설회사가 승계할 수 있도록 규정하고 있다($\frac{459조}{2항}$). 합병의 경우 이를 허용하지 않는다면 합병차익 전액을 자본준비금으로 적립해야 하므로, 소멸회사가 적립한 이익준비금이나 다른 법에 의한 준비금을 존속회사가 다시 적립해야 하는 불편이 생기기 때문이다. 분할의 경우에도 같은 취지이다.

## Ⅲ. 법정준비금의 사용

법정준비금은 자본금의 결손의 보전에 충당하거나($\frac{460}{조}$) 자본금에 전입하는($\frac{461}{조}$) 외에는 이를 처분할 수 없다.

### 1. 결손의 보전

자본금의 「결손」이란 결산기 말의 회사의 순자산액이 자본금과 법정준비금($\substack{자본준비금 + \\ 이익준비금}$)의 합계에 미달하는 상태이다. 영업연도 도중에 일시 이와 같은 상태가 생기더라도 기말의 손익이 미정이므로 결손으로 볼 수 없으며, 또 임의준비금으로 보전이 가능할 경우에는 결손이 아니다. 이익준비금이나 자본준비금 중 어느 것을 먼저 사용해도 무방하다($\frac{460}{조}$). 법정준비금의 사용 여부는 회사가 임의로 결정할 수 있으므로 결손을 보전하지 않고 그대로 이월결손금으로 처리해도 무방하다.

### 2. 자본금전입

#### (1) 의의

자본금전입이란 준비금계정의 금액에서 일정액을 차감하고 같은 금액을 자본금계정에 가산하는 것이다. 이익준비금은 자본금의 2분의 1까지 적립해야 하고, 자본준비금은 무제한 적립해야 하므로 때로는 준비금이 자본금에 비하여 지나치게 거액이 될 수도 있다. 당분간 결손이 예상되지 않는다면 거액의 준비금을 고정시켜 놓는 것은 재무관리상 불편하므로 양자의 불균형을 시정할 겸 재무구조를 개선하는 수단으로서 준비금의 전부 또는 일부를 자본금에 전입할 필요가 생길 수 있다($\frac{461조}{1항}$).

액면주식을 발행했느냐 무액면주식을 발행했느냐에 따라 자본금전입의 모습과 절차가 상이하다.

#### (2) 액면주식을 발행한 회사의 자본금전입

1) 의의　　자본금전입으로 자본금은 증가하고, 전입액을 액면가로 나눈 수의 신주가 발행된다. 이를 증권시장의 용어로 「무상증자」, 이로 인해 발행되는 신주를 「무상주」라

고 한다. 자본금과 발행주식수는 증가하지만 회사의 순자산에는 변동이 없다.

2) **절차**     전입의 의사결정은 이사회의 결의로 할 수 있다($\frac{461조}{1항 본}$). 그러나 정관으로 주주총회의 결의사항으로 할 수 있다($\frac{461조}{1항 단}$).

3) **전입가능성**     자본준비금이든 이익준비금이든 모두 전입의 대상이 될 수 있으나, 임의준비금은 자본금전입이 불가능하다. 원래 임의준비금은 주주에게 배당할 이익인데, 이를 자본금에 전입하여 배당할 수 없는 자본금으로 고정화한다면 주주의 이익배당청구권을 해하기 때문이다.

4) **기준과 시기**     자본금에 전입할 수 있는 준비금은 직전 결산기의 대차대조표에 의해 확정된 준비금에 한한다. 그러므로 자본금전입의 실행시기는 어느 때라도 무방하지만, 영업연도 중간에 준비금이 발생하더라도 이는 자본금전입의 대상이 아니다.

5) **전입의 효과**

㈎ **신주발행**     준비금을 자본금전입하면 발행주식수가 늘어나므로 발행예정주식총수에 여분이 있을 때에 그 범위 내에서만 발행할 수 있다. 이 신주는 각 주주에 대하여 그가 가진 주식수에 따라 발행되고($\frac{461조}{2항 전}$), 주주는 별도의 신주인수 절차 없이 신주의 주주가 되므로 제3자가 신주인수권을 가질 여지가 없다. 단주가 생길 경우에는 이를 매각한 금액을 단주의 주주에게 분배하여야 한다($\frac{461조}{2항 후}$).

신주는 액면가로 발행하며, 보통주주에게나 우선주주에게나 모두 보통주식으로 발행해야 한다. 신주발행으로 자본금과 발행주식총수가 증가하므로 변경등기를 하여야 한다($\frac{317조}{4항→}$$_{183조}$).

㈏ **신주의 효력발생시기**     자본금전입의 결의를 이사회에서 하는 경우와 주주총회에서 하는 경우에 따라 신주의 효력발생시기가 다르다.

⒜ 이사회에서 결의하는 경우     회사는 일정한 날($\frac{배정}{기준일}$)을 정하여 그 날의 주주명부에 기재된 주주가 신주의 주주가 된다는 뜻을 배정기준일의 2주간 전에 공고하여야 한다($\frac{461조}{3항 본}$). 따라서 신주의 주주가 되는 시기는 이사회결의일이 아니고 배정기준일이다. 배정기준일이 주주명부폐쇄기간 중에 들어 있는 경우에는 폐쇄기간 초일의 2주간 전에 공고해야한다($\frac{461조}{3항 단}$). 이사회가 결의할 경우 이와 같이 배정기준일을 따로 정한 이유는 자본금전입으로 인한 신주발행은 주주에게 중대한 이해관계가 있는데, 이사회의 결의는 주주가 즉시 알수 없으므로 자본금전입을 예고해 줌으로써 명의개서의 기회를 주고 주식의 양수도거래에 유의하게 하기 위함이다.

⒝ 주주총회에서 결의할 경우     주주총회의 소집통지에 의해 주주에게 자본금전입의 사실이 예고되므로 배정기준일을 별도로 정할 필요가 없다. 따라서 결의일로부터 바로 신주의 주주가 된다($\frac{461조}{4항}$).

㈐ **통지**     신주가 효력을 발생하면 이사는 지체 없이 주주 및 등록질권자에게 주

주가 받은 주식의 종류와 수를 통지해야 한다($^{461조}_{5항}$).

(래) 질권의 효력    종전의 주식을 목적으로 하는 질권은 등록질이건 약식질이건 신주 및 단주의 매득금에 대해 물상대위가 인정된다($^{461조\ 6항}_{\rightarrow 339조}$).

(매) 구주와 신주의 관계    자본금전입으로 인해 발행되는 주식은 위의 기준일 또는 주주총회 결의일에 귀속이 확정되고 구주식의 과실이나 종물이 아니므로 구주식이 양도되더라도 그에 수반하지 않는다($^{대법원\ 2010.\ 2.\ 25.\ 선고}_{2008다96963\ \cdot\ 96970\ 판결}$).

### (3) 무액면주식을 발행한 회사의 자본금전입

무액면주식이 발행되어 그 발행가의 전부 또는 일부가 자본금을 구성한 후에는 주식의 수는 자본금과 무관하므로 준비금을 자본금전입하더라도 신주의 발행을 수반하지 않는다. 즉 준비금을 자본금에 전입한다는 이사회 또는 주주총회의 의사결정만으로 족하다. 따라서 준비금의 자본금전입에 관한 상법 제461조의 조문 중에서 무액면주식에 적용될 수 있는 조문은 제1항뿐이다.

그러나 무액면주식을 발행한 회사에서도 준비금의 자본금전입을 계기로 주식분할을 병행함으로써, 액면주식하에서 자본금전입에 의한 신주발행과 유사한 효과를 거둘 수 있다.

## Ⅳ. 법정준비금의 감소

### (1) 의의

적립된 자본준비금 및 이익준비금의 총액이 자본금의 1.5배를 초과하는 경우에는 주주총회의 결의로 그 초과한 금액의 범위에서 자본준비금과 이익준비금을 감액할 수 있다($^{461}_{조의2}$). 준비금은 이른바 자기자본을 구성하는 고정된 금액이므로 자본충실에는 기여하지만, 과다하게 적립될 경우 배당가능이익의 산출을 어렵게 하는 불편이 따른다. 따라서 준비금이 자본금과 적절한 비례관계에서 유지되도록 하고 이익처분에 탄력성을 부여하고자 둔 제도이다.

준비금을 결손전보를 위해 사용하거나 자본금에 전입할 경우에도 준비금은 감소하지만, 제461조의2에서 규정하는 「준비금의 감소」란 준비금으로서의 용도를 포기하고 미처분 상태의 잉여금으로 환원하는 것을 뜻한다. 이에 의해 배당가능이익이 증액되고 향후 배당가능이익의 산출을 위한 공제항목이 감소하는 효과가 생긴다.

### (2) 요건

**1) 감소가능 준비금**    자본준비금 및 이익준비금의 합계액이 자본금의 1.5배를 초과할 때 초과분을 감소시킬 수 있다. 감소의 순서에 제한이 없으므로 이익준비금과 자본준비금 중 어느 것을 먼저 감소시켜도 무방하다.

2) 결손과의 상계    결손을 전보하지 않고 준비금을 유지한 상태에서 준비금이 자본금의 1.5배를 초과하는지를 판단할 때에는 준비금에서 결손금을 차감한 잔액이 자본금의 1.5배를 초과해야 하고 그 초과한 부분에 한해 감소할 수 있다고 보아야 한다.

3) 준비금의 시기적 제한    감소할 수 있는 준비금은 직전 결산기의 대차대조표에 의해 확정된 준비금에 한한다. 영업연도 중간에는 결손이 얼마인지 인식할 수 없으므로 자본준비금이 발생하더라도 감소가능한 금액을 계산할 수 없기 때문이다.

(3) 절차

1) 준비금의 감소는 주주총회의 보통결의에 의한다($\frac{461}{조의2}$). 정기총회가 아니라도 무방하다. 자본금의 감소에는 특별결의를 요하면서 준비금의 감소는 보통결의로 족하게 한 것은 자본충실에 주는 영향의 면에서 자본금의 감소보다 준비금의 감소가 덜하기 때문이다. 주주총회에서는 감소되는 준비금의 종류와 금액을 정하는 외에, 명문의 규정은 없으나, 감소의 효력발생시기도 정해야 한다.

2) 준비금은 채권자를 위한 책임재산의 확보에 기여하므로 준비금의 감소는 채권자에게는 불리한 자본거래이다. 하지만 준비금을 감소하더라도 여전히 자본금의 1.5배에 달하는 준비금이 존재하므로 채권자에게 실질적인 불이익은 없다고 볼 수 있어 상법은 채권자보호절차를 요구하지 않는다.

(4) 결손보전의 병행

준비금을 감소하는 결의에서 결손의 보전을 병행할 수도 있다. 예컨대 700만원의 결손이 있는 회사에서 1,000만원의 준비금을 감소하면서 700만원은 결손금 전액을 보전하고, 300만원은 미처분잉여금으로 환원시키는 것과 같다.

# 제4관  이익배당

# I. 총설

이익의 분배는 영리법인의 존재목적이다. 그리고 자본이윤의 향유는 출자자의 궁극적인 목적이므로 주주의 이익배당청구권은 주주의 권리 중에서도 가장 본질적인 고유권이다. 같은 회사에 출자한 모든 주주는 평등하게 이윤배분에 참가해야 할 것인데, 자본단체인 주식회사에서는 주주들의 자본기여도, 즉 소유주식수에 따라 배당함으로써 비례적 평등을 실현한다.

이익배당의 재원 즉 배당가능이익은 재무제표가 확정되어야 산출되므로 재무제표의 확정을 위한 정기주주총회($\frac{또는}{이사회}$)에서 이익배당을 결정한다. 이를 정기배당이라 부르기로 한다. 정기배당이 이익배당의 원칙적인 모습이지만, 정기총회에서 산출된 배당가능이익을 재원으로 삼아 영업연도 중간에 추가로 배당할 수 있다. 이를 중간배당이라 부른다. 나아가 상장회사의 경우 자본시장법에 의해 정기배당 외에 연 3회에 걸친 분기배당도 가능하다($\frac{자금\ 165}{조의12}$).

이익배당은 금전으로 하는 것이 일반적이지만, 금전에 갈음하여 주식을 새로 발행하여 분배하는 주식배당도 가능하고($\frac{462}{조의2}$), 기타의 재산을 분배하는 현물배당도 허용된다($\frac{462}{조의4}$).

## Ⅱ. 정기배당

### 1. 이익배당의 요건(배당가능이익)

이익배당은 주주의 본질적인 권리이나, 유한책임을 누리는 주주가 회사채권자의 권리에 우선할 수는 없으므로 이익배당은 채권자를 위한 책임재산이 확보된 상태에서만 허용되어야 한다. 그러므로 상법은 자본충실과 채권자보호를 위해 이익배당의 요건을 엄격히 정하고 있다.

우선 이익배당은 이익이 있어야 하며,「이익 없으면 배당 없다」는 명제는 철칙이다. 우선주라 하더라도 예외가 될 수 없다. 여기서 이익이란「배당가능이익」을 말한다. 배당가능이익이란 대차대조표상의 순자산액으로부터, ① 자본금의 액, ② 그 결산기까지 적립된 법정준비금의 합계액, ③ 그 결산기에 적립하여야 할 이익준비금의 액, ④ 소정의 미실현이익을 공제한 금액이며, 이를 한도로 이익배당을 할 수 있다($\frac{462조}{1항}$). 미실현이익이란 기업회계의 원칙에 따라 자산 및 부채를 평가한 결과 증가한 대차대조표상의 순자산액으로서 미실현손실과 상계되지 않은 금액을 말하는데($\frac{상령\ 19}{조\ 1항}$), 이는 자산의 평가액이 늘어난 것에 불과하여 회사의 지급능력을 이루는 것이 아니므로 배당가능이익에서 차감하도록 한 것이다($\frac{462조}{1항\ 4호}$).

상법에서는 규정한 바 없으나 당기의 이익에 대해 법인세가 과세되므로 이 역시 공제해야 한다. 이익준비금은 주식배당 외의 이익배당액의 10분의 1 이상에 해당하는 금액이 되어야 하므로 이익준비금과 이익배당액은 동시에 상관적으로 정해진다.

용도가 특정되어 있는 임의준비금을 사용하여 배당하려 할 경우에는 먼저 용도를 변경한 후에 할 수 있다고 해야 할 것이다. 예컨대 정관의 규정에 의하여 적립된 경우에는 정관변경을 하여야 할 것이고, 주주총회의 결의에 의하여 적립된 경우에는 주주총회의 결의에 의하여 용도를 변경해야 한다.

순자산액은 총자산에서 부채를 공제한 잔액을 뜻하는바, 이 순자산액을 배당가능이익의 기초로 삼는 것은 채권자를 위한 책임재산이 확보된 후에야 배당이 가능함을 뜻한다. 그리고 다시 자본금과 준비금을 공제하는 것은 회사가 계속기업으로서 요구되는 재산적 기초를 확보한 후 그 잉여재산으로 배당해야 함을 밝힌 것이다. 그러므로 위의 요건은 회사채권자의 보호와 회사의 존속을 위해 반드시 지켜져야 할 기준으로서 이에 위반하여 이익배당을 결의하면 그 결의는 무효이다.

〈그림 21〉 배당가능이익의 산출

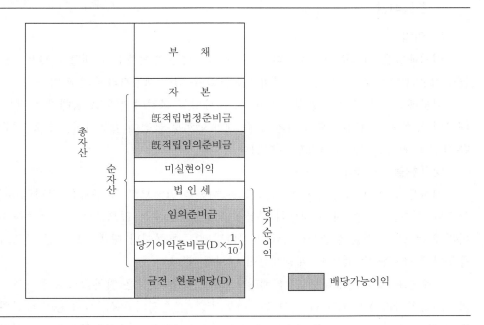

## 2. 배당의안의 독립성

상법은 재무제표의 승인과 이익배당의 결의를 구분하여 다루고 있으므로 양자는 별개의 의안을 이룬다($\binom{449조\ 1항의\ 결의와}{462조\ 2항의\ 결의}$). 그러나 이익배당의 결정은 재무제표에 근거하여 산출되는 배당가능이익을 기초로 이루어지는 의사결정이므로 재무제표의 승인 없이 이익배당만 결의할 수는 없다.

## 3. 이익배당의 결정기관

1) 원칙($\binom{주주총회}{의\ 결의}$)        이익배당은 주주총회의 결의($\binom{보통}{결의}$)로 정한다($\binom{462조}{2항\ 본}$). 배당의 여부, 배당금의 크기에 관한 의사결정은 회사의 전반적인 재산 및 영업상태를 파악한 후에 내리는 정책적 결정이므로 재무제표의 승인권을 가진 주주총회로 하여금 이익배당도 결정하도록 한 것이다.

2) 이사회의 결의        소정의 요건을 구비할 경우 이사회가 주주총회를 갈음하여 재무제표를 승인할 수 있는데($\binom{449조}{의2\ 1항}$), 이 경우에는 재무제표와 이익배당의 연계성으로 인해 이

익배당도 이사회가 결정한다($\substack{462조 \\ 2항 단}$). 다만, 이에 관한 규정($\substack{462조 \\ 2항 단}$)은 주식배당에까지 적용되지는 않으므로 이사회가 결정한 이익배당을 주식배당으로 하고자 할 경우에는 다시 주주총회의 결의를 요한다($\substack{462조 \\ 의2 1항}$).

### 4. 현물배당

#### (1) 의의

이익배당은 현물로 할 수 있다($\substack{462 \\ 조의4}$). 회사로서는 현물재산을 배당에 활용함으로써 현금의 유출을 막는 한편, 재산의 매각비용을 줄일 수 있어 재무관리에 큰 편익을 누릴 수 있다.

현물배당이란 회사의 결정에 의해 당초 배당의 목적이 현물로 정해지는 것을 말하고, 배당이 금전으로 확정된 후 회사와 주주 간의 합의로 금전에 갈음하여 현물로 지급하는 것은 대물변제($\substack{민 \\ 466조}$)이고 현물배당은 아니다.

#### (2) 「현물」의 의의

현물은 금전이 아닌 경제적 가치 있는 재산을 말하므로 그 종류를 한정할 수는 없다. 그러나 주주별로 배당하는 재산의 종류를 달리 정할 수는 없으므로 1인 주주를 대상으로 하지 않는 한, 특정물은 현물배당에서 제외되고, 종류물이나 대체물도 모든 주주의 배당에 충분하게 확보될 수 없는 한 배당재산이 될 수는 없다.

주주별로 배당액이 다른 만큼 배당으로 사용하는 현물은 가분적으로 존재하는 것이어야 하고, 평가가 용이해야 할 것이므로 타회사($\substack{예: 모회사, 자 \\ 회사, 계열회사}$)의 주식, 사채 등이 배당의 소재가 될 것이다. 회사 스스로가 발행하는 주식은 신주발행제도나 주식분할제도와 중첩되므로 허용되지 않는다고 해석된다. 회사가 발행한 사채나 그 전부터 보유하던 자기주식은 배당가능한 현물로 보아도 무방하다.

#### (3) 현물배당의 요건

1) 정관의 규정　　정관에 금전 외의 재산으로 이익배당을 할 수 있음을 정해야 한다($\substack{462조 \\ 의4 1항}$).

2) 의사결정　　정관에 근거가 있다 하더라도 특정 배당을 현물로 하는 의사결정이 필요하다. 상법은 이 점에 관해 규정을 두고 있지 않으므로 이익배당을 결정하는 결의에서 현물배당을 정할 수 있다고 해석할 수밖에 없다. 즉 주주총회가 배당을 결의할 경우에는 그 주주총회의 결의로($\substack{462조 \\ 2항 본}$), 이사회가 배당을 결의할 때에는 그 이사회의 결의로($\substack{462조 \\ 2항 단}$) 현물배당도 아울러 정할 수 있다고 보는 것이다.

#### (4) 예외적 처리

1) 배당하는 현물의 가치가 모든 주주에 대해 일치할 수는 없으므로 현물을 원치 않는 주주에게는 불이익이 될 수 있다. 따라서 개정법은 현물배당을 정할 때에 주주가 배당되는 현물 대신 금전의 지급을 청구하는 것도 허용할 수 있도록 하는 동시에, 이같이 정한 경우

에는 그 금액 및 청구할 수 있는 기간을 정하도록 하였다($^{462조의}_{4\ 2항\ 1호}$).

2) 어느 주주의 소유주식의 수가 영세하여 그에 대한 배당금이 배당에 사용할 현물의 최소단위에 미달할 수도 있다(예컨대 배당할 현물이 1주당 시가가 200,000원에 달하는 모 회사 주식인데, 어느 주주가 배당받을 금액이 3,000원인 경우). 이 경우 일정 수 미만의 주식을 보유한 주주에게는 금전으로 배당할 수 있다($^{462조의4}_{2항\ 2호}$).

## Ⅲ. 중간배당

중간배당은 당해 사업연도의 손익이 확정되기 전에 회사재산을 사외유출시키는 것인 데다, 이사회의 결의만으로 가능하므로 자본충실을 해할 위험이 높다. 그러므로 중간배당은 다음과 같은 엄격한 요건하에 가능하며, 중간배당에 관하여는 이사에게 무거운 책임을 지우고 있다.

### 1. 중간배당의 요건

1) **회사의 요건**　　연 1회의 결산기를 정한 회사에 한하여 중간배당을 할 수 있다($^{462조}_{의3\ 1항}$). 따라서 연 2회의 결산기를 정한 회사는 중간배당을 할 수 없다. 즉 6개월을 주기로 한 배당을 가능하게 하는 것이 입법의도이다.

2) **정관의 규정**　　중간배당은 정관에 규정이 있을 때에 한하여 할 수 있다.

3) **시기**　　중간배당은 영업연도중 1회에 한하여 할 수 있다($^{동}_{조항}$). 그 시기는 정관으로 정하여야 한다($^{동}_{조항}$). 법문상으로는 이사회가 배당시기를 정할 수 있는 듯이 오해할 소지가 있으나, 배당기준일은 사전에 예정되어 있어야 하므로 이사회가 임의로 정할 수 있는 것이 아니다.

4) **이사회의 결의**　　중간배당 여부는 다른 요건이 충족되는 한 이사회의 재량으로 정한다. 이사회의 결의로 확정되고, 추후 주주총회의 추인을 요하지 않는다.

5) **방법**　　중간배당에는 금전배당과 현물배당만이 가능하다. 주식배당은 주주총회의 결의를 요하므로($^{462조}_{의2\ 1항}$) 이사회의 결의로 족한 중간배당에는 적합하지 않다.

6) **대상**　　중간배당을 받을 자격이 있는 주주는 정관이 정한 일정한 날의 주주이다. 따라서 상법이 기준일의 설정에 관한 제354조 제1항을 준용하고 있으나($^{462조}_{의3\ 5항}$), 중간배당을 위한 주주명부의 폐쇄나 기준일의 설정은 불필요하다.

7) **배당의 재원**　　제462조의3 제2항은 중간배당이 가능한 금액의 범위를 정하고 있다. 중간배당은 직전 결산기의 대차대조표상의 순자산액에서〔직전 결산기의 자본금의 액 ＋직전 결산기까지 적립된 법정준비금＋직전 결산기의 정기총회에서 이익으로 배당하거나 또는 지급하기로 정한 금액＋중간배당에 따라 적립하여야 할 이익준비금〕을 공제한 잔액을 한도로 한다. 그리고 배당금의 10분의 1을 이익준비금으로 적립하여야 하므로 이 금액

의 적립을 감안한 잔액에 한해 중간배당을 할 수 있다. 요컨대 중간배당은 배당 시점에서 계산한 이익이 아니라 직전 결산기에 관한 정기총회에서 이익잉여금을 처분하고 남은 잔액을 재원으로 삼는 것이다.

## 2. 배당의 제한

중간배당을 하는 시기는 결산기로부터 상당기간이 경과한 후이므로 유보한 이익은 실제로 존재하는 것은 아니다. 그러므로 중간배당은 자본충실을 저해할 우려가 있는 결정이라고 할 수 있다. 중간배당을 위한 자금지출로 인해 당해 결산기의 손익계산 결과 결손이 생길 수도 있기 때문이다. 그러므로 상법은 중간배당으로 자본충실이 저해되지 않도록, 당해 결산기의 대차대조표상의 순자산액이 제462조 제1항 각 호의 금액의 합계액에 이르지 아니할 우려가 있는 때(즉 결손이 발생할<br>우려가 있을 때)에는 중간배당을 할 수 없다고 규정하고 있다($^{462조}_{의3 3항}$).

## 3. 이사의 책임

중간배당의 제한에 관한 규정의 실효성을 확보하기 위하여 상법은 중간배당으로 인해 동 제한을 위반한 결과가 된 때에는 이사는 회사에 대하여 연대하여 그 차액을 배상할 책임을 지고, 배당액이 그 차액보다 적을 경우에는 배당액을 배상할 책임이 있다고 규정하고 있다($^{462조의3}_{4항 본}$). 그러므로 중간배당은 이사가 당해 결산기에 이익이 발생하거나 최소한 손실이 발생하지 않는다는 확신하에 실시할 수 있다. 그리고 이러한 확신에 이르는 판단에 관하여 이사에게 위험을 부담시키는 것이다. 그러나 이사에게 이같은 무과실책임을 지우는 것은 가혹하므로 과실책임으로 하되, 이사에게 무과실에 관한 증명책임을 부담시키고 있다. 즉 이사가 당해 결산기에 손실이 발생할 우려가 없다고 판단함에 있어 주의를 게을리하지 아니하였음을 증명한 때에는 배상책임을 면한다($^{동 조}_{항 단}$). 이사의 책임추궁에 있어서는 책임을 추궁하는 자가 이사의 임무해태에 관해 증명책임을 지는 것이 원칙이나($^{399조}_{1항}$), 중간배당에 관해서는 예외를 둔 것이다.

이사회의 중간배당결의에 찬성한 이사도 연대하여 책임을 진다($^{462조의3\ 6항}_{→399조\ 2항}$).

## 4. 기타의 법률관계

상법은 여러 곳에서 이익배당에 관련된 규정을 두고 있는데, 제462조의3 제5항에서는 이들 경우에 중간배당도 이익배당으로 보고 그 규정들을 적용하도록 규정하고 있다. 구체적으로는, 등록질권자는 입질된 주식에 대한 이익배당을 받아 자기채권의 변제에 충당하는 경우($^{462조의3\ 5항}_{→340조\ 1항}$), 회사가 이익의 배당에 관해 내용이 다른 주식을 발행하는 경우($^{462조의3\ 5항}_{→344조\ 1항}$) 중간배당도 이익배당으로 본다. 그리고 중간배당을 할 때에도 그 10분의 1에 해당하는 금액을 이익준비금으로 적립하여야 한다($^{462조의3\ 5}_{항→458조}$).

## Ⅳ. 이익배당청구권

주주는 주주권의 일부로서 이익배당청구권을 가진다. 이를 추상적 이익배당청구권이라 하는데, 이 단계에서는 권리의 내용이 특정되어 있지 않고, 주주총회($^{또는}_{이사회}$)에서 배당결의를 함으로써 그 결의내용에 따라 배당이 현실화된다. 배당을 할 것인지, 얼마를 배당할 것인지는 주주총회($^{또는}_{이사회}$)에서 다수결에 의해 결정되는 경영정책에 속한 문제로서 어떠한 법적 구속도 받지 아니한다. 그러므로 이익이 있다 하여 반드시 배당을 결의해야 하는 것도 아니고, 주주가 배당결의를 청구할 수 있는 것도 아니다.

주주총회($^{또는}_{이사회}$)에서 배당결의가 이루어지면($^{462조}_{2항}$) 이에 의해 주주에게 특정액의 배당금 지급청구권이 발생한다. 이를 「구체적 이익배당청구권」이라 부르는데, 이 청구권은 추상적 배당청구권과 달리 독립된 금전채권으로서 주식과는 별개로 양도·압류·전부명령 등의 목적이 될 수 있고 소멸시효에 걸린다.

## Ⅴ. 이익배당의 기준

주주는 유한책임제하에서 출자액($^{즉소유}_{주식수}$)에 비례하여 위험을 부담하므로 그에 대한 보상이라 할 수 있는 이익배당 역시 비례적으로 행해져야 한다. 따라서 이익의 배당은 각 주주의 소유주식수에 따라 평등하게 하여야 한다($^{464조}_{본}$). 이는 주식회사의 기본원칙에 속하는 강행규정으로서, 정관이나 주주총회의 결의에 의해서도 달리 정할 수 없다. 다만 우선주·열후주를 발행했을 경우에는($^{344조}_{1항}$) 정관의 규정에 따라 차등배당을 할 수 있다($^{464조}_{단}$).

영업연도 중간에 신주식이 발행된 경우 당해 연도의 결산을 통한 이익배당은 구주와 차등 없이 균등하게 배당한다. 예컨대 12월말 결산인 회사에서 2022년 10월 1일에 신주를 발행하였다 하자. 그리고 당해연도의 결산을 위한 정기총회에서 1주당 1,000원씩의 배당을 하기로 결정한다면 이 금액은 구주와 신주에 똑같이 지급되는 것이다.

〈대소주주의 차등배당〉 상장회사에서는 대주주들의 양보를 얻어 대주주의 배당률을 소액주주의 배당률보다 낮게 하거나, 소액주주에게만 배당하고 대주주에게는 무배당하기로 결의하는 수가 있다. 주주의 차등배당률은 주주총회에서 「결의」할 성질의 사안이 아니므로 대주주에 대한 차등은 대주주 스스로의 배당을 포기한 것이라고 해석할 수 있는 경우에 한해 유효하다($^{대법원 1980. 8. 26.}_{선고 80다1263 판결}$).

## Ⅵ. 배당금지급시기와 시효

회사는 정기배당금을 주주총회($^{또는}_{이사회}$)의 배당결의($^{462조}_{2항}$)가 있은 날로부터 1월 내에 그리고 중간배당은 이사회의 결의가 있은 날로부터 1월 내에 지급해야 한다($^{464조의2}_{1항 본}$). 배당금지급의 지연을 막기 위함이다. 그러나 배당결의시 배당금의 지급시기를 따로 정할 수 있다($^{464조의2}_{1항 단}$). 배당금지급이 지연되면 회사는 채무불이행책임을 지고($^{민}_{397조}$), 이사의 손해배상책임이 발생하며($^{401}_{조}$), 벌칙이 적용된다($^{635조 1}_{항 27호}$).

배당금지급청구권의 소멸시효는 5년이며($^{464조}_{의2 2항}$), 배당결의시가 아니라 위 1개월이 경과한 때 또는 배당결의시에 따로 정한 지급기한이 경과한 때로부터 기산한다.


## Ⅶ. 주식배당

### 1. 주식배당의 개념과 성질

#### (1) 개념

「주식배당」은 금전 대신 새로 발행하는 주식으로 하는 이익배당이라고 정의할 수 있다.

1)「금전 대신 주식으로」 하는 이익배당이다. 따라서 먼저 배당하여야 할 이익을 금전으로 확정하고, 이를 주식의 액면가로 환산하여 배당한다. 그러므로 무액면주식에는 적용되지 않는 제도이다.

2) 금전 대신「새로」 주식을 발행하는 것으로 배당에 갈음한다. 따라서 회사가 이미 보유하는 자기주식으로 배당하는 것은 현물배당에 해당하고 주식배당은 아니다.

3) 주식배당은「이익배당」이다. 따라서 주식평등의 원칙에 따라 주주에게 지주비율에 따라 무상으로 신주를 분배한다.

#### (2) 주식배당의 성질

종래 주식배당의 성질에 관해 견해가 대립되어 왔다. 소수설은 주식배당을 배당가능잉여금의 자본금전입을 수반하는 주식분할이라고 설명하지만($^{김동훈 443; 임홍}_{근 725; 정동윤 786}$), 통설은 주식배당의 성질을 이익배당으로 본다. 상법은 이익배당임을 전제로 그 요건과 절차를 규정하고 있으므로 현행법의 해석상으로는 이익배당으로 보는 것이 옳다.

### 2. 주식배당의 요건

1) 주식배당의 제한　　　주식배당은 이익배당총액의 2분의 1에 상당하는 금액을 초과하지 못한다($^{462조의2}_{1항 단}$). 환금성이 없는 주식이 과도하게 분배됨을 막기 위함이다. 그러나 상장주식은 환가가 용이하므로 자본시장법상 시가가 액면가를 상회하는 한 이익배당 전액을 주식배당으로 할 수 있다($^{자금 165조}_{의13 1항}$).

2) 배당가능이익의 존재　　　주식배당도 이익배당이므로 배당가능이익이 있어야 한다. 주식배당을 할 부분에 대해서는 이익준비금을 적립할 필요가 없다($^{458조}_{단}$).

**3) 미발행 수권주식의 존재**　　주식배당을 하면 그만큼 발행주식수가 증가한다($\binom{462조}{의2\ 1항}$). 이 증가분이 발행예정주식총수의 범위 내이어야 함은 물론이다.

## 3. 주식배당의 절차

**1) 배당의안의 작성**　　주식배당도 이익배당이므로 배당의안에 그 내용을 기재하여 이사회의 승인을 받아야 한다.

**2) 주주총회의 결의**　　주식배당은 주주총회의 결의에 의하여 한다($\binom{462조의2}{1항\ 본}$). 결의요건은 보통결의이다. 법문의 형식상 주식배당은 이익배당의 결의($\binom{462조}{2항\ 본}$)와 별도의 결의를 요하게 되어 있으나, 주식배당은 금전배당액($\binom{또는\ 현}{물배당}$)에 의해 규모가 정해지므로 양자는 동시에 결정함이 합리적이고, 양결의는 결의요건이 같으므로($\binom{보통}{결의}$) 동시에 이루어져도 무방하다.

재무제표를 이사회가 승인하는 경우에는 이익배당도 이사회의 승인으로 족하지만($\binom{462조}{2항\ 단}$), 이 규정이 주식배당에까지 적용되지는 않으므로 이사회가 이익배당을 결정하고 이를 주식배당으로 하고자 할 경우에는 다시 주주총회의 결의를 요한다.

**3) 주식평등의 원칙**　　주식배당을 함에 있어서는 주식평등의 원칙에 유념하여야 한다. 예컨대 주주 간에 차등을 두어 어떤 주주에게는 금전배당을, 어떤 주주에게는 주식배당을 함은 위법이며, 주식의 종류에 따라 이와 같은 차별을 하는 것도 위법이다.

**4) 발행가**　　주식배당으로 인해 발행하는 신주의 발행가액에 대해서는 「주식의 권면액으로 한다」고 규정하였고 이는 액면가를 의미하므로($\binom{462조}{의2\ 2항}$) 주주총회에서 발행가를 정할 여지는 없다. 이는 자본충실의 이유에서 액면가 이하의 발행을 허용하지 않는 동시에, 주주의 이익을 위해 액면가 이상의 발행도 허용하지 않겠다는 취지이다.

**5) 단주의 처리**　　주식배당을 한 결과 단주가 생길 수가 있다. 단주는 경매하여 그 대금을 주주에게 지급하되, 거래소의 시세가 있는 주식은 거래소를 통하여 매각하고 그 대금을 지급하여야 한다($\binom{462조의2\ 3항}{\rightarrow 443조\ 1항}$).

**6) 종류주식과 주식배당**　　종류주식을 발행한 회사가 주식배당을 하는 경우 상법은 각기 같은 종류의 주식으로 배당할 수 있다고 규정한다($\binom{462조}{의2\ 2항}$). 이 규정의 해석론으로서 기존의 주식과 동종의 주식으로만 배당해야 한다는 견해도 있으나, 통설은 모든 주식에 대해 단일한 종류의 주식으로 배당할 수도 있고, 기존의 주식과 동종의 주식으로 배당할 수도 있다고 풀이한다.

**7) 자기주식에 대한 주식배당**　　회사가 보유하는 자기주식에 대해 주식배당을 할 수 있는지에 관해 견해의 대립이 있으나, 통설인 이익배당설에 의하면, 자기주식은 이익배당에 참가할 수 없으므로 주식배당도 받을 수 없다고 본다.

**8) 배당통지**　　이사는 주식배당의 결의가 있는 때에는 지체 없이 배당을 받을 주주와 주주명부에 기재된 질권자에게 그 주주가 받을 주식의 종류와 수를 통지하여야 한다

$\left(\begin{smallmatrix} 462조 \\ 의2 5항 \end{smallmatrix}\right)$.

9) 등기　　　주식배당에 의해 발행주식수와 자본금이 증가하게 되므로 주주총회의 결의가 있는 날로부터 본점소재지에서는 2주간 내, 지점소재지에서는 3주간 내에 변경등기를 하여야 한다$\left(\begin{smallmatrix} 317조 4항→183조, \\ 317조 2항 2호·3호 \end{smallmatrix}\right)$.

10) 주권의 발행　　　주식배당에 의하여 주주가 취득한 신주에 관해 회사는 주권을 발행하여야 한다. 그 시기에 대해서는 명문의 규정이 없으나 상법 제355조 제1항을 유추적용하여 지체 없이 발행하여야 한다고 본다.

### 4. 주식배당의 효과

1) 주식수와 자본금의 증가　　　주식배당을 하면 배당가능이익이 자본화하고, 이를 액면가로 나눈 수만큼 발행주식수가 증가한다.

2) 신주의 효력발생시기　　　주식배당을 받은 주주는 주식배당의 결의가 있는 주주총회가 종결한 때부터 신주의 주주가 된다$\left(\begin{smallmatrix} 462조 \\ 의2 4항 \end{smallmatrix}\right)$. 결의시에 신주발행의 효력이 생긴다면 총회개최 중에 출석주주의 지주수에 변동이 생겨 절차상 불편할 뿐 아니라, 이 주식을 가지고 당기의 배당에 재차 참가하는 모순이 있기 때문이다.

3) 질권의 효력　　　등록질권자의 권리는 주주가 배당받은 주식에 미친다$\left(\begin{smallmatrix} 462조의2 \\ 6항 전 \end{smallmatrix}\right)$. 그리고 등록질권자는 회사에 대하여 주권의 교부를 청구할 수 있다$\left(\begin{smallmatrix} 462조의2 6항 \\ 후→340조 3항 \end{smallmatrix}\right)$. 약식질권자의 권리는 배당주식에 미치지 않는다$\left(\begin{smallmatrix} 462조의2 6항 \\ 의 반대해석 \end{smallmatrix}\right)$. 이는 상법이 주식배당을 이익배당으로 보고 있음을 뜻한다$\left(\begin{smallmatrix} 약식질권은 이익배당에는 미 \\ 치지 않음을 주의. 400면 참조 \end{smallmatrix}\right)$.

## Ⅷ. 위법배당의 효과

### 1. 총설

법령·정관에 위반하여 행해진 이익배당을 위법배당이라 한다. 배당가능이익이 없음에도 불구하고 배당하거나 이를 초과하여 배당한 것은 전형적인 위법배당이나, 그 밖에도 배당절차·기준·시기·방법 등에 하자가 있거나 주식평등의 원칙에 위반하는 등 위법의 사유는 다양하다.

위법한 배당을 하면 이사·감사의 손해배상책임이 발생하고 벌칙이 적용되지만, 보다 중요한 문제는 배당 자체의 사법적 효과가 어떻게 되느냐이다. 금전배당$\left(\begin{smallmatrix} 또는 현물배 \\ 당. 이하 같음 \end{smallmatrix}\right)$과 주식배당의 경우를 구분하여 설명한다.

## 2. 금전배당의 위법

금전배당의 위법은 다시 배당가능이익이 없이 배당한 경우($^{협의의}_{위법배당}$)와 기타 위법한 경우($^{광의의}_{위법배당}$)에 따라 해결법리를 달리한다.

### (1) 배당가능이익 없는 배당

제462조가 정하는 배당가능이익이 없는 상태에서 배당을 하거나, 제462조의3 제2항이 정하는 이익이 없는 상태에서 중간배당을 하는 것은 배당시 지켜야 할 가장 중요한 강행법적 원칙에 위반한 것이므로 무효이다. 따라서 회사가 그 반환을 청구할 수 있음은 물론 회사채권자에게도 반환청구권이 주어진다.

대차대조표상으로 배당가능이익이 없는데 배당결의를 하는 수도 있겠지만, 자산의 과대평가, 부채의 과소계상 등을 통해 가공의 이익을 만들어 배당하는 경우가 많다($^{속칭「낙}_{지배당」}$). 어느 것이나 배당가능이익 없이 한 위법한 배당으로서 효력에는 차이가 없다.

1) **회사의 반환청구**　　위법한 배당이라도 주주총회의 배당결의를 통해 행해진다. 따라서 회사가 반환을 청구할 경우 먼저 주주총회결의무효확인의 소를 제기하여 무효판결을 받은 후에 반환을 청구해야 하느냐, 아니면 무효판결 없이 직접 반환을 청구할 수 있느냐라는 문제가 제기된다. 이 문제를 주주총회결의무효 확인의 소의 성질론과 결부시켜 설명하는 견해가 있으나, 배당가능이익이 없이 한 이익배당은 그 자체가 이미 자본충실에 어긋나고 강행규정($^{462조}_{1항}$)에 반하므로 그 위법성은 배당결의와 관계없이 독자적으로 판단되는 것이다. 그러므로 위법배당은 부당이득반환의 법리($^{민}_{741조}$)에 의해 회사가 직접 반환을 청구할 수 있다고 본다. 반환청구를 함에 있어 주주의 선의·악의는 고려할 필요가 없다($^{통}_{설}$).

2) **채권자의 반환청구**　　배당가능이익이 없는 위법배당은 채권자를 위한 책임재산을 감소시키므로 회사채권자도 직접 주주를 상대로 배당금의 반환을 청구할 수 있다($^{462조 3}_{항, 462조}$ $^{의3}_{6항}$). 다만 채권자는 자기에게 반환하라고 청구하는 것이 아니라 회사에 반환하라고 청구하는 것이다. 배당 당시의 채권자뿐만 아니라 그 이후의 채권자도 반환청구가 가능하다($^{통}_{설}$).

채권자는 위법배당이 회사의 변제자력에 어떤 영향을 미치느냐에 관계없이 반환을 청구할 수 있다. 즉 변제자력이 부족해지는 것은 청구의 요건이 아니다.

채권자가 소에 의해 청구할 때에는 회사의 본점소재지를 관할하는 지방법원에 제기해야 한다($^{462조 4항}_{→186조}$). 회사가 청구할 때와 마찬가지로 위법배당을 받은 주주의 선의·악의를 가리지 않는다.

### (2) 기타의 위법

배당가능이익의 범위 내에서 배당이 이루어졌더라도 결의 자체에 취소사유($^{예: 소집}_{절차 위반}$)가 있거나 기타 시기·절차·방법에 하자가 있거나 주식평등의 원칙에 어긋나는 경우도 위법한 배당으로서 그 효력이 부정되어야 한다. 다만 이 경우에는 회사채권자는 반환청구권을 갖지 않는다.

회사가 반환을 청구할 경우 주주 간의 위법한 차등배당, 중간배당과 같이 그 자체가 위법요인을 안고 있는 경우에는 배당가능이익 없이 배당한 경우와 마찬가지로 배당결의의 효력을 다투지 않고 반환을 청구할 수 있다고 해야 할 것이나, 그 밖의 경우에는 우선 배당결의의 효력을 다투는 소를 제기하여 판결을 얻어야 할 것이다.

### 3. 주식배당의 위법

주식배당이 위법한 경우 이로 인해 발행된 신주의 효력이 아울러 판단되어야 할 것이므로 신주발행무효의 소에 관한 제429조를 유추적용하여 소에 의해서만 주식배당의 무효를 주장할 수 있다고 보아야 한다($\frac{통}{설}$). 그러나 주주가 주금을 납입한 바가 없으므로 주금을 환급($\frac{432}{조}$)해 주는 문제는 생기지 않는다. 주식배당에 의해서는 회사재산이 현실로 주주에게 이전된 바 없으므로 채권자의 반환청구($\frac{462조}{3항}$)는 인정되지 않는다.

### 4. 이사 등의 책임과 벌칙

위법한 내용의 배당의안을 작성·집행한 이사는 회사·주주·채권자 등에 대해 손해배상책임을 지며($\frac{399조,}{401조}$), 이사회에서 위법한 배당의안을 승인한 이사들, 그리고 감사를 게을리한 감사도 손해배상책임을 진다($\frac{399조, 414조,}{415조의2 7항}$). 아울러 관련 임원들에게는 벌칙($\frac{회사재산을 위태롭게}{하는 죄, 625조 3호,}$ $\frac{462조}{의3 5항}$)이 적용되고 해임사유($\frac{385}{조}$)가 된다. 또 위법배당에 관련해 외부감사인의 과실이 있는 경우에는 그 외부감사인도 회사 및 제3자에 대해 책임을 져야 한다($\frac{외감}{31조}$).

## 제 5 관   재무제표 등의 공시와 주주·채권자의 권리

### Ⅰ. 총설

기업내용의 공시는 회사를 중심으로 한 이해관계인 모두에게 중대한 뜻을 갖는다. 공시된 기업내용을 보고 주주는 투자회수의 여부 또는 임원의 교체 여부를 결정하고, 회사채권자는 변제 가능성을 판단하고 채권회수를 위한 의사결정을 한다. 공시를 통해 비로소 주주·채권자의 감시가 가능해지므로 이사의 합리적인 직무수행을 유도하는 계기가 되기도 한다. 특히 상장법인이 발행한 유가증권의 공정한 거래질서를 유지하기 위해서도 역시 기업공시는 필수적이다.

이 같은 공시의 중요성을 생각하면 회사의 정보는 전부 공시되어야 마땅하나, 완전공시란 기업비밀의 유지를 불가능하게 하고 나아가서는 경쟁의 포기를 뜻하므로 요구하기 어려운 일이다. 그러므로 자연 기업의 공시에는 한계가 있을 수밖에 없으며, 상법이 공시범위에 있어 소수주주·일반주주·회사채권자에 따라 차등을 두는 것도 이러한 이유 때문이다.

## Ⅱ. 공시제도의 개요

공시는 주식이나 사채의 발행단계에서도 요구되나, 그것은 신주발행과 관련하여 설명한 바 있으므로 여기서는 계속기업으로서의 회사가 통상적으로 공시하여야 할 사항에 대해서만 설명한다.

**1) 정관 등 서류의 열람청구**　　　제396조 제1항은 회사의 정관, 주주총회의 의사록을 본점과 지점에, 주주명부, 사채원부를 본점($^{또는 명의개서대}_{리인의 영업소}$)에 비치하여야 한다고 규정하고 있다. 주주와 회사채권자는 영업시간 내에 언제든지 이 서류의 열람 또는 등사를 청구할 수 있다($^{동조}_{2항}$). 이는 회사의 조직법적 법률관계의 기초적인 사항에 관해 주주·채권자의 정보접근권을 인정한 것으로 주주·채권자라는 신분으로 족하고 열람 또는 등사의 목적이 정당하다는 증명을 요하지 않는다. 그러나 회사가 그 청구의 목적이 정당하지 아니함을 주장·입증하는 경우에는 이를 거부할 수 있다는 것이 판례의 입장이다($^{대법원 2017. 11. 9. 선}_{고 2015다235841 판결}$). 열람·등사의 청구가 회사의 영업을 방해하기 위한 목적이라면 정당하지 아니한 예이며, 대표소송을 제기하기 위해 주주를 규합하는 것과 같이 주주의 정당한 권리를 행사하기 위한 것은 정당한 목적의 예이다($^{같은}_{판례}$).

**2) 재무제표 등의 공시**　　　이사는 재무제표 및 그 부속명세서, 영업보고서 그리고 감사보고서를 정기총회일 1주간 전부터 본점에 5년간, 그 등본을 지점에 3년간 비치하여야 하며($^{448조}_{1항}$), 외부감사인의 감사를 받는 회사는 외부감사인의 감사보고서도 비치·공시해야 한다($^{외감 23}_{조 5항}$).

주주와 회사채권자는 영업시간 내에 언제든지 재무제표 및 그 부속명세서·영업보고서·감사보고서를 열람할 수 있으며, 회사가 정한 비용을 지급하고 서류의 등본이나 초본의 교부를 청구할 수 있다($^{448조}_{2항}$).

상장회사는 이에 더하여 사업보고서도 공시해야 하는데, 이 서류는 일반에 공시된다($^{자금 159}_{조, 160조}$).

**3) 대차대조표의 공고**　　　이사는 주주총회가 재무제표를 승인한 후 지체 없이 대차대조표를 공고하여야 한다($^{449조}_{3항}$).

**4) 적시공시**　　　이상의 공시는 정기적인 것이므로 수시로 일어나는 회사의 상황변동을 신속하게 공시하기에는 부족하다. 특히 주식이나 사채의 유통시장에서 매매를 거듭하는 투자자는 항상 최신의 기업정보를 필요로 한다. 그러므로 자본시장법은 상장법인에 한해 회사로 하여금 특히 주가의 형성에 영향을 미칠 중요한 사항을 적시에 공시하도록 하고 있다($^{자금 161조 1}_{항 각호 참조}$).

5) 공시에 관한 책임    공시를 게을리한 경우 이로 인해 손해를 입은 주주·채권자 등 이해관계인은 회사 또는 이사에게 손해배상책임을 물을 수 있을 것이나($\frac{401}{조}$), 이 밖에 외부감사를 받는 회사와 상장회사의 부실공시로 인한 손해배상에 관해 엄격한 책임을 규정하고 있다($\frac{외감\ 31조,\ 자}{금\ 125조\ 등}$).

## Ⅲ. 재무관련 소수주주권

### (1) 주주의 회계장부열람권

재무제표 등 공시서류는 회사가 공시를 의식하고 작성하는 것인만큼 분식의 가능성이 있을 뿐 아니라 역시 간접적인 정보에 불과하므로 상법은 발행주식총수의 100분의 3 이상을 가진 소수주주($\frac{상장회사의\ 경우\ 6월간\ 1만분의}{10\ 이상을\ 소유한\ 자.\ 542조의6\ 4항}$)에게 직접 「회계의 장부와 서류」를 열람할 수 있는 권리를 부여하고 있다. 소수주주는 이유를 붙인 서면으로 회계의 장부와 서류의 열람 또는 등사를 청구할 수 있다($\frac{466조}{1항}$). 이를 소수주주에 한해 허용한 것은 회계장부는 법정 공시서류보다 한층 기밀도가 높기 때문이다. 회사는 주주의 열람청구가 부당함을 증명하지 아니하면 이를 거부하지 못한다($\frac{466조}{2항}$).

열람청구의 정당성 여부는 회사의 경영상태에 대한 주주의 알 권리와 열람을 허용할 경우에 우려되는 회사의 불이익($\frac{기업비밀}{의\ 누출\ 등}$)을 비교교량하여 판단하여야 한다($\frac{대법원\ 2004.\ 12.\ 24.자}{2003마1575\ 결정}$). 열람, 등사가 회사 또는 주주 공동의 이익을 해치거나 주주가 회사의 경쟁자로서 열람해 얻은 정보를 경업에 이용할 우려가 있는 경우, 회사에 지나치게 불리한 시기에 행사하는 것은 정당하지 못한 예이다($\frac{같은}{결정}$). 한편 이사에 대한 대표소송의 제기, 유지청구, 해임청구와 같이 회사의 경영을 감독하여 회사와 주주의 이익을 보호하기 위한 목적인 경우에는 일반적으로 청구가 정당한 예이다($\frac{대법원\ 2016.\ 7.\ 21.자}{2013마657\ 결정}$).

열람·등사청구가 있으면 위에 말한 비교형량을 거쳐 회사가 응할 의무의 존부를 판단해야 하므로 그 이유를 구체적으로 기재해야 한다($\frac{대법원\ 1999.\ 12.\ 21.}{선고\ 99다137\ 판결}$). 주주는 열람·등사청구권을 피보존권리로 하여 열람·등사를 명하는 가처분도 신청할 수 있다($\frac{같은}{판례}$).

### (2) 검사인선임청구권

업무집행에 관하여 부정행위 또는 법령이나 정관을 위반한 중대한 사실이 있음을 의심할 사유가 있는 때에는 발행주식 총수의 100분의 3 이상을 가진 주주($\frac{상장회사의\ 경우\ 6월간\ 발행주식}{총수의\ 1,000분의\ 15\ 이상을\ 보유}$ $\frac{한\ 자.\ 542}{조의6\ 1항}$)는 회사의 업무 및 재산의 상태를 조사하기 위하여 법원에 검사인의 선임을 청구하여 적극적인 조사를 꾀할 수 있다($\frac{467}{조}$). 검사인선임청구는 이사회의 업무집행을 침해하는 이례적인 행위이므로 단순한 임무해태는 사유가 될 수 없으며, 청구사유를 구체적으로 소명하여야 한다($\frac{대법원\ 1985.\ 7.\ 31.자}{85마214\ 결정}$).

법원이 검사인을 선임한 경우 검사인은 업무와 재산상태를 조사하고 그 결과를 법원에 보고하여야 한다($\frac{467조}{2항}$). 법원은 검사인의 보고에 의하여 필요하다고 인정한 때에는 대표이사에게 주주총회의 소집을 명할 수 있다($\frac{467조}{3항}$). 검사인은 주주총회에 보고서를 제출하여야 한다($\frac{동}{조항}$). 법원의 명령으로 소집한 주주총회에서는 소집목적에 구애받지 아니하고 이사의 해임과 선임 등 필요한 결의를 할 수 있다고 보아야 한다.

# 제 6 관  주주권행사와 관련한 이익공여금지

## 1. 입법취지

회사는 누구에게든지 주주의 권리행사와 관련하여 재산상의 이익을 공여할 수 없으며($\frac{467조}{의2 1항}$), 이에 위반하여 이익을 받은 자는 그 이익을 회사에 반환하여야 한다($\frac{동조}{3항}$).

본조는 이른바 「총회꾼」과 회사의 불건전한 거래를 근절시키고자 하는 취지에서 둔 규정이다. 과거 상장회사에서는 총회꾼들이 소량의 주식을 취득하여 주주총회에서 장시간 발언하거나 위력을 행사하고, 이를 삼가는 대가로 회사로부터 이익을 제공받거나, 회사로부터 대가를 받고 다른 주주의 발언을 봉쇄하는 등의 방법으로 경영진이 총회운영을 무난히 하도록 협조하는 등의 폐단이 있었다. 이 제도는 임원과 총회꾼의 이러한 부당한 거래를 금하고, 위반한 경우 일실된 회사의 재산을 회복시키기 위한 사법적 수단으로 마련된 것이다.

## 2. 금지내용

회사는 누구에게든지 주주의 권리행사와 관련하여 재산상의 이익을 공여할 수 없다($\frac{467조}{의2 1항}$).

1) **주주권행사와의 관련성**    주주의 권리행사와 관련하여 이익이 공여되어야 한다. 이 점은 본조의 적용상 가장 중요한 요건이다.

i) 「주주의 권리」란 법률과 정관에 따라 주주로서 행사할 수 있는 모든 권리를 의미하지만, 주주가 회사에 대해 갖는 권리라 하더라도 주주지위와 무관하게 회사에 대해 갖는 계약상의 권리 기타 사법상의 권리는 포함되지 않는다($\frac{대법원 2017. 1. 12. 선고}{2015다68355 \cdot 68362 판결}$).

ii) 주주권의 「행사와 관련하여」란 주주의 권리행사에 영향을 미치기 위한 것임을 의미한다($\frac{같은}{판례}$). 즉 주주권의 행사 · 불행사, 행사방법 등을 합의하고, 이에 관해 이익이 공여됨을 뜻한다. 예컨대 주주총회에 참석하여 의사진행에 협조해 줄 것을 조건으로, 또는 주주권을 행사하지 않을 것을 조건으로, 또는 일정 사항을 발언해 줄 것을 조건으로 이익을 제공하는 것 등은 모두 주주권행사와 관련하여 이익이 제공되는 것이다.

주주총회에서의 주주권행사에 국한하지 않고, 결의취소의 소를 제기하지 않거나, 제기한 소를 취하하거나, 유지청구를 하지 않는다는 것과 같이 의결권 이외의 주주권행사와 관련하여 이익이 제공되는 것도 본조에 의해 금지된다.

iii) 주주권의 행사 또는 불행사가 위법함을 요하지 않는다. 본조는 주주권행사와 결부된 경제거래를 위법한 것으로 보고 규율하는 것이므로 주주권행사 자체의 적법성 여부는 이와 무관하다.

2) **이익공여의 상대방**　　통상은 주주가 자신의 주주권행사와 관련하여 이익을 제공받겠지만 주주 아닌 자가 제공받을 수도 있다. 예컨대 주주 아닌 자가 장차 회사의 주식을 취득하지 않을 것을 조건으로 이익을 제공받는 것도 본조의 적용대상이다.

3) **「회사」에 의한 이익공여**　　회사의 계산으로 이익이 제공되는 것을 금지할 뿐이므로 회사 이외의 자가 이익을 제공하는 것은 본조와 무관하다. 예컨대 이사가 자신의 연임을 위해 사사로이 주주에게 이익을 제공하거나, 주주 1인이 다른 주주에게 자기 의사에 따라 행동해 줄 것을 조건으로 이익을 제공하는 것은 본조의 적용 밖이다.

4) **이익의 공여**　　「재산상의 이익공여」란 널리 금전·물품·신용·용역의 제공이나, 채무의 면제, 채권의 포기, 신주인수권의 부여, 재산상의 이익이 따르는 지위의 부여를 포함한다. 무상이거나 회사가 받는 반대급부가 공여된 이익에 비해 저렴한 경우는 물론이고, 대가가 상당하더라도 그 거래 자체가 회사에 무익한 경우에는 역시 금지된다. 그러나 주주총회에 참석한 주주에게 간단한 기념품을 나누어 주거나 음식을 접대하는 것은 사회통념상 이익공여라 할 수 없다. 하지만 주주총회에 임하여 회사가 주주에게 제공한 선물의 금액이 사회통념상 의례성을 벗어났고, 선물이 주주들의 투표결과에 영향을 미친 것으로 볼 수 있는 경우에는 제467조의2의 이익공여에 해당한다($\binom{\text{대법원 2014. 7. 11.자}}{\text{2013마2397 결정}}$).

### 3. 위반의 효과

본조에 위반하여 이익을 공여하였을 경우 이사의 책임($\binom{399}{\text{조}}$)이 발생함은 물론이나, 상법은 특히 공여된 이익을 반환할 것을 규정하고 있다.

1) **이익반환의무**　　회사가 주주의 권리행사와 관련하여 재산상의 이익을 공여한 때에는 그 이익을 공여받은 자는 이를 회사에 반환하여야 한다($\binom{467조의2}{3항\ 전}$).

i) **의무의 성질**　　본조에 위반한 이익공여는 무효이므로 공여받은 이익은 부당이득($\binom{민}{741조}$)이 될 것이다. 그러나 부당이득의 일반법리를 적용한다면 회사의 이익공여는 불법원인급여($\binom{민}{746조}$) 또는 비채변제($\binom{민}{742조}$)가 되어 반환을 청구할 수 없으므로 상법은 부당이득에 대한 특칙을 두어 이익을 반환시키는 것이다.

ii) **주주의 대표소송**　　이익반환은 회사가 청구해야 하지만, 회사가 스스로 이익을 공여한 것이니만큼 청구를 게을리할 가능성도 있다. 그래서 상법은 이익반환청구에 관해 주주의 대표소송을 허용한다($\binom{467조}{의2\ 4항}$). 그 절차는 일반적인 대표소송과 같다($\binom{403조\sim}{406조}$).

2) **회사의 대가반환**　　회사가 이익을 공여하고 그 대가를 받은 것이 있다면 그 대가

를 반환하여야 한다($^{467조의}_{2\,3항\,후}$). 대가의 반환과 이익의 반환은 동시이행의 관계에 있다.

3) 벌칙　　본조에 위반하여 이익을 공여한 때에는 벌칙이 적용된다($^{634}_{조의2}$).

### 4. 증명책임의 전환

제467조의2 제1항의 위반을 이유로 이익반환을 청구하는 자($^{회사\,자신\,또는\,대표}_{소송을\,제기한\,주주}$)는 회사와 특정인간에 「주주권 행사와 관련하여」 「이익이 공여되었다」는 사실을 증명하여야 한다. 그러나 「주주권 행사와 관련하여」란 사실은 증명이 어려우므로 상법은 일정한 경우 이에 관한 증명책임을 전환시키고 있다.

i) 이익공여의 상대방이 주주이고, ii) 회사가 그 주주에 대하여 무상으로 이익을 공여하거나 또는 유상으로 공여하였더라도 회사가 얻은 이익이 공여한 이익에 비하여 현저하게 적을 때에는 주주의 권리행사와 관련하여 공여한 것으로 추정한다($^{467조}_{의2\,2항}$). 따라서 이 경우에는 이익공여를 받은 자가 「주주권의 행사와 관련없음」을 증명하여야 한다.

## 제 7 관　사용인의 우선변제권

사용인이 고용관계로 회사에 대해 갖는 채권에 대하여는 근로자의 보호라는 사회정책적 배려에서 우선변제권을 인정한다.

신원보증금의 반환을 받을 채권 기타 회사와 사용인 간의 고용관계로 인한 채권이 있는 자는 회사의 총재산에 대하여 우선변제를 받을 권리가 있다($^{468조}_{본}$). 그러나 채권발생의 선후를 불문하고 질권이나 저당권에는 우선하지 못한다($^{468조}_{단}$). 고용관계로 인한 채권에는 정기적으로 지급하는 보수, 비정기적인 특별상여금, 퇴직금 등이 모두 포함된다.

이 우선변제권은 일종의 법정담보권으로서, 명문의 규정은 없으나 회사재산의 경매청구권도 허용하여야 할 것이다($^{통}_{설}$).

# 제 8 절　사채

## Ⅰ. 의의

社債란 주식회사가 불특정 다수인으로부터 자금을 조달할 목적에서 집단적·정형적으로 부담하며, 액면가로 단위화된 채무를 뜻한다.

1) 주식회사가 부담하는 채무이다　　상법은 주식회사의 사채발행에 대해서만 규정을 두고 있으므로 다른 회사가 사채를 발행할 수 있느냐는 점에 관해 논란이 있으나, 현실적으

로는 주식회사만이 사채를 발행하고 있다.

2) 불특정다수인을 상대로 집단적·정형적으로 부담하는 채무이다    사채는 주식처럼 대중으로부터 거액의 자본을 집중시키는 방법이다. 따라서 사채를 발행하는 회사는 일반 소비대차와 달리 불특정다수인과 집단적으로 채무부담행위를 하며, 사채의 발행조건이나 방법은 정형성을 띤다($\substack{부합\\계약}$). 이같이 사채에서는 일반대중이 권리자로 연결되므로 사채의 이해관계는 공중성을 띤다.

3) 회사의 채무이다    사채는 위와 같은 식으로 부담하는「회사의 채무」자체를 뜻한다. 사채에 유통성을 부여하기 위하여 회사가 사채권자에게 발행하는 유가증권을「사채권」($\substack{또는\\'채권'}$)이라 부른다.

4) 액면가로 단위화된 채무이다    사채도 액면주식처럼 액면가로 세분화되어 있다. 사채의 유통성을 증진시키기 위함이다.

## Ⅱ. 사채계약의 성질

사채를 발행할 때에 회사와 사채를 인수하는 자 사이에 계약이 성립한다. 이 사채계약의 성질을 두고 소비대차라는 설($\substack{김정호 708; 김홍기\\746; 임재연 I 837}$), 소비대차와 유사한 무명계약이라는 설($\substack{송옥\\렬\\1167; 정경영\\645; 최기원 846}$), 債券의 매매라는 설($\substack{김동훈 396; 장덕조 512;\\정찬형 1264; 최준선 675}$), 매출발행의 경우에는 채권의 매매이나 그 밖의 경우에는 소비대차와 유사한 무명계약이라는 설($\substack{강·임 1011; 권기범 1086; 서헌제 982; 이범찬\\(외) 433; 이종훈 451; 임홍근 617; 정동윤 722}$)이 대립한다.

사채계약은 사채의 인수시에 성립함에 대해 채권의 발행은 사채액의 납입 후에 이루어지므로($\substack{478\\조}$) 채권매매설은 사채계약과 시기적으로 부합하지 않다. 사채의 발행과 인수에 있어 당사자의 목적은 경제적으로나 법적으로나 금전채권·채무를 발생시키는 데 있으므로 소비대차로 보는 것이 타당하다.

## Ⅲ. 사채발행의 방법

사채는 다양한 방법으로 발행할 수 있는데, 상법상 유의의한 구별은 사채청약서를 작성해야 하는지 여부이다. 상법은 사채청약서가 필요한 예로서 공모발행을 제시하고($\substack{474\\조}$), 불필요한 예로 총액인수를 제시한다($\substack{475\\조}$). 특별법에 의해 허용되는 채권매출도 후자의 방법에 속한다.

1) 총액인수    특정인이 회사와의 계약에 의하여 사채총액을 인수하는 방법으로서, 사채청약서의 작성을 요하지 않는다($\substack{475조\\전}$). 인수인($\substack{주로 금융\\투자업자}$)은 이후 일반공중에게 債券을 매출하여 인수가액과 매출가액과의 차로 얻어지는 이득을 기대하고 인수한다.

2) **공모**　　　사채를 일반공중으로부터 모집하는 방법으로서 원칙적으로 사채청약서의 사용을 요한다($^{474}_{조}$). 공모는 다시 다음과 같은 방법으로 세분된다.

i) **직접공모**　　　발행회사($^{기채}_{회사}$)가 직접 공중으로부터 모집하는 방법이다. 이 경우 발행회사가 스스로 모집하는 수도 있겠으나, 투자매매업자($^{자금 6}_{조 2항}$)를 대리인으로 하여 모집할 수도 있다.

ii) **위탁모집**　　　모집절차를 타인에 위탁하는 방법으로서 사채청약서의 작성을 요하며, 수탁회사는 사채의 발행회사를 위하여 자기명의로 타인으로부터 청약을 받고 이에 대해 배정하고 납입을 받을 수 있다($^{476조}_{2항}$). 수탁회사는 이같이 사채발행의 주선을 하는 자로서, 상법 제113조의 준위탁매매인에 해당한다.

iii) **인수모집**($^{도급모집}_{위탁도급모집}$)　　　위탁모집에 있어 사채응모액이 총액에 달하지 않을 때에는 수탁회사가 그 잔액을 인수할 것을 약정하는 방법이다($^{474조 2}_{항 14호}$). 사채청약서의 작성을 요하나, 수탁회사가 인수하는 부분에 대하여는 사채청약서를 요하지 않는다($^{475조}_{후}$).

3) **채권매출**　　　일정기간을 정하여 미리 작성된 債券을 매출하는 방법으로서, 공모에 있어서와 같은 사채청약서의 작성·배정·납입·채권교부 등의 절차를 요하지 않는다. 특별법에 의한 특수회사에 한하여 허용된다($^{예: 한국산업은행법 23}_{조에 의한 산업금융채권}$).

4) **거래의 실정**　　　채권매출은 일반회사로서는 불가능한 방법이고, 인수모집이 아닌 위탁모집이나 직접모집은 발행회사가 자본시장에 어둡거나 투자자의 호응이 없으면 실패할 우려가 있으므로 발행회사가 이를 피한다. 또 총액인수는 위험부담이 크므로 인수자가 이를 기피한다. 그래서 통상 금융투자업자($^{증권}_{회사}$)가 수탁회사로 되는 동시에 잔액을 인수하기로 하는 인수모집의 형태를 취하는데, 총액의 인수를 확보하기 위해 사전에 다른 금융기관과 더불어 인수단을 구성하고 인수책임량을 안배하는 방법을 이용한다. 그리하여 결국은 총액인수의 효과를 거둔다.


# Ⅳ. 사채발행의 절차

1) **발행의 결정**　　　사채의 발행은 이사회의 결의로 한다($^{469조}_{1항}$). 신주발행을 이사회의 권한으로 한 것과 균형을 맞춘 것이다($^{416}_{조}$). 이 결의에서 사채의 종류·총액, 각 사채의 금액·이율·상환방법·발행방법 등을 정하여야 한다.

이사회는 대표이사에게 사채의 금액 및 종류를 정하여 1년을 초과하지 아니하는 기간 내에 사채를 발행할 것을 위임할 수 있다($^{469조}_{4항}$). 이는 자금시장의 상황변화에 대응하여 발행여부의 결정과 실행을 기동성 있게 하기 위함이다.

2) **증권신고와 공시**　　　자본시장법상 사채의 모집·매출은 상장법인의 신주발행과 마찬가지로 증권신고서를 제출하고, 그 신고서의 효력이 발생하여야만 모집·매출을 할 수

있으며($\frac{\text{자금 119}}{\text{조, 121조}}$), 투자설명서의 작성·공람 등 공시를 하여야 하며($\frac{\text{자금}}{\text{123조}}$), 외부감사도 받아야 한다($\frac{\text{자금}}{\text{169조}}$). 상세한 절차는 신주발행에 관해 설명한 바와 같다.

3) 인수    사채의 인수는 총액인수 및 채권매출의 경우 외에는 사채청약서에 의한다. 사채모집에 응하고자 하는 자는 사채청약서 2통에 인수할 사채의 수와 주소를 기재하고 기명날인($\frac{\text{또는}}{\text{서명}}$)해야 한다($\frac{\text{474조}}{\text{1항}}$). 사채청약서는 이사가 작성하나, 수탁회사가 할 수도 있으며, 법정사항을 기재해야 한다($\frac{\text{474조 2항,}}{\text{476조 2항}}$). 청약에 대해 배정이 있으면 인수는 확정되고 사채계약이 성립한다.

인수모집에서 수탁회사가 인수하는 부분에 관해서는 사채청약서를 요하지 않는다.

4) 납입    사채의 모집을 완료하면 대표이사는 지체 없이 인수인에 대하여 각 사채의 전액 또는 제1회의 납입($\frac{\text{분납의}}{\text{경우}}$)을 시켜야 한다($\frac{\text{476조}}{\text{1항}}$). 위탁모집의 경우에는 수탁회사가 이를 할 수 있다($\frac{\text{476조}}{\text{2항}}$). 주금의 납입과 달리 현금납입에 한하지 않으므로 상계·경개($\frac{\text{예: 상환되}}{\text{는 구사채}}$ $\frac{\text{로 신사채의}}{\text{납입에 충당}}$)·대물변제도 가능하다.

5) 등기    일반 사채의 발행은 등기를 요하지 않으나, 전환사채, 신주인수권부사채, 이익참가부사채, 교환사채 등 특수사채는 등기를 요한다.

# Ⅴ. 사채의 유통

사채의 상환기간은 보통 장기이므로 상환기한 이전에도 사채권자로 하여금 자금을 회수할 길을 열어 주어야 한다. 그러므로 사채의 유통을 위해 사채를 표창하는 유가증권인 債券을 발행하거나 전자등록을 하도록 한다.

1) 채권의 발행 또는 전자등록    채권은 사채권자의 권리를 표창하는 요식의 유가증권이다($\frac{\text{478조}}{\text{2항}}$). 채권은 사채총액의 납입이 완료되지 않으면 발행할 수 없다($\frac{\text{478조}}{\text{1항}}$). 채권에는 기명식과 무기명식이 있으며, 어느 하나로 한정할 것으로 정하지 않은 이상 기명식에서 무기명식 또는 그 반대로 전환해 줄 것을 회사에 청구할 수 있다($\frac{\text{480}}{\text{조}}$).

회사는 채권을 발행하는 대신 정관으로 정하는 바에 따라 전자등록을 할 수 있으며($\frac{\text{478조}}{\text{3항}}$), 상장하는 사채는 채권의 발행에 갈음하여 의무적으로 전자등록을 하여야 한다($\frac{\text{전등}}{\text{25조 1}}$ $\frac{\text{항}}{\text{1호}}$).

2) 사채원부    무기명사채를 발행한 때에는 사채 및 채권에 관한 사항, 그리고 기명사채를 발행한 때에는 이와 함께 사채권자에 관한 사항을 명백히 하기 위하여 회사는 사채원부를 작성($\frac{\text{488}}{\text{조}}$)·비치($\frac{\text{396}}{\text{조}}$)하여야 한다.

3) 양도·입질    무기명사채의 유통에 관해서는 상법에 규정이 없으므로 민법의 무기명채권의 유통방법에 따라 양도는 양수인에게 채권을 교부함으로써($\frac{\text{민}}{\text{523조}}$), 입질은 질권자에게 채권을 교부함으로써($\frac{\text{민}}{\text{351조}}$) 그 효력이 생기며, 계속 점유함으로써 제3자에 대항할 수

있다.

기명사채의 양도는 지시식으로 되어 있지 않는 한 당사자의 의사표시와 채권의 교부로서 효력이 생기나, 회사 기타 제3자에게 대항하기 위하여는 취득자의 성명과 주소를 사채원부에 기재하고 그 성명을 채권에 기재하여야 한다($\frac{479조}{1항}$). 기명사채의 입질도 양도방법에 따른다($\frac{민}{346조}$).

발행회사가 채권의 발행에 갈음하여 전자등록기관의 전자등록부에 등록한 경우에는 사채의 양도·입질은 전자등록부에 등록하는 방법으로 한다($\frac{478조\ 3항\rightarrow356조의2\ 2}{항\sim4항,\ 전등\ 35조\ 2항}$).


# Ⅵ. 사채의 원리금 상환

## 1. 이자와 이권

1) 이자 붙이는 방법    사채에 반드시 이자를 붙여야 하는 것은 아니다. 이자를 붙이지 않는 사채는 보통 발행시에 액면가에서 이자 상당액을 할인한 가격으로 발행한다. 이자부사채의 경우, 이자는 후급일 수도 있고 선급일 수도 있다. 이율은 확정금리가 보통이나, 공금리의 변동에 따라 이자율을 변동시키는 연동금리방식도 무방하다. 우리나라에서 발행되는 사채는 대부분 3개월 후급의 확정금리부사채이다.

2) 이권(利券)    우리나라에서는 예외 없이 무기명사채가 발행되고 있는데, 무기명사채에 대해 이자를 지급하자면 이중의 지급을 막기 위해 채권에 이자가 지급되었음을 기재해야 하는 번거로움이 있다. 그래서 채권에 이권을 붙여 발행하고, 이자지급시마다 이 이권과 상환하여 이자를 지급한다. 이권은 기간($\frac{보통}{3개월}$)별 이자청구권을 표창하는 독립된 무기명의 유가증권이므로 사채와 별개로 유통될 수 있다.

3) 이권흠결의 경우의 상환    이권부무기명사채의 상환에 있어서 이권이 흠결된 때에는 그 이권에 상당하는 금액을 공제한 금액을 상환한다($\frac{486조}{1항}$). 이권소지인의 보호를 위한 규정이다. 이권소지인은 따로 언제든지 이권과 상환하여 공제액의 지급을 청구할 수 있다($\frac{486조}{2항}$).

## 2. 사채의 상환

1) 상환금액·시기 등    사채의 상환금액은 사채의 금액($\frac{액면}{가액}$)과 일치하는 것이 보통이지만, 이자를 붙이는 방법의 하나로 사채금액보다 초과하는 상환금액을 정할 수도 있다. 사채는 1회의 특정일을 상환일로 정하여 일시에 지급하는 것이 일반적이나, 수회에 걸쳐 분할상환하는 것으로 정할 수도 있다.

2) 만기 전 상환    할인채의 경우에는 회사만이 기한의 이익을 가지므로 발행회사는

이를 포기하고 만기 전이라도 사채를 상환할 수 있다(그러나 발행회사가 금리의 손실을 감수하며 만기 전에 상환하는 일은 드물 것이다).

일반적으로 기한은 채무자의 이익을 위한 것으로 추정되므로(민 153조 1항), 이자 있는 사채라도 만기 전에 상환할 수 있지만, 기한의 이익의 포기는 상대방의 이익을 해하지 못하므로(민 153조 2항) 만기 전에 상환하려면 잔존기간에 대한 이자를 지급해야 할 것이다. 그러므로 이자를 지급함이 없이 만기 전 상환을 하기 위해서는 미리 사채발행시에 만기 전에 상환할 수 있음을 정해 두어야 한다.

3) 매입소각    사채에는 자기주식의 취득, 질취 또는 주식소각에 관한 것과 같은 제한이 없으므로 자기사채를 매입하여 소각하는 것도 자유롭다. 사채의 시세가 하락했을 때, 예컨대 수익률이 시중의 금리보다 높아졌을 때에는 매입소각이 만기상환보다 회사에 유리하다.

4) 불공정한 변제의 취소의 소    발행회사가 어느 사채권자에 대하여 한 변제, 화해 기타의 행위가 현저하게 불공정한 때에는 사채관리회사는 그 행위의 취소를 청구할 수 있다(511조 1항). 단 이 취소는 소에 의해서만 할 수 있다. 모든 사채권자에게 충분히 변제할 자력이 없는 발행회사가 어느 특정의 사채권자를 우대함으로써 다른 사채권자들에 대한 변제능력을 저하시키는 것을 막기 위함이다. 소는 사채관리회사가 취소의 원인된 사실을 안 때로부터 6월, 행위가 있은 때로부터 1년 내에 제기하여야 한다(511조 2항). 그러나 그 행위에 의한 수익자인 사채권자 또는 전득자가 그 행위 또는 전득시에 사채권자를 해할 것을 알지 못한 때에는 취소를 청구할 수 없다(511조 3항, 민 406조 1항 단).

5) 사채상환의 보증    금융기관 등이 상환을 보증하는 사채를 보증사채라 한다. 이 경우 보증한 금융기관은 사채권자에 대하여 보증채무를 진다.

## 3. 시효

사채도 상행위채무이지만 상법은 사채의 공중성을 고려해서 상사시효(64조)를 적용하지 않고 10년으로 하고, 이자 및 이권소지인의 이권공제액지급청구권에 대해서만 5년으로 한다(487조 1항·3항). 회사가 사채의 원리금상환을 게을리하면 손해배상으로서의 지연손해금이 발생하는데, 지연손해금의 시효는 원본채권과 같으므로 사채원금의 지연손해금은 10년, 이자의 지연손해금은 5년의 시효로 소멸한다(대법원 2010. 9. 9. 선고 2010다28031 판결).

## Ⅶ. 사채 관련 기구

### 1. 사채관리회사

#### (1) 의의

1) **기능** 　　사채관리회사란 사채의 발행회사에 의해 선임되어 사채권자를 위해 사채의 상환청구, 변제수령 등 사채권의 관리에 필요한 사무를 집행하는 자이다. 사채는 통상 장기간에 걸쳐 존속하므로 그 원리금의 상환을 위해 수회에 걸쳐 권리를 행사하여야 하는데, 사채권자를 일반 대중투자자로 상정하면 자신의 권리행사에 익숙하지 못한 것이 일반적이라 가정할 수 있다. 이에 상법은 사채거래에 전문적인 기술을 가지고 사채권자 전체를 위한 일종의 법정대리인으로서 사채권을 관리해 주는 사채관리회사라는 지위를 창설하고, 이에 대해 사채에 관한 변제의 수령, 채권의 보전, 그 밖에 사채의 관리에 필요한 권한을 부여하는 동시에 사채권자의 보호를 위해 각종의 의무와 책임을 부여한다. 한편 사채를 발행한 회사가 사채권자 전부를 일일이 상대하여 의무를 이행하는 것보다는 사채권자의 권리행사를 사채관리회사라는 단일창구로 집중시킴으로써 사채관리사무의 효율을 기한다는 의미도 있다.

2) **지위의 특수성** 　　사채관리회사는 사채의 발행회사에 의해 지정되므로 발행회사의 수임인으로써 발행회사에 대해 선량한 관리자의 주의의무를 지는 것은 당연하지만($\frac{민}{681조}$), 후술하는 바와 같이 사채권자에 대해서도 선량한 관리자로서 사채를 관리할 의무를 지며, 직접 손해배상책임을 진다($\frac{484}{조의2}$). 이는 계약상의 의무가 아니고 법이 사채권자의 보호를 위해 특별히 설정한 의무이다.

#### (2) 사채관리회사의 지정

1) **지정의 임의성** 　　사채관리회사의 업무는 사채권자를 위한 것이지만, 그 지정은 사채의 발행회사가 한다($\frac{480}{조의2}$). 하지만 사채관리회사의 선임은 강제되지 않으므로($\frac{동}{조}$) 제도의 실효성이 떨어질 우려가 있다.

2) **자격** 　　은행, 신탁회사 그 밖에 시행령으로 정하는 자가 아니면 사채관리회사가 될 수 없다($\frac{480조}{의3\ 1항}$). 사채관리업무는 다수의 사채권자를 위한 공익적 성격의 업무이므로 고도의 신용과 금융사무의 전문성을 갖춘 자로 제한한 것이다. 시행령에서는 은행법상의 금융기관, 자본시장법상의 소정의 투자매매업자 등을 적격자로 규정하고 있다($\frac{상령}{26조}$).

자격을 구비했더라도 부적임자가 사채관리회사로 취임하는 것을 배제하기 위해 상법은 사채의 인수인 기타 발행회사와 특수한 이해관계가 있는 자로서 사채관리회사가 될 수 없는 자를 시행령으로 정하게 하였다($\frac{480조의3}{2항\cdot3항}$). 시행령에서는 사채발행회사의 최대주주, 주요주주인 자, 사채발행회사가 대주주로 있는 자, 사채발행회사의 계열회사 등 사채발행회사와 특수한 관계에 있는 회사나 금융기관을 부적격자로 열거하고 있다($\frac{상령}{27조}$).

(3) 사채관리회사의 권한

**1) 사채상환을 위한 권한**      사채관리회사는 사채권자를 위하여 사채에 관한 채권을 변제받거나 채권의 실현을 보전하기 위하여 필요한 재판상·재판 외의 모든 행위를 할 권한이 있다($^{484조}_{1항}$).

i) 권한의 의의      사채관리회사는 사채권자의 수권 없이 발행회사에 대해 사채의 상환을 청구할 수 있고, 사채권자의 이름으로 소를 제기할 수 있다. 일종의 법정대리권이다. 사채관리회사에 이 같은 대리권을 부여한 것은 사채의 상환에 있어 발행회사와 사채권자의 편의를 도모하고 사채권자를 두텁게 보호하기 위한 것이므로 사채관리회사가 대리권을 갖는다고 해서 사채권자의 개별적인 상환청구권이 소멸하는 것은 아니고, 각 사채권자는 사채관리회사와 별개로 발행회사에 상환을 청구할 수 있다.

그러나 사채관리회사가 발행회사로부터 상환을 받으면 각 사채권자의 발행회사에 대한 상환청구권은 소멸하고, 사채관리회사에 대해서만 상환을 청구할 수 있다.

ii) 상환의무의 이행      사채관리회사가 발행회사로부터 사채의 상환을 받은 때에는 지체 없이 이를 공고하고, 알고 있는 사채권자에게는 각별로 이를 통지하여야 한다($^{484조}_{2항}$). 사채관리회사가 사채를 상환받음으로써 발행회사의 채무는 소멸하므로 사채권자는 사채관리회사에 대하여 債券과 상환으로 사채의 지급을 청구할 수 있다($^{484조}_{3항}$). 사채권 또는 이와 더불어 이권이 발행된 경우에는 이와 상환하여 청구하여야 한다($^{동조}_{항}$).

**2) 사채권자집회소집권 등**      사채관리회사는 사채권자집회의 소집, 출석 및 의견진술, 결의집행 등의 권한을 갖는다($^{491조 1항, 493}_{조 1항, 501조}$).

**3) 조사권**      사채관리회사는 관리를 위탁받은 사채에 관하여 채권을 변제받거나 채권의 실현을 보전하기 위한 행위를 할 때($^{484조}_{1항}$) 또는 사채 전부에 대한 지급의 유예, 책임의 면제 또는 화해, 사채 전부에 관한 소송 또는 채무자회생 및 파산에 관한 절차에 속하는 행위($^{484조}_{4항}$)를 하고자 할 경우에는 법원의 허가를 받아 사채를 발행한 회사의 업무와 재산상태를 조사할 수 있다($^{484조}_{7항}$). 사채관리회사가 위의 행위를 함에 있어 사채권자들을 위해 최적의 판단을 내리기 위해서는 채무자($^{발행}_{회사}$)의 지급능력을 파악해야 할 것이고, 그를 위해서는 발행회사의 업무와 재산상태에 관한 정확한 이해가 필요함을 감안한 제도이다.

**4) 보수의 우선권**      사채관리회사의 권한과 의무가 중대함에 대한 보상으로 사채관리회사의 보수는 사채권자에 우선하여 변제받는다($^{507조}_{2항}$).

**5) 공동사채관리회사**      사채관리회사가 2개 이상인 때에는 그 권한은 공동으로 행사하여야 하며, 발행회사로부터 사채를 상환받은 때에는 사채권자에 대하여 연대하여 지급할 책임을 진다($^{485조 1}_{항·2항}$).

(4) 사채관리회사의 주의의무

**1) 일반적 주의의무**      사채관리회사는 사채권자에 대하여 선량한 관리자의 주의로

사채를 관리하여야 한다($^{484조}_{의2\ 2항}$). 사채관리회사의 선관주의의무란 기본적으로는 민법 제681조의 주의의무와 같다. 그리고 사채관리회사가 선량한 관리자로서의 주의를 베풀어야 할 대상은 주로 상법 제484조 제1항이 정하는 사채에 관한 채권을 변제받거나 채권의 실현을 보전하기 위한 행위, 즉 원리금채권의 시효중단, 발행회사에 대한 적시의 이행청구, 적시의 집행 등이 되겠지만, 이에 필요한 부수적인 행위 일체에 미친다.

사채관리회사는 사채권자와 위임관계를 갖지 아니하므로 사채관리회사의 주의의무와 손해배상책임은 사채권자의 보호를 위해 상법이 특히 마련한 법정책임이다.

2) 공평·성실의무    상법은 특히 사채관리회사에게 사채권자를 위해 공평하고 성실하게 사채를 관리할 것을 명하고 있다($^{484조}_{의2\ 1항}$). 예컨대 사채관리회사가 발행회사에 대해 채권을 가지고 있는 경우 사채권자에 우선하여 자신의 권리를 행사해서는 안 된다는 의미와 다수 사채권자들의 권리를 균등하게 관리하라는 의미이다. 그러므로 발행회사로부터 원금의 일부만 변제받은 경우에는 사채권자들에게 채권액에 비례하여 배분해야 한다. 이는 기본적으로는 선관주의의무($^{484조}_{의2\ 2항}$)이지만, 사채관리회사가 다수 사채권자의 사채를 관리한다는 사무의 특성을 감안하여 주의적으로 규정한 의무이다.

### (5) 사채관리회사의 행위제한

상법 제484조 제1항은 사채를 변제받거나 채권의 실현을 보전하기 위해 필요한 행위에 관해 포괄적인 권한을 부여하고 있으나, 구체적인 행위에 따라서는 사채관리회사의 월권으로 사채권자의 권리가 침해될 우려가 큰 경우도 있다. 상법은 이러한 위험이 예상되는 행위로서, i) 해당 사채 전부에 대한 지급의 유예, 그 채무의 불이행으로 발생한 책임의 면제 또는 화해, ii) 사채에 관한 채권을 변제받거나 채권의 실현을 보전하기 위한 것이 아닌 해당 사채 전부에 관한 소송행위 또는 채무자회생 및 파산에 관한 절차에 속하는 행위를 열거하고, 사채관리회사가 이러한 행위를 하고자 할 때에는 사채권자집회의 결의에 의하도록 규정하고 있다($^{484조}_{4항\ 본}$).

그러나 위 행위 중 ii)의 행위는 사채발행회사가 사채권자집회의 결의를 얻지 아니하고 사채관리회사가 할 수 있음을 정할 수 있다($^{484조}_{4항\ 단}$). 사채발행회사가 정한다고 함은 당초 사채관리회사의 지정행위에서 정하는 것을 뜻한다. 이에 근거하여 사채관리회사가 사채권자집회의 결의 없이 ii)의 행위를 한 때에는 지체 없이 그 뜻을 공고하고 알고 있는 사채권자에게 통지하여야 한다($^{484조}_{5항}$).

### (6) 손해배상책임

상법 제484조의2 제3항은 「사채관리회사가 이 법이나 사채권자집회결의를 위반한 행위를 한 때에는 사채권자에 대하여 연대하여 이로 인하여 발생한 손해를 배상할 책임이 있다」라고 규정한다. 기술한 바와 같이 사채관리회사가 사채권자에 대해 직접 수임인의 관계에 있지 아니하나, 사채권자의 보호를 위해 각종 법정의무를 과하고 그 의무를 위반했을 때

책임을 묻고자 하는 취지이다. 따라서 법문 중「이 법…위반한 행위」란 상법의 개별 규정에 위반한 경우만이 아니라 상법 제484조의2 제2항이 규정하는 선관주의의무를 위반한 경우 및 동조 제1항의 공평·성실의무를 위반한 경우를 포함한다.

### (7) 사채관리회사의 지위의 종료

**1) 사채관리회사의 사임과 해임**　　사채관리회사는 발행회사에 의해 선임되어 발행회사의 수임인의 지위에 있지만, 사채관리회사는 상법의 규정에 의해 사채권자를 위한 공익적 성격의 업무를 수행하므로 사임이 자유롭지 않다($\binom{민\ 689조}{의\ 부적용}$). 사채관리회사는 사채의 발행회사와 사채권자집회의 동의를 받아 사임할 수 있다. 부득이한 사유가 있어 법원의 허가를 받은 때에도 같다($\binom{481}{조}$).

한편 사채관리회사가 그 사무를 처리하기에 적임이 아니거나 그 밖에 정당한 사유가 있을 때에는 법원은 사채의 발행회사 또는 사채권자집회의 청구에 의하여 이를 해임할 수 있다($\binom{482}{조}$).「적임이 아니거나 그 밖에 정당한 사유가 있을 때」란 사채관리회사가 선관주의의무를 위반하거나 공평·성실의무를 위반한 때($\binom{484}{조의2}$)는 물론 사채관리회사의 자력이 악화되거나, 신용이 저하되는 등 그 직무의 효율적·합리적인 수행이 기대되기 어려운 경우도 포함한다.

**2) 사무승계자**　　사채관리회사의 사임 또는 해임으로 인하여 사채관리회사가 없게 된 경우에는 사채의 발행회사는 그 사무를 승계할 사채관리회사를 정하여 사채권자를 위하여 사채 관리를 위탁하여야 한다. 이 경우 회사는 지체 없이 사채권자집회를 소집하여 동의를 받아야 한다($\binom{483조}{1항}$). 부득이한 사유가 있을 경우에는 이해관계인이 사무승계자의 선임을 법원에 청구할 수 있다($\binom{483조}{2항}$).

## 2. 사채권자집회

### (1) 의의

사채권자집회는 사채권자로 구성되며, 사채권자의 이익에 중대한 관계가 있는 사항에 관하여 같은 종류의 사채권자($\binom{509}{조}$)의 총의를 결정하기 위하여 소집되는 사채권자단체의 임시적 의결기관이다.

각 사채권자들은 원칙적으로 장기·대량의 사채 가운데 극히 부분적인 소유자에 지나지 않는 일반공중으로서 계속적으로 공통의 이해관계에 서 있는 터이므로 같은 종류의 사채권자에 대해 그 이익을 단체적·공동적으로 옹호할 수 있는 조직을 꾸며 줌과 동시에, 발행회사에 대해서도 분산된 사채권자와 개별적으로 절충하는 불편을 덜어줄 필요가 있다. 사채권자집회는 이같이 사채권자들의 이해를 집단적으로 관리할 필요에서 둔 기구이다.

### (2) 사채권자집회의 존재양식

상법상 사채권자집회는 사채의 종류별로 소집하고 결의한다($\binom{예:\ 491조\ 2항,}{492조,\ 498조\ 등}$)$\binom{2011년\ 개정\ 전의\ 사}{채권자집회는\ 상환되}$

「사채의 종류」는 사채권자집회의 동일성 내지는 구성원의 일체성을 결정하는 중요한 개념이나, 상법에는 명문으로 정의해 둔 바 없어 해석으로 종류를 구분해야 한다. 사채권자집회를 종류별로 하는 이유는, 종류가 다른 사채권자간에는 사채에 관한 이해를 달리하므로 다른 종류의 사채권자를 동일한 의사결정의 단위로 취급해서는 결의가 사채권자들의 의사를 왜곡되게 전달할 소지가 있기 때문이다. 「사채의 종류」는 이러한 취지에 입각하여 사채권자들의 이해의 대체적인 동질성을 구획할 만한 표준에 따라 파악해야 할 것이다.

### (3) 소집

발행회사 또는 사채관리회사가 소집하나($\frac{491조}{1항}$), 해당종류의 사채총액의 10분의 1 이상에 해당하는 사채권자도 회의의 목적사항과 소집의 이유를 기재한 서면으로 사채권자집회의 소집을 청구할 수 있다($\frac{491조}{2항}$). 이 소집청구에 발행회사가 응하지 않을 때에는 소집을 청구하였던 사채권자는 법원의 허가를 얻어 사채권자집회를 소집할 수 있다($\frac{491조\ 3항}{\rightarrow366조\ 2항}$).

### (4) 의결권

1) 각 사채권자는 그가 가지는 해당 종류의 사채 금액의 합계액($\substack{상환받은\\액은\ 제외}$)에 따라 의결권을 가진다($\frac{492조}{1항}$).

2) 의결권은 대리행사할 수 있으며, 대리권은 서면으로 증명해야 한다($\frac{510조\ 1항}{\rightarrow368조\ 2항}$).

3) 사채권자는 집회에 출석하지 아니하고 서면에 의하여 의결권을 행사할 수도 있으며($\frac{495조}{3항}$), 이사회의 정함에 따라 전자적 방법으로도 의결권을 행사할 수 있다($\frac{495조\ 6항}{\rightarrow368조의4}$).

4) 무기명식의 사채권자는 회일로부터 1주간 전에 채권을 공탁하여야만 의결권을 행사할 수 있다($\frac{492조}{2항}$).

### (5) 권한

사채권자집회의 결의사항은 자본금감소의 이의($\frac{439조}{3항}$), 합병의 이의($\frac{530조\ 2항}{\rightarrow439조\ 3항}$), 사채권자집회의 대표자 및 결의집행자의 선임과 해임($\substack{500조\ 1항,\\501조,\ 504조}$), 발행회사의 불공정한 행위를 취소하기 위한 소제기($\frac{512}{조}$), 사채관리회사의 사임동의($\frac{481}{조}$), 해임청구($\frac{482}{조}$), 사무승계자결정($\frac{483}{조}$) 등이다. 이 밖에도 사채권자에게 이해관계가 있는 사항에 관하여 결의할 수 있다($\frac{490}{조}$). 이상의 사채권자집회의 권한에 속하는 사항은 사채권자가 단독으로 하지 못한다.

### (6) 결의방법

출석한 의결권의 3분의 2 이상의 찬성과 총사채의결권의 3분의 1 이상으로 하나, 비교적 가벼운 몇 가지 사항은 출석한 의결권의 과반수의 찬성만으로 할 수 있다($\frac{495조\ 1}{항\cdot2항}$).

소액의 사채권자가 다수 존재할 경우에는 사채권자집회의 소집이 어려울 수 있으므로 2011년 개정법은 사채권자집회의 소집을 용이하게 하고, 사채권자들이 저비용으로 의사를 개진할 수 있도록, 주식에 대해 인정되고 있는 서면투표와 전자투표를 사채권자집회에도 허용하였다($\frac{495조\ 3}{항\cdot6항}$).

### (7) 결의의 효력발생

사채권자집회의 결의는 결의한 날로부터 1주간 내에 법원에 인가를 청구하여야 하며 ($^{496}_조$), 인가를 받아 비로소 효력을 갖는다($^{498조}_{1항}$). 그러나 해당 종류의 사채권자 전원이 동의한 결의는 법원의 인가를 요하지 않고 효력이 발생한다($^{498조}_{1항 단}$).

법원은 다음에 해당하는 경우에는 결의를 인가할 수 없다. 즉 ① 사채권자집회의 소집절차나 결의방법이 법령이나 사채모집계획서의 기재에 위반할 때, ② 부당한 방법에 의해 결의가 성립된 때, ③ 결의가 현저하게 불공정한 때, ④ 결의가 사채권자 일반의 이익에 반하는 때이다($^{497조}_{1항}$). 이 중 ①과 ②의 경우에는 법원은 결의내용 기타 모든 사정을 참작하여 결의를 인가할 수 있다($^{497조}_{2항}$).

사채권자집회의 결의는 모든 사채권자를 구속한다($^{498조}_{2항}$).

### (8) 결의의 위임

사채권자집회는 해당 종류의 사채총액의 500분의 1 이상을 가진 사채권자 중에서 1인 또는 수인의 대표자를 선임하여 그 결의할 사항의 결정을 위임할 수 있다($^{500조}_{1항}$).

### (9) 결의의 집행

사채권자집회의 결의는 사채관리회사가 집행하고, 사채관리회사가 없는 경우에는 대표자가 집행한다($^{501조}_본$). 그러나 사채권자집회의 결의로 따로 집행자를 선임할 수도 있다($^{501조}_단$). 사채권자집회는 언제든지 대표자나 집행자를 해임할 수 있고 위임한 사항을 변경할 수 있다($^{504}_조$). 이 밖에 사채권자집회의 운영에 관하여는 주주총회의 여러 규정이 준용된다($^{510}_조$).

## 3. 사채관리 관련자의 보수·비용

1) 지급의무    사채관리회사, 사채권자집회의 대표자 또는 사채권자집회의 결의의 집행자에게 줄 보수와 그 사무 처리에 필요한 비용은 발행회사와의 계약에 의해 약정된 경우에는 그에 따를 것이지만, 약정이 없거나 약정된 것 이상의 보수나 비용이 지급되어야 할 경우에는 법원의 허가를 받아 사채를 발행한 회사로 하여금 부담하게 할 수 있다($^{507조}_{1항}$).

2) 우선변제의 의의    사채관리회사, 대표자 또는 집행자는 사채에 관한 채권을 변제받은 금액에서 사채권자보다 우선하여 위 보수와 비용을 변제받을 수 있다($^{507조}_{2항}$).

## Ⅷ. 특수한 사채

### 1. 전환사채

#### (1) 의의

사채발행회사의 주식으로 전환할 수 있는 권리가 인정된 사채를 전환사채라 한다. 투자자로서는 사채의 확실성과 주식의 투기성을 비교·교량하여 선택할 수 있고, 회사로서는 전환에 의해 사채상환의 효과를 누리는 한편 자본조달비용이 저렴하다는 장점이 있다($\binom{\text{전환사}}{\text{채의}}$ 이율은 일반사 채에 비해 낮다).

#### (2) 전환사채의 발행결정

**1) 결정기관** 　　전환사채의 발행사항은 정관으로 정한 경우 외에는 이사회가 결정한다($\binom{513조}{2항 본}$). 그러나 정관으로 주주총회의 결의사항으로 할 수도 있다($\binom{513조}{2항 단}$). 신주발행이 정관에 의해 주주총회의 권한사항으로 되어 있는 경우($\binom{416조}{단}$)에는 정관에 전환사채에 관한 명문의 규정이 없더라도 이사회의 결의만으로는 발행할 수 없고, 주주총회의 결의를 거쳐야 한다($\binom{\text{대법원 1999. 6. 25.}}{\text{선고 99다18435 판결}}$).

**2) 발행사항** 　　정관의 규정 또는 이사회의 결의로 정할 구체적인 발행사항은 다음과 같다.

ⅰ) 전환사채의 총액 　　일반 사채와 마찬가지로 전환사채의 발행한도에 제한이 없으나, 정관으로 전환사채의 총액을 정한 경우에는 그 한도를 지켜야 한다.

ⅱ) 전환의 조건 　　전환사채와 전환에 의해 발행되는 주식의 비율을 뜻한다. 예컨대 「사채 10,000원을 보통주식 1주로 전환할 수 있다」는 것과 같다. 흔히 전환가액이라고도 하는데, 전환사채의 실질적인 대가를 이루는 부분이다. 전환사채의 총발행가와 전환으로 인해 발행할 주식의 총발행가는 동액이어야 한다($\binom{516조 2항}{\rightarrow 348조}$). 그 이유는 전환주식에 관하여 설명한 바와 같다($\binom{333면}{참조}$).

이사와 통모하여 불공정한 발행가액으로 전환사채를 인수한 자는 공정한 발행가액과의 차액에 상당한 금액을 지급할 의무가 있으며, 그 지급청구에 관해 대표소송이 인정되고, 이사의 손해배상책임이 발생하는 등 신주를 불공정하게 인수한 경우와 같다($\binom{516조 1항}{\rightarrow 424조의2}$).

ⅲ) 전환으로 인하여 발행할 주식의 내용 　　예컨대 우선주·보통주, 의결권의 유무 등을 정하여야 한다.

ⅳ) 전환을 청구할 수 있는 기간 　　사채권자가 전환청구권을 행사할 수 있는 시기와 종기를 정하여야 한다. 예컨대 「발행 1년 후부터 2년 내」라는 것과 같다.

ⅴ) 주주에게 전환사채의 인수권을 준다는 뜻과 인수권의 목적인 전환사채의 액 반드시 주주에게 사채인수권을 주어야 하는 것은 아니다. 다만 주주의 인수권의 일부 또는

전부를 박탈하기 위하여는 후술과 같은 특별한 절차를 요한다.

vi) 주주 이외의 자에게 전환사채를 발행하는 것과 이에 대하여 발행할 전환사채의 액 주주 아닌 자에게 인수권을 부여할 경우에 필요한 사항이다.

3) 제3자 인수의 요건($_{보호}^{주주의}$)　　전환사채도 사채의 일종이지만 이는 장래에 주식으로 전환할 수 있으므로, 제3자에 대한 전환사채의 발행은 주주 아닌 자에게 신주인수권을 부여하는 것과 같다. 특히 주식의 시가가 액면가를 초과하는 상황에서 등가전환($_{면 1만원에 대해서}^{예컨대 사채의 액}$ $_{식 2주를 주는 것}^{5,000원 액면주}$)을 한다면 주주 이외의 자에게 특히 유리한 가액으로 신주를 발행하는 것과 같으며, 이에 역비례하여 기존주주의 이익을 해치게 된다. 그러므로 상법은 주주의 보호를 위해 다음과 같이 사채의 인수권에 관한 규정을 두고 있다.

원칙적으로 이사회가 전환사채의 발행을 결정하되, 이 경우에는 주주가 전환사채의 인수권을 가진다. 주주는 각자 소유한 주식에 비례하여 사채를 인수할 수 있다($_{의2 1항}^{513조}$). 주주 아닌 자에게 전환사채를 발행하고자 할 경우($_{2항 6호}^{513조}$)에는 정관에 근거를 두거나 주주총회의 특별결의를 거쳐야 한다. 즉 제3자에게 발행할 수 있는 전환사채의 액, 전환의 조건, 전환으로 인하여 발행할 주식의 내용과 전환을 청구할 수 있는 기간을 정관 또는 주주총회의 특별결의로 정하여야 한다($_{3항}^{513조}$). 이를 결의하기 위해 주주총회를 소집할 경우에는 소집통지에 전환사채의 발행에 관한 의안의 요령도 기재하여야 한다($_{4항}^{513조}$). 정관의 규정이나 주주총회의 결의에서는 신주인수권의 내용을 구체적이고 확정적으로 정해야 하고, 이사회에 포괄적으로 위임하는 것은 무효이다($_{9.자 2000라77 결정}^{서울고법 2000. 5.}$). 판례는 전환조건 등에 관한 정관의 규정이 구체적이어야 함은 시인하되, 전환의 조건을 경제사정에 즉응하여 신축적으로 결정할 수 있도록 정관에 일응의 기준을 정해 놓고 구체적인 전환의 조건은 발행시마다 이사회가 결정하도록 위임하는 것도 허용된다고 보고 있다($_{고 2000다37326 판결}^{대법원 2004. 6. 25. 선}$).

신주발행시의 제3자 배정의 요건에 관한 제418조 제2항 단서의 규정은 전환사채의 제3자 배정에도 적용된다($_{3항 후}^{513조}$). 따라서 주주 아닌 자에 대한 전환사채의 발행은 정관의 규정이나 주주총회의 특별결의 등의 절차적 요건을 갖추는 외에 합리성($_{상 필요한 것}^{경영상의 목적}$)에 의해 뒷받침되어야 한다.

**(3) 발행절차**

1) 배정일공고　　주주가 인수할 전환사채의 액($_{2항 5호}^{513조}$)이 결정됨에 따라 주주는 그가 가진 주식의 수에 따라서 전환사채를 배정받을 권리를 가진다($_{2 1항 본}^{513조의}$). 따라서 신주발행에서와 같이 인수권을 행사할 주주를 확정하기 위하여 배정기준일을 정하고, 그 2주간 전에 배정기준일에 주주명부에 기재된 주주가 인수권을 갖는다는 뜻을 공고하여야 한다($_{2항→418}^{513조의2}$ $_{3항}^{조}$).

배정기준일의 경과로 전환사채의 인수권을 갖는 주주 및 각 주주가 인수권을 갖는 사채총액이 확정되는데, 이때 전환사채의 최저액에 미달하는 단수에 대하여는 인수권이 미치지 아니한다($^{513조의2}_{1항 \; 단}$).

  2) **주주에 대한 최고·실권**      배정기준일에 의해 인수권이 확정된 주주에 대해서는 그 인수권을 가지는 전환사채의 액, 발행가액, 전환의 조건, 전환으로 인하여 발행할 주식의 내용, 전환을 청구할 수 있는 기간과 일정한 기일($^{청약}_{일}$)까지 전환사채의 청약을 하지 아니하면 권리를 잃는다는 뜻을 청약일의 2주간 전에 통지하여야 한다($^{513조의3 \; 1항 \cdot 2}_{항 \to 419조 \; 2항}$). 회사가 정한 청약기일에 청약을 하지 아니하면 실권한다($^{513조의 2항}_{\to 419조 \; 3항}$). 실권한 사채는 이사회의 결의로 새로이 배정할 수 있으나, 상장회사가 발행하는 전환사채의 실권사채는 신주의 실권주에 관해 본 바와 같은 이유에서 원칙적으로 발행을 철회하여야 한다($^{자금 165조의10 \; 1}_{항 \to 165조의6 \; 2항}$).

  3) **인수·납입**      일반 사채와 같은 절차에 의한다.

  4) **사채청약서 등의 기재사항**      전환사채의 청약서·채권·사채원부에는 ① 사채를 주식으로 전환할 수 있다는 뜻, ② 전환의 조건, ③ 전환으로 인하여 발행하는 주식의 내용, ④ 전환을 청구할 수 있는 기간, ⑤ 주식의 양도에 관하여 이사회의 승인을 얻도록 정한 때에는 그 규정을 기재하여야 한다($^{514}_{조}$).

  5) **수권주식과의 관계**      발행예정주식총수에 미발행부분이 있어야 전환이 가능하므로 이 경우에만 전환사채를 발행할 수 있고, 이 부분은 전환청구기간 동안 발행을 유보하여야 한다($^{516조 \; 1항}_{\to 346조 \; 4항}$). 따라서 장차 정관변경에 의해 발행예정주식총수를 늘릴 것을 예정하고 전환사채를 발행할 수는 없다.

  6) **유지청구**      회사가 법령 또는 정관에 위반하거나 현저하게 불공정한 방법으로 전환사채를 발행함으로써 주주가 불이익을 받을 염려가 있는 경우에는 신주발행에서와 같이 주주가 발행을 유지할 것을 청구할 수 있다($^{516조 \; 1항}_{\to 424조}$). 유지청구는 전환사채발행의 효력이 생기기 전, 즉 전환사채의 납입기일까지 해야 한다($^{대법원 \; 2004. \; 8. \; 16.}_{선고 \; 2003다9636 \; 판결}$). 자세한 내용은 신주발행유지청구에 관해 설명한 바와 같다($^{590면 \; 이}_{하 \; 참조}$).

  **(4) 전환의 절차**

  전환사채의 전환은 「전환을 청구할 수 있는 기간」중 언제든지 청구서에 債券을 첨부하여 회사에 제출함으로써 전환을 청구할 수 있다($^{515조}_{1항 \; 본}$). 회사가 채권을 발행하지 않고 전자등록을 한 경우에는 전환청구를 하는 자는 사채권을 증명할 수 있는 자료를 첨부하여 회사에 제출하여야 한다($^{515조}_{1항 \; 단}$).

  주주명부 폐쇄기간중에도 전환청구가 가능하다. 그러나 신주식으로 의결권은 행사할 수 없다($^{516조 \; 2항}_{\to 350조 \; 2항}$).

  **(5) 전환의 효력**

  전환은 사채권자가 청구서를 회사에 제출함으로써 그 효력이 생기며($^{516조 \; 2항}_{\to 350조 \; 1항}$), 회사의 승낙을 요하지 않는다($^{형성}_{권}$). 즉 전환청구와 동시에 사채권자는 주주가 되는 것이다.

  전환사채의 질권자는 전환 후의 주식에 대해 질권을 행사한다($^{516조 \; 2항}_{\to 339조}$).

### (6) 등기

일반적인 사채와 달리 전환사채를 발행한 때에는 납입완료 후 본점소재지에서 2주간 내에 소정사항을 등기하여야 한다($^{514조의2 1}_{항. 2항. 3항}$). 전환사채의 전환 역시 사채의 감소와 자본금의 증가를 가져오므로 변경등기를 해야 한다($^{516조 2항}_{→351조}$).

### (7) 전환사채발행의 무효

**1) 무효의 주장방법**    전환사채의 발행에 무효원인이 있는 경우 어떤 방법으로 다툴 수 있는지에 관해 상법은 명문의 규정을 두고 있지 않다. 그렇다면 민사소송법상의 일반확인의 소에 의해 무효를 주장할 수 있다고 해야 할 것이나, 일반확인의 소를 인정할 경우 무효확인판결의 효력이 발행된 전환사채 전부에 미치지 못하고 전환으로 인해 발행된 신주가 소급적으로 무효가 됨으로 인해 전환된 주식으로 인해 형성된 회사법률관계가 붕괴되는 문제점이 생긴다.

그러므로 판례는 전환사채의 발행은 사실상 신주를 발행한 것과 같으므로 무효원인이 있는 경우 신주발행무효의 소에 관한 규정($^{429}_{조}$)을 유추적용하여 전환사채발행무효의 소를 제기할 수 있다고 한다($^{대법원 2004. 6. 25. 선}_{고 2000다37326 판결}$). 제429조를 유추적용한다고 함은 전환사채발행의 효력은 일반확인의 소로서는 다투지 못하고, 제429조의 요건을 갖춘 소로써만 다툴 수 있으며, 그 무효판결은 형성판결로서 대세적 효력을 가지며, 신주는 장래에 한해 무효가 됨을 뜻한다($^{430조→190조}_{본, 431조 1항}$). 이 유추적용론은 전환사채발행의 효력을 통일적으로 규율하고 전환으로 인해 발행한 신주에 기해 형성된 법률관계를 존중해 주기 위한 것이다.

제429조를 적용하는 결과, 전환사채발행의 흠이 이사회결의의 하자나 주주총회결의의 하자에서 비롯되더라도 전환사채발행의 효력을 부인하기 위해서는 결의의 하자를 다투는 소가 아니라 전환사채발행무효의 소에 의해 다투어야 한다($^{대법원 2004. 8. 16.}_{선고 2003다9636 판결}$).

전환사채에 무효원인이 있는 경우「전환권이 행사되지 않은 상태에서의 사채발행의 효력문제」와「전환권이 행사되어 발행된 신주의 효력문제」로 구분해 볼 수 있겠으나, 판례는 이 두 가지 문제를 구분하지 않고 일괄하여 전환사채발행무효의 소의 대상으로 보고 있다.

**2) 무효원인**    어떠한 경우에 전환사채의 발행이 무효라고 할 것인가? 전환사채의 발행에 관한 법정절차 등 상법상의 규정에 위반하여 발행한 경우에 무효임은 물론, 전환사채의 발행은 실질적으로 신주발행과 같으므로 신주발행의 무효원인에 관한 해석론을 적용하여야 할 것이다. 특히 합리적인 이유가 없이 제3자에게 전환사채를 인수시킨 경우에는 무효라고 보아야 한다($^{서울고법 1997. 5.}_{13.자 97라36 결정}$).

대법원 판례는 신주발행무효에 관한 이론을 전환사채에도 동일하게 적용하고 있다. 즉 전환사채발행유지청구는 사전적 구제수단이지만, 전환사채발행무효의 소는 전환사채발행을 사후에 무효로 함으로써 거래의 안전을 해칠 수 있음에 주목하여, 거래의 안전과 이익교량을 할 수 없을 정도로 중대한 법령·정관위반 또는 현저한 불공정이 있을 경우에 한해 무효로 할 수 있다는 입장을 취하고 있다($\binom{\text{대법원 2010. 4. 29. 선}}{\text{고 2008다65860 판결}}$).

3) **전환사채발행의 부존재**　　　판례는 신주발행의 부존재라는 개념을 인정하듯이 사채의 납입이 없는 등 전환사채발행의 실체가 없는 경우 이를 「전환사채발행의 부존재」라고 부르며, 이를 주장하는 전환사채발행부존재확인의 소에는 제429조($\binom{\text{특히 제}}{\text{소기간}}$)가 적용되지 않는다고 한다($\binom{\text{대법원 2004. 8. 16.}}{\text{선고 2003다9636 판결}}$).

## 2. 신주인수권부사채

### (1) 의의

신주인수권부사채란 사채의 발행조건으로서 사채권자에게 신주인수권을 부여하는 사채이다. 사채는 사채대로 존속하여 만기에 상환되므로 보통의 사채와 다름이 없고, 다만 신주인수권이 부여되어 있다는 점만이 다를 뿐이다. 이 점 사채 자체가 소멸하고 주식으로 전환되는 전환사채와 다르다. 신주인수권부사채의 사채권자는 사채의 안정성을 유지하면서 주가가 상승하면 신주인수권을 행사하여 주식의 양도차익을 얻을 수 있는 이점을 누릴 수 있다. 대신 회사는 이율을 낮춤으로써 자금조달비용을 절감할 수 있다($\binom{\text{신주인수권부사채의 이율}}{\text{은 보통사채에 비해 낮다}}$).

신주인수권부사채에는 분리형과 결합형이 있다. 「결합형」은 사채권과 신주인수권이 같이 하나의 사채권에 표창된 것이고, 「분리형」은 사채권에는 사채권만을 표창하고 신주인수권은 별도의 증권($\binom{\text{신주인수}}{\text{권증권}}$)에 표창하여 양자를 분리하여 양도할 수 있게 한 것이다.

### (2) 발행

1) **발행의 결정**　　　신주인수권부사채의 발행은 이사회가 결정하나, 정관으로 주주총회에서 결정하도록 할 수 있다($\binom{516조}{\text{의2 2항}}$). 다음 사항 중 정관에 규정이 없는 것은 사채발행을 결정할 때에 같이 정하여야 한다.

i) 신주인수권부사채의 총액

ii) 각 신주인수권부사채에 부여된 신주인수권의 내용

iii) 신주인수권을 행사할 수 있는 기간

iv) 신주인수권만을 양도할 수 있는 것에 관한 사항

v) 신주인수권을 행사하려는 자의 청구가 있는 때에는 신주인수권부사채의 상환에 갈음하여 그 발행가액으로 제516조의9 제1항의 납입이 있는 것으로 본다는 뜻

vi) 주주에게 신주인수권부사채의 인수권을 준다는 뜻과 인수권의 목적인 신주인수권부사채의 액

vii) 주주 외의 자에게 신주인수권부사채를 발행하는 것과 이에 대하여 발행한 신주인수권부사채의 액

2) **신주인수권부사채의 인수권**　　　신주인수권부사채의 발행은 실질적으로 신주인수

권을 부여하는 것과 같으므로 통상의 신주발행이나 전환사채의 발행과 마찬가지로 주주에게는 중대한 이해가 걸린 문제이다. 그러므로 신주인수권부사채의 인수권은 원칙적으로 주주가 가지는 것으로 하고, 주주 아닌 자에게 신주인수권부사채를 발행하고자 할 경우에는 정관의 규정 또는 주주총회의 특별결의로 정하도록 한다($\frac{516조}{의2 4항}$). 이를 결의하기 위해 주주총회를 소집할 경우에는 소집통지에 신주인수권부사채의 발행에 관한 의안의 요령도 기재하여야 한다($\frac{516조의2 5항}{\rightarrow513조 4항}$). 정관 또는 주주총회의 결의로 정할 구체적인 사항은 전환사채에 관해 설명한 바와 같다.

**3) 배정일공고**　　주주는 원칙적으로 그가 가진 주식수에 비례하여 신주인수권부사채를 배정받을 권리를 가진다($\frac{516조의11\rightarrow513}{조의2 1항 본}$). 따라서 신주발행 및 전환사채발행에서와 같이 사채인수권을 행사할 주주를 확정하기 위하여 배정기준일을 정하고, 그 2주간 전에 배정기준일에 주주명부에 기재된 주주가 사채인수권을 갖는다는 뜻을 공고하여야 한다($\frac{516조의}{11\rightarrow513조의2}$ $\frac{2항\rightarrow418}{조 3항}$).

배정기준일의 경과로 신주인수권부사채의 인수권을 갖는 주주 및 각 주주가 인수할 사채액이 확정되는데, 이때 사채의 최저액에 미달하는 단수에는 인수권이 미치지 아니한다($\frac{516조의11\rightarrow513}{조의2 1항 단}$).

**4) 주주에 대한 최고 · 실권**　　전환사채의 최고 · 실권절차와 같다($\frac{516조의3 1항 전·2}{항\rightarrow419조 2항·3항}$).

**5) 인수 · 납입**　　일반 사채와 같은 절차에 의한다.

**6) 사채청약서 등의 기재사항**　　신주인수권부사채의 청약서 · 채권 · 사채원부에는 ① 신주인수권부사채라는 뜻, ② 발행결정사항 중 일부($\frac{516조의2 2}{항 2호~5호}$), ③ 신주인수권행사시 납입을 맡을 은행 기타 금융기관과 납입장소, ④ 신주의 양도에 이사회의 승인을 얻도록 정한 때에는 그 규정을 기재해야 한다($\frac{516조의4}{1호~4호}$). 신주인수권증권을 발행할 경우 채권에는 이 사항들을 기재하지 아니한다($\frac{516조}{의4 단}$).

**7) 수권주식과의 관계**　　발행예정주식총수 중 미발행부분이 있는 범위에서 신주인수권부사채를 발행할 수 있음은 전환사채에 관해 설명한 바와 같다($\frac{516조의 11\rightarrow516}{조 1항\rightarrow346조 4항}$).

**8) 유지청구 · 불공정한 가액으로 사채를 인수한 자의 책임**　　통상의 신주발행 및 전환사채의 발행에 관해 설명한 바와 같다($\frac{516조의11\rightarrow516조 1}{항\rightarrow424조, 424조의2}$).

**(3) 신주인수권증권**

**1) 발행**　　신주인수권부사채의 발행을 결정하면서 신주인수권만을 양도할 수 있음을 정한 때($\frac{516조의}{2 2항 4호}$)에는 「신주인수권증권」을 발행하여야 한다($\frac{516조}{의5 1항}$). 신주인수권증권에는 소정의 사항과 번호를 기재하고 이사가 기명날인($\frac{또는}{서명}$)하여야 한다($\frac{516조}{의5 2항}$). 회사는 신주인수권증권을 발행하는 대신 정관으로 정하는 바에 따라 전자등록기관의 전자등록부에 신주인수권을 등록할 수 있다($\frac{516}{조의7}$). 이 경우 신주인수권의 양도 · 입질은 전자등록부에의 등록으로 한다($\frac{동}{조항}$).

〈신주인수권증권과 신주인수권증서〉「신주인수권증권」과 「신주인수권증서」는 용어가 흡사한 데다, 모두 신주인수권을 표창하며, 효력도 유사하다. 그러나 「신주인수권증서」는 이미 구체화된 신주인수권을 표창하는 것임에 대해, 「신주인수권증권」은 신주발행청구권을 표창하는 것이다. 또 「신주인수권증서」는 신주발행시에 주금납입의 여력이 없는 주주가 주식의 시가와 발행가와의 차액을 취득할 수 있게 해 주기 위한 것이나, 「신주인수권증권」은 사채에 결합된 잠재적 주식에 독자적인 시장가치와 유통성을 부여하기 위해 발행되는 것이다.

2) **성질**　　신주인수권증권은 신주인수권을 표창한 유가증권이다. 그러므로 신주인수권의 행사나 양도는 이 증권에 의하여야 한다. 신주인수권증권에는 인수권자의 성명을 기재하지 않으므로 무기명증권이다($\frac{516조의5}{2항 참조}$). 신주인수권증권은 유가증권인 까닭에 상법에 규정된 사항 이외에는 유가증권에 관한 일반법리가 적용된다.

3) **신주인수권증권 발행의 효력**　　i) 신주인수권증권을 발행하면 신주인수권부사채는 이른바 「분리형」이 되므로 신주인수권은 사채와 별개로 양도할 수 있고, 그 양도는 신주인수권증권의 교부에 의하여서만 할 수 있다($\frac{516조}{의6 1항}$). 신주인수권증권을 발행하지 않을 경우에는 인수권은 사채의 양도에 의해 이전될 뿐이다. ii) 신주인수권증권을 점유한 자는 적법한 소지인으로 추정하며($\frac{516조의6 2항}{\rightarrow336조 2항}$), 선의취득이 인정된다($\frac{516조의6 2}{항\rightarrow수 21조}$). 이 점 신주인수권증서와 같다($\frac{583면 이}{하 참조}$). iii) 신주인수권의 행사도 신주인수권증권에 의해 하여야 한다.

**(4) 신주인수권의 행사**

신주인수권부사채권자 또는 신주인수권증권의 소지인은 사채에 부여된 내용($\frac{516조의2}{2항 2호}$)에 따라 신주인수권의 행사기간($\frac{516조의2}{2항 3호}$) 내에 어느 때나 신주인수권을 행사할 수 있다. 주주명부 폐쇄기간중에도 가능하다.

1) **행사방법**　　신주인수권을 행사하려는 자는 청구서 2통을 회사에 제출하고 신주발행가액 전액을 납입하여야 한다($\frac{516조}{의9 1항}$). 통상의 신주발행에서와 달리 주금의 납입이 신주인수권행사의 요소가 됨을 주의하여야 한다.

i) **청구**　　인수권자는 청구서 2통에 인수할 주식의 종류 및 수와 주소를 기재하고 기명날인($\frac{또는}{서명}$)하여 회사에 제출하여야 하며($\frac{516조의9 4항}{\rightarrow302조 1항}$), 신주인수권증권이 발행된 때($\frac{분리}{형}$)에는 신주인수권증권을 첨부하고, 발행되지 아니한 때($\frac{결합}{형}$)에는 채권을 제시하여야 한다($\frac{516조}{의9 2항}$). 결합형인 경우 회사는 채권에 신주인수권을 행사하였다는 사실을 기재하고 사채권자에게 반환하여야 하며, 이 채권은 보통의 사채로서 유통된다. 회사가 신주인수권증권을 발행하지 않고 전자등록을 한 경우에는 신주인수권을 행사하는 자는 사채권이나 신주인수권을 증명할 수 있는 자료를 첨부하여 회사에 제출하여야 한다($\frac{516조의9}{2항 단}$).

ii) **납입**　　신주발행가액 전액을 납입해야 한다. 납입은 금전으로 하며 현물출자는 있을 수 없다. 다만 사채발행시에 「신주인수권을 행사하려는 자의 청구가 있는 때에는 신주인수권부사채의 상환에 갈음하여 그 발행가액으로 제516조의9 제1항의 납입이 있은 것으로 본다는 뜻」을 정할 수 있으며($^{516조의2}_{2항 5호}$), 이에 따라 신주인수권부사채권자는 사채발행가로「대용납입」할 수 있다. 사채의 상환기한이 도래하지 않아도 무방하다.

납입은 채권 또는 신주인수권부증권에 기재된 은행 기타 금융기관의 납입장소에서 하여야 한다($^{516조}_{의9 3항}$). 납입금보관자의 책임은 모집설립에서와 같다($^{516조의9 4항}_{→306조, 318조}$).

**2) 발행가의 제한**    각 신주인수권부사채에 부여된 신주인수권의 행사로 발행할 주식의 발행가액의 합계액은 각 신주인수권부사채의 금액을 초과할 수 없다($^{516조}_{의2 3항}$). 즉 사채금액을 신주발행가로 나눈 수량 이하의 주식에 대해서만 신주인수권을 부여할 수 있는 것이다. 이 제한은 소액의 사채에 다량의 신주인수권을 주는 것은 실질적으로 신주인수권만을 부여하는 것과 같으므로 이를 통제하기 위한 것이다.

**3) 효력발생시기**    신주인수권을 행사한 자는 주금납입을 한 때에 주주가 되며($^{516조}_{의10 전}$), 회사의 승낙을 요하지 않는다. 그러므로 신주인수권은 형성권이다. 그러나 주주명부 폐쇄기간중에 신주인수권을 행사한 경우에는 그 기간중에 의결권을 행사할 수 없다($^{516조의}_{10→350}$$_{조 2항}$).

**4) 질권의 효력**    신주인수권부사채에 설정된 질권은 인수권행사로 발행된 신주에는 미치지 아니한다. 신주인수권을 행사하더라도 사채는 존속하기 때문이다. 그러나 사채상환에 갈음하여 대용납입한 경우($^{516조의2}_{2항 5호}$)에는 사채는 소멸하므로 신주에 대해 질권을 행사할 수 있다고 보아야 한다.

**(5) 등기**

신주인수권부사채를 발행한 때에는 사채납입이 완료된 때부터 본점소재지에서 2주간 내에 소정사항을 등기하여야 하며($^{516조의8 2항}_{→514조의2 1항}$), 신주인수권의 행사가 있는 때에는 변경등기를 하여야 한다($^{516조의}_{11→351조}$).

**(6) 신주인수권부사채발행의 무효**

신주인수권부사채의 발행에 무효원인이 있는 경우에는 전환사채발행의 무효에 관해 언급한 바와 같이 신주발행무효의 소에 관한 규정에 따라 신주인수권부사채발행무효의 소를 제기할 수 있다($^{대법원 2015. 12. 10. 선}_{고 2015다202919 판결}$).

## 3. 기타 특수사채

상법은 전환사채와 신주인수권사채외에 특수한 사채로서, i) 이익배당에 참가할 수 있는 사채, ii) 주식이나 그 밖의 다른 유가증권으로 교환 또는 상환할 수 있는 사채, iii) 유가증권이나 통화 또는 그 밖에 시행령으로 정하는 자산이나 지표 등의 변동과 연계하여 미리 정하여진 방법에 따라 상환 또는 지급금액이 결정되는 사채를 규정하고 있다($^{469조}_{2항}$).

**(1) 이익참가부사채**

1) **의의**　　　이익참가부사채란 사채권자가 이익배당에 참가할 수 있는 권리를 부여한 사채를 말한다($^{469조}_{2항 1호}$). 사채권자로서는 사채의 안정성을 유지하면서 회사의 영업실적에 따른 수익을 기대할 수 있다.

2) **발행의 결정**　　　전환사채·신주인수권부사채와 같은 방식으로 의사결정을 한다. 정관에 규정을 두어 발행할 수도 있고, 정관으로 주주총회의 결의에 의해 발행하게 할 수도 있으며, 정관에 이같은 규정이 없으면 이사회의 결의로 발행할 수 있다($^{상령 21}_{조 1항}$).

3) **발행사항**　　　정관 또는 주주총회 또는 이사회에서 다음의 사항을 정해야 하며, 이는 사채청약서, 채권 및 사채원부에도 기재해야 한다($^{상령 21조}_{1항, 25조}$).

i) 이익참가부사채의 총액($^{상령 21조}_{1항 1호}$)

ii) 이익배당참가의 조건과 내용($^{동 조}_{항 2호}$)　　　이익참가부사채의 발행에 있어서는 배당률이 가장 중요한 결정사항이다. 예컨대 보통주식과 같은 배당률을 정하거나, 이에 일정률을 가감하는 방식으로 정하거나, 우선주식과 같은 방법으로 우선배당으로 정하는 등 다양한 조건을 정할 수 있다.

iii) 주주에게 이익참가부사채의 인수권을 준다는 뜻과 인수권의 목적인 이익참가부사채의 금액($^{동 조}_{항 3호}$)　　　주주에게 인수권을 부여할 경우에 국한된 것이다.

iv) 주주 이외의 자에게 이익참가부사채를 발행하고자 할 경우에는 발행할 수 있는 이익참가부사채의 가액과 이익배당 참가의 내용($^{상령 21}_{조 2항}$)

위 iii), iv)는 선택적으로 정하는 것이나, 사채를 주주와 제3자에게 일부씩 나누어 발행할 수도 있다.

4) **발행절차**　　　기본적으로 일반사채의 경우와 다를 바 없으나, 주주에게 발행할 경우에는 주주에게 배정하는 절차, 최고·실권절차를 요하는데, 이는 전환사채의 발행과 같다($^{상령 21조}_{4항·5항}$).

5) **제3자발행의 절차**　　　이익참가부사채는 주주에게 배당할 이익을 잠식하므로 주주에게 중대한 이해관계가 걸린 문제이다. 그러므로 전환사채와 같이 주주가 동 사채의 인수권을 갖는 것을 원칙으로 하고($^{상령 21조}_{1항 3호}$), 주주 외의 자에게 이익참가부사채를 발행하는 경우에는 그 발행할 수 있는 이익참가부사채의 가액과 이익배당참가의 내용에 관하여 정관에 규정이 없으면 주주총회의 특별결의로 정해야 한다($^{상령 21}_{조 2항}$). 이 결의를 위한 주주총회를 소집할 때에는 이익참가부사채의 발행에 관한 의안의 요령을 소집통지에 기재해야 한다($^{상령 21}_{조 3항}$).

6) **등기**　　　이익참가부사채를 발행한 때에는 납입이 완료된 날로부터 2주간 내에 본점소재지에서 소정사항을 등기해야 한다. 등기할 사항은, i) 이익참가부사채의 총액, ii) 각 이익참가부사채의 금액, iii) 각 이익참가부사채의 납입금액, iv) 이익배당에 참가할 수 있다

는 뜻과 이익배당 참가의 조건 및 내용이다($\frac{상령 21}{조 10항}$).

위 등기한 사항에 변경이 생긴 때에는 2주간 내에 본점소재지에서 변경등기를 하여야 한다($\frac{상령 21}{조 11항}$). 외국에서 사채를 발행하는 경우 등기할 사항이 외국에서 생긴 때에는 등기할 기간 및 변경등기의 기간은 그 사실의 통지가 도달한 날로부터 기산한다($\frac{상령 21}{조 12항}$).

### (2) 교환사채

**1) 교환과 상환의 개념** 상법 제469조 제2항 제2호는「주식이나 그 밖의 다른 유가증권으로 교환 또는 상환할 수 있는 사채」라고 규정하여「교환」과「상환」의 의미가 모호하지만, 시행령에서 교환사채와 상환사채에 각각 다른 의미를 부여함으로써 그 구분을 분명히 하고 있다. 시행령에서 정하는 교환사채는 사채권자의 청구에 의하여 다른 유가증권으로 교환할 수 있는 사채를 의미함에 대해($\frac{상령 22}{조 1항}$), 상환사채는 회사의 권리로서 사채상환가액에 갈음하여 다른 유가증권으로 지급할 수 있는 사채를 의미한다($\frac{상령 23}{조 1항}$). 마치 전환주식이 주주가 전환권을 갖는 것과 회사가 전환권을 갖는 것으로 구분되는 것과 같다($\frac{346조}{참조}$).

시행령에서는 교환사채를「사채권자가 회사가 소유하는 주식이나 그 밖의 다른 유가증권으로 교환을 청구할 수 있는 사채」로 정의하고 있다($\frac{상령 22}{조 1항 본}$).

**2) 발행의 결정** 교환사채는 정관에 근거를 두거나 주주총회의 결의를 거칠 필요 없이 이사회의 결의만으로 발행할 수 있다($\frac{상령 22}{조 1항 본}$). 교환사채의 발행에 의해 장차 신주가 발행되거나, 기타 주주의 이익을 침해하는 일이 생기지는 않기 때문이다.

**3) 발행사항** 이사회에서 다음 사항을 결정하여야 하며, 이는 사채청약서·채권·사채원부에도 기재해야 한다($\frac{상령 22조 1}{항, 25조 2호}$).

i) 교환할 주식이나 유가증권의 종류 및 내용($\frac{상령 22조}{1항 1호}$)

ii) 교환의 조건($\frac{동조}{항 2호}$) 교환사채에 대해 부여할 증권의 수량을 정해야 한다. 교환사채의 기대수익의 가장 중요한 변수가 된다.

iii) 교환을 청구할 수 있는 기간($\frac{동조}{항 3호}$)

iv) 주주 외의 자에게 발행회사의 자기주식으로 교환할 수 있는 사채를 발행하는 경우에는 그 상대방 및 처분방법($\frac{동조}{2항}$)

**4) 교환대상 증권의 예탁 또는 전자등록** 발행회사는 사채권자의 청구에 의한 교환을 보장하기 위하여 회사는 교환에 필요한 주식 또는 유가증권을 사채권자의 교환청구가 있는 때 또는 당해 사채의 교환청구기간이 만료하는 때까지 한국예탁결제원에 예탁하거나 전자등록기관에 전자등록하여야 하고, 한국예탁결제원 또는 전자등록기관은 그 주식 또는 유가증권을 신탁재산으로서 관리하여야 한다($\frac{상령 22}{조 3항}$).

**5) 교환절차** 사채권자가 교환을 청구할 때에는 청구서 2통에 채권을 첨부하여 회사에 제출하여야 한다($\frac{상령 22조}{4항·5항}$).

### (3) 상환사채

**1) 의의**　　　상환사채란 회사가 그 선택에 따라 소유하는 주식이나 그 밖의 유가증권으로 상환할 수 있는 사채를 말한다($^{상령\ 23}_{조\ 1항}$).

**2) 발행의 결정**　　　상환사채 역시 교환사채와 마찬가지로 정관에 근거를 두거나 주주총회의 결의를 거칠 필요 없이 이사회의 결의만으로 발행할 수 있다($^{상령\ 23}_{조\ 1항\ 본}$). 그 이유는 교환사채에 관해 말한 바와 같다.

**3) 발행사항**　　　이사회에서 다음 사항을 결정하여야 하며, 이는 사채청약서·債券·사채원부에도 기재해야 한다($^{상령\ 23조\ 1}_{항,\ 25조\ 3호}$).

　i) 상환할 주식이나 유가증권의 종류 및 내용($^{상령\ 23조}_{1항\ 1호}$)

　ii) 상환의 조건($^{동조}_{항\ 2호}$)

　iii) 회사의 선택 또는 일정한 조건이나 기한의 도래에 따라 주식이나 그 밖의 유가증권으로 상환한다는 뜻($^{동조}_{항\ 3호}$)

　iv) 주주 외의 자에게 발행회사의 자기주식으로 상환할 수 있는 사채를 발행하는 경우에는 그 상대방 및 처분방법($^{동조}_{2항}$)

**4) 상환대상 증권의 예탁 또는 전자등록**　　　교환사채의 예탁 또는 전자등록과 같다($^{상령\ 23}_{조\ 3항}$).

### (4) 파생결합사채의 발행

상법은 파생결합사채를 「유가증권이나 통화 또는 그 밖에 대통령령으로 정하는 자산이나 지표 등의 변동과 연계하여 미리 정하여진 방법에 따라 상환 또는 지급금액이 결정되는 사채」라고 정의하므로($^{469조}_{2항\ 3호}$) 이 법문의 의미를 벗어나지 않는 한, 발행할 수 있는 사채의 범위는 매우 넓다. 파생결합사채는 주주의 이해와는 무관하므로 이사회의 결의만으로 발행할 수 있다. 이사회는 i) 상환 또는 지급금액을 결정하는데 연계할 유가증권이나 통화 또는 그 밖의 자산이나 지표($^{상령\ 24}_{조\ 1호}$), ii) 제1호의 자산이나 지표와 연계하여 상환 또는 지급금액을 결정하는 방법($^{동조}_{2호}$)을 결정하여야 한다.


# 제 9 절　해산과 청산


## Ⅰ. 해산

### 1. 해산사유

주식회사의 해산사유로는, ① 존립기간의 만료 기타 정관으로 정한 사유의 발생, ② 합병, ③ 회사분할·분할합병, ④ 파산, ⑤ 법원의 해산명령 또는 해산판결, ⑥ 주주총회의 해산결의가 있다($^{517}_{조}$). 이 중 회사분할·분할합병과 주주총회의 결의를 제외하고는 합명회사의 해산사유와 공통되므로 설명을 되풀이하지 않는다. 또 하나 주식회사에 특유한 해산사유로서, 장기간 휴면상태에 있는 회사를 일정한 절차를 밟아 해산한 것으로 의제하는 제도가 있는데($^{520}_{조의2}$), 난을 달리하여 상설한다.

회사는 위와 같은 해산사유의 발생으로 당연히 해산하고, 해산등기는 그 요건이 아니다($^{대법원\ 1964.\ 5.}_{5.자\ 63마29\ 결정}$). 회사는 해산에 의해서만 소멸하며, 그 밖의 사유로는 소멸하지 아니한다($^{대법원\ 1985.\ 6.\ 25.}_{선고\ 84다카1954\ 판결}$).

## 2. 휴면회사의 해산의제

**1) 취지** 주식회사 중에는 실제로 영업활동은 종식하였음에도 불구하고 해산과 청산의 절차를 밟지 아니하고 상업등기부를 방치하고 있는 회사가 상당수 있다. 이러한 회사는 다른 회사의 상호선정에 제약을 주고($^{22}_{조}$), 사실과 등기의 불일치로 등기부관리에 부담을 주며, 때로는 사기적 수법에 의한 회사매매의 대상이 되어 다수인에게 피해를 주는 등 폐단이 심하다. 상법은 이러한 휴면회사로 인한 폐해를 예방하고 주식회사제도에 대한 사회의 신뢰를 회복하고자 해산의 의제라는 방법으로 휴면회사를 법적으로 제거하는 제도를 두고 있다.

**2) 대상** 법원행정처장이 최후의 등기 후 5년이 경과한 회사는 본점의 소재지를 관할하는 법원에 아직 영업을 폐지하지 아니하였다는 뜻의 신고를 할 것을 관보로써 공고한 경우, 최후의 등기 후 공고한 날에 이미 5년을 경과한 회사가 대상이 된다($^{520조}_{의2\ 1항}$). 상법상 이사·감사의 임기는 3년이므로 정상적인 운영을 하는 회사라면 최후의 등기로부터 최소한 5년 내에 1회 이상은 등기가 행해져야 할 것이므로 이 기간 동안 한 번도 등기가 없었다면 휴면회사로 보아야 할 것이라는 근거에서이다. 이 공고가 있는 때에는 법원은 해당 회사에 그 공고가 있었다는 뜻의 통지를 발송하여야 한다($^{520조}_{의2\ 2항}$).

**3) 해산의제** 공고한 날로부터 대통령령이 정하는 바에 의하여 신고를 하지 아니하거나 등기를 하지 아니한 회사는 신고기한이 만료된 때에 해산한 것으로 본다($^{520조의2\ 1}_{항,\ 상령\ 28조}$ 참조). 해산등기는 등기소가 직권으로 한다($^{상등\ 73}_{조\ 1항}$).

**4) 회사계속** 해산이 의제된 회사는 3년 이내에 주주총회의 특별결의에 의하여 회사를 계속할 수 있다($^{520조}_{의2\ 3항}$). 이 경우 계속등기를 하여야 함은 물론이다($^{521조의}_{2→229조\ 3항}$).

**5) 청산의제** 해산이 의제된 회사가 3년 이내에 회사를 계속하지 아니한 경우에는 3년이 경과한 때에 청산이 종결된 것으로 본다($^{520조}_{의2\ 4항}$). 그러나 여전히 회사에 어떤 권리관계가 남아 있어 현실적으로 정리할 필요가 있으면 그 범위 내에서는 법인격이 소멸하지 아니한다($^{대법원\ 1991.\ 4.}_{30.자\ 90마672\ 결정}$). 이 경우 정관에 다른 정함이 있거나 주주총회에서 따로 청산인을 선임하지 않는 한 해산으로 의제하는 당시의 이사가 청산인이 되어 청산사무를 집행하는 대표

기관이 된다.

### 3. 해산의 공시

파산의 경우 외에는 이사는 지체 없이 주주에 대하여 해산의 통지를 해야 한다($\frac{521}{조}$). 또한 해산사유가 있은 날로부터 본점에서는 2주간 내, 지점에서는 3주간 내에 해산등기를 하여야 한다($\frac{521조의2}{\rightarrow228조}$).

### 4. 해산의 효과

해산에 의해 회사의 권리능력은 청산의 목적범위 내로 축소된다($\frac{542조\ 1항}{\rightarrow245조}$). 주식회사에 있어서는 회사의 재산이 회사채권자에 대한 유일한 담보이므로 합병 및 파산 이외의 사유에 의하여 해산한 때에는 해산등기와 아울러 채권자보호를 위하여 법정의 청산절차를 밟아야 한다. 청산 중에는 청산인이 이사에 갈음하여 회사의 청산사무를 집행하고 회사를 대표하는 기관이 된다.

### 5. 회사의 계속

해산사유 중 존립기간의 만료, 정관소정사유의 발생, 총회의 결의에 의하여 해산한 경우에는 주주총회의 특별결의로써 회사를 계속할 수 있다($\frac{519}{조}$). 또 해산이 의제된 휴면회사도 같다($\frac{520조}{의2\ 3항}$). 회사가 이미 해산등기를 한 때에는 계속등기를 하여야 한다($\frac{521조의2}{\rightarrow229조\ 3항}$).

회사설립시에 실제로 일정기간 후 해산할 의사 없이 형식적으로 존립기간을 정해놓고 무심코 그 기간을 도과하여 영업을 계속하는 수가 있다. 그러나 해산할 의사가 없다면 존립기간이 만료한 경우 반드시 회사계속의 결의를 하여야 하며, 그 결의가 없으면 당연히 해산하고 청산중의 회사가 된다($\frac{대법원\ 1968.\ 4.}{22.자\ 67마659\ 결정}$)($\frac{회사계속에\ 관해}{상세는\ 258면\ 참조}$).

## Ⅱ. 청산

### 1. 총설

주식회사가 해산하면 합병·분할·분할합병 또는 파산의 경우를 제외하고는 청산을 하여야 한다($\frac{531조}{1항}$). 주식회사에 있어서 청산의 의의 및 청산중의 회사의 성질에 관하여는 합명회사에서 본 바와 같으며, 그 절차에 관하여도 대체로 합명회사의 청산에 관한 규정이 준용된다($\frac{542조}{1항}$). 다만 인적회사에 있어서와는 달리 「임의청산」은 인정되지 않는다. 주주가 유한책임을 지므로 회사채권자를 보호하기 위하여는 청산절차의 공정한 이행이 특히 요구되기 때문이다.

## 2. 청산회사의 권리능력

청산회사의 권리능력은 청산의 목적범위 내로 한정되므로 청산의 목적 외의 행위를 한 경우에는 권리능력 없는 자의 행위가 되어 무효이다(대법원 1959. 5. 6.자 4292민재항8 결정). 그러나 청산중의 회사라도 민사소송에서의 당사자능력이 있고, 형사소송에서의 당사자능력(피고가 될 수 있는 능력)도 있다(대법원 1982. 3. 23. 선고 81도1450 판결).

## 3. 청산인

주식회사가 청산에 들어가면 업무집행과 관계없는 주주총회 및 감사는 그대로 존속하고 검사인도 선임할 수 있으나, 이사·이사회·대표이사는 그 지위를 잃고 청산인·청산인회·대표청산인이 각각 이에 갈음하여 청산사무를 본다.

**1) 취임**　　원칙적으로 이사가 당연히 청산인이 된다(531조 1항 본). 그러나 정관에서 청산인을 따로 정하거나 주주총회에서 청산인을 선임한 때에는 이에 의해 청산인이 정해진다(531조 1항 단). 회사 내에서 청산인이 정하여지지 않을 때에는 이해관계인의 청구에 의하여 법원이 청산인을 선임한다(531조 2항). 회사내에서 청산인이 정해지는 한 법원은 청산인을 선임할 수 없다(대법원 2019. 10. 23. 선고 2012다46170 판결(전)).

해산명령 또는 해산판결에 의해 해산하는 경우에는 이사가 청산인이 되는 것이 아니고, 주주 등 이해관계인이나 검사의 청구에 의하여 또는 직권으로 법원이 청산인을 선임한다(542조 1항 →252조).

감사는 청산인을 겸할 수 없다(542조 2항 →411조).

**2) 원수 및 임기**　　청산인은 이사와 달리 법률상 정원에 관한 규정이 없으므로 1인이라도 무방하고, 그 경우 그 1인의 청산인이 당연히 대표청산인이 된다. 결원시의 퇴임청산인의 권리의무 및 청산인의 직무를 행할 자의 선임은 이사의 경우와 같다(542조 2항 →386조).

청산인은 이사와 달리 임기가 없다.

**3) 종임**　　청산인은 ① 사망·파산·성년후견개시 등의 위임관계의 종료사유(민 690조), ② 자격의 상실(비송 121조), ③ 사임(민 689조) 등으로 퇴임하며, ④ 법원이 청산인을 선임한 경우 외에는 주주총회의 보통결의로 언제든지 해임할 수 있으며(539조 1항), ⑤ 청산인(법원이 선임한 청산인을 포함)이 그 업무를 집행함에 현저히 부적임하거나 중대한 임무에 위반한 행위가 있는 때에는 소수주주(100분의 3 이상)가 법원에 그 청산인의 해임을 청구할 수 있다(539조 2항).

**4) 취임·종임등기**　　청산인의 취임에는 일정사항의 등기를 요하며(542조 1항 →253조 1항), 종임은 변경등기를 요한다(542조 1항→253 조 2항→183조).

**5) 청산인과 회사와의 관계**　　이사와 회사의 관계와 같이 위임에 준한다(542조 2항 →382조 2항). 청산인의 보수, 청산인과 회사의 소에서의 대표, 청산인의 자기거래, 회사나 제3자에 대한

책임, 유지청구, 대표소송 등에 관해서는 모두 이사에 관한 규정이 준용된다($_{\sim408조}^{542조\,2항 \to 388조\sim394조,\,398조}$). 법원이 선임한 청산인의 보수는 법원이 정해 회사로 하여금 지급케 한다($_{조 \to 77조}^{비송\,123}$).

## 4. 청산인회 · 대표청산인

청산인회는 청산사무의 집행에 대한 의사결정을 하며($_{\to393조}^{542조\,2항}$), 대표청산인이 청산인회의 의사결정에 따라 청산사무에 관한 재판상 · 재판 외의 일체의 집행을 담당한다($_{\to209조}^{542조\,2항\,3항\to389조}$). 해산 전의 회사의 이사가 청산인이 된 때에는 종전의 대표이사가 대표청산인이 되며, 법원이 청산인을 선임할 때에는 법원이 대표청산인을 정한다($_{\to255조}^{542조\,1항}$). 그 밖의 경우에는 청산인회의 결의로 정한다($_{\to389조\,1항}^{542조\,2항}$). 이사회의 소집 · 결의방법 · 회사대표 등 이사회와 대표이사에 관한 규정이 청산인회와 대표청산인에 준용된다($_{\to389조\sim393조}^{542조\,2항}$).

## 5. 청산인의 직무

청산인의 직무, 즉 청산사무는 기본적인 것과 부수적인 것으로 나누어 볼 수 있다.

### (1) 기본적 직무

청산인이 해야 할 청산사무는 현존사무의 종결, 채권의 추심과 채무의 변제, 재산의 환가처분, 잔여재산의 분배 등으로서 합명회사의 경우와 같으나($_{\to254조\,1항}^{542조\,1항}$), 다만 채무의 변제와 잔여재산의 분배에 관하여는 다수채권자에 대한 공평한 변제와 청산의 신속한 진행을 위하여 다음과 같은 특별한 규정을 두고 있다.

**1) 채권자에 대한 최고**　청산인은 취임한 날로부터 2월 내에 회사채권자에 대하여 일정한 기간 내에 채권을 신고할 것과 그 기간 내에 신고하지 아니하면 청산에서 제외된다는 뜻을 2회 이상의 공고로써 최고하여야 한다($_{1항\,본}^{535조}$). 신고기간은 2월 이상으로 하여야 한다($_{1항\,단}^{535조}$).

회사가 알고 있는 채권자에 대하여는 각별로 채권신고를 최고하여야 하며, 그 채권자가 신고하지 아니한 때에도 이를 청산에서 제외하지 못한다($_{2항}^{535조}$).

**2) 신고기간 내의 변제금지**　회사는 채권신고기간 내에는 채권자에 대하여 변제하지 못한다($_{1항\,본}^{536조}$). 회사재산이 모든 채무의 변제에 부족할 수도 있기 때문에 채권자들이 공평하게 변제받을 수 있게 하기 위해서이다. 그러나 예외적으로 소액이며 담보가 제공된 채권과 기타 변제하더라도 다른 채권자를 해할 염려가 없는 채권은 법원의 허가를 얻어 변제할 수 있다($_{2항}^{536조}$).

변제가 금지된다 하여 채권자에 대한 채무불이행책임이 면제되는 것은 아니다. 이로 인한 손해는 배상하여야 한다($_{1항\,단}^{536조}$).

**3) 변제**　채권신고기간이 경과하면 신고한 채권자, 그리고 신고하지 않았더라도 알고 있는 채권자에게 변제하여야 한다. 완제불능인 경우 외에는 어느 채권자에게 먼저 변

제하더라도 무방하다.

변제기에 이르지 않은 채무도 변제할 수 있고, 이 경우 중간이자를 공제하여야 하고, 불확실한 채권은 법원이 선임한 감정인의 평가에 의해 변제해야 하는 점 등은 합명회사의 경우와 같다($\substack{542조\ 1항 \\ \to 259조}$).

회사재산이 채무를 변제하기에 부족한 때에는 청산인은 지체 없이 파산선고를 신청하여야 한다($\substack{542조\ 1항 \to 254 \\ 조\ 4항 \to 민\ 93조}$).

4) **잔여재산분배**　　채무를 완제하고 남는 재산은 주주에게 분배한다($\substack{542조\ 1항 \\ \to 260조}$). 이 경우 주식평등의 원칙에 따라 주식수에 비례하여 분배한다($\substack{538조 \\ 본}$). 그러나 잔여재산분배에 관해 내용이 다른 주식($\substack{예:\ 잔여재산분배 \\ 에\ 관한\ 우선주}$)을 발행한 경우에는 그에 따른다($\substack{538조\ 단, \\ 344조\ 1항}$).

5) **제외된 채권자의 권리**　　채권신고기간 내에 신고하지 아니하여 청산에서 제외된 채권자는 주주에게 분배되지 않은 재산의 범위에서만 변제를 청구할 수 있다($\substack{537조 \\ 1항}$). 따라서 잔여재산분배가 완료되면 권리를 잃는다. 일부의 주주에게만 분배하고, 나머지 주주에게는 분배하지 아니한 경우 그 주주들이 분배받은 주주와 같은 비율로 분배받을 수 있는 몫은 위의 「분배되지 않은 재산」에서 공제한다($\substack{537조 \\ 2항}$). 일단 분배가 개시되면 주주가 청산에서 제외된 채권자보다 우선하는 것이다.

(2) **부수적 직무**

1) **청산인의 신고**　　청산인은 취임 후 2주간 내에 해산사유와 연월일, 청산인의 성명·주민등록번호 및 주소를 법원에 신고하여야 한다($\substack{532 \\ 조}$).

2) **청산재산보고의무**　　청산인은 취임 후 지체 없이 회사의 재산상태를 조사하여 재산목록과 대차대조표를 작성하고, 이를 주주총회에 제출하여 승인을 얻어야 하고, 승인을 얻은 후 지체 없이 법원에 제출하여야 한다($\substack{533 \\ 조}$).

(3) **청산대차대조표 등의 제출**

1) 청산인은 정기총회일로부터 4주간 전에 대차대조표 및 그 부속명세서와 사무보고서를 작성하여 감사에게 제출하여야 한다($\substack{534조 \\ 1항}$).

2) 감사는 이 서류에 관한 감사보고서를 정기총회일 1주간 전에 청산인에게 제출하여야 한다($\substack{534조 \\ 2항}$).

3) 청산인은 정기총회일 1주간 전부터 대차대조표·부속명세서·사무보고서·감사보고서를 본점에 비치하여야 한다($\substack{534조 \\ 3항}$). 주주와 회사채권자는 동 서류를 열람할 수 있고 등·초본의 교부를 청구할 수 있다($\substack{534조 \\ 4항}$).

4) 청산인은 대차대조표 및 사무보고서를 정기총회에 제출하여 그 승인을 요구하여야 한다($\substack{534조 \\ 5항}$).

## 6. 청산의 종결

**1) 결산보고서의 제출** 　청산사무가 종결한 때에는 청산인은 지체 없이 결산보고서를 작성하고 이를 주주총회에 제출하여 승인을 얻어야 한다($\frac{540조}{1항}$). 총회의 승인을 얻은 때에는 부정행위에 관련된 부분을 제외하고는 회사가 청산인의 책임을 해제한 것으로 본다($\frac{540조}{2항}$).

**2) 청산종결의 등기** 　청산인은 결산보고서의 승인이 나면 청산종결의 등기를 하여야 한다($\frac{542조\ 1항}{\rightarrow 264조}$).

**3) 서류의 보존** 　회사의 장부 기타 영업과 청산에 관한 서류는 청산인 기타 이해관계인의 청구에 의하여 법원이 정하는 보존인과 보존방법에 의하여 청산종결의 등기 후 10년간 보존하여야 한다($\frac{541}{조}$). 다만 전표 기타 이와 유사한 서류는 5년간만 보존하면 된다($\frac{541조}{1항\ 단}$).

**4) 청산의 종결시기** 　청산은 청산사무가 종료한 때에 종결되며, 청산사무 즉 채권추심 · 채무변제 · 잔여재산분배 등과 같은 사무가 일부라도 남아 있으면 청산종결의 등기가 되었더라도 청산은 종결하지 아니한다. 따라서 남아 있는 사무의 범위 내에서 회사는 법인격을 가지고, 소송상 당사자능력도 있으며, 청산인의 의무도 존속한다.


# 제10절　회사의 조직개편

　　조직개편이란 기업계에서 쓰기 시작한 말로서, 기업의 조직에 변화를 가해 기업경영의 효율을 높이기 위한 작업을 표현하는 뜻이며, 보통 회사간의 합병, 회사분할, 지주회사나 자회사의 설립과 같은 기업의 동일성에 변화를 주는 작업을 뜻하며, 넓게는 신주발행이나 자본금감소를 통한 재무구조의 개선, 혹은 내부적인 업무배분체계의 합리적 개편이나 종업원의 대량해고를 뜻하는 용어로 쓰기도 한다. 여기서는 회사법적 조직개편의 대표적인 예라 할 수 있는 합병과 회사분할, 그리고 주식의 포괄적 교환과 포괄적 이전을 다루고, 끝으로 지배주주와 소수주주 간의 강제적 주식매수를 다룬다.


# 제 1 관　합병

　　합병에 관해 각종 회사에 공통적인 것은 본편의 제2장 7절에서 다룬 바 있으므로 여기서는 주식회사의 합병에 특유한 사항만을 다루기로 하고, 그에 앞서 합병과 분할의 기능적 상관성을 설명한다.

## Ⅰ. 합병과 분할의 기능적 상관성

합병과 분할을 기능적으로 본다면, 합병은 2개 이상의 회사의 영업과 재산이 하나의 회사로 통합되는 것이고, 분할은 하나의 회사의 영업과 재산이 2개 이상의 회사로 나뉘는 것이므로 정반대의 목적과 효용을 가지고 있다. 합병은 규모의 경제($\begin{smallmatrix}\text{economies}\\\text{of scale}\end{smallmatrix}$)를 실현하는 것이고, 분할은 규모의 비경제($\begin{smallmatrix}\text{diseconomies}\\\text{of scale}\end{smallmatrix}$)를 해소하기 위한 것이라고 할 수 있다.

과거 대량생산, 대량소비가 지배하였던 산업구조하에서는 규모의 경제가 작용하여 대부분의 회사가 규모의 성장을 추구하였다. 그리하여 1970년대와 1980년대에는 기업의 인수·합병이 유행하였다. 그러나 소비자의 수요가 다양해지고 기업환경의 변화가 빈번해지면서 규모의 경제가 작용하지 않는 상황이 생겨나 규모의 축소나 사업의 분할을 통해 기업활동의 기동성을 확보할 필요가 생겨났다. 회사분할은 이같은 환경변화에 탄력적으로 대응하여 기업규모의 적정화와 사업활동의 부문별 효율화를 추구하기 위한 조직개편방법이라고 할 수 있다.

한편 회사분할의 방법 중에는 단순히 종전의 영업을 2개 이상으로 분할하는 방법도 있지만, 분할합병이라는 방법도 있다. 분할합병은 사업부문을 2개 이상으로 분할하여 일부는 다른 회사에 흡수합병시키거나 다른 회사의 사업과 묶어 신설합병을 하는 방법이다. 예컨대 건설업과 조선업을 영위하는 회사가 양사업을 분할하면서 조선업은 다른 조선회사와 합병을 하는 것이다. 분할합병은 사업의 분할을 통해 위에 말한 분할의 이점, 즉 규모의 적정화와 사업활동의 기동성을 기하는 한편, 분할된 일부의 사업에 관해서는 기업합병을 통해 규모의 경제를 추구하는 수단이 된다.

이같이 합병과 분할 및 그 조합적인 조직개편방법을 적절히 선택하여 기업은 변화하는 기업환경에 최적의 모습으로 자신을 변용시킬 수 있다.

## Ⅱ. 합병절차의 개관

합병의 중요한 절차는 다음과 같다.

1) 합병이란 2개 이상의 독립기업들 간의 거래이므로 양회사 간의 의사가 합치되어야 한다. 이를 합병계약이라고 한다. 합병계약은 당사회사들에 중대한 영향을 미치는 다량의 합의사항을 담고 있으므로 문서로 작성되어야 한다.

2) 회사의 대외적인 거래는 대표이사가 대표하므로 합병계약은 대표이사 간의 합의로 체결되지만, 이같이 중요한 사항을 대표이사의 전권에 맡길 수는 없다. 그러므로 합병계약은 이사회의 결의를 거쳐야 함은 물론이고, 합병의 최대 이해관계자는 주주라고 할 수 있으므로 주주들의 승인을 받아야 한다. 주주총회의 승인결의라는 형식으로 이루어진다.

3) 합병으로 인해 당사회사의 자산이 혼용되므로 종전의 각 당사회사들의 채권자들을 위한 책임재산이 희석되는 결과를 가져올 수 있다. 그러므로 합병을 할 때에는 채권자의 권리를 보호하기 위한 절차를 밟아야 한다.

4) 주주총회의 의사결정은 다수결에 의하는데, 다수자에 패배한 소수자는 이에 승복하여 다수자의 의사결정을 수용하여야 한다. 그러나 합병이란 주주가 예상하지 못한 상황변화인데다, 그로 인해 주주가 져야 하는 위험부담이 크므로 주주들이 회사로부터 투하자본을 회수하는 것을 허용한다. 이를 「주식매수청구」라 하는데, 회사가 합병을 위해 치루어야 하는 비용 중에 가장 큰 비중을 차지하는 것이다.

5) 합병은 주주와 채권자들에게는 물론 증권투자자나 기타 일반공중의 이해에도 영향을 미치는 바이므로 합병을 전후하여 합병에 관한 중요한 정보를 공시하여야 한다.

# Ⅲ. 합병계약서

주식회사의 합병에는 법정사항을 기재한 합병계약서를 작성하여야 한다($\frac{522조}{1항}$). 합병은 다수인의 이해에 영향을 미치므로 상법은 합병계약에서 담아야 할 내용을 법정하고 있다. 그 내용은 대체로 합병조건($\frac{합병비율}{합병대가}$)에 관한 사항과 기타 합병의 실행을 위한 사항이다.

## 1. 흡수합병의 합병계약사항($\frac{523}{조}$)

### (1) 합병의 대가에 관한 사항

흡수합병을 경제적 관점에서 보면 존속회사가 소멸회사의 순자산을 포함한 모든 권리의무를 포괄적으로 취득하고, 합병으로 인해 자신의 회사를 상실하는 소멸회사의 주주들에게 그 대가를 지급하는 거래라고 볼 수 있다. 그 대가를 「합병대가」, 「합병비율」 또는 「합병조건」이라 부르며, 이를 지급하는 방법에는 존속회사가 소멸회사의 주주를 자신의 주주로 수용하기 위해 신주를 발행하는 방법, 신주에 갈음하여 자기주식을 이전하는 방법, 또는 금전이나 기타 재산을 교부하는 방법이 있다.

1) **존속회사의 수권주식수**($\frac{523조}{1호}$) 존속회사가 합병의 대가로 소멸회사의 주주에게 신주를 발행하는 경우, 존속회사의 발행예정주식총수에 그러한 여분이 없으면 그 수를 늘려야 한다. 이 경우 존속회사가 증가할 발행예정주식의 총수, 종류 및 수를 합병계약서에 기재해야 한다.

2) **존속회사의 증가할 자본금과 준비금의 총액**($\frac{523조}{2호}$) 존속회사가 신주를 발행할 경우에는 존속회사의 자본금이 증가하고, 존속회사가 승계하는 소멸회사의 총자산과 관련하여 준비금이 발생할 수 있다.

i) **액면주식과 무액면주식** 존속회사가 액면주식을 발행한 회사인 경우에는 존속

회사의 증가할 자본금이란「존속회사가 합병을 하면서 발행하는 신주의 총수($^{523조}_{3호}$)」에 액면가액을 곱한 금액이다.

　존속회사가 무액면주식을 발행한 회사인 경우에는 존속회사가 소멸회사로부터 승계하는 순자산가액이 소멸회사의 주주들에게 발행하는 신주의 발행가가 되므로 이 중 2분의 1 이상을 자본금으로 계상해야 하고, 잔여의 금액은 자본준비금으로 적립해야 한다($^{451조}_{2항}$).

　ii) 합병차익의 처리　　존속회사가 소멸회사로부터 승계한 자산의 가액이 존속회사가 합병을 위해 소멸회사의 주주에게 지급한 합병대가를 초과하는 경우 그 초과액을 합병차익이란 부른다. 존속회사의 합병차익은 자본준비금으로 적립하여야 한다($^{459조}_{1항}$). 그리고 존속회사는 소멸회사의 이익준비금 기타 법정준비금을 승계할 수 있다($^{459조}_{2항}$). 이같이 증가할 존속회사의 준비금을 합병계약서에 기재해야 한다.

　〈채무초과합병〉 과거 등기실무에서는 채무초과회사를 소멸회사로 하는 무증자합병은 허용하지 않았다. 그러나 기업실무에서는 존속회사가 채무초과회사를 흡수하여 무증자합병을 하거나, 승계하는 순자산보다 많은 금액의 신주를 발행하는 예도 흔히 볼 수 있다. 다시 말해 소멸하는 회사를 그 소유자산에 비해 고평가하여 합병을 하는 것이다. 이는 합병으로 인한 성장효과($^{시너지}_{효과}$)를 기대하기 때문이다. 그리고 합병으로 인한 결손을 피하기 위해 합병대가에 미달하는 자산액은 영업권으로 계상하여 차손을 메우고 있다. 판례도 이러한 합병의 유효성을 인정한다($^{대법원\ 2008.\ 1.\ 10.\ 선}_{고\ 2007다64136\ 판결}$).

　3) 주식의 배정사항($^{523조}_{3호}$)　　존속회사가 소멸회사의 주주에게 합병대가로서 신주를 발행하거나 자기주식을 이전하는 경우 동 주식의 총수, 종류와 수를 합병계약서에 기재해야 한다. 소멸회사의 주주들에게는 주식평등의 원칙에 의해 각 주주가 가진 소멸회사의 주식수에 비례해서 존속회사의 신주 또는 자기주식을 교부하게 된다. 여기서 소멸회사의 주식 1주에 대해 존속회사의 주식 $\chi$주를 교부한다는 식이 도출되는데 이를 흔히「합병비율」이라고 부른다. 합병당사회사가 자기주식을 가지고 있을 경우 또는 반대당사자의 주식을 가지고 있던 중 합병을 하여 자기주식이 된 경우 아래와 같이 검토할 점이 있다.

　i) 소멸회사가 자기주식을 가진 경우　　소멸회사가 소유하는 자기주식은 합병에 의해 당연히 소멸하며, 이에 대해 신주를 배정하거나 자기주식을 이전할 수 없다.

　ii) 존속회사가 소멸회사의 주식을 가진 경우　　존속회사가 소유하는 소멸회사의 주식에 대하여 신주를 배정하면 존속회사가 자기주식을 취득한 것이 되지만, 이는 상법 제341조의2 제1호에 의해 허용되는 예로 보아야 한다($_{설}^{통}$).

　iii) 소멸회사가 존속회사의 주식을 소유한 경우　　소멸회사가 가지고 있는 존속회사의 주식은 존속회사가 합병에 의하여 이를 승계하여 자기주식이 된다($^{341조}_{의2\ 1호}$).

4) **합병교부금**$\binom{523조}{4호}$  존속회사가 소멸회사의 주주에게 배정할 신주$\binom{또는 자}{기주식}$의 일부 또는 전부를 금전 기타 재산으로 갈음하여 지급할 수도 있는데, 이를 합병교부금이라 한다. 합병교부금을 정한 때에는 그 내용을 기재하여야 한다. 합병교부금을 지급하는 동기는 주식의 배정비율을 조정하거나 단주에 갈음하기 위한 것, 소멸회사의 이익배당에 갈음하기 위한 것, 실질적 감자를 위한 것, 소멸회사주주들의 지분을 축소시키기 위한 것 등이 있다.

i) **교부금합병**  상법은 합병대가의 전부를 교부금으로 지급하는 것을 허용한다$\binom{교부금}{합병}$. 이에 의해 소멸회사의 주주들을 배제하고 합병하는 것이 가능하다.

ii) **교부금의 형태**  교부금은 금전 외의 재산으로도 지급할 수 있다. 그 대상이 되는 재산의 종류에 관해서는 제한이 없지만, 소멸회사의 모든 주주에게 그 소유주식의 수에 비례하여 교부되어야 하므로$\binom{주식평등}{의 원칙}$ 그 교부방식에 적합한 재산만이 교부금의 소재가 될 수 있다. 예컨대 존속회사의 사채, 자회사나 모회사가 발행한 주식$\binom{523}{조의2}$, 사채 등이 이에 해당한다.

iii) **모회사주식에 의한 교부금합병**  상법 제523조의2 제1항은 현물의 합병교부금$\binom{그 밖}{의 재산}$에는 모회사의 주식도 포함될 수 있음을 전제로, 존속회사의 모회사주식취득을 허용한다. 원래 모회사주식은 취득할 수 없으나$\binom{342}{조의2}$, 합병교부금의 용도로 사용할 경우 예외적으로 허용하는 것이므로 존속회사가 모회사주식을 취득한 후 합병에 전부 또는 일부를 사용하지 않고 보유하는 경우에는 합병의 효력이 발생한 날로부터 6월 내에 처분하여야 한다$\binom{523조}{의2 2항}$.

〈**삼각합병**〉 제523조의2의 신설로 인해 미국에서 흔히 활용되는 이른바 삼각합병이 우리나라에서도 가능하다. 예컨대 A1이라는 회사가 B라는 회사를 자회사로 만들려고 한다. 이를 위해 우선 A1은 자기의 주식을 현물출자하여 자회사 A2를 설립한다. 이어 A2는 B회사를 흡수합병하면서 B회사의 주주들에게 A1회사의 주식을 교부한다$\binom{<그림}{22> 참조}$. 이같이 함으로써 A1은 B가 포섭된 A2의 모회사가 되고, B의 주주는 A1의 주주가 된다. 이 방법의 장점은, 첫째, A1이 B를 흡수하되 자회사 A2를 매개시킴으로써 B회사의 채무에 대한 책임을 면할 수 있고, 둘째, A1회사에서는 주주총회의 결의를 얻거나 주주들에게 주식매수청구권을 부여할 필요가 없다는 점이다.

### (2) 합병의 실행을 위한 기타사항

1) **승인결의총회의 기일**$\binom{523조}{5호}$  합병당사회사에서 합병의 승인을 할 사원총회 또는 주주총회의 기일도 합병계약서의 기재사항이다.

2) **합병을 할 날**$\binom{523조}{6호}$  합병의 효력은 합병등기를 한 날에 발생하므로 상법 제523조 제6호가 정하는 「합병을 할 날」이란 합병의 효력발생일을 뜻하는 것이 아니고, 소멸회사의 재산을 존속회사에 인도하고 소멸회사의 주주에게 주권을 발행하는 등 실질적으로 양

〈그림 22〉 삼각합병

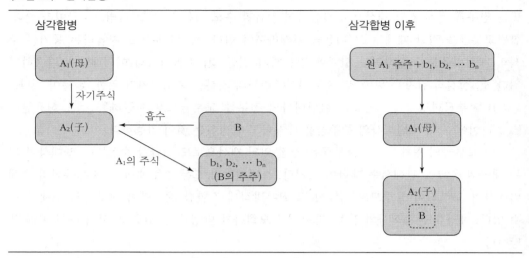

회사를 합체하기 위한 실무적인 절차를 완료하기로 예정한 날을 뜻한다.

3) **존속회사의 정관변경**($\frac{523조}{7호}$)　　존속하는 회사가 합병으로 인하여 정관을 변경하기로 정한 때에는 그 규정을 합병계약서에 기재하여야 한다. 예컨대 소멸회사의 사업을 승계함에 따라 사업목적이나 상호를 변경할 필요가 있다든지, 소멸회사의 이사들을 존속회사의 이사로 받아들이기 위하여 존속회사의 이사의 정원을 늘릴 필요가 있는 경우 등을 생각할 수 있다.

4) **각 회사가 합병으로 이익배당을 할 때에는 그 한도액**($\frac{523조}{8호}$)　　「합병으로 이익배당을」 한다는 것은 합병계약 후 합병등기 이전에 존속회사 또는 소멸회사가 이익배당을 하는 것을 뜻한다. 합병대가는 합병계약을 체결할 당시의 회사의 재무상태를 기준으로 정한다. 그런데 합병대가를 정한 후에 예상치 못한 이익배당을 한다면 기왕에 정한 합병대가가 불공정해진다. 그러므로 합병계약 이후 이익배당을 하고자 한다면 합병비율의 결정에 감안할 수 있도록 미리 합병계약에 기재하게 한 것이다.

5) **합병으로 인하여 존속하는 회사에 취임할 이사와 감사 또는 감사위원회의 위원을 정한 때에는 그 성명 및 주민등록번호**($\frac{523조}{9호}$)　　보고총회를 공고로 갈음할 수 있으므로 합병 후 취임이 예정된 이사와 감사를 합병계약의 승인결의에 의해 선임할 수 있도록 한 것이다.

6) **임의적 기재사항**　　이상의 법정사항 외에 당사회사의 선관주의의무, 합병조건의 변경, 합병계약의 해제, 재산의 인계, 임원의 퇴직금, 종업원의 인계 등을 합병계약서에 기재할 수 있으며, 그같이 하는 것이 상례이다.

소멸회사의 종업원들의 고용계약상의 지위는 존속회사에 포괄적으로 승계되므로 존속회사와 소멸회사의 종업원 간에 새로운 합의가 없는 한 소멸회사에서의 근로조건은 합병

후에도 효력을 유지한다$\left(\begin{smallmatrix}\text{대법원 1994. 3. 8.}\\\text{선고 93다1589 판결}\end{smallmatrix}\right)$.

### 2. 신설합병의 합병계약사항$\left(\begin{smallmatrix}524\\조\end{smallmatrix}\right)$

신설합병에서는 회사를 신설한다는 점, 따라서 소멸회사의 주주들에게 신주 등 합병대가를 지급하는 것은 존속회사가 아니라 신설회사라는 점이 흡수합병에 대한 특색을 이루고, 따라서 합병계약서에서 기재할 사항도 주로 이 점에 기초하여 흡수합병계약서와 차이를 보인다.

1) 설립되는 회사에 대하여 제289조 제1항 제1호부터 제4호까지에 규정된 사항과 종류주식을 발행할 때에는 그 종류, 수와 본점소재지$\left(\begin{smallmatrix}524조\\1호\end{smallmatrix}\right)$　　신설회사의 정관에 기재할 상호, 목적, 발행예정주식총수, 그리고 액면주식을 발행할 경우 1주의 금액을 정해야 한다.

2) 설립되는 회사가 합병당시에 발행하는 주식의 총수와 종류, 수 및 각 회사의 주주에 대한 주식의 배정에 관한 사항$\left(\begin{smallmatrix}동조\\2호\end{smallmatrix}\right)$　　설립회사의 자본금을 구성하고 소멸회사의 주주들에게 주식을 발행해야 하므로 그 주식 및 주주에 대한 배정에 관한 사항을 기재해야 한다.

3) 설립되는 회사의 자본금과 준비금의 총액$\left(\begin{smallmatrix}동조\\3호\end{smallmatrix}\right)$　　흡수합병계약서에 관해 설명한 바와 같다.

4) 각 회사의 주주에게 제2호에도 불구하고 금전이나 그 밖의 재산을 제공하는 경우에는 그 내용 및 배정에 관한 사항$\left(\begin{smallmatrix}동조\\4호\end{smallmatrix}\right)$　　흡수합병계약서에 관한 제523조 제4호에 기재된 사항과 같은 취지의 규정이다.

5) 제523조 제5호 및 제6호에 규정된 사항$\left(\begin{smallmatrix}동조\\5호\end{smallmatrix}\right)$　　합병승인결의를 할 소멸회사의 주주총회결의일 및 합병을 할 날이다$\left(\begin{smallmatrix}흡수합\\병 참조\end{smallmatrix}\right)$.

6) 합병으로 인하여 설립되는 회사의 이사와 감사 또는 감사위원회의 위원을 정한 때에는 그 성명 및 주민등록번호$\left(\begin{smallmatrix}동조\\6호\end{smallmatrix}\right)\left(\begin{smallmatrix}흡수합\\병 참조\end{smallmatrix}\right)$.

## Ⅳ. 기타 절차

### 1. 합병계약서 등의 공시

주주 또는 채권자가 합병승인결의$\left(\begin{smallmatrix}522조\\1항\end{smallmatrix}\right)$ 또는 이의$\left(\begin{smallmatrix}527조\\의5 1항\end{smallmatrix}\right)$ 여부에 관해 의사결정을 하기 위해서는 사전에 합병의 구체적 사항을 파악할 필요가 있으므로 상법은 사전에 소정 사항을 공시하게 한다. 이사는 합병승인결의를 위한 주주총회의 2주 전부터 합병을 한 날 이후 6월이 경과하는 날까지 합병계약서, 소멸회사의 주주에게 발행하는 신주의 배정 또는 자기주식의 이전에 관한 사항과 그 이유를 기재한 서면, 합병당사회사의 최종의 대차대조표와 손익계산서를 본점에 비치하여야 한다$\left(\begin{smallmatrix}522조\\의2 1항\end{smallmatrix}\right)$. 주주 및 회사채권자는 영업시간 내에는 언제든지 이 서류의 열람을 청구하거나 회사가 정한 비용을 지급하고 그 등본 또는 초본의 교부를 청구할 수 있다($\frac{522조}{의2\ 2항}$).

「최종의 대차대조표」란 직전 결산기의 대차대조표를 뜻한다. 따라서 공시를 위해 새로운 대차대조표를 작성할 필요는 없다.

## 2. 합병승인결의

각 회사의 합병승인결의는 특별결의에 의한다($\frac{522조\ 1}{항\cdot3항}$). 합병계약의 요령은 총회의 소집통지에 기재해야 한다($\frac{522조}{2항}$). 회사가 종류주식을 발행한 경우에는 불이익을 받게 될 종류주식의 주주의 총회($\frac{종류주}{주총회}$)의 결의도 필요하다($\frac{436}{조}$).

합병 후 존속회사 또는 신설회사가 주식회사이고, 합병당사회사의 일방 또는 쌍방이 합명회사 또는 합자회사일 경우에는 합명회사 또는 합자회사에서는 총사원의 동의로 합병계약서를 작성하여야 한다($\frac{525}{조}$). 「작성」이란 승인을 뜻하는 것으로 풀이해야 한다. 그리고 합병당사회사의 일방 또는 쌍방이 유한책임회사인 경우에는 합명회사인 경우에 준하여 총사원의 동의로 합병계약서를 승인해야 한다($\frac{287조}{의18}$).

## 3. 주식매수청구

합병에 반대하는 주주는 회사에 대해 주식의 매수를 청구할 수 있다($\frac{522조}{의3\ 1항}$)($\frac{460면\ 이}{하\ 참조}$).

## 4. 채권자보호절차

주주총회에서 합병계약을 승인하는 결의가 이루어지면 2주내에 합병에 이의가 있는 채권자는 1월 이상의 기간내에 이의를 제출할 것을 공고하고, 알고 있는 채권자에 대하여는 각자에게 같은 뜻을 최고하여야 한다($\frac{527조}{의5\ 1항}$). 간이합병과 소규모합병의 경우에는 이사회의 승인결의를 주주총회의 승인결의로 보아 절차를 밟아야 한다($\frac{동조}{2항}$). 이의제출 및 불제출의 효과 등 상세는 통칙으로 설명한 바와 같다($\frac{249면}{참조}$).

## 5. 주식의 병합과 주권의 제출

흡수합병의 경우에는 소멸회사의 주주에게 존속회사의 주식이 배정되는데, 합병비율에 따라서는 배정되는 존속회사의 주식수가 소멸회사의 주주가 가지고 있던 주식수보다 감소할 수도 있다. 이 경우에 주식의 배정을 위한 준비로서 주식을 병합할 수 있으며, 이 경우 자본금감소시의 주식병합의 절차를 준용한다($\frac{530조\ 3항}{\rightarrow440조\sim443조}$)($\frac{상세는\ 602}{면이하\ 참조}$).

## 6. 합병후 총회의 개최

1) 보고총회      흡수합병의 경우 존속회사의 이사는 채권자보호절차의 종료 후, 주식

병합을 요할 때에는 그 효력이 생긴 후, 또는 병합에 부적당한 주식이 있을 때에는 제443조에 의한 단주의 처리를 한 후 지체 없이 주주총회($\substack{보고\\총회}$)를 소집하여 합병에 관한 사항을 보고하여야 한다($\substack{526조\\1항}$). 이 보고에 관해서는 승인결의가 필요하지 않다는 것이 통설이다. 신주인수인이 된 소멸회사의 주주는 아직 존속회사의 주주는 아니지만 이 총회에서는 주주와 동일한 권리를 갖는다($\substack{526조\\2항 단}$). 보고총회는 이사회의 공고로써 갈음할 수 있다($\substack{526조\\3항}$).

  **2) 창립총회**      신설합병의 경우 설립위원($\substack{175\\조}$)은 흡수합병과 같은 절차를 밟은 후에 지체 없이 창립총회를 소집하여야 한다($\substack{527조\\1항}$). 창립총회에서는 설립위원의 보고를 들으며, 임원을 선임해야 한다($\substack{527조 3항\\→311조, 312조}$). 창립총회에서는 소집통지서에 기재가 없더라도 정관변경을 할 수 있다($\substack{527조 3항\\→316조 2항}$). 그러나 합병계약의 취지에 위반하는 결의($\substack{예컨대 설립\\폐지의 결의}$)는 할 수 없다($\substack{527조\\2항 단}$). 창립총회에 관하여는 주식회사 설립시의 창립총회에 관한 규정이 준용되는데, 그중 일부는 주주총회에 관한 규정이 창립총회에 관한 규정을 통해 재차 준용된다($\substack{527조 3항→309조,\\311조, 312조. 527조\\3항→308조 2항363조 1항·2항, 364조, 368조 2항·3\\항, 369조 1항, 372조, 373조, 376조~381조, 435조}$).

  창립총회 역시 보고총회와 마찬가지로 이사회의 공고로 갈음할 수 있다($\substack{527조\\4항}$). 신설회사의 이사·감사를 선임하기 위해서는 창립총회를 소집해야 하지만, 합병계약에서 이사와 감사를 정하면($\substack{524조\\6호}$) 합병계약을 승인하는 주주총회의 결의가 이사와 감사를 선임하는 결의를 포함하므로 별도의 창립총회가 불필요하다($\substack{대법원 2009. 4. 23. 선고\\2005다22701·22718 판결}$).

### 7. 등기

  합병은 등기에 의하여 그 효력이 생긴다($\substack{530조 2항\\→234조}$). 존속회사에 있어서는 변경등기, 소멸회사에 있어서는 해산등기, 신설회사에 있어서는 설립등기를 각각 하여야 한다($\substack{528조\\1항}$).

### 8. 사후공시

  합병 후 존속회사 또는 신설회사는 채권자보호절차의 경과, 합병을 한 날, 합병으로 인해 소멸한 회사로부터 승계한 재산과 채무의 액, 기타 합병에 관한 사항을 기재한 서면을 합병을 한 날로부터 6월간 본점에 비치하여야 한다($\substack{527조\\의6 1항}$). 주주 및 채권자는 이 서류를 열람 또는 등·초본의 교부를 청구할 수 있다($\substack{동조\\2항}$).

### 9. 질권의 효력

  소멸회사의 주식은 합병에 의하여 소멸하나, 그 주식상의 질권은 주식을 병합한 경우에는 병합된 주식에 미치며($\substack{339\\조}$), 병합하지 않은 경우라도 합병으로 인하여 주주가 받는 주식 또는 교부금에 미친다($\substack{530조 4항\\→339조}$). 등록질권자는 회사에 대하여 주권의 교부를 직접 청구할 수 있다($\substack{530조 4항\\→340조 3항}$).

## V. 합병의 특수절차(간이합병과 소규모합병)

합병은 주주총회의 승인결의를 요하며, 또 이는 주주의 보호를 위해 가장 중요한 절차이나, 회사로서는 승인결의를 위한 주주총회의 소집이 가장 큰 시간적 및 사무적인 부담을 주는 절차이기도 하다. 그래서 상법은 주주총회의 승인결의를 요하지 않고 이사회의 결의만으로 합병이 가능한 두 가지 예외를 두고 있다.

### 1. 간이합병

흡수합병시에 소멸회사에서 합병승인결의를 생략할 수 있는 합병방식이다. i) 소멸회사의 총주주의 동의가 있을 경우 또는 ii) 소멸회사의 발행주식총수의 100분의 90 이상을 이미 존속회사가 소유하고 있는 경우에는 소멸회사의 주주총회의 승인결의는 이사회의 결의로 갈음할 수 있다($\frac{527조}{의2\ 1항}$).

소멸회사의 총주주가 동의하는 경우에는 반대주주가 없으므로 주식매수청구의 문제가 생기지 않으나($\frac{527조의}{2\ 2항\ 단}$), 존속회사가 소멸회사의 주식($\frac{100분의}{90\ 이상}$)을 소유하는 것을 사유로 하는 간이합병의 경우에는 반대주주가 있을 수 있으므로 반대주주의 주식매수청구절차는 생략할 수 없다($\frac{522조}{의3\ 2항}$).

### 2. 소규모합병

1) 의의　　　대규모회사가 극히 소규모의 회사를 흡수합병하는 경우 대규모회사의 입장에서는 일상적인 영업활동의 규모에 지나지 않는 자산취득임에도 불구하고 주주총회의 결의와 주식매수청구절차를 거치는 것은 비경제적이라고 생각할 소지도 있다. 상법은 이같은 효율성에 기초한 판단에서 일정한 소규모의 회사를 흡수합병하는 경우 주주총회의 승인결의를 생략하고 이사회의 결의로 대신할 수 있도록 하였다($\frac{527}{조의3}$).

2) 요건　　　「흡수합병」을 하는 경우 「존속회사」에 관해서만 인정되는 특례이다. 존속회사가 소멸회사의 주주에게 발행하는 신주가 존속회사의 발행주식총수의 100분의 10을 초과하지 않는 경우에 한해 본조가 적용된다($\frac{527조의3}{1항\ 본}$). 소멸회사의 주주에게는 보통 소멸회사로부터 인수하는 순자산의 가치를 존속회사의 주식가치로 평가하여 신주를 발행하는데, 그 신주가 존속회사의 발행주식총수의 100분의 10을 초과하지 않는다는 것은 존속회사의 자산가치의 10분의 1 이하의 규모에 지나지 않는 회사를 흡수합병한다는 것을 의미한다고 보아 정상적인 합병절차를 생략하도록 한 것이다.

3) 절차　　　합병계약서에 주주총회의 승인을 받지 않는다는 뜻을 기재하여야 한다($\frac{527조}{의3\ 2항}$). 그리고 주주에 대한 공시절차로서 존속회사는 합병계약서를 작성한 날로부터 2주 내에 소멸회사의 상호, 본점소재지, 합병을 할 날, 주주총회의 승인결의 없이 합병을 한다

는 뜻을 공고하거나 주주에게 통지하여야 한다($\frac{527조}{의3\ 3항}$).

　4) **소규모합병의 제한**　　상법은 소규모합병절차에 대한 예외로서 두 가지 경우를 들고 있다.

　i) 소멸회사의 주주에게 교부금을 지급하는 경우, 교부금이 존속회사의 순자산액의 100분의 5를 초과하는 경우에는 위에 말한 발행주식의 요건이 충족되더라도 주주총회의 결의를 생략할 수 없다($\frac{527조의3}{1항\ 단}$). 교부금을 지급한다면 자본충실을 해할 우려가 있기 때문이다.

　ii) 존속회사의 발행주식총수의 100분의 20 이상에 해당하는 주식을 소유한 주주가 위에 말한 주주에 대한 통지나 공고일로부터 2주 내에 회사에 대하여 서면으로 합병에 대해 반대하는 의사를 통지한 때에는 주주총회의 결의를 생략할 수 없다($\frac{527조}{의3\ 4항}$).

　5) **주식매수청구권의 불인정**　　소규모합병시에는 존속회사에서 반대주주의 주식매수청구권을 인정하지 않는다($\frac{527조}{의3\ 5항}$). 이 점이 소규모합병을 이용할 가장 큰 실익이 된다.

# VI. 합병의 무효

　1) **무효원인**　　합병의 무효원인으로서는 주주총회의 승인결의에 흠이 있다든지 기타 강행법규에 위반한 경우를 생각할 수 있으나, 주의를 요하는 것은 합병대가가 불공정한 경우에도 합병이 무효가 될 수 있다는 점이다. 과거 순자산가치가 무려 17배나 차이가 나는 회사들끼리 합병을 하면서 합병비율을 1 : 1로 한 것을 무효로 본 하급심 판결이 있는데($\frac{인천지법\ 1986.\ 8.\ 29.}{선고\ 85가합1526\ 판결}$), 대법원판례도 일반론으로서 합병대가의 현저한 불공정을 합병무효의 사유로 본다($\frac{대법원\ 2008.\ 1.\ 10.\ 선}{고\ 2007다64136\ 판결}$).

　그러면 합병대가의 공정성여부는 무엇을 기준을 판단할 것인가? 계량적 신뢰성의 면에서 본다면 주당 순자산가치가 가장 중요한 기준이라고 할 수 있지만, 기업의 가치란 수익가치나 성장성과 같은 미래적 기대치로도 나타낼 수 있다. 그러므로 순자산가액과 괴리되더라도 다양한 평가요소들이 합리적으로 고려되었다면 합병대가는 공정하다고 보아야 한다($\frac{동}{판례}$). 한편 상장법인의 합병에 있어서는 자본시장법에서 합병의 공정을 위해 합병비율($\frac{동법은「합}{병가액」}$이라 표현)은 동법이 정한 방식에 의해 산정하도록 강제하고 있다($\frac{자금\ 165조의4,}{자금령\ 176조의5}$). 판례는 상장회사 간의 합병 또는 상장회사와 비상장회사 간의 합병에 있어서는 다른 사정이 없는 한, 자본시장법이 정한 방법을 합리적인 기준으로 평가하고 있다.

　　〈합병대가에 관한 이사의 주의의무〉 1) 합병당사회사의 주주가 주식회사인 경우 합병당사회사의 승인결의에서 의결권을 행사하는 것은 주주인 회사의 대표이사이다. 합병대가는 그 주주인 회사의 손익에 관한 문제이므로 동회사의 대표이사가 승인결의에서 찬반의 표시($\frac{의결권}{의\ 행사}$)를 할 때에는 합병의 공정성에 유의하여야 함은 물론이다. 불공정함에도 합병에 찬성한 경우에

는 임무해태이다. 합병대가에 관한 동회사의 이해가 큰 경우에는 합병에 대한 찬반은 이사회
의 결의를 거쳐야 할 것이다. 이때의 이사들의 의사결정도 역시 합병의 공정성에 유의해서
해야 한다(대법원 2015. 7. 23. 선).
 고 2013다62278 판결

2) 합병대가는 합병계약에 의해 결정되고, 합병계약은 일응 당사회사들의 대표간에 체결되
지만, 합병계약의 내용은 사안의 중요성으로 보아 당연히 이사회에서 결정해야 한다. 이때
이사들은 합병대가의 공정성 여부에 기초하여 의사결정을 해야 함은 물론이다. 이 역시 이사
들의 주의의무의 대상이며, 불공정한 대가를 결정한 경우 회사에 대한 책임사유가 되고, 주
주들도 이사들의 손배해상책임을 추궁할 수 있다($_조^{401}$).

**2) 합병무효의 소**    합병에 무효사유가 있는 경우 주주, 이사, 감사, 청산인, 파산관
재인 또는 합병을 승인하지 아니한 채권자에 한하여 합병무효의 소를 제기할 수 있다. 합병
무효의 소는 합병등기 후 6월 내에 제기하여야 한다($_조^{529}$). 합병이 공정거래법에 위반한 경우
에는 공정거래위원회가 합병무효의 소를 제기할 수 있다(독규 37 조 2항).

기타 합병무효의 소에 관한 상세한 사항은 제2장 통칙에서 설명하였다.

# 제 2 관   회사분할

## Ⅰ. 회사분할의 의의

회사분할이라 함은 하나의 회사의 영업을 둘 이상으로 분리하고, 분리된 영업재산을
자본으로 하여 회사를 신설하거나 다른 회사와 합병시키는 조직법적 행위를 말한다. 회사
분할에는 분할회사는 해산하고 그를 토대로 2개 이상의 회사가 생겨나는 방법이 있고, 분
할회사는 그대로 존속하면서 그 일부의 권리의무를 신설회사가 승계하는 방법이 있을 수
있다(단순분할). 또 분할된 일부분이 기존의 다른 회사에 흡수합병되거나 기존의 회사들과 신설
합병될 수도 있는데, 이를 분할합병이라고 한다.

분할에 의해 신설된 회사 또는 합병당사회사는 분할회사의 권리의무를 승계하고 주식
을 발행하는데, 그 주식은 분할방식에 따라 분할회사의 주주가 취득할 수도 있고, 분할회사
가 취득할 수도 있다.

〈관련용어〉 회사분할방법이 다양하므로 분할방법과 관련회사의 호칭에 주의해야 한다. 여기
서는 회사의 호칭만 설명하고, 분할방법의 호칭은 아래 [Ⅱ]에서 설명한다.
"분할회사": 분할되는 회사를 가리킨다. 상법 제530조의2 제1항 내지 제4항의 법문에서의
주어를 이루는 「회사」가 이에 해당하고, 이후의 조문에서는 「분할회사」라고 표현하고 있다
( 예: 530조의4 단,
530조의5 1항 4호).
"단순분할신설회사": 분할로 인해 신설되는 회사를 가리킨다. 단순분할을 논의하는 장소

에서는 단지 「신설회사」라 부르기로 한다.

"분할합병의 상대방회사": 분할합병의 경우에는 분할회사의 분할된 일부와 합병을 하는 상대방회사가 있다. 이를 「분할합병의 상대방회사」($^{530조의6}_{1항 본}$)라 부르되, 분할합병을 논의하는 곳에서는 단지 「상대방회사」라고 부르기로 한다.

"분할승계회사": 분할회사의 분할된 일부가 다른 회사에 흡수되는 방식의 분할합병을 할 경우 그 상대방회사를 가리킨다($^{530조의6}_{1항 1호}$). 흡수분할합병을 논의하는 곳에서는 단지 「승계회사」라 부르기로 한다.

"분할합병신설회사": 분할합병을 하되, 분할합병의 상대방회사도 소멸하면서 다른 회사를 신설할 경우($^{신설분}_{합병}$) 그 신설되는 회사를 가리킨다($^{530조의6}_{2항 2호}$). 신설분할합병을 논하는 곳에서는 단지 「신설회사」라고 부르기로 한다.

# II. 분할의 방법

## 1. 분할방법의 개관

상법의 규정체계로 볼 때에 회사분할의 방식은 크게 아래 1), 2), 3)의 세 가지로 나눌 수 있고, 분할로 인해 분할신설회사 또는 분할합병의 상대회사($^{또는 신}_{설회사}$)가 발행하는 주식의 귀속에 관해 물적분할이라는 특수한 모습의 방식을 취할 수 있다.

1) **단순분할** 상법 제530조의2 제1항이 「회사는 분할에 의하여 1개 또는 수개의 회사를 설립할 수 있다」라고 규정하는데, 이는 회사의 영업을 수개로 분할하고 분할된 영업 중의 1개 또는 수개를 각각 출자하여 1개 또는 수개의 회사를 신설하는 것을 뜻한다. "단순분할"이라 부르기로 한다.

2) **분할합병** 상법 제530조의2 제2항이 「회사는 분할에 의하여 1개 또는 수개의 존립중의 회사와 합병($^{이하 '분할합}_{병'이라 한다}$)할 수 있다」라고 규정하는데, 이는 회사의 영업을 수개로 분할하고 분할한 일부 영업을 존립중의 다른 회사에 흡수합병시키거나 분할한 영업을 가지고 다른 존립중의 회사와 더불어 회사를 설립하는 것을 뜻한다. 이를 법전의 용어대로 "분할합병"이라 부르기로 한다.

3) **양자의 병용** 위 두 가지를 병행하여, 분할한 영업의 일부로는 회사를 신설하고 다른 일부로는 다른 존립중의 회사와 합병시키는 방법도 가능하다. 이를 상법 제530조의2 제3항은 "회사는 분할에 의하여 1개 또는 수개의 회사를 설립함과 동시에 분할합병할 수 있다"라고 표현하고 있다.

4) **물적분할** 이상 어느 형태의 분할을 하든 신설회사 또는 분할합병의 상대회사($^{또는 분할합}_{병신설회사}$)는 분할회사의 주주들에게 주식을 발행한다. 그러나 신주를 분할회사의 주주들에게 발행하지 않고 분할회사에 발행하는 방법을 취할 수도 있는데, 이를 물적분할이라 한다.

## 2. 단순분할

단순분할의 방법을 취할 경우, 분할회사의 운명이 어찌 되느냐에 따라 다시 방법을 달리한다. 분할회사가 소멸하는 경우(소멸분할)와 소멸하지 않는 경우(존속분할)가 있다.

1) 소멸분할　　분할회사의 영업을 분할하고 이를 출자하여 2개 이상의 회사를 신설하면서 분할회사는 해산하는 방법이다. 즉 甲회사가 영업을 둘로 나누어 이를 각각 출자하여 A회사와 B회사를 신설하고 甲회사는 소멸하는 것이다. 가령 가전제품의 제조판매와 반도체의 제조판매를 업으로 하는「삼성전자」라는 회사가 가전제품의 제조판매부문과 반도체의 제조판매부문을 각기 독립시켜 2개의 회사로 만드는 것과 같다(<그림 23> 참조). 소멸분할을 할 때에는 필히 2개 이상의 회사가 신설된다. 분할회사가 단지 1개의 회사를 신설하면서 자기의 모든 재산을 출자하고 소멸한다면 회사분할제도를 이용할 실익이 없기 때문이다.

〈그림 23〉 소멸분할(1)

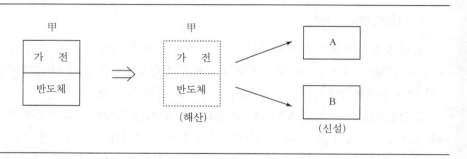

소멸분할에 의해 신설되는 회사의 자본을 소멸회사가 출자한 재산으로만 구성할 수도 있고, 제3자로부터의 출자를 아울러 받아 자본을 구성할 수도 있다(<그림 24> 참조). 어느 방법에 의하느냐에 따라 후술하는 바와 같이 신설회사의 설립절차가 달라진다.

〈그림 24〉 소멸분할(2)

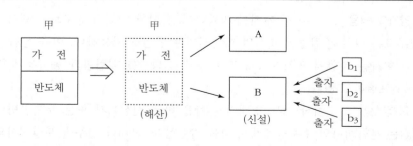

2) 존속분할    분할회사의 영업 중 일부를 신설회사에 출자하고 분할회사는 나머지 영업을 가지고 존속하는 방법이다. 甲회사가 자기 영업의 일부를 가지고 A회사를 신설하고 자기도 존속하는 것이다(<sup>〈그림 25〉</sup><sub>참조</sub>). 위의 삼성전자의 예에서 삼성전자가 가전제품부문은 떼어내 새로운 회사가 운영하도록 하고 자기는 반도체부문만 영위하는 것과 같다. 상법 제530조의2 제1항의 「회사는 분할에 의하여 1개 또는 수개의 회사를 설립할 수 있다」는 표현 중 「1개의 회사를 설립할 수 있다」는 말은 바로 존속분할을 예상한 것이나, 존속분할에서도 신설회사가 2개 이상 있을 수 있다. 예컨대 반도체, 가전제품, 이동통신을 업으로 하는 회사가 자신은 반도체만 영위하고 가전제품과 이동통신영업을 각기 2개의 신설회사로 하여금 영위하게 할 수 있는 것이다.

〈그림 25〉 존속분할

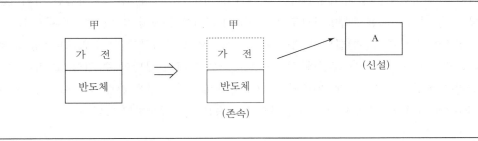

## 3. 분할합병

분할합병이란 분할회사의 영업을 분할하는 동시에 분할되는 일부영업을 다른 회사와 합병시키는 방법이다(<sup>530조</sup><sub>의2 2항</sub>). 상법 제522조 이하의 규정에 의한 합병은 2개 이상의 회사 전체를 단일인격으로 결합하는 것을 의미하는 데 대해, 분할합병이란 분할회사의 일부와 다른 회사 전부 또는 일부가 하나의 회사로 결합하는 것을 의미한다.

### (1) 소멸분할합병 · 존속분할합병

분할합병에도 분할회사가 소멸하는 경우와 존속하는 경우가 있다.

1) 소멸분할합병    분할회사가 자신의 영업을 분할하여 존속중인 2개 이상의 회사와 합병시키고 자기는 소멸하는 방법이다. 예컨대 반도체사업과 가전제품 사업을 하는 甲이라는 회사가 가전제품 사업부문은 A라는 회사와 합병시키고, 반도체 사업부문은 B라는 회사와 합병시키면서 자기는 소멸하는 것이다(<sup>〈그림 26〉</sup><sub>참조</sub>).

〈그림 26〉 소멸분할합병

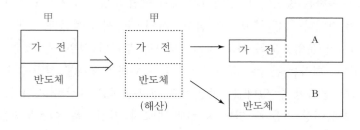

2) 존속분할합병    분할회사가 자신의 영업의 일부를 다른 회사에 출자하고 자신은 나머지 영업으로 존속하는 방법이다. 예컨대 반도체사업과 가전사업을 영위하는 甲이라는 회사가 가전사업부문을 떼어내 A라는 회사에 출자하고 자기는 반도체사업만 영위하는 것이다(〈그림 27〉 참조). 존속분할합병에서도 2개 이상의 회사에 출자할 수 있음은 물론이다.

상법에서는 존속분할합병이 가능함을 직접적으로 규정하고 있지 않으나, 상법 제530조의2 제2항에서 「회사는 분할에 의하여 1개 …의 회사와 합병할 수 있다」고 함은 존속분할합병을 예상한 것이고, 제530조의9 제2항 후단에서 「이 경우 분할되는 회사가 …존속하는 경우에는」이라고 표현함으로써 명문으로 존속분할을 예상하고 있다.

〈그림 27〉 존속분할합병

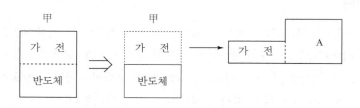

### (2) 흡수분할합병 · 신설분할합병

1) 흡수분할합병    분할회사의 영업의 일부를 다른 기존의 회사에 출자하여 그 다른 회사의 일부로 만드는 식으로 자기의 사업을 분할하는 방법이다. 위에서 소멸분할합병과 존속분할합병의 예로 든 것은 모두 흡수분할합병의 방법이다. 상법 제530조의6 제1항에서 「분할회사의 일부가 다른 회사와 합병하여 그 다른 회사가 존속하는 경우에는…」이라고 표현한 것은 흡수분할합병을 할 경우를 뜻한다.

2) 신설분할합병    분할회사의 영업의 일부와 다른 기존 회사의 영업의 전부 또는 일부를 합해 새로운 회사를 설립하는 방법이다. 상법 제530조의6 제2항이 「분할회사의 일

부가 다른 분할회사의 일부 또는 다른 회사와 분할합병을 하여 회사를 설립하는 경우에는…」이라고 규정한 것은 신설분할합병을 할 경우를 뜻한다.

신설분할합병은 예컨대 반도체와 가전제품을 다루는 甲회사에서 가전제품부문을 분리하고(이 부문을 A라 하자), 이 A를 기존의 다른 B회사와 합해 신설합병의 방법으로 C라는 회사를 설립하는 것이다. 여기서 B회사의 전부를 A와 합해 C라는 회사로 신설합병을 할 수도 있고(<그림 28> 참조), B회사의 일부와만 합해 C라는 회사로 신설합병을 할 수도 있다(<그림 29> 참조). 예컨대 B가 가전제품만을 다루는 회사라면 甲은 가전제품을 떼어내 B와 합하되, B에 흡수되는 것을 원하지 않는다면 A와 B전부를 합쳐 신설합병을 하면 될 것이다. 한편 B가 통신사업과 가전제품사업을 영위하는 회사라면 甲의 가전제품부문(A)을 떼어내고 B에게서도 가전제품부문만을 떼어내 양자를 가지고 신설합병을 할 수 있다.

앞의 예에서 A 그리고 B의 전부를 합해 신설합병을 한다면 甲의 입장에서만 회사분할이고, A와 B의 가전제품부문만을 합쳐 신설합병을 한다면 甲과 B 모두에게 회사분할이 된다.

〈그림 28〉 신설분할합병(1)

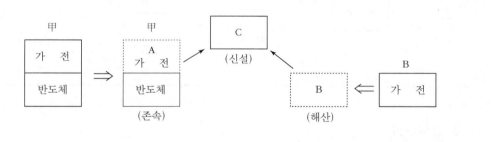

〈그림 29〉 신설분할합병(2)

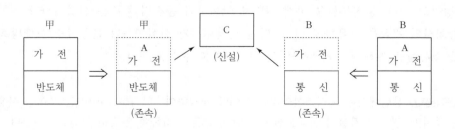

### (3) 분할합병방법의 조합

위에 설명한 소멸분할합병·존속분할합병의 두 가지 방법과 흡수분할합병·신설분할합병의 두 가지 방법은 서로 조합을 이룰 수 있다. 즉 소멸흡수분할합병, 소멸신설분할합병, 존속흡수분할합병, 존속신설분할합병의 4가지 분할합병이 가능하다.

### 4. 단순분할과 분할합병의 병용

단순분할과 분할합병을 동시에 진행하는 방법이다. 예컨대 반도체사업과 가전사업을 영위하는 甲회사가 가전부문은 A라는 기존의 회사에 합병시키고 반도체부문은 B라는 회사를 신설하면서 출자하는 것이다(<그림 30> 참조). 甲이 전재산을 나누어 신설 및 분할합병을 하였다면 甲은 소멸하겠지만, 일부재산을 남겨 소멸하지 않을 수도 있다.

〈그림 30〉 단순분할 및 분할합병

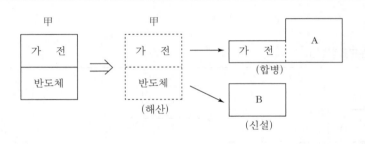

### 5. 물적분할

회사분할은 원래 회사의 영업을 분할하는 한편 그 결과 신설되는 회사의 주식(또는 분할합병 상대방회사의 신주)을 분할회사의 주주에게 귀속시키는 제도이나, 상법은 그 주식을 주주에게 귀속시키지 않고 분할회사가 소유하는 것을 허용한다. 상법은 이를 물적분할이라 하여 제530조의12에서 규정하고 있다. 물적분할을 하게 되면 분할회사의 종전의 주주는 신설회사나 분할합병 상대방회사의 주식을 소유하지 않고, 다만 분할회사가 신설회사나 분할합병 상대방회사의 주식을 소유함을 통해 종전과 다름없는 지분가치를 누리게 된다.

〈인적분할〉 상법에서는 물적분할이라는 용어에 대칭하여 「인적분할」이라는 용어를 사용하지는 않지만, 많은 학자들이 물적분할이 아닌 분할을 통칭하여 인적분할이라고 부른다. 이 용어는 일본의 학자들이 만든 것인데, 적절한 용어가 아니다. 회사분할에 주주가 분할된다든지 기타 「인적」이라고 지칭할 만한 요소나 현상이 없기 때문이다.

## 6. 해산회사의 분할 제한

상법은 해산회사에 대해서도 일정한 제한하에 분할을 허용한다. 즉 해산 후의 회사는 존립중의 회사를 존속하는 회사로 하거나 새로 회사를 설립하는 경우에 한하여 분할 또는 분할합병을 할 수 있다($\frac{530조}{의2\ 4항}$).

1) **해산회사의 요건**　　이 규정이 해산회사 모두에 적용될 수 있는 것은 아니다. 해산사유 중 합병, 파산, 해산명령, 해산판결에 의해 해산한 경우에는 각 관련절차가 진행되어야 하므로 분할을 할 여지가 없다. 따라서 해산한 회사가 분할을 할 수 있는 경우란 존립기간의 만료 기타 정관에 정한 사유에 의해 해산하는 경우($\frac{517조\ 1호}{\rightarrow 227조\ 1호}$) 및 주주총회의 결의에 의해 해산하는 경우($\frac{517조}{2호}$)뿐이다.

2) **존속분할의 가능성**　　상법 제530조의2 제4항이 해산회사는 존립중의 회사를 존속회사로 하거나 새로 회사를 설립하는 경우에 한해 분할할 수 있다고 함은 해산회사가 자신을 존속회사로 하여 분할 또는 분할합병을 할 수는 없다는 뜻이다. 해산한 회사는 청산을 예정하고 있으므로 해산회사가 존속하거나 타회사를 흡수합병하는 분할방식은 무의미하다는 고려에서이다. 그러나 i) 해산한 회사가 회사계속을 결의하면서 동시에 분할을 결의한다면 이 제한을 피할 수 있으며, ii) 청산의 목적을 위해 해산회사가 존속회사로 되면서 분할하는 경우에는 허용된다고 보아야 한다($\frac{대법원의}{등기실무}$).

# Ⅲ. 분할의 성질과 대상

1) **분할의 성질**　　합병의 본질이 인격의 합일이라는 것이 통설인 점에서 추론하여 회사분할은 인격의 분할이라고 정의하는 견해도 있으나($\frac{강 \cdot 임\ 461;\ 정경}{영\ 690;\ 정찬형\ 534}$), 단지 인격의 분할이라고 해서는 분할 전 회사의 법률관계가 어떻게 분리되어 분할 후의 회사에 귀속되는지를 설명할 수 없다. 그러므로 회사분할은 회사의 영업을 분리하여 그 주체인 법인격을 달리하는 동시에 분할되는 영업에 상응하여 회사의 주식소유관계를 분리하는 단체법적 법률사실이라고 설명하는 것이 분할의 법현상에 부합한다($\frac{동지:\ 이범찬(외)}{533;\ 최기원\ 1161}$).

2) **분할의 대상**　　상법의 분할관련 규정에서는 회사를 「분할」한다는 표현을 쓰지만, 무엇을 분할한다는 것인지 분명치 않다. 다만, 분할계획서에 설립되는 회사에 이전할 「재산」과 그 가액을 기재하도록 규정한 것으로 보아($\frac{530조의5}{1항\ 7호}$) 회사의 「재산」을 분할됨은 분명하다. 그러나 회사분할은 회사의 영리기능을 분리하여 수행하게 하는 수단이므로 분할의 대상이 되어 이전되는 재산이란 개개의 재산이 아니라 영업을 뜻하는 것으로 이해하여야 한다.

〈존속분할·영업의 현물출자·물적분할의 구별〉 영업을 이전한다는 측면에서 회사분할은 영업양도와 흡사하다. 하지만 영업을 양도하더라도 회사가 소멸하는 것은 아닌 반면, 소멸분할방법으로 영업을 이전하면 분할회사가 소멸하므로 소멸분할과 영업의 양도는 기능을 달리한다. 존속분할을 할 때에는 회사가 존속하면서 일부의 영업이 이전되므로 영업 일부의 양도에 의해서도 회사분할과 같은 효과를 얻을 수 있지만 영업일부의 양도에 의해서는 회사분할에 의해 생기는 연대채무의 발생이나 주주에 대한 주식의 귀속과 같은 효과가 생기지 않는다.

한편 물적분할을 하면 분할회사가 직접 상대방회사의 주식을 소유하게 되므로 영업의 일부양도에 의한 현물출자와 보다 흡사하다. 그러나 물적분할을 하면 상대방회사가 분할회사의 채무에 관해 연대책임을 지므로 역시 영업의 일부양도와는 효과를 달리한다.

## Ⅳ. 분할절차

회사분할을 위해서는 분할회사 내에서의 의사결정 절차를 거쳐야 하며 분할합병의 경우에는 상대방 회사에서의 의사결정 절차도 거쳐야 하고 쌍방 간의 합의도 요한다. 한편 단순분할이나 신설분할합병을 할 때에는 회사를 신설하는 절차를 요한다.

### 1. 분할의 의사결정(공통절차)

1) **이사회의 결의**　　명문의 규정은 없으나, 회사분할은 당연히 이사회의 결의를 요한다. 이사회의 결의에서 후술하는 분할계획서 또는 분할합병계약서의 내용을 결정하여야 한다.

2) **분할회사의 주주총회의 결의**　　회사가 신설분할을 할 때에는 분할계획서, 분할합병을 할 때에는 분할합병계약서를 작성하여 주주총회의 특별결의에 의한 승인을 얻어야 한다($\frac{530조의3}{1항·2항}$). 이를 위한 주주총회를 소집할 때에는 분할계획 또는 분할합병계약의 요령을 소집통지에 기재해야 한다($\frac{530조}{의3\ 4항}$).

단순분할의 경우에는 몇 개의 회사를 신설하든 하나의 분할계획에 의해 절차가 진행될 수 있으나 수개의 회사와 분할합병을 할 경우 또는 단순분할과 분할합병을 병행할 경우에는 수개의 분할합병계약서 혹은 분할계획서와 분할합병계약서가 동시에 작성된다.

3) **의결권**　　상법은 분할의 승인결의를 위한 총회에서는 의결권이 배제되는 주식을 가진 주주($\frac{344조}{의3\ 1항}$)도 의결권이 있다고 규정하고 있다($\frac{530조}{의3\ 3항}$). 합병을 할 때에는 의결권 없는 주식은 의결권을 행사하지 못하는데, 합병과 분할은 기능, 절차상 대역의 관계에 있어 어느 것이 주주들에게 보다 중요한 구조변화라 말할 수 없는 터이므로 분할에 한해 의결권 없는 주식의 의결권을 인정한 것은 균형이 맞지 않는 입법이다($\frac{다수}{설}$).

4) **종류주주총회**　　분할회사가 종류주식을 발행한 경우, 분할로 인하여 어느 종류의 주식의 주주에게 손해를 미치게 될 때에는 종류주주총회의 결의를 얻어야 한다($\frac{436}{조}$).

5) 주주부담가중을 위한 특별절차    상법 제530조의3 제6항에서는 「회사의 분할 또는 분할합병으로 인하여 분할에 관련되는 각 회사의 주주의 부담이 가중되는 경우에는 제1항($\frac{주주총회의}{승인결의}$) 및 제436조($\frac{종류주}{주총회}$)의 결의 외에 그 주주 전원의 동의가 있어야 한다」는 규정을 두고 있다. 여기서 주주의 「부담이 가중」된다는 것은 주주의 책임이 변경되는 것을 의미하는데, 우리 상법에서는 주식회사만이 분할당사회사가 될 수 있어 분할로 인해 주주의 책임이 변경되는 일은 있을 수 없다. 이 규정은 분할을 계기로 주주에게 추가출자를 요구할 경우를 뜻하는 것으로 새기기로 한다.

## 2. 단순분할절차

단순분할은 한 회사가 분할되고 이를 토대로 하나 또는 수개의 회사가 신설되는 과정으로 이루어진다. 따라서 단순분할에서는 회사분할을 위한 절차와 회사설립을 위한 절차를 밟아야 한다. 분할을 위한 절차는 분할계획서를 작성하여 기술한 바와 같이 주주총회의 승인을 받는 것이다.

### (1) 분할계획서

1) 분할계획서의 내용    분할계획서에는 다음 사항이 기재되어야 한다($\frac{530조}{의5 1항}$).

① 단순분할신설회사($\frac{이하 '신}{설회사'}$)의 상호, 목적, 본점의 소재지 및 공고의 방법($\frac{동조}{항 1호}$)

② 신설회사가 발행할 주식의 총수 및 액면주식과 무액면주식의 구분($\frac{동조}{항 2호}$)

③ 신설회사가 분할 당시에 발행하는 주식의 총수, 종류 및 종류주식의 수, 액면주식·무액면주식의 구분($\frac{동조}{항 3호}$)

이상 세 가지는 회사설립시에 정관에 기재해야 할 사항과 같다. 분할에 의해 신설되는 회사의 실체를 정하는 방법으로서 신설회사의 정관에 기재할 절대적 기재사항($\frac{289}{조}$)에 해당하는 사항을 분할계획서에 기재하게 한 것이다.

④ 분할회사의 주주에 대한 신설회사의 주식의 배정에 관한 사항 및 배정에 따른 주식의 병합 또는 분할을 하는 경우에는 그에 관한 사항($\frac{동조}{항 4호}$)

분할을 통해 신설회사를 설립하면, 그 신설회사의 주식을 분할회사의 주주에게 발행하여야 하므로 분할회사의 주주에게 어떠한 기준으로 신설회사의 주식을 배정할 것인지를 정하게 한 것이다.

⑤ 분할회사의 주주에게 제4호에도 불구하고 금전이나 그 밖의 재산을 제공하는 경우에는 그 내용 및 배정에 관한 사항($\frac{동조}{항 5호}$)    분할회사의 주주에게 교부할 주식의 일부를 금전 또는 다른 재산으로 갈음하여 지급할 수도 있다. 합병교부금에 비견할 수 있다. 이를 「분할교부금」이라 부르기로 한다. 「다른 재산」으로는 관련회사의 주식이나 사채 등을 생각할 수 있다. 합병에서는 교부금만으로 하는 합병이 허용되고($\frac{524조}{4호}$), 분할합병 또한 같지만, 단순분할에서는 교부금만으로 하는 분할은 허용되지 않는다. 주주가 없이 신설회사를 설립

할 수는 없기 때문이다.

⑥ 신설회사의 자본금과 준비금에 관한 사항$\left(\substack{동조\\항 6호}\right)$        상법은 분할회사로부터 신설회사에 이전되는 자산을 전액 신설회사의 자본금으로 하지 않고 그중 일부는 신설회사의 준비금으로 적립할 수 있음을 전제로 하여 준비금을 적립할 경우에는 분할계획에 반영하게 한 것이다.

⑦ 신설회사에 이전될 재산과 그 가액$\left(\substack{동조\\항 7호}\right)$

i) 재산의 특정        합병의 경우에는 소멸회사의 모든 재산이 포괄적으로 존속회사 또는 신설회사에 승계되지만, 회사분할의 경우에는 분할회사의 재산을 신설회사에 인위적으로 배분하므로 어떠한 재산을 어느 신설회사에 이전할 것인가를 정하여야 한다. 상법에는 명문의 규정을 두고 있지 않으나, 신설회사가 승계할 채무가 있다면 그것도 정하여야 한다. 따라서 7호가 규정하는 재산이란 소극재산$\left(\substack{채\\무}\right)$을 포함하는 뜻이다.

ii) 영업의 특정        회사분할의 목적은 특정재산만을 분리하는 것이 아니라 영업을 분리하는 데에 뜻이 있으므로 분리하고자 하는 영업을 특정하여야 한다. 따라서 제6호에서 말하는 이전될 「재산」이란 특정재산을 말하는 것이 아니고 특정의 영업과 그 영업을 위해 조직화된 재산$\left(\substack{즉 상법 제\\41조의 영업}\right)$을 뜻하는 것으로 풀이해야 한다.

⑧ 제530조의9 제2항의 정함이 있는 경우에는 그 내용$\left(\substack{동조\\항 8호}\right)$        상세는 후술$\left(\substack{693\\면 이\\하\\참조}\right)$.

⑨ 분할을 할 날$\left(\substack{동조항\\8의2호}\right)$        분할의 효력은 등기에 의해 발생하므로 분할의 효력발생일을 정하라는 취지는 아니다. 분할회사의 재산을 신설회사에 이전하는 등 실질적으로 회사의 영업을 분할하는 실행행위를 할 날을 의미한다.

⑩ 신설회사의 이사와 감사를 정한 경우에는 그 성명과 주민등록번호$\left(\substack{동조\\항 9호}\right)$        신설회사의 이사와 감사는 상법이 정한 회사설립절차에 의해 정해지는 것이 원칙이나$\left(\substack{296조·\\312조}\right)$, 상법은 이를 분할계획에 의하여 사전에 선임할 수 있도록 한 것이다.

⑪ 신설회사의 정관에 기재할 그 밖의 사항$\left(\substack{동조항\\10호}\right)$        기타 신설회사의 정관에 기재할 임의적 기재사항이 있다면 분할계획서에 반영할 수 있다.

⑫ 설립방법의 기재        상법에는 명문의 규정을 두지 않았으나, 설립방법도 분할계획서에서 빼놓을 수 없는 중요한 사항이다. 후술과 같이 신설회사의 자본금은 분할회사로부터 승계하는 재산만으로 구성할 수도 있고, 그 밖에 주주를 모집할 수도 있다. 그러므로 어떠한 방법으로 설립할 것인지를 분할계획서에 기재해야 한다.

2) 존속분할에서의 추가기재사항$\left(\substack{530조\\의5 2항}\right)$        분할회사가 존속하면서 그 영업의 일부만으로 하나 또는 수 개의 회사를 신설할 경우에는 위 분할계획서에 기재하여야 할 사항에 추가하여 존속하는 분할회사에 관해 다음 사항을 기재하여야 한다.

① 감소할 자본금과 준비금의 액$\left(\substack{동조\\항 1호}\right)$

② 자본금감소의 방법($\frac{동조}{항 2호}$)　　분할로 인해 신설회사에 영업재산을 이전하므로 존속하는 분할회사에는 자산이 감소한다. 자산의 감소를 반영하여 분할회사의 자본금을 감소하고자 할 경우에는 자본금감소에 관한 구체적 사항을 분할계획에 반영해야 한다.

③ 분할로 인하여 이전할 재산과 그 가액($\frac{동조}{항 3호}$)　　제530조의5 제1항 제7호에 의해 신설할 회사에 관한 계획사항으로 반영되어야 할 사항이므로 무의미한 규정이다.

④ 분할 후의 발행주식의 총수($\frac{동조}{항 4호}$)　　위 ①의 자본금감소 후의 발행주식을 기재하게 한 것이다.

⑤ 회사가 발행할 주식의 총수를 감소하는 경우에는 그 감소할 주식의 총수, 종류 및 종류별 주식의 수($\frac{동조}{항 5호}$)　　분할회사가 자본금감소와 아울러 이에 균형을 맞추어 발행예정주식총수를 감소하고자 할 경우에 그에 관한 사항을 기재하게 한 것이다.

⑥ 정관변경을 가져오게 하는 그 밖의 사항($\frac{동조}{항 6호}$)　　분할로 인해 사업목적에 변경이 올 수 있다. 예컨대 가전부문과 반도체부문 중 가전부문을 분할해 신설회사를 설립하고, 분할회사는 정관상의 사업목적을 반도체로 국한하고자 하는 경우 또는 다른 사업을 추가할 경우 그리고 이러한 사업의 변동에 맞추어 상호 등을 변경하고자 한다면 이를 분할계획서에 반영하여야 한다.

3) **분할계획서의 효력**　　분할계획서는 주주총회의 승인을 얻어 분할실행의 규범이 된다. 따라서 모든 분할절차는 분할계획서에 기재된 대로 하여야 하며, 분할계획서에 어긋나는 내용으로 분할한다면 후술하는 분할의 무효원인이 된다.

**(2) 회사설립**

1) **설립절차의 주관자**　　통상의 회사설립절차에서는 발기인이 정관작성 등 회사설립을 주관한다. 회사분할의 경우에는 분할회사의 출자만으로 회사를 설립하는 경우와 분할회사의 출자에 추가하여 제3자의 출자를 받는 경우에 각각 회사설립의 주관자와 기타 절차를 달리한다. 전자를 분할회사가 단독의 자산으로 설립한다는 뜻에서 「단독분할설립」($\frac{530조의}{4 단서}$$_{의}$ $_{설립}$), 후자를 제3의 주주를 모집한다는 뜻에서 「모집분할설립」이라 부르기로 한다.

(a) **단독분할설립**　　분할을 위해 회사를 설립할 때에도 분할계획에 의해 신설회사의 정관에 기재할 사항들이 다 정해지고 주식을 인수하거나 모집주주의 청약을 받는 등의 절차가 필요 없으므로 발기인이 불필요하다. 이 점 합병에 있어서의 신설합병에 비견할 수 있다. 설립에 관한 분할계획의 집행은 대표이사가 해야 한다고 해석한다.

(b) **모집분할설립**　　상법 제530조의4 본문은 분할로 인한 회사설립에는 회사설립에 관한 규정을 준용한다고 규정한다. 이는 분할회사의 영업재산이 출자되는 외에 제3의 주주를 모집할 경우를 예상한 규정이다($\frac{530조의4 단}{서의 반대해석}$). 회사설립에 관한 규정을 일반적으로 준용하므로 모집분할설립시에는 발기인이 있어야 하고 이들에 의해 정관작성 등 설립사무가 진행되어야 한다.

2) **주식발행**    분할회사의 재산만으로 출자를 할 경우에는 주식발행과 배정이 전부 분할계획에 의해 정해지므로 주식의 인수라는 행위가 없다. 모집분할설립의 경우에는 분할회사의 영업재산이 출자되는 범위에서의 주식발행은 분할계획에 의해 정해지지만, 나머지 모집주주가 주식을 인수하는 부분에는 회사설립시의 청약과 배정에 관한 규정이 준용된다.

3) **현물출자의 조사**    단독분할설립이며 분할회사의 주주에게 그 소유하는 주식수에 비례하여 신설회사의 주식을 발행하는 경우에는 법원이 선임하는 검사인의 조사절차($^{299}_{조}$)를 요하지 않는다($^{530조}_{의4\,단}$). 모집주주가 없으므로 현물출자의 평가에 관해 새로운 이해관계자가 생기지 않고, 기존 주주들의 이해에도 변동이 없으므로 현물출자의 공정성은 문제되지 않기 때문이다. 그러나 모집분할설립의 경우에는 물론이고 단독분할설립의 경우에도 분할회사의 주주들에게 배정하는 주식의 수가 분할회사에서의 지분율에 따르지 않는 경우에는 현물출자의 조사를 요한다($^{530조의4\,단}_{서의\,반대해석}$).

4) **임원의 선임**    단독분할설립시에는 임원을 분할계획에 의해 선임하지만 일반설립절차에 의할 때에는 발기인 또는 창립총회에서 선임하여야 한다.

5) **창립총회**    단독분할설립의 경우에는 창립총회를 요하지 않고, 모집분할설립의 경우에도 이사회의 공고로 창립총회에 갈음할 수 있다($^{530조의11\,1항}_{→527조\,4항}$).

**(3) 주권의 제출공고**

분할회사의 주주들에게 신설회사의 주식을 발행함에 있어 주주들이 가지고 있는 분할회사의 주식을 병합하거나 소각하는 등 그 수에 변동이 있을 때에는 그 주권을 회수하여야 한다. 이를 위해 자본금감소에서의 주식병합을 위한 주권제출의 공고절차($^{440조\sim}_{443조}$)를 준용한다($^{530조의}_{11\,1항}$).

## 3. 분할합병절차

분할합병은 분할회사의 분할과 이를 토대로 두 회사의 합병이라는 두 가지 절차로 이루어지지만, 양자는 분할회사와 합병할 상대방회사의 대표기관간에 분할합병계약서를 작성하여 쌍방회사의 이사회와 주주총회의 승인을 받는 것으로 합체되어 행해진다.

**(1) 분할합병계약서**

분할합병계약서는 흡수분할합병을 하느냐 신설분할합병을 하느냐에 따라 다음과 같이 내용을 달리한다.

1) **흡수분할합병의 분할합병계약서**($^{530조}_{의6\,1항}$)    분할회사로부터 분할된 영업 일부를 다른 회사가 흡수합병하는 경우에는 분할합병계약서에 다음 사항이 기재되어야 한다. 소멸분할합병이든 존속분할합병이든 같다.

① 분할합병의 상대방회사로서 존속하는 회사($^{분할승계회사.}_{이하\,'승계회사'}$)가 분할합병으로 인하여 발행할 주식의 총수가 증가하는 경우에는 증가할 주식의 총수, 종류 및 종류주식의 수, 액면

주식·무액면주식의 구분($\substack{동조 \\ 항 1호}$)

② 승계회사가 분할합병을 하면서 신주를 발행하거나 자기주식을 이전하는 경우에는 그 발행하는 신주 또는 이전하는 자기주식의 총수, 종류 및 종류별 주식의 수($\substack{동조 \\ 항 2호}$)

단순분할계획에서와 같이 액면주식·무액면주식의 구분도 필요하다.

③ 승계회사가 분할합병을 하면서 신주를 발행하거나 자기주식을 이전하는 경우에는 분할회사의 주주에 대한 승계회사의 신주의 배정 또는 자기주식의 이전에 관한 사항 및 주식의 병합 또는 분할을 하는 경우에는 그에 관한 사항($\substack{동조 \\ 항 3호}$)

구체적인 법리는 흡수합병시 존속회사의 신주발행 또는 자기주식의 이전과 같다($\substack{상세는 \\ 665면 \\ 이하 \\ 참조}$).

④ 승계회사가 분할회사의 주주에게 제3호에도 불구하고 그 대가의 전부 또는 일부로서 금전이나 그 밖의 재산을 제공하는 경우에는 그 내용 및 배정에 관한 사항($\substack{동조 \\ 항 4호}$)

i) 교부금분할합병의 허용    분할대가의 일부를 교부금으로 갈음할 수 있으며, 교부금만의 분할합병도 가능하다. 관련 법리는 교부금합병에 관해 설명한 바와 같다($\substack{상세는 \\ 665면 이 \\ 하 \\ 참조}$).

ii) 삼각분할합병의 허용    위 법문에서와 같이 제530조의6 제1항 제4호에서 분할대가 전액을 금전 아닌 재산으로 지급할 수 있도록 하고, 동조 제4항에서 분할대가를 존속회사의 모회사주식으로 지급하고자 할 경우 존속회사가 모회사의 주식을 취득하는 것을 허용함으로써 삼각합병과 같이 삼각분할합병을 허용한다. 삼각합병에서와 같이 삼각분할합병 역시 승계회사의 모회사의 효용을 위해 행해진다. 예컨대 P회사가 S라는 회사의 일부 사업부문을 지배하에 두고자 할 때, 자신의 자회사 P2($\substack{승계 \\ 회사}$)로 하여금 P의 주식을 취득하게 하여($\substack{또는 P가 자기주식을 출자 \\ 하여 P2를 설립할 수도 있다}$). 분할회사 S로부터 분할된 사업을 흡수하며 S의 주주에게 합병대가로 P의 주식을 교부하게 하는 것이다. 이같이 함으로써 P는 S의 사업부문을 자신의 자회사의 일부로 만들게 되는데, 이를 위해 주주총회를 할 필요도 없고 반대주주의 주식매수청구도 피할 수 있다.

삼각분할합병을 위해 존속회사가 취득한 모회사주식을 분할대가로 사용하지 않은 경우에는 법상 금지되는 모회사주식취득의 상태가 유지됨을 의미하므로 상법은 이를 분할합병의 효력발생일로부터 6월 내에 처분하도록 한다($\substack{530조 \\ 의6 5항}$).

⑤ 승계회사의 자본금 또는 준비금이 증가하는 경우에는 증가할 자본금 또는 준비금에 관한 사항($\substack{동조 \\ 항 5호}$)

흡수합병시 존속회사의 자본금증가 및 준비금에 관해 설명한 바와 같다($\substack{664면 \\ 참조}$).

⑥ 분할회사가 승계회사에 이전할 재산과 그 가액($\substack{동조 \\ 항 6호}$)

단순분할시의 재산이전에 관해 설명한 바와 같다($\substack{분할계획서에 관 \\ 한 설명 ⑦ 참조}$).

⑦ 제530조의9 제3항의 정함이 있는 경우에는 그 내용($\substack{동조 \\ 항 7호}$)

상세는 제530조의9에 관한 설명에서 다룬다$\binom{693면\ 이}{하\ 참조}$.

⑧ 각 회사에서 제530조의3 제2항의 결의를 할 주주총회의 기일$\binom{동조}{항\ 8호}$

후술과 같이 분할합병계약서는 분할회사뿐 아니라 승계회사에서도 주주총회의 결의를 얻어야 한다. 그러므로 쌍방회사에서 주주총회를 언제 소집할 것인가를 합의하고 이를 계약서에 기재하여야 한다.

⑨ 분할합병을 할 날$\binom{동조}{항\ 9호}$

분할계획서에 관한 설명 ⑨ 참조.

⑩ 승계회사의 이사와 감사를 정한 때에는 그 성명과 주민등록번호$\binom{동조항}{10호}$

분할계획서에 관한 설명 ⑩ 참조.

⑪ 승계회사의 정관변경을 가져오게 하는 그 밖의 사항$\binom{동조항}{11호}$

분할계획서에 관한 설명 ⑪ 참조.

**2) 신설분할합병의 분할합병계약서**$\binom{530조}{의6\ 2항}$　　　분할회사의 일부가 다른 회사 또는 다른 분할회사의 일부와 합병을 하여 회사를 신설하는 경우에는 분할합병계약서에 다음 사항을 기재하여야 한다.

① 제530조의5 제1항 제1호, 제2호, 제6호 내지 제10호에 규정된 사항$\binom{530조의}{6\ 2항\ 1호}$

신설분할합병은 회사의 신설을 요하므로 동 계약서에 기재할 사항은 단순분할에 있어서 신설회사에 관해 기재할 사항과 상당부분 공통된다$\binom{분할계획서에\ 관한\ 설명\ ①,}{②,\ ⑥,\ ⑦,\ ⑧,\ ⑨,\ ⑩,\ ⑪\ 참조}$.

② 분할합병을 하여 설립되는 회사$\binom{분할합병신설회사}{이하\ '신설회사'}$가 분할합병을 함에 있어서 발행하는 주식의 총수, 종류 및 종류별 주식의 수$\binom{동조}{항\ 2호}$

신설회사가 설립 당시에 발행하는 주식에 관한 사항으로서, 단순분할시 신설회사의 주식발행에 관해 설명한 바와 같다$\binom{분할계획서에\ 관}{한\ 설명\ ③\ 참조}$.

③ 각 회사의 주주에 대한 주식의 배정에 관한 사항과 배정에 따른 주식의 병합 또는 분할을 하는 경우에는 그 규정$\binom{동조}{항\ 3호}$

신설분할합병의 당사회사의 주주들에게 신설회사의 주식을 배정하는 내용에 관한 것으로서, 단순분할시의 신설회사의 주식배정에 관해 설명한 바와 같다$\binom{분할계획서에\ 관}{한\ 설명\ ④\ 참조}$.

④ 각 회사가 신설회사에 이전할 재산과 그 가액$\binom{동조}{항\ 4호}$

단순분할시의 재산이전에 관해 설명한 바와 같다$\binom{분할계획서에\ 관}{한\ 설명\ ⑦\ 참조}$.

⑤ 각 회사의 주주에게 지급할 금액을 정한 때에는 그 규정$\binom{동조}{항\ 5호}$　　　단순분할시의 분할교부금에 관해 설명한 바와 같다$\binom{분할계획서에\ 관}{한\ 설명\ ⑤\ 참조}$.

⑥ 각 회사에서 제530조의3 제2항의 결의를 할 주주총회의 기일$\binom{동조}{항\ 6호}$

흡수분할합병시의 주주총회결의에 관해 설명한 바와 같다$\binom{흡수분할합병계약서}{에\ 관한\ 설명\ ⑧\ 참조}$.

⑦ 분할합병을 할 날$\binom{동조}{항\ 7호}$

단순분할시의 분할을 할 날에 관해 설명한 바와 같다$\binom{분할계획서에\ 관}{한\ 설명\ ⑨\ 참조}$.

3) 분할회사의 분할계획서    분할합병시 분할회사에 있어 합병의 대상이 되는 것은 영업의 일부이고 분할합병의 대상이 되지 않는 나머지 영업재산으로 분할회사가 존속할 수도 있고, 새로운 회사를 설립하고 해산할 수도 있다. 이 부분에는 분할계획서에 관한 규정이 준용된다($\frac{530조의6\ 3항}{\rightarrow530조의5}$).

4) 분할합병계약서의 효력    분할합병계약서는 주주총회의 승인을 얻어 분할 및 합병실행의 규범이 되므로 분할 및 합병의 모든 절차는 분할합병계약서에 기재된 대로 하여야 하며, 동계약서에 어긋나는 내용으로 분할합병한다면 후술하는 분할 및 합병의 무효원인이 된다. 신설분할의 분할계획서에 대해 설명한 바와 같다.

### (2) 분할합병의 상대방회사의 의사결정

상법 제530조의3 제1항은 분할회사에 있어서의 주주총회에 관해서만 규정하고 있으나, 상대방회사에게도 실질적으로는 통상의 흡수합병 또는 신설합병의 결과를 가져오므로 역시 주주총회의 특별결의를 요한다고 본다.

### (3) 창립총회

신설분할합병의 경우에는 채권자보호절차의 종료 후, 주식의 병합을 할 경우에는 그 효력이 생긴 후 지체 없이 창립총회를 소집하여야 한다. 그러나 이사회는 공고로 창립총회를 갈음할 수 있다($\frac{530조의11}{1항\rightarrow527조}$).

### (4) 주권의 제출공고

분할회사의 주주들에게 합병상대방회사 또는 신설회사의 주식을 발행해야 하므로 단순분할에 관해 설명한 바와 같이 분할계획에 의해 분할회사의 주주들이 가지고 있는 주식을 병합하거나 소각하는 등 그 수에 변동이 있을 때에는 그 주권을 회수하여야 한다. 이를 위해 자본금감소에서의 주식병합을 위한 주권제출의 공고절차가 준용된다($\frac{530조의11\ 1항}{\rightarrow440조\sim443조}$).

### (5) 간이분할합병·소규모분할합병

상법은 간이합병제도($\frac{527}{조의2}$)를 흡수분할합병에 응용하여 분할회사의 총주주의 동의가 있거나, 승계회사가 이미 분할회사의 주식을 100분의 90 이상 소유할 경우에는 분할회사의 주주총회를 생략할 수 있게 하였다($\frac{530조의11\ 2}{항\rightarrow527조의2}$). 그리고 소규모합병제도($\frac{527}{조의3}$)도 흡수분할합병에 응용하여 승계회사가 분할합병의 대가로 발행하는 신주가 승계회사의 발행주식총수의 100분의 10을 초과하지 않는 경우에는 승계회사에서 주주총회의 승인결의를 이사회의 결의로 갈음할 수 있게 하였다($\frac{530조의11\ 2}{항\rightarrow527조의3}$).

## 4. 채권자보호절차

1) 단순분할에서의 채권자보호    단순분할의 경우 분할회사의 채권자를 위한 책임재산이 없어지거나 줄어드는 모습을 보이지만, 신설회사들이 분할회사의 채무에 관해 연대책임을 지므로 책임재산에는 변동이 없고 책임주체에도 실질적인 변동이 없다고 할 수 있다.

따라서 단순분할의 경우에는 채권자보호절차를 두고 있지 않다. 그러나 신설회사의 책임이 제한되는 경우($\frac{530조}{의9\ 2항}$)에는 책임주체와 책임재산에 변동이 생기므로 채권자보호절차를 밟아야 한다($\frac{530조}{의9\ 4항}$).

2) **분할합병에서의 채권자보호**　　분할합병을 하면 양 합병당사회사의 채권자들이 책임재산을 공유하게 되므로 채권자에게는 책임재산과 책임주체에 관한 중대한 변화를 초래한다. 따라서 분할합병의 경우에는 쌍방회사에서 채권자보호절차를 밟아야 한다($\frac{530조의}{11\ 2항}$→$\frac{527}{조의5}$).

### 5. 주식매수청구권

단순분할의 경우에는 종전의 회사재산과 영업이 물리적 및 기능적으로 나누어질 뿐 주주의 권리는 신설회사에 그대로 미치므로 주주의 권리에 구조적인 변화가 생기는 것은 아니다. 그러나 분할합병의 경우에는 회사의 재산, 영업이 다른 회사와 통합되므로 주주의 관점에서는 합병과 동질의 구조변화이다. 따라서 분할합병에 반대하는 주주에게 주식매수청구권을 인정할 필요성은 합병의 경우와 다름이 없다. 때문에 상법은 단순분할의 경우에는 반대주주의 주식매수청구를 인정하지 않으나, 분할합병의 경우에는 반대주주에게 주식매수청구권을 인정한다($\frac{530조의11\ 2}{항→522조의3}$). 반대절차와 매수절차는 합병에 관해 설명한 바와 같다($\frac{462면}{참조}$).

### 6. 물적분할절차

물적분할은 앞서 말한 분할방법 이외에 별도로 인정되는 분할방법이 아니고, 분할 자체는 앞서 설명한 방법 중 어느 하나로 이루어지되, 다만 분할로 인하여 취득하는 주식을 분할회사에 귀속시키는 것이다($\frac{530조}{의12}$).

1) **물적분할의 허용범위**　　분할회사가 해산하는 소멸분할에서는 분할회사가 주식을 소유하는 일이 있을 수 없다. 따라서 물적분할이 허용되는 것은 존속분할에 한한다. 한편 상법 제530조의12는 분할 또는 분할합병으로 인하여「설립되는」회사의 주식의 총수를 취득하는 경우에 준용한다고 규정하므로 흡수분할합병에는 물적분할이 허용되지 않는다고 해석할 소지가 있으나, 이는 입법의 착오이고, 흡수분할합병의 경우에도 물적분할이 허용된다고 해석한다($\frac{통}{설}$).

2) **절차**　　단순분할 또는 분할합병의 절차가 그대로 진행된다. 따라서 분할계획서 또는 분할합병계약서의 작성, 분할회사나 상대방회사에서의 의사결정 등 모든 절차를 밟아야 한다. 다만 분할계획서나 분할합병계약서 중 분할회사의 주주에게 주식을 배정하는 대신에 분할회사가 그 주식을 취득한다는 뜻을 기재하여야 한다.

## Ⅴ. 분할의 등기(효력발생시기)

1) 등기절차　　　단순분할 및 신설분할합병의 경우에는 신설되는 회사의 창립총회가 종료한 날로부터 본점소재지에서는 2주 내에 지점소재지에서는 3주 내에 등기를 해야 하고, 흡수분할합병의 경우에는 분할합병계약에 관한 주주총회의 결의가 종료한 날로부터 기산해서 같은 기간 내에 등기하여야 한다($^{530조의11}_{1항→528조}$).

신설되는 회사는 회사설립등기($^{317}_{조}$)를, 분할회사는 존속분할의 경우에는 변경등기를, 소멸분할의 경우에는 해산의 등기를 하여야 한다. 그리고 흡수분할합병의 경우 승계회사는 변경등기를 하여야 한다($^{상등}_{70조}$).

2) 분할의 효력발생시기　　　회사분할은 위의 등기를 함으로써 효력이 발생한다($^{530조}_{의11}$ $^{1항}_{→234조}$). 따라서 후술하는 분할로 인한 모든 법률관계도 등기를 함으로써 효력이 발생한다.

## Ⅵ. 분할의 공시

분할회사의 이사는 분할계획서 또는 분할합병계약서의 승인을 위한 주주총회의 회일의 2주 전부터 분할의 등기를 한 날 또는 분할합병의 등기를 한 날 이후 6월간 분할계획서 또는 분할합병계약서, 분할되는 부분의 대차대조표, 분할 합병의 경우에는 상대방회사의 대차대조표, 분할회사의 주주에게 발행할 신주의 배정 또는 자기주식의 이전에 관하여 그 이유를 기재한 서면을 본점에 비치하여야 한다($^{530조}_{의7 1항}$). 그리고 분할합병의 승계회사의 이사는 분할합병을 승인하는 주주총회의 회일의 2주 전부터 분할합병의 등기를 한 후 6월간 분할합병계약서, 분할회사의 분할되는 부분의 대차대조표, 분할회사의 주주에게 발행할 신주의 배정 또는 자기주식의 이전에 관하여 그 이유를 기재한 서면을 본점에 비치하여야 한다($^{동조}_{2항}$).

분할 또는 분할합병 후에는 이사는 채권자보호절차의 경과, 합병을 한 날, 합병으로 인하여 소멸하는 회사로부터 승계한 재산의 가액과 채무액 기타 합병에 관한 사항을 기재한 서면을 합병을 한 날부터 6월간 본점에 비치하여야 한다($^{530조의11 1항}_{→527조의6 1항}$).

주주 및 회사채권자는 영업시간 내에는 언제든지 위 서류를 열람할 수 있고 비용을 지급하고 등·초본의 교부를 요구할 수 있다($^{530조의7 3항}_{→522조의2 2항}$).

## Ⅶ. 분할의 효과

### 1. 법인격에 관한 효과

합병에서와 달리 분할의 경우에는 법인격의 승계라는 현상은 생기지 않는다. 존속분할의 경우에는 분할회사가 존속하므로 분할 전 회사의 법인격은 분할 후의 존속회사에서 그 동일성을 유지한다. 그러나 분할로 인한 신설회사 또는 흡수분할합병의 승계회사는 분할회사의 법인격을 승계하지 않는다(대법원 2012. 7. 26. 선고 2010다37813 판결). 분할회사가 소멸하더라도 같다.

분할회사가 소멸하는 경우 회사의 재산이 전부 신설회사 또는 분할합병의 승계회사에 승계되므로 분할회사는 청산절차를 밟지 않고 해산한다(517조 1의2호).

### 2. 권리와 의무의 이전

분할로 인해 분할계획서 또는 분할합병계약서에서 특정된 분할회사의 권리와 의무가 신설회사 또는 흡수분할합병의 승계회사에 이전한다(530조 의10).

**1) 이전의 방법**  상법이 등기를 한 때에 분할의 효력이 발생한다고 규정하고 있으므로 분할로 인한 재산의 이전은 법률의 규정에 의한 이전으로 보아야 한다(민 187 조 참조). 따라서 분할회사의 재산은 별도의 이전행위나 공시방법을 요하지 않고 분할로 인한 등기를 한 때에 이전되는 것으로 보아야 한다.

판례는「포괄승계」된다는 용어를 사용하지만, 상속·합병에서와 같은 의미의 포괄승계로 이해해서는 안되고, 분할계획 또는 계약에서 정해진 것은 개개의 재산별 이전행위를 요하지 않고 일괄하여 이전된다는 뜻을 말한 것으로 이해해야 한다.

**2) 이전의 범위**  분할계획 또는 분할합병계획에 의해 특정된 분할회사의 권리는 사법상의 관계나 공법상의 관계를 불문하고 신설회사 또는 분할합병으로 인한 존속회사에 승계된다(대법원 2011. 8. 25. 선고 2010다44002 판결). 분할계획 또는 분할합병계약에 의해 이전된 영업재산에 관한 소송은 당해 영업재산을 승계한 신설회사 또는 분할합병의 승계회사가 승계할 수 있다(대법원 2002. 11. 26. 선고 2001 다44352 판결).

법률상 그리고 성질상 이전이 가능해야 하므로 법이 이전을 금하는 권리나 성질상 일신전속적으로 보아야 할 권리는 분할계획 또는 계약에서 이전대상으로 특정되었더라도 이전될 수 없다. 다른 구성원의 동의를 얻어야 이전이 가능한 단체법적 지위(예: 조합 원의 지위) 역시 다른 구성원의 동의가 없는 한 이전대상이 아니다(앞의 2010다 44002 판결). 그리고 판례는 분할계획서에 근로관계의 승계를 규정할 수 있지만, 근로관계의 승계는 종업원의 이해와 협력을 구하는 절차를 거치는 등의 절차적 정당성을 갖춘 경우에 한해 허용된다고 한다(대법원 2013. 12. 12. 선고 2011두4282 판결).

〈경업금지〉 존속분할의 경우에 분할회사가 신설회사에 이전한 영업을 다시 할 수 있는가? 예컨대 가전부문과 반도체부문을 영위하던 甲이 분할에 의해 가전업을 신설회사 乙에게 이전하고 다시 자신이 가전업을 할 수 있느냐는 문제이다. 분할을 영업양도에 준하는 것으로 보고, 상법 제41조를 유추적용하여 분할회사는 분할된 영업에 관해 경업금지의무를 진다고 해석한다. 이는 상이한 업종이 분할된 경우에 관한 설명이고, 동일한 영업을 양적으로 분리하는 경우에는 경업금지의 문제가 생기지 않는다.

### 3. 주식의 귀속

회사분할에 의해 분할회사의 주주는 분할계획서 또는 분할합병계약서에 정한 바에 따라 신설회사의 주식 또는 흡수분할합병의 승계회사의 주식을 취득한다. 물적분할의 경우에는 분할회사가 주식을 취득함은 기술한 바와 같다.

### 4. 이사·감사의 선임 및 정관변경의 효과

단순분할의 경우 또는 신설분할합병의 경우, 분할계획서 또는 분할합병계약서에 신설회사의 이사와 감사로 정해진 자는 신설회사의 선임절차를 요하지 않고 설립등기와 더불어 신설회사의 이사 및 감사가 된다($\binom{530조의5\ 1항\ 9호,\ 530}{조의6\ 2항\ 1호\ 참조}$).

흡수분할합병의 경우, 분할합병계약서에 승계회사의 이사와 감사로 정해진 자는 승계회사의 선임절차 없이 합병으로 인한 승계회사의 변경등기에 의해 이사와 감사가 된다($\binom{530조}{의6\ 1}$ $\binom{항\ 10}{호\ 참조}$).

### 5. 분할회사의 채무의 승계와 책임

#### (1) 채무의 승계

합병을 하면 소멸회사의 모든 채무를 신설회사 또는 존속회사가 포괄승계하나, 회사분할에서는 이같은 채무의 포괄승계가 없다. 신설회사 또는 승계회사는 분할계획 또는 분할합병계약에 의해 특정된 채무를 인수할 뿐이다($\binom{530조}{의10}$). 이 경우 채권자의 승낙($\binom{민\ 454}{조\ 1항}$)을 요하는가? 분할합병은 채권자이의절차를 거치므로 이의하지 않는 채권자는 채무자의 변경을 승낙한 것으로 볼 수 있다. 단순분할에는 채권자보호절차가 없지만, 분할회사의 채무에 관해 신설회사가 연대책임을 지므로($\binom{530조}{의9\ 1항}$) 채권자는 채무의 승계로 인해 불이익을 받는 바 없다. 따라서 분할로 인한 채무의 승계는 채권자의 승낙을 요하지 않는다고 새겨야 한다. 이점 민법 제454조 제1항에 대한 예외이다.

#### (2) 연대책임

상법 제530조의9 제1항은 「분할회사, 단순분할신설회사, 분할승계회사 또는 분할합병신설회사는 분할 또는 분할합병 전의 분할회사 채무에 관하여 연대하여 변제할 책임이 있다」라고 규정하고 있다. 분할당사회사 간의 채무승계가 여하히 이루어지든, 분할 전의 채권자가 분할 후 책임재산이 감소됨으로 인한 불이익을 입지 않게 하려는 취지이다.

**1) 채무의 범위**　　연대책임의 대상은 「분할 또는 분할합병 전의 분할회사 채무」이다. 분할 후에 존속하는 분할회사에 발생한 채무나 분할 후 신설회사가 새로이 부담하는 채무는 그 대상이 아니다. 흡수분할합병의 경우 승계회사가 분할합병 후에 부담하는 채무는 물론 분할합병 전에 부담한 채무도 본조의 적용대상이 아니다.

분할 전에 발생하였다면 이행기가 분할 후에 도래하더라도 분할 전 채무로서 연대채무의 대상이 됨은 물론이다($^{대법원\ 2008.\ 2.\ 14.\ 선}_{고\ 2007다73321\ 판결}$). 한편 분할 전에 채무를 발생시킬 수 있는 가능성이 있는 사실만 생겨나고, 분할 후에 비로소 법적 채무로 발생, 확정되었다면 이는 분할 전의 채무가 아니다. 예컨대 어느 회사가 분할을 하기 전에 공정거래법을 위반하고 분할 후에 그 위반으로 인한 과징금이 부과된 경우, 과징금은 부과처분에 의해 비로소 형성적으로 채무가 발생하므로 이는 분할 후의 채무로서 연대채무의 대상이 아니다($^{대법원\ 2007.\ 11.\ 29.\ 선고\ 2006두}_{18928\ 판결;\ 동\ 2011.\ 5.\ 26.\ 선고}$ $^{2008두}_{18335\ 판결}$). 그러나 분할 전에 아직 발생하지는 아니하였더라도 성립의 기초가 되는 법률관계가 발생하여 있는 채무는 연대책임의 대상이다. 예컨대 분할 전에 체결한 대출채무의 보증계약에 의해 분할 후에 보증인 대출채무를 대위변제한 경우 그 구상채무는 분할 전의 채무로서 연대채무의 대상이다($^{대법원\ 2010.\ 12.\ 23.\ 선고\ 2010다71660\ 판}_{결;\ 동\ 2012.\ 5.\ 24.\ 선고\ 2012다18861\ 판결}$).

**2) 연대책임의 당사자**　　분할계획서나 분할합병계약서에 정한 바에 의해 분할회사가 분할 후에 계속 부담하는 채무에 대해서는 신설회사나 흡수분할합병의 승계회사가 연대책임을 지고, 신설회사나 흡수분할합병의 승계회사가 분할회사로부터 승계한 채무에 대해서는 존속하는 분할회사 및 다른 신설회사가 연대책임을 진다.

두 개의 회사가 각기 재산의 일부를 분할하여 신설합병을 할 때에는 각 분할회사는 상대분할회사의 분할 전 채무에 대해 연대책임을 지지 않는다.

**3) 연대책임의 제소기간**　　분할무효의 소의 제소기간은 분할 후 6월 내로 제한되지만($^{530조의11}_{1항→529조}$), 이는 분할 후 당사회사들의 연대책임을 추궁하는 것과는 무관하다($^{부산고법\ 2004.}_{3.\ 31.\ 선고\ 2003}$ $^{나11424}_{판결}$). 연대책임은 당초 채무의 시효기간 내에 추궁할 수 있다.

**4) 책임의 성질**　　판례는 상법 제530조의9 제1항의 연대책임은 채권자를 보호하기 위한 법정책임으로서 그 책임부담에 관하여 분할당사회사 사이에 주관적 공동관계가 있다고 보기 어렵다는 이유로, 분할당사회사들은 각자 부담하기로 한 채무 이외의 채무에 대하여 부진정연대의 관계에 있다고 한다($^{대법원\ 2010.\ 8.\ 26.\ 선}_{고\ 2009다95769\ 판결}$).

**5) 책임의 한도**($^{무한}_{책임}$)　　분할당사회사는 분할 전의 회사채무 전부에 관해 책임을 지므로 무한책임이라고 할 수 있다.

**(3) 책임의 제한**(분할)

**1) 책임의 분할 가능성**　　분할당사회사들이 분할회사의 분할전채무에 관해 연대책임을 져야 함은 채권자를 보호하기 위해 불가피한 제도이기는 하나, 이는 분할의 효용을 반감

시키는 요인이다. 분할의 취지는 영업부문별로 사업의 기회와 위험을 독립적으로 관리할 수 있도록 하기 위함인데, 연대·무한책임으로 인해 분할당사회사들이 서로의 기업실패에 영향을 받게 되므로 분할 전의 규모의 비경제가 지속되기 때문이다. 그러므로 상법은 채권자의 보호를 전제로 분할당사회사들이 자신에게 배정된 채무만을 책임지고 연대관계에서 벗어날 수 있는 방안을 제시하고 있다.

　단순분할의 경우에는 분할계획서에서 신설회사가 자신이 승계하는 채무에 한해 책임을 지도록 정할 수 있고($\frac{530조}{의9\ 2항}$), 분할합병의 경우에는 분할합병계약서에서 분할승계회사 또는 신설회사가 자신이 승계하는 채무에 한해 책임을 지도록 정할 수 있는 것이다($\frac{530조}{의9\ 3항}$). 이 경우 존속하는 분할회사는 자신에 잔존하는 채무에 한해 책임을 진다.

　분할계획서 또는 분할합병계약서에서 당사회사별로 채무와 책임을 분할함에 따르는 제약은 없으므로 자유롭게 정할 수 있다. 예컨대 승계하는 적극재산에 비례하여 정하거나, 승계하는 영업과 견련되어야 하는 것도 아니다.

　2) **책임제한의 요건**　　　상법 제530조의9 제2항에 의해 분할당사회사들이 책임을 제한하기 위하여는 다음 두 가지 요건을 구비해야 한다.

　i) 분할계획·계약상의 특정　　　분할당사자간에 배분승계하는 채무의 내용이 분할계획서 또는 분할합병계약서에서 특정되고 주주총회의 승인을 얻어야 한다($\frac{대법원\ 2010.\ 8.\ 26.\ 선고\ 2009다95769\ 판결;}{동\ 2012.\ 4.\ 26.\ 선고\ 2012다12191\ 판결}$). 이 사실은 분할채무를 주장하는 회사가 증명해야 한다($\frac{같은}{판례}$). 이러한 절차 없이 후술하는 채권자이의를 최고하는 공고에서 분할책임을 진다고 선언했다고 해서 책임분할의 효과가 생기는 것은 아니다($\frac{같은}{판례}$).

　ii) 채권자보호절차　　　단순분할을 할 때에는 원칙적으로 채권자보호절차를 밟지 아니하나, 이같이 책임을 제한하고자 할 때에는 채권자보호절차를 밟아야 한다($\frac{530조의9\ 4항}{→527조의5}$). 책임주체가 특정회사로 제한된다면 채권자를 위한 책임재산이 감소되기 때문이다. 채권자보호절차를 밟지 않은 경우에는 분할계획 또는 분할합병계약에 책임제한에 관한 규정을 두었더라도 이 규정은 무효이고, 채권자에 대해 당사회사들은 제530조의9 제1항에 따라 연대책임을 진다.

　채권자보호절차는 분할의 승인결의가 있은 날부터 2주 내에 채권자에 대하여 분할에 이의가 있으면 1월 이상의 기간 내에 이를 제출할 것을 공고하는 것인데, 특히 회사가 알고 있는 채권자에 대하여는 따로따로 이를 최고하여야 하며, 이를 게을리한 경우에는 제1항에 따라 연대책임을 져야 한다($\frac{530조의9\ 4항}{→527조의5}$)($\frac{대법원\ 2004.\ 8.\ 30.\ 선고\ 2003다25973\ 판결}{}$). 회사가 알고 있는 채권자에는 회사가 관리하는 자료에 의해 인식되는 채권자는 물론, 대표이사 개인이 알고 있는 회사채권자도 포함된다($\frac{대법원\ 2011.\ 9.\ 29.\ 선고\ 2011다38516\ 판결}{}$). 그러나 회사가 알고 있는 채권자라 하더라도 연대책임을 배제하는 방식으로 분할되는 것을 알고 있고 예측하지 못한 손해를 입을 우려가 없다고 인정되는 채권자의 경우에는 개별적인 최고를 누락했다고 해서 당사회사들이 연대책임을 지는 것은 아니라고 한 판례도 있다($\binom{\text{대법원 2010. 2. 25. 선}}{\text{고 2008다74963 판결}}$).

### 6. 질권자의 권리

분할회사의 주식에 대한 질권은 분할로 인해 그 주식의 주주가 취득하는 분할대가($\binom{\text{주식,}}{\text{교부금}}$)에 물상대위한다($\binom{339}{조}$).

## Ⅷ. 분할의 무효

회사분할에 무효의 원인이 있을 경우에는 다음과 같이 분할무효의 소로 다툴 수 있다. 분할의 무효는 소만으로 주장할 수 있으므로 분할무효의 소는 형성의 소이다.

분할의 무효는 주주, 이사, 감사, 청산인, 파산관재인 또는 분할을 승인하지 않은 채권자가 분할등기 후 6월 내에 제기할 수 있다($\binom{530조의11}{1항 \to 529조}$). 여기서 주주, 이사는 존속하는 분할회사, 신설회사 또는 분할합병에 있어서의 상대방회사의 주주, 이사를 뜻한다.

소제기가 있으면 공고를 하여야 하고, 수개의 소가 제기되면 병합심리를 하여야 하며, 법원의 재량기각이 인정되고, 원고가 패소할 경우 손해배상책임을 지는 점 등은 합명회사의 설립무효의 소에서 설명한 바와 같다($\binom{530조의11\ 1항 \to 240}{조 \to 186조 \sim 191조}$). 법원은 회사의 청구에 의하여 제소자에게 상당한 담보의 제공을 명할 수 있다($\binom{530조의11\ 1항 \to 237}{조 \to 176조\ 3항 \cdot 4항}$).

무효판결에는 대세적 효력이 있으므로 소를 제기하지 않은 주주 등에 대하여도 효력이 있다($\binom{530조의11\ 1항}{\to 240조 \to 190조\ 본}$). 이 점 형성의 소인 다른 회사법상의 소와 같다. 그리고 분할무효판결의 실체적 효력에 관해 상법은 합명회사의 합병무효의 판결의 효력에 관한 제239조를 준용하고 있다.

분할무효의 판결에는 소급효가 없으므로($\binom{530조의11\ 1항}{\to 240조 \to 190조\ 단}$) 분할에 의하여 신설된 회사의 대내외적인 행위, 분할 후의 주식의 양도 등 분할의 유효를 전제로 이루어진 행위는 모두 유효하다.

## 제 3 관   주식의 포괄적 교환과 포괄적 이전

## Ⅰ. 총설

### 1. 입법배경

주식의 포괄적 교환과 포괄적 이전은 어느 회사의 발행주식총수를 소유하는 완전모회사를 만들기 위한 방법이다. 「주식의 포괄적 교환」($\binom{\text{이하\ 주}}{\text{식교환}}$)은 아래 <그림 31>에서 보듯이, 이미 존재하는 A회사와 B회사의 계약에 의해 B회사의 주주가 소유하는 B회사의 주식을 전

부 A회사에 이전하고, 그 주식을 재원으로 하여 A회사가 B회사의 주주에게 신주를 발행하
거나 자기주식 또는 금전 기타 재산을 교부하는 것을 말한다(이하 주식교환이나 이전에 의해 母회사가 되
는 회사를 "A"로 예시하고 子회사가 되는 회사
를 "B"로 예시한다). 이에 의해 A는 B의 주식 전부를 소유하는 완전모회사가 되고, B의 주주는 A의 주
주로 수용된다. 그리고 「주식의 포괄적 이전」(이하 '주
식이전')은 <그림 32>에서 보듯이, B의 계획
에 의해 A를 신설하되, 그 신설방법은 B의 주주가 가진 B 주식 전부를 A에게 이전하고 A는
설립시에 발행하는 주식을 B의 주주에게 배정하는 것이다. 이에 의해 A는 B의 완전모회사
가 되고 B의 주주는 A의 주주가 된다. 두 제도 모두 회사간의 계약(주식교환
의 경우) 또는 회사의 일
방적인 계획(주식이전
의 경우)에 의해 일방회사(자회
사)의 주주들이 소유하는 주식이 타회사(모회
사)에 강제
로 이전된다는 점에 특색이 있다. 물론 주주들은 주주총회에서 주식교환 또는 주식이전을
승인하는 결의에 참가하지만, 이 결의는 단체법적인 방법으로 주식교환이나 주식이전을 위
한 회사의 의사를 결정하는 것이고, 개별 주주의 개인법적인 주식처분의사를 이끌어내는
것은 아니다.

〈그림 31〉 주식의 포괄적 교환

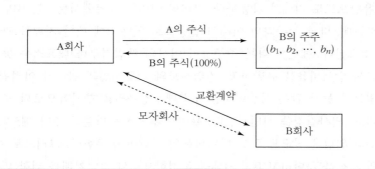

〈그림 32〉 주식의 포괄적 이전

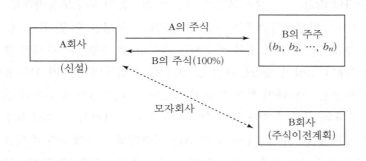

주식의 교환·이전은 특히 지주회사의 창설을 용이하게 한다는 점에서 큰 뜻을 갖는다. 지주회사란 일반적으로 주식의 소유를 통해 타회사의 사업내용을 지배하는 것을 주된 목적으로 하는 회사를 지칭한다. 상법상의 모자회사($^{342조}_{의2}$)에서 모회사가 특히 자회사를 지배하는 것을 주된 목적으로 존재할 경우 이를 지주회사라고 할 수 있다. 주식교환이나 주식이전 제도가 없다고 해서 지주회사를 설립하거나 기존회사를 지주회사로 바꾸는 방법이 없는 것은 아니다. 하지만 주식교환·이전은 후술하는 바와 같이 다른 방법에 비해 보다 저비용으로 매우 강력한 모자관계를 창설하는 수단이라는 점에서 유용성이 뛰어나다.

## 2. 효용

주식교환·이전에 어떤 효용이 있는지를 알기 위해서는 먼저 왜 완전모자관계를 만들 필요가 있는지부터 이해해야 한다.

**1) 완전모자관계의 효용**  A가 B를 지배하기 위해서는 반드시 100%의 B 주식을 소유해야 하는 것은 아니다. A가 B의 주식 과반수를 소유하면 A는 자신의 의사로 B의 이사 전부를 선임할 수 있어 지배가 가능하고, B의 주식이 분산되어 있다면 불과 20, 30% 혹은 그 이하의 소유만으로도 지배가 가능하다. 그러나 이러한 상황에서는 A는 B의 다른 주주와 공존하여야 하는데, 다른 주주와의 이해의 갈등으로 인해 B에 대한 지배를 관철함에 있어 많은 비용이 소모된다. 예컨대 다른 주주들이 이사의 해임청구나 대표소송 등 소수주주권을 행사함으로써 방어비용을 유발하고, 기업정보와 기업비밀의 관리가 어려워진다. 또 영업양도나 합병분할 등과 같은 사안에서는 주식매수청구권을 행사함으로써 조직개편의 비용을 증가시키고, 의사결정을 지연시킨다. 무엇보다도 A는 다른 주주나 제3자로부터 끊임없이 기업매수의 위협을 받으므로 그 방어비용의 부담이 상존한다. 그러므로 A가 B회사의 다른 주주들의 간섭을 차단하고 B의 지배를 독점함으로써 기업지배를 위한 비용을 최소화하고 지배력의 행사에 기동성을 부여하는 방법으로서 A가 B를 완전자회사로 만들 필요가 생기는 것이다.

**2) 다른 수단과의 비교**  주식교환은 기존의 회사들이 완전모자관계로 결합하기 위한 방법인데, A와 B의 완전모자관계는 다른 방법으로도 형성할 수 있다. 가장 단순한 방법은 A가 B의 주주들로부터 주식을 전부 매수하는 것이나, B 주주들이 주식의 매수에 응하지 않을 경우 모자관계의 형성이 불가능해진다. 설혹 주식 전부의 매수가 가능하다고 하더라도 A는 주식취득비용을 조달해야 하는 부담이 생긴다. 그리고 A가 B 주식의 전부를 취득하고자 할 때에는 수요의 급증에 의해 B의 주가가 상승하고 따라서 그 취득비용은 B 주식의 실제가치를 상회하게 된다. 주식교환을 하면 A는 신주발행을 통해 B의 주식을 자기자본화함으로써 일체의 유동자산을 유출시킴이 없이 그리고 B 주주와의 개별적인 거래 없이 B를 완전자회사로 만들 수 있는 것이다.

주식이전은 기존의 회사가 자기의 모회사를 신설하는 방법인데, 다른 방법으로도 같은 효과를 누릴 수 있다. 예컨대 B가 A를 설립하여 A로 하여금 B 주주들로부터 주식을 매집하게 하는 것이다. 이같은 우회적인 방법은 자회사(A)가 모회사(B)의 주식을 취득하는 것이므로 상법 제342조의2에 저촉되는 문제점이 있으며, 이를 논외로 하더라도 주식교환에 관해 언급한 바와 같이 주식의 완전 매집이 여의치 않을 수 있고, 주식매집을 위한 자금조달이 부담스럽다.

주식이전은 신설되는 모회사의 주식을 주식취득비용으로 활용함으로써 자금부담 없이 완전모회사를 설립할 수 있는 장점을 갖고 있는 것이다.

3) 합병과의 비교    기업결합의 가장 완전한 방법은 합병이므로 주식교환이나 주식이전에 의해 얻어지는 완전모자관계보다 더욱 강력한 기업결합효과를 합병에 의해 얻을 수 있다. 하지만 합병을 하면 조직이 비대해져 규모의 불경제가 생기고, 이종의 사업이 한 회사에 뒤섞여 경영상의 비효율을 빚기도 하며, 여러 부문의 사업수행으로 인한 위험이 집중되는 문제가 있다. 주식교환과 주식이전은 당사회사의 법적 독립성을 유지함으로써 기업위험을 분산하면서, 경영지휘의 통일을 기할 수 있는 방법이 된다.

### 3. 법적 구성

주식교환과 주식이전을 그 경제적 효과의 측면에서 본다면 현물출자의 성격이 농후하다. 완전자회사가 될 회사(이하 '자회사')의 주주들이 자회사 주식을 기존의 회사에 현물출자하여 모회사로 만들거나 모회사를 신설하는 것과 같은 결과를 가져오기 때문이다. 그러나 자회사의 주주들에게 현물출자를 하려는 의사가 없음에도 불구하고 같은 결과를 창출한다는 점에서 일반의 현물출자와 본질적인 차이를 보인다.

그리하여 상법은 주식교환·이전을 현물출자로 구성하는 것을 피하고 합병이나 분할과 같이 특수한 조직법적 행위로 다루고 있다. 가령 주식교환·이전에 주주총회의 결의를 요하게 하는 것, 현물출자에서와 같은 출자재산의 조사절차를 생략하는 것, 반대주주들의 주식도 모회사에 이전되는 것, 반대주주에게 주식매수청구권을 부여하는 것, 주식교환의 경우 모회사가 신주의 발행에 갈음하여 자기주식을 교부할 수 있는 것 등은 현물출자의 법리로는 설명할 수 없는 요소들이다.

## Ⅱ. 주식의 포괄적 교환

### 1. 의의

1) 회사는 주식의 포괄적 교환에 의하여 다른 회사의 발행주식의 총수를 소유하는 회사

$\left(\substack{완전모\\회사}\right)$가 될 수 있다$\left(\substack{360조\\의2\,1항}\right)$. 주식의 포괄적 교환에 의하여 완전모회사의 자회사$\left(\substack{완전자\\회사}\right)$가 되는 회사의 주주가 가지고 있던 자회사의 주식은 완전모회사가 되는 회사에 이전되고, 그 대가$\left(\substack{이하\;'교\\환대가}\right)$로서 완전자회사가 되는 자회사의 주주는 완전모회사가 발행하는 신주를 배정받거나 자기주식을 이전받음으로써 완전모회사의 주주가 된다$\left(\substack{360조\\의2\,2항}\right)$. 후술하는 바와 같이 교환대가로 제공되는 신주나 자기주식의 전부 또는 일부를 교부금$\left(\substack{금전이나\;그\\밖의\;재산}\right)$으로 갈음할 수 있다. 주식의 전부를 교부금으로 대신하면 자회사의 주주들을 배제한 채 모자회사관계만 생겨난다.

2) 법문에서 주식의 「교환」이라는 용어를 사용하지만, 이는 계약에 의한 주식의 상호이전을 뜻하는 것이 아니다. 교환계약의 당사자는 모회사와 자회사인데, 그 효과로서 자회사의 주주의 소유주식이 모회사에 이전되고 그 주주들이 모회사의 주주가 되는 현상은 계약의 효력으로는 설명할 수 없다.

3) 하나의 모회사가 교환계약을 통해 수개의 자회사를 가질 수도 있다. 하지만 이 경우에도 교환계약은 모회사와 자회사 간에 각별로 맺어지므로 일부의 자회사와의 교환계약이 무효가 되더라도 나머지 자회사와의 주식교환에는 영향이 없다.

### 2. 절차

1) **주식교환계약서의 작성**   주식교환을 하려면 우선 모회사로 예정된 회사와 자회사로 예정된 회사 간에 주식교환계약서를 작성해야 한다. 주식교환계약서에는 다음 사항을 기재하여야 하는데$\left(\substack{360조\\의3\,3항}\right)$, 대체로 흡수합병, 분할합병의 계약서와 유사하므로 앞서 한 설명은 생략한다. 주식교환계약서는 쌍방회사의 대표이사가 체결하나, 각자 이사회의 결의를 요함은 물론이다.

① 완전모회사가 되는 회사가 주식교환으로 인하여 정관을 변경하는 경우에는 그 규정$\left(\substack{360조의3\\3항\,1호}\right)$      예컨대 모회사의 발행예정주식총수 중 미발행 부분이 주식교환을 위해 발행해야 할 신주의 수에 미달할 경우 정관변경을 통해 발행예정주식총수를 늘여야 할 것이다.

② 완전모회사가 되는 회사가 주식교환을 위하여 신주를 발행하거나 자기주식을 이전하는 경우에는 발행하는 신주 또는 이전하는 자기주식의 총수·종류, 종류별 주식의 수 및 완전자회사가 되는 회사의 주주에 대한 신주의 배정 또는 자기주식의 이전에 관한 사항$\left(\substack{동조\\항\,2호}\right)$      교환대가 전액을 교부금으로 지급하지 않는 한, 모회사가 자회사의 주주에게 신주를 발행하거나 자기주식을 이전하는데, 주식교환의 실질적인 대가가 되므로 쌍방회사의 주주들에게 결정적인 이해가 걸린 사항이다.

③ 완전모회사가 되는 회사의 자본금 또는 준비금이 증가하는 경우에는 증가할 자본금 또는 준비금에 관한 사항$\left(\substack{동조\\항\,3호}\right)$      모회사가 액면주식을 발행하는 회사인 경우, 모회사가

자회사의 주주에게 신주를 발행하면 그 액면총액만큼 모회사의 자본금은 증가한다. 그리고 교환차익이 생길 경우 이는 자본준비금으로 적립해야 한다.

　　모회사가 무액면주식을 발행하는 회사인 경우에는 모회사가 이전받는 자회사의 주식의 가액이 모회사가 발행하는 주식의 발행가가 될 것이므로 그 2분의 1 이상을 자본금으로 계상하고 잔액은 자본준비금으로 적립한다($\binom{451조}{2항}$).

　　④ 완전자회사가 되는 회사의 주주에게 제2호($\binom{위}{②}$)에도 불구하고 그 대가의 전부 또는 일부로서 금전이나 그 밖의 재산을 제공하는 경우에는 그 내용 및 배정에 관한 사항($\binom{동조}{항 4호}$)　　관련 법리는 교부금합병에 관해 설명한 것과 동일하다($\binom{상세는 665}{면 이하 참조}$). 삼각합병에 대칭하여, 모회사가 자신의 모회사의 주식을 취득하여 교환대가로 지급하는 삼각주식교환도 가능하다($\binom{360조의3 3항 4호,}{<그림 33> 참조}$).

〈그림 33〉  삼각주식교환

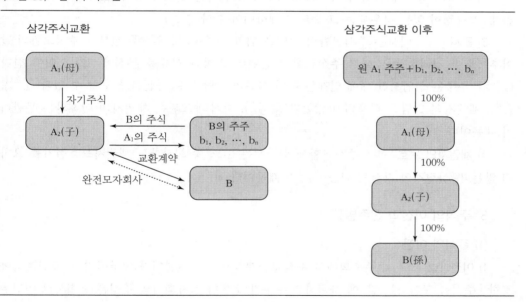

　　⑤ 각 회사가 주식교환의 승인결의를 할 주주총회의 기일($\binom{동조}{항 5호}$)　　교환계약서는 모자 양 회사의 주주총회에서 승인을 받음으로써 구속력을 갖게 되므로 주주총회의 소집은 교환계약의 이행이라는 의미를 갖는다.

　　⑥ 주식교환을 할 날($\binom{동조}{항 6호}$)　　자회사의 주주의 주식이 모회사에 이전되고 자회사의 주주들이 모회사의 주식을 취득하게 되는 시점을 의미한다. 즉 주식교환의 효력이 발생하는 날이다.

　　⑦ 각 회사가 주식교환을 할 날까지 이익배당을 할 때에는 그 한도액($\binom{동조}{항 7호}$)　　합병

계약서에 이익배당에 관한 사항을 다루도록 한 것과 같은 취지이다($^{667면}_{참조}$).

⑧ 완전모회사가 되는 회사에 취임할 이사와 감사 또는 감사위원회의 위원을 정한 때에는 그 성명 및 주민등록번호($^{동조}_{항9호}$)      모회사에 자회사 측의 이익을 대변할 이사나 감사를 두고자 할 경우 교환계약서에 기재하면 별도의 선임결의 없이 그 같은 목적의 이사, 감사를 선임할 수 있다.

**2) 주주총회의 승인**      위 주식교환계약서는 완전모회사가 될 회사와 완전자회사가 될 회사에서 각각 주주총회의 특별결의에 의한 승인을 얻어야 한다($^{360조의3}_{1항·2항}$). 주식교환으로 인하여 어느 종류의 주주에게 손해를 미치게 될 경우에는 해당 종류주식의 주주들의 종류주주총회의 결의도 얻어야 한다($^{436}_{조}$).

주주총회를 소집할 때에는 소집통지서에, ① 주식교환계약서의 주요내용, ② 반대주주의 주식매수청구권($^{360조}_{의5 1항}$)의 내용 및 행사방법을 기재하여야 한다. 아울러, ③ 일방회사의 정관에 주식의 양도에 관하여 이사회의 승인을 요한다는 뜻의 규정이 있고 다른 회사의 정관에 그 규정이 없는 경우에는 그 뜻도 기재하여야 한다($^{360조}_{의3 4항}$).

**3) 공시**      이사는 주식교환의 승인을 위한 주주총회일의 2주 전부터 주식교환의 날 이후 6월이 경과하는 날까지 주식교환에 관련된 소정의 서류를 본점에 비치하여야 한다($^{360조}_{의4 1항}$). 주주는 영업시간 내에 언제든지 이 서류의 열람 또는 등본을 청구할 수 있다($^{360조의4}_{2항→391}_{조의3 3항}$). 채권자의 열람은 허용되지 않는다($^{동조항의}_{반대해석}$). 주식의 교환은 채권자의 이해와는 무관하기 때문이다.

**4) 채권자의 보호**      주식교환에 있어서는 어느 쪽 회사에도 채권자보호절차를 요하지 않는다. 실질적인 자산의 변동이 없기 때문이다.

## 3. 주식의 이전과 신주발행

### (1) 주식의 이전

**1) 이전방법**      주주총회에서 주식교환계약서의 승인결의가 이루어지면, 교환계약에 정한「주식을 교환하는 날」에 자회사의 주주가 소유하는 자회사의 주식은 모회사로 이전된다($^{360조}_{의2 2항}$). 자회사 주주의 소유주식이 이전되는 것은 법률의 규정에 의한 것이므로 주권의 교부($^{336}_{조1항}$)와 같은 이전행위를 요하지 않는다.

**2) 주권의 실효절차**      자회사의 주식이 주권의 교부 없이 모회사에 이전되므로 자회사의 주주가 보유하는 주권은 효력을 잃는다. 그러므로 자회사는 주권을 실효시키기 위해 주권제출 등 소정 사항을 주식교환의 날 1월 전에 공고하고, 주주명부에 기재된 주주와 질권자에 대하여 따로 그 통지를 하여야 한다($^{360조}_{의8 1항}$). 주권을 제출할 수 없는 자에 대한 처리는 자본금감소절차에서와 같다($^{360조의8 2}_{항→442조}$).

## (2) 신주의 발행

**1) 신주발행의 성질**　　모회사가 교환대가로 신주를 발행하는 경우에는 교환계약서에 정해진 바에 따라 자회사의 주주에게 신주를 발행해야 한다($\frac{360조}{의2\ 2항}$). 이 신주의 발행은 상법 제416조의 규정에 따른 통상의 신주발행이 아니고, 자회사의 주주들로부터 이전된 자회사 주식을 재원으로 하여 「주식을 교환하는 날」에 자동으로 발행되는 것이다($\frac{후}{술}$).

**2) 자본금증가의 한도**　　신주발행으로 인해 모회사의 자본금이 증가하는데, 상법은 자본충실의 고려에서 모회사의 자본금이 실제 유입된 재산의 가액을 넘지 않도록 규율하고 있다. 모회사에 유입되는 재산은 모회사에 이전되는 자회사의 주식이다. 그러므로 모회사의 증가된 자본금이 이전된 자회사의 주식의 가치를 넘지 않아야 할 것이다. 주식의 가치란 발행한 회사의 순자산으로 정해지므로 상법은 모회사의 자본금의 증가를 통제하는 자본충실의 기준으로 자회사의 순자산액을 사용한다. 즉 상법은 모회사의 자본금은 주식교환의 날에 자회사에 현존하는 순자산액을 초과할 수 없다($\frac{360조}{의7\ 1항}$)고 규정한다. 결국 자회사에 현존하는 순자산액은 모회사에 이전되는 자회사 주식의 실질가치인 동시에 모회사가 발행하는 신주의 총발행가액의 한도가 된다고 할 수 있다.

　　모회사가 자회사의 주주에게 신주발행에 갈음하여 교부금이나 자기주식을 지급할 때에는 주식교환으로 인한 모회사의 자산증가액은 교부금 또는 자기주식의 가액만큼 감소하므로 자본금증가의 한도에서 그 금액을 차감해야 한다($\frac{360조}{의7\ 1항}$). 또 모회사가 이미 자회사의 주식의 일부를 가지고 있다면, 그 지분을 통해 자회사의 순자산의 일부를 이미 소유하는 셈이므로 그 비율만큼 자회사의 순자산액을 축소해 계산한다($\frac{360조}{의7\ 2항}$).

〈자본금증가의 한도〉 모회사의 자본증가의 한도를 공식으로 표현하면 다음과 같다.

　　자회사의 순자산액 × 모회사에 이전되는 주식수/자회사의 발행주식총수 − (교부금 + 자기주식의 장부가) ≥ 모회사의 자본증가액

**3) 단주의 처리**　　신주를 발행하거나 자기주식을 교부하는 경우 단주의 처리는 자본금감소에서와 같은 절차를 밟는다($\frac{360조의}{11\ 1항}$).

**4) 질권자의 권리**　　모회사가 자회사의 주주에게 발행하는 신주 또는 교부하는 자기주식에 관하여는 자회사의 주식에 대한 질권자의 권리가 미치며, 질권자는 모회사에 대하여 자기에게 주권을 교부할 것을 청구할 수 있다($\frac{360조의11\ 2항 \rightarrow}{339조,\ 340조\ 3항}$).

**5) 교환차익의 처리**　　자회사의 순자산액이 모회사의 자본금증가액을 초과할 경우 모회사에 이익이 발생할 수 있다($\frac{교환}{차익}$). 이 이익은 자본준비금으로 적립하여야 한다($\frac{459조}{1항}$).

### 4. 반대주주의 주식매수청구권

주식교환을 위한 이사회의 결의가 있는 때에 그 결의에 반대하는 자회사 또는 모회사의 주주는 주주총회 전에 회사에 대하여 서면으로 그 결의에 반대하는 의사를 통지하고, 주주총회에서 가결된 날로부터 20일 이내에 주식의 종류와 수를 기재한 서면으로 회사에 대하여 자기가 소유하고 있는 주식의 매수를 청구할 수 있다($\frac{360조}{의5\ 1항}$). 의결권이 없거나 제한되는 주주도 주식매수청구권을 행사할 수 있다($\frac{동조}{항}$). 후술하는 간이주식교환을 하는 경우에는 주주총회의 결의가 없으므로 반대주주는 주식교환의 공고 또는 통지($\frac{360조의}{9\ 2항}$)를 한 날부터 2주 내에 교환에 반대하는 의사를 통지하여야 하고 그 기간이 경과한 날부터 20일 이내에 주식의 매수를 청구해야 한다($\frac{360조}{의5\ 2항}$).

회사는 매수의 청구를 받은 후 2월 내에 매수하여야 하고, 매수가격은 영업양도로 인한 매수청구시와 같은 방법으로 하며($\frac{360조의5\ 3항 \to 374}{조의2\ 2항\sim5항}$), 기타 매수청구에 따르는 일반적인 문제는 영업양도시의 매수청구에 관해 설명한 바와 같다($\frac{460면\ 이}{하\ 참조}$).

### 5. 특수절차(간이교환과 소규모교환)

#### (1) 간이주식교환

자회사가 되는 회사의 총주주의 동의가 있거나, 그 회사의 발행주식총수의 100분의 90 이상을 이미 모회사가 소유하고 있는 때에는 자회사의 주주총회의 승인은 이사회의 승인으로 갈음할 수 있다($\frac{360조의9\ 1항:}{간이주식교환}$). 간이합병과 같은 취지의 제도이다.

간이주식교환을 할 때에는 자회사는 주식교환계약서를 작성한 날부터 2주 내에, 주주총회의 승인을 얻지 아니하고 주식교환을 한다는 뜻을 공고하거나 주주에게 통지하여야 한다($\frac{동조\ 2}{항\ 본}$). 다만, 총주주의 동의가 있는 때에는 공고를 생략할 수 있다($\frac{동조}{항\ 단}$).

#### (2) 소규모주식교환

1) 요건　　　모회사가 되는 회사가 주식교환을 위하여 발행하는 신주 또는 이전하는 자기주식의 총수가 그 회사의 발행주식총수의 100분의 10을 초과하지 아니하는 경우에는 그 회사에서의 주주총회의 승인은 이사회의 승인으로 갈음할 수 있다($\frac{360조의}{10\ 1항\ 본}$). 이는 소규모합병에 대해 주주총회의 승인을 요구하지 않는 것과 같은 취지이다. 그러나 자회사가 되는 회사의 주주에게 지급할 교부금($\frac{금전\ 또는}{그\ 밖의\ 재산}$)이 최종 대차대조표($\frac{360조의}{4\ 1항\ 3호}$)에 의하여 모회사에 현존하는 순자산액의 100분의 5를 초과하는 때에는 주주총회의 결의를 생략할 수 없다($\frac{360}{조의}$ $\frac{10\ 1}{항\ 단}$).

2) 교환계약서　　　소규모교환을 할 경우에는 주식교환계약서에 모회사에 관하여는 주주총회의 승인을 얻지 아니하고 주식교환을 할 수 있다는 뜻을 기재하여야 한다($\frac{360조의}{10\ 3항}$). 주식교환으로 인해 정관변경이 필요한 경우 교환계약서에 이를 기재하면 교환계약의 승인

결의만으로 정관변경이 이루어지나($^{360조의}_{3\,3항\,1호}$), 소규모교환을 할 때에는 주주총회의 결의가 없으므로 정관변경을 하지 못한다. 따라서 교환계약서에 모회사의 정관변경에 관한 사항을 기재할 수 없다($^{360조의}_{10\,3항}$).

3) **공시**　　모회사는 주식교환계약서를 작성한 날부터 2주 내에 자회사의 상호와 본점, 주식교환을 할 날 및 주주총회의 승인을 얻지 아니하고 주식교환을 한다는 뜻을 공고하거나 주주에게 통지하여야 한다($^{360조의}_{10\,4항}$). 주식교환의 공시($^{360}_{조의4}$)에 있어 공시기간의 기산일이 되는 주주총회일은 소규모교환의 경우에는 이 공고 또는 통지일로 갈음한다($^{360조의}_{10\,6항}$).

4) **적용제외**　　모회사의 발행주식총수의 100분의 20 이상에 해당하는 주식을 가지는 주주가 소규모교환에 반대하는 의사를 통지한 때에는 주주총회결의 없이 주식교환을 할 수 없다. 이 경우 주주의 반대는 소규모주식교환의 공고 또는 통지가 있은 날로부터 2주 내에 이루어져야 한다($^{360조의}_{10\,5항}$).

5) **반대주주의 주식매수청구권**　　소규모교환의 경우에는 반대주주에게 주식매수청구권이 인정되지 않는다($^{360조의}_{10\,7항}$). 소규모교환제도를 이용할 가장 큰 실익이라고 할 수 있다.

## 6. 주식교환의 효과

1) **효력발생시기**　　합병이나 회사분할의 경우에는 등기에 의해 효력이 발생하나, 주식교환의 경우에는 회사의 법인격이나 구조에는 변화가 없고 다만 주주의 이동이 있을 뿐이므로 주식교환의 등기를 요하지 않는다. 모회사의 경우 신주를 발행함으로 인해 자본금과 발행주식총수의 변경등기를 하여야 하지만 이는 주식교환의 효력발생과는 무관하다.

주식교환의 효력은 언제 발생하는가? 상법 제360조의2 제2항은 「자회사의 주주가 가지는 주식은 주식을 교환하는 날에 주식교환에 의하여 모회사에 이전하고 자회사의 주주는 모회사가 주식교환을 위해 발행하는 신주를 배정받음으로써 그 회사의 주주가 된다」고 규정하고 있다. 이 조문상의 「주식을 교환하는 날」이란 주식교환계약서에 기재하는 「주식교환을 할 날」($^{360조의}_{3\,3항\,6호}$)을 의미한다. 즉 자회사의 주주가 소유하는 주식은 교환계약서에서 정한 「주식교환을 할 날」에 모회사에 이전되고, 같은 날에 모회사의 신주를 자회사의 주주에게 배정함으로써 자회사의 주주가 모회사의 주주로 되는 것이다. 「교환」이라 하지만 이전행위를 요하지 않음은 기술한 바와 같다.

2) **이사·감사의 임기**　　모회사의 이사 및 감사로서 주식교환 전에 취임한 자는 주식교환계약서에 다른 정함이 있는 경우를 제외하고는 주식교환 후 최초로 도래하는 결산기에 관한 정기총회가 종료하는 때에 퇴임한다($^{360조}_{의13}$). 주식교환으로 인해 모회사의 주주구성에 변화가 생기므로 새로운 구성에 의한 주주총회가 이사와 감사를 선임하도록 하기 위함이다.

3) **사후공시**　　이사는 소정의 서면을 주식교환의 날부터 6월간 본점에 비치하여야

한다. 비치할 서면은 ① 주식교환의 날, ② 주식교환의 날에 완전자회사가 되는 회사에 현존하는 순자산액, ③ 주식교환으로 인하여 완전모회사에 이전한 완전자회사의 주식의 수, ④ 그 밖의 주식교환에 관한 사항을 기재한 것이다($^{360조의}_{12\ 1항}$). 주주들은 이 서면의 열람 또는 등사를 청구할 수 있다($^{동조}_{2항}$).

### 7. 주식교환무효의 소

#### (1) 무효사유

법이 정한 교환절차에 위반하거나, 법이 정한 교환의 실질적 제약에 위반한 경우에는 무효사유가 된다. 전자의 예로는 교환계약서의 필요적 기재사항이 결여되어 있는 경우, 주주총회의 승인결의에 하자가 있는 경우 등을 들 수 있다. 그리고 후자의 예로는 모회사의 자본금이 자회사의 순자산을 초과하여 증가된 경우, 교환비율이 불공정한 경우($^{예:\ 모회사의\ 주주}_{에게\ 불리하고\ 자}$ $^{회사의\ 주주에게\ 유리한}_{경우\ 혹은\ 반대의\ 경우}$)를 들 수 있다.

주식교환의 무효는 소만으로 다툴 수 있으므로 이 소는 형성의 소이다.

#### (2) 당사자

주식교환의 무효는 각 회사의 주주·이사·감사·감사위원회의 위원 또는 청산인에 한하여 주식교환의 날부터 6월 내에 소만으로 이를 주장할 수 있다($^{360조의}_{14\ 1항}$). 피고에 관해서는 법에 명문의 규정이 없다. 후술하는 바와 같이 무효판결은 모회사의 법률관계를 대상으로 하므로 모회사가 피고가 되어야 한다는 해석도 가능하나, 교환계약의 효력을 부정하는 소이므로 계약의 당사자인 모회사와 자회사를 공동피고로 해야 한다고 본다.

#### (3) 절차

주식교환무효의 소는 모회사의 본점소재지의 지방법원의 관할에 전속하며($^{동조}_{2항}$), 소가 제기되면 공고를 하여야 하고 같은 수개의 소가 제기되면 병합심리를 하여야 한다. 그리고 하자가 보완되면 법원이 재량으로 기각할 수 있는 것 등은 다른 회사법상의 형성의 소와 같다($^{동조\ 4항→187}_{조,\ 188조,\ 189조}$).

#### (4) 판결의 효력

1) **대세적 효력** 　주식교환을 무효로 하는 판결은 대세적 효력이 있으므로 소를 제기하지 않은 자에 대해서도 효력이 미친다($^{360조의14\ 4}_{항→190조\ 본}$).

2) **자회사주식에 대한 효력** 　판결이 확정된 때에는 주식의 소유관계가 교환전의 상태로 회복되어야 한다. 그러므로 모회사는 주식교환을 위하여 발행한 신주 또는 이전한 자기주식을 소유하는 주주에 대하여 그가 소유하였던 자회사의 주식을 이전하여야 한다($^{동조}_{3항}$). 이 주식에 대해서는 질권자의 권리가 미친다($^{동조\ 4항→339}_{조,\ 340조\ 3항}$).

3) **모회사주식에 대한 효력** 　법문에서는 모회사가 소유하는 자회사 주식의 처리만 규정하고 모회사가 자회사의 주주에게 발행하거나 교부한 신주에 대해서는 명문으로 정한

바 없으나, 주식교환이 무효가 된다 함은 주식교환으로 인한 신주발행이나 자기주식의 이전이 무효라는 의미도 포함하므로 모회사가 발행한 신주는 무효가 되고, 모회사가 자회사의 주주에게 이전한 자기주식은 다시 모회사에 반환되어야 함은 물론이다. 그러므로 모회사는 지체 없이 모회사의 주식을 발행 또는 이전받은 주주들에게 주식교환이 무효라는 뜻 및 일정한 기간 내에 주권을 제출할 것을 공고해야 한다($\binom{360조의14\ 4항}{\rightarrow 431조\ 2항}$).

**4) 판결의 비소급효**　　상법 제360조의14 제4항은 상법 제431조를 준용하고 있다. 이에 의해 모회사의 신주발행의 무효는 장래에 향해서만 효력이 미치고, 따라서 종전에 이 신주로 인한 권리의 행사는 전부 유효하다($\binom{431조}{1항}$).

모회사가 자회사의 주주에게 교부한 자기주식이나 모회사가 보유해 온 자회사의 주식에 대한 판결의 효력은 어떠한가? 상법 제360조의14 제4항은 어느 주식에 대해서가 아니라 주식교환무효의 「소」에 관해 제431조를 준용하고 있으므로 제431조는 무효판결의 대상이 되는 모회사가 발행한 신주나 이전한 자기주식 그리고 모회사에 이전된 子회사의 주식 전부에 대해서 준용되는 것으로($\binom{즉\ 소급효과}{없는\ 것으로}$) 해석해야 한다. 즉 자회사의 주주가 모회사로부터 받은 자기주식을 가지고 판결 전에 권리행사한 것, 주식을 양도한 것, 그리고 모회사가 자회사 주식을 가지고 권리행사한 것, 주식을 양도한 것은 전부 유효하다.

# Ⅲ. 주식의 포괄적 이전

## 1. 의의

주식의 포괄적 이전이란 회사가 자신의 완전모회사를 설립하는 행위이다($\binom{360조의}{15\ 1항}$). 주식이전을 하는 회사의 주주가 소유하는 주식은 주식이전을 위하여 설립하는 완전모회사에 이전하고, 그 대가로서 주주는 완전모회사가 발행하는 주식을 배정받음으로써 그 완전모회사의 주주가 된다($\binom{동조}{2항}$).

법문에서 주식의 「이전」이라는 용어를 사용하지만, 이는 상법 제337조가 규정하는 의미에서의 개인법적 거래에 의한 주식의 이전을 뜻하는 것이 아니고, 주식교환과 같이 법률의 규정에 의한 주식의 이전이다. 따라서 별도의 이전행위를 요하지 않고 상법이 정하는 소정의 절차를 이행함으로써 주식의 소유주체가 변동된다. 주식이전은 주식교환과 같이 모자관계의 형성을 위한 조직법적 행위이나, 주식교환은 두 개의 회사가 서로 완전모자관계를 맺기 위해 체결하는 계약임에 대해 주식이전은 어느 회사가 자신의 완전모회사를 설립하기 위한 일방적인 행위인 점에서 차이를 보인다.

## 2. 절차

**1) 주식이전계획서의 작성**  주식이전은 한 회사가 자신의 의사에 의해 자신의 모회사를 설립하는 제도이므로 교환계약에서와 같은 계약은 존재하지 않고, 단지 모회사를 설립하고자 하는 회사의 일방적인 계획에 의해 실행된다. 구체적으로 주식이전을 하려는 회사는 다음 각호의 사항을 기재한 주식이전계획서를 작성해야 한다$\binom{360조의}{16\ 1항}$.

① 설립하는 완전모회사의 정관의 규정$\binom{동조}{항\ 1호}$  설립될 모회사의 정관에 기재할 사항을 정하여야 한다. 최소한 상법 제289조 각호의 절대적 기재사항이 다루어져야 한다.

② 설립되는 완전모회사가 발행하는 주식의 종류와 수 및 완전자회사가 되는 회사의 주주에 대한 주식의 배정에 관한 사항$\binom{동조}{항\ 2호}$  주식교환에 관한 설명 참조.

③ 설립하는 완전모회사의 자본금 및 자본준비금에 관한 사항$\binom{동조}{항\ 3호}$  주식교환에 관한 설명 참조.

④ 완전자회사가 되는 회사의 주주에게 제2호에도 불구하고 금전이나 그 밖의 재산을 제공하는 경우에는 그 내용 및 배정에 관한 사항$\binom{동조}{항\ 4호}$  「금전이나 그 밖의 재산」이란 주식교환에서 설명한 교환교부금과 같은 성질의 것으로, 완전모회사가 자회사주주에게 신주발행의 일부 또는 전부에 갈음하여 지급하는 금전 기타 재산이다. 「이전교부금」이라 부를 수 있다. 주식이전비율을 조정하기 위한 목적에서 지급할 수도 있겠고, 수개의 회사가 공동으로 주식이전을 하고자 할 때 각 회사별 주주의 지분을 조정하기 위한 필요에서 지급할 수도 있을 것이다.

⑤ 주식이전을 할 시기$\binom{동조}{항\ 5호}$  주식교환에 있어서의 「주식교환을 할 날」$\binom{360조의}{3\ 3항\ 6호}$에 상응하는 시기라 할 수 있으나, 그 법적 효과는 같지 않다. 주식교환을 할 날은 모회사의 신주발행이 효력을 발생하고 자회사의 주주가 소유하는 주식이 모회사에 이전되는 날을 의미하지만, 주식이전의 경우에는 주식이 이전되는 효력이 모회사의 설립등기에 의해 발생하고 이전계획에서 정한 날에 발생하는 것이 아니기 때문이다. 그러므로 「주식이전을 할 시기」란 모회사의 설립등기를 예정하는 날로 이해해야 할 것이다.

⑥ 완전자회사가 되는 회사가 주식이전의 날까지 이익배당을 할 때에는 그 한도액 $\binom{동조}{항\ 6호}$  흡수합병계약서에 관한 설명 참조$\binom{667면}{참조}$.

⑦ 설립하는 완전모회사의 이사와 감사 또는 감사위원회의 위원의 성명 및 주민등록번호$\binom{동조}{항\ 7호}$  주식이전에 의한 모회사설립은 후술하는 바와 같이 별도의 설립절차를 밟지 않으므로 이전계획에 의해 신설하는 모회사의 임원을 선임하여야 한다.

⑧ 회사가 공동으로 주식이전에 의하여 완전모회사를 설립하는 때에는 그 뜻 $\binom{동조}{항\ 8호}$  후술.

**2) 승인결의**  주식이전계획서는 주주총회의 특별결의에 의해 승인받아야 한다$\binom{360}{조의}$

$^{16\ 1}_{항\cdot 2항}$). 주주총회 소집통지서에 기재할 사항은 주식교환의 경우와 같다($^{동조\ 3항 \to 360}_{조의3\ 4항}$).

    3) **주식이전계획서 등의 서류의 공시**    이사는 주식이전승인을 위한 주주총회일의 2주 전부터 주식이전의 날 이후 6월을 경과하는 날까지 주식이전계획서 등 소정의 서류를 본점에 비치하여야 한다($^{360조의}_{17\ 1항}$). 주주는 이 서류의 열람 또는 등사를 청구할 수 있다($^{동조\ 2항}_{\to 391조}$ $^{의3}_{3항}$).

    4) **사후공시**    주식교환의 경우와 같다($^{360조의22 \to}_{360조의12}$).

## 3. 공동의 주식이전

    상법 제360조의16 제1항 제8호에서「회사가 공동으로 주식이전에 의하여 완전모회사를 설립하는 때에는 그 뜻」을 기재하라고 규정하는데, 이는 수개의 회사가 주식이전을 통해 공통의 모회사를 설립할 수 있음을 예상한 규정이다. 이에 의해 B1, B2, … Bn 회사가 주식이전에 의하여 공통의 모회사 A를 설립할 수 있다. 하나의 회사가 자기의 지주회사를 만들 실익은 크지 않으므로 오히려 수개의 회사가 공통의 지주회사를 만들기 위해 주식이전을 이용하는 것이 일반적이다.

    이 경우 주식이전계획은 각 회사별로 정해지는데, 일부의 회사에서 주주총회의 승인을 받지 못하거나 무효가 되는 경우 나머지 회사의 주식이전의 효력은 어찌되느냐는 문제가 있다. 교환계약에서도 같은 문제가 생기지만, 자회사별로 교환계약이 체결되어 어느 계약의 하자는 교환계약에 영향을 주지 않는다. 그러나 주식이전의 경우에는 설립할 모회사의 자본금, 발행할 주식수 등이 모든 자회사에서 공통으로 정해지므로($^{360조의16\ 1}_{항\ 2호\cdot 3호}$) 일부 자회사의 주식이전이 무효이거나 주주총회의 승인을 받지 못하면 공동으로 설립하기로 한 모회사의 자본금에 결함이 생김을 의미하고, 당초의 이전계획에 따른 모회사의 설립이 불가능해진다. 따라서 일부 회사의 주식이전의 무효나 불승인은 전체 자회사의 주식이전을 무효로 한다. 이와 달리 이전계획이 유효한 회사들만으로 완전모회사를 설립할 수 있다는 견해도 있다($^{최기원}_{1151}$).

## 4. 모회사설립과 주식이전

    1) **모회사의 설립**    주식이전의 경우 정관은 주식이전계획에 의해 정해지고 자본금은 자회사의 주식이전에 의해 구성되는데, 자회사의 주식은 설립등기와 동시에 별도의 이전행위 없이 모회사의 소유가 되므로 출자의 이행을 요하지 않고, 이사와 감사도 주식이전계획에 의해 선임되므로 별도의 선임절차가 필요하지 않다. 후술하는 주권실효절차만 밟으면 설립등기에 의해 모회사가 설립된다($^{360조}_{의21}$).

    2) **모회사 자본금의 한도**    모회사의 자본금은 주식이전의 날에 자회사가 되는 회사에 현존하는 순자산액에서 그 회사의 주주에게 지급할 금액이나 제공할 재산의 가액을 공

제한 액을 초과하지 못한다($^{360조}_{의18}$). 그 취지는 주식교환에서의 모회사의 자본금의 한도에 관해 설명한 바와 같다($^{701면}_{참조}$).

　　3) 주권의 실효절차　　　주식이전에 의하여 자회사의 주주가 보유하는 주권은 효력을 잃으므로 이를 실효시켜야 한다($^{360조}_{의19}$). 구체적인 절차는 주식교환의 실효절차에 관해 설명한 바와 같다($^{701면}_{참조}$).

　　4) 단주의 처리　　　단주의 처리는 자본금감소에서와 같은 절차를 밟는다($^{360조의22→360}_{조의11\ 1항}$).

　　5) 질권자의 권리　　　모회사가 자회사의 주주에게 발행하는 주식에 대하여는 자회사의 주식에 대한 질권자의 권리가 미치며, 질권자는 모회사에 대하여 자기에게 주권을 교부할 것을 청구할 수 있다($^{360조의22→360조의11}_{2항→339조,\ 340조\ 3항}$).

　　6) 이전차익의 처리　　　모회사의 자본금이 자회사의 순자산액에 미달할 경우 이익($^{이전}_{차익}$)이 발생하는데, 이 이익은 자본준비금으로 적립하여야 한다($^{459조}_{1항}$).

## 5. 반대주주의 주식매수청구권

주식이전에 반대하는 주주에게는 주식매수청구권이 주어진다. 그 내용은 주식교환절차에서와 같다($^{360조의22→}_{360조의5}$).

## 6. 주식이전의 효과

주식이전을 한 때에는 설립한 모회사의 본점의 소재지에서는 2주 내에, 지점의 소재지에서는 3주 내에 설립등기를 하여야 한다($^{360조의20→}_{317조\ 2항}$).

모회사가 그 본점소재지에서 설립등기를 함으로써 주식이전의 효력이 발생한다($^{360조}_{의21}$). 즉 설립등기를 한 날에 자회사의 주주가 소유하는 자회사 주식은 모회사에 귀속되고 자회사의 주주는 모회사의 주주가 된다.

## 7. 주식이전무효의 소

### (1) 무효사유

법이 정한 이전절차 및 모회사설립에 무효사유가 있는 경우 주식이전무효의 소를 제기할 수 있다. 주식이전의 무효는 소만으로 다툴 수 있으므로 이 소는 형성의 소이다.

### (2) 당사자

주식이전의 무효는 각 회사의 주주·이사·감사·감사위원회의 위원 또는 청산인에 한하여 주식이전의 날부터 6월 내에 소만으로 이를 주장할 수 있다($^{360조의}_{23\ 1항}$). 「각 회사의」 주주 등은 모회사와 자회사 쌍방의 주주 등을 의미한다. 피고에 관해서는 법에 명문의 규정이 없으나, 후술하는 판결의 효력을 보아 모회사와 자회사를 공동피고로 해야 한다.

### (3) 절차

전속관할, 소제기의 공고, 수개의 소의 병합심리, 재량기각 등은 주식교환무효의 소에 관해 설명한 바와 같다($^{360조의23}_{2항, 4항}$).

### (4) 판결의 효력

1) **대세적 효력**　　주식이전을 무효로 하는 판결은 대세적 효력이 있으므로 소를 제기하지 않은 자에 대해서도 효력이 미친다($^{360조의23 4}_{항→190조 본}$).

2) **자회사주식에 대한 효력**　　주식이전을 무효로 하는 판결이 확정된 때에는 모회사는 주식이전을 위하여 발행한 주식의 주주에 대하여 그가 소유하였던 자회사의 주식을 이전하여야 한다($^{360조의}_{23 3항}$). 반환의 대상은 주식교환의 무효에서와 같이 현재의 주주이다.

3) **모회사의 설립무효의 효과**　　주식이전의 무효는 모회사에 대해서는 설립이 무효임을 뜻한다. 그러므로 상법은 모회사는 해산의 경우에 준하여 청산하여야 한다고 규정하고 있다($^{360조의23}_{4항→193조}$). 이 규정은 모회사가 소유한 자회사 주식을 주주에게 반환하라고 하는 제360조의23 제3항과 충돌한다. 청산을 하자면 현존하는 재산을 환가하여 채무를 변제하고 잔여재산을 주주들에게 분배하여야 하는데($^{542조 1항}_{→260조 본}$), 자회사의 주식을 주주에게 이전해야 한다면 자회사의 주식을 제외한 잔여의 재산만으로 청산절차를 밟아야 하므로 채권자들의 권리가 주주보다 열후해지는 문제가 생긴다. 채권자우선의 원칙은 주주의 유한책임에 대응하는 회사법의 기본원리로 보아야 하므로 주주의 주식이전청구권은 채권자의 권리에 우선하지 못한다고 해석해야 한다.

4) **판결의 비소급효**　　상법 제360조의23 제4항은 제190조($^{단}_{서}$)를 준용하고 있다. 이에 의해 모회사의 설립무효는 장래에 향해서만 효력이 미치고, 따라서 판결 이전에 형성된 모회사의 법률관계는 전부 유효하다. 뿐만 아니라 판결 전에 모회사가 자회사의 주식에 관해 권리행사한 것도 유효하다고 보아야 한다.

# 제 4 관　주식의 강제매도 · 매수청구

## Ⅰ. 의의

상법은 소정의 대주주가 영세한 주주들을 상대로 그 보유주식의 매도를 청구할 수 있는 제도, 그리고 반대로 영세주주들이 대주주를 상대로 자신이 보유하는 주식의 매수를 청구할 수 있는 제도를 두고 있다. 매도를 청구할 수 있는 대주주를 「지배주주」, 그 상대방이 되는 동시에 매수를 청구할 수 있는 영세주주를 「소수주주」라 부른다. 지배주주 및 소수주주라는 용어는 상법 제360조의24 이하에서 규정하는 소액주식의 강제매수매도제도에 국한하여 사용하는 용어이고, 회사 제도 일반에 걸쳐 사용될 수 있는 용어가 아님을 주의해야 한다.

발행주식총수의 대부분을 소유하는 지배주주라 하더라도 다른 영세주주와 공존할 경우에는 회사지배를 위해 유형·무형의 비용을 치러야 한다. 예컨대 주주총회 소집절차를 정식으로 밟아야 하고, 영세주주가 대표소송이나 결의취소소송 등 각종 회사소송을 제기할 경우 그에 대한 방어행위를 해야 하는 것과 같다. 지배주주의 매도청구제도는 발행주식 전부를 지배주주 1인의 소유로 함으로써 회사지배의 효율화 및 저비용화를 도모하기 위한 제도이다. 한편 소수주주의 매수청구제도는 회사의 지배 내지는 경영참가에 관한 한 무의미한 수량의 주식을 계속 보유해야 하는 부담을 덜어주는 한편, 시장성을 상실한 주식의 환가를 가능하게 해 주는 제도이다.

이러한 점은 이 제도의 순기능이라 할 수 있지만, 위헌적인 성격을 부인할 수 없다. 이 제도는 원래는 지배주주와 소수주주의 개인법적 거래를 통해 이루어져야 할 주식의 이동을 당사자 일방의 의사로 강제할 수 있는 힘을 부여한 것이므로 반대 당사자인 주주의 재산권($\frac{헌 23}{조 1항}$), 자기결정권($\frac{헌}{10조}$)의 제한이며, 평등의 원칙($\frac{헌 11}{조 1항}$)에도 반한다.

## Ⅱ. 지배주주의 주식매도청구

회사의 발행주식총수의 100분의 95 이상을 자기의 계산으로 보유하고 있는 주주($\frac{지배}{주주}$)는 회사의 경영상 목적을 달성하기 위하여 필요한 경우에는 회사의 다른 주주($\frac{소수}{주주}$)에게 그 보유하는 주식의 매도를 청구할 수 있다($\frac{360조의}{24 1항}$).

### 1. 매도청구의 요건

#### (1) 매도청구권자(지배주주)

i) 회사의 발행주식총수의 100분의 95 이상을 보유하는 주주이다. 보유하게 된 연유는 묻지 않는다. 자기의 계산으로 보유하면 족하고 누구의 명의로 보유하든 무관하다. 그러나 자기의 계산으로 보유한다는 점은 지배주주가 증명하여야 한다.

ii) 지배주주와 동일체를 이룬다고 볼 수 있는 주주의 소유주식은 지배주주의 소유로 합산한다. 구체적으로는, 지배주주가 회사인 경우에는 그 모회사 및 자회사가 보유한 주식을 합산하여 100분의 95 이상 여부를 계산하고, 지배주주가 자연인 주주인 경우에는 그가 발행주식총수의 100분의 50을 초과하는 주식을 가진 회사가 보유하는 주식도 그 주주가 보유하는 주식과 합산하여 100분의 95 이상 여부를 계산한다($\frac{360조의}{24 2항}$).

〈자회사의 자기주식〉 모회사가 자회사의 지배주주인지를 판정함에 있어 자회사가 보유하는 자기주식도 모회사의 소유주식에 합산한다. 예컨대 A회사가 B회사의 발행주식총수의 60%를 소유하고 있는 상태에서 B회사가 자기주식을 35% 소유하고 있다면, 이 자기주식과 A회사의 보유주식을 합산하여 B회사의 발행주식총수의 100분의 95 이상이 되므로 A회사는 B회사의 지배주주가 된다(대법원 2017. 7. 14.자 2016마230 결정).

### (2) 주주총회의 승인

지배주주가 매도청구를 할 때에는 미리 주주총회의 승인을 받아야 한다(360조의24 3항). 주주총회의 소집을 통지할 때에는, i) 지배주주의 (당해회사의) 주식보유 현황, ii) 매도청구의 목적, iii) 매매가액의 산정 근거와 적정성에 관한 공인된 감정인의 평가, iv) 매매가액의 지급보증을 적어야 하고, 매도를 청구하는 지배주주는 주주총회에서 그 내용을 설명하여야 한다(360조의24 4항).

### (3) 경영상의 목적

상법 제360조의24 제1항은 지배주주의 매도청구의 요건으로서, 「회사의 경영상 목적을 달성하기 위하여 필요한 경우」를 제시한다. 「경영상 목적을 달성하기 위하여 필요한 경우」는 신주, 전환사채, 신주인수권부사채를 제3자에게 배정하기 위한 요건과 동일한 표현이므로(418조 2항 단, 513조 3항 후, 516조의2 4항 후) 구체적인 의미도 동일하게 해석하는 것이 원칙이다.

## 2. 매도청구의 상대방과 평등의 원칙

기술한 바와 같이 지배주주가 소수주주들로부터 주식을 취득하는 것은 개인법적 거래를 통해 이루어지는 것이 원칙이나, 상법이 매도를 강제하는 단체법적 수단으로 마련한 것이 매도청구제도이다. 그러므로 매도청구는 지배주주 이외의 주주 전원을 상대로 이루어져야 하며, 지배주주의 매수조건은 주주 전원에 대해 균등하여야 한다(주식평등의 원칙).

## 3. 공시와 매도청구

지배주주는 매도청구의 날 1개월 전까지, i) 소수주주는 매매가액의 수령과 동시에 주권을 지배주주에게 교부하여야 한다는 뜻, ii) 교부하지 아니할 경우 매매가액을 수령하거나 지배주주가 매매가액을 공탁한 날에 주권이 무효가 된다는 뜻을 공고하고, 주주명부에 적힌 주주와 질권자에게 따로 그 통지를 하여야 한다(360조의24 5항).

상법 제360조의24 제5항은 「매도청구의 날 1개월 전까지」 공고를 하라고 하므로 매도청구가 있음을 전제로 공고시점을 역산하는 듯이 규정하고 있으나, 공고 후 1월이 경과한 날에 매도청구가 있다고 보아야 한다. 즉 매도청구를 위한 지배주주의 별도의 의사표시를 요하지 않는다고 보는 것이다.

### 4. 소수주주의 매도의무

지배주주가 매도청구($\frac{\square}{\square}$)를 하면 소수주주는 매도청구를 받은 날부터 2개월 내에 지배주주에게 그 주식을 매도하여야 한다($\frac{360조의}{24\ 6항}$). 법문은 지배주주의 매도청구에 대해 소수주주의 매도의무를 발생시키는 효력을 부여하므로 매도청구권은 형성권으로 보아야 한다. 그러면 2개월 내에 지배주주에게 주식을 매도하라고 함은 무슨 뜻인가? 주주총회의 중요결의사항에 대해 반대한 주주의 매수청구에 대해 회사가 2월 내에 주식을 매수할 의무를 지는데, 그 매수의 의미의 해석론과 같은 문제이다. 2월 내에 매도가격을 협의할 의무가 생길 뿐이라는 해석론도 가능하지만, 지배주주의 매도청구는 가격을 제시하며 행해지므로 원칙적으로는 가격협의의 종결을 조건으로 매도의 이행시기를 정한 것으로 보아야 할 것이다.

### 5. 매도가격의 결정

주식의 매매가액은 소수주주와 지배주주 간의 협의로 결정하고($\frac{360조의}{24\ 7항}$), 매도청구를 받은 날부터 30일 내에 협의가 이루어지지 아니한 경우에는 매도청구를 받은 소수주주 또는 매도청구를 한 지배주주는 법원에 매매가액의 결정을 청구할 수 있다($\frac{360조의}{24\ 8항}$). 이 청구를 받아 법원이 주식의 매매가액을 결정할 때에는 회사의 재산상태와 그 밖의 사정을 고려하여 공정한 가액으로 산정하여야 한다($\frac{360조의}{24\ 9항}$).

## Ⅲ. 소수주주의 주식매수청구

1) 지배주주가 있는 회사의 소수주주는 언제든지 지배주주에게 그 보유주식의 매수를 청구할 수 있다($\frac{360조의}{25\ 1항}$). 지배주주의 매도청구와 달리 소수주주의 매수청구는 소수주주 각자의 이익을 위한 개별적 행동이므로 일부 주주만이 매수청구를 할 수 있음은 물론이다.

2) 매수청구를 받은 지배주주는 매수를 청구한 날을 기준으로 2개월 내에 매수를 청구한 주주로부터 그 주식을 매수하여야 한다($\frac{360조의}{25\ 2항}$). 지배주주의 매도청구와 마찬가지로 소수주주의 매수청구 역시 형성권으로 보아야 한다.

3) 매매가액은 매수를 청구한 주주와 매수청구를 받은 지배주주 간의 협의로 결정하고($\frac{360조의}{25\ 3항}$), 매수청구를 받은 날부터 30일 내에 협의가 이루어지지 아니한 경우에는 매도청구에서와 같이 매수청구를 받은 지배주주 또는 매수청구를 한 소수주주는 법원에 대하여 매매가액의 결정을 청구할 수 있다($\frac{360조의}{25\ 4항}$). 법원이 주식의 매매가액을 결정하는 경우에는 회사의 재산상태와 그 밖의 사정을 고려하여 공정한 가액으로 산정하여야 하는 것도 매도청구에서와 같다($\frac{360조의}{25\ 5항}$).

## Ⅳ. 주식의 이전시기

지배주주의 매도청구 또는 소수주주의 매수청구에 의해 지배주주가 주식을 취득하는 경우에는 지배주주가 매매가액을 소수주주에게 지급한 때에 주식이 이전된 것으로 본다($\frac{360조의}{26 \ 1항}$). 그리고 매매가액을 지급할 소수주주를 알 수 없거나, 소수주주가 수령을 거부할 경우에는 지배주주는 그 가액을 공탁할 수 있고, 공탁한 날에 주식이 지배주주에게 이전된 것으로 본다($\frac{360조의}{26 \ 2항}$). 단 이 공탁하는 주식의 가액은 당사자 간에 협의되거나 법원이 결정한 가액이어야 한다($\frac{대법원 \ 2020. \ 6. \ 11. \ 선}{고 \ 2018다224699 \ 판결}$).

이는 법률의 규정에 의한 이전이므로 주권의 교부를 요하지 않는다. 그로 인해 지배주주에게 교부되지 않은 주권이 있을 수 있으나, 매매가액의 수령 또는 공탁에 의해 주권은 실효된다고 보아야 한다($\frac{360조의24}{5항 \ 참조}$).

# 제 7 장   유한회사

## 제 1 절   서론

유한회사는 1892년 독일에서 기존의 여러 회사의 특질을 종합·선택하고 특히 주식회사제도의 장점을 따서 만든 것으로, 「유한회사법」에 의하여 제도적으로 창안되어 각국에 보급된 것이다.

유한회사의 사원은 대외적으로 유한책임을 지는데 그치고, 출자자의 권리는 출자액에 따른 지분으로 분할되고, 회사의 지배는 원칙적으로 자본다수결의 원리에 의해 사원총회를 통하여 실현된다. 그리하여 유한회사는 주식회사와 같이 물적회사로 분류되며, 동질의 기업구조를 갖는다.

그러나 유한회사에서는 사원이 정관의 기재사항인데다, 지분을 증권화할 수 없으므로 지분의 양도가 제약을 받을 수밖에 없어 투자의 회수가 용이하지 않다. 이러한 법적 제약 아래에서 결합되는 자본은 필연적으로 소규모이기 마련이고 회사의 운영도 폐쇄적일 수밖에 없다. 이러한 실질을 고려하여 유한회사에 관한 감독 및 공시는 주식회사에서보다 현저히 완화되어 있다.

## 제 2 절   회사의 설립

### Ⅰ. 설립절차

#### (1) 개관

유한회사의 폐쇄성으로 인해 주식회사와 달리 모집설립이 인정되지 않고, 사원이 되고자 하는 자는 모두 스스로 설립절차에 참가해야 한다. 사원 및 출자액과 장래의 회사기관의 설치가 정관에 의해 확정되는 점에서$\binom{543조\,2}{항,\,547조}$ 인적회사의 설립과 유사하다. 그러므로 각 사원의 설립행위상의 하자는 회사의 설립무효 또는 취소의 소의 원인이 된다$\binom{552조\rightarrow184조}{2항\rightarrow민\,140조}$. 다만 출자의 이행은 주식회사에서와 같이 설립과정에서 이를 완료해야 한다$\binom{548}{조}$.

유한회사도 주식회사와 같이 1인의 사원만으로 설립이 가능하다$\binom{543조}{1항}$.

### (2) 정관의 작성

유한회사의 설립을 위해서는 사원이 정관을 작성하여 기명날인$\binom{또는}{서명}$하고, 공증인의 인증을 받아야 한다$\binom{543조\,1항\cdot2}{항\cdot3항\rightarrow292조}$. 정관의 절대적 기재사항은 다음과 같다$\binom{543조}{2항}$.

1) 목적

2) 상호

3) 자본금의 총액　　유한회사의 자본금은 정관에 의해 확정되므로 이른바 자본확정의 원칙을 취하며, 이 점 주식회사와 차이를 보인다.

4) 출자 1좌의 금액　　유한회사의 자본금은 좌(座)라는 단위로 나누어져 있으며, 주식회사에서의 주식에 상응하는 개념이다. 1좌의 금액은 100원 이상으로 균일하여야 한다$\binom{546}{조}$. 지분을 공유하는 것은 무방하다$\binom{558조}{\rightarrow333조}$.

5) 사원의 성명·주민등록번호 및 주소　　법상으로는 사원의 자격에 관해 별다른 제약이 없으나, 사회적 타당성이 있는 한 정관으로 자격을 둘 수 있다.

6) 각 사원의 출자좌수　　각 사원의 출자좌수가 정관으로 확정되므로 따로 인수행위를 요하지 않는다. 자본금의 총액, 각 사원의 성명 및 출자액이 정관의 절대적 기재사항으로 되어 있는 점에서 주식회사와 달리 인적구성의 폐쇄성이 두드러진다.

7) 본점의 소재지

### (3) 이사·감사의 선임

정관으로 초대이사를 선정할 수 있다$\binom{547조}{1항}$. 정관으로 정하지 아니한 때에는 회사성립 전에 사원총회를 열어 이를 선임하여야 한다$\binom{547조}{1항}$. 유한회사에서는 감사가 임의기관이지만, 정관에 감사를 두기로 한 때에는 초대감사도 같은 방법으로 선임한다$\binom{568조}{2항}$.

### (4) 출자의 이행

물적회사로서의 자본적 기초를 확실하게 하기 위하여 이사는 회사성립 전에 사원으로 하여금 출자를 이행하도록 해야 한다$\binom{548}{조}$. 출자로는 자본충실의 요청상 재산출자만 인정되며, 노무 또는 신용출자는 허용되지 않는다.

### (5) 설립등기

출자의 이행이 완료되면 설립등기를 함으로써 회사가 성립한다$\binom{172조}{549조}$.

## Ⅱ. 설립에 관한 책임

폐쇄적이며 일반적으로 소규모인 유한회사에서는 설립관여자의 임무해태 또는 회사불성립에 관한 책임을 묻는 규정이 없고, 다만 회사가 성립한 경우 일정한 사원 및 이사가 자본충실의 책임을 지는 데 그친다.

1) **현물출자 등에 대한 사원의 책임**　　현물출자 또는 재산인수의 목적인 재산의 회사성립 당시의 실가가 정관에 정한 가액에 현저하게 부족한 때에는 회사성립 당시의 사원은 회사에 대하여 그 부족액을 연대하여 지급할 책임이 있다($\binom{550조}{1항}$).

2) **출자미필액에 대한 사원·이사·감사의 책임**　　회사성립 후에 출자금액의 납입 또는 현물출자의 이행이 완료되지 않았음이 발견된 때에는 회사성립 당시의 사원, 이사와 감사는 그 출자미필액을 연대하여 지급할 책임이 있다($\binom{551조}{1항}$).

사원의 위의 두 가지 책임은 면제할 수 없으며($\substack{550조\ 2항,\\551조\ 2항}$), 이사와 감사의 그 밖의 책임은 총사원의 동의로 면제할 수 있다($\substack{551조\ 3항\\의\ 반대해석}$).

## Ⅲ. 설립의 무효와 취소

회사설립의 무효는 사원·이사·감사에 한하여, 설립의 취소는 그 취소권 있는 자에 한하여 회사가 성립한 날로부터 2년 내에 소만으로 주장할 수 있다($\binom{552조}{1항}$). 유한회사에서는 사원 중 1인의 설립에 관한 의사표시의 취소도 설립행위 전체에 영향을 주기 때문에 설립의 취소가 인정되는 점이 주식회사와 다르며, 이 점에서 인적회사와 유사하다.

유한회사의 설립무효·취소의 소에 관하여는 합명회사의 같은 소에 관한 규정이 준용된다($\binom{552조}{2항}$).


# 제 3 절　사원 및 지분


## Ⅰ. 사원

### (1) 사원의 권리

주식회사에서와 같이 사원의 개별적 권리를 자익권과 공익권으로 나누고, 공익권은 단독사원권과 소수사원권으로 나누어 생각할 수 있다.

그 분류는 대체로 주식회사에서와 같다($\substack{336면\ 이\\하\ 참조}$). 소수사원권은 일반적으로 자본금의 100분의 3 이상에 해당하는 출자좌수를 가진 사원이 행사할 수 있다. 그러나 총회소집권의 경우 정관에 다른 정함을 두어 그 요건을 완화할 수 있고($\frac{572조}{2항}$) 회계장부열람권의 경우 정관에서 단독사원권으로 정할 수 있게 한 점($\frac{581조}{2항}$)이 특색이다.

### (2) 사원의 의무

사원의 의무는 간접·유한책임으로서, 출자금액을 회사에 이행할 책임을 지는 것이고, 회사채권자에 대한 직접책임은 없다($\frac{553}{조}$). 다만 회사성립 또는 조직변경 당시의 사원 및 자본금증가에 동의한 사원이 지는 자본전보책임($\frac{550조, 551조,}{593조, 607조 4항}$)이 유한책임의 예외라 하겠으나, 추가출자는 아니다. 정관 또는 총회의 결의로도 이 이상 사원의 책임을 가중시킬 수 없다.

## Ⅱ. 지분

### (1) 의의

각 사원은 자본금의 총액을 균등한 단위로 분할하여($\frac{546}{조}$) 그 출자의 좌수에 따라 지분을 갖는다. 즉 지분복수주의를 취하고 있는 점에서 인적회사의 지분과 다르며 주식과 같은 성격을 갖는다.

### (2) 지분의 양도

유한회사의 사원은 정관에 기재해야 하는데, 이는 사원의 구성을 폐쇄적으로 유지한다는 의미를 갖지만, 사원은 원칙적으로 지분의 전부 또는 일부를 양도하거나 상속할 수 있다($\frac{556조}{본}$). 그러나 정관으로 양도를 제한할 수 있다($\frac{556조}{단}$).

지분의 이전은 취득자의 성명, 주소와 그 목적이 되는 출자좌수를 사원명부에 기재하지 아니하면 회사와 제3자에게 대항하지 못한다($\frac{557}{조}$).

### (3) 지분의 입질

지분은 질권의 목적으로 할 수 있으나($\frac{559조}{1항}$), 정관으로 입질을 제한할 수 있다($\frac{559조 2항}{→556조}$). 지분의 입질 역시 사원명부에 질권자의 성명, 주소와 입질좌수를 기재하지 않으면 회사와 제3자에게 대항하지 못한다($\frac{559조 2항}{→557조}$). 주식의 입질의 경우와는 달리 약식질은 인정되지 않는다. 질권자는 주식의 등록질권자와 마찬가지로 회사로부터 직접 이익의 배당, 잔여재산의 분배, 지분소각 등에 따른 금전의 지급을 받아 다른 채권자에 우선하여 자기의 채권의 변제에 충당할 권리를 갖는다($\frac{560조→339조,}{340조 1항·2항}$).

### (4) 자기지분취득의 제한

유한회사도 주식회사와 같이 자기지분을 취득하거나 질취하는 것이 원칙적으로 금지된다. 상세한 점은 자기주식취득에 관해 설명한 것과 같다($\frac{560조→341조의2,}{341조의3, 342조}$).

# 제4절 회사의 관리

유한회사에서는 주식회사에서와 달리 「회사의 기관」이라는 개념을 사용하지 않고, 제 5장 제3절의 「회사의 관리」($^{561조~}_{583조}$)에서 이사·감사·사원총회 그리고 회사의 계산에 관한 규정을 두고 있다. 이하 대체로 그 순서에 따라 살펴보기로 한다.

## 제1관 회사의 기관

### Ⅰ. 이사

유한회사에서는 이사가 곧 회사의 업무집행 및 대표기관이 되며, 이사회제도는 두고 있지 않다. 이사의 권한, 의무, 책임에 관해서는 대체로 주식회사의 이사에 관한 규정을 준용하고 있다.

1) **선임·퇴임**　　유한회사에는 1인 또는 수인의 이사를 둔다($^{561}_{조}$). 초대이사는 정관으로 정할 수도 있으나($^{547조}_{1항}$), 그 후의 이사선임은 사원총회에서 한다($^{567조→382}_{조 1항}$). 이사는 사원이어야 하는 것은 아니지만, 정관으로 사원을 이사의 자격으로 정하는 것은 무방하다.

임기에 제한이 없다. 이사의 퇴임사유는 주식회사의 이사의 퇴임사유와 같다. 유한회사에 있어서도 사원총회의 특별결의로 이사를 해임할 수 있다($^{567조→385}_{조 1항}$). 부정행위 또는 법령·정관에 위반한 중대사실이 있음에도 불구하고 사원총회에서 해임이 부결된 때에는 소수사원권자($^{총출자좌}_{수의 3/100}$)가 이사의 해임을 법원에 청구할 수 있는 점($^{567조→385}_{조 2항}$)도 주식회사에서와 같다.

2) **업무집행**　　이사는 업무집행권이 있다. 이사가 수인인 경우 정관에 다른 정함이 없으면 업무집행과 지배인의 선임 또는 해임과 지점의 설치·이전·폐지는 이사 과반수의 결의에 의하여야 한다($^{564조}_{1항}$). 그러나 이에 불구하고 사원총회는 지배인의 선임 또는 해임을 결의할 수 있다($^{564조}_{2항}$).

3) **회사의 대표**　　이사가 1인인 때에는 당연히 그 이사가 회사를 대표할 것이나, 이사가 수인인 경우에 정관에 다른 정함이 없으면 사원총회에서 회사를 대표할 이사를 선정하여야 한다($^{562조}_{2항}$). 수인의 이사를 공동대표이사로 할 수 있다($^{562조 3}_{항·4항}$). 회사와 이사 간의 소에 있어서는 사원총회에서 그 소에 관하여 회사를 대표할 자를 따로 선정하여야 한다($^{563}_{조}$).

4) **의무**　　유한회사의 이사는 주식회사에서와 마찬가지로 회사에 대하여 선관주의의무를 지는 외에($^{570조→382}_{조 2항}$), 경업이 금지되고($^{567조}_{→397조}$), 회사와의 자기거래가 제한된다($^{564조}_{3항}$).

자본금총액의 100분의 3 이상을 가진 소수사원은 이사의 위법행위의 유지를 청구할 수 있다($^{564}_{조의2}$).

### 5) 책임

i) 손해배상책임    주식회사의 이사의 책임과 같이, 법령·정관의 위반 또는 임무해태로 회사에 손해를 가한 때 회사에 대해 손해배상책임을 지며, 고의 또는 중과실로 임무를 해태하여 제3자에게 손해를 가한 경우 제3자에 손해배상책임을 진다($^{567조 \to 399}_{조~401조}$). 이사의 책임을 추궁할 사유가 발생한 경우, 자본금의 100분의 3 이상을 가진 사원은 회사에 대해 이사의 책임추궁을 위한 소를 제기할 것을 청구할 수 있다($^{565조}_{1항}$). 회사가 소를 제기하지 않으면 회사를 대표하여 소를 제기할 수 있으며, 소의 제기절차 및 소송고지, 재심 등에 관해 주식회사의 대표소송에 관한 규정이 준용된다($^{565조}_{2항}$).

ii) 자본충실책임    회사성립 후에 출자의 납입 또는 현물출자의 이행이 완료되지 아니하였음이 발견된 때에는 회사성립 당시의 이사는 역시 그 당시의 다른 사원 및 감사와 더불어 납입되지 아니한 금액 또는 이행되지 아니한 현물의 가액을 연대하여 지급할 책임이 있다($^{551}_{조}$). 이와 마찬가지로 증자 후에도 미인수출자가 있는 때에는 이사와 감사가 공동으로 이를 인수한 것으로 보며($^{594조}_{1항}$), 인수되었더라도 출자의 이행이 완료되지 아니한 때에는 이사와 감사는 연대하여 납입 또는 급여미필재산의 가액을 지급할 책임을 진다($^{594조}_{2항}$).

### 6) 기타 준용규정    
유한회사의 이사에 관하여는 위에 본 것 이외에도 대표이사의 권한($^{209}_{조}$)과 그의 손해배상책임($^{210}_{조}$), 이사의 결원의 처리($^{386}_{조}$), 이사의 보수($^{388}_{조}$), 표현대표이사의 행위에 대한 회사의 책임($^{395}_{조}$), 직무집행정지와 이 경우의 직무대행자선임($^{407}_{조}$) 및 그의 권한($^{408}_{조}$) 등에 관하여 합명회사 및 주식회사에 관한 규정이 각각 준용된다($^{567}_{조}$).

유한회사의 이사의 보수도 정관이나 사원총회의 결의가 없으면 지급할 수 없다($^{567조}_{\to 388조}$).

## Ⅱ. 감사 및 검사인제도

### (1) 감사

유한회사의 감사는 주식회사에서와 달리 임의기관이지만, 정관으로 1인 또는 수인의 감사를 두기로 한 때에는($^{568조}_{1항}$) 그의 직무권한은 주식회사의 감사와 다를 바 없다. 즉 감사는 언제든지 회사의 업무와 재산상태를 조사할 수 있고, 이사에게 영업보고를 요구할 수 있다($^{569}_{조}$).

감사의 선임($^{382조 1항. 회사성립전 감사}_{선임에 관하여는 568조 2항}$), 회사와의 관계($^{382조}_{2항}$), 해임($^{385조}_{1항}$), 결원의 처리($^{386}_{조}$), 보수($^{388}_{조}$), 책임($^{414}_{조}$), 회사에 대한 책임의 면제($^{400}_{조}$), 직무집행정지 및 직무대행자선임($^{407}_{조}$), 겸임금지($^{411}_{조}$), 사원총회에 대한 의안 및 서류의 조사·보고·의견진술의무($^{413}_{조}$), 사원의 대표소송($^{565}_{조}$) 등에 관하여는 주식회사의 감사에 관한 각 규정이 준용된다($^{570}_{조}$). 설립무효의 소($^{552조}_{1항}$) 및 증자무효의 소($^{595}_{조 1항}$)의 제소권이 있는 점은 주식회사와 같다.

주식회사의 감사와 달리 유한회사의 감사는 임시총회를 소집할 권한을 가지며($^{571조}_{1항}$),

설립 및 증자시의 자본전보책임($^{551조,}_{594조}$)을 진다.

유한회사의 감사는 이사와 같이 임기에 법률상의 제한을 받지 않는 점도 주식회사의 감사와 다른 점이다.

**(2) 검사인**

유한회사의 검사인은 회사의 업무 및 재산의 상황을 조사하기 위하여 선임하는 임시적 · 임의적 기관이다. 주식회사에서와는 달리 회사설립의 조사에는 검사인의 선임을 필요로 하지 않는다.

**1) 사원총회에 의한 선임**　　사원총회는 이사가 제출한 서류와 감사의 보고서를 조사하게 하기 위하여 검사인을 선임할 수 있다($^{578조→367조, 572}_{조 3항→366조 3항}$).

**2) 법원에 의한 선임**　　회사의 업무집행에 관하여 부정행위 또는 법령이나 정관에 위반한 중대한 사유가 있는 때에는 자본금총액의 100분의 3 이상에 해당하는 출자좌수를 가진 사원은 회사의 업무와 재산상태를 조사하게 하기 위하여 법원에 검사인의 선임을 청구할 수 있다($^{582조}_{1항}$). 검사인은 조사결과를 법원에 보고하여야 한다($^{582조}_{2항}$). 법원은 보고서에 비추어 필요하다고 인정하면 감사, 감사가 없는 때에는 이사에게 사원총회의 소집을 명할 수 있고, 이 사원총회에 검사인의 보고서를 제출하여야 한다($^{582조}_{3항}$).

## Ⅲ. 사원총회

**(1) 지위**

사원총회는 유한회사의 의사결정기관이며 필요적 기관으로 법정되어 있는 점에서 합명회사 또는 합자회사의 사원총회와 다르며 주주총회에 유사하나, 법정의 전권사항($^{예: 576조,}_{584조, 598}$ $^{조, 609조 1항}_{2호, 610조 1항}$) 외에도 회사업무의 모든 사항에 대하여 결정할 수 있는 점에서($^{만능}_{성}$) 주주총회와 다르다($^{578조가 361조를 준용}_{하고 있지 않음에 유의}$). 이사가 총회의 결의에 당연히 구속됨은 물론 총회의 통상결의에 의하여 선임되고($^{567조→382}_{조 1항}$), 또한 특별결의에 의하여 해임($^{567조}_{→385조}$)되므로 사원총회는 당연히 유한회사의 최고기관인 지위에 있다.

**(2) 소집**

**1) 소집권자**　　소집권자는 원칙적으로 이사이나($^{571조}_{1항 본}$), 임시총회는 감사도 소집할 수 있으며($^{571조}_{1항 단}$), 또한 자본금의 100분의 3 이상에 해당하는 출자좌수를 가진 소수사원도 회의의 목적사항과 소집의 이유를 기재한 서면을 이사에게 제출하여 총회의 소집을 청구할 수 있다($^{572조}_{1항}$). 소집청구가 있은 후 지체 없이 소집절차를 밟지 않을 때에는 청구한 사원이 법원의 허가를 얻어 총회를 소집할 수 있다($^{572조 3항}_{→366조 2항}$). 소수사원의 총회소집청구권에 대하여는 정관으로 달리 정할 수 있다($^{572조}_{2항}$).

**2) 소집절차**　　소집절차에 관해서는 유한회사의 폐쇄성과 소규모성을 고려하여 편

의주의적인 규정을 두고 있다. 소집통지는 회일로부터 1주간 전에 회의의 목적사항을 기재하여($^{571조\ 3항}_{→363조\ 2항}$) 각 사원에 대하여 서면($^{또는\ 전}_{자문서}$)으로 하여야 하나, 이 기간은 정관으로 단축할 수 있다($^{571조}_{2항}$). 그리고 총사원의 동의가 있을 때에는 소집절차를 생략할 수 있다($^{573}_{조}$). 소집지는 정관에 다른 정함이 없으면 본점소재지 또는 그 인접지이어야 한다($^{571조\ 3항}_{→364조}$).

### (3) 의결권

각 사원은 출자 1좌마다 1개의 의결권을 가지나, 정관으로 달리 정할 수 있다($^{575}_{조}$). 이 점도 주식회사와 달리 인적회사의 운영논리를 가미할 수 있는 중요한 특색이다. 그러나 일부 사원에게 전혀 의결권을 인정하지 않는 것과 같은 정함은 허용되지 않는다.

### (4) 결의방법

의결방법에는 통상결의, 특별결의 및 총사원의 일치에 의한 결의의 세 가지가 있다.

「통상결의」는 총사원의 의결권의 과반수를 가진 사원이 출석하고 그 의결권의 과반수로써 한다($^{574}_{조}$). 「특별결의」는 총사원의 반수 이상이며 의결권의 4분의 3을 가진 자의 동의로써 하는데($^{585조}_{1항}$), 의결권을 행사할 수 없는 사원은 이를 총사원의 수에, 행사할 수 없는 의결권은 의결권의 수에 산입하지 않는다($^{585조}_{2항}$). 사원의 「사람수」도 결의요건으로 삼고 있는 점에서 유한회사는 인적회사로서의 요소가 가미되어 있음을 볼 수 있다. 특별결의를 요하는 사항은 주식회사의 특별결의사항과 대체로 같다($^{556조\ 1항,\ 576조\ 1항\ 및\ 2항,\ 585조,\ 587조,\ 588조}_{단,\ 596조,\ 598조,\ 599조,\ 609조\ 2항,\ 610조\ 1항\ 등}$).

「총사원의 일치에 의한 결의」는 주식회사로 조직변경을 하고자 할 때에 요한다($^{607조}_{1항}$).

### (5) 서면결의

유한회사의 소규모성·간이성을 고려한 편의주의적 입장에서 법은 서면에 의한 결의도 사원총회의 결의와 동일한 효력을 갖는 것으로 하고 있다($^{577조}_{3항}$). 서면에 의한 결의는 다음의 두 경우에 한하여 인정된다.

1) 미리 일정한 사항에 관하여 총사원이 서면으로 결의할 것에 동의한 경우($^{577조}_{1항}$) 이 경우에도 그 결의사항에 따라 각각 보통결의, 특별결의, 총사원의 일치에 의한 결의를 필요로 한다($^{577조}_{4항}$).

2) 미리 서면결의에 의한다고 하는 동의가 없더라도 결의의 목적사항에 관하여 총사원의 서면동의가 있는 경우($^{577조}_{2항}$) 이 경우에는 결의사항의 내용에 관하여 총사원이 동의했을 따름이고 미리 이러한 결의방법에 의한다고 하는 뜻의 합의가 없었던 경우이나, 상법은 이 경우에도 결의가 있은 것으로 본다.

### (6) 준용규정

사원총회에는 주주총회에 관한 규정이 대부분 준용된다($^{578}_{조}$). 따라서 위에 설명한 것 외에는 제578조에서 준용하는 주주총회 관계규정 및 그에 관해 설명한 그대로이다.

## 제 2 관 회사의 계산

### (1) 개관

유한회사도 물적회사인 성격상 회사의 계산에 관하여 자본유지의 원칙 및 자본불변의 원칙에 입각한 각종의 법적 규제를 필요로 함은 주식회사의 경우와 다를 바 없다. 그 까닭에 주식회사의 회계에 관한 다수의 규정이 유한회사에 준용된다. 그러나 주식회사의 회계규정 중에는 유한회사의 소규모성·폐쇄성을 고려해서 유한회사에 준용되지 않는 것도 적지 않다.

### (2) 유한회사의 재무제표

1) 재무제표의 종류는 주식회사에서와 같이 대차대조표, 손익계산서 기타 제447조 제1항 제3호에 따른 서류이며($^{579조 1항}_{1호\sim3호}$), 이사는 재무제표와 그 부속명세서 및 영업보고서를 작성하여 감사가 있는 때에는 정기총회일로부터 4주간 전에 감사에게 제출하여야 한다($^{579조}_{2항,}$ $^{579조}_{의2}$).

2) 감사는 재무제표를 받은 날로부터 3주간 내에 감사보고서를 이사에게 제출하여야 한다($^{579조}_{3항}$).

3) 이사는 정기총회일의 1주간 전부터 5년간 재무제표 및 영업보고서를 본점에 비치하여야 하며($^{579조}_{의3 1항}$), 사원 및 회사채권자는 이를 열람할 수 있고 등·초본의 교부를 청구할 수 있다($^{579조의3 2항}_{\to448조 2항}$).

자본금총액의 100분의 3 이상을 가진 사원은 회계장부 열람권을 가지며($^{581조}_{1항}$), 업무에 관한 부정행위 등 중대한 사유가 있을 경우 법원에 검사인선임을 청구할 수 있다($^{582조}_{1항}$).

### (3) 주식회사의 회계규정 중 준용되는 것

정기총회에 의한 재무제표의 승인($^{449조}_{1항}$), 재무제표의 승인에 의한 이사·감사의 책임해제($^{450}_{조}$), 법정준비금($^{458조\sim}_{460조}$), 배당가능이익 및 위법배당의 위반($^{462}_{조}$), 중간배당($^{462}_{조의3}$), 사용인의 우선변제권($^{468}_{조}$)에 관한 제규정이 각각 유한회사에 준용된다($^{583조 1}_{항·2항}$). 그리고 상법은 소수주주의 회계장부열람권($^{466}_{조}$)도 준용하나($^{583조}_{1항}$), 소수사원의 회계장부열람권에 관하여는 따로 규정을 두고 있으므로($^{581}_{조}$) 이는 준용되지 않는다.

### (4) 주식회사의 회계규정 중 준용되지 않는 것

유한회사에도 법정준비금제도가 있으나 준비금의 자본금전입에 관한 규정($^{461}_{조}$)은 준용되지 않는다. 또한 대차대조표의 공고($^{449조}_{3항}$)도 유한회사의 폐쇄성·비공개성에 따라 요구되지 않는다.

### (5) 유한회사의 계산에 관한 특칙

회계장부열람권은 원칙적으로 소수사원권이나($^{581조}_{1항}$) 정관으로 단독사원권으로 할 수 있으며, 이 경우에는 재무제표 부속명세서의 작성·비치를 요하지 않는다($^{581조}_{2항}$).

이익배당은 각 사원의 출자좌수에 비례하는 것이 원칙이나, 정관에 이와 다른 기준을 둘 수 있다($^{580}_{조}$). 유한회사 역시 이익이 있어야 배당할 수 있으며, 또 사원총회의 배당결의가 없으면 배당할 수 없음은 물론이다.

# 제 5 절  정관의 변경

## 1. 총설

유한회사의 정관은 사원총회의 특별결의로 변경할 수 있다($^{584조}_{585조}$). 유한회사에서는 「자본금」이 정관의 절대적 기재사항으로 되어 있는 까닭에($^{543조}_{2항 2호}$) 자본금의 감소는 물론 자본금의 증가도 정관변경의 절차를 요한다. 정관변경도 서면에 의한 결의로 할 수 있다($^{577}_{조}$).

## 2. 자본금의 증가

「자본금의 증가」에는 출자 1좌의 금액의 증가, 출자좌수의 증가 또는 양자의 병용이라는 세 가지의 방법을 생각할 수 있다. 이 중 1좌의 금액을 증가하는 방법으로 자본금을 증가하려면 제586조의 증자결의만으로는 안되고 총사원의 동의가 필요하다. 1좌의 금액을 증가하면 모든 사원이 증가액을 납입해야 하는데($^{546}_{조}$), 이는 추가출자를 강제하는 것이라서 유한책임의 원칙에 반하기 때문이다. 그래서 상법은 주로 출자좌수의 증가에 의한 자본금의 증가에 관하여 규정하고 있다.

### (1) 자본금증가의 결의

자본금증가는 정관변경의 한 예이므로 사원총회의 특별결의를 요한다($^{584조}_{585조}$). 이 결의에서 증자방법을 정해야 함은 물론이고, 정관에 정함이 없더라도 현물출자, 재산인수 또는 증가할 자본금에 대한 출자인수권자를 결정할 수 있다($^{586}_{조}$). 사후증자도 특별결의에 의해야 한다($^{596조→576}_{조 2항}$). 「사후증자」란 유한회사가 증자 후 2년 내에 증자 전부터 존재하는 재산으로서 영업을 위하여 계속하여 사용할 것을 증자후 자본금의 20분의 1 이상의 대가로 취득하는 계약을 말한다($^{596조→576}_{조 2항의 해석}$).

### (2) 출자인수권

기술한 바와 같이 증자결의에서 출자인수권자를 정할 수 있으나($^{586조}_{3호}$), 미리 장래의 출자시 특정한 자에 대하여 출자인수권을 부여할 것을 특별결의에 의하여 약속할 수 있다($^{587}_{조}$). 어떤 방법으로든 출자인수권자를 정하지 아니한 때에는 각 사원은 증가할 자본금에 대하여 그 지분에 따라 출자를 인수할 권리를 갖는다($^{588}_{조}$).

### (3) 출자의 인수 · 이행

출자인수권자가 그 권리를 포기하여 출자를 인수하지 않을 때에는 증자결의에서 미리 다른 결정을 하지 않는 한 다시 총회의 특별결의로써 인수인을 정하여야 한다. 유한회사에서는 증자시에도 자본확정의 원칙이 요구되고 마감증자는 인정되지 않기 때문이다($\frac{590조, 591}{조, 428조}$$_{비교}^{와}$). 그리고 유한회사에서는 광고 기타의 방법으로 인수인을 공모하지 못한다($\frac{589조}{2항}$). 출자의 인수는 주식청약서와 같은 요식의 문서를 요하지 않지만, 인수를 증명하는 서면에 의하여야 하며 인수인은 인수할 출자의 좌수와 주소를 기재하고 이에 기명날인($\frac{또는}{서명}$)하여야 한다($\frac{589조}{1항}$).

증자금액에 대한 출자인수가 있은 때에는 이사는 인수인으로 하여금 출자금 전액을 납입하도록 하고, 현물출자가 있을 경우에는 그 목적재산을 이전시켜야 한다($\frac{596조}{→548조}$).

### (4) 자본금증가의 등기

유한회사는 자본금증가로 인한 출자전액의 납입 또는 현물출자의 이행이 완료된 날로부터 2주간 내에 본점소재지에서 자본금증가로 인한 변경등기를 하여야 하며($\frac{591}{조}$), 증자는 주식회사의 신주발행과는 달리 본점소재지에서 변경등기를 함으로써 그 효력이 생긴다($\frac{592}{조,}$ $\frac{423조 1}{항과 비교}$). 출자인수인에 대한 이익배당에 관해서는 특칙이 있다. 출자인수인은 출자의 납입기일 또는 현물출자의 목적인 재산의 급여의 기일로부터 이익배당에 관하여 사원과 동일한 권리를 가진다($\frac{590}{조}$).

### (5) 자본전보책임

자본충실의 원칙에 따른 자본전보책임은 설립시와 같이 매우 엄중하다.

1) 현물출자 등에 대한 사원의 책임    현물출자 또는 재산인수의 목적인 재산의 실가가 증자결의에 의하여 정한 가격에 현저하게 부족할 때에는 그 결의에 동의한 사원은 회사에 대하여 그 부족액을 연대하여 지급할 책임이 있다($\frac{593조}{1항}$). 이 사원의 책임은 설립시의 자본전보의무와 마찬가지로 면제할 수 없다($\frac{593조 2항→550}{조 2항, 551조 2항}$).

2) 미인수출자 또는 출자미필액에 대한 이사의 책임    증자 후 아직 인수되지 아니한 출자가 있는 때에는 이사와 감사가 이를 공동으로 인수한 것으로 본다($\frac{594조}{1항}$).

증자 후 아직도 출자전액의 납입 또는 현물출자의 목적인 재산의 급여가 미필된 출자가 있는 때에는 이사와 감사는 연대하여 그 납입 또는 급여미필재산의 가액을 지급할 책임이 있다($\frac{594조}{2항}$). 이 이사와 감사의 책임은 총사원의 동의가 없으면 면제할 수 없다($\frac{594조 3항}{→551조 3항}$).

## 3. 자본금의 감소

자본금감소의 방법은 증자와 반대로 출자 1좌의 금액의 감소, 출자좌수의 감소 또는 양자의 병용을 생각할 수 있다. 출자좌수를 감소하는 방법을 택한 때에는 지분의 소각 또는 병합에 의하게 될 것이며, 병합의 경우 단수지분의 처리는 주식병합에 준한다($\frac{597조}{→443조}$).

자본금증가의 경우와 같이 자본금감소에도 정관의 변경을 요하고, 따라서 특별결의를 거쳐야 한다($^{584조,}_{585조}$). 이 결의에서 감소의 방법을 정한다($^{597조→439}_{조\ 1항}$). 자본금의 감소는 회사채권자에게 불이익을 가져올 수 있으므로 채권자보호절차를 밟아야 한다($^{597조→439}_{조\ 2항}$).

자본금의 감소는 변경등기를 요하나($^{549조\ 4항}_{→183조}$), 증자등기와는 달리 이에 의해 자본금감소의 효력이 발생하는 것은 아니다($^{592조}_{와\ 비교}$).

### 4. 증자·감자의 무효

자본금증가의 무효는 사원, 이사 또는 감사에 한하여 증자등기일로부터 6월 내에 소만으로 이를 주장할 수 있다($^{595조}_{1항}$). 그 밖에는 신주발행무효의 소에 관한 규정이 준용된다($^{595}_{조\ 2}$ $^{항→430}_{조~432조}$).

감자무효의 소에 대해서도 주식회사의 감자무효의 소에 관한 규정이 준용된다($^{597조}_{조,}$ $^{→445}_{446조}$).

# 제 6 절   합병과 조직변경

### 1. 합병

유한회사의 합병의 절차 및 효력에 관하여는 주식회사 합병의 경우에도 준용되는 합명회사의 합병에 관한 여러 규정과 아울러 주식회사의 합병에 관한 여러 규정이 준용된다($^{603}_{조}$). 그리고 합병에 관한 일반적인 사항은 기술한 바 있다. 다만 질권에 관해 특수한 문제가 있다.

유한회사가 주식회사와 합병하는 경우에 존속회사 또는 신설회사가 유한회사인 때에는 종전의 주식을 목적으로 한 질권은 그 주식에 갈음하여 주주가 취득하는 유한회사의 지분과 금전에 미친다($^{601조}_{1항}$). 이 경우에 질권의 목적인 지분에 관하여 출자좌수와 질권자의 성명 및 주소를 사원명부에 기재하지 아니하면 그 질권으로써 회사 기타 제3자에 대항하지 못한다($^{601조}_{2항}$).

### 2. 조직변경

앞서 모든 회사의 공통사항으로 설명한 바와 같다($^{3편\ 2장\ 8절(252)}_{면\ 이하)\ 참조}$).

# 제 7 절  해산과 청산

## 1. 해산

유한회사의 해산원인은 ① 존립기간의 만료 기타 정관으로 정한 사유의 발생, ② 합병, ③ 파산, ④ 법원의 해산명령 또는 해산판결, ⑤ 사원총회의 특별결의($\substack{해산 \\ 결의}$)이다($\substack{609 \\ 조}$).

위의 ① 또는 ⑤의 사유로 해산한 때에는 사원총회의 특별결의로 회사를 계속할 수 있다($\substack{610조 \\ 1항}$). 이 경우 이미 해산등기를 한 후에는 회사계속의 등기를 하여야 한다($\substack{611조 \to 229 \\ 조\ 3항}$).

## 2. 청산

주식회사의 해산에서와 같이 법정청산만이 인정된다. 따라서 법원에 대한 청산인의 신고, 사원총회·감사의 존속, 청산인의 직무, 채권의 신고·최고와 같은 청산절차는 모두 주식회사청산의 경우에 준하나($\substack{613조 \\ 1항}$), 다만 청산인회제도는 이사회제도와 마찬가지로 당연히 인정되지는 않는다. 또한 청산인에 대해서는 유한회사 및 주식회사의 이사에 관한 규정이 다수 준용된다($\substack{613조 \\ 2항}$).

잔여재산은 각 사원의 출자좌수에 따라 분배하나, 정관에 다른 정함이 있는 경우에는 이에 따른다($\substack{612 \\ 조}$). 이 점 역시 유한회사의 폐쇄성을 반영한 것이다.

# 제 8 장  외국회사

## 1. 외국회사의 의의와 본질

상법은 외국회사에 관해 9개의 조문을 두고 있으나($^{제3편}_{제6장}$), 외국회사의 개념은 정의한 바가 없다. 따라서 외국회사란 무엇을 뜻하느냐에 대해 학설이 대립해 왔는데, 주소지법주의, 설립준거법주의, 설립행위지주의 등 다양한 기준이 제시된 중 설립준거법주의가 통설이다. 설립준거법주의란 법인이 설립의 근거로 삼은 법률이 속하는 나라에 법인의 속인성을 정한다는 의미로, 이에 의하면 상법상 외국회사란 외국의 법에 의하여 설립된 회사를 뜻한다. 같은 문제가 국제사법학에서도 생기는데, 우리 국제사법은 원칙적으로 설립준거법주의를 취하고 있다($^{국사}_{16조 본}$). 한편 상법은 실질적인 국내회사가 국내법의 적용을 회피하기 위해 외국법에 따라 설립하는 경우도 있을 것을 예상하여 외국에서 설립된 회사라도 대한민국에 그 본점을 설치하거나 대한민국에서 영업할 것을 주된 목적으로 하는 때에는 대한민국에서 설립된 회사와 동일한 규정을 적용하도록 한다($^{617}_{조}$).

## 2. 외국회사의 법률관계

외국회사의 조직이나 내부적인 법률관계는 그 준거법에 따라 해결될 것이고, 대외적인 법률관계에 관하여는 일반적으로는 국제사법이 적용될 것이며, 법률관계의 성격에 따라 관계법률이 적용될 것이다($^{예: 민소}_{5조 2항}$). 상법은 다음 사항에 관하여 규정을 두고 있다.

### (1) 외국회사의 지위

상법 제614조 내지 제620조는 외국회사에 대해 상법중 회사편을 적용함에 있어서의 특칙을 마련한 것이다. 상법은 나아가 제621조에서 「외국회사는 다른 법률의 적용에 있어서는 법률에 다른 규정이 있는 경우 외에는 대한민국에서 성립된 동종 또는 가장 유사한 회사로 본다」라고 규정하고 있다. 이는 상법 이외의 외인법적 문제에 있어 내외법인 평등주의를 선언한 것이다. 그러므로 엄밀히는 헌법적인 사항이고 상법의 법역에 속하는 문제는 아니라 할 것이다.

「다른 법률의 적용」에 있어서의 다른 법률이란 상법 이외의 모든 법률 그리고 상법에 서도 회사편 이외의 상법규정들을 포함한다. 그리고 법률에 다른 규정이 있는 경우란 다른 법률에서 이미 외인법적 해결을 해 두고 있는 경우를 뜻한다.

### (2) 국내영업의 요건

외국회사가 국내에서 영업을 하기 위하여는 대표자를 정하고 영업소를 설치하고 등기 하여야 한다.

1) 대표자의 선정　　국내에서의 대표자를 정하여야 한다($^{614조}_{1항}$). 대표자의 권한은 내 국회사의 대표기관과 같고, 그에 의한 불법행위가 있을 때 회사와 대표자가 연대하여 책임 을 지는 것도 내국회사와 같다($^{614조\ 4항}_{\rightarrow209조,\ 210조}$).

2) 영업소의 설치　　대표자를 선정하는 외에 영업소를 설치해야 한다. 영업소의 설 치는 대표자 1인 이상이 국내에 거주하는 것으로 갈음할 수도 있다($^{614조}_{1항}$).

3) 등기　　외국회사는 영업소의 설치에 관하여 대한민국의 동종회사 또는 가장 유 사한 회사의 지점에 관해 법이 요구하는 내용의 등기를 하여야 한다($^{614조}_{2항}$). 이 경우 국내대 표자의 성명과 주소도 아울러 등기해야 한다($^{614조}_{3항}$).

이 등기사항이 외국에서 생긴 때에는 등기의무기간은 그 통지가 도달한 날로부터 기산 한다($^{615}_{조}$). 등기를 하기 전에는 계속하여 거래를 하지 못하며, 이에 위반하여 거래한 자는 그 거래에 대하여 회사와 연대하여 책임을 진다($^{616조\ 1}_{항\cdot2항}$).

〈외국회사의 현황〉 2021년 11월 말 현재 우리나라에는 5,763개의 외국회사가 등기되어 있다. 회사의 종류별로는 합명회사 9개(0.16%), 합자회사 12개(0.21%), 유한책임회사 139개 (2.41%), 주식회사 4,582개(79.50%), 유한회사 1,021개(17.71%)이다.

### (3) 증권의 법률관계

외국회사가 국내에서 주권이나 채권을 발행하거나, 주식의 이전이나 입질 또는 사채의 이전이 국내에서 이루어지는 경우에는 상법 제335조, 제335조의2부터 제335조의7까지, 제 336조부터 제338조까지, 제340조 제1항, 제355조, 제356조, 제356조의2, 제478조 제1항, 제479조 및 제480조가 준용된다($^{618조}_{1항}$).

### (4) 대차대조표의 공고

외국회사로서 상법에 따라 등기를 한 외국회사로서 대한민국에서의 같은 종류의 회사 또는 가장 비슷한 회사가 주식회사인 회사는 상법 제449조에 따른 재무제표의 승인과 같거 나 비슷한 절차가 종결된 후 지체 없이 대차대조표 또는 이에 상당하는 것으로서 시행령으 로 정하는 것을 대한민국에서 공고하여야 한다($^{616조}_{의2\ 1항}$). 이 공고는 관보 또는 시사를 다루는 일간신문에 해야 하지만, 국내회사의 전자적 공고에 관한 규정($^{289조\ 3}_{항\sim6항}$)에 따라 전자적 공고로 갈음할 수 있다($^{616조}_{의2\ 2항}$).

### (5) 영업소의 폐쇄

**1) 폐쇄명령** 법원은 일정한 사유가 있을 때에는 이해관계인이나 검사의 청구에 의하여 외국회사의 국내영업소에 대하여 그 폐쇄를 명할 수 있다. 폐쇄사유는, ① 영업소의 설치목적이 불법인 때, ② 영업소의 설치등기 후 정당한 사유 없이 1년 내에 영업을 개시하지 않거나 1년 이상 영업을 휴지하거나 정당한 사유 없이 지급을 정지한 때, ③ 대표자 또는 업무를 집행하는 자가 법령 또는 사회질서에 위반한 행위를 한 때이다($^{619조}_{1항}$). 법원은 폐쇄명령 전이라도 영업소재산의 보전에 필요한 처분을 할 수 있으며($^{619조\ 2항}_{\rightarrow176조\ 2항}$), 외국회사가 이해관계인의 폐쇄명령청구가 악의임을 소명하여 청구한 때에는 이해관계인에게 담보의 제공을 명령할 수 있다($^{619조\ 2항\rightarrow176}_{조\ 3항\cdot4항}$).

**2) 청산** 법원의 명령으로 또는 외국회사가 스스로 영업소를 폐쇄한 경우 법원은 이해관계인의 신청에 의하거나 직권으로 국내에 있는 그 외국회사의 재산 전부에 대해 청산의 개시를 명할 수 있으며, 이 경우 법원은 청산인을 선임하여야 한다($^{620조\ 1}_{항\cdot3항}$).

외국회사의 청산에 관하여는 그 성질이 허용하지 않는 경우 외에는 주식회사의 청산에 관한 규정($^{535조\sim537}_{조,\ 542조}$)이 준용된다($^{620조}_{2항}$).

# 제 9 장 벌  칙

## 1. 총설

회사를 둘러싼 복잡한 법률관계로 인하여 회사는 각종 재산범죄의 대상 또는 수단이 될 수 있으며, 그 자신이 주체가 될 수도 있다. 범죄와 처벌에 관하여는 일반법으로서 형법이 있고, 회사와 관련된 범죄의 상당수는 그에 의해 처벌될 수 있을 것이다.

그러나 형법은 원래 자연인의 범죄를 예상하여 제정된 것이므로 법인 중심의 범죄를 망라하기가 어렵고, 또 회사관계의 범죄는 대부분 이른바 화이트 칼라형의 범죄이므로 비난가능성이 높은 반면 매우 기교적이어서 형법의 각칙만으로는 규율하기 어려운 점이 많다. 이러한 이유에서 상법 제7장에서 회사관계의 범죄와 그 처벌에 관해 규정을 두고 있다.

## 2. 일반원칙

### (1) 형사범과 행정범의 구분

상법상의 벌칙 규정은 형사범에 관한 것과 행정범에 관한 것으로 나뉜다.

제622조 내지 제634조의2의 죄는 형사범으로 징역·벌금·몰수의 형벌이 적용되고, 제635조와 제636조의 죄는 행정범으로서 과태료가 적용된다.

### (2) 신분범

상법상의 각 범죄는 대부분 신분범이다. 예외적으로 제628조 제2항, 제630조 제2항, 제631조 제2항, 제634조의2 제2항의 죄만은 신분범이 아니다. 따라서 이들 범죄를 제외하고는 각 규정에서 요하는 신분을 갖지 아니한 자에게는 범죄가 성립할 수 없다.

### (3) 형법총칙의 적용

형사범에 관하여는 일반적으로 형법총칙이 적용된다. 따라서 제622조 내지 제634조의2에는 과실범을 벌하는 규정이 없으므로 과실범에 대하여는 벌칙의 적용이 없다(형법 14조 참조).

### (4) 법인에 대한 처벌

형사범의 주체가 법인인 경우에는 실제 행위를 한 이사, 집행임원, 감사 기타 업무를 집행한 사원 또는 지배인에게 벌칙을 적용한다($\frac{637}{조}$). 그러나 제624조의2의 위반행위($\frac{부당신용}{공여죄}$)에 대해서는 양벌의 특칙이 있다. 동 위반행위가 있으면 그 행위자를 벌하는 외에 회사에도 해당 법조의 벌금형을 과한다. 다만, 회사가 준법통제에 관한 의무($\frac{542조}{의13}$)를 성실히 이행하는 등 그 위반행위를 방지하기 위하여 해당 업무에 관하여 상당한 주의와 감독을 게을리 하지 아니한 경우에는 그러하지 아니하다($\frac{634}{조의3}$).

### (5) 징역과 벌금의 병과

형사범의 경우 징역과 벌금은 병과할 수 있다($\frac{632}{조}$).

### (6) 몰수 · 추징

일정한 범죄, 즉 제630조 제1항 또는 제631조 제1항의 범죄에 관해서는 범인이 수수한 이익은 몰수하고, 몰수가 불가능한 부분은 그 가액을 추징한다($\frac{633}{조}$).

### (7) 처벌절차

형사범의 처벌은 형사소송절차에 의하고, 행정범의 처벌은 비송사건절차법의 소정절차($\frac{비송 247}{조 이하}$)에 의한다.

## 3. 형사범

### (1) 특별배임죄($\frac{622조,}{623조}$)

**1) 행위주체**　　i) 발기인, 업무집행사원, 이사, 집행임원, 감사위원회위원, 감사 및 제386조 제2항 · 제407조 제1항 · 제415조 · 제567조의 직무대행자, 그리고 지배인 기타 회사영업에 관한 어느 종류 또는 특정한 사항의 위임을 받은 사용인, 청산인, 제542조 제2항의 직무대행자, 제175조의 설립위원($\frac{622조 1}{항. 2항}$)과, ii) 사채권자집회의 대표자 또는 그 결의를 집행하는 자($\frac{623}{조}$)이다.

**2) 행위**　　본조의 배임행위는 사무의 내용, 성질 등 구체적 상황에 비추어 법률의 규정, 계약의 내용 혹은 신의칙상 당연히 할 것으로 기대되는 행위를 하지 않거나 당연히 하지 않아야 할 것으로 기대되는 행위를 함으로써 본인과 사이의 신임관계를 저버리는 행위를 말한다($\frac{대법원 1998. 2. 10.}{선고 96도2287 판결}$). 구체적으로는, 위 i)의 자가 임무에 위배한 행위로서 재산상의 이익을 취득하거나 제3자로 하여금 이를 취득하게 하여 회사에 손해를 가하는 것이고 ($\frac{622조}{1항}$), 위 ii)의 자가 같은 행위로 사채권자에게 손해를 가하는 것이다($\frac{623}{조}$). 따라서 본죄가 성립하려면 임무위배, 이익의 취득 및 회사의 손해발생에 대한 범의가 있어야 한다.

본죄에서 「회사에 손해를 가한 때」라 함은 회사에 현실로 손해가 발생한 경우뿐 아니라 회사 재산가치의 감소라고 볼 수 있는 재산상 손해의 위험이 발생한 경우도 포함되는 것이며, 일단 회사에 대하여 재산상 손해의 위험을 발생시킨 이상 사후에 피해가 회복되었다고 하더라도 특별배임죄의 성립에 영향을 주지 못한다(대법원 1998. 2. 24. 선고 97도183 판결).

3) 처벌    i)의 자에게는 10년 이하의 징역 또는 3천만원 이하의 벌금에 처하고 (622조 1항), ii)의 자에게는 7년 이하의 징역 또는 2천만원 이하의 벌금에 처한다. 미수범도 처벌한다(624조).

**(2) 부당신용공여죄(624조의2)**

1) 행위주체    상법 제624조의2는 제542조의9 제1항에 위반하여 신용공여를 한 자를 벌한다고 규정하고 그 이상 구체적인 행위주체를 규정하고 있지 않다. 회사의 계산으로 신용공여를 하는 것이므로 회사 자체, 대표이사가 행위주체가 될 것이므로 이 죄의 주체도 이들로 보아야 할 것이다. 이 행위의 실행에 가담한 자가 공범으로 처벌받을 수 있음은 물론이다.

2) 행위    상법 제542조의9 제1항은 회사가 주요주주 등 회사와 이해가 상충할 수 있는 자에게 신용을 공여하는 것을 금지하고 있고, 그 실효성을 확보하기 위하여 본조에서 이에 위반한 자를 벌하고 있다.

3) 처벌    5년 이하의 징역 또는 2억원 이하의 벌금에 처한다.

**(3) 회사재산을 위태롭게 하는 죄(625조)**

1) 행위주체    제622조 제1항에 규정된 자, 검사인, 제298조 제3항 · 제299조의2 · 제310조 제3항 또는 제313조 제2항의 공증인(인가공증인의 공증 담당변호사를 포함)이나 제299조의2 또는 제310조 제3항 또는 제422조 제1항의 감정인이다.

2) 행위    다음 중 어느 하나의 행위를 하였을 때 처벌된다.

i) 출자의 부실보고    주식 또는 출자의 인수나 납입, 현물출자의 이행, 제290조, 제416조 제4호 또는 제544조에 규정된 사항에 관하여 법원 · 총회 또는 발기인에게 부실한 보고를 하거나 사실을 은폐한 때

ii) 자기주식취득    누구의 명의로 하거나 불문하고 회사의 계산으로 부정하게 그 주식 또는 지분을 취득하거나 질권의 목적으로 이를 받은 때

iii) 위법배당    법령 또는 정관의 규정에 위반하여 이익의 배당을 한 때

iv) 영업외 용도의 재산처분    회사의 영업범위 외에서 투기행위를 하기 위하여 회사재산을 처분한 때

3) 처벌    5년 이하의 징역 또는 1천 500만원 이하의 벌금에 처한다.

**(4) 주식취득제한의 위반죄(625조의2)**

1) 행위주체    2011년 개정 전에는 제635조에 열거한 자로 제한하였으나, 폐지되었으므로 누구든 이 죄의 행위주체가 될 수 있다.

2) 행위    다음 중 어느 하나의 행위를 하였을 때 처벌된다.

i) 제342조의2에 위반하여 자회사가 모회사의 주식을 취득하게 하거나, 예외적으로 취

득한 주식을 6월 내에 처분하지 않는 것.

ii) 포괄적 주식교환에서 삼각교환을 위해 완전모회사가 취득한 자신의 모회사 주식 중 사용하지 않은 주식을 제360조의3 제7항에 위반하여 주식교환 후 6월 내에 처분하지 아니하는 것.

iii) 삼각합병을 위해 존속회사가 모회사주식을 취득한 후 사용하지 않은 주식을 제523조의2 제2항에 위반하여 합병 후 6월 내에 처분하지 아니하는 것.

iv) 삼각분할합병을 위해 흡수분할합병의 승계회사가 모회사주식을 취득한 후 사용하지 않은 주식을 제530조의6 제5항에 위반하여 분할 후 6월 내에 처분하지 아니하는 것.

**3) 처벌**    2천만원 이하의 벌금에 처한다.

**(5) 부실보고죄**($^{626}_{조}$)

**1) 행위주체**    이사, 집행임원, 감사 그리고 제386조 제2항·제407조 제1항·제415조·제567조의 직무대행자이다.

**2) 행위**    주식회사 또는 유한회사의 조직변경에 있어 회사에 현존하는 순재산액($^{604조\ 2항,}_{607조\ 2항}$)에 관하여 법원 또는 총회에 부실한 보고를 하거나 사실을 은폐하는 것이다.

**3) 처벌**    5년 이하의 징역 또는 1천 500만원 이하의 벌금에 처한다.

**(6) 부실문서행사죄**($^{627}_{조}$)

**1) 행위주체**    ① 제622조 제1항에 게기한 자 및 외국회사의 대표자, 주식 또는 사채의 모집의 위탁을 받은 자와, ② 주식 또는 사채를 매출하는 자이다.

**2) 행위**    위 ①의 자가 주식 또는 사채를 모집함에 있어서 중요한 사항에 관하여 부실한 기재가 있는 주식청약서, 사채청약서, 사업계획서, 주식 또는 사채의 모집에 관한 광고 기타의 문서를 행사하는 것과 위 ②의 자가 매출에 관한 문서로서 중요한 사항에 관하여 부실한 기재가 있는 것을 행사하는 것이다.

**3) 처벌**    5년 이하의 징역이나 1천 500만원 이하의 벌금에 처한다.

**(7) 납입가장죄**($^{628}_{조}$)

**1) 행위주체**    ① 제622조 제1항에 게기한 자, ② 이들의 죄가 되는 행위에 응하거나 중개한 자이다.

**2) 행위**    ①의 자가 납입 또는 현물출자의 이행을 가장하는 것 및 ②의 자가 이에 응하거나 이를 중개하는 것이다. 본조의 죄는 자본충실을 보호법익으로 하므로「납입을 가장」한다고 함은 주금의 납입을 가장하는 것만을 의미하고 사채의 납입은 포함하지 않는다. 전환사채 역시 주식으로 전환될 때에 비로소 자본금을 구성하게 되므로 전환사채의 납입을 가장하더라도 본조의 적용대상이 아니다($^{대법원\ 2008.\ 5.\ 29.}_{선고\ 2007도5206\ 판결}$). 그러나 처음부터 납입금 없이 주식을 발행할 목적으로 전환사채를 가장납입의 방식으로 발행하여 주식으로 전환하게 한 경우에는 가장납입죄가 성립한다($^{대법원\ 2015.\ 12.\ 10.}_{선고\ 2012도235\ 판결}$).

3) 처벌    5년 이하의 징역이나 1천 500만원 이하의 벌금에 처한다.

(8) 초과발행죄($\frac{629}{조}$)

1) 행위주체    발기인, 이사, 집행임원 그리고 제386조 제2항·제407조 제1항의 직무대행자이다.

2) 행위    발행예정주식총수를 초과하여 주식을 발행하는 것이다.

3) 처벌    5년 이하의 징역 또는 1천 500만원 이하의 벌금에 처한다.

(9) 독직죄($\frac{630}{조}$)

1) 행위주체    ① 제622조와 제623조에 규정된 자, 검사인, 제298조 제3항·제299조의2·제310조 제3항 또는 제313조 제2항의 공증인이나 제299조의2 또는 제310조 제3항 또는 제422조 제1항의 감정인, ② 이들에게 이익을 약속, 공여 또는 공여의 의사표시를 한 자이다.

2) 행위    ①의 자가 직무에 관하여 부정한 청탁을 받고 재산상의 이익을 수령, 요구 또는 약속하는 것과 ②의 자가 ①의 이익을 약속, 공여 또는 공여의 의사표시를 하는 것이다.

3) 처벌    5년 이하의 징역 또는 1천 500만원 이하의 벌금에 처한다.

(10) 권리행사방해 등에 관한 증수뢰죄($\frac{631}{조}$)

1) 행위주체    ① 행위별로 주식인수인, 사원, 주주, 사채권자 또는 회사법상의 각종의 소 제기권자, 소수주주, 소수사원, 일정액 이상의 사채권자, ② ①의 자에게 이익을 약속, 공여 또는 공여의 의사표시를 한 자이다.

2) 행위    ①의 자가 다음 사항에 관하여 부정한 청탁을 받고 재산상의 이익의 수탁, 요구 또는 약속하는 것, 및 ②의 자가 이익을 약속, 공여 또는 공여의 의사표시를 하는 것이다.

i) 창립총회, 사원총회, 주주총회 또는 사채권자집회에서의 발언 또는 의결권의 행사

ii) 회사법상의 소의 제기, 발행주식의 총수의 100분의 1 또는 100분의 3 이상에 해당하는 주주, 사채총액의 10분의 1 이상에 해당하는 사채권자 또는 자본금의 100분의 3 이상에 해당하는 출자좌수를 가진 사원의 권리의 행사

iii) 유지청구권 또는 신주발행유지청구권의 행사

3) 처벌    1년 이하의 징역 또는 300만원 이하의 벌금에 처한다.

(11) 납입책임면탈의 죄($\frac{634}{조}$)

1) 행위주체    주식인수인 또는 출자인수인이다.

2) 행위    납입책임을 면하기 위하여 타인 또는 가설인의 명의로 주식 또는 출자를 인수하는 것이다. 따라서 이것은 목적범이다.

3) 처벌    1년 이하의 징역 또는 300만원 이하의 벌금에 처한다.

(12) 주주의 권리행사에 관한 이익공여의 죄($_{조의2}^{634}$)

**1) 행위주체**    ① 주식회사의 이사·집행임원·감사위원회 위원·감사 또는 제386조 제2항, 제407조 제1항 또는 제415조의 직무대행자, 지배인 기타 사용인, ② 이들로부터 이익을 수수하거나 제3자에게 이를 공여하게 한 자이다.

**2) 행위**    주주의 권리의 행사와 관련하여, ①의 자가 회사의 계산으로 재산상의 이익을 공여하는 것, 및 ②의 자가 수수하거나 공여하게 하는 것이다. 이익의 공여라 하더라도 의례적인 것이거나 불가피한 것인 때에는 사회통념에 비추어 용인될 수 있는 행위로서, 형법 제20조에 정하여진 '사회상규에 위배되지 아니하는 행위'에 해당하므로 본죄가 성립하지 아니한다($_{고\ 2015도7397\ 판결}^{대법원\ 2018.\ 2.\ 8.\ 선}$).

**3) 처벌**    1년 이하의 징역 또는 300만원 이하의 벌금에 처한다.

## 4. 행정범

상법은 제635조와 제636조에서 회사법의 각 규정을 위반한 경우에 과태료에 처하는 행위를 규정하고 있다. 그러나 그 행위에 관하여 형을 과할 때에는 과태료에 처할 수 없다($_{1항\ 단}^{635조}$).

과태료는 대통령령으로 정하는 바에 따라 법무부장관이 부과·징수하는데($_{의2\ 1항}^{637조}$), 이에 불복하는 자는 그 처분의 고지를 받은 날부터 60일 이내에 법무부장관에게 이의를 제기할 수 있다($_{의2\ 2항}^{637조}$). 이의가 제기된 때에는 법원이 「비송사건절차법」에 따른 과태료 재판을 한다($_{의2\ 3항}^{637조}$).

### (1) 제635조 제1항의 행위

**1) 행위주체**    회사의 발기인 등 소정의 지위에 있는 자이다($_{1항\ 본}^{635조}$).

**2) 행위**    본조 제1항 1호 내지 32호에서 「회사법상의 등기를 게을리한 때」 등 32종의 행위를 열거하고 있다.

**3) 처벌**    500만원 이하의 과태료에 처한다.

### (2) 제635조 제2항의 행위

발기인, 이사 또는 집행임원이 주권의 인수로 인한 권리($_{주}^{권리}$)를 양도한 때에도 500만원 이하의 과태료에 처한다.

### (3) 제635조 제3항의 행위

**1) 행위주체**    제635조 제1항의 행위주체와 같다.

**2) 행위**

1. 제542조의8 제1항을 위반하여 사외이사 선임의무를 이행하지 아니한 경우

2. 제542조의8 제4항을 위반하여 사외이사 후보추천위원회를 설치하지 아니하거나 사외이사가 총위원의 2분의 1 이상이 되도록 사외이사 후보추천위원회를 구성하지 아니한

경우

    3. 제542조의8 제5항에 따라 사외이사를 선임하지 아니한 경우

    4. 제542조의9 제3항을 위반하여 이사회 승인 없이 거래한 경우

    5. 제542조의11 제1항을 위반하여 감사위원회를 설치하지 아니한 경우

    6. 제542조의11 제2항을 위반하여 제415조의2 제2항 및 제542조의11 제2항 각 호의 감사위원회의 구성요건에 적합한 감사위원회를 설치하지 아니한 경우

    7. 제542조의11 제4항 제1호 및 제2호를 위반하여 감사위원회가 제415조의2 제2항 및 제542조의11 제2항 각 호의 감사위원회 구성요건에 적합하도록 하지 아니한 경우

    8. 제542조의12 제2항을 위반하여 감사위원회 위원의 선임절차를 준수하지 아니한 경우

    3) 처벌     5천만원 이하의 과태료에 처한다.

    (4) 제635조 제4항의 행위

    1) 행위주체     제635조 제1항의 행위주체와 같다.

    2) 행위

    1. 제542조의4에 따른 주주총회 소집의 통지·공고를 게을리하거나 부정한 통지 또는 공고를 한 경우

    2. 제542조의7 제4항 또는 제542조의12 제5항을 위반하여 의안을 별도로 상정하여 의결하지 아니한 경우

    3) 처벌     1천만원 이하의 과태료에 처한다.

    (5) 제636조의 행위

회사의 성립 전에 회사의 명의로 영업을 한 자는 회사설립의 등록세의 배액에 상당하는 과태료에 처하며, 외국회사가 제616조 제1항의 규정에 위반한 때에도 같은 과태료에 처한다.

# 제 4 편

# 보　　험

# 제1장  서  론

## I. 인간생활과 보험

　사람은 많은 위험을 안고 살아간다. 천재지변과 같은 자연재해가 인간의 생활을 늘 위협해 왔으며, 집단생활을 하면서 새로운 질병이 생겨나고, 사람이 도구를 사용하고 발달된 교통수단이나 구축물과 같은 문명의 이기를 이용하는 가운데서 대형화된 위험이 생겨난다. 또 오늘날 사람의 생활은 타인과의 계약을 중심으로 이루어지는데, 자기 또는 타인의 과실로 인해 예상하지 못한 책임을 져야 하는 법적 재난도 빈번해졌다. 이러한 위험은 예기하지 못한 가운데 발생하여 현실의 손실로 이어지므로 사람의 생활에 큰 충격을 주고 심지어는 생활의 기반을 전부 무너뜨리는 일도 빈번하다.

　사유재산제하에서는 타인에게 책임을 돌릴 수 없는 사유로 인한 손실은 자신이 부담할 수밖에 없다. 그러므로 사람은 재난을 예방하거나 피해를 줄이기 위해 노력해야 하지만, 그래도 재난의 위험이 없어지는 것은 아니며, 또 재난에 대비해 저축을 해놓더라도 재난으로 인한 생활상의 피해를 완화할 뿐이지, 손실 자체는 내부에 머물러 피해자가 감수할 수밖에 없다.

　이에 재난으로 인한 손실을 외부화하는 방법으로 구상된 제도가 보험이다. 구체적으로는 이른바 大數의 법칙하에서 공통의 위험을 가진 자들이 출연한 자금을 비축하여 두어 기금화하였다가 그중 누구인가에게 현실로 재난이 닥쳐 손실이 발생하였을 때에 그 손실을 전보해 주는 방식이다. 피해자도 평시에 기금의 조성에 기여해야 하므로 자신의 손실을 전액 외부화하지는 못한다. 하지만 전보받은 금액에서 자신의 기여액을 뺀 나머지만큼은 손실을 외부화할 수 있는 것이다. 이같이 보험제도를 활용함으로써 사람은 최소의 비용으로 최대의 효과라는 경제원칙에 따라 자신의 위험을 관리함으로써 생활을 안정시킬 수 있는 것이다.

　어느 관점에서 보든, 보험은 장기적으로 재난으로 인한 비용을 최소화하고 평준화하는 순기능을 하지만, 특정 순간에 특정인의 손실을 전보해 주는 단면만을 보면 위험단체의 구성원들의 출연으로 조성된 기금을 특정인이 독차지하는 면이 돋보이는 사행적 성격이 있음을 부정할 수 없다. 이로 인해 보험금의 지급에 대해서는 동일한 위험단체에 가입한 구성원들 모두가 이해를 갖는 공익적 성격을 지닌다. 그러므로 보험의 가입에서 보험사고의 발생으로 인한 보험금지급에 이르기까지 전개되는 법률관계가 모든 가입자에게 공정하게 관리되도록 해야 하고 이것이 보험법의 존재이유이며, 보험법의 해석·적용의 기준이 되는 이념이다.

## II. 보험의 개념

보험이란 어느 운영자($^{보험}_{자}$)의 주도하에 일정한 유형의 동질적인 우발적 사고의 위험을 가지고 있는 다수인으로부터 일정금액을 출연받아 기금을 조성하고 그 출연자 중 특정인에게 일정한 유형의 사고가 발생할 경우 당초 약정한 소정액을 지급함으로써 손해의 전부 또는 일부를 보전하는 법적 수단이다.

i) 사고의 우발성   보험이란 사람이 관리할 수 없는 불의의 사고를 대비하기 위한 제도이므로 보험에 의해 담보되는 보험사고는 우발적이고 불확실한 것이어야 한다. 우발적이라 함은 피보험자의 고의에 의한 것이 아니고 보험자나 피보험자가 예측할 수 없음을 의미한다. 당사자 간에 우발적이고 불확실하면 족하므로 객관적으로는 어떤 사실이 이미 발생하였거나 발생하지 않았더라도 당사자들이 주관적으로 알지 못하면 이 사실을 보험사고로 하는 보험이 성립할 수 있다. 당사자 간에 우발성의 여부가 다투어질 경우 보험금을 청구하는 자가 우발성에 관한 증명책임을 진다($^{대법원 2001. 11. 9. 선}_{고 2001다55499 판결}$).

ii) 동질적 위험의 다수성   보험은 동질의 위험을 부담한 자들 간의 상조적인 제도이므로 같은 위험이 다수인에게 존재해야 하며, 그 다수인들이 동종의 사고로 인한 손해를 전보하기 위한 재원의 조성에 기여해야 한다. 이같이 동종의 사고에 관해 동일한 보험자와 보험계약을 체결한 자들 간에는 손해의 전보를 위한 재원 조성에 공동으로 기여하는 모습을 보이는데 이를 「보험단체」라고 부른다. 보험단체라고 하지만, 같은 보험자와 동종의 사고를 중심으로 공동의 출연이 이루어진다는 것일 뿐, 보험계약자 상호 간에 직접적인 법률관계가 성립하는 것은 아니다.

iii) 수지균등의 원칙   보험사고가 발생할 경우 그 손실을 전보하기 위해 지급하는 보험금의 총화와 하나의 보험단체를 구성하는 보험계약자들이 출연하는 보험료의 총화는 균등해야 한다. 보험금은 사고발생이 현실화되었을 때 구체적으로 확정되므로 보험료는 보험금의 예측치를 토대로 계산할 수밖에 없다. 여기서 과거에 집적된 사고의 규모와 건수를 토대로 大數의 법칙을 이용하여 사고의 개연율을 계산하고 이를 기초로 보험료를 계산한다. 이를 보험기술이라고도 부른다.

iv) 보험운영자  보험은 보험사고의 유형을 특정하여 가입자를 모집하고, 보험료를 책정하고, 사고가 현실화되었을 때 보험금을 지급하는 등의 일련의 절차 내지는 사무로 구성되므로 이를 관리하는 주체를 필요로 한다. 상호보험의 경우에는 그 관리주체는 보험가입자들 스스로이지만, 그 외의 보험일 경우에는 제3자가 보험자가 되어 보험을 인수한다. 그리고 보험자가 보험의 인수를 영업으로 할 경우에는 기본적 상행위가 되고 그 보험자는 상인이 된다($\frac{46조}{17호}$).

## Ⅲ. 보험과 유사한 행위·제도

1) 도박  도박과 보험은 제한된 다수인이 경제적인 출연을 하고 이를 우연한 사건에 의해 출연자 일부에게 귀속시킨다는 점에서 방법론적으로 유사하고 귀속의 결정이 우연성에 좌우된다는 점에서 사행적 성격을 가지고 있다. 그러나 보험은 우발적 사고로 인한 손실을 전보하기 위한다는 경제적 수요를 바탕으로 하는 제도임에 대해 도박은 단지 출연액을 초과하는 이익을 얻기 위한 행위라는 점에서 다르다.

2) 저축  보험은 미래의 경제적 수요에 대비한 출연이라는 점에서 저축의 성격을 가진다. 그러나 저축자는 우발적 사고와 무관하게 출연한 금액과 이자를 수령하는 점에서 보험과 성질을 달리한다. 보험에도 저축의 기능을 겸하는 저축성 보험이 있는데, 이런 유의 보험에서는 저축과 강한 유사성을 보인다.

3) 공제  공제란 동일한 지역, 동일한 직장, 동일한 사업 등 사회적으로 공통의 속성을 갖는 자들의 상부상조를 위한 조직을 범칭하는 용어인데, 개중에는 보험과 동일한 성격을 갖는 것도 있다. 공제 기타 이에 준하는 계약에는 그 성질에 반하지 않는 한 상법 보험편의 규정을 준용한다($\frac{664}{조}$).

4) 자가보험  기업내부에 동질의 위험을 갖는 단위가 다수 존재하는 경우 보험의 원리를 응용하여 각 단위별로 사고에 대비한 준비금을 적립하는 예가 있는데, 이를 자가보험이라 한다. 예컨대 항공회사에서 각 노선별 또는 항공기별로 단위화하여 사고를 대비한 준비금을 적립하는 것과 같다. 자가「보험」이라고 호칭하지만, 위험을 외부화하는 것이 아니므로 법적인 의미의 보험은 아니다.

## Ⅳ. 보험의 종류

보험은 여러 가지 기준에서 분류할 수 있다.

1) 공보험·사보험  공보험이란 국가 또는 공공단체가 국가적 또는 사회적 정책을

실현하기 위한 목적에서 실시하는 보험으로서 강행성을 띠고, 운영주체도 국가 또는 공공단체인 경우가 많다. 이에 대해 사보험이란 우발적 손해의 대비라는 사인의 경제적 수요를 충족하기 위해 사인($\binom{\text{또는 국가가 사}}{\text{인의 입장에서}}$)이 운영하는 보험으로서 그 가입이 임의적이다.

2) **영리보험·상호보험**　사인이 영리를 목적으로 영위하는 사보험을 영리보험이라 하고, 동질의 위험을 지닌 사인들이 스스로 주체가 되어 보험단체를 구성하여 운영하는 사보험을 상호보험이라 한다. 상호보험에는 영리보험에 관한 상법규정이 준용된다($\binom{664}{조}$).

상호보험은 상호회사의 형식으로 운영되므로 상호보험의 가입자는 상호회사와 보험관계 및 사단관계를 가진다.

3) **물보험·인보험**　물보험이란 특정 물건의 멸실·훼손 또는 재산의 상태의 악화를 보험사고로 하는 보험이다. 후술하는 손해보험과 대체로 범주를 같이 한다.

인보험이란 사람의 생명 또는 신체에 대한 사고를 보험사고로 하는 보험이다. 인보험에는 위험의 유형에 따라 생명보험, 상해보험, 질병보험 등이 있다.

4) **손해보험·생명보험**　보험사고에 의한 재산상의 손실을 전보하는 보험을 손해보험이라 한다. 생명보험이란 좁게는 사망을 보험사고로 하는 보험이지만, 넓게는 신체의 상해를 보험사고로 하는 보험도 포함한다.

5) **정액보험·부정액보험**　보험계약을 체결하는 시점에서 사고시에 지급할 보험금을 확정하는 보험을 정액보험이라 한다. 생명보험이 그 예이다. 부정액보험이란 보험계약에서는 지급할 보험금의 최고한도를 정하고, 실제 사고가 발생했을 때에 실손해액을 측정하여 보험금을 지급하는 보험을 말한다. 원칙적으로 생명보험은 정액보험이고 손해보험은 부정액보험이다.

6) **원보험·재보험**　어느 보험자가 인수한 보험계약상의 보험금지급책임이 발생하는 것을 보험사고로 하여 다른 보험자가 인수하는 것을 재보험이라 하고, 이 재보험에 의해 담보되는 보험을 원보험이라고 한다. 보험금액이 거액이라서 책임부담으로 인한 보험자의 위험이 지나칠 경우 부담을 경감하기 위한 목적에서 재보험을 이용한다.

7) **상법상의 보험분류**　상법은 보험을 손해보험($\binom{665조}{이하}$)과 인보험($\binom{727조}{이하}$)으로 대별한 후, 손해보험은 화재보험($\binom{683조}{이하}$), 운송보험($\binom{688조}{이하}$), 해상보험($\binom{693조}{이하}$), 책임보험($\binom{719조}{이하}$), 자동차보험($\binom{726조의}{2\ 이하}$), 보증보험($\binom{726조의}{5\ 이하}$)으로 세분하고, 인보험은 생명보험($\binom{730조}{이하}$), 상해보험($\binom{737조}{이하}$), 질병보험($\binom{739조의}{2\ 이하}$)으로 세분한다. 손해보험은 물보험이고 부정액보험이나, 인보험 중 생명보험은 정액보험이고 상해보험과 질병보험은 정액보험으로 할 수도 있고, 부정액보험으로 할 수도 있다.

참고로 보험에 관한 業法의 성격을 갖는 보험업법에서는 보험업을 생명보험업, 손해보험업, 제3보험업으로 구분한 후, 생명보험업의 종목으로 생명보험, 연금보험, 그 밖에 대통령령으로 정하는 보험을 배치하고, 손해보험업의 종목으로는 화재보험, 해상보험($\binom{\text{및 항공·}}{\text{운송보험}}$),

자동차보험, 보증보험, 재보험, 그 밖에 대통령령으로 정하는 보험을 배치하며, 제3보험업의 종목으로는 상해보험, 질병, 간병보험, 그 밖에 대통령령으로 정하는 보험을 배치한다(보험 4조 1항).

## V. 보험법의 범위와 특성

1) **보험법의 범위**　　넓은 의미에서 보험법이란 보험에 관한 일체의 법이라고 이해할 수 있다. 그러한 뜻에서의 보험법에는 보험 및 보험업에 대한 감독법규로 이루어진 보험업법도 포함하지만, 상법학의 대상이 되는 보험에 관한 법은 보험계약에 관한 법으로서 상법 제4편에 자리하고 있다. 이하「보험법」이라 말할 때에는 상법 제4편을 가리킨다. 상법 제4편의 규정만으로는 보험계약에서 생겨나는 모든 법률문제를 다룰 수는 없으므로 보험관계의 상당부분은 보험자가 일방적으로 작성하는 약관에 의해 정해진다. 보험은 매우 기술적이고 전문적이므로 보험자가 작성하는 보험약관은 보험자의 이익에 경사되기 쉽다. 그래서 보험약관은 약관규제법의 주된 규율대상이 되며, 약관규제법은 보험법의 중요한 법원의 하나라고 할 수 있다.

2) **보험계약법의 특성**　　상법 제4편이 다루는 보험법은 보험계약법으로서 상행위법이라 할 수 있으므로 상법전에서의 적합한 위치는 제2편 상행위편 중의 어느 한 장이라고 할 수 있다. 그러나 보험계약에는 후술하는 바와 같이 선의성, 윤리성, 단체성, 공익성 등의 특성을 지니므로 이러한 법률관계를 다루는 보험계약법은 자연 강행법적 성격을 띤 규정을 다수 포함한다. 그리하여 상법은 보험계약을 임의법규의 성격을 갖는 상행위법을 피하고 편을 달리하여 다루고 있다.

# 제 2 장　보험계약 총론

## Ⅰ. 보험계약의 개념

보험계약이란 일방 당사자가 타방 당사자에게 소정의 보험료를 지급하고 타방 당사자는 일방 당사자에게 재산 또는 생명이나 신체에 불확정한 사고가 발생할 경우에 일정한 보험금이나 그 밖의 급여를 지급할 것을 약정하는 계약이다($^{638}_{조}$).

1) 이같이 당사자가 상대방에게 채무를 부담할 것을 목적으로 하므로 보험계약은 채권계약이고, 쌍방이 상호 대가적 의미의 채무를 부담하므로 쌍무·유상계약이다. 그리고 채무부담의 합의만으로 계약이 성립하므로 보험계약은 불요식의 낙성계약이다.

2) 쌍방 당사자의 의무는 보험기간이라는 일정한 기간 지속되므로 계속적 계약관계에 놓인다. 보험계약에서 약정된 보험금의 지급은 약정된 기간 중에 불확실한 사건($^{보험}_{사고}$)이 발생하는 것을 조건으로 하므로 사행계약의 일종이다.

3) 보험계약은 그 사행성으로 인해 자칫 보험금을 목적으로 한 부도덕한 행위를 유도할 소지가 있으므로 당사자들의 고도의 선의를 요구하는 계약이다. 이를 흔히 보험계약의 선의계약성이라 부르며, 보험법에서는 이 이념에 기초한 각종 의무를 요구한다.

## Ⅱ. 보험계약의 요소

### 1. 보험관계자

#### (1) 보험계약의 당사자

보험료를 지급할 것을 약속하는 당사자를 보험계약자라 하고, 보험금 기타 급여를 지급할 것을 약속하는 당사자를 보험자라고 한다.

1) **보험자**　　법적인 의미에서는 보험계약의 일방당사자로서 보험료를 수령하고 그

대가로 사고발생시 보험금을 지급할 의무를 부담하는 자이지만, 기능적으로는 동질의 위험을 지닌 다수의 보험계약자를 모아 보험단체를 구성하고 운영하는 자이다. 상법은 보험계약을 영업으로 인수하는 행위를 기본적 상행위로 다루고($^{46조}_{17호}$), 보험자는 보험계약을 영업으로 인수하므로 당연상인($^4_조$)이 되지만, 그 사업이 고도의 공익성을 띠므로 보험업법에서는 보험자의 자격을 일정액 이상의 자본금 또는 기금을 갖춘 주식회사 또는 상호회사로 제한하고 금융위원회의 허가를 받도록 한다($^{보험 4조 1}_{항, 9조 1항}$).

2) **보험계약자**    보험자의 상대방이 되어 보험계약을 체결하는 자로서 보험료지급의무 등 각종 보험계약상의 의무를 부담한다. 보험계약자는 자기를 위해 보험계약을 체결할 수도 있으나, 타인을 위한 보험계약의 경우에는 보험계약자 아닌 제3자가 보험금의 수령 등 권리를 행사한다.

(2) **보험자측의 기타 보험관계자**

보험자는 넓은 지역에 걸쳐 보험가입자를 모집하여야 하므로 자신의 사용인 외에도 다수의 제3자의 도움을 얻어 보험계약을 체결한다. 상법에서 그 지위를 다루고 있는 관계자는 다음 두 가지 유형이다.

1) **보험대리상**    보험대리상이란 일정한 보험자를 위하여 상시 보험계약의 체결을 대리하는 것을 영업으로 하는 자이다($^{87조, 646}_{조의2 1항}$). 구체적으로 보험대리상은 보험자를 위하여 i) 보험계약자로부터 청약, 고지, 통지, 해지, 취소 등 보험계약에 관한 의사표시를 수령할 수 있는 권한과 ii) 보험계약자에게 보험계약의 체결, 변경, 해지 등 보험계약에 관한 의사표시를 할 수 있는 권한이 있다($^{646조의2 1}_{항 3호, 4호}$). 「…권한이 있다」라는 말은 보험대리상이 한 이러한 행위들은 별도의 수권이 없어도 보험자를 대리하여 한 행위로서 효력이 있다는 뜻이다. 상법은 주의적으로 보험계약자로부터 보험료를 수령할 수 있는 권한과 보험자가 작성한 보험증권을 보험계약자에게 교부할 수 있는 권한도 보험대리상의 권한으로 규정하고 있다($^{646조의}_{2 1항 1}$ $_{호}$). 보험자는 이상의 보험대리상의 권한 중 일부를 제한할 수 있으나, 그 제한을 이유로 선의의 보험계약자에게 대항하지 못한다($^{646조}_{의2 2항}$).

피보험자나 보험수익자가 보험료를 지급하거나 보험계약에 관한 의사표시를 할 의무가 있는 경우에는 보험대리상의 권한은 그 피보험자나 보험수익자에게도 적용한다($^{646조}_{의2 4항}$).

2) **보험설계사**    보험설계사란 보험회사·보험대리점 또는 보험중개사에 소속되어 보험계약의 체결을 중개하는 자로서 금융위원회에 등록된 자를 말한다($^{보험 2조 9}_{호, 84조 1항}$). 과거 보험모집인이라 불렀다. 상법에서는 보험설계사를 「보험대리상이 아니면서 특정한 보험자를 위하여 계속적으로 보험계약의 체결을 중개하는 자」라고 부르며, 보험계약자로부터 보험료를 수령할 수 있는 권한($^{보험자가 작성한 영수증을 보험계}_{약자에게 교부하는 경우에 한함}$)과 보험자가 작성한 보험증권을 보험계약자에게 교부할 수 있는 권한이 있음을 규정하고 있다($^{646조}_{의2 3항}$).

보험설계사는 보험계약을 중개할 뿐이고, 보험자를 위해 보험계약을 체결할 권한은 없다. 그러므로 보험설계사가 보험계약에 관련된 어떤 사실을 알거나 모르는 것을 보험자가 알거나 모르는 것으로 다룰 수는 없다. 예컨대 보험계약자의 통지의무의 대상인 보험사고 발생위험이 현저하게 증가된 사실을 보험설계사가 알게 되었거나 보험계약자가 보험설계 사에게 통지하였다고 하더라도 이를 보험자가 알게 된 것으로 볼 수는 없다(대법원 2006. 6. 30. 선고 2006다 19672 판결).

3) 보험중개사    보험업법에서는 보험중개사라는 직종을 두고 있다. 이는 독립적으로 보험계약의 체결을 중개하는 자로서 금융위원회에 등록된 자를 말한다(보험 2조 11호). 보험중개 사는 보험대리상과 달리 특정의 보험자를 위해서가 아니라 불특정다수의 보험자를 위해, 그리고 보험계약을 대리하는 것이 아니라 중개하는 것을 업으로 한다.

### (3) 보험계약자측의 기타 보험관계자

1) 피보험자    피보험자는 보험계약의 당사자는 아니지만, 보험계약에서 매우 중요한 지위이다. 손해보험과 인보험에서 다른 의미로 사용됨을 주의해야 한다. 손해보험에서 피보험자는 보험계약상 피보험이익의 주체로서 보험사고가 발생하였을 때 손해의 보상을 받을 권리를 가진 자를 가리킨다. 그리고 인보험에서는 보험계약상 보험사고의 대상이 되는 생명 또는 신체의 주체로서 보험에 붙여진 자를 가리킨다.

손해보험의 피보험자에 관하여는 특별한 제약이 없지만, 인보험에서는 피보험자를 보호하기 위하여, 타인의 사망을 보험사고로 하는 보험계약에서는 보험계약 체결시에 그 타인(피보 험자)의 서면에 의한 동의를 얻어야 하며(731조 1항), 15세 미만자, 심신상실자 또는 심신박약 자의 사망을 보험사고로 한 보험계약은 소정의 경우를 제외하고 무효로 한다(732 조).

보험계약자와 피보험자가 일치하는 보험을 「자기를 위한 보험」, 불일치하는 보험을 「타인을 위한 보험」이라고 한다.

2) 보험수익자    보험수익자란 인보험계약에서 보험금을 지급받을 자로 지정된 자를 가리킨다. 손해보험에서는 피보험자가 동시에 보험금을 수령하므로 보험수익자라는 용어를 별도로 쓰지 않는다.

## 2. 보험의 목적

보험의 목적이란 보험사고발생의 객체가 되는 것을 말한다. 손해보험에서는 피보험자의 재산이 보험의 목적이 되고, 인보험에서는 피보험자의 생명, 신체가 보험의 목적이 된다. 보험의 목적에 의해 보험사고발생시 보험자가 보상해야 할 보상의 범위가 정해질 수 있고, 이를 기초로 보험료가 산정된다. 그러므로 보험계약시에 보험의 목적이 확정되어야 한다.

## 3. 보험사고

보험사고라 함은 보험계약에서 보험자의 보험금지급사유로 정한 사건을 말한다. 보험계약자는 이 보험사고의 위험을 경제적으로 대비하고자 보험에 가입한다. 예컨대 화재보험에 붙인 건물에 발생한 화재, 생명보험에 붙인 피보험자의 사망 등이다. 보험이 불확실한 위험에 대비하기 위한 것이니 만큼 보험사고는 발생여부가 불확실해야 한다. 그러므로 보험사고가 이미 발생하였거나 또는 발생할 수 없는 것인 때에는 그 계약은 무효로 한다($_{본}^{644조}$). 이는 강행규정으로서 당사자의 합의로 이에 반하는 보험계약을 체결할 수 없다($_{2002.\,6.\,28.\,선고}^{대법원}_{2001다59064\,판결}$). 그러나 보험자와 보험계약자 쌍방과 피보험자가 이를 알지 못한 때에는 위험의 불확실성이 존재하므로 보험계약은 유효하다($_{단}^{644조}$).

보험사고가「이미 발생하였다」는 것은 보험사고가 실현된 것을 의미하므로 시간의 경과에 따라 보험사고의 발생이 필연적으로 예견된다 해서 발생했다고 할 수는 없다($_{선고\,2010다}^{대법원}_{66835\,판결}^{2010.\,12.\,9.}$).

## 4. 보험기간

보험기간이란 보험계약에 정한 보험자의 책임이 발생하여 존속하는 기간을 말한다. 이 기간 중에 보험사고가 발생하면 그로 인한 손실을 보험자가 보상할 책임을 진다. 보험사고가 기간 중에 발생하면 족하고 실제 손실은 기간 후에 발생하더라도 보험자의 책임발생에는 영향이 없다.

보험기간은 보험계약에서 정해지는 것이 보통이지만, 보험계약에서 정하지 않은 때에는 보험자가 최초의 보험료를 받은 때로부터 개시한다. 즉 보험료의 수령과 동시에 보험자의 책임이 개시한다($_{조}^{656}$).

당사자가 정하는 보험기간은 보험계약의 체결 이후로 함이 원칙이나, 보험사고에 관해 당사자가 선의인 한, 계약 전의 어느 시점을 보험기간의 시기(始期)로 할 수 있다($_{조}^{643}$). 이를 소급보험이라 한다.

## 5. 보험료와 보험료기간

보험료라 함은 보험자가 보험사고로 인한 보험금지급채무를 부담하는 데 대한 대가로서 보험계약자가 보험자에게 지급하는 금액을 말한다($_{조}^{638}$). 보험료는 1회의 지급으로 완납하는 방식으로 부담하기도 하고($_{험,\,자동차보험}^{예:\,여행자보}$), 보험기간 중 기간을 나누어 수차에 걸쳐 분납하는 방식으로 부담하기도 한다. 후자의 방식이 흔한데, 이 경우 첫회의 보험료와 이후의 보험료지급에 관해 상이한 법률효과가 주어짐에 주의해야 한다($_{조}^{650}$).

보험료기간은 보험료를 지급하는 단위가 되는 기간을 뜻한다. 이 기간을 단위로 보험사고의 위험을 측정하여 보험료를 산출하게 된다. 이와 관련하여 「보험료불가분의 원칙」이라는 용어가 있다. 이는 동일한 보험료기간 중에는 위험이 불가분하고 따라서 보험료도 불가분이라는 뜻으로, 보험료기간 중에 보험사고의 발생, 계약의 해지 등으로 보험이 종료되더라도 보험자는 보험료기간 전부의 보험료를 취득할 수 있고 미경과기간에 대한 보험료를 반환할 의무가 없다는 원칙이다. 우리 보험제도에서 보험료불가분의 원칙을 인정할 것이냐에 관해 논란이 있으나(긍정설: 김성태 127; 박세민 155; 양승규 107; 장덕조 115; 최준선 104. 부정설: 이·최·김 86; 한기정 358), 판례는 이를 부정한다(대법원 2008. 1. 31. 선고 2005다 57806 판결).

## 6. 보험금과 보험금액

보험계약에서 보험사고가 발생하였을 때 보험자가 피보험자 또는 보험수익자에게 지급하기로 약정한 금액을 보험금액이라 하고, 사고발생시에 실제로 보험자가 지급할 의무를 부담하는 금액을 보험금이라 한다. 보험계약은 보험사고로 인한 손해를 예비하여 체결하므로 보험금은 보험계약자에게는 실질적인 계약의 목적이라 할 수 있다.

생명보험의 경우에는 보험계약에서 보험금액이 정액으로 정해지고 실제 지급하는 보험금이 되지만, 손해보험에서의 보험금은 실손해보상을 원칙으로 지급하므로 보험계약에서 정하는 보험금액은 보험금의 한도를 의미한다.

# Ⅲ. 보험계약의 성립

## 1. 일반원칙

보험계약도 일반 계약과 마찬가지로 청약과 승낙에 의해 성립되며, 낙성·불요식의 계약이므로 서면의 작성이나 보험료의 납입은 요건은 아니다. 그러나 보험계약이 실제 체결되는 관행과 사행적 특성을 고려하여 보험법은 다음과 같은 특칙을 두고 있다.

## 2. 낙부통지의무

**1) 취지** 보험계약이 낙성·불요식의 계약이기는 하나, 보험계약의 실무를 보면 보통은 보험설계사가 보험계약자를 방문하여 상담 후 보험설계사가 제공하는 보험청약서에 보험계약자가 소정의 사항을 기입한 후, 이를 보험금의 전부 또는 1회의 보험금과 더불어 설계사에게 교부하면 보험설계사가 보험자에게 이를 제출하고, 보험자는 별도로 승낙의 의사표시를 함이 없이 보험증권을 보험계약자에게 송부하는 방식으로 계약이 체결된다. 따라서 보험계약자는 청약서와 보험료를 교부할 때에 보험계약이 성립되었다고 믿거나 또는 곧 보험계약이 성립될 것을 믿는 것이 일반적이므로 보험법은 보험계약자를 보호하기 위하여

보험자에게 단기간에 승낙여부를 통지할 의무를 과하고 있다.

**2) 의무의 내용** 보험자가 보험계약자로부터 보험계약의 청약과 함께 보험료 상당액의 전부 또는 일부의 지급을 받은 때에는 다른 약정이 없으면 30일 내에 그 상대방에 대하여 낙부의 통지를 발송하여야 한다($^{638조의2}_{1항 본}$). 그러나 인보험계약의 피보험자가 신체검사를 받아야 하는 경우에는 그 기간은 신체검사를 받은 날부터 기산한다($^{동조}_{항 단}$). 인보험에서는 피보험자의 건강상태가 보험계약체결의 중대한 조건이 되므로 피보험자가 수검을 지연함으로 인한 위험부담을 보험자에게 전가해서는 안되기 때문이다.

보험자가 보험료를 수령한다고 함은 보험자 본인이 수령한 경우만이 아니라 보험대리상이 수령한 경우 및 보험설계사가 보험료를 수령하고 보험자가 작성한 영수증을 교부하는 경우도 포함한다($^{646조의2}_{1항 1호, 3항}$).

**3) 통지해태의 효과** 보험자가 위의 기간 내에 낙부의 통지를 게을리한 때에는 보험계약자가 청약한 보험계약을 승낙한 것으로 본다($^{638조}_{의2 2항}$).

**4) 보험자의 책임발생의 특칙** 보험자가 승낙하기 이전에도 일정한 경우 보험자의 책임이 발생할 수 있다.

i) **의의** 「보험사고가 발생하면 보험금을 지급한다」라는 보험자의 책임은 보험계약이 체결될 때, 즉 보험자가 보험계약자의 청약에 대해 승낙한 때에 발생하는 것이 원칙이다. 그러나 기술한 바와 같이 보험계약자는 보험료를 지급할 때에 보험계약이 체결되었다는 신뢰를 갖는 것이 보통이므로 보험법은 이때에 사실상 보험계약이 체결되는 효과를 부여하고 있다. 즉 보험자가 보험계약자로부터 보험계약의 청약과 함께 보험료 상당액의 전부 또는 일부를 받은 경우에 그 청약을 승낙하기 전에 보험계약에서 정한 보험사고가 생긴 때에는 그 청약을 거절할 사유가 없는 한 보험자는 보험계약상의 책임을 진다($^{638조의2}_{3항 본}$). 이를 「승낙 전 보험」 또는 「승낙적격체의 보호」라고 부른다.

ii) **요건** 「승낙 전 보험」이 성립하기 위해서는 보험자가 승낙 전 보험료의 전부 또는 일부를 받아야 하고, 보험자가 그 청약을 거절할 사유가 없어야 한다. 「청약을 거절할 사유」란 보험자가 청약받은 보험과 같은 종류의 보험에 관하여 그 보험자가 마련하고 있는 객관적인 보험인수기준에 의하면 인수할 수 없는 위험상태 또는 사정이 있는 것으로서 통상 피보험자가 보험약관에서 정한 적격 피보험체가 아닌 경우를 말하며, 이러한 청약을 거절할 사유의 존재에 대한 증명책임은 보험자에게 있다($^{대법원 2008. 11. 27.}_{선고 2008다40847 판결}$). 이러한 사유가 없는 한, 그 사고발생사실을 보험자에게 고지하지 아니하였다는 사정은 청약을 거절할 사유가 될 수 없다($^{같은}_{판례}$).

청약을 거절할 사유에 해당하는 사안의 예로, 생명보험의 청약과 보험료지급이 있은 후 승낙 전에 피보험자가 무등록 오토바이를 운전하다 사고로 사망한 사건에서, 피보험자는 당해 보험의 약관에서 오토바이 사용자를 위험직종으로 보아 적격 피보험체가 아닌 것으로 다루고 있음을 이유로 보험자가 승낙을 거절한 경우 승낙 전 보험의 대상이 아니라고 한 판례가 있다($^{대법원\ 1991.\ 11.\ 8.}_{선고\ 91다29170\ 판결}$).

iii) 소급보험과의 관계 　　보험사고가 이미 발생하였거나 발생할 수 없는 때에는 보험계약이 무효이지만($^{644}_{조}$), 승낙 전 보험은 이 규정에 의해 무효가 되는 소급보험과는 다른 제도임을 주의해야 한다($^{전계\ 2008다}_{40847\ 판결}$).

iv) 예외 　　인보험계약의 피보험자가 신체검사를 받아야 하는 경우에 그 검사를 받지 아니한 때에는 승낙 전 보험은 성립하지 않는다($^{638조의}_{2\ 3항\ 단}$). 그 이유는 낙부통지의무에서와 같다.

### 3. 보험약관의 교부 · 설명의무

보험계약은 예외 없이 보험자가 작성한 보험약관에 의해 체결되고 있다. 보험약관 역시 약관규제법이 규정하는 약관이므로 이에 대해 약관규제법이 적용된다($^{약관에\ 관한\ 상세}_{는\ 18면\ 이하\ 참조}$). 이에 더하여 보험법에서는 보험약관에 관해 교부 및 설명의무의 특칙을 두고 있다.

1) 내용 　　보험자는 보험계약을 체결할 때에 보험계약자에게 보험약관을 교부하고 그 약관의 중요한 내용을 설명하여야 한다($^{638조}_{의3\ 1항}$). 약관규제법 제3조 제3항에서도 약관의 작성자에게 설명의무를 과하고 있고 그 내용도 보험법과 동일하므로 이 자체는 특칙으로서의 의미가 없다. 약관의 「중요한 내용」이라는 표현도 약관규제법과 같은 용어이지만, 보험계약에 있어 약관의 「중요한 내용」이란 보험료와 그 지급방법, 보험금액, 보험기간, 보험사고의 내용과 보험자의 면책사유, 보험계약의 해지사유 등 보험계약자가 보험계약의 체결여부를 결정함에 영향을 미칠 수 있는 사항을 뜻한다($^{통}_{설}$). 중요한 사항이라도 보험계약자가 이미 알고 있는 사항이나 법령에 정해진 것을 되풀이하거나 부연하는 정도에 그치는 것은 설명의 대상이 아니다($^{20면}_{참조}$).

2) 위반의 효과 　　보험법은 설명의무위반의 효과에 관해 특칙을 두고 있다. 보험자가 설명의무를 위반한 경우에는 보험계약자는 보험계약이 성립한 날부터 3개월 이내에 그 계약을 취소할 수 있다($^{동조}_{2항}$). 이 기간 내에 보험계약자가 취소하지 않은 경우 보험계약은 유효하게 존속하게 되는데, 보험자가 설명하지 않은 약관부분의 효력이 문제된다. 약관규제법 제3조 제4항은 약관작성자가 설명의무를 위반한 조항은 작성자가 이를 원용할 수 없다고 규정한다. 즉 약관에서 배제되는 것이다. 그러면 보험계약자가 취소하지 않아 유효해진 보험계약에서 보험자가 설명하지 않은 약관규정에 약관규제법 제3조 제4항이 적용되는가? 판례는 이 규정을 중복적용하여 보험자가 보험계약이 유효해지더라도 보험자는 설명하지 않은 약관규정을 원용할 수 없다고 본다($^{대법원\ 1997.\ 9.\ 26.\ 선고\ 97다4494\ 판결;}_{동\ 2010.\ 3.\ 25.\ 선고\ 2009다91316\ 판결}$). 따라서 예컨대 보험자가 설명하지 아니한 고지의무를 보험계약자가 위반하였다 하더라도 보험자는 보험계약을 해지할 수 없다($^{대법원\ 2005.\ 10.\ 28.\ 선고\ 2005다38713\ 판}_{결;\ 동\ 2020.\ 1.\ 16.\ 선고\ 2018다242116\ 판결}$).

3) 그릇된 설명의 효과      약관이 구속력을 갖는 것은 당사자가 계약내용에 약관을 포함시키려는 합의를 하였기 때문이다(<sup>계약</sup><sub>설</sub>). 따라서 보험자가 보험약관의 내용을 잘못 설명한 경우, 이는 명시적으로 약관의 내용을 변경한 것으로 보아야 한다(<sup>대법원 1989. 3. 28.</sup><sub>선고 88다4645 판결</sub>).

## 4. 고지의무

### (1) 의의

고지의무란 보험계약시에 보험계약자 또는 피보험자가 보험자에게 보험계약과 관련한 의사결정에 필요한 중요한 사항을 알릴 의무를 뜻한다(<sup>651조</sup><sub>본</sub>). 보험계약은 동종의 사고위험을 지닌 다수인들이 위험을 분담하기 위한 제도이므로 위험분담이 공평해야 한다. 위험부담이 공평하기 위해서는 각자의 위험의 크기에 비례하여 보험료가 산정되어야 한다. 이를 위해서는 보험단체의 구성원들이 지니고 있는 위험의 발생가능성을 측정할 수 있는 요소를 보험자가 파악해야 할 것이므로 보험계약에 임하여 보험계약자나 피보험자로 하여금 위험의 요소가 되는 사실을 보험자에게 고지하게 한 것이다(<sup>위험</sup><sub>측정설</sub>). 한편 고지의무는 보험계약의 사행적 성향으로 인한 보험계약자의 도덕적 해이를 대비하는 제도이기도 하다. 즉 보험계약자들이 위험요소를 은닉할 경우 보험계약자들 간에 손해분담의 공평이 깨어지므로 보험계약의 선의성에 입각하여 계약자측에 과하는 의무인 측면도 있는 것이다(<sup>선의</sup><sub>계약설</sub>).

보험법에서는 이 같은 취지에서 보험계약자 및 피보험자에게 고지의무를 과하고 그 위반에 대해 보험자의 계약해지권을 연결시킴으로써 고지를 강제한다(<sup>651조</sup><sub>본</sub>).

### (2) 의무자

상법은 고지의무자로서 보험계약자와 피보험자를 열거하고 있다. 단순히 피보험자로 규정하므로 인보험의 피보험자와 손해보험의 피보험자가 공히 고지의무를 부담한다. 인보험의 보험수익자는 고지의무를 지지 아니한다.

### (3) 고지 수령자

고지는 보험자 또는 보험자를 위해 고지의 수령권을 가진 자에게 하여야 한다. 보험대리상은 고지수령권이 있으므로 보험계약자 또는 피보험자가 보험대리상에게 고지하였다면 고지의무를 이행한 것이다(<sup>646조의2</sup><sub>1항 3호</sub>). 그리고 인보험에서 피보험자의 건강상태를 검진한 의사(<sup>보험</sup><sub>의</sub>)는 보험계약의 체결권은 없지만 고지수령권은 있다. 그러나 보험설계사는 이러한 권한을 갖지 않으므로 보험설계사에게 보험사고에 관한 사실(<sup>예:과거</sup><sub>의 병력</sub>)을 알렸다 하더라도 이는 고지의무를 이행한 것이 아니다(<sup>대법원 1979. 10. 30.</sup><sub>선고 79다1234 판결</sub>).

### (4) 고지대상

1) 중요한 사항      상법 제651조는 고지할 내용을 단지 「중요한 사항」이라고만 표현하고 있어 무엇이 중요한 사항이냐는 의문이 제기된다. 판례는 중요한 사항을 「보험자가 보험사고의 발생과 그로 인한 책임부담의 개연율을 측정하여 보험계약의 체결 여부 또는

보험료나 특별한 면책조항의 부가와 같은 보험계약의 내용을 결정하기 위한 표준이 되는 사항으로서, 객관적으로 보험자가 그 사실을 안다면 그 계약을 체결하지 않든가 또는 적어도 동일한 조건으로는 계약을 체결하지 않으리라고 생각되는 사항」이라고 풀이한다(대법원 2001. 11. 27. 선고 99다33311 판결). 그리고 어떠한 사실이 이에 해당하느냐는 것은 보험의 종류에 따라 달라져야 할 사실인정의 문제로서 보험의 기술에 비추어 객관적으로 관찰하여 판단되어야 한다(같은 판례).

2) **질문표**    보험계약자가 고지하지 않은 사실이 중요한 사실인지에 관한 다툼이 빈번한데, 후술하는 바와 같이 중요성을 포함하여 고지의무위반사실은 보험자가 증명하여야 한다. 그러므로 보험계약의 실무에서는 보험자가 이러한 증명의 부담을 덜기 위하여 미리 서면에 의한 질문표를 만들어 보험계약자에게 제시하고 응답하도록 한다. 상법은 이같이 보험자가 서면으로 질문한 사항은 보험계약에 있어서 중요한 사항에 해당하는 것으로 추정한다(651조의2). 동조가 말하는 서면에는 보험청약서도 포함되므로, 보험청약서에 일정한 사항에 관하여 답변을 구하는 취지가 포함되어 있다면 그 사항도 상법 제651조에서 말하는 「중요한 사항」으로 추정된다(대법원 2004. 6. 11. 선고 2003다18494 판결).

3) **중복보험**    상법 제672조 제2항에서는 손해보험에 있어서 동일한 보험계약의 목적과 동일한 사고에 관하여 수개의 보험계약을 체결하는 경우(중복보험) 보험계약자로 하여금 각 보험자에 대하여 각 보험계약의 내용을 통지하도록 규정하고 있으나, 이는 제651조의 고지의무와는 취지를 달리하므로, 중복보험을 고지하지 않았다 하여 고지의무에 위반한 것은 아니다(대법원 2003. 11. 13. 선고 2001다49623 판결). 그러나 보험자가 생명보험계약을 체결함에 있어 다른 보험계약의 존재 여부를 질문표나 청약서에 기재하여 질문하였다면 중복보험인 사정을 보험계약의 체결여부에 관한 판단자료로 삼겠다는 의사를 명백히 한 것으로 볼 수 있으므로 다른 보험계약의 존재 여부가 고지의무의 대상이 된다(대법원 2004. 6. 11. 선고 2003다18494 판결).

이 경우에도 보험자가 다른 보험계약의 존재에 관한 고지의무위반을 이유로 보험계약을 해지하기 위하여는 보험계약자 또는 피보험자가 중복보험에 관한 고지의무의 존재와 다른 보험계약의 존재를 알면서 고지하지 않았거나, 또는 중대한 과실로 알지 못하여 고지하지 않은 사실을 증명하여야 한다(같은 판례).

(5) **불이행의 요건**

보험자에게 해지권이 발생하는 고지의무위반이 되기 위해서는 보험계약자 또는 피보험자가 「고의 또는 중대한 과실」로 인하여 중요사항을 고지하지 않아야 한다. 「고의」란 고지대상인 사실을 알았을 뿐 아니라, 그 사실이 고지의무의 대상이 된다는 것도 알았음을 의미한다(대법원 2011. 4. 14. 선고 2009다103349 판결). 그리고 「중대한 과실」이란 고지하여야 할 사실은 알고 있었지만 현저한 부주의로 인하여 그 사실의 중요성을 판단하지 못하거나, 그 사실이 고지해야 할 중요한 사실이라는 것을 알지 못하는 것을 말한다(같은 판례). 피보험자와 보험계약자가 다른 경우에 피보험자 본인이 아니면 알 수 없는 개인적 신상이나 신체상태 등에 관한 사항은 피보험자와의 관계 등으로 보아 당연히 알았을 것이라고 보이는 등의 특별한 사정이 없는 한, 보험계약자가 피보험자에게 적극적으로 확인하지 않았다 하여 중대한 과실이 인정되는 것은 아니다(대법원 2013. 6. 13. 선고 2011다54631 판결).

### (6) 증명책임

보험자가 보험계약자나 피보험자의 고지의무위반을 이유로 해지권을 행사하기 위하여는 고지의무의 존재 즉 고지하지 않은 사실의 중요성 및 보험계약자 또는 피보험자의 고의·과실을 증명하여야 한다(대법원 2011. 4. 14. 선고 2009다103349 판결).

### (7) 불고지의 효과

1) 보험계약자 또는 피보험자가 고지의무를 이행하지 아니한 경우 보험자는 그 사실을 안 날로부터 1월 내에, 계약을 체결한 날로부터 3년 내에 보험계약을 해지할 수 있다(651조 1항). 보험자가 해지권을 포기할 경우 보험계약이 유효하게 존속함은 물론이다. 경제적으로 독립한 여러 물건이 하나의 보험의 목적이 되고 일부에 대하여만 고지의무 위반이 있는 경우 보험자는 그 일부에 관해서만 해지할 수 있고 나머지 부분에 대한 보험계약의 효력에는 영향이 없다(대법원 1999. 4. 23. 선고 99다8599 판결).

2) 고지의무를 이행하지 않았더라도 보험자가 보험계약의 체결 당시에 불고지된 사실을 알았거나 중대한 과실로 인하여 알지 못한 때에는 해지권을 행사할 수 없다(651조 단). 보험의를 비롯하여 보험자를 위하여 고지를 수령할 수 있는 지위에 있는 자의 악의나 중과실도 당연히 보험자의 악의·중과실에 포함된다(대법원 2001. 1. 5. 선고 2000다40353 판결). 뿐만 아니라 보험사고의 발생이 보험계약자가 불고지하였거나 부실고지한 사실에 의한 것이 아니라는 것이 증명된 때에는 불고지를 이유로 보험계약을 해지할 수 없다(앞의 판결).


## Ⅳ. 보험계약의 효력

### 1. 보험계약자 등의 의무

#### (1) 보험료 지급의무

1) 의무자     보험계약이 체결되면 보험계약자는 보험자에게 보험료를 지급할 의무를 부담한다. 이는 보험자의 보험금지급의무와 쌍무적인 관계로 보험계약자에게 발생하는 가장 기본적인 계약상의 의무이다. 피보험자와 보험수익자는 보험계약자가 아니므로 보험료지급의무를 부담하지 않지만, 타인을 위한 보험에 있어서는 보험계약자가 파산하거나 보험료지급을 게을리하는 경우 피보험자나 보험수익자도 보험금지급청구권을 포기하지 않는 한 보험료를 지급할 의무가 있다(639조 3항). 그러므로 보험계약자가 보험료지급을 지체할 경우 보험자는 피보험자 또는 보험수익자에게 보험료지급을 최고하고 이들 역시 보험료지급을

지체하지 않는 한 보험계약을 해제할 수 없다($\frac{650조}{3항}$).

　　2) 보험료의 금액　　　보험료는 보험계약에 의해 정해지지만, 추후 보험계약자가 감액을 청구하거나 보험자가 증액을 청구할 수 있는 경우가 있다. 계약 당시 특별한 위험을 예기하고 보험료를 정하였으나, 예기한 위험이 소멸한 경우 보험계약자는 보험료의 감액을 청구할 수 있으며($\frac{647}{조}$), 보험기간 중 보험사고발생의 위험이 현저하게 증가한 경우에는 보험자가 보험료의 증액을 청구할 수 있으며($\frac{652조}{653조}$), 보험금액이 보험계약의 목적의 가액을 현저하게 초과한 경우에는 보험계약자는 보험료의 감액을, 보험자는 보험금액의 감액을 청구할 수 있다($\frac{669조}{1항}$).

　　3) 지급시기　　　보험계약의 체결후 지체 없이 보험료 또는 제1회 보험료를 지급해야 하며, 지급하지 않을 경우 다른 사정이 없는 한 계약성립 후 2월이 경과하면 보험계약이 해제된 것으로 본다($\frac{650조}{1항}$). 계속보험료는 약정된 시기에 지급해야 하고 지체할 경우 계약의 해지사유가 된다($\frac{650조}{2항}$).

　　　보험자의 보험료지급청구권은 2년간 행사하지 않으면 시효로 소멸한다($\frac{662}{조}$).

　　4) 어음·수표에 의한 지급　　　보험거래의 실무에서는 보험료를 약속어음이나 수표로 지급하는 예가 흔하다. 이 경우 어음·수표를 제시하여 지급을 받는 것은 후일이 되겠지만, 학설은 어음·수표를 교부한 때에 보험료가 지급된 것으로 보고, 어음·수표금이 지급되기 이전에 보험사고가 발생하더라도 보험자의 보험금지급의무를 인정한다. 그 근거는 다양하게 설명하지만 다수설은 어음·수표를 교부할 때에 보험료의 지급을 어음·수표금의 지급시까지 유예하는 합의가 이루어진 것이라고 설명한다. 하지만 판례는 선일자수표로 보험료를 지급한 경우에는 동 수표의 교부일을 보험료지급일로 보아서는 안된다는 입장을 취하고 있다($\frac{대법원 1989. 11. 28.}{선고 88다카33367 판결}$).

### (2) 위험변경·증가의 통지의무

　　보험기간 중에 보험계약자 또는 피보험자가 사고발생의 위험이 현저하게 변경 또는 증가된 사실을 안 때에는 지체 없이 보험자에게 통지하여야 한다($\frac{652조}{1항 본}$). 통지를 게을리할 경우 보험자는 그 사실을 안 날로부터 1월 내에 한하여 계약을 해지할 수 있다($\frac{동조}{항 단}$). 보험의 목적이 된 위험을 기초로 보험료를 산정하는데, 위험이 증가하여 보험자가 부담하게 되는 보험금지급의무와 보험료가 균형을 잃을 경우 보험자가 신속히 이를 바로잡을 수 있는 권리를 행사할 수 있도록 배려한 제도이다.

　　그러므로 「위험」이란 보험사고 발생의 가능성을 가리키는 것이고, 위험의 「현저한 변경 또는 증가」라 함은 증가된 위험이 계약 체결 당시에 존재하였다고 가정하면 보험자가 계약을 체결하지 않거나 동일한 조건으로는 계약을 체결하지 않았으리라고 생각되는 정도의 위험의 변경 또는 증가를 말한다($\frac{대법원 1996. 7. 26.}{선고 95다52505 판결}$). 그리고 위험이 현저하게 변경 또는 증가된 사실을 「안 때」란 사고발생의 위험과 관련된 특정한 상태의 변경이 있음을 아는 것만으로는 부족하고 그 상태의 변경이 사고발생 위험의 현저한 변경·증가에 해당된다는 것까지 아는 것을 의미한다($\frac{\text{대법원 2014. 7. 24. 선}}{\text{고 2013다217108 판결}}$). 이상의 사실은 보험계약의 해지를 주장하는 보험자가 증명하여야 한다($\frac{\text{전게 95다}}{\text{52505 판결}}$).

### (3) 위험유지의무

보험기간 중에 보험계약자, 피보험자 또는 보험수익자의 고의 또는 중대한 과실로 인하여 사고발생의 위험이 현저하게 변경 또는 증가된 때에는 보험자는 그 사실을 안 날부터 1월 내에 보험료의 증액을 청구하거나 계약을 해지할 수 있다($\frac{653}{\text{조}}$). 이 의무는 보험계약자 등이 보험계약 당시의 위험이 증대되지 않도록 주의를 기울여야 한다는 뜻을 내포하므로 흔히 「위험유지의무」라 부르며, 그 이행을 강제할 수 있는 것은 아니고 불이행에 대해 법적 불이익이 따르므로 간접의무이다.

### (4) 보험사고발생의 통지의무

보험계약자 또는 피보험자나 보험수익자는 보험사고의 발생을 안 때에는 지체 없이 보험자에게 그 통지를 발송하여야 한다($\frac{657조}{1항}$). 보험자로 하여금 자신의 책임의 유무를 조사·확인함으로써 자신의 책임범위를 관리하고, 가해자에 대한 보험자대위권($\frac{682}{\text{조}}$)을 확보하고, 나아가 보험사고로 인한 손해의 확산을 방지할 수 있도록 하기 위함이다. 보험계약자 등이 이 통지의무를 해태함으로 인하여 손해가 증가된 때에는 보험자는 그 증가된 손해를 보상할 책임이 없다($\frac{657조}{2항}$). 나아가 통지의무의 위반에 의해 보험자에게 손해가 발생하면 보험계약자 등은 이를 배상해야 한다($\frac{\text{진정의무설. 양승규 167; 정찬}}{\text{형 645; 최기원 674; 한기정 409}}$). 이에 대해 통지의무는 간접의무에 불과하다는 설도 있다($\frac{\text{김성태 318; 이·최·}}{\text{김 160; 임용수 197}}$).

## 2. 보험자의 의무

### (1) 보험증권 교부의무

1) **보험증권의 의의**　　보험자는 보험계약이 성립한 때에는 지체 없이 보험증권을 작성하여 보험계약자에게 교부하여야 한다($\frac{640조}{1항 본}$). 기존의 보험계약을 연장하거나 변경한 경우에는 보험자는 그 보험증권에 그 사실을 기재함으로써 보험증권의 교부에 갈음할 수 있다($\frac{\text{동조}}{2항}$). 보험계약은 낙성·불요식의 계약이므로 보험증권은 보험계약의 성립요건이 아니며, 보험계약의 성립을 증명하는 증거증권에 불과하다($\frac{\text{대법원 1996. 7. 30.}}{\text{선고 95다1019 판결}}$). 상법은 보험계약자가 보험료의 전부 또는 최초의 보험료를 지급하지 아니한 때에는 보험자가 보험증권을 교부하지 않아도 된다고 규정하고 있지만($\frac{640조}{1항 단}$), 이는 보험료를 지급하지 않을 경우 보험자의 증권작성의무를 덜어 줌에 불과하고, 보험증권의 법적 효력과 관련하여 의미있는 규정은 아니다.

2) **유가증권성**　　보험증권을 유가증권으로 볼 수 있는지 의문이다. 유가증권으로 본다면 보험증권을 지시식 또는 무기명식으로 발행하여 그 증권의 이전에 의해 보험계약상의

지위를 이전할 수 있게 된다. 인보험은 유통성을 인정할 필요성이 없을 뿐 아니라, 성질상 그 보험증권을 지시식 또는 무기명식의 보험증권으로 발행할 수 없고, 설령 그러한 형식으로 발행되었다 하더라도 유가증권성을 인정할 수 없다는 것이 통설이다. 그러나 손해보험에서는 보험증권을 지시식 또는 무기명식으로 발행한 경우 유가증권성을 인정할 것인지 견해의 대립이 있다. 통설은 일반적으로는 유가증권성을 부인하지만 선하증권, 화물상환증, 창고증권과 같이 유통증권과 더불어 유통되는 보험증권의 경우에는 유가증권성을 인정한다.

3) 이의약관　　보험계약의 당사자는 보험증권의 교부가 있는 날로부터 1월 이상의 일정한 기간 내에 한하여 그 증권내용의 正否에 관한 이의를 할 수 있음을 약정할 수 있다($^{641}_{조}$). 당사자의 일방이 이해하는 보험계약의 내용이 보험증권과 다른 경우 그 다툼을 조기에 종식시키기 위한 약정을 허용한 것이다. 이에 따라 보험약관에서 이의제기 기간을 설정한 경우 이의를 제기함이 없이 그 기간이 경과한 후에는 계약의 내용이 증권의 기재와 다름을 주장할 수 없다.

4) 재교부청구　　보험증권을 멸실 또는 현저하게 훼손한 때에는 보험계약자는 자신의 비용부담하에 보험자에 대하여 증권의 재교부를 청구할 수 있다($^{642}_{조}$). 기술한 바와 같이 보험증권은 증거증권에 불과하므로 재교부를 받지 않는다고 하여 보험계약상의 권리에 영향을 주는 것은 아니다.

### (2) 보험금지급의무

보험계약의 가장 중요한 효력이며, 보험계약자의 기본적인 거래목적이다.

1) 보험금의 개념　　보험금은 인보험과 손해보험에서 뜻을 달리한다. 인보험에서는 당사자가 약정한 정액의 보험금액을 뜻하며, 손해보험에서는 당사자가 약정한 보험금액의 범위에서 보험사고로 인해 피보험자가 입은 손해에 대한 보상액을 뜻한다.

2) 지급시기　　보험사고가 발생하면 보험자는 약정기간이 있는 경우에는 그 기간 내에 보험금을 지급해야 하고, 약정기간이 없는 경우에는 보험사고발생의 통지($^{657조}_{1항}$)를 받은 후 지체 없이 지급할 보험금액을 정하고 그 정해진 날부터 10일 내에 피보험자 또는 보험수익자에게 보험금액을 지급하여야 한다($^{658}_{조}$).

3) 지급책임의 발생요건　　보험기간은 보험계약이 체결되면 진행하지만, 보험자의 보험금지급책임은 다른 약정이 없으면 보험자가 최초의 보험료를 지급받은 때로부터 개시한다($^{656}_{조}$). 한편 보험계약이 체결되기 전이라도 보험자가 보험계약자로부터 보험계약의 청약과 함께 보험료 상당액의 전부 또는 일부를 받은 경우에는 그 청약을 승낙하기 전에 보험사고가 발생한 때에도 그 청약을 거절할 사유가 없는 한 보험자는 보험계약상의 책임을 진다($^{638조의2}_{3항 본}$). 단 인보험계약의 피보험자가 신체검사를 받아야 하는 경우에 그 검사를 받지 아니한 때에는 예외이다($^{동조}_{항 단}$).

4) 소멸시효　　보험금청구권은 3년간 행사하지 아니하면 시효의 완성으로 소멸한다($^{662}_{조}$). 그 기산점에 관해 보험사고가 발생한 때로 보는 설($^{사고발}_{생시설}$), 보험가입자가 보험사고를 안 때라는 설 등 다양한 견해가 있다. 판례는 원칙적으로 보험금청구권의 소멸시효는 보험사고가 발생한 때로부터 진행하지만, 객관적으로 보아 보험사고가 발생한 사실을 확인할 수 없는 사정이 있는 경우에는 보험금청구권자가 보험사고의 발생을 알았거나 알 수 있었던 때로부터 진행한다고 설시한다($^{대법원\ 2008.\ 11.\ 13.}_{선고\ 2007다19624\ 판결}$). 나아가 판례는 약관 등에 의하여 보험금청구권의 행사에 특별한 절차를 요구하는 때에는 그 절차를 마친 때, 또는 채권자가 그 책임 있는 사유로 그 절차를 마치지 못한 경우에는 그러한 절차를 마치는 데 소요되는 상당한 기간이 경과한 때로부터 진행된다고 한다($^{대법원\ 2012.\ 5.\ 9.\ 선}_{고\ 2010다83434\ 판결}$).

(3) 보험료 반환의무

1) 반환사유　　보험계약이 무효, 취소, 해지 등으로 실효하는 경우 보험자는 기수령한 소정의 보험료를 보험계약자에게 반환하여야 한다.

i) 보험계약의 전부 또는 일부가 무효인 경우에 보험계약자와 피보험자가 선의이며 중대한 과실이 없는 때($^{손해보험}_{의\ 경우}$) 또는 보험계약자와 보험수익자가 선의이며 중대한 과실이 없는 때($^{인보험}_{의\ 경우}$)에는 보험자에 대하여 보험료의 전부 또는 일부의 반환을 청구할 수 있다($^{648}_{조}$).

ii) 보험사고가 발생하기 전에는 원칙적으로 보험계약자는 언제든지 계약의 전부 또는 일부를 해지할 수 있으며($^{649조}_{1항}$), 계약을 해지한 보험계약자는 보험계약에 다른 약정이 없는 한 미경과보험료의 반환을 청구할 수 있다($^{동조}_{3항}$).

iii) 보험계약을 체결할 때에 보험자는 보험계약자에게 보험약관을 교부하고 그 약관의 중요한 내용을 설명하여야 하고, 이를 위반한 경우 보험계약자는 보험계약이 성립한 날부터 3개월 이내에 보험계약을 취소할 수 있다($^{638조의3}_{1항,\ 2항}$). 보험계약이 취소되면 보험자가 수령한 보험료는 부당이득이 되므로 이를 보험계약자에게 반환하여야 한다($^{민}_{741조}$).

2) 반환청구권의 소멸시효　　보험계약자의 보험료반환청구권은 3년간 행사하지 아니하면 시효의 완성으로 소멸한다($^{662}_{조}$). 이 소멸시효는 특별한 사정이 없는 한 각 보험료를 납부한 때부터 진행한다($^{대법원\ 2011.\ 3.\ 24.\ 선}_{고\ 2010다92612\ 판결}$).


# V. 보험자의 면책

(1) 취지

보험제도는 대수의 법칙에 의하여 보험사고의 발생으로 인한 손실을 추산해서 다수인에게 분담시키는 제도인데, 보험사고가 보험계약자측의 인위적인 행위에 의해 발생하거나, 보험계약시에 예상하기 어려운 재난으로 인해 사고가 발생한 경우에는 당초 보험계약의 기초로 삼았던 위험분담의 체계가 합리성을 상실한다. 이러한 경우에까지 보험자의 책임을 묻는 것은 보험제도가 추구하는 정의에 부합하지 않으므로 상법은 일정한 요건하에 보험자의 보험금지급책임을 면제한다.

### (2) 보험계약자 등의 유책에 의한 면책

**1) 일반원칙**   보험사고가 보험계약자, 피보험자 또는 보험수익자($^{이하\ '보험}_{계약자\ 등'}$)의 고의 또는 중대한 과실로 인하여 생긴 때에는 보험자는 보험금액을 지급할 책임이 없다($^{659조}_{1항}$).

위에 말한 취지에 더하여 보험계약자 등의 고의 또는 중대한 과실로 생긴 보험사고는 우연성이 결여되어 보험사고로서의 적격성이 상실되었을 뿐만 아니라 보험계약의 사행계약적 성향을 경계하여 당사자에게 요구되는 신의성실의 원칙에 반하기 때문이라는 것이 일반적인 설명이다.

**2) 고의·중과실의 의의**   법문에서「고의」라 함은 자신의 행위에 의하여 보험사고가 발생하리라는 것을 알면서 이를 행하는 심리 상태를 말하는 것으로 미필적 고의도 포함한다($^{대법원\ 2004.\ 8.\ 20.\ 선}_{고\ 2003다26075\ 판결}$). 예컨대 생명보험의 피보험자가 자살을 하거나 화재보험의 가입자가 화재의 가능성을 인식하며 목적물에 점화하는 것과 같다. 보험사고의 발생에 복수의 원인이 존재하고 그중 하나가 보험계약자 등의 고의행위임을 주장하여 보험자가 면책되기 위하여는 보험자가 보험계약자 등의 고의행위가 보험사고 발생의 유일하거나 결정적 원인이었음을 증명하여야 한다($^{대법원\ 1991.\ 3.\ 8.}_{선고\ 90다16771\ 판결}$). 그리고 중대한 과실이라고 함은 통상인에게 요구되는 정도의 상당한 주의를 하지 않더라도 약간의 주의를 한다면 손쉽게 위법, 유해한 결과를 예견할 수 있는데도 불구하고 만연히 이를 간과하는 것과 같이 거의 고의에 가깝도록 현저하게 주의를 결여한 상태를 의미한다($^{대법원\ 2003.\ 10.\ 23.}_{선고\ 2002다26320\ 판결}$).

보험계약자 등의 사용인이나 가족 등 특수한 관계에 있는 자의 고의 또는 중과실로 보험사고가 발생한 경우에도 보험계약자 등의 고의 또는 중과실과 같이 보아 보험자를 면책시켜야 한다거나 또는 이를 면책사유로 하는 약관을 유효하게 보아야 한다는 해석론이 있으며($^{최기원}_{659}$), 이를「대표자이론」이라 부른다. 하지만 이는 법적 근거가 없을 뿐 아니라 상법 제663조에도 반하므로 부정하는 것이 통설·판례이다($^{대법원\ 1998.\ 4.\ 28.}_{선고\ 97다11898\ 판결}$).

**3) 예외**   보험사고가 보험계약자 등의 고의·중과실로 인한 경우에도 보험금을 지급해야 할 몇 가지 예외가 있다.

**i) 생명보험의 예외**   사망을 보험사고로 한 보험계약에서는 사고가 보험계약자 등의 중대한 과실로 인하여 발생한 경우에도 보험자는 보험금을 지급할 책임을 면하지 못한다($^{732조}_{의2\ 1항}$). 생명보험에서는 보통 피보험자의 유족이 동 보험의 보험수익자로 되므로 그 유족의 생활보장을 도모하기 위한 배려에서 둔 제도이다($^{헌법재판소\ 1999.}_{12.\ 23.\ 98헌가12}$). 고의에 의한 사망의 경우에도 보험자가 면책되지 않는 예외가 있다. 둘 이상의 보험수익자 중 일부가 고의로 피보험자를 사망하게 한 경우에는 보험자는 다른 보험수익자에 대한 보험금 지급책임을 면하지 못한다($^{732조}_{의2\ 2항}$).

ii) 보증보험의 예외        보증보험은 보험계약자가 채무를 불이행한 경우 그 채권자의 손해를 보상하기 위해 체결하는 보험이므로 보험계약자의 고의·중과실로 인한 채권자의 손해는 당연히 보험의 목적이 되어야 한다. 그러므로 보증보험에서는 보험계약자의 사기, 고의 또는 중대한 과실이 있는 경우에도 이에 대하여 피보험자에게 책임이 있는 사유가 없으면 제659조 제1항을 적용하지 아니한다($^{726조}_{의6\ 2항}$).

iii) 자유롭지 못한 결정에 의한 자살의 예외        피보험자가 자살한 경우 일응 고의에 의한 보험사고라고 볼 수 있지만, 피보험자가 정신질환 등으로 자유로운 의사결정을 할 수 없는 상태에서 사망의 결과를 발생케 한 경우까지 포함하는 것은 아니다. 피보험자가 자유로운 의사결정을 할 수 없는 상태에서 사망의 결과를 발생케 한 직접적인 원인행위가 외래의 요인에 의한 것이라면, 그 사망은 피보험자의 고의에 의하지 않은 우발적인 사고로서 보험사고인 사망에 해당할 수 있다($^{대법원\ 2015.\ 6.\ 23.}_{선고\ 2015다5378\ 판결}$).

### (3) 전쟁 등으로 인한 면책

보험사고가 전쟁 기타의 변란으로 인하여 생긴 때에는 당사자 간에 다른 약정이 없으면 보험자는 보험금액을 지급할 책임이 없다($^{660}_{조}$). 전쟁하에서는 보험사고 발생의 빈도나 그 손해정도를 통계적으로 계측하는 것이 거의 불가능하여 타당한 보험료를 산정하기 어려울 뿐 아니라 사고발생시에는 사고의 대형화와 손해액의 누적적인 증대로 보험자의 인수능력을 초과할 우려가 있으므로 보험에 의해 다수인이 분담할 수 있는 위험이 아니라는 것이 이 제도의 취지이다($^{대법원\ 1991.\ 11.\ 26.}_{선고\ 91다18682\ 판결}$). 그러므로 기타의 변란이란 전쟁에 준하는 사태로서 보험사고의 발생이나 손해정도를 통계적으로 계측하는 것이 불가능한 상황을 가리키는 것으로 보아야 한다.

이 규정의 취지로 보아 전쟁·변란의 위험을 인수하는 보험($^{전쟁}_{보험}$)을 약정하는 것은 가능하다($^{통}_{설}$).

### (4) 면책약관의 효력

보험의 실무에서는 보험자의 면책범위를 법에서 정한 면책범위보다 넓히거나 좁히는 특약을 두는 예가 많다. 우선 상법 제660조에서는 전쟁 기타의 변란으로 인한 보험사고의 경우에는 당사자의 다른 약정이 없으면 보험자가 면책한다고 규정하므로 전쟁 기타 변란의 경우에도 보험자가 책임을 지는 약관이 유효함은 명문으로 인정되는 바이다. 반대로 면책범위를 넓히는 약관 즉 전쟁이나 기타 변란이 아닌 사태 예컨대 폭동이나 소요의 경우에도 보험자가 면책된다는 약관도 유효하다($^{전게\ 91다}_{18682\ 판결}$). 이같이 명문의 규정이 있는 경우 외에 보험자의 면책범위를 넓히는 약관은 특별한 사정이 없는 한 제663조에 반하여 무효라고 보아야 한다.

한편 피보험자 등이 고의로 보험사고를 야기한 경우에도 보험금을 지급한다는 약관은 사회질서에 반하므로 무효라고 보는 것이 통설이다.

## Ⅵ. 보험계약의 해지

### 1. 해지사유

상법은 당사자 일방이 의무를 이행하지 않으면 일정한 요건하에 상대방이 보험계약을 해지할 수 있는 사유를 규정하고, 또 일정한 사정의 변경으로 인해 공평한 위험분담관계를 유지하기 어렵다고 인정되는 경우에도 해지를 허용한다.

#### (1) 보험계약자에 의한 해지

1) 보험사고가 발생하기 전에는 보험계약자는 언제든지 계약의 전부 또는 일부를 해지할 수 있다($^{649조}_{1항 본}$). 나아가 보험사고가 발생하여 보험자가 보험금액을 지급한 후에도 보험금액이 감액되지 아니하는 보험의 경우($^{예: 자동}_{차보험}$)에는 보험계약자는 그 사고발생 후에도 보험계약을 해지할 수 있다($^{동조}_{2항}$).

타인을 위한 보험의 경우에는 보험계약자는 그 타인의 동의를 얻거나 보험증권을 소지한 경우에 한하여 보험계약을 해지할 수 있다($^{동조1}_{항 단}$).

보험사고가 발생하기 전에 보험계약을 해지한 경우 당사자 간에 다른 약정이 없으면 보험계약자는 미경과보험료의 반환을 청구할 수 있다($^{동조}_{3항}$).

2) 보험자가 파산선고를 받은 때에도 보험계약자는 계약을 해지할 수 있다($^{654조}_{1항}$). 보험계약을 해지하지 아니한 경우 그 보험계약은 파산선고 후 3월을 경과한 때에는 효력을 잃는다($^{동조}_{2항}$).

#### (2) 보험자에 의한 해지

1) 해지사유    다음과 같은 사유가 발생하면 보험자는 보험계약을 해지할 수 있다.

i) 보험료미납으로 인한 해지    보험계약자가 계속보험료를 약정한 시기에 지급하지 않을 경우에는 보험자는 상당한 기간을 정해 보험계약자에게 최고하고, 그 기간 내에도 지급되지 않을 경우에는 보험자는 계약을 해지할 수 있다($^{650조}_{2항}$). 타인을 위한 보험의 경우에는 보험자는 그 타인에게도 상당한 기간을 정해 보험료지급을 최고한 후에야 해지할 수 있음은 기술한 바와 같다($^{동조}_{3항}$).

보험계약실무에서는 약관에서 보험계약자가 보험료지급을 게을리할 경우 상법 제650조 제2항의 최고절차를 생략하고 상당한 유예기간이 경과하면 보험계약이 효력을 잃는다는 약정을 하는 예가 있다. 이를 「실효약관」이라 한다. 실효약관을 허용함으로써 최고비용을 줄이고 나아가 보험료를 절감할 수 있다는 등의 이유로 유효로 보는 견해도 있으나($^{김성태}_{306}$), 실효약관은 상법 제663조의 불이익변경금지의 원칙에 어긋나므로 무효라는 것이 통설·판례의 입장이다($^{대법원 1995. 11. 16. 선}_{고 94다56852 판결(전)}$).

ii) 고지의무위반으로 인한 계약해지    보험계약당시에 보험계약자 또는 피보험자가 고의 또는 중대한 과실로 인하여 중요한 사항을 고지하지 아니하거나 부실의 고지를 한 때에는 보험자는 그 사실을 안 날로부터 1월 내에, 계약을 체결한 날로부터 3년 내에 한하여 계약을 해지할 수 있다($^{651}_{조}$).

　　iii) 위험변경증가의 통지의무해태로 인한 계약해지　　　보험기간 중에 보험계약자 또는 피보험자가 사고발생의 위험이 현저하게 변경 또는 증가된 사실을 안 때에는 지체 없이 보험자에게 통지하여야 하며, 이를 해태한 때에는 보험자는 그 사실을 안 날로부터 1월 내에 한하여 계약을 해지할 수 있다($^{652조}_{1항}$). 보험자가 이 위험변경증가의 통지를 받은 때에도 1월 내에 보험료의 증액을 청구하거나 계약을 해지할 수 있다($^{동조}_{2항}$).

　　iv) 고의·중과실로 인한 위험증가로 인한 계약해지　　　보험기간 중에 보험계약자, 피보험자 또는 보험수익자의 고의 또는 중대한 과실로 인하여 사고발생의 위험이 현저하게 변경 또는 증가된 때에는 보험자는 그 사실을 안 날부터 1월 내에 보험료의 증액을 청구하거나 계약을 해지할 수 있다($^{653}_{조}$).

　　2) 보험금지급책임의 소멸　　　이상의 사유로 보험자가 계약을 해지하면 보험사고가 발생하더라도 보험금을 지급할 책임이 없으며, 이미 지급한 보험금은 반환을 청구할 수 있다($^{655조}_{본}$). 다만, 고지의무를 위반한 사실 또는 위험이 현저하게 변경되거나 증가된 사실이 보험사고 발생에 영향을 미치지 아니하였음이 증명된 경우에는 보험금을 지급할 책임이 있다($^{655조}_{단}$).

　　보험료미납으로 해지하는 경우 계속보험료의 연체에 관해서는 주의할 점이 있다. 보험계약자가 계속보험료의 지급을 연체하여 보험자가 계약을 해지하는 경우에는 해지한 때로부터 보험금을 지급할 의무를 면하는 것은 당연하지만, 연체가 없었던 기간 중에 보험사고가 발생하여 보험계약자 등이 취득한 보험금청구권에는 영향이 없다($^{대법원\ 2001.\ 4.\ 10.}_{선고\ 99다67413\ 판결}$).

## 2. 보험계약의 부활

### (1) 의의

　　계속보험료를 지급하지 아니하여 보험계약이 해지된 후에도 보험계약자는 연체보험료에 이자를 붙여 보험자에게 지급하고 보험계약의 부활을 청구할 수 있다. 이에 대해 보험자가 승낙하면 보험계약이 성립한다. 이같이 보험을 부활하는 계약을 새로운 보험계약의 성립으로 보는 견해도 있으나($^{신계}_{약설}$) 통설은 해지 전의 보험계약을 회복시키는 것을 내용으로 하는 특수한 계약으로 본다($^{특수}_{계약설}$).

　　보험계약자가 해지된 보험계약과 같은 보험계약을 새로이 체결하려 할 경우에는 보험료가 증액될 수 있는데, 부활제도를 이용함으로써 이러한 부담을 피할 수 있고, 보험자는 미납된 보험료를 수취할 수 있는 이점이 있어 부활은 쌍방 당사자에게 이익이 될 수 있다.

### (2) 부활의 요건($^{650}_{조의2}$)

　　1) 계속보험료의 지체로 해지된 보험계약이 대상이다.

　　2) 해지환급금이 지급되지 아니한 경우에 한해 부활이 가능하다. 해지환급금이 지급되

면 보험계약은 완전히 종료하므로 부활할 실체가 존재하지 않기 때문이다. 지급할 해지환급금이 없는 경우에도 부활이 가능하다는 것이 통설이다.

3) 보험계약자는 일정한 기간 내에 연체보험료에 약정이자를 붙여 보험자에게 지급하고 그 계약의 부활을 청구하여야 한다. 일정한 기간 내란 해지된 보험의 보험기간 내의 기간으로서 보통 약관에서 정해진다.

4) 보험의 부활은 계약이므로 보험계약자의 청구에 대해 보험자가 승낙하여야 보험이 부활된다. 보험자가 보험계약자로부터 부활의 청구와 함께 연체된 보험료와 이자를 지급받은 때에는 다른 약정이 없으면 30일 내에 보험계약자에게 낙부의 통지를 발송하여야 한다($\binom{650조의2 \ 후 \rightarrow 638}{조의2 \ 1항 \ 본}$). 보험자가 이 기간 내에 낙부의 통지를 게을리한 때에는 부활을 승낙한 것으로 본다($\binom{650조의2 \ 후}{\rightarrow 638조의2 \ 2항}$).

### (3) 부활의 효과

종전과 동일한 내용의 보험계약이 유지된다. 부활된 계약에 따른 보험자의 책임은 보험자가 부활을 승낙한 때로부터 발생한다. 그러나 보험자가 보험계약자로부터 부활의 청구와 함께 연체된 보험료와 이자를 수령한 경우에 그 청약을 승낙하기 전에 보험계약에서 정한 보험사고가 생긴 때에는 그 부활청구를 거절할 사유가 없는 한 보험자는 보험계약상의 책임을 진다($\binom{650조의2 \ 후}{\rightarrow 638조의2 \ 3항}$).

부활전의 보험계약에 대한 고지의무위반은 부활 후에는 보험자가 원용할 수 없다는 것이 통설이다.


## Ⅶ. 타인을 위한 보험

### (1) 의의

타인을 위한 보험이란 손해보험의 경우에는 보험계약자가 타인을 피보험자로 하여 체결하는 보험계약을 뜻하고, 생명보험의 경우에는 보험계약자가 타인을 보험수익자로 하여 체결하는 보험계약을 뜻한다. 어느 경우에나 보험사고의 발생시 보험금이 보험계약자가 아닌 제3자에게 지급되므로 타인을 위한 보험은 제3자의 이익을 위해 체결되는 보험계약이다. 건물의 임차인이 임대인을 피보험자로 하여 체결하는 건물의 화재보험, 부모가 자신을 피보험자로 하고 자녀를 보험수익자로 하여 체결하는 생명보험 등이 그 예이다.

통설·판례는 타인을 위한 보험의 성질을 제3자를 위한 계약($\binom{민}{539조}$)으로 설명한다($\binom{대법원 \ 1974.}{12. \ 10. \ 선고 \ 73다1591 \ 판결}$). 제639조 제2항은 타인을 위한 보험에서 그 타인은 「당연히」 보험계약의 이익을 받는다고 규정하는데, 「당연히」란 타인이 수익의 의사표시를 하지 않더라도 보험계약의 수익자가 됨을 뜻한다. 이 점 민법상의 제3자를 위한 계약은 제3자가 수익의 의사표시를 한 때에 효력을 발생하는 것과 대비하여 특수성을 보인다($\binom{민 \ 539}{조 \ 2항}$). 그래서 타인을 위한 보험을 제3

자를 위한 계약이 아니라 상법상의 특수한 계약이라고 설명하는 견해도 있다($^{김홍기\ 1159;\ 양승}_{규\ 182;\ 한기정\ 434}$).

### (2) 계약의 성립—타인을 위한다는 약정

타인을 위한 보험계약이 성립하기 위하여는 보험계약자와 보험자 간에 타인을 위한 것임이 합의되어야 한다. 즉 보험계약자 아닌 자가 손해보험의 피보험자 또는 생명보험의 보험수익자가 된다는 점에 관해 보험계약자와 보험자가 합의하여야 한다. 보험계약자를 위한 것인지 타인을 위한 것인지 불분명한 경우에는 보험계약자 자신을 위한 보험으로 보아야 한다.

타인의 위임은 보험계약의 요건이 아니므로 위임이 없이도 타인을 위한 보험계약을 체결할 수 있다.

### (3) 타인을 고지할 의무

타인을 위한 보험계약이 손해보험계약이고 그 타인의 위임을 받지 않은 경우에는 보험계약자는 타인을 위한 보험이라는 사실과 그 타인의 위임이 없었던 사실을 보험자에게 고지하여야 한다. 고지를 하지 않을 경우 보험계약이 무효가 되는 것은 아니지만, 타인이 그 보험계약이 체결된 사실을 알지 못하였다는 사유로 보험자에게 대항하지 못한다($^{639조}_{1항\ 단}$). 그러므로 피보험자가 보험자에게 보험사고에 관한 중요한 사실을 고지하지 않은 경우($^{651조}_{위반}$) 피보험자가 보험가입을 알지 못했다는 사실을 가지고 보험자의 해지를 저지할 수 없다.

### (4) 보험계약의 효과

1) **타인의 지위**　　기술한 바와 같이 타인은 수익의 의사표시를 함이 없이 보험계약으로 인한 이익을 누린다($^{639조}_{2항\ 본}$). 즉 보험사고가 발생한 경우 타인 즉 손해보험의 피보험자 또는 생명보험의 보험수익자는 보험금을 청구할 수 있다.

타인이 보험상의 권리를 가지므로 보험계약자의 임의해지권이 제한을 받는다. 즉 보험계약자는 보험사고가 발생하기 전에는 보험계약을 해지할 수 있음이 원칙이나, 타인을 위한 보험의 경우에는 그 타인의 동의를 얻거나 보험증권을 소지한 경우에 한해 해지할 수 있다($^{649조}_{1항\ 단}$).

타인이 상기한 이익을 누리기 위하여는 그에 상응하는 의무를 부담해야 한다. 타인을 위한 보험에서도 보험계약자가 보험료를 지급할 의무를 부담하지만, 보험계약자가 파산선고를 받거나 보험료의 지급을 지체한 때에는 그 타인이 보험계약상의 이익을 유지하기 위하여는 보험료를 지급해야 한다($^{639조}_{3항\ 단}$).

2) **보험계약자의 지위**　　타인을 위한 보험에서도 보험계약자는 여전히 보험료지급의무를 부담하고 각종 고지의무도 부담한다. 그리고 손해보험계약의 경우에는 보험계약자가 피보험자에게 보험사고의 발생으로 생긴 손해의 배상을 한 때에는 보험계약자는 피보험자의 권리를 해하지 아니하는 범위안에서 보험자에게 보험금액의 지급을 청구할 수 있다($^{639조}_{2항\ 단}$).

# 제 3 장  손해보험

## 제 1 절  손해보험 총론

### Ⅰ. 손해보험의 의의

손해보험이란 보험계약자가 소정의 보험료를 보험자에게 지급하고 보험자는 피보험자에게 발생하는 소정의 재산상의 손해를 보상할 것을 약정하는 계약이다($\substack{665 \\ 조}$). 손해보험은 보험의 목적이 재산이라는 점, 즉 재산상의 손해를 보상할 것을 목적으로 한다는 점에서 생명·신체의 손해를 보상하기 위한 인보험과 구별된다. 재산상의 손해를 보상한다고 함은 실손해를 보상한다는 뜻이다. 보험금의 한도를 정할 수 있지만, 실제 지급하는 보험금은 그 한도 내에서 피보험자에게 실제 발생한 손해액이다. 그러므로 손해보험은 비정액보험이며 이 점 또한 정액보험인 인보험과 구별된다.

상법은 보상할 손해의 원천에 따라 화재보험($\substack{683조 \\ 이하}$), 운송보험($\substack{688조 \\ 이하}$), 해상보험($\substack{693조 \\ 이하}$), 책임보험($\substack{719조 \\ 이하}$), 자동차보험($\substack{726조의 \\ 2\ 이하}$), 보증보험($\substack{726조의 \\ 5\ 이하}$)의 6가지 손해보험을 규정하고 있으나, 실무에서는 더 다양한 유형의 손해보험상품이 거래되고 있다.

이하 각종의 손해보험에 공통적으로 적용되는 상법 제665조 내지 제682조 및 관련 이론을 총론적 과제로 소개하고, 이어 절을 바꾸어 각종의 손해보험에 특유한 문제를 설명한다.

### Ⅱ. 이득금지의 원칙과 피보험이익

#### (1) 이득금지의 원칙

손해보험은 실손해를 보상하기 위한 보험이므로 피보험자는 손해보험을 통해 이득($\substack{실손해를 초 \\ 과하는 보상}$)을 얻을 수 없으며, 이를 손해보험에서의 「이득금지의 원칙」이라고 부른다. 만일 손해보험에서 이득을 허용한다면 보험이 사행적인 목적에 이용될 수 있다. 손해보험은 같은 성질의 경제적 손실의 위험을 지니고 있는 다수인이 단체가 되어 그중 손실이 현실화된 자에게 공제적인 방법으로 손실을 보상해 주는 제도이다. 그러므로 손해보험이 이러한 목적에만 기여하며 건전하게 운영되기 위해서는 사행성을 배제해야 할 것인바, 이득금지의 원칙은 손해보험이 사행화하는 것을 방지하기 위한 이념이다. 이득금지의 원칙은 상법에 명문화되어 있는 제도는 아니지만, 후술하는 여러 가지 구체적인 제도의 이념적 근거로 내재되어 있어 상법의 체계적 해석론으로 도출되는 원리이다($\frac{한기정}{450}$).

### (2) 피보험이익의 개념

이득금지의 원칙이 반영된 가장 중요한 제도는 피보험이익이다. 피보험이익이란 피보험자가 보험의 목적에 대하여 가지는 경제적 이익이라고 설명하거나($\frac{이익설. 최}{기원 690}$), 보험사고가 발생한 경우 피보험자가 보험의 목적에 대해 가지는 이해관계라고도 설명하는데($\frac{관계설.}{통설.}$), 어느 설이든 보험사고로 인해 피보험자에게 발생하고 보험금에 의해 보상되어야 할 손실이 피보험이익의 본질임을 설명한 것이다. 상법에서는 「보험계약의 목적」이라고 표현한다($\frac{668}{조}$). 손해보험에는 이러한 피보험이익이 존재해야 한다. 보험사고로 인한 손실에 객관적 가치가 존재할 수 없는 인보험에는 없는 개념이다.

피보험이익이 없이 체결된 보험계약은 무효이며, 보험기간 중 피보험이익이 소멸하면 ($\frac{예: 화재보험에 부보}{된 건물이 홍수로 멸실}$) 보험계약도 종료된다($\frac{통}{설}$).

### (3) 피보험이익의 요건

1) 손해보험에서는 금전으로 산정할 수 있는 이익에 한하여 보험계약의 목적으로 할 수 있다($\frac{668}{조}$). 즉 피보험이익은 금전으로 산정할 수 있는 것이어야 한다. 금전으로 산정할 수 있어야 한다고 함은 객관적 평가가 가능해야 함을 뜻한다. 감정적 이익이나 도덕적 혹은 종교적 가치와 같은 주관적 이익은 객관적 평가가 불가능하므로 피보험이익이 될 수 없고 따라서 이를 목적으로 하는 보험은 무효이다($\frac{통설. 예컨대 연인으로부터 받은 편지를 화재보}{험에 부보하는 것은 유효한 손해보험이 아니다}$).

2) 피보험이익은 일반 법률행위의 목적에 해당하므로 일반 법률행위에서 요구되는 목적의 요건을 구비하여야 한다. 우선 피보험이익은 확정할 수 있어야 한다. 반드시 보험계약 체결시에 확정되어야 하는 것은 아니나, 보험사고 발생시까지는 확정할 수 있어야 한다. 보험사고시까지 확정할 수 있다면 조건부이익, 장래의 이익도 피보험이익이 될 수 있다. 그리고 피보험이익은 적법하고 사회적 타당성을 갖추어야 한다. 예컨대 제조, 소지, 유통이 금지되어 있는 마약류를 화재보험이나 도난보험에 부보하는 것은 무효이다.

## Ⅲ. 보험가액

### (1) 개념

피보험이익은 보험계약의 목적이 되는 추상적 이익일 뿐이고 이것이 보험사고가 발생한 때에 보험자의 보상책임의 근거가 되기 위해서는 구체적인 금액으로 평가되어야 한다. 이를 보험가액이라 한다. 피보험이익을 평가하기 위한 개념이므로 인보험에는 없는 개념이다. 보험가액은 보험사고 발생시 보험자가 지급할 보험금의 최고한도가 된다.

### (2) 보험가액의 산정

**1) 기평가보험**　보험의 목적이 되는 재산의 객관적 가치는 시간과 장소에 따라 변동될 수 있으므로 당사자가 합의하여 금액을 고정시킬 수 있다. 이를 기평가보험이라 한다. 당사자의 합의는 명시적으로 이루어져야 하지만, 반드시「약정보험가액」등의 용어를 사용해야 하는 것은 아니고, 보험계약을 체결하게 된 제반사정과 보험증권의 기재내용 등을 통해 당사자가 보험가액을 합의하고 있는 것으로 인정할 수 있으면 족하다(대법원 2002. 3. 26. 선고 2001다6312 판결: 자기차량 보험계약의 보험증권에 차량을 특정하고「차량가액 0000만원」이라 기재하고, 같은 금액의 보험금액을 정한 사안에서「차량가액은 0000만원」은 보험가액을 약정한 것이라고 인정한 예).

기평가보험에서 당사자가 정한 보험가액은 사고발생시의 가액으로 정한 것으로 추정한다($^{670조}_{본}$). 당사자가 약정한 보험가액이 실제 목적의 가액을 초과할 경우에는 피보험자가 실손해를 초과하는 보험금을 수령함으로써 이득금지의 원칙에 어긋날 수 있다. 그러므로 약정한 보험가액이 사고발생시의 가액을 현저하게 초과할 때에는 사고발생시의 가액을 보험가액으로 한다($^{670조}_{단}$). 약정한 보험가액이 실제가액을 현저히 초과하는지 여부에 관해 당사자 간에 다툼이 있을 경우 초과함을 주장하는 자($^{주로}_{보험자}$)가 이를 증명하여야 한다($^{전게}_{판례}$).

**2) 미평가보험**　당사자가 보험가액을 합의하지 않은 보험을 미평가보험이라 하는데, 미평가보험이라 해서 보험가액이 없을 수는 없다. 미평가보험에서는 사고발생시의 보험목적의 가액을 보험가액으로 한다($^{671}_{조}$). 요컨대 보험가액은 보험사고 발생시의 가액으로 정하는 것이 원칙이다.

**3) 불변보험가액**　운송보험, 선박보험, 적하보험의 경우에는 보험기간 중에 보험목적이 이동하는데다 사고의 발생시점이 불명할 수도 있다. 상법은 이들 보험에서 보험가액에 관한 당사자의 분쟁을 예방하기 위해 보험가액을 법정하고 있다. 운송보험에서는 운송물을 발송한 때와 곳의 가액과 도착지까지의 운임 기타비용을 보험가액으로 하고($^{689조}_{1항}$), 선박보험에서는 보험자의 책임이 개시될 때의 선박가액을 보험가액으로 하며($^{696조}_{1항}$), 적하보험에서는 선적한 때와 곳의 적하의 가액과 선적 및 보험에 관한 비용을 보험가액으로 한다($^{697}_{조}$). 이러한 보험가액은 전체 보험기간의 보험가액으로 의제되므로 보험가액불변주의라 한다.

## (3) 보험가액과 보험금액

보험가액은 피보험이익의 금전적 평가액임에 대해 보험금액은 보험자가 실제로 피보험자의 손해를 보상할 책임의 한도를 뜻한다. 보험실무에서는 양자가 일치하는 예가 많다. 예컨대 건물을 화재보험에 부보하는데, 보험계약에서 이 건물의 가액을 1억원으로 평가하고 보험금액도 1억원으로 약정하는 것을 「전부보험」이라 한다. 양자가 불일치할 수도 있다. 보험가액은 1억원으로 정했으나, 보험료의 부담을 줄이고자 보험금액을 7천만원으로 정하는 경우 이를 「일부보험」이라 하는데, 보험사고가 발생하였을 때 보험금을 어떻게 지급해야 하느냐는 문제가 제기된다. 또 보험가액은 1억원에 불과한데, 보험금액을 1억2천만원으로 정한다면 이를 「초과보험」이라 하는데, 이득금지의 원칙상 실손해액을 초과하는 보험금을 지급할 수는 없으므로 이 경우 보험계약의 효력이 어떻게 되느냐는 문제가 있다. 각 경우를 설명한다.

1) **일부보험**　　보험가액의 일부를 보험에 붙인 경우에는 보험자는 보험금액의 보험가액에 대한 비율에 따라 보상할 책임을 진다($^{674조}_{본}$). 즉 「손해액×보험금액/보험가액＝보험금」이다. 이를 비례보상주의라 한다. 예컨대 위의 예에서 화재가 나서 건물이 전소했다고 하자. 그러면 손해액은 1억원이다. 보험금은 「1억원×7천만원/1억원＝7천만원」이 된다. 건물의 70%만 소실되었다고 하자. 즉 손해액은 7천만원이다. 보험금은 「7천만원×7천만원/1억원＝4천9백만원」이 된다.

그러나 당사자 간에 다른 약정이 있는 때에는 보험자는 보험금액의 한도 내에서 그 손해를 보상할 책임을 진다($^{674조}_{단}$). 즉 일부보험에서도 당사자는 비례보상에 의하지 않고 실손해 전액을 보상하기로 하는 합의도 가능하다($^{위 예에서 손해액 7천만}_{원을 전액 보상하는 것}$).

2) **초과보험**　　상법은 초과보험이 보험계약자의 사기에 의한 경우와 사기와 무관하게 이루어진 경우 각기 규율을 달리한다.

i) 사기와 무관한 초과보험　　보험금액이 보험가액을 현저하게 초과한 때에는 보험자 또는 보험계약자는 보험료와 보험금액의 감액을 청구할 수 있다($^{669조}_{1항 본}$). 현실적으로는 보험계약자는 보험료의 감액을, 보험자는 보험금액의 감액을 청구하게 될 것이다. 이 감액청구권은 형성권이다($^{김성태 396; 양승규}_{207; 정찬형 674}$).

보험료의 감액은 장래에 대하여서만 그 효력이 있다($^{동조}_{항 단}$). 즉 이미 지급한 보험료는 반환을 청구할 수 없다. 보험자는 감액 이전의 보험금액에 관한 위험을 부담하였으므로 감액 이전의 보험료가 그에 상응하는 대가라고 보아야 하기 때문이다.

「현저하게」 초과한다는 것은 상법이 정하는 초과보험의 효과와 관련지어 볼 때 보험료와 보험금액의 산정에 변화를 주는 정도의 초과를 의미하는 것으로 새겨야 할 것이다($^{한기정}_{487}$).

어느 시점에서 초과하는 것을 초과보험이라 할 것인가, 즉 제669조를 적용할 것인가에 관해 견해의 대립이 있다. 보험사고의 발생시를 기준으로 해야 한다는 견해도 있으나 ($\frac{정동윤}{575}$), 상법이 명문으로 계약 당시의 가액에 의해 정한다고 규정하고($\frac{669조}{2항}$), 보험기간 중에 보험가액이 현저하게 감소한 때에도 초과보험으로 다룬다고 규정하므로($\frac{669조}{3항}$) 초과보험 여부는 상시 판단하여 제669조 제1항을 적용할 수 있다($\frac{이·최·김}{191; 한기정 487}$). 예컨대 보험계약체결 당시에는 보험가액이 보험금액을 상회하였으나, 목적재산이 감모하거나 시가가 하락하여 보험가액을 밑돌 수 있을 것이다.

ii) 사기에 의한 초과보험    보험계약자의 사기로 인하여 초과보험계약이 체결된 때에는 이득금지의 원칙상 보험계약대로 보험금이 지급될 수 없음은 물론이나, 상법은 이러한 계약을 무효로 한다($\frac{669조}{4항 본}$). 즉 초과부분만이 아니라 계약 전부가 무효임을 주의하여야 한다. 「사기」라 함은 민법 제110조의 사기와 같은 개념으로서 보험계약자가 보험자를 기망하는 행위를 뜻한다($\frac{김성태}{396}$).

초과보험이라는 사실, 사기에 의해 체결되었다는 사실은 무효를 주장하는 자($\frac{대부분}{보험자}$)가 증명하여야 한다($\frac{대법원 1988. 2. 9. 선}{고 86다카2933 판결}$).

보험자는 사기에 의한 초과보험이라는 사실을 안 때까지의 보험료를 청구할 수 있다 ($\frac{동조}{항 단}$). 보험자는 초과보험이라는 사실을 알 때까지는 선의로 보험금액상당의 위험을 부담해 왔으므로 그에 대한 보상으로 보험료수급권을 가지는 것이다.

3) 중복보험    초과보험의 특수한 형태로 중복보험이 있다. 중복보험이란 피보험이익과 보험사고가 동일한 보험을 수개의 보험자와 체결하는 것을 말한다. 판례는 피보험이익과 보험사고의 내용과 범위가 전부 공통되지는 않더라도 상당부분 중복되면 보험기간이 중복되는 범위에서 중복보험에 해당한다고 본다($\frac{대법원 2009. 12. 24.}{선고 2009다42819 판결}$). 넓게는 같은 피보험이익과 보험사고에 관해 수인의 보험자에게 가입한 보험을 중복보험이라 부를 수 있지만, 좁게는 수인의 보험자와 정한 보험금액의 합계가 보험가액을 초과하는 경우만을 가리키며 ($\frac{672조}{1항}$), 수인의 보험자 간에 어떻게 책임을 분담시킬 것이냐가 중심된 문제이다.

i) 보험자의 책임    보험자는 각자의 보험금액의 한도에서 연대책임을 진다. 이 경우에는 각 보험자의 보상책임은 각자의 보험금액의 비율에 따른다($\frac{연대비례보상}{책임. 동조항}$). 보험계약의 체결의 순서는 무관하다. 어느 보험자가 자신의 부담부분을 초과하여 피보험자에게 보상한 경우에는 다른 보험자에 대하여 구상권을 행사할 수 있다. 예컨대 보험가액이 1억원인 건물의 소유자 A가 보험자 B1에게 보험금액을 1억원으로 하는 화재보험에 가입하고 다시 보험자 B2에게 보험금액을 5천만원으로 하여 화재보험에 가입하였다고 하자. 그리고 화재가 발생하였는데, 손해액은 9천만원이라 하자. 이 상황에서 B1과 B2는 각자의 보험금액에 비례하여 6천만원과 3천만원의 보상책임을 진다. 그런데 이들의 책임은 자신의 보험금액을 한도로 하는 연대책임이므로 피보험자 A가 B2에게 집중적으로 보험금을 청구할 경우 B2는 5천만원의 범위에서 보험금을 지급할 책임을 진다. 그리고 실제 B2가 5천만원을 지급하였

다 하자. 그러면 B2는 2천만원에 관해서는 B1의 부담부분을 지급한 것이므로 B1에게 2천만원을 구상할 수 있다.

ii) 일부 보험자에 대한 권리포기의 효과    피보험자는 일부의 보험자에 대해 보험금청구권을 포기할 수 있다. 상법 제673조는 중복보험에서 보험자 1인에 대한 권리의 포기는 다른 보험자의 권리의무에 영향을 미치지 아니한다고 규정한다. 다른 보험자의 권리의무에 "영향을 미치지 아니한다"는 것은 무엇을 뜻하는가? 통설은 이 규정이 피보험자가 일부의 보험자에 대한 권리를 포기함으로 인해 다른 보험자의 부담이 늘어나서는 불공평하므로 이 점을 해소하기 위한 규정으로 해석한다. 그리하여 일부 보험자에 대한 보험금청구권을 포기하더라도 다른 보험자의 보험금부담비율은 늘어나지 않는다는 뜻으로 풀이한다. 위예에서 피보험자 A가 B1에 대한 보험금청구권을 포기하더라도 B2의 부담부분은 여전히 3천만원에 그치는 것이다. 민법 제419조는 진정연대채무에 있어 채무면제의 절대적 효력을 규정하고 있는데, 상법 제673조는 민법 제419조를 적용한 것과 동일한 효력을 인정한 것으로 풀이하는 것이다. 즉 중복보험에서의 수인의 보험자들의 채무는 성질상 부진정연대채무이지만 상법 제673조의 특칙에 의해 민법 제419조를 적용한 것과 같은 효과를 얻는 것이다.

iii) 중복보험의 통지의무    중복보험계약을 체결하는 경우에는 보험계약자는 각 보험자에 대하여 각 보험계약의 내용을 통지하여야 한다($\frac{672조}{2항}$). 통지하지 않을 경우 어떤 효과가 따르는지에 관해서는 규정한 바 없다.

중복보험의 통지의무의 취지는 사기에 의한 보험계약의 체결을 사전에 방지하고 보험자로 하여금 보험사고 발생시 손해의 조사 또는 책임의 범위의 결정을 다른 보험자와 공동으로 할 수 있도록 하기 위한 것이므로($\frac{대법원 2003. 11. 13.}{선고 2001다49630 판결}$) 중복보험을 통지하지 않았다 하여 바로 사기로 추정할 수는 없다($\frac{추정하는 견해:}{양승규 212}$). 판례는 나아가 중복보험의 통지의무가 보험사고 발생의 위험을 측정하여 계약을 체결할 것인지 또는 어떤 조건으로 체결할 것인지 판단할 수 있는 자료를 제공하기 위한 것이라고는 볼 수 없으므로 통지의무를 위반한 것 자체로는 상법 제652조 및 제653조의 해지사유에 해당하지 않는다고 판시하였다($\frac{같은}{판례}$). 그러나 중복보험 자체로 위험변경 또는 증가의 원인이 된 경우에는 보험자는 보험료의 증감을 청구하거나 또는 보험계약을 해지할 수 있다($\frac{통}{설}$).

iv) 사기에 의한 중복보험    중복보험이 보험계약자의 사기에 의해 체결된 경우에는 사기에 의한 초과보험과 마찬가지로 보험계약이 무효이다($\frac{672조 4항}{→669조 4항}$). 수개의 보험을 동시에 체결한 경우 보험계약 전부가 무효가 되는 것은 당연하다. 순차로 체결할 경우 누적된 보험금액의 합계가 보험가액을 초과하는 때의 보험과 그 이후의 보험만 무효가 되는 것으로 해석할 여지도 있으나, 순서에 무관하게 최초의 보험계약을 포함하여 전부가 무효라는 것이 다수설이다($\frac{김성태 399; 박세민 447;}{임용수 264; 한기정 506}$).

　　사기의 의미는 초과보험에서의 사기와 같이 위법하게 재산상의 이득을 얻을 의사로 보험자를 기망하는 것을 말한다. 단지 중복보험이라는 사실의 통지를 게을리한 것만으로는 사기로 추정되지 않는다(대법원 2000. 1. 28. 선고 99다50712 판결).

## Ⅳ. 보험자의 보상의무

### (1) 의의

　　손해보험계약의 보험자는 보험기간 중의 보험사고로 인하여 생기는 피보험자의 재산상의 손해를 보상하여야 한다(665조). 보험자의 보상의무는 보험계약자의 보험료지급의무과 더불어 보험계약의 쌍무관계를 이루는 기본적 의무이다. 보험자가 보험사고의 발생을 조건으로 보상의무를 진다는 사실 자체가 보험료에 대한 대가관계를 이루는 보험자의 의무이행이므로 실제 사고가 발생하지 않았다 해서 보험료를 반환할 의무가 생기는 것은 아니다.

### (2) 보험사고와 손해의 발생

　　보험자의 보상의무가 발생하기 위해서는 보험기간 중에 보험사고가 발생하고 그와 인과관계 있는 손해가 피보험자에게 발생해야 한다.

　　1) 보험사고　　　　보험기간 중에 보험계약에 의해 특정된 보험사고가 발생해야 한다. 보험사고의 발생은 보험계약자가 증명하여야 한다.

　　2) 손해의 발생　　　　피보험자에게 손해가 발생하여야 한다. 손해란 피보험이익의 전부 또는 일부가 멸실됐거나 감손된 것을 말하는데 통상 보험사고 발생 시점을 기준으로 그 전후의 재산상태의 차이에 의해 산정할 수 있다(대법원 2005. 12. 8. 선고 2003다40729 판결). 따라서 비재산적 손해는 보상의 대상이 아니다. 손해의 발생은 보험사고와 인과관계가 있는 한 보험기간 이후에 실현되더라도 무방하다(통설).

　　피보험자가 얻을 이익이나 보수가 보험사고로 인하여 상실된 경우, 그 이익·보수는 당사자 간에 다른 약정이 없으면 보험자가 보상할 손해액에 산입하지 아니한다(667조). 예컨대 화재보험의 목적인 건물에 화재가 발생하여 그 건물에서 영위하던 영업을 상당기간 중단함으로 인한 손해는 보험자가 보상할 손해에 포함되지 않는다.

　　그리고 보험의 목적에 관하여 보험자가 부담할 손해가 확정적으로 생긴 이상, 그 후 그 목적이 보험자가 부담하지 아니하는 보험사고의 발생으로 인하여 멸실된 때에도 보험자는 이미 생긴 손해를 보상할 책임을 면하지 못한다(675조). 예컨대 화재보험에 가입한 건물에 화재가 나 보험가액의 30%가 소실되었는데, 이어 화재보험과 무관한 지진이 발생하여 건물이 전부 소실되었다 하자. 이 경우 보험자는 화재로 인한 손해부분에 관해 보상책임을 져야 하는 것이다.

　　3) 인과관계　　　　보험사고와 손해사이에 인과관계가 있어야 한다. 인과관계는 피보험

자가 증명하여야 한다. 일반적으로 민사 분쟁에서의 인과관계란 사회적·법적 인과관계를 뜻하므로, 그 인과관계가 반드시 의학적·자연과학적으로 명백히 증명되어야 하는 것은 아니고 보험사고와 손해가 되는 결과 사이에 상당한 인과관계가 있으면 족하다($\substack{\text{대법원 2014. 6.}\\ \text{12. 선고 2013다}\\ \text{63776}\\ \text{판결}}$).

### (3) 보상액의 산정

**1) 원칙**  보험자가 보상할 손해액은 그 손해가 발생한 때와 곳의 가액에 의하여 산정한다($\substack{676조\\1항 본}$). 손해액의 산정에 관한 비용은 보험자의 부담으로 한다($\substack{동조\\2항}$).

**2) 신가보험**  손해액은 손해가 발생한 때와 곳의 가액에 의해 산정하는 것이 원칙이나 당사자 간에 다른 약정이 있는 때에는 그 신품가액에 의하여 손해액을 산정할 수도 있다($\substack{676조\\1항 단}$). 이를 新價保險이라 부른다. 신품가액은 중고가격보다 고가임이 일반적이므로 신가보험의 약정은 실제 손해액보다 높은 가격을 보상하는 결과를 가져온다. 이는 이득금지의 원칙에 반하지만, 신가보험은 상실된 물건의 재조달비용을 보상하는 기능을 한다고 설명함으로써 적법성을 인정하는 것이 일반적이다.

**3) 미경과보험료의 공제**  보험자가 손해를 보상할 경우에 보험료의 지급을 받지 아니한 잔액이 있으면 그 지급기일이 도래하지 아니한 때라도 보상할 금액에서 이를 공제할 수 있다($\substack{677\\조}$). 체납보험료는 물론이고 지급기일이 도래하지 않은 보험료도 공제할 수 있음에 주의해야 한다. 이는 보험사고의 발생으로 보험이 종료하는 경우에 한해 적용되는 것으로 해석해야 한다. 예컨대 화재보험의 목적물이 전소한 경우 잔여 보험기간 중의 보험료를 공제할 수 있는 것이다($\substack{한기정\\525}$). 그렇지 않고 보험사고가 나더라도 이후 추가되는 보험사고에 대해 계속 보험자의 보상책임이 유지되는 경우에는 발생한 보험사고 이후의 보험료는 이후의 사고위험에 대한 대가를 이루므로 보험자가 이를 선취할 이유가 없기 때문이다.

### (4) 보험자의 면책사유

앞서 보험계약의 총론적 과제로 다룬 보험자의 면책사유($\substack{757면\\참조}$)는 손해보험의 보험자에게도 적용된다. 상법은 이에 더하여 손해보험에 관해 보험의 목적의 성질, 하자 또는 자연소모로 인한 손해는 보험자가 이를 보상할 책임이 없다고 규정한다($\substack{678\\조}$). 이러한 손해는 필연적으로 발생하는 것이라서 불확실성을 본질로 하는 보험에 적합하지 않기 때문이라고 설명하기도 하고($\substack{이·최·김\\180; 정찬형 681}$), 손해율이 지나치게 높아 보험의 대상으로 삼을 실익이 적기 때문이라고도 설명한다($\substack{한기정\\518}$).

## V. 손해방지의무

### (1) 의의

보험계약자와 피보험자는 손해의 방지와 경감을 위하여 노력하여야 한다($\substack{680조\\본}$). 이 의무는 보험사고가 발생한 후 손해의 확산을 방지함으로써 사회경제적 손실을 최소화하고 보험자 및 보험단체의 손실부담이 과중해지는 것을 막으려는 공익적 및 신의칙상의 사고에서 둔 제도이다. 따라서 이 의무는 보험사고가 발생한 후에 적용된다(통설). 보험계약자와 피보험자는 보험사고의 위험에 대비하여 보험에 가입하는 것이므로 보험사고의 발생을 사전에 방지할 의무는 지지 아니한다.

### (2) 의무의 성격

이 의무는 기술한 바와 같이 신의칙 및 공익적 차원의 고려에서 둔 법정의무이며, 간접의무가 아니고 진정한 의무로서 불이행시 보험자에 대해 손해배상책임을 진다(통설. 대법원 2016. 1. 14. 선고 2015다6302 판결).

### (3) 의무불이행의 효과

보험계약자 또는 피보험자가 손해의 방지와 경감을 게을리한 경우에는 보험자는 그와 상당인과관계 있는 손해, 즉 의무 위반이 없다면 방지 또는 경감할 수 있으리라고 인정되는 손해액에 관해 배상을 청구하거나 지급할 보험금과 상계할 수 있다(대법원 2016. 1. 14. 선고 2015다6302 판결).

보험계약자 또는 피보험자의 책임발생을 위한 주관적 요건으로서 판례는 이들의 고의 또는 중과실을 요구하며, 경과실로 손해의 방지와 경감을 게을리 한 경우에는 책임을 부정한다(전게 판례).

손해액 및 인과관계 그리고 보험계약자 또는 피보험자의 고의·중과실은 보험자가 증명하여야 한다(통설).

### (4) 비용의 부담

보험계약자와 피보험자가 손해방지와 경감을 위해 기울이는 노력에 대해서는 보험자가 正(+)의 이해를 가진다. 그러므로 상법은 손해방지 및 경감을 위하여 필요 또는 유익하였던 비용과 보상액을 보험자의 부담으로 하며 그 금액이 보험금액을 초과한 경우라도 보험자로 하여금 부담하게 한다(680조 단). 이 비용부담 역시 보험사고의 발생을 전제로 하는 것이고, 보험자가 보상책임을 지는 손해의 방지 또는 경감을 위한 비용에 한해 보험자가 부담한다(대법원 1994. 9. 9. 선고 94다16663 판결).

### (5) 적용범위

이 손해방지의무는 비정액보상방식의 보험에만 적용된다(통설). 정액보상방식의 보험에서는 손해의 다과를 묻지 않고 정액만 보상하므로 보험계약자나 피보험자가 손해를 축소시켜야 할 신의칙상의 의무를 진다고 볼 수 없기 때문이다. 같은 이유에서 상법 제680조는 손해보험에 관한 규정이지만, 손해보험형 상해보험에도 유추적용해야 한다는 것이 통설이다.

## Ⅵ. 보험자대위

### (1) 총설

1) 개념　　　보험자대위란 보험사고로 인한 보험금을 지급한 보험자가 보험의 목적물($^{잔존}_{물}$)에 대한 피보험자의 권리 또는 보험계약자나 피보험자가 보험사고의 원인이 된 제3자에게 갖는 권리를 취득하는 것을 말한다.

　　잔존물에 대한 권리를 취득하는 것을 「잔존물대위」, 제3자에 대한 권리를 취득하는 것을 「청구권대위」라 부른다. 잔존물대위의 예로, 차량가액 전부가 자동차보험에 부보된 자동차가 사고로 전부멸실된 후 보험자가 보험금 전액을 피보험자에게 지급하고 자동차의 잔존물($^{고철, 사용가}_{능한 부속 등}$)의 소유권을 취득하는 것을 들 수 있다. 청구권대위의 예로는, 이 자동차 사고가 제3자의 불법행위로 일어난 경우 보험자가 보험금을 지급하고 피보험자가 제3자에 대해 갖는 불법행위로 인한 손해배상청구권을 취득하는 것을 들 수 있다.

2) 권리의 성질과 근거　　　보험자대위는 손해보험계약의 기본질서를 이루는 이득금지의 원칙하에서 피보험자가 이중의 보상을 얻는 것을 방지하는 제도라 할 수 있으며, 흔히 민법상의 배상자대위($^{민}_{399조}$)와 같은 성질의 권리로 파악한다($^{통}_{설}$). 그 이론적 근거로서는 피보험자의 손해를 보상하는 계약으로서의 손해보험계약의 당연한 속성으로 설명하거나($^{통설. 보}_{상계약설}$), 피보험자가 보험사고를 유발하거나 사행적 목적에 손해보험을 이용하는 것을 차단하기 위한 정책적 고려에서 둔 제도라고 설명하기도 한다($^{정책설.}_{양승규 237}$).

### (2) 잔존물 대위(보험목적에 관한 보험대위)

1) 요건　　　보험의 목적의 전부가 멸실한 경우 보험금액의 전부를 지급한 보험자는 그 목적에 대한 피보험자의 권리를 취득한다($^{681조}_{본}$).

　　i) 보험목적의 전부멸실　　　전부보험이든 일부보험이든 보험의 목적의 전부가 멸실한 경우에 한해 보험자대위가 가능하다. 목적 전부의 멸실이란 목적물 일체가 소멸한 것을 가리키는 것이 아니라 보험의 목적이 원래의 기능과 가치를 상실하여 보험금액 전부를 지급할 사유가 되는 상태를 가리킨다($^{통}_{설}$). 예컨대 자동차보험의 경우라면 자동차의 형태로 정상적인 운행이 불가능한 상태가 이에 해당한다. 도난보험의 경우에는 물건을 도난당한 것 자체를 전부멸실로 보아야 한다($^{한기정}_{542}$).

　　ii) 보험금의 전부지급　　　보험자가 보험금액의 전부를 지급한 경우에 보험자대위를 할 수 있다. 전부보험의 경우에는 보험가액에 해당하는 보험금액 전부 그리고 일부보험의 경우에는 전손으로 인정하여 약정한 보험금액 전액을 지급한 때에 대위의 대상이 된다. 「보험금 전액」이란 손해방지비용($^{680조}_{단}$)을 포함하는 뜻이다($^{통}_{설}$).

2) 권리취득의 모습　　　보험자대위란 보험의 목적의 잔존물에 대해 피보험자가 갖는 권리를 보험자가 취득하는 것이다($^{681조}_{본}$). 소유권인 경우가 흔하겠지만, 저당권이나 질권과

같은 담보권도 보험자대위의 대상이 될 수 있다. 보험자대위는 법률의 규정에 의한 권리취득이므로 물권변동에 필요한 공시방법, 즉 등기나 인도를 요하지 않고 권리가 보험자에게 이전된다(이·최·김 203; 한기정 545).

3) **취득의 범위**    전부보험의 경우에는 잔존물 전부에 대해 보험자대위가 이루어지지만, 일부보험의 경우 대위의 범위는 보험금액의 보험가액에 대한 비율에 따라 정해진다(681조 단).

4) **취득시기**    상법 제681조가 명문으로 보험금액 전액을 지급한 보험자가 대위할 수 있음을 규정하고 있으므로 보험자의 대위가 성립하는 것은 보험자가 보험금 전액을 지급한 때라고 보아야 한다(대법원 1981. 7. 7. 선고 80다1643 판결: 청구권대위에 관해 같은 취지로 판시한 예).

5) **대위의 포기**    잔존물에 관한 권리를 취득하면 관련된 의무도 따라오므로 보험자가 대위를 원치 않을 수도 있다. 그러므로 보험자는 보험금을 지급하기 전에는 대위를 포기할 수 있으며, 약관이나 보험계약자와의 계약에 의해 대위를 포기할 수도 있다(통설).

**(3) 청구권대위**

1) **요건**    보험사고로 인한 손해가 제3자의 행위로 인하여 발생한 경우에 보험금을 지급한 보험자는 그 지급한 금액의 한도에서 그 제3자에 대한 보험계약자 또는 피보험자의 권리를 취득한다(682조 1항 본).

i) **제3자의 가해행위**    보험사고로 인한 「손해가 제3자의 행위로 인하여」 발생한 경우에 대위문제가 거론될 수 있다. 제3자의 행위가 단지 손해의 원인이 된 것일 뿐 아니라, 보험사고를 야기한 경우를 뜻하는 것으로 풀이해야 한다. 제3자의 가해가 보험사고와 무관하다면 보험자의 보상책임이 생겨나지 않을 것이고 따라서 대위의 요건도 충족할 수 없기 때문이다.

제3자의 행위란 보통은 불법행위 또는 채무불이행이겠지만, 적법행위일 수도 있다(통설). 적법행위의 예로 흔히 공동해손(865조)을 든다.

제3자의 원인된 행위로 피보험자에게 손해가 발생하여 피보험자 또는 보험계약자가 제3자에게 손해배상청구권 등의 권리를 가지면 족하고, 제3자의 고의·과실을 요하지 않으며 따라서 보험자가 이를 증명할 필요도 없다(대법원 1995. 11. 14. 선고 95다33092 판결).

ii) **제3자의 단일성 문제**    상법 제682조 제1항 본문의 법문상으로는 가해행위를 한 제3자와 피보험자(또는 보험계약자)가 취득한 권리의 의무자가 되는 제3자가 일치해야 하는 듯이 보인다. 그러나 양자가 불일치할 수도 있다. 대표적인 경우가 공동해손이다. 공동해손의 경우 선장이 가해행위를 한 제3자이지만, 선장의 적법행위이므로 선장은 배상책임을 지지 아니하고 이해관계인들이 손해를 분담한다. 그리고 그중의 1인에 대한 보험자는 그 피보험자가 다른 이해관계인에 대해 갖는 구상권을 대위하게 되는 것이다.

iii) **제3자의 범위**    피보험자는 상법 제682조가 규정하는 제3자가 될 수 없지만,

보험계약자는 제3자가 될 수 있다($\substack{통설\cdot\\판례}$). 예컨대 운송인이 송하인을 피보험자로 하는 운송보험계약을 체결하였는데, 운송인의 과실로 운송물이 훼손된 경우 보험자는 송하인의 손실을 보상하고 운송인($\substack{보험계\\약자}$)에 대한 송하인의 손해배상청구권을 대위하는 것과 같다($\substack{대법원\\1989.\ 4.\ 25.\\선고\ 87다카1669\ 판결;\ 동\ 2000.\\11.\ 10.\ 선고\ 2000다29769\ 판결}$).

제3자가 생계를 같이 하는 가족인 경우 상법은 대위의 대상에서 제외하고 있다. 즉 보험계약자나 피보험자가 갖는 배상청구권이 그와 생계를 같이 하는 가족에 대한 것인 경우에는 보험자는 이를 대위할 수 없다($\substack{682조\\2항\ 본}$). 예컨대 자동차의 소유자가 자신을 피보험자로 하여 자동차보험에 가입하였는데, 그 아들이 차를 운행하다가 자동차를 파손한 경우 보험자는 피보험자에게 보험금을 지급하더라도 피보험자가 자신의 아들에 대해 갖는 손해배상청구권을 대위할 수 없는 것이다. 그러나 손해가 피보험자 또는 보험계약자의 가족의 고의로 인하여 발생한 경우에는 보험자의 대위가 가능하다($\substack{동조\\항\ 단}$).

iv) 청구권의 발생    보험자대위가 성립하기 위해서는 보험계약자 또는 피보험자가 제3자에 대해 청구권을 가지고 있어야 한다. 보험자가 보험금을 지급하기 전에는 피보험자가 자유로이 제3자로부터 손해배상을 받을 수 있고, 그 권리를 달리 처분하거나 면제할 수도 있다. 다만 그 범위에서 보험자의 보상의무가 면책된다($\substack{대법원\ 2000.\ 11.\ 10.\\선고\ 2000다29769\ 판결}$).

v) 보험금의 지급    보험자대위가 성립하기 위해서는 보험자가 보험금을 지급하여야 한다. 보험자가 지급한 보험금액의 한도에서 제3자에 대한 권리를 대위한다. 보험금의 일부를 지급한 경우에는 피보험자의 권리를 침해하지 않는 범위에서 대위할 수 있다($\substack{682조\\1항\ 단}$).

보험자의 보험금지급은 적법하여야 한다. 면책사유 등으로 보험자가 보험금지급책임을 지지 않는데도 불구하고 보험금을 지급하였다면 이는 부적법한 지급이므로 보험자의 대위는 성립하지 않는다($\substack{대법원\ 1994.\ 4.\ 12.\ 선고\ 94다200\ 판결:\ 보험약관상\ 보험자가\ 면책되는\ 무면허운전에\\의해\ 생긴\ 사고에\ 대해\ 보험금을\ 지급한\ 보험회사의\ 보험자대위를\ 허용하지\ 않은\ 예}$).

2) 청구권대위의 효과    보험금을 지급한 보험자는 그 지급한 금액의 한도에서 그 제3자에 대한 보험계약자 또는 피보험자의 권리를 취득한다.

i) 보험계약자 또는 피보험자의 권리가 보험자에게 이전되는 것은 법률의 규정에 의한 이전이므로 이전행위를 요하지 않으나, 보험자는 보험계약자 또는 피보험자의 권리를 승계받는 것이므로 그 권리의 시효는 당초 보험계약자 또는 피보험자에게 발생한 때로부터 진행한다($\substack{대법원\ 1993.\ 6.\ 29.\\선고\ 93다1770\ 판결}$).

ii) 보험자는 자신이 지급한 보험금의 한도에서 권리를 취득하고 그 범위에서 보험계약자 또는 피보험자의 권리는 축소된다. 보험자가 보상할 보험금의 일부를 지급한 경우 상법은 보험자는 피보험자의 권리를 침해하지 아니하는 범위에서 그 권리를 행사할 수 있다고 규정한다($\substack{682조\\1항\ 단}$). 즉 보험자의 권리와 보험계약자 또는 피보험자의 권리가 경합하는데, 제3자의 변제자력이 양자의 권리를 전부 만족시키기에 부족한 경우에는 보험계약자 또는 피보험자의 권리가 보험자의 권리에 우선한다는 것이 통설·판례이다($\substack{대법원\ 2019.\ 11.\ 14.\ 선\\고\ 2019다216589\ 판결}$).

iii) 일부보험의 경우에도 보험계약자 또는 피보험자의 권리와 보험자의 권리가 병존하게 되는데, 이 경우 역시 보험계약자 또는 피보험자가 우선하여 변제받고 잔액에 관해 보험자가 권리를 행사할 수 있다는 것이 통설이다(차액설).

iv) 재보험의 경우 재보험자가 원보험자에게 보험금을 지급하면 원보험자가 대위하여 취득한 권리를 재보험자가 재차 대위한다(대법원 2015. 6. 11. 선고 2012다10386 판결). 그러나 실무상으로는 재보험자가 대위하는 권리의 행사를 원보험자에게 위임하고 원보험자가 행사하여 변제받은 금액을 재보험자에게 이전하는 관습이 성립되어 있다(같은 판례).

## Ⅶ. 보험목적의 양도

### (1) 법규정의 의의

인보험에서는 보험의 목적을 양도한다는 일이 있을 수 없지만, 손해보험의 목적은 양도가능하고, 실제로도 흔한 현상이다. 예컨대 화재보험에 부보된 건물이 양도될 때 양도인이 가입한 보험을 양수인이 그대로 승계한다면, 양수인은 새로운 보험에 가입함이 없이 종전에 양도인이 지급한 보험료를 활용하여 무보험상태를 없애는 이익을 누릴 수 있다. 상법 제679조 제1항은 피보험자가 보험의 목적을 양도한 때에는 양수인은 보험계약상의 권리와 의무를 승계한 것으로 추정한다고 규정하는데, 이는 보험의 목적이 양도된 경우 양수인의 양도인에 대한 관계에서 보험계약상의 권리도 함께 양도된 것으로 당사자의 통상의 의사를 추정하고 이것을 사회경제적 관점에서 긍정하는 취지이다(대법원 1991. 8. 9. 선고 91다1158 판결).

### (2) 적용요건

1) **보험계약의 존재**   양도인을 피보험자로 하는 유효한 보험계약이 존속하고 있어야 함은 물론이다.

2) **보험계약의 범위**   인보험에서 보험의 목적이 양도될 수 없음은 기술한 바와 같다. 손해보험의 경우에도 이 제도의 적용을 받지 않는 몇 가지 예외가 있다.

i) 책임보험에는 원칙적으로 이 제도가 적용되지 않는다(통설). 책임보험은 피보험자의 제3자에 대한 손해배상책임 등을 보상해 주는 보험이므로 피보험자에 변동이 생기면 종전의 책임보험은 유지될 수 없다고 보아야 하기 때문이다. 하지만 보험약관이나 보험계약에 의해 승계를 허용할 수 있다.

ii) 선박보험은 선박이 양도되면 종료한다. 하지만 보험자의 동의로 승계가 가능하다(703 조의2).

iii) 자동차보험의 승계에도 별도의 규정이 적용된다. 상법 제726조의4에서 보험자의 승낙을 얻어 승계가 가능한 것으로 규정하고 있다.

3) **양도의 대상**   제679조에서의 양도의 대상이 되는 것은 보험의 목적이 되는 물건

에 대한 소유권에 한한다는 것이 통설이나, 임차권의 양도도 대상이 될 수 있다는 견해도 있다(양승규 264; 한기정 587). 임차인이 임차물에 관해 보험에 가입한다면 목적물반환에 관한 책임보험이거나 임대인을 피보험자로 하는 화재보험일 것인데, 책임보험은 기술한 바와 같이 제679조의 적용대상이 아니고, 임대인을 피보험자로 하는 화재보험의 경우 임대인은 제679조의 양도인이 아니므로 역시 적용대상이 아니다.

**4) 양도의 의의**　　보험의 목적의 양도란 매매, 증여 등 특정승계를 의미한다. 상속, 합병과 같은 포괄승계에 의해서도 보험은 승계되지만, 이는 상법 제679조와는 무관하다.

**(3) 양도의 효과**

피보험자가 보험의 목적을 양도한 때에는 양수인은 보험계약상의 권리와 의무를 승계한 것으로 추정한다(679조 1항).

**1) 권리와 의무**　　보험계약상의 권리와 의무를 승계한다고 함은 양수인이 양도인의 피보험자로서의 지위를 승계함을 뜻한다. 그리하여 양수인이 새로운 피보험자가 되어 양도인이 피보험자로서 보험자에게 가지고 있던 보험금청구권 기타 부수적인 권리와 손해방지의무 기타 각종 통지의무 등을 부담한다.

보험계약자의 지위에는 어떤 변화가 오는가? 자기를 위한 보험의 경우에는 양도인이 가지고 있던 보험계약자로서의 지위도 양수인에게 이전한다는 것이 통설이다. 그러나 타인을 위한 보험의 경우에는 보험계약자의 지위는 이전하지 않는다는 설(김성태 495; 박세민 528; 양승규 265; 정찬형 710; 한기정 590)과 이전한다는 설(임용수 308; 장덕조 286; 이·최·김 234; 최준선 244)이 대립한다. 보험의 목적이 이전되는데, 보험계약자의 지위를 당초의 보험계약자에게 남겨두어야 할 이유가 없고, 또 이전되지 않는다고 볼 경우 피보험자의 승계가 무의미해 질 우려도 있으므로 이전되는 것으로 보는 것이 타당하다.

**2) 승계의 추정의 의의**　　상법 제679조는 목적물의 양수인에게 보험계약에 관한 실체법적 권리를 부여하는 규정이 아니고, 단지 승계사실의 존부에 관한 다툼에서 증명책임을 배분하는 것이다. 즉 양수인이 양도인의 피보험자로서의 지위를 승계하기 위해서는 실체법적으로 승계의 사실이 있어야 하고, 다만 이를 부정하는 자가 승계사실이 없었음을 증명하여야 한다.

**(4) 양도의 통지**

피보험자가 보험의 목적을 양도한 때에는 양도인 또는 양수인은 보험자에 대하여 지체 없이 그 사실을 통지하여야 한다(679조 2항). 과거 이 통지의무를 보험계약의 이전을 보험자 및 제3자에게 대항하기 위한 요건으로 풀이하는 견해도 있었으나, 현재 통설은 대항요건이 아니라, 보험자를 보호하고 보험관계자들 간의 이해를 조정하기 위한 규정으로 본다.

통지의무를 위반한 경우의 효과에 관해서는 상법에 규정한 바 없으므로 보험계약의 위험이 변경된 것으로 보아 보험자가 해지할 수 있다는 견해 등 다양한 설명이 있으나, 궁극적으로는 입법으로 해결해야 할 문제이다.

# 제 2 절 손해보험의 유형

## Ⅰ. 화재보험

### 1. 의의

화재보험이란 보험의 목적에 화재가 발생함으로 인하여 피보험자에게 생긴 재산상의 손해를 보험자가 보상할 것을 목적으로 하는 보험계약이다. 화재보험은 물건보험이므로 피보험자가 보험목적의 소유자인 타인에게 지는 손해배상의무의 이행으로 인한 손해를 보상하는 책임보험의 성격은 갖지 않는다(대법원 2011. 2. 24. 선고 2009다43355 판결). 화재를 보험사고로 하므로 다른 원인으로 인한 목적물의 멸실·손괴를 보상하는 보험은 화재보험이 아니다.

### 2. 보험계약의 요소

**1) 보험의 목적**   화재에 의해 멸실, 훼손될 수 있는 건물이나 동산과 같은 유체물을 보험의 목적으로 한다(683조). 보험계약에 의해 특정되며, 건물의 부속물이나 부착물도 약정에 의해 건물과 더불어 단일한 보험의 목적이 될 수 있다.

**2) 보험사고**   보험사고는 보험의 목적에 발생한 화재이다. 화재란 사회통념상 화재라고 인정할 수 있는 성질과 규모를 가지고, 보통의 용법에 의하지 아니하고 독립한 연소력을 가진 화력의 연소작용이다(통설).

**3) 피보험이익**   피보험이익은 피보험자가 화재가 발생하지 않은 상태에서 보험의 목적에 대해 갖는 경제적 이익이다. 동일한 물건이라도 그에 대한 권리의 형태에 따라 피보험이익이 달라질 수 있다. 보험의 목적물과 위험의 종류만이 정해져 있고 피보험자와 피보험이익이 명확하지 않은 예도 드물지 않다. 이 경우에는 소유자로서의 피보험이익으로 보는 것이 당사자의 의사에 합치된다는 것이 통설이나, 판례는 보험계약이 보험계약자 자신을 위한 것인지 아니면 타인을 위한 것인지는 보험계약서 및 보험계약의 내용으로 삼은 약관의 내용, 보험계약을 체결하게 된 경위, 보험회사의 실무처리 관행 등 제반 사정을 참작하여 결정할 것이라고 한다. 그리하여 양도담보 설정자는 동산의 소유권을 채권자에게 이전해 주지만, 그 물건에 대한 보험사고가 발생하면 사용·수익 등의 권능을 상실할 뿐 아니라, 물건의 소유권을 회복하지 못하는 경제적인 손해를 입게 되므로 그 목적물에 관하여 체결한 화재보험계약의 피보험이익을 가진다고 보았다(대법원 2009. 11. 26. 선고 2006다37106 판결).

### 3. 보험자의 보상책임

보험자는 위험보편의 원칙에 따라 화재와 인과관계있는 모든 손해를 배상해야 한다

($^통_설$). 특약이 없는 한, 건물을 목적으로 한 화재보험의 경우 건물내부에 있던 집기나 비품의 소실로 인한 손해나 영업손실 등의 간접손해는 보상의 대상이 아니다($^{대법원\ 1999.\ 5.\ 11.}_{선고\ 99다8155\ 판결}$). 화재가 진화된 후 파괴된 건물의 철거비와 폐기물처리비는 화재와 인과관계 있는 손해로서 보상의 대상이다($^{대법원\ 2003.\ 4.\ 25.\ 선}_{고\ 2002다64520\ 판결}$).

보험자는 화재의 소방 또는 손해의 감소에 필요한 조치로 인하여 생긴 손해도 보상할 책임이 있다($^{684}_조$). 화재를 진화하는 과정에 소요된 비용이 이에 속한다.

### 4. 집합보험

경제적으로 독립된 수개의 물건을 어느 한 단위로 집합하여 단일한 보험의 목적으로 삼아 화재보험에 부보하는 경우가 있다. 예컨대 어느 공장 내부에 소재하는 기계와 비품 일체 또는 어느 창고에 임치되어 있는 상품 일체를 하나의 보험목적으로 삼는 것이다. 이를 집합보험이라 하는데, 이같이 집합된 물건을 일괄하여 보험의 목적으로 한 때에는 피보험자의 가족과 사용인의 물건도 보험의 목적에 포함된 것으로 하며, 이 경우 그 보험은 그 가족 또는 사용인을 위해서도 체결한 것으로 본다($^{686}_조$). 즉 보험계약에 명시된 피보험자 외에도 그 가족 또는 사용인도 피보험자의 지위를 누리는 것이다.

집합보험의 목적에 속한 물건이 보험기간 중에 수시로 교체된 경우에도 보험사고의 발생 시에 현존한 물건은 보험의 목적에 포함된 것으로 한다($^{687}_조$). 예컨대 창고에 임치된 물건 일체를 부보한 경우 보험계약체결 후 임치물은 수시로 입고, 출고되지만, 보험사고시에 현존하는 물건이 부보된 것으로 보는 것이다. 특약에 의해 책임의 대상이 되는 물건의 범위를 달리 정할 수 있음은 물론이다.


## Ⅱ. 운송보험

### 1. 의의

운송보험이란 육상운송에서 운송물에 생긴 사고로 인해 피보험자가 입은 손해를 보험자가 보상할 것을 약정하는 보험계약이다($^{688}_조$). 육상에서 행해지는 물건운송의 보험을 대상으로 하며, 해상운송보험은 별도의 규정에 의해 규율된다($^{693조}_{이하}$).

### 2. 보험계약의 요소

1) 보험의 목적과 보험사고　　　운송 중의 물건에 생긴 손해를 대상으로 하며, 여객의 신체나 수하물에 생긴 손해는 운송보험의 대상이 아니다. 상법은 보험사고를 정형화하지 않고, 운송물에 생긴 모든 사고를 보험사고로 본다. 운송차량의 전복이나 충돌 등 운송에

특유한 손해, 운송물의 화재, 파손, 멸실, 도난 등 다양한 원인이 있을 수 있다.

2) **보험가액**    보험가액은 당사자가 정하는 것이 보통인데($^{기평가}_{보험}$), 사고발생시의 가액을 현저하게 초과할 때에는 상법 제670조가 적용된다. 보험가액을 정하지 않은 경우에는 운송물을 발송한 때와 곳의 가액과 도착지까지의 운임 기타의 비용을 보험가액으로 한다($^{보험가액불변주}_{의. 689조 1항}$). 운송물의 도착으로 인하여 얻을 이익($^{예컨대 상품}_{의 전매차익}$)도 피보험이익으로 약정할 수 있으나, 약정이 없는 한 보험가액에 포함되지 않는다($^{689조}_{2항}$).

### 3. 보험자의 책임

1) **책임내용**    운송보험계약의 보험자는 다른 약정이 없으면 운송인이 운송물을 수령한 때로부터 수하인에게 인도할 때까지 생긴 손해를 보상할 책임을 진다($^{688}_{조}$). 송하인이나 수하인이 운송물을 점유하는 동안에 발생한 손해를 보상하는 보험도 있을 수 있지만, 이는 운송보험이 아니다. 예컨대 책임보험의 형태로 부보할 수 있을 것이다.

2) **면책**    보험사고가 송하인 또는 수하인의 고의 또는 중대한 과실로 인하여 발생한 때에는 보험자는 이로 인하여 생긴 손해를 보상할 책임이 없다($^{692}_{조}$). 보험사고는 운송인이 운송물을 수령한 후 그리고 수하인에게 인도하기 전에 발생하였지만 사고의 원인에 송하인이나 수하인의 고의·과실이 개입된 경우 운송인의 책임을 조각시키는 것이다. 예컨대 송하인이 운송물의 종류를 그릇 고지하여($^{인화물질을 통상}_{의 물건으로 고지}$) 운송인이 운송물의 성질에 맞는 관리를 하지 못하여 보험사고가 발생한 경우와 같다.

### 4. 운송의 중지·변경과 계약효력

보험계약은 다른 약정이 없으면 운송의 필요에 의하여 일시 운송을 중지하거나 운송의 노순(路順) 또는 방법을 변경한 경우에도 그 효력을 잃지 아니한다($^{691}_{조}$). 그러나 이로 인하여 보험사고의 위험이 변경, 증가되었다면 상법 제652조와 제653조의 일반원칙에 따라 보험계약자 또는 피보험자는 보험자에게 고지하여야 하고, 보험자는 보험료의 증액청구 또는 해지를 할 수 있다($^{통}_{설}$).

## Ⅲ. 해상보험

### 1. 의의

해상보험이란 해상사업에 관한 사고로 인하여 생길 손해를 보상할 목적으로 체결하는 보험계약이다($^{693}_{조}$). 해상사업이란 해상에서의 선박에 의한 물건의 운송, 상품의 교역 등을 포함하는 사업을 가리킨다. 상법은 피보험이익의 내용에 따라 다음과 같은 여러 종류의 해상보험을 인정한다.

i) **선박보험**　　선박을 보험의 목적으로 하는 보험이다. 선박의 소유권, 담보권, 사용권이 피보험이익이 될 수 있으며, 선박의 속구, 연료, 양식 기타 항해에 필요한 모든 물건이 보험의 목적에 포함된다($\frac{696}{조}$).

ii) **적하보험**　　선박으로 운송하는 물건을 보험의 목적으로 하는 보험이다($\frac{697}{조}$). 운송물의 멸실, 훼손 등으로 인한 손해를 보상한다.

iii) **운임보험**　　운송물이 멸실·훼손되어 해상운송인이 운임을 받지 못하게 될 경우 이를 보상하기 위한 보험이다($\frac{706조}{1호}$).

iv) **희망이익보험**　　운송물이 목적지에 도착하면 수하인이 얻을 것으로 기대하는 이익($\frac{희망}{이익}$)을 상실하는 경우 이를 보상하기 위한 보험이다($\frac{698}{조}$).

## 2. 해상보험계약의 특성

1) **불이익변경금지의 불적용**　　해상보험계약에는 불이익변경금지의 원칙이 적용되지 아니한다($\frac{663조}{단}$). 해상보험은 영세어민과 같이 경제력이 취약한 사업자를 대상으로 하는 보험이 아닌 한, 보험계약자와 보험자가 서로 대등한 경제적 지위에서 계약조건을 정하는, 이른바 기업보험의 일종으로 보험계약자의 이익보호를 위한 법의 후견적 배려는 필요하지 않고, 당사자 사이의 사적 자치에 맡겨 특약에 의하여 개별적인 이익조정을 꾀하도록 할 필요가 있기 때문이다($\frac{대법원\ 1996.\ 12.\ 20.}{선고\ 96다23818\ 판결}$).

2) **포괄적 준거법 설정의 허용**　　해상보험은 특히 국제운송에서 많이 이용되는데, 국제운송보험에서는 영국의 해상보험약관이 주로 이용되며, 따라서 영국의 해상보험법($\frac{Marine\ Insurance}{Act\ 1906}$)과 관습법을 준거법으로 지정하는 예가 많다. 그 결과 우리 상법과 약관규제법의 많은 규정들이 배제되고 있지만, 판례는 폭넓게 준거법 지정의 유효성을 인정한다. 그러나 보험계약의 성립에 관한 문제에는 우리 법이 적용되어야 한다는 입장이다($\frac{대법원\ 1998.\ 7.}{14.\ 선고\ 96다}$ $\frac{39707}{판결}$).

## 3. 보험계약의 요소

1) **보험사고**　　해상보험의 보험사고는 보험의 종류에 따라 상이하다. 선박보험이라면 선박의 충돌, 좌초, 침몰 등으로 인한 선박의 파손이 될 것이고, 적하보험이라면 운송물의 멸실, 훼손이 될 것이다. 그러나 모든 유형의 손실이 보험사고가 되는 것은 아니고 보험약관에서는 보통 영국의 해상보험약관에서 흔히 사용하는 「해상에서의 고유한 위험」($\frac{perils\ of}{the\ seas}$)을 보험사고로 규정하고 있는데, 이는 해상에서 보험의 목적에 발생하는 모든 사고 또는 재난을 의미하는 것이 아니라, 해상에서만 발생하는 우연한 사고 또는 재난만을 의미한다($\frac{대법원\ 1998.\ 5.\ 15.}{선고\ 96다27773\ 판결}$). 따라서 해상에 특유한 사고가 아니거나 우연성이 없는 사고, 예컨대 자

연적인 소모, 통상적인 바람이나 파도에 의한 손상 등은 이에 해당하지 아니한다. 손해가 이러한 해상 고유의 위험으로 인하여 발생한 것이라는 점에 관한 증명책임은 피보험자가 부담한다($\substack{같은 \\ 판례}$).

상법은 특별한 보험사고로 행방불명을 규정하고 있다. 선박의 존부가 2월간 분명하지 아니한 때에는 그 선박의 행방이 불명한 것으로 하고, 전손으로 추정한다($\substack{711조 1 \\ 항, 2항}$). 행방불명은 과거 보험위부의 원인이었던 것을 보험사고의 추정사유로 바꾼 것이다($\substack{1991년 개정전 \\ 710조 2호 참조}$). 보험계약이나 약관에서 행방불명을 독립된 보험사고로 정할 수 있음은 물론이다.

2) 보험기간    상법은 선박보험과 적하보험의 보험기간을 달리 정하고 있다.

i) 보험기간의 개시    항해단위로 선박을 보험에 붙인 경우 보험기간은 하물 또는 저하($\substack{배의 중심을 잡기 위해 배의 바닥 \\ 에 쌓아두는 운송물 이외의 물건}$)의 선적에 착수한 때에 개시하고($\substack{699조 \\ 1항}$), 적하보험의 보험기간은 하물의 선적에 착수한 때에 개시하지만, 출하지를 정한 경우에는 그 곳에서 운송에 착수한 때에 개시하고($\substack{699조 \\ 2항}$), 하물 또는 저하의 선적에 착수한 후에 보험계약이 체결된 경우에는 보험기간은 선박보험과 적하보험 공히 계약이 성립한 때에 개시한다($\substack{699조 \\ 3항}$).

ii) 보험기간의 종료    선박보험의 보험기간은 도착항에서 하물 또는 저하를 양륙한 때에 종료하고, 적하보험의 보험기간은 양륙항 또는 도착지에서 하물을 인도한 때에 종료한다($\substack{700조 \\ 본}$). 그러나 불가항력이 아닌 사유로 양륙이 지연된 때에는 그 양륙이 보통 종료될 때에 종료된 것으로 한다($\substack{700조 \\ 단}$).

3) 보험가액    해상보험에서도 당사자가 보험가액을 정할 수 있고($\substack{기평가보 \\ 험. 670조}$), 정하지 않은 경우를 위해 상법은 다음과 같은 특칙을 두고 있다.

i) 선박보험    선박보험의 경우 보험자의 책임이 개시될 때의 선박가액을 보험가액으로 한다($\substack{696조 \\ 1항}$). 보험자의 책임이 개시될 때란 보험기간의 시기를 뜻한다. 선박보험의 경우에는 적하보험과 달리 선박가액 평가의 기준이 되는 장소를 정하고 있지 않다. 적하보험에서와 같은 기준을 적용하는 것이 타당하므로 제697조를 유추적용하여야 할 것이다.

ii) 적하보험    적하보험의 경우 선적한 때와 곳의 적하의 가액과 선적 및 보험에 관한 비용을 보험가액으로 한다($\substack{697 \\ 조}$). 해상보험에서는 운송보험의 경우와 달리 운임을 보험가액에 포함시키지 않음을 주의해야 한다($\substack{689조 1 \\ 항 참조}$).

iii) 희망이익보험의 보험가액    희망이익보험의 경우에는 보험금액을 보험가액으로 정한 것으로 추정한다($\substack{698 \\ 조}$).

### 4. 보험자의 보상책임

보험자는 일반원칙에 따라 보험기간 중에 발생한 보험사고와 상당인과관계 있는 직접손해를 보상하여야 하지만($\substack{693 \\ 조}$), 상법은 해상보험의 특수성을 감안하여 다음과 같은 특칙을 두고 있다.

**1) 공동해손분담액**　　보험자는 피보험자가 지급할 공동해손의 분담액을 보상할 책임이 있다($^{694조}_{본}$). 공동해손이란 선박과 적하의 공동위험을 면하기 위하여 선장이 선박 또는 적하에 관한 처분행위를 하여 발생한 손해 또는 비용을 말하며, 이해관계인이 이를 분담하여야 한다($^{865조,}_{866조}$). 해상운송의 보험사고로 인해 피보험자가 입은 손해를 보험자가 보상하여야 함은 당연하지만, 이에 더하여 피보험자가 분담해야 할 공동해손도 보험자가 보상하도록 한 것이다. 그러나 보험의 목적의 공동해손분담가액이 보험가액을 초과할 때에는 그 초과액에 대한 분담액은 보상하지 아니한다($^{694조}_{단}$).

**2) 구조료**　　보험자는 피보험자가 보험사고로 인하여 발생하는 손해를 방지하기 위하여 지급할 구조료를 보상할 책임이 있다($^{694조}_{의2 본}$). 구조료라 함은 해난구조료, 즉 해난사고에서 의무 없이 타인의 선박 또는 재산을 구조한 자가 구조된 선박의 소유자 또는 재산의 권리자에게 청구하는 보수를 뜻한다($^{882조,}_{886조}$). 해상운송보험의 목적인 선박 또는 적하가 해난구조되어 피보험자가 구조료를 지급해야 하는 경우 보험자가 이를 보상하여야 한다는 취지이다. 그러나 보험의 목적물의 구조료분담가액이 보험가액을 초과할 때에는 그 초과액에 대한 분담액은 보상하지 아니한다($^{694조}_{의2 단}$).

**3) 특별비용**　　보험자는 보험의 목적의 안전이나 보존을 위하여 지급할 특별비용을 보험금액의 한도 내에서 보상하여야 한다($^{694}_{조의3}$).

**4) 선박의 일부손해의 보상**　　선박의 일부가 훼손된 경우에는 보험자는 그로 인한 감가액을 보상할 책임이 있다($^{707조}_{의2 3항}$). 그러나 훼손된 부분 전부를 수선한 경우에는 보험자는 수선에 따른 비용을 1회의 사고에 대하여 보험금액을 한도로 보상하여야 하고($^{707조}_{의2 1항}$), 훼손된 부분의 일부를 수선한 경우에는 보험자는 수선에 따른 비용과 수선을 하지 아니함으로써 생긴 감가액을 보상하여야 한다($^{707조}_{의2 2항}$).

**5) 적하의 일부손해의 보상**　　보험의 목적인 적하가 훼손되어 양륙항에 도착한 때에는 보험자는 그 훼손된 상태의 가액과 훼손되지 아니한 상태의 가액과의 비율에 따라 보험가액의 일부에 대한 손해를 보상할 책임이 있다($^{708}_{조}$).

**6) 적하매각으로 인한 손해의 보상**　　항해도중에 불가항력으로 보험의 목적인 적하를 매각한 때에는 보험자는 그 대금에서 운임 기타 필요한 비용을 공제한 금액과 보험가액과의 차액을 보상하여야 한다($^{709조}_{1항}$).

한편 매수인이 대금을 지급하지 아니한 때에는 보험자는 그 금액을 지급해야 하고, 지급 후 보험자는 피보험자의 매수인에 대한 권리를 취득한다($^{대위, 709}_{조 2항}$).

## 5. 보험자의 면책

**1) 일반면책사유**　　보험자는 다음의 손해와 비용을 보상할 책임이 없다($^{706}_{조}$).

i) 선박 또는 운임을 보험에 붙인 경우에는 발항당시 안전하게 항해를 하기에 필요한

준비를 하지 아니하거나 필요한 서류를 비치하지 아니함으로 인하여 생긴 손해.

ⅱ) 적하를 보험에 붙인 경우에는 용선자, 송하인 또는 수하인의 고의 또는 중대한 과실로 인하여 생긴 손해.

ⅲ) 도선료, 입항료, 등대료, 검역료, 기타 선박 또는 적하에 관한 항해 중의 통상비용.

2) **위험변경으로 인한 면책**    보험계약을 체결할 당시 예상되는 위험에 의해 보험의 인수여부와 보험료, 보험금액이 결정되므로 다음과 같이 계약체결 후에 위험이 변경된 경우에는 보험자는 책임을 면한다.

ⅰ) 항해변경    선박이 보험계약에서 정하여진 발항항이 아닌 다른 항에서 출항한 때, 그리고 선박이 보험계약에서 정하여진 도착항이 아닌 다른 항을 향하여 출항한 때에는 보험자는 책임을 지지 아니한다($^{701조\ 1}_{항,\ 2항}$).

보험자의 책임이 개시된 후에 보험계약에서 정하여진 도착항이 변경된 경우에는 보험자는 항해변경이 결정된 때부터 책임을 지지 아니한다($^{701조}_{3항}$).

ⅱ) 이로(離路)    선박이 정당한 사유없이 보험계약에서 정하여진 항로를 이탈한 경우에는 보험자는 그때부터 책임을 지지 아니한다. 선박이 손해발생 전에 원항로로 돌아온 경우에도 같다($^{701}_{조의2}$).

ⅲ) 발항 또는 항해의 지연    피보험자가 정당한 사유없이 발항 또는 항해를 지연한 때에는 보험자는 발항 또는 항해를 지체한 이후의 사고에 대하여 책임을 지지 아니한다($^{702}_{조}$).

ⅳ) 선박변경    적하를 보험에 붙인 경우에 보험계약자 또는 피보험자의 책임있는 사유로 인하여 선박을 변경한 때에는 그 변경후의 사고에 대하여 책임을 지지 아니한다($^{703}_{조}$).

3) **보험의 특별한 종료사유**    선박보험의 경우에 선박을 양도하거나, 선박의 선급을 변경하거나, 선박을 새로운 관리로 옮긴 때에는 보험계약이 종료하고 보험사고가 발생하더라도 보험자의 책임은 생기지 않는다($^{703조}_{의2\ 본}$). 선박보험계약에 있어서는 선박소유자가 누구인가 하는 점은 인수 여부의 결정 및 보험료율의 산정에 있어서 매우 중요한 요소이고, 따라서 소유자의 변경은 보험계약에 있어서 중대한 위험의 변경에 해당하기 때문이다($^{대법원\ 2004.}_{11.\ 11.\ 선고}$ $^{2003다}_{30807\ 판결}$). 선박관리의 변경 역시 이에 준하여 생각할 수 있고, 선급은 선박의 감항성을 정하는 표지이므로 그 변경 역시 중요한 위험의 변경이다. 제703조의2가 정하는 종료사유는 이같이 보험자를 보호하기 위한 제도이므로 보험자의 동의가 있다면 보험이 유지될 수 있다($^{동조}_{단}$).

## 6. 보험위부

### (1) 의의

피보험자가 보험금을 청구하기 위해서는 보험사고와 손해를 증명해야 하는데, 해상보험에서는 선박이 피보험자의 관리·지배를 벗어나 광대한 해역을 운항하므로 이러한 증명이 용이하지 않을 수 있다. 그리하여 상법은 피보험자가 보험의 목적에 관한 모든 권리를 보험자에게 이전하고 보험금액 전부를 청구할 수 있는 제도를 두고 있다. 이를 「보험위부」라 한다($\frac{710}{조}$).

보험의 위부는 피보험자의 일방적인 의사표시로 보험목적을 이전시키고 보험금지급의무를 발생시키는 행위이므로 위부권은 형성권이다.

### (2) 위부의 요건

**1) 위부의 원인**     다음의 경우 피보험자는 보험의 목적을 보험자에게 위부하고 보험금액의 전부를 청구할 수 있다($\frac{710}{조}$).

i) 피보험자가 보험사고로 인하여 자기의 선박 또는 적하의 점유를 상실하여 이를 회복할 가능성이 없거나 회복하기 위한 비용이 회복하였을 때의 가액을 초과하리라고 예상될 경우.

ii) 선박이 보험사고로 인하여 심하게 훼손되어 이를 수선하기 위한 비용이 수선하였을 때의 가액을 초과하리라고 예상될 경우. 이 경우 선장이 지체 없이 다른 선박으로 적하의 운송을 계속한 때($^{대선에 의}_{한 운송}$)에는 피보험자는 그 적하를 위부할 수 없다($\frac{712}{조}$).

iii) 적하가 보험사고로 인하여 심하게 훼손되어서 이를 수선하기 위한 비용과 그 적하를 목적지까지 운송하기 위한 비용과의 합계액이 도착하는 때의 적하의 가액을 초과하리라고 예상될 경우.

기술한 바와 같이 현행 상법에서 선박의 행방불명은 위부의 원인이 아니다($\frac{711}{조}$).

**2) 위부의 통지**     피보험자가 위부를 하고자 할 때에는 상당한 기간 내에 보험자에 대하여 그 통지를 발송하여야 한다($\frac{713}{조}$). 통지란 위부권의 행사를 뜻한다. 「상당한 기간」이란 피보험자가 위부의 원인을 파악하고, 위부의 원인을 증명하기 위한 합리적인 기간을 뜻한다($^{양승규 339; 이·최}_{김 281; 한기정 627}$). 또한 피보험자는 보험자에게 보험의 목적에 관한 다른 보험계약과 그 부담에 속한 채무의 유무와 그 종류 및 내용을 통지하여야 하며, 보험자는 이 통지를 받을 때까지 보험금액의 지급을 거부할 수 있다($^{715조 1}_{항, 2항}$). 이 통지는 보험금액의 지급에 관한 기간의 약정이 있는 때 그 기간의 기산일이 된다($^{715조}_{3항}$).

**3) 위부의 무조건성**     위부는 무조건이어야 한다($^{714조}_{1항}$). 위부는 보험금액 전부에 대한 대가로 보험의 목적에 관한 모든 권리를 피보험자의 일방적인 의사로 이전하는 것이므로 권리관계가 간명하고 단순해야 하기 때문이다. 그러므로 위부는 보험의 목적의 전부에

대하여 해야 한다($\frac{714조}{2항\;본}$). 그러나 위부의 원인이 그 일부에 대하여 생긴 때에는 그 부분에 대하여서만 할 수 있다($\frac{714조}{2항\;단}$). 그리고 보험가액의 일부를 보험에 붙인 경우에는 위부는 보험금액의 보험가액에 대한 비율에 따라서만 이를 할 수 있다($\frac{714조}{3항}$).

4) 위부의 승인　　보험자는 위부의 통지에 대하여 승인하거나 또는 승인하지 않을 수 있다. 기술한 바와 같이 위부는 피보험자의 형성권의 행사이므로 보험자의 승인이 위부의 요건이 되는 것은 아니다. 보험자가 위부를 승인하지 아니할 경우 피보험자는 위부의 원인을 증명하여 보험금액의 지급을 청구할 수 있다($\frac{717}{조}$). 즉 보험자의 승인 거절은 피보험자에게 증명책임을 부담시키는 효과가 있다.

보험자가 위부를 승인한 후에는 그 위부에 대하여 이의를 하지 못한다($\frac{716}{조}$).

(3) 위부의 효과

1) 보험금청구권　　위부에 의해 보험의 목적은 전손으로 간주되어 피보험자는 보험자에게 보험금액 전부의 지급을 청구할 수 있다($\frac{710조}{본}$). 그러나 위부의 원인이 보험목적의 일부에 대하여 생긴 때에는 그 부분의 비율에 따라 보험금을 청구할 수 있으며($\frac{714조}{2항\;단}$), 일부보험의 경우에도 보험금액의 보험가액에 대한 비율에 따라 보험금을 청구할 수 있다($\frac{714조}{3항}$).

2) 보험자의 권리취득　　보험자는 위부로 인하여 그 보험의 목적에 관한 피보험자의 모든 권리를 취득한다($\frac{718조}{1항}$).

i) 취득의 범위　　피보험자의 모든 권리란 보험의 목적인 선박, 적하 등에 대해 피보험자가 가지는 소유권, 담보권 기타 보험의 목적에 대한 직접적인 권리를 포함한다. 피보험자가 보험사고와 관련하여 제3자에 대해 가지는 손해배상청구권, 공동해손분담청구권 등의 권리도 취득하느냐에 관해 긍정설도 있으나($\frac{김성태\;576;\;양승규\;345;\;손주찬\;635;}{이·최·김\;285;\;최기원\;749;\;한기정\;629}$), 이러한 권리는 보험자가 보험금을 지급하고 대위하는 권리이므로 위부로 인한 권리취득에서는 제외하는 것이 옳다($\frac{채이식}{592}$).

일부보험의 경우 및 일부의 위부가 있는 경우 보험자의 권리취득은 일부에 그친다.

ii) 의무의 이전　　보험자는 권리만이 아니라 보험의 목적에 관련된 의무 역시 부담한다. 예컨대 보험의 목적에 설정된 담보, 공동해손분담의무, 기타 선박이나 적하의 파손에 따른 공법상의 부담도 이전한다. 이러한 부담이 취득한 권리로 인한 이익보다 큰 경우 보험자는 위부로 인한 권리취득을 포기할 수도 있다($\frac{통}{설}$).

iii) 취득시기　　피보험자가 보험자에게 위부의 통지를 한 때에 보험자가 권리를 취득한다는 것이 통설이다. 보험금의 지급여부는 무관하다. 이 점 보험금을 지급해야만 성립하는 보험자대위와 상이하다.

보험자가 권리를 취득함에는 선박등기, 인도 등의 공시방법을 요하지 않는다($\frac{통}{설}$). 상법 제718조 제2항은 피보험자가 위부를 한 때에는 보험의 목적에 관한 모든 서류를 보험자에게 교부하여야 한다고 규정하는데, 이는 권리취득의 방법이나 시기를 규정한 것이 아니고,

보험자의 권리행사가 용이하도록 배려한 규정이다.

## Ⅳ. 책임보험

### 1. 의의

책임보험이란 보험기간 중 피보험자에게 제3자에 대한 손해배상책임이 발생하는 것을 보험사고로 하여 이로 인한 피보험자의 손해를 보상하고 보험계약자는 보험자에게 보험료를 지급할 것을 약정하는 보험계약이다($^{719}_{조}$). 책임보험은 피보험자의 책임이행으로 인한 손해를 보상하므로 손해보험이며, 재산상의 손해를 보상하므로 재산보험이고, 소극재산에 관한 보상을 목적으로 하므로 소극보험이다.

오늘날 산업의 발전과 경제활동의 확대로 인해 타인에 대한 배상책임을 유발하는 사고가 점증하고 있어 책임보험의 사회적 기여가 커지고 그 시장규모 역시 확대되고 있다. 책임보험제도는 무자력한 가해자를 대신하여 피해자를 구제하는 사회복지적 기능을 하며, 기업이 감당하기 어려운 배상책임을 대신 이행해 줌으로써 기업유지에 기여하는 등 그 중요성이 나날이 커지고 있다.

산업과 책임의 유형에 따라 책임보험에 대한 수요가 다양하므로 책임보험의 유형도 다양하다. 보험목적을 이루는 책임이 타인의 생명·신체에 대한 가해로 인한 것인지, 타인의 재산에 대한 침해로 인한 것인지에 따라 대인배상책임보험과 대물배상책임보험으로 나뉘며, 피보험자의 유형에 따라 영업자를 피보험자로 하는 영업책임보험과 의사 등 전문직을 피보험자로 하는 전문인책임보험으로 나뉜다. 또 보험계약은 보험계약자와 보험자의 자유로운 의사에 기해 체결되는 임의보험이 원칙이지만, 국가가 국민의 생존배려를 위하여 보험계약의 체결을 강제하는 강제보험도 있다(예: 의료보험, 자동차배상책임보험, 산업재해보상보험 등). 강제보험은 보험계약자에 대해서는 가입이 강제되고, 보험자에 대해서도 승낙이 강제되며 내용결정에도 법이 관여하는 예가 대부분이다.

### 2. 보험계약의 요소

#### (1) 보험목적

책임보험의 목적이 무엇이냐에 관해 견해의 대립이 있다. 책임보험에서는 손해가 채무의 부담 또는 재산의 감소라는 형태로 생겨나므로 보험의 목적은 피보험자의 전재산이라는 전재산설($^{김성태 587; 송옥렬 320; 이·최·김}_{291; 정경영 891; 최기원 752; 최준선 280}$), 책임보험은 제3자에 대한 피보험자의 배상책임으로 인한 손해를 보상하는 소극보험이므로 보험의 목적은 피보험자가 제3자에 대하여 지는 배상책임($^{소극}_{재산}$)이라는 책임설($^{강·임 734; 박세민 627; 양승규 356; 임용}_{수 373; 장덕조 343; 정찬형 753; 한기정 634}$)이 대립한다. 상법 제719조 및 제

721조의 법문은 책임설에 근거해 있다고 보는 것이 자연스럽다($\frac{한기정}{634}$).

### (2) 피보험이익과 보험가액

책임보험의 피보험이익은 피보험자가 제3자에게 배상할 책임을 질 사고가 발생하지 않음으로써 누리는 이익이라고 할 수 있으나, 보험가액은 성질상 산정이 불가하다. 그러므로 책임보험에서는 보관자책임보험($\frac{725}{조}$)을 제외하고는 보험가액이 존재하지 않으며($\frac{반대설:}{한기정, 635}$), 따라서 초과보험, 중복보험, 일부보험의 문제가 생기지 않는다.

### (3) 보험사고

책임보험에서 피보험자가 책임을 져야 할 사고가 발생하고 이어서 이루어지는 보상관계는 다단계의 절차를 거친다. 예컨대 건물의 임차인이 자신의 실화로 건물에 화재가 날 경우 임대인에게 지게 될 손해배상채무를 보험의 목적으로 하여 책임보험에 가입하였는데, 임차인의 과실로 실제 화재가 발생하였다 하자(①). 임대인이 임차인에게 1억원의 손해가 발생하였다고 주장하며 배상을 청구한다(②). 임차인은 이 손해액에 동의하지 않고 다투다가 양자 간에 손해배상액을 7천만원으로 하기로 합의한다(③). 그리고 임차인은 임대인에게 7천만원의 배상액을 지급한다(④). 이 중 어느 단계를 보험사고로 볼 것이냐에 관해 견해가 대립한다.

다수설은 피보험자가 제3자에 대하여 배상책임을 지게 되는 원인이 되는 사고($\frac{위 예}{의 ①}$)가 발생한 것을 보험사고로 본다($\frac{손해사고설. 김성태 592; 박세민 632; 송옥렬 321; 양승규}{360; 이 · 최 · 김 294; 임용수 378; 장덕조 345; 정찬형 755}$).

이외에도 피보험자가 피해자인 제3자로부터 손해사고를 원인으로 배상청구를 받는 것($\frac{위 예}{의 ②}$)을 보험사고로 보는 견해($\frac{손해배상청구설(청구설).}{김은경 507; 최기원 754}$), 피보험자가 법률상의 배상책임을 부담하는 것($\frac{위 예}{의 ③}$)을 보험사고로 보는 견해($\frac{책임부담설(채무확정설). 강 ·}{임 736; 정경영 893; 최준선 282}$), 피보험자가 피해자에게 손해배상의무를 이행한 것($\frac{위 예}{의 ④}$)을 보험사고로 보는 견해($\frac{배상의무}{이행설}$) 등 다양한 학설이 있다. 판례는 단일한 기준을 제시하지 않고, 보험사고가 구체적으로 무엇인지는 당사자 사이의 약정으로 계약내용에 편입된 보험약관과 보험약관이 인용하고 있는 보험증권 및 주계약의 구체적인 내용 등을 종합하여 결정하여야 한다는 입장을 취한다($\frac{대법원 2007. 2. 9 선}{고 2006다28553 판결}$). 책임보험은 보험금이 궁극적으로 피해자인 제3자에 귀속되는 보험, 즉 피해자를 위한 보험이라는 점, 피해자인 제3자에게 보험금의 직접청구권을 인정하는 점($\frac{724조 2}{항, 725조}$)을 고려할 때 손해사고설이 타당하며, 또 동설의 보험사고가 상법 제719조의 「보험기간 중의 사고」의 의미와 합치한다는 점에서 보다 설득력이 있다.

## 3. 보험자의 의무

책임보험계약의 보험자는 피보험자가 보험기간 중의 사고로 인하여 제3자에게 배상할 책임을 진 경우에 이를 보상할 책임이 있다($\frac{719}{조}$).

### (1) 책임발생의 요건

**1) 보험사고의 발생**　　책임보험에서의 보험사고는 앞서 설명한 바와 같이 피보험자가 제3자에 대하여 배상책임을 지게 되는 원인이 되는 사고이며, 보험자의 책임이 발생하기 위해서는 이 사고가 발생해야 한다. 보험사고의 발생으로 피보험자가 제3자로부터 배상청구를 받았을 때에는 피보험자는 지체 없이 보험자에게 통지를 발송하여야 한다($\frac{722조}{1항}$).

**2) 책임확정의 통지**　　피보험자가 제3자에 대하여 변제, 승인, 화해 또는 재판으로 인하여 채무가 확정된 때에는 지체 없이 보험자에게 그 통지를 발송하여야 한다($\frac{723조}{1항}$). 이 통지에 의해 보험자의 보험금 지급채무가 발생한다.

### (2) 책임의 범위

보험자는 보험계약에서 약정한 보험금액의 범위에서 피보험자에게 발생한 책임액을 보상해야 한다.

**1) 일반원칙**　　피보험자가 제3자에게 변제하거나, 승인, 화해 또는 재판으로 인하여 피보험자가 제3자에게 지는 것으로 확정된 채무액은 보험자가 보상해야 하며, 보상할 금액에는 책임액 원본만이 아니라 지연손해금도 포함된다($\frac{대법원 1995. 9. 29.}{선고 95다24807 판결}$).

**2) 방어비용**　　피보험자가 제3자의 청구를 방어하기 위하여 지출한 재판상 또는 재판 외의 필요비용은 보험의 목적에 포함되며, 피보험자는 보험자에 대하여 그 비용의 선급을 청구할 수 있다($\frac{720조}{1항}$). 방어행위가 보험자의 지시에 의한 것인 경우에는 그 금액에 손해액을 가산한 금액이 보험금액을 초과하는 경우에도 보험자가 이를 부담하여야 한다($\frac{720조}{3항}$).

**3) 보상시기**　　피보험자의 피해자에 대한 책임이 확정된 때에 보상을 청구할 수 있음이 원칙이나, 피보험자가 담보의 제공 또는 공탁으로써 재판의 집행을 면할 수 있는 경우에는 책임이 확정되기 전에도 피보험자는 보험자에 대하여 보험금액의 한도 내에서 그 담보의 제공 또는 공탁을 청구할 수 있다($\frac{720조}{2항}$).

**4) 중복보험**　　피보험자가 동일한 사고에 관해 수개의 책임보험계약을 동시 또는 순차로 체결하고 그 보험금액의 총액이 피보험자의 제3자에 대한 손해배상액을 초과하는 때에는 중복보험에 관한 일반원칙을 적용한다. 즉 보험자는 각자의 보험금액의 한도에서 연대책임을 지되, 각 보험자의 보상책임은 각자의 보험금액의 비율에 따른다($\frac{연대비례보상책}{임. 672조 1항}$). 피보험자가 일부의 보험자에 대해 보험금청구권을 포기할 수 있으나, 보험자 1인에 대한 권리의 포기는 다른 보험자의 권리의무에 영향을 미치지 아니한다($\frac{673}{조}$).

중복하여 책임보험계약을 체결하는 경우에는 보험계약자는 각 보험자에 대하여 각 보험계약의 내용을 통지하여야 하며($\frac{672조}{2항}$), 수개의 책임보험이 보험계약자의 사기에 의해 체결된 경우에는 무효가 되는 것도 일반 중복보험과 같다($\frac{672조 4항}{\rightarrow 669조 4항}$).

### (3) 지급의 시기와 지급의 제한

보험자가 채무확정의 통지를 받은 때에는 특별한 기간의 약정이 없으면 통지를 받은 날로부터 10일 내에 보험금액을 지급하여야 한다($^{723조}_{2항}$). 그러나 피보험자가 책임을 질 사고로 인하여 생긴 손해에 대하여 제3자가 피보험자로부터 그 배상을 받기 전에는 보험자는 보험금액의 전부 또는 일부를 피보험자에게 지급하지 못한다($^{724조}_{1항}$). 이는 제724조 제2항의 피해자가 보험자에게 갖는 직접청구권과 더불어 오늘날 책임보험이 피보험자의 재산상의 손실의 보상이라는 역할을 넘어 피보험자의 가해행위로부터 피해자의 손해를 보상한다는 복리적 기능을 수행하도록 하는 입법정책적 배려가 반영된 제도라 할 수 있다.

그러나 판례는 보험자가 이 규정에 의해 피보험자에게 지급거절을 하려면 보험약관에 그 내용을 반영하여야 하며, 약관에 이러한 규정을 두지 않은 경우에는 보험자가 지급거절권을 포기한 것으로 보고 있다($^{대법원\ 2007.\ 1.\ 12.\ 선}_{고\ 2006다43330\ 판결}$). 그 결과 약관에 지급거절권을 두지 않은 경우 보험자는 피해보상을 하지 않은 피보험자로부터 보험금청구를 받고 보험금을 지급하고, 후에 제724조 제2항에 의거하여 피해자가 보험금을 직접 청구할 경우 이중지급의 위험을 부담하게 된다. 그리하여 판례는 보험자가 이중지급의 위험을 피하기 위해서는 피해보상을 하지 않은 피보험자가 청구할 경우 피보험자에게 지급하지 않고 피해자에게 보험금을 직접 지급함으로써 이중지급을 피할 수 있다고 실무방향을 제시하고 있다.

### (4) 보험금청구권의 소멸시효

일반적으로 보험금청구권의 소멸시효는 보험사고가 발생한 때로부터 진행하지만 ($^{757면}_{참조}$), 책임보험의 경우에는 보험자는 보험사고의 피해자가 배상을 받기 전에는 보험금을 지급할 수 없으므로($^{724조}_{1항}$) 일반원칙을 적용할 수 없다. 판례는 책임보험의 경우 보험금청구권의 소멸시효는 피보험자의 제3자에 대한 법률상의 손해배상책임이 상법 제723조 제1항이 정하고 있는 변제, 승인, 화해 또는 재판의 방법 등에 의하여 확정됨으로써 그 보험금청구권을 행사할 수 있는 때로부터 진행한다고 본다($^{대법원\ 2002.\ 9.\ 6.\ 선}_{고\ 2002다30206\ 판결}$).

### (5) 면책약정의 효력

약관이나 보험계약에서 피보험자가 보험자의 동의없이 제3자에 대하여 변제, 승인 또는 화해를 한 경우에는 보험자가 그 책임을 면한다는 합의를 한 경우에도 피보험자의 변제, 승인 또는 확해가 현저하게 부당한 것이 아니면 보험자는 보상할 책임을 면하지 못한다($^{723조}_{3항}$). 이는 피해자와의 분쟁이 지속됨으로 인해 배상의 범위가 확대되는 것을 방지하려는 피보험자의 선의의 노력을 존중하는 제도라 할 수 있다.

「현저하게 부당한 것」이라 함은 피보험자에게 법률상 책임이 없는 손해를 배상하는 것을 뜻한다($^{대법원\ 1995.\ 9.\ 29.}_{선고\ 95다24807\ 판결}$).

### 4. 피보험자의 의무

### (1) 사고발생 통지의무

보험사고의 발생으로 피보험자가 제3자로부터 배상청구를 받았을 때에는 피보험자는 지체 없이 보험자에게 통지를 발송하여야 한다($\frac{722조}{1항}$). 보험계약 일반에 걸친 보험계약자($\frac{또는 피보험자}{나 보험수익자}$)의 의무로서 보험사고의 발생을 안 때에는 지체 없이 보험자에게 그 통지를 발송해야 하는 것($\frac{657조}{1항}$)과 같은 취지이다. 즉 보험자로 하여금 자신의 책임의 유무를 조사·확인함으로써 자신의 책임범위를 관리하고, 나아가 보험사고로 인한 손해의 확산을 방지할 수 있도록 하기 위함이다. 통지에 「발신주의」를 취하고 있음에 주의를 요한다.

피보험자가 이 통지를 게을리하여 손해가 증가된 경우에는 보험자는 그 증가된 손해를 보상할 책임이 없다($\frac{동조2}{항 본}$). 그러나 피보험자가 상법 제657조의 통지의무를 이행한 경우에는 배상청구사실을 별도로 통지하지 않더라도 보험자의 책임은 면제되지 않는다($\frac{동조2}{항 단}$).

피보험자의 통지의무에 관해 발신주의를 취하므로 피보험자가 통지를 발송하였으나, 보험자에게 도달하지 않은 경우에는 제657조 제2항은 적용하지 않는다. 즉 보험자는 증가된 손해를 보상하여야 한다.

### (2) 책임확정의 통지

피보험자가 제3자에 대하여 변제, 승인, 화해 또는 재판으로 인하여 채무가 확정된 때에는 지체 없이 보험자에게 그 통지를 발송하여야 한다($\frac{723조}{1항}$).

## 5. 피해자의 직접청구권

### (1) 의의

책임보험에서는 피보험자가 책임을 질 사고로 손해를 입은 제3자는 보험금액의 한도내에서 보험자에게 직접 보상을 청구할 수 있다($\frac{724조}{2항 본}$). 책임보험은 직접적으로는 피보험자의 손실을 보상하기 위한 제도이지만, 오늘날에는 책임보험의 복지적 기능이 강조되어 피해자의 보호에 역점이 두어지고 있음은 기술한 바와 같다. 피해자의 구제가 만족스럽게 이루어지기 위해서는 보험금이 피해자의 손해배상을 위해 사용되어야 할 것이나, 피보험자가 피해자에 대한 배상은 게을리한 채 보험금을 소비하는 예도 있을 수 있다. 그러므로 상법은 피해자가 배상받기 전에는 보험자가 보험금지급을 거절할 권한을 부여하고 있으나($\frac{724조}{1항}$), 이 제도만으로는 보험금이 피해자를 위해 사용되는 것을 보장할 수 없으므로 피해자가 보험자에게 직접 보험금을 청구할 수 있는 제도를 마련해 두었다.

피해자는 보험자와 직접적인 법률관계를 맺은 바 없으므로 피해자의 직접청구권의 성질을 어떻게 설명하느냐는 문제가 있다. 피해자가 가진 권리는 피보험자에 대한 손해배상청구권이 유일하므로 보험금의 직접청구권도 이 권리의 연장으로 보는 것이 자연스럽다. 그러므로 다수설과 판례는 피해자가 직접청구권을 갖는 지위를 「법률에 의하여 보험자가 피보험자의 피해자에 대한 손해배상채무를 병존적으로 인수한 관계」라고 설명한다($\frac{손해배상청}{구권설. 대}$ 법원 1994. 5. 27. 선고 94다6819 판결; 동 2017. 10. 26. 선고 2015다42599 판결;). 이와 달리 일부학설은 피해자의 직접청구권을 보험금청구권으로 설명한다($\frac{강·임 746; 김은경 526;}{양승규 377; 정경영 898}$).

### (2) 직접청구권의 행사

**1) 가해자에 대한 권리와의 관계**　제3자($^{피해}_{자}$)는 피보험자가 책임을 질 사고로 입은 손해에 관하여 보험금액의 한도 내에서 보험자에게 직접 보상을 청구할 수 있다($^{724조}_{2항 본}$). 그러므로 피해자는 가해자에게 손해배상청구권을 행사하고 동시에 보험자에게 보험금을 청구할 수 있다. 어느 한 권리가 만족을 얻으면 그 범위에서 다른 권리가 소멸함은 물론이다.

**2) 피보험자의 보험금청구와의 경합**　피해자가 보험자에게 갖는 직접청구권과 피보험자의 보험자에 대한 보험금청구권은 별개의 청구권이므로, 양자는 독립적으로 행사될 수 있고, 서로 영향을 미치지 아니한다. 따라서 피해자의 보험자에 대한 손해배상청구에 의하여 피보험자의 보험자에 대한 보험금청구권의 소멸시효가 중단되는 것은 아니다($^{대법원 2006.}_{4. 13. 선고}$ $^{2005다77305 ·}_{77312 판결}$).

　　제3자의 직접청구권의 행사와 피보험자의 보험금청구가 경합하는 경우, 권리행사의 선후를 묻지 않고 피해자의 직접청구가 우선한다($^{김성태 625; 장덕}_{조 364; 한기정 675}$). 판례도 보험자의 피보험자에 대한 지급거절권을 규정한 상법 제724조 제1항을 근거로 피해자의 직접청구권의 우선성을 인정하며($^{대법원 1995. 9. 26.}_{선고 94다28093 판결}$), 또 다른 판례에서는 보험자가 피보험자에게 지급거절권을 갖지 못하는 경우 피해자에게 지급함으로써 2중지급을 피할 수 있다고 설시한 바 있음은 앞서 설명한 바와 같다($^{대법원 2007. 1. 12. 선}_{고 2006다43330 판결}$).

**3) 피보험자의 항변의 원용**　보험자는 피보험자가 그 사고에 관하여 가지는 항변으로써 제3자에게 대항할 수 있다($^{724조}_{2항 단}$). 책임보험의 보험자는 피보험자의 책임범위 내에서만 책임을 부담하는 것이 보험법의 일반원리에도 충실하고, 동일한 피해자임에도 가해자가 보험에 가입하였느냐 여부 및 가해자와 보험자 중 어느 쪽에 대하여 청구권을 행사하느냐에 따라 그 손해전보의 범위가 달라지는 것은 불합리하기 때문이다($^{대법원 2009. 11. 26.}_{선고 2009다58470 판결}$). 또한 피해자의 직접청구권을 법률에 의해 보험자가 가해자의 손해배상채무를 병존적으로 인수함으로 인한 권리라고 보는 한, 가해자의 항변권이 보험자에 의해 원용되는 것은 당연하다고 할 수 있다.

### (3) 보험자와 피보험자의 관계

　　보험자가 피해자로부터 보험금의 직접청구를 받은 때에는 지체 없이 피보험자에게 이를 통지하여야 한다($^{724조}_{3항}$). 보험사고로 인한 사법적 책임의 궁극적인 당사자는 피보험자이므로 가해자에 대한 피보험자의 방어권의 행사를 실기하지 않도록 하고 보험자 역시 피보험자의 협력을 얻어 적시에 행사할 수 있도록 하기 위함이다. 보험자의 통지를 받은 피보험자는 보험자의 요구가 있을 때에는 필요한 서류·증거의 제출, 증언 또는 증인의 출석에 협조하여야 한다($^{724조}_{4항}$).

　　보험자가 피보험자에 대한 통지를 게을리 한 경우 피보험자에 대한 의무를 위반한 것이므로 피보험자에게 손해를 배상해야 한다는 견해도 있으나($^{한기정}_{678}$), 피보험자에게 손해가 발생하는 상황을 상상하기 어렵다. 통지를 게을리한 보험자는 다만 피해자에게 법률상 의무없는 지급을 한 경우 스스로 그 위험을 부담한다고 풀이한다.

### (4) 직접청구권의 소멸시효

피해자의 직접청구권의 법적성질론이 가장 실익을 발휘하는 문제는 직접청구권의 소멸시효이다. 피해자의 직접청구권의 성질을 보험금청구권으로 본다면 직접청구권의 소멸시효는 보험금청구권의 소멸시효기간과 같이 3년으로 보아야 한다($\frac{662}{조}$). 그러나 손해배상청구권설에 의하면, 불법행위로 인한 배상인 경우, 직접청구권의 소멸시효는 불법행위를 안 날로부터 3년 또는 그 행위가 있은 날로부터 10년($\frac{민}{766조}$)이 된다. 그리고 채무불이행으로 인한 손해배상인 경우에는 채무의 성질에 따라 일반 채무의 경우에는 10년($\frac{민\ 162}{조\ 1항}$), 상사채무인 경우에는 5년($\frac{64}{조}$)의 시효가 적용되어야 할 것이다. 한편 학자 중에는 손해배상청구권설을 취하면서도 제3자의 직접청구권의 행사로 인해 보험자가 더 불리해져서는 안된다는 이유에서 보험금청구권의 시효와 같이 3년으로 보는 견해도 있다($\frac{박세민\ 659;}{정찬형\ 769}$).

직접청구권의 소멸시효는 직접청구권의 성질론과 일관성을 유지하며 정하는 것이 타당하다고 생각된다. 판례 역시 피해자의 직접청구권은 보험자가 피보험자의 피해자에 대한 손해배상채무를 병존적으로 인수한 것으로서 피해자가 보험자에 대하여 가지는 손해배상청구권이므로 민법 제766조 제1항에 따라 피해자 또는 그 법정대리인이 그 손해 및 가해자를 안 날로부터 3년간 이를 행사하지 아니하면 시효로 인하여 소멸한다는 입장이다($\frac{대법원}{2005.\ 10.}$ 7. 선고 2003 다6774 판결).

직접청구권의 소멸시효의 기산점에 관하여도 견해의 대립이 있으나, 손해배상청구권설을 취할 경우 위에 인용한 판례에서 보는 바와 같이 불법행위 또는 채무불이행으로 인한 손해배상청구권의 소멸시효의 기산점과 동일한 원리로 정해야 할 것이다.

### 6. 영업책임보험

영업책임보험이란 피보험자가 경영하는 사업에 관한 책임을 보험의 목적으로 한 책임보험을 말한다. 상인의 영업에 국한되지 않고 널리 인적·물적 설비를 갖추어 대외적인 거래를 하는 사업을 포함한다($\frac{통}{설}$). 상법은 영업책임보험의 목적에 관해 특칙을 두고 있다. 영업책임보험에서는 피보험자의 대리인 또는 그 사업감독자의 제3자에 대한 책임도 보험의 목적에 포함된 것으로 한다($\frac{721}{조}$). 피보험자의 대리인 또는 사업의 감독자는 피보험자의 이행보조자로서 그들의 고의·과실은 피보험자의 책임사유이고($\frac{민}{391조}$), 이들의 불법행위에 관해서는 피보험자가 사용자배상책임을 질 수 있음을 감안한 보험이다.

### 7. 보관자의 책임보험

임차인 기타 타인의 물건을 보관하는 자가 보관 중인 물건의 멸실·훼손 등으로 인해 물건의 소유자에게 지급할 손해배상을 위하여 그 물건을 보험에 붙인 경우에는 그 물건의 소유자는 보험자에 대하여 직접 그 손해의 보상을 청구할 수 있다($^{725}_{조}$). 과거 피해자의 보험금 직접청구권($^{724조}_{2항}$)이 신설되기 전($^{1991년}_{이전}$)에는 보관자의 책임보험이 특별한 의의를 가졌으나, 현재는 모든 책임보험에서 제3자의 직접청구권이 인정되므로 보관자의 책임보험은 별다른 의의를 갖지 못한다($^{한기정}_{682}$).

### 8. 재보험

#### (1) 의의

재보험이란 보험자가 보험사고로 인하여 부담할 책임에 대하여 다른 보험자가 그 전부 또는 일부를 보상하기로 하는 보험계약이다($^{661조}_{전}$). 예컨대 A가 소유하는 건물에 관해 B라는 보험자와 화재보험계약을 체결하였는데, B가 다시 실제 A의 건물에 화재가 발생하여 그 손해를 보상해 줄 경우 그로 인한 B의 손실 전부 또는 일부를 다른 보험자 C가 보상해 주도록 하는 보험계약을 체결한다면 B와 C의 보험계약을「재보험」이라 한다. 이에 대해 A와 B 간의 보험계약을「원보험」이라 한다.

경제의 규모가 확대됨에 따라 보험사고도 대형화하는 경향이 있어 보험사고가 발생할 경우 보험자의 기업유지가 어려울 수도 있으므로 보험자들의 위험을 재차 분산시키기 위해 재보험을 활용한다. 그리하여 재보험업은 거대한 자금력을 요하고 따라서 자연스레 국제적인 규모로 운영되고 있는 실정이다.

재보험은 일반 보험자들을 피보험자로 하여 보험업에서 생기는 위험을 재분산하는 기업보험이라는 특성을 가지므로 외국에는 재보험의 성격을 보험자들의 조합계약으로 파악하는 설도 있으나, 상법에서 재보험에 관해 책임보험에 관한 규정을 포괄적으로 준용하므로 국내에서는 재보험이 책임보험이라는 데에 견해가 일치한다.

#### (2) 재보험의 법률관계

1) 원보험과의 관계    재보험은 책임보험이지만, 원보험에는 제한이 없다. 어떠한 보험이든 보험자의 부보위험을 재보험을 통해 분산시킬 수 있다. 그리고 상법은 "재보험계약은 원보험계약의 효력에 영향을 미치지 아니한다"고 규정하고 있으므로($^{661조}_{후}$) 원보험과 재보험은 상호 독립적으로 존재한다. 그리하여 원보험의 보험자는 재보험자가 보험금을 지급하지 아니한다는 이유로 자신의 보험금을 지급하지 않을 수 없으며, 원보험자는 원보험의 피보험자가 보험료를 미납하였다는 이유로 자신의 재보험료를 지체할 수 없다.

2) 재보험자의 보험금지급의무    재보험자의 보험금지급의무의 발생시기에 관해서는 이설도 있으나, 통설은 원보험의 보험사고가 발생하여 원보험자의 보험금지급의무가 발생한 때라고 본다.

3) 책임보험규정의 준용    재보험에는 책임보험에 관한 규정들이 재보험의 성질에

반하지 아니하는 범위에서 준용된다($^{726}_{조}$). 따라서 앞서 책임보험에 관해 설명한 것은 대체로 재보험에 관해서도 타당하다.

재보험에 관한 규정의 준용에 있어 논란이 되는 것으로, 원보험의 피보험자가 재보험자에게 보험금의 직접청구권을 가지느냐는 문제이다. 즉 제724조 제2항의 적용가능성 문제이다. 다수설은 직접청구권은 피해자를 보호하기 위한 제도임에 반해, 재보험은 보험자들의 위험 재분산을 위한 기업보험이라는 이유로 적용을 부정한다($^{김성태\ 725;\ 송옥렬\ 328;\ 양승규}_{392;\ 이\cdot최\cdot김\ 363;\ 최기원\ 778}$). 그러나 상법 제726조의 법문상 긍정하는 것이 타당하다($^{정찬형\ 779;}_{한기정\ 684}$). 다수설이 제시하는 이유에서라면 재보험의 계약이나 약관에 의해 적용을 배제하면 족할 것이다.

**4) 불이익변경금지의 불적용**   재보험은 기업보험이므로 당사자의 지위에 우열은 없다고 보아도 무방하다. 그러므로 상법은 재보험에 대해서는 불이익변경금지의 원칙을 적용하지 아니한다($^{663조}_{단}$).

### 9. 자동차보험

#### (1) 상법상의 자동차보험

상법 제726조의2가 규정하는「자동차보험」이란 보험계약자가 보험자에게 보험료를 지급하고 보험자는 피보험자가 자동차를 소유, 사용 또는 관리하는 동안에 발생한 사고로 인하여 생긴 손해를 보상하기로 약정하는 손해보험계약이다.

그러나 자동차로 인한 사고는 다양하므로 사고의 유형에 따라 다른 형태의 보험을 가입할 수 있고, 실제 자기 또는 타인의 자동차로 인한 자기의 생명, 신체에 관한 사고를 보상하는 인보험, 또는 타인의 생명, 신체에 관한 사고로 인한 손해를 책임지는 책임보험 등 다양한 보험이 상품화되어 있다.

#### (2) 자동차손해배상보장법상의 자동차보험

실제 생활에서 자동차의 소유자 혹은 운전자들이 주로 가입하는「자동차보험」은 자동차손해배상보장법에서 가입을 강제하는 책임보험이다. 개략적인 내용을 소개한다.

**1) 책임의 내용**   「자기를 위하여 자동차를 운행하는 자」는 그 운행으로 다른 사람을 사망하게 하거나 부상하게 한 경우에는 그 손해를 배상할 책임을 진다. 판례는「자기를 위하여 자동차를 운행하는 자」라 함은 자동차에 대한 운행을 지배하여 그 이익을 향수하는 책임주체로서의 지위에 있는 자를 의미한다고 정의하는데($^{대법원\ 2021.\ 3.\ 25.\ 선}_{고\ 2019다208687\ 판결}$), 구체적인 사안에서「자기를 위하여」에 해당하는지 여부,「운행」에 해당하는지 여부에 관해서는 다양한 경우를 다룬 판례들이 누적되어 있다.

피해자가 승객인 경우, 운행자의 배상책임은 무과실책임을 주의해야 한다.

**2) 보험계약자**   자동차보유자는 아래와 같은 보험에 가입하여야 한다.「자동차보유자」란 자동차의 소유자나 자동차를 사용할 권리가 있는 자로서 자기를 위하여 자동차를

운행하는 자를 말한다(자배 2).
<sub>조 3호</sub>

3) **대인배상책임보험**    자동차보유자는 자동차의 운행으로 다른 사람이 사망하거나 부상한 경우에 피해자(피해자가 사망한 경우에는 손 해배상을 받을 권리를 가진 자)에게 소정의 금액을 지급할 책임을 지는 책임보험이나 책임공제에 가입하여야 한다(자배 5).
<sub>조 1항</sub>

보험금은 손해의 종류에 따라 다르다. 사망의 경우 1억5천만원의 범위에서 피해자에게 발생한 손해액이다(자배령).
<sub>3조 1항</sub>

그러나 여객자동차운송사업자 등 소정의 사업용 차량의 보유자는 위 책임보험 등에 가입하는 것 외에 피해자에게 위 배상책임한도를 초과하여 대통령령으로 정하는 금액을 지급할 책임을 지는 보험 또는 공제에 가입하여야 한다(자배 5). 시행령에서는 보험금을 피해자 1명당 1억원 이상의 금액 또는 피해자에게 발생한 모든 손해액으로 규정하고 있다(자배령).
<sub>4조</sub>

4) **대물배상책임보험**    자동차보유자는 위 대인책임보험에 가입하는 것 외에 자동차의 운행으로 다른 사람의 재물이 멸실되거나 훼손된 경우에 피해자에게 소정의 금액을 지급할 책임을 지는 보험이나 공제에 가입하여야 한다(자배 5). 시행령에서는 보험금을 사고 1건당 2천만원의 범위에서 사고로 인하여 피해자에게 발생한 손해액으로 규정하고 있다(자배령).
<sub>3조 3항</sub>

### (3) 교통사고특례관련 보험

강제보험은 아니나 실무상 또 하나의 중요한 보험이 있다. 교통사고처리특례법에서는 차의 운전자가 업무상과실치상죄 또는 중과실치상죄를 범한 경우(형), 소정의 도로교통법상의 범칙(동법)에 해당하는 경우에는 가해자가 도주하는 등 소정의 사유를 제외하고는 반의사불벌죄로 하고 있다(동법 3). 그런데 동법에서는 이에 대한 중대한 예외를 두고 있다. 동반의사불벌죄에 해당하는 경우에도 일정한 보험(또는 공제. 이하 같음)에 가입한 자에 대하여는 공소권이 없다고 규정하고 있다(동법 4). 이에 해당하는 보험이란 보험자(또는 공제사업자. 이하 같음)가 피보험자와 피해자 간의 손해배상에 관한 합의 여부와 상관없이 피해자의 치료비에 관하여는 통상비용의 전액을, 그 밖의 손해에 관하여는 보험약관으로 정한 지급기준금액을 우선 지급하되, 종국적으로는 확정판결 등 집행권원상 손해배상금 전액을 보상하는 보험을 말한다(동조 2항).

### 10. 보증보험

### (1) 의의

보증보험이란 보험계약자가 피보험자에게 계약상의 채무 또는 법령상의 의무를 불이행함으로 인해 피보험자에게 발생한 손해를 보험자가 보상할 책임을 부담하는 보험계약이다(726조의5). 따라서 보증보험은 계약상 혹은 법령에 의한 채권자를 피보험자로 하는 타인을 위한 보험이다.

보증보험은 보험자로 하여금 채무자에 갈음하여 채무를 이행하게 함으로써 채권자를 만족시키는 역할을 하지만, 오늘날에는 특히 상거래에서 신용이 취약한 당사자가 보증보험을 이용함으로써 상대방에게 자신의 채무이행을 확신시킬 수 있으므로 보증보험은 거래를 용이하게 성사시키고, 나아가 상거래의 활성화에 기여한다.

### (2) 법적 성질

보증보험은 형식으로는 채무자의 채무불이행을 보험사고로 하는 손해보험계약이지만, 실질적으로는 보증의 성격을 가지고 보증계약과 같은 효과를 목적으로 하는 계약이다($^{대법}_{원}$ $^{1990.\,5.\,8.\,선고}_{89다카25912\,판결}$). 그리하여 상법은 보증보험계약에 관하여는 그 성질에 반하지 아니하는 범위에서 보증채무에 관한 「민법」의 규정을 준용하도록 한다($^{726}_{조의7}$). 그렇다고 해서 보험계약이 민법상 순수한 보증계약과 같게 된다거나 보증계약으로 전환된다는 의미로 볼 수는 없다. 보증보험계약은 기본적으로 보험계약으로서의 본질을 갖고 있으므로, 적어도 계약이 유효하게 성립하기 위해서는 계약 당시에 보험사고의 발생 여부가 확정되어 있지 않아야 한다는 우연성과 선의성의 요건을 갖추어야 한다($^{644}_{조}$). 이러한 요건을 결한 보증보험계약은 보험계약으로서 효력이 없고, 보증계약으로서도 유효하다고 할 수 없다($^{대법원\,2010.\,4.\,15.\,선}_{고\,2009다81623\,판결}$).

### (3) 보험목적과 보험사고

보증보험의 목적은 피보험자가 계약 또는 법령에 의해 보험계약자에 대해 가지는 채권이다. 피보험자의 보험계약자에 대한 채권은 보증보험계약을 체결할 당시 이미 확정적으로 유효하게 성립되어 있어야 하는 것은 아니고, 장차 체결될 계약을 전제로 하여서도 유효하게 보증보험계약이 체결될 수 있다($^{대법원\,1999.\,2.\,9.}_{선고\,98다49104\,판결}$).

보험사고는 보험계약자가 보험의 목적을 이루는 채권에 대한 채무를 불이행하는 것이다.

### (4) 보험자의 해지 및 면책사유의 제한

보증보험계약에 있어서는 보험계약자의 사기, 고의 또는 중대한 과실로 고지의무를 위반하거나($^{651}_{조}$), 위험변경증가를 통지하지 않거나($^{652}_{조}$), 위험이 증가되는 경우에도 보험자는 계약을 해지할 수 없다($^{726조}_{의6\,2항}$). 이는 보증보험이 기본적으로 보험계약자의 의무불이행으로부터 피보험자의 권리를 보호하기 위해 체결되는 것임을 감안한 것으로, 보험계약자의 과실에 의해 보험자의 해지권을 널리 인정한다면 보증보험에 가입한다는 것이 무의미해지기 때문이다.

또한 보험사고가 보험계약자의 사기, 고의 또는 중대한 과실로 생긴 때에도 보험자의 보험금지급의무는 면책되지 않는다($^{동조항}_{→659조\,1항}$). 이 역시 같은 이유에서이다. 보증보험에 있어서의 보험사고는 대부분 보험계약자의 고의·과실에서 비롯되는 것이므로 보험계약자의 고의·과실을 보험자의 면책사유로 한다면 보험금이 지급될 경우가 거의 없을 것이다.

# 제 4 장  인 보 험

## 제 1 절  총론

### I. 인보험의 의의

인보험이란 사람의 생명 또는 신체에 대한 사고를 보험사고로 하는 보험이다($^{727}_{조}$). 인보험에는 위험의 유형에 따라 생명보험, 상해보험, 질병보험 등이 있다.

### II. 인보험의 특성

#### 1. 보험목적

인보험의 목적은 사람의 생명·신체이다. 이 점 재산을 보험목적으로 하는 손해보험과 본질적인 차이이다. 이로 인해 관련 당사자의 개념이 상이하다. 손해보험에서는 보험의 목적에 피보험이익을 갖는 자가 피보험자이고 보험수익자이지만, 인보험에서는 부보된 생명·신체의 주체가 되는 자가 피보험자이고, 피보험자에 발생한 사고로 인해 보험금을 수령하는 자가 보험수익자이다.

#### 2. 피보험이익의 요부

앞서 보았듯이 손해보험에는 보험의 목적에 대하여 보험사고와 관련하여 피보험자가 가지는 경제적 이해관계, 즉 피보험이익이 있어야 한다. 그러나 인보험은 보험의 목적이 사람의 생명·신체이고 보험사고는 사람의 생명·신체의 손상이므로 경제적 이해관계라는 것을 인정할 수 없어 피보험이익을 인정하지 않는 것이 통설이다. 따라서 초과보험, 일부보험, 중복보험이 있을 수 없다. 그러나 피보험자의 사망, 상해 또는 질병 등 보험사고가 발생하면 경제적으로도 불이익을 받게 되므로 인보험계약에서도 보험계약자 또는 보험수익자가 피보험자와의 사이에서 가지는 혈연 또는 경제적인 이해관계를 피보험이익으로 보자는 견해도 있다(박세민 849; 양승<br>규 194; 정동윤 698). 참고로 영미법에서는 인보험이 사행적이거나 부도덕한 수단으로 이용되는 것을 방지하기 위하여 인보험계약에서도 피보험이익을 요구한다.

### 3. 정액보험

손해보험에서는 실손해전보원칙과 이득금지원칙으로 인해 비정액보험계약이 원칙이지만, 인보험에서는 사람의 생명, 신체에 발생한 사고로 인한 금전적 손해를 측정할 수 없으므로 보험계약에서 정한 일정한 금액을 지급하는 정액보험이 원칙이다.

그러나 인보험에서도 약관이 정한 바에 따라 피보험자에게 손해를 보상하도록 하는 비정액방식의 보험(손해보험형<br>상해보험)도 가능하고, 이러한 보험에서는 중복보험의 경우 보험자들이 보험금액의 비율에 따른 보상책임을 지며, 당사자 사이에 다른 약정이 있는 경우 보험자는 피보험자의 권리를 해하지 아니하는 범위 안에서 피보험자의 배상의무자에 대한 손해배상청구권을 대위행사할 수 있다(대법원 2016. 12. 29. 선<br>고 2016다217178 판결).

### 4. 보험자의 면책의 제한

사망이나 상해를 보험사고로 하는 인보험에 있어서는 보험사고가 보험계약자 또는 피보험자나 보험수익자의 중대한 과실로 인하여 발생한 경우에도 보험자는 보험금을 지급할 책임을 면하지 못한다(732조의2<br>1항, 739조). 그러므로 사망 또는 상해보험의 경우 보험사고가 고의로 평가되는 행위로 인한 경우뿐만 아니라 중과실로 평가되는 행위로 인한 경우까지 보상하지 아니한다는 취지의 면책약관은 과실 또는 중과실로 평가되는 행위로 인한 사고에 관한 한 무효라고 보아야 한다(대법원 2010. 3. 25. 선<br>고 2009다38438 판결).

또한 둘 이상의 보험수익자 중 일부가 고의로 피보험자를 사망하게 한 경우 보험자는 다른 보험수익자에 대한 보험금 지급 책임을 면하지 못한다(732조<br>의2 2항).

### 5. 보험자대위의 금지

인보험의 보험자는 보험사고로 인하여 생긴 보험계약자 또는 보험수익자의 제3자에 대한 권리를 대위하지 못한다(729조<br>본). 이는 인보험에 관하여 보험자대위를 허용하면 피보험자 등의 제3자에 대한 권리가 피보험자 등의 의사와 무관하게 법률상 당연히 보험자에게 이전하게 되어 피보험자 등의 보호가 소홀해질 우려가 있기 때문이다(대법원 2007. 4. 26. 선<br>고 2006다54781 판결).그러나 상해보험계약의 경우에는 후술과 같은 예외가 허용된다.

## 6. 사고의 우연성과 외래성

인보험의 약관에서는 흔히 보험사고가 「우발적」이어야 하고 「외래의 사고」이어야 한다고 규정한다. 우발적인 사고라 함은 피보험자가 예측할 수 없는 원인에 의하여 발생하는 사고로서 통상적인 과정으로는 기대할 수 없는 결과를 가져오는 사고를 의미하고, 외래의 사고라 함은 사고의 원인이 피보험자의 신체적 결함 즉 질병이나 체질적 요인 등에 기인한 것이 아닌 외부적 요인에 의해 초래된 것을 의미한다. 이러한 사고의 우발성과 외래성 및 상해 또는 사망이라는 결과와의 인과관계에 관해서는 보험금 청구자에게 그 증명책임이 있다(대법원 2003. 11. 28. 선고 2003다35215·35222 판결 등). 그리고 보험약관에서 「피보험자가 고의로 자신을 해친 경우」를 보험자의 면책사유로 규정하고 있는 경우 보험자가 보험금 지급책임을 면하기 위하여는 보험자에게 그 면책사유에 해당함을 증명할 책임이 있다(대법원 2010. 5. 13. 선고 2010다6857 판결).

# 제 2 절  인보험의 유형

## Ⅰ. 생명보험

### 1. 의의

생명보험이란 보험계약자가 보험자에게 소정의 보험료를 지급하고, 보험자는 피보험자의 사망, 생존, 사망과 생존에 관한 보험사고가 발생할 경우에 소정의 보험금을 지급하기로 약정하는 보험계약이다(730조). 피보험자의 사망을 보험사고로 하여 보험금을 지급하는 것이 사망보험이고, 피보험자가 일정시기 이후 생존하는 것을 보험사고로 하여 보험금을 지급하는 것이 생존보험이다. 연금보험이 대표적인 예이다. 양자가 혼합된 형식, 예컨대 일정한 시기 전에 사망하는 것과 그 시기를 넘어 생존하는 것을 모두 보험사고로 하여 보험금을 지급하는 식의 생사혼합보험도 가능하다.

생명보험은 오늘날 가계부문에서 생계를 이끄는 가족의 사망 혹은 노령화에 대비하여 자신이나 가족의 생존배려를 자율적으로 도모하는 복리수단으로 활용되고 있다.

### 2. 타인의 생명보험의 규율

#### (1) 개념

타인의 사망을 보험사고로 하는 보험, 즉 보험계약자와 피보험자가 상이한 보험을 「타인의 생명보험」이라 한다(731조 1항). 이 보험에서는 타인의 사망이 보험계약자 또는 제3자가 거액의 금원을 획득하는 기회가 되므로 도박성, 범죄성, 사행성이 개재될 우려가 있다(대법원 1996. 11.

$^{22.\ 선고\ 96}_{다37084\ 판결}$). 타인의 생명보험이 이러한 불건전한 목적으로 이용되는 것을 차단하기 위한 입법례로서 타인에 대한 피보험이익을 요구하는 주의($^{이익}_{주의}$)와 피보험자의 동의를 얻도록 하는 주의($^{동의}_{주의}$)가 있는데, 상법은 후자를 택하고 있다.

### (2) 서면동의제도

타인의 생명보험의 대표적인 규율장치는 서면동의제도이다($^{위\ 판}_{례\ 참조}$). 타인의 사망을 보험사고로 하는 보험계약에는 보험계약 체결시에 그 타인($^{피보}_{험자}$)의 서면($^{전자문}_{서\ 포함}$)에 의한 동의를 얻어야 한다($^{731조}_{1항}$).

**1) 제도의 강행성**  이 규정은 강행규정으로, 피보험자의 동의는 보험계약의 효력요건이다($^{통설.\ 대법원\ 2010.\ 2.\ 11.}_{선고\ 2009다74007\ 판결}$).

**2) 동의의 방법**  피보험자의 동의는 각 보험계약에 대하여 개별적으로 서면에 의하여 이루어져야 하며, 포괄적인 동의 또는 묵시적이거나 추정적 동의로는 부족하다($^{대법원}_{2003.\ 7.\ 22.}$ $^{선고\ 2003다}_{24451\ 판결}$).

**3) 동의의 시기**  동의는 보험계약체결시 또는 그 이전에 이루어져야 한다($^{대법원\ 1996.}_{11.\ 22.\ 선고}$ $^{96다}_{37084\ 판결}$). 타인의 생명보험계약 성립 당시 피보험자의 서면동의가 없다면 그 보험계약은 확정적으로 무효가 되고, 피보험자가 이미 무효가 된 보험계약을 추인하였다고 하더라도 그 보험계약이 유효로 될 수는 없다($^{대법원\ 2010.\ 2.\ 11.\ 선}_{고\ 2009다74007\ 판결}$).

**4) 철회가능성**  피보험자의 동의는 보험계약의 성립 전에는 철회할 수 있으나, 일단 동의에 의하여 보험계약이 성립한 때에는 보험계약자와 보험수익자의 동의를 요한다($^{통}_{설}$).

**5) 적용범위**

i) **보험금청구권의 양도**  피보험자의 동의는 보험계약으로 인하여 생긴 권리를 피보험자가 아닌 자에게 양도하는 경우에도 필요하다($^{731조}_{2항}$). 보험계약으로 인하여 생긴 권리란 보험금청구권을 뜻한다. 피보험자 아닌 보험수익자가 보험금청구권을 타인에게 양도하면 기술한 바와 같은 타인의 생명보험의 위험성이 생겨나므로 피보험자의 보호를 위해 동의를 얻게 한 것이다.

ii) **보험수익자의 지정·변경**  타인의 생명보험에서는 보험계약자가 보험수익자를 지정 혹은 변경할 때에도 피보험자의 서면동의를 얻어야 한다($^{734조}_{2항}$).

### (3) 15세 미만자 등의 사망보험금지

15세 미만자, 심신상실자 또는 심신박약자의 사망을 보험사고로 한 보험계약은 무효로 한다($^{732}_{조\ 본}$). 의사능력이 없는 자는 자기를 피보험자로 하는 사망보험에 동의할 능력이 없으므로 동의를 하더라도 그 보험계약은 무효이다. 의사능력이 없는 상태이 이르지 않더라도 15세 미만자, 심신상실자 또는 심신박약자는 자신이 피보험자가 된다는 사실의 의미에 대한 판단력이 부족하다고 보아 이들을 피보험자로 하는 사망보험은 무효로 한 것이다. 다만,

심신박약자가 보험계약을 체결할 때 또는 단체보험의 피보험자가 될 때에 의사능력이 있으면 그의 보호에 문제가 없으므로 보험계약은 유효로 다룬다($\frac{732조}{단}$).

### 3. 타인을 위한 생명보험

#### (1) 타인을 위한 생명보험

타인을 위한 생명보험이란 보험계약자와 보험금청구권이 귀속되는 자가 상이한 보험이다. 손해보험에서는 보험계약자와 피보험자가 상이한 보험을 뜻하지만, 생명보험에서는 보험계약자와 보험수익자가 상이한 보험을 가리킨다. 타인을 위한 생명보험에서는 보험수익자의 지정·변경에 관한 법률관계가 주된 쟁점이 된다.

#### (2) 보험수익자의 지정

1) **지정권자**　　보험계약자는 보험수익자를 지정할 권리가 있다($\frac{733조}{1항}$).

2) **지정($\frac{특}{정}$)시기**　　타인을 위한 생명보험에서 보험수익자는 보험계약의 요소이지만, 계약성립시에 반드시 특정되어 있어야 하는 것은 아니고, 보험사고가 발생할 때에 특정될 수 있으면 족하다($\frac{대법원\ 2006.\ 11.\ 9.\ 선}{고\ 2005다55817\ 판결}$).

3) **지정방법**　　보험계약자는 자유롭게 특정인을 수익자로 지정할 수 있고,「배우자」또는「상속인」과 같이 보험금을 수익할 자의 지위나 자격 등을 통하여 불특정인을 보험수익자로 지정할 수도 있다. 나아가 보험수익자를 추상적 또는 유동적으로 지정하더라도 보험계약자의 의사를 합리적으로 추측하여 보험사고 발생시 보험수익자를 특정할 수 있다면 그러한 지정행위는 유효하다.

4) **불지정의 효과**　　보험계약자가 지정권을 행사하지 않고 사망한 경우에는 피보험자가 보험수익자가 된다($\frac{동조\ 2}{항\ 본}$). 그러나 보험계약자가 사망할 경우 그 승계인이 지정권을 행사할 수 있다는 약정이 있는 경우에는 그 약정에 따라 보험계약자의 승계인이 지정할 수 있다($\frac{동조\ 2}{항\ 단}$).

한편, 보험계약자가 보험수익자의 지정권을 행사하기 전에 보험사고가 발생한 경우에는 피보험자 또는 보험수익자의 상속인을 보험수익자로 한다($\frac{동조}{4항}$).

#### (3) 보험수익자의 재지정

보험수익자가 보험의 존속 중에 사망한 때에는 보험계약자는 다시 보험수익자를 지정할 수 있다. 보험계약자가 재지정권을 행사하지 아니하고 사망한 때에는 보험수익자의 상속인을 보험수익자로 한다($\frac{동조}{3항}$).

#### (4) 보험수익자의 변경

보험계약자는 자신이 지정한 보험수익자를 변경할 수 있다($\frac{733조}{1항}$). 변경하지 않고 보험계약자가 사망한 경우에는 당초 지정한 보험수익자가 확정된다($\frac{동조\ 2}{항\ 본}$). 그러나 보험계약자가 사망한 경우 그 승계인이 변경권을 행사할 수 있다는 약정이 있는 경우에는 그 약정에 따라 보험계약자의 승계인이 변경할 수 있다($^{동조\ 2}_{항\ 단}$).

### (5) 보험수익자 지정의 통지

보험계약자가 계약체결 후에 보험수익자를 지정 또는 변경할 때에는 보험자에 대하여 그 통지를 하지 아니하면 이로써 보험자에게 대항하지 못한다($^{734조}_{1항}$). 보험자로 하여금 누가 보험수익자인지 혹은 보험수익자가 어떻게 변경되었는지 알도록 하여 2중지급의 위험을 피하도록 하기 위함이다. 이 통지는 대항요건이므로 통지를 하지 않더라도 보험수익자가 지정 또는 변경되는 데에는 영향이 없다($^{통}_{설}$). 다만 보험자가 지정 사실을 알지 못하고 법에 의해 수익자로 의제되는 자에게 보험금을 지급하거나, 변경된 것을 알지 못하고 변경 전의 수익자에게 지급하면 보험자의 보험금지급의무는 소멸한다.

## 4. 단체보험

### (1) 의의

단체보험이란 특정의 단체가 그 구성원의 전부 또는 일부를 피보험자로 하여 체결하는 인보험계약이다($^{735조}_{의3\ 1항}$). 상법은 생명보험에 관해 단체보험을 규정하지만, 상해보험과 질병보험에도 준용되므로 단체상해보험, 단체질병보험도 가능하다.

단체보험은 단지 다수의 구성원을 피보험자로 한다는 데에 그치는 것이 아니라 집단성과 불특정성을 특색 내지는 요건으로 한다. 즉 단체보험은 특정 단체의 구성원을 일괄하여 피보험자로 하는 것이고, 보험기간 중 피보험자가 수시로 교체되더라도 보험의 동일성에 영향이 없는 것이다. 그러므로 피보험자는 보험계약시가 아니라 보험사고 발생시에 특정된다고 할 수 있다.

### (2) 단체보험의 요건

단체보험은 집단성, 불특정성으로 인해 규약에 의해 체결될 것을 요건으로 한다($^{735조}_{의3\ 1항}$). 상법이 정하는 규약이란 단체협약, 취업규칙, 정관 등 그 형식을 막론하고 단체보험의 가입에 관한 단체내부의 협정에 해당하는 것으로서, 반드시 당해 보험가입과 관련한 상세한 사항까지 규정하고 있을 필요는 없지만, 그러한 종류의 보험가입에 관하여 대표자가 구성원을 위하여 일괄하여 계약을 체결할 수 있다는 취지를 담고 있을 것을 요한다($^{대법원}_{2006.\ 4.}$ $^{27.\ 선고\ 2003)}_{다60259\ 판결}$).

### (3) 단체보험의 특칙

상법이 단체보험을 인정하는 이유는 타인의 생명보험에서 피보험자의 서면동의를 생략하기 위함이다($^{735조}_{의3\ 1항}$). 다수인을 피보험자로 하는 단체보험에서 일일이 구성원들의 서면동의를 얻는 것이 실무적으로 무리이고, 단체보험은 주로 구성원들의 복지차원에서 가입하므로 타인의 생명보험에서 제기되는 피보험자의 보호가 문제되지 않는다는 점을 감안할 때 피보험자의 동의는 보험계약자의 동의로 갈음할 수 있다는 것이 입법이유이다. 과거 제735

조의3 제1항의 위헌여부가 문제된 적이 있었으나, 헌법재판소는 위와 같은 이유를 제시하며 위헌주장을 배척하였다($\frac{\text{헌법재판소 1999.}}{\text{9. 16. 98헌가6}}$).

그러나 보험계약자가 피보험자 또는 그 상속인이 아닌 자를 보험수익자로 지정할 때에는 기술한 타인의 생명보험에서 생기는 우려가 제기되므로 단체의 규약에서 명시적으로 정하는 경우 외에는 그 피보험자의 서면 동의를 받아야 한다($\frac{735조}{의3 3항}$).

단체보험에서는 보험계약자에 대해서만 보험증권을 교부한다($\frac{735조}{의3 2항}$).

## Ⅱ. 상해보험

### (1) 의의

상해보험이란 보험계약자가 보험자에게 보험료를 지급하고 피보험자의 신체에 상해가 생길 경우 보험자가 소정의 보험금액 기타의 급여를 할 것을 약정하는 보험계약이다($\frac{737}{조}$).

### (2) 보험사고(상해)

상해보험은 피보험자의 신체에 생긴 상해를 보험사고로 한다. 「상해」란 인보험 일반에 관해 설명한 바와 같이, 외부로부터의 우연한 돌발적인 사고로 인한 신체의 손상을 말하는 것이므로($\frac{\text{우연성, 외부}}{\text{성, 급격성}}$), 신체의 질병 등과 같은 내부적 원인에 기한 것은 제외되며, 이러한 사고의 외래성 및 상해 또는 사망이라는 결과와의 인과관계에 관해서는 보험금청구자에게 증명책임이 있다는 것이 판례의 입장이다($\frac{\text{대법원 2001. 8. 21. 선}}{\text{고 2001다27579 판결}}$).

### (3) 법률관계

상해보험에 관하여는 생명보험에 관한 규정을 준용하므로($\frac{739}{조}$), 앞서 설명한 생명보험에 관한 법리는 그대로 상해보험에도 타당하다. 다만 다음 두 가지 점에 관해 상법은 생명보험에 관한 규정의 적용을 배제한다.

1) **청구권대위의 허용**　　보험자가 보험목적에 관해 대위하는 것이 금지됨은 생명보험과 상해보험에 다를 바 없으나, 청구권대위의 경우에는 양자 간에 차이가 있다. 생명보험의 보험자는 보험사고로 인하여 생긴 보험계약자 또는 보험수익자의 제3자에 대한 권리를 대위하여 행사하지 못하지만($\frac{729조}{본}$), 상해보험에서는 당사자 간에 다른 약정이 있는 때에는 보험자는 피보험자의 권리를 해하지 아니하는 범위 안에서 그 권리를 대위하여 행사할 수 있다($\frac{729조}{단}$). 즉 약정대위가 허용되는 것이다. 나아가 보험수익자 등이 보험자와의 다른 원인관계나 대가관계 등에 기하여 자신의 제3자에 대한 권리를 보험자에게 양도하는 것은 무방하다($\frac{\text{대법원 2007. 4. 26. 선}}{\text{고 2006다54781 판결}}$).

2) **15세 미만자 등의 상해보험 허용**　　15세 미만자, 심신상실자, 심신박약자의 사망을 보험사고로 하는 보험계약을 체결할 수 없음은 기술한 바와 같다($\frac{732}{조}$). 그러나 이들의 상해를 보험사고로 하는 보험계약은 가능하다($\frac{739}{조}$).

3) 피보험자와 보험수익자가 다른 상해보험의 가능성　　　상법에서는 위 두 가지 사항에 관해서만 생명보험과 상해보험을 차별하고 있을 뿐이지만, 피보험자와 보험수익자가 다른 생명보험이 허용되는 것($^{733}_{조}$)과는 달리 피보험자와 보험수익자가 다른 상해보험이 허용되느냐에 관해서는 논란이 있다. 판례는 상법 제733조가 상해보험에도 준용되므로 피보험자와 보험수익자가 다른 상해보험도 체결할 수 있다는 입장이고, 일부학설도 입장을 같이 한다($^{대법원\ 2006.\ 11.\ 9.\ 선고\ 2005다55817\ 판결.\ 박}_{세민\ 926;\ 양승규\ 484;\ 장덕조\ 521;\ 한기정\ 832}$). 그러나 상해보험에서 피보험자와 보험수익자가 다를 경우 상상할 수 있는 비도덕성의 우려를 이유로 양자를 달리하는 상해보험은 무효라고 보는 견해도 있다($^{김성태}_{860}$).

## Ⅲ. 질병보험

질병보험이란 보험계약자가 보험자에게 보험료를 지급하고 보험자는 피보험자에게 질병에 관한 보험사고가 발생할 경우 보험금이나 그 밖의 급여를 지급하기로 약정하는 보험계약이다($^{739}_{조의2}$). 상해보험의 보험사고인 상해는 외부로부터의 우연한 돌발적인 사고로 인한 신체의 손상을 뜻하므로, 신체의 질병 등과 같은 내부적 원인에 기한 것은 상해보험에서 제외되고 질병보험의 대상이 될 수 있다($^{대법원\ 2014.\ 4.\ 10.\ 선}_{고\ 2013다18929\ 판결}$). 요컨대 질병보험은 상해보험의 외부성으로 인한 제약을 보완하는 기능을 한다고 볼 수 있다.

질병보험에 관하여는 그 성질에 반하지 아니하는 범위에서 생명보험 및 상해보험에 관한 규정을 준용하므로($^{739}_{조의3}$) 기술한 생명보험 및 상해보험에 관한 설명은 질병보험에 관해서도 타당하다.

# 제5편

# 어음 · 수표법

# 제1장 서  론

## 제1절  현대생활과 어음·수표

어음·수표는 기업거래와 가계생활에서 흔히 쓰이는 지급수단이다. 일상적인 구매행위에서 거래단위가 클 경우 현금 대신 당좌수표나 자기앞수표로 지급하는 일이 많고, 때로는 추후 자금이 생길 때로 지급기일을 맞추어 약속어음을 발행하기도 한다. 또 어음이 자금의 융통수단이 되기도 한다. 즉 금융기관이나 사금융업자로부터 자금을 차입할 때 채무자는 자신이 발행한 어음을 담보로 제공하고 돈을 빌리거나 지급기일까지의 이자를 공제하는 어음할인의 방법으로 자금을 공급받는다. 또 2, 3천만원 정도의 동일한 액면의 어음을 다량 발행하여 단기금융회사(속칭 단자회사)의 중개를 통해 일반인들에게 매각함으로써 거액의 자금을 조달하기도 한다.

이와 같이 어음·수표는 기업이나 가계에서 공히 화폐에 버금가는 지급수단으로 쓰이며, 각 경제주체 간의 자금의 흐름을 매개함으로써 자금의 효용을 높여 준다.

어음·수표는 법제도 및 법학의 측면에서 또 다른 중요성을 가지고 있다. 현대의 경제구조를 보면, 이른바「증권화」라는 말로 표현되듯이 상당수의 재산권이 유가증권화하여 거래되고 있다. 어음·수표는 후술하는 바와 같이 가장 완전한 유가증권의 속성을 갖추고 있고, 관련 법제도가 크게 발달하여 다른 모든 유가증권에 대해서도 법리적 토대가 된다. 그러므로 유가증권에 관한 기본원리는 어음·수표에 관한 이해를 통해 터득할 수 있는 것이다.

어음과 수표는 상법상의 제도는 아니고 별도의 근거법에 의해 규율된다. 하지만 어음과 수표는 매우 중요한 상거래의 지급수단으로서 실질적 의의의 상법의 범주에 속하므로 전통적으로 상법학에서 다루어 왔고, 이 책에서도 상법학의 일부로 다룬다.

# 제 2 절   어음 · 수표의 경제적 기능

1) **지급기능**   환어음 · 약속어음 · 수표의 공통적이고 기본적인 기능은 지급기능이라고 할 수 있다. 어음 · 수표의 발행과 그 이후의 양도는 원인관계에서 생겨난 금전채무의 이행수단으로서, 현금의 지급에 대신하여 행해진다. 오늘날 경제규모가 확대됨에 따라 거래의 규모가 커져 화폐만으로는 지급수단의 기능을 원만하게 수행하기 어렵게 되었다. 어음 또는 수표는 표창하는 금액에 제한이 없으므로 거래금액이 얼마이든 단 1매의 지편으로 지급목적을 달성할 수 있어 거래의 효율을 기하고 화폐의 이동에 따르는 위험을 줄일 수 있다. 그리하여 어음 · 수표는 화폐에 갈음하는 제2의 지급수단으로서 경제거래의 원활과 촉진에 크게 기여하고 있다.

2) **송금기능**   격지자간의 거래에서는 금전의 장소적 이동이 필요한데, 어음 · 수표는 현금의 운반에 대신하여 송금기능을 수행한다. 특히 환어음은 원래 후술하는 추심기능과 결합하여 송금을 위해 개발된 제도이다. 예컨대 서울의 갑이 부산으로 여행하는 을에게 1,000만원을 지급할 채무가 있는 동시에, 역시 부산의 병으로부터 1,000만원의 채권이 있다고 하자. 갑과 을, 갑과 병 간의 채권 · 채무를 고지식하게 해결하자면 부산의 병으로부터 서울의 갑에게 현금이 운반되고, 갑은 그것으로 을에게 변제하고, 다시 을은 현금을 부산으로 운반하여 부산에서 사용하게 될 것이다. 여기서 갑이 병을 지급인으로 하는 환어음을 을에게 발행하여 주면 을은 부산에서 병으로부터 지급받을 수 있어 현금의 운송이 전부 생략될 수 있는 것이다. 우리나라는 거의 전국이 일일생활권에 속하는데다 근래에는 계좌이체를 통한 송금이 활성화되어 환어음이 국내에서 이용되는 예는 드물지만, 무역대금의 지급수단으로 매우 유용하게 이용되고 있다.

3) **추심기능**   이는 환어음에만 있을 수 있는 기능으로, 채권의 추심을 위해 채권자가 채무자를 지급인으로 하는 환어음을 발행하는 것이다. 예컨대 갑이 병에게 상품을 팔고 대금채권을 가지고 있는 한편 을로부터 자금을 차입한 경우, 을에게 병을 지급인으로 하는 환어음을 발행하면, 갑에게 있어 환어음은 을에 대한 관계에서 지급기능을 하는 동시에 병에 대한 관계에서는 추심기능을 하는 것이다. 특히 국제무역거래에서는 추심만을 위해 환어음을 발행하는 예가 많다. 예컨대 X국의 갑이 Y국의 병에게 수출을 하고 병을 지급인으로 하는 환어음을 작성하여 거래은행 을에게 매각하거나 어음추심을 의뢰하면, 을은 다시 Y국의 거래은행을 통해 병으로부터 지급받음으로써 갑과 병 사이의 수출대금이 결제될 수 있는 것이다.

4) **담보기능**   어음 · 수표는 채권의 담보를 위해 발행할 수도 있다. 우선 어음 · 수표는 유가증권이므로 그 자체를 질권 또는 양도담보의 방법으로 담보화할 수 있음은 물론

이지만, 처음부터 지급을 위해서가 아니라 채권의 담보를 위해 발행하는 경우가 있다. 이 목적으로는 약속어음이 흔히 쓰인다. 예컨대 갑이 을로부터 금전을 차용하거나 외상으로 물품을 구입하면서 장차의 채무이행을 담보하기 위하여 채무액 또는 그 이상의 액면으로 약속어음을 발행해 주고, 채무를 변제할 때에 어음을 회수하기로 약속하는 것이다. 그리고 갑이 채무를 이행하지 아니하면 을은 그 어음을 제시하여 어음금의 지급을 청구하거나 타인에게 양도하여 채권의 만족을 얻는 것이다.

5) 신용창조기능　　어음·수표를 발행할 때에는 신용을 창조하는 기능을 발휘한다. 이 기능은 약속어음에서 두드러지고, 약속어음은 거의 예외 없이 신용창조를 위해 발행된다. 약속어음은 거의가 발행일 이후 상당 기간이 경과한 날을 만기(지급기일)로 한다. 이같이 후일에 지급한다는 약속을 가지고 지급수단으로 삼는 것은 신용을 창조하기 위한 목적 이외에 더 중요한 목적이 있을 수 없다. 약속어음의 신용창조기능은 어음을 발행하는 원인관계에 따라 양상을 달리하는데, 기업이 발행하는 어음은 대체로 두 가지 원인관계로 나누어 볼 수 있다.

첫째는 이른바 상업어음이라는 것으로, 기업이 물품·용역을 구입하고 그 대금의 지급을 위해 발행하는 어음이다. 기업이 발행하는 어음의 주종을 이루고, 또 가장 건전한 거래 동기를 가진 어음이라 할 수 있다.

둘째는 어음할인으로서, 이는 기업이 사전의 특별한 원인관계 없이 어음을 작성하여 자금을 가진 자에게 만기까지의 이자를 공제하고 매각하는 방법이다. 기업이 사채시장에서 또는 종합금융회사의 중개를 통해 단기의 자금을 조달하려 할 때 이러한 방법을 쓴다.

6) 경제거래의 촉진　　이상은 어음·수표거래의 당사자들 사이에서 발휘되는 어음·수표의 기능이지만, 어음·수표는 사회적으로도 매우 유익한 작용을 한다. 즉 어음·수표는 격지자 간의 지급거래수단으로 유용하므로 지역 간의 경제교류를 촉진시키고, 현금의 수수를 생략하므로 거래를 효율화하고 비용을 감소시킨다. 그리고 신용의 창조라는 기능을 통해 재화·용역에 대한 구매력을 창출하므로 경제를 활성화시키는 작용을 한다.


# 제 3 절　어음·수표제도의 역사


1) 어음·수표의 탄생　　우리나라에서도 오래 전부터 어음이 이용되었으나, 오늘날 우리가 이용하는 어음제도는 유럽의 어음제도에서 유래한다. 유럽에서는 이미 12세기에 이탈리아, 프랑스 등지에 도시국가가 생기면서 활발해진 상거래의 결제수단으로 어음이 이용되었다. 주로 화폐를 달리하는 외국에 환전 겸 송금을 목적으로 어음을 발행하였고, 타지출

급의 약속어음이 최초의 모습이었다. 이어 환어음으로 형태가 변했으며, 도시국가에서 열리는 정기시장일을 만기로 하는 어음이 다수 이용되고 시장에서 교환이 이루어졌다.

수표는 어음보다 늦게 생겨났다. 13세기경 이탈리아의 도시에서 환전상에 예금한 자가 예금의 지급을 의뢰하는 지급지시문서가 기원이 되었으며, 16세기경 네덜란드에서도 빈번히 이용되다가, 17세기경 영국에서 환전상이나 후에 은행으로 발전한 금은상에서 매우 활발하게 이용되었다. 이어 19세기에는 영국에서 수표에 관한 법제도가 정비되었고, 이 제도가 각국의 입법의 모범이 되었고 오늘날의 수표제도의 연원이 되었다.

2) 유럽의 어음·수표법제의 발달　　어음이 최초로 등장한 시기에는 어음제도가 환전상들 간의 관습법의 형태로 존재하다가, 17세기에 통일국가가 성립하면서 점차 국가제도로 정비되기에 이르렀다. 예컨대, 1673년에 제정된 프랑스의 상사조례에 어음에 관한 규정이 등장하며, 이 제도는 1807년의 나폴레옹 상법전에 수용되었고, 독일에서는 19세기 전반까지는 어음법이 각 지방의 관습법으로 존재하다보니 형태를 달리하는 수십 종의 어음이 유통되어 크게 불편하였으므로 1847년에 연방차원에서 보통독일어음법이 제정되기에 이르렀다. 그리고 영국에서는 1882년에 수백년을 거슬러 어음에 관한 관습법을 조사하여 단행법으로 집대성한 어음법($\text{Bill of} \atop \text{Exchange Act}$)을 제정하였다.

이같이 어음에 관한 법계는 크게 프랑스법계, 독일법계, 영국법계로 구분해 볼 수 있으며, 이들 나라의 제도가 정치적·경제적인 밀접도를 따라 각국에 계수되었다.

3) 어음·수표법의 국제적 통일　　어음·수표는 경제생활을 하는 사람들의 편의적 욕구를 충족시키기 위해 창안된 제도이므로 각국의 고유한 문화적 전통의 지배를 받지 아니하고, 도구적 측면에서의 기술성·합리성을 좇아 독자적으로 진보한다. 따라서 어음·수표법은 자연스럽게 국제적으로 통일되어 가는 경향을 보인다. 한편 국제거래가 점증함에 따라 결제수단을 통일시킬 필요성이 강해지므로 어음·수표법을 인위적으로 통일시키려는 노력도 꾸준하다. 수차례의 시도 끝에 어음법의 통일화 사업은 1930년에 결실을 보았다. 그해 독일, 프랑스, 일본을 포함하는 31개국의 대표들이 제네바에 모여 「환어음과 약속어음에 관한 통일조약」, 「환어음과 약속어음의 법률저촉을 해결하기 위한 조약」, 그리고 「환어음과 약속어음의 인지에 관한 조약」이라는 3개의 조약을 체결하였으며, 이듬해($1931 \atop \text{년}$)에는 수표법에 관해 어음법과 대칭되는 3개의 조약을 체결하였는데, 각국의 비준을 거쳐 1934년 1월 1일부터 발효되었다. 영국과 미국은 처음부터 이 제네바 조약에 참가하기를 거부하였으므로 조약의 비준국은 독일법계와 프랑스법계에 속하는 나라로 구성되었다.

한편 근래에 UN을 중심으로 통일화가 추진되어, UN국제상거래법위원회($\text{United Nations} \atop \text{Commission on}$ $\text{International Trade} \atop \text{Law; UNCITRAL}$)가 준비해 온 국제환어음·약속어음에 관한 조약안이 1988년 12월 9일 UN총회에서 채택되어 국제협약으로 성립된 바 있다.

4) 우리나라의 어음제도의 발달　　우리나라에서 어음제도가 문헌에 나타난 것은 17

세기 후반부터인 듯하다. 초기에는 다른 나라에서처럼 송금수단으로 이용되었으나, 19세기에 들어서는 상품거래의 지급수단 외에 자금차입을 위한 담보로서도 이용되었다고 한다.

이같은 우리의 고유한 어음은 제도화되지 못한 채, 한일합방에 의해 그 맥이 끊어지고, 일본이 서구의 제도를 본받아 만든 어음제도가 우리나라에도 시행되었다. 이후 일본이 통일조약을 반영하여 어음법($^{1932}_{년}$)과 수표법($^{1933}_{년}$)을 제정하였고, 우리도 이 법의 적용을 받았다. 해방 이후에도 당분간 경과규정에 의해 같은 법이 시행되어 오다가 1962년에 신어음법과 신수표법이 제정되었는데 그 내용은 구법과 차이가 없으므로 우리의 어음 및 수표제도는 1934년에 발효된 제네바 통일조약에 뿌리를 둔 것이라 할 수 있다.

신어음법과 신수표법의 제정 이후 수차례 단편적인 개정이 있었는데, 가장 큰 개정은 2010년 3월 31일에 어음법과 수표법의 법문을 한글화하고 용어와 문장을 쉽게 한 것이나, 내용에 실질적인 변화는 없었다. 2004년 3월 22일에 전자어음의 발행 및 유통에 관한 법률을 제정하였고, 이어 2007년 5월 17일에는 전자지급제시를 허용하기 위해 어음법과 수표법을 개정하였는데, 이는 우리의 독창적인 입법이다. 이후 전자어음법은 2013년에 개정되어 일부 중대형회사들에게 전자어음의 사용을 강제하였고, 분할배서를 도입하였으며, 2016년에는 어음의 만기를 3월 이내로 제한하기 위한 개정이 있었다.

# 제 4 절  어음 · 수표법의 체계

어음 · 수표제도는 강학상 상법의 일부로 분류되고 있으나, 상법과는 법원을 달리한다. 어음 · 수표에 관해서는 별도로 어음법($^{1962.\ 1.\ 20,}_{법률\ 제1001호}$)과 수표법($^{1962.\ 1.\ 20,}_{법률\ 제1002호}$)이 마련되어 있고, 전자적 수단으로 발행 · 유통되는 전자어음을 위한 특례법으로서「전자어음의 발행 및 유통에 관한 법률」($^{2004.\ 2.\ 22,}_{법률\ 제7197호}$)($^{이하\ '전}_{자어음법'}$)이 제정되어 있다.

**1) 어음법의 체계**  어음법은 제1편 제1조 내지 제74조에서 환어음에 관해 규정하고, 약속어음에 관해서는 제2편에서 4개의 조문($^{75조}_{\sim78조}$)을 두어 약속어음의 특성을 고려한 약간의 특례를 두는 외에는 대부분의 법률관계에 관해 제1편 환어음에 관한 규정을 준용하고 있다.

어음에 관한 법률관계는 어음을 소재로 하는 채권 · 채무관계로서, 당사자들의 의사에 의해 발생하고 변동한다. 따라서 어음관계 당사자들의 의사표시를 요소로 하는 법률행위($^{이를\ '어음행}_{위'라\ 한다}$)의 방식과 효력이 어음법의 중심문제를 이루고, 이 때문에 어음법은 어음행위를 중심으로 짜여져 있다. 구체적으로 보면, 어음법 제1편 제1장은 환어음을 창출하는「발행」이라는 법률행위의 방식과 효력을 다루고 있다. 제2장에서는 환어음을 양도하는 법률행위인「배서」의 방식과 효력을 다루고, 제3장에서는 지급인이 어음금을 지급할 채무를 부담하겠다는 의사표시인「인수」의 방식과 효력을 다루고 있다. 이어 제4장에서는 제3자가 어음채무자의 채무를「보증」하는 의사표시의 방식과 효력을 다루고 있다. 어음에는 언제 어음금을 지급할 것인지가 기재되어야 어음을 소지한 자가 적기에 권리를 행사할 수 있다. 어음에 어음금이 지급될 것으로 기재된 시기를「만기」라 부르는데, 제5장에서는 만기를 어떠한 방식으로 표기할 것인지를 다루고 있다. 그리고 어음관계는 어음금이 지급되어야 원만하게 소멸하고, 어음관계자들도 이를 기대하고 어음을 취득하므로 제6장에서「지급」에 관해 필요한 절차와 기술적인 문제들을 다루고 있다. 한편 지급인이 어음금을 적기에 지급하지 않거나, 지급을 기대하기 어려운 상태에 이른 때에는 다른 어음관계자들의 책임을 물어 지급하도록 해야 한다. 이를「상환청구」라 하는데, 어음의 안전성과 유통성을 최후로 담보하는 중요한 절차이다. 그러므로 제7장에서 이 상환청구절차를 통해 지급의 확실성을 높이는 동시에 어음관계자들의 이해를 조정하는 규정을 두고 있다. 그리고 제8장에서는 참가제도에 관해 규정하고 있는데, 이는 인수·지급이 거절될 경우를 대비하기 위한 제도이나 실제로는 거의 이용되지 않는다. 제9장에서는 어음의 복본과 등본을 작성할 경우의 효력을 규정하고 있는데, 이 역시 거의 이용되지 않는 제도이다. 제10장에서는 어음이 변조된 경우에 제기되는 관계자들의 책임범위를 규정하고 있으며, 제11장은 어음채무의 종류별로 소멸시효를 정하고 있고, 제12장은 어음에 사용되는 기한과 기간의 계산법을 규정하고 있다.

약속어음은 지급인이 별도로 존재하지 않고 발행인이 어음금을 지급할 채무를 부담한다는 점을 제외하고는 환어음의 법률관계와 대체로 같다. 그러므로 약속어음에 관한 제2편($^{75조~}_{78조}$)에서는 환어음에 관한 규정 중 인수($^{제3장, 21}_{조~29조}$) 등 지급인의 존재를 전제로 한 규정을 제외하고 나머지는 그대로 약속어음에 준용하고 있다.

어음법 부칙($^{79조~}_{85조}$) 중에서 이득상환청구권에 관한 제79조와 소송고지에 관한 제80조는 성격상 부칙이라 할 수 없고, 어음에 관련된 매우 중요한 실체법적 규정이다. 휴일의 의의에 관한 제81조 역시 그러하다.

2) 수표법의 체계    수표법은 제1장 수표의 발행과 방식, 제2장 양도, 제3장 보증, 제4장 제시와 지급, 제5장 횡선수표, 제6장 지급거절로 인한 상환청구, 제7장 복본, 제8장 변조, 제9장 시효, 제10장 지급보증, 제11장 통칙 그리고 부칙의 순으로 구성되어 있다. 수표도 지급인이 따로 있어 환어음과 구조가 흡사하므로 어음법 중 제1편($^{환어}_{음}$)과 대체로 같고 그 내용도 중복되는 것이 많다. 그러나 수표는 지급에 관해 일람출급성($^{수표를 제시하면 바로}_{지급해야 하는 성질}$)을 지니므로 이 점을 출발점으로 하여 몇 가지 중요한 상이점을 갖고 있다. 그리하여 수표법 제1장은 어음법 제1편 제1장($^{환어음의 발}_{행과 방식}$)과 대체로 같지만, 일람출급성으로 인해 수표요건이 어음요건과 차이를 보이는 것을 비롯해서 기타 기재사항에서 달리하는 점이 있고, 제2장은 환어음의 배서에 해당하고 조문의 내용도 대체로 같으나 수표는 일람출급성으로 인해 소지

인출급식으로 발행되는 예가 많으므로 소지인출급식수표에 특유한 규정도 갖고 있다. 제3장 보증, 제4장 제시와 지급, 제6장 상환청구, 제8장 변조, 제9장 시효, 제11장 통칙은 각각 어음법 제1편 제4장 보증, 제6장 지급, 제7장 상환청구, 제10장 변조, 제11장 시효, 제12장 통칙에 대칭시켜 이해하면 되고 그 내용도 대체로 흡사하다. 일람출급성으로 인해 수표에는 어음에 있어서의 만기($^{어음법 제}_{1편 제5장}$)와 같은 개념이 없고 따라서 인수($^{어음법 제}_{1편 제3장}$)와 같은 제도도 없다. 대신 인수와 유사한 기능을 하는 것으로서 지급은행이 하는「지급보증」($^{수표법}_{제10장}$)이라는 제도가 있다. 그리고 수표는 대체로 소지인출급식으로 발행되어 소지인이 수표의 점유를 잃을 경우 권리를 상실할 위험이 크므로 안전성을 높이기 위해「횡선」($^{수표법}_{제5장}$)이라는 특유한 제도가 활용된다. 수표법 부칙도 어음법 부칙과 마찬가지로 이득상환청구권($^{수}_{63조}$), 소송고지로 인한 시효중단($^{수}_{64조}$), 휴일의 의의($^{수}_{66조}$)와 같은 실체법적 규정을 담고 있다.

### 3) 전자어음법의 체계

전자어음법은 전자어음 즉 전자문서로 발행·유통되는 어음에 관한 법률문제를 다루고 있다. 실제의 수요에 따라 약속어음만을 전자어음으로 발행할 수 있도록 하고, 전자어음의 안정적인 관리를 위해 전자어음의 관리를 전담하는 전자어음관리기관을 설치하여 이 기관에 등록된 어음에 한해서만 유효한 전자어음으로 보고 있다($^{전어}_{5조}$). 어음의 소재가 종이가 아니고 전자적 수단이라는 특성에 따라 전자어음의 발행과 유통에서 생기는 특례적 사항을 규율하고 있다($^{전어 6조,}_{7조, 8조}$). 그리고 전자어음의 지급제시와 지급거절, 상환청구 그리고 어음의 소멸에 관해서도 종이어음을 전제로 한 어음법의 규정만으로는 해결될 수 없는 문제가 있으므로 이를 위한 특례규정도 두고 있다($^{전어 9조}_{내지 14조}$). 전자어음법은 전문 26개조로 구성되어 있는데, 위 규정들 외의 나머지는 어음법적 문제가 아니고, 전자어음의 관리를 위한 행정단속법규로 이루어져 있다.

### 4) 본편의 체계

실제 거래에서의 어음·수표의 쓰임새를 보면, 수표가 일상적인 지급수단으로서 압도적으로 빈번히 사용되고 있으며, 그 다음으로 약속어음이 신용창조를 곁들인 지급수단으로서 자주 이용되고 있다. 이에 비해 환어음은 무역거래의 결제수단으로 이용될 뿐 국내거래의 지급수단으로 이용되는 예는 흔하지 않다. 그러므로 실제 경제생활에서의 중요도에 따른다면 수표·약속어음·환어음의 순으로 해설하거나, 그 순으로 비중을 두어 설명하는 것이 바람직하겠으나, 어음·수표의 법원리적 접근방식으로서는 효율적인 방법이 되지 못한다.

어음·수표거래의 구조로 볼 때, 어디까지나 환어음이 어음·수표의 이론적 원형이고 약속어음과 수표는 각각의 특수한 용도를 위해 환어음에 방법론적 변형을 가한 것이라고 볼 수 있다. 어음법이 환어음에 관해 자족적인 규정을 두고 약속어음에 관해서는 환어음에 관한 규정을 수정·준용하는 까닭도 이 때문이다. 수표에 관해서는 별도의 법전을 가지고 자족적으로 규정하는 방법을 취하고 있으나, 수표관계도 환어음에 관한 이해를 토대로 비교·분석하는 것이 수표법을 체계적으로 파악하는데 훨씬 능률적이다. 그러므로 종래부터 어음·수표법의 해설서는 법전의 순서에 따라 먼저 환어음에 관해 완결적인 해설을 마치고, 다음 약속어음과 수표에 관해서는 환어음과의 차이점과 그 이유를 중심으로 설명하는 것이 보통이었다.

그런데 이 같은 체계로 설명하면 환어음의 상세한 법리를 약속어음과 수표에 적용시켜 이해하는 것은 독자의 책임으로 돌려야 하는데, 환어음의 법리를 수표에 적용하는 데는 큰 어려움이 없으나 약속어음에는 지급인이 없는 까닭에 환어음의 법리를 약속어음으로 연결시킬 때에 다소의 단절을 느낄 우려가 있다. 그러므로 본편에서는 환어음과 약속어음을 묶어 제3장에서 설명하고, 그 뒤로 제4장에서 수표를 환어음에 견주어 설명하는 방법을 취했다. 그러므로 제3장에서 환어음에 특유한 설명을 할 때에는 '환어음', 약속어음에 특유한 설명을 할 때에는 '약속어음'이라고 구분해서 쓰지만, 단지 '어음'이라 할 때에는 환어음과 약속어음을 공통으로 지칭하는 것으로 읽어야 한다. 끝으로 제5장에서 전자어음을 다룬다.

그리고 어음이나 수표의 법리에는 공통점이 많은데, 이러한 점들은 환어음·약속어음·수표에 관한 것을 한데 묶어 총론적 성격을 부여하여 제2장에서 어음·수표법의「총론」으로 다룬다.

〈몇 가지 약속〉 지금까지 서론적인 설명을 한 데 이어 다음 장부터 어음·수표법의 본론을 설명하는데, 표현에 있어 몇 가지 약속을 해 두고자 한다.
  (1) 어음·수표의 약칭    제2장에서 총론적인 과제로서 환어음·약속어음 그리고 수표에 공통적으로 적용되는 원리들을 뽑아 설명한다. 설명 중에 매번 환어음·약속어음·수표라는 말을 반복하는 것이 번거로우므로 세 가지를 통칭하여 단지「어음」이라 표기하고 각 증권에 관한 법률행위, 즉 환어음행위, 약속어음행위, 수표행위를 통칭하여「어음행위」라고 표기하기로 한다. 그러나 세 가지에 각기 다른 설명을 요할 때에는 물론 구분하여 말하고, 또 가끔 세 가지에 공통된다는 점에 주의를 환기시키기 위하여「어음·수표」또는「어음·수표행위」라고 표기한다.
  (2) 당사자의 약칭    어음관계의 당사자를 표현하는 말에 대해서도 주의를 요한다. 배서인·보증인 등은 특별한 언급이 없는 한 환어음·약속어음·수표의 배서인·보증인을 가리키나,「지급인」은 반드시 환어음 또는 수표의 지급인을 뜻한다(약속어음에는 지급인이 없다). 그리고「환어음·수표의 발행인」과「약속어음의 발행인」은 그 지위가 크게 다르다. 환어음과 수표에는 지급인이 있으므로 발행인은 상환의무자에 불과하지만, 약속어음의 발행인은「주채무자」이다. 그러므로 설명을 하다 보면 환어음의 지급인(인수인), 수표의 지급인과 약속어음의 발행인을 나란히 지칭하거나, 환어음과 약속어음에 국한된 설명이라면 환어음의 지급인과 약속어음의 발행인을 같이 지칭해야 할 경우가 많다. 예컨대 "환어음·수표의 지급인(인수인) 또는 약속어음의 발행인은…" 혹은 "환어음의 지급인(인수인) 또는 약속어음의 발행인은…"라는 식이다. 그러나 표현이 번거로워 이같이 말하지 않고「지급인 또는 발행인」이라 하더라도 같은 뜻으로 이해해야 한다.

(3) **그림과 부호의 의미**　　이해의 편의를 위해 가급적 예를 많이 들고 그림을 활용한다. 어음에서는 각종의 법률문제가 발생하지만, 결국 약속어음에서는 발행인·배서인·보증인, 환어음에서는 발행인·지급인($^{인수}_{인}$)·배서인·보증인 그리고 수표에서는 발행인·배서인·보증인·지급보증인이라는 제한된 종류의 당사자 사이에서 일어나는 문제이다. 그러므로 이 당사자들을 유형화시켜 기억해 두는 것이 편리할 것이므로 예와 그림에 관해 다음과 같은 약속한다.

1) 약속어음·환어음·수표 공히 발행인은 「甲」, 수취인은 「乙」로 표시하고, 환어음의 지급인 또는 인수인 및 수표의 지급인은 「丙」으로 표시한다. 수취인 이후의 배서인들은 어음을 양도받은 자의 순으로 A, B, C…의 문자로 표시한다. 그리고 보증인은 누구의 보증인이냐에 따라 甲의 보증인이면 「甲´」, 乙의 보증인이면 「乙´」로 표시하기로 한다. 그리고 위조나 무권대리의 경우도 누구의 기명날인을 위조 혹은 무권대리하였느냐에 따라 같은 요령으로 표기한다.

2) 그림에서 화살표의 방향은 어음행위가 행해진 방향을 의미한다. 예컨대 「甲→乙」은 甲이 乙에게 어음을 발행한 것으로, 「丙→乙」은 丙이 乙에게 인수를 해 준 것으로, 그리고 「A→B」는 A가 B에게 어음을 배서양도 또는 교부양도한 것을 의미한다.

화살표가 甲, 乙, A, B, C와 역순인 경우, 예컨대 「C→甲」 또는 「C→B」로 되어 있으면 어음금을 청구하거나 상환청구권을 행사하는 뜻으로 이해한다.

3) 어음채무는 어음행위를 한 순서대로 지게 마련이다. 그래서 어느 어음행위자를 중심으로 그가 책임을 물을 수 있는 상대방, 그리고 자신이 책임을 져야 할 상대방을 가리키는 말로써 「전자」, 「후자」라는 용어를 쓴다. 이는 어음법에서 공식적으로 쓰는 용어이다($^{예: 어 45조}_{3항, 47조 4}$ $^{항,}_{49조}$). 예컨대 甲의 발행에서 시작하여 乙→A→B→C의 순으로 어음이 유통된 경우 A를 중심으로 말할 때, 甲·乙은 전자이고, B·C는 후자이다.

이상의 약속을 그림으로 예시해 본다.

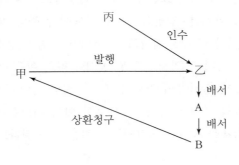

# 제 5 절   어음·수표법의 특성

어음·수표법은 어음·수표에 관련된 다수 이해관계인들의 신뢰를 보호하기 위하여 지급의 확실성과 유통의 안전성을 확보한다는 목적 아래 그에 부합하는 내용을 지니고 있다. 그 때문에 어음·수표법은 민법 또는 상법에 대해 다음과 같은 특성을 띠고 있다.

(1) 어음·수표의 도구적 성격과 어음·수표법의 기술적 성질

어음·수표의 공통적 성질은 지급증권이라는 점이다. 어음거래의 실질적 배경이 되는 자금관계나 원인관계는 일반거래관계에서 발생한 채권·채무관계로서, 그 발생근거가 된 법률행위의 성격에 따라 고유한 윤리적 기반을 갖는다. 그러나 어음·수표거래 자체는 이러한 채권·채무관계의 이행수단에 불과하므로 종전의 실질관계가 지니고 있는 윤리성은 어음·수표에까지 연장되지 않는다. 단지 어음·수표관계에서는 종전의 채권·채무가 변환된 어음·수표상의 채권·채무의 확실한 변제, 그리고 어음·수표의 유통성의 확보만이 과제로 남는다. 그러므로 자연히 어음·수표법은 어음·수표행위나 권리행사의 절차·방식 등 형식적인 점에 주안점을 두게 되고, 따라서 그 내용은 윤리성이 배제된 채 고도의 기술적 성질을 띠게 된다. 예컨대 어음을 발행할 때에는 소정의 법정사항을 기재해야 하고 양도할 때에는 소정방식의 배서에 의해야 한다는 것 등은 윤리적 감각으로는 이해할 수 없고, 기술적·합리적인 관점에서 이해해야 한다.

(2) 강행법적 성질

어음·수표는 미지의 다수인 간에 전전유통될 것을 예상하고 발행되므로 어음·수표의 서면 자체가 권리관계를 완결적으로 표창하지 않으면 안 된다. 비단 어음의 발행뿐 아니라 인수, 배서 등 모든 어음·수표행위에 의해 형성되는 법률관계가 다 같다. 그러므로 어음·수표상의 법률관계는 모든 어음·수표관계자에게 선명하고 단일한 의미를 가질 수 있도록 법이 정하는 형식에 따라 획일적·정형적으로 표창되어야 한다. 따라서 어음·수표행위를 함에 있어서는 당사자자치가 극도로 제한되고, 행위자는 법이 인정하는 제한된 종류의 행위에 한해, 제한된 효력을 가지고, 역시 제한된 방식에 따라 어음·수표행위를 하여야 한다. 어음·수표행위를 소재로 한 당사자의 의사의 해석도 자연 폭이 좁아질 수밖에 없다.

요컨대 어음·수표법의 규정은 강행규정으로서 이에 위반한 어음행위는 대부분 무효가 되거나 때로는 법이 의제한 행위로 전환되는 효력을 갖게 된다.

# 제 6 절 유가증권의 일반론

## (1) 유가증권의 개념

어음·수표는 유가증권의 일종이므로 어음·수표법의 충실한 이해를 위해서는 우선 유가증권의 일반적인 원리를 파악해 두어야 한다.

유가증권에는 여러 가지가 있는데, 각 종류에 따라 표창된 재산권과 증권의 결합방식이나 밀접도에 차이가 있다. 이같이 재산권과 증권의 상관관계가 상이한 여러 종류의 유가증권을 통일적으로 정의하기 위해, 통설은 유가증권을 「재산권을 표창한 증권으로서, 그 권리의 발생·행사·이전의 전부 또는 일부를 증권에 의해야 하는 것」이라고 설명한다.

유가증권은 그와 외관이나 기능상으로 흡사한 다른 증서와 구별하여야 한다. 다음 세 가지는 특히 유가증권과 혼동하기 쉬운 것들이다.

「증거증권」은 어느 법률관계의 유무 또는 내용을 후일에 용이하게 증명하기 위하여 작성해 두는 서면으로서, 예컨대 계약서·차용증서·영수증·예금증서 같은 것들이다. 유가증권도 증거증권의 기능을 하지만 증거증권이 바로 유가증권은 아니다. 단순히 증거증권의 기능만을 하는 증서는 법률관계를 증명하기 위한 도구에 불과한 것이고 실제의 권리를 표창하는 것은 아니기 때문이다. 예컨대 A가 B에게 차용증서를 써 주고 돈을 빌렸다면, 이 차용증서는 A가 B로부터 돈을 빌렸다는 사실을 증명하는 수단은 되지만, 차용증서가 권리를 담고 있는 증서는 아니다. 그러므로 B가 A에게 차용증서만 써주고 실제 돈을 빌리지 않았다면 이 차용증서가 있다 해서 채권·채무가 생겨나는 것은 아니며, 실제 대차관계가 있다면 차용증서가 없더라도 B는 A에 대해 채권을 가진다. 또 차용증서를 타인에게 양도한다고 해서 권리가 이전하는 것은 아니다.

「면책증권(자격증권)」은 채무자가 증권의 소지인에게 채무를 이행하면 비록 소지인이 진정한 권리자가 아니더라도 채무자가 책임을 면하게 되는 증권이다. 예컨대 고속버스나 여객기의 수하물상환증 같은 것이 이에 속한다. 유가증권은 면책증권의 기능도 하지만, 면책증권이 곧 유가증권은 아니다. 단순한 면책증권은 권리를 발생시키는 능력이 없으며, 면책증권을 타인에게 교부한다고 해서 권리가 이전되는 것도 아니다. 또 진정한 권리자라면 면책증권이 없어도 권리를 행사할 수 있다.

지폐·우표·수입인지 등을 「금권」이라 하는데, 이는 유가증권처럼 재산권을 표창하는 것이 아니고, 증권 그 자체가 법률상 일정한 수량의 금전에 대신하는 효력을 갖는다.

## (2) 유가증권의 기능

유가증권은 현대문명에 의해 창안된 재산의 보유방법으로서, 재화의 교류를 촉진하고 나아가 재산의 가치개발에 기여해 왔다. 지금도 계속 새로운 유가증권이 개발되어 정태적인 재산을 동태화시켜 재산의 효용성을 높이고 있다. 이를 가리켜 권리의 증권화(securiti-zation)현상이라 부를 수 있다. 이는 유가증권이 다음과 같은 유용성을 갖기 때문이다.

1) **추상적 가치의 유체화** 동산이나 부동산은 실체가 있으나, 채권이나 기타 무형의 권리는 추상적·관념적으로만 존재할 뿐이므로 그 권리의 존재·이동에 대한 인식 역시 추상적·관념적일 수밖에 없다(예컨대 A가 B에 대해 갖는 100만원의 금 전채권은 관념적인 수치로 존재할 뿐이다). 이는 권리의 존재를 확실하게 증명하거나 유통을 용이하게 하기가 어려움을 뜻한다. 하지만 이러한 추상적 권리를「유가증권화」하면 가시적·물리적 존재로 바뀌어 동산의 인도처럼 선명한 공시방법을 갖출 수 있게 되므로 권리의 존재·유통을 확실하게 표현할 수 있는 것이다.

2) **잠재적 가치의 현재화** A가 B에 대해 1개월 후에 변제받을 수 있는 100만원의 금전채권을 가지고 있다 하자. 이 경우 A의 채권의 가치는 변제받을 때까지는 잠재되어 있고 현실적 가치를 전혀 발휘하지 못한다. 그러나 이 금전채권을 어음이라는 유가증권으로 화체시키면, 이 어음은 100만원의 채권을 대표하게 되어 A는 이 어음을 양도하거나 담보로 제공하고 자금을 융통함으로써「현재의 100만원」으로 활용할 수 있는 것이다.

3) **권리의 단위화** 특히 주식이나 사채를 유가증권화시킬 때 나타나는 기능으로서, 사원권 또는 금전채권을 일정 규모의 단위로 쪼개어 표창함으로써 권리의 양에 대한 인식을 편의롭게 하고, 다음에 말하는 유통성을 높일 수 있다.

4) **유통성의 부여** 권리를 유가증권화하는 궁극의 목적은 권리에「유통성」을 부여하기 위함이며, 또 이 유통성이 유가증권의 가장 중요한 기능이기도 하다. 유통성에 의해 본래는 정체되어 있는 권리를 보다 효율적으로 이용하고자 하는 자에게 이동시킴으로써 결과적으로는 권리 자체의 효용을 높이는 기능을 한다. 그래서 유가증권에 관한 법은 대체로 유가증권의 유통성을 보장하는 데에 주안점을 두고 있다.

### (3) 유가증권의 종류

1) **설권증권·비설권증권** 「설권증권」이란 증권의 작성에 의해 그 표창된 권리가 비로소 생겨나는 유가증권이다. 앞서 유가증권은 표창된 권리의 발생·행사·이전의 전부 또는 일부에 필요하다고 하였는데, 이 중 권리의「발생」에 증권의 작성이 필요한 것이 설권증권이다. 이에 대해「비설권증권」이란 이미 존재하는 권리를 표창할 뿐, 권리의 발생과는 무관하고, 행사와 이전 또는 그 중 하나를 위해 사용되는 유가증권이다.

예컨대 화물상환증은 송하인이 운송인에 대해 갖는 운송물인도청구권을 표창하지만, 운송물인도청구권은 이미 운송계약에 의해 송하인이 가지고 있는 권리이다. 따라서 화물상환증은 비설권증권이다. 한편 약속어음은 발행인에 대한 금전채권을 표창한다. 물론 약속어음은 발행인이 상대방에 대해 이미 금전채무를 지고 있고 그 지급수단으로 발행해 주는 것이 보통이다. 그렇더라도 어음상의 금전채권은 어음의 발행에 의해 비로소 생겨나며, 상대방이 발행인에 대해 이미 갖고 있는 금전채권을 표창하는 것이 아니다. 따라서 약속어음은 설권증권이다. 어음·수표를 제외한 대부분의 유가증권은 비설권증권이다.

2) 완전유가증권·불완전유가증권 　　증권과 그 표창된 권리의 밀접도에 의해 완전유가증권과 불완전유가증권으로 분류한다. 「완전유가증권」이라 함은 권리의 「발생·행사·이전」 모두가 증권에 의해 이루어지는 것으로 어음·수표가 이에 속한다. 이에 대해 「불완전유가증권」이란 권리의 발생·행사·이전 중 일부가 증권에 의해 이루어지는 것을 말하며, 어음·수표를 제외한 대부분의 유가증권이 이에 속한다. 권리의 「발생·행사·이전」의 일부라고 하지만 실제는 「발생」을 제외하고 행사와 이전 또는 그 중 하나를 증권에 의한다. 그러므로 불완전유가증권은 전부 비설권증권이다.

3) 기명증권·지시증권·무기명증권 　　증권상의 권리를 행사할 자를 정하는 방법에 따른 분류이다. 「기명증권」이란 증권에 권리자가 특정되어 기재된 유가증권이다. 증권상의 권리는 그 기재된 권리자가 행사하여야 한다. 기명증권에 권리자로 기재된 자가 다른 자를 권리자로 지시할 수 있게 하는 경우, 즉 증권을 양도할 수 있는 경우, 이를 「지시증권」이라 한다. 유가증권은 원래 권리의 유통을 위해 생겨난 것이므로 대부분의 유가증권은 「지시금지」의 문구가 없는 한 당연한 지시증권이다($\frac{상\ 130조;}{어\ 11조\ 1항}$). 「무기명증권」이란 증권에 권리자가 특정되어 있지 아니하고 누구든지 증권을 소지한 자가 권리를 행사할 수 있는 증권이다. 증권에 「증권을 소지한 자」가 권리를 행사할 수 있다는 뜻을 기재한 「소지인출급식증권」도 무기명증권의 일종이다. 수표는 무기명식으로 발행하는 것이 일반적이며($\frac{수}{5조}$), 주권은 기명식으로만 발행할 수 있다. 사채는 기명식·무기명식 어느 쪽으로나 발행할 수 있다.

4) 요인증권·무인증권 　　유가증권상의 권리와 그 원인된 법률관계의 관련성 유무에 따른 분류이다. 「요인증권」이란 유가증권의 작성에 일정한 「원인관계」가 필요하고, 증권에도 그 원인관계가 기재되며 원인관계의 효력이 증권상의 권리에도 영향을 미치는 유가증권을 말한다. 이에 대해 「무인증권」이란 증권의 작성에 원인관계가 반드시 요구되는 것이 아니고, 원인관계가 있어도 증권에 기재되지 아니하며, 원인관계의 무효·취소가 증권상의 권리에 영향을 주지 아니하는 유가증권이다. 어음·수표가 이에 속한다.


## 제 7 절　어음·수표의 기능별 유형


법상 분류할 수 있는 어음·수표의 종류는 환어음, 약속어음, 전자어음, 수표의 네 가지 뿐이다. 그러나 실제 어음·수표거래에서는 어음·수표를 발행하는 경제적인 목적과 기능면에서 약간의 특색을 가지고 구분되는 다양한 어음·수표가 있다. 이러한 어음·수표라 해서 일반 어음·수표와 다른 법리가 적용되는 것은 아니나, 어음·수표거래의 실정을 이해하는 데에는 도움이 되므로 특히 자주 쓰이는 용어들에 관해 간단히 그 개념을 밝혀둔다.

1) **상업어음·융통어음**　　어음의 신용창조기능과 관련하여 통상 기업이 발행하는 약속어음을 그 발행목적에 의해 분류한 것이다. 「상업어음」이란 기업이 물품·용역을 구매하고 그 대금을 지급하는 수단으로 발행하는 약속어음을 말한다. 가장 건전한 동기에서 발행한다고 하여 거래계에서는 흔히 「진성어음」이라 부른다.

「융통어음」이란 용어는 금융계와 판례가 다른 뜻으로 사용한다. 금융계에서는 상품·용역대금의 지급이 아니라 자금을 조달하기 위해 발행하는 어음을 융통어음이라 부른다. 흔히 기업이 약속어음을 발행하여 사채업자나 금융기관에 할인의 방법으로 어음을 매각해서 자금을 조달한다.

2) **호의적 융통어음**　　판례에서의 융통어음은 상품이나 자금의 공급과 같은 경제적인 대가관계가 없이 호의적으로 타인에게 발행해 주는 어음을 뜻한다. 즉 A와 B 사이의 채권·채무를 결제하기 위함이 아니고, A가 B의 자금사정을 돕기 위해 호의적으로 발행해 주는 어음을 말한다. 주로 은행도 약속어음을 이용한다. B는 이 어음을 타인에 대한 자기의 채무를 변제하는 데에 사용하거나 은행 또는 사금융업자로부터 어음을 할인하는 방법으로 활용한다. 이러한 융통어음을 금융실무상의 융통어음과 구별하여 「호의적 융통어음」이라 부르기도 한다($\binom{860면}{참조}$).

3) **은행도어음**　　약속어음을 발행하고자 하는 자가 특정 은행과 약정을 맺어 그 은행을 자신이 발행하는 어음의 지급담당자로 기재하고 그 은행이 어음금의 지급사무를 처리해 주는 경우 은행이 정한 약관에 따라 그 은행이 교부하는 인쇄된 어음용지를 사용한다. 이를 흔히 「은행도어음」이라 하여 거래계에서 신용을 인정한다. 은행이 지급담당자가 된다 해도 은행이 지급책임을 지는 것이 아니므로 특히 신용을 둘 법리적 근거는 없다. 그러나 이 같은 약정을 할 때부터 은행이 고객의 신용도를 참작하여 거래를 개시하므로 은행과 어음거래약정이 있다는 사실 자체가 신용의 증거가 된다. 또 발행인이 어음을 부도($\binom{지급}{거절}$)낼 경우 은행으로부터 거래정지처분을 받게 되는데, 이는 사업상의 신용에 치명적인 상처를 주는 까닭에 발행인은 지급을 위해 노력하는 것이 보통이라는 점도 또한 은행도어음을 신뢰할 수 있는 계기가 된다.

4) **화환어음**　　「화환어음」이란 어음금의 지급이 운송중의 물건에 대한 인도청구권과 대가관계에 있거나 이에 의해 담보되어 있는 어음을 뜻한다. 주로 수출입거래에서 이용된다. 예컨대 삼성물산이 일본의 미쓰비시 상사에 반도체를 수출한다 하자. 삼성물산은 해운회사에 반도체의 운송을 위탁하고 그로부터 선하증권을 발행받는다. 그리고 삼성물산은 자기의 거래은행인 하나은행에 미쓰비시를 지급인으로 하는 환어음을 발행하여 준다. 이때 환어음의 발행은 「어음의 매각」일 수도 있고 「추심을 위임」하는 것일 수도 있다. 삼성물산은 어음과 더불어 선하증권을 하나은행에 교부한다. 추심을 위임한 경우, 하나은행은

일본의 거래은행인 미즈호은행에 이 어음과 선하증권을 송부하여 추심을 위임하고 미즈호은행은 미쓰비시에 지급을 위한 제시를 한다. 미쓰비시는 선하증권과 상환하여 어음금을 지급하고, 이 선하증권에 의해 반도체를 수령한다. 이에 의해 삼성물산은 어음금 즉 수출대금을 수령하는 것이다. 어음을 매각한 경우에도 추심과정은 같다. 다만 미쓰비시가 지급을 거절할 경우 하나은행은 이 선하증권에 의해 대표되는 반도체에 대해 담보권을 행사한다.

수입자가 수입대금 즉 어음금의 지급을 거절할 경우 중간에 개입한 은행은 매우 번거로운 절차를 거쳐야 하므로 오늘날은 보통 신용장($\binom{\text{letter of}}{\text{credit: L/C}}$)에 의해 어음금지급의 확실성을 높이는 방법을 취한다. 신용장이란 수입자의 거래은행($\binom{\text{위 예의 미}}{\text{즈호은행}}$)이 수출자에게 자기를 지급인으로 하여 어음을 발행할 수 있는 권한을 부여하는 문서이다. 수입자가 이 신용장을 수출자($\binom{\text{위 예의}}{\text{삼성물산}}$)에게 송부하면 이 신용장에 근거하여 수출자가 위와 같은 환어음을 발행하고 당초의 신용장의 조건에 부합하는 한 이 어음의 지급이 보장되는 것이다.

화환어음은 이같이 무역거래를 원인관계 및 자금관계로 하여 발행된다는 특색이 있을 뿐, 그 본질은 일반 환어음과 다를 바 없고 그 어음법적인 법률관계 역시 일반 환어음과 차이가 없다.

5) 기업어음 「기업어음」(CP)이란 기업이 단기의 자금조달을 위해 발행하는 정액화되어 있는 약속어음으로서, 이를 발행한 기업이 단기금융회사에 매각을 의뢰하면 단기금융회사가 무담보배서를 하여 투자자에게 매각하고 그 대금을 발행기업에 건네주는 식으로 거래되는 어음을 지칭하는 용어이다($\binom{\text{자금 360}}{\text{조 1항}}$). 단기의 자금조달을 목적으로 하므로 기업어음의 만기는 1년 내에 도래하는 것이어야 한다($\binom{\text{동}}{\text{조항}}$). 단기금융회사는 이 어음에 무담보배서를 하는데, 이는 「특단의 사정이 없는 한 어음상 배서인으로서의 담보책임뿐만 아니라 매매계약상의 채무불이행책임이나 하자담보책임까지 배제하기로 한 취지라고 보아야 한다」($\binom{\text{대법원}}{\text{1984.}}$ 11. 15. 선고 84) 다카1227 판결).

한편 자본시장법에서는 기업어음 중 소정의 요건에 해당하는 것을 선별하여 자본시장법상의 유가증권으로 보아 「기업어음증권」이라는 이름으로 증권시장에서의 거래대상으로 삼고 있다. 기업어음증권은 「기업이 사업에 필요한 자금을 조달하기 위하여 발행한 약속어음」이라고 정의하며, 은행도어음으로 제한하고 있다($\binom{\text{자금 4조 3항,}}{\text{자금령 4조}}$).

6) 당좌수표 수표를 발행하려면 특정의 은행과 그 은행을 지급인으로 하는 수표를 발행할 수 있다는 계약을 하여야 한다. 이 계약을 수표계약이라 한다. 그리고 이 계약에 기해 발행한 수표를 그 은행이 지급할 수 있도록 발행인이 그 은행에 자금을 보관시켜야 한다. 이를 수표자금이라 한다. 은행실무에서는 이같이 은행과 수표발행에 관해 맺는 계약을 「당좌거래약정」이라 하고 이 계약에 기해 발행하는 수표를 「당좌수표」라 한다. 수표계약과 수표자금이 있어야 함은 모든 수표의 공통된 요건이므로 당좌수표는 수표 그 자체를 가리키는 말이라 할 수 있으나, 실무에서는 후술하는 자기앞수표와 구분하여 은행이 아닌 개인

이나 기업이 발행한 수표를 흔히 당좌수표라고 부른다. 당좌거래약정을 맺으면 은행이 발행인에게 수표용지를 교부하고, 발행인은 이 수표용지를 사용하여 수표를 발행한다.

**7) 자기앞수표**　　수표의 지급인이 바로 발행인과 동일인인 경우 이를 「자기앞수표」라 하며, 우리 사회에서 거의 현금과 같이 높은 신용도를 가지고 빈번하게 이용되고 있다. 자기앞수표가 높은 신용도를 갖는 이유는 다음과 같다. 수표의 지급인은 은행이어야 하므로 자기앞수표의 발행인이 자신을 지급인으로 한다고 함은 발행인 겸 지급인이 은행임을 뜻한다. 수표의 지급인은 발행인이 공급한 자금으로 수표금을 지급하는데, 지급인 자신이 발행한 수표이므로 은행이 파산하지 않는 한 수표자금의 부족으로 지급을 거절한다는 일은 생각할 수 없을 것이다. 그래서 자기앞수표는 여타의 수표와 달리 현금과 같은 신용을 가지고 이용되고 있다.

# 제 2 장　총　론

## 제 1 절　어음·수표의 의의

　어음이란 「환어음」과 「약속어음」을 가리키는 말이다. 「환어음」이란 어음을 발행하는
자가 증권에 기재한 특정인($^{수취}_{인}$) 또는 그가 지시하는 자에게 일정한 날에 일정금액을 지급
해 줄 것을 제3자, 즉 지급인에게 위탁하는 뜻을 기재한 증권을 말한다($^{어}_{1조}$). 요컨대 환어음
은 「지급위탁증권」이라고 할 수 있다. 지급인은 발행인에 의해 일방적으로 정해지므로 지
급 여부는 지급인의 임의의 의사에 달려 있다.

　「약속어음」은 발행인 자신이 증권에 기재한 특정인($^{수취}_{인}$) 또는 그가 지시하는 자에게 일
정한 날에 일정금액을 지급할 것을 약속하는 증권이다($^{어}_{75조}$). 환어음은 발행인이 제3자에게
지급을 「위탁」하는 것임에 대해, 약속어음은 발행인 자신이 지급할 것을 「약속」하는 「지급
약속증권」이라는 점이 특색이다. 그러므로 약속어음은 보통 발행인이 기존의 확정채무를
이행하고자 하나 자금이 없는 경우에 신용을 창출하는 수단으로 발행한다. 따라서 만기는
거의 예외 없이 발행일로부터 상당 기간 이후로 정해진다.

　「수표」는 발행인이 증권에 기재한 수취인 또는 그 이후의 소지인에게 일정한 금액을
지급할 것을 제3자, 즉 지급인에게 위탁하는 증권이다. 수표도 지급위탁증권이라는 점에서
환어음과 성질을 같이한다. 그러나 수표는 「일람출급증권」($^{언제이든 제시하면 지}_{급되어야 하는 증권}$)이므로 환어음과
달리 만기라는 개념이 없다는 결정적인 차이점을 가지고 있다. 이로 인해 환어음과 수표는
경제적 기능과 법적 성격을 달리한다. 즉 후술하는 바와 같이 수표는 오로지 지급기능을 할
뿐이고 환어음이나 약속어음과 같은 신용창조기능을 하지 못한다. 구체적인 법률관계에 있
어서도 수표의 지급인은 금융기관에 한정되고, 수표계약과 수표자금이 있어야 발행할 수 있
다는 제한이 따르며, 어음에서와 같이 만기가 존재함을 전제로 하여 형성되는 법률관계가
수표에서는 존재하지 아니하고, 수표법은 수표의 일람출급성을 기본논리로 하여 짜여 있다.

## 제 2 절   어음·수표거래의 구조

어음·수표법에 관한 본론적인 설명에 앞서 어음·수표의 발행과 유통에 의해 전개되는 법률관계의 기본구조를 설명한다.

### (1) 발행

어음·수표는 발행에 의해 생겨난다. 발행은 어음·수표관계를 최초로 창설하는 특정인(발행인)의 법률행위로서 이에 의해 상대방, 즉 수취인이 어음·수표상의 권리를 원시적으로 취득한다. 어음·수표는 요식증권이므로 법 소정의 사항을 기재하고 발행인이 기명날인(또는 서명)을 하는 등 법정의 방식을 갖추어야 한다. 환어음은 지급인과 수취인·어음금액·지급위탁문구·만기·지급지·발행일과 발행지 등을 기재해야 하고, 약속어음은 대체로 환어음과 같으나 지급인이 없고 지급위탁문구 대신에 지급약속문구를 기재해야 한다. 그리고 수표는 환어음과 거의 같으나 만기가 없다. 甲이 丙을 지급인으로 하는 환어음 또는 수표를 乙에게 발행해 준다고 할 경우의 어음·수표의 모양, 그리고 甲이 乙에게 약속어음을 발행해 준다고 할 경우의 어음의 모양은 <그림 34>의 예시와 같다.

### (2) 어음·수표의 실질관계

위 환어음과 수표의 예에서 甲이 丙을 지급인으로 정할 때에는 甲이 丙으로부터 1,000만원을 받을 채권이 있다든지, 丙이 어음·수표금을 지급해 주면 이후에 甲이 보상해 주기로 하는 약속이 있다든지, 기타 어음·수표금의 지급과 대가를 이루면서 지급 여부에 대한 지급인의 의사결정에 영향을 주는 관계가 발행인과 지급인 사이에 존재할 것이다. 이러한 관계를 「자금관계」라 한다. 환어음이나 수표는 발행인과 지급인 간에 미리 자금관계에 관한 합의를 하고 발행하는 것이 보통이겠지만, 자금관계가 없이 발행하더라도 어음·수표의 효력에는 영향이 없다.

한편 甲이 乙에게 어음·수표를 발행할 때에는 甲이 乙로부터 자동차를 샀으므로 자동차대금을 지급할 채무가 있다든지, 기타 발행인이 수취인에 대해 부담하는 채무가 있을 것이다. 이와 같이 어음·수표의 발행으로 결제되는 발행인·수취인 간의 채무관계를 「원인관계」라 한다. 또 수취인이 다시 어음·수표를 제3자에게 양도할 수 있는데, 이때 어음·수표를 양도하게 된 원인이 된 채무관계(예컨대 乙이 A를 고용했으므로 임금을 주어야 한다는 것)도 「원인관계」라 한다. 그리고 원인관계와 자금관계를 통틀어 어음·수표의 「실질관계」라 한다.

약속어음의 발행·양도에도 원인관계가 있지만, 약속어음에는 지급인이 없으므로 자금관계가 있을 수 없다.

〈그림 34〉 환어음·수표·약속어음의 모양 예시

---

**환 어 음**

서울특별시 종로구 종로 1가 1번지
丙 귀하
금액  일천만원
위 금액을 乙 또는 그 지시인에게 이 환어음과
상환하여 지급하여 주십시오.

만  기: 2022년 12월 31일
지급지: 서울특별시
발행일: 2022년  3월  1일
발행지: 부산광역시

甲 ㊖

---

**수    표**

서울특별시 종로구 종로 1가 1번지
丙 (은행) 귀하
금액  일천만원
위 금액을 乙* 또는 그 지시인에게 이 수표와
상환하여 지급하여 주십시오.

지급지: 서울특별시
발행일: 2022년  3월  1일
발행지: 부산광역시

甲 ㊖

---

\* 여기서는 기명식수표의 예를 들었으나, 실제는 수취인을 기재하지 않는 무기명식(所持人出給式)수표가 압도적으로 많이 이용된다

---

**약 속 어 음**

乙 귀하
금액  일천만원
위 금액을 귀하 또는 귀하의 지시인에게 이 약속어음과
상환하여 지급하겠습니다.

만  기: 2022년 12월 31일
지급지: 서울특별시
발행일: 2022년  3월  1일
발행지: 부산광역시

甲 ㊖

### (3) 인수

환어음의 지급인은 발행인에 의해 일방적으로 기재되는 자이므로 지급인으로 기재되었다고 해서 그가 어음금을 지급할 채무를 부담하는 것은 아니다. 심지어는 자신이 지급인이 되었다는 사실조차 알지 못하는 경우도 있을 수 있다. 때문에 지급인이 만기에 이르러 반드시 어음금을 지급할 것이라고 장담할 수는 없으므로 만기에 이르기까지 수취인 또는 그 이후의 소지인의 지위는 매우 불안하다. 그러므로 지급인의 지급의사를 보다 일찍 확정하여 지급채무를 지급인에게 귀속시키고, 지급인에게 지급할 의사가 없다면 소지인이 속히 발행인이나 배서인을 상대로 상환청구할 수 있는 길을 마련해 줄 필요가 있다. 이러한 목적에서 마련된 것이 인수라는 제도이다.

어음의 소지인은 만기에 이르기 전에 지급인에게 어음을 제시하고 지급의사의 유무를 물을 수 있다. 이를 「인수제시」라고 한다. 이에 대해 지급인이 지급채무를 부담한다는 의사표시를 하는 것을 「인수」($\frac{어 21}{조 이하}$)라고 하는데, 이는 지급인이 하는 어음행위이다. 인수를 한다면 지급인은 그 어음의 주된 그리고 종국적인 채무자가 되는 것이며, 그 이후 발행인과의 관계에서 자금관계가 어떻게 전개되었느냐는 것은 지급인의 채무에 영향이 없다. 예컨대 만기 직전에 발행인이 지급인에게 어음금의 지급을 위한 자금을 공급해 주기로 약속하고서 이를 어겼다 하더라도 지급인 즉 인수인은 여전히 어음금의 지급채무를 부담한다.

반면 지급인이 인수를 거절한다면($\frac{즉 어음금을 지급할}{뜻이 없음을 밝힌다면}$) 지급인은 이 어음에 관해 아무런 의무도 부담하지 아니하고, 어음소지인은 후술하는 상환청구절차에 의해 배서인, 발행인 등의 책임을 물을 수 있을 뿐이다. 지급인과 발행인 간의 자금관계상 지급인이 어음금을 지급할 의무가 있다고 하더라도 지급인이 발행인에 대해 채무불이행책임을 지는 것은 별론하고, 지급인은 어음의 소지인에 대해 어음채무를 부담하지 아니한다.

약속어음에는 지급인이 따로 없고, 발행인이 스스로 지급을 약속하므로 인수라는 제도가 없다. 그리고 수표에는 지급인이 있으나 일람출급성 때문에 역시 인수라는 제도가 없다.

### (4) 양도(배서)

어음 · 수표가 발행된 후, 반드시 수취인이 이를 계속 보유하다가 지급받아야 한다면 어음 · 수표관계는 매우 단순해지고 굳이 어음 · 수표를 유가증권으로 할 필요도 없다. 어음 · 수표를 유가증권으로 하는 이유는 어음 · 수표가 수취인이 취득한 이후에도 전전유통되어야 할 필요가 있기 때문이다.

어음의 경우, 발행인은 만기에 이르기까지 지급을 미루는 이익을 누린다($\frac{신용의}{창조}$). 이에 상응하여 수취인은 만기에 이르기까지 금전의 사용을 연기해야 하는 반대의 불이익을 입는다. 그러므로 수취인에게도 제3자에게 현금의 지급에 갈음하여 어음을 양도함으로써 재차 신용을 창조할 수 있는 권능을 부여해 주지 않으면 처음부터 어음을 수령하지 않으려 할 것이다. 즉 어음의 양도가능성은 어음의 발행을 실질적으로 가능하게 하는 동기가 되는 것이다. 수표의 경우는 일람출급성 때문에 발행인이 신용을 창조하고 수취인이 반대의 불이익을 입는 일이 있을 수 없으나, 수표 역시 현금의 지급에 대신하는 지급증권으로서 수취인이 재차 지급증권으로 활용할 수 있는 편익을 누려야 할 것이므로 양도성이 인정되어야 한다.

그리하여 어음법은 배서라고 하는 간편한 양도방법을 인정하여 어음의 양도성을 촉진시키고 있다. 어음·수표가 발행되면 수취인은 배서에 의해 또는 경우에 따라서는 단순한 교부에 의해 어음·수표를 양도할 수 있고, 그 양수인도 재차 같은 방법으로 양도할 수 있다($\binom{\text{어 11조;}}{\text{수 14조}}$). 수표도 배서에 의해 양도할 수 있지만 소지인출급식으로 발행하는 경우 더 간편하게 수표의 교부만으로 양도할 수 있다. 한편 어음·수표의 배서는 어음·수표를 양도한다는 뜻만 지니는 것이 아니라 어음·수표의 신용을 강화하는 기능도 한다. 어음·수표금이 지급되지 않을 경우 이른바 담보책임($\binom{\text{어 15조 1항;}}{\text{수 18조 1항}}$)이라 하여 어음·수표의 배서인이 후술하는 상환청구절차에 따라 대신 어음·수표금을 지급할 책임을 부담하기 때문이다. 배서에 의해 어음·수표금을 지급할 책임을 지는 자의 수가 늘어나므로 지급의 확실성이 높아지는 것이다.

### (5) 지급

어음은 만기에, 그리고 수표는 발행 후 제시와 동시에 어음·수표금이 지급될 것을 궁극적인 목적으로 하여 발행되고 수령된다. 따라서 어음·수표금의 지급은 어음·수표관계를 최종적으로 종결짓는 법률사실이라고 할 수 있다. 지급은 지급인에 의해($\binom{\text{약속어음의 경우}}{\text{발행인에 의해}}$) 행해지는 변제로서 그 자체는 단순한 준법률행위이지만, 다수인 간에 이해가 걸린 문제이므로 누가 청구($\binom{\text{지급}}{\text{제시}}$)할 수 있느냐, 어느 시기에 청구해야 하느냐 등에 대해 법이 정하고 있다. 한편 어음·수표는 유통과정의 사고로 인해 진실한 권리자 아닌 자가 어음금을 청구하는 수도 있으므로 이러한 경우의 지급인의 조사의무 그리고 권리 없는 자에게 지급되었을 경우의 위험부담의 안배 등도 역시 법이 정하고 있다($\binom{\text{어 38조 이하;}}{\text{수 28조 이하}}$).

### (6) 상환청구

환어음과 수표의 경우에는 지급인에게, 약속어음의 경우에는 발행인에게 어음·수표를 제시하여 어음·수표금의 지급을 청구하는데, 이들이 지급을 거절할 경우 소지인은 다른 어음·수표행위자들을 상대로 어음·수표금의 지급을 청구할 수 있다. 이같이 주채무자 이외의 자에게 어음금을 청구하는 것을 상환청구라고 한다($\binom{\text{어 43조 이하;}}{\text{수 39조 이하}}$).

어음·수표의 유통성을 확보하기 위하여는 지급이 거절될 경우 소지인이 달리 어음·수표금을 지급받을 수 있는 길을 보장해 주어야 할 것이다. 그리하여 어음·수표법은 지급인($\binom{\text{또는 약속어}}{\text{음의 발행인}}$) 이외에 어음·수표행위를 한 자들에게 담보책임, 즉 어음·수표금을 대신 지급할 책임을 지우며, 이러한 담보책임을 추궁하는 절차로서 상환청구제도가 마련되어 있는 것이다. 상환의무를 지는 자들은 환어음의 경우 발행인, 배서인, 보증인이고, 약속어음의 경우에는 배서인과 보증인이며, 수표의 경우에는 발행인, 배서인, 보증인이다. 어음·수표의 소지인은 지급이 거절되더라도 이러한 상환청구의 가능성이 있음을 믿고 어음·수표를 취득하므로 상환청구제도는 어음·수표의 유통성을 실질적으로 보장하는 기능을 한다고 말할 수 있다.

### (7) 보증

환어음의 인수인과 약속어음의 발행인은 어음금의 지급에 관한 주채무자가 되고, 환어음·수표의 발행인 및 배서인들은 상환의무를 부담함으로써 어음·수표의 신용을 강화한다. 그러나 이러한 의무는 기본적으로 각자에게 자력이 있어야 이행할 수 있는 것이다. 이들이 자력이 없어 책임을 이행하지 못할 경우가 있는데, 이를 대비하여 제3자가 대신 이행할 책임을 부담하는 보증이라는 어음·수표행위가 있다(어 30조 이하;<br>수 25조 이하). 보증에 의해 어음·수표의 신용도는 더욱 강화된다.

## 제 3 절   어음·수표의 유가증권적 특성

유가증권은 여러 가지 속성을 지니는데, 어떤 것은 모든 유가증권에 공통적으로 존재하지만 어떤 것은 유가증권의 종류별로 유무를 달리하거나 강도를 달리한다. 어음·수표는 다음에서 보듯이 유가증권의 제반 속성을 가장 충실하게 지니고 있다.

1) **설권증권성**　　　어음·수표상의 금전채권은 어음·수표의 발행에 의해 비로소 발생하므로 어음·수표는 설권증권이다. 이 설권증권성은 다음에서 보듯이 완전유가증권성과 무인증권성의 근거가 된다.

2) **완전유가증권성**　　　유가증권이 표창하는 권리의 발생·행사·이전 중 어느 부분을 그 증서에 의존하느냐는 것은 유가증권의 종류에 따라 상이하다. 어음·수표상의 금전채권은 어음·수표의 작성에 의해 비로소「발생」하고, 어음·수표금을 청구할 때에는 어음·수표를 제시하고 상환하여야 하므로 권리의「행사」에 증서를 요하며, 어음·수표상의 금전채권을 양도할 때에는 어음·수표의 배서·교부에 의해야 하므로 권리의「이전」에도 증서가 필요하다. 이같이 어음·수표는 권리의 발생·행사·이전 모두에 증서를 필요로 하므로 완전유가증권이다.

3) **금전채권증권성**　　　어음·수표는 재산거래의 지급수단으로 창안된 것이므로 확정된 금전채권을 표창하는 유가증권이다. 금전채권 이외의 종류물이나 특정물에 관한 채권을 표창하는 어음·수표는 발행할 수 없다.

4) **무인증권성**　　　어음·수표의 발행·배서와 같은 어음·수표행위에도 원인관계가 존재한다. 그러나 어음·수표가 표창하는 금전채권은 원인관계상의 채권이 표창된 것이 아

니라, 어음·수표를 작성하였으므로 창설되는 것임은 이미 본 바와 같다(설권중 권성). 따라서 어음·수표의 효력 역시 원인관계의 효력과는 무관하게 정해진다. 그리하여 어음·수표는 그 원인관계가 존재하지 않거나 무효·취소되더라도 그 효력에 영향을 받지 아니한다(무인중 권성).

5) **요식증권성** 유가증권은 다수인 간에 전전유통되므로 권리의 내용에 관한 이해관계인 간의 다툼을 예방하고 거래의 안전을 도모하기 위하여는 유가증권이 표창하는 권리내용이 전부 명확하게 공시되어야 한다. 그러자면 우선 유가증권이 서면에 의해 작성되어야 하며 그에 관해 행해지는 모든 법률행위도 서면행위로 행해져야 할 뿐만 아니라 이해관계인들에게 통일된 의미를 갖는 객관적·기술적 방식을 취하지 않으면 안 된다. 그러므로 유가증권은 예외 없이 요식증권이다. 그러나 어음·수표는 어느 유가증권보다도 강한 유통성이 요구되므로 그 요식성이 가장 완벽하다. 그리하여 어음·수표법은 권리관계를 확정할 수 있는 최소한의 사항들을 기재토록 하고 어음·수표행위의 의미를 특정할 수 있는 방식을 제시하여 이에 따르도록 하며, 이에 위반한 경우에는 원칙적으로 무효이다.

어음·수표의 요식성은 주로 어음·수표행위의 방식에 요구되는 것이나, 어음·수표금의 지급을 청구하거나 인수를 최고할 때에 어음·수표를 제시하여야 하는 바와 같이 어음·수표상의 권리를 행사할 때에도 요구된다.

6) **문언증권성** 유가증권의 유통성을 보장하려면 유가증권의 취득자가 유가증권의 기재내용이 의미하는 권리를 온전히 취득할 수 있도록 보장해야 한다. 이를 「문언성」이라 표현할 수 있는데, 다수인 간에 유통이 예정된 유가증권의 공통적 속성이다. 어음도 유가증권의 일종이므로 당연히 문언성을 갖지만 다른 유가증권에 비해 문언성이 더욱 현저하다. 다른 유가증권은 비설권증권이므로 문언성이 있다 해도 요인성의 제약을 받으나, 어음·수표는 설권증권으로서 무인성을 가지고 또 어음·수표상의 문언이 유일한 권리의 근거가 되기 때문이다.

7) **지시증권성** 「지시」라 함은 유가증권상의 권리자가 권리를 행사할 자를 새로이 지정하는 행위를 말한다. 대부분의 유가증권은 지시증권인데, 어음·수표의 경우 어음·수표에 배서하여 교부하는 모습으로 나타난다. 어음은 당연한 지시증권성을 가지며, 이로 인해 지시식으로 발행하지 아니한 경우에도 어음소지인은 배서에 의해 어음·수표를 양도할 수 있다(어 11 조 1항).

8) **제시증권성** 유가증권의 종류에 따라 증권상의 권리행사를 위해서는 증권의 소지인이 증권상의 채무자에게 증권을 제시, 즉 면전에서 보여 주어야 하는데, 이를 「제시증권성」이라 한다. 어음·수표는 대표적인 제시증권이다.

채무의 이행은 특정물인도채무를 제외하고는 지참채무, 즉 채무자가 채권자를 방문하여 변제해야 하는 것이 원칙이다(민 467 조 2항). 그러나 어음·수표는 채무자에게 알려짐이 없이 전전유통하므로 어음·수표채무에 지참채무의 원칙을 적용할 수는 없다. 그래서 어음·수표채무는 추심채무이다. 채권자, 즉 소지인이 채무자를 찾아 이행을 청구해야 하는 것이다. 어음·수표가 제시증권성을 갖는다는 것은 어음·수표채무자가 추심채무임을 뜻한다. 나아가 어음·수표를 제시해야 한다 함은 어음·수표상의 권리자가 어음·수표에 의해 자신의 권리를 증명해야 함을 뜻한다.

어음·수표의 제시는 지급인에 대해 청구할 때에만 필요한 것이 아니라, 발행인·배서인 등에 대해 상환청구권을 행사할 때나 환어음의 지급인으로부터 인수를 받고자 할 때에도 요구된다.

9) 상환증권성    유가증권의 종류에 따라서는 증권의 소지인이 권리행사를 할 때 증권을 채무자에게 교부해야 한다. 이를 상환증권성이라 한다. 어음·수표의 소지인이 어음·수표금을 지급받을 때에는 지급인에게 어음·수표를 교부해야 하므로($_{수 34조 1항}^{어 39조 1항;}$) 상환증권이다. 상환증권성은 지급인으로부터 지급을 받을 때뿐만 아니라, 상환청구권을 행사할 때, 또 상환의무를 이행한 자가 재상환청구권을 행사할 때에도 적용된다.

# 제 4 절    어음·수표의 유통성 확보

## (1) 어음·수표제도상 유통성의 의의

기술한 바와 같이 어음·수표는 여러 가지 유익한 기능을 하지만, 이러한 기능은 누구든지 지급수단으로서 서슴없이 어음·수표를 받으려 할 때 만족스럽게 수행될 수 있다. 어음·수표를 최초의 지급수단으로 사용하는 것은 발행인이므로 발행단계에서 수취인이 어음·수표를 수령해야만 비로소 어음·수표가 지급기능을 발휘할 기회를 갖게 된다. 그런데 수취인은 이 어음 또는 수표를 다시 타인에게 양도할 수 있을 때에 비로소 수령하려 할 것이다. 양도할 수 없다면 어음·수표는 차용증서나 영수증과 같은 증거증권에 불과하여 앞에 말한 어음·수표의 탁월한 경제적 기능은 발행인의 단계에서 그치고 수취인은 단지 발행인의 편익을 위해 돈의 시간가치를 양보하는 꼴이 되기 때문이다. 그러고 보면 어음·수표는 전전유통될 수 있다는 것이 전제되어야만 발행 자체가 가능한 것이므로 유통성은 가히 어음·수표의 생명이라 할 수 있다.

그런데 어음·수표의 유통성은 단지 "어음·수표를 양도할 수 있다"라고 하는 법적 보장($_{유통성}^{형식적}$)만으로 주어지는 것이 아니다. 보다 중요한 것은 예견하지 못한 장애로 인해 어음·수표상의 권리행사가 방해되는 일이 없도록 하는 것이다($_{유통성}^{실질적}$). 어음·수표는 「발행인→수취인→A→B…」라는 식으로 유통되는데, 어음취득자가 자기의 상대방을 제외한 나머지 前 당사자와 전혀 안면조차 없더라도 불안없이 어음을 취득할 수 있어야 유통성이 있다고 할 수 있다. 그러므로 어음법·수표법은 어음의 유통성을 확보하는 데에 비상한 관심을 가지고 있으며, 실은 어음법·수표법의 규정 전부가 어음·수표의 유통성에 직접 또는 간접으로 기여하는 내용이라 해도 과언이 아니다. 그 중에서도 특히 어음·수표의 유통성 확보에 직접적이고 불가결한 제도들을 개관해 보면 다음과 같다.

### (2) 유통성의 강화를 위한 제도

1) 어음·수표의 요식성      어음·수표의 발행은 서면에 법정의 사항($\binom{\text{어음요건,}}{\text{수표요건}}$)을 기재하고 발행인이 기명날인($\binom{\text{또는}}{\text{서명}}$)하여야 하며($\binom{\text{어 1조;}}{\text{수 1조}}$), 기타의 어음·수표행위도 행위의 종류별로 고유한 방식을 갖추어야 하는데($\binom{\text{어 13조, 25조, 31조, 57}}{\text{조; 수 16조, 26조, 53조}}$), 이러한 요식성은 결국 어음·수표에 유통성을 부여하기 위한 전제요건으로 필요한 것이다. 즉 어음·수표가 법정의 방식을 구비하여 관련된 권리관계를 표창함으로써 어음·수표상의 권리·의무의 존부 및 그 내용에 관해 모든 당사자에게 동일한 의미를 부여하고 나아가 분쟁을 예방할 수 있다. 그리하여 기술한 문언성의 뒷받침에 의해 누구든 어음·수표상의 기재사항을 신뢰하고 어음·수표를 취득할 수 있는 것이다.

2) 양도방법의 정형화($\binom{\text{배서·}}{\text{교부}}$)      어음·수표는 금전채권을 표창하는데, 금전채권을 포함하여 일반적인 지명채권도 양도가 가능하다($\binom{\text{민 449}}{\text{조 1항 본}}$). 그러나 지명채권의 양도는 당사자 간의 불요식의 합의에 의하므로 공시되지 아니하여 권리의 유통성이라는 측면에서 매우 불완전한 양도방법이다. 또 양도사실을 채무자와 제3자에게 대항하기 위한 요건으로서 채무자에게 통지하거나 채무자의 승낙을 받아야 하는데($\binom{\text{민 450}}{\text{조 1항}}$), 이 절차가 번거롭기도 하지만, 이 역시 권리이전의 공시방법으로서 불완전하기 그지없다. 또 지명채권의 양도를 위한 대항요건을 갖추더라도 원칙적으로 채무자의 항변권이 유지되는 까닭에($\binom{\text{민}}{\text{451조}}$) 채권을 양수하고자 하는 자는 일일이 채무자에게 항변권이 존재하는지의 여부를 확인해야만 안전하게 양수할 수 있다. 따라서 지명채권은 양도되더라도 그 범위에 한계가 있고, 권리의 전전유통은 기대할 수 없다.

어음·수표는 이와 같은 지명채권양도의 한계성을 깨고 금전채권에 고도의 유통성을 부여하기 위한 수단으로 개발된 것이다. 어음의 양도방법을 배서($\binom{\text{어 11조 이하;}}{\text{수 14조 이하}}$)라고 하는 서면행위에 의해 가시화·정형화시킴으로써 권리의 귀속과 이전을 확실하게 공시하고, 지명채권의 양도에서와 같은 채무자와 연결시킨 대항요건($\binom{\text{통지·}}{\text{승낙}}$)을 요구하지 아니하며, 권리가 이전될 때마다 채무자의 항변을 절단($\binom{\text{어}}{\text{17조}}$)시킴으로써 어음 자체의 이동에 의해 완결적으로 권리가 이전될 수 있게 하는 것이다. 수표의 경우는 어음과 같이 배서에 의해 양도할 수 있도록 지시식으로 발행할 수도 있으며, 이 경우에는 어음의 배서와 같은 효력과 기능을 가진다. 그러나 수표는 대부분 수표의 교부에 의해 양도할 수 있도록 소지인출급식으로 발행되는데, 이 경우에는 배서보다 더 간편하게 단순히 수표의 교부에 의해 완결적으로 양도할 수 있다.

이같이 어음 · 수표는 배서 · 교부 또는 교부에 의해 무한정 양도될 수 있으므로 배서 · 교부는 어음 · 수표에 유통성을 부여하는 가장 중요한 요소라고 할 수 있다.

3) **어음 · 수표의 무인성**　　어음 · 수표를 수수하는 당사자 사이에서는 원인관계상의 권리관계가 본질적인 이해관계이고, 어음 · 수표는 원인관계에서 발생한 채무를 이행하는 수단에 불과하다. 그렇다면 당사자 간에서는 어음 · 수표에 어떤 내용이 기재되었건 원인관계상의 실질적인 권리의 범위에서만 어음 · 수표상의 권리가 주어져야 옳다고 할 수 있다. 그러므로 원인관계가 무효 · 취소된다면 어음 · 수표 역시 효력을 잃는 것이 타당하다($\substack{\text{유인} \\ \text{성}}$).

그러나 어음은 특정인 사이에 그치지 않고 전전유통하며 계속 지급수단으로 활용되므로 유인성을 허용할 경우 전단계 어음거래의 원인관계에 생긴 흠은 어음의 유통선상에 놓여 있는 관계자 모두의 지위를 혼란시키게 되어 어음 · 수표가 원만한 지급수단의 구실을 할 수 없다. 그러므로 어음 · 수표는 이른바 무인성이 인정되어 특정인 간의 원인관계에 의해 영향받지 아니하고 화폐처럼 그 독자적인 효력을 가지고 유통된다.

예컨대 甲이 乙의 건물을 매수하고 대금지급을 위하여 어음을 발행해 주었으나, 그 목적건물이 계약 전에 소실하여 계약이 무효라 하자. 그렇더라도 甲이 발행한 어음은 유효하고, 乙로부터 배서받은 A는 적법하게 어음채권을 취득한다. 어음이 乙의 수중에 있더라도 같다. 乙은 적법하게 어음채권을 취득한다. 다만 乙이 甲에게 어음금을 청구해 올 때 甲은 원인관계, 즉 매매가 무효이니 대금을 지급할 필요가 없음을 이유로 항변권을 행사할 수 있으나, 이는 어음의 효력과는 무관한 문제이다.

4) **인적항변의 절단**　　지명채권의 경우에는 채권이 양도되더라도 원칙적으로 채무자는 채권자($\substack{\text{양도} \\ \text{인}}$)에 대해 갖고 있던 항변권을 가지고 양수인에게 대항할 수 있다($\substack{\text{민 451조의} \\ \text{반대해석}}$). 어음 · 수표의 양도에 대해서도 같은 효력을 인정한다면, 어음 · 수표를 취득하려는 자는 미리 자신의 양도인 및 그 이전에 어음 · 수표행위를 한 자들 상호 간의 항변권의 유무를 전부 조사해야 할 것이므로 어음 · 수표의 전전유통은 사실상 불가능해진다. 그러므로 어음 · 수표법은 어음 · 수표채무자들이 종전의 소지인에 대해 인적 관계로 인한 항변권을 가지고 현재의 소지인에게 대항할 수 없도록 한다($\substack{\text{어 17조;} \\ \text{수 22조}}$). 이를 「인적항변의 절단」이라 표현하는데, 이에 의해 어음 · 수표를 취득하는 자는 자신의 직접의 양도인이 어음 · 수표에 대해 갖고 있는 형식적 자격만을 조사하여 이상이 없음을 확인하고 취득하면 어음 · 수표의 문언에 따라 완전한 권리를 취득할 수 있다.

5) **선의취득의 요건완화**　　민법에서는 동산거래의 안전을 위해 권리의 외관, 즉 점유의 소재를 신뢰하고 무권리자로부터 권리를 양수받은 자는 적법하게 권리를 취득하게 하는 이른바 선의취득제도를 두고 있다($\substack{\text{민} \\ \text{249조}}$). 그러나 민법상의 선의취득은 취득자의 무과실을 요구하며 도품 · 유실물은 원칙적으로 선의취득의 대상에서 제외시키는 등 요건이 비교적 엄격하다($\substack{\text{민} \\ \text{250조}}$). 이 제도를 동산보다 더욱 빠른 속도로 유통되는 어음 · 수표에 그대로 적용

한다면 어음·수표의 유통성은 크게 후퇴하게 될 것이다. 그러므로 어음·수표법에서는 어음·수표의 선의취득의 요건을 완화하여 경과실이 있는 자도 선의취득이 가능하게 하며, 어음·수표가 도품·유실물인 경우에도 선의취득을 허용한다($_{항; 수 21조.}^{어 16조 2}$). 이에 의해 어음·수표의 유통성은 한층 강화된다.

6) **어음·수표채무의 독립성**    어느 법률행위의 효력에 기초하여 이어지는 그 다음 행위의 효력은 앞선 행위의 효력에 부종함이 원칙이다. 그러나 어음·수표법은 각 어음행위에 의해 생긴 채무에 독립성을 부여하여 어음·수표행위자는 선행행위의 효력이 어떠하건 간에 자신이 한 어음·수표행위의 내용에 따라 책임을 지게 하고 있다. 이에 의해, 어음·수표를 취득하는 자는 기존의 어음·수표행위의 일부가 무효·취소될 가능성을 감안하고도 잔존 어음·수표행위자의 책임을 기대하고 어음·수표를 취득할 수 있다.

7) **상환청구제도**    환어음의 지급인이나 수표의 지급인은 어음·수표금을 지급할 채무를 지는 자가 아니므로 지급을 거절한다 해서 이들을 상대로 강제이행을 시킬 수는 없으며, 환어음의 인수인이나 약속어음의 발행인은 어음의 주채무자로서 지급책임을 지기는 하나 그들에게 자력이 없으면 강제이행이 불가능하다. 또 자력이 있다 하더라도 강제집행절차는 번거롭고 비용이 따른다. 때문에 환어음·수표의 지급인이나 인수인 또는 약속어음의 발행인만을 상대로 어음·수표금을 청구할 수 있다고 한다면 이들의 신용을 알지 못하는 자는 어음·수표를 취득하려 하지 않을 것이다. 그러므로 어음·수표법은 어음·수표행위를 한 모든 자로 하여금 지급인($_{약속어음의 발행인}^{또는 인수인 또는}$)이 지급을 거절할 경우, 2차적으로 어음·수표금을 지급할 책임을 지게 함으로써 어음·수표의 소지인이 어음·수표금을 지급받을 수 있는 가능성을 높여 주고, 나아가 어음·수표의 유통성을 실질적으로 강화해 주고 있다. 이와 같이 지급인($_{음의 발행인}^{또는 약속어}$) 이외의 모든 어음행위자들이 2차적으로 지는 지급책임을 「지급담보책임」이라 하고, 소지인이 그 책임을 물어 지급을 청구하는 것을 「상환청구」라 하며, 이에 응해 상환의무자들은 「합동책임」이라는 특수한 형태의 공동책임을 지게 된다($_{수 43조}^{어 47조;}$). 환어음의 경우 지급인이 인수를 거절할 때에도 상환청구가 가능함은 기술한 바와 같다($_{1호}^{어 43}_{조}$).

8) **지급절차의 형식성**    어음·수표의 지급인은 지급제시를 받았을 때, 어음·수표의 요건, 배서의 연속 등 소지인의 형식적 자격만을 심사하면 족하고 실질적 권리의 흠결 또는 하자에 대해서는 사기 또는 중과실이 없는 한 책임을 면한다($_{항; 수 35조.}^{어 40조 3}$). 따라서, 심지어는 어음을 절취한 자가 자기 앞으로 배서를 위조하여 제시한 경우에도 지급인이 이 사실을 알지 못하고 지급하면 이후 지급책임을 면한다. 소지인도 어음·수표의 제시를 통해 자신의 형식적 자격만을 증명하면 족하고 실질적 권리의 존재를 증명할 필요는 없다. 이 제도는 사실상 어음·수표 자체만으로 실질적인 권리를 증명하게 한 것으로, 역시 어음·수표에 유통성을 부여하기 위한 전제요건이라 할 수 있다.

9) **어음·수표소송의 신속성**    어음·수표소송은 다른 민사소송에 비해 신속하게 종

료되는 경향이 있는데, 이 역시 어음의 유통성에 크게 기여하는 요인이 되고 있다. 민사소송의 경우 소가가 2억원을 초과할 때에는 제1심에서의 사물관할이 합의부에 있지만, 어음금의 청구에 관한 소송은 금액의 고하를 막론하고 단독판사가 관장한다(민사 및 가사소송의 사물관할에 관한 규칙 2조 1호). 따라서 어음금의 청구에 관한 소송은 합의부에 속하는 소송에 비해 절차가 신속히 진행된다.

그리고 어음금의 청구는 앞서 말한 무인성에 의해 원인관계와의 연결이 차단되어 어음자체만을 소재로 하여 권리의 유무를 다투므로 다른 민사청구에 비해 주장과 증명이 단순하다. 그리고 어음소송에서는 대부분의 경우 어음채무를 부정하는 자(즉피고)에게 증명책임이 주어지므로 원고가 매우 유리한 입장을 차지하게 된다.

# 제 5 절   어음(수표)행위

## Ⅰ. 어음(수표)행위의 의의

「어음행위」라 함은 어음상의 권리·의무를 변동시키는 법률행위를 뜻한다. 어음상의 권리의무를 변동시키는 법률사실에는 어음시효의 완성, 어음의 인수를 위한 제시 또는 지급을 위한 제시, 어음금의 지급 또는 지급거절 등과 같이 단순한 사건 또는 준법률행위에 속하는 것도 있으나, 어음의 발행·인수·배서와 같이 어음관계자들의 의사표시를 요소로 하는 것도 있다. 이들은 의사표시를 요소로 한다는 점에서 일반 법률행위와 다를 바 없으나, 어음상의 권리변동을 목적으로 한다는 내용상의 특색이 있어 이를 특히 다른 법률행위와 구별해 어음행위라고 부른다.

어음행위에는 후술과 같이 방식과 효과를 달리하는 여러 종류가 있으나, 그 공통점을 추려 정의하자면, 「어음상의 권리·의무를 변동케 하려는 의사표시를 요소로 하며, 기명날인(또는 서명. 이하 "기명날인"은 서명도 포함하는 뜻으로 사용한다)을 불가결의 요건으로 하는 법정의 방식에 따라 행하는 법률행위」라고 설명할 수 있다. 수표에 관한 법률행위인 수표행위는 어음을 수표로 대체하여 같은 뜻으로 정의할 수 있으므로 이하 어음행위를 수표행위를 포함하는 뜻으로 설명한다.

## Ⅱ. 어음행위의 종류

환어음에 관한 어음행위에는 발행·인수·배서·보증·참가인수의 다섯 가지가 있다. 약속어음에는 발행인이 지급인을 겸하는 까닭에 인수나 참가인수와 같은 행위가 없고, 발행·배서·보증의 세 가지만이 있다. 그리고 수표에는 발행·배서·보증·지급보증이 있다.

어음·수표의 발행은 어음상의 권리관계를 창설하는 행위이고 따라서 모든 어음행위의 전제가 되므로 「기본적 어음행위」라고 하고, 그 밖의 어음행위들은 발행에 의해 창설된 권리관계를 후속적으로 변동시키는 행위이므로 「부수적 어음행위」라고 한다.

## Ⅲ. 어음채무의 독립성(어음행위독립의 원칙)

앞서 어음은 사법상의 법률관계와 차별화되는 여러 가지 특성을 지니면서 유통성의 보장에 기여하고 있음을 설명하였다. 그중의 하나로 어음법은 어음채무의 독립성 또는 어음행위독립의 원칙을 명문으로 규정하고 있다.

(1) 의의

「어음행위독립의 원칙」이라 함은 어음행위를 한 자는 그 전제가 되는 다른 어음행위가 형식적 하자 이외의 사유로 무효·취소되더라도 그 영향을 받지 않고 자신이 한 어음행위의 내용에 따라 책임을 져야 함을 말한다. 앞에 설명한 「무인성」은 어음행위가 그 동기가 된 원인관계에 의해 영향을 받지 않는다는 것임에 대해 「어음행위독립의 원칙」은 선어음행위와 후어음행위 간의 관계에 관한 것이다.

어음이 발행되면 그 후 동일한 어음에 인수·배서·보증 등의 어음행위가 연속해서 이루어진다. 일반 사법관계에서라면 이와 같이 연속하는 법률행위는 선행하는 법률행위가 유효함을 전제로 효력을 갖는 것이 원칙이다. 예컨대 甲에 대한 乙의 지명채권이 乙→A→B의 순으로 양도될 때, 乙의 양도는 甲·乙 간의 채권발생의 유효를 전제로, 그리고 A의 양도는 甲·乙 간의 채권발생의 유효 및 乙의 양도행위의 유효를 전제로 효력을 가진다.

그러나 유통성을 생명으로 하는 어음에 대해서는 이 원칙을 그대로 적용할 수 없다. 예컨대 발행인 甲이 제한능력자라서 발행을 취소한 경우, 이를 알지 못하는 B가 乙, A의 배서를 거쳐 취득하였는데, 발행의 취소에 이어 乙, A의 배서가 따라서 효력을 잃는다면 B는 예측하지 못한 손해를 입는다. 이러한 손해를 피하기 위해서는 어음을 취득하는 자는 자신에게 양도한 자의 어음행위뿐 아니라 그 전에 이루어진 모든 어음행위의 유효성을 확인해야 할 것이나, 미지의 다수인 간에 전전유통하는 어음거래에서는 이를 기대할 수 없다. 그러므로 어음법은 후행행위자는 선행행위의 무효·취소에 의해 영향을 받지 않고 오로지 자신의 행위의 내용에 따라 책임을 지도록 하는데, 이를 어음채무의 독립성 또는 어음행위독립의 원칙이라고 한다.

이 원칙에 의해 어음소지인(B)은 무효·취소된 어음행위를 한 자(甲)에 대해서는 책임을 물을 수 없더라도 기타의 어음행위자들(乙·A)에 대해서는 책임을 물을 수 있는 것이다.

(2) 근거

1) 실정법적 근거    어음법 제7조는 「환어음에 i) 어음채무를 부담할 능력이 없는 자

의 기명날인, ii) 위조의 기명날인, iii) 가공인물의 기명날인, iv) 그 밖의 사유로 인하여 환어음의 기명날인을 한 자나 그 본인에게 의무를 부담하게 할 수 없는 기명날인이 있는 경우에도 다른 기명날인을 한 자의 채무는 그 효력에 영향을 받지 아니한다」는 뜻의 규정을 두고, 이 조문을 약속어음에 관해 준용하고($^{어 77}_{조 2항}$), 수표에도 같은 취지의 규정을 두고 있다($^{수}_{10조}$). 이 조문에서 「기명날인」이라고 함은 「어음행위」를 가리키며, 「기명날인자」라고 함은 「어음행위자」를 가리킨다.

이 밖에 어음법 제32조 제2항($^{수 27}_{조 2항}$)에서 주채무자의 어음행위가 무효이더라도 어음보증인의 책임에 영향이 없다는 뜻을 규정하고, 제69조($^{수}_{50조}$)에서 어음이 변조된 경우 어음행위자는 어음행위 당시의 문구에 따라 책임진다는 뜻을 규정하고 있는데, 이는 어음행위독립의 원칙을 주의적으로 규정한 것이다.

2) 이론적 근거   어음행위독립의 원칙의 실정법적 근거는 위와 같지만, 이같은 특례를 인정하는 데에 어떠한 타당근거가 있느냐는 의문이 제기되는데, 통설은 어음행위독립의 원칙은 어음거래의 유통성을 강화하기 위해 법이 정책적으로 설정한 특례라고 설명한다($^{정책}_{설}$). 이에 대해, 어음에 행해진 여러 개의 어음행위는 이론적으로는 별개의 행위인데, 단지 물리적으로 한 장의 서면에 합쳐진 것이므로 어느 서면행위의 무효·취소는 다른 행위에 영향을 줄 이유가 없다는 설도 있다($^{문언}_{성설}$).

(3) 적용범위

1) 형식의 흠   어음행위독립의 원칙은 선행행위에 형식상의 흠이 있을 때에는 적용되지 아니한다. 예컨대 기명날인 등 어음요건 중 일부가 누락된 채 발행된 어음에 배서·보증하더라도 배서인·보증인은 어음행위독립의 원칙에 따른 책임을 지지 아니한다. 그 이유는, 형식상의 하자는 누구든 인식이 가능하므로 이러한 어음을 취득한 자를 특히 보호할 필요가 없기 때문이다.

2) 어음행위별 적용범위   어음법과 수표법에서는 발행에 관한 장에서 어음($^{수}_{표}$)행위독립의 원칙을 규정하고 있으나($^{어 7조;}_{수 10조}$), 이는 어음행위 일반에 적용되는 총칙적 규정이라고 보는 데에 이설이 없다. 보증·참가인수·($^{수표}_{의}$)지급보증에 대해서 적용된다는 점에는 이설이 없고, 인수와 배서에 대해서는 적용 여부를 놓고 견해의 대립이 있으나, 적용을 긍정하는 것이 통설이고, 배서에 관해서는 판례 역시 같은 입장이다($^{대법원 1977. 12. 13.}_{선고 77다1753 판결}$).

3) 소지인의 선의   무효인 어음행위에 이어 다시 어음행위를 한 자는 자기의 뒤에 어음을 취득한 자가 당초 선행행위의 무효를 알고 취득한 경우에도 그에 대하여 어음행위독립의 원칙에 기한 책임을 지느냐에 관해 견해의 대립이 있으나, 어음행위독립의 원칙이란 선의자를 보호하기 위한 것만이 아니라 어음행위의 확실성을 보장하여 어음의 신용을 높이기 위한 제도이므로 소지인의 선의·악의에 관계없이 어음행위독립의 원칙을 적용해야 한다는 것이 통설이다.

## Ⅳ. 어음행위의 해석(외관해석의 원칙)

### (1) 어음행위 해석의 특성

일반 법률행위의 해석과 마찬가지로 어음행위의 의미를 파악하기 위해서는 그에 포함된 당사자의 의사의 해석이 필요하다. 그러나 어음행위는 미지의 다수인 간에 전전유통될 것을 전제로 행해지므로 직접의 거래당사자 사이에서만 법적 효과를 발생시킬 것을 목적으로 행해지는 일반 법률행위와는 그 해석원칙을 달리한다. 다음과 같은 사정 때문이다.

1) 의사해석의 소재의 제한성　　일반 재산법적 법률행위는 그 내용도 다양한데다, 방식의 자유로 인해 다양한 모습으로 행해지다보니 당사자의 진의가 외부에 선명하게 표시되지 않는 경우도 많다. 그러므로 법률행위의 해석은 표시된 당사자의 의사를 주로 하더라도, 거래의 목적, 거래의 성질, 당사자들의 행위 당시의 사정 등 여러 가지 주변여건도 의사해석의 소재로 삼는다.

그러나 어음행위는 일정한 금액을 언제, 어디에서 지급한다는 비교적 단순한 내용을 갖고 그 방식도 요식의 서면행위로 제한되어 있는 결과, 의사표시해석의 소재 역시 어음이라는 서면으로 확실하게 존재하고 또 그 기재내용의 신뢰성이 법에 의해 지지되므로 어음상의 기재 이외의 다른 사정을 참고할 필요가 크지 않다.

2) 행위효과의 확산　　일반 법률행위의 효과는 직접의 당사자 사이에 머무는 것이 통례이므로 법률행위의 해석도 이 점을 전제로 하여 대립하는 두 당사자 사이에서 최대의 공평을 유지하는 데에 초점을 맞춘다. 그러나 어음은 전전유통하므로 어음행위의 효과는 직접의 당사자 사이에만 머물지 않고 다수의 제3자에게까지 확산하게 마련이다. 때문에 어음행위에는 직접의 당사자 간의 이익조정을 목적으로 하는 일반 법률행위해석의 방법을 그대로 원용할 수는 없다. 어음행위의 해석은 마땅히 모든 어음당사자들의 이해를 동시에 고려하여야 하는 것이다.

### (2) 외관해석의 내용

이상과 같은 어음행위의 특수성을 고려할 때 최선의 해석방법은 모든 이해관계인들이 어음거래시에 숙지하고 모두에게 공통의 의미를 갖는 어음의 문언을 소재로 해석하는 것이다. 그래서 어음행위의 의미는 어음의 문언에 따라 객관적으로 해석해야 한다는, 이른바 「외관해석」의 원리를 어음행위의 해석원칙으로 삼는다. 즉 어음행위는 당사자의 내심의 의사와 같은 어음 외적인 사정에 의하여 어음상의 기재를 변경하는 방식으로 해석되어서는 안되는 것이다(대법원 2000. 12. 8. 선고 2000다33737 판결).

외관해석원칙의 실제적인 의미는 다음과 같다.

어음행위의 성립·유효 여부는 모두 어음의 기재에 따라 정해야 한다. 그러므로 당사자가 진정하게 어음행위를 할 의사가 있었음에도 불구하고 기재의 착오로 행위의 요건을 구비하지 못한 경우(예: 기명날인의 누락)에는 기재된 바에 따라 어음행위는 무효가 되며, 그 반대의 경우도 같다. 상대방이 어음행위자의 진의를 알고 있더라도 차이가 없다.

어음행위의 효과도 기재된 바에 따른다. 예컨대 대리의 의사로 어음행위를 했더라도 대리자격을 표시하지 않았으면 행위자 자신의 어음행위로 보아야 할 것이고, 반대로 자신의 어음행위를 할 의사로 했더라도 대리자격을 표시하였으면 대리행위로 보아야 한다. 그리고 단순히 민사보증의 의미로 어음에 배서를 했더라도 이는 어음법상의 배서로 보아 배서의 효력(권리이전적 효력(어 14조 1항), 담보적 효력 (어 15조 1항), 자격수여적 효력(어 16조 1항))을 인정해야 한다.

### (3) 외관해석의 한계

외관해석을 하더라도 존재하지 않는 법률상태의 창설을 허용할 수는 없다. 예컨대 어음행위 당시(예컨대 2022. 5. 1) 미성년인 자가 능력자로 되는 날(예컨대 2023. 5. 1)을 발행일자로 하여 어음을 발행했다고 해서 능력자의 행위로 볼 수는 없으며, 기한 후에 배서하는 자가 기한 전의 날짜를 배서일자로 기재했다고 해서 기한전배서가 되는 것은 아니다(어 20조 참조). 외관해석이란 어디까지나 당사자의 의사해석에 국한된 원리이다.

### (4) 유효해석의 원칙

어음행위는 다소의 흠이 있더라도 신의칙에 입각해 가급적 유효로 해석해야 한다는 것이 판례와 일부학설의 입장인데, 이를 「유효해석의 원칙」이라고 한다. 예컨대 1978년 2월 30일을 발행일자로 기재한 어음은 1978년 2월 말일을 발행일로 하는 유효한 어음으로 해석하며(대법원 1981. 7. 28. 선고 80다1295 판결), 지급지가 포항시로 기재되고 지급장소는 서울특별시로 기재된 어음은 임의적 기재사항인 지급장소의 기재가 없는 유효한 어음으로 해석해야 한다(대법원 1970. 7. 24. 선고 70다965 판결).

## Ⅴ. 어음행위의 성립

일반 법률행위는 방식의 자유가 허용되므로 법률행위의 목적의 가능·적법·타당, 행위자의 능력, 의사와 표시의 일치 등 실질적 요건을 갖추면 유효하게 성립하고, 법률행위의 형식에 대해서는 특별한 제한이 없으나, 어음행위는 요식성으로 인해 법 소정의 방식을 갖추어야 한다. 그래서 어음행위의 성립요건으로서 첫째, 적법한 방식을 갖출 것(형식적 요건), 둘째, 행위능력 등 일반 법률행위의 유효요건을 갖출 것(실질적 요건), 끝으로 어음이 상대방에게 교부될 것이 요구된다.

### 1. 형식적 요건(어음행위의 방식)

#### (1) 의사표시의 증권화

어음은 기명날인의 의의를 살릴 수 있고 유통이 가능해야 하므로 어음행위에 담겨진 행위자의 의사표시는 문서로 표시되어야 한다. 그러므로 전통적으로 어음은 유체물이어야 한다고 이해되어 왔다. 다만 전자어음은 전자문서로 만들어지므로 일반 어음의 소재처럼 물리적인 형상을 갖지 아니한다(전어 2조 2호). 어음행위자의 의사표시는 이같이 증권화되어 어음관계에 참가하는 모든 이해관계인들에게 공통적이고 객관적인 뜻을 지니며 각자의 법적 지위를 결정해 준다.

### (2) 의사표시의 정형성—법정기재사항

어음행위자의 의사표시가 증권화되어 다수인 간에 유통되기 위해서는 모든 당사자들이 단일한 의미를 부여할 수 있도록 의사표시가 정형화되어야 한다. 그래서 어음·수표법은 어음행위별로 각 의사표시의 내용에 부합하는 사항을 규격화하여 기재하도록 규정하고 있다. 예컨대 환어음의 발행이라면 '환어음'이라는 문구 등 최소한 8가지 사항을 적도록 규정하며(어 1조), 어음의 보증이라면 피보증인의 명칭과 보증한다는 문구를 표시하도록 규정하고 있다(어 31조).

이같이 어음행위가 법정의 기재사항을 구비해야 하므로 어음을 요식증권이라 하는데, 그 요식성은 다른 유가증권에 비해 특히 엄격하여 법정기재사항을 갖추지 않을 경우에는 원칙적으로 무효가 된다. 법정기재사항은 어음행위별로 상이하므로 각 어음행위별로 따로 설명한다.

### (3) 기명날인(또는 서명)

1) 기명날인(또는 서명)의 의의    각 어음행위는 종류에 따라 법정기재사항을 달리하지만, 어느 것이나 어음행위자의 기명날인(또는 서명. 이하 같음)을 요한다는 점에서는 공통된다(어 1조 8호, 13조 1항, 25조 1항, 31조 2호, 75조 7호, 77조 1항; 수 1조 6호, 16조 1항, 25조 2항, 53조 2항). 어음행위자의 기명날인은 어음행위에 불가결한 요소로서, 다른 기재사항은 간혹 생략될 수 있으나, 기명날인이 결여된 어음행위는 절대 무효이다. 다만 전자어음에서는 전자서명으로 기명날인을 갈음한다(전어 6조 3항).

왜 기명날인을 불가결한 요건으로 하는가? 우선 어음행위자로 하여금 어음행위시에 기명날인을 통해 보다 신중을 기하게 하는 뜻이 있다. 그러나 보다 중요한 것은 어음행위의 존재 및 그 행위자의 동일성을 공시하고 그 증명방법을 정형화시키는 것이다. 어음거래에 있어서 「'누가', '어떠한' 어음행위를 하였는가」라는 사실을 인식하고 증명하는 것이 매우 중요함은 두 말 할 필요가 없다. 그러므로 어음면 자체에서 행위자를 완결적으로 인식할 수 있고 그 자체만 가지고 증명할 수 있는 방법으로서, 우리 사회에서 거래통념상 문서에 의한 행위시에 행위자의 동일성을 표시하는 방법으로 굳혀진 기명날인을 택한 것이다(헌법재판소 2008. 3. 27. 선고 2006헌바82 참조).

〈어음법상 '기명날인(또는 서명)'의 용례〉 어음법에서 「기명날인(또는 서명)」이란 용어를 사용할 때에는 문자 그대로 이름을 쓰고 도장을 찍는 것(기명날인) 또는 자필로 이름을 쓰는 것(서명)을 가리키는 것이 보통이다(예: 어 1조 8호). 그러나 때로는 기명날인(또는 서명)을 포함한 어음행위 자체를 뜻할 때도 있다. 예컨대 어음법 제7조, 제8조, 제69조, 수표법 제10조, 제11조, 제50조에서 '기명날인(또는서명)' 또는 '기명날인(또는서명)자'라 함은 '어음행위' 또는 '어음행위자'를 가리킨다.

**2) 기명날인(또는서명)의 방식**　　어음행위자는 기명날인 또는 서명을 선택하여 어음에 기재하여야 한다. 기명날인은 어음행위자의 명칭을 기재하고 그의 인장을 압날하는 방법으로 하고, 서명은 그 명칭을 자필로 기재하는 방법으로 한다.

　i) 명칭의 기재　　명칭은 행위자의 실명을 사용함이 보통이겠으나, 어음상의 명의가 반드시 실명과 일치해야 하는 것은 아니다. 아호 기타 별칭이라도 어음행위자를 특정할 수 있는 한 유효하다. 상인이 어음을 발행하거나 배서하면서 상인 자신의 성명 대신 상호만을 기재하는 예가 있는데, 통설은 이를 유효로 보고 있으나, 개인상인의 경우 상호가 권리주체를 나타내는 명칭이 될 수는 없으므로 유효한 기명이라 볼 수는 없다.

　ii)「기명」과「날인」　　「기명」이라 함은 단지 성명을 기재함을 뜻하므로 자필서명 외에도 타자·인쇄도 무방하며, 흔히 이름이 새겨진 고무인을 쓰는데 이 역시 무방하다.

　「날인」이라 함은 '인장'을 '압날'하는 것이므로 무인(손도장)으로 갈음할 수 없다(통설·판례). 날인의 진실성을 보장하기 위한 수단으로 주민센터, 등기소 등에 등록된 인감을 요구하는 예가 많으나, 어음거래에서는 어떠한 인장이라도 무방하다.

　「날인」에 의한 인영상의 문자가「기명」과 일치하는 것이 보통이지만, 기명과 의미상 불일치하는 인장을 사용하는 예도 있다(예: 홍길동 ㉞). 통설·판례는 유효한 날인으로 본다(대법원 1978. 2. 8.  선고 77다2489 판결).

　날인은 어음행위시마다 실제로 이루어져야 하며, 여러 장의 어음용지에 어음행위자의 성명과 인영 부분을 미리 인쇄하여 사용하는 것은 '기명' 부분은 무방하나 '날인' 부분은 적법하지 않다.

　한편 날인만 있고 기명이 없는 어음행위는 행위자를 특정할 수 없으므로 무효이다(대법원 1999. 3. 9. 선고  97다7745 판결).

　iii) 서명　　서명은 자필로 기명함을 뜻하므로 어음행위자가 자기의 명칭을 자서하는 방법으로 한다. 자서를 요하므로 명칭이 새겨진 고무인을 사용하거나 타자·인쇄 등의 방법으로 기재해서는 안 된다. 서명을 통해 어음행위자의 명칭이 인식되어야 하므로 흔히 '사인(signature)'이라고 해서 문자로서의 판독이 불가능하게 도형화해서 기재하는 것은 적법한 서명이 아니다(예컨대 " ").

　**3) 기명날인(또는서명)의 위치**　　기명날인(또는 서명. 이하 같음)은 어음행위자가 하고자 하는 어음행위의 문언과 일체를 이룬다고 볼 정도의 위치적인 근접을 보여야 한다. 그렇지 않으면 기명날인이 없다고 인정되거나 아니면 법상 다른 행위로 의제되기 때문이다. 예컨대 어음의 발행인의 기명날인은 어음요건이 기재된 앞면에 해야 하며, 뒷면에 한다면 이는 배서로 인정되

므로($\frac{어 13}{조 2항}$) 발행인의 기명날인이 없는 것으로 다루어야 한다. 또 어음의 배서인이 어음의 뒷면에 배서문구를 기재하고 기명날인은 앞면에 한다면 이 기명날인은 발행인을 위한 보증으로 의제된다($\frac{어 31조}{3항 \cdot 4항}$).

그리고 '기명'과 '날인'은 동일인의 것으로 인식될 정도로 근접해야 한다.

4) 기명날인($\frac{또는}{서명}$)의 대행

i) 기명날인의 대행　　기명날인은 자필서명을 뜻하는 것이 아니므로 타인이 어음행위자 본인의 기명을 하고 본인의 인장을 압날하는 이른바 「기명날인의 대행」도 허용된다. 기명날인의 대행은 두 가지의 유형이 있다. 첫째는 대행자가 단지 본인의 지시에 의해 어음을 작성한 후 기명하고 날인하는 동작을 해 주는 경우이다($\frac{사실적}{대행}$). 이 경우 대행자는 단지 어음행위자의 손발이 되어 사실적 동작을 대신함에 불과하므로 그의 의사의 하자는 어음행위의 효력에 어떤 영향도 주지 아니한다.

둘째는 대행자가 기명날인의 동작만 대신하는 것이 아니라 본인의 수권에 의해 본인을 대신하여 어음행위를 위한 의사결정을 하는 것이다($\frac{대리적}{대행}$). 이 경우는 행위의 실질이 대리와 다름없으므로 판례는 이를 「서명대리」라 부르며, 대리의 일종으로 다루어 왔다.

대행은 어음행위자 본인의 부탁에 의해 이루어지는 것이므로 본인의 부탁없이 본인의 기명날인을 했다면 기명날인의 대행이 아니고 어음행위의 위조가 되고, 일정한 요건을 구비할 경우 표현대리가 성립한다($\frac{후}{술}$).

〈구분의 예〉 예컨대 父가 손놀림이 자유롭지 못해 子에게 내용을 불러 주며 어음면을 작성케 하고 父의 이름을 쓰고 인장을 찍게 했다면, 어음행위에 子의 의사가 개입할 여지가 없으므로 이는 사실적 대행이다. 그러나 父가 子에게 인장을 주고 거래처에 보내 어음을 작성해 주고 오게 했다면, 子는 父가 알려 주는 내용대로 했다 하더라도 거래처에 어음을 작성 · 교부하는 것은 子의 의사에 기인하므로 어음발행의 대행이지만 실제로는 어음발행을 대리한 것이다.

ii) 서명의 대행　　서명은 「자필기명」을 뜻하므로 이론상 대행이 있을 수 없지만, 실제로는 甲의 이름으로 하는 어음행위에 乙이 대신하여 甲의 이름을 쓰는 경우가 있을 수 있다. 이는 기명에 불과하고 법이 예정한 서명이 아니다. 그렇다고 이를 서명이 없는 어음으로 보아서는 안 된다. 외관상으로는 甲의 서명인지 타인이 해준 기명인지 알 수 없기 때문이다. 그러므로 일단 서명으로서의 외관을 구비하면 형식상 하자가 없는 유효한 어음으로 보고, 그 이후에 행해진 어음행위에 대해서는 어음행위독립의 원칙을 적용해야 한다. 그리고 서명의 대행이 본인의 의사에 의해 이루어진 것이라면 대리행위로 볼 수 있다.

5) 대리인의 기명날인　　어음행위를 타인이 대리할 경우, 이 때 어음면에 표현되는 어음행위는 대리인의 의사에 기해 행해지므로 기명날인($\frac{또는 서명 \cdot}{이하 같음}$)도 본인이 아니라 대리인

이 하여야 한다. 다만 대리자격을 표시해야 한다.

〈예시〉

```
┌─────────────────────────────────────┐
│              약 속 어 음              │
│                                      │
│              (내용 생략)              │
│                                      │
│                                      │
│   발행인: 우리은행 주식회사 종로지점장  │
│         홍 길 동 ㊞                  │
└─────────────────────────────────────┘
```

－ 이 예에서 '우리은행 주식회사'는 본인의 표시이고, '지점장'은 대리자격이다.

6) **법인의 기명날인**　　법인의 어음행위 역시 법인의 대표가 대표자격을 표시하고 자신의 기명날인을 하거나, 법인의 대리인이 대리자격을 표시하고 기명날인을 하는 방법으로 한다.

〈예시〉

```
┌─────────────────────────────────────┐
│              약 속 어 음              │
│                                      │
│              (내용 생략)              │
│                                      │
│                                      │
│   발행인: 서울산업 주식회사           │
│   대표이사  홍 길 동 ㊞              │
└─────────────────────────────────────┘
```

－ 이 예에서 '서울산업 주식회사'는 법인 본인의 표시이고, '대표이사'는 대표자격의 표시이다.

이와 달리 법인의 명칭을 기재하고 법인의 인장을 압날한 것은 법인의 어음행위로 볼 수 없다(통설·판례). 또 법인의 어음행위는 대표자가 법인을 대표하여 한다는 뜻이 표시되어야 하므로 단순히 대표자의 기명날인만 있다면 이는 대표자 개인의 어음행위로 보아야 한다.

대표자격의 표시가 요구되는 것은 법인이 직접 어음행위를 하는 경우이고, 대리인이 법인의 어음행위를 대리할 경우에는 대리자격을 표시해야 한다.

7) **조합의 기명날인**　　조합은 법인격이 없으므로 조합 자체의 어음행위가 있을 수 없다. 따라서 조합원 전원이 어음채무를 부담할 의사로 어음행위를 한다면, 조합원 전원이 기명날인을 하거나 조합원 전원을 대리할 권한이 있는 자가 조합원을 대리하여 기명날인하는 것이 원칙이다. 그러나 판례는 조합의 대리인이 어음행위를 대리한 경우, 조합원 전원을 본인으로 기명하지 않고 조합대표가 조합명과 그 대표자격을 표시하고 기명날인한 경우에

도 전조합원의 어음행위로서 유효하다고 본다(대법원 1970. 8. 31.)(예-'서울주택조<sub>일홍</sub>(통인) 선고 70다1360 판결)(합 대표 홍길동 (통인)).

## 2. 실질적 요건

어음행위는 법률행위이므로 이상의 형식적 요건 외에 법률행위 일반에 공통되는 유효요건을 구비하여야 한다. 대체로 법률행위의 유효요건에 관한 민법의 일반원칙이 어음행위에도 그대로 적용되지만, 일부 규정의 경우 어음행위의 특성을 고려하여 수정적용하거나 아예 적용을 배제하여야 할 경우도 있다. 이하 사항별로 검토한다.

### (1) 어음상의 권리능력

법인 기타 단체의 경우에는 권리능력의 유무가 문제되는 경우가 종종 있다.

1) 권리능력 없는 사단도 대표자명의의 어음행위를 통해 총사원이 총유적으로 어음채무자가 되고, 또 권리능력 없는 사단의 재산에 대해 강제집행을 할 수 있으므로 권리능력 없는 사단도 어음행위를 할 수 있다는 것이 다수설의 입장이다(강·임 53; 김정호 52; 김홍기 947; 손진화 955; 이·최 120; 정경영 1080; 정찬형 69). 그러나 권리능력 없는 사단은 법률에 의해 부동산등기능력 등 제한적인 권리에 한해 능력이 인정될 뿐이고, 책임관계가 불투명하므로 어음상의 권리능력은 부정하는 것이 합리적이다(송옥렬 488; 최기원 122). 따라서 권리능력 없는 사단의 대표자가 동 사단을 대표하여 어음행위를 한 경우에는 대표자 자신의 어음행위로 보아야 한다(대표자 책임설).

2) 영리회사의 경우 정관에 정한 목적의 범위 내로 일반적인 권리능력이 제한되는지 여부에 관해 제한설과 무제한설이 대립하지만, 어느 설을 취하더라도 어음행위의 추상성으로 보아 회사의 목적과 관련짓는 것은 타당하지 않으므로 영리회사는 목적 여하에 불문하고 어음상의 권리능력이 있다고 해야 한다.

3) 특별법에 의해 설립된 비영리법인의 경우 그 근거법에서는 대개 자금차입 기타 채무부담행위를 엄격하게 제한하고 있는데, 판례는 이에 근거하여 어음의 발행을 통한 자금차입행위 또는 배서·보증과 같은 채무부담행위는 무효라고 보고 있다(대법원 1985. 2. 26. 선고 84다카527 판결 외 다수).

〈학교의 어음행위〉 사립학교의 장이 학교운영자금을 조달하기 위한 목적으로 어음·수표를 발행하는 예가 있으나, 사립학교는 사립학교법에 의해 설립된 학교법인이 운영하는 사업에 지나지 않고, 그 자체 권리능력이 있는 단체는 아니다. 따라서 사립학교의 장이 학교를 위해 발행한 어음·수표는 권리능력 없는 자가 발행한 어음·수표로서 무효이거나 상황에 따라 학교장 개인의 발행으로 보아야 한다(대법원 1971. 2. 23. 선고 70다2981 판결).

### (2) 어음행위능력

어음행위에도 민법상의 제한능력제도가 일반적으로 적용된다. 따라서 의사능력 없는 자의 어음행위는 당연히 무효이며, 제한능력자는 일반 재산거래에서와 마찬가지로 제한된

능력만을 갖는다. 다만 민법상의 제한능력제도를 어음행위에 적용함에 있어 몇 가지 견해가 갈리는 부분이 있다.

i) 미성년자의 법률행위는 법정대리인이 대리하거나 미성년자가 법정대리인의 동의를 얻어 스스로 법률행위를 할 수 있고($\frac{민 5조}{1항 본}$), 피성년후견인은 법정대리인의 대리를 통해서만 법률행위를 할 수 있으므로($\frac{민 10}{조 2항}$) 미성년자가 법정대리인의 동의 없이 단독으로 어음행위를 하거나 피성년후견인이 ($\frac{동의 유무}{에 불구하고}$) 단독으로 어음행위를 한 경우에는 취소사유가 된다($\frac{민 5조 2항,}{10조 1항}$).

한정후견을 개시하는 경우 법원은 피한정후견인이 한정후견인의 동의를 받아야 하는 행위의 범위를 정할 수 있는데($\frac{민 13}{조 1항}$), 법원이 어음행위를 동의가 필요한 행위로 정한 경우에는 피한정후견인이 한정후견인의 동의 없이 어음행위를 한 경우 취소사유가 된다($\frac{민 13}{조 4항}$).

ii) 미성년자가 단지 권리만을 얻거나 의무만을 면하는 행위에 관해서는 법정대리인의 동의를 요하지 않지만($\frac{민 5조}{1항 단}$), 어음행위는 언제나 채무부담을 하거나 권리를 처분하는 내용이므로 이 예외에 해당되는 예는 생각할 수 없다($\frac{통}{설}$).

iii) 법정대리인이 범위를 정하여 처분을 허락한 재산은 미성년자가 임의로 처분할 수 있으므로($\frac{민}{6조}$), 미성년자는 그 재산에 관하여 어음행위능력을 가진다고 풀이하는 것이 다수설이나($\frac{강·임 52; 손진화 956; 정동}{윤 65; 정찬형 71; 최기원 95}$), 민법 제6조에 의해 미성년자에게 허락된 것은 주어진 재산의 물권적 처분이지 채무부담행위가 아니므로 이 규정에 근거한 어음행위능력은 부정하는 것이 옳다.

iv) 미성년자가 법정대리인으로부터 영업의 허락을 받은 경우 또는 미성년자가 법정대리인의 허락을 얻어 회사의 무한책임사원이 되는 경우에는 영업상의 행위 또는 사원자격으로 인한 행위에 관해서는 능력자로 본다($\frac{민 8조;}{상 7조}$). 이 경우 영업 또는 사원자격으로 인한 행위에는 어음행위도 포함시킬 필요가 있으므로 어음행위능력을 인정해야 한다($\frac{통}{설}$).

v) 제한능력으로 인하여 취소할 수 있는 어음행위는 법정대리인 또는 본인이 취소 또는 추인할 수 있고($\frac{민 5조 2항, 10조 1항,}{13조 4항, 143조 1항}$), 제한능력으로 인한 무효·취소는 물적 항변사유로서 누구에게나 대항할 수 있다($\frac{859면}{참조}$).

### (3) 어음행위의 목적

법률행위가 유효하기 위해서는 그 목적이 확정되고, 가능하고, 적법하며, 사회질서에 위반하지 않아야 한다. 어음행위의 경우 법정의 방식을 따르는 한 행위의 목적은 자동적으로 확정되며, 어음채무는 금전채무이므로 목적이 항상 가능하다. 그리고 어음의 원인관계는 법률에 위반하거나 사회질서에 어긋날 경우가 있으나, 어음행위는 무인성을 가지므로 어음행위 자체의 목적은 항상 적법하다고 보아야 한다. 요컨대 어음행위에는 목적에 관한 일반 법률행위의 원칙이 적용될 여지가 없다.

### (4) 의사와 표시의 일치

민법 제107조 내지 제110조는 의사표시에 하자가 있는 경우(비진의표시, 허위표<br>시, 착오, 사기·강박)의 효력을 규정하고 있는데, 한결같이 선의의 제3자를 보호하는 규정을 아울러 두고 있다. 따라서 이 규정들은 어음행위에 적용하더라도 어음의 유통성에 장애를 주는 바가 없으므로 그대로 적용된다(대법원 1996. 8. 23. 선고 96다18076 판결; 동 2005. 4. 15. 선고 2004다70024 판결;<br>채무면탈을 목적으로 약속어음을 발행한 것을 통정허위표시로서 무효라고 한 예).

### (5) 대리

민법의 대리에 관한 규정은 어음거래의 특성상 상당 부분 수정되어 적용되어야 한다. 상세한 점은 후술한다(848면 이<br>하 참조).

### (6) 어음행위와 조건

재산법적 법률행위는 일반적으로 조건을 붙일 수 있으나, 어음행위는 일반적으로 「조건에 친하지 않은」 행위이다. 어음행위에 조건을 붙일 경우에는 그 어음행위의 효력이 불확실한 장래의 사실에 의존하게 되어 당사자들의 지위가 불안정해지기 때문이다. 그러나 조건을 붙임으로써 어음관계가 불안정해지는 정도는 어음행위의 종류에 따라 상이하므로 어음법은 어음행위별로 조건의 취급을 달리한다. 관련되는 곳에서 설명한다.

### 3. 증권의 교부(어음이론)

어음을 발행하기 위해서는 어음이라는 증권을 작성하고 그 증권을 상대방에게 교부하여야 하는데, 이 과정에서 어음이 언제 효력을 발생하느냐는 의문이 제기된다. 이는 언제부터 어음이 완성되고 선의취득이 가능해지느냐는 문제이다. 고전적인 논쟁으로 다음과 같은 견해가 대립한다. i) 어음채무는 발행인이 어음을 일방적으로 작성함으로써 발생한다고 설명하는 창조설(19C 독일민법 제정시 무기<br>명증권에 관해 유행한 학설), ii) 어음의 발행은 단독행위로서, 어음행위자의 의사에 의해 서면작성이 이루어지고 누구이든 특정의 상대방(어음행위자가 당초 예상한<br>상대방에 한하지 않는다)에게 어음을 교부하면 어음채무가 발생하며 상대방의 어음수령의사를 요하지 않는다고 설명하는 발행설(강·임<br>49; 정찬형<br>77, 최완진 526), iii) 어음발행은 발행인과 상대방 간의 계약에 의해 효력이 발생하며, 어음상의 채무가 발생하기 위하여는 발행인이 어음을 작성하는 외에 상대방과 어음의 교부에 관한 계약을 체결해야 한다는 교부계약설(정동윤<br>59), iv) 어음채무는 원칙적으로 어음의 작성과 어음의 교부계약에 의해 발생하지만 교부계약이 흠결된 경우라도 어음을 작성한 자는 어음상의 권리가 존재하는 듯한 외관을 창출하였고 그에 대해 귀책사유가 있는 때에는 교부계약이 있는 경우와 동일하게 책임져야 한다는 권리외관설(최기원<br>139)이 있다.

어느 설을 취하는지 분명한 입장을 밝힌 판례는 없지만, 과거 약속어음의 발행이 단독행위라고 규정지은 판례가 있는데(대법원 1989. 10. 24.<br>선고 88다카24776 판결), 「발행설」을 취한 것으로 볼 수 있다. 하지만 이후 어음을 작성한 후 도난당한 자에게 취득자가 어음의 외관을 신뢰하였음을 이유로 발행인으로서의 책임을 물은 판례가 있다(대법원 1999. 11. 26.<br>선고 99다34307 판결). 이는 권리외관설을 취한 것으로 이해할 수 있지만, 창조설에 의해서도 같은 결론을 낼 수 있어 딱히 어느 설을 취했다고 단정하기는 어렵다.

어음을 수수하는 당사자 사이에 어음의 교부에 관한 합의가 있는 것은 분명하지만, 이는 채무의 결제수단으로서 어음을 교부한다는 어음 외적 합의로서 원인관계에 관한 합의의 일부이므로 무인성을 갖는 어음행위의 영역에 흡수시켜 이해해서는 안된다. 한편 창조설에 의할 때에는 발행인의 의사에 기하지 않는 유통($^{예:}_{도난}$)에 관해 책임을 져야 하는 가혹한 결과가 생긴다. 권리외관설은 실질적으로 창조설과 다름없다. 발행설은 단독행위설에 입각함으로써 교부계약설과 권리외관설이 갖는 오류를 피하는 동시에 어음거래의 안전에 부합하는 이론이라고 생각된다.

## Ⅵ. 어음행위의 대리

상거래가 많은 경우 대리에 의해 이루어지므로 그 지급거래인 어음거래 역시 대리에 의해 행해지는 일이 흔하다. 그리하여 어음행위의 대리에 관련된 많은 법률문제가 발생하고 특히 표현대리, 무권대리로 인한 분쟁이 빈번하다.

어음법에서는 제8조($^{수}_{11조}$)에서 어음행위의 무권대리의 효과에 관해서만 규정을 둘 뿐 나머지 문제는 민법의 일반원칙에 미루고 있다. 그러므로 민법의 대리에 관한 규정이 일반적으로 어음의 대리에 관해 적용되지만, 어음거래의 특성상 몇 가지 수정을 요하는 사항이 있다.

### 1. 현명주의

민법의 일반원칙에 의하면 대리인이 본인을 위한 것임을 표시하지 않더라도 상대방이 대리행위임을 알았거나 알 수 있었을 경우에는 대리행위로서의 효력이 있다($^{민\ 115}_{조\ 단}$). 그러나 어음의 문언성으로 인해 이 민법규정은 적용되지 아니한다($^{통}_{설}$). 따라서 甲´가 甲을 대리할 의사로서 乙에게 어음을 발행하면서 甲을 표시하지 않고 자신의 이름만으로 기명날인한 경우에는 甲´의 발행으로 보아야 하므로 乙이 甲의 어음행위임을 알았다 하더라도 甲에 대하여 어음금을 청구할 수 없고, 甲´는 자신이 대리인에 불과함을 항변하지 못한다.

어음행위의 현명주의는 발행·배서 등 어음행위를 할 때 적용되는 것이고, 타인의 어음행위를 수령할 때, 즉 타인으로부터 어음을 교부받을 때에는 적용되지 않는다($^{대법원\ 1976.}_{12.\ 14.\ 선고\ 76}$ $^{다2191}_{판결}$).

### 2. 자기계약·쌍방대리의 적용

민법 제124조에서는 본인과 대리인의 이익상충을 방지하기 위하여 대리인이 본인의 허락 없이 자신과 본인과의 법률행위를 하거나 동일한 법률행위에 관하여 쌍방을 대리하는 것을 금한다. 어음행위에도 자기계약 또는 쌍방대리가 있을 수 있다. 예컨대 지배인이 영업주를 대리하여 자신에게 어음을 발행하는 경우(자기계약), 또는 A상인의 지배인 B가 동시에 C상인을 대리하여 A상인이 C상인에게 발행하는 어음을 작성하는 경우(쌍방대리)와 같다. 어음행위는 원인관계상의 채무보다 더욱 엄한 채무부담의 원인이므로 제한의 필요성이 더욱 크다고 보아 통설은 민법 제124조의 적용을 긍정한다. 따라서 위 예의 어음발행은 무효이다. 그러나 어음의 유통성보호의 고려에서 자기계약 또는 쌍방대리 이후에 선의로 그 어음을 취득한 자에 대해서는 무효를 주장할 수 없다(상대적 무효설: 통설).

### 3. 표현대리

#### (1) 의의

민법에서는 표현대리에 관해 본인에게 그 책임을 귀속시키며(민 125조, 126조, 129조), 상법에서는 표현지배인의 행위에 대해 영업주의 책임을 인정한다(상 14조 1항). 이러한 표현대리제도는 어음행위에도 적용된다. 예컨대 甲´가 甲의 대리인임을 자칭하며 甲의 이름으로 乙에게 어음을 발행하거나 배서를 하였는데 乙이 甲´에게 대리권이 있다고 믿을 만한 정당한 사유가 있을 경우, 甲은 어음발행인이나 배서인으로서의 책임을 면하지 못한다. 어음행위에 관해 표현대리가 성립하기 위하여는 어음행위의 상대방이 표현대리인에게 대리권이 없다는 사실에 관해 선의이며 과실이 없어야 한다. 이 점 민법에서 명문으로 정하는 바이다(민 125조 단, 126조, 129조 단).

실례의 하나로, 타인의 인장을 보관하는 자가 그 인장을 이용하여 타인의 이름으로 어음을 수차 발행했고 그 타인이 어음금을 계속 지급해 왔다면 상대방으로서는 인장소지인에게 대리권이 있다고 믿을 정당한 사유가 있다고 한 판례가 있다(대법원 1991. 6. 11. 선고 91다3994 판결). 이에 대해 특히 고액의 어음의 경우 어음의 외관으로 보아 진정한 대리권의 존재를 의심할 사정이 있음에도 불구하고 발행인 본인에게 확인하지 않은 경우에는 대리권을 믿은 정당한 사유가 없다고 한다(대법원 2000. 2. 11. 선고 99다47525 판결).

#### (2) 어음의 단순교부와 표현대리의 성부

어음에 표현대리제도가 적용되기 위해서는 발행·배서·보증 등의 어음행위가 있어야 한다. 단순히 어음을 교부하는 것은 어음행위가 아니므로 그 교부행위가 민법상 표현대리의 요건을 갖추었다 해도 표현대리는 성립할 수 없다. 다만 표현대리의 상대방은 경우에 따라 선의취득을 주장할 수 있다(대법원 1987. 4. 14. 선고 85다카1189 판결).

#### (3) 서명대리

어음행위의 표현대리는 원래 대리인을 사칭하는 자가 「대리인으로서」 기명날인한 경우에 성립한다. 그러나 오래전부터 판례는 본인의 수권에 의한 기명날인의 대행을 이른바 '서명대리'(서명의 대리라는 뜻이 아니다)라 하여 대리의 일종으로 다루었으며, 대리인을 사칭하며 본인의 기명날인을 대행한 경우에는 표현대리의 성립을 인정하여 왔다($^{대법원\ 1962.\ 7.\ 12.\ 선}_{고\ 62다255\ 판결\ 외\ 다수}$). 예컨대 아내 甲´가 남편 甲의 대리권이 있다고 자칭하며 甲의 이름으로 어음을 발행하여 乙에게 준 경우, 乙이 과실없이 甲´의 대리권을 믿었다면 甲´의 기명날인 대행을 표현대리로 보는 것이다. 원래 권한 없이 타인의 기명날인을 대행하는 것은 어음의 위조가 될 것이나, 피위조자에게 귀책사유가 있을 때에는 표현대리의 성립을 인정하는 것이다.

### (4) 제3자의 범위

민법의 해석론에 의하면 민법 제125조, 제126조, 제129조에 의해 표현대리의 효력을 주장할 수 있는「제3자」는 표현대리의 직접의 상대방만을 지칭하는 것으로 이해한다. 어음의 표현대리에 관해서는 민법의 해석론에서와 같이 제3자를 직접의 상대방으로 해석하는「제한설」과 모든 어음취득자를 제3자의 범위에 포함시키는「확장설」이 대립한다. 통설은 확장설을 취하나, 판례는 제한설을 취한다($^{대법원\ 1999.\ 12.\ 24.}_{선고\ 99다13201\ 판결}$). 그러나 지배인이 대리권의 제한을 위반하여 어음행위를 대리한 경우와 표현대표이사가 어음행위를 한 경우에 보호되는 제3자의 범위에 관하여는 판례도 확장설을 취하고 있다($^{대법원\ 1997.\ 8.\ 26.}_{선고\ 96다36753\ 판결}$).

## 4. 명의대여자의 책임

상법 제24조의 적용을 받는 명의대여자는 명의차용자가 한 어음·수표행위에 대하여도 책임을 지느냐라는 문제가 있는데, 이 점은 명의대여부분에서 설명하였다($^{76면}_{참조}$).

## 5. 무권대리

### (1) 의의

권한 없는 자가 타인의 대리인으로서 법률행위를 한 경우, 즉 무권대리의 경우 민법상 본인이 추인하면 무권대리행위는 처음부터 유효한 대리행위가 된다($^{민\ 132}_{조,\ 133조}$). 본인이 추인하지 않을 경우, 무권대리행위가 표현대리행위의 요건을 구비하면 본인이 그 무권대리행위의 이행책임을 진다. 이 두 가지 법리는 어음행위의 대리에도 그대로 타당하다.

본인이 추인하지 않고 표현대리의 요건을 구비하지도 못한 경우, 민법에서는 상대방의 선택에 좇아 무권대리인에게 계약의 이행 또는 손해배상의 책임을 과하고 있으나($^{민}_{135조}$), 이 규정은 어음행위에 적용되지 않는다. 어음법에서는 이에 대한 특칙으로서,「대리권 없이 타인의 대리인으로 환어음에 기명날인하거나 서명한 자는 그 어음에 의하여 의무를 부담한다. 그 자가 어음금액을 지급한 경우에는 본인과 같은 권리를 가진다. 권한을 초과한 대리인의 경우도 같다」라는 규정을 두고 있다($^{어\ 8조;}_{수\ 11조}$). 즉 어음행위의 무권대리의 상대방은 민법이 인정하는 손해배상청구를 택할 수 없고, 대신 실제의 어음행위자인 무권대리인이 본인과 같은 책임을 진다는 것이다. 이 특칙은 다음과 같은 취지에서 마련된 것이다.

첫째, 무권대리의 직접의 상대방뿐만 아니라 그 이후의 취득자도 보호해야 하므로 모든 어음취득자를 만족시킬 수 있는 방법으로 무권대리인으로 하여금 어음상의 책임을 이행하게 한 것이다. 둘째, 상대방에게 손해배상청구를 인정한다면 상대방이 무권대리인에게 손해배상을 청구하는 한편, 어음을 유통시킬 우려가 있으므로 이를 차단하는 것이다. 셋째, 무권대리인에 대한 손해배상청구를 인정할 경우 손해액의 증명이 필요하고 이에 관해 다툼이 있을 수 있으므로 어음상의 책임을 물음으로써 다툼을 간소하게 해결한다. 넷째, 이 규정은 책임을 이행한 무권대리인을 보호하는 뜻도 있다. 무권대리인이 악의적으로 무권대리를 하는 수도 있으나, 자신에게 대리권이 있다고 믿고 대리행위를 한 후 대리권을 증명하지 못하여 결과적으로 무권대리인이 될 수도 있으므로 어음책임을 이행하는 한 그에 상응하는 권리를 부여하는 것이 공평하기 때문이다.

### (2) 특칙의 요건

1) **대리행위**   무권대리인이 「대리인으로서」 기명날인($\substack{\text{또는 서명.}\\ \text{이하 같음}}$)하였을 것을 요한다. 무권대리인이 「본인」의 기명날인을 하였을 때에는 어음의 위조가 되거나, 본인에게 귀책사유가 있는 경우 기명날인의 대행이 되어 표현대리의 성립이 문제될 수 있다.

2) **무자격**   대리권 없이 어음행위를 대리했어야 한다. 현실적으로는 본인이 무권대리를 이유로 어음채무의 이행을 거절하므로 어음소지인이 대리인의 책임을 물어왔을 때, 대리행위를 한 자가 대리권의 존재를 증명하지 못함을 뜻한다. 무권대리인의 상대방에 대한 책임은 무과실책임이므로 무권대리행위가 제3자의 기망이나 문서위조 등 위법행위로 야기되었다고 하더라도 책임을 면할 수 없다($\substack{\text{대법원 2014. 2. 27. 선}\\ \text{고 2013다213038 판결}}$).

3) **추인의 부존재**   이 규정은 본인의 추인이 없을 때 적용된다. 추인을 하면 유권대리가 되고 무권대리인의 책임은 발생할 여지가 없다($\substack{\text{민}\\ \text{130조}}$).

4) **표현대리의 요건불비**   무권대리가 표현대리의 요건을 구비한 경우에는 유권대리에서와 같이 본인의 책임이 성립한다. 그러나 표현대리 역시 무권대리이므로 어음소지인은 본인의 책임을 묻는 대신 어음법 제8조에 근거하여 무권대리인에 대해서도 책임을 추궁할 수 있다($\substack{\text{통}\\ \text{설}}$).

5) **어음소지인의 선의**   어음소지인이 무권대리임을 알지 못했어야 한다. 민법에서는 상대방이 「과실 있는」 선의인 경우 무권대리인의 책임을 부정한다($\substack{\text{민 135}\\ \text{조 2항}}$). 어음법에는 명문의 규정이 없으므로 다수설은 어음의 유통성보호를 이유로 과실 있는 선의자도 무권대리인의 책임을 물을 수 있다고 풀이한다.

6) **대리행위에 하자가 없을 것**   대리행위 자체는 적법하게 이루어져야 한다($\substack{\text{통}\\ \text{설}}$). 대리행위에 하자가 있다면 어음채무 자체가 성립할 수 없기 때문이다.

### (3) 증명책임

어음소지인이 무권대리인의 책임발생을 주장하려면 본인이 무권대리를 이유로 이행을 거절한 사실을 증명하여야 한다.

### (4) 효과

#### 1) 무권대리인의 책임

i) 책임내용    무권대리인은 유권대리라면 본인이 져야 할 책임과 동일한 책임을 진다. 예컨대 발행을 무권대리한 자는 발행인으로서의 책임을, 배서를 무권대리한 자는 그 배서의 순서에 따른 배서인의 책임을 진다. 무권대리인은 본인이 어음소지인에게 갖는 항변을 원용할 수 있으나, 무권대리인 자신이 가지는 항변은 원용할 수 없다.

ii) 책임보전    무권대리인의 책임을 추궁함에 있어 이행청구 등 시효중단을 위한 조치는 본인에게 하면 족하고, 본인에 대한 상환청구권보전과 시효중단은 무권대리인에 대하여도 효력이 미친다(통설).

iii) 월권대리책임의 범위    대리인이 주어진 대리권의 범위를 초과하여 대리한 경우, 예컨대 1,000만원의 어음을 발행하도록 위임받은 자가 1,500만원의 어음을 발행한 경우, 대리인은 전액에 관하여 책임을 지고 본인은 수권한 범위에서 책임진다는 것이 통설·판례이다(책임병존설)(대법원 2001. 2. 23. 선고 2000다45303 판결).

#### 2) 무권대리인의 권리    무권대리인이 책임을 이행한 때에는 본인과 동일한 권리를 가진다. 즉 전자에 대하여 재상환청구할 수 있다. 그러나 무권대리인은 본인에 대하여는 상환청구권을 갖지 못함을 주의해야 한다.

## VII. 어음의 위조와 변조

### 1. 총설

위조된 어음 또는 변조된 어음은 사실과 다른 권리관계를 나타내므로 어음소지인이 기대했던 내용대로 권리를 행사할 수 없음은 물론이다. 어음의 위조나 변조는 범죄행위이므로 위조·변조자는 형사책임을 져야 하고, 위조·변조는 동시에 불법행위(민750조)를 구성하므로 피해자는 위조자와 변조자에게 손해배상책임을 물을 수 있다. 그러나 위조·변조된 어음을 놓고 어음의 외관대로 권리를 행사하려는 어음소지인과 그의 권리를 부정하는 어음채무자의 주장이 충돌하게 마련인데, 이 문제는 어음법에서 해결해야 한다.

### 2. 위조와 변조의 개념

#### (1) 위조

어음의 위조라 함은 타인의 성명을 모용하여 어음행위를 하는 것을 말한다.

1) 타인의 성명을 「모용」한다는 것은 타인의 허락 없이 타인의 이름으로 어음행위를 하는 것, 즉 어음행위의 주체를 허위로 표시하는 것이다. 예컨대 X가 甲의 이름을 허락 없이

사용하여 甲의 기명날인(또는 서명.)으로 발행·배서 등의 어음행위를 하는 것이다. 대리인의 이름을 모용하는 것도 위조이다. 예컨대 X가 甲의 대리인 甲´라는 기명날인을 사용하여 어음을 발행한다면 이 역시 위조이다.

위조는 무권대리와 구별하여야 한다. 「위조」는 타인의 기명날인을 직접 어음행위에 사용하는 것이고, 「무권대리」란 기명날인은 자신의 것으로 하되, 권한 없이 타인의 대리인이라는 자격을 사용하는 것이다.

2) 위조는 서면행위에서만 있을 수 있으므로 어음행위에 한해 생기는 문제이다. 따라서 인수제시나 지급제시를 하면서 타인의 성명을 사칭했다 하더라도 이는 위조가 아니다. 백지식배서가 된 어음을 타인의 이름을 사칭하면서 교부에 의해 양도하더라도 역시 위조가 아니다.

3) 타인의 기명날인을 모용하면서 날인, 즉 인장만큼은 타인의 진정한 인감을 사용할 수도 있다. 위조란 명의상의 어음행위자의 의사가 전혀 결여되어 있다는 데에 그 본질이 있으므로 인장이 진정한 것이라도 위조의 성립에는 영향이 없다.

(2) 변조

이미 행해진 어음행위의 내용 중 기명날인(또는 서명) 이외의 부분을 권한 없이 변경하는 것을 말한다. 예컨대 甲이 발행한 어음의 금액이 1,000만원인 것을 권한 없는 X가 2,000만원으로 고치는 것을 말한다.

1) 위조와 결정적으로 차이가 나는 것은 변조의 대상에서 기명날인 부분이 제외된다는 점이다. 기명날인의 부분을 위작하면 이는 위조이지 변조가 아니다. 「위조」란 당초 어음행위를 하지 않은 자가 어음행위를 한 것과 같은 외관을 만들어 내는 것임에 대하여, 「변조」란 타인이 앞서 한 어음행위의 내용에 변경을 가하여 그 타인이 표시한 의사와 다른 내용의 어음채무가 발생한 것과 같은 외관을 만들어 내는 것이다.

변조는 손괴와도 구별해야 한다. 「손괴」는 어음의 용지를 파훼하거나 요건적 기재사항을 전부 말소하는 등의 물리적인 파괴를 통해 어음을 무용하게 함을 뜻하는 데 대하여, 「변조」는 기재사항의 변개를 통해 외견상 새로운 내용의 어음을 창출함을 뜻한다.

2) 변조는 주로 어음금액·만기와 같은 어음요건에 관해 행해지지만, 어음요건이 아닌 기재사항에 대해서도 행해질 수 있다. 예컨대 유익적 기재사항을 삽입하거나 말소하거나 혹은 변경하는 것(예: 이자문구의 삽입·말소, 이율을 변경하는 것. 어 5조 1항), 유해적 기재사항을 삽입·말소하는 것(예: 어음의 발행에 조건을 붙이거나 붙여진 조건을 삭제하는 것. 어 1조 2호)과 같다. 그러나 무익적 기재사항을 삽입·말소·변경하는 것은 어음의 효력에 아무 영향도 미치지 아니하므로 변조가 아니다.

3) 변조는 기재된 사항을 말소하는 것, 기재된 사항의 내용을 변경하는 것, 새로운 사항을 추가하는 것 등을 포함한다. 적극적으로 말소하거나 변경·추가하는 것뿐만 아니라 기재사항 위에 인지를 붙여 기재내용을 알 수 없게 하는 것도 포함된다(대법원 1980. 3. 25. 선고 80다202 판결: 약속어음의 표면에

있는 지시금지의 문구를 100원
짜리 인지로 가려서 배서한 사건 ).

4) 변조는 위조된 어음에도 할 수 있으며 변조된 어음을 재차 변조하는 것도 가능하다. 예컨대 甲´가 甲의 기명날인(또는\n서명)을 위조하여 乙에게 1,000만원짜리 어음을 발행하고, 乙이 금액을 2,000만원으로 고쳐 A에게 배서한 것을 A가 다시 3,000만원으로 고쳐 B에게 배서하는 것과 같다.

5) 변조란 권한 없이 내용을 변경하는 것을 말하므로 어음행위자의 동의를 받아 변경하는 것은 변조가 아니다. 그러나 그 변조된 내용이 이미 어음행위를 한 타인의 의무내용을 변경할 때에는 그의 동의도 얻어야 한다. 예컨대 甲이 乙에게 발행한 1,000만원권의 어음을 乙이 甲의 동의를 얻어 2,000만원으로 변경한다면 이는 변조가 아니다. 그러나 乙이 1,000만원권의 어음을 A에게 배서양도한 후 A가 甲의 동의를 얻어 금액을 2,000만원으로 변경한다면 乙의 상환의무의 금액을 증가시키므로 乙의 동의를 얻지 않는 한 乙에 대해서는 변조에 해당한다.

6) 어음행위자가 타인에게 어음을 교부하기 전에 자신의 어음행위내용을 변경하더라도 이미 행해진 타인의 의무내용을 변경하는 결과가 되면 역시 변조가 된다. 예컨대 甲이 1,000만원의 어음을 작성하여 甲´에게 제시, 甲´의 보증을 받은 후 금액을 2,000만원으로 변경하여 乙에게 교부하였다면 이는 변조에 해당한다(대법원 1981. 10. 13. 선고\n81다726·81다카90 판결 ).

### 3. 위조의 효과

위조된 어음을 취득한 자에 대해 어음법상의 책임이 거론될 수 있는 자는 피위조자, 위조자 그리고 위조된 어음에 기명날인(또는\n서명)한 자이다.

#### (1) 피위조자의 책임

피위조자, 즉 위조자에 의해 이름을 도용당한 자는 어음행위를 한 사실이 없으므로 원칙적으로 누구에 대해서도 어음상의 책임을 지지 아니하며, 위조의 항변은 물적항변사유이므로 어음소지인의 선의·악의를 불문한다(대법원 1965. 10. 19.\n선고 65다1726 판결 ). 그러나 예외적으로 다음과 같은 사유가 있을 경우에는 피위조자가 어음상의 책임 또는 불법행위의 책임을 진다.

1) **위조의 추인**    피위조자가 위조된 어음행위를 추인할 수 있음은 당연하다. 추인하면 위조의 어음행위를 한 때로 소급해 유효하다(통\n설). 추인은 위조자 또는 어음소지인을 상대로 해야 한다. 누구에게 하든 추인의 효력은 어음관계자 전원에게 미친다. 추인은 묵시적인 의사표시로도 가능하다. 예컨대 약속어음의 발행인으로 위조당한 자가 위조어음임을 알고 어음금을 지급하였다면 묵시적인 추인으로 보아야 한다.

2) **표현대행**    위조행위의 상대방이 위조자가 피위조자의 기명날인을 적법하게 대행(서명\n대리)하는 것으로 믿고, 또 이 믿음에 정당한 이유가 있을 때에는 이를 표현대리의 일종으로 보아 피위조자의 책임을 묻는다(849면\n참조 ).

3) 사용자배상책임　　어음의 위조는 피위조자와 전혀 무관한 자가 저지르는 수도 있으나, 실제는 피위조자와 특별한 관계, 특히 고용관계에 있는 자($^{피용}_{자}$)가 사익을 위하여 행하는 경우가 대부분이다. 예컨대 회사의 직원이 자신의 개인적인 채무를 변제할 목적으로 대표이사의 기명날인($^{또는}_{서명}$)을 도용하여 어음을 발행하거나 배서하는 것과 같다. 이러한 피용자의 위조행위는 예외 없이 불법행위($^{민}_{750조}$)가 될 것인데, 그것이 피위조자의 사무집행에 관한 것인 때에는 피위조자가 사용자배상책임($^{민}_{756조}$)을 져야 한다. 그리하여 어음소지인은 피위조자에게 어음상의 책임을 물을 수 없는 경우 사용자배상책임에 의해 손해를 전보받을 수 있으며, 어음상의 책임을 물을 수 있더라도 선택적으로 사용자배상책임을 물을 수 있다($^{대법원\ 1994.\ 11.\ 8.\ 선}_{고\ 93다21514\ 판결(전)}$).

(2) 위조자의 책임

어음의 위조자는 어음에 그의 명의로 기명날인($^{또는}_{서명}$)한 바 없으므로($^{즉\ 어음행위자}_{가\ 아니므로}$) 어음상의 책임을 지게 할 근거가 없다. 그래서 종래의 통설은 위조자는 어음상의 책임을 지지 아니한다고 보았으나, 최근에는 소지인의 보호를 위하여 무권대리규정($^{어\ 8조}_{수\ 11조}$)을 유추하여 위조자도 어음·수표상의 책임을 진다고 보는 견해가 늘고 있다.

(3) 위조어음에 기명날인한 자의 책임

위조된 어음에 새로이 어음행위를 한 자, 예컨대 위조어음에 배서한 자는 어음행위독립의 원칙에 의해 자신의 어음행위의 내용에 따라 책임을 진다($^{어}_{7조}$)($^{837면\ 이}_{하\ 참조}$).

(4) 증명책임

어음채무자가 어음소지인으로부터 어음상의 청구를 받고 자신의 기명날인이 위조된 것임을 이유로 항변을 할 때에는 위조여부에 관해서는 어음소지인이 증명책임을 진다는 것이 통설·판례이다($^{대법원\ 1993.\ 8.\ 24.\ 선}_{고\ 93다4151\ 판결(전)}$). 즉 어음 소지인이 어음이 위조된 것이 아니고 어음채무자가 실제 어음행위를 했음을 증명해야 한다. 그러나 어음에 찍힌 피위조자의 인장이 진정한 그의 인장임이 밝혀졌다면 피위조자가 기명날인을 한 것으로 추정해야 하므로($^{민소\ 358}_{조\ 참조}$), 이 단계에서는 피위조자측이 타인에 의해 위조되었음을 증명해야 한다($^{앞의}_{판례}$).

## 4. 변조의 효과

### (1) 어음행위자의 책임

어음이 변조된 경우 어음채무자들은 변조 전에 어음행위를 하였느냐 혹은 변조 후에 어음행위를 하였느냐에 따라 각기 책임을 달리한다.

1) 변조 「전」의 기명날인자　　어음행위자는 행위 당시의 어음이 표시하는 채무를 부담할 의사를 가지고 기명날인을 하므로 변조 전에 기명날인한 자는 원래 문구에 따라 책임을 진다($^{어}_{69조}$). 변조된 후의 문언이 변조 전의 문언보다 책임이 가벼운 경우에도 원문언에 따라 책임을 진다($^{통}_{설}$). 변조 전의 어음행위자는 변조($^{또는}_{손괴}$)에 의해 어음이 무효가 되더라도 여

전히 변조 전의 문언에 따라 책임을 부담한다.

변조전의 기명날인자가 원문언에 따른 책임을 주장하는 것은 위조의 항변과 같이 물적 항변이다(대법원 1981. 10. 13.<br>선고 81다카90 판결).

2) **변조「후」의 기명날인자**　　변조 후의 기명날인자는 변조된 문구대로 책임을 진다 (어<br>69조). 이는 어음행위독립의 원칙(어<br>7조)상 당연한 것이나, 어음법 제69조는 이를 주의적으로 규정하고 있다. 그러나 변조로 인하여 어음요건이 흠결되거나 어음자체가 무효가 되었을 때에는 변조 후에 기명날인(또는<br>서명)하더라도 책임을 지지 아니한다.

3) **변조자의 책임**　　변조자에게 민법상의 불법행위책임과 형사상의 책임이 따름은 당연하나, 변조자가 변조된 어음에 새로이 어음행위를 하지 않는 한 어음상의 책임은 지지 아니한다(통<br>설). 따라서 백지배서의 피배서인이 어음의 기재사항을 변조한 후 어음을 단순한 교부에 의하여 양도한 경우에는 어음행위를 한 바 없으므로 어음상의 책임을 지지 아니한다.

**(2) 변조의 특수문제**

1) **수취인의 변조**　　어음의 수취인이 변조된 경우에는 어음의 유통상 권리귀속의 문제를 야기하므로 어음법 제69조의 적용사안이 아니다. 예를 들어 甲이 乙을 수취인으로 하여 발행한 어음을 A가 절취하여 수취인을 자기 이름으로 변조하고 B에게 배서양도한 경우에는 어음법 제69조로 해결할 사안이 아니고 B의 선의취득이 문제된다(통<br>설).

2) **변조의 증명책임**　　변조여부 및 변조시기에 관하여 다툼이 생길 경우 누가 증명책임을 부담할 것이냐가 문제된다. 판례는 변조의 사실이 어음면상 식별가능한가의 여부에 따라 증명책임을 배분한다. 변조가 명백한 때에는 소지인이 어음채무자의 기명날인이 변조 후에 행하여졌음을 증명해야 하고, 변조여부가 명백하지 아니한 경우에는 변조된 문언에 따른 채무를 면하려는 어음채무자가 변조된 사실 및 자신의 어음행위가 변조 전에 있었던 사실을 증명해야 한다(대법원 1987. 3. 24.<br>선고 86다카37 판결).

# 제 6 절　어음항변

## Ⅰ. 총설

### 1. 개념

「어음항변」이라 함은 어음채무자가 어음소지인의 권리행사에 대해 일정한 사유를 들어 채무의 이행을 거절하는 주장을 말한다. 어음항변이 법상 정당한 것이라면 의무이행을 거절하더라도 채무불이행이 되지 아니한다. 예컨대 어음이 어음요건을 결하여 무효이거나, 유효하더라도 어음채무자가 하였던 어음행위가 무효, 취소되었거나, 원인관계가 무효·취소되어 채무가 소멸한 경우 어음채무자는 어음채무를 이행하려 하지 않을 것이다. 이같이 어음에 의해 청구받은 자가 어음금청구의 정당성을 부정하며 이행을 거부하는 일체의 주장을 어음항변이라 하고, 어음항변의 근거로서 제시하는 사유를 「어음항변사유」, 어음항변을 할 수 있는 권리를 「어음항변권」이라 표현한다. 어음법 제17조($\substack{\text{및어 77} \\ \text{조 1항 1호}}$)에서 어음항변에 관해 규정을 두고 있으며, 수표법 제22조에도 같은 취지의 규정을 두고 있다.

### 2. 항변절단과 취지

민법상으로는 채무자가 의무이행을 거절할 수 있는 사유를 가질 경우, 채권이 양도되더라도 채권자에 대한 항변권을 가지고 채권의 양수인에게도 대항할 수 있음이 원칙이다($\substack{\text{민 450조 1} \\ \text{항, 451조 1항}}$). 그러나 어음법상의 항변제도에 있어서는 어음이 양도될 경우 일정한 항변사유($\substack{\text{인적} \\ \text{항변}}$)로는 어음소지인에게 대항하지 못한다($\substack{\text{어} \\ \text{17조}}$). 이를 「항변의 절단」이라 부르며, 민법상의 항변제도에 대해 특색을 이루는 점이다.

어음의 양도는 일반 채권양도와 달리 채무자에 대한 통지 또는 채무자의 승낙이 요구되지 아니하므로 어음을 양수받은 자는 어음채무자가 어음양도인에게 어떤 항변사유를 가지고 있는지 알지 못하는 것이 보통이다. 그럼에도 불구하고 어음채무자가 자신의 상대방에 대해 가진 항변사유로 어음의 양수인에게 대항할 수 있다면, 어음을 양수받은 자는 항상 자신의 前단계에서 이루어진 모든 어음행위에 관련된 당사자들의 거래관계를 일일이 조사해야 할 것이다. 그리되면 어음의 양도란 실질적으로 지명채권의 양도와 차이가 없어지고 어음·수표의 유통성은 기대할 수 없다. 그러므로 어음법은 정책적으로 어음의 양도시에 파악할 수 없는 항변사유에 관해서는 거래의 안전보다 우위에 서는 법리를 해하지 않는 한 「항변의 절단」을 허용한다.

## Ⅱ. 항변의 분류

어음법 제17조는 「환어음에 의하여 청구를 받은 자는 발행인 또는 종전의 소지인에 대한 인적 관계로 인한 항변으로써 소지인에게 대항하지 못한다. 그러나 소지인이 그 채무자를 해할 것을 알고 어음을 취득한 경우에는 그러하지 아니하다」라고 규정하고 있다. 이 규정은 약속어음에 준용되며($\substack{\text{어 77조} \\ \text{1항 1호}}$), 수표법에도 같은 규정을 두고 있다($\substack{\text{수} \\ \text{22조}}$). 이는 이른바 「인적항변」이라 하여 어음이 양도되면 양수인에게는 대항할 수 없는 항변을 규정한 것이다. 여기서 「대항할 수 없다」고 함은 어음채무의 이행을 거절할 정당한 사유가 되지 못하며, 거절할 경우에는 이행지체가 됨을 뜻한다.

이 규정의 반대해석으로서, 어음의 양도에 불구하고 누구에게나 대항할 수 있는 항변이 존재함을 알 수 있다. 이를 「물적항변」이라 한다. 원래 타인의 권리행사를 저지하거나 자기의 의무이행을 거절할 수 있는 항변의 주장은 법이 특히 제3자의 보호를 위해 제한한 경우(예: 착오의 주 장. 민 109조 2항) 외에는 권리가 양도된다고 해서 차단되는 것은 아니다. 그러므로 물적항변이 항변의 원칙적인 모습이다. 그러나 어음법은 어음의 유통성보호를 위해 대인적인 항변사유, 즉 인적항변사유는 상대적 효력만을 인정하여 어음이 유통되면 항변의 주장이 차단되도록 규정하고 있다.

어음법은 위와 같이 항변을 인적항변과 물적항변으로 분류하고 있으나, 어떤 것이 인적항변이고 어떤 것이 물적항변인지에 대해서는 규정한 바 없으므로 해석에 의해 분류해야 한다.

## 1. 물적항변사유

물적항변은 어음상의 채권·채무의 효력을 다투는 항변이다. 어음채권·채무의 불성립·소멸을 주장하거나, 어음상의 권리의 제한사유를 주장하는 것이다. 물적항변에 속하는 사유들은 어음의 외관상 권리의 장애가 뚜렷하여 누구에게나 주장하더라도 어음의 유통성을 해하는 바가 없거나, 외관상 명백하지 않지만 항변을 인정하지 않을 경우 타당한 근거 없이 특정인에게 어음채무를 지우게 되어 형평에 어긋나기 때문에 유통성 보호에 우선하여 항변을 인정해야 할 사유들이다. 전자에 속하는 것은 어떠한 어음채무자나 주장할 수 있으므로 「절대적 물적항변」이라 부르고, 후자에 속하는 것은 그 사유가 있는 특정의 어음채무자만이 주장할 수 있으므로 「상대적 물적항변」이라고 부르기도 한다. 구체적으로는 다음과 같은 항변사유가 있다.

### (1) 어음의 외관상 명백한 권리장애사유

어음상의 기재 또는 불기재로 알 수 있는 흠은 누구나 인식할 수 있으므로 이를 물적항변으로 하더라도 어음의 유통성에 장애를 주는 바 없다.

1) 어음의 요식성에 반하는 것은 전부 물적항변사유가 된다. 예컨대, 어음요건을 흠결한 경우, 배서 등 어음행위의 방식에 흠이 있는 경우와 같다.

2) 소멸시효의 완성, 상환청구권의 상실, 어음금의 지급필의 기재와 같이 어음면의 기재를 가지고 알 수 있는 권리의 소멸도 물적항변사유이다.

3) 무담보배서를 한 자가 담보책임을 거부하는 것, 지시금지어음을 배서양도한 경우 그 양도의 효력을 부정하는 것, 조건부어음보증을 한 자가 조건불성취를 이유로 보증채무이행을 거절하는 것, 제3자방 지급의 기재가 있는 어음의 청구를 받은 발행인이 지급을 거절하는 것과 같이 어음에 기재된 유익적 기재사항을 들어 그 효력을 주장하는 것도 물적항변이다.

4) 배서가 불연속된 어음의 지급을 거절하는 것은 상대방의 권리 자체를 부정하는 것이 아니라 권리의 증명이 없음을 주장하는 것인데, 이것도 물적항변이다.

5) 어음의 만기가 미도래하였다는 항변, 어음의 제시가 없다는 항변, 어음의 상환을 요구하는 항변과 같이 유가증권의 성질에 유래하는 권리행사의 방식·요건에 관한 항변도 물적항변이다.

### (2) 어음행위의 실질적 효력요건에 관한 항변

어음행위가 유효하기 위하여는 어음행위의 형식적 요건($\substack{방\\식}$)을 구비하는 외에 법률행위 일반의 효력요건, 즉 실질적 요건을 구비하여야 한다. 실질적 요건을 구비하지 못하여 어음행위가 무효·취소된 경우 어음행위자의 어음채무는 발생하지 아니하고 그 주장은 물적항변에 속한다. 따라서 의사무능력으로 인한 무효, 제한능력으로 인한 취소, 무권대리의 무효는 물적항변사유이다. 비진의표시($\substack{민\\107조}$)·허위표시($\substack{민\\108조}$)로 인한 무효, 착오($\substack{민\\109조}$) 및 사기·강박($\substack{민\\110조}$)으로 인한 취소도 어음행위의 효력을 상실시키므로 물적항변사유이다. 다만 이들 사유는 과실 없는 선의의 제3자에게 대항하지 못하므로 선의의 소지인이 보호받는다.

## 2. 인적항변사유

### (1) 실질관계의 항변

「인적항변」이란 특정의 어음거래당사자 사이에서 어음 외적으로 발생한 권리장애사유이다. 대표적인 예는 원인관계로 인한 항변이다. 융통어음을 제외하고 어음은 원인채무의 변제수단으로서 교부된다. 그러므로 원인관계상의 채무가 무효·취소되거나 계약이 해제되면, 어음채무자의 거래상대방이 어음금을 청구할 경우 어음채무자가 지급을 거절하는 것은 정당하다. 그러나 원인관계는 어음거래의 동기를 이룰 뿐 어음행위의 효력과는 무관하므로($\substack{무인\\성}$) 그 항변은 인적항변에 속한다. 자금관계로 인한 항변도 인적항변이다. 예컨대 환어음의 지급인이 발행인으로부터 만기 전에 자금의 공급을 약속받고 인수를 하였으나 발행인이 자금을 공급하지 아니할 경우, 발행인이 지급청구를 해 오면 지급을 거절할 수 있음은 당연하나, 이 관계는 지급인과 발행인의 인적항변사유에 그치므로 다른 소지인이 청구할 경우 지급을 거절하지 못한다.

### (2) 표현되지 않은 어음상의 권리항변

어음상의 권리관계에 관한 것이라도 어음의 문언을 통해 표현되지 않은 것은 인적항변사유이다. 예컨대 담보를 위해 발행한 어음이라는 주장, 지급을 연기하는 합의가 있었다는 주장, 조건부로 어음상의 권리를 행사하기로 하였다는 주장, 어음채무와 다른 채권의 상계의 항변 등과 같다. 흔히 백지어음의 보충권의 남용을 인적항변의 예로 들지만, 이는 별개의 법리로 이해해야 한다($\substack{896면\\참조}$).

### (3) 융통어음의 항변

**1) 융통어음의 개념** 타인의 자금사정을 도와주기 위해 대가 없이 발행해 주는 약속어음을 융통어음이라 한다. 융통어음을 발행받은 자는 이 어음을 자신의 채무를 변제하는데 사용하거나 어음할인의 방법으로 매각하여 자금을 활용할 것이다. 융통어음을 발행할 때에는 보통 수취인이 만기 전에 발행인에게 자금을 공급하겠다는 약속을 하겠지만, 이 약속이 지켜지지 않을 경우 발행인은 소지인에게 융통어음임을 이유로 지급을 거절할 것이므로 분쟁이 발생한다. 융통어음은 어음의 배서에 의해서도 생길 수 있다.

융통어음인지 여부는 구체적인 사실관계에 의해 판단할 것이고 융통어음이라는 사실은 융통어음임을 주장하는 자가 증명하여야 한다($\binom{\text{대법원 2001. 8. 24. 선}}{\text{고 2001다28176 판결}}$).

**2) 항변의 가능성** 융통어음의 수취인이 발행인에게 어음금을 청구한다면 발행인이 어음금지급을 거절할 수 있음은 물론이다. 하지만 융통어음은 발행인이 어음채무를 부담하려는 의사에서 발행한 것이므로 수취인 이외의 소지인에 대해서는 소지인의 선의·악의를 불문하고 일체 항변사유가 되지 않는다($\binom{\text{대법원 1995. 9. 15. 선고}}{\text{94다54856 판결 외 다수}}$). 수취인이 융통어음을 타인에게 담보로 제공한 경우 그 담보권자에 대해서도 같다($\binom{\text{대법원 2010. 1. 14. 선}}{\text{고 2006다17201 판결}}$).

융통어음이란 사실은 항변사유가 될 수 없음이 원칙이지만, 융통어음을 취득한 자가 그에 상응하는 대가적 원인관계를 갖고 있지 못한 경우에는 융통어음의 발행인은 인적항변으로써 대항할 수 있다. 예컨대 융통어음이 재차 융통의 목적으로 양도된 경우 또는 융통어음이 무상으로 이전된 경우 그 소지인은 발행인에게 어음금을 청구할 대가적 근거가 없으므로 발행인의 항변이 허용된다($\binom{\text{대법원 2012. 11. 15.}}{\text{선고 2012다60015 판결}}$).

## Ⅲ. 항변의 효력

어음항변을 인적항변과 물적항변으로 구분하는 실익은 어음법 제17조에 의해 어음이 양도됨에 따라 절단되는 항변과 절단되지 않는 항변으로 구분하기 위함이다.

**1) 물적항변** 물적항변은 어음 또는 어음행위 자체의 효력을 이루므로 어음이 양도되더라도 어음채무자는 양수인에 대해서도 대항할 수 있다. 그러므로 어음면에 나타나지 않는 물적항변사유가 있다면 소지인이 거래상의 위험을 부담하게 된다.

**2) 인적항변** 인적항변사유는 자신의 어음행위의 상대방에 대해서만 원용할 수 있고 그 이후의 어음소지인에 대해서는 원용할 수 없다($\binom{\text{어 17조 본. 인}}{\text{적항변의 절단}}$). 인적항변의 절단은 어음의 유통성을 보장하려는 것이므로 어음의 유통과 무관하게 어음이 이전된 경우에는 항변이 절단되지 않는다. 예컨대 상속이나 합병과 같은 포괄승계에 의해 어음이 이전된 경우에는 항변이 절단되지 않으며, 추심위임배서($\binom{\text{어 18}}{\text{조 1항}}$)에 의해 제3자가 어음금을 청구하는 경우에는 어음의 양도가 없으므로 항변이 절단되지 않는 것이 당연하다. 또 어음이 지명채권의 양도방

법으로 양도된 경우(어 11 조 2항)나 기한후배서(어 20조 1항 단)에 의해 양도된 경우에는 지명채권양도의 효력밖에 없으므로 항변절단의 효과가 없다.

# Ⅳ. 악의의 항변

## 1. 의의

인적항변은 어음의 유통에 장애가 생기지 않도록 하기 위함이므로 인적항변사유를 알고 어음을 취득한 자마저 보호한다면 오히려 형평에 어긋난다. 따라서 어음법 제17조 단서에서는 「그러나 소지인이 그 채무자를 해할 것을 알고 어음을 취득한 경우에는 그러하지 아니하다」라고 규정함으로써 항변절단의 적용한계를 설정하고 있다. 예컨대 甲이 乙의 부동산을 매수하고 대금지급을 위해 약속어음을 발행하였는데 만기 전에 매매를 해제하였다 하자. 그러나 乙이 A에게 어음을 배서하고 A는 甲을 해할 것을 알고 취득하였다면, A가 어음금을 청구해 올 경우 甲은 A의 해의를 이유로 지급을 거절할 수 있다. 이와 같이 어음채무자가 어음소지인의 해의를 이유로 하는 항변을 「악의의 항변」이라 한다.

## 2. 악의항변의 요건(해의)

「악의의 항변」이 성립하기 위하여는 어음소지인이 어음채무자를 해할 것을 알고 어음을 취득해야 한다. 채무자를 「해할 것을 알고」란 소지인이 항변사유를 아는 것만으로는 부족하고 자신의 어음취득으로 채무자의 항변이 절단되고 따라서 채무자가 손해를 입는다는 사실을 알아야 한다는 뜻이다(대법원 1996. 5. 14. 선고 96다3449 판결). 그러나 구체적으로 해의를 악의와 어떻게 구별하느냐는 매우 어려운 문제이다. 이미 발생한 항변사유를 알면서 취득한 경우에는 장차 항변이 해소되리라 믿을 특별한 사유가 없는 한 해의로 보는 것이 판례의 판단기준이다(대법원 1971. 3. 23. 선고 71다101 판결).

해의는 최소한 항변사실에 대한 악의를 요하므로 항변사실을 알지 못한데 대해 중과실이 있더라도 악의의 항변은 성립하지 않는다(대법원 1996. 3. 22. 선고 95다56033 판결).

「해의」의 유무는 어음취득시기를 기준으로 판단해야 하고, 해의는 악의의 항변의 요건이므로 어음채무자가 해의를 증명하여야 한다는 데에는 이견이 없다.

## 3. 선의자의 개입에 의한 항변차단

항변사유를 알지 못하는 자가 어음을 취득하여 배서하면 이 어음의 양수인은 항변을 알고 있더라도 항구적으로 항변이 차단된다는 것이 통설 · 판례이다(대법원 2001. 4. 24. 선고 2001다5272 판결).

### 4. 이중무권의 항변

연속된 어음거래자 3인 간에 원인관계가 부존재하는 등 항변사유가 연속하는 경우, 최초의 어음채무자가 자기 후자의 항변을 원용하여 소지인의 청구를 거절하는 것을 「이중무권의 항변」이라 한다. 예컨대 가전제품의 생산자 A가 중간도매상 乙에게 제품을 공급하고 乙은 소매상 甲에게 공급하는 관계에서, 甲이 가전제품의 대가로서 乙에게 약속어음을 발행하고 乙은 이 어음에 배서하여 A에게 지급하였는데, 동 제품에 하자가 있어 甲은 乙에게, 乙은 A에게 반품하였다 하자. 이 상태에서 A가 甲에게 어음금청구를 해 올 경우 甲은 乙의 항변을 원용하여 지급을 거절할 수 있다는 것이 이중무권의 항변론이다. 이중무권의 항변은 악의의 항변으로 허용함이 다수설·판례이다(대법원 2003. 1. 10. 선고 2002다46508 판결; 동 2012. 11. 15. 선고 2012다60015 판결).

## 제 7 절  어음·수표의 실질관계

실질관계는 어음거래의 경제적 동기를 이루므로 실질관계가 당초의 기대대로 실현되어야 어음거래의 당사자들이 궁극적으로 만족을 얻지만, 어음관계는 유통성의 확보를 최우선의 과제로 하는 까닭에 실질관계로부터 영향을 받지 않음을 원칙으로 한다. 그러나 양자를 절대적으로 분리시켜 놓는다면 어음거래자들의 이해배분이 불공평해지게 된다. 그러므로 어음의 유통성을 해하지 않는 범위에서는 어음관계와 실질관계를 유기적으로 연결시켜 당사자들의 권리관계를 정리하는 것이 합리적인 이익조정이다. 이하 어음관계와 실질관계가 서로 어떠한 경우에 어떤 영향을 미치는지를 설명한다.

## I. 원인관계와 어음관계

### 1. 원칙(무인성)

발행·배서와 같은 유통적 성격의 어음행위는 원인관계에서 발생한 채무의 이행으로서 행해지지만, 유통성보호의 이념 때문에 어음관계는 무인성을 가지고 원인관계로부터 절연됨이 원칙이다. 어음관계가 원인관계에서 「절연」된다 함은 구체적으로 다음과 같은 뜻을 가진다. 첫째, 어음의 양도는 원인채권의 이전을 수반하지 않으며, 원인채권의 양도 역시 어음채권의 이전을 수반하지 아니한다. 둘째, 어음상의 권리는 원인채권의 유·무효에 영향받지 아니한다. 셋째, 어음소지인은 어음상의 권리를 행사함에 있어 원인관계를 증명할 필요가 없다.

그러나 일정한 경우 공평의 견지에서 원인관계가 어음관계에 영향을 주는 것을 허용해야 할 경우도 있고, 반대로 어음관계가 원인관계에 영향을 미치는 것을 긍정해야 할 경우도 있다.

## 2. 원인관계가 어음관계에 미치는 영향

### (1) 인적항변의 허용

어음거래의 직접의 당사자 간에서는 어음의 유통성보호라는 명분이 없으므로 무인성의 원칙을 관철할 이유가 없다. 그러므로 직접의 어음 당사자 간에는 원인관계에서 발생한 채무의 무효·취소·소멸 등 권리의 흠을 어음채무이행의 거절사유로 원용($\binom{어음}{항변}$)할 수 있다($\binom{제17조 본문}{의 반대해석}$). 예컨대 어음발행인이 수취인에 대해 부담하는 원인채무가 시효완성으로 소멸하였다면 어음은 아직 유효하게 존재하더라도 발행인은 어음금의 지급을 거절할 수 있다($\binom{대법}{원}$ 1993. 11. 9. 선고 93다16390 판결).

### (2) 이득상환청구의 기초

어음상의 권리가 시효의 완성이나 상환청구권보전절차의 흠결로 소멸한 경우, 어음시효가 일반채권의 시효에 비해 매우 단기이고 상환청구권보전의 기간이 초단기임을 감안할 때 어음상의 권리의 소멸로 어음당사자 간의 권리관계를 종결짓는다면 당사자 사이에서 원인관계를 이루는 거래가 대가를 결하게 되어 형평에 어긋난다. 그러므로 어음법은 어음상의 권리가 소멸하더라도 원인관계를 결부시켜 궁극적인 이득을 얻은 자가 어음상의 권리를 잃은 자에게 이득을 반환하도록 규정하고 있다($\binom{어 79조;}{수 63조}$).

## 3. 어음관계가 원인관계에 미치는 영향

원인관계가 어음관계에 미치는 영향은 어음의 무인성 때문에 매우 제한적이지만, 어음이 원인관계의 지급수단으로 교부되므로 원인관계는 어음관계의 영향을 강하게 받는다. 어떤 원인관계에 기해 어음을 교부하였느냐에 따라 그 내용이 다르다.

### (1) 변제수단으로서의 어음행위

**1) 어음행위의 의사해석**    보통 어음행위는 기존의 금전채무의 변제를 목적으로 행해진다. 변제에 관련하여 어음을 교부하는 당사자의 의사는 ① 변제에 갈음하여 어음을 교부하는 경우, ② 변제를 위하여, 즉 지급의 방법으로 어음을 교부하는 경우, ③ 변제를 확보($\binom{담}{보}$)하기 위하여 어음을 교부하는 경우라는 세 가지 유형으로 나누어 볼 수 있다($\binom{대법원 1993.}{11. 9. 선고 93다}$ 11203 판결).

「변제에 갈음하여」 어음이 교부되었다면 이는 대물변제이므로 기존의 원인채무는 소멸하고 어음채무만 남는다. 그러나 「변제를 위하여」 또는 「지급담보를 위하여」 어음이 교부되었다면 채권자가 어음금을 추심하여 채권의 만족을 얻을 때까지 원인채무와 어음채무가 병존한다. 어떤 뜻으로 교부하느냐는 것은 물론 당사자가 합의할 문제이나, 명시된 합의가 없는 경우에는 변제를 위하여 또는 지급담보를 위하여 교부된 것으로 보는 것이 통설·판례이다(대법원 1995. 10. 13. 선고 93다12213 판결 외 다수). 어음이 지급수단인 점을 감안할 때 거래통념상 채권자가 어음을 수령하면서 기존채무를 소멸시킬 것을 원했다고 보기는 어렵기 때문이다.

「변제를 위하여」어음을 교부한 것으로 본다면, 어음채권과 원인채권이 병존하므로 양자의 관계에 다음과 같이 몇 가지 검토해 볼 점이 있다.

**2) 어음의 만기와 원인채무의 변제기**　　기존채무의 변제를 위해 어음을 교부한 경우에는 일반적으로 어음채권을 먼저 행사하여 만족을 얻을 것을 당사자가 예정하였다고 보아야 한다. 그러므로 어음의 만기가 기존채무의 변제기보다 후일인 경우에는 특단의 사정이 없는 한 기존채무의 변제를 유예하는 묵시적인 합의가 있었다고 보아야 한다(대법원 2001. 7. 13. 선고 2000다57771 판결). 같은 원리에 의해 기존채무의 변제기보다 앞선 날짜를 만기로 하는 어음을 교부한 경우에는 기존채무의 변제기를 변경하는 합의가 있었다고 추정해야 한다.

**3) 채권의 병존시기**　　변제를 위하여 어음이 교부된 경우, 양 채무는 언제까지 병존하는가? 어음채무는 그 자체의 소멸원인에 의해 소멸할 뿐, 원인채무의 소멸에 의해 영향을 받지 않으므로(무인성) 원인채무가 변제·시효완성 등으로 소멸하더라도 어음채무는 소멸하지 아니한다. 그러므로 어음채무와 원인채무가 언제까지 병존하느냐는 문제는 어음이 지급수단이라는 점과 관련하여 원인채무가 언제까지 존속하느냐는 의문을 뜻한다.

i) 어음은「지급을 위하여」교부되므로 원인채무는 그 지급수단으로 교부된 어음으로부터 만족을 얻을 때까지 존속한다. 그러므로 어음채무가 어음금의 지급, 상계 등으로 소멸하면 그 때 비로소 원인채무도 소멸한다(대법원 2000. 2. 11. 선고 99다56437 판결). 채권자가 받은 어음을 타인에게 양도하여 그 대가에 의해 잠정적으로 만족을 얻었더라도, 그는 계속 자신의 후자들에 대해 상환의무의 부담을 안고 있으므로 어음금이 지급될 때 비로소 궁극적인 만족을 얻은 것이고 그 때 원인채무가 소멸한다(대법원 2002. 12. 24. 선고 2001다3917 판결).

ii) 어음의 유통 중에 원인채권자의 제3채권자가 원인채권을 압류하는 수가 있다. 예컨대 채무자 甲이 채권자 乙에게 변제를 위해 약속어음을 발행하였는데, 乙이 이 어음을 A에게 양도하였고 乙의 채권자 乙´가 乙의 甲에 대한 원인채권을 압류하는 것과 같다. 원인채권이 압류되었더라도 채무자 甲은 어음채무자로서 A에게 어음금을 지급해야 하고, 이로써 甲은 압류채권자에 대해 원인채무가 소멸하였음을 대항할 수 있다(대법원 1994. 3. 25. 선고 94다2374 판결).

**4) 채권의 행사순서**　　채권자는 어음채권과 동시에 원인채권을 가지는데, 어느 채권을 먼저 행사해야 하는가? 원인채권의 변제를 위해 어음이 교부된 경우에는 어음채권을 먼저 행사하여 만족을 얻을 것을 당사자가 예정한 것으로 보아야 한다는 것이 통설·판례이다(대법원 1995. 10. 13. 선고 93다12213 판결 외 다수). 어음채권을 행사하여 만족을 얻지 못한 경우에는 당연히 원인채권을 행사할 수 있다. 그리고 채권자가 원인채권의 변제기까지 계속 어음을 소지하는 경우에는

제3자의 이해가 개입되는 바 없으므로 채권자는 어느 채권를 행사해도 무방하다. 어느 한 채권의 전부 또는 일부가 만족되면 그 범위에서 다른 채권을 행사할 수 없다(대법원 1960. 8. 18. 선고 4292민상864 판결).

### 5) 원인채권의 행사

원인채권을 행사할 경우에 다음과 같은 몇 가지 문제가 제기된다.

i) 행사 가능시기    채권자가 원인채권을 행사할 수 있는 경우 그 시기가 언제이냐는 의문이 제기된다. 어음채권으로부터 만족할 수 없다는 사실이 객관화된 때라고 풀이해야 한다. 즉 인수가 거절되거나 지급이 거절되면 채권자는 바로 원인채권을 행사할 수 있다고 보아야 한다.

ii) 상환청구권의 보전    채권자가 원인채권을 행사할 경우, 채무자는 원인채무를 변제하고 어음을 반환받아 이 어음을 가지고 자신의 권리를 행사할 수 있어야 한다. 그러므로 채권자는 채무자가 어음상의 권리를 행사할 수 있도록 상환청구권을 보전하기 위한 절차(적법한 제시기간 내의 지급제시와 거절증서 작성)를 밟아야 한다. 하지만 상환청구권을 행사할 필요까지는 없다(대법원 1995. 10. 13. 선고 93다12213 판결).

상환청구권을 보전할 필요는 채무자가 제3자로부터 받은 어음을 교부한 경우에 국한되고, 채무자 자신이 어음의 주채무자이거나 채무자가 타인이 발행한 약속어음을 수취하여 채권자에게 배서한 경우에는 상환청구권을 행사할 대상이 없으므로 채권자는 상환청구권 보전절차를 밟을 필요가 없다.

iii) 어음의 반환    채권자가 원인채권을 행사하여 변제받더라도 어음채권이 소멸하는 것은 아니다. 그러므로 채권자가 원인채권을 변제받고 어음을 유통시킨다면 채무자는 2중변제의 위험을 부담한다. 따라서 원인채권을 행사할 때에는 동시이행의 방법으로 어음을 반환해야 한다(대법원 1993. 11. 9. 선고 93다11203 판결). 그 결과 어음이 반환되고 원인채권의 변제 여부에 관해 다툼이 있는 경우에는 원인채권이 변제된 것으로 추정해야 한다(대법원 1996. 12. 20. 선고 96다41588 판결).

### 6) 채권자의 과실로 인한 어음채권의 소멸

채권자가 채무자에게 어음의 반환과 동시에 원인채권을 행사하였으나, 채권자의 과실로 어음상의 권리행사가 불가능하게 된 때(예: 시효의 완성, 상환청구권의 상실)에는 원인채권에 어떤 영향을 미치는가? 다음 두 가지 경우로 나누어 보아야 한다.

i) 채무자가 발행한 약속어음이나 수표를 채권자가 소지하고 있던 중 어음·수표상의 권리가 소멸한 경우에는 채무자가 손해를 입는 일이 있을 수 없으므로 채권자는 원인채권을 행사할 수 있다(대법원 1976. 11. 23. 선고 76다1391 판결).

ii) 채무자가 제3자에 의해 발행된 어음·수표를 채권자에게 교부하고 채권자가 이를 소지하던 중 상환청구권의 보전절차를 게을리하거나 권리행사를 게을리하여 시효가 완성된 경우 채권자가 어음·수표를 채무자에게 반환하고 원인채권을 행사할 수 있다면 채무자는 자기의 채무는 변제하여야 하는 반면 어음·수표상의 권리는 행사할 수 없게 되는 부당한 결과를 초래한다. 이 경우에는 원인채권은 소멸한다고 보고, 채권자의 손실은 이득상환청구($\substack{어 79조, \\ 수 63조}$)를 통해 구제받도록 해야 한다.

7) **어음소송과 원인채권의 시효**　　　원인채권을 행사하는 소송을 제기하더라도 원인채권의 변제를 위해 교부한 어음의 시효를 중단시키는 효력이 없음은 당연하다($\substack{어음의 무인성. 대법 \\ 원 1999. 6. 11. 선고 \\ 99다 \\ 16378 판결}$). 반대로 어음금을 청구하는 소송을 제기한 경우 원인채권의 시효를 중단하는 효력을 인정하지 않는다면, 어음소송의 진행중에 원인채권이 시효완성으로 소멸할 경우 어음채무자가 소지인에게 대항할 수 있는 인적항변사유가 되므로 소지인을 구제할 방법이 없어진다. 따라서 어음소송을 제기하면 소송상대방에 대한 원인채권의 시효가 중단된다고 보는 것이 옳다($\substack{같은 \\ 판결}$).

그러나 이미 어음채권이 시효로 소멸한 상태에서는 어음채권을 행사할 수 없고 따라서 그에 관한 소를 제기하더라도 원인채권의 시효를 중단시키는 효력이 있을 수 없음은 물론이다($\substack{대법원 2007. 9. 20. 선 \\ 고 2006다68902 판결}$).

(2) **지급담보를 위한 어음행위**

1) **구별기준**　　　기술한 바와 같이 원인채무의 변제와 관련된 어음교부를 당사자의 명시된 의사가 없는 한「변제를 위하여 또는 변제를 담보하기 위하여」어음을 교부한 것으로 보아야 한다. 그러면 당사자의 의사가 분명하지 않을 때「변제를 위하여」어음을 교부한 것으로 보느냐,「변제를 담보하기 위하여」어음을 교부한 것으로 보느냐라는 의사해석의 문제가 제기된다.

원인채무의 변제방법에 관한 합의가 별도로 있다면 이 어음은 담보를 위한 것임에 틀림없다. 반면 원인채권의 변제에 관한 별도의 합의가 없다면 이 어음을 지급수단으로 사용한 것으로 보아야 하므로 변제를 위하여 교부한 것으로 추정하는 것이 옳다.

2) **효력**　　　지급을 담보하기 위하여 어음을 교부한 경우에도 원인채권과 어음채권 중 어느 쪽을 먼저 행사해야 하느냐는 문제가 생긴다. 거래통념상 일반적으로 인식되는「담보」의 개념에 충실하게 해석한다면, 원인채권을 먼저 행사하고, 불이행시 어음채권을 행사해야 한다고 해석한다.

(3) **원인채무의 보증을 위한 배서**

채무자가 채무를 담보하기 위하여 채권자에게 약속어음을 발행할 때, 채무자의 신용을 믿지 못하는 채권자의 요구에 의해 제3자가 보증의 의미로 배서를 하는 경우를 흔히 본다. 이 배서인이 어음법상 배서인으로서의 담보책임($\substack{어 15 \\ 조 1항}$)을 짐은 물론이다. 나아가 이 배서인이 어음채권자에 대하여 원인채권에 대한 민사상의 보증채무까지도 부담하느냐는 문제가 제기되는데, 판례는 채권자가 원인채권에 대한 민사상의 보증채무를 부담할 것까지 배서인에게 요구하는 의사를 가졌고, 배서인도 채권자의 이러한 의사에 응하여 채무의 내용을 인식하면서 배서한 사실이 인정될 때에 민사보증이 있은 것으로 인정할 수 있다고 한다($\substack{대법원 \\ 2009.}$

$\binom{10.\ 29.\ \text{선고}\ 2009}{\text{다}44884\ \text{판결}}$. 그리하여 어음이 타인에 대한 채무의 차용증서에 갈음하여 발행되는 사실을 알고 원인채무를 보증할 의사로 배서를 한 경우에는 원인채무의 보증책임까지 져야 한다는 입장이며, 채권자가 누구임을 배서인이 알지 못한 경우에도 같은 결론을 내리고 있다$\binom{\text{대법원}\ 1986.}{\substack{9.\ 9.\ \text{선고}\ 86 \\ \text{다카}1088\ \text{판결}}}$.

판례는 타인의 채무를 담보하기 위해 수표를 발행한 자가 원인채무에 관해 민사보증책임을 지느냐에 관해서도 같은 논리를 적용하고 있다$\binom{\text{대법원}\ 2015.\ 5.\ 14.\ \text{선}}{\text{고}\ 2013\text{다}49152\ \text{판결}}$.

## Ⅱ. 자금관계와 어음관계

환어음과 수표에서는 자금관계와 어음관계의 상호관계가 문제된다. 어음관계와 원인관계는 앞서 본 바와 같이 다양한 문제를 제기하나, 자금관계와 어음관계의 상호영향은 극히 제한된 예를 보여줄 뿐이다.

1) 어음관계가 자금관계에 영향을 미치는 예는 i) 지급인 또는 인수인이 어음금 또는 수표금을 지급한 경우 발행인에 대해 보상을 청구할 수 있다는 점, ii) 발행인과 지급인 간에 지급에 관한 합의가 있었음에도 불구하고 지급인이 지급을 하지 않은 경우 발행인이 지급인에 대해 채무불이행책임을 물을 수 있다는 정도이다.

2) 자금관계가 어음관계에 미치는 영향으로서는, i) 어음채무가 절차의 흠결이나 시효로 소멸한 경우 자금관계가 이득상환청구의 귀착점이 될 수 있으며, ii) 환어음의 자금관계가 결여된 경우 인수인은 발행인의 지급청구에 대해 항변할 수 있다는 것이다. 원인관계의 무효·취소 기타의 하자는 악의의 항변사유가 될 수 있으나$\binom{\text{어}\ 17}{\text{조}\ \text{단}}$, 자금관계의 흠결은 악의의 항변사유가 되는 일이 없다. 환어음의 인수인은 「인수」라는 어음행위의 결과로 지급책임을 지는 것이고, 이는 자금의 공급과는 무관하기 때문이다.

# 제 8 절 어음상의 권리의 소멸

## Ⅰ. 어음상의 권리의 소멸사유

어음상의 권리는 민법에 정한 채권의 일반적인 소멸사유, 즉 소멸시효의 완성, 변제, 대물변제$\binom{\text{민}}{466\text{조}}$, 공탁$\binom{\text{민}}{487\text{조}}$, 상계$\binom{\text{민}}{492\text{조}}$, 경개$\binom{\text{민}}{500\text{조}}$, 면제$\binom{\text{민}}{506\text{조}}$에 의해 소멸한다. 일반채권은 혼동$\binom{\text{민}}{507\text{조}}$에 의해서 소멸하지만, 어음은 환배서$\binom{\text{어}\ 11\text{조}\ 3\text{항};}{\text{수}\ 14\text{조}\ 3\text{항}}$가 허용되므로 어음상의 권리는 혼동에 의해서는 소멸하지 아니한다. 변제는 가장 보편적인 어음채권의 소멸사유인데, 어음·수표법에서는 「지급」이라는 용어로 다루고 있으며 지급의 절차와 효과에 대해 특칙$\binom{\text{어}}{38}$

조 이하; 수 28조 이하)을 두고 있어 민법의 변제에 관한 규정이 적용될 여지가 별로 없다. 그리고 어음·수표법에서는 매우 단기의 시효를 두고 있어 민법의 시효에 관한 규정이 적용되지 않는다. 어음법에서는 민법에 없는 상환청구권보전절차의 흠결이라는 특이한 소멸원인을 두고 있는데 이 점은 후술한다. 본절에서는 일반적인 소멸사유 중 어음에 관련하여 일반원칙을 다소 수정하여 적용해야 할 문제들을 다루고, 어음시효에 관해 설명한다.

### (1) 상계

어음채권도 다른 채권과 상계할 수 있다. 상계는 단독행위이므로 일방채권자의 일방적인 의사표시에 의해 효력이 발생함이 원칙이다. 그러나 어음은 제시증권이고 상환증권이므로 어음채권을 자동채권으로 상계할 경우에는 반드시 어음의 제시와 교부를 요한다(대법원 2008. 7. 10. 선고 2005다24981 판결). 상계자의 어음채권을 상대방에게 증명할 필요가 있고, 상계자가 상계를 하고 다시 어음을 유통시킬 가능성을 배제해야 하기 때문이다. 어음채권을 수동채권으로 하여 상계할 경우에는 어음을 상환받지 않음으로 인한 불이익은 상계자 자신이 입으므로 어음의 제시·교부를 요하지 않는다.

### (2) 면제

어음소지인이 어음채무자의 채무를 면제할 수 있음은 물론이나, 어음을 상환하지 않고 면제하면 소지인이 이 어음을 유통시킬 경우 어음채무자는 채무면제를 인적항변(어 17조 단; 수 22조)으로 대항할 수 있을 뿐이다.

### (3) 공탁

공탁에 관해서는 어음법에 별도의 규정을 두고 있다. 지급제시기간 내에 어음소지인이 지급제시를 하지 않을 때에는 각 어음채무자는 소지인의 비용과 위험으로 어음금액을 관할 관서에 공탁함으로써 어음채무를 면할 수 있다(어 42조).

### (4) 전부명령

전부명령의 일반적 효력으로서 집행채권이 소멸하므로, 집행채권이 어음채권일 경우 전부명령은 어음채권의 소멸사유가 된다(민사집행법 231조 본)(대법원 2009. 2. 12. 선고 2006다88234 판결).


## Ⅱ. 어음·수표시효

### 1. 어음·수표시효제도의 특징

어음·수표거래에서는 다수인이 엄격한 책임을 부담하므로 이들의 법률관계를 신속히 종결지을 필요에서 어음·수표법에서는 일반 시효(10년: 민 162조 1항)에 비해 크게 단축된 시효를 두고 있다. 나아가 어음은 일반적으로 신용증권의 기능을 하는 반면, 수표는 일람출급성으로 인해 지급증권성이 더욱 강하여 수표거래를 보다 신속히 종결지을 필요가 있으므로 어음시효에 비해 더욱 단기의 시효를 적용한다.

어음채무자에는 주채무자와 상환의무자의 구분이 있는데, 이들의 책임의 주종관계를 생각하면 시효 역시 획일적으로 적용할 것이 아니다. 그래서 어음법에서는 주채무자의 시효를 장기로, 상환의무자의 시효를 단기로 규정하고 있다. 나아가 상환의무를 이행한 자가 재상환청구를 할 때에는 당초의 상환청구권에 비해 더욱 단기의 시효를 적용한다.

그리고 어음소송을 제기당한 어음채무자가 자기의 전자에 대한 시효를 이행청구 이외의 방법으로 중단시킬 수 있는 제도로서 소송고지를 두고 있다.

## 2. 시효기간

### (1) 어음시효

1) **주채무자에 대한 시효**    약속어음의 발행인과 환어음의 인수인의 지급채무는 만기일로부터 3년이 경과하면 소멸한다($어\,70조\,1항,\,77조\,1항\,8호,\,78조\,1항$). 이들의 보증인과 참가인수인의 시효도 같다고 보아야 한다. 또 무권대리인은 본인과 같은 책임을 지므로 대리권 없이 타인을 대리하여 약속어음을 발행하거나 환어음을 인수한 자의 채무($어\,8조$)도 3년의 시효에 걸린다.

3년의 기간은 「만기일」로부터 기산한다. 만기가 공휴일이더라도 같다.

그러나 장래 발생할 발행인의 수취인에 대한 채무를 담보하기 위하여 발행된 어음의 경우라면 발행인과 수취인의 사이에서는 피담보채무가 발생한 시점을 기산점으로 삼아야 한다($대법원\,2004.\,12.\,10.\,선고\,2003다33769\,판결$). 피담보채무가 발생한 시점에서 비로소 어음채권을 행사할 수 있기 때문이다.

2) **상환청구권의 시효**    주채무자를 제외한 채무자들, 즉 환어음의 발행인, 약속어음 및 환어음의 배서인 그리고 이들의 보증인 또는 무권대리인에 대한 상환청구권의 시효는 1년이다($어\,70조\,2항,\,77조\,1항\,8호$). 이들에 대한 시효의 기산점이 주채무자와 다름을 주의해야 한다. 이들에 대한 시효는 상환청구권 행사를 위하여 거절증서를 작성할 경우에는 「거절증서 작성일」로부터 1년이고, 거절증서의 작성이 면제된 경우에는($어\,46조,\,77조\,1항\,4호;\,수\,42조$) 「만기일」로부터 1년이다($동조항$). 이 시효는 만기 전의 상환청구에도 적용된다($대법원\,2003.\,3.\,14.\,선고\,2002다62555\,판결$).

3) **재상환청구권의 시효**    어음소지인에게 상환의무를 이행한 자가 주채무자를 제외한 자기의 전자에게 재상환청구할 경우에는 그 재상환청구권의 시효는 6월이다($어\,70조\,3항,\,77조\,1항\,8호$). 시효의 기산점에 주의를 요한다. 재상환청구권자가 자기의 상환의무를 이행하여 어음을 환수한 경우에는 「그 환수한 날」로부터 기산한다($동조항$). 이 날로부터 재상환청구권의 행사가 가능하기 때문이다. 그러나 상환의무를 이행하지 아니하여 어음소지인으로부터 소송상의 청구를 받은 경우에는 제소된 날로부터 기산한다($동조항$).

4) **재판상 확정채무의 시효**    이상 세 가지의 단기시효가 적용되는 채무라도 판결에 의해 확정된 채무인 경우에는 일반 민사시효와 같이 10년의 시효가 적용된다($민\,165조\,1항$). 판결에

의해 확정된 채무라 함은 화해, 청구의 인낙 등을 통해 확정된 채무를 포함하나, 공증인이 작성한 약속어음의 공정증서는 집행력은 있으나 기판력이 없으므로 판결에 의해 확정된 채무에 포함되지 않는다($\frac{대법원 1992. 4. 14.}{선고 92다169 판결}$).

### (2) 수표의 시효

수표에는 주채무자가 없으므로 주채무자의 시효가 따로 있지 않다. 그 대신 지급은행이 지급보증을 한 경우 그에 대한 어음관계자들의 신뢰를 감안하여 상환의무자보다 장기의 시효를 적용한다. 그리고 수표의 상환의무자들의 시효는 상환청구와 재상환청구를 구분하지 않고 단일한 시효를 적용한다.

**1) 지급보증인의 시효**　　수표소지인의 지급보증인에 대한 수표금청구권은 「지급제시기간이 지난 후」 1년이 경과하면 소멸한다($\frac{수}{58조}$).

**2) 상환청구권의 시효**　　발행인·배서인·보증인 등의 상환의무자에 대한 상환청구권은 「지급제시기간이 지난 후」 6월이 경과하면 소멸한다($\frac{수 51}{조 1항}$). 이들에게 상환청구권을 행사하려면 제시기간 내에 지급제시를 하고 거절증서를 작성하거나 이와 동일한 효력이 있는 거절선언을 작성하는 등 상환청구권 보전절차를 밟아야 하므로 이 절차를 밟았을 경우에 한해 시효기간 내의 청구가 가능하다.

**3) 재상환청구권의 시효**　　상환의무를 이행한 자의 전자에 대한 재상환청구권도 6월의 시효에 걸린다($\frac{수 51}{조 2항}$).

**4) 재판상 확정판결의 시효**　　재판상 확정된 수표채무의 시효는 어음의 경우와 같이 10년이다.

## 3. 시효의 중단

어음·수표의 시효는 이행청구 등 민법이 정한 일반 시효중단사유에 의해 중단되는 외에 특유한 중단사유로서 「소송고지」에 의해서도 중단된다. 일반 시효중단사유를 어음·수표에 적용함에 있어서는 어음·수표의 제시증권성과 관련하여 어음·수표의 제시를 필요로 하느냐는 문제가 있다.

### (1) 이행의 청구

어음채권의 시효를 중단시키기 위한 이행의 청구를 함에 있어서는 민법상의 이행의 청구($\frac{민 168}{조 1호}$)와 같이 의사의 통지로 족한가, 아니면 어음의 제시까지 요하는가? 재판상 청구에는 어음의 제시를 요하지 않으므로($\frac{대법원 1962. 1. 31. 선}{고 4294민상110 판결}$) 이는 재판외의 청구에 있어 제기되는 문제이다. 어음을 제시하지 않더라도 이행의 청구만으로 권리를 행사할 의사가 있음이 분명해진 이상 반드시 어음의 제시를 요구할 필요가 없다는 것이 통설이다.

### (2) 압류·가압류

어음채권자가 어음상의 권리행사를 위해 어음채무자의 재산에 압류 또는 가압류를 하면 시효가 중단된다($\frac{\text{민}168}{\text{조}2\text{호}}$). 「어음의 인도」가 소송물이 될 경우에는 가처분($\frac{\text{민}168}{\text{조}2\text{호}}$)이 시효중 단사유가 될 수 있으나, 「어음금」을 청구하는 소송에서는 시효중단사유가 될 수 없다.

### (3) 채무승인

어음채무자가 시효완성 전에 어음채무를 승인($\frac{\text{민}168}{\text{조}3\text{호}}$)할 경우 시효중단사유가 된다. 이 경우에도 어음의 제시는 필요 없고 단지 어음채무자가 채무의 존재를 인식하고 있다는 표시로서 족하다($\frac{\text{대법원}1990.11.27.}{\text{선고}90\text{다카}21541\text{판결}}$).

### (4) 소송고지

소송고지라 함은 소송당사자의 일방이 소송의 결과에 대해 이해관계 있는 제3자에게 소송계속을 알리는 제도이다($\frac{\text{민소}84}{\text{조}1\text{항}}$). 원래 소송고지에는 시효중단의 효력이 없으나, 어음채무자의 「전자에 대한 소송고지」에만은 시효중단의 효력이 있다. 소송고지에 의한 시효중단 제도는 소송이 장기화될 경우 상환의무자의 재상환청구권을 보전하기 위한 제도이다.

어음법 제80조 제1항은 「배서인의 다른 배서인과 발행인에 대한 환어음상과 약속어음 상의 청구권의 소멸시효는 그 자가 제소된 경우에는 전자에 대한 소송고지를 함으로 인하여 중단한다」고 규정하고 있으며, 수표법 제64조 제1항에서도 같은 취지의 규정을 두고 있다. 여기서 「배서인의 다른 배서인에 대한 청구」라 함은 자기의 전자인 배서인에 대한 청구를 뜻하며, 「발행인」이란 환어음의 발행인을 가리킨다. 약속어음의 발행인과 환어음의 인수인은 상환의무자가 아니라 주채무자이므로 고지대상이 아니다.

## 4. 시효이익의 포기

어음채권의 소멸시효가 완성되었더라도 채무자가 소멸시효이익을 포기할 수 있음은 물론이다. 소멸시효가 완성된 어음채무를 일부변제한 경우에는 액수에 관해 다툼이 없는 한 그 채무 전체를 묵시적으로 승인하고 시효이익을 포기한 것으로 추정해야 한다. 또 소멸시효가 완성된 어음채무의 집행에 이의를 진술하지 않은 경우에도 어음채무자가 어음채권에 대한 시효이익을 포기한 것으로 보아야 한다($\frac{\text{대법원}2010.5.13.}{\text{선고}2010\text{다}6345\text{판결}}$).

## Ⅲ. 어음·수표의 말소·훼손·상실

어음·수표에 관한 물리적 사건으로 어음·수표상의 권리에 변동이 생길 수 있다. 주요 사건은 다음과 같다.

### (1) 말소·훼손·상실

1) 어음의 기재사항의 전부 또는 일부를 삭제하는 것을 「말소」라고 하는데, 정당한 권한 있는 자가 자신의 어음행위의 내용을 수정하기 위하여 말소하는 것은 유효하고 그 말소된 내용이 없는 채로 어음으로서의 효력을 발휘한다($\frac{\text{어}16\text{조}1\text{항,}}{29\text{조,}50\text{조}2\text{항}}$). 이와 달리 정당한 권한이

없는 자가 어음의 기재사항을 말소한다면 변조가 될 것인바, 그 효력은 앞서 설명하였다($^{855}_{면}$).

한편 어음의 기재사항의 전부 또는 불가결의 요건($^{예: 발행인}_{의 기명날인}$)을 말소하여 어음이 무효가 되었다면 이는 후술하는 어음의 상실이 된다.

2) 어음을 찢거나 소각하는 등 어음의 지편에 물리적 손상을 가하는 것을 「훼손」이라 한다. 훼손으로 인해 내용에 변화를 가져오는 경우($^{예컨대 문자와 숫자로 어음금을 상이하게}_{기재하였는데, 문자부분을 절단한 경우}$)에는 변조이다. 그리고 훼손의 결과 어음의 외관을 구비하지 못하게 된 경우에는 어음의 상실이 된다.

3) 어음의 「상실」이라 함은 어음의 말소·훼손 등에 의해 어음의 존재를 인정할 수 없게 되거나, 어음소지인이 자기의 의사에 반하여 어음의 점유를 잃는 것을 말한다. 어음을 상실한다 해서 바로 어음소지인이 권리를 상실하는 것은 아니다. 그러나 어음이 없으므로 어음상의 권리를 행사할 수 없고, 혹 타인이 거래에 의해 그 어음을 선의로 취득할 경우 결국은 어음상의 권리를 잃게 된다. 그러므로 어음을 상실한 자의 지위를 회복해 주기 위하여 공시최고와 제권판결이 이용된다.

증권의 점유를 「상실」한다고 함은 자기의 의사에 반하여 증권의 점유를 잃는 것을 뜻하므로 사기·강박 등에 의해 어음을 교부한 것은 자기의 의사에 기한 것으로서 증권의 상실이 아니고, 따라서 공시최고의 사유가 되지 못한다($^{대법원 2004. 10. 11.}_{선고 2004다4645 판결}$).

### (2) 공시최고와 제권판결

공시최고의 요건과 절차에 관하여는 주권의 공시최고에 관해 설명한 바와 같다($^{347}_{면 이}$ $^{하}_{참조}$).

공시최고의 기간이 종료하도록 권리신고가 없으면 제권판결을 선고한다($^{민소}_{485조}$). 제권판결에서는 그 대상이 된 어음의 무효를 선고해야 한다($^{민소}_{496조}$). 따라서 제권판결 후에는 어음의 선의취득이 불가능하다. 그리고 어음은 제권판결의 효력으로서 무효가 되므로 현 소지인은 이 어음을 가지고 권리를 행사할 수 없다. 설혹 소지인이 제권판결 전 혹은 공시최고 전에 어음을 취득하였더라도 결과는 같다($^{대법원 1993. 11. 9.}_{선고 93다32934 판결}$).

제권판결이 공시최고의 신청인에게 실질적인 권리를 창설해 주는 것은 아니나, 어음을 소지함과 동일한 지위를 회복시켜 주는 효력이 있으므로 신청인은 어음소지인으로서 어음채무자들에게 어음상의 권리를 주장할 수 있다($^{민소}_{497조}$).

〈어음·수표의 유실에 따른 법률관계〉 어음·수표의 소지인이 분실 등의 사유로 어음·수표의 점유를 상실한 경우 다음과 같이 소지인 본인을 포함하여 수인 간에 새로운 이해가 창출된다.

1) 상실자의 점유회복　　　어음·수표의 점유를 상실한 자는 앞서 설명한 공시최고 절차를 밟아 제권판결을 받음으로써 점유자로서의 지위를 회복할 수 있다($^{단 선의취득자 등 권리신고를}_{하는 자가 없을 경우에 한한다}$).

2) 선의취득자　　유실된 어음을 제3자가 거래를 통해 취득한 경우에는 그의 선의취득 여부가 문제된다. 어음법 제16조 제2항, 수표법 제21조의 요건을 구비하면 동 어음·수표의 선의취득을 한다.

3) 유실물의 습득　　유실물을 습득한 자가 있는 경우에는 유실물법에 따라 공고한 후 6월 내에 소유자가 권리를 주장하지 않으면 습득자가 유실물의 소유권을 취득한다($\frac{민}{253조}$).

4) 습득자에 대한 보상　　유실물을 반환받은 자($\frac{점유상}{실자}$)는 습득자에게 물건가액의 100분의 5 내지 100분의 20의 범위에서 보상금을 지급해야 한다($\frac{유실물}{법 4조}$). 이는 제3자의 선의취득을 차단해 준 데 대한 보상이라 할 수 있다. 그러므로 선의취득이 사실상 불가능한 고액의 어음·수표에는 이 규정이 그대로 적용되지 않고, 소액의 사례로 족하다($\frac{대법원 1967. 5. 23. 선고 67다}{389 판결; 서울남부지법 2009.}$ $\frac{7. 2. 선고 2008}{가합21793 판결}$)·

# 제 9 절　이득상환청구권

## Ⅰ. 총설

### (1) 개념

「이득상환청구권」이란 어음·수표상의 권리가 상환청구권보전절차의 흠결·시효완성 등으로 소멸한 경우 어음소지인이 그로 인해 이익을 얻은 어음채무자에게 그 이익의 반환을 청구할 수 있는 권리를 말한다($\frac{어 79조;}{수 63조}$).

어음·수표는 지급수단으로 유통되므로 지급이 안 된 상태에서 어음·수표상의 권리가 소멸될 경우에는 필연코 어음관계자들간에 실질관계상의 대가의 불균형이 생겨난다. 그러므로 어음법은 어음상의 권리가 소멸한 후 어음소지인이 어음관계자들의 원인관계와 자금관계를 추급하여 어음상의 권리소멸로 인해 최종적으로 이득을 얻은 자에게 그 반환을 청구할 수 있는 권리를 인정한다.

이득상환청구권은 어음법 또는 수표법의 규정에 의해 발생하는 권리이기는 하나, 「어음상의 권리」 또는 「수표상의 권리·가 아니다($\frac{즉 증권적 권}{리가 아니다}$). 이 점은 이득상환청구권에 관련된 법률관계에서 후술하는 바와 같이 매우 중요한 뜻을 갖는다.

〈이득의 예〉 甲이 丙을 지급인으로 하는 환어음을 작성하여 乙에게 부동산의 구입대금조로 발행하였다고 하자. 그리고 丙이 어음금을 지급한 후에 甲으로부터 자금을 제공받기로 하고 일단 丙이 이 어음을 인수하였다. 乙은 어음할인의 방법으로 A에게 이 어음을 배서양도하고 A는 다시 B에게 종전부터 갖고 있던 채무의 '변제에 갈음'하여 이 어음을 B에게 배서양도하였다. B가 이 어음을 소지하던 중 이 어음의 소멸시효가 완성하여 B는 丙에게는 물론 甲, 乙, A 누구에게도 어음상의 권리를 행사할 수 없게 되었다. 이 상황에서 각 어음관계자들의 득실을 따져 보면 乙의 경우 甲에 대한 부동산인도와 A로부터의 어음할인금액이 상쇄되고, A의 경우 乙에게 제공한 자금과 B에 대해 갖고 있던 채무소멸이 상쇄되어 각자에게 아무 득실이 없다. 그리고 丙은 인수인으로서의 의무가 소멸하였고 甲으로부터 자금을 제공받은 바 없으므로 역시 득실이 없다. 그러나 甲은 乙로부터 부동산을 취득한 반면, 丙에 대해 자금을 제공한 바 없고 어음상의 채무는 소멸하였으므로 어음금에 해당하는 금액만큼 이득을 보았다.

### (2) 취지

어음의 상환청구절차는 매우 엄격하고 그 절차이행의 기간도 단기인데다, 시효 역시 일반채권에 비해 대단히 짧다. 이는 어음의 유통성이 고도로 보장되어야 하는 관계로 어음채무의 무인성, 인적항변의 절단 등에 의해 어음채무의 이행을 강화하는 대신 어음상의 법률관계를 신속하게 종결지음으로써 어음채무자들의 불안한 지위를 역시 신속히 안정시키기 위한 것이다. 그러다 보니 일반사법상의 권리에 비해 단지 절차적인 요인으로 인해 권리가 상실되는 위험이 매우 높다. 이같이 어음관계가 지급 이외의 원인으로 소멸하는 것을 방치하면 실질관계가 불공평해지므로 어음법은 이왕 종결된 어음관계를 소급적으로 혼란시키지 않는 범위에서 실질관계에 터잡아 어음관계자들 간에 이해를 공평하게 조정하는 방법으로 이득상환청구제도를 두었다.

## Ⅱ. 법적 성질

이득상환청구권은 어음상의 권리가 아니므로 그 성질이 무엇이냐에 관해 예로부터 여러 가지 견해가 대립하여 왔으나(부당이득반환청구권 혹은 손해배상청구권이라는 설, 어음의 변형물이나 잔존물이라는 설) 오래 전부터 통설과 판례는 이득상환청구권을 형평의 견지에서 법률이 특별히 인정한 청구권으로서 지명채권의 일종이라고 설명하고 있으므로 여타의 학설은 단지 연혁적인 의미만을 갖는다.

## Ⅲ. 당사자

1) **청구권자**　　　이득상환청구권을 갖는 자는 어음상의 권리가 소멸할 당시의 어음소지인이다(어 79조; 수 63조). 어음상의 권리가 「소멸할 당시의 어음소지인」이란 소멸 당시의 최후의 피배서인뿐 아니라 어음소지인에게 상환의무를 이행하고 어음을 소지하고 있던 중 재상환청구권을 상실한 배서인도 포함한다. 소멸 당시 「정당한」 소지인이어야 함은 물론이다.

2) **의무자**　　　이득상환청구에 대응하는 의무자는 어음상의 권리소멸로 인하여 이익을 얻은 자이다(어 79조; 수 63조). 어음채무의 소멸과 원인관계를 이루며 실질관계상의 이득을 얻은 자이어야 하므로 어음채무자만이 이득상환의무자일 수 있다. 환어음의 경우에는 보통 발행

인과 인수인 간에 자금의 공급 여부에 따라 발행인 또는 인수인이 의무자가 될 것이고, 약속어음과 수표의 경우에는 대부분 발행인이 의무자가 된다.

# Ⅳ. 발생요건

## (1) 어음상의 권리의 소멸

1) 권리의 범위　　이득상환청구권이 발생하기 위하여는 어음상의 권리가 소멸해야한다. 권리소멸에 어음소지인의 과실이 있었느냐는 것은 묻지 아니한다. 「어음상의 권리」가 소멸하여야 하므로 백지어음은 백지보충이 이루어지지 않는 한 보충권의 시효나 기타사유로 백지어음상의 권리가 소멸하더라도 이득상환청구권이 발생하지 않는다(대법원 1962. 12. 20. 선고 62다680판결). 미완성어음인 상태에서는 「어음상의 권리」가 생겨난 바가 없기 때문이다.

2) 권리의 소멸사유　　어음법은 이득상환청구권의 요건으로서 어음상의 권리가 「절차의 흠결로 소멸된 때」와 「소멸시효가 완성된 때」를 제한적으로 들고 있다. 따라서 그 밖의 사유로 인하여 어음상의 권리가 소멸한 경우, 예컨대 어음상의 권리자가 제3자의 선의취득에 의하여 권리를 잃거나 자신에게 어음을 발행·배서한 자의 어음행위가 무효·취소됨으로 인해 권리를 잃은 경우에는 이득상환청구권이 생겨날 수 없다.

3) 수표의 특수문제　　수표는 10일간의 제시기간이 있고, 이 기간을 경과하도록 제시되지 아니하면 상환청구권이 상실된다(수29조 1항). 그런데 제시기간이 경과하더라도 발행인으로부터 지급위탁의 취소가 없는 한 지급인이 지급하여도 무방하다(수32조 2항). 즉 수표소지인이 제시기간이 경과한 후에 제시하더라도 수표금이 지급될 가능성을 배제할 수 없는 것이다. 그러므로 통설은 지급제시기간이 경과하면 일응 이득상환청구권이 발생하고 제시기간 경과 후의 지급제시에 대해 지급이 이루어지면 이득상환청구권이 소멸한다고 본다(해제조건설). 그러므로 소지인은 제시기간이 경과하면 지급제시를 요하지 않고 바로 이득상환청구권을 행사할 수 있다.

## (2) 권리구제수단으로서의 최후성

이득상환청구권은 어음상의 권리가 소멸한 후 실질관계에 터잡아 형평에 부합하는 해결을 모색하는 이례적인 제도이므로 권리구제수단으로서 최후성을 갖는다. 여기서 이득상환청구권을 행사하기 위해 전제가 되는 권리소멸이란 어떤 범위에 걸쳐 요구되느냐는 의문이 제기된다. 판례는 모든 어음채무자에 대해 어음상의 권리를 상실하고 나아가 일반법상의 구제방법마저 잃어 버렸을 때 비로소 이득상환청구권이 생긴다고 한다. 즉 어음상의 권리가 소멸하더라도 원인관계상의 채권을 행사할 수 있는 때에는 이득상환청구권을 행사할 수 없다는 것이다(대법원 1970. 3. 10. 선고 69다1370 판결).

(3) 어음채무자의 이득

어음상의 권리소멸로 인해 어음채무자가 이득을 얻어야 한다. 「이득」이란 어음상의 채무를 면한 것 자체를 뜻하는 것이 아니라, 어음의 실질관계에서 어음채무자가 현실로 받은 이익을 말한다($\binom{\text{대법원 1993. 7. 13.}}{\text{선고 93다10897 판결}}$).

## Ⅴ. 이득상환청구권의 행사

이득상환청구권의 행사에 관해서는 다음과 같은 점들이 문제된다.

**1) 어음의 소지 여부**  이득상환청구권은 지명채권이므로 어음과 연결지을 이유가 없고, 따라서 이득상환청구권을 행사함에 있어서는 어음의 소지를 요하지 않는다.

**2) 어음항변**  이득상환의무자가 종전에 가지던 어음항변을 청구권자에게 원용할 수 있는가? 이득상환청구권은 어음상의 권리와 연결 없이 발생하므로 어음항변이 당연히 승계된다고 볼 수는 없지만, 어음채무자가 어음상의 채무가 소멸한 뒤에 더 불리한 지위에 선다는 것은 형평에 어긋나므로 역시 의무자는 모든 항변사유로써 대항할 수 있다고 해석한다($\binom{\text{통설}\cdot}{\text{판례}}$).

**3) 증명책임**  이득상환청구권은 어음상의 권리가 아니므로 어음의 소지와 「배서의 연속」에 의해 권리추정력이 인정되지 않는다($\binom{\text{어음법 제16조}}{\text{제1항의 불적용}}$). 따라서 어음을 소지하더라도 청구자는 어음상의 권리가 소멸할 당시 자신이 권리자였다는 사실, 의무자에게 실질관계로 인한 이득이 있다는 사실 등 이득상환청구의 모든 요건을 증명해야 한다($\binom{\text{대법원 1994. 2. 25.}}{\text{선고 93다50147 판결}}$).

**4) 이행지, 이행방법**  지명채권설에 의하면 이득상환청구권은 지명채권의 일반적 성질에 따라 지참채무의 성격을 갖는다고 볼 여지가 있으나, 현실적으로 누가 이득상환청구권자인지를 의무자가 알 수 없으므로 지참채무로 볼 수는 없다. 그러므로 이득상환청구권은 성질상 추심채무로 보고 청구자가 의무자의 주소에서 이행청구를 해야 한다.

**5) 이득상환청구권의 소멸시효**  이득상환청구권의 소멸시효에 대해서는 법에 명문의 규정이 없으므로 일반채권의 시효와 같이 10년($\binom{\text{민}}{\text{162조}}$)으로 보아야 한다.

## Ⅵ. 이득상환청구권의 양도

이득상환청구권은 양도할 수 있으나, 다음 두 가지 점에 주의를 요한다.

(1) 선의취득

이득상환청구권은 지명채권이므로 선의취득이 허용되지 않는다($\binom{\text{대법원 1978. 6. 13.}}{\text{선고 78다568 판결}}$). 따라서 어음상의 권리가 소멸할 당시 정당한 어음의 소지인에 한해 이득상환청구권을 갖고, 그로부터 적법하게 승계한 자에 한해 이득상환청구권을 취득한다. 그리고 이 사실은 이득상환청구권의 양수를 주장하는 자가 증명해야 한다$\left(\substack{대법원 1983. 3. 8.\\선고 83다40 판결}\right)$.

### (2) 양도방법

**1) 일반적인 경우** 이득상환청구권은 지명채권이므로 지명채권의 양도방법$\left(\substack{민\\450조}\right)$에 의해서만 양도할 수 있다. 따라서 의무자에 대한 통지 또는 의무자의 승낙이 필요하다$\left(\substack{통설·\\판례}\right)$.

**2) 자기앞수표의 경우** 은행이 발행한「자기앞수표」는 지급의 확실성 때문에 제시기간이 경과한 후에도 계속 유통되고, 유통당사자들은 이득상환청구권을 양도한다는 의식이 아니라 수표 자체를 양도한다는 의식을 가지고 수표의 교부만으로 양도하는 실정이며, 발행은행도 별 이의 없이 지급하는 관행이 오랫동안 형성되어 왔다. 이러한 거래실정을 존중하여 판례는 은행이 발행한「자기앞수표」에 대해서만은 독특한 이론구성을 하고 있다. 즉 제시기간이 경과한 수표를 양도할 때에는 수표의 교부에 의해 이득상환청구권을 양도함과 동시에 상환의무자인 발행은행에 대해 채권양도의 통지를 할 권능을 아울러 이전하는 합의가 있는 것으로 보아야 한다는 것이다$\left(\substack{대법원 1976. 1. 13. 선\\고 70다2462 판결(전)}\right)$. 다만 판례는 이 이론을 정당한 소지인이 양도한 경우에 국한하여 적용하며, 양도인이 정당한 소지인인지 알 수 없는 경우에는 지명채권양도의 방법으로 양도받지 않은 한 이득상환청구권의 양도를 주장하지 못한다고 한다$\left(\substack{대법원 1981. 6. 23.\\선고 81다167 판결}\right)$.

# 제 3 장 환어음·약속어음

제2장에서는 환어음, 약속어음 그리고 수표에 공통되는 총론적 과제를 다루었다. 이 장(제3장)에서는 환어음과 약속어음에 관한 각종의 어음행위와 지급 및 상환청구를 다루고, 다음 장에서는 수표에 관해 같은 문제를 다루기로 한다. 제3장을 읽을 때에는 제2장과의 관계에 유의해야 한다. 특히 어음행위에 관해 그러하다. 제2장에서와 마찬가지로 제3장에서도 어음행위가 중심과제이다. 그러나 양자의 접근방법이 다르다. 제2장에서는 어음행위의 기본적인 방식이라든지 대리 또는 위조·변조 등 모든 어음행위에 일반적으로 적용되는 과제들을 다루었으나, 제3장에서는 어음행위를 다루되, 발행·배서 등 어음행위의 종류별로 특수하게 생겨나는 문제를 집중적으로 논한다. 그러므로 제3장에서 다루는 이론은 제2장에서 다룬 일반원칙을 전제로 한 것임을 유념해야 한다.

## 제 1 절   어음의 발행

### Ⅰ. 발행의 의의

어음의 「발행」이란 어음상의 권리($\frac{금전}{채권}$)를 창설하는 어음행위이다.

1) 어음은 설권증권이므로 그에 표창된 권리는 어음의 자금관계나 원인관계에 연결됨이 없이 발행 그 자체에 의해 창설되어 유통에 놓인다. 따라서 권리내용이 발행인에 의해 쓰여진 문언에 의해 결정되고 원인관계의 효력에 영향받지 않는다($\frac{문언성·}{무인성}$).

2) 발행은 법률행위이므로 발행에 흠이 있어 무효이거나 취소될 때에는 어음에 표창된 권리 역시 근거를 잃어 존재하지 않게 된다. 그러나 그 흠이 어떠한 것이냐에 따라 후속하는 법률관계의 효력이 달리 결정된다. 발행에 「형식적인 흠」이 있어 무효인 때에는 그 이후의 어음행위가 전부 무효이지만, 발행의 「실질적 요건」에 흠이 있어 무효이거나 취소된 때에는 그 이후의 인수·배서 등을 한 자는 어음행위독립의 원칙에 의해 어음의 문언에 따라

-878-

책임을 져야 한다.

3) 환어음의 발행과 약속어음의 발행은 공히 어음상의 권리를 창설하지만, 그 의사표시의 내용이 다르다. 약속어음의 발행에서는 발행인이 어음금액을 지급하겠다는 뜻(즉 주채무의 부담)을 표시하지만, 환어음의 발행에서는 발행인이 제3자(지급인)에게 지급을 위탁한다는 의사를 표시한다. 그러므로 약속어음의 발행인은 어음금을 지급할 궁극적인 책임을 지지만, 환어음의 발행인은 지급인에 의해 지급 또는 인수가 거절될 경우에 대신 지급해야 한다는 담보책임을 진다.

4) 어음의 발행은 어음의 교부에 의해 완료되는 단독행위이다. 그러므로 수취인의 의사는 발행의 요소가 아니고 따라서 수취인의 의사표시의 흠은 발행의 효력에 영향을 주지 아니한다.

## Ⅱ. 어음발행의 성질

약속어음의 발행은 어음금지급채무를 부담하는 행위이지만, 환어음의 발행은 문언상 지급위탁의 형식을 취하므로 그 성질의 파악에 관해 견해의 대립이 있다. 통설은 환어음의 발행은 발행인이 일면 지급인에 대하여 발행인의 계산에서 지급인의 명의로 어음금을 지급할 권한을 수여함과 동시에, 수취인에 대하여는 수취인 자신의 명의로 어음금을 지급받을 수 있는 권한을 수여하는 2중의 수권이라고 설명한다(이중수권설). 이에 대해 단지 발행인과 수취인 간의 관계에서만 파악하여, 수취인에게 지급인으로부터 어음금액을 수령할 권한을 수여하는 행위라고 설명하는 견해도 있다(금전채권수여설).

## Ⅲ. 어음요건

### 1. 총설

모든 어음행위는 요식의 서면행위이므로 법정의 방식을 구비해야 하는데, 어음의 발행시에 발행을 유효하게 하는 형식적 요건으로서 반드시 기재해야 하는 사항을 「어음요건」이라 한다. 「환어음」의 발행시에는, ① 증권의 본문 중에 그 증권을 작성할 때 사용하는 국어로 환어음임을 표시하는 글자, ② 조건없이 일정한 금액을 지급할 것을 위탁하는 뜻, ③ 지급인의 명칭, ④ 만기, ⑤ 지급지, ⑥ 지급받을 자 또는 지급받을 자를 지시할 자의 명칭, ⑦ 발행일과 발행지, ⑧ 발행인의 기명날인(또는 서명)이 어음요건이다(어1조). 그리고 「약속어음」의 발행시에는, ① 증권의 본문 중에 그 증권을 작성할 때 사용하는 국어로 약속어음임을 표시하는 글자, ② 조건 없이 일정한 금액을 지급할 것을 약속하는 뜻, ③ 만기, ④ 지급지, ⑤

지급받을 자 또는 지급받을 자를 지시할 자의 명칭, ⑥ 발행일과 발행지, ⑦ 발행인의 기명 날인(또는 서명)이 어음요건이다(어 75조).

양자를 비교하면, 환어음은 지급위탁의 문언을 씀에 대해, 약속어음은 지급약속의 문 언을 쓴다는 점(②), 그러므로 약속어음에는 지급인이 따로 없으나 환어음에는 지급인을 기 재한다는 점(③)에서 차이를 보이고, 그 밖에는 기재사항이 모두 같다. 난을 바꾸어 사항별 로 환어음과 약속어음의 각 기재사항을 설명한다.

### 2. 기재사항

#### (1) 어음문구

약속어음과 환어음에는 그 증권의 본문 중에 그 증권을 작성할 때에 사용하는 국어로 각각 환어음과 약속어음임을 표시하는 글자(어음 문구)를 기재해야 한다(어 1조 1호, 75조 1호). '환', '약속'이 란 접두어를 빼고 단지 '어음', '어음증서'라는 식으로 표기하는 것은 어음의 종류를 특정할 수 없어 무효이다(통설). 어음에는 어느 나라 언어를 사용하더라도 무방하나, '환어음', '약속 어음'은 반드시 본문의 언어와 일치해야 한다. 본문의 언어란 지급위탁문구 또는 지급약속 문구를 뜻한다.

#### (2) 지급위탁과 지급약속

환어음에는 「조건없이 일정한 금액을 지급할 것을 위탁하는 뜻」을 적어야 하고(어 1 조 2호), 약속어음에는 「조건없이 일정한 금액을 지급할 것을 약속하는 뜻」을 적어야 한다(어 75 조 2호).

1) 일정금액    어음은 금전채권만을 표창할 수 있으므로 물건의 인도를 목적으로 하 는 물품어음은 인정되지 않는다. 「일정한 금액」을 기재하라고 함은 어음금액이 모든 당사 자들에게 확정되고 단일한 의미를 갖게끔 기재되어야 함을 뜻한다. 예컨대 「1,000만원 이 상」 또는 「100만원 또는 1,000만원」이라는 식의 기재는 어음금을 불확정하게 하므로 무효 이다. 또 어음금액은 시종 일정해야 하므로 발행 당시에 확정할 수 있어야 한다.

어음금의 변조를 방지할 목적에서 어음금을 두 곳 이상 기재하는 예도 흔하다. 그런데 서로 상이한 금액을 기재한 때에는 '일정'하지 않지만, 법에서는 어음의 유통성을 고려하여 유효로 다루고 확정할 수 있는 기준을 제시하고 있다. 즉 글자와 숫자로 적은 경우에 그 금 액에 차이가 있으면(예컨대 '100,000원'과 '일 천만원'으로 기재한 경우) 글자로 적은 금액을 어음금액으로 한다(어 6 조 1항). 그리고 같은 글자와 글자, 숫자와 숫자로 적은 경우에 그 금액에 차이가 있으면(예컨대 '100만원'과 '1,000 만원'으로 기재한 경우) 최소금액을 어음금액으로 한다(어 6 조 2항). 글자의 크기나 위치·기재도구(예: 타자 나 육필)의 차이는 문제 되지 아니한다.

2) 무조건의 지급위탁 또는 지급약속    지급의 위탁 또는 약속은 「무조건」이어야 한 다. 예컨대 "만기 당시 본인(발행 인)이 생존할 경우에 한해 지급함"이라고 기재하는 것은 무조 건성에 어긋난다. 여기서 말하는 조건이란 민법 제147조 이하의 조건만을 뜻하는 것이 아

니라 지급의 단순성을 해하는 모든 제약을 포함한다. 예컨대 일정한 "목적물을 수령하고 지급하라"는 것처럼 대가를 연결시키거나, 발행인이 지급인에 대해 가진 특정채권 중에서 지급하라는 것처럼 지급자금의 제약을 두는 것은 무조건성에 반한다.

어음에 조건을 붙임은 후술하는 유해적 기재사항으로서, 어음을 무효로 한다. 판례는 조건의 기재에 대해 매우 엄격하여, 보충지($\frac{보}{전}$)에 기재한 조건도 어음을 무효로 한다고 본다 ($\frac{대법원\ 1994.\ 6.\ 14.}{선고\ 94다6598\ 판결}$).

어음법 제3조 제3항은 「환어음은 제3자의 계산으로 발행할 수 있다」고 규정하고 있다. 발행인과 지급인의 사이에서 실제의 자금부담자를 표시하는 방법으로 이같은 기재를 할 수 있지만, 자금관계는 어음관계에 영향을 주는 바 없으므로 이러한 기재를 하더라도 어음채무의 부담관계가 달라지는 것은 아니다.

### (3) 지급인의 명칭

환어음의 지급인은 발행인이 일방적으로 기재한다. 때문에 지급인은 「인수」를 하지 않는 한 지급인으로 기재되었다 해서 지급책임을 지는 것은 아니다. 그러므로 지급인이 인수와 지급을 거절할 경우를 가상하면 어음상의 권리실현에 아무 기여도 하지 않는 존재이지만, 상환청구권이 발생하기 위해서는 지급인의 인수 또는 지급거절이 요건이 되므로 환어음의 구조상 지급인은 불가결한 존재이다.

1) 지급인은 어음상 존재하면 어음의 형식적 완전성을 충족하므로 죽은 사람·허무인이라도 무방하다. 물론 이런 어음은 제시·지급이 불가능하지만 발행인이 담보책임을 지므로 유통가치가 있다.

2) 지급인의 명칭은 지급인의 동일성을 인식할 수 있는 정도로 기재하면 된다. 따라서 자연인이라면 그의 성명 외에도 아호·별명·예명, 그리고 상인이라면 그의 상호를 기재해도 무방하다. 법인을 지급인으로 할 때에는 법인의 명칭만 기재하면 족하고 그 대표자의 성명을 기재할 필요는 없다.

3) 지급인을 여럿 기재하는 경우에는 i) 중첩적으로 기재하는 경우($\frac{丙과}{丙}$), ii) 선택적으로 기재하는 경우($\frac{丙\ 또}{는\ 丙'}$), iii) 순차적으로 기재하는 경우($\frac{丙이\ 지급하지}{않을\ 경우\ 丙'}$)를 생각해 볼 수 있다. 이 중에서 선택적 기재만은 무효이고, 중첩적 기재는 그 자체로 유효한 것으로 하며, 순차적으로 기재한 경우에는 선순위자가 지급인이 되고 후순위자가 예비지급인이 되는 것으로 보아 역시 유효하다고 하는 것이 일반적인 설명이다.

4) 환어음의 발행인은 자신을 지급인으로 하여 발행할 수 있다($\frac{어\ 3}{조\ 2항}$). 이를 「자기앞어음」이라 한다. 발행인이 발행지와 다른 지역에 영업소·거소를 갖고 있고 그 영업소나 거소에서 지급하고자 할 때 이용할 실익이 있다.

### (4) 만기

1) 만기의 뜻　　「만기」라 함은 어음면에 어음금이 지급될 것으로 기재된 일자를 말

한다($\substack{어1조 4호,\\75조 3호}$). 만기 외에 지급과 관련된 날을 가리키는 말로써 「지급을 할 날」($\substack{어38조 1\\항, 44조 3항}$)과 「지급하는 날」($\substack{어41\\조1항}$)이 있다. 「지급을 할 날」이란 법률상 제시가 있으면 지급의무를 이행해야 하는 날을 뜻하는데, 보통은 만기와 「지급을 할 날」이 일치하지만, 만기가 법정휴일일 때에는 그에 이은 제1의 거래일에 지급을 청구할 수 있고($\substack{어72\\조1항}$) 이 날이 「지급을 할 날」이 된다. 그리고 「지급하는 날」은 어음금을 실제 지급한 날을 뜻한다.

어음발행의 실례를 보면 어음면에 '만기'라고 쓰기보다는 '지급일', '지급기일' 등의 용어를 즐겨 쓰고, 때로는 '지급할 날', '지급하는 날'이라고 쓰기도 하는데, 법상의 '지급을 할 날'과 '지급하는 날'은 성질상 어음면에 표시할 것이 못되므로 이는 모두 만기를 뜻하는 것으로 해석해야 한다.

〈만기 등의 예〉 어음에 「지급일」이라는 난에 2022년 3월 1일이라고 기재되어 있다. 이 날은 만기이다. 그런데 3월 1일은 공휴일이므로 어음은 3월 2일에 제시할 수 있고, 이 날이 「지급을 할 날」이다. 3월 2일에 어음을 제시했더니 지급인이 그날은 돈이 없다고 하며 3월 4일에야 어음금을 주었다. 3월 4일이 「지급하는 날」이다.

**2) 만기의 요건**　　만기는 단일하고 확정할 수 있고, 가능해야 한다.

「단일」해야 하므로 어음금을 수차에 걸쳐 지급하는 분할출급의 어음($\substack{예: 1,000만원 중 400만원\\은 2022. 9. 1.에, 600만원\\은 2022. 10.\\1.에 지급}$)은 무효이다($\substack{어 33\\조 2항}$). 만기를 이같이 정하면 어음의 상환증권성을 지킬 수 없기 때문이다.

만기는 객관적으로 「확정」되어야 한다. 예컨대 '2022년 겨울', '2022년 5월 1일 또는 6월 1일'이라는 식의 만기는 확정할 수 없어 무효이다. 특정할 수만 있다면, 반드시 「연 월 일」을 못박아 기재해야 하는 것은 아니다. 예컨대 '2022년 한글날' 같은 것도 무방하다.

만기는 「가능」해야 한다. '2022년 2월 30일'과 같이 일력에 없는 날은 만기로 할 수 없는 날이지만, 통설·판례는 이같은 경우 무효로 볼 것이 아니라 「2월 말일」을 만기로 하는 어음으로 해석한다($\substack{대법원 1981. 7. 28.\\선고 80다1295 판결}$). 발행일 이전의 날짜를 만기로 한 어음은 무효라는 것이 통설·판례이다($\substack{대법원 2000. 4. 25.\\선고 98다59682 판결}$).

**3) 만기의 종류**　　어음법에서는 일람출급, 일람후정기출급, 발행일자후정기출급, 확정일출급의 네 가지 만기만을 인정하고 그 밖의 만기는 무효로 한다($\substack{어 33조\\1항·2항}$).

i) 확정일출급　　예컨대 '2022년 3월 31일'과 같이 특정의 날을 만기로 기재하는 것이다. 실제 어음거래에서는 대부분 확정일출급의 방식으로 만기를 정한다. 2022년 '3월 초', '3월 중순', '3월 말'과 같은 기재는 어의적으로는 불확정한 시기이지만, 어음법은 이를 각기 「3월 1일」, 「3월 15일」, 「3월 31일」을 뜻하는 것으로 보아 확정일출급어음으로 다룬다($\substack{어 36\\조 3항}$).

ii) 발행일자후정기출급   이는 발행일자로부터 일정기간이 경과한 날을 만기로 삼는 방식이다. 예컨대 2022년 3월 15일에 어음을 발행하면서, 만기를 '2개월 후'라고 기재하는 것과 같다. 발행시점에서부터 만기가 특정된다는 점에서 확정일출급과 다를 바 없다.

발행일자후정기출급어음에서는 기간계산을 하게 되는데, 초일은 불산입하므로($^{어}_{73조}$) 발행일은 빼고 기간을 계산해야 한다($^{그러므로 3월 15일에서 '10일 후'}_{면 3월 25일이 만기가 되는 것이다}$). 그리고 기간을 월수로 정한 경우에는 해당되는 달에 있어서의 발행일의 대응일을 만기로 한다($^{어 36조 1항: 3월 15일에서 '2월 후'라}_{하면 5월 15일이 만기가 되는 것이다}$). 그리고 기간을 '반월'로 기재한 경우에는 '만 15일'을 뜻하며($^{어 36}_{조 5항}$), 기간을 '1월 반'이라는 식으로 정한 때에는 먼저 월을 계산하고 15일을 가산한다($^{어 36조 2항: 3월 15일에서 '2월 반'이라}_{고 하면 5월 30일이 만기가 되는 것이다}$).

iii) 일람출급   이는 어음소지인이 지급을 위한 제시를 한 날을 만기로 삼는 방식이다. 실제 어음면에 표기할 때에는 '일람출급'이라는 용어 외에도 '제시 즉시 지급함', 기타 같은 취지의 뜻으로 기재한다.

발행인은 일정한 기일 전에는 일람출급어음의 지급을 위한 제시를 금지한다는 내용을 적을 수 있다($^{어 34조 2항 전,}_{77조 1항 2호}$). 이같이 일정기간 제시를 금하는 경우에는 소지인이 그 기간 내에 제시하더라도 적법한 제시가 아니고, 따라서 지급이 거절되더라도 상환청구권이 생기지 아니한다.

일람출급이라 해서 소지인이 편의에 따라 언제든지 제시를 지연시킬 수 있다고 한다면 어음관계가 장기간 미결상태를 지속하게 된다. 그래서 어음법은 제시기간을 1년으로 제한한다($^{어 34조}_{1항 전}$). 어음의 발행인은 이 제시기간을 단축하거나 연장할 수 있다($^{어 34조}_{1항 후}$). 배서인은 제시기간을 단축할 수 있으며($^{어 34조}_{1항 후}$), 발행인이 단축 또는 연장해 놓은 기간을 다시 단축할 수 있다. 배서인이 연장하는 것은 불가능하다($^{어 34조 1항 후}_{단의 반대해석}$). 배서인이 임의로 연장할 경우 다른 어음채무자들과의 관계에서 상환청구권의 소멸시기에 혼란이 생기기 때문이다.

발행인이 단축 또는 연장한 기간은 어음채무자 전원에게 효력이 있다($^{어 53}_{조 2항}$). 따라서 발행인이 단축한 기간이 경과하도록 제시하지 않으면 모든 채무자에 대하여 상환청구권을 잃는 반면, 원래의 제시기간($^{1}_{년}$)이 경과하더라도 발행인이 연장한 기간 내에 제시하면 상환청구권을 잃지 아니한다. 그러나 배서인이 단축한 기간은 그 배서인만이 원용할 수 있다($^{어 53}$ $^{조}_{3항}$). 그러므로 배서인이 정한 기간이 경과하더라도 원래의 제시기간($^{1}_{년}$) 또는 발행인이 단축·연장해 놓은 기간 이내에 제시하면 다른 채무자($^{그 후의 배}_{서인 포함}$)에 대하여 상환청구권을 행사할 수 있다.

iv) 일람후정기출급   어음을 일람, 즉 제시한 후 일정기간이 경과한 날을 만기로 삼는 방식이다. 예컨대 "제시 후 2월이 경과한 후에 지급함"이라는 것과 같다. 「환어음」의 경우 제시란 인수제시를 말하고, 「약속어음」의 경우에는 인수제시라는 것이 없으므로 제시란 단순히 발행인에게 어음을 보여 주는 것을 뜻한다.

제시 후 일정기간의 기산점을 정하기 위하여 발행인이 어음에 제시한 뜻을 기재하고 일자를 부기하게 하고 그 날로부터 기간이 경과하는 것으로 한다($\frac{어 78}{조 2항}$). 이때 발행인의 기명날인($\frac{또는}{서명}$)이 필요함은 물론이다. 발행인이 제시의 뜻과 일자의 기재를 거절할 경우에는 거절증서에 의해 증명해야 하고 그 일자를 초일로 해서 기간을 진행시킨다($\frac{어 78}{조 2항}$).

### (5) 지급지

「지급지」라 함은 어음금이 지급될 지역을 말한다.

i) 지급지의 요건성　　어음소지인은 지급지에서 지급인 또는 약속어음의 발행인($\frac{또는 그들의}{지급담당자}$)에게 지급을 위한 제시를 하여야 하고, 인수인 또는 약속어음의 발행인 역시 지급지에서 지급채무를 이행해야 한다. 이같이 지급지는 어음상의 권리행사에 있어 중요한 연결점이 되므로 어음요건의 하나이고, 이를 결하면 어음은 무효가 된다. 어음에 관한 분쟁이 있을 때 소지인은 어음채무자의 주소지의 법원에 제소해도 되지만($\frac{민소 2}{조, 3조}$), 어음소송에 관해서는 지급지의 법원에 특별재판적이 인정되므로($\frac{민소}{9조}$) 지급지의 법원에 제소할 수 있다.

ii) 지급지와 지급장소　　지급지는 「지급장소」와 다르다. 지급장소는 지급지에 있으면서 지급이 행해질 지점을 말한다. 예컨대 '서울특별시'는 지급지로서 어음에 기재할 만한 것이고, '서울특별시 중구 소공동 1번지 1호' 또는 '국민은행 명동지점'은 지급장소로서 적격이다. 실제의 어음거래에서는 예외 없이 지급장소를 기재하지만, 지급장소는 어음요건이 아니고 유익적 기재사항이다. 지급장소가 기재되어 있지 아니한 경우에는 지급인($\frac{또는 약}{속어음}$)($\frac{의 발}{행인}$)의 주소에서 지급되어야 한다. 지급장소는 어음요건이 아니므로 기재된 지급장소가 지급지와 모순되는 경우($\frac{예: 지급지는 포항시인데 지}{급장소는 서울특별시인 경우}$)에도 어음의 효력에 영향이 없다($\frac{대법원 1970. 7. 24.}{선고 70다965 판결}$). 다만 지급장소만이 무효가 될 뿐이다.

iii) 지급지의 기재방법　　지급지는 지급장소를 찾는 지리적 출발점이 되고 기술한 바와 같은 법적 의의를 가지므로 그 취지에 부합하도록 최소한 하나의 생활권을 이루는 지역을 기재해야 한다. 지급장소만 기재했더라도 예컨대 '서울특별시 중구 소공동 1번지 1호' 라는 식으로 지급지의 적격이 있는 지역($\frac{서울특}{별시}$)을 기재내용 중에 포함하고 있다면 지급지를 기재한 것으로 보아야 한다($\frac{대법원 2001. 11. 30.}{선고 2000다7387 판결}$). 또 '국민은행 본점'과 같이 그 소재가 전국에 잘 알려진 장소라면 지급지의 기재가 있는 것으로 보아야 한다.

iv) 지급지의 실재성과 단일성　　실재하지 않는 지역($\frac{예: 이}{어도}$)은 지급지로 기재할 수 없으며, 지급지는 중첩적이든 선택적이든 복수로 기재할 수 없다.

v) 동지출급·타지출급　　지급지와 지급인($\frac{또는 약속어}{음의 발행인}$)의 주소지가 같은 어음을 동지출급어음, 다른 어음을 타지출급어음이라 해서 구분하는데, 환어음의 경우에는 양자 간에 중요한 차이가 있다. 타지출급인 환어음의 경우에는 지급인이 지급지를 알지 못하므로 지급제시에 대비할 수 없다. 그러므로 타지출급의 환어음은 반드시 인수제시를 하여 지급인이 이를 알게 해 주어야 한다($\frac{어 22}{조 2항}$).

vi) 지급지의 효력    지급지는 지급제시기간 중에만 의미를 갖는다. 지급이 거절되어 상환청구권을 행사하거나 제시기간이 경과한 후에 주채무자에게 청구할 때에는 각 채무자의 주소에서 청구해야 하기 때문이다.

### (6) 수취인

1) 어음에는 어음금을 지급받을 자 또는 지급을 받을 자를 지시할 자의 명칭을 기재하여야 한다($^{어 1조 6호,}_{75조 5호}$). 이를 「수취인」이라 한다. 수취인은 발행인의 상대방이 되어 어음을 취득하는 자이고, 발행인에 의해 어음금을 수령할 권리가 주어진다. 그리고 발행 후 어음이 유통된다면 최초의 배서인이 된다. 그러므로 수취인은 어음의 유통단계에서도 불가결한 존재이다. 수취인을 결한 어음은 무효이다. 법문에서 '지급을 받을 자를 지시할 자'라고 표현한 것은 수취인이 배서양도할 경우를 예상하고 이를 허용하는 의미에서 규정한 것이나, 어차피 어음은 당연한 지시증권이므로($^{어 11}_{조 1항}$) 별 의미가 없는 규정이다.

환어음의 경우에는 발행인 자신을 수취인으로 하여 어음을 발행할 수 있다($^{어 3}_{조 1항}$). 이를 '자기지시어음'이라 한다.

2) 수취인은 지급인의 기재와 같이 사람을 특정할 수 있을 정도로 기재하면 된다. 성명·상호·통칭·별칭 모두 무방하다. 법인의 경우 대표자의 성명 없이 법인이름만 표시하면 된다. 수취인으로 기재된 이름은 일응 수취인으로 가능한 이름이면 족하고, 반드시 실재하는 사람의 이름이어야 하는 것은 아니다.

3) 수취인도 수인을 기재할 수 있다. 「乙과 乙´」와 같이 중첩적으로 기재한 경우에는 수취인 전원이 공동으로 권리를 행사할 수 있고 아울러 배서도 공동으로만 할 수 있으며, 「乙 또는 乙´」와 같이 선택적으로 또는 「제1수취인 乙, 제2수취인 乙´」와 같이 예비적으로 기재한 때에는 어느 수취인이나 어음을 소지한 자가 단독으로 권리행사 및 배서를 할 수 있다.

### (7) 발행일

발행일은 어음을 발행한 날을 뜻하는데, 만기처럼 중요하지는 않으나 역시 어음요건으로서 생략할 수 없는 기재사항이다. 실제 어음을 발행하는 날과 일치할 필요는 없다.

### (8) 발행지

발행지가 어음법상 어음관계에 영향을 미치는 경우는 없다. 그러므로 판례는 국내어음($^{국내에서 발행되고 국}_{내에서 지급될 어음}$)은 발행지가 기재되지 않은 어음도 유효하다고 본다($^{대법원 1998. 4. 23. 선}_{고 95다36466 판결(전)}$).

### (9) 발행인의 기명날인(또는 서명)

1) 기명날인($^{또는}_{서명}$)의 요건성    어음을 발행하고자 하는 자는 이상의 요건을 기재하고 기명날인($^{또는}_{서명}$)을 하여야 한다. 기명날인의 방식은 앞서 설명하였으므로 중복을 피한다($^{841}_{면 이}$ $^{하}_{참조}$).

2) **공동발행**    지급인 또는 수취인을 복수로 기재할 수 있듯이 발행인으로서 2인 이

상의 기명날인($^{또는}_{서명}$)이 행해질 수가 있다. 지급인의 복수기재처럼 발행인의 기명날인도 중첩적($^{甲과}_{乙}$), 선택적($^{甲 또}_{는 乙}$), 순위적($^{제1발행인 甲;}_{제2발행인 乙}$)의 세 가지 모습을 보일 수 있다. 이 중 중첩적 기재만이 유효하며, 공동발행인은 합동책임을 진다는 것이 통설이다.

## Ⅳ. 어음요건의 흠결(불완전어음)

### 1. 흠결의 효과

이상 설명한 기재사항들은 어음이 유효하기 위한 필수의 요건이므로 어느 하나를 결하더라도 어음이 무효가 된다($^{어 2조 본;}_{76조 본}$). 이를 「불완전어음」이라 한다. 어음요건을 결한 어음은 발행단계에서부터 무효이고, 형식적인 흠이 있는 어음에 대해서는 어음행위독립의 원칙이 적용되지 않으므로 그 어음에 새로이 행해진 인수·배서·보증 등의 부수적 어음행위도 전부 무효가 된다. 추후 어음의 흠결을 보완하는 것은 어음의 변조이다($^{어}_{69조}$).

### 2. 어음요건의 법정보충

어음요건을 결한 경우에는 원칙적으로 무효이지만, 다음에 보듯이 만기, 지급지, 발행지가 없는 경우에는 법으로 그 기재를 의제하여 유효한 어음으로 다룬다.

#### (1) 의제내용

**1) 만기의 흠결**　만기가 적혀 있지 아니한 어음은 「일람출급의 어음」으로 본다($^{어 2}_{조 1}$$^{호; 76}_{조 1호}$). 만기의 기재가 없다고 함은 어음면상 만기에 관한 일체의 언급이 없음을 뜻한다.

**2) 지급지의 흠결**　환어음에 지급지가 적혀 있지 아니한 경우에는 지급인의 명칭에 부기한 지를 지급지 및 지급인의 주소지로 본다($^{어 2}_{조 2호}$). 지급인의 명칭에 부기한 지란 지급인의 기재에 밀착시켜 일정한 지역 또는 장소를 나타내는 기재를 한 것을 말한다.

약속어음에 지급지가 적혀 있지 아니한 경우에는 발행지를 지급지 및 발행인의 주소지로 본다($^{어 76}_{조 2호}$).

**3) 발행지의 흠결**　발행지가 적혀 있지 아니한 어음은 발행인의 명칭에 부기한 지에서 발행된 것으로 본다($^{어 2조 3호;}_{76조 3호}$). 하지만 앞서 말한 바와 같이 판례는 국내어음에 관해서는 발행지의 기재가 없더라도 유효하다는 입장이므로($^{대법원 1988. 4. 23. 선}_{고 95다36466 판결(전)}$), 국내어음에 관한 한 이 규정은 무의미하다.

#### (2) 의제의 요건

이상의 의제는 만기, 지급지, 발행지 등의 기재가 없을 때 적용되며, 기재가 있지만 그 요건을 구비하지 못하거나 부적법한 사항을 기재한 경우($^{예: 만기를 분할}_{출급으로 하는 것}$)에는 기재사항이 무효가 되고 나아가 어음이 무효가 되므로 위와 같은 의제는 불가능하다.

### (3) 의제의 효과

위에서 만기가 없는 어음을 일람출급의 어음으로 본다든지, 지급지가 없을 경우 발행지를 지급지로 보는 것은 법적 의제이므로 어음에 기재된 것과 같다. 따라서 발행인이 그 의제와 다른 내용을 기재할 의사였고 또 그것이 증명된다 하더라도 위와 같은 의제에 영향을 주지 아니한다. 그러므로 만기, 지급지, 발행지 등의 기재가 없어 위와 같이 의제되는 어음에 추후 다른 내용의 기재를 하는 것은 어음의 변조이다.

## Ⅴ. 어음요건 외의 기재사항

### 1. 요건 외 기재사항의 유형

어음요건 이외에도 어음당사자들이 법적 구속을 가하고자 원하는 추가적인 사항이 있을 경우 사적 자치의 원칙에 입각하여 이를 어음에 반영하는 것을 허용한다. 이같이 어음요건은 아니나 기재하면 어음법적 효력을 발휘할 수 있는 사항들을 「유익적 기재사항」이라고 한다. 그러나 어음은 다수인 간에 전전유통되면서 관계자 모두의 지위를 안정시킬 수 있는 객관적 확실성을 지녀야 하므로 어음관계의 안정성을 해할 소지가 있는 사항은 기재하더라도 어음법에서 그 효력을 부정하는데, 그 방법에는 다음 두 가지가 있다.

첫째는 「무익적 기재사항」이라 하여 발행인이 기재하더라도 기재내용대로의 효력을 인정하지 않고 그 존재를 무시하는 것이다. 예컨대 발행인이 확정일출급어음에 이자를 지급할 뜻을 기재한 경우 그 이자문구는 무익적 기재사항이 되는데($^{어 5조}_{1항 후}$), 이는 기재하더라도 아무 의미가 없는 것이다.

둘째는 「유해적 기재사항」이라 하여 어떤 사항을 기재하면 그 기재를 무시하는 데 그치지 않고 적극적으로 어음발행의 효력을 부정하는 것이다. 예컨대 어음금의 지급에 조건을 붙인 경우 그 조건만 무효가 되는 것이 아니고 어음 전체를 무효로 하는 것이다.

이같은 기재사항의 구분은 어음의 발행뿐 아니라 배서·인수·보증 등 다른 어음행위에도 있다. 각 어음행위별로 발행시의 어음요건에 해당되는 최소한의 기재사항이 있으며, 그 밖에 유익적·무익적·유해적 기재사항의 구분이 있다.

'유익적'·'무익적'·'유해적'이란 강학상의 용어이고, 어음법에서는 이러한 말을 쓰고 있지 않다. 해석으로 구분해야 하는데, 법문에서는 대체로 유익적 기재사항은 "…$\binom{기}{재}$할 수 있다"($^{예:}_{어 4조}$)라고 표현하고, 무익적 기재사항은 "적지 아니한 것으로 본다"($^{예: 어 5}_{조 1항 후}$)라고 표현하고 있다. 유해적 기재사항 중에는 어음법 제12조 제2항($^{일부}_{배서}$)과 같이 "…무효로 한다"라고 표현함으로써 적극적으로 유해적임을 선언한 것도 있으나, 이런 표현이 없더라도 어음발행에 조건을 붙인 경우와 같이 해석상 유해적 기재사항으로 보아야 할 경우도 있다($^{어 1}_{조 2호}$).

어음에 빈번히 이용되는 것은 유익적 기재사항이므로 이하 주요 유익적 기재사항을 종류별로 설명하고, 무익적 기재사항과 유해적 기재사항은 관련되는 곳에서 설명한다.

## 2. 유익적 기재사항

유익적 기재사항은 법에서 명문으로 정하고 있는데, 법정된 것 이외의 사항도 명문화된 무익적·유해적 기재사항이 아닌 것은 유익적 기재사항으로 기재를 허용할 것이냐는 의문이 있다. 다수설은 이를 긍정하지만($^{강·임 311; 서헌제 386; 손진화 1036;}_{정동윤 217; 정찬형 243; 최준선 290}$), 어음의 객관성과 명확성의 관점에서 부정하는 것이 옳다($^{최기}_{원 328}$).

### (1) 유익적 기재사항의 예

발행단계에서 기재할 수 있는 유익적 기재사항은 다음과 같다.

1) 지급인의 명칭에 부기한 지 및 발행인의 명칭에 부기한 지($^{어 2조 2호·3}_{호, 76조 3호}$)

2) 제3자방 지급의 기재($^{어}_{4조}$)

3) 이자의 문구($^{어 5조}_{1항 전}$)

4) 어음금액을 글자와 숫자로 병기하거나 같은 글자 또는 숫자로 중복기재하는 것($^{어}_{6조}$)

5) 인수무담보의 문구($^{어 9}_{조 2항}$)

6) 지시금지의 문구($^{어 11}_{조 2항}$)

7) 인수제시의 명령 또는 금지($^{어 22조}_{1항·2항}$)

8) 일람후정기출급 환어음의 인수제시기간의 단축 또는 연장($^{어 23}_{조 2항}$)

9) 일람출급 환어음의 지급제시기간의 단축 또는 연장($^{어 34}_{조 1항}$)

10) 예비지급인의 지정($^{어 55}_{조 1항}$)

배서인의 단계에서 기재할 수 있는 유익적 기재사항은 다음과 같다.

1) 소지인출급식배서($^{어 12}_{조 3항}$)

2) 피배서인 지정방식, 즉 기명식·백지식 또는 소지인출급식으로 하는 것($^{어 12조 3}_{항, 13조 2항}$)

3) 인수무담보문구 및 지급무담보문구($^{어 15}_{조 1항}$)

4) 배서금지배서($^{어 15}_{조 2항}$)

인수인의 단계에서 기재할 수 있는 유익적 기재사항은 다음과 같다.

1) 어음금액의 일부인수($^{어 26}_{조 1항}$)

2) 어음의 기재사항의 변경인수($^{어 26}_{조 2항}$)

3) 제3자방지급의 기재($^{어 27}_{조 1항}$)

4) 지급장소의 기재($^{어 27}_{조 2항}$)

보증인이 보증을 하며 기재할 수 있는 유익적 기재사항으로 법이 명문화한 것은 피보증인의 표시방법, 즉 피보증인을 표시하거나 표시하지 아니하는 것뿐이다($^{어\,31}_{조\,4항}$). 그러나 보증을 함에 있어 조건을 붙일 수 있다($^{후}_{술}$).

### (2) 주요 유익적 기재사항

위에 열거한 유익적 기재사항의 대부분은 각 어음행위별로 해당되는 곳에서 설명하고, 여기서는 다른 곳에서 설명하지 않은 다음 사항에 국한해 다룬다.

**1) 제3자방 지급**　　「제3자방 지급어음」이란 환어음의 지급인 또는 약속어음의 발행인이 아닌 제3자의 주소($^{예:우리은}_{행\,명동지점}$)에서 어음금이 지급될 것으로 기재된 어음을 말한다. 다량의 어음을 거래하는 자가 지급사무를 효율적으로 처리하기 위해 어음의 결제를 전담하는 사람 또는 장소를 정할 수 있게 한 것이다. 특히 제3자방을 지급인 또는 발행인의 거래은행으로 해 둘 경우 소지인이 추심하기에 편리하고, 지급인과 발행인도 지급사무를 간소화시킬 수 있다.

　　i) 기재권자　　　약속어음의 발행인 또는 환어음의 발행인이 제3자방을 기재할 수 있다. 발행인이 지급인의 주소지와 다른 지급지를 환어음에 적은 경우에 제3자방에서 지급한다는 내용을 적지 아니하였으면 지급인은 인수를 함에 있어 그 제3자를 정할 수 있다. 그에 관하여 적은 내용이 없으면 인수인은 지급지에서 직접 지급할 의무를 부담한 것으로 본다($^{어\,27}_{조\,1항}$). 그리고 지급인의 주소에서 지급될 어음의 경우 지급인은 인수를 함에 있어 지급지 내에 위치한 지급장소를 정할 수 있다($^{어\,27}_{조\,2항}$).

　　제3자방은 지급인의 주소지에 있거나 다른 지역에 있음을 불문하지만($^{어}_{4조}$), 지급지 내에 있는 장소라야 한다.

　　ii) 기재의 효력　　　제3자방을 기재하면 어음소지인은 어음에 기재된 지급담당자에게 또는 지급장소에서 지급제시를 하여야 한다. 그러므로 어음소지인이 지급인이나 약속어음의 발행인에게 지급제시를 하더라도 적법한 제시로 보지 아니한다.

　　제3자방을 정한 경우에는 지급인이 사전에 알고 있어야 지급에 대비할 것이므로 발행인이 인수제시를 금지하지 못한다($^{어\,22}_{조\,2항}$).

**2) 이자의 문구**　　　어음금을 지급받을 때까지 수취인에게 생기는 금리손실을 전보하기 위하여 어음금에 이자를 붙이는 경우가 있다. 확정일출급어음과 발행일자후정기출급어음은 어음금을 지급받을 날이 확정되어 있으므로 어음을 발행할 당시에 어음금에 그 이자를 반영시키면 되고 굳이 이자의 약정을 따로 할 필요가 없다. 그러므로 이 두 어음에는 이자를 붙이더라도 효력이 없다($^{어\,5조\,1항\,후,}_{무익적\,기재사항}$). 그러나 일람후정기출급어음의 만기는 소지인의 인수제시에 의해, 그리고 일람출급어음의 만기는 소지인의 지급제시에 의해 결정되므로 이 두 가지 어음의 경우에는 만기를 언제로 하느냐가 어음소지인의 의사에 달려 있다. 따라서 이자를 붙임으로 해서 소지인에게 인수제시 또는 지급제시를 늦출 유인동기를 부여할 수

있다. 그러므로 어음법은 일람출급어음과 일람후정기출급어음에 한해 이자를 붙일 수 있게 하고 있다(어5조 1항 전).

이자는 이율을 기재하는 방식으로 붙여야 한다(어5조 2항 전). 확정금액이나 기타의 방식으로 기재하는 것은 효력이 없다(어5조 2항 후). 이자의 기산일은 별도로 기재할 수 있으나 기재가 없을 경우에는 발행일을 기산일로 본다(어5 조3항).

## Ⅵ. 어음발행의 효력

어음발행에 의해 수취인은 소정의 증권적 권리를 취득하고 이에 대응하여 발행인과 지급인에게 일정한 법적 의무와 소정의 법적 지위가 생겨난다. 약속어음과 환어음은 발행인의 지위가 상이한 까닭에 구체적인 효과도 다르다.

### 1. 환어음 발행의 효과

1) **수취인의 어음금 수령권** 환어음의 발행은 수취인에게 두 가지의 변수적 상황에 따른 권리를 수여한다. 기본적으로는 지급인에게 지급제시하여 지급이 될 경우 어음금을 수령할 수 있는 권리를 수여한다. 지급인이 인수를 하면 그때부터 지급채무를 부담하지만 인수를 하지 않은 상태에서는 어음수취인에게 채무를 부담하는 바가 없다. 그렇더라도 지급인이 어음금을 지급할 경우에는 수취인은 이를 수령할 법적 권리를 가지며, 부당이득이 되는 것이 아니다. 지급인이 발행인으로부터 자금을 공급받음 없이 어음금을 지급했다 하더라도 같다. 수취인의 이러한 법적 지위는 어음의 양도에 의해 이전된다.

2) **발행인의 담보책임** 지급인이 지급을 거절하거나 인수를 거절할 경우, 수취인 기타 어음소지인은 발행인에 대하여 상환청구권을 행사할 수 있다. 즉 발행인은 인수 또는 지급이 거절될 경우 어음금을 지급할 책임을 진다(어9 조1항). 이는 어음거래의 안전을 위해 법률이 규정한 책임으로서(법정책임 설: 통설), 지급이 거절될 경우 발행인이 어음금을 지급해야 할 책임을 지급담보책임이라 하고, 인수가 거절될 경우 지급해야 할 책임을 인수담보책임이라 한다.

환어음은 지급인이 인수를 하거나 현실로 지급할 때까지는 사실상 발행인의 담보책임을 신용의 근거로 하여 발행 · 유통된다고 할 수 있다.

지급인이 인수를 거절하고 만기에 가서 지급할 가능성은 희박하지만 필연적으로 지급이 거절되는 것은 아니므로 발행인이 어음에 명기함으로써 인수담보책임을 면할 수 있다(어9조 2항 전). 그러나 지급담보책임만은 면할 수 없다(어9조 2항 후). 발행인이 지급담보책임을 지지 아니할 경우 궁극적으로 책임질 자가 없는 어음이 되기 때문이다. 따라서 지급무담보의 뜻을 기재하더라도 이 기재는 없는 것으로 본다(무익적 기재사항).

## 2. 약속어음 발행의 효과

약속어음에는 지급인이 따로 없으므로 발행인이 환어음에서의 인수인과 같은 최종적인 지급채무를 부담한다($^{어 78}_{조 1항}$). 이 채무는 환어음의 발행인의 담보책임과는 달리 의사표시상의 채무이다. 이에 대응하여 수취인은 발행인을 상대로 만기에 어음금을 청구할 권리를 가지는데, 약속어음의 발행인은 주채무자인 까닭에 상환청구권보전절차라는 것이 불필요하고 어음시효가 완성하기 전까지는 언제든지 어음금을 청구할 수 있다. 발행인에 대한 수취인의 지위는 어음의 양도와 더불어 이전된다.

# Ⅶ. 백지어음

## 1. 의의

「백지어음」이라 함은 기명날인($^{또는 서명·}_{이하 같음}$) 이외의 어음요건의 일부를 기재하지 아니하되, 이 부분을 보충할 권한을 수취인에게 부여한 채 발행한 어음을 말한다($^{어}_{10조}$). 어음요건을 결하였으나 어음으로서의 효력을 유보한 채 발행·유통될 수 있으며 추후 백지부분의 보충에 의해 완전한 어음이 된다.

백지어음은 다양한 동기로 발행하지만, 가장 흔한 예는 원인관계가 미정이기 때문인 경우이다. 원인관계가 부분적으로 확정되지 아니한 상태에서 어음을 발행해야 할 경우에는 확정되지 아니한 사항을 일단 공란으로 한 채 발행하고 장차 원인관계가 확정되는 대로 수취인으로 하여금 보충하게 하는 것이다. 예컨대 甲이 乙로부터 만기가 3개월 후인 어음으로 지급하는 조건으로 석유를 구입하되 대금은 3개월 후의 석유의 시가로 지급하기로 한 경우 일단 어음금액을 공란으로 하여 발행하고 3개월 후 乙로 하여금 시가에 따라 어음금액을 기재하여 청구할 수 있게 하는 것이다. 이같이 백지어음은 미확정된 원인관계상의 채권을 증권화하여 유통 가능하게 하는 편리함이 있다.

그러나 백지어음은 분쟁의 소지를 많이 안고 있다. 백지어음의 본질적인 요소는 「보충권」이다. 보충권이 수여된 사실은 어음면에 표창되어 증명되는 것이 아니고 또 보충권의 행사는 수취인의 독단으로 이루어진다. 그러므로 백지어음은 발행인과 수취인 간의 고도의 신뢰를 바탕으로 발행된다고 할 수 있는데, 상호 간에 이 신뢰가 깨어지면 필히 어음상의 권리관계에 관한 다툼이 생겨난다. 수취인이 백지를 보충하여 어음금을 청구함에 대해 발행인은 어음요건을 결여한 불완전어음이라고 주장하는 것과 같다. 따라서 백지어음의 분쟁에서는 보충권의 유무와 범위에 관해 당사자의 의사를 어떻게 해석하고 증명책임을 어떻게 안분할 것이냐가 중심문제를 이룬다.

## 2. 백지어음의 성질

백지어음은 어음요건을 완비하지 못하였으므로 어음법에서 「미완성으로 발행한」어음이라고 표현하듯이($^{어 10}_{조 본}$) 어음이 아니다($^{통}_{설}$). 따라서 백지어음인 상태에서는 지급제시나 상환청구와 같은 어음상의 권리를 행사할 수 없다.

그러나 백지어음은 어음요건이 흠결된 「불완전어음」($^{어}_{2조}$)과는 구별해야 한다. 불완전어음은 법정의 치유사유($^{법정}_{보충}$)가 없는 한($^{어 2조 1}_{호~3호}$) 무효이지만, 백지어음은 어음소지인이 백지의 보충을 조건으로 하여 완성된 어음이 될 수 있다고 하는 일종의 기대권으로서의 법적 지위를 구비하고 있으므로 그 자체로 유효한 유가증권이다.

## 3. 백지어음의 요건

백지어음은 어음요건의 일부가 기재되어 있지 아니하고, 그 부분을 어음소지인으로 하여금 기재할 수 있도록 보충권이 수여되어야 한다.

### (1) 기명날인

백지어음이라 하더라도 발행인의 기명날인($^{또는 서명}_{이하 같음}$)이 있어야 함은 물론이다. 기명날인은 발행행위의 외관적 요건이므로 이를 생략할 경우 발행행위 자체가 흠결되기 때문이다.

### (2) 어음요건의 일부 불기재

기명날인 이외의 부분은 무엇이든 백지로 할 수 있다는 견해도 있으나, 백지어음으로 보기 위해서는 최소한 어음($^{또는}_{수표}$)의 종류만은 특정할 수 있도록 발행되어야 한다. 따라서 「증권의 본문 중에 환어음 또는 약속어음 또는 수표임을 표시하는 글자」($^{어 1조 1호, 75조}_{1호; 수 1조 1호}$)만큼은 생략될 수 없는 요건이다.

참고로, 어음요건 이외의 유익적 기재사항($^{예: 이}_{자문구}$)을 추가기재할 수 있는 권한을 수취인에게 부여한 채 발행된 어음을 「준백지어음」이라 한다. 준백지어음은 보충의 여지가 있다는 점에서 백지어음과 성질을 같이하므로 백지어음에 관한 법리를 유추적용해야 한다($^{통}_{설}$).

### (3) 백지보충권의 수여

백지어음은 발행인에 의하여 수취인에게 백지를 보충할 권한이 수여된 어음이지만, 백지보충권은 어음에 표창되는 것이 아닌 탓에 보충권의 존재 여부, 따라서 백지어음의 여부에 관해 다툼이 있을 수 있다. 그러므로 백지어음 여부의 다툼을 해결하는 기본방침의 문제로서 백지어음의 판단기준을 설정해야 한다. 그 기준에 관해, 발행인에게 보충권을 수여할 의사가 있었느냐의 여부로 백지어음의 여부를 결정해야 한다는 주관설, 어음의 객관적 성상에 따라 백지어음 여부를 판정하자는 객관설, 원칙적으로는 발행인의 보충권수여를 요하지만, 보충권의 수여가 없더라도 어음의 외관상 보충권이 예정된 것으로 볼 수 있다면 외관주의에 의해 선의의 취득자에 대해서는 발행인이 보충권이 없는 어음임을 항변할 수 없다고 설명하는 절충설이 대립한다. 판례는 주관설의 입장에 서면서, 주관설의 미비점을 입증책임의 문제로 보완하고 있다. 즉 수취인 기타 어음요건을 기재하지 않고 발행한 어음은 백지어음을 발행한 것으로 추정해야 하므로 발행인이 백지어음이 아니고 불완전어음임을 증명할 책임을 진다고 한다(대법원 1984. 5. 22.<br>선고 83다카1585 판결). 또 만기를 공란으로 발행한 경우에도 어음법 제2조 제1호를 적용하여 일람출급의 어음으로 볼 것이 아니라 백지어음을 발행한 것으로 추정해야 한다는 입장이다(대법원 1976. 3. 9.<br>선고 75다984 판결).

### 4. 보충 전 백지어음의 지위

#### (1) 권리의 제약

백지어음은 백지가 보충되기 전에는 어음이 아니므로 어음에 대하여 인정되는 어떤 권리도 행사할 수 없다. 어음채무자가 어음채무를 승인하더라도 같다(대법원 1962. 12. 20.<br>선고 62다680 판결). 따라서 상환의무자가 백지어음의 소지인에게 어음금을 지급하더라도 이는 채무 없이 변제한 것이므로 자신의 전자에 대해 재상환청구권을 행사할 수 없다(대법원 1993. 11. 23.<br>선고 93다27765 판결).

백지어음을 가지고 어음금을 청구하는 소를 제기하더라도 백지어음인 상태에서는 승소할 수 없음이 당연하나 변론종결에 이르기까지는 백지를 보충할 수 있다(대법원 1970. 4. 28.<br>선고 69다2148 판결).

#### (2) 백지어음의 시효중단

백지를 보충하지 않고는 권리행사가 불가능하다는 이론에 충실하면 백지인 채로 지급제시를 하거나 소를 제기하더라도 시효중단의 효력은 없다고 해야 옳다. 그러나 판례는 백지어음이라도 만기가 있는 경우에는 시효가 진행한다는 사실과의 균형상 소지인은 백지어음인 채로도 시효를 중단시킬 수 있다고 보아야 하며, 백지어음을 가지고 어음금을 청구하는 것도 권리행사를 객관적으로 표명하는 것으로 보아야 한다는 이유에서 시효중단의 효력을 인정한다(대법원 2010. 5. 20. 선<br>고 2009다48312 판결(전)). 판례의 구체적인 사실관계를 보면, 어음시효가 완성하기 전에 소를 제기하고 소송진행 중 시효가 완성하였는데, 변론종결 전에 소지인이 백지를 보충한 사건이다. 판례는 소제기를 할 때에 백지가 보충되지 않았지만, 시효가 중단되었다고 본 것이다.

한편 만기가 백지인 경우에는 시효의 문제가 생기지 아니한다. 따라서 만기가 백지인 어음은 후술하는 보충권의 행사기간 내에서는 언제든지 보충이 가능하다.

#### (3) 백지어음의 양도

1) 양도성    어음법 제10조는 백지어음의 양도성을 전제로 한 것이다. 백지어음의 양도성을 인정한다 함은 보충권의 이전을 허용함을 뜻한다. 백지어음을 취득한 어음소지인이 보충권을 행사하여 완성어음을 만들 수 있으므로 백지어음도 지급수단의 기능을 하면서 유통될 수 있다.

2) **양도방법**   백지어음은 어음에 준하는 성질을 가지고 있으므로 어음의 양도방법에 따라 양도할 수 있다(통설). 어음의 양도방법으로 양도한다 함은 배서에 의해 양도함을 뜻한다. 수취인이 백지인 어음은 수취인이 자기의 이름으로 백지를 보충하고 배서에 의해 양도할 수 있음은 물론이고, 백지인 상태로 단순한 교부에 의해 양도할 수 있다(어 14조 2항의 유추적용)(대법원 1994. 11. 18. 선고 94다23098 판결). 어음에 의해 양도가 가능하므로 선의취득도 가능하다.

## 5. 보충권

1) **보충권의 근거**   백지어음은 보충권의 존재를 필수적인 요건으로 한다. 백지보충권은 발행인과 수취인 간의 어음 외적 합의에 의해 주어진다. 물론 보충권은 어음과 별개로 존재할 수 없으므로 어음의 발행에 합체되어서 수여된다. 이 합의에 의해 수취인이 행사할 수 있는 보충권의 내용과 범위가 정해지고, 수취인은 이 합의된 내용대로 보충권을 행사할 의무를 부담한다.

백지어음의 소지인이 갖는 백지보충권은 발행인에 대한 채권적인 권리가 아니라 어음관계의 내용을 변동시키는 권리이며, 또 그 권리의 행사는 소지인의 일방적인 행사로 족하므로 형성권이다(통설).

2) **보충권의 증권적 권리성**   보충권은 발행인과 수취인의 어음 외적 합의에 의해 주어지지만, 어음에 화체되어 존속한다. 즉 보충권은 어음에 문언적으로 표현되어 있지 않을 뿐 증권적 권리라고 보아야 한다. 그러므로 발행인이 사망하거나 능력을 상실하더라도 보충권은 소멸하지 않으며, 발행인은 이를 철회할 수 없다(대법원 1960. 12. 15. 선고 4293민상176 판결). 보충권은 어음에 수반하는 증권적 권리로서 이미 소지인의 권리가 되었기 때문이다.

3) **보충권의 이전**   보충권은 백지어음에 화체되어 있는 결과 보충권만 독립적으로 양도할 수 없고, 그 자체가 담보나 압류의 목적이 될 수 없다. 그리고 백지어음이 양도될 때에는 보충권도 따라서 이전한다(보충권의 수반성). 보충권의 양도를 위해 별도의 이전행위를 요하는 것이 아니다. 따라서 백지어음을 정당하게 취득한 자는 보충권도 아울러 취득한다.

## 6. 보충권의 행사

보충권은 현재의 어음소지인 또는 그 대리인이 행사할 수 있다.

### (1) 보충의 방법

백지어음의 보충은 어음면에 미기재된 어음요건을 기재하여야 한다. 이와 달리 어음이 아닌 별지나 어음의 사본에 기재하더라도 이는 백지어음의 보충이 아니다(대법원 2002. 2. 26. 선고 2000다48265 판결). 그리고 보충은 별도의 어음행위가 아니고 발행인의 의사를 보충하는 것에 불과하므로 보충자의 기명날인은 불필요하다.

(2) 보충권의 행사기간과 제척기간

보충권은 언제까지 행사할 수 있는가? 판례는 만기가 있는 백지어음과 만기가 백지인 어음의 경우에 달리 설명한다.

1) 만기가 있는 백지어음    판례는 만기가 있는 백지어음의 경우에는 별도로 보충권의 시효나 제척기간을 인정하지 않고 어음상의 청구권을 행사할 수 있는 기간 내에는 언제든 보충권을 행사할 수 있다고 본다(대법원 2010. 5. 20. 선고 2009다48312 판결(전)). 어음금청구권은 주채무자에 대한 어음금지급청구권과 상환의무자에 대한 상환청구권으로 나누어지는데, 어느 권리를 행사하느냐에 따라 보충권의 행사기간이 달라진다.

환어음의 인수인 또는 약속어음의 발행인에 대한 지급청구권은 만기로부터 3년의 소멸시효에 걸리므로(어 70조 1항) 백지어음을 가지고 이들 주채무자에게 어음금지급청구권을 행사하려면 만기로부터 3년 내에 보충권을 행사해야 한다.

상환의무자에게 상환청구권을 행사하기 위해서는 미리 상환청구권의 보전절차를 갖추어야 한다. 상환청구권 보전절차란 어음금을 지급할 날로부터 2거래일 내에 지급인 또는 약속어음의 발행인에게 지급을 위한 제시를 하고(어 38조 1항), 지급이 거절될 경우 거절증서를 작성하는 것을 말한다(어 44조). 여기서 지급제시라 함은 완전한 어음을 제시하는 것을 말하므로 그 전에 백지가 보충되어야 한다. 즉 어음금을 지급할 날에 이은 2거래일 내에 보충해야 한다.

2) 만기가 백지인 어음    만기가 백지인 어음은 소멸시효의 기산점이 없으므로 어음상의 권리가 어음시효로 소멸한다는 일이 있을 수 없다. 그러므로 이 경우에는 보충권은 보충권 자체의 제척기간 내에 행사하여야 한다.

그렇다면 보충권의 제척기간의 기산점은 언제이고, 기간은 얼마인가?

i) 기산점    판례는 만기를 백지로 한 약속어음의 보충권의 제척기간은 다른 특별한 사정이 없는 한 그 어음발행의 원인관계에 비추어 어음상의 권리를 행사하는 것이 법률적으로 가능하게 된 때부터 진행한다고 보고 있다(대법원 2003. 5. 30. 선고 2003다16214 판결).

ii) 행사기간    「보충권의 행사기간」에 관해서도 법에 명문으로 정한 바가 없으므로 다양한 견해가 제시되고 있으나, 판례는 보충권 자체의 제척기간 또는 소멸시효를 부정하고 주채무자에 대한 어음상의 권리와 같이 3년의 시효에 걸린다고 설명한다(대법원 2003. 5. 30. 선고 2003다16214 판결).

3) 수표    수표의 제시기간은 발행일로부터 10일간이다(수 29조 1항). 그러므로 발행일 이외의 수표요건이 백지인 수표의 경우에는 이 제시기간 내에 보충하여야 한다. 발행일이 백지인 경우에는 제시기간의 기산점을 정할 수 없으므로 판례는 만기가 없는 어음에서와 같이 백지보충권을 행사할 수 있는 날을 기산점으로 하며, 백지보충권의 행사로 발행인에 대한 상환청구권(수표금 채무)이 생기는 바이니 상환청구권의 시효와 마찬가지로 6월 내에 행사하여

야 한다고 설명한다($\binom{\text{대법원 2001. 10. 23.}}{\text{선고 99다64018 판결}}$).

### (3) 보충권의 남용(부당보충)

**1) 의의**　　수취인이 수권받은 범위를 초과하여 백지를 보충한 경우, 예컨대 어음금을 100만원으로 기재해야 함에도 150만원으로 기재한 경우, 수취인이 이 기재내용대로 권리를 행사할 수 없음은 물론이나, 수취인으로부터 어음을 양수한 자의 권리가 어찌되느냐는 문제가 있다. 보충권수여계약은 어음의 권리내용을 정하는 행위이므로 제3취득자도 보충권을 초과하는 권리를 취득할 수 없음이 원칙이나, 선의로 백지어음을 취득하는 자에게까지 이 원칙을 고집할 경우, 백지어음의 유통성을 부인하는 것과 같다. 그리하여 어음법 제10조 본문은「미완성으로 발행한 환어음에 미리 합의한 사항과 다른 내용을 보충한 경우에는 그 합의의 위반을 이유로 소지인에게 대항하지 못한다」라고 규정하여 보충권이 남용된 어음을 선의로 취득한 자를 보호하고 있다.

**2) 적용범위**　　수취인이 이미 부당보충한 어음을 취득한 자에 대해 어음법 제10조가 적용되는 것은 법문상 의문의 여지가 없다. 수취인이 백지인 채로 양도하면서 취득자에게 보충권의 범위를 확대하여 고지해 주는 경우($\binom{\text{예컨대 100만원으로 보충해야 함에도}}{\text{150만원의 보충권이 있다고 기망한 경우}}$)에도 통설·판례는 부당보충된 어음을 취득한 자와 똑같이 본조를 적용한다($\binom{\text{대법원 1978. 3. 14.}}{\text{선고 77다2020 판결}}$).

**3) 취득자의 요건**　　본조의 보호를 받기 위해서는 취득자가 선의이며 중대한 과실이 없어야 한다.「선의」란 보충권이 남용된 사실 또는 보충권이 부진정함을 알지 못하는 것이다.「중대한 과실」이란 백지가 보충된 어음을 취득한 자의 경우에는 조금만 주의를 기울여도 부당보충된 사실을 알 수 있었음에도 불구하고 만연히 부당보충된 어음을 취득하는 것이다($\binom{\text{대법원 1995. 6. 30.}}{\text{선고 95다10600 판결}}$). 그리고 백지인 상태에서 취득하는 자의 경우 판례는 보충권의 내용에 관해 발행인에게 조회하지 않았다면 중과실이 있다고 본다($\binom{\text{대법원 1978. 3. 14.}}{\text{선고 77다2020 판결}}$). 취득자의 악의·중과실은 이를 주장하는 자가 증명하여야 한다.

### (4) 보충과 어음행위의 효력발생

**1) 보충전 어음행위의 효력**　　백지어음은 완성어음이 아니므로 백지어음에 한 인수·배서·보증 등의 어음행위는 보충할 때까지는 어음행위로서의 효력을 발휘하지 못하고, 백지를 보충하면 비로소 각 행위의 내용에 따라 효력을 발생한다.

**2) 어음행위의 효력발생시기**　　보충에 의해 어음행위가 효력을 발생하는데, 어느 시기에 효력을 발생하느냐는 문제가 제기된다. 기준이 될 만한 시기는 당초「어음행위를 한 때」와「보충을 한 때」라는 두 가지 시점이 있다. 예컨대 2022년 3월 1일에 甲이 乙에게 만기를 2022년 5월 31일로 하고 금액을 백지로 한 약속어음을 발행하였는데, 乙이 2022년 4월 1일에 A에게 배서하고 A는 이 어음의 금액란을 2022년 6월 10일에 보충하였다고 하자. 그러면 A의 보충에 의해 乙의 배서의 효력이 발생하는데, 원래의 배서한 날인 2022년 4월 1일에 발생하느냐, 보충시인 2022년 6월 10일에 발생하느냐라는 문제이다. 전자로 본다면

별 문제가 없으나 후자로 본다면 乙의 배서는 기한후배서가 되어 지명채권양도의 효력($\frac{어}{조}\frac{20}{1항}$)밖에 없게 된다.

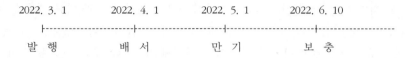

판례와 통설은 어음행위의 성립시기와 보충시기($\frac{효력발}{생시기}$)를 구분하여, 어음행위는 보충에 의해 효력이 발생하나 어음행위의 성립시기는 어음행위 자체의 성립시기로 결정하여야 한다고 설명하며, 위 예와 같은 사안에서 기한후배서가 되지 않는다고 한다($\frac{대법원 1971. 8. 31. 선}{고 68다1176판결(전)}$).

# 제 2 절   환어음의 인수

## Ⅰ. 의의

「인수」란 환어음에 기재된 내용에 따라 어음금을 지급할 채무를 부담하는 지급인의 어음행위이다. 환어음에 왜 인수와 인수제시가 필요한지는 앞서 설명하였다($\frac{828}{면}$). 인수를 함으로써 지급인이 어음금에 관해 궁극적이고 주된 채무를 부담하게 되고, 인수를 거절하면 어음소지인은 배서인 · 발행인 등에게 상환청구권을 행사할 수 있다. 약속어음에는 지급인이 별도로 없으므로 인수라는 행위 역시 있을 수 없고, 수표는 일람출급증권이므로 인수를 인정할 실익이 없는 데다 법은 수표가 신용증권화하는 것을 막기 위해 인수를 금지한다($\frac{수}{4조}$).

인수는 지급인이 지급채무를 부담하려는 일방적인 의사표시이므로 단독행위이다($\frac{통}{설}$).

## Ⅱ. 인수제시

「인수제시」란 어음의 점유자나 소지인이 지급인에 대하여 인수 여부를 최고하는 것이다. 지급인은 인수할 '의무'를 부담하는 자가 아니므로 인수를 청구한다는 것은 있을 수 없고, 단지 인수 여부를 최고할 뿐이다.

### (1) 인수제시의 자유와 예외

인수제시는 소지인의 이익을 위해 하므로 원칙적으로 인수제시 여부는 소지인의 자유이다($\frac{어}{21조}$). 인수제시가 「자유」라 함은 소지인이 인수제시를 하지 않고 만기에 가서 지급제시하였으나 거절당하여 상환청구권을 행사할 때, 상환의무자가 소지인이 인수제시를 게을리하였음을 이유로 상환의무의 이행을 거절할 수 없다는 뜻이다.

그러나 어음의 내용에 따라서는 반드시 인수제시를 해야 할 경우가 있다. 일람후정기출급어음은 인수제시를 하지 않는 한 만기가 정해지지 아니하므로 만기를 정하기 위해서는 반드시 인수제시를 하여야 한다($^{어 23}_{조 1항}$). 그리고 지급지가 지급인의 주소와 다른 경우($^{타지출}_{급어음}$)에는 만기 전에 지급인에게 지급지에 관한 정보를 주어야 하며, 발행인이 제3자방 지급을 기재한 경우 지급인에게 지급을 준비시키기 위해서는 이「제3자방」에 대한 정보를 주어야 하므로 인수제시를 생략할 수 없다.

### (2) 인수제시의 명령과 금지

#### 1) 제시의 명령

i) 발행인은 환어음에 기간을 정하거나 정하지 아니하고 인수를 위한 제시를 명할 수 있다($^{어 22}_{조 1항}$). 자금관계에 관해 발행인과 지급인 간에 분쟁이 생겨 발행인이 지급인의 지급의사를 타진해 보고자 할 때 인수제시를 명하면 편리할 것이다.

ii) 배서인도 기간을 정하거나 정하지 아니하고 인수를 위한 제시를 명할 수 있다($^{어 22}_{조 4항}$). 배서인은 지급거절로 자신이 상환의무를 이행해야 할 사태를 예상하여 자기 역시 전자에 대한 상환청구권을 조속히 행사할 필요가 있을 경우, 이같이 인수를 명령해 두면 편리하다. 그러나 배서인은 발행인과 저촉되는 명령을 할 수는 없으므로 발행인이 기간을 정하지 않고 인수제시를 금한 때에는 인수제시를 명할 수 없고, 발행인이 기간을 정하여 인수제시를 금한 때에는 그 기간 중의 인수제시를 명할 수 없다($^{어 22조}_{4항 단}$).

여기서 인수제시를 '명령'한다 함은 강제력을 가지고 요구한다는 뜻이 아니라 제시하지 않을 경우 상환청구권이 상실되는 불이익을 준다는 뜻이다($^{어 53}_{조 2항}$). 그리고 배서인이 인수제시를 명했음에도 불구하고 제시하지 않은 때에는 그 배서인에 대해서만큼은 상환청구권을 행사할 수 없다($^{어 53}_{조 3항}$).

#### 2) 제시의 금지

i) 금지의 가능　　발행인은 만기에 이르기까지 인수를 위한 제시를 금할 수 있다($^{어 22}_{조 2항}$). 발행인이 만기의 직전까지 지급인에게 어음금지급을 위한 자금을 공급할 형편이 되지 않을 경우, 인수제시를 방치하면 필히 인수의 거절과 상환청구사태로 이어질 것이므로 이를 예방하기 위해 인수제시를 할 수 없게 한 것이다. 또 발행인은 일정한 기간을 정하여 인수제시를 금할 수 있다($^{어 22}_{조 3항}$). 발행인이 만기 전의 일정기일까지는 지급인에게 자금을 공급할 수 없을 경우 이같이 할 실익이 있다.

인수제시금지는 발행인만이 할 수 있고, 배서인은 할 수 없다.

앞서 말한 일람후정기출급어음, 타지출급어음, 제3자방 지급어음은 성질상 인수제시가 생략될 수 없으므로 일정기간 내의 제시금지는 무방하나, 절대금지하는 것은 불가능하다($^{어 22조}_{2항 단}$). 설혹 발행인이 절대금지를 기재했다 하더라도 그 기재는 없는 것으로 보아야 한다

$\left(\begin{smallmatrix}무익적\\기재사항\end{smallmatrix}\right)$.

ii) 금지의 효과　　　발행인이 일정기간 또는 만기에 이르기까지 제시금지한 것을 어기고 인수제시한 경우, 인수가 거절되더라도 상환청구권은 발생하지 아니한다. 그러나 다시 만기에 이르러 지급제시한 결과 지급거절된 경우 상환청구권행사에 지장이 없다.

**(3) 제시의 당사자**

1) 제시자격　　　인수제시는 어음의 「소지인」 또는 「단순한 점유자」가 할 수 있다$\left(\begin{smallmatrix}어\\21조\end{smallmatrix}\right)$. 어음의 소지인이란 적법하게 어음상의 권리를 갖는 자를 말하고 「단순한 점유자」란 어음상의 권리의 유무에 불구하고 현재 어음을 점유하고 있는 자를 말한다. 인수제시는 어음금을 청구하는 것이 아니므로 단순한 점유자에게까지 허용하는 것이다.

2) 제시의 상대방　　　제시의 상대방은 지급인 또는 그 대리인이다. 지급담당자가 기재되어 있는 경우에도 인수제시는 지급인$\left(\begin{smallmatrix}또는\\대리인\end{smallmatrix}\right)$에게 하여야 한다. 인수는 지급인의 의사표시를 요하기 때문이다.

**(4) 제시의 시기**

인수제시는 만기 전에 언제든지 할 수 있다. 그러나 제시기간이 법정되어 있을 경우 $\left(\begin{smallmatrix}일람후정기출\\급어음의\ 경우\end{smallmatrix}\right)$ 또는 발행인이나 배서인에 의해 제시기간이 정해져 있을 경우에는 그 기간 내에 제시하여야 한다. 인수제시는 거래일 내에 하여야 한다$\left(\begin{smallmatrix}어\ 72조\\1항\ 후\end{smallmatrix}\right)$.

**(5) 제시장소**

인수제시는 지급인의 주소에서 한다$\left(\begin{smallmatrix}어\\21조\end{smallmatrix}\right)$. 지급인의 「주소」에서 하라 함은 그 밖의 장소, 예컨대 지급인의 영업소나 거소에서의 제시가 부적법하다는 뜻이 아니고, 주소에서 제시하였으나 거절된 때 또는 주소에서 제시하였으나 지급인을 찾지 못한 때에는 상환청구할 수 있다는 뜻이다.

**(6) 제시의 방법**

「제시」란 지급인이 어음의 기재내용을 파악할 수 있도록 하는 행동이다. 따라서 지급인이 어음의 내용을 요지하는 동안, 그리고 인수한다면 인수의 기명날인을 하는 동안 어음의 실물이 제시자로부터 지급인에게 잠시 이동하지만 그렇다고 점유가 이전되는 것이 아니다.

**(7) 유예기간**

1) 인수제시가 있을 경우 지급인은 제시자에 대하여 그 다음 날에 「두 번째 제시」를 할 것을 청구할 수 있다$\left(\begin{smallmatrix}어\ 24\\조\ 1항\end{smallmatrix}\right)$. 아직 지급인이 발행인으로부터 자금을 공급받은 바가 없기 때문에 발행인과 자금관계의 협의를 하고자 할 때 이 제도를 이용함으로써 1일의 시간을 벌 수 있다. 지급인이 인수 여부를 생각해 볼 시간을 갖는다는 뜻에서 숙려기간 또는 고려기간이라고도 한다. 이 유예기간 동안 제시자는 어음을 지급인에게 교부할 필요가 없다$\left(\begin{smallmatrix}어\ 24\\조\ 2항\end{smallmatrix}\right)$. 어음을 지급인에게 보관시킬 경우, 지급인이 인수를 거절하면서 어음의 반환을 거부할 우

려가 있기 때문이다.

2) 제시자는 지급인의 두 번째 제시의 청구를 거절할 수 없다. 즉 첫번째 제시에 대한 거절만으로 상환청구권을 행사할 수 없고, 그 다음 날에 두 번째 제시를 하여 재차 거절되었을 때에 상환청구권을 행사할 수 있다.

소지인이 두 번째의 제시까지 하였으나 거절되어 상환청구권을 행사할 때, 상환의무자와의 사이에서 두 번째 제시를 하였느냐는 문제를 놓고 분쟁이 생길 수 있다. 이 경우 이해관계인은 지급인이 두 번째 지급제시를 요구한 사실이 거절증서에 적혀 있는 때에 한하여 두 번째 제시가 없었음을 주장할 수 있다($^{어 24조}_{1항 후}$). 즉 증명방법을 정형화한 것이다.

## Ⅲ. 인수의 방식

### (1) 지급인과 인수인의 동일성

인수는 어음에 지급인으로 기재된 자가 하여야 한다. 지급인과 인수인의 동일성은 어음에 기재된 명칭으로 판단하여야 한다($^{형식적 동일설. 김정호 337; 서헌제 536; 장덕}_{조 926; 정동윤 245; 정찬형 264; 최준선 376}$). 지급인과 인수인의 표시가 형식적으로 동일하지 않더라도 실질적으로 동일하다면 족하다는 설도 있으나($^{실질적}_{동일설.}$ $^{송옥렬 564;}_{최기원 379}$), 인수에 관한 법률관계를 불안정하게 하므로 타당하지 않다.

### (2) 기명날인의 방식

1) 인수는 환어음에 「인수」 또는 그 밖에 이와 같은 뜻이 있는 글자를 표시하고 지급인이 기명날인하는 방법으로 한다($^{어 25조}_{1항 1문}$). 「환어음」에 하라고 함은 인수의 기재를 어음의 앞면 또는 뒷면에 하고, 보충지에 하지 말라는 뜻이다. 인수란 어음면에 기재된 발행사항을 자신의 채무로 수용하는 의사표시이므로 발행사항과 물리적 일체성을 갖게 하기 위함이다.

2) 인수는 '인수'문구를 생략한 채 지급인의 단순한 기명날인만으로 할 수도 있다. 이를 「약식인수」라 한다. 약식인수는 어음의 앞면에 해야 한다($^{어 25조}_{1항 2문}$). 어음의 뒷면에 할 경우에는 배서와 혼동되기 때문이다.

### (3) 인수일자

인수한 일자의 기재는 인수의 요건이 아니다. 그러나 발행인·배서인이 기간을 정하여 인수제시를 명한 경우와 같이 언제 인수하였느냐가 중요한 뜻을 가지는 경우에는 인수일자를 기재하여야 한다. 다만 소지인이 인수일자 대신 제시일자의 기재를 요구한 때에는 제시일자를 기재해야 한다($^{어 25조}_{2항 전}$).

인수인이 제시일자 또는 인수일자의 기재를 거부하는 등의 사유로 일자가 없는 때에는 기간의 준수 여부에 관한 다툼이 있을 수 있으므로 소지인은 일자거절증서를 작성시켜 일자의 기재가 없었음과 아울러 기간을 준수한 사실을 증명하여야 한다($^{어 25조}_{2항 후}$).

### (4) 제3자방의 기재

발행인이 제3자방을 기재하지 않은 경우, 지급인은 인수를 하면서 자신이 제3자방을 지정·기재할 수 있다($\substack{어 27조 \\ 1항 후}$). 어음이 지급인의 주소에서 지급될 것으로 발행된 경우에도 지급인이 자신의 주소에서 지급하는 것을 피하고자 한다면 인수를 함에 있어 지급지 내에 있는 별도의 지급장소 또는 지급담당자를 기재할 수 있다($\substack{어 27 \\ 조 2항}$).

## Ⅳ. 인수의 단순성

### (1) 조건부인수의 효력

인수는 무조건으로 하여야 한다($\substack{어 26조 \\ 1항 전}$). 조건이라 함은 채무부담의 단순성을 해하는 기재를 뜻한다. 지급인이 인수에 조건을 붙이고자 할 경우 소지인은 이를 거절하고 상환청구권을 행사할 수 있음은 물론이고, 조건이 붙은 채 인수를 받았다 하더라도 역시 인수가 거절된 것으로 보고 상환청구권을 행사할 수 있다. 그러나 어음법에서는 인수의 불단순성의 효력에 관해 다음과 같은 두 가지 특칙을 두고 있다.

### (2) 일부인수

지급인은 어음금액의 일부만을 인수할 수 있다($\substack{어 26조 \\ 1항 후}$). 예컨대 금액 1,000만원의 어음에 관해 300만원만 인수하고, 700만원은 거절하는 것이다. 일부의 인수는 모든 어음채무자에게 이익이 되므로 효력을 인정한 것이다. 일부의 인수가 있으면 소지인은 나머지 금액에 관해서만 상환청구권을 행사할 수 있다.

### (3) 변경인수

지급인이 어음금 이외의 기재사항의 일부를 변경하여 인수한 경우에는 원문언에 관해서는 인수를 거절한 것으로 본다($\substack{어 26조 \\ 2항 본}$). 따라서 소지인은 바로 상환청구권을 행사할 수 있다. 예컨대 만기를 2022년 3월 15일에서 2022년 5월 15일로 변경하는 것과 같다. 어음의 기재사항이라 함은 어음요건뿐 아니라 유익적 기재사항도 포함하며($\substack{예 : 이 \\ 자문구}$), 변경은 새로운 사항의 삽입·말소를 두루 포함한다.

변경인수는 인수거절로 의제되므로 상환청구권이 발생하지만, 인수인은 자신이 변경한 문구에 따라 책임을 져야 한다($\substack{어 26조 \\ 2항 단}$). 위 예에서 인수인은 2022년 5월 15일을 만기로 한 어음의 주채무를 부담하는 것이다.

## Ⅴ. 인수의 말소

### (1) 말소의 효력

어음에 인수의 문구를 기재한 지급인이 그 어음을 제시자에게 반환하기 전에 인수의 기재를 말소한 경우에는 인수를 거절한 것으로 본다($\frac{어 29조}{1항 전}$). 어음이 지급인의 수중에 있는 동안에는 인수행위가 완료되지 아니하므로 인수의사의 번복을 허용한 것이다. 따라서 인수된 어음이 제시자에게 반환된 후에는 말소는 물론 철회도 있을 수 없다($\frac{어 29조 1항 전}{단의 반대해석}$).

말소된 인수를 놓고 추후에 말소의 시기에 관해 다툼이 있을 수 있다. 인수의 말소는 어음의 반환 전에 한 것으로 추정한다($\frac{어 29조}{1항 후}$). 어음의 반환 후에는 지급인($\frac{인수}{인}$)의 손이 미칠 수 없다고 보는 것이 자연스럽기 때문이다.

### (2) 어음 외의 인수통지

지급인이 소지인이나 다른 어음채무자에게 서면으로 인수의 통지를 한 때에는 통지한 상대방에 대하여 인수의 문구에 따라 책임을 져야 한다($\frac{어 29}{조 2항}$). 판례는 이 규정이 이미 어음에 적법한 인수를 하였으나 말소한 자가 제3자에게 인수의 통지를 한 경우에 적용되는 것이고, 당초 인수를 한 적이 없는 자가 제3자에게 인수의 통지를 한 경우에는 적용되지 않는다고 해석하고 있다($\frac{대법원 2008. 9. 11. 선}{고 2007다74683 판결}$).

## Ⅵ. 인수 또는 거절의 효력

1) 지급인이 어음을 인수하면 그가 어음금 지급에 관한 주채무자가 되어 모든 어음관계자에게 책임을 진다. 그리하여 인수인이 만기에 지급하지 아니하여 상환절차가 진행되면 최후로 다시 인수인에게 지급책임이 돌아온다. 발행인에 대하여도 자금관계상의 항변은 별론으로 하고 어음상의 책임을 부정할 수 없다.

2) 지급인이 인수를 거절하면 지급인은 어음관계에서 이탈하고 어떤 책임도 지지 아니한다. 자금관계상 발행인에 대해 채무불이행이 되는 수가 있겠으나, 이는 어음 외의 관계로서 어음에 영향을 미치지 아니한다. 인수가 거절되면 만기까지 어음금의 지급을 기다린다는 것이 무의미하므로 소지인은 바로 전자들을 상대로 상환청구할 수 있다($\frac{어 43}{조 1호}$).

# 제 3 절　배서

## Ⅰ. 어음의 지시증권성

### 1. 배서제도의 기능

어음은 지시식으로 발행하지 아니한 경우에도 배서에 의해 양도할 수 있다($\frac{어 11조 1항,}{77조 1항 1호}$). 이를 어음의 당연한 지시증권성이라 한다. 이같이 어음을 배서에 의하여 양도할 수 있음은 다음과 같은 이유에서 어음의 본질을 이루는 장점이라 할 수 있다.

① 통지·승낙 등으로 채무자와 연결지음이 없이 어음을 배서만으로 양도·양수할 수 있으므로 어음의 양도절차가 간편하고 신속하게 이루어진다. ② 어음의 유통순으로 배서와 함께 어음이 교부되므로 어음의 유통과정 및 현재의 권리의 소재가 명확히 공시되어 권리취득의 확실성을 기할 수 있다. ③ 선의취득이 인정되므로($^{어\ 16}_{조\ 2항}$) 어음취득자는 어음유통과정에 개재된 당사자들의 권리이전의 이상 여부를 고려할 필요 없이 자신과 양도인의 거래에만 주의를 기울이면 된다. ④ 인적항변이 절단되므로($^{어}_{17조}$) 어음취득자는 전단계 어음거래에 있어서의 원인관계에 의해 영향받지 않고 어음의 문구에 따른 권리를 취득한다. ⑤ 어음유통의 중간단계에 참가한 배서인들이 어음금지급에 대한 담보책임을 지므로 어음소지인은 어음금변제에 관하여 높은 가능성을 보장받는다. 이러한 배서의 기능에 의해 어음의 유통성이 보장되고, 이로 인해 어음의 발행 후 재차 신용창조기능을 발휘할 수 있다. 그리하여 배서제도는 단순히 어음의 양도방법이란 의미를 넘어 어음의 지급수단으로서의 존재가치를 결정해 주는 요소라 할 수 있다.

## 2. 배서 외의 양도방법

1) 배서는 위와 같이 어음의 유통성에 크게 기여하지만 어음상의 권리자가 배서의 이점을 포기하고 일반 지명채권의 양도방법에 따라 양도하는 것은 무방하다($^{통}_{설}$). 지명채권의 양도방법을 이용할 때에도 통지·승낙 외에 어음의 교부가 있어야 한다. 그러나 인적항변의 절단이나 선의취득은 배서에 의해 양도할 경우에 주어지는 효력이므로 지명채권의 양도방법으로 양도할 때에는 이 제도가 적용되지 아니한다($^{대법원\ 2015.\ 3.\ 20.\ 선}_{고\ 2014다83647\ 판결}$). 지명채권의 양도방법으로 양도되었다 하더라도 어음의 성격을 잃는 것은 아니므로 양수인은 배서에 의해 양도할 수 있다고 보아야 한다. 다만 이 경우 배서가 「불연속」하는 결과 어음소지인은 자신이 적법한 소지인임을 어음 외적인 방법으로 증명해야 하는 불이익을 입는다.

2) 수취인이 백지인 백지어음($^{어}_{10조}$), 백지식배서에 의해 취득한 어음($^{어\ 13}_{조\ 2항}$)은 배서에 의하지 않고 어음의 교부만으로 양도할 수 있다.

3) 어음도 상속·합병과 같은 포괄승계 또는 경매·전부명령의 대상이 되고 이 경우 배서 없이 이전됨은 물론이다. 그러나 그 이후의 소지인은 다시 배서에 의해 양도할 수 있다.

## 3. 배서금지어음

1) 개념　　어음은 당연한 지시증권이지만, 발행인의 의사로 지시증권성을 배제할 수 있다. 발행인이 어음에 지시를 금지하는 뜻을 적은 경우에는 배서에 의해 양도할 수 없고, 지명채권의 양도방법과 지명채권양도의 효력으로써만 양도할 수 있다($^{어\ 11조\ 2항,}_{77조\ 1항\ 1호}$). 이를 「지시금지어음」 또는 「배서금지어음」이라 한다.

배서금지어음은 흔히 발행인이 수취인에 대해 가지고 있는 항변이 어음의 양도에 의해 차단되는 것을 원하지 않을 때 이용한다. 예컨대 甲이 乙로부터 부동산을 매수하고 대금조로 약속어음을 발행하였지만 부동산매매에 분쟁이 예상될 경우에는 대금조로 주는 어음을 배서금지어음으로 해 두면 후에 부동산매매가 무효, 취소될 경우 항변권을 행사하여 어음금지급을 거절할 수 있는 것이다.

2) **발행방법** 어음면에 지시금지 또는 배서금지, 기타 이와 같은 취지의 문언을 기재해야 한다. 어음법이 이같이 문언화할 것을 요구하므로 발행인과 수취인 간의 배서금지의 특약만으로는 배서금지의 효력이 없으며, 그 후 제3자가 이러한 특약을 알고 배서에 의해 어음을 취득하더라도 그 배서는 유효하다($\binom{\text{대법원 1965. 5. 18.}}{\text{선고 65다478 판결}}$). 적극적으로 지시금지의 뜻을 기재해야 하고, 단지 어음면에 '보관용' 또는 '견질용$(^\text{담보}_\text{용})$'이라고 쓴 것은 지시금지문구로 인정될 수 없다($\binom{\text{대법원 1993. 11. 12.}}{\text{선고 93다39102 판결}}$). 그리고 단지 인쇄된 어음용지에서 지시문구를 말소하는 것만으로는 배서금지라 할 수 없다($\binom{\text{인쇄된 약속어음용지의 "귀하 또는 귀하의 지시인에게 어음금액을 지급}}{\text{하겠음"이라는 문언 중 '또는 귀하의 지시인'이라는 문구를 삭제하는 것}}$)($\binom{\text{대법원 1962.}}{\text{12. 20. 선고 62}}_{\text{다668}}$). 어음은 당연한 지시증권이므로 지시문구가 없더라도 당연히 배서에 의해 양도할 수 있기 때문이다. 그러나 인쇄된 어음용지의 지시문구를 방치하고 배서금지문언을 기재한 경우에는 발행인이 스스로 기입한 문언이 양식으로 인쇄된 문언에 우선한다고 보아 배서금지어음으로 인정한다($\binom{\text{대법원 1987. 4. 28.}}{\text{선고 86다카2630 판결}}$).

배서금지문언은 어음의 앞면에 기재해야 하며, 뒷면 또는 보충지에 기재해서는 안 된다. 지시금지 문언을 기재함에는 별도의 기명날인이 필요하지 않다.

3) **양도방법** 배서금지어음은 배서에 의해 양도할 수 없고, 지명채권양도의 방법에 따라서만 양도할 수 있다($^\text{어 11}_\text{조 2항}$). 즉 당사자의 합의로 이전하고($^\text{민}_\text{449조}$), 채무자에 대한 대항요건을 갖추기 위해서 통지 또는 승낙을 구비하여야 한다($^\text{민}_\text{450조}$). 배서금지어음이라 하더라도 역시 어음이므로 양도시에는 어음의 교부를 요한다($\binom{\text{대법원 1989. 10. 24.}}{\text{선고 88다카20774 판결}}$).

배서금지어음도 추심위임배서는 가능하다. 추심위임배서는 양도가 아닐 뿐 아니라 항변절단의 효과가 없으므로 배서금지어음의 취지에 어긋나는 바가 없기 때문이다. 그러나 입질배서는 항변절단의 효과가 있으므로 배서금지어음에는 입질배서를 할 수 없다.

4) **배서금지어음의 양도의 효력** 배서금지어음의 양도는 지명채권양도의 효력만이 있다($^\text{어 11}_\text{조 2항}$). 그러므로 어음상의 권리는 이전되나, 어음법상 배서에 의해 특유하게 발생하는 효력은 주어지지 아니한다. 중요한 것은 인적항변이 절단되지 않는다는 점이고($^\text{어 17조;}_\text{민 451조}$), 이 점이 배서를 금지시키는 가장 중요한 동기이다. 그리고 어음의 점유에 자격수여적 효력($^\text{어}_\text{16}$ $^\text{조}_\text{1항}$)이 주어질 수 없고, 그 결과 선의취득도 인정되지 않는다($^\text{어 16}_\text{조 2항}$).

배서금지어음도 어음의 성격을 잃는 것은 아니므로 배서를 전제로 하지 않는 어음법상의 효력은 그대로 적용된다. 특히 어음상의 권리를 행사함에는 어음의 제시를 요하고, 어음금을 지급받을 때에는 어음을 상환하여야 한다($\binom{\text{대법원 1989. 10. 24.}}{\text{선고 88다카20744 판결}}$).

## Ⅱ. 배서의 의의

**1) 배서의 뜻**　　배서에는 추심위임배서와 입질배서도 있지만, 통상 양도배서를 가리킨다. 양도배서란 어음상의 권리(어음채권)를 이전하는 어음행위이다. 배서는 어음행위이므로 어음행위 일반에 요구되는 요식성의 일환으로서 일정한 방식을 구비하여야 한다. 그 방식은 지시문구를 기재하고 배서인이 기명날인(또는 서명, 이하 같음)을 하는 것인데, 보통 어음의 「배면(뒷면)」에 하므로 법에서도 이를 「배서」라 표현한다.

배서는 어음을 이전하려는 소지인의 일방적인 의사표시로서 단독행위이다. 배서에는 배서인과 피배서인 간에 어음의 교부계약이 필요하다는 견해도 있지만(김정호 269; 정동윤 264), 어음의 교부를 위한 당사자 간의 합의는 원인관계의 이행방법에 관한 합의이고 어음행위는 아니다.

**2) 배서의 유형**　　배서에는 양도목적 외의 배서로서 어음금을 추심하기 위한 대리권을 수여할 목적으로 하는 배서(추심위임배서)와 질권설정을 목적으로 하는 배서(입질배서)가 있다.

양도배서 중에도 통상의 양도배서의 효력이 부분적으로 제한되는 배서가 있다. 담보책임을 지지 아니한다는 뜻을 부기하는 무담보배서(어 15조 1항), 피배서인이 다시 하는 배서를 금하는 배서금지배서(어 15조 2항), 거절증서 작성기간이 지난 후에 하는 기한후배서(어 20조 1항 但) 등이다. 그리고 효력이 제한되는 것은 아니지만, 어음채무자를 피배서인으로 하는 환배서(어 11조 3항)가 있다.

〈배서의 유형〉

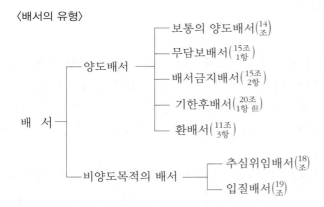

## Ⅲ. 배서의 방식

### 1. 배서의 당사자

배서를 하는 자를 「배서인」, 그의 상대가 되어 어음상의 권리를 양수하는 자를 「피배서인」이라 한다. 배서는 타인에게 어음과 더불어 어음상의 권리를 양도하는 행위이므로 배서인은 어음상의 권리를 갖는 자, 즉 어음소지인이어야 한다. 어음이 수취인에게 발행되면 수취인이 최초의 배서인이 되고, 그의 피배서인이 다시 제2의 배서를 하는 식으로 순차로 배서가 이어진다.

## 2. 배서의 요건

1) 배서는 어음 또는 이에 결합한 보충지($\frac{補}{箋}$)에 한다($\frac{어\ 13}{조\ 1항}$). 어음의 앞면이나 뒷면의 어느 곳에 해도 무방하나, 후술하는 기명날인($\frac{또는}{서명}$)만으로 하는 「약식배서」는 뒷면이나 보충지에 하여야 하고 앞면에 해서는 안 된다. 어음의 등본을 만들어 그 등본에 배서할 수도 있다($\frac{어\ 67}{조\ 3항}$).

2) 배서는 무조건으로 하여야 하며, 조건을 붙인 경우에는 조건을 기재하지 아니한 것으로 본다($\frac{무익적\ 기재사}{항:\ 어\ 12조\ 1항}$). 즉 조건 없는 유효한 배서가 되는 것이다. 배서에는 후술하는 바와 같이 조건을 제외한 여러 가지 유익적 사항을 기재할 수 있다.

3) 일부의 배서는 무효이다($\frac{어\ 12}{조\ 2항}$). 일부의 배서란 어음금액의 일부만 양도한다는 취지의 배서이다($\frac{예:\ 어음금\ 1,000만원\ 중}{300만원의\ 권리만\ 양도}$). 인수는 어음금액의 일부에 제한하여 할 수 있으나, 배서에서는 불가능하다. 일부의 배서를 인정하면 어음금액이 분할되어 권리자를 달리하므로 어음불가분의 원칙에 어긋나기 때문이다. 그러나 전자어음은 기술적으로 이러한 제약이 없으므로 일부배서($\frac{분할}{배서}$)가 가능하다($\frac{전어\ 7조의2,}{973면\ 참조}$).

## 3. 정식배서

배서는 「××에게」「지급하라($\frac{권리를}{양도한다}$)」는 뜻, 즉 피배서인과 배서문구를 기재하고 배서인이 기명날인($\frac{또는\ 서명:}{이하\ 같음}$)하여야 한다. 이를 「정식배서」 또는 「완전배서」라고 한다.

「피배서인」의 표시는 어음을 발행할 때 수취인을 표시하는 요령과 같다. 피배서인이 다시 배서할 때에는 피배서인과 배서인의 명칭이 거래통념상 일치해야 하며, 그렇지 않을 경우 배서가 불연속한 것으로 추정된다.

「배서일자」의 기재는 요건이 아니다. 따라서 배서의 일자가 발행일자보다 앞서는 등 모순이 생기더라도 배서의 효력에는 영향이 없다($\frac{대법원\ 1968.\ 6.\ 25.}{선고\ 68다243\ 판결}$). 기한후배서에서는 배서일자가 중요한 뜻을 갖지만, 이 때에는 실제의 배서일자를 기준으로 하는 것이지 어음에 쓰여진 일자에 의해 기한후 여부를 판단하는 것이 아니다($\frac{후}{술}$).

배서인의 주소의 기재 역시 배서의 요건이 아니다. 그러므로 배서인이 주소를 허위로 기재하였다 하더라도 그것이 배서인의 인적 동일성을 해하여 배서인이 누구인지 알 수 없게 하지 않는 한 배서의 효력에 영향을 미치지 않는다($\frac{대법원\ 1986.\ 6.\ 24.}{선고\ 84도547\ 판결}$).

〈그림 35〉 배서의 예시

---

| |
| --- |
| 앞면의 금액을 김철수 씨에게 지급하여 주시오 |
| 김 영 자 (영김자인) |
| 앞면의 금액을 고길동 씨에게 지급하여 주시오 |
| 김 철 수 (철김수인) |

---

## 4. 백지식배서

### (1) 뜻

「백지식배서」란 피배서인을 기재하지 않고 하는 배서를 말한다(어 14조 2항). 예컨대 "앞면의 금액을 _____에게 지급하여 주시오"라는 식으로 피배서인란을 공란으로 하여 배서하는 것이다. 백지식배서도 유효함은 물론, 아예 배서문구도 기재하지 않고 기명날인만으로도 배서할 수 있다(어 14조 2 항: 약식배서). 다만 약식배서는 그 자체만으로는 어떤 어음행위를 한 것인지 알 수 없으므로 위치가 중요하다. 어음의 뒷면이나 보충지에 단순한 기명날인이 있으면 이를 약식배서로 보지만, 어음의 앞면에 있으면 기명날인만으로 한 인수나 보증으로 의제되므로 (어 25조 1항 후, 31조 3항 전) 배서의 의사로 한 것임을 증명하더라도 배서로 인정받지 못한다.

백지식배서는 수취인을 백지로 한 「백지어음」과 구별하여야 한다. 수취인은 어음요건으로서 이를 백지로 한 백지어음은 미완성어음이다. 따라서 수취인란을 보충하지 않으면 어음상의 권리행사가 불가능하다. 그러나 백지식배서는 그 자체로 완성된 배서이므로 어음소지인은 피배서인란을 보충하지 않고도 권리행사가 가능하다.

〈그림 36〉 백지식배서의 예

---

| 일반 백지식배서 | 간략식배서 |
| --- | --- |
| 앞면의 금액을 _____에게 지급하여 주시오  김 영 자 (영김자인) | 김 영 자 (영김자인) |

---

### (2) 효력

백지식배서에 의해 어음을 취득한 자는 자기가 직접 권리행사를 할 경우와 다시 이를 양도할 경우로 나누어 여러 가지 선택이 가능하다.

#### 1) 자신이 권리행사를 할 경우

i) 소지인은 피배서인란에 자신의 이름을 보충하여 어음상의 권리를 행사할 수 있다.

ii) 백지인 채로도 어음상의 권리를 행사할 수 있다. 최후의 배서가 백지식인 경우 그 어음의 점유자는 적법한 소지인으로 추정되기 때문이다($^{어\ 16조}_{1항\ 2문}$).

#### 2) 양도할 경우    소지인(A)이 타인(B)에게 어음을 양도할 경우 다음 네 가지의 선택이 가능하다.

i) 백지인 피배서인란에 자신의 이름(A)을 보충하고 타인(B)에게 배서할 수 있다($^{어\ 14}_{조\ 2}$$_{항}^{1호}$). 배서할 때 정식배서를 할 수도 있고 다시 백지식배서를 할 수도 있다.

〈그림 37〉 i) 피배서인란에 자신의 이름을 보충하여 배서하는 예

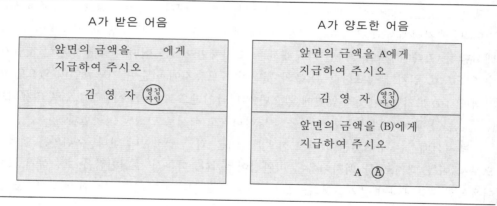

ii) 소지인은 백지인 피배서인란에 타인(B)의 이름을 기재하고 그에게 교부하할 수 있다($^{어\ 14조}_{2항\ 1호}$). 이 경우에는 양도인(A)이 어음에 기명날인을 하지 아니한다.

〈그림 38〉 ii) 피배서인란에 양수인의 이름을 보충하는 예

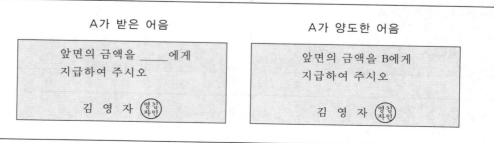

iii) 소지인은 백지를 보충하지 않고 다시 타인(B)에게 배서할 수 있다. 이 때 배서는 정식으로 또는 다시 백지식으로 할 수 있다(어 14조 2항 2호).

이러한 경우 다음 예시에서 보다시피 김영자가 A에게 한 배서가 백지인 까닭에 A가 어음을 취득한 경위가 어음에 나타나지 않는다. 그렇더라도 A의 배서에는 영향이 없다. 왜냐하면 백지식배서(김영자의 배서)의 다음에 다른 배서(A의 배서)가 있는 때에는 그 배서를 한 자(A)는 백지식배서(김영자의 배서)에 의하여 어음을 취득한 것으로 의제되기 때문이다(어 16조 1항 4문).

〈그림 39〉 iii) 피배서인란을 보충하지 않고 배서하는 예

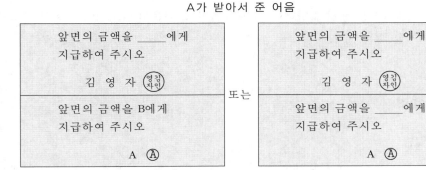

A가 받아서 준 어음

앞면의 금액을 ____에게
지급하여 주시오
김 영 자 (김영자인)
앞면의 금액을 B에게
지급하여 주시오
A Ⓐ
또는
앞면의 금액을 ____에게
지급하여 주시오
김 영 자 (김영자인)
앞면의 금액을 ____에게
지급하여 주시오
A Ⓐ

iv) 소지인은 백지를 보충하지 아니하고 또 배서도 하지 아니하고 어음을 타인(B)에게 교부할 수 있다(어 14조 2항 3호). 이 경우에는 양도인(A)의 기명날인이 나타나지 아니한다.

〈그림 40〉 iv) 피배서인란을 보충하지 않는 예

A가 B에게 교부

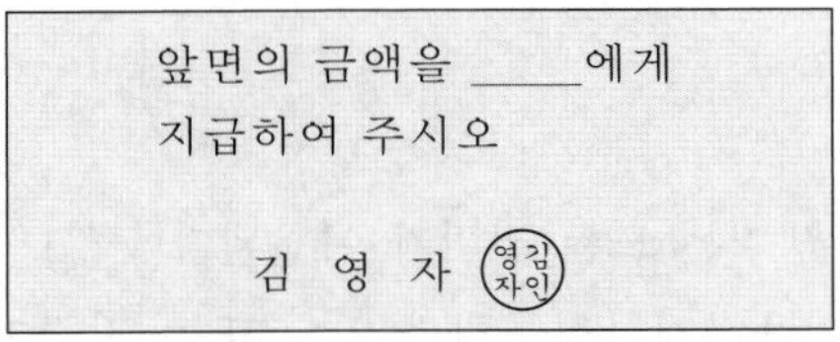

앞면의 금액을 ____에게
지급하여 주시오
김 영 자 (김영자인)

### (3) 교부양도인의 지위

앞의 네 가지 예에서 i)과 iii)의 경우에는 백지배서된 어음의 취득자(A)가 다시 어음에 배서하여 양도하므로 그는 그 후의 소지인에 대하여 배서인으로서의 담보책임을 진다. 그

러나 ii), iv)의 예에서는 취득자가 단순히 교부에 의해 양도하므로 그의 어음행위가 행해지지 않는다. 따라서 그 취득자는 어음관계에서 제외되고 그 후의 소지인에 대하여 담보책임을 지지 아니한다. 그러므로 백지식배서는 주로 어음의 양수인이 상환책임을 부담하지 않고자 할 때, 그의 요청에 의해서 행해진다. 어음은 원래 기명증권이지만 백지식배서에 의해 무기명증권화한다. 앞서의 수취인이 백지인 백지어음도 같은 기능을 발휘한다.

### (4) 소지인출급식배서

「소지인출급식배서」란 피배서인을 지정하지 아니하고 어음의 소지인에게 지급하여 달라는 취지로 하는 배서이다. 피배서인이 지정되어 있지 않다는 점에서 백지식배서와 같으므로 어음법은 소지인출급식배서의 유효성을 인정하고 백지식배서와 같은 효력을 부여한다(어 12조 3항). 소지인출급식은 배서에 한하여 허용될 뿐이고, 어음의 발행시에 수취인을 소지인출급식으로 기재할 수는 없다.

## Ⅳ. 배서의 효력

### 1. 효력 일반

배서의 기본적인 효력은 어음상의 권리를 이전한다는 것이고(권리이전적 효력) 또 그것이 배서의 주된 목적이다. 이같이 이전받은 권리를 주장하려면 자신이 정당한 권리자라는 것을 증명하여야 할 것인데, 어음 자체에서 증명할 수 있는 수단이 바로 배서이다. 즉 배서가 순차로 이어져 현재의 소지인에 이르면 일응 그를 정당한 권리자로 추정해 주는 것이다(자격수여적 효력). 이 두 가지는 지시증권의 배서에 일반적으로 인정되는 효력이나(민 508조, 513조), 어음법은 어음의 지급 가능성을 높이고 나아가 유통성을 실질적으로 강화하는 방법으로서, 지급인에 의해 지급되지 아니할 때에는 보충적으로 배서인에게 지급책임(담보책임: 담보적 효력)을 과하고 있다. 이상 세 가지가 배서의 효력을 이루는 것인데, 후술하는 특수한 배서에서는 일부의 효력이 배제된다.

### 2. 권리이전적 효력

배서에 의해 어음에서 생기는 모든 권리가 이전된다(어 14조 1항). 어음에서 생기는 모든 권리라 함은 주채무자에 대한 어음금지급청구권과 인수 또는 지급이 거절될 경우 전자에 대한 상환청구권이 주된 것이고, 이 권리의 행사에 필요한 부수적인 권능도 포함한다.

### 3. 담보적 효력

1) 뜻　　　　배서인은 반대의 문구가 없으면 인수와 지급을 담보한다(어 15조 1항). 배서에 의해 어음을 취득한 자가 환어음의 지급인에 대하여 인수제시하였으나 인수가 거절되었을 때 또

는 만기에 지급인 또는 약속어음의 발행인에게 지급제시하였으나 지급이 거절되었을 때, 배서인은 어음소지인에 대하여 어음금을 지급할 채무를 부담하는 것이다. 배서인은 자신의 피배서인뿐 아니라 그 후의 피배서인 전원에 대하여 같은 책임을 부담한다. 따라서 소지인은 배서인 중 누구에게나 담보책임을 물어 상환청구권을 행사할 수 있고, 그 결과 배서인이 많을수록 어음의 지급가능성은 더욱 높아진다고 할 수 있다. 한편 배서인이 담보책임을 이행하면 자기의 전자 중 누구에게나 다시 담보책임을 물을 수 있다(이를 재상환청구라 한다. 946면 이하 참조).

  2) 담보책임의 근거    배서인이 어음법 제15조에 의한 담보책임을 지는 것은 배서인의 의사표시에 기한 것이라는 소수설이 있으나(김정호), 어음의 실질적인 유통성을 보장하기 위하여 법이 정책적으로 부여한 책임이라고 보아야 한다(법정책임설: 통설).

  3) 담보책임의 배제    배서인의 담보책임은 법정책임이나, 배서인은 무담보배서 또는 배서금지배서를 함으로써 이 책임을 전부 또는 일부 배제할 수 있다(후술).

### 4. 자격수여적 효력

#### (1) 제도의 취지

  의무자에게 권리자라고 자칭하는 자가 과연 진실한 권리자인가라는 의문이 제기되고 당사자들은 서로 엇갈린 주장을 할 수 있다. 이 문제를 법적으로 해결하는 방법으로는, i) 권리행사자로 하여금 자신의 권리를 증명하게 하는 방법, ii) 의무자로 하여금 권리행사자에게 권리가 없음을 증명하게 하는 방법이 있다. 일반 지명채권이라면 권리행사자가 자신의 권리를 증명해야 한다. 어음채권은 이와 다르다. 어음채권의 경우는 권리가 서면에 표창되어 문언성의 강력한 지지를 받으므로 채권의 존재 자체는 어음에 의해 확실히 증명된다. 그리고 수취인으로부터 최후의 소지인에게 이전된 경위도 배서에 의해 증명된다. 그러므로 어음의 소지인은 어음의 외관상 흠 없는 상태에서 배서가 자신에 이르기까지 단절 없이 이루어진 것을 제시하면 진정한 권리자로 추정되고, 어음소지인이 진정한 권리자가 아니라는 것을 주장하는 자가 반대의 증명을 할 책임을 진다(어 16조 1항). 이같이 어음의 「배서에 의해 권리가 추정」되는 효력을 자격수여적 효력(권리추정력)이라 한다.

  배서의 자격수여적 효력이 어음상의 권리를 창설하는 효력이 있는 것은 아니다. 배서가 이상 없이 이루어져 있다 하더라도 그 중간의 배서가 위조되었거나 무효 또는 취소되었을 수도 있다. 이러한 사실들을 어음채무자가 증명하면 어음소지인의 권리행사를 저지할 수 있다.

  배서의 자격수여적 효력은 한편 어음채무자에게도 편리한 측면이 있다. 배서에 의해 자격수여적 효력이 인정되는 어음소지인에게 어음금을 지급하면 비록 그가 정당한 권리자가 아니더라도 책임을 면할 수 있는 것이다(어 40조 3항 참조). 이를 면책적 효력이라 하는데, 자격수여적 효력의 반사적 효력이다.

(2) 배서의 연속(자격수여적 효력의 요건)

1) 뜻    배서의 자격수여적 효력은 어음의 유통에 관한 형식적 증거에 근거한 것이므로 이를 위해서는 어음요건을 완비하는 등 어음이 외관상 흠 없이 발행되어야 하고 그 이

〈그림 41〉 배서의 연속

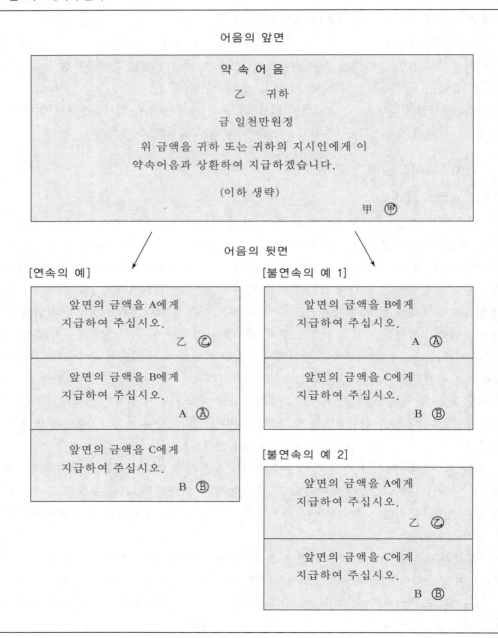

후 배서에 의한 권리이전의 과정이 외관상 단절 없이 표시되어야 한다. 즉 수취인이 최초의 배서인이 되고 그에 의한 피배서인이 제2의 배서인이 되는 식으로 배서가 이어져 현재의 소지인에 이르러야 한다. 이를 「배서의 연속」이라 한다.

〈점유자와 소지인〉 어음법에서는 어음의 '점유자'와 '소지인'이라는 용어를 구분해서 쓴다($^{예: \text{어}}_{21조}$). 어음의 소지인이란 어음을 적법하게 취득하여 점유하는 자를 말하고, 어음의 점유자란 어음상의 권리가 있는지 여부와 관계없이 현재 그 어음을 수중에 가진 자를 말한다. 어음의 인수를 위한 제시 같은 것은 권리행사가 아니므로 점유자도 할 수 있으나($^\text{어}_{21조}$), 어음금지급청구·상환청구 등은 권리행사이므로 점유자는 할 수 없고 어음소지인만이 할 수 있다($^{\text{어} 38}_{\substack{조 1 \\ 항, \\ 43조}}$).

**2) 연속성의 판단**　　배서의 연속 여부는 배서의 기재만을 소재로 하여 형식적으로 판단한다. 따라서 배서 중에 위조된 것이 있거나, 무효·취소된 것이 있거나 혹은 허무인의 배서가 있더라도 형식적·외관적으로 연속하는 한 배서의 연속이 인정된다. 배서가 형식적으로 연속하려면 배서가 이루어진 순서대로 직전의 배서의 피배서인이 그 직후의 배서의 배서인이 되어야 할 것인데, 이 때 전배서의 피배서인과 후배서의 배서인이 형식적으로 일치해야 한다. 예컨대 어음이 A→B, B→C의 순으로 양도된 경우 A의 배서에는 피배서인을 B의 상호를 따서 '대한상사'라고 기재하고, B가 한 배서에서는 그의 성명을 써서 '김영자'라는 이름으로 배서하였다면 이는 연속된 배서라고 할 수 없다. 그러므로 이런 경우에는 어음소지인인 C가 '대한상사'와 '김영자'가 동일인임을 증명해야 한다.

**(3) 백지식배서와 연속성**

배서의 중간 또는 말미에 백지식배서가 있을 경우 백지를 보충하지 않더라도 다음과 같이 배서의 연속이 인정된다.

i) 최후의 배서가 백지식인 경우에는 현재의 어음의 점유자가 그 피배서인으로 추정된다($^{\text{어} 16조}_{1항 2문}$).

ii) 중간의 배서가 백지식인 경우에는 그 다음 배서의 배서인이 백지식배서에 의하여 어음을 취득한 것으로 보아 배서의 연속이 인정된다($^{\text{어} 16조}_{1항 4문}$).

**(4) 배서의 말소**

**1) 뜻**　　「배서의 말소」란 거래통념상 배서의 존재를 부정하는 뜻으로 판단될 수 있는 기재를 말한다. 보통은 배서란 위에 X표를 하지만, 어떠한 형태이든 통념상 배서를 부정하는 뜻의 표시이면 배서의 말소이다.

배서를 말소하는 것은 배서인이 배서할 의사를 번복하여 스스로 말소하는 경우가 흔하겠지만, 타인도 정당하게 배서를 말소할 수 있는 경우가 있다. 예컨대 어음채무자가 상환의무를 이행하고 자기 이후의 배서를 말소하는 것은 정당하며(어 50 조 2항)(예: 乙→A→B→C로 배서된 어음에서 乙이 C에게 상환의무를 이행한 후 A, B 의 배서를 말소하는 것), 어음채무자가 어음을 다시 배서받은 뒤(환배서: 어 11조 3항) 자기와 자기의 중간의 배서를 말소할 수도 있다.

〈그림 42〉 배서의 말소

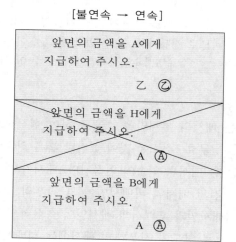
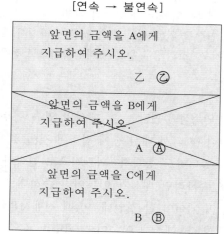

[불연속 → 연속]

[연속 → 불연속]

2) **효력**　　말소한 배서는 배서의 연속에 관하여는 배서를 하지 아니한 것으로 본다(어 16조 1항 3문). 그 결과 배서의 말소에 의해 불연속의 배서가 연속되기도 하고 연속된 배서가 불연속되기도 한다. 말소가 권한 있는 자에 의해 행해진 것인지 여부, 그 방법, 시기에 관계없이 배서가 존재하지 않는 것으로 본다(대법원 1995. 2. 24. 선고 94다41973 판결). 거절증서 작성기간 후에 말소했더라도 말소의 효과에 영향이 없다(대법원 1964. 5. 12. 선고 63다55 판결). 다만 어음관계의 소송에서는 말소가 변론종결 전에 행해져야만 배서를 부정하는 효력이 인정된다.

3) **일부의 말소**　　배서의 기재사항 중 일부가 말소되었을 때 배서 자체의 효력이 어떻게 되느냐는 문제가 있다. 말소된 부분이 어떤 것이냐에 따라 효력을 달리 논해야 한다.

i) **기명날인**　　배서인의 기명날인 부분이 말소되어 있는 때에는 피배서인이나 배서문구가 완전하더라도 배서 전부가 말소된 것으로 보아야 한다.

ii) **배서문구**　　피배서인의 성명 이외의 배서문구가 말소된 경우에는 약식배서도 인정되는 취지에 비추어 배서에 영향이 없다고 보아야 한다.

iii) **피배서인**　　배서인의 기명날인은 온전한데 피배서인의 명칭이 말소된 경우의 효력에 대해서는, 어음법에서 백지식배서를 인정하고 있으므로 피배서인의 말소는 백지식배서로 인정해야 한다는 백지식배서설(강·임 372; 장덕조 943; 정찬형 296; 최기원 426; 최완진 619), 피배서인은 권리자를 지정하는 의미를 가지므로 이의 말소는 전부의 말소로 보아야 한다는 전부말소설(김정호 290; 손진화 1083; 송옥렬 611; 정동윤 281)이 대립한다. 피배서인의 명칭은 배서인의 기명날인과 일체가 되어 특정인에게 권리를 양도하는 단일의 의사표시를 구성하므로 피배서인의 성명을 말소한 뜻은 배서 전체를 철회하려는 의사로 보아야 한다.

〈그림 43〉 일부의 말소

---

앞면의 금액을 ~~홍길동~~에게
지급하여 주시오.

김영자 ⑳

---

### (5) 배서불연속의 효과

배서가 불연속할 경우 단절된 이후의 배서는 자격수여적 효력이 없으므로 어음의 점유자는 적법한 소지인으로 추정받지 못한다(어 16조 1항의 반대해석). 대신 단절되기 직전의 피배서인이 적법한 소지인으로 추정된다. 그러나 어음의 점유자는 단절된 부분의 권리승계를 증명함으로써 어음상의 권리를 행사할 수 있다. 권리의 승계가 있음에도 불구하고 배서의 단절이 생기는 사유로 흔히 생각할 수 있는 것은 상속이나 합병과 같은 포괄승계에 의해 어음이 이전된 경우이다. 어음의 점유자가 실질적인 권리승계사실을 어느 부분까지 증명해야 하느냐는 의문이 제기되는데, 단절된 부분의 승계사실만 증명하면 족하다고 것이 통설·판례이다(대법원 1995. 9. 15. 선고 95다7024 판결).

## Ⅴ. 어음의 선의취득

### (1) 의의

「어음의 선의취득」이란 무권리자의 형식적 자격을 신뢰하고 그로부터 어음을 양수한 자는 적법하게 어음상의 권리를 취득하는 것으로 인정하는 제도를 말한다(어 16조). 어음의 선의취득은 배서의 자격수여적 효력의 논리적 귀결이라 할 수 있다. 즉 배서가 연속된 어음을 최후의 피배서인으로서 점유하고 있는 자는 적법한 소지인으로 추정되는 까닭에 그를 정당한 권리자로 믿은 것 또한 보호되어야 하는 것이다.

어음거래는 동산거래보다 더 높은 유통성의 고려가 필요하므로 어음의 선의취득의 요건은 동산의 선의취득에 비해 크게 완화되어 있다.

### (2) 요건

**1) 어음법적 양도방법에 의한 취득**　　어음을 선의취득하기 위해서는 취득자가 어음법적 양도방법에 의해 취득하여야 한다. 즉 배서에 의해 어음을 취득하든지, 백지식으로 배서된 어음이라면 교부에 의해 취득해야 한다. 당초 수취인이 백지인 어음은 보충될 때까지 계속 교부에 의해 양도될 수 있으므로 교부에 의해 선의취득할 수 있다.

상속이나 합병과 같은 포괄승계에 의해 선의취득이 불가능함은 물론, 지명채권양도방법에 의해서도 선의취득은 불가능하다.

배서라 하더라도 기한후배서는 지명채권양도의 효력밖에 없으므로($\substack{어\ 20조 \\ 1항\ 단}$) 이에 의해 선의취득을 할 수 없으며, 추심위임배서는 당초 양도를 목적으로 하는 것이 아니므로 선의취득의 계기가 될 수 없다. 하지만 입질배서에 의한 질권의 선의취득은 가능하다.

**2) 양도인의 요건**

**i) 무권리자**　　선의취득제도는 무권리자로부터 선의로 어음을 취득한 자를 보호하는 제도이므로 양도인이 무권리자라야 한다($\substack{종래의 \\ 통설}$). 이와 달리 어음법 제16조 제2항의 「어떤 사유로든」을 문리적으로 해석하여 어떠한 사유로 양도인의 배서가 무효·취소되든 간에 상대방이 선의이며 중대한 과실이 없을 때에는 선의취득을 인정해야 한다는 설도 있다($\substack{김정 \\ 호 \\ 121;\ 서헌제\ 196;\ 양명조 \\ 291;\ 정찬형\ 333;\ 최기원\ 470}$).

민법상 동산의 선의취득제도에서는 도품·유실물은 선의취득의 대상에서 제외하고 있으나($\substack{민\ 250 \\ 조\ 본}$), 어음법 제16조 제2항은 '어떤 사유로든'이라고 표현함으로써 도품·유실물도 선의취득의 대상이 됨을 명시하고 있다.

**ii) 배서의 연속**　　선의취득제도는 형식적 자격으로 실질적 권리의 흠결을 치유하는 제도이므로 취득자의 선의의 근거로서 양도인이 배서의 연속에 의하여 자격수여적 효력($\substack{어\ 16 \\ 조\ 1항}$)을 구비해야 한다. 어음법 제16조 제2항은 이를 요건으로 명문화하고 있다.

배서가 불연속하는 경우에는 자격수여적 효력이 없으므로 취득자가 불연속부분의 실질적 권리승계를 증명하더라도 선의취득이 불가능하다.

**3) 악의·중대한 과실이 없을 것**　　선의취득이 성립하려면 취득자에게 악의·중과실이 없어야 한다. 「악의」라 함은 자신의 양도인이 무권리자임을 알면서 취득함을 말하고, 「중과실」이라 함은 무권리자임을 알지 못했으나 알지 못한 데 대해 중대한 과실이 있음을 말한다. 악의·선의 여부 및 중대한 과실의 유무는 어음을 취득할 당시를 기준으로 판단한다. 동산의 선의취득($\substack{민 \\ 249조}$)에서와는 달리 경과실 있는 선의도 보호됨을 주의해야 한다.

판례는 '중대한 과실'의 판단을 위한 표준적인 예로서 양도인의 권리 유무에 의심이 갈 객관적인 사정이 있음에도 불구하고 발행인이나 전배서인에게 조회해 보는 등의 노력을 기도하지 않은 것을 제시한다($\substack{대법원\ 1988.\ 10.\ 25. \\ 선고\ 86다카2026\ 판결}$).

**4) 거래행위에 의한 취득**　　어음을 「거래행위」에 의하여 취득하였을 경우에 한하여

선의취득이 인정된다. 따라서 무상으로 취득한 경우에는 선의취득이 불가능하다.

5) 증명책임    배서의 연속에 의하여 권리를 증명하는 어음의 점유자는 적법한 권리자로 추정되므로($^{어 16}_{조 1항}$) 어음의 점유자의 악의·중과실은 선의취득을 부정하는 자가 증명하여야 한다.

### (3) 선의취득의 효과

어음법 제16조 제2항은 선의취득의 효과로서「…그 어음을 반환할 의무가 없다」고 규정하고 있다. 이는 선의취득자가 어음상의 권리를 취득함을 의미한다. 그 결과로서 본래의 어음상의 권리자는 권리를 상실한다. 선의취득은 원시취득으로서 새로이 하자 없는 권리를 창설하는 원인이 되므로 그 이후에 승계취득한 자는 선의취득의 사실을 알고($^{즉, 당초 무권리자}_{로부터의 취득임}$ $_{을 알고}$) 취득하더라도 적법하게 권리를 취득한다.

### (4) 제권판결 후의 선의취득

어음의 점유를 상실한 자가 공시최고를 경유하여 제권판결을 받은 경우, 제권판결은 어음의 무효를 선언하는 효력이 있으므로($^{민소}_{496조}$) 그 이후에는 선의취득이 불가능하다. 뿐만 아니라 공시최고기간 중 선의취득을 하였으나 권리신고를 하지 않은 경우, 이 어음을 가지고 권리행사를 할 수 없다($^{대법원 1993. 2. 3.}_{선고 93다52334 판결}$).


## VI. 특수한 양도배서

### 1. 환배서

1) 뜻    배서는 인수한 지급인이나 인수하지 아니한 지급인, 발행인 그 밖의 어음채무자에 대하여도 할 수 있다($^{어 11}_{조 3항}$). 이와 같이 종전의 어음행위자나 환어음의 지급인에 대한 배서를「환배서」라 한다.

환어음을 인수하지 아니한 지급인이나 무담보배서를 한 배서인은 어음상 채무자가 아니므로 이들이 어음을 다시 취득하더라도 별달리 검토할 문제가 없지만, 통상의 배서인 등 어음채무자들이 다시 어음을 취득한다면 민법상의 혼동사유에 해당한다. 그러나 어음채무자가 어음을 취득하더라도 그에게 전자로서의 어음채무자가 있는 한, 이 어음은 지급청구권과 상환청구권의 행사가 가능하여 지급수단으로서의 가치가 있으므로 어음법은 혼동의 법리를 배제하고 환배서를 정상적인 권리의 양도로 보아 취득자가 다시 배서양도할 기회를 준다($^{어 11}_{조 3항}$).

〈그림 44〉 환배서의 예

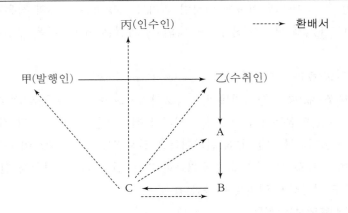

2) 효력     환배서는 정상적인 배서로서, 통상의 양도배서와 같은 효력을 갖는다. 그러나 환배서의 피배서인은 어음의 최후의 소지인인 동시에 중간 또는 최종적인 어음채무자라는 지위를 가지므로 해석상 정리해야 될 문제가 있다. 피배서인의 지위별로 살펴본다.

i) 배서인에 대한 환배서     〈그림 44〉의 예시에서 C가 乙 또는 A, B에게 배서한 경우이다. 乙에게 배서한 경우를 가지고 설명한다. 환배서에 의한 양수인 乙이 인수인에 대한 지급청구권, 발행인에 대한 상환청구권을 행사할 수 있음은 당연하지만, 자신의 전자이면서 당초 자신의 후자인 중간의 배서인들($^A_B$)에 대해서는 권리를 행사할 수 없다.

그러나 무담보배서($^{어\ 15}_{조\ 1항}$)를 한 자는 배서인의 입장에서는 상환책임을 지지 않는 반면, 소지인의 입장에서는 전자에 대한 상환청구권을 가지므로 중간의 배서인들 전원에 대해 상환청구권을 행사할 수 있다($^{<그림\ 45>}_{의\ 예시}$). 그리고 배서금지배서($^{어\ 15}_{조\ 2항}$)를 한 자는 자기의 직접의 피배서인에 대해서만 상환책임을 부담할 뿐 그 이후의 피배서인에 대해서는 상환책임을 지지 아니한다. 따라서 배서금지배서를 한 자가 환배서에 의해 어음을 취득한 경우에는 자기의 직접의 피배서인을 제외한 모든 중간배서인에게 상환책임을 물을 수 있다($^{<그림\ 45>}_{의\ 예시}$).

ii) 환어음의 발행인에 대한 환배서     환어음의 발행인이 환배서에 의해 어음을 취득한 경우에는 인수인에 대해 권리행사를 할 수 있는 것은 물론이나, 발행인으로서의 자신과 어음소지인으로서의 자신 사이에 위치하는 배서인들에 대해서는 권리행사를 할 수 없다.

iii) 인수인 또는 약속어음의 발행인에 대한 환배서     환어음의 인수인이나 약속어음의 발행인은 어음의 주채무자이므로 중간의 배서인들에게 담보책임을 묻는다는 것은 생각할 수 없다. 그러나 인수인 또는 약속어음의 발행인도 만기 전이라면 어음을 유통시킬 실익이 있으므로 이들도 다시 배서양도할 수 있다.

〈그림 45〉 배서인에 대한 환배서의 예

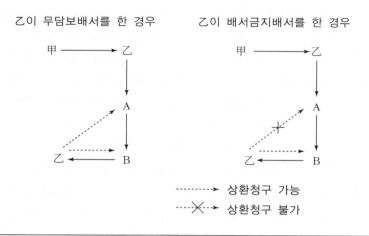

iv) **환어음의 지급인에 대한 환배서**    인수하지 아니한 지급인이나 인수를 거절한 지급인은 어음관계와 무관한 제3자이다. 그러므로 이들에 대한 배서는 어음채무자 아닌 제3자에 대한 배서와 같다.

v) **보증인에 대한 환배서**    보증인은 자신의 피보증인과 같은 책임을 지므로($\frac{어 32}{조 1항}$) 보증인에 대한 환배서는 피보증인이 누구냐에 따라 위에서 설명한 바와 같다. 다만 보증인은 자신의 피보증인에 대해서도 권리를 행사할 수 있음에 주의해야 한다.

### 2. 무담보배서

1) **뜻**    어음법 제15조 제1항이 「배서인은 '반대의 문구가 없으면' 인수와 지급을 담보한다」고 규정한 것은 반대의 문구를 기재하여 인수 또는 지급을 담보하지 않을 수 있음을 뜻한다. 그리하여 인수나 지급, 또는 인수와 지급 모두를 담보하지 아니한다는 뜻을 부기한 배서를 무담보배서라 한다.

2) **기재방식**    무담보배서의 문구는 법에서 특히 정형화한 것이 없으므로 담보책임을 지지 아니한다는 뜻이 표시되면 족하다. 환어음의 경우에는 배서인이 인수담보책임과 지급담보책임을 지는데, 단지 무담보의 취지로 배서한 경우에는 인수와 지급을 모두 책임지지 않는다는 뜻으로 해석해야 한다.

3) **효력**    무담보배서를 한 자는 자기 이후의 모든 어음취득자에 대해 상환의무를 지지 아니한다. 이같이 상환책임이 배제되는 효력은 무담보배서를 한 자에게만 발생하고 그 전자 또는 후자에 대해서는 발생하지 아니한다. 무담보배서는 담보책임만을 배제할 뿐이고, 그 밖의 배서의 효력($\frac{권리이전적 효력,}{자격수여적 효력}$)에는 영향이 없다.

### 3. 배서금지배서

**1) 뜻**  「배서금지배서」란 그 배서 이후의 새로운 배서를 금지하는 문구를 적은 배서를 말한다($\frac{어 15조}{2항 전}$). 배서인이 이같이 배서를 금지한다고 해서 다시 배서할 수 없는 것은 아니다. 다만 배서금지배서를 한 배서인은 그 이후의 배서에 의한 피배서인에 대해 담보책임을 지지 아니한다($\frac{어 15조}{2항 후}$). 배서금지배서는 이같이 담보책임의 범위를 자신의 직접의 상대방으로 제한하는 효과가 있으므로 배서인이 자기의 피배서인에 대해 갖는 항변이 이후의 배서에 의해 절단되는 것을 막기 위해 이용된다.

**2) 효력**  배서금지배서를 하더라도 어음의 지시증권성에는 영향이 없으므로 계속 배서에 의해 양도할 수 있다. 이 점 발행인이 어음의 지시증권성을 박탈하는 배서금지어음($\frac{어 11}{조 2항}$)과 다르다. 또한 배서금지배서의 배서인은 자신의 피배서인에게는 담보책임을 진다는 점에서 피배서인을 포함한 모든 후자에게 담보책임을 지지 아니하는 무담보배서와도 구별된다.

배서금지배서도 권리이전적 효력과 자격수여적 효력을 갖는 까닭에 그 피배서인이 어음상의 권리를 취득함은 물론 선의취득도 가능하고, 이후의 취득자들도 같다. 그리고 담보책임이 제한되는 효과는 배서금지배서의 배서인만이 누릴 뿐이고, 발행인을 포함한 그의 전자 및 후자의 책임에는 영향이 없다.

### 4. 기한후배서

#### (1) 의의

「기한후배서」라 함은 지급거절증서가 작성된 후에 한 배서 또는 지급거절증서의 작성기간이 지난 후에 한 배서를 말한다($\frac{어 20조}{1항 단}$).

어음은 지급할 날 또는 그날 이후의 2거래일 내에 지급을 위해 제시되어야 하며($\frac{어 38}{조 1항}$), 지급이 거절될 경우에는 지급할 날 이후의 2거래일 내에 거절증서를 작성하여야 한다($\frac{어}{조}\frac{44}{3항}$). 이 거절증서 작성기간이 경과하도록 거절증서를 작성하지 아니하면 상환청구권을 상실한다($\frac{어 53조}{1항 2호}$). 그러므로 거절증서가 작성된 어음을 취득하는 자는 지급이 거절된 것을 알고 취득하는 자이고, 거절증서 작성기간이 경과한 후에 어음을 취득한 자는 상환가능성에 대한 기대를 포기하고 취득하는 자이다. 이러한 자들에게 유통성강화를 위한 제도를 적용할 실익이 없으므로 어음법은 기한후배서에 대해서는 지명채권양도의 효력만 인정한다.

#### (2) 기한후배서의 판단

**1) 만기후배서와의 구별**  기한후배서는 「만기 후의 배서」와 구별하여야 한다. 만기후배서란 만기 이후이지만 아직 지급거절이 되지 않고 거절증서 작성기간도 경과하기 전에 행해진 배서를 뜻한다. 지급제시는 지급할 날 또는 그날 이후의 2거래일 내에 하면 되므로

$\binom{\text{어 38}}{\text{조 1항}}$ 만기가 되었더라도 최소 3일간의 유통기회가 있다. 그러므로 만기 후이지만 지급제시를 하기 전에, 그리고 거절증서 작성기간이 경과하기 전에 행해진 배서는 어음의 정상적인 유통으로 보고 일반 배서와 똑같은 효력을 부여한다$\binom{\text{어 20조}}{\text{1항 본}}$.

i) 제시기간 내에 제시된 경우

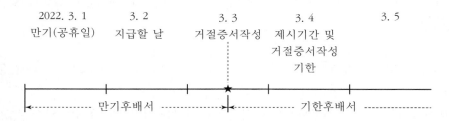

ii) 제시기간 내에 제시되지 않은 경우

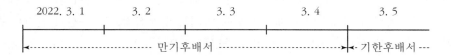

**2) 지급거절증서가 작성되지 않은 경우**  지급이 거절되더라도 지급거절증서를 작성하지 아니하면 동 증서작성기간 내의 배서는 기한후배서가 아니다$\binom{\text{이설}}{\text{없음}}$. 이 경우에는 어음취득자가 지급거절의 사실을 알 수 없으므로 기한후배서제도의 취지상 그 적용대상으로 볼 수 없기 때문이다.

**3) 무비용상환어음**  거절증서의 작성이 면제되어 있는 어음$\binom{\text{무비용상환어}}{\text{음: 어 46조 1항}}$은 거절증서의 작성이 필요 없으므로 취득자의 입장에서는 지급이 거절된 어음인지 아직 지급제시가 안 된 어음인지 알 수 없다. 그러므로 무비용상환어음의 경우에는 거절증서 작성기간 경과 후의 배서만이 기한후배서라고 보아야 한다.

**4) 인수거절된 어음**  법문에는 「'지급'거절증서가 작성된 후」 또는 「'지급'거절증서 작성기간이 지난 후」라고 표현하고 있으나, 인수가 거절되면 지급거절증서의 작성이 필요 없고 바로 상환청구가 가능하므로 인수거절 후의 배서는 기한후배서로 보아야 한다$\binom{\text{통}}{\text{설}}$.

**5) 기타 지급거절이 확실한 경우**  인수거절뿐 아니라 어음법상 상환청구권이 발생하는 그 밖의 사유$\binom{\text{예: 약속어음발행인의 파산, 지급}}{\text{정지, 강제집행의 불주효: 어 43조}}$가 생기면 그 후의 배서는 어음취득자가 이 사실을 아는 한 기한후배서로 보아야 한다.

**6) 증명의 문제**  보통 배서일자를 배서란에 기재하는데, 그 일자가 사실과 다를 경우 기한후배서 여부를 결정짓는 자료가 되는 것은 배서란에 기재된 일자가 아니라 실제 배

서한 일자이다(대법원 1965. 4. 13. 선고 64다1726 판결). 그러나 배서일자가 기재되어 있을 경우 일응 그 날짜에 배서한 것으로 추정한다(어 20조 2항의 물론해석). 날짜를 적지 아니한 경우에는 지급거절증서 작성기간이 지나기 전에 배서한 것으로 추정한다(어 20조 2항).

### (3) 배서의 방식

기한후배서는 지명채권양도의 효력이 있을 뿐이지, 지명채권양도의 방식을 따라야 하는 것은 아니다. 따라서 어음채무자에 대한 통지·승낙 등 대항요건을 갖출 필요가 없다(대법원 2012. 3. 29. 선고 2010다106290 판결).

### (4) 효력

기한후배서는 지명채권양도의 효력만을 가진다(어 20조 1항 단). 이는 구체적으로 다음과 같은 뜻을 가진다.

1) **권리이전적 효력**   기한후배서도 배서이므로 권리를 이전하는 효력이 있다(어 14조 1항). 그리하여 피배서인은 주채무자에 대한 지급청구권과 기타의 어음채무자에 대한 상환청구권 등 배서인이 배서 당시 갖고 있던 권리를 취득한다.

2) **자격수여적 효력**   기한후배서에도 자격수여적 효력이 있다는 것이 통설·판례이다(대법원 1961. 7. 27. 선고 4293민상735 판결). 따라서 피배서인은 배서의 연속에 의하여 형식적으로 자신의 권리를 증명하면 족하고(어 16조 1항), 실질적 권리의 이전사실을 증명할 필요가 없다.

3) **담보책임의 배제**   기한후배서에는 지명채권양도의 효력밖에 없으므로 그 배서인은 피배서인과 그 이후의 피배서인에 대해 담보책임(어 15조 1항)을 지지 아니한다. 다만 자신의 피배서인에 대해 원인관계에 따른 책임을 질 뿐이다.

4) **선의취득**   기한후배서의 배서인이 무권리자인 경우 피배서인이 선의취득을 할 수 있는가? 기한후배서는 지명채권양도의 효력밖에 없으므로 선의취득의 가능성은 부정하는 것이 옳다(통설).

5) **어음항변의 연장**   기한후배서의 중심된 효력은 동 배서에 의해 어음항변이 절단(어 17조)되지 않는다는 것이다. 즉 약속어음의 발행인 또는 인수인은 수취인을 포함한 모든 배서인에 대한 항변으로써 소지인에게 대항할 수 있다. 항변사유의 종류를 불문한다. 그러나 어음채무자는 기한후배서 당시 배서인에 대항할 수 있는 사유로 항변할 수 있을 뿐이고 기한후배서 이후에 비로소 발생한 항변사유는 원용할 수 없다. 예컨대 기한후배서 이전에 발행인이 배서인에게 어음금을 지급한 사실은 항변할 수 있으나, 기한후배서 이후에 어음금을 지급한 사실은 항변할 수 없으며(대법원 1982. 4. 13. 선고 81다카353 판결), 기한후배서가 있은 후 발행인이 배서인에 대해 취득한 채권을 가지고 상계할 수 없다(대법원 1994. 1. 25. 선고 93다50543 판결).

## Ⅶ. 非양도목적의 배서

### 1. 추심위임배서

#### (1) 의의

「추심위임배서」란 어음소지인이 타인에게 어음상의 권리행사를 대리할 수 있는 권능을 부여하는 배서이다. 어음법 제18조에서 그 방식과 효과를 규정하고 있다.

환어음의 인수제시는 어음의 「단순한 점유자」도 할 수 있으나($^{어}_{21조}$), 지급제시는 어음의 「소지인」만이 할 수 있다($^{어 38}_{조 1항}$). 그러므로 어음소지인이 어음금의 지급청구를 타인에게 위임하고자 할 때 대리인에게 단지 어음만 맡겨서는 지급청구가 불가능하다. 그래서 소지인이 어음의 점유자를 어음법 제38조가 요구하는 「소지인」으로 만들어 주기 위한 방법으로써 추심위임배서를 한다. 한편 추심위임배서는 어음상의 권리행사에 관한 대리권수여방식을 정형화함으로써 대리권의 존재에 관한 증명을 용이하게 하고, 어음채무자의 면책을 쉽게 하기 위한 취지도 담고 있다.

추심위임배서는 어음의 양도가 아니므로 배서금지어음이나 지명채권의 양도방식으로 양도된 어음에도 할 수 있다. 기한후배서의 피배서인도 할 수 있음은 물론이다.

#### (2) 방식

추심위임배서는 '회수하기 위하여', '추심하기 위하여', '대리를 위하여' 등 단순히 대리권을 준다는 내용의 문구를 기재하고 소지인이 기명날인하는 방식으로 한다($^{어 18}_{조 1항}$). 피배서인($^{대리}_{인}$)의 성명도 기재사항이나, 이를 기재하지 아니하고 할 수도 있다($^{백지식 추}_{심위임배서}$). 이 경우에는 누구든 어음을 점유하는 자가 대리인으로 추정된다($^{어 16}_{조 1항}$). 그러나 대리권수여의 문구를 생략하면 양도배서와 구분이 되지 않으므로 이 문구는 생략될 수 없다.

#### (3) 효력

##### 1) 피배서인의 지위

i) 자격수여적 효력　　　추심위임배서에 의해 피배서인에게는 어음상의 권리자의 대리인으로서의 자격이 수여된 것으로 추정된다($^{어 16}_{조 1항}$). 그러므로 피배서인은 자신의 대리권을 증명함이 없이 대리인으로서 권리를 행사할 수 있으며, 어음채무자도 추심위임배서로서의 외관을 믿고 지급하면 면책된다.

ii) 권리행사의 범위　　　추심위임배서의 피배서인은 「어음으로부터 생기는」 모든 권리를 행사할 수 있다($^{어 18조}_{1항 본}$). 어음금지급청구권과 상환청구권은 물론 권리행사를 위한 소제기도 할 수 있다. 이득상환청구권도 행사할 수 있다는 설도 있으나($^{강·임 395; 서헌제 476; 정동}_{윤 299; 정찬형 314; 최기원 449}$), 이득상환청구권은 「어음으로부터 생기는 권리」가 아니므로 명문의 규정에 반하는 해석이다.

iii) 재추심위임　　　어음법은 추심위임배서의 피배서인은 「대리를 위한 배서만을 할 수 있다」고 규정하는데($^{어 18조}_{1항 단}$), 이는 본인($^{배서}_{인}$)의 승낙 없이도 재추심위임을 할 수 있다는 뜻과 아울러 양도배서를 할 수 없다는 뜻을 밝힌 것이다.

iv) **대리권소멸의 특례**    추심위임배서에 의한 대리권은 그 수권자가 사망하거나 무능력자($^{제한능}_{력자}$)가 되더라도 소멸하지 아니한다($^{어 18}_{조 3항}$). 민법의 일반원칙에 의하면 대리권은 본인의 사망으로 소멸하지만($^{민 127}_{조 1호}$), 이 특칙에 의해, 어음채무자가 배서인이 사망한 후에 피배서인에게 지급하더라도 적법한 권리자에게 지급한 것으로 다룬다.

v) **위임의 철회**    배서인이 피배서인에 대한 대리권수여를 철회할 수 있음은 물론이다. 철회와 동시에 어음을 회수하여야 하며, 어음을 피배서인이 계속 점유하는 한 의사표시의 철회만으로는 선의의 어음채무자에게 대항할 수 없다.

**2) 배서인의 지위**    추심위임배서는 대리권에 관한 자격수여적 효력만을 부여하므로 그 배서 후에도 배서인은 직접 어음상의 권리를 행사할 수 있으며, 추심위임배서를 말소하지 않은 채 타인에게 양도배서를 할 수 있다($^{통}_{설}$).

어음법 제18조 제2항은 「어음의 채무자는 [추심위임배서의] 배서인에게 대항할 수 있는 항변만으로써만 소지인($^{즉 추심위임배}_{서의 피배서인}$)에게 대항할 수 있다」고 규정하고 있다. 이 규정은 어음항변이 추심위임배서에 의해 절단되지 않음을 밝힘과 동시에 피배서인에 대한 항변사유가 있더라도 이를 원용할 수 없음을 주의적으로 규정한 것이다.

## 2. 숨은 추심위임배서

### (1) 의의

「숨은 추심위임배서」란 추심을 위임할 목적으로 하는 「양도배서」를 말한다. 배서인과 피배서인 간에 실제는 추심을 위임하기로 합의하고 형식은 양도배서를 하는 것이다. 이와 달리 어음법 제18조가 규정하는 목적과 형식이 공히 추심을 위임하기 위한 배서를 '공연한 추심위임배서'라 한다. 숨은 추심위임배서를 하는 동기는 배서인이 추심위임배서의 방법에 익숙하지 못한 경우도 있지만, 배서인에 대한 어음채무자의 항변이 예상될 경우 이를 차단하면서 추심할 목적으로 하는 경우가 많다.

숨은 추심위임배서는 내부적으로 피배서인이 어음금을 추심해서 배서인에게 이전하기로 하는 합의하에 행해지는데, 어음거래의 당사자 간에 숨은 추심위임배서라는 사실이 밝혀질 경우 어음채무자와 배서인의 관계를 어떻게 규율할 것이냐는 문제가 제기된다.

### (2) 유효성

숨은 추심위임배서는 형식과 실질이 상위한 까닭에 한때 이를 허위표시로 보아 무효라고 하였으나, 현재는 숨은 추심위임배서도 유효라는 데 이설이 없다. 그러나 피배서인으로 하여금 어음금을 추심하기 위한 소송을 제기하게 할 목적으로 하는 추심위임배서는 무효라는 것이 일관된 판례이다($^{대법원 1982. 3. 23.}_{선고 81다540 판결}$). 신탁법상 수탁자로 하여금 소송행위를 하게 하는 것을 주목적으로 하는 신탁은 무효이기 때문이다(신탁 6조).

(3) 법적 성질

숨은 추심위임배서의 유효성을 긍정하고 그 법적 성질을 설명하는 방법으로서 통설은 숨은 추심위임배서를 어음의 신탁적 양도로 보고, 어음상의 권리는 대외적으로 완전히 피배서인에게 이전하고 대내적으로 피배서인이 어음금을 추심하여 배서인에게 이전해 줄 의무를 부담한다고 설명한다(신탁적 양도설). 이와 달리 숨은 추심위임배서는 피배서인에게 배서인의 계산에서 자신의 이름으로 권리를 행사할 형식적 자격을 부여한다는 설도 있다(자격수 여설).

숨은 추심위임배서의 성질론은 동 배서의 효력을 정하는 이론적 근거를 마련하기 위한 것이다. 여기서는 신탁적 양도설의 입장에서 설명한다.

(4) 효력

1) 배서인과 피배서인   배서인과 피배서인의 내부관계에서는 추심의 위임이지만 권리를 양도하고자 하는 의사가 존재하는 것 또한 사실이므로 권리이전적 효력이 발생하고, 배서의 연속에 의해 피배서인은 자격수여적 효력을 누린다. 그러나 그 배서에 담보적 효력은 인정되지 아니하며, 거래에 의한 권리이전이 아니므로 배서인이 무권리자일 경우 피배서인이 선의취득을 하는 일도 있을 수 없다.

2) 피배서인의 양수인과의 관계   숨은 추심위임배서에 의해서 내부적으로도 권리이전이 있다고 보는 까닭에 피배서인이 월권하여 제3자에게 어음을 배서양도하는 경우, 제3자는 선의·악의를 불문하고 어음상의 권리를 취득한다. 이는 선의취득이 아니고 통상의 권리취득이다.

3) 어음채무자와의 관계   숨은 추심위임배서의 피배서인으로부터 청구를 받은 어음채무자와 배서인 및 피배서인과의 관계에서 중심되는 과제는 어음채무자가 배서인에 대한 항변사유로 피배서인에게 대항할 수 있느냐 혹은 피배서인에 대한 항변사유로 피배서인에게 대항할 수 있느냐는 문제이다.

i) 배서인에 대한 항변사유   숨은 추심위임배서에 의해 항변이 절단된다면 실질에 부합하지 않으므로 통설은 피배서인이 독립된 경제적 이익을 갖지 않는다는 이유를 들어 배서인에 대한 항변으로 피배서인에게 대항할 수 있다고 설명한다. 판례도 숨은 추심위임배서에 의해서는 항변이 절단되지 않는다는 입장을 취한다(대법원 1994. 11. 22. 선고 94다30201 판결).

ii) 피배서인에 대한 항변사유   통설은 앞서 말한대로 배서의 실질에 착안하여 배서인에 대한 항변으로써 피배서인에게 대항할 수 있다고 하는 동시에, 양도배서라는 형식적 측면에 착안하여 피배서인에 대한 항변을 가지고도 피배서인에게 대항할 수 있다고 설명한다. 그러나 항변문제는 실질적 각도에서 접근하는 것이 타당한 만큼 피배서인에 대한 항변은 원용할 수 없다고 보아야 한다.

〈그림 46〉 숨은 추심위임배서와 항변원용

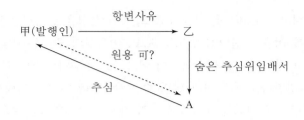

### 3. 입질배서

**1) 의의** 「입질배서」라 함은 어음상의 권리에 질권을 설정할 목적으로 하는 배서를 말한다. 어음을 어떤 채권의 담보로 제공하고자 할 때 어음상의 권리에 질권설정을 할 수 있으며, 이 질권설정의 방법으로서 입질배서를 하는 것이다. 민법에서 권리질, 특히 지시채권질에 대해 규정하고 있으므로($^{민}_{350조}$) 어음도 민법의 규정에 따라 질권을 설정할 수 있으나, 어음법에서는 어음의 담보거래에 있어서의 유통성을 확실히 하기 위하여 어음에 적합한 질권설정방법을 규정함과 아울러 특수한 효력을 규정하고 있다.

**2) 방식** 입질배서의 방식은 질권자와 질권설정의 뜻을 기재하고 배서인이 기명날인하는 것이다. 입질의 문구는 '담보하기 위하여', '입질하기 위하여', 그 밖에 질권설정을 표시하는 문구로 기재한다($^{어\,19조}_{1항\,본}$). 피배서인을 기재하지 않는 백지식배서도 가능하다.

**3) 효력** 입질배서의 질권자의 지위는 민법에 비해 크게 강화되어 있다.

i) 질권자는 어음으로부터 생기는 모든 권리를 행사할 수 있다($^{어\,19조}_{1항\,본}$). 어음금의 지급청구, 거절시의 상환청구, 소제기 등 어음채권의 만족을 위한 모든 행위를 할 수 있다. 다만 이득상환청구권은 어음상의 권리가 아니고 실질관계에 기한 지명채권이므로 질권자가 행사할 수 없다.

ii) 질권자는 추심위임배서만을 할 수 있으므로 어음 자체의 양도배서는 물론이고 질권의 양도를 위한 배서를 할 수 없으며, 전질을 위한 배서도 할 수 없다. 양도배서나 입질배서를 한 때에는 이를 추심위임배서로 본다($^{어\,19조}_{1항\,단}$).

iii) 민법의 일반원칙에 의하면 입질된 채권의 변제기가 피담보채권의 변제기보다 먼저 도래한 때에는 질권자는 제3채무자에게 자기에게 변제할 것을 청구할 수 없고 변제금액을 공탁할 것을 청구할 수 있을 뿐이다($^{민\,353}_{조\,3항}$). 어음은 상환증권이므로 공탁요구와 동시에 어음을 반환해야 하는데, 이에 의해 질권자는 어음의 점유를 잃게 되므로 이 원칙을 어음의 입질에 적용할 수는 없다. 따라서 어음의 질권자는 이러한 제약을 받지 않고 어음금을 지급할 날에 지급을 청구할 수 있다($^{이설}_{없음}$).

iv) 어음항변의 절단　　어음채무자는 배서인에 대한 항변으로써 소지인($\frac{질권}{자}$)에게 대항하지 못한다. 이 역시 민법의 입질제도에 대한 특칙이다. 그러나 소지인이 그 채무자를 해할 것을 알고 어음을 취득한 때에는 그러하지 아니한다($\frac{어\ 19}{조\ 2항}$). 입질배서에도 양도배서에 관한 어음법 제17조와 같이 어음항변의 절단을 인정하는 것이다.

### 4. 숨은 입질배서

1) 뜻　　「숨은 입질배서」란 담보의 목적으로 하는 양도배서를 말한다. 일종의 양도 담보이다. 어음법에서는 어음을 담보로 제공하는 방법으로 입질배서를 규정하고 있으나, 실제로 입질배서는 보기 드물고 대신 숨은 입질배서가 많이 이용된다. 어음거래자들이 입질배서의 방법에 익숙하지 아니한 탓도 있겠지만, 채권자($\frac{질권}{자}$)가 보다 강력한 권리를 확보하고자 하는 이유 때문이라고 짐작된다. 숨은 입질배서의 법적 성질은 신탁적 양도라고 이해되며, 그 유효성에 이설이 없다.

2) 효력

i) 배서인과 피배서인　　숨은 입질배서는 신탁적 양도로 보는 까닭에 배서인과 피배서인 간에 어음상의 권리가 이전한다. 그러나 내부적으로는 담보설정의 합의가 있는 까닭에 피배서인은 질권자로서의 권리만을 행사할 의무를 부담한다.

ii) 피배서인의 양도배서　　대외적으로는 피배서인이 어음상의 권리를 취득하는 까닭에 피배서인이 양도배서를 하는 경우, 그 양수인은 선의·악의를 불문하고 어음상의 권리를 취득한다.

iii) 어음채무자와 피배서인의 관계　　숨은 입질배서의 피배서인은 어음채무자에 대하여 어음소지인으로서의 모든 권리를 행사할 수 있다. 공연한 입질배서의 피배서인도 어음상의 모든 권리를 자기의 이름으로 행사할 수 있는 까닭에 어음채무자에 대한 권리행사에 있어 공연한 입질배서나 숨은 입질배서나 차이가 없다. 어음채무자가 질권설정자에 대한 항변으로써 대항할 수 없는 점도 마찬가지이다.

# 제 4 절　어음보증

## Ⅰ. 의의

「어음보증」이란 특정의 어음채무자의 채무이행을 담보하는 어음행위이다($\frac{어\ 30}{조\ 1항}$). 어음보증에 의해 보증인은 피보증인과 같은 책임을 진다($\frac{어\ 32}{조\ 1항}$). 상환청구제도로 인해 어음금의 변제가능성은 상당히 보장되어 있다. 그러나 발행인과 배서인들이 무자력할 경우에는 상환청구가 무의미해지므로 보다 자력 있는 제3자가 어음채무자들 중의 1인의 책임을 보증함으로써 그 피보증인 이후의 어음소지인들이 변제받을 가능성을 크게 높일 수 있다.

## Ⅱ. 민법상의 보증과 어음보증

어음채권에 민법상의 보증을 이용할 경우, 이는 어음 외적 권리이므로 어음이 전전유통되면서 거래단계별로 일일이 보증채권의 양도절차를 밟아야 하는 불편이 따른다. 그리하여 어음법은 어음보증의 방식을 요식화 · 정형화시켜 어음면에 기재하게 함으로써 보증채무를 증권채무로 화체하여 어음채무와 일체를 이루도록 하였다. 이같이 어음법이 어음보증을 일반보증과 별개의 제도로 둔 결과, 양자는 여러 측면에서 차이점을 보인다.

1) 민법상의 보증은 채권자와 보증인 간의 계약이지만, 어음보증은 보증인의 일방적인 의사표시로서 「피보증인을 상대로 하는」 단독행위이다($\genfrac{}{}{0pt}{}{대법원 1986. 9. 9. 선}{고 84다카2310 판결}$). 또한 민법상의 보증계약은 불요식행위이나, 어음보증은 요식의 서면행위이다.

2) 민법상의 보증은 채권자가 특정되어 있으나, 어음보증채무는 증권채무이므로 어음보증인은 장차의 모든 어음취득자에 대해 보증채무를 부담한다($\genfrac{}{}{0pt}{}{어 47}{조 1항}$).

3) 민법상의 보증채무는 주채무에 대해 부종성을 가지므로 주채무가 무효 · 취소된 때에는 보증채무는 성립하지 아니한다. 그러나 어음보증은 주채무가 방식의 하자 이외의 사유로 무효 · 취소되더라도 유효하게 성립한다($\genfrac{}{}{0pt}{}{어음보증}{의 독립성}$)($\genfrac{}{}{0pt}{}{어 32}{조 2항}$).

4) 민법상의 보증은 보충성을 지니므로 보증인은 채권자의 이행청구에 대해 최고 · 검색의 항변을 할 수 있다($\genfrac{}{}{0pt}{}{민}{437조}$). 그러나 어음보증인은 피보증인과 같은 책임을 지므로($\genfrac{}{}{0pt}{}{어 32}{조 1항}$) 이러한 항변권을 행사할 수 없고 피보증인과 동순위로 책임을 부담해야 한다.

5) 민법상의 보증인은 채무를 변제할 경우 주채무자에 대해 구상권을 갖는다($\genfrac{}{}{0pt}{}{민 441}{조, 444조}$). 어음보증인이 피보증인의 채무를 이행할 경우에는 보증인이 어음상의 권리를 취득하여 피보증인과 그 전자들에 대해 상환청구권을 행사한다($\genfrac{}{}{0pt}{}{어 32}{조 3항}$).

## Ⅲ. 어음보증의 당사자

누구든 어음보증인이 될 수 있다. 이미 어음행위를 한 자도 다른 어음채무자를 위해 보증인이 될 수 있다($\genfrac{}{}{0pt}{}{어 30}{조 2항}$). 예컨대 배서인 중의 1인이 발행인을 위해 보증을 할 수도 있다. 하지만 환어음의 인수인이나 약속어음의 발행인은 주채무자인 까닭에 다른 어음채무자를 위해 보증을 한다는 것이 무의미하고, 전자($\genfrac{}{}{0pt}{}{예컨대 제}{1배서인}$)가 후자($\genfrac{}{}{0pt}{}{예컨대 제2,}{제3배서인}$)를 위해 보증하는 것도 무의미하다. 그러나 인수를 거절한 지급인은 어음채무자가 아니므로 누구를 위해 보증하여도 그 실익이 있다. 무담보배서를 한 자도 같다.

어음보증은 특정의 어음채무자를 위해 행해진다. 인수하지 아니한 지급인, 또는 지급담당자, 무담보배서를 한 배서인은 어음채무를 부담하는 자가 아니므로 이들을 위한 보증은 무효이다. 배서금지어음에서는 환어음의 경우 인수인과 발행인, 약속어음의 경우 발행인만이 어음채무자이므로 이들에 대한 보증만이 가능하다.

## Ⅳ. 보증의 방식

1) 보증은 어음의 앞면·뒷면 또는 보충지에 하여야 하나($^{어\,31}_{조\,1항}$), 등본을 작성한 때에는 등본에도 할 수 있다($^{어\,67}_{조\,3항}$).

2) 보증의 원칙적인 방식은 피보증인을 특정하고 보증의 뜻을 기재한 후 기명날인($^{또는}_{서명}$)을 하는 것이다($^{어\,31}_{조\,2항}$). 보증의 문구는 반드시 '보증'이라는 용어를 쓰지 않더라도 특정의 어음채무자의 채무를 부담한다는 취지의 문구를 담으면 족하다.

3) 피보증인이 특정되어야 하나($^{어\,31조}_{4항\,전}$), 피보증인이 생략된 보증도 무효는 아니다. 이러한 보증은 발행인을 위해 보증한 것으로 본다($^{어\,31조}_{4항\,후}$). 이는 법적 의제이므로 보증인이 실제로 누구를 위해 보증할 의사였느냐는 것은 발행인을 피보증인으로 간주하는 데에 영향이 없다. 따라서 피보증인이 생략된 채 일단 보증이 행해진 후에 누군가가 피보증인을 발행인 이외의 자로 보충한다면 이는 어음의 변조이다.

4) 어음의 앞면에 단순한 기명날인($^{또는\,서명.}_{이하\,같음}$)이 있는 경우에는 이를 보증으로 본다($^{어\,31}_{조\,3항\,전}$). 피보증인의 기재가 없으므로 발행인을 위한 보증으로 의제된다. 이 역시 법적 의제이다. 다만 지급인과 발행인의 기명날인이 있을 경우에는 예외이다. 지급인의 기명날인은 인수로 보아야 하고($^{어\,25조}_{1항\,후}$), 발행인의 기명날인은 발행으로 보아야 하기 때문이다. 어음의 뒷면에 단순한 기명날인이 있는 경우에는 이를 배서로 보아야 하므로($^{어\,13}_{조\,2항}$) 역시 보증으로 의제할 수 없다.

5) 보증은 거절증서 작성 후 또는 거절증서 작성기간 경과 후에도 가능하다.

## Ⅴ. 조건부보증의 효력

1) 보증은 일부배서($^{어\,12}_{조\,2항}$)와 달리 어음금액의 일부만을 담보하는 일부보증도 가능하다($^{어\,30}_{조\,1항}$). 일부보증은 어음의 유통에 하등 장애를 주는 바가 없기 때문이다.

2) 발행·배서·인수를 조건부로 한 경우의 효력에 대해서는 어음법에 명문의 규정을 두어 해결하고 있으나($^{어\,1조\,2호,\,12}_{조\,2항\,후,\,26조}$), 조건부 어음보증의 효력에 대해서는 언급이 없다. 통설·판례는 보증에 붙인 조건을 유익적 기재사항으로 보아 조건이 붙은 보증으로서의 효력을 인정한다($^{대법원\,1986.\,3.\,11.}_{선고\,85다카1600\,판결}$).

## VI. 어음보증인의 책임

어음보증인은 피보증인의 채무를 보증한다는 점에서 민법상의 보증인과 같지만, 그 책임의 내용은 민법상의 보증인에 비해 크게 강화되어 있다.

### 1. 채무의 동일성

어음보증인은 보증된 자, 즉 피보증인과 같은 책임을 진다($^{어\,32}_{조\,1항}$). 피보증인이 약속어음의 발행인 또는 환어음의 인수인이라면 그들의 주채무와 동일한 책임을 지고, 배서인 또는 환어음의 발행인이라면 그 책임순위에 따라 같은 담보책임을 진다. 이 점 민법상의 보증과 차이가 없다($^{민\,428}_{조\,1항}$).

어음보증인은 피보증인을 포함하여 다른 어음채무자들과 같이 합동책임을 지므로($^{어}_{조}\,^{47}_{1항}$) 같은 채무를 진다고 함은 수평적으로 동일한 책임을 짐을 뜻하며, 최고·검색의 항변권을 갖지 아니한다. 즉 어음소지인은 피보증인을 제쳐놓고 처음부터 보증인에게 채무이행을 청구할 수 있는 것이다.

### 2. 보증채무의 종속성(부종성)

보증인의 책임은 피보증인의 책임을 전제로 하고, 또 피보증인의 채무가 존재하는 한 보증인의 책임이 존속한다. 그러므로 피보증인에 대하여 상환청구권보전절차를 밟으면 보증인에 대해서는 별도의 보전절차를 밟을 필요가 없다. 그리고 피보증인에 대한 시효중단은 보증인에 대하여도 효력이 있다. 한편 피보증인의 채무가 지급·면제·상계·시효·상환청구권보전절차의 흠결 등으로 소멸하면 어음보증인의 채무 역시 소멸한다.

### 3. 보증채무성립의 독립성

어음법 제32조 제2항은 「보증은 담보된 채무가 그 방식에 흠이 있는 경우 외에는 어떠한 사유로 인하여 무효가 되더라도 그 효력을 가진다」고 규정한다. 이는 어음채무의 성립에 일반적으로 적용되는 어음행위독립의 원칙($^{어}_{7조}$)을 주의적으로 되풀이한 것이다. 이에 의해 발행·인수·배서 등 피보증인의 어음행위가 어음행위의 실질적 요건을 구비하지 못하여 무효·취소되더라도 보증인의 책임은 보증행위 자체에 무효·취소원인이 없는 한 유효하게 성립한다.

### 4. 어음항변의 원용가능성

보증인은 피보증인이 어음소지인에 대해 갖는 항변을 원용할 수 있는가? 피보증인의 어음행위에 방식의 하자가 있을 경우, 이는 물적항변사유이므로 당연히 보증인이 원용할 수 있으나, 피보증인과 소지인 사이의 원인관계에서 피보증인이 갖는 항변권을 보증인이 원용할 수 있느냐는 문제이다. 예컨대 甲이 乙로부터 부동산을 매수하고 대금지급을 위해 약속어음을 발행하고 甲의 책임을 甲´가 보증하였다. 그런데 甲, 乙 간의 매매가 무효 또는 취소된 경우 甲´는 원인관계상의 甲의 채무가 소멸하였음을 들어 보증채무의 이행을 거절할 수 있는가라는 문제이다. 통설 · 판례는 원용가능설을 취하는데, 그 이론적 근거로 "어음상의 권리를 행사할 실질적인 이유가 없이 어음이 자기 수중에 있음을 기화로 보증인으로부터 어음금을 받으려는 것은 신의성실의 원칙에 반하여 부당한 것으로 권리의 남용"이라고 이론을 제시한다(대법원 1988. 8. 9. 선고 88다카1858 판결).

### 5. 보증책임의 범위

1) 보증은 피보증인의 어음상의 채무를 담보하기 위한 것이다. 그러므로 보증인은 이득상환청구에 대해서는 책임지지 아니한다.

2) 보증인은 보증된 어음과 실질적으로 동일성이 있는 어음이라 하더라도 별개인 어음에 대해서는 책임지지 아니한다. 예컨대 약속어음의 발행인이 만기에 지급하지 못하고 대신 만기를 뒤로 한 새어음을 발행(개서)하더라도 이 새어음에 대해 구어음의 보증인은 책임지지 않는다(대법원 1987. 7. 7. 선고 86다카1308 판결).


## Ⅶ. 책임을 이행한 보증인의 지위

### 1. 어음의 상환

보증인이 보증채무를 이행할 때에도 어음의 상환증권성이 적용되므로 보증인은 지급과 동시에 소지인에게 영수를 증명하는 뜻을 적어서 어음을 교부할 것을 청구할 수 있다(어39조1항). 어음이 재차 유통되는 것을 방지하고, 아울러 보증인이 피보증인 및 그 전자에 대한 상환청구권을 행사하기 위해 어음이 필요하기 때문이다.

### 2. 보증인의 권리

1) 보증인이 보증채무를 이행하면 그는 타인의 채무를 이행한 것이므로 그에 대한 보상으로서 피보증인과 그 피보증인의 채무자에 대해 어음으로부터 생기는 권리를 취득한다(어32조3항). 「어음으로부터 생기는 권리」라 함은 환어음의 인수인, 약속어음의 발행인과 같은 주채무자에 대한 지급청구권, 환어음의 발행인, 배서인들에 대한 상환청구권 및 이들의 보증인들에 대한 상환청구권 기타 부수적인 권리를 포함한다. 요컨대 어음소지인의 권리와 같다.

〈그림 47〉 보증인의 권리행사의 예

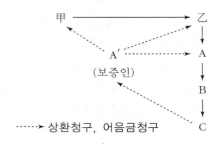

············▶ 상환청구, 어음금청구

2) 어음보증인의 권리취득은 법률의 규정에 의해 원시적으로 취득하는 것이다(통설). 따라서 어음소지인이 가지고 있던 항변의 부담은 보증인에게 승계되지 아니한다(보증인이 악의라도 같다).

## Ⅷ. 어음채무에 대한 민법상의 보증

보증인이 어음채무자 중의 1인을 위하여 민법상의 보증의 형식을 빌어 보증을 할 수도 있다. 이는 어음보증이라는 요식행위가 아니므로 보증채권·채무는 어음 외의 권리관계로서 존재하고 민법상의 보증으로서의 효력을 발휘한다. 따라서 보증인이 보증채무를 이행하면 피보증인에 대해 민법상의 구상권을 가질뿐이지만, 판례는 민법상의 보증인도 보증채무를 이행하면 변제자대위(민 481조, 482조)의 방법으로 상환청구권을 행사할 수 있다고 한다(대법원 2003. 1. 24. 선고 2000다37937판결).

# 제 5 절  지급

## Ⅰ. 지급의 어음법적 의의

어음금의 지급은 민법에서 말하는 「채무의 변제」에 해당하지만, 증권채무의 속성으로 인해 일반채무의 변제에 대하여 여러 가지 특수성이 있으므로 어음법 제38조 내지 제42조에서는 이 점을 고려한 특칙을 두고 있다. 어음금의 지급이 일반 채무변제에 비해 갖는 특수성과 그에 따른 제도의 차이를 소개하면 다음과 같다.

1) 인수를 하지 아니한 환어음의 지급인은 법률상 채무를 부담하는 자가 아니나, 그의 지급도 유효한 지급으로서 비채변제(민 742조)가 되는 것이 아니고, 제3자의 변제(민 469조, 480조)도 아

니다.

2) 어음은 지급인이나 발행인에 대한 통지 · 승낙 없이 전전유통되므로 일반 채무이행에서의 지참채무의 원칙($^{\text{민}467}_{\text{조}\,2\text{항}}$)을 적용할 수 없고 채권자가 추심하여야 한다. 또 어음은 제시증권이므로 어음금을 추심할 때에 어음소지인은 어음의 제시에 의해 자신의 권리를 증명해야 한다($^{\text{지급제시:}}_{\text{어38조 1항}}$).

그런데 어음상의 권리에 관하여는 주채무자 외에도 어음의 유통에 관여한 다수의 상환의무자들이 잠재적인 채무자로 대기하고 있는 실정이므로 이들의 채무관계를 신속하게 종결지어 줄 필요가 있다. 그리하여 어음법은 초단기의 권리행사기간($^{\text{지급제시기간:}}_{\text{어 38조 1항}}$)을 설정하고 있다.

3) 민법상 변제는 '채무내용'에 좇은 현실의 제공으로 하여야 하므로($^{\text{민}}_{460\text{조}}$) 일부의 변제는 적법한 변제가 아니며, 채권자는 이를 수령할 의무를 부담하지 아니한다. 그러나 어음의 일부변제는 다른 어음채무자 전원을 위하여 이익이 되므로 적법한 변제로 보고 어음소지인의 거절을 허용하지 아니한다($^{\text{어}39}_{\text{조}\,2\text{항}}$).

4) 어음상의 권리는 어음에 표창되어 유통되므로 지급 후에도 재차 유통될 가능성이 있다. 그래서 어음금은 어음과 상환하여 지급하도록 하며($^{\text{어}39}_{\text{조}\,1\text{항}}$), 어음금의 일부가 지급된 경우에는 상환을 강요할 수 없으므로 지급인을 보호하기 위한 규정을 두고 있다($^{\text{어}39}_{\text{조}\,3\text{항}}$).

5) 민법상 변제수령권이 없는 자에게 변제한 경우 채권의 준점유자에 대한 변제($^{\text{민}}_{470\text{조}}$)가 아닌 한 그 위험부담은 변제자, 즉 채무자에게 귀속된다. 그러나 어음은 주채무자에 대한 통지 · 승낙 없이 유통되므로 적법한 권리자가 아닌 자가 어음금을 수령해 갈 가능성이 상존하는데, 이러한 유통상의 특성을 감안할 때 무권리자에 대한 지급으로 인한 위험부담을 전부 지급인에게 전가함은 공평하지 않다. 그래서 어음법은 지급인의 조사의무를 적절히 제한함으로써($^{\text{어}}_{40\text{조}}$), 무권리자에게 지급함으로써 생기는 위험부담을 어음당사자 간에 균형있게 배분하고 있다.

6) 이상은 환어음의 지급인 또는 약속어음의 발행인이 어음금을 지급할 경우를 중심으로 설명한 것이나, 배서인, 보증인 등 상환의무자가 지급할 때에도 주채무자가 지급할 때와 그 원리는 같다. 그러므로 지급제시기간($^{\text{어}38}_{\text{조}\,1\text{항}}$)과 같이 명백히 주채무자의 지급을 전제로 하는 규정을 제외하고는 지급에 관한 규정은 일반적으로 상환의무의 이행시에도 적용해야 한다. 즉 제시증권성($^{\text{어}38}_{\text{조}\,1\text{항}}$), 상환증권성($^{\text{어}39}_{\text{조}\,1\text{항}}$), 일부지급의 유효($^{\text{어}39}_{\text{조}\,2\text{항}}$), 지급인의 조사의무($^{\text{어}40}_{\text{조}\,3\text{항}}$) 등은 상환의무의 이행시에도 적용된다.

## Ⅱ. 지급제시

### 1. 의의

「지급제시」란 어음의 소지인이 약속어음의 발행인, 환어음의 인수인 또는 지급인에게 지급을 구하며 어음의 존재 및 기재사항을 인지할 수 있도록 보이는 것을 말한다.

같은 지급제시라 하더라도 약속어음의 발행인, 환어음의 인수인과 같은 주채무자에 대해서는 어음금지급채무의 이행을 청구하는 뜻이 있는 반면, 인수하지 아니한 환어음의 지급인은 어음채무자가 아닌 까닭에 그에 대한 지급제시는 이행청구의 의미는 없고 지급 여부를 최고하는 뜻을 가진다.

### 2. 지급제시의 필요성

1) 기술한 바와 같은 지참채무의 특성상 어음상의 권리자가 권리를 행사할 경우에는 스스로 권리를 증명해야 할 것인바, 그 증명방법으로서 어음법상 정형화해 놓은 것이 바로 어음의 제시이다(어음의 제<br>시증권성).

또한 지급제시는 어음법이 정형화시켜 놓은 이행청구의 방법이다. 이행청구를 '했다', '하지 않았다'라는 사실은 채권·채무의 당사자들에게 중대한 뜻을 가지는데, 어음의 제시증권성은 이행청구사실의 유무에 관한 다툼을 어음의 제시 여부에 의해 정형적으로 해결하고자 하는 뜻을 갖는다.

2) 어음의 배서인과 보증인 그리고 환어음의 발행인이 어음의 지급에 관해 지는 담보책임(상환<br>책임)은 주채무자가 채무를 이행하지 않을 때에 이행해야 하는 보충적 성격을 가진다. 그러므로 이들의 담보책임을 물을 때에는 주채무자에 대한 이행청구, 즉 지급제시가 선행절차로서, 담보책임을 추궁(상환<br>청구)하는 요건(상환청구권보<br>전을 위한 요건)이 된다.

3) 이상과 같이 지급제시는 어음상 불가결의 권리행사절차로서, 설혹 주채무자가 지급을 거절할 것이 명백하다 하더라도 주채무자를 이행지체에 빠뜨리고, 상환의무자에 대해 상환청구권을 행사하기 위해서는 지급제시를 해야 한다. 약속어음의 발행인과 같은 주채무자와의 관계에서는 어음을 제시하지 않고도 이행청구가 가능하지만(대법원 1971. 7. 20.<br>선고 71다1070 판결), 상환의무자에게는 이를 가지고 대항하지 못한다(통<br>설).

### 3. 지급제시자와 피제시자

#### (1) 지급제시자

지급제시를 할 수 있는 자는 어음의 소지인이다(어 38<br>조 1항). 지급제시는 권리행사이므로 단순한 점유자는 지급제시를 할 수 없다. 어음의 소지인이란 어음법적인 방법으로 어음상의 권리를 취득한 자(질권자<br>포함) 및 그로부터 추심위임배서를 받은 자를 말한다.

### (2) 피제시자

지급제시는 약속어음의 경우에는 발행인, 환어음의 경우에는 지급인 또는 인수인에게 하거나 그 대리인에게 해야 한다. 그러나 어음에 제3자가 지급담당자로 기재되어 있는 경우에는 그 지급담당자에게 제시해야 한다. 지급담당자의 기재가 있음에도 불구하고 지급인($_{인수인}^{또는}$)이나 약속어음의 발행인에게 지급제시한 경우에는 적법한 지급제시로서의 효력이 없다.

### 4. 제시기간

어음법 제38조 제1항은 「확정일출급, 발행일자 후 정기출급 또는 일람 후 정기출급의 환어음 소지인은 지급을 할 날 또는 그날 이후의 2거래일 내에 지급을 받기 위한 제시를 하여야 한다」고 규정하고 있다.

1) 지급제시기간의 초일이 되는 '지급을 할 날'이라 함은 만기와 일치함이 보통이나, 만기가 법정휴일($_{포함}^{일요일}$)인 경우 그 다음의 거래일이 '지급할 날'이 된다 함은 이미 설명하였다.

2) 이 규정에 의해 지급제시기간은 3일간임을 알 수 있다. 그러나 이 제시기간은 상환청구권보전을 위한 제시기간이다. 즉 지급이 거절되어 배서인 등 상환의무자에게 상환청구권을 행사할 경우 그 전제요건으로서 위 기간 내에 지급제시하였을 것이 요구되는 것이다. 약속어음의 발행인, 환어음의 인수인에게 주채무자로서의 이행을 청구함에 있어서는 위 기간에 구애받지 아니하고 시효기간 내에 언제든지 청구할 수 있다.

3) 어음법 제38조는 일람출급의 어음에 대해서는 언급이 없다. 일람출급어음은 발행 후 어느 때이든 제시한 때가 만기로 되므로 위 규정의 제시기간이 무의미하기 때문이다. 그러나 1년의 제시기간을 두고 있다($_{조 1항}^{어 34}$).

### 5. 지급제시의 방법

1) 지급제시는 어음의 내용을 지급인($_{인수인}^{또는}$), 약속어음의 발행인($_{급인 등}^{이하 '지}$)에게 인식시킬 수 있는 방법으로 하여야 한다. 따라서 지급인 등의 면전에 제시함을 요하고, 그 내용을 인지하는 데 필요한 범위에서 어음이 지급인 등의 수중으로 이동할 수 있다. 그러나 어음의 점유는 여전히 제시자에게 있음은 인수제시에 관해 설명한 바와 같다.

2) 제시되는 어음은 권리를 증명하는 것이어야 하므로 정본이어야 하고, 완성된 어음이어야 하므로 백지어음은 제시 전에 보충해야 한다.

3) 어음금을 재판상으로 청구할 때에는 어음의 제시가 필요 없고, 소장 또는 지급명령의 송달로 갈음한다.

## 6. 지급제시의 장소

### (1) 추심채무성

어음채무는 추심채무이므로 어음소지인이 채무자를 방문하여 지급을 구하여야 한다. 민법의 지시채권의 일반원칙에 따라 소지인은 지급지 내에 있는 지급인 등의 영업소, 영업소가 없을 때에는 지급인 등의 현주소에서 지급제시를 하여야 한다($^{민}_{516조}$). 그러나 어음에 지급장소가 기재되어 있는 때에는 그 지급장소에서 지급제시를 하여야 한다.

### (2) 어음교환소

어음교환소에서 한 어음·수표의 제시는 지급을 받기 위한 제시로서의 효력이 있다($^{어}_{38}$ $^{조 2항;}_{수 31조}$). 어음교환소란 은행들이 소지하고 있는 타은행이 지급할 어음·수표를 동시에 상호결제하거나 추심하기 위하여 회합하는 장소를 말한다. 어음교환소는 법무부장관이 지정한다.

지급인 등이 거래하는 은행을 지급장소로 기재하는 경우가 많다. 이런 어음을 「은행도어음」이라 하는데($^{상세는 822}_{면 참조}$), 은행도어음은 어음교환소의 교환대상이다.

### (3) 전자적 제시

어음의 제시($^{어 38}_{조 1항}$)는 원래 어음의 실물을 제시하는 것을 의미하나, 어음교환소에서의 제시($^{어 38}_{조 2항}$)는 전자적 방법으로 이루어질 수 있다. 즉 어음의 소지인으로부터 추심을 위임받은 금융기관($^{제시금}_{융기관}$)이 그 어음의 기재사항을 전자적 정보의 형태로 작성한 후 어음교환소에 송신하고 그 정보가 어음교환소의 정보처리시스템에 입력되었을 때에는 지급을 위한 어음의 제시가 있은 것으로 본다($^{어 38}_{조 3항}$).

# Ⅲ. 지급시기

1) **만기의 지급**　　어음금은 제시기간 내에 지급제시를 받고 지급한다. 만기 전($^{제시기}_{간 전}$)에는 어음의 제시가 있더라도 적법한 지급제시가 아니므로 지급인 또는 약속어음의 발행인은 지급할 의무가 없다.

2) **만기 전의 지급**　　지급인 등은 만기 전이라도 어음관계를 신속히 종료시키기 위해 일찍 지급하기를 원할 수도 있다. 그러나 어음소지인은 만기 전에는 지급받을 의무가 없으므로($^{어 40}_{조 1항}$) 어음금의 수령을 거절하더라도 수령지체가 되지 아니한다. 따라서 지급인 등이 어음금을 공탁($^{어}_{42조}$)하더라도 어음채무가 소멸하지 아니한다.

어음소지인이 어음금의 수령에 동의할 수 있음은 물론이다. 그러나 만기 전에 지급하는 지급인 등은 「자기의 위험부담」으로 지급하는 것으로 의제된다($^{어 40}_{조 2항}$). 「자기의 위험부담」으로 지급한다 함은 어음소지인이 정당한 권리자가 아닌 경우 비록 지급인 등이 선의이며 과실 없이 지급했다 하더라도 유효한 지급이 될 수 없다는 뜻이다. 따라서 후일 정당한 권리자가 지급을 청구해 올 때 지급인 등은 이중변제의 위험을 피할 수 없다.

만기전 지급인 등의 위험부담은 만기에 지급하는 지급인 등의 조사의무와 비교할 때에 의미가 분명해진다. 만기에 지급하는 지급인 등은 배서의 연속 등 어음의 형식적 사항만을 조사하고 지급하면 비록 어음금수령자가 무권리자이더라도 책임을 면한다($^{어\ 40}_{조\ 3항}$). 그러나 만기 전에 지급할 경우에는 어음금의 수령자가 무권리자이면 그 사유가 어음면상으로는 알 수 없는 것이더라도 지급인 등은 진정한 권리자에 대해 책임을 면하지 못한다. 요컨대 만기 전의 지급인 등은 무한한 조사의무를 지는 것이다.

3) 지급의 유예    은혜일이란 만기 이후에 어음채무자의 요구에 의해 어음소지인의 권리행사가 정지되는 기간을 말한다. 어음금의 지급에 있어 은혜일은 법률상으로든 재판상으로든 인정하지 아니한다($^{어}_{74조}$).

어음소지인과 지급인의 특약으로 지급을 유예할 수 있음은 물론이나, 어음의 만기가 연장되는 것은 아니므로 지급유예로 인해 소지인이 거절증서 작성의 시기를 놓치고, 또 유예된 지급일에 지급이 되지 아니할 경우 상환청구권을 상실한다. 그러므로 소지인은 지급 유예를 합의하더라도 지급이 이루어지지 아니할 가능성을 감안한다면 상환청구권보전절차($^{지급제시와\ 거}_{절증서\ 작성}$)는 밟아 두어야 할 것이다.

지급을 유예하는 방법으로서 어음의 만기를 후일로 변경하는 것도 가능하지만, 이 경우에는 모든 어음채무자가 합의하여야 한다. 지급인과 어음소지인만이 합의하여 만기를 변경한다면 이는 다른 어음채무자에 대해서는 변조에 해당하므로 만기의 변경을 대항하지 못한다.

4) 어음개서    지급을 유예하는 방법으로 어음개서가 이용되기도 한다. 어음개서란 어음의 지급에 갈음하여 만기를 후일로 정한 새 어음을 발행하는 것이다. 주로 약속어음의 발행인이 어음금을 지급할 자금이 없을 때에 소지인과 합의하여 새 어음을 발행하는 방법으로 어음개서를 한다. 어음개서를 하면서 구어음은 발행인이 회수하는 경우도 있고, 신어음에 대한 담보조로 소지인이 계속 소지하는 경우도 있다.

구어음을 회수하는 경우에는 구어음의 배서인과 어음보증인은 신어음에 관해 책임을 지지 않음은 물론이고, 구어음과 신어음이 병존하는 개서의 경우에는 구어음의 채무자는 구어음의 문구에 따라, 그리고 신어음의 채무자는 신어음의 문구에 따라 각기 책임을 진다.

## Ⅳ. 지급의 방식

1) 지급 기타 소멸원인    지급이란 어음상에 기재된 어음금액의 전부 또는 일부를 현실로 급부하는 것이지만, 지급인의 어음채무는 상계·경개·대물변제·공탁 등의 원인에

의해서도 소멸할 수 있다. 어음법은 공탁에 관해 특칙을 두고 있다. 제시기간 내에 제시가 없을 경우 지급인은 소지인의 비용과 위험부담으로 어음금액을 관할 관서($^{공탁}_{소}$)에 공탁할 수 있다($^{어}_{42조}$). 「소지인의 위험부담」으로 한다 함은 혹 무권리자가 공탁소에 어음을 제시하여 어음금을 수령하더라도 이로 인하여 지급인의 책임을 물을 수 없음을 뜻한다.

2) **지급통화**　　어음금액을 지급지의 통화가 아닌 통화로 지급할 것을 기재한 경우, 예컨대 서울이 지급지인데, 금액은 1,000만엔($^{일}_{화}$)으로 표시한 경우에는 지급인은 표시된 통화로 지급할 수도 있고, 아니면 지급지의 통화($^{이 예에서}_{우리의 '원'}$)로 지급할 수도 있다($^{어 41조}_{1항 전}$). 지급지의 통화로 지급할 경우 통화의 환산에 관해 어음법은 별도의 규정을 두고 있다($^{어 41조}_{1항·2항}$). 발행인이 특정한 종류의 통화로 지정하고 그 통화로만 지급한다는 뜻을 어음에 적은 경우에는 해당 통화로 지급하여야 한다($^{어 41}_{조 3항}$).

발행지와 지급지의 통화가 명칭은 같고 가치가 다른 경우에는 어음금액은 지급지의 통화에 의하여 정한 것으로 추정한다($^{어 41}_{조 4항}$).

3) **어음금의 일부지급**　　어음소지인은 어음금의 일부지급을 거절하지 못한다($^{어 39}_{조 2항}$). 일부지급을 거절하지 못한다 함은 소지인이 그 수령을 거절하더라도 그 부분에 한해서는 지급인의 지급거절이 되지 아니하고 따라서 그 부분에 관해 상환청구권도 발생하지 아니함을 뜻한다.

## V. 어음의 상환증권성

지급인 등이 어음금을 지급할 때에는 소지인에게 그 어음에 어음금의 영수를 증명하는 뜻을 적어서 교부할 것을 청구할 수 있다($^{어 39}_{조 1항}$). 어음의 환수는 지급인의 당연한 권리이며, 이는 어음금의 지급과 동시이행으로 청구할 수 있다. 그러나 어음금의 일부만 지급할 경우에는 소지인이 다른 어음채무자들에게 잔액을 상환청구해야 하므로 어음을 환수할 수 없다. 이 경우에는 소지인에 대하여 일부지급한 뜻을 어음에 기재하고 영수증을 교부할 것을 청구할 수 있다($^{어 39}_{조 3항}$).

어음의 상환증권성($^{환수증}_{권성}$)은 상계·대물변제·경개 등 다른 방법으로 어음채무를 소멸시킬 때에도 적용될 수 있다.

## VI. 지급인의 조사의무

(1) 의의

어음을 지급제시한 자가 배서의 연속에 의해 정당한 소지인으로서의 외관을 구비하더라도 실제는 정당한 권리자가 아닐 수도 있다. 일반채무의 변제라면 변제수령자의 권한 유무에 대해 변제자가 조사해야 하고 무권리자에게 변제한 경우에는 변제자가 그 위험을 부담한다. 그러나 어음의 점유자는 배서의 연속에 의해 정당한 어음소지인으로 추정되는 까닭에 제시자의 권리 유무에 대해 의심이 가더라도 지급을 거절하기 위해서는 지급인이 증명의 부담을 안아야 한다. 이같은 어음거래의 특성을 감안하여 어음법은 제시자의 권리 유무에 대한 지급인의 조사의무의 대상을 어음 자체로 한정함으로써 지급인의 위험부담을 덜어 주는 동시에, 어음채권의 추심을 용이하게 하는 한편, 무권리자에게 지급하였을 경우 책임의 소재에 관한 분쟁이 발생할 것에 대비하여 해결의 기준을 제시하고 있다.

### (2) 조사의 대상

어음소지인의 권리에 영향을 주는 요소는 크게 나누어 「실질적인 권리」의 유무와 「형식적 자격」의 유무가 있다. 어음법 제40조 제3항은 「만기에 지급하는 지급인은 사기 또는 중대한 과실이 없으면 그 책임을 면한다. 이 경우 지급인은 배서의 연속이 제대로 되어 있는지를 조사할 의무가 있으나 배서인의 기명날인 또는 서명을 조사할 의무는 없다」고 규정하고 있다. 이 규정은 지급인이 조사해야 할 사항을 배서의 연속과 같은 「형식적 요소」에 국한하고, 「실질적인 무권리」에 대해서는 지급인에게 사기 또는 중대한 과실이 없는 한 면책된다는 뜻을 규정한 것이다. 어음법 제40조의 「지급인」이란 환어음의 인수인 또는 인수하지 아니한 지급인, 약속어음의 발행인 및 이들의 지급담당자, 그리고 상환의무자를 포함한다. 그리하여 이 규정에 부합하는 지급에 의해 인수인과 약속어음의 발행인의 어음채무가 소멸함은 물론, 인수인과 지급인은 환어음의 발행인에 대한 자금관계상 지급의 효과를 주장할 수 있으며, 지급담당자도 지급인, 인수인, 약속어음의 발행인에 대해 구상할 수 있다.

위 법문은 조사대상으로 배서의 연속이 제대로 되어 있는지$\binom{\text{배서의 연}}{\text{속의 정부}}$만을 들고 있으나, 반드시 이에 국한된다고 볼 수는 없다. 지급인이 조사해야 할 사항은 다음과 같다.

1) **어음의 기재사항**　　어음이 어음요건$\binom{\text{어}}{\text{1조}}$을 구비하였는지는 당연한 조사사항이다. 어음요건 중 기재가 결여된 부분이 어음법 제2조 제1호 내지 제3호에 의해 법정보완될 수 있는 것이면 기재되지 않더라도 무방하다. 그러나 백지어음으로 발행된 경우에는 백지가 보충되지 않는 한 지급제시가 불가능하므로 지급인이 백지어음임을 알면서 지급해서는 안 된다.

2) **배서의 연속의 정부**　　어음의 수취인으로부터 소지인에 이르기까지 배서가 연속되어 있는지를 조사해야 한다. 배서가 불연속하더라도 소지인이 정당한 권리자일 수 있다$\binom{\text{예: 상속, 합병으}}{\text{로 승계한 경우}}$. 이러한 경우에는 소지인이 실질적인 권리를 증명하여 어음금을 청구할 수 있으나, 이 경우 지급인은 자기의 위험부담하에 지급해야 한다.

3) **기명날인**　　법문에서 「기명날인 또는 서명을 조사할 의무가 없다」고 함은 기명날인$\binom{\text{또는 서명·}}{\text{이하 같음}}$의 진부를 조사할 의무가 없다는 뜻이지, 기명날인의 유무까지도 조사할 의무가 없다는 뜻은 아니다. 기명날인의 진부를 확인해야 한다면 결국 각 어음행위자가 실제로

어음면에 기재된 대로의 어음행위를 했는지 여부를 조사해야 하는데, 이는 현실적으로 어음채무자에게 지우기 어려운 부담이므로 조사대상에서 제외한 것이다.

4) 소지인의 인적 동일성      지급제시는 소지인에 한해 할 수 있다($\substack{어 38 \\ 조 1항}$)고 함은 지급을 위해 어음을 제시한 자가 어음면에 기재된 최후의 피배서인, 즉 어음소지인과 동일한 인물이어야 함을 뜻한다. 그러면 제시자가 어음면상의 소지인과 동일한 인물인지 여부도 지급인의 조사의무가 미치는 대상인가? 어음법 제40조 제3항이 조사의무의 대상을 「배서의 연속」으로 한정하는 듯이 규정하고 있으므로 통설은 제시자와 소지인의 동일성 여부는 조사대상이 아니라고 보고 있다. 그러나 인적 동일성에 대한 조사의무가 전혀 없다면 어음의 「점유자」와 「소지인」의 구별을 포기하는 것과 같다. 그러므로 지급인은 소지인의 인적 동일성을 거래통념상 가능한 방법으로 조사할 조리상의 의무가 있다고 보아야 한다. 예컨대 지급시에 소지인의 신분을 증명하는 일상적으로 소지하는 증서($\substack{예: 주민등록증, 자동 \\ 차운전면허증, 여권 등}$)를 제시하게 하는 것과 같다.

(3) 실질적 권리의 조사

지급인은 어음의 실질적인 권리관계에 대해 조사의무를 지지 아니한다. 예컨대 소지인에 대한 배서가 무효·취소됨으로 인해 소지인이 무권리자이더라도 배서의 연속에 의해 자격을 구비한 경우 그에게 지급하면 지급인은 책임을 면한다.

이와 같이 어음제시자의 형식적 자격만을 보고 지급한 지급인은 면책되지만, 면책되기 위해서는 지급인에게 「사기 또는 중대한 과실」이 없어야 한다($\substack{어 40조 \\ 3항 전}$).

1) 사기 또는 중대한 과실의 뜻      「사기」라 함은 통상의 어의인 기망을 뜻하는 것이 아니다. 이는 첫째 어음제시자가 무권리자임을 알고($\substack{악 \\ 의}$), 나아가 이 사실을 용이하게 증명할 방법이 있음에도 불구하고 지급함을 뜻한다. 그리고 「중대한 과실」이란 상대방이 무권리자라는 사실과 이를 증명할 용이한 방법이 있음을 중대한 과실로 알지 못한 경우를 뜻한다.

지급인의 책임추궁에 있어 악의에 더하여 「증명의 용이성」을 요구하는 이유는 어음제시자는 배서의 연속에 의해 적법한 소지인으로 추정되는 까닭이다($\substack{어 16 \\ 조 1항}$). 이 추정력으로 인해 지급인이 마땅한 증명방법이 없이 지급을 거절한다면 소지인이 제기한 소송에서 패소할 것이고, 이로 인해 지급인이 무익한 비용지출과 신용의 손상을 부담해야 하는데, 이는 어음의 유통에서 소극적 지위를 갖는 지급인에게 법상 요구할 수 없는 부담이다.

2) 중대한 과실의 대상      「사기」라는 것이 「무권리자임을 알았다」는 것과 「용이한 증명방법이 있음을 알았다」는 두 가지 요소로 구성되어지므로 중대한 과실로 알지 못했다는 것이 어느 요소에 관한 것이냐는 의문이 제기된다. 통설은 ① 무권리자임은 알았으나 용이한 증명방법이 있음을 중대한 과실로 알지 못한 경우 또는 ② 무권리자임을 중대한 과실로 알지 못했고 알았다면 용이한 입증방법이 있는 경우를 포함하는 뜻으로 풀이한다.

# 제 6 절 상환청구

## Ⅰ. 개념

「상환청구」라 함은 어음금의 지급이 거절되거나 환어음의 인수가 거절되는 등 어음금의 지급을 기대하기 어려운 소정의 사유가 있을 때 어음소지인이 자신의 前 어음행위자에 대해 어음금의 지급을 청구하는 것을 말한다. 어음법은 어음의 주채무자$\binom{\text{환어음의 인수인과}}{\text{약속어음의 발행인}}$가 아닌 어음행위자들에게도 어음금의 지급을 담보할 의무를 부여하는데$\binom{\text{어 9조 1항,}}{\text{15조 1항}}$, 상환의무는 이러한 각 어음행위자들의 담보책임에 근거하여 묻는 것이다.

## Ⅱ. 상환청구의 당사자

1) 최초의 상환청구권자는 어음의 최후의 소지인이다$\binom{\text{어 43조, 77}}{\text{조 1항 4호}}$. 그는 어느 상환의무자이든지 임의로 선택하여 상환청구권을 행사할 수 있는데, 그에게 상환의무를 이행한 자는 다시 전자에 대해 상환청구할 수 있다$\binom{\text{어 47}}{\text{조 3항}}$. 후자의 상환청구를 「재상환청구」라 한다.

2) 상환의무자는 주채무자 이외의 어음행위자이다. 환어음의 경우에는 발행인·배서인이 상환의무자가 되고, 약속어음의 경우에는 배서인이 상환의무자가 된다. 이들의 보증인도 피보증인의 책임순위와 내용에 따라 상환의무를 진다. 또한 이들의 무권대리인도 같은 책임을 부담한다$\binom{\text{어}}{\text{8조}}$.

상환의무자는 어음행위자이어야 하므로 어음의 유통에 관여하되 어음행위를 하지 아니한 자, 예컨대 백지식배서를 받아 교부에 의해 어음을 양도한 자, 수취인이 백지인 어음을 교부에 의해 양도한 자는 상환의무를 지지 아니한다. 배서금지어음$\binom{\text{어 11}}{\text{조 2항}}$을 지명채권의 양도방식으로 양도한 자 역시 상환책임을 지지 않음은 물론이다.

어음행위자라도 자신의 상환의무를 배제하거나 제한할 수 있음은 앞서 본 바와 같다. 예컨대 환어음의 발행인은 인수담보책임을 배제할 수 있으며$\binom{\text{어 9}}{\text{조 2항}}$, 배서인은 인수담보책임과 지급담보책임을 전부 배제하거나$\binom{\text{어 15}}{\text{조 1항}}$ 담보책임의 상대방을 직접의 피배서인으로 제한할 수 있다$\binom{\text{어 15}}{\text{조 2항}}$.

## Ⅲ. 상환청구의 요건

상환청구를 하기 위하여는 다음에서 보는 바와 같이 실질적인 요건으로서 만기에 어음금이 지급되지 아니하거나 지급에 대한 기대가 법이 정하는 사유로 인해 희박해야 하며, 형식적 요건으로서 거절증서를 작성하는 등 엄격한 절차를 구비해야 한다.

## 1. 상환청구의 실질적 요건

### (1) 만기의 상환청구

만기에 상환청구권이 발생하는 요건은 어음소지인이 적법한 제시기간 내에 제시하였으나 지급이 거절되는 것이다.

**1) 적법한 제시**   어음소지인이 제시하였어야 하며, 적법한 제시기간 내에 제시하여야 한다. 거절증서의 작성이 면제된 어음이라 하더라도 지급제시가 면제되는 것은 아니다.

**2) 지급거절**   지급제시에 불구하고 어음금의 지급을 거절하는 것이다. 지급인 또는 지급담당자가 지급거절의 의사를 명시하지 않더라도 지급제시에 응하여 바로 지급하지 않으면 지급거절이다. 가령 후일의 지급을 약속하는 것은 지급거절이며, 소지인이 이를 기다리며 거절증서의 작성을 게을리한다면 상환청구권을 상실한다. 지급인 또는 지급담당자의 부재·소재불명 등의 사유로 지급을 받지 못한 것도 지급거절이다($\frac{거절증서령}{3조 1항 2호}$).

### (2) 만기전 상환청구

만기 전이라도 지급의 가능성이 현저히 희박해졌을 때에는 상환청구가 허용된다. 어음법은 그러한 상황을 다음과 같이 열거하고 있다.

**1) 인수의 거절**($\frac{어 43}{조 1호}$)   환어음의 지급인이 인수를 거절할 경우 바로 지급거절로 연결되는 것은 아니지만, 경험칙상 인수를 거절한 지급인이 만기에 지급할 것을 기대하기는 어려우므로 어음법은 인수거절도 상환청구의 사유로 인정한다. 어음금액의 일부를 인수한 경우에는 잔액에 한해 상환청구할 수 있다($\frac{어 26조 1}{항, 43조 1호}$).

**2) 인수인·지급인의 파산, 지급정지, 강제집행의 불주효**($\frac{어 43}{조 2호}$)   인수인이나 아직 인수를 하지 아니한 지급인에게 이같은 사정이 생기면 만기에 이르러 지급을 기대할 수 없으므로 상환청구할 수 있다. 「지급정지」란 파산절차상의 지급정지를 기준으로 판단해야 한다($\frac{회파 305조 2}{항, 391조 각호}$). 파산절차에 이르지 않더라도 회생절차($\frac{회파}{34조}$)가 개시된 때에는 역시 상환청구사유로 보아야 한다는 것이 통설이다. 강제집행이 주효하지 못하다 함은 문제된 어음에 관한 강제집행이 아니라 다른 채무의 강제집행이 채무자의 자력부족으로 무용하게 된 경우를 말한다.

**3) 인수제시를 금한 발행인의 파산**($\frac{어 43}{조 3호}$)   발행인이 인수제시를 금한 어음은 발행인의 신용에 의존하여 유통되는데, 그 발행인이 파산한다면 이 어음은 신용의 기초를 잃었다고 할 것이므로 상환청구를 허용한다.

**4) 약속어음의 발행인의 파산 등**   이상은 전부 환어음의 만기전 상환청구사유이다. 약속어음에 관하여는 만기시의 지급거절만 상환청구사유로 삼고($\frac{어 77조}{1항 4호}$), 만기 전의 상환청구에 대해서는 규정을 둔 바 없다. 그러나 약속어음도 발행인이 파산하거나 지급정지가 되거나 또는 다른 강제집행이 주효하지 못할 경우에는 만기 전의 상환청구를 인정해야 한다

는 것이 통설·판례이다$\binom{\text{대법원 1993. 12. 28.}}{\text{선고 93다35254 판결}}$.

### 2. 상환청구의 형식적 요건(상환청구사유의 증명)

상환청구의 실질적 사유는 법정의 방법에 의해 증명해야 한다. 상환청구의 사유를 상환의무자가 알고 있더라도 법정의 증명방법이 없이는 상환청구할 수 없다.

인수거절 또는 지급거절은 거절증서로 증명해야 한다$\binom{\text{어 44}}{\text{조 1항}}$. 인수거절증서는 인수제시기간 내에 작성시켜야 한다$\binom{\text{어 44조}}{\text{2항 전}}$.

지급거절증서는 확정일출급어음, 발행일자후정기출급어음, 일람후정기출급어음의 경우에는 지급을 할 날 이후의 2거래일 내에 작성시켜야 하며, 일람출급어음의 지급거절증서는 지급제시기간 내에 작성시켜야 한다$\binom{\text{어 44}}{\text{조 3항}}$. 일단 인수거절증서를 작성한 경우에는 지급거절증서를 작성할 필요가 없다$\binom{\text{어 44}}{\text{조 4항}}$.

인수인 또는 지급인 또는 인수제시를 금지한 발행인이 파산한 경우에는 인수거절증서이든 지급거절증서이든 거절증서의 작성이 필요 없고 파산결정서를 제시하면 된다$\binom{\text{어 44}}{\text{조 6항}}$.

인수인 또는 지급인이 지급을 정지하거나 그에 대한 강제집행이 주효하지 아니함을 이유로 상환청구할 경우에도 지급제시를 하고 거절증서를 작성시켜야만 상환청구가 가능함을 주의하여야 한다$\binom{\text{어 44}}{\text{조 5항}}$. 거절증서 작성의 실무절차에 관해서는 「거절증서령」에서 상세히 규정하고 있다.

### 3. 불가항력으로 인한 기간연장

제시기간 내의 제시와 거절증서의 작성기간은 불변기간이므로 이 기간을 해태할 경우 당연히 상환청구권을 상실한다. 그러나 소지인의 책임으로 돌릴 수 없는 「피할 수 없는 장애」 즉 불가항력적 사태로 기간의 준수가 불가능한 경우에는 기간의 연장 등 특례를 인정한다. 불가항력이란 소지인의 개인적인 사정이 아닌 객관적인 사정으로서 소지인이 관리할 수 없는 사정을 말하며$\binom{\text{어 54조}}{\text{1항·6항}}$. 이 경우 어음법은 대체적인 수단을 마련하고 있다$\binom{\text{어 54}}{\text{조 2}}$ $\binom{\text{항·3}}{\text{항·4항}}$.

### 4. 거절의 통지

상환청구사유가 발생하면 소지인과 배서인들은 각기 자기의 전자에게 소정의 방법으로 이 사실을 통지하여야 한다$\binom{\text{어 45}}{\text{조 1항}}$. 이는 상환의무자들에게 상환청구를 예고하여 상환의무의 이행을 준비시키는 동시에 자신의 권리를 확보할 기회를 부여하기 위한 것이다. 통지를 게을리한다고 해서 상환청구권을 상실하는 것은 아니다$\binom{\text{어 45조}}{\text{6항 전}}$. 그러나 과실로 인하여 전자에게 손해가 생긴 때에는 어음금의 한도 내에서 손해배상책임을 진다$\binom{\text{어 45조}}{\text{6항 후}}$.

## Ⅳ. 거절증서 작성의 면제(무비용상환어음)

1) **개념**     거절증서의 작성은 어음소지인에게는 매우 번거롭고 비용을 요하는 절차이므로 어음의 이용도를 저하시키는 요인이 된다. 거절증서의 작성은 주로 상환의무자들의 이익을 위한 것이므로 어음법은 상환의무자가 그 이익을 포기하고 소지인으로 하여금 거절증서의 작성 없이 상환청구할 수 있도록 하는 것을 허용한다. 실제의 어음거래에서도 거절증서 작성의 면제가 보편화되어 있다. 거절증서 작성이 면제되면 그 작성을 위한 비용을 지출하지 않고 상환청구할 수 있으므로 이런 어음을 「무비용상환어음」이라고도 부른다.

2) **면제권자**     거절증서의 작성을 면제할 수 있는 자는 상환의무자이다. 법문에서는 발행인과 배서인을 들고 있으나, 보증인도 면제할 수 있음은 의문의 여지가 없다. 법문상 「발행인」이라 함은 「환어음의 발행인」을 뜻한다. 약속어음의 발행인은 환어음의 인수인과 마찬가지로 상환의무자가 아니고 주채무자이므로 거절증서 작성 면제권이 없다.

3) **면제방식**     거절증서의 면제는 거절증서 없이 상환청구를 가능케 하는 매우 중요한 의사표시이므로 그 뜻이 어음에 분명히 나타나야 하고, 거절증서의 작성을 누가 면제했느냐에 따라 그 구속을 받는 자가 다르므로 누구의 의사인지가 분명해야 한다. 따라서 어음법은 거절증서의 작성면제도 요식행위로 하고 있다. 즉 면제권자는 '무비용상환' 또는 '거절증서불필요' 기타 같은 뜻의 문구를 기재하고 기명날인($^{또는}_{서명}$)하여야 한다($^{어 46조 1항,}_{77조 1항 4호}$). 이 문구는 어음면에 기재해야 하고 보충지에 기재할 수 없다.

4) **면제의 효력**     거절증서의 작성면제는 환어음의 발행인이 한 경우와 배서인이 한 경우 그 효력의 범위가 상위하다.

환어음의 발행인이 면제한 경우에는 모든 상환의무자에게 효력이 있다($^{어 46}_{조 3항}$). 그러므로 발행인이 면제한 경우에는 소지인은 어느 상환의무자에게나 거절증서 없이 상환청구할 수 있다. 이 경우 거절증서의 작성이 불필요한데 굳이 소지인이 거절증서를 작성하였다면 그 비용은 소지인이 부담하여야 한다($^{동}_{조항}$).

배서인 또는 보증인이 거절증서의 작성을 면제한 경우에는 그 배서인 또는 보증인에 대해서만 효력이 있다($^{어 46}_{조 3항}$). 그러므로 소지인이 다른 상환의무자를 상대로 상환청구권을 행사할 때에는 거절증서를 작성해야 한다. 때문에 이 경우의 거절증서 작성비용은 상환청구금액에 포함시켜 상환받을 수 있다($^{동}_{조항}$).

5) **지급제시와의 관계**     거절증서 작성이 면제되었다고 해서 지급제시까지 면제되는 것은 아니다($^{어 46}_{조 2항}$). 소지인은 지급제시를 하고 지급을 거절당해야만 상환청구권을 행사할 수 있다. 다만 거절증서 작성이 면제된 어음의 경우 상환청구권을 행사하는 소지인은 적법한 지급제시를 한 것으로 추정되므로($^{동}_{조항}$) 지급제시를 했느냐의 여부에 관해 다툼이 있을 경우에는 소지인의 불제시를 주장하는 자가 증명책임을 진다.

## V. 상환청구금액

상환의무는 주채무자의 채무불이행으로 인해 발생한 책임이지만, 어음의 유통성보장을 위해 다수의 어음행위자에게 과해지는 법정책임이므로 거래당사자 개개인의 과실책임에 근거한 민법상의 배상원리를 적용하는 것은 적절하지 않다. 그러므로 어음법에서는 별도의 획일적인 기준에 의해 상환금액을 정하고 있다. 우선 소지인의 실손해를 감안하지 않고 연 6퍼센트의 법정이자로 대신한다($^{어\,48조}_{1항\,2호}$). 그리고 어음법이 정한 상환청구금액은 어음금액과 법정이자, 거절증서 작성비용 및 기타 비용이다($^{어\,48}_{조\,1항}$). 이자부어음($^{어\,5}_{조\,1항}$)의 경우에는 만기까지의 약정이율을 적용한 이자를 가산한 금액을 어음금액으로 한다($^{어\,48조}_{1항\,1호}$). 상환의무자가 이 금액을 지급하고 재상환청구할 경우에는 위 금액에 증가된 이자와 비용을 추가한다($^{어}_{49조}$).

## VI. 상환의무자의 책임형태(합동책임)

어음소지인에 대해서는 다수의 어음행위자가 채무를 부담한다. 이들 중에는 환어음의 인수인 또는 약속어음의 발행인과 같은 주채무자가 있고 배서인 및 보증인과 같은 상환의무자가 있다. 이들은 마치 민법상의 연대채무자와 흡사하게 무작위로 소지인의 권리에 복종하는데, 이를 「합동책임」이라 부르며, 어음법에 특유한 것이다($^{어\,47}_{조\,1항}$). 연대채무와 흡사하지만, 여러 가지 차이점이 있다. 가장 기본적인 차이점은 연대채무는 채무의 발생원인이 모든 채무자에 공통되지만($^{연대의}_{합의}$), 어음채무자들의 책임은 발생원인을 달리한다는 점이다. 즉 각자의 독립된 어음행위가 책임의 원인을 이루는 것이다. 이하 연대채무와의 비교에 유의하며 합동책임의 내용을 설명한다. 편의상 甲이 乙에게 환어음을 발행하고 乙→A→B→C의 순으로 양도되고 丙이 인수인이라 하자.

1) 소지인은 어음채무자들을 상대로 그 채무부담의 순서에 불구하고 그 1명 또는 여러 명, 또는 전원에 대하여 어음금을 청구할 수 있다($^{어\,47}_{조\,1항}$). 즉 C는 주채무자인 丙과 상환의무자인 甲, 乙, A, B 중 누구든 임의로 1인 또는 2인 이상을 선택하거나 또는 전원을 상대로 어음금을 청구할 수 있다. 그 중 어느 1인이 변제하면 소지인의 채권은 만족하고 다른 자에 대한 권리는 소멸한다.

2) 어느 채무자가 변제하면 그의 후자의 채무는 소멸하지만, 전자의 채무는 소멸하지 않고 변제한 자의 재상환청구에 복종해야 한다. 위 예에서 C가 乙에게 청구해서 乙이 이행한다면, A, B의 채무는 소멸하지만 甲, 丙은 乙에 대해 계속 채무를 부담하는 것이다.

3) 어음채무자가 자신의 채무를 이행하고 어음을 환수하면 그의 전자와의 관계에서 다시 위와 같은 법률관계가 전개된다($^{어\,47}_{조\,3항}$).

4) 어음채무자 중의 1명에 대한 청구는 다른 어음채무자에 대한 청구에 영향을 미치지 아니한다($\substack{어 47 \\ 조 4항}$). 위 예에서 C가 乙에 대해 청구를 한다면 그 청구는 乙에 대해서만 효력이 있고, 甲, 丙, A, B에 대해서는 효력이 없다. 이 역시 어음채무는 채무자별로 독립된 채무를 부담하기 때문이다.

5) 각 어음채무자는 독립된 자기의 채무를 가지므로 어음채무자 간에 부담부분이 없다는 것도 연대채무와 상이한 점이다.

## Ⅶ. 상환청구의 방법

1) **어음의 제시와 상환** 상환에 있어서도 어음의 제시증권성과 상환증권성이 적용되므로 지급제시를 할 때와 마찬가지로 소지인은 상환의무자에게 어음을 제시하며 청구해야 하고, 상환의무를 이행받을 경우 상환의무자에게 어음을 반환하여야 한다. 아울러 상환의무자가 재상환청구를 할 수 있어야 하므로 상환의무자는 지급과 상환으로 거절증서와 영수를 증명하는 계산서를 청구할 수 있다($\substack{어 50 \\ 조 1항}$).

2) **역(逆)어음의 발행** 소지인은 상환의무자를 지급인으로 하는 환어음을 발행하는 방법으로 상환청구권을 행사할 수도 있다($\substack{어 52 \\ 조 1항}$). 예컨대 甲이 발행, 乙→A→B→C의 순으로 배서된 어음을 가지고 C가 상환청구하고자 할 때, 우선 B를 상대로 상환청구한다면, B를 지급인으로 하는 환어음을 작성하여 자기가 지급해야 할 다른 채무의 채권자인 D에게 발행하면 D가 이 어음을 B에게 제시하여 지급받음으로써 C가 상환의무를 이행받은 것과 같은 효과를 누릴 수 있는 것이다. 이를 역어음이라 한다. 역어음은 상환의무자에게 추가의 부담을 줄 수 있으므로 어음에 역어음의 발행을 금하는 문구가 없을 때에 한해서 발행할 수 있다($\substack{어 52 \\ 조 1항}$).

역어음의 발행으로 상환의무자에게 새로운 부담을 주어서는 안 되므로 역어음은 상환의무자의 주소에서 지급할 것으로 해야 한다($\substack{어 52 \\ 조 1항}$). 그리고 역어음은 즉시 지급받을 것을 목적으로 하므로 당연히 「일람출급어음」이다($\substack{어 52 \\ 조 1항}$).

## Ⅷ. 재상환청구

### (1) 의의

상환의무자가 상환의무를 이행하여 어음을 환수한 때에는 자기의 전자에 대하여 다시 상환청구할 수 있다($\substack{어 47조 3 \\ 항, 49조 본}$). 이를 「재상환청구」라 한다. 재상환청구권자는 이미 과거에 어음을 양도한 자임에도 불구하고 상환의무의 이행을 계기로 재상환청구권을 갖게 되는데, 이는 법률의 규정에 의해 어음상의 권리를 재취득하는 것이다($\substack{권리재취 \\ 득설. 통설}$).

(2) 재상환청구의 요건

1) 상환의무의 이행　　상환의무자가 재상환청구를 하기 위해서는 「어음채무자」가 「상환의무」를 이행해야 한다.

i) 어음채무자의 이행　　어음행위자가 아닌 자는 어음금을 변제하더라도 재상환청구권은 갖지 못한다. 예컨대 백지배서된 어음을 단순히 교부에 의해 양도한 자 또는 무담보배서를 한 자가 자기의 후자에게 어음금을 지급하고 어음을 환수하더라도 재상환청구권을 갖지 못한다(통설).

ii) 상환의무　　어음채무자라도 「상환의무」를 이행했어야 하므로 상환의무 없이 어음금을 지급한 경우에는 재상환청구권을 갖지 못한다. 예컨대 상환의무자가 백지어음의 상환청구에 응한 경우 또는 상환청구권보전절차를 밟지 못해 상환청구권을 상실한 어음소지인의 상환청구에 응한 경우에는 「상환의무 없이」 어음금을 지급하였으므로 재상환청구권을 갖지 못한다.

그러나 판례는 어음채무 없이 또는 상환의무 없이 상환청구에 응해 어음금을 지급한 자는 자신에게 상환청구권을 행사한 소지인이 자신의 전자에 대해 갖고 있던 상환청구권을 지명채권양도의 방법으로 양수하여 전자에게 상환청구권을 행사할 수 있다고 한다(대법원 2000. 1. 28. 선고 99다44250 판결). 예컨대 乙이 백지식배서에 의해 A에게 배서하고 A는 단순한 교부만으로 B에게 양도하였다 하자. 이 어음이 지급거절되어 B가 A에게 상환청구하였더니, A는 상환의무가 없음에도 불구하고 어음금을 지급한 경우, A는 B가 乙에 대해 가지고 있던 상환청구권을 지명채권양도의 방법에 따라 취득하여 행사할 수 있다는 것이다. 이같이 본다면 전자는 소지인에 대해 갖고 있는 항변으로써 대항할 수 있다고 해야 할 것이다(같은 판례).

그리고 거절증서 작성을 면제한 어음채무자는 후자가 거절증서 작성 없이 상환의무를 이행했더라도 재상환의무가 있다(대법원 1990. 10. 26. 선고 90다카9435 판결).

2) 형식적 요건　　재상환청구를 위해서는 상환의무를 이행한 사실을 증명해야 하므로 상환청구권자로부터 어음과 거절증서를 환수받아 재상환의무자에게 제시하여야 한다(어 50조 1항). 거절증서 작성이 면제된 어음의 경우 누가 면제하였느냐에 따라 거절증서 없이 재상환청구할 수 있는 범위가 다름은 앞서 설명하였다.

한편 재상환청구권자는 자기와 후자의 배서를 말소할 수 있다(어 50조 2항). 이 배서를 말소할 경우 배서의 연속에 관한 한 배서가 없는 것으로 보므로(어 16조 1항) 재상환청구권자는 어음소지인의 자격에서 상환청구할 수 있다.

(3) 재상환청구금액

재상환청구할 수 있는 금액은 자신이 지급한 총금액과 이 금액에 대한 연 6퍼센트의 이율로 계산한 지급한 날 이후의 이자, 기타 지출한 비용이다(어 49조).

# 제 7 절 참가

**1) 참가의 의의** 「참가」라 함은 상환청구를 저지하기 위하여 어음채무자 아닌 자가 어음채무를 인수하거나 지급하는 것을 말한다. 참가형태로 어음채무를 인수하는 것을 참가인수, 참가형태로 어음금을 지급하는 것을 참가지급이라 한다. 지급인이 인수를 거절하거나 만기에 지급을 거절하면 즉시 상환청구사태가 일어난다. 이 경우 특정의 상환의무자를 위해 제3자가 인수하거나 지급을 하여 상환청구의 진행을 막는 것이다.

실제의 어음거래에서는 참가라는 제도가 활용되는 일이 없다. 제3자가 상환의무자의 자력을 지원해 줄 의사라면 복잡하게 어음관계에 개입하는 것보다는 상환의무자에게 내부적으로 자금을 공급해 주는 것이 상식적인 해결이기 때문이다.

**2) 참가인수** 참가인수란 인수거절 등 만기전 상환청구사유가 발생하였을 때 지급인이 아닌 자가 특정 어음채무자의 상환의무를 인수하는 어음행위이다.

참가인수는 어음행위이므로 법소정의 방식을 갖추어야 한다. 피참가인을 표시하고 참가인수의 뜻을 기재한 후 참가인이 기명날인($\frac{또는}{서명}$)을 해야 한다($\frac{어}{57조}$). 피참가인을 기재하지 아니한 경우에는 발행인을 위해 참가인수를 한 것으로 본다($\frac{동조}{2문}$).

제3자가 참가인수를 하더라도 만기에 반드시 어음금을 지급한다는 보장은 없다. 그러므로 어음소지인은 제3자의 참가인수를 거절할 수 있다($\frac{어 56조}{3항 전}$).

참가인수를 한 자는 어음소지인과 피참가인의 후자에 대하여 피참가인과 같은 의무를 부담한다($\frac{어 58}{조 1항}$). 즉 만기에 가서 지급거절이 있을 경우 소지인의 피참가인에 대한 상환청구 및 피참가인의 후자의 재상환청구에 대해 책임을 진다.

**3) 참가지급** 참가지급이라 함은 특정 어음채무자에 대한 만기전·만기후 상환청구를 저지하기 위하여 제3자가 어음금을 지급하는 것을 말한다. 참가지급은 어음행위가 아니고 어음채무의 변제이다.

참가지급은 역시 수인의 어음채무자의 이해에 영향을 주므로 법정의 방식대로 해야 한다. 참가지급을 할 때에는 어음에 피참가인을 표시하고 그 영수를 증명하는 문구를 적어야 하며, 피참가인의 표시가 없을 때에는 발행인을 위하여 지급한 것으로 본다($\frac{어 62}{조 1항}$). 참가지급도 상환의무의 이행과 같으므로 어음을 교부하고 거절증서를 작성시킨 때에는 거절증서도 교부해야 한다($\frac{어 62}{조 2항}$).

참가지급에 의해 피참가인보다 후의 어음채무자들은 어음채무를 면한다($\frac{어 63}{조 2항}$). 참가지급인은 피참가인과 그의 전자 및 주채무자에 대해 어음상의 권리를 취득한다($\frac{어 63조}{1항 본}$). 보증채무를 이행한 보증인의 지위와 같다.

## 제 8 절   복본과 등본

### (1) 의의

하나의 어음을 수통으로 작성하거나 어음의 복제를 만들어 어음법적 기능을 부여할 수 있다. 전자를 「복본」이라 하고 후자를 「등본」이라 한다. 복본은 주로 원격지의 지급인에게 인수를 위해 어음을 송부할 경우 어음의 분실에 대비하고 어음의 유통을 가능하게 하기 위한 것임에 대하여, 등본은 주로 어음의 분실을 염려해 정본을 보관하고 사본을 유통시키기 위해 만든다. 환어음에는 복본·등본제도가 있으나, 약속어음에는 인수가 없는 까닭에 등본제도만 있다.

복본은 환어음 자체가 별로 이용되지 아니하므로 역시 이용될 기회가 드물고, 등본도 별로 이용되는 일이 없다. 등본을 작성할 경우 정본을 보관하고 등본을 유통시키는데, 어음의 취득자가 등본을 취득하는 것을 기피하기 때문이다. 그러나 무역거래에서 수출업자가 대금회수의 목적으로 발행하는 환어음($^{화환}_{어음}$)의 경우에는 거의 예외 없이 복본을 발행한다.

### (2) 복본

**1) 의의**   복본이라 함은 단일한 어음상의 권리에 관하여 작성한 수통의 어음을 말한다. 각각 완전한 정본으로서 주종의 관계가 없으나 전부의 어음이 하나의 권리를 표창한다. 유통과 권리행사가 하나의 어음으로 가능하다.

복본은 주로 지급인이 원격지에 있을 경우 그에게 인수를 위해 어음을 송부하면서 분실을 염려하고 아울러 어음이 반송될 때까지 유통의 정체를 피하기 위해 발행한다. 복본 한 통은 인수를 위해 지급인에게 송부하고 다른 복본은 보관하든지 배서해서 양도하는 것이다.

**2) 발행**   복본은 각기 어음의 정본이므로 발행인만이 발행할 수 있다. 발행인이 임의로 복본을 발행할 수 있음은 물론이고($^{어 64}_{조 1항}$), 소지인이 발행인에 대하여 자기의 비용으로 복본의 발행을 청구할 수 있다($^{어 64}_{조 3항}$).

발행인은 어음을 수 통 작성하여 각 어음의 본문 중에 번호를 붙여야 한다($^{어 64}_{조 2항}$). 번호를 붙이지 않을 경우에는 각 어음을 별개의 어음으로 본다($^{동}_{조항}$). 따라서 어음의 번호는 복본의 가장 중요한 요소이다.

**3) 복본의 효력**   복본은 전체가 하나의 권리를 표창하므로 하나의 어음에 지급 등 권리소멸의 원인이 생기면 전체가 소멸한다($^{복본일체}_{의 원칙}$)($^{어 65}_{조 1항}$). 하지만 각 어음이 별개로 유통되어 여러 명의 소지인이 생긴 때에는 선의의 취득자에 대해 인수인의 책임을 면하지 못한다($^{어 65조}_{1항 단}$).

### (3) 등본

**1) 의의**   등본은 복본과 달리 어음의 원본을 복사한 것이므로 어음이 아니다. 그러

나 등본에 배서·양도할 수 있으므로 어음상의 권리는 등본을 소지하는 자가 가지며 추후 어음의 원본을 반환받아 권리를 행사할 수 있다. 등본은 유통과정에서 어음이 상실될 경우의 위험에 대비하여 작성하기도 하나, 인수를 위한 송부시에 복본에 대신하는 기능을 할 수도 있다.

　2) 작성　　어음의 소지인은 누구든 등본을 작성할 수 있다($^{어\,67}_{조\,1항}$). 등본의 작성요령은 배서를 포함하여 어음 원본에 적힌 내용을 모두 다시 적고 끝부분임을 표시하는 기재를 하는 것이다($^{어\,67}_{조\,2항}$). 등본의 끝부분임을 표시하는 문구를 「경계문구」라 하는데, 이후의 배서·보증 등 새로이 행해지는 어음행위와 구별하기 위함이다. 등본에는 원본의 보유자를 표시하여야 한다($^{어\,68}_{조\,1항}$). 등본에 의해 어음상의 권리를 취득한 자가 원본을 회수할 수 있게 해 주기 위함이다.

　3) 등본의 효력　　등본은 원본과 같은 방법으로 그리고 같은 효력으로 배서양도하거나 보증할 수 있다($^{어\,67}_{조\,3항}$). 그러나 인수인 또는 약속어음의 발행인에 대한 지급제시 및 상환청구권행사는 원본을 가지고 해야 하므로 원본을 회수해야 한다. 그러므로 등본에 의해 배서양도받은 자는 원본의 보유자에게 원본의 교부를 청구할 수 있다($^{어\,68}_{조\,1항}$).

　원본은 그 자체가 유효한 어음이므로 등본과 별도로 유통될 수 있음은 물론이고, 이 어음을 선의로 취득한 자는 어음상의 권리를 취득한다. 그러므로 등본작성 후 원본의 유통을 방지하기 위하여 원본에 이루어진 최후의 배서의 뒤에 "이후의 배서는 등본에 한 것만이 효력이 있다"라는 문구 또는 같은 취지의 문구를 적을 수 있으며, 그같이 한 경우 원본에 적은 이후의 배서는 무효이다($^{어\,68}_{조\,3항}$).

# 제 4 장  수     표

## 제 1 절  수표의 본질: 일람출급성

### Ⅰ. 의의

수표란 특정인(발행인)이 다른 특정인(지급인)에 대하여 일정금액의 지급을 위탁하는 유가증권이다(수 1조 2호 참조). 수표는 지급위탁증권이라는 점에서 약속증권인 약속어음과 다르고 환어음과 같다(어 1조 2호, 75조 2호 참조). 그러나 수표는 약속어음과 지급위탁증권·약속증권이라는 것 이상의 중요한 차이가 있고, 환어음과도 본질적인 차이가 있다. 그것은 수표의 「일람출급성」 때문이다. 수표법 제28조는 「수표는 일람출급으로 한다. 이에 위반되는 모든 문구는 적지 아니한 것으로 본다」라고 규정하고 있다. 일람출급성이란 만기를 따로 정하지 아니하고 발행일 또는 그 이후 언제든 수표가 제시되면 즉시 지급되어야 함을 말한다. 즉시 「지급되어야 한다」라는 말은 지급인이 지급을 하지 않으면 바로 상환청구의 사태가 전개됨을 뜻한다.

이같이 수표는 만기를 후일로 하는 길이 봉쇄되어 있으므로 어음처럼 신용을 창조하기 위한 수단으로 이용할 수 없다. 즉 수표의 발행인은 지급인에게 이미 자금을 공급한 바 있거나, 수표발행과 동시에 자금을 공급할 수 있는 형편이 아니면 수표를 발행할 수 없다. 오로지 「지급기능」만을 할 수 있는 것이다. 그래서 어음은 현재 자금을 필요로 하는 자가 발행하고, 수표는 현재 자금을 가진 자가 발행한다고 비유한다. 결국 수표로 지급함으로써 얻는 편익이란 단지 현금의 수수를 생략한다는 의미밖에 없다. 즉 수표는 현금의 대용수단이 될 뿐인 것이다.

### Ⅱ. 일람출급성의 제도적 반영

일람출급성은 수표관계를 일관하여 지배하는 법리이므로 수표는 일람출급성을 출발점으로 하여 어음과 구체적인 제도에서 여러 가지 차이점을 보인다. 일람출급성이 수표법에 어떻게 반영되어 있는지를 어음법과의 차이점에 초점을 맞춰 살펴보면 다음과 같다.

1) **지급의 확실성 강화**    수표가 현금에 대신하는 지급수단으로서의 구실을 하기 위해서는 수표의 소지인이 지급인에게 수표를 제시하는 즉시 수표금이 지급되어야 한다. 그러자면 지급인이 발행인의 자금을 보유하고 있어야 한다. 그래서 수표법은 발행인이 지급인과 사전에 수표계약$\binom{그를 지급인으로 기재하여 수}{표를 발행할 수 있다는 계약}$을 체결하고 또 지급인에게 수표자금$\binom{수표를 제시받았}{을 때 지급할 수}$$\binom{}{있는}$을 공급한 상태에서만 수표를 발행하게 한다$\binom{수}{3조}$. 그리고 수표의 지급인은 이같이 발행인의 수표와 자금을 관리해야 하므로 일반인보다 높은 신용이 요구된다. 따라서 은행에 한하여 수표의 지급인이 될 수 있게 한다$\binom{수}{3조}$.

이러한 제약에도 불구하고 수표자금 또는 수표계약 없이 수표를 발행하는 예가 만연한다면 수표에 대한 신뢰를 확보할 수 없고 나아가 수표가 지급수단으로서의 기능을 수행할 수 없으므로 「부정수표 단속법」이라는 특별법에 의해 이러한 행위를 처벌하고 있다. 실제 수표의 지급의 확실성은 바로 이 제도에 의해 보장되고 있다.

〈부정수표 단속법〉
1) 부정수표 단속법은 수표의 일람출급성과 신용을 확보하기 위해 다음과 같은 행위를 처벌한다.
i) 가공인물의 명의로 수표를 발행하는 것
ii) 금융기관$\binom{우체국}{포함}$과의 수표계약 없이 수표를 발행하거나 금융기관으로부터 거래정지처분을 받고도 수표를 발행하는 것
iii) 금융기관에 등록된 것과 다른 서명 또는 기명날인으로 수표를 발행하는 것
iv) 수표를 발행하거나 작성한 자가 수표를 발행한 후 예금부족, 거래정지처분, 수표계약의 해제 또는 해지로 인해 제시기일에 지급되지 아니하게 하는 것
이상의 행위는 5년 이하의 징역 또는 수표금액의 10배 이하의 벌금에 처한다$\binom{동법 2조}{1항·2항}$. 그러나 과실로 이러한 행위를 한 때에는 3년 이하의 징역 또는 수표금액의 5배 이하의 벌금에 처한다$\binom{동법 2}{조 3항}$.
이상의 수표발행이 법인이나 그 밖의 단체에 의해 이루어진 경우에는 수표에 기재된 대표자를 처벌하며, 법인이나 그 밖의 단체에 대해서도 벌금형을 과한다$\binom{동법 3조}{1항 본문}$.
2) 수표를 위조하거나 변조한 자는 형법에 의한 유가증권위조죄의 일반형$\binom{10년 이하의 징}{역, 형 214조 1항}$보다 가중하여 1년 이상의 유기징역과 수표금액의 10배 이하의 벌금에 처한다$\binom{부정수표}{단속법 5조}$.

2) **유통의 단기화**    수표는 일람출급성을 지니므로 그 지급을 대비해야 하는 발행인은 매우 불안한 입장에 놓인다. 더욱이 수표금을 지급하지 못할 경우 부정수표단속법에 의한 처벌을 감수해야 하므로 불안의 정도는 더욱 크다. 그래서 수표법은 수표의 지급제시기

간을 10일이라는 매우 짧은 기간으로 하고 있다($\frac{수 29}{조 1항}$). 이 기간 내에 수표의 소지인이 지급제시를 하지 아니하면 지급을 거절하더라도 발행인의 상환책임이 생기지 아니하고 부정수표단속법상의 벌칙도 적용되지 아니한다.

3) 신용증권화의 방지  수표는 단지 현금을 대신하는 지급수단으로서만 기능하도록 하는 것이 입법취지이므로 수표법은 다음과 같이 수표가 신용증권화할 수 있는 가능성을 봉쇄하고 있다.

i) 수표에는 「인수」를 하지 못한다($\frac{수}{4조}$). 인수를 허용한다면 지급인이 주채무를 부담한 뒤에 장기간 유통에 놓여질 것이기 때문이다.

ii) 수표에는 이자를 붙일 수 없다($\frac{수}{7조}$). 이자를 붙인다는 것은 소지인으로 하여금 지급제시를 늦추도록 유도하는 의미가 있기 때문이다.

iii) 수표의 경우 지급인에 대해 배서하더라도 수표를 양도하는 뜻이 없고 단지 영수증의 효력만이 있을 뿐이다($\frac{수 15}{조 5항}$). 따라서 지급인이 하는 배서도 허용되지 아니한다($\frac{수 15}{조 3항}$). 지급인의 배서를 허용한다면 인수를 허용하는 것과 사실상 같기 때문이다.

iv) 수표의 지급을 미루기 위해 발행일을 실제의 발행일보다 후일로 기재하는 예가 있다. 이를 선일자수표라 하는데, 이 수표도 실제의 발행일로부터 제시할 수 있도록 함으로써 일람출급성을 관철하고 있다($\frac{수 28}{조 2항}$).

4) 도난·분실의 대비  수표는 일람출급증권인데다 주로 소지인출급식으로 발행되는 까닭에 분실할 경우 권리상실의 위험이 크므로 분실된 수표로 지급받은 자의 신원을 추급할 수 있도록 횡선제도를 두고 있다($\frac{수}{37조}$).


# 제 2 절  발행


(1) 의의

수표의 발행은 수취인에 대하여 지급인에 의한 지급을 정지조건으로 수표금을 수령할 수 있는 권리를 창설하고, 아울러 지급거절을 정지조건으로 하여 자신이 수표금을 지급할 채무를 부담하는 행위이다. 수표에는 인수라는 제도가 없으므로 주채무자가 없다. 하지만 발행인이 최종적인 지급담보책임($\frac{상환}{의무}$)을 지므로 실질적인 주채무자의 구실을 한다고 말할 수 있다.

(2) 수표의 요건

수표의 발행도 어음의 발행과 같이 법률행위로서의 실질적 요건을 구비하는 외에, 법소정의 형식을 갖추어야 한다. 수표법은 수표가 유효하게 발행되기 위한 최소한의 기재사항을 「수표의 요건」이라 하여 다음과 같이 규정하고 있다.

1) **수표문구**($\frac{수1}{조1호}$)  증권의 본문 중에 그 증권의 작성에 사용하는 국어로 수표임을 표시하는 글자를 적어야 한다. 그 뜻은 어음문구에 관해 설명한 바와 같다.

2) **지급위탁의 문구**($\frac{수1}{조2호}$)  조건 없이 일정한 금액을 지급할 것을 위탁하여야 한다. 역시 어음에 관해 설명한 바와 같다.

3) **지급인의 명칭**($\frac{수1}{조3호}$)  지급인의 명칭을 기재하는 요령도 어음에서와 같다. 다만 수표의 지급인은 은행에 한정된다($\frac{수3}{조본}$). 하지만 이에 위반한 수표도 무효는 아니다($\frac{수3}{조단}$).

4) **지급지**($\frac{수1}{조4호}$)  지급지의 기재요령도 어음과 차이가 없다.

5) **발행일**($\frac{수1}{조5호}$)  수표의 발행일은 제시기간의 기산점이 되므로 일람출급증권인 수표에 있어 발행일은 매우 중요한 기능을 한다.

6) **발행지**($\frac{수1}{조5호}$)  수표의 경우 지급지의 기재가 없으면 발행지에서 지급할 것으로 의제하므로($\frac{수2}{조3호}$) 수표의 발행지는 어음의 발행지에 비해 그 기능이 중요하다.

7) **발행인의 기명날인**($\frac{또는}{서명}$)($\frac{수1}{조6호}$)  가장 중요한 수표요건이다($\frac{어음의\ 기명날인}{에\ 관한\ 설명\ 참조}$).

8) **수취인**  수취인은 수표를 기명식으로 발행하느냐 소지인출급식으로 발행하느냐에 따라 기재되기도 하고 기재되지 않기도 한다. 후술한다.

### (3) 수표요건의 흠결

이상 열거한 수표요건은 절대적 기재사항으로서 일부라도 결여되면 원칙적으로 수표를 무효로 한다($\frac{수}{2조}$). 그러나 지급지와 발행지에 대해서는 다음과 같이 법정보충의 특례가 있다.

1) 지급지가 적혀 있지 아니한 경우에는 지급인의 명칭에 부기한 지를 지급지로 본다($\frac{수2}{조1호}$). 이 점 어음과 같지만, 수표의 경우에는 이에 더하여 두 가지 특칙을 두고 있다. 지급인의 명칭에 부기한 지가 여러 개인 경우에는 수표의 맨 앞에 적은 지에서 지급할 것으로 한다($\frac{수2조}{1호후}$). 그리고 지급인의 명칭에 부기한 지(地)나 그 밖의 다른 표시가 없는 때에는 발행지에서 지급할 것으로 한다($\frac{수2}{조2호}$).

2) 발행지가 적혀 있지 않은 수표는 발행인의 명칭에 부기한 지를 발행지로 본다($\frac{수2}{조3호}$). 지급지가 없고 지급인의 명칭에 부기한 지도 없는 경우에는 발행지에서 지급될 것으로 보지만($\frac{수2}{조2호}$), 역으로 발행지가 없고 지급지가 있을 경우 지급지에서 발행된 것으로 볼 수는 없다($\frac{대법원\ 1968.\ 9.\ 24.}{선고\ 68다1516\ 판결}$). 그러나 발행지의 기재가 없고 발행인의 명칭에 부기한 지가 없더라도 무효인 수표로 볼 것이 아니라 소지인으로 하여금 발행지를 보충하게 할 의도로 발행한 백지수표로 추정해야 한다($\frac{대법원\ 1959.\ 8.\ 6.\ 선}{고\ 4291민상382\ 판결}$).

3) 발행일의 기재가 없는 경우 지급지나 발행지가 흠결된 경우와는 달리 법정보충을 위한 규정이 없으므로 수표를 절대적으로 무효로 한다. 그러나 발행일에 대한 명시적인 기재가 없다 하더라도 수표면의 어느 부분에 일정한 날을 표시하는 기재가 있는 경우, 수표에

는 발행일 이외에 어떤 일자를 기재할 일이 없으므로 이 일자를 발행일자로 보아야 한다 $\left(\substack{\text{대법원 1990. 12. 21.} \\ \text{선고 90다카28023 판결}}\right)$.

### (4) 수표요건 외의 기재사항

어음에서와 같이 유익적 기재사항, 무익적 기재사항, 유해적 기재사항이 있다.

1) 유익적 기재사항의 예    수취인의 기재$\left(\substack{\text{수} \\ \text{5조}}\right)$, 제3자방 지급의 기재$\left(\substack{\text{수} \\ \text{8조}}\right)$, 지시금지 문구$\left(\substack{\text{수 14} \\ \text{조 2항}}\right)$, 지급인의 명칭에 부기한 지$\left(\substack{\text{수 2} \\ \text{조 1호}}\right)$, 발행인의 명칭에 부기한 지$\left(\substack{\text{수 2} \\ \text{조 3호}}\right)$

2) 무익적 기재사항의 예    인수의 문구$\left(\substack{\text{수} \\ \text{4조}}\right)$, 이자의 문구$\left(\substack{\text{수} \\ \text{7조}}\right)$, 만기의 문구$\left(\substack{\text{수 28조} \\ \text{1항 후}}\right)$, 발행인의 지급무담보 문구$\left(\substack{\text{수 12} \\ \text{조 후}}\right)$

3) 유해적 기재사항의 예    조건부로 지급위탁의 문구를 기재하면 수표가 무효가 됨은 의문이 없고, 기타 수표의 본질에 어긋나는 기재도 수표를 무효로 한다.

### (5) 수취인의 기재방식

어음은 기명식 또는 지시식으로만 발행할 수 있으나, 수표는 수취인의 기재에 관해 다음과 같은 세 가지 방식을 선택하여 발행할 수 있다.

1) 기명식    기명식 또는 지시식으로 발행할 수 있다$\left(\substack{\text{수 5조} \\ \text{1항 1호}}\right)$. 기명식이란 "김○○씨에게 지급하시오"와 같이 수취인의 성명을 기재하고 그에 대한 지급을 위탁하는 것이고, 지시식이란 "김○○씨 또는 그가 지시하는 자에게 지급하시오"와 같이 지시가능성을 기재하는 것이다. 단순히 기명식으로 하더라도 배서에 의해 양도할 수 있으므로$\left(\substack{\text{수 14} \\ \text{조 1항}}\right)$ 양자의 차이는 없다.

2) 배서금지    기명식으로 하되 지시를 금지할 수 있다$\left(\substack{\text{수 5조} \\ \text{1항 2호}}\right)$. 이 경우 수표는 지명채권의 양도방법과 효력으로써만 양도할 수 있다$\left(\substack{\text{수 14} \\ \text{조 2항}}\right)$. 배서금지어음에 관해 설명한 바와 같다.

3) 소지인출급식    누구이든 수표의 소지인에게 지급하라는 뜻으로 발행하는 것이다$\left(\substack{\text{수 5조} \\ \text{1항 3호}}\right)$. 수표는 대부분 소지인출급식으로 발행되고 있다. 소지인출급식의 수표는 단순히 수표의 점유에 의해 권리가 추정되고 수표의 교부에 의해 양도되므로 유통이 신속하고 따라서 현금에 버금가는 지급수단으로서의 확실성을 갖게 된다.

기명식으로 발행하더라도 "또는 소지인에게 지급하시오"와 같이 선택적 기명식으로 발행하는 경우에는 소지인출급식으로 본다$\left(\substack{\text{수 5} \\ \text{조 2항}}\right)$.

한편 수취인을 기재하지 아니하고 발행한 수표, 즉 무기명식수표는 소지인출급식으로 본다$\left(\substack{\text{수 5} \\ \text{조 3항}}\right)$.

### (6) 자기지시수표와 자기앞수표

수표는 발행인 자신을 지급받을 자로 하여 발행할 수 있다$\left(\substack{\text{수 6} \\ \text{조 1항}}\right)$. 이를 자기지시수표라 하는데, 그 용도나 효력은 자기지시어음과 같다$\left(\substack{\text{어 3} \\ \text{조 1항}}\right)$. 그리고 수표는 발행인 자신을 지급인으로 하여 발행할 수 있다$\left(\substack{\text{수 6} \\ \text{조 2항}}\right)$. 이를 「자기앞수표」라 하며 자기앞어음$\left(\substack{\text{어 3} \\ \text{조 2항}}\right)$과 대칭되는

것이나, 실제 활용도는 자기앞어음과 비교할 바가 아니다. 자기앞수표는 우리 사회에서 거의 현금과 같은 높은 신용도를 가지고 빈번하게 이용되고 있다. 자기앞수표가 높은 신용도를 갖는 이유는 다음과 같다.

수표의 지급인은 은행이어야 하므로 자기앞수표의 발행인이 자신을 지급인으로 한다고 함은 발행인·지급인이 동일한 은행임을 뜻한다. 수표의 지급인은 발행인이 공급한 자금으로 수표금을 지급하는데, 지급인 자신이 발행한 수표이므로 은행이 파산하지 않는 한 수표자금의 부족으로 지급을 거절한다는 일은 생각할 수 없을 것이다. 때문에 자기앞수표는 여타의 수표와 달리 고도의 신용을 가지고 유통되고 있다.

한편 자기앞수표는 제시기간($\binom{발행}{후\,10일}$)이 경과한 후에도 계속 유통되고 있다. 제시기간이 경과함으로써 수표상의 권리가 소멸하더라도 발행은행에 대한 이득상환청구가 가능하기 때문이다. 제시기간 경과 후에도 자기앞수표는 수표의 교부만으로 양도될 수 있는 특례가 판례에 의해 인정됨은 기술한 바와 같다($\binom{877면}{참조}$).

### (7) 수표계약과 수표자금

수표법은 수표의 지급가능성을 확보하기 위한 방법으로서 「수표는 제시한 때에 발행인이 처분할 수 있는 자금이 있는 은행을 지급인으로 하고, 발행인이 그 자금을 수표에 의하여 처분할 수 있는 명시적 또는 묵시적 계약에 따라서만 발행할 수 있도록」 규정하고 있다($\binom{수\,3}{조\,본}$).

**1) 수표계약**　　발행인과 지급은행 간에 발행인이 그 은행을 지급인으로 하여 수표를 발행할 수 있도록 합의하는 계약이다. 수표계약은 보통 당좌예금계약, 당좌대월계약과 같은 예·대금계약의 일부로 또는 동시에 체결되는데, 그 법적 성질은 발행인이 수표의 지급업무를 지급인에게 위탁하는 위임계약이다($\binom{통}{설}$). 수표계약이 체결되면, 지급인인 은행은 발행인에게 규격화된 수표용지를 교부하고 발행인은 이 수표용지를 이용하여 수표를 발행한다.

**2) 수표자금**　　지급인은 발행인을 위해 지급사무를 수행할 뿐 수표채무를 부담하지는 않는다. 따라서 수표가 제시되더라도 지급인은 자신이 가지고 있는 발행인의 수표자금의 범위에서만 지급할 뿐이다. 결국 수표의 지급가능성은 이 수표자금의 공급에 의하여 담보된다고 할 수 있으므로 수표법은 수표계약 외에 발행인이 수표가 제시되기 전에 지급인에게 수표자금을 공급할 것을 요구한다($\binom{수\,3}{조\,본}$). 수표자금은 발행인이 지급인에게 예금의 형태로 공급하거나($\binom{당좌예}{금계약}$), 지급인으로부터 일정금액까지 수표금액을 결제하기 위한 자금을 대출받는 형식을 취할 수도 있다($\binom{당좌대}{월계약}$).

수표계약 없이 수표를 발행하거나 수표자금이 없이 수표를 발행하더라도 수표로서의 효력에는 영향을 미치지 아니한다($\binom{수\,3}{조\,단}$). 이 수표가 지급거절된 경우 발행인·배서인·보증인과 같은 수표채무자들은 상환의무를 부담한다.

### (8) 발행인의 책임

환어음의 발행인은 인수와 지급을 담보하지만, 수표에는 인수가 없으므로 수표의 발행인은 지급만을 담보한다($\frac{수}{조} \frac{12}{전}$). 수표의 발행인은 지급담보책임을 면할 수 없다($\frac{수}{조} \frac{12}{후}$).

수표를 발행한 후 발행인이 사망하거나 제한능력자가 된 경우에도 수표의 효력에는 영향이 없다($\frac{수}{33조}$).

### (9) 백지수표

수표요건의 일부를 백지로 하면서 수취인에게 백지를 보충할 권한을 부여할 경우 이를 백지수표라 하는데, 백지수표의 효력은 백지어음에 관해 설명한 바와 같다.

# 제 3 절  수표의 양도

## 1. 수표의 양도방법

어음법 제2장의 표제는 '배서'라고 붙여져 있으나, 수표법 제2장의 표제는 '양도'라고 붙여져 있다. 어음법 제2장이나 수표법 제2장이 모두 어음·수표의 권리이전에 관한 것이면서 이같이 표제를 달리하고 있는 이유는, 어음의 경우 배서가 원칙적인 양도방법임에 대해, 수표의 경우에는 배서에 의해 양도되는 기명식($\frac{또는}{지시식}$)수표도 있지만, 단지 교부에 의해 양도하는 소지인출급식수표도 있기 때문이다. 이하 두 가지 경우를 나누어 설명한다.

### (1) 기명식수표의 배서

기명식 또는 지시식으로 발행된 수표는 배서에 의해 양도할 수 있다($\frac{수}{조} \frac{14}{1항}$). 배서의 뜻과 배서의 법리는 몇 가지를 빼고는 어음의 배서와 같다. 이하 항목별로 확인한다.

1) **배서금지수표**　　수표도 어음과 같이 기명식으로 하되 배서금지를 기재할 수 있다($\frac{수}{조} \frac{14}{2항}$). 이 경우 수표는 지명채권양도의 방법과 효력으로 양도할 수 있다.

2) **배서의 요건과 방식**　　어음의 배서와 차이가 없다($\frac{수}{12조,} \frac{15조, 16조; 어}{13조 참조}$).

3) **지급인에 대한 배서와 지급인의 배서**　　어음의 배서와 중대한 차이를 보이는 부분이다. 지급인에 대한 배서는 영수증의 효력만이 있다($\frac{수}{5항} \frac{15조}{본}$). 일단 지급인의 수중에 수표가 회수되면 수표채무는 소멸하고 더 이상 유통될 수 없음을 뜻한다. 그래서 지급인이 하는 배서를 무효로 한다($\frac{수}{조} \frac{15}{3항}$). 다만 지급인인 은행이 수개의 영업소를 가지고 있고, 수표의 지급장소가 된 영업소 이외의 영업소가 그 수표를 배서에 의해 취득할 경우에는 그 배서는 통상의 배서의 효력이 있다($\frac{수}{5항} \frac{15조}{단}$).

4) **배서의 효력**　　어음의 배서와 같이 권리이전적 효력, 담보적 효력, 자격수여적 효력이 있다($\frac{수}{18조,} \frac{17조,}{19조}$).

5) **특수한 양도배서**    무담보배서, 배서금지배서가 가능하고($\frac{수18}{조2항}$), 발행인 · 배서인 · 보증인 등에 대한 환배서도 가능하다($\frac{수14}{조3항}$).

6) **비양도목적 배서**    수표도 추심위임배서가 가능하나($\frac{수}{23조}$), 수표법에는 수표의 입질배서에 관한 규정을 두고 있지 않다($\frac{어19}{조참조}$). 수표를 담보로 제공한다는 것은 수표금의 지급을 기대하기 어려운 상황임을 전제로 한 것인데, 이는 수표의 일람출급성에 반하기 때문이다.

7) **기한후배서**    수표의 기한후배서도 어음의 그것과 같이 지명채권양도의 효력만이 있다($\frac{수24}{조1항}$). 그런데 기한후배서의 개념이 어음과 약간 다르다. 거절증서 작성 후의 배서가 기한후배서인 점은 같으나, 수표에는 지급인 또는 어음교환소의 「거절선언」이 상환청구권의 발생사유가 되므로($\frac{수39조}{2호·3호}$) 이 선언 후의 배서도 기한후배서이고, 또 수표의 제시기간이 10일간이므로 이 제시기간 내에 지급제시하지 않고 있다가 기간 후에 배서하면 역시 기한후배서가 된다($\frac{수24}{조1항}$).

### (2) 소지인출급식수표의 양도

자기앞수표를 포함하여 대부분의 수표가 소지인출급식으로 발행되는 까닭에 교부가 수표의 일반적인 양도방법이라 할 수 있다.

1) 소지인출급식수표의 양도방법에 대해서는 수표법에 명문의 규정이 없으므로 민법의 무기명채권의 양도방법에 따라 교부에 의해 양도한다($\frac{민}{523조}$). 교부의 의미는 어음법에서와 같다.

2) 수표의 점유에는 배서가 연속된 경우와 같이 자격수여적 효력이 인정된다. 즉 수표를 교부받아 점유하는 자는 적법한 소지인으로 추정된다. 따라서 후술하는 바와 같이 선의취득의 근거가 된다.

3) 수표의 교부는 법률행위가 아니므로 양도인은 담보책임을 지지 아니한다. 이 점 배서와 비교할 때 중대한 차이를 보인다.

4) 소지인출급식수표도 배서에 의해 양도할 수 있고, 이 경우 양도인은 기명식수표에 배서한 자와 마찬가지로 상환의무를 부담한다($\frac{수20}{조본}$). 소지인출급식수표는 배서의 효력으로 양도되는 것이 아니고 교부에 의해 양도되는 것이므로 배서에 권리이전적 효력과 자격수여적 효력이 없으며 단지 담보적 효력만이 있다. 배서에 의해 지시식수표로 변하는 것은 아니므로($\frac{수20}{조단}$) 배서에 의해 수표를 취득한 자는 교부에 의해 양도할 수 있다.

## 2. 수표의 선의취득

수표 역시 무권리자로부터 선의이며 중대한 과실 없이 취득하면 선의취득이 성립한다($\frac{수}{21조}$). 다만 소지인출급식수표의 경우 수표의 점유에 자격수여적 효력이 주어지므로 취득자는 수표의 점유를 가지고 권리를 증명하면 족하다($\frac{동}{조}$).

수표의 선의취득에 관한 기타 문제는 어음의 선의취득에 관해 설명한 바와 차이가 없다. 특히 자기앞수표의 경우 지급의 확실성 때문에 도난·분실된 수표가 용이하게 유통되고 따라서 선의취득의 문제가 강한 현장성을 갖는다. 거래의 실정을 보면 고액의 수표를 취득할 때 보통 발행은행에 전화로 사고수표 여부를 조회해 보는데, 판례는 이 전화조회를 게을리한 경우 대체로 중과실을 인정한다(대법원 1990. 12. 21. 선고 90다카28023 판결).

## 제 4 절 수표의 보증

수표도 어음과 같이 보증이 가능하다($\stackrel{수\,25}{조\,1항}$). 보증의 방식과 효력은 어음의 그것과 같다($\stackrel{수\,26조,\,27조;}{어\,31조,\,32조}$). 다만 수표의 경우 지급인의 보증을 허용한다면 사실상 인수를 허용하는 것과 다름없어 인수를 금지($\stackrel{수}{4조}$)하는 취지에 어긋나므로 지급인이 보증인이 되는 것을 금하고 있음이 차이점이다($\stackrel{수\,25}{조\,2항}$).

수표는 일람출급성을 가지므로 보증을 이용할 실익이 적다. 다만 지급지가 발행지에서 멀리 떨어진 까닭에 즉각 수표를 제시할 수 없고 발행인의 신용을 신뢰하기 어려운 경우에 보증을 이용할 실익이 있겠으나, 행해지는 예가 드물다.

## 제 5 절 수표의 지급보증

(1) 의의

1) 지급보증이란 제시기간 내에 수표의 제시가 있음을 조건으로 지급인이 수표금을 지급할 의무를 부담하는 수표행위이다($\stackrel{수}{55조}$). 수표의 일람출급성이란 발행 후 즉시 제시함을 허용하는 뜻일 뿐이고 수표금이 현실로 지급될 것을 보장하는 것은 아니다. 그러므로 지급인이 지급보증에 의해 지급채무를 부담할 수 있게 함으로써 신용이 취약한 자가 발행한 수표의 신용을 높일 수 있는 길을 열어 놓은 것이다.

2) 지급보증은 '보증'이란 용어를 결합해 사용하나, 지급인이 발행인이나 기타의 수표채무자의 채무를 담보하는 것이 아니고 스스로 독립적인 지급채무를 부담하는 행위이므로 「보증」이 아니다. 따라서 지급보증을 한 지급인은 다른 수표채무자의 항변을 원용할 수 없다. 또 보증의 경우 보증인이 어음·수표금을 지급하면 피보증인과 전자에 대해 어음상의 권리를 갖게 되나, 지급보증을 한 지급인의 채무는 최종적인 것이라서 지급인이 지급을 하면 수표관계는 소멸하고 지급인은 수표상의 권리를 취득하지 못한다. 다만 발행인과의 관

계에서 구상권을 행사할 수 있을 뿐이다.

### (2) 지급보증의 방식

지급보증은 수표행위이므로 법정의 방식을 갖추어야 한다. 수표의 앞면에 '지급보증' 또는 그 밖에 지급을 하겠다는 뜻을 적고 날짜를 부기하여 지급인이 기명날인하거나 서명하여야 한다($\frac{수53}{조 2항}$). 지급보증은 '지급보증의 문구', '날짜', '기명날인($\frac{또는}{서명}$)'의 세 가지 요소로 이루어지는데, 어느 것을 결하더라도 무효이며, 배서나 보증을 기명날인($\frac{또는}{서명}$)만으로 하는 것과 같은 약식의 지급보증은 허용되지 아니한다. 수표의「앞면」에 하는 것도 요건이므로 수표의 뒷면에 한 지급보증은 무효이다($\frac{대법원 1972. 10. 25.}{선고 72도1976 판결}$).

수표의 지급보증은 조건없이 하여야 한다($\frac{수54}{조 1항}$). 지급보증을 하면서 수표의 기재사항에 변경을 가하더라도 이를 변경하지 아니한 것으로 본다($\frac{수54}{조 2항}$). 따라서 환어음의 일부인수처럼 수표금액의 일부에 한하여 지급보증을 한 경우에는 수표금 전부에 대해 지급보증을 한 것으로 본다($\frac{통}{설}$).

### (3) 지급보증의 효력

#### 1) 지급인의 채무

i) 지급의무　　　지급보증을 한 지급인은 수표금을 지급할 채무를 부담한다. 다만 지급인은 소지인이 제시기간이 지나기 전에 수표를 제시한 경우에 한하여 지급의무를 부담한다($\frac{수55}{조 1항}$).

ii) 지급보증인의 지급거절　　　지급보증인이 지급을 거절할 경우 그의 채무가 시효로 소멸하기 전에는 언제든지 이행을 청구할 수 있다. 이를 위해서는 소지인은 제시기간 내에 지급보증인에게 제시하였으나 지급이 거절되었음을 거절증서 등으로 증명하여야 한다($\frac{수55조}{2항, 39조}$).

iii) 시효　　　지급보증인에 대한 수표상의 청구권은 제시기간이 지난 후 1년간 행사하지 아니하면 소멸시효가 완성된다($\frac{수}{58조}$). 지급보증인의 채무의 시효는 소지인이 지급제시기간 내에 지급제시를 하였으나 지급보증인이 지급을 거절한 경우에만 적용된다. 제시기간 내에 제시가 없으면 제시기간의 만료로 지급보증인의 채무가 소멸하기 때문이다.

#### 2) 다른 수표채무자의 채무　　　지급보증이 있다 해서 발행인 기타 수표채무자가 책임을 면하는 것은 아니다($\frac{수}{56조}$). 따라서 지급보증인이 지급을 거절할 경우 발행인 등 수표채무자들은 합동하여 상환책임을 진다.

# 제 6 절 지급

## Ⅰ. 지급제시기간

수표는 제시증권이고 수표채무는 지참채무이므로 소지인이 지급을 받기 위해 지급인에게 수표를 제시해야 함은 어음과 같다. 수표의 제시는 지급인에게 함이 원칙이나, 어음교환소에서의 제시도 지급을 위한 제시의 효력이 있으며, 전자제시가 허용됨은 어음의 제시에 관해 설명한 바와 같다($_{1항 \cdot 2항}^{수 \, 31조}$).

수표는 일람출급의 지급증권으로서 발행인이 항상 제시에 대비하는 부담을 지는 까닭에 그 법률관계를 단기간에 종결짓는 것이 바람직하다. 그래서 수표법은 10일이라는 단기제시기간을 두고 있다($_{조 1항}^{수 \, 29}$). 이 기간 내에 수표를 제시하지 않을 경우 수표상의 권리가 소멸한다($_{39조}^{수}$).

제시기간의 기산점은 수표에 기재된 발행일자이므로($_{조 4항}^{수 \, 29}$) 실제 발행일자가 수표에 기재된 발행일자와 상위하더라도 기재된 일자에 의한다. 기간의 초일은 산입하지 아니하므로 발행일자는 제시기간에 산입하지 아니한다($_{61조}^{수}$). 그리고 제시기간 중의 휴일은 제시기간에 산입하고, 제시기간의 말일이 휴일일 때에는 그 말일 이후의 제1거래일까지 제시기간이 연장된다($_{조 2항}^{수 \, 60}$).

지급지국과 발행지국을 달리하는 국제수표의 경우에는 추심에 상당한 시일이 요구되므로 제시기간을 20일로 하며, 나아가 발행지국과 지급지국이 주를 달리할 경우에는($_{와 \, 유럽주}^{예컨대 아시아주}$) 제시기간을 70일로 한다($_{조 2항}^{수 \, 29}$).

## Ⅱ. 선일자수표

### (1) 의의

「선일자수표」란 발행일을 실제 발행일의 후일로 기재한 수표를 말한다($_{조 2항}^{수 \, 28}$). 예컨대 2022년 3월 15일에 발행하면서 수표상의 발행일자를 2022년 4월 15일로 해 두는 것이다. 이같이 발행일자를 후일로 하는 이유는 수표의 일람출급성을 회피하기 위함이다. 자금이 없이 수표를 발행하는 자가 발행일을 늦춤으로써 소지인으로 하여금 발행일 이후에 제시하게 하고 그 전에 수표자금을 마련하려는 의도에서 선일자수표를 발행하는 것이다.

선일자수표를 발행하는 자의 의도대로 제시가 늦추어진다면 수표에도 사실상의 만기를 설정하는 결과가 되어 수표의 일람출급성이 무의미해진다. 그러므로 수표법은 선일자수표를 무효로 하지는 않지만 실제의 발행일에 일람출급성을 부여함으로써 발행인의 의도를 봉쇄하고 있다.

### (2) 선일자수표의 효력

선일자수표는 실제 발행일로부터 제시할 수 있고, 제시 즉시 지급되어야 한다($^{수\,28}_{조\,2항}$). 수표자금이 없어 지급거절이 되면 상환청구절차가 진행되고 부정수표단속법이 적용됨은 정상적인 일자로 발행된 수표와 같다.

### (3) 제시연기 합의의 효력

선일자수표는 보통 발행인과 수취인 간에 수표에 기재된 발행일자에 제시하기로 하는 합의가 있어야 발행하게 될 것이다. 수표상으로는 아무 효력을 발휘하지 못하지만, 이 합의의 채권적 효력을 어떻게 볼 것이냐는 문제가 있다. 통설은 당사자 간에 선일자수표를 거래할 경제적 수요가 있고 이러한 합의의 효력을 인정하더라도 수표의 일람출급성에 영향을 줌이 없이 당사자의 합의를 존중할 수 있다는 이유에서 채권적 효력을 긍정한다.

### (4) 발행일자의 효력

수표에 기재된 발행일자는 일람출급성의 측면에서는 효력이 없으나($^{무익적}_{기재사항}$), 제시기간을 계산할 때는 기재된 발행일자를 기산일로 하므로 제시기간을 늘리는 역할을 한다($^{수\,29}_{조\,4항}$). 뿐만 아니라 시효를 계산할 때에도 이 기재된 발행일을 기산점으로 한다($^{대법원\,1963.\,7.\,25.}_{선고\,63다305\,판결}$).

## Ⅲ. 제시기간 경과 후의 지급

제시기간이 도과하도록 지급제시를 하지 아니하면 수표상의 권리가 소멸하므로 소지인은 이득상환청구에 의해 구제받아야 할 것이다. 그러나 수표의 지급인은 발행인으로부터 지급위탁의 취소가 없으면 제시기간이 지난 후에도 지급을 할 수 있다($^{수\,32}_{조\,2항}$). 그러므로 소지인의 이득상환청구권이 제시기간 경과와 어떤 상관관계에서 발생하느냐는 의문이 있는데, 이 점은 이득상환청구와 관련하여 기술하였다($^{875면}_{참조}$).

## Ⅳ. 지급위탁의 취소

### (1) 의의

「지급위탁의 취소」라 함은 발행인이 지급인에 대하여 자신이 발행한 특정한 수표의 지급을 하지 말 것을 지시하는 뜻의 의사표시이다. 발행인은 일정한 제한하에서 지급위탁을 취소할 수 있다. 법문은 지급위탁의 「취소」라고 표현하지만($^{수\,32}_{조\,1항}$) 그 법적 의의는 지급위탁의 「철회」이다.

수표의 발행행위에 흠이 있거나 수표의 발행 후 원인관계상의 다툼이 생겨 발행인이 지급을 원하지 아니하는 경우 신속히 지급위탁을 취소함으로써 수표금의 인출을 저지할 수 있다.

### (2) 방식

지급위탁의 취소는 이미 발행된 수표에 관해 행하는 의사표시이므로 수표면에 할 수 없음은 당연하다. 따라서 지급위탁의 취소는 수표행위가 아니다. 수표행위가 아니므로 방식의 제한이 없다. 비요식의 서면으로 할 수도 있고 구두로도 무방하다. 또 지급위탁의 취소는 단독행위이므로 일방적인 의사표시로 족하다.

### (3) 효력

**1) 효력범위**   지급위탁의 취소는 수표계약에 의한 지급위탁 자체를 실효시킨다는 견해도 있으나($_{최기원\ 836}^{강·임\ 536;}$), 이미 발행된 특정의 수표의 지급지시를 철회하는 것이라고 이해해야 한다($_{정동윤\ 402}^{같은\ 견해:}$). 그리고 지급위탁의 취소는 발행행위 자체를 실효시킨다는 견해도 있으나 ($_{철회설}^{절대적}$), 이미 적법하게 발행된 수표를 발행인의 일방적인 의사표시로 실효시킬 수 있다는 것은 불합리하다. 지급인과의 관계에 국한하여 효력을 발휘할 뿐이라고 보아야 한다($_{철회설}^{상대적}$).

**2) 지급인에 대한 효력**   수표의 지급위탁의 취소는 제시기간이 지난 후에만 그 효력이 생긴다($_{조\ 1항}^{수\ 32}$). 따라서 지급인은 제시기간 중에는 수표금을 지급할 수 있으며, 이에 관해 발행인에 대해 책임지지 아니한다.

## V. 지급인의 조사의무와 위험부담

### (1) 조사의무

수표에는 만기전 지급이 있을 수 없으므로 수표법에서는 어음법 제40조 제3항이 규정하는 만기에 지급하는 지급인의 조사의무와 같은 취지의 규정만을 두고 있다. 즉「배서로 양도할 수 있는 수표의 지급인은 배서의 연속이 제대로 되어 있는지를 조사할 의무가 있으나 배서인의 기명날인($_{서명}^{또는}$)을 조사할 의무는 없다」($_{조\ 1항}^{수\ 35}$). 이 규정은 배서에 의해 양도하는 수표에 대해서만 언급하고 있으나, 소지인출급식의 수표에 대해서도 같은 정도의 조사의무가 적용되어야 함은 어음에 관해 논한 바와 같다.

어음법 제40조 제3항에서는 지급인의 사기 또는 중과실을 규정하고 있으나, 수표법 제35조에는 이러한 규정이 없다. 그러나 수표의 경우에도 지급인이 같은 주관적 요건을 충족할 경우 책임을 물어야 함은 당연하므로 위 어음법의 규정과 같은 내용으로 해석하는 데 이견이 없다.

특히 수표의 경우에는 일람출급증권인데다, 대체로 소지인출급식으로 발행되므로 도난·분실된 수표를 무권리자가 제시하는 경우가 많다. 그러므로 고액수표의 경우 지급은행은 수표소지인의 권리유무에 관해 어음의 경우보다 세심한 주의를 기울여야 한다. 수억원에 달하는 사고수표를 제시하고 현금으로 인출하고자 하는 자기앞수표의 소지인에 관해 발행지점에 발행경위와 발행의뢰인 등에 관해 조회해 보지 않고 수표금을 지급한 사건에서 법원은 지급은행이 수표법 제35조의 조사의무를 게을리하였다고 판시한 바 있다(대법원 2002. 2. 26. 선고 2000다 71494 판결).

### (2) 위조·변조에 대한 위험부담

수표는 일람출급증권이므로 특히 위조·변조가 성행한다. 그리고 수표의 위조·변조가 정교하여 지급인이 위조 또는 변조된 수표를 판별하지 못하고 발행인의 자금으로 지급하는 경우가 많다. 이 경우 지급인에게 과실이 있느냐가 문제되고, 과실이 없을 경우 지급한 금액을 누구의 손실로 돌릴 것이냐(위험 부담)는 문제가 생긴다. 위조·변조의 판별에 은행의 과실이 없을 경우 발행인이 위험을 부담해야 한다는 설, 지급인이 부담해야 한다는 설이 대립하지만, 모든 은행이 발행인 부담을 명문화한 약관을 사용하고 있고, 판례는 이러한 약관을 유효하다고 본다(대법원 1969. 1. 21. 선고 68다1708 판결).

## 제 7 절   횡선수표

### (1) 의의

「횡선수표」라 함은 수표의 앞면에 두 줄의 평행선을 그은 수표를 말한다(수 37 조 1항). 이 수표는 후술하는 바와 같이 지급인에게 지급상대방을 제한하는 효력이 있다. 수표는 일람출급증권이므로 분실하거나 도난당할 경우 습득자·절취자가 단시간 내에 수표금을 인출할 수 있다. 따라서 어음에 비해 권리상실의 위험이 높다. 횡선수표는 지급의 상대방을 제한함으로써 이같이 분실·도난된 수표를 제시하여 수표금을 인출한 자를 추적할 수 있게 하고, 나아가 사후에라도 악의의 제시자를 상대로 수표금의 반환을 청구할 수 있게 하기 위한 제도이다.

### (2) 종류

일반횡선수표와 특정횡선수표의 두 가지가 있다. 일반횡선수표는 두 줄의 횡선 내에 아무런 지정을 하지 아니하거나 "은행" 또는 이와 같은 뜻이 있는 문구를 적은 수표를 말하고, 특정횡선수표는 횡선 내에 은행의 명칭을 적은 수표를 말한다(수 37 조 3항).

### (3) 기재

수표의 발행인이나 소지인은 그 수표에 횡선을 그을 수 있다(수 37 조 1항). 횡선은 두 줄의 평행선이다. 「//」의 모양이다. 법문에서 평행선이라 표현하고 있으나, 기하학적인 의미에서의 평행선은 아니고, 단지 두 줄의 선으로 이해하면 된다. 횡선으로 인해 수표의 기재사항이 훼손되어 판별 자체가 불가능해져서는 안 된다. 그러므로 보통 수표의 한쪽 구석의 여백에 긋는다. 횡선은 말소하더라도 말소하지 않은 것으로 본다.

특정횡선은 횡선 안에 특정은행의 명칭을 적는다($\frac{수\,37}{조\,3항}$). 일반횡선의 속에 은행명칭을 적으면 바로 특정횡선이 되므로 일반횡선은 특정횡선으로 변경이 가능하다($\frac{수\,37}{조\,4항}$). 그러나 특정횡선을 일반횡선으로 변경하려면 은행명칭을 말소해야 하는데, 은행명칭의 말소는 허용되지 않으므로($\frac{수\,37}{조\,5항}$) 일반횡선으로의 변경은 불가능하다($\frac{수\,37}{조\,4항}$).

**(4) 효력**

**1) 일반횡선의 효력**　　일반횡선이 있을 때에는 지급인은 은행 또는 자신의 거래처에 대해서만 지급할 수 있다($\frac{수}{38조}$). 바로 이 점이 수표의 분실·도난을 대비해 안전성을 높이는 역할을 한다. 예컨대 지급인이 丙은행인 수표를 소지한 乙이 횡선을 긋고 이를 분실하였는데, A가 습득하였다 하자. A가 丙은행과 거래가 있다면 丙에게 제시하고 지급받을 수 있지만, 사후에 A의 신분이 추적될 것이다. 그리고 A가 丙은행과 거래가 없다면 다른 은행에 추심을 의뢰해야 한다. 은행은 자기의 거래처나 다른 은행으로부터만 횡선수표를 취득하거나 추심을 의뢰받을 수 있으므로($\frac{수\,38}{조\,3항}$) A는 자신의 거래은행에 추심을 의뢰하는 수밖에 없다. 역시 A의 신분은 사후에 추적이 가능하다.

**2) 특정횡선의 효력**　　특정횡선수표의 지급인은 횡선에 지정된 은행에 한해 지급할 수 있다($\frac{수\,38조}{2항\,본}$). 지정된 은행이 바로 지급인 자신이라면 자기의 거래처에 한해 지급할 수 있다($\frac{동}{조항}$). 위 예에서 지정된 은행이 丙´라 하자. 요행히 A가 丙´와 거래가 있다면 丙´에게 추심을 의뢰하여 지급받을 수 있다. 그리고 지정된 은행이 바로 지급인인 丙은행이라면 A가 丙은행과 거래가 있을 때에 한하여 지급받을 수 있다. 수표를 습득한 A가 丙은행 또는 丙´ 은행과 거래가 있는 경우는 확률적으로 희박한 일이므로 일반횡선에 비해 더욱 안전성이 높다고 할 수 있다.

특정횡선이 두 개 있을 경우에는 지급하지 못한다($\frac{수\,38조}{4항\,본}$). 이러한 수표는 어느 횡선이 최초의 횡선이냐는 의문이 제기되고, 특정횡선수표를 부정하게 취득한 자가 추심을 가능케 할 의도에서 자신의 거래은행을 기재한 특정횡선을 추가했을 가능성이 있기 때문이다. 다만 추가의 횡선이 어음교환소에 제시하여 추심하게 하기 위한 것인 때에는 예외이다($\frac{수\,38}{조\,4}$$_{항\,단}$).

**3) 거래처의 개념**　　일반·특정을 막론하고 횡선수표를 지급받고자 할 경우 은행의 거래처가 지급의 요건이 된다. 지급의 상대방을 거래처로 제한하는 이유는 수표를 추심한 자를 추적하기 위함이다. 그러므로 거래처란 이 목적에 부합하도록 지급인이 소재를 밝힐 수 있고 또 숙지하는 고객을 뜻한다고 이해된다. 따라서 직전에 소액의 예금구좌를 개설하고 수표를 제시하는 자를 거래처로 보아서는 안 된다.

**4) 위반의 효과**　　이상의 제한에 위반하여 수표금을 지급하더라도 그 지급행위 자체의 효력에는 영향이 없다. 즉 수표금을 지급받은 자에게 부당이득($\frac{민}{741조}$)이 되는 것은 아니다. 그러나 이로 인해 발행인 또는 진정한 권리자에게 손해가 생긴 때에는 지급인은 수표금

의 한도에서 손해배상책임을 진다($\frac{수}{조}\frac{38}{5항}$). 이 손해배상책임은 수표거래의 안전을 위하여 수표법상 특히 인정된 무과실의 법정책임이고, 민법상의 배상책임을 배제하는 것은 아니다. 따라서 지급인의 과실로 지급한 때에는 수표금액과 관계없이 민법상의 채무불이행책임 혹은 불법행위책임을 물을 수 있다.

    **5) 횡선의 파괴**       횡선은 말소할 수 없다($\frac{수}{조}\frac{37}{5항}$). 그런데 횡선은 보통 수표의 여백에 그으므로 횡선 부분을 잘라 버리더라도 수표의 문언적 효력에는 이상이 없는 경우가 많다. 이러한 수표를 제시받은 지급인은 횡선의 가능성을 의심해야 하고 조사함이 없이 지급한 때에는 횡선수표를 거래처 아닌 자에게 지급한 경우와 같은 책임을 져야 한다($\frac{대법원\ 1977.\ 8.}{23.\ 선고\ 77다\ 344\ 판결}$).

# 제8절 상환청구

    수표를 가지고 지급제시하여 지급이 거절될 경우 어음에서와 같이 상환청구절차가 진행된다. 상환청구의 요건은 어음에서와 같이 실질적인 요건으로서 소지인의 권리행사에 이상이 있어야 하고, 형식적 요건으로서 그 사실을 법이 정한 방식에 따라 증명해야 한다. 그리고 수표채무자들은 어음채무자와 같이 수표금액 및 법정이자와 지출한 비용을 상환해야 하고, 이에 대해 합동책임을 지는 등 모든 면에서 어음의 상환청구와 대동소이하다. 다만 다음과 같은 몇 가지만 차이를 보인다.

    수표에는 인수가 없으므로 지급거절로 인한 상환청구만이 있다($\frac{수}{조}\frac{39}{본}$). 그리고 지급거절을 증명하는 방법으로서 어음과 달리 수표의 경우에는 거절증서 외에「지급인의 거절선언」과「어음교환소의 거절선언」이 있다($\frac{수}{2호}\frac{39조}{·3호}$). 지급인이 수표에 제시된 날을 적고 날짜를 부기한 거절선언, 그리고 적법한 시기에 수표를 제시하였으나 지급받지 못하였음을 증명하고 날짜를 부기한 어음교환소의 거절선언은 거절증서와 마찬가지의 증명방법이 된다. 그리고 실제적인 차이로서 수표는 대체로 소지인출급식으로 발행되므로 발행인이 유일한 상환의무자인 경우가 많다.

# 제9절 복본

    어음에는 복본과 등본제도가 있으나, 수표에는 복본제도만이 있다. 수표의 복본은 어음의 복본과 달리 어느 한 나라에서 발행하여 다른 나라에서 지급할 수표, 어느 한 나라에서 발행하여 그 해외영토에서 지급할 수표, 어느 한 나라의 해외영토에서 발행하고 본국에서 지급할 수표, 어느 한 나라의 해외영토에서 발행하고 지급할 수표, 어느 한 나라의 해외영토에서 발행하고 그 나라의 다른 해외영토에서 지급할 수표에 한해 발행할 수 있다($\frac{수}{48조}$). 그리고 소지인출급식의 수표가 아니어야 한다($\frac{동}{조}$). 소지인출급식수표의 복본이 따로 유통될 경우에는 정당한 권리자를 가릴 수 없기 때문이다. 복본의 한 통에 대해 지급이 있을 경우 다른 복본이 무효가 되는 점($\frac{수49}{조 1항}$), 수인에게 복본을 유통시킨 경우 그 기명날인($\frac{또는}{서명}$)한 자는 각 소지인에 대해 책임지는 점은 어음의 복본과 같다($\frac{수49}{조 2항}$).

# 제 5 장   전자어음

## I. 제도의 취지

우리 생활에 전자기술이 널리 이용되면서 민간부문에서 전자상거래가 활발하게 이루어지고 있으며, 상품·용역거래만이 아니라 지급거래에서도 전자화폐, 전자자금이체 등 다양한 전자적 수단이 개발되어 이용되고 있다.

전자적 지급수단의 필요성은 상시 거래관계에 있으며 지급거래가 일상적인 사무로 행해지는 기업들 간에 더욱 높다. 계속적 거래관계에 있는 기업들간에 있어서는 신용의 창조를 겸하여 지급수단으로 약속어음을 많이 사용하는데, 약속어음의 수수와 추심을 위해 많은 인력과 시간이 소요되기 때문이다. 그리하여 우리나라에서는 2004년에「전자어음의 발행 및 유통에 관한 법률」($^{2004.\ 3.\ 22.\ 법률\ 제7197}_{호.\ 이하\ '전자어음법'}$)이 제정되어 전자어음법이 기업 간의 지급수단으로 널리 사용되고 있다. 전자어음법은 외국에 입법례가 드물어 우리의 독창적인 제도라 할 수 있다.

전자어음법의 제정은 유가증권제도의 시각에서 중대한 변화를 의미한다. 즉 수백 년간에 걸쳐 형성되어 온, 어음은 유체물이어야 한다는 고정관념이 일시에 깨진 것이다. 유체물임을 전제로 어음의 발행에서부터 유통·권리행사에 관한 법리가 구성되고 성문화되었던 것인데, 비공간적인 정보가 어음의 효력을 가지고 지급수단으로 등장함으로 인해 기존의 어음법리에 일대 수정이 가해지지 않을 수 없다. 하지만 후술하는 바와 같이 전자어음법은 약속어음에 국한하여 전자화를 허용하고 기존의 약속어음에 관한 법리의 틀을 근본적으로 벗어나지 않으려는 노력을 보인다. 따라서 전자어음법을 운영함에 있어서는 유체물임을 전제로 구성된 약속어음의 법리를 기본으로 하고, 전자어음의 사이버적 특성으로 인해 불가피해진 최소한의 범위에서만 어음법이론을 수정하여야 한다.

## Ⅱ. 전자어음의 특성

### (1) 전자어음의 개념

「전자어음」이라 함은 전자문서로 작성되고 전자어음관리기관에 등록된 약속어음을 말한다($\frac{전어 2}{조 2호}$).

1) 전자어음은 약속어음이다. 전자어음법 제1조는 동법의 목적으로서 「이 법은 전자적 방식으로 약속어음을 발행·유통하고 어음상의 권리를 행사할 수 있도록 함으로써 국민경제의 향상에 이바지함을 목적으로 한다」라고 규정하고 있다. 이는 전자어음이 어음법상의 약속어음임을 전제로 하되, 다만 어음의 발행과 양도가 전자적인 방식으로 이루어지도록 함으로써 약속어음의 편의성을 제고한 것이다.

2) 전자어음은 전자문서로 작성된 약속어음이다. 전자문서로 발행되고, 전자문서에 의해 배서양도가 행해지며, 어음의 제시·상환청구 등의 권리행사가 전자문서로 행해진다. 전자어음법의 존재의의는 전자어음이 약속어음이지만, 그 존재양식이 전자적 형태를 가진다는 점 때문에 이에 적합한 관리방식을 규정한다는 데에 있다.

3) 전자어음은 「전자어음관리기관」에 「등록」된 것이어야 한다. 전자어음법 제2조 제2호가 전자어음관리기관에의 등록을 전자어음의 개념요소로 규정하고, 동법 제5조 제1항에서 「전자어음을 발행하려는 자는 그 전자어음을 전자어음관리기관에 등록하여야 한다」고 규정하고 있다. 뿐만 아니라 전자어음의 방식에 관한 규정들을 전부 전자어음관리기관과 연결지어 규정하고 있으므로 전자어음관리기관에 등록되지 아니한 어음은 전자문서로 발행되었더라도 전자어음이 아니다.

4) 전자어음은 약속어음의 편의성을 높이기 위해 고안된 것이므로 그 사용여부는 이용자들의 자유이다. 그러나 「주식회사 등의 외부감사에 관한 법률」 제4조에 따른 외부감사대상 주식회사 및 직전 사업연도 말의 자산총액이 10억원 이상인 법인사업자는 약속어음을 발행할 경우 전자어음으로 발행하여야 한다($\frac{전어 6조의2, 전어령 8조의2. 2021}{년 10월 "5억 이상"으로 입법예고}$). 어음을 이용하는 기업의 대종은 외부감사대상과 같은 비교적 규모가 큰 회사들이므로 이들에게 전자어음의 이용을 강제함으로써 종이어음의 폐단($\frac{위조, 변조의}{용이성 등}$)을 줄이려는 취지이다.

### (2) 전자어음법과 어음법

전자어음법 제4조는 「전자어음에 관하여 이 법에서 정한 것 외에는 어음법에서 정하는 바에 따른다」라고 규정하고 있다. 이는 어음법과 전자어음법이 일반법과 특별법의 관계에 있음을 말해준다. 뒤에서 보는 바와 같이 전자어음법에서는 어음의 소재가 종이에서 전자로 대체된다는 특성에서 비롯되는 기술적인 문제만을 다루고 있을 뿐이고, 어음상의 권리관계에 관한 실체적인 법리에 관해서는 거의 규정하는 바가 없다. 따라서 전자어음상의 어음행위의 방식 및 권리행사를 위한 서면행위는 전자어음법에 의해 규율되나, 어음행위의 효력 및 어음당사자의 권리관계는 어음법이 정한 바에 의해 규율된다.

### (3) 전자화의 방식

어음을 포함하여 유가증권을 전자화하는 방식에는 전자등록방식과 전자증권방식이 있다. 전자등록방식이란 유가증권이 발행된다면 그에 표창될 권리내용을 소정의 등록기관에 등록해 놓고, 이 등록부의 기재에 의해 권리를 공시하고 그 기재변경에 의해 권리의 양도·담보설정을 공시하는 방식이다. 이에 대해 전자증권방식이란 유가증권 그 자체를 전자적으로 표시하는 것이다. 종이라는 형태로 존재하지 않을 뿐 유가증권이 표창하는 권리가 소정의 요식적인 방식에 따라 전자문서로 표현되고 양도나 담보설정시에도 그 전자적인 유가증권의 이전을 수반하는 것이다. 전자어음법은 어음 자체가 전자문서의 형태로 발행되고 유통되는 방식을 취함으로써 전자증권방식을 취하고 있다(전어 6조 1항·4항, 7조 3항).

### (4) 전자어음관리기관

전자어음은 전자적 형태의 문서라는 점 때문에 일반 약속어음에서는 볼 수 없는 특수한 관리가 요구된다. 가장 두드러진 점은 전자어음의 전자적 기록을 관리하는 중앙관리기관을 두고 있다는 점이다. 전자어음법에서는 법무부장관의 지정을 받은 「전자어음관리기관」(이하 '관리기관')이라는 기구를 두어 전자어음의 거래를 관리하게 하고 있다(전어 2조 4호, 5조 1항). 관리기관은 전자어음의 생성과 이전에 필요한 모든 전자적 정보를 집중관리하며, 전자어음의 발행·배서·보증 등의 어음행위와 지급제시 및 상환청구와 같은 권리행사가 전자적으로 가능하도록 기술적인 지원을 하고 있다.

관리기관의 기능은 종이어음의 종이에 비견할 수 있는 전자문서라는 소재를 관리하는 역할을 함에 그치고 원칙적으로 어음의 실체적인 법률관계에는 관여하지 않는다. 다만 전자어음의 신용을 확보하고 어음을 안정적으로 관리하기 위하여 발행인의 등록을 의무화하고 있으며, 발행인의 신용도를 참작하여 등록을 제한할 수 있는 제도를 두고 있다(전어 5조 1항).

발행인이 관리기관에 등록함으로써 발행인과 관리기관 간에 관리기관의 전자정보처리조직의 이용에 관한 계약관계가 형성될 것인데, 이는 전자어음의 효력과는 무관한 非어음법적 거래관계라 할 수 있다. 양자 간의 보다 상세한 법률관계에 관해서는 시행령에서 다루도록 위임하고 있다(전어 5조 3항).

## Ⅲ. 어음행위 등에 관한 특칙

전자어음법 제2장에서는 전자어음에 관한 법률행위와 권리행사의 방식에 관한 특칙을 두고 있다. 구체적으로는 제5조 전자어음의 등록, 제6조 전자어음의 발행, 제6조의2 전자어음의 이용, 제7조 전자어음의 배서, 제7조의2 전자어음의 분할배서, 제8조 전자어음의 보증, 제9조 지급제시, 제10조 어음의 소멸, 제11조 어음의 상환증권성과 일부지급의 적용배제, 제12조 지급거절, 제13조 상환청구, 제14조 어음의 반환 및 수령 거부로 구성되어 있다. 제15조 이하에서는 전자어음거래의 안전성과 이용자보호의 관점에서 주로 관리기관에 대한 감독규정을 두고 있는데, 이는 어음거래와는 무관하므로 이하에서는 제5조 내지 제14조의 규정을 중심으로 설명한다.

## 1. 전자어음의 발행

### (1) 어음요건

전자어음에는 기본적으로 어음법이 규정하는 약속어음의 어음요건에 따라 약속어음문구, 지급약속의 문구, 만기, 수령인, 발행일과 발행지를 기재해야 한다($\substack{\text{전어 6조 1항} \\ \text{1호; 어 75조}}$). 전자어음법 제6조 제1항 제1호에서는 어음법 제75조 제4호($\substack{\text{지급} \\ \text{지}}$)와 제7호($\substack{\text{발행인의 기명} \\ \text{날인 또는 서명}}$)를 인용하지 않는데, 지급지에 갈음하여서는 제6조 제2항에서 어음금의 지급을 담당할 금융기관이 있는 지역을 지급지로 본다는 규정을 두고 있고, 제6조 제3항에서 전자서명으로 발행인의 기명날인 또는 서명을 갈음한다는 규정을 두고 있다. 이 밖에 다음과 같은 어음요건을 추가하고 있다.

1) **지급담당은행**　　전자어음법 제6조 제1항 제2호는「전자어음의 지급을 청구할 금융기관」($\substack{\text{지급금} \\ \text{융기관}}$)을 기재하라고 규정하는데, 이는 어음법 제77조 제2항에 의해 약속어음에 준용되는 동법 제4조의「제3자방」을 의미한다. 어음법에서는 제3자방을 임의적 기재사항으로 하고 있으나, 전자어음법에서는 이를 어음요건으로 한다. 전자어음의 속성상 물리적인 지급제시($\substack{\text{어} \\ \text{38조}}$)가 불가능하므로 지급제시 및 지급을 정형화된 전자적 방법으로 대행해 줄 금융기관이 필요하기 때문이다.

한편 이 제도에 의해 전자어음은 은행과의 당좌거래약정 하에서 발행하는 소위「은행도어음」에 국한하여 발행할 수 있게 되므로 전자어음법의 적용범위를 제한하는 중요한 규정이다. 전자어음은 비유체적 재산이므로 이를 비은행도어음에까지 확장해서 인정한다면, 어음거래의 부정형성으로 인해 분쟁의 소지가 크고 따라서 안정적인 지급수단의 역할을 하기 어렵기 때문이다.

2) **어음의 동일성 정보**　　전자어음법 제6조 제1항 제3호에서는「전자어음의 동일성을 표시하는 정보」를 어음요건으로 한다. 이 역시 전자어음의 특성에서 비롯한다. 종이어음은 그 물리적 존재 자체로 동일성을 표현하지만, 전자어음은 기재사항이 동일한 경우에는 서로 구분이 불가능할 수 있다($\substack{\text{예컨대 동일인에게 동일한 금액의 동일} \\ \text{한 만기의 어음을 수매 발행하는 경우}}$). 따라서 어음의 동일성을 증명하는 방법으로 그 고유정보를 기재하게 한 것이다. 고유정보란 예컨대 어음의 일련번호 등 어음의 단일성을 증명하는 기호를 뜻한다.

3) **사업자 고유정보**　　사업자 고유정보도 전자어음의 요건이다. 사업자 고유정보란 전자어음과 관련된 당사자의 상호나 사업자등록번호, 회원번호, 법인등록번호 또는 주민등

록번호 등 사업자를 식별할 수 있는 정보를 말한다($\frac{전어\,2}{조\,5호}$). 어음의 발행단계에서 어음요건으로 기재할 당사자의 사업자 고유정보란 결국 발행인의 고유정보를 말한다.

발행인의 고유정보를 기재하도록 함은 전자어음의 특성을 반영한 것이다. 전자어음이 비대면거래를 통해 유통될 것이므로 어음발행인을 특정하여 인식하기 어려운 점이 있다($\frac{예컨대\,동명}{이인의\,경우}$). 따라서 발행인의 동일성을 인식할 수 있는 정보를 어음요건으로 해 놓은 것이다.

### (2) 교부

어음의 발행은 어음을 작성하여 교부하는 행위로 완료되지만, 전자어음은 유체물이 아니므로 교부라는 현상이 있을 수 없다. 하지만 전자어음은 기본적으로 약속어음이므로 어음의 점유를 수취인에게 이전하는 행위에 상당하는 어떤 행위가 있어야 할 것이고 따라서 무엇인가를 교부로 의제하는 논리가 필요하다. 전자어음법 제6조 제4항에서는 발행인이 타인에게 전자어음을 송신하고 그 타인이 그 전자어음을 수신한 때에 전자어음을 발행한 것으로 본다고 규정하고 있는데, 이는 전자어음의 송 · 수신을 종이어음의 교부에 상당하는 행위로 의제하고자 함을 뜻한다.

종이어음은 대면적인 거래를 통해 수수하므로 그 수령시기가 분명하지만, 전자어음의 수수는 유체물이 아니라 정보의 전달로 갈음하므로 의사표시의 도달주의 법리($\frac{민\,111}{조\,1항}$)에 의해 그 수령시기를 법정해야 한다. 그러나 전자문서에 관해서는 의사표시의 도달에 관한 일반법리를 적용하기 어려워 「전자문서 및 전자거래기본법」에서 송 · 수신시기를 규정하고 있는데($\frac{전거\,6조}{1항\cdot2항}$), 이 규정은 전자어음에도 타당하다고 보아 그 시기에 전자어음의 송 · 수신이 이루어진 것으로 규정하고 있다($\frac{전어\,6}{조\,4항}$).

### (3) 기타 특칙

1) **전자어음의 만기 제한**　　전자어음의 만기는 발행일부터 3개월을 초과할 수 없다($\frac{전어\,6}{조\,5항}$). 어음법에서는 만기에 제한을 두고 있지 않은 것과 크게 대조되는 점이다. 전자어음의 만기가 장기화할 경우 예상되는 수취인의 자금경색, 연쇄부도 위험 등을 예방하고 자금순환을 빠르게 함으로써 경제 활성화에 기여한다는 것이 입법이유이다.

2) **백지어음의 불허**　　전자어음을 입법할 당시 전자어음의 남발을 우려하는 견해가 강했다. 그리하여 발행한도를 제한할 수 있는 근거를 둠과 동시에($\frac{전어\,5}{조\,2항}$), 백지어음은 남발과 분쟁의 가능성이 농후하다 하여 불허하였다($\frac{전어\,6}{조\,6항}$).

## 2. 배서

### (1) 배서의 방식

어음의 배서는 어음 또는 보충지에 배서의 문구를 적고 배서인이 기명날인하거나 서명하는 것이다($\frac{어\,13}{조\,1항}$). 전자어음도 역시 배서의 문구를 적지만, 기명날인은 전자서명으로 대체한다($\frac{전어\,7}{조\,1항}$). 전자어음법에서는 배서의 뜻을 기재한 전자문서($\frac{배서전}{자문서}$)를 전자어음에 「첨부」하라고 규정하는데($\frac{전어\,7}{조\,1항}$), 이는 어음법 제13조 제1항이 어음 또는 보충지에 배서하게 되어 있는 것에 맞추어 배서와 어음의 일체성을 확보하기 위한 표현이다. 따라서 전자어음에 배서하는 자는 전자어음과 배서전자문서가 분리될 수 있도록 해서는 안 되고 전자어음과 배서전자문서가 동시에 피배서인에게 이전되도록 하여야 한다.

종이어음의 경우 배서는 원래 교부에 의해 완성되나, 발행에 관해 말한 바와 같이 전자어음에는 교부가 있을 수 없으므로 피배서인이 전자어음을 수신한 때에 배서한 것으로 본다($\frac{전어\,7}{조\,3항}$).

### (2) 백지식배서의 가부

전자어음법에서는 피배서인을 지정하지 않는 백지식배서($\frac{어\,13}{조\,2항}$)가 가능한지에 관해 명문의 규정을 두고 있지 않다. 백지식배서를 하는 실익은 피배서인이 단순한 교부에 의해 타인에게 양도함으로써 상환청구관계에서 이탈할 수 있게 하는 데에 있다($\frac{어\,14조\,2항}{1호\,내지\,3호}$). 그런데 전자어음에 관해서는 단순한 교부가 있을 수 없으므로 백지식배서는 허용되지 않는다고 보아야 한다.

### (3) 분할배서

**1) 분할의 가능성**　종이어음의 경우 유체물의 속성상 어음금을 분할해서 배서할 수 없으므로 어음법은 일부의 배서를 무효로 다룬다($\frac{어}{12조}$). 그러나 전자어음의 경우에는 무형의 정보가 어음의 구실을 하므로 불가분성의 제약을 둘 필요가 없다. 그리고 거액의 어음을 수령한 자가 어음금액을 분할하여 수개의 거래처에 대한 채무를 변제할 수 있어 분할배서의 필요성과 효용이 매우 높으므로 전자어음법에서는 전자어음의 분할배서를 허용한다.

한편 전자어음의 분할은 발행인의 의무이행을 번거롭게 하므로 발행인은 분할을 금지시킬 수 있다. 즉 발행인이 전자어음면에 분할금지 또는 이와 동일한 뜻의 기재를 한 때에는 어음을 분할할 수 없다($\frac{전어\,7조}{의2\,6항}$).

**2) 분할권자**　분할배서는 전자어음을 발행받아 최초로 배서하는 자에 한하여 할 수 있다($\frac{전어\,7조}{의2\,1항}$).

**3) 분할의 범위**　전자어음은 총 「5회 미만」으로 어음금을 분할할 수 있다($\frac{전어\,7조}{의2\,1항\,전}$). 「5회 미만」이란 어음금을 쪼개 5개 미만의 수개의 어음으로 만들 수 있음을 뜻한다.

**4) 분할의 방식**　분할의 실익은 어음을 분할해서 양도하는 데에 있으므로 분할은 배서와 함께 이루어진다. 최초의 배서인은 금액을 분할하여 수개의 어음을 만들고, 분할한 수개의 일부 어음에 각각 배서하여 별개의 피배서인에게 양도할 수 있다. 분할된 일부를 자신이 지급제시할 수 있음은 물론이다.

분할은 금액에 한하고, 그 밖의 어음기재사항은 종전의 어음과 동일성을 유지해야 한다. 그러므로 분할하는 최초의 배서인은 분할된 전자어음이 분할 전의 전자어음으로부터 분할된 것임을 표시하여야 한다($\frac{전어\,7조}{의2\,2항}$). 분할된 어음의 배서는 제7조에 따른 배서의 방법을 갖추어야 한다($_{의2\ 1항\ 후}^{전어\ 7조}$). 배서인은 분할 후의 수개의 전자어음이 서로 구별되도록 관리기관의 정보처리조직을 이용하여 각각의 전자어음에 분할에 관한 사항을 표시하는 서로 다른 번호를 붙여야 한다($_{전어령\ 8조의3}^{전어\ 7조의2\ 4항,}$).

### 5) 분할의 효력

i) 분할 후의 전자어음은 그 기재된 금액의 범위에서 분할 전의 전자어음과 동일한 전자어음으로 본다($_{의2\ 3항}^{전어\ 7조}$). 그러므로 분할 전 어음에 존재하던 하자와 항변은 분할 후의 어음에 승계된다.

ii) 분할된 전자어음에 대한 법률행위의 효과는 분할된 다른 전자어음의 법률관계에 영향을 미치지 아니한다($_{의2\ 4항}^{전어\ 7조}$). 즉 분할된 전자어음들은 별개의 어음으로서 유통되고 행사되는 것이다.

### 6) 분할전후 어음의 관계

전자어음법 제7조의2 제5항은 「분할 후의 어느 전자어음상의 권리가 소멸한 때에는 분할 전의 전자어음은 그 잔액에 관하여 존속하는 것으로 본다」라고 규정하는데, 이는 분할된 어음 어느 하나의 소멸은 다른 어음에 영향을 미치지 않는다는 취지로 읽힌다.

### (4) 배서의 효력

어음법상 배서에는 권리이전적 효력($_{14조}^{어}$), 담보적 효력($_{15조}^{어}$), 자격수여적 효력($_{16조}^{어}$)이 주어진다. 전자어음에 관해 전자어음법에 규정이 없는 것은 어음법에 의하므로 전자어음의 배서에도 이 세 가지 효력이 인정된다. 또한 권리이전적 효력에 근거하여 선의취득($_{조\ 2항}^{어\ 16}$)이 인정되는 것도 당연하다.

### (5) 기타 특칙

전자어음의 배서는 20회로 초과할 수 없다($_{조\ 5항}^{전어\ 7}$). 만기의 제한과 같은 입법이유에서 둔 제한이다.

## 3. 보증

전자어음에 어음법상의 보증($_{조\ 1항}^{어\ 30}$)을 할 경우 역시 전자적인 방법으로 하여야 하므로 전자어음법 제8조에서는 그 방식을 규정하고 있다. 배서와 마찬가지로 어음과 일체성을 이루는 전자문서로 하여야 하며, 전자서명, 보증의 시기 등은 발행 및 배서와 같다($_{8조}^{전어}$).

## 4. 지급제시

### (1) 지급제시의 방법

전자어음도 제시증권이지만, 유체물인 어음을 제시할 수 없으므로 이에 갈음하는 방법으로, 전자어음을 발행인의 지급담당은행에 송신하고 당해 지급담당은행이 수신한 것을 어음의 제시로 의제하고 제시와 같은 효력을 인정한다($_{조\ 1항}^{전어\ 9}$).

### (2) 어음상환의 의제

전자어음도 상환증권이지만, 실물의 상환이 불가능하므로 전자어음법 제10조는 지급은행이 관리기관에 지급사실을 통지하거나 관리기관의 정보처리조직에 의하여 지급이 완료된 경우 어음채무자가 당해 어음을 환수한 것으로 의제하는 규정을 둠으로써 어음의 상환증권성을 유지한다.

### (3) 기타 특칙

전자어음의 일부지급은 허용되지 않는다($^{전어}_{11조}$). 전자어음에는 일부수령의 문언을 기재하는 것을 전자적으로 처리하기 어려운 탓이다.

## 5. 지급거절

전자어음의 지급거절은 거절증서를 작성하지 않고 보다 간편한 방법으로 증명할 수 있다. 지급은행이 지급을 거절할 때에는 전자문서로 지급거절을 하고($^{전\ 12}_{조\ 1항}$), 동 전자문서를 관리기관에 통보하고 전자어음관리기관이 이를 확인하면 동 거절의 전자문서는 어음법 제44조 제1항의 거절증서와 같은 효력을 가진다($^{동조}_{2항}$).

지급거절의 전자문서는 지급제시를 위한 전자어음의 여백에 지급이 거절되었음을 표시하는 문구를 기재하는 방식으로 작성하거나, 전자어음의 일부가 되는 별도의 문서로 작성하여야 한다($^{전어령}_{10조\ 1항}$).

## 6. 상환청구

전자어음의 소지인이 지급거절된 전자어음으로 상환청구를 하고자 할 경우에는 지급은행에 대한 지급제시와 마찬가지 요령으로 전자어음과 지급거절의 전자문서를 상환의무자에게 송신하는 방법으로 한다($^{전어\ 13}_{조\ 1항}$). 이에 응하여 상환의무자가 상환의무를 이행하면 상환의무자는 관리기관에 지급사실을 통지해야 하는데($^{전어\ 13}_{조\ 2항}$), 이 통지를 하면 상환의무자가 어음을 환수한 것으로 의제하므로($^{전어\ 13}_{조\ 3항}$) 상환의무자는 자신의 전자에 대해 재상환청구를 할 수 있다.

## 7. 어음의 회수와 수령거부

1) 착오발행어음의 회수    전자어음의 송신상대방을 그르친 경우에는 당연히 전자어음을 회수하여야 할 것이나, 원인관계에 분쟁이 있어 발행인 또는 배서인이 일방적으로 회수하고자 하는 경우도 있을 수 있으므로 일단 전자어음이 발행된 이상 발행인 또는 배서인의 의사만으로 전자어음을 회수하게 할 수는 없다. 그러므로 전자어음법에서는 발행인 또는 배서인이 전자어음을 착오로 발행하였다는 등의 이유로 어음을 회수하고자 할 경우에는 전자어음의 소지인으로 하여금 관리기관에 반환의사를 통지하게 하고($^{전어\ 14}_{조\ 1항}$), 이 경우 전자

어음을 발행하지 않은 것으로 보고 관리기관이 당해 전자어음의 발행 또는 배서를 말소하도록 하는 방법을 취하고 있다(전어 14조 2항).

요컨대 발행인 또는 배서인이 착오로 발행 또는 배서한 전자어음을 회수하기 위하여는 소지인과 어음 외의 합의에 의존하여야 할 것이고, 합의가 이루어지지 않은 경우에는 발행인 또는 배서인과 소지인 간에 어음의 반환에 관한 쟁송으로 전개될 것인데, 이 점은 종이어음을 착오로 발행 또는 배서한 경우와 차이가 없다.

2) **전자어음의 수령거부**　　어음의 수수당사자 간에 지급수단에 관해 분쟁이 있을 수 있다. 예컨대 원인채무자는 어음으로 지급하고자 하고 원인채권자는 현금으로 지급할 것을 요구하는 경우와 같다. 전자어음의 발행·배서는 상대방이 수신한 때에 이루어진 것으로 보는데(전거 6조 2항), 그 수신이란 수신자의 의사에 관계없이 이루어지므로 원인채권자는 본인의 의사와 무관하게 전자어음을 수령하게 되는 예도 있을 수 있다. 이러한 경우 수신자가 수령을 거부하고자 할 경우에는 관리기관에 수령거부의사를 통지함으로써 수령을 거부할 수 있다(전어 14조 3항). 이 통지가 있으면 전자어음을 수령하지 않은 것으로 보며, 관리기관으로부터 증명서를 받아 수령거부의 사실을 증명할 수도 있다.

## 8. 전자어음의 정본성의 확보

전자문서를 타인에게 이전할 때에는 기본적으로 복사기능에 의존하므로 같은 문서가 송신자에게 잔류한다(전자문서의 잔류성). 따라서 전자문서의 경우에는 복사문서와 피복사된 문서의 정본성을 판명하기가 용이하지 않다. 전자어음법은 전자증권방식에 의해 전자어음 자체가 이동하는 방식을 취하고 있으므로 전자어음의 발행·유통·권리행사에 있어서는 전자어음의 정본의 단일성과 동일성을 확보하는 것이 매우 중요한 문제이다. 이 점은 전자어음법시행령에서 관리기관이 기술적으로 다루어야 할 문제로 규정하고 있다(전어령 7조 1항, 8조 2항·3항·4항, 9조 1항).

# 부록: 민법의 기초이론

## 서론

### 1. 상법의 목적

상법은 기업에 관한 특별사법이다. 현대경제사회는 기업활동이 이끌어가고 있다는 점에 의심의 여지가 없다. 그러므로 경제사회가 건전하고 활발하게 운영되기 위해서는 기업활동이 충실하고 안정되어야 한다. 기업활동이 안정되고 충실하기 위해서는 개개 기업의 경영이 성공적으로 영위되는 것도 중요하지만 기업활동으로 형성되는 법률관계가 확실하고 안정적으로 처리되어야 한다. 즉 기업활동으로 인해 누구에게 어떤 권리가 생겨나고 누구에게 어떤 의무가 생겨나는지 법률이 알려지며, 그 권리와 의무가 실현되도록 돕는 것도 법률의 역할이다. 상법은 상인의 기업활동에서 특히 자주 일어나는 사법적인 법률문제를 중점적으로 규율함을 통해 기업활동의 유지, 활성화를 지원한다.

### 2. 민법과 상법

우리의 경제생활에서 경제주체 간에 발생하는 법률문제는 기본적으로는 민법에 의해 해결된다. 민법은 일반사법이기 때문이다. 사법(私法)이란 사인 간의 권리와 의무관계를 규율하는 법을 뜻하며, 일반사법이란 그러한 사법 가운데서도 가장 기초적인 법을 뜻한다. 모든 경제주체 간의 법률문제란 바로 사인 간의 문제이므로 기본적으로는 민법의 적용대상이다.

그러나 민법은 일반사인을 당사자로 예상하고 만들어진 것이므로 영리성을 본질로 하는 상인의 기업 생활에는 적합하지 않은 것도 있다. 예컨대 의류제조업자 A가 의류도매상 B에게 청바지 100벌을 공급한다고 하자. 이러한 매매의 약속을 어떻게 이행해야 하며 이행하지 않을 경우 어떠한 효과가 생긴다는 것은 이미 민법에 규정되어 있다. 그러나 상인 간의 거래에서는 민법이 예상하지 못한 특수한 문제들이 생겨난다. 가령 A가 B에게 공급한 청바지에 흠이 있다고 하자. 민법에 의하면 B가 그 흠을 발견하고 6개월 내에는 언제든지 A의 책임을 물을 수 있다 $\left(\substack{민 \\ 582조}\right)$. 그러나 상인의 세계에서는 이와 같은 해결은 너무 더딘 방법이다. 상인은 모든 거래를 신속하게 처리하여야 영리실현이 가능하기 때문이다. 그래서 상인의 거래에서 생긴 법률문제는 이와 다른 해결이 필요하다. 이 같은 경우 상법은 B가 물건을 수령하면 지체 없이 흠이 있는지 검사해야 하고, 흠이 있다면 즉각 A에게 통지하여야 A의 책임을 물을 수 있도록 한다 $\left(\substack{상 \\ 69조}\right)$.

이같이 상거래에서 생긴 법률문제로서 일반인의 거래와는 달리 취급하여야 할 필요가 있는 문제들만 추려내어 상법에서 규정하고 있다. 그래서 상법을 기업에 관한 특별사법이라고 하는 것이다. 그리하여 상거래에서 생긴 문제로서 상법에 특별한 규정이 있으면 이 규정이 민법에 우선하여 적용되지만, 상법에 특히 정한 바가 없다면 민법의 규정이 적용된다.

그러므로 상법은 그의 일반법인 민법과 밀접한 관계를 가지고 있을 뿐 아니라, 상법에서는 이미 민법에서 사용하고 있는 법개념들을 민법에서의 의미대로 사용하고 있으므로 독자는 상법을 공부하기 전에 우선 기초적인 민법 지식을 반드시 구비해야 한다. 그래서 이 책에서는 부록으로 민법의 기초이론들을 간단히 소개하는데, 따로 민법을 공부하지 않은 독자는 먼저 이 부분의 내용을 파악하고 특히 이 부분에 등장하는 민법용어들의 뜻을 정확히 이해해야 한다.

# 제1장    민법총칙

## 1. 민법의 체계

민법은 제1편 총칙, 제2편 물권, 제3편 채권, 제4편 친족, 제5편 상속이라는 다섯 개의 편으로 이루어져 있다. 그중 제2편의 「물권」과 제3편의 「채권」은 재산거래에 관한 규정들이고, 제4편의 「친족」과 제5편의 「상속」은 가족관계에서 생겨나는 문제들을 다루고 있다. 물권과 채권에 관한 법을 특히 「재산법」이라 부르는데, 상법의 기초법리로서 중요한 것은 바로 이 재산법이다. 그리고 제1편의 총칙은 민법 전반에 걸쳐 공통적으로 적용될 만한 기본적인 원리들을 다루고 있지만, 주된 적용대상은 물권과 채권의 법률관계이다. 따라서 민법총칙도 상법의 중요한 일반법이다.

## 2. 민법의 뜻

앞서 민법의 개략적인 뜻을 설명했지만, 다시 한번 설명한다.

민법은 사법의 일반법이다.

법률을 가장 크게 분류하자면 공법과 사법으로 나누어진다. 공법이란 국가와 국민 간의 관계와 같은 불평등한 권력관계를 규율하는 법을 말하고(예: 헌법, 행정법, 형법 등), 사법이란 사인과 사인 간의 평등한 이해관계를 규율대상으로 하는 법을 가리킨다. 민법은 일반사인 간의 이해를 조정하는 기능을 하므로 가장 대표적인 사법이다.

한편 사법도 법이 규율하고자 하는 법률관계나 사람의 특색에 따라서 여러 가지로 분류할 수 있다. 예컨대 상법은 사인 중에서도 특히 상인의 기업활동을 규율대상으로 하므로 적용 범위가 협소하다. 이에 대해 민법은 아무런 특색이 없는(또는 특색이 있더라도 그 점을 무시하고) 사인과 사인의 관계를 규율하므로 적용 범위는 매우 광범하다. 그러한 의미에서 민법을 사법의 일반법이라 한다. 이에 대해 상법과 같이 특정의 사인 간 또는 사인 간의 특정의 법률관계만을 대상으로 하는 법을 특별사법이라 한다.

특별법은 일반법에 우선하여 적용한다. 일반사법으로서의 민법과 특별사법으로서의 상법의 관계를 예시하면 다음과 같다. 예컨대 A가 B로부터 집을 한 채 사기로 하였다 하자. 아무런 선입견을 갖지 않고 이에 적합한 법규정을 찾는다면 민법에서 이들의 매매를 규율할 만한 규정을 찾아서 적용하면 된다. 그런데 A와 B가 마침 부동산매매를 업으로 하는 상인이라 하자. 그렇다면 우선 상법에 이들의 거래를 규율하는 데 적합한 규정들이 있는지를 찾아 적용해야 하고, 있더라도 일부의 문제만을 해결하고 있다면 다른 사항에 관해서는 민법의 규정을 적용해야 한다.

### 3. 법률관계와 권리

사법은 사인 간의 권리와 의무를 중심된 규율대상으로 한다. 즉 권리를 가진 자가 자기의 권리를 만족스럽게 행사할 수 있도록 돕고, 의무를 가진 자가 이를 충실히 이행하도록 독려하는 것이 사법의 사명이다.

사인과 사인이 서로 권리와 의무를 가지고 있을 때 우리는 양자 간의 권리와 의무의 관계를 법률관계라 한다. 예컨대 A가 B의 집을 사기로 계약을 체결하였다 하자. 이로 인해 A는 B에 대해 집값을 치러야 할 의무를 가지며 B는 A에게 집의 소유권을 이전해 줄 의무를 부담한다. 그리고 A와 B는 상대방이 갖는 의무에 대응하는 권리를 갖는다. 이같이 권리와 의무를 갖는 A와 B의 관계는 법률관계이며, 이러한 종류의 법률관계를 민법에서는 매매라고 부른다.

권리는 몇 가지 기준에 의해 분류할 수 있는데 가장 중요한 분류로는 채권과 물권을 들 수 있다.

채권이란 특정인이 다른 특정인에 대해 일정한 행위를 요구할 수 있는 권리이다. 위 예에서 B가 A로부터 대금을 받을 수 있는 권리, A가 B로부터 집의 소유권을 이전해 받을 권리는 채권이라 하고 채권을 가진 자를 채권자라 한다. 채권은 필히 이에 대응하는 의무를 요하는데, 이 의무를 채무라 하고 채무를 가진 자를 채무자라 한다. 채권은 채무자가 자신의 의무를 이행함으로써 실현된다. 이같이 타인의 협력을 얻어야만 실현할 수 있는 권리를 상대권이라 한다.

물권이란 물건을 직접 지배해서 이익을 누릴 수 있는 권리이다. 독자가 읽고 있는 이 책이 빌린 것이 아니고 산 것이라면 독자는 이 책에 대해 소유권이라는 물권을 가진다. 독자가 이 책을 사용하는 데는 누구의 협력도 필요하지 않다. 왜냐하면 독자는 이 책을 스스로의 힘으로 이용할 수 있는 법적 힘을 갖기 때문이다. 세상 사람 모두가 독자의 권리를 존중할 의무를 가진다는 뜻에서 대세권이라고도 한다.

또 하나 중요한 권리의 종류로서 형성권이라는 것이 있다. 형성권이란 어느 법률관계의 당사자가 일방적으로 어떠한 법률효과를 원하는 의사표시를 함으로써 그 법률관계가 창설되거나 변경되는 효력을 가져오는 권리이다. 상법에 자주 나오므로 그 뜻을 좀 더 분명히 하자. 가령 A가 B에게 집을 팔고 대금을 달라고 청구한다고 하자. 이 대금채권은 계약상 이미 존재하는 권리이고 A의 청구에 의해 비로소 생기는 권리가 아니다. 그러나 B가 채무를 이행하지 않으므로 A가 이 매매계약을 해제하려 한다. A가 해제할 수 있는 권리는 형성권이다. 형성권이므로 A가 일방적으로 해제한다는 뜻을 표시함으로써 계약이 소멸되는 효과가 생기는 것이다.

### 4. 법률행위

#### (1) 법률요건과 법률사실

위 예에서 보듯이 A와 B에게 여러 가지 권리의무를 내용으로 하는 법률관계가 형성되는 것을 「법률효과」라 한다. 법상 법률효과를 낳게 하는 원인이 되는 것을 「법률요건」이라고 하고, 법률요건을 이루는 사실을 「법률사실」이라고 한다. 즉 법률사실이 발생하여 법률요건을 충족하면 그 효과로서 법률관계가 형성되는 것이다. 법률사실에는 여러 가지 형태가 있는데, 가장 흔한 예는 「법률행위」와 「불법행위」이다. 예컨대 A가 자동차를 몰고 가던 중 실수로 횡단보도를 지나가는 B를 치어 상처를 입혔다 하자. 여기서 A의 행위는 불법행위라는 법률사실이며 이를 법률요건으로 하여 A는 B에게 손해배상을 하여야 하는 법률효과가 생겨난다. 법률행위는 난을 바꾸어 설명한다.

#### (2) 법률행위와 의사표시

위에 든 자동차사고에서의 A의 행위와 같이 위법한 행위로 인해 법률관계가 생겨나기도 하지만, 보통의 법률관계는 적법한 행위를 원인으로 해서 생겨난다. 법률관계를 발생시키는 적법한 행위에도 여러 가지 유형이 있으나, 주류를 이루는 것은 법률행위이다.

법률행위란 일정한 법률효과 즉 법률관계의 형성을 원하는 사람의 의사표시가 단독으로, 또는 그러한 의사표시 수개가 결합하여 형성하는 법률요건이다. 여기서 주목할 것은 「의사표시」라는 단어이다. 이 의사표시에 의해 법률행위가 이루어지고 그 효과로서 법률관계가 생긴다는 것은 바로 이 사회에서 사람이 자기의 의사에 따라 생활을 영위할 수 있도록 법이 조력해 줌을 뜻한다. 예컨대 독자가 서점에 가서 이 책 한 권을 구입한다고 하자. 그러면 우선 책장을 몇 장 들춰보고 살지 말지를 결정한다. 이 행위는 법적으로 아무 의미도 없다. 아직까지는 자신의 의사결정을 하는 과정에 지나지 않으므로 타인과 어떤 관계도 맺을 일이 없기 때문이다. 사기로 결심했다. 우선 좋은 책을 고른 것을 축하드린다. 그리고 서점주인에게 이 책이 얼마이냐 물어본다. 물론 책에 정가가 쓰여 있지만 혹시 할인해 줄지도 모르니까. 서점주인이 가격을 말한다. 여기까지도 법적으로는 별 의미가 없다. 단순한 정보수집의 단계이므로. 그러나 다음 단계로 독자는 주인이 말한 가격대로 돈을 꺼내어 주고 책을 건네준다. 책값은 만원이라 하자. 그러면 주인은 돈을 받고 영수증을 써주고 책을 포장해 준다. 이같이 단순한 거래도 잘 살펴보면 법률행위, 의사표시라는 법적 용어로 분석할 소재가 된다. 독자가 책을 골라 책값을 내며 주인에게 책을 보여주는 것은 독자는 만원을 줄 터이니 이 책을 팔라고 하는 뜻을 표현한 것이다. 그리고 주인이 고개를 끄덕이며 책을 포장해 주고 영수증을 써 준 것은 독자의 제의를 받아들이겠다는 뜻을 표현한 것이다.

이와 같이 이 책을 만원에 사겠다는 독자의 뜻과 그 제의를 받아들인 서점주인의 뜻이 맞아떨어져 이 책의 매매라고 하는 계약이 성립한 것이다. 여기서 법률적으로 가치평가가 가능하고 또 법적으로 보호해 주어야 할 요소는 바로 독자가 이 책을 만원에 사겠다고 하는 뜻의 표현, 그리고 서점주인이 그 값이면 팔겠다라는 뜻의 표현이다. 이 같은 일정한 법적 효과를 수반하는 뜻의 표현을 법학에서는 「의사표시」라고 한다. 의사표시는 모든 법률행위의 요소를 이루는 것이므로 매우 중요하고, 또 민법학 나아가서 사법학에서 기본이 되는 개념이다.

의사표시는 의사표시를 하는 자($^{표의}_{자}$)가 구두 또는 문서에 의해 의욕하는 바를 명확히 나타내는 방법으로 행하는 경우가 흔하지만($^{명시적}_{의사표시}$), 언어적 또는 비언어적인 행동을 통해 사회통념상 일반인이 공통으로 이해하는 내용으로 자신의 의사표시를 할 수도 있다($^{묵시적}_{의사표시}$). 예컨대 위에 든 이 책을 구매하는 예에서, 독자가 서점주인에게 "이 책을 만원에 사겠소"라고 말하고, 서점주인이 "좋습니다. 만원에 이 책을 팔겠소"라고 말한다면 명시적으로 의사표시를 교환한 것이지만, 독자가 "이 책을 만원에 사겠소"라고 명시적으로 말했지만, 서점주인은 가타부타 말없이 만원은 서랍에 집어넣고, 책을 종이백에 넣어 탁자 위에 내밀었다면, 이는 묵시적으로 "이 책을 만원에 팔겠소"라는 의사표시를 한 것이다.

### (3) 법률행위의 종류

법률행위는 여러 기준에 의해 분류할 수 있으나 가장 기초적인 분류는 단독행위, 계약, 합동행위의 구분이다. 이는 법률행위를 하는 당사자들의 의사표시가 여하한 형태로 법률행위를 구성하느냐에 따른 구분이다. 우선 계약부터 설명한다.

「계약」이란 동일한 법률효과를 원하는 2인 이상의 당사자들이 내용상 합치하는 의사표시를 교환하여 완성시키는 법률행위를 말한다. 가장 흔한 법률행위이다. 의식하지 못할 뿐이지 우리의 일상생활에서 무수히 경험하는 법률행위이다. 독자가 아침에 학교에 오는 과정부터 생각해 보자. 버스를 타고 왔다면 버스 운전사와 말을 주고받지 않았을 뿐이지 묵시적으로 운송계약을 체결한 것이다. 학교에서 수업을 듣다가 자판기에 가서 커피를 뽑아 마셨다면 이 역시 계약이다. 독자가 1,000원을 내는 것, 운영자가 자동이지만 기계를 작동시키는 것을 통해 계약을 체결한 것이다. 점심시간이 되어 학교 주변에 식당에서 밥을 먹는다 하자. 식당의 벽에 우동 5,000원이라 쓰여 있다. 이는 식당 주인이 5,000원을 내면 우동 한 그릇을 주겠다는 의사를 표시한 것이다. 독자가 종업원에게 '우동 하나'라고 말했다면 주인이 제시한 가격대로 우동 한 그릇을 구입하겠다는 의사를 표시한 것이다. 또 독자들이 학교에 다닌다는 사실 자체가 여러분이 학교운영자와 체결한 계약의 효과를 누리고 있는 것이다. 요즈음 수업이 끝난 후의 학생들의 생활은 잘 알지 못하므로 더 이상 예를 들지 못하지만, 독자는 계약이 얼마나 흔한 우리의 생활수단인지를 알아차렸을 것이다.

「단독행위」는 한 사람의 일방적인 의사표시로 독립된 법적 효과를 발휘하는 법률행위이다. 예컨대 어느 부유한 노인이 임종시에 내가 죽으면 내 전재산을 어느 고아원에 주라고 유언을 했다 하자. 이 유언은 단독행위이고, 이에 의해 돌아가신 분의 전재산이 고아원에 귀속되는 효과가 생긴다. 또 A가 B로부터 집을 사기로 계약을 하였는데, B가 차일피일 등기이전을 미루고 있다고 하자. 그래서 A는 계약이 없었던 것으로 하고 싶다. 그때의 방법은 매도인 B를 상대로 계약을 '해제'하는 것이다. 해제를 하는 방법은 A가 B에게 일방적으로 해제한다는 뜻을 통고하는 것으로 족하다. A가 '해제한다'는 의사표시만으로 매매계약이 효력을 잃게 되는 법적 효과가 발생하는 것이다.

「합동행위」란 다수의 사람이 일치된 의사표시를 하여 그들에게 공통된 법효과를 발생하게 하는 행위이다. 수인의 의사표시가 모아져 하나의 법률행위를 이룬다는 점에서 계약과 같지만,

계약은 당사자 간에 서로 상대방을 향해 의사표시를 하는 것임에 대해 합동행위는 상대방에 대한 의사표시가 아니고 수인의 의사표시가 구심적으로 모아져 하나의 법률행위로 완성된다는 차이점이 있다. 사단법인을 설립하는 행위가 대표적인 예이다.

### 5. 법률행위와 의사표시의 무효·취소

#### (1) 무효·취소의 뜻

「무효」와 「취소」라는 말은 상법은 물론이고 어떤 법률에서도 수없이 나오는 말이므로 그 뜻을 정확히 이해해야 한다. 무효와 취소는 의사표시나 법률행위에 하자가 있음을 원인으로 한다는 점에서 공통되나, 구체적인 효과에서 차이를 보인다. 「하자」란 의사표시 또는 법률행위에 당사자들의 의도대로 그 효력을 발생시킬 수 없는 흠이 있다는 뜻이다. 하자라는 말 대신 「흠」이라 해도 좋다.

「무효」란 어떤 법률행위 또는 의사표시가 법률이 정한 요건을 충족하지 못하여 처음부터 효력을 발생하지 못함을 뜻한다. 예컨대 A가 병석에서 임종을 지키고 있는 친구 B에게 나의 전 재산을 너에게 준다고 유언하였다 하자, 유언은 증인을 세운다든지 자필로 증서를 만든다든지 기타 법이 정한 일정한 방식을 구비하지 않으면 무효이다($\binom{민}{1060조}$). 무효라는 것은 법률행위를 할 시점부터 일체의 효력이 발생하지 않음을 뜻하므로 처음부터 A가 유언을 하지 않았던 것과 같다. 그러므로 A는 B에게 전재산을 주려는 뜻을 이룰 수 없다. 설혹 이 말을 듣고 B가 A의 모든 재산을 수중에 넣었다 하더라도 B는 적법하게 재산을 차지하는 것이 아니므로 A의 상속인들이 반환을 청구하면 내놓아야 한다. 법률이 도저히 당사자의 의사대로 효과를 발생시킬 수 없다고 판단하는 커다란 흠이 있을 때 무효가 된다.

「취소」란 법률행위가 일단 유효하지만, 법률행위를 한 자가 그 행위가 없었던 것으로 하고자 하는 의사표시이다. 취소를 하면 법률행위는 처음부터 없었던 것이 되어 결과적으로는 무효와 같다. 그러나 취소를 하기 전까지는 일단 유효한 의사표시 또는 법률행위이고 취소를 하였을 때 비로소 의사표시 또는 법률행위가 처음부터 무효가 되는 것이다.

#### (2) 거래의 안전과 무효·취소의 변수

1) 거래의 안전    A와 B의 거래에 무효사유가 있다고 하더라도 항상 무효를 주장할 수 있는 것은 아니다. 또 취소할 수 있는 의사표시라 하여 항상 취소가 가능한 것도 아니다. 거래의 안전을 위해서이다. 거래의 안전이란 거래에 임한 당사자들이 예측하지 못했던 사정에 의해 방해받지 않고 당초 원했던 대로의 효과를 거둘 수 있음을 말한다. 예컨대 독자가 서점에서 이 책을 살 때 점원이 30%의 할인을 해주었다고 하자. 독자는 이 책이 자기 것이 된 것으로 믿고 독서를 시작한다. 그런데 주인이 알고 펄쩍 뛰며 독자에게 이 책은 할인할 수 없는 책인데 점원이 실수한 것이니 매매를 취소한다고 하며, 책을 돌려달라고 한다. 그리고 책이 더럽혀졌으니 손해를 배상하라고 한다. 이러한 주장이 가능하면 독자들이 책을 구입할 때마다 대단히 불안할 것이다. 언제 어떤 트집으로 책을 돌려달라 할지 모르니까. 다른 예를 들어보자. 독자가 식당에서 벽에 붙은 메뉴판을 보고 정가가 5,000원으로 적혀 있는 냉면을 주문해 먹었다. 다 먹고 나서 계산을 하려는데 8,000원을 내라고 한다. 메뉴의 정가는 옛날 것인데 아직 바꾸지 못했다는 것이다. 이러

한 주장이 가능하다면 음식점에서 식사하기 위해서는 메뉴만 보아서는 안 되고 주인을 불러 거듭 지금의 정가를 확인해야 할 것이다. 그것만으로도 안 된다. 가령 주방장의 실수로 당신 음식에 특히 양이 많이 들어갔으니 돈을 더 내라고 할지도 모르니까. 이래서는 거래에 임하는 당사자들은 서로를 신뢰할 수 없고 우리 사회의 경제는 제대로 운용될 수 없다. 그러므로 당사자들이 거래당시의 사정을 토대로 믿었던 대로 결과를 얻을 수 있게 해주어야 한다. 이같이 당사자의 신뢰대로 거래효과가 주어지는 현상을 「거래의 안전」이라 말하며 법률에서 가장 소중하게 여기는 이념이다. 거래의 안전을 위해서는 의사표시나 법률행위에 어떤 흠이 있다고 해서 무조건 무효가 되거나 항상 취소할 수 있게 하여서는 안될 것이다.

요컨대 어떤 흠있는 거래가 이루어졌을 때 무효·취소가 가능하다 혹은 가능하지 않다라는 판단을 함에 있어서는 거래의 안전이 변수가 되는데, 거래의 안전을 고려함에 있어 참고해야 할 요소들이 있다. 특히 자주 사용하는 개념들을 몇 가지 소개한다.

2) 고의·과실　　남에게 해가 되는 일을 하였을 때 도덕적으로도 일부러 했다는 것과 실수로 했다는 것에 대한 가치판단은 다르다. 이 점은 법에서도 같다. 일부러 했다는 것을 '고의'라고 표현하며, 실수로 했다는 것을 '과실'이라 표현한다. 가령 차를 몰고 가다가 행인이 있는데 상처를 입혀도 좋다는 생각으로 액셀러레이터를 밟았다면 이는 고의에 의한 불법행위이다. 그러나 깜박 졸다가 행인이 있는 것을 모르고 진행하여 치었다면 이는 과실이다. 정상적인 속도로 진행하는 중에 갑자기 행인이 뛰어들어 다쳤다면 그나마 과실도 없는 것이다. 계약의 예를 들어보자. 봉제업자 A가 의류도매상 B에게 6월 30일까지 청바지 100벌을 만들어 납품하기로 합의하였다. 충분히 그 날짜까지 납품이 가능한데도 A에게 더 이문이 많은 거래가 생겨 그 일에 매달리느라 청바지 제조를 뒷전에 미루어 납품기일을 어겼다면 고의로 채무를 불이행했다고 말한다. 그러나 A의 일솜씨가 미숙하여 납기를 맞추지 못했다면 이는 과실이다. A가 제대로 일을 하였으나 옆집에 불이 나 옮겨붙어 제품이 타버렸다면 과실도 없는 것이다. 법에서는 고의인 경우, 과실이 있는 경우, 그리고 과실도 없는 경우에 대한 가치판단을 달리한다. 경우에 따라서는 고의로 한 경우에만 불이익을 주기도 하고, 과실이 있으면 고의로 한 경우와 같이 취급할 때도 있다. 또 원칙적으로는 고의로 한 경우에만 불이익을 주지만, 「중과실」이라 하여 고의는 없으나 과실은 있고 그것이 중대한 실수일 때에 고의와 마찬가지로 취급하는 경우도 있다. 과실이 없을 경우에는 불이익을 줄 수 없다.

3) 악의·선의　　앞의 냉면의 예에서, 독자가 냉면값이 오른 것을 모르고 메뉴판만 믿고 음식을 먹었다는 것과 값이 오른 것을 알았지만 마침 메뉴에 옛 가격이 쓰여 있길래 한번 우겨볼 생각으로 음식을 먹은 경우에 도덕적인 평가가 같을 수는 없다. 법에서도 마찬가지이다. 어떤 사정을 알고 있었다는 것을 법에서는 말 그대로 '알고'라고 표현하기도 하고 '악의(惡意)'라고 표현하기도 한다(악의는 한자의 뜻처럼 '나쁜 뜻'이라는 말이 아니다). 반대로 모르고 있었다는 것을 '알지 못하고'라고 말하기도 하고 '선의(善意)'라는 말로 표현하기도 한다('착한 뜻'이라는 말이 아니다). 법에서는 일반적으로 알지 못하고 믿은 것을 보호한다. 위 예에서 독자가 냉면값이 올랐음을 알지 못하고 주문하였다면 독자는 옛 가격을 치르면 되는 것이다. 악의에도 두 가지가 있다. 알지 못한 데 대해 과실이 있는 경우와 과실이 없는 경우이다. 위 예에서 벽에 찢기고 색이 바랜 종이에 '냉면 5,000원'이라고 쓰여 있

지만, 식탁에 있는 새 메뉴에는 '냉면 8,000원'이라고 큼직하게 쓰여 있었다고 하자. 주의 깊은 사람이라면 식탁 위의 메뉴를 보고 값이 오른 것을 알았든지, 의심스러우면 주인에게 값을 확인했을 것이다. 그러나 독자가 경솔히 벽에 붙은 옛 메뉴판의 가격만 믿고 주문했다 하자. 이러한 경우에는 값이 올랐음을 모르는 것 자체에 과실이 있는 것이다. 법에서는 선의면 다 같이 보호하는 경우도 있으나, 과실 있는 선의는 악의와 같이 취급하여 보호하지 않는 경우도 있다. 이 경우의 법문은 보통 "알고 있었거나" 혹은 "알 수 있었을 경우에는"이라고 표현한다.

4) 상대방·제3자    거래의 안전을 보호한다면 누구를 위해서인가? 가령 A가 B와의 거래를 취소한다면 당장의 피해자는 B가 될 것이므로 B를 보호해야 할 것이다. 이같이 거래의 직접의 반대 당사자를 「상대방」 또는 「거래상대방」이라고 표현한다. 때로는 「제3자」라고 표현하기도 한다. 그러나 제3자는 좀 더 범위가 넓다. 가령 A가 B에게 집을 팔고 B가 이 집을 C에게 되팔았다면 A가 매매를 취소함으로 인해 B는 물론이고 C까지 피해를 입는다. 그러므로 법에서는 거래의 상대방 아닌 자의 보호도 고려해야 할 경우가 있는데, 이 경우의 C를 「제3자」라고 표현한다.

5) '대항하다'    법에서 "대항하지 못한다"는 말을 자주 쓴다. A가 B에게 집을 팔고 그 거래를 무효라고 주장한다고 하자. 이때 거래의 안전을 위해 B에게 그러한 주장을 할 수 없다고 말할 때에는 "B에게 대항하지 못한다"고 말한다. 즉 어떤 법률사실의 효력을 타인에게 주장하지 못한다는 뜻이다.

### (3) 무효 사유

무효가 되는 경우는 법률행위를 하는 사람의 의사표시에 흠이 있는 경우도 있고 행위의 객관적인 요소에 흠이 있는 경우도 있다. 다음에 열거하는 무효의 원인은 반드시 알아두어야 할 내용이다.

1) 의사무능력    법률행위를 하는 자는 그 의사표시를 완전무결하게 할 수 있는 능력을 갖추어야 한다. 이러한 능력을 갖추지 못한 자로서 의사무능력자와 제한능력자가 있다. 제한능력자의 행위는 일정한 경우 취소할 수 있음에 그치지만(후술), 의사무능력자의 행위는 무효가 된다.

의사무능력자란 자신이 하는 행위의 객관적 의미를 이해할 능력이 없는 자를 가리킨다. 의사능력이 있는지 여부는 법률행위를 하는 자가 행위를 할 당시의 그의 구체적인 상태에 의해 판단한다. 예컨대 정신분열증 환자와 같이 일상적으로 능력이 없는 자도 있지만, 만취하여 일시적으로 판단력이 거의 없어진 상태에 있는 자도 의사무능력자이다. 이에 대해 제한능력자는 후술하는 바와 같이 보통 사람에 비해 판단능력이 현저히 떨어진다고 제도적으로 표준화한 자이다.

2) 비진의표시    의사표시를 하는 자가 진실로 그러한 의사표시를 할 의사 없이 하는 의사표시를 비진의표시라 한다. 예컨대 독자가 이 책을 구하러 서점에 갔으나 매진되었다 하자. 독자가 서점주인에게 농담삼아 이 책을 구해주면 10만원을 내겠다고 하였다면 이는 비진의표시이다. 비진의표시도 유효하다($^{민\ 107조}_{1항\ 본문}$). 거래의 안전을 위함이다. 그러므로 서점주인이 이 책을 구해 내놓는다면 독자는 10만원을 내고 사야 한다. 그러나 상대방이 독자의 의사표시가 비진의표시라는 사실을 알았거나, 알 수 있었을 때에는 비진의표시는 무효이다. 상대방이 악의이거나 몰랐더라도 과실이 있는 경우에는 거래의 안전이라는 고려가 불필요하기 때문이다.

3) **허위표시**     당사자들이 의사표시를 하되, 실로 그러한 의사표시를 할 의사가 없이, 그리고 피차 이를 알면서 하는 의사표시를 말한다. 예컨대 A가 빚에 쫓겨 자기의 집을 친구인 B의 이름으로 해두려 하고 B가 이를 허락한다고 하자. 그러면 A는 B에게 집을 판다는 의사표시를 하고 B는 집을 산다는 의사표시를 하지만 피차 매매의 의사가 없다는 것을 알면서 의사표시를 하는 것이므로 이들을 보호할 이유가 없어 무효로 다룬다(민 108조 1항). 그러나 거래의 안전을 위해 선의의 제3자는 보호해야 한다. 그러므로 B가 이 집을 C에게 되팔았다면 A는 자기의 의사표시가 무효이므로 B가 집의 소유권을 취득한 사실이 없고 따라서 B와 C의 매매도 무효라는 사실을 C에게 주장하지 못한다.

4) **법률행위의 목적과 무효**     법률행위를 할 때에는 당사자들이 이를 통해 성취하려는 목적이 있게 마련이다. 가령 A의 집을 B가 사는 계약을 한다면 B는 A의 집의 소유권을 취득하고 A는 B로부터 대금을 받는 것이 A와 B가 집매매를 하는 목적이다. 그런데 이 법률행위의 목적은 몇 가지 요건을 갖추어야 하고 그렇지 못하면 무효이다. 그 요건이란 목적이 「확정」할 수 있고, 「가능」하고, 「적법」하고, 「사회적 타당성」이 있어야 한다.

i) **목적의 확정**     A가 "저에게 좋은 물건이 하나 있는데 사시겠습니까?"라고 했더니 B가 "사겠습니다"라고 답하였다. 두 사람 사이에 약속이 이루어졌지만, 이 거래는 무효이다. 목적이 확정되지 않았기 때문이다. 이같이 무엇을 사고파는지, 얼마에 사고파는지가 결정되지 않은 상태에서는 어떻게 이행해야 할지를 알 수 없으므로 그 계약에 법적인 강제력을 부여할 수가 없는 것이다.

ii) **목적의 가능**     A가 "봉황을 한 마리 구해주면 1,000만원을 주겠소"라고 말하고 B가 이에 응했다. 역시 무효이다. 봉황은 존재하지 않는 새이기 때문이다. 설혹 물리적으로 가능하더라도 사회통념상 불가능할 수도 있는데 이 역시 무효이다. 가령 A가 B에게 페리호를 타고 울릉도를 가다가 결혼반지를 바다에 빠뜨렸는데 이것을 건져주면 1,000만원을 주겠다고 하고 B도 승낙하였다. 물론 물리적으로 가능할 수는 있다. 그러나 1,000만원의 비용으로 바다에 빠진 반지를 건져내는 노력이 통념상 가능할 리가 없다.

iii) **목적의 적법**(임의법규와 강행법규)     법률의 규정 중에는 당사자가 별다른 의사표시를 하지 않았을 때를 감안하여 당사자의 뜻을 보충해 줄 의사로 만든 것이 있는데, 이러한 법규정은 당사자가 원하지 않으면 적용을 배척할 수 있다. 이를 임의법규(또는 임의규정)라고 한다. 가령 A의 집을 B에게 판다면 A가 B에게 소유권을 넘겨주는 것과 B가 A에게 대금을 주는 것은 동시에 이루어지는 것이 원칙이다. 이를 법에서는 동시이행이라 표현한다. 그러나 A와 B는 달리 약정할 수 있다. A가 먼저 소유권을 넘겨주고 대금은 1년 뒤에 받을 수도 있다. 당사자의 뜻이 이와 같은데 굳이 법이 반드시 동시이행하라고 명할 이유는 없다. 그러므로 「동시에 이행하라」는 법규정은 임의규정인 것이다.

그러나 법규 중에는 반드시 지켜져야 하고 이와 다른 약속이 불가능한 것도 있다. 이를 강행법규(또는 강행규정)라 한다. 가령 A가 B에게 돈을 빌려주고 이자를 받는다면 이자는 연리 20%를 넘길 수 없다(이자제한법 2조 1항, 동시행령). 이자율을 제한하는 이유는 금전거래에서는 보통 돈을 빌리는 사람이 불리한 지위에 있게 마련이므로 이러한 경제적 약자를 보호해야 하기 때문이다. 이는 사적자치보다 더 중요한 사회정책적 이념이므로 당사자가 원치 않더라도 이 법의 취지를 관철해야 한다. 그러므로 연리 20%를 넘지 못한다는 것은 강행법규이다. 법률행위의 목적은 강행법규에 위반해서는 안된다. 위반한 약정은 무효이다. 위 예에서 A와 B가 연리 30%의 이자를 약정했다면 20%를 넘는 부분의 이자약정은 무효인 것이다.

    iv) 사회적 타당성    민법 제103조는 "선량한 풍속 기타 사회질서에 위반한 사항을 내용으로 하는 법률행위는 무효로 한다"라고 규정한다. 「선량한 풍속 기타 사회질서」는 「사회질서」라고 줄여 말하기도 하고, 「공서양속」이라고도 부른다. 「선량한 풍속」이란 우리 사회의 일반적인 도덕관념을 가리키고, 사회질서라 함은 국가사회의 공공질서 또는 일반적 이익을 뜻한다. 이에 부합하는 것을 「사회적 타당성」이 있다고 말한다. 인륜에 반하는 계약(예: 부부간 혹은 부모·자식 간에 동거하지 않기로 하는 합의), 개인의 자유를 절대적으로 제약하는 계약(예컨대 종신토록 특정인의 종업원으로 봉직하기로 하는 합의), 정의관념에 반하는 계약(예: 범죄행위를 하기로 하는 합의) 등이 선량한 풍속 기타 사회질서에 반하는 예로서 이를 특히 금지하는 법률이 없더라도 이러한 합의는 무효이다.

    5) 폭리행위(불공정한 법률행위)    민법 제104조는 "당사자의 궁박, 경솔, 무경험으로 인하여 현저하게 공정을 잃은 법률행위는 무효로 한다"고 규정하고 있다. 일반적인 거래에서는 쌍방의 이기심이 경쟁하여 서로 균형을 이루는 대가를 주고받는다. 그러나 때로는 당사자 일방의 사정으로 인해 이 같은 균형이 깨어질 수 있다. 예컨대 A가 고시시험장에 들어가는데, 필기도구를 깜박 잊고 와서 부득이 옆자리의 B로부터 여분의 볼펜을 샀다. 현재 문구점에서는 볼펜 한 자루를 1,000원이면 살 수 있으나, B가 10,000원을 내라 하여 어쩔 수 없이 10,000원을 주고 샀다. B는 A의 궁박한 사정을 이용하여 폭리를 얻은 것이다. 이 같은 거래는 민법 제104조에 의해 무효이다.

    (4) 취소 사유

    1) 제한능력자의 행위    앞서 말한 의사무능력자만큼은 아니지만 보통사람에 비해서는 능력이 떨어지는 사람을 제한능력자라 하는데, 이들은 단독으로 법률행위를 할 수 없고 법정대리인이 대신하거나 그의 동의를 얻어서 법률행위를 해야 한다. 만일 제한능력자가 단독으로 법률행위를 한 경우에는 취소할 수 있다(후술).

    2) 착오의 의사표시    어떤 의사표시를 할 때에는 착오에서 비롯되는 경우가 있다. 예를 들어 A가 어느 농가를 지나가다 당나귀를 보았다. A는 이것이 말인 줄 알고 평소 말 한 마리 가지는 것이 소원이었으므로 당나귀 주인 B와 흥정하여 즉석에서 샀다. 이 거래를 보면, 당나귀를 사겠다는 A의 의사표시는 착오에는 비롯된 것임을 알 수 있다. 즉 자신의 마음속에서 생각한 것은 말을 산다는 것인데, 실제의 의사표시는 당나귀를 사겠다고 한 것이다. 이같이 의사표시에 착오가 있을 경우에는 i) 착오가 없었다면 그 거래를 하지 않았을 만큼 중요한 내용에 관해 착오를 일으킨 것이고, ii) 이 착오가 표의자의 중대한 과실에 의한 것이 아니라면 의사표시를 취소할 수 있다(민109조). 위 당나귀의 예에서 A는 승마를 목적으로 산 것이므로 말로 착각하지 않았다면 당나귀를 사지 않았을 것으로 인정되면 위 i)에 해당하고, A가 말로 착각한 이유는 그 당나귀가 특이종이라서 누구나 착각할 정도로 말과 매우 흡사하다면 ii)에 해당한다. 그러나 거래의 안전을 고려해야 하므로 취소를 하더라도 선의의 제3자에게는 대항하지 못한다.

3) 사기·강박에 의한 의사표시    앞의 당나귀의 예에서 B가 A를 속이기 위해 말이라고 하므로 A가 말이라고 믿고 당나귀를 샀다고 하자. 이같이 타인에게 기망을 당하여 의사표시를 하는 것을 「사기에 의한 의사표시」라고 한다. 사기에 의한 의사표시는 취소할 수 있으나, 역시 선의의 제3자에게는 대항하지 못한다($\frac{민}{110조}$).

A는 B의 동물이 말이 아니라는 것을 알고 살 마음이 없지만, B가 왜 물어보고 안 사느냐며 사지 않을 경우 이 마을 청년들이 가만두지 않을 것이라는 등 위협을 가하므로 공포심을 느껴 당나귀를 샀다 하자. 이같이 타인의 위협에 의해 하는 의사표시를 「강박에 의한 의사표시」라 하며 이 역시 취소할 수 있으나, 선의의 제3자에게는 대항하지 못한다($\frac{민}{110조}$).

(5) 무효·취소의 효력

무효인 의사표시나 법률행위는 앞서 말했듯이 처음부터 효력이 생기지 않는다. 그러나 취소 사유가 있는 행위는 취소할 수 있는 자, 즉 위에서 설명한 제한능력자($\frac{또는 그 법}{정대리인}$), 착오 또는 사기·강박에 의해 의사표시를 한 자가 취소한다는 의사표시를 해야만 취소되는 것이다. 법률행위가 취소되면 그 효력은 무효와 같다. 즉 처음부터 그러한 행위가 없었던 것이 되는 것이다.

거래가 무효이거나 취소되었을 때에는 아직 이행하지 않았으면 이행할 필요가 없다. 이미 이행하였으면 어떻게 되는가? 무효이거나 취소된 거래에 기해 이미 이행된 것은 이른바 「부당이득」에 속한다. 법상 보유할 정당한 원인이 없는 이익이라는 뜻이다. 부당이득은 원래의 권리자에게 반환해야 한다. 당나귀의 예에서 A가 취소하였다면 A는 B에게 당나귀를 돌려주어야 하고 B는 당나귀 대금을 돌려주어야 하는 것이다.

무효인 행위는 처음부터 효력이 없지만, 취소할 수 있는 행위는 취소할 수 있는 자($\frac{취소}{권자}$)가 취소를 해야 비로소 법률행위의 효력이 없어지므로 취소권자는 법률행위의 효력을 유효하게도 할 수 있고 무효하게도 할 수 있는 입장에 있다. 그리하여 취소권자가 언제든 취소할 수 있다면 상대방의 지위가 장기간 불안해진다. 그러므로 법에서는 추인할 수 있는 날로부터 3년, 그리고 법률행위를 한 날로부터 10년 내에 취소권을 행사하도록 한다($\frac{민}{146조}$).

한편 취소할 수 있는 거래라도 취소권자에게 유익할 수도 있다. 이런 경우 취소권 있는 자는 「추인」이라는 것을 할 수 있다. 취소할 수 있는 행위를 추인한다는 것은 취소권을 포기하는 것을 뜻한다($\frac{민}{143조}$). 원래는 취소할 수 있는 행위이지만, 취소권을 포기함으로써 거래는 유효한 행위로 굳어지는 것이다. 무효인 거래도 같은 사정일 수 있다. 법률행위의 목적이 불법하거나 사회질서에 어긋나는 경우에는 법률행위가 객관적으로 흠을 가지고 있어 당사자의 의사로 유효하게 할 수 없지만, 비진의표시나 허위표시 같은 것은 추후 실제로 그 거래를 원할 경우 추인을 할 수 있으며 추인을 하면 새로이 유효한 법률행위를 한 것으로 다룬다($\frac{민}{139조}$).

## 6. 법률행위의 효력발생시기

A가 B에게 집을 팔고 나서 착오에 의한 매매이므로 취소한다고 편지를 하였다. 그러면 A의 취소는 언제 효력이 발생하는가? 모든 의사표시에서 생기는 문제이다. 세 가지 원칙을 생각해 볼 수 있다. 첫째로 A가 이 편지를 발송하였을 때, 즉 우체국에 맡겼을 때 효력이 발생한다고 하는 원칙이다. 이를 발신주의($\frac{또는 발}{송주의}$)라 한다. 둘째, 이 편지가 을의 집에 도달하였을 때 효력이 발

생한다고 하는 원칙이다. 이를 도달주의라 한다. 셋째, 을이 바빠서 편지를 며칠 뒤에 읽었다면 그 읽은 때에 효력이 발생한다고 하는 원칙이다. 이를 요지주의라 한다. 발신주의에 의하면 의사표시의 상대방이 내용을 알지도 못한 가운데 효력이 발생하는 문제가 있어 불공평하다. 요지주의는 수신자가 자기 책임으로 알지 못하더라도 의사표시가 효력을 발생하지 못하는 문제가 있다. 그러므로 법에서는 도달주의를 원칙으로 한다($\frac{민}{111조}$). 다만 예외적으로 발신주의를 적용하는 경우가 있다($\frac{예: 민}{531조}$).

### 7. 대리

#### (1) 대리의 뜻

독자가 서점에 가서 이 책을 사는 것은 동산의 매매라는 법률행위를 하는 것이다. 이 책을 조그만 서점에서 샀다면 직접 서점주인과 거래하였겠지만, 광화문에 있는 교보문고와 같은 큰 서점에 가면 주인은 얼굴도 볼 수 없고 종업원들과 상대해야 한다. 그래서 어느 한 종업원에게 대금을 치르고 이 책을 샀다. 즉 동산의 매매를 한 것이다. 물론 이 책은 그 종업원의 것은 아니고, 서점주인의 것이다. 그러므로 종업원은 독자에게 남의 물건을 판 것이다. 그렇다고 해서 이 책 매매의 효력을 의심할 필요가 없다. 왜냐하면 그 종업원은 서점주인을 대리하여 이 책을 판매할 권한이 있기 때문이다.

서점의 종업원과 같이 타인($\frac{이 경우에}{는 서점주인}$)을 위해 법률행위($\frac{이 경우에는}{책의 매매}$)를 할 권한이 있는 자를 대리인(代理人)이라 부르고, 그 대리인이 타인을 위해 하는 법률행위를 대리행위라 하며, 이러한 대리행위를 할 법률상의 권능을 대리권이라 한다. 그리고 대리인을 선임하여 대리권을 주고 자기를 위해 법률행위를 하게 하는 자를 본인(本人)이라 한다.

대리행위의 효과는 대리인 자신에게 귀속하는 것이 아니라 본인에게 귀속한다는 점이 특색이다. 가령 독자가 국민은행에 가서 예금(계약)을 할 때 은행장과 대화하는 예는 없고 창구의 행원, 예컨대 김영자라는 행원에게 돈을 맡기고 온다. 그렇다고 여러분이 나중에 예금을 찾으러 갔을 때, 은행에서 "김영자한테 맡겼으면 김영자한테 돈을 달라고 하라"고는 하지 않는다. 왜냐하면 김영자는 국민은행을 대리하여 독자와 예금계약을 체결하였으므로 예금의 보관의무와 반환의무는 국민은행이 직접 지기 때문이다.

오늘날 일상적으로 이루어지는 거래, 특히 기업에 의한 상거래는 대부분 대리에 의해 행해진다. 여러분이 일상생활에서 겪는 타인과의 거래를 생각해 보면 대부분이 대리행위에 의존함을 알 수 있다.

#### (2) 대리의 종류

위 서점이나 은행의 예에서 종업원이 대리권을 갖게 된 이유는 본인인 서점주인 또는 은행이 종업원으로 채용하고 대리권을 수여하였기 때문이다. 이같이 본인의 선임행위($\frac{이를 「수권}{행위」라 한다}$)에 근거한 대리를 「임의대리」라 한다. 앞서 미성년자 등의 제한능력자에게 법정대리인이 있음을 보았다. 법정대리인은 제한능력자가 선임하여서 대리인이 된 것이 아니고 제한능력자의 친권자나 후견인과 같이 법상 일정한 지위에 있는 자가 법률의 규정에 의해 대리인이 되는 것이다. 이같이 대리권이 법에 근거하여 주어진다는 뜻에서 「법정대리」라 한다. 제한능력자의 법정대리인

외에도 많은 경우에 법정대리가 존재한다.

법률행위의 어떤 측면을 대리하느냐에 따라 「능동대리」와 「수동대리」라는 말을 쓴다. 능동대리란 본인을 대신하여 의사표시를 하는 것이고, 수동대리란 본인을 대신하여 상대방으로부터의 의사표시를 수령하는 것이다.

### (3) 현명주의

A가 사업 관계로 급히 1,000만원이 필요하여 인근에 사채업을 하는 사람에 돈을 빌리려 하는데, 몸이 불편하여 대학생인 아들 B를 대신 보낸다 하자. B가 사채업자에게 가서 "우리 아버지를 대신하여 왔다"는 말을 생략하고 3,000만원을 빌려 달라고 하면 사채업자는 B가 돈이 필요한 줄 알 것이고, B에게 빌려준다는 생각을 하고 돈을 내줄 것이다. 그러면 그 돈을 집에 가지고 가서 A에게 주었다 할지라도 사채업자에 대한 관계에서는 B가 채무자가 되고 추후 B가 그 돈을 갚아야 한다. 이렇게 되지 않으려면, B는 A의 대리인 자격으로 돈을 빌린다는 말을 해야만 한다. 이를 본인의 이름을 밝힌다는 뜻에서 「현명주의(顯名主義)」라 한다. 대리인이 대리임을 밝히지 않고, 즉 현명하지 않고 법률행위를 하면 대리인 자신의 행위로 본다($_{조 본}^{민 115}$). 즉 위 예에서와 같이 사채업자에 대해서는 B가 3,000만원의 채무자가 되는 것이다. 그러나 사채업자가 상식이 있다면 대학생이 3,000만원을 빌릴 리 없다는 것을 알 것이고, 또 A와 수시로 대차거래가 있었던 만큼 B가 아버지 얘기를 하지 않더라도 A가 돈을 빌린다는 사실을 잘 알 것이다. 이같이 현명하지 않고 대리행위를 하더라도 상대방이 본인을 위한 것임을 알았거나 알 수 있었다면 대리행위로서의 효과가 있다($_{조 단}^{115}$). 즉 A가 채무자가 되는 것이다.

한편 교보문고의 예에서 현명주의의 원칙을 고집한다면, 독자가 "이 아무개가 지은 상법책을 한 권 주시오"라고 하면 서점종업원은 이 책을 꺼내들고 "이 책은 나의 것이 아니고 서점주인의 것인데, 내가 그를 대리하여 판매하는 것입니다"라고 말해야 옳다. 그렇지 않으면 서점종업원이 자기의 책을 판 것이 된다. 하지만 이런 말을 하는 일도 없다. 이는 민법 제115조가 규정하는 「상대방이 대리행위임을 알았거나 알 수 있었을 때」에 해당하므로 여전히 대리행위로 간주해야 하기도 하지만, 상거래에는 현명주의의 예외가 있다. 이 점 상행위 편을 참조하기 바란다($_{참조}^{112면}$).

### (4) 무권대리

다시 사채업자의 얘기로 돌아가자. A가 그런 심부름을 시킨 사실은 없으나, B가 돈이 아쉬워 사채업자에게 가서 우리 아버지의 부탁이라 말하고 돈을 빌려왔다. 이같이 타인을 대리할 권한이 없는 자가 타인을 대리하여 법률행위를 하는 것을 무권대리라 한다. 이러한 무권대리를 가지고 본인에게 책임을 물을 수는 없으므로 이는 무효인 대리행위이다($_{130조}^{민}$). 위 예에서 A가 채무를 부담하지 않는다는 뜻이다. 그러면 사채업자가 딱해진다. 이 경우 사채업자는 무권대리인인 B에게 채무이행($_{의 반환}^{즉 차입금}$)을 청구하거나 손해배상을 청구할 수 있다($_{135조}^{민}$).

혹 A가 B의 채무를 대신 갚아 줄 생각을 할 수도 있다. B가 생각을 바꾸어 돈을 아버지에게 갖다 주었기 때문일 수도 있고, 전부 아들이 탕진하였지만 아들이 한 짓이니 어쩔 수 없어서일 수도 있다. 어떤 동기이든 무방하다. 이 경우 A는 B의 무권대리를 추인할 수 있다. 추인하면 무권대리는 소급하여 유권대리가 되므로 A가 채무를 부담한다.

### (5) 표현대리

앞서 거래의 안전이 민법의 중요한 이념임을 말하였다. 거래의 안전을 고려한다면 무권대리행위라도 상대방이 적법한 대리행위라고 믿었다면 유효한 대리로 보아주는 것이 바람직하다. 그러나 거래의 안전이 아무리 중요하더라도 자기 의사에 기인하지 않은 책임을 지게 할 수는 없다. 무권대리를 무효로 하는 것도 바로 이 이유에서이다. 하지만 상대방이 무권대리를 유권대리로 믿은 것에 대해 본인의 책임이 개재된다면 달리 생각해야 한다. 다시 사채업자의 예로 가보자. 자금거래를 할 때에 A가 수시로 아들 B를 보내왔던 바이므로 사채업자는 B가 왔을 때 이번에도 B가 아버지의 심부름을 온 것으로 믿었다. 그리고 우리의 거래상식으로 보아 이런 믿음이 크게 잘못된 것이라 비난하기도 어렵다. 오히려 아버지가 아들을 수시로 대리인으로 이용하였으므로 사채업자가 오해할 소지를 만들었으며, 대리인(아들)의 단속을 잘하지 못했다고 비난할 만하다. 이같이 상대방이 무권대리를 유권대리로 믿은 것에 관해 본인에게도 책임이 있다면 거래의 안전을 위해 유권대리와 같이 본인이 책임지게 한다. 즉 위 예에서 아버지가 채무자로서 변제할 책임을 지는 것이다. 이같이 본인에게 책임있는 사유로 상대방이 유권대리로 믿은 무권대리행위를 표현대리(表見代理)라고 한다. 표현대리가 되는 무권대리는 다음과 같은 세 가지 유형이 있다. ① 실제는 대리권을 주지 않고 대리권을 주었다고 대외적으로 표시하는 것이다. 예컨대 평소에 A가 사채업자에게 앞으로 돈을 빌릴 때는 우리 아들을 보내겠다고 말해 두었다 하자, 그러나 실제 아들에게 돈을 빌려 오라 심부름을 시킨 일은 없는데 아들이 돈을 빌렸다면 표현대리에 해당한다($\frac{민}{125조}$). ② 대리권을 주기는 하였으나 대리인이 자기의 권한을 초과하여 대리한 경우이다. 예컨대 아버지가 아들에게 1,000만원을 빌려오라 했는데 아들이 1,500만원을 빌린 것이다. 이 경우 역시 표현대리에 해당한다($\frac{민}{126조}$). ③ 대리권이 소멸한 후에 대리인이 대리행위를 한 경우이다. 예컨대 어느 회사가 경리부장에게 은행으로부터의 융자업무를 전담시켜 오다가 이를 해임하였는데, 그가 아직 경리부장인 것처럼 은행을 방문하였고 은행은 해임 사실을 알지 못하고 융자를 해 준 경우이다. 이 역시 표현대리에 해당한다($\frac{민}{129조}$).

표현대리의 요건은 이상과 같으나, 상대방이 표현대리를 주장하며 본인의 책임을 물으려면 그가 무권대리인에게 대리권 있음을 믿고, 또 믿은 데 과실이 없어야 한다.

### 8. 조건과 기한

### (1) 조건

A가 B에게 "자네가 자동차면허시험에 합격하면 자동차를 선물하겠다"라는 약속을 하였다. 여기서 자동차를 선물한다는 것은 대가 없이 주겠다는 것이고 이같이 대가 없이 재산을 주는 약속을 증여라고 한다. 그런데 이 증여는 B가 면허시험에 합격해야 효력이 생긴다. 합격 여부는 불확실하다. 이같이 법률행위의 효력을 장래의 불확실한 사실의 성부에 의존시킬 경우, 그 사실을 「조건」이라 한다. 이 약속에서 조건은 두 가지 방법으로 붙일 수 있다. 위 예문과 같이 면허시험에 합격하면 자동차를 준다는 식으로 할 수도 있고, 자동차를 주되 면허시험에 불합격하면 자동차를 반환받겠다는 식으로 붙일 수도 있다. 전자의 방법으로 하면 합격이라는 사실이 증여가 효력을 발생하는 요건이 된다. 이를 「정지조건」이라고 부른다. 후자의 방법으로 하면 불합격

이라는 사실이 증여가 효력을 잃는 요건이 된다. 이를 「해제조건」이라 부른다.

법률행위에는 일반적으로 자유롭게 조건을 붙일 수 있지만, 법률에서 조건을 붙일 수 없게 하는 경우도 있고 법해석상 조건을 붙일 수 없다고 보아야 할 경우도 있다. 대개 조건을 붙이면 법률관계가 불안정해져 다른 사람들의 이익을 크게 해치거나 사회질서에 어긋나는 경우이다. 가족법상의 법률행위(예: 혼인)는 일반적으로 조건을 붙일 수 없고, 어음·수표상의 법률행위도 대체로 조건을 붙일 수 없다.

(2) 기한과 기간

1) 기한　　법률행위에서는 흔히 시간이나 날짜가 약속이행의 기준이 되는 수가 많다. 이같이 일정한 권리나 의무의 발생 혹은 소멸의 시간적 기준이 되는 시점을 기한이라 한다. 기한에는 시기와 종기가 있다. 예컨대 A가 7월 1일부터 B의 집을 사용하기로 하는 경우와 같이 일정한 시점부터 어떤 법적 효력이 발생하게 하는 것을 「시기(始期)」라 하고, A가 이 집을 6월 30일까지 이용하기로 하는 경우와 같이 일정한 시기까지 어떤 행위를 해야 하거나 법적 효력이 존속하게 하는 것을 「종기(終期)」라 한다.

기한과 관련하여 「기한의 이익」이라는 개념을 알아두어야 한다. A가 B로부터 돈을 빌리되 6월 30일까지 갚기로 하였다. 6월 30일은 채무 변제의 기한이다. 여기서 6월 30일은 두 가지 의미를 가진다. 하나는 A가 6월 30일까지 돈을 갚아야 한다는 뜻이고, 또 하나는 A가 6월 30일까지는 돈을 갚지 않아도 된다는 뜻이다. 후자의 뜻, 즉 기한에 이르기까지 채무이행이 미루어져도 되는 것은 하나의 이익이므로 이를 기한의 이익이라고 표현한다. 기한의 이익은 포기할 수 있다. 즉 A는 B에게 6월 30일 전에 빌린 돈을 갚을 수 있는 것이다. 채권자와 채무자 사이에서 기한의 이익을 누가 가지냐에 관해 다툼이 있을 수 있다. 기한의 이익은 채무자에게 있는 것으로 추정한다(민 153조 1항).

기한의 이익은 보통은 채무자가 갖지만 채권자가 가질 수도 있다. 예컨대 A가 이자를 주기로 하고 B의 돈을 6월 30일까지 쓰기로 하였다면 A는 6월 30일까지 돈을 갚지 않아도 되는 이익이 있는 한편, B 역시 그날까지 이자를 받을 수 있으므로 그 전에 돈을 받지 않는 것이 이로운 것이다. 이같이 채권자도 기한의 이익을 갖는 경우에는 채무자는 자기의 기한의 이익을 포기함으로써 채권자의 이익을 해하지 못한다.

기한에 관하여 또 하나 주의할 점은 기한이 공휴일인 경우에는 그다음 날이 기한이 된다는 것이다. 위 예에서 6월 30일이 공휴일이라면 7월 1일이 기한이다.

2) 기간　　A가 B의 집을 6월 1일부터 6개월간 빌려 쓰기로 하였다. 이같이 언제부터 언제까지라는 시간의 길이를 약속하는 경우 이를 기간이라 한다. 기간에 관하여는 그 계산법에 유의해야 한다. 우선 「기산점」이라는 말을 이해해야 한다. 기간은 「언제부터 언제까지」를 뜻하는데, 여기서 「언제부터」라는 기간이 시작하는 시점을 기산점이라고 한다. 기산점을 정함에 있어 초일불산입이라는 원칙이 적용된다. 즉 첫날은 기간에 넣지 않는다는 말이다(민 157조 본). 가령 3월 1일에 A가 B에게 돈을 빌려주며 "10일 내에 갚으시오"라고 말했다면 빌려준 첫날은 빼고 10일을 계산하면 3월 11일이 된다. 이날까지 갚으면 된다(다만 연령계산을 할 때에는 첫날을 산입한다). 그런데 요행히 3월 11일이 공휴일이라고 하면 그다음 날에 기간이 만료한다. 기간의 중간에 있는 공휴일은 기간계산에 영

향이 없다.

기간을 월수로 정한 경우에는 달력에 의하여 기산일에 해당하는 날의 전날로 기간이 만료한다. 가령 3일 1일에 돈을 빌려주며 "3개월 내에 갚으시오"라고 했다면 기산일은 3월 2일이 되고, 3개월째 되는 대응일은 6월 2일이므로 그 전날인 6월 1일까지 갚아야 하는 것이다. 그 중간의 큰달, 작은달은 고려하지 않는다. 그런데 그 대응일이 달력에 없는 날일 수도 있다. 가령 1월 31일에 돈을 빌려주며 "1개월 내에 갚으시오"라고 했다면 2월 31일이 기한이 되지만, 실제 그런 날이 없다. 이 경우에는 그달의 마지막 날($\frac{2월\ 28일\ 혹}{은\ 2월\ 29일}$)이 기간이 종료하는 날이다.

### 9. 소멸시효와 제척기간

#### (1) 소멸시효의 뜻

A가 젊은 날에 친구 B로부터 돈을 10만원을 빌렸는데 그 후 B가 갚으라는 말을 한 적도 없고 A도 줄 생각을 않고 있었는데, 30년쯤이 지나자 B가 죽기 전에 빨리 돈을 갚으라고 한다. 이 주장은 정당한가? 사람은 얼마의 세월이 흐르더라도 자기의 의무는 이행해야 한다고 말하는 것이 정의에 부합하는지도 모른다. 그러나 이 같은 원칙을 고집하면 매우 곤란한 문제가 생긴다. 2,000여년 전에 박혁거세가 김알지한테 쌀 한 뒷박을 꾸고 갚지 않았다. 채권이나 채무는 모두 상속이 되니, 오늘날의 경주 박씨들은 김해 김씨 가문에 쌀 한 뒷박에 2,000여년간의 법정이자를 붙여 갚아야 한다. 그 금액은 박씨 문중의 전재산을 팔아도 모자라므로 박씨들한테는 청천벽력이다. 그러나 박씨들은 전혀 걱정할 필요가 없다. 이들의 채무는 오래전에 소멸했기 때문이다. 그 이유는 다음과 같다.

법에서는 권리를 주장하지 않는 자를 특히 보호하려 하지 않는다. 이를 "권리 위에 잠자는 자를 보호하지 않는다"는 법언으로 표현한다. 권리행사를 게을리한 가운데 장기간이 경과한 후에까지 그 권리를 인정한다면 그 제도를 유지·관리하는 비용이 지나치게 크기 때문이다.

그리하여 법에서는 권리를 일정한 기간 행사하지 않으면 권리 자체를 소멸시키는데 이 기간을 「소멸시효」라고 한다. 간단히 "시효"라고도 말한다. 얼마의 기간이 경과하면 권리가 소멸하였다는 뜻을 「소멸시효에 걸린다」라고 말한다.

#### (2) 소멸시효의 기간

소멸시효의 기간은 권리의 종류마다 상이하다. 일반적으로 채권은 10년의 소멸시효에 걸린다($\frac{민\ 162}{조\ 1항}$). 그러나 상사채권은 5년의 시효에 걸리며($\frac{상}{64조}$), 이보다 짧게 3년의 소멸시효에 걸리는 권리도 있고($\frac{예:\ 이자,\ 급료,\ 1년\ 이내의\ 기간으로\ 정한\ 금전채권,\ 상인이\ 판매한}{상품의\ 대가,\ 변호사·공인회계사\ 등\ 소정\ 전문직의\ 보수\ 등.\ 민\ 163조}$), 1년의 소멸시효에 걸리는 권리도 있다($\frac{예:\ 여관,\ 음식점,\ 오락장}{의\ 요금,\ 학생의\ 수업료\ 등}$)($\frac{민}{164조}$).

소멸시효의 기간이 경과하는 것을 "소멸시효가 진행한다"라고 말하고, 기간이 다 찬 것을 "소멸시효가 완성하였다"라고 말한다. 소멸시효가 완성하면 채무가 시효의 기산일에 소급하여 소멸한다.

#### (3) 소멸시효의 중단·정지

채권자는 권리를 행사하였으나 채무자가 이행을 미루어 권리를 실현하지 못한 경우에까지 소멸시효를 적용할 수는 없다. 그러므로 「소멸시효의 중단」이라는 제도가 마련되어 있다. 소멸시효가 진행하다가도 채권자의 권리행사로 볼 수 있는 사유가 있으면 시효의 진행이 무로 돌아가고 그 후 중단사유가 종료한 때에 다시 시효가 개시되는 것이다($\frac{민}{178조}$). 민법이 정하고 있는 시효중단사유로는 채권자가 채무자에게 이행을 청구하는 것, 채권자가 채무자의 재산을 압류하거나 가압류 또는 가처분하는 것, 채무자가 자기의 채무를 승인하는 것 등이 있다($\frac{민}{168조}$).

한편 권리를 행사할 수 없는 일정한 사유가 있으면 그 동안 시효가 정지될 수도 있다. 예컨대 천재지변으로 인해 교통·통신의 장애가 생기면 권리를 행사할 수 없을 것이고 따라서 시효를 중단시킬 수도 없다. 이 경우에는 그 사유가 종료할 때까지 시효가 진행되지 않는다($\frac{민}{182조}$). 이를 시효의 정지라 한다. 시효의 중단과는 달리 정지 사유가 종료하면 나머지 시효가 진행한다.

### (4) 제척기간

소멸시효와 비슷한 것으로 제척기간이라는 것이 있다. 제척기간도 일정한 기간이 경과하면 권리를 행사할 수 없다는 점에서 소멸시효와 같으나 중단이나 정지라는 것이 없고, 그 기간이 경과하면 무조건 권리가 소멸한다. 제척기간이 적용되는 대표적인 권리는 형성권이다.

### 10. 권리주체(사람)

#### (1) 권리주체와 권리능력

지금까지 우리는 권리·의무가 생기는 원인에 관해 살펴보았는데 매우 중요한 것 한 가지를 다루지 않았다. 누가 이러한 권리들을 가질 수 있고, 누가 의무를 부담할 수 있느냐는 문제이다. 권리를 가지고 의무를 부담하는 주체가 되는 자를 권리·의무의 주체, 줄여서「권리주체」라고 부른다. 그리고 권리주체가 될 수 있는 법률상의 자격을 권리·의무능력, 줄여서「권리능력」이라고 한다. 독자 여러분은 지금 이 책을 보고 있다. 독자와 이 책의 관계를 생각해 보자. 이 책에 대해 여러분은 소유권이라는 권리의 주체가 된 것이다. 독자가 친구에게서 10만원을 빌렸다고 하자. 그러면 독자는 10만원의 금전채무라는 의무를 부담하는 주체가 되는 것이고, 빌려준 친구는 독자에 대해 10만원을 변제받을 채권이라는 권리의 주체가 되는 것이다. 사람만이 권리능력을 가지므로 사람만이 권리·의무의 주체가 될 수 있다. 여기에 예외는 없다. 독자의 집에서 기르는 강아지의 목에 달린 방울을 생각해 보자. 이 방울은 누구의 것인가? 강아지의 것이라고 말하면 시적이기는 하나, 틀린 답이다. 이 방울은 강아지의 소유자인 독자의 것이다. 사람이면 누구나 권리의 주체가 될 수 있다. 현실로 재력에 차이가 있어 가질 수 있는 권리의 양이 다를 뿐이다. 갓 태어난 어린아이라도 권리능력을 가진다. 다만 그 아이가 실제로 권리를 취득하고 의무를 부담하는 행위를 할 수 없을 뿐이다. 하지만 이는 부모나 다른 대리인이 대신해 줄 수도 있으므로 권리능력을 가지는 데에는 장애가 되지 않는다.

사람은「생존하는 동안」권리의무의 주체가 된다($\frac{민}{5조}$). 그러면 언제 태어나고 언제 죽는 것이냐는 의문이 제기되는데, 민법학의 통설은 모체로부터 완전히 몸이 빠져나왔을 때 태어나고($\frac{전부}{노출설}$), 심장의 고동이 정지되었을 때에 죽는다($\frac{심장고동}{정지설}$)고 설명한다.

#### (2) 법인

1) 뜻　　사람에는 두 가지가 있다. 저자나 독자 여러분과 같이 부모에 의해 태어나 생존해 있는 사람을「자연인」이라고 한다. 그리고 우리와 같이 살아있는 사람은 아니지만 법률상 사람

으로 의제하는 것이 있다. 이른바 「법인(法人)」이다. 법인은 살아있는 사람처럼 각종의 권리와 의무의 주체가 된다. 법인에는 사단과 재단이 있다.

2) 사단    사단(社團)이란 공통의 목적을 추구하는 사람들이 구성한 단체를 말한다. 사람이 모인 단체에는 사단 외에 조합이 있다. 조합과 사단의 차이는 개개 구성원들의 개성과 단체로서의 결집력 중 어느 쪽이 더 부각되느냐에 있다. 구성원들이 단지 공동의 사업을 수행하는 데 편리하여 계약에 의해 모인 단체를 조합이라 하고, 구성원들의 개성이 무시되고 대외적으로 단체의 독립성이 표출될 때 이를 사단이라 하나 완벽한 설명은 아니다.

좀 더 간단히 이해하자면 그 단체의 대외거래를 출발점으로 삼는 것이 편하다. A와 B가 모여 단체를 만들었다 하자. 그리고 이 단체가 C로부터 부동산을 매수하려 한다. 이 단체가 조합이라면 C와의 관계에서 부동산 대금을 지급할 의무를 부담하고 C로부터 부동산 소유권을 넘겨줄 것을 청구할 수 있는 권리는 A와 B가 가진다. 그러나 이들이 사단을 만들었다면 C에 대해 가지는 권리 의무는 A와 B의 것이 아니라, 그 단체 자체가 갖는 것이다.

3) 재단    재단(財團)이란 쉽게 말하자면 한자의 뜻 그대로 돈덩어리이다. 평생 김밥 장사를 하여 100억원을 모은 할머니가 있다. 이 할머니는 재산을 물려줄 자손이 없으므로 무언가 사회에 유익한 데에 돈을 쓰고 싶다. 할머니는 학교 교육을 받지 못했으므로 공부를 하는 것이 소원이지만 자기는 이미 늙었고, 공부하는 어린 학생들을 돌보고 싶다. 이 뜻을 펴는 방법은 여러 가지가 있다. 간단한 방법은 할머니가 어렵지만 향학에 뜻이 있는 학생을 찾아내어 장학금을 주는 것이다. 그러나 할머니는 늙어서 이 일을 오래 할 수가 없다. 자신이 죽더라도 자기의 뜻이 영구히 이루어질 수 있는 길을 찾고 싶다. 이 뜻에 부합하는 것이 재단이다. 할머니는 이 돈을 사회에 내놓아 재단이라는 것을 설립하고 그 재단에 자기의 뜻을 전달하는 것이다. 그러면 이 재단은 할머니의 뜻에 따라 100억원을 토대로 하여 돈을 불려가며 어려운 학생들에게 장학금을 주는 사업을 영구히 하는 것이다.

4) 영리법인과 비영리법인    재단은 영리를 목적으로 할 수 없지만, 사단은 영리를 목적으로 하는 것이 있고 비영리사업을 목적으로 하는 것도 있다. 영리사단은 상법에서 규율하며 회사가 이에 해당한다($\overset{상}{_{169조}}$). 민법상의 사단은 모두 비영리사단이다($\overset{민}{_{32조}}$).

5) 법인의 설립    법인은 등기를 함으로써 설립된다($\overset{민}{_{33조}}$). 민법에 의해 설립되는 사단 또는 재단 외에도 특별법에 의해 설립되는 법인도 있지만, 모든 법인은 등기에 의해 설립된다. 민법은 법인설립에 관해 허가주의를 취하므로 민법상의 법인은 등기이전에 사업내용에 따라 관련된 주무관청의 허가를 받고 등기를 하여야 한다. 사단이나 재단의 실체를 갖추었으나 주무관청의 허가를 받지 못했다든지 등기를 하지 못한 경우에는 법인이 될 수 없다. 그렇지만 사단 또는 재단의 실체를 갖춘 이상 그 자체의 독립성을 인정해 줄 가치가 있으므로 어느 정도 제한된 권리능력을 인정한다. 이러한 사단 또는 재단을 「법인격 없는 사단」, 「법인격 없는 재단」 또는 「권리능력 없는 사단」, 「권리능력 없는 재단」이라 부른다.

### 11. 제한능력자

#### (1) 뜻

민법은 계약자유의 원칙을 기본원리로 한다. 계약자유의 원칙이란 계약을 체결할 것이냐는 것부터 시작하여 어떠한 내용의 계약을 체결할 것이냐는 것도 당사자가 자유롭게 결정할 수 있음을 뜻한다. 이 계약자유의 원칙은 당사자가 평등한 것을 전제로 한다. 당사자가 평등할 때에만 계약의 내용이 공평해질 수 있기 때문이다. 그래서 민법은 원칙적으로 모든 사람을 평등하게 취급하여 자유롭게 계약을 체결할 수 있는 기회를 주고 있다. 그러나 실제로 모든 사람이 대등한 능력을 지닌 것은 아니다. 일반인에 비해 사물의 변별능력이 부족하여 타인과 대등한 입장에서 계약을 체결할 수 없는 사람도 있으므로 이들은 법으로 보호해 주어야 한다. 앞서 능력이 부족한 사람에 의사무능력자와 제한능력자가 있음을 보았다. 의사무능력자는 단독으로 법률행위를 할 수 없고, 대리인을 통해 법률행위를 할 수 있을 뿐이며, 단독으로 한 법률행위는 무효로 처리된다고 말하였다. 그리고 제한능력자는 의사무능력자에 비하면 나은 변별능력을 가지고 있지만, 보통사람에는 미치지 못하므로 이들의 법률행위능력에 법정대리인의 대리와 취소제도를 연결하여 보호하고 있다고 설명하였다. 제한능력자제도는 좀 복잡한 내용을 담고 있으므로 여기서는 제한능력자제도의 전체를 개관하기로 한다.

제한능력자에는 미성년자, 피성년후견인, 피한정후견인이라는 세 가지 유형이 있다.

#### (2) 미성년자

사람은 19세에 성년이 되며, 이에 미달하는 자가 미성년자이다($_{4조}^{민}$).

미성년자는 법정대리인의 동의를 얻어서 법률행위를 하거나, 법정대리인이 대리하여 법률행위를 할 수 있다($_{조 1항}^{민 5}$). 미성년자의 경우에는 친권자(부모), 친권자가 없을 때에는 후견인이 법정대리인이 된다. 미성년자가 법정대리인의 동의를 얻지 않고 단독으로 법률행위를 하였을 경우에는 미성년자 본인이나 법정대리인이 취소할 수 있다($_{조 2항}^{민 5}$).

미성년자라도 i) 권리만을 얻거나 의무만을 면하는 행위는 단독으로 할 수 있고($_{1항 단}^{민 5조}$), ii) 법정대리인이 범위를 정하여 처분을 허락한 재산은 임의로 처분할 수 있으며($_{6조}^{민}$), iii) 법정대리인으로부터 허락을 얻은 특정한 영업에 관하여는 성년자와 동일한 행위능력이 있다($_{8조}^{민}$).

미성년자라 하더라도 예컨대 12, 3세 미만의 저연령의 아동은 사물의 변별능력이 아예 없다고 보아야 하므로 제한능력자가 아니라 의사무능력자로 취급한다.

#### (3) 피성년후견인

피성년후견인이란 질병, 장애, 노령, 그 밖의 사유로 인한 정신적 제약으로 사무를 처리할 능력이 지속적으로 결여된 사람으로서 법원으로부터 성년후견개시의 심판을 받은 자를 말한다($_{1항}^{민 9조}$). 특정인의 성년후견개시의 심판은 본인, 배우자, 4촌 이내의 친족, 미성년후견인, 미성년후견감독인, 한정후견인, 한정후견감독인, 특정후견인, 특정후견감독인, 검사 또는 지방자치단체의 장이 청구할 수 있다($_{항}^{동조}$).

피성년후견인은 단독으로 법률행위를 할 수 없고, 법정대리인이 법률행위를 대리할 수 있을 뿐이다. 피성년후견인이 단독으로 한 법률행위는 취소할 수 있다($_{조 1항}^{민 10}$). 피성년후견인이라도 일상생활상의 거래는 할 필요가 있고 또 이러한 거래는 소액에 그치므로 피성년후견인의 보호에 크게 문제되지 않는다. 그러므로 민법은 일용품의 구입 등 일상생활에 필요하고 그 대가가 과도하지 아니한 법률행위는 성년후견인이 취소할 수 없다고 규정한다($^{민\ 10}_{조\ 4항}$). 이에 더하여 법원은 기타 취소할 수 없는 피성년후견인의 법률행위의 범위를 정할 수 있다($^{동조}_{2항}$).

### (4) 피한정후견인

피한정후견인이란 질병, 장애, 노령, 그 밖의 사유로 인한 정신적 제약으로 사무를 처리할 능력이 부족한 사람으로서 법원으로부터 한정후견개시의 심판을 받은 자를 말한다($^{민\ 12}_{조\ 1항}$). 법에서 열거하는 정신적 제약의 원인은 피성년후견인과 동일하지만, 피성년후견인은 이로 인해 사무를 처리할 능력이 지속적으로 결여된 자임을 요건으로 함에 비해 피한정후견인은 단지 처리능력이 부족할 것을 요구하므로 능력이 열등한 정도가 피한정후견인에 비해 약함을 알 수 있다.

한정후견개시의 심판을 청구할 수 있는 자의 범위는 성년후견개시의 심판의 경우와 같다.

피한정후견인은 미성년자나 피성년후견인과는 달리 법률행위 전반에 걸쳐 행위능력에 제한을 받는 것이 아니라, 법원이 한정후견인의 동의를 받아야 하는 행위의 범위를 정할 수 있다($^{민\ 13}_{조\ 1항}$). 그 밖의 행위에 관해서는 피한정후견인도 일반인과 똑같은 능력을 가진다. 법원이 한정후견인의 동의가 필요하다고 정한 법률행위를 피한정후견인이 한정후견인의 동의 없이 하였을 때에는 그 법률행위를 취소할 수 있다. 다만, 일용품의 구입 등 일상생활에 필요하고 그 대가가 과도하지 아니한 법률행위에 대하여는 그러하지 아니하다($^{민\ 13}_{조\ 4항}$).


# 제 2 장　채권법

## 제 1 절　채권 총론

### 1. 채권의 의의

채권이란 특정인이 다른 특정인에 대해 일정한 행위를 해 줄 것을 청구할 수 있는 권리이다. 특정인이 이 채권을 행사하면 상대방은 그가 요구하는 일정한 행위를 해줄 의무를 갖는데, 이러한 의무를 채무라고 한다. 이같이 특정인과 다른 특정인이 채권과 채무로 연결되어 있는 관계를 채권관계라고 하고, 채권을 가진 자를 채권자, 채무를 부담하는 자를 채무자라 부른다.

사람이 사회에서 생활을 영위하려면 무수히 많은 사람들의 조력을 필요로 하고, 그 대가로 자신 또한 타인에게 조력을 하여야 한다. 그래서 우리는 일상적으로 각종의 채권·채무를 만들며 살아가고 있다.

### 2. 채권의 발생원인

채권은 여러 가지 원인에 의해 발생한다. 가장 흔한 것은 계약이다. A가 B와 자신의 집을 파는 계약($^{즉}_{매매}$)을 체결하면 A는 B에게 집의 소유권을 이전해 줄 채무를 지는 반면, B에 대해 대금을 청구할 수 있는 채권을 가진다. 그리고 B는 이와 반대의 채권·채무, 즉 부동산 소유권을 이전해 달라고 청구할 수 있는 채권과 대금을 주어야 할 채무를 가진다. 계약의 유형은 무수히 많지만, 민법에서는 자주 이용되는 계약을 정형화하여 규정하고 있다. 자세한 것은 뒤에서 다룬다.

계약 외에도 채권의 발생원인은 여러 가지가 있다. 흔히 볼 수 있는 예는 불법행위이며 그 밖에도 많은 종류가 있는데, 역시 뒤에서 다룬다.

### 3. 채권의 목적별 종류

채권의 내용은 위에 말한 것처럼 일정한 행위를 해줄 것을 청구하는 것이다. 이 일정한 행위를 흔히 「급부」라 한다. 그 급부가 무엇을 내용으로 하느냐에 따라 채권은 여러 종류로 나뉜다.

「특정물채권」이란 것이 있다. 이는 구체적으로 특정되어 있는 물건의 인도를 목적으로 하는 채권이다. 예컨대 A가 B에게 서울특별시 종로구 1번길 1호에 있는 토지와 건물을 팔기로 하였다면 B는 A에게 바로 이 주소에 있는 토지와 건물의 소유권을 이전해 줄 것을 청구할 수 있고, 이는 특정물채권이다(민 374조 참조).

이와 달리 인도해야 할 물건을 종류로 결정할 수도 있는데, 이러한 채권을 「종류채권」이라 한다(민 375조 참조). 가령 독자가 현대자동차 영업소에 2022년형 제네시스를 주문하였다 하자. 이때 독자는 어느 특정된 제작번호의 자동차를 원하는 것이 아니고, 어느 것이든 2022년형으로 만들어진 제네시스라는 종류의 자동차를 원하는 것이다. 종류채권이냐 특정물채권이냐는 것은 당사자의 의사에 의해서도 결정될 수 있다. 가령 독자가 중고차센터 마당에 놓인 「123가1111」번 차를 원한다면 이는 특정물채권이다.

채권의 목적이 일정액의 금전일 경우에 이를 「금전채권」이라 한다. 예컨대 A가 B에게 자동차를 팔고 대금을 받을 권리 또는 돈을 빌려주고 되받을 권리는 금전채권이다. 금전거래에는 흔히 금전사용의 대가인 이자가 수반된다. 이자를 받을 권리도 금전채권이지만 이자채권이라고 구분해 부른다. 그러나 이자는 금전거래에만 붙는 것이 아니다. 봄에 쌀을 1가마 빌리고 가을에 1가마와 2말을 받는다면 2말의 쌀은 이자이다. 이같이 대체물을 사용하고 그 대가로 주는 것을 널리 이자라 한다.

채권의 내용이 이에 국한하는 것은 아니다. 물건의 급부만이 아니라 일정한 작위, 즉 어떠한 작업이나 서비스를 요구하는 것을 내용으로 하는 채권도 있으며, 혹은 일정한 행위를 하지 않는 것을 내용으로 하는 채권(채무자의 입장에서 「부작위채무」라 부른다)도 있을 수 있다.

### 4. 채무불이행

타인에게 채무를 부담하면 약속대로 이행해야 한다. 그러나 채무자 측의 책임있는 사정으로 약정된 내용대로 이행하지 못할 경우가 있는데, 이를 채무불이행이라 표현한다.

#### (1) 이행지체와 이행불능

채무불이행에도 몇 가지 유형이 있다. 가장 흔한 것은 이행지체이다(민 387조 참조). 즉 채무자의 사정으로 이행이 정해진 기일에 이루어지지 않는 것이다. 이와 달리 정해진 날이 지나도 이행이 불가능한 경우가 있다. 예컨대 A가 B에게 건물을 팔고 6월 30일에 인도해 주기로 하였으나, 건물이 화재로 소실된 경우에는 이행이 불가능하다. 이를 이행불능이라 한다. 즉 이행지체는 이행이 가능함에도 불구하고 늦어지고 있는 것임에 대해 이행불능은 이행하는 것이 원천적으로 불가능한 것이다. 이행이 가능하냐, 불가능하냐는 것은 채무자의 주관적인 사정이 아니라 객관적인 상태를 가지고 판단해야 한다. 가령 A가 B에게 6월 30일에 건물을 인도해 주지 못할 사정이라는 것이 자기가 이사 갈 곳을 찾지 못했기 때문이라면, 주관적으로는 불가능하지만 객관적으로는 가능하고 따라서 이행지체에 해당한다. 그러므로 금전채무에는 이행지체가 있을 뿐이고 이행불능이 있을 수 없다. 돈이 없어서 못 준다고 하더라도 자기에게 돈이 없는 것이지, 세상에 돈이 없는 것이 아니기 때문이다.

### (2) 원시적 불능과 후발적 불능

이행불능은 원시적 불능과 구별하여야 한다. 위 A와 B가 건물을 매매하는 계약을 체결하였으나, 이행할 때쯤 건물이 소실되었다면 이행불능이라고 말했다. 그러나 계약을 체결할 당시에 이미 건물이 소실되고 없었다면 어찌 되는가? 앞서 법률행위가 유효하기 위해서는 목적이 가능하여야 한다는 것을 공부하였다. 바꿔 말해 실현불가능한 목적의 법률행위는 무의미하므로 처음부터 무효이다. 소실되고 없는 집을 매매하기로 하였으면 이는 장차 실현할 수 없는 약속을 한 것이다. 이를 「원시적 불능」이라고 부르며, 목적이 불가능한 계약으로서 무효이다. 앞서의 예와 같이 계약 이후에 이행이 불가능해지는 것을 「후발적 불능」이라 하며, 계약은 유효하되, 이행이 불가능하므로 채무자의 과실유무에 따라 손해배상 문제가 발생한다.

### (3) 불완전이행

이행을 하기는 하였으나 그 내용이 불완전할 수도 있다. 예컨대 결혼기념 케이크를 주문하였더니, 제시간에 가져다주긴 하였으나 상한 것을 주었다면 이행이 되었다고 할 수 없다. 이러한 불이행을 불완전이행이라 한다.

### (4) 수령지체(채권자지체)

이행지체가 채권자에게 책임 있는 사정으로 생기는 경우도 있다. 예컨대 A가 B에게 빌린 돈을 갚으려 약속한 기일에 찾아갔으나, B가 계속 외출 중이어서 갚을 수 없었다면 이행지체가 A의 책임이라고 할 수 없다. 이같이 채권자의 책임 있는 사유로 이행이 지체되는 것을 「수령지체」 또는 「채권자지체」라고 한다.

## 5. 채무불이행의 구제(강제이행과 손해배상)

### (1) 구제방법

채무가 이행되지 아니하면 당연히 채권자가 불이익을 입는다. 그 불이익을 구제해 주어야 하는데, 다음과 같은 방법이 있다.

우선 생각할 수 있는 것은 강제집행을 통해 이행시키는 것이다. A가 약정한 기일에 건물을 인도해 주지 않으면 B는 소송을 제기하여 승소 판결을 받아 A를 건물에서 쫓아내고 그 집을 차지하는 것이다($\frac{민 389조}{1항 본}$).

그러나 이행불능인 경우에는 강제이행이 불가능하다. 또는 채무의 성질상 강제이행이 불가능한 경우도 있다. 예컨대 어느 트롯가수가 어느 극장에서 공연하기로 계약을 하고 공연일에 나오지 않겠다고 한다. 강제이행을 하여 이 가수를 무대에 세운다고 해서 제대로 된 노래가 나올리 없다. 그러므로 이러한 경우에는 이행에 대신하여 손해배상을 받아야 한다($^{민\ 389조\ 1}_{항\ 단,\ 390조}$). 또 강제이행이 가능하거나 채무자가 자발적으로 이행하더라도 그 이행이 채권자에게 무익할 수도 있다. 예컨대 A가 결혼식에 입으려고 예복을 주문하였는데, 양복점이 결혼일에 맞추지 못해 청바지를 입고 결혼하였다. 그다음 날 예복을 가져온들 소용이 있을 리 없다. 이 경우에도 이행에 대신하여 손해배상을 받아야 한다. 이같이 이행에 대신하여 해주는 손해배상을 전보배상이라 한다.

한편 이행지체된 상태에서 이행을 받기는 하지만 이행이 늦었기 때문에 손해가 생기는 수가 흔하다. 이 경우에도 역시 손해배상을 청구한다. 이 경우의 손해배상을 지연배상이라 한다. 예컨대 독자가 자동차 영업소에서 6월 25일에 자동차를 인도받기로 하고 구매하였는데, 7월 25일에야 자동차를 인도받았다. 한 달간 독자는 택시를 이용하였다면 그 택시비를 지연배상으로 청구할 수 있다.

### (2) 손해배상액의 산정

손해배상을 얼마로 할 것이냐는 것은 간단한 문제가 아니다. 채권자는 손해를 과장되게 말할 것이고 채무자는 축소해서 지급하고자 할 것이기 때문이다. 손해배상의 금액은 채무불이행이 원인이 되어 발생한 손해액으로 정하여야 할 것이다. 즉 채무불이행과 인과관계 있는 손해를 배상하는 것이다. 그런데 인과관계를 따지자면 배상액이 무한히 확장될 수 있다. 예컨대 A가 B에게 집을 팔고 약속한 날에 집을 비워주지 못했다. 할 수 없이 B가 호텔에서 잠을 잘 수밖에 없어 숙박비를 지출했다. 뿐만 아니라 B가 매우 내성적이고 조급한 사람이라서 채무불이행으로 받은 충격으로 인해 우울증에 걸려 장기간 거액의 돈을 들여 치료를 해야 한다. 이것도 채무불이행과 인과관계가 있으니 배상하라고 할 수 있는가? 법에서는 실제의 인과관계가 있더라도 통상적으로 생기고 당사자들이 예견할 수 있는 손해로 배상의 범위를 제한한다. 이를 「상당인과관계 있는 손해」라고 표현한다. 위 예에서 호텔비의 지출 같은 것은 통상적으로 있을 수 있는 손해이고 채무자도 쉽게 예상할 수 있는 손해이므로 배상하여야 한다. 그러나 B가 우울증에 걸려 거액의 치료비가 소요된 것은 채무불이행이 원인이 되어 발생한 손해이긴 하지만 통상적으로 생기는 손해는 아니고, 당사자들이 예견할 수 있는 것도 아니다. 이러한 특별한 손해는 채무자가 알고 있거나 알 수 있었을 때에 한해 배상하게 한다($^{민}_{393조}$).

손해배상의 범위에 관해 당사자 간에 분쟁이 일기 쉬우므로 사전에 손해배상액을 약속하기도 한다. 이를 「손해배상액의 예정」이라고 한다($^{민}_{398조}$).

### 6. 채권자 대위권과 채권자 취소권

B는 A에 대해 100만원의 빚을 지고 있는 한편, C에게 100만원을 빌려준 일이 있다. B는 돈이 없어 A에 대한 채무를 이행하지 못하고 있는 처지이면서 C에게 채권행사를 하지 않고 있다. A의 입장에서는 자신이라도 나서서 B의 채권을 행사하여 자기의 돈을 찾아오기를 원할 것이다. 이같이 채무자가 채무를 이행할 충분한 자력이 없으면서 자신이 타인에게 가지고 있는 권리의 행사를 게을리하는 경우에는 채권자가 채무자를 대신하여 채무자의 채무자($^{이를\ 「제3채}_{무자」라\ 한다}$)에게 권리를 행사할 수 있다. 이를 「채권자 대위권」이라 한다($^{민}_{404조}$).

또 다른 예로, B는 A에 대한 채무를 이행하지 못하고 있는데, A가 자기의 집에 대해 강제집행을 할 것이 걱정된다. 이에 대한 방어책으로 B는 친구 C에게 사정을 호소하고 C에게 자기의 집을 양도하였다. 집보다는 현금이 감추기 용이하므로 강제집행에 대비할 수 있는 것이다. 이같이 채무자가 채권자를 해하기 위하여 자기의 재산을 처분하고 제3자도 이를 알고 취득할 경우를 사해행위라 하며, 채권자 A는 법원의 판결을 얻어 그 거래를 취소하여 B에게 재산을 되돌릴 수 있다. 그러고 나서 A는 B의 재산에 강제집행을 하며 자기의 채권을 회수할 수 있는 것이다. 이러한 권리는 「채권자 취소권」이라 한다($\frac{민}{406조}$).

### 7. 연대채무와 보증

#### (1) 분할채무의 원칙

동일한 채무에 채무자가 2인 이상 있을 수 있다. 가령 A1과 A2가 공동으로 B에게서 100만원을 빌렸다 하자. B에 대한 채무자는 A1과 A2 두 사람이다. 이같이 하나의 거래로 둘 이상의 채무자가 생길 때에는 각자의 부담부분에 한하여 책임을 지는 것이 공평하다. 예컨대 빌린 돈 100만원 중 A1이 70만원을 쓰고 A2가 30만원을 썼다면 A1과 A2 사이에서는 A1이 70만원, A2가 30만원을 갚는 것이 합리적이고, 또 채권자 B와 그렇게 합의할 수도 있다. 그러나 이 같은 합의가 없는 한 A1, A2의 책임분담은 B가 알 바 아니므로 두 사람은 균등한 비율로 채무를 부담하는 것이 원칙이다. 이를 「분할채무」라 한다.

#### (2) 연대채무

위 예에서 A1, A2, B가 합의하여 A1, A2가 연대채무를 지기로 약정할 수도 있다. 이 경우 채권자와의 관계에서는 각 채무자의 부담부분은 의미가 없고 각자 전액에 대해 책임을 져야 한다. B는 A1과 A2에게 순차로 100만원 전액을 갚으라고 할 수도 있고 동시에 청구할 수도 있다. 그렇다고 해서 B가 A1과 A2로부터 100만원씩 200만원을 받을 수 있다는 뜻이 아니다. A1과 A2 중 누가이든 100만원을 갚으면 A1, A2 모두의 채무가 소멸하는 것이다.

이같이 연대채무로 해 두면 채권자에게 매우 유리하다. 혹 A1이 자력이 없어 자기 부담부분 70만원을 갚지 못하더라도 A2가 대신 책임을 져주기 때문이다. 요컨대 연대채무는 다수의 채무자들의 자금력을 풀(pool)로 만들어 채권을 담보하는 수단이라고 할 수 있다.

연대채무는 채권자와 채무자들의 합의에 의해 생기기도 하지만 법률의 규정에 의해 생기기도 한다.

#### (3) 보증

채무자가 신용이 취약할 때 가치있는 물건을 담보로 제공하는 방법도 있으나, 보다 신용이 있는 자로 하여금 보증을 서게 하는 방법도 있다. 채무자가 채무를 이행하지 못할 경우에는 보증인이 대신 채무를 변제하여야 한다. 그런데 보증의 목적은 원래의 채무자($\frac{간단히 「주채}{무자」라 한다}$)가 변제를 하지 못할 경우에 보증인이 보충적으로 책임을 지는 것이므로($\frac{보증채무}{의 보충성}$) 주채무자가 변제할 수 있는 한 보증인이 책임을 져야 할 이유는 없다. 그러므로 채권자가 보증인에게 이행을 청구할 경우 보증인이 채무자에게 자력이 있다는 사실, 그리고 강제집행이 용이하다는 것을 증명할 수 있다면 먼저 주채무자에게 이행을 청구하라고 항변할 수 있다. 이를 「최고·검색의 항변」이라 한다. 그러나 보증인이 최고·검색의 항변권을 갖지 아니하고 주채무자와 똑같은 순위로 책임을 지게 약정할 수도 있다. 이러한 보증을 「연대보증」이라고 한다. 연대보증의 경우에는 채권자는 주채무자에게 이행을 청구함이 없이 처음부터 보증인에게 책임을 물을 수 있다.

　우리 민법은 계약의 방식에 있어 형식을 고집하지 않고, 자유로운 방식의 계약($^{구두, 서면, 묵}_{시적 계약 등}$)을 허용하지만 예외적으로 보증계약은 보증인의 기명날인 또는 서명이 있는 서면으로 보증의 의사가 표시되어야 효력이 발생하도록 규정하고 있다($^{428}_{조의2}$). 보증의 의사가 전자적 형태로 표시된 경우에는 효력이 없다.

### 8. 채권양도와 채무인수

#### (1) 채권양도

　채권자는 채권을 자신이 행사하지 아니하고 타인에게 양도할 수도 있다. 그 동기는 다양하다. 예컨대 A가 B에 대해 100만원을 받을 채권이 있는데, 현재 자금이 긴급히 필요하지만, 변제기가 1년 뒤로 정해져 있어 기다리기 어렵다. 그래서 A는 현금이 풍부한 C에게 이 채권을 90만원에 양도하고 현금을 조달하는 경우가 가장 흔한 예이다. 물론 C가 채권을 양수하고자 할 때 가능한 말이다.

　1) 양도가능채권　　모든 채권이 다 양도할 수 있는 것은 아니다. 채권의 목적 중에는 일신전속적이라 하여 채권자가 바뀌면 채무자에게 이행을 강요할 수 없는 성질의 것도 있다. 예를 들어 A가 B를 자신의 비서로 고용하였다. A는 임금을 줄 채무가 있는 반면, B에게 근로 제공을 청구할 채권이 있다. 그런데 A의 사업이 어려워져 B의 월급을 주기 어려운 상황이 되었다. 마침 친구 C가 비서가 필요하다고 하므로 A가 B에 대한 근로 요구채권을 C에게 양도하여 C의 비서 일을 시킬 수는 없다. 마찬가지로 B가 비서일에 싫증이 난다고 하여 자기의 비서직을 친구에게 양도할 수도 없다. 고용계약에서는 채권자와 채무자가 누구이냐가 중요한 뜻을 가지기 때문이다. 이와 같이 일신전속적인 급부를 내용으로 하는 채권은 양도가 불가능하지만, 그 밖의 채권은 원칙적으로 타인에게 양도할 수 있다. 금전이나 재산을 제공받기로 하는 채권은 대체로 양도할 수 있다고 생각해도 좋다. 그러나 채무의 성질이 일신전속적이 아니라도 채권자와 채무자는 채권을 양도하지 못하는 것으로 약정할 수 있다($^{민}_{449조}$).

　2) 지명채권의 양도 방법　　채권을 양도하는 방법은 채권의 형태에 따라 다르다. 채권자가 특정되어 있는 채권을 「지명채권」이라 한다. A가 B에게 100만원을 빌려주었으므로 돌려받을 채권이 있다든지, A가 B에게 집을 팔고 대금을 받을 채권이 있다든지 하는 것은 채권자가 A로 특정되어 있으므로 지명채권이다. 보통의 거래에서 생겨나는 채권은 모두 지명채권이다. 지명채권은 채권자와 채권의 양수인의 합의에 의해 양도할 수 있다($^{민}_{449조}$). 그러나 채권자가 양수인과 합의한 것만으로 채무자로 하여금 양수인에게 채무를 이행할 것을 강요할 수는 없다. 채권의 양수인이 채권을 양도받았음을 주장하며 채무자에게 권리를 행사하기 위하여는 채권자가 채권을 양도한 사실을 채무자에게 통지하거나 채무자로부터 양도해도 좋다는 승낙을 받아야 한다($^{민}_{450조}$). 이와 같은 채권양도의 통지 또는 승낙을 「채권양도의 대항요건」이라 한다.

　3) 증권적 채권의 양도　　채권이 유가증권으로 표시되어 있는 경우도 있다. 이를 「증권적 채권」이라 한다. 증권적 채권에는 증권의 소지인이 권리를 행사할 자를 지시할 수 있게 되어 있는

「지시채권」과 권리자가 누구라는 것이 표시되어 있지 않아 그 증권을 소지하는 자가 바로 권리를 행사할 수 있는 「무기명채권」이 있다. 지시채권은 현소지인이 증서에 배서해서 교부하는 방법으로 양도하고($\frac{민}{508조}$), 무기명채권은 증서를 단지 교부하는 방식으로 양도한다($\frac{민}{523조}$).

어음과 수표는 대표적인 증권적 채권이지만, 어음·수표의 양도와 그 효력에 관해서는 어음법과 수표법에서 별도의 규정을 두고 있다.

### (2) 채무인수

채무도 제3자가 이전받을 수 있다. 이를 「채무인수」라 한다. A1이 B에게 100만원을 갚을 채무가 있는 상황에서 A2가 A1에 대신하여 새로운 채무자가 되는 것이다. 물론 금전채무와 같이 대체성이 있는 채무에 한해 채무인수가 가능하다. 연예인이 공연을 하기로 한 채무, 회사에서 근무를 하기로 한 채무 등과 같이 성질상 제3자가 대신할 수 없는 채무는 제3자가 인수할 수 없다($\frac{민\ 453조}{1항\ 단}$).

채무인수의 동기는 다양하다. 예컨대 A1의 경제사정이 악화되어 그 가족이나 친지인 A2가 호의적으로 채무를 인수해 주는 경우도 있고, 상인 A1의 영업을 양수한 A2가 A1의 영업상의 채무를 인수하는 예도 있다($\frac{실제\ 가장}{흔한\ 예이다}$). 어느 경우이든 채무인수는 채권자의 동의를 요한다. 채무자가 달라지면 그 신용이 달라지므로 채권자가 채무자의 변경을 원하지 않을 수도 있기 때문이다. 그러므로 채무인수는 제3자와 채권자의 계약으로 하거나($\frac{민\ 453}{조\ 1항}$), 제3자와 채무자의 계약으로도 가능하지만, 이 경우에는 채권자의 승낙을 요한다($\frac{민\ 454}{조\ 1항}$). 채무자, 제3자 그리고 채권자의 삼자합의로 채무인수가 가능함은 물론이다.

### 9. 채권의 소멸

채권자가 채무자로부터 이행을 받으면 채권은 그 목적을 다했으므로 소멸하는 것이 당연하다. 그 밖에도 채무의 이행과 같은 효과를 가져오거나 기타 채권의 존속이 무의미하므로 법에서 소멸시키는 경우도 있다. 이하 채권의 소멸사유를 종류별로 설명한다.

### (1) 변제

1) 뜻　　채무자가 본래의 채무의 내용에 따라 이행하는 것을 변제라 한다. 예컨대 100만원을 빌린 채무자가 채권자에게 100만원을 갚는 것, A가 B에게 집을 파는 계약을 하고 집의 소유권을 이전해 주는 것, B의 자녀에게 하루에 두 시간씩 수학을 가르치기로 약속한 A가 매일 B의 자녀에게 수학을 가르치는 것 등이 변제이다. 채권자는 당초 채무자가 변제를 할 것을 기대하고 채권을 취득하고, 채무자도 변제할 것을 약속하고 채무를 부담한다. 그러므로 변제는 채권, 채무의 가장 원만한 소멸원인이라고 할 수 있다.

2) 변제의 장소　　변제는 채무의 내용에 따른 이행이라고 간단히 말하였지만 구체적으로 검토해야 할 문제들이 꽤 있다. 우선 어디서 채무를 이행해야 하느냐는 문제이다. 채권자와 채무자가 인접한 곳에서 살고 있다면 어느 곳에서 이행하느냐가 크게 중요한 문제가 아니겠지만 원격지에 살거나 채무의 내용이 부피, 무게가 큰 물건을 인도하는 것이라서 이행하는 데 비용이 크게 소요된다면 어디에서 이행해야 하느냐가 당사자에게 중대한 이해가 걸린 문제이다. 기본적으로는 당사자가 이행장소를 약정할 수 있으나, 이러한 약정이 없을 때에는 다음과 같은 기준

에 따라 이행해야 한다.

i) **특정물의 인도를 목적으로 하는 채무**  특정물을 인도하기로 한 채무는 그 채무의 발생 당시에 그 특정물이 있던 장소에서 이행하는 것이 원칙이다($^{민\ 467}_{조\ 1항}$). 예컨대 A가 자신의 자동차를 서울시청 주차장에 세워 놓은 상태에서 B에게 팔기로 약속하고 자동차는 6월 30일 12시에 인도해 주기로 하였다. 그렇다면 A는 6월 30일 12시에 서울시청 주차장에서 B에게 자동차를 인도해 주어야 한다.

ii) **그 밖의 채무(지참채무의 원칙)**  특정물인도채무 이외의 채무는 채권자의 주소에서 이행해야 한다($^{민\ 467조}_{2항\ 본}$). 이를 「지참채무」라 한다. 가령 서울에 사는 A가 광주에 주소를 둔 B로부터 돈을 빌리고 이행장소를 약속하지 않았다면 A는 광주에 있는 B의 주소를 방문하여 돈을 갚아야 한다. 그러나 영업에 관한 채무의 변제는 채권자의 현영업소에서 해야 한다($^{민\ 467조}_{2항\ 단}$). 즉 채권자의 주소가 아니다.

iii) **추심채무**  지참채무와 달리 채권자가 채무자를 찾아가 변제를 받아야 하는 채무를 「추심채무」라 한다. 어음·수표상의 채무 및 그 밖의 증권채무는 성질상 추심채무가 되는 대표적인 예이지만, 채권자와 채무자의 약정에 의해 이행방법을 추심채무로 할 수 있다. 지참채무이냐 추심채무이냐는 단지 변제 장소에 관한 문제에 그치지 않고 보다 중요한 차이가 있다. 지참채무의 경우 채무자는 적극적으로 채권자를 방문하여 변제하여야 하고 이를 어기면 채무불이행이 된다. 그러나 추심채무의 경우에는 변제기일이 되었더라도 채권자가 채무자를 방문하여 이행을 청구하지 않는 한 채무자의 책임은 없고 따라서 채무불이행이 아니다.

3) **변제자대위**  채무는 채무자가 변제하는 것이 원칙이지만 제3자가 변제할 경우도 있다. 물론 채무의 성질상 타인이 변제해도 무방한 경우에 국한된 말이다. 예컨대 금전채무 같은 것은 돈만 주면 그만이니 누가 이행해도 효과에 차이가 없다. 또 제3자가 변제를 해야 할 불가피한 이유가 있는 경우도 있다. 보증인이 좋은 예이다. 채무자가 채무를 변제하지 않으면 채권자는 보증인에게 이행을 청구할 것이고, 보증인마저 변제하지 않으면 그의 재산에 강제집행을 할지도 모르니 보증인은 서둘러 변제를 해야 할 이유가 있다. 이를 「변제할 정당한 이익」이 있다고 말한다. 이같이 제3자가 변제를 한 경우에는 제3자는 채무자를 위해 재산을 출연한 자이고, 그 덕에 채권자는 권리를 실현한 터이니 채권자가 채무자에 대해 갖던 권리는 변제를 한 자가 행사하는 것이 공평하다. 이를 「변제자의 대위」라고 말한다. 즉 위 예에서 보증인이 채권자를 대신해서 채무자에게 채권을 행사할 수 있는 것이다. 변제자의 대위권은 변제한 자가 변제할 정당한 이익이 있었느냐, 그러한 이익이 없이 변제했느냐에 따라 그 권리의 내용을 달리한다.

(2) **대물변제**

예전에 농촌의 부모들은 봄에 자녀의 학비를 이웃에서 빌리고 가을에 갚되, 돈 대신 곡식으로 갚는 일이 많았다. 물론 곡식을 팔아 돈을 만들어 갚아도 되지만 곡식을 팔면서 소요되는 비용을 줄일 수 있고, 또 채권자도 곡식이 필요한 경우에는 차라리 곡식으로 받는 것이 돈을 받아 다시 곡식을 사는 것보다 낫기 때문이다. 이와 같이 본래의 급부에 대신하여 다른 급부를 함으로써 채무를 이행하는 것을 대물변제라고 한다. 대물변제는 본래의 채권의 목적이 아니므로 채권자가 원치 않으면 불가능하다. 그러므로 대물변제를 하기 위해서는 채권자와 채무자 간에 새로운 계약을 체결하여야 한다. 즉 대물변제는 채권자와 채무자 간의 계약이다. 대물변제를 하면 원래의 채무는 소멸한다($\frac{민}{466조}$). 그리고 대물변제는 실제로 대신하는 물건을 급부하여야 한다. 이같이 어떤 급부를 하여야 효력이 발생하는 계약을 「요물계약」이라고 한다.

### (3) 공탁

앞서 채권자의 사정으로 이행을 받을 수 없거나 채권자가 변제의 수령을 거절하면 채무자가 이행지체의 책임을 지지 않는다고 하였다. 그러나 채무자로서는 속히 채무를 벗어나지 못하므로 불안하고, 또 이행이 미루어짐으로 해서 비용이 발생할 수도 있다. 이 경우 채무자가 채권자의 사정이나 의사가 어떻든간에 속히 채무를 벗어나는 방법으로 공탁이라는 제도가 있다. 공탁이란 정부가 관리하는 공탁소라는 기관에 채무의 목적물을 맡기는 것이다. 공탁을 하면 채권자에게 변제한 것과 같은 효력이 생겨 채무가 소멸한다($\frac{민}{487조}$). 채권자는 나중에 공탁소에서 그 물건을 찾아가면 된다.

### (4) 상계

A가 B에게서 100만원을 빌린 일이 있고, 한편 A가 B에게 물건을 팔아 150만원의 대금채권을 가지고 있다고 하자. 이 경우 고지식하게 양자의 채권·채무를 해결하자면 A가 100만원을 마련하여 B에게 주고 다시 B에게서 150만원을 받아오거나, A가 B로부터 150만원을 받고 이 중에서 100만원을 다시 B에게 주어야 할 것이다. 이 절차가 번거롭기도 하지만 때로는 불공평한 일이 생길 수 있다. A는 B에게 100만원을 주었는데, B는 A에게 150만원을 주지 않고 계속 미루는 것이다. 이러한 문제를 해결하는 방법으로 A는 B에게 줄 돈 100만원과 B로부터 받을 돈 중의 100만원 부분을 주고받았다 치고 소멸시킬 수 있다. 이 경우 A와 B의 합의를 요하지 않고 A가 B에게 일방적인 의사표시를 함으로써 소멸시킬 수 있다. 즉 단독행위이다. B도 같은 의사표시를 할 수 있다. 이같이 동일한 당사자가 서로 채권·채무를 부담할 때, 대등액의 범위에서 쌍방의 채권·채무를 소멸시키는 의사표시를 「상계」라 한다($\frac{민}{492조}$). 상계는 서로 같은 종류의 채권·채무 간에 가능하다. A가 B에게 쌀 열 가마를 빚지고 있고 B는 A에게 소 한 마리를 빚지고 있다면 상계는 불가능하다.

그리고 상계는 상대방의 채무가 모두 이행기에 있어야 가능하다. A가 B에게 100만원을 줄 채무는 6월 30일이 이행기인데 A가 B로부터 받을 채권은 12월 31일이라면 A가 상계하는 것은 불가능하다. 상계를 한다면 B가 가진 기한의 이익을 빼앗는 결과가 되기 때문이다.

이같이 채권의 종류, 변제기 등 상계할 수 있는 요건을 충족하고 있는 상태를 「상계적상」이라고 한다.

### (5) 경개

A가 B에게 6월 30일까지 어느 아파트의 소유권을 이전해 줄 채무를 부담하고 있다. 그런데 A와 B가 합의하여 아파트의 소유권 이전은 없는 일로 하고 대신 A가 B에게 12월 말까지 1억원을 지급하는 것으로 하였다. 이와 같이 종전의 채무를 소멸시키고 새로운 채무를 부담하기로 하는 합의를 경개라고 한다($\frac{민}{500조}$).

### (6) 채무 면제

채무자의 형편이 딱하여 채권자가 빚을 탕감해 주는 미덕을 더러 볼 수 있다. 이같이 채권자의 일방적 의사표시에 의해 무상으로 채권을 소멸시키는 것을 채무 면제 혹은 간단히 면제라고 한다($\frac{민}{506조}$).

(7) 혼동

아버지가 딸에게 100만원을 빌려주고 되받지 못한 채 사망하였다 하자. 아버지의 채권을 딸이 상속하였다. 딸은 본래 아버지의 채무자이었던데다가 아버지의 채권을 상속받았으므로 자기가 자기에 대해 채권을 갖는 셈이다. 이같이 어떤 사정에 의해 채권과 채무가 동일인에게 귀속되는 현상을 「혼동」이라 하는데, 이 경우 채권·채무를 존속시키는 것은 무의미하므로 채권의 소멸원인으로 한다.

## 제 2 절  계약법

### 1. 계약의 뜻

앞서 채권과 채무는 여러 가지 원인에 의해 발생한다고 말하였다. 그리고 채권·채무의 발생원인 중에는 계약이 가장 대표적인 예라는 말도 하였다. 계약이란 간단히 말하면 A와 B의 약속이다.

우리는 일상생활에서 무수히 많은 약속을 하며 산다. 친구하고 저녁을 같이 하자는 약속도 하며 이성의 친구와 이번 주말에 같이 야구 구경을 가자는 약속도 한다. 동네 신부님과 이번 주말에는 틀림없이 교회에 가겠다는 약속도 한다. 약속이란 지켜지는 것이 바람직하지만 모든 약속이 지켜지도록 법적으로 강제할 수는 없다. 「법적으로 강제」한다는 것을 민법의 관점에서 말하자면, 약속을 어긴 자에게 약속을 이행하도록 강제집행을 하거나 손해배상 책임을 묻는 것이다. 애인이 토요일 오후에 만나기로 하고 안 나타났다고 해서 강제집행을 할 도리는 없다. 신부님과 철석같이 약속하고도 일요일에 교회에 가지 않았다 해서 신부님이 손해배상을 하라고 하지는 않는다.

우리 생활에서 맺는 약속의 대부분은 이를 위반한 사람에 대해 '실없는 사람', '못 믿을 사람'이라는 나쁜 평가가 주어지는 것에 불과하고, 법적인 강제가 따르지는 않는다. 그러나 A가 B에게 100만원을 빌리고 30일 내에 갚기로 했다든가, A와 B가 집을 사고팔기로 한 것은 친구나 신부님과의 약속과는 다르다. 이 약속을 어기면 강제집행이나 손해배상과 같은 불이익이 따르고 또 약속의 당사자들도 이러한 불이익을 일방은 각오하고, 일방은 희망하며 약속하는 것이다. 이같이 법에 의해 강제력이 부여되는 약속을 계약이라 한다.

### 2. 계약자유의 원칙

「계약자유」의 원칙이란 누구든 계약을 체결하거나 혹은 체결하지 않거나, 자유로운 의사로 결정할 수 있고($\frac{체약의}{자유}$), 내용도 자유롭게 결정할 수 있으며($\frac{계약내용}{결정의 자유}$), 계약의 방식 역시 자유롭게 결정할 수 있다($\frac{계약방식}{의 자유}$)는 원칙이다. 물론 계약이란 상대방이 있는 것이니, 상대방과의 합의가 이루어졌을 때 가능한 말이다.

계약자유의 원칙은 근대민법의 기본정신을 이룬다. 근대민법은 바로 이 계약자유의 원칙을 실현하기 위해 만들어졌다고 해도 틀린 말은 아니다. 중세시대에는 잘 아는 바와 같이 모든 사람이 이미 정해진 신분의 구속을 받으며 살았다. 생활수단도 이 신분에서 얻어졌다. 그러나 근대에 들어와서는 자유주의 사상의 영향으로 신분이 타파되고, 모든 사람들은 자신이 자유롭게 선택한 수단으로 생활을 영위하게 되었다.

사회 속에서 생활을 영위한다고 함은 타인에게 줄 수 있는 것을 주고, 받을 수 있는 것을 받는 것이다. 즉 서로의 교환에 의해 각자의 생계를 유지할 수 있는 것이다. 예컨대 근로자는 자본가에게 노동을 제공하고 자본가로부터 임금을 받는 것이다. 이 같은 상호의 교환을 위해서는 서로의 것을 필요로 하는 사람들 간에 자유로운 의사의 합치가 이루어져야 하며 그러한 의사의 합치는 바로 계약이라는 형식으로 표현되는 것이다.

교환의 가능성이 있는 상대방이 다수 존재한다고 가정한다면 계약의 자유는 우선 상대방 선택의 자유로부터 출발한다. 상대방의 선택이란 다분히 계약 내용의 유·불리에 따라 이루어지게 되니 계약의 자유는 계약 내용 결정의 자유를 전제로 한다. 물론 계약의 내용이 법률로 금지하는 것이라면 법의 보호를 받지 못한다. 그리하여 같은 급부를 공급할 수 있는 다수의 사람과 같은 급부를 원하는 다수의 사람들 간에 상대방과 내용을 자유롭게 선택하며 계약을 체결함으로써 자유로운 경쟁이 이루어지고 모든 사람들이 최적의 이익을 누릴 수 있다. 그러므로 계약자유의 원칙이란 사람들을 신분의 제약에서 벗어나게 하는 의미 외에 자유경제를 기조로 하는 자본주의경제의 가장 기본적인 전제가 되는 것이다.

계약의 자유는 계약의 방식의 자유도 포함한다. 방식의 자유란 계약을 체결함에 있어 어떠한 형식을 취하든 당사자 간에 합의를 이루면 족하다는 원칙이다. 이를 현실적인 의미로 바꿔 말하면, 법에서 원칙적으로 계약의 방식 내지는 형식을 강요하는 바가 없다는 것이다. 예를 들어 A와 B가 집을 사고판다면 약속한 내용을 서면에 기록하는 방식으로 하든, 단지 구두로 하든, 합의에 이르기만 하면 족하다. 다만 계약이라는 것은 추후에 그 내용이 이행되어야 하고 그러기 위해서는 채무자가 자기의 채무를 인정해야 할 것인데, 뚜렷한 증거가 없다면 채무자가 자기의 채무를 부인할 위험이 있으므로 보통은 중요한 계약이라면 서면을 작성해 둔다. 계약의 방식은 자유로움이 원칙이나, 예외적으로 법이 일정한 방식을 요구하는 경우가 있다. 후에 설명한다.

### 3. 계약의 성립

계약은 A와 B의 약속이라 하였으니 A와 B의 의사가 합치되어야 이루어질 수 있음은 당연하다. 이 약속이 이루어지는 과정을 보면 누군가가 먼저 " 이렇게 하면 어떨까?"라는 제의를 하고 상대방이 "그것 좋지"라고 하든지, 혹은 "아니 저렇게 하면 어떨까?"라고 수정해서 제의하고 먼저 사람이 "그러면 그렇게 하지"라고 말하는 과정을 거친다. 법상 계약의 성립과정은 두 단계이다. 「청약」과 「승낙」이라는 것이다. A가 B에게 "나의 자동차를 1,000만원에 사시오"라고 제의하는 것을 청약이라 하고 그에 대해 B가 "좋소. 1,000만원에 사겠소"라고 동의하는 것을 승낙이라 한다. 혹 B가 A의 1,000만원에 사라는 청약에 대해 "900만원이면 사겠소"라고 수정해서 제의하면 이를 새로운 청약으로 본다. 그러면 다시 A가 그 청약에 대해 같은 내용으로 승낙했을 때에 계약이 성립하는 것이다.

### 4. 계약의 해제

#### (1) 해제의 뜻

계약의「해제」란 계약당사자 일방의 의사표시로 계약이 처음부터 존재하지 않았던 것과 같은 상태로 회복시키는 것을 말한다($\frac{민}{543조}$). 계약이란 상호 합의한 내용으로 상대방을 구속하는 것을 목적으로 하는 것인데, 일방당사자의 일방적인 의사표시로 계약이 없었던 것과 같은 상태로 회복시킨다면 해제를 하는 당사자는 편리하겠지만 상대방으로서는 예측하지 못했던 손해를 입는다. 그러므로 계약의 해제는 상대방이 이러한 손해를 감수할 수밖에 없는 책임 있는 사유가 있을 경우에 한해 허용된다. 해제를 감수해야 할 상대방의 책임 있는 사유란 채무불이행이다. 계약당사자인 A와 B 중에서 B가 자기의 채무를 이행하지 않음에도 불구하고 A를 계속 이 채권관계에 구속시키는 것은 불공평하다. B가 과연 채무를 이행할 것인지에 대한 예측이 어려운 상황에서 A가 계속 반대채무를 부담해야 하기 때문이다. 또한 B가 뒤늦게 이행한다 하더라도 A에게 별 도움이 되지 않을 수도 있다. 이같이 일방당사자의 채무불이행이 있을 경우 타방당사자에게 계약을 해제할 수 있는 권리를 부여함으로써 불안정한 법률관계를 신속히 매듭지을 수 있게 하는 것이 해제제도의 목적이다.

#### (2) 해제의 사유

앞서 채무불이행의 유형에 이행지체, 이행불능, 불완전이행의 세 가지가 있음을 설명하였다. 이 세 가지 유형의 채무불이행 중 어느 경우에나 해제가 가능하다. 다만 이행지체가 있다고 하여 즉시 해제를 한다면 상대방의 손해가 막심하고, 또 다소의 이행지체가 있더라도 보통의 경우에는 늦게나마 이행을 하는 것이 채권자에게도 유리하므로 해제를 하기 전에 상대방에 대하여 상당한 기간을 정하여 이행을 최고하여야 한다. 그 기간 내에 이행이 없을 경우에 비로소 해제할 수 있다($\frac{민}{544조}$). 그런데 지체된 이행은 채권자에게 아무 도움이 안되는 경우도 있다. 예컨대 어느 기독교단체가 12월 24일까지 크리스마스트리를 배달해 줄 것을 주문하였는데 배달이 되지 않았다고 하면, 다시 날짜를 정하여 이행을 최고한다는 것이 채권자에게는 무의미하다. 이같이 일정 기한에 이행이 되지 않으면 계약의 목적을 달성할 수 없는 계약을「정기행위」라고 한다. 정기행위가 이행지체된 경우에는 최고 없이 해제할 수 있다($\frac{민}{545조}$). 정기행위는 거래의 성질에 의해 정기행위임을 당사자가 잘 알 수 있는 경우도 있으나($\frac{위 크리스마스}{트리의 경우}$) 그렇지 않을 수도 있다. 그러므로 당사자가 사전에 정기행위로 약속할 수도 있다.

이행불능의 경우에는 이행을 최고 하는 것이 무의미하므로 최고 없이 해제할 수 있다($\frac{민}{545조}$).

#### (3) 해제의 효과

계약을 해제하면 계약은 그 성립 당시로 소급하여 없었던 것이 된다. 그러므로 해제한 당사자가 아직 자기의 채무를 이행하지 않았다면 이행할 필요가 없고 이미 이행하였다면 상대방은 이행 받은 것을 반환해야 한다. 이를「원상회복」이라 한다($\frac{민}{548조}$). 위의 크리스마스트리의 예에서 제작자에게 미리 대금을 주었다면 제작자는 대금을 반환해야 하고 트리는 인도할 필요가 없다.

한편 채무불이행이 있으면 채권자에게 손해가 생긴다. 계약을 해제하였더라도 이 손해배상은 청구할 수 있다.

법상 계약의 해제는 원래 채무불이행이 있는 경우에 한해 할 수 있는 것이나, 당사자가 사전의 약정에 의해 일정한 사유가 생기면 계약을 해제할 수 있는 것으로 할 수 있다. 채무불이행을 원인으로 하는 해제를 「법정해제」라 하고, 당사자의 약정으로 하는 해제를 「약정해제」라 한다.

### (4) 해지

해제와 유사한 것으로 해지가 있다. 해지도 해제와 같이 채무불이행을 원인으로 하고 계약을 실효시키는 의사표시이지만 소급효가 없고 계약의 효력을 장래에 향해 소멸시키는 점이 특색이다($\frac{민}{550조}$). 해지는 급부의 성질상 과거에 이행한 것을 원상회복시키기 어려운 계약에 관하여 인정된다. 예컨대 신문 구독을 생각해 보자. 배달이 자주 걸러져 구독 계약을 소멸시키려 한다. 이 경우 해제를 한다면 그동안 이미 배달받은 신문을 읽은 터에 신문을 돌려준다 해서 원상회복을 한다고 할 수는 없다. 이같이 계속적인 급부를 목적으로 하는 계약에서는 해지만 가능하다.

### 5. 계약의 유형

계약은 여러 가지 기준에서 분류해 볼 수 있으나 특히 다음과 같은 분류가 중요하다.

1) **쌍무계약·편무계약**　　계약의 쌍방당사자가 서로 대가적 의미를 갖는 채무를 부담할 경우 이를 쌍무계약이라 하고, 어느 일방만이 채무를 부담할 경우 편무계약이라 한다. 매매와 같은 것은 쌍무계약의 전형적인 예이고 증여는 편무계약의 전형적인 예이다.

쌍무계약의 효력으로서 동시이행의 항변이라는 중요한 개념이 있다. 예컨대 쌍무계약의 대표격인 매매관계에서는 매도인의 재산 이전 의무와 매수인의 대금 지급 의무가 동시이행의 관계에 있다. 가령 독자가 서점에 가서 이 책을 살 때, 서점주인에게 먼저 책을 주면 후에 돈을 주겠다고 말해서 응할 리가 없다. 즉 맞돈을 내고 사야 한다. 한편 서점주인이 돈을 먼저 내고 책은 내일 가져가려고 한다면 독자도 응할 리가 없다. 독자는 돈을 내는 동시에 책을 받기를 원할 것이다. 이같이 쌍무계약의 당사자들이 동시에 자기의 채무를 이행하는 것을 동시이행이라 하며, 일방이 자기채무는 이행하지 않은 채 상대방의 이행을 먼저 요구할 경우 상대방은 동시에 이행하자는 주장을 할 수 있다. 이러한 주장을 동시이행의 항변이라 한다. 당사자들이 합의하여 쌍방의 채무이행시기를 달리할 수 있는데, 이 경우에 동시이행의 항변이 불가능함은 물론이다.

2) **유상계약·무상계약**　　계약의 쌍방당사자가 서로 대가적 의미의 재산적 출연을 하는 계약을 유상계약, 일방만이 출연을 하는 계약을 무상계약이라고 한다. 이는 쌍무계약, 편무계약의 분류와 거의 일치하나 예외도 있다. 예컨대 현상광고는 편무계약이지만 유상계약이다.

3) **낙성계약·요물계약**　　당사자의 합의만으로 성립하는 계약을 낙성계약이라 하고, 당사자의 합의 외에 다른 어떤 행위 등 법률사실이 있어야 성립하는 계약을 요물계약이라 한다. 민법상의 전형계약은 현상광고를 빼고는 전부 낙성계약이다.

4) **요식계약·불요식계약**　　반드시 일정한 방식을 갖추어야 유효하게 성립하는 계약을 요식계약, 방식에 제한이 없는 계약을 불요식계약이라 한다. 민법이 표방하는 계약자유의 원칙이란 방식의 자유도 포함하므로 민법이 정하는 재산상의 계약은 모두 불요식계약이다. 요식행위의 좋은 예는 혼인, 유언 등인데 이들은 가족법상의 법률행위이다.

## 6. 전형계약의 종류

계약자유의 원칙은 계약내용결정의 자유를 보장하는 까닭에 계약에 임하는 당사자들은 강행법규에 위반하지 않는 한 어떤 내용의 계약이나 자유롭게 체결할 수 있다. 그러므로 경제생활에 임하는 당사자들의 수요에 따라 계약은 무수히 많은 형태를 지닐 수 있다. 그러나 그같이 많은 계약 중에서도 일상생활에서 흔히 체결하는 계약은 한정되어 있으므로 민법은 비교적 자주 이용된다고 생각되는 15가지의 계약들을 추려내어 계약의 내용과 효과에 대해 규정하고 있다. 그 목적은 계약당사자들이 자주 이용하는 계약에 관해 표준적인 법적 규율을 함으로써 당사자들의 의사를 보충해 주고자 하는 것이다. 민법에서 정한 계약을 전형계약이라 하며, 이 밖에 당사자들의 의사에 의해 다양한 내용을 담고 맺어지는 계약을 「비전형계약」 또는 「무명계약」이라 한다. 이하에서는 전형계약을 간단히 소개한다.

### (1) 증여

증여란 당사자의 일방이 대가 없이 상대방에게 일정한 재산을 제공하겠다는 의사를 표시하고 상대방이 이를 승낙함으로써 성립하는 계약이다. 이때 주는 자를 「증여자」, 받는 자를 「수증자」라 한다.

증여는 감각적으로는 일방당사자가 타방당사자에게 일방적으로 주는 것이므로 단독행위라고 생각하기 쉬우나, 증여는 수증자의 의사표시를 요하는 계약이다. 즉 증여자의 주겠다는 의사표시와 수증자의 받겠다는 의사표시가 합체되어 증여라는 계약이 성립한다.

증여를 하면 증여자가 수증자에게 약속한 재산을 이전해 줄 의무를 부담한다. 그런데 증여가 무상계약이라는 특성을 감안하여 다른 계약에 없는 해제사유를 인정하고 있다. 즉 증여의 의사를 서면으로 표시하지 않은 때($\frac{민}{555조}$), 수증자가 증여자에 대하여 망은행위를 한 때($\frac{민}{556조}$), 증여계약 후 증여자의 재산상태가 현저히 변경(악화)되고 증여의 이행으로 증여자의 생계에 중대한 영향을 미칠 경우($\frac{민}{557조}$)에는 증여를 해제할 수 있다.

한편 부담부증여라 하여 수증자가 일정한 의무를 부담하는 형태의 증여도 있다. 예를 들어 아버지가 은행에 저당권을 설정하고 돈을 빌려 쓴 집을 아들에게 무상으로 주되, 아들로 하여금 은행돈을 갚게 하는 것과 같다.

그리고 증여자의 사망을 조건으로 효력을 발생하게 하는 증여가 있다. 이를 사인증여라 한다. 예컨대 "A가 사망하면 A 소유의 집을 B에게 무상으로 이전한다"는 것과 같다.

### (2) 매매

1) 개념    매매란 물건 또는 권리를 금전과 교환하는 계약이다. 우리의 일상생활에서 가장 흔히 경험하는 계약이다. 물건 또는 권리를 주는 대가로 금전이 교부되므로 유상계약이고, 당사자 쌍방이 주고 받는 의무를 상호 부담하므로 쌍무계약이다.

매매는 물건을 목적으로 하는 것이 흔하지만 권리도 매매의 목적이 될 수 있다. 매매에 의하여 매도인은 매수인에게 매매의 목적인 재산을 이전해 줄 의무를 부담하고 매수인은 매도인에게 대금을 지급할 의무를 부담한다. 이하 매매에 관한 몇 가지 중요한 개념을 설명한다.

2) 담보책임    타인으로부터 물건을 살 때에는 그것이 흠 없는 완전한 물건임을 기대하고

매도인도 그 점을 약속한다. 그런데 그 물건에 예상하지 못한 흠이 있다고 하자. 이 경우에는 물론 매도인에게 책임을 물어야 한다. 이때 매도인에게 묻는 책임을 담보책임이라 한다. 담보책임의 내용은 권리가 매매의 목적인 경우와 물건이 매매의 목적인 경우에 그 내용이 약간 다르다. 하지만 흔한 것은 물건의 매매이므로 물건의 매매에 관한 담보책임을 알아두자.

물건의 하자에 대해 매도인이 지는 담보책임을 특히 하자담보책임이라 한다. 독자가 인터넷의 광고를 보고 1년 된 중고차 「123가7777」번 차를 샀다고 하자. 사가지고 와서 보니 엔진에 중대한 결함이 있어 자동차가 주행을 할 수 없다. 그렇다면 이 차로는 당초 차를 산 목적을 달성할 수 없다. 이때에는 매매계약을 해제하고 대금을 돌려받을 수 있다. 혹은 브레이크에 이상이 있는데, 이로 인해 차를 산 목적을 달성할 수 없는 정도는 아니지만, 제법 비용을 들여 수리를 해야 한다. 이때에는 대금을 감액할 것으로 요구하거나 손해배상을 청구할 수 있다($\frac{민}{580조}$).

이상은 특정물의 매매에 관한 설명이나 종류물의 매매에도 같은 원칙이 적용되고, 한 가지 구제방법이 추가된다. 현대자동차 영업소에서 2022년 형 제네시스를 한 대 샀다고 하자. 이 차는 종류물이다. 그런데 위에 말한 것과 같은 흠이 있다고 할 경우에는 계약의 해제나 손해배상의 청구 대신에 흠이 없는 물건으로 바꿔 줄 것을 청구할 수 있다($\frac{민}{581조}$).

이상의 하자담보책임은 매수인이 그 흠이 있음을 과실 없이 알지 못한 경우에 한하여 물을 수 있다. 그리고 이 책임을 매수인이 그 흠이 있음을 안 때로부터 6월 내에 청구하여야 한다.

3) 해약금　매매를 할 때 흔히 계약금 또는 해약금이라 하여 매수인이 매매대금의 일부 ($\frac{보통}{10\% 내외}$)를 매도인에게 건네준다. 이같이 해약금을 준 때에는 매수인은 이 금액을 포기하고 계약을 해약할 수 있으며, 매도인은 이 금액의 배액을 상환함으로써 계약을 해약할 수 있다($\frac{민}{565조}$). 계약의 해약으로 그 이상의 손해가 나더라도 그 배상을 청구할 수 없다.

(3) 교환

A가 B의 자동차를 사고 돈을 지급한다면 이는 매매이다. 그러나 A가 가진 도자기와 B의 자동차를 맞바꾸기로 한다면 이를 교환이라 한다($\frac{민}{596조}$). 교환도 유상, 쌍무계약이다. 도자기의 시가는 700만원인데 자동차의 가격은 1,000만원이라면 단지 맞바꾸기만 해서는 대가가 불균형하다. 그러므로 이 경우에는 A가 B에게 300만원의 차액을 금전으로 지급할 것인데, 자동차의 가치 중 300만원의 부분에 대해서는 매매가 이루어진 것과 같으므로 매매에 관한 규정을 적용한다.

(4) 소비대차

소비대차란 당사자 일방이 상대방에게 금전 기타 대체물을 이전해 줄 것을 약정하고 상대방은 같은 종류, 같은 품질, 같은 수량의 물건을 반환할 것을 약정함으로써 성립하는 계약이다($\frac{민}{598조}$). 예컨대 어느 농부가 가을에 추수하여 돌려주기로 하고 옆집에서 쌀을 빌리는 것과 같다. 가장 흔한 것은 금전을 빌리는 것이다. 이를 특히 「금전소비대차」라고 한다. 독자가 은행에서 학자금을 빌리는 것은 금전소비대차의 예이다. 소비대차에서 빌려주는 자를 「대주」, 빌리는 자를 「차주」라 한다.

소비대차는 원래 무이자가 원칙이나 당사자의 약정으로 이자를 붙일 수 있다.

(5) 사용대차

사용대차란 일방이 상대방에 대해 무상으로 특정의 물건을 사용하게 하고 상대방은 그 물건을 사용한 후 반환하기로 약정하는 계약이다($\frac{민}{609조}$). 독자가 이 책을 잠시 친구에게서 빌려왔다면 바로 사용대차계약을 맺은 것이다. 소비대차는 무상일 수도 있고 유상일 수도 있으나 사용대차는 항상 무상이다. 그리고 소비대차는 빌린 물건을 소비하고 같은 종류, 같은 품질, 같은 수량의 물건을 반환하지만, 사용대차는 빌린 물건을 사용 후 그대로 반환한다는 점에서도 소비대차와 다르다.

### (6) 임대차

임대차란 일방이 상대방에게 특정의 물건을 사용하게 하고 상대방이 그에 대해 차임($\frac{물건의}{사용료}$)을 지급하기로 하는 계약이다($\frac{민}{618조}$). 앞서의 사용대차에서 사용료를 지급하기로 하는 약정이 추가되었다고 생각하면 된다. 물건을 빌려주는 자는 「임대인」, 빌려 받는 자를 「임차인」이라 부른다.

임대차에 의해 임대인은 임차인에게 목적물을 인도하고 그 사용이 가능하도록 할 의무를 부담하며 임차인은 그 물건을 사용할 권리를 갖는데, 이러한 임차인의 권리를 「임차권」이라 부른다. 임차인은 사용대가인 차임을 지급할 의무를 부담한다.

임대차는 보통 일정기간의 임대기간을 정하고 이루어진다. 이 경우 임대기간 중에 일정기간을 단위로 하여 주기적으로 차임을 지급하기로 함이 일반적이다. 보통은 임차인의 차임 등 채무이행을 담보하기 위하여 임차인이 임대인에게 수개월 또는 수년치의 차임에 해당하는 금액을 예치하며, 이를 「임차보증금」 또는 그냥 「보증금」이라 부른다. 하지만 보증금을 약정하지 않더라도 임대차의 효력에는 영향이 없다.

임대차의 존속기간이 만료하면 임대차는 종료하는데, 그 외에도 일정한 사유가 있을 경우 당사자 일방이 계약을 해지할 수 있는 경우가 있다. 임대차 기간을 약정하지 않은 경우에는 당사자는 언제든지 해지할 수 있으며, 그 밖에 상대방이 의무이행을 게을리할 경우에도 해지할 수 있다. 예컨대 임차인이 차임지급을 연체할 경우 임대인은 해지할 수 있다.

임대차는 채권관계이므로 임대인이 임차물을 양도하거나 타인에게 담보로 제공하면 임차인은 양수인 또는 담보권자의 권리에 우선하지 못한다. 그러므로 예컨대 A가 B의 자동차를 임차하고 있던 중, B가 C에게 자동차를 양도한다면 A는 C에 대해 임차권을 주장할 수 없고 C에 대해서는 A가 B에게 맡긴 보증금의 반환도 청구할 수 없다.

그러나 부동산임대차의 경우 임차권을 등기하면 양수인이나 담보권자에게도 대항할 수 있으며($\frac{민}{621조}$), 임차물이 주택이라면 등기를 하지 않더라도 「주택임대차보호법」이라는 특별법에 의해 임차인이 두터운 보호를 받는다. 즉 임차인이 임차한 주택을 인도받고 주민등록($\frac{또는 전}{입신고}$)을 마친 때에는 등기를 한 것과 같이 제3자($\frac{예: 양도인,}{저당권자}$)에게도 대항할 수 있다.

### (7) 고용

고용이란 일방이 상대방에게 노무를 제공하고 상대방은 이에 대하여 보수를 지급할 것을 약정하는 계약이다($\frac{민}{655조}$). 노무를 제공하는 자를 「피용자」, 근로자 등으로 부르고, 보수를 지급하는 자를 「사용자」라 부른다. 대부분의 대학생들이 졸업 후 기업에 취직하는데, 바로 이 고용계약에 의해 취직하는 것이다. 고용계약에 의해 근로자가 제공할 노무의 내용이 정해지고 그가 받을 보수가 정해진다. 사용자와 근로자는 법상으로는 물론 평등한 관계에서 고용계약을 체결하지만, 실제의 계약에서는 사용자가 우위를 점하는 예가 대부분이다. 그래서 근로기준법에서는 고용에 관한 한, 민법에 대한 특별법의 지위에서 근로자의 경제적 열세와 복지를 고려한 근로자 보호 규정을 두고 있다.

### (8) 도급

도급이란 일방이 어느 일을 완성할 것을 약정하고 상대방은 그 일의 결과에 대하여 보수를 지급할 것을 약정하는 계약이다(민 664조). 가장 흔한 예는 건축업자에게 건물의 신축을 맡기는 것이다. 예컨대 A가 제공한 일정한 설계도에 따라 B가 100㎡ 단독주택을 3개월 내에 완공해 주기로 하였다 하자. 전형적인 도급의 예이다. 일을 맡기고 보수를 주는 자를 「도급인」, 보수를 받고 일을 맡는 자를 「수급인」이라 한다.

일방이 상대방을 위해 일을 한다는 점에서 고용과 흡사하나, 다음과 같은 점이 다르다. 고용계약에서 사용자와 근로자 간은 지휘·감독의 관계에 있고, 계약의 목적이 일의 완성이 아니라 사용자가 요구하는 노무의 계속적인 제공이지만, 도급에서는 수급인이 독립성을 가지고 일을 하고 수급인이 해야 할 일의 내용도 당초 약정한 일의 완성이다. 예컨대 독자가 어느 고등학교 3학년 학생에게 과외공부를 가르치기로 하였다 하자. 학생의 부모와 그저 열심히 가르치기로 약속했다면 이는 고용이다. 그러나 그해 A라는 대학에 합격시키도록 하고 이 목표를 달성한 경우에 한해 보수를 받기로 했다면 이는 도급이다.

도급에서는 일의 완성이 계약의 목적이므로 보수도 완성된 목적물의 인도와 동시에, 그리고 목적물을 인도할 사안이 아닌 경우에는 일의 완성과 동시에 지급한다. 수급인은 인도한 목적물 또는 완성한 일에 대하여 매도인과 같은 담보책임을 진다.

### (9) 여행계약

여행계약이란 당사자 한쪽이 상대방에게 운송, 숙박, 관광 또는 그 밖의 여행 관련 용역을 결합하여 제공하기로 약정하고 상대방은 그 대금을 지급하기로 약정하는 계약이다(민 674조의2). 여행사(여행주최자)들이 여행객들을 모집하여 주로 해외 관광지로 가는 안내 여행에서, 여행사가 당초 약속한 수준의 여행을 실행하지 못함으로 인해 분쟁이 빈번히 발생하므로 민법은 이를 해결하기 위한 규정을 두고 있는데, 주된 것은 여행자의 해제권과 여행주최자의 담보책임이다.

1) **계약해제, 해지권**   여행자는 여행을 시작하기 전에는 언제든지 계약을 해제할 수 있다. 이 경우 상대방의 손해를 배상해야 한다(민 674조의3). 그리고 부득이한 사유가 있는 경우에는 각 당사자(여행자와 여행주최자)가 계약을 해지할 수 있으며, 그 사유가 당사자 한쪽의 과실로 인하여 생긴 경우에는 상대방에게 손해를 배상하여야 한다(민 674조의4).

2) **여행주최자의 담보책임**   여행에 하자가 있는 경우에는 여행자는 여행주최자에게 하자의 시정 또는 대금의 감액을 청구할 수 있다. 다만, 그 시정에 지나치게 많은 비용이 들거나 그 밖에 시정을 합리적으로 기대할 수 없는 경우에는 시정을 청구할 수 없다. 또한 여행자는 시정 청구, 감액 청구를 갈음하여 손해배상을 청구하거나 시정 청구, 감액 청구와 함께 손해배상을 청구할 수 있다(민 674조의6).

여행에 중대한 하자가 있는 경우에 그 시정이 이루어지지 아니하거나 계약의 내용에 따른 이행을 기대할 수 없는 경우에는 여행자는 계약을 해지할 수 있다. 계약이 해지된 경우에는 여행주최자는 대금청구권을 상실한다. 다만, 여행자가 실행된 여행으로 이익을 얻은 경우에는 그 이익을 여행주최자에게 상환하여야 한다($민 \atop 674 \atop 조의7$).

이상 설명한 제도는 여행자를 보호하기 위한 규정이므로 강행규정이다. 따라서 이에 위반하는 약정으로서 여행자에게 불리한 것은 효력이 없다($674 \atop 조의9$). 예컨대 여행주최자가 위 규정과 달리 여행자에게 불리한 약관을 사용하였다면 그 약관규정은 무효이다.

### (10) 현상광고

현상광고란 일방이 어느 행위를 한 자에게 일정한 보수를 지급할 의사를 광고를 통해 표시하고 이에 응한 자가 그 광고에서 정한 행위를 완료함으로써 효력이 생기는 계약이다($민 \atop 675조$). 신문에서 흔히 볼 수 있는 사람을 찾는 광고가 좋은 예이다. 현상광고 중에는 「신춘문예 광고」와 같이 수인의 응모자 중 우수한 자에 한하여 보수를 지급하기로 하는 것도 있는데, 이를 우수현상광고라 한다. 우수현상광고에서는 반드시 기한을 정해야 한다.

### (11) 위임

**1) 뜻**  A가 B에 대하여 일정한 사무의 처리를 위탁하고 B가 이를 수락하는 계약을 위임이라 한다($민 \atop 680조$). 사무처리를 위탁한 자(A)를 「위임인」이라 하고 위탁받아 사무처리를 해주는 자(B)를 「수임인」이라 한다. 집을 사고 등기이전을 하고자 할 때 등기신청 절차가 복잡하여 보통은 법무사에게 등기신청을 부탁하고, 타인과 소송을 할 때, 일반인은 법률 지식이 부족하므로 흔히 변호사에게 법정에서의 다툼을 맡기는데, 위임의 대표적인 예이다. 위임의 대상이 되는 사무처리는 법률행위일 수도 있고 사실행위일 수도 있다.

위임은 당사자가 보수를 약정하지 않는 한 원칙적으로 무보수이므로 무상계약이고 편무계약이다. 그러나 보통은 보수의 약정을 하고, 수임인이 무보수로 사무처리를 수임하는 예는 보기 드물다.

**2) 수임인의 의무**  위임은 수임인에 대한 고도의 신뢰를 바탕으로 이루어진다. 변호사에게 소송대리를 맡길 때 의뢰인은 변호사가 최선을 다하리라 믿는 것이 일반적임을 상기하면 쉽게 이해할 수 있을 것이다. 그러므로 수임인은 위임인의 신뢰에 어긋나지 않도록 위임한 취지(「위임 \atop 의 본 \atop 지」라 \atop 한다)에 따라 고도의 주의를 기울여 사무를 처리해야 한다($민 \atop 681조$). 이를 「선량한 관리자의 주의의무」 혹은 간단히 「선관의무」라 한다($그 뜻 \atop 은 후술$).

### (12) 임치

**1) 뜻**  A가 B에게 물건($또는 금전 \cdot \atop 유기증권$)의 보관을 위탁하고 B가 이를 수락하는 계약을 임치라 한다($민 \atop 693조$). 보관을 위탁하는 자(A)를 「임치인」, 보관해 줄 것을 약속하는 자(B)를 「수치인」이라 부른다. 독자가 차를 몰고 가다 주차장에 맡기는 것은 임치의 예이다. 또 독자가 여름방학이 되어 고향에 내려가면서 자취집 주인에게 방학기간 중 짐을 보관해 줄 것을 부탁하였다면 이 역시 임치이다.

**2) 종류**  임치를 하면 수치인은 그 물건을 그대로 보관하였다가 원상태대로 임치인에게 반환하여야 한다. 그러나 수치인이 그 물건을 소비하고 같은 종류, 같은 수량의 물건을 반환하기로 약정할 수도 있다. 이를 「소비임치」라 한다. 그리고 수치인이 여러 사람으로부터 같은 종류의 물건을 받아 섞어서 보관하다가 임치인이 반환을 청구하면 당초 맡긴 수량을 반환하는 약정도 가능하다. 이를 「혼장임치」라 한다. 예컨대 독자가 은행에 예금을 하면 독자의 돈을 따로

봉투에 넣어 두었다가 반환하는 것이 아니고, 모든 고객의 돈을 섞어 보관하다가 같은 금액을 반환하는 것을 생각하면 된다.

3) 수치인의 주의의무　　수치인은 남의 물건을 보관해 주는 자이니, 주의를 기울여 그 물건을 보관해 주어야 함은 당연하다. 그러나 어느 정도의 주의를 기울여야 하느냐는 것은 보수를 받고 보관하는 경우(유상수치)와 보수를 받지 않고 보관하는 경우(무상수치)에 따라 다르다. 유상수치인이 기울여야 할 주의의 정도는 「선량한 관리자의 주의의무(선관의무)」이지만, 무상수치인은 그 물건에 대해 「자기재산과 동일한 주의」만 기울이면 된다(민695조). 보수를 받은 자가 보다 깊은 주의를 해야 함은 당연하므로 「선관의무」가 「자기재산과 동일한 주의」보다 높은 주의임은 쉽게 알 수 있다. 그러면 양자는 어떻게 다른가?

대학생 A가 방학이 되어 고향에 가며 책더미를 친구 B에게 보관해 달라고 부탁하였다. 물론 보수는 없다. 그 집은 매우 비좁아 서재가 따로 없으므로 B는 자기 책을 쌓아 둔 곳에 A의 책을 같이 쌓아 두었다. 그해 여름에 비가 많이 와서 책에 곰팡이가 슬었다. 이 경우 A가 B에게 손해배상을 청구할 수 있는가? B가 자기 책을 보관하는 방법과 똑같은 방법으로 보관한 이상 손해배상을 할 의무가 없다. B의 집이 비좁아 따로 보관할 장소도 없고 습기를 제거하는 시설이 따로 있는 것도 아닌 만큼 곰팡이가 슨 것은 부득이하고 남의 책이라 한들 어쩔 수 없기 때문이다. 이같이 자기재산을 보관하는 것과 같은 방법으로, 그리고 같은 정도의 주의를 기울이는 것을 「자기재산과 동일한 주의」라 하며, 무상수치인은 이 정도의 주의만 기울이면 손해가 발생하더라도 책임을 면한다.

그러나 B가 A로부터 보관비용을 받았다 하자. 그리고 자기 책과 같은 장소에 쌓아놓고 보관하다가 똑같은 손실이 발생하였다. B는 집이 비좁아 따로 보관할 장소가 없었다거나, 습기 제거장치가 없었다는 변명을 할 수 없다. 내 책도 마찬가지 사정이라는 변명도 통하지 않는다. 방이 습기 차서 책이 상할 우려가 있다면 시설이 좋은 창고에 보관을 부탁하거나, 습기 제거장치를 빌려오거나, 그럴 형편이 아니라면 밤을 새워 부채질을 하는 한이 있더라도 책이 상하지 않도록 해야 하는 것이다. 즉 B의 주관적인 사정이나 주관적인 주의능력은 묻지 않고 일반인이 평균적으로 책이라는 물건에 대해 베푸는 주의를 기울여 책을 보관하여야 하는 것이다. 이 같은 정도의 주의를 「선관주의」라 하며 유상수치인은 선관주의를 기울여 물건을 보관하여야 하고 이보다 낮은 주의를 기울여 손해가 생겼다면 손해배상 책임을 져야 한다.

이상과 같은 주의의무의 두 가지 개념은 비단 임치의 경우에만 적용되는 것이 아니고 주의의무 일반에 대해 같은 뜻을 가지므로 각별히 그 내용 파악에 유의해야 한다.

(13) 조합

1) 뜻　　조합이란 두 사람 이상이 상호 출자하여 공동의 사업을 경영하기로 약정하는 계약을 말한다(민703조). 예컨대 A와 B가 각기 300만원과 700만원씩 출자해서 그 돈을 자본으로 하여 포장마차집을 운영하기로 하는 것과 같다. 어느 개인이 사업을 하려 하나 자본도 부족하고, 그 사업에 필요한 각종 업무도 혼자의 힘으로 벅찰 경우 타인의 자본과 노력을 빌리는 방법으로 조합이란 형태의 공동사업을 이용할 수 있다. 이러한 공동사업, 즉 조합에 참여하는 자를 「조합원」이라 한다.

조합은 그 구성원인 A와 B의 계약관계에 불과하고 독립된 인격체가 아니라는 점에서 회사와 같은 사단법인과의 구별에 유의해야 한다.

2) 재산의 소유형태    조합이 구성되면 조합원이 출자한 재산이 모이고 그 재산을 토대로 사업을 하여 추가의 재산이 조합에 생긴다. 조합은 법인격, 즉 권리능력이 없으므로 조합에 있는 재산을 「조합이 소유한다」는 일은 있을 수 없다. 단지 조합원들이 공동으로 소유할 뿐이다. 조합에 있는 재산을 조합원이 공동소유하는 형태는 「합유(合有)」라는 형식임을 주의해야 한다 $\left(\substack{\text{민} \\ 704조}\right)$.

3) 조합의 업무집행    조합이 유지되려면 조합의 사업에 필요한 업무를 집행하여야 한다. 수인의 조합원이 있는 만큼, 업무집행의 의사결정에는 다수결의 원칙이 적용된다. 그래서 조합의 업무집행은 조합원의 과반수로 결정한다$\left(\substack{\text{민 706} \\ 조 2항}\right)$. 그리고 조합원들은 업무집행자를 따로 선임할 수 있다. 당초의 조합계약으로 선임할 수도 있고, 계약으로 선임하지 않았으면 조합원의 3분의 2의 다수로써 선임한다.

4) 손익분배    조합의 목적은 수인이 공동으로 사업을 경영하는 것이므로 조합원은 당연히 이익을 분배받고, 손해를 분담해야 한다. 어떤 비율로 분배하면 좋을까? 이는 조합계약으로 자유롭게 정할 수 있다. 이익의 분배비율과 손실의 분담비율이 같지 않아도 좋다. 조합원들이 어느 한쪽만 결정하였을 경우에는 나머지도 같은 비율로 할 의사라고 보는 것이 자연스러우므로 그 비율은 이익과 손실의 분배에 공통한 것으로 추정한다. 이익이나 손실 어느 쪽에 관해서도 분배비율을 정하지 않은 경우에는 출자한 금액에 비례하여 분배한다.

5) 조합채무    조합에 채무가 발생한 경우 채권자는 조합원들을 상대로 변제를 청구할 수 있다. 조합원 간의 채무의 부담은 손실의 분담비율에 따라 하는 것이 원칙이지만, 채권자가 채권의 발생 당시에 조합원의 손실분담비율을 알지 못한 때에는 채권자는 각 조합원들에게 균등한 금액을 청구할 수 있다$\left(\substack{\text{민} \\ 712조}\right)$. 혹 조합원 중에 채무를 변제할 수 없는 자가 있는 경우에는 다른 조합원들이 균분하여 변제해야 한다$\left(\substack{\text{민} \\ 713조}\right)$.

(14) 종신정기금

A가 B에게 또는 B가 지정하는 C에게 종신토록 일정한 금전이나 물건을 지급할 것을 약정하는 계약을 종신정기금이라 한다$\left(\substack{\text{민} \\ 725조}\right)$. 연금이 이에 해당하지만 연금은 특별법에 의해 규율되므로 실제 민법의 규정에 의한 종신정기금계약은 보기 어렵다.

(15) 화해

화해란 분쟁 중의 당사자가 상호 양보하여 분쟁을 종식시킬 것을 약정하는 계약이다$\left(\substack{\text{민} \\ 731조}\right)$. 예컨대 어느 운전자가 과실로 행인을 다치게 하였으므로 피해자가 1억원의 배상을 요구하고 운전자는 3,000만원의 배상만 고집하고 있다. 이에 쌍방이 양보하여 5,000만원의 배상을 타결하는 것과 같다. 화해를 하면 일방이 양보한 권리는 소멸하고 상대방은 화해내용에 따라 권리를 취득한다$\left(\substack{\text{민} \\ 732조}\right)$.

소송 중에 쌍방이 양보하여 소송을 종결지을 수도 있다. 이를 소송상의 화해라 하며, 소송을 제기하기 전에 법원에 신청하는 화해절차도 있는데 이를 제소전 화해라 한다. 양자를 통틀어 재판상 화해라 하며 모두 법원의 확정판결과 같이 분쟁의 대상이었던 권리관계를 화해 내용대로 확정 짓는 효력이 있다.

## 제 3 절  법정채권

이상 계약에 관련된 중요개념과 계약의 종류를 설명하였다. 계약은 기술한 바와 같이 가장 흔하고 중요한 채권의 발생원인이다. 계약 이외에도 채권의 발생원인은 많이 있는데, 여기서는 민법이 특히 중요성을 인정하여 독립된 장으로 규정하고 있는 사무관리, 부당이득, 불법행위에 대해 설명한다. 계약의 특색은 당사자의 의사표시에 의해 채권을 발생시킨다는 것이다. 이에 대해 사무관리, 부당이득, 불법행위는 당사자의 의사표시가 아니라 일정한 사실이 발생하면 법률의 규정에 의해 채권이 발생한다는 점에 주의를 요한다. 이들 채권은 법률의 규정에 의해 발생한다는 의미에서 법정채권이라 부른다.

### 1. 사무관리

1) 뜻    A가 B의 집에 있는 고장난 수도관을 고쳐 주었다 하자. 이같이 A가 B를 위해 어떤 일을 할 때에는 보통 B와 사전에 맺은 계약이 있어 그 일을 해줄 의무를 가지거나, 법률상 A가 B에 대해 그러한 의무를 부담하고 있기 때문이다. 그러나 이러한 의무 없이 타인을 위해 일을 처리해 주는 경우도 드물지만 있을 수 있다. 예컨대 B가 장기간 출타 중인데 수도관이 새므로 A가 딱하게 생각하여 고쳐 주는 것과 같다. 이같이 의무 없이 타인의 사무를 처리하는 것을 사무관리라 한다.

2) 관리인의 의무와 책임    사무관리자는 그 사무의 성질에 좇아 본인에게 가장 이익되는 방법으로 관리하여야 하며, 본인의 의사를 알거나 알 수 있을 때에는 그 의사에 적합하도록 관리하여야 한다. 그렇지 않고 본인에게 이익되지 않는 방법으로 혹은 본인의 의사에 반하여 관리를 한 경우에는 그 관리로 인해 본인에게 발생한 손해를 배상하여야 한다. 과실이 없더라도 손해배상 책임을 면하지 못한다($\frac{민}{734조}$).

그러나 관리행위가 공공의 이익에 적합한 때에는 관리자에게 중대한 과실이 없는 한 손해를 배상할 책임이 없다($\frac{같은}{조}$). 그리고 타인의 생명, 신체, 명예 또는 재산상의 급박한 위험을 면하게 하기 위하여 관리한 때에는 고의나 중대한 과실이 없는 한 본인에게 손해가 발생하더라도 배상할 책임이 없다($\frac{긴급사}{무관리}$)($\frac{민}{735조}$). 예컨대 여름날 자동차 속에 어린아이가 갇혀 있어 질식할 위험이 있는데 차 문이 잠겨 있으므로 옆집 사람이 창을 깨고 아이를 구했을 경우, 아이의 부모는 그 옆집 사람에게 유리값을 물어내라고는 하지 못한다.

3) 관리자의 비용청구    관리자가 사무관리 중에 본인의 이익을 위하여 비용을 지출한 경우에는 본인에 대하여 비용의 상환을 청구할 수 있다($\frac{민}{739조}$). 앞의 수도관의 예에서 노후한 관을 교체하기 위해 수도관을 새로 샀다면 그 값을 청구할 수 있는 것이다. 그리고 관리자가 사무관리 중에 과실 없이 손해를 입은 때에는 손해의 전보도 청구할 수 있다($\frac{민}{740조}$).

## 2. 부당이득

1) 뜻    우리가 타인의 재산이나 노무로 인해 이익을 얻을 때에는 이를 정당화할 수 있는 법적 원인이 있어야 한다. 예컨대 A가 B에게 집을 팔고 집값으로 1억원을 받는다면 A의 1억원이란 이익은 A의 부동산의 매매라는 원인에 의해 정당화된다. 때로는 정당한 원인이 없이 이득을 취하는 수도 있다. 이 예에서 A와 B의 매매가 무효이거나, 후에 취소되었다면 A가 B로부터 집값을 받을 정당한 원인이 없다. 이같이 특정인이 취한 이익을 정당화할 만한 법적 근거(이를「법률상의 원인」이라 표현한다)가 결여된 경우의 이익을 부당이득이라 한다.

2) 반환의무    부당이득을 취하면 필히 타인에게 손해가 발생한다. 그러므로 부당이득을 얻은 자(수익자)는 그가 얻은 이득을 그 손실자에게 반환해야 한다(민741조). 이득을 취한 시기와 반환하는 시기에 시간적 간격이 있게 마련이고 그 기간의 이자 상당액 역시 부당이득에 해당하는데, 그 이자의 반환의무는 수익자가 선의이냐 악의이냐에 따라 달라진다(민748조).

3) 반환의 예외    부당이득이라도 반환할 필요가 없는 예외가 있다. 자신에게 채무가 없음을 알면서 변제(비채변제)한 때에는 반환을 청구하지 못한다(민742조). 자신에게 채무가 없음에도 불구하고 채무가 있다고 착각하고 변제를 하는 수도 있다. 이 경우에는 물론 반환을 청구할 수 있지만, 그 변제가 도의관념에 적합한 경우에는 반환을 청구하지 못한다(민744조). 예컨대 A가 B로부터 빌린 돈을 못 갚다가 11년 후에 갚았다. 실은 10년 만에 채무의 소멸시효가 완결되었으므로 갚을 필요는 없는데, A가 소멸시효 제도를 알지 못하여 갚은 것이다. 그렇더라도 이 변제는 도의관념에 부합하므로 A는 그 반환을 청구할 수 없는 것이다.

A와 B가 도박게임을 해서 B가 돈을 잃었다. 도박은 사회질서에 어긋나는 계약이므로 무효이다. 따라서 B는 주지 않아도 될 돈을 A에게 준 것이다. 이같이 불법한 원인으로 급부를 한 것을「불법원인급여」라고 하는데, 불법원인급여도 부당이득이지만 반환을 청구할 수 없다(민746조). 그러나 불법의 원인이 수익자에게만 있는 경우에는 반환을 청구할 수 있다(같은 조).

## 3. 불법행위

### (1) 뜻

불법행위란 고의 또는 과실로 인한 위법행위로 타인에게 손해를 가하는 것을 말한다. 사람이 생활하는 중에 과실로 타인에게 생명, 신체 혹은 재산상의 손해를 가하는 일이 흔히 있고, 심지어는 고의적으로 그러한 손해를 가하는 예도 있다. 대표적인 예가 교통사고이다. 운전자의 부주의로 타인의 신체나 재산에 손상을 주는 일을 우리 주변에서 흔히 본다. 이러한 불법행위가 있으면 그 피해자의 손해를 배상하여야 한다(민750조). 이에 의해 피해자는 가해자에 대해 손해배상청구권이라는 채권을 갖는데, 불법행위는 채무불이행과 더불어 손해배상채무의 2대 발생원인이다. 오늘날 사람의 생활 범위가 넓어지고 자동차와 같은 각종 위험한 도구를 사용하는 기회가 많아져 타인에게 손해를 가하는 일 역시 빈번하다. 그리하여 불법행위는 발생 빈도수로 말하자면 계약 못지않게 중요한 채권의 발생원인이 되었다.

### (2) 요건

타인에게 손해를 가한다고 해서 모두 불법행위가 되는 것은 아니다. 불가항력적으로 타인에게 손해를 가하는 경우도 있을 수 있다. 「고의 또는 과실」이 없으면 불법행위는 성립하지 않는다. 예컨대 고속도로에서 주행 중 갑자기 뛰어든 사람을 치더라도 운전자에게 불법행위책임을 지우지 않는 것이 근래 판례의 경향이다. 이 경우에는 고의·과실이 없다고 보는 것이다.

고의·과실이 있더라도 「위법한 행위」가 아니면 역시 불법행위는 성립하지 않는다. 예컨대 의사가 수술을 하는 것은 고의로 신체를 손상하는 것이지만 의사가 불법행위를 하였다고는 말하지 않는다. 이는 적법한 행위이기 때문이다. 또 형법에서는 정당방위나 긴급피난을 벌하지 않는데, 민법에서도 정당방위나 긴급피난으로 타인에게 손해를 가하더라도 불법행위가 성립하지 않는다($\frac{민}{761조}$).

이같이 불법행위는 행위자의 주관적인 책임 요소로서 고의 또는 과실을 요구하고, 행위의 객관적 요소로서 위법성을 요구한다.

### (3) 손해배상의 종류

부주의하게 자동차를 몰다 주차해 있는 남의 차를 망가뜨린 경우에는 순수한 재산상의 손해를 가한 것이므로 자동차값을 계산하여 배상하여야 한다. 그러나 타인의 생명이나 신체를 손상한 경우에는 손해액의 계산이 간단하지 않다. 예컨대 A가 운전 부주의로 제철소에서 월급 300만원씩 받으며 일하는 B를 치어 B의 손이 불구가 되었다 하자. 이 경우에는 두 가지 손해가 발생한다. 첫째는 B에게 거액의 치료비·입원비가 발생하고, 앞으로 일을 할 수 없으니 장래의 수입에 손해를 입은 것이다($\frac{재산상}{의 손해}$). 물론 A는 이를 배상해야 한다. 둘째는 B가 손을 못쓰게 되었으니 그 슬픔은 대단할 것이다. 이와 같은 정신적 고통도 가해자가 보상해 주어야 한다($\frac{민}{751조}$). A가 B에게 사과하고 평생 옆에서 위로해 준다고 하여 B의 슬픔이 덜어지는 것은 아니다. 그러므로 정신적 고통도 재산상의 손해와 같이 금전으로 배상하여야 한다. 정신적 고통은 생명, 신체의 손상 외에도 자유나 명예가 손상되었을 경우에도 발생하며 이 역시 금전으로 보상해 주어야 한다. 이 같은 정신적 고통에 대한 손해의 배상을 「위자료」라고도 한다.

정신적 고통은 피해자만이 아니라 제3자에게 발생할 수도 있다. 앞의 예에서 손을 다친 B에 못지않게 그 가족의 슬픔도 클 것이다. 하지만 민법에서는 제3자의 정신적 손해에 대해서는 매우 제한된 경우에 한해 배상책임을 인정한다. 즉 피해자가 사망한 경우에 한해, 그리고 피해자의 직계존속, 직계비속 및 배우자의 정신적 고통에 한해 위자료를 인정한다($\frac{민}{752조}$).

### (4) 특수한 불법행위

이상은 불법행위의 요건과 손해배상에 관한 일반원칙을 설명한 것인데, 다음과 같은 특수한 상황에서는 일반원칙이 일부 수정되어 적용된다.

**1) 책임무능력자의 불법행위**　10살 된 아이가 고무총 놀이를 하다 옆에 있는 아이의 눈을 다치게 하였다. 그렇다고 10살 먹은 아이더러 치료비와 위자료를 내놓으라고 할 수는 없다. 또 정신병동에 입원 중인 환자가 같은 일을 했다 해도 마찬가지이다. 이들은 사물의 변별능력이 없어 자기 행동의 의미를 정확히 깨닫지 못하므로 법적인 책임을 지울 수가 없기 때문이다. 이러한 자들을 책임무능력자라 한다. 책임무능력자에게는 책임을 묻지 못하더라도 이들을 감독할 법적

의무가 있는 자의 감독소홀에 원인이 있다면 감독자의 책임을 물을 수 있다. 위 예에서 피해자는 아이의 부모, 정신병원의 운영자에게 손해배상 책임을 청구할 수 있는 것이다($_{754조, 755조}^{민 753조}$).

2) **사용자의 배상책임**　「서울운수」라는 택시회사의 운전자가 영업 중 보행자를 치었다. 직접적으로는 운전자의 책임이지만 실제 운전자들은 손해배상의 자력이 없는 것이 보통이다. 그러므로 민법에서는 근로자들이 자신의 사용자의 사무집행과 관련하여 불법행위를 한 때에는 그 사용자도 손해를 배상할 책임을 지게 한다. 이 같은 책임을 지우는 근거는 사용자가 피용자의 선임 또는 감독을 소홀히 한 것이 불법행위의 원인이 되었다고 보는 것이므로 사용자가 피용자의 선임·감독에 상당한 주의를 하였음을 증명하거나, 주의를 하였어도 손해가 발생하였을 것임을 증명하면 책임을 면한다($_{756조}^{민}$).

3) **공작물 점유자의 책임**　어느 빌딩의 엘리베이터를 이용하는 중 엘리베이터가 추락하여 사람이 다쳤다 하자. 이같이 공작물의 설치·보존의 하자로 인해 타인에게 손해를 가한 경우에는 그 공작물의 점유자가 손해를 배상하여야 한다($_{758조}^{민}$).

4) **공동불법행위**　A와 B가 공동으로 C를 폭행하여 C가 골절상을 입고 입원하였다. 이같이 수인이 공동으로 가해행위를 하는 것을 공동불법행위라 한다. A가 심하게 때리고 B는 가볍게 때려 C의 골절상이 A의 폭행에 기인할 수도 있다. 그렇더라도 A와 B는 연대하여 손해를 배상하여야 한다($_{조}^{760}$). 그런데 A와 B가 의사의 연락 없이 각자 독립적으로 폭행을 한 것이라면 골절의 원인된 폭행을 한 자에게 손해를 배상하도록 해야 할 것이다. 하지만 누구의 폭행으로 골절이 되었는지를 알 수 없다면 공동불법행위의 경우와 같이 연대하여 손해배상책임을 진다($_{조}^{같은}$).

# 제 3 장　물권법

## 1. 물권의 뜻

물권이란 물건을 직접 지배하여 이익을 얻을 수 있는 권리이다. 물건을 지배한다는 것은 권리의 종류에 따라 법이 허용하는 내용으로 그 물건의 가치를 배타적으로 누리는 권능을 행사함을 말한다. 소유권이라는 물권을 예로 하여 구체적으로 설명한다.

독자가 보고 있는 이 책이 서점에서 산 것이라면 독자는 이 책에 대해 대표적인 물권인 소유권을 가진 것이다. 독자는 이 책을 여러분의 습성에 따라 보관하며 가끔($_{주'가 좋다}^{아니, '자}$) 읽어서 지식을 습득할 수 있고, 다 보아 필요 없어지거나 돈이 아쉬우면 친구에게 팔 수도 있다. 이러한 권리는 소유자인 독자가 행사할 수 있는 것이고 다른 누구도 침범하지 못한다. 이를 「배타적으로 지배」한다고 말한다.

「직접 지배」한다는 것은 독자가 다른 사람의 조력을 받을 필요 없이 스스로의 힘으로 이 책을 관리·사용·처분할 수 있다는 뜻이다. 만일 친구한테서 빌려온 책이라면 독자는 당초 친구의 허락이 없으면 이 책을 보관할 수 없고 읽을 수도 없었을 것이다.

물권을 채권과 비교하면 그 성격이 더욱 뚜렷해진다. 가령 친구한테 100만원을 받을 것이 있다 하자. 그 친구의 주머니에 있는 돈에 독자의 권리가 미치는 것은 아니다. 즉 그 돈에 독자의 지배권이 미치지 아니한다. 단지 독자는 그 친구에게 돈을 달라고 청구할 수 있을 뿐이다. 그러므로 채권은 대인적이고 상대적인 권리임에 대해 물권은 대세적이고 절대적인 것이다.

### 2. 물권의 종류

물권은 물건의 가치 중에 어느 것을 대상으로 하느냐에 따라 여러 가지 종류로 나누어진다. 다만 법률은 물권의 종류를 한정적으로 정하고 있으므로 권리자가 원한다고 해서 법률에 없는 종류의 권리를 창설할 수는 없다. 이를 「물권법정주의」라 한다.

#### (1) 소유권

1) 뜻   물권 중에서 물건의 가치에 대한 지배력이 가장 완벽한 것을 소유권이라 한다. 소유권이란 물건을 전면적으로 지배할 수 있는 권리라고 정의한다. 전면적으로 지배한다고 함은 물건이 지니는 사용가치와 교환가치의 전부를 누린다는 뜻이다. 바로 앞에서 예를 들었듯이 이 책을 소유하는 분들은 타인의 간섭없이 이 책을 마음껏 읽을 수 있고, 읽는 취미는 없고 소장하는 것이 취미라면 책장에 꽂아놓고 보며 즐길 수도 있고, 한 장씩 뜯어 학을 접더라도 자기 마음이다$\binom{\text{사용가치}}{\text{의 지배}}$. 그리고 더 이상 갖고 싶지 않다면 팔아도 좋고 전당포에 맡기고 돈을 빌려도 좋다 $\binom{\text{교환가치}}{\text{의 지배}}$.

2) 소유권의 제한   어떤 물건이든지 자기의 재산으로 소유하는 것을 허용하는 사회제도를 사유재산제라 한다. 이 사유재산제하에서 소유권은 보호되는 것이다. 그러나 소유권의 행사가 공공복리나 사회질서에 어긋나서 타인에게 피해를 준다면 법률이 보호하지 않는다. 예컨대 자기 집이라고 해서 마음대로 불질러 버릴 수 없음은 상식에 속하는 일이고, 특히 최근에는 각종 경제법령이 공공복리 차원에서 소유권의 행사를 제한하는 예가 많다. 생활 주변의 예를 들자면, 독자가 자동차를 한 대 사서, 쳐다보는 사람이 장님이 될 정도로 밝은 전조등을 달고 싶고, 번호판도 떼어 내고 싶고, 겉모양을 탱크처럼 개조하고 싶어도 할 수 없다.

3) 공동소유   하나의 물건을 두 사람 이상이 소유하는 것을 공동소유라 한다. 공동소유에는 공유, 합유, 총유라는 세 가지 형태가 있다.

 i) 공유   가장 흔한 공동소유형태로서, 공동소유자 간에 특별한 인적결합이 없이 단순히 어떤 물건을 공동으로 소유하는 형태이다$\binom{\text{민}}{262\text{조}}$. 수인이 하나의 물건을 소유하므로 각자의 소유권 행사는 상대방의 소유에 의해 제약을 받을 수밖에 없다. 소유자들이 전체 소유권에 대해 비례적으로 갖는 권리를 「지분」이라고 표현하며 이 지분에 의해 각자의 권리의 양적 크기가 결정된다. 즉 공유자들은 각자의 지분에 비례하여 물건을 사용·수익할 수 있다. 물건의 처분도 자유롭지 않다. 전원이 합의하여야 한다. 그러나 각자의 지분은 자유롭게 처분할 수 있다. 예컨대 A와 B가 2분의 1씩의 지분을 가지고 하나의 건물을 공유하고 있다면, 이 건물을 팔고자 할 때에는 A와 B가 합의하여야 하지만, A는 자기의 지분을 C에게 자유롭게 양도할 수 있고, 이에 의해 C는 A를 대신하여 2분의 1의 지분을 가지고 B와 공유하게 되는 것이다.

공유는 당사자들의 의사에 의해 성립할 수도 있고, 법률의 규정에 의해서도 성립된다. 전자의 예로는, 2인 이상이 공동으로 출연하여 하나의 물건을 취득하는 것을 들 수 있고, 후자의 예로는 공동상속을 들 수 있다. 예컨대 아버지가 사망하고 어머니와 자녀들이 아버지의 재산을 상속하면 공유의 형태로 그 소유권을 취득하는 것이다.

공유자들이 공유관계를 청산하고 단독소유로 전환하자고 할 때에는 공유물을 분할하여야한다. 예컨대 A와 B가 3:7의 비율로 공유하는 1,000㎡의 토지를 두 필지로 분할해서 각자 300㎡와 700㎡씩 소유하는 것이다. 물건에 따라서는 물리적인 분할이 불가능할 수도 있다. 예컨대소 한 마리, 그림 한 폭과 같이 현물을 분할하면 물건의 본래의 가치를 유지할 수 없는 물건이다. 이러한 물건의 경우에는 공유물을 매각하여 그 대금을 분할하는 방법을 취할 수밖에 없다. 현물의 분할이 가능하더라도 매각하여 대금을 분할할 수 있음은 물론이다.

공유자는 언제든지 분할을 청구할 수 있다. 공유자의 합의로 분할함이 자연스러우나, 합의에 이르지 못할 때에는 법원에 분할을 청구하여 재판으로 분할한다.

ii) 합유    수인이 조합의 형태로 물건을 공유하는 것을 합유라 한다($\frac{민}{271조}$). 역시 당사자들의 계약이나 법률의 규정에 의해 성립한다. 합유물의 사용·수익은 합유자 간의 조합계약에의해 정해진다. 합유물의 처분은 합유자 전원의 동의가 있어야 하고 다만 보존행위는 각자가 할수 있음은 공유와 같으나, 공유와 현저하게 다른 점은 합유물의 지분을 처분하는 데는 합유자전원의 동의가 있어야 하며, 합유물의 분할을 청구하지 못한다는 것이다. 합유자가 합유물의 지분을 회수하고자 한다면 조합에서 탈퇴하고 그 지분을 환급받는 방법을 취해야 한다.

iii) 총유    권리능력 없는 사단이 그 재산을 소유하는 형태이다($\frac{민}{275조}$). 총유물의 관리 및처분은 사원총회의 결의에 의하고 각 사원은 정관이나 기타 규약에 의해 총유물을 사용·수익할수 있다. 사원은 사원의 지위를 취득함으로써 총유물에 대한 권리의무를 취득하고 사원의 지위를 상실함으로써 총유물에 대한 권리의무도 상실한다.

### (2) 점유권

물건을 「점유」한다는 것은 그 물건을 사실상 지배하는 것을 말한다($\frac{민}{192조}$). 지금 이 책을 보고 있는 독자는 이 책을 점유하고 있는 것이다. 이 책을 손에 넣게 된 원인은 여러 가지가 있을수 있다. 서점에서 샀을 수도 있고, 누가 잃어버린 것을 주웠을 수도 있다. 자기가 산 것이라면자기의 소유물이니 이 책을 점유할 정당할 권리가 있다. 빌려온 경우에도 역시 현재 이 책을 점유할 정당한 권리가 있다. 그러나 남이 잃어버린 것을 주워 왔다면 소유권이나 기타의 권리를취득하지 못하므로 이 물건을 정당하게 점유할 권리가 없다. 그래도 법률은 이 책을 현재 손에가지고 있다는 사실 자체를 하나의 권리로 보고 보호한다. 물론 정당한 소유자가 나타나면 돌려주어야 한다. 그러나 정당한 소유자라도 함부로 독자가 점유하고 있는 이 책을 빼앗지 못하며단지 자신이 소유자임을 내세워 반환을 청구할 수 있을 뿐이다. 이같이 물건을 사실상 지배한다는 상태 자체를 하나의 권리로 인식하는데, 이를 「점유권」이라 한다.

물건을 점유한다는 사실은 여러 가지 효과를 발생한다. 물건을 점유한다고 해서 소유자 아닌 자가 소유자가 되거나 기타 점유할 정당한 권리자가 되는 것은 아니지만 점유가 적법한 것으로 추정되는 효과가 있다. 즉 무엇인지는 모르나 점유자는 이 물건을 점유할 수 있다는 적법한권리가 있을 것이라고 일단 믿어 주는 것이다. 그러므로 위 예에서 이 책을 잃어버린 자가 이 책을 주워 갖고 있는 자에 대해 책의 반환을 청구하기 위해서는 자신이 원래 이 책의 소유자라는사실을 증명해야 한다. 바꾸어 말하면 이 책의 점유자는 어떤 경위로 이 책을 점유하게 되었나를 증명할 필요없이 "자, 현재 내가 이 책을 가지고 있지 않느냐? 그러므로 나는 정당한 권리자이다"라고 주장할 수 있다는 것이다. 그러므로 누군가가 현재 점유하는 자의 물건을 빼앗고자 한다면(설혹 그가 정당한 권리자라도) 점유자는 자기의 점유권을 보호받을 수 있는 점유보호청구권을 가진다.

이상의 소유권과 점유권을 합쳐 「기본적 물권」이라 부른다. 다음에 설명하는 6가지의 물권들은 소유권의 행사에 제한을 가하며 행사하는 권리이므로 「제한물권」이라고 부르는데, 그 기능을 두 가지로 분류하여 물건의 사용에 목적이 있는 용익물권, 채권담보를 위해 물건의 교환가치를 파악함에 목적이 있는 담보물권으로 나눈다.

### (3) 용익물권

1) 지상권    지상권이란 타인의 토지 위에 건물 기타 공작물 또는 수목을 소유하기 위하여 그 토지를 사용할 수 있는 물권이다(민 279조). 예컨대 A가 1,000㎡의 토지를 가지고 있는데, B가 이 토지 위에 건물을 짓고 싶어 한다. 남의 땅에 함부로 집을 지을 수는 없으므로 B는 A와 협의하여 이 땅 위에 집을 지어 사용할 수 있는 권리를 얻어야 한다. 협의가 성공하였다 하자. 이 경우 B를 지상권자라 부르며, 토지소유자 A에게 사용대가로서 일정금액(지료)을 지급할 의무를 부담한다. 그러나 지료의 지급이 지상권의 요건은 아니다. 지상권의 존속기간은 당사자의 약정으로 결정하나 구조물의 용태에 따라 최단기가 법정되어 있다.

2) 지역권    지역권이란 일정한 목적을 위해 타인의 토지를 자기 토지의 편익에 이용할 수 있는 물권이다(민 291조). 예컨대 A의 토지에 들어가기 위해 B의 토지를 지나가는 것과 같다. 이 경우 편익을 제공받는 토지(A의 토지)를 「요역지」라 하고, 편익을 제공하는 토지(B의 토지)를 「승역지」라 한다.

지역권으로 인한 편익은 토지 대 토지의 관계이다. 그러므로 지역권은 요역지의 양도에 의해 함께 이전되며 지역권만을 양도할 수 없다.

3) 전세권    전세권이란 타인에게 일정한 금액(전세금)을 지급하고 그 타인의 부동산을 점유하며 그 부동산의 용도에 따라 사용·수익하고 그 부동산 전부에 대하여 후순위권리자 또는 다른 채권자보다 전세금을 우선 변제받을 수 있는 물권이다(민 303조). 부동산임차권도 타인의 부동산을 이용할 수 있는 권리이지만 부동산임차권은 채권임에 대해 전세권은 물권임을 주의해야 한다.

### (4) 담보물권

담보물권이란 채권의 변제를 담보하기 위하여 채무자의 물건, 또는 채무자를 위해 제3자가 제공한 물건의 교환가치를 장악하는 물권이다. 만약 채무자가 변제기에 변제하지 않을 경우에는 담보물을 경매하는 등의 방법으로 그 물건의 교환가치를 실현하여 변제를 받을 수 있는 것이다. 담보가 제공된 채권을 「피담보채권」이라 한다. 그리고 담보권을 가진 채권자를 담보권자라 하는데, 담보권의 내용에 따라 저당권자, 질권자 등으로 부른다. 그리고 이러한 담보물을 제공한 자를 담보권의 내용에 따라 저당권설정자, 질권설정자 등으로 부른다. 담보물은 보통 채무자가 제공하겠지만 제3자가 제공할 수도 있다. 예컨대 A에 대해 B가 채무를 부담하지만 B는 마땅한 담보가 없으므로 C에게 부탁하여 C가 자기의 부동산을 담보로 제공해 주는 것이다. 이 경우에는 채무자와 담보설정자가 달라지는데, 이 경우의 채무자 아닌 담보설정자를 「물상보증인」이라 부른다.

담보물을 경매해서 변제를 받고자 할 때 담보설정자에게 다른 채권자가 있으면 그도 또한 채권을 회수하려 할 것이다. 채권자 간에는 누구나 고루 변제받을 수 있는 권리가 있다(채권자 평등주의).

그러나 담보권을 가진 자는 그 담보물의 처분대가에 관한 한 다른 채권자에 우선해서 변제를 받을 수 있다. 이를 「우선변제권」이라 한다. 채권자가 담보를 요구하는 것은 이 우선변제권의 이익을 누리려는 것이다.

이하 담보물권의 종류를 설명한다.

1) 유치권   유치권이란 타인의 물건($^{또는 유가증}_{권. 이하 같음}$)을 점유하는 자가 그 물건에 관하여 생긴 채권의 변제를 받을 때까지 그 물건을 유치할 수 있는 권리이다($^{민}_{320조}$). 예컨대 독자가 고장난 자동차를 서비스센터에 맡겨 수리를 부탁했다. 다음날 자동차를 가져오려 할 때 서비스센터는 수리비를 내지 않으면 자동차를 내주지 않는다. 서비스센터가 바로 이 유치권이란 권리를 갖기 때문이다.

유치권은 유치대상이 될 물건 자체에 관련된 채권을 위해서만 행사할 수 있다. 예컨대 독자가 서비스센터에 현재의 자동차의 수리비는 주었으나 과거 다른 자동차의 수리비를 주지 않은 것이 있다고 해서 서비스센터가 현재의 자동차에 대해 유치권을 갖지는 못한다. 이를 유치권의 목적물과 피담보채권의 「견련성」이라 한다.

목적물과 피담보채권 간에 견련성이 있는 한 목적물의 소유자가 누구이든 유치권의 성립에는 지장이 없다. 예컨대 독자가 친구에게서 빌린 자동차를 맡겼더라도 서비스센터가 그 자동차 수리비에 관해 유치권을 행사할 수 있다.

뒤에 설명하는 질권과 저당권은 채권자와 담보제공자 간의 합의에 의해 설정되는 약정담보물권임에 대해 유치권은 이상의 요건이 구비되었을 때 법률의 규정에 의해 성립하는 법정담보물권이라는 차이가 있다.

또 하나의 특성으로, 약정담보권은 담보권자가 우선변제권을 가지나, 유치권자는 우선변제권을 갖지 못한다는 점이다. 다만 유치권자는 유치물을 감정하여 그 물건으로서 직접 변제에 충당할 것을 법원에 청구할 수 있는데($^{이를 「간이변제}_{충당」이라 한다}$), 이에 의해 우선변제의 효과를 얻을 수 있다.

2) 질권   질권이란 채권자가 채권의 담보로서 채무자 또 제3자가 제공한 동산 또는 재산권을 채무의 변제가 있을 때까지 점유하고, 변제기에 채무자가 변제하지 않을 경우에는 담보물을 환가하여 우선변제를 받을 수 있는 물권을 말한다($^{민}_{329조}$). 질권에는 동산을 담보의 목적으로 하는 「동산질」과 동산 이외의 재산권을 담보의 목적으로 하는 「권리질」이 있다.

동산질을 설정하기 위해서는 동산을 질권자에게 인도하여야 한다($^{민}_{330조}$).

권리질은 재산권을 질권의 목적으로 하는 질권이다($^{민}_{345조}$). 예컨대 A가 B에게 100만원의 채권을 가지고 있는데 그 변제기는 12월 31일이다. 한편 A는 3월 1일 현재 당장 돈이 필요하여 C로부터 70만원을 빌리려 하는데, C가 담보를 요구한다. 이때 A는 B에 대한 100만원의 채권을 C에게 담보로 제공할 수 있다. 이를 권리질이라 한다. 변제기에 A가 C에게 변제를 하지 못하면 C는 B에게 A의 채권을 행사해서 자기 채권을 회수할 수 있는 것이다. 권리질의 설정은 일반적으로 그 재산권을 양도하는 방법과 같은 방법으로 한다.

3) 저당권   저당권이란 채무자나 제3자가 제공한 부동산을 담보의 목적물로 하여 채무자가 변제기에 변제하지 아니하면 채권자가 이 부동산을 환가하여 채권을 우선변제받을 수 있는 물권을 말한다($^{민}_{356조}$). 질권의 경우에는 질권설정자가 채권자에게 담보물의 점유를 이전하지만 저당권의 경우에는 담보권자가 담보물을 점유하지 아니하고 단지 담보물의 교환가치만 장악하

는 차이점이 있다. 교환가치를 장악하는 방법은 당해 부동산의 등기부에 저당권 등기를 하는 것이다. 저당권은 은행에서 융자를 받을 때 흔히 이용하는 담보거래이다.

저당권은 주로 부동산을 대상으로 하지만 부동산 이외에도 등기, 등록에 의해 공시하는 재산, 예컨대 선박, 중기, 비행기 등에 대해서도 설정가능하다.

### 3. 물권의 변동

#### (1) 물권의 공시방법

독자가 서점에서 이 책을 샀다. 그러면 이 책은 독자의 것이다. 즉 독자는 이 책에 대해 소유권을 취득한 것이다. 그 이전에는 서점주인이 이 책의 소유권자이었다. 그렇다면 독자는 이 책의 임자가 서점주인이라는 것을 어떻게 믿고 이 책을 그로부터 샀는가? 그리고 서점주인으로부터 독자에게 이 책의 소유권이 이전되었는데, 소유권이 이전되는 사실을 대외적으로 어떻게 표시할 수 있는가? 그리고 이 책을 산 이후 독자가 이 책의 소유권자라는 것을 어떻게 표시할 수 있는가? 또 다른 예를 들어보자. 독자가 결혼을 하고 돈을 모아 집을 한 채 사려고 한다. 마침 서울 종로구에 마음에 드는 아파트가 있어 그 집을 사기로 하고 집주인과 마주 앉아 매매계약을 하려 한다. 그러면 독자는 "내가 집주인이요"라고 하는 그 사람이 집주인인 줄을 어떻게 믿을 수 있는가? 부동산중개인이 "이 분이 집주인입니다"라고 하면 집주인으로 믿어야 하는가? 어쨌든 실제 그가 집주인이라 하자. 그러면 독자가 그 집을 샀을 경우 그 소유권을 어떤 방법으로 독자에게로 넘겨올 수 있는가?

독자가 로빈슨 크루소처럼 무인도에 혼자 산다면 이상의 문제는 걱정할 필요가 없다. 이 책이나 집을 두고 네 것, 내 것 하며 시비를 걸 자가 없고 따라서 남에게 이것이 내 것이라는 것을 알릴 필요도 없으니까. 그러나 세상에는 다른 사람들도 살고 있으므로 세상 사람들로부터 이 책은「김 아무개의 것이다」라는 인정을 받지 않으면 권리행사가 원만치 않을 것이다. 따라서 세상 사람들에게 이 책에 대한 권리가 독자에게 있음을 표시하는 방법이 있어야 한다. 그리고 위 예에서 이 책이 서점주인의 것임을 나타내는 징표가 있어야 독자는 그 서점주인에게 돈을 주고 이 책을 살 것이다. 또 권리를 이전할 때에도 세상 사람들에게 알리는 방법이 필요하다. 위 예에서 서점주인으로부터 독자에게 이 책의 소유권이 옮겨졌음을 알리는 표지가 있어야 세상 사람들이 오늘부터 이 책의 소유자가 독자임을 시인할 수 있는 것이다. 이같이 권리의 소재 및 권리의 이동을 대외적으로 나타내는 방법을 공시방법이라 한다. 공시방법은 동산과 부동산에 따라 방법을 달리한다.

1) **동산의 공시방법**    동산에 관한 권리의 소재를 공시하는 방법은「점유」이다. 점유란 물건을 사실상 지배하는 것을 말한다. 독자가 이 책을 읽고 있다면 바로 이 책을 점유하는 것이다. 읽지 않아도 손에 들고 있거나 가방에 갖고 있으면 점유하는 것이다. 누구도 아니고 바로 독자가 이 책을 지배하고 있다고 세상 사람들이 시인할 만한 물리적 및 사회관념적인 밀착성을 가지고 있을 때에「점유한다」고 말한다. 그러므로 예컨대 독자가 도서관에서 오늘 사용하고 있는 책상에 이 책을 놔두고 잠시 화장실에 가거나 점심을 먹으러 외출을 하더라도 이 책의 점유권은 독자에게 있는 것이다.

2) 부동산의 공시방법    부동산은 일반적으로 동산에 비해 중요한 재산이므로 좀 더 안정적인 공시방법을 요구한다. 그래서 동산과는 달리「등기」라고 해서 국가가 관리하는 장부에 권리자를 기재하는 것을 공시방법으로 한다. 독자 여러분은 부모님이 집을 사거나 전셋집을 얻을 때에 집주인이 누구인지를 알기 위해 등기소에 가거나 인터넷을 통해 등기부를 열람하는 것을 본 적이 있을 것이다.

### (2) 물권변동의 뜻

물권이 발생하거나 그 내용이 변경되거나 소멸하는 것을 통틀어 물권변동이라 한다. 예컨대 A가 진흙을 사다가 도자기를 구웠다. 도자기의 소유권이 A에게 원시적으로 발생한 것이다. A가 이 도자기를 B에게 팔았다. A로부터 B에게로 소유권이 이전된 것이다. B가 그 도자기를 C에게 맡기고 돈을 빌렸다. C로서는 질권이 발생하였고 B로서는 소유권에 제한이 가해진 것이다. 이같이 물권의 내용과 귀속에 관해 변화가 생기는 것을 물권변동이라 한다.

### (3) 물권변동과 공시방법

물권변동이 유효하게 행해지려면 공시방법을 갖추어야 한다. 동산과 부동산에 따라 권리의 존재를 나타내는 공시방법이 다른 만큼 권리의 변동을 나타내는 공시방법 역시 다를 수밖에 없다.

1) 동산물권변동의 공시방법    동산에 관한 물권의 양도는 그 동산을 인도함으로써 이루어진다.「인도」란 물건의 점유를 이전하는 것이다. 그러면 독자가 서점에서 이 책을 샀을 때 어떻게 해야 이 책의 소유권이 독자에게 이전되는지 알게 되었을 것이다. 즉 서점주인이 이 책을 독자에게 인도해 주는 것이다.

인도, 즉 점유를 이전하는 방법에는 네 가지가 있다. i) 가장 흔한 방법은「현실의 인도」이다. 물건의 점유를 물리적으로 이전해 주는 것이다. 이 책을 살 때 서점종업원이 이 책을 건네준 것을 생각하면 된다. ii) 동산의 양수인이 이미 물건을 점유하고 있는 경우에는 양도인이 점유를 이전한다는 의사표시만 하면 인도의 효과가 생긴다. 이를「간이인도」라 한다. iii) 동산에 관한 물권을 양도한 자가 양도 후에도 계속 그 물건을 점유하기로 한 경우에는 점유로 간주하며, 이를「점유개정」이라 한다. iv) 물건의 양도인이 물건을 제3자에게 보관시킨 상태에서 그 물건을 양도할 경우에는 양도인이 제3자에 대해 갖는 반환청구권을 양도하는 방법으로 인도하는데, 이를「목적물반환 청구권의 양도에 의한 인도」라고 한다.

2) 부동산물권변동의 공시방법    앞서 말한 바와 같이 부동산에 관한 물권의 공시방법은 등기이다. 부동산에 관한 물권의 변동 역시 등기로 공시한다. 다만 물권변동이「법률행위에 의한 것」이냐 혹은「법률의 규정에 의한 것」이냐에 따라 공시방법의 요구가 다르다. 법률행위에 의해 물권이 변동될 경우에는 등기하지 않으면 물권이 변동되는 효력이 발생하지 않는다. 그러나 법률의 규정에 의해 물권을 취득한 때에는 등기를 요하지 않으며, 다만 등기를 하지 않으면 그 물권을 처분하지 못한다. 예를 들어 설명한다.

법률행위에 의한 물권변동이란 매매나 증여와 같이 권리자의 의사표시에 의해 물권이 이전하는 것을 말한다. A가 자신의 부동산을 B에게 매도한다면 이는 법률행위에 의한 이전이므로 A의 부동산에 관한 소유권이 B에게 이전되기 위해서는 현재 A의 명의로 되어 있는 등기를 B의 명의로 이전해야 한다. B가 A에게 부동산 대금을 다 치르고 그 부동산을 인도받아 사용하고 있다 하더라도 등기를 이전하지 않으면 B는 소유권을 취득할 수 없는 것이다. 소유권 이외의 다른 물권도 같다. 예컨대 A가 B로부터 돈을 빌리고 B에게 저당권을 설정해 준다 하자. B가 저당권을 취득하기 위해서는 B의 이름으로 저당권설정의 등기를 하여야 한다.

여기서 물권변동에 따른 등기를 잠깐 설명한다. 등기부에는 앞서 말했듯이 현재의 소유자가 기재되어 있다. 예컨대 서울 종로구 종로 10길 1호에 있는 토지의 소유자가 A라고 표시하는 것이다. 그런데 이 토지를 B에게 양도하고 등기를 이전한다면 등기부에 있는 A의 이름을 지우고 B의 이름을 새로운 소유자로서 기재한다. 그러나 A가 B에게 저당권을 설정해 준다면 여전히 소유자는 A이고 다만 B가 저당권이라는 새로운 권리를 취득하였으므로 A가 소유자라는 기록은 지우지 않고 B가 저당권자라는 사실을 추가로 기재한다.

「법률의 규정에 의한 취득」이란 법률행위가 아닌 원인에 의해 물권을 취득하는 것을 말한다. 가령 아버지 A가 사망하고 아들 B가 A의 부동산을 상속하였다고 하자. 상속은 법률의 규정에 의한 취득이다. 그러므로 등기를 하지 않더라도 A의 부동산은 B의 소유가 된다. 다만 B의 명의로 등기를 하지 않고서는 B가 이 부동산을 타인에게 양도하거나, 저당권 기타 제한물권을 설정할 수 없다.

### (4) 선의취득

독자 B는 이 책이 필요한데, 새 책값이 없어 안면이 있는 A로부터 헌책을 샀다고 하자. A가 이 책에 대해 갖는 권리와 관련하여 두 가지 상황을 가상해 보자. 첫째, A가 서점에서 이 책을 사서 보다가 돈이 아쉬워 B에게 판 것이다. 이 경우에는 이 책의 정당한 소유권을 가진 사람이 팔았으므로 아무 문제가 없다. 둘째, A가 자기 친구로부터 이 책을 잠시 빌린 것인데 돈이 아쉬워 양심의 가책을 느끼며 B에게 판 경우에는 간단치 않은 문제가 발생한다.

무릇 누구든 자기가 가진 권리 이상의 권리는 타인에게 양도할 수 없다. 100원을 가진 자가 110원을 남에게 줄 수 없는 것과 같은 이치이다. 이 원리대로 하면 A가 이 책의 소유권을 갖고 있지 않은 터에 B에게 소유권을 준다는 것은 있을 수 없는 일이다. B가 비록 A에게 값을 치르고 이 책을 손에 넣었다 하더라도 책은 앞서 말한 부당이득이라 할 수 있고 따라서 원래의 주인에게 반환하여야 한다.

그러나 앞서 본 권리의 공시방법은 현재 권리가 누구에게 소재하느냐를 보여주는 징표이므로 A가 이 책을 점유한다는 사실에 기해 B가 그를 소유자로 믿고 이 책을 샀음을 비난하기는 어렵다. 권리 없는 자로부터 권리를 양수한 경우를 항상 무효라고 해서는 거래의 안전을 기할 수 없다. 공시방법을 신뢰하고 거래한 자를 보호하는 방법으로 공시방법에 소위 공신력을 인정할 수가 있다. 공신력이란 권리의 공시방법의 현황을 신뢰하고 권리를 취득한 자는 공시방법이 나타내는 바가 진실과 부합하지 않더라도 보호된다는 원칙이다. 민법에서는 동산의 점유에 대해서는 공신력을 인정하되, 부동산에 대해서는 공신력을 인정하지 않는다.

공신력의 효과로서 선의취득이 가능해진다. 선의취득이란 무권리자로부터 동산을 양수하였으나, 취득자가 선의이며 과실이 없는 경우에는 적법하게 그 물건의 권리를 취득하는 것을 뜻한다. 앞의 예에서 A가 이 책을 점유하는 사실에 기해 그가 소유자인 줄로 믿고 이 책을 샀다면 B는 소유권을 취득하는 것이다.

# 판례색인

# 사항색인

**著者略歴**

서울大學校 法科大學 卒業(法學博士)
漢陽大學校 法學專門大學院 敎授
現 建國大學校 法學專門大學院 碩座敎授

**著　　書**

어음수표법(博英社)
商法總則商行爲(博英社)
商法講義(博英社)
2011 改正商法—축조해설—(박영사)

제14판
상법강의

| | |
|---|---|
| 초판발행 | 1997년 3월 20일 |
| 제14판발행 | 2022년 2월 25일 |

| | |
|---|---|
| 지은이 | 이철송 |
| 펴낸이 | 안종만·안상준 |

| | |
|---|---|
| 편　집 | 김선민 |
| 기획/마케팅 | 조성호 |
| 표지디자인 | 이수빈 |
| 제　작 | 고철민·조영환 |

| | |
|---|---|
| 펴낸곳 | (주) **박영사** |
| | 서울특별시 금천구 가산디지털2로 53, 210호(가산동, 한라시그마밸리) |
| | 등록 1959. 3. 11. 제300-1959-1호(倫) |
| 전 화 | 02)733-6771 |
| f a x | 02)736-4818 |
| e-mail | pys@pybook.co.kr |
| homepage | www.pybook.co.kr |
| ISBN | 979-11-303-4074-6　93360 |

copyright©이철송, 2022, Printed in Korea

정 가　　58,000원